Dictionnaire des
noms de rues
Origine et signification du nom
de votre rue et de plus de 5000 autres

パリ地名大事典

ベルナール・ステファヌ

蔵持不三也編訳

目　次

はじめに　iii

序文　v

パリ地名大事典　23
〈ア行〉……………… 1
〈カ行〉……………178
〈サ行〉……………273
〈タ行〉……………452
〈ナ行〉……………537
〈ハ行〉……………556
〈マ行〉……………756
〈ヤ行〉……………819
〈ラ行〉……………824
〈ワ行〉……………935

仏日項目対照一覧　939

編訳者あとがき　995

凡例

1. 本書は、ベルナール・ステファヌ著『通りの呼称事典。読者の通りおよびその他5000本以上の通りの呼称の起源と意味』（Bernard Stéphane : Dictionnaire des noms de rues. Origine et signification du nom de votre rue et de plus de 5000 autres, Nouvelle édition révisée & augmentee, Mengès, Paris, 2013）の全訳である。ただし、原著刊行後の地名の変更・追加については、最大限補填・補完しておいた。また、原著に散見できる誤植・誤記も訳者の判断で適宜訂正した。
2. 本文中、芸術・文学作品や映画には、読者の便宜を考えて、わかるかぎり発表年などを追記し、とくに邦訳はあるが、わが国でさほど知られていない文学作品の場合は、さらにその邦題名や訳者名および出版社名を付しておいた。
3. 本書では、allée, cour, passage, ruelle, sentierを「小路」、impasseを「袋小路」、さらに本来は市壁の跡地につくられたboulevardや、大建造物に通じる直線道路を指すavenueを「大通り」と訳出しておいた。これらの訳語は、かならずしも原意と符合しないが、日本語に対応する語がないための措置であり、それゆえ訳文ではそれらの原語も併記しておいた。
4. 訳文中、【　】は訳註であるが、原著に頻出するフランス国内の市町村名の説明（とくに地方名）は、原則的に訳注とせず、本文中に挿入した。通りや広場などの命名・敷設・開通時期や所在街区についても同様の措置をおこなった。
5. 本文中、太字の地名や人名および歴史的出来事は、それが見出し語にあることを示す（ただし、パリ、フランス、ナポレオンはのぞく）。訳注の矢印【→】で示した語句も同様である。
6. 本文中に頻出する以下の都市名や国名については、太字による見出し語の指示を割愛した。都市名：ウィーン（ヴィエンヌVienne）、ヴェネツィア（ヴニーズVenise）、フィレンツェ（フロラーンスFlorence）、ミラノ（ミランMilan）、ローマ（ロムRome）、ロンドン（ロンドルLondres）。国名：アメリカ合衆国（エタ＝ジュニÉtats-Unis）、アルジェリア（アルジェリAlgérie）イタリア（イタリItalie）、チュニジア（チュニジTunisie）。
7. ＊を付した見出し語は、該当地名がすでにないこと示す。
8. 固有名詞の表記は、原則的に現地音を採用しているが、すでに定訳があるものについてはそれに従った（例：マリ・アントワネット→マリー・アントワネット）。また、英語の前置詞ofに相当するdeは「ドゥ」を原音とするが、慣例にしたがって「ド」と表記した。Denisも同様に「ドゥニ」ではなく、原則的に「ドニ」とした。
9. 改行は、訳者の判断で適宜おこなった。
10. 巻末の「仏日項目対照一覧」は、訳者による。

はじめに

　長い年月をかけて本書を著すという作業は、著者にとってきわめて愉しいものだった。

　本書にはパリの、いやフランスの大小の歴史がおさめられている。ありていにいえば、筆者の目的は、パリの街路が帯びている歴史の迷路深くに入り込むというよりは、むしろ青い街路表示板にその名を残す、「偉人」たちの伝記を彩る好奇心や快活さをあれこれ探索するところにある。もとより、これら膨大な数にのぼる人物の生涯を語るには、当然のことながら何巻もの書が必要となるはずであり、本書がそのすべてを語りつくせるとは考えていない。ただ、各街路名の由来について、内容のある、ときにはわれわれの記憶のみならず、歴史書にすら欠落している情報を提供できると信じてもいる。編集に際しては、あらゆるパリ地図の例にならって、人名をアルファベット【五十音】順に列挙しておいた。

　本書のさまざまな情報は、既存の百科事典ないし一部の古典的な書や、ジャック・イレレの優れた歴史事典【『パリ街路歴史事典』、ミニュイ社】や何世紀も前からパリを扱った多くの論考に負っている。だが、一部の歴史上の人物は、何か月ものあいだ、筆者の探索にあらがった（ここではもっとも「反抗的な」人物として、ルピクやモンテシュイの名をあげておこう）。彼らの事績をあきらかにするうえで、ヴェルサイユ観光協会のカルシ夫人、ラミ＝ラサル夫人、フランス・レーシングクラブのポラール夫人、さらにジャン＝ポール・カラカラ氏やジョ・ドナ氏、オリヴィエ・ユスノ氏、ジェル・ル・タク氏らの協力をかたじけなくした。また、オンディヌ・シェルティル氏とパトリシア・ブエ氏に対しても、深甚なる謝意を表するものである。シェルティ氏はさまざまな図書館で長期かつ多岐にわたる調査をしてくれ、一方、ブエ氏なしには本書を編むという考えは生まれなかった。

　本書を精読された読者は、「自分たち」の通りにかんして明らかと思えるような誤記や書き落としに気づかれるかもしれない。それに対し、筆者はあらかじめご寛恕を願うとともに、忌憚のないご指摘をたまわりたい。

　一方、地方の読者やフランス語圏の友人たちは、本書がひとりパリ市民にのみ向けられたものでないことがわかるはずである。それぞれの町を走る主要路の多くは、首都のそれのいわば姉妹版であり、同じ呼称をもってもいるが、パリの数多くの通りはその呼称を、フランス国内ないしヨーロッパ各地を出自とし、「光の都市」に自分の名を刻む術を心えていたさまざまな「名付け親」に負っている。これに対し、すべてを勘案していえば、周知のように地方出身者や外国人はパリ市民ほど排外的ではなく、道路表示板の背後に隠れている人物についてすべてを知ろうとする。

　そんな彼らに向けて、筆者はこう指摘したい。本書の頁を思いのままめくりながら、たしかにリール通りやマルセイユ通り、あるいはストラスブール大通り…とよばれる

v

「自分たちの」通りに目を止めることだろう。そして、おそらく彼らは自分たちの町の知られざる特徴を、筆者の「一風変わった」散策をとおして理解するだろう。

本書を手にする読者たちが、もはや未知を友として自分たちの町を歩いたり車を走らせたりしないという特権をえることができれば、筆者としてこれにすぎる喜びはない。

ベルナール・ステファヌ

序文

街区

　13世紀のパリは、3地区に分けられていた。シテ島、グラン＝ポン、そしてプティ＝ポンである。それはセーヌの流れによって生み出された自然の区割りだった。だが、行政的な区割りはさほど容易ではなかった。パリはかなり昔から、シテ島、サン＝ジャック＝ラ＝ブシュリ、グレーヴ広場、ヴェルリの4地区に分割されていたとされるが、1292年から1313年にかけてのタイユ税（人頭税）は35の小教区ごとに徴収されていた。その当時、パリは8街区からなっており、そこには前述の4街区にくわえて、サン＝トオポルテュヌ、サン＝ジェルマン＝ローセロワ、モベール広場、サン＝タンドレ＝デ＝ザールがふくまれていた。シャルル5世【在位1364-80】の時代になると、街区数は16にまでなる。新たにくわわった街区はサン＝タントワヌ、サン＝ジェルヴェ、サン＝タヴォワ、サン＝マルタン、サン＝ドニ、レ・アル、サン＝トゥスタシュ、サン＝トノレである。そして1642年、フォブール・サン＝ジェルマンが17番目の街区となる。

　これらの街区は、1702年1月14日の条例により、新たに以下の20街区として再編される。シテ、サン＝ジャック＝ラ＝ブシュリ、サン＝トポルテュヌ、ルーヴル、パレ＝ロワイヤル、モンマルトル、サン＝トゥスタシュ、レ・アル、サン＝ドニ、サン＝マルタン、グレーヴ広場、サン＝ポール、サン＝タヴォワ、ル・タンプル、サン＝タントワヌ、モベール広場、サン＝ブノワ、サン＝タンドレ＝デ＝ザール、リュクサンブール、サン＝ジェルマン＝デ＝プレ。さらに隣接する2つの村、すなわちルールとシャイヨもこの20街区にくわえられた。

　1789年、全国三部会代表を選出するため、パリ市当局は首都を60の 区 に分け、1790年には48のセクションがこれにとって代わった。やがて1795年10月11日の法令により、それぞれが旧4セクションからなる12の 区 が定められた。

　そして1860年、パリは隣接町村を併合して、新たに20区に分割される。これが現行の区割りである。

通り

　こうしたパリの一部の通りに呼称がつけられるようになったのは13世紀からである。当時、たとえば「ヴェール（緑）」通りや「オー・ヴァシュ（雌牛）」通り、「パテュール（餌）」通り、「ムニエ（製粉業者）」通り、「ソーセ（柳の木）」通り、さらに「モンマルトルへ向かう」通り、「アウグスティヌス修道会に向かう」通り、「セーヌに向かう」通りなどがあった。だが、まもなく緑に囲まれた通りや雌牛たちが往き交う通りが多くなり、それゆえより明確な呼称が必要となった。

　一方、12世紀末から各家がそれぞれ名前を記した看板をつけるようになった。一部が石にはめこまれ、一部が木や金属の板に描かれたこれらの看板は、大部分が環で鉄の

vii

肘木に吊り下げられ、通りの中央部までつきでていた。

　1282年には、前述した明確さを期すために、一部の通りにはもっとも独創的ないし顕著な看板の名をつけるようになった。

　1282年には、前述した明確さを期すために、一部の通りにはもっとも独創的ないし顕著な看板の名をつけるようになった。他の通りは以下のような要素にちなんで命名されていた——。

　　１．通りが切り開かれた土地にある封地や囲い地ないし小邑：ボブール通り、ブール＝ラベ通り、ブール＝ティブー通りなど
　　２．教会や修道院、寄宿学校、王宮、邸館などの建物：アベイ【大修道院】通り、ノートル＝ダム通り、タンプル【聖堂】通り、ブラン＝マントー【白マント修道士】通り、ロワ＝ド＝シシル【シチリア王】通りなど。
　　３．その場所にみられる基本的な役割ないしそこで行われている商売（何世紀ものあいだ、それぞれの職業は同じ通りに集中していた）：プレートル【聖職者】通り、メネトリエ【楽師】通り、メール【市長】通り、コルドリエ【フランシスコ会士】通りなど。
　　４．きわめて裕福ないし著名な地主：オーブリ・ル・ブシェ通り、ベルタン・ポワレ通り、バルベット通りなど。
　　５．国民ないし住民の宗教：イルランド【アイルランド】通り、アングレ【イングランド】通り、リヨネ通り、ブルギニョン【ブルゴーニュ】通り、ポローニュ【ポーランド】通り、ジュイフ【ユダヤ人】通りなど
　　６．何らかの特徴：ヌヴー【新しい】通り、ヴィエイユ【古い】通り、バス【低い】通り、オート【高い】通り、フォセ【壕、溝】通り、ランパール【城壁】通り、グロ＝カイユ【玉石】通り、グラン＝シャンティエ【大規模工事現場】通りなど。

　こうして通りは呼称をもつようになった。だが、それは口頭伝承で知られているだけだった。ルイ15世【国王在位1715-74】の治世が13年目に入った1728年、パリはおよそ1340ヘクタールの面積を擁し、通りの数900本、戸数２万2000、人口は80万近くになった。だが、公に通りを区別する表示はなおもなく、住所を正確に特定させる地番もなかった。

　そこで当時警察総代官【警視総監の前身】だったルネ・エロー【1691-1740。のちに国務院評定官】は、通りの両端の家に黒い大きな文字で通りの通称を記した金属板【石板との説もある】をとりつける。この作業は1728年１月に始まり、３月に終わるが、各金属板にはまた、通り名の下にそれが属する区——当時は20区——の番号もくわえた。ときにその番号にはひとつないし複数の「Ｃ」をともなっていたが、それは６ピエ【約195 cm】の車軸をもつ馬車が、通りで何台交差できるかを示すものだった。

　さらに、通りの命名に行政の認可が必要となって、おびただしい数の奇妙奇天烈かつ卑猥な呼称が姿を消したが、ヴォルテールの抗議にもかかわらず、「キュル＝ド＝サック（小路）」という語は残った。彼はこう書いている。「わたしはキュル＝ド＝サックと

よばれるのものをアンパス（小路）とよぶ。問題の通りが尻（キュル）にも袋（サック）にも似ていないからだ。それゆえ崇高で音感がよく、知的かつ必然的なアンパスという語をもちいるようお願いする」

この18世紀には多くの通りが新たに開通し、それらに呼称をつけざるをえなくなり、通りが走る土地の地主や王侯貴族、さらに高官などの名前がつけられた。一方、プレヴォ（行政官）や商人、刑事代行官、参事会員、裁判所書記官たちもまた、自分の名前を通りの表示板に記されるという栄誉に浴した。こうした方法は世論を喚起し、テアトル＝フランセ【コメディ＝フランセーズ】座の建物が建設された1779年には、近隣の通りに、パリ市吏たちの意向を無視して、コルネイユやラシーヌ、モリエールらの名前が冠せられた。

フランス革命期には、個人が勝手に通りに名前をつけた。1791年4月に営まれたミラボーの葬儀当日、ヴィレット男爵シャルル【1736-93。作家・政治家・フリー・メイソン】はジャコバン派にこう書き送っている。「兄弟・友人たち、わが家の角（ボーヌ通りとマラケ河岸通りの角）に見られるテアタン（1644年にマザランがローマからよびよせた修道士たちで、マラケ河岸通りに修道院があったところから、サン＝ペール通りとバック通りのあいだの通りで、ヴォルテール終焉の地）の名を抹消していただきたい。わたしはすでにこれをヴォルテール河岸通りと改称しています。われわれのなかにつねにヴォルテールはおりますが、テアタンはおりません。また、プラトリエール通りの信奉者には、ぜひともその家の角にジャン＝ジャック・ルソーの名をつけるようお願いしたい。繊細な心や情熱的な魂にとって、この道を通るとき、その建物の4階にルソーが住んでいたことを思い出すことは重要であり、かつてそこでプラートル（石膏）をつくっていたことを知ったところでなんのたしにもなりません」

1793年10月、1789年の法令にもかかわらず、パリの一部の通りになおも狂信家や国王家を思い出させる呼称があることを知ったコミューンの代理人は、「宗教的な偏見をうながし、国王たちのいまわしい記憶を想い起させるようなすべてのモニュメントを一掃する」という命令を引き出している。当時はさらに、通りの名のほかに一部の姓も変えられ、ルロワ【字義は「国王」】やルデュク【「公爵」】、ルコント【「伯爵」】といった姓はディ＝ズート【「8月10日」。1792年のこの日、民衆がテュイルリー宮を襲撃・奪取した】、エガリテ【「平等」】ないしラ・モンターニュ【「山」】とよばれるようになった。

そして1794年1月6日、国民公会はパリの通りに正式に新たな名前をつけることを提唱する。聖職者民事基本法に宣誓した司教でブロワ代表の議員グレゴワール【1750-1831】は、通りの全体的な命名にかかわる計画の検討を託され、以下のような報告書を提出している。いささか長い引用となるが、原文をそのまま紹介しておこう。「きわめて数多くの通りが近くの有名な看板の名を冠していた。これらの看板はほとんどがオ・シャリオ・ドール【「金の馬車屋」】やオ・リュー・ドール【「金の場所屋」】、オ・ソレイユ・ドール【「金色の太陽屋」】、オー・トロワ・ロワ【「3博士屋」】、オ・グラン・モナルク【「偉大な君主屋」】などであることに留意したい。それらはいたるところに強欲さや専制主義の痕跡を刻みつけているのだ（…）。いかなる時代でも、一方で人々は言葉のために互いに争い、殺し合い、他方で言葉が英雄的な行為を生みだす。これが歴史の証

言だが、たとえばわが国の軍艦のひとつにつけられたカルマニョール【フランス革命期に革命家たちが着たジャケット】という呼称は、それに乗船する水兵たちに陽気さと勇気をあたえる。新たな政体が再建されると、いかなる過ちも改革という名の鎌をさけえない。愛国主義は名称の変更を求め、多くの市民がその問題に目を向けるよう求める。にもかかわらず、なぜ立法議会議員はこの機会に、いかなる人民の歴史もそのモデルを提供していないからといって、命名体系を確立しようとしないのか。われわれの革命がなしとげたさまざまな不滅の出来事のなかには、すべての場所を美しく飾るいくつもの主題がある。それらの呼称は、隣接する通りの呼称と結びつけられて、歴史の縮図をかたちづくるはずである。ピック（槍）通りはなぜパトリオティスム【「愛国心」】通りやクラージュ【「勇気」】通り、あるいはディ＝ズ通りやジュ＝ド＝ポーム通り（球戯場【第三身分が王権に抗してヴェルサイユ宮殿の球戯場に集まり、憲法制定まで解散しないことを誓い合った】）と隣り合わないのか。コンスティテューション（憲法典）広場がボヌール（幸福）広場に接していないのは当然といえるのか。私の願いは、自然と美徳と自由がもっとも偉大かつ崇高に通りに命名されることにある。その通りを経れば、スヴレニテ（主権）広場ないしサン＝キュロット広場にいたるだろう」

　この報告書は一部ではあるが現実化し、それがもたらした変化によって、かつての偉大な思想や偉人たちを記念する通りの呼称はほとんど姿を消していった。わずかながらそれが再びみられるようになるには数年へなければならなかった…。

　第一帝政期【1804-14年】になると、通りは一連のナポレオン戦争における主な戦勝地でよばれるようになる。だが、復古王政【1814-30年】はいくつかの国王大権を通りに復活させた。そして1844年、今日まのあたりにするような、青地に白文字の表示板がはじめて登場する。

　第二帝政期【1852-70年】には、開通した多くの通りにマジャンタやテュルビゴといった戦勝地や、コペルニク（コペルニクス）やダランベールなどの著名人、さらにロワ・ド・ロム（ローマ王【ナポレオン2世】）やアンペラトリス（皇后）をはじめとする皇族の名がつけられた。

　だが、いくつもの町村が併合された1860年には、メリー（役場）やエグリーズ（教会）といった同じ呼称の通りが数をまし、ゆゆしき混乱を招くようになる。これらの通りの改称作業は1867年までかかったが、そこではしばしば住民の名前がもちいられた。

　それ以来、新たな通りの大部分には人物の名が冠せられるようになる。これらの人物が他界時にえた名声がはたしていつまで続くか知ろうともせずに、である（だが、どうすればそれが分かるのか）。

地番づけ

　1728年以降、それぞれの通りは呼称をえたが、家屋はなおも市民権をえていなかった。たとえば1654年の公文書には、次のような住所が記されている。

　サン＝ピエール・デ・ザシス近く
　居酒屋カージュのわきにある

序文

アリゾン家の6階
2か所に窓がある部屋に住む
マドモワゼル・ルイゾン

　1654年に作成されたこの住所表記法は、1世紀たってもほぼそのままだった。
　だが、家屋ごとに特定の地番をつけるという最初の試みは15世紀にまでさかのぼる。その恩恵をこうむったのは、ノートル゠ダム橋だった。そこでは橋にそってならぶ高い家にローマ数字の番号が付された。ところが、同じ地番が通りの左右にうたれたため、地番にくわえて、橋の上流側か下流側か示さなければならかった。当時、この橋の上に居をかまえていたラウラン・トープなる金銀細工師は、自分の住所を次のように申告したものだった。「ノートル゠ダム橋の上にあり、（セーヌ）川の上流側、XIII（13）とXIIII（14）の地番がつけられた隣接する2軒」【より一般的には「…通り在住」といった表記がもちいられていた】
　1726年の徒労に終わった試みを受けて、1740年と65年、市外区にあり、馬車や荷車が通れる両開きの表門をもつ家屋に地番をつける命令が出される。こうして番号がつけられたが、これらの数字は判読しがたく、その場所も分かりにくかった。それゆえ1788年、今日、パリにその名が通りに冠せられているセバスチャン・メルシエは書いている。「大部分の富裕市民は、家の地番を知らない。その番号がほとんど目立たないからである」
　革命が起こった1789年、家屋の地番づけは中断する。だが、その期間は短かった。早くも翌年には、住民調査や国民軍への徴兵制、さらに課税をやりやすくするため、地番づけが是非とも必要になったからである。実際の作業はまず各区に、ついで地区委員会に付託された。しかし、各地区委員会は隣接する委員会との事前の了解をとりつけずに着手したため、2通りのシステムが同時に適用されるという結果をまねいた。すなわち、一部の委員会はその地区をいくつかの家屋群に分け、それぞれの家屋に特定の地番をつけ、別の委員会は地区内のある地点——たとえば大建造物——から、地区内の通りにそって、あるいはその一部分に一連の地番を付していき、最終的に出発点に戻るという方法をもちいたからである。
　ともあれ、こうして1792年に地番づけの作業は（ほぼ）終わった。ただ、地区委員会間の連絡が欠けていたため、だれかを訪ねようとする者には予期せぬ事態が待ちうけていた。ここでは《革命暦5年の批判ないし行動週刊誌》（1797年）に載った逸話を紹介しておこう。書き手のボワ゠ロベール男爵【1747-1816。文筆家・詩人・編集者。同性愛のため、家族によってバスティーユに幽閉され、革命で出獄し、名前を変えた。《芸術・科学・文学誌》の共同編集者や《祖国防衛誌》などの主幹として活躍した】は、むしろジョゼフ・ラヴァレの筆名で知られるが、彼はこう書いている。「ふたりの友人がサン゠マルタン通り16番地に住んでいるはずのシャルル氏に会いに出かけた。サン゠マルタン通りの起点から入った彼らの前にいきなり16という数字が現れた。だが、それはセクションの番号であり、それがつけられている本当の家は297番地だった。さらに先に行くと、もうひとつの16が見えたが、その家の本当の地番は1206であり、16というのは区

xi

（ないし街区）の番号だった。さらに通りを歩いていくと、3度目の16が現れた。しかし、これは以前の道路管理役所が貼り付けたものであり、その家の本当の地番は132だった！こうして彼らは16番地の2の前に行き着いた後、ついにこの探索の旅を断念したのだった」

　だが、3世紀前に考えられ、ノートル＝ダム橋で実施された考えを行政が一般化するときは近づいていた。革命暦13年の第5月にあたる雨月第15日（1895年2月4日）、ついに条例が出されたのである。以下、その全文をみておこう。

　第1条　3か月以内にパリの家屋に対する地番表示を実施する。

　第2条　この地番づけは、たとえ複数の区にまたがっている場合でも、同じ通りであるかぎり一連かつ単一の番号をもちい、それを家屋の正面玄関に明示する。この番号は、当該家屋が正面玄関と同じ通りに面している場合、他の門扉にもつけるものとする。ただし、当該家屋が異なる通りにも面しているときは、この通りに属する通し番号も付される。

　第3条　市外区の通りは、市内からの同じ呼称の通りの延長上にあったとしても、新たな通し番号をつける。

　第4条　一連の地番は通りの右側は偶数、左側は奇数をあてることとする。

　第5条　通りの右側は、セーヌ川に直角ないし斜めに向かう通りの場合、セーヌに向かう通行人の右手、セーヌと並行して走る通りの場合は、その流れと同じ方向を歩く通行人の右手とする。

　第6条　島の場合、通りの位置は北側を流れるセーヌ川の主たる水路によって決定される。

　第7条　セーヌ川に直角ないし斜めに向かう通りの地番の最初の番号は、奇数と偶数とを問わず、セーヌにもっとも近い通りの入り口に、また、セーヌと並行する通りの場合は、上流側にある入り口につけられる。したがって、前者ではセーヌから遠ざかるにつれて地番が大きな数字となり、後者では下流に向かうにつれて小さな数字となる。

　第8条　セーヌ川に直角ないし斜めに向かう通りの地番表示は黄土色の地に黒い数字で、セーヌと並行する通りの場合は、同じ色の地に赤い数字で表示される。

　第9条　地番の番号表示は油絵のオイルをもちいておこなわれ、最初の費用はパリのコミューンがもつものとする。

　第10条　そのため、セーヌ県知事立会いのもとで地番づけ事業の入札を行って予算の低減を図ることとするが、作業は受注条件明細書に明記された通り、地番の番号表示はオイルをもちい、大きさと形状と色を同じものにしなければならない。

　第11条　地番表示の維持は建物所有者の費用でおこなう。それゆえ、所有者はより耐久性のあるものとするため、みずからの負担で釉薬のかかった鉄板やファイアンスないしほうろうびきの耐火粘土で表示板を作ってもよい。ただし、番号の色や表示場所にかんしては、本条例に定める他の条項と合致していなければならない。

やがてこの条例は数か所修正されることになるが、とくに第5条の前半部、すなわちセーヌ川に直角ないし斜めに向かう通りの場合、セーヌ川から遠ざかる通行人の右手が通りの右側となった。一方、第11条には地番表示板の選択に統一性がないという欠点がある。

そのため新たな修正点をくわえるかたちで全体的な手直しが不可欠となり、こうして1847年1月28日、セーヌ県知事のランビュトーは地番表示の全体的な更新を実施する。そこでは、作業の費用は従来通りパリ市が負担するが、表示板にはほうろうびきの磁器のみをもちい、番号は青色の地に白抜きとし、その色は通りがいかなる方角を走ろうとも一定とした。それ以来、地番表示は何ら変わることなく今日にいたっている。

市壁

パリのまわりには、何世紀にもわたってさまざまな市壁が築かれてきた。以下、それを列挙しておこう。

ガリア＝ローマ時代の市壁　セーヌ川が理想的な中洲を形づくったルテティア【パリシイ族の集落】の揺籃の地に、粗砂をもちいて簡素に築かれた市壁。

ユーグ・カペーの市壁　この市壁がいつ築かれたかについては、痕跡がないため諸説ある。だが、その輪郭は、右岸ではサン＝ジェルマン＝ローセロワ教会からフォセ＝サン＝ジェルマン通り、サン＝メリ教会周辺、ボードワイエ広場、さらにバール通りにかけて、左岸ではビエーヴル通りからモベール広場、ソムラール通り、グラン＝ゾーギュスタン通りにかけて見定めることができる。この市壁はまた、おそらくサン＝ジェルヴェをはじめとする一角を保護し防御するための簡単な柵だったと思われる。

フィリップ・オーギュストの市壁　十字軍に出発する前、フィリップ・オーギュストは用心ぶかくパリを侵略から守ることにした。そこで彼は市壁を築いた。その工事は1190年に始まり、1213年に終わった。

シャルル5世の市壁　パリをイングランド軍から守るため、商人頭のエティエンヌ・マルセルが1357年に着工した。この市壁の工事はシャルル5世時代にも続けられ、最終的にシャルル6世時代の1383年に竣工をみた。

ルイ13世の市壁　1633年から36年にかけて築かれたこの市壁は、「黄色い濠」とよばれていた。おそらくそれは掘り返した土が黄色かったからである。以前の市壁とは異なり、それは銃眼を備えて、塔を配した防壁ではなく。幕壁で結びつけられた一連の稜堡からできていた。

フェルミエ・ジェネロー（総徴税請負人）の市壁　それまでの市壁が何箇所かでとり壊されると、パリの市域は境界標示物で固定されるようになった。人々が首都に持ち込む商品に課せられた入市税を支払ったのが、まさにここだった。総徴税請負人たちは板張りの事務所に陣どって、これらの税を徴収する任務にあたった。だが、この場所をさけて入市税を免れようとする不正行為が頻発したため、総徴税請負人たちはルイ16世【在位1774-92】から連続する市壁の建設許可を引き出した。この市壁の工事は1784年に始まり、87年に完成した。それは要塞化された防壁ではなく、徴税官が陣どるたんなる入市税のための壁だった。

ティエールの要塞防壁　フェルミエ・ジェネローの市壁は税関用の壁にすぎず、パリは軍事的に無防備だった。【第6次・第7次対仏大同盟軍による】1814年と15年の侵略に対する苦い記憶から、ルイ＝フィリップ【国王在位1830-48】の時代、首都を要塞化するという考えが生まれた。こうして1841年8月1日、ティエールは防壁建設のための法案を提出する。それが無益であることを見越したラマルティヌの反対にもかかわらず、計画はただちに実施され、1844年、ティエールの防壁は完成する。そこには鉄道の踏切をのぞく52か所の市門が設けられた。

ア行

アヴェロン Aveyron フランスの河川名に由来する呼称。アヴェロン川はソーヴテールのカルスト台地を源泉とし、フランス南西部のロデスやヴィルフランシュ＝ド＝ルウェルグといった町をゆったりと流れ、モントーバンの北側でタルン川と合流する。全長250キロメートル。パリのアヴェロン小公園（Square de l'Aveyron）は17区にある。命名は1932年。

アヴニール Avenir アヴニール【字義は「未来」】の名を冠した20区の袋小路とシテ、さらに通り（Cité / Impasse/ Rue de l'Avenir）はそれぞれ1862年、64年、93年に開通している。

アヴニュ・デュ・ボワ Avenue du Bois 1925年に16区の小公園（Square de l'Avenue-du-Bois）につけられた呼称。近くの旧アヴニュ＝デュ＝ボワ大通りがフォシュ大通りに改称したことによる。

アヴ・マリア Ave Maria 1258年から1480年まで、敬虔な娘たちからなるベギン女子修道会が占めていたアヴ・マリア修道院を追憶して、1867年、4区の通り（Rue Ave-Maria）にこの名がつけられた。この女子修道会は聖王ルイ9世（**サン＝ルイ**）がフランドルからよびよせたもので、やがてルイ11世【国王在位1461-83】はこれらの娘たちを、聖フランシスコの戒律（しばしば厳格に適用された会則）に従う修道女（《クロワトレ・スーミーズ</sub>公娼_{フィユ・スーミーズ}》ではない）と入れ替えるようになる。修道院をアヴ・マリアと命名したのが、このルイ11世だった。そして1484年からクララ女子修道会がベギン修道会を強化するが、1874年、修道院は解体を余儀なくされた。

アヴル Avre パリ南西部のペルシュとティムレ地方を流れる川で、ウール川の支流。全長92キロメートル。その水の一部がパリに送られている。アヴル通り（Rue de l'Avre）は1894年から15区にある。

アーヴル Havre 北仏セーヌ＝エ＝マリティム県のル・アーヴルはセーヌ河口に位置し、対北米貿易最大の港町である。ここには、世界最大とまではいかないまでも、少なくともヨーロッパ最大の石油基地もある。人口20万3000【2012年】を擁するこの町は、ベルナルダン・ド・サン＝ピエール【1737-1814。作家・植物学者】やルネ・コティ、ラウル・デュフィ、オトン・フリエス【1879-1949。画家で、フォーヴィズム創始者のひとり】などの生地でもある。8・9区を走るアーヴル通り（Rue du Havre）は、1845年の開通になる。

アヴロン Avron マルヌ河谷によって、東側はロニー＝スー＝ボワ、南西部はヴィルモンブルの高地に分けられている小規模の台地。1870年の普仏戦争時、この台地がパリ防衛に大きな役割を果たした。20区を走るアヴロン通り（Rue d'Avron）は、それから7年後の1877年に命名されている。

アカシア Acacias 17区を走るこの通りの両側には、1877年まで数多くのアカシアが立ちならんでいた。これらのアカシアは今ではすっかりなくなってしまった。再び植樹されることもない。アカシア通り（Rue des Acasias）は1820年に開通している。

アカディ Acadie アカディア（アカディ）は**カナダ**のケベック東部に位置する地域名で、現在のノヴァスコシアおよびニュー・ブランズウィック州の沿岸部に相当する。1605年、フランス人がここにポール＝ロワイヤルを建設し、西方へ勢力を拡大していったが、1713年のユトレヒト条約でノヴァスコシアを失った。1755年、約10万人のアカディア住民はイギリスに忠誠を誓うことを拒んでフランス本国ないしイギリ

スに強制移送され、この移送を逃れた者の大部分はフランス領ルイジアナ（ルイジアヌ）に逃げた。これを「大追放」という。そして1763年、アカディアは最終的にイギリス領となった。アカディ広場（Place d'Acadie）は1984年、6区に誕生している。

アガル Agar 1832-91年。フランス北東部のスダンに生まれ、アルジェリアのムスタファで没した女優の芸名。本名はマリ＝レオニド・シャルヴァン。「みごとなまでに美しく、彫像のような物腰、そして表現力に富んだ眼差し」。当時、こう賛美されたという。オデオン座やアンビギュ座、ポルト＝サン＝マルタン劇場などの舞台にあがり、『通行人』【フランソワ・コペ（1842-1908）作。初演は1869年】でサラ・ベルナール【→アンリ・バルブー】と共演した。1877年にコメディ＝フランセーズ座に入るが、翌年、正座員に選ばれなかったために退団する。

　1885年、アガルはさまざまな有為転変をへて再び同座に戻るが、すでに過去の輝きと名声は失せていた。ゴブラン座の舞台にあがっているときに部分麻痺に襲われ、芸術家たちが連帯デモを行った2年後の1889年、自分に捧げられた公演に参加するために訪れていたアルジェリアで急逝した。アガル通り（Rue Agar）は16区にある。命名は敷設翌年の1912年。

アクソ Haxo 1774-1838年。ブノワ・アクソはフランス北東部ロレーヌ地方のリュネヴィルに生まれ、パリで没した将軍。フランス革命期や帝政期に数多くの戦いに従軍し、軍事技術者として、フランス国内はもとより、外国でも各地で要塞建設を手がけた。そのなかには、オスマン・トルコ皇帝セリム3世（1761-1808）のためにコンスタンティノープル（コンスタンティノプル）に築いた要塞もある。1813年、対仏同盟軍を相手に戦ったロシアのクルムで捕虜になった彼は、15年、まさに百日天下のさなかに帰国し、ナポレオンの傘下に入る。にもかかわらず、第二復古王政では要塞建設総監督に任命された。さらに1832

年、陸軍工兵としてベルギーに派遣され、アントウェルペン（アンヴェール）の攻囲戦を指揮してこれを陥落させ、一躍名をはせている。彼はまた特殊な構造の砲台【「アクソ式トーチカ」とよばれるもので、堅固な石組みの上に大量の盛土をし、最後部に敵軍の砲弾による衝撃を吸収して内室の崩落を防ぐ通風孔をそなえていた】を考案し、1811年、ダンチヒ（ダンティグ）の戦いではじめてこれをもちいた。19区から20区にかけて走るアクソ通り（Rue Haxo）は、1865年の命名。

アグソー（ダグソー）Aguesseau（d'） 1679-1744年。パリ高等法院の名誉評定員で、その所有地に通りが敷設された。兄【アンリ・ダグソー。1668-1751】は国璽尚書だった。8区のダグソー通り（Rue d' Aguesseau）は1723年の敷設である。

アクデュク Aqueduc 10区にあるアクデュク通り（Rue de l'Aqueduc）は、ウルク運河（カナル・ド・ルルク）の送水路の上に敷設されている。

アグリッパ・ドービニェ Agrippa d'Aubigné 1552-1630年。詩人・兵士・歴史家で、マントノン侯爵夫人の祖父。10歳【6歳？】でラテン語やギリシア語、さらにヘブライ語を修得したという。8歳のとき、のちにその一員となるカルヴァン派【→ジャン・カルヴァン】の首が晒されている絞首台の前を通り、この殉教を引き起こしたものに立ち向かうとの決意を固めたともされる。忠誠を尽くしたアンリ4世の即位式以外、つねに剣を携えていた彼ではあったが、報われることはなかった。

　ユグノー戦争さなかの1586年、フランス西部ブルアージュの地方総督だったカトリックのサン＝リュクによって捕虜となった彼【ユグノー教徒】は、口約束をして、ユグノー勢力の拠点だったラ・ロシェルで数日間過ごすことを許された。ラ・ロシェルを出立する前、戻ればカトリーヌ・ド・メディシス【1572年、カトリック教徒がユグノー教徒を大虐殺したサン＝バルテルミーの虐殺の首謀者】が彼を処刑するはずだと通

告された。だが、彼は舞い戻り、サン＝リ
ュクにこう言ったという。「自分の死が避
けられないことは分かってる。しかし、約
束を破ってまで自分の命を救うなら、神の
怒りを買うはずだ」。こうした信義によっ
て、彼は処刑されずにすんだ。

代表的な著作としては、『世界史』【1616
-20年】や偽名をもちいてのあざとい風刺
小説『フェネスト男爵の冒険』【1617年】、
さらに風刺書『ド・サンシ殿のカトリック
風懺悔』【没後1660年刊】などがある。彼
を名祖とするアグリッパ＝ドービニェ通り
（Rue Agrippa-d'Aubigné）は4区にある。
命名は敷設から22年後の1891年になされ
た。

アザイス Azaïs　1766-1845年。ピエール・
アザイスは「代償」という哲学体系を提
唱した【著書に8巻からなる『人間の運命に
おける代償』（1810-1812年）がある】。それ
によれば、善と悪が等しく代償しあい、最
終的に人間全体のために均衡状態を生みだ
す（端的にいえば、「金曜日に笑う者が日
曜日に泣く」）という。当初、彼は1789年
のフランス革命に好意的だったが、やがて
考えを変える。この転向により、フリュク
ティドール月（1797年）以降、さまざま
な苦労を味わい、やがて生地近くのタルブ
にある慈善女子修道会の施療院に逃れる。
パリに舞い戻ったのは1806年になってか
らだった。

サン＝シルの陸軍幼年学校の教師となっ
た彼は、1815年、もうひとつよからぬ考
えをいだく。ナポレオン賛美に満ちた書
【『ナポレオンとフランスについて』】を上梓す
るという考えである。だが、それは彼の庇
護者たちを怒らせ、以後数年間、極貧生活
を余儀なくされた。しかし、すてる神あれ
ばひろう神ありで、まもなく（あきらかに
女性たちの）強力な影響力のおかげで、彼
は6000フランの年金を受けとり、代償に
もとづく自分の哲学的思想が裏打ちされる
ことになった。1875年に命名されたアザ
イス通り（Rue Azaïs）は、18区にある。

アサス（ダサス）Assas (d')　1733-60年。

南仏ル・ヴィガン出身の騎士。オーヴェル
ニュ連隊兵の隊長だったニコラ・ダサスは、
かなり矛盾した話のおかげで有名になった。
【七年戦争中の】1760年10月15日の夜から
16日にかけて、彼は偵察のため、危険を
冒してたったひとりで森に入った。すると、
とつぜん敵兵に囲まれ、叫んだら殺すとお
どされた。だが、愛国心の塊だった彼は、
自軍を救うため、みずからを犠牲にしてこ
のような歴史に残る叫び声をあげた。「私
だ、オーヴェルニュ、敵襲だぞ！」

だが、事実は多少異なっている。森のな
かを進む部隊の先頭にいたこの騎士は、暗
闇のため、まちがえてあとに続く友軍の兵
たちに発砲し、襲いかかろうとしていた際、
たまたま敵兵に遭遇したにすぎなかったの
だ。とはいえ、彼は絶命するまで勇ましく
戦った。そして、生地であるル・ヴィガン
は彼の彫像を建て、パリは6区の通り
（Rue d'Assas）を彼に捧げた【1868年】。
彼にこうした栄誉を受ける資格があったと
すれば、むろんこの手柄だけによるもので
はないだろう。

アサール Hassard　19区のアサール通り
（Rue Hassard）は1910年に命名されてい
る。呼称はこの通りに持ち家をかまえてい
た人物の名に由来する。

アジャン・バイイ Agent Bailly　1871-1901
年。水上警察の巡査だったシャルル・ガス
トン・バイイは、ポン・マリ橋からセーヌ
川に身を投げた女性を助けようとして溺死
した。9区を走るアジャン＝バイイ通り
（Rue de l'Agent-Bailly）は1899年に敷設
され、1904年に現在の呼称となっている。

アジュダン・ヴァンスノ Adjudant Vincenot
本名アンリ・ヴァンスノ【1876生】は技術
曹長で、1909年9月25日、乗っていた飛
行船レピュビリク号が地面に激突して事故
死した。彼を悼んで1935年に命名された
アジュダン＝ヴァンスノ広場（Place de
l'Adjudant-Vincenot）は、20区にある。

アジュダン・レオー Adjudant Réau　本名
アルベール・レオー【1879生】。ヴァンス
ノと同じ軍人だった彼もまた、レピュビリ

ク号の事故の犠牲者となった。アジュダン＝レオー通り（Rue Adjudant-Réau）は、1915年から20区にある。

アシル Achille 1812年に20区に開通したアシル通り（Rue Achille）は、それが建設された土地の地主にちなんで命名されている。

アジル Asile 11区のアジル小路（Passage de l'Asile）は、1834年に開通している。その土地の所有者は、8区区長のムフル氏だった。すぐ近くには貧民用の収容施設があった。

アジル・ポパンクール Asile Popincourt ポパンクール保育所は、同様の活動をする幼稚園が登場する以前、パリ市によって創設された。名祖のジャン・ド・ポパンクール（1414没）は、ポパンクール村を吸収したフォリ＝メリクール地区の初代区長だった。アジル＝ポパンクール通り（Rue de l'Asile-Popincourt）は11区にある。

アシル・マルティネ Achille Martinet 1806-77年。パリで生まれ没した版画家。1830年にローマ大賞を受賞した彼のもっとも成功した作品としては、『小鳥を手にした聖母』や『椰子の木の下の聖母』、ラファエルの原画による『イエスの眠り』、さらに画家オラス・ヴェルネ【1789-1863】の原画による『ナポレオン3世の騎馬像』などがある。18区には、1881年から彼の名を冠した通り（Rue Achille-Martinet）が走っている。

アシル・リュシェール Achille Luchaire 1846-1908年。パリ生まれの歴史学教授。1889年から、ヒュステル・ド・クーランジュの後任としてソルボンヌで中世史を講じた。主著に『アルブレ侯アラン・ル・グラン』【1877年】や6巻シリーズの『イノケンティウス3世』【1904-08年】などがある。1932年、14区の通り（Rue Achille-Luchaire）に彼の名がつけられている。

アストール Astorg 8区のアストール通り（Rue d'Astorg）は、1774年にかつての湿地に開通したが、その土地の一部は、陸軍司令官のロケピヌ侯アストール・ドーバレ

ードの領地だった。

アストロラブ Astrolabe デュモン・デュルヴィルが率いた、1826-29年と1837-40年の2度にわたる世界周航の科学調査にもちいられた船の名前。この2度の遠征時に、太平洋のサンタ・クルーズ諸島に属するヴァニコロ島の海底で、ラ・ペルーズの遠征の名残を見つけた【1828年】。デュルヴィルはまた南極大陸の海岸に妻アデリーの名をつけている（1840年）。だが、彼は海から去らない方がよかった。パリ西郊のサン＝ジェルマン＝アン＝レの列車事故で、命を落としたからである。ちなみに、アストロラーベ（アストロラブ）とは、かつて天体の位置を観察し、水平線からの高さを見定めるのにもちいられた天体観測儀である。ヴィラ・ド・ラストロラブ（Villa de l'Astrolabe）は2001年から15区にある。

アスリヌ Asseline 1829-78年。ルイ・アスリヌは文学者で、1870年11月から71年3月まで14区の区長だった。ヴェルサイユに生まれた彼は、1866年、唯物論を唱えるふたつの組織を立ち上げている。「ラ・リーブル・パンセ（自由思想）」と「ラ・パンセ・ヌーヴェル（新思想）」である。14区のアスリヌ通り（Rue Asseline）は1904年に命名された。

アソモワール Assomoir 18区のアソモワール広場（Place de l'Assomoir）は、1995年の命名になる。19世紀にその近くで営業し、エミール・ゾラが1876年に発表した代表作の題名【『居酒屋』】に借りた、居酒屋「アソモワール」を記念してのことである。

アソンプション Assomption 16区のアソンプション（聖母被昇天）通り（Rue de l'Assomption）は、1854年までトンブロー（放下車）通りとよばれていた。この改称は、1839年にアンヌ＝ウジェニー・メイユレ・ド・ブルー【聖女マリ＝ウジェニー・ド・ジェジュ。1817-98。2007年列聖】が創設した、聖母被昇天女子修道会の修道院が建てられたことによる（1846年）。当時、この修道女たちはアソンプション通りにあ

ったテュイルリー城の一角で、大貴族（もちろん！）の子女を対象とする寄宿学校を設けており、そこで学んだ生徒のなかには、のちにスペイン王アルフォンソ12世【在位1875-85】の最初の王妃となる、マリア・デ・ラス・メルセデス【1860-78】がいた。

アダンソン Adanson 1727-1806。ミシェル・アダンソンは南仏エクス＝アン＝プロヴァンスに生まれ、パリで没した植物学者。みずから不完全とみなした書物を無視して、5年ものあいだ自費で**セネガル**を旅したのち、1759年に科学アカデミー会員に選ばれ、著作の編纂を準備した。そこには「全体的な類縁性によって示される自然の系統にもとづくあらゆる既知の存在」が体系的に描述されるはずだった。だが、フランス革命のため、その計画は挫折を余儀なくされた。

貧しい生活に引き戻された彼は、アカデミーから再度招請があった際、履いて行く靴がないと返答したという。総裁政府はそんな彼に年金をあたえ、のちに安心して老後を送れるよう会員に留任させ、靴を買えるようにした。ロシア女帝のエカチェリーナ【在位1762-96】やスペイン国王から魅力的な誘いを受けたにもかかわらず、愛国者だった彼はフランスを離れるのを拒んだ。『セネガルの自然誌』【1757年】を著した彼の名にちなんで、バオバブの一種は「アダンソニ」とよばれている。1962年には、5区の小公園（Square Adanson）にも彼の姓が冠せられた。

アテヌ Athènes ギリシアの首都アテネ（アテヌ）は、周知のようにアッティカの都であり、古代ギリシアでもっとも重要な都市だった。ヘレニズム文明の中心地でもあったその高台にそびえる都市アクロポリスは、ギリシア都市国家群の拠点で、今もきわめて数多くのモニュメントがあるが、これらモニュメントの維持に、人びとは昔から心血を注いできた。古代のアテネ（アテナイ）は5地区に分かれていた。キダテナイオン、メリテー、ケラミコス、コリトス、スカンボニデスである。最初の近代オリンピックは、このアテネで1896年に開かれた。パリ9区のアテヌ通り（Rue des Athènes）は1826年に敷設されたが、命名は81年である。

アドゥール Adour フランス南西部のミディ・ド・ビゴール山近くを水源とする全長335 kmの川。ピレネー（ピレネ）山脈西部北麓のジェール地方、ついでランド地方（ダクス市）をへてバスク地方のかなりの部分を貫流する。パリのヴィラ・アドゥール（Villa de l'Adour）は、1877年から19区にある。

アトラス Atlas アトラスとはアフリカ北東部の山脈で、全長約2500キロメートル、幅500メートルである。その隆起について古代人たちは誇張された考えをいだいており、伝承はそれを世界を支えるタイタンとみなしていた。19区のアトラス通り（Rue de l'Atlas）は17世紀以前に敷設されていたが、命名は1877年である。

アトランティク Atlantique 15区のアトランティク公園（Jardin Atlantique）は1997年に開園しているが、呼称は、大西洋がモンパルナス駅を始発駅とする鉄道の終着点であることに由来する。

アドリヤン・ウダン Adrien Oudin 1873-1934年。パリ9区の区会議員。彼を名祖とする9区のアドリヤン＝ウダン広場（Place Adrien-Oudin）は、1935年に命名されている。

アドリヤン・エブラール Adrien Hébrard 1833-1914年。ジャーナリスト・政治家。《ル・タン（時間）》紙の主筆をつとめた。その名を冠した16区のアドリヤン・エブラール大通り（Avenue Adrien-Hébrard）は、1928年に命名されている。

アドリヤンヌ Adrienne 現在、20区のシテ（Cité Adrienne）と14区のヴィラ（Villa Adrienne）につけられているこの呼称は、かつてその土地に通りが敷設された地主の娘の名である。

アドリヤンヌ・シモン Adrienne Simon 14区のヴィラ・アドリヤンヌ＝シモン（Villa Adrienne-Simon）は、地主たち自身によ

って命名されている。この呼称は、おそらく彼らと親しかった女性の名である。

アドリヤンヌ・ルクヴルール Adrienne Lecouvreur 1692-1730年。シャンパーニュ地方のエペルネに近いダムリ出身のフランス人悲劇役者。幼くして家族の愛情を奪われた彼女は、やがて時代を代表する女優となった。コルネイユやラシーヌ、ヴォルテールの戯曲を演じ、コメディー=フランセーズの座員として名をはせた【→サクス】。彼女にちなんで命名されたアドリヤンヌ・ルクヴルール小路（Allée Adrienne-Lecouvreur）は、1907年から7区にある。

アドルフ・アダン Adolphe Adam 1803-56. 作曲家で、フランソワ・ボイエルデューの弟子。とくに精力を傾けて制作したのがオペラコミックで、もっとも有名な作品としては『男爵夫人』【1835年】や『イヴトの王』【1842年】、『闘牛士』【1849年】、『オルファ』【1852年】、『私掠船』【1856年】などがある。アダンはまた数多くのバレエ曲を創作しており、とくに『ジゼル』【1841年】は有名である。さらに、きわめて美しい『クリスマス讃美歌』も作曲している。だが、彼はのちにゲテ=リリック座となるテアトル=ナシォナルを経営するという場ちがいな考えを抱き、そのために破産同然となった。4区のアドルフ=アダン通り（Rue Adolphe-Adam）は1864年に命名されている。

アドルフ・イヴォン Adolphe Yvon 1817-93年。このアドルフは歴史画を得意とする画家で、『グラン・サン=ベルナール峠を下る第一執政』【1853年】や『ロシアから撤退するネ元帥』【1855年】などを描いた。16区のアドルフ=イヴォン通り（Rue Adolphe-Yvon）は、1896年の命名である。

アドルフ・シェリウー Adolphe Chériou 1857-1934。15区選出のパリ参事会員【のちにセーヌ県議会議長】だった彼の名が同区の広場（Place Adolphe-Chérioux）にあたえられたのは、1935年のことだった。.

アドルフ・ジュリアン Adolphe Julien 1803-73年。西部鉄道会社の技師だったジュリアンは、フランスの交通手段の普及にあずかって力があった。1区にあるアドルフ=ジュリアン通り（Rue Adolphe-Julien）は、19845年に命名されている。ちなみに、彼を1845年生まれの同じ名の有名な音楽史家・音楽評論家と混同してはならない。後者は1826年に『音楽と哲学』や『パリのウェーバー』を、さらに『ヘクトール・ベルリオーズと当時の社会』【1904年】を著している。

アドルフ・ピナール Adolphe Pinard 1844-1934. この勇敢な医師はパリ大学医学部に育児学科を創設してその普及につとめ、のちにパリ選出の下院議員となった。彼の名を冠したアドルフ=ピナール大通り（Boulevard Adolphe-Pinard）は1948年、14区に敷設されている。

アドルフ・フォシヨン Adolphe Focillon 1823-90年。パリ出身の博物学者だったフォシヨンは、コレージュ・ド・フランスやリセ・ルイ=ル=グランで教鞭をとったあと、25年にわたってコルベール学院の院長をつとめた。ル・プレー【1806-82. 社会学者・経済学者】の弟子で協力者でもあった彼は、『近代の偉大な発明』【1885年】などを著している。アドルフ=フォシヨン通り（Rue Adolphe-Focillon）は、1899年から14区にある。

アドルフ・マックス Adolphe Max 1869-1939年。1909年から没年までブリュッセルの市長をつとめ、1914年、パリの名誉市民に選ばれた。アドルフ=マックス広場（Place Adolphe-Max）は9区にあり、1940年に命名されている。

アドルフ・ミル Adolphe Mille 1812-94。下水の農業用濾過を提唱したパリ市の創意工夫に富んだ技師。その名がついたアドルフ=ミル通り（Rue Adolphe-Mille）は19区にある。命名は1904年。

アナ・アラント Hannah Arendt ハンナ・アーレント（アナ・アラント）はドイツのリンデン、1906年に現在のハノーファー【→アノーヴル】に生まれ、75年にニューヨークで他界した思想家・作家・大学教員で、

とくに政治理論の専門家。1933年にドイツを去ってフランスに移り、41年にアメリカ合衆国にわたって、10年後の1951年に合衆国籍を取得した。著作には『全体主義の起源』【3巻、1951年。「反ユダヤ主義」含む。大島通義ほか訳、みすず書房】や『人間の条件』【1958年。志水速雄訳、ちくま学芸文庫】、『精神の生活』【2巻、1978年（死後刊行）。佐藤和夫訳、岩波書店】などがある。彼女は1959年にレッシング賞、75年にはヨーロッパ文化の普及に貢献したとしてソニング賞も受けている。その名を冠した19区のアナ＝アラント広場（Place Hannah-Arendt）は、2003年の命名である。

アナトル・ド・ラ・フォルジュ Anatole de la Forge 1821-92年。ジャーナリスト・政治家。北仏エーヌ県知事として、1870年、サン＝カンタンの守備隊を組織した。アナトル＝ド＝ラ＝フォルジュ通り（Rue Anatole-de-la-Forge）は17区にある。命名は敷設翌年の1893年になされた。

アナトル・フランス Anatole France 1844-1924年。本名アナトル＝フランソワ・ティボー【わが国ではアナトール・フランスとする表記が一般的】。パリ出身。人間存在に対する懐疑や他者の苦痛に対する感性をいだいていた素晴らしい作家で、主著に『シルヴェストル・ボナールの罪』【1881年】や『鳥料理レエヌ・ペドオク亭』【1892年】、『赤い百合』【1894年】、『神々は渇く』【1912年】などがある。アナトル＝フランス大通り（Rue Anatole-France）は1926年、同名の河岸通り（Quai Anatole-France）は1947年の命名で、いずれも7区にある。

アノーヴル Hanovre 2区のアノーヴル通り（Rue Hanovre）は、通称「アノーヴル」館が近くにあったことによって命名された。この建物は1757年、リシュリュー元帥【1696-1788年。リシュリュー枢機卿の子孫】のために建てられたものである。一方、周知のように、ドイツにはニーダーザクセン州の州都で、人口52万8000【2013年】のハノーファー【仏語名アノーヴル】がある。

アノンシアシオン Annonciation アノンシアシオン通り（Rue de l'Annonciation）は16区にあるが、その命名は1867年までさかのぼる。通りが同じ呼称の教会まで続いていることに由来する単純な命名である。アノンシアシオンとは、天使ガブリエルがマリアに受肉の神秘を知らせた受胎告知をさす。レオナルド・ダ・ヴィンチ（レオナール・ド・ヴァンシ）は『受胎告知』【1472-75年頃。フィレンツェ・ウフィツィ美術館蔵】と題されたみごとな油彩画を描いている。

アブヴィル Abbeville フランス北部ソンム県の町で、郡庁所在地。そのコミューン特許状【国王や領主が都市に自治権などを認可した証書】は1184年までさかのぼる。海軍提督アメデ・クールベ【1827-85】の生地。アメリカ合衆国にはAbbevilleの名をもつ都市がいくつかある。9区と10区を結ぶアブヴィル通り（Rue d'Abbeville）は、最終的に1894年に命名されている。

アブキール Aboukir エジプトのアレクサンドリア（アレクサンドリ）北東23キロメートルにある村の名前。そこで第一共和政と執政時代に3度の重要な会戦がくりひろげられた。2度の会戦（1798年8月1日・1801年3月8日）でフランス軍はイギリス軍に敗北したが、1799年7月25日の会戦では、オスマン帝国軍に大勝した。2区のアブキール通り（Rue d'Aboukir）通りは、この勝利を記念して1848年に命名された。

アフル Affre 1793-1848年。パリ大司教。1848年6月25日〔労働者たちによる6月蜂起〕の午後4時、流血騒動を鎮めようとして、彼はフォブール・サン＝タントワヌ通りの入り口に設けられたバリケードに向かった。だが、「流れ弾」を腰に受けて、説得にあたっていた叛徒たちの腕のなかに倒れ、翌27日、絶命した。「私の血が最後の流血となるように。善き羊飼いは羊たちのために命を差し出す」。これが最期の言葉だったという。アフル通り（Rue Affre）は1864年から18区にある。

アブルヴォワール Abreuvoir かつて牛たちはたんなる1本道にすぎなかったこの通

りを通って水飲み場に通った。今日、水飲み場はカフェとなっており、そこに牛が出入りすることはできない。18区のアブルヴォワール通り（Rue d'Abreuvoir）は、1672年からある。

アベイ Abbaye　6区のアベイ通り（Rue de l'Abbaye）は1815年に命名されている。呼称は、敷地の一部にこの通りが敷設されたサン＝ジェルマン＝デ＝プレ大修道院に由来する。同修道院は6世紀にメロヴィング朝のヒルデベルト王【在位511-558】によって建設された。1790年、大修道院は国家の所有となり、その修道院長の邸館は、今日、サン＝ヴァンサン＝ド＝ポール女子修道会となっている。

アベ・エスクレ Abbé Esquerré　1931年没。司祭エスクレの名を冠した7区のアベ＝エスクレ小公園（Square de l'Abbé-Esquerré）は、近接する聖フランソワ＝グザヴィエ（フランシスコ・ザビエル）教会の助祭だった彼をたたえている。

アベ・カルトン Abbé Carton　1813-87年。この司祭はノートル＝ダム＝ドゥ＝ボン＝スクール（よき救いの聖母）施療院の創設者として知られている。彼の名がつけられた14区の通り（Rue de l'Abbé-Carton）は1954年に開通している。

アベ・グルル Abbé Groult　1760-1843年。本名グルル・ダルシ。ベネディクト会の司祭・神学者で、サン＝ルイ王立騎士団学校の創設者【校長（？）】でもあった彼の名は、1868年に命名された15区のアベ＝グルル通り（Rue de l'Abbé-Groult）に残っている。

アベ・グレゴワール Abbé Grégoire　1750-1831年。1790年の聖職者民事基本法を支持したこの宣誓司教は、全国三部会に聖職者代表として選ばれ、有名な長子相続権の廃止を提唱した。1794年には奴隷制廃止も勝ちとり、さらにフランス学士院と国立工芸院の創設にも尽力している。熱烈なナポレオン信奉者ではなかったが、帝政期には元老院の議員となった。そのため、復古王政で生計の道を断たれ、学士院からも追

放される。1819年、イゼール県の下院議員に選ばれたが、その選挙結果は多少とも「正常な」策動によって無効とされた。そんな彼の葬儀は政治的デモの先駆けとなったが、死の直前まで、上位聖職者たちの考えに反対して闘った。彼を名祖とするアベ＝グレゴワール通り（Rue de l'Abbé-Grégoire）は、1880年から6区にある。

アベ・ジャン・ルブフ Abbé Jean Lebeuf　1687-1760年。フランス中部のオーセールに生まれ、パリで没したこの司祭は、生地の司教座聖堂参事会員をつとめたのち、1735年からパリで新しい典礼聖歌を確立する任務を託された。彼はまた『パリ市およびパリ司教区全体の歴史』の著者であり、1986年、14区のアベ＝ジャン＝ルブフ広場（Place de l'Abbé-Jean-Lebeuf）にその名がつけられている。

アベ・ジョルジュ・エノク Abbé Georges Hénocque　1870-1959年。第2次世界大戦中、司祭エノクは13区で聖職についていた。レジスタンス活動家だった彼は、戦争中、真の愛国者として活躍し、1968年、その名が13区の通りと広場（Rue／Place de l'Abbé-Georges-Hénocque）に冠せられた。

アベ・ジレ Abbé Gillet　1878-1938年。司祭ギエは16区の在郷軍人会副会長だった。1938年に命名された同区のアベ＝ジレ通り（Rue de l'Abbé-Gillet）は、彼を名祖とする。

アベス Abbesses　モンマルトルの旧女子大修道院長に由来する呼称。アベスには任期が3年ないし終身の修道院長と、いくつかの大修道院を管轄する総修道院長の3カテゴリーがあった。女性参事会の上位者をさすアベスという称号の所持者は、権威とまではいかないまでも、少なくとも尊敬をえていた。有力家、ときに王侯家は、娘のひとりにこの称号を得させようとしていた。アベスの象徴的な執り物としては、大修道院長の十字架と指輪および杖がある。フランス西部フォントヴローの女子大修道院【1101年創設】では、修道女だけでなく、

修道士の上位者も修道院長をつとめている。一方、ごく稀な事例を除いて、教会の長は一般的に男性がなってきた。18区のアベス通り（Rue des Abbesses）と広場（Place des Abbesse）は1867年、同名の小路（Passage des Abbesses）は73年に命名されている。

アベ・スーランジュ＝ボダン Abbé Soulange-Bodin 1861-1925年。彼は生涯を恵まれない労働者たちのために捧げ、1899年から1901年にかけて、今も14区のヴェルサンジェトリクス通りにある、ノートル＝ダム＝デュ＝トラヴァイユ＝ド＝プレザンス教会の建立に中心的な役割を担った。その名を冠した通り（Rue de l'Abbé-Soulange-Bodin）は14区にある。命名は1985年である。

アベ・ド・レペ Abbé de l'Épée 1712-89年。ふたりのろうあの娘と出会ったことがきっかけとなって、シャルル＝ミシェル・ド・レペはフランスで最初のろうあ学校を創設した。彼は次のような名言をものしている。「ろうあ者の教育は、耳をとおしてわれわれの精神に入ってくるものを、目をとおして彼らに理解させることである」。こうした彼の事業を援助するため、国王ルイ16世（在位1774-92）は彼に個人年金をあたえた。そして彼の死の2年後、下院はその名前が人類の恩人のひとりとして記録されなければならないと宣言している。『体系的手話によるろうあ者教育』を著した彼の名は、1864年に命名された5区のアベ＝ド＝レペ通り（Rue de l'Abbé-de-l'Épée）に残っている。

アペナン Apennins イタリア半島のほぼ全域を南北に走るアペニン山脈のこと。最高峰は標高2921メートルのグラン・サッソ山。パリ17区のアペナン通り（Rue des Apennins）は、1845年に敷設され、67年に命名されている。

アベ・バセ Abbé Basset 1899-1943年。この聖職者は、1981年にその名が冠せられた5区の広場（Place de l Abbé-Basset）の近くにある、サン＝テティエンヌ＝デュ＝モン教会の助祭だった。第2次世界大戦でマウトハウゼン強制収容所送りとなった彼【同収容所内で没】は、同じ悲運にみまわれた同胞たちに思いやりと慈悲に満ちた心で接した。そんな彼の想い出がこうして保存されるのは、けだし当然といえるだろう。

アベ・パテュロー Abbé Patureau 1853-1930年。モンマルトルのサン＝ピエール教会で主任司祭をつとめていたパテュローは、18区のアベ＝パテュロー通り（Rue de l'Abbé-Patureau）の名祖である。通りの命名は1933年になされている。

アベ・フランツ＝ストック Abbé Franz-Stock 1904-48年。フランツ＝ストックは、1934年にパリのドイツ系カトリック布教団の聖堂付き司祭に任命されたドイツ人聖職者で、1941年にからは、パリ南郊のフレーヌや市内のサンテ、シェルシュ＝ミディに設けられたレジスタンスの活動家用監獄付き司祭となった。そして、パリ西郊バレリアンの丘で2000人以上の死刑囚につきそい、処刑のときまで彼らを勇気づけた。16区のアベ＝フランツ＝ストック広場（Place de l'Abbé-Franz-Stock）は、1994年、彼をたたえて命名されたものである。

アベ・ミニュ Abbé Migne 1800-75年。フランス中部サン＝フルールに生まれたジャック＝ポール・ミニュは、聖職者であると同時に碩学の編集者でもあり、印刷業者としての免許をえて、みずから出版所を興して度外れた叢書を編纂した。数百巻にのぼる神学百科全書の『ラテン教父文献集』（1844-55年）と『ギリシア教父文献集』（1857-66年）である。これらの叢書によって、聖職者たちに重要な作業の典拠をあたえた。彼が一連の編集を行った出版所は14区のプティ＝モンルージュにあり、それゆえこの地区の通りに、1978年、彼の名がつけられた。アベ＝ミニュ通り（Rue de l'Abbé-Migne）がそれである。

アベル Abel 本名ニールス・アーベルNiels Abel（1802-29年）。正当な評価を得られ

アヘルオウ

ぬまま、不遇のうちに没したノルウェー（ノルヴェージュ）の数学者。そのことに遺憾の意を表して、ノルウェー政府はのちに彼の全業績を公刊した。彼がカール・ヤコビ【1804-51】とともにフランス学士院数学部門大賞を受賞したのは、死の翌年、すなわち1830年のことである【アベル通り（Rue Abel）は12区。命名は1900年頃】

アベル・オヴラック Abel Hovelacque
1843-96年。人類学（人類学とは何か：答えは人類の自然史である）と言語学の教授であり、卓抜した行動力の持ち主だった彼はまた下院議員・市議会議長でもあった。アベル＝オヴラック通り（Rue Abel-Hovelacque）は、1899年から13区にある。

アベル・ガンス Abel Gance 1889-1981年。パリで生まれ、没した映画監督。第1次世界大戦が終わると、彼はなおも未成熟の映画に多くのものをもたらした。ポリヴィジョン（3面スクリーン）やサウンド・パースペクティヴ、立体音響、絵文字法などである。さらに二重写しやカメラの移動を多用し、その作品は全体的に的をえた叙情性と過激さに満ちていた。代表作に『悲しみの聖母』【1918年】や『歳2交響楽』【同】、『鉄路の白薔薇』【1923年】、『ナポレオン』【1927年】、『貧しい若者の物語』【1935年】、『ルクレチア・ボルジア』【同】、『私は告発する』【1938年】、『失楽園』【1940年】、『悪の塔』【1955年】、『アウステルリッツ』【1960年】、TVドラマとしては『メアリー・テューダー』【1966年】などがある。非凡な映画監督だった彼のひきだしには、資金不足で制作できなかった数多くのアイデアが眠っていた。アベル＝ガンス通り（Rue Abel-Gance）は1993年から13区にある。

アベル・トリュシェ Abel Truchet 1857-1918年。当時なおも「カロリヌ小路」とよばれていた17区の通りに住んでいた画家。この通りは1928年にアベル＝トリュシェ通り（Rue Abel-Truchet）となった。

アベ・ルーセル Abbé Roussel 1825-97年。この司祭は孤児の徒弟たちのための有名な慈善団体「ウーヴル・デ・ゾルファン・ドートゥイユ」を創設したことで知られ、1969年、16区の大通り（Avenue de l'Abbé-Roussel）にその名がつけられている。

アベ・ルースロ Abbé Rousselot 1848-1924年。音声学の研究や著作で知られるルースロは、コレージュ・ド・フランスの教授だった【1923-24年】。彼を名祖とするアベ＝ルースロ通り（Rue de l'Abbé-Rousselot）は、1929年から17区にある。

アベル・フェリー Abel Ferry 1881-1918年。16区のアベル＝フェリー通り（Rue Abel-Ferry）は1928年に開通している。アベル・フェリーは下院議員だったが、ジュール・フェリーとは無縁である。

アベル・ラボー Abel Rabaud 11区のアベル＝ラボー通り（Rue Abel-Babaud）は、1892年にこの通りが敷設された土地の所有者にちなんで命名されている。

アベル・ルブラン Abel Leblanc 12区にあるアベル＝ルブラン小路（Passage Abel-Leblanc）の名祖は、その所有地にこの小路が敷設された、パリ盆地の東部ブリー地方出身の裕福な製粉業者。

アベ・ロジェ・デリ Abbé Roger Derry
サン＝フランソワ・グザヴィエ教会の助祭から従軍司祭となり、さらにレジスタンス活動に入ったロジェ・デリは、1943年、ケルンでドイツ軍に処刑された。それを悼んで、1958年、彼の名が15区の通りに冠せられている。アベ＝ロジェ＝デリ通り（Rue de l'Abbé-Roger-Derry）がそれである。

アマドゥー・アンパーテ・バー Amadou Hampâté Bâ 1900-91年。マリ中南部バンディアガラに生まれ、アビジャンで没した作家・歴史家・民族学者・物語作者・詩人・思想家・宗教対話者。アフリカの口頭伝承の復権を求めてUNESCOに送った書簡で知られるようになった。10区のアマドゥー＝アンパーテ＝バー小公園（Square Amadou-Hampâté-Bâ）は、1997年、彼に捧げられている。

アマリア Amalia アマリアとは地主ラヴェ

ル家の娘の名である。19区にあるこのヴィラ・アマリア（Villa Amalia）は、1892年に開通している。

アマンディエ Amandiers　はるか昔、多少とも高台ではあった一帯に、アーモンド（アマンディエ）の木が生えていた。20区のアマンディエ通り（Rue des Amandiers）は、当時「アマンディエ」とよばれていたこの土地に敷設されている【1672年】

アミアン Amiens　北仏ソンム県の県庁所在地。13世紀にロベール・ド・リュザルシュ【1160頃-1228】の設計にもとづいて、13世紀に建立された（2基の尖塔をのぞく）きわめて美しい司教座聖堂を有する。カエサル（ジュール・セザール）によるガリア征服時代、アミアンはガリア語でサマロブリヴァ【字義は「ソンム川の橋」】とよばれていた。1802年、ここで、イギリスのチャールズ・コーンウォリス卿【1738-1805】と、第一執政ボナパルトの兄ジョゼフ・ナポレオン【1768-1844. のちのスペイン・ナポリ王】が、講和和約を結んでいる。アミアンはまたピエール・レルミトやショーデルロ（コデルロス）・ド・ラクロなどの生地でもある。パリ20区のアミアン小公園（Square d'Amiens）は、1954年の命名。

アミシ・ルボディ Amicie Lebaudy　めずらしいが、チャーミングな名をもつこの貴婦人は、マダム・ジュール・ルボディ財団【ジュール・ルボディは夫の姓名】の創設者で、フランス各地に低廉な社会住宅を建設する運動を推進した。20区のアミシ＝ルボディ小公園（Square Amicie-Lebaudy）は2000年からある【生没年は不詳だが、アミシはギヨーム・ダルの筆名でジャンセニスム論を書いている】

アミヨ Amyot　1513-93年。ジャック・アミヨは翻訳家で、フランス中部オーセールの司教。王子アンリ2世【国王在位1547-59】の師傅だったが、のちに宮廷司祭となった。プルタルコスの『対比列伝』【1559年】や『倫理論集』【1572年】などの訳業がある。彼を名祖とする5区のアミヨ通り

（Rue Amyot）は、1867年に命名されている。

アミラル・クルエ Amiral Cloué　1817-89年。ジュール・フェリー内閣の海軍大臣【1880-81年。マルティニク総督（1871-74年）もつとめた】。黄経局【フランス革命期に創設された機関で、天体暦や航海暦などの作成にあたった】の一員で、著書に『新大陸の水先案内人』【1882年】などがある。彼の名を冠したアミラル＝クルエ通り（Rue de l'Amiral-Cloué）は、1907年から16区にある。

アミラル・クールベ Amiral Courbet　1827-85年。ニューカレドニア（ヌーヴェル＝カレドニ）の地方総督・トンキン【→ソンテ】海軍分艦隊指揮官。フランス領安南保護領の創設やトンキン攻略を指揮した。1885年6月9日にその旗艦バヤール号上でおこなわれた、講和条約締結の2日後に没している。アミラル＝クールベ通り（Rue de l'Amiral-Courbet）は16区にある。

アミラル・デスタン Amiral d'Estaing　1729-94年。アメリカ合衆国の独立戦争に参加した彼は、フランス中部オーヴェルニュ地方のラヴェル城に生まれ、ギロチン刑に処された【1874年から81年までフランス大統領だったジスカール・デスタンは、その末裔】。1949年に命名されたアミラル＝デスタン通り（Rue de l'Amiral-d'Estaing）は、16区にある。

アミラル・ド・グラス Amiral de Grasse　1722-88年。グラス＝ティリイ侯爵でグラス公爵でもあったフランソワ・ジョゼフ・ポールは、南仏プロヴァンスのバルで生まれ、パリで他界している。このフランス人水夫は、とくにアメリカ合衆国の独立戦争に参加した（1780-81年）ことで知られる。1782年、イギリス軍の捕虜となり、帰国後、軍法会議に引き出され、敵の奇襲をみすみす許したとして告発された。だが、裁決は無罪だった。16区のアミラル＝ド＝グラス広場（Place de l'Amiral-de-Grasse）は、1978年からある。

アミラル・ド・コリニ Amiral de Coligny

アミラルフ

1519-72年。フランス中部シャティヨン＝シュル＝ロワン（現シャティヨン＝コリニ）に生まれ、パリで没した提督。1552年のブラジル（ブレジル）や62-65年のフロリダへの植民事業で知られる。彼はまたきわめて勇敢な兵士でもあり、これら植民地遠征のあいだの1557年には、北仏のサン＝カンタンをスペイン軍の侵攻から守ってもいる。このコリニの抵抗は他地域のフランス人に武器を取らせることになったが、彼自身は捕虜となり、1559年4月3日のカト＝カンブレジ条約締結まで、2年近く拘束された。この2年のあいだに宗教改革を支持するようになり、プロテスタントに改宗した。

こうして改革派の指導者となった彼は、国王がスペインに戦争をしかけるよう画策するが、1572年8月22日、ルーヴル宮を出たところで銃撃され、負傷する。国王はその報復を誓うが、2日後、サン＝バルテルミの虐殺【カトリックによるユグノー＝プロテスタントの大虐殺】が起きる。そして、この惨劇の日に、彼はギーズ公アンリ1世【1550-88。カトリック陣営の指導者】に雇われた刺客のチェコ人ベスメに殺害された。彼の名を冠した1区のアミラル＝ド＝コリニ通り（Rue de l'Amiral-de-Coligny）は1972年からある。

アミラル・ブリュイ Amiral Bruix 1759-1805年。エティエンヌ・ブリュイクスはドミニカのサント＝ドミンゴを出身地とするフランス人海軍上級大将・海軍大臣。イギリス軍の侵攻にそなえて、北仏のブーローニュに陣地を築いている。彼を名祖とするアミラル＝ブリュイ大通り（Boulevard de l'Amiral-Bruix）は20区にある。命名は1932年になされた。

アミラル・ムシェ Amiral Mouchez 1821-92年。海軍上級大将・天文学者で、パリ天文台長（オブセルヴァトワール）。星々のなかを漂っていた彼の名は、1893年からパリの通りに残っている。13区と14区を結ぶアミラル＝ムシェ通り（Rue de l'Amiral-Mouchez）がそれである。

アミラル・ラ・ロンシエール・ル・ヌリ Amiral La Roncière Le Noury 1813-81年。1870年の戦争時【普仏戦争】、パリの要塞を守った海軍派遣小艦隊の指揮官。1934年に命名されたアミラル＝ラ・ロンシエール＝ル＝ヌリ通り（Rue de l'Amiral-La-Roncière-Le-Noury）は、12区にある。

アミラル・ルーサン Amiral Roussin 1781-1854年。アルバン・ルーサンは海から遠く離れたディジョンで生まれ、パリで他界した海軍提督【海軍・植民地担当大臣やコンスタンティノープル大使なども歴任した】。アミラル＝ルーサン通り（Rue de l'Amiral-Roussin）は15区にあり、1897年に命名されている【→ルーサン】

アミロー Amiraux 普仏戦争中の1870年12月23日に、パリ北方ル・ブルジェでの凄惨をきわめた戦いにくわわった司令官たちの総称。1926年に彼らに捧げられたアミロー通り（Rue des Amiraux）は、18区にある。

アムステルダム Amsterdam アムステル川の河口に位置するオランダの首都。当初、基礎杭の上に建設され、なおも数多くの運河が市内を走るところから、北のヴェネツィアとよばれている。ダイヤモンド（とハッシッシ）の一大交易地である。12世紀にはたんなる漁師村にすぎなかった。哲学者のスピノザや多くの画家、たとえばファン・デ・ヴェルデ【1636-72】の生地でもある。古い記憶となるが、1810年から14年まで、この町はフランス帝国に併合されていた。8区と9区を結ぶアムステルダム通り（Rue d'Amsterdam）は1826年から、8区のアムステルダム袋小路（Impasse d'Amsterdam）は1877年からある。

アメデ・ゴルディーニ Amédée Gordini 1899年にイタリア中北部のバッツァーノに生まれ、1979年にパリで没した1人乗り自動車の製造者。彼はルノー社と提携して、多くの自動車愛好家たちが運転を夢見た、有名なルノー＝ゴルディーニ（4人乗り）を開発している。15区のアメデ＝ゴ

ルディーニ広場（Place d' Amédée-Gordini）は、1999年の命名になる。

アメリ Amélie 土地所有者だったピアン・ド・ラフォレの娘の名。15歳のとき、肉親の愛情を奪われた彼女は、一説にキリスト教的な徳性すべてを一身に集めていたという。1824年の命名になるアメリ通り（Rue Amélie）は7区、同名のヴィラ（Villa Amélie）は20区にある。

アメリク・ラティヌ Amérique Latine 字義は「ラテン・アメリカ」。独立をかちとるまで、スペインやポルトガルの植民地となっていた国々の総称。中南米全体と**メキシコ**を含む。アメリ＝ラティヌ公園（Jardin d'Amérique-Latine）は17区にある。

アモー Hameau 19世紀初頭、デリュという慈善家が、困窮している人々を住まわせるため、かなりの数にのぼるバラック小屋を建て、その全体は「勇気ある人物の小集落（アモー）」と命名された。むろんこの人物とはデリュのことである。そして1818年から、この集落へと続く道がアモー通り（Rue du Hameau）とよばれるようになった。

アムーブルモン Ameublement 字義は「家具」。沿道の地主たちが1930年に命名したシテ（集合住宅地区）。当時、ここは家具製造所が所狭しと立ちならんでいた通りだった。シテ・アムーブルモン（Cité de l'Ameublement）は、1930年から11区にある。

アムラン Hamelin 1796-1864年。北仏カルヴァドス県のポン＝レヴェックに生まれ、パリで他界したフェルディナン・アムランは、海軍大将として知られる。1821年のギリシア、23年のスペインへの軍事遠征に、それぞれ海軍大尉として従軍し、さらに30年、フリゲート艦隊の司令官としてアルジェの奪取作戦できわだった軍功をあげた。1848年に　海軍中将に任命された彼は、53年のクリミア（**クリメ**）戦争で黒海艦隊総司令官となってオデッサを砲撃し、セバストポリ（**セバストポル**）の要塞を攻撃した。そして1554年には海軍大将

となり、その直後、すなわち1855年から60年まで海軍大臣もつとめた。

やがてレジョン・ドヌール勲章のグラント・オフィシエ（大将校）佩用者となった彼は、廃兵院（**アンヴァリッド**）に埋葬された。彼の名を冠したアムラン通り（Rue Hamelin）は、1867年から12区にある【16区には2003年に命名されたアミラル＝アムラン通り（Rue de l'Amiral-Hamelin）もある】

アムロ Amelot 1732-95。アントワヌ＝ジャン・アムロは政治家で、1774年に財務監察官、76年から83年まで国務卿をつとめた【1777年に敷設されたアムロ通り（Rue Amelot）は11区にある】

アラゴ Arago 1786-1853年。フランソワ・アラゴはフランス南西部ピレネー＝オリアンタル県のエスタジェルに生まれた学者。23歳で科学アカデミーの会員となった彼は、パリ天文台長（**オプセルヴァトワール**）として天文学を講じたが、その講義は明晰さによって名声を博した。1830年、科学アカデミーの終身事務局長となった。彼はとくに光学に関心を抱き、光の「波動理論」を唱え、普及させた。

一方、アラゴは出身地の下院議員に選ばれて、極左に籍を置いた。1848年、民衆の喝采を浴びて海軍・植民大臣と陸軍大臣に任命されたが、52年、前年のクーデタによって実権を掌握した、のちのナポレオン3世【大統領在任1848-52】の政府に対する忠誠の誓約を拒み、政界から完全に引退して、翌年他界する。大臣職にあった時期、彼は植民地における奴隷制の廃止に尽力した。彼に捧げられた13・14区のアラゴ大通り（Boulevard Arago）は1864年に命名され、13区のアラゴ小公園（Square Arago）は1912年につくられている。

アラス Arras 1332年、5区のアラス通り（Rue d'Arras）に、北仏アラス近郊にあるサン＝ヴァースト大修道院長のニコラ・ル・カンデルリエの後押しで、アラス学寮が創設された。この町の貧しい学生たちがパリでその恩恵に与った。親切なことである。

13

アラスル

アラスール Alasseur 土地所有者。その名前にちなんだ15区のアラスール通り（Rue Alasseur）は1889年に開通している。

アラール Allard 1785-1839年。ジャン＝フランソワ・アラールはフランスの将軍で、終焉の地ラホール（現パキスタン）で常備軍を編成し、その最高司令官となった。彼はこの部隊にヨーロッパ風の訓練を施し、三色旗を授け、ルイ＝フィリップからインド北部パンジャーブ地方のシク国王【ランジート・シング（在位1801-39）】に仕えるよう命じられた。アラール通り（Rue Allard）は1974年から12区にある。

アラン Alain 1868-1951年。本名エミール＝オーギュスト・シャルティエ。パリや地方のリセで教鞭をとった哲学者・エッセイスト【思想家・作家のシモーヌ・ヴェイユはパリのリセ・アンリ4世時代の教え子】。アランがみずからに課した目的のひとつは、哲学に当初の役割、つまり人間を知恵へと導き、情念を制御し、さらに精神によって、混乱した感性や想像力および心を秩序立てるという役割をとり戻させることにあった。彼は考える教師かつ教育者たろうとした。

　アランのおもな著作には『権力論』【1925年】や『幸福論』【1928年】、『思想』【1932年】、『神々』【1933年】などがある。彼は言っている。「すべての快楽は死の上に咲いた卑しさである」、「いかなるものも美しくはない。唯一真実だけが美しい」、「私がいだいている考えは、私自身で否定しなければならない。そうするよう試みるのが、私流のやり方である」、「少しでもカトリシズムがあれば、何も傷つけたりはしない」。14区のアラン通り（Rue Alain）は1985年に命名されている。

アラン Allent 1773-1837年。ピエール・ジョゼフ・アランは北仏サン＝トメールに生まれ、パリで他界した将軍。1814年のパリ防衛【第6次対仏大同盟軍のパリ侵攻時】に活躍し、下院議員、ついで復古王党期に貴族院議員に任命された。一連の革命戦争やナポレオン戦争に参戦したにもかかわらず、である。とすれば、彼はみずからを

「復古」させる術を心えていたことになる。1864年に命名されたアラン通り（Rue Allent）は、7区にある。

アラン・シャルティエ Alain Chartier 1385-1433年。詩人で、シャルル6世【在位1382-1422】とシャルル7世【国王在位1422-61。→ジャック・クール】の特別秘書官をつとめた。宮廷詩や愛国詩を得意としていた彼はまた卓抜した政治演説家であり、とくにフランスの騎士と聖職者、そして民衆が一体化して、麗しいフランスを救うことを願っていた。アラン＝シャルティエ通り（Rue Alain-Charthier）は1863年から15区にある。

アランソン Alençon 北仏オルヌ県の郡庁所在地で、サルト川とブリアント川の合流点に位置する。アランソン・レースやアランソン・フリューレとよばれる刺繍や平織物の生産地。ゴシック様式のノートル＝ダム教会は、16世紀のみごとなステンドグラスで知られる。百年戦争の際、2度にわたってイングランド軍に占拠された（1417-44年）この町には、16世紀にフランソワ1世【在位1515-47】の姉マルグリット・ダングレーム【1492-1549】の宮廷がおかれ、プロテスタント（ユグノー）たちの拠点となった。1793年には、カドゥーダル【1771-1804。王党派の反乱指導者で、ナポレオン殺害を図って処刑された】が一帯を荒らしまわった。【アランソン通り（Rue d'Alençon）は15区】

アラン＝フルニエ Alain-Fournier 1886-1914年。アンリ・アルバン・フルニエ、通称アラン＝フルニエは、20世紀初頭のフランスの片田舎に住む、若者の初恋のときめきをみごとに描きだした『モーヌの大将』【1913年】の作者である。この作品は、1967年、ガルビエル・アルビコッコ監督【1936-2001。1968年5月、ジャン＝リュック・ゴダールらとカンヌ映画祭を中止に追い込み、これが「5月革命」の発端となった】によって映画化された【『さすらいの青春』】。彼は言っている。「ああ！もはや覚えることも考えることもしない」。14区にあるア

ラン＝フルニエ小公園（Square Alain-Fournier）は、1973年に命名されている。

アランベール（ダランベール）（d'）Alembert 1717-83年。ジャン・ル・ロン・ダランベールはパリを生没地とする。私生児【母はのちに有名なサロン主宰者となるクローディヌ・ゲラン・ド・タンサン（1682-1749）。枢機卿やリヨン大司教、国務大臣などを歴任したピエール・ゲラン（1679-1758）は伯父。なお、1579-80年の南仏ロマンのカーニヴァル時に起きた騒乱で、町の支配者として職人＝民衆を弾圧した裁判官アントワーヌ・ゲランはその祖先（この事件の詳細は、エマニュエル・ル・ロワ・ラデュリ著『南仏ロマンの謝肉祭』、蔵持不三也訳、新評論）を参照されたい】。生まれてすぐ、彼はノートル＝ダム司教座聖堂近くのサン＝ジャン＝ル＝ロン礼拝堂の階段に「すてられていた」。幸い貧しいガラス職人の妻に育てられ、長じて哲学者・数学者・物理学者となった彼は、ディドロと協力して『百科全書』【1751-72年】を編纂し、その序文を執筆した。ダランベールの主著としては『動力学論』【1743年】があり、そこから抜粋した定理は「ダランベールの原理」として知られる。彼はこう書いている。「互いに結びついた質点のシステムを、その総量がそれぞれ異なる速度を獲得して自由ないし安定的に動くと考えれば、システムのなかでえた、もしくは失った運動量は等しい」。この原理を疑うかどうかはさておき、彼はまさに「懐疑的哲学者」とよばれるにふさわしい。彼に捧げられた14区のダランベール通り（Rue d'Alembert）は、1864年に命名されている。

アリヴェ Arrivée 1869年、西部鉄道会社によって敷設された15区のアリヴェ通り（Rue de l'Arrivée）は、モンパルナス駅の到着番線側にそっている。

アリエ Allier ロワール（ロアール）川に合流する川で、源流は中央山塊のムール・ド・ラ・ガルディユにある小邑シャバリエ。全長410キロメートルで、ランゴーニュやランジュアック、ブリウド、イソワール、ヴィシー、ムーランなどの地域をうるおしている。アリエ河岸通り（Quai de l'Allier）は19区にある。

アリオスト（ラリオスト）Arioste（l'） 1474-1533年。本名ルドヴィコ・アリオスト。イタリア中北部レッジョ・エミリア出身の詩人。最初、イタリア人枢機卿ピポリット・デステ【1509-72。リヨンやアルルなどの大司教を歴任した】の、ついで、その弟のフェラーラ公アルフォンソ【1517-87】に仕えた。1516年、彼はイタリアの役者たちが今もなお好んで演じる『狂えるオルランド』【脇功訳、名古屋大学出版会】を著している。ラリオスト通り（Rue de l'Arioste）は、1933年から16区にある。

アリグル Aligre 1592-1677年。エティエンヌ・ダリグル（アリグル）2世は、シャルトルで生まれ、ヴェルサイユで没した政治家。同名の父【1560-1635。ルイ13世の大法官】の長子として生まれ、父と同じ重責を担い、清廉潔白で明晰な高官としての評判をえた【国務評定官（1635年）やパリ高等法院名誉院長（1651年）などをへて、国璽尚書（1672年）、さらに大法官（1674年）を歴任した】。ただ、12区のアリグル広場（Place d'Aligre）および同名の通り（Rue d'Aligre）は、捨て子院を創設した【1670年】その妻をたたえて、それぞれ1778年と1868年に命名されたものである【この広場と通りの名祖を、アリグル一族の末裔で、パリ高等法院終身院長となったエティエンヌ・フランソワ（1727-98）とする説もある】

アリス Alice 1905年に開通した14区のアリス小公園（Square Alice）は、ペルティエ夫人の所有地に敷設されている。ただし、彼女がアリスを名としていたかどうかは不明である。

アリスカン Aliscamps 2区のアリスカン小公園（Square des Aliscamps）は、アルルの有名な墓地【「アルルのローマ遺跡とロマネスク様式建造物群」の一部として、1981年に世界遺産指定】にちなんで1932年に命名されている。ローマ時代のアウレリア街道の延長上にあった墓が集められたそこは、

中世でもっとも知られた墓地だった。

アリスティード・ブリアン Aristide Briand
　1862-1932年。ナントで生まれ、パリで他界したアリスティード・ブリアンは顕著な経歴をもつ政治家で、首相を11度もつとめた第一級の演説家だった【1926年、ノーベル平和賞受賞】。アリスティード＝ブリアン通り（Rue Aristide-Briand）は、1963年から7区にある。

アリスティード・ブリュアン Aristide Bruand　1851-1925年。アリスティード・ブリュアンはパリ盆地南部ロワレ地方のクルトネに生まれ、パリで没した詩人・シャンソン歌手・小説家。モンマルトルの居酒屋「シャ・ノワール（黒猫）」【→アルフォンス・アレ】で歌い、名声をはせた。隠語辞典『20世紀の隠語』、1901年】まで編纂した彼は、絶妙な隠語を駆使し、そのシャンソンはなおも歌われつづけている。代表作に「サン＝ヴァンサン通り」や「バスティーユへ」、「サン＝ラザールで」などがある『壊れた心』（1921年）など、数多くの小説も発表している】。アリスティード＝ブリュアン通り（Rue Aristide-Bruand）は18区にある。

アリスティード・マイヨル Arsitide Maillol
　マイヨール（マイヨル）は1861年にフランス南西部ルシヨン地方のバニュルスに生まれ、1944年に同じ地方のペルピニャンに没した画家・彫刻家・挿絵画家。ペルピニャンで学んだ後、パリに出たマイヨールは、ゴーギャン（ゴーガン）やピュヴィ・ド・シャヴァンヌ、モーリス・ドニなどを賛美し、ナビ派（1888年に創設された集団で、ポン＝タヴァン派やジャポニスム、ギュスタヴ・モロー【1826-98年。フランス象徴主義を代表する画家で、聖書や神話を好んで題材としたその作品は、幻想的かつ繊細な画風で知られる。パリ9区のラ・ロシュフコー通りには彼に捧げられた美術館がある】の影響を受けた）にくわわった。

　彼はとくに彫刻家として知られ、作品のほとんどは裸体の女性像に捧げられた。代表作に『3人のニンフ』【1905年】や『ア

ルモニー』【1944年】がある。パリのテュイルリー公園に行けば、彼が好んで彫刻したふっくらとしたこれら女性像のひとつと出会うはずである。彼の名を冠した15区の通り（Rue Aristhide-Maillol）は、1984年からある。

アリベール Alibert　1764-1837年。ルイ18世【国王在位1814-15／1815-24】とシャルル10世【在位1824-30】の侍医。フランス中部アヴェロン県のヴィルフランシュ出身で、サン＝ルイ【→サン＝ルイ＝アン＝リル】施療院の筆頭内科医をつとめ、とくに皮膚病の治療にあたった。10区のアリベール通り（Rue Alibert）は、1740年に一部が敷設され、1840年に現在の道筋となっている。

アル Halles　1区のアル通り（Rue Halles）は1854年に命名されているが、呼称は第二帝政時代【1852-70年】にバルタールによって建てられた、パリの旧中央市場に隣接していたことに由来する。

アール Arts　アール（芸術）大通り（Avenue des Arts）【全長30メートルの私道】は17区にあるが、呼称は地主たち自身がつけた。それ以外に説明できない。ちなみに、ラ・フォンテーヌが芸術についてこう言っているのを知っているだろうか。「芸術は必要の子供である」

アール Arts　ルーヴル宮の近く、1区と5区を結ぶポン・デ・ザール橋（Pont des Arts）は、19世紀初頭にはパレ・デ・ザール（芸術宮殿）橋とよばれていた。

アルカド Arcade　呼称は女子修道会の庭園を区切っていたアーチ（アルカド）に由来する。アルカド通り（Rue de l'Arcade）は、17世紀から8区にある。

アル＝カン＝シエル Arc-en-Ciel　アル＝カン＝シエル通り（Rue Arc-en-Ciel）は、1区のフォーロム・デ・アル【旧中央市場再開発の一環として、地下鉄のレ・アル駅上につくられたブティックセンターの複合施設】の地下3階にあり、1996年に命名された。そこで本物のアル＝カン＝シエル、つまり虹が見られるわけではないが、夢と想像力

が多くのものを補っている。

アルキエ＝デブルス Alquier-Debrousse
2000年、20区のアルキエ＝デブルス老人ホームが建っている場所（バルカン通り26番地）に小路（Allée Alquier-Debrousse）が開通している。このホームの呼称は、そのための土地をパリ市に寄贈した男爵夫人のマリ＝カトリーヌ・デブルスとジャン＝シャルル・アルキエ男爵に由来する。

アルグー（ダルグー）Argout (d') 1782-1858年。政治家。財務・内務大臣や、フランス銀行頭取などを歴任した。国王ルイ＝フィリップの政権下でさまざまな大臣をつとめたアントワヌ・ダルグーは、その鼻があまりにも長いため、「ダルグー（風）鼻」といった言いまわしが生まれた【ダルグーの鼻は、彼が復古王政下でさまざまな大臣を歴任したことをあてこすった揶揄や風刺画の対象となった。たとえば、「パリジャンよ、君がだれであれ、ダルグー氏の鼻を見ただろう。廃兵院のドームのように、それがどこからでも見えるからだ」、「ダルグー氏の鼻が芝居につっこめば、芝居にケチがつけられかねない」のようにである。ダルグー通り（Rue d'Argout）は、1285年から2区にある】

アルクイユ Arcueil 14区のアルクイユ通り（Rue d'Arcueil）は、かつてはパリ南郊のアルクイユへ向かう道だった。アルクイユはビエーヴル河岸に位置しているが、この川の名は、その小さな支流であるランジスの水源の水を、パリのジュリアン（ユリアヌス）の浴場【5区。現クリュニー中世美術館】に運んでいた送水路に由来する。

アルク・ド・トリヨンフ Arc de Triomphe
パリのアルク・ド・トリヨンフ（凱旋門）は、シャンゼリゼ大通りの端の高台に聳えている。アウステルリッツ（オステルリッツ）の戦いで勝利した翌1806年の2月12日、ナポレオンがその建設を布告した。設計者は建築家のジャン・フランソワ・シャルグランで、高さ49.55メートル、幅44.82メートル、奥行き22.10メートル。みごとなレリーフ装飾に飾られており、そのなかにはとくにジャン＝ジャック・プラ

ディエ【1792-1852】作の「ファマ」【ローマ神話の女神】やフランソワ・リュード【1784-1855】作の「出発」、ジャン＝ピエール・コルトー【1787-1843】作の「勝利」、アントワヌ・エテクス作の「抵抗」および「平和」の寓意像などがある。ここにはまた共和国や帝国時代の戦争を彩った将軍たち386人の名前も刻まれている。17区のアルク＝ド＝トリヨーンフ通り（Rue de l'Arc-de-Triomphe）は、1827年に開通している。

アルクビュジエ Arquebusiers 旧アルクビュジエ庭園に隣接していることによる命名。16世紀初頭、火縄銃兵たちは軍隊に属し、カール5世【神聖ローマ皇帝在位1519-56】は、まさに彼らのおかげでパヴィアの戦い【1525年】に勝利できた。騎馬火縄銃兵は「カラバン（carabin）」とよばれ、そこからのちに一部の銃にカービン（carbine）という呼称があたえられた。1821年と89年に敷設されたアルクビュジエ通り（Rue des Arquebusiers）は、3区にある。

アルケット Alquettes 通称「ヒバリ（アルエット）」の野原に建設された、19区の通り（Rue des Alquettes）の呼称。現在、ここにはテレビのスタジオがあり、「ヒット・パレード」の歌声が、ヒバリのそれと重なり合っている。

アルコル Arcole 1830年7月28日、グレーヴ広場【現パリ市庁舎前広場】で、叛乱部隊の若者が三色旗を手にし、こう叫びながら銃殺された。「アルコルというぼくの名前を忘れないでくれ」。4区のアルコル橋（Pont d'Arcole）ができた際、これに若者が叫んだ名前がつけられたという。だが、正鵠を期していえば、「栄光の三日間」【ブルボン王朝を倒した7月革命の1830年7月27日から29日まで】の犠牲者リストに、7月28日のアルコルなる人物名はない。とすれば、この若者は、1796年11月、ナポレオンが【第1次イタリア遠征時に】三色旗を手に部隊の先頭に立ち、橋を渡ってアルコレ【フランス語名アルコル】の町に侵攻した偉業を思い出して叫んだのかもしれない。

同じ4区のアルコル通り（Rue d'Arcole）は1857年に命名されているが、この呼称はアルコル橋の近くを通りが走っていることによる。

アルゴンヌ Argonne　フランス北東部に位置する森林台地で、平均標高350メートル。1792年、デュムリエ将軍【→カンブレ】率いるフランス革命軍が、ケレルマンの援護を受けて、ブラウンシュヴァイク公【1735-1808】麾下のプロイセン軍を阻止し、この台地に位置するヴァルミーでの戦いに勝利した。パリ19区のアルゴンヌ通り（Rue d'Argonne）は1825年に開通している【同区にはアルゴンヌ広場（Place d'Argonne）もある】

アルザス Alsace　さまざまな有為転変のあと、フランスにとどまることを約束された東部の地方。主要都市はストラスブール、コルマール、ミュルーズ。フランス国内でもっとも産業が活発な地域だが、農業にも強い使命感をいだいている。周知のように、アルザス人はいったいに精力的かつ活動的である。この地方は南部のオー＝ラン県と北部のバ＝ラン県からなる【1868年に命名されたアルザス通り（Rue d'Alsace）は10区、ヴィラ・アルザス（Villa d'Alsace）は19区にある。なお、ランとはアルザス地方の東側を流れるライン川の意】

アルザス＝ロレーヌ Alsace-Lorraine　1871年、フランスは普仏戦争を終結させたフランクフルト講和条約でこの2地方を失ったが、1918年にこれをとり戻した。有名な歌の一節に、次のような歌詞がある。「お前にはアルザスもなければロレーヌもない」【アルザス＝ロレーヌ小路（Cour d'Alsace-Lorraine）は12区、同名の通り（Rue d'Alsace-Lorraine）は19区にある。前者の命名は20世紀末。後者については不詳】

アルシーヴ Archives　3・4区のアルシーヴ通り（Rue des Archives）は、国立古文書館の建物にそって南北に走っている。この古文書館を建設したのは、憲法制定議会だった。1897年2月25日の布告には、古文書が以下のように3分類されていた。

1）近代の立法・行政関連文書、2）アンシャン・レジーム（旧体制）の司法・行政関連文書、3）重要証書、歴史部門コレクション、領地関連資料、さらに1790年以前の教会関連文書群。現在、古文書館は一般に開かれているが、当局の許可ないし指示なしには文書1枚持ち出すことはできない。

アルジェ Alger　1830年のアルジェ攻略を記念しての名称。アルジェの町は高台の傾斜面に階段教室状に建設されている。オスマン＝トルコの占領時代、町は三角形状をしており、その頂点に位置するのがカスバ（118メートル）で、底辺が海につきでた岩盤だった。アルジェのもとはローマ時代の都市イコシウムで、10世紀末にこの都市の跡地に新たに町が建設され、エル・ジェザイール・ベン＝メズルハンナ【メズゲンナとも。アルジェの地名はal Djezaïr（字義は「島」）に由来する】とよばれた。

アルジェ一帯には地方王朝が乱立し、当初は独立していたが、16世紀にはイスパニアの支配下に入る。やがて、バルバロス・ハイレッディン・パシャ【1483頃-1546】率いるオスマン軍が侵攻すると、町はパディシャー【スレイマン大帝（オスマン帝国第10代皇帝在位1520-66）】に従属し、その状態は、1830年7月5日にフランスによって占領されるまで続いた。今日、アルジェは1962年に独立国となったアルジェリアの首都で、その白壁の屋並みから「白い街」ともよばれている。1区のアルジェ通り（Rue d'Alger）は1932年に命名されている。

アルジェリ Algérie　アルジェリアのこと。この国の山岳構造は、アトラス山脈を含む2本の褶曲によって形成されている。大河はないが、マクタとシェリフという大きな湖を擁している。1962年7月1日に独立を果たして以来、ベン・ベラを指導者にいただいた【初代首相在任1962-63、大統領在任1963-65】。1965年、クーデタによって、国防相だったブーメディエンが実権を握った【大統領在任1965-78】。次の指導者となったシャドリ大佐【同1979-92】は非同盟

政策を推進した。だが、1990年代から、アルジェリアは深刻な国内問題に直面している。19区のアルジェリ大通り（Boulevard d'Algérie）は、1933年の命名である。

アルジャンソン（ダルジャンソン）Argenson (d')　行政官や政治家を輩出した一族名。とくに有名なのは、警察総代行官【警視総監】で最高国務会議の一員でもあったマルク・ルネ・ド・ヴォワイエ（1652-1721）と、外務卿をつとめたルネ＝ルイ（1694-1757）、軍務卿だったマルク＝ピエール（1696-1764）である。ダルジャンソン家はフランス中部トゥーレーヌを出自とする。1862年に敷設されたダルジャンソン通り（Rue d'Argenson）は、8区にある。

アルジャンティヌ Argentine　アルゼンチン（国土面積278万平方キロメートル）のフランス語読み。1515年、イスパニアの探検家で水先案内人でもあったフアン・ディアス・デ・ソリス【1470-1516。のちに先住民との戦いで戦死し、その肉が食べられたとされる】は、ラプラタ川の河口を発見している。だが、1527年にアルゼンチンを国として踏査しようとしたのは、セバスチャン・カボット【1474-1557。イギリスの航海者。イスパニア王室の水先案内人となって、ラプラタ流域を探検した】だった。

　首都のブエノスアイレス（ブエノ・ゼール）は1537年に建設されている。他の主要都市としては、サンタフェやコルドバ、ロサリオ、ラプラタなどがある【16区には1863年に敷設され、1947年に命名されたアルジャンティヌ通り（Rue d'Argentine）と、1904年に命名されたシテ・ダルジャンティヌ（Cité de l'Argentine）がある】

アルシュヴェシエ Archevêché　昔、大司教館は4区と5区をつなぐアルシュヴェシエ橋（Pont de l'Archevêché）近くにあった。アルシェヴェシエはまた、大司教の管轄下におかれている大司教区を意味する。パリがこの大司教区になったのは、1622年のことだった。1697年、枢機卿のルイ・アントワヌ・ド・ノアイユ【1651-1729。フ

ランス教会のローマからの独立を図ったガリカリスムの推進者のひとり。パリ大司教（1695-1729）】が司教館を建てたが、きわめて豪華だったため、フランス革命時の1789年、憲法制定議会がここを議事堂に用いることができたほどだった【4区にはアルシュヴェシエ河岸通り（Quai de l'Archevêché）もある】

アルシュロー Archereau　1819-93年。フランス西部ヴァンデ県のサン＝ティレール＝ド＝ヴィに生まれたフランス人技師・物理学者。並はずれた創意工夫の才に恵まれていたにもかかわらず、アンリ・アドルフ・アルシェローは悲惨なうちに人生を終えている。その彼の発明としては、空気排水法や人造石の生産および人工石炭製造のための凝固セメントなどがある。19区のアルシュロー通り（Rue Archereau）は1906年に敷設され、24年に命名されている。

アルジャントゥーユ Argenteuil　かつてパリ北西郊のセーヌ川が流れるアルジェントゥーユ村に通じていた道。1世紀ほど前、そこでは多くのブドウ園があり、評判のワインを生産していた。アベラールの恋人だったエロイーズ【→エロイーズ・エ・アベラール】が、ふたりの恋に怒った叔父から逃れた女子修道院は、このアルジャントゥーユにあった。一説に、アルジャントゥーユ教会には、イエス・キリストが着ていたトゥニカ（一種の貫頭衣）が安置されているという。アルジャントゥーユ通り（Rue d'Argenteuil）は1区にある。

アルスナル Arsenal　4区のアルスナル通り（Rue d'Arsenal）は、旧砲兵工廠の囲い地に敷設されている。かつてそこにはじつにみごとな邸館【現アルスナル図書館】と数多くの武器・弾薬倉庫が建っていた。

アルセーヌ・ウーセ Arsène Houssaye　1815-96年。本姓はHousset。パリ北東ランの近郊に位置するブリュイエール出身の作家。1849年、女優ラシェルの後押しで、コメディ＝フランセーズの座長に任命された。あらゆる文学ジャンルに精通していた

アルソンウ

彼はまた、膨大な数の手紙も遺している。作品としては『見捨てられた11人の愛妾たち』【1841年】や『王ヴォルテール』【1858年】、『サンドリヨン（シンデレラ）のサンダル』【1867年】、『悪魔の女たち』【前同】などがある。彼の名を冠した8区の通り（Rue Arsène-Houssaye）はその所有地に開通している【開通は1825年、命名は1897年】

アルソンヴァル（ダルソンヴァル）Arsonval (d') 1851-1940年。アルセーヌ・ダルソンヴァルはフランス中南部オート＝ヴィエンヌ県のラボリに生まれた物理学者。フランス医学アカデミー【1888年】、のちに科学アカデミー会員【1894年】に選ばれた彼は、きわめて創意工夫に満ちた装置を考案している。マルチプル・ガスバーナーや磁石式電話機、偏向検流計などだが、さらに肺の伸縮性や動物熱といった研究も行った。彼の名を冠したダルソンヴァル通り（Rue d'Arsonval）は、1946年から15区にある。

アルタニャン（ダルタニャン）Artagnan (d') アレクサンドル・デュマ（父）の『三銃士』【1844年に新聞連載】に登場するダルタニャンは、実在の人物である。アルタニャン領主で、モンテスキュー伯のシャルル・ド・バツがその人だった。1661年、ナントでニコラ・フーケを逮捕したのが、近衛騎兵隊長の彼だった。1611年頃に生まれた彼は、副官として参戦したマーストリヒト攻囲戦で戦死した【1673年】。12区のダルタニャン通り（Rue d'Artagnan）は、1982年に命名されている。

アルディ Hardy 1570-1631年。アレクサンドル・アルディはパリ出身の劇作家。若い頃、「劇作家」として地方回りの一座に入ったため、数多くの戯曲を書かなければならなかった。1628年、この一座はパリに定着する。そこでアルディは700作以上の詩劇を創作する。だが、一般向けに上演されたのはわずか40作品あまりだった。それらの出来はさほどよくなかったが、悲劇を根底から改革したのは彼の功績である。

すなわち、合唱隊を廃止し、粗筋を生み出し、演技の統一性を強化したのである。作品としては『ディドンの自害』【1603年】や『アキレウスの死』【1607年】、『アルフェもしくは愛の正義』【初演不詳】などがある。彼を名祖とするヴィラ・アルディ（Villa Hardy）は、1930年から20区にある。

アルチュール・ブリエール Arthur Brière 1860-1906年。アルチュール・ブリエールは、プロテスタントの神学者フェリクス・ペコー【1828-98。教育の世俗化や自由キリスト教を唱えた】の名を冠した学校群の指導者・校長。彼を名祖とするアルチュール＝ブリエール通り（Rue Arthur-Brière）は、1929年から17区にある。

アルチュール・ランク Arthur Ranc 1831-1908年。作家・政治家。共和派だったアルチュール・ランクは、第二帝政に対する数度の転覆計画にかかわったとして、アルジェリアのランベッサ収容所に強制移送された【1854年】。だが、脱出に成功し、1859年の休戦【ナポレオン3世によるイタリア独立戦争支援後のヴィラフランカ和約】の際にフランスに戻った。1870年、ガンベッタから保安委員会の委員長に任命された彼は、パリ・コミューン（コミュヌ・ド・パリ）に参加する。さらに、「第三共和政憲法」の起草にくわわり、1873年にはローヌ県選出の下院議員となる。

だが、5月18日政府【マク＝マオン元帥を大統領とする政権で、パリ・コミューンを弾圧した】は、彼がコミューンにくわわったとして、欠席裁判で死刑を宣告する（当時、彼はベルギーに亡命していた）。やがて1879年に帰国し、1881年から85年まで下院議員をつとめ、のちに上院に移った。急進的な新聞【共和派系日刊紙《オーロル》。エミール・ゾラがドレフュスを擁護する有名な公開状「我弾劾す」を掲載したことでも知られる】を主宰した彼は、『ランベス脱獄、意に反するある小旅行の追憶』【1877年】などを書く。18区のアルチュール＝ランク通り（Rue Arthur-Ranc）は、1928年の開通と同時に命名されている。

アルヒノニ

アルチュール・ランボー Arthur Rimbaud
→ ランボー

アルチュール・ロジエ Arthur Rozier
1870-1919年。パリ選出下院議員。アルチ
ュール＝ロジエ通り（Rue Arthur-Rozier）
は、1928年から19区にある。

アルティスト Artistes　14区のアルティス
ト通り（Rue des Artistes）には、かつて
多くの芸術家（アルティスト）たちが住んでいた。だが、そ
のなかのひとりでも有名になっていたなら、
この通りには彼（女）の名がつけられたこ
とだろう。

アルデンヌ Ardennes　フランス北部からベ
ルギー東部にかけて広がる森林地帯。ガリ
ア時代、ここはきわめて広大で人口に膾炙
した森だった。中世の農民たちは、この森
に入れば、偉大な聖フルベルトゥス【727
頃没。リエージュ司教。狩猟の際、大きな白
鹿を射止めようとすると、その両角のあいだ
に十字架が現れ、キリスト教に改宗したとさ
れる】が吹く角笛の音が聞こえると信じてい
た。アルデンヌ通り（Rue des Ardennes）
は19区にある。

アルトワ Artois　この場所に厩舎を有して
いたアルトワ伯を偲んであたえられた呼称。
彼はルイ16世【国王在位1774-92】の王弟
で、アルトワ伯とはシャルル10世の名で
即位【在位1824-30】する前の名前。1823
年に敷設され、97年に命名されたアルト
ワ通り（Rue de l'Artois）は、8区にある。

アルバレート Arbalète　5区を走るアルバ
レート通り（Rue de l'Arbalète）の呼称
の由来については2説ある。かつてそこに
弩（アルバレート）（おおゆみ）の射撃場があった、
もしくは弩の絵看板がかかっていたことに
よる命名だとする説である。往時、フラン
スでは、あらゆる町にはたえず弩の射撃練
習をするブルジョワ階級の民兵団があった。
今日、こうした民兵は公に禁止されている。

アルバン・アレ Albin Haller　1849-1925
年。アルバン・アレはフェルランジャン
（アルザス地方オー＝ラン県）出身のフラ
ンス人化学者で、有機化学、とくに樟脳や
メントール、油脂の分野で数多くの研究業

績をあげた。ただし、ポーランド（ポロー
ニュ）の将軍ジョゼフ・ハレルと混同して
はならない。この将軍は1873年に生まれ、
1918年、ポーランド部隊を組織してフラ
ンスで戦い、1960年に没している【1937
年に命名されたアルバン＝アレ通り（Rue
Albin-Haller）は、13区にある】

アルバン・カショ Albin Cachot　1865-？。
全仏共済組合の創設者のひとり。アルバ
ン・カショについて分かっていることは、
これがすべてである。13区の小公園
（Square Albin-Cachot）にそんな彼の名が
つけられたのは、1932年のことである。

アルバン・サトラニュ Alban Satragne
1887-1954年。アルバン・サトラニュは
1937年から54年まで10区の参事会員をつ
とめた。1963年に命名された10区のアル
バン＝サトラニュ小公園（Square Alban-
Satragne）【サン＝ラザール監獄跡地】は、
彼を名祖とする。

アルピニー Harpignies　1819-1916年。ア
ンリ・アルピニーは北仏ノール県のヴァラ
ンシエンヌに生まれ、中部ヨンヌ県のサン
＝プリヴェで没した画家。フランスやイタ
リアの遺跡を数多くの油彩画や水彩画で描
いた。作品としては『カプリ島展望』【1854
年】や『ベズビオ山』、『シャトー＝レナー
ルのコナラ』、『モンテ＝マリオへの道』
【いずれも制作年不詳】などがある。20区の
アルピニー通り（Rue Harpignies）は
1929年からある。

アルビノーニ Albinoni　ヴェネツィア【の
貴族家】に生まれ、没したイタリア人作曲
家。名はトマゾ。ソナタや協奏曲のほか、
『ツェーノビア』や『エンジェルベルタ』、
『スタティツァ』など、50曲以上のオペラ
を創作している。バッハ（ジャン＝セバス
チャン・バック）は彼を高く評価し、アル
ビノーニの主題によるピアノのためのフー
ガを2曲作曲している。

　この作曲家を一躍有名にした『アルビノ
ーニのアダージョ』は、あきらかに彼の作
ではなく、20世紀前葉に編まれたパステ
ィッチョ（継ぎはぎ曲）にすぎない【現在、

そのオリジナル曲はイタリアの音楽学者レモ・ジャゾット（1910-98）が、1958年に発表したものとされている】。だが、もしも20世紀に生きていたなら、おそらく彼がこの曲をつくっただろう。彼の名を冠した12区の通り（Rue Albinoni）は、1991年からある。

アルビュスト Arbustes　1880年に開通した14区のアルビュスト通り（Rue des Arbustes）は、もとは灌木が立ちならぶ小径だった。

アルプ Alpes　地中海沿岸からドナウ（ダニューブ）川まで続く山脈。アルプ（アルプス）の呼称は、ドーフィネ語で「家畜を山の牧場に連れて行く」、つまり「移牧」をさすアルペ（alper）に由来する。この移牧というシステムは外国でも知られ、そこからトラスシルヴァニア・アルプスやニュージーランドのサザン・アルプスといった呼称が生まれている。

　アルプスはヨーロッパ中部の主脈の稜線を形づくっている。南はアドリア海やポー平原、さらにアペニン山脈との分水嶺になるアルターレ峠まで、西はローヌ川やジュラ山脈、北はライン（ラン＝エ＝ダニューブ）川やシュヴァーベン、バイエルンの両台地、東はウィーンからサヴァ川、そしてサヴァ川からトリエステへと不規則に続く線まで連なる。最高峰は標高4807メートルのモンブラン（モン＝ブラン）である。アルプ広場（Place des Alpes）は、1877年から13区にある。

アルプ Harpe　5区を走るアルプ通り（Rue de la Harpe）の呼称は、楽器のハープ（アルプ）に由来するものではない。アルプという語は、じつは往時の軍隊が一連の滑車やロープをもちいて堀ないし濠の上に渡した、仮設の跳ね橋を意味する。13世紀には、この通りの近くにあったサン＝ミシェルの要塞化された門で、これが使われた。現在のアルプ通りはその跡地に1851年に敷設されたものである。

アルファン Alphand　1817-91年。ジャン＝シャルル・アルファンは国立土木局総監・パリ市公共工事局長。オスマン男爵か

らパリ美化工事技師長に任じられた彼は、市内各地に小公園を設け、ブーローニュ（ボワ・ド・ブーローニュ）やヴァンセンヌの森、さらにビュット＝ショーモンの高台を公園に変えた。また、シャンゼリゼやモンソーの花壇を整備し、1878-89年には万国博覧会会場の工事にも尽力した。彼を名祖とする13区のアルファン通り（Rue Alphand）は1846年、16区アルファン大通り（Avenue Alphand）は1907年の命名である。

アルフォンス・アレ Alphonse Allais　1854-1905年。アルフォンス・アレはセーヌ河口のオンフルールに生まれ、パリで没した作家・ジャーナリスト。どこかユーモラスだが、破壊的な才気の持ち主だった彼は、若くしてパリに移り、1880年代のもっとも奇抜な集団「イドロパト（水治療派）」【同名の新聞への寄稿者たちが、1878年にパリで結成したデカダン的傾向の文学者集団。水治療とは無縁で、イドロパトとは「酒を愛し、水を嫌うアイロニカルな精神」を意味する】や「ヒュミスト（ふざけ好きな者）」に参加し、学生たちのために、カルチェ・ラタンに、「イルシュト（毛むくじゃらの男たち）」【イドロパトの分派で、世紀末のパリを彩った文学クラブ】（1880年まで）を立ち上げている。また、モンマルトルの居酒屋「シャ・ノワール（黒猫）」【1881-97年。画家のロドルフ・サリス（1851-97）が開業し、画家や文学者たちの溜まり場となった】にも足繁く通い、《ル・ジュルナル》紙に「馬鹿げた日々」と題した日記を連載した。

　1899年、彼は《ル・スリール（微笑）》誌の主幹となり、死の直前まで毎週コントを書いた。主な著作に『身をよじる』【1891年】や『生を生きる』【1892年】、『人は牛にあらず』【1896年】などがある。彼は言っている。「言っておかなければならないことがある。落馬して、私は倫理観を失ったのだと」、「神は賢明にも死の前に誕生を置いている。死がなければ、どうして生を知ることができるのか」、「貧しさにもいいところがある。泥棒の心配をしないですむ

からだ」、「論理はすべてそこから抜け出るためのものだ」。ちなみに、彼は田園に町を築くという提案もしている。彼の名を冠した20区のアルフォンス＝アレ広場（Place Alphonse-Allais）は、1990年の命名。

アルフォンス・アンベール Alphonse Humbert　1844-1922年。パリ市参事会議長・元老院議員。彼にちなんで1931年に命名されたアルフォンス＝アンベール広場（Place Alphonse-Hembert）は、15区にある。

アルフォンス・オラール Alphonse Aulard　1849-1928年。アルフォンス・オラールはフランス中部モンブロン出身の歴史学教授。フランス革命の研究で知られ、16区の名門リセ・ジャンソン＝ド＝セイイ【1876年創設。卒業生にマラルメや元大統領のジスカール・デスタン、人類学者・文学者のミシェル・レリス、歴史家のフィリップ・アリエスなどがいる】などで教鞭をとった。革命にかんする著作以外に、主著『哲学的思想とジャコモ・レオパルディの詩的着想』【1877年】がある。アルフォンス＝オラール通り（Rue Alphonse-Aulard）は19区。命名は1932年である。

アルフォンス・カール Alphonse Karr　1808-90年。作家・ジャーナリストだったアルフォンス・カールは、1839年から《フィガロ》紙の主幹をつとめ、月刊の風刺誌《ゲプ【字義は「意地悪女」】》も刊行した【1839-49年】。1851年のルイ＝ナポレオン（ナポレオン3世）によるクーデタ後、南仏のコート＝ダジュールに隠棲し、執筆活動にくわえて、養蜂に精力を傾けた。ユーモアに満ちたこの人物は、1832年に『シナノキの下で』を出版している。パリ19区のアルフォンス＝カール通り（Rue Alphonse-Karr）は、1864年に敷設され、1933年に命名されている。

アルフォンス・ドーデ Alphonse Daudet　1840-97年。南仏ニーム生まれの作家アルフォンス・ドーデは、最初は新聞・雑誌の記事や戯曲を書いていた。主な作品に『風車

小屋便り』【1866年】や『プティ・ショーズ』【1868年】、『タラスコンのタルタラン』【1872年】、『月曜物語』【1873年】がある。また、有名な戯曲『アルルの女』【1872年。音楽担当ビゼー】――ただし、このような女性を実際に目にすることはけっしてできない――も書いている。写実派に属するが、おそらく彼にもっともふさわしいよび名は、むしろ印象主義派としてのそれである。彼の名を冠したアルフォンス＝ドーデ通り（Rue Alphonse-Daudet）は、1899年から14区にある。

アルフォンス・ドヴィル Alphonse Deville　1856-1932年。パリ市参事会員【アルフォンス＝ドヴィル広場（Place Alphonse-Deville）は6区にある。命名は1933年】

アルフォンス・ド・ヌヴィル Alphonse de Neuville　1836-85年。北仏サン＝トメール出身の従軍画家。作品にいずれも快活とは無縁の『最後の薬包』【1873年】や『サン＝プリヴァの墓地』【1881年】がある。1882年に彼に捧げられたアルフォンス＝ド＝ヌヴィル通り（Rue Alphonse-de-Neuville）は、17区にある。

アルフォンス・ペノー Alphonse Pénaud　1850-80年。アルフォンス・ペノーは航空機開発の先駆者。技師で航空機モデルの考案者でもあった彼は、尾翼や引き込み式の着陸装置、操縦桿などを思いついた。1876年、人間ひとり【ふたり？】を乗せて飛ぶことができるプロペラ付きの水陸両用機の特許をえたが、それを作るための資金が集まらず、自殺してしまう。彼を名祖とするアルフォンス＝ペノー通り（Rue Alphonse-Pénaud）は、1915年から20区にある。

アルフォンス・ベルティヨン Alphonse Bertillon　1141-1914年。人体計測・鑑識法の考案者。医師で（人口）統計学者だった彼は、パリ人類学学校の創設【1876年】に尽力し、社会主義者でありながら5区の区長となった【アルフォンス＝ベルティヨン通り（Rue Alphonse-Bertillon）は15区にある。命名は1933年以前】

アルフォン

アルフォンス・ラヴラン Alphonse Laveran

　1845-1922年。シャルル・ルイ・アルフォンス・ラヴランはマラリア研究で一時代を築いた医師。【1907年にノーベル医学賞を受賞した】彼の名は、1930年から5区の通りに残っている。アルフォンス＝ラヴラン広場（Place Alphonde-Laveran）である。

アルフォンス・ボーダン Alphonse Baudin

　1811-55。ジャン＝バティスト・ヴィクトル・アルフォンス・ボーダン、通称アルフォンス・ボーダンはリヨン北東のナンチュアに生まれ、パリで没した医師・政治家。1849年、立法議会議員に選ばれた彼はルイ＝ナポレオン（ナポレオン3世）のライバルで、1851年12月2日にこのナポレオンの甥が下院に対して起こしたクーデタから、パリの労働者たちを救おうとした。だが、不運にもサン＝タントワヌ大通りに築かれたバリケードの上で致命傷を負った。彼 の 名 を 冠 し た11区 の 通 り（Rue Alphonse-Baudin）は、1978年からある。

アルブル・セック Arbre Sec

　1区のアルブル・セック【「乾いた木」】通り（Rue de l'Arbre-Sec）は、かつてこの絵看板を掲げたオーベルジュがあったことによる命名である【マレムの樫の木（『創世記』13・18）ともアブラハムの木ともよばれるこの木は、一説にマルコ・ポーロがはじめて紹介したとされる。前333年のアレクサンドロス大王とダリウス2世によるイッソスの戦いの舞台となった、ペルシア北部の平原に1本だけそびえるこれは、東洋と西洋の境界を象徴するともいう】

　この呼称が選ばれたのは、1300年、前記オーベルジュが聖地巡礼者たちの宿になっていたこと、また、「アルブル・セック」がヘブロン近郊に植えられたパレスチナの木で、世界のはじまりからつねに緑の葉をつけていたにもかかわらず、イエスが磔刑によって落命した日に、とつぜん葉が落ちたとされることによる。

アルフレッド・カストレ Alfred Kastler

　1902-84年。アルザス地方のゲブヴィレールに生まれ、南仏トゥーロン近郊のバンドルで没した物理学者。1966年にノーベル物理学者を受賞した彼の専門は物理光学で、レーザーやメーザーに広く応用されることになる、「光ポンピング法」【レーザーを作るため、異なる誘導波長の電磁波エネルギーをもちいて、原子を励起させる方法】を考案した。フランス最大の研究組織である国立中央科学研究センター（CNRS）の研究主任や科学アカデミー会員をつとめ、レジョン・ドヌール・グラン・トフィシエ勲章や国家功労賞を受賞した彼の名は、1996年、5区の広場（Place Alfred-Kastler）につけられている。

アルフレッド・カピュ Alfred Capus

　1858-1922年。エクス＝アン＝プロヴァンス出身の劇作家・小説家・ジャーナリスト【筆名としてグランドルジュなどをもちいた】。戯曲に出世作の『命か金か』【1900年】のほかに、『静脈』【1901年】や『ふたつの学校』【1902年】などがある。反世間的な哲学と冷徹な明晰さの持ち主だったが、同時代の人びとや出来事にも関心を示した。アルフレッド＝カピュ小公園（Square Alfred-Capus）は16区にある。

アルフレッド・ド・ヴィニー Alfred de Vigny

　1797-1863年。パリ盆地南西部アンドル＝エ＝ロワール地方のロッシュに生まれ、パリで没した作家・詩人。最初数学を学び、1814年、中尉として近衛兵部隊に入った。ナポレオンの百日天下時【1815年】に国王ルイ18世【在位1814-15／1815-24】の亡命に従い、翌年、国王軍の下士官となる。1827年9月5日に最終的に軍籍を棄て、サント＝ブーヴの親友となり、ヴィクトル・ユゴーとも親交を深める。だが、女優マリ・ドルヴァル【1798-1849】との関係破綻にひどく苦しんだ。1846年1月29日、アカデミー・フランセーズ会員に選ばれた彼は、のちにシャラント県から代議士に立候補したが、わずか数票を獲得しただけだった。アルフレッド＝ヴィニー通り（Rue Alfred-Vigny）は8区・17区にある。命名は1902年。

アルフレッド・コルニュ Alfred Cornu

　1841-1902年。アルフレッド・コルニュは

オルレアンに生まれ、パリ盆地南部のロモランタンで他界した物理学者。1867年から国立理工科学校（エコール・ポリテクニーク）の教授となり、87年、科学アカデミー会員に選ばれた。全仏科学進歩促進協会会長。彼の関心は光、とくに光速の研究にあった。論文「パリ天文台とモントレーのあいだで1874年におこなった実験にもとづく光速の測定」で、1878年にラカズ賞を受賞している。彼に捧げられたアルフレッド＝コルニュ通り（Rue Alfred-Cornu）は、1928年から5区にある。

アルフレッド・ステヴァンス Alfred Stevens
1823-1906年。ブリュッセルに生まれ、パリで他界したベルギー人画家。9区のアルフレッド＝ステヴァンス通り（Rue Alfred-Stevens）は、彼の所有地に敷設されている。フランソワ・ナヴェス【1787-1869】の弟子で、その画風はいわゆる「風俗画」と自然主義の中間に位置づけられる。代表作に『赤い服を着た夫人』【1866年】や『着物姿のパリジェンヌ』【1872年】がある。

アルフレッド・ソーヴィ Alfred Sauvy
1898-1990年。アルフレッド・ソーヴィはフランス南西部ピレネー＝オリアンタル県のヴィルヌーヴ＝ド＝ラオに生まれ、パリで没した社会学者・人口学者。1945年から62年まで国立人口研究所の所長をつとめ、国連人口委員会のフランス代表ともなった。重要な著作として、『人口総論』【2巻、1952-54年】や『社会の性格』【1957年】などがある。彼は言っている。「人口減少がそれ自体として好ましいような国は、それゆえ成長か老化かというジレンマに陥る」。15区には、1995年に命名されたアルフレッド＝ソーヴィ広場（Place Alfred-Sauvy）がある。

アルフレッド・ドゥオドンク Alfred Dehodencq
1822-82年。パリを生没地とするアルフレッド・ドゥオドンクは、きわめて独創的なオリエンタリズムの画家。ガブリエル・セアイユ【1852-1922。哲学史家】は、彼にかんするきわめて風変わりな著作

『アルフレッド・ドゥオドンク』（1885年）をものしている。作品としては『リュクサンブールの10月の朝』【制作年不詳】、『ボアブディ王のグラナダとの決別』【1869年】、『ユダヤの祭り』【1870年】などがある。【彼に捧げられた16区のアルフレッド・ドゥオドンク通り（Alfred Dehodencq）は1904年に敷設され、27年に命名されている】

アルフレッド・ブリュノー Alfred Bruneau
1857-1934年。アルフレッド・ブリュノーはパリを生没地とする作曲家で、エミール・ゾラやメダン・グループの作家たちと親交があった【このグループは、パリ西方イヴリーヌ県のメダンにあったゾラの別荘に集まったギ・ド・モーパッサンやユイスマンスらの自然主義文学者たちをさす。1880年、彼らは中心人物であるゾラと作品集『メダンの夕べ』を発表している】。自然主義的美学の影響下で、叙情劇を改革したブリュノーのおもな作品としては、『夢』【1891年】や『風車への突撃』【1893年】、『メシドール』【1897年】などがある。彼はまた音楽評論やエッセイも書き、作曲家のガブリエル・フォーレやマスネにかんする研究書も上梓している。1904年に開通したアルフレッド＝ブリュノー通り（Rue Alfred-Bruneau）と、1927年に開通した同名の小公園（Square Alfred-Bruneau）は、いずれも16区にある。

アルフレッド・デュラン＝クレイ Alfred Durand-Claye
1841-88年。パリを生没地とするアルフレッド・デュラン＝クレイは、パリの下水処理問題とセーヌ川の浄化事業の責任者。合流式下水道を推進し、パリ西郊のジェヌヴィリエで下水処理施設の建設工事を指揮した。情熱を傾けたということからすれば、彼の最上の著作は、『下水処理問題とフランスおよび外国におけるその農業への利用』【1873年】だろう。彫刻家のジャン・ブシェ【1870-1939】はそんな彼の彫像を制作しているが、それが立っている場所は下水渠の中ではなく、盛土した床台地の上である【アルフレッド＝デュラン＝クレイ通り（Rue Alfred-Durand-

アツフレツ

Claye）は14区】

アルフレッド・ドレフュス Alfred Dreyfus

「ドレフュス事件」の主人公だったアルフレッド・ドレフュスは、1859年にアルザス地方のミュルーズで生まれ、1935年にパリで死去した（ルノード通り7番地）フランス人将校。ユダヤ教徒だったため、1894年、スパイの冤罪で告発・断罪された。1899年、恩赦で釈放されたのち、長期にわたる再審運動によって、1906年に名誉を回復した。彼のため、エミール・ゾラは1898年1月13日の《オーロル》紙上で、有名な檄文「私は告発する」を発表している【→フェルナン・ラボリ】。2000年、15区の広場（Place Alfred-Dreyfus）に彼の名がつけられている。

アルフレッド・フイエ Alfred Fouillée

1838-1912年。アルフレッド・フイエはフランス中部ロワール地方のブエズに生まれ、リヨンで他界した哲学者。その唯心論的実証主義は、力という観念を中心的なテーマとする。それを自然や精神の活動に向けることで、精神的な価値を守る実証的な条件を確認できると考えた。主著に『観念力の進化論』【1890年】や『観念力の道徳学』【1907年】がある。アルフレッド＝フイエ通り（Rue Alfred-Fouillée）は13区にあり、1932年に命名されている。

アルフレッド・ロル Alfred Roll 1846-

1919年。風俗画や歴史画を好んで描いたパリ出身の画家。スキャンダルとは無縁の上品な人物でもあった。アルフレッド＝ロル通り（Rue Alfred-Roll）は、1862年頃から17区にある。

＊アルヴェ Harvey 1578-1658年。ウィリアム・ハーヴェー（アルヴェ）はイギリスの医師で、イギリス海峡を望むフォークストンに生まれ、ロンドンで没している。イングランド王のジェームズ1世【在位1603-25】とチャールズ1世【在位1625-49】に侍医として仕えた。チャールズ1世が【清教徒革命で】亡命を余儀なくされると、ハーヴェーも王に従った。彼の名を不朽のものにしたのは、血液循環の発見である

【1628年】。

血液循環のさまざまな仕組みを明確に立証したハーヴェーは、多くの誹謗者から攻撃されたが、彼ら以外は、たとえばデカルトのように、ハーヴェーの確信を疑ったりしなかった。晩年、彼は自分の考えがヨーロッパ全体で受け入れられたことを知って満足したという【1645年から48年まで、彼はオックスフォード大学マートン・カレッジの学長もつとめた】。この血液循環説のほかに、彼は発生学の分野でも重要な業績をあげ、次のような有名な言葉を残している。「すべては卵から（すべての生命は生命から）」。アルヴェ通り（Rue Harvey）は13区にあった。

アルベリク・マニャール Albéric Magnard

1863-1914年。リュシアン・ドニ・ガブリエル・アルベリク・マニャールはパリに生まれ、北仏オワーズ県のバロンでドイツ軍によって殺害された作曲家。ワーグナー【1813-83】の信奉者で、ベートーヴェン（ベトヴン）の影響も受けた。彼は室内楽のために交響曲4曲や室内楽曲、歌曲などを創作しているが、舞台音楽3曲のうち、とくに『ギュリクーリ』【1900年】と『ベレニス』【1909年】は有名である。彼を名祖とするアルベリク＝マニャール通り（Rue Albéric-Magnard）は、1904年、16区に敷設されている。

アルベール Albert 1815-95年。本名アレクサンドル・マルタンの偽名。彼は機械工だったが、政治の世界できわだっており、まず《ラトリエ》紙【1840-50年。キリスト教徒で空想的社会主義者だったフィリップ・ビュシェが、労働者向けに創刊した】の立ち上げに尽力し、ついで1848年2月の革命後の臨時政府に正式な一員としてくわわった。

やがて憲法制定議会で民衆代表となったが、5月15日に議会に乱入した民衆に好意的な言葉を向けたということだけで逮捕され、ブールジュの高等法院で裁判にかけられる。しかし、抗弁を拒んで流刑【ブルターニュ沖合のベル＝イル島】に処され、

1859年に恩赦にあずかるまで、10年間の幽閉生活を送った。パリに戻った彼は、ガス会社の検査官という平凡な仕事についた【のちに下院や上院の選挙に打って出るが、いずれも落選した。なお、彼の名を冠したアルベール通り（Rue Albert）は13区にある。命名は1896年】

アルベール・ウィルメッツ Albert Willemetz 1887-1964年。アルベール・ウィルメッツはパリに生まれ、パリ西郊のマルル＝ラ＝コケットで没した作詞家・台本作家。数多くのオペレッタやシャンソンを手がけたが【20世紀オペレッタの父」と称される】、オペレッタ【約70作】のうち、とくに有名なものとしては『フィフィ』【1918年】や『デデ』【1921年】、『黙れ』【1922年】、『天国に』【1923年】、『裸の3人娘』【1925年】、『ブブルの仲間』【1931年】、『彼は魅力的』【1932年】、『フロレスタン1世』【1934年】などがある。

一方、成功したシャンソンとしては、とくに「彼氏（私の男）」、「うんざりだ」、「話してよ、ママ」、「アラン・ジェルボーのポプリ」、「ピアノを隠せ」、「ふたりのときは別の時」がある。彼はまたブフ＝パリジャン座を主宰し、作詞家・作曲家楽譜出版者協会の会長もつとめた。ただ、『天国に』についてはおそらくそれがイギリス贔屓——もしくは「イギリス狂」的——であり、いずれフランスの作品とはよばれなくなるのでは、と案じてもいた。20区のアルベール＝ウィルメッツ通り（Rue Albert-Willemetz）は、1978年からある。

アルベール・カミュ Albert Camus 1913-60年。アルジェリアの北東部モンドヴィに生まれた作家・劇作家のカミュは、第1次世界大戦中に農業労働者だった父が戦死し、アルジェの一角で母に育てられた。貧しい生活だった。やがて成長した彼は1937年にジャーナリストとなり、39年、4本のエッセイからなる『結婚』を発表する。第2次世界大戦中、レジスタンスに身を投じ、1944年8月から非合法誌の《コンバ（闘争）》【→アンリ・フルネ】を主幹

する。

カミュはその一方で作家活動も続け、『シーシュポスの神話』【1942年】や『異邦人』【1942年】、『誤解』【1944年】、『ペスト』【1947年】、『戒厳令』【1948年】、『正義の人』【1949年】、『転落』【1956年】などを上梓した。また、劇作家として『カリギュラ』【1944年】や『精霊たち』【1953年】、『十字架への献身』【1953年】などの戯曲も書いている。

自動車事故で没した彼は、1957年にノーベル文学賞を受賞した際、こう語ったという。「私の作品はなおも進行中です」。また、「世界は美しく、その外に救いはない」、「自由とは、ひとりの人間が大地に隷属するかぎり徒刑である」、「すべての完成は隷属である。より高い完成を余儀なくされるからである」とも書いている。10区のアルベール＝カミュ通り（Rue Albert-Camus）は1984年に命名されている。

アルベール・カーン Albert Khan 1860-1940年。銀行家で、さまざまな事業を積極的に援助した篤志家としても知られる。1965年、その名が18区の広場（Place Albert-Khan）につけられている【カーンの重要な事績としては、私財を投じて設立した地球映像資料館（現アルベール・カーン博物館）がある】

アルベール・コーエン Albert Cohen 1895-1981年。 アルベール・コーエンはギリシア北西部のコルフ島に生まれ、ジュネーヴで没したフランス語系作家。作品としては『ソラル』【1930年】や『釘食い男』【紋田廣子訳、国書刊行会】、『母の本』【1954年】、『選ばれた女』【紋田廣子訳、国書刊行会】、『勇敢な人びと』【1969年】、『おお、汝、兄弟たちよ』【1972年】などがある。彼はまた国際連盟や国際連合の上級国際公務員でもあった。パリの15区には、彼を名祖とするアルベール＝コーエン広場（Place Albert-Cohen）がある【13区にはアルベール＝コーエン通り（Rue Albert-Cohen）もある。なお、コーエンはユダヤ系でシオニストでもあった】

アルベール・サマン Albert Samain 1859-
1900年。北仏リール出身のこの詩人は、
シャルル・ボードレールやポール・ヴェル
レーヌの熱烈な賛美者だった。作品として
は『王女の庭で』【1893年】や『童話集』
【1902年】、ポセイドンの息子で、オデュッ
セウスをとらえて貪ろうとして、盲目にさ
れたポリュフェモスを扱った戯曲【初演
1904年】などがある。彼の名を冠した17
区のアルベール＝サマン通り（Rue
Albert-Samain）は、1926年に命名されて
いる。

アルベール・シュヴェツェール Albert
Schweitzer 1875-1965年。アルベルト・
シュヴァイツァー（アルベール・シュヴェ
ツェール）は、**アルザス地方**のカイザース
ベルク（現ケゼルスベルク）に生まれた、
牧師・神学者・オルガン奏者・音楽学者・
医師。ガボン、より正確にいえばランバレ
ネに診療所を創設し、きわめて劣悪な環
境下に住みながら、ハンセン病者たちを治
療・介護した。

　このアルザス人はまた偉大なオルガン奏
者でもあり、バッハ音楽のじつにみごとな
録音を残している。「われわれと同じよう
に考えたりしない人びと【先住民】につい
て、人があれこれ言うことを信じてはなら
ない」、「世界は説明できないほど神秘的で
あり、同時に苦しみに満ちてもいる」。シ
ュヴァイツァーの言葉である。4区のアル
ベール＝シュヴェツェール小公園（Square
Albert-Schweitzer）は、1972年に命名さ
れた。

アルベール・ソレル Albert Sorel 1842-
1906年。**セーヌ河口**の町オンフルール出
身の歴史家アルベール・ソレルは、8巻か
らなる大著『ヨーロッパとフランス革命』
【1885-1904年】を編んでいる。1866年に
外務大臣となった彼は、国立政治学院で外
交史の教授もつとめ【1872年】、のちに上
院議長の事務局長に就任した【1875年】。
つまり、華麗な経歴の持ち主ということに
なる【さらに彼は、1894年にアカデミー・フ
ランセーズ会員に選ばれてもいる。アルベー
ル＝ソレル通り（Rue Albert-Sorel）は、1932
年から14区にある】

アルベール・トゥルネール Albert
Tournaire 1862-1958年。ニースに生ま
れ、パリで没したジョゼフ・アルベール・
トゥルネールは建築家。1892年から1901
年にかけて、デルフォイ遺跡の発掘を計画
し、その復元作業を指揮した。1931年に
パリ東郊の**ヴァンセンヌ**で開かれた植民地
博覧会の主任建築家に任命された彼はまた、
パリの最高裁判所や、カンボ＝レ＝バン
【フランス南西部アキテーヌ地方】のエドモ
ン・ロスタン博物館の建物を設計・建築し
ている。

　1979年に彼の名が冠せられた12区の小
公園（Square Albert-Tournaire）は、法
医学研究所の傍らに位置している。彼は
1914年、それまで**アルシェヴェシェ河岸**
通りにあった死体安置所をとり壊し、跡地
にこの研究所を建てるという特権をえてい
た。

アルベール・トマ Albert Thomas 1878-
1932年。アルベール・トマはパリの南東
郊シャンピニー＝シュル＝マルヌに生まれ、
パリで没した政治家。社会党の下院議員と
なった彼は、1916年から翌年にかけて軍
備大臣を、1920年から32年までILOの事
務局長をつとめた。彼を名祖とするアルベー
ル＝トマ通り（Rue Albert-Thomas）は、
1970年から10区にある。

アルベール・ド・マン Albert de Mun
1841-1914年。マン伯アドリアン・アルベー
ル・マリはパリ東方、セーヌ＝エ＝マル
ヌ県のリュミニに生まれ、ボルドーで他界
したキリスト教社会主義の代表的政治家。
最初、同業組合社会主義を支持したが、の
ちに国家の管理下での経営者＝労働者混成
組合における階級協力の精力的な喧伝者に
転じた。共和主義的王政主義者（おそら
く）でもあった彼は、上院議員に選出され
た【1897年にアカデミー・フランセーズ会員
となった彼の名は、1924年に命名された16区
のアルベール＝ド＝マン大通り（Avenue
Albert-de-Mun）に残っている】

アルベール・ド・ラパラン Albert de Lapparent 1839-1908年。本名アルベール・コション・ド・ラパラン。技師・地質学者だった彼は鉱物学や地質学の業績で知られるが、とりわけ地理的品種の生成にかんする素晴らしい知見を披瀝した、自然地理学の講義が有名だった。修道院跡地に敷設されたアルベール＝ド＝ラパラン通り（Rue Albert-de-Lapparent）は、1909年から7区にある。

アルベール・バイエ Albert Bayet 1880-1961年。アルベール・ピエール・ジュール・バイエはリヨンで生まれ、パリで没した社会学者・ジャーナリスト。第2次世界大戦中、勇敢なレジスタンス活動家だった。1970年、13区の通り（Rue Albert-Bayet）に彼の名がつけられている。

アルベール・バルトロメ Albert Bartholomé 1848-1928年。ポール＝アルベール・バルトロメはパリ西方のティヴェルヴァル＝グリニョンで生まれ、パリで他界した画家・彫刻家。画家ドガの親友。絵画の代表作としては、『安住の地での老人たちの食事』や『再創造』、彫刻としては、『2人の人物像』や『祈る娘』のほかに、パリ市が購入したのち、ペール＝ラシェーズ墓地の礼拝堂へいたる中央アヴェニューに設置した、『死者記念碑』【1899年】がある。彼を名祖とするアルベール＝バルトロメ大通り（Avenue Albert-Bartholomé）は1931年から、同名の小公園（Square Albert-Bartholomé）は56年から15区にある。

アルベール1世（プルミエ）Albert Ier 1848-1928年。モナコ大公のアルベール1世は1869年に、ハミルトン公爵家の娘【メアリー・ヴィクトリア・ハミルトン（1850-1922）】と結婚し、息子【アルベール2世】をもうけている。だが、この結婚は妻の意向を受けたときの教皇によって解消され、1889年10月、リシュリュー公爵夫人【1858-1925】と再婚した。

1870年の普仏戦争時、彼は補佐的な海軍大尉として参戦し、戦後も、帆船のイロンデル（ツバメ）号やヨットのラ・プランセス・アリス号を駆って航海にでた。科学アカデミーの通信会員に選ばれる2年前の1889年、彼は父の後を継いで大公となり、モナコに有名な海洋博物館を、パリにも海洋学と古生物学の博物館を創設している。彼の名を冠した大通り（Avenue Albert-Ier-de-Monaco）は、1932年から17区にある。

アルベール1世（プルミエ）Albert Ier 1875-1934年。ベルギー国王【在位1909-34】だったアルベールの生涯は、じつにさまざまなニックネームで飾られている。「変わり者」や「好戦的」といったものだが、20区にあるアルベール1世大通り（Cours Albert-Ier）は、ベルギー南部マルシュ＝レ＝ダムの山中で遭難死した彼の想い出に捧げられている。1914年、彼はドイツ軍がベルギーの中立を侵すことを拒み、軍隊の先頭に立って勇ましく戦った。

アルベール・マルケ Albert Marquet ピエール・アルベール・マルケは1875年にボルドーで生まれ、1947年にパリで没したフランスの画家・デザイナー。1890年にパリに移り、装飾美術学校と高等美術学校（ボザール）で学び、1905年、フォーヴ（野獣）派と作品展を開いた。ハンブルクやナポリ（ナプル）、アルジェリア、モロッコ（マロック）など、各地を旅した彼は、モノの動きを一瞬に把握して、その姿を固定するという天賦の才に恵まれていた。どちらかといえば地味な色づかいで色合いの調和を模索し、パリのセーヌ河岸の風景を好んで描いた。作品としては『ポン＝ヌフ橋の雪景色』【1938年】、『冬のコンティ河岸』【制作年不詳】などがある。1988年、20区の通り（Rue Albert-Marquet）に彼の名がつけられている。

アルベール・マレ Albert Malet 1864-1915年。12区の通り（Rue Albert-Malet）にこの歴史家の名が冠せられたのは1933年のことである。歴史教科書を含むきわめて見事な著作をものした彼は、1914年に戦死している。

アルベール・ルーセル Albert Roussel ア

ルベール・ルーセルは1869年に北仏のトゥルコワンに生まれ、ボルドー北西方のロワイヤンで没したフランスの作曲家。代表作に1904年に発表した最初の交響曲『森の詩』や、1920年の交響詩『春の祭りについて』、さらに『フルートを吹く人たち』【1924年】、バレエ音楽『バッカスとアリアーヌ』【1930年】、『交響曲第1番-第4番』【1904-34年】、さらに最後の作品となった『弦楽三重奏曲』【1937年】などがある。肺の疾患で没した彼の名は、2003年の命名になる17区のアルベール＝ルーセル通り（Rue Albert-Roussel）に残っている

アルベール・ロビダ Albert Robida 1848-1926年。パリ北東ポンピエーニュ出身のデザイナー・版画家・石版画家・文筆家。1871年に雑誌《ラ・ヴィ・パリジャンヌ（パリ生活）》【1863年創刊の風刺・諧謔的絵入り雑誌】の編集者となったアルベール・ロビダは、以後、持ち前の素描力と文才を発揮して、つねにその編集陣の主要メンバーとなった。1875年、みずから《カリカチュール（風刺）》誌を創刊してもいる。1900年のパリ万博時には、彼が完璧なまでに精通し、愛してもいた中世パリのいくつかの地区が、その素描画をもとに復元された。風刺画や文章にユーモアもふんだんに盛り込んだ彼には、『サテュルナン・ファランドゥルのいとも異常な旅』【1879年】や『アドリアン・フォントニルの心痛』、『高齢男の財布』などの著書がある。19区のヴィラ・アルベール＝ロビダ（Villa Albert-Robida）は1961年からある。

アルベール・ロンドル Albert Londres 1884-1932年。ヴィシー出身のアルベール・ロンドルは国際的なルポルタージュを書いた最初のジャーナリスト。《レクセルシオール》や《ル・プティ・ジュルナル》【→マリノニ】、《ル・ジュルナル》【→フランソワ・ムトン】といった日刊紙に寄稿したが、インド洋上で乗っていたジョルジュ＝フィリパル号が炎上した際に落命した。彼はまた数多くの書も発表しており、『徒刑場』【1923年】では仏領ギアナの刑務所

制度を告発している。彼の名はその没年に創設されたジャーナリスト対象の賞【アルベール・ロンドル賞】に残っている。アルベール＝ロンドル広場（Place Albert-Londres）は、1984年から13区にある。

アルボニ Alboni 1823-94年。マリエッタ・アルボーニはイタリア中部エミリア＝ロマーニャ州のチェセナで生まれ、パリ西方のヴィル＝ダヴレで没したイタリア人歌姫。1843年、スカラ座でコントラルト歌手としてデビューしたが、40代で異常なまでに肥満したため、若くして引退を余儀なくされた。一説に、それは、彼女を腕に抱き抱えようとして憔悴した第1テナーたちの圧力によるものだという。たしかに「圧力による」とは言いえて妙である。死に際して、パリ市に財産を遺贈したが、その遺産のなかには、恋人が彼女を幸せにするためにあたえていた4万6000フランの年金もふくまれていた【アルボニ通り（Rue de l'Alboni）は16区にある。敷設は1894年】

アルマ Alma クリミヤ（クリメ）戦争で、サン＝タルノー元帥【1798-1854】とラグラン卿【1788-1855】率いる仏英連合軍が、1854年9月20日、敵将メーシンコフ公【1787-1869】の不注意ないし無能さによって、ロシア軍をアルマ河岸で打破したことを記念するため、8・15区のアルマ広場（Place d'Alma）や7・8・16区のアルマ橋（Pont d'Alma）が命名された。このロシアの将軍はフランス軍の右翼からの攻撃を甘くみていた。アルマ川はクリミヤ沿岸の川で、全長約70キロメートル。

アルマイエ（ダルマイエ）Armaillé (d') 17区のダルマイエ通り（Rue d'Armaillé）は、1840年に開通している。呼称は、土地所有者だったダルマイエ侯爵家に由来する。

アルマン Armand 18区のヴィラ・アルマン（Villa Armand）もまた、土地所有者の名に由来する。ただし、前項のダルマイエとは異なり、侯爵ではない。『椿姫』【A・デュマ（子）の小説。1848年に発表されて人気を博し、しばしば舞台化や映画化され

た】の主人公マルグリット・ゴーティエの恋人でもない。

アルマン・カレル Armand Carrel 1800-36年。19区の通り（Rue Armand-Carrel）と広場（Place Armand-Carrel）に名を残すアルマン・カレルは、**ルーアン**に生まれ、パリ南東方のサン＝マンデで没した出版人・政治家。彼は仲間たちと日刊紙《ル・ナショナル》を創刊し【1830年】、ルイ＝フィリップの7月王政と闘った。だが、その過激な思想によって数多くの敵をつくり、決闘や裁判沙汰を繰り返した。そして36歳のとき、エミール・ド・ジラルダンと決闘し、命を落とした【カレル同様、政治家でジャーナリストでもあったジラルダン（1802-81）は、1836年に日刊紙《ラ・プレス》を創刊し、売却後は新たに《ラ・リベルテ（自由）》紙を立ち上げ、プロイセンに対する国土防衛を激烈な筆鋒で唱えた。決闘はライバル関係にあった両者の新聞記事を原因とするが、より直接の原因は、ジラルダンがカレルの不倫を暴露したことによる】

アルマン・ゴーティエ Armand Gauthier 18区のアルマン＝ゴーティエ通り（Rue Armand-Gauthier）を計画した建築家。このゴーティエを、フランス南西部の**ナルボンヌ**に1837年に生まれた、医師・化学者のアルマン・ゴーティエ（Armand Gautier）と混同してはならない。

アルマン・モワザン Armand Moisant モワザン氏は1906に開通した15区の通り（Rue Armand-Moisant）の旧地主。

アルマン・ルソー Armand Rousseau 1835-96年。アルマン・ルソーは**ブルターニュ**地方フィニステール県のトレフレに生まれ、ハノイで没したインドシナ（**アンドシヌ**）総督【1894-96年】。フィニステール選出の下院議員時代【1871-76年・81-85年】の彼は、左派共和派に属したが、ハノイで過労死した（疑問の余地はまったくない！）。彼の名を冠したアルマン＝ルソー大通り（Avenue Armand-Rousseau）は、1933年から12区にある。

アルメ・ドリオン Armée d'Orient 18区の

アルメ＝ドリオン通り（Rue de l' Armée-d'Orient）は、1978年までオリオン通り（Rue d'Orient）とよばれていた。これは第1次世界大戦の東方派遣軍に属していた、すべてのフランス人兵士をたたえての改称だった。

アルモニー Harmonie 15区のアルモニー通り（Rue de la Harmonie）は、1877年まで音楽家たちの守護聖人であるサント＝セシル（聖女セシル）の名でよばれていた。おそらく当時の「世俗化」至上主義的な風潮のもとで、聖女の名前が現在の呼称に代えられたのだろう。たしかにセシルは音楽家たちを庇護してくれるが、ハーモニー（アルモニー）もまた彼らにとってけっして無用なものではない。たとえ現在の一部の音楽様式がハーモニーとは反対のものを信じさせようとしても、である。

アルモリク Armorique アルモリカ（アルモリク）はフランス北西部**ブルターニュ**地方の旧称【7世紀以前】。ゲール語で「海岸」を意味する。ガリア時代、アルモリカ地方は中部のトロワやオーセール、**オルレアン**まで含んでいた。その境界が縮小したのは、**クロヴィス1世**がこれを王国に併合した5世紀になってからである【アルモリク通り（Rue de l'Armorique）は15区】

アルレ Alleray 1716-94。ドゥニ・フランソワ・アンガン・ダルレは、ヴォージラール最後の領主。ヴォージラール通りに馬の解体処理場ができた際【1904年】、「解体処理人」が出現したが、アルレとは無縁である。15区のアルレ通り（Rue d'Alleray）は1894年に命名されている【同区にはアルレの名を冠した広場（Place d' Alleray）や庭園（Jardin d'Alleray）もある】

アルレ Harlay 1536-1619年。ボーモン領主アシル・アルレは、パリ高等法院の初代院長【1582-1611年】。宗教戦争のもとでは、きわめて激しい政治的情熱を押し殺すのが得策である。彼はそのことをよく弁えていた。だが、いわゆる「バリケードの日々」【アンリ3世が後継者にプロテスタントのアンリ・ド・ナヴァール、のちのアンリ4世を指

アレ

名したことに反対した民衆の蜂起】のあと、カトリック勢力の指導者であるギーズ公【→アミラル・ド・コリニィ、クリヨン】からその陣営に誘われた際、彼はこう答えたという。「下僕が主人を追い出したとしても、おおいに同情できます。しかし、私の魂は神の、心は王のものであり、体はよこしまな者たちの手のなかにあります。ですから、体はどうにでもできるでしょう」。これを聞いたギーズ公は彼を逮捕し、バスティーユに投獄した。そこからアルレが釈放されるには、１万エキュの保釈金が必要だった。

　やがて彼はフランス中部のトゥールに逃れて、アンリ４世の支持者たちに合流する。その見返りに、国王はアルレーにボーモン領をあたえた。アルレーはまた残りの生涯を、まったく役に立たないとみなしていたイエズス会との闘いに費やした。アルレ通り（Rue Harlay）は彼の生前、すなわち1607年から１区にある。このボーモン領主の所有地にそれが敷設されたからである。

アレ Hallé　1754-1822年。ジャン＝ノエル・アレはパリを生没地とする医師。1778年に王立医師学会会員、94年にパリ大学医学部教授、さらにフランス学士院会員となった彼は、国民公会（コンヴァンシオン）を相手にひとり勇気をもってラヴォアジエを擁護した。著作に『ワクチン接種による天然痘予防法の効力にかんする報告』【発表年不詳】がある。彼の名を冠したアレ通り（Rue Hallé）は、1865年から14区にある。

アレヴィ Halévy　1799-1862年。ジャック・フロマンタル・レヴィ、通称アレヴィは、パリで生まれ、ニースで没した作曲家。1819年にローマ大賞を獲得した彼は、イタリアから帰国すると、オペラ＝コミック座やテアトル・イタリアン座向けに数多くの作品を創り始める。1827年からはパリ音楽院（コンセルヴァトワール）で和声法を講じ、54年には美術アカミーの終身事務局長に任命される。作品としては、処女作の『職人』【1827年】のほかに、もっとも成功した『ユダヤの女』【1835年】や『ギ

ドーとジネヴラ』【1838年】、『王妃の衛兵たち』【1846年】、『さまよえるユダヤ人』【1852年】、『ナバーブ』【1853年】などがある。

　この作曲家に捧げられた９区のアレヴィ通り（Rue Halévy）は、1864年からある。甥のリュドヴィク・アレヴィもまた同様に有名な劇作家で、1834年にパリで生まれ、1908年にパリで没している。彼はメイヤックと共同で、『美女エレーヌ』【1864年】や『パリの生活』【1866年】の台本を手がけ、その甘美な詩節はオッフェンバッハ（ジャック・オフェンバク）によって楽曲化された。単独でも数多くの小説をものし、アカデミー・フランセーズ会員に選ばれている【1884年】

アレクサンドリ Alexandrie　1798年７月２日、ナポレオンはこのエジプトの古都アレクサンドリア（アレクサンドリ）を奪取した。パリ２区の通り（Rue d'Alexandrie）にその名前が冠せられたのは、それを記念してのことだった。アレクサンドリアは、かつてファラオたちからラコンダ、ギリシア人たちからラーコィスとよばれていた地に、前330年、アレクサンドル大王が建設した町で、地中海とマイユート湖を分ける地峡に位置している。

アレクサンドリヌ Alexandrine　11区のアレクサンドリヌ小路（Passage Alexandrine）は、それが敷設された土地所有者の愛娘の名アレクサンドリヌにちなむ。こうして娘の名をつけてもらったことは、おそらく土地を差し出した父親にとってせめてもの慰めとなったことだろう。通りの開通は1865年である。

アレクサンドル Alexandre　1970年代に名声をはせたパリの理（美）容師とは無縁である【アレクサンドル・ド・パリ、本名ルイ・アレクサンドル・レモン（1922-2008）はオート・コワフールの創始者で、「理（美）容師の王」と称され、1978年から93年まで、世界理容美容連盟の会長をつとめた】。15区の小路（Passage Alexsandre）に名が冠せられたアレクサンドル氏は、1840年当時、

一帯の地主だった。

アレクサンドル・ヴィアラット Alexandre Vialatte 1901年にフランス中南部オート＝ヴィエンヌ県のマニャク＝ラヴァルに生まれ、71年にパリで没した作家・年代記者。とくにニーチェ【1844-1900】やカフカ【1883-1924】の翻訳で知られるが、小説作品としては『陰鬱なるものとの戦い』【1928年】や『忠実な羊飼い』【1942年】、『コンゴの果実』【1951年】などがある。

　また、《モンターニュ》【1919年に社会主義者で政治家・ジャーナリストのアレクサンドル・バレンヌが、フランス中部の生地クレルモン＝フェランで創刊した日刊紙】を中心に数多くの年代記を著し、これらは死後、『人間最後の手紙』【1978年】や『こうしてアラーは偉大になった』【1979年】、『四季の万用暦』【1981年】、『究極のオーヴェルニュ』【1983年】にまとめられた。彼はつねに文化的な流行から離れて執筆活動をした。13区には2000年に命名された、アレクサンドル＝ヴィアラット小路（Allée Alexandre-Vialatte）がある。

アレクサンドル・エ・ルネ・パロディ Alexandre et René Parodi パリを生没地とするアレクサンドル・パロディ（1901-79）は、第2次世界大戦中、ジャン・ムーラン（ジャン・ムラン）が組織した全国エチュード委員会の代表4人のひとりとなり、占領地行政の代表監査官に指名され、さらにシャルル・ド・ド・ゴール将軍からフランス国民解放委員会の調査官に任命された。大戦後の1944年9月から翌年11月まで労働大臣、ついで大使などを歴任した彼は、国連安全保障委員会のフランス代表となった。また、国務院議長をつとめ、人文・社会科学アカデミー会員にもなった。

　一方、弟のルネ・パロディ（1904-42）は北仏ルーアンに生まれ、パリ南郊のフレーヌで没している。非行児童を擁護する裁判官だった彼は、第2次世界大戦中、ドイツ占領軍に対するレジスタンスとヴィシー親独政権に対する戦いのための組織網「北仏解放」を立ち上げた。だが、ゲシュタポに逮捕され、フレーヌ監獄に幽閉されたのち、独房で獄死した。死後の1946年、フランス解放勲章保持者に追号され、47年、国家から表彰された。16区にあるアレクサンドル＝エ＝ルネ＝パロディ小公園（Square Alexandre-et-René-Parodi）は、1997年に命名されている。

アレクサンドル・カバネル Alexandre Cabanel 1823-89年。南仏のモンペリエに生まれ、パリで他界したアレクサンドル・カバネルは、ナポレオンから惜しみない称賛と公式の制作依頼を受けた、きわめてアカデミックな画家。代表的な作品として、パンテオンに飾られている『聖ルイの生涯』【1978年】のほか、裸体の女性像がある。彼を名祖とするアレクサンドル＝カバネル通り（Rue Alexandre-Cabanel）は、フランス革命期の1789年から15区にある。

アレクサンドル3世（トロワ） Alexandre III 1845-94年。サンクトペテルブルク（サン＝ペテルスブール）に生まれたロシア皇帝。本質的に穏健な性格で、国家的伝統にもとづいて組織される「ロシア人」のロシア帝国を夢見た。トランスカスピア鉄道【カスピ海沿岸のクラスノヴォツクとタシケントを結ぶ鉄道。カスピ海横断鉄道とも】を敷設し、シベリア横断鉄道の敷設にも着手した。

　だが、ブルガリアがオーストリア＝ハンガリー帝国と軋轢を起こしたため【この二重帝国は、1877年の露土戦争に勝利したロシアが、ブルガリアを事実上の保護国として推進しようと企てた南下政策に反対した】、皇帝はとくに財政問題（むろん、フランスによるロシアへの資金援助）でフランスときわめて緊密に結びついた。この友好政策は、サンクトペテルブルク北西のクロンシュタットにフランス軍水兵を、さらに有名な港であるパリにロシア軍水兵を受け入れるというかたちで具体化された。7区と8区をつなぐアレクサンドル3世橋（Pont Alexandre-III）は、1897年から1900年にかけて建設されている。

アレクサンドル・タンスマン Alexandre

Tansman　アレクサンドル・タンスマンは、1897年にポーランド（ボローニュ）中部のルージで生まれ、1986年にパリで没したポーランド人作曲家。作品としては、『インテルメッツォ・シンフォニコ』【1922年】や『魔女の踊り』【1923年】、『協奏交響曲』【1931年】、バレエ曲の『大都会』【1935年】、オペラ『クルドの夜』【1927年】などがある。さらに、映画曲『ニンジンの毛』【1932年。監督ジュリアン・デュヴィヴィエ（1896-1967）、原作ジュール・ルナール（1864-1910）】も手がけた。1919年にフランスに移り、大部分を16区で過ごした。その16区には、1999年に彼の名を冠したヴィラ（Villa Alexandre-Tansman）がある。

アレクサンドル・デュマ　Alexandre Dumas　1802-70年。本名アレクサンドル・ダヴィ・ド・ラ・パイエトゥリ。北仏ピカデリー地方のヴィレール＝コトレに生まれた作家・劇作家。将軍だった父がナポレオンに疎んじられて遺族年金を下賜されなかったため、公証人役場の見習いとして働いた。幸い父の友人だったマキシミリャン・フォワ将軍【1775-1825】の庇護を受け、俸給1200フランで、オルレアン公爵【最後のフランス国王ルイ＝フィリップ（在位1830-48）】の秘書室につとめた。

しかし、シェークスピアの芝居【『ハムレット』】を見ていたとき、演劇を仕事にするという啓示を受けたという。こうして彼はきわめて多作なロマンス主義的劇作家となる。その戯曲としては『アントニー』【1831年】や『テレザ』【前同】、『ネールの塔』【1832年】などがある。また、小説の翻案として『三銃士』【1844年】や『王妃マルゴ』【1845年】、『赤い館の騎士』【1845-46年】、『モンソローの奥方』【1946年】がある。フランスのテレビは、それゆえ彼に多くを負っているといえる。

デュマは1830年から32年にかけてリベラル派として政治の世界に入り、やがて転向して国王と和解し、勲章を授かる。1832年、コレラに罹ったが、快復後、旅に出る。それを契機に、称賛すべき観察眼によってみごとな旅行記『旅の印象』【1833-37年】を著す。忘れてならないその他の著作としては、『ジョゼフ・バルサモ』【1846-48年】や『パリのモヒカン』【1854-55年】、『エヒウの仲間たち』【1856年】などがある。作品を挙げていけばきりがないが、ことほどさように彼は多作（！）だった。ちなみに、暇な時間を見つけて、彼は童話も書いている。『ベルト夫人の粥』【1844年】などである。

デュマには同じ名の息子【1824-95】がおり、戯曲を何作か創作しているが、そのうちもっとも有名なのが『椿姫』【1848年】である。1872年に敷設されたアレクサンドル＝デュマ通り（Rue Alexandre-Dumas）は、20区にある。

アレクサンドル・ド・ウンボルト　Alexandre de Humbolt　アレキサンダー・フォン・フンボルト（ウンボルト）。1769-1859年。ドイツの男爵で、博物学者・旅行家。アメリカ大陸を探検したのち、ロシア皇帝ニコライ1世【在位1825-55】のため、アジアを長期にわたって旅し、そこから「アジア的な地質学と気候学」をもちかえった。これにより、彼は気候学や海洋学、さらに地質学の進歩に貢献することになる。著書に『コスモスないし世界の自然描写』【4巻、1847-59年】がある。19区のアレクサンドル＝ド＝ウンボルト通り（Rue Alexandre de Humbolt）は、1988年に命名されている。

アレクサンドル・リボ　Alexandre Ribot　1842-1923年。北仏サン＝トメールに生まれ、パリで没した政治家のアレクサンドル・リボは、共和党穏健派の指導者のひとり。財務大臣や外務大臣を数度歴任し、1892年から1917年まで国務院議長をつとめた。1906年には、アカデミー・フランセーズ会員に選ばれてもいる。ただし、ブルターニュ地方で有名なレ・リボ【発酵ミルクバター】とは無縁である【ヴィラ・アレクサンドル＝リボ（Villa Alexandre-Ribot）は19区】。

アレクス・ビスカール Alex Biscarre 1977年に他界したパリ市の参事会員。1978年、つまり死の翌年、その名が9区の小公園（Square Alex-Biscarre）につけられた。おそらく彼はそのことを喜んだだろう。天国からそれを眺めることができたなら、である。

アレジア Alésia その日、英雄アステリクス【シナリオ作家のルネ・ゴシニとイラストレーターのアルベール・ユデルゾが1959年に制作した子供向けアニメの主人公】が不在だったため、カエサル（ジュール・セザール）がウェルキンゲトリクス（ヴェルサンジェトリクス）を制圧できたガリアの要塞。フランス中東部ブルゴーニュ地方のオースワ山中にあり、アリズ＝サント＝レーヌ村を見下ろすこの要塞を攻略するため、カエサルは8万の歩兵と1万5000の騎兵を投入した。

ウェルキンゲトリクス軍が敗れると、ガリア側は24万もの歩兵と8万の騎兵を送り込んだ。これに対し、カエサルは3ピエ（約1メートル）幅の溝を8列配した城壁を築き、奥行き8ピエの塹壕と数多くの落とし穴を掘った。これは当時の戦法としては型破りなもので、ガリア人たちは、以後の子孫たちすべてがそうなったように、情け容赦なく打倒され、最終的に制圧された。前52年のこの勝利により、カエサルは最終的に今日のフランス全土を征服することになった【1864年に敷設されたアレジア通り（Rue d'Alésia）とヴィラ・アレジア（Villa d'Alésia）は14区にある】

アレーヌ Arènes 呼称は近くにローマ時代のリュテース闘技場があるところから。1883年、碑文・文芸アカデミーは、モンジュ通りの敷設工事で遺跡が見つかったため、パリ市参事会が闘技場の遺構を含む7000平方メートルの土地を入手することを決めた。たしかにこの場所では剣闘士たちの闘いがおこなわれていたが、それだけでなく、演劇も上演されていた。1890年に命名されたアレーヌ通り（Rue des Arènes）は、5区にある。

アロンベール Alombert 土地所有者の名。3区のアロンベール小路（Passage Alombert）は1847年に開通している。

アンヴァリッド Invalides 1670年、ルイ14世（ルイ・ル・グラン）は「戦争によって障害を負った、あるいは兵役のために年老いて普通の生活に戻れなくなるであろう、すべての将校や兵士たちに衣食住を提供する」ため、王立の邸館を建設するよう命じた【それゆえアンヴァリッドは「廃兵院」とよばれた】。正面玄関の向こうには、3層の建物に囲まれた中庭が5面続いている。中央の前庭を抜けると、奥まりに「兵士たちの教会」が建っている。この教会は当初あまりにも手狭すぎるとされ、マンサールがそれと連続する2番目の教会を建てる仕事を請け負った。

ヴォーバン広場に面したもうひとつのより広い中庭には15段の矩形の大階段があり、教会の柱廊下まで続いている。この広場の中程にはドームの教会が建っており、その尖塔の高さは101メートルに達する。ナポレオン——少なくともその遺灰——は、1840年からヴィスコンティ作の墓石の下に眠っている。7区のアンヴァリッド大通り（Boulevard des Invalides）は1761年から、1899年と1900年の2度にわたって万国博が開かれた遊歩道（Esplanade des Invalides）は1704年、今日みられるアンヴァリッド橋（Pont des Invalides）は1854年、さらにアンヴァリッド港（Port des Invalides）は1905年からある。

アンヴィエルジュ Envierges 聖母マリアの彫像が立っていたことから、通称ヴィエルジュとよばれていた通りが、語の変形によってどのようにしてアンヴィエルジュ通りとなったのか。詳細は不明だが、これもまた言葉の進化とすべきだろうか。いずれにせよ、20区のアンヴィエルジュ通り（Rue des Envierges）が1937年に命名されたことは確かである。

アンヴェール Anvers 1832年12月22日、フランス軍は激しい戦闘のあと、アンヴェール（オランダ語アントウェルペン、英語

アントワープ）を奪取した。9区の広場（Place d'Anvers）にこの町の名が冠せられたのは、それを記念してのことである。アントウェルペンはスヘルデ川の右岸の大きな港町で、ナポレオンはこの町についてこう冗談を言ったという。「アンヴェールは私がイギリスの喉元に突きつけた銃である」。むろん、その銃に弾は入っていなかったが…。

ここには15世紀の創建になる壮大な司教座聖堂がある。教会堂内には、泥棒が盗みだしていなかったなら、ルーベンス【1577-1840】の有名な油彩画が2点あるはずだ。『キリスト昇架』【1610年】と『キリスト降架』【1611-14年】である。一方、市内の王立美術館は世界的な名声を博している。この町はまたヴァン・ダイク【1599-1461】やテニールス親子【父1582-1449、子1610-90】、セーヘルス兄弟【兄ダニエル1590-1661、弟ヘラルト1591-1651】、フランス・スナイデルス【1579-1657】といった画家の生地でもある。

アンギャン Enghien 1772-1804年。アンギャン公ル・ド・ブルボン＝コンデはパリ東郊のシャンティイで生まれ、ヴァンセンヌで銃殺されている。10区のアンギャン通り（Rue d'Enghien）を敷設したパリ商人頭【市長に担当】のラ・ミショディエールは、若い公爵の名を、その誕生日に通りにつけることにした。だが、実際に命名がなされたのは、それから13年後だった。このアンギャン通りは当初はエシキエ通りとよばれていたが、のちに両者が呼称を交換して現在に至っている。

アンギャン公についていえば、有名な一族最後の当主であり、もっとも大きな不運をかこった人物である。1804年3月15日、第一執政のナポレオンとジョゼフ・フーシェ【1759-1820。ナポレオン時代から復古王政期を通じてつねに権力の中枢にあり、秘密警察を組織・掌握した】、さらにタレーラン（タレラン）が催した委員会のあと、彼は【王党派の陰謀に加担したとして】身柄を拘束され、ストラスブールへ、さらにヴァン

センヌ城の監獄に護送され、略式裁判で死刑の宣告を受けた。じつのところ、この断罪は的外れなものだった。彼がデュムリエ将軍【→カンブレ】と関係していたとの誤解があったからだ。第一執政への最後の助命嘆願にもかかわらず、3月21日に処刑された。アンギャン通りは呼称交換のあと、1814年からある。

アンクル Ancre 3区にあるアンクル小路（Passage de l'Ancre）の呼称は、かつてこの小路に錨の絵看板がかかっていたことに由来する。

アングル Ingres 1780-1867年。ジャン＝オーギュスト＝ドミニク・アングルはトゥールーズ北方のモントーバンに生まれ、パリで没した画家。画家であり、建築家、彫刻家、そして音楽家でもあった父親は、彼に絵画と音楽を教えた。その薫陶よろしきをえて、1801年、アングルはローマ大賞を受賞し、パリに戻ってからは、1806年まで、とくにナポレオンの肖像画を描き続けた。やがてローマに戻り、1820年までそこにとどまって、『スフィンクスの謎を解くオイディプス』【1808年】や『アクロンに勝利したロムルス』【1812年】など、数多くの油彩画を制作して、イタリアでもその名が知られるようになった。

アングルは1820年から24年まではフィレンツェで活動したが、『ルイ13世の誓願』【1824年】がパリの展覧会で好評を博したこともあって、パリに戻る。1834年に再びローマに移り、最終的に帰国したのは1841年のことだった。ラファエロ（ラファエル）の賛美者だったアングルは、ほっそりとして喉が締まり、腰がしなやかな曲線を描く女性を好んで描いた。作品としてはほかに『水から上がるヴィーナス』【1827-48年】や『奴隷のいるオダリスク』【1842年】、『泉』【1856年】などがある。彼の名を冠したアングル大通り（Avenue Ingres）は、1864年から16区にある。

アングレ Anglais 14世紀頃、イングランドからパリ大学での教育に魅せられた学生たちが留学し、その多くは5区のアングレ

（イングランド人）通り（Rue des Anglais）に住みついた【19区にはアングレ袋小路（Impasse des Anglais）がある】

アングレーム Angoulême シャラント県の県庁所在地であるアングレームは、最初西ゴート族、ついでフランク族に支配された。やがてイングランド人がこの地を占拠するが【1360年】、国王シャルル5世の時代、住民たちはイングランド人を一掃する。国王はこのことを大いに喜び、アングレームにさまざまな特権をあたえた。さらに、国王になるまでアングレーム伯だったフランソワ1世は、アングレームを公領とし、シャルル10世【在位1824-30】の長子ルイ・アントワーヌ【1775-1844】はアングレーム公を称した。

この地はまたマルグリット・ダングレーム【1492-1549。フランソワ1世の姉でナヴァル王妃。人文主義者として多くの文化人を庇護し、『エプタメロン（7日物語）』（1542年-、未完）などの著作でも知られる】やモンタランベール、そしてあえていえば、弑逆者ラヴァイヤック【1578-1610。狂信的なカトリック信者で、アンリ4世を刺殺し、四つ裂刑に処された】などの生地でもある【シテ・ダングレーム（Cité d'Angoulême）は11区にある】

アンジェ Angers 1857年まで、18区のアンジェ袋小路（Impasse d'Angers）は当時の居住地主の名にちなんで、ダンジェ小路とよばれていた。やがて誤って現在の呼称となった。したがって、この呼称はメーヌ河岸に位置するフランス西部アンジュー地方の旧都アンジェとは無縁である。ちなみに、アンジェには尊厳王フィリップ2世【在位1180-1223】時代に築造が始まり、聖王ルイ（サン=ルイ）の時代に完成した壮大な城郭があり、現在そこは有名な「ヨハネの黙示録」のタピスリーを含むタピスリー博物館となっている。

アンジェニウール・ロベール・ケレ Ingénieur Robert Keller 1899-1945年。フランス郵政省の技師だったロベール・ケレはレジスタンスにくわわって、ドイツ軍の通信を数多く傍受した。だが、第2次世界大戦末期に逮捕され、強制収容所で殺害された。15区のアンジェニウール=ロベール=ケレ通り（Rue de l'Ingénieur-Robert-Keller）は、彼を偲んで1948年に命名されている。

アンジェリク・コンポワン Angélique Compoint 1860年に開通した18区のアンジェリク=コンポワン通り（Rue Angélique-Compoint）は、それが敷設された土地所有者の妻ないし娘の名にちなんで命名されている。

アンシャンヌ=コメディ Ancienne-Comédie コメディ=フランセーズ座は、かつて15世紀に敷設され、1834年に命名された、6区のアンシャンヌ=コメディ（旧コメディ）通り（Rue de l'Ancienne-Comédie）にあった。

アンジュー（河岸通り）Anjou（Quai） ルイ13世【国王在位1610-43。→ドーフィヌ】にはアンジュー、アランソン、オルレアン公の弟ガストン【1608-60。ガストン・ド・フランスとも】がいた。この4区の河岸通り（Quai d'Anjou）は1780年に命名されている。

アンジュー（通り）Anjou（Rue） このアンジュー【アンジュー公フランソワ、1555-84】は国王アンリ2世【在位1547-59】の5番目の王子で、国王アンリ3世【在位1574-89】の弟である。愛国心とはまるで無縁だったが、野心家で、さまざま「策謀」の先頭に立った。そのためには、同性愛の愛人ラ・モルを犠牲にすることも厭わなかった【ラ・モル（1526-74）はイングランド女王エリザベスの花婿候補になっていたアンジュー公のため、シャルル9世の後継者となるアンリ3世を釘人形で呪ったとして告発され、パリのグレーヴ広場で処刑された】。無節操で意志薄弱な人物だったアンジュー公は、つねに挫折する策謀の専門家とされることも。8区のアンジュー通り（Rue d'Anjou）は16世紀に敷設されている。命名は1881年。

アンシュヴァル Encheval 19区のアンシュヴァル通り（Rue de l'Encheval）は、それ

が通じている場所の通称にちなんでロンシュヴァル【字義は「長い馬」】とよばれていた。やがて呼称が幾度か変えられ、1812年に現在の形になった。

アンスティテュ Institut　アンスティテュとは学士院のことで、もとはカトル＝ナシオン学寮だった【この学寮は、1648年のウェストファリア条約と59年のピレネー条約（→ベラスケス）でフランスに編入された4地域（カトル・ナシオン）の学生たちに無償教育を授けるため、マザランが私財を投じて設立した教育機関】。1806年から、そこにはアカデミー・フランセーズや碑文・文芸アカデミー、科学アカデミー、芸術アカデミー、人文社会科学アカデミーなどの本部がおかれている。

「ラ・クポール（丸天井）」の愛称でも知られる現在の会議室は、同学寮の礼拝室を建築家のレオン・ヴォドワイエが改築したものである。学寮自体は1663年から72年にかけて、ル・ヴォーらの建築家たちによって建てられている。6区のアンスティテュ広場（Place de l'Institut）は、1806年の命名になる。

アンスペクトゥール・アレス Inspecteur Allès　1904-30年。司法捜査官のヴィクトル・アレスは、若くして殉職した。19区のアンスペクトゥール＝アレス通り（Rue de l'Inspecteur-Allès）は、彼を偲んで1934年に命名されている。

アンセルム・パヤン Anselme Payen　1795-1871年。パリで生まれ、没した化学者。1825年から38年まで、アンセルムは父が創設した砂糖工場を経営し、さらに化学者として、ナポレオン時代の大陸封鎖時にフランスに移植された甜菜から砂糖を精製する技術を大いに発展させた。1835年からパリ中央工芸学校で化学を講じるようになった彼は、1842年に科学アカデミー会員に選ばれ、数多くの食物、とくに麦粒を分析した【アンセルムはジアスターゼや麦芽由来の澱粉の糖化を発見したひとり】。彼はまた、『ジャガイモ論』【1822年】や『砂糖製造の実践講義要約』【1838年】などを著している。

彼が経営していた砂糖精製工場は15区にあり、1936年、かつて小路にすぎなかったその通りに彼の名が冠せられた。アンセルム＝パヤン通り（Rue Anselme-Payen）がそれである。

アンタン Antin　1665-1736年。ダンタン（アンタン）公こと、ルイ・アントワヌ・ド・パラデヤン・ド・ゴンドランは、モンテスパン侯爵夫妻の嫡子（ということは、庶子がいたことを予想させる…）。母フランソワーズ・アテナイス【1640-1707】が国王ルイ14世（ルイ・ル・グラン）の寵姫になったのは、ルイ・アントワヌがまだ6歳の時だった。

のちに公爵や貴族院議員、さらに摂政会議の一員となった彼は、完璧な宮廷人としての模範とされた。たとえば、彼は自分の庭園内を走る並木道のマロニエを一晩ですべて切り倒したが、それは前夜、ルイ14世がこの並木が不揃いだと難じたからである。たんにマロニエの木の撤去だけで満足しなかった国王は、ダンタン公に庭園全体の木をとり除かせた。それを知ったブルゴーニュ公爵夫人【1685-1712】はこう叫んだものだった。「王が私たちの首を求めたら、ダンタン公はやはりそれを切り落としたことでしょう！」1713年と1840年に敷設されたダンタン通り（Rue d'Antin）は2区、1805年の敷設になるダンタン袋小路（Impasse d'Antin）は8区、シテ・ダンタン（Cité d'Antin）は9区にある。

アンディニエ Andigné　1821-95年。侯爵・将軍・フランス同輩衆・元老院議員。それだけ（！）である。1923年に敷設されたダンディニェ通り（Rue d'Andigné）は、16区にある。

アンティル Antilles　11区と20区の境界に位置するアンティル広場（Place des Antilles）の名祖は、南北アメリカ大陸のあいだに連なる広域的な諸島。大アンティルにはキューバ、ハイチ、ジャマイカ、プエルトリコ、小アンティルにはスー＝ル＝ヴァン諸島、ヴァン諸島、バハマがふくま

れる。

アンデュストリ Industrie 11区のシテ・アンデュストリ（Cité de l'Industrie）とアンデュストリ小路（Cour de l'Industrie）は、19世紀に多くの工場が立ちならんでいた一角に敷設されたことにちなんで命名されている。アンデュストリ通り（Rue de l'Industrie）も同じ理由によって1863年に命名された。一方、1827年に開通した10区のアンデュストリ小路（Passage de l'Industrie）には、通りの両側に数多くの工房が連なっていた。

アンデュストリエル Industrielle 11区のシテ・アンデュストリエル（Cité Industrielle）もまた、工業地区にあることから命名されている。ヴィラ・アンデュストリエル（Villa Industrielle）の呼称は、周囲に多くの工房があったことによる。

アンテルヌ・ロエブ Interne Loëb 事故で殉職した内勤研修医（アンテルヌ）ロエブ氏の名前が13区の通りにつけられたのは、1927年のことだった。アンテルヌ＝ロエブ通り（Rue de l'Interne-Loëb）がそれである。

アンドシヌ Indechine インドシナ（アンドシヌ）とは、1888年からアジア南東部のフランス領植民地ないし保護領を含むようになった半島。コーチシナやカンボジア（カンボジュ）、安南（アンナン）、トンキン、ラオス、広州湾からなる地域で、これらの地域は第2次世界大戦後に独立を果たしたが、コーチシナは1946年にベトナム、安南もベトナム中部に編入された。一方、広州湾は1943年に中国に返還された。この半島名を冠したアンドシヌ大通り（Boulevard d'Indochine）は、1933年から19区にある。

アンドル Indre 県名にもなっているアンドル川は、フランス中部クルーズ地方のサン＝プリエスト＝ラ＝マルシュを水源とし、ラ・シャートル、ノアン、シャトールー、アゼ＝ル＝リドー、ロシュといった地域を潤している。全長266キロメートル。20区を走るアンドル通り（Rue de l'Indre）は、

1877年からある。

アンドリュー Andrieux 1759-1833年。本名フランソワ＝ギョーム＝ジャン＝スタニスラス・アンドリューは、**ストラスブール**に生まれ、パリで没した詩人・弁護士・劇作家。1798年に五百人会【革命暦3年の憲法で定められた下院（1795-99年）】の議員となった彼は、ナポレオンに激しく抵抗し、そのため、【ナポレオンが終身執政になった】1802年には五百人会を離れ、みずから議長だった護民院も辞さなければならなくなった【ただし、のちにナポリ王やスペイン王となるナポレオンの兄ジョゼフ（1768-1844）は、アンドリューを経済的に支えた】。

護民院の抵抗を非難した第一執政【ナポレオン】にこう反論したのが彼だった。「抵抗することに頼るほかはない」。かなり若い時に喜劇『軽率な男たち』【1787年】を書き、のちには『気楽な粉ひき』【1800年】や『肥えた老人』【1810年】、『女優』【1816年】などを発表している。1883年に敷設されたアンドリュー通り（Rue Andrieux）は、8区にある。

アンドルエ Androuet 有名な建築一族の名だが、家の上にセルソー（輪）の絵看板がかかっていたところから、アンドルエ・デュ・セルソーの名でよく知られている。初代の名はジャックで、一族のなかでもっとも名声をはせた。1515年に生まれ、85年に没した彼は、古典主義の理論家だった。ヴェルヌフ＝シュル＝オワズ城【パリ北部シャンティイ近郊の、フランスでもっとも美しい城とされる】を建て、いずれも版画で飾られた『実証的遠近法入門』と『フランスのもっともみごとな建物』【1576年】を上梓している。

他のふたりのデュ・セルソーは、ポン＝ヌフ橋の建設を手がけたジャックの長男バティスト（1544-90）と、**ルーヴル**宮の大回廊の後半部を請け負った次男のジャック2世（1550-1614）である。18区のアンドルエ通り（Rue Androuet）は、1864年に命名された。

アントルプルヌール Entrepreneurs 15区

のアントルプルヌール通り（Rue des Entrepreneurs）は、1845年、この通りが敷設された**グルネル村**の建設請負業者たちにちなんで命名されている。それは同村がパリに編入される前のことである。1823年、彼ら建設請負業者ないし開発業者の企業は、当時、「グルネル平原の砂漠」とよばれ、軍事訓練にもちいられていた土地に村を建設することにした。計画は成功し、1830年、グルネルは本格的な村となり、住民も増えて、1859年、パリに組み込まれることになった。

アントルポ Entrepots　18区のアントルポ通り（Rue des Entrepots）は、1930年まで**サン＝トゥアン**の町に属していた。その呼称は、いうまでもなくかつてそこにかなり大きな倉庫群があったことに由来する。

アンドレ・アントワヌ André Antoine
1858-1943年。短くアントワヌという名で名声をはせた俳優。テアトル＝リーブル（自由劇場）を創設した【1887年、18区】彼は、当初、**エミール・ゾラ**や自然主義の作品を上演した。真実を求めたその志向によって、彼は当時の劇作家のうち、とくに舞台で日常生活の現実を再現しようとする者を選んだのである。1906年、**オデオン座**の支配人となった【-1914年】。今日、アントワヌ劇場【1816年、ムニュ＝プレジール座として10区に創設】が彼を追慕しているが、1951年に命名された18区のアンドレ＝アントワヌ通り（Rue André-Antoine）もまた、彼に捧げられている。

アンドレ・ヴォゲ André Voguet　1913-86年。アンドレ・ヴォゲはフランス北東部ショーモンに生まれ、パリで没した教師・レジスタンスの活動家で、第2次世界大戦中、非合法の大学国民戦線書記長だった。パリ解放後、1947年からパリ市議会の13区選出議員となり、その代表委任は1983年まで続いた。彼を名祖とする13区のアンドレ＝ヴォゲ通り（Rue André-Voguet）は、1997年に命名されている。

アンドレ・コルドブフ André Colledeboeuf　16区の助役だった地主の名前。この区

を走るアンドレ＝コルドブフ通り（Rue André-Colledeboeuf）は、1930年に開通している。

アンドレ・ジッド André Gide　1869年、パリに生まれ、1951年に他界した作家。子供時代に父親を失い、厳格な母の手で育てられた。1895年、ジッドは従妹のマドレーヌと結婚し、2年後の1898年、『地の糧』を発表する。そこには次のような一文がある。「ナタナエル、私、だれもあげられないような喜びをあなたにあげたい」。この作品で、ジッドはナタナエルという若者に、人生を完全に愉しむため、倫理的な規範や通俗的な思想をすべて放棄するよう命じてもいる。それゆえ、作品は当時の若者たちにかなりの影響をあたえた。

膨大な数の作品のなかには、たとえば以下がある。『鎖を解かれたプロメテウス』【1899年】や『背徳者』【1902年】、『狭き門』【1909年】、『法王庁の抜け穴』【1914年】、『田園交響楽』【1919年】、『贋金つくり』【1925年】、さらに男性同性愛を賛美した『コリドン』【1924年】。ジッドは言っている。「問題などはない。ただ解決だけがあるのみだ」。だが、人間の精神は問題を生みだす。どこにでも問題をみてとる。そこで彼はこうも言う。「人間は人間たちより興味深い。神がみずからの姿に似せてつくったのは、あなたであって、彼らではない」、「それが上を目指すなら、安易に流れることもいい」。15区のアンドレ＝ジッド通り（Rue André-Gide）は1987年に命名されている。

アンドレ・シトロエン André Citroën
1878-1935年。アンドレ・シトロエンはパリに生まれ、没したフランス人技師・実業家。1915年、15区のジャヴェル河岸通り――1968年にアンドレ＝シトロエン河岸通り（Quai André-Citroën）に改称――に武器工場を建て、1914年から18年までの第1次世界大戦中、日に5万5000発の砲弾を生産した。大戦後、シトロエンはここで自動車の製造を始め、1919年、その第1号を世に出した。さらに彼は**クリシー**や

サン＝トゥアン、ルヴァロワ【パリ北西郊】
に新たな自動車工場を建設し、流れ作業に
よる製造を確立した。

　輸送に関心をもっていた彼はまた、パリ
の移動手段全体を一新し、自動車による輸
送網を整備したほか、1924-25年と1931-
32年に、有名なアフリカ横断旅行（クロ
ワジエール・ノワール）とアジア横断旅行
（クロワジエール・ジョーヌ）を組織した。
1934年には画期的な前輪駆動車【シトロエ
ン2CVの愛称】も開発している。アンドレ
＝シトロエン河岸通りにあった旧シトロエ
ン工場の空き地は、1974年、巨大な建物
群にとって代わられ、98年にはそこにア
ンドレ＝シトロエン広場（Parc André-
Citroën）が設けられている。

アンドレ・シャンソン André Chamson

1900年に南仏ニームに生まれ、83年、パ
リで没した作家。作品には『赤毛の盗賊』
【1925年】や『路上の人』【1927年】、『屈服
の年』【1934年】、『われらが先祖ガリア人』
【1958年】、『希望の出会い』【1961年】、『コ
ンスタンスの塔』【1970年】、『怖れ知らず』
【1977年】、さらに死後刊行された『老いて
生きるべし』【1984年】などがある。アカ
デミー・フランセーズ会員【1956年選出】
で、フランス古文書館（アルシーヴ）の館
長でもあったアンドレ・シャンソンは言っ
ている。「けっして未来を信じたりしては
ならない。未来はそれに価しないからだ」。
2001年、15区の遊歩道（Esplanade
André-Chamson）に彼の名が冠せられて
いる。

アンドレ・シュアレス André Suarès　1866
-1948年。マルセイユに生まれ、パリ南東
方のサン＝モール＝デ＝フォセで没したフ
ランスの作家。当初難解と思われていたア
ンドレ・シュアレスの著作は、やがて神秘
主義や知的耽美主義へと向かい、彼のあと
に開花した評論文学の先駆けとなった。お
もな著作に『これが人間だ』【1906年】や
『生けるトルストイ』【富沢統一郎訳、綜合
出版社】、『愛』【1917年】、『三人：パスカル、
イプセン、ドストエフスキー』【宮島嶺雄訳、

山本書店】、『偉大なヨーロッパ人ゲーテ』
【1932年】がある。死後刊行された『画家
ジョルジュ・ルオーとの往復書簡』【『ルオ
ーの手紙』、富永惣一・安藤玲子訳、河出書房
新社】は、みごとなものである。

　シュアレスは言っている。「人でありた
いと願うなら、人類から出でよ」、「永遠の
愛は裏切られる。たとえその裏切りが愛の
相手のせいでないとしても、人生によって
そうなるのだ」、「芸術は完全な自由の場で
ある」。17区のアンドレ＝シュアレス通り
（Rue André-Suarès）は1992年からある。

アンドレ・ジル André Gill　1840-85年。本
名ルイ・アンドレ・ゴセ・ド・ギヌ。風刺
画家・漫画家。『フラン＝ボワジ氏の物語』
と題された著作に鉛筆画を寄せ、じつに数
多くの雑誌に挿絵を描いた。そのうちのひ
とつである風刺雑誌《アンヌトン》は、彼
の挿絵集『ビネット・リメ』を刊行してい
るが、ここに集められた作品は、彼の名声
を確実なものにした《リュヌ》や《エクリ
プス》に描いたものである【前者は1865年、
共和派の出版人フランソワ・ポロが、皇帝ナ
ポレオン3世に反対するために創刊した風刺
雑誌。1867年、筆禍により発禁。後者はその
翌年に創刊された雑誌（1876年終刊）で、呼
称はリュヌ（月）がエクリプス（食）になっ
たことを揶揄的に意味する】。

　ジルはまた『プティ・トム（小男）』や
『隊長』、『新生児』といった油彩画も描い
ている。わけても、油彩画の『狂人』は、
彼の前途を予感させるものだった。壮大な
計画が実現しなかったことに失望して、や
がて正気を失ってしまったからである。モ
ノマニーに冒された彼は、シャラントン精
神病院に収容され、そこで没した【アンド
レ＝ジル通り（Rue André-Gill）は18区】

アンドレ・タルデュー André Tardieu

1876-1945年。アンドレ・タルデューはパ
リで生まれ、南仏のマントンで他界した政
治家。1902年、首相ヴァルデク＝ルソー
の秘書官となり、事態を楽観視する、だが
ときに高くつく考えをもって人生を切り開
いた。1914年から24年にかけて下院議員

をつとめ、26年から36年まで公共土木、内務、農業、軍事の大臣を歴任した。これは彼がセクト主義的な視野の狭さと無縁であったことを物語るが、1929年11月から30年12月まで、ついで1932年2月から5月まで、短期間ながら3度首相となり、在任中、当時の重大な経済危機で揺らいだ信頼——これは脆弱な言葉である——を回復させることに腐心した。社会保険の普及と中等教育の無償化、さらに退役軍人への年金支給などによってである。

ただ、こうした3通りの施策は、「高くつく」という形容辞の存在を文字通り証明するものとなった。共和左派で中道共和派の創設者【1932年】のタルデューが、ジョルジュ・クレマンソーの親密な協力者でもあったことは忘れてならない。著書に『平和』【1921年】や『低落傾向について』【1935年】などがある彼は、1936年に政界から引退した。では、7区のアンドレ＝タルデュー広場（Place André-Tardieu）はいつ命名されたか。答えは1979年である。

アンドレ・トゥリエ André Theuriet 1833 -1907年。財務官僚で詩人・小説家でもあったアンドレ・トゥリエは、多くの官僚がそうであったように、自由な時間を享受し、数多くの著作をものすることができた。そんな彼の作品には自然に対する繊細な感情が盛り込まれている。出身はパリ西方イヴリーヌ県のマルリ＝ル＝ロワ。一家はフランス東部ロレーヌ地方からの移住者だった。アカデミー・フランセーズは1896年に彼を会員に迎え入れている。それより前、財務省の登録局長を最後に引退し【1863年】、詩集『ヴィルルーのドンファン、レモンド』【1877年】や『静かなヴィラ』【1899年】ほか、100点もの作品を遺した。1933年に命名されたアンドレ＝トゥリエ通り（Rue André-Theuriet）は、15区にある。

アンドレ・デュボワ André Dubois 1849- 1922年。デュボワは1935年から19区選出の下院議員となり、19区のアンドレ＝デュボワ通り（Rue André-Dubois）に1933年からその名を残している。

アンドレ・デル・サルト André del Sarte 1488-1530年。イタリア人画家で、本名アンドレア・ヴァヌッチ。父は仕立て職人だった。フランス国王フランソワ1世から高く評価された彼は、レオナルド・ダ・ヴィンチ（レオナール・ド・ヴァンシ）やラファエロ（ラファエル）の影響を受け、ルネサンス前期のフィレンツェ古典主義を代表する。作品に『受胎告知』【1515年頃】や『洗礼者聖ヨハネの生涯』【1516年】、『カエサルへ貢物』【1521年】などがある（納屋を探して彼の絵が1枚でも見つかれば、だれでも豊かになれるだろう）。18区のアンドレ＝デル＝サルト通り（Rue André-del-Sarte）は1880年からある。

アンドレ・ドラン André Derain 1880- 1954年。アンドレ・ドランはパリ西郊のシャトゥーに生まれ、同じ西郊のシャンブルシーで没したフランス人画家・デザイナー・彫刻家。色彩がもつ情緒的な喚起力の偉大な「称揚者」だった彼は、もっとも大胆な「野獣派」のひとりとされる。だが、時が経つにつれて、こうした彼の革新的な着想も、伝統的なものへと回帰していった。代表的な作品としては『兵士たちの舞踏会』【1903年】や『ロンドン・ブリッジ』【1906年】、『水浴する女性たち』【1907年】などがある。彼はまた肖像画や静物画、幻想画も描き、舞台装飾や本の挿絵も手がけ、とくに1939年からは彫刻も制作している。12区のアンドレ＝ドゥラン通り（Rue André-Derain）は1987年からある。

アンドレ・トランノワ André Trannoy 1907-94年。パリで生まれ、没したトランノワは、全仏中風患者協会（APF）の創設者・会長だった。13区には、2004年から彼の名を冠した広場（Place André-Trannoy）がある。

アンドレ・トレ André Tollet 1913年にパリで生まれ、2001年にパリで没したトレは、14歳から組合活動に参加し、レジスタンス運動にもくわわった。パリ解放時にはきわめて重要な役割を演じ【解放委員会議長】、戦後は労働総同盟（CGT）と退職

者連盟の指導者のひとりとなった【アンド
レ＝トレ小公園（Square André-Tollet）は11
区のレピュブリック広場内にある】

アンドレ・パスカル André Pascal　筆名。
ロスチャイルド一族の一員【本名アンリ・
ド・ロスシルド、1872-1947。医師・慈善家・
劇作家。1922年に敷設されたアンドレ＝パス
カル通り（Rue André-Pascal）は16区にある】

アンドレ・バルサク André Barsacq　1908-
73年。クリミヤ（**クリメ**）半島のテオド
シア（フェオドシア）に生まれ、パリで没
した装飾家で舞台演出家・座長。1935年
からメ・フローランタン座でジャック・コ
ポー【1879-1949。俳優・演出家で、《新フラ
ンス評論（NRF）》誌の創刊者のひとり。1913
年にヴュー＝コロンビエ座創設】の助手をつ
とめ、40年からはアトリエ座を主宰し、
ジャン・アヌイ【1910-87】やマルセル・
エーメ（**マルセル・エメ**）、フェリシャ
ン・マルソー【1913-2012】の作品を好ん
で上演した。フランス演劇の巨匠とされた
彼の名は、1978年、18区の通り（Rue
André-Barsacq）につけられている。

**アンドレ・ピエール・ド・マンディアルグ
André Pieyre de Mandiargues**　1909年
にパリに生まれ、91年に没したフランス
の詩人・作家。マンディアルグは18世紀
のドイツ・ロマン主義や奔放な物語作家に
関心を抱き、完全に与することはなかった
が、シュルレアリスム運動とかかわった。
『黒い美術館』【1946年】や『余白』【1967
年】、『狼たちの太陽』【1968年】、『刃の下』
【1976年】などの作品によって、彼は日常
性を特徴とし、魅惑的な女性性と身体描写
が強く刻み込まれた幻想的な新しい文体を
打ち出した。
　そんな彼の詩集には『カルトリヌとデデ
ィカス』【1960年】や『孤独の小川』【1968
年】、『酔眼』【1979年】、戯曲には『イザベ
ラ・モラ』【1973年】や『100年目の夜』
【1979年】、『アルセーヌとクレオパトラ』
【1981年】などがある。彼は言っている。
「愛撫は追憶より素晴らしい」。13区のア
ンドレ＝ピエール＝ド＝マンディアルグ通

り（Rue André-Pieyre-de-Mandiargues）
は、1999年に命名された。

アンドレ・ブルトン André Breton　1896年、
アンドレ・ブルトンは北仏オルヌ県のタン
シェブレに生まれ、1966年にパリで他界
した作家・詩人・文学理論家。最初医学を
学んだが、のちに詩作に打ち込むようにな
った。1917年、彼は詩人の**ギヨーム・ア
ポリネール**と親交を結び、やがて同じ詩人
のフィリップ・スーポー【1897-1990】や
ルイ・アラゴンらの仲間となり、後二者と
ともに雑誌《リテラチュール（文学）》を
立ち上げた。さらに、スーポーとともに最
初のシュルレアリスム作品となる『磁場』
【1920年。無意識の働きによる自動書記法を
もちいた作品集】を発表し、やがて**トリスタ
ン・ツァラ**たちとダダイズムにくわわるが、
のちに彼らと決別する【1920年】。
　「シュルレアリスムの教皇」と称された
ブルトンは、催眠状態における無意識をも
ちいて詩を作ったり、夢や自動書記によっ
て新しい言語をえたりしようとした。女性
に対する夢想家でもあった彼はまた、愛に
よる男の転位を思い描いた。おもな作品と
しては『シュルレアリスム宣言』【1924-30
年。巌谷國士訳、岩波文庫／『超現実主義』、
生田耕作訳、中公文庫】や『自由な結合』
【1931年】、『通底器』【1932年。足立和浩訳、
現代思潮新社】、『狂気の愛』【1937年。海老
坂武訳、光文社／笹本孝訳、思潮社】などが
ある。15区の新しいレ・アル地区にある
アンドレ＝ブルトン小路（Allée André-
Breton）は、1984年に命名されている。

アンドレ・マゼ André Mazet　→　**マゼ**
（1994年改称）

アンドレ・マソン André Masson　1896-
1987年。北仏のバラニ＝シュル＝テラン
に生まれ、パリで没した画家・版画家・装
飾家。シュルレアリストだったアンドレ・
マソンは（1929年にそのグループから排
除された）、1941年から45年にかけてアメ
リカ合衆国に滞在し、とくにジャクソン・
ポロック【1912-56】とともに、抽象表現
主義を生んだ合衆国の画壇に大きな影響を

あたえた。絵画作品としては『闘牛』【1937年】や『馬の虐殺』【1942年】、『エロティックな大地』【1943年】、舞台装飾としては「ニュマンス」や「飢え」、「ハムレット」などがある。専門家たちは彼について、「西欧的技法をもちいた悲劇の画家」と評している。13区のアンドレ＝マソン広場（Place André-Masson）は、1995年に彼に捧げられている。

アンドレ・マルロー André Malraux 1901-76年。パリで生まれ、没した作家・政治家。若い時から冒険心に富んでいたマルローは、1923年、資産家の娘である妻のクララや友人とともにカンボジア（カンボジュ）へ赴く。この若い夫婦は何とかやくくりをしながら貧しい日々を送っていたが【出発前、彼は妻の財産を株価の暴落で失っている】、ある日、有名なアンコール遺跡であるバンテアイ・スレイ寺院から女体のレリーフを盗み出し、これを売ろうとして逮捕・拘留された。

この作家の革命思想は、1925年から27年にかけて訪れた中国で開花し、1933年に発表した『人間の条件』で同年のゴンクール賞をえている。行動のみが人間を目覚めさせると説いた彼は、たしかに真に行動する人間だった。スペイン内戦【1936-39年】のあいだ、彼はフランコ＝ファシスト勢力に抗して共和主義者の陣営で戦い、第２次世界大戦が勃発すると、早くから自由フランス軍に身を投じ、ベルジェ大佐の偽名でレジスタンス運動で重要な役割を担った。

1945年８月、彼は自由フランス軍のシャルル・ド・ド・ゴール将軍と出会う。それはマルローにとって決定的な出会いとなった。「運命の人」。彼はド・ゴールのうちにそれをみた。おそらく当時、彼は純粋な革命思想を封印し、ド・ゴールとその主張に従っていた。そして1959年から69年にかけて文化相をつとめ、ドゴールの引退とともに職を辞した。この時期、マルローはルイズ・ド・ヴィルモラン【1902-69。作家で、『クレモナのヴァイオリン』（1906年）などの作品がある】と親密な関係にあった。だが、ふたりの関係は、優れた女流作家の早すぎる死によって打ち砕かれた。マルローは彼女がパリ南方のヴェリエール＝ル＝ビュイソンにあった自宅で息を引き取るまで、一緒に過ごした。

マルローの作品としては『征服者』【小松清訳、新潮社】や『王道』【安東次男訳、平凡社／渡辺敦訳、講談社】、『人間の条件』【小松清・新庄嘉章訳、新潮社】、『希望』【小松清訳、新潮社】、『沈黙の声』【東西美術論】、小松清訳、新潮社】、『反回想録』【竹本忠雄訳、新潮社】、『侮蔑の時代』【小松清訳、新潮社】、さらにドゴールとの最後の会話がおさめられた『倒された樫の木』【新庄嘉章訳、新潮社】などがある。彼は言っている。「人間になるのは難しい」、「世界はおそらく空や海のように単純である」、「人生は何にも価しないが、何ものも人生には価しない」、「神が目に見える唯一の領域、それは芸術である」。1区のアンドレ＝マルロー広場（Place André-Malraux）は1976年からある。

アンドレ・メサジェ André Messager 1853-1929年。18区のアンドレ＝メサジェ通り（Rue André-Messager）は1929年の開通。作曲家だったメサジェはオペラ＝コミック座の支配人ののち、オペラ座の支配人にもなり、ワーグナー【1813-83】の４部作【『ニーベルングの指輪』、1848-74年】を上演した。彼はまたパリ音楽院（コンセルヴァトワール）の管弦楽団長としてバレエ・リュス（ロシア・バレエ団）を率いた。もっともよく知られている作品として、『ヴェロニカ』【1898年】や『ムッシュー・ボーケール』【1919年】、『急傾斜』【1928年】などがある。フランス中部モンリュソン生まれの彼は、洗練さと優雅さを兼ねそなえた作曲家だった。

アンドレ・モーロワ André Maurois 1885-1967年。本名エミール・エルゾグ。北仏エルブフに生まれ、パリ西郊のヌイイ＝シュル＝セーヌで没したフランス人作家。哲学の学士号をえて、第１次世界大戦ではイ

ギリス軍との連絡要員・通訳として活躍した。このときの体験を彼は『ブランブル大佐の沈黙』（1918年）で語っている。その小説や空想的な物語、さらに哲学的な短編小説には、一種の覚醒した知ともいうべきものが刻まれている。

1918年にアカデミー・フランセーズ会員に選ばれたモーロワの代表作には、『愛の風土』【朝倉季雄訳、新潮社】や『幸福の本能』【1934年】、『思想を読む機械』【1937年】、『ヴィクトール・ユゴー：詩と愛と革命』【辻昶・横山正二訳、新潮社】などがある。彼は言っている。「行動する人間は何よりもまず詩人である」、「人の本当の年齢が動脈の年齢で決まるように、政府の年齢も財政の年齢によって決まる」。16区のアンドレ＝モーロワ大通り（Boulevard André-Maurois）は1978年からある。

アンドレ・リヴォワール André Rivoire

1872-1930年。アンドレ・リヴォワールはリヨン南東方のヴィエンヌに生まれ、パリで没した詩人・劇作家。アレクサンドラン（12音節詩句）の詩集『大足のベルト』【1899年】や戯曲『苦しむことへの怖れ』【1900年】などがある。14区のアンドレ＝リヴォワール大通り（Avenue André-Rivoire）は、1932年に命名されている。

アンドレ・ルフェーヴル André Lefebvre

1894-1964年。パリ北方のルーヴルに生まれ、パリ北西のエタン＝ラ＝ヴィルで没した高等航空学校出身の技師。自動車に関心を抱き、前輪駆動システムを開発した。1934年にシトロエンの有名な前輪駆動車を、36年にドゥー・シュヴォー（2CV）、55年にDSをそれぞれ考案したのが彼である。15区のシトロエン工場跡地に敷設されたアンドレ＝ルフェーヴル通り（Rue André-Lefebvre）は、1990年からある。

アンドレ・ルフェーヴル André Lefèvre

1834年にパリ南東方のプロヴァンで生まれた詩人で、博学をもって知られたが、意外なことに、パリ人類学校の教授になった。男たちだれもが真面目な仕事につかなければならなかったためである。彼の名を冠し

たアンドレ＝ルフェーヴル小公園（Square André-Lefèvre）は、1923年から5区にある。

アントワヌ・アルノー Antoine Arnault

1612-94年。アントワヌ・アルノーはジャンセニストの神学者・哲学者。「グラン・アルノー」と称されたが、1656年にソルボンヌを追われ【ジャンセニスムの開祖ヤンセニウス（ヤンセンとも）のアウグスティヌス論を異端として断罪したローマ教皇の教勅に反対したため】、亡命を余儀なくされた。パスカルに『プロヴァンシアル』【1656-57年】のための資料を提供した彼とその一族全体の運命は、反イエズス会のジャンセニスムやポール＝ロワイヤル女子修道院【ジャンセニスムの拠点】と結びついている。彼はブリュッセルで没したが、これにより、イエズス会は不倶戴天の敵を失ったことになる。アントワヌ＝アルノー通り・小公園（Rue /Square Antoine-Arnault）はいずれも16区にある。

アントワヌ・ヴォロン Antoine Vollon

1833-1900年。リヨン生まれの画家。とくに好んで静物画を描いたが、いずれの作品も独特の配色と高潔さをそなえている。有名な作品としては、『ル・トレポールの漁師』や『炊事鍋』、『魚』【いずれも制作年未詳】などがある。12区のアントワヌ＝ヴァロン通り（Rue Antoine-Vallon）は、1904年に命名されている。

アントワヌ・カレーム Antoine Carême

1784-1833年。フランスの食文化を代表する料理人・美食家（カレームとよばれる立派な料理を愛でること、それは神学的には一種の美しい尊大さといえる）【フランス語でカレームとは、キリスト教暦における復活祭前40日間の節食潔斎時期をさす。日曜日を除いて、この期間は祝い事や肉食、つまり豪華な食事を控えなければならなかった】

タレーラン（タレラン）や皇太子時代のイギリス国王ジョージ4世（在位1820-30）、さらにロシアやオーストリアの皇帝たちの専属料理人となったカレームは、アーヘン会議の料理を担当して名声を博した【1818

年に開かれたこの会議では、イギリス・オーストリア・ロシア・プロイセンの対仏大同盟軍のフランスからの撤退や、フランスをくわえた5か国同盟によるヨーロッパの統治などが議論された。それより前、カレームはナポレオン失脚後のヨーロッパ再編を検討した1814-15年のウィーン会議でも、料理人として国際的な評判をえている。一説に、「ソースの帝王」とよばれた彼はまた、料理が順番に出されるロシア式サービスをはじめてフランスに紹介したともされる。トック（シェフ）帽も彼の考案である。みずからも料理書を出すほどだったA・デュマ（父）は、カレームが「料理を芸術の域に高めた」と評価している】。

著書に『皇帝ナポレオンの食事』や『フランスの料理長もしくは古代・現代の料理比較』【1822年】などがある【とくに重要なのは、500通り以上もの料理法やメニュー、フランス料理の歴史などを扱った『フランス料理術』（5巻、1833-47年）】。だが、そんな彼に対しては、あまりにも厳格すぎる規則を遵守して、フランス料理の伝統を貧弱化したとの非難がなされた。1区のアントワヌ＝カレーム小路（Passage Antoine-Carême）は、1985年に彼に捧げられている。

アントワヌ・シャンタン Antoine Chantin
誠実な地主だった養蜂家の名前【アントワヌ＝シャンタン通り（Rue Antoine-Chantin）は14区】

アントワヌ＝ジュリアン・エナール Antoine-Julien Hénard → エナール

アントワヌ・デュボワ Antoine Dubois
1756-1837年。中央山地のグラマに生まれた外科医・産科医。1811年、デュボワはマリ＝ルイズ【1791-1847。オーストリア皇帝フランツ2世の皇女で、ナポレオンの第2皇后】の分娩に立ち会い、これによって男爵位を受けた。6区のアントワヌ＝デュボワ通り（Rue Antoine-Dubois）は1672年に敷設され、1857年に現在の呼称となっている。

アントワヌ・ブールデル Antoine Bourdelle
1861-1929年。南仏のモントーバンに生まれた彫刻家・画家。快活な性格だったにもかかわらず、ブールデルは生地に普仏戦争で犠牲になった死者の群像碑を制作している【1902年完成】。ほかに、『弓を引くヘラクレス』【1909年】や『アポロンの頭部』【1925年】、またブエノスアイレス（ブエノ・ゼール）で手がけた『アルヴェアール将軍騎馬像』【1913-23年】などの作品もある。彼は彫刻をそれまでの厳格な写実主義的な表現から解き放つのにあずかって力があった。1930年に命名されたアントワヌ＝ブールデル通り（Rue Antoine-Bourdelle）は、15区にある。

アントワヌ・ブロンダン Antoine Blondin
1922-91年。パリで生まれ、没したフランス人作家。1949年に発表された処女作『道をそれたヨーロッパ』はドゥー＝マゴー賞を受賞した。他の著作としては『神の子』【1952年】や『さまよう心』【1955年】、ジャン・ギャバン【1904-76】とジャン＝ポール・ベルモンド【→ポール・ベルモンド】の主演で映画化された『冬の猿』【1959年。野川政美訳、文遊社】、『ムッシュー・ジャディスもしくは夜の学校』【1970年】などがある。

ブロンダンの才能はまたスポーツ・ジャーナリストとして、とくに自転車競技にも向けられ、たとえば《エキプ》誌に寄せた彼の原稿は、トゥール・ド・フランス時には大変な反響を呼んだ。この分野の著作には『自転車の愉しみ』【1977年】や『トゥール・ド・フランスについて』【1979年】がある。彼は言っている。「スポーツは唯一のエスペラントである」。20区には彼に捧げられた小公園（Square Antoine-Blondin）がある。

アントナン・メルシエ Antonin Mercié
1845-1916年。トゥールーズに生まれ、パリで没した彫刻家・画家。1868年、彫刻部門のローマ大賞を受賞したメルシエは、第三共和政のお抱え彫刻家のひとりだった【母校であるパリ高等美術学校の彫刻・デッサン教授をつとめた彼は、1891年に美術アカデミー会員となり、1913年には全仏芸術家協会

会長に選ばれている】。彼を名祖とするアントナン＝メルシエ通り（Rue Antonin-Mercié）は、1929年から15区にある。

アントワヌ・ルーシェ Antoine Roucher
1745-94年。南仏モンペリエ出身の詩人。マリー＝アントワネット【1755-93】と王太子、のちのルイ16世【国王在位1774-92年】との結婚に際して、じつにみごとな詩を献上したが、革命時の1794年テルミドール月7日、処刑された。処刑台に送られる際、彼はアンドレ・ド・シニエ【1762-94。ギリシア古典の影響を受けた詩人で、高踏派（→ルコント・ド・リル）の先駆者。ジャコバン派に反対して処刑された】と同じ荷車に乗せられたが、シニエは彼に向って『アンドロマク』【ラシーヌ作の悲劇。1667年初演】の最初の4章句を歌ったという。代表作に教訓詩『暦月』【1779年】がある【アントワヌ＝ルーシェ通り（Rue Antoine-Roucher）は16区】

＊アントワネット Antoinette 地主の名前だが、それが彼の妻や娘、あるいは祖母の名前なのかどうかは不明である【アントワネット通り（Rue Antoinette）は18区のイヴォンヌ＝ル＝タック通りの旧称】

アンナ・ド・ノアイユ Anna de Noailles
16区のアンナ＝ド＝ノアイユ小公園（Square Anna-de-Noailles）は、ノアイユ伯爵夫人のアンナ＝エリザベト・ブランコヴァンを記念して、1934年に開園している。詩人で小説家でもあった彼女は、『無数の心』【1901年】や『日々の影』【1902年】などを発表した。1876年に生まれた彼女は、1933年に没している。

アンナン Annam 20区のアンナン通り（Rue d'Annam）は、1877年に命名されている。アンナン（安南）は旧フランス連合の一部で、湿気を大量に含んだモンスーンが吹き寄せる山がちな地方である。現在はベトナムに属している。主要都市としてはユエやダナン（旧トゥーラン）がある。次のような歌を知っているだろうか。「ぼくはある娘に首ったけ／それがアンナ、アンナ、アナミット（アンナン娘）…」。だが、

今、この歌をベトナムで歌えば、ちょっとした反動分子とみなされ、評判を落とすことだろう。

ア（ン）ニバル Annibal 14区のシテ・アンニバル（Cité Annibal）は、1877年に命名されている。周知のように、Hannibalとも綴るハンニバル（アンニバル）はイエス・キリストよりかなり前の前247年に生まれ、前183年ないし前182年に自殺したカルタゴの将軍で、バルカ、つまり「稲妻」とよばれていた。一説に、彼は9歳の時からローマ人に激しい敵愾心を抱き、ローマの力の壊滅だけを目指したという。その人生最期の時、ローマ人たちは彼を殺害するよう命じた。それほどまでにハンニバルは彼らに恐怖心をあたえていたのである。だが、この老将軍はみずから毒をあおってこう言ったとされる。「私はローマとローマ人を、彼らがその死を願うことさえできないような1老兵によって抱かされた恐怖心から解放するために、毒を飲む」

アンヌ・ド・ボージュー Anne de Beaujeu
1460-1522年。アンヌ・ド・フランス、通称ボージューは、ルイ11世【国王在位1451-83】とシャルロット・デ・サヴォワ【1461-83】の長女。1474年、ボージョー領主のピエール・ド・ブルボン【1438-1503】と結婚し、1483年から91年まで、弟王シャルル8世【在位1483-98】の摂政をつとめた。その治世は堅実で、1488年にはサン＝トーバン＝デュ＝コルミエ（ブルターニュ地方イール＝エ＝ヴィレーヌ県）で重要な勝利をおさめた。彼女はこの戦争【フランス王権に反対したブルターニュ貴族たちの叛乱で、「狂った戦争」とよばれる】でオルレアン公を捕虜にした。やがて釈放されたオルレアン公はシャルル8世と同盟し、1498年、ルイ12世として国王に即位する。19区のアンヌ＝ド＝ボージュー小路（Allée Anne-de-Beaujeu）は1977年からある。

アンヌレ Annelets 19区のアンヌレ通り（Rue des Annelets）は1881年に命名されている。地名の由来は「プティ・アノー

アンフエル

（小環）」、「アニュレ（小さい仔羊）」、あるいは「アーン（ロバ）・レ」など、よりどりみどりである。

アンフェール Enfer 14区のアンフェール（地獄）小路（Passage d'Enfer）は、1887年以前、アンフェール大通りまで続いていた。小路の呼称はこの大通りに由来する。アンフェール大通りがいつ、どのようにして命名されたかについては、**ダンフェール＝ロシュロー**の項を参照されたい。

アンファン＝ジェジュ Enfant-Jésus 小児病院であるオピタル・デ・ザンファン＝マラドは、**サン＝シュルピス教会**の主任司祭だったロンゲ・ド・ジェルジ【1677-1753。のちにサンス大司教。反ジャンセニストとして知られた】が18世紀に創設した、メゾン・アンフォン＝ジェジュ【字義は「幼子イエス」】に代わって1802年に開設されている。この施設は当初は貴族の子女だけを受け入れていたが、のちには貧しい娘たち、さらに捨て子、そして重病の子供たちを収容するようになった。15区のアンファン＝ジェジュ袋小路（Impasse de l'Enfant-Jésus）は、近くにこの施設が創設されたときからあり、呼称はそれに由来する。

アンプルール・ヴァランティニヤン Empereur Valentinien 皇帝フラウィウス・ウァレンティニアヌス（ヴァランティニヤン）1世は、321年、ローマの属州だったパンノイア【現在のハンガリー】のキバラエに生まれ、375年、軍事遠征中に同属州のブリケティオで急死している【先住部族のクァディ人との交渉時、脳卒中に襲われたため】。皇帝となった364年、彼は「プレブス（平民）擁護官」という職位を新設して、富裕者の力を抑えようとした。2001年、14区の通りが、この皇帝にちなんでアンプルール＝ヴァランティニヤン通り（Rue de l'Empereur-Valentinien）と命名されたが、それは彼がバルバロイに対する軍事遠征を準備するため、365年から366年までパリに滞在したことに由来する。

アンプルール・ジュリヤン Empereur Julien ローマ皇帝フラウィウス・クラウディウス・ユリアヌス（ジュリヤン）、通称「背教者ユリアヌス」は、331年にコンスタンティノポリス（**コンスタンティノプル**）に生まれ、63年、イラクのマランガで戦死している。全ローマ皇帝としての在位は361年から2年たらずだった。最初、新プラトン主義の影響を強く受けた彼は、やがて優れた指揮官としての才能を発揮し、とくに357年、**ストラスブール**でゲルマン系のアラマン（アラマンニ）人を撃破している。

帝位につくと、ユリアヌスは宗教的な寛容さを示して太陽信仰の異教を採りいれ、みずからはキリスト教を拒んだ。彼の名は2001年にパリの通りにつけられているが、それは彼がその文書でルテティア【→**リュテス**】の魅力をたたえた、最初期の人物であることを想起してのことである。14区のアンプルール＝ジュリヤン通り（Rue de l'Empereur-Julien）は、2001年に命名されている。

アンボワズ Amboise パリ盆地南西部にあるアンドル＝エ＝ロワール県の小郡庁所在地。ここには壮大な城が聳えているが、それはローマ人が築いたのではなく、国王ルイ12世【在位1498-1515】とフランソワ1世によって再建されたものである。シャルル8世【国王在位1483-98】はここで生まれ、死去している。フランソワ1世に招かれてアンボワズに住んだレオナルド・ダ・ヴィンチ（レオナール・ド・ヴァンシ）は、町から近い「クロ・リュセ」とよばれていたクルー城で没した。国王ルイ11世【在位1461-83】がサン＝ミシェル騎士団を創設したのもアンボワズである。

アンボワズの森は広大で、そこには名所が1か所ある。シャントルーのパゴダ【ルイ15世の重要閣僚や大使を歴任したが、のちに失脚したショワズル公（1719-85）が、シャントルー城への追放に従ってくれた恩人たちに感謝するため、1775年に建設した石のパゴダで、高さ44メートル】である。パリのアンボワズ通り（Rue d'Amboise）は2区にある。命名は1780年。

アンフィテアートル Amphithéâtre　ローマ時代に剣闘士たちの試合に用いられた円形闘技場〔テアトル〕は、やがて闘牛をはじめとするあらゆる種類の見世物の舞台となった。これは階段状になった円形の施設で、中央にアレーナが設けられていた。14区のアンフィテアートル広場（Place de l'Amphithéâtre）は1987年に命名された。

アンブロ Humblot　1830-99年。エドモン・アンブロはパリ市水道局長で、彼の名にちなむ15区のアンブロ通り（Rue Humblot）は、1899年に命名されている。

アンブロワジー Ambroisie　古代のギリシア人によれば、アンブロワジーはそれを飲む者に永遠の生をあたえる霊薬だったという。もし読者がその処方を手に入れたなら、永遠の生（！）は自分のものとなる。12区のアンブロワジー通り（Rue de l'Ambroisie）は1993年からある。

アンブロワズ・トマ Ambroise Thomas　1811-96年。パリ音楽院（コンセルヴァトワール）の院長をつとめた作曲家。東部のメスに生まれ、『ル・カイド』【1850年】や『真夏の夜の夢』【前同】などのオペラ・ブフ（コミック）を作曲したが、もっとも有名なのは悲劇『ミニョン』【1866年】である。古典的な事典は彼を純粋で正確な愛すべき作者だとしている。こうした形容辞は彼に残しておこう【アンブロワズ＝トマ通り（Rue Ambroise-Thomas）は9区】

アンブロワズ・パレ Ambroise Paré　1517-90年。1536年に外科医＝理髪師となったパレは、さらに歴代国王のアンリ2世【在位1547-59】やフランソワ2世【同1559-60】、シャルル9世【同1560-74】、アンリ3世【同1574-89】にお抱え外科医として仕えた。銃創治療にもちいられていた従来の焼灼の代わりに、動脈結紮法を考案し、近代外科学の父と称される【アンブロワズ＝パレ通り（Rue Amboise-Paré）は10区】

アンブロワズ・ランデュ Ambroise Rendu　1778-1860年。アンブロワズ・ランデュはパリを生没地とする行政官・教育者・翻訳者。ジャンセニストの破毀院評定官を父として生まれた彼は、大学総監【や国民教育委員（1820-57年）などをつとめる一方、旧約聖書のヘブライ語「詩篇」を仏訳している。10区のアンブロワズ＝ランデュ大通り（Avenue Ambroise-Rendu）は1934年に彼に捧げられている】

アンペール Ampère　アンドレ＝マリ・アンペール（1775-1836年）はリヨンに生まれ、マルセイユで他界した数学者・哲学者。電磁気学や電気力学の分野で数多くの発見をし、検流計や電信機を発明している。忘れてならないのは、導線と同じ向きに横たわった人の足の側から頭の側に電流が流れるとすれば、磁針の北極が左手側に振れるという単純明快な法則（アンペールの法則）を発見したことである。彼を名祖とする17区のアンペール通り（Rue Ampère）は、1864年に命名されている。

アンリ・エ・アシル・デュシェーヌ Henri et Achille Duchêne　これは造園家だった親子の名で、ふたりは19世紀末から20世紀初頭にかけて、それまでの造園法を一新し、近代人の嗜好にあわせて、フランス式庭園の伝統を永続的なものとした。14区のアンリ＝エ＝アシル＝デュシェーヌ小公園（Square Henri-et-Achille-Duchêne）はこの親子をたたえて、1998年に命名されている。

アンリ・エヌ（アイヌ）Henri Heine　1799-1856年。ハインリヒ・ハイネ（アンリ・エヌ）はデュッセルドルフで生まれ、パリで没したドイツ・ロマン派最後の詩人。その生涯はふたつの時期に分けられる。前半生は政治への志向がはっきりとみられ、後半生は詩作へと向かった。ドイツにいた前者の時期、彼は『叙情間奏曲付き悲劇』【1823年】や『旅の絵』（1826-31年。最後の第3巻で彼は大衆的な名声をえた）、『歌の本』【1827年。井上正蔵訳、岩波文庫】などを書いている。後者の時期は彼がフランスに移り住んだ1831年に始まる。この時期、彼は祖国とフランスとの知的な架け橋になろうとしたが、いたずらに反発だけを招き、詩の世界に逃れざるをえなかった

（『ゲルマニア』【1844年】、『アッタ・トロル』【1847年】）。

一方、ハイネは深刻な金銭問題【資金援助をしてくれていたオジが他界して起きた遺産相続問題】で憔悴し、6年間の同棲生活をへて1841年に結婚した、妻マティルド・ミラへの病的なまでの嫉妬がそれにくわわった。1848年には麻痺に襲われ、その結果、作品は苦しみを歌うようになった（『ロマンツェーロ』【1851年。井汲越次訳、岩波文庫】、『ラザロの書』【1854年】）。しかし、晩年の詩はカミーユ・セルダン【エリーゼ・クリニッツ（1825-96）。ドイツ出身の女流文学者で、哲学者・歴史家のイポリット・テーヌとも関係があった。愛称「ハエ」】への一種の純愛に彩られた（『ハエ』）。

ハイネの全作品にはつねにアイロニーがこめられていた。彼は言っている。「妻を娶る者は、アドリア海と結婚するドージェに似ている。自分の結婚相手について何も知らないからだ」【ドージェとはヴェネツィア共和国などの統領の称号】。16区のアンリ＝エヌ通り（Rue Henri-Heine）は1945年からある。

＊**アンリオン・ド・パンセ Henrion de Pansey**　1742-1829年。ピエール・ポール・ニコラ・アンリオン・ド・パンセは北仏ムーズ県のトレヴレに生まれ、パリで没した裁判官・法律家。1814年に司法大臣となり、のちに破毀院長もつとめた。著作としては『封建制論』【1789年】や『司法の権威』【1810年】、さらに死後刊行になる『共有財産と農村・森林治安について』【第3版、1833年】などがある。14区には1845年に命名されたアンリオン＝ド＝パンセ通り（Rue Henrion-de-Pansey）があった。

アンリ・カディウ Henri Cadiou　1906-89年。パリを生没地とする画家のアンリ・カディウは、グラフィック・アート・デッサン教育センターの創設者で、「レアリテ（現実）の画家たち」集団も組織している。死後10年目の1998年に彼の名がつけられた、アンリ＝カディウ小公園（Square Henri-Cadiou）は13区にある。

アンリ4世（カトル）Henri IV　1553-1610年。フランス南西部のポーに生まれ、パリで暗殺された国王。ヴァンドーム公アントワヌ・ド・ブルボンとナバラ女王ジャンヌ・ダルブレの子として生まれた彼は、プロテスタントとして育てられ、1572年、シャルル9世【国王在位1560-74】の妹であるマルギリット・ド・ヴァロワ【1553-1615】と結婚する。この結婚の数日後、サン＝バルテルミの虐殺【→アミラル・ド・コリニィ】が起こり、アンリ4世はカトリックへの改宗を余儀なくされる。だが、1576年、彼はこの改宗を撤回して、ユグノー派の指導者となる。こうしてユグノー戦争で重要な役割を担い、その饒舌さと同様、勇猛さによっても名をはせる。

1580年、アンリ4世は王妃の婚資の一部だったにもかかわらず、アンリ3世【在位1574-89】が彼女に返還するのを拒んでいた、南西部の**カオール**を奪い取る。さらに**ギュイエンヌ**や**ポワトゥー**、**サントンジュ**地方の数多くの町を制圧し、87年には南西部ジロンド地方のクートラでアンヌ・ド・ジョワイユーズ公【1561-87。アンリ3世の寵臣・海軍元帥】率いるカトリック軍を撃破した。

それから1年後、カトリック同盟からパリを追放されたアンリ3世は、救援の声明を発し【敵対していたナバラ王のプロテスタント勢力と合流する】、アンリ3世と4世の軍がそれぞれパリを包囲して対峙する。1589年、【アンリ3世がカトリック同盟に属するドミニコ会修道士ジャック・クレマンによって暗殺されると】、アンリ4世は王室の直系継承者として王位につく。だが、カトリック同盟は彼を国王と認めず、最終的にアンリが実権を掌握するには10年待たなければならなかった。ユグノー教徒たちは彼を支持していたが、同盟とスペイン王は敵対した。

1593年、アンリ4世は再びカトリック教会に戻る。その際、彼はこう言ったという。「たしかにパリはミサに与るにふさわしい」。やがて1598年、ナントの勅令を公

布して、内乱を終結させる。それ以後、彼はリシュリューの介添えをえて、国民の運命を向上させるために才覚を発揮するのだった。彼は言っている。「日曜日には農民がだれでもその鍋に鶏が入れられるようにしたい」。たしかに彼は国家財政を改善し、商業を発展させ、街道を敷設した。しかし、反国王勢力はなおも健在であり、そのためアンリ4世はさまざまな陰謀の裏をかかなければならなかった。

1599年、国王は離婚を発表し、マリ・ド・メディシスと再婚する。そして1610年、オーストリア＝ハプスブルク家との戦争にそなえていたアンリ4世は、フェロヌリ通りを馬車で移動中、狂信的なカトリックのラヴァイャック【1578-1610】によって暗殺されてしまう。兵士たちはそんなアンリ4世を「勇者たちの王」とよび、ヨーロッパは「大王」とたたえたものだった。

ただ、周知のように、アンリ4世は趣味人だった。快楽をことのほか好み、美女に心惹かれるという趣味である。こうした女性関係のうち、もっとも有名なのは、息子、のちのヴァンドーム公【1594-1665】をもうけたガブリエル・デストレ、通称「ベル・ガブリエル」【→ベテュヌ】や、アンリエット・ダントラグ【1579-1633】との関係である。

4区にあるアンリ4世大通り（Boulevard Henri-IV）は1877年、アンリ4世港（Port Henri-IV）は1843年、アンリ4世河岸通り（Quai Henri-IV）も43年に命名されている。さらに1区には、1822年に命名されたアンリ4世小路（Passage Henri-IV）もある。

アンリ・ガヤール Henri Gaillard 1871-1933年。16区にあるアンリ＝ガヤール地下道（Passage souterrain Henri-Gaillard）は、パリ参事会員だったガヤールにちなんで1934年に命名されている。

アンリ・クイユ Henri Queuille 1884-1970年。フランス中部コレーズ県のヌヴィック＝デュセルに生まれ、パリで他界した医師・政治家。急進社会党員だったクイユは、

半世紀を政治家として生きた。国民議会議員（1914-35年）や元老院議員（1935-40年）を歴任し、さらに第1次世界大戦の旧兵士として、ロンドンでシャルル・ド・ゴール将軍と合流している。1944年、理事諮問議会議員に再選された彼は、1948年から49年まで首相の責務を担った【1950-51年にも短期間ながら2度首相になっている】。1949年には北大西洋条約に署名し、52年から54年にかけては、アントワヌ・ピネ内閣【1952年3月-53年1月】、ルネ・マイエル内閣【1953年1月-6月】、ジョゼフ・ラニエル内閣【1953年6月-54年6月】で副首相をつとめた。死後9年目の1979年、彼の名が15区の広場につけられた。アンリ＝クイユ広場（Place Henri-Queuille）がそれである。

アンリ・クラズキ Henri Krasucki 1924年にポーランド（ポローニュ）のヴォロミン（ウォロミン）に生まれ、2003年にパリで他界したフランスの組合活動家。反ユダヤ主義的な迫害から逃れるために祖国を去り、共産党の活動家だった両親ともどもパリに移る。第2次世界大戦中、彼はレジスタンスに参加するが、逮捕されて【父親が逮捕されて2か月後の1743年3月】アウシュヴィッツに、ついでブーヘンヴァルト強制収容所に移送された。

フランスの国土解放後、クラズキはしばらくのあいだルノー工場で仕上げ工として働き、1946年、CGT（労働総同盟）セーヌ県の書記となる。さらに1956年、フランス共産党中央委員会に入り、61年にはCGT執行部、64年にはフランス共産党政治局のメンバーとなり、82年から92年まではCGT書記長とつとめた。一方、彼は20年ものあいだ、《労働者の生活》誌【1909年創刊】を主幹してもいる。20区のアンリ＝クラズキ広場（Place Henri-Krasucki）は、死の翌年の2004年に命名されている。

アンリ・クリスティネ Henri Christiné ジュネーヴに生まれ、ニースで他界したスイス人作曲家のアンリ・クリスティネは、じつに数多くのシャンソンをつくり、そのほ

とんどが今も親しまれている。彼は戯曲家・台本作家のアルベール・ウィルメッツと協力してながいあいだ創作に励んだ。オペレッタも数多く手がけているが、そのなかでもっとも有名なのは「フィフィ」【1818年】である。彼のシャンソンは多くの歌手を喜ばせたが、とくにモーリス・シュヴァリエは彼の曲を好んだ。10区には、1960年にこの作曲家に捧げられたアンリ＝クリスティネ小公園（Square Henri-Christiné）がある。

アンリ・シェヴロー Henri Chevreau 1823-1907年。パリに生まれ、パリ南東郊のイェールで没した行政官。1851年に南東部アルデーシュ県の知事になったアンリ・シェヴローは、70年からセーヌ県知事をつとめた【1月から8月まで】。第二帝政【1852-70年】が崩壊した同年9月4日のあと、彼はブリュッセルに亡命する。だが、なおもボナパルト派の指導者のひとりとして活動し、1885年にはその肩書きのままアルデーシュ県選出の下院議員となる。20区のアンリ＝シェヴロー通り（Rue Henri-Chevreau）は、彼が南西部ロワール＝アトランティック県知事になった1853年からある。

アンリ・デグランジュ Henri Desgrange 1865-1940年。世界最高速度記録の持ち主である競輪選手のアンリ・デグランジュは、1900年、《レキプ（チーム）》紙の前身である日刊紙《ロート＝ヴェロ（自動車＝自転車）》を創刊し、3年後には自転車競技のトゥール・ド・フランスを始めている。1994年に命名されたアンリ＝デグランジュ通り（Rue Henri-Desgrange）は20区にある。

アンリ・デュヴェルノワ Henri Duvernois 1875-1937年。シモン・シャバシェ、通称アンリ・デュヴェルノワは、パリで生まれ、没した劇作家・小説家。ベル・エポック時代に人気を博した。その作品『紳士農民』【1903年】には、次のような一文がある。「幸せ、おそらくそれは想像の産物である。だが、それがなければ、単調な日々しか残

らないのだ」。アンリ＝デュヴェルノワ通り（Rue Henri-Duvernois）は、1956年から14区にある。

アンリ・デュシェーヌ Henri Duchêne 15区のアンリ＝デュシェーヌ通り（Rue Henri-Duchêne）は、1924年に敷設されたこの通りに家をかまえていた、デュシェーヌ氏にちなんで命名されている。

アンリ・デュナン Henry Dunant 1828-1910年。ジャン・アンリ・デュナンはジュネーヴに生まれ、スイス東北部のハイデンで没した実業家・慈善家。国際赤十字社を創設した【1876年】彼が、「負傷兵救済のための同盟」をつくらなければならないと思い立ったのは、1859年6月24日、ソルフェリーノ（ソルフェリノ）でのフランス軍とオーストリア軍による激しい流血戦にみずから参戦したあとだった。その事業に資産をつぎ込んだため悲惨な状態に陥ったが、晩年、救貧院にいた彼は、ロシア皇妃マリア・フョードロヴナ【在位1883-94】から年金を下賜された。

『戦時における国際的な友愛と慈悲』【1863年】や『ソルフェリーノ回想』【1864年】などの著作があるデュナンは、1901年、第1回ノーベル平和賞を受賞している。その名を冠したアンリ＝デュナン小路（Allée Henry-Dunant）は、1963年から14区にある【8区にはアンリ＝デュナン広場（Place Henry-Dunant）もある】。

アンリ・デュパルク Henri Duparc 1848-1933年。パリに生まれ、フランス南西部ランド県のモン＝ド＝マルサンで没した作曲家。とくに17歌曲集で知られ、そのなかにはフランス・リートの形式と表現を変革した、『旅への誘い』【1870年】や『昔日の生活』【1884年】などがある。1929年に彼の名がつけられたアンリ＝デュパルク小公園（Square Henri-Duparc）は、17区にある。

アンリ・デュブイヨン Henri Dubouillon 20区のアンリ＝デュブイヨン通り（Rue Henri-Dubouillon）は、1913年にこの通りが敷設された土地の所有者名にちなんで命

名されたものである。

アンリ・テュロ Henri Turot 1865-1920年。アンリ・テュロは大旅行家・探検家で、19区のアンリ＝テュロ通り（Rue Henri-Turot）は、彼を記念して1936年に命名されている。

アンリ・ドゥロルム Hneri Delorme 14区のアンリ＝ドゥロルム小公園（Square Henri-Delorme）は、1930年にその旧地主にちなんで命名されている。

アンリ・ド・ジュヴネル Hnery de Jouvenel 1876-1935年。パリに生まれ、没したジャーナリスト・政治家。《ル・マタン（朝）》紙の寄稿者で、その記事はおおいに注目された。やがて政治に転向して元老院議員となった。弟のロベール・ド・ジュヴネル（1881-1924）は風刺文学の著者で、しばしば引き合いに出されるその『仲間たちの共和国』は、この著者ないし子孫たちに少なからぬ利益をもたらしている。6区のアンリ＝ド＝ジュヴネル通り（Rue Hnery-de-Jouvenel）は、アンリの死の翌年、すなわち1936年に命名されている。

アンリ・ド・フランス Henri de France 1911-86年。パリを生没地とするアンリ・ド・フランスは、1930年から47年まで、レーダーやテレビを生み出した仕事に従事したのち、セカム方式のカラーテレビを発明した。1931年、彼はル・アーヴルにテレビ総合商社を設立し、60走査線のテレビを開発している。レジスタンス勲章とレジョン・ドヌール・オフィシエ（将校）賞を授けられた彼の名は、1996年に命名された、15区のアンリ＝ド＝フランス遊歩道（Esplanade Henri-de-France）に残っている。

アンリ・ド・ブルナゼル Henry de Bournazel 1898-1933年。リモージュ【→リムザン】出身の軍人。モロッコ（マロック）を制圧した英雄のひとりと目される彼は、スパイ【1834年から1962年までフランス陸軍が組織したアルジェリア人騎兵隊】の指揮官をつとめていたとき、アトラス山脈南部、モロッコ・サハラ地域のタフィラレ

で、待ち伏せにあって戦死した。14区のアンリ＝ド＝ブルナゼル通り（Rue Henry-de-Bournazel）は、1934年に命名されている。

アンリ・ド・ボルニエ Henri de Bornier 1825-1901年。アンリ・ド・ボルニエ子爵は作家・劇作家・演劇批評家・詩人。南仏モンペリエ近郊のリュネルで生まれ、パリで没している。いくつかの新聞や雑誌に寄稿していた彼は、アカデミー・フランセーズ主催の数多くのコンクールで受賞し、1893年には同アカデミーの会員に選ばれてもいる。戯曲作品としては『ローランの娘』【1875年】や『使徒』【1781年】、『ムハンマド』【1890年】、『通りがかりの従兄弟』【1894年】、小説に『美徳ゲーム』【1886年】、さらに『全詩集』【1881・93年】などがある。16区のアンリ＝ド＝ボルニエ通り（Rue Henri-de-Bornier）は1904年の命名である。

ボルニエは言っている。「だれもがふたつの国をもっている。母国そしてフランス（！）である」。ただし、ありていにいえば、この表現は、彼より前にトーマス・ジェファーソン【1748-1826。合衆国第3代大統領】が語った言葉、すなわち「だれであれ、最初の国は母国であり、次がフランスである」をアレンジしたものである。

アンリ・トマジ Henri Tomasi 1901年にマルセイユで生まれ、71年にパリで没した作曲家・指揮者。若い頃、パリ音楽院（コンセルヴァトワール）で作曲家のヴァンサン・ダンディに師事し、16歳のとき、ローマ大賞を受賞した。協奏曲や交響曲、オラトリオ（『アッシジの聖フランチェスコ』【1957年】）にくわえて、とくに『村のバラ冠乙女』【1935年】や『灰の結婚式』【1952年】などのバレー音楽や、『サンピエロ・コルソ』【1953年】や『ジャンヌの凱旋』【1960年】といったオペラ曲を作曲している。20区のアンリ＝トマジ通り（Rue Henri-Tomasi）は1984年からある。

アンリ・ド・モンテルラン Henry de Montherlant 1896-1972年。アンリ・ミヨン・ド・モンテルランはパリで生まれ、

没した作家。自伝的な最初期の作品、すなわち『朝の交代』【1920年】や『夢』【1922年】のあと、彼はとくに女性が立ち入る隙がないようなヒロイズムに満ちた人生を夢想した（『闘牛士』【1926年。堀口大学訳、新潮社】）を、ついで官能性を高揚した（『追い詰められた旅人たち』【1927年】）を書いた。とりわけ『独身者たち』【1934年】は優れた風俗文学であり、一方、『娘たち』【1936年】や『女性への憐憫』【1936年。堀口大学訳、新潮社】は、一種の道徳を多少とも軽く扱っている。

　彼はまた重要な戯曲もものしている。『死んだ王妃』【1942年】、『人の子』【1943年】、『マラテスタ』【1946年】、『サンチャゴ騎士団長』【1947年】、『子供王の町』【1951-67年】、『ポール＝ロワイヤル』【1954年】などがそれである。

　その作品のなかでしばしば自殺をたたえていたモンテルランは、みずからの手で命を絶った。1969年にアカデミー・フランセーズ入りした彼の名は、7区のアンリ＝ド＝モンテルラン広場（Place Henry-de-Montherlant）に残っている。1982年に命名された広場である。

アンリ・ド・ラ・ヴォー Henri de La Vaulx

　伯爵でもあったこの飛行士は、1870年に北仏セーヌ＝マリティム県のビエルヴィルに生まれ、1930年、ニュージャージーで事故死している。彼は1898年、全仏航空クラブを立ち上げ、愛機を駆ってのインドシナ（アンドシヌ）や中国、日本などへの旅や、自由気球によるパリ＝ブレスト間の飛行によって名をはせた。この気球による最初のフランス・イギリス横断飛行もまた、アンリ・ド・ラ・ヴォーの偉業である。

　1905年から、彼はゾディアック社の飛行船を開発し、これを用いて第1次世界大戦に効果的に参戦してもいる。さらに1906年には国際航空連盟を創設したが、アメリカ大陸での2万5000キロメートルの旅の途中、飛行機事故で帰らぬ人となった。16区のアンリ＝ド＝ラ＝ヴォー通り（Rue Henri-de-La-Vaulx）は、1908年に命

名されている。

アンリ・ノゲール Henri Noguères

1916年にフランス南西部ピレネー＝オリアンタル県のバージュに生まれ、90年にパリで他界したジャーナリスト・歴史家・弁護士。レジスタンス組織の「フラン＝ティルール」（1940年に自由フランス（フランス・リベルテ）としてリヨンで設立され、歴史家のマルク・ブロックら知識人も多く参加した）にくわわり、1975年から84年までは人権擁護連盟の会長をつとめた。主な著作としては『フランスのレジスタンス史』【5巻、1967-81年】や『人民戦線時代の日常生活』【1977年】などがある。彼の名がついたアンリ＝ノゲール通り（Rue Henri-Noguères）は、2002年から19区にある。

アンリ・バタイユ Henry Bataille

1872-1922年。南仏ニーム出身の詩人・劇作家のアンリ・バタイユ――『空の青み』【1934/57年】などの小説でも知られる優れた作家ジョルジュ・バタイユ【1897-1962。→ソルボンヌ】と混同してはならない――は、現代人の習俗を叙情的に描いた。ときに病的なまでにそれにこだわった彼は、自分をとり巻いていたものに対して、いわば繊細かつ大胆な心理学者としてふるまった。作品としては『結婚の行進』【1905年。小川泰一朗訳、白水社】や『ママン・コリブリ』【1904年】、『裸女』【1908年】、『狂える処女』【1910年】などがある。

　彼が創り出した登場人物の大部分は、社会のさまざまなタブーと闘った。バタイユは言っている。「過去はけっして過去ではない」。16区には彼にちなんだアンリ＝バタイユ小公園（Square Henry-Bataille）がある。命名は1928年。

アンリ・パテ Henry Paté

アンリ・パテは19世紀末の政治家で、1929年、その名が16区の小公園につけられている。アンリ＝パテ小公園（Square Henry-Paté）がそれである。

アンリ・パプ Henri Pape

1789-1875年。ピアノ製造者・実業家のジャン＝アンリ・パプはドイツのハノーファー近郊に生まれ、

パリで没している。家具職人だった彼は1809年にパリに移り、プレイエル・ピアノ工場で働き、一時イギリスに渡ったあと、パリに戻ってピアノ製造者となった。彼はさまざまな技術革新をおこなったが、とくに弦の上にハンマーを据えたり、それまでの革に代わってフェルトをハンマーに被せたりした考案で知られる。13区のアンリ＝パプ通り（Rue Henri-Pape）は、1897年の命名である。

アンリ・バルブー Henri Barboux 1834-1910年。フランス中部アンドル県のシャトルーに生まれ、パリで没したアンリ・バルブーは弁護士で、とくに金融訴訟を得意としていた。彼のもっとも注目すべき弁護は、ペルーの国債訴訟やドン・ミゲルからのポルトガルの借入金訴訟、パナマ訴訟、さらにサラ・ベルナール【1844-1923。ユダヤ人娼婦の私生児としてパリに生まれ、修道院で教育を受けたのち、1862年に初舞台を踏む。ディドロなど時代の知識人を魅惑し、やがてフランスを代表する名女優として「聖女サラ」とよばれ、その死は国葬をもって悼まれた】のコメディ＝フランセーズ座退団問題、オペラ＝コミック座の火災被害者訴訟などでみられた。アンリ＝バルブー通り（Rue Henri-Barboux）は、1926年から14区にある。

アンリ・バルビュス Henri Barbusse 1873-1935年。とくに第1次世界大戦について多少なりとも知っている人々から高い評価をえた、小説『火』【1917年】で有名になった作家。1946年に命名された5区のアンリ＝バルビュス通り（Rue Henri-Barbusse）に名を残す彼は、次のように記している。「われわれを苦しめるもの全てをわれわれからとり除いたら、われわれにはいったい何が残るというのか？」

アンリ・ファルマン Henry Farman 1874-1958年。イギリス系フランス人の飛行士。ヘンリー・ファーマンとも。パリに生まれ、没した彼は、1907年にはじめて無着陸の長距離飛行をおこない、翌年には客を乗せた処女飛行も実現させた。1910年、飛行速度と高度の記録を塗り替えた彼は、弟のモーリス（1877-1964）とともに航空機製造会社を創設して、自分たちの名を社名にし、複葉機を開発した。1911年に操縦士のウジェーヌ・ルノー【1877-1955】が、パリからフランス中央部のピュイ＝ド＝ドームまで飛行したのが、このファルマン型複葉機だった【これにより、彼はミシュラン飛行懸賞金10万フランを獲得している】。彼の名がつけられたアンリ＝ファルマン通り（Rue Henry-Farman）は、1995年から15区にある。

アンリ・フィシュバン Henri Fiszbin アンリ・フィシュバン（1930-90）はパリを生没地とする組合活動家・政治家。1973年から78年までパリの、86年から88年まではアルプ＝マリティーム県選出の下院議員をつとめた。1977年から83年まではパリの参事会員も兼務した。19区のアンリ＝フィシュバン広場（Place Henri-Fiszbin）は、2003年に命名されている。

アンリ・フラール Henri Feulard 1897年、パリのシャリテ・バザールで火事があった。医師のアンリ・フラールはこの火事のさなかに救護活動にあたり、その勇気と献身のためにみずからが犠牲となった。14区のアンリ＝フラール通り（Rue Henri-Feulard）は、1899年、彼をたたえて命名されたものである。

アンリ・ブリソン Henri Brisson 1835-1912年。フランス中央部シェール県のブールジュに生まれ、パリで没した政治家・弁護士・ジャーナリスト。1859年にパリの弁護士となったアンリ・ブリソンは、《ル・タン》紙に寄稿してもいる。1870年9月4日【第二帝政崩壊日】のあとにパリ市の助役に任命され、ついで国民議会の議員に選ばれて、極左派に属する。1881年から85年まで下院議長をつとめたのち、首相となった彼は、さらに94年に下院議長に再選され、ポール・デシャネルにとって代わられる98年までその責務をまっとうした。1898年にはまた首相となって組閣したが、その内閣は4か月で解体した。

18区のアンリ＝ブリソン通り（Rue Henri-Brisson）は、誠実さで高い評判をえていた彼をたたえて、1928年に命名されている。

アンリ・フルネ Henri Frenay 1905-88年。リヨン出身のアンリ・フルネは軍人・政治家。第2次世界大戦初期にレジスタンスに身を投じ、南仏の対独レジスタンス組織「コンバ（闘争）」の結成と、《コンバ》紙【1941年にリヨンで創刊された日刊紙。74年廃刊】の発刊に寄与した。さらにフランス秘密軍の創設にも尽力し、統一レジスタンス運動を指揮した3人の指導者のひとりともなった。

　そして、フランス国民解放委員会【1944年6月にド・ゴール将軍がアルジェで組織したもので、のちにフランス共和国臨時政府に改編】の一員となった彼は、臨時政府の委員、ついで大臣に任命された（1943-45年）。フランス解放勲章とレジョン・ドヌール・グラントフィシエ（大将校）勲章を授けられた彼の名は、1995年、12区の広場につけられている。アンリ＝フルネ広場（Place Henri-Freney）がそれである。

アンリ・ベック Henri Becque 1837-99年。パリで生まれ、没した劇作家のアンリ・ベックは、1867年に書いたオペラ『サルダナパル』の台本を処女作とする。それに続く戯曲としては、『神童』【1868年】や『誘拐』【1870年】、『正直な女性』【1880年】、『大カラス』【1882年】などがある。彼は「残酷演劇」――より正鵠を期していえば、「残酷」というよりは、むしろ「毒を含んだ」というべきだろう――の先駆者とみなされている【残酷演劇とは、フランスの劇作家・演劇理論家のアントナン・アルトー（1896-1948）が提唱した演劇法。以後のアンダーグラウンドないし前衛的演劇に大きな影響をあたえた】

　これらの作品以外に、ベックはまたさまざまな雑誌、とくに《ルヴュ・コンタンポレーヌ（現代誌）》に寄稿してもいる。彼は言っている。「大洪水は成功しなかった。ひとりの人間があとに残ったからである」。13区のアンリ＝ベック通り（Rue Henri-Becque）は、彼の没年、すなわち1899年の命名になる。

アンリ・ベルグソン Henri Bergson 1859-1941年。パリ生まれの哲学者。その哲学は、生の現実を理解する唯一の手段としての直観を基盤とした。アカデミー・フランセーズ会員に選ばれ【1914年】、27年にはノーベル文学賞を受賞している。主著に『意識に直接あたえられたものについての試論』【1889年。合田正人・平井靖史訳、筑摩書房】や『道徳と宗教の二源泉』【1932年。中村雄二郎訳、白水社】、そしてもちろん『笑い』【1900年。林達夫訳、岩波書店】などがある。彼はこの素晴らしい言葉を残している。「観念とは思考の停止である」。彼を名祖とする8区のアンリ＝ベルクソン広場（Place Henri-Bergson）は、1946年に命名されている。

アンリ・ポアンカレ Henri Poincaré 1854-1912年。政治家レモン・ポアンカレ【1860-1934。第三共和政下、第1次大戦時の大統領（1913-29）、戦後の挙国一致内閣で首相兼蔵相をつとめた】の実の従弟であるアンリ・ポアンカレは、ナンシー出身の数学者。

　国立理工科学校（エコール・ポリテクニーク）で学んだあと、1881年にパリ大学科学部に教授として招かれる。彼はそこで実験物理学や数理物理学、確率計算などを教えた。さらに1889年、スウェーデン国王による懸賞問題【太陽系は定常的で安定した存在か否かという問題】に対し、『三体問題と運動方程式について』を著して賞をえてもいる。

　1887年に科学アカデミー会員に選ばれたポアンカレは、おそらく19世紀末を代表する幾何学者のひとりであった。著作としては『フックス関数理論について』【1881年】や『ニュートン・ポテンシャル理論』【1894-95年】、『科学と仮説』【1902年。静間良次訳、中央公論社】などがある。彼の名は、アカデミー・フランセーズ会員となった4年後の1912年、20区の通りにつけられている。アンリ＝ポアンカレ通り（Rue

Henri-Poincaré）がそれである。

アンリ・ボキヨン Henri Bocquillon 13区のアンリ＝ボキヨン通り（Rue Henri-Bocquillon）は、1911年に開通したこの通りに家があった人物にちなんで命名されている。

アンリ・マティス Henri Matisse 1869-1954年。北仏ノール県のカトー＝カンブレシスに生まれ、ニースで没した画家・彫刻家。1905年以降、フォーヴィズム（野獣派）の指導者と目されたマティスは、しかし「均衡と純粋さ、そして平穏な芸術」を目指した。作品に漂っているのはまさにそれだが、とくにそうした傾向は彼の晩年の作品にみてとれる。彼は渦状のフォルムを好み、装飾を排してはいるものの、その筆致からはつねに真の力が発散している。彼はまた新たな配色を考案し、晩年には具象派の画家たちと芸術的なこだわりを共有してもいた。

マティスの作品としては『ジタヌ（ロマの女性）』【1905年】や『祈るモロッコ人たち』【1916年】、『赤いズボンをはいたオダリスク』【1925年】、『黒人ボクサー』【1949年】、『ズルマ』【1950年】などがある。また、ニース北西方にあるヴァンスの礼拝堂のみごとな装飾も手がけている。彼にちなんで1987年に命名されたアンリ＝マティス広場（Place Henri-Matisse）は、20区にある。

アンリ・マルタン Henri Martin 1810-83年。アンリ・マルタンは北仏ピカルディ地方のサン＝カンタンに生まれ、パリで他界した歴史家。最初公証人を目指したが、まもなく文学を志して歴史小説を書くようになった。1833年、彼はポール・ラクロワ【1806-84。歴史家・作家。弱冠19歳でオデオン座向けの脚本を創作し、1830年には《ル・ガストロノム（美食家）》誌を創刊している】と共著で『フランス史』第1巻を上梓している。だが、共著によるこの書の第2巻は日の目を見ることがなかった。マルタンが別の双書でフランス全史を単独で編むことにしたからである。

こうして1836年には、全15巻の『フランス史』が完成する【1861年から65年にかけて増補・改訂され、さらに索引1巻が追加された】。この著作によって、彼は2万フランを受賞した【1869年】。1870年9月4日【第二帝政崩壊日・第三共和政樹立日】のあと、彼は16区の区長に任命され、翌71年2月には、エーヌ県選出の国民議会議員となる。そして1878年、アカデミー・フランセーズの会員に選ばれた。16区のアンリ＝マルタン大通り（Avenue Henri-Martin）は1885年の命名になる。

アンリ・ミショー Hneri Michaux 1899-1984年。作家で詩人、画家でもあったアンリ・ミショーは、ベルギーのナミュールで生まれ、パリで他界している。当初は医師を志したが、まもなくその思いを捨て、1920年、ブーローニュ＝シュル＝メール【イギリス海峡に面した港町】から5本マストの帆船に乗る。そして1922年から本格的に執筆活動を始め、エクアドルやトルコ、北アフリカ、アジアを旅し、37年からは、執筆にくわえて、絵も描くようになる。彼にとって絵は「解放者」に思えた。1939年、ブラジルに赴く。

だが、妻と死別した48年からは執筆が減り、絵の創作が徐々にましていった。「自己否定との引き換えによってのみ手に入れられる精神的な安定」。彼はそれを求めた。そんなミショーの文学作品としては『プリュムという男』【1930-36年】、『グランド・ガラバーニュの旅』【1936年】、『みじめな奇蹟』【1972年。以上小海永二訳、『アンリ・ミショー全集』、青土社】、『ラランティ』【1937年】、『漢字』【1975年】、『気取った道、失われた道、違犯』【1982年】などがある。

彼は言っている。「たとえ本当でも、間違いだ！」、「おそらく人は唯一の《私》のためだけに作られているわけではない。2通り、3通り、4通りの人生を送れれば、より楽になるだろう。人はあまりにも誰かになりたがっているのだ！」。さらに『王妃の居室におけるプリュム』【1938年】で、彼はこう書いてもいる。「私を愛撫して、

とくに脚を。さもないと、私はたちまち放心して、なぜ寝ているのかがわからなくなってしまう…。そのとき、王が入ってきた！」。13区のアンリ＝ミショー通り（Rue Henri-Michaux）は、1995年に命名されている。

アンリ・ミュルジェ Henri Murger 1822-61年。パリに生まれ、没した作家。若い頃トルストイ伯の秘書となった彼は、まもなく文学に目覚め、借りていた屋根裏部屋で詩や記事を書き始める。一方、友人数人とみずから「ボヘミアン生活」と名づけた、貧しくも遊び半分の日々を送った。そして、1848年からは《アルティスト（芸術家）》や《コルセール（私掠船）》、1851年からは《エヴェヌマン（出来事）》や《ディス・デサンブル（12月10日）》、《ドゥー・モンド（ふたつの世界）》【→エドワール・パイユロン】といった雑誌に記事を寄せるようになる。詩人ロドルフォとお針子ミミの愛を描いたプッチーニの有名な歌劇『ラ・ボエーム』【初演1896年】は、ミュルジェがこの時期に書いた自伝的小説『ボヘミアン生活の情景』（1849年）を原作としている。

1852年、ミュルジェはようやく貧困から抜け出すが、豊かさの恩恵をさほど長く享受することができなかった。それまでの貧しい生活のために健康がかなり害されていたからである。そこで彼は**フォンテヌブロー**近郊のマルロットに隠棲し、のちにパリに戻り、**フォブール＝サン＝ドニ**通り20番地のデュボワ病院で息を引き取った。作品としては、前記のほかに『かつての紳士』【1852年】や『町と劇場について』【1853年】、『おぼこ娘の策略』【1861年】、『あるカプチン会士の物語』【1869年】などがある。19区にあるアンリ＝ミュルジェ通り（Rue Henri-Murger）は、1899年に命名されている。

アンリ・モワサン Henri Moissan 1852-1907年。パリ出身の化学者アンリ・モワサンは、パリの高等薬学校やソルボンヌの教授をつとめた。1888年に医学アカデミー、91年に科学アカデミー会員となった彼は、天然ダイヤモンドの研究に関心を抱き、ついに人造ダイヤモンドの合成に成功した【1893年。ただし、彼が1906年にノーベル化学賞を受賞したのはフッ素の分離と電気炉の開発による】。7区には彼の名を冠したアンリ＝モワサン通り（Rue Henri-Moussan）が1909年からある。

アンリ・モニエ Henry Monnier 1805-77年。パリに生まれ、没した文学者で風刺画家。当初公証人の書記として働いたが、20歳になるかならぬかで一連の素描画を発表し、評判をえる。そして1825年、**ラ・フォンテーヌ**の『寓話』やベランジェのシャンソン集の挿絵を手がける。この頃にはまた即興の戯文を書き始めてもいる。これらはどちらかといえば平凡なものだったが、たしかに才気には富んでいた。彼はまた並外れた人物もふたり創り出している。それぞれ彼の傑作シリーズとされる『民衆舞台』【1830年】と『ジョゼフ・プリュドム回想録』【1857年】に登場する、マダム・ジブーとジョゼフ・プリュドムである。

みずからが演出した戯曲では、彼はこれらふたりの人物を好んで演じたが、ある意味で、彼はその生涯をジョゼフ・プリュドムそのものとして生きたともいえる。以下の言葉は、そんな彼の深い哲学の一端である。「愛の楽しみはすべて変化するところにある」、「知恵があるために、人は非難される」、「黙って犯す罪だけが罪ではない」。9区には、1905年から彼の名を冠したアンリ＝モニエ通り（Rue Henry-Monnier）がある。

アンリ・モンドール Henri Mondor 1885-1962年。フランス中部カンタル県のサン＝セルナン出身の作家・外科医。とくに**ステファヌ・マラルメ**にかんする興味深い研究で知られ、アカデミー・フランセーズ会員に選ばれている【1946年】。6区のアンリ＝モンドール広場（Place Henri-Mondor）は、1968年の命名になる。

アンリ・ユシャール Henri Huchard 1844-1910年。医学アカデミー会員だったこの

人物の名は、18区のアンリ＝ユシャール小公園（Square Henri-Huchard）に残っている。命名は1939年である。

アンリ・ランヴィエ Henri Ranvier 1857-1918年。1931年からある11区のアンリ＝ランヴィエ通り（Rue Henri-Ranvier）は、同区の参事会員をつとめた人物にちなんで命名されている。

アンリ・ラングロワ Henri Langlois 1914-77年。トルコ西部のイズミルに生まれ、パリで没した映画人。1935年、映像作家・脚本家のジョルジュ・フランジュ【1912-87】と映画クラブの「セルクル・デュ・シネマ」を立ち上げ、36年には、やはりフランジュとともに、商業主義とは無縁のフィルム・アーカイヴ「シネマテーク・フランセーズ」をメッシヌ大通りに創設している。ラングロワは当初その事務局長をつとめ、生涯を賭してこれを世界最大のシネマテークへと発展させた。

この施設はやがて**ユルム通り**に、さらに**アルベール・ド・マン大通り**のシャイヨ宮内へと移転しているが、彼の活動が1930年代のイタリアで「ネオ・レアリズモ」、1950年代のフランスで「ヌーヴェル・ヴァーグ」をそれぞれ開花させたといっても、けっして過言ではないだろう。ジャン・コクトーはそんな彼についてこう書いている。「彼はわれわれの宝物を監視しているドラゴンである」。彼の名を冠した13区のアンリ＝ラングロワ広場（Place Henri-Langlois）は、1995年からある。

アンリ・レニョー Henri Regnault 1843-71年。パリ生まれの画家アンリ・レニョーは、普仏戦争時、プロイセン軍の砲弾を浴びて、属していた行軍部隊の軍服のままパリ西方のビュザンヴァルで戦死した画家。独創的な彩色画家だった彼は、1866年にローマ大賞を受賞したのち、スペインへ赴き、ベラスケス（ヴェラスケス）やゴヤの作品に強い感銘を受け、さらにイタリアやモロッコ（マロック）を旅している。作品としては『アキレウスの愛馬を調教するアウトメドン』や『赤い服を着た貴婦人』、

『タンジェールへの幻想紀行』、『ハッサンとナムーナ』、『ハーレム内部』【いずれも制作年不詳】などがある。14区のアンリ＝レニョー通り（Rue Henri-Regnault）は、彼の死後4年目の1875年に命名された。

アンリ・ロシュフォール Henri Rochefort 1830-1913年。アンリ・ド・ロシュフォール＝リュセ、通称アンリ・ロシュフォールは、パリに生まれた作家。《ナン》や《フィガロ》、《ソレイユ（太陽）》などの新聞や雑誌に寄稿した辛辣な評論で知られた。決闘が好きで、そのため政府は彼を《フィガロ》紙の編集陣からのぞくよう要求せざるをえなかった【ロシュフォールは生涯で20回の決闘、30回の裁判を経験したという。ヌーメアに強制移送されて徒刑囚となったが、1874年い脱出した】。

もっとも有名な決闘は、ポール・ド・カサニャック【1843-1904。父親同様、ジャーナリスト・政治家で、第三共和政期における熱烈なボナパルト派。生涯に22回もの決闘をした】とのそれである。ある日、彼は決闘相手に選んだこの若いジャーナリストにこう言ったという。「君の記事、読んだよ。正字法で勝負したら、君が負けた！」。

1868年6月1日、ロシュフォールはみずから《ラ・ランテルヌ（ランタン）》を創刊している。これはつねに第二帝政【1852-70年】とナポレオン3世を攻撃し続けた週刊政治パンフレットで、そのため彼は罰金に苦しめられ、ついには断罪されてベルギーに逃げなければならなくなった。

1869年に帰国すると、彼は国民議会議員に選ばれ、新たに《ラ・マルセイエーズ》紙を創刊する【この新聞は最大部数10万部を数えるまでになった】。だが、ピエール・ボナパルト【1815-81。ナポレオン1世の甥】による同紙の寄稿者ヴォクトル・ノワール【1846-70】の射殺に続く事件に巻き込まれて投獄される。やがて第二帝政が瓦解した1870年9月4日に釈放されたのち、国防政府の一員となる。

ティエールと敵対していた彼は、しかしパリ・コミューン（コミュヌ・ド・パリ）

に参加するのを断る。そのため、秩序が回復してのちの1873年、【ヴィクトル・ユゴーらの減刑嘆願にむなしく】ニューカレドニア（ヌーヴェル＝カレドニ）の要塞監獄に流刑となる。だが、4ヵ月後にはそこを脱出し、1880年の恩赦で帰国する。そして1885年、パリ選出の国民議会議員となるが、翌年、解任されてしまう。

　政権奪取を狙う保守的で反共和主義のブーランジェ将軍【→ボワ・デ・コール】を信奉していた彼は、1889年、将軍に従ってベルギーに赴き、欠席裁判で拘禁刑を言い渡される。それからしばらくのあいだロンドンに落ち着き、1895年、晴れて帰国を許される。やがて彼はパナマ運河疑獄やアルフレッド・ドレフュスに反対し、国粋主義に走るようになった【この疑獄事件は、1892年に破産したパナマ運河会社の債権処理を巡って510人（！）もの政治家が収賄で告訴された事件。これら政治家たちの多くは無罪となったが、直接的な贈賄工作にかかわったとして指弾された、シャルル・ド・レナックとコルネリウス・エルツがユダヤ系であったことから、反ユダヤ主義的な新聞がふたりを激しく非難し、やがてこれがフランス国内の反ユダヤ感情を煽り、ドレフュス事件につながったとされる】

　ロベールの著作としては、『退廃のフランス』【1866年】や『偉大なボヘミアン』【1867年】、『わが人生の冒険』【1896年】などがある。彼は言っている。「フランスは3600万の民を擁する。不満をもつ民を除いて」《ラ・ランテルヌ》の社説》。17区には1925年に命名された、アンリ＝ロシュフォール通り（Rue Henri-Rochefort）がある。

アンリ・ロベール Henri Robert　1863-1936年。パリ出身の弁護士。平明で声がよく響く弁舌によって、重罪院最高の弁護士とされた。とくに無政府主義者でテロ行為を数多く繰り返し、1892年にギロチン刑に処されたラヴァショル【1859生】事件で、ショーマンタンなる人物【ラヴァショルに隠れ家を提供した】を弁護したことは有名である。1区には彼の名を冠したアンリ＝ロベール通り（Rue Henri-Robert）がある。命名は1958年。

アンリ・ロレ Henri Rollet　1860-1934年。アンリ・ロレは弁護士で、13区のアンリ＝ロレ広場（Place Henri-Rollet）は彼の死後4年目の1937年に命名されている。

イヴァール Yvart　1763-1831年。ジャン・オーギュスタン・ヴィクトル・イヴァールは、北仏のイギリス海峡に面したブーローニュ＝シュル＝メールに生まれ、パリ南東方のムラン近郊にあるセーヌ＝ポールで没した農学者。パリ南東郊アルフォール（現アルフォルヴィル）の王立獣医学校で長年農村経済を教えていた彼は、パルマンティエの後任として、科学アカデミーの会員に選ばれ【1814年】、ついでパリ農業学会【1761年設立】の会員となる。その主要な著作としては『近隣地域、とくにイギリスと比較したフランスの土壌・気候・農業に対する一瞥』【1806年】がある。彼に捧げられたイヴァール通り（Rue Yvart）は、1864年から15区にある。

イヴェット Yvette　パリ南西部、イル＝ド＝フランス地方のシュヴルーズを潤すイヴェット川は、オルジュ川の支流で、全長44キロメートル。その名がついた16区のイヴェット通り（Rue de l'Yvette）は、シュヴルーズ渓谷を蛇行しながら流れるこの小川を賛美する住人たちによって、1877年に命名されている。

イヴェール Hiver　19区のシテ・イヴェール（Cité Hiver）は、冬（イヴェール）をたたえるための小路ではない。ごく平凡な話だが、ここに住んでいた借家人の名前にちなんで命名されたにすぎない。

イヴォン・ヴィラルソー Yvon Villarceau　1813-89年。アントワヌ・イヴォン・ヴィラルソーはフランス中部ロワール地方のヴァンドームに生まれ、パリで他界した天文学者。しばらくのあいだパリ音楽院（コンセルヴァトワール）で教えていた彼は、1834年、フェリシヤン・ダヴィッドを含む友人たちとエジプトを旅する。この旅行

中、スエズ（シュエーズ）地峡の開削問題を調査していたフランスの科学者たちと出会い、数学への関心をいだくようになる。

　1837年、パリに戻ったヴィラルソーは中央工学校に入り、40年、機械技師の資格をえて卒業する。そして1844年ないし45年、科学アカデミーに彗星にかんする論文【と橋弧建設にかんする論文】を提出し、評価される。1854年、天文学者としてパリ天文台（オプセルヴァトワール）に入り、翌年、経度局員となり、さらに65年には科学アカデミーの会員に選ばれる。

　その一方で、ヴィラルソーは赤道儀や視差測定器といった機器を考案している。時計職人のブレゲの協力をえて、振り子によって一定した時間を刻む等時調速機も製作した。彼の著作としては、『航行論』【2巻、1877年】や『新天体航行論』【1878年】などがある。彼を名祖とするイヴォン＝ヴィラルソー通り（Rue Yvon-Villarceau）は、1855年から16区にある。

イヴォン・エ・クレール・モランダ Yvon et Claire Morandat　イヴォン・モランダ（1913-72）は第2次世界大戦初期、シャルル・ド・ゴール将軍の自由フランスに参加し、レジスタンスの中心的存在として活動した。戦後は、フランス炭田開発公団の総裁【1962-72年】として辣腕を発揮した【ルネ・クレマン監督作『パリは燃えているか』（1966年）は彼を主人公とする映画。主演はジャン＝ポール・ベルモンド】。妻のクレール（1985没）もまたレジスタンスとパリ解放に深くかかわっていた。ふたりの名を冠したイヴォン＝エ＝クレール＝モランダ広場（Placc Yvon-et Claire-Morandat）は、1978年から17区にある。

イヴォンヌ・ル・タック Yvonne Le Tac　1882-1957年。イヴォンヌ・ル・タックはパリを生没地とする女性教師でレジスタンス活動家。旧アントワネット通りにあった小学校で教えたあと、校長となり、ブルターニュ地方に隠棲する。だが、1941年3月のある夜、第2次世界大戦初期にイギリスに渡っていた息子のジョエルが帰ってき

た。そこでふたりは海岸部にいるドイツ軍の重要な場所を探ろうとした。さらに次男のイヴとともに、レジスタンスのネットワークに積極的に参加してもいる。

　そんなある日、カナダ軍の落下傘部隊が海上に降下し、ブルターニュの漁師たちの漁船に迎えられる。だが、浜辺では彼らを捕らえようとドイツ軍の特命行動隊が待ち受けていた。そこでイヴォンヌは落下傘兵たちに叫んだ。「こちらに来て、勇者たち！」。この行為により、彼女はブルターニュ半島先端部のブレストにあったポンタニウー監獄の独房で、2週間過ごさざるをえなくなった。

　1941年10月30日、ジョエルがラジオを持ってイギリスから戻ると、イヴォンヌと夫のアンドレは、この息子と仲間が岩だらけの小島に隠しておいた数個の貴重なカバンを捜しに行く。運搬には手押し車をもちいた…。以後、この元女性教師の家はレジスタンス運動家やイギリス兵の乗船基地と同時に、食料配備地図やさまざまな軍事書類の供給センターとなる。

　1941年12月、イヴォンヌは息子ふたりが浜辺からイギリスに向かうのを見送る。そして翌年2月、ふたりが諜報機関網の長だったアンドレ・プルヴェを連れて戻ってくる。彼女は3人を家に泊める。だが、やがてレンヌに赴いたジョエルはそこで逮捕され、パリに向かったイヴもまた逮捕される。さらにイヴォンヌも逮捕されてパリのサンテ監獄に、夫はパリ南郊のフレーヌ【強制収容所にもちいられた監獄があった】に連行されてしまう。こうして尋問が始まるが、獄舎の仲間たちから「黒いオレンジ」──かつての合言葉──とよばれていた彼女は、一切の自白を拒んだ。

　1943年、イヴォンヌは息子の嫁とともにベルリン北方のラベンスブルック強制収容所に送られた。幸い「淘汰」の魔の手は逃れたが、最終的にアウシュヴィッツ＝ビルケナウに護送される。やがてロシア軍によって他の収容者たちともども救出された彼女は、家畜運搬車両に乗せられてオデッ

サに移り、そこからイギリス軍の艦船でマルセイユに向かった。この勇敢な女性に捧げられた18区のイヴォンヌ＝ル＝タック通り（Rue Yvonne-Le-Tac）は、パリ選出の下院議員だった長男ジョエルの出席をえて、1968年6月8日に開通式が営まれた。

イヴ・デュ・マノワール Yves du Manoir

1904-28年。イヴ・ル・ペレ・デュ・マノワール、通称イヴ・デュ・マノワールは、パリ盆地のヴォークレソンに生まれ、ルイイで事故死したラグビー選手。北仏ノルマンディの旧家に生まれた彼は、水兵や私掠船船長を先祖にもっていた【もっとも有名な先祖はマルセイユ総督や海軍副提督、海軍大臣、植民地担当大臣などを歴任したジョルジュ＝ルネ・プレヴィル・ル・ペレ（1726-1805）がいる】。パリのサン＝ルイ＝ド＝ゴンザク学院卒業後、国立理工科学校（エコール＝ポリテクニーク）に入学する。輝かしい学生ではあったが、しばしば言われているような首席卒業ではなかった。彼は体操や柔道、競走、自転車競技、テニスなど数多くのスポーツをこなした。とくに華々しかったのはラグビーで、オープン攻撃を得意とし、フランス代表に8度選ばれている。

模範的なスポーツ選手だったマノワールは、慇懃さを忘れることなく、同世代の若者たちに強い影響をあたえてもいた。そんな彼の死は、どう見ても異常なものだった。1928年1月2日、フランス・チームはスコットランド（エコス）・チームと対戦した。フランスの選手たちがグランドに姿を現すと、観客たちは試合に選ばれなかったイヴ・デュ・マノワールの名を連呼し始めた。選手たちはこれにかなり失望した。

しかし、こうして3拍子で彼を試合に出すよう叫んでいた観客たちは、その数時間前、空軍パイロットの免許を受けるため操縦していた飛行機が墜落して、彼が命を落としていたことを知らなかった。当時、上空に濃い霧が立ち込めていたため、どこを飛んでいるのかがわからなかった。そこで彼は機体の高度を下げ、眼下に見えた駅の名前を読み取ろうとした。それはルイイの駅だった。ただ、おそらく彼にはその駅名を確認する時間がなかった。機体の尾輪がポプラの木の梢に引っかかってしまったからである。こうして搭乗機は墜落し、彼はその犠牲となった。

スポーツ選手としてのイヴ・デュ・マノワールは、その経歴全体を全仏レーシングクラブ【1882年に創設された総合スポーツクラブ】で積んでいた。パルク・ド・プランスにとって代わられるまでラグビー試合がおこなわれていた、パリ北郊コロンブ市の総合スタジアムに彼の名がつけられた所以である【1907年に開設され、1928年から現在までイヴ＝デュ・マノワール・オリンピック・スタジアムとよばれているここでは、1924年にパリ夏季オリンピック、1938年にサッカーのワールドカップ最終戦、さらに40回の国内サッカー・リーグ決勝戦などがおこなわれている】。17区のヴィラ・デ・テルヌ内を走るイヴ＝デュ＝マノワール大通り（Boulevard Yves-du-Manoir）は、彼が事故死した翌年の1929年に命名されている。

イヴ・トゥディク Yves Toudic

1901-44年。組合活動家でジジスタンス活動家だったイヴ・トゥディクは、1944年7月14日、つまりパリ解放【8月19日-25日】の前月に、ドイツ軍によって殺害された。10区のイヴ＝トゥディク通り（Rue Yves-Toudic）は、その死を悼んで1946年に命名された。

イヴリー Ivry

イヴリーはパリ郊外の町で、19世紀に築かれた、通称「パリ防衛第2列」要塞があった。13区のイヴリー大通り（Avenue de l'Ivry）はすでに1730年にはイヴリー街道として知られていた。同区にあるイヴリー河岸通り（Quai de l'Ivry）の呼称は、それが接する同名の港に負っている。

イエナ Iéna

イエナ（Jena）はザクセン＝ヴァイマル公国の都市。1806年10月14日、無垢な兵士たちが互いに戦ったのがここである。総勢4万のフランス軍はナポレオン麾下のミュラ、ダヴー、オジュロー、シュシェ、ランヌ、らの将軍が率い、対する

プロイセン軍7万はフリードリヒ・ヴィルヘルム3世【プロイセン王在位1797-1840】を総司令官とし、クロズヴィッツやコスペダ、ホーエンローエ、シュメッタウ、さらにブラウンシュヴァイク【→アルゴンヌ】の諸侯が指揮をとった。戦いを制したのはフランス軍で、プロイセン軍は兵力の3分の1以上、200門の大砲も失った。16区のイエナ大通り（Avenue d'Iéna）は1854年、イエナ広場（Place d' Iéna）は1878年からあり、7区と16区を結ぶイエナ橋（Pont d' Iéna）は1813年からある。

イザベ Isabey ジャン＝バティスト・イザベ（一）はナンシーに生まれ、パリで没した細密画家で、総裁時代【1795-99年】に人気を博した。彼は「アンコワイヤブル」【最初の本格的なアイドル歌手ともいうべきピエール＝ジャン・ガラ（1764-1823）の熱狂的なファンたち。彼らはガラが「r」を発音しないという発話上の欠陥をもっていたため、この音を省いて「アンクロワイヤブル（Incroyables）」（字義は「信じられない」）ならぬ「アンコヤイヤブル」と発音する風を好んだ】や、タリアン夫人のとり巻きたちを好んで描いた【タリアン夫人は本名テレザ・カバリュス（1773-1835）。マドリード近郊にサン・ペドロ城を有する伯爵家に生まれ、ジロンド派の活動家となるが、逮捕・投獄される。その彼女を釈放したのが、山岳（モンターニュ）派（→ルドリュ＝ロラン）の国民公会議員で、のちに夫となるジャーナリスト出身の革命家ジャン＝ランベール・タリアン（1767-1820）だった。やがて彼女はギロチン刑に処されることになっていた数百人の命を救い、そこからまず「救いの聖母」とよばれ、ついで、ロベスピエールを失墜させたクーデタ、すなわちテルミドール9日（1794年7月27日）に深く関わり、「テルミドールの聖母」と綽名されるようになった】

　のちに『マルメゾン城庭園のボナパルト将軍像』【1801年】や、第一執政（ナポレオン）の主な腹心たちを登場させた『執政ボナパルトによる閲兵』【制作年不詳】を発表し、第一帝政期には、ナポレオンの第2

皇后マリー＝ルイズ【1791-1847】にデッサンを教えたりもした。復古王政【1814-30年】も彼に好意的で、ルイ＝フィリップから王立美術館の副館長に任命されている。1848年の革命でも、彼は不運とは無縁だった。第二共和国大統領となったルイ＝ナポレオン（ナポレオン3世）から、6000フランの年金を下賜されたからである。16区には、彼の名を冠したイザベ通り（Rue Isabey）が1867年からある。

イシー＝レ＝ムリノー Issy-les-Moulineaux
15区のイシー＝レ＝ムリノー河岸通り（Quai d'Issy-les-Moulineaux）は、パリ郊外オー＝ド＝セーヌ県の旧村名にちなんで命名されている。歴代の国王たちはかつてここに城をかまえていた。今ではその角塔を残すだけとなっているが、コンティ公もまた、マルグリト・ド・ヴァロワ【→マルグリト・ド・ナヴァール】同様、この村に城館を有していた。いわば、上流社会の地だった。1925年、ここはパリに編入されている。

イスリ Isly イスリはモロッコ（マロック）国境を流れる川の名。1844年8月14日、その河岸で、1万500の兵を率いたビュジョー元帥が、アブデル＝ラーマンの息子ムーレイ＝ムハンマド率いる3万のモロッコ兵を撃破している。フランス兵27人が戦死した戦いのあと、ビュジョー元帥はイスリ公に叙された。この戦勝を記念して、1846年にはイスリ通り（Rue de l'Isly）が、81年にはシテ・イスリ（Cité de l'Isly）が命名された。いずれも8区にある。

イスレット Islettes 18区を走るイスレット通り（Rue des Islettes）の呼称は、19世紀にフランス北東部ムーズ県のヴェルダンから35キロメートルにあるイスレット村の出身者たちが、ここに住み着いたことによる。命名は1877年である。

イゼール Yser イゼールはフランス北部【ノール県ビュイシュール】を水源とし、ベルギー沿岸の北海にそそぐ川【全長78キロメートル】。第1次世界大戦中の、1914年10月から11月にかけて、ベルギー・イギ

リス・フランス連合軍が、その河岸でドイ
ツ軍と激戦をくりひろげ、侵略されたベル
ギーに対して、自由ベルギーを維持した。
パリのイゼール大通り（Boulevard de
l'Yser）は17区にあり、1931年に命名さ
れている。

イタリ Italie　国土面積30万1000平方キロ
メートル、人口5987万【2013年】のイタ
リアの統一は、カミッロ・カヴール【1810
-61。サルディーニャ王国やイタリア王国首相
などを歴任した】とヴィットーリオ・エマ
ヌエーレ2世【1828-78。サルディーニャ王
国最後の国王で、イタリア王国初代国王（在
位1861-78）】の活躍で、1870年になった
【この年、普仏戦争のためにフランス占領軍が
ローマ教皇領から撤退し、イタリア公国軍が
教皇領を奪取してローマに遷都した。このイ
タリア統一運動をリソルジメントとよぶ】。今
日、イタリアの各地方はローマの中央政府
に対してある程度の自治が認められている。

　13区のイタリ大通り（Avenue d'Italie）
は1876年に命名されているが、それはこ
の大通りがイタリア半島まで続く国道7号
線の起点となっていることによる。イタリ
広場（Place d'Italie）とイタリ通り（Rue
d'Italie）の命名は、それぞれ1864年、
1912年である。

イタリヤン Italiens　1759年、イタリア人
（イタリヤン）の役者たちはすでにオペラ
＝コミック座とよばれていた劇場で芝居を
上演することが認められ、やがてこの劇場
はコメディ＝イタリヤンスと改称するよう
になる。2区から9区にかけて走る通りが、
1783年にイタリヤン大通り（Boulevard
des Italiens）と命名されたのは、この劇
場と彼らイタリア人役者にちなんでのこと
だった。

　1801年、オペラ＝コミック座はその呼
称をもとに戻し、建築家スタニスラス＝ル
イ・ベルニエ【1845-1919。1872年、パリ自
然史博物館の設計でローマ大賞受賞。母校の
パリ高等美術学校で教鞭をとり、1898年、芸
術アカデミー会員に選ばれ、1911年から14年
まで中央建築学会、現在の建築アカデミー会

長をつとめた】が設計した現在の建物も、
1898年12月7日にこけら落としを迎えた。
以前の建物が1887年に焼失したためであ
る、

イトルフ Hittorf　1792-1867年。ヤコブ・
イットルフ（ジャック・イトルフ）はケル
ンに生まれ、パリで他界した建築家。
1824年、彼はサル・ファヴァールを改修し、
ジャン・フランソワ・ルコワント【1783-
1858。マザ監獄などの建築も手がけている】
とともに、アンビギュ＝コミック座を建て
ている（1966年解体）。1830年の7月革命
で一時公的な仕事から遠ざけられたが、の
ちにパリ市と共和国の専属建築家となり、
1830年から大きな仕事に従事する。サン
＝ヴァンサン＝ド＝ポール教会の建設であ
る。さらに北駅の建設やブーローニュ（ボ
ワ・ド・ブーローニュ）の整備計画にもか
かわった。10区のイトルフ通り（Rue
Hittorf）は、1853年に芸術アカデミー会
員となった彼にちなんで、93年に命名さ
れている。

イノサン Innocents　1区のイノサン通り
（Rue des Innocents）は、1786年に閉鎖さ
れたばかりのイノサン墓地の跡地に敷設さ
れた。1859年にはここに広場も建設され
ている。イノサン墓地はフィリップ・オー
ギュストの命で12世紀に設けられた。
1379年には納骨堂もそなえるようになり、
ここに乱雑に放置された遺骨が掘り返され
て、新しい墓地に移された。それゆえ、こ
の墓地が衛生上の対策として閉鎖されたと
しても、別段驚くことではないだろう。

　1150年に建立されたイノサン教会もま
た、墓地と同時に撤去された。その跡地は
市場となったが、これもまた1859年にバ
ルタールによってレ・アル（中央市場）が
建設されて際にとり払われている。そのあ
とには小公園（Square des Innocents）が
設けられた。この小公園の中央部にはイノ
サンの噴水（Fontaine des Innocents）が
ある。ピエール・レスコの作で、シスとい
う名の技師によって復元されたものである。
おそらくそれは紀元後4年、ヘロデ大王

【ユダヤ王在位前37-前4】が自分の玉座を奪われるとして、王国内の幼い男児全員を虐殺したとする聖書の出来事を記念するもので、教会に、ついで墓地にこれら男児たち【聖嬰児】をさす名がつけられたと思われる。

イプセン Ibsen 1828-1906年。ヘンリック・イプセンはノルウェー（ノルヴェージュ）のシーエンに生まれ、同国のクリスチャニアで没したノルウェー人劇作家・詩人・演出家。はじめ薬局の見習いとなったが、すぐにこれを辞めてブルジョワジーに対する辛辣な風刺詩を書き出す。だが、それは筆禍を招いただけだった。やがて彼は戯曲を創作するようになる。処女作は、1848年の2月革命に刺激されて書いた『カティリーナ』【1850年】で、筆名はブリュニュルフ・ベルナンをもちいた。1851年から57年にかけて、彼はベルゲンの劇場を率い、そのために年に1作品を書いた。さらに1857年からはクリスティアーナ劇場を主宰するが、62年に倒産する。しかし1865年、祖国は彼に「詩人年金」をあたえた。

　イプセンは生涯に30作あまりの作品を発表するが、そのなかには『愛の喜劇』【1862年】や『ペール・ギュント』【1867年】、『人形の家』【1879年】、『ヘッダ・ガブレル』【1890年】、『棟梁ソルネス』【1892年】、『私たち死んだものが目覚めたら』【1899年】などがふくまれる。彼は言っている。「世界でもっとも強い人間、それはもっとも孤独な人間だ」、「友人は危険である。彼があなたに何をなすかではなく、あなたが何かをなすことを妨げるからだ」、「人生における幸福を隠す。まさにこれは反逆精神にほかならない」。20区のイプセン大通り（Avenue Ibsen）は1932年からある。

＊イポリット・プレヴォ Hippolyte Prévost 1808-72年。イポリット・プレヴォは1827年、つまり20歳になるかならぬかの若さで、速記術を考案したことで知られる。かつて20区にあったイポリット＝プレヴォ通り（Rue Hippolyte-Prévost）は、1932年の命名である。

イポリット・マンドロン Hippolyte Mandron 1801-84年。フランス西部メール＝エ＝ロワール県のシャントソーに生まれ、パリで他界した彫刻家。1839年、彼はリュクサンブール公園のため、その最高傑作とされるみごとな彫像『ヴェレダ像』を制作している。古典美術を改革しようとした最初期のフランス人彫刻家である彼はまた、ロマン派彫刻の唱導者でもあった。作品としては、ほかに『聖レミによるクロヴィス王の改宗』【1865年】や『獣たちの餌食となるキリスト教徒』、『ダゲソー像』【いずれも制作年不詳】などがある。イポリット＝マンドロン通り（Rue Hippolyte-Mandron）は、1904年から14区にある。

イポリット・ルバ Hippolyte Lebas 1782-1867年。パリに生まれ、没した建築家のイポリト・ルバは、最高裁判所にマルゼルブの、ブルボン宮（パレ・ブルボン）にルイ18世【国王在位1814-15／1815-24】のモニュメントをそれぞれ制作している。1824年にはロケット監獄と、彼の代表作となるノートル＝ダム＝ド＝ロレット教会の建設も手がけた。1825年に学士院会員に選ばれた彼の名は、1868年、9区の通りにつけられた。イポリット＝ルバ通り（Rue Hippolyte-Lebas）がそれである。

イムーブル・アンデュストリエル Immeuble Industriels 11区のイムーブル＝アンデュストリエル通り（Rue des Immeubles-Industriels）【字義は「工業用建物群」】は、1877年に命名されている。この年、ここに建物が建設されたが、その各部屋にはおもに家具を作るために不可欠な動力がそなえられていた。そこではいわば家内制工業が営まれていたのである。

イリス Iris 1928年に開通した13区のイリス通り（Rue des Iris）は、一連の花の名を冠した通り群に属している。100種が知られているアイリス（イリス）はアヤメ科の多年草で、地下に球茎ないし根茎がある。鮮やかで芳しい花は両性で、1弁または多数の花を総状につける。葉は剣形でふつう

根生し、茎に跨状に互生する。

イル・ド・フランス Île de France イル・ド・フランス【字義は「フランス島」】とはモーリシャス島のことである。1507年にポルトガル人によって発見されたインド洋上のこの島は、面積2040平方キロメートル。1715年から1814年までフランス領、ついで1968年までイギリス領だった。現在は独立してモーリシャス共和国となっているが、なおも通称「イギリス連邦」に属し、英語が話されている。ベルナルダン・サン゠ピエール【1737-1814。フランスの作家・植物学者】が、『ポールとヴィルジニー』【1787。新庄嘉章訳、角川文庫ほか】の舞台に選んだのが、この島である。イル゠ド゠フランス小公園（Square de l'Île-de-France）は、1877年から4区にある。

イルランデ Irlandais 5区のイルランデ通り（Rue des Irlandais）は、そこにあったイルランデ（アイルランド）学寮にちなんで、1807年に命名されている。ロンバール（ロンバルディア）学寮を前身とするこの寄宿学校には、1677年から神学校とフランスに亡命してきた聖職者用のホームがおかれていた。今日もなおここにはアイルランド系の神学校があるが、さらにポーランド（ポローニュ）系神学校と聖心侍女修道会も同居している。

イレネ・ブラン Irénée Blanc 20区のイレネ゠ブラン通り（Rue Irénée-Blanc）は、1911年にこの通りを敷設した不動産会社の経営者にちなんで命名されている。

イロンデル Hirondelle 古フランス語では、イロンデル（ツバメ）はアロンダル（arrondale）とよばれていた。6区のイロンデル通り（Rue de l'Hirondelle）は、1200年からこの古い呼称で知られていた。当時、通りの端にツバメの絵看板がかけられていたからである。

ヴァヴァン Vavin 1792-1863年。アレクシス・ヴァヴァンはパリを生没地とする政治家。公証人だった【1822-38年】彼は、その一部が1860年に6区となる旧11区【リュクサンブール、ソルボンヌ、パレ・ド・ジュスティス（裁判所）地区】にかなりの不動産をもっていた。1838年、彼は政治の世界に目を向け、1839年、旧11区選出の代議員となり、自由主義派の野党に身を置いた。1848年には臨時政府から王室費を削減する任務を託される。そして同年、新しい憲法制定議会、ついで翌年の立法議会の議員に選ばれ、今度は多数派の王党勢力に鞍替えした。だが、1851年12月2日のクーデタ【ルイ゠ナポレオン大統領が起こしたクーデターで、彼は国民議会を解散し、翌年11月の国民投票によって皇帝に即位し、ナポレオン3世と改名した】に反対して下野した。6区のヴァヴァン大通り（Avenue Vavin）【全長69メートル！】は1825年、同名の通り（Rue Vavin）は1831年に敷設されている。

ヴァスー Vassou 12区のヴァス゠袋小路（Impasse Vassou）は、その最初期の住人のひとりを名祖としている。

ヴァスコ・ド・ガマ Vasco de Gama 1469-1524年。ヴァスコ・ダ・ガマはポルトガルの航海者で、ポルトガル中南部アレンテージョ地方のシーネスで生まれたとされる【父は小貴族で、のちにシーネス町長をつとめた】。終焉の地はインド南西部ケーララ地方の海港コーチン（コーチ）である。1497年、彼は遠征隊を率いてリスボン（リスボンヌ）を出帆する。目的はアフリカ最南端を回ってインドにいたる海路を発見することだった。彼は喜望峰に立ち寄ってから、1498年5月、オマーン湾に面したインドの港カレクト【カリカットとも。現在のコーリコード】に到達する。そして同年8月、帰途につき、ザンジバルをへて、1499年9月、リスボンに帰港する。幸運王とよばれたときのポルトガル国王マヌエル1世【在位1495-1521】は、ガマをインド総督に任じ、彼が発見した航路の開拓を命じた。

　こうしてガマは1502年2月、【インド人が喜びそうな商品を20隻の船に積んで】2度目の航海に出る【この航海は前回以上に攻撃的なもので、途中、メッカ巡礼者を乗せた商船を襲ったりしている】。そして、寄港した

モザンビークやソファラにポルトガル商館を設け、目的地のコーチンでも同様の商館を建てた。だが、1503年に帰国した彼を待っていたのは、なぜか不遇な日々だった。それはじつに21年も続いた。そんな彼を引き立ててインドの副王にしたのは、敬虔王ジョアン2世【在位1521-57】の恩寵だった。

1524年、彼はインドに向けて3回目の航海に出る。しかし、コーチンに着いてまもなく、すでに体調が思わしくなかった彼は、ついに死の床につく。遺体は1538年、ポルトガルに移された。彼の名を冠したパリの通りは15区にある。1904年に命名されたヴァスコ＝ド＝ガマ通り（Rue Vasco-de-Gama）がそれである。

ヴァトー Watteau 1684-1721年。ジャン・アントワヌ・ヴァトー（ワトーとも）は**ヴァランシエンヌ**で生まれ、パリ東郊のノジャン＝シュル＝マルヌで没した画家。幼い頃から絵画に魅せられていた彼は、若くしてパリに移り住み、ノートル＝ダム橋の露天商に名作の模写を売って糊口を凌いだ。1707年、彼はアラベスク装飾画家で、**リュクサンブール宮の管理者でもあったクロード・オードラン3世【1658-1734】に弟子入りし、翌年、一時的に帰郷する。王立絵画アカデミーの準会員として認められた1712年、ピエール・クロザ【1665-1740。金融資本家アントワヌ・クロザ（1655-1738）の弟で、ヴァトーのパトロン】のために『四季』を描き、17年、絵画アカデミーの正式会員に選ばれる。

1719年、子供時代から結核にかかっていたヴァトーは、高名な医師リチャード・ミード【1673-1754。感染症治療の第一人者】の診察を受けるため、ロンドンに向かう。だが、イギリスの気候が快癒を妨げ、翌年、以前にもまして重篤化した病を抱えて帰国する。それでも創作意欲に衰えはなく、1721年に国王遊興担当官だったフィリップ・ルフェーヴル【詳細不詳】の別荘で息を引き取るまで、なおも制作を続けた。彼の作品としては『シテール島への巡礼』

『1717年』や『そぞろ心』【1717年頃】、『ピエロ』【1718年頃】、『ジェルサンの看板』【1720年】などがある。最高の装飾画家・色彩画家だった彼の名は、13区の通りに残っている。13区のワトー通り（Rue Watteau）である。

ヴァノー Vaneau ルイ・ヴァノーは1830年7月29日、叛徒たちの先頭に立ってスイス人（シュイス）に守られていたバビロヌの兵舎を攻撃し、殺害された国立理工科学校（エコール・ポリテクニーク）の若い学生。7区のヴァノー通り（Rue Vaneau）は1830年10月、同名のシテ（Cité Vaneau）は88年に命名されている。

ヴァラドン Valadon 7区のヴァラドン通り（Rue Valadon）は、1843年にこの通りを建設した建築家を祖とする。

ヴァランシエンヌ Valenciennes 北仏ノール県の郡庁所在地で、エスコー川とローネル川の合流点に位置する。【ハプスブルク家＝神聖ローマ帝国の支配下にあった】この町がフランス領となったのは、1677年、ルイ14世（ルイ・ル・グラン）に屈服したときだった。やがて国王はヴォーバンに命じてここを要塞化した。1793年、イギリス・オーストリア連合軍に占拠されるが、翌年、フランス軍がとり戻した。

今日、4万4000の人口を有するこの北仏の町は、とくに市立美術館で知られる【フランドル絵画のコレクションはルーヴルについで国内2番目の数を誇る】。製鉄・織物工場や大規模な製油所もある。ここはまた**フロワサール**や**ワトー**、**カルポー**の生地でもある。パリ10区のヴァランシエンヌ広場と通り（Place / Rue de Valencienne）は、いずれも1845年に命名されている。

ヴァランス Valence 1310年代、5区を走るヴァランス通り（Rue de Valence）の東端に通称ヴァランス館が建てられ、25年、この邸館名が当時の小路——1844年に「通り」に昇格——の呼称となった。邸館の所有者は若い貴婦人のマリ・ド・サン＝ボル【1303頃-77。第1回十字軍をよびかけた教皇ウルバヌス2世（在位1088-99）を遠

祖とするシャティヨン家の出身で、1347年にケンブリッジ大学ペンブルク・カレッジを創設】で、彼女は1321年、前年に妻を失ったばかりのエマール・ド・ヴァランス【1270-1324。ウェールズのペンブルク伯で、イングランド王エドワード1世の従兄】と結婚している。だが、ふたりが愛し合った邸館の名残は、すでに消え去って久しい。

ヴァランタン・アベイユ Valentin Abbeille

1907-44年。パリ南東部プロヴァン郡の郡長だったアベイユは、第2次世界大戦できわだった活躍をしたレジスタンスの活動家【フランス中東部ジュラ県の秘密軍隊長をつとめていた彼は、1943年、ゲシュタポに見つかり、ロンドンに逃げて、中央情報行動局に配属される。翌年、パリに戻るが、秘書の裏切りでゲシュタポに逮捕され、一切の供述を拒んだまま拷問死した】。18区のヴァランタン＝アベイユ小路（Allée Valentin-Abeille）は、彼をたたえて1993年に命名されている。

ヴァランタン・アユイ Valentin Haüy

1745-1822年。北仏オワーズ県のサン＝ジュストに生まれ、パリで他界したヴァランタン・アユイは、青年盲学校の創設者。外務省の役人だった頃、かつてレペ神父（アベ・ド・レペ）がろうあ者の学校をつくったように、自分もまた若い盲人たちの教育に身を捧げたいと考えるようになる。こうして彼は凹凸のある教科書の印刷法を考案し【ルイ・ブライユがアルファベットの6点式点字を開発したのは1825年】、1784年、パリにフランス最初の盲学校を創設する。やがて第1統領だったボナパルトは、この盲学校をキャンズ＝ヴァン施療院に併合して、その付属施設とする。

1806年、アユイはサンクト＝ペテルブルク（サン＝ペテルスブール）に赴いて盲学校を立ち上げ【以後、11年にわたってその校長をつとめた】、途中立ち寄ったベルリンでは、神学校を創設してもいる。帰国は1817年だった。彼の著作としては『盲人教育論』【1786年】がある【なお、兄のルネ＝ジュスト・アユイ（1743-1822）はフラン

スの鉱物学者で、「結晶は小さなユニットの繰り返しでできている」という理論を提唱し、「結晶学の父」とよばれる】。彼の名を冠したヴァランタン＝アユイ通り（Rue Valentin-Haüy）は、1900年から15区にある。

ヴァリエテ Variétés

パノラマ小路に接する2区のヴァリエテ通廊（Galerie des Variétés）は、1934年に開通している。呼称は、正面玄関がモンマルトル大通りの7番地に向いているが、芸人たちの出入り口がこの通廊にあるヴァリエテ座【→テアトル＝フランセ】に由来する。セザール、クレテュ、フォワニェ、アミエル、そしてシモンの5人からなる「委員会」【経営陣だが、顔ぶれには異説ある】の慈遇を受けて建てられたこの劇場は、1807年6月24日に開館している。以後、60年近く、ここでは寄席演芸が上演され、1864年からはオペレッタ劇場となり、ジャック・オッフェンバック（オフェンバク）やメイヤック、アレヴィなどの作品に門戸を開いた。今日、ヴァリエテ座は内装が一新され、一時ミュージックホールとなったあと、いわゆる「ブルヴァール劇」【風俗喜劇】が上演されている。

ヴァリーズ Varize

ヴァリーズはパリ南西部、ウール＝エ＝ロワール県の小村。1870年の普仏戦争時、プロイセン軍とフランス軍の戦場となった。1875年、この村の名がパリ16区の通り（Rue de Varize）につけられたのは、フランス軍が侵略軍に勇敢に立ち向かったことを記念してである。

ヴァリュベール Valhubert

1764-1805年。ジャン＝マリ・ヴァリュベールは北仏マンシュ県のアヴランシュに生まれ、モラヴィア地方のブルンで没した第一帝政期の将軍。勇敢かつ断固とした性格の持ち主だった彼は、アウステルリッツ（オステルリッツ）の戦いで致命傷を負い、その5日後に落命した。セーヌ左岸、オステルリッツ橋に面して5区と13区にまたがるヴァリュベール広場（Place Valhubert）は、1806年の

命名である。

ヴァール Var 奇妙なことに、ヴァール川はその名がついているヴァール県——県庁所在地はトゥーロン——を流れていない。この全長120キロメートルほどの美しい小川は、バス＝アルプス地方にある標高3000メートルのペラ山に源を発し、ニースから7キロメートルの地点で地中海にそそぐ。パリのヴァール小公園（Square de Var）は、1932年から20区にある。

ヴァルソヴィ Varsovie ポーランド（ポローニュ）の首都ワルシャワ（ヴァルソヴィ）は、ヴィスワ河岸に発展した町で、1569年から歴代国王が好んで住むようになった。ポーランド・リトアニア共和国の最後の国王となるスタニスワフ・アウグスト・ポニャトフスキ【在位1764-95】は、町を大いに美化したが、1795年、ポーランド分割によってプロイセン領に併合された。1807年、プロイセンを制圧したナポレオンによってワルシャワ公国が建国され、その首都がおかれた。そしてナポレオンが失脚した1815年、ウィーン会議によってワルシャワはポーランド立憲王国の首都としての地位を公式に獲得する。ただし、国王はロシア皇帝アレクサンドル1世【在位1801-25】が兼ねることになった。

　ポーランドはさらに2度の世界大戦でドイツに占領される。第2次世界大戦では、周知のようにワルシャワ在住のユダヤ人がゲットーに集められ、1943年4月から5月にかけて、国内の絶滅収容所に送られた。戦後、ドイツ軍によって破壊された町はほぼ完全に再建され、今日では人口173万【2014年】を数えるまでになっている。パリ16区のヴァルソヴィ広場（Place de Varsovie）は、1928年の命名になる。

ヴァルデク＝ルソー Waldeck-Rousseau 1846-1904年。ピエール・ヴァルデク＝ルソーはナントに生まれ、パリ南東郊のコルベイユ＝エソンヌで没した政治家。生地で弁護士を営んでいた彼は、1879年、レンヌ選出の下院議員となり、共和派に籍を置いて行政改革（すでに！）にかんする議論

で頭角を現す。

　1881年から85年まで、彼はガンベッタ、ついでジュール・フェリー政権で内務大臣をつとめ、在任中、職業結社『【ヴァルデク＝ルソー結社法】（1884年）】や行政機構、累犯者の海外領土への流刑にかんする法律を制定させた。1889年には、ブーランジェ将軍【→ボワ・デ・コール】に対する訴追に賛成してもいる。

　1886年、彼は弁護士業を再開し、とくに1893年、パナマ運河疑獄【→アンリ・ロシュフォール】に連座したとされるエッフェル（ギュスタヴ・エフェル）の弁護を引き受け、上訴審で無罪を勝ち取っている【エッフェルはレセップスやその息子とともに背任・詐欺の罪で訴えられた。ただ、レセップスは精神錯乱に陥り、1894年に病死している】。

　1894年、ヴァルデク＝ルソーは元老院議員となり、集産主義に対して幾度となく反対した。そして、その経歴の絶頂期が始まる1899年6月、首相の座についた彼は【1902年6月辞任】、アルフレッド・ドレフュス事件を収拾している【レンヌの軍事法廷で2度目の有罪判決を受けたドレフュスは、1899年に恩赦となり、1906年に名誉を回復した】

　1900年、ヴァルデク＝ルソーは元老院内に高等法院を設けて、反対派である愛国主義の指導者たちを召喚し、追放刑を宣告させる。さらに、彼の目に愛国主義を支持するという罪を犯したと映った一部の聖職者たちを攻撃し、1901年7月1日、修道会を規制する法律を制定してもいる。

　一方、対外政治の分野では、1900年に中国遠征を計画し、翌年にはロシア皇帝を受け入れている。だが、自動車事故に遭った1902年、彼は共和国大統領【エミール・ルーベ（在任1899-1906）】に首相辞任を申し出る。それからまもなく、すい臓がんのために世を去った。17区のヴァルデク＝ルソー通り（Rue Waldeck-Rousseau）は、彼の死後2年目の1906年に命名されている。

ウアルトク

ヴァル＝ド＝グラース Val-de-Grâce 5区と13区を結ぶヴァル＝ド＝グラース通り（Rue du Val-de-Grâce）は、1797年に開通している。呼称は近接する**サン＝ジャック**通りの277番地にあったヴァル＝ド＝グラース陸軍病院に由来するが、11世紀、ビエーヴル【パリ南西15キロメートル】には女子修道院が建っていて、その地形から「ヴァル・プロフォン（深い谷）修道院」とよばれていた。15世紀末には、修道院は「ヴァル＝ド＝グラース（恩寵の谷）」と改称され、1621年、その修道女たちはアンヌ・ドートリシュ【→サン＝タンヌ】からパリに移り住むことを許された。

　こうした彼女たちはサン＝ジャック通りに落ち着いた。寛大な王妃は、彼女たちに教会つきの修道院を下賜することにし、建設工事に際しては、みずからその最初の礎石を据えた。1645年4月1日のことである。工事は設計者の**マンサール**、ついでピエール・ル・ミュレ【1591-1669。パリのコマン・ダストリ館などを建てた王室建築家】、さらにジャック・ルメルシエ【1585-1654。ソルボンヌ礼拝堂（1626年）や王宮（1629年）などの建築も手がけた】らの指揮で進められた。竣工は1665年だったが、奉献式はそれから半世紀近く経った1710年に営まれている。むろん修道院はフランス革命で閉鎖を余儀なくされ、1793年7月31日の条令で、それは陸軍病院となり、やがてそこには陸軍医学校も併設された。

ヴァルミー Valmy ヴァルミーはマルヌ県の町で、1792年9月20日、デュムリエ将軍【→カンブレ】とケレルマン将軍が、革命戦争の序盤戦でオーストリア・プロイセン連合軍を撃破した地である。この戦いに従軍していたゲーテ（グート）は、それについてこう書いている。「この日、この場所で世界史のための新しい時代が始まった」。10区のヴァルミー河岸通り（Quai de Valmy）は1822年に敷設されている。

　同名の袋小路（Impasse de Valmy）は7区にもある。呼称は、ヴァルミー公、つまりケレルマン将軍が住んでいた、**サン＝**ジェルマン大通りの244番地にあった邸館に隣接していたことに由来する。

ヴァレ Vallées 20区のヴァレ通り（Rue des Vallées）は、1929年までサン＝マンデ村にあった。呼称は、17世紀にアルプス地方の峡谷から人々が移り住んで命名された地名にちなむ。

ヴァレ Vallet 13区のヴァレ小路（Passage Vallet）は、1935年にその最初期の住人のひとりを名祖とする。

ヴァレ Varet 1914年から知られている15区のヴァレ通り（Rue Varet）は、それが敷設された土地の地主を名祖とする。

ヴァレット Valette 1805-78年。クロード・ドニ・オーギュスト・ヴァレットはフランス北東部ジュラ地方のサランに生まれ、パリで他界した法曹家・政治家。1837年にパリ大学法学部教授となった彼は、1848年から51年まで憲法制定議会と立法議会の議員となった時期を除いて、晩年まで法学を講じた。1851年12月2日の【ルイ＝ナポレオン・ボナパルト（ナポレオン3世）による】クーデタに反対して短期間ながら投獄され、釈放後、大学に復職している。1869年、人文・社会科学アカデミー会員となった【1871年には動物愛護協会会長に選ばれた】彼の名は、1879年から5区の通りに刻まれている。ヴァレット通り（Rue Valette）がそれである。

ヴァレ＝ド＝フェカン Vallée-de-Fécamp 12区のヴァレ＝ド＝フェカン袋小路（Impasse de la Vallée-de-Fécamp）は、同名の小径の名残で、1500年頃、モントルイユとオルグイユーとよばれていた2本の小川が、現在のシャラントン通りで合流する地点にあった集落にちなんで、17世紀に命名されている。その呼称は、おそらくオートゥイユ通りに住んでいたフェカンの聖職者たちが、この集落に別荘を有していたことにちなむ。

ヴァレリー・ラルボー Valéry Larbaud 1881-1957年。ヴィシーを生没地とするヴァレリー・ラルボーは詩人・小説家・評論家【父はミネラルウォーターで有名なヴィシ

ー・サン＝ヨール鉱泉の所有者】。脳充血のため、生涯最後の20年間を半身まひの状態で送った彼は、それまで正確かつ繊細な文体で、そしてしばしばユーモアを漂わせた数多くの作品を発表していた。たとえば小説には『フェルミナ・マルケス』【1911年】や『仇ごころ』【1920年。堀口大學・青柳瑞穂訳、第一書房、『恋人たち、幸せな恋人たち』【1921年。石井啓子訳、筑摩書房】などがある。その詩の一部は、『ある豊かな愛好家による詩集ないしバルナブース氏のフランス語作品』【1908年。バルナブース（バルナブート）は彼の筆名】におさめられている。

ランボーは言っている。「私は侮蔑に思い切り接吻したい。そして不名誉に恋い焦がれて死ぬとまで言おう」、「人間同士の関係はシャンパンで始まり、カミツレ茶に終わる」。彼はまた当時の外国人作家たち、すなわちジェームズ・ジョイス（ジェムス・ジョイス）やサミュエル・バトラー【1612-80】などの作品を、フランスの読者たちに紹介してもいる。その名がついたヴァレリー＝ラルボー通り（Rue Valéry-Larbaud）は、1993年から13区にある。

ヴァレンヌ Varenne　この語はガレンヌ（garenne）の古形で、ジビエが数多く生息する【とくにフランス中部・中央山岳地帯の】未耕地を意味する。その名がついた7区のヴァレンヌ通り（Rue de Varenne）は、1605年に命名されている。たしかに、7区のこの一帯は、16世紀には国王が狩りをするための場で、「ルーヴル猟場」とよばれていた。フランス革命時の国王のヴァレンス逃亡事件では、ルイ16世【在位1774-92】がジビエになったともいえる。

ヴァロワ Valois　大通り、通廊、小路、柱廊、広場、そして通り…。パリにはそのいずれもにヴァロワ公の名が冠せられている。彼は平等公フィリップ【1747-93。オルレアン公ルイ・フィリップ2世】とルイーズ・マリー・アデライード・ド・ブルボン＝パンティエーヴル【1753-1821】の息子で、のちにシャルトル公、さらに国王となってルイ

＝フィリップを名のった【国王在位1830-48】。1784年に命名された8区のヴァロワ大通り（Avenue de Valois）は、かつて平等公に属していたモンソー公園、旧フォリ・ド・シャルトルの近くを走っている。同名の通りや通廊、小路は1784年の命名で、当時平等公が有していた1区のパレ＝ロワイヤル近くにある。

＊ヴァンヴ Vanves　ヴァンヴはパリ西方オー＝ド＝セーヌ県の町で、人口2万8000【2014年】。かつては養蜂や野菜の集約栽培が営まれていた。だが、現在はビルが地面を「食い荒らし」、かつてはいたるところで華やかさを競っていた花々も、詩的な住人の家のバルコニーや、市役所が設計した花壇に辛うじて見られるだけとなっている。1877年に命名されたヴァンヴ通り（Rue de Vanves）は、この町に通じていたが、通り自体は1945年、レモン＝ロスラン通りに組み込まれている。

ヴァン・ゴグ Van Gogh　1853-90年。フィンセント・ウィレム・ファン・ゴッホ（ヴァン・ゴグ）は、オランダ南部ズンデルトの牧師の家に生まれ、パリ北方のオーヴェル＝シュル＝オワーズで自死した画家。若い頃から熱狂的な神秘主義者（この2語はつねに結びつくものではないが）だった彼は、16歳で画商グーピル商会【伯父が経営陣にいた】につとめ、20歳のとき、イギリスの炭鉱村で教師となった。やがて牧師を目指し、ベルギーの炭坑地帯ボリナージュで伝道活動を始める。

だが、1880年、弟テオドルス、通称テオ（1857-91）の物質的・精神的援助で画家の道を進み、最初はミレー（フランソワ・ミレ）のような絵を描いていたが、やがてピサロやスーラ、ゴーギャン（ゴーガン）、トゥールーズ＝ロートレックらの影響で新印象派の画家となる。1888年、パリを去ってテオが住んでいた南仏アルルに移ると、彼は新印象主義を棄て、色調に富んだ作品を描くようになる。

同年、【ポン＝タヴァンで経済的に困窮していた】ゴーギャンをアルルに呼んで、共同

生活を始まる【生活費はテオの支援】。ただ、ふたりは喧嘩・口論とは無縁の仲間とはなれず、将来のタヒチ愛好家は打ちのめされたりもした。こうして同年12月、ゴッホはみずからを罰するため、耳たぶを切り落としてしまう…。それから半年後の1889年5月、ゴッホはアルル北方のサン＝レミにある精神病院に収容される。

やがて体調が回復すると、彼はテオの勧めもあって、翌1890年5月、オーヴェル＝シュル＝オワーズ村に移り、医師で美術愛好家・収集家でもあったポール・ガシェ【1828-1904。ゴッホは彼の肖像画を描いている（1890年）】を訪ね、その世話で村のオーベルジュに居を定める。だが、7月、銃で自死する【他殺説もある】。

生前、ゴッホはほとんど無名に近かったが、死後、とくに1891年のアンデパンダン展【テオが兄の作品を出品した】以降、その作品は高い評価を受けるようになった。彼の名を冠した12区のヴァン＝ゴグ通り（Rue Van-Gogh）は、1978年からある。

ヴァンサン・オリオル Vincent Auriol

1884-1966年。ヴァンサン・オリオルはフランス南西部オート＝ガロンヌ県のルヴェルに生まれ、パリで没した政治家。第2次世界大戦前に下院議員だった【1914-40年】彼は、戦後、第四共和政の初代大統領となる。この共和政において、7年という任期をまっとうしたのは、彼のみである。さらに、一時期、下院議員と同時に生地に近いミュレの市長【1925-47年】もつとめており、同市には彼の名を冠した学校もある。

また、娘のジャクリーヌ【1917-2000。フランス初の女性テスト・パイロット】は飛行士で、女性の飛行世界記録を幾度も塗り替えている。パリのヴァンサン＝オリオル大通り（Boulevard Vincent-Auriol）は13区にある。命名は死後10年目の1976年になされた。

ヴァン＝サンク＝ウー 1944（ミル・ヌフ・サン・カラント＝カトル）Vingt-Cinq-Août 1944

1944年8月25日（ヴァン＝サンク＝ウー）は、フランス軍がルクレー

ル将軍（ジェネラル・ルクレール）を先頭に解放されたパリに進軍した日である。14区のヴァン＝サンク＝ウー＝1944広場（Place du Vingt-Cinq-Août-1944）は、1946年に命名されている。

ヴァンサン・コンポワン Vincent Compoint

18区のヴァンサン＝コンポワン通り（Rue Vincent-Compoint）は、19世紀初頭から、それが敷設された土地の地主の名でよばれている。

ヴァンサン・スコット Vincent Scotto

1876-1952年。マルセイユで生まれ、パリで他界したシャンソン作曲家のヴァンサン・スコットは、生涯において400曲ものシャンソンを作曲している。その作品としては、たとえば以下がある。「かわいいトンキン娘」、「私のふたりの恋人」、「マリネラ」、「チキチキ」、「世界一美しいタンゴ」、「青いジャワ」、「パリの橋の下で」。彼に捧げられたヴァンサン＝スコット通り（Rue Vincent-Scotto）は、1987年から19区にある。

ヴァンサン・ダンディ Vincent d'Indy

1851-1931年。ヴァンサン・ダンディはパリを生没地とする作曲家。パリ音楽院（コンセルヴァトワール）で学んだあと【師はセザール・フランク】、彼はサン＝ルー教会【パリ1区】のオルガン奏者となり、さらにシャトレ劇場合唱団の指揮者をつとめた。独創性というより、むしろ豊かなハーモニーによって評価される作品としては、たとえば以下がある。『ヴァレンシュタイン』【1870-81年】、『ニレの樹の下で私を待って』【1876-82年】、『魔法にかかった森』【1878年】、『カンタータ・ドミノ』【1885年】、『フェルヴァル』【1889-93年】、『デウス・イスラエル』【1896年】

ヴァンサン・ダンディはまた、作曲家・演奏家仲間のシャルル・ボルド【1803-1909。セザール・フランクの弟子】やアレクサンドル・ギルマン【1837-1911。1897年からパリ音楽院のオルガン科教授】とともに、1894年、パリ音楽院に対抗してスコラ・カントルムを創設した（この音楽学校【サ

ン・ジャック通り269番地。卒業生にエリック・サティなどがいる】は、ヴァンサン＝ダンディが没して4年後の1935年に分裂し、彼の弟子や仲間たちはセザール・フランク音楽院を立ち上げている）。12区のヴァンサン＝ダンディ大通り（Avenue Vincent-d'Indy）は、1938年の命名である。

ヴァンセンヌ Vincennes　パリ東部のヴァンセンヌ市はヴァル＝ド＝マルヌ県にあり、その城や広大な森で知られる。最初の城はルイ7世【国王在位1137-80】の時代に造営が開始され、近くにある柏の木の下で好んで裁きを行った聖王ルイ（サン・ルイ）の居城となった。現在のヴァンセンヌ城は1337年から70年にかけて建設されたもので、そこで生まれた賢明王シャルル5世が完成させた。おそらくこの城は14世紀における軍事施設の優れた例とみなすことができるだろう。

やがてルイ11世【国王在位1461-83】の時代から1784年まで、城は王国の監獄としてもちいられた。1804年、アンギャン公が投獄されたのがここである。彼は有罪を宣せられて銃殺され、その遺骸は通称「王妃の館」の下に埋葬されている【この監獄にはディドロが1749年に3カ月、サド侯爵が1778年から6年間幽閉されていた】。

森ではまた、恋人たちがドメニルやミニムの湖面に小舟を浮かべ、キュテラ島【ペロポネソス半島とクレタ島のあいだに浮かぶ島で、古代アフロディテ信仰の中心地。「恋の国」の代名詞】へと向かうこともできる。パリの12区と20区を結ぶヴァンセンヌ小路（Cour de Vincennes）は、1860年からある。

一方、ヴァンセンヌの森はおよそ1000ヘクタールの広さを誇り、ナポレオン3世時代に整備されている。だが、そこは長いあいだ軍隊の砲兵射撃演習場や練兵場、火薬・砲弾工場、騎兵部隊の兵舎などにもちいられ、かなりの被害を受けた。第三共和政の時代【1870-1946年】になると、森には高等身体教育学校【1933年。1968年から87年まで国立体育学校】や植民地植物園

（1899年）【現在は熱帯植物園】、動物園【1934年】、フランス海外領土博物館【1931年。2003年までアフリカ・オセアニア芸術博物館】などが建てられた。今日、ヴァンセンヌの森のフランス軍関連施設はかなり削減され、その一部は植物園にとって代わられている。毎年5月、この森にあるルイイでは、ナシオン広場を追われた【1963年】フォワール・ド・トローヌ（玉座市）が開かれている。

ヴァンタドゥール Ventadour　1区のヴァンタドゥール通り（Rue de Ventadour）は、1673年に命名されている。呼称は、それがヴァンタドゥール公ルイ＝シャルル・ド・レヴィ【1647-1717。17世紀最大の貴族家の当主で、妻のマダム・ド・ヴァンタドゥールは幼王ルイ15世の養育掛をつとめた。なお、ヴァンタドゥールはフランス中部コレーズ地方の町】の所領に敷設されたことに由来する。レヴィ公爵家はパリ西方イヴリーヌ地方のレヴィ＝サン＝ノムを出自とする。当初ラ・ヴート＝シュル＝ロワール男爵家だったヴァンタドゥール公爵家は、レヴィ家の分家だったが、16世紀にレヴィ家のおかげで公爵家に格上げされている。

ヴァンダム Vandamme　1770-1830年。ユヌブール伯ドミニク・ルネ・ヴァンダムは、北仏ノール県のカッセルを生没地とする軍人。フランス革命前、マルティニク島の植民地部隊に勤務していた。1790年、パリに移った彼は、92年、モン＝カッセル猟歩兵中隊を編成し、その指揮官となった。1793年、ダンケルク南東、ベルギー国境のオントスコットの戦い後、少将に叙せられ、相次いでライン（ラン＝エ＝ダニューブ）、サンブル＝エ＝ムーズ、ドナウ（ダニューブ）、そしてイタリア方面軍に配属される。

ヴァンダムがとくに顕著な活躍をしたのはアウステルリッツ（オステルリッツ）の戦いだった。だが、1813年のロシア戦線で捕虜となり、翌年、ようやく帰国した。ナポレオンに忠実だった彼は、ワーテルロー（ワテルロ）でも戦い、敗戦後、残った

兵士たちとともにロワール川の背後に撤退した。1816年、復古王政のために、彼はフランスを追放され、アメリカ合衆国に渡った。そして1819年に帰国すると、軍務に戻り、24年までつとめて引退した。14区のヴァンダム通り（Rue Vandamme）は、1865年に命名されている。

ヴァンダル Vandal　14区のヴァンダル袋小路（Impasse Vandal）は、それが敷設された土地の所有者の名でよばれている。かつては彼の兄弟もまた14区の通り（Rue de Vandal）に名を残していた。ちなみに、同姓の有名人としては作家のアルベール・ヴァンダル【1853-1910】がいる。パリを生没地とする彼の作品としては、たとえば旅行記の『スウェーデン・ノルウェー2輪馬車旅行』【1876年】や歴史小説の『ボナパルトの戴冠』【2巻、1902・07年】などがある。ただ、管見によれば、彼はヴァンダル兄弟とは無縁である。

ヴァンデ Vindé　1759-1842年。モレル・ド・ヴァンデ子爵シャルル＝ジルベール・テレは、パリを生没地とする法曹家・文学者・農学者。1778年、パリ高等法院の評定官となった彼は、フランス革命初期の1790年、パリに設けられた6裁判所のひとつ【テュイルリー地区管轄】を主宰した。だが、ルイ16世【在位1774-92】が逃亡先のヴァレンヌで逮捕されたのち、その任を解かれる【王子の師傅で、資産家だったことから】。こうして彼はしばらくのあいだ忘れ去られた存在となったが、1808年、科学アカデミーの通信会員【農村経済部門】になる。

1815年、ナポレオンの失脚と無縁だったヴァンデは貴族院議員に選ばれ、24年には科学アカデミーの正会員となる。著作としては、『父親から子供たちへのお年玉もしくは道徳的4行詩の集成』【再版『子供の道徳』1790年】、『18世紀末の習俗論』【1794年】や、数多くの農学論がある。シテ・ヴァンデ（Cité Vindé）は1区にある。1844年、この農学者の所有地に敷設されたもので、呼称はそれにちなむ。

ヴァン・ディク（デイク）Van-Dyck　1599-1641年。アンソニー・ヴァン・ダイク（ディク）はアントウェルペン（アンヴェール）で生まれ、ロンドンのブラックフライアーズで没したフランドルの画家・版画家。10歳のときからアントウェルペンの画家ヘンドリック・ファン・バーレン【1575-1632】のもとで絵画を学び始める【1615年頃にはピーテル・ブリューゲル（1525頃-69）を祖父とする友人のヤン・ブリューゲル（1601-78）と工房をかまえている】。のちに彼はルーベンスの助手となるが、すでに1618年にはとくにその肖像画で名声をえていた【この年、彼はアントウェルペンの親方芸術家ギルド「聖ルカ組合」に入会している】

1621年初頭、ヴァン・ダイクはイングランド王ジェームズ1世【1567-1625】の宮廷に招かれてその肖像画を描き、翌年、はイタリアに移って1626年まで滞在する。それからしばらくマルセイユやエクス、パリをへて、生地に戻る。1632年、彼は再びロンドンを訪れ、国王チャールズ1世【在位1625-49】の首席宮廷画家に任命される【さらにナイト爵と「サー」の称号、200ポンドの年金、およびブラックフライアーズに邸宅兼工房をあたえられてもいる。この工房は1632年から41年にかけて、肖像画400点を受注したという】

1640年、ヴァン・ダイクはアントウェルペンに帰るが、数か月後にはロンドンに戻る。だが、すでに余命は尽きていた。チャールズ1世とともに彼の庇護者となった、初代ストラフォード伯トマス・ウェントワース【1593生。イングランドの政治家。国王の筆頭顧問官となるが、議会で専制政治の責任を追及され、私権剥奪法の可決により処刑された】と同じ1641年、不帰の客となった。

ヴァン・ダイクは、ルーベンス（リュベンス）のあとを受けて、とくにイングランドの貴婦人や貴族たちの肖像画によって、フランドル派最大の画家となった。しかし、これらの肖像画は、いうまでもなく彼の仕事の一部でしかなく、ほかに以下のような作品を遺している。『十字架を担ぐキリス

ト』【1613-20年】、『磔刑のキリスト』【1619年頃。ほか数点】、『十字架奉献』【1619年頃】、『聖家族』【1626頃-28年頃】、『パドヴァの聖アントニウス』【1627-30年】、『忘我状態にあるアッシジの聖フランチェスコ』【1627-32年】、『アモルとプシュケ』【1638年】。彼はまた、肖像画を原画とする版画も制作している。パリのヴァン＝ディク大通り（Avenue Van-Dyck）は、1869年から8区にある。

ヴァンティミル Vintimille　9区のヴァンティミル通り（Rue de Vintimille）は、1844年に開通している。呼称は、それがヴァンティミル・デュ・リュク家の所領に敷設されたことにちなむが、同家は数多くの著名人を輩出している。たとえば伯爵で外交官だったシャルル・フランソワ（1653-1740）は、近衛騎兵としてカッセルで戦い【1677年。オランダ侵略戦争】、片腕を失くして海軍に入った。

　その弟シャルル・ガスパール（1642-1740）はパリ大司教をつとめている。快癒の奇蹟を求める病人たちが、ジャンセニストの助祭フランソワ・ド・パリス【1690-1727】が眠る、パリ・ムフタール地区のサン＝メダール教会の墓地に陸続とつめかけるさまを見て、この墓地を閉鎖させた【1732年1月29日】のが、反ジャンセニストだった彼である【助祭パリスの奇蹟の詳細は、蔵持著『奇蹟の共同体』（言叢社、近刊）を参照されたい】。

　さらに、ルイ15世【在位1715-74】の愛妾で、産褥のために早世したポーリヌ・フェリシテ（1712-41）もいる。彼女は美貌とはほど遠かったが、きわめて才気煥発な女性だった。これはルイ15世が単に追い詰めた雌鹿だけを好んでいたわけではないことを証明する。

　ヴァンティミル・デュ・リュク家は南仏カンヌ近郊のドラギニャンと隣合った村リュクを出自とする。ただし、フランス・イタリア国境の町ヴィンティミーリアとは無縁である。

ヴァン・ド・フランス Vins de France　12区のヴァン＝ド＝フランス広場（Place des Vins-de-France）は、1993年に命名されている。呼称は、1970年代のなかばまでワイン醸造業者のためにあったベルシーのワイン倉庫跡地に、この広場が建設されたことに由来する。

ヴァンドーム Vendôme　1区のヴァンドーム広場（Place Vendôme）には、さまざまな出来事がからみついている…。**アンリ4世**と愛妾ガブリエル・デストレ【→ベテュヌ】の庶子として生まれた、ヴァンドーム公セザール・ド・ブルボン（1594-1665年）が、父王の命でメルクール公フィリップ＝エマニュエル・ド・ロレーヌ【→レンヌ】の公女フランソワズ・ド・ロレーヌ【1592-1662。聖ヴァンサン・ド・ポールの支援者となり、貧民救済などの慈善活動をおこなった】と1609年に結婚したとき、新妻は自分が1603年に建てた邸館を婚資の一部とした。この邸館がヴァンドーム館となった。17世紀末、ルイ14世（**ルイ・ル・グラン**）は、ヴァンドーム館のある場所に広場を建設してパリの町の大いなる飾りとし、**サン＝トノレ**通りに隣接するもろもろの通りの往来を便利にすることの利に気づいた。

　こうして国王はこの邸館の買取を命じ、「ルイ・ル・グラン」とよばれる広場が誕生した【最初の呼称は「コンケート（征服）」広場】。そして1699年、ジラルドン作の巨大な国王記念碑の除幕式が営まれることになる。だが、1792年8月10日、民衆はこの記念碑を打ち倒し、広場の呼称をピク広場に変えた。1799年、それは邸館の名をとってヴァンドーム広場に改称され、1871年のパリ・コミューン（**コミュヌ・ド・パリ**）時には、短期間ながらアンテルナショナル（国際）広場となった。

　そして1803年、ナポレオンがこの広場に、「オステルリッツ」ないし「グラン・ダルメ（大軍隊）」【ナポレオン皇帝軍のこと】とよばれる円柱を建てる。やがてこの円柱にも邸館の名がつけられるが、これはローマにあるトラヤヌス記念柱をモデルとしたもので、高さ44メートルを誇り、先

端にはローマの皇帝風に勝利の女神像を手
にしたナポレオンの影像がのせられた。

だが、ナポレオンが失脚した1814年、
影像は**ポン＝ヌフ**を架設した**アンリ4世像**
をつくるために溶解される。1833年、**ルイ＝フィリップ**はアンリ4世像を再びナポレオン像ととり替えるが、それはフロックコートに二角帽といういで立ちだった。第二帝政期になると、このナポレオン像は撤去されて**アンヴァリッド**（廃兵院）に移され、あらためてローマ皇帝風のナポレオン像が据えられる。

しかし、1871年、コミューン兵はこれを引き倒す。その群衆のなかには、画家の**ギュスタヴ・クールベ**もいた。彼は前年にすでにナポレオン像と円柱の解体を求めていた。その要求が通った。おそらく彼は快哉を叫んだだろうが、その喜びは長くは続かなかった。1873年5月30日、円柱とナポレオン像を元通りにすることが議会で決議され、その修復と復元費用の一部にあてる35万フランもの大金を、クールベ自身が支払わなければならなくなったからである【これにより、画家は破産に追い込まれた】

ただ、ナポレオン像は撤去されたまま、一時パリ西方のクルブヴォワ【1840年、ナポレオンの遺灰がセントヘレナ島からアンヴァリッドに移送する行列がここを通った】に移され、現在はアンヴァリドの前庭におかれている。

1区のヴェンドーム小路（Cour Vendôme）は、同名の広場に近いことから、1934年に命名されている。一方、1827年に命名されたヴァンドーム小路（Passage Vendôme）は3区にある。呼称は、それが旧ヴァンドーム通り——1864年にベランジェ通りとなった——に隣接していたことに由来する。

ちなみに、パリを生没地とするフィリップ・ド・ヴァンドーム（1655-1727）、通称「ヴァンドームの修道院長」は、1666年、マルタ（マルト）騎士団に入り、ネーデルラントや**アルザス**への軍事遠征に参加して、1678年に同騎士団の副総長、91年に旅団

長、93年にリュートナン＝ジェネラル（中将＝将軍相当）となる。以後、1705年まで、イタリアやカタルーニャ（**カタローニュ**）遠征に参加するが、イタリア北部ロンバルディア地方のカッサーノの戦【1705年8月】での拙攻をとがめられて失脚する。その後、しばらくローマに住み、その後帰国して、1680年から副総長をつとめていたテンプル（**タンプル**）騎士団の修道院に隠棲する。

だが、それからというもの、彼は隠棲とは裏腹に、贅沢かつスキャンダラスな放蕩三昧の日々を送ったために身を持ち崩す。1712年、兄が他界してヴァンドーム公位を受け継いだものの、1719年、修道院を摂政オルレアン公の庶子ジャン・フィリップ【1702-48。通称「オルレアンの騎士」】に売却する。ただ、なおもタンプル修道院には住み続け、そこで没した【独身で子供もいなかったため、彼の死でブルボン＝ヴァンドーム公爵家は断絶した】。旧ヴァンドーム通りは、17世紀末にタンプル修道院の所領にそれが敷設されたことにちなんで命名されていた。

ヴァンドルザンヌ Vandrezanne　13区のヴァンドルザンヌ通り（Rue Vandrezanne）は、1844年、最初期の住人のひとりにちなんで命名されている。同区のヴァンドルザンヌ小路（Passage Vandrezanne）は、この通りに近いことからの命名である。

ヴァン＝ヌフ・ジュイエ Vingt-Neuf Juillet　7月29日（ヴァン＝ヌフ・ジュイエ）とは、1830年の7月革命で、民衆が国王シャルル10世【在位1824-30】を倒した、いわゆる「栄光の3日間」【7月27-29日】の最終日にあたる。それから10日後の8月7日、**ルイ＝フィリップ**がみずから国王を宣言することになる【在位1830-48】。シャルル10世は新聞・雑誌の自由な出版を差し止め、新たな議会を解散させ、さらに選挙法を改定し、過激王党派による国務院を復活させる王令を公布して、民衆の怒りを掻き立てていた。ヴァン＝ヌフ・ジュイエ通り（Rue du Vingt-Neuf-Juillet）は、1830年から1区にある。

ヴァン・ロー Van Loo 18区のヴァン=ロー通り（Rue Van-Loo）は、**フランドルの**高名な画家一族にちなんで、1869年に命名されている。初代のヤン・ファン・ローはネーデルラント出身で、1585年に生まれ、1630年頃に他界している。その息子ジャコブ（フランス語名ジャック）【1614-70】はフランスに帰化し、以後子孫たちはフランス籍を保った。この一族は16世紀から19世紀にかけて少なくとも7人の有名画家を輩出している。

　もっとも知られているのは画家のシャルル・アンドレ、通称カルル（1705-65）で、**ニースに生まれ、パリで没している**【神話・聖書を主題とする作品や肖像画を得意とした】。カルルはじつに強運の持ち主だった。1705年のニース攻囲戦のとき、近くで砲弾が爆発し、乳児の彼が眠っていた揺りかごが粉々になってしまった。その爆音でようやく目が覚めた彼は、かすり傷ひとつもなしに、そこから這い出してきたという。【兄の画家ジャン=バティスト（1684-1745）】とともにトリノやローマで学んだあと、1720年にパリに移った彼は、24年、王立アカデミーの絵画コンクール【ローマ大賞とする説もある】で1席を獲得する。

　1727年、彼は再びローマを訪れ、『聖イシドロスの栄光』を制作する。注文主は同名の教会だった。そして1734年、パリに戻り、翌年、王立絵画・彫刻アカデミー会員となり、62年、国王ルイ15世【在位1715-74】の首席画家に任命される。【1732年に結婚した】妻はきわめて美しい歌手のクリスティナ・ソミ（1704-85）だった。

　カルルの油彩画としては、たとえば以下がある。『マルシュアスの生皮を剥ぐアポロン』【1735年】、『狩りの休憩』【1737年】、『マリ・レクザンスカ』【1747年】、『イフィゲネイアの人身御供』【1757年】、『3博士の礼拝』【1760年頃】。ヴァン=ロー通り（Rue Van-Loo）は、1869年から15区にある。

ヴィアラ Viala 1780-93年。ジョゼフ・アグリコル・ヴィアラはアヴィニョンに生ま

れ、フランス南東部、デュランス川のほとりで戦死した愛国少年。幼い頃から革命思想に熱中していた彼は、「少年国民軍」に入った。1793年、国王軍が**マルセイユ**から生地へ進軍すると、アヴィニョン近郊、デュランス右岸の浮き桟橋を支えるロープを切断しようと決意した。こうして少年はいささかのためらいもなしにひとりだけでそこに急ぎ、斧をケーブルにあてた。ところが、まもなくやってきた王党軍がそれを見つけ、ヴィアラが作業を終える前に銃弾を浴びせたのだった。やがて王党軍はデュランス川を渡り、すでに絶命している少年の遺体を幾度となく銃剣で突き刺し、それから遺体を川に投げ捨てた。

　この少年の英雄的な行動は、やがて国民公会（コンヴァンシオン）で叔父のアグリコル・ミュローによって報告され、ヴィアラともうひとりの同年齢の少年ジョゼフ・バラの遺体は、パンテオンに移葬されることになっていた【アンドレ・シェニエが1794年につくった『自由への讃歌』（のちにロベスピエールによって『門出の歌』と改題）は、各地の革命軍に歌われたが、その第4節はふたりの少年をたたえている】。だが、テルミドール9日【1794年7月27日。→コンヴァンシオン】が起きて、沙汰やみとなった。少年に捧げられたヴィアラ通り（Rue Viala）は15区にある。命名は1864である。

ヴィアルム Viarmes 1765年に開通した1区のヴィアルム通り（Rue de Viarmes）は、その開通時に、国務卿にくわえて1758年から64年までパリ商人頭【市長に相当】もつとめた、ヴィアルム領主ジャン=バティスト・エリ・カミュ・ド・ポンカレにちなんで命名されている。ヴィアルム通りは1755年にパリ市が購入した土地に敷設されているが、彼は商人頭在任中、この通りに中央穀物市場を再建している（1763年）

ヴィアレ Vialet 11区のヴィアレ小路（Passage Vialet）は、最初期の住人のひとりを名祖とする。

ヴィヴァルディ Vivaldi 1678-1741年。アントニオ・ルーチョ・ヴィヴァルディ、通

称「赤毛の司祭」は、ヴェネツィアに生まれ、ウィーンで没したイタリアの作曲家。25歳のとき、彼は司祭に叙せられたが、聖務とはほとんど無縁で、生涯を音楽に捧げた。ヴェネツィアのピエタ慈善院付属音楽院でヴァイオリン教師となり【1703年】、この慈善院に収容された孤児たちのために作曲もおこなった。

ヴァイオリンのヴィルトゥオーソ（巨匠）としてのヴィヴァルディは、この楽器用の書法を一新し、代表作の『四季』【1725年】に顕著にみられるようなそれぞれが3楽章からなる協奏曲の形式を確立した【20世紀になって再発見された彼は、500を超える協奏曲にくわえ、52のオペラ（現存分）、73のソナタ、室内楽曲、オラトリオなどを遺している】。彼に捧げられたヴィヴァルディ小路（Allée Vivaldi）は、1991年から12区にある。

ヴィヴァレ Vivarais　ヴィヴァレは南仏ラングドック地方の旧地名。現在のアルデーシュ県やオート＝ロワール県に一部に相当し、その中心都市はヴィヴィエだった。ヴィヴァレ小公園（Square de Vivarais）は1932年から17区にある。

ヴィヴィエンヌ Vivienne　1区と2区にまたがるヴィヴィエンヌ通り（Rue Vivienne）と1区のヴィヴィエンヌ通廊（Galerie Vivienne）は、その呼称を、**サン＝マルク通り**と同様、サン＝マルク＝スー＝ダマルタン領主だったヴィヴィエンヌ家に負っている。

同家の初代は公証人で、国王ルイ12世【在位1498-1515】の秘書官ないし家令をつとめていた。彼の息子ピエールは租税法院の主席検察官、さらにその息子のルネは国務評定官で、1630年に没している。そして次の当主となるピエール2世は、1634年にパリ市の参事会員になった。ヴィヴィエンヌ通りが同家の所有地に敷設されたのが、まさにこの年だった。

一方、1823年に開通した通廊はマルクーという名の公証人によって設けられ、1825年まで彼の名でよばれていた。現在

の呼称に変わったのは、いうまでもなくそれが通りに隣接しているからである。

ヴイエ Vouillé　ヴィエンヌ県の小郡庁所在地。507年、**クロヴィス**はこのヴイエで西ゴー国王のアラリック2世【在位484-507】相手に輝かしい勝利をおさめ、フランス南西部アキタニア地方におけるメロヴィング朝の支配を確実なものとした【ヴイエ通り（Rue de Vouillé）は15区にある。命名は1868年】。

ヴィエイユ＝デュ＝タンプル Vieille-du-Temple　3区と4区を走るヴィエイユ＝デュ＝タンプル通り（Rue Vieille-du-Temple）は、現在より短かったが、1270年頃からヴィエイユ・リュ・デュ・タンプル（タンプル旧道）として知られていた。現在の呼称になったのは19世紀初頭で、その由来はパリのテンプル（タンプル）騎士団が1146年からここに最初の所領を有していたことによる。やがて同騎士団はマレ地区の北側に本拠を移すことを認められるが、この所領は、ヴィエイユ＝デュ＝タンプル通りがすぐ近くから始まる、現在の**ロボー通り**4番地にあった。

ヴィエト Viète　1540-1603年。フランソワ・ヴィエトはフランス西部ヴァンデ地方のフォントネ＝ル＝コントに生まれ、パリで他界した数学者・法曹家。ポワティエ大学で法律を学んだあと、生地で弁護士を開業し、1567年、ブルターニュ高等法院の評定官、さらに【レンヌ高等法院の主任審理官をへて】1580年には王室訴願審理官となる。1589年からは**アンリ4世**の政治顧問官をつとめた。

一方、数学者としての彼は、代数学を一変させている。彼はこの学問が量を表現するための数字の利用であるとして、はじめて既知数の記号化をおこなってこの学問を体系化した。また、幾何学の分野では、3次方程式が立方体倍積問題や角の3等分にもちいられることを示した【ヴィエトは円周率を求める無限乗積式も発見している】

国王アンリ4世はヴィエトを登用して、宗教戦争のあいだ、敵対するスペイン人た

ちが慣習的にもちいていた暗号文を解読さ
せている。その命を受けた彼は、可能なか
ぎり数字を組み合わせ、その解読をいとも
簡単になしとげたという。だが、スペイン
人たちは彼を魔女だとして教皇庁に告発す
る。幸い教皇はそれをとりあげず、告発は
不発に終わった。「代数学の父」とされる
彼の名は、パリ17区のヴィエト通り（Rue
Viète）に、1879年から残っている。

ヴィエルジュ Vierge 1820年に開通した7
区のヴィエルジュ小路（Passage de la
Vierge）は、1858年に**ボスケ大通り**が敷
設された際に吸収された、旧ヴィエルジュ
通りの呼称を受け継いだものだが、この呼
称は近くにあったヴィエルジュ礼拝堂に負
っている。1822年、同礼拝堂はあまりに
も手狭すぎるとして、建築家エティエンヌ
＝イポリット・ゴッド【1781-1869。新古典
主義建築家の代表的存在】の設計にもとづい
て、**サン＝ドミニク通り**の92番地に建て
られた、サン＝ピエール＝グロ＝カイユー
にとって代わられた。

ヴィエンヌ Vienne オーストリアの首都ウ
ィーン（ヴィエンヌ）は、ドナウ（**ダニュ
ーブ**）川（むろん「青き」）の河岸にある。
1278年からハプスブルク家の支配下にお
かれ、16世紀前葉には神聖ローマ皇帝カ
ール5世【在位1519-56】をいただくヨー
ロッパ最大のドイツ系帝国の都となった。
だが、この都市が本格的な発展を遂げるの
は、オスマン帝国による2度目の包囲戦
（1683年）で、オスマン軍を退けてからの
ことである。ウィーンの絶頂期は、1814
年から15年にかけて開かれた有名な会議
【ウィーン会議】で、ヨーロッパ外交の中心
になったときだろう。だが、1945年4月
11日、ソヴィエト赤軍がこのオーストリ
アの都に侵攻して、1955年まで占領した。
現在、ウィーンの人口は184万【2016年】。
　観光スポットとしては、サン＝シュテフ
ァン司教座聖堂（14-15世紀）やカールス
教会（18世紀）、ベルヴェデール宮殿（18
世紀）などがある【ほかに忘れてならないの
は、ピーテル・ブリューゲル（1525頃-69）

のコレクションなどで知られる美術史美術館、
クリムトやエゴン・シーレの作品を集めたレ
オポルド美術館、ウィーン分離派のセセッシ
ョン館など】。
　また、プラーター公園の散策も魅力的で
ある。「カフェ・モーツァルト」でウィン
ナー・コーヒーを飲めば、この公園を舞台
とした映画『第三の男』【1949年。監督キャ
ロル・リード（1906-76）、主演オーソン・ウ
ェルズ（1915-85）】のテーマ曲を奏でる、
アントン・カラス【1906-85】のツィター
の調べが聞こえてくるだろう。パリのヴェ
インヌ通り（Rue de Vienne）は、1826年
から8区にある。

ヴィオレ Violet 15区のヴィオレ通り（Rue
Violet）は1824年に開通している。呼称は、
それが敷設された土地の分画者の名に由来
する。

ヴィオレ＝ル＝デュク Violet-le-Duc 1814-
79年。ウジェーヌ・エマニュエル・ヴィ
オレ＝ル＝デュクはパリで生まれ、スイス
の**ローザンヌ**で他界した建築家・著作家。
【正統なパリの高等美術学校を紋切型の建築家
養成所として嫌った】彼は、「独学」という
学校を卒業したのち、イタリア【1836-37
年】やフランス各地【1838-39年】を数多
く旅し、1840年、パリの**サント＝シャペ
ル**の修復工事に参加する。それは中世建造
物の修復家という、彼の想像を超えた輝か
しい経歴の嚆矢となる。
　1843年、彼はコンクールに勝って、パ
リの**ノートル＝ダム司教座聖堂**の修復を託
される。続いて1846年からは**サン＝ドニ
大聖堂**、49年には南仏カルカッソンヌの
市街や城郭【および**サン＝ミシェル司教座聖
堂**とサン＝ナゼール大聖堂】、アミアンのノ
ートル＝ダム司教座聖堂などの修復を手が
ける。ほかにはヴェズレーやモンレアル
（ブルゴーニュ地方）の教会、**ナルボンヌ**
の市庁舎、ディジョン北西方スミュールの
教会などの修復もおこなっている。
　一方、彼は1853年に全国司教区建造物
総監に任命され、以後、歴史建造物のすべ
ての修復工事を管轄下におくようになる。

そして1863年、パリ高等美術学校（ボザール）の美学・美術教授に任命される【彼はその講座ではじめて「美術史」という語をもちいたとされる】。だが、中世フランスの芸術にかんするその講義は激しい反発を招き、まもなく解雇されてしまう。

1870-81年の普仏戦争時、ヴィオレ＝ル＝デュクは工兵補助部隊の指揮官（中佐）をつとめた。戦争が終わると、ただちにピレネー（ピレネ）山脈西部でアラゴリー城を築き、1872年から没年まではローザンヌ司教座聖堂の建立に携わった。その間、1874年にモンマルトル選出の急進派議員となり、ティエール政権と激しく対立した。

ヴィオレ＝ル＝デュクはまた少なからぬ著作を発表してもいる。『パリの教会』【1857年】、『カルカッソンヌ市街』【1858年】、『パリのノートル＝ダム司教座聖堂モノグラフ』【1883年、死後刊行】などである。1879年、ローザンヌの自邸「ラ・ヴェデット」で死去した彼の名は、パリ9区のヴィオレ＝ル＝デュク通り（Rue Violet-le-Duc）に残っている。

ヴィオン＝ウィトコム Vion-Whitcomb　16区のヴィオン＝ウィトコム大通り（Avenue Vion-Whitcom）は、それが敷設された土地の所有者の名でよばれている。

ヴィクトリア Victoria　1819-1901年。イギリス・ハノーヴァー朝の第6代女王ヴィクトリア1世【女王エリザベス2世の高祖母】は、ロンドンで生まれ、イングランドのワイト島オズボーン・ハウスで他界している。1837年に即位して3年後、彼女はザクセン＝コーブルク＝ゴータ公エルンスト1世（母ケント公妃の兄）の次男、つまり従兄弟のアルバート（ドイツ語名アルプレヒト、1819-61）と結婚し、1843年、ウー城【イギリス海峡近くの城で、1430年、イングランド軍の捕虜となったジャンヌ・ダルクがその牢獄に幽閉されたことでも知られる】にルイ＝フィリップを訪ねている【1845年にも】。

これは英仏協商の嚆矢となったが、この協調関係は長くは続かず、1846年、ルイ＝フィリップの王子モンパンシエ公アント

ワヌ・ドルレアン【1824-90】が、スペイン王妃の妹【ルイサ・フェルナンダ・デ・ボルボン（1832-97）】と結婚したことで破棄された。魅力的な5女のベアトリス【1857-1944】を王子に嫁がせようと考えていたヴィクトリアにとって、その結婚はいわば裏切りにも近いものだった。しかし、女王はルイ＝フィリップを許し、1848年、【2月革命で退位し、亡命した】フランス国王にイギリス国内での安住の地をあたえた。

1851年、ヴィクトリア女王はロンドンで第1回万国博を開く【30万枚のガラスで覆われた巨大な水晶宮はこの万国博のために建てられた】。これを機に再びフランスに近づいた彼女は、1855年4月、ナポレオン3世をウィンザー城に迎え、同年8月には、夫ともどもパリを訪れている【同年5月からパリで始まったパリ万国博の視察のためだが、このイギリス女王の訪問は、フランス皇帝にとっては自分の帝位の正統性を国際的に示すため、そして両国にとっては強大化するロシアへの牽制という意味も帯びていた。なお、パリ滞在中、女王は練兵場（シャン・ド・マルス）でフランス兵5万5000人の観閲をしたり、市庁舎やヴェルサイユ宮での舞踏会で踊ったり、ナポレオン1世の墓に詣でたりもした】。パリの1区と4区を結ぶヴィクトリア大通り（Avenue Victoria）は、これを記念して1855年に命名されている。

1861年12月、夫王を亡くして悲しみに打ちひしがれたヴィクトリア女王は、数人の侍女に囲まれるだけの日々を送り、しばしばロンドンを抜け出して、スコットランド（エコス）のバルモラル城やワイト島のオズボーン・ハウス、あるいはウィンザー城に好んで出かけた。1870年の普仏戦争でも、完全に第三者の立場をとった。だが、1876年、彼女は「インド女帝」の称号を公式に獲得する。この栄誉によって、政治的な活力をとり戻し、同年、フランス大統領マク＝マオンと重要な会談を行い、ロシアとオスマン帝国との和平を維持しようとする。

そんな彼女にまたしても新たな不幸が襲

う。1878年に次女アリス【1843生。ヘッセン大公ルートヴィヒ4世の妃】、1884年には4男レオポルド【1853生。オールバニ公】までもが他界したのである。そして女王自身は、トランスヴァール（トランスヴァル）での独立戦争がイギリスを揺さぶっていた1901年、ついに帰らぬ人となった。

ヴィクトリアン・サルドゥ Victorien Sardou

1831-1908年。ヴィクトリアン・サルドゥはパリを生没地とする劇作家【父親のアントワヌ・レアンドル（1803-94）は辞書編纂者・教育家】。貧しさのため医学の勉強を断念した彼は、糊口の資を稼ぐため、留学生にフランス語を教えたり、ラテン語や数学、歴史学などの個人教師をしたりしながら、戯曲を書くようになる。1854年、ようやく『学生たちの食堂』がオデオン座で上演されるようになったが、惨めな失敗に終わった【この作品は、さらに学生たちを扇動するとして当局から目をつけられ、上演禁止処分も受けた】。それでも演劇から離れようとはしなかった。

1858年、サルドゥは隣人の女優ブレクールと結婚する【彼女はサルドゥが腸チフスに罹った際、献身的に看病してくれ、おかげで彼は一命をとりとめた。彼女はまた親しかった大女優ヴィルジニー・ドジャゼ（1798-1875）を紹介してくれ、サルドゥが世に出るきっかけもつくった】。いったいに女優と結婚すれば、筆が軽くなって、彼女のために作品を数多く書くようになるが、サルドゥもまた例外ではなかった。おそらくその愛によってひときわ抜きんでた劇作家になった彼は、傑作をものして名声を博していく。こうして創作意欲に駆り立てられながら、彼は才能に満ちた数多くの作品を発表し、観衆に笑いと感動、関心、さらに気晴らしを提供していった。

1877年、アカデミー・フランセーズ会員に選ばれた彼の作品としては、ほかに以下がある。『ハエの脚』【1860年】、『隣家のジャガイモ』【1864年】、『パピヨンヌ（移り気な女）』【1866年】、『ブノワトン家』【1867年】、『フェレオル』【1875年】、『テオドラ』【1884年】、『トスカ』【1887年。名女優サラ・ベルナールに捧げられた】、『義母』【1889年】、そして傑作の『マダム・サン＝ジェーヌ』【1893年】。

サルドゥは言っている。「暴動で、民衆が打倒されると、だれもがろくでなしになる。革命で民衆が力をえると、だれもが英雄となる！」。彼の名を冠したヴィクトリアン＝サルドゥ通り（Rue Victorien-Sardou）は1909年から、同名のヴィラ（Villa Victorien-Sardou）は1920年から、小公園（Square Victorien-Sardou）は1927年からいずれも16区にある。

ヴィクトル Victor

1766-1841年。ベリュヌ公クロード＝ヴィクトル・ペラン、通称ヴィクトルは、ヴォージュ地方のラ・マルシュに生まれ、パリで没した元帥。15歳になった1781年、グルノーブルの歩兵連隊鼓手として軍隊入りした彼は、1791年に軍籍を離れ、結婚後、義父のいるヴァランスで市吏として働き、翌年、同市の国民軍に擲弾兵として入り直す。

1793年、イタリア方面軍に配属された彼は、大隊の指揮官としてニース近郊のコアラズで戦い、ピエモンテ兵3000人を撃退する。同年にはまたトゥーロン攻囲戦にも大隊を率いてくわわり、若い指揮官ボナパルトと出会う【この戦いで彼は少将に任命されたが、負傷して戦線を離脱する】。そして1795年から97年にかけて、ボナパルトの麾下としてイタリア各地で戦い、1800年、北部方面軍（ガロ＝バタヴ軍）の指揮を託される。

1805年、デンマーク国王のもとに全権大使として派遣された彼は、翌年、再び軍隊に戻って、フリートラント（フリーラン）の戦いの翌1808年、帝国元帥とベリュヌ公に叙される。やがてロシアやドイツ、さらに国内各地を転戦し、フォンテヌブローで皇帝ナポレオンが退位すると、ブルボン家を支持し、1815年、貴族院議員と同時に近衛軍総司令官に選ばれる。この年にはまた、ナポレオンの百日天下に加担した将校たちを裁く軍事委員会の委員長となり、

ネ将軍の死刑に賛成票を投じている。さらに1821年には陸軍大臣を拝命するが、1823年、政争に敗れて一切の軍務から引退する。彼の名を冠した15区のヴィクトール大通り（Boulevard Victor）は、1864年に命名されている。

ヴィクトル＝エ＝エレーヌ Place Victor-et-Hélène-Baœ →ヴィクトル・バッシュ

ヴィクトル・ガラン Victor Galland 1822-92年。ピエール＝ヴィクトル・ガランはジュネーヴに生まれ、パリで他界した画家・装飾家。1840年【1838年まで、金銀細工師だった父のもとで鉄細工を学んでいた】、パリ高等美術学校（ボザール）に入った彼は、それからの10年間、生計のため、当時人気のあった装飾家たちのもとで当り障りのない作品を描く。

1851年、彼はコンスタンティノープル（コンスタンティノプル）に招かれて、アルメニア公の宮殿装飾を手がける。以後、晩年まで、彼はパリやマドリード、ロンドン、サンクト＝ペテルブルク（サン＝ペテルスブール）、ニューヨークなどで、数多くの宮殿や邸館に天井画や壁画、門扉装飾を描いた。

一方、パリ市はサン＝トゥスタシュ教会を飾るため、天使像を数体描くよう依頼する。そしてついにはフランス国家までが、パンテオンのための壁画『聖ドニの説教』【1885年完成】や、エリゼ宮用のタピスリーの原画を注文するまでになる。後者のタピスリーはゴブラン工場で製作され、ガランはここで美術部門の責任者をつとめた。彼の名を冠したヴィクトル＝ガラン通り（Rue Victor-Galland）は、1932年から15区にある。

ヴィクトル・クザン Victor Cousin 1792-1867年。ヴィクトル・クザンはパリで生まれ、カンヌで他界した哲学者・政治家。「折衷学派」の指導者として、ふたりの不滅の姉妹、すなわち「哲学と宗教の協調」を唱えた。1815年、彼はソルボンヌで近代哲学史を教えるようになり【1821年まで】、カントの哲学に関心を抱き始めた。

そこで1817年の夏季休暇、ドイツに旅立ち、ヘーゲル【1770-1831】と頻繁に会って、1819年から20年にかけて、カント哲学の展開に没頭する。1821年、モンテベッロ公の息子の家庭教師となり、以後8年間、プラトン哲学の訳書を1冊上梓しただけで、ひたすら哲学の学識を高める作業に費やした。

ところが、1824年、ドイツを再訪した彼はカルボナリ（炭焼き）党員【1806年頃にナポリ王国で結成された革命的・立憲自由主義的な秘密結社。自由・平等を標榜し、1820年代のナポリ革命やピエモンテ革命、さらに30年のフランスの7月革命にも影響をあたえた】だとして逮捕・投獄されてしまう。半年後に釈放されるが、それはヘーゲルの働きかけによるものだった。

1830年以後、7月王政を強く支持した彼は、国務評定官や貴族院議員（フランス同輩衆）、アカデミー・フランセーズ会員（1832年選出）、国民教育国務諮問会議メンバーなどを歴任し、1840年にはティエール内閣で8カ月たらずだったが、国民教育人臣もつとめた。だが、1848年に誕生した第二共和政【大統領はルイ＝ナポレオン・ボナパルト（のちのナポレオン3世）】で遠ざけられ、51年に引退を余儀なくされる。

ヴィクトル・クザンはデカルトとスコットランド（エコス）常識学派【デイヴィッド・ヒュームの印象や観念による懐疑論的認識論に抗して生まれた思潮で、常識（コモン・センス）を認識の基盤とする学派】、さらにカントの思想を、彼が折衷主義と名づけた思考体系のうちに結びつけようとした。彼がこのシステムを体系化したのは1816年のことで、それは次の言葉のうちにみてとることができる。「近代学派の欠点をそれぞれ値踏みしながら示し、その長所を広大な折衷主義のなかで結びつけ、これらの学派の主張を完璧なものにしようとする。それは興味深くかつ有益な見ものとなるだろう」

クザンのおもな著作としては、たとえば以下がある。『近代哲学史講義』【1841年】、

『カント哲学講義』【1842年】、『17世紀の著名女性たちと社会』【1856年】、『真・美・善について』【1858年】。彼は言っている。「われわれは自由な行動をおこすたびに何かを創造する」、「過去にこだわるより、未来にこだわる方がよい」、「だれにとっても、自由があるところには平等がある」。5区のヴィクトル＝クザン通り（Rue Victor-Cousin）は、彼が生存中の1864年からある。

ヴィクトル・コンシデラン Victor Considérant　1808-93年。コンシデランはジュラ県のサランに生まれ、パリで他界した経済学者・政治家。パリの国立理工科学校（エコール・ポリテクニーク）【卒業1826年】、ついでメスの兵学校で学んだあと、同地の工兵隊に入り、すみやかに大尉に昇進する。1830年、パリ時代に出会った空想社会主義者シャルル・フーリエの思想に惹かれていた彼は、《メルキュール・ド・フランス》【1611年に創刊されたフランス最古の雑誌《メルキュール・フランソワ》を前身とする雑誌で、第1期は1724-1823年、第3期（1890-1965年）まで刊行された】にフーリエ論を書き、フーリエ主義者であることを公言する。

そして1836年【《ル・ファランステール》誌を創刊して4年後、『社会的運命』を上梓して2年後】、コンシデランはフーリエの本格的な使徒となるべく軍隊をやめ、資産家の共鳴者ふたりの経済的な支援を得て、ファランステール【フーリエが構想した生活協同体】を創設しようとする。この試みは失敗に終わったが、1843年にセーヌ県会議員とパリ市参事会員に選ばれる。さらに1848年にはフランス中部モンタルジ選出の憲法制定議会議員、翌年にはパリ選出の立法議会議員となる。

だが、1849年6月13日、大統領ルイ＝ナポレオン（ナポレオン3世）に反対するデモの先頭に立ったため、欠席裁判によって追放刑に処される。こうしてコンシデランはまずベルギーへ、ついでアメリカ合衆国へと亡命し、テキサスでファランステールを立ち上げる【1855年】。だが、それは南北戦争のあおりを受けて、5年しか存続しなかった。1869年、彼は恩赦によって帰国し、以後、政治とは離れてひっそりと余生を送った【ただし、1871年、第1インターにくわわって、パリ・コミューンを支持している】。ヴィクトル＝コンシデラン通り（Rue Victor-Considérant）は、1894年から14区にある。

ヴィクトル・シェルシェール Victor Schœlcher　1804-93年。ヴィクトル・シェルシェールはパリに生まれ、パリ西方イヴリーヌ県のウイユで他界した政治家。彼は一貫して奴隷制と闘い、フランス本土と植民地におけるそれは、彼が海軍および植民地担当の政務次官、さらに奴隷制度廃止委員会の委員長だった【2月革命後の】1848年4月27日の政令によって廃止された。同年5月12日、彼は使命がまっとうできたとしてこの職を辞し、マルティニク【1848年8月】とグアドループ（グワドループ）【1849年6月】選出の憲法制定議会となる。

だが、1852年、ナポレオン3世が権力の座につくと、国外追放となる【共和派だった彼は帝政に反対した。亡命先のイギリスで、彼同様に熱心な死刑廃止論者だったヴィクトル・ユゴーと親交を結んでいる】。1870年【普仏戦争の敗北やメキシコ政策の失敗で帝政が瓦解した】、帰国した彼は、71年3月、国民議会議員となる。そして翌月に勃発したパリ・コミューン（コミュヌ・ド・パリ）の危機に際し、彼は争いをさけようと、ヴェルサイユとの和解を図ったが、徒労に終わる。1875年、終身上院議員に選ばれた彼の名は、14区のヴィクトル＝シェルシェール通り（Rue Victor-Schœlcher）に残っている【旧シェルシェール通りは1894年に命名され、現在の呼称となったのは2000年】

ヴィクトル・シュヴルイユ Victor Chevreuil　1887年に敷設された12区のヴィクトル＝シュヴルイユ通り（Rue Victor-Chevreuil）は、最初期の住人のひとりを名祖とする。

ヴィクトル・ジュレ Victor Gelez 1845-1914年。11区の参事会員だったジュレ氏は、1932年、同区の通りの名祖となった。ヴィクトル＝ジュレ通り（Rue Victor-Gelez）がそれである。

ヴィクトル・セガラン Victor Ségalen 1878-1919年。ヴィクトル・セガランはブルターニュ地方のブレストに生まれ、同地方のイェルグワで没した詩人・作家・民族学者・考古学者・医師。詩人としての彼の主たる功績は、近代詩に極東への門を開かせ、言葉に輝きをもたせたところにある【彼はまた、1909年に海軍通訳奨学生として中国に赴き、1914年に漢王朝の墳墓の考古学調査をおこなっている。1903年から翌年までは、ポリネシアに滞在して、マオリ人の生活や文化の民族学的調査も遂行している】

海軍の軍医でもあったセガランは、その全生涯をとおして中国とアジアの詩人たちに関心をいだきつづけた。その代表作である詩集『古今碑録』【1912年、北京】には、次のような素晴らしい文言がみられる。「およそ動かないもので、歳月という飢えた歯を免れるものはなにひとつない。堅牢さはけっして固形物の運命などではない。不変なるものはあなたの壁には住まず、あなたのうちに、ゆったりとした人間たち、絶えることのない人間たちのうちにこそあるのだ」。パリのヴィクトル＝セガラン通り（Rue Victor-Ségalen）は、1987年から20区にある。

ヴィクトル・デュリュイ Victor Duruy 1811-94年。ヴォクトル・デュリュイはパリを生没地とする歴史家・政治家。パリの準備学校【高等師範学校の前身で、リセ・ルイ＝ル＝グラン内に1826年に創設された。ここで生涯の師となる歴史家ジュール・ミシュレ（1798-1874）の薫陶を受ける】卒業後、ランス【1833年】やパリ【1834年から】の学院で歴史学を教える。

1851年、パリ市視学官になった彼は、かつてその著『ユリウス・カエサル伝』【1865-66。未完】の執筆を手伝ったナポレオン3世からの緊急の依頼で、視学総監【1861年】と国立理工科学校（エコール・ポリテクニーク）の教授に就任する【1862年】。さらに1863年から69年までは国民教育大臣の重責を担い、その在任中、現代史の教育を導入する一方、クリュニー修道院の建物内に特別教育師範学校を設立し、各地に数多くの初等学校を建てた。成人教育も強力に推し進めた。

1873年に碑文・文芸アカデミー、79年に人文・社会科学アカデミー会員となった彼は、1884年、アカデミー・フランセーズ会員に選ばれている。その著作としては、たとえば『ローマ人およびその被支配民の歴史』【7巻、1843-74年】や『ギリシア史』【1851年】などがある。彼に捧げられた15区のヴィクトル＝デュリュイ通り（Rue Victor-Duruy）は、1897年に命名されている。

ヴィクトル・ドゥジャント Victor Dejeante 1850-1927年。ヴィクトル・ドゥジャント氏はパリ20区選出の代議員だった【社会主義者だった帽子製造業者のドゥジャントは、1880年、同業種の全国組織を創設し、1893-1919年、1924-27年にセーヌ県選出代議院議員をつとめた】。20区のヴィクトル＝ドゥジャント通り（Rue Victor-Dejeante）は、1929年の命名である。

＊ヴィクトル・バシュ Victor Basch ブダペスト（ビュダペスト）出身のヴィクトル・バシュ【1863年、作家・政治家・ジャーナリストのラファエル・バシュ（1813-？）を父として生まれたユダヤ系の彼は、1887年にフランスに帰化し、ソルボンヌで学んだのち、ナンシー大学のドイツ語・美学教授（1885-87）やレンヌ大学の哲学教授（1887-1906）をへて、1918年からソルボンヌ大学の美学初代教授をつとめた】

レジスタンスの活動家で人権擁護連盟の会長だったバシュは、1944年1月10日20時30分、リヨン近郊のノワイヨンで、妻エレーヌともども、親独義勇軍のふたりによって暗殺された。パリ解放後の1944年、暗殺者たちは処刑され、彼の名がパリの広場につけられた。14区のヴィクトル＝バ

シュ広場（Place Victor-Basch）がそれである【1992年、妻の名をくわえて、ヴィクトル＝エ＝エレーヌ＝バシュ広場（Place Victor-et-Hélène-Basch）に改称】。

ヴィクトル・マセ Victor Massé 1822-84年。

ヴィクトル・マセはブルターニュ地方の港町ロリアンに生まれ、パリで没した作曲家。12歳でパリ音楽院（コンセルヴァトワール）に入り【作曲はアレヴィーに師事】、1844年、音楽部門のローマ大賞を受賞する。処女作は、1850年に発表した1幕物のオペラ＝コミック『ヴェールをかぶった女歌手』だった。彼の最大の成功作は1852年の『ガラテイア』と、とくに53年の『ジャネットの婚礼』である。

1860年、パリ・オペラ座の合唱指揮者となったマセは、66年から母校で作曲を教え、71年に美術・彫刻アカデミー会員に選ばれた。その作品としては、ほかに『悪魔の婚約者』【1854年】や『妖精カラボス』【1859年】、『ポールとヴィルジニー』【1876年】、『クレオパトラの一夜』【1885年】などがある。ヴィクトル＝マセ通り（Rue Victor-Massé）は、1887年から9区にある。

ヴィクトル・マルシャン Victor Marchand

13区のヴィクトル＝マルシャン小路（Passage Victor-Marchand）は、1932年に敷設されている。呼称は、当時その土地を有していた人物の名に由来する。

ヴィクトル・ユゴー Victor Hugo 1802-85年。

ヴィクトル＝マリー・ユゴーはフランス東部のブザンソンで生まれ、パリで没した詩人・作家。のちに将軍となる陸軍大尉のシジスベール・ユゴー【1773-1828】と、ナントの資産家船主の娘であるソフィー＝フランソワーズ・トレビュシェ【1772-1821】の息子だった彼は、父に従って駐屯地を転々とし、スペインやイタリアにも赴いた。

1815年、ユゴーはパリの国立理工科学校（エコール・ポリテクニーク）に入るために寄宿生となるが、すでにその頃には頌歌や書簡詩、さらに悲劇も書いていた。トゥールーズの詩のコンクール「ジュー・フロロー」【→ファーブル・デグランティヌ】でも、幾度となく優勝している。1823年に最初の小説『アイスランドのハン』を、25年に『ビュグ・ジュルガル』を出すと、27年には序文でロマン主義を宣言した『クロムウェル』を発表し、1841年にはついにアカデミー・フランセーズ会員となる。

1845年、ユゴーは貴族院議員に選ばれ、この年から50年まで、政治の世界で活動するようにもなる。1793年に起きたフランス西部ヴァンデ地方の叛乱を支持していた彼は、次第に自由主義へと向かい、1848年の二月革命後、6月の憲法制定国民議会補欠選挙に当選すると、左派＝共和派に属して、12月の大統領選挙ではルイ＝ナポレオン（ナポレオン3世）を支援した。

だが、ルイ＝ナポレオンが1851年12月2日のクーデターで独裁体制を敷くと、ユゴーはその政権に激しく反対し、そのため、追放者リストの筆頭に彼の名前が記されるまでになる。こうして彼はベルギー、イギリス海峡のジャージー島、さらにその隣のガーンジー島における19年におよぶ亡命生活を送ることになる。彼が恐るべき攻撃文書『小ナポレオン』【1852年】を著したのはブリュッセル滞在中だった【同様の趣旨の『懲罰詩集』（1853年）はジャージー島で書いている】

1870年の普仏戦争でフランスが敗れ、ナポレオン3世が失脚すると、ユゴーは19年ぶりに帰国する。そして、進歩的な共和派の指導者のひとりとなるが、彼の心の奥底には、1843年、北仏ノルマンディ地方のヴィルキエで、乗っていた船が転覆して夫とともにセーヌ川で溺死した、長女レオポルディーヌへの想いがなおも悲しみとして宿っていた。

ユゴーを語る際にはまた、長いあいだ愛人関係にあったジュリエット・ドルエ（1805-83）についても触れなければならない。ふたりの出会いは1833年2月、当時わき役専門の女優だった彼女が、ポルト＝サン＝マルタン劇場にかかっていた彼の戯曲『ルクレツィア・ボルジア』に、ネグ

ロニ伯爵夫人として出演していたときだった。やがて彼女はユゴーの亡命時期を共に過ごし【ジャージー島とガーンジー島。ただし、同じ屋根の下では暮らさず、近くに部屋を借りていた】、ユゴーの秘書役をつとめた。ユゴーがフランス国立図書館に遺贈した手稿は、ほとんどが彼女の手で書き写されたものだという【16世紀のスペイン王室を舞台にしたユゴーの悲劇『リュイ・ブラ』（1838年）は、彼女に捧げられている】

　まぎれもなくロマン主義文学の指導者だったユゴーは、周知のように詩や小説、戯曲、評論など多岐にわたる著作を遺しているが、エミール・オージェ【1820-89。詩人・劇作家】はフランス語最大の詩人でもあった彼を「父」と呼んでいる。以下は、前出のものをのぞくユゴー作品の一部である。『東方詩集』（1829年）、文学論争【→テオフィル・ゴーティエ】を引き起こした『エルナニ』（1830年）、『ノートルダム・ド・パリ』（1831年）、『マリオン・ド・ロルム』（1831年）、『マリー・チュードル』（1833年）、『城主』（1843年）、『静観詩集』（1856年）、『諸世紀の伝説』（第1巻、1859年）、『レ・ミゼラブル』（1862年）、『海の労働者たち』（1866年）、『笑う男』【1869年】、『好々爺ぶり』【1877年】、『トルケマダ』【1882年】

　ユゴーには兄がふたりいた。アベル・ジョゼフ（1798-1855）とウジェーヌ（1800-37）である。いずれも文学の才に恵まれていたが、末弟ほどの幸運には恵まれなかった【評論家・軍人だったアベル・ジョゼフには『フランス通史』（5巻、1836-43年）、作家のウジェーヌは『裏切りのための裏切り』（1833年）などの著作があるが、ウジェーヌは精神を病んで、シャラントン精神病院で自殺している】。また、ふたりの息子のうち、長男のシャルル（1826-71）はラマルティーヌの秘書となり、弟のフランソワ（1828-73）とともに、父親たちが1848年に創刊した政治紙《レヴェヌマン（出来事）》【1851年12月のルイ＝ナポレオン・ボナパルトによるクーデタ後に廃刊】を編集した【シ

ャルルは死刑反対論を唱えて、1851年に逮捕・投獄され、釈放後、父親の亡命生活に従った。フランソワはシェークスピア全集の翻訳（18巻、1859-66年）で知られる】

　ヴィクトル・ユゴーは言っている。「われわれ哲学者は、世界に向けて飽くことなく平和を唱え続けよう」、「私に敵はいない。彼らが不幸であるかぎり」、「最大の倦怠。それは人生を享受することなく生きることである」、「神にもう少しずけずけと物言いができるなら」。16区には彼の名がついた地名が3か所ある。1881年からのヴィクトル＝ユゴー大通り（Avenue Victor-Hugo）、1885年からの広場（Place Victor-Hugo）、そして1904年に建設されたヴィラ（Villa Victor-Hugo）である。

ヴィクトル・ルタル Victor Letalle　20区のヴィクトル＝ルタル通り（Rue Victor-Letalle）は、1881年に敷設されて以来、そこに最初期に住みついた人物の名でよばれている。

ヴィクトワール Victoire　9区を走るヴィクトワール通り（Rue de la Victoire）の呼称は、ブヴィーヌの戦い【1214年7月、フランスの尊厳王フィリップ2世（在位1180-1223）が、神聖ローマ帝国やイングランド、フランドル連合軍を北仏リール近郊のブヴィーヌで撃破した戦い】のあと、**サンリス**の近くに建てられた「ヴィクトワール（勝利）」修道院に由来する。1223年当時、この修道院は現在ヴィクトワール通りが走っている場所に、庭園や沼、養魚場を有していた。17世紀中葉には、一帯はすべて「ヴィクトワールの沼地」とよばれるようになった。18世紀中葉、修道院の所領に建築家の**クロード＝ニコラ・ルドゥー**がコンドルセのために邸館を建て、これに修道院の名がつけられた。

　コンドルセが他界すると、邸館はその未亡人でグルーシー元帥【→コンドルセ】の妹の所有するところとなる。やがて彼女は邸館を若い女性に売る。この女性が、それから間もなくして役者のタルマと結婚する【1791年】ジュリー・カロー【1756-1815。

オペラ座の踊り子。1802年、離婚】だった。このふたりはさらに邸館をジョゼフィーヌ・ド・ボーアルネ、つまりのちのナポレオン夫人【1763-1814】に転売する。売価は18万フランだった。

やがて皇帝となるナポレオンは、ブリュメール18日【ナポレオンが総裁政府を倒して執政政府を樹立した1799年霜月（ブリュメール）18日のクーデタ】までこの邸館に住むが、それ以前の革命暦6年のニヴォーズ月（雪月）第8日（1797年12月28日）、この通り全体にヴィクトワールの名がつけられた。

ヴィクトワール Victoires　1区と2区のあいだにあるヴィクトワール広場（Place des Victoires）は、ルイ14世（ルイ・ル・グラン）の寵臣で元帥だったラ・フイヤード公が建設したものである。彼は広場の中央に勝利の女神から月桂冠を受け取るルイ王の彫像を設けた。これにより、広場はまもなくこの太陽王のもとでフランス軍がなしえたさまざまな戦勝（デュヌ【→ダンケルク】、ストロンボリ【シチリア島沖、1675年】、パレルモ【→デュケーヌ】、オランダ【1672年】など）を記念して、現在の呼称がつけられた。

やがて1790年、パリ市はこれをヴィクトワール・ナシオナル（国家的勝利）通りと改称し、92年8月10日、彫像も解体された。そして、代わりに自由のために命を落とした市民たちのために、木製のピラミッドが建てられた。1810年、これもまたとり壊されて、広場にはマレンゴ（マランゴ）の戦いで勝利したドゥゼ将軍の彫像が据えられる。彫刻家クロード・ドジュー【1732-1816。パリ高等美術学校教授】の手になる彼この彫像は、しかしなぜか全裸だった。そのため、広場には不適切とみなされて、周りを木柵で囲われた。

それから6年後の1816年、ルイ18世【国王在位1814-15／1815-24】はルイ14世の彫像の再建を命じる。それを請負ったのは彫刻家のフランソワ＝ジョゼフ・ボジオ【1768-1845。パリ国立理工科学校・高等美術学校教授】だった。こうして彼は、今も賞賛に値する太陽王の騎馬像を制作することになった【1822年完成】

ヴィシー Vichy　アリエ県の郡庁所在地であるヴィシーは、アリエ川とシション川の合流点に位置する。ここは大規模な温泉地として知られ、重炭酸ナトリウム泉や炭酸を含む鉄鉱泉、炭酸水素塩泉、マグネシウム・カルシウム・ナトリウムを多く含む硫酸塩泉など30あまりの噴泉がある。そのうち国営となっている11か所の噴泉、すなわちグランド・グリユ（大格子）、ピュイ・カレ（四角い井戸）、ピュイ・ショメル（ショメル井戸）、オピタル（病院）泉、リュカ泉、セレスタンの3源泉、マダム泉、パルク（公園）泉、オートリヴ泉は、いずれもヴィシー温泉施設フェルミエール会社【現在のカンパニー・ヴィシー】が開発したもので、最初の7噴泉は天然泉、残りは掘削泉である。

一方、ヴィシーのミネラルウォーターはローマ時代から知られており、胃や肝臓、腎臓関連病、腎石症、胆石、萎黄病、貧血などに効能があるとされる。現在ヴィシーの住民数は2万5000【2015年】。1940年から44年までは、ここにペタン元帥率いるフランス国の政権がおかれていた。1906年、ヴィシー出身の地主たちによって命名されたパリのヴィシー通り（Rue de Vichy）は、15区にある。

ヴィジェ＝ルブラン Vigée-Lebrun　1755-1842年。ジャン＝バティスト＝ピエール＝ルブラン【1748-1813。画家・美術品収集家】の妻だった、マリ・アンヌ・エリザベト・ヴィジェ、通称マダム・ヴィジェ＝ルブランは、パリを生没地とする肖像・風景画家だった父親【ルイ・ヴィジェ（1715-67）】のアトリエで、絵画を独習した彼女は、すでに20歳のときにはオルロフ伯やブリオンヌ伯爵夫人、オルレアン公爵夫人などの肖像画でその名が知られるまでになっていた。1776年、ルブランと結婚する。

だが、彼女はかならずしも夫に忠実ではなかった。事実、かなりの美貌の持ち主だった彼女は愛人を数多く抱え、そのなかに

は大臣もいた。たとえばシャルル・アレクサンドル・ド・カロンヌ【1734-1802。フランス革命直前の財務総監。特権身分へに課税しようとして反対され、失脚した。ヴィジェ＝ルブランから肖像画を描いてもらっている】や、ヴォードルイユ伯フランソワ＝ド＝ポール・ド・リゴー【1740-1817。軍人・国王鷹匠頭】もそのひとりだった。

1778年ないし79年、ヴィジェ＝ルブランはマリー＝アントワネット【1755-93】の肖像画をはじめて描いている（彼女の手になる同王妃の肖像画は、ほかに20点ほどある）。1783年、美術・彫刻アカデミー会員となった彼女は、フランス革命が起こるとイタリアに旅立ち、ついでオーストリア、ドイツ、さらにロシアにまで足を延ばして、いたるところで歓迎される。帰国は1802年だった。

1805年、ナポレオン1世からミュラ将軍の妻であるその妹カロリヌ【1782-1839】の肖像画を依頼される。さらに1807年にはスイスに赴き、コペでスタール（スタル）夫人【ナポレオンから疎まれ、亡命していた】と出会ってその肖像画を描き、彼女の家に住むようになる。だが、1813年、夫と死別するという悲しみを味わう。やがて復古王政になると、ヴィジェ＝ルブラン夫人に栄光が戻り、それから20数年後、人々の賛美と尊敬に囲まれながら世を去る。

1835年に上梓した『回想録』のなかで、彼女はきわめて興味深い想い出をつづっている。その膨大な数の肖像画【約900点の作品のうち、660点が肖像画だった】のなかには、バイロン卿（ロール・バイロン）やウェールズ公、レディー・ハミルトン【エマ・ハミルトン（1765-1815）。舞踏家・モデル・ネルソン提督（→エムリオー）の愛人】などを描いたものもある。彼女の名を冠したヴィジェ＝ルブラン通り（Rue Vigée-Lebrun）は、死後半世紀近く経った1890年から15区にある。

ヴィジタシオン Visitation　7区のヴィジタシオン小路（Passage de la Visitation）は、18世紀末、近接するバック通りの68番地にあった、聖母訪問会の修道院跡地に敷設されている。1673年に建てられたこの女子修道院は、フランス革命期の1790年に閉鎖され、96年に解体されていた（典礼では、聖母マリアが洗礼者ヨハネを身ごもって6か月目にエリザベトを訪れ、その受胎を祝福したことを、ヴィジタシオン（訪問）とよぶ）。

同修道会は、1610年、ジュネーヴ司教のフランソワ・ド・サル【フランシスコ・サレジオ。1567-1622。カトリック神秘家・ジュネーヴ司教】と、男爵夫人で、のちに列聖されるジャンヌ・ド・シャンタル【1572-1641。セヴィニエ夫人の祖母】によって、フランス南東部サヴォワ地方のアヌシーに【貧しい病人を訪れて世話をするために】創設されたものである。この修道会に属するパリの修道女たちは、黒衣に白い頭巾というで立ちで、胸に銀の十字架をかけ、子女の教育と貧者の世話に一身を捧げている。

ヴィスコンティ Visconti　1791-1853年。ルドヴィコ・トゥーリオ・ジョアッキーノ・ヴィスコンティはローマに生まれ、パリに没した建築家。幼い頃、家族とともにパリに移り住み、1801年に帰化している【彼は1808年から17年まで、パリ高等美術学校で学んだ。なお、フランスの国籍条項は1804年の民法（ナポレオン法典）にあるが、すでにフランス革命以前から帰化が認められていた】。ガイヨン広場にある同名の噴水【1827年頃】と、1842年につくられたサン＝シュルピス広場の噴水は、いずれもヴィスコンティの作である。

1842年にはまた、現在アンヴァリッドにあるナポレオン1世の墓の制作を始めるが、それが公式に除幕されたのは、1862年12月2日のことだった。1852年、ヴィスコンティはルーヴル宮とテュイルリー宮を結びつける仕事を請負ったが、その完成をみる前に他界し、最終的にエクトール＝マルタン・ルフュエル【1810-80。パリ高等美術学校出身で、1839年、建築部門のローマ大賞を受賞している】がこれをなしとげることになる。6区のヴィスコンティ通り

（Rue Visconti）は、1864年に命名されている。

一方、この通りの名祖を、ローマに生まれ、パリで没したイタリアの考古学者エンニオ・キリノ・ヴィスコンティ【1751-1818】とする説もある。ルドヴィコの父である彼は、1784年からローマのカピトリウム博物館館長をつとめ、98年にはベルティエ将軍【フランス大使殺害の報復として、1798年2月、フランス軍を率いてローマを占拠し、ローマ共和国の樹立を宣言した】から、ローマ共和国の内務大臣と同時に、5人の統領のひとりに任命された。1799年【この年イギリス軍に支援されたナポリ軍によってローマ共和国が壊滅した】、彼はフランスに移り、ルーヴルの古代部門長となり、1803年、学士院会員に選ばれる。そして翌年、皇帝ナポレオンの求めにより、古代世界の造形集成に着手する。ヴィスコンティ通りは、こうした2通りの説をむすびつけて、ヴィスコンティ親子をたたえるために命名されたとすべきだろう。

ヴィステュル Vistule ヴィスワ（ヴィステュル）川はポーランド（ポローニュ）の大河で、全長1047キロメートル。南部シレジア地方のベスキディ山脈を水源とし、クラクフ、ワルシャワ（ヴァルソヴィ）、トルン、マルボルクといった町を流れ、グダニスクの近くでバルト海にそそぐ。パリ13区のヴェステュル通り（Rue de la Vistule）は、1807年、フランス軍がこの川を渡ってグダニスク（ダンツィグ）を奪取したことを記念して、1877年に命名されている。

ヴィタル Vital 1839年に開通した16区のヴィタル通り（Rue Vital）は、1868年、**カリエール**通りの一部と合体して、現在の道筋になっている。呼称は、この通りの最初の部分を自費で敷設した（1839年）、パシー助役のユーグ・ヴィタルにちなむ。

ヴィダル・ド・ラ・ブラシュ Vidal de La Blache 1845-1918年。ポール・ビダル・ド・ラ・ブラシュは南仏モンペリエ南西方のペズナスで生まれ、南仏ヴァール県のタ

マリ＝シュル＝メールで他界した人文地理学者。1863年にパリの高等師範学校に入り、1866年、上級教授資格を取得する【1867年、アテネのフランス学院（→レオン・ウゼ）の教員に任命され、その任期中、イタリアやパレスチナを旅し、69年にはスエズ運河の感動的な開式式に立ち会っている】。1871年に帰国し、翌年、**ソルボンヌ**で文学博士号をとり、**ナンシー大学**の地理学講師となる。さらに1877年から98年まで母校である高等師範学校の、99年から1909年まではソルボンヌの地理学教授をつとめた。

『普遍的地図書──歴史と地理』【1894年】や『フランス地理研究』【1903年】の著者である彼は、フランスに人文地理学を普及させようとしたが、その思いは十分に達成できなかった。当時、フランスは彼が唱えた学問を受け入れる素地がほとんどなかったからである【ヴィダル・ド・ラ・ブラシュを創唱者とする人文地理学は、人間と環境が相互的に影響し合う存在だとし（環境可能論）、景観・場・地域・生活様式・密度の観点から両者のかかわりを研究しようとするもので、のちにそれは一般地理学のみならず、歴史学や民族・民俗学、地域社会学などにも大きなインパクトをあたえた。彼はまた1891年にみずから《地理学年報》を創刊している。なお、邦訳書には1922年に上梓された『人文地理学原理』（2巻、飯塚浩二訳、岩波書店）がある】。パリのビダル＝ド＝ラ＝ブラシュ通り（Rue Vidal-de-La-Blache）は、彼の死後4年目の1932年から20区にある。

ヴィック・ダジール Vicq d'Azir 1748-94年。フェリクス・ヴィック・ダジールは北仏マンシュ地方のヴァローニュに生まれ、パリで他界した医師・解剖学者。1774年に科学アカデミー会員となった彼は、1776年、ジョゼフ＝マリ＝フランソワ・ド・ラソンヌ【1717-88。マリー＝アントワネットやルイ16世の侍医】とともに、王立医学アカデミーを創設した。1788年、物故したビュフォンの後任として、アカデミー・フランセーズ会員に選ばれている。著作としては、たとえば『有角獣の医学』

【1781年】や『解剖学・生理学論』【2巻、1786年】、『四足動物の細胞学的システム』【1792年】などがある。比較解剖学の創始者とされる彼の名は、1864年から10区のヴィック＝ダジール通り（Rue Vicq-d'Azir）に残っている。

ヴィド＝グセ Vide-Gousset　1706年当時、ヴィエイユ＝ドゥーセとよばれていた2区のヴィド＝グセ通り（Rue Vide-Gousset）は、それからまもなくして現在の呼称に変わった。ただ、「スリ・泥棒」を意味する呼称からもわかるように、ここは夜ともなれば物騒な通りに早変わりしていた。**ラ・フォンテーヌ**の親友だった詩人のジャック・ヴェルジェが、1720年8月22日の夜、この通りの近くでカルトゥーシュを頭目とする盗賊団のル・クラクールらによって殺害されている【事件の詳細は蔵持著『英雄の表徴』（新評論、2011年、第7章）参照】。主犯のル・クラクールは1722年6月6日【原著の6月10日は間違い】、車刑に処されている。

　余談になるが、19世紀初頭、ヴィド＝グセ通りは当時プティ＝ペール教会内にあった証券取引所から、フォセ＝モンマルトル通り（現在の**アブキール通り**）の2番地に設けられたフランス銀行まで続いていた。とすれば、ヴィド＝グセという呼称はじつに皮肉が効いていたといえるだろう。1770年頃、この通りは当時の財務総監ジョゼフ・マリ・テレ【1715-78。ブルゴーニュ地方モレームの修道院外聖職者大修道院長で、財務総監の在任期間は1769-74年】の姓に一時変えられてもいる。今日、こうした皮肉を考え出す者はおそらくいないだろう。

ヴィトリューヴ Virtuve　前88-前26年頃。マルクス・ウィトルウィウス（ヴィトリューヴ）・ポッリオは、一説にラティウム地方のフォルミアに生まれ、ローマで没したとされる建築家・建築理論家。ユリウス・カエサル（ジュール・セザール）は彼を登用して兵器をつくらせた。より平和な分野では、ウィトルウィウスはイタリア中部ファノの大聖堂を設計し、さらに建築家の資質や義務を述べた現存する最古の建築理論書である『建築について』【前30-前23年】を著してもいる。彼の名を冠したパリのヴィトリューヴ通り（Rue Vitruve）は1864年から、小公園（Square Vitruve）は1973年から20区にある。

ヴィーニュ Vignes　16区には17世紀から18世紀にかけて広いブドウ園があり、毎年秋ともなれば、その褐色の房で通行人の目を愉しませていた。ヴィーニュ通り（Rue des Vignes）は、それにちなんで1730年に命名されている。当初は「シュマン（道）」とよばれていたが、1875年に「リュ（通り）」に格上げされ、同時に、18区にその通りがある彫刻家ウドンの名がつけられた。しかし、それはわずか2年間のことで、1877年、現在の呼称となった。

ヴィニョル Vignoles　1873年に命名されたヴィニョル通り（Rue des Vignoles）の呼称は、15世紀中葉までさかのぼるその場所の地名に由来する。ただし、このヴィニョルという地名は、間違いなくヴィニョブル（vignobles）【ブドウ園】が変形したものだろう。同区のヴィニョル袋小路（Impasse des Vignoles）は、1877年の命名だが、むろん呼称は近接する通りにちなむ。

ヴィニョン Vignon　1763-1828年。ピエール・ヴィニョンはパリを生没地とする建築家。1806年、ナポレオン1世はフランス軍戦没将兵をたたえるため、**マドレーヌ教会**を栄光の神殿に改築するためのコンクールを催した。これに応募したヴィニョンの計画は3等だったが、皇帝はこれを選んで、彼に建設を託した。やがて復古王政になると、ヴィニョンは設計図を若干手直しし、所期の神殿が教会になるようにした。この建築家の名がついたヴィニョン通り（Rue Vignon）は、1881年から8区と9区を通っている。

ヴィヌーズ Vineuse　1730年から知られている16区のヴィヌーズ通り（Rue Vineuse）は、当時、ミニム会【1436年に聖フランチェスコ（1416-1507）がイタリア南部カラブリア地方のパオラに創設した托鉢

修道会】の修道院が有していたブドウ園沿いにあった。ルイ13世【国王在位1610-43。→ドーフィヌ】はルーヴルの森（ブーローニュ地方）での狼狩りから戻る際、この修道院に立ち寄って、ワインで咽喉を潤すことを楽しみにしていた。ヴィヌーズ通りの呼称（「ワインの香り（味）がする」の意）は、いうまでもなくこのブドウ園に由来する。

ヴィネグリエ Vinaigriers　1728年に命名された10区のヴィネグリエ通り（Rue des Vinaigriers）は、酢製造人たちがその立派な仕事をしていた場所に通じている。呼称はその場所の名に由来するが、中世には酢がビュッフェ・ワインとよばれていたところから、食堂経営者ともよばれていた彼らの同業組合は、1394年以来の組合規約を遵守し、フランス革命前はパリでもっとも大きな組合のひとつだった。

ヴィムーティエ Vimoutiers　ヴィムーティエは北仏オルヌ県の小郡庁所在地。約3500人【2014年】の住民たちはヴィモナステリアンとよばれ、町を流れるヴィ川のほとりを散策できるだけでなく、カマンベールを思う存分食することもできる。このチーズの発祥地から14キロメートルしか離れていないからである。パリの13区にあるヴィムーティエ通り（Rue de Vimoutiers）は、1987年に命名されている。

ヴィラージュ・シュイス Village Suisse　15区のヴィラージュ・シュイスは、1900年のパリ万国博時に設けられた「スイス村」の跡地にある。スイス連邦によって建設されたこの村には、チューリッヒ広場やローザンヌ広場、ジュネーヴ広場などがあったが、今日では骨董店が連なっている。1900年4月14日にオープンした万国博では、数多くの国が、その国に典型的なパヴィリオンないし「小村」を建設していた。

ヴィラ・ド・ルルシヌ Villa de Lourcine　14区のヴィラ・ド・ルルシヌは、1995年、旧ルルシヌ通りを偲んで命名されている。この通りの呼称自体は、1182年からあった旧封地の「ロクス・キネルム（locus

cinerum）」、すなわち「灰の場所」に由来する。

ヴィラ・ド・ラ・レウニオン Villa de la Réunion　11区のヴィラ＝ド＝ラ＝レウニオン大通り（Grande Avenue de la Villa-de-la-Réunion）は、1804年に建設され、99年に撤去された同名のヴィラの主道だった。このヴィラには数多くの女子修道会（神の摂理修道女会、常時礼拝女子修道会、マリアの下女修道会、カルメル会など）が集まっており、おそらくそれがレウニオン（集合）という呼称の由来になったと思われる。

ヴィラフランカ Villafranca　ヴィラフランカはイタリア北部ヴェローナ地方の町。ソルフェリーノ（ソルフェリノ）の戦いでフランスが勝利したことを受けて、1859年7月11日、この町でナポレオン3世とオーストリア皇帝フランツ・ヨーゼフ1世【在位1848-1916】が休戦協定を結んだ。これにより、前者のイタリア遠征に終止符が打たれた。パリ15区のヴィラフランカ通り（Rue de Villafranca）は、その翌年の1860年に命名されている。

ヴィラール Villars　1653-1734年。クロード・ルイ・エクトル・ド・ヴィラールはフランス中部オーヴェルニュ地方のムーランで生まれ、トリノ（テュラン）で没した元帥。18歳でフランス軍に入り、1674年のオランダ侵略戦争におけるセネフ（ベルギー）の戦いで戦功をあげ、コンデ公から注目されて騎兵隊長に任命される。その後、彼はフランドルやアルザスで戦い、1683年、ウィーンに特使として派遣される。1688年、大同盟戦争が起こると、帰国してフランドル戦線に戻り、93年、国王軍司令官となる。

　1697年に結ばれたレイスウェイク条約【→ロレーヌ】のあと、彼は再びフランス大使としてウィーンに派遣され、スペイン継承戦争が始まる1701年までとどまり、ロンバルディアやライン方面軍で戦う。そして1702年、ヴィラールはライン（ラン＝エ＝ダニューブ）川を南下してドイツ南西

部のフリートリンゲンで、バーデン辺境伯ルートヴィヒ・ヴィルヘルム【1655-1707】麾下の神聖ローマ帝国軍を撃破する。その戦場で、兵たちはヴィラールを「元帥！」と呼んでたたえたという。同年、ルイ14世（ルイ・ル・グラン）はその声にこたえ、彼に元帥位を授ける。それから2年後の1704年、彼はカミザールの乱【1702年から1705年にフランス中南部セヴェンヌ地方のプロテスタント（ユグノー）たちによる反宗教弾圧反乱】の終結を交渉する任務をになう。

1705年【同年、ヴィラールは公爵に叙せられている】、東部国境の防衛を命じられた彼は、期待以上の働きをし、さらに勇名をドナウ（ダニューブ）川南部地域にまで広める。1708年、膨大な戦利品とともにフランスに凱旋するが、休む間もなく、翌年にはアルプス方面軍、さらに北部方面軍を指揮して、北仏のマルプラケでイギリス・オーストリア・ネーデルラントの同盟軍を迎え撃つ【このマルプラケの戦いは、一連のスペイン継承戦争のなかで最大の激戦で、勝利した同盟軍は2万以上の兵を失ったとされる。フランス兵の犠牲は6000人だった】

その戦いで深手を負ったヴィラールを、ルイ14世はみずからヴェルサイユで介護し、傷を癒すため、彼にフランス同輩衆の称号をあたえ、恢復を待って、1710年にはメス総督のポストもあたえた。

そして1712年、ヴィラールはドゥナンの戦いで大勝利をおさめ、これによりスペイン継承戦争を終結させるユトレヒト条約の締結【1713年】へと大きく事態が進展することになる。この勝利に対する褒賞として、彼はプロヴァンス総督の地位と金羊毛騎士勲章をえた。しかし、オーストリアは前記条約の条項を守らなかった。そこでヴィラール元帥は再び出動し、1714年、ラシュタット条約を結ばせた。

同年、彼はアカデミー・フランセーズ会員に選ばれ、1723年には国務卿に任命されている。「スペイン大公」の称号も得た彼は、さらに1734年、81歳（！）という高齢にもかかわらず、ミラノ公国に向けて兵を率い【ポーランド継承戦争の一環で、彼の兵力はフランス兵4万、ピエモンテ兵1万2000、スペイン兵2万1000だった】、3カ月で公国を制圧する。だが、帰国途中のトリノ（テュラン）で不帰の客となった。このフランス陸軍史を飾る軍人をたたえて1805年に命名されたヴィラール大通り（Avenue Villars）は、7区にある。

ヴィラレ・ド・ジョワイユーズ Villaret de Joyeuse　1748-1812年。ルイ・トマ・ヴィラレ・ド・ジョワイユーズはガスコーニュ地方のオーシュに生まれ、ヴェネツィアで没した海軍中将。近衛騎兵時代、決闘のために解雇された【1763年】。だが、1766年、彼は海軍に志願し、82年、艦隊指揮官として、インド洋でイギリス海軍相手に勇敢に戦い、勝利する。

フランス革命時、海軍大尉に叙せられると、南米から穀物を積んだ輸送船数隻の護送を託される。1793年5月29日、この任務を遂行中、イギリスの海軍提督リチャード・ハウ【1726-99。初代ハウ伯爵・ガーター勲爵士。アメリカ独立戦争に従軍し、フランス革命戦争でも名指揮官としての名声を博した】麾下のイギリス海軍と戦った。この海戦は3週間続いたが、最終的に彼は6月22日にブルターニュ半島先端のブレストに帰港した。ただ、辛うじて穀物輸送船は守り切ったが、護送船を数隻失った。

1797年、彼はブルターニュ地方モルビアン県選出の五百人会メンバーとなり、ブリュメール18日【ナポレオンが総裁政府を倒して執政政府を樹立した1799年霜月（ブリュメール）18日のクーデタ】ではナポレオンを支持し、1801年、召集部隊を率いてドミニカ（レプュブリク・トミニケヌ）のサント＝ドミンゴに侵攻する。翌1802年、ヴィラレ・ド・ジョワイユーズはマルティニクの総督に任命されるが、1809年、イギリス軍に島を占拠される。フランスに召喚された彼は短期間ながら失脚し【ルーアンに追放】、1811年、名誉を回復してヴェネツィア総督となって没する。17区には1902年に命名されたヴィラレ＝ド＝ジョ

ワイユーズ通り（Rue Villaret-de-Joyeuse）と、8年後の命名になる小公園（Square Villaret-de-Joyeuse）がある。

ウィラム Wilhem　1781-1842年。ルイ・ボキヨン、通称ウィレム（ウィラム）はパリを生没地とする作曲家・教育者・慈善家。パリ西方イヴリーヌ県のサン＝シル陸軍幼年学校で音楽教師だった彼は、1919年、パリの初等学校における音楽教育を組織し、33年にはオートゥイユで初等学校の児童たち【および男性勤労者たち】からなる合唱団「オルフェオン」を創設する【その結果、1842年当時、パリだけで4000人以上の児童と1200人あまりの成人が音楽の勉強と合唱を実践するまでになっていたという】。そして1839年、大学での声楽教育調査官に任命された。音楽理論にかんして数多くの著作をものした彼は、ベランジェの詩や詩篇に曲をつけてもいる。16区のウィラム通り（Rue Wilhem）は、1864年の命名である。

ヴィラン Vilin　1846年の開通時から、20区のヴィラン通り（Rue Vilin）はそれが敷設された土地の所有者の名でよばれている。ヴィラン氏は建築家で、1848年にはベルヴィルの村長となった。

ヴィリエ Villiers　18世紀に敷設された17区のヴィリエ大通り（Avenue de Villiers）は、19世紀初頭にパリ北西のルヴァロワ＝ペレ市に吸収された、旧ヴィエイ＝ガレンヌ村へと続いている。呼称はそれに由来するが、1858年から73年まで、この通りはヌイイ大通りとよばれていた。

ヴィリエ・ド・リラダン Villiers de l'Isle-Adam　1838-89年。オーギュスト・ヴィリエ・ド・リラダンはブルターニュ地方のサン＝ブリューに生まれ【父はジョゼフ＝トゥサン侯爵】、パリで他界した作家・劇作家。1859年、リヨンで処女詩集を自費出版した彼は、やがて詩から散文に転向する。その作品は象徴主義と幻想的なものが混在している。フランス最古の名門貴族のひとつを出自としながら、貧しい生活を送り、同時代の読者からほとんど理解されることもなかった。それでも、尊大な矜持は保ち

続けたという。

彼の作品としては以下がある。短編集『残酷物語』【1883年】、短編集『至上の愛』、空想的な長編小説『未来のイヴ』【いずれも1886年】、短編集『トリビュラ・ボノメ』【1887年】、『奇妙な話』【1888年】、さらに遺作となった戯曲『アクセル』【1890年】など。

彼は言っている。「私は他人に動いてもらうことをあまりにも考えすぎた」、「理解すること、それは創造することの裏返しである」、「われわれは神の穀物である」、「われわれの周りではすべてが力を尽くしている」。彼に捧げられた20区のヴィリエ＝ド＝リラダン通り（Rue Villiers-de-l'Isle-Adam）は、1907年の命名になる。

ヴィリオ Villiot　12区のヴィリオ通り（Rue Villiot）は1806年に命名されている。呼称は、地元の木材置き場の所有者にちなむ。

ヴィルアルドゥアン Villehardouin　ジョフロワ・ド・ヴィルアルドゥアンは1150-64年にシャンパーニュ地方の領主家に生まれ、1212年にトラキア地方で没した歴史家・年代記者。【1185年から】シャンパーニュ伯に家令として仕えていた彼は、のちにエルサレム王となる【在位1192-97】、主人のアンリ・ド・シャンパーニュに従って第3回十字軍に従軍し、1190年、イスラエル北部アッコの包囲戦で捕虜となる。やがて釈放された彼は、持ち前の交渉術を発揮して、主人のために政治的・外交的な調停・仲介役をつとめるようになる。

1197年にアンリが他界すると、後継者のシャンパーニュ伯ティボー3世【1179-1201】に仕える。この新しい主人が1199年、ルイ・ド・ブロワ【1171/72-1205。フィリップ・オーギュストの従弟で、イングランド王リチャード（獅子心王）の甥】と第4回十字軍に参加することを決めると、ヴェネツィアに派遣され、十字軍兵士たちを聖地【エジプト？】に運ぶための条件を交渉する（1201年2月）。

さらにティボー3世の没後、ヴィルアルドゥアンはその後継者として十字軍を率いたモンフェラート侯ボニファーチョ1世

【1150頃-1207。コンスタンティノポリス陥落後、テッサロニキ王国をたて、その国王ボードワン1世となった】に対し、東ローマ皇帝を6人輩出したビザンティンの一族（コムネノス王朝）の子孫で、1204年にトレビゾンド帝国【1222年崩壊】を建設する若いアレクシス1世【1182-1222】からの、コンスタンティノポリス（コンスタンティノブル）にかんするさまざまな提案を受け入れるよう説得を試みる。

だが、ビザンティン側との交渉は一向に埒があがず、1204年、十字軍はついに一切の平和的な解決を断念して、コンスタンティノポリスを軍事的に制圧し、そこにラテン帝国を建設する。その結果、ヴィルアルドゥアンはボニファーチョ1世からバルカン半島トラキア地方のメシノポリスに封土をあたえられ、ルーマニア公に叙された。だが、1207年、彼は政治の舞台から引退し、祖国フランスの美しい風景を見ることなく、トラキアの地で没した。【古フランス語最古の記録とされる『コンスタンティノポリス征服記』を著した】彼の名は、1865年からパリの3区に残っている。ヴィルアルドゥアン通り（Rue Villlehardouin）がそれである。

ヴィルグランジュ Villegranges　20区を走るヴィルグランジュ通り（Rue des Villegranges）は、1930年、旧リラ村内にあった同名の通りから切り離されている。呼称は17世紀の地名に由来するが、当時リラ村当局はそこにあった数棟の納屋に穀物や干し草を貯蔵していた。

ヴィルジニー Virginie　1926年に建設された14区のヴィラ・ヴィルジニー（Villa Virginie）は、最初期の住人だった旧地主の娘を名祖とする。

ヴィルド Villedo　1580-1650年。ミシェル・ヴィルドは立身出世の典型的な見本である。リムザン地方のピオナに生まれ、パリで没した彼は、1610年以前に一介の石工としてパリに働きに出た。当時の伝記は彼についてこう書いている。「ミシェル・ヴィルドはパリで石工たちに仕え、工房でモルタル運搬用の背負い具を担ぐリモージュ出身の若者にすぎなかった。だが、持ち前の才覚と人並み外れた注意力によって、きわめて敏腕かつ裕福な建築家となった」

1639年、彼はリシュリュー枢機卿から左官工事取締り官に任命され【ヴィルドを最初にもちいたのは、リシュリューの「影の参謀」とよばれたカプチン会士のペール・ジョゼフ（1577-1638）だった】、解体されたネールの塔【→ネル】とその付帯施設の跡地に、街区を丸ごと建設する。だが、それはマザラン宮（現学士院・マザリヌ図書館）が建設された数年後に破壊された【1688年に完成したこの宮殿は、当初はカトル＝ナシオン学院とよばれていた】

ヴィルドはまたオピタル大通りの馬市場の建物（現在は解体）や、1区のリシュリュー通りの家も数多く建てている。やがて彼はこのリシュリュー通りの近くに土地を手に入れ、みずから通りを敷設する。彼の没年に命名されたヴィルド通り（Rue Villedo）である。しかし、ヴィルドはその成功に酔いしれてはいなかった。前述の伝記の著者であるヴィニュル＝マルヴィル【1640-1704。本名ボナヴァンチュール・ダルゴンヌ。文学者・弁護士】がさらに彼をこう評しているからである。「彼は最初の境遇を忘れたりせず、若いリモージュ出身者たちにつねにこう諭していた。頑張りたまえ、子供たち。私も君たちのように貧しかった。私のように裕福になるのだ」

ヴィル＝ヌーヴ Ville-Neuve　2区のヴィル＝ヌーヴ通り（Rue de la Ville-Neuve）は、13世紀にモン・シュペルビュ、15世紀にモン＝オルグイユ【字義は「傲慢な山」】とよばれていた、グラヴォワ丘に1540年に敷設されている。この丘は10世紀から16世紀にかけてつみあげられた大量の廃棄物でできていた。1540年、そこに数棟の家屋と風車が建てられたが、93年、パリを防衛する際の射撃場所を確保するため、そのすべてが撤去された。

1623年、家屋と風車は再建され、この場所はヴィル＝ヌーヴ＝シュル＝グラヴォワ【字義は「グラヴォワの上の新しい町」】と

命名される。一方、通り自体はそれまで特定の呼称がなかった。やがてヌーヴ＝サン＝テティエンヌ＝ド＝ボン＝ヌーヴェル、サン＝テティエンヌ＝ア＝ラ＝ヴィル＝ヌーヴと名を変え、そして1867年に現在の呼称となった。ちなみに、サン＝テティエンヌ（聖ステパノ）に捧げられた祭壇は、1551年に現在のリュヌ通りに建立された旧ノートル＝ダム＝ド＝ボン＝ヌーヴェル教会内にあった。

ウィルフリッド・ローリエ Wilfrid Laurier

1841-1919年。ウィルフリッド・ローリエは、ケベック州サン・ラン、現在のサン・ラン・ローレンティドに生まれ、オタワで没したカナダの政治家。自由党党首で、1896年から1911年まで第8代連邦首相をつとめた【カリスマ的存在で、剛腕・能吏としての評判をえていた】。その名を冠したウィルフリッド＝ローリエ通り（Rue Wilfrid-Laurier）は、1929年から14区にある。

ヴィルボワ＝マルイユ Villebois-Mareuil

1847-1900年。ヴィクトル・ド・ヴィルボワ＝マルイユはトランスヴァール（トランスヴァール）で、1899年から1902年にかけてイギリスに抵抗したボーア人（アフリカーナー）とともに戦い【ブール戦争】、命を落とした。ヴィルボワ＝マルイユ通り（Rue Villebois-Mareuil）は、1905年から17区にある。

ヴィルマン Villemain 1790-1870年。アベル＝フランソワ・ヴィルマンはパリを生没地とする作家・大学人・政治家。リセ・ルイ＝ル＝グランを優秀な成績で卒業した彼は、高等師範学校でフランス文学とラテン語作詩法の講師となる。1816年から30年までは、ソルボンヌでフランス文学を教えた。さらに1821年、彼は31歳という若さでアカデミー・フランセーズ会員に選ばれ、32年にはその終身書記になっている。

一方、政治家としては、1830年、パリ北西部ウール県選出の代議員となり【翌年の選挙では落選】、同年フランス国王に即位したルイ＝フィリップから、国民教育委員会の副委員長に任命される。そして1832年に貴族院議員となり、40年から44年までは国民教育大臣をつとめた。

その後、彼は政界を引退して文学に専念し、第二帝政ではナポレオン3世に対し、控えめだったが、変わることなく反対した。彼の著作としては、たとえば以下がある。『クロムウェル伝』【2巻、1819年】、『フランス文学講義』【5巻、1828-29年】、『4世紀のキリスト教的雄弁一覧』【1849年】、『近代の論壇』【1858年】、『ピンダロスの特質論』【1859年】。ヴィルマンは言っている。「文学はそこから外れることを条件としてすべてに通じる」。彼の名がついたヴィルマン大通り（Avenue Villemain）は、14区にある。命名は死後5年目の1875年になされた。

ヴィル＝レヴェック Ville-l'Évêque 6世紀以降、パリ司教は現在8区のヴィル＝レヴェック通り（Rue de la Ville-l'Évêque）にかなりの所領を有しており、13世紀にはそれはパレ＝ロワイヤルからルール通りにまで広がっていた。この世紀の歴代司教たちは、その所領と地権の一部を賦課租の徴収を条件に譲渡するようになる。それ以来、農民や職人たちがこの地にやってきて定着し、ヴィル＝レヴェック【字義は「司教都市」】とよばれる集落が形成されていく。やがてそこにはマドレーヌ教会（旧）が建てられ、現在よりも多少長い通りも敷設された。1722年、このヴィル＝レヴェック村はパリの市外区となり、フェルミエ＝ジェネロー（総徴税請負人）市壁の建設期間中の1784年、パリに編入された。

ヴィレルセクセル Villersexel ヴィレルセクセルはフランス東部オート＝ソーヌ県の郡庁所在地で、オニオン川とセ川の合流点に位置する。1871年1月9日、シャルル＝ドニ・ブルバキ将軍（1816-97）麾下のフランス軍が、ここでアウグスト・フォン・ヴェルダー将軍【1808-88】率いるプロイセン軍に勝利している。不幸にして、それは普仏戦争の帰趨を変える勝利とはならなかったが、1883年、その勝利を記念して、パリの通りにこの戦勝地の名がつけら

れている。7区のヴィレルセクセル通り（Rue de Villersexel）がそれである【負傷兵救護協会（赤十字の前身）の要請を受けて、ヴェルダー将軍は占領地のストラスブール市民や負傷兵が葉書で家族と連絡を取ることを許可した。このときストラスブールで投函された、プロイセンの切手が貼られ、赤十字のマークがついた1870年9月14日付の葉書が、フランスで流通した現存する最古の葉書とされる】

ウィレット Willette 1857-1926年。アドルフ・ウィレットはシャンパーニュ地方のシャロン＝アン＝シャンパーニュに生まれ、パリで他界した画家・イラストレーター。父親は陸軍大佐で、フランソワ・バゼーヌ【1811-88。元帥。アルジェリア戦争やクリミア戦争などで軍功をあげるが、普仏戦争で屈辱的な降伏をしたとして告発され、スペインに亡命した】の副官だった。

10代でパリ高等美術学校（ボザール）に入り、アレクサンドル・カバネルに師事した彼は、最初油彩画を描いていたが、まもなくデッサンに集中するようになる。そして、当時のさまざまな日刊紙や雑誌、たとえば《ル・シャ・ノワール》【→ステンレン】や《ル・クーリエ・フランセ》【→ジャン・ロラン】、《ル・リール》【→ジャン・ヴェベール】などにイラストを載せる。みずからも《ピエロ》【1888-91年？】や《ラ・ヴァシュ・アンラジェ（怒った牝牛）》【1896-97年】、《ル・ピエ＝ド＝ネ》【1901年】などを創刊してもいる。

とりわけ彼は、ピエロやコロンビーヌ【イタリア演劇のコンメディア・デラルテ（→ゴルドニ）において、アルレッキーノなどと同様に主要な役柄で、抜け目のない快活な下女の類型】を描いて人気を集めた。その諧謔的だがどこか優しいデッサンやポスターは、なおも愛好家の垂涎の的となっている。ウィレット小公園（Square Willette）は、1932年から16区にある。

ヴィレット Villette ラ・ヴィレットは1860年にパリに編入された郊外の旧村である。この地は長いあいだ家畜市と畜殺場で有名だった。畜殺場は1867年に建てられたが

【設計者はミラノ出身の建築家ジュール・ド・メランドル（1814-88）】、やがて老朽化のため、1959年に再建が決定される。そして1961年から工事が始まったが、完成したのは当初の予定より3年遅れの67年だった。しかし、こうして完成したものの、使い勝手が悪く、くわえて経済的な「スキャンダル」【経常費の高騰にともなう予算不足】のため、1973年に閉鎖・撤去を余儀なくされた。

今日、その跡地は公園となり、さまざまなイベントが開かれている。「音楽都市」（パリ音楽院、コンサートホール、博物館など）も建設された。ラ・ヴィレットにはまたサン＝マルタン運河に水を供給するウルク運河（カナル・ド・ルルク）の貯水池や、ビュット＝ショーモン公園もある。19区のラ・ヴィレット大通り（Boulevard de la Vilette）は1864年に命名されている。呼称は、その一部が旧ラ・ヴィレット村にそっていることに由来する。1730年に敷設された同名の通り（Rue de la Vilette）は、ベルヴィルとラ・ヴィレットを結んでいる。

ヴィロフレ Viroflay ヴィロフレはパリ西方イヴリーヌ県の小郡庁所在地で、住民数1万5000【2014年】。かつてここには大・小ロウソクの大規模な生産工場があった【15区のヴィロフレ通り）（Rue de Viroflay）は1899年に開通している】

ウィンストン・テュルティル Winston Churchill 1874-1965年。ウィンストン・レナード・スペンサー＝チャーチル（テュルティル）卿は、イングランド南部オックスフォードシャー州のウッドストックにあるブレナム宮で生まれ、ロンドンで没した政治家・著作家【父ランドルフ・チャーチル（テュルティル）卿（1849-95）は保守党の庶民院議員で、インド担当大臣や大蔵大臣などを歴任した】。1894年にサンドハースト王立陸軍士官学校を卒業したのち、軍隊に入り、軽騎兵第4連隊に配属された。

この軍隊生活時期、チャーチルはロンドンの数多くの雑誌や新聞の戦争特派員をつとめてもいる。1899年に第2次ボーア戦争

が起きると、彼は【《モーニング・ポスト》紙の特派員として】トランスヴァール（トランスヴァル）に赴くが、途中、ボーア人の攻撃を受けて捕虜になる。だが、収容所の便所の窓をくぐり抜けて、脱出に成功する。

1900年、保守党の庶民院議員に選ばれた彼は、まもなく自由党に鞍替えする。やがて1905年に植民地省政務次官となり、08年から10年まで商務大臣をつとめる。第1次世界大戦が起きることを予見していた彼は【1911年から海軍大臣】、フランス支援を強く唱え、1914年8月、イギリス艦隊を率いて、ドイツ軍の攻勢にさらされたアントウェルペン（アンヴェール）に向かい、この町を防衛しようとする【ただ、防衛に失敗して、イギリス軍のうち2個大隊がドイツ軍の捕虜となった。チャーチルはなんの戦果もあげられずに、アントウェルペン陥落4日前の10月6日にイギリス本国へ逃げ帰り、激しい批判を浴びることになった】

だが、翌1915年、彼は王立海軍をダーダネルス海峡に投入し【連合軍が同盟国側のオスマン帝国の首都イスタンブール占領を目指して、ダーダネルス海峡の西側のガリポリ半島（現トルコ領ゲリボル半島）に対しておこなった上陸作戦】、この海峡を奪取すると、海軍をイスタンブールに派遣した。

1917年に軍需大臣、19年に戦争大臣兼航空大臣（空軍大臣）、21年に植民地大臣に任命されたチャーチルは、1924年【労働党議員提出の内閣不信任案が自由党の賛成をえて可決された】、閣僚と自由党を去り、保守党にまいもどる。だが、同年、スタンリー・ボールドウィン【1867-1947】の第2次保守党政権で大蔵大臣となり、29年まで国家財政のかじとりをになった。

第2次世界大戦中の1939年、再び海軍大臣を拝命したチャーチルは、翌年5月、【北欧戦での敗北で引責辞任した】アーサー・ネヴィル・チェンバレン【1869-1940】の後任として、第1次チャーチル内閣を発足させる。そして大戦後の1945年、彼は総選挙で労働党が勝利したのを受けて首相を辞任するが、翌年9月、チューリッヒできわめて重要な演説、すなわちヨーロッパ合衆国にかんする演説をおこなう。この演説はのちの西欧同盟、さらに欧州評議会の創設へとつながるものとなった。

1951年、クレメント・リチャード・アトリー【1883-1967】の労働党政権が、総選挙で保守党に敗れると、後者の党首だったチャーチルは6年ぶりに首相に返り咲く。だが、1955年、任期をまっとうして首相職を辞し、あとを義理の甥アンソニー・イーデン【1897-1977。首相在任1955-57】に譲って、以後表立った政治活動から退いた【1955年と59年の総選挙で当選して庶民院議員はつとめた】

1953年にノーベル文学賞を受賞した彼には、10点を超える著作があるが、そのうちでもっとも重要なものは『世界の危機』【全5巻、1923-29年】と『第2次世界大戦』【6巻、1948-54年】である。しばしばトレードマークとなった葉巻をくゆらす姿で描かれた彼は、こう言っている。「独裁——ひとりの人物に対する盲目的な崇拝——はつかの間のことにすぎない。人が自分の考えを表現できない社会、子供たちが自分の親を警察に告発するような社会、そうした社会の状態はけっして長く続くことはない」、「人間はしばしば真実につまづく。だが、大部分の者はただちに立ち上がり、何事もなかったかのようにその道を進む」。

チャーチルにはまた持ち前のユーモアと機知をみごとに示す逸話が残っている。コート・ダジュールでのヴァカンス中、あるサロンに招かれた彼は、ただひとりの男性として女性たちに囲まれて、あまりいい気分ではなかった。やがてサロンの女主人が彼にこう言った。「チャーチル卿、もし私があなたの奥方でしたら、あなたの紅茶に毒を入れるでしょうに」。そこで彼は売り言葉に買い言葉で応じた。「マダム、もしあなたが私の妻でしたら、私がそれを飲ませます！」。この偉大な政治家に捧げられたパリ8区のウィンストン＝テュルティル大通り（Avenue Winston-Churchill）は1966年、つまり彼の死の翌年に命名され

ている。

ヴェガ Véga　ヴェガとは、フィンランド（ファンラーンド）系スウェーデン人探検家・鉱山学者のアドルフ・エリク・ノルデンショルド【1832-1901。フィンランドの宗主国ロシアからの独立運動にくわわって国を追われ、スウェーデンに亡命し、のちにスウェーデン王立科学アカデミー教授となった】が、1878年から79年にかけて敢行した航海でもちいた蒸気船の名。彼はイェーテボリからユーラシア大陸の北岸をへて、ベーリング海峡【ヴェガ号はここで流氷に囲まれて、一時立ち往生した】、さらに日本にまで到達し【1879年9月に工部大学校（東京大学工学部の前身）で盛大な歓迎式典が営まれた】、これによって、北欧と東アジアを結ぶ最短の航路【北東航路】が開発された。

この航海は世界中の評判となり、1880年、パリの通りにその蒸気船の名がつけられた。12区のヴェガ通り（Rue de la Véga）がそれである。ちなみに、天体のヴェガ（織女星）は琴座のアルファ星で、北半球でもっとも明るい星のひとつである。

ヴェクサン Vexin　北仏のアンデル川とオワーズ川に挟まれた旧地方名。ガリア人のウェリオカッセス族の居住地。エプト川によってフランス・ヴェクサンとノルマンディ・ヴェクサン地域に分けられ、後者はフィリップ・オーギュスト時代にフランス王国に編入された【ヴェクサン小公園（Square de Vexin）は1932年から19区にある】

ヴェザル Vesale　1514-64年。アンドレアス・ウェサリウス（ヴェザル）は医師を父としてブリュッセルに生まれ、ギリシア・イオニア諸島のザキントス島で没した解剖学者。まずベルギーのルーヴァン、ついで南仏モンペリエ、さらにパリの大学医学部で学んだ。

パリ滞在中、彼は墓地やモンフォーコンの処刑場で多くの時間を費やしたという。やがてパドヴァ大学で医師の資格をとり【1537。当時、人体解剖は宗教裁判所から禁じられていたが、パドヴァ大学はその研究を自由に認めていた】、同大学の外科学と解剖

学の教授となる。1544年、ウェサリウスはボローニャ、ついでピサに移り、カール5世【神聖ローマ皇帝（在位1519-56）】の侍医となった。

ヴェザルは数多くの解剖学論文を発表しているが、たとえば『ガブリエレ・ファロピオの解剖実験観察』【1561年】が生身の人体を解剖したとして、宗教裁判所から焚刑を宣告されている【この審判ではさらに女性が男性と同数の歯をもっていると指摘したことや、中世からの正統医学であるガレノスの医学を批判したこと、『人体の構造について』（7巻、1543年）の序文で医師たちを非難したことなども問題視された】。この審判は虚言にもとづくものだった。そこでウェサリウス弾劾の埒外にいたフェリペ2世【カール5世の長子で、イスパニア王（在位1556-98）。ウェサリウスが侍医をつとめていた】が動き、ウェサリウスがエルサレム巡礼をおこなうという条件で減刑となった。

こうしてウェサリウスは聖地に向けて旅立ち【1564年】、無事目的地に着く。ここで彼はヴェネツィアの参事会（元老院）から、あらためてパドヴァ大学の教授ポストにつくよう連絡を受ける【弟子で友人でもあったガブリエレ・ファロピオが1562年に死去して、空席になっていた】。彼はただちに帰国を決める。しかし、同年10月、乗っていた船が激しい嵐に襲われて難破し、ザキントス島に漂着した彼はそこでチフスを発症し、不帰の客となった。その名を冠したヴェザル通り（Rue Vesale）は、1867年から5区にある。

ウェサン Ouessant　ウェサンはブルターニュ半島の先端にある小島。1695年に築かれた灯台を有する全長8キロメートル、幅3.5キロメートルのこの島を、ガリア＝ローマ人たちは「ウクサンティス」【字義は「つきでた島」】、ブルトン人たちは「エネズ・ウッサ（恐怖の島）」と呼んでいた【ストラボンはギリシア語による『地理誌』（1世紀）のなかで、ウェサン島を「ウクシサメー」（字義は「大陸からもっとも離れた島」）と表記している】。ウェサン島は517年、聖ポウ

リヌス・アウレリアヌス【490-594。ブルターニュ半島北西部レオン地方の初代司教】によってキリスト教化され、長いあいだ歴代のサン=ポル=ド=レオン司教たちの所領となっていた。

異様な姿をみせるこの島の沖合では、1778年7月27日、アメリカ独立戦争の一環である海戦がくりひろげられた。そこではシャルトル公とラ・モット=ピケに支えられた、オルヴィリエ伯ルイ・ギュエ【1710-92】提督を指揮官とするフランス海軍が、ケッペル提督【1725-86。のちに海軍大臣】麾下のイギリス海軍を撃破している。15区のウェサン通り（Rue d'Ouessant）が敷設されたのは、それから1世紀以上たった1889年のことである。

ウェストOuest 14区のウェスト通り（Rue de l'Ouest）は1845年からある。呼称は、フランス西部に向かう列車の発着駅で、当初はウェスト駅とよばれていたモンパルナス駅に隣接していることに由来する。

ヴェズレ Vézelay 1733-1801年。ジャック=ルイ=ギヨーム・ブーレ・ド・ヴェズレは金融家で有名な不動産投資家。その名を冠した8区のヴェズレ通り（Rue de Vezelay）は、彼の生前に開通した小路の跡地に1863年に敷設されている【ヴェズレは歩兵・工兵隊の主計官出身で、この一帯に広大な土地を有していた】。18世紀には、同姓だが無縁のエティエンヌ=ミシェル・ブーレ（1710-77）が、その莫大な財産と法外な浪費で有名になってもいる。

1741年に総徴税請負人、さらに逓信局長【1752年】や徴税請負人長官となったヴェズレは【1769年には買官によって宮内長官に就任】、王国の収入の大部分が彼の手に操られていたという。おそらくときにはその一部が彼の私財となっただろう。こうして巨財を蓄えた彼は、それをもちいて数多くの邸館を建て、たとえばパリ南東方のセナールの森に築いたクロワ=フォンテーヌ城館で、彼はルイ15世【在位1715-74】を招いて盛大な祝宴を催している。だが、稼いだもしくは残っていた金以上に乱費する

という性癖の犠牲となってついに破産に追い込まれ、自殺した。

ウェステルマン Westermann 1751-94年。フランソワ=ジョゼフ・ウェステルマンはアルザス地方のモルシャイムに生まれ、パリで処刑された軍人。最初騎兵連隊に入り、【1777年に近衛騎兵隊員となったのち】、同地方のアグノーで役場書記をつとめる。だが、革命思想を熱狂的に支持していた彼は、1790年、パリに出て、ダントンと親しく交わる。そして、1792年8月10日、フォブール=サン=タントワヌの国民軍を指揮してテュイルリー宮を攻撃する【この宮殿に最初に足を踏み入れた彼は、すべての出入り口に大砲を設置し、スイス人衛兵たちを虐殺した】

さらに、アルデンヌ方面軍とともに、ついで北部方面軍の指揮官としてベルギーに派遣される。だが、デュムリエ将軍【→カンブレ】の失脚によって逮捕される。ダントンの参謀副官として密令を北部方面軍のデュムリエに届け、後者の裏切りに連座したとみなされたためだが、やがて国民公会（コンヴァンション）で彼が裏切っていないことを示す証拠が認められて釈放される【1793年5月】

1793年6月、陸軍少将に任命されたウェステルマンは、ヴァンデ地方の叛乱【→ブルセ】を鎮圧するために派遣される。そこで彼は大胆に戦い、ブレシュイルやトゥアール、ティフォージュといった叛乱軍の拠点を奪い、多くの敵兵を殺戮した。しかし、同年12月のサヴネの戦い後、パリによび戻され、ダントンともども逮捕される。その卑劣さを告発された彼は、こう言い放ったという。「自分はこれまで背後からの攻撃で傷を1度受けたきりだ。これだけで告発されるか！」【ウェステルマンは次の一文を公安委員会に送っている。「もはやヴェンデは存在しません。われわれの自由の剣によって、女子供たちともども死に絶えました」】。しかし、最終的に極刑を宣告され、1794年4月5日、ギロチン刑に処された。彼の名は20区の通りに残っている。1885年に

命名されたウェステルマン通り（Rue
Westermann）がそれである。

ヴェベール Weber 1786-1826年。カール・
マリア・フリードリヒ・エルンスト・フォ
ン・ウェーバー（ヴェベール）男爵は、リ
ューベック近郊のオイティーンで生まれ、
ロンドンで客死したドイツの作曲家・指揮
者・ピアニスト。作曲の道に進む前、デッ
サンや絵画を学んでいた彼は、やがて音楽
に情熱を傾け、1804年、ポーランド（ポ
ローニュ）西部の町ブレスラウ【現ヴロツ
ワフ】の教会合唱隊長となる。だが、その
職にとどまっていたのは2年たらずだった
【父の借財を抱え、さらにエッチング用の硝酸
をワインとまちがえて飲んでしまい、危うく
命はとりとめたが、声を失ったため】

　1806年、ブレスラウを去ったウェーバー
は、ドイツ南西部カールスルーエに移り、
ルートウィヒ・フォン・ヴュルテンベルク
公【1756-1817】の城の音楽監督と、公女
ドロテア【1797-1855。のちのハプスブルク
大公妃】の音楽教師となる。さらに1807年
から10年までは、シュテュットガルトのヴ
ュルテンベルク家秘書および同家の公女た
ちの音楽教師をつとめた。1813年、彼は
プラハ（プラグ）歌劇場の音楽監督に就任
し、さらに1817年、ザクセンの宮廷楽長、
ついでドレスデン歌劇場【ゼンパー・オー
パーの前身】の音楽監督となった。

　そして1821年、彼はベルリンで『魔弾
の射手』を初演して爆発的な成功をおさめ
る。1826年にはロンドンのコヴェント・
ガーデン歌劇場の依頼により、英語による
オペラ『オベロン』を制作・指揮する。だ
が、すでに肺結核症に罹っていた彼は、そ
の後、病状が悪化して客死するのだった。
このロマン派初期を代表する偉大な作曲家
は、ほかにオペラの『プレチオーザ』【初
演1820年】と『オイリアンテ』【同1823年】、
2交響楽曲、さらに数多くのカンタータや
ミサ曲などを遺している。彼に捧げられた
16区のヴェベール通り（Rue Weber）は、
1886年に命名されている。

ヴェネジュエラ Venezuela ベネズエラ（ヴ
ェネジュエラ）は南米の共和国（ベネズエ
ラ・ボリバル共和国）で、人口3062万
【2015年】、面積91万6400平方キロメート
ル。1499年、クリストフォロ・コロンボ
（**クリストフ・コロン**）がその3度目の航
海で西欧人としてはじめてこの地を発見し
た。当時、そこでは先住のカリブ系インデ
ィヘナ（インディオ）たちが杭上家屋に住
んでいた。やがて探検者たちがこの水上村
落をヴェネツィアに見立て、そこを「ベネ
ズエラ」、すなわち「小ヴェネツィア」と
命名したという。

　首都のカラカスは、この地が1556年に
スペイン王国の支配地となったのちの
1567年に建設されている【建設者はスペイ
ンの探検家ディエゴ・ド・ロサーダ（1511-
69）。当初の名は王国の地名を盛り込んだサン
チャゴ・レオン・デ・カラカス。カラカスの
名は当時ここに住んでいたカリブ人のカラカ
ス族に由来する。なお、ベネズエラは植民地
化当初はヌエバ・エスパーニャ副王領（1519-
1821年）の一部で、1777年に総督領となった】

　そして1810年、英雄的な愛国者のフラ
ンシスコ・デ・ミランダ【1750-1816。フ
ランス革命でも将軍（中将）として活躍した】
が最初の独立運動を指揮し、この運動は南
米全体を揺さぶった。彼の解放軍は1821
年のカラボボの戦いでスペイン軍に勝利し、
1819年からコロンビア（**コロンビ**）やエ
クアドル、パナマなどとともにグラン・コ
ロンビア（コロンビア共和国）の一員とな
っていたヴェネズエラは、ついに独立を達
成する【のちにベネズエラはラテンアメリカ
の独立運動に重要な役割を果たすことになる】。
やがて1922年、この国の生命線とでもい
うべき埋蔵量豊富な油田が発見される。な
お、首都以外のおもな都市としては、マラ
カイボやバレンシア、サン・クリストバル、
カビマスなどがある。パリのヴェネジュエ
ラ広場（Place de Venezuela）は、1976年
から16区にある。

ヴェラスケス Vélasquez 1599-1660年。
ディエゴ・ロドリゲス・デ・シルバ・イ・ベ
ラスケス（ヴェラスケス）は、スペイン南

部のセビーリャに生まれ、マドリードで他界したバロック期の画家。1618年、師フランシスコ・パチェコ【1564-1644。スペイン・バロック期を代表する画家。神学者でもあった彼は、セビーリャ宗教裁判所の検閲官もつとめた】の娘で、当時15歳だったファナと結婚する。1622年、マドリードでプラドやエスクリアル王宮の傑作を学ぶ。そして翌1623年、マドリードに居を定めた彼は、ときの国王フェリペ4世【在位1621-65】から、その騎馬姿の肖像画を描く注文を受ける。作品の出来栄えに満足した国王によって宮廷画家に任命された彼は、以後30年以上ものあいだ、国王や王女をはじめ、さまざまな宮廷人々の肖像画を制作するようになる。

1628年、ルーベンス（リュベンス）が【スペイン領ネーデルラント総督の使節として】マドリードに派遣されると、ベラスケスは彼と頻繁に交流し、制作上の助言を受ける。ルーベンスが離任したのちの1629年、ベラスケスは【国王の許可と金銭的な支援をえて】はじめてイタリアを訪れる。そして、ローマやヴァティカン、ヴィラ・メディチなど、各地を回って巨匠たちの作品を学び、1631年、マドリードに戻る。

それから17年後の1648年、国王は美術品を買い付けるため、ベラスケスをイタリアに送る【このイタリア滞在中に彼が描いた作品としては、たとえば『インノケンティウス10世の肖像画』（1649-51年）がある】。1651年に帰国した彼は、翌年、アポセンタドール【王宮の鍵をすべて預かる王宮首席管理官】という要職をになうようになる。彼がバスク地方のビダソア川に浮かぶフェザン（スペイン語ファイサネス、バスク語コンパンツィア）島で、フェリペ4世とルイ14世（ルイ・ル・グラン）との有名な会談を準備したのは、この職にあるときだった【ここでの会談とは、西仏戦争を終結させた1569年のピレネー条約締結交渉のこと。同条約ではまたルイ14世とフェリペ4世の王女マリー＝テレーズ・ドートリシュ（1638-83）の結婚をとり決めた。その際、王女がス

ペインの王位継承権を放棄する代わりに、婚資としてスペインがカタルーニャ地方の一部をフランス王室に割譲することや賠償金を支払うことなどが決められた。だが、賠償金が支払われることなく、それが1668年のネーデルラント継承戦争や1701年のスペイン継承戦争の原因となった】。しかし、その翌年、つまり条約で定められたルイ14世とマリー＝テレーズが結婚した年、ベラスケスは4人の息子と2人の娘を残して世を去った。

ベラスケスの主な作品としては、数多くの肖像画にくわえて、たとえば『酔っ払いたち（バッコスの勝利）』【1628年】、『ウルカヌスの鍛冶場』【1630年頃】、『磔刑のキリスト』【1631-32年】、『ブレダの開城』【1634-35年】、『ラス・メニーナス』【1656-57年】、『織女たち（アラクネの寓話）』【1657年頃】などがある。彼の名を冠したパリの通りは8区にある。1869年に命名されたヴェラスケス大通り（Avenue Verasquez）である。

ヴェラーレン Verhaeren 1855-1916年。エミール・ヴェルハーレン（ヴェラーレン）はアントウェルペン（アンヴェール）近郊のサン＝タマンに生まれ、ルーアンで事故死したベルギーの詩人。1883年に処女詩集『フランドル風物詩』を出したヴェルハーレンは、そこで故郷の大地をたたえた。やがて他の詩集、たとえば『幻想にとらわれた田園』【1893年】や『触手のある町』【1895年】などで、生まれつつあった産業化時代をじつに正確に描き出した。

象徴派の詩人だった彼はまた、『明るい時』【1896年】や『巨大な力』【1902年】、『多様な光輝』【1906年】といった詩集にくわえて、さらに戯曲『修道院』【発表年不詳】も上梓している。「11月」と題した詩のなかで、彼はこう書いている。「私の叫び声は、どれほど長い警報をも凌駕する」、「人生は登るものであり、下るものではない」。彼に捧げられた14区のヴェラーレン小路（Allée Verhaeren）は、1932年からある。

ヴェリエール Verrières 1区のヴェリエール小路（Passage des Verrières）は、レ・アルの中央フォーロム地下3階を、バス通

りにそって走っている【全長33メートルのこの小路の正式な命名は1999年。呼称の由来は定かでないが、おそらく小路がガラス屋根（ヴェリエール）の下にあることから】

ヴェリテ Vérité　1796年に命名された1区のヴェリテ小路（Passage Vérité）には、18世紀末、数多くの雑誌・新聞店が店を連ねていた。当時、雑誌は真実しか載せていないとみなされており、それゆえ小路の命名者はこの呼称がふさわしいと思ったのだろう。ジョージ・バーナード・ショー【1856-1950。劇作家・評論家・教育家。ナチスの優生思想や共産主義に対する共感で批判を浴びた】は次のような「皮肉」を記している。「私の冗談法は、真実を述べることである。これは世界で最高の冗談である」。一方、マーク・トウェイン【1835-1919。アメリカ人作家で、代表作に有名な『トム・ソーヤの冒険』（1876年）がある】はこう言っている。「真実はわれわれがもっているもののなかでもっとも高価なものである。だから、その無駄遣いはやめよう」。さらに、ジャン・ジロドゥの戯曲『エレクトル』【1937年】の次の台詞も忘れてはならない。「民衆を殺すことができる真実もある」

ヴェルサイユ Versailles　ヴェルサイユはパリ西方イヴリーヌ県の県庁所在地で、人口8万5000【2014年】。高等工兵技術学校や国立高等造園学校がある【ほかにヴェルサイユ地方音楽院など】。フランス革命はここヴェルサイユから始まっている。1789年5月5日、【悪化した国家財政を改善するための課税問題を討議する目的で】この地のノートル＝ダム教会に全国三部会が招集された。会場はヴェルサイユ宮殿内のムニュ＝プレジール館【国王の遊興施設】だった。しかし、国王ルイ16世【在位1774-92】は三部会に欠席した【この三部会の結果、国民議会が組織された】。

　1871年のパリ・コミューン（コミュヌ・ド・パリ）時には、ティエールがヴェルサイユに撤退したのち、国王軍を率いてパリに進軍している。この1871年から78年まで、ヴェルサイユには議会が、ついで高等法院がおかれ、1919年6月には第1次世界大戦を終結させるヴェルサイユ条約が結ばれてもいる。ヴェルサイユといえば、周知のように宮殿（城）ということになるが、ルイ13世【国王在位1610-43。→ドーフィヌ】は、現在宮殿がある場所に広大な狩猟館を築いた。

　やがてルイ14世（ルイ・ル・グラン）はかねてより夢見ていた宮殿を建てた際、それまであった狩猟館を将来の建物に組み込ませた。この建設工事はル・ヴォーの指揮のもとで1661年に始まった。1676年に彼が他界すると、**マンサール**があとを継いだ。ルイ14世は工事を間近で監視し、あらゆる作業に自分の許可を不可欠とした。こうしてすべての作業を監視するため、国王は1670年に建てられ、1688年に大トリアノン宮【マンサールが設計・建設した離宮】に改築される最初のトリアノン館に1672年まで滞在した。そして1672年6月からは、宮殿内の居室に移った。

　一方、宮殿の庭園はル・ノートルが設計している。この造園【1667-70年頃】は彼の最大の傑作となった。パリのヴェルサイユ大通り（Avenue de Versailles）は、1877年に命名されている。呼称はそれがヴェルサイユへといたる街道の始点だったことによる。

ヴェルサイユ

　ヴェルサイユの語源についてはあれこれ推測がなされているが、おそらくはその地に数多くの小川が流れていたことからして、「ばらまく」を意味するdéverserないし「堰（デヴェルソワール）」をさすdéversoirに由来すると思われる。あるいはこの前者の語に、「砕石・砂利（ピエラーイユ）」の意であるpierraillesの接尾辞aillesが追加されたのかもしれない。湿地帯だったこの地を干拓しようとして、大量の砕石や砂利がまかれたからである。

　ヴェルサイユ一帯の鉄道駅では、手荷物運搬係に、手押し車に荷物を満載すると転倒するおそれがあるということを教

える、「ヴェルサイユに行く」という慣用句がもちいられている。ヴェルサイユ＝リヴ＝ドロワト（右岸ヴェルサイユ）駅や、ヴェルサイユ＝シャトー＝リヴ＝ゴーシュ（左岸ヴェルサイユ＝シャトー）駅の方に耳を向ければ、きまってこんな言葉が聞こえてくるはずだ。「気をつけろ、マルセル！ そんなに荷物を積んでいると、ヴェルサイユに行くぞ」

ヴェルサンジェトリクス Vercingétrix 前72-前46年。ガリアの中央山地、現在のオーヴェルニュ地方【Auvergneの語源はアルウェルニ（Arvernes）】を拠点とするアルウェルニ族の出身で、若くしてローマで処刑されたガリア人の指導者・英雄。有力かつ裕福な一族を出自とするウェルキンゲトリクス【「戦士の至高の王」の意。-rixはケルト語を含むインド＝ヨーロッパ語で「王」をさす】は、前55年頃からカエサル（ジュール・セザール）の注目をひき、このローマの将軍は彼に「友」という称号をあたえてその好意を得ようとした。

だが、前53年にカエサルがガリアの地を去ると、ウェルキンゲトリクスはアルウェルニ族の族長として反ローマの軍事行動を起こした。そして前52年、ガリアの諸部族連合の最高指揮官としてビトゥリゲス族の地（パリ盆地と中央山地の間のベリー地方）を襲う。これを知ったカエサルが軍を返してセヴェンヌ【中央山地南東部の山岳地帯】を越えたため、ウェルキンゲトリクスはオーヴェルニュ地方に撤退する。

同年、アウァリクム（現在のブールジュ）がカエサル軍によって奪われると、ウェルキンゲトリクスはゲルゴウィア（ジェルゴヴィ）に籠城し、ローマ軍の攻撃を退ける。この勝利に力をえたガリア軍は、しかしディジョン近郊でカエサル軍を襲うという戦略的な誤りを犯し、アレシア（アレジア）へと敗走する。他のガリア人部隊がその支援に向かったが、無駄だった。敗れたウェルキンゲトリクスは、同胞たちを救おうとみずからローマ軍の捕虜となった

（前52年）。やがて彼はローマに連行され、【カエサルの戦車の後に鎖でつながれてローマ市中を引き回されるなどの辱めをうけたのち】、6週目に処刑された【この処刑はカエサルの意向に反して元老院によってなされた。その遺骸はカピトリウムの丘の中腹に設けられた「阿鼻叫喚の石段」に晒されたのち、ティベレ川に投げ捨てられた】

ウェルキンゲトリクスの有名な彫像は、フランス国内の2か所にある。1体はブルゴーニュ地方のアリーズ＝サント＝レーヌ【旧アレシア】にあり、制作者は彫刻家のエメ・ミレ【1819-91。ヴィオレ＝ル＝デュクの弟子。彫像制作は1865年】、もう1体はクレルモン＝フェラン【ゲルゴウィア近郊】のもので、制作者はバルトルディである【1902年】。パリの14区にあるヴェルサンジェトリクス通り（Rue Vercingétrix）は、1873年に敷設されている。この英雄の系譜はひ孫にあたるアステリックスに受け継がれている【アステリックス1959年にフランスで1959年に誕生し、全世界で3億5000万部以上売れているとされるコミック・シリーズの主人公】

ヴェルジー Verzy テルヌの別荘地内にあるヴェルジー大通り（Avenue de Verzy）は、テルヌ城館の旧所有者で、ヌイイ＝シュル＝セーヌの参事会員だった人物にちなんで命名されている。ちなみに、テルヌ村はフランス革命から1860年【パリ編入年】まで、ヌイイに属していた。

ヴェルジェ Vergers ジャルディニエ（庭師）通りから始まる小路を、「ヴェルジェ（果樹園）」という名でよぶ。これほど自然な命名はないだろう。だが、残念なことに、12区のヴェルジェ小路（Allée des Vergers）は一方の端が行き止まりで、サクランボ畑やリンゴ畑に通じていない。パリの果樹園は通り沿いの壁に貼り付けられた青と白の道路表示板にしかない。現実には存在していないのだ。それでもパリの子供たちは、この道を通るとき、父親にこう尋ねる。「パパ、ヴェルジェって何？」。父親が答える。「果樹が生えている場所だよ」。

子供が怪訝そうに言う。「あ、そう。きれいなところなの？」。この小路は1979年からある【通りの名祖は、1864年以来、パリの大改造を行ったセーヌ県知事ジョルジュ・オスマンの前任者で、1848年から1853年までセーヌ県知事をつとめたジャン・ジャック・ベルジェ（1791-1859）】

ヴェルジェンヌ Vergennes 1717-87年。ヴェルジェンヌ伯シャルル・グラヴィエは、**ディジョン**に生まれ、**ヴェルサイユ**で没した政治家。1740年43年、さらに46年から49年まで、当時最高の外交官と謳われた大叔父のテオドル・ド・シャヴィニ【1687-1771。1723年のロンドン特使を皮切りに、スペインやドイツ、スイス、イタリア駐在のフランス大使をつとめ、オーストリア継承戦争時には、フランスとプロイセンを同盟させることに尽力した。なお、1744年から45年まではフランクフルトとミュンヘン駐在大使】とともにリスボン（**リスボンヌ**）に滞在した。1750年、ドイツ・トリーアに全権公使として派遣されたヴェルジェンヌは、54年、コンスタンティノープル（**コンスタンティノプル**）の駐在大使に任命される。

だが、1768年、理由は不明だが、なぜか彼を嫌っていたショワズル公エティエンヌ＝フランソワによって失脚させられてしまう。この実質的な宰相だったショワズルが罷免されて翌年の1771年、彼は復職してストックホルム（**ストコルム**）の駐在大使となり、74年7月21日、ルイ16世【在位1774-92】によって外務卿に任命される。そして、持ち前の交渉術を発揮して、アメリカ独立戦争にフランスを介入させた。彼はまた1786年、イギリスと重要な通商協定を結ぶよう説いたりもした。15区のヴェルジェンヌ小公園（Square Vergennes）は、1927年から15区にある。

ヴェルシニー Versigny 1863年に正式に命名された18区のヴェルシニー通り（Rue Versigny）は、その最初期の住人のひとりを名祖とする。

ヴェルダン Verdun ヴェルダンはロレーヌ地方ムーズ県の郡庁所在地で、人口1万8000【2014年】。843年、カロリング朝フランク王国の敬虔王ルイ1世【ルートヴィヒ1世（在位814-40）】の死去にともなって、その息子3人による王国分割の条約【ヴェルダン条約】がここで結ばれている。1552年、フランス王アンリ2世【在位1547-59】によって王国に編入されたこの地では、周知のように、第1次世界転戦中の1916年2月から12月にかけて激戦がくりひろげられ、町は壊滅状態に陥るが、戦いはフランスの勝利に終わった。

このヴェルダンの戦いでは、フィリップ・ペタン【1856-1951。のちにフランス第三共和政最後の首相およびフランス国（ヴィシー親独政権）の主席をつとめた（1940-44年）】率いるフランス軍が、「連中を通すな」という合言葉のもと、ドイツ軍の度重なる猛攻を押し返した。パリ10区のヴェルダン大通り（Avenue de Verdun）と17区のヴェルダン広場（Place de Verdun）は、1916年の激戦を記念して29年に命名されている。19区のヴェルダン小路（Passage de Verdun）【1992年までは小路】と10区の小公園（Square de Verdun）は、いずれも1937年の命名である。

ヴェルディ Verdi 1813-1901年。ジュゼッペ・フォルトゥニーノ・フランチェスコ・ヴェルディは、イタリア北部ブッセート近郊のレ・ロンコーレ村に生まれ、ミラノで没した作曲家。若いジュゼッペは生地の教会の老オルガン奏者に音楽の手ほどきを受け、やがてブッセートでプロヴェージという名の教会合唱隊長に学ぶ。1832年からは、複数の支援者をえて、ミラノで本格的な音楽教育を受けるようになる。

その支援者のひとりだったブッセートの商人アントーニオ・バレッツィ【1787-1867。ヴェルディの父親の商売仲間で音楽愛好家。町の若い音楽家たちを支援し、自宅をブッセート交響楽団の拠点としていた】の娘マルゲリータと1836年結婚したのち、ヴェルディはミラノのスカラ座で処女作『オベルト』を初演する。1839年のことである。作品は観衆を熱狂させ、ただちに次回作が

求められるほどだった。

こうしてヴェルディは『一日だけの王様』を発表する【1840年】。だが、ヴェルディが愛妻とふたりの子供を亡くした時期につくられたこのオペラは、その不幸の影響を受けて完全な失敗作に終わった。それに絶望した彼は、音楽の道を諦めようとした。しかし、音楽愛好者にとって幸いなことに、彼は気持ちを切り替え、やはりスカラ座で1842年に『ナブッコ』【原題『ナブコドノゾール』】、43年には『十字軍のロンバルディア人』を初演して大好評を博し、彼の名声を一気に高めた。

それ以後、彼は倦むことなくたえず創作に励んだ。だが、1871年から16年間、ヴェルディは作曲をやめる。彼が再び聴衆の喝采を浴びるには1887年の『オテロ』と93年の『ファルスタッフ』を待たなければならなかった。

一方、ヴェルディは1861年【イタリア統一の年】、下院議員に選ばれ、74年にはヴィットーリオ・エマヌエーレ2世【イタリア王国初代国王（在位1861-78）。→ガリバルディ】から元老院議員に任命されてもいる。

そんな彼の作品としては、ほかに以下がある。『ジョヴァンナ・ダルコ』【1845年】、『海賊』【1848年】、『リゴレット』【1851年】、『イル・トロヴァトーレ』、『トラヴィアータ』【いずれも1853年】、『シチリアの晩鐘』【1855年】、『運命の力』【原典版1862年、改訂版1869年】、『ドン・カルロ』【1867年】、『アイーダ』【1871年】など。彼に捧げられたパリのヴェルディ通り（Rue Verdi）は、1904年から16区にある。

ヴェルテュ Vertus　1548年から知られている3区のヴェルテュ（美徳）通り（Rue des Vertus）には、当時春をひさぐ女性たちが出没していた。つまり、悪徳と美徳が隣り合っていたのだ。それを揶揄して、通りに美徳という名がつけられた。おそらくこの説明で間違いないが、この通りがフィリップ・オーギュスト時代にノートル=ダム=デ=ヴェルテュとよばれていた**オーベルヴィリエ**に向かっていた、ということも

指摘しておくべきだろう。たとえ実際の呼称とは無縁だとしても、である。

ヴェルト Verte　11区のヴェルト小路（Allée Verte）は、隣接するシュマン=ヴェール通りにちなんで命名されている。後者は1868年まで「ヴェルト通り」とよばれていた。「緑」を意味するこの呼称は、そこで野菜の集約栽培が営まれていたことによる。

ヴェルドー Verdeau　9区のヴェルドー小路（Passage Verdeau）は1846年【ないし47年】に命名されている。命名者はジュフロワ小路の企業で、名祖はその企業の一員で、ホテルやレストランの経営に不可欠な、貸リネン会社を創設したヴェルドー氏である。

ヴェルドレ Verderet　16区のヴェルドレ通り（Rue Verderet）は、それが敷設された18世紀初頭、住人のひとりの名にちなんでメロデ（Mérodée）通りとよばれていた。やがてこの呼称は変形してメルデレ（Merderée）となり、さらにメルデレ（Merderet）、そして——おそらくだれかが気の毒に思ったのだろう【merdeには「糞」の意味がある】——、現在のヴェルドレになった。

ヴェルニエ Vernier　1850-1637年。ピエール・ヴェルニエは、スイスと接するドゥー地方のオルナンを生没地とする数学者。ブルゴーニュ伯爵領の造幣局長だったが、とくにヴェルニエは、のちにその名でよばれるようになる測定具【バーニヤ（ヴェルニエの英語読み）副尺】の発明者として知られる。この小さな測定具はより大きな測定器（主尺）とともにもちいて、通常は10分の1ミリの長さを測るものである【ノギスやマイクロメーター、六分儀、気圧計（水柱式気圧計）などの測定値の読取に広くもちいられる】。彼を名祖とする17区のヴェルニ通り（Rue Vernier）は1864年の命名になる。

ヴェルニケ Verniquet　1727-1804年。エドム・ヴェルニケはブルゴーニュ地方北部のシャティイン=シュル=セーヌで生まれ、パリで他界した建築家。1774年にパリに移る前、彼はブルゴーニュ各地に橋や工場、

城館、教会堂などを数多く建設していた。パリではビュフォン【ディジョンで出会い、ヴェルニケにパリで仕事をするよう勧めた】の指揮下で王立植物園、現在のジャルダン・デ・プラントや自然史博物館の建物の修復・新築工事を多数手がけた。

　だが、とくにヴェルニケは、1796年【ないし99年】に発表した72葉からなるパリ市街図の作者として知られる。およそ28年もの歳月をかけて作成したこれは、以後1世紀半のあいだ、パリの地図のモデルとなった。彼の名でよばれるヴェルニケ通り（Rue Verniquet）は、1875年から17区にある。

ヴェルニョー Vergniaud　1853-1793年。ピエール・ヴィクテュルニャン・ヴェルニョーはリモージュ【→リムザン】に生まれ、パリで刑死した政治家。1780年ないし81年、彼はジャン＝バティスト・デュパティ【1746-88年。ボルドー高等法院上席評定官・文人】の後押しで評定官となった。フランス革命が起こると、その思想に共鳴し、1791年、ボルドーを県都とするジロンド県代表として憲法制定国民会議の議員に選ばれ、「陛下」や「王様」といった用語の廃止を訴えてたたえられた。ルイ16世【在位1774-92】の裁判では、しばらくためらったのち、刑の執行猶予を求めることなく、死刑に賛成票を投じた。

　だが、彼は知らなかった。1793年6月2日、【ジロンド派の指導者だったため、山岳派（→ルドリュ＝ロラン）に】逮捕され、10月30日に死刑の宣告を受けた自分が、翌日に処刑されるということを。彼の名を冠した13区のヴェルニョー通り（Rue Vergniaud）は、処刑から1世紀後の1893年からある。

ヴェルヌイユ Verneuil　1640年に開通した7区のヴェルヌイユ通り（Rue de Verneuil）は、当初から、アンリ4世とアンリエット・ダントラグ（1579-1633）の庶子で、サン＝ジェルマン＝デ＝プレ修道院の院長だった、ヴェルヌイユ公アンリ・ド・ブルボンの名でよばれている。

　アンリエットはアンリ4世からその寵愛の見返りとして現金10万エキュとヴェルヌイユ侯爵夫人の称号を受け、さらに1年以内に男子を出産した場合には、正式に結婚をするという約束で、1599年、アンリ4世の愛姫となる。そして、彼女は1年以内に息子、すなわちアンリ・ド・ブルボンを産むが、1600年、国王はマリ・ド・メディシスと結婚してしまう。まさにこれは背信行為そのものとえる。

ヴェルネ Vernet　ヴェルネは有名な画家一族の姓。初代はアントワヌ（1689-1753）。その息子で、アヴィニョンに生まれ、パリで他界したクロード・ジョゼフ（1714-89）は、船に乗っている際、嵐に襲われた。そこで彼はマストに体を縛りつけたたま、嵐に身を預けたという。

　ヴェルネ王朝の3代目、つまりクロード＝ジョゼフの息子カルル（1758-1835）は、ボルドーで生まれ、パリで没している。作品としては、たとえば『マドリード砲撃』、『カルーゼル広場の閲兵式』、『パリのイギリス人』、『粋な兜』【いずれも発表年不詳】などがある。

　その息子、つまり4代目のオラス【1789-1863】はパリを生没地とする。王朝のなかでもっとも名をはせ、前述した祖父の体験を作品にしたのが彼である。最初期は海洋画を描いていたが（1807-14年）、のちに風俗画や戯画を手がけ、さらにみずからのボナパルト主義的な思想に突き動かされて、その英雄の栄光を一連の戦争画に表すようになった。たとえば、『モンミライユの戦い』【1822年】や『ヴァルミーの戦い』【1826年】、『ジェマップの戦い』【1834年】などである。

　1826年に美術・彫刻アカデミー会員に選ばれ、1829年にはローマのフランス学院長【→レオン・ウゼ】になったオラスは、やがて『盗賊の告解』【1830年頃】や『ポンタン湿地での狩り』【1833年】といった純粋な情景画ないし逸話的主題を描くようになる。だが、1830年にルイ＝フィリップが国王に即位すると、オラスは再び英雄

画を発表するようになる。その代表作が
『イエナの戦い』【1806年】や『フリースラ
ントの戦い』【1807年】、『ヴァグラムの戦
い』【1809年】である。

　そして1835年、国王の求めにより、彼
は**ヴェルサイユ宮**を飾るため、コンスタン
ティノポリス（コンスタンティノプル）の
包囲戦を主題とする一連の作品を制作する。
その完成は1842年だった。彼の作品とし
ては、ほかに『スマラ攻略』【1843年】や
『ナポレオン3世の騎馬姿』【1853年】、『ク
リミア戦争の逸話』【1853-56年】、『兄弟た
ちに売られたヨセフ』【1855年】などがあ
る【とくに1848年の6月革命を主題とした
『スフロ通りのバリケード』（1848-49年）を
忘れてはならない】。この一族に捧げられた
ヴェルネ通り（Rue Vernet）は、1864年
からある。

ヴェルポー Velpeau　1795-1867年。アルフ
レッド・アルマン・ルイ・ヴェルポーはパ
リ盆地南西部アンドル＝エ＝ロワール県の
ブレーシュに生まれ、パリで他界した外科
医。鍛冶師の息子だった彼は、はじめて医
学を学んだトゥールの医師たちが提供して
くれた奨学金のおかげで、パリ大学医学部
での学問に打ち込むことができた。1823
年、医学博士号を取得した彼は、1830年
にピティエ病院の外科医となり、32年に
医学アカデミー会員に選ばれる。そして
1833年から67年まで、母校の臨床外科教
授教授をつとめ、42年ないし43年、学士
院【科学アカデミー】会員となる。

　「器用かつ断固たる腕」の持ち主と評さ
れたヴェルポーは、外科医であることはむ
ろんのこと、よくよく考えれば、「シェ
フ・ド・バンド」【「ボス」。字義は「包帯長」】
的な人物でもあった。事実、彼はのちにそ
の名でよばれることになる包帯、すなわち
ヴェルポー包帯の考案者だったからだ。ヴェ
ルポーの著作としては、『手術的医療の
新要素』【1840年】や、『乳房およびその付
近の疾患にかんする論考』【1856年】など
がある。彼を名祖とする7区のヴェルポー
通り（Rue Velpeau）は、1868年に命名さ

れている。

ヴェールボワ Vertbois　3区のヴェールボ
ワ（緑木）通り（Rue du Vertbois）は18
世紀中葉の命名である。呼称は、近くのサ
ン＝マルタン＝デ＝シャン修道院【→サン
＝マルタン】を囲んでいた木々に由来する。
現在の通りは1851年に開通しているが、
敷設当初の長さはより短かった。呼称につ
いては、1313年頃にここに邸館をかまえ
ていた、マテュー・ド・ヴェールボワとい
う人物を名祖とする説もあるが、あきらか
にこの年代は、通りの敷設時期からはあま
りにも遠すぎる。ヴェールボワ通りの近く
には、1863年に命名された同名の小路
（Passage du Vertbois）もある。

ヴェルマンドワ Vermandois　ヴェルマンド
ワは北仏の旧地方名で、ノワイヨネ、ティ
エラシュ、エノー、アルトワ各地方のあい
だに位置する。10世紀、ここを支配して
いたヴェルマンドワ家はフランス最大の伯
爵家だった。1191年、**サン＝カンタン**を
含むこの地方はフランス王国に組み込まれ、
1932年にパリ19区の小公園にその名を残
すことになった。ヴェルマンドワ小公園
（Square du Vermandois）がそれである。

ヴェルムヌーズ Vermenouze　1850-1910
年。アルセーヌ・ヴェルムヌーズ【オック
語アルセーニ・ヴェルメノサ】は、中央山地
西部カンタル地方のイタックを生没地とす
る詩人。自然の景観に対する奥深い感覚の
持ち主だった彼は、処女詩集『エリカの
花』【1896年】をオック語で編んでいる。
彼がフランス語で詩を書くようになったの
は1900年からだった。そうして発表され
た詩集が、たとえば『戸外で』【1900年】
や『私のオーヴェルニュ地方』【1903年。
アカデミー・フランセーズ賞受賞】などであ
る。パリのヴェルムヌーズ小公園（Square
Vermenouze）は、1933年から5区にある。

ヴェルリ Verrerie　4区のヴェルリ通り
（Rue de la Verrerie）は古く1187年に命
名されている。呼称は当時そこにあったガ
ラス工房に由来する。のちに、ガラス絵師
たちの組合がこの通りに移ったが、組合に

は七宝細工師やガラス職人、ロザリオ製造人などがくわわっており、組合規約は1467年に登録された。こうしてヴェルリ通りは、長いあいだ右岸のもっとも重要な通りとしてあった。

ヴェロ゠ドダ Véro-Dodat　1区のヴェロ゠ドダ通廊（Galerie Véro-Dodat）はヴェロ氏とドダ氏を名祖とする。1826年のこと、豚肉加工業者だったふたりはこの通廊で塩漬け食品の店を開くという考えにいたり、ただちにそれを実行に移した。幸運にもここはパリで最初にガス灯が設置される場所のひとつに選ばれ、ふたりの名が通廊につけられた。そして、通廊は大量の大理石とガラスで飾られ、1865年まできわめて賑わった。やがて1980年に改築されたここには、人形修復商や弦楽器商が店をかまえるようになっている【有名な風刺新聞《ル・シャリヴァリ》（→メイヤック）の版元は1937年までここにあった】

ヴェロネーズ Véronèse　1528-88年。パオロ・カリアーリ、通称ヴェロネーゼ（ヴェロネーズ）はヴェローナ【通称の由来】に生まれ、ヴェネツィアで没したイタリアの画家。彫刻家の息子だった彼は、1548年、マントヴァの司教座聖堂の注文ではじめてフレスコ画を制作したのち、1552年にヴェネツィアに移る。そして、サン・フランチェスコ・デッラ・ヴィーニャ教会のために『聖なる会話』を描き、翌年にはヴェネツィア政府から庁舎の「十人委員会の間」のフレスコ装飾を公式に依頼される。

その後、ヴェロネーゼはトレヴィーゾやローマに滞在し【この1560年から2年間のローマ滞在中、ヴェロネーゼはラファエロやミケランジェロの作品に感銘を受けている】、ヴェネツィアに戻る。やがて彼はヴェローナに一時帰郷し、1566年、最初の師匠であるアントニオ・バディーレの娘エレーナと結婚する【1562年から63年にかけて、彼は代表作『カナの婚礼』を描いているが、1573年、この作品が放縦的だとして宗教裁判所から告発され、罰金刑を受けている】。

1575年から77年にかけてヴェネツィア

のドゥカーレ宮【8世紀に建設された旧総督邸・政庁】に飾る『ヴェネツィアの勝利』を制作したヴェロネーゼは、1578年からは、前年に火災で被害を出した同宮殿の装飾を手がけるようになる。だが、それから10年後、彼は肺炎で急逝する。

ヴェロネーゼの作品すべては、その人生自体から導きだされた無数のディテールに満ちており、ブロンド色と銀色を基調とする壮大な建物に囲まれて、当時の人々が数多く描き出されている。このヴェネツィア派の巨匠の作品としては、さらに以下がある。『聖母の戴冠』、『エマオの巡礼者たち』【いずれも1555年】、『川から救い上げられるモーセ』【1570-80年】、『レヴィ家の饗宴』【1573年】、『パリサイ人シモンの家の食事』【176年】、『老人と少女』【制作年不詳】。パリ12区のヴェロネーズ通り（Rue Véronèse）は、1867年からある。

ヴェロン Véron　18区のヴェロン通りとシテ・ヴェロン（Rue / Cité Véron）は、1809年から30年までモンマルトル区長をつとめ、63年に他界したヴェロン氏を名祖とする。彼を他のふたりのヴェロン氏と混同してはならない。そのひとりは医師でジャーナリストのルイ゠デジレ・ヴェロン（1798-1867）である。「ドクトゥール・ヴェロン」の名で知られる彼は【咳止め泥膏で巨利をえていた】、1829年、《ルヴュー・ド・パリ》誌を創刊している【1970年廃刊】。

この医師【1823年、医学博士号取得】は医学雑誌にさまざまな論文を書いたあと、政治論文をものしたり、パリ・オペラ座の支配人をつとめたりした【1833-35年】。そして、1838年、再び政治に戻って《ル・コンスティテュショネル（立憲主義者）》【1815年に創刊されたフランス最初の政治紙】を共同で復刊している。

もうひとりのピエール・ヴェロン（1833-1900）はパリを生没地とするジャーナリスト・文学者で、《ルヴュー・ド・パリ》に協力し、1865年から《ル・シャリヴァリ》【→ガヴァルニ】の主幹をつとめた。『愉しむパリ』【1861年】や『恋するパリ』

【1864年】などの著作がある。

ヴォーヴィリエ Vauvilliers 1737-1801年。ジャン＝フランソワ・ヴォーヴィリエはパリ盆地南部のノワイエ＝シュル＝シェールに生まれ、サンクト＝ペテルブルク（**サン＝ペテルスブール**）で没したギリシア学者。1766年からコレージュ・ド・フランス教授をつとめ、72年に碑文・文芸アカデミー会員となった彼は、フランス革命期にパリ市庁舎の市史に転身し、食糧難に苦しむ市民たちのため、食料の調達に奔走した。

やがて五百人会【革命暦３年の憲法で定められた下院（1795-99年）】の議員となるが、フリュクティドール（実月）18日【1797年９月４日に総裁のバラスらが政府から王党派を追放したクーデタ】の際、強制移送者リストにその名が載せられた。だが、彼は逮捕される前に国境を越え、ロシアに亡命して、生涯を終えた。ギリシア学者としての著作には、たとえば『ピンダロス論』【1772年】がある。彼に捧げられたヴァーヴィリエ通り（Rue Vauvilliers）は、1864年から１区にある。

ヴォーヴナルグ Vauvenargues 1715-47年。ヴォーヴナルグ侯のリュク・ド・クラピエは、南仏の**エクス**に生まれ、パリで没したモラリスト。18歳で軍隊に入り、イタリア遠征（1733-36年）やボヘミア遠征（1741-43年）に従軍した彼は、1743年、プラハ（**プラグ**）からの退却時に足が凍傷にかかり、軍籍を離れる。そこで外交官の道を模索するが、不幸にして天然痘に襲われ、断念を余儀なくされた。やがてほとんど失明状態になり、文筆の世界に入る。

1745年、彼はパリに居を移して**ミラボー**や**ヴォルテール**、**マルモンテル**らと頻繁に交流するが、極度の貧困を抜け出すことはかなわなかった。それでも1746年、『省察と箴言』【原題は『人間精神認識のための序論、種々の問題にかんする省察、若き友への忠告、数人の詩人にかんする批評的省察、散文作家にかんする断章、信仰についての瞑想、祈り、箴言』、内藤濯訳、創元社】を上梓する。先人たちとは異なり、彼は熱情の万能さと価値、そして徳性を信じていた。

ヴォーヴナルグは言っている。「魂のもっとも偉大な完成は、喜べるというところにある」、「それを愉しめないかぎり、蓄財は誤りである」、「人を喜ばせる術とは、騙す術である」、「怠惰な者たちはつねに何かをしようと望んでいる」、「精神の力強さを保つには、身体の力強さを維持しなければならない」、「活力を思えば、活力がます」。だが、彼の人生は短かった。その名がついた18区の**ヴォーヴナルグ**通り（Rue Vauvenargues）は1875年、同名のヴィラ（Villa Vauvenargues）は1934年に命名されている。

ヴォーカンソン Vaucanson 1709-82年。ジャック・ド・ヴォーカンソンはグルノーブルに生まれ、パリで没した技師。その一部が今もパリ国立工芸院に展示されているじつにみごとな自動人形（オートマタ）の発明者でもある。彼は1728年にパリに移り、解剖学や音楽、力学などを学んだ。そして1738年、有名な「フルートを吹く自動人形」を科学アカデミーに提出する。さらに彼は、「タンブランとガルベを奏でる自動人形」【タンブランとガルベは南仏プロヴァンス地方の民俗舞踊「ファランドール」でもちいられる伝統的な楽器で、前者は長い太鼓、後者は３孔の小さな縦笛。演奏者はタンブランを左手、ガルベを右手に持って同時に奏する】や、穀粒をついばんで飲み込む「アヒルの自動人形」を製作する。

一方、ヴォーカンソンはまた**マルモンテル**の戯曲『クレオパトラ』の上演用に、このエジプト女王の胸の上でしゅうしゅうと不気味な鳴き声をあげる毒蛇アスプの自動人形も作っている。そして1741年、絹織物業監査官に任命され、世界初の完全自動織機を考案した。1748年、科学アカデミー会員となった彼の名【貴族の出自を示す「ド（de）」は、このアカデミーによってつけられた】は、1817年に命名された区のヴォーカンソン通り（Rue Vaucanson）に残っている。

ヴォクザル Wauxhall 18世紀のこと、ヴォ

クスホール（ヴォクザル）という名のイギリス人実業家が、テームズ川南岸、ロンドン近郊のケンジントン地区に舞踏会場を含むさまざまなアトラクション施設をそなえた公園をつくった。この公園は大盛況で、ロンドンの上流階級はこぞってここに幾度も足を運んだ。1764年、今度はイタリア人の花火師トーレが現在のルネ＝ブーランジェ通り48番地に「夏のヴォクスホール」を開き、花火やイルミネーションをもちいたスペクタクルを催すようになる。

さらに時期を同じくして、やはりイタリア人の花火師ルッジェーリが、サン＝ジェルマン大市【1176年、サン＝ジェルマ＝デ＝プレ修道院の所有地で始まった定期市で、原則的に毎年2月1日、より正確にいえば2月の第1週からカルナヴァル期間をはさんで、枝の主日、つまり復活祭直前の日曜日まで開かれた。→サン＝ローラン】の期間中に「冬のヴォクスホール」を開設した。1777年、ルッジェーリのヴォクスホールは放棄され、トーレのそれも解体されてしまうが、トーレは1785年に旧サムソン通り、のちのドゥアヌ通り——現在の10区のレオン・ジュオー通り——で「夏のヴォクスホール」を復活させる。しかし、この遊興施設も1841年に姿を消し、跡地にシテ・ヴォクザル（Cité Wauxhall）建設された。

ヴォークラン Vauquelin 1763-1829年。ルイ・ニコラ・ヴォークランは北仏カルヴァドス地方、硬質チーズで有名なポン＝レヴェックに近いサン＝タンドレ＝デベルトーを生没地とする化学者・薬剤師。1792年に薬剤師の資格をえた彼は、パリの鉱山学校を皮切りに、国立理工科学校（エコール・ポリテクニーク、1795年から）やコレージュ・ド・フランス（1801年から）で教鞭をとった。さらに1803年には学士院会員およびパリ薬学校【のちのパリ大学薬学部】の校長、翌年には自然史博物館教授、そして国立中央工学校の評議員になった。

こうして彼は確実に重責をこなしてきたが、1822年、あまりにも自由な意見の持ち主だとされて失脚を余儀なくされてしまう。それから5年間逼塞していた彼は、1827年、カルヴァドス県選出の代議員となる。

一方、化学者としての彼は、フルクロワとともに、水素ガスの燃焼による水の組成や尿素の研究、動植物の結晶体【アスパラギン、リンゴ酸、ショウノウ酸、キナ酸など】の発見・分析などにかんする論文を50本以上発表している。また、単著には昆虫や白色血液動物の呼吸や頭髪の分析、脳や脊髄、神経の構成成分などについての著作がある。ちなみに、バルザックは『セザール・ビロトー』【1837年】のなかで、「奇蹟」の頭髪オイルを求める顧客から保証金を巻き上げる主人公セザールのことを描いている。この化学者の名を冠したヴォークラン通り（Rue Vauquelin）は、1864年から5区にある。

ヴォークリューズ Vaucluse 17区のヴォークリューズ小公園（Square de Vaucluse）は、1932年、アヴィニョンから25キロメートルの村ファオンテーヌ＝ド＝ヴォークリューズから湧き出る有名な泉にちなんで命名されている。源流はアヴィニョン北東に位置するソルグの、白い巨岩の下に開いた深さ51メートルの淵にある。湧出量は平均で毎秒13立方メートル。アヴィニョンに住んでいたペトラルカ（ペトラルク）は、そのみごとな詩のなかでこの泉をたたえ、恋人ラウラへの愛と風景の美しさを交錯させている。

ヴォークルール Vaucouleurs ロレーヌ地方西部ムーズ県の郡庁所在地であるヴォークルールは、とくにジャンヌ・ダルクがこの地の守備隊長ロベール・ド・ボードリクール伯に、シャルル7世【国王在位1422-61。→ジャック・クール】を援護する計画をもちかけ、最初は一笑に付されたが、のちにその援助をえたことで知られる。ヴォークルールはまたデュ・バリ夫人【1743-93。ルイ15世の愛妾として政治を牛耳り、フランス革命で処刑される】の生地でもある。パリのヴォークルール通り（Rue de

Vaucouleurs）は、1873年から11区にある。

ヴォージュ Vosges 3区と4区のあいだに
あるヴォージュ広場（Place des Vosges）
は、フランス北東部の県名を冠している。
この県が、1800年、革命政府から課され
た租税を全国の県に先駆けて完納したから
である。1604年、**アンリ4世**によって建設
されたこの広場は、1605年当初はロワイ
ヤル広場、ついで1792年にフェデレ（連
盟）広場、93年にはアンディヴィジビリ
テ（不可分性）広場と名を変えた。さらに
ヴォージュ広場となってからも、1814年
には再度ロワイヤル広場、31年にヴォー
ジュ広場、52年にまたロワイヤル広場へ
と改称し、現在の呼称に最終的に落ち着い
たのは70年のことである。

　これはトゥルネル城館の跡地に敷設され
た矩形の広場で、周りをレンガや切り石で
できた建物に囲まれている。これらの建物
の1階部分は、広場をとり囲むアーケード
となっている。広場の中央にはルイ13世
の騎馬像がたっているが、現在のものは
1819年製。最初の像は1639年につくられ
たが、革命期に撤去された。この広場に面
した家には著名人が数多く住んでいた。**リ
シュリュー枢機卿**や**マリオン・ドロルム**
【1613-50。リシュリューなど、当時の高官た
ちと愛人関係にあった高級娼婦】、**ヴィクト
ル・ユゴー**【旧宅が現在ユゴー博物館となっ
ている】、**テオフィル・ゴーティエ、セヴ
ィニエ夫人**などである。

ヴォージュラ Vaugelas 1595-1650年。ペ
ルージュ男爵でヴォージュラ領主だったシ
ャルル・ファーヴルは、ローヌ＝アルプ地
方のマキシミューで生まれ、パリで他界し
た文法家。少年期にパリに出た彼は、ガス
トン・ドルレアン公（オルレアン）に仕え、
やがてその侍従となる【それ以前、彼はカ
トリック神秘家・ジュネーヴ司教で、1610年、
フランス東部のアヌシーに聖母訪問会（女子
サレジオ会）を創設した、聖フランソワ・ド
＝サル（1567-1622）からフランス語にかか
わる薫陶を受けている】

　1639年、リシュリューはドルレアン公

のもとを去っていたヴォージュラ【イタリ
ア語やスペイン語に堪能だった彼は宮廷通訳
として働き、そのフランス語の文法知識も高
い評価を受けいた】に、2000リーヴルの年
金を下賜する条件で、アカデミー・フラン
セーズの辞書の編纂に協力するよう求めた。
そして1647年、ヴォージュラは『フラン
ス語にかんする覚書』を上梓し、以後この
書はかなり長いあいだフランス語の規範文
法書としての権威を有することになる。

　だが、彼はその生涯において経済的な困
窮とたえず闘わなければならず、債権者た
ちから幾度となく財産の差し押さえも受け
た。そうした苦境が改善したのは、カリニ
ャン公爵家の養育掛になってからだが、そ
れは死の少し前のことだった。1634年か
らアカデミー・フランセーズ会員だったヴ
ォージュラは言っている。「几帳面さも魅
力だが、不器用さの魅力というものもまた
ある」。この文法学者の名を冠したヴォー
ジュラ通り（Rue Vaugelas）は、1865年
から15区にある。

ヴォージラール Vaugirard 1860年にパリ
に編入された郊外の旧ヴォージラール村は、
かつてはヴァル＝ボワトロンないしヴォー
ボワトロンとよばれていた。ボワトロンと
はあきらかに人物名である。この村は**サン
＝ジェルマ＝デ＝プレ修道院**の所領で、13
世紀中葉、ジェラールないしジラールとい
う名の司祭が、ヴァル＝ボワトロンに修道
士用の養老院と礼拝堂を建てた。これによ
り、そこはヴァル＝ジラール【字義は「ジ
ラールの谷」】、ついでヴォージラールと改
称された。

　14世紀に入ると、わずか400人だけの富
裕者が住むようになったヴォージラールは、
さほど重要ではない村のイメージとして引
き合いに出されるようになる。たとえば**フ
ランソワ1世**は、カール5世【神聖ローマ
皇帝在位1519-56】との書簡に、冗談交じ
りに「フランス国王、ヴォージラール伯」
と署名していた。

　一方、書くのが苦手な人間は「ヴォージ
ラールの書記」とよばれてもいた。書記の

事務所があまりにも狭すぎて、ペンを持つことさえ難渋していたことに由来する慣用句である。さらに、村の小ささからくる洒脱な表現もあった。「ヴォージラールの議員たち、彼らはひとりである」。1830年、村の一部だった**グルネル平原**は別の村として独立し、前述したパリ編入時にはこの両村が一緒になって15区を形作ることになった。

6区から15区にかけて走るヴォージラール通り（Rue de Vaugirard）は、パリの動脈としてはもっとも長く、いうまでもなくかつてのヴォージラール村に通じていた。命名は1355年。ただし、現在の道筋になったのは1911年である。5区の同名の大通り（Boulevard de Vaugirard）は、旧村の近くを通ることにちなんで、1911年に命名されている。

ヴォードルメール Vaudremer 1829-1914年。ジョゼフ・オーギュスト・エミール・ヴォードルメールはパリに生まれ、南仏アンティーブで没した建築家。1859年、建築部門でローマ大賞をえた彼は、59年までローマに滞在した。パリに戻ると、1860年、パリ市専属建築家となり、サンテ監獄【1861-67年】やサン＝ピエール＝ド＝モンルージュ教会【1865-92年】を建てる。そして1867年、美術・彫刻アカデミー会員に選ばれ、**モンパルナス墓地のピエール・ラルース**の墓碑やノートル＝ダム・ドートゥイユ教会【1877-92年】、さらにパリ南東郊のシャンピニーに、戦没者記念碑を建立してもいる。彼にちなんで1934年に命名されたヴォードルメール通り（Rue Vaudremer）は、19区にある。

ヴォーバン Vauban 1633-1707年。ヴォーバン侯セバスチャン・ル・プレストルは、ブルゴーニュ地方のサン・レジェ・フォーシェレ村で生まれ、パリで没した軍事技術者・経済学者。貧しい貴族家の出である彼は、10歳のときに孤児となり、村の主任司祭が彼に初歩的な教育を施し、見返りとしてヴォーバン少年は司祭の下働きをした。

1651年、彼は**コンデ公の軍隊**の将校だった村出身の貴族の部下となり、やがて要塞建設に任務につく。だが、1653年、国王軍に捕らえられ、枢機卿**マザラン**のもとに連行される。そこで枢機卿から釈放の条件として国王軍に仕えるよう説得され、**テュレンヌ**元帥の連隊に要塞築城将校として配属される。それから2年後の1655年、彼は王室お抱えの技術士官に任命され、1569年までフランドル戦線で重要な枠割を担った。

1667年【**ネーデルラント継承戦争**】、ヴォーバンは北仏のドゥエやリール、トゥルネの攻囲戦を指揮し【わずか9日でこれらの町を陥落させた】、やがて陸軍大臣**ルーヴォワ**と財務総監**コルベール**から各地の要塞建設を託される。そして1676年、ルーヴォワから軍事技師隊の編成を許されたヴォーバンは、1677年、要塞総監に叙せられる。

1679年のニメーグ講和条約締結【オランダ継承戦争を終わらせた】のあと、彼は北は**ダンケルク**、南はピレネー＝オリアンタル地方までを大規模な要塞のネットワークで結ぶ。それはマジノ線【→ヴェルダン】に勝るとも劣らないものだった。そして1684年、彼はルクセンブルクを奪取し【オスマン帝国による第2次ウィーン包囲に乗じて、フランス軍がスペイン領ネーデルラントに侵攻した】、この町を難攻不落な要塞に変えた。

1699年、科学アカデミー会員に推されたヴォーバンは、1703年、元帥に叙される。1667年から1707年まで、彼は300余の要塞を強化しただけでなく、あらたに90もの要塞を築き、53の攻囲戦を指揮して勝利をおさめている。忘れてならないのは、彼がサン＝トメール運河やオンフルール埠頭を建設したということである。さらに、その軍事技師としての才能にくわえて、とくに晩年には経済にも強い関心をいだいた。民衆の悲惨な状況に心を動かされたからである。

こうしてヴォーバンは『王室の十分の一税』を著し、それまでの恣意的な税に替えて、タイユ（人頭）税のような、国王のす

べての臣民に平等に課される税を説いた。1707年に上梓されたこの書は、しかし高等法院から批判され、【国王の怒りも買って】禁書処分となり、ヴォーバンは失脚した。【ほかに『要塞攻囲論』（1703年）などの著作もある】。彼の名は、パリ7区の広場に残っている。1780年の命名になるヴォーバン広場（Place Vauban）である。

ヴォリュビリス Volubilis 1928年に開通した13区のヴォリュビリス（ヒルガオ）通り（Rue des Volubilis）は、4本の通りの総称で、詩人の資質をそなえた地主たちによって命名されている。

ヴォルガ Volga ヴォルガ川はロシア連邦の西部を流れる大河である。ヴァルダイ丘陵【モスクワとサンクト＝ペテルブルクの中間】の海抜225メートルを源流とし、ヤロスラヴリ、ゴーリキ、カザン、サラトフ、ヴォルゴグラード、アストラハンといった都市を潤して、カスピ海へそそぐ。全長3690キロマートルのこの川は重要な内陸水路で、ヴォルガ＝バルト運河によって白海とバルト海、ヴォルガ＝ドン運河によってアゾフ海と黒海を結んでいる。

パリの20区にあるヴォルガ通り（Rue du Volga）は1877年に命名されている。当時、通りが現在は姿を消しているカスピ小路に続いていたからである。ちなみに、Volgaとはロシア語では女性形だが【フランス語の文法ではRue de la Volgaとなる】、ここでは例外的に男性形となっている。

ヴォルタ Volta 1745-1827年。アレッサンドロ・ジュゼッペ・アントニオ・アナスタージオ・ヴォルタ伯爵は、イタリア北部のコモを生没地とする物理学者。1774年、コモ国立ギムナジウム物理学教授となった彼は、電気に関心を抱き、電気盆（静電誘導を利用して電荷を集める装置）を改良する【1775年】。さらに1776年には検電計や電気仕掛けの拳銃を考案してもいる。翌1777年、彼はスイスのベルンに晩年のアルブレヒト・フォン・ハラー【1708-77。スイスの生理学者・解剖学者・医師・植物学者。主著に『人体生理学原論』（8巻、1757-66年）

がある】、ジュネーヴ北方のフェルネにやはり晩年のヴォルテールを訪ねている。同じ年にはまた、あらゆるものに興味をもっていたことの証拠として、彼は同胞にジャガイモをもたらしてもいる【当時ジャガイモは瘰癧（結核性頚部リンパ腺炎）やハンセン病を引き起こすと疑われていた。なおそれをフランスに普及させたのはパルマンティエである】

やがて1779年から1819年までパヴィア大学で実験物理学の教授をつとめるようになるヴォルタは、1780年から82年にかけてフランスを訪れ、その間、ラヴォアジエやラプラスとともに、空中（気象）電気の原因を突き止めている。1800年、彼はのちに自分の名がつけられる電池を発明する。翌1810年、ナポレオンは自分を崇拝していたヴォルタをフランスに招き、年金を下賜すると同時に、イタリア王国の伯爵・元老院議員に任じる。

だが、1819年、パドヴァ大学教授職を辞したのを機に、彼は学問や学者との関係をすべて断ち切り、以後、生地で静かな余生を送るようになる。そんな彼の業績を記念して、電圧の基本単位（ボルト）に彼の名がつけられたのは、1881年のことである。パリのヴォルタ通り（Rue Volta）は、1851年から3区にある。

ヴォルテール Voltaire 1694-1778年。フランソワ＝マリ・アルエ、通称ヴォルテールは、パリを生没地とする文学者・思想家。1704年から1711年までイエズス会のリセ・ルイ＝ル＝グランに学び、フリーメイソンのメンバーとも頻繁に交流していた。1717年5月、彼は自分が書いたものではない風刺文の作者としてバスティーユ牢獄に1年近く投獄される。この期間を利用して、彼はアンリ4世に捧げた叙事詩『アンリアド』【発表は1723年】や出世作の韻文悲劇『オイディプス』【1718年の初演以後、45回上演された】を書く。

だが、1726年4月、ヴォルテールの風刺詩にかねてより不満をいだいていた、シュヴァリエ・ド・ロアンとの諍い【このロ

アン公の息子ギ=オーギュスト・ド・ロアン=シャボ（1683-1760）が、コメディー=フランセーズ座でヴォルテールの名をからかったことから口論になり、ついにはシュヴァリエによる殴打事件にまで発展した】によって、彼は再びバスティーユに投獄されてしまう。幸い世論を味方につけたヴォルテールはすぐに釈放され、同年5月、イギリスへ向かう。そして、3年間ロンドンに滞在し、1729年に帰国する。

1730年代になると、彼は悲劇を数作書き──『ブルータス』【1730年】、『ザイール』【1732年】、『カエサルの死』【1736年】など──、『カール12世伝』【1731年】や『哲学書簡』【1734年。地下出版だったにもかかわらず、ヨーロッパ各地で2万部が流布したとされる】を上梓する。しかし、この書簡集はパリ高等法院の裁決によって焚書の対象となり【25通の書簡形式で、宗教と科学、芸術、政治、哲学（とくにパスカルの）などにかんして、フランスよりもイギリスの方がはるかに優れていると主張したため】、再び自由を拘束されそうになる。

そこでヴォルテールはまずオランダに逃れ、その後ロレーヌ地方のシレに邸館をかまえていた、愛人のシャトレ夫人ことエミリー・デュ・シャトレ【1706-49。数学者・物理学者・文学者。とくにニュートンの『自然哲学の数学的諸原理』（1687年）の仏訳者として知られる】のもとに身を寄せる。ここでの滞在中、彼は文学作品の執筆とともに、数学や物理学の研究に熱心にとり組んだ【『ニュートン哲学要綱』（1738年）はこの時期に編まれている】

1745年、最終的にパリの戻ったヴォルテールは、翌年、アカデミー・フランセーズの会員に選出される。それから2年後の1747年、パリ南郊のソーにあったメーヌ公爵夫人【1676-1753。大コンデ公の孫娘。王位継承を夫に教唆し、ルイ15世の摂政オルレアン公フィリップに対する陰謀を企てるが、失敗して投獄される。釈放後、ソーの城館でサロンを開き、多くの文人墨客を招いて、「ソーの小宮廷」を主宰した】の城館に住むよう

になる。

1750年、ヴォルテールはかねてより彼を高く評価していたプロイセンのフリードリヒ大王【フリードリヒ2世（在位1740-86）】の招きに応じて、ベルリンを訪れる【以後、没年の1778年まで、彼はパリに戻ることはなかった】。だが、まもなくフリードリヒ大王と仲たがいした彼は、身の危険を感じて1753年にベルリンを去り、【一時、アルザス地方のコルマールやジュネーヴ近郊のデリスで逃亡生活を送ったのち】、ジュネーヴ北方のフェルネに城館を購入する【1759年】

彼はここで23年間暮らしながら、『カンディード』【1759年】や『タンクレッド』【1760年】、『寛容論』【1763年】、『哲学辞典』【1764年】、『ばか正直』【1767年】、『バビロンの王女』【1768年】、『ホラティウスへの書簡』【1772年】、『イレーヌ』【1778年】、さらに大量の風刺文を発表している。

そして晩年の1778年、ヴォルテールは悲劇『イレーヌ』の上演を観劇するため、パリに戻る。観衆は彼を熱狂的に迎え、その胸像を舞台に上げ、歓呼の声とともに飾り立てた。それからまもなく、彼は他界する。彼の遺骸はシャンパーニュ地方のサリエール大修道院に埋葬された【パリの教会から彼が反カトリックだったとして埋葬を拒まれたため、その遺骸はヴォルテールの甥が修道院長をしていたこの修道院にひそかに運ばれた】。だが、フランス革命中の1791年、遺骸はパリのパンテオンに厳かに移された。心臓だけは今もフェルネに安置されている。

ヴォルテールは宗教的な不寛容と闘い、個人の自由を唱え、社会の進歩を訴えた。当時のあらゆる人々にあたえた彼の影響は計り知れない。彼は言っている。「神が私を友人たちから守り、敵に対する場合は、私自身がそれを請け負う」、「地上の楽園とは、私がいる場所である」、「些事にこだわるのは不幸だ」、「真実を愛せ。だが、過ちを許せ」、「他人の秘密を暴露するのは裏切りであり、自分の秘密を明かすのは愚行である」、「老いても死なない医師ほど愚かなも

のはない」、「際限のない卑下は際限なく大きな傲慢である」、「人間は開明的になればなるほど自由になる」

　この偉大な文学者・思想家は、パリの各所にその名を残している。11区のヴォルテール大通り（Boulevard Voltaire）は1870年から、ヴォルテール通り（Rue Voltaire）は83年から、シテ・ヴォルテール（Cité Voltaire）は71年からある。また、16区のヴォルテール袋小路（Impasse Voltaire）は1840年からあり、6区と7区を結ぶヴォルテール河岸通り（Quai Voltaire）はマラケ河岸通りから切り離された1791年、その通りの建物（27番地）で彼が息を引き取った【1778年5月30日】ことを記念するために命名されている。

ヴォルネ Volney　1757-1820年。ヴォルネ伯コンスタンタン・フランソワ・ド・シャスブフは、フランス西部アンジュー地方のクランに生まれ、パリで他界した思想家・政治家。最初法学や医学を学ぶが、やがて古典語や旅行に強い関心をいだくようになる。こうして彼はレバノンに旅し【1782年】、コプト派の修道院で8か月間アラブ語を学び、それからエジプトとシリアを訪れる。1795年に帰国すると、彼は旅の印象記をまとめ、187年、『エジプト・シリアへの旅』として上梓する。そして1789年、全国三部会に第3身分の代表として参加し、憲法制定国民議会の事務局長をつとめた。

　1793年、ヴォルネは恐怖政治下で投獄された。だが、翌年、国民教育委員会のメンバーとなり、高等師範学校で歴史学を教えるようになる。ナポレオンから統領政府に参画し、さらに内務大臣にしたいとの申し出も受けたが、ヴォルネはそれを固辞している。ただ、帝政期には自由思想を標榜しながら元老院議員をつとめた。復古王政期には、ルイ18世【国王在位1814-15／1815-24】から貴族院議員に任命されてもいる。

　彼の著作としては、ほかに『ヘロドトス年代記』【1781年】や『新古代史研究』【1808年】、『諸言語にかんする哲学的言説』【1820年】などがある。1795年にアカデミ

ー・フランセーズ会員となった彼の名は、1879年から2区のヴォルネ通り（Rue Volney）に残っている。

ヴォロンテール Volontaires　15区のヴォロンテール通り（Rue des Volontaires）は、1791年に編成された国民衛兵をたたえて、1884年命名されている。フランスを外国軍の侵略から救った彼らの勇気は、当時は伝説的なものとなっていた。とくに彼らはドイツ・マインツの戦い【1792年10月、第1次対仏大同盟戦争】やアルザス地方北部のウィサンブールの戦い【1870年8月、普仏戦争】において、目覚ましいまでの活躍をした。そのもっとも栄光に満ちた指揮官は、オシュ将軍である。

　1884年以前、ヴォロンテール通りはごく素朴にヴォロンテール小路とよばれていた。しかし、通りがなおも小路でしかなかった1822年、隣接する土地の地主たちが、ファルギエール通りをヴォージラール通りを結びつけるため、所有地の一部を「自発的」に提供したのである。この通りが1822年の小路より長い現在の道筋となったのは、1882年のことである。

ウジェニー・エブエ Eugénie Éboué　レジスタンス活動で知られたこの女性は、1977年にパリのその名が冠せられている。12区のウジェニー＝エブエ通り（Rue Eugénie-Éboué）である。

ウジェニー・コットン Eugénie Cotton　1976年、パリの通りに女性の地位向上運動のきわめて有能なこの活動家の名がつけられた【ウジェニー＝コットン通り（Rue Eugénie-Cotton）は19区にある。なお、コットン（1881-1967）は第2次世界大戦中、反ファシズム運動にかかわったため、ポワティエの高等女子師範学校校長の座を追われたが、全仏女性連合の創立（1944年）に参加し、1945年にはみずからが創設した創国際女性民主同盟の会長に就任している】

ウジェニー・ルグラン Eugénie Legrand　1898-1933年。ウジェニーは殉職した女性看護師。20区のウジェニー＝ルグラン通り（Rue Eugénie-Legrand）は、1934年

ウシエヌア

に命名されている。

ウジェーヌ・アジェ Eugène Atget 1857-1927年。「パリの写真家」とよばれたアジェは、パリ市内のいわゆる悪場所ではなく、歴史的な場所にレンズを向け、その作品は当時の貴重な証言となっている【とくに人影のないパリを被写体とした非現実的な写真は、のちのシュールレアリストたちから高く評価された】。13区には彼の名が残っている。1978年に命名されたウジェーヌ＝アジェ通り（Rue Eugène-Atget）がそれである。

ウジェーヌ・アトン Eugène Hatton 1851-1918年。12区のウジェーヌ＝アトン小公園（Square Eugène-Hatton）に名を残すアトンは、マダム・ジュール・ルボーディ財団の共同創立者【1899年】。この財団は低家賃住宅の先駆けとなる集合住宅を建設した【ジュール・ルボーディ（1828-92）は金融家で、ヴォードヴィル座の座主。1900年から13年までに労働者向けの集合住宅をパリ市内に8棟建てている】

ウジェーヌ・ヴァルラン Eugène Varlin 1839-71年。製本職人のウジェーヌ・ヴァルランは、パリ・コミューン（コミュヌ・ド・パリ）のメンバーだった【社会主義者で第1インターナショナルにもくわわっていた彼は、「血の週間」（→エドワール・ヴァイヤン）の最終日、ヴェルサイユ軍に捕まり、銃殺された】。10区のウジェーヌ＝ヴァルラン通り（Rue Eugène-Varlin）は、1910年、彼をしのんで命名されている。

ウジェーヌ・ウディネ Eugène Oudiné 1810-87年。パリに生まれ、没した彫刻家でメダル彫刻師のウジェーヌ＝アンドレ・ウディネは、1837年、『傷ついた剣闘士』でセンセーションを引き起こしている。当初はパリの証紙局、ついで造幣局で短期間ながら版画家として働いた。彫刻家としての作品にはリュクサンブール公園にあるベルト王妃【シャルルマーニュの母】の像やヴェルサイユ宮のルイ8世像、ルーヴル美術館のビュフォン像など、メダルの彫刻としてはオルレアン公やインケルマンの戦い、

ナポレオン3世の戴冠式などがある。13区には1934年からウジェーヌ＝ウディネ通り（Rue Eugène-Oudiné）がある。

ウジェーヌ・カリエール Eugène Carrière 1849-1906年。ウジェーヌ・カリエールはパリ北東グルネ＝シュル＝マルヌ出身の画家。パリの高等美術学校（ボザール）でアレクサンドル・カバネルに師事したが、学校の影響からすみやかに脱し、とくに子供のメランコリックな表情をみごとに描いた。作品としては『若い母』【1879年】や『病気の子供』【1885年】、『母性』【1890年頃】がある。パリ市庁舎（オテル・ド・ヴィル）【やソルボンヌ】の装飾を手がけたのも彼である。18区のウジェーヌ＝カリエール通り（Rue Eugène-Carrière）は1907年からある。

ウジェーヌ・クロディウス＝プティ Eugène Claudius-Petit ウジェーヌ・クロディウス＝プティ、本名ウジェーヌ・プティは1907年にブルターニュ地方のアンジェにうまれ、89年にパリで没したレジスタンスの活動家で政治家。全国抵抗評議会の創設【1943年】に参加し、1946年から78年まで政治の世界に身を置いた。レジョン・ドヌールのコマンドゥール（司令官）勲賞や解放コンパニョン、1939-45戦争十字賞（2度）、レジスタンス勲章、社会功労コマンドゥール賞などの佩綬者。14区のウジェーヌ＝クロディウス＝プティ広場（Place Eugène-Claudius-Petit）は、比較的最近の2004年に命名されている。

ウジェーヌ・ジベ Eugène Gibez 15区のウジェーヌ＝ジベ通り（Rue Eugène-Gibez）は、1883年にそれが敷設された土地の旧地主にちなんで命名されている。

ウジェーヌ・シュ Eugène Sue 1804-57年。ウジェーヌ・シュー（シュ）はパリに生まれ、フランス中東部オート＝サヴォワ県のアヌシーで他界した作家・医師。名付け親はウジェーヌ・ド・ボーアルネ【1781-1824。ナポレオン1世の養子でイタリア副王（在位1805-14）。妹のオルタンス・ド・ボーアルネはナポレオン3世の妃】と、その母ジ

ョゼフィーヌ【1763-1814。ナポレオン1世の第1王妃】だった。シューの人生はこうして恵まれた形で始まる…。

21歳のとき、父の命で軍艦の筆頭外科医となったシューは、6年のあいだ航海にくわわってその任務を果たし、のちにそこでの多くの経験や印象が想い出として書かれることになる。1829年、海兵隊での無為の日々に見切りをつけて除隊し、創作活動に入る。そして、最初は社交界を描いた小説を何作か発表して成功するが、社交界のささやかな秘密を暴露しすぎたため、この優雅な世界との絆が断ち切られる。やがて彼のインスピレーションは人間の恥辱や悲惨さ、苦悩を主題とするようになる。

シューの作品としては、以下がある。「ジェントリー（上流階級）」との断絶を扱った『マチルド』【1841年】、『テレーズ・デュノワイエ』、『ポーラ・モンティもしくはホテル・ランベール』【いずれも1842年】、日刊紙の《デバ（論争）》【1798年の全国三部会時に創刊され、1944年に廃刊】に連載した『パリの秘密』【1843年。江口清訳、集英社「世界の名作」別巻2】、『民衆の秘密』【1857年。遺作】など。彼の名を冠したウジェーヌ＝シュ通り（Rue Eugène-Sue）は、1885年から18区にある。

ウジェーヌ・ジュマン Eugène Jumin 19区のウジェーヌ＝ジュマン通り（Rue Eugène-Jumin）は、1911年にこの通りが敷設された土地の所有者にちなんで命名されている。

ウジェーヌ・スピュレール Eugène Spuller 1835-96年。フランス中東部コート＝ドール県のスールに生まれ、同県のソンベルノンに没した政治家。父は食肉処理業者だったが、ウジェーヌはその跡を継がなかった。1862年、パリの弁護士会に登録して**ガンベッタ**と知り合い、1871年、その片腕として《レピュビリク・フランセーズ（フランス共和政）》紙の創刊に協力する。やがて1876年にはセーヌ県、85年にはコート＝ドール県選出の下院議員となった彼は、92年、元老院議員に入る。その間、

国民教育相（1887年・93-94年）や外相（1889-90年）をつとめた。

彼は政教分離国家を支持する一方で、信教の自由を唱えた。政治と宗教の関係を規定する「新しい精神」を説き、聖職者至上主義を非難したりもした。3区のウジェーヌ＝スピュレール通り（Rue Eugène-Spuller）は、1910年に命名されている。

ウジェーヌ・ドラクロワ Eugène Delacroix 1799-1863年。ドラクロワはヴァンセンヌの森の南縁に位置するサン＝モーリスに生まれ、パリで没した画家。彼はつねにアカデミックな教育に抵抗していたが、ジェリコーの影響だけはかなり強く受けていた。処女作『地獄の町ディテを囲む湖を渡るダンテとウェルギリウス』【1822年】は悪評を買ったが、それ以後の作品、たとえば『ドージェ・マリオ・ファリエーロの処刑』【1825年】や『サルダナパーレの死』【1827年】によって、色彩派のリーダと讃えられるようになる。

彼はまた『民衆を導く自由の女神』【1830年】や『アトリエのラファエル』【制作年不詳】をもってロマン主義運動にもくわわった。さらに、滞在先のモロッコ（**マロック**）からは、『アルジェの女たち』【1834年】を持ち帰った（彼は天邪鬼だった）。ドラクロワはつねにかなりの名声を享受していたが、その主たる特性はおそらく情熱と演技力にあった。リュクサンブール公園にはそんな彼に捧げた記念碑が立っている。一方、16区には、1868年に命名されたウジェーヌ＝ドラクロワ通り（Rue Eugène-Delacroix）がある。

ウジェーヌ・プベル Eugène Poubelle 1831-1907年。生地である北仏カーンの行政官だったウジェーヌ・プベルは、1870年、義勇兵として普仏戦争に従軍し、のちに県庁に入って、シャラントやイゼール、さらにコルシカ（**コルス**）の県知事となった。**ティエール**が引退した際、プベルもまた行政から退いて法学部の教授となる。だが、1878年、ドゥー県やブーシュ＝デュ＝ローヌ県の県知事に任命され、1883年から

96年までセーヌ県知事をつとめる。1896年から98年まではローマおよび教皇庁駐在大使の重責を担った。

　プベルの名は、首都圏の知事時代にパリ市民たちにその使用を義務づけた、家庭用ゴミ箱の呼称（プベル）として残っている【プベルはまた1892年にパリでコレラが流行してのち、合流式下水道システムの建設に着手している】。ウジェーヌ＝プベル通り（Rue Eugène-Poubelle）は16区にあり、それが命名されたのは1933年のことだった。

ウジェーヌ・フラシャ Eugène Flachat

1802-73年。ウジェーヌ・フラシャは技師で、兄のステファノ【1800-84。サン＝シモン主義の活動家だったが、のちに製鉄会社を経営し、下院議員となる】とともに、パリからサン＝ジェルマン＝アン＝レまでのフランス初の鉄道を建設する【1837年開通】。1840年から42年にかけてパリ＝ルーアン間、さらにルーアン＝ル・アーヴル間の鉄道敷設を指揮した。さらに1857年まで、西部鉄道会社の主任技師をつとめた。一方、1870年のパリ攻囲戦では、工兵補助部隊を指揮してもいる。著書には『機関車の機関士・メーカー・運転士の手引き』【1840年】などがある。彼の名を冠したウジェーヌ＝フラシャ通り（Rue Eugène-Flachat）は、1879年から17区にある。

ウジェーヌ・ブリウー Eugène Brieux

1858-1932年。パリ出身の劇作家でジャーナリストでもあったブリウーは、《フィガロ》紙や《ゴーロワ》【1868年創刊の文学・政治誌】に寄稿していた。彼の最初期の作品としては『ベルナール・パリシー』【1879年】と『離婚相談所』【1881年】があり、ほかにも『芸術家たちの家計』【1890年】やコメディー＝フランセーズで上演された『脱獄』【1896年】、『デュポン氏の3人娘』【1897年】などがある。16区のウジェーヌ＝ブリウー大通り（Avenue Eugène-Brieux）は、1935年の命名になる。

ウジェーヌ・フルニエール Eugène Fournière

1857-1914年。パリ出身の著作家・政治家。最初、宝石商の店員や印刷所の校正係として働いたフルニエールは、やがてブノワ・マロンとともに《ルヴュー・ソシアリスト（社会主義誌）》を創刊する。さらに1894年から98年までパリ市参事会会員、ついで北仏ヴェルヴァン選出の下院議員をつとめた。『明日の友』【1895年】や『社会理想主義』【1898年】、『主人労働者』【1905年】などの著書がある。18区のウジェーヌ＝フルニエール通り（Rue Eugène-Fournière）は、1927年に命名されている。

ウジェーヌ・ペルタン Eugène Pelletan

1813-84年。フランス中西部シャラント＝マリティム県のサン＝パレ＝シュル＝メールで生まれ、パリで没した著作家・政治家。ラマルティーヌが1840年代に創刊した《ビャン・ピュブリク（公益）》をはじめとする、さまざまな新聞や雑誌に寄稿していたペルランは、第二帝政期【1852-70年】には、反体制新聞で健筆をふるった。1864年には、セーヌ県の下院議員に選ばれ、《トリビューヌ・フランセーズ》紙の主幹になった。ナポレオン3世の失脚後は国防政府の一翼を担い、1871年にはブーシュ＝デュ＝ローヌ県選出の議員としてティエールを支えた。だが、1884年に元老院終身議員となるまで、再び反体制派に身を置いた。

　一方、著作家としての彼は、主著とされる『19世紀の信仰告白』【1852年】のほか、『新しい労働時間』【1870年】や『調査を受ける9月4日』【1874年】などを上梓している。14区には1894年に命名されたウジェーヌ＝ペルタン通り（Rue Eugène-Pelletan）がある。

ウジェーヌ・ボードワン Eugène Beaudoin

1898-1983年。建築家・都市計画家のウジェーヌ・ボードワンは、たとえば同業のマルセル・ローズ【1891-1978】と共同で、パリ南郊のバニューに「シテ・デュ・シャン・デゾワゾー」【字義は「鳥たちの野のシテ」。建設は1931-35年。約850戸からなるフランス初の大規模集合プレハブ式住宅】、パリ西郊のシュレンヌに屋外学校【1934-35年】

などを建てている。彼はまたパリ西郊アントニーの大学学生寮も手がけ【1954年。協力者ジャン・プルーヴェ（1901-84）】、メーヌ＝モンパルナス地区の都市改造計画にもかかわった【1958-73年】。1985年に命名された16区のウジェーヌ＝ボードワン通り（Rue Eugène-Beaudoin）には彼の設計事務所があった。

ウジェーヌ・マニュエル Eugène Manuel
1823-1901年。パリを生没地とする作家で詩人のウジェーヌ・マニュエルは、1870年9月4日【第三共和政樹立日】、国民教育相ジュール・シモンの官房長に選ばれる。さらに1872年にはパリの視学官、78年には全国教育視学総監に任命された。それより前の1865年、彼は詩集『内密な頁』でアカデミー・フランセーズから文学賞を授与され、70年には社会劇『労働者たち』を上演している。作品としてはほかに『不在』【1873年】や詩集『われらの主人たちへ』【1878年】、『寮よ学校の詩集』【1888年】などがある。彼の名を冠したウジェーヌ＝マニュエル通り（Rue Eugène-Manuel）は1904年、ヴィラ・ウジェーヌ＝マニュエル（Villa Eugène-Manuel）は1929年から16区にある。

ウジェーヌ・ミヨン Eugène Millon 1812-67年。ウジェーヌ・ミヨンはシャンパーニュ地方のシャロン＝シュル＝マルヌに生まれ、ブルゴーニュ地方のサン＝セーヌで没した化学者。従軍医師をへて、ヴァル＝ド＝グラース（1841年）、ついで北仏リールの陸軍病院（1848年）で化学を教えた。さらに彼は、みずから奉じていた共和主義を実現すべく、フランスを去ってアルジェに移るが、帰国直後に他界した。彼の著作には『化学年報』【1845-51年】や『有機化学論』【刊行年不詳】などがある。15区のウジェーヌ＝ミヨン通り（Rue Eugène-Millon）は1908年からある。

ウジェーヌ・ラビシュ Eugène Labiche
1815-88年。ウジェーヌ・ラビシュはパリで生まれ、パリで没した劇作家。デビューは1838年、マルク＝ミシェル【1812-68。

マルセイユ出身の劇作家・詩人・ジャーナリスト】との合作になる軽喜劇『ムッシュー・ド・コワスランもしくはこの上もなく礼儀正しい男』によってだった。ときにエキセントリックなまでに滑稽な作品を創作し、パリじゅうを笑いの渦に巻き込んだ新しい言語を生み出している。1880年、アカデミー・フランセーズ会員となった彼の作品としては、ほかに以下がある。『抱き合おう、フォルヴィル（狂った町）よ』【1838年】、『ペリション氏の旅行』【1850年、水谷謙三訳、白水社】、『イタリアの麦藁帽子』【1851年、邦題『人妻と麦藁帽子』、梅田晴夫訳、世界文学社】、『ルルシヌ通りの事件』【1857年】、『目くらまし』【1861年】、『手の早い男』【1867年】、『3000万の剣闘士』【1875年】

ラビシュは言っている。「事情によっては嘘がもっとも神聖な義務となることもある」、「われわれはどれだけ役に立つかに応じて他人とつながるのであって、われわれが彼にどれだけ役に立つかによってでは決してない」。ウジェーヌ＝ラビシュ通り（Rue Eugène-Labiche）は1894年から16区にある。

ウジェーヌ・ルブラン Eugène Leblanc 19区のヴィラ・ウジェーヌ＝ルブラン（Villa Eugène-Leblanc）は、1913年にこのヴィラが建設された当時の土地所有者名である。

ウジェーヌ・レイシュ Eugène Reisz 20区のウジェーヌ＝レイシュ通り（Rue Eugène-Reisz）に1929年にその名がつけられた人物は、同区の参事会員をつとめていた。

ウジェーヌ・レオテ Eugène Léautey 13区のウジェーヌ＝レオテ小路（Cour Eugène-Léautey）は私道で、呼称はこの通りが敷設された旧地主の名に由来する。なお、ウジェーヌのリストはこれが最後となるが、このファーストネームは19世紀にはかなり流行していた。

ウゾー Houseaux 20区のヴィラ・ウゾー（Villa des Houseaux）は、2000年に命名されている。かつてレ・ワゾー（鳥たち）

とよばれ、のちにレ・ウゾーと改称された地区の近くにある。この呼称は馬の脚を保護する革製の肢巻を想い起こさせる。

ウダール Houardy 20区のウダール通り（Rue Houardy）は1863年からある。呼称はそれが敷設された土地所有者の名に由来する。

ウダール・ド・ラモット Houardt de Lamotte 1773-1805年。この連隊長は、イエナの戦いで英雄的な任務の遂行時に戦死した「勇者」である。彼に捧げられた15区のウダール＝デ＝ラモット通り（Rue Houardt-de-Lamotte）は、1905年に命名されている。

ウディノ Oudinot 1767-1847年。レッジオ公ニコラ・シャルル・ウディノはロレーヌ地方のバール＝ル＝デュクに生まれ、パリで他界した元帥。ムーズ県国民衛兵（義勇軍）の指揮官だった彼は、1793年、ドイツ国境近くのビッチ防衛戦でプロイセン軍相手に軍功をあげ、第4連隊長に任命される。そして1794年5月23日、ドイツ中西部のカイザースラウテルンで勇敢に戦い、10日後に少将に叙せられた。1799年には、マセナの指揮下でイタリア遠征中、中将に昇進している。

それを機に、以後、彼はアウステルリッツ（オステルリッツ）やフリートラント（フリーランド）、ダンティヒ（ダンツィグ）、エアフルトできわだった活躍をするようになる。ナポレオンはロシア皇帝にそんな彼を「フランス軍のバヤール」と紹介したという。さらに1909年、とくにヴァグラム（ワグラム）の戦いにおけるその勇猛果敢な働きによって、彼は元帥の称号とレッジオ公の爵位をえるまでになる。

とりわけウディが模範的な働きをしたのが、フランス軍のロシア撤退時におけるベレジナ渡河作戦【1812年11月28日】と、シャンパーニュ地方でのプロイセン軍相手のブリエンヌの戦い【1814年1月29日】、そしてオーストリア・ロシア・バイエルン連合軍と相対した同地方のバール＝シュル＝オーブの戦い【同2月27日】だった。

ナポレオン失脚後、彼は復古王政にくわわり、国民軍指揮官と貴族院議員に任じられた。1823年のスペイン干渉時には、第1軍団司令官として戦い、一時的にマドリード総督となっている。さらに1839年にはレジョン・ドヌール勲章グラン・シャンスリエ（大法官）の佩授者となり、42年から没年まではアンヴァリッド（廃兵院）の長官をつとめた。彼を元祖とする7区のウディノ通り（Rue Oudinot）は1815年、同区の袋小路（Impasse Oudinot）は20年に命名されている。

ヴート Voûte 12区のヴート通り（Rue de la Voûte）は、1658年当時、ヴート・デュ・クール通りとよばれていた。現在の呼称となったのは、1873年である。その最初の呼称は、それがアーケード（ヴート）の小路をへて、ヴァンセンヌ城の中庭を横断していたことによる。1887年に開通したヴート小路（Passage de la Voûte）は、この通りに近接していることから命名されている。

ウドリー Oudry 1686-1755年。ジャン＝バティスト・ウドリーはパリで生まれ、パリ盆地北部のボーヴェで他界した動物画家。最初はアルジャンソンやピョートル大帝（ピエール・ル・グラン）などの肖像画を描いていたが、彼に好意的だった友人から動物や静物に目を向けるよう助言される。彼はその助言に従い、やがてみごとな動物画を描き、宮廷で大評判となる。そして、テュイルリー宮にアトリエを、ルーヴル宮に居室をあたえられ、1734年にはボーヴェのタピスリー工場の美術監督に任命され、36年からはゴブラン工場の監督官も兼務するようになる。さらに1743年には、絵画アカデミーの教授に就任してもいる。

ウドリーの作品としては、ルイ15世の愛犬「ブランシュ」を含む一連の犬の絵や『漁師と小魚』【1739年】、『風景のなかの蝶』【1753年】、『狼狩り』、『闘鶏』【いずれも制作年不詳】などがある。ウドリー通り（Rue Oudry）は1894年から13区にある。

ウドン Houdon 1741-1828年。ジャン＝ア

ントワヌ・ウドンはヴェルサイユに生まれ、パリで没した彫刻家。1761年、今もなおサンタ・マリア・デッリ・アンジェリ・エ・マルティリ大聖堂の柱廊下に安置されている、『聖ブルーノ像』でローマ大賞を獲得した。1778年、彼はアメリカ合衆国のフィラデルフィアに向かう。ワシントン像を制作するためである。この作品は高い評価をえて、やがてエカチェリーナ2世【ロマノフ朝第8代ロシア女帝。在位1762-96】やディドロ、ソフィー・アルノー【1740-1804。演技の繊細さと美声をもって一時代を築いた女優・歌手】、ジャン=ジャック・ルソー、グルック（グリュク）などの影像を次々と制作するようになる。さらに、コメディ=フランセーズ座の休憩室におかれた『座るヴォルテール像』【1781年】も、彼の手になる【ただし、これは複製で、原作はエルミタージュ美術館にある】

ウドンはフランス革命によって一時逼塞を余儀なくされたが、ナポレオンによる執政政府【1799-1804年】が始まると、以前同様に制作を再開し、帝政時代には、現在ディジョン美術館にあるみごとなナポレオン像をつくる【1806】。1795年に学士院会員に選ばれた彼の名は、1864年、18区の通りにつけられている。ウドン通り（Rue Houdon）がそれである。

ヴニーズ Venise 4区のヴニーズ（ヴェネツィア）通り（Rue de Venise）は、14世紀中葉にはベルトー・キ・ドール（眠るベルトー）通りとよばれていた。その頃、そこにはひとりのロンバール（ロンバルディア人）が住んでいた。当時、このロンバールという語は、ミラン（ミラノ人）という語と同様、「金貸し」を意味していた。金貸しの大部分がロンバルディア地方出身者だったからである。ただ、ヴニーズ通りのロンバールはヴェネティア出身で、「エキュ・ド・ヴニーズ（ヴェネツィア銀貨）」という屋号の看板を掲げていた。これにちなんで通りが改称されたのである。

周知のように、ヴェネツィアの名はガリア・キサルピナ地方【現在のロンバルディア

とピエモンテ地方】に住んでいた、ガリア人系のウェネティ人に由来する。ヴェネタ潟の中央部、小島群の上に建設された町は、10世紀から貴族共和国として栄えたが、その絶頂期は第4回十字軍がコンスタンティノポリス（コンスタンティノプル）を陥落させた1204年から【ヴェネツィアはこの十字軍で艦隊を派遣し、その見返りにクレタ島などをえて東地中海最強の海軍国家となった】、サラセン人がこの東ローマ帝国の都を奪った1453年にかけてである。

だが、1797年、ナポレオンはヴェネツィア共和国を解体し、【カンポ・フォルミオ条約によって】その領土をオーストリア帝国に割譲した。1848年、ヴェネツィア市民はオーストリアの支配に対して蜂起し、ヴェネト共和国を建国するが、それは長続きせず、翌年にオーストリア軍の攻撃により降伏した。そして1866年、普墺戦争がはじまると、イタリア王国はこれを好機としてオーストリアに宣戦布告し、その結果、ヴェネツィアとヴェネト地方はイタリア王国に編入される。

今日、ヴェネツィア市民は世界でもっとも美しく、もっとも絵画的な町に住むことができるという僥倖をわがものにしている。彼らは旅行者ともども、ドゥカーレ宮【8世紀に建設された旧総督邸・政庁】や、11世紀に建立したサン=マルコ大聖堂をはじめとする90もの教会、商店が連なる弓型のリアルト橋【1588-91年】、さらにドゥカーレ宮と通称「鉛の牢獄」および「井戸の牢獄」を結ぶ、16世紀の「ため息橋」【→スピール】などを賛美・堪能できるのだ。ちなみに、ここヴェネツィアでは、新婚旅行抜きの結婚は、偽装結婚ないし性的交渉のない結婚にちがいないと思われているという【全長52メートルのヴニーズ通りは、1512年の命名】

ウパトリア Eupatoria ウパトリア、ロシア語名エフパトリはクリミヤ（クリメ）半島の町で、1854年、クリミヤ戦争で出兵したフランス軍がここを奪い、和平締結まで占拠した。20区のウパトリア通り（Rue

Eupatoria）は1864年、同区・同名の小路（Passage Eupatoria）は1877年にそれぞれ命名されている。

ヴュー＝コロンビエ Vieux-Colombier　6区のヴュー＝コロンビエ通り（Rue du Vieux-Colombier）は、13世紀にサン＝ジェルマン＝デ＝プレ修道院が近くに設けた鳩舎（コロンビエ）にちなんで命名されている。最初ピュイ【1360年】、カセルないしコロンビエ【1411年】、マラドリ【1414年】、ピュイ・モーコンセイユ【1506年】、シャン【1509年】、ペルトリ【1615年】と幾度となく改称し、現在の呼称になったのは1640年のことである。通りの21番地には、ヴュー＝コロンビエ座がある。

1905年からアテネ＝サン＝ジェルマン座として知られていたこの劇場は、1913年、ジャック・コポーによって命名されている。そこではのちに名をはせることになる若い役者たちが舞台にのぼった。ルイ・ジュヴェ【→オペラ＝ルイ・ジュヴェ】も舞台監督として、コポーとともに芝居をつくった。さらにここではジュール・ロマンが無償で演劇講座を開き、レオン＝ポール・ファルグが厚紙の招待状に意匠を凝らした。さらに、ロジェ・マルタン・デュ・ガール【1881-1958。『チボー家の人々』を代表作とする作家】がクローク係、ジョルジュ・デュアメルがプロンプターをつとめていた。

ヴュルツ Wurtz　1817-84年。シャルル・アドルフ・ヴュルツはストラスブールに生まれ、パリで没した化学者。1843年、ストラスブール大学医学部で医学博士号を取得した彼は、まもなく同医学部薬学科の実験主任になる。1844年、パリに移って有機化学者ジャン＝バティスト・デュマの工房で働き、1845年、パリ大学医学部でその助手となる。1855年、薬学科の有機化学講座【デュマの辞職によって空席となっていた】、83年には医化学講座の教授に任命される。さらに1856年には医学アカデミー、翌年には科学アカデミーの会員に選ばれ、1881年には終身元老院議員に推される。

原子理論の提唱者のひとりで、メチルアミンやエチルアミンを発見し、グリセリンの構造を解明したヴュルツは、以下のような著作をものしている。『世界を形作る原子の理論』【1874年】、『原子理論』【1878年】。彼の名を冠したヴュルツ通り（Rue Wurtz）は、1893年から13区にある。

ヴュルピアン Vulpian　1826-87年。アルフレッド・ヴュルピアンはパリを生没地とする医師・生理学者【父は弁護士で劇作家でもあったアルフォンス・ヴュルピアン】。パリ大学医学部上級教授資格者の彼は、自然史博物館教授やサルペトリエール病院医師などをつとめ、1866年、医学アカデミー会員となる。アンリ・ルイ・マレ【1805-84。ソルボンヌ神学部長やヴァンヌ司教、レパント（ギリシア）大司教などを歴任した神学者・高位聖職者。科学と信仰の協調を唱え、新ガリカニスム（フランス教会独立主義）を推進した】などから、その考えが当時の教会当局から危険視されていた唯物論的だとして攻撃されながら、1867年、パリ医学校の生理学教授やシャリテ病院の医師をつとめた。

そんな彼に反対する行動をとるよう、元老院に陳情書も出されたが、ヴュルピアンは学者たちの共感をえて、パリ大学医学部長に就任し、1876年には科学アカデミーの会員に選ばれてもいる。のちに、同アカデミーの終身事務局長となり、おもに神経生理学を研究した。その著作としては、たとえば以下がある。『神経系の一般・比較生理学講義』【1866年】、『血管運動神経講義』【2巻、1875年】、『神経系疾患』【2巻、1879・86年】。彼の名を冠したヴュルピアン通り（Rue Vulpian）は1895年から13区にある。

ウール Eure　14区の私道であるウール通り（Rue de l'Eure）の旧地主のひとりは、パリ北西部ウール県の出身だった。この県の呼称は、標高230メートルのペルシュ森に水源を有する全長225キロメートルで、シャルトルやメントノン、ノジャン＝ル＝ロワ、パシー、ルーヴィエといった町を潤す

ウール川に由来する。県庁所在地はエヴルー。同県にはほかにベルネやポン=トードメール、レ・アンドゥリスといった町がある。ウール通りは1895年の命名である。

ウルク Ourcq 19区のウルク通り（Rue de l'Ourcq）は1868年に命名されている。呼称は同名の運河【→カナル・ド・ルルク】に隣接していることによる。ウルク川とセーヌ川をつなぐこの運河は、北仏ユーヌ県にあるヴィレ=コトレの森の近くを水源とし、パリのラ・ヴィレット貯水池まで続く。全長107キロメートル、深さ1.5メートルで、その水はパリを潤している。19世紀初頭に建設された運河で、土木技師のピエール・ジラールが工事を監督・指揮した。

ウルス Ours 3区のウルス通り（Rue de l'Ours）は、「熊」とは無縁である。呼称のoursは、中世フランス語で「ガチョウ」を意味したouesの変形だからだ。1200年頃から「ガチョウ肉屋」とよばれたロースト肉の店が数多くならぶようになったこの通りには、それゆえ、「ガチョウの蒸し焼き通り」、より正確にはラテン語で「ヴィクス・ウビ・コクントゥール・アンセレス（ガチョウを料理する通り）」とよばれていた。

やがてフィリップ・オーギュストがここに市壁を築くようになると、肉商たちの店は立ち退き、代わりに他業種の商人たちが移り住む。そして、そのなかの毛皮商数人がなおもその通りにかかっていたガチョウの絵看板を、商売用の熊の絵看板にとり替えたのだった。だが、フィリップ・オーギュストから2世紀後の1430年になっても、通りは依然としてouesの縮約形のOes通りとよばれていた。この通りが現在の呼称となったのは、したがってそれ以後のことである。

ウールヤル（ウーリャル）＝ドゥエナン Euryale-Dehaynin 19区のウールヤル＝ドゥエナン通り（Rue Euryale-Dehaynin）は、1907年にこの通りが敷設された土地の旧地主にちなんで命名されている。

ヴレ Velay ヴレは南仏ラングドック地方の北側にあったフランスの旧地方名で、中心都市はル・ピュイ。北はオーヴェルニュ、東はフォレ、西はジェヴォーダン、そして南はヴィヴァレの各地方と接する。この地域はガリア系ウェッラウィ族の居住地で、彼らは同じガリア人のアルウェルニ族と交易をおこなっていた。この旧地方名がパリ13区のヴレ小公園（Square du Velay）として命名されたのは、1932年のことである。

ウロープ Europe 1826年に建設された8区のウロープ（ヨーロッパ）広場（Place de l'Europe）は、ヨーロッパ6カ国の首都や主要都市の名がついた通りの出発点となっている。

ウレール Euler 1707-83年。レオンハルト・オイラー（ウレール）はスイスのバーゼルに生まれ、サンクト=ペテルブルク（**サン=ペテルスブール**）で没した数学者・物理学者・天文学者。最初数学を学び、1723年に文学士となった彼は、一時期神学や東洋語に関心をいだいた。だが、まもなく本格的に幾何学へと向かい、さらに数年後には医学の講義にも出る。そこには彼の広範な知的好奇心の証をみてとることができるが、1726年、音の伝播にかんする論文をまとめたオイラーは、29年【27年？】頃、サンク=トペテルブルクに赴き、ロシア科学アカデミーで憑かれたように研究する。だが1735年、無理がたたって脊髄鬱血に罹り、左目の視力を失ってしまう。当時、彼はこう言って自分を納得させたという。「少し愉しみがなくなるだけだ」

1741年に『力学論』を著した彼の名声は世界的なものとなり、フリードリヒ2世【神聖ローマ皇帝在位1220-50】からベルリンに招かれる。皇帝はオイラーをトップに据えて、科学アカデミーを創設しようとしたのである【のちに彼はこの皇帝から「数学のサイクロプス（単眼の巨人）」とよばれるようになる】。そして1746年、『光にかんする新理論』を発表し、ロシアで女帝エカチェリーナ2世【在位1762-96】が即位したのを知って、サンクト=ペテルブルクに戻る。

だが、その気候は彼にとって快適なもの

エ

ではなかった。右目も視力を失ってしまったのだ。それでも彼は研究を続け、1773年、白内障の手術を受けて短期間ながら視力を回復する。この視力が戻った期間、彼は流体力学【オイラー方程式】にかんする研究に邁進したが、やがて脳卒中に襲われて帰らぬ人となった。オイラーは数多くの著書を上梓している。そのなかには『ドイツ王妃への手紙』【1775年】や『月にかんする新理論』【刊行年不詳】などがある。彼にちなんで1867年に命名されたウレール通り（Rue Euler）は8区にある。

エ Haies 1730年当時、20区のエ通り（Rue des Haies）は狭い小道にすぎなかった。1844年にこの通りが整備された際、かつて道の両端にあった数多くの灌木の茂みを記憶にとどめるため、現在のように命名されたという。

エヴァリスト・ガロワ Évariste Galois
1811-32年。エヴァリスト・ガロワは、パリ西方オー＝ド＝セーヌ県のブール＝ラ＝レーヌに生まれた数学の天才。彼の群論は今日の代数関数理論の出発点となっている。この天才が夭折したのは病気のためでなく、決闘によってだった。まさに不運は彼のゆゆしき道連れともいえる。ブルボン王朝が倒れた1830年の7月革命後、彼は政治活動のために大学準備学校【のちの高等師範学校】を退学させられてもいる。

それだけではない。自分の研究全体をまとめたフランス学士院提出用の論文3本が、「行方不明」にもなっているのだ【彼が17歳（！）のとき、フランス学士院に提出するため、のちに「フランスのガロワ」とよばれるになる、数学者のオーギュスタン＝ルイ・コーシー（1789-1857）に委託してなくされた論文を書き直したもの】。事実、これらの論文は、それを預かった審査員【フーリエの法則で知られる物理学者・数学者のジョゼフ・フーリエ（1768-1830）】が急逝したため、長いあいだ紛失状態になっていた。のちに論文は見つかるが、だれにもその内容が理解がでなかった（！）。

死の前夜、ガロワは数学的な遺言を書いて、オーギュスト・シュヴァリエ【1809-68。ガロワに政治的な影響をあたえた共和主義者で、ナポレオン3世の大統領府官房長官】にあてた手紙に同封している。そこには彼のすべての理論が要約されていた。彼の名を冠したエヴァリスト＝ガロワ通り（Rue Évariste-Galois）は、1979年から20区にある。

エヴァンジル Évangile 1868年、オーヴェルヴィリエ通りとクロワ＝ド＝レヴァンジル道が合体し、呼称の一部が残された。いうまでもなくエヴァンジル（福音書）とはイエス・キリストの掟と教えをまとめたもので、聖マタイ、聖マルコ、聖ルカ、聖ヨハネによって書かれたとされる4福音書からなる【エヴァンジル通り（Rue de l'Évangile）は18区】

エヴェイヤール Éveillard 20区にあるエヴェイヤール袋小路（Impasse Éveillard）の呼称は、この小路一帯を有していた旧地主たちのひとりの名前に由来する。

エヴェット Évette フェリクス・エヴェット氏は卸売り業者で、10区の助役をつとめていた。彼の名を冠した19区のエヴェット通り（Rue Évette）は1863年に開通している。

エガリテ Égalité 9区のエガリテ（平等）通り（Rue de l'Égalité）は1889年、他の2本の通り、すなわちリベルテ（自由）通りとフラテルニテ（博愛）通りとともにほぼ同時期に開通している。リベルテ、エガリテ、フラテルニテの順に、である。

エキュイエ Écuyers 20区のエキュイエ（近習）小径（Sentier des Écuyers）は、シュヴァリエ（騎士）小路と指呼の間にある。シュヴァリエがどこにいても、エキュイエはすぐ近くにいる。現在、この小径の一部が残っているが、これは1929年からのものである。

エクス（エク＝サン＝プロヴァンス）Aix（Aix-en-Provence） 前123年、ローマの執政官ガイウス・セクスティウス・カルウィヌスが、それまでのガリアの都市をローマ風に変えてできた古都【当初の呼称はア

クアエ・セクスティアエ（セクスティウスの水）。エクスはこのアクアエ（水）の転訛】。12世紀にサラセン人の侵入を受けたが、13世紀にプロヴァンス伯領の中心地となった。1487年、フランス領に組み込まれ、神聖ローマ帝国軍による2度の攻囲戦に耐えたエクスは、16世紀にはプロテスタント軍とも戦った。1720年、いわゆるマルセイユ・ペストに襲われて多くの犠牲者を出した。モラリストのヴァーヴナルグ【1715-47】や植物学者のトゥルヌフォールのほか、画家のヴァン・ローやフランソワ・グラネ【1775-1849。ルーヴル美術館の館長などをつとめた新古典派画家】の生地でもある。

現在、この町のミラボー遊歩道は観光客や、カフェのテラスで世界を変えようとする数多くの学生たちにとって、美しい溜り場となっている。エクスにはまた麻痺や脱臼、皮膚炎、男性のリウマチ、腺疾患、貧血、萎黄病などの治療に効き目がある鉱泉がある。沐浴の代わりにその水を飲めば、黄疸や白帯下にも効くという。パリ10区のエクス通り（Rue d'Aix）は、1925年に命名されている。

エクスペール Expert　17区の私道エクスペール小路（Passage Expert）は、1930年にパリに組み込まれている。今も一部はルヴァロワ＝ペレ市に属しているが、おそらくその呼称は、かつてここにフリーメイソンの「エクスペール」、すなわち訪問者が会員かどうかを調べ、その資格を確認する役目をになうロッジのオフィシエ（将校）が住んでいたことに由来する。

エクスポジシオン Exposition　7区のエクスポジシオン通り（Rue de l'Exposition）は、パリで万国博が開かれた1867年に命名されている。

エグゼルマンス Exelmans　1775-1852年。イジドール・エグゼルマンス伯はフランス北東部ムーズ県の県庁所在地であるバール＝ル＝デュクに生まれ、パリ西郊のサン＝クルーで没した元帥・貴族院議員。1791年に義勇兵として出征し、アウステルリッツ（オステルリッツ）の戦い（1805年）で連隊長、アイラウの戦い（1807年）で少将、さらにスペインでミュラ元帥の参謀長（1808年）に任命される。この1808年、彼はイギリス軍の捕虜となってしまう。1811年、なんとか脱出に成功して、翌年のモスクワ（モスクー）戦役後に中将に昇格するが、リトアニアのヴィリニュスの戦いで重傷を負った。

1814年に復古王政がなると、彼は伯爵に叙せられる。しかし、ミュラに祝福の手紙を出したとして軍事委員会に召喚され、断罪される。1815年、ナポレオンが百日天下で返り咲いて、貴族院議員に任命されたものの、第二次復古王政がはじまるとともに、彼はドイツに亡命する。そして1819年に帰国すると、しばらく逼塞し、1828年、騎兵隊監察官となる。

それから2年後の1830年、ナポレオンの側近で、復古王政で銃殺刑に処されたネ元帥の回想録を熱心に擁護して注目を集めたエグゼルマンスは、1848年にはじまる第二共和政下でナポレオン3世を支持し、翌年、レジオン・ドヌール大法官勲章佩綬者に指名される。さらに1851年にはフランス元帥となったが、翌52年、落馬によって落命する。彼の名を冠した16区のエグゼルマンス大通り（Boulevard Exelmans）は、1867年に命名されている。

エクトル・ギマール Hector Guimard　1867年にリヨンで生まれ、1942年にニューヨークで没したフランスの建築家・装飾家。「モダーン様式」の名でより知られるアール・ヌーヴォー様式を定着させたのがギマールである。彼はパリに切石と煉瓦、セラミック、さらに鉄を混用したカステル・ベランジェ邸を建てている。他の建築、とくにオートゥイユのそれでは顕著な非対称系の形状をもちいた。さらに1899年から1904年にかけては、パリに敷設されたばかりのメトロ駅の有名な入口を何か所も手がけ、本格的な「メトロ様式」を生み出した。彼の名がつけられたエクトル＝ギマール通り（Rue Hector-Guimard）は、1984

エクトルマ

年から19区にある。

エクトル・マロ Hector Malot 1830–1907年。エクトル・マロは北仏セーヌ＝エ＝マリティム県のラ・ブイイで生まれ、パリ東郊のフォントネ＝スー＝ボワで没した小説家。公証人の書記から文学へと転じ、人間のさまざまな行動の隠された動機を分析する小説を著した。作品としては『ロマン・カリブリ』【1869年】や『結婚戦争』【1877年】、『家なき子』【1878年】、『ボンボン』【1881年】、『ボネ中尉』【1885年】、『家族とともに』【1993年】、『若者たちの愛、老人たちの愛』【1894年】などがある。1912年に命名されたエクトル＝マロ通り（Rue Hector-Malot）は、12区にある。

エクーフ Écouffes 中世において、猛禽類のトビは「エクーフル（écoufle）」とよばれ、しばしば質屋の看板にあしられていた。こうした看板のひとつがかつてこの通りにあったが、呼称は変形に変形を重ねて、最終的にエクーフルがエクーフとなった。4区のエクーフ通り（Rue des Écouffes）は古く1200年以前に敷設され、1233年から知られている。

エグランティエ Églantiers 20区のエグランティエ【字義は「野バラ」】通り（Rue des Églantiers）は1873年に命名されている。それまではロジエ（「バラ」）通りとよばれていた。おそらくこれは、1838年当時、そこに咲いていたみごとなバラが放置されて野生化してしまったゆえの改称だろう。

エクリヴァン・コンバタン・モール・プール・ラ・フランス Écrivains Combattants Morts pour la France 16区のエクリヴァン＝コンバタン＝モール＝プール＝ラ＝フランス小公園（Square des Écrivains-Combattants-Morts-pour-la-France）が、1914年から18年までの第1次世界大戦で戦死した著作家たちをたたえて開通したのは、1929年のことだった。

エグリーズ Église 15区のエグリーズ袋小路（Impasse de l' Église）は、近くにサン＝ジャン＝バティスト教会があったことから命名されている。

エグリーズ Église グルネル地区のサン＝ジャン＝バティスト教会は、1828年に建立されている。15区のエグリーズ通り（Rue de l' Église）もまた、同名の小路同様、この教会に続いている。

エグリーズ・ドートゥイユ Église d'Auteuil 16区のエグリーズ＝ドートゥイユ広場（Place de l'Église-d'Auteuil）は、かつてはオートゥイユ広場とよばれていたが、近くに1319年に建立され、15世紀と17世紀に拡張された教会があることから、1996年に現在の呼称となった。

エグリーズ・ド・ラソンプシオン Église de l'Assomption 16区のエグリーズ＝ド＝ラソンプシオン広場（Place de l' Église-de-l'Assomption）は1954年に命名されているが、呼称【『聖母被昇天』の意】の由来は、いうまでもなく近くにノートル＝ダム＝ド＝ラソンプシオン教会があることによる。

エクリューズ・サン＝マルタン Écluses Saint-Martin 10区のエクリューズ＝サン＝マルタン通り（Rue des Écluses-Saint-Martin）は1610年からある。呼称は近くにサン＝マルタン運河の水閘門があることに由来する。

エグレット Aigrettes エグレットとは、ほっそりした羽とゆったりした羽枝を誇るサギの一種である。広義のエグレットは、孔雀をはじめとする一部の鳥の冠羽や羽束でこしらえた装飾品も意味する。19区のヴィラ・エグレット（Villa des Aigrettes）は1996年からある。

エケール Équerre 19区のエケール通り（Rue de l' Équerre）は、文字通り道がL字形に走っている。1877年に命名する際、他の呼称を探すまでもなかった。

エケール・ダルジャン Équerre d'Argent 16区のエケール通り同様、1区のエケール＝ダルジャン通り（Rue de l' Équerre-d'Argent）もまた、L字形になっている。そこにダルジャン【字義は「銀の」】をくわえたのは、エケール通りと区別するためである。この通りは、1996年からフォーロム・デ・アル中央部の地下3階を走っている。

エコルホリ

エ=コック Haie-Coq　17世紀のこと、現在の19区を走るエ=コック通り（Rue de la Haie-Coq）のすぐそばに生垣があった。この垣根の特徴は枝の端が赤いことにあり、それは鶏のトサカに似ていた。通りの呼称はそれに由来する。1930年、**オーベルヴィリエ村**にあった通りは、パリに編入された。

エコス Écosse　5区のエコス通り（Rue d' Écosse）には、1300年から約300年のあいだ、スコットランド（エコス）出身の学生たちが住んでいた。呼称はこのことに由来する。スコットランドは南部のローランドと北部のハイランド、さらに800あまりの島からなり、面積は7万9000平方キロメートル。西側の海岸部はきわめて湿潤だが、東側はどちらかといえば乾燥気候である。行政区画は32。首都はエジンバラである。エコス通りは17世紀に命名されている。

エコノム Économe　20区のエコノム通り（Rue de l' Économe）は1930年からパリの一部となったが、それまではリラ村にあった。絶対確かというわけではないが、おそらくこのエコノム【現義は「会計係、執事」】という語は、愛くるしいハタネズミをさす俗語に由来しているのだろう。

エコリエ Écoliers　15区のエコリエ（学童）小路（Passage des Écoliers）は1877年に命名されている。そこにいくつかの学校があったからか──今もなお、赤十字の教育センターがある──、もしくはこれらの学校に小路が続いていたからである。

エコール École　14世紀、1区のエコール広場（Place de l' École）近くの**セーヌ**河岸には、船の接岸地点ないしラテン語でスカラ（scala）とよばれる水位標があった。だが、やがてこの語は「学校」を意味するスコラ（schola）と変形し、1413年から広場は現在の呼称をとるようになった。

エコール École　9区のエコール袋小路（Impasse de l' École）は、19世紀にここに学校があったことにちなんで命名されている。

エコール Écoles　5区のエコール通り（Rue des Écoles）は、中世以来の学校地区【**カルチェ・ラタン**】にある。これらの学校のうち、最古のものはおそらく1254年の創設になるボン=ザンファン学寮だろう。この通りが命名されたのは、1852年のことである。

エコール Écoles　20区のシテ・エコール（Cité des Écoles）の呼称は、近くにいくつかの学校があったことに由来する。

エコール・ド・ジョワンヴィル École de Joinville　12区のエコール=ド=ジョワンヴィル大通り（Avenue de l'École-de-Joinville）は、有名なジョワンヴィル校の思い出を永遠につなぎとめるため、1978年に命名されている。この学校の発祥地は、**ヴァンセンヌの森**にあったラ・フェザンドゥリの方形堡だった。

エコール・ド・メドシヌ École de Médecine　6区のエコール=ド=メドシヌ通り（Rue de l' École-de-Médecine）は、1790年からこうよばれているが、その由来はもちろん通りがパリ大学医学部に接していることにある。だが、通りの呼称は2度変わっている。まず、1793年から96年まではマラー通り、ついで96年から99年まではエコール=ド=サンテ（医学校）となった。この通りの12番地にある医学部の建物は2度に分けて建てられている。最初は1774年、つぎは1878年から1900年にかけてである。

エコール・ポリテクニーク École Polytechnique　この国立理工科学校は1794年に創設されている。数学、物理学、化学にかんする浩瀚な知識を教授する学府で、軍事面同様、市民生活に関連する分野（鉱山、土木、国立工場など）の講座が設けられている【近年はその威光に多少陰りがみえるが、伝統的にここは大学とは別個の試験をする「グラン・ゼコール」に属し、理科系のエリートを養成してきた。毎年7月14日の独立記念日では、ポリテクニシャンとよばれる学生たちが、軍服をまとってパレードを先導する】。1844年に命名されたエコール

＝ポリテクニーク通り（Rue de l'École-Polytechnique）は、5区にある。

エコール・ミリテール　École Militaire　エコール・ミリテール（陸軍士官学校）は、1752年から57年にかけて建てられている。当初は貴族の子弟だけを受け入れていた。1776年、建物を売却する計画がもちあがり、そうなれば学生たちは地方に分散せざるをえなくなる。だが、計画はとりやめとなり、1777年、そこには下士官養成学校が設置された。現在、この学校は、学生たちの訓練場ともなっているシャン＝ド＝マルス（練兵場）の真向かいにあるが、当初はルイ15世【国王在位1715-74】の命でヴァンセンヌの森におかれていた。エコール＝ミリテール広場（Place de l'École-Militaire）は1812年から7区にある。

エジェジップ・モロー　Hégésippe Moreau　1810-38年。パリ生まれ、没した詩人・物語作者。【13歳で】孤児となったモローは、パリ東方のモーとアヴォンの神学校に預けられる。神学校を卒業すると【1827年】、パリ南東方のプロヴァンにある印刷工房で、校正係見習いとして働く。この町で、彼はその生涯にかかわる女性と出会う。物語や詩のなかで「マ・スール（わが妹）」として登場する女性である。

　やがてラスティニャック【バルザックの『人間喜劇』に出てくる立身出世主義の策謀家】よろしくパリに戻った彼は、1830年に勃発した7月革命のバリケード戦に身を投じ、その後、舎監となるが、最終的に金も宿もない身をかこつことになる。しかし、持ち前の機知を発揮して、この頃に「飢餓頌歌」を書いている。

　健康を回復するため、プロヴァンで数か月の入院生活送ったあと、モローは風刺誌《ディオジェーヌ（ディオゲネス）》を創刊する。ただ、それによって彼が引き寄せたのは反感だけだった。1834年、再びパリに舞い戻った彼は、困窮と闘い、ついに病院で28歳という短い人生に終止符を打つことになる。こうして夭折したモローは、次のような作品を遺している。『ヤドリギ』、

『テレーズ・シュロー』【いずれも1837年】、『女小作人』、『ヴルジー川』【いずれも発表年不詳】。ほかに、放縦なシャンソンや政治的な風刺文も書いている。彼の名を冠した18区のエジェジップ＝モロー通り（Rue Hégésippe-Moreau）は、1890年からある。

エシェル　Échelle　ここでの「エシェル」【字義は「梯子」】とは、「おぞましい梯子」、つまり絞首台に上るための梯子ないし象徴的な意味を帯びていた。これにはささやかな物語がある――。

　1649年、ブリサックやカンデル、ルーヴィルといった放蕩者たちが、ある冬の夜、タンプル通りと旧ヴィエイユ＝ゾドリエール通りの角にあった梯子を燃やしてしまった。これはタンプル修道騎士領に認められていた上級裁判権の象徴で、それゆえ放蕩者たちの大胆な行為は話題となり、嘆き節にも歌われるほどだった。ただ、この火事でタンプル修道騎士団が失ったのは、2台の梯子の一方だけで、もう一方は1783年にはまだ残っていた。1区のエシェル通り（Rue de l'Échelle）が命名されたのは1633年。事件より以前のことである。

エシキエ　Échiquier　国務卿でパリの商人頭【市長に相当】でもあったラ・ミショディエール【商人頭在職期間は1772-78年】は、ボン＝ヌーヴェル大通りの近くに、新たに通りを3本敷設するようにとの指示を受けた。彼は任務を完璧にこなし、そのうちの1本がエシキエと命名された。この通りがエシキエ氏の封地につくられたからである。ただ、おそらく当初は小さな手違いがあり、1772年に開通した3番目の通りはアンギャン通りとよばれた。しかし、フィユ＝デュー女子修道院の修道女たちは、この通りの呼称をエシキエと交換するよう求めた。この通りには修道院の「財務部」があり、なおも修道会の総本部がおかれていたからである。こうして改称がなされた【エシキエ通り（Rue de l'Échiquier）は10区にある】。

エジナール　Eginhard　770頃-840年。アインハルト（エジナール）はカロリング朝時代【751-987】、ドイツのマインガウに生ま

れた年代記者。カール大帝（シャルルマーニュ）の宮廷に伺候した彼はたちまちその浩瀚な知識で注目を浴びる。彼が皇帝の死からまもない814年に編んだ、ラテン語による『カール大帝伝』は、この偉大な皇帝の生涯を知るうえでもっとも重要な史料となっている。「白ひげの皇帝」から全幅の信頼をえていたアインハルトは、大帝の後継者ルートヴィヒ1世【フランク王・西ローマ皇帝在位814-40。フランスではルイ敬虔王とよばれる】からも同様に信頼され、その伝記も一部ながら書き上げた。彼はインマという名の女性と結婚したが、836年に死別してしまう。ドイツ中南西部のミュルハイム・アム・マインに修道院を建立してもいる彼は、1864年以降、パリの通りにその名を残している。4区のエジナール通り（Rue Eginhard）である。

エショデ Échaudé　「エショデ」【字義は「小さな焼き菓子」】という語は、おそらく「エショゲット」（échauguette）の変形と思われる。エショゲットとは全方位を見渡せる窓がついた櫓ないし望楼を意味する。これは中世の築城や要塞化の重要な一部をなし、要塞の城壁数カ所に張り出す形で設けられていた。ここでのエショデは、14世紀末、**サン＝ジェルマン＝デ＝プレ**大修道院を守るために防壁に築かれたものをさす。6区のエショデ通り（Rue de l'Échaudé）は、1612年からこの名前でよばれている。

エス Hesse　ヘッセン（エス）は1945年に設けられたドイツの州で、州都はヴィースバーデンである。面積2万1120平方キロメートル、人口約599万【2011年】。3区を走るエス通り（Rue de Hesse）は、1987年の命名になる。

エスカドリユ・ノルマンディ＝ニエメン Escadrille Normandie-Niémen　13区のエスカドリユ＝ノルマンディ＝ニエメン広場（Place de l'Escadrille-Normandie-Niémen）は、第2次世界大戦中、白ロシア戦線にしばしば出撃し、1942年から45年にかけてソヴィエト空軍第303師団に編入された、フランス戦闘機小隊の編成を偲んで設けられた。呼称にあるニエメンとはベラルーシに水源があって、バルト海にそそぐネマン（ネーマン）をさす。ジャン・ドレヴィル監督【1906-97】が1960年に制作した仏ソ合作映画『ノルマンディ＝ニエメン』は、この小隊の雄々しい叙事詩を描いている。

エスキロル Esquirol　1772-1840年。トゥールーズに生まれ、パリで没した医師のドミニク・エスキロルは、かなり早くから精神疾患に関心をもち、『精神疾患の原因とみなされる苦痛や症状、治療法について』【1805年】を著している。この書は当時かなりのセンセーションを巻き起こした。彼はまた**サルペトリエール**施療院の院長やシャラントン精神病院の筆頭医師をつとめた。精神疾患者の境遇改善に多大の貢献をした彼の名は、1864年に命名された13区のエスキロル通り（Rue Esquirol）に残っている。

エスクランゴン Esclangon　1876-1954年。エルネスト・バンジャマン・エスクランゴンは、フランス南東部バス＝ザルプ地方のミゾンに生まれた天文学者。1932年にはじめて時報時計を考案したのが彼である。18区のエスクランゴン通り（Rue Esclangon）は195年からある。

エスコー Escaut　エスコーはフランスとベルギーを流れる川で、全長355キロメートルのうち、120キロメートルがフランス側にある。北仏エーヌ県のカトゥレ近郊に発し、フランスでは**カンブレ**やヴァランシエンヌ、コンデ、ベルギーでトゥルネやルペルモンド、アントワープ（アンヴェール）などの町を潤している。17区にはその名を冠したエスコー通り（Rue de l'Escaut）がある。命名は1877年。

エスコフィエ Escoffier　1846-1935年。ラウル・エスコフィエはきわめて高名な料理人だった【フランス料理の真の国際化を実現し、「シェフたちの王、王たちのシェフ」と讃えられた。1903年に上梓した『料理読本』にはじつに5000通り（！）のレシピが網羅されている】。1954年、彼の名が12区の通りにつけられた。エスコフィエ通り（Rue

エスト

Escoffier）である。

エスト Est　磁石を手に20区のエスト通り（Rue de l'Est）を進めば、針が真東をさしていることに気づくはずである。そして、遅くとも1780年には命名されている、エスト通りの呼称の由来も理解できるだろう。

エスト Este　13区のヴィラ・エスト（Villa Este）は、1798年2月にイタリア諸国家の総督となった**マセナ**将軍の軍事遠征を偲んで命名されている。呼称は、ローマ近郊のティヴォリにあり、じつにみごとな庭園を擁するイタリア・ルネサンス期のエステ家別荘にちなむ。このパリのヴィラ・エスト（エステ）は、1972年からある。

エストラパド Estrapade　エストラパドとは後ろ手に縛った罪人を柱ないし杭の先端まで引き上げ、その体をロープに結びつけて地面すれすれまで落とす吊り落とし刑のことで、これによって手足の関節は間違いなく外れた。5区のエストラパド広場（Place de l'Estrapade）では、この処刑法に多少の変更がくわえられた。フランソワ1世時代、罪人を一度、垂直に立てられた支柱の先端から燃え盛る火塚の炎のなかに突き落とし、それからただちに引き上げ、その体がゆっくりと燃えるようにしたのである。数人のカルヴァン派【→**ジャン・カルヴァン**】や、死刑を宣告された兵士たちがこうして処刑された。

　この広場は1515年から、同じ5区のエストラパド通り（Rue de l'Estrapade）は1881年からあるが、後者は1740年から1881年まで、ヴィエイユ＝エストラパド通りとよばれていた。やがてギロチン刑が一般化していった。

エストレ Estrées　1624-1707年。フランス海軍副提督で元帥にまでなったジャン・デストレ伯は、フロンドの乱【1648-53年。王権の拡大に反対して蜂起した高等法院などによる内乱。呼称は叛徒たちがパチンコ状の投石具（フロンド）を武器にもちいたことから。】に国王軍の一員としくわわった。1667年にはルイ14世（**ルイ・ル・グラン**）やテュレンヌのもとで**フランドル**への軍事遠征に従軍し

ている。1670年には、**デュケーヌ**を副官としてアフリカに派遣された。

　さらに1674年、デストレは副提督のヤコブ・ビンケス【1637-77】率いるネーデルラント艦隊を打破すべく、アメリカに送り込まれている。やがて南米のカイエンヌやセナガル沖合のゴレ島などを奪取した彼は、アンチル諸島のキュラソーも獲得しようた出港したが、艦船17隻が座礁し、かろうじて5隻だけが沈没を免れるという挫折を味わう。

　こうした災難にもかかわらず、1681年、彼はフランス元帥に、1707年にはニューフランス【1763年までカナダにあったフランス植民地】の副王に任命され、最後は**ブルターニュ**の地方総督をつとめた。彼の名を冠した7区のエストレ通り（Rue de l'Estrées）は、1819年からある。

エストレル Esterel　エストレルはフランス南東部のヴァール県とアルプ＝マリティーム県にまたがる、地中海岸沿いの山地である。その先端は斑岩と赤砂岩の岬となっている。この山地は地質学上アルプス山系とはまったく無縁であり、むしろコルシカ（**コルス**）島やサルデーニャ島の山地と結びついている。最高峰は海抜616メートルのヴィネグル山【字義は「酢」】。呼称は古代リグリア地方にいたスエルトリ人に由来する。20区には1932年からエストレル小公園（Square de l'Esterel）がある。

エスペランス Espérance　13区のエスペランス通り（Rue de l'Espérance）は、1845年に開通している。その美しい呼称【「期待・希望」の意】の由来については、別段説明がいらないだろう。だが、エスペランスという語自体にかんする定義を、読者はどこまで知っているか。たとえばジョゼフ・ジュベール【1754-1824。モラリスト・箴言家で、ディドロの秘書もつとめた】は書いている。「エスペランスは幸福からの借り物である」。シェークスピアによれば、「気高いエスペランスはすみやかに去る。ツバメの羽を持っているからだ」という。さらにダンテ（**ダント**）はその『地獄篇』

でこう指摘する。「入りたまえ、すべての
エスペランスをそのまま残して」

エセ Essai 17世紀末、5区のエセ通り
（Rue de l'Essai）の近くでは馬市が開かれ
ていた。この市場の傍らには馬を
「品定め」するための場所があり、その近
くに、1806年、この通りが敷設された。

エタ＝ジュニ États-Unis 16区のエタ＝ジ
ュニ広場（Place d'États-Unis）は1881年
に命名されている。広場の周りに数多くの
アメリカ人移住者が住んでいたからである。
現在、50州からなるアメリカ合衆国（エ
タ＝ジュニ）は、周知のように1776年7
月4日、イギリス植民地だった13州が独
立を宣言して成立した。イギリスとの独立
戦争は前年の1775年にはじまり、1783年
9月3日のパリ条約で終結をみた。

エダンブール Édimbourg エディンバラ
（エダンブール）はいうまでもなくスコッ
トランド（エコス）の首都で、リース川沿
い、フォース湾から3キロメートルほどに
位置している。町はおそらく7世紀にノー
サンブリア王エドウィン【在位616-33】に
よって建設され、チャールズ1世【イング
ランド・スコットランド・アイルランド王（在
位1626-49）】が特許状によってここに「シ
ティ」の資格をあたえた。18世紀まで、
市域は丘の南側を占めていただけだったが、
19世紀になると、その南側にまで家が立
ちならぶようになった。科学や文学関連施
設で有名なエディンバラは、一時期「新ア
テナイ」とよばれたこともあった。町の城
には今もイングランド王室のさまざまな宝
飾品が保存されている。

エディンバラはまた財政家ジョン・ロー
【1671-1729。ルイ14世後のフランスをバブル
経済によって破綻させた彼についての詳細は、
蔵持著『英雄の表徴』（新評論、2011年）を参
照されたい】や詩人・作家ウォルター・ス
コット【1771-1832。代表作に叙事詩『湖上
の美人』（1810年）や『アイヴァンホー』
（1820年）など】の生地でもある。このス
コットランドの首都の名がパリの通りにつ
けられている。これは至極当然のこととい

えるだろう。1870年に敷設され、77年に
命名されたエダンブール通り（Rue d'
Édimbourg）は、8区にある。

エティエンヌ・ジョデル Étienne Jodelle
1532-73年。リモダン領主のエティエン
ヌ・ジョデルはプレイヤッド派【詩語の範
を古典やイタリア文学に求め、フランス語を
向上させようとした7人の詩人集団】に属す
る詩人で、詩劇ないし劇詩を創作した。そ
のうちの1作『囚われたクレオパトラ』は、
1553年、パリのランス館で上演された【こ
の上演は、メスの都市防衛司令官だったギー
ズ公フランソワ（1519-63）が、神聖ローマ皇
帝のカール5世軍の攻撃から町を守ってパリに
凱旋したのを記念して、アンリ2世が催した歓
迎祝典の一環。ジョデル自身がアンリ2世らの
前でクレオパトラ役を演じた】。これはフラン
ス文学史の重要な出来事となった。これを
境にいわゆる「聖史劇（ミステール）」が終焉し、なおも
未熟なものではあったが、古典的な悲劇が
その一歩を刻むことになったからである。

国王アンリ2世【在位1547-59】はジョ
デルを贔屓にし、つねに何かと恩恵をあた
えていた。だが、同じプレイヤッド派のロ
ンサールに対してはそうではなかった。は
じめこそ彼はロンサールを高く評価してい
たが、やがてその不規則な詩法を非難する
ようになった。ジョデルは以下のような作
品も発表している。『ウジェーヌ』【1553
年】、『生贄にされるディドン』【1555年頃】、
『シャルル9世祝婚歌』【1571年】。18区の
エティエンヌ＝ジョデル通り（Rue
Étienne-Jodelle）が命名されたのは、1907
年のことである。

**エティエンヌ・ドゥローネ Étienne
Delaunay** 11区のエティエンヌ＝ドゥロ
ーネ小路（Passage Étienne-Delaunay）は、
この小路が敷設された土地の所有者にちな
んで命名されている。

エティエンヌ・ドルヴ Estienne d'Orves
1901-41年。オノレ・デティエンヌ・ドル
ヴは、パリ南西郊ヴェリエール＝ル＝ビュ
イソン出身の海軍将校。レジスタンスの先
駆けのひとりとみなされる彼は、ドイツ軍

に捕らえられ、ブーローニュの森（ボワ・ド・ブーローニュ）の西にあるヴァレリヤンの丘で銃殺刑に処された。9区のエティエンヌ＝ドルヴ広場（Place d'Estienne-d'Orves）は、1944年から存在している。

エティエンヌ・ドレ Étienne Dolet 1509–46年。オルレアンに生まれ、パリで他界した作家・詩人・人文主義者・印刷業者のドレは、16世紀におけるフランスの知的ルネサンスを代表するひとりである。12歳でパリに出たあと、イタリアに移ってパドヴァで3年、ヴェネツィアで1年過ごした彼は、フランスに戻ってトゥールーズ大学で法学を学ぶ。

こうしたすべてのことには、本人も知らない裕福な庇護者たちからの経済的な支援があった。だが、彼の最初期の著作は強硬な敵をつくり、狂信的な学生たちとの激しい論争を繰り返した結果、トゥールーズを追放され、投獄まで味わったのちにリヨンに逃れる【1534年】。1536年、このリヨンで大著『ラテン語注解』の上巻を上梓し【下巻は38年】、さらに39年には『ラテン語表現法』も著した。

一方、彼はリヨンで印刷所を創設している。そしてここから、彼は自著のほかに、さまざまな風刺文学書などを出版する。そのなかには彼の敵を増やすことになる親友**フランソワ・ラブレー**の作品もあった。おそらくこれら敵の策動によって、まもなく彼は異端・無神論者として告発され、1542年、リヨンの宗教裁判所から死刑を宣告される。このときは、**フランソワ1世**の赦免状によってそれを免れたが、自由の身は長くは続かなかった。霊魂の存在を否定するプラトンの書（抜粋）を翻訳・出版した廉で逮捕され、パリのモベール広場で焚刑に処すとの断罪を受けてしまったのである。今日、同広場にはこうして落命した彼の彫像が立っている。制作者は彫刻家のエルネスト・ギルベール【1848-1913。1889年作】である。20区には、1879年に命名されたエティエンヌ＝ドレ通り（Rue Étienne-Dolet）がある。

エティエンヌ・ペルネ Étienne Pernet 1824-99年。ペルネは聖母被昇天女子修道会の創設者である【1865年】。彼の名を冠した15区のエティエンヌ＝ペルネ広場（Place Étienne-Pernet）は1964年の命名になる。

エティエンヌ・マルセル Étienne Marcel 1310-58年。1355年にパリの商人頭【市長に相当】となったマルセルは、羅紗商の出身である。1355年の全国三部会で、彼は代議員かつ第3身分の代表のひとりとして参加する。百年戦争さなかの1356年、イングランド軍がポワティエを制圧し、善王ジャン2世【在位1350-64。全国三部会の招集者。ロンドンで没】が捕虜となる。王太子のシャルル【のちのシャルル5世（国王在位1364-80）】はいかなる権威も示せなかったため、マルセルがパリの真の主として町を要塞化し、イングランド軍の攻撃にそなえて、ブルジョワジーや一般市民からなる民兵隊を組織する。1357年に再び三部会が開かれると、本格的な徴兵を行い、さらに議会や王室財政を管理する体制の基盤を確立しようとした。

だが、パリの独裁者として振舞う彼は、合法的な範囲を逸脱してしまう。王太子の前でシャンパーニュとノルマンディの元帥を暗殺したのだ。同時に、彼は将来の国王に庇護を約束するが、王太子はこの庇護を後見のこととみなしてパリを離れ、地方の代議員たちと結託する。こうしてマルセルはたんなる叛乱都市の長でしかなくなる。くわえて、彼がジャクリーの叛徒たち【1358年のフランス北部で勃発した農民反乱をジャクリーの乱とよぶ】と手を握ったことも、貴族たちの反発を買った。さらに、ナバラ王国の邪悪王カルロス2世【在位1349-87。百年戦争でイングランドのエドワード黒太子と同盟を結んで、ジャン2世と敵対した】との親密な関係は、彼に対するパリ市民たちの反感を煽った。

そして1358年7月31日夜、マルセルは、王太子シャルルの教唆によって、かつて自分の側近だった参事会員のジャン・マイヤ

ールに、斧の一撃で暗殺される。1881年に命名されたエティエンヌ＝マルセル通り（Rue Étienne-Marcel）は、1区と2区を走っている。

エティエンヌ・マレ Étienne Marey 1830-1904年。ブルゴーニュ地方のボーヌに生まれた医師で生理学者のエティエンヌ＝ジュール・マレは、生理学的現象を研究するための連続写真撮影機【写真銃】を完成させ【1882年】、心臓の鼓動や筋肉の収縮、さらに鳥の飛翔までも調べることができるようになった。彼は1872年に医師アカデミー会員、78年に科学アカデミー会員に選ばれている【1867年からはコレージュ・ド・フランスで生理学を講じた】。著書には『血液循環にかんする医学的生理学』【1863年】や『運動』【1894年】などがある。20区のエティエンヌ＝マレ通り（Rue Étienne-Marey）とヴィラ・エティエンヌ＝マレ（Villa Étienne-Marey）は、それぞれ1915年と33年からある。

エディソン Edison 1847-1931年。発明王エジソン（エディソン）はオハイオ州のミラン出身である。若い頃、鉄道会社で働いていた彼は、ひとりで新聞をつくり、乗客たちに売っていた。1862年、彼はパート・ヒューロンの電信局に入り、64年には1本の電線に2通の電報を同時に反対方向に送る、一種の「二重通信機」を考案している。そして1868年にボストンに移り、翌年、電信機器製造工場を立ち上げる【この年、彼は株式相場表示機の特許を取得】。1870年にはいくつもの企業をかけ持ちする技師となって、数多くの発明をおこなうまでになる。

　だが、それでも彼の探求は終わらなかった。1877年に彼はアレクサンダー・グラハム・ベル【1847-1922】の電話機を単純化したマイクロテレフォンを発明し、使い勝手のよいものにして実用化している。それだけではない。同じ年には蓄音機を考案し——フランス人はこれをシャルル・クロの発明だと主張している——、78年には白熱電球に多くの改良をくわえてもいる

【周知のように、京都の竹をもちいたこの電球を、エジソンはゾロアスター教の光と善の神にちなんでマズダと命名している】。こうして彼は少なくとも600点以上の発明品を世に送り出したとされる。13区のエディソン大通り（Avenue Edison）は、1932年の命名である。

エディ・ド・ナント Édit de Nantes ナントの勅令のこと。1598年4月13日にときの国王アンリ4世が署名したこの宗教上の和平王令は、フランス国内のカトリックとプロテスタントの対立による内乱に終止符を打ち、プロテスタントに政治的・宗教的な自由を保証するものだった。だが、1685年にルイ14世（ルイ・ル・グラン）がそれを撤廃したことで、20万を超えるプロテスタントが外国へ脱出した。19区のエディ＝ド＝ナント広場（Place de l'Édit-de-Nantes）は1998年に命名されている。

エディット・ピアフ Édith Piaf 1915-63年。ジャヴァンニ・ガション、通称エディット・ピアフはパリで生まれ、没したシャンソン歌手。1936年、ピアフは彼女を発見したルイ・ルプレ【1883-1936】が命名した、「モーム・ピアフ（小さなピアフ）」という芸名で、はじめてルプレのナイトクラブ「ゲルニズ」に出演している。この芸名は当時のもうひとりの女性シャンソン歌手、「モーム・モワノー（小さなスズメ）」の向こうをはってのことだった【モーム・モワノー（1908-68）はパリからブロードウェイに移って人気を博していたが、1929年、プエルトルコ人の富豪と結婚したのを機に歌手を廃業した】

　それからまもなく、ピアフはジョルジュ・ブラッサンスやギ・ベアール【1930-】、レ（イ）モン・ドゥヴォス【1922-2006】といったシャンソン歌手を見出すようになる。さらに彼女はジャック・カネティ【1909-97。ポリドールやフィリップスの音楽プロデューサー】のひきでラジオに進出し、ポリドールからレコードも出した。最初の成功は1938年だった。レモン・アソ【1901

エテクス

-68。弟ピエールは映画監督】の作詞・作曲で、マリ・デュバ【1894-1972。ピアフが歌手のモデルとしていた】が歌ったシャンソン「私の外人部隊兵士」をみずから歌い、大評判を博したのだ。以後、彼女の人気は衰えを知らず、そのシャンソンは世界中で受け入れられるようになる。

　芝居がかった、そして引きちぎるようなアクセントを特徴とする彼女の声は、間違いなく独特なものだった。だが、ピアフは大衆の賛美に満足せず、数多くのアーティストたちのデビューをサポートしてもいる。ポール・ムリス【1912-79。俳優】やコンパニョン・ド・ラ・シャンソン【1941年から85年まで活動した男声合唱団】、イヴ・モンタン【→シニョレ=モンタン】、ジョルジュ・ムスタキ【1934-2013】、フェリクス・マルテン【1919-92】、さらにピアフが再婚することになるテオ・サラポ【1936-70】などである。

　興味深いエピソードがある。周知のように彼女はボクサーのマルセル・セルダンを深く愛していた。彼は飛行機事故で命を落としたが、交霊術を信奉していた彼女は、事故からしばらくして、友人たちのひとりに、ランヌ大通りに借りていたアパルトマンの室内階段をのぼって円卓を探すよう頼んだ。ところが、見つけた円卓を下ろそうとして、友人は階段から転げ落ち、起き上がったその目にひどいアザをつくってしまった。それを見たピアフはセルダンを思い出しながらこう言ったものだった。「ほら、マルセルはまだ強力な右パンチをもってるわ！」

　そんな彼女を愛していたファンたちは、つねに熱烈に敬愛の念をいだいていた。ピアフの代表的なシャンソンとしては、彼女自身の作詞になる2曲「バラ色の人生」【1946年】と「愛の賛歌」【1949年】のほかに、「ミロール」【1959年】、「水に流して」【1960年】などがある。20区のエディット＝ピアフ広場（Place Édith-Piaf）は、1978年に命名されている。

エテクス Étex　1808-88年。アントワス・

エテクスはパリに生まれ、ヴェルサイユ近郊のシャヴィルで没した彫刻家。1829年、『瀕死のヒュアキントス』でローマ大賞の次点に泣いた彼は、のちにエトワル凱旋門【→アルク・ド・トリヨンフ】の背面壁に『1814年のレジスタンス』と『1815年の和平』【いずれも1833-37年】を制作するようになる。だが、彼の最大の代表作は、リヨンにある『神から呪われたカインとその末裔』【1832-39年】だろう。彼はまた上院のシャルルマーニュ像、アンヴァリッド館のヴォーバン記念碑、フランス西部のコニャックのフランソワ1世の騎馬像、さらにメスのファベール元帥像も手がけている。

　一方、エテクスには『アリ・シュフェールの研究とその作品』【1857年】や『デッサン基本講義』【1877年】といった著作もある。彼の名を冠した18区のヴィラ・エテクス（Villa Étex）は1911年に建設されている【同区にはエテクス通り（Rue Étex）もある】

エテューヴ・サン＝マルタン Étuves Saint-Martin　エテューヴ（発汗室）はかつては浴場施設を意味していた。17世紀まで、4区のエテューヴ＝サン＝マルタン通り（Rue des Étuves-Saint-Martin）の2番地には、女性用のエテューヴがあった。この通りは1881年に命名されている。

エデール Eiders　エデール（ホンケワタガモ）はカモに近い鳥である。探せば、スカンディナヴィアの海岸に見つかるだろう。この上もなく柔らかなその綿毛が、羽布団製造者に幸運をもたらしている。健康なエデールなら、体長は嘴から尻尾まで約65センチメートルほどである。1977年に命名されたエデール小路（Allée des Eiders）は19区にある。

エドウィジュ・フイエール Edwige Feuillère　本名エドウィジュ・カロリヌ・キュナティは女優。1907年、今もその名を冠した劇場があるフランス東部オート＝ソーヌ県のヴズールに生まれ、98年にパリで没している。幼少期の大部分をイタリアで過ごした彼女は、1928年からパリの国立高等

音楽演劇院で学び、当初はコラ・リンの芸名で端役を演じ、1931年から33年までコメディー＝フランセーズに属した。やがて1930年代後半から晩年近くまで、舞台と映画に登場する。

舞台では、『椿姫』（1939年）【アレクサンドル・デュマ（子）原作】や『ソドムとゴモラ』（1942年）【ジャン・ジロドゥ原作】、1947年に映画化された『双頭の鷲』（1946年）【ジャン・コクトー原作】、『ルクレチアのために』（1953年）【ジロドゥ原作】、『シャイヨ宮の狂女』【1965年、ジロドゥ原作】、『老女の訪問』【1976年、フリードリヒ・デュレンマット原作】などで評判をとった。

一方、出演映画には1931年封切りのデビュー作『コルドン・ブルー』【アルベルト・カヴァルカンティ監督（1897-1982）】のほかに、以下のような作品がある。『マムゼル・ニトゥーシュ』（1931年）【マルク・アルグレ監督（1900-73）】、『サンテ監獄の男たち』（1934年）【ピエール・コロンビエ監督（1896-1956）】、『フランスに尽すマルト・リシャール』（1937年）【レモン・ベルナール監督（1891-1977）】、『白痴』（1945年）【ジョルジュ・ランパン監督（1901-79）】、『崇拝すべき人々』（1952年）【クリスチャン・ジャク監督（1904-94）】、『女たちが絡み合うとき』（1957年）【イヴ・アルグレ監督（1905-87）】、『ランの果肉』（1975年）【パトリス・チェロー監督（1944-2013）】など。

フイエールはまた1977年、『思い出の火』という題名の回想録も出している。ジャン・コクトーは彼女を評してこう記している。「雪と血と肉欲と死の女王」。2004年、パリの広場に彼女の名前がつけられた【エドウィジュ＝フイエール広場（Place Edwige-Feuillère）は７区】

エドガー・ヴァレーズ Edgar Varèse 1883-1965年。エドガー・ヴァレーズは、フランス生まれでアメリカ合衆国に帰化した作曲家で、音楽における19世紀から20世紀への転換をもっとも深く刻んだひとりとされる。パリに生まれ、ニューヨークで没した彼の作品は、いわば予言的なものだった。

彼は言っている。「明日の音楽は空間的であり、音が空間のなかで軌跡を描き、起伏のある音響世界に位置するような印象をあたえるだろう」

こうした考えを具体化したのが、たとえば『ポエム・エレクトロニク』【1958年のブリュッセル万国博で発表された作品で、425個のスピーカーを駆使した電子音楽】である。ほかの作品としては『アルカナ』【1927年】や『密度21.5度』【1936年】、『ヴェルジェにおける聖金曜日の行列』【1955年】などがある。ヴァレーズはこうも言っている。「死は疲れきった者たちの特権である。現代の作曲家は死ぬことを拒否する」。1987年に彼に捧げられたエドガー＝ヴァレーズ通り（Rue Edgar-Varèse）は、19区にある。

エドガー・キネ Edgar Quinet 1803-75年。エドガー・キネはフランス中東部アン県のブール＝カン＝ブレスに生まれ、ヴェルサイユで没した作家・哲学者・政治家。1831年頃に著した『ドイツの政治体制』のなかで、彼はプロイセンがいずれ覇権を握ると予測した。レカミエ夫人のサロンに足繁く通い、そこで出会った女性ミナ・ドレと1834年に結婚している。1842年、彼はコレージュ・ド・フランスでフランス文学を講じるようになるが、イエズス会（1834年）や教皇権至上主義（ウルトラモンタニズム）（1844年）にかんする講義で聖職者たちの不興を買い、その結果、ギゾーから講義を禁じられる。

1848年、彼は生地アン県選出の憲法制定議会議員となり、左派に身をおくが、1851年12月２日のナポレオン３世によるクーデタで、亡命を余儀なくされる。亡命先はブリュッセルだった。こうして祖国を離れても、しかしさほどの苦痛は覚えなかった。ルーマニアの愛国者ゲオルゲ・アサキ【1788-1869。作家・教育者・思想家・近代化運動家】の娘と再婚できたからである。

このブリュッセル滞在はまた文学の面でも実り多く、『イタリア革命』【1848-51年】や『奴隷たち』【1853年、5幕物詩劇】、『わが思想遍歴』【1858年】などを発表している。やがて彼はスイスのヴェイトーに移り

住み、そこで『魔法使いメルラン（マーリン）』【1860年】や『人間的良心の死』【1870年以前】、『政治書簡』【刊行年不詳】、さらに1870年にはダーウィン（ダルウィン）に触発されて『天地創造』などを発表している。1870年9月4日、彼は帰国して下院に復帰し、74年、主著『新たなる精神』を上梓する。彼に捧げられたエドガー＝キネ大通り（Boulevard Edgar-Quinet）は、1879年から14区にある。

エドガー・フォール Edgar Faure 1908-88年。エドガー・フォールは南仏モンペリエ近郊のベジエに生まれ、パリで没した弁護士・政治家。1946年から58年まで急進社会党の国民議員議員をつとめた彼は、第4共和政の複数の政権に大臣や議長としてかかわった【1952年と55-56年には首相】。1958年5月以降はシャルル・ド・ゴール将軍と連携し、非公式ながらフランスと中国の外交関係の樹立に尽力した（1963年）。さらに「左翼ド・ゴール主義者」として、1966年、ジョルジュ・ポンピドゥー内閣の農業相となった。1968年の「五月革命」後には国民教育相に就任して、教育、とくに大学教育を再編するための高等教育基本法、通称「フォール法」を制定させる。最後の公務は1973年から78年までの下院議長だった。

フォールには『改革の哲学』【1969年】をはじめとして数多くの著書がある。1978年にアカデミー・フランセーズ会員となった彼は言っている。「フランスにふたつの若さはない。とすれば、われわれはひとつの若さのためにふたつの魂をもつべきなのだろうか」。こう問いかける彼の名は、1994年の命名になる15区のエドガー＝フォール通り（Rue Edgar-Faure）に残っている。

エドガー・ポー Edgar Poe 1809-49年。エドガー・アラン・ポーはバルティモア生まれのアメリカ人作家。貧しい役者だった両親と幼くして別れ【父は失踪、母は病没】、悲惨のどん底に突き落とされた彼は、幅広く商いを展開していたリッチモンドのジョ

ン・アランに引き取られ、しっかりした教育も受けられた。1826年、成長した彼はシャーロットヴィルのヴァージニア大学に入学する。だが、「悪い」と形容されるふるまい——それはほんの一部だけだったが——のため【トランプ賭博でかなりの負債を抱えた】、きわめて知性に優れていたにもかかわらず、1年たらずで退学する。庇護者のアランはやむなく彼を自分の事務所で働かせるようになる。しかし、それも長続きせず、家出してしまう。やがてウェストポイントの陸軍士官学校に入学するものの、ここでもまた不品行ゆえ、1830年、すみやかに退学処分となった。

こうしてウェストポイントを去ったポーは、運試しとばかりにニューヨークに向かい、素晴らしい詩集を出版する【出版費用は陸軍士官学校の同窓生たちが工面してくれたという】。それから彼はリッチモンドに戻る。そして文学コンクールで賞金100ドルを2度獲得し、ただちに《サザーン・リテラリー・メッセンジャー》誌の主幹に抜擢される。ポーにとって、まさに幸福感に満たされた時期だった。1836年には周囲の反対を克服して、ついに従妹のヴァージニア・クレムとも結婚できた【《メッセンジャー》誌も販売部数が飛躍的に伸びていた】

だが、結婚後、因果関係は定かでないが、苦痛の、そしてとりわけ悲惨な日々が始まる。彼は酒によって現実を忘れ、酒のなかにインスピレーションを求めようとした。たしかにインスピレーションは湧いた。この時期、だれもが知っているような傑作を相次いで発表したからである。たとえば、仏訳者であるシャルル・ボードレールをして「異常なまでの物語」といわしめた短編集『グロテスクとアラベスクの物語』【1837年】や、やはりボードレールによって仏訳された『アーサー・ゴードン・ピムの冒険』【同】などである。彼はまた詩も数多く書いているが、そのなかにはボードレールとステファヌ・マレルメが散文体で仏訳した、きわめて独創的な長編詩「大鴉」【1845年】もある。

ポーの人生に戻っていえば、当初こそ、その才能ゆえに拍手喝采をもって迎えられたものの、あまりの過激さや放埓さのため、かなりすみやかに破滅へと向かっていった。1847年には妻も他界した。慢性アルコール中毒が原因で、手足が震えたり幻覚を見たりする譫妄にも襲われた。彼はそこからなんとか立ち直ろうとしたようで、1849年には、富裕な未亡人と婚約してもいる【この未亡人エルマイラ・ロイスターは、青年時代のポーの恋人だった】

しかし、結婚式を控えた1849年10月のある朝、ポーは一晩を過ごしたボルティモアの酒場の前で、瀕死の状態で発見される【病院に担ぎ込まれ彼は、4日後の10月7日に息を引き取った。死因については諸説ある】。「地獄に足繁く通っていた」、「(彼の)ベッドは悪夢の夜を味わうのに向いていた」…。ポーにかんしてはこうしたことが書かれている。彼を名祖とするエドガー＝ポー通り（Rue Edgar-Poe）は9区にある。

エドモン・アブー Edmond About 1828-85年。アブーはフランス北東部モーゼル県のデューズに生まれ、パリで他界した作家。彼は戯曲『ガエタナ』【1862年】で演劇への進出を図ったが成功せず、文学の世界に入る。そのおもな作品としては『パリの結婚』【1856年】や、1850年代の成績優秀者の学生たちに無償で配布された『山地の王』【1857年】、さらに『耳が潰れた男』【1862年】、『ある公証人の鼻』【1862年】、『勇敢な男の物語』【1880年】などがある。ジャーナリストでもあった【1871年に《19世紀》誌を創刊している】彼はまた、自由闊達、ときには皮肉を効かせて文章を書いた。1884年1月にアカデミー・フランセーズ会員に選ばれたが、恒例の入会演説をおこなう前に息を引き取った。16区のエドモン＝アブー通り（Rue Edmond-About）は1894年からある。

エドモン・ヴァランタン Edmond Valentin 1823-79年。ストラスブールに生まれ、パリで没したエドモン・ヴァランタンは、知事や元老院議員をつとめた。1842年、志願猟歩兵となった彼は、共和主義的な意見ですみやかに知られるようになり、1850年、アルザス地方のバ＝ラン県から立法議会議員に選ばれている。だが、1851年12月2日のルイ＝ナポレオン、のちのナポレオン3世によるクーデタで追放され、イギリスに移って1870年までとどまった。

帝政崩壊後、出身県であるバ＝ラン県の県知事に指名された彼は、堀を泳いで渡り、要塞をよじ登ってストラスブール【1870年の普仏戦争後にプロイセン領】に入った。だが、逮捕されて捕虜となり、ドイツのエーレンブライトシュタイン要塞に移送された。

1871年2月に解放されると、ティエールからローヌ県知事に任命される。だが、同年4月、彼はこの県の県庁所在地であるリヨンのギヨティエール地区で、民衆の叛乱を抑圧しなければならなかった。その際、叛徒から赤旗を奪ったものの、銃弾を受けて肩を負傷している。

やがて1975年、彼はパリ盆地セーヌ＝エ＝オワズ県選出の下院議員、76年にはローヌ県選出の元老院議員となるが、その2年後に迎えた死は、おそらく自殺によるものだという。1896年に彼の名がつけられたエドモン＝ヴァランタン通り（Rue Edmond-Valentin）は、7区にある。

エドモン・ギュ Edmond Guillout 1883年に通りが敷設された土地の所有者名。エドモン＝ギュ通り（Rue Edmond-Guillout）は15区にある。

エドモン・ゴンディネ Edmond Gondinet 1828-88年。フランス中南部オート＝ヴィエンヌ県のローリエールに生まれ、パリ西郊のヌイイ＝シュル＝セーヌで没した劇作家。財務省に入りながら、はじめて成功をおさめたのちにそこを辞したエドモン・コンディネのことを、はたしてだれが覚えているだろうか。『ガヴォー、ミナール、そして会社』【1869年】や『3人のなかでもっとも幸せなもの』【1870年】、『オマール』（1874年）、『パパの確信』（1877年）といったその戯曲の題名を、いったいだれが記

エトモンフ

憶しているだろうか。彼が好ましくも控えめなファンタジーに、軽やかで急ぎ足の、だが決して表面的ではない観察の目を向けるようになったことを知っているのはだれか。そして、1899年以降、パリの通りに彼の名がついているのを見抜いているのはだれか【エドモン＝ゴンディネ通り（Rue Edmond-Gondinet）は12区】

エドモン・フラモン Edmond Flamant
1853-1915年。フラモンは相互扶助論者で鉄道孤児院を創設している。1938年に彼の名がパリの通りにつけられたのは、この業績による【エドモン＝フラモン通り（Rue Edmond-Flamant）は13区】

エドモン・フレミー Edmond Frémy 1814-94年。ヴェルサイユに生まれ、パリで没した化学者のエドモン・フレミーは、1875年、科学アカデミーの会長に選ばれている。彼の業績としては、酸化剤（フレミー塩）や乳酸・ペクチン発酵の発見、人造宝石の生産などがある。有機・生理化学の分野では、酒石酸やセルローズ、クロロフィル、骨やアルブミンの組成などを研究している。著書には『脳の化学的組成』や『テンサイ糖研究』【いずれも刊行年不詳】などがある。1932年に命名されたエドモン＝フレリー通り（Rue Edmond-Frémy）は20区にある。

エドモン・ミシュレ Edmond Michelet
1899-1970年。エドモン・ミシュレは政治家でキリスト教徒活動家。1940年にレジスタンスに入り、43年、そのためにダッハウの強制収容所送りとなった。戦後、政治に世界に身をおき、数か月間【死の直前】だが、文化担当大臣をつとめた【1959年1月から61年8月まで、ドブレ内閣の司法大臣でもあった】。

　この経験から、彼は貧しさが創造にとってなんら有害ではないことを（ほぼ）確信するようになった。だが、彼はおそらく誤解していた。その「確信」が一部の芸術家たちの反発を招くようになったからである。1978年、そんな彼の名がパリの広場につけられている。4区のエドモン＝ミシュレ

広場（Place Edmond-Michelet）である。

エドモン・ルス Edmond Rousse 1817-1906年。パリ生まれの弁護士。1871年のパリ・コミューン（コミュヌ・ド・パリ）後、エドモン・ルスは国民教育相のジュール・シモンから、法学教育の再編を準備する委員会のメンバーに任命されている。『1881年3月29日の行政命令にかんする意見書』【1881年】や『弁護士と裁判官』【1903年】などの著書がある彼は、1881年にアカデミー・フランセーズ会員に選ばれた。14区のエドモン＝ルス通り（Rue Edmond-Rousse）は1925年に命名されている。

エドモン・ロジェ Edmond Roger 15区のエドモン＝ロジェ通り（Rue Edmond-Roger）は1927年に開通している。この通りの呼称は、それが敷設された土地の所有者にちなむ。

エドモン・ロスタン Edmond Rostand 1868-1918年。文学者・経済学者の息子としてマルセイユに生まれた作家エドモン・ロスタンは、1894年、処女作の韻文喜劇『ロマネスク』を発表する【コメディー・フランセーズで上演】。翌年には『遥かなる姫君』、さらに1897年には3幕物の聖書劇『サマリアの女』【いずれもサラ・ベルナールに捧げた戯曲】を書き上げる。だが、彼の代表作は1897年の『シラノ・ド・ベルジュラック』である。さらに1900年には『鷲の子』、10年には『東天紅』を著してもいる。

　1902年にアカデミー・フランセーズ入りしたロスタンには息子がふたりいた。次男【ジャン、1894-1977】は生物学者・作家・科学史家で、単為生殖の研究で知られ、父同様アカデミー・フランセーズ会員となっている【1959年。なお、長男のモーリス（1891-1968）は詩人・劇作家】。6区のエドモン＝ロスタン広場（Place Edmond-Rostand）は1924年からある。

エトワル Étoile 17区のエトワル（星）通り（Rue de l'Étoile）は、同名の広場の近くを走るところから命名されている。

エドワール・ヴァイヤン Édouard Vaillant

1840-1915年。ヴァイヤンはフランス中央部シェール県のヴィエルゾンに生まれた政治家で、パリ・コミューン（コミュヌ・ド・パリ）の指導者のひとり。1865年に理学博士号を取得した彼は、医学を学ぶため、ドイツのハイデルベルク大学に入った。だが、そこでインターナショナル（国際労働者同盟）に参加し、1870年に帰国すると、その思想を広めようと奮闘する。インターナショナルの集産主義プロパガンダが、コミューンの誕生に大きな影響をあたえたことは周知の通りだが、こうしたコミューンを下支えしたのは、パリの民衆がおかれていた悲惨さと、王党派の復権に対する不安だった。

ヴァイヤンは19871年3月18日から同年5月28日まで続いたパリ・コミューンの委員となるが、この民衆蜂起はおびただしい流血を招き、とくに「血の週間」とよばれる最後の1週間が激しかった。そこではテュイルリー宮や市庁舎をはじめとして、数多くの建物がコミューン兵たちによって焼かれた。これを鎮圧すべく、通りごと、バリケードごとに10万の兵を配し、コミューン兵20万から首都を奪回したのがマク＝マオンである。

5月28日のあと、コミューン兵1万1000人が軍法会議にかけられ、その多くが銃殺刑に処され、残りはニューカレドニア（ヌーヴェル＝カレドニ）に強制移送された。ヴァイヤンはイギリスに亡命することができたが、軍法会議は欠席裁判で彼に死刑の判決を下した。1880年7月14日に恩赦によって帰国すると、あらためて政治の世界の身をおき、1884年、パリ市参事会員に選ばれる。

彼はブーランジスム【対独強硬派のジョルジュ・ブーランジェ将軍（1837-91）が政治に不満をいだいていた人々を糾合して展開した第三共和政打倒運動】に明確に反対し、《オム・リブル（自由人）》【1913年にジョルジュ・クレマンソーが立ち上げた雑誌】の主幹にもなった。彼の名を冠した通りは、1930年、ブーローニュ＝ビランクール村

から切り離されてパリ市に編入されたが、通りの一部はなおもこの旧村を走っている【エドワール＝ヴァイヤン大通り（Avenue Édouard-Vaillant）は16区】

エドワール・クニュ Édouard Quenu 1852-1933年。クニュは高名な外科医で、医学アカデミーと学士院の会員だった。彼を名祖とする5区のエドワール＝クニュ通り（Rue Édouard-Quenu）は、1938年に命名されている。

エドワール・コロンヌ Édouard Colonne 1838-1910年。エドワール・コロンヌはボルドー出身のヴァイオリニストでオーケストラ指揮者。1873年、コンセール・ナショナルを創設し、この交響楽団は彼の名を冠したコンセール・コロンヌと改称して現在に至っている。1区には1912年に命名されたエドワール＝コロンヌ通り（Rue Édouard-Colonne）がある。

エドワール・ジャック Édouard Jacques 1828-1900年。14区のエドワール＝ジャック通り（Rue Édouard-Jacques）は、エドワール・ジャック氏が他界したとき、彼が同区の区長だったことにちなんで命名されている。

エトワル＝シャルル・ド・ゴール Étoile-Charle de Gaulle 1730年、8区・16区・17区にまたがるエトワル＝シャルル＝ド＝ゴール広場（Place de l'Étoile-Charle-de-Gaulle）には、エトワル（星）という語がつけられ、エトワル＝ド＝シャイヨ広場とよばれていた。そこでは何本もの通りが交差していたからである。1863年にエトワル広場と改称されるが、直径24メートルのこの広場からは、12本の大通りが正確に幾何学的かつ放射状に出ている。広場の中央部に聳え立つ凱旋門の上にのぼれば、広場を覆う敷石が2色からなり、全体が1個の星を描いていることに気づくはずである。

エドワール7世（セト）Édouard VII 1841-1910年。エドワード（エドワール）7世はヴィクトリア女王を母としてロンドンで生まれたイギリス王【在位1901-1910】。ト

ランスヴァール（トランスヴァル）の戦争は彼の治世中に終結している【1902年、この戦争で南アフリカのボーア人に勝利したイギリスは、トランスヴァール共和国を滅ぼして直轄植民地とした】。彼はまた英仏協商を主導した。顎ひげと口ひげを蓄えた威風堂々とした国王でもあった。エドワール7世通り（Rue Édouard-VII）および同名の広場（Place Édouard-VII）は、いずれも1912年の命名で、9区にある。

エドワール・テュク Edward Tuck 1842-1938年。エドワード・タック（エドワール・テュク）氏はアメリカ人慈善家・収集家【・銀行家・投資家。彼は合衆国最古のビジネス・スクールを創設する一方、パリのプティ・パレにも膨大なコレクションの一部を寄贈している】。パリの市吏たちは彼を「パリ市民」とよび、その没年に早くも彼の名を通りに冠している。8区のエドワール＝テュク大通り（Avenue Edward-Tuck）である。

エドワール・ドタイユ Édouard Detaille 1848-1912年。パリ出身の画家で、メソニエの弟子であるエドワール・ドタイユは、軍隊生活でのさまざまな情景をおもに描いた。作品としては『鼓手の休息』【1868年】や『サン＝モール野営地の演習における休息』【1869年】、『勝利者』【1972年】、『負傷者たちへの敬礼』【1877年】、『海岸踏査』【1893年】などがある。1892年、彼は芸術アカデミー会員となったが、同じ年、その名前がパリの通りにつけられている。17区のエドワール＝ドタイユ通り（Rue Édouard-Detaille）がそれである。

エトワル・ドール Étoile d'Or 11区にあるエトワル＝ドール小路（Cour de l' Étoile-d'Or）の呼称【字義は「金の星」】は、フォブール・サン＝タントワヌ通りの72番地にかかっていた絵看板に由来する。ブドウの若枝であしらった王冠の中心に星を配したそれは、居酒屋の入口を示していた。この小路は18世紀からある。

エドワール・パイユロン Édouard Pailleron 1834-99年。パリで生まれ、他界した文学者。弁護士でもあったパイユロンは、1860年、戯曲『寄生虫』がオデオン座で上演されている。この処女作は韻文で書かれていたが、彼の評価を高めたのは散文の戯曲『最後の4分の1』【1863年】や『楽しむ世界』【1868年】、さらにコメディー＝フランセーズで舞台にかけられた代表作『退屈する世界』【1881年】だった。

そんな彼の生涯はといえば、1863年、フランソワ・ビュロ【1803-77。1829年に創刊された政治・行政・習俗を扱った《ドゥー・モンド（両世界）》誌の共同創刊者で、コメディー＝フランセーズ支配人】の娘と結婚し、おそらくこの結婚が縁となって、のちに《ドゥー・モンド》誌のオーナーのひとりとなる【1882年アカデミー会員】。軽やかで繊細な想像力の持ち主だったパイユロンはまた、かなり衝撃的な風刺家でもあった。12区には1890年に命名されたエドワール＝パイユロン通り（Rue Édouard-Pailleron）がある。

エドワール・フルニエ Édouard Fournier 1819-80年。パリ南方のオルレアンに生まれた作家。数多くの歴史小説を書いており、そのなかには『パリの通りの謎』【1860年】や『ポン＝ヌフ物語』【1862年】、『ビュット＝デ＝ムーラン物語』【1877年】、『パリの看板物語』【1884年】、さらに戯曲として『グーテンベルグ』【1869年】や『メートル・パトゥランの真の笑い話』【1872年】などがある。18区のエドワール＝フルニエ通り（Rue Édouard-Fournier）は1905年からある。

エドワール・マネ Édouard Manet 1832-83年。エドワール・マネはパリで生まれ、没した画家・版画家。1850年、見習い水夫となった彼は、ブラジルに赴く。帰国すると、絵の創作に専念しながら、イタリアやオランダに滞在する。彼の絵は最初は写実派に傾倒していたが、その作品の1点である『草上の昼食』【1863年】はただちに認められず、嘲笑をもって迎えられもした。だが、徐々に頭角を現し、作品もまた印象派の一部の先駆者たちにインスピレーショ

ンをあたえていった。そして、彼自身が印象派の指導者とみなされるまでになる。

そうしたマネの作品には、たとえば以下がある。『アトリエでの食事』【1868年】、『水浴する女たち』、『屋外の肖像画』【制作年不詳】。版画家としては、彼はシャルル・ボードレールやエドガー・ポー、さらにベラスケス（ヴェラスケス）原画の幼い王女マルガリータなどの肖像画を彫っている。1904年の命名になるエドワール＝マネ通り（Rue Édouard-Manet）は13区にある。

エドワール・ルナール Édouard Renard

1883-1935年。フランス領西アフリカ総督で、セーヌ県知事もつとめたルナールの名は、1932年にパリの広場につけられている。それはこの広場に近接するヴァンセンヌの森で、植民地万国博が開かれた直後である【エドワール＝ルナール広場（Place Édouard-Renard）は12区】

エドワール・ロクロワ Édouard Lockloy

1838-1913年。エドワール・ロクロワ、本名エドワール・シモンはパリ出身の政治家。最初画家を志したが、1860年、ガリバルディのシチリア（シシル）遠征に従軍し、さらにエルンスト・ルナンの秘書としてユダヤ地方に同行している。やがて彼は《フィガロ》紙や《ラペル》紙に寄稿するジャーナリストとなる。1871年、南仏ブーシュ＝デュ＝ローヌ県の下院議員に選ばれ、1877年には同じ南仏のエクス＝アン＝プロヴァンス代表として再選される。

1886年1月7日、商工大臣に任命された彼は、その地位を1887年5月まで維持し、1888年から89年までは国民教育大臣、さらに1895年からは海軍大臣もつとめ、その見識の広さを発揮した。11区にあるエドワール＝ロクロワ通り（Rue Édouard-Lockloy）は1933年の命名である。

エドワール・ロベール Édouard Robert 読者が幼児の頃、ロベール哺乳瓶を使ったことはないだろうか。じつはこのロベールとは哺乳瓶製造者の姓であり、ファーストネームがエドワールなのである。1921年、12区に開通したばかりの通りに住居をか

まえていた彼は、あきらかに宣伝のために、みずからこれをエドワール＝ロベール通り（Rue Édouard-Robert）と名づけた。

エナール Hénard 1812-87年。アントワヌ・ジュリアン・エナールはフォンテヌブローに生まれ、パリで没した建築家。もっとも大きな仕事のひとつとして、12区の区庁舎がある。同区には1990年に命名されたエナール通り（Rue Hénard）があるが、この命名はきわめて当然のことといえるだろう。

エーヌ Aisne フランス西部のアルゴンヌ丘陵を源流とする川で、オワーズやベーニュ・サント＝ムヌゥー、レテル、そしてソワソンなどの川にそそぐ。総延長280キロメートル。パリの19区にあるエーヌ通り（Rue de l'Aisne）は、1869年に命名されている。

エネール Henner 1829-1905年。ジャン＝ジャック・エネールはアルザス地方オー＝ラン県のベルンヴィレに生まれ、パリで没した画家。光の画家とよばれているように、その作品にみられる色調は、明るいアイボリーからかなりくすんだ褐色まで、ヴェネツィアン・レッドから濃緑色まで多様である。1889年にフランス学士院会員となった彼は、『エフライムのレヴィ人』や『泉に変えられたイブリス』、『死せるキリスト』、『眠る女』【いずれも制作年不詳】などを描いている。9区のエネール通り（Rue Henner）は、彼の死後4年目の1908年からある。【17区のヴィリエ大通りには、1924年に開設された国立ジャン＝ジャック・エネール美術館がある】

エネル Hennel 12区のエネル小路（Passage Hennel）は、土地所有者の名に由来する。

エノー Hainaut エノーは北をフランドル、東をブラバント、南をナミュールの各地方、さらに西をフランスに囲まれたベルギーの地名。モンスとシャルルロワを主要都市とするこの地方は、ボリナージュの炭田地帯で長いあいだ大量の石炭を産出し、今もなおベルギーの工業的中心となっている。19区にあるエノー通り（Rue du Hainaut）

は、1869年の命名である。

エパルニュ Épargne かつてエパルニュ不動産会社は、1934年に開通した19区のエパルニュ小路（Passage de l'Épargne）にあった不動産の大部分を有していた。

エピネット Épinettes エピネット地区は1860年に区画が分譲され、その呼称は1639年から知られていた通称に由来する。ここでのエピネットとはクラヴサンの一種で、15世紀に登場したスピネット【鍵盤つきの撥弦楽器】のことではない。それはブドウ栽培にかかわる語で、白エピネットは今日ピノ・ノワールとしてより知られているブドウ品種。オーセロワともよばれる。かつてここにはこのブドウの一種がたしかに植えられていた【エピネット通り（Rue des Épinettes）は17区】

エブラール Hébrard 10にあるエブラール小路（Passage Hébrard）は、1818年にこの小路が敷設された際、その土地所有者のひとりの名を冠したものである。

エブラール Hébrard 12区のエブラール路地（Ruelle des Hébrard）は、この小路に家をかまえていた家族にちなんで命名されている。

エブル Èbre エブロ（エブル）はスペインの川で、全長約900キロメートル。カスティーリャ地方レイノーサ近くの標高847メートルの高地で生まれ、ナバラやアラゴン地方を貫流して、最後はカタルーニャ（カタローニュ）へといたる。それはとくにミランダやサラゴサを潤している。水源は大西洋から45キロメートル地点にあるが、地中海へ何本もの流れとなって注いでいる。13区のエブル通り（Rue de l'Èbre）は1877年の命名である。

エブレ Éblé 1758-1812年。ジャン＝バティスト・エブレはフランス北東部モーゼル県のサン＝ジャン＝ロールバックに生まれ、バルト海に面したプロイセンのケーニヒスベルク【現在のカリーニングラード】で病没した将軍。9歳で父の連隊に入るのを認められた彼は、1793年、少将に任命される。そして、オランダへの軍事遠征に参加し、

さらにライン方面軍に入っていくつかの町を制圧する。1804年にマグデブルク地方の守備隊司令官に、1809年にはナポレオンの末弟ジェローム【1874-1860】を国王とする、ヴェストファーレン王国の軍事大臣に任命された。

1812年、彼はロシアに移り、ロシア遠征に失敗して退却するナポレオンから、ベレジナ川に橋をかけることを命じられる【11月だったにもかかわらず、緩んだ寒さのために凍結していた川の氷が溶けていた】。その作業は皇帝が定めた時間に遅れたものの、最終的に多くの兵の命を救うことができた。ナポレオンはこの些細な職務違反を咎めず、それどころか、むしろ彼をおおいにたたえ、砲兵隊の監察官に任命した。

だが、その2週間後、エブレは不幸にしてプロイセンで病没する。原因は連戦ゆえの心身衰弱だった。彼の名は1851年の命名になる7区のエブレ通り（Rue Éblé）に残っている。

エプロン Éperon 6区のエプロン通り（Rue de l'Éperon）は1636年、当時この通りにかかっていた拍車の絵看板にちなんで命名されている。

エペ・ド・ボワ Épée de Bois 5区のエペ・ド・ボワ通り（Rue de l'Épée de Bois）は1560年頃に開通しており、呼称は当時通りにかかっていた木剣の絵看板に由来する。

エベール Hébert 18区にあるエベール広場（Place Hébert）は、当初この通りが属していたラ・シャペル＝サン＝ドニの町長だった人物にちなんで命名されている。

エベルマン Ebelmen 1814-52年。ジョゼフ・エベルマンはフランス東部フランシュ＝コンテ地方のボーム＝レ＝ダムに生まれ、パリで没した化学者。彼は国立セーヴル製陶所の支配人をつとめ、製品を芸術的にも技術的にも著しく発展させた。素地の焼入れにそれまでの木材ではなく石炭をもちい、これによってより繊細な陶器の生産と費用の節約が可能になった。12区のエベルマン通り（Rue Ebelmen）は1885年からある。

エマニュエル・シャブリエ Emmanuel Chabrier 1842-93年。フランス中央部ピュイ＝ド＝ドーム県のアンベールで生まれ、パリで他界した作曲家。シャブリエは1877年、ブフ＝パリジャン座で最初のオペレッタ『星』に出演し、コンセール・ラムルー【→シャルル・ラムルー】の合唱指揮者となる。彼の作曲家としての才能が発揮されたのは1883年、狂詩曲『エスパーニャ』においてだった。

そして1887年、シャブリエはオペラ＝コミック座で喜歌劇『望まぬ王』を発表して評判をとった。作品にはほかに『田園組曲』【1880年】やピアノ曲の『セポイたちの行進』【1863年】と『ハバネラ』【1885年】などがある。だが、その病と死によって、すでに手がけていた『ミュスカダンたち』や『ブリゼ』、『サバト』を完成させることはできなかった。彼の名を冠した17区のエマニュエル＝シャブリエ小公園（Square Emmanuel-Chabrier）は、1936年に命名されている。

エマニュエル・ショヴィエール Emmanuel Chauvière 1850-94年。ショヴィエールは15区の参事会員で、下院議員もつとめた。20区には1867年からエマニュエル＝ショヴィエール通り（Rue Emmanuel-Chauvière）がある。

エミール・アコラ Émile Acollas 1820-91年。フランス中部アンドル県のシャトルに生まれ、パリ北西部のアスニエールで他界したエミール・アコラは、法学教授で政治家。1867年、彼はジュネーヴで開かれた「平和と自由の連盟」の国際会議で、きわめて進歩的な共和主義的思想をうたいあげた重要な演説を行っている【アコラを創唱者のひとりとするこの会議には、彼のよびかけに応じてバクーニンも参加した】。同じ1867年、彼は王政に反対する民衆運動を煽ったとして投獄され、1年間の入牢を宣告されている【のちに脱獄してしてスイスに逃れた】。1870年、ベルン大学で法学の講座を担当していた彼は、パリ・コミューン（コミュヌ・ド・パリ）からパリ大学法学部の学部長に指名される。だが、スイスに残ることを選んだ。

1871年9月、ようやく帰国したアコラは、労働者のための参政権にかんする講座の開設を求めるが、ときの国民教育大臣から拒絶される。それから7年後の1878年、《シアンス・ポリティーク（政治学）》誌をみずから創刊し、80年、監獄監察官に任命された。主著には『婚外子』【1865年】や『国内法全体の改善の必要性について』【1866年】、『だれでも理解できる法律』【1885年】などがある。1927年に命名されたエミール＝アコラ大通り（Avenue Émile-Acollas）は、7区にある。

エミール・アリエ Émile Aliez 17区のエミール＝アリエ通り（Rue Émile-Aliez）は、この通りに土地を有していた地主にちなんで命名されている。

エミール・エ・アルマン・マサール Émile et Armand Massard 1977年に命名された17区のエミール＝エ＝アルマン＝マサール大通り（Avenue Émile-et-Armand-Massard）は、1933年からのエミール＝マサール通りの呼称を改称ないし補完したものである。エミール・マサール（1857-1932）はプレヌ＝モンソー地区の参事会員で、息子のアルマン・マサール（1884-1871）はオリンピックの金メダリスト【1920年のアントワープ・オリンピック。種目はフェンシング。1933年から67年まで、じつに34年間（！）にわたってフランス・オリンピック委員会長をつとめた】。

エミール・オージェ Émile Augier 1820-89年。フランス南東部ドローム県のヴァランスに生まれ、パリで他界した劇作家・詩人。1847年、同級生だったオーマル公の蔵書を管理していたオージェは、1849年、『ガブリエル』を発表して上演されるが、それはフランス演劇の改革を告げる作品だった【1844年の処女作『セリ』はコメディー＝フランセーズから上演を断わられたが、オデオン座で大成功をおさめている】

彼は古典的な演劇の三角関係、すなわち夫-妻-愛人の三角関係をすみやかに主題か

ら外して、時代のブルジョワジーを多少とも攻撃し、あるいは社会にかかわるより重要な問題の是非を問うた。

オージェの作品でよく知られているものとしては以下がある。『ポワリエ氏の婿』【1854年】、『素晴らしい結婚』【1859年】、『ジボワイエの息子』【1862年】、『メートル・ゲラン』【1864年】、『ライオンと狐』【1869年】、『ジャン・ド・トメレ』【1873年】。モリエールの後継者ともされる彼の名を冠したエミール＝オージェ大通り（Boulevard Émile-Augier）は、1893年から16区にある。

エミール・グドー Émile Goudeau 1849-1906年。グドーはペリグー出身の詩人・小説家。パラドックスを織り込んだ詩や、以下のような小説をものしている。『怒った雌牛』【1885年】、『高名なア・ケンピス発見の旅』【1886年】、『青い切符』【1887年】、『ボヘミアン生活の10年』【1888年】。

エミール・グドーは足繁くモンマルトルの丘に通っていたが、彼が「イドロパト（水治療派）」を立ち上げた原点はあきらかにここにある【イドロパトとは、若い詩人やヒュミスト（ふざけ好きな者）、学生たちのため、1878年にカルチェ・ラタンに立ち上げたデカダン的傾向文学クラブ（1880年まで）。呼称は治療とは無縁で、酒を愛し、水を疎んじる志向のアイロニー。→アルフォンス・アレ】。18区にあるエミール＝グドー広場（Place Émile-Goudeau）は、1911年に命名されている。

エミール・コル Émile Cohl 1857-1938年。エミール・クルテ、通称エミール・コルはパリ出身の映画監督、アニメ映画は彼を嚆矢とする。1901年代から彼ははじめてアニメ映画を制作している。この種の映画をアメリカ発と考える向きもあるようだが、残念なことである。12区のエミール＝コル小公園（Square Émile-Cohl）は、1959年の開園。

エミール・シェーヌ Émile Chaine 18区のエミール＝シェーヌ通り（Rue Émile-Chaine）は、土地所有者の名がつけられた私道である。

エミール・ジルベール Émile Gilbert 1793-1874年。パリで生まれ、没した建築家のエミール・ジルベールは、1822年、建築大賞を受賞している。メゾン＝アルフォールの獣医学校やパリ警視庁、マザ監獄の建物は彼が手がけたものである。この監獄は、1898年に撤去されるまで、1899年に敷設され、1904年に彼の名が冠せられた12区のエミール＝ジルベール通り（Rue Émile-Gilbert）にあった。

エミール・ゾラ Émile Zola 1840-1902年。パリを生没地とするゾラの父は、イタリア人の技師だった。若くしてアシェット書店で働き出した【バカロレア試験に失敗したため】ゾラは、はじめ数冊の作品を発表するが、ほとんど注目されることはなかった。だが、1865年、長編小説の『クロードの告白』で評判をえるようになる。さらに1867年、『テレーズ・ラカン』を発表するが、ゾラが作家としての確固たる地位をえるようになるのは、皮肉なことに、しばしば文学とはほとんど無縁の数多くの批判を掻き立てた1871年以降だった。

彼は以下のような作品を発表している。『ルーゴン家の繁栄』（1871年。いわゆる「ルーゴン・マッカール叢書」20巻の第1作目）、『獲物の分け前』（1872年）、『パリの胃袋』（1873年）、『ムーレ親父のあやまち』（1875年）、『居酒屋』（1878年）、『ナナ』（1880年）、『ごった煮』（1882年）、『ボヌール・デ・ダム百貨店』（1883年）、『ジェルミナル』（1885年）、『獣人』（1890年）、『壊滅』（1892年）、そしてルーゴン＝マッカール家の系譜を含む『パスカル博士』（1893年）【叢書最終巻】などである。

だが、ゾラを語る際には、1898年1月の《オーロール》紙に掲載した、「私は弾劾する」という言葉からはじまる彼の記事をとりあげないわけにはいかない。そのなかで、彼は激烈な口調でアルフレッド・ドレフュスを擁護した。この記事のため、ゾラは訴訟され、反響を呼んだ裁判のあと、1年間の投獄と3000フランの罰金を宣告

される。そこで彼はロンドンに亡命し、ド
レフュス裁判の再審が決定した1899年6
月に帰国する。

　ゾラは生前から、そして今もなおもっと
も読まれているフランス人作家のひとりで
ある。そして1902年、パリの自宅で変死
する。壊れた暖炉から排出された一酸化炭
素による中毒死だったとされる【反対派に
よる暗殺説もある。亡骸はパンテオンに安置
されている】。ドレフュス事件について、彼
はこう書いている。「真実は動いている。
だれもそれを止めることはできないの
だ！」。15区には、1907年に命名されたエ
ミール＝ゾラ大通り（Avenue Émile-Zola）
が走っている。

エミリオ・カストラル Emilio Castelar

1832-99年。エミリオ・カステラール（カ
ストラル）はスペイン南西部のカディスに
生まれ、南東部のサン・ペドロ・デル・ピ
ナタールで没したスペイン人作家・政治家。
1857年、マドリードのアテネ学院で歴史
学の講座を担当した彼は、おもに『民主主
義的思想：進歩の定式』【フランス語版、刊
行年不詳】のなかで、政治的な立場をあき
らかにしはじめる。この時期、しばしば共
和主義的な《ディスクシオン（議論）》誌
に寄稿していた。

　だが、こうした反体制的な活動によって、
1861年、カステラールは講座から去らな
ければならなくなる。そして1866年6月
22日には、革命に参加するが、フランシ
スコ・セラーノ将軍【1810-85。のちに摂政】
率いる軍隊に弾圧されてしまう。死刑を宣
告された彼はパリに逃れ、名誉革命【セラ
ーノ将軍やフアン・プリム元帥らによる】に
よって王妃イサベル2世が退位した1868
年に帰国する。

　翌1869年、カステラールは憲法制定議
会の議員に選出され、サヴォイア朝のアオ
スタ公【1845-90】をアマデオ1世の名で
スペイン王にするという、1870年10月19
日の宣言に反対するが、その主張は通らな
かった。しかし、1873年2月11日、アマ
デオ1世は退位して共和派に実権を託す

【第一共和政の樹立】。やがてカステラール
は議会議長となる。おそらく1874年1月
のことである。

　だが、翌年にアルフォンス12世【在位
1875-85。王妃イサベルの子】が国王となっ
て王政が復活すると、自分の共和主義的理
念が実現不可能であることを悟ったカステ
ラールは、政治から退く。ただ、この引退
によってより多産な著作家となる。著書と
しては『ヨーロッパの共和主義運動史』や
『自由の衰退』、『ふたつの首都』【いずれも
刊行年不詳】などがある。12区にあるエミ
リオ＝カストラル通り（Rue Emilio-
Castelar）は1904年の命名である。

エミール・デシャネル Émile Deschanel

1819-1904年。パリ生まれの作家で、著書
に『愛について語った悪』、『愛について語
った善』【いずれも1837年】、『女性たちに
ついて語った善』【1855年】、『女性たちに
ついて語った悪』【1867年】などがある。
シャルルマーニュやボナパルト、ルイ＝ル
＝グランなどのリセで修辞学の教授をつと
めたデシャネルは、1851年12月2日のル
イ＝ナポレオン、のちのナポレオン3世の
クーデタで投獄されたのち、ベルギーに亡
命する。

　1859年、恩赦によって帰国した彼は、
《デバ》紙【→ウジェーヌ・シュ】や《ル・
ナショナル》誌【→ティエール】の編集を
になう。さらに1876年、セーヌ県選出の
下院議員、81年からは元老院終身議員と
なる。

　ベルギー亡命時にもうけた息子ポール
【1855-1922】は、共和国大統領在任中の
1920年、列車からの墜落事故で話題をさ
らっている。命こそとりとめたものの、下
着姿でもっとも近い踏切り番の前に現れた
彼を見て、踏切り番はまさか彼が大統領だ
とは思わなかった。ポールはまたエリゼ宮
庭園の木に登るのが好きだった。そのせい
ではないのだろうが、彼が大統領についてい
た期間は1920年の2月18日から9月21
日までのわずか7ヶ月にすぎなかった。理
性にいささか不安定さがあった彼は、しか

し次の名言を遺している。「フランスの精神、それは光り輝く理性である」。このポールの父親にちなんで1912年に命名されたエミール＝デシャネル大通り（Avenue Émile-Deschanel）は、7区を走っている。

エミール・デヴォー Émile Desvaux 1879-1927年。19区のエミール＝デヴォー通り（Rue Émile-Desvaux）は、同区の参事会員とつとめていた人物にちなんで、1936年に命名されている。

エミール・デュクロー Émile Duclaux 1840-1904年。デュクローはフランス中南部カンタル県のオーリヤックに生まれた科学者で、1885年にソルボンヌの化学生物学教授、1888年に科学アカデミーの会員となる。1895年にパストゥールが他界すると、この偉大な碩学の愛弟子はパストゥール研究所長を引き継いだ。師に対する賛美の証として、1896年、彼は『パストゥール、ある精神の歴史』を上梓している。15区のエミール＝デュクロー通り（Rue Émile-Duclaux）は1934年の命名になる。

エミール・デュプロワイエ Émile Duployé 1833-1912年。エミール・デュプロワイエは北仏エーヌ県のノートル＝ダム＝ド＝リエスに生まれた神父。すでに現役を退いていても、速記者なら必ず「デュプロワイエ式速記術」を知っているはずである。たしかにこの速記術の訓練法は彼の考案になる。速記術に情熱を傾け、かなり早い時期に聖職を放棄した彼は、速記図書館とドゥー・モンド速記研究所を創設している。パリにあるこの研究所は、1869年、今ではだれも知らないだろうが、《ステノグラフ（速記者）》という週刊誌を創刊している。1931年に彼に捧げられたエミール＝デュプロワイエ通り（Rue Émile-Duployé）は、18区にある。

エミール・デュボワ Émile Dubois 1853-1904年。デュボワは医師だが、パリ市参事会員と14区選出の下院議員もつとめた。彼にちなんだ同区のエミール＝デュボワ通り（Rue Émile-Dubois）は、1912年に命名されている。

エミール・デュルケム Émile Durkheim 1858-1917年。エミール・デュルケーム（デュルケム）は、フランス北東部ロレーヌ地方のエピナルに生まれた社会学者。現代社会学の創設者のひとりで、心的な事実を、個人的な意識から独立している社会的な事実へと転位させた【集団的表象論】。著書には『社会分業論』【1893年。田原音和訳、青木書店ほか】や『社会学的方法の規準』【1895年。宮島喬訳、岩波書店ほか】などがある。彼が唱えたもっとも基本的な規準は、社会的な事実をモノとしてみなすことにある。13区のエミール＝デュルケーム通り（Rue Émile-Durkheim）は1994年の命名である。

エミール・デランドル Émile Deslandres 1866-1935年。デランドルはパリ市参事会員をつとめ、それにちなんで、1936年、通りにその名が冠せられている。ちなみにファーストネームがアンリ、つまりアンリ・デランドル（1853-1948）は天文学者で、分光太陽写真儀の考案者である。13区のエミール＝デランドル通り（Rue Émile-Deslandres）は、1936年に命名されている。

エミール・ドイチュ・ド・ラ・ムルト Émile Deutsch de la Meurthe 1847-1924年。パリ大学都市（シテ・ユニヴェルシテール）の創設者で、没年にその名が通りにつけられた【大学都市内にも彼の名を冠した最古の宿舎がある（1992年から93年にかけて、訳者はここに住んでいた）】。ただし、彼をアンリ・ドイチュ・ド・ラ・ムルト（1846-1919）と混同してはならない。実業家・慈善家のアンリは全仏飛行クラブの創設者で、1909年にパリ南郊のサン＝シルに航空研究所を創設している【エミール＝ドイチュ＝ド＝ラ＝ムルト通り（Rue Émile-Deutsch-de-la-Meurthe）は14区】

エミール＝ピエール・カゼル Émile-Pierre Casel 20区のエミール＝ピエール＝カゼル通り（Rue Émile-Pierre-Casel）が、その土地所有者にちなんで命名されたのは、1933年のことである。

エミール・ファゲ Émile Faguet　1867-

1916年。フランス西部ヴァンデ県のラ＝ロシェル＝シュル＝ヨンに生まれた作家・批評家のファゲは、1883年からリセ・シャルルマーニュの、さらにリセ・ジャンソン＝ド＝サイイの教授をつとめた。さらに1897年には、パリ大学文学部のフランス詩教授となり、1900年、アカデミー・フランセーズ会員に選ばれている。その一方で、《ドゥー・モンド》【→エドワール・パイユロン】や《エンシクロペディク》、《デバ》紙【→ウジェーヌ・シュ】に寄稿している。

　　ヴォルテールについて、彼はこう言っている。「この偉大な精神は明澄な思想のカオスである」。彼の著書としては、『17世紀の偉大な碩学たち』【1885年】、『フランス文学史』【1886年】、『フロベール』【1899年】などがある。「明日を教えるために毎日学ぶ」。ファゲの言葉である。14区のエミール＝ファケ通り（Rue Émile-Faguet）は1929年からある。

エミール・プヴィヨン Émile Pouvillon

1840-1906年。フランス南西部タルン県のモントーバンに生まれた作家。とくに田園地帯の習俗を好んで描いた。小説としては、アカデミー・フランセーズ文学賞をえた『セセット』【1880年】や『ジャン＝ド・ジャンヌ』【1886年】、『ルルドのベルナデット』【1894年】、『貞節の誓い』【1900年】がある。『ローマ王』【初演1898年】や『アンティベル』【初演1899年】などの戯曲もある。1910年に命名されたエミール＝プヴィヨン大通り（Avenue Émile-Pouvillon）は7区を走っている。

エミール・ブレモン Émile Blémont

エミール・プティディディエ、通称エミール・ブレモンは、パリ出身の詩人・劇作家。弁護士として活動したのち、さまざまな雑誌に詩や小説、記事を相次いで寄稿した。詩集には『イタリア詩集』【1970年】や『花の咲いたリンゴの木』【1891年】、戯曲には『ペズナスの理髪師』【1877年】や『モリエールの小間使い』【1897年】などがある。

エミール＝ブレモン通り（Rue Émile-Blémont）は、1929年から18区にある。

エミール・ベルジュラ Émile Bergerat

1845-1923年。パリ生まれの劇作家であるベルジュラは、最初《ヴィ・モデルヌ（現代生活）》や《フィガロ》紙のジャーナリストとなり、カリバンの筆名できわめて興味深い記事を書いていた。やがて演劇へと向かい、『赤児会社』【1884年】や『初接吻』【1889年】、『マノン・ローラン』【1896年】といった戯曲を発表する。これらの作品はいずれも辛辣な風刺や諧謔精神を含んでおり、それは次のような多分に衒学的な一文にもみてとれる。「人が立ち去って決して戻らないなら、これほど楽しいことはない」。16区にあるエミール＝ベルジュラ大通り（Avenue Émile-Bergerat）は、1928年の命名である。

エミール・ベルタン Émile Bertin　1840-

1924年。ルイ＝エミール・ベルタンはナンシー生まれの技師で、近代日本海軍の生みの親【日本海軍のお雇い外国人として1886年から90年まで滞在し、近代的な軍艦の建造を指導した】。フランスでは海軍技術省の主任技師をつとめ、1865年、数多くの軍艦建造を指揮した。船の横揺れと縦揺れを測定する二重オシログラフの考案者でもある彼は、『蒸気式軍艦と蒸気式商船』【1875年】や『船のボイラー』【1895年】などを著している。1934年に彼の名が冠せられたエミール＝ベルタン通り（Rue Émile-Bertin）は、18区にある。

エミール・ボレル Émile Borel　1871-1956

年。ボレルはゲーム理論や確率の研究で知られる数学者で、政治家でもあった。彼に捧げられたエミール＝ボレル小公園（Square Émile-Borel）は、1961年から17区にある。

エミール・マール Émile Mâle　1862-1954

年。エミール・マールは、フランス中央部アリエ県のコマントリーに生まれた美術史家。とくにフランス中世絵画に関心を抱き、歴史的・精神的な豊かさを内包する宗教的な図像表現を精密に分析する、独創的な手

法を駆使した。1927年、アカデミー・フランセーズ会員に選ばれた彼の名は、5区のエミール=マール広場（Place Émile-Mâle）に残っている。命名は1978年。

エミール・ムニエ Émile Menier 16区のエミール=ムニエ小路（Passage Émile-Menier）は、1899年にこの小路が敷設された土地の所有者名である。

エミール・メイエ Émile Meyer 16区のヴィラ・エミール=メイエ（Villa Émile-Meyer）は、当初は同名の小路だったが、1937年に現在のヴィラになった。この呼称は、ヴィラの旧地主のひとりに由来する。

エミール・ランドラン Émile Landrin 1841-1914年。1921年に命名された20区のエミール=ランドラン広場（Place Émile-Landrin）に名を残す人物は、同区の参事会員だった。

エミール・リシャール Émile Richard 1843-1890年。エミール・リシャールはパリ市参事会長で、1890年、その名がパリの通りにつけられた。だが、1897年から1905年までその呼称が変えられた。1905年、それは再び改称されてもとの呼称に戻り、通りの延長部が**カサンディ通り**とよばれるようになった【エミール=リシャール通り（Rue Émile-Richard）は14区】

エミール・ルヴァソール Émile Revassor 1842-97年。エミール・ルヴァソールは間違いなく自動車の普及に尽力した人物のひとり。彼の名はもうひとりの先駆者であるパンアール【→パンアール・エ・ルヴァソール】の名と結びついて、当初はヤギ革の服をまとい、大きなメガネをかけた【富豪の象徴】紳士たちが運転していた、自動車の歴史を彩っている。読者がもしパンアール・エ・ルヴァソール車をもっているなら、それがかつて多くの収集家たちが入手しようとしていた宝物だったということを知っておいた方がよい。13区にはエミール=ルヴァソール通り（Rue Émile-Revassor）が1932年からある。

エミール・ルヴェル Émile Level 1839-1905年。エミール・ルヴェルは技師で17区の区長をつとめた。17区のエミール=ルヴェル通り（Rue Émile-Level）は1934年の命名。

エミール・ルプー Émile Lepeu 11区のエミール=ルプー通り（Rue Émile-Lepeu）は、1932年、土地所有者の息子にちなんで命名されたものである。

エミール・ルーベ Émile Loubet 1838-1929年。南東部ドローム県のマルサンヌに生まれたエミール・ルーベは、1896年に元老院議長となったのち、99年から1906年まで共和国大統領をつとめた。法学博士だった彼は、弁護士をしていた生地近くのモンテリマールで、1876年、下院議員に選ばれ、政界に足を踏み入れる。

やがて大統領に選出されるまで、公共土木相や内相、さらに首相も数度つとめた。7年の大統領在任期間中【1899-1906年】には、アルフレッド・ドレフュス裁判の再審【1906年無罪判決】や1900年のパリ万国博覧会、1901年の中国出兵とトルコへの海軍派遣などが起きている。ルーベはまたロシア皇帝ニコライ2世【在位1894-1917。1891年の日本訪問時に、大津事件に遭遇した】のフランス訪問を積極的に進めてもいる。彼の名を冠した19区のヴィラ・エミール=ルーベ（Villa Émile-Loubet）は、1930年からある。

エミール・レノー Émile Reynaud 1844-1918年。パリ東郊のモントルイユ=ス=ボワ出身の写真家で理科教師、そして何よりも発明家だったエミール・レノーは、今もシャイヨ宮のシネマテークで目にできるプラキシノスコープ（フェナキストスコープ、ストロボスコープ）や、動画をスクリーンに投影するテアトル・オプティークの考案者である。エミール・コル同様、彼もまたアニメーションの先駆者のひとりといえる。エミール=レノー通り（Rue Émile-Reynaud）は、1946年から19区にある。

エミール・ロスタン Émile Rostan 13区のエミール=ロスタン通り（Rue Émile-Rostan）はその旧地主にちなんで、1935

年に命名されている。

エミール・ローラン Émile Laurent 1852-1930年。エミール・ローランはパリの警視総監。彼を名祖とするエミール=ローラン大通り（Avenue Émile-Laurent）は、1932年から12区にある。

エムリオー Émeriau 1762-1845年。モーリス=ジュリアン・エムリオー伯はブルターニュ地方フィニステール県のカレに生まれ、南仏トゥーロンで没した副提督・貴族院議員。アメリカ合衆国の独立戦争に参加した彼は、ナポレオンのエジプト遠征時、みずからが指揮する軍艦で他に先駆けてマルタ（マルト）の港に入っている。だが、1798年のアブキールの戦いで負傷し、ネルソン提督【1758-1805。アブキール湾の戦いでフランス艦隊を破り、さらにトラファルガー海戦でも、フランス・スペイン連合艦隊に勝利して、ナポレオンによる制海権掌握やイギリス本土侵攻の野望を阻止した】率いるイギリス軍の捕虜となった。同年11月に解放された彼は、1802年、海軍少将に昇進した。

翌年、エムリオーはトゥーロンの海軍軍管区長官に任命され、町を敵艦隊の攻撃から守った。1815年の百日天下の際、貴族院議員となったために第二復古王政で失脚するが、1831年、ルイ=フィリップからあらためて貴族院議員に指名される。まさに終わりよければすべてよし、である。彼に捧げられた15区のエムリオー通り（Rue Émeriau）は、1867年に命名されている。

エメ・メヤール Aimé Maillard 1817-71年。南仏モンペリエ出身のフランス人作曲家。代表作に『ヴィヤールの竜騎兵たち』【1859年】がある【エメ=メヤール広場（Place Aimé-Maillard）は17区】

エメリ Émilie ランベール氏は妻エメリを崇拝していた。1580年に自分の土地に小路が敷設されたとき、彼はこれに妻の名前をつけさせた。じつに美しい話ではある【このエメリ袋小路（Impasse Émilie）は19区にあったが、1994年にエメリ通り（Rue Émélie）に格上げされている】

エメ・モロ Aimé Morot 1150-1913年。歴史・肖像画家。おもな作品としては『レゾンヴィルの戦い』【1886年】や『ライヒショフェンの戦い』【1887年】などがある。彼の名が冠せられたエメ=モロ通り（Rue Aimé-Morot）は、1932年から13区にある。

エメ・ラヴィ Aimé Lavy 1850-1921年。ラヴィはグット=ドール地区【18区】の参事会員で、下院議員にもなった【1890-98年。フランス労働党の創始者のひとり】。その死はことのほか苦しいものだったに違いない【名前にかけた洒落で、aimer la vie（エメ・ラ・ヴィ）は「（人）生を愛する」の意】。彼を名祖とする18区のエメ=ラヴィ通り（Rue Aimé-Lavy）は、1929年に命名されている。

エラスム Érasme 1467-1536年。ネーデルランド出身の文学者で、人文主義者・思想家・司祭でもあったデジデリウス・エラスムス（エラスム）は、ロッテルダムで生まれ、バーゼルで没している。私生児として生まれた彼は、後見役の親族たちからささやかな財産を奪われ、1487年、修道院に入れられる【司祭の父と医師の娘だった母は、彼が10代のときに相次いで亡くなっていた】。1492年に司祭に叙されたのち、修道院を離れ、貴族の子弟たちの家庭教師となる。この仕事でえた収入を元手に、ヨーロッパ各地、とくにパリとイングランドを旅し、さらにイタリアにも長く住んで、1506年にはトリノ（テュラン）大学から神学博士号を授与されている。

1509年、エラスムスは再びイングランドに移り、代表作の『痴愚神礼讃』を著す【トマス・モア宅で一気に書き上げたとされるこの書は、1511年にパリで刊行。日本語版は渡辺一夫・二宮敬訳『改訂版痴愚神礼讃』、岩波書店】。1514年、エラスムスはイングランドを去ってバーゼルに赴き、そこでのちに彼の大部分の著作を出版することになる書店・印刷業者のヨハン・フローベン【1460頃-1527】の知己をえる。

1517年から21年までは、かつて家庭教師をつとめていた神聖ローマ皇帝カール5

エラル

世【在位1519-55】の諮問官となり、200フ
ローリンの年金を下賜されるが、1521-29
年に続いて、35年、終焉の地となるバー
セルに移り住む。それより以前の1722年、
彼は『対話集』の初版を上梓している。こ
うした彼の思想はエピキュリアンのそれに
かなり近い。パリの5区を通るエラスム通
り（Rue Érasme）は、1937年に命名され
ている。

エラール Érard 1752-1831年。セバスチャ
ン・エラールは**ストラスブール**で生まれ、
パリで他界した楽器製造業者。16歳でパ
リに出た彼は、発明の妙とでもいうべき自
動ピアノを製作し、音楽の世界にセンセー
ションを巻き起こした。やがて、兄のジャ
ン＝バティスト【1750-1826】とともにブ
ルボン通りに工房をかまえる。王
　妃マリー＝アントワネット【1755-1793】
はこのエラール兄弟にピアノを1台注文す
る。それは当時「ピアノ・オルガニゼ」と
よばれていたもので、一方はピアノ用、も
う一方はオルガン用の2通りの鍵盤をそな
えていた。だが、マリー＝アントワネット
は声域が狭く、すべての曲が彼女には高す
ぎた。そこでセバスチャンは自由に半音、
1音、あるいは1音半下げることができる
移動式鍵盤をもつピアノを作った。
　フランス革命前、エラールはハープにも
さまざまな改良をくわえて完成させている。
1789年、革命をさけてイギリスに渡り、
ロンドンで新たな工房を立ち上げた彼は、
1796年にパリに戻り、最初のグランドピア
ノを製作して大成功をおさめる。さらに
1810年ないし11年には、ダブル・アクシ
ョン・ハープ【エラール・ハープ】を考案し
た。12区には1864年に命名されたエラー
ル通り（Rue Érard）がある【同区にはま
たエラール袋小路（Impasse Érard）もある】

エラン Herran 16区のエラン通り（Rue
Herran）とヴィラ・エラン（Villa
Herran）は、1862年からその土地を所有
していた人物の名でよばれている。

エリオポリス Héliopolis 字義は「太陽の都
市」。今では廃墟となっている古代エジプ

トの都市で、伝承によれば、幼子イエスが
マリアとヨセフとともにエジプトに旅をし
た際、ヘリオポリス（エリオポリス）のシ
カモアの樹下で休息したという。この都市
の名が1877年にパリの通りにつけられた
のは、1800年、**クレベール**率いる1万
5000のフランス兵が、7万のマムルーク
兵を相手に勝利したことを祝うためであっ
た。エリオポリス通り（Rue d' Héliopolis）
は、1877年から17区にある。

エリカール Héricart 1776-1864年。ルイ・
エリカール・ド・テュリはパリに生まれ、
ローマで没した子爵で、技師・農学者。鉱
山技師だった彼はパリ市内各所のカタコン
ブ（地下墓地）の調査を引き受け、それを
みごとにやってのけた。**テルム宮**や**クリュ
ニー館**の修復およびそれらを博物館に改築
する工事も、彼に託された。農業や地質学、
土木工事などにかんする著作でも知られる。
エリカール通り（Rue Héricart）は、1864
年から15区にある。

エリク・サティ Erik Satie 1866-1925年。
北仏の**セーヌ**河口に位置するオンフルール
に生まれ、パリで他界した作曲家のエリッ
ク（エリク）・サティは、その多くの作品
に、あらゆる芸術家たちが求める象徴的な
簡素さと単純さを採りいれた（単純にする
ことは、この上もなく複雑な作業である）。
彼は作品にしばしば茶目っ気たっぷりな題
名をつけたが、それは彼が題名を重視しな
かったことを物語っている。『梨の形をし
た3つの小品』【1903年】や『干からびた
胎児』【1913年】、『嫌らしい気とり屋の3
つの高雅なワルツ』【1914年】などのよう
にである。だが、彼のもっとも有名な作品
は『3つのジムノペディ』【1988年】や『6
つのグノシエンヌ』【1890年】である。彼
はまたみごとなバレー曲もつくっている。
ジャン・コクトーが台本を、パブロ・ピカ
ソが衣装を担当した『パラード』【1917年】
がそれである。
　確信的なこのユーモリストは、笑い話に
属するが、みずから「導き手イエス芸術首
都大司教区教会」を創設してもいる。信者

は彼ひとり。教区雑誌も編集したが、そこには機知が満ちていた。サティは言っている。「私は理解してもらう分だけ感謝する」、「これから私は君を信頼する。そうなれ、君はきっと私のために人殺しをするだろう。だれにもそのことを告げずに」。1990年に命名されたエリク＝サティ通り（Rue Erik-Satie）は19区にある。

ちなみに、モンマルトルのコルト通り6番地にあるエリック＝サティ博物館は、おそらく世界でもっとも小さなもので、6階建ての3階にあるそれは、サティが住んでいた【1896-98年】3メートル四方の1部屋のみである【2008年閉館】

エリザ・ボレ Élisa Borey 20区のエリ＝ボレ通り（Rue Élie-Borey）は1883年に開通している。呼称は通りが敷設された土地の所有者にちなむ。

エリザ・ルモニエ Élisa Lemonnier 1805-65年。エリザ・ルモニエ、旧姓エリザ・グリマイユはフランス南西部タルン県のソレーズに生まれ、パリで他界している。夫はシャルル・ルモニエ【ソレーズ学院教授で、サン＝シモン主義の信奉者】。彼女の輝かしい経歴としては、少女たちのための職業訓練学校をいくつか創設したことがあげられる。1848年、縫製工場を開設したが、女工たちがあまりにも無知であることに衝撃を受ける。そこで1856年、彼女はみずからの名を冠した母性保護協会を、さらに62年には女性職業訓練協会を立ち上げた。1862年にはまた、パリで最初の女子学校、すなわちルモニエ女学校を創設してもいる。12区のエリザ＝ルモニエ通り（Rue Élisa-Lemonnier）は、1884年に命名されている。

エリゼ Élysée 8区のエリゼ通り（Rue de l'Élysée）は、1852年頃、エリゼ宮の東側を独立させるため、**ナポレオン3世**によって敷設された。一時期、それは3世の母の名をとってレーヌ・オルタンス通りとよばれた。エルゼ宮自体は1718年、建築家のアルマン・クロード・モレがエヴルー伯のアンリ・ド・ラ・トゥール・ドーヴェルニュのために建てたものである【ルーヴル宮の庭園師一族を出自とするモレ（1660-1742）はフォブール＝サン＝トノレ通りの所有地を、イル＝ド＝フランス地方総督だったエヴルー伯（1674-1753）に譲渡し、伯から依頼されてここにエヴルー館を建てた。このエヴルー館がエリゼ宮とよばれるようになる】

1753年、国王ルイ15世【在位1715-74】がこれを購入してポンパドゥール夫人【1721-64。ルイ15世の寵姫】のパリの住まいとし、さらにその弟【アベル＝フランソワ・ポワソン・ド・ヴァンディエール（1727-81）。王室施設総監】がここに移り住んだ。ポンパドゥール夫人の死後9年目の1773年、ルイ15世はエヴルー館を金融家のボージョンに購入させ、これを外国の王侯や王妃および臨時大使の宿舎にした。さらに1790年、ブルボン公爵夫人【バルティルド・ドルレアン（1750-1822）。平等公フィリップ（1747-93）の妹】がこれを買ってエリゼ＝ブルボン館と命名する。

やがて革命で国有財産に組み込まれたこの邸館は、1792年に国立印刷所、97年には公共の舞踏会場となる。1806年、ミュラ元帥がこれを購入して、自分をナポリ王にしてくれた皇帝ナポレオンに贈る。ナポレオンはここにときどき滞在した。1815年6月22日、退位の署名をしたのもここだった。さらにルイ18世【在位1814-15/1815-24】はこれをベリー公にあたえ、後者は暗殺されるまでここに住んだ。そして1848年、第二共和政はエリゼ宮を共和国大統領の公邸とし、ナポレオン3世も皇帝になってテュイルリー宮に移るまでの大統領在任中【1848-52】、ここに住んだ。やがてエリゼ宮は外国の君主たちの宿舎となり、1873年、再び共和国大統領府としての地位をとり戻すことになる。

エリゼ＝メニルモンタン Élysée Ménilmontant 20区の私道であるエリゼ＝メニルモンタン通り（Rue de l'Élysée-Ménilmontant）は、1875年頃、同名の旧舞踏会場の跡地に敷設されている。この舞踏会場は1870年の普仏戦争直前に撤去されていた。

エリゼ・ルクリュ Élisée Reclus 1830-

1905年。美術史家のエリ・フォールと同じ、サント＝フォワ＝ラ＝グランドに生まれたエリゼ・ルクリュは、作家・地理学者である。共和主義的思想のため、フランスを離れなければならなかった彼は、1851年にアメリカ大陸やヨーロッパ各国を旅し、ヌエバ・グラナダ【→コロンビア】に数年間滞在する。1857年に帰国すると、アメリカ南北戦争にかんする記事を《ドゥー・モンド》紙【→エドワール・パイユロン】に書くようになる。

やがて彼はインターナショナル（国際労働者同盟）に参加し、1870年の普仏戦争時には、フェリクス・ナダール【1820-1910。写真家・飛行家。芸術家や文学者の肖像写真集『パンテオン・ナダール』を刊行する一方、気球を駆ってパリ上空を飛び、世界初の空中写真も撮っている。1860年代にはみずから「ル・ジェアン（巨人）」と命名した巨大熱気球を建造し、ジュール・ヴェルヌの冒険小説のモデルとなるが、2度にわたる飛行実験は失敗に終る。1870年、プロイセン軍のパリ侵攻に際しては、気球部隊を組織し、敵軍の撮影・偵察や地図の作成、手紙の輸送などにあたった】の気球部隊にもくわわっている。

ルクリュはまたパリ・コミューン（コミュヌ・ド・パリ）にも参加したが、グラヴェルで捕虜となり、強制収容所に移送される。1872年、追放刑を宣告されてスイスに移り、大著『新世界地理：大地と人間』【6巻、1876-94年】を起筆する。そして1982年には、新ブリュッセル大学の教授となった。彼に捧げられた17区のエリゼ＝ルクリュ大通り（Avenue Élisée-Reclus）は、パリでもっとも美しく、最初に花が咲くマロニエの並木を有することで知られている。命名は1907年である。

エリ・ド・ボーモン Élie de Beaumont

1798-1894年。北仏カルヴァドス県のカノンに生まれ、没した地質学者のエリ・ド・ボーモンは、1853年、他界したアラゴのあとを襲って科学アカデミーの終身会長となっている。彼はデュフレノワとともに「フランス地質地図」を作成し、造山運動の理論を見直し、それを『地球表面のいくつかの変革にかんする一連の研究』【1835年】や、『造山システム概要』【1852年】で説いた。1931年に彼にちなんで命名されたエリ＝ド＝ボーモン通り（Rue Élie-de-Beaumont）は17区にある。

エリ・フォール Élie Faure 1873-1937年。

エリ・フォールは、フランス南西部ジロンド県のサント＝フォワ＝ラ＝グランド出身の歴史家。主著に『美術史』【5巻、1919-21年】や『形態の精神』【1927年】がある。1961年に命名された12区のエリ＝フォール通り（Rue Élie-Faure）は、コロネル＝ドミネ通りにとって代わったものである。

エルクマン＝シャトリアン Erckmann-Chatrian フランス北東部モーゼル県のファルスブールに生まれたエミール・エルクマン（1822-99）と、同県のソルダタンタル【現アブレシュヴィル】に生まれたアレクサンドル・シャトリアン（1826-90）は、1847年から連名で執筆をおこなった小説家。だが、最初に成功をおさめた共作は、それから10年以上もたって出た1859年の『高名なるマテウス博士』だった。

やがて彼らは矢継ぎ早に作品を発表していく。『ライン河岸の民話』や『侵入もしくはフー・イェゴフ』【いずれも1862年】、『マダム・テレーズ』【1863年】、『友人フリッツ』【1674年】、『ある平民男の物語』【1865年】などである。1889年、エルクマンとシャトリアンは関心の違いから袂を分かつ【エルクマンがなおも小説にこだわっていたのに対し、シャトリアンは演劇に関心を向けたため】。そしてエルクマンはムルト＝エ＝モーゼル県のリュネヴィル、シャトリアンはパリ東郊のヴィルモンブルで他界する。このふたりの名を冠したエルクマン＝シャトリアン通り（Rue Erckmann-Chatrian）は、1904年から18区にある。

エルザ・モランテ Elsa Morante 1912-85年。エルサ・モランテ（エルザ・モラント）はローマで生まれ、没した女流文学者。処女作となる物語集『秘密のゲーム』【1941

年】から、同時代の作家たちとは一線を画して、人間の生活にほぼつねに現れる神秘的な世界にインスピレーションを見出す、一種の夢幻的なリアリズムを描いた。作品としてほかに『嘘と魔術』（1948年）や『アルトゥーロの島』（1957年）、『ラ・ストーリア』（1974年）【邦題『イーダの長い夜』、千種堅訳、集英社】などがあり、これらの作品によって、彼女は人作家としての地位を確立した。2003年に命名されたエルザ＝モラント通り（Rue Elsa-Morante）は13区にある。

エル・サルヴァドル El Salvadr　エル・サルバドルは中米の共和国で、首都はサン・サルバドル。人口は約634万【2016年推計】、面積は2万1000平方キロメートルで、熱帯気候圏に属している。人々はスペイン語を話し、1821年の独立までスペインの植民地だった。1965年に命名されたエル＝サルヴァドル広場（Place El-Salvador）は7区にある。

エルサン Hersent　1777-1860年。ルイ・エルサンはパリを生没地とする画家。1817年、『ダフニスとクロエ』で名声をえた。1819年には『グスタフ・ヴァーサの退位』を発表するが、この作品は1848年に破棄された。ほかに『ルトとプス』、『愛する女官』、『ジョコンダ』——レオナルド・ダヴィンチ（レオナール・ド・ヴァンシ）の『モナリザ（ジョコンダ）』とは無縁——などがある。絵画アカデミー会員になった【1822年】彼の名は、1885年に15区のヴィラにつけられている。ヴィラ・エルサン（Villa Hersent）がそれである。

エルシェル Herschel　1738-1822年。ウィリアム・ハーシェル（エルシェル）はドイツ・ハノーファー出身のイギリス人天文学者。1774年、彼は土星を観察できる望遠鏡を作り、81年には天王星を発見してもいる。ときのイギリス王ジョージ3世【在位1760-1820】は彼を召抱えて、経済的な心配をせずに観察を続けられるようにした【この惑星をエルシェルは「ジョージの星」と命名している】。さらに彼は天王星の6つの

衛星や土星の輪の中の2つの衛星を発見し、軌道の公転周期を確定した『星表』【1782・85年】を著してもいる。

高齢になってもうけた息子ジョン（1792-1871）も天文学者で、王立天文学会会長をつとめた。准男爵に叙せられた彼もまた、525もの星雲と4000の二重星を見つけている。ウィリアム・ハーシェルの妹ルクレース（1750-1848）も傑出した天文学者だった。8区を走るエルシェル通り（Rue Herschel）は、1866年からある。

エルゼヴィール Elzévir　エルゼヴィル（エルゼヴィール）はオランダの有名な書肆で、初代のルイスは1540ないし41年にルーヴァンで生まれている（1617年没）。1580年、彼はライデンに移り住んで書店をかまえ、すみやかに成功をおさめた。彼の一族もまた栄えた。他界した彼には9人の子供がおり、船乗りと風景画家になった2人を除いて、残りの息子7人が父親と同じ職業についたからである。

「エルゼヴィル」という固有名詞は、この一族のいずれもが印刷ないし出版した書物に明示された。1593年から1680年にかけてオランダで印刷された叢書にもこの名前が付されたが、それらはいずれも12折り版の小型本だった。エルゼヴィル一族はまた肉細の活字にもその名を残している【エルゼヴィル・グループ】。3区にあるエルゼヴィール通り（Rue Elzévir）は1867の命名になる。

エルデル Helder　デン・ヘルダー（エルデル）はテセル島の入口を守っていたオランダの要塞。1799年8月26日、イギリスの海軍中将ラルフ・クロンビーは、イギリス・ロシア連合軍の兵1万5000を率いてここに上陸するが、ブリュヌ将軍がこれを押し戻した。革命暦8年（1799年）ブリュメール月12日の決議によって、9区の通り【エルデル通り（Rue du Helder）】にデン・ヘルダーの名がつけられたのは、この勝利を記念するためである。

エルミタージュ Ermitage　16区のエルミタージュ大通り（Avenue de l'Ermitage）は、

その呼称を通りにある通称ルミタージュ・キオスクに負っている。このキオスクは町外れにひとつだけ設けられたところから、エルミタージュ【字義は「隠修所」】とよばれていた。また、20区にはエルミタージュの名がついた通りとヴィラ（Rue /Villa de l'Ermitage）があるが、おそらくかなり昔、近くに隠修士たちの修道院があったことにちなんでの命名だろう。この通りとヴィラが知られるようになったのは、1812年からである。

エルランジェ Erlanger　エルランジェ氏はコック城を所有していた銀行家で、1862年、16区にあったその城の庭園を縦断する形でエルランジェ通り（Rue Erlanger）が敷設されている。ただし、彼を、『援助修道会士の聖ジュリアン』【1988年】や『ケルマリア』【1897年】などのオペラ曲で知られる、パリ出身の作曲家カミーユ・エルランジェ【1863-1919】と混同してはならない。むろんサンフランシスコ出身の生理学者・医師で、1944年にノーベル生理学・医学賞をえたジョゼフ・アーランガー（エルランジェ）【1874-1965】でもない。

エルネスティヌ Ernestine　18区を走るエルネスティヌ通り（Rue Ernestine）の呼称は、1863年にこの通りが敷設された土地の地主の娘の名にちなむ。

エルネスト・エ・アンリ・ルーセル Ernest et Henri Rousselle　エルネスト・ルーセル（1836-96）はパリ市の参事会長、アンリ（1866-1925）はその息子で、セーヌ県議会議長をつとめた。13区のエルネスト＝エ＝アンリ＝ルーセル通り（Rue Ernest-et-Henri-Rousselle）は、1910年にエルネスト＝ルーセル通りと命名され、1930年に現在の呼称となった。

エルネスト・エベール Ernest Hébert　1817-1908年。グルノーブル出身の画家。第三共和政公認の画家となったが、すでにナポレオン3世時代から有名だった。1839年、ローマ大賞を受賞した彼は、パウリーネ・フォン・メッテルニヒ【1836-1921。オーストリア＝ハンガリー帝国の貴族出身の彼女は、パリで有名なサロンを開いて当時の社交界をリードし、多くの芸術家を庇護したことでも知られる】や、ジュール・フェリー、ナポレオン3世などの肖像画を手がけた。プランセス・ド・カラマン・シメー【1873-1916。本名クララ・ウォード。ボルティモアの資産家に生まれ、世紀末のパリで多くの浮名を流す一方、フォリ・ベルジェールやムーラン・ルージュといったキャバレーでは、体にぴったりした衣装をつけて舞台に上り、人気を博した】は、エベールを賞賛してやまなかった。プールタレス伯爵夫人【1836-1914。その典雅さと美貌によって第二帝政期に「パリの女王」と讃えられた】とまったく同様に、である。

エベールの作品中、もっとも有名なものはオルセー（オルセ）美術館所蔵にある。暗い雲の下を進む小舟を描いた『マラリア』【1850年】である。エベールの肖像画が気に入っていたテオフィル・ゴーティエは書いている。「彼（エベール）は太陽の暑さと嘆きのメランコリー、スフィンクスの悲しみを表すことを心えており、それらが作品に描かれた南部人たちに多くの特徴をあたえている」

大部分の芸術家たちが経験する「煉獄」の時期をへて、エベールは彼にふさわしい地位を見出す。パリのシェルシュ＝ミディ通りに、彼の名を冠した美術館が開設されたのである。そのコレクションのなかには、『イタリアの羊飼い』や『楽園から追放されるアダムとイヴ』、『アルヴィト家の娘たち』、『ラヴァンディア』、『森の中のニンフ』【制作年いずれも未詳】などがある。1927年から16区のエルネスト＝エベール通り（Rue Ernest-Hébert）に名を残す彼は、フランス学士院の会員になっている。

エルネスト・エミングウェ Ernest Hemingway　1899-1961年。アメリカ合衆国のイリノイ州オークパーク（現シカゴ）に生まれ、アイダホ州のケッチャムで自殺したアーネスト・ヘミングウェイ（エルネスト・エミングウェ）は、高校卒業後の1917年、大学に行かずに地元紙《カン

ザスシティ・スター》の見習い記者となる。第1次世界大戦末期の1918年、赤十字の一員として北イタリアの戦線に赴き、戦後はトロントの《トロント・スター》紙の特派員としてパリに移り住む。

そして、まさにこのパリで小説家としての天命に目覚め、1927年、『3篇の物語と10篇の詩』を発表する。ついで『日はまた昇る』【1926年】や『武器よさらば』【1929年】を著して大成功をおさめるが、これらの作品は、彼には不満だった従来の小説に真の意味で近代性をあたえるものとなった【ハードボイルド文学は彼を嚆矢とする】。おそらくそれには、「トリックやまやかし」を一切排するジャーナリストとしての経験が大きくあずかっていただろう【一文を意識的に短くして緊迫感を出す独特の文体もまた、彼の記者時代に培われたとされる】。

こうした経験は彼の小説に登場する人物たちの行動のみならず、彼らの考え方にも明確に反映されている。作品としてはほかに、彼がこよなく愛していた闘牛を主題とする『午後の死』【1932年】や『誰がために鐘は鳴る』【1940年】、『老人と海』【1952年】といった代表作があるが、これらの小説は大部分が映画化されている。「ロースト・ジェネレーション（失われた世代）」【パリ滞在中のヘミングウェイに対し、ガートルード・スタイン（1874-1946。アメリカ人著作家・詩人・美術収集家で、パリのサロン主宰者）が言った言葉「あなた方はみなロースト・ジェネレーションね」に由来する表現】のリーダーだった彼は、しばしば次のことを確認しながら生きた。「死、それは不可避の現実であり、人間が確信できる唯一のもの、唯一確かなものである」

1954年、ノーベル文学賞を受賞したヘミングウェイの死は、まさに彼がそれまで送ってきた人生同様、ひとつの冒険だった。15区にはそんな彼を偲んで1994年に命名された、エルネスト＝エミングウェ通り（Rue Ernest-Hemingway）がある。

エルネスト・クレソン Ernest Cresson

1824-1902年。クレソン氏はパリの警視総監だった。14区のエルネスト＝クレソン通り（Rue Ernest-Cresson）は、彼にちなんで1907年に命名されている。

エルネスト・グワン Ernest Gouin

1815-85年。エルネスト・グワンは技術家でパリ市参事会員。1871年、バティニョル工場を創設している【機関車や鉄道関連製品の工場】。1933年に命名されたエルネスト＝グワン通り（Rue Ernest-Gouin）は、17区にある。

エルネスト・ショーソン Ernest Chausson

1855-99年。エルネスト・ショーソンはパリに生まれ、パリ西方イヴリヌ県のリメで事故死した作曲家。ジュール・マスネとセザール・フランクの弟子だった彼は、『愛と海の詩』【1882-92年】や『交響曲変ロ長調』【1889-90年】、『終わりなき歌』【制作年不詳】、さらに叙情劇『アーサー王』【1886-95年】などのほか、多くの室内楽や歌曲を作曲している。当時の芸術的感性の遵奉者かつ特権的な体現者とみなされるが、パリ西郊のマント＝ラ＝ジョリ近くで自転車事故で命を落としている【エルネスト＝ショーソン公園（Jardin Ernest-Chausson）は17区】

エルネスト・ドニ Ernest Denis

1849-1921年。スラヴ研究所の創設者で、その名前は1930年に6区の通りにつけられている。エルネスト＝ドニ通り（Rue Ernest-Denis）である。

エルネスト・プシカリ Ernest Psichari

1883-1914年。プシカリは作家で、エルネスト・ルナンの孫。第1次世界大戦で名誉の戦死を遂げた。彼に捧げられたエルネスト＝プシカリ通り（Rue Ernest-Psichari）は、1934年から7区にある。

エルネスト・ラヴィス Ernest Lavisse

1842-1922年。北仏エーヌ県のヌヴィオン＝オン＝ティエラシュ生まれの歴史家だったラヴィスは、1868年に皇帝ナポレオン3世の王子の家庭教師をつとめたのち、リセ・アンリ・カトルで教え、88年、パリ大学の歴史学教授となる。1894年から《ルヴュ・ド・パリ》の主幹をつとめた彼には、

次のような著書がある。『ドイツの3人の皇帝』【1888年】、『フリードリヒ大王の青年時代』【1891年】。12区のエルネスト＝ラヴヴィス通り（Rue Ernest-Lavisse）は、1933年の命名になる。

エルネスト・ラコスト Ernest Lacoste　土地所有者の名前。12区のエルネスト＝ラコスト通り（Rue Ernest-Lacoste）は1914年からある。

エルネスト・ルナン Ernest Renan　1823-92年。ブルターニュ地方コート＝ダルモール県のトレギエに生まれ、パリで没した宗教史家・作家・思想家。航洋船の船長だった父と5歳で死別した彼は、母と姉のアンリエットに育てられた。とくにこの姉の影響が、ルナンの人生に大きな影響をあたえることになる【信仰心の篤い彼女は、家計を助けるためにパリで教師となっていた】。当初、彼は聖職者になるべく、1838年に生地の神学校に入り、40年にはパリ郊外のイシー＝レ＝ムリノー、さらにサン＝シュルピスの神学校に移る。だが、1845年、信仰心を失った彼は神学校を去り、8ヶ月間イタリアで過ごす。そして1856年、画家アリ・シェフェールの姪と結婚する。

1861年から61年にかけて、ルナンはフェニキアでの考古学調査に姉や妻帯同で参加するが、現地で姉を喪うという不幸にみまわれる。帰国後の1862年、彼はコレージュ・ド・フランスのヘブライ語教授に任命される。しかし、その最初の講義後から1870年まで、二度と講壇に立つことはなかった。「比類のない人物」。彼がイエスをこう呼んだことが理由だった。

にもかかわらず、1879年、ルナンはアカデミー・フランセーズの会員に選ばれている。主著には『イエス伝』【1863年。邦題『イエスの生涯』、忽那錦吾・上村くに子訳、人文書院】、『アンチ・キリスト』【1862年。邦題『反・キリスト：黙示録の時代』、忽那錦吾訳、人文書院】、『知的・道徳的改革』【1871年】、『わが姉アンリエット』【1903年】などがある。

ルナンは言っている。「よい作家は、自分が思っていることのほぼ半分しか語らざるをえない」、「ときに真実とは悲しいものである」。15区のエルネスト＝ルナン通り（Rue Ernest-Renan）は、1926年に命名されている【同区には同名の大通り（Avenue Ernest-Renan）もある】

エルネスト・ルフェビュール Ernest Lefébure　1835-1913年。ルフェビュール氏はレース職人で、女性たちがレースを身につけてくれるのを好んでいた。12区にあるエルネスト＝ルフェビュール通り（Rue Ernest-Lefébure）は、1933年に命名されている。

エルネスト・ルフェーヴル Ernest Lefèvre　1833-89年。エルネスト・ルフェーヴルはパリ市参事会長とパリ選出の下院議員をつとめた。1899年に命名されたエルネスト＝ルフェーヴル通り（Rue Ernest-Lefèvre）は12区にある。

エルネスト・レイエ Ernest Reyer　1823-1909年。エルネスト・レ、通称レイエはマルセイユ出身の作曲家・音楽評論家。作品には『メートル・ウォルフラム』【1854年】や『サクンタラー』【1858年】、『エロストラート』【1862年】、『サランボー』【1890年】などがある。音楽批評家としては、《ルヴュー・フランセーズ》誌や《モニトゥール・ユニヴェルセル》【1789年創刊の立憲議会新聞】などに寄稿し、その文章のほとんどは『音楽ノート』【1875年】に収載されている。14区のエルネスト＝レイエ大通り（Avenue Ernest-Reyer）は、1926年の命名になる。

エルネスト・ロシュ Ernest Roche　1850-1914年。17区のエルネスト＝ロシュ通り（Rue Ernest-Roche）は、1927年、17区の参事会員だった人物にちなんで命名されている。

エルマン＝ラシャペル Hermann-Lachapelle　18区のエルマン＝ラシャペル通り（Rue Hermann-Lachapelle）の呼称は、1912年にこの通りで開業した会社の名に由来する。

エルメル Hermel　18区のエルメル通り（Rue Hermel）は、1858年にこの通りが

敷設された土地の所有者を名祖とする。

エレーヌ Hélène 17区のエレーヌ通り（Rue Hélène）はフォリシエ氏が施工したが、彼はこの通りに妻の名をつけた。1830年のことである。

エレーヌ・ジャキュボヴィッチ Hélène Jakubowicz パリで生まれ、アウシュヴィッツに移送されて殺害されたレジスタンスの活動家。20区のエレーヌ＝ジャキュボヴィッチ通り（Rue Hélène-Jakubowicz）は、それまで彼女が住んでいた地区の通りで、1996年に彼女に捧げられた。

エレーヌ・ブシェ Hélène Boucher 1908-34年。パリ出身の女性飛行士エレーヌ・ブシェは、7通りの世界記録【時速455kmのスピード記録など】をもっていた【パリ西方のギュイヤンクールで墜落死】。13区のエレーヌ＝ブシェ小公園（Square Hélène Boucher）は、1965年に命名されている。

エロー Eylau エイラウ（エロー）はプロイセンの町。1807年2月7日から8日にかけて、オージュロー、スルト、ダヴー、ミュラの4将軍麾下のナポレオン軍が、ロシア軍を相手にここで輝かしい勝利をおさめた。この戦いでは4万の兵が戦死し、そのうちの1万8000人がフランス兵だった。1885年に命名されたエロー大通り（Avenue Eylau）は16区にある。

エロイーズ・エ・アベラール Héloïse et Abélard エロイーズ（1101-64）とアベラール（1079-1142）は有名な禁断の恋に生きた恋人たちで、深遠かつ永遠の愛（！）を語る際にはつねに想い起されるふたりである。アベラールはパリのノートル＝ダム司教座聖堂付属学校で教えていたが、そこで若い弟子のエロイーズ（1101-64）の心をとらえ、ともに暮らすようになる。だが、それに怒ったエロイーズの叔父で教会参事会員だったフュルベールは、裁判によってアベラールの陰部を切り取る許しをえる。この断罪を甘受したアベラールはブルターニュ地方に移るが、1131年、パリ南西方のノジャン＝シュル＝セーヌ近郊にパラクレ大修道院を創設する。エロイーズはの

ちにその敷地内に女子学校を建てる。現世では離れ離れになった神秘的なふたりは、死によって再び結びつけられ、遺骸は同じ墓に埋葬されている【現在その墓はパリのペール・ラシェーズ墓地にある】。彼らが愛し合っていた家は、現在のフルール河岸通り9番地にあった。ふたりの名を冠したエロイーズ＝エ＝アベラール小公園（Square Héloïse-et-Abélard）は、13区にある。

エロー・ド・セシェル Hérault de Séchelles 1759-94年。マリ＝ジャン・エロー・ド・セシェルはパリで生まれ、刑死した作家・法曹家・政治家。1785年、パリ高等法院の弁護士となった彼は、バスティーユ奪取に貢献している。フランス革命後、立憲議会議員、ついでサヴォワ県選出の国民公会（コンヴァンション）議員に選ばれ、同県の組織づくりを行った。ルイ16世【国王在位1774-92】の裁判では刑を確定しないまま、有罪判決に賛成している。さらに第1および第2公安委員会の委員をつとめ、とくに外交問題を扱ったが、同僚たちがひきおこした恐怖政治【1793年6月-94年7月。→シェニエ】に反対することはなかった。

ただ、貴族出身だったため、彼は恐怖政治の指導者だったロベスピエール【→コンヴァンション】からは嫌われていた。そのため、強要されてアルザス地方を旅しているとき、彼は革命を裏切ったとして告発され、偽証によって、ダントンと同時に処刑された。著書に『野望論』【復刻版、1978年】や『モンバール旅行記』【1890年】などがある。エロー＝ド＝セシェル通り（Rue Hérault-de-Séchelles）は、1932年から17区にある。

エロルド Hérold 1791-1833年。フェルディナン・エロルド（エロールとも）はパリを生没地とする作曲家。1912年にローマ大賞を受賞し、フランスに帰国後、ボイエルデューとの共作になる歌劇『フランク王カール』【1816年】を発表する。傑作は最晩年の1833年に創作した『クレルクの草原』である。ほかに『物々交換屋』【1819年】や『おてんば娘』【1828年】、『ザンパ』

【1931年】といった作品も遺している。1区のエロルド通り（Rue Hérold）は1881年からある。

エロン Héron　エロン氏は10区にシテ・エロン（Cité Héron）が敷設された当時、ここに家をかまえていた人物である。

オー Eaux　1650年に16区のオー通り（Rue des Eaux）が敷設された際、パシー地区に鉱水があることが偶然分かった。これが近東での掘削なら、石油が噴出するところだが、フランスの話である。噴き出たのは鉱水だった。この通りの住民たちは、ごく当然のことながら、通りを「オー（水）」通りとよぶようになった。だが、その水源も18世紀末には姿を消している。

オーギュスタン・ティエリ Augustin Thierry　1795-1856年。フランス中部ブロワ出身の歴史家で、社会主義思想家サン＝シモン【→サン＝シモニアン】の弟子・協力者。だが、1817年に師と袂を分かち、日刊紙の《クーリエ・フランセ（フランス通信）》【→ジャン・ロラン】に寄稿する。だが、原稿があまりにも大胆だったため、1821年に解雇され、以後もっぱら歴史研究に専念するようになる。主著に『第三身分試論』【1850年】や『フランス史にかんする書簡集』【1866年。死後刊行】がある。19区のオーギュスタン＝ティエリ通り（Rue Augustin-Thierry）は、1894年に改称されている。それまではこの通りが敷設された土地の所有者の名にちなんで、単にティエリ通りとよばれていた。

オーギュスト・ヴァックリ Auguste Vacquerie　1819-95年。どちらかといえば小説家の発想に恵まれていた劇作家・ジャーナリスト。当時としては、それは何ら驚くことではなかった。兄のシャルル【1817-43】はヴィクトル・ユゴーの長女レオポルディヌと結婚している【ユゴーは1856年に公刊した『瞑想』のなかで、溺死したこの婿を悼む詩を発表している。オーギュスト＝ヴァックリ通り（Rue Auguste-Vacquerie）は16区】

オーギュスト・ヴィテュ Auguste Vitu　1823-91年。パリ南西郊ムードン出身の文学者・広告業者。雑誌《エタンダール（旗印）》を創刊するが、裁判所から活動を禁止される前にそれから退く。しかし1870年、彼は【ナポレオン3世の要請を受け入れて】《プープル・フランセ（フランス人民）》誌の主幹となる。著書に『立ったまま眠る話』【1860年】や『帝国の収支』【1868年】などがあり、さらになぜかヴィドック（Vidocq）の名で小説『ノール県の運転手たち』【1845-46年】を書いてもいる【オーギュスト＝ヴィテュ通り（Rue Auguste-Vitu）は15区】。

オーギュスト・ケーン Auguste Cain　1822-94年。動物彫刻家。作品の一部はテュイルリー公園や市庁舎にある。トロカデロ宮殿の滝を飾る雄牛像もまた彼の作である【オーギュスト＝ケーン通り（Rue Auguste-Cain）は14区】

オーギュスト・コント Auguste Comte　1798-1857年。社会学者・哲学者・数学者で、実証主義派の創始者。実証主義とは、人間精神が物事の存在そのものを理解しようとするのではなく、さまざまな現象を観察・経験することから導かれる真実に向きあわなければならない、とする哲学である。したがって、この哲学はトマス・アクイナス【1224/25-74。真理の認識は感覚ではなく、理性によるとした】の考えとは対立するものだった【オーギュスト＝コント通り（Rue Auguste-Comte）は6区。なお、パリ大学ソルボンヌ校の前庭には彼の座像がある】

オーギュスト・シャピュイ Auguste Chapuis　1858-1933年。フランスの作曲家。20区にあるオーギュスト＝シャピュイ通り（Rue Auguste-Chapuis）は1935年に命名されている。

オーギュスト・シャブリエール Auguste Chabrières　1854-1904年。パリ南北地下鉄会社の初代経営者。この会社は1908年、15区に通りを敷設し、彼の名がつけられた。オーギュスト＝シャブリエール通り（Rue August＝Chabrieres）である【15区にはシテ・オーギュスト＝シャブロエール

（Cité Auguste-Chabrières）もある】。

オーギュスト・ドルシャン Auguste Dorchain

1857-1930年。戯曲家・詩人。豊かな才能から生み出された彼の作品は、今ではほとんど忘れられているが、15区には、1932年にその名がつけられたオーギュスト＝ドルシャン通り（Rue Auguste-Dorchain）がある。

オーギュスト・バルトルディ Auguste Bartholdi

1834-1904年。アルザス地方のコルマールに生まれた彫刻家【生家は記念館となっている】。その名声をなおも保っている作品は少なくとも2点ある。ニューヨークの玄関口に立つ「世界を照らす自由の女神像」【1886年に、合衆国の独立100周年を記念してフランス政府から贈られた】と、彼の最高傑作とされるベルフォールのライオン像【1880年完成】がそれである。なお、自由の女神像の複製は、パリのグルネル橋にもある。彼に捧げられた15区のオーギュスト＝バルトルディ通り（Rue Auguste-Baltholdi）は、1907年に命名されている。

オーギュスト・バルビエ Auguste Barbier

1805-82年。パリで生まれ、ニースで没した詩人。独特の、だがいささかどぎつい一連の作品「イアンブ」【12音節と8音節の詩句を交互に繰り返す風刺詩】で知られる。11区のオーギュスト＝バルビエ通り（Rue Auguste-Barbier）は、1897年の命名である。

オーギュスト・バロン Auguste Baron

フランス人技師。1898年、音と映像を同調させる最初の装置「グラフォスコープ」をつくった。彼は他の分野でもかなりの数にのぼる発明をおこなっているが、みずからがそれを活用することはなかった（幸い、神が彼のためにそれを引き受けてくれた）。19区のオーギュスト＝バロン広場（Place Auguste-Baron）は、1978年から存在している。

オーギュスト・ブランキ Auguste Blanqui

1805-81。南仏ピュジェ＝テニエ出身の革命家・社会主義者で、1848年の2月革命の主導者のひとり。1840年に死刑を宣告された彼は、終身刑に減刑されて北仏ノルマンディ地方のモン＝サン＝ミシェル【城塞化された修道院】に幽閉された。幾度となく脱出を試みたが失敗し、そのあいだに妻が他界している。【1844年、衰弱した彼はフランス中部トゥールの医療監獄に移送され、47年に釈放される】

1848年、体力を回復したブランキは、叛乱を企てて失敗したのち、再び10年の入牢を宣せられ、ブルターニュ半島の沖合に浮かぶベル＝イル島で数年を送ることになる。1859年に釈放され、61年にあらためて投獄の憂き目にあった彼は、しかしなおも意気軒昂で、70年8月14日、再々度立ちあがって武器庫の奪取を試みる【同年9月4日、第三共和政が成立している】

だが、翌年3月に勃発したパリ・コミューン（コミュヌ・ド・パリ）——ブランキはコミューン「大統領」に選ばれている——のあと、またぞろ終身刑の判決を受けて東部クレルヴォーで入牢生活を送る。【1877年、マルセイユ沖合のイフ島にある国事犯用の牢獄に移されたのち】、全国的なキャンペーンによって釈放された彼は、《ニ・デュー・ニ・メートル（神も師もなし）》紙を創刊する。

今日、ペール＝ラシェーズ墓地では、そんなブランキの青銅製彫像を見ることができるが、生涯の大半を獄舎で送った彼は、しかしこうした人生以外にも後悔することがあったはずだ。彼を名祖とする13区のオーギュスト＝ブランキ大通り（Boulevard Auguste-Blanqui）は、1905年に命名されている。

オーギュスト・マケ Auguste Maquet

1813-88年。文学者・劇作家。リセ・シャルルマーニュで教師をしていた1839年、彼は戯曲『バティルド』を書いている。アレクサンドル・デュマ（父）はそれを改作し、以来、マケはこの著名な作家の共著者となり、とくに『三銃士』【1844年】や『モンテ・クリスト伯』【1845-46年】の執筆に協力した。彼の単著としては、『バスティ

ーユの歴史』【1844年】や『ルイ15世下の
パリ』【1833年】などがある。1899年に命
名されたオーギュスト゠マケ通り（Rue
Auguste-Maquet）は、16区にある。

オーギュスト・ミ Auguste Mie 共和派の
印刷業者。1830年、彼は国王シャルル10
世【在位1824-30】の王令に反対する人び
とのために印刷所を開放した。7月25日
の王令が議会を解体して選挙法を変え、出
版の自由を廃止するものだったからである。
これはシャルル10世の考えのなかでもっ
ともひどいもので、それによって玉座を追
われたとされる。14区のオーギュスト゠
ミ通り（Rue Auguste-Mie）は、1885年
に彼に捧げられている。

**オーギュスト・メティヴィエ Auguste
Métivier** 1827-93年。20区選出のパリ市
参事会員をつとめた医師。この区と11区
の境界に位置するオーギュスト゠メティヴ
ィエ広場（Place Auguste-Métivier）は、
1910年に命名された。

オーギュスト・ランソン Auguste Lançon
1836-86年。オーギュスト・アンドレ・ラ
ンソンはスイス国境近くのサン゠クロード
に生まれ、パリで他界した画家・彫刻家・
版画家。とくにエッチングの作品によって
名声を博した。動物を好んで描いたが、そ
のことは『雌ライオンに慤されるアラブ
人』（アラブ人が横たわっているのかどう
かは不明）や『水を飲む虎』、『ノロを貪る
虎』【いずれも制作年不詳】といった作品名
からも明らかである。彼に捧げられたオー
ギュスト゠ランソン通り（Rue Auguste-
Lançon）は、1886年から13区にある。

オーギュスト・ローラン Auguste Laurent
1807-53年。フランスの化学者で、シャル
ル・ジェラールとともに、原子理論を創唱
した。彼のもっとも重要な発見は、有機化
合物に対するさまざまな試薬の働きにかん
するものである。11区のオーギュスト゠
ローラン通り（Rue Auguste-Laurent）は、
1904年に命名されている。

オキュリュス Oculus 1区にあるオキュリ
ュス通り（Rue de l'Oculus）の呼称は、円

形ないし建築で多角形の採光窓を意味する。
この通りの命名は1986年になされている。

オクターヴ・グレアール Octave Gréard
1828-1904年。北仏カルヴァドス県のヴィ
ールで生まれ、没した行政官・作家。パリ
の高等師範学校を卒業後、彼は1855年か
らのリセ、57年からパリのリセ・ナポレ
オン【現リセ・アンリ4世】、58年からリ
セ・サン゠ルイで教鞭をとった。さらに
1865年に初等中等教育視学官、70年に初
等教育長官、79年にはパリ大学区副長に
任命されている。

彼の著作としては、『エロイーズとアベ
ラールの往復書簡研究』【1875年】や『女
子の中等教育について』、『教育の規律精
神』【いずれも1883年】、さらに『古いソル
ボンヌとの訣別』【1893年】などがある。
7区のオクターヴ゠グレアール大通り
（Avenue Octave-Gréard）は、1907年の
命名である。

オクターヴ・シャニュート Octave Chanute
1832-1910年。シャニュートはパリで生ま
れ、1838年に両親とともにニューヨーク
に移住した航空技術のパイオニアで、「馬
鹿げた機械で空を飛ぶ驚くべき狂人」とよ
ばれたうちのひとり。土木建築の技術者で
もあった彼の名は、1915年、20区の広場
につけられている。オクターヴ゠シャニュ
ート広場（Place Octave-Chanute）である。

オクターヴ・フイエ Octave Feuillet 1821
-90年。北仏マンシュ県のサン゠ローで生
まれ、パリで没した小説家・劇作家で、生
涯を文学一筋に捧げた。彼の作品に登場す
る人物たちはいずれも「俗世間」を出自と
しながら、きわめて正確かつ生活感をもっ
て描かれており、ときにはフイエ自身もま
た平凡な人物のひとりとして登場している。
演劇の分野では、小説ほど成功しなかっ
たが、『貴婦人たちの遊び』【1883年】や
『シャミヤック』【1889年】、『是か非か』
【1895年、死後初演】などの戯曲を発表して
いる。また、おもな小説作品としては『幼
い公爵夫人』【1857/82年】、第二帝政期の
人々を感涙させた『貧しい若者の物語』

【1859年】、『芸術家の名誉』【1890年】、『トレクールのジュリア』【1892年】がある。

フイエは言っている。「希望はいくら浪費してもほとんど尽きることのない財産である」。16区には、1894年に命名されたオクターヴ＝フイエ通り（Rue Octave-Feuillet）がある。

オクターヴ・ミルボー Octave Mirbeau

1848-1917年。北仏カルヴァドス県のトレヴィエールに生まれ、パリで没した文学者・ジャーナリスト。最初、《パリの秩序》【ボナパルト主義者たちの機関紙】で演劇批評を書き、一時副知事をつとめるが、やがて職を辞して、《ゴーロワ》や《フィガロ》、《イリュストラシオン》などの日刊紙で健筆をふるうようになる。1883年、ミルボーは朝・夕刊紙の《パリ＝ミディ・パリ＝ミニュイ》、翌年に反共和派の週刊誌《グリマス》を創刊・主幹するが、やがてその政治的立場を変えるようになる。

情熱家で個人主義を最大限標榜したミルボーは、ときにサディズムとフェティシズムとが混ざり合ったきわめて官能的な小説を遺している。『ジュール神父』【1888年】や中国の拷問を描写した『責苦の庭』【1889年、篠田知和基訳、牧神社】、甘美なまでの怪しさに彩られた『小間使の日記』【1900年、岡野馨訳、小山書店】などである。彼はまた戯曲にも進出し、傑作『商売は商売、同情は禁物』【1903年】を発表している。

ミルボーは言っている。「馬鹿げたことなど存在しない。あえてそれに真正面から立ち向かう者たちは、世界を席巻する」。彼の名を冠したオクターヴ＝ミルボー通り（Rue Octave-Mirbeau）は、1931年から17区にある。

オザナム Ozanam　1813-53年。フレデリック・オザナムはミラノに生まれ、マルセイユで没した作家・歴史家。法書家になるべくパリに出て【1831年】、ソルボンヌやコレージュ・ド・フランスで法律を学ぶ。熱心なカトリックだった彼は、やがてモンタランベールの取り巻きのひとりとなり、シャトーブリアンやラコルデールと親交を結

ぶ。1836年、彼は法学博士号を取得し、1838年から40年までリヨン大学で商法を教え、その後パリに戻り、法学部の正式教授に選ばれた。

オザナムの主著としては、たとえば『ダンテとカトリック哲学』【増補改訂版1845年。全集11巻（1855-67年）の第6巻】や『ゲルマン研究』【1847年。同第3巻】がある。彼はまた有名なノートル＝ダム司教座聖堂大講話会【毎年四旬節にパリで開催された】の推進者であり、サン＝ヴァンサン＝ド＝ポール協会【1833年に組織されたカトリックの慈善団体】の創設者のひとりでもあった。【死後福者に追号された】オザナムの名は、6区の通りに残っている。1933年に命名されたオザナム通り（Rue Ozanam）がそれである。

オージェ Auger　1809-59年。ブルゴーニュ地方ラ・シャリテ＝シュル＝ロワール生まれの軍人。歩兵将校として、クリミア（クレメ）やアルジェリアできわだった軍功をあげた彼は、1857年に少将（旅団長）に任命されたが、ソルフェリーノ（ソルフェリノ）の戦いで、敵オーストリア帝国軍の砲弾を浴びた。幸いなことに、それは現代のものとは違って殺傷力こそ低かった。だが、そのために左腕を失い、ついには戦死してしまう。ただちに彼は中将に昇格された。彼にとって、それは夢にまで見た幸福な死であったろう。彼に捧げられた20区のオージェ通り（Rue Auger）は、死後5年目の1864年に命名されている。

オシュ Hoche　1766-97年。ラザール・オシュはヴェルサイユ近郊のモントルイユで生まれ、ドイツのヴァッラーで他界した将軍。国王の狩猟部馬丁の息子だった彼は、1784年、フランス近衛隊に入り、革命後、公安委員会に論文を提出し、これがカルノーの目にとまって北部方面軍の陸軍少佐に任命される。そして、イギリス軍をダンケルクに退却させ、少将に昇進する。やがて中将になった彼を、ナポレオンはこう評したという。「彼は本物の戦士だ」。

1794年、オシュはアデレイド・デショ

オシュロ

ーと結婚するが、それからしばらくして、ライバルのジャン＝シャルル・ピシュグリュ【1761-1804。一連の革命戦争の将軍で、1794年、北部方面軍の指揮官となるが、陰謀家で、のちに王党派に寝返る】からさしたる理由もなしに疑われて告発され【王党派の容疑】、パリ高等法院付属監獄に幽閉されてしまう。

しかし、テルミドール9日【1794年7月27日。→コンヴァンション】で釈放され、ふくろう党の反乱【1795年、フランス西・北部で勃発した反革命＝王党派の反乱】を鎮圧する命令を受ける。彼はその任務を精力的にこなし、1796年、反乱軍の指導者であるフランソワ・シャレット【1763生】とジャン＝ニコラ・ストフレ【1753生】を銃殺刑に処した。1797年には、ポール・バラスの要請を受け入れ、サンブル＝エ＝ムーズ軍の指揮官として、王党派に対する陰謀【1797年9月4日に総裁のバラスらが政府から王党派を追放したクーデタ】を後押ししてもいる。

だが、やがてバラスから見捨てられて孤立無援状態になったオシュは、そうした権謀術策に嫌気がさしてヴェツラの戦線に身を投じ、肺病で没する。享年29。8区のオシュ大通り（Avenue Hoche）は1879年に命名されているが、オシュはフランス革命期に活躍した人物のなかで、もっとも純粋な人物のひとりといえるだろう。

オジュロー Augereau 1757-1816年。フランス元帥・貴族院議員。カスティリオーネ公だったピエール・オジュローは、召使を父、青果商を母としてパリに生まれている。1787年までナポリ（ナプル）軍に属し、ナポリでフェンシング教師となった1792年、彼はフランス軍に入って華々しい手柄をあげ、翌年、将官に昇進した。北イタリアのアルコレ（アルコル）の戦い【1796年】では、指揮官ナポレオンと勝利の喜びを分かち合った。

やがてオジュローはネーデルラント（オランダ）軍の指揮官をつとめ、フランス帝国の樹立時【1804年】には、元帥と公爵の

肩書にくわえて、レジョン・ドヌール大鷲賞もあたえられた。だが、ナポレオンの百日天下【1815年】の前、彼はルイ18世【国王再位1815-24年】の臣下となり、貴族院議員に任命された。ナポレオンが帰国して短期間ながら実権を掌握すると、オジュローは再びこの皇帝に近づこうとするが、拒まれる。ブルボン家が王政に復古しても、仕えることを許されなかった。

こうしてこの勇敢な元帥は、たえずその風見鶏ぶりが非難され、いや、栄光の真っ只なかにあってさえ、しばしばその乱脈ぶりが非難の対象になっていた。そんな彼を人びとはこう言って揶揄したものだった。「オジュローの火かき棒」。だが、パリ市は彼に通りをあたえている。1894年に命名された7区のオジュロー通り（Rue Augereau）がそれである。

オスカル・ロティ Oscar Roty 1846-1911年。パリを生没地とするオスカル・ロティは彫刻家・メダイユ彫刻家。パリの装飾美術学校や高等美術学校（ボザール）で学び、1875年、ローマ大賞を受賞する。当初、彼はとくに彫刻を制作していたが（『傷ついた愛』、『フローラ』などの作品がある）、やがてメダイユ彫刻に専念するようになる。その作品としては「不滅」（ヴィクトル・ユゴーのメダイユ裏面）や「パストゥール生誕70周年」、「ラヴォアジエ」などがあるが、とりわけ彫金の「大統領カルノーの葬儀」【1898年】は傑作である。

結婚記念メダイユも制作しているロティはまた、長いあいだフラン貨幣の図柄としてもちいられることになる、有名な「種まく女」の原型をつくっている【1887年。実際の図柄採用は1898年】。彼をたたえて1965年に命名されたオスカル＝ロティ通り（Rue Oscar-Roty）は、15区にある。

オステルリッツ Austerlitz オーストリアのリトヴァ河岸の町。1805年12月2日、ナポレオンはこのアウステルリッツ（オステルリッツ）の地でオーストリア・ロシア連合軍を相手に華々しい勝利をおさめた。戦闘後の夜、皇帝ナポレオンは兵士たちに

演説し、今もなお有名なその最後をこう結んだ。「わが国民は帰還した諸君を喜んで迎えるだろう。そして諸君が、自分はオステルルッツの戦いにくわわっていたと言うなら、相手はこう応えるはずだ。まさに勇者だ」と。

だが、両陣営のかなりの数の戦死者たちは、敵兵1万5000、味方7000の命を奪ったその戦いがいかなるものであったかを語る愉しみを味わうことができなかった。兵士たちはこの戦いを「三帝会戦」【フランス・オーストリア・ロシアの3皇帝がかかわったことから】と呼んだが、ナポレオンはそれが「オステルリッツの戦い」とよばれるのを願っていた。パリのオステルリッツ通り（Rue d'Austerlitz）は12区、オステルリッツ河岸通り（Quai d'Austerlitz）は13区にある。命名はそれぞれ1896年、32年になされている。

オーストラリ Australie　第1次世界大戦でフランスのために戦死した数多くのオーストラリア（オーストラリ）義勇兵たちをたたえて、パリ15区の遊歩道（Promenade d'Australie）にこの名が冠せられたのは2000年のことである。

＊オスピス Hospices　13区のオスピス通り（Rue des Hospices）は1857年、養護施設の所有地にこの通りが敷設されたことにちなんで命名された。

オスピタリエール・サン＝ジェルヴェ Hospitalières Saint-Gervais　4区のオスピタリエール＝サン＝ジェルヴェ通り（Rue des Hospitalières-Saint-Gervais）は、1574年に建設され、1655年7月からアウグスティヌス会系の修道女たちが住んでいた邸館の跡地に、1817年に敷設されている。呼称は、これら修道女たちが1171年からサン＝ジェルヴェ教会わきにあった修道院に住んでおり、その修道院が教会にちなんでオスピタリエール・ド・サン＝ジェルヴェとよばれていたことに由来する。フランス革命後の1795年、彼女たちはその邸館を去らなければならなくなり、それからしばらくして、パリ市はそこにこの通り

とマルシェ＝デ＝ブラン＝マントー通りを敷設した。

オスマン Haussmann　1809-91年。ジョルジュ・ウジェーヌ・オスマン男爵は、パリに生まれ、没した政治家・行政官。1831年に県の役人となった彼は、皇帝ナポレオン3世からヴァール県、ついでジロンド県の知事に任命されたあと、1853年にはセーヌ県知事に任命され、70年までその職にとどまった。在任中、彼は大通りの敷設や鉄道環状線の建設、ブーローニュ（ボワ・ド・ブーローニュ）やヴァンセンヌの森の整備などによって、パリの様相を一変させた【シャンゼリゼ大通りも彼によって現在の姿になっている】

こうしたオスマンのパリ改造計画【「オスマニザシオン（オスマン化）」とよばれる】は、かなり昔からある家が立ちならぶ地区全体を犠牲にしたとして批判された。彼が未来志向の視野をもっていたことは否定できないが、事業遂行のために最終的に8億4800万フランにも達した巨額な借入金をしたとして激しい非難をまねいた。それは次のようなジュール・フェリーの言にはしなくも集約されている。「途方もないオスマン勘定」。こうして1870年、オスマンは職を解かれる。だが、下院議員を志して、1877年、コルシカ（コルス）選出議員となったものの、議会での影は薄かった。8区と9区を走るオスマン大通り（Boulevard Haussmann）は、彼の存命中の1857年からある。

オスロ Oslo　ノルウェー（ノルヴェージュ）の首都オスロは、1924年までクリスティアーニアとよばれていた。フィヨルドの最北奥岸に位置する町の人口は66万【2016年】で、彼らは14世紀に築かれた要塞と国立博物館を誇りにしている。オスロ港の活動も盛んであり、ノルウェー最多の旅客数と貨物量を扱っている。パリのオスロ通り（Rue d'Oslo）は1929年に現在の呼称となっている。1892年からこの改称までは、「クリスチャニア通り」とよばれていた。

オスワルド・クリュズ Oswaldo Cruz 1872
-1917年。ブラジル・サンパウロ州出身の
医師だったオズワルド・クルス（クリュ
ズ）は、2年間、パリのパストゥール研究
所に学び、その後、帰国して伝染病と闘っ
た。そしてマラリアや天然痘、ペストとの
闘いでみごとな成果をあげ、リオ州から黄
熱病を駆逐することに成功した。16区の
オ ス ワ ル ド ＝ ク リ ュ ズ 通 り（R u e
Oswaldo-Cruz）は、彼がパリに滞在して
いたことの記念として、そして南米におけ
るその医学的な功績をたたえて、1928年
に命名されている。

オタージュ Otages 20区のヴィラ・オター
ジュ（Villa des Otages）は、パリ・コミ
ューン（コミュヌ・ド・パリ）末期の
1871年5月26日、コミューン軍連隊長の
エミール・ゴワによって、ロケット通りの
監獄から、アクソ通り85番地の旧カフェ・
コンセール内――コミューン軍の最後の指
揮所がおかれていた――に連行された、
人質52人を悼んで命名されている。パリ
守備兵36人にくわえて憲兵や民間人、さ
らにイエズス会の神父を含む彼らが、ここ
で全員虐殺されたからである【4日前にヴ
ェルサイユ軍がパリで「血の1週間」とよ
ばれる殺戮をくりひろげていたこともあって、
興奮の極みにたっしていた民衆がこの建物に
集まった。そしてある娘が人質のひとりプラ
ンシャ神父を殴り倒して火薬に火をつける。
これを機に、コミューン参加者たちが人質た
ちに襲いかかり、殺害した】
　その翌年の1872年、ここに礼拝堂と施
設からなる「ヴィラ・デ・ゾタージュ」が、
数人の犠牲者を出したイエズス会によって
建設された【1936年、その跡地に「人質礼拝
堂」が建てられ、すぐ近くのボレゴ通り43番
地には、現在もみられる記念碑「人質たちの
活動」が設けられている】

オディオ Odiot 1763-1850年。ジャン＝バ
ティスト・クロード・オディオは、パリで
生まれ、没した金銀細工師である。1811年、
彼はローマ王、つまりナポレオン1世の長
男ナポレオン・フランソワ・シャルル・ジ
ョゼフ・ボナパルト【1811-32】の揺りか
ごを、プルードンのデザインにもとづいて
作る仕事を請け負った。パリのペール＝ラ
シェーズ墓地に眠るオディオの立派な墓石
は、きわめて美しいメダイヨンに飾られて
いる。彼の名を冠した8区のシテ・オディ
オ（Cité Odiot）は、その所有地に1847年
に建設されたものである。

オデオン Odéon 1797年、ブブールとドル
フイユ【詳細不詳】によって結成されたオ
デオン座劇団は、当初1782年に建てられ、
99年に火事で破壊されたホールで芝居を
上演していた。そこで建築家のシャルグラ
ンが、彼らのために新しい劇場を建て、
1808年、「オデオン・ホール」および「女
帝劇場」の名でこけら落としをした。
　しかし、1818年、2度目の火事にみま
われ、1819年、今度はピエール・トマ・
バラゲ【1748-1820。シャルグランの弟子】
によって再建され、呼称は「第2テアトル
＝フランセ」と変わった。1832年と37年
のコメディ＝フランセーズをはじめとして、
さまざまな劇団が利用したオデオン座は、
41年、ヴィオレ・デパニ【1787-1818。劇
作家・役者】を支配人とする「第2国立劇
場」となる。
　それから1世紀後の1946年、オデオン
座はコメディ＝フランセーズが新たに経営
権をえて、「リュクサンブール・ホール」
と命名される【劇場の前がリュクサンブール
公園だったところから】。そして1959年、名
優で優れた演出家でもあったジャン＝ル
イ・バロー【1910-94】が支配人となって
「テアトル・ド・フランス」と改称する。
だが、1968年の5月革命時に劇場は閉鎖
に追い込まれる【学生たちにオデオン座を明
け渡したとして、バローも辞任を余儀なくさ
れた】。
　1971年、オデオン座は再開され、現在
はコメディ＝フランセーズの管轄下に入り、
若い研究生や国立高等演劇学校の学生たち
が、若いあるいは「売れない」劇作家の作
品を上演するようになっている。1779年
に建設された6区のオデオン通りと広場

（Rue ／Place de l'Odéon）は、その交差点同様、97年に現在の呼称となっている。ちなみに、オデオンとは古代ギリシアの音楽堂を意味する。

オデッサ Odessa　オデッサはウクライナの港町で、黒海沿岸に位置する。最初はギリシア、ついでローマの植民地となり、イストリアノルム・ポルトゥスとよばれた。さらにこの町はタタール人の支配下に入り【1241年】、現在の呼称で本格的に建設されたのは、1795年、エカチェリーナ2世【ロシア女帝在位1762-96】の時代だった。1805年、オデッサには新ロシアとバッサラビア【ロシア帝国がオスマン帝国から獲得した旧モルダビア公国の一部】の総督府がおかれ、フランス人のリシュリュー公【1766-1822】とランジュロン将軍【1763-1831】がこの総督府を担った。だが、1855年のクリミヤ（クリメ）戦争時、フランス軍によって爆撃される。オデッサの名が1881年にパリの青い道路標示板に刻まれたのは、この戦争に由来する【6区のオデッサ通り（Rue Odessa）】。なお、オデッサは1905年のロシア革命の発火点ともなっている。

オーデュボン Audubon　1785-1851年。ジャン＝ジャック（ジョン・ジェームス）・オーデュボンはドミニカ（レピュブリク・ドミニケヌ）のサント＝ドミンゴに生まれ、ニューヨークで没したフランス系アメリカの博物学者。北米の動・植物相に強く惹かれ、その観察や、とくに彼が目にした鳥たちのデッサンを描いて生涯を送った。また、自筆のイラストを付した『アメリカの鳥たち』【1830-39年】を刊行している。彼の名を冠した12区の通り（Ruc Audubon）は1990年からある。

オテル・コルベール Hôtel Colbert　5区のオテル＝コルベール通り（Rue de l'Hôtel-Colbert）は1829年に命名されている。そこにコルベール館があったことによるが、いかなるコルベールもここに住んではいない．この邸館自体は17世紀中葉に建てられ、1887年に解体された。

オテル・サン＝ポール Hôtel Saint-Paul　4区のオテル＝サン＝ポール通り（Rue de l'Hôtel-Saint-Paul）は、1361-65年にシャルル・ヴァントル【1305-36。エタンプ公】によって建立され、フランソワ1世の時代の1543年に解体されたサン＝ポール館にちなんで命名されている。通り自体は1912年からある。

オテル・ダルジャンソン Hôtel d'Argenson　4区のオテル＝ダルジャンソン袋小路（Impasse de l' Hôtel-d'Argenson）は、14世紀に建設され、17世紀からフランス中部トゥーレーヌ地方出身の名門貴族、ヴォワイエ・ダルジャンソン家が所有するようになったダルジャンソン館があったことにちなんで命名されている。この一族【→アルジャンソン】は有名人を何人も輩出している。アカデミー・フランセーズ会員のマルク・ルネ・ド・ヴォワイエ・ダルジャンソン（1652-1721）【パリ警察総代行官（警視総監に相当）を21年間つとめた。詳細は蔵持著『英雄の表徴』（前出）参照】や、ラ・ファイエットの副官で、革命の原理原則を支持し、ナポレオンのもとで、ベルギーに設けられたドゥー＝ネト県の県知事をつとめた、もうひとりのマルク・ルネ（1771-1842）などである。この袋小路は1877年に命名されている。

オテル・ド・ヴィル Hôtel de Ville　「パルロワール・オー・ブルジョワ」【パリ市舎の中世の呼称。字義は「市民たちの応接間」】が、グレーヴ広場、現オテル＝ド＝ヴィル（市庁舎）広場に面した「柱の館」に居を定めたのは、1357年のことだった。16世紀になると、この建物があまりにも手狭となったため、フランソワ1世はパリ市に首都にふさわしい市庁舎をあたえようと、ルネサンス様式の本格的な宮殿を建てることにした。だが、定礎式が営まれたのは、彼が逝去して半世紀近くあとの1593年7月15日だった。この最初の市庁舎を手がけた建築家は、おそらくイタリア人のドミニコ・ダ・クルトーナ、通称ボッカドール【1465-1594】で、建物が最終的に完成したのは1628年だった。

そして1871年の内乱【パリ・コミューン】時、市庁舎は完全に破壊され、1872年から84年にかけて、建築家のバリュとエドワール・ドゥペルト【1833-98】によって再建された。この新庁舎は以前の外観を踏襲しているが、より高く、面積も一回り拡張されたものとなっている。

一方、市庁舎前広場は1802年につくられている（グレーヴ広場を旧称とする同広場は処刑場でもあり、1310年から、そこでは絞首台や斧、剣、薪、あるいは四つ裂き刑や車輪刑による処刑がおこなわれていた）。オテル＝ド＝ヴィル港（Port de l'Hôtel-de-Ville）は1905年、オテル＝ド＝ヴィル河岸通り（Quai de l'Hôtel-de-Ville）は1868年、さらに現在のオテル＝ド＝ヴィル通り（Rue de l'Hôtel-de-Ville）は1854年に命名されている。いずれも4区にある。

オード Aude フランス南西部のピレネー＝オリアンタルやアリエージュ、オードの各県を流れる川で、全長223キロメートル。水源はピレネー（ピレネ）山中にある。カルカソンヌ【中世の城壁がもっともよく残っている城郭都市として知られる】は、この川の右岸に位置する。パリのオード通り（Rue de l'Aude）は14区にあり、1877年に命名されている。

オー＝ド＝ヴィ Eaux-de-Vie 5区の旧ワイン市場にあったオー＝ド＝ヴィ（蒸留酒）通り（Rue des Eaux-de-Vie）は、そこにパリ大学の新たな科学部を建てる際に撤去された。アルコールは知の敵（？）だからである。

オートゥイユ Auteuil セーヌ県の旧村で、1860年にパリに吸収合併されている。鉄分を含んだ鉱水で知られていたが、そこにはラ・フォンテーヌやダゲソー（アゲソー）、ボワロー、モリエール、コンドルセなどが好んで滞在した。1873年につくられた競馬場の呼称でもある【オートゥイユ通り（Rue d'Auteuil）は16区】

オートヴィル Hauteville 10区のオートヴィル通り（Rue d'Hauteville）は、ラ・ミ

ショディエールがパリの商人頭【市長に相当】だった1775年に開通している。そゆえ、この通りは彼の名でよばれていたが、ここで想い起こしたいのは、ラ・ミショディエールは、ヴィトリ＝ル＝フランソワ【フランス東北部シャンパーニュ＝アルデンヌ地方】にも領地を有していた、オートヴィル公爵だったということである。

オー・ド・ベルヴィル Hauts de Belleville 20区のヴィラ・オー＝ド＝ベルヴィル（Villa Hauts-de-Belleville）は1960年からある。呼称は読んで字の如しで、**ベルヴィ**ルの高台にあることに由来する。

オート・トラヴェルス Hautes Traverses 20区のヴィラ・オート＝トラヴェルス（Villa Hautes-Traverses）は、2002年に命名されている。その呼称は旧シャロンヌ村に属していたかつての地名に由来する。

オートフイユ Hautefeuille 6区のオートフイユ通り（Rue Hautefeuille）は、「オート・ヒュテ（老齢高林）」に由来する呼称だが、聖王ルイ（サン＝ルイ）の時代にはすでにオート＝フイユ（高葉）の名でよばれていた。のちに通称オート＝フイユ城が築かれたが、通りの名はそれにちなむものではない。逆に、通りの呼称が城の通称となったのである。

オート＝フォルム Hautes-Formes 13区のオート＝フォルム通り（Rue des Hautes-Formes）【字義は「高い形」】は、中世に建てられ、いずれもが当時の平均よりはるかに高いために目立っていた家が、3ないし4軒そこにあったことによる命名である。

オードラン Audran 有名な芸術家一族で、少なくとも14人が彫刻家や画家ないしタピスリー織師となっている。もっとも有名なのはジェラールで、1640年にリヨンで生まれ、1703年にパリで他界した彼は、1674年に王立絵画フランセーズ会員となり、版画『アレクサンドリアの戦い』【原作シャルル・ルブラン】を発表している【オードラン通り（Rue Audran）は18区】

オートリヴ Hauterive 19区のヴィラ・オートリヴ（Villa d'Hauterive）は高台にあ

る【字義は「高い岸」】。そこに住んでいた地主たちがこのように命名した所以である。

オードリエット Haudriettes オードリエットとは端麗王フィリップ4世【在位1285-1314】の王室パン焼き所長官（国王食卓係7人のひとり）だったエティエンヌ・オードリーが、1306年に創設したノートル＝ダム聖母被昇天修道会の修道女たちをさす【より正確には、エティエンヌの妻ジャンヌが、サン＝チャゴ＝デ＝コンポステーラ巡礼に行ったきり戻ってこない夫が客死したと信じ、貧者に奉仕するために敬虔な女性たちと、終身貞潔を誓って始めた結社を起源とする。なお、夫は1329年に戻ってきた】。この修道女たちは1450年に、現在の3区にあるオードリエット通り（Rue des Haudriettes）に沿った土地を獲得した。通りの呼称はそれにちなんで1881年に命名されている。

オノレ・ガブリエル・リケティ Honoré Gabriel Riqueti → ミラボー

オノレ・シュヴァリエ Honoré Chevalier 1587年に敷設された6区のオノレ＝シュヴァリエ通り（Rue Honoré-Chevalier）は、それ以来、その土地を所有していた親方パン商の名でよばれている。

オー＝パヴェ Haut-Pavé 5区のオー＝パヴェ通り（Rue du Haut-Pavé）は、かつてそこに「最高の地位」を占めていた人物たちが住んでいたことから命名されたわけではない。呼称【字義は「高い舗道」】の由来はむしろ単純で、時代の流れで現在のような通りに整備されるまで、そこが古い上り勾配の悪路だったことにある。

オピタル Hôpital 5区と13区を走るオピタル大通り（Boulevard de l'Hôpital）の47番地にはサルペトリエール病院がある。これは1656年4月、ルイ14世（ルイ・ル・グラン）の王令によって建設が決められた病院【当初は施療院】で、1768年の開院時にこの大通りにその名がつけられた。呼称は、かつてそこに硝石を4分の3含んだ火薬を作っていた工場があったことに由来する【心理学者のフロイトは、この病院でジャン・マルタン・シャルコー（1823-93）の弟

子として一時働いていた】

オピタル・サン＝タントワヌ Hôpital Saint-Antoine 12区のオピタル＝サン＝タントワヌ広場（Place de l'Hôpital-Saint-Antoine）は、1802年に精神病院となった同名の修道院の近くに位置する。命名は1867年。

オピタル・サン＝ルイ Hôpital Saint-Louis オピタル＝サン＝ルイ通り（Rue de l'Hôpital-Saint-Louis）は、近くにあるサン＝ルイ【→サン＝ルイ＝アン＝リル】施療院にちなんで1854年に命名されたもので、この施療院は1607年、アンリ4世の命で建設されている。

オプセルヴァトワール Observatoire パリの天文台は、ルイ14世（ルイ・ル・グラン）の命を受けた建築家で医師でもあったペローによって、1667年から72年にかけて建設されている。国王はニースから急遽まねいたカッシーニ（カシニ）を初代天文台長に任じた【1669年から125年間（！）、カッシーニ家はこの天文台長を世襲する】。天文台の役割は天体や気象のさまざまな現象を研究・観察することにあった。時刻の伝達もまた重要な役目で、ここには国際時報局の本部がおかれている。1798年に命名されたオプセルヴァトワール大通り（Avenue de l'Observatoire）は、パリの5区・6区・14区をつないでいる。

オブラック Aubrac フランス中部オーヴェルニュ地方南部の花崗岩質の山地で、トリュイエール峡谷とロット峡谷のあいだに位置し、最高峰は標高1471メートルのシニャル・ド・メイェビオー山。12区のオブラック通り（Rue de l'Aubrac）は1993年に命名されている。

オーブリ Aubry 20区のシテ・オーブリ（Cité Aubry）は、その呼称を土地所有者に負っている。

オーブリオ Aubriot 生まれはフランス中東部ブルゴーニュ地方のディジョンだが、正確な生年は不明である【1320年頃】。1382年に没したユーグ・オーブリオは、1364年、シャルル5世【国王在位1364-80】によっ

てパリ奉行と財務卿に抜擢された。バスティーユ要塞の礎を築いたのが彼である。彼はまた最初のヴォールト型排水渠を築いてもいる。だが、シャルル5世没後、問題を抱えることになる。無信仰と異端の廉で告発されたのだ。王会は彼を支持せず、これにより、次のような判決に服さなければならなくなった。「悲しみのパン」と「苦しみの水」だけで、生涯地下牢に幽閉される、という判決である。

こうしてオーブリオはみずからがその建設に深くかかわったバスティーユの監獄で刑に服することになる。だが、最終的にその期間は1381年の1年たらずだった。彼を、大きな槌を手にする指導者に担ごうとしたマイヨタン【1382年、重税に反対して、槌を手に蜂起したパリ市民たちの叛乱】によって解放されたからである。しかし、彼はそれを断ってブルゴーニュ地方【ソミエール】に逃れ、そこで没する。今日、彼の彫像はパリ市庁舎の正面に見られる【オーブリオ通り（Rue Aubriot）は4区。→プレヴォ】

オーブリ・ル・ブシェ Aubry le Boucher
4区のオーブリ＝ル＝ブシェ通り（Rue Aubry-le-Boucher）は1273年からあり、当時の精肉店店主オーブリ氏の名が冠せられている

オープール Hautpoul　1754-1807年。オープール伯ジャン・ジョゼフ・アンジュは、フランス南西部タルン県のカユザック＝シュル＝ヴェールに生まれ、プロイセン東部のアイラウで戦死した将軍。1794年、ナイメーヘンの攻囲戦できわだった軍功をあげて少将に任命され、96年に中将に昇進する。同年、サンブル＝エ＝ムーズ軍に入るが、ドイツ中西部アルテンキルヒェンの戦いで負傷する。だが、アウステルリッツ（オステルリッツ）の戦いでは、騎兵を率いてオーストリア＝ロシア軍の中央を果敢に攻撃して名をはせる。

1806年、元老院議員となった彼はなおも戦場を駆け巡り、アイラウでロシア軍を攻撃する。しかし、この戦いで大型マスケット銃の砲弾を太腿に受け、数日後に絶命

した。彼に捧げられた19区のオープール通り（Rue Hautpoul）は、1865年からある。

オーブレ Aublet　1862年に完成した17区のヴィラ・オーブレ（Villa Aublet）には、地主オーブレの名がつけられている。彼は、1720年に南仏のサロン＝ド＝プロヴァンス【ノストラダムス終焉の地】に生まれ、78年にパリで没した有名な植物学者【ジャン・フゼ＝オーブレ】を出した一族に属していた。この植物学者は、植物相に関心をいだいて、モーリシャス島（イル＝ド＝フランス）や南米ギアナで調査を重ねた。

オペラ Opéra　オペラ座【ガルニエ宮】は1862年から74年にかけて、建築家のシャルル・ガルニエによって建設されている。地面から数段上がった1階のファサードには、7本のアーチがならんで配され、その上にはバルコニーとつながり、18本の大理石の円柱をともなう16本の石柱からなる列柱廊が乗っている。

このファサードはまたさまざまな寓意的な彫像で飾られている。たとえばアレクサンドル・ファルギエール作の「演劇」、ポール・デュボワ作の「歌」、シャピュ作の「カンタータ」、カルポー作の「舞踏」、ジャン＝ジョゼフ・ペロー【1819-76。オルセー美術館の「絶望像」が有名】作の「抒情劇」などである。吹き抜けになったドームの先端には、エメ・ミエ【1819-91。作品にはリュクサンブール公園の「フェイディアス像」（1887年）などがある。ヴィオレ＝ル＝デュクはパリ高等美術学校での同期生】による「アポロン、詩情・音楽」像が立っている。

建物内部では、とくに30本の大理石円柱を配した大階段と、マルク・シャガール作の天井画【1964年】に目を奪われる。舞台は高さ60メートル、幅55メートル、奥行き25メートル。壁の内側には、練習生のために有名なパリ・オペラ座付属バレエ学校がある。1864年からナポレオン大通りとよばれていた1・2区のオペラ大通り（Avenue de l'Opéra）は、73年に現在の呼称となっている。一方、1864年に建設

されたオペラ広場（Place de l'Opéra）は2区と9区にまたがっており、一部がカピュシヌ大通りの北側、73年からはその南側にまで拡張されている。

オペラ＝ルイ・ジュヴェ Opéra-Louis Jouvet　9区のオペラ＝ルイ＝ジュヴェ小公園（Square de l' Opéra-Louis-Jouvet）は、オペラ座近くにあるところから、1896年にオペラ小公園と命名された。そして1955年、その呼称に、同劇場の支配人で、ブルターニュ地方コロゾン出身のルイ・ジュヴェ（1887-1951）の名がくわえられている。とくにモリエールやジャン・ジロドゥー【1882-1944】の作品を手掛けた演出家であり、パリ国立高等演劇学校教授もつとめたが、ジュヴェの名が広く知られれるようになったのは、映画によってである。

ジュヴェが主演・出演した映画としては、ジャック・フェデー監督【1885-1848】の『英雄的なケルメス祭』【1935年】やジュリアン・デュヴィヴィエ監督（1896-1967）の『舞踏会の手帳』【1937年】、マルセル・カルネ監督【→ジャック・プレヴェール】の『北ホテル』【1938年】、アンリ＝ジョルジュ・クルーゾー監督【1907-77】の『犯罪河岸』【1947年】、『ふたつの顔』【同】などがある。

彼のきわめて独特な発声は、初舞台時代の難しい発声法を懸命に練習した成果で、それは彼の名声に少なからず寄与した切り札だった。だが、そうしたたんなる特異さを超えて、悲喜劇における彼の演技はじつに大きな才能を示した。この小公園の4番地にあるアテネ座もまた、1934年から51年8月16日に急逝するまで、ルイ・ジュヴェが率いていた。

オベリスク Obélisque　1850年、ショーヴロという名の画地分譲業者が、カスタニャリ、ブランシオン、モリヨンの通りとルフェーヴル大通りのあいだに、「未来村」を建設した。この村が1859年に完成したとき、村内の各通りには同年のイタリア遠征における主たる勝利がつけられた。そして、ショーヴロは分譲地の中央にオベリスクを

1基建てた。15区のオベリスク袋小路（Impasse de l'Obélisque）の呼称は、このことに由来する。レンガで造られたそれは、4面のそれぞれにイタリア遠征での凱旋将軍の肖像を刻み、先端に星を据えた。だが、その重さでオベリスクが不安定になり、1870年のパリ攻囲戦【普仏戦争】の際、それが崩壊する前に打ち壊された。

オーベール Auber　1782-1871年。ダニエル＝フランソワ＝エスプリ・オーベールは北仏カーン出身の作曲家。学童時代、仲間たちはみな彼を探すふりをして、こう叫んだという。「エスプリ（精神）、そこにいるの？」。『フラ・ディアボロ』【初演1830年】や『ブランヴィリエ侯爵夫人』【1831年】、『シレーヌ』【1844年】、『マノン・レスコー』【1856年】、『愛の夢』【1869年】などのオペラ（＝コミック）を創作した彼は、明るくて易しい作品を好んでつくり、その着想は小歌曲や音楽的な機知に富んだ言葉にまで向かった。

オーベールは1830年から宮廷音楽会の指揮者をつとめ、1842年にはケルビーニ（ケルビニ）の後任としてパリ音楽院（コンセルヴァトワール）の院長となった。パリのペール＝ラシェーズ墓地にはそんな彼の墓碑が建っている。劇作家のウジェーヌ・スクリーブとともに仕事をしたが、スクリーブ【字義は「書記」】はその名のとおり、作詞を担当した【オーベール通り（Rue Auber）は9区】

オーベルヴィリエ Aubervilliers　パリ北郊の町で、かつてはノートル＝ダム＝デ＝ヴェルテュとよばれていた。巡礼地で、アンリ4世は1590年のパリ攻囲戦の際、ここにとどまった。1814年にはナポレオン軍とプロイセン軍の激戦地となった。今日、もしアンリ4世がこの地に戻っても、彼がいた城館を見つけることは難しいだろう。毎日、人びとの出入りがあまりにも激しいからだ。彼らはもはや巡礼者ではなく、オーベルヴィリエの労働者である。パリの18区と19区を結ぶオーベルヴィリエ通り（Rue d'Aubervilliers）は、1863年に命名

オベルカン

されている。

オベルカンプ Oberkampf 1738-1815年。
ドイツ出身の実業家でフランスに帰化した
クリストフ・フィリップ・オベルカンプは、
バイエルン地方のヴィーセンバッハに生ま
れ、パリ西方のジュイ＝アン＝ジョザ（ス）
で没している。染物業者の父親のもとでし
ばらく働いたのち、若いクリストフはパリ
に出る。20歳のときだった。そして1759
年【1758年？】、彼は染色工場を設立し、
さらにジュイ＝アン＝ジョザに移って、父
親が考案し、みずからが完璧なものとした
捺染機械のおかげで、そのフランス初のプ
リント布地・綿糸紡績工場は、ヨーロッパ
で他を圧倒するまでになる。

1783年、ルイ16世【国王在位1774-92】
は彼を貴族に叙し、その工場に王立の称号
をあたえる。さらに1806年、工場を視察
したナポレオン1世は、彼にレジョン・ド
ヌール勲章を授けた。だが、1815年に皇
帝が失脚すると、需要減でただでさえ経営
が厳しくなっていた工場は、対仏大同盟軍
によって破壊され、すでに高齢となってい
たオベルカンプは、悲しみに打ちひしがれ
たまま他界する。彼に捧げられたオベルカ
ンプ通り（Rue Oberkampf）は、1864年
から11区にある。

オーマル Aumale 1822-97年。オーマル公
【アンリ・ドルレアン】はパリ出身の将軍・
歴史家で、フランス最後の国王ルイ＝フィ
リップ1世【在位1830-48】の第4子。ア
ルジェリア総督時代、アブデル＝カーデル
【→ラモリシエール】の陣地を奪取するとい
う手柄をあげた。1848年【2月革命後】に
イギリスに追放されたのち、普仏戦争時の
1870年、陸軍への現役復帰を求めたもの
の、不首尾に終わった。

翌1871年、オーマルは北仏オワズ県の
下院議員に選ばれるが、実際にその席をえ
たのは、追放令の廃止後（1871年6月8
日）だった。そして同年12月8日、アカ
デミー・フランセーズ会員となり、1872
年3月には現役の陸軍中将に復帰して（だ
が、普仏戦争は終わっていた）、バゼーヌ

委員会【クリミヤ戦争やメキシコ遠征で軍功
をあげながら、普仏戦争で屈辱的な降伏を
したバゼーヌ元帥（1811-88）を裁いた。→カ
ンロベール／ジェネラル・トリピエ】の委員
長をつとめた。死に際して、シャンティイ
城をフランス学士院に遺贈してもいる。著
書に『フランスの軍隊制度』【1867年】や
『コンデ公の歴史』【7巻、1869-95年】など
がある【オーマル通り（Rue dAumale）は9
区】

オメリー（エメリー）Emmery 1789-1842
年。シャルル・オメリー・ド・セット＝フ
ォンテーヌは、北仏のカレーに生まれ、パ
リで没した技術者。サン＝モール運河の建
設や全長80キロメートル以上に及ぶパリ
の排水渠設置、さらにグルネルでの掘り抜
き井戸の掘削などを手がけた。20区には
1867年に命名されたオメリー通り（Rue
Emmery）がある。

オメール・タロン Omer Talon 1595-1652
年。パリで生まれ、没したアイルランド系
フランス人法曹家。1631年にパリ高等法
院検事となったタロンは、法院の特権をつ
ねに精力的に擁護した。フロンドの乱【→
エストレ、テュレンヌ】のあいだ、国王と高
等法院の関係断絶を回避するために働いた。
彼の名を冠したオメール＝タロン通り
（Rue Omer-Talon）は、1864年から11区
にある。

オーモン Aumont 1894年にこの通りが敷
設された土地の所有者名【オーモン通り
（Rue Aumont）は13区】

オーモン＝ティエヴィル Aumont-Thiéville
土地所有者の名前。オーモン＝ティエヴィ
ル通り（Rue Aumont-Thiéville）は17区
にあり、1907年に命名されている。

**オラドゥール＝シュル＝グラヌ Odadour-
sur-Glane** フランス中西部オート＝ヴィ
エンヌ県の村。1944年6月10日、ナチス
の武装親衛隊が人質にとった村民642人を
殺害、いや虐殺した。今日、オラドゥール
＝シュル＝グラヌの人口は2500【2014年】。
パリの15区には、その虐殺を記憶するた
め、1955年に命名されたオラドゥール＝

シュル=グラヌ通り（Rue de l'Oradour-sur-Glane）がある。

オラトワール Oratoire　現在改革教会（プロテスタント）の管轄下にあるオラトリオ（オラトワール）礼拝堂は、1621年、オラトリオ修道会のために創建されている。だが、1811年、ナポレオン1世の承認のもとで、改革教会の宗務局本部がおかれた。1893年、**テーヌ**の葬儀が営まれたのがここである。この礼拝堂は**サン=トノレ**通りの145番地にあり、オラトワール通り（Rue de l'Oratoire）も1789年から同じ1区にある。

オラン Oran　アルジェリア西部、地中海に面したオランは、10世紀、アンダルシアの水夫たちによって建設されている。スペインが長いあいだこの地を支配していたが、18231年、フランス軍が無傷でここを奪取した。地中海の重要な港で、大学を要する町の人口は約61万【2008年】。18区のオラン通り（Rue de l'Oran）は、1863年からある【アルベール・カミュの小説『ペスト』（1947年）はこの町が舞台】

オランプ・ド・グージュ Olympe de Gouges　本名マリ・グーズ。1748年にトゥールーズ北方のモントーバンで生まれ、93年にパリで没した劇作家・女優で、フェミニズム運動の先駆者・革命家でもあった。みずからが草した「女性および女性市民の権利宣言」【1791年。「女権宣言」とも】のなかで女性解放を訴えたが、ジロンド派に共鳴したためギロチン刑に処された。劇作家としての彼女は、以下のような戯曲を遺している。『シェリュバンの意外な結婚』【1786年】、一部が自叙伝の『ヴァルモン夫人回顧録』【1788年】、『修道院もしくは強制された誓願』【1792年】。彼女に捧げられた3区のオランプ=ド=グージュ通り（Rue Olympe-de-Gouges）は、2003年からある。

オリヴィエ・ド・セール Olivier de Serres　1559-1619年。フランス中部ヴァイヴァレ山地のヴィルヌーヴ=ド=ベルグに生まれ、没した農学者でプラデル領主。プロテスタントの助祭でもあったド・セールは、

休耕法にもとづく人工的な牧草地化システムによって輪作を廃止する一方、フランドルからアカネ、イングランドからホップ、さらにイタリアからトウモロコシと桑を導入した。国王はそんな彼をパリに呼んで、養蚕を興させた。著書としては『生糸を作る蚕の餌用として桑の葉の栽培法』【刊行年不詳】などがある。15区には1865年に命名されたオリヴィエ=ド=セール通り（Rue Olivier-de-Serres）と、73年に命名された同名の小路（Passage Olivier-de-Serres）がある。

オリヴィエ・ノワイエ Olivier Noyer　14区のオリヴィエ=ノワイエ通り（Rue Olivier-Noyer）は1924年からある。呼称は当時沿道に住んでいた旧地主の名に由来する。

オリヴィエ・メシアン Olivier Messiaen　メシアンはアヴィニョンに生まれ、パリのクリシーで没した作曲家。しばしば神秘性を漂わせたそのみごとな楽曲は、エキゾチックな要素や小鳥たちの歌声に包まれた革新的なリズムで構成されている。間違いなく20世紀後葉のもっとも偉大な作曲家のひとりである彼の作品としては、『キリストの昇天』【1932-34】や『幼子イエスにそそぐ20の眼差し』【1944年】、『トゥーランガリラ交響曲』【1946-48年】、『鳥のカタログ』【1956-58年】、オペラ『アッシジの聖フランチェスコ』【1975-83年】などがある。
　1936年、グループ「ジューヌ=フランス（若いフランス）」を立ち上げたメシアンの弟子には、ピエール・ブーレーズ【1925-2016】やヤニス・クセナキス【1922-2001】、カールハインツ・シュトックハウゼン【1928-2001】などがいる【日本人弟子としては別宮貞雄や矢代秋雄、加古隆など】。13区にあるオルヴィエ=メシアン通り（Rue Olivier-Messiaen）は、1997年に命名されている。

オリヴィエ・メトラ Olivier Métra　1830-89年。オリヴィエ・メトラはランスで生まれ、パリで他界した作曲家。1854年にパリ音楽院（コンセルヴァトワール）のハ

ーモニー分野を首席で出た彼は、ボーマル
シェ劇場、ついでエリゼ＝モンマルトル劇
場のマビュ舞踏会、カジノ＝カデ劇場の指
揮者をつとめた。一方、おもにワルツ曲を
創作した【彼は「フランスのワルツ王シュト
ラウス」との異名をとった】。『動物たち』や
『オリエント』、『夜』、さらにとくに称賛さ
れた『波』【いずれも発表年不詳】などであ
る【ほかに最大のヒット作となった『バラの
ワルツ』（1863年）や『ラ・セレナード』
（1869年）など】。

1871年、彼はフォリ＝ベルジェールの
指揮者となり、30曲以上のオペレッタや
バレエ曲をつくった。そして1877年、そ
の職を辞し、翌年、ブフ＝パリジャン劇場
で3幕物のじつに美しいオペレッタ『不完
全な結婚』を上演している。20区には
1924年から彼に捧げられたオリヴィエ＝
メトラ通り（Rue Olivier-Métra）がある。

オリヴェ Olivet　オリヴェ通り（Rue
d'Olivet）は1650年から7区にあるが、そ
の呼称は、1313年に聖ジョヴァンニ・ト
ロメイ【1272-1348】が創設した、ベネデ
ィクト会系のモンテ・オリヴェート修道会
【イタリア・トスカーナ地方のアシャーノ】に
由来すると思われる。モンテ・オリヴェー
トは山というより、むしろ丘であり、修道
士たちはシエナに近いその上に彼らの最初
の修道院を建てた。彼ら修道士たちはヌル
シアの聖ベネディクトゥス（**サン＝ブノ
ワ**）の定めた会則を遵守し、説教と祈りに
明け暮れていた。14世紀から15世紀にか
けては、彼らの一部がパリにも住んでいた。

オリエ Olier　ジャン＝ジャック・オリエは
パリを生没地とする聖職者で、フランス南
東部のペブラック修道院やパリ西方のバザ
ンヴィル修道院の院長を歴任した。**サン＝
シュルピス教会**の主任司祭時代、彼は聖職
志願者教育をになうサン＝シュルピス聖職
者団を創設している【1645年】。さらに翌
1646年には、現在の同教会堂の建立をア
ンヌ・ドートリシュ【→サン＝タンヌ】に
願い出る一方、教会堂前の広場に神学校を
開設してもいる。

オリエはまたリモージュ【→リムザン】
やナント、クレルモン＝フェラン【フラン
ス中部】にも神学校を創設し、これらの神
学校で学んだ聖職者たちを**カナダ**に派遣し
た。彼らはこの新天地でさまざまな施設を
建て、やがてこうした施設は繁栄をみるこ
とになる。1730年、フランス聖職者身分
会議は、彼に「傑出した聖職者にして、
フランス聖職者の栄光と輝かしい象徴」との
称号をあたえた。ただ、オリエ通り（Rue
Olier）は、サン＝シュルピス教会がある
6区ではなく、15区に1864年からある。

オリオン＝テクスプレス Orient-Express
1区のオリオン＝テクスプレス通り（Rue
de l'Orient-Express）は、フォーロム・
デ・アール【→アル】の地下4階にあり、
1996年に命名されている。この呼称はパ
リからイスタンブールに向かう懐かしい豪
華列車【1883年にワゴン・リ社が始めたオリ
エント急行（オリオン＝テクスプレス）】を想
い起こさせる。これはまた少なからぬ作家
の想像力を刺激し――たとえばアガサ・ク
リスティの『オリエント急行殺人事件』
【1934年】――、多くの新婚カップルもハ
ネムーンの第一歩にこの列車を選んでいた。

オリヨン Orillon　11区のオリヨン通り
（Rue de l'Orillon）は、1780年当時、リオ
ム（Riom）通りとよばれていた。こうし
た改称は徐々になされたのか、それともリ
オムとオリヨンの発音が似ているからか。
いや、そうではない。1730年からこの通
りにはオリヨンとよばれる邸館があった。
おそらくそれが最終的にこの通りに名をあ
たえたはずである。オリヨンとは耳の形を
した小さな取っ手（柄）、もしくは堡塁の
角に設けられた、巨大な石積みによる丸み
のある突出部をさす。前記邸館の呼称は、
おそらくこの2通りの意味で説明できるだ
ろう。ただ、そのいずれが選ばれたは不明
とするほかない。

オルグ Orgues　3区のオルグ小路（Passage
des Orgues）は19世紀の命名になる。呼
称は、メスレ通りとの角にあったオルガン
（オルグ）とハルモニウムの製造工房があ

ったことに由来する。

オルシデ Orchidées　13区のオルシデ通り（Rue des Orchidées）は、花の名前を冠した通りのひとつである。ラン（オルシデ）を差し出す男性を拒むことができる女性は、さほど多くはないだろう。

オルシャン Orchampt　1880年に命名された18区のオルシャン通り（Rue de l'Orchampt）の呼称は、当時沿道に住んでいた旧地主の名に由来する。

オルセ Orsay　7区のオルセ（一）河岸通り（Quai d'Orsay）は、1700年から08年までパリの商人頭【市長に相当】をつとめたシャルル・ブシェ・ドルセ【1714没。パリ高等法院の評定官でもあった】にちなんで命名されている。この河岸通りの敷設工事で、礎石を置いたのが商人頭の任期最終年の彼だった。ただ、工事が完了するにはそれから1世紀以上たった1815年のことである。オルセ河岸通りの35番地には、ラセ館の入口があり（もうひとつは**ウニヴェルシテ**通り）、37番地には外務省の庁舎がある。通りの命名は敷設当初になされている。

オルセル Orsel　18区のオルセル通り（Rue d'Orsel）とシテ・オルセル（Cité d'Orsel）は、不動産開発業者だったジョゼフ・オルセルにちなんで命名されている。1795年から1802年にかけて、彼は一帯の土地を買いとり、1820年に急逝したのち、その相続人たちが家を数多く建て、「オルセル村」とよばれるようになった。1838年、この「村」は旧モンマルトル村の管理下におかれ、当初の呼称を失う。オルセル村の主道はアカシア通りとよばれていたが、1873年に現在のオルセル通りに改称された。一方、シテは1877年に命名されている。

オルタンシャ Hortensias　14区のオルタンシャ小路（Allée des Hortensias）は、1993年、観賞用低木に美しく咲き誇る紫陽花（オルタンシャ）をたたえて命名されたものである。

オルトー Orteaux　Orteauxという語は同音のHorteauxに由来し、後者はラテン語で「庭」を意味するホルトゥス（hortus）を語源とする。20区のオルトー袋小路

（Impasse des Orteaux）は、旧シャロンヌ村で集約的に栽培されていた野菜畑にそって、1720年に敷設されている。

この通りは、中央部にオルレアン公爵夫人【フランソワ＝マリ・ド・ブルボン（1677-1749）。ルイ14世とモンテスパン公爵夫人の庶子として生まれるが、1681年に正嫡化】のバニョル城がそびえる公園の入り口まで続いていた。通りの敷設自体も彼女の意向によるものだった。そのため、1869年に現在の呼称にあらためられるまで、この通りはマダム大通りとよばれていた。改称より1世紀前、城と庭園はそれぞれ時計商のアジュランと金銀細工師のジャラソンに売却されている。現在、城と付属施設の跡地にはデブルース養護院がたっている。

オルドネ Ordener　1867年からある18区のオルドネ通り（Rue Ordener）は、それぞれミシェルを名とする将軍親子にちなんで命名されている。

1755年、フランス東北部モーゼル県のロピタルで生まれ、1811年、北仏オワーズ県のコンピエーニュで没した父親は、1800年、ナポレオン1世から執政衛兵隊長に任命されている。1803年、アントワヌ・アンリ・ド・コンデ、通称**アンギャン公**を、亡命先のドイツ南西部エッテンハイムで逮捕する命令を受けたのが、少将に昇進していた彼である【アンギャン公（1772-1804）はナポレオン暗殺計画の首謀者とされ、逮捕後、パリに移送され、ヴァンセンヌ城で処刑された】。アウステルリッツ（**オステルリッツ**）の戦のあとに中将に任命された彼は、1806年に元老院議員となり、08年、伯爵に叙せられる。そしてコンピエーニュ宮の総督として、その生涯を終える。

一方、息子のミシェルは1787年に**アルザス**地方のユナングで生まれ、1862年にパリで没している。彼は1814年のモンマルトル防衛戦とワーテルロー（ワテルロ）の戦いで輝かしい軍功をあげるが、ブルボン王政によって予備役（半給士官）に格下げされてしまう。だが、1830年7月【ブルボン王朝を倒した7月革命】のあと、軍務に

復帰して、1846年に将軍、52年に元老院議員となった。

オルトラン Ortolan 1802-73年。ジョゼフ・オルトランは地中海岸のトゥーロンに生まれ、パリで病没した法曹家。1727年と28年に早くも『ユスティニアヌス法学提要の歴史的解釈』と『ローマ法』を著して、ローマの国政にかんするみごとな総括をおこない、これによって高い評価と名声を手に入れた。1830年、破毀院の事務局長と同時に、**ソルボンヌ**のヨーロッパ憲法教授となる。さらに1836年には、パリ大学法学部の比較刑法教授に就任している。

オルトランの著作としては、前記2書のほかに、『民衆主権について』【1848年】や『刑法の基本原理』【1856年】などがある。詩人でもあった彼はまた詩集『子供の教訓（品性）』も上梓している。彼に捧げられたオルトラン通り（Rue Ortolan）は、1890年から5区にある。ちなみに、ズアオホオジロ（オルトラン）はそれよりはるか以前から存在し、美食家垂涎の食材となっている。

オルナノ Ornano 1784-1863年。1784-1863年。フィリップ・アントワヌ・ドルナノ伯は、コルシカ（**コルス**）島のアジャクシオで生まれ、パリで没した元帥。1799年に軍隊入りした彼は、1802年、サント＝ドミンゴ【→**ドミニカ**】遠征にくわわる。帰国後、1805年にはアウステルリッツ（**オステルリッツ**）で、06年にはイエナとリューベックで目覚ましい軍功をあげる。

そして1811年には、スペイン、とくに中部フエンテス・デ・オニョロ【フランスとイギリス・ポルトガル連合軍の戦い】での模範的な働きを評価されて少将となり、ロシア遠征中の1812年、中将に昇進する。フランス軍退却時、クラスノイの戦いで戦死したと思われておき去りにされたが、副官によって救い出され、帰国できた。

翌1813年、彼はナポレオン親衛隊の騎兵隊を指揮し、14年にはパリ防衛戦にくわわる。第一復古王政時には、ルイ18世【国王在位1814-15/1815-24】から竜騎兵隊長に任命される。だが、1815年、ナポレオンの百日天下に加担したため、第二復古王政では追放を余儀なくされ、1828年まで一切の軍務から退けられる。

1830年、第4師管区の指揮官として復帰した彼は、貴族院議員に任命される。さらに1848年、立法議会のアンドル＝エ＝ロワール選出議員となり、ルイ＝ナポレオン・ボナパルト、のちの**ナポレオン3世**の政策を支持する。その見返りに、1852年、元老院議員に任命され、翌年には**レジョン・ドヌール**大法官勲章を与えられた。61年には元帥に叙されてもいる。彼の名を冠したオルナノ大通り（Boulevard Ornano）は1867年から、同名の小路（Passage Ornano）は1906年から、小公園（Square Ornano）とヴィラ（Villa Ornano）は1902年から18区にある。まさにオルナノ満開（！）といったところである。

オルフィラ Orfila 1787-1853年。マテュー・オルフィラはバレアレス諸島に属するメノルカ島に生まれ、パリで没した医師・化学者。1811年に医師となった彼は、パリの**クロワ＝デ＝プティ＝シャン**通りで化学の講座を開き、大成功をおさめた。だが、かなりの野心家だった彼はそれに満足せず、1813年からは、化学の研究にくわえて、植物学や物理学、医学の分野にも手を出す。そして1816年、ルイ18世【国王在位1814-15/1815-24】の侍医となり、フランスに帰化する。さらに1831年から48年にかけてはパリ大学医学部長をつとめ、34年からは国民教育を担う国王諮問会議の一員となる。1851年には医学アカデミー会長にも選ばれた。

産院やデュピュイトラン博物館を創設したオルフィラは、数多くの中毒・毒殺訴訟に精通した化学者でもあった。彼の著作としては、『毒論』【2巻、1812年、第2版】や『法医学論』【4巻、1836年、第3版】などがある。オルフィラ通り（Rue Orfila）は1875年から、同名の袋小路（Impasse Orfila）は77年から20区にある。

オルフェーヴル Orfèvres 1550年のこと、

金銀細工師たちが、現在1区にあるオルフェーヴル通り（Rue des Orfèvres）の8番地に、彼らの守護聖人である聖エロワ（**サン＝エロワ**）に捧げる礼拝堂を建てた。設計者は**フィリベール・ドゥロルム**だった。1636年、この通りはシャペル＝オー＝オルフェーヴルと命名され、礼拝堂が撤去された1886年に現在の呼称となった（近くに寄れば、今もその外壁を見ることができる）。

一方、同じ1区には、**セーヌ沿い**を走るオルフェーヴル河岸通り（Rue des Orfèvres）がある。不正直な者たちはその名を聞くだけで震え上がるが【旧高等法院、現在の最高裁判所がある】、この通りは17世紀初頭に敷設され、そこに数多くの金銀細工師が店をかまえていたことにちなんで命名されている。おそらく彼らは聖エロワ礼拝堂がポン＝ヌフ橋を渡れば近くにあり、その庇護を仰げば商いがうまくいくと考えたはずである。

オルメソン Ormesson　1751-1808年。アンリ・フランソワ・ド・ポール・ル・フェーヴル・ドルメソンは、パリを生没地とする政治家。フランスにたえず著名人を送り出し続けた名門一族出身の彼は、パリ高等法院の評定官や主任審査官（1770年）、さらに国務評定官をつとめ、1783年には財務総監となった。フランス革命期の1790年、彼はパリ6区の裁判官となり、92年にはパリ市長に選ばれるが、この名誉を辞退する。おそらく危険な職位だと思ったからである。しかし、総裁政府【1795-99年】と執政政府【1799-1804】のもとでさまざまな行政職につき、やがて公務から退く。

一方、財務総監に就任した翌年の1784年、彼は4区のサント＝カトリーヌ市場（**マルシェ・サント＝カトリーヌ**）の定礎をおこなってもいる。1788年、この市場のために敷設された通りに彼の名がつけられたゆえんである。オルメソン通り（Rue d'Ormesson）がそれである。

オルム Orme　1812年から知られている19区のオルム通り（Rue de l'Orme）は、ル・ボワ・ド・ロルム【字義は「ニレ（オ

ルム）の森」】という旧地名にちなんで命名されている。この樹木は北半球の温暖な地域に生育し、15種の変種を有する。一説に、大臣になったシュリーが、王国各地の村の広場に、数多くのニレやオルモー（イギリスニレ）を植えさせたという。これらの村の一部、たとえばパリ盆地南西部、アンドル＝エ＝ロワール県のヴーヴレ近郊にあるヴェルヌは、今もなお「シュリーの木」を誇りとしている。だが、じつに不幸なことに、感染症【立枯れ病】のため、フランス国内のほとんどのニレは枯れてしまった。

オルモー Ormeaux　20区のオルモー通り（Rue des Ormeaux）は、さまざまな種のオルモー（イギリスニレ）が道の両側に生えていた旧オルモー大通り――1864年にブヴィヌ大通りと改称――の近くを通るところから、それにちなんで1844年に命名された。

オルモー＝グラン＝シャン Ormeaux-Grands-Champs　20区のオルモー＝グラン＝シャン小路（Passage des Ormeaux-Grands-Champs）は20区にある。1980年に命名されたこの小路は、**オルモー通り**と**グラン＝シャン通り**を結んでいる。想定内の想像力である。

オルレアン Orléans　1区のオルレアン通廊（Galerie d'Orléans）は、1829年、その名祖となったオルレアン公の求めで【パレ・ロワイヤル内に】建設された。翌年、オルレアン公は国王となってルイ＝フィリップ【在位1830-48】を称している。

オルレアン Orléans　1614年から46年にかけて建設された4区のオルレアン河岸通り（Quai d'Orléans）は、パリ南東方のフォンテーヌブロー城で生まれ、パリ盆地南部のブロワ城で没したガストン・ドルレアン（1608-60）の名にちなんでいる。アンリ4世とマリ・ド・メディシスの3男として生まれ、ルイ13世【国王在位1610-43】。→ドーフィヌを長兄とする彼は、1611年に次兄が他界してから1643年にルイ13世が没するまで、「ムッシュー」とよばれた。

脆弱で無節操だったとされるガストンは、

たえず兄王とリシュリュー、さらに摂政の
アンヌ・ドートリシュ【→サン＝タンヌ】、
最後にはマザランに対する陰謀をめぐらし
続けた。だが、こうした陰謀はことごとく
失敗し、そのたびごとに、彼は急いでその
支持者たちを棄てた。

1626年、ガストン・ドルレアンはマリ・
ド・ブルボン＝モンパンシエ、通称マドモ
ワゼル・ド・モンパンシエ【1605-27】と
結婚する。だが、翌年、彼女はのちにグラン
ド・マドモワゼルとよばれるアンヌ＝マ
リ＝ルイズ＝ドルレアン【1626-93。ルイ
14世の従姉】を産んで数日後に早世してし
まう。1632年、ガストンはロレーヌ公の
姪【マルグリト・ド・ロレーヌ（1615-72）】
と再婚する。それでも王位を狙っていた彼
の野望はおさまらず、1642年、最大の陰
謀に加担する。【ルイ13世の寵臣だった】貴
族のサン＝マール（1620-42）が、リシュ
リュー追い落としを狙っておこした陰謀で
ある。しかし、ことが露見すると、例に
よってガストンは仲間たちに罪をかぶせて赦
しを乞うのだった。

そんな人物ではあったが、ルイ13世が
死去すると、ガストンは王国総司令官とな
り、1844年から46年までフランドルで勇
敢に戦った。ただ、1648年に王権打倒を
目的とするフロンド【→エストレ、テュレン
ヌ】の乱が勃発すると、彼は再び策略をめ
ぐらして、王室と高等法院、さらにコンデ
公とのあいだをたえず行きつ戻りつした。
だが、甥にあたるルイ14世（ルイ・ル・
グラン）が国王に即位すると、ガストンは
宰相マザランによってブロワ城に幽閉され、
そこで波乱に満ちた人生を終える。

4区にはまたオルレアン小公園（Square
d' Orléans）もある。1850年に設けられた
この小公園は、オーマル公フィリップ＝ル
イ・ドルレアンを名祖とする。

一方、14区にはポルティク・ドルレア
ン（Portique d' Orléans）とよばれる私道
がある。その呼称は、近くを走る旧オルレ
アン大通り（現在のジェネラル＝ルクレー
ル大通り）に由来する。この14区には、

1922年に敷設され、同様の由来をもつヴ
ィラ・ドルレアン（Villa d' Orléans）もあ
る。

オルロージュ Horloge 1区をセーヌ川に
そって走るオルロージュ河岸通り（Quai
de l'Horloge）の呼称は、1352年に建てら
れた時計台に由来する。高さ47メートル
のこの時計台の正面には、パリで最初の公
共大時計がかかっている。シャルル5世
【国王在位1364-80】の命によって作られた
もので、河岸通りは敷設が完了した1611
年に命名された。

**オーレル・ド・パランディヌ Aurelle de
Paladines** 1804-77年。中央山地ロゼー
ル県のマルジューに生まれた将軍。ロワー
ル第1部隊の指揮官として、1870年、ク
ルミエ【パリ盆地南部ロワレ地方】でバイエ
ルン軍を撃破した。翌年2月、アリエ県
【およびジロンド県】選出の下院議員に選出
されたパランディスは、プロイセンとの講
和条約締結に賛成票を投じたのち、ティエ
ールの求めでセーヌ国民軍を指揮した。
1875年に終身元老院議員となったが、2
年後に没した。著書に『ロワール第1部
隊』【1872年】がある【オーレル＝ド＝パラ
ンディヌ大通り（Boulevard d'Aurelle-de-
Paladines）は17区】

オワーズ Oise オワーズはベルギー南部の
シメー近郊を水源とする河川【北仏の県名
でもある】。ベルギーの山岳部を15キロメ
ートルほど流れてからフランスに入るこの
川は、総延長約340キロメートル。イルソ
ンやショーニ、ノワイヨン、クレイユとい
った町を潤し、コンフラン＝サント＝オノ
リヌでセーヌ川と合流する。パリの19区
にはオワーズ河岸通り（Quai de l'Oise）
が1828年から、同名の通り（Rue de
l'Oise）が48年からある。

**オーンズ・ノヴァンブル 1918 Onze
Novembre 1918** 1965年に命名された10
区のオーンズ＝ノヴァンブル＝1918広場
（Place du Onze-Novembre-1918）【呼称は
「1918年11月11日」の意】は、第1次世界
大戦を終わらせた講和条約の締結を想い起

こさせる。この締結は北仏オワーズ県のレトンド村に停まっていた鉄道車両のなかでおこなわれた（近隣のコンピエーニュ住民たちは、この有名な車両が自分たちの市域内にあったと主張している）。栄光とはほど遠いが、1940年6月22日の独仏休戦協定もまた、同じレトンド村で結ばれている。

オンフロワ Onfroy　13区のオンフロワ袋小路（Impasse Onfroy）は、それが敷設された土地の所有者の名にちなんで命名された【1993年から私道】

カ行

カイエ Caillié 1799-1838年。ルネ・カイエは大旅行家・探検家。彼の時代、西アフリカのトンブクトゥに行くのは難しく、そこから戻るのはさらに困難をきわめた。1828年、彼はヨーロッパ人としてはじめてこの偉業をなしとげた。そして、そこで自分が見聞きしたことを書き記し、当時はだれもそれに反論することができなかった【カイエ通り（Rue Caillié）は18区】

カイユ（カーユ）Cail 1804-71年。フランス中西部のシェフ＝ブトンヌに生まれ、南西部のリュフェック近郊で没した実業家。鍋釜修理人から身を興し、最終的にはスポンサーである化学者シャルル・デローヌ【1780-1846。フランスではじめてテンサイから砂糖をつくった】の娘と結婚することなく、その工場の共同経営者となった。

カイユは鉄道敷設用の資材や大砲、機関銃、戦闘用内火艇などをつくった。彼はまたデローヌと共著で、『植民地での砂糖生産とその生産を改良するための新しい装置について』を上梓している。ジャン・フランソワ・カイユの名は1868年にパリの通りにつけられた【カイユ通り（Rue Cail）は10区】

カイユテ Cailletet ルイ・ポール・カイユテは、ブルゴーニュ地方シャティヨン＝シュル＝セーヌ出身の物理学者。酸素や窒素ガスの液化に成功し、1884年に科学アカデミー会員に選ばれた。12区のカイユテ通り（Rue Cailletet）は1931年に命名されている。

カイヨー Caillaux 土地所有者の名前。1863年に開通した通りだが、技師で、公共土木事業相や財務相を歴任したウジェーヌ・カイヨー（1822-96）とは無縁である【カイヨー通り（Rue Caillaux）は13区】

カヴァルリ Cavalerie 15区のカヴァルリ通り（Rue de la Cavalerie）は1877年から

あるが、呼称は、かつてその近くには、エコール・ミリテール（陸軍士官学校）の騎兵隊兵舎があったことに由来する。

カヴァロッティ Cavalotti 1842-98年。フェリーチェ・カヴァロッティはミラノに生まれ、ローマで決闘によって落命した劇作家・政治家。1860年、**ガリバルディ**率いる「千人隊」【イタリア統一に活躍した義勇軍】に入ったものの、革命派詩人だったため、2年間の自発的な逃亡生活を余儀なくされ、1870年には投獄——自発的ではない——も味わった。翌1871年に国会議員に選ばれ、進歩派のリーダーとなったが、それは劇作家としての彼の活動を妨げるものではなかった。代表作にオペラ『アルキビアデス』【1884年】がある【カヴァロッティ通り（Rue Cavallotti）は18区】

カヴァリエ・ド・ラ・サル Cavalier de la Salle このフランス人開拓者は、1643年に北仏の**ルーアン**に生まれ、87年、ルイジアナ（**ルイジアヌ**）で仲間のひとりに殺されている。モントリオールの南西部に土地を分譲されて勇躍カナダに出立した彼は、1669年からオハイオ流域や5大湖のミシガン、ヒューロン、エリー、オンタリオ湖沿岸から、さらにミシシッピ川を下ってメキシコ湾岸にいたるまで次々と開拓していった。こうして彼はルイジアナの建設者とみなされるようになった。1983年、パリの公園にその名前が冠せられている【カヴァリエ＝ド＝ラ＝サル公園（Jardin Cavalier-de-la-Salle）は6区】

ガヴァルニ Gavarni 1804-66年。シュルピス・ギヨーム・シュヴァリエ、通称ガヴァルニは、パリを生没地とする風刺・水彩画家。ピレネー（ピレネ）北麓のタルブで土地台帳係として働いていた頃、ガヴァルニ（Gavarnie）圏谷を愛し、その地名を筆名とするようになった。1837年、彼は《ル・

シャリヴァリ》【共和派のジャーナリストだったリヨン出身のシャルル・フィリポン（1800-62）が、1832年に創刊した絵入り風刺新聞。1830年に同じフィリポンが立ち上げた週刊の風刺新聞《カリカチュール》と同様、七月王政やブルジョワジーを揶揄する政治記事を数多く掲載した。パリを中心として発行された部数は3000を超えることはなかったが、その影響力は大きく、1937年に廃刊を余儀なくされるまで、幾度となく当局の弾圧を受けた】に「心を操る女性たちの悪巧み」を連載した。それからまもなく、彼は借金を返せずに投獄されるが、それもまた彼には新たな主題の種となった。

　ガヴァルニの表現は、歳をとるにつれて次第に過激なものとなっていった。あるいはこのことが、歌手ジャンヌ・ド・ボナブリ【1822生】との不幸な結婚（1844年）の原因となったのかもしれない【2人の息子をもうけたが、3年後に離婚】。それはさておき、1847年に再び貧しさに突き落とされたガヴァルニは、同年、金銭トラブルのあとにイギリスに向かい、ロンドンの貧しいセント＝ジョージ地区で絵の主題を数多く見出す。

　そして《イリュストラシオン》【1843年から1944年までパリで刊行された絵入り週刊誌。創刊者はジャーナリストのジャン＝バティスト＝アレクサンドル・ポーラン（1796-1859）とエドワール・シャルトン（1807-90）】に、極端な豊かさと極端な貧しさを対比させた注目すべきデッサンを掲載するようになる。こうして彼が描いた伝説的な作品は、きわめて繊細な感性に彩られていた。一連の作品としては『パリのカルナヴァル』【1841-43年】や『トマ・ヴィルロクのことども』【1852年】、『分与する女性たち』【1858年】などがある。また、小説『ミシェル』【刊行年不詳】も書いている。彼に捧げられたガヴァルニ通り（Rue Gavarni）は1875年の命名で、16区にある。

カヴァンディシュ Cavendish　1731-1810年。ヘンリー・キャヴェンディッシュ（カヴァンディッシュ）はニースに生まれ、ロンドン近郊のクラパム＝コモンで他界したイギリス人物理学者・化学者。デヴォンシャー公だったキャヴェンディッシュ卿の次男として生まれた彼は、大気や水、硝酸の正確な組成をあきらかにし、地球の平均的な密度も測定した【1798年】。ごく質素な生活を好み、叔父の莫大な遺産を受け継いだにもかかわらず、その生活に変わりはなかった。パリの科学アカデミー会員にもなった彼の名は、1885年、19区の通りに冠せられている。カヴァンディシュ通り（Rue Cavendish）がそれである。

カヴェ Cavé　1794-1875年。努力と労働、勇気と粘り強さによって社会的に出世した人物の好例。当初、単純技術工だったフランソワ・カヴェは、最終的に模範的な製造工場を立ち上げるまでになった【この工場では蒸気機関や蒸気船、機関車などが生産された】。18区のカヴェ通り（Rue Cavé）は1841年に命名されている。

カオール Cahors　フランス南西部ロット県の県庁所在地。ローマ時代はカドゥルコルム・キヴィタスとよばれていた。それゆえ、住民たちはカデュルシャンとよばれる。ロット川が貫流する町には、サン＝テティエンヌ教会やヨハネス22世【1244-1334。カオール出身の初代アヴィニョン教皇（在位1316-34）】の宮殿などがある。だが、もっとも有名な建造物は中世に要塞化された壮大なヴァラントレ橋である。

　16世紀、ベアルン副伯家の支配下にあったカオールは、クレマン・マロやレオン・ガンベッタの生地でもあるが、とりわけ知られているのがワインである。ただし、この「ネク・プルス・ウルトラ（無上のもの）」を飲もうとしても、頼めるのは「ヴュー・カオール（古いカオール）」銘柄のボトルだけである【カオール通り（Rue de Cahors）は19区】。

カザドシュ Casadesus　カザドシュとは、いずれも音楽家だった4人兄弟の姓である。長兄のフランシス（1870-1954）は作曲家でオーケストラの指揮者、次兄ロベール（1878-1940）は作曲家、アンリ（1879-

1947）はヴィオラとヴィオラ・ダモーレ【ヴィオラ・ダ・ガンバに似たヴァイオリン奏法による弦楽器】の名手、末弟のマルセル【1882生】はチェリストで、1914-18年の第１次世界大戦で戦死している。18区のカザドシュ広場（Place Dasadesus）は、1995年にカトル＝フレール＝カザドシュ通りから改称された【カタルーニャ出身のこの一族は、40人を超す（！）音楽家を輩出している】

カザブランカ Casablanca 大西洋に面したモロッコ（マクロ）の港の名を冠した15区のカザブランカ通り（Rue de Casablanca）は、1913年に開通している。アラブ人たちはこの町をダル・エル＝ベイダ【「白い町」】とよぶ。国際色豊かな都市で、実際のところ、「モロッコ的な」雰囲気はさほど感じられない。だが、1942年に連合軍が上陸した際、ここで激戦がくりひろげられた。

ガザン Gazan 1765-1845年。マクシム・ガザン・ド・ラ・ペリエールは、フランス南東部アルプ＝マリティーム県のグラースを生没地とする将軍・政治家。国王親衛隊長だった彼は、革命軍や帝国軍で軍務をこなした。1792年のタンド峠【南仏ニースの北東部】でクロアチア軍と戦っていた味方の兵たちを勇気づけるため、なんのためらいもなく自分の剣を敵軍に投げつけ、こう叫んだという。「兵士諸君、私の剣をあの奴隷たちの手からとり戻せ！」。これによって勇気をえた（？）兵たちは、敵軍に襲いかかり、勝利を手にした…。

1799年に将軍、1808年に帝国伯爵に叙せられたガザンの軍歴は、1815年のワーテルロー（ワテルロ）の戦いで終わる。1831年、貴族院議員に任命された彼の名は、1865年から14区のガザン通り（Rue Gazan）に残っている。

ガサンディ Gassendi 1592-1655年。ピエール・ガザン、通称ガッサンディ（ガサンディ）はフランス南西部アルプ＝ド＝オート＝プロヴァンス県のディーニュ近郊に位置するシャンテルシエに生まれ、パリで没した哲学者・数学者。16歳【20歳？】のと

き、彼は生地のディーニュ学寮で修辞学を教えるように依頼されるが、実際に講義をすることはなかった。聖職者を目ざしていたからである【1614年、アヴィニョン大学で神学博士号取得】

だが、1617年、修道会に入ると同時にディーニュ学寮の教授となる。1622年、エクス大学の哲学教授に着任するが、翌年、イエズス会士たちによってその地位を追われる。やがて、哲学と科学の研究に精進し、パリやオランダに数度滞在し、1845年にはコレージュ・ド・フランスで数学を講じるようになる。しかし、それも長くは続かなかった。1648年、とつぜん結核を発症して、教職を断念せざるをえなくなったからである。

一方、哲学者としてのガッサンディは、エピクロス【前341-前270。快楽主義などを唱えたヘレニズム期の哲学者】の唯物論の普及に努め、そのために３冊の書を著している。彼はまたみずから快楽主義を発展させてもいる。1641年から46年にかけては、デカルトとも激しい論戦をくりひろげた。さらに科学者としての彼は天体の食を観察・記述し、地中海地域の水路図を数多く修正してもいる。1890年にパリの通りにその名がつけられたガッサンディの哲学は、フランソワ・ベルニエ【1620-88。医師・エピクロス主義哲学者】の編になる『ガッサンディ哲学概要』【8巻、1684年】にまとめられている【1890年に命名されたガサンディ通り（Rue Gassendi）は14区にある】

ガジェ＝ガビヨ Gager-Gabillot 15区のガジェ＝ガビヨ通り（Rue Gager-Gabillot）は1883年に開通しているが、呼称はその土地所有者の名にちなむ。

カシニ Cassini この14区のカシニ通り（Rue Cassini）に居をかまえていたカッシーニ家は、代々パリ天文台長（オプセルヴァトワール）をつとめてきた。通りの呼称は同家にちなむが、初代のジャン＝ドミニクは、1625年、フランスと国境をなすイタリア北西部の地中海に面したペリナルドに生まれ、1712年にパリで他界している。

彼はとくに民衆の想像力を刺激する天体現象を研究した。ルイ14世（**ルイ・ル・グラン**）からアカデミー・フランセーズ会員に指名された彼は、1669年、教皇の認可をえてパリ天文台を率いる一族の先駆けとなった。土星の衛星を、今度は教皇の許しを得ずに発見した【彼が1675年に発見したのは、土星の輪が外環と内環に分かれていることである】

　一族としては、息子ジャック（1677-1756）【地球の形状研究で知られる】、その息子セザール・フランソワ（1714-84）【フランス地図作成者】、さらにその息子ドミニク（1748-1845）【伯爵。フランス地図完成】、そしてアレクサンドル（1781-1832）【植物学者・司法官】がいる。

カジミール・ドゥラヴィニュ Casimir Delavigne　1793-1843年。北仏ル・**アーヴル**に生まれ、リヨンで他界した劇作家・詩人。船主の息子だった彼は早くから文学世界での航行を覚えた。1815年、「ワーテルロー」、「ムセイオンの荒廃に寄せて」、「余所者退去後の一致団結の要に寄せて」という、3篇のメッセニア詩【国威発揚の詩で、呼称は、前7世紀のスパルタの詩人テュルタイオスが、メッセニア人との戦争に臨んでスパルタ兵を称揚した詩を書いたことにちなむ】を発表している。彼のメッセニア詩は愛国主義の思想をたえず発展させたが、じつはこの呼称はスパルタ人によるメッセニア人（ペロポネソス半島の住民）の抑圧を暗示する。

　ドゥラヴィニュは、**ベランジェ**同様、一時期愛国詩人とみなされてもいた。12のメッセニア詩を書いた彼は、1818年、3本の戯曲『シチリアの晩鐘』、『役者たち』、『エル・シドの娘』を相次いで発表し、大好評を博した。1825年にアカデミー・フランセーズ会員となった彼は自由主義的な精神の持ち主で、一連のロマン主義論争では、しばしば仲介者として活動した【カジミール＝ドゥラヴィニュ通り（Rue Casimir-Delavigne）は16区】

カジミール・ペリエ Casimir Périer　1777-1832年。グルノーブルに生まれ、パリで他界した政治家。1801年、弟のシピオン【1802-62】とともに銀行を設立し、またたく間に成功をおさめる。やがてフランス銀行理事となった彼は、1817年にパリ選出の下院議員となる。彼がほとんどその価値を認めなかった1830年の革命【ブルボン朝の復古王政を斃した7月革命】のあと、下院議長として、**オルレアン公**を国王に推挙するとの声明を読み上げたのが彼である【この新国王はルイ・フィリップ（在位1830-48）】

　翌1831年、新国王は、**ラフィット**の失脚後にペリエに組閣を命じる。そこで彼は、国王の意に反してラフィットに内務相の地位を用意し、自宅で閣議を開いて、国王の出席を拒んだ。その政治姿勢は「ジュスト・ミリウー（中道）」とよばれた。パリでコレラが流行っていたとき、彼は市内各所の施療院ないし病院を視察したが、熱病に罹って没した。葬儀はペール＝ラシェーズ墓地で営まれた【カジミール＝ペリエ通り（Rue Casimir-Périer）は7区】

カシュー Cacheux　土地所有者の名前。13区にあるカシュー通り（Rue Cacheux）は1883年に開通している。

カスカド Cascade　20区のカスカド通り（Rue de Cascade）は、かつてそこにいくつもの小さな滝【カスカドも「滝」の意】があったことにちなんで、1867年に命名された。これらの滝は、ベルヴィル周辺の雨水を集めて**サン＝マルタン**運河に排水するべく整備されていた。それゆえ、この通りは「シュート（Chutes）通り」と命名されてしかるべきだったが、そうなれば、迷信深い土地柄だったため、だれもそこを通ったり、そこに住んだりしなかっただろう【chuteという語は「転落・挫折・過ち」などを意味する】

ガスコーニュ Gascogne　フランス南西部のいわゆるガスコーニュ地方は、ランド、シャロス、旧アルブレ公爵領、さらにアルマニャック、ビゴール、コマンジュといった地域からなる。現在の県でいえば、ランド、ジェール、オート＝ピレネーおよびオート

=ガロンヌ（一部）、タルン＝エ＝ガロンヌ、アリエージュなどにまたがる。ローマ時代、ガスコーニュはノウェンポプラニアとよばれ、ヴァスコン人【バスク人の祖とされる】がイベリア半島から移住した542年にヴァスコニアへと改称し、さらにここからガスコーニュとなった。20区のガスコーニュ小公園（Square de la Gascogne）は1932年からある。

カスタニャリ Castagnary　1830-88年。フランス西部ラ・ロシェル南東方のサントに生まれ、パリで他界した美術評論家。1879年にパリ市参事会議長とコンセイユ・デタ【国務院に相当】評定官となり、宗教監察官を兼務した。だが、3年後の1882年、この職を解かれた彼は、高等美術学校（ボザール）で親交のあった**クールベ**の作品展を企画し、翌年にはクールベが**ヴェンドーム広場の円柱解体**に参加していなかったとするメモを発表している【クールベは王政や過去の戦争の象徴としてあるこの円柱の解体を提唱したが、実際にこれを解体したのはパリコミューンのコミュニストたちである】。そして1887年、ジュール・カスタニャリは美術局長に就任したが、早すぎる死によって、この職を長く続けることはできなかった。カスタニャリ小公園（Square Castagnary）は15区にある。

カステクス Castex　ピエール・カステクスは第13軽歩兵連隊の隊長だったが、1805年、アウステルリッツ（オステルリッツ）の戦いで戦死した。享年45だった。翌1806年、彼をたたえて4区の通りにその名がつけられた。カステクス通り（Rue Castex）がそれである。

カステジオ Casteggio　カステッジョはイタリア北部ロンバルディア地方の町で、1800年6月、近郊のモンテベッロ（モンテベロ）で戦いがあった。これは**ランヌ**元帥が8000のフランス兵で2万のオーストリア軍を破ったマレンゴ（マランゴ）の戦いのプレリュードとなった。この20区のカステッジョ袋小路（Impasse de Casteggio）は、現在の呼称となる1877年

までモンテベロ袋小路とよばれていた。

カステラヌ Castellane　1788-1862年。カステラヌ伯エスプリ・ヴィクトル・エリザベト・ボニファスは、16歳で兵士となり、スペインやプロイセン、ロシアへの軍事遠征や国内の戦いにくわわった。南仏貴族の末裔だった彼は、ナポレオン1世が失脚したのちの1852年、ナポレオン3世によって元帥に叙せられる。リヨン部隊を率いて――他界するまでその指揮をとった――、同年12月2日後の共和派による反帝政蜂起を抑圧したからである。規律を厳格に遵守した人物で、1897年には『カステラヌ元帥日記』と題した回想録を著している。彼を名祖とする8区のカステラヌ通り（Rue de Castellane）は、1825年に敷設されている。

カスティリョヌ Castiglione　1796年8月5日、ナポレオンはイタリア北部ロンバルディア地方のカスティリオーネ（カスティリョヌ）で、オーストリア軍に勝利した。1区のカスティリョヌ通り（Rue de Castiglione）は、これを記念するため、1802年に命名されたものである。なお、オジュローはこの勝利に貢献したとして、のちにカスティリオーネ公に叙せられた。

ガストン・クテ Gaston Couté　1880-1911年。パリ盆地南部ボース地方出身の詩人。クテの詩は次のようなシャンソンにもなっている。

> ヴァイオリンが聞こえるよ、マリ、
> 行きなさい、私の大好きな可愛い娘よ。
> 行って、村祭りで踊りなさい。
> ヴァイオリンが聞こえるよ、マリ。

きわめて魅力的な人柄だったクテは、しかしパリのラリボワジエール病院で狂死した。18区には彼にちなんで1958年に命名されたガストン＝クテ通り（Rue Gaston-Couté）がある。

ガストン・ダルブー Gaston Darboux　1842-1917年。南仏ニーム出身の数学者・幾何学者。1881年にパリ大学科学部の高等幾

何学教授となる。ダルブーは数多くの著作を発表しているが、そのなかには『偏微分方程式の特異解』【1883年】や、『面にかんする一般的理論と微積分学の幾何学的応用講義』【4巻、1887-96年】がふくまれる。1884年に科学アカデミー会員に選ばれた。彼の名を冠したガストン＝ダルブー通り（Rue Gaston-Darboux）は、1934年から18区にある。

ガストン・ティサンディエ Gaston Tissandier
1843-99年。パリを生没地とする科学者・気球操縦者。最初化学を学んだが、やがて気象学や飛行船操縦術ととり組むようになる。そして1868年、北仏のカレーで初飛行に成功する。1875年、彼はジョゼフ・クロセ＝スピネリやテオドール・シヴェルとともに気球ゼニト号で飛行するが【滞空時間22時間40分】、同乗者ふたりは酸素欠乏で命を落とし、彼自身も聴力を失った。

ティサンディエはまた電気モーターで稼働するプロペラをそなえた飛行船を製造している【1881年】。『気球写真』【1886年】や『わが飛行史』【1872/87年】などの著書がある彼は、1873年、科学雑誌の《ラ・ナチュール（自然）》を創刊してもいる【1972年から《ルシェルシュ（研究）》誌に改称】。18区のガストン＝ティサンディエ通り（Rue Gaston-Tissandier）は、1934年に命名されている。

ガストン・テシエ Gaston Tessier 1887-1960年。マルク・サンニエやキリスト教民主主義の影響を受けたパリ出身のガストン・テシエは労働組合運動家。1919年から53年まで全仏キリスト教労働者同盟（CFTC）の事務局長をつとめ、ひき続きその名誉会長となった。第2次世界大戦中、彼は重要なレジスタンス運動の「リベラシオン＝ノール」【字義は「北方解放」】を創設し、全国抵抗評議会（CNR）に入る。1944年には自由フランス政府の臨時諮問議会に参加し、戦後の47年には国際キリスト教労働組合連盟を主宰する。そんな彼の名が、1978年にパリの通りにつけられたとしても、けだし当然といえるだろう。

そのガストン＝テシエ通り（Rue Gaston-Tessier）は19区にある。命名は1978年。

ガストン・ド・カイヤヴェ Gaston de Caillavet 1869-1915年。劇作家のガストン・アルマン・ド・カイヤヴェは、ロベール・ド・フレールと共同で、とくに『王』【1909年初演】や『聖なる森』【1910年】を書いている。この仲間とは異なってアカデミー・フランセーズ会員には選ばれなかったが、彼の名を冠したガストン＝ド＝カイヤヴェ通り（Rue Gaston-de-Caillavet）は、1973年から15区にある。

ガストン・ド・サン＝ポール Gaston de Saint-Paul 1914年に敷設された16区のガストン＝ド＝サン＝ポール通り（Rue Gaston-de-Saint-Paul）は、旧地主にちなんで命名されている。

ガストン・バシュラール Gaston Bachelard
1884-1962年。フランス中東部オーブ県のバル＝シュル＝オーブに生まれ、パリで没した哲学者。貧しい家に生まれたバシュラールは独学で多くを学び、歴史学や科学史の教授となった。1930年から40年まで、彼はこれらの学問をディジョン大学で、ついでソルボンヌで講じた。濃い髭と豊かな髪を蓄えたこの碩学は、科学的な合理主義と想像力の協調を試み、当時のさまざまな学派から離れた場所に身を置いた。

1955年に人文・社会科学アカデミーの会員となったバシュラールの代表的な著作としては以下がある。『相対性の帰納法的価値』【1929年】、『瞬間の直観』【1932年。掛下栄一郎訳、紀伊國屋書店】、『持続の弁証法』【1936年。掛下訳、国文社】、『火の精神分析』【1938年。前田耕作訳、せりか書房】、『水と夢』【1941年。及川馥訳、法政大学出版局ほか】、『大地と休息の夢想』【1948年。饗庭孝男訳、思潮社】、『空間の詩学』【1957年。岩村行雄訳、筑摩書房】、『夢想の詩学』【1960年。及川訳、筑摩書房】。バシュラールは言っている。「人間は欲望の生き物であって、必要の生き物ではない」、「死は最初の航海者ではなかったか？」。彼の名を冠したガストン＝バシュラール小路（Allée Gaston-

Bachelard）は、1977年から14区にある。

ガストン・バティ Gaston Baty 1885-1952
年。フランス中央山地ロワール県のペリュ
サンに生まれた演出家。バティはその才能
を演技指導や舞台衣装、装飾、照明など、
多岐にわたって発揮した。14区のゲテ通
りには彼の名前を冠したモンパルナス＝ガ
ストン・バティ劇場がある。ガストン＝バ
ティ小公園（Square Gaston-Baty）もまた
同じ14区に1960年からある。

ガストン・ピノ Gaston Pinot 1877-1936
年。19区のガストン＝ピノ通り（Rue
Gaston-Pinot）は1938年に命名されている。
ピノ氏は19区の参事会員だった。

ガストン・ベルタンドー Gaston Bertandeau
17区のガストン＝ベルタンドー小公園
（Square Gaston-Bertandeau）は、小公園
に分類されてはいるものの、実際は私道で、
1928年に敷設されて以来、その地主の名
でよばれている。

ガストン・ボワシエ Gaston Boissier 1823
-1908年。南仏ニーム出身の歴史家・文献
学者。1876年にアカデミー会員に選ばれ
たボワシエは、1895年、その終身事務局
長となる。ローマ時代を好んで題材とした。
著書に『アウグストゥスからアントニヌス
期までのローマの宗教』【1874年】や『カ
エサル時代の反対派』【1875年】などがあ
る。15区のガストン＝ボワシエ通り（Rue
Gaston-Boissier）は1933年からある。

ガストン・レビュファ Gaston Rébuffat
1921-85年。レビュファは有名なアルピニ
スト。とくに1950年、モーリス・エルゾ
ーグ【1919-1012。レジスタンス活動家をへて、
戦後はフランス山岳会会長や国際オリンピッ
ク委員などをつとめた】やルイ・ラシュナル
【1921-55。将来を期待された登山家だったが、
シャモニーで遭難死した】らとともに、アン
ナプルナ登攀にはじめて成功した。彼は
19区のガストン＝レビュファ通り（Rue
Gaston-Rébuffat）に名を残している。命
名は1994年。

ガスニエ＝ギ Gasnier-Guy 20区にあるガ
スニエ＝ギ通り（Rue Gasnier-Guy）の呼

称は、1887年に敷設されたこの通りの地
主の名に由来する。

カスピエンヌ Caspienne かつて20区のカ
スピエンヌ袋小路（Impasse Caspienne）
には、呼称の由来と言えるカスピ海沿岸出
身の人物が住んでいた。今日、カスピ海は
広大な内海状になっているが、はるか昔は、
西はアゾフ海と黒海、東はアラル海、そし
ておそらく北極の氷海ともつながっていた。

カセット Cassette カセットという呼称は、
この6区の通りにあったホテルの名前「カ
ッセル（Cassel）」が変形したものである。
カセット通り（Rue Cassette）は1570年
に命名されている。

カゾット Cazotte 1720-92年。ジャック・
カゾットはブルゴーニュ地方のディジョン
に生まれ、パリで没した文学者。フランス
革命がおこると、彼はこれに反対した。当
然の権利ではあったが、世事に長けていな
かったため、娘【エリザベト】とともにア
ベイ監獄に幽閉された。1792年のいわゆ
る9月虐殺の際、この娘は父と虐殺者たち
のあいだに身を投げ、父の逃亡を助けた。
だが、彼は数日後に再逮捕され、斬首刑に
処された。

革命前、生気に満ちた、だが多少風変わ
りな想像力によって、カゾットは『埒も
ない1001の話』【1742年】、『悪魔の恋』【1772
年。フランス幻想小説の先駆けとされる（渡
辺一夫・平岡昇訳、国書刊行会）】、『褐色の
髪のイギリス娘』【1776年】などの小説を
ものしていた。さらに、『革命にかんするカ
ゾットの予言』【1788年】も著したとされ
るが、それは間違いであり、そのすべては
ジャン＝フランソワ・ド・ラ・アルプ
【1739-1803。劇作家・批評家】による。18
区のカゾット通り（Rue Cazotte）は1900
年に命名されている。

カタローニュ Catalogne バルセロナ（バル
スロヌ）やレリダ、ヘロナ、タラゴナなど
からなるスペイン北西部の地方名。スペイン
語ではCataluña、カタラン語では
Catalunya【発音はいずれもカタルーニャ】
と表記する。総面積3万2100平方キロメ

ートル、人口752万【2016年】、州都はバルセロナ。アラブ人に占領され（717-718年）、シャルルマーニュによって再征服された（801年）この地は、10世紀から12世紀にかけてフランス南部にまで版図を広げ、そのため、1659年【フランス＝スペイン戦争を終わらせたピレネー条約終結年】以降、フランス南西部のルシヨン地方は正式にカタルーニャに属することがなかったにもかかわらず、その中心都市であるペルピニャン周辺は、驚くほどカタルーニャ風となっている。14区のカタローニュ広場（Place de Catalogne）は1985年に命名されている。

ガティヌ Gâtines かつてガティヌとは不毛な沼地を意味していた。20区のガティヌ通り（Rue des Gâtines）は近くにそれがあったことからの命名である。当初、これはバス＝ガティヌ通り【字義は「低いガティヌ」】とよばれ、1881年に現在の呼称となっている。

カデ Cadet 9区を走るカデ通り（Rue Cadet）の呼称は、「カデの囲い地」とよばれたここに住んでいた庭園師一族の名に由来する。

カディス Cadix スペインの都市で、同名の県の県庁所在地。大西洋岸のレオン島にあり、グアダルキビル川の河口と向き合っている。3世紀までカルタゴ人が占拠したのち、ローマ人が来住してここをガデス、さらにユリア・アウグスタ・ガザターナと命名した。だが、町はアメリカ大陸の発見によって有名になる。事実、その港から出航した船が、金を積んで戻るようになったからである。そして1823年、カディスはフランス軍に奪われる。フランス軍は撤退するが、それからの数年間、フランス軍は毎年夏になるとここに侵入し、9月の声を聞くようになると、陣地を引き上げるといったことが繰り返された。1912年に開通したカディス通り（Rue de Cadix）は15区にある。

カティナ Catinat ニコラ・カティナは1637年にパリで生まれ、1712年にパリ北郊のサン＝グラシアンで他界した元帥。1690

年から96年にかけてイタリア方面軍を指揮し、91年にニースを奪取した。1696年にはトリノ（テュラン）に進軍し、サヴォイア公に和平を懇願させた。1693年には元帥の杖を手にし、兵士たちから「気遣いの父」と称された。事実、彼は兵士たちのことをつねに心にかけていた。1区にあるカティナ通り（Rue Catinat）は1847年に命名されている。

カデ・ド・ラ・フランス・リーブル Cadets de la France Libre 13区のこのカデ＝ソ＝ラ＝フランス＝リーブル通り（Rue des Cadets-de-la-France-Libre）は、1940年から44年にかけて、カデ自由フランス士官学校【創設者シャルル・ド・ゴール将軍】で教育を受けるためにイギリスに送られた、約280人のフランス人若者を記念して、2001年に命名された。彼らのうち、55人がフランスのために戦死している。

カテュル・マンデス Catulle Mendès 1841-1909年。ボルドー出身の文学者・劇作家で、1859年、文芸誌《ルヴュ・ファンテジスト（空想誌）》を創刊した。1866年、テオフィル・ゴーティエの娘ユディトと結婚するが、その共同生活は難しく、まもなく離婚する。それを機に彼は詩や散文を書きだす。しかし、散文は詩ほど優れていはいなかった。代表作に 戯曲の『タバランの妻』【1896年】や『王女メデイア』【1898年】、小説にはきわめて倒錯的な『ゾーハルの近親相姦の冒険』【1886年】や『全裸の男』【1887年】、さらに『修道院で読むために』【1887年】などがある。17区のカテュル＝マンデス通り（Rue Catulle-Mendès）は、1936年、彼に捧げられている。

ガトボワ Gâtbois 12区のガトボワ小路（Passage Gâtbois）は、この通りが敷設された土地を譲り受けた人物にちなんで、1933年に命名された。

カドラン Cadran クオーツ時計が発明されるまで——いや、それよりはるか昔から——、人びとは日時計によって時間を知っていた。中世には、そんな日時計のひと

つがこの12区のカドラン袋小路（Impasse du Cadran）にあった。

カトル・ヴァン Quatre Vents　17世紀前葉からある6区のカトル＝ヴァン通り（Rue des Quatre-Vents）は、東西南北に風を吹きかける4人のキューピッド（クピド）を描いた、この通りの古い絵看板にちなんで命名されている。

カトル・セプタンブル　2区にあるカトル＝セプタンブル通り（Rue du Quatre-Septembre）の呼称は、第三共和政の宣言日時、すなわち1870年9月4日に由来する。第二帝政に続くこの共和政は、1875年2月25-26日と7月6日の憲法的法律によって成立した。通りの命名は1870年になされている。

カトルファージュ Quatrefages　1810-92年。アルマン・ド・カトルファージュ・ド・ボーは南仏ガール県のベルトゥゼーヌに生まれ、パリで他界した博物学者【生物学者・動物学者】。19歳になった1829年、ストラスブール大学で理学博士号を取得し、38年、トゥールーズ大学の動物学教授となる。1840年、パリに移った彼は、絵筆（きわめてみごとな絵を描いた）と、《ドゥー・モンド》誌【→エドワール・パイユロン】に寄稿する記事によって生きていく覚悟を決める。さらに1842年から、アンリ・ミリヌ＝エドワルス【1800-85。軟体動物や甲殻類の比較研究をおこなった】やエミール・ブランシャール【1819-1900。動物・昆虫学者】とともに、地中海や大西洋の調査旅行をおこなう。

　1850年、リセ・ナポレオンの博物学教授に任命されたカトルファージュは、52年、科学アカデミーの会員に選ばれ、55年には自然史博物館で解剖学・民族学の講座を担当するようになる。だが、唯心論者と進化論者との論争に巻き込まれ、後者を選んだ。彼の著作としては、『人類通史』【1857年】や『蚕病にかんする研究』【1859年】などがある。彼の名を冠したカトルファージュ通り（Rue de Quatrefages）は、1893年から5区にある。

カトル＝フィス Quatre-Fils　9区にあるカトル＝フィス通り（Rue des Quatre-Fils）の呼称は、バヤール馬に乗ったエイモンの4人の息子【12世紀末の武勲詩に登場するエイモン・ド・ドルドーニュの息子たち】を描いた14世紀末の絵看板に由来する。エイモンはシャルルマーニュから中央山地南西麓のアルビ地方を治めるよう命じられた。彼には勇猛な4人の息子、すなわちルノー・ド・モントーバン、ギシャール、アラール、リチャールがいた。

　叔父が裏切りによって殺害された兄弟たちは、シャルルマーニュ大帝に会ってこの殺害を裁くよう求める。だが、望みはかなわず、それどころか脅迫さえされた。そこで彼らは大帝の兵たちを剣でなぎ倒し、最終的にバヤール馬に救われる。この馬は兄弟4人を一緒に運んだ【異説あり】。伝承また、魔術師のモージが4人を大いに助けたとしている。エイモンの4人の息子たちの冒険を語る書は、1619年にも出ている。アリオスト【1474-1533。イタリアの詩人】は『狂乱のオルランド』を書くにあたって、あきらかにこの伝承から多くを借用して、ルノー・ド・モントーバンやその妹ブラダマンテといった登場人物を生き生きと描いた。

カトル・フレール・ペニョ Quatre Frères Peignot　15区のカトル＝フレール＝ペニョ通り（Rue Quatre-Frères-Peignot）は、第1次世界大戦で戦死した4人の植字工兄弟の姓（ペニョ）がついている。命名は1924年になされた。

カナダ Canada　周知のように、カナダは東は大西洋とセントローレンス湾、ラブラドル海、北はハドソン湾と北極海、西はアラスカと大西洋、南はアメリカ合衆国に囲まれた、総面積約998万5000平方キロメートル、総人口3630万【2016年】の国である。フランス人のジャック・カルティエがヨーロッパ人としてはじめてセントローレンス湾岸に到達し、カナダの領有を宣言したが、そこが、1608年にサミュエル・ド・シャンプランとともに建設したケベック植民地

となった。

だが、まもなく圧倒的な数を誇るイングランド人に攻撃・一蹴されたフランス人入植者たちは、本国からも見放され、1763年のパリ条約で、カナダの大部分がフランスからイギリスへ割譲された。ただ、ここでは1497年にカナダを発見したジョン・カボットことジョヴァンニ・カボート【1450頃-98。ユダヤ系イタリア人。イングランド国王ヘンリー7世の命を受けてヨーロッパ人として最初に北米を発見したとされる。だが、最初の発見者はいうまでもなくヴァイキングである（1000年頃）】のことを忘れてはならない。当初、この地はヌーヴェル＝フランスとよばれていた【カナダ広場（Place du Canada）は8区、カナダ通り（Rue du Canada）は18区にある】

カナル Canal　10区のカナル小路（Allée du Canal）は1994年に命名されているが、他の呼称はありえなかった。この小路が**サン＝マルタン運河**に隣接しているからである。

カナール Canart　旧土地所有者の名前。カナール袋小路（Impasse Canart）は12区にある。

カナル・サン＝ドニ Canal Saint-Denis　ウルク運河はヴィレット盆地に入るとサン＝ドニ運河と**サン＝マルタン運河**となる。このサン＝ドニ運河は、サン＝マルタン運河と同様、**セーヌ川**にそそぐ。ただし、これは船がパリを完全に通過するのをさけるために建設された迂回用の運河である。

カナル・ド・ルルク Canal de l'Ourcq　ナポレオン時代にロシア人捕虜たちを動員して工事が始められた【完成は1825年】この運河は、マルヌ川の右岸を流れる**ウルク川**と**セーヌ川**を結んでいる。水源は北仏ピカルディ地方のヴィリエ＝コトゥレ近くにあり、ヴィレット盆地のパリまで続く。全長96.6キロメートルで、最大水深は1.5メートル以下だが、その水はパリの用水となっている。

カニヴェ Canivet　中世では、カニヴェという語はおそらく小刀ないし彫刻刀を意味していた。だが、カニヴェはまたアンティル諸島に生息するオウムの意でもある。はたして8区にあるカニヴェ通り（Rue du Canivet）の呼称が何に由来しているのか、俄かには決めかねるが、おそらくかつてジャン・カニヴェなる革梳き職人がここに住んでいた。すべてをあきらかにするなら、次のことを知っておこう。すなわち、カニヴェ氏はポケットのナイフを決してとり出すことなく、まさにアンティル諸島のオウムのようなお喋りだった。この通りは1550年から存在している。

ガヌロン Ganneron　1792-1847年。イポリット・ガヌロンはパリを生没地とする銀行家・実業家・政治家。富裕な油脂卸売商だった彼は、商事裁判所の所長やパリ4区選出の下院議員、国民軍連隊長などを歴任している。新体制に満足していたひとりだったという。ただし、ガヌロン通り（Rue Ganneron）は彼にゆかりのある4区ではなく、18区に1875年からある。

カネット Canettes　この語は、紋章の図柄で、横を向き、羽を閉じたアヒルの雛を表す。12区のカネット通り（Rue des Canettes）には、かつて4羽のカネットが泳いでいる様を描いた看板がかかっていた。通りの命名は1676年までさかのぼる。かつてここでは大量のビールが売られていたが、【カネットが瓶をも意味するところからすれば】ある武骨者がこの通りにビール瓶という名をつけたとも考えられる。だが、声高に叫ばなければならないが、その説はおそらく間違いである。

カバニス Cabanis　1757-1808年。ピエール・ジャン・ジョルジュ・カバニスは、フランス中部コレーズ地方のコスナクに生まれた医師・哲学者。「観念学派」に属した彼は、哲学的な主題として、一切が感覚や生理的体験とかかわっているはずだと考えた。それゆえ、**プラトン**を毛嫌いしていた。若い頃、詩作を試みたが、**ヴォルテール**からやるべきことはほかにあると諭され、これに抗うことなく医師になった。1791年、今では冤罪だと分かっているが、きわめて親しかったミラボーを毒殺しようとしたと

して告発されている。ただ、たしかに彼は毒に関心をいだいていた。事実、もうひとりの親友であるコンドルセに、自殺用の一服を調合しているからである。

コンドルセの死後【恐怖政治期に獄中で自殺】、彼はその著作を集め、コンドルセの義妹シャルロット・グルシーと結婚している。総裁政府【1795-99年】を支持したのち、ナポレオンの知遇をえて元老院議員に任命されたが、1807年、脳卒中に襲われてからはオートゥイユで静かな日々を送り、翌年、他界した。彼の名が冠せられた14区のカバニス通り（Rue Cabanis）は、1867年に命名されている【カバニスは感覚生理的心理学の創始者のひとりで、スタンダールにも影響をあたえたとされる】

ガビ・シルヴィア Gaby Sylvia　1920-80年。イタリア中東部エミリア＝ロマーニャ地方のチェゼーナに生まれ、フランス中部ピュイ＝ド＝ドーム県のシャマリエールで脳溢血のために病没したフランス人女優。18歳のとき、両親の意向に反して俳優・演出家のレイモン・ルロー【1904-81年。のちに監督としても彼女を登用した映画を制作する】から演技指導を受けるようになる。こうして彼女は『高度3200』【1937年、ルロー演出】で初舞台を踏み、大評判となる。その勢いに乗って、なおも同年、モーリス・レーマン【1895-1974】とクロード・オータン＝ララ【1901-2000】両監督の共同制作になる『小川』で映画デビューする。

以来、多少とも自覚が芽生えた、だが抗いがたい魅力を発揮して、舞台とスクリーンで成功をほしいままにするようになるのだった。彼女が出演した映画には、たとえば『タンジェールでの任務』（1949年）【邦題名『間諜都市』】や『藁の恋人』（1950年）、『危険な出会い』（1957年）、『奥様ご用心』（1957年）【同年にはジェラール・フィリップ主演の同じ邦題名の映画が封切られているが、その原題は『家庭料理』】、『皆でパラダイスへ』（1977年）などがある。11区のガビ＝シルヴィア通り（Rue Gaby-Sylvia）は1990年の命名。

カピタン Capitan　イタリアの古い喜劇【コンメディア・デラルテ（→ゴルドニ）】の役どころであるイル・カピターノ（カピタン）は、「殺す」という言葉しか吐かず、最後につねに矯正される愚かで空威張りの人物。だが、この5区にあるカピタン小公園（Square Capitan）は、それとはまったく無縁で、呼称はこの小公園が設けられた界隈の住人の名に由来する。

カピテヌ・オルシャンスキ Capitaine Olchanski　1891年にパリで生まれたジャック・オルシャンスキは、第1次世界大戦中の1918年6月6日、北仏ランス近くのヴリニで戦死した【カピテヌ＝オルシャンスキ通り（Rue du Capitaine-Olchanski）は16区】

カピテヌ・スコット Capitaine Scott　1868-1912年。ロバート・ファルコン・スコットは、イングランドのデヴォンポート（プリマス）に生まれたイギリス人探検家。1901年から04年、次いで1910年から12年にかけて、2度の南極探検を指揮したが、南極点に到達【1912年1月】直後、遭難死した。ノルウェーのロアール・アムンゼン【1872-1928】は彼より少し前【1911年12月】にその偉業をなしとげている。パリのカピテヌ＝スコット通り（Rue du Capitaine-Scott）は1913年から15区にある。

カピテヌ・タロン Capitaine Tarron　飛行機は出現初期には多くの犠牲者を出した。1911年4月18日に事故死した飛行士のカピテヌ・タロンもそのひとりだった。1913年に敷設されたカピテヌ＝タロン通り（Rue du Capitaine-Tarron）は20区にある。

カピテヌ・ドロンヌ Capitaine Dronne　1908-91年。法学博士だったレモン・ドロンヌは、1939年、フランス海外領土の首席行政官だった。第2次世界大戦中、第2装甲師団の第1分遣隊を率いて、1944年8月24日、ジャンティイ門から占領下のパリにはじめて入った。戦争後は、上院議員やサルト県選出の下院議員を相次いで歴任した。彼の名を冠した15区のカピテヌ＝ドロンヌ小路（Allée du Capitaine-

Dronne）は、1994年からある。

カピテヌ・フェルベ Capitaine Ferber
1862-1909年。飛行実験の最中に墜落死した飛行士。1915年、彼の名が20区の通りにつけられている。カピテヌ＝フェルベ通り（Rue du Capitaine-Ferber）がそれである。

カピテヌ・マドン Capitaine Madon 1892-1924年。第1次世界大戦において、その愛機を駆って戦績をあげた英雄のひとり。彼を名祖とするキャピテヌ＝マドン通り（Rue Capitaine-Madon）は18区にある。命名は1947年になされている。

カピテヌ・マルシャル Capitaine Marchal
このカピテヌ（大尉）は飛行船乗組員である。1909年9月25日、彼は多くの乗客とともに飛行船レピュブリク（共和国）号に乗り込んだが、災難に襲われた。飛行船が墜落して、犠牲者のひとりとなってしまったのである。20区のカピテヌ＝マルシャル通り（Rue du Capitaine-Marchal）は、1915年に命名された。

カピテヌ・メナール Capitaine Ménard
1861-92年。南仏モンペリエ近郊のリュネルに生まれ、ニジェール河口のセグアラで没した下士官・探検家。1890年、コートジボアールの町グラン＝バッサムを発って、グルマ川とムシ川を遡航し、ニジェール川上流まで行く任務を帯びた。この任務の前半は成功したものの、サモリ・トゥーレの帝国を横断中、ソファ族によって殺害された【サモリ（1830頃-1900）はヨーロッパとの交易で財をなし、それをもとに西アフリカ内陸部に広大な帝国を築き、フランスの植民地支配に抵抗した】。生地リュネルには、彼の記念碑がある。パリ15区のカピテヌ＝メナール通り（Rue du Capitaine-Ménard）は、1892年に開通している。

カピテヌ・ラガシュ Capitaine Lagache 第1次世界大戦で任務遂行中に犠牲となった航空兵。17区のカピテヌ＝ラガシュ通り（Rue du Capitaine-Lagache）は、1931年の命名である。

カピュシヌ Capucines 大通りと通りに冠せられているこの呼称は、フランス革命まで存続したカプチン会の女子修道院が近くにあったことに由来する。その修道女たちはフランシスコ会の戒律に従っていた。修道会自体は1528年、寡婦のマリア・ロレンツォ・ロンゴ【1463-1542。寡婦となってのち、修道女になった。スペイン出身】によってナポリ（ナプル）で創設された。彼女たちはまた「受難の娘たち」ともよばれていた。
夫王アンリ3世【在位1574-89】と死別した姉のルイズ・ド・ロレーヌ【1553-1601】の遺言を実行するため、彼女たちを【1602年に】フランスにまねいたのは、メルクール公爵夫人【マリ・ド・リュクサンブール。1562-1623】だった。だが、みずからの費用で彼女たちを前記修道院に住まわせたのは、おそらく神に許しを請わなければならなかったルイ14世（ルイ・ル・グラン）である。
この修道院の礼拝堂には、フランソワ・ルーヴォワやポンパドゥール侯爵夫人【1721-64。ルイ15世（国王在位1715-74）の寵姫】が埋葬されている。だが、1790年、修道院は造幣局に転用され、アシニャ紙幣が印刷された。2区と9区を結ぶカピュシヌ大通り（Boulevard des Capucines）と、1区と2区にまたがるカピュシヌ通り（Rue des Capucines）は、それぞれ1685年と1700年に開通している。

カビリ Kabylie カビリア（カビリ）はアルジェリアの高地をさす語で、大カビリアないしジュルジュラ・カビリア小カビリアないしバボルス・カリビア【およびカビリードコロ】からなる。最高峰は大カビリアにある（標高2308メートル）。このアルジェリアの山岳地帯の名を冠した19区のカビリ通り（Rue de Kabylie）は、1864年からある。

カファレリ Caffarelli 1756-99年。ルイ＝マリ・カファレリ（カファレッリとも）は、フランス南西部オート＝ガロンヌ地方のファルガに生まれた天才的な将軍。一家はルイ13世【国王在位1610-43。→ドーフィヌ】の時代にイタリアからフランスに移住した。

カフィエリ

カファレリには弟が4人いて、その面倒をみていたが、長子相続権は放棄した。1792年、彼はルイ16世【国王在位1774-92】の執権に反対して士官を罷免され、投獄されてしまう。

1795年、釈放されて復職した彼は、クレヴェールやマルソーのもとで従軍する。銃弾で片足を失うものの、気落ちすることなく、残った片足を引きずりながら、エジプト遠征に参加する。そして、フランス兵のみならず、アラブ兵からも偶像視されていたナポレオンの知己をえる。だが、サン=ジャン=ダクル【オスマン帝国支配下にあったイスラエルの港湾要塞都市】の攻囲戦に向けた準備作業を指揮している際、敵の砲弾を腕に受け、それがもとで戦死した【カファレリ通り（Rue Caffarelli）は3区】

カフィエリ Caffieri 13区のカフィエリ大通り（Avenue Caffieri）は、1933年以来、その呼称を彫刻家・彫金・青銅彫刻家一族の名に負っている。このカフィエリ家は、6人の有名な人物を輩出している。まず、1634年にローマで生まれ、1716年にパリで没したフィリップである。彼は枢機卿マザランに「召抱えられ」、コルベールからは王館内の仕事を託された。フィリップの長子フランソワ=シャルルは、ブレストで1667年に生まれ、1729年に他界するまで、国王の軍船の彫刻を手がけた。

フィリップの第6子にあたるジャック（1678-1755）はみごとな胸像を数多く遺している。フランソワ=シャルルの息子シャルル=フィリップ（1695-1766）は父の後を継いで船舶彫刻家に、その息子シャルル=マリ（1736-?）は測量技師になった。さらに、ジャックの息子ジャン=ジャックはもっとも有名で、1725年に生まれ、92年に没した彼は王立アカデミーに入り、コルネイユやモリエールの彫像を制作している。

カプラ Caplat 18区のカプラ通り（Rue Caplat）は、1863年に土地所有者の名前がつけられている。

カプリ Capri ナポリ（ナブル）湾にあるカプリは、周囲17キロメートルほどの小島である。第2代ローマ皇帝ティベリウスは、その在位中【14-37】、ここで快楽のかぎりを尽くした。カプリ島の名は恋人たちに夢をあたえている。彼らは手に手をとって有名な「青の洞窟」【アンデルセン『即興詩人』の舞台】を訪れたり、標高589メートルのソラーロ山に登ったり、あるいは地元漁師たちの目の前で、太陽が沈んでいく浜辺で愛し合う姿を思い浮かべたりしたものだった。かつて、この島はカプラとよばれていた。野生の山羊が数多く生息していたからである。パリのカプリ通り（Rue de Capri）は12区にあり、1909年に開通している。

ガブリエル Gabriel 1698-1782年。アンジュ=ジャック・ガブリエルは有名な建築家一族に生まれ、彼自身も建築家であると同時に、時代を代表する芸術家のひとりでもあった。ルーヴル宮の改修を請け負った彼はペロー列柱廊を建て替えている。また、現在のコンコルド広場を設計し、その北側に2棟の邸館（クリヨン館と海軍省）を建てている。プティ・トリアノンや士官学校（エコール・ミリテール）の建設、さらにオルレアンおよびコンピエーニュの司教座聖堂の修復も手がけた。1728年に建築アカデミー入りした彼にちなむ8区のガブリエル大通り（Avenue Gabriel）は、1818年に命名されている。

ガブリエル Gabriel 15区のヴィラ・ガブリエル（Villa Gabriel）は、旧地主の息子の名をつけたもので、完成は1895年である。

ガブリエル Gabrielle ガブリエルは旧土地所有者の妻の名。第2次世界大戦前、以下のようなシャンソンが巷間歌われていた。

　　彼女の名前はガブリエル、
　　プラクシテレス【前4世紀中葉の古代ギリシアの彫刻家】のヴィーナス像より、
　　彼女ははるかに美しい。
　　はっきりいって、これはたいしたものだ。

だが、このシャンソンで歌われているガ

ブリエルは、1863年に命名された18区の
ガブリエル通り（Rue Gabrielle）の妻と
は無縁だろう。

ガブリエル・ヴィケール Gabriel Vicaire
1848-1900年。フランス東部、スイス国境
近くのベルフォールに生まれ、パリで他界
した詩人・作家。素朴だが多少とも皮肉を
効かした詩風のなかで、彼は中東部のブレ
ス地方やその丸々と肥えた肥育鶏をたたえ
た。作品としてはアカデミー・フランセー
ズ賞を受賞した『ブレスの七宝』【1884年】
やアドレ・フルペットの筆名で書いた『デ
リカテッセン』【1885年】、『ざっくばらん
に』、【楽園のロゼット】【いずれも1892年】
などがある。3区には、1907年に彼にち
なんで命名されたガブリエル＝ヴィケール
通り（Rue Gabriel-Vicaire）がある。

ガブリエル・フォーレ Gabriel Fauré 1845
-1924年。ガブリエル・ユルバン・フォー
レは、トゥールーズ南方パミエ出身のピア
ニスト・作曲家。マドレーヌ教会の礼拝堂
合唱隊長、のちにオルガン奏者となる
【1896年に同教会の首席ピアニスト】。最後は
パリ音楽院（コンセルヴァトワール）の教
授や院長【1905-20年】もつとめた。作品
としては、たとえばポール・ヴェルレーヌ
【1844-96】の歌詞に曲をつけた『優しい
歌』【1891-92年】を含む60曲あまりの歌
曲のほか、交響曲1曲、弦楽四重奏数曲、
宗教曲『ラシーヌの雅歌』【1863-64年】お
よび『レクイエム』【1887年】、歌曲『夢の
あとで』【1865年頃】、さらに歌劇『プロメ
テウス』【1900年】や『ペネロープ』【1907
-12年】などがある。17区のガブリエル＝
フォーレ小公園（Square Gabriel-Fauré）
は1927年からある。

ガブリエル・ペリ Gabriel Péri 1902-41年。
南仏の軍港都市トゥーロンに生まれたジャ
ーナリストで政治家のガブリエル・ペリは、
共産党の国民議会議員だったが、人質とし
てドイツ軍に銃殺された。8区のガブリエ
ル＝ペリ広場（Place Gabriel-Péri）は
1944年の命名である。

ガブリエル・ピエルネ Gabriel Pierné

1893-1937年。フランス北東部メス出身の
作曲家・指揮者。交響詩の『至福千年』
【1897年】や『子供十字軍』【1902年】、オ
ペラ＝コミックの『タバランの娘』【1901
年】、バレエ音楽の『シダリースと牧羊神』
【1923年】、『ミュージックホールの印象』
【1927年】、音楽劇『フラゴナール』【1934
年】などの作品がある。6区のガブリエル
＝ピエルネ小公園（Square Gabriel-
Pierné）は1950年からある。

ガブリエル・ラメ Gabriel Lamé 1795-
1870年。フランス中部の古都トゥールに
生まれ、パリで他界した数学者・鉱山技師。
皇帝アレクサンドル1世【在位1801-25】
から、クラペロンと同時期にロシアに招か
れ【1820年】、道路建設の大工事を手がけ
た。1832年に帰国すると、母校であるパ
リの国立理工科学校（エコール・ポリテク
ニーク）の物理学教授に任命される。
1836年に鉱山局の主任技師となった彼は、
さらに43年には科学アカデミー会員に選
ばれ、1851年からはパリ大学科学部で確
率計算学の教授をつとめた、著作には『数
学理論講義』【1852年】や『曲線座標講義』
【1859年】などがある。彼にちなんで1885
年に命名されたガブリエル＝ラメ通り
（Rue Gabriel-Lamé）は、12区にある。

ガブリエル・ローマン Gabriel Laumain
1907-42年。1946年にその名がパリの通
りにつけられたガブリエル・ローマンは、
ドイツ軍によって銃殺されたレジスタンス
闘士。そのガブリエル＝ローマン通り
（Rue Gabriel-Laumain）は10区にある。

カプロン Capron 土地所有者の名前。18区
のカプロン通り（Rue Capron）は1825年
に開通している。

カポラル・プジョー Caporal Peugeot プジョ
ー伍長は悲しいことに第1次世界大戦の
最初の犠牲者として知られる。1930年、
彼の名が17区の通り（Rue Caporal-
Peugoet）に冠せられている。

ガボン Gabon 中央アフリカの共和国で人
口163万【2012年】、面積26万8000キロメ
ートル。首都はリーブルヴィル【字義は

「自由都市」。国土は密林に覆われているが、マンガンやウランなどの地下資源がある。旧フランス領赤道アフリカに属していたガボンは、1960年に独立している。12区のガボン通り（Rue du Gabon）は、その独立よりはるか以前の1877年からある。

カミユ（カミーユ）・クローデル Camille Claudel 1864-1943年。北仏エーヌ県のフェール＝アン＝タルドゥノワに生まれ、アヴィニョン近郊のモンドゥヴェルグに没した女性彫刻家。外交官で作家のポール・クローデルの姉だったカミユは、彫刻家オーギュスト・ロダンの弟子・協力者で愛人でもあり、15年のあいだ、影のなかで生きたが、やがて外の影響抜きで、みずからの大いなる才能を発揮するようになる。1988年、彼女の名をタイトルとした映画が公開されている。監督はブリュノ・ニュイトゥン【1945-】。イザベル・アジャーニがカミーユ役、ジェラール・ドゥパルデューがロダン役を演じた。15区のカミユ＝クローデル広場（Place Camille-Claudel）は1992年からある。

カミユ・ジュリアン Camille Jullian 1853-1933年。マルセイユ出身の歴史家。それまでのマルセイユの歴史を描いたさまざまな書は、彼にはさほど情熱的なものと思えなかったため、みずから大著『ガリアの歴史』【1907年】を上梓している。アカデミー・フランセーズ会員となった【1924年】彼の名は、1935年に広場に冠せられている。6区のカミユ＝ジュリアン広場（Place Camille-Jullian）がそれである。

カミユ・タアン 1897年の敷設以来、この18区のカミユ＝タアン通り（Rue Camille-Tahan）には旧地主の名前がつけられている。

カミユ・デムーラン Camille Desmoulins 1760-94年。北仏のギーズに生まれ、パリで没した弁護士・ジャーナリスト。バスティーユ攻撃を計画し、「街灯の主席検察官」【フランス革命時の民衆歌に「貴族どもは街灯に吊るせ」の歌詞がある】との異名をとった。みずから《フランスとブラバンの革命》と

いう新聞を創刊し【1789年】、大成功をおさめた。1793年末、おそらく良心の呵責から寛容さを主張するようになったが【恐怖政治に対して】、それを反革命的な軟弱のあらわれだと告発され、1794年4月5日、ダントンともども処刑台に送られた。このことに深く傷ついた妻は、夫のかつての同志だったロベスピエール【→コンヴァンション】に怒りの手紙を書き送った。だが、この罵りの手紙を唾棄した彼は、彼女を逮捕・処刑してしまう。妻の名前はリュシル・デュプレシ（1770-94）。11区のカミユ＝デムーラン通り（Rue Camille-Desmoulins）は1885年から存在している。

カミユ・ピサロ Camille Pissaro → ピサロ

カミユ・フラマリオン Camille Flammarion 1842-1925年。シャンパーニュ地方のモンティニ＝ル＝ロワに生まれた天文学者。1858年、パリ天文台（オプセルヴァトワール）で天文学を学び始め、4年後、天文台を離れて、『居住世界の多様性』を著す。同年から、彼は《コスモス》誌に積極的に寄稿するようになる。1865年からは、拠点を《シエクル（世紀）》誌に移して科学時評を担当し、一般民衆にも分かる天文学の講演をしばしば行い、好評を博した。1868年には空気の流れと空気の相対湿度を研究するため、空気静力学の調査も行っている。そして1870年、天体の自動運動にかんする重要な研究を完成させた。天文学の普及に意を注いた彼は、『想像世界と現実世界』【1865年】や『天上の不思議』【1867年】、『人類創造前の世界』【1885年】などを上梓している。18区のカミユ＝フラマリオン通り（Rue Camille-Flammarion）は1927年からある。

カミユ・ブレゾ Camille Blaisot 1881-1945年。国会議員だったブレゾはレジスタンスに入ったが、ゲシュタポによってブーヘンヴァルト【ないしダッハウ】強制収容所に送られ、処刑された。1956年、彼の名がパリ17区の通りにつけられている。カミユ＝ブレゾ通り（Rue Camille-Blaisot）である。

カミュロジェヌ Camulogène カムロゲヌス（カムロジェヌ）はガリアのアウレルキ族に属し、ヴェルキンゲトルクス（ヴェルサンジェトリクス）がカエサル（ジュール・セザール）軍に反抗した際、パリシイ族や他のセーヌ連合部族から指導者に選ばれた。彼はルテティア（リュテス）を守るため、カエサルの副将ティト・ラビエヌスと戦った。しかし、名前がケルト語で「戦争の神」を意味していたにもかかわらず、彼は自軍を撃破されて敗北を喫し、前52年頃、戦死した。カミュロジェヌ通り（Rue Camulogène）は、1873年から15区にある。

カミュ・ロンボワ Camille Rombois 1882-1969/70年。独学のフランス人画家で、「有名」になるまで、さまざまな職業についた。羊飼いや農場の下男、縁日や祭で力業を見せる大道芸人、土木作業員、植字工などである。「素朴派」の重要な一員で、いずれも目を見張るような作品の大部分は、静謐なエロティシズムと穏やかな民衆主義（ポピュリスム）を示している。彼に捧げられたカミユ＝ロンボワ通り（Rue Camille-Rombois）は、1994年から20区にある。

カムー Camou 1792-1868年。ジャック・カムーは少将の上の中将だったが、この位階は総司令官より下である。その没年に彼の名が冠せられた7区の通りは、1967年、ジェネラル＝カムー通り（Rue du Général-Camou）と改称されている。

カメリア Camélias 1880年、それまで公園があった場所に通りが敷設された。14区のカメリア通り（Rue des Camélias）である。公園の地主たちはみずから通りに詩的にも美しい花を咲かせる木の名をつけた。だが、それがパリで咲くのは難しい。

カモエンス Camoëns 1525-80年。本名ルイス・デ・カモンイスはポルトガルの詩人でリスボン（リスボヌ）出身。貧しい貴族家に生まれた彼は、コインブラ大学で学び、その後数年間、宮廷に仕えた。だが、不幸なことに、彼は王妃つきの女官のカテリーナ・ダタイデに激しい恋情をいだくようになってしまった。貧しい貴族という身

分であってみれば、それはあってはならないことだった。亡命を余儀なくされた彼は、この亡命を終わらせるため、一介の兵卒として、モロッコ（マロク）への軍事遠征に参加することを申し出る。

しかし、そんな彼を新たな不幸が襲う。ムーア人との海戦のさなかに片目を失ってしまったのだ【1549年】。やがて帰国して、短期間リスボンに滞在したのち、彼は再び兵卒としてゴアへ向かう【傷害事件を起こして投獄されるのと交換に】。ところが、そこでも新たな不幸が彼を待っていた。あまりにも自由闊達で、感情を隠すことがなかったため、インド副王の怒りを買って【風刺詩でこの副王を難じた筆禍】、モルッカ諸島へ追放されてしまうのである【1556年】

だが、ようやく（！）幸運にみまわれる。コンスタンティノ・デ・ブラガンサ【1528-75】が副王となり【1558年】、マカオでの利の多い任務につくことになったのだ。しかし、またしても不運をかこつようになる。ゴアをへてポルトガルへの帰国船に乗り込もうとした矢先、公金横領の濡れ衣をかぶせられて、1569年まで、2年ものあいだ投獄されてしまうのである。

やがて新たな幸運に恵まれてリスボンに戻った彼は、若い国王セバスティアン1世【1554生。国王在位1557-78】の寵愛を受ける。だが、さらなる不幸が彼を蹂躙する。国王がムーア人との戦いで若くして戦死したことで失脚し、貧窮の極みへと突き落とされたのだ。

こうして激しい有為転変の人生を送ったカモンイスは、1572年に上梓した叙事詩『ウズ・ルジアダス』【小林英夫ほか訳、岩波書店／池上岑夫訳、白水社】や、戯曲『フィロデム』【1587年、死後刊行】、詩集『リマ』【1595年、死後刊行】などを書いている【カモエンス大通り（Avenue Camoëns）は16区】

ガヨン Gaillon 2区を走るガヨン通り（Rue Gaillon）の呼称は、1622年以前、すなわちサン＝ロック教会がその跡地に建立されるまであった、通称「ガヨン館」に負って

いる。ガヨンとは北仏オート=ノルマンディ地方の町の名で、そこには聖王ルイ（サン=ルイ）の諮問官だったウード（ないしオドン）・リゴー【1210頃-75。フランシスコ士で、ルーアン大司教（1248-75年）】が1262年に築いたガヨン城があった。ルイ12世時代【1498-1515年】に枢機卿ジョルジュ・ダンボワズ【1460-1510。ルーアン大司教（1495/98-1510）】によって再建された【1456-63年】この城は、以来、ルネサンスの傑作とみなされている。建築家のギヨーム・スノーとフィリベール・ドゥロルムが、この工事を請け負った。ガヨン通りは15世紀、同じ2区のガヨン広場（Place Gaillon）ははるか後の1936年に建設されている。

ガランシエール Garancière　6区のガランシエール通り（Rue Garancière）は、その呼称をかつてそこにあったガランシエール館に負っている。中世以前から、そこではあかねの根から抽出した染料をもちいての染色がおこなわれていた。こうしたあかねの特性は古代から知られていた。この通りは1540年からある。

ガランス Garance　19区にあるガランス小路（Allée Garance）の呼称は、あかねに由来する。18世紀、この植物の根は繊維を赤く染めるためにもちいられていた。ヴィレットの土で栽培されたそれは、1739年当時、ヴィレット門の近くにあったリボンやガロン【服、カーテン、椅子などの縁飾り】の製造工場で、染料として使われていた。

カラン=ダルシュ Caran-d'Arche　1858-1909年。本名エマニュエル・ポワレ。モスクワ生まれのフランス人素描家で風刺画家・漫画家。カラン=ダシュとは、正確に発音できれば、ロシア語で鉛筆を意味する。彼は兵役のためにパリに移った。最初の素描は《クロニク・パリジェンヌ（パリ年代記）》誌に載せた。続いて、《ラ・ヴィ・パリジェンヌ（パリの生活）》誌や《シャ・ノワール（黒猫）》誌【→ステンレン】などに掲載した。とくに歴史をありのままに描

くことに長けていた彼は、ナポレオンをモデルにした影絵「エポペ（冒険譚）」を考案し、モンマルトルの居酒屋シャ・ノワール【→アルフォンス・アレ】でこれを発表して評判をとった【初演1886年】

ガランド Galande　5区のガランド通り（Rue Galande）は、パリ司教代理で、12世紀に誕生しつつあったパリ大学の支援者のひとり、エティエンヌ・ド・ガルランド（時代の流れで、Garlandeの「r」が抜け落ちた）にちなんで命名されている【ガルランド（1070-1150）はボーヴェ司教や大法官などもつとめ、シテ島にサン=テニャン礼拝堂を建立。アベラール（→エロイーズ・エ・アベラール）の師とされる】。この通り一帯は中世には「ガルランドの地」とよばれていた。その主道はサン=ジャック通りとフアール通りで、そこには大規模な学校が複数設けられた。

　当時の学生たちは次のような言いまわしをもちいていた。「ノス・フイムス・シムル・イン・ガルランデ（われわれはガルランドでタバコを吸った）」。おそらくこの表現は彼らにとって青春の楽しい日々をよび覚ますものだったろう。

　ガルランドについていえば、彼は不幸にしてアデライド・ド・モーリエンヌ【1100頃-54。フランク王妃】や聖ベルナール（サン=ベルナール）と衝突し、そのため、役職や財産を奪われている。そこで彼は従兄弟のアモリー・ド・モンフォール3世【1137没】とともに、国王に対する叛乱を起こした【1126年、ガルランドは国王の意向に背いて、当時最高職であった大膳官の地位をこの従兄弟に譲ろうとし、処罰されていた】。だが、彼の企ては失敗し、1132年、ついに屈服を余儀なくされた。その最期は不明だが、なおも疑わしいものとしてある。彼の名を冠したガルランドないしガランド通りが命名されたのは、世紀が変わって1202年のことである。

ガリアルディ Gagliardi　1846-1927年。アルザス地方のミュルーズに生まれたギュスタヴ・ガリアルディは、ピトレスク派に属

するとされる画家。代表作にはたとえば
『カイユーの万聖節』【1880年】や『農家の
庭』、『プロヴァンスの昼砲』、『夜、マジュ
ール湖』などがある。20区のガリアルデ
ィ通り（Rue Gagliardi）は、彼の没後3
年目の1930年に命名されている。

カリエ＝ベルーズ Carrier-Belleuse 1824-
87年。北仏エーヌ県のアニジ＝ル＝シャ
トーに生まれ、パリ南西のセーヴルで没し
た彫刻家。ダヴィド・ダンジェの弟子だっ
た彼は、暖炉や大燭台、振子時計、花瓶と
いった工芸の分野で名声をはせた。セーヴ
ルの【製陶】工場では、技術監督もつとめ
た。ふたりの息子、ルイ＝ロベール【1848
-1913】とピエール＝ジェラール【1851-
1932】は画家となった。彼の名をつけた
15区のカリエ＝ベルーズ通り（Rue
Carrier-Belleuse）は1897年からある。

ガリエラ Galliera 1812-88年。侯爵の娘で
慈善家として知られるブリニョル＝サルは、
イタリア人金融家のガリエラ公と結婚して
いる。ジェノヴァ（ジェーヌ）で生まれ、
パリで没した彼女は、パリ南西郊ムードン
近くのフルーリにあるキリスト教学校修士
会のサン＝フィリップ孤児院と高齢者ホー
ムの創設と維持に、2400万フランもの巨
費を提供した。くわえて、フルーリ近郊に
あるクラマールの病院創設に1100万フラ
ン、「労働者」用住宅建設に200万フラン、
さらに、今日パレ・ガリエラとよばれるパ
リのモード服飾博物館の建設資金に500万
フラン、生地ジェノヴァの2病院にも
3200万フランを拠出している。それだけ
ではない。残りの資産も、息子が欲しがら
なかったため、残らず寄付しているのだ。
16区のガリエラ通り（Rue de Galliera）は
1879年からあり、前述の博物館はこの通
りに建てられている。

カリエール Carrières 16区のカリエール袋
小路（Impasse des Carrières）は古くか
ら知られていたが、呼称は近接する同名の
通り——のちにニコル通りと改称【1865
年】——に負っている。むろん命名は、近
くに採石場があったことによる。

カリエール・ダメリク Carrières d'Amérique
いうまでもなく、呼称は「アメリカ向けの
採石場」を意味する。この19区のカリエ
ール＝ダメリク通り（Rue Carrières-
d'Amérique）は、採掘量の大半がアメリ
カ合衆国に輸出された、露天掘りの巨大な
石膏採掘場があったことを想起させる。

カリエール・マンゲ Carrières Mainguet
11区のカリエール＝マンゲ袋小路
（Impasse Carrières-Mainguet）には、居
住者で土地所有者でもあったふたりの人物
の名がつけられている。

ガリバルディ Garibaldi 1807-82年。ジュ
ゼッペ・ガリバルディ【パリのメトロの駅
名アナンスでは「ギャルバルジ」】はニース
に生まれ、サルデーニャ島北西のカプレー
ラ島で他界したイタリアの将軍。ジェノヴ
ァ（ジェーヌ）出身の船員を父に生まれた
彼は、最初商船会社に入り、船荷とともに
数多くの航海をした。やがて海軍に入るが、
叛乱に連座し、失敗してマルセイユに逃げ
る【急進派カルボナリ（炭焼き党）出身の革
命家ジュゼッペ・マッツィーニ（1805-72）
とその支持者たちによる、1834年のジェノヴ
ァ蜂起で、ガリバルディは首謀者とされた】。
そこで彼は将校として商船に乗り込み、チ
ュニジアへ、さらに1836年、リオ・デジ
ャネイロ（リオ・ド・ジャネロ）に向かい、
リオ・グランデ州の共和主義者たちによる
独立戦争に義勇兵として参加する。
　1841年、ウルグアイ（ユルグウェ）の
モンテビデオ（モンテヴィデオ）に移った
ガリバルディは、勇敢さと武勲によって将
軍となる。しかし1848年、彼はイタリア
に帰国し、代議員に選ばれてオーストリア
軍と戦う。1849年【この年、マッツィーニ
主導の「イタリア共和国」が4か月間だけ成
立】には、ローマ防衛のため、共和国軍の
総司令官としてフランス軍と戦い、敗走さ
せる。だが、反撃してきたフランス軍に追
われて再び祖国を離れ、ニューヨークへ、
ついでカリフォルニア、ペルー、さらに中
国へと向かった。
　1859年に帰国すると、カプレーラ島で

カラントヌ

農業を営み、59年、オーストリア軍との戦い【第2次イタリア独立戦争】にくわわる。そして翌1860年、ガリバルディは生地ニースと**サヴォワ**のフランスへの編入に激しく反対し、1000人の義勇兵【千人隊ないし赤シャツ隊】を率いてシチリア（シシル）島を占拠する【1860年、ガリバルディはサルディーニャ王のヴィットーリオ＝エマヌエーレ2世とともに両シチリア王国軍を破り、後者をイタリア統一王（在位1861-78）に立てた。これによりリソルジメント（イタリア統一運動）が一応の終結をみて、国王は「国父」と称されるようになるが、のちに国王とガリバルディは対立するようになる】。1862年、ローマを教皇から奪回しようとするが、王国軍との戦闘で重傷を負い、屈服を余儀なくされた。

やがて傷が癒えたガリバルディは、1864年に代議員に再選される。1866年、再びオーストリア軍と戦い【この年勃発した普墺戦争で、イタリアはプロイセンの同盟国となった】、67年、ローマの奪回を図る。だが、この戦いでもまたガリバルディは運から見放され、短期間ながら捕虜の身となった【戦争自体はプロイセン側の勝利】

そして1870年の普仏戦争【フランス軍がローマから撤退したことを受けて、イタリア軍はローマを中心とした教皇領を奪回し、真のイタリア統一が実現する】。ガリバルディはイタリア義勇軍を率いて、旧敵フランスのために、**ブルゴーニュ**地方の**ディジョン**やオータンでプロイセン軍と戦火を交える。翌年、和平がなると、ガリバルディはフランスの4県から下院議員に選ばれる【1871年2月】

だが、議員就任後わずか2週間で職を辞し、ローマに凱旋する。1874年、彼はあらためてイタリア王国の代議員となり、王国から10万フランの年金を下賜される。共和主義者で民衆に自由をあたえるための使徒をもって任じたガリバルディは、晩年をカプレーラ島で病の苦痛に耐えながら送ったが、国王とは和解した。15区には、彼をたたえて1885年に命名されたガリバ

ルディ大通り（Boulevard Garibaldi）がある。

カラント＝ヌフ・フォブール・サン＝マルタン Quarante-Neuf Faubourg Saint-Martin

10区のカラント＝ヌフ＝フォブール＝サン＝マルタン袋小路（Impasse du Quarante-Neuf-Faubourg-Saint-Martin）は、正確には49＝フォブール・サン＝マルタン（49-Faubourg-Saint-Martin）と書く。だが、「パリの通り公式一覧」に入れるため、アルファベットで表記されている。これは私道で、49とは道の端に位置する建物の番地である【現在はImpasse du 49-Faubourg-Saint-Martinとなっている】

ガリリャーノ Garigliano
イタリア中部を流れる川。1943年から44年にかけてのフランス軍とドイツ軍によるモンテ＝カッシーノの戦いで、ここが戦場となった。それよりはるか昔、騎士バヤールがこの川にかかっていた橋をイスパニア軍からひとりで守ったとされる。ガリリャーノ橋（Pont du Garigliano）は1966年から15区と16区を結んでいる。

ガリレ Galilée
1564-1642年。ガリレオ・ガリレイ（ガリレ）はピサで生まれ、フィレンツェ郊外のアルチェトリで没した数学者・物理学者・天文学者。父親は息子を自分と同じ音楽家にしたかったが、ガリレオはそれにほとんど関心を示さなかった。19歳のとき、ピサの司教座大聖堂でランプが穹窿の下で揺れているのを見て、振り子を時間の測定にもちいることを思いついたという。

数学をほぼ独習で学んだ彼は、25歳でピサ大学、28歳でパドヴァ大学の教壇に立つ。この時期、彼は寒暖計や静水秤を考案し、重心の法則も確立している。そして1609年、ついにヴェネツィアで望遠鏡を発明し、これをもちいて月の観測をおこない、その山なみの大きさを測り、木星の衛星群や土星の環、太陽の自転などを発見した。

だが、こうした発見はすみやかに敵をつくり、1610年、教皇庁に告発される。ヨ

ーロッパの学者たち、アリストテレスの信奉者たちが彼の決定的な敵となった。異端と断じられたガリレオにもはやその理論を教える可能性はなくなった。そこで彼はフィレンツェに行き、1632年、『二大世界体系についての対話』【『天文対話』、青木靖訳、岩波文庫】を刊行する。

しかし、この書は異端審問所に付託され、70歳を目前にして教皇庁の検邪聖省に召喚される。裁判は20日間続いた。その間、彼はほとんど抗弁らしき抗弁をせず、裁判の最後に、彼は跪いてみずからの理論を放棄することを強いられる。地面を足で蹴って、「それでも地球は回っている！」と言ったとされるのは、まさにこのときだったという。だが、最近の研究は、それは18世紀後葉に生まれたたんなる伝説にすぎないとしている。

ともあれ、裁判で断罪されたものの【判決は終身刑。のちに減刑】、アルチェトリの町に逼塞することを許される。だが、異端審問所の監視付きではあった。彼の晩年は苛酷なものだった。1634年に娘のひとりと死別し、36年には視力も失った。ただ、『新科学対話』【『静力学について ガリレオ・ガリレイの「二つの新科学対話」』、加藤勉訳、鹿島出版会】を脱稿するだけの時間はあった。1864年に彼に捧げられたガリレ通り（Rue Galilée）は、8区にある。

ガール Gare　1765年に命名された13区のガール河岸通り（Quai de la Gare）は、かつてのガール大通り【現在のヴァンサン＝オリオル大通り】のみならず、1905年にトルビアック港から切り離された、同じ13区のガール港（Port de la Gare）の呼称にその名を残している。ガールとは「ガール・ドー」【字義は「水の駅」】、すなわち1764年にベルシー港の現在の出口に掘られた半円形のドックをさす。

船舶の係留用だったこのドックは、完成することなく放置されたが、オステルリッツ駅に近かったにもかかわらず、この「ガール（駅）」が近接する河岸通りにつけられることはなかった。当初、鉄道駅はガー

ルではなく、デバルカデールとよばれていたからである。

ガール Gare　19区のガール通り（Rue de la Gare）は、1930年にオーベルヴィリエ町から切り離されてパリ市に組み込まれたが、その一部はなおもオーベルヴィリエ市にとどまっている。その呼称はいうまでもなく通りがオーベルヴィリエ駅（ガール）まで続いていることに由来する。

ガルヴァニ Galvani　1737-98年。ルイージ・ガルヴァーニ（ガルヴァニ）はボローニャで生まれ、没したイタリア人物理学者・医師。骨の生成にかんする注目すべき博士論文を書いたのち、ボローニャ大学の医学部教授【1762年】、ついで同大学の解剖学教授【1775年】となる。1780年、彼は近代物理学のもっともみごとな発見のひとつをしたが、それは偶然によるものだった。解剖するため、電気器具を据え付けたテーブルの上に皮を剥いだカエルを数匹置いた。その場にいた助手のひとりが不意に1匹のカエルの太腿神経にメスの先端を近づけた。すると、たちまちカエルの四肢の全筋肉が激しく震えた。このことから、ガルヴァーニは動物が固有の電気を帯びているだと確信するのだった。

しかし、**ヴォルタ**は、ガルヴァーニが発見したのは筋肉が電気を発生させるのではなく、その伝導体でしかないとして、ガルヴァーニの誤りを指摘した。これに対し、ガルヴァーニは動物電気を証拠だてることを拒んだ。ただ、ガルヴァーニが電池の考案者のひとりであったことは間違いない【電気流体が筋肉の収縮を起こす現象を「ガルヴァーニ電気」と命名したヴォルタは、1800年、本格的な電池を発明している】。ガルヴァーニはまた鳥類の尿道の研究も精力的におこなった。17区のガルヴァーニ通り（Rue Galvani）は1864年からある。

カルヴェール Calvaire　1670年頃、この18区にあるカルヴェール通り（Rue du Calvaire）の上手には、かつてキリストの磔刑像が立っていた。通りの命名は1844年にされている【18区にはカルヴェール広

カルセル

場（Place du Calvaire）もある】

カルセル Carcel　1750-1812年。ギヨーム・カルセルはありふれた時計工だったが、1800年、のちにその名でよばれるようになるオイル・ランプを考案した。カルセルとは光度の単位をさすが、これは口径12ミリメートルで、1時間あたり純化された菜種油42グラムを消費する、カルセルランプをもちいて算定される。晩年まで、カルセルはその発明品の完成に意を尽くした。1875年に命名されたカルセル通り（Rue Carcel）は、15区にある。

カルーゼル Carrousel　1区にあるカルーゼル広場（Place du Carrousel）の呼称は、かつてこの場所でルイ14世（ルイ・ル・グラン）がとくに華やかな馬上槍試合ないし「カルーゼル（馬術演技供覧）」を催したことに由来する。ここにある凱旋門は、1806年から08年にかけて、建築家のシャルル・ペルシエとレオナール・フォンテーヌの設計図にもとづいて建設され、ナポレオン軍に捧げられた。これはローマのセプティミウス・セウェルスの凱旋門【紀元203年完成】を想起させるが、そこに据えられた大理石の彫像群は、当時アウステルリッツ（オステルルッツ）に進駐していた軍隊を表している。

カルダン Cardan　1501-76年。ジェロラモ・カルダーノ（カルダン）は、イタリアのパヴィアで生まれ、ローマで没した数学者・医師・哲学者。いささか風変わりな人物で、非常に虚栄心も強く、夢や護符、呪符を信じていた。その一方で、異常なまでの禁欲症状にみまわれもした。ただ、彼がしっかりとした科学知識を持っていたことはたしかであり、3次【および4次】方程式の解法は彼の発見とされる。自動車の自在継手（カルダンシャフト、カルダン駆動方式）もまた、このイタリア人の発明である。息子のジョヴァンニ・バティスタも医師だったが、妻を毒殺し、26歳で発作的に首を切って自殺したことで知られる【占星術師でもあったジェロラモ・カルダーノはみずからの死を占い、その日当に自殺したと

いう】。1933年に命名されたカルダン通り（Rue Cardan）は、17区にある。

カルディナル Cardinale　6区のカルディナル通り（Rue Cardinale）は、1686年にルイ14世（ルイ・ル・グラン）から枢機卿に叙された、フュルステンブルク伯ギョーム・エゴン【メス司教やストラスブール司教を歴任】の提唱によって敷設された。ドイツの王家につながる家の出であるにもかかわらず、彼はフランスの出来事に強い関心をいだいていた。通りに彼の名がつけられたゆえんだが、この通りは、ルイ14世から彼が院長に任命されたサン＝ジェルマン＝デ＝プレ大修道院の旧敷地内にある。ギヨームは1629年に生まれ、1704年、同修道院で没している。

カルディナル・アメット Cardinal Amette　1850-1920年。レオン・アメットは1908年から20年までパリの大司教と枢機卿をつとめた。彼の名を冠した15区のカルディナル＝アメット通り（Rue du Cardinal-Amette）は、1924年から存在している。

カルディナル・ギベール Cardinal Guibert　1802-86年。大司教・枢機卿のジョゼフ・イポリット・ギベールは、南仏のエクスに生まれ、パリで没している。1841年、中央山地のヴィヴィエール司教となった彼は、1854年のコレラ禍や55年の大洪水時に大いなる慈善活動をおこなって注目を浴びた。パリ・コミューン（コミュヌ・ド・パリ）翌年の1871年、ティエールからパリ大司教に抜擢され、1873年、教皇ピウス9世【在位1846-78年】からは枢機卿に任命された。

　その在位中、のちにアンスティテュ・カトリック・ド・パリ（パリ・カトリック大学）となる自由大学や、モンマルトルのサクレ＝クール大聖堂──定礎式は1875年6月16日──が創設・建立された。この大聖堂の地下納骨所には、ギベール枢機卿の彫像と遺骨が安置されている【カルディナル＝ギベール通り（Rue du Cardinal-Guibert）は18区】

カルディナル・デュボワ Cardinal Dubois

1856-1929年。レオン・アメット（**カルデ
ィナ・アメット**）の後継者だったルイ＝エ
ルネスト・デュボワは、没年までパリ大司
教・枢機卿だった。18区のカルディナル
＝デュボワ通り（Rue Cardinal-Dubois）
は1930年の命名である。

カルディナル・メルシエ Cardinal Mercier
1851-1926年。デジレ・ジョゼフ・メル
シエはベルギー人枢機卿で、メヘレン【ベ
ルギー中東部】の大司教をつとめた。第1
次世界大戦時における目覚ましい活躍でと
くに知られる【田園詩「愛国心と忍耐」を地
下出版し、国外に逃亡していた政府に代わっ
て、レジスタンス活動に邁進した】。5区の
カルディナル＝メルシエ通り（Rue du
Cardinal-Mercier）は1926年に命名されて
いる。

**カルディナル・ラヴィジュリ Cardinal
Lavigerie** 1825-92年。シャルル・アル
マン＝ラヴィジュリはフランス南西部バス
ク地方のバイヨンヌに生まれ、【ソルボンヌ
の歴史学教授（1854-56年）をつとめたあと】、
シリアに東洋学校を創設し、アフリカ首座
司教（**アルジェ大司教**）時代に「ペール・
ブラン（アフリカ伝道協会）」を組織して
いる【奴隷制の撤廃にも尽力した】。通常、
彼は酒をほとんどたしまなかったが、
1890年、カトリック教会が共和政に参加
することを説いた有名な演説の際、乾杯の
音頭をとった。彼を名祖とするカルディナ
ル＝ラヴィジュリ通り（Rue du Cardinal-
Lavigerie）は、1936年から12区にある。

カルディナル・ルモワヌ Cardinal Lemoine
1250-1313年。北仏ピカルディ地方のク
レシ＝アン＝ポンティューに生まれ、アヴ
ィニョンで没したジャン・ルモワヌは、教
皇ボニファティウス8世【在位1294-1303】
から枢機卿に叙され、1302年、教皇特使
としてフランスに派遣された。彼はパリの
サン＝ヴィクトル通り、現在のカルディナ
ル＝ルモワヌ通り（Rue du Cardinal-
Lemoine）に学寮を創設する。

このカルディナル＝ルモワヌ学寮は
1790年に廃止されたが、これを建てる際、

彼はパリ北東ノアヨンの司教だった兄弟の
アンドレ【1315没】に資金的な援助を受け
た。ふたりは学寮に隣接していた礼拝堂に
埋葬されている。5区にあるカルディナル
＝ルモワヌ通りの命名は1868年になされ
た。

カルディヌー Cardinoux 19区のカルディ
ヌー小路（Allée des Cardinoux）は1998
年に命名された。18世紀当時、おそらく
地主の名がついた一角がこの地にあったこ
とを想い起こすためである。

カルディネ Cardinet 土地所有者だったカ
ルディネ氏は教区財産管理人で、1250年
頃はモンソーにある礼拝堂の管理人だった
【カルディネ小路（Passage Carninet）は17区
にある】

カルテリエ Cartellier 1757-1831年。名は
ピエール、職業は彫刻家。パリで生まれ、
没した彼は、厳しい青年時代を送ったが、
1796年のル・サロン展に出品したテラコ
ッタの小像のおかげで、その才能がリュク
サンブール宮の設計者である建築家シャル
グランの目に留まるというチャンスをえた。
シャルグランは彼にこの宮殿の南側正面を
飾る大きな彫像2体の制作を依頼した。
「警戒」像と「戦争」像である。後者の作
品は1800年のル・サロン展に出品して大
評判をとった（当時、戦争のテーマが流行
していた）。

それ以来、あちこちから彫像の制作依頼
が舞い込んで、ピエール・カルテリエは順
調な経歴をたどることになる。**カルーゼル**
や凱旋門の上の群像「ウルム市の明け渡
し」や、アンヴァリッドの扉にもレリーフ
「騎乗のルイ14世」を制作している。20区
のカルテリエ大通り（Avenue Cartellier）
は1930年からある。

ガルド Gardes 昔、木星【ジュピターないし
フランス語名のジュピテールはローマの最高
神ユピテルから】の衛星群は「ユピテルの
ガルド（衛兵たち）」とよばれていた。お
そらく18区にあるガルド通り（Rue des
Gardes）はこのガルドに由来するはずだ。
公的な命名は1868年。ただし、道筋は今

とは若干異なっているが、はるか以前から知られていた。

カルドゥッチ Carducci　1836-1907年。ジョズエ・カルドゥッチは、イタリア中部トスカーナ州のピエトラサンタ近郊にあるヴァル・ディ・カステッロに生まれた詩人・批評家。その著作はほとんどが反キリスト教的なものだが、『サタン讃歌』【1865年】と題された作品は、われわれの考えと異なるものではない。彼は最初これをエノトリオ・ロマーノという筆名で上梓している。この筆名は想像力豊かな作品全体にもちいているが、教授や批評家としては本名を使っていた。

　1887年、彼はローマ大学【ボローニャ大学の間違いか】に創設された特別な講座の正教授に任命されたにもかかわらず、ダンテ（ダント）の作品を解説し、この有名な作家が教皇と世俗権力の敵であることを認めようとしなかった。みずから「歴史的な誤り」と名づけたものを支持しようとはしなかったのだ。こうした経歴を刻んだ彼は、1890年、元老院議員に指名されている。【1906年にノーベル文学賞を受賞した】彼をたたえて、1912年に命名されたカルドゥッチ通り（Rue Carducci）は19区にある。

カルドゥール Cardeurs　カルドゥールとは、アザミ（起毛装置）が付いたカルドとよばれる梳毛機をもちいて、毛を梳いたり、もつれをほどいたりする梳毛工をさす。かつて20区の一角にはこのカルドゥールが数多くいた。カルドゥール小公園（Square des Cardeurs）は1980年に命名されている。

ガール・ド・シャロンヌ Gare de Charonne　20区のガール＝ド＝シャロンヌ公園（Jardin de la Gare-de-Charonne）は、1995年に建設されたこの公園の近くにある駅の名に由来する。

ガール・ド・ルイイ Gare de Reuilly　12区にあるガール＝ド＝ルイイ通り（Rue de la Gare-de-Reuilly）の呼称は、それがルイイ駅に続いていることによる。命名は1935年である。

ガルニエ Garnier　15区のヴィラ・ガルニエ（Villa Garnier）は、この私道にあった家の持ち主である。

カルノー Carnot　1753-1823年。ブルゴーニュ地方コート＝ドール県のノレに生まれ、マグデブルクで没した将軍・政治家。ブルゴーニュ地方最古の家柄の出であるラザール・カルノーは、グラン・カルノー（偉大なカルノー）とも称された。北仏パ＝ド＝カレ選出の立法議会議員となり、国王ルイ16世【在位1774-92】の処刑に賛成票を投じた。やがて公安委員会に入り、軍隊再編の任務をになう。こうして彼は共和国軍の14部隊を組織し、「勝利の組織者」とよばれた。

　1794年には下院議長に選ばれ、翌年には総裁政府の一員となるが、洞察力に優れていた彼は、ナポレオンを「高く買い」、ともにイタリア遠征を準備する。そして、将来の皇帝からいきなり検閲総監督官に任命され、さらに1800年には軍事大臣に昇格する。だが、それから半年後、このポストを解任され、引退する。【対仏大同盟軍がフランス本土へ迫った】1814年、カルノーは軍務に復帰して同盟軍を押し返す任務を帯び、翌年の百日天下では、内務大臣になる。だが、ワーテルロー（ワテルロ）での敗戦後、失脚してまずワルシャワ（ヴァルソヴィ）に、さらにマグデブルク逃れた。17区にはそんな彼の名を冠したカルノー大通り（Avenue Carnot）がある。フランスにはもうひとり有名なカルノーがいるが——たとえばサディ・カルノー——、通りやヴィラはすべてラザール・カルノーに捧げられている。

カルポー Carpeaux　1827-1875年。北仏のヴァランシエンヌで生まれ、クルブヴォワ近郊のベコン城で他界した彫刻家。リュードの弟子だった彼は、1854年、ローマ大賞を受賞している。もっとも人口に膾炙した作品として、1869年以来パリ・オペラ座の正面を飾っている「ラ・ダンス」の彫像群がある。同年、彼はまたオペラ座の建築家シャルル・ガルニエの胸像も制作している。さらに石膏にブロンズを流し込んだ

群像『世界の4大陸』【1868-72年】も手がけている。これはリュクサンブール公園の泉にそなえ付けるためのもので、自分たちをその運行に導く宇宙を支え持つ大陸が、4人の女性像で表されている。他の作品としては『ナポリの若い漁師』【1858年】やアレクサンドル・デュマ（父）の胸像などがある。1893年に敷設されたカルポー通り（Rue Carpeaux）は18区にある【同区にはカルポー小公園（Square Carpeaux）もある】

カルム Carmes　5区のカルム通り（Rue des Carmes）は1320年頃に命名されているが、それはこの通りにカルメル（カルム）会の修道院があったことによる。カルメル会は預言者エリアに捧げられた教会と「預言者養成所」とよばれた洞窟がある、パレスチナのカルメル山で創設されたという。だが、実際は、イタリア・カラブリア地方出身の十字軍兵士で、カルメル山に隠棲したベルトル【1155頃-1183。出身地はフランス中部リモージュ】の誓願をうけて、エルサレム総大司教ヴェルチェッリのアルベルト【1150頃-1214】が創設したもので、彼は最初の戒律を定めている。そして1224年【ないし1226年】、時の教皇ホノリウス3世【在位1216-27】によって承認されたが、最終的に戒律が定まったのは、教皇インノケンティウス4世【在位1243-54】による。1245年のことである。

　一方、パリのカルメル会修道院は、聖王ルイ9世（サン＝ルイ）がサン＝ポールの港に建立したのが最初で、彼はカルメル山から6人の修道士をここに移したという。だが、修道院がしばしば水没の被害にあったため、パリ市は端麗王フィリップ4世【在位1285-1314】から、**サント＝ジュヌヴィエーヴ**の丘麓にある家を1軒譲り受ける。キリスト教徒としての強い信仰心に満ちたカルメル会士たちは、ジャンヌ・デヴルー【1310頃-71。フィリップ3世の孫娘】の寄進によって資力に恵まれ、やがて壮大な教会堂を建立する。1790年、この教会堂は武器製造工場となり、1811年、モベ

ール市場にとって代わられた。パリ5区のカルム通り（Rue des Carmes）は古く1250年に敷設され、現在の呼称となったのは1864年のことである。

カルメル Calmels　かつての土地所有者の名前。カルメル通り（Rue Calmels）はその18区の土地に敷設された。命名は1880年である。

カルロ・サラベゾル Carlo Sarrabezolles　1888-1971年。彫刻家・版画家。1914年、ローマ大賞の次点となった彼は、数多くの教会堂の記念碑などを手がけた。15区のカルロ＝サラベゾル小公園（Square Carlo-Sarrabezolles）は1978年に命名されている。

ガルロン Galleron　20区のガルロン通り（Rue Galleron）は1758年からある。この通りの呼称は、それがまだ小道でしかなかった頃にここに住んでいた、ある平凡な庭師の名に由来する。

カレ（一）Calais　北仏パ＝ド＝カレ県の町で、サン＝トメール運河とヌーヴ川の河口に位置する。1347年、町はイングランド軍に奪われ、ギーズ公フランソワ1世【1519-63。のちに、ユグノー戦争でカトリック勢の指導者として勝利する。→アミラル・ド・コリニィ、クリヨン】のおかげでフランス王国に戻るのは、それから2世紀以上経った1558年のことだった。1595年、今度はスペイン軍が町を占拠するが、98年には撤退した。

　カレー市民の歴史は、前述した1347年に始まる。当時カレーの地方総督だったジャン・ド・ヴィエンヌ【1321/41-96】は、11か月にわたる攻囲戦のあと、捕虜になってしまう。イングランド王エドワード3世【在位1327-77】はこう下問したという。「カレー市民から余の意のままに金を絞り取るべきか、それとも気まぐれにまかせて、彼らを皆殺しにすべきか」。この言葉が少し残忍すぎると思った騎士たちは、その表現を和らげさせた。

　そこで王はただ6人の名士を人質にして、彼ら自身の手でその首に絞首刑用の綱を巻

きつけさせた。ウスタシュ・ド・サン・ピエールと他の5人がその犠牲となることを買って出た。これを受けて、エドワード王は彼らの首をはねるよう命じた。だが、王妃のフィリッパ・オヴ・エノー【1311-69】の嘆願により、彼らは無事釈放された【王妃は6人の処刑が生まれてくる子供にとって不吉だとして、夫王に処刑のとりやめを懇請したとされる】

前述したように、カレーはギーズ公が1週間で町を奪還する1558年まで、「余所者に開かれていた」。メアリー・テューダー【ヘンリー8世の王女で、イングランド女王（在位1555-58）。熱烈なカトリック信者で、国内のプロテスタントを大粛清したため、「ブラッディ・メアリー」とよばれた】は、このことに心を痛め、最期の言葉としてこう言いのこしたという。「もし私の心臓を開いたなら、そこにカレーという名が刻まれているのが分かるでしょう」。だが、死体解剖はおこなわれなかった。カレー通り（Rue de Calais）は9区にある。

ガレンヌ Garenne 1996年に命名された14区のガレンヌ広場（Place de la Garonne）は、ムーラン＝デ＝ラパン通りにある。ラパン・ド・ガレンヌ【字義は「森のウサギ」】とはアナウサギの謂である。「C.Q.F.D.（よって問いは証明された）」

ガロー Garreau 18区のカロー通り（Rue Carreau）は、1924年、それが敷設された土地の地主にちなんで命名されている。

カロリヌ Caroline 旧地主の妻の名。17区のカロリヌ通り（Rue Caroline）は1850年に命名された。

カロリュス＝デュラン Carolus-Durand 1837-1917年。シャルル・デュラン、通称カロリュス＝デュランは、北仏リールに生まれた画家で、社交界の人々の肖像画を数多く手がけた。彼の名をつけた19区のカロリュス＝デュラン通り（Rue Carolus-Durand）は、1929年から存在している。

ガロワ Gallois 12区のガロワ通り（Rue Gallois）にその名を残すルイ・ガロワは、通称「プティ＝ベルシー」城の所有者で、

1819年、のちに有名なベルシー倉庫群を建てるため、土地を分譲した。彼はまた1815年から21年まで、ベルシーの村長をつとめている。この通りの敷設は分譲時になされた。

カロン Caron フランスの歴史には、高名なカロン・ド・ボーマルシェだけでなく、多くのカロンが登場しているが、ここでのカロンはきわめて月並みで不運な名のひとつである。彼は18世紀末、王室建造物総監督としてサント＝カテリヌ修道院を同名の市場に転用する計画を請け負ったが、そのアイデアはあまりにも費用がかかりすぎるとして受け入れられなかった【カロン通り（Rue Caron）は4区】

ガロンヌ Garonne フランス南西部の川。スペイン・ピレネー（ピレネ）山脈のアラン渓谷（標高1870メートル）を水源とし、ボルドーでドルドーニュ川と合流してジロンド川となり、大西洋にそそぐ。全長647キロメートル。ガロンヌ河岸通り（Quai de la Garonne）は1997年から19区にある。

カンカンポワ Quinquinpoix ルーアンの北12キロメートルに位置する、セーヌ＝マリティーム県の町。パリの3区と4区を結ぶカンカンポワ通り（Rue Quinquinpoix）は、現在とは道筋が多少異なっているが、1210年から知られている。現在のようになったのは1851年で、旧カンカンポワ通りと旧ヴィエイユ＝クーロワリ通りが合体してできた。長いあいだ、この通りは金銀細工師たちの商いの中心地だった。オルレアン公フィリップが摂政だった時代の1716年、銀行家のジョン・ロー【→エダンブール】がここに銀行を設立している【「一般銀行」と命名されたこの銀行が、やがてロー＝システムによるバブル経済の端緒となった】。通りの呼称は、カンカンポワの出身者たちが数多く住んでいたことによる。

カンタグレル Cantagrel 1810-85年。作家で、パリ選出の下院議員。13区のカンタグレル通り（Rue Cantagrel）は1899年に命名されている。

カンタト Cantate カンタータ（カンタト）

は独唱や重唱、合唱などからなる声楽曲の形式。19区のヴィラ・カンタト（Villa Cantate）は「音楽家たちの公園」とよばれる分譲地に、1997年からある。

カンタル Cantal　この11区にある小路（Cour du Cantal）の呼称は、もともとここにカンタル地方人たちが住んでいたことによる。カンタルの呼称はプロン・デュ・カンタルを最高峰とする山塊に由来する。

カンタン＝ボシャール Quentin-Bauchard
1881-1916年。第1次世界大戦で名誉の戦死を遂げたパリの参事会員。彼の名にちなんで1919年に命名されたカンタン＝ボシャール通り（Rue Quentin-Bauchard）は、8区にある。

カンディ Candie　カンディとは18世紀にクレタ島につけられた呼称である。クレタ島といえば、周知のように古代文明の発祥地だったが、前1500年頃に衰退がはじまった。そして前67年にはローマ帝国、後823年頃にはムスリム、さらに10世紀にはビザンティン、17世紀にはオスマン帝国の支配下に入った。その一方で、島はつねにあらゆる観光客を引き寄せてもきた。1898年に自治権を獲得したが、1913年、ギリシアに併合された。この島名を冠したパリのカンディ通り（Rue de Candie）は、1899年から11区にある。

カンドル Candolle　1778-1814年。ピラミュス・ド・カンドルはジュネーヴで生まれ、没した植物学者。プロテスタントとなってからジュネーヴに移り住んだ、地方貴族の子孫である彼は、パリに出て植物学を学んだ。やがて、『植物の医学的特性について』で医学博士号をとる。1808年、モンペリエ大学の植物学教授となり、ジュシューが提唱した自然分類法の原理を確立する。第二復古王政時、スイス連邦に参加したジュネーヴに戻り、歓迎される【1816年】

ここでカンドルは独力で博物学講座と植物園を創設する。この彼のおかげで、以後何年にもわたって、ジュネーヴは植物学研究の中心地となった。やがて息子のアルフォンス【1806-93】が父の講座を受け継ぎ、

1836年に生まれたその息子カジミル【1918没】もまた植物学者となった。まさに「父子相伝」を絵に描いたような一族である。パリ15区のカンドル通り（Rue de Candolle）は、彼をたたえて1869年に名づけられたものである。

ガンドン Gandon　13区のガンドン通り（Rue Gandon）は、1857年にこの通りが敷設された土地の所有者にちなんで命名されている。

カンヌビエール Cannebière　プロヴァンス語の"canèbe"から派生した語で、「大麻」を意味する。もっとも有名な大麻（ただし、表記はnがひとつ落ちてcanebière）は、いうまでもなくマルセイユ産で、この町には往時の大麻畑の跡地に敷設された通りがある。ヴュー＝ポール（字義は「旧港」）を起点とし、証券取引所沿いに走る通りがそれである。パリの12区にあるカンヌビエール通り（Rue Cannebière）は、1920年に命名された。

カンバセレス Cambacérès　1753-1824年。ジャン＝ジャック・レジ・ド・カンバセレスは南仏のモンペリエ出身。国民公会（コンヴァンション）でエロー県選出議員となった彼は、できるかぎり政治的な対立の外に身を置いた。ルイ16世【国王在位1774-92年】の有罪判決には賛同したが、刑の執行はさけるべきだと強く主張した。当時、【法律家でもあった】彼は民法【のちのナポレオン法典】の編纂計画に携わっていた。1794年に国民公会議長、さらに公安委員会のメンバーとなったカンバセレスは、しかし各勢力のあいだを巧みに動き回らなければならなかった。

ブリュメール18日【ナポレオンが総裁政府を倒して執政政府を樹立した1799年霜月（ブリュメール）18日のクーデタ】のあと、ナポレオンから執政政府の第2執政、帝政期には評定官に任命されたカンバセレスは、まさにナポレオンの意のままになる手駒だった。1814年、彼は皇帝ナポレオンを否認したが、翌年の百日天下で再びその傘下に入った。そのため、第二復古王政下の

1816年、弑逆罪に問われて亡命を余儀なくされた。だが、その期間は短く、1816年には帰国している。帰国後、彼は一切の政治活動をやめた。8区のカンバセレス通り（Rue Cambacérès）は1865年からある。

カンパーニュ＝プルミエール Campagne-Première　将軍アレクサンドル・カミュ・タボニエ【1749-1831】は、1793年、ウィーセンブール【アルザス地方北部】の戦いにはじめて従軍したが、その「初 遠 征」の感動的な想い出を大切にいだいていた。1797年、彼が所有していた土地に通りが敷設された際、その希望にあわせて呼称がつけられた。それが14区のカンパーニュ＝プルミエール通り（Rue Campagne-Première）である。

カンブレ Cambrai　北仏ノール県の町で、運河化されたエスコ−河岸にある。かなり古くからの歴史を有する町で、445年にはクロディオン【390頃-450頃。サリ系フランク人の王。ただし、実在したどうかはかならずしも明確ではない】がここに居を据えていたとされる。彼は「長髪のクロディオン」と称され【長髪は権威の象徴】、おそらくメロビス【フランク人の王（在位448頃-458頃）。メロヴィング朝の名祖】の父だった。クロヴィス1世が、地域のフランク人指導者だったラニャケール【489/510没。クロヴィスのイトコ】を殺害したのがカンブレだった。

1677年、この北仏の町はフランスに帰属する。ここはシャルル・デュムリエ将軍【1739-1823。革命戦争のヴァルミーの戦いで勝利してベルギーを解放するが、オランダ攻撃に失敗して、敵軍に寝返った】や音楽家のジョスカン・デ・プレ【1450頃-1521。フランコ＝フラマン派の中心人物で、多声音楽の最初期を代表する音楽家。ただし、生地は北仏ピカルディ地方のボールヴォヴォワとする説が有力】、さらに作家のサミュエル＝アンリ・ベルトゥー【1804-91。みずからが創刊した《ガゼット・ド・カンブレ》に連載小説を発表して評判をとり、《メルキュール・ド・フランス》誌などの主幹もつとめた】などの生地である。フェヌロンはこの町の司教だった。名産にベティーズ【ハッカ入りボンボン】がある。

カンブロンヌ Cambronne　1770-1842年。フランス中西部ロワール＝アトランティク県のサン＝セバスチャンに生まれ、北仏ナントで没した将軍。イエナの戦いで連隊長として活躍し、1810年、ヴァグラム（ワグラム）の戦いのあとに男爵位を授けられた。やがて将軍に任命されたが、軍事遠征で数か所を負傷した。ナポレオンにエルバ島まで従った彼がとくに有名になったのは、ワーテルロー（ワテルロ）の戦いでのふるまいだった。古参親衛隊を率いていた彼は、一日が終わる頃、敵の最終攻撃に長いあいだ抵抗し、ある言葉を吐いたのである【「糞ったれ!」(Merde!)。この言葉は「カンブロンヌの5文字」として知られる】。それは戦いの帰趨を逆転させるものではなかったが、フランス語のきわめて外交的な名声に寄与した。

やがてカンブロンヌは捕虜となり、瀕死の状態でイギリスに移送された。帰国すると、ルイ18世【在位1814-1815。1815-24】の命で収監されたが、ベリエのみごとな弁護によって無罪判決を勝ちとり、北仏リールの指揮官に任命された。カンブロンヌの言葉についていえば、それはたんなる伝説にすぎず、実際にはただ「親衛隊は死んでも降伏しない」といっただけである。15区のカンブロンヌ通りと広場（Rue /Place Cambronne）は、いずれも1864年に命名されている。

ガンベ Ganbey　1789-1847年。アンリ・ガンベはシャンパーニュ地方の中心都市トロワに生まれ、パリで没した精密機器製造者。1819年の展覧会に精密機器を出品し、当時巨大だったイギリス・メーカーの名声を一蹴した。彼はパリ天文台（オプセルヴァトワール）のために子午環と直径2メートルの壁環をつくっている。彼に捧げられた11区のガンベ通り（Rue Gambey）は、その死の翌年、すなわち1848年に命名されている。

ガンベッタ Gambetta 1838-82年。レオン・ガンベッタはフランス南西部ケルシー地方のカオールに生まれ、パリ南西郊のヴィル=ダヴレで没した政治家。ジェノヴァ（ジェーヌ）出身の食料店主を父として生まれ、1860年に弁護士となる。1868年、彼は裁判【1851年のルイ=ナポレオン・ボナパルトによるクーデタで殺害されたアルフォンス・ボーダン関連裁判】で帝政に激しい非難を浴びせ、一躍有名になる。翌1869年、パリの急進派国民議会議員に選ばれ、戦争には反対だったが、軍隊増強に賛成票を投じる。1870年の普仏戦争時、スダンが陥落し、**ナポレオン3世**が捕虜になったたとの報に接して、彼は皇帝の退位を求め、同年9月4日、パリ市庁舎（**オテル・ド・ヴィル**）で共和国の樹立を宣言する。

そしてプロイセン軍がパリを包囲すると、ガンベッタは【ナダール（→エリゼ・ルクリュ）率いる気球部隊の】気球に乗ってパリを脱出し、トゥールに向かう。そして、この地で臨時政府の指揮を執った。パリが陥落すると、敗戦をさけようと必死に活動したにもかかわらず、ガンベッタは首班の任を解かれる。だが、普仏戦争後の選挙では9県から同時に国民議会議員として選出される。そこで彼は**アルザス**地方のバ=ラン県を選出県に選び、プロイセンとの講和条約の予備交渉に反対票を投じる。戦争の継続を望んだためである。これにより、彼は再び解任されるが、次の選挙ではパリと南仏ブーシュ=デュ=ローヌ県から再選される。そして、急進派のリーダーとして《レピュビリク・フランセーズ（フランス共和政）》紙を創刊する。

1973年にティエール政権が瓦解すると、ガンベッタは復古王政への動きに対する左派の抵抗を組織し、1875年、憲法制定を強力に推進する。1876年には下院で多数派を占めていた共和派の指導者となり、翌77年6月16日に下院が解散すると、リールで有名な演説をおこなった。「フランスがその至高の声を発するときは、服従するか退かなければならないだろう」

やがてマク=マオン大統領時代の1879年、彼は下院議長として大赦法の制定に尽力する【1881-82年に首相をつとめた】。しかし、1882年、政敵たちが同盟して迫ったため、彼はすべての権力を放棄せざるをえなくなった。そこでガンベッタは《レピュブリック・フランセーズ》紙の主幹にまいもどる。そんな彼の死は同年の大晦日にとつぜん訪れる。死因は腸管障害だった【ピストルの暴発説や自殺説もある】

彼の記念碑は生地カオールとパリの**テュイルリー公園**にある【1884年にこの公園の設けられたその彫像は、1954年にルーヴル宮のクール・ナポレオンに移されたのち、1982年に20区のエドワール・ヴァイヤン小公園に据えられた。なお、パンテオンには彼の心臓が安置されている。パリ南西郊のセーヴルにはまた、オーギュスト・バルトルディ作のガンベッタ像がある。パリのガンベッタ大通り（Avenue Gambetta）と同名の広場（Place Gambetta）は、いずれも1862年から20区にある】

カンボ Cambo フランス南西部ピレネー=アトランティク県のニヴ近くにある町。16世紀以降、鉄分と硫黄分を含む鉱水で知られるようになった。『シラノ・ド・ベルジュラック』【1897年】の作者**エドモン・ロスタン**ゆかりの地である【文人・弁護士・経済学者でもあった彼の父ウジェーヌは、1915年、この町で没している】。その鉱水が読者の舌乳頭を魅惑しないとしても、ここカンボでは素晴らしいチョコレートが作られていることは知っておいたほうがよい。19区のカンボ通り（Rue de Cambo）は1911年の命名。

カンボジュ Cambodge カンボジア王国のこと。首都はペノンペンで、国土面積約18万1000平方キロメートル、総人口約1514万【2013年】。高温多湿の国で、国土の多くが森で覆われている。802年に建設されたアンコール王国は、一大文明の発祥地だった。1863年から1953年までフランスの占領下におかれ、1970年10月、政治の実権を掌握した共産主義政府が、プノンペンで共和国の独立宣言をおこなった。だ

が、この政府のもとで、国民は実質的な「恐怖」政治に喘いだ。1980年代末、王政が復活し、2003年、立憲君主制をとりながら、2党連立の新政権が誕生している。20区にあるカンボジュ通り（Rue du Cambodge）は1877年に命名された。

カンポ＝フォルミオ Campo-Formio イタリア東部ヴェネト地方の都市。1797年10月17日、ここでフランスとオーストリアが条約を結んだ。ナポレオンのイタリア遠征の凱歌を告げるこの条約によって、フランスはオランダとライン（ラン＝エ＝ダニューブ）左岸地域、さらにコルフ島を含むイオニア諸島をえた【ヴェネツィア共和国とジェノヴァ共和国はこの条約によって消滅】。13区のカンポ＝フォルミオ通り（Rue Campo-Formio）は、この条約を記念して1851年に命名された。

カンボン Cambon 1754-1820年。国民公会（コンヴァンション）の議員だったジョゼフ・カンボンは、南仏のモンペリエに生まれ、ブリュッセルで他界している。彼の名誉は公債の登録台帳の作成を提唱したことに帰せられる。だが、亡命中に没した【財務委員会の中心人物のひとりだったが、復古王政期に国王弑逆罪を問われて、ブリュッセルに逃れた】。彼はその名を1879年からパリ1区のカンボン通り（Rue Cambon）に残している。

カンロベール Canrobert 1809-95年。中央山地ロット県のサン＝セレサン＝セレに生まれた元帥・元老院議員。1835年、アルジェリアに派遣されたフランソワ・カンロベールは、とくにアルジェリア東部のザアチャの戦い【1849年】できわだった勇気を示した。ケピ帽と豊かな髪のおかげで、ビュジョー元帥とそのカスケット帽同様、有名になった。1851年12月2日のクーデタ【このクーデタを成功させたルイ＝ナポレオンは、翌年、国民投票によって帝位につき、第二帝政が始まる】のとき、カンロベールはフランスに帰国していて、ルイ＝ナポレオン（ナポレオン3世）から一隊を率いてパリの大通りを「掃除」する任務を託される。

彼は蜂起軍に大砲を打ち込むことも辞さず、そのためポワソニエール通りでは罪のない市民が数多く犠牲になった。それでもカンロベールは発砲命令を出し続けた。

1870-71年【普仏戦争。カンロベールは将軍として参戦】彼はメス近郊のサン＝プリヴァをみごとに防衛した。だが、フランソワ・バゼーヌ【1811-88。元帥。アルジェリアやクリミア、メキシコなどでの戦争で勇名をはせたが、この戦いでカンロベールの援軍要請を拒むという失態を演じて、フランス軍を敗戦に追い込んだ。→ジェネラル・トリピエ】とともにメスに閉じ込められた。こうしてカンロベールは捕虜となり、ドイツに送られた。帰国後、彼は1876年にロット県の、79年と85年にシャラント県代表の元老院議員となった【カンロベール通り（Rue Canrobert）は15区】

ギザルド Guisarde 1620年に開通した6区のギザルド通り（Rue Guisarde）の呼称は、その敷設以前にそこに住み、1580年代にギザールないしギザルドとよばれていた、ギーズ公アンリ1世【1550-88。カトリック勢力の指導者として、サン＝バルテルミーの虐殺（1572年）を扇動した。→アミラル・ド・コリニィ、クリヨン】の支持者たちに由来する。

ギシャール Guichard 1825年頃に破毀院の弁護士をつとめていたギシャール氏は、1794年にギロチン刑に処された提督シャルル・アンリ・デスタン（アミラル・デスタン）が所有していた公園を手に入れる。1854年にギシャールが他界すると、広大な公園は分譲された。そこには6本の通りも敷設され、1858年、そのうちの1本に彼の名が冠せられた。16区のギシャール通り（Rue Guichard）がそれである。

ギゾー Guizot 1787-1874年。フランソワ・ギゾーは南仏ニームの出身で、北仏カルヴァドス地方のヴァル＝リシェで没した政治家・歴史家。プロテスタントの家に生まれ、きわめて教条的なカルヴァン主義【→ジャン・カルヴァン】のジュネーヴで育った。1805年にパリに出た彼は、12年にソルボ

ンヌの近代史教授となる。そして1814年、内務大臣の神父モンテスキュー＝フザンサック【1758-1832。三部会の聖職者代表もつとめた】からその事務局長に登用される。1815年の百日天下時には、国王ルイ18世【在位1814-15／1815-24】の供をしてベルギーのヘントに逃れた。

ナポレオンが失脚して第二復古王政が始まると、ギゾーは国務院の主任審理官に任命される。1820年、庇護者のひとりだったエリ・ドゥカズ【1780-1860。ルイ18世の閣僚】が引退し、タレーラン（タレラン）の「ドゥカズ？ 彼は十分であり、不十分だ」というひとことで息の根を止められると、ギゾーは再びソルボンヌの教壇に立つ。だが、1822年、新しい政権を激しく攻撃したために教壇を追われた。

それからの6年間、彼は著述に専念し、『5世紀から10世紀にかけてのフランス史』【1823年】や『フランス文明全史』【1828年】などを著す。1828年にソルボンヌに戻り、30年にはノルマンディ地方のリジュー選出国民議会議員となる。そしてルイ・フィリップから内務大臣に任じられた。これ以後、自由思想家だったギゾーはきわめて保守的な考えを受け入れるようになる。

1832年から36年まで、彼はティエールやヴィクトル・ド・ブロイ内閣【ブロイ公ヴィクトル（1785-1870）。曽孫のモーリスとルイは物理学者（→モーリス・エ・ルイ・ド・ブロイ）】の閣僚となり、さらに1840年には大使としてロンドンに赴任する。さほど目立った働きをしなかったためか、同年中にフランスによび戻されたが、1848年までスルト内閣の外務大臣をつとめた。

ギゾーはまた初等教育の組織化など内政も数多く手がけた。ただ、普通選挙法の改正に断固反対し、自由主義的な政党の切実な要求も切りすてたため、1848年の2月革命を招くことになった【前年に首相就任】。これによって首相を解任され、イギリスに亡命して国王と合流する。だが、彼の政治生命はそこで終わった。1836年からアカ

デミー・フランセーズ会員だった彼の名は、17区のヴィラ・ギゾー（Villa Guizot）に残っている。命名は1936年である。

ギ・ド・モーパサン Guy de Maupassant

1850-93年。作家モーパッサン（モーパサン）は北仏セーヌ＝エ＝マリティム県のミロメニルに生まれ、パリで没している。フロベールの名づけ子である彼は、10年間、海軍省と国民教育省の役人をつとめた。処女作は1880年に同人誌に発表した『脂肪の塊』である。モーパッサンは自分をこう評している。「さまざまなイメージや対象と向き合う姿勢および所作を、カメラのような正確さで集める目をそなえている」。だが、数年間正気を逸したあと、精神病で他界する【不眠に悩まされていた彼は麻酔薬を多用し、1891年に発狂して、翌年自殺未遂を起こし、パシーの精神科病院に収容されている】

モーパッサンの代表的な作品としては以下がある。『テリエ館』【1881年】、『女の一生』【1883年】、『ミス・ハリエット』【1884年】、『ベラミ』【1885年】、『ピエールとジャン』【1887-88年】、『ユソン夫人の善行賞』【1888年】、『死のごとく強し』【1889年】。むろん、『モン＝トリオル』【1887年】や『モランの豚野郎』【『山シギ物語』所収、1883年】なども忘れてはならない。モーパッサンは言っている。「正当な接吻は盗まれた接吻ほど価値はない」、「諸君、神は虐殺者だ」、「人が役柄にぴったりはまっているなら、それに見合う魂ももっている」。ギ＝ド＝モーパサン通り（Rue Guy-de-Maupassant）は、1894年から16区にある。

ギ・ド・ラ・ブロス Guy de La Brosse

ラ・ブロスは1641年に他界した医師・植物学者。生年は不明だが、北仏のルーアンで生まれたということだけはたしかである。彼はパリの植物園を創設し、2000種以上の植物を収集してカタログを作成している。ルイ13世【国王在位1610-43。→ドーフィヌ】の侍医もつとめた。彼の名を冠した5区のギ＝ド＝ラ＝ブロス通り（Rue Guy-de-La-Brosse）は、1837年に命名されている。

ギトン・ド・モルヴォーー Guyton de Morveau 1737-1816年。ルイ・ベルナール・ギトン・ド・モルヴォーー男爵は、ディジョンに生まれ、パリで没した化学者。生地で弁護士をしていたが、まもなく化学の世界に関心を抱き、このコート＝ドール県の県庁所在地で化学の講座を開設し、13年間教鞭をとる。1772年、『学問的余談』を著して、燃素と凝固にかんする考えを披瀝し、翌73年には、伝染性の瘴気に対する酸の燻蒸（ギトニエンヌ）の効力を発表する。さらに1786年には『化学事典』の第1巻を上梓してもいる。

　フランス革命が勃発すると、モルヴォーは熱烈にこれを支持し、1792年からコート＝ドール県選出の国民公会（コンヴァンション）議員となる。やがて公安委員会のメンバーにくわわると、とくに飛行船をもちいての効果的な防衛体制を組織した。1796年、学士院会員に選ばれた彼はまた、パリの国立理工科学校（エコール・ポリテクニーク）の校長となる。彼の名を冠した13区のギトン＝ド＝モルヴォー通り（Rue Guyton-de-Morveau）は、1895年に命名されている。

ギニエ Guignier　ギニエ（ハートミザクラ）は桜桃の変種で、果肉が甘い赤紫色や黒色の実をつける。20区のギニエ通り（Rue Guignier）は1812年に命名されているが、それはこの通りに古いギニエの木が植えられていたことによる。

ギニエール Guignières　16区のヴィラ・ギニエール（Villa des Guignières）は、1999年に命名されている。この呼称は一角にかつてギニエがあったことを想い起こさせる。

ギヌメール Guynemer　1894-1917年。パリ出身の飛行士ジョルジュ・ギヌメールは、第1次世界大戦中、飛行部隊「こうのとり」を指揮し、ひとりで54もの敵機を撃ちおとした。1917年に撃墜される前ですら、彼の英雄的偉業は伝説化されていた。6区のギヌメール通り（Rue Guynemer）は、大戦直後の1918年に命名されている。

キノー Quinault　1635-88年。フィリップ・キノーはパリを生没地とする詩人。製パン商の息子として生まれた彼は、トリスタン・レルミト【1601-55。詩人・劇作家で、1649年にアカデミー・フランセーズ会員】の従僕となり、この主人から教育と友情を受け、相続人に指定された。そして、当時「才女」としての名声をほしいままにしていたオラドゥール夫人もまた彼を晶屓にして女性仲間たちに引き合わせる。こうしてキノーは、これら貴婦人たちを魅惑するような優しさと典雅な文章に満ちた喜劇や悲劇を創作するようになる。

　1672年から、ジャン＝バティスト・リュリはキノーの台本をもとに、牧歌劇1作やバレエ曲2作、さらに歌劇12作を発表している。『プロセルピナ』【1680年】、『ペルセウス』【1682年】、『アマディス』【1684年】などである。1687年にリュリが没すると、この詩人は余生を祈りに捧げた。1670年にアカデミー会員となったキノーは、貴婦人たちのためにさらに『ストラトニス』【1657年】や『アグリッパもしくは偽ティベリヌス』【1660年】、『ティルス王アスタルテ』【1664年】などを書いてもいる。彼は言っている。「必要以上に賢いのは、賢くない」。彼の名を冠したキノー通り（Rue Quinault）は、1864年から15区にある。

ギ・パタン Guy Patin　1602-72年。北仏オワーズ県のオドン＝カンブレに生まれ、パリで他界した医師で作家のギ・パタンは、聖職者の道に入るのを拒んで家族と不和になり、糊口をしのぐために印刷工房の校正係として働く。だが、1624年に医師となり、翌年結婚して、生活が安定する。医師として高い評価を受けた彼は、1632年にパリ大学医学部の外科学教授に就任し、さらに王立コレージュ【コレージュ・ド・フランスの前身】でも教壇に立つようになる。そして1650年、医学部学部長として、熱心に学部の特権を守った。ただ、ありていにいえば、彼はさほど優れた医師ではなく、刺胳を万能と思い込んでいた。

　そんな彼が有名になったのは、むしろ持

ち前の才気と精神のおかげだった。フロンドの乱【→エストレ、テュレンヌ】では、彼は高等法院や貴族たちの側につき、きわめて棘のある、センセーショナルな「マザリナド」【反マザリン風刺詩】を書いた。だが、彼はコルベールの封印状によって次男シャルル【1633-93。弁護士・医師・古銭学者。禁書の密売でコルベールに訴追されてドイツからイタリアに逃れ、パドヴァ大学で内科学や外科学を講じた】が追放された悲しみに抗することができなかった。

　しかし、この医師にとって死はさほど苦痛ではなかったはずだ。アリストテレスやキケロ、ウェルギリウスなどの古典を再発見するという楽しみが、その晩年に待っていたからだ。彼はルイ14世（ルイ・ル・グラン）の時代初期の習俗を完全なまでに語った『書簡集』【1945年から72年までの書簡を集めたもので、刊行は死後30年たった1692年。刊行地はケルン】のほかに、『刺胳について』【刊行年不詳】や『養生論』【1632年】を著している。10区には彼の名を冠したギ゠パタン通り（Rue Guy-Patin）がある。その命名は1864年だった。

ギベール Guibert　16区のヴィラ・ギベール（Villa Guibert）は、1892年につくられた家をそこに有していたギベール氏にちなんで命名されている。

ギ・モケ Guy Môquet　1924-41年。ギ・モケは1941年10月、人質としてドイツ軍に銃殺された学生。17区のギ゠モケ通り（Rue Guy-Môquet）は、1945年、彼を偲んで命名された。

＊キャンズ゠ヴァン Quinze-Vingts　かつて12区にあったキャンズ゠ヴァン小路（Passage des Quinze-Vingts）は、近接する盲人院にちなんで命名されている。この施設は1260年、若い盲人たちを憐れんだ聖王ルイ（【→サン゠ルイ゠アン゠リル】が彼らを収容するために創設したものである。収容者の数は男女あわせて300人。伝承によれば、300人の盲人たちはパレスティナから戻ってきた騎士たちだったという。むろん、これは事実ではない。当初、この盲人院【現在は眼科専門病院】はフォブール゠サン゠トノレ通りにあり、それがフォブール゠サン゠タントワヌ地区のこの小路に移されたのは、1780年のことだった。

ギュイエンヌ Guyenne　フランス南西部の旧州名で、ボルドレ、バサデ、ペリゴール、リムザン、ケルシー、アジュネ地方がふくまれる。のちのイングランド王ヘンリー2世【在位1154-89】とエレオノール・ダキテーヌ【1122-2104。アキテーヌ公領相続人】との結婚【1152年】のあと、この地はイギリス軍との終わりのない戦争をまねいた。だが、1469年、ギュイエンヌは最終的にフランス王国に併合される。20区のギュイエンヌ小公園（Square de la Guyenne）は1982年からある。

ギュイヤヌ Guyane　12区に1962年からあるギュイヤヌ大通り（Boulevard de la Guyane）は、スリナムとブラジルのあいだに位置する海外県にちなむ命名である。面積8万3500平方キロメートル、人口22万、首都をカイエンヌにおくこの仏領ギヤナ（ギュイヤヌ）は、農業（おもにサトウキビ）ととくに林業を生業とする地域である。悪名高かった徒刑場はすでになく、代わりに大西洋岸のクールーにはロケット発射台が設けられている。

キュヴィエ Cuvier　1769-1832年。ジョルジュ・ダゴベール・キュヴィエ男爵は、フランス東部ヴォージュ地方のモンベリアールに生まれ、コレラに罹ってパリで病没した高名な博物学者。若い頃、きわめて真摯におこなった研究のおかげで、彼はじつにはっきりと自分の考えを表すことができた。それは他の一般的な学者たちとはきわだった対照をなしていた。1794年、軟体動物の研究によって、パリ植物園の解剖学講座の助手に採用される。そして1799年にコレージュ・ド・フランスに迎えられ、1802年にはパリ植物園の自然史博物館教授となった。

　ナポレオン1世はそんなキュヴィエに最大限の顕職をあたえ、ルイ18世【国王在位1814-15／1815-24】もまた同様に彼を重用

して新しいポストを用意し、大学長に任じてもいる。男爵に叙しもした。これに対し、**ルイ＝フィリップ**は彼をフランス同輩衆（貴族院議員）にまで昇進させている。解剖学、生理学、動物学、古生物学。キュヴィエはこれらすべてに精通していたが、彼がアカデミー・フランセーズ会員となった【1818年】ことも忘れてはならない。彼の主著としては、『比較解剖学教程』【1800年】や『四足獣の化石骨にかんする研究』【1812年】、『有機組織にもとづいて分類された動物界』【1817年】がある。5区のキュヴィエ通り（Rue Cuvier）は1838年の命名である。

キュジャース Cujas 1522-90年。キュジャースこと、本名ジャック・キュジョースはトゥールーズで生まれ、フランス中部のブールジュで没している。父は羅紗の剪毛工だった。しかし、彼は法律を学び、しっかりした教育を受ける機会に恵まれた。1547年に「法学提要」の講座を立ち上げたのち、1554年に生地を去った彼は、南西部のカオールやブールジュ、南仏のヴァランス、トリノ（テュラン）、そして再びヴァランスやブールジュで教鞭とり、以後、1576年に短期間パリに滞在した以外は、二度とブールジュを離れることはなかった。

ローマのさまざまな時代における法理論を再構成しようとしたキュジャースの主著としては、『パラティトラ』【1570年】や『レシタシネス』【1594-87年】、『観察と修正』【1595年】などがある。彼を名祖とする5区のキュジャース通り（Rue Cujas）は、1865年に命名されている。

キュス Kuss 1815-71年。生理学者のエミール・キュスはストラスブールに生まれ、ボルドーで没した生理学者。ストラスブール大学医学部教授だった彼は、普仏戦争中の1870年9月11日に生地の市長、71年2月8日にアルザス地方北部バ＝ラン県選出の国民議会議員となった。彼がボルドーで他界した日、同市にあった議会はプロイセンとの和平交渉を議決した【アルザス＝ロレーヌ地方の割譲】。著作としては『ストラ

スブール大学医学部生理学講義』【1872年、死後刊行】などがある。パリのキュス通り（Rue Kuss）は、1885年から13区にある。

ギュスタヴ・エフェル Gustave Eiffel 1832-1923年。ディジョン出身の技師であるエッフェル（エフェル）は、1858年からボルドーの大鉄橋、次にバスク地方バイョンヌのニヴ川架橋を手がけている。さらに1868年には、コマンタリ＝ガナ間の鉄道軌道の上に2本の巨大陸橋を築いてもいる。1878年のパリ万国博でパリ市のパビリオンや万国博のメイン・エントランスをつくったのも彼である。だが、エッフェルの名がとくに知られるようになったのは、1889年、シャン＝ド＝マルスに彼の名を冠した塔【エッフェル塔】を建てたことによる。この塔は高さ300メートル、総重量は9000トンあり、一般に解放された3層の階はそれぞれ57メートル、115メートル、276メートルの高さに位置している。

エッフェルの栄光に多少とも影を落としたのは、1893年の有名な「パナマ疑獄事件」に連座したことである。パナマ運河建設業者の代表だった彼は、フェルディナン・ド・レセップスや他の多くの関係者とともに、資金のかなり乱雑な運用を弁明しなければならなかった【初審の裁判で懲役2年と罰金刑を科せられたが、最高裁に控訴して無罪獲得】。彼に捧げられたギュスタヴ＝エフェル大通り（Avenue Gustave-Eiffel）は、1965年から7区にある。

ギュスタヴ・グブリエ Gustave Goublier 1856-1926年。今日、この作曲家の作品はほとんど残されていないが、10区には1936年の命名になるギュスタヴ＝グブリエ通り（Rue Gustave-Goublier）がある。

ギュスタヴ・クール ベGustave Courbet 1819-77年。スイス国境に近いドゥー県のオルナンに生まれ、スイスのラ・トゥール＝ド・ペーズで他界した画家。1839年にパリに出て、スペインやフランドル、そしてフランスの色彩画家の作風をほとんど独学で学ぶ。彼の最初の傑作は『パイプをくわえた男』【1848-49年。自画像】である。

やがて油彩画の『オルランの食休み』や『オルランの埋葬』【いずれも1849年】、『ルー峡谷』【1851年】、『糸紡ぎ女』【1853年】、『女とオウム』【1866年】、『入浴する女』【1868年】などで名声を勝ちえると、クールベはさらに画家としての名声に、民主主義的・社会的な芸術を唱える理論家としての名声をくわえようとした。

彼はまたナポレオン3世から申し出があったレジョン・ドヌール勲章を拒んだが、これによって民衆から大きな評判を博し、やがて1870年のパリ・コミューン（コミュヌ・ド・パリ）時に6区の代表に選ばれた。クールベがヴァンドーム広場の円柱の破壊を求め、実現できたのは、まさにこの肩書き【コミューン美術委員会議長】によってだった。だが、翌年、軍法会議に召喚され、職権の濫用と公共記念物を破壊したとして、35万フランもの罰金刑を科された。この判決は生涯国家のために働くという措置に減刑されたが、それをよしとしなかった彼は、1873年、スイスに亡命する。それから4年後、過度の飲酒による肝臓病で生涯を閉じた。11区にあるギュスタ＝クールベ通り（Rue Gustave-Courbet）は、死後5年後の1882年に命名されている。

ギュスタヴ・サンク・ド・シュエード Gustave V de Suède

1858-1950年。スウェーデン（シュエード）王グスタフ（ギュスタヴ）5世（サンク）【在位1792-1809】は、1523年から60年までスウェーデン王だったグスタフ1世を始祖とするヴァーサ王朝の出身。グスタフ5世はドロットニングホルム宮殿で生まれ、1907年から没年まで王位にあった【在位中、彼は対仏大同盟にくわわって敗れ、ポメラニアをフランス、フィンランドをロシアに奪われた】。そのあとは息子グルタフ6世が継いだ【在位1950-73】。16区のギュスタヴ＝サンク＝ド＝シュエード大通り（Boulevard Gustave-V-de-Suède）は、グスタフ5世の死の翌年、すなわち1951年に命名されている。

ギュスタヴ・ジェフロワ Gustave Geffroy

1855-1926年。パリ出身の作家・美術批評家のギュスタヴ・ジェフロワは、「新しい流派」や「評価されない者たち」を熱心に擁護した。さまざまな美術館の夜間開館のためのキャンペーンもはった。また、ゴブラン工場の支配人となり、1937年には13区の通りに彼の名がつけられている。ギュスタヴ＝ジェフロワ通り（Rue Gustave-Geffroy）がそれである。著作としては『労働者地区の夜間美術館』【1895年】や『幽閉者：ブランキ伝』【1897年。野沢協・加藤節子訳、現代思潮社】、『パリの時間。シテ島とサン＝ルイ島』【1899年】などがある。

ギュスタヴ・シャルパンティエ Gustave Charpentier

1860-1956年。フランス東北部ムルト＝エ＝モーゼル県のディユーズに生まれ、パリで没した作曲家。マスネに師事し、1887年にローマ大賞を受賞した彼は、1891年に発表した『イタリアの印象』で成功をおさめたが、栄光を手に入れたのは、1900年のオペラ『ルイーズ』によってである。モーリス・ユトリロ（モーリス・ユトリヨ）をモンマルトルの画家と称するなら、シャルパンティエはさしずめビュット＝オー＝カーユの音楽家と呼べるだろう。彼の名を冠した17区のギュスタヴ＝シャルパンティエ（Rue Gustave-Charpentier）は、1978年の命名になる。

ギュスタヴ・ゼデ Gustave Zédé

1825-1891年。ギュスタヴ・ゼデは、フランス初の潜水艦ジムノ号の設計図を作成したパリ出身の海軍技師。1912年に命名されたギュスタヴ＝ゼデ通り（Rue Gustave-Zédé）は、16区にある。

ギュスタヴ・トゥドゥーズ Gustave Toudouze

1847-1904年。パリ出身の小説家でジャーナリストでもあったトゥドゥーズは、長いあいだ不動産銀行で働いていたが、1870年に文学の道に入り、『エジプト的警句』【1873年】や『緑の房飾り』【1887年】などを発表する。やがてきわめて数多くの作品を著して、真に文学的な才能を存分に発揮するようになる。彼の小説としては、たとえば『79年のケクバ・ワイン』【1877年】や『フロワセ神父』【1884

年】、『オレンジの木の花』【1887年】、『イ
ディル、わが愛する人』【1892年】、『ポー
＝ド＝ビックたちの復讐』【1893年】など
がある。1954年の命名になるギュスタヴ
＝トゥドゥーズ広場（Place Gustave-
Toudouze）は、9区にある。

ギュスタヴ・ドレ Gustave Doré　1833-83
年。ストラスブールに生まれ、パリで没し
た挿画家・画家・彫刻家のドレは、11歳
で最初のリトグラフを発表する。そして、
15歳になった1848年からは、《ジュルナ
ル・プール・リール（笑いのための雑誌）》
にデッサンを寄稿して大評判をとる。ほか
の作品、すなわち『ラブレー』【1854年】
やバルザック原作の『風流滑稽譚』【1855
年】、『さまよえるユダヤ人伝説』【1856年】、
ダンテ（ダント）原作の『神曲』【1861-68
年】、『ラ・フォンテーヌの寓話』【1868年】、
『怒り狂ったローラン』【1878年】などもま
た大成功をおさめた。

　一方、画家としての素晴らしい想像力は、
たとえば油彩画の『インケルマンの戦い』
【1856年】や『大洪水』【制作年不詳】、さら
に一連の風景画にみてとることができる。
こうした作品の構図には一種グロテスクな
皮肉や揶揄がこめられており、それが作品
の忘れられない印象を醸し出している。さ
らにドレは彫刻も手がけており、この分野
での代表作としては『ブドウ』【1878年頃】
や、マルゼルブ広場に設けられたアレクサ
ンドル・デュマ記念碑の群像【1883年】な
どがある。17区には1884年に命名された
ギュスタヴ＝ドレ通り（Rue Gustave-
Doré）がある。

ギュスタヴ・ナドー Gustave Nadaud　1820
-93年。北仏リール北東のルーベーに生ま
れ、パリで没したシャンソン作詞家。最初
ナドーは商いの道に入ったが、あきらかに
商才に欠けていた。そこでまもなく商いを
諦め、暇つぶしにシャンソンを書き出す。
彼にとって創作は楽しい時間だった。こう
して彼は本格的にこの道に入ることを決め、
さまざまな発想からなる300曲以上ものシ
ャンソンを書くようになる。とくに有名な

のが「ふたりの憲兵」である。そこには次
のような一節がある。「憲兵班長、あんた
は正しい」。彼の名を冠したギュスタヴ＝
ナドー通り（Rue Gustave-Nadaud）は、
1894年に命名されている。

ギュスタヴ・フロベール Gustave Flaubert
　1821-80年。北仏ルーアンに生まれ、セ
ーヌ＝マリティーム県のクロワセで没した
作家。最初フロベールは医学を志したが、
すみやかにそれを放棄して、文学の道に進
んだ。作品数はかならずしも多くはないが、
フランス文学史に不朽の足跡を遺した。代
表的な作品としては『ボヴァリー夫人』
【1857年】——フロベールは言っている。
「ボヴァリー夫人とは私のことだ」——、
『サランボー』【1862年】、『感情教育』【1869
年】、『聖アントワーヌの誘惑』【1874年】、
『野を越え、丘を越えて——ブルターニュ
紀行』【1881年。遺作】、『ブヴァールとペ
キュシェ』【1886年。死後刊行】などがある。

　彼は作家についてこう定義している。
「宇宙における神のように、（作家は）その
作品のなかでどこにでも存在するが、どこ
にも姿を見せない」。彼はまたこう書いて
もいる。「傑作とは巨獣のようで、穏やか
な顔つきをしている」

　独身の生涯を送り、女性のために1日以
上割くことを減多にしなかったフロベール
は、しかしルイズ・コレ【1810-76。アカ
デミー・フランセーズ賞を受賞した女流詩
人。フルート奏者イポリット・コレの妻だ
ったが、多くの男性と浮名を流す一方、ヴ
ィクトル・ユゴーなど当時のそうそうたる
文人が頻繁に参加した文学サロンを主宰し
た】とは長い愛人関係を保っていた。生地
ルーアンの市立図書館には、『ボヴァリー
夫人』や『ブヴァールとペキュシェ』をは
じめとする彼の手稿が数多く保管されてい
る。

　若い頃、生きたまま埋められて死ぬこと
を恐れていたフロベールは、頑丈そうな外
見にもかかわらず、神経症に苦しんでおり、
それが彼の人生を縮めた。ギュスタヴ＝フ
ロベール通り（Rue Gustave-Flaubert）は、
1893年から17区にある。

ギュスタヴ・ムジュルール Gustave Mesureur 1847-1923年。北仏ノール県のマルカン＝バルルに生まれた政治家。当初は刺繍の図案家だったが、やがてパリ市の参事会員に選ばれ、1881年、市内の一部通りの改称にかんする提言で知られるようになる。1887年にセーヌ県選出の下院議員となったムジュルールは、1895年から96年まで商工業大臣、1898年から1902年までは下院副議長をつとめ、のちに公的扶助（公共福祉）局の事務局長に任命された【1902-17年】。彼に捧げられた13区のギュスタヴ＝ムジュルール小公園（Square Gustave-Mesureur）は、1936年からある。

ギュスタヴ・ラルメ Gustave Larroumet 1852-1903年。ギュスタヴ・ラルメは、フランス中央山地ロット県のグルドンに生まれた美術史家・行政官。1884年にソルボンヌのフランス文学准教授に任命され、88年にはパリ高等美術学校（ボザール）の学長と国民教育省の官房長となる。また、フランシスク・サルセの後を受けて日刊紙《ル・タン》【1861年創刊、1942年廃刊】の批評を担当した。著作としては『ブルーム卿』【1879年】や『マリヴォー、その生涯と作品』【1894年】、『アテネとエルサレムへ』【1896年】などがある。15区のギュスタヴ＝ラルメ通り（Rue Gustave-Larroumet）は1932年に命名されている。

ギュスタヴ・ルアネ Gustave Rouanet 1855-1927年。18区にあるギュスタヴ＝ルアネ通り（Rue Gustave-Rouanet）もまた1932年に命名されているが、それはルアネが同区の参事会員だったことによる。

ギュスタヴ・ルプー Gustave Lepeu 11区のギュスタヴ＝ルプー小路（Passage Gustave-Lepeu）には、この小路が敷設された土地を所有していたルプー氏の息子の名がつけられている。

ギュスタヴ・ル・ボン Gustave Le Bon 1841-1931年。パリ南西部ウール＝エ＝ロワール県のノジャン＝ル＝ロトルーに生まれ、パリ西方オ＝ド＝セーヌ県のマルヌ＝ラ＝コケットに没したギュスタヴ・ル・ボンは、仏教建造物を学ぶためにインドに赴く。帰国後、執筆活動に入って、以下のような著作をものした。『アラブ文明』【1884年】、『インドの記念建造物』【1893年】、そして彼の最高傑作とされる『群集心理』【1895年】などである。14区のギュスタヴ＝ル＝ボン通り（Rue Gustave-Le-Bon）は、彼の死の翌年、つまり1932年に命名されている。

キュスティヌ Custine 1740-93年。キュスティヌ伯アダム・フィリップは、メスに生まれ、パリで没した将軍。わずか8歳で、ザックス（サクス）元帥に伴われてオランダ遠征に赴く。22歳になった1762年には、彼の名を冠した竜騎兵連隊長に抜擢され、80年にはアメリカ合衆国の独立戦争に参加し、イギリス軍を相手にヨークタウンで軍功をあげる。帰国すると、南仏の軍港トゥーロンの総督になる。フランス革命後、ライン方面軍を指揮し、マインツとフランクフルト・アム・マインを陥落させる。

キュスティヌ伯はさらに北部方面軍の司令官に任命されたが、援軍に恵まれず、コンデの町をオーストリア軍に奪われて、その責任を問われる【1793年】。「マラー派」【マラーが属していたジャコバン派は、かねてよりキュスティヌを非難していた】の新聞はそんな彼を裏切り者と断罪した。そのため、人を死刑に処する前、長い時間をかけて事実を調べたりはしなかった当時のこと、まもなく彼は断頭台の露と消えた。18区のキュスティヌ通り（Rue Custine）は1867年に命名されている。「私にとっての祖国は、私がたたえるすべての地である」。キュスティヌ将軍の言葉である。

ギュタン Guttin 17区のギュタン通り（Rue Guttin）は、この通りが敷設された土地の所有者にちなんで命名されている。

ギュダン Gudin 1768-1812年。エティエンヌ・ギュダン・ド・ラ・サブロニエールはフランス中部ロワレ県のモンタルジに生まれ、ロシアのスモレンスクで戦死した将軍。アルトワ部隊の少尉としてすべての革命戦争に従軍し、1800年、中将に叙せられた。

キュタンヘ

1805年から、彼はナポレオン軍にくわわり、イエナやオーストリア・プレスブルグの戦いで軍功をあげるが、スモレンスク近郊のヴァルティノの戦いで受けた傷がもとで最期を遂げた。弟のピエール・セザール（1775-1835）もまた1812年に中将になっている。16区にあるギュダン通り（Rue Gudin）は1867年の命名。

ギュタンベルグ Gutenberg 1397-1468年。ヨハネス・ゲンズフライシュ・ツール・ラーデン・ツム・グーテンベルク、通称グーテンベルク（ギュタンベルグ）は、マインツで生まれ、没した金属加工職人で印刷業者。1420年に【貴族と市民たちの争いが続いていた】生地を去らなければなくなった彼は、ストラスブールに移って長いあいだ住み着く。そこでアンドレ・ドライツヘン【不詳】らとともに鏡の製造をおこなう。だが、グーテンベルクは印刷に関心を抱き、なんとか活版印刷機を実現しようとした。

1450年、マインツに戻った彼は、金融家のヨハン・フスト【1400頃-66。金銀細工で財を成した】を共同事業者として、必要な資金を融資してもらう。だが、彼は騙された。フストが融資金のすみやかな返済を要求して、グーテンベルクを追い出してしまったからである【ふたりが始めた印刷工房は、聖書や教会向け贖宥状の印刷などでそれなりの利益はあげていたというが、フストは返済を拒んだグーテンベルクを裁判所に訴え、勝訴した】

破産同然となったグーテンベルクを尻目に、フストは若いペーター・シェッファー【1430頃-67。パリの元写字生で、のちにフストの娘婿】とともに、グーテンベルクが開発した印刷機を稼働させた【1463年、フストは販路拡大を図って、まだ印刷業が存在していなかったパリに進出するが、3年後に急逝する】。一方、グーテンベルクはコンラッド・ホメリーという博士とともに新たな印刷工房を立ち上げ、1日あたり200葉を超える印刷をおこなうようになる【ちなみに、1455年に印刷された有名な『グーテンベルク聖書』の完全版は、世界に48セット残っ

ており、その1セットは慶応大学にある】。経済的にはなおも苦境にあったが、彼は人生の終局に僥倖をえる。選帝侯のマインツ大司教アドルフ・フォン・ナッサウ2世【1422-75】から、年金と宮廷貴族の称号を授けられたのである【1465年】。

周知のように、印刷術はグーテンベルクが考案したものではない。それはすでに彼が生まれる前からあった。しかし、印刷機とプレス機を完全なものにして活版印刷システムを改良し、印刷業がかなりの発展を遂げるようになったのは、まさに彼の功績といえる。ストラスブールのグーテンベルク広場には、ダヴィド・ダンジェによるみごとなグーテンベルク像が立っている。彼の名を冠したパリのギュタンベルグ通り（Rue Gutenberg）は、1904年から15区にある。

キュナン＝グリデーヌ Cunin-Gridaine 1778-1859年。ローラン・キュナン、通称キュナン＝グリデーヌはフランス北東部のセダン出身。当初は平凡な一労働者だったが、のちに大実業家へと出世した。1827年に自由主義派の下院議員に選ばれ、1830年、ルイ＝フィリップの即位に賛成票を投じた議員221名のひとりとなる。そして1837年、農業・商業大臣に任命され、ルイ＝フィリップが失脚する1848年の3月革命まで、この職位に継続してとどまった。3区のキュナン＝グリデーヌ通り（Rue Cunin-Gridaine）は1865年に命名されている。

キュニョ Cugnot 1725-1804年。ニコラ＝ジョゼフ・キュニョはローレーヌ地方ヴォワ出身の技術将校・機械技師。彼は小銃にくわえて、とくに蒸気自動車を考案した（1770年）。現在この自動車は国立工芸院に保管されている。彼の名がついた18区のキュニョ通り（Rue Cugnot）は、1864年の命名になる。

ギュミット Guillemites ギュミットとは12世紀に組織された修道会およびその修道士たちをさす。この修道会はイタリア中部シエナの峡谷に隠棲していた、ギヨーム・ド・マラヴァル【1157没】ら3人の隠修士

が創設したもので、1248年、時の教皇インノケンティウ4世【在位1243-54。第1回リヨン公会議（1245年）で神聖ローマ皇帝フリードリヒ2世を廃位し、教皇権を確立した】から、「聖ギヨーム隠修士団」の称号を授けられた。その主要な施設はイタリア北部とフランドルにあった。1298年、端麗王フィリップ4世【在位1285-1314】からパリの修道院を提供されたが、ここにはかつて聖母マリア下僕会、通称「ブラン＝マントー」の修道士たちが住んでいた。4区のギュミット通り（Rue des Guillemites）は、1802年にこの修道院の跡地に敷設されたものである。

ギユミノ Guilleminot 1774-1840年。アルマン・シャルル・ギユミノは北仏ダンケルクに生まれ、ドイツのバーデンで没した伯爵・将軍・外交官。まず1792年にデュムリエ【→カンブレ】の、1805年にはナポレオン軍の司令部に入り、1813年に中将に叙せられる。だが、帝政から復古王政への移行は彼にとってなんの問題もなく、事実1823年には、アングレーム公【ルイ・ド・フランス。1775-1844】を名目的な長とするスペイン遠征を指揮している。やがて貴族院議員になった彼は、1824年から30年まで、大使としてコンスタンティノープル（コンスタンティノブル）に派遣された。14区にあるギュミノ通り（Rue Guilleminot）は、1863年に命名されている。

キュリャル Curial 1774-1829年。フィリベール＝ジョゼフ・キュリャル伯はフランス東部サヴォワ地方のサン＝ピエール＝ダルビニーに生まれ、パリで他界している。1793年、アロブロジュ【サヴォワ地方とドーフィネ地方に住んでいたガリア人の部族アロブロゲスを原義とするが、フランス革命期にはサヴォワ人を指した】部隊に志願兵としてくわわり、イタリアやエジプト遠征など、一連のナポレオン戦争で軍功をあげた。
　一時、彼はルイ18世【国王在位1814-15/1815-24】の政府に協力したが、百日天下【1815年】ではナポレオンのもとに走り、ワーテルロー（ワテルロ）でも戦った。

こうした経歴にもかかわらず、第二復古王政では貴族院議員に選ばれ【1815年】、23年にはさらにスペイン戦争にも従軍している。彼の息子はナポレオン・ジョゼフ【1809-61。元老院議員】を名とするが、それは皇帝ナポレオンが名付け親だったためである【キュリャル通り（Rue Curial）は19区。命名は1814年】

キュール Cure 16区のキュール通り（Rue de la Cure）は18世紀に開通しているが、その呼称は敷設された土地がオートゥイユ教会の司祭館所有地にそっていたことに由来する。

キュルノンスキー Curnonsky 1872-1956年。本名モーリス＝エドモン・サヤンはとくに食通として知られ、1927年には「食通王」の異名もえている。仏露同盟期に彼の偽名を考えたのはアルフォンス・アレで、「キュル・ノン・スキー」とは「なぜスキーではないのか」を意味する。キュルノンスキーは何冊か料理本を著し【『美食の国フランス』（1921年）など。1933年には全仏ワイン・アカデミーを創設している】、小説も書いているが、一部はコレットの最初の夫で、彼自身その数多いゴーストライターのひとりでもあった、ウィリー【1859-1931。作家・ジャーナリスト・音楽批評家で、みずからは数多くの筆名をもちいた】の名をもちいている。17区のキュルノンスキー通り（Rue Curnonsky）は、1973年から存在している。

キュレ Curé 18区にあるキュレ小路（Impasse de la Curé）もまた、教会の司祭館所有地近くに位置していることによる命名である。おそらくそれは旧ラ・シャペル村の司祭館だった。この袋小路は1650年から知られている。

キョト Kyoto 京都のこと。15区のキョト広場（Place de Kyoto）は、1999年からある。

ギヨーム・アポリネール Guillaume Apolinaire 1880-1918年。ヴィルヘルム・アポリナリス・コストロヴィツキ、通称ギヨーム・アポリネールはローマに生ま

れ、スペイン風邪によってパリで病没した詩人・小説家・美術批評家。彼の詩は間違いなくシュールレアリスムの先駆けとなった【この用語は彼の詩「ティレジアスの乳房」（1917年）に初出】。詩集としては『アルコール』【1913年】や文字の羅列で絵を描いた『カリグラム』【1918年】がある。シャンソンになった有名な「ミラボー橋」（『アルコール』所収）は、彼の作である。以下の詩はさほど知られていないが、他の詩と同様にみごとなものである。

家の中で私は願う
女性が理性的であることを。
1匹の猫が通っていく。
それなしでは生きていけない
旬を迎えた友人たちの書のあいだを。

彼はまた好色作品も侮蔑せずに書いている。『1万1000本の鞭』である【1907年に上梓したこの小説は刊行直後に発禁となり、1970年までその措置が続けられた】。彼に捧げられた6区のギョーム＝アポリネール通り（Rue Guillaume-Apolinaire）は、1951年に命名されている。

ギヨーム・テル Guillaume Tell　ウィリアム（ギヨーム）・テルはスイス独立の伝説上の英雄で、14世紀初頭に活躍したとされる。当時、ハプスブルク＝神聖ローマ帝国皇帝アルブレヒト1世【在位1298-1308。スイスの反乱を鎮圧しているさなか、財産問題で不仲となっていた甥によって暗殺】の代官ヘルマン・ゲスラーは、アルトドルフの住民たちに、広場のポールにかけた自分の帽子の前を通る際、これにお辞儀をするよう命じた。だが、テルはこの命令に従わなかった。怒った代官はそれを咎め、テルの息子の頭上に置いた林檎を矢で射るか、息子ともども死ぬか、選択を迫った。クロスボウの名手であるテルであれば、林檎を射抜くことができる。住民はだれもがそう確信していた。案の定、この挑戦を受けたテルはみごと成功したが、失敗したときは、もう1本の

矢で代官を射殺すつもりだったと言った。これを聞いて憤った代官はテルを鎖につなぎ、船の上の牢獄に幽閉しようとした。だが、テルはルガーノ（フィアヴァルトシュテッテ）湖の嵐を利して逃げのび、クスナハト街道でゲスラーを射殺する。

この殺害はハプスブルク朝に対するスイス人の叛乱【スイス3州が誓約同盟を結んで抵抗した】のきっかけとなった。だが、それからまもなく、テルはシェヒェン川で溺れた子供を救ったのち、流れに飲まれて溺死してしまう。1804年、シラー【→ゲート】は5幕物の戯曲『ヴィルヘルム・テル』を書き、29年には、ロッシーニ（ロシニ）がエティアンヌ・ド・ジュイ【1764-1846】とイポリット・ビス【1789-1855】の台本をもとに、やはりこの英雄の名を題名とした4幕物のオペラを創作している。

おそらくこのウィリアム・テル伝承は、スイスの歴史家アエギディウス・チュディ【1505-72。スイスの政治家・外交官・人文主義者で、「スイス史の父」と称される】がアイスランドの伝説にもとづいて翻案したと思われる【ギヨーム＝テル通り（Rue Guillaume-Tell）は17区】

ギヨーム・ベルトラン Guillaume Bertrand　11区のギヨーム＝ベルトラン通り（Rue Guilaume-Bertrand）は、1912年に敷設されたこの通りの土地所有者にちなんで命名されたものである。

ギヨーモ Guillaumot　12区のギヨーモ通り（Rue Guillaumot）は、1898年以来、その旧地主の名でよばれている。

ギレム Guilhem　1815-70年。ヴィクトル・ギレム将軍は、パリ南方にあるシュヴィリイの戦いで戦死している。彼の名がついた11区のギレム小路（Passage Guilhem）は、1875年からある。

クヴァン Couvent　ここでのクヴァン（修道院）とは、ノートル＝ダム＝ド＝ボン＝スクール修道院をさす。1648年、ベネディクト会修道女たちのために建てられた修道院で、彼女たちは優しい夫の求めに応じて修道院に幽閉された「寄宿生」の妻たち

を世話していた。シテ・クヴァン（Cité du Couvent）は3区にある。

グヴィオン＝サン＝シル Gouvion-Saint-Cyr

1764-1830年。ローラン・ド・グヴィオン＝サン＝シル侯爵は、フランス北東部ムルト＝エ＝モーゼル県のトゥールに生まれ、南仏ヴァール県のイエールに没した元帥。1793年に少将、94年に中将に昇進した彼は、75年のマインツ攻囲戦や97年のケール防衛戦で目覚しい軍功をあげる。さらに1806年から翌年にかけてプロイセンへの軍事遠征に従事し、1808年にはカタルーニャ（カタローニュ）方面軍を指揮して、ロサスの町を奪取する。そして、ロシア遠征時の1812年に元帥に叙され、翌年、ドレスデン防衛戦を託されるが、弾薬や糧食がつきて降伏する。

1814年、サン＝シル侯はブルボン家に近づき、15年の百日天下時にはナポレオンから距離を置いた。そのことにより、王政が復古した1815年7月に陸軍卿に任命される。しかし、古参兵たちに対するその対処の仕方が「過激王党派」との疑念を抱かせ、辞任を余儀なくされる。国王はそれへの埋め合わせとして彼に侯爵位を授け、1817年には海軍卿、次いで陸軍卿に再登用する。だが、この新たな任命も反発を招き、1819年11月、最終的に職を辞すのだった。彼にちなんで1864年に命名されたグヴィオン＝サン＝シル大通り（Boulevard Gouvion-Saint-Cyr）は、17区にある。

グザヴィエ・プリヴァ Xavier Privas

1863-1927年。グザヴィエ・プリヴァはリヨンで生まれ、パリで他界したシャンソニエ（漫談家）・詩人・シャンソン作曲家。1892年にパリに出た彼は、音楽パーティーの「ソワレ・ド・ラ・プリュム（羽毛の夜会）」にくわわり、やがてみずからも「ソワレ・プロコプ」【プロコプは17世紀末に開業した現存するパリ最古のカフェで、ダランベールとディドロがここで『百科事典』の編纂を思い立った】を立ち上げている。同じ頃、彼はまたモンマルトルの居酒屋「シャ・ノワール」【→アルフォンス・アレ】

にも足しげく通い、自分の居酒屋「ノクタンビュル（夜遊び人）」を開業してもいる。

1903年から、プリヴァには協力者が現れる。のちに妻となるフランシヌ・ロレ【1963没。シャンソン歌手・作曲家】である。何にもまして理想主義者だった彼は、数多くのシャンソンをつくっている。「おべっか使い」や「小箱」、「キマイラ」などである。彼に捧げられたグザヴィエ＝プリヴァ通り（Rue Xavier-Privas）は、1929年から5区にある。

クストゥー Coustou

リヨンに生まれ、パリで没した彫刻家のギヨーム・クストゥー（1677-1746）は、アントワヌ・クワズヴォ【1640-1720】に師事し、1697年、ローマ大賞を得ている。兄のニコラ（1658-1733）もまた彫刻家で、芸術アカデミー会員でもあった。彼はパリのノートル＝ダム司教座聖堂にある『キリスト降十字架像』を制作する一方、弟ギヨームが国王関連施設の仕事を請け負うよう、重要な働きかけもした。その甲斐あって、1704年、弟も同じアカデミー会員に選ばれている。

ギヨームの疑いえない傑作として、19世紀初頭にシャンゼリゼ大通りの入口に設置された『マルリーの馬』がある。この作品は、1745年から、マルリ＝ル＝ロワ【パリ西方】の城のテラスを飾っていた。18区のクストゥー通り（Rue Coustou）は1864年、彼の息子で同じ彫刻家だったギヨーム2世【1716-77。作品としてはサンス司教座聖堂内の王太子廟などがある】にちなんで命名されている。

グティエール Gouthière

1741-1806年。彫金師・青銅像鋳造師のデジレ・グティエールは、シャンパーニュ地方の中心都市トロワに生まれている。1770年からフランス王室お抱えとなり、デュ・バリ夫人【1743-93。ルイ15世の愛妾として政治をぎゅうじり、フランス革命で処刑される】のために、パリ西郊にあるルヴシエンヌ城の装飾を手がけた。

クチュール・サン＝ジェルヴェ Couture Saint-Gervais

昔、「クチュール」という

語は大規模な耕作地を意味していた。3区のクチュール・サン＝ジェルヴェ通り（Rue des Coutures–Saint–Gervais）は、1620年頃、サン＝ジェルヴェ女子援助修道会の耕作地に敷設されている。

グト＝ドール Goutte-d'Or 18区にはグト＝ドール通り（Rue de la Goutte-d'Or）があるが、呼称自体は15世紀中葉から知られていた。もともとはきわめて上質なワインを産していたブドウ畑に由来する語で、中世にはパリ市が国王に毎年グト＝ドール・ワイン4樽を提供する習わしになっていた。グト＝ドール通りはこのブドウ畑の上に1814年に敷設されたものである。

クテルリ Coutellerie 16世紀、4区のクテルリ通り（Rue de la Coutellerie）には、かなりの数にのぼる刃物店が店をかまえていた。現在の呼称は当然のことながらそれに由来する。

グート Goethe 1749-1832年。ドイツの詩人・作家・政治家・科学者のヨハン・ヴォルフガング・フォン・ゲーテ（グート）は、フランクフルト・アム・マインで生まれ、ヴァイマルで没している。彼は若い頃からさまざまな文章を書いたが、さほど注目を浴びることはなかった。短い期間ながら、錬金術や神秘主義にも関心をいだいた。そしておそらくストラスブール大学に入った1770年から、普遍主義の基盤に本格的に目を向けるようになり、それが彼の才能を何よりも強く特徴づけるようになる。

やがてゲーテはストラスブール近郊の村に住む牧師の娘フレデリク（フリーデリケ）・ブリオンに夢中になり、彼女のためにきわめて美しい叙情詩を何篇も書く【「野ばら」や「五月の歌」など】。1771年、故郷のフランクフルトに戻った彼は、1774年、書簡体小説の『若きウェルテルの悩み』を発表し、翌年、若いカール・アウグスト公【1757-1828。のちのザクセン＝ヴァイマル＝アイゼナハ公爵で、自由・人文主義的思想家たちの庇護者】から、その相談役や大臣かつ友人として迎えられる。

こうして彼はさまざまな問題にかかわり、

一方でシュタイン夫人【1742-1827。ヴァイマル男爵の妻で、文人としても知られ、1794年、ゲーテとの悲恋を描いた悲劇『ティドー』を著している】との関係によって、禁欲と克己を教え込まれる。その著作で描かれたこうした青春時代の有為転変は、徐々に古典的様式を席巻し、成熟の時期に入ると、それがゲーテ文学の様式となり、『タウリス島のイフィゲニア』【1787年。数通りの版がある】や『エグモント』【1788-89年】、『ヴィルヘルム・マイスターの修業時代』【1796年】などを発表する。

1786年9月から88年6月までローマに滞在した彼は【『イタリア紀行』（1816-17年）はこのときの体験を綴ったもの】、ドイツに戻る。そして、シュタイン夫人との関係を精算し、クリスティアーネ・ヴルピウスという平凡な女性と親しくなり、長い内縁関係ののちに結婚する【入籍は1806年】。彼女とのあいだには息子アウグスト（1789-1830）をもうけた。この息子が生まれた年にフランス革命が起こると、その重要性を確信したゲーテは次のように書いている。「その場所、その日から、世界史の新しい時代が刻まれる。あなたはこう言えるだろう。自分はまさにそこにいた、と」

1794年、ゲーテはフリードリヒ・フォン・シラー【1759-1805。ドイツの詩人・歴史家・劇作家・思想家。ゲーテと並ぶドイツ古典主義の代表格】と出会う【最初の出会いはおそらく1788年以前】。この出会いによって、彼は青春時代の熱い血を蘇らせ、それからの10年に及ぶ交流は、彼に多くの作品を書かせる時期となった。

詩人であるだけでなく、政治家や科学者でもあったゲーテは、人間のあらゆる知に精通していたとされる。その著作は膨大で、前述した作品にくわえて、たとえば『ローマ悲歌』【1795年】や『ヘルマンとドロアーテ』【1798年】、『色彩論』【1810年】、『詩と真実』【1811年】、『西東詩集』【1819年】、『親和力』【1829年】、『ファウスト（I・II部）』【1806-31年】、そして死の1ヶ月前に完成した『新ファウスト』【1832年】など

がある。

ゲーテははまた以下のような言葉を遺してもいる。「われわれは古い伝統をしっかりと維持するよう努めなければならない」、「人は生きながらにして生きるだけである」。そしてこうも言っている。「私は不可能なことを夢見る者を愛する」。パリのグート通り（Rue Goethe）は、1885年から16区にある。

クードロー Coudreau　クードロー家は12・13世紀にオーベルヴィリエに封土を有していた。そのことを忘れないため、1930年に19区の通り（Rue du Coudreau）に同家の名がつけられた。一族には、1859年にブラジルのパラで没した探検家のアンリ・クードローがいる。彼はアマゾン川右岸の支流を遡行したことで知られる。

グノー Gounod　1818-93年。シャルル・グノーはパリに生まれ、パリ西郊のサン＝クルーに没した作曲家である。1839年、音楽部門でローマ大賞を受賞した彼は、1843年から3年間、パリ海外伝道協会の教会でオルガン奏者と礼拝堂楽長をつとめる。この時期、彼は修道会に入ることを真剣に考えたという。やがて1851年にオペラ『サッフォー』を、翌年には『ユリシーズ（オデュッセウス）』を発表するが、54年のオペラ『血まみれの修道女』は失敗だった。しかし、1858年、オペラ『不承不承の医師』で注目をあび、とくに59年のオペラ『ファウスト』は大成功をおさめた。そして1864年、彼の最高傑作とされるオペラ『ミレイユ』【原作はフレデリク・ミストラルのプロヴァンス詩】を上演する。それに続いて、1866年には『鳩』、67年には『ロミオとジュリエット』も書き上げる。

これら舞台音楽にくわえて、グノーはまたシンフォニーやメロディー（『セレナーデ』）、カンタータ（『ガリア』）、オラトリオ（『贖罪』や『死と生』）、ミサ曲の『テ・デウム』、『スターバト・マーテル（悲しめる聖母は立てり）』、『ガリラヤ湖上のイエス』なども作曲している。芸術アカデミー会員でもあった彼の名は、17区のグノー通り（Rue Gounod）に残っている。その命名は1894年である。

クフェール（クーフェ）Keufer　1851-1924年。13区のクフェール通り（Rue Keufer）は、組合活動家だった人物にちなんで、1935年に命名されている。フランスで労働組合が組織されたのが1872年だったことからすれば、クフェール氏は最初期の活動家だったといえる【グベ通り（Rue Goubet）は19区】

グベ Goubet　1838-1903年。1934年にその名が通りの呼称となったデジレ・グベは技術者で、潜水艦建造の先駆者とされている。これは正当なことといえる。

クーラ Courat　20区のクーラ通り（Rue Courat）は、かつてはCouraと記されていたが、おそらくそれはポルトガル【最北部】の町にちなんでのことだったろう。現在の表記で知られるようになったのは、1760年【1758年？】年からである。

グライユル Glaïeuls　グライユル通り（Rue Glaïeuls）は20区に位置するが、かつて近くにあったバニョレ公園とブリュイエール公園には、おびただしい数の花が咲き乱れ、そのなかにはグライユル（グラジオラス）も見られた。1936年に命名された通りの呼称は、この花にちなんでいる。

グラヴィリエ Gravilliers　グラヴィリエとは、13世紀に、ワインの澱を焼いてつくる真珠灰で染色するために布地を準備する職人を意味していた。1250年当時、現在の3区にあるグラヴィリエ通り（Rue des Gravilliers）には、これらの職人が住んでおり、それが通りの呼称となった。

クラヴェル Clavel　1773-1843年。ピエール。クラヴァルは1814年、ビュット＝ショーモンを【対仏大同盟軍から】必死で守った将軍【一連のナポレオン戦争における歴戦の勇士として知られる】。祖国フランスは彼に感謝し、1868年、パリの通りにその名を冠した。19区のクラヴェル通り（Rue Clavel）がそれである。

グラヴェル Gravelle　12区のグラヴェル通り（Rue de Gravelle）は、1919年、近く

にある高台にちなんで命名されている。では、この高台の呼称は何に由来するのか。砂粒に似た小さな結石が尿道にある尿砂にか。実際のところは不明というほかない。

クラシエ Kracher 18区のクラシエ小路（Passage Kracher）は、この小路が開通した当時、ここに家を有していたクラシエ氏にちなんで命名されている。

グラシエール Glacière かつてビエーヴル川は、13区のグラシエール通り（Rue de la Glacière）［字義は「氷通り」］にしばしば沼をつくり、冬ともなれば、そこがパリっ子たちの予期せぬスケートリンクとなっていた。一方、氷となったその川水は切り出され、土で覆った井戸の底に保存されて、夏氷としてもちいられていた。こうした2通りの理由から、この通りは1863年に命名されている。

グラシューズ Gracieuse グラシューズとは、16世紀初頭に敷設された5区の通りに、1245年当時家をかまえていた一族の名である。だが、この通りが「優雅な」を意味する現在のグラシューズ通り（Rue Gracieuse）とよばれるようになったのは、1801年のことである。

グラース・ド・デュー Grâce de Dieu 6区にある私道グラース＝ド＝デュー小路（Cour de la Grâce-de-Dieu）の呼称は、劇作家アドルフ・デヌリ【1811-99】とギュスタヴ・ルモワヌ【1802-85】が共作し、ゲテ座で大成功をおさめた戯曲『神の恩寵』（1841年）の題名に由来する。この私道はゲテ座主だったメイエル氏の所有地に敷設されており、1870年、彼がその名付け親となった。彼にかなりの収益をもたらした同名の芝居を記念して、である。

クラペロン Clapeyron 1799-1864年。ブノワ・クラペロンはパリ出身の技師【物理学者】。鉱山技師としてロシアに数年滞在し、1831年、帰国すると、土木局長に任命され、53年、科学アカデミー会員となる。ヴェルサイユとパリ西郊サン＝ジェルマン＝アン＝レのあいだの鉄道敷設は、彼が主導した。1867年、パリの動脈にその名が冠せられている。8区のクラペロン通り（Rue Clapeyron）である。

グラム Gramme 1826-1901年。ゼノブ・グラムは南ネーデルラント、今のベルギーのジェネ＝ボドニェに生まれ、パリ北郊のボワ＝コロンブで没した電気技師。1867年、彼は交流発電機を発明し、さらに69年には連続運転が可能な環状電機子をもちいた発電機【グラム発電機】を考案している。さらに1872年、有名なダイナモを開発しているが、当初のそれは数本の回路にのばした軟鉄の輪をそなえ、強力な磁場で回転するものだった。彼にちなんで1900年に命名されたグラム通り（Rue Gramme）は、15区にある。

グラモン Gramont フランス南西部のナバラ領を出自とするグラモン（1930年までGrammont）家は、1765年、3代前から有していた邸館の場所に通りを2本敷設することを認められた。そのうちに1本には同家の名がつけられた。この許可をえるより前の1725年から、おそらくグラモン家はその不動産のかなりの部分を売却していたはずである。同家の一員であるアントワヌ4世が、まさに借財まみれで他界していたからだ。同家最後の当主として知られるルイは文学者で、シェークスピアの『オセロ』を仏訳し、『ルールー』や『悲惨な首飾り』【刊行年不詳】などを著している。彼は1854年に生まれ、20世紀初頭まで生きた。

もうひとりのグラモンとしては、ルイより2世紀以上前の1638年に生まれ、73年に没したギュシ伯のアルマンがいる。将軍だった彼は数多くの華やかな色恋沙汰で知られる。ルイ14世（ルイ・ル・グラン）の義妹アンリエット・ドルレアン【1644-70。ヘンリエッタ・マリア・オブ・フランスとも。アンリ4世とマリ・ド・メディシスの娘で、イングランド王チャールズ1世（在位1625-49）の王妃。夫王の政治に影響を及ぼし、芸術の庇護にもつとめたが、国王派の騎士党と議会派の円頂党によるイングランド内戦で、数奇な運命をたどった】につきまとって名誉を失ったが、それも長くは続かなかった。

軍神マルスの戦場における彼の勇猛さが、愛と美の神ウェネス（ヴィーナス）が用意した戦場での熱情に匹敵していたからである。1930年の命名になるグラモン通り（Rue de Gramont）は、2区にある。

クラン Crins 20区のクラン袋小路（Impasse de Crins）の呼称は、かつてここにマットレス用に馬の長毛（クラン）を集めた建物があったことに由来する。

グラン・ヴヌール Grand Veneur 3区のグラン＝ヴヌール通り（Rue du Grand-Veneur）は、かつて同名の邸館が近くにあったことにちなんで1987年に命名されている。あきらかにこの邸館は、馬に乗り、猟犬を使っておこなう狩りを組織・差配していた王国狩猟頭（グラン・ヴヌール）（おそらくシャルル10世【在位1824-30】）のものだった。

グランジェ Grangé 1810-87年。ウジェーヌ・バステ、通称ウジェーヌ・グランジェは、パリで生まれ没した劇作家。その処女作『ペテン師』はヒュナンビュル座で上演されている。多産かつ精神的な書き手であった彼は、さらに『パリのボヘミアン』【1843年】や『鼻眼鏡の騎士たち』、『マルディ・グラの新婦』【1861年】、『ヴェール＝ガランの風車』【1876年】、『グロゼヨンの結婚』などを発表している。彼の名を冠したグランジェ小公園（Square Grangé）は、1914年から13区にある。

グラン・シャン Grands Champs 20区のグラン＝シャン通り（Rue des Grands-Champs）は、1877年に命名されている。19世紀初頭から知られていた地名を呼称としているが、「広大な野」を意味する呼称からも容易に分かるように、そこには、当時のパリの市門に数多くみられたような広い緑地があった。ただし、「グラン＝シャン」の地は当初はシャロンヌ村に属していた。

グランジュ・オー・ベル Grange aux Belles グランジュ・オー・ベル【字義は「美女納屋」】はGrange aux Pelles（グランジュ・オー・ペル「スコップ納屋」）の変形ないし美化である。15世紀、スコップ1杯は「ペレ」とよばれていた。当時、サン＝トポルテュヌの周壕が建設されているが、その際、除去された土や残骸が、現在、10区のグランジュ＝オー＝ベル通り（Rue de la Grange-aux-Belles）となっているあたり、もしくは旧サン＝トポルテュヌ小路にあった農場にすてられたのだった。

グランジュ＝バトリエール Grange-Batelière 9区のグランジュ＝バトリエール通り（Rue de la Grange-Batelière）は、当初、ラテン語で「要塞化された」や「防塁で囲まれた」を意味するbataillataに由来する、グランジュ＝バタイエ（Grange-Bataillée）通りとよばれていた。たしかに17世紀には、ここに防塁を巡らされた農場があった。それからまもなく、呼称はもはや不明だが、そこに水運可能な川が流れているところから、バタイエという語がバトリエール【字義は「船舶の」】となったはずである。

オペラ座の下を流れるこの川については、まさに農場建設時に出された報告書に以下のように記されている。「固い川床の代わりに、深さ5～6メートルのところに昔から川の底が見えた。だが、そこには砂が堆積しており、浚渫しなければならなかった」。現在のグランジュ＝バトリエール通りは、1851年からある。

グランセ Grancey 14区のグランセ通り（Rue de Grancey）は、1875年、普仏戦争時の1870年12月2日にパリ南東部のシャンピニーで戦死した、機動憲兵隊大佐のマンダ・ド・グランセを悼んで命名されている。

グラン・セール Grand Cerf 2区のグラン＝セール小路（Passage du Grand-Cerf）は、そこに古い旅籠「グラン・セール（大鹿）」があったことにちなんで命名されている。この旅籠は1782年当時にすでに存在しており、警察総代行官【警視総監の前身】のジャン＝シャルル＝ピエール・ルノワール【総代行官在任は1774-75年と76-85年】は、そこにオペラ＝コミック座を建てようとして頓挫している。小路自体はフランス革命前から知られており、数多くの乗合馬車や

駅馬車がこの小路を通って、**サン＝ドニ通**りとデュース通りに入口があった旅籠に到着していた。

グラン＝ゾーギュスタン Grands-Augustins　6区のグラン＝ゾーギュスタン河岸通り（Quai des Grands-Augustins）および同名の通り（Rue des Grands-Augustins）は、かつてのグラン＝ゾーギュスタン修道院に呼称を負っている。1261年、聖王ルイ（**サン＝ルイ**）は、現在の通りの55番地にキリスト苦行同宗団ないし「サシェ（袋）団」（メンバーが袋状の衣をまとっていたところから）の修道院を建立している。

　この同宗団は13年後に解散し、代わりに、聖アウグスティノ（アウグスティヌス）隠修士会の修道士たちがそこに入るようになる。彼らはこの修道院に自分たちと同じ修道士を養成するための寄宿学校を設け、そこで哲学や神学を学んだ者たちは、やがてパリ大学神学部の教職についた。だが、1789年のフランス革命で修道院は閉鎖される。グラン＝ゾーギュスタン河岸通りは、1313年に敷設されたパリ最初の河岸通りであり、一方、グラン＝ゾーギュスタン通りは、1625年から現在の呼称となっている。

グラン・ダルメ Grande Armée　10区と17区を走るグラン＝ダルメ大通り（Avenue de la Grande-Armée）は、1864年、第一帝政の軍事遠征を担った有名な軍隊【ナポレオン軍】を追憶して命名されている【字義は「大軍」】。それまで、この大通りはヌイイ街道、ポルト＝マイヨ大通り、さらにヌイイ大通りとよばれてきた。

グラン・デグレ Grands Degrés　1720年に命名された5区のグラン＝デグレ【字義は「大階段」】通り（Rue des Grands-Degrés）の呼称は、当時セーヌ河岸に通じていた石造りの階段に負っている。

グランド・ショーミエール Grande Chaumière　6区のグランド＝ショーミエール【字義は「大きな藁葺き家」】通り（Rue de la Grande-Chaumière）は、同名の舞踏会場にその名を負っている。ティンクソンなる

イギリス人が1788年に開設したイギリス風の庭園付き舞踏会場で、その小径は、ナポレオンがエスリングの戦い【ウィーン郊外の戦場。1809年5月、ナポレオン軍がオーストリア軍と戦い、敗北した】のあとにマセナ元帥にあたえ、元帥の死後に移植された月桂樹で長いあいだ飾られていた（ちなみに、月桂樹は雷を除ける力を帯びていると考えられていた）。この舞踏会場は1863年に閉鎖されたが、通りの命名はそれ以前、1842年になされている。

グランド・トリュアンドゥリ Grande Truanderie　13世紀からある1区のグランド＝トリュアンドゥリ通り（Rue de la Grande-Truanderie）は、国王ルイ14世（ルイ・ル・グラン）の時代までこの通りに執拗に出没していた、物乞いたちにちなんで命名されている。「財布か命か」【命が欲しけりゃ金を出せ】という表現は、この界隈でしばしば聞こえていた言葉であり、ここでは売春もかなり盛んだった。

グランド・パント Grande Pinte　これは12区のシャラントン通りにあった居酒屋の名で、稀代の盗賊カルトゥーシュが仲間たちと足繁く通っていた【1721年10月、彼はこの居酒屋で逮捕され、翌月、パリ市庁舎前のグレーヴ広場で車刑に処されている。詳細は蔵持著『英雄の表徴』（新評論、2011年、第8章）参照】

グランド・リゴル Grandes Rigoles　2004年に命名された20区のグランド＝リゴル広場（Place des Grandes-Rigoles）は、中世のパリに水を供給していた「北部水源」の一部だった、「大水路」の地下貯水池の近くに位置している。

グラン・バルコン Grand Balcon　1区のフォーロム・デ・アル【→アル＝カン＝シェル】中央部に位置するグラン・バルコン【字義は「大展望台」】は、いわゆる「下広場」を周る屋根つきの歩行者専用道路である。そこには2箇所に階段があり、西側のグラン・バルコンと、「レ・アル庭園」にあるバルタール通りを結んでいる。

グラン・プリウレ Grand Prieuré　11区の

グラン＝プリウレ通り（Rue du Grand-Prieuré）は、1783年、タンプル大修道院の所有地に敷設されている。呼称はこの大修道院にちなむ。

グラン・ムーラン Grands Moulins 13区のグラン＝ムーラン（大風車）通り（Rue des Grands-Moulins）は、1920年にパリ左岸の国土整備対象区域（ZAC）に建てられた同名の製粉工場【現在はパリ第7大学付設の東洋語学校や中央図書館など】を記念して、2002年に命名されている。

クリスティヌ Christine 1606-63年。6区のクリスティヌ通り（Rue Christine）は、国王アンリ4世とマリ・ド・メディシス【1575-1642】の次女であるクリスティヌ・ド・フランス【1606-63】にちなんで命名されている。1619年に嫁いだサヴォイア公の夫ヴィットーリオ・アメデーオ1世【1587-1637】が没した1637年、彼女は長男フランソワ＝ヤサント【1632生】の、そしてこの長男が1638年に幼くして他界すると、次男シャルル＝エマニュエル2世【1634-75】の摂政となった。

かなり奔放な素行ゆえ、この上もなく激しい非難の的となったが、彼女はリシリューと自分のふたりの義兄弟、すなわちモーリス枢機卿とスペインを後ろ盾としていたサヴォイア公トマ【1595-1656】から、息子の権利を精力的に守った。2度の陰謀にも打ち勝った。在トリノ（テュラン）【サヴォイア公国の首都】のフランス大使だったミシェル・パリティセリ・デムリ【1596-1650。リシュリューの寵臣で、徴税総請負人や財務卿などを歴任した】と、モーリス枢機卿による陰謀である。

おそらく想起しておいたほうがよいだろうが、彼女はサヴォイアの公爵夫人だった。にもかかわらず、1639年、激しい抵抗も叶わずにトリノから追放され、フランスに亡命する。ただ、その要塞だけは明け渡さなかった。やがてフランス人の手を借りて復権した彼女は、1642年、ふたりの義兄弟とも和解し、45年には、要塞もマザランによって正式に返還された。クリスティ

ヌ通りは、彼女の存命中からその名をつけられていた。

クリスティヌ・ド・ピザン Christine de Pisan 1364-1430年頃。クリスティヌ・ド・ピザンはフランス文学最初の女流文人とされている。フランス国王シャルル5世に仕えていた、イタリア人博物学者・占星術師、哲学者を父【トンマーソ・デ・ベンヴェヌート】にもつ彼女は、15歳で結婚【相手は国王秘書官のエティエンヌ・ド・カステル】、25歳で寡婦となり、残された子供3人をみずからの文筆で養った。そのもっとも有名な著作は『貴婦人の都の宝』【1404年。女性の人権を擁護した最古の著作のひとつ。1429年には最後の詩「ジャンヌ・ダルク讃」を書いている】である。

彼女の詩のひとつは次のような詩句から始まっている。「彼女はその苦しみをだれに打ち明けるべきか／友のいない娘／友のいない娘／彼女はいかにして生きればよいのか／一日たりと寝ることはなく／つねに目覚めている／彼女を起こし／眠らせないもの／それは愛である」。17区のクリスティヌ＝ド＝ピザン通り（Rue Christine-de-Pisan）は、1985年に命名されている。

クリスチャニ Christiani 1814年に【対仏大同盟軍が】モンマルトルに侵入した際（むろん、当時はここに観光客の姿はなかった）、将軍シャルル＝ジョゼフ・クリスチャニ【1772-1840】はその勇猛果敢さによって名声をはせた。彼の名を18区の通り（Rue Christiani）に冠したのは、1864年のことである。

クリスチャン・ドゥエ Christien Dewet 1854-1922年。南アフリカ連邦オレンジ（オランィエ）自由国のレーウコップに生まれたボーア人【アリカーナー、ブール人とも】の将軍。1902年、イギリス軍ときわめて勇猛に戦ったのち、平和協定を結んだ人物である。12区のクリスチャン＝ドゥエ通り（Rue Christian-Dewet）は1901年に命名された。

クリスチャン・ピノー Cheristian Pineau 1904年、フランス東部シャンパーニュ地

方のショーモン＝アン＝バシニに生まれ、95年にパリで没したサンディカリストで、レジスタンス活動家・政治家。彼は数度閣僚となったほか、外交官や首相を歴任した。7区のクリスチャン＝ピノー小路（Allée Christian-Pineau）は2000年に命名されている。

クリストフ・コロン Christophe Colomb

新大陸の発見者クリストフ・コロンブス（コロン）はおそらく1436年、あるいは41年もしくは46年にジェノヴァ（ジェーヌ）共和国に生まれ、1506年にカスティーリャ王国のバリャドリッドで没している（ただし、この没年も確かではない）。14歳で船乗りとなり、28年間を航海で送った。1480年、彼はポルトガルの航海家【一説に世襲領主】の娘フェリパ・ペレストレリョと結婚する。

　コロンブスの最初期の航海は北海からアイスランドにかけてだった。やがて、ギニアにまで赴くが、その後、大西洋を横断して東から西へと向かう航路を開拓したいと思うようになる。だが、それはポルトガル王室から反対される。それでも計画を実現することを決意して、彼はスペイン（イスパニア）へと向かう。幸い、グラナダ王国との和平がなった王室は、彼に援助をあたえた。

　こうして1492年8月3日、コロンブスはカラベル船のサンタ・マリア号とニーニャ号、ナオ船のピンタ号の3隻とともに、パロス港を出帆する。サルガッソ海を越え、磁気変動を発見して（すでに！）、同年10月11日夜半から12日にかけて、船団はバハマ諸島の小島に到達する。コロンブスはこの島をサン・サルバドルと名づけた。アジアの東端にやってきた。彼はそう思いこんだ。やがてキューバ近くを通るが、そこが中国だと信じて疑わなかった。そしてハイチ【イスパニョーラ島】に上陸し、土地を奪うだけでなく、要塞も築いた。そこからイスパニョーラ島の海岸にそってサマナ岬へと向かい、帰途の旅につく。パロス港に着いたのは1493年3月15日だった。彼

は熱狂的に迎えられ、発見地の副王と提督に叙せられた。

　コロンブスはさらに2度の航海をおこなっている。1493年9月23日に始まる航海では、プエルトリコやグアドループ（グワドループ）、ジャマイカを探検した。1498年の航海では、アメリカ大陸の沿岸を進み、トリニテ諸島やグレナダ諸島を発見した。この航海の途中、ハイチの平和を回復するため【コロンブス率いるスペイン軍は先住民の虐殺や迫害をほしいままにしていた】、提督のボバディーリャ【?-1502】がスペイン本国から派遣されてコロンブスは逮捕され、スペインに護送される【1500年】。この措置に憤ったカトリック両王フェルナンド2世【アラゴン王在位1479-1516。カスティーリャ王（フェルナンド5世）在位1474-1504】とイサベル1世【カスティーリャ女王在位1474-1504】はボバディーリャを召喚し、以後、彼は名誉を失ったまま生きることになる。

　一方、両王はコロンブスにも指揮権を戻さなかった。彼もまた両王からの信頼を失ったのだ。それでも彼は粘り強い運動によって、1502年に再び出発し、アンティル諸島と中米沿岸を探検する。1504年、彼は帰国の途につくが、すでにイサベル女王は他界しており【同年11月】、だれからも相手にされなくなり、貧困と絶望のうちに他界する。1873年、ボルドー大司教ドネ【1795-1882】の働きかけで、コロンブスを列福しようとする機運が高まるものの、ローマ教皇庁の反対で沙汰止みとなった。8区のクリストフ＝コロン通り（Rue Christophe-Colomb）は1865年に命名されている。

クリシー Clichy

8・9・17・18区にまたがるクリシー広場（Place de Clichy）は、クリシー大通り（17・18区）・通り（9区）・小路（18区）（Avenue/Rue/Passage de Clichy）の始点であり、9・18区のクリシー大通り（Boulevard de Clichy）も、この広場へといたる。クリシーの町はメロヴィング朝時代の人々によって建設され

【6世紀】、ダゴベルト王【在位629-639】の
お気に入りの居所のひとつとなった。8世
紀には、聖ヴァンサン・ド・ポール（サン
＝ヴァンサン＝ド＝ポール）がクリシーの
防司祭となり、宗教会議もここで数度開か
れている。

クリシー広場はかつて入市税徴収所があ
った場所に位置し、1814年、ここでフラ
ンス軍と対仏大同盟軍の激戦がくりひろげ
られた。モンセ将軍率いる国民軍は必死の
抵抗を試み、クリシーの柵は敵軍に最後ま
で立ち向かった。この戦闘中、モンセとそ
の司令部は居酒屋の「ペール・テュイル」
【1765年に開業し、1906年に姿を消した店で、
戦う兵士たちに食事をふるまい、こう激励し
たという。「兵士たちよ、すべて食べつくして、
敵に何も残すな！」】におかれていた。

グリジエール Glizières　1999年に命名され
た16区のヴィラ・グリジエール（Villa
des Glizières）は、呼称を地名のレ・グリ
ジエール【字義は「粘土採取場」】に負って
いる。呼称から分かるように、かつてそこ
は粘土を採取する場所だった。

グリジヌ Glysines　1928年、「花の町」が建
設され、内側の通りすべてに花の名がつけ
られた。たしかにそれは魅力的な企画だっ
た。そして当然、13区のフジを意味する
グリジヌ通り（Rue des Glysines）も、こ
れら通りの1本となった。

グリゼ Griset　11区のシテ・グリゼ（Cité
Griset）は1910年からある。呼称はその土
地所有者だったひとりの名前に由来する。

グリゼル Grisel　グリゼル氏はこの15区の
グリゼル袋小路（Impasse Grisel）に家を
1軒有していた。

クリソン Clisson　1336-1407年。オリヴィ
エ・ド・クリソンはフランス西部のクリソ
ン城に生まれ、ブルターニュ半島のジョス
ランで没した大元帥。父親をフィリップ6
世【国王在位1328-50年】の命で斬首刑に処
された彼は、ブルターニュ継承戦争【1341
-64。百年戦争の初期、ブルターニュ公の跡
目を巡って、イングランド、フランス両軍が
戦った】の際、当初はイングランド軍に入

り、ブルターニュの港町オレーでデュ・ゲ
クラン率いるフランス軍を倒した。だが、
1370年、彼はジャン・ド・モンフォール
【ブルターニュ公在位1366-99】と仲違いし、
フランス王の考えに同調して、デュ・ゲク
ランの盟約騎士となる。

やがてクリソンは、イングランド軍を相
手とするフランス国王シャルル5世の戦い
で赫々たる栄光に包まれ、1380年10月28
日、シャルル6世【在位1382-1422】によ
って大元帥に叙される。「マルムゼ」（シャ
ルル5世時代の宮中顧問官で、シャルル6
世即位後も登用された者に対して政敵があ
たえた蔑称。「オム・ド・プー（下賤な者）」
とも）の指導者となった彼は、新王シャル
ル6世に対しても大きな力をもった。

だが、6世が狂気にとらわれ、玉座から
遠ざけられると、クリソンはブルゴーニュ
公【1342-1404。勇胆公フィリップ2世。百
年戦争のポワティエの戦い（1356年）で武勲
をあげた】によって失脚を余儀なくされ、
10万マルクの罰金と追放処分を受ける。
最後にブルターニュに戻り、没した。13
区のクリソン通り（Rue Clisson）は、
1865年に命名されている。

クリニャンクール Clignancourt　モンマル
トル地区の旧村で、1860年、パリに併合さ
れて18区の一部となった。歴史は古く、
クレニニ・クルティス（Clenini Curtis）
【字義は「クレニウス（土地所有者）の庭」】
が最初の呼称だとすれば、ローマ時代にま
でさかのぼる。ここにはテュルカムやリジ
ェーの領主が住み、その領主館はマルカデ
通りとモン＝スニ通りの角に1830年まで
あった。18区のクリニャンクール通り
（Rue de Clignancourt）は1868年に敷設さ
れている。同区・同名の小公園（Square
de Clignancourt）は1914年の命名である。

グリボーヴァル Gribeauval　1715-89年。
ジャン＝バティスト・ヴァケット・ド・グ
リボーヴァル将軍はアミアンで生まれ、パ
リで他界したが、とくにプロイセン軍砲兵
隊とのかかわりで知られる。1757年、オ
ーストリア女帝マリア＝テレジア【在位

1740-80。マリー＝アントワネットの母】から唐突にその砲兵隊長として雇われた彼は、シュヴァイドニッツでフリードリヒ2世【→ウレール】に抗戦する【1758年の7年戦争】。だが、武運つたなく敗れて捕虜となる。やがて保釈金と引き換えで釈放されると、オーストリア軍の元帥に任命される。

帰国したグリボーヴァルは1765年に地方総督補佐官、76年には砲兵隊主席監察官に昇進し、彼のおかげで、革命初期のフランス砲兵隊はヨーロッパ最強となった。7区のグリボーヴァル通り（Rue de Gribauval）通りは、1847年に命名されている。

グリモー Grimaud タロット・カードやトランプの愛好者なら、有名なカード製作者のバティスト＝ポール・グリモー【1817-99】のことをよく知っているはずだ。20世紀初頭に命名された19区のグリモー袋小路（Impasse Grimaud）は、あきらかに彼の名にちなんでいる。

クリメ Crimée ウクライナのこの半島を戦場とした1853-56年のクリミヤ（クリメ）戦争では、ニコライ皇帝【在位1825-55】とフランス・イギリス・オスマントルコ【およびサルデーニャ王国】連合軍が戦った。サン＝タルノー元帥【1798-1854】率いるフランス軍は兵力5万、ラグラン卿【1788-1855】麾下のイギリス軍は2万5000あまりだった。だが、英仏軍はドブルーチャを目前にしてチフスとコレラに襲われて多くの犠牲者を出していた。

1854年9月21日、セバストーポリ（セバストポル）攻囲戦が始まり、ロシア軍はアルマ川の高台から一掃された。この戦争は、1856年2月25日から停戦の討議がなされ、3月30日に結ばれたパリ条約調印をもって終わった。ヴィクトリア女王はこれを記念してメダイユ、通称「クリミア・メダル」をつくり、従軍したすべての兵士に配った。パリのクリメ通り（Rue de Crimée）は1868年から19区にある。

グリュク Gluck 1714-87年。グルック（グリュク）こと、クリストフ・ヴィリバルトは、ドイツ南西部バイエルン地方のエラス

バッハに生まれ、ウィーンで没したドイツ人作曲家。1736年、ロンバルディア公アントニオ・メルツィからその音楽教師に採用された彼は、公に従ってミラノに赴き、歌劇『アルタセルセ』【1741／42年】や『デメトリオ』【1742年】、『シファチェ』【制作年不詳】などを作曲する。彼はさらにロンドンからも招かれ、そこで『巨人の没落』【1746年】を書き上げる。

1748年、ウィーン【かつてマリア・テレジアの宮廷楽長をつとめていた】に戻ったグルックは、『皇帝ティトーの慈悲』【1752年】や『カミーロの勝利』【制作年不詳】、『アンティゴノ』【1756年】などをつくる。だが、彼が最初期の革新思想、すなわち従来の楽曲にみられる一切の気取りを捨て、悲壮感や厳格さを引き寄せながら、偉大なインヴェンションの力に彩られた革新思想を発揮するようなったのは、1762年に発表した『オルフェオとエウリディーチェ』からだった。

「音楽のミケランジェロ」とも称されたグルックはまた、オペラを力に満ちたドラマに変えたものの、多くの敵対者と相対しなければならなかった。とりわけ有名なのが古典主義派のニコロ・ピッチーニ（ピクシニ）との音楽論争で、この論争にはジャン＝ジャック・ルソー【グルック支持】と**マルモンテル【反グルック】**もかかわった。だが、1777年と79年に発表した『アルミード』と『タウリスのイピゲネイア』【ピッチーニとの競作】によって、グルックはこれら反対派を沈黙させた。9区にはそんな彼の名を冠したグリュク通り（Rue Gluck）がある。命名は1860年になされている。

クリュソル Crussol 11区のクリュソル通り（Rue du Crussol）は、1783年、**タンプル**大修道院が所有していた土地に敷設されている。当時、そのバイイ【裁判権を有する指導者】だったのがエマニュエル・ド・クリュソル【1743-1815】である。同修道院は中央山地アルデーシュ地方の同じ名の村を出自とし、勇猛な軍人を数多く輩出した

クリュソル家に属していた。本格的な要害だったクリュソル城の廃墟は、**ローヌ河谷**を降りていけば今でも目にすることができる。

クリュニー Cluny　5区のクリュニー通り（Rue de Cluny）は、近くにクリュニー館があったことにちなんで、1879年に命名されている。クリュニー修道院長だったピエール・ド・シャ（ス）リュが14世紀中葉に建てたこの邸館は、15世紀末に、弟【ジョルジュ・ダンボワズ（1460-1510）】がルイ12世【国王在位1498-1515】の大臣をつとめていた、ジャック・ダンボワズ【1440/50-1515。クリュニー大修道院長やクレルモン司教などを歴任した】によって、全面的に改築された。

1790年、クリュニー館は国有となり、やがて売却されて、次々と人手に渡るようになる。1836年、その所有者だったデュ・ソメラール【1779-1842。考古学者・美術品収集家】は、ここに自分が集めた中世・ルネサンス期の美術品を展示するための美術館を設けた。彼が他界すると、パリ市が邸館と美術館を購入し、1843年、国有となる。今日、**サン＝ミシェル大通り**と**サン＝ジェルマン大通り**の角にあるそこには、金網越しではあるが、ローマ時代のユリアヌスの浴場跡も見ることができる。

クリヨン Crillon　1543-1615年。。生前「軍人」とよばれていたルイ・バルビ・ド・ベルトン・ド・クリヨンは、南仏プロヴァンス地方のミュールスに生まれ、アヴィニョンで没している。彼は国王アンリ3世【在位1574-89】がブロワに逃れると、それに従ったが、ギーズ公アンリ【1550-88】を暗殺することは拒んだ。しかし、いずれ公は暗殺されることになる【いわゆるユグノー戦争期の「3アンリの戦い」で、アンリ王は政敵であるカトリック同盟の指導者ギーズのパリ入城をさけて逃げたが、ブロワで三部会を開くとしてギーズ公を招き、自分の近衛兵に命じて公を殺害させた。だが、翌1588年には、アンリ自身もカトリック同盟のドミニコ会士ジャック・クレマンに襲われ、その傷

がもとで、翌日、王位をプロテスタントのナバラ王アンリ（のちのアンリ4世）に託して他界した】

クリヨンは数多くの戦いに出陣し、数度にわたって負傷している。1580年のラ・フェール、86年のラ・レオルの戦いなどでだが、89年にも、マイエンヌ公シャルル【1554-1611。ギーズ公の弟】からトゥールの橋を守る戦いで負傷した。こうした傷にもかかわらず、同年、彼は北仏アルクの戦い【アンリ4世とマイエンヌ公の戦い】にくわわった。だが、グリオンを「勇者のなかの勇者」とたたえたこともあるアンリ4世は、彼に手厳しくこう言い放ったという。「首を吊りたまえ、勇者クリヨンよ。わが軍はアルクで敵を撃破した。しかし、貴公はそこにいなかった」。やがて1600年、クリヨンはシュリーとともにサヴォイア軍を指揮したが、しばらくして多くの古傷ために疲弊した彼は、引退を余儀なくされた。4区のクリヨン通り（Rue Crillon）は、1853年に命名されている。

グリル Gril　5区のグリル通り（Rue du Gril）は1642年に命名されているが、呼称はかつてここに花で囲まれたグリルを描いた看板がかかっていたことによる。

クルヴォー Crevaux　1847-82年。ジュール・クルヴォーはフランス北東部ムルト＝エ＝モーゼル県のロルカンに生まれた海軍医・探検家だったが、ボリビアのピルコマヨ河岸で先住民トバ族によって、多くの同行者ともども殺害されている。それ以前、1876年から79年にかけて、彼はトゥムク＝マケ【トゥムク＝ウマクなどともよばれる南米北部の山脈】や、アマゾン川のさまざまな支流を探検した。1880年にはマグダレーナ川【コロンビア西部】を遡り、アンデス山系を踏破してもいる。その名を冠した16区のクルヴォー通り（Rue Crevaux）は、彼の死後まもなくの1882年に命名された。

クルエ Clouet　15区のクルエ通り（Rue Clouet）は、16世紀の3人の画家、ジャンおよびフランソワ・クルエを偲んで

クルコ

1936年に命名されている。ジャン・クルエはふたりいた。ひとりは15世紀前葉に**ブリュッセル**の画家一族に生まれ、もうひとりのジャンはその息子（1485-1545）で、国王や諸公および宮廷貴族たちの肖像画で名をなしている。

　一方、フランソワ・クルエはその息子で、1510年に生まれ、72年に没している。彼が国王の従者兼お抱え画家だった父の跡を継いだのは、35歳のときだった。彼の作品はきわめて重要なものだが、署名のある絵画はごくわずかにすぎない。その作品のうち、とくに賞賛されているのが、アントウェルペン（アンヴェール）の美術館に所蔵されている幼いフランソワ2世【フランス国王在位1559-60】の肖像画と、**ルーヴル**のエリザベト・ドートリシュ【1554-92】およびその夫王シャルル9世【在位1561-74】の肖像画である。

グルゴー Gourgaud　1783-1852年。ガスパール・グルゴー男爵は、**ヴェルサイユ**で生まれ、パリで他界した将軍。1799年にパリの国立理工科学校（**エコール・ポリテクニーク**）を出た彼は、帝国の軍事遠征に従軍する。そして1811年、皇帝ナポレオンの副官となってその命を2度までも救い、皇帝が**フォンテヌブロー**で退位するまで従った。ナポレオンの失脚後、彼はルイ18世【国王在位1814-15／1815-24】の近衛兵となるが、1815年の百日天下時に再びナポレオンの麾下に入り、ワーテルロー（**ワテルロ**）で戦った。

　グルゴーはまた、セント＝ヘレナ島に流されたナポレオンに付き従った3人のひとりで、『ナポレオン下のフランス史に資するための回顧録』【1822-23年】をものしている。1818年、再び大陸の土を踏んだ彼は、さらにイギリスに渡って、有力者たちに高名な捕虜【ナポレオンのこと】の救出を訴えるが、徒労に終わった。そして、ナポレオンが他界した1821年に帰国する。ブルボン王朝を倒した1930年の7月革命で、パリと**ヴァンセンヌ**の砲兵隊長に任命され、35年には貴族院議員、49年には立法議会

の穏健派議員となった。17区のグルゴー大通り（Avenue Gourgaud）は、彼の死後17年目の1869年からある。

グルーズ Greuze　1725-1805年。ジャン＝バティスト・グルーズは、フランス中部ソーヌ＝エ＝ロワール県のトゥールニュで生まれ、パリで没した画家。屋根葺き職人を父に生まれた彼の最初期の作品のひとつは、1755年にパリで開催されたル・サロン展に出品した『聖書を子供たちに説く父親』で、これによって名が知られるようになった。絵画のなかにディドロの審美論を移植したその作品は、フランソワ・ブシェ【1703-70。宮廷画家で、ロココ絵画の巨匠とされる】の神話派に対抗したものといえる。とくに優れていたのは娘たちの描写で、彼女たちの顔の溌剌としたバラ色の肌には、ルーベンス（リュベンス）の的確な影響もみてとれる。

　グルーズの主な作品としては『村の婚約娘』【1761年】、『牛乳売の娘』、『混乱した娘』、『愛の女神への供物』【いずれも制作年不詳】などがある。ほかにファーブル・デ・グランティーヌやショーヴラン侯爵夫人の肖像画も手がけている。1769年、グルーズは絵画アカデミーの会員となるが、その晩年は悲惨だった。【革命によって】財産をすべて失い、やむなく絵を教えて細々とした日々を送らざるをえなかったのだ。クルーズ通り（Rue Greuze）は1864年から16区にある。

クルセル Courcelles　クルセルはパリ北西ルヴァロワ市に編入された小邑の名で、かつてクルセル通りはこの村に続いていた。少し歴史をさかのぼると、17世紀、ここには、幾多の恋愛沙汰で知られ、**サント＝ブーヴ**から「現代のマノン・レスコー」と称された、クルセル侯爵夫人マリ＝シドニャ・ド・ルノンクール【1650-85】が住んでいた。今日8区と17区を走るクルセル大通り（Boulevard de Courcelles）は、近くにこの通りがあったことによる命名である。

クールタロン Courtalon　1区のクールタロン通り（Rue Courtalon）は、至近にある

ラヴァンディエール＝サン＝トポルテュヌ通りに家を数軒有していた人物を名祖とする。命名は1428年。

クール・デ・フォンテーヌ Cour des Fontaines　1区のクール・デ・フォンテーヌ小路（Passage de la Cour-des-Fontaines）は、旧フォンテーヌ（泉）小路——現在のヴァロワ広場——の近くに位置し、呼称をパレ＝ロワイヤル庭園の池に水を供給していた貯水槽に負っている。

クール・デ・ヌ Cour des Noues　土木局の用語法では、ヌという語は中央部の窪みを溝が走る、断面が三角形状の舗道（の一部）をさす。20区のクール・デ・ヌ通り（Rue de la Cour-des-Noues）の場合、メニルモンタンを水源とする小川がこのヌを通り、やがて軽やかな流音をたてながらバニョレ城内の庭園へと向かい、そこで姿を消している。

クール・ド・ヴェ Coeur de Vey　クール・ドゥ・ヴェ【字義は「ヴェの心」】とはなかなか洒落た名前である。14区のヴィラ・クール＝ド＝ヴェ（Villa Coeur-de-Vey）は、このクール・ド・ヴェ氏の所有地に敷設されている。

クール・ドヌール Cour d'Honneur　1区のクール・ドヌール通廊（Galerie de la Cour-d'Honneur）は旧王宮のパレ＝ロワイヤルにあり、呼称はそれが正面前庭にそっていることに由来する。

クルトリ Courtry　7区のクルトリ通り（Rue de Courtry）は、18世紀末にクルトリ・ド・ロマンジュ氏の土地に敷設されている。それゆえ、この通りは生地モンペリエの複数の病院で外科医長をつとめたアメデ・クルトリ（1818–86）とは無縁である。

クルトリーヌ Courteline　1860–1929年。ジョルジュ・モワナオー、通称ジョルジュ・クルトリーヌは、フランス中部トゥールに生まれている。軍隊生活を短期間送ったのちに官吏となり、かなり自由に時間を使って小説を書き始める。作品の多くは味わい深く、評判をとった。その作品として、ここでは『陽気な騎兵隊』【1886年。獅子

文六・安堂信也訳、東京創元社】や『8時47分の列車』【1888年】、『ムッシュー小役人たち』【1893年】、『ブーブーロシュ』【1893年】、『ボダン氏』【1897年】、さらに『家の中の平和』【1903年】などがあることだけを紹介しておこう。

以下は、クルトリーヌの女性評である。「女性たちはその話の逆を信じがたいほど優れた嘘つきである」。そして愛についてはこう語ってもいる。「愛していても、もはや愛されないというのはたしかに辛いことである。それは、もはや愛していないのになおも愛されるということと同断ではない」。そんなクルトリーヌの名がパリの大通りに冠せられたのは、1930年のことだった。12区のクルトリーヌ大通り（Avenue Courteline）がそれである。

クルトワ Courtois　土地所有者の名前【クルトワ小路（Passage Courtois）は11区】

グルナド Grenade　ルネサンス期、「グルナド」はプレ＝サン＝ジェルヴェ村でもっとも繁盛していたガンゲット（酒場）だった。このガンゲットの名がつけられた19区のグルナド通り（Rue de la Grenade）は、1930年にパリに編入されている。

グルニエ＝サン＝ラザール Grenier-Saint-Lazare　3区のグルニエ＝サン＝ラザール通り（Rue du Grenier-Saint-Lazare）の呼称は、近くにあった旧サン＝ラザール修道院周辺の地所を何か所か所有していた、地主の名前グルニエ（Guernier）が変化したものである。この通りが1315年から知られているところからすれば、命名は中世のことといえる。

グルニエ・シュル・ロー Grenier sur l'Eau　4区のグルニエ＝シュル＝ロー通り（Rue Grenier-sur-l'Eau）の呼称は、あきらかに納屋ではなく、ガルニエ（Garnier）という地主の名に由来する。やがてこの通りは、1240年頃にセーヌ河岸に家をかまえていたグルニエ氏の名前でよばれるようになった。現在の呼称は1390年からである。

グルヌタ Greneta　一説によれば、2区のグ

ルヌタ通り（Rue Greneta）の呼称は、この通りの28番地にあった旧トリニテ（三位一体）施療院に由来するという。たしかに1313年当時、通りはトリニテとよばれていた。やがて表記が変化してデルステイ（Derneteï）、デルヌタ（Derneta）、さらにグルヌタとよばれるようになっている。だが、一部のパリ史家は、グルヌタが施療院よりあとに建てられた納屋ないし穀物の商店に由来すると考えている。いずれにせよ、この通りが現在のように命名されたのは1868年のことである。

グルネル Grenelle　グルネルという語はウサギの生息する森を意味する「ガラネラ（garanella）」に由来する。事実、中世の広大なグルネル平原はガラネラとなっており、**サン＝ジェルマン＝デ＝プレとサント＝ジュヌヴィエーヴ**両大修道院がそこを共有していた。この森は国王シャルル10世【在位1824-30】の時代まであり、そこには民家はなく、小ぶりなグルネル城があるだけだった。

　　1823年、開発業者たちの会社【→アントルプルヌール】がこの地を分譲することに決め、1830年、グルネルは以前とはまったく異なる村となった。分譲以前、グルネル平原はまたしばしば重大な軍務違反者に対する処刑場としてももちいられていた。6区と7区を走るグルネル通り（Rue de Grenelle）は1864年から、15区のグルネル大通り（Boulevard de Grenelle）は1864年、さらに15区と16区をつなぐグルネル橋（Pont de Grenelle）は1827年からある。

クルノ Cournot　1801-77年。アントワヌ・オーギュスタン・クールノー（クルノ）はディジョン北東部のグレに生まれ、パリで没した数学者・思想家・経済学者。パリの高等師学校を入学翌年に追放された彼は、復古王政末期まで「失業者」だった。やがて1834年、リヨン大学の教授となり、さらにグルノーブル（1835年）、ディジョン（1854年）で学長をつとめる。その主たる数学研究は可能性の算出にあった【彼は複

占理論をもちいた数理経済学の始祖とされる】。主著としては『富の理論原則にかんする研究』【1838年】や『唯物論、生気論、合理論』【1875年】などがある。彼を名祖とするクルノ通り（Rue Cournot）は1933年から15区にある。

クールバトン Courbaton　かつて1区のクールバトン袋小路（Impasse Courbaton）の名を聞けば、誰もが笑ったものだった。呼称が駄洒落に由来していたからだ。ここにはシャルドポルク（Chardeporc）とよばれる人物が住んでいた。この人名にふくまれるporc【現義は「豚」】は、ベーコンの謂だった。それゆえここは「コル・ド・ベコン（ベーコン／豚の首）」通りと命名され、やがてそれが変化して「クー・ド・バトン（棒での打擲）」となり、最後に現在の呼称となった。

グループ・マヌシアン Groupe-Manouchian　マヌシアン・グループは各国から集まったレジスタンス活動家たちの集団で、そのうちの22人は、1944年3月、ドイツ軍によって銃殺刑に処されている。20区のグループ＝マヌシアン通り（Rue du Groupe-Manouchian）は、この悲劇から10年後の1954年に命名されている。

クールベ Courbet　1827-85年。アメデ・アナトル・プロスペル・クールベは、**アブヴィル**生まれの提督。1883年、彼はベトナムの**アンナン**（安南）海岸に集結した海軍を指揮するために派遣され、首都フエのフオン川河口にあった要塞を一掃した。その3日後、フエはフランス軍の手に落ちた。やがてクールベはトンキン駐屯の陸海軍司令官に任命され、黒旗軍指揮官の劉永福【1837-1917。黒旗軍は当初は清朝支配に対して組織された中国農民の武装部隊で、北斗七星が描かれている黒地の旗を掲げていたところからこうよばれた】が軍隊を集結させていたソンタイを制圧した。この勝利後、彼はシャルル＝テオドル・ミヨ将軍【1829-89】と交替し、レジョン・ドヌール・グラン・トフィシエ勲章【大将校勲章。最上位のグラン・クロア（大十字）勲章の次】を授け

られた。

中国が天津条約を破ると、クールベは海軍を率いて福州の兵器廠を砲撃し、味方の艦船を1隻も失うことなく、敵の艦船と要塞をほとんど壊滅させた。彼はさらに中国艦隊を追撃して、1885年2月14日、揚子江河口を征服し、その勢いに任せて澎湖諸島をも占領した。やがて和平条約が結ばれると、クールベは帰国の途につくが、一連の苛酷な戦いで疲労の極みに達していた彼は、旗艦バヤール号の船上で他界する。1885年6月11日のことである。19区にあるクールベ小路（Passage Courbet）は、1880年に命名されている。なお。画家のギュスタヴ・クールベもパリの通りに名を残している。

クルミエ Coulmiers　クルミエはパリ盆地南部、オルレアンから18キロメートルに位置する町である。普仏戦争時の1870年11月9日、ここでオーレル・ド・パラディヌ将軍【1804-77】率いるロワール軍と、フォン・デア・タン将軍【1815-81】麾下のバイエルン歩兵隊が戦った。戦いの勝者はフランス軍で、プロイセン軍はオルレアンを撤退した。1876年7月30日、クルミエにはその記念碑が建てられた。1884年の同月同日、パリの通りにもこの町の名が冠せられた。14区のクルミエ通り（Rue de Coulmiers）である。

クール・ラ・レーヌ Cours la Reine　8区のクール・ラ・レーヌ遊歩道（Cours la Reine）は、マリ・ド・メディシスが当時シャイヨとよばれていた古い道をみごとな散歩道として整備させたものである。その一方で、マリは国事の重要な案件を、寵臣のコンチーノ・コンチーニ【1575-1617。アンリ4世に嫁いだマリに従ってフランスに移り、王太后マリが幼王ルイ13世の摂政となるや元帥位をえて、マリと政治の実権を握るが、国王の近衛兵に暗殺された】にゆだねていた。この遊歩道の呼称はひとりの王妃がそれをつくったことを想い起こさせるが、彼女にとっておそらくそれはたいしたことではなかった。

クルルバルブ Croulebarbe　クルルバルブは土地所有者の名前で、13区のクルルバルブ通り（Rue de Croulebarbe）はその土地に敷設された。13世紀には、ビエーヴル河岸のここに通称「クルルバルブの風車」があった。

クルワトル・サン＝メリ Cloître Saint-Merri　サン＝メリ修道院には近接する**サン＝メリ教会**の参事会員たちが住んでいた。4区のクルワトル＝サン＝メリ通り（Rue du Cloître-Saint-Merri）では、1832年6月5・6日、ジャン・マクシミリアン・ラマルク将軍【1770生。反王党派で共和主義を支持し、フランス革命と第一帝政時の活躍で大衆的な人気を博したが、コレラで病没した】の葬儀のあとに戦いがあった【王制打倒の民衆蜂起である6月革命】。ヴィクトル・ユゴーはこの6月蜂起を『レ・ミゼラブル』【1862年】で多少ドラマチックに、だがみごとに描いているが、実際は以下のようだった——。

蜂起軍の指導者はシャルル・ジャンヌ（少女ではない）。抵抗はバリケードを盾に2日間続き、多くの犠牲者が出た。最終的にジャンヌは逮捕されて強制移送の処分を受け、他の叛徒5人は投獄された。無罪放免の16人のなかには、兵士たちが来ることを窓から叛徒たちに知らせた勇敢な少女もふくまれていた。

クルワトル・ノートル＝ダム Cloître Notre-Dame　4区のクロワトル・ノートル＝ダム通り（Rue du Cloître-Notre-Dame）は、かつては何本もの通りが走り、いくつもの庭園や家を擁して、それだけで町の佇まいをみせていたノートル＝ダム修道院の敷地を貫いていた。この修道院には、ノートル＝ダム司教座大聖堂の参事会員たちが住んでいた。現在の通りは1846年に敷設されている。

クレ Clef　5区のクレ通り（Rue de la Clef）は1868年に命名されているが、それはかつてここに鍵を描いた絵看板がかかっていたことを示している。

グレ Grès　20区にあるグレ広場（Place des

クレコワル

Grès）の呼称は、かつてここに砂岩とは名ばかりの敷石のおき場があったことによる。命名は19世紀に入ってからである。この広場はかつてはシャロンヌ小公園、のちにカルカン公園ともよばれるようになった。通りの中ほどに「恥辱をあたえる首枷」が設けられていたからである。

グレゴワール・ド・トゥール Grégoire de Tours　538ないし539-594。トゥールのグレゴリウス。フランス中部のクレルモン＝フェランに生まれ、同じ中部のトゥールに没した司教・歴史家。ガリアのもっとも豊かな一族を出自とする彼は、助祭に叙された563年、トゥールに巡礼して、聖マルティヌス（サン＝マルタン）の墓に詣でる。そして、573年、他界した母の従兄弟である司教エウフロニウスのあとを受けて同地の司教となる。当時の王シギベルト1世【フランク王国のアウストラシア分国王（在位561-575）で、王妃フレデゴンドに暗殺された】は、北仏ランスでの戴冠式に司教グレゴリウスの列席をえている。

　この司教はその生涯をとおしてあらゆる攻撃から教会を守った。キルペリク王【ヒルペリヒとも。クロヴィスの孫で、フランク王国メロヴィング朝時代のソワソン分国王（在位561-584）およびパリ王（在位567-584）】が、彼の大聖堂に逃げ込んだ逃亡者たちの引渡しを求めた際も、これを拒んだ。トゥーレーヌ地方の中心都市であるトゥールの司教としての彼の主著【『歴史十巻（フランク史）』】は、当時を知る上で最上の資料となっている。彼に捧げられた6区のグレゴワール＝ド＝トゥール通り（Rue Grégoire-de-Tours）は、1864年からある。

グレジヴォーダン Graisivaudan　グレジヴォーダンはフランス南東部の1地方で、イゼール川がアルク川と合流してのち、中心地のグルノーブルまで続く窪地からなる。かつて峡谷ないし氷床だったこの地の住民はグラティアナポリタン【グルノーブルのラテン語表記グラティアノポリス（Gratianopolis）から】とよばれる。グレジヴォーダン小公園（Square de Graisivaudan）は、

1932年から17区にある。

クレシュ Crèche　17区のクレシュ通り（Rue de la Crèche）は、ソシュール通りにあった建物の敷地内に敷設され、当初は託児所まで続いていた。命名は1984年である。

クレスパン・デュ・ガス Crespin du Gast　当初は単にクレスパン──おそらく北仏ノール県の町の名──とよばれていただけだったが、1928年、この通りの土地所有者の名前がくわえられた。11区のクレスパン＝デュ＝ガス通り（Rue Crespin-du-Gast）である。

グレセ Gresset　1709-77年。詩人のジャン＝バティスト・グレセはアミアンで生まれ、没している。生地のイエズス会寄宿学校で育った彼は、1726年、修練士として同会に入り、1731年に処女詩集を、34年には『ヴェール＝ヴェール、もしくはヌヴェール生まれのオウムの旅』を発表する（ヌヴェールを中心都市とするパリ盆地南東部のニヴェルネ地方では、粗野な言葉遣いの船乗りたちと旅をして、飼い主の修道女たちのもとに辿り着き、上品さとはほとんど無縁の言葉を使うオウムの話が今も語り継がれている）。

　グレセの代表作としては、リセ・ルイ・ル・グランの個室生活をメランコリックに描いた『シャルトルーズ』【1734年】がある。同年にはさらに『影』を書いたが、その最後の詩句の悪ふざけによって、フランス西北部サルト地方のラ・フレシュにある、同じイエズス会系のリセに転校させられた。そして1735年、グレセはイエズス会を離れ、パリに戻って、ショーヌ館【→ヴォージュ広場】の常連客となる。1740年、フリードリヒ2世【→ヴォレール】からベルリン・アカデミーの会員に指名され、48年にはアカデミー・フランセーズ会員に選ばれる。

　1750年、彼はアミアンに帰郷して科学・文学・芸術アカデミーを創設し【終身会長】、翌年、結婚する。その後、再びキリスト教にすべての心をゆだねた。そんな彼の才能がこの上もなく発揮されたのは、戯曲『悪

意』【1747年】である。19区にあるグルセ通り（Rue Gresset）の命名は、1928年になされている。

クレテ Crét 1747-1809年。シャンモル伯エマニュエル・クレテは、フランス東部サヴォワ地方のポン＝ド＝ボーヴォワザンに生まれ、オートゥイユで没した政治家。仲買人として莫大な蓄財をした彼は、やがて政治の世界に身を投じ、1795年、ブルゴーニュ地方コート＝ドール県選出の五百人会【革命暦3年の憲法で定められた下院（1795-99年）】の一員となった。

ブリュメール18日【ナポレオンが総裁政府を倒して執政政府を樹立した1799年霜月（ブリュメール）18日のクーデタ】のあと、クレテは国務院評定官や土木局長官、フランス銀行総裁などを歴任し、1807年には内務大臣に任命される。ナポレオンはそんな彼をシャンモル伯に叙した。9区のクレテ通り（Rue Crét）は1821年に命名されている。

クレティアン・ド・トロワ Chrétien de Troyes 1135頃-90年頃。「騎士道物語」最初の作者【北仏吟遊詩人】とされる。おもに1162年から執筆活動を行ったが、その作品としては『エレックとエニード』【1170年頃】や『クリジェス』【1176年頃】、『獅子の騎士イヴァン』【1177-81年】、『荷車の騎士ランスロ』【前同】、『聖杯の騎士ペルスヴァル』【1181-90年】が知られている。『獅子の騎士』で彼はこう書いている。

「【イヴァンがライオンをともなって入ったピール・アヴァンチュールの城の大広間には】三百人ほどの少女が、金糸や絹糸でいろいろな仕事をしているのが見えた。みんなそれぞれ自分の仕事に最善を尽くしている。彼女たちはベルトを締めていなかったし、非常に貧しい身なりをしていた／上着は乳房やわきのあたりが綻びていた。シャツの襟が汚れていた。飢えと窮乏ののために首はひょろ長く、顔は青ざめていた」【菊池淑子訳、平凡社、123頁】

12区のクレティアン＝ド＝トロワ広場（Place Chrétien-de-Troyes）は1988年か

らある【なお、クレティアン・ド・トロワの詳細については、渡邉浩司『クレチアン・ド・トロワ研究序説−修辞学的研究から神話学的研究へ』、中央大学出版部、2002年を参照されたい】

クレディ・リヨネ Crédit Lyonnais 13区のクレディ＝リヨネ袋小路（Impasse du Crédit-Lyonnais）は、その呼称を、ここに建物をかまえていた同名の銀行に負っている。この銀行は1863年7月6日、資本金2000万フランをもとにリヨンで設立されている。

グレトリ Grétry 1711-1813年。アンドレ・モデスト・グレトリはベルギーのリエージュで生まれ、パリ北郊のモンモランシーで他界した作曲家。1767年、彼はジュネーヴで最初期の作品となるオペラ＝コミックの『イザベルとゲルトルード』を上演している。同年には、当時ジュネーヴ北方のフェルネに住んでいたヴォルテールを訪ね、その後、オペラ＝コミック全盛のパリに移る。「学者肌」の音楽家とはまではいえないまでも、グレトリは現実的なインスピレーションの持ち主で、さほど確固としていたわけではなかったが、音楽上の知識によって、そのインスピレーションを十分完璧なものにできた。

グレトリの作品としては、『ルシル』【1769年】や『ミダスの裁判』【1773年】、『宮廷のコリネット』【1783年】、『カイロの隊商』【前同】、『村人の試練』【1784年】、『ピエール・ル・グラン』【1790年】などがある。彼はまた文学にも関心を示し、哲学的な野心からなる著作をものしてもいる。『真実について』【3巻、1801年】がそれである。結核で夭折した娘リュシル（1773-90）もまた早熟の音楽家で、『アントニオの結婚』【1786年】や『トワネットとリュカ』【1787年】を遺している。彼の名を冠したグレトリ通り（Rue Grétry）は、1810年から2区にある。

グレヒュル Greffulhe 8区のグレヒュル通り（Rue Greffulhe）は、セギュール伯【→コンテス・ド・セギュール】とグレヒュル伯

が共同所有する土地に、1839年に敷設されている。通りの名祖となったグレヒュル伯についてはよくわからないが、おそらくはパリを生没地とする、伯爵アンリ・シャルル・エマニュエル・ジュール・グレヒュル（1848-1932）の息子ないし親族と思われる。1889年からセーヌ＝エ＝マルヌ県選出の国民議会議員やムラン小郡【パリ南東】選出の県会議員をつとめた彼は、フランスを支配しながら国家を裏切った者たちをたえず難じていた。

クレベール Kléber 1753-1800年。ジャン＝バティスト・クレベールは**ストラスブール**に生まれ、カイロ（ケール）で暗殺された将軍。最初建築家になるために学問したが、まもなく軍人の道に抗えないほど強く惹かれるようになる。1779年、少尉になった彼は、自分が平民出身ゆえ——父親は石工だった——、高位の階級にはなれないことに気づく。そこで軍隊を辞して**アルザ**スに帰る。

　だが、革命によって再び軍務に戻り、1792年、中佐に昇進する。背丈があり、辺りを睥睨するような目つきはどこでも目立った。1793年、少将に叙されると、クレベールは１万8000の兵とともにフランス西部のヴァンデに派遣され、ショレでカトリックの王党軍を粉砕する。この勝利によって、彼は中将に昇進し、**サンブル＝エ＝ムーズ**軍に移って、ベルギー中南部のシャルルロワと**フルリュス**での戦いに勝利する。さらに1795年には、ライン・モーゼル方面軍の指揮官となって、オーストリア軍相手に幾度も勝利をおさめる。

　さらにクレベールはナポレオンに従ってエジプトを遠征した1798年、１個師団を率いてアレクサンドリア（アレクサンドリ）を攻撃し、負傷する。それでも翌年、ナポレオンが引き上げて帰国すると、エジプト遠征軍の指揮をまかされる。彼はその任務を完璧なまでに遂行したが、カイロにおいて、狂信家のスレイマン・エル・アビ（1777-1800）という青年に刺殺されてしまう。

当初その遺骸は**マルセイユ湾内のイフ城**に安置された。だが、1838年にストラスブールの旧観閲式場【現クレベール広場】の地下埋葬所に移され、今もそこに安置されている。16区には1879年からクレベール大通り（Avenue Kléber）がある【同区にはクレベール袋小路（Impasse Kléber）もある】。

クレビヨン Crébillon 1674-1762年。クレビヨン領主プロスペル・ジョリヨは、ディジョン出身の詩人・劇作家。国王公証人だった父は、息子を法曹家にしようとしたが、詩の世界に天職を見出した彼は悲劇を書き始め、そのうちの一部は大成功をおさめる。『アトレとティエスト』【1702年】や『イドメネ』【1705年】、『エレクトル』【1708年】、さらに彼の最高傑作とされる『ラダミストとゼノビ』【1711年】などである。慎み深さや優しさを多分にそなえてはいたものの、それらでは埋め合わせることができないほど、風変わりで鷹揚、そして浪費家でだらしのない人物だったとみられていたようだ。にもかかわらず、1731年、彼はアカデミー・フランセーズ会員に選ばれている。

　クレビヨンの戯曲の主題は恐怖や不安だった。以下は彼の口癖である。「**コルネイユ**は天空、**ラシーヌ**は大地を選んだ。それゆえ私に残っているのは地獄だけだ」。ヴォルテールは自分がしばしば対比されたクレビヨンに若干の嫉妬心をいだいていた。

　クレビヨンには息子がひとりいた。クロード（1707-77）である。この息子もまた『…伯宛の侯爵夫人…の手紙』【1732年】や『夜と瞬間』【1755年】、『ああ、なんという話か！』【1754年】といった、一種の猥褻文学で評判を博した。彼らに捧げられた６区のクレビヨン通り（Rue Crébillon）は、1779年に命名されている。

クレマン Clément 1714-93年。歴史はクレマンで満ちているが、1817年に６区のクレマン通り（Rue Clément）にその名がつけられた人物は、ベネディクト会士で歴史家のフランソワ・クレマン師である。ブルゴーニュ地方コート＝ドール県のベーズに

生まれ、パリで没した彼は、以前シャルル・クレマンセ師【1703-78。ベネディクト会系のサン＝モール修道会士】などが著した『主の生誕以降の歴史的出来事や文書、年代記、古いモニュメントの年代吟味法』【1818年、死後刊行】を「改作」している。

たしかにクレマンは他人の著作を完全なものにすることが好きだったとみえ、手始めにマルタン・ブーケ師【1685-1754。クレマンと同じベネディクト修道会士で、パリのサン＝ジェルマン＝デ＝プレ大修道院で司書をつとめた】の『ガリアとフランスの歴史家選集』【1738年、原文ラテン語】に手をくわえている。クレマン師についてすべてを知りたいなら、まず彼が1875年に碑文アカデミー会員となったことを知らなければならない。その名を冠した6区のクレマン通り（Rue Clément）は、1817年に敷設されている。

クレマン・アデール Clément Ader 1841-1925年。間違いなくクレマン・アデールは「航空機の父」といえる。当時、飛行機は「空気より重いもの」とよばれていた。彼がみずからつくった人力飛行機ではじめて地上から飛び立ったのは、1890年のことだった。トゥールーズ南方のミュレに生まれた彼の名は、1949年、16区の広場（Place Clément-Ader）につけられている。

クレマンス・ロワイエ Clémence Royer 1830-1902年。クレマンス・ロワイエはナントに生まれ、パリ西郊ヌイイ＝シュル＝セーヌで他界した女性哲学者・科学者。ダーウィンの『種の起源』【1859年】を最初に仏訳した彼女は、生物変移論をフランスに知らしめるのに貢献した。著作には『人間と社会の起源』【1870年】や『先史時代人のなかの火』、『宗教的疑問』【いずれも刊行年不詳】などがある。パリにはレジョン・ドヌール騎士賞を受けた彼女の名を永遠に伝える通りがある。1904年に命名された1区のクレマンス＝ロワイエ通り（Rue Clémence-Royer）である。

クレマンソー Clemenceau 1841-1929年。ジョルジュ・クレマンソーは、フランス西部ヴァンデ県のムイイロン＝エン＝パレに生まれた政治家。1871年に下院議員となり、最初は「政権の弾劾者」、のちに「虎」の異名をとった。急進左派の指導者だったが、1906年から09年にかけて第三共和政の首相をつとめ、社会主義者と決別した。1917年、再び政権の座に着き、第1次世界大戦の勝利後、人気を博した。ただ、アカデミー・フランセーズ会員には選ばれたが【1918年】、大統領にはなれなかった。

クレマンソーはきわめてエスプリに富んだ人物で、さまざまなエピソードが残されているが、とくに次の言葉は有名である。「戦争は軍人たちにゆだねるには重大すぎるものである」。彼はまたこうも言っている。「愛の最高の瞬間、それは階段をのぼるときである」。8区のクレマンソー広場（Place Clemenceau）は1930年に命名されている【クレマンソーは1898年1月、みずからが主幹する日刊紙《オーロール》にエミール・ゾラのドレフュス擁護の檄文「われ弾劾す」を掲載している。また、モネの代表作『睡蓮』は彼のアイデアで描かれたという】

クレマン・マロ Clément Marot 1495-1544年。フランス南西部の古都カオールに生まれ、トリノ（テュラン）で他界した詩人。やはり詩人であった父の名はデマレ（Desmaretz）で、Marotはこの名を縮めたもの。クレマン・マロはパリ大学で法律を学んだが、ヴィルロワ家の小姓となるためにそれを放棄し、1518年には、国王フランソワ1世【在位1515-47】の姉であるマルグリト・ダランソン【1492-1549】の従僕となった。

さらに父が死んで空位となっていた国王の従僕となり、1525年には、パヴィアでの敗戦も経験した【パヴィアの戦いではフランス＝ヴァロワ家とスペイン＝ハプスブルク家が争い（イタリア戦争）、フランス側が敗れてフランソワ1世が捕虜となった】。これにより、彼もまた捕虜となった。釈放は早かったが、1526年、異端の廉で告発され、32年まで投獄された【マロはプロテスタントたちに共感をいだいていた】。だが、**マル**

グリト・ド・ナヴァールの強力な庇護をえて釈放される。

釈放された彼は、一時マルグリトのもとに身を寄せたのち、国王ルイ12世【在位1496-1515】の長女でプロテスタントを支持していた、フェラーラのルネ・ド・フランス【1510-74。フェラーラ公爵夫人】のもとに走る。まもなく許可が下りて帰国するが、ボーヴェーの司祭フランソワ・ド・サゴン【生没年不詳。詩人でもあったが、その名声と才能はライバル視していたマロに遠く及ばなかったとされる】が彼を弾劾する攻撃文を書き、以後1年間、書簡による本格的な論争がくりひろげられる。

一方、彼が翻訳した詩篇はプロテスタントから熱狂的に受け入れられたものの、ソルボンヌによって検閲されたため、危険を察知してトリノに逃れ、まもなくそこで他界する。彼の作品としては、「クピドの神殿」や「地獄」、「墓碑銘」、「バラード」、「贈り物」、「良き聖職者と悪しき聖職者の説教」など、翻訳にはオウィディウス【前43-後17/18】の『転身物語（変身譚）』第1・第2部などがある。ボワローはそんなマロの作品を「典雅な冗談」と評している。以下はその4行詩の一部である【原文は脚韻を踏んでいる】。

私に100リーヴルくれれば、王が喜ぶ。
本と食べ物を買うために。
本はなくともやっていけるが、
食べ物なしには生きられない。

8区のクレモン＝マロ通り（Rue Clément-Marot）が命名されたのは、1883年のことである。

クレミュー Crémieux 1796-1880年。イサク・モイーズ、通称アドルフ・クレミューは、南仏ニームで生まれ【家はユダヤ系】、パリで他界した弁護士・政治家。ニームの裁判所で頭角を現した彼は、1830年、パリの破毀院の弁護士となった。1842年、フランス中西部シノンで下院議員に選ばれ、48年、ギゾー内閣の解体に貢献する。や

がて、王権がもはや存続不可能であると確信して臨時政府の樹立を主張し、みずから司法大臣をつとめる。

のちに、彼はルイ＝ナポレオンン・ボナパルト（**ナポレオン3世**）の大統領立候補を支持し、選挙では極左とともにこれに投票する。だが、1849年初頭、彼はこの大統領と袂を分かち、51年、投獄の憂き目をみる。やがて釈放されると、1869年まで弁護士としての職を続け、同年、再び下院議員となる。

1870年9月4日、クレミューは司法大臣に返り咲き、政府の代表としてトゥールに赴き、ロワール軍のフランス軍編入を説いたが、空しい努力に終わった。普仏戦争の敗戦後、プロイセンから要求された50億フランの賠償金を賄うため、公債発行を提唱したのも彼である――みずからは10万フラン分を購入したという――。

1871年10月には、アルジェ選出の下院議員となり、75年には終身元老院議員に叙された。1870年10月24日に定められた有名な「クレミュー法」は、アルジェリアのユダヤ人【約3万7000人】にフランス国籍をあたえている。彼の名を冠した12区のクレミュー通り（Rue Crémieux）は、そのみごとな生涯と経歴をたたえるため、1897年に命名された。

クレモン・ミョネ Clément Myionnet 1812-86年。宗教者（神父・修道士）たちからなる、聖ヴァンサン＝ド＝ポール（**サン＝ヴァンサン＝ド＝ポール**）会【貧民救済を目的とする組織】の共同創設者で、その名は1987年にパリの通りに冠せられた。15区のクレモン＝ミョネ通り（Rue Clément-Myionnet）である。

クレヨン Crayons 2004年に命名された13区のクレヨン小路（Passege des Cryons）は、この場所の旧名を想起させる。

クレリ Cléry 12区のクレリ通り・小路（Rue/Passage Cléry）は、ここにあったクレリ施療院（1540年創立）にちなんで命名されている。パリ盆地南部ロワレ県の町クレリには、ルイ11世【国王在位1461-

83】が眠る教会があった。しかし、この墓は1562年にプロテスタントたちによって荒らされている。のちに墓地の発掘がおこなわれ、**ジャンヌ・ダルク**とともに百年戦争をフランスの勝利に導いたデュノワ伯【1403-68】の墓も見つかっている。伝承によれば、クレリ近郊のメジィエールには、アッティラの墓もあるという【フン族の王アッティラ（434-454）はハンガリー東部のティサで病没している】

クレール Cler　1814-59年。ギュスタヴ・クレールは、**マク＝マオン**率いるフランス軍がオーストリア軍を破ったマジェンタ（マジャンタ）の戦いで戦死した将軍。7区のクレール通り（Rue Cler）は1864年に命名されている。

クレルヴォー Clairvaux　3区のクレルヴォー袋小路（Impasse de Clairvaux）は、13世紀に、ここにクレルヴォー大修道院があったことにちなんで命名されている。フランス東部オーブ県のクレルヴォーには、聖ベルナール（**サン＝ベルナール**）に従う修道士が20人住んでいた。25歳以下の彼らは、1114年、ユーグ・ド・シャンパーニュ【1074-1126。トロワ伯・クレルヴォー伯】の求めで、ヴァル・ダブサントとよばれる峡谷に修道院を建てた。このヴァルは「高名な峡谷」となり、38年ものあいだ、聖ベルナールは清貧と断食、そして学習を実践する修道士700人あまりを指導した。「ベルナルダン」という呼称は、聖ベルナールの改革に従ったシトー会士をさす。しかし、パリの大修道院は、革命期、皮肉にも監獄としてもちいられた。

クレロー Clairaut　1713-65年。パリ生まれの幾何・天文学者。1736年、子午線の弧長を測量するため、ラップランドへの調査隊にくわわり、43年、『地球の形状にかんする理論』を発表した。さらに1752年には、月が嫉妬しないように、『月にかんする理論』を刊行し、サンクト＝ペテルブルク（**サン＝ペテルスブール**）のアカデミーから賞を授けられた。

正確な計算によって、ハレー彗星が近日点を通過する時期【1759年3月13日】を確定したのも彼である。半月後、彼の予測は的中する。それは当時としては画期的なことだった。だが、彼の晩年はまさにこの予測にかんするダランベール（**アランベール**）との執拗な論争により、陰鬱なものとなった。17区のクレロー通り（Rue Clairaut）は、1869年、このアレクシス・クロード・クレローの名にちなんで命名されたものである。

クロ Clos　ク20区にあるクロ通り（Rue du Clos）の呼称は、コロ（Colot）小路が変化したものである【closはフランス語で「囲い地」の意】。コロはおそらく外科医の一族で、膀胱ないし泌尿器の結石切除法の秘密を1世紀以上も大事に秘匿していた。一族のうちもっとも有名だったのは、1556年にアンリ2世【国王在位1547-59】の外科医となったローラン・コロである。このコロ小路が現在の呼称となったのは、1844年のことである。

グロ Gros　16区のグロ通り（Rue Gros）は、パリに生まれ、パリ南西郊のムードンで没した、歴史画家で男爵でもあったアントワヌ・ジャン・グロ（1771-1835）を名祖とする。彼は14歳で画家**ルイ・ダヴィッド**のアトリエに入り、1794年にローマに旅立つ。1796年、ジェノヴァ（ジェーヌ）で軍隊に徴用されるが、たまたまこの町を通りかかったジョゼフィヌ・ド・ボーアルネ【1763-1814。ナポレオン1世の最初の妃（1796-1809）】は、彼をともなってミラノに向かい、ナポレオンの肖像画を描かせた。

しかし、グロのなかでは、戦争はすでに終わっていた【一連のナポレオン戦争は1803年からナポレオンが失脚する15年まで続いた】。1804年、彼は『ヤッファのペスト患者たちを見舞うナポレオン』を発表し、熱狂的に受け入れられる。それより数年前には大作『ナザレの戦い』を描いているが、その英雄がジュノーだった。ただ、多少とも制作費を減らそうとしてか、ナポレオンは作品の大きさを半分にさせた。

1812年、8年前から皇帝となっていた

ナポレオンは、パンテオンの丸天井を飾るクロヴィスやシャルルマーニュ、聖王ルイ（サン＝ルイ）、そしてむろん自分の肖像画を、グロに託す。だが、復古王政でブルボン家が権力を握ると、皇帝の代わりにルイ18世【国王在位1814-15/1815-24】の肖像画を描くよう求められる。こうして1825年、この制作が完成し、グロは男爵に叙せられる。

ところが、ロマン主義が登場してグロは評価されなくなり、ついにパリ南西部のムードンで入水自殺してしまう。16区のグロ通り（Rue Gros）が命名されたのは、彼の自殺から30年たった1865年のことである。

なお、20区にある同名のグロ袋小路（Impasse Gros）は、この通りに家をかまえていた人物にちなんで命名されている。

クロイ Cloÿs　18世紀、18区のクロイ小路・袋小路（Passage /Impasse des Cloÿs）は、ブドウの木が植えられていた土地の通称から、クロイ小道とよばれていた。モンマルトルには長いあいだ比較的多くのブドウ園があり、今もその一部が残っていて、生業というよりむしろ民俗行事的な、そしてきわめて感動的な収穫がおこなわれている。したがって、そこでつくられたワインのために、ボルドーのワイン生産者が不安でおちおち眠れないといったことはない。

クロヴィス Clovis　フランク王のクロヴィス1世は、フランク王キルデリク（ヒルデリヒ）【436頃-81/82】の息子。北仏ソワソンの戦い【486年】でローマの地方豪族アフラニウス・シュアグリウス【430-486/487】を破り、敗死させた。493年、チルペリク2世の娘クロティルデ（クロティルド）と結婚し、その慫慂でキリスト教に改宗する。一説に、彼がとつぜん改宗を決心したのは、ケルン南西のトルビアックでアラマンニ人を撃破したとき【496-497年】だったという。麾下の兵士3000人も同時に洗礼を受けたともいう。この改宗は、フランク人とガロ＝ロマン人が手を組む際に有利に働いた。

500年、クロヴィスは、クロティルデの父を殺害したブルグンド国王グンデバード【在位480頃-516。有名な法源『ブルグンド部族法典』の編纂者】を破り、さらに西ゴート人を襲って、フランス中北部ポワティエ近郊のヴイエで彼らを撃破してもいる【507年】。だが、クロヴィスの治世末期は栄光とは程遠いものだった。自分が唯一の君主たろうとして、弱小フランク部族の長たちを数多く暗殺しているからである。彼はパリの聖使徒大聖堂（その跡地が現在のパンテオン）に埋葬された。5区のクロヴィス通り（Rue Clovis）はそれにちなんで命名されている。

クロヴィス・ユーグ Clovis Hugues　1851-1907年。南仏ヴォークリューズ地方のメネルブに生まれた詩人・政治家。最初、マルセイユの反帝国主義的な新聞『ル・プープル（人民）』の編集陣に入った。そして1871年、マルセイユの市民蜂起に参加し、新聞法違反の廉で投獄される。1875年に釈放されて2年後の1877年、元追放者ロヤンネの娘ジャンヌと結婚する。だが、ボナパルト派の新聞《レーグル（鷲）》の主幹と決闘し、殺してしまう【原因は、1877年にユーグ夫妻を《レーグル》紙が非難したことによる】。1889年、マルセイユ選出の下院議員【1893年から1906年まで、パリ選出】となった彼は、ブーランジスム【民衆に人気のあったブーランジュ将軍（1837-91）を中心に、1885年から89年にかけて展開した第三共和政打倒運動】にくわわる。

激情的な詩を創ったユーグは、『戦いの夜』や『戦いの日々』【いずれも1883年】、さらにアカデミー・フランセーズ賞を受賞した『ジャンヌ・ダルクの歌』【1900年】などの詩集を編んでいる。プロヴァンス語による一連の詩によって、彼はフェリブリージュ【→フレデリック・ミストラル】の指導委員に任命されてもいる。19区のクロヴィス＝ユーグ通り（Rue Clovis-Hugues）は1938年の命名。

グロ＝カイユー Gros-Caillou　グロ＝カイユーはグルネル平原にあった小邑で、17世

紀末に生まれている。「大きな宝石」を意味するその魅惑的な呼称は、現在の**クレール通り**と**サン＝ドミニク通り**の交差点にあった巨岩にちなむ。この巨岩は1737年に爆破されが、グロ＝カイユーという呼称は、当時、「客ないし品数が多い」との評判をとっていた娼館の看板に記されていた。7区のグロ＝カイユー港（Port du Gros-Caillou）は1823年、グロ＝カイユー通り（Rue du Gros-Caillou）は1933年からある。

クロザティエ Crozatier　1795-1855年。シャルル・クロザティエは、フランス中南部オート＝ロワール県のピュイ＝アン＝ヴェレに生まれ、パリで他界したきわめて熟達した鋳造家。イタリアで合金術を学んだ彼は、帰国後、国内でかなりの数にのぼる彫像を手がけた。その代表的なものとしては、**ヴァンドーム広場**のナポレオン像と、**ヴェルサイユ宮**中庭に立つルイ14世（**ルイ・ル・グラン**）の騎馬像である。12区のクロザティエ通り（Rue Crozatier）は、1864年に命名されている。

クロシュ Cloche　20区を走るクロシュ通り（Rue de la Cloche）の呼称は、18世紀にここに「水の鐘」とよばれていた鋳造所があったことに由来する。

クロシュ＝ペルス Cloche-Perce　4区のクロシュ＝ペルス通り（Rue Cloche-Perce）は、1638年に命名されている。呼称の由来は緑と青のあいだのペルシア（ペルス）色の鐘を描いた絵看板が、ここにかかっていたことによる。

グロス＝ブテイユ Grosse-Bouteille　18区のグロス＝ブテイユ袋小路（Impasse de la Grosse-Bouteille）は19世紀の命名で、呼称は【大瓶をあしらった】古い絵看板に由来する。

クロセ＝スピネリ Crocé-Spinelli　1843-75年。ジョゼフ・クロセ＝スピネリはフランス南西部ドルドーニュ地方のモンバジヤックに生まれ、気球ル・ゼニト（天頂）号に搭乗中に窒息死した飛行士。飛行に関心をもつ以前、彼は水陸用のペダル式自転車（娯楽用ペダルボートの最初の実用化？）

や、電気仕掛けの回転地図を発明している。14区のクロセ＝スピネリ通り（Rue Crocé-Spinelli）は1896年に命名された。

クローゼル Clauzel（Clausel）　ベルトラン・クローゼル【1772-1842】はフランス南西部アリエージュ地方のミルポワに生まれ、ミディ＝ピレネー地方のスクリューに没した元帥。1802年のサント＝ドミンゴ【現ドミニカ】の戦いやナポリ（**ナブル**）およびダルマティア遠征軍で頭角を現した。さらに、ジュノや**マセナ**元帥の麾下でポルトガル遠征に参加して軍功をあげた彼は、百日天下のあいだ【1815年】、ボルドーに逃げていた反アングレーム公爵軍を指揮した【アングレーム公ルイ・アンロワヌ・ド・フランス（1775-1844）はフランス王太子で、超王党派のひとり。百日天下後に復古王政が始まると、反王党派の大弾圧を行った】だが、クローゼルは敗れて亡命を余儀なくされた。1820年に帰国し、27年、下院議員となる。国王**ルイ＝フィリップ**は彼を元帥に任じ、1830年、アリエージュの統治を託した。そして1835年、アフリカ遠征軍の司令官として指揮をとるが、**コンスタンティヌ**での戦いに敗れて指揮権を剥奪される。やがて彼は、元帥杖を愛でながら、静かな余生を送ることになる。彼を名祖とする9区のクローゼル通り（Rue Clauzel）は1864年からある。

クロテュール Clotûre　19区にあるクロテュール通り（Rue de la Clotûre）の呼称は、その地名の通称「ルーヴレの囲い地」に、ルーヴレ（Rouvray）はオウシュウナラを意味するrouvreにそれぞれ由来する。かつてブーローニュの森（**ボワ・ド・ブーローニュ**）もルーヴレの森とよばれていた。

クロディオン Clodion　1738-1814年。ナンシーに生まれ、パリで没した彫刻家で本名はクロード・ミシェル。クロディオンを通称とする彼は、小鳥と遊ぶ少女像を好んで制作した。むろんこれらの作品に淫蕩なところは微塵もない。テラコッタの小像はかなり高い評価を受けた。代表作に『靴の紐を結びなおすニンフ』や『蝶をつかもうと

クロテイル

する少女』などがある。大きな作品は小像ほど好まれていないが、そのなかには『大洪水』やモンテスキュー像【いずれも制作年不詳】がある。

クロティルド Clotilde　フランク王クロヴィス1世の妃だった聖クロティルデ（クロティルド）は、475年頃に生まれ、545年、フランス中部のトゥールで他界している。ブルグント王チルペリク2世【486没】の娘。父がその弟、つまり彼女の叔父にあたるグンデパード【→クロヴィス】に殺害されると、姉妹のクローナともどもジュネーヴの修道院に幽閉され、クロヴィスから結婚を迫られる【クロティルド通り（Rue Clotilde）は1841年から5区にある】

　こうしてクロヴィスと結婚したクロティルデは、夫王にキリスト教への改宗を働きかけたという【クロヴィスはアリウス派だったとされる】。やがて511年頃、クロヴィスが没して寡婦になると、彼女は再び修道院に、ただし今度はトゥールの修道院に戻り、そこ生涯を終える。教皇ペラギウス【在位556-61】から列聖され、遺骸は死後まもなくしてパリの聖使徒大聖堂に運ばれ、クロヴィスの傍らに安置された。現在、この場所にはパンテオンが建っている。

クロティルド・ド・ヴォー Clotilde de Vaux　1815-46年。実証主義の父オーギュスト・コントに大きな影響をあたえたとされる女性。1844年に出会ったふたりの愛はプラトニックなものだった【コントの妻は元娼婦で、精神的な異常をきたし、コント44歳のときに離婚が成立していた】。だが、彼女の影響下で、コントの思想は宗教的な実証主義に向かった。

　ちなみに、ブラジルの実証主義教会は彼女を記念して、パリのパヤンヌ通りに人類宗教神殿を設立している【マレー地区にあるこの建物は、1642年に建築家のフランソワ・マンサールが自宅用に建てたもので、1903年、前記教会がこれを購入している】。11区のクロティルド＝ド＝ヴォー（Rue Clotilde-de-Vaux）は1978年の命名。

クロテールClotaire　497-561年。クロター

ル（クロテール）1世はクロヴィス1世とクロティルデ（クロティルド）の息子で、フランク王。現在のセーヌ、オワズ、ラン地方にまたがる地域を領地とし、北部のソワソンを都とした。だが、一族内に多くの問題を抱え、長兄のテウデルク1世【484-533頃】は彼の暗殺を企てている。一方、彼もまた兄のヒルデベルト1世【496-558】とかたらって、別の兄クロドメール【495頃-524。没後、その妃はクロタールと再婚した】の子供たちを殺害している。

　ヒルデベルトが他界すると、クロタールはフランク王国全体の長となる。しかし、家族問題はなおも収まらなかった。フランス南西部アキタニアのガロ＝ロマン人に支持された息子のクラム【561没】が、彼に対して反乱を起こしたのである。クロタールは最終的にこれを鎮圧する【彼は息子を追い詰め、その妻子ともども焼き殺したとされる。後年、彼はこの蛮行への自責の念に苛まされた】。彼の治世はまたブルトン人に対する最初の軍事遠征によっても彩られているが、その死後、王国は長子カリベルト、次子グントラム、第3子シギベルト、末子キルペリク（ヒルペリヒ）によって分割された。5区のクロテール通り（Rue Clotaire）は1832年に開通している。

クロード・ヴェルフォー Claude Vellefaux　ヴェルフォー氏は建築家。1607年、サン＝ルイ施療院【→サン＝ルイ＝アン＝リル】を建てたのが彼である。1825年に命名されたクロード＝ヴェルフォー大通り（Avenue Claude-Vellefaux）は10区にある。

クロード・ガラモン Claude Garamond　1499-1561年。パリ生まれの版画家で活字鋳造工。フランソワ1世のために「国王用ギリシア活字一式」を創案し、さらに古典的な印刷の基礎となるローマ体やイタリック体の活字も創った。これらの欧文活字書体は、彼の名をとってガラモン体とよばれる。15区のクロード＝ガラモン通り（Rue Claude-Garamond）は、1980年に彼に捧げられた通りである。

クロード・シャユ Claude Chahut　1670年

に没したクロード・シャユは、パシーの領主だった。1658年、当時ブーランヴィリエとよばれていたパシー城を手に入れ、60年から68年にかけてこれを改築し、輝かしい名城にした。クロード＝シャユ通り（Rue Claude-Chahut）は1894年から16区にある。

クロード・ティリエ Claude Tillier 1801-44年。フランス中部のクラムシーに生まれ、ヌヴェールで没した風刺文者・作家。郷里の雑誌《ランデパンダン》での辛辣な文章で名をあげた。当時の地方の風俗を描いた『ぼくのオジさんバンジャマン』【1843年】を書いている。ほかに『ベル＝プラントとコルネリウス』や『教会参事会員はなぜ恐れたか』【いずれも1841年】などがある。クロード＝ティリエ通り（Rue Claude-Tillier）は1892年に命名されている。

クロード・テラス Claude Terrasse 1867-1923年。フランス中南部ローヌ地方のアルブレ（ス）ル出身の作曲家。おもにスピリチュアルな——ただし、宗教的な意味ではなく——音楽をともなうオペレッタを創った。代表作に『ヘラクレスの偉業』【初演1901年】や『ヴェルジ殿』【同1903年】などがある【クロード＝テラス通り（Rue Claude-Terrasse）は11区】

クロード・ドゥカーン Claude Decaen 1811-70年。1870年8月14日、フランス東部モーゼル地方のボルニでプロイセン軍を迎えうった戦いで戦死した陸軍中将。12区のクロード＝ドゥカーン通り（Rue Claude-Ducaen）は1926年に命名されている。

クロード・ドゥビュシー Claude Debussy 1862-1918年。ドビュッシー（ドゥビュシー）はパリ西郊サン＝ジェルマン＝アン＝レ出身の作曲家。音楽言語を完全に改革したとされる彼の代表作としては、『牧神の午後への前奏曲』【1894年】や『ペリアとメリサンド』【1902年】、『海』【合作、1905年】、『聖セバスチャンの殉教』【1911年】などがある。17区のクロード＝ドゥビュシー通り（Rue Claude-Debussy）は1926

年に命名されている【16区には同名の公園（Jardin Claude-Debussy）がある】

クロード＝ニコラ・ルドゥー Claude-Nicolas Ledoux 1736-1806年。パリ北東のドルマンに生まれ、パリで没した建築家。数多くの建築を手がけたが、残念ながらパリにはそれがほとんど残っていない。あきらかに彼の作品としてあるのは、マレ地区のアルウィル館を含むいくつかの邸館にすぎない。フェルミエ＝ジェネロー（総徴税請負人）市壁の数か所の門にパビリオン（小邸）も建てているが、パリが郊外村落を合併した際にすべて解体されてしまった。機能主義の先駆者だった彼は、パリ以外では、たとえばフランス東部ブザンソンの市立劇場や、ブザンソン近郊のアルク＝エ＝スナンの広大な製塩工場を手がけている。14区クロード＝ニコラ＝ルドゥー小公園（Square Claude-Nicolas-Ledoux）は、1979年の命名である。

クロード・プイエ Claude Pouillet 1790-1868年。フランス東部フランシュ＝コンテ地方のキュザンスに生まれた物理学者で、電流の法則を確定し、正接検流計をつくった。1849年、叛乱【1848年の労働者による2月革命】に対する対応が弱腰だったとして、プイエは国立工芸院副院長の職を失ったが、後年、『回想録』でみずからの行動を正しかったと述べている。1851年、彼は公務員に対して求められた宣誓を拒んだ【これによりパリ大学科学部を追われた】。だが、1869年、そんな彼の名がパリの通りに冠せられている。17区のクロード＝プイエ通り（Rue Claude-Pouillet）である。

クロード・フランソワ Claude François 1939-78年。イスマイリア（エジプト）に生まれ、パリで事故死した作詞家・作曲家でポピュラー・ミュージック歌手。1956年にフランスに移り、1960年頃、モナコを中心に活動していたエメ・バレリ【1917-95。作曲家・歌手・ジャズ・トランペット奏者】のバンドのコンガ奏者、ついで歌手オリヴィエ・デパクス【1939-74。ギタリストでもあった】と行動を共にする。

そして1961年、「ココ」という芸名でアラブ語の歌「ナブー・ツウィスト」を発表するが、失敗に終わった。翌年、もう一度挑戦し、あのだれもが知っているタイトル「ベル、ベル、ベル！」【エヴァリー・ブラザーズの歌のフランス語カバー】で成功をおさめる。以後はトントン拍子でヒット曲を連発し、大人や少年少女を熱狂させた。やがて彼はレコード会社の「フレシュ（矢）」や音楽雑誌の《ポディウム》、さらにファッションモデル斡旋会社も設立・創刊する。だが、1978年3月11日、浴室で壁灯を直そうとして感電死した。

クロード・フランソワのおもなヒット曲としては、「まっすぐ歩く」や「ぼくがハンマーだったら」、「異常な玩具」、「これは同じシャンソン」、「マニョーリア、永遠に」があるが、とくに共作の「コム・ダビチュード（いつものように）」は、英訳されてポール・アンカ【1914-。「君はわが運命」などのヒット作で知られる】の「マイ・ウェイ」となり、世界中でヒットして、シャンソンのスタンダードとなった【ほかに大ヒット作の「アレクサンドリ、アレクサンドラ」（1977年）などもある】。16区のクロード＝フランソワ広場（Place Claude-François）は、1999年に命名されている。

クロード・ベルナール Claude Bernard

1813-78年。フランス中南部ローヌ県のサン＝ジュリアン生まれの生理学者。脂性物資の消化における膵臓の役割とグリコーゲンからグリコースつくる肝臓の機能をあきらかにした。一方、脳脊髄中枢から独立した神経中枢の存在も証明している。アカデミー・フランセーズ会員に選ばれた【1868年】彼の著作としては、科学的研究の原理を提唱した1865年の『実験医学研究入門』がある【ホメオスタシスのもととなる「内部環境の固定性」を唱え、1862年にパスツールとともに低温殺菌法を開発してもいる】。彼に捧げられたクロード＝ベルナール通り（Rue Claude-Bernard）は、1881年から5区にある。

クロード・ブルデ Claude Bourdet 1909-

96年。パリを生没地とする「コンバ（闘争）」【1941年に南仏の自由地帯で結成されたレジスタンス組織】の一員で、ジャーナリスト・政治家。1950年、のちに《ヌーヴェル・オプセルヴァトゥール》となる、週刊誌《オプセルヴァトゥール（観察者）》を創刊した彼は、1959年から71年まで、13区の参事会員をつとめてもいる。同区のクロード＝ブルデ通り（Rue Claude-Bourdet）は、2003年の命名である。

クロード・マルヴァール Clos de Malevart

1999年に命名された11区のヴィラ・クロ＝ド＝マルヴァール（Villa du Clos-de-Malevart）は、その呼称を12世紀から知られている場所の通称に負っている。かつてこのヴィラは今日の田園風の通りと並行していたが、後者は現在のフォブール＝デュ＝タンプル通りとなっている。

クロード・モネ Claude Monet 1840-1926

年。画家クロード・モネはパリに生まれ、北仏ノルマンディ地方のジヴェルニーで没している。周知のように、彼をもっとも典型的な代表とするグループの呼称「印象派」は、彼が1874年に発表した作品『印象、日の出』の題名に由来する。他の作品としては『庭園の女性たち』【1867年】や連作の『睡蓮』【1899-晩年】などがある。19区のヴィラ・クロード＝モネ（Villa Claude-Monet）は、1928年に命名されている。

クロード・ロラン Claude Lorrain 1600-82

年。クロード・ジェレ、通称ロランは、フランス東部ロレーヌ地方のミルクール近郊にあるシャマニュ城で生まれ、ローマで他界した画家。貧しい家の三男に生まれた彼は、12歳のときに孤児となる。そこでまずフライブルクにいる兄【木彫り職人】の手伝いをし、さらに親類とともにローマに移って、ミケランジェロ（ミケラーンジュ）やラファエル（ラファエロ）の傑作を独習した。だが、なおも貧しかったため、老画家アゴスティーノ・タッシ【1578-1644。風景画や海洋画を得意とした】の下僕【兼弟子】となった。

クロワテフ

1625年に一時ローマを去り、27年にまいもどった彼は、ニコラ・プッサン（プサン）の知己をえる。やがて貧困から解き放たれるときがくる。スペイン王が彼に風景画と海洋画8点を注文したのだ。これを機に、彼はおびただしい名誉と富を手に入れるようになり、没年まで絵筆を握ることになる。

没後、その遺骸はトリニタ・アル・モンテの頂きに埋葬され、1840年、サン＝ルイジ・デイ・フランチェージ教会に移葬された。作品としては、『ルイ13世が進軍したシュズ隘路』【1629年】や『ルイ13世によるラ・ロシェル攻囲』【1631年】、『日没の海港』【1639年】、『村祭り』【同】などがある。彼の名が冠せられた16区のクロード＝ロラン通り（Rue Claude-Lorrain）は、1823年以前に敷設されている。

クロ・フキエール Clos Feuquières 15区のクロ＝フキエール通り（Rue du Clos-Feuquières）は、フキエール侯爵領の中心地だったフキエール（パリ盆地北部ボーヴェーから31キロメートルにある町）の侯爵城を偲んで命名された。通りがこの侯爵領の公園に敷設されたからである。フキエール家は歴史にわずかにその名を残している。同侯爵家のイサク・ド・パは、フランス西部のソーミュール生まれの将軍で、北東部のティオンヴィルで戦死している。その長男で同名のイサクは、フランス領アメリカの副王（1660年）、フランスの駐ドイツ、スウェーデン、マドリード大使となり、1688年に没している。さらにその息子のアントワヌは、軍人として精彩を放った。

クロ・ブリュノー Clos Bruneau クロ・ブリュノー【字義は「ブリューノの囲い地」は、かつて間違いなくブリューノ氏所有の小さなブドウ園だった。この名前が通りにつけられたのは1838年。5区のクロ＝ブリュノー小路（Passage du Clos-Bruneau）がそれである。

クロ・ラモット Clos Lamothe 19区のクロ＝ラモット小路（Sentier du Clos-Lamothe）は、ラモット氏が所有していた畑地の名にちなんで命名されている。1930年にパリの通りとなったが、パリ北東郊のプレ＝サン＝ジェルヴェ町に組み込まれたときでも、通りはもとの名でよばれていた。

クロワサン Croissant 2区のクロワサン通り（Rue du Croissant）は、18番地【現在は2区の警察署】にかつて見られた絵看板にちなんで命名されている。それは金色の葉に囲まれた三日月をあしらったもので、おそらく鋳鉄でつくられた門扉の上部装飾の一部だった。

クロワ・サン＝シモン サン＝シメオン、のちにサン＝シモンとよばれるようになる十字架は、1730年頃にブドウ園の中央部に設けられた磔刑像のことである。このブドウ園と磔刑像は、19世紀末に姿を消しているが、クロワ＝サン＝シモン通り（Rue de la Croix-Saint-Simon）は今も20区にある。

クロワジク Croisic 15区のクロワジク小公園（Square du Croisic）は、その呼称をフランス北西部ロワール＝アトランティック県のル・クロワジクに負っている。15世紀、この町にはきわめて壮麗な城があったが、アンリ4世に破壊された【16世紀末、アンリは宣戦布告をしたスペインの支援を受けてフランス王権に敵対していたブルターニュ地方を制圧し、ル・クロワジクもその犠牲となった】。現在、破壊された城跡には町役場がある。ル・クロワジクはまた、1759年、7年戦争【1756-63年】の勝利者となるイングランド軍への抵抗運動でも知られている。なお、ル・クロワジク岬はロワール河口の北側に位置する

クロワ・ジャリー Croix Jarry 遥か昔の1430年、13区のクロワ＝ジャリー通り（Rue de la Croix-Jarry）で、ジャリーなる人物が殺害されている。翌年、彼の遺体が見つかった場所に十字架が立てられ、これに彼の名を冠した。しかに、この十字架も今はない。

クロワ・デ・プティ＝シャン Croix des Petits-Champs 1区のクロワ＝デ＝プテ

ィ=シャン通り（Rue Croix-des-Petits-Champs）は、当初はプティ=シャン通りとよばれていた。小さな畑が集まった場所を通っていたからである。1420年、市参事会員のエティエンヌ・ド・ボンピュイによって、プティ=シャン通りとブロワ通りの角に十字架が立てられた。この十字架は、1633年、通りの14番地に移されたが、それからしばらくして、通りは現在の呼称となった。

クロワ・ニヴェール Croix Nivert ニヴェールは通りが敷設された土地の所有者の名前。1780年頃にこの通りに十字架が立てられると、それに彼の名がつけられた。15区のクロワ＝ニヴェール通り（Rue de la Croix-Nivert）はこうして誕生した。

クロワ・フォーバン Croix Faubin 今はなくなっているフォーバンの十字架は、フォーバンなる人物がかつてブレ通りとシャロンヌ大通りの角に立てたものである。1904年、この十字架の思い出として、11区のクロワ＝フォーバン通り（Rue de la Croix-Faubin）が命名されている。

クロワ・モロー Croix Moreau 18区を走るクロワ＝モロー通り（Rue de la Croix-Moreau）の近くには、モロー氏の畑地があり、その角に十字架が立てられていた。1989年に命名された通りの名は、それにちなんでいる。

クロワ・ルージュ Croix Rouge 1514年、サン＝ジェルマン＝デ＝プレ大修道院のポーチに、赤い十字架がとりつけられた。この日、同修道院の院長ギヨーム・ブリソネ【1470-1534。モーの司教などもつとめ、1516年、フランソワ1世からローマに派遣され、フランス国内の高位聖職者を国王が指名し、教皇が叙任することをとり決めた「ボローニャの政教協定」を結んだ】は、この十字架を十字路の中央に移した。6区にあるクロワ＝ルージュ十字路（Carrefour de la Croix-Rouge）の呼称はこのことに由来するが、十字架自体は1651年に撤去されている。

クーロン Coulon 20区のクーロン小路（Passage Coulon）は、この通りが敷設さ

れた土地の所有者の名にちなんで、1936年に命名されている。

クロンスタット Cronstadt クロンシュタット（クロンスタット）はフィンランド（ファンラーンド）湾の奥まりにあるロシアの港で、1891年、ときの皇帝アレクサンドル3世がフランス艦隊を迎え入れたのがここである。この「歓迎」が仏露同盟【1894年締結】へとつながった。1895年、パリの通りに彼の名が冠せられた。今も19区にある「ヴィラ・クロンスタット」（Villa du Cronstadt）は、1893年、このフランス艦隊への歓迎を記念して命名されている【15区にはクロンスタット通り（Rue du Cronstadt）もある】

クロンヌ Couronnes 20区のクロンヌ通り（Rue des Couronnes）は、その地名をかつての通称クロンヌ・ド・サヴィ（Couronnes de Savies）に負っている。サヴィとはベルヴィルの旧称のひとつで、後者はまたポルトロンヴィルともよばれていた。

グワテマラ Guatemala グアテマラ（グワテマラ）は中米、メキシコ南東部の共和国で、面積10万9000平方メートル、人口1403万【2008年】。首都はグアテマラ・シティ。1524年、この国はペドロ・デ・アルバラード【1485-1541。スペインのコンキスタドール。先住民に対する残虐な攻撃と富への異常なまでの執心で知られる】によって征服され、スペインの植民地となったが、1821年、独立を宣言する。しかし、同年から1823年までメキシコ帝国に併合され、この帝国が破壊した23年から完全独立を果たす39年まで中央アメリカ連合州の一員となる。コーヒー豆の一大生産国であるグアテマラの国民は、フランス語でグワテマルテクとよばれる。パリの8区にあるグワテマラ広場（Place du Guatemala）は、19世紀末に建設され、1967年に命名されている。

グワドループ Guadeloupe グアダループ（グワドループ）はカリブ海の小アンティル諸島にあるフランス海外県の島。面積

1703平方キロメートル、人口約40万【2013年】で、県庁所在地はバス＝テール【字義は「低い地」】。バス＝テールとグランド＝テール【「大きな地」】が主な島である。前者はその呼称とは裏腹に高地をなし、標高1467メートルの火山スーフリエールを擁する。マリ＝ガラントやデジラドといったいくつかの島も、グアドループに属している。

1635年、島はフランスの領有となるが、一時イギリス軍に占拠され【1759-63年、1810-16年】、その後、最終的にフランスの支配下に入って、1946年に海外県となった。バス＝テール以外の主要な都市としては、ポワンタ＝ピトルがある。18区のグワドループ通り（Rue de la Guadeloupe）は、1877年からある。

ケストル Questre　ケストル袋小路（Impasse Questre）は1877年から11区にある。命名は当時ここに住んでいた地主にちなんでなされた。

ゲテ Gaîté　14区にあるゲテ通り（Rue de la Gaîté）の命名は、1830年になされている。当時、この通りには舞踏会場やダンスホール、劇場、フライドポテトの売店が立ち並び、いたるところから笑い声やシャンソンが聞こえてきた。まさに「快活」を意味する通りの呼称そのものだった。今日もなおここはそうした芸術的・民衆的な活気を何ら失ってはいない。2館の劇場と1軒のミュージックホールが今も顕在だからである。

ゲネゴー Guénégaud　1609-76年。モンブリゾン伯アンリ・ド・ゲネゴーは、金融家・政治家で、1643年に宮内卿、56年には国璽尚書となった。だが、1669年に失脚し、コルベールがその後を襲った。それ以前、ゲネゴーはマンサールに命じて、彼の名を冠した通りのすぐ近く、現在造幣局がある場所に邸館を建てさせている。6区のゲネゴー通り（Rue Guénégaud）は、この邸館の建設時、すなわち1648年からある。

ゲノ Guénot　11区のゲノ小路（Passage Guénot）は、この通りに建物を有していたゲノ氏にちなんで、1934年に命名されている。

****ゲピヌ Guépine**　「ゲピヌ屋」とは4区の旧ゲピヌ袋小路（Impasse Guépine）にあった家の呼称である。おそらくその初代の家主は無愛想きわまりなかった人物だったのだろう。ゲピヌという語が「意地悪でよこしまな女」の謂だからである。この袋小路は1250年に命名されていた。

ゲブリアン Guébriant　1602-43年。ゲブリアン公ジャン＝バティスト・ビュドは、ブルターニュ半島北岸、サン＝ブリュー近郊のプレシ＝ビュドで生まれ、ドイツ南西部ロトヴァイルで没したフランス元帥。ブルターニュの古い家柄に属していた彼は、三十年戦争におけるプファルツ地方北部での軍事遠征や、1639年のライン渡河作戦で軍功をあげる。

友人だったザクセン＝ヴァイマル公ベルンハルト【1604-39】が他界すると、彼はその軍隊の指揮官となり、ヴォルフェンビュッテル（1641年）やケンペン（1642年）の戦いで神聖ローマ帝国軍を破り、その勝利の褒賞として元帥に叙せられた。だが、ケンペンでの負傷がもとで、翌年他界する。20区のゲブリアン通り（Rue de Guébriant）は1933年からある。

ケプレール Kepler　1751-1630年。ヨハネス・ケプラー（ケプレール）はドイツ南西部シュワーベン地方の自由都市ヴァイル・デア・シュタットに生まれ、南部バイエルン地方のレーゲンスブルクで没した天文学者。近代天文学の創始者のひとりとされる彼の父親は、貧しい居酒屋を営んでいた。奨学金をえて神学校でさまざまな学問を修めたが、プロテスタントだった彼は、「正統的ではない思想の持ち主」だとして退学させられてしまう。しかし、それでも学問を諦めず、1787年、チュービンゲン大学に入学して数学を学び、弱冠22歳でオーストリアの現グラーツ大学で数学や天文学を講じるようになる。そして1601年、ルドルフ2世【神聖ローマ皇帝（在位1576-

ケベック

1612)】に招かれて、【ティコ・ブラーエ（1546-1601）の後任として】その宮廷付占星術師となる。それ以来、きわめて単調な日々を送るようになった。

　ケプラーは2度結婚をしている。最初の妻はきわめて気難しい性格で、やがて精神に異常をきたした。1597年に再婚したが、1611年、この2番目の妻も3人の子のうちのひとりともども他界して、打ちひしがれた。1617年には、故郷で母親が魔女として告発され、裁判で焚刑に処されることになったため、その弁護をおこなって、21年になんとか無罪を勝ち取った。ケプラーは諸侯から年金を提供されていたが、しばしばその支払いが滞り、未払い年金の催促のために赴いた旅の途中で客死した【諸説あり】

　だが、こうしたことすべては彼が天文学の分野でえた名声を損なうものではなかった。とくに1609年に公刊した『新天文学』【岸本良彦訳、工作舎】は、その名声を決定づけるものだった。そのなかで彼は3通りの法則、すなわち以下のような「ケプラーの法則」を唱えている。第1法則：惑星の軌道は太陽を焦点とする楕円を描く【楕円軌道の法則】、第2法則：太陽の中心と惑星の中心を結ぶ動径が描く面積は、軌道を描く時間に比例する【面積速度一定】。第3法則：惑星の公転周期の2乗は、軌道の長半径の3乗に比例する【調和の法則】。この3法則によって、ニュートンは万有引力の原理を発見することができた。火星を体系的に研究したケプラーの名は、16区の通りに残っている。1864年に命名されたケプレール通り（Rue Kepler）がそれである。

ケベック Québec　ケベック州は面積154万平方キロメートルを有する**カナダ**で2番目に広い州で、住民790万人【2011年】の78パーセント、すなわち616万がフランス語話者である。主要都市としては、最大都市のモントリオール、セントローレンス河岸の州都ケベック・シティー、ロンゲール、トロワ・リヴィエール、シェルブルック、ラヴァルなどがある。フランス語は1974年に公用語になった。森林面積は97万9000平方キロメートル。鉱物資源がきわめて豊富な州で、銅や亜鉛、金、鉄、石綿などを産する。

　たしかにこの旧フランス領カナダのケベック州は、こうした埋蔵鉱量によって世界最大の地下資源地となっている。それゆえ「麗しの州」ケベックは旧大陸の従兄弟たちからきわめて明白な関心と執心をとり戻すようになった。とりわけそれが露骨になったのが、あまりにも有名な言葉、「自由ケベック万歳！」【フランス大統領シャルル・ド・ゴールが1967年7月にケベックを訪問し、モントリオール市庁舎のバルコニーでおこなった演説の中で繰り返した絶叫。第2次世界大戦中、ド・ゴールがロンドンからフランスのレジスタンス活動家たちにラジオで訴えた「自由フランス万歳！」に倣ったこの言葉に対し、ときのカナダ首相レスター・B・ピアソンは「カナダ人は解放される必要などない」として反発し、両国間の緊張を引き起こした】以降である。パリのケベック広場（Place du Québec）は、1980年から6区にある。

ゲメネ Guéménée　4区のゲメネ袋小路（Impasse Guéménée）は、ヴォージュ広場にあり、出入り口がこの袋小路に面していたロハン＝ゲメネ館にその名を負っている。同館に住んでいた**ヴィクトル・ユゴー**は、プティ＝ミュスク通りに店をかまえていた製パン商の女性に言い寄る際、この出入り口をもちいたものだった。ゲメネ小路の命名は1700年である。

ケラール Quellard　11区のケラール小路（Cour Quellard）は、この小路が敷設された土地の旧地主にちなんで命名された。

ゲラン＝ボワソー Guérin-Boisseau　2区のゲラン＝ボワソー通り（Rue Guérin-Boisseau）は、すでに1250年から知られていたが、当時は通りの敷設工事を指揮したゲラン＝ブセルの名でよばれていた。この呼称は1350年までもちいられ、おそらく表記の変更によってブセル（Boucel）がボワソーとなった。やがてここでは多くの靴職人たちが店をかまえるようになったが、

1873年にはパレストロ通りが開通したため、少なくとも50店舗は廃業に追い込まれた。誰かは不明だが、もはやこの通りで自分の足に合った靴を見つけられなくなった者だろう、粗末な字で通りの一角にこう記している。「ゲラン＝ボワソー通り、ここに眠る」。この落書きはかなり後まで残った。

ケール Caire　カイロのこと。パリの通りにこのエジプトの首都の名が冠せられたのは、1798年7月28日にフランス軍がそこを占拠したことを記念するためだった。カイロは下エジプトのナイル（ニル）右岸に位置している。この町は現在のチュニジアに興ったファーティマ朝スルタンによって建設され【10世紀】、「ミスル・アル＝カーヒラ」、すなわち「勝利の町」と命名された。やがてカーヒラが変形してカイロとなった。現在、この首都には400を越えるモスクがあるという。パリの2区にあるケール小路（Passage de Caire）は1798年、同名の広場（Place de Caire）はその1年後の99年に建設されている。

ゲルサン Guersant　1777-1848年。17区のゲルサン通り（Rue Guersant）は、30番地に住んでいた小児科医ゲルサンにちなんで、1885年に命名されている。

ケルシー Quercy　フランスの旧地方名で、北はリムザン、西はペリゴール、南はラングドック、東はオート＝オーヴェルニュ地方に接する。中心都市はカオール。ローマ時代、ガリアに侵攻したユリウス・カエサル（ジュール・セザール）率いるローマ軍に、激しく抵抗したことで知られるこの地方は、11世紀にトゥールーズ伯、ついでプランタジネット朝【フランスの貴族だったアンジュー伯アンリが1154年にイングランド王ヘンリー2世となり、1399年にリチャード2世が廃されるまで続いたイングランド王朝】の支配下におかれた。そしてシャルル5世の時代にフランス王国に組み込まれた。1932年に命名されたケルシー小公園（Square du Quercy）は、20区にある。

ゲルマ Guelma　アルジェリア北東部コンスタンティヌ地方の町で、セブース川とマフナ山の近くに位置する。ローマ人たちはここをカラマと呼んでいた。当時の遺跡が市内の数カ所に残っている。有名な「ゲルマ」種の牛はこの町に由来する。パリのヴィラ・ゲルマ（Villa de Guelma）、1877年から18区にある。

ゲ＝リュサック Gay-Lussac　1778-1850年。ルイ・ジョゼフ・ゲ＝リュサックは、フランス中部オート＝ヴィエンヌ県のサン＝レオナール＝ド＝ノブラに生まれた物理学者・化学者。パリの国立理工科学校（エコール・ポリテクニーク）で学び、同校卒業後、最初の仕事はガスの膨張法則を見つけることだった。1804年、彼はジャン＝バティスト・ビオ【1774-1862。物理学者・天文学者・数学者。とくに電流と磁場の関係の研究で知られる】とともに熱気球に乗って高度6400mまで上がり、上昇につれて磁石の針がどう動くかを観察した。

それからしばらくして、彼は単独で7016メートルまで上がり、6636メートルの高度の大気サンプルを集めて温度と湿度を分析してもいる。さらに1807年には、毛細管現象の分析理論に関心を抱き、のちには水酸化カリウムと水酸化ナトリウムを電流で分解させることにとり組む。

こうした一連の研究中、彼は爆発事故で重傷を負ってしまう。だが、それでも彼は研究をやめず、1809年、母校の科学教授とパリ大学科学部の物理学教授となる。同年にはまた、同窓の親友ルイ・テナール【1777-1857。コレージュ・ド・フランスや国立理工科学校教授】とともに、ホウ素の単離に成功している。1815年にはシアンとシアン化水素酸も単離した。

そして翌1816年、彼はのちにその名がつけられるサイフォン型気圧計や、さらにアルコール計を考案してもいる。1831年、彼はオート＝ヴィエンヌ県から代議員議員に選出され、国王ルイ＝フィリップから貴族院議員に任じられた【1848年】。今日、ゲ＝リュサック通り（Rue Gay-Lussac）は5区にあり、命名は1864年になされて

いる。

ケルビニ（シェリュビニ）Cherubini 1760-1842年。マリア・ルイージ・カルロ・ゼノビオ・サルヴァトーレ・ケルビーニはフィレンツェ生まれの作曲家。17歳ですでにミサ曲やモテット、カンタータを創り、20歳になると、最初のオペラ『キント・ファビオ』をアレクサンドリア（**アレクサンドリ**）で上演している。1789年、彼はムッシュー座の音楽監督を委嘱され、才能を遺憾なく発揮する。そして、その舞台にかけるオペラのために数多くの楽曲を作曲した。やがてムッシュー座がフェドー座に変わると【1791年】、傑作の一部をここで上演するようになる。『メデア』【1797年】や『罰』【1799年】、『2日間ないし水運搬人』【1800年】などで、最後のオペラ曲はおそらく『アリババ』【1833年】である。

1816年、ケルビーニは国王礼拝堂の音楽視察官、さらに22年にはパリ音楽院（**コンセルヴァトワール**）の院長となる。以来、ひたすら宗教曲の創作に邁進する。『ルイ18世の戴冠式のための荘厳ミサ曲』【1819年】は、この時期でもっとも人口に膾炙した作品である。**アレヴィやオーベール、ボイエルデュー**などを弟子とする彼は、フランス革命時にフランスに帰化している。2区のケルビニ（シェルビニ）通り（Rue Cherubini）は1844年に命名された。

ケレー Keller 11区のケレー通り（Rue Keller）は1858年の命名になるが、この呼称は有名な兄弟に由来する。いずれも17世紀の鋳造所経営者だったジャン＝ジャック・ケレーとジャン＝バルタザール・ケレーである。チューリッヒに生まれ、**ア ルザス**地方のコルマールで没した前者（1635-1700）は、ルイ14世（**ルイ・ル・グラン**）から王立鋳造所の大砲部門担当官に任命されている。チューリッヒに生まれ、パリで他界した弟のジャン＝バルタザール【1638-1702】は、**アルスナル**（砲兵工廠）の鋳造監督官をつとめた。

彼ら兄弟は、大砲のほかに、**ヴェルサイユ宮の庭園**にある大部分の彫像、さらに

1699年にヴァンドーム広場に建てられたジラルドン作のルイ14世像の鋳造も手がけた。今日、きわめて特殊な合金に彼らの名がつけられている。

ケレルマン Kellermann 1735-1820年。ヴァルミー公フランソワ・クリストフ・ケルルマンは、**ストラスブール**に生まれ、パリで没した元帥。15歳で国王軍に入ったが、1789年のフランス革命に積極的に参加し、92年、モーゼル方面軍の指揮官として**アルザス**防衛の任にあたった。そして、4万の兵を率いてシャンパーニュ地方でデュムリエ将軍【→**カンブレ**】の軍と合流し、ヴァルミーの戦いに勝利する。その勝因の一部は、彼の勇敢さに帰せられている。

リヨンでの叛乱【国民公会に反対した1793年の反革命叛乱のひとつ】を情け容赦なく弾圧したとして、パリ高等法院付属監獄に13か月投獄されたあとの1795年、ケルルマンはイタリア方面軍の指揮官として数か月間、プロヴァンスでオーストリア軍と戦う。だが、その指揮ぶりに失望したナポレオンから更迭されてしまう。それでも、皇帝となったナポレオンは彼をヴァルミー公に叙し、元老院議員と元帥の肩書きもあたえる。1814年、ナポレオンが失脚してエルバ島に配流されると、ケルルマンは**ブルボン家**を支持し、その見返りに貴族院議員に任命された。13区のケルマン大通り（Boulevard Kellermann）は、それから半世紀後の1864年に命名されている。

ゴ Got 1822-1901年。パリを生没地とする俳優のフランソワ・ゴは、1844年にコメディ＝フランセーズに入り、50年に正座員となった。彼は喜劇のおもな役どころをすべて演じ、当時の大役者のひとりに数えられた。その出演作としては『マリアンヌの気まぐれ』【原作アルフレッド・ミュッセ（1833年）】や『友フリッツ【原作エルクマン＝シャトリアン（1876年）】、『カリブの海賊』【原作ジャン・リシュパン（1888年）】、『大根役者』【原作エドワール・パイユロン（1894年）】などがある。1894年、彼はコメディ＝フランセーズを辞して引退するが、

1877年からこの年まで、パリ演劇学校の教授もつとめた。彼の名を冠したゴ小公園（Square Got）は、1935年から20区にある。

コエトロゴン Coëtlogon　1646-1730年。副提督・フランス元帥だったコエトロゴン侯アラン＝エマニュエルは、1670年に海軍に入る。そしてデュケーヌ率いるオランダ遠征軍にくわわり、パレルモの海戦【1676年】でオランダ＝スペイン連合軍を相手にきわだった軍功をあげる。1693年には、イングランド軍の砲撃で危機に瀕したサン＝マロの防衛戦で重要な働きをしている。

1701年にスペイン継承戦争が勃発すると、彼はフェリペ5世【国王在位1700-46】の援軍として派遣され、オランダの戦艦5隻に護衛されていた輸送船団を奪い、アメリカ大陸のスペイン植民地への物資補給も担った。1724年、パリのイエズス会所有の家に隠棲し、そこで没する。6区のコエトロゴン通り（Rue Coëtlogon）は、1869年に命名されている。

ゴーガン Gauguin　1848-1903年。画家のポール・ゴーギャン（ゴーガン）はパリ出身である。印象主義から出発したが、のちにこれに反発し、象徴主義に入って精神的な絵画を模索する。美学的な美の根源まで遡ろうとした彼は、エミール・ベルナール【1868-1941】など、数人の画家と一緒にブルターニュに移り、ここからポン＝タヴァン派が生まれることになる【1888年】。

ゴーギャンはさらにアルルでヴァン・ゴッホ（**ヴァン・ゴグ**）と合流する。そして、周知のように彼は晩年をオセアニアで送り、タヒチできわめて独創的な色彩を駆使した作品を描いた。とりわけみごとな作品として、『黄色いキリスト』【1889年。この作品で、彼は輪郭線を黒く浮き立たせた「クロワゾニスム」をもちいている】がある。ゴーガン通り（Rue Gauguin）は1932年から17区にある。

コキリエール Coquillière　1280年頃、ピエール・コキリエールはかなり裕福なブルジョワ一族に属し、13世紀にコキリエール通り（Rue Coquillière）が敷設された土地

の所有者だった。

ゴーゲ Gauguet　14区のゴーゲ通り（Rue Gauguet）は、1935年から、それが敷設された土地の所有者名でよばれている。

コーシー Cauchy　1789-1857年。オーギュスタン・ルイ・コーシーはパリで生まれ、パリ南郊のソーで他界した数学者。パリの国立理工科学校（エコール・ポリテクニーク）で学んだ彼は、シェルブール港建設の土木技師となり、1816年、科学アカデミー会員に選ばれた。以後、パリ大学科学部の代数学教授、コレージュ・ド・フランスの数理物理学教授、さらに母校の力学教授を歴任した。だが、1830年の7月革命を支持する宣誓をこばんだために教壇を追われた。

そんなコーシーのため、トリノ（テュラン）大学にただちに数学講座が創設された。1832年には、プラハ（プラグ）の王宮に身を寄せていた、のちのボルドー公アンリ・ダルトワ【1820-83。フランス・ブルボン家最後の王位継承者だったが、ルイ・フィリップの策謀によってその座を奪われた】の教育を引き受けてもいる。

1838年に帰国すると、【アカデミー会員には復帰したが、母校に戻ることはできず】、聖職者が経営する施設で教えるようになる。だが、1848年、再びパリ大学科学部の数理天文学講座で教鞭をとるようになる。1852年、のちのナポレオン3世による12月2日のクーデタで誕生した政府に対する宣誓をこばんで、またしても職を失うが、54年、宣誓をしないまま、復職する。まさに終わりよければすべてよしの格言通りである。

彼は論文「光の分散にかんする考察」などを書いている【コーシー列や積分定理など、解析学で大きな業績を残したが、夭折した天才数学者エヴァリスト・ガロワ（1811-32）が17歳で書き、フランス学士院に提出するための素数次方程式の解法にかんする論文を預りながら紛失し、それがこの天才の死を早めたとされる】。彼を名祖とする15区のコーシー通り（Rue Cauchy）は、1881年に命

名されている。

コシャン Cochin 1789-1851年。ジャン＝ドニ・マリ・コシャンは、パリで生まれ、没した法律家・慈善家。彼は1820年から31年まで12区の区長、さらに37年から41年までは下院議員をつとめた。国民教育の普及を図り、はじめて保育所を創設してもいる。ただ、14区にあるコシャン病院は彼とは無関係で、これは1780年、ジャン＝ドニと同じ一族に属する神父のジャック＝ドニ・コシャンが建てたものである。彼はサン＝ジャック＝デュ＝オー＝パ教会【→サン＝ジャック】の主任司祭だった。1875年に命名されたコシャン通り（Rue Cochin）は5区にある。

コシュート Kossuth 1802-94年。ハンガリーの政治家で英雄のコシュート・ラヨシュは、モノクに生まれ、トリノ（テュラン）で没している。弁護士だった彼は1831年にペシュト【ブタペストの一部】に移り、ハンガリーにおける自由化運動の展開を説く雑誌《議会通信》で、健筆を振るうようになる。しかし1837年5月、この雑誌に危機感をいだいたメッテルニヒ【1773-1859。当時ハンガリーを実質支配していたオーストリアの政治家で、ナポレオン後のヨーロッパを討議するウィーン会議の主宰者】によって、逮捕・投獄されてしまう。

　1840年に釈放されると、コシュートは自由党の機関紙《ペシュト新報》を創刊し、みずからその主幹をつとめる。この新聞は大きな反響を呼んだが、彼は3年後に主幹を退き、1844年、国内産業を助長するための結社「ヴェーデジレット」【字義は「未来を守る」】を組織する。

　1847年、国会議員となった彼は、財務大臣、さらに封建制のハンガリーが立憲国家へと移行した48年には首相に就任する。だが、翌年、ロシアに支持されたオーストリア軍が介入してハンガリー軍が敗れたため、彼はトルコやイギリス、さらにアメリカ合衆国に逃れ、1861年、イタリアでハンガリー軍を再編して、ドナウ（ダニューブ）低地とバルカン半島の人民同盟化を図

った【1867年に成立したハンガリー＝オーストリア二重帝国を、彼は真のハンガリー独立ではないとして認めなかった】。祖国の土を踏むことなく、トリノで没した彼の遺骸はブタペスト（ビュダペスト）に運ばれ、国葬が営まれた。パリのコシュート広場（Place Kossuth）は、1956年から9区にある。

コショワ Cauchois 土地所有者の名前。コショワ通り（Rue Cauchois）は18区にある【この通りの11番地には、政治家のマルセル・サンバ夫妻が住んでいた】

ゴズラン Gozlin 805-886年。ゴズラン（ないしゴスラン）はパリ司教で、一部の歴史家たちによれば、ルイ・ル・デボネール【敬虔王ルイ1世・西ローマ皇帝（在位814-840）。ルートウィヒ1世とも。シャルルマーニュ（カール大帝）の子】の庶子だったという。彼はまず北仏ランスで修道士となり、848年、サン＝ジェルマン＝デ＝プレ大修道院長に任命される。みずから大法官として仕えていた禿頭王シャルル2世【在位843-877。のちにカール2世として西ローマ皇帝（在位875-877）】の時代には、ノルマン人征討の軍を起こして進軍してもいる。だが、武運つたなく捕虜となり、巨額の身代金を払ってようやく解放された。

　882年、パリ司教となった彼は市壁を修復し、885-86年の有名なパリ攻囲戦では、ウード【860頃-898。のちにフランク王（在位888-898）】の陣営でノルマン人と戦い、撃退する。しかし、この攻囲戦で負った傷がもとで他界した。ゴズラン通り（Rue Gozlin）は、1864年から6区にある。

ゴセック Gossec 1733-1829年。フランソワ＝ジョゼフ・ゴセックはベルギー南西部ワロン地方のヴェルニに生まれ、パシーで没した作曲家。コンティ公の室内音楽指揮者となった彼は、1771年にコンセール・デ・ザマトゥール【音楽会を組織する協会で、1781年解散】を創設し、84年にはのちにパリ音楽院（コンセルヴァトワール）となる王立歌唱学校も立ち上げている。フランス革命期に国民祭向けの讃歌や歌曲の作曲を

託された彼は、82歳まで現役を続けた。

革命前のオペラ作品としては、『偽領主』【1765年】や『トワノンとトワネット』【1767年】、『フィレモンとボーワ』【1775年】、『テセウス』【1782年】などがある。また、革命後はそれをたたえるため、『7月14日の歌』【1791年】や『自由讃歌』【1792年】、『共和国の凱旋』【1794年】などを作曲している。12区のゴセック通り（Rue Gossec）は、1900年からある。

コソヌリ Cosonnerie コソヌリという語は、とくにフランス東部でレース工ないし職人と商人との仲介人を意味していた「コソン（cosson）」に由来する。かつてレ・アルの中央市場では、この語はより広い意味で仲買人をさしていた。1区のコソヌリ通り（Rue de la Cossonnerie）は12世紀からある。

コタン Cottin 土地所有者の名前【コタン小路（Passage Cottin）は18区】

コタンタン Cotentin 南部が頁岩の台地、中央部が有名な平原、北部が半島からなるバス＝ノルマンディの地方名。数多くの小川が流れ、湿潤な気候——あまりありがたくないが——で風光明媚な土地である。この地域はきわめて評判のよい牛を産する。330キロメートルにわたって海岸が展開しているが、その多くは砂浜である。15区のコタンタン通り（Rue du Cotentin）は、1867年に命名されている。

コタジュ Cottages ここにはイギリス趣味の住民たちが、イギリス人がコテージュ（コタジュ）とよぶ別荘風の小さな家を建てている【コタジュ通り（Rue de Cottages）は18区】

コック Coq 9区を走るコック大通り（Avenue du Coq）の呼称は、14世紀末、エグルネ領主だったジャン・コック2世【1386年にサン＝ラザール地区にあったポルシュロン城を手に入れている】の所有する城の名に由来する。11区にはコック小路（Cour du Coq）があるが、その呼称は、土地所有者の名前をとってつけられている。

コック＝エロン Coq-Héron 13世紀から知られている1区のコック＝エロン通り（Rue Coq-Héron）は、呼称を当時の看板【コック（鶏）とサギ（エロン）の絵看板】に負っていると思われる。

コット Cotte ルイ16世の国王在位中【1791-92】、ジュール・ド・コットは破毀院1日審理部の名誉院長だった。12区のコット通り（Rue de Cotte）は、その彼の名にちなんで1851年に命名されている。

ゴダン Godin 20区のヴィラ・ゴダン（Villa Godin）は、この私道が敷設された土地の所有者のひとりだったゴダン氏にちなんで命名された。

ゴーテ Gauthey 1732-1806年。エミラン・ポール・ゴーテはシャロン＝シュル＝セーヌ生まれの技師。ソーヌ川にサントル運河とドゥー運河を建設したのが、国立土木学校出身の彼である。彼はまたシャロン＝シュル＝セーヌ市の河岸通りを敷設してもいる。『橋と航行可能な運河の建設にかんする総論』【1803年】の著書である彼の名は、1864年に命名された17区のゴーテ通り（Rue Gauthey）に残っている。

ゴーティエ Gauthier 19区のゴーティエ小路（Passage Gauthier）は、この私道の地主にちなんで1840年に命名された。

ゴードゥレ Gaudelet 11区のゴードゥレ袋小路（Impasse Gaudele）はその旧土地所有者を名祖とする【同区にはヴィラ・ゴードゥレ（VIlla Gaudelet）もある】

ゴド・ド・モーロワ Godot de Mauroy 9区のゴド＝ド＝モーロワ通り（Rue Godot-de-Mauroy）にもまた、20世紀初頭に開通したこの通りの旧土地所有者の名がついている。

ゴドフロワ Godefroy 1826年に開通した13区のゴドフロワ通り（Rue Godefroy）は、当初からこの通りが敷設された土地の旧地主名でよばれている。

ゴドフロワ・カヴェニャック Godefroy Cavaignac 1801-45年。ゴドフロワ・カヴェニャックは、高名な国民公会（コンヴァンション）の議員を父【ジャン＝バティスト・カヴェニャック（1763-1829）】にもつ

政治家で、パリ出身。彼は1830年の7月革命に積極的にかかわり、国民軍の砲兵隊長に任命された。君主制に反対していたため、1834年4月の事件【パリやリヨンの労働者たちが7月王政に対して蜂起した叛乱】のあと、パリのサント＝ペラジー監獄に投獄されてしまう。しかし、そこを脱獄して、1835年7月、イギリスに亡命する。1841年に帰国した彼は、43年、人権協会の会長となる。彫刻家のフランソワ・リュードは、そんな彼の彫像を制作している。今日、モンマルトル墓地に見られるのがそれで、これは間違いなくリュードの最高傑作といえる。ゴドフロワ＝カヴェニャック通り（Rue Godefroy-Cavaignac）は、1847年から11区にある。

* **コナール Conard**　15世紀から17世紀にかけて、セーヌ河口の都市ルーアンのカーニヴァルでは、陽気連（ソシエテ・ジョワイユーズ）とよばれる若者結社が、毎年馬鹿騒ぎをして祭りを盛り上げたものだったが、コナール（馬鹿者）とはそのメンバーをさす【ただし、15区にあったコナール袋小路（Impasse Conard）は1940年に撤去されている】

コニャック＝ジェイ Cognacq-Jay　1839-1928年。エルネスト・コニャック氏は、1872年、マドモワゼル・マリ＝ルイズ・ジェイ【1838-1925】と結婚し、パリの中心街にふたりでサマリテーヌ百貨店を設立している。かつてこの百貨店で働くのを希望する者は、コニャック＝ジェイ夫妻のメダイヨンで飾られた広間に通されたはずである。夫妻はまた慈善家としても知られ、子供を多くもうけたフランス人家庭に報奨金も出した。7区にある夫妻の所有地にコニャック＝ジェイ通り（Rue Cognacq-Jay）が敷設されたのは、1928年のことである。

ゴネ Gonnet　ゴネ通り（Rue Gonnet）は11区にある。呼称はその所有地にこの通りが敷設された旧地主の名にちなむ。

ゴブラン Gobelins　タピスリーと染色で有名なゴブラン工場は、5区から13区にかけて走るゴブラン大通り（Avenue des Gobelins）とクルールバルブ通り、さらにビエーヴル川のあいだに位置する。ゴブランとは、14世紀にパリに出て染色業を営んでいた、北仏ランス出身の一族の名である。

創業者のジャン・ゴブラン【詳細不詳】はこの商いで財を成し、ビエーヴル河岸の広大な土地を手に入れる。それゆえ当時、ビエーヴル川は「ゴブラン川」ともよばれた。息子フィリベール、さらに孫たちも相次いで財産を増やし、ゴブラン家の4代目は当初の染色業をやめて株や証券を買い漁るまでになる。こうして同家は、繁栄の拠点となった土地にその名を残した。そんな一族については、おそらくこういうことができるだろう。「ゴブラン一族はたった1メートルのカーテンをつくらずして、タピスリーで不朽の名声をえた」

やがて一族がそこを立ち去ったあとの1662年、ルイ14世（ルイ・ル・グラン）がその旧工場にかつてそこで働いていた労働者たちを集め、コルベールの監督のもと、王立家具工場を設立する。当初、そこでは指物師たちが織工たちと一緒に働いていたが、1699年、工場は家具の製造をやめ、タピスリーの生産だけをおこなうようになる。だが、フランス革命期に王室の紋章である百合の花があしらわれていたタピストリーはすべて焼却処分とされ、共和主義と両立するタピスリーの生産のみが認められた。

そして1804年からは、ゴブラン工場は国家元首のためだけに創業するようになり、その状態は第二帝政【1852-70年】まで続いた。帝政が瓦解して第三共和政に入ると、ゴブランは官営織工場となる。このゴブラン織工場は独自の学校を擁し、なおもフランス最高のタピスリーをつくり続けている。ゴブラン大通りは1869年からあるが、その名を冠したゴブラン通り（Rue des Gobelins）の方はそれ以前、すなわち1552年から13区にある。

コプロー Copreaux　この15区の通り（Rue Copreaux）に土地所有者の名が冠された

のは、16世紀末のことである。

コペナグ Copenhague　コペンハーグ（コペナグ）はシェラン島東岸に位置するデンマークの首都で、1801年と1807年にイギリス軍に占拠された。1807年、デンマーク艦隊がナポレオン側につくのを恐れたイギリス軍は、平時だったにもかかわらず、宣戦布告なしにとつぜん攻撃をしかけたのである。

コペンハーゲンのおもな建造物としては、旧王宮のシャルロッテンボー宮殿があり、今日そこには芸術アカデミーがおかれている。さらに、クリスチャン5世【国王在位1670-99。ハノーファー選帝侯兼イギリス王ジョージ1世の従弟】の騎馬像や、デンマークを代表する彫刻家ベルテル・トーヴァルセン【1770-1844】の名を冠したトーヴァルセン美術館、さらに彫刻家エドヴァルド・エリクセン【1876-1959】が制作した、護岸部の岩の上で物憂げに憩う有名な人魚姫の像もある。8区のコペナグ通り（Rue de Copenhague）は、1868年に命名されている。

ゴベール Gobert　1807-33年。ナポレオン・ゴベール男爵は将軍の息子で、篤志家だったが、熱病のためにカイロ（ケール）で客死している。彼は1万フランを毎年授与する賞を2通り創設するため、その財産を遺贈するとの遺言をした。一方はもっとも雄弁なフランス史関連著作に対するアカデミー・フランセーズ賞、もう一方はやはりフランス史関連のもっとも深遠かつ専門的な碑文・文芸アカデミー賞である。彼に捧げられた11区のゴベール通り（Rue Gobert）は、1867年からある。

コペルニク Copernic　1473-1543年。ニコラウス・コペルニクス（コペルニク）は、トルンで生まれ、フラウエンブルク（ポーランド名フロムボルク）で没したポーランド（ポローニュ）の天文学者【司教座聖堂参事会員で、知事・法学者・医師でもあった】。1496年、ボローニャ大学に入った彼は、恩師ドメニコ・ノヴァーラ・ダ・フェッラーラ【1454-1504】の天文学的観察を助けた。

1500年、コペルニクスは数学を教えるためにローマを訪れ、翌年、パドヴァ大学に移って医学を学んだが、1505年、ハイルスベルク城で叔父とともに暮らすためにイタリアを去る。1512年にこの叔父が他界すると、フラウエンブルクに移り住み、そこに私設天文台「クーリア・コペルニカ（コペルニクス堂）」を建てる。彼がもちいた視差観測具はインクで目盛をつけた3本の木片で出来ており、いまでは貴重な聖遺物となっている。

コペルニクスは天体にかんする新しい理論で有名だが、その地動説で、彼はあらゆる星の日周運動が見かけにすぎず、地球が自転していると想定すれば、文点歳差が説明できるとした。これにより、プトレマイオスが惑星の運動を説明するために唱えた「周転円」という論理の半分が姿を消すことになった。そして、自分が立ち上げた体系を実験しながら、彼は他の研究者たちが思い思いに複雑なものとみていた現象が、じつはかなり単純に説明できることを確認したのだった。

だが、彼はそのため激しい批判にさらされ、1610年にガリレオ（ガリレ）が天体望遠鏡を発明して、コペルニクスが望遠鏡も使わずに発見したことが正しいと認めるまで、そうした批判は続いた。たとえば、天体望遠鏡によって金星がさまざまな位相を帯びていることが分かったが、コペルニクスはすでにそのことを指摘していた。そしてニュートン以降、このポーランド人の天文学者が唱えた仮説の推断がたえず発展させられていった。彼に捧げられたパリのヴィラ・コペルニクス（Villa Copernic）は、1864年から16区にある。

コマイユ Commaille　7区のコマイユ通り（Rue de la Commaille）は1881年に敷設された私道だが、その呼称はここにコマイユ館が建っていたことに由来する。ただ、この邸館はオルタンス・ド・ボーアルネ【1783-1837。ナポレオン1世の皇后ジョゼフィーヌの娘で、オランダ王ルイ＝ナポレオン・ボナパルトの妃】のまたいとこ【ジアック侯

爵】だった住人に幸運をもたらすことはなかった。革命で斬首刑に処されたからである。

コーマルタン Caumartin アントワヌ・ルイ・ル・フェーヴル・ド・コーマルタンは、1778年から84年まで、パリの商人頭【市長に相当】をつとめた。9区にあるコーマルタン通り（Rue Caumartin）は1849年に命名されたが、彼は1779年、この道路を拡張している。

コマンダン・ギルボー Commandant Guilbaud 1928年、イタリアの飛行船イタリア号が遭難した。水上飛行機の機長ルネ・ギルボー【1890-1928】はその捜索に出発したが、同様に遭難してしまう。翌1929年、彼を偲んでパリの通りに名前がつけられた。16区のコマンダン＝ギルボー通り（Rue du Commandant-Guilbaud）がそれである。

コマンダン・シャルル・マルテル Commandant Charles Martel 指揮官シャルル・マルテルは、1867年に生まれ、1924年に没した海軍将校。ただし、もうひとりのマルテル、すなわち、732年にポワティエでアラブ（ウマイヤ朝）軍を撃破した宮宰カール・マルテル【686-741】の直系ではなかっただろう。コマンダン＝シャルル＝マルテル小路（Passage du Commandant-Charles-Martel）は17区にある。

コマンダン・シュレジング Commandant Schloesing 1919-44年。ジャック＝アンリ・シュレジングは、フランス自由軍でパリ飛行小隊の隊長をつとめた飛行士だった。撃墜されて戦死したが、1883年、彼をたたえてパリの通りにその名が冠せられている。16区のコマンダン＝シュレジング通り（Rue du Commandant-Schloesing）である。

コマンダン・マルシャン Commandant Marchand 1863-1934年。ジャン＝バティスト・マンシャンはフランス東南部アン県のトワセに生まれた軍人・探検家。1893年、彼は政府から、ニジェール盆地にあるギニア湾へのもっともよい航路を見つけるという任務を託される。やがて任務を終えて帰国したのも束の間、次はフリカ中部のウバンギ川とバハル・エル＝ガザル川【白ナイル川支流】の水源地にいる調査隊のもとに赴き、援助せよ、という命令が下される。こうして1896年、彼は出発する。さまざまな困難をのりこえて、ようやくスーダン（スダン）のファショダに辿り着き、そこに要塞を建設する。そして、この要塞を盾にして、1898年7月10日、彼はダルヴィーシュ派【イスラーム教神秘主義のスーフィズムに属する宗団で、トルコやイランのそれはセマー（旋舞）で知られる】の攻撃を防いだ。

イギリス軍とその指揮官だったキッティナー卿【1850-1916。元帥・政治家】が.一帯を制圧すると、マルシャンはなおも数年間ファショダに踏みとどまり、その後、町を明け渡す。帰国した彼は、いわば英雄として受け入れられ、地理学会から金賞を授けられるという素晴らしい報奨にも浴した。彼がファショダから戻って住んだ16区のコマンダン＝マルシャン通り（Rue du Commandant-Marchand）は、生前の1901年に命名されている。

コマンダン・モルトノル Commandant Mortenol 1859-1930年。コマンダン・モルトノルこと、カミーユ・モルトノルは、パリの国立理工科学校（エコール・ポリテクニーク）にはじめて入学を認められた黒人。最初海軍に入り、第1次世界大戦中はジョゼフ・ガリエニ将軍（マレシャル・ガリエニ）の命で、パリの防空体制をみごとに組織した。10区のコマンダン＝モルトノル通り（Rue du Commandant-Mortenol）は、1984年からある。

コマンダン・ラミ Commandant Lamy 1858-1900年。フランソワ・ジョゼフ・ラミは軍人・探検家。1889年、アルジェリアのエル＝ゴレアで最初のサハラ・メハリ兵【ヒトコブラクダに乗った兵士】の小隊を指揮し、96年にはエリゼ宮の衛兵隊長になった。のちに、ミッション・フーロー【探検家のフェルナン・フーロー（1850-

1914）を中心として、1898年から90年にかけ
ておこなわれた科学的・軍事的遠征隊】が地
中海から仏領スーダン（スダン）へ派遣さ
れた際、その護衛隊を指揮した。

　この長旅のあいだ、ムスリムのスルタ
ン・ラバ【1842頃-1900】が、フェルディ
ナン・ド・ベアグルの使節団全員を虐殺し
たあと、サハラ中部唯一の君主となったこ
とを知らされる【ベアグル（1857-99）はフ
ランスの商人・探検家で、中央アフリカでイ
ギリスに対抗するため、ラバ勢力と政治的・
商業的同盟を結ぶ使節団の団長として派遣さ
れた】。そこでラミはこのスルタンを攻撃
し、チャド南部のクスリで完膚なきまでに
破った。だが、不幸にも敵の最後の反撃で
戦死した。11区のコマンダン＝ラミ通り
（Rue du Commandant-Lamy）は、彼が戦
死した年、すなわち1900年に命名されて
いる。

**コマンダン・リヴィエール Commandant
Rivière**　1827-83年。本名アンリ・リヴ
ィエールはパリ生まれの海軍士官・作家。
トンキンで伏兵にあって戦死したが、それ
以前、彼はハノイを陥落させている【越南
（ベトナム）の領有を巡ってフランスと清が戦
った清仏戦争の直接の引き金は、リヴィエー
ルのこの行動による】。14区のコマンダン＝
リヴィエール通り（Rue du Commandant-
Rivière）は1966年の命名。

**コマンダン・ルネ・ムショット Commandant
René Mouchotte**　第2次世界大戦初期か
ら、自由フランス軍にくわわった飛行士。
大胆というよりむしろ無鉄砲なパイロット
で、空軍のエースだった彼は、1943年の
作戦行動中、撃墜された。その彼にパリの
通りが捧げられたのは、1966年のことで
ある【コマンダン＝ルネ＝ムショット通り
（Rue du Commandant-René-Mouchotte）は14
区】

**コマンダン・レアンドリ Commandant
Léandri**　15区のコマンダン＝レアンドリ
通り（Rue Commandant-Léandri）は、第
1次世界大戦で重傷を負ったレアンドリ
大佐【1868-1942】をたたえて、1927年に

命名されている。

コマンダン・レナル Commandant Raynal
シルヴァン・ウジェーヌ・レナル【1867-
1939】は、フランス北東部ロレーヌ地方の
ヴェルダンに近いヴォー要塞を英雄的に死
守したフランス将校。6日に及ぶ激しい攻
囲戦後の1916年6月7日、ついにドイツ
軍に降った。1998年、パリの小路に彼の
名がつけられた。15区のコマンダン＝レ
ナル小路（Allée du Commandant-Raynal）
である。

**コマンダン・レルミニエ Commandant
L'Herminier**　1902-53年。海軍将校のジ
ャン・レルミニエは、みずからが指揮をと
った潜水艦カザブランカ号を駆って、フラ
ンスの沿岸部で数多く秘密の任務をなしと
げたことで知られる【ドイツ戦艦への攻撃や
コルシカ解放】。こうした彼の偉業を主題と
した映画も制作された。題名は潜水艦の呼
称にちなむ『カザブランカ』【1951年封切。
レルミニエ役は名優ジャン・ヴィラール（1912
-71）が演じた】。20区のコマンダン＝レル
ミニエ通り（Rue du Commandant-
L'Herminier）は、1963年に命名されてい
る。

コマンドゥリ Commanderie　19区を走るコ
マンドゥリ大通り（Boulevard de la
Commanderie）の呼称は、そこにラテラ
ノ聖ヨハネ修道騎士団の所領があったこと
に由来する。これは「頭」とよばれる主館
とその領地からなっていた。コマンドゥリ
は一部の騎士団（ラテラノ聖ヨハネ騎士団
やエルサレム聖ヨハネ騎士団など）の高位
者たちにあたえられた「恩恵」だった。だ
が、フランス革命によってこれらのコマン
ドゥリはすべて廃止された。

コマンドゥール Commandeur　14区のコマン
ドゥール通り（Rue du Commandeur）の呼
称は、前記ラテラノ聖ヨハネ修道騎士団の
コマンドゥリに負うが、この通りは同騎士
団が有していたトンブ＝イソワールとモン
スーリの土地に敷設されている。

コミヌ Commines　1445-1509年。コミヌ領
主のフィリップ・ド・ラ・クリトは、北仏

ノール地方のコミス城に生まれ、中西部ド
ゥー=セーヴル地方のアルジャントン城で
没している。1464年、勇胆公シャルル・
ル・テメレール【1433-77。最後のブルゴー
ニュ公（在位1467-77）。ルイ11世（国王在位
1451-83）のフランス統一と王領拡大策に抵抗
した】に仕えるが、1468年、北仏ペロンヌ
で政敵同士の勇胆公とルイ11世が会談を
おこなった際、この国王こそが自分の心に
適った主であるとの天啓を授かる…。たし
かにふたりは互いに補い合う関係となった。
国王はコミヌを諮問官にとり立てて自分の
望みを彼に託し、寵愛や賜物を惜しげもな
くあたえた。彼をフランス中部ポワトゥー
地方のセネシャル裁判所長にも任じた。

1483年にルイ11世が他界すると、コミ
ヌはシャルル8世【13歳で国王となり、
1498年没】が成人するまで、摂政諮問会議
の一員となる。だが、アンヌ・ド・ボージ
ョー【1461-1522。ルイ11世の娘。1491ま
で夫のブルボン公ピエール2世と摂政をつと
めた】に反対する諸侯の一味にくわわると
いう考えをいだいたため、1486年に逮捕
され、中部のロッシュ城塞に投獄される
【この貴族たちの叛乱を「ゲール・フォル（狂
った戦争）」とよぶ】。幸い、投獄は数か月
で終わった。彼を重視していたシャルル8
世がよび戻してくれたからである。

やがて1493年、コミヌはサンリス条約
【この条約で、シャルル8世がフランシュ=コ
ンテ地方を神聖ローマ皇帝マクシミリアン1
世に返還した】にかかわり、イタリアへの
軍事遠征も準備した。しかし、彼は再び失
脚する。救いの手が差し伸べられることは
なかった。こうして彼は、モンソロー伯家
出身の妻エレーヌ・ド・シャンブが、婚資
としてあたえてくれたアルジャントン城に
逼塞する。1864年に命名された3区のコ
ミヌ通り（Rue Commines）は、彼を名祖
とする。

コミュヌ・ド・パリ Commune de Paris
13区のコミュヌ=ド=パリ広場（Place de
la Commune-de-Paris）は、1871年の市民
叛乱であるパリ・コミューンを記念して、
1999年に命名された。

コメット Comète 1763年、世界中の天文学
者たちは、危険なものになりそうな軌道を
描く彗星に関心というより、むしろ不安の
念をいだいていた。だが、神のご加護か、
幸い彗星は地球の軌道を外れて去っていっ
た。7区のコメット通り（Rue de la
Comète）は1785年に通りを敷設した際、
このさまよう天体の想い出に「コメット
（彗星）」の名を冠したものである。

コメルス Commerce グルネル村が存在し
ていた頃、15区のコメルス通り（Rue du
Commerce）はきわめて商業的な通りだっ
た。単純にコメルス（商業）とよばれるゆ
えんだが、今もなおその賑わいは衰えてい
ない。同じ15区にあるコメルス袋小路
（Impasse du Commerce）とコメルス広場
（Place du Commerce）の呼称は、1877年
に最終的に命名されたコメルス通りが近く
を通っていることに由来する。

**コメルス・サン=タンドレ Commerce Saint-
André** 3区のサン=タンドレ小路
（Passage du Saint-André）は、きわめて多
くの店が集まっているところから、かつて
クール・デュ・コメルス（商業小路）とよ
ばれていた。やがて1877年には、サン=タ
ンドレ=ゼ=ザール通りが近いことから、
コメルス=サン=タンドレ小路（Cour du
Commerce-Saint-André）と改称された。

コラ Colas 1932年に敷設された14区のコ
ラ通り（Rue Colas）は、その土地を所有
していた人物にちなんで命名されている。

コラン Collin 9区のコラン小路（Passage
Collin）は、居住地主のひとりの名にちな
んでの命名である。

コーランクール Caulaincourt コーランク
ールとはだれか。1772年、北仏エーヌ県
の村コーランクールで生まれ、1827年に
没した将軍である。参謀部大尉で父の副官
でもあったコーランクール侯は、フランス
革命時に貴族の称号を棄て、一兵卒として
受け入れられた。だが、1795年、オシュ
の働きかけで侯爵に戻った。1801年、ロ
シアに派遣されて、皇帝の寵愛をえたが、

翌年、とつぜんパリに戻った彼は、ナポレオンから将軍に叙せられ、この第一統領の副官となった。そして1807年、サンクト＝ペテルブルク（サン＝ペテルスブール）に大使として赴任したものの、ロシアとフランスの関係はほとんど改善しなかった。彼はナポレオンにロシア遠征を思いとどまらせようと尽力したが、歴史が語るように、それは成功しなかった。

　ナポレオンがモスクワ（モスクー）を制圧したとき【1812年】、その傍らにいたコーランクールは賢明にも皇帝とともにいち早くパリに戻っている。1808年にヴィツェンツァ公に叙せられていた彼は、1813年に元老院議員、さらに同年、外務卿に就任する。彼はけっしてナポレオンを見捨てたりせず、そのため、ブルボン家の復古王政時には追放者リストに載せられた。しかし、真の親友だったロシア皇帝アレクサンドル1世【在位1801-25】の働きかけのおかげで、そこから名前が削除された。以後、他界するまで、静かに引退生活を送った。1867年に命名された18区のコーランクール通り（Rue Caulaincourt）は、彼を名祖とする。

コランタン＝カリウー Corentin-Cariou

1898-1942年。パリの区参事会員だった彼は、人質としてドイツ軍に射殺された。19区のコランタン＝カリウー大通り（Avenue Corentin-Cariou）は、1944年に彼に捧げられている。

コリョリス Coriolis
1792-1843年。パリ出身の数学者ガスパール＝ギュスタヴ・コリオリ（コリョリス）は、パリの国立理工科学校（エコール・ポリテクニーク）の分析と力学の復習教師をつとめ、1838年、デュロンに代わって主任教授となった。彼はその名を冠した定理で知られている【回転座標系の上で移動する観測対象の方向に対して、垂直に移動する速度と比例した大きさで受ける慣性力、すなわち転向力（コリオリ力）にかんする定理】

　それによれば、地球は地軸を中心に自転しており、われわれはこの地球の重力によ

る回転運動の外力を受けている。こうしてわれわれがある運動体を観測すると、外力がかかっていないにもかかわらず、運動体がある方向へと変化しているように思える。しかし、これは運動体ではなく、観測者が外力を受けているためであり、かりに観測者が静止していると想定して運動体を眺めると、運動体には観測者への外力とは反対向きの見かけの力がかかっているように見える。この見かけの力が転向力だという。この定理は、地表面で観測される運動にかかわるすべての問題を絶対運動の問題と結びつけた。12区のコリョリス通り（Rue Coriolis）は、1889年に命名されている。

コリゼ Colisée
8区のコリゼ通り（Rue de Colisée）は1770年に命名されているが、それは近くにコリゼ（コロセウム）があったことによる。パリのコリゼはきわめて巨大な娯楽施設で、18世紀末に建てられ、一時期大評判をとった。この施設にコロセウムの名が冠されたのは、ローマにあるウェスパシアヌスのコロッセオ【1世紀後葉】と似ていたからである。

　1769年に工事が始まったコリゼは、71年に一般に開放されている。そこでは舞踏会や花火の打ち上げ、競馬などがおこなわれたが、1778年に閉鎖された。建設費は総額で267万5000リーヴル、収容人員は約4万人だった。建築家はル・カミュ・ド・メジエール【1721-89。パリ出身の建築家で、パリの新小麦市場（のちの商品取引所）などの建設を手がけた】。最終的に解体されたのは1780年のことだった。

コリューシュ Coluche
コリューシュこと、ミシェル・コリューシュは、1944年にパリで生まれ、86年6月19日に地中海沿岸のアルプ＝マリティーム県のオピオで他界したコメディアン・ユーモリスト。1968年、ロマン・ブテイユ【1937-。現代フランスを代表する俳優・歌手・演出家】が創設した劇団、「カフェ・ド・ラ・ガール（駅カフェ）」で初舞台を踏み、まもなく自分の劇団「ル・ヴレ・シック・パリジャン（パリの本物の粋）」を立ち上げる。この劇団で、

コリューシュはさまざまな芝居やワンマンショーを公演し、みずから多様な人物を演じた。ばかげたロック歌手や幼稚な浮浪者、大酒飲みの哲学者などである。

絶頂期だった1979年、彼はミュージックホールをやめて、とくにかねてより精通していた映画に向かう。1969年から79年にかけて、彼は『コネある男』や『腕か太腿か』、『アルザスとロレーヌは手に入らず』などに出演し、喜劇役者としの才を発揮していたからである。そして1983年、セザール賞を授与されることになる映画『チャオ・パンタン』に出演して、その俳優としての偉大な能力を示し、81年には大統領選挙に立候補するとの意向も公表した（のちにとりやめ）。

心優しい人物だった彼はまた、1985年、毎冬、【今もフランス各地で】貧困者たちを援助する「レスト・デュ・クール（善意のレストラン）」を創設してもいる。13区と14区にまたがるコリューシュ広場（Place Coluche）は、この稀代のコメディアンを偲んで、2002年に命名されたものである。

コルヴィザール Corvisart 1755-1821年。ジャン＝ニコラ・コルヴィザール・デマレはフランス北部**アルデンヌ**地方のドリクールに生まれ、パリで他界した医師。法曹家にしようとした父【パリ高等法院検察官】の意向に反して独学で医学を習得し、1795年、シャリテ病院で診察をおこない、臨床内科の教授として名声をはせる。ナポレオン1世の侍医もつとめた彼は、胸部疾患、とくに心臓疾患の診断法として「打診法」を改良・普及させた。主著に『疾病および心臓の器官障害にかんする試論』【1806年】がある。1867年、13区の通り（Rue Corvisart）に彼の名が冠せられている。

コルヴェット Corvetto 1756-1821年。ルイ＝エマニェル・コルヴェットはジェノヴァ（ジェーヌ）に生まれ没した政治家。1797年、ドージェ【ジェノヴァやヴェネツィア共和国の統領。この年、ナポレオンによって共和国がリーグレ共和国に改編されたのにともなって廃止】のあとを受けて選ばれ

た指導者のひとりとなり、ジェノヴァ攻囲戦【1780年】のあいだは、イタリア方面司令官マセナとオーストリア軍のあいだで日和見的な立場をとった。1805年にリーグレ共和国がフランスに併合されると、彼は評定員となって商法典の編纂に参加する。そして【彼を伯爵に叙した】ナポレオンが失脚して王政が復古した1815年には、幼王ルイ17世【在位1793-95（名目上）】の側近となって財務卿に任命され、翌年、クレディ・ド・フランス【貯蓄供託金庫】を創設する。8区のコルヴェット通り（Rue Corvetto）は、1867年、このコルヴェット伯ルイ＝エマニュエルにちなんで命名されている。

コルス Corse コルシカ（コルス）は全長183キロメートル、幅10〜84キロメートルの島である。最初の島民がイベリア人だったかリグリア人ないしアフリカ人だったかは分からない。だが、この「謎」はやがて霧散する。キルノス──コルシカの古名──にアレリア【島北部の町】を建設したフォカイア人やフェニキア人、エトルリア人、カルタゴ人たちが住みつくようになったからである。彼らは互いにその広大な森を奪い合ったが、やがてローマ人がすべての住民を和解させようとする。

しかし、ローマ人たちの言葉を借りれば、彼らは「軛をつける資格すらない」人々を従属させることに苦労することになる。それが終結をみるには、1世紀近く待たなければならなかった。さらにのちにはヴァンダル人やビザンツ人、ゴート人、サラセン人、そしてイタリア人がコルシカ島に来住する。

最初のイタリア人は1077年に移住したピサ出身者たちだった。1347年にはジェノヴァ（ジェーヌ）出身者たちがやってきた。とりわけジェノヴァ人の支配は苛酷なもので、島民たちは叛乱に叛乱を重ね、1768年、ジェノヴァ人たちはルイ15世【国王在位1715-74】のフランスに島を最終的に譲り渡すようになる。そして、これに対する短期間の抵抗運動のあと、コルシカは

全面的にフランスの所有に帰した。

この運動を率いた英雄パスカル・パオリ【1725-1807】は、圧倒的なフランス軍を相手に絶望的な戦いをくりひろげたが、それも1769年に終息した。それからしばらくして、イギリス軍が島に侵攻して占拠しようとし（1793-96年）、フランス軍に一蹴された【パオリと一連のコルシカ独立運動については、蔵持著『表象論1』、蔵持ほか編『神話・象徴・イメージ』、原書房、2003年を参照されたい】

ちなみに、「美しい島」コルシカを語る際、忘れてはならない人物がいる。島南部の中心都市アジャクシオで1769年に生まれたナポレオン・ボナパルトである。パリ4区のコルス河岸通り（Quai de la Corse）は、1929年から存在している。

コルタンベール Cortambert 1805-81年。ピエール・フランソワ・コルタンベールはトゥールーズに生まれ、パリで没した地理学者。彼は一連の書を公刊して、フランスに地理学を普及させた。国立図書館の地図部門で学芸員をしていたその名は、1891年に16区の通りにつけられている【コルタンベール通り（Rue Cortambert）】。弟のルイ（1808-81）はニューヨークでジャーナリストとして活躍した。ピエールの息子リシャール【1836-84】も地理学者で、その妻はシャルロット・ド・ラ・トゥールの筆名で『花言葉』【1858年】を出版している。

コルトー Cortot 1787-1843。パリで生まれ没した彫刻家のジャン＝ピエール・コトーは、1809年にローマ大賞をえて、ヴィラ・メディチ【ピンチョの丘にある複合施設で、ナポレオンがここに在ローマ・フランス学院を移して以来、ローマ大賞受賞者の留学生を迎え入れた】で、現在アンジェの美術館で見ることができる『横たわるナルシス』【1819年】を制作している。『パンドラ』【同】やルイ18世像の制作者でもある彼は、1830年の革命【ブルボン王政を打倒した7月革命】が起きたとき、ルイ16世【国王在位1774-92年】のために、コンコルド広場に建てられるモニュメントを飾る彫像のモデ

ルを5体完成させたばかりだった。当時、それらは鋳造所にあったが、革命によって完成が妨げられていた。

コルトーのもっとも重要な作品は、1834年のル・サロン展に出品した『勝利を告げるマラトンの兵士像』である。今日、それはテュイルリー公園におかれている。エトワールの凱旋門には、『ナポレオンの栄光』ないし『勝利』の像【1810年】がある。下院のペディメントを手がけたのも彼である。18区のコルトー通り（Rue Cortot）は、1864年の命名になる。

コルドゥリエール Cordelières アッシジの聖フランチェスコ【1182-1226】を創設者とするフランシスコ会の、旧女子修道院敷地内に敷設された通り。この修道会からフランチェスコの協力者だった聖女クララの名をとってクララ女子修道会が生まれたが、その修道女たちは1289年にパリに修道院をかまえた。15区のコルドゥリエール通り（Rue des Cordelières）は、それにちなんで1925年に命名されている。

コルドゥリ Corderie 1888年に命名された13区のコルドゥリ通り（Rue de la Corderie）の呼称は、かつてここに綱製造工場があったことに由来する。

ゴルドニ Goldoni 1701-93年。カルロ・ゴルドーニ（ゴルドニ）はヴェネツィアに生まれ、パリで没したイタリアの劇作家。イタリア演劇には再生が必要だと確信した彼は、40歳のときに弁護士をやめ、演劇の世界に身を投じる。そんな彼の芝居はイタリア演劇の伝統に背くものとして批判されたが、馬耳東風とばかりに創作に打ち込み、1749年から50年にかけてのわずか1シーズンだけでじつに16本（！）もの作品をヴェネツィアで上演し、成功をおさめる。

だが、繰り返される批判や非難にさすがにうんざりした彼は、最終的に敬愛するモリエールの地パリに移り、伝統的な仮面劇や即興劇に対する戦いを継続し、コンメディア・デラルテ【16世紀末にイタリアで興り、17・18世紀に西欧各地で人気を集めた即興仮面喜劇（笑劇）】の改革も意図した。

パリに出た当初、彼はある程度の成功に浴した。作品に対する評判も全体としてはよく、王女たちの師傅にもなった。しかし、まもなく事情が一変する。フランス革命である。宮廷の庇護を失った彼は不調をかこち、この上もない悲惨な状態のうちに他界するのだった。

ゴルドーニのその作品としては、『二人の主人を一度に持つと』【1745年。田之倉稔訳、日本文化財団】や『宿屋のおんな主人』【1753年。野上素一訳、岩波書店】、『田舎者』【1759年】、『キオッジャの騒動』【1762年】、さらにフランス語での『慈悲深い気難し屋』【1771年】などがある。彼は言っている。「故郷を一度も離れなかった者は、偏見に満ちている」。彼の名は1994年にパリの広場につけられている。2区のゴルドーニ広場（Place Goldoni）がそれである。

コルドン＝ブサール Cordon-Boussart　開放的な——こう言ってよければ——この小路は1914年に敷設され、土地所有者のひとりの名がつけられている【コルドン＝ブサール袋小路（Impasse Cordon-Boussart）は20区】

コルネイユ Cornaille　1606-84年。ピエール・コルネイユは北仏ルーアンに生まれ、パリで没した劇作家。イエズス会に育てられて法学を学んだが、1629年、処女作となる喜劇『メリット』を書く。1633年、彼はリシュリュー枢機卿に紹介され、枢機卿自身が考えたアイデアを戯曲化する役目をになう「詩人5人の会」の一員に選ばれる。だが、まもなく「従順な精神に欠けている」として排除された。

1635年、最初の長編悲劇『メデイア』を発表したコルネイユは、スペイン演劇に関心を抱き、『喜劇的な幻想』【1636年】にくわえて、とくにスペインの劇作家ギレン・デ・カストロ【1569-1631。バレンシアに生まれ、マドリードで没したスペインの劇作家。1618年に『エル・シドの青春』を発表している】の主題を借りて、『ル・シッド』【1637年】を書き上げる。この作品は民衆から熱狂的に受け入れられたが、彼に

敵対していた当時の批評家や詩人たちからは不評だった。その結果生じた有名な「ル・シド論争」は、空疎なものではなかった。劇作の法則【作品が1日のあいだにひとつの場所、そしてひとつの行為だけで完結しなければならないとする、いわゆる「時・場・筋の三一致の法則」】に十分に従っていない。彼はそう非難されたのだ。

この論争のため、コルネイユは一時気力をくじかれる。だが、彼は再びペンをとり、1640年には『オラース』、42年には『ポリウクト』、43年には『ポンペイの死』、44年には『ロドギュヌ』、47年には『ヘラクリウス』を発表する。1644年にはまた喜劇『嘘つき男』も書いており、さらに56年には『キリストに倣いて』【原作者はドイツ生まれの修道士トマス・ア・ケンピス（1380頃-1471頃）とされる】の翻訳も完成させた。

こうしてコルネイユは、のちにフランス古典悲劇の真の創始者とみなされるようになる。その最後の作品は『シュレナ』【1674年】だった。この作品を仕上げたあと、彼はさらに10年生きたが、極貧にくわえて、ふたりの息子の死と若い世代からの嘲笑という不幸が老残の身を襲った。そして1684年に他界する。78歳と3か月だった。6区のコルネイユ通り（Rue Corneille）は1779年からある。

コルビノー Corbineau　1776-1848年。コルビノー伯ジャン＝バティスト・ジュヴェナルは、北仏ノール県のマルシャンヌに生まれた騎兵隊将官だった。彼は革命期と帝政期の一連の軍事遠征に参加し、とくにロシア遠征で手柄をたてた。復古王政で一時引退するが、1830年に軍務に復帰して、貴族院議員に列せられる。1840年、【蜂起を企てた】ルイ＝ナポレオン・ボナパルト（ナポレオン3世）を、北仏ブーローニュで逮捕させたのが彼である。その名を冠したコルビノー通り（Rue Corbineau）は、1864年から12区にある。

コルブラ Corbera　12区のコルブラ大通り（Avenue de Corbera）は、この通りが敷設された土地の所有者のひとりにその名を

負っている。

コルベール Colbert 1619-83年。ルイ14世（ルイ・ル・グラン）の財務総監だったジャン＝バティスト・コルベールは、フランス北東部のランスに生まれ、パリで没している。さまざまな強い庇護のおかげで若くして国務卿となり、枢機卿マザランからその固有財産の管理を託された。彼はきわめて実直にこの仕事をやり遂げたが、マザランが他界すると【1661年】、国王の寵愛を引き寄せるため、枢機卿が各地の要塞に隠していた総額1500万リーヴルの財産を暴露する。マザランの生前、コルベールは財務卿フーケの公金横領も指摘していた。これらの暴露によって、国王は財務卿に対する態度を硬化させ、その地位はコルベールにあたえられた。

こうして政治の実権を握った彼は、中央財務官や徴税総請負人、財務官などを廃止し、税制も組上にあげて、不平等な免税特権も撤廃した。さらに、規制緩和をすればそれだけ消費が拡大すると確信して、間接税と定額小作料を33パーセント減額している。コルベールはまた国内産業の振興にも手を尽くした。すなわち、ラシャや羊毛、タピスリーなどの織物業を保護し、刺繍や高級品の工房を創設したのである。

一方、彼は穀類の取引が苦労の種となっていた、農業にも関心を向けた。さらに忘れてならないことに、彼はあらゆる分野を自分の管轄下におき、フランス艦隊を強化し、海員登録制度を定め、ロシュフォールやブレスト、シェルブールなどの港を拡張し、砲手養成学校も創設してもいる。

人口に膾炙した逸話によれば、ある日、自分が会員となっているアカデミー・フランセーズの会議に出席した際、ひとりの「イモルテル」【アカデミー・フランセーズ会員のこと。字義は「不滅なる者」が入ってきた。そこで彼は、残りの39人をよびに行かせた。これがアカデミーの会員40人【これを「不滅の40人」という】の由来だという。

しかし、ルイ14世の治世末期、コルベールは失脚を余儀なくされる。やがて彼は不遇をかこちながら没し、夜、松明の明かりを頼りに、現在の1区にあるサン＝トゥスタシュ教会に埋葬された。民衆の騒動を恐れたからである。ジラルドンの作になる彼の墓碑は、今もその墓地にある。

生前、コルベールはプティ＝シャン通りとヴィヴィエンヌ通りの角、マザラン館の真向かいに、きわめてみごとな邸館を建てている。入口には彼の紋章が刻まれており、その金地の中央縦帯には、両わきにライオンを従えた青い蛇【コルベールという名前は、ラテン語で「蛇」を意味するcoluberに由来する】が1匹立ち上がり、兜飾りでは、オリーブの枝を握った手が、「ペリテ・エト・レクト（手際よくしっかりと）」という座右の銘とともに表現されている。1683年に敷設されたコルベール通り（Rue Colbert）は2区にある。

コルボン Corbon 1808-91年。フランス東部オート＝マルヌ県のコルビニー＝スー＝ヴェレンヌに、農民の子として生まれたクロード＝アンティム・コルボンは、1840年、200人の労働者とともに雑誌《アトリエ》を創刊する【サン＝シモンの影響を受けた彼は、この雑誌で労働時間の制限や最低賃金制の確立などを主張した】。1848年、パリは彼を民衆の代表に選んだ【憲法制定議会議員】。だが、この年の12月2日、のちのナポレオン3世によって1848年憲法が廃されると、コルボンは引退して『パリ民衆の秘密』【1863年】を刊行する。帝政崩壊後、15区の区長となり、1871年、下院の議員に選ばれて、ティエールを支え、1875年、終身元老院議員に任命された。15区のコルボン通り（Rue Corbon）は、1895年に彼の名が冠せられている。

コルマール Colmar アルザス地方オー＝ラン県の県庁所在地で、ローシュ（ラウヒ）川とフェイフト（フェヒト）川沿いに位置する。カロリング朝時代【751-987】、コルマールには、オットー1世【初代神聖ローマ皇帝在位962-973】が、寛大にもブルグント王ルドルフ3世【970頃-1032】にあた

えた城があり、後者はそれをペイエルヌ修道院に寄進した。やがて神聖ローマ皇帝フリードリヒ2世【在位1220-50】は、この町を帝国都市とした。1575年、コルマールにも宗教改革の波が押し寄せた。さらに三十年戦争【1618-48年】ではかなりの被害をこうむり、1632年にはスウェーデン軍の、34年にはフランス軍の略奪にあっている。

　フランス革命後の1790年、コルマールは県庁所在地となる。だが、1871年、フランクフルト条約によってフランスから切り離され、フランスに戻るには第1次世界大戦後まで待たなければならなかった。パリの通りにこのアルザスの町の名がつけられたのは、1881年のことである。19区のコルマール通り（Rue de Colmar）がそれである。

コレジャル Collégiale　5区のコレジャル通り（Rue de la Collégiale）は、その名を近接するサン＝マルセル聖堂参事会教会に負っている。聖堂参事会教会とは、司教座をもたないが、「教会参事会」を有する教会のことで、聖堂参事会は、その教会内に設けられた参事会員の合議体をさす【より正確には、聖堂参事会には司教座聖堂付きと参事会聖堂付きとがある】。この通りは1864年に命名されている。

コレーズ Corrèze　コレーズ川を想起するためにつけられた呼称。同名の県を流れるこの川は、ミルヴァシュ高原【中央山地北西端】の南側を水源とする。コレーズやテュールといった町を通ってソラヌ川と合流し、ブリーヴ近郊で水源を同じくするヴェゼール川に吸収される。19区のコレーズ通り（Rue de la Corrèze）は1934年に命名されている。

コレット Colette　1873-1954年。シドニ・ガブリエル、通称コレットは、ブルゴーニュ地方のサン＝ソヴール＝アン＝ピュイゼに生まれた作家。若い時代、ミュージックホールでダンサーとして裸体を晒し、当時、あるスキャンダル【ナポレオン3世の縁戚を自称していたベルブーフ侯爵夫人との同性愛】

で世間を騒がせたあと、女性解放を唱える小説を相次いで発表するようになる。代表作に『シェリ』【1920年】や『シド』【1929年】、『牝猫』【1933年】、『ジジ』【1945年】、さらに『クロディーヌ』シリーズなどがある。彼女は書いている。「私が空想的になれるのは秩序の中だけである」、「愛、それは尊敬に値する感情などではない」。1区のコレット広場（Place Colette）は1966年からある。

コレット Collette　17区のコレット通り（Rue Collette）は、乗客の命を救って死んだ西部鉄道会社の職員の名前にちなんで、1894年に命名されている。彼の勇敢な行為は、その前年になされた。

コロー Corot　1796-1875年。ジャン＝バティスト・コローはパリ出身の画家。親の命で商業の道に進んだ。だが、イタリアに数度赴いた以外はフォンテヌブローやヴィル＝ダヴレの森【パリ南西郊】で送ったという。今でこそ彼の作品はきわめて高い評価をえているが、生前は因習や無理解に悩んでいた。彼の代表的な作品としては『イエス・キリストの洗礼』【1845-47年】や『プットと遊ぶニンフ』【1857年】、『湯浴みする少女』【1860-65年】、『朝と夜』【1865年】、『ヴィル＝ダヴレの想い出』【1865-70年】、『夜の愉しみ』【1875年】などがある。16区のコロー通り（Rue Corot）は、1879年に命名されている

コロニー Colonie　13区のコロニー通り（Rue de la Colonie）は、植民地主義者や征服者とは無縁である。人民の解放の名においてそれを改名しようとしても無駄である。この呼称が、かつてここにあった廃品回収業者たちのコロニーに由来しているからである。

コロネル・アンリ・ロル＝タンギー Colonel Henri Rol-Tanguy　アンリ・タンギー、通称ロル＝タンギーは、1908年にブルターニュ地方のモルレに生まれ、2002年にパリで没したレジスタンス活動家。1944年、彼は大佐になると同時に、パリ周辺のフランス国内兵（(FFI)）の指揮官となった。

1944年8月19日、**ダンフェール=ロシュロー広場**のカタコンブ（地下納骨所）に司令部をおき、パリの市民蜂起を指揮した。そして同月25日、ドイツ軍将軍のディートリヒ・フォン・コルティッツ【1894-1966。パリ防衛司令官】の降伏を受け入れた【当初はルクレール元帥ひとりがこの降伏文書に署名することになっていたが、のちにロル=タンギーもそれにくわわった】。レジスタンス勲章や1939-1945年戦争十字勲章、自由勲章、**レジョン・ドヌール大十字勲章**などを授与された彼の名は、2004年に14区の大通り（Avenue du Colonel-Henri-Rol-Tanguy）に残っている。

コロネル・ウド Colonel Oudot 1758-1814年。1814年のパリ防衛戦【第六次対仏大同盟諸国軍に対する戦い】で戦死したウドの名が、12区の通り（Rue du Colonel-Oudot）に冠せられたのは、1885年のことである。

コロネル・コロンナ=ドルナノ Colonel Colonna-d'Ornano 1895-1941年。第1次世界大戦で軍功を挙げたコロンナ=ドルナノは、1940年8月、チャドを自由フランスに参加させた。ルクレール元帥（**ジェネラル・ルクレール**）の命を受けて、リビアのフェザーン地方で延々700キロメートルにおよぶ大胆な攻撃を実行してもいる。だが、この作戦を遂行中、致命傷を負った。19区のコロネル・コロンナ=ドルナノ通り（Rue du Colonel-Colonna-d'Ornano）は、1978年に命名されている。

コロネル・コンブ Colonel Combes 1787-1837年。フランス中部ロワール県のフールに生まれた将校で、1803年からの一連のナポレオン戦争で頭角を現した。ワーテルロー（ワテルロ）の敗戦後に故国を離れたが、1830年の七月革命をへて、再び軍務に戻り、1832年、イタリア中部のアンコーナを奪取する。しかし、【指揮官と意見が対立して】退けられ、北アフリカに送り込まれた。やがてフランス外人部隊と第47連隊の隊長に相次いで任命された彼は、アルジェリア東部**コンスタンティヌ**での攻囲戦中に戦死した。7区のコロネル=コン

ブ通り（Rue du Colonel-Combes）は、彼を偲んで1864年に命名されている。

コロネル・ドミネ Colonel Dominé 1848-1921年。1870年【普仏戦争】、ロワールの戦いにくわわった将校で、1885年【清仏戦争】、トンキン征服戦の際、とくにベトナム東北部トウェンクアンの戦いで軍功をあげた。第1次世界大戦では、66歳という高齢を押して軍務に戻っている。彼の名を冠したコロネル=ドミネ通り（Rue du Colonel-Dominé）は、1987年から13区にある。

コロネル・ドリアン Colonel Driant 1855-1916年。エミール・ドリアンはブーランジェ将軍【→**ボワ・デ・コール**】の甥。北仏ヌーシャテル=シュル=エーヌに生まれ、フランス北東部ヴェルダン近郊のコールの森で英雄的な戦死をとげた。それは、この町の防衛戦できわだった働きをしたあとのことだった。生前、彼はまた作家として活躍してもいた。1区のコロネル=ドリアン通り（Rue du Colonel-Driant）は、1926年に命名されている。

コロネル・ファビアン Colonel Fabien レジスタンス活動家の仲間からファビアンとよばれたピエール・ジョルジュは、フランス国内兵（FFI）の連隊長で、1944年、ドイツ軍に射殺された。10区のコロネル=ファビアン広場（Place Colonel-Fabien）は、1945年の命名である。

コロネル・ブルゴワン Colonel Bourgoin 1907-70年。第2次世界大戦中、レジスタンスにくわわったコロネル・ブルゴワン（ブルゴワン大佐）は、尋常ならざる活躍をした【戦後は新共和国連合の国会議員や欧州議会フランス代表などをつとめた】。1972年の命名になる12区のコロネル=ブルゴワン広場（Place du Colonel-Bourgoin）は、彼を名祖とする。

コロネル・ボネ Colonel Bonnet コロネル・ボネ（ボネ連隊長）は、1914年11月14日、ソワソンで戦死した。16区のコロネル=ボネ大通り（Rue du Colonel-Bonnet）は、1931年に彼に捧げられている。

コロネル・マネース Colonel Manhès　1889 -1959年。レジスタンスにかかわっていたマネース大佐は、第2次世界大戦中、全仏強制収容所被収容者・抑留者・レジスタンス・愛国者連盟を立ち上げている。17区のコロネル＝マネース通り（Rue du Colonel-Manhès）は1965年の命名である。

コロネル・モル Colonel Moll　チャド総督だったモル大佐は、1910年に他界している。17区にあるコロネル＝モル通り（Rue du Colonel-Moll）は、1911年に彼に捧げられた。

コロネル・モンテイユ Colonel Monteil　1855-1925年。このコロネルは探検家・開拓者で、長いあいだアフリカで生活した。ダカール＝ニジェール川間の鉄道を敷設したことで知られる。彼をたたえて1929年に命名されたコロネル＝モンテイユ通り（Rue du Colonel-Monteil）は、14区にある。

コロネル・ルナール Colonels Renard　17区のルナール通り（Rue des Colonels-Renard）は、ルナール兄弟のシャルルとポールを偲んで命名されている。より有名なのは、1847年にヴォージュ地方のダンブランに生まれ、1905年に没したシャルルの方で、1884年、彼ははじめて飛行船を作り、限られたコースを飛ばせることに成功した。さらにこの将校で技師でもあったシャルルはまた、寸法を標準化する基盤のひとつとなる一連の数【ルナール数。1952年に国際規格ISO3に採用された】を考案してもいる。一方、弟のポールは大佐で、1939年に没した。

コロネル・ロザノフ Colonel Rozanoff　1905-54年。試験パイロットだったことでとくに知られる飛行士。12区のコロネル＝ロザノフ通り（Rue du Colonel-Rozanoff）は1971年の命名。

コロンビ Colombie　かつてヌエバ・グラナダとよばれていた共和国の一角をなしていた南米のコロンビアは、面積約114万平方キロメートル、人口は4875万【2012年】を数え、太平洋とカリブ海に面している。1499年、オロンソ・デ・オエダ【1465頃-1515。探検家・コンキスタドール】はコロンビア海岸にスペイン人としてはじめて到達し、1502年、コロンブス（クリトフ・コロン）がそれに続いた。そして1536年から39年にかけて、ヒメネス・デ・ケサダ【1509-79。探検家・コンキスタドール】がこの地を征服する【彼はまたサンタ・デ・ボゴタを建設し、ここを中心として金鉱の開発など、植民事業を展開した】

　さらに1819年、シモン・ボリバルがスペイン軍に勝利して、コロンビア合衆国を樹立するが、この合衆国は1831年までエクアドルやパナマ、ベネズエフ（ヴェネジュエラ）とともにグラン・コロンビア（大コロンビア）を構成していた。今日、これらの国々は互いに分離・独立しているが、1948年以降、一種の経済同盟を結んでいる。パリ16区のコロンビ広場（Place de Colombie）は、1955年からある。

コロンブ Colombe　4区にあるコロンブ通り（Rue de la Colombe）の呼称は、ここに【鳩を描いた】古い絵看板がかかっていたことに由来する。それが「古い」といえるのは、この通りの呼称が、じつに1216年までさかのぼるからである。

コロンヌ Colonnes　2区のコロンヌ通り（Rue des Colonnes）が開通したとき、通りの敷設を決めた者たちは、その両側に同じ様式の家を建てることを求められた。興味深いことに、やがて通りの両側は円柱を擁する通廊で飾られる。こうして通りは、1791年の開通当初からコロンヌとよばれるようになった。ただ、もとはここはたんなる小路に過ぎなかった。

コロンヌ・デュ・トローヌ Colonnes du Trône　1670年に計画された12区のコロンヌ＝デュ＝トローヌ（王冠の柱）通り（Rue des Colonnes-du-Trône）は、ようやくルイ＝フィリップの時代になって完成した。当初、ここには凱旋門が設けられることになっており、枠組みまで組まれたが、1716年に姿を消した。通りの両端に立つ2本の円柱は、それぞれ巨大な青銅製の彫像を戴いている。一方は彫刻家オーギュス

ト＝アレクサンドル・デュモン【1801-84。
バスティーユ広場にある7月革命記念柱の上
の自由の象徴像など、大きな作品を遺してい
る】作の尊厳王フィリップ2世像、もう一
方はエテクス作の聖王ルイ像である【→ナ
シオン】

ゴワ Goix ゴワ氏は19区に小路が敷設され
た土地の旧地主だった。ゴワ小路
（Passage Goix）がそれである。

コワズヴォクス Coysevox 1640-1720年。
アントワヌ・コワズヴォクスはリヨンで生
まれ、パリで没した彫刻家。父はスペイン
出身の指物師だった。彼の最初の作品は、
アルザス地方のサヴェルヌにある、フュル
テンベルク家【ストラスブール司教家】の通
称「枢機卿宮殿」の装飾だった。彼は若く
して王立絵画・彫刻アカデミーに迎え入れ
られ、ヴェルサイユ宮殿の重要な作品をゆ
だねられた。『正義』、『力』、『ルイ14世の
戴冠』などである。ル・ブランやボシュエ、
さらに画家ヤサーント・リゴー【1659-
1731。ル・ブランの弟子で、とくに肖像画を
数多く描いた】の母の胸像なども制作して
いる。18区のコワズヴォクス通り（Rue
Coysevox）は、1889年の命名になる。

コワペル Coypel コワペルは有名な画家一
族の名前である。とくに知られているのは
4人で、まず、パリを生没地とするノエル
（1628-1707）は**ルーヴル宮**の礼拝室や国
王居室の装飾を手がけ、**マザラン所有のア
パルトマン**に飾る絵画も制作した。ルイ
14世（ルイ・ル・グラン）の結婚時【1660
年。妻はスペイン王女のマリ＝テレーズ・ド
ートリッシュ（マリア・テレサ）】には、**テ
ュイルリー宮**にあるルイ14世の執務室に
絵を描いてもいる。1663年、王立絵画・
彫刻アカデミー会員となり、72年には、
国王からフランス・ローマ学院長に任命さ
れている。

　彼は結婚を2度しており、最初の妻マド
レーヌ・エローとのあいだに息子アントワ
ヌ、再婚相手のアンヌ・フランソワズ・ペ
ランとのあいだには3人の娘と息子ノエ
ル・ニコラをもうけた。長男のアントワヌ

（1661-1722）は一族のなかでとくに知ら
れており、19歳で『聖母被昇天』を描き、
翌年には、『栄光のなかのルイ14世』と題
した作品によって、前記アカデミー入りを
果たしている。1688年、資産家の後継だ
ったマリ・ジャンヌ・ビドーと結婚した彼
は、王弟オルレアン公フィリップ【1674-
1723】から専属の画家にとり立てられ、国
王が治世下のすべての出来事を記念するた
めに鋳造させたメダイユのデザインを請け
負ってもいる。

　これにより、彼は碑文・文芸アカデミー
からも直ちに会員として迎えられた。オル
レアン公から王宮の装飾を依頼されると、
アントワヌは大回廊用に「アエネイス」の
さまざまなエピソードを描いた。そして
1714年、王立絵画・彫刻アカデミーの院
長に任命され、さらにその2年後には、摂
政オルレアン公から王国筆頭画家の称号を
授けられた。

　3人目の画家シャルル・アントワヌ
（1694-1752）はアントワヌの息子で、お
そらく一族のうちではもっとも才能に恵ま
れていた。かなり平凡な作品ではあるが、
『メデイア』と題した油彩画のおかげで20
歳で絵画・彫刻アカデミーに入った。のち
に彼はこの作品を放棄し、『天使が現れた
とき、息子イサクを抱きしめるアブラハ
ム』に描き替えた。さらに、モリエールの
喜劇用に数多くのデッサンと『ドン・キホ
ーテ』にもとづく2油彩画5点を制作して
もいる。父が他界すると、彼はオルレアン
公の専属画家としての地位を受け継ぎ、
1747年には、父同様、国王の筆頭画家お
よびアカデミー院長となった。

　そして一族の掉尾を飾ったノエルの次男
ノエル・ニコラ・コワペル（1690-1734）
は、21歳でサン＝ニコラ＝デュ＝シャル
ドネ教会【パリ5区、1703年創建】の壁画
をはじめて手がけ、『岩を打つモーセ』と
『砂漠のマナ』を制作している。その本領
は神話を主題とする絵画にあり、1720年、
『ガラテイア』【海のニンフ】によってアカ
デミー会員となった。だが、策謀家でもあ

コンウアン

った【控え目だったとする説もある】彼は、一族でただひとり、さまざまな障害【家庭内の問題など】を抱えて生きなければならなかった。

13区のコワペル通り（Rue Coypel）は、このコワペル一族にちなんで1867年に命名されている

コンヴァンション Convention　コンヴァンションとは、1972年から95年まで活動していた国民公会をさす。1792年9月21日に王政を廃止し、共和政を宣言したのがこの議会である。多数派のジロンド派（**コンドルセ、ヴェルニョー**）やそれと敵対していたエベール派（**コロー・デルボワ**【1749-96。役者・劇作家出身で、公安委員会の一員】）、激しい対立関係にあった山岳派（マラー、**ダントン、ロベスピエール**）【→ル ドリュ＝ロラン】、さらにジロンド派と山岳派のあいだで揺れ動いていたプレーヌ（平原）派など、複数のグループから構成されていた。このうち、ジロンド派はヴァンデ【→ブルセ】やブルターニュ【→アンヌ・ド・ボージュー】で叛乱が勃発すると、民衆的な支持を失うようになる。

1793年3月10日、国民公会はダントンの圧力で革命裁判所を、デュムリエ【→カンブレ】が裏切ったあとには、公安委員会をそれぞれ創設している。そして1793年6月2日、ジロンド派のおもな指導者たちが逮捕されてしまう。

国民公会はヴァンデの叛徒たちを鎮圧し、対外的には、1794年6月18日のフルリュスの戦いにも勝利をおさめた。だが、国内では恐怖政治が支配した【1793年6月-94年7月】。1793年の憲法は一度たりと適用されることなく、マラー暗殺【1793年】後は、極端な弾圧がおこなわれた。マリー＝アントワネット【1755-93】の裁判や反革命容疑者法、「6月2日」に反対するプロテスタント議員74名の逮捕、ジロンド派指導者21名の処刑（1793年10月21日）などである。

さらにダントンやエベールすら除いたロベスピエールは、自分が唯一の指導者と信じるまでになる。プレリアル（草月）【革命暦2年第9月】22日【1794年6月11日】に制定された法律、いわゆる「プレリアル22日法」は革命裁判所におびただしい権限をあたえたが、これによりロベスピエールは信を失い【恐怖政治法ともよばれたこの法律は、国民公会の多くの中道派議員や、地方および軍隊の全権代表だった元派遣議員などから反発をまねいた】、テルミドール（熱月）9日【1794年7月27日】のクーデタで失脚を余儀なくされ、革命裁判所も弱体化した。

だが、民衆はこの弱体化に反対して、1795年4月1日と5月20日に国民公会に侵入し、1793年の憲法の施行と革命裁判所の正常な活動を要求した。しかし、それは虚しい抵抗だった。6月初旬、最後の山岳派が処刑されたのと軌を一にして、革命裁判所も廃止されたからである。国民公会もまた革命暦4年のブリュメール（霜月）4日（1795年10月26日）に解散した。

この議会の活動を総括すれば、以下のようになるだろう。国民公会は植民地での奴隷制を廃止し、賦課租や封建的諸権利を撤廃した。また、国有財産の分割を法令化し、政教分離もおこなった。さらに、初等・中等教育を組織化、高等師範学校や国立理工科学校（エコール・ポリテクニーク）といったグラン・ゼコール【大学とは別個のエリート養成用の高等教育機関】を創設してもいる。パリのコンヴァンション通り（Rue de la Convention）は、1893年から15区にある。

コンヴァンショネル・シャップ Conventionnel Chiappe　1766-1826年。アンジュ・シャップは国民公会（コンヴァンション）の議員で、コンヴァンショネル＝シャップ通り（Rue du Conventionnel-Chiappe）は、1932年に命名されている。

ゴンクール Goncourt　エドモン（1822-96）とジュール（1830-70）のゴンクール兄弟の正確な姓は、ユオ・ド・ゴンクールである。エドモンはナンシー、ジュールはパリで生まれ、いずれもパリで没している。兄

弟は共同で何点かの著作をものしている。たとえば『革命期におけるフランスの社会史』【1854年】や『シャルル・ドゥマイイ』【1860年】、『修道女フィロメーヌ』【1861年】、『ルネ・モープラン』【1864年】、さらに戯曲の『アンリエット・マレシャル』【1865/66年】、『ジェルヴェゼ夫人』【1869年】などである。また、エドモンは単独で『ジェルミニィ・ラセルトゥー』【1865年。大西克和訳、岩波書店】や『娘エリザ』【1877年】、『愛する人』【1884年】などを書いている。

そのエドモンは、毎週日曜日ともなれば、彼が「納屋」と呼んでいた**オートゥイユ**の邸宅の３階に友人や信奉者たちを集めたものだった。アカデミー・ゴンクールの創設という考えが具体化したのは、まさにその場であった。そして、彼は遺言によってこのアカデミーを創設した。構成員は10人で、おのおのには6000フランの年金があたえられた。発足年の1903年以来、アカデミー・ゴンクールは毎年フランス最高の文学賞を授与している【現在の賞金は10ユーロ（！）】

ここではまた、有名な『ゴンクールの日記』【大西克和訳、角川書店】についても触れておかなければならない。1851年12月２日の初巻から兄弟が編んできたもので、そこには作家たちの紹介や文学的な議論が記されている。1899年、これら兄弟に通りが捧げられた。11区のゴンクール通り（Rue des Goncourt）がそれである。

コンゴ Congo　パリ12区の通り——コンゴ通り（Rue du Congo）——に、アフリカの大河（全長4000キロメートル）の名がつけられたのは、1884年のことである。1871年、**リヴィングストン**はこのコンゴ川の上流を、さらに74年にはカメルーンをそれぞれ探検したが、はじめてコンゴ川を海まで下り、地図を作成したのは、ヘンリー・モートン・スタンリーである【スタンリー（1841-1904）はウェールズ出身の記者・探検家で、遭難したリヴィングストンを捜索・発見した】

コンゴルド Concorde　８区にあるコンコルド（協和・調和）広場（Place de la Concorde）の歴史は、1748年までさかのぼる。ルイ15世【国王在位1715-74】が病に罹ったため、パリ市民たちは病からの回復を願って、国王を表わす騎馬像をこしらえた。この像を建てるため、1757年になってからだが、テュイルリー宮の外れにあった広場が提供された。ブーシャルドンが制作に着手し、**ピガル**が完成させた騎馬像の除幕式は、1763年６月20日に営まれた。そして、当時最高の建築家だった**ガブリエル**が装飾を手がけた広場は、ルイ15世広場とよばれた。だが、革命期の1792年８月12日、騎馬像は打ち壊され、代わりに自由の女神像が据えられた。恐怖政治時代【1793年６月-94年７月】にはここにギロチン台が常設され、ルイ15世やマリー＝アントワネット【1755-93】たちがこの処刑台の上で命を落とした。

1796年10月26日、法律によってこの広場に現在の呼称がつけられたが、それが今日の姿となったのは、ルイ＝フィリップの時代だった。1836年には、２基の噴水と、**リヨン**や**マルセイユ、ストラスブール、ボルドー、ルーアン、ナント、リール、ブレスト**【フランス革命に貢献した８都市】を象徴する８体の彫像とともに、ルクソール神殿から運ばれたオベリスクが建てられた。これらの彫像はパリとそれぞれの都市を結ぶ軸に据えられている。広場からシャンゼリゼへと向かう場所には、テュイルリー公園への入口におかれた「有翼の馬」像と相対して、「マルリの群馬」像【パリ西郊マルリ＝ル＝ロワの城に飾られていたもの】がたっている。

一方、７区と８区をつなぐコンコルド橋（Pont de la Concorde）は、1786年７月７日に架橋工事が命じられ、1787年初頭、ペロネの設計図に従って工事が始まった。基礎工事は1787年一杯かけてなされ、翌88年、定礎式が盛大に営まれた。当初それは**ルイ16世橋**とよばれたが、1793年に竣工して２年後の1795年、現在の呼称と

267

なった。当時、橋には著名人をかたどった12体の影像が飾りとしてすえられていたが、それらはあまりにも大きすぎると判断されて、ヴェルサイユ城の大広間に移された。

コンスタンス Constance 旧土地所有者の娘の名前。18区のコンスタンス通り（Rue Constance）は1867年の命名である。

コンスタン・コクラン Constant Coquelin 1841-1909年。イギリス海峡に面するブーローニュ＝シュル＝メールに生まれた役者で、『グランゴワール』や『異邦人』、『ジャン・ダシエ』などを初演している。コメディ＝フランセーズ座の正座員となった【1864年】彼は、1886年に辞め、86年からヨーロッパやアメリカを巡業する。

1889年に帰国すると、コメディ＝フランセーズ座に戻り、『テルミドール』や『じゃじゃ馬ならし』に出演したが、1892年、このモリエールの館を最終的に離れ、1895年、ルネサンス座に入る。だが、コメディ＝フランセーズ座から告訴され、裁判によってパリで公演する芝居ごとに総額1000フランを支払うよう命じられる。それでも彼は演じ続けた…

そして1897年、コクランはポルト＝サン＝マルタン座の支配人となり、この劇場でエドモン・ロスタンの戯曲『シラノ・ド・ベルジュラク』に出演し、『王妃だけ』ではナポレオン役を演じてもいる。コクランにはピルエットの筆名で作品を上梓している、やはり役者の末弟がおり、息子のジャン・コクラン【1944-】もまた役者となっている。7区のコンスタン＝コクラン大通り（Avenue Constant-Coquelin）は、1911年からある。

コンスタンタン・ブランクシ Constantin Brancusi 1876-1957年。ルーマニアに生まれ、フランスで活躍した彫刻家コンスタンティン・ブランクーシ（コンスタンタン・ブランクシ）は、独学で彫刻を学んだが、つねにすべてを原初的な形態へと戻そうとしていた。彼にとってこうした形態は一種のシンボルとして作動し、ここからし

ばしば卵形ないし紡錘形をもちいた作品が生み出されるようになった。彼はまた素材を純化し、大理石やブロンズを細心の注意で磨き上げて、その形態美という特性をあきらかにするという意図もたえずいだいてもいた。代表的な作品としては『女魔術師』【1916年】や『キマイラ』【1918年】がある。さらにトゥルグ・ジウ【ルーマニア】の町のために巨大なモニュメントも制作している。14区のコンスタンタン＝ブランクシ広場（Place Constantin-Brancusi）は1997年に命名されている。

コンスタンタン・ペクール Constantin Pecqueur 1801-87年。北仏ノール県のアルルーに生まれた経済学者。生涯を賭けて、私的所有とあまりにも巨大な工業・産業の集中によってもたらされる弊害を告発した。18区のコンスタンタン＝ペクール広場（Place Constantin-Pecqueur）は、1899年に命名されている。ジョルジュ・シムノン【1903-89】の小説に登場するメグレ警視は、この広場に住んでいたことになっている【→リュイソー】

コンスタンティヌ Constantine ルンメル峡谷を見下ろすアルジェリア北東部の都市。古代にはローマ人からキルタとよばれていた。市内でもっとも高い場所はカスバ地区で、標高654メートル。1836年、クローゼル将軍がこの町を奪取しようとしたが失敗し、翌37年、戦死したダムレモン将軍に代わったばかりのもうひとりの将軍シルヴァン＝シャルル・ヴァレ【1773-1846】が、最終的にこれを陥落させた。この陥落を記念するため、1880年、コンスタンティヌの呼称がパリ7区の通りにつけられた。コンスタンティヌ通り（Rue de Constantine）である。

コンスタンティノプル Constantinople 「イスタンブール、それはコンスタンティノープル（コンスタンティノプル）」。シャンソンにこう歌われたコンスタンティノープルは、ローマ皇帝コンスタンティヌス【在位306-337】が、みずからの名にちなんでそれまでのビザンティウムを改称した都市名

【コンスタンティノポリス】で、やがてトルコ人がさらにこれをイスタンブールとよぶようになった。コンスタンティヌスは324年にこの町を建設し、5世紀以降、歴代皇帝の在所となった町は、すみやかにビザンティン帝国の政治的・知的・宗教的な中心地へと発展していった。

だが、要塞化されたにもかかわらず、コンスタンティノープルはアラブ人や異教徒、さらにはルス人からも度重なる攻撃を受けた。町はそのすべてに抵抗したが、1453年5月29日、オスマントルコ軍によって占拠され、オスマン帝国の首都がおかれるようになる。旧コンスタンティノープルはマルマラ海に面する地にあった。パリ8区のコンスタンティノプル通り（Rue de Constantinople）は、1826年に敷設されている。

コンスタン・ベルトー Constant Berthault
　1847-1918年。コンスタン・ベルトー氏は20区の参事会員で、彼の名を冠した20区のコンスタン＝ベルトー通り（Rue Constant-Berthault）は、1926年の命名である。

コンセイエ・コリニョン Conseiller Collignon　1856-1916年。アンリ・コリニョンは評定官、より正確にいえば国務院評定官だった。名誉の死【戦死】をとげた彼をたたえて、1923年、パリの通りにその名がつけられている。16区のコンセイエ＝コリニョン通り（Rue du Conseiller-Collignon）である。

コンセルヴァトワール Conservatoire　1784年4月1日、ブルトゥイユ男爵の提言を受け入れて、フランス王室はのちにコンセルヴァトワール通り（Rue du Conservatoire）とよばれるようになる9区の通りに、「王立歌謡・朗唱学校」を創設している。この学校は1791年まで存続したが、1795年8月3日、国民公会（コンヴァンション）は音楽院の開設を決定する。それを組織したのは、国民軍の音楽隊をつくったサレットだった。

こうしてパリ音楽院（コンセルヴァトワ

ール）は翌1796年10月22日に正式に開校し、復古王政期に「王立音楽院」となる。しかし、1822年4月1日、校名は旧称に戻され、まずケルビニが、ついでオーベールが院長をつとめた。1913年、音楽院はコンセルヴァトワール通りからマドリ通りに移り、現在はジャン＝ジョレス大通りにある。

コンタ・ヴネサン Comtat Venaissin　南仏のローヌ、デュランス川とヴァントゥー山に囲まれた地域の古称で、長きにわたってその中心だったヴォークリューズの小都市ヴナ（ス）クの呼称に由来する。15区のコンタ＝ヴネサン広場（Place du Comtat-Venaissin）は1997年からある。

コンテ Conté　1755-1805年。ニコラ＝ジャック・コンテは北仏オルヌ県のセ近郊に生まれた化学者・物理学者。若くしてパリに移り、きわめて豊かな創意の才を発揮した。水圧機の発明者でもある彼は、気球を軍事作戦にもちいるというアイデアをはじめて提唱し、フルリュスの戦いのあと、気球偵察部隊の指揮官に任命された。

だが、飛行船に乗っていた際、水素を充填していた長首フラスコが爆発し、左目を失ってしまう。この不幸にもかかわらず、彼はフランスになかったグラファイト（黒鉛）の人工的な製造法を考案し、画材のコンテを生産する工場を立ち上げてもいる。さらに、エジプトへの軍事遠征に参加した彼は、製粉所や兵器廠、各種工場を創設した。彼の名にちなんだ3区のコンテ通り（Rue Conté）は、1817年に命名されている。

コンデ Condé　フランスの歴史には、多くのコンデが登場している。そのなかで、とくに注目すべきは大コンデ（1621-86）【ルイ2世。ブルボン家の貴族・軍人・ブルゴーニュ総督。マザラン枢機卿と対立し、フロンドの乱（→エストレ、テュレンヌ）にかかわるなど、フランス政治の前面で活躍した。文人墨客の庇護者としても知られる】である。だが、6区のコンデ通り（Rue de Condé）に名を残しているのは彼ではなく、その父で、1588年にフランス南西部のジャン＝

ダンジェリに生まれ、1646年にパリで没したオンギャン公・コンデ公のアンリ・ド・ブルボン2世【1588-1646】である。通りの命名は1612年になされているが、それは当時、ここに彼の邸館があったことに由来する。

コンデ公ルイ2世は代父の国王アンリ4世【父の従弟】によってカトリックとして育てられ、その意向を受けて、1609年、シャルロット=マルグリト・ド・モンモランシー【1594-1650】と結婚する。ただし、新妻は好色な国王の愛妾だった。この妻を国王の執拗な欲望から守るため、コンデ夫妻は外国に逃れ、帰国したのは代父が他界したのちだった。幼王ルイ13世【在位1610-43】は即位から数年のあいだ、コンデの野心と策謀に悩まされた。

摂政が外れてひとり立ちすると、ルイ13世はコンデ夫妻を逮捕し【1616年】、3年間、ヴァンセンヌの城に幽閉した。やがて、政治の実権を握ったリシュリュー枢機卿から「規律を守ること」を仕込まれたコンデは、理想的な宮廷人となった…。だが、金銭欲と名誉欲に富んでいた彼は、息子、つまり将来の大コンデを、枢機卿の姪【クレール・クレマンス・ド・マイユ=ブレゼ（1628-94）】と結婚させるのだった【1641年】

コンティ Conti　6区のコンティ河岸通り（Quai de Conti）は、今もなお造幣局の一角に名残をとどめるコンティ館にちなんで命名されている。ただし、この建物は「コンティ別邸」であり、コンティ館自体は、1670年にコンティ公アルマン・ド・ブルボン【1629-66】の未亡人に、彼女が有するマラケ河岸通りの邸館と引き換えに譲られたゲネゴー館をさす。このコンティ河岸通りには、1663年から72年にかけてル・ヴォーが建築した有名な丸天井を頂くフランス学士院の建物があり、現在そこには碑文・文芸アカデミーや科学アカデミー、芸術アカデミー、人文・社会科学アカデミー、そしてもっとも有名なアカデミー・フランセーズの5団体が入っている。

コンディヤク Condillac　1715-80年。エティエンヌ・ボノ・ド・コンディヤック（コンディヤク）は、グルノーブルに生まれ、フランス中北部オルレアネ地方のフリュクス大修道院で没した聖職者・思想家で、ジャン=ジャック・ルソーやディドロの親友。物事を理解するうえで、ふたつの源泉を認めた。感覚と分析である。思想家としての名声を勝ちえた彼は、パルマ公子【ルイ15世の孫で、当時7歳だったフェルディナン（1751-1802）】の家庭教師に選ばれ【1758-67年】、そこでの教育をもとに、のちに『教程』13巻（1769-73年）をものしている。

この書には文法や書き方、考え方、歴史全体がふくまれ、これら13巻のうち、1-4巻には「論理」がまとめられている。彼はそこでこう記している。「われわれの感覚は物事のしるしであり、われわれはそれを言葉と同様、より明確な表現によって示すのである」。パロマから帰国した翌年の1768年、アカデミー・フランセーズ会員に選ばれている。彼を名祖とする11区のコンディヤック通り（Rue Condillac）は、1885年に命名された。

コンテス・ド・セギュール Comtesse de Ségur　1799-1874年。セギュール伯爵夫人、通称セギュール夫人は作家で、ロシア皇帝パーヴェル・ペトロヴィッチ・ロマノフ【在位1796-1801】の外務卿だったロストプチン伯【1763-1826。ロシアの将軍で、ナポレオン侵略時のモスクワ総督】の娘。サンクト=ペテルスブルク（サン=ペテルスブール）に生まれ、パリで没している。

父親が失脚すると、共にパリに出て、2年後の1819年、ウジェーヌ・ド・セギュール伯【1798-1869】と結婚する。夫が彼女の行動に極端なまでに無関心だったため、北仏オルヌ地方の所領にあるヌエット城で、ほとんどの時間をひとりで過ごした。この自由な時間を使って、彼女は孫娘たちに「他愛のない」――けっして悪い意味ではない――とよぶべき作品【童話】を書くことができた（孫娘が一緒に生活していたということからすれば、夫の伯爵も何度か城を訪れたはずである）。

精神分析学者たちが「サド＝マゾ的」と称してはばからない彼女の作品には、体罰や動物虐待がふんだんにみられるが、後者の大罪は魅力的で愛すべき子供たちによってなされているのだ…。彼女は言っている。「私は自分の悲しみを繕うことはできるが、私が当然受けるべき罰を免れることはできない」（『よい子たち』【1862年】）、「2本足のロバは将軍になれても、ロバのままである」（『ドゥラキヌ将軍』【1863年】）。作品としてはほかに『ソフィーの不幸』【1858年】や『模範的な少女たち』【1858年】、『あるロバの想い出』【1860年】などがある。彼女の名を冠したコンテス＝ド＝セギュール小路（Allée Comtesse-de-Ségur）は、1978年から8区にある。

コントルスカルプ Contrescarpe コントルスカルプとは城塞の一部をなす外岸壁を意味する。6区のコントルスカルプ広場（Place de la Contrescarpe）は、かつてコントルスカルプ・サン＝マルセルとよばれていた旧道に由来する。この広場は1852年に設けられている。

コンドルセ Condorcet 1743-94年。コンドルセ侯マリ・ジャン・カリタは、北仏エーヌ地方のリブモンに生まれ、パリ南郊のブール＝ラ＝レーヌで没した思想家・数学者・政治家【社会学の創始者のひとりともされている】。17歳のとき、テュルゴーに「信仰告白」と題した小論を捧げて以来、彼はこの大臣【のちに財務総監】の知遇をえて、1775年、造幣局総監に任命される。1777年、『彗星論』でベルリン・アカデミー賞を受け、82年、アカデミー・フランセーズ会員に選ばれ、シュヴァルツの偽名で『黒人奴隷にかんする省察』【1781年】を著す。1791年には立法議会議員および国務卿、さらに翌92年には国民公会（コンヴァンション）の議長となった。

しかし、国民公会が起草した憲法草案にジロンド派の考えにそって序文を書いたため、コンドルセは失脚を余儀なくされる。山岳派【→ルドリュ＝ロラン】が彼をジロンド派として告発したからである。将軍エマ

ニュエル・グルーシー【1766-1847。ナポレオン戦争の英雄だったが、ワーテルローの戦いで作戦を失敗し、敗戦の因をつくった】の姉だった妻の友人たちが、8か月間追っ手から匿ってくれたが、最終的にパリ南郊のクラマールで逮捕される。それから彼はブール＝ラ＝レーヌに護送され、義弟のカバニスからもらった指輪の伏込枠に入っていた毒を飲んで自死する。毒をあおる前【隠遁生活中】、彼は最後の著書を書いている。『人間精神進歩史』【1795年（死後刊行）、渡辺誠訳、岩波書店】がそれである。9区のコンドルセ通り（Rue Condorcet）は、1868年に彼に捧げられている。

コンバタン・アン・アフリク・デュ＝ノール Combattant en Afrique du Nord 12区のコンバタン＝アン＝アフリク＝デュ＝ノール広場（Place des Combattant-en-Afrique du-Nord）は、北アフリカで、とくに第2次世界大戦中に戦ったすべてのフランス人に捧げるため、1984年に命名されている【呼称は「北アフリカの戦士たち」の意】

コンバタン・ダンドシヌ Combattant d'Indochine 12区のコンバタン＝ダンドシヌ小公園（Square des Combattant-d'Indochine）は、1945年から54年にかけてインドシナで戦死した、フランス兵全員をたたえるため1987年に命名されている【呼称は「インドシナの戦士たち」の意】

コンパン Compans 1769-1845年。ジャン・ドミニク・コンパンはフランス南西部オート＝ガロンヌ県のサリエスに生まれた伯爵・将軍。1799年、シュシェ将軍率いるイタリア遠征軍に入って戦い、リュネヴィル講和条約【1801年、一連のナポレオン戦争期間中にフランスとオーストリアが結んだ和約】のあと、彼はイタリア最北西端のコニ地方軍を指揮したが、アウステルリッツ（オステルリッツ）の戦いで負傷する。傷が癒えると、ワーテルロー（ワテルロ）の戦いまで、すべての軍事遠征に参加するが、1814年にはベルヴィルを守り、ルイ＝フィリップから貴族院議員に任命された【1815年】。19区のコンパン通り（Rue

コンピエニ

Compans) は、1864年に命名されている。

コンピエーニュ Compiègne　パリ北東部の
町で、オワーズ河岸に位置する。ガリア＝
ローマ時代にまでさかのぼる歴史を有し、
557年、ヒルデベルト1世【→クロテール】
がはじめてこの地に言及している。832年
には、敬虔王ルートヴィヒ1世【フランク
王・西ローマ皇帝（在位814-840）】が、反抗
した息子たちによってその市壁にすてられ
たという。禿頭王シャルル2世【西フラン
ク初代王（在位843-877）、西ローマ皇帝カー
ル2世（在位875-877）。ルートヴィヒ1世の
子】は、町を拡大し、それゆえコンピエー
ニュの第2の建設者とされる。コンピエー
ニュはまた町の民兵たちが北仏の村ブヴィ
ーヌでイングランドや神聖ローマ皇帝など
の連合軍を破り【1214年7月のブヴィーヌ
の戦い】、その褒美として、**フリップ・オ
ーギュスト**から、町の紋章として、「レ
ギ・エト・レグノ・フィデリッシマ（王と
王国にもっとも忠実なり）」というモット
ーを授けられている。
　この町はほかにもさまざま歴史の舞台と
なっており、たとえば**エティエンヌ・マル
セル**の乱でパリを逃れたのちの**シャルル5
世**は、1358年、コンピエーニュで全国三
部会を招集し、1430年5月24日には、町
を包囲していたブルゴーニュ公国軍を攻撃
した**ジャンヌ・ダルク**が捕虜となっている。
さらに、ルイ15世【国王在位1715-74】の
治世下に建てられた城では、ルイ16世【在
位1774-92】とマリー＝アントワネット
【1755-93】、ナポレオンとマリ＝ルイズ・
ドートリシュ【1791-1847】の結婚をたた
える祝宴が営まれている。パリ10区のコ
ンピエーニュ通り（Rue de Compiègne）
は、1864年の命名になる。

コンフィアンス Confiance　20区のコンフィ
アンス袋小路（Impasse de la Confiance）
は、土地所有者の名前にちなんで、1877
年に命名されている。

コンフェランス Conférence　1593年4月、
アンリ4世とカトリック同盟者たちは8区
のコンフェランス河岸通り／港（Quai/

Port de la Conférence）に集まり、内戦の
終息と国王のパリ入場を準備している。

ゴンブースト Gomboust　正確な生没年は不
明だが、17世紀に活躍したジャック・ゴ
ンブーストが技師だったことは確かである。
1652年、彼は9葉からなるじつに正確な
パリの地図を作成し、1858年にその複製
が出版されている。北仏カーンやルーアン
の町の地図も手がけた。彼に捧げられたゴ
ンブースト通りは、1864年から1区にあ
る【同区にはゴンブースト袋小路（Impasse
Gomboust）もある】

コンポワン Compoint　土地所有者の名前。
ヴィラ・コンポワン（Villa Compoint）は
17区にあり、1994年に命名されている。

サ行

サイゴン Saigon サイゴンは1975年に北ベトナムと合併した南ベトナムの首都で、現在のホーチミン市の旧称。サイゴン河岸に位置するこの町の呼称は、フランス人がインドシナ（**アンドシヌ**）に進出した19世紀末に生まれたにすぎない【それまではザーディンとよばれていた。創建期の呼称はクメール語で「森の町」を意味するプレイノコール】。1975年当時、サイゴンは人口170万を数える巨大な行政・産業の中心地だった【2016年現在のホーチミン市は842万の人口を擁し、1976年に成立したベトナム社会主義共和国最大の都市】。16区のサイゴン通り（Rue de Saigon）は、1868年の命名になる。

サイーダ Saïda 15区を走るサイーダ通り（Rue de la Saïda）の呼称は、アルジェリアの地中海岸、オラン地方のフランス軍駐屯地に由来する。

サイード Saïd 1822-63年。サイード・パシャはカイロ（**ケール**）に生まれ、アレクサンドリア（**アレクサンドリ**）で没したエジプト副王【およびムハンマド・アリー朝エジプトのエジプト総督（在位1854-63）。1854年にロシア軍と戦い、55年にはスーダンに遠征軍を送って、翌年、自国民の奴隷たちを解放した。さらに、教育を発展させ、商業や農業を庇護した。レセップスと親交のあった彼は、そのスエズ運河開削事業を支援してもいる】。16区のヴィラ・サイード（Villa Saïd）は、【エジプトの国家財政を破綻させたとされる】この支援をたたえて、スエズ運河開通年の1869年に命名されている。

サヴァール Savart 20区のサヴァール小路（Passage Savart）は、この小路が敷設された土地の旧地主にちなんだ命名である。

サヴィ Savies 20区を走るサヴィ通り（Rue des Savies）の呼称は旧邸館名、通称「サヴィ邸」のSavyが変形したものである。11世紀からあったこの邸館は、近くを通るベルヴィル通りの94番地にあったサン＝マルタン＝デ＝シャン修道院【→サン＝マルタン】が有していたが、1767年頃に姿を消している。サヴィ通りの命名は1869年になされた。

サヴォルニャン・ド・ブラザ Savorgnan de Brazza 1852-1905年。ピエール・ポール・フランソワ・カミーユ・サヴォルニャン・ド・ブラザ【イタリア語名ピエトロ・パウロ・サヴォルニャン・ディ・ブラッツァ】は、ローマ南東部のカステル・ガンドルフォで生まれ、ダカールで没した探検家。1874年にフランスに帰化した彼は、翌年、最初の探検旅行をおこない、アリマ川【コンゴ】の水源まで踏査する。だが、先住民の抵抗を受け、ガボンに難をさけざるをえなくなった。

1789年、彼は科学的な研究の基地を2か所設け、それぞれフランスヴィル（現在のガボンのモアンダ）と彼の名を冠したブラザヴィル【現在のコンゴ共和国首都】と命名した。これらの基地はコンゴへいたる街道を敷設するうえで重要な支えとなった。1880年、彼はモココ【コンゴの一部とガボンの一部にあったバントゥー人の王国テケの国王】から、その王国をフランスの庇護下におくとの確約をとりつける。

1882年、一時帰国した彼は、翌年、海軍大尉として再びアフリカに赴き、オグウエ川【ガボンの主要河川でコンゴ、カメルーン、赤道ギニアまでを流域とする】とアリマ川をへて、大西洋からコンゴ内陸部へ向かう街道を最終的に敷設する。そしてフランスとコンゴ自由国【ベルギー国王レオポルド2世（在位1865-1909）の私領地】の活動範囲が確定された1886年、アフリカ西部におけるフランス政府の総督代理に任命されたブラザは、彼が平和裏に獲得した植民地を多少とも安定させて、1897年に帰国す

る【1905年、フランス人行政官によるコンゴ
での虐殺事件を調査するため、ブラザは病身
をおしてブラザヴィルに向かったが、病態が
悪化してダカールで下船し、そのまま不帰の
客となった】。彼をたたえるため、死後2年
目の1907年に命名されたサヴォルニャン
＝ド＝ブラザ通り（Rue Savorgnan-de-
Brazza）は、7区にある。

サヴォワ Savoie　6区のサヴォワ通り（Rue
de Savoie）は、1672年、開通当初からの
呼称の由来となったサヴォワ（サヴォイ
ア）＝ヌムール館の跡地に敷設されている。
サヴォワ通りから始まる**セギエ通り**の6番
地になおも多少の痕跡を残すこの邸館は、
14世紀に建てられ、1580年からはサヴォ
イア＝ヌムール公ジャック【1531-85。
フランス王室の仇敵だったが、宗教戦争では国
王＝カトリック軍に加担して、ユグノー軍と
戦った】の有するところとなった。フラン
ス南東部のサヴォワ地方は1860年にフラ
ンスに編入された。モンブランはその山系
の一部をなす。

サエル Sahel　サヘル（サエル）とはアラブ
語で北アフリカの沿岸地帯の謂いである
【ほかに、サハラ砂漠南端砂漠気候と熱帯性多
湿気候のあいだのステップ・サバンナ地帯や、
モロッコ南部に吹くサハラ砂漠からの風も意
味する】。1877年に12区のサエル通り（Rue
du Sahel）およびヴィラ・サエル（Villa
Sahel）にその名がつけられた、アルジェ
リアのサヘルは、地中海沿岸の山岳地域と
同時に、同国のサハラ砂漠隣接地域をさす。
一方、ワジ・サヘルはアルジェリアの河川
で、全長は195キロメートルである【本来
ワジとは涸れ川のことで、雨季にのみ水が流
れる】

サクス Saxe　1696-1750年。伯爵・元帥の
モーリス・ド・サクス【ドイツ語名モーリ
ッツ・フォン・ザクセン】は、ドイツ中部ニ
ーダーザクセン州のゴスラーで生まれ【ポー
ランド王アウグスト2世（ザクセン選帝侯
フリードリヒ・アウグスト1世）の354人（！）
の私生児の最年長】、オルレアン近郊のシャ
ンボールで没している。12歳のとき、リ

ール攻囲戦でポーランド（ポローニュ）の
予備兵部隊にくわわった彼は、1712年【ザ
クセン伯となって2年後】、ピョートル大帝
（ピエール・ル・グラン）の軍に入って、
スウェーデン王カール12世【在位1697-
1718】の軍と戦う。1720年、フランスに
移って、ときの摂政【オルレアン公フィリッ
プ（在任1715-23）】から兵員配備・野営担
当官に任命される。1725年には、ロシア
の支配下にあったラトヴィアの公爵に選ば
れようと画策したが、徒労に終わった。

しかし、ポーランド継承戦争【1733-38
年】に参戦して、1734年、フランス軍司令
官に昇進する。さらに1741年、プラハ（プ
ラグ）を制圧し、44年にフランス元帥と
なった彼は、**フランドル**の一部を奪取し、
フォントノワの戦い【オーストリア継承戦争
のひとつで、1745年、フランス軍がオースト
リアやイギリス、オランダ連合軍と戦った】
で勝利し、オランダの一部をフランスの支
配下におさめた。こうした功績により、
1748年、彼はフランス軍の大元帥と**アル
ザス**地方総督に叙せられ、シャンボールの
領主となる。

サクスは勇敢な軍人であったが、その一
方で眉目秀麗なザクセン人であり、女性に
対しては甘言を弄したことでも知られる。
事実、彼はロシア女帝【在位1730-40】に
なる前のアンナ・イヴァノヴァや、名女優
アドリアンヌ・ルクーヴルール【ポーラン
ド出身の恋敵ブイヨン公爵夫人に毒殺された
とする説がある】、さらにコンティ公爵夫人
【1666-1739】とも親しい関係にあったとい
う。

死後、モーリス・ド・サクスはストラス
ブールにあるサン＝トマ教会の、ピガルが
手がけた霊廟に埋葬された。彼に捧げられ
たサクス大通り（Avenue de Saxe）は、
1780年からパリの7区と15区を結んでい
る。同名のヴィラ（Villa de Saxe）は
1816年から7区にある【1757年に『わが瞑
想』が死後刊行された彼は、ジョルジュ・サ
ンドの曽祖父でもある】

サクレ＝クール Sacré-Coeur　「国家の誓願

大聖堂」ともよばれる18区のサクレ＝クールのバシリカ式大聖堂【しばしば「寺院」と訳されるが、仏教寺院ではない】は、1873年7月23日の法律によって建立されている。その資金は募金や一般からの寄付金によって賄われた。聖堂の設計は建築家のポール・アバディ【1812-84。同名の父も建築家。アングレーム市庁舎の建設やパリ・ノートル＝ダム司教座聖堂の修復などを手がけている】が請け負った。

建設工事は1875年6月16日に始まったが、竣工は40年後の1916年。ドームの高さは地上80メートル、鐘楼のそれは100メートルに達する。「ラ・サヴォワヤルド」【字義は「サヴォワ地方人」】とよばれるその巨大な鐘は重さ26トンもあり、サヴォワ地方のシャンベリ市から寄贈されている。

だが、パブロ・ピカソをはじめとする少なからぬ人々は、【煤で汚れた】この大聖堂がきわめて見苦しいとの酷評を浴びせた。文化大臣だったアンドレ・マルローがパリの記念建造物の美化事業をおこなっていたことを知ったピカソは、こう揶揄したという。「ブラボー！だとすれば、【純白の】サクレ＝クールを黒く塗ることもできるはずだ」。大聖堂前のサクレ＝クール広場（Parvis du Sacré-Coeur）は1945年、シテ・サクレ＝クール（Cité du Sacré-Coeur）は25年にそれぞれ命名されている。

サタン Satan　20区にあるサタン袋小路（Impasse Satan）の近くをよく調べれば、デュー（神）小路が見つかるだろう。1907年にこのいささか冗談めいた命名をしたのは、住人のひとりだった【当時は私道で、一般に開放されたのは1991年】。いうまでもなく、サタンは悪魔たちの長で、人間をなんとか堕落させようとしている。とくに忘れてならないのは、現代においてさえ、サタンはきわめて欲望をそそるような姿をして、われわれを神から切り離そうとしていることだ。とすれば、みなが一斉にこう叫ばなければならないだろう。「ヴァド・レトロ・サタナス（引き下がれ、サタンよ）」

サディ・カルノー Sadi Carnot　1837-94年。マリ・フランソワ・サディ・カルノーはリモージュ【→リムザン】に生まれ、リヨンで殺害された政治家で、第三共和政の第5代大統領。国立理工科学校（エコール・ポリテクニク）や国立土木学校で学んだ彼は、1871年、北仏セーヌ＝マリティーム県の県知事に任命される。同年、コート＝ドール県選出の国民議会議員となり、1878年からは公共事業大臣や財務大臣を歴任する。

そして、1887年、ジュール・グレヴィが大統領を辞任すると【グレヴィ（1807-91）は1879年に大統領に選ばれたが、女婿の勲章収賄事件に連座して辞任を余儀なくされた】、財務大臣だったカルノーがその後任となる。当時、ブーランジュ将軍支持派【→クロヴィス・ユーグ】による騒動で国内が揺れていたが、彼はその騒動を鎮静化させ、フランス国民の共感をえた。

だが、イタリア人すべてを喜ばせることはできなかった。1894年6月24日、リヨンで無政府主義者のイタリア人サンテ＝ジェロニモ・カセリオ【1873-94】によって刺殺されたからである【アナキストや社会主義者たちを嫌っていたカルノーは、1893年、下院議事堂に爆弾を投げつけたフランス人アナキストのオーギュスト・ヴァイヤン（1861-94）に恩赦をあたえず、ギロチン刑に処し、さらに94年、極悪法を制定して彼らを弾圧した】

カルノーの亡骸はパンテオンに移され、1790年代のすべての軍事遠征にくわわった高名な将軍で、フランス史上空前の規模だった14個軍団を創設して、「勝利の組織者」とたたえられた、祖父ラザール・カルノーの傍らに安置されている。19区には彼の名が冠せられたサディ＝カルノー通り（Rue Sadi-Carnot）とヴィラ・サディ＝カルノー（Villa Sadi-Carnot）がある。前者は暗殺翌年の1895年、後者は1901年にそれぞれ命名されている。

サディ・ルコワント Sadi Lecointe　1891-1944年。19区のサディ＝ルコワント通り（Rue Sadi-Lecointe）は第1次・第2次世

界大戦で活躍した飛行士サディ・ジョゼフ・ルコワント【第2次大戦中、レジスタンスに参加してドイツ軍に逮捕され、パリ南郊フレーヌの政治犯収容所に送られ、戦後まもなく、そのときの苛酷な扱いがもと他界した】を名祖とする。命名は1955年になされた。

ザドキヌ Zadkine 1890-1967年。オシップ・アレクセーエヴィチ・ザッキン（ザドキヌ）は、ベラルーシのビテプスクに生まれ、パリ西郊のヌイイ＝シュル＝セーヌで他界した彫刻家・版画家・イラストレーター。【1909年からパリで活動するようになった】彼の作品はキュビスム的で、バロック的・装飾的ないし表現主義的な特徴を帯びているとされる。そのおもな作品としては、たとえば以下がある。『聖セバスチャヌス』【1929年】、『ランボーに捧ぐ』【1938年】、『オルフェ』【1948年】、『破壊された都市ロッテルダムのモニュメント』【1953年】、『プロメテウス』【1955-56年】。彼を名祖とするザドキヌ通り（Rue Zadkine）は、1994年から13区にある。

サボ Sabot 6区のサボ通り（Rue du Sabot）は19世紀初頭に命名されている。呼称はすでに1522年以前から通りにかかっていた【木靴を描いた】絵看板に由来する。

サブリエール Sablière 14区のサブリエール通り（Rue de la Sablière）は、1863年に正式に命名されている。通りが砂採取場に通じていたことによる。

サブロン Sablons 16区のサブロン通り（Rue des Sablons）は1834年、呼称の由来となったサブロン平原の一部に敷設されている。石だらけで石灰質のこの平原は、ヌイイとテルヌのあいだにあった。国王ルイ15世【在位1715-74】が近衛兵たちの閲兵式をおこない、ルイ16世【在位1774-92】がパルマンティエに命じてジャガイモの花を咲かせようとしたのがここだった。

さらに1794年、若者たちに武器のとり扱いを教えるため、国民公会（コンヴァンション）がここに学校を創設してもいる。だが、「マルス学校」と命名されたこの学校は、わずか4か月で閉校となった。サブ

ロン平原は1820年から分割・譲渡されるようになり、こうしてヌイイ市外区に、サブロンヴィル村ともよばれたサブロニエール地区が誕生することになった。

サブロンヴィル Sablonville 17区のサブロンヴィル通り（Rue de Sablonville）は、ヌイイ＝シュル＝セーヌを走る通りの一部で、1929年にパリに編入されている。通りの呼称は、旧サブロン平原に1820年につくられたサブロンヴィル村にちなむ。

サミュエル・ド・シャンプラン Samuel de Champlain 20区のサミュエル＝ド＝シャンプラン小公園（Square Samuel-de-Champlain）は、1979年の命名である。

サミュエル・ベケット Samuel Beckett ベケットは1906年にアイルランドのダブリン州フォックスロックで生まれ、89年にパリで他界した詩人・劇作家。1923年から27年にかけて、ダブリンのトリニティカレッジで英語やフランス語、イタリア語などを学んだ彼は、1928年から2年間、パリの高等師範学校で教鞭をとる。1930年、母校の講師となるが、31年末にとつぜん解雇されてしまう。翌年、彼は母国語を棄て、フランス語で作品を書く決意をし、1937年、最終的にパリに定住し、同胞の作家ジェームス・ジョイス（ジェムス・ジョイス）の秘書となる。

そして1945年から、ベケットは内実ともにきわめて斬新な作品、とくに戯曲を相次いで発表するようになる。『ゴドーを待ちながら』【仏語版1952年、英語版1955年】や『勝負の終わり』【仏語版1957年、英語版1958年】、『しあわせな日々』【英語版1961年、仏語版1963年】などである。

1969年にノーベル文学賞を受賞したベケットは、人生を、1982年に上梓された作品集『カタストロフと他の小品』の題名通りにみていた。彼は言っている。「不幸ほど奇妙なものはない。それは世界でもっとも滑稽なものである」、「どれほどの愚か者でも目を閉じることはできる。だが、だれが砂のなかのダチョウを見ることができるだろうか」。彼の名を冠したサミュエル

＝ベケット小路（Allée Samuel-Beckett）は、1999年から14区にある。

サムソン Samson 旧約聖書の登場人物。『士師記』【13章-16章】によれば、サムソンはイスラエルの士師（判官・指導者）のひとりで、ガザで没している。人並み外れた怪力の持ち主だった彼は、ライオンを退治したり、ロバの顎骨で1000人ものペリシテ人を撃ち殺したり、【ペリシテ人たちから命を狙われたために】ガザの市門を肩に担いで持ち去ったりもしたという。だが、不運なことに、彼はソレクの谷にいる女性デリラを愛し、自分の怪力の秘密、髪の毛を剃り落とせば力を失うという秘密をついに打ち明けてしまう。

そこでデリラはサムソンを眠らせ、そのあいだに「人を呼んで、彼の頭の毛7房を剃り落とさせた」。不実な恋人（！）からそのことを知らされたペリシテ人たちは、こうしてなんなくサムソンを捕らえ、その両目をえぐってガザに連れて行き、青銅の足枷でつないだ。そして、ペリシテの神ダゴンのために盛大な犠牲祭が営まれた日、彼らはサムソンを笑いものにするため神殿に引き立てた。

しかし、その頃にはすでに髪が再び伸びており、主の支援を求めてもいた彼は、神殿を支える2本の柱を手で探りあて、それを力まかせに押すと、「神殿はそこにいた領主や人々みなの上に崩れ落ちた」という。13区のサムソン通り（Rue Samson）は、聖書の愛読者だった旧地主によって1933年に命名されている。

サヤール Saillard 1824-70年。サヤール男爵は普仏戦争時に、パリの北郊、エピネー＝シュル＝セーヌで戦死している。14区のサヤール通り（Rue Saillard）は、彼を偲んで1875年に命名されている。

サラザート Sarasate 1844-1908年。パブロ・マルティン・メリトン・デ・サラサーテ（サラザート）・イ・ナバスクエスは、スペイン・バスク地方のパンプローナに生まれ、フランス・バスク地方のビアリッツで没したバスク人作曲家・ヴァイオリニス

ト。11歳でパリ音楽院（**コンセルヴァトワール**）に入学を認められ、そのわずか1年半後にヴァイオリン科首席卒業となった。以後、フランスを皮切りに、ヨーロッパ各地やアメリカ大陸で数多くの演奏会を開いた【1865年にはサン＝サーンスとともに演奏旅行をしている】

その音楽はみごとなまでに純粋で、専門家たちの言葉を借りれば、完璧の域に達していたともいう【代表作としてはロマの民謡をアレンジした有名な『ツィゴイネルワイゼン』（1878年）がある】。彼の名を冠したサラザート通り（Rue Sarasate）は、1913年から15区にある。

サラルニエ Salarnier 1892年に敷設された11区のサラルニエ小路（Passage Salarnier）は、その最初期の住人にちなんで命名されたものである。

サランブリエール Salembrière 1239年から、住民のひとりの苗字ヴィクス・サリエンティス（Vicus Salientis）の名で知られていた5区のサランブリエール袋小路（Impasse Salembrière）は、のちにそれが変形してサイ＝ヨン＝ビャン（Saille-en-Bien）、ついでエミリ・サランビャン（Émilie Salembien）、そして現在の呼称となった。分かっているのはこれだけである。

サルヴァドル・アランド Salvador Allende 医師でチリ社会党の創設者でもあったサルバドール・アジェンデ（サルヴァドル・アランド）は、1908年にバルパライソで生まれ、93年、サンチャゴで謎の死を遂げている。1945年から65年まで上院議員をつとめた彼は、70年に大統領となったが、73年9月10日、その死後に大統領となる【在任1974-90】アウグスト・ピノチェト将軍【1915-2006】が主導したクーデタで、遺体となって発見された【自殺かクーデタ軍による殺害かは不明】。7区のサルヴァドル＝アランド広場（Place Salvador-Allende）は、彼を偲んで2003年に命名された。

サルヌーヴ Salneuve 17区のサルヌーヴ通り（Rue Salneuve）は、1850年当時、こ

の通りに住んでいた人物にちなんで命名されている。

＊サルペトリエール Salpêtrière 17世紀初頭、この呼称は硝石（黒色火薬）を生産する広大な囲い地をさしていた。だが、1656年4月27日の王令とサン＝ヴァンサン＝ド＝ポールの働きかけで、ここにパリの物乞いたちを収容するための施療院が建てられた。それからまもなく、この施療院は娼婦や罪人、生活困窮者たちの強制収容所に代わった。その最初の建物を手がけた建築家はル・ヴォーである。施療院の礼拝堂は1669年、リバラル・ブリュアンによって建てられている。1837年から87年にかけて、同施療院は老齢女性用の養護施設となり、現在は病院と女性用老人ホームになっている【精神病学者でフロイトが1885年に師事したジャン＝マルタン・シャルコーは、この病院の医師】。サルペトリエール通り（Rue Salpêtrière）は、1877年から13区にあった。

サレット Sarette 1765-1858年。ベルナール・サレットはボルドーで生まれ、パリで他界した作曲家。フランス革命初期、彼は音楽を学んだパリで国民衛兵隊司令部大尉に任命された。バスティーユ陥落後、衛兵隊所属の音楽家45人を集めて、楽団を編成することを思いつく。このアイデアに、パリ市は音楽家総勢70人の配属替えで応えた。

こうしてサレットが創設し、彼ら音楽家たちが活動した学校は、1793年に国立音楽校になり、さらに95年、パリ音楽院（コンセルヴァトワール）と改称する。そして、1797年からその初代院長をつとめるが、1814年、解任される【復古王政が彼の革命期における活動を問題視したため。1815年、百日天下で一時復職するが、ナポレオン失脚後に最終的に罷免された】。1830年、院長復職を提案されるが、ときの院長ケルビニを辞めさせるわけにはいかないとして辞退した。彼の名は1890年に命名された14区のサレット通り（Rue Sarette）に残っている。

サロニク Salonique サロニカ（サロニク）はギリシア北部、マケドニア地方の港湾都市で、テサロニケともよばれる。この町は1204年から24年まで、ラテン帝国の都となった【1204年の第4回十字軍でコンスタンティノポリスが陥落し、ビザンティンの支配を外れた。この短命なサロニカ王国の樹立者は、十字軍の指導者だったモンフェラット侯ボニファーチョ1世（1150頃-1207）。1224年、王国はエピロス専制侯国に併合された】。

第1次世界大戦時の1915年から18年まで、サロニカ港は連合国軍による軍事作戦の基地となった。1929年、この戦争においてサロニカが果たした役割を記念して、その名がパリの道路標識に刻まれている。17区のサロニク大通り（Avenue de Salonique）がそれである。

サロモン・ド・コー Salomon de Caus 1576-1626年。サロモン・ド・コーは北仏ノルマンディ地方のディエップに生まれ、パリで他界した技師・機械工。1610年にイギリスに渡り、14年から20年までドイツのハイデルベルクに滞在した。1624年、パリに移ってからの足どりは不明だが、彼がロンドンで発表したもっとも重要な著作『有用かつ快適な各種機械動力の理由』【1612年】は、彼が蒸気機関の真の発明者であることを示している。そこには圧縮による爆発の理論のみならず、本格的な蒸気機関の描写もなされているからである。

パリの3区には、彼に捧げられたサロモン＝ド＝コー通り（Rue Salomon-de-Caus）が1864年からある【オルガンや日時計の製作者で、優れた造園家でもあった彼はまた、自動人形や薔薇十字の寓意を駆使したハイデルベルク城内のマニエリスム庭園「ホルトゥス・パラティヌス」、さらにアン・オブ・デンマークのための「サマセット・ハウス」、「グリニッジ宮殿庭園」などの造園も手がけている】

サン＝ヴァンサン Saint-Vincent 18区のサン＝ヴァンサン通り（Rue Saint-Vincent）は、1825年からサン＝ヴァンサン小路として知られていた。呼称はここに家をかまえていたヴァンサン・コンポワン氏に由来

する。にもかかわらず、なぜ聖ヴァンサンとよばれるようになったのか。この聖人は若い頃にブドウを栽培していたとされることから、ブドウ園主ないし栽培者の守護聖人となっている。通りがある旧モンマルトルの村には、かつては現在以上に多くのブドウ園があり、それゆえの命名となった。

聖ウィンケンティウス（ヴァンサン）はスペインのサラゴサで生まれ、304年、バレンシアで殉教したとされる。ディオクレティアヌス帝【在位284-305】によるキリスト教徒迫害の犠牲となったのである【ウォラギネの『黄金伝説』によれば、ウィンケンティウスはサラゴサの助祭で、棄教を拒んで火刑や内臓をえぐる鉄櫛刑などの拷問を受けたが、信仰をすてることはなかったという。その名はまた「悪徳を払う者、火を征服する者、勝利を保持する者」の意とされる。なお、19区にはサン＝ヴァンサン袋小路（Impasse Saint-Vincent）がある】

サン＝ヴァンサン＝ド＝ポール Saint-Vincent-de-Paul　1847年に敷設された10区のサン＝ヴァンサン＝ド＝ポール通り（Rue Saint-Vincent-de-Paul）は、1581年にフランス南西部ガスコーニュ地方のプイで生まれ、1660年にパリで没した司祭の聖ヴァンサン・ド・ポール【ラテン語名ウィンケンティウス・ア・パウロ】を名祖とする。

父親のもとで家畜の世話をしていた彼は、12歳のとき、フランシスコ会士たちについて学問を始める。1596年【1600年？】に聖職者に叙階されてまもなく、ナルボンヌやマルセイユに旅するが、1605年、トルコ人の海賊に攫われてチュニスに連れていかれる。そして、奴隷として売られるものの、主人をカトリックに回心させて、フランスに戻った【1607年】

以後、マルグリット・ド・ヴァロワ、通称王妃マルゴ【1553-1615】付きの宮廷司祭やクリシーの教区司祭、さらにゴンディ家の子供たちの師傅をつとめた【ゴンディ家の当主で、ガレー船司令官だったフィリップ＝エマニュエル（1580-1662）は、1313年、海賊退治に功績をあげて名をはせた。また、

ヴァンサンの庇護者となって、1613年から17年にかけて、彼を自邸に寄寓させた。ヴァンサンはゴンディ夫人の聴罪司祭および霊的指導者をつとめたという】

やがてヴァンサンは、リヨン北方、シャティヨン＝シュル＝シャロンヌ小教区の主任司祭に任命され、1619年にはガレー船の司祭にもなった。行く先々で惜しみない慈悲を施し、ガレー船徒刑囚や捨て子、さらに貧しい農民たちの運命にとくに心を砕いた彼は、生前から「捨て子たちの父親」と称されていた。

こうして彼は1625年にラザリスト会【宣教司祭の修道会】、1633年に愛徳修道女会を創立するようになる。ルイ13世【国王在位1610-43。→ドーフィヌ】の末期に立ち会い、街娼たちの避難所を建て、サルペトリエール施療院も創設した。1737年に列聖され、慈善事業の守護聖人とされるヴァンサン・ド・ポールは言っている。「名声は善をつくらず、善は名声をつくらない」

サン＝ヴィヴァン Saint-Vivant　12区のサン＝ヴィヴァン小路（Passage Saint-Vivant）は、ベルシーのワイン倉庫に最後まで保存されていた、アルマニャック（ブランデー）の銘柄サン＝ヴィヴァンを偲んで2000年に命名されている【口が曲がった瓶は中世の手吹き瓶を、替え栓は騎士の被り物をイメージしたという。伝承によれば、1559年、騎士のサン＝ヴィヴァンがアルマニャックをはじめて蒸留したとされる】

サン＝ヴィクトル Saint-Victor　5区のサン＝ヴィクトル通り（Rue Saint-Victor）は、フィリップ・オーギュストの時代からあったが、現在の道筋になったのは1855年からである。呼称は、当初この通りが続いていたジュシュー広場のサン＝ヴィクトル大修道院に由来する。11世紀末に建立された同修道院は、今は完全に姿を消している。

聖ヴィクトル律修参事会員（聖ヴィクトル会士）たちは1114年からこの修道院に住み、その敬虔さや禁欲・苦行ですみやかに名声を勝ちえていった。修道院は教会や修道院長館、および各種の付属施設をそな

えていた。パリの司教たちはここを自由に利用でき、毎年数週間、彼らに用意された居室で静かなときを過ごしたものだった。

だが、革命後の1793年、この修道院は閉鎖され、1811年から13年にかけて、ワイン市場を設けるためにとり壊された。一方、市場もまた1970年代初頭にパリ大学科学部にとって代わられている【現在はパリ第6・第7大学およびアラブ世界研究所がある】。ちなみに、有名なアベラール【→エロイーズ・エ・アベラール】や聖ベルナルドゥス（サン＝ベルナール）が足しげく出入りしていたサン＝ヴィクトル大修道院は、16世紀に全体的に再建されている。名祖の聖ヴィクトル（ウィクトリウス）はテーベ軍団【→サン＝モーリス】の兵士で、ディオクレティアヌス帝時代の303年に殉教したとされる。

サン＝カンタン Saint-Quentin サン＝カンタンは北仏ピカルディ地方の都市で、ソンム河岸、サン＝カンタン運河とクロザ運河の分岐点に位置している。古代ガリアのウィロマンドゥイ族の都だった当時は、ローマ皇帝にちなんでアウグスタとよばれていた。287年【ないし303年】、伝道活動をおこなっていた聖カンタンがここで斬首され、645年、町を一新した聖エロワ（サン＝テロワ）が、この斬首を悼んでこれにカンタンの名をつけたという。

1557年、羅紗生産で栄えていたサン＝カンタンはイスパニア＝ハプスブルク軍の攻撃を受ける。市民たちはコリニーを指導者として激しく抵抗したが、大元帥モンモランシーの救援軍はついに到着せず、同年8月27日、町は侵略者たちに割譲を余儀なくされる【1559年のカトー＝カンブレジ条約締結により終戦。これによりフランスはイタリアでの権利をハプスブルク家に譲り渡し、代わりにロレーヌ地方やサン＝カンタンなどをとりもどした】。1870年の普仏戦争時、サン＝カンタンはプロイセン軍と相対する。このときも1557年同様激しい抵抗戦をくりひろげたものの、再び敵国の支配下に入った。

サン＝カンタンで見逃すことができない名所としては、14世紀から16世紀にかけて建てられた市庁舎や、その納骨堂に聖カンタンの遺骸が眠る12-15世紀建立の参事会教会、1557年の人々の防衛戦を伝える記念建造物などがある【さらに、市内に3000か所以上あるとされるアール・デコ様式の建築物も一見の価値がある】。10区のサン＝カンタン通り（Rue de Saint-Quentin）は、1855年に現在の道筋になっている。

サン＝ギヨーム Saint-Guillaume フランス語で聖ギヨームとよばれる人物は少なくとも5人いる。1650年に7区のサン＝ギヨーム通り（Rue Saint-Guillaume）の名祖となったのは、【990年から】ディジョンの聖ベニーニュ大修道院長をつとめたグリエルモ（ギヨーム）・ヴォルピアーノである。946年にイタリア北西部のノヴァーラで生まれ、1031年に北仏の港町フェカンで没した彼は、祖国やフランスで数多くの学校を創設している。

サンク＝ディアモン Cinq-Diamants 13区のサンク＝ディアモン通り（Rue des Cinq-Diamants）に急いで駆けつけても無駄である。そこにダイヤモンドが隠されているわけではないからだ。呼称【字義は「5個のダイヤモンド」】の由来は、おそらくかつてそれを描いた看板がかかっていたことによる。

サンク・マルティール・デュ・リセ・ビュフォン Cinq Martyrs du Lycée Buffon 1943年2月8日、ジャン・アルテュ、ジャック・ボードリ、ピエール・ブノワ、ピエール・グルロ、リュシアン・レグロスの5人がドイツ軍によって銃殺された。いずれもリセ・ビュフォンの学生で、レジスタンスにくわわっていた。彼らにはのちに戦功十字賞やレジョン・ドヌール勲章、レジスタンス勲章が追贈された。戦後の数年間、ときの国民教育相のマルセル・エドモン・ネジュラン【1892-1979。大臣在任期間は1946-48年】の指示で、彼らの犠牲的精神をたたえる文章が、全国の中等教育機関で読まれた。

そんな彼らを追慕するため、パリ市はいずれも14区と15区を結ぶ橋と広場にその名を冠している。サンク＝マルティール＝デュ＝リセ＝ビュフォン橋と広場（Pont-/Place des Cinq-Martyrs-du-Lycée-Buffon）がそれで、前者は1957年、後者は1992年の命名である【呼称の字義は「リセ・ビュフォンの5人の殉教者」】

サン＝クリストフ Saint-Christophe　15区のサン＝クリストフ通り（Rue Saint-Christophe）は、1926年から34年にかけて、建築家のシャルル＝アンリ・ベ（ス）ナール【1881-1946。ヴィオレ＝ル＝デュクの弟子で、ブロワのノートル＝ダム・ド・ラ・トリニテ聖堂なども手がけている】によって建てられた、サン＝クリストフ＝ド＝ジャヴェル教会にちなんで、その完成前の29年に命名されている。

　聖クリストフォロス（クリストフ）は250年頃の殉教者で、ある伝承によれば、巨人だったクリストフォロスは、悪魔に仕えたのち、旅人を背負って深い川を渡らせていた。ある日のこと、ひとりの子供が彼に助けを求めた。その子供を背負って川の中ほどにさしかかると、とつぜん子供が重くなり、前に進めなくなった。こうして彼は子供がイエス・キリストであることを知ったという。ギリシア語で「キリストを背負う者」を意味するクリストフォロスという名前は、この逸話に由来する【旅人の守護聖人として今も一部で信仰されている】

サン＝クロード Saint-Claude　1640年に敷設された3区のサン＝クロード通り（Rue Saint-Claude）と同名の袋小路（Impasse Saint-Claude）の角には、その呼称の由来となった聖クロードの彫像があった。当初、通りはサン＝クロード・オ・マレ（マレの聖クロード）通りとよばれていたが、1851年に簡略化された。

　聖クロード【607-699】は7世紀中葉にフランス中東部ブザンソンの司教となり、サン＝トガン＝ド＝ジュー大修道院【420年頃に建てられ、1742年に閉鎖されたベネディクト会系修道院】で長い年月を過ごした。

やがてその修道院の周囲にサン＝クロードの町が建設され、パイプの一大生産地となった。

サン＝ゴタール Saint-Gothard　サン＝ゴタール【イタリア語名サン＝ゴタルド】山系はアルプスにあり、最高峰は北西部のダンマストック（標高3630メートル）【南西部にはピッツォ・ロトンド（3192メートル）、北東部にはオーバーアルプストック（3328メートル）が聳えている】。スイスに位置するこの山系はライン（ラン＝エ＝ダニューブ）川の源流で、かつてその峠越えの街道は人の往来がかなりあった。1799年【フランス革命戦争】にフランス軍が越えたのがここだった。14区のサン＝ゴタール通り（Rue Saint-Gothard）は、この峠越えを記念して1877年に命名されたものである。

サン＝サバン Saint-Sabin　11区と15区を結ぶサン＝サバン通り（Rue Saint-Sabin）は、1777年に敷設されている。呼称は、当時パリ市の参事会員だったシャルル・アンジュレンヌ・ド・サン＝サバン【パリ高等法院評定官で、1775-77年まで参事会員をつとめた】に由来する【この通りの8番地には、1999年にノーベル平和賞を受賞した「国境なき医師団」の本部がある】。サバンという名の聖人がいたかどうかは不明だが、サビニ人たち（サバン）はロムヌスのローマ人たちによって妻や娘たちを略奪されるという悲哀を味わったとされる【→ロム】

サン＝サーンス Saint-Saëns　1835-1921年。カミーユ・サン＝サーンスはパリに生まれ、アルジェで他界した作曲家。モーツァルト（モザール）の再来と讃えられた神童で、10歳のとき、最初のピアノ演奏会を開き、16歳で最初の交響曲を書いている。そして1853年には**サン**＝メリ教会の、58年にはマドレーヌ教会のオルガン奏者となった【13歳でパリ音楽院に入学し、作曲とオルガンを学んでいる】

　サン＝サーンスの作品としては、歌劇の『サムソンとデリラ』【1869-72年】や『プロセルピーヌ』【1887年】、『プリネ』【1893年】、『フレデゴンド』【1895年】、4作の交

響詩『オンファールの糸車』【1871年】や『ファエトン』【1873年】、『死の舞踏』【1874年】、『ヘラクレスの青春時代』【1777年】、『英雄行進曲』【1871年】などはじめとする数多くの管弦楽作品、さらに『レクイエム』【1878年】などがある【室内楽『動物の謝肉祭』は1886年作】

さまざまな音楽批評雑誌に寄稿もした彼は、パリの通りにその名を残している。死後3年目の1924年に命名された、15区のサン＝サーンス通り（Rue Saint-Saëns）がそれである【彼は1871年、フランスの音楽普及のために、フランクやフォーレらとともに国民音楽協会を設立している】

サンシエ Censier　呼称は古フランス語で「無頭」を意味するサン・シェフ（sans chief）に由来する。ここにパリ第3大学サンシエ校が創設されていなかったなら、だれも格別思いついたりはしなかっただろう、「無頭大学」などという言葉を、である。サンシエ通り（Rue Censier）は1864年から5区にある。

サンジェ Singer　1778-1846年。ダヴィッド・サンジェは**アルザス地方**南部のウフェムに生まれ、パリで没した実業家・慈善家。製綿業で巨万の富を蓄えた彼は、その大部分を慈善事業に費やした。16区のサンジェ通り（Rue Singer）は、彼がパリに有していた地所に1830年に敷設されたものである。同区のサンジェ小路（Passage Singer）は、通りに接していることから命名されている。ただし、彼はミシンを完成させたアメリカ人のアイザック・メリット・シンガー（1811-75）とは無縁である。

サン＝ジェルヴェ Saint-Gervais　4区にあるサン＝ジェルヴェ広場（Place Saint-Gervais）は、1864年から今日の景観となっている。呼称は、1616年にファサードと扉口にルイ13世【→ドーフィヌ】が礎石を据えた、サン＝ジェルヴェ＝サン＝プロテ教会に由来する。フランス革命時、教会堂は青少年用の施設に変えられたが、19世紀【1827-44年】には、建築家のバルタールによって修復されている。地上53メ

ートルの高さにそびえるその尖塔には、1721年につくられた大時計がある。

聖ジェルヴェは皇帝ネロ【在位54-68】の時代、双子の兄弟である聖プロテとともにミラノで殉教した【兄弟の両親、すなわちラヴェンナの聖ヴィタルとミラノの聖女ヴァレリアもまた、キリスト教の棄教を拒んで、それぞれ生き埋めと拷問により殉教している】。ジェルヴェは先に鉛がついた鞭による殴打、プロテは斬首で落命したとされる【フィリップ・ド・シャンパーニュは兄弟の遺体が発見された様を油彩画で描いている（1657-60年）】

サン＝ジェルマン Saint-Germain　5区・6区・7区を通るサン＝ジェルマン大通り（Boulevard Saint-Germain）は、1855年に敷設されている。呼称は、558年にヒルデベルト1世【メロヴィング朝フランク国王（在位511-558）。→クロテール】によって建立され、1586年、**ブルボン家のシャルル1世**によって再建された**サン＝ジェルマン＝デ＝プレ大修道院**に由来する【シャルル1世（1523-90）はルーアン大司教で、1562年からサン＝ジェルマン＝デ＝プレの修道院外聖職者大修道院長】。17世紀、この大修道院はフュルステンブルク枢機卿【1697年から同修道院長】によって大々的に修復された。だが、フランス革命時に閉鎖を余儀なくされ、1794年には火災によって膨大な所蔵文書が破壊されてしまう。

聖ジェルマン（496-576）は**ブルゴーニュ地方**のオータン近郊に生まれ、パリ司教をつとめた【555-576】。彼の影響を受けて、ヒルデベルトは次第にスキャンダルと訣別した日々を送るようになったとされる。また、聖ジェルマンの慈悲で、フランク王国内の領地をめぐって対立していたシギベルト1世とキルペルク（ヒルペリヒ）1世【→クロテール、グレゴワール・ド・トゥール】の兄弟は、開戦直前だった争いを遅らせている。だが、聖人は最終的にその争いを回避させることができなかった【シギベルトはキルペリクの刺客によって暗殺された】。ジェルマンの遺骸は彼が建てた**サン＝ヴァン**

サン教会に埋葬され、やがてこの教会はサン＝ジェルマ＝デ＝プレの名で彼に奉献された。

サン＝ジェルマン＝デ＝プレ Saint-Germain-des-Prés　6区のサン＝ジェルマ＝デ＝プレ広場（Place Saint-Germain-des-Prés）は、1866年に現在の形となっている。呼称は同名の教会に由来する【前項参照】。この教会堂——正式にはバシリカ式聖堂——は、同名の大修道院の一部で、1020年に司教の聖ジェルマン（サン＝ジェルマン）が建立したサン＝ヴァンサン教会にとって代わった。

　教会堂の建設に着手したモラール修道院長【在任990-1014】は、ポーチとその上にのせた塔の最初の階を築き、教会堂の残りの部分は2度に分けて、すなわち身廊は11世紀、内陣は12世紀につくられた。そのため、身廊はロマネスク、内陣はゴシック様式となっている。そして1163年、ときの教皇アレクサンデル3世【在位1159-81。ルイ7世とともに、パリ・ノートル＝ダム司教座聖堂の礎石を据えたことでも知られる】がこの教会堂を聖別した。1828年から46年にかけて改築されたその内陣の地下には、現在デカルトやマビヨン、モンフォーコンの遺骸やボワローの心臓が安置されている。

サン＝ジェルマン＝ローセロワ Saint-Germain-l'Auxerrois　1区のサン＝ジェルマン＝ローセロワ通り（Rue Saint-Germain-l'Auxerrois）は、1450年から現在の呼称となっている。ルテティア（リュテス）からナントへと向かう旧ローマ街道の名残をとどめる通りの呼称は、近接する同名の教会に由来する。この教会の起源は6世紀にまでさかのぼり、当初は堂宇の形状からサン＝ジェルマン＝ル＝ロン（円形のサン＝ジェルマン）とよばれていた。

　やがて幾度か、とくに敬虔王ロベール2世【国王在位996-1031】の時代と12世紀に改築がなされた。当初から残っているものは、1572年8月24日、サン＝バルテルミーの虐殺の合図を鳴らした鐘楼だけである。それ以外は1435年から50年にかけてすべてが改修されているからだ。

　歴代の国王はここで復活祭を祝ったが、1716年4月25日、民衆がこの教会堂に安置されていたコンチーニ【→クール・ラ・レーヌ】の遺骸を切り刻もうとして、堂内に乱入している。なお、教会の名祖はパリ司教だったサン＝ジェルマンではなく、フランス中部のオーセールに生まれ、イタリアのラヴェンナで没したオーセール司教のサン＝ジェルマン（390-448）である。430年、パリを通りかかった際、聖ジュヌヴィエーヴ（サント＝ジュヌヴィエーヴ）を聖別したのが彼である。

サン＝ジェローム Saint-Jérôme　347年頃にアドリア海沿岸ダルマチア地方のストリドナに生まれ、420年にベツレヘムで没した聖ヒエロニムス（サン＝ジェローム）は、4大ラテン教父のひとりで教会博士。20歳【18歳？】のときに洗礼を受け、378年、【アンティオキアで】聖職者に叙された。382年から385まで彼はローマに滞在し、教皇ダマスス1世【在位366-384】やローマ教会の指導者たちに重用されるようになる。だが、修道生活への想いもだしがたく、教皇の死を機にアレクサンドリア（アレクサンドリ）に移り、386年、郷里ベツレヘムに戻る。

　そしてこの地でローマ時代からおこなっていた七十人訳聖書（セプトゥアギンタ）の翻訳・改訂を続け、ヘブライ語聖書も参照して、405年頃、ついにラテン語聖書を完成させた。これが中世から20世紀の第2バチカン公会議にいたるまでカトリックのスタンダードとなる、いわゆる『ウルガータ訳聖書』である【ラテン語で「公布されたもの」を意味するこの聖書は、アウグスティヌスや教皇グレゴリウスの反発で当初はさほど普及しなかったが、トリエント公会議（1545-63年）において、カトリック教会の正式な聖書として認定された】。18区のサン＝ジェローム通り（Rue Saint-Jérôme）は、1874年に彼に捧げられている。

サン＝シモニャン Saint-Simoniens　20区のサン＝シモニャン小路（Passage des

サンシモン

Saint-Simoniens）は、サン＝シモン主義者たち（サン＝シモニャン）が住んでいた家が、近くのメニルモンタン通り145番地にあったことにちなんで、1829年に命名されている【ただし、彼らがこの家に住み着いたのは1832年とする説もある】。彼らは、**サン＝シモン公の係累である思想家・経済学者だった、サン＝シモン伯クロード・アンリ・ド・ルヴロワ**（1760-1825）の教説に鼓舞されていたことから、こうよばれた。

細部に多少の問題点はあるものの、社会主義の最初にして本格的な理論とされるその教説は、産業と生産を社会の基礎におき、その主体となる労働者は雇用者によって保護されなければならないとしたところに特徴がある【彼は「50人の物理学者・科学者・技師・勤労者・船主・商人・職工の不慮の死はとり返しがつかないが、50人の王子・廷臣・大臣・高位聖職者の空位は容易に満たすことができる」とした筆禍により、1819年に告発されている】

サン＝シモンはまた全国三部会の再開を図ったが、その役割は諮問的なものにすぎなかった。しかし、徐々に発展していったサン＝シモン主義は私有財産を、無政府主義的な組織と人間による人間の搾取へいたるものとして批判した。この運動は宗教セクト【協同性と宗教的倫理にもとづく新しい科学と産業社会を標榜した「サン＝シモン教」】となったが、やがてそのメンバーは分裂し、1833年に四散する。だが、それ以後も、ペレール兄弟やペール・アンファンタン【1796-1864。パリを生没地とする作家・思想家・経済学者・実業家。最初にスエズ運河建設を提唱するとともに、フランスの鉄道発展に寄与した】といった以前からのサン＝シモン主義者たちは、フランスの経済活動に重責を担った。

サン＝シモン Saint-Simon 1675-1755年。サン＝シモン公ルイ・ド・ルヴロワは、パリを生没地とする宮廷人・回想録作者。1691年、灰色銃士隊に入り（当時、護衛銃士隊は銃士が乗る馬の毛色によって灰色銃士隊と黒色銃士隊に分かれていた）、92年、

ナミュール攻囲戦にくわわる【大同盟戦争でフランス王ルイ14世がこのベルギーの町を攻略し、フランス王国に併合した】。翌1693年、ルイ14世（**ルイ・ル・グラン**）からパリ北東の**サンリス**やボルドー北方のブライユ、さらに北仏オワーズ地方のポン＝サント＝マクサンスの統治をゆだねられる。

1694年、彼は買官によって手に入れた騎兵連隊の指揮官としてドイツに遠征し、95年、彼を派遣したロルジュ元帥【ロルジュ公ギ・ド・デュルフォール】の娘と結婚する。だが、1702年、すみやかな出世が難しいことを悟った彼は、宮廷で生きることを諦め、以後の人生をさまざまな陰謀を調べることに費やし、それらを著作のなかで報告するようになる。太陽王が没した1715年、摂政のオルレアン公フィリップ【在任1715-23】は彼を摂政顧問会議の一員に任じ、21年、特別使節ないし臨時大使としてマドリードに派遣する。

やがて妻【1743年】とふたりの娘に先立たれたサン＝シモンは、晩年をシャルトル近郊のラ・フェルテ城で送った。彼の主著『回想録』【1856年死後刊行】は、ルイ14世時代の後期（1695-1715年）とオルレアン公の摂政時代（1715-23年）の出来事をまとめたものである。彼は言っている。「各人はその能力に応じ、各能力はその仕事に応じて（報われるべきである）」【この名言は、彼の遠縁にあたる空想的社会主義者のサン＝シモン伯（前項参照）の言葉として知られる】、「人類の黄金時代はわれわれの後ろにはなく、前にある」。彼に捧げられたサン＝シモン通り（Rue de Saint-Simon）は、1879年から7区にある。

サン＝ジャック Saint-Jacques 5区のサン＝ジャック通り（Rue Saint-Jacques）は、1806年に命名されている。だが、すでに13世紀から、サン＝ジャック＝デ＝プレシュール（説教者聖ヤコブ）通りとして知られていた。この呼称は、聖王ルイ9世（**サン＝ルイ**）が、サン＝チャゴ（サン＝ジャック）＝デ＝コンポステラへと向かう途中で病にかかった巡礼者を介護するため

に創設した、通称「サン＝ジャック＝デュ＝オー＝パ」騎士修道会の施療院に由来する。通称にふくまれる「オー＝パ」とは、アルノー川河岸の町アルト・パッサオのフランス語名で、12世紀中葉、ここにルイ9世の施療院をモデルとして、巡礼者用の救護施設がつくられている。やがて1566年、パリの施療院のわきにサン＝ジャック＝デュ＝オー＝パ礼拝堂が建てられた。

しかし、まもなく手狭と考えられたため、1630年にそれは同名の教会堂にとって代わられた。ただ、この教会堂が祝別されたのは、それから65年たった1795年5月6日のことだった。フランス革命期、そこは善行（善意）の神殿となったが、ナポレオンによって本来の役割をとり戻した【サン＝ジャック通りにはさまざまな建物がならんでいる。サン＝セヴラン教会（18番地）やコレージュ・ド・フランス（121番地）、リセ・ルイ＝ル＝グラン（125番地、ソルボンヌの向かい側）、パリ国立海洋学研究所（195番地）、『薔薇物語』（続編、1270年頃）の作者ジャン・ド・マン（1240頃-1305頃）の旧居跡（218番地）、エミール・デュルケームの旧宅（260番地）、さらにヴァルド・グラース教会（279番地）などである】

一方、14区にはサン＝ジャック大通り（Boulevard Saint-Jacques）がある。現在の道筋になったのは1864年で、呼称は近くを走るフォブール＝サン＝ジャック通りに由来する。同区にあるジャン＝ジャック広場（Place Saint-Jacques）の呼称もまた由来を大通りと同じくする。同区にはさらにこの大通りにちなんで1909年に命名された、ヴィラ・サン＝ジャック（Villa Sain-Jacques）もある。

サン＝シャルル Saint-Charles
15区のサン＝シャルル通り（Rue Saint-Charles）は、1826年にグルネル平原が分割・分譲された時期に開通している。当時、国王シャルル10世【在位1824-30】がフランスを治めており、それをたたえて、この通りを聖シャルルに捧げた【ただし、この国王は列聖されていない】。1830年、通りは新王ルイ＝

フィリップによって、サン＝ルイ通りまで延長され、68年、これら2本の通りは合体された。19世紀末、15区には新たにサン＝シャルル広場（Place Saint-Charles）と同名のロータリー（Rond-Point Saint-Charles）が建設されたが、呼称は通りの名に由来している【12区にはサン＝シャルル小公園（Square Saint-Charles）もある】

サン＝ジャン Saint-Jean
17区のサン＝ジャン（聖ヨハネ）通り（Rue Saint-Jean）は、サン＝ミシェル＝デ＝バティニョル教会のサン＝ジャン礼拝堂沿いを通っていることから、それにちなんで1867年に命名されている。この教会堂は1857年に建てられたが、すぐにかなり手狭になったため、1925年9月29日に現在の教会堂にとって代わられた。名祖である聖ヨハネとよばれる聖人は数多いが、その中でもっとも知られているひとりは、いうまでもなく洗礼者ヨハネと、イエスの使徒で、ガリラヤ地方のベッサイダで生まれた福音史家ヨハネだろう。

後者はイエスに従う前、ガリラヤ湖の漁師だった。福音書は彼を救い主イエスのお気に入りの同行者だったとしている。イエスの死後、彼は福音を説くようになる。だが、皇帝ドミティアヌス【在位81-96】の命で捕らえられ、火刑を宣せられて、生きながら煮えたぎった油のなかに投じられた。それでも彼は生き延び、のちにエフェソスで没したとされる【ギリシアの教父アレクサンドリアのクレメンス（150頃-215頃）によれば、94年、ヨハネはパトモス島に追放され、そこで黙示録を編んだという】

サン＝ジャン＝バティスト＝ド＝ラ・サル Saint-Jean-Baptiste-de-la-Salle
1651-1719年。ランスに生まれ、ルーアンで没したキリスト教学校修士会の創設者。20歳で聖職者となったラ＝サルは、一般民衆の子弟に対する初等教育が不備であることに気づき、1684年、前記修士会を立ち上げた。彼が他界したときには、すでに数多くの修道士がパリや地方で貧しい子供たちにしかるべき教育を施す学校を営んでいた。

1900年に列聖された彼の名は、1951年から6区のサン=ジャン=バティスト=ド=ラ=サル通り（Rue Saint-Jean-Baptiste-de-la-Salle）に残っている。

サンジュ Singes 1820年に開通した4区のサンジュ小路（Passage des Singes）は、68年にギュミット通りと合体した旧サンジュ通り（Rue des Singes）に接していたことから命名されている。1310年に敷設されたサンジュ通りの呼称は、15世紀末までそこにかかっていた猿の絵看板に負っている。ちなみに、魅力的な顔つきをした猿の仲間としては、オランウータンやチンパンジー、ゴリラ、テナガザル、オナガザル、マカック【オナガザル属】、クモザル、マーモセット【キヌザル科】、オマキザルなどがある。

サン=ジュスト Saint-Just 1767-94年。ルイ・ド・サン=ジュストはニヴェルネ地方のドシーズに生まれ、パリで処刑された革命家・政治家。農民出身でありながら騎士の称号をもつ軽騎兵隊大尉を父として生まれた彼は、革命で積極的な役割を担おうとして、1792年9月、国民公会（コンヴァンション）の議員になる。そして同年11月の有名な「処女演説」で、国王ルイ16世【在位1774-92】が市民とはみなされず、人民の敵だと主張した【この演説により、国王裁判の方向性が決定づけられた】

1793年、彼は公安委員会の委員となり、新たに設けた治安局の権限を拡大して万能なものとした。翌1794年には亡命者や反革命派の財産を没収する法【ヴァントーズ法】を採決させ、同年、国民公会議長になると【在任2月19日-3月6日】、自分の厳格な共和政の理想を発展させるための演説を数多くおこなうようになる【憲法草案作成や行政改革など】

サン=ジュストは「地上に美徳への愛と幸福を広める」ことを願い、「幸福はヨーロッパの新しい思想」であるとも繰り返し唱えた。1794年5月、彼は公安委員会から軍務を帯びて北部方面軍【と東部方面軍】に派遣され、不屈の勇気を示したとされる。

ロベスピエール【→コンヴァンション】は自分を失脚させたテルミドール（熱月）9日【1794年7月27日】のクーデタ直前、サン=ジュストをかたわらによびよせる。そこでサン=ジュストは「清廉の人」【ロベスピエールの異名】がおかれた危険な状況をなんとか回復しようとした。だが、それはついに実を結ばなかった。そして、彼が守ろうとしたロベスピエールともども逮捕・処刑されたのだった。サン=ジュスト通り（Rue Saint-Just）は、1932年から17区にある。

サン=ジュリアン=ル=ポーヴル Saint-Julien-le-Pauvre 中世から知られている5区のサン=ジュリアン=ル=ポーヴル通り（Rue Saint-Julien-le-Pauvre）は、隣接する教会の呼称にちなんで命名されている。1170年に建設が始まり、1240年に完成したこのサン=ジュリアン=ル=ポーヴル教会堂は、現存するパリ最古の教会堂のひとつである。1651年、その古いファサードが崩れかかったため、身廊の2本の梁ともどもとり除き、新しいファサードを築いて、4本のドーリア様式のつけ柱でこれを支えた。さらに1660年には、現在みられるヴォールト（穹窿）を設けた。だが、革命期の1790年に閉鎖され、1826年にはオテル=デュー（慈善院。現パリ市立総合病院）の礼拝堂としてもちいられた。

1889年以降、この教会堂では東方教会の祭儀が営まれている。教会は看護者聖ユリアヌス<ruby>（サン・ジュリアン・ロスピタリエ）</ruby>に捧げられているが、いつ、いかなる地に生きていた聖人かは不明である。ただ、伝承によれば、貴族の家に生まれたユリアヌスは、ある夜、誤って【侵入者だと勘違いして】自分の両親を殺してしまった。その罪を償うため、妻とともにある川のほとり、渡河がきわめて危険な場所に隠棲した【南仏ガール地方のサン=ジル近く、ローマ、エルサレム、サン=チャゴ=デ=コンポステラへの巡礼路の交差地】。そして、そこに施療院を建て、旅人や貧しい人々、病人たちを受け入れた。こうしてふたりは人々のために奉仕するという善行を

数多くなして他界したという。美しい献身
の奨励譚である。

サン＝ジュール Saint-Jules　ユリウス（ジ
ュール）という名の聖人は数人いる。その
なかでもっとも知られているのは、280年
にローマで生まれ、352年に同地で没した
第35代教皇のユリウス1世【在位337-352。
アリウス派を異端として非難し、340-41年、
同派弾劾のためにローマで司教区会議を開い
た】だろう。彼は『エウセビオス派への書
簡』【エウセビオス派はアリウスの共鳴者】を
遺している。もうひとりの聖ユリウスはロ
ーマの兵士で、キリスト教徒だった彼は、
皇帝ディオクレティアヌス【在位284-305】
時代の303年、棄教をこばんで将官たちに
告発され、殉教した。18区のサン＝ジュ
ール小路（Passage Saint-Jules）は1890年
に命名されている。

サン＝シュルピス Saint-Sulpice　6区のサ
ン＝シュルピス広場（Place Saint-Sulpice）
は1757年に建設され、1838年に拡張され
ている。この広場に通じる同名の通り
（Rue Saint-Sulpice）は1851年の敷設であ
る。呼称は1646年にアンヌ・ドートリシ
ュ【→サン＝タンヌ】が礎石を据えた、サ
ン＝シュルピス教会に由来する。それまで
ここには1210年頃に建てられたが、あま
りにも狭くなっていた教会がたっていた。
だが、新しい教会の建設工事は、1788年
に竣工するまで、じつに142年もの歳月を
費やした。
　　工事には計6人の建築家が携わった。
ル・ヴォー、ダニエル・ジタール【1625-
1742。ル・ヴォーの弟子で、王室お抱え建築
家】、ジル＝マリ・オペノール【1672-1742。
ロココ様式建築の第一人者で、マンサールの
弟子】、ジョヴァンヌ・ニッコロ・セルヴ
ァンドーニ、ウド・ド・マクローラン【生
没年不詳。1765年からセルヴァンドーニとと
もにサン＝シュルピス教会堂のファサード建
築を手がけた】、そしてシャルグランである。
教会堂の内部にはブーシャルドンやピガル
作の彫像があり、ウジェーヌ・ドラクロワ
のフレスコ画で飾られたサン＝ゾンジェ

（聖天使たち）の礼拝堂【やパリの子午線が
刻まれたオベリスク】もある。

サン＝ジョス Saint-Josse　Josseという語は
ブルトン人の列福された王の名前Judocus
【字義は「指導者、族長」】を語源とする。ロ
ーマ人はこのJudocusをJudociusに転写し、
やがて勇敢なガリア人を祖とするわれわれ
フランス人が、それを徐々にJasseに変形
していったのである。Josseという名は今
でも美しい北仏の一部でもちいられている。
ブルターニュ地方ではさらにJosseの指小
辞形であるJossicがみられる。サン＝ジョ
ス広場（Place Saint-Josse）は1980年から
4区にある。

サン＝ジョゼフ Saint-Joseph　2区のサン＝
ジョゼフ通り（Rue Saint-Joseph）は1646
年に敷設されている。呼称は、1640年に
建立され、1800年に解体された聖ヨセフ
（サン＝ジョゼフ）の礼拝堂に負っている。
同礼拝堂はこの通りとモンマルトル通りの
角にあり、1798年に撤去されたサン＝ジ
ョゼフ墓地内にたっていた。ヨセフがイエ
スの父、いや養父であることは周知のとお
りだが、伝承によれば、大工だった彼はか
なり若くして他界したという。しかし、そ
の信仰は800年頃から西欧に広まり、1870
年、ときの教皇ピウス9世【在位1846-78】
は、ヨセフをカトリック教会や幾つかの国
家・地域の守護者であると宣言している。
　　一方、11区にはサン＝ジョゼフ小路
（Cour Saint-Joseph）がある。18世紀末に
敷設されたこの小路は、大工たちの守護聖
人であるヨセフを描いた絵看板にちなんで
命名されている。

サン＝ショーモン Saint-Chaumont　19区の
シテ・サン＝ショーモン（Cité Saint-
Chaumont）は、近くにあるビュット＝ショ
ーモンにちなんで、最初期のある住民に
よって命名されている。だが、おそらく彼
はこの丘が以前「サン＝ショーモン」とよ
ばれていたと誤解した。シテ自体は1905
年に建設されている。

サン＝ジョルジュ Saint-Georges　1672年か
ら小径として知られていた9区のサン＝ジ

ョルジュ通り（Rue Saint-Georges）の呼称は、ドラゴン退治で知られる聖ゲオルギオス（ジョルジュ）を描いた看板に由来する。同じ区の同名の広場（Place Saint-Georges）は、この通りに近いことから、それにちなんで1824年に命名されている。

伝承によれば、ゲオルギオスは303年に殉教しているという。【パレスチナのリュッダでギリシア系貴族のキリスト教徒の家に生まれた】彼は、父親同様、ローマの軍人となったが、小アジア（現在のトルコ）のニコメディアにあった皇帝宮殿の門前で、ディオクレティアヌス帝【在位284-305】が発したキリスト教徒迫害の勅令を破り捨てたとされる【303年のこの勅令は、キリスト教の信仰施設や文書の破壊、さらにキリスト教徒貴族の権利や財産の剥奪などを指示するものだった】。そのため、逮捕されて棄教を強要されるが、それを拒んで殉教したともいう。死後、彼は人々から篤い信仰を寄せられ、たとえばコンスタンティノープル（コンスタンティノプル）には彼に捧げられた教会が7か所も建てられた。800年以降、彼はまたイングランドの守護聖人となっている。

サン＝ジョン・ペルス Saint-John Perse

1960年にノーベル文学賞を受賞した詩人・外交官のサン＝ジョン・ペルスは、1887年にグアドループ（グワドループ）のポワン＝タ＝ピートルに生まれ、1975年に南仏のイエールで他界している。17世紀にアンティル諸島に移ったフランス人入植者の子孫だった彼は、まず生地で、ついで両親の帰国により、ポーのリセ【1899年】とボルドー大学の法学部【1904年】で学業を修めた。

やがて執筆の傍ら、外務省に入り【1911年】、1933年から事務総長【フランス大使格】の要職につく。だが、フランスに侵攻してきたナチスから逃れるため、40年、アメリカ合衆国に亡命する。そのため、ヴィシー親独政権からフランス国籍【とレジン・ドヌール勲章】を剥奪されたが、戦後、名誉を回復する。彼の主な作品としては、

『讚歌』【1911年】や『遠征』【1924年。福田陸太郎訳、照森社】、『亡命』【1942年】、『海標』【1957年】、『鳥』【1962年。有田忠郎訳、書肆山田】などがある。

当初、彼は本名のアレクシス・レジェールをもじったアレクシス・サン＝レジェール・レジールの筆名をもちい、のちにサン＝ジョン・ペルスを名のるようになった【1924年から】。彼は書いている。「おお、夜よ聞け、荒れさびれた修道院の中庭、孤独な丸天井の下、聖なる廃墟や古い蟻塚の残滓のなかで、行き場のない魂の大いなる崇高な足音を」。彼の名を冠したサン＝ジョン＝ペルス通り（Rue Saint-John-Perse）は、5区の新しいレ・アル地区に1984年からある。

サン＝ジル Saint-Gilles

1640年から知られている3区のサン＝ジル通り（Rue Saint-Gilles）は、通りの東端にあった聖アエギディウス（ジル）【620/40頃-710/20頃。アテネ出身】の影像にちなんで命名されている【この通りの10番地には、「王妃の首飾り事件」の首謀者とされたラ・モット伯爵夫人が、裁判まで住んでいた】。この聖人は南仏プロヴァンスの隠修士で、しばしば雌鹿を優しく抱いた姿で描かれている。伝承によれば、この雌鹿は伝説的な王フラヴィウスの狩人たちに追われて、洞窟にいた聖人のもとに逃げ込んできたという。

サン＝スノク Saint-Senoch

17区のサン＝スノク通り（Rue de Saint-Senoch）は、1908年に敷設された通りの地主だった貴族にちなんで命名されている。

サン＝スピール Saint-Spire

聖スピールは聖エクシュペールないし聖エクスペリウスの別称である。彼の名を冠した2区のサン＝スピール通り（Rue Saint-Spire）は、1763年、405年に没したとされるこの初代バイユー司教を描いた絵看板にちなんで命名されている【伝承では聖エクスペリウスはローマの貴族家に生まれ、北仏ノルマンディのバイユー一帯で伝道活動をおこなったとされる】。850年、ノルマン人の侵入から守るため、彼の遺灰はパリ南部のコルベイユに

移され、それは今もサン=テクシュペール教会に安置されている。フランス革命まで、この聖人はフランスでかなりの信仰を集めていた。

サン=セヴラン Saint-Séverin 16世紀末以降、5区のサン=セヴラン通り（Rue Saint-Séverin）は、至近にある教会の名でよばれている。【11世紀にヴァイキングに破壊されたのち】鐘楼と身廊の一部が13世紀に、残りの部分が15世紀に再建された教会堂で、もとは聖セヴランに捧げられた礼拝堂だった。こうして異なる時代に建てられたため、堂宇にはゴシック様式とフランボアイヤン（火炎式）様式がみられる。

1793年、教会堂はまず火薬と硝石倉庫に転用され、ついで馬糧倉庫、さらに革命によって閉鎖された教会の鐘の集積場となった。これが本来の信仰の場に戻ったのは1803年で、37年には修復がなされている。正面ファサードは、この修復時に、シテ島の【アルコル通りの敷設によって】とり壊されたばかりの、サン=ピエール=オー=ブフ教会堂の扉口を再利用して設けられたものである。

名祖の聖セヴランは430年頃にブルゴーニュ地方で生まれ、508年にパリ東方のシャトー=ランドンで没している。幼少期に修道院に入り、スイス北西部ヴァレ地方のアゴーヌ修道院長となった。ガリアに滞在中、クロヴィスから三顧の礼をもって迎えられたというが、隠修士として生涯を終えている。

サン=セバスチャン Saint-Sébastien 11区のサン=セバスチャン通り（Rue Saint-Sébastien）は、1718年、通りにかかっていた聖セバスティアヌスの絵看板にちなんで命名されている。同区にある同名の袋小路（Impasse Saint-Sébastien）は1779年、小路（Passage Saint-Sébastien）は1854年の命名である。呼称はこれらの小路が同名の通りに近いことによる。伝承によれば、聖セバスティアヌスは256年にフランス南西部のナルボンヌ【ガリアのナルボネンシス】に生まれ、288年、ローマで殉教したとされる。

ミラノの市民となった彼は、ディオクレティアヌス帝【在位284-305】と共同統治者だったマクシミリアヌス帝に重用され、第1歩兵隊長に任命された。子供時代からのキリスト教徒で、教皇ガイウスないしカイウス【在位284-285。一説にディオクレティアヌスの親族】から「教会の擁護者」という称号をえてもいた。だが、キリスト教徒であることが露見し、怒った皇帝たちは彼を杭に縛りつけ、兵卒たちに矢を射るよう命じた。

だが、セバスティアヌスは矢を負っても死なず、ルキナという勇気あるキリスト教徒の寡婦に介護された。こうして彼は体調を回復したが、あろうことか、皇帝たちの通る宮殿の階段に立ちふさがって、キリスト教徒たちに対するその残虐さを難じた。そのため、再び逮捕され、打擲されて殉教したという。その遺骸の一部は828年からパリ北東ソワソンのサン=メダール教会に安置されている【ウォラギネの『黄金伝説』には、撲殺されたセバスティアヌスがルキナの夢枕に現れて自分の遺骸のありかを教え、使徒たちの足元に埋葬するよう頼んだとある】。執念とは無縁のセバスティアヌスは、自分に弓を射かけたにもかかわらず、射手やアーチェリー結社の守護聖人となっている。

サン=ソウール Saint-Sauveur 2区のサン=ソウール通り（Rue Saint-Sauveur）は、1285年、通りがそのわきを通っていた同名の教会堂にちなんで命名されている。聖王ルイ（サン=ルイ）が現在の通りの2・4番地に礼拝堂を建て、聖なる救い主に献堂したのは、1248年頃のことだった。1537年、この礼拝堂に代わって教会堂が建立された。1776年、教会堂は廃墟も同然となり、再建計画が持ち上がったが、フランス革命で計画は完全に頓挫し、1800年頃から次第に姿を消していった。聖なる救い主がキリストをさしていることはあらためて指摘するまでもないが、聖王は1157年に建てられたシチリア（シシル）島メッシーナのサン=サルヴァトーレ【字

義は「聖なる救い主」】大修道院と関係づけるため、礼拝堂をサン＝ソヴールと命名したのだという。

サン＝タヴォワ Sainte-Avoie　表記はSainte-Avoyeとも。シロンスクのヤドヴィガまたはアンデクスのヘートヴィヒ（1174-1243）のフランス語名。のちにポーランド（ポローニュ）の聖人となる彼女は、シロンスク公で、1233年からポーランド君主となるヘンリク1世【1238没。顎鬚公】と12歳で結婚し、おそらく自分を慰めるため、ヴロツワフ近郊のブレドニツェをはじめとして、各地に多くの修道院を建てた。夫と死別したのちは、余生を慈善活動に捧げ、サン＝タヴォワ女子修道会【フランス語名】を創設している。3区のサン＝タヴォワ小路（Passage Sainte-Avoie）は、同会が1288年に近くに創設した修道院にちなんで命名されている【1828年】

サン＝タナスターズ Sainte-Anastase　聖女アナスタシア（アナスターズ）はシルミウム【現在のセルビア共和国スレムスカ・ミトロヴィツァ】に生まれた4世紀の殉教者【伝承によれば、ディオクレティアヌス帝（在位284-305）の時代、貧者のために慈善活動をおこない、獄舎につながれたキリスト教徒の援助もしていたが、牢獄を訪れた際、キリスト教徒であることが露見し、棄教を拒んで殉教したとされる】

　ただ、3区のサン＝タナスターズ通り（Rue Sainte-Anastase）はおそらく彼女を守護聖女とはしていない。事実、この通りは、1620年、サン＝ジェルヴェ援助女子修道会が有していた土地に敷設されており、1873年に命名された呼称は、同会の旧称であるサン＝タナスターズ援助女子修道会の修道院に由来するからである。【アナスターズとはギリシア語のアナスタシス（再生）を字義とする】

サン＝タポリーヌ Sainte-Apolline　聖女アポロニア（アポリーヌ）は、ローマ皇帝ピリップス・アラブス【在位244-249。アラブスとはその出自がアラビア半島だったことによる。248年にローマ建国1000年祭を盛大に催

したが、パンノニア総督デキウス（ローマ皇帝在位249-251）と戦って戦死した】統治末期の249年、自分のために設けられた火塚に身を投じて殉教したとされる【災難が襲うとの予言に怯えたアレクサンドリア市民たちが、キリスト教徒の殺害を始め、その犠牲となった】。サン＝タポリーヌ通り（Rue Sainte-Apolline）は、1670年、彼女の庇護を願って命名されている。

サン＝タマン Saint-Amand　1861年に開通したサン＝タマン通り（Rue Saint-Amand）は、当初からこの通りが敷設された土地の旧地主の名でよばれている。姓に聖人という名がついているが、すべての旧地主が列福に与り、通りの表示板にその名が刻まれるわけではない。

サン＝タルフォンス Saint-Alphonse　14のサン＝タルフォンス袋小路（Impasse Saint-Alphonse）は、最初期の住民のひとりにちなんで命名されたが、それにしても聖アルフォンスという姓は…

サン＝タンジュ Saint-Ange　17区のサン＝タンジュ小路（Passage Saint-Ange）は、1885年の敷設になる。呼称【字義は「聖天使」】は小路の最初の住民だったある家主の名に由来する。それゆえ、ブロワで生まれ、パリで没した詩人で、オイディウス【前43-後17/18】の『変身物語』を仏訳した、詩人のアンドレ・ファリオー・ド・サン＝タンジュ（1747-1819）とは無縁である。

サン＝タンドレ＝デ＝ザール Saint-André-des-Arts　サン＝タンドレ＝デ＝ザール通り（Rue Saint-André-des-Arts）と同名の広場（Place Saint-André-des-Arts）は、いずれも6区にあり、前者は13世紀、後者は1809年に命名されている。呼称は同名の教会に由来する。今日、教会はなくなっているが、かつて通りはこの教会とつながっていた。広場は1800年から80年にかけて解体された教会の跡地に建設されている。サン＝タンドレ＝デ＝ザール教会自体は6世紀の小礼拝堂の跡地に、1210年から12年にかけて建立されたものだった。

呼称にふくまれるアール（arts）はアルク（arcs）が変形したものである。

この教会をいただく小教区には弓を扱う商人たちが数多く住んでおり、それにちなんで教会の呼称が生まれた――聖アンドレ（アンデレ）【12使徒のひとりで、X形の十字架（アンデレの十字架）にかけられて殉教したとされる】は前記小礼拝堂の守護者――。だが、アルクという呼称は、近接する学寮が文学士を輩出し、いつしか慣用的にアールという語にとって代わられた。

サン＝タントワヌ Saint-Antoine　伝承によれば、聖アントニウス（アントワヌ）は251年、中部エジプトのコマという村【現在のクマン】で生まれ、150歳まで生きたとされる。修道生活の創始者のひとりで、いくつかの修道院を建立・運営し、晩年近くに砂漠に隠棲したという。彼はそこで多くの画家たちに着想をあたえることになる有名な「誘惑」を受けた。こうして描かれた彼の絵には、つねに豚がその傍らに登場している。4区にあるサン＝タントワヌ通り（Rue Saint-Antoine）は1450年に命名されたが、それは、通りがフィリップ・オーギュスト時代に築かれた市壁の外にあり、この聖人に捧げられていた大修道院に通じていたことに由来する。

ちなみに、1361年、ドーフィネのある貴族【ガストン・ド・ヴァロワール（生没年不詳）】によって1070年に設けられたサン＝タントワヌの律修参事会員たちは、自分たちが好んでいたこの通りに施療院を建てた。彼らはそこで「地獄の火」ないし「聖アントニウスの火」（麦角中毒）に罹った病人たちを世話した【アントニウスはこの病の治癒聖人と信じられていた。11区にはサン＝タントワヌ小路（Passage Saint-Antoine）もある】

サン＝タンヌ Sainte-Anne　1区と2区を結ぶサン＝タンヌ通り（Rue Sainte-Anne）は1633年から、2区の同名の小路（Passage Sainte-Anne）は1829年からある。その名祖はアンヌ・ドートリシュ【1601-66。スペイン王フェリペ3世の娘で、

ルイ13世（国王在位1610-43）の妃、ルイ14世の母】である。彼女は1615年、ルイ13世と結婚してフランス王妃となり、43年から、成人した息子のルイ14世（ルイ・ル・グラン）が実権を握る61年まで、摂政として政治をおこなった（夫王が逝去してまもなく、一説にマザランと極秘に結婚したとされる）。彼女はまたヴァル＝ド＝グラース修道院【1667年。ここで死を迎えた】やサン＝タンヌ施療院【1651年】を創設している。ちなみに、アンヌ（アンナ）とよばれる聖女は数多いが、わけても有名なのは、いうまでもなくヨアキムと結婚してマリアを産んだアンナだろう。

サン＝タンヌ＝ポパンクール Sainte-Anne-Popincourt　その最初期の住民によって聖女アンヌ（サン＝タンヌ）に捧げられた11区のサン＝タンヌ＝ポパンクール小路（Passage Sainte-Anne-Popincourt）は、呼称の後半部を、近接するポパンクール通りに負っている。

サン＝タンブロワズ Saint-Ambroise　1802年に命名されたサン＝タンブロワズ通り（Rue Saint-Ambroise）と、05年に命名された同名の小路（Passage Saint-Ambroise）は、いずれも11区にある。呼称は近くにある同名の教会に由来する。当時、この教会は1786年に聖アンブロワズ【アンブロジウス。4世紀のミラノ司教・教会博士のひとり】に捧げられた礼拝堂にすぎなかった。これが教会となったのは1863年から69年にかけてのことである。その献堂式にはナポレオン3世と王妃が参列している。

サン＝タンリエット Sainte-Henriette　18区のサン＝タンリエット袋小路（Impasse Sainte-Henriette）は、1953年、住民たちによって命名されている。ただ、その足跡も栄光も見つからない以上、実際にアンリエットなる聖女がいたかどうかは不明である。

サンテ Santé　13区と14区を結ぶサンテ通り（Rue de la Santé）が現在の道筋になったのは1863年。13区の同名の袋小路

サンテイア

(Impasse de la Santé) は19世紀末からある。呼称はペスト禍のあとの1607年に建てられたサンテ精神院に由来する。だが、あまりにもそれが手狭になったため、1651年ないし1652年、アンヌ・ドートリシュ【→サン＝タンヌ】の支援を受けて改築され、呼称もサン＝タンス養護院にあらためた。1861年、この養護院はカバニス、ブルセ、サンテ、アレジアの各通りに挟まれたサン＝タンス精神病院となった。ちなみに、有名なサンテ監獄は1861年から67年にかけて設けられているが、そこは1280年頃、聖王ルイ（サン＝ルイ）の妃マルグリト・ド・プロヴァンス【→レーヌ・ブランシュ】によって建てられた、最初のサンテ養護院の跡地だった。

サンティアゴ・デュ・シリ Santiago du Chili　サンチャゴ・デ・チレ、通称サンチャゴは、太平洋まで110キロメートル、流れの速いマポチョ川の河岸に位置するチリ共和国の首都。スペイン人コンキスタドール（征服者）のペドロ・デ・バルディビア【1500-54。先住民との戦闘で敗れ、拷問のうえ、処刑された】によって建設されている【当初の呼称はサンチャゴ・デ・ヌエバ・エクストレマドゥーラ（字義は「新エクストレマドゥーラ州のサンチャゴ」）】。現在、市域の人口は615万【2015年】。つまり総人口の3分の1以上を擁していることになる。ここには18世紀の創建になるきわめて壮麗な司教座聖堂がある。パリのサンティアゴ＝デュ＝シリ小公園（Square Santiago-du-Chili）は、1955年に命名されている。

サン＝ティーヴ Saint-Yves　1863年に開通した14区のサン＝ティーヴ通り（Rue Saint-Yves）は、最初期の住人によって命名されている。名祖の聖イヴは1040年頃にボーヴェー地方のオートゥイユで生まれ、シャルトルで没した司教。1078年、ボーヴェーのサン＝カンタン大修道院院長となった彼は、91年、シャルトル司教に叙せられた【彼は、聖職叙任権闘争で神聖ローマ皇帝ハインリヒ4世を破門し、いわゆる「カノッサの屈辱」（1077年）をあたえた、教皇グ

レゴリウス7世の改革を強く支持していた】。フランス国王フィリップ1世【在位1060-1108】の承認をえることなく、教皇を選ぶ道を画策したため、国王の不興を買い、ときの教皇ウルバヌス2世【在位1088-99。第1回十字軍の派遣を提唱した教皇として知られる】が仲裁に入って、イヴの解任を阻止した。

だが、シャルトル司教と国王との対立はそれで終わらなかった。司教は、国王がアンジュー伯爵夫人のベルトラド・ド・モンフォール【1070頃-1117。挙式は1092年】と再婚するため、王妃ベルト・ド・オランド【1058-93。結婚は1073年】を離婚したことに反対して、2年間の投獄生活を余儀なくされたのである【1094年、34人の司教が集まったオータン教会会議でこの離婚がとり上げられ、最終的に国王の破門が決定された】。聖イヴはシャルトル司教座聖堂の美化を進め、数多くの説教集を遺している。

サンティエ Sentier　2区にあるサンティエ通り（Rue du Sentier）の呼称は、シャンティエ（chantier）【字義は「資材おき場」】が変形したものである。事実、16世紀には後者の名でよばれていた。そこに材木商が住んでいたからである。だが、2世紀前から今日まで、この通りはパリの繊維・皮革取引の中心地のひとつとなっている。

サン＝ティゾール Sainte-Isaure　18区のサン＝ティゾール通り（Rue Sainte-Isaure）は、1867年、ヴェルシニ氏が敷設したものである。イゾールとは彼の妻の名だが、はたして彼女が聖女だったかどうかはわからない。いずれにせよ、彼は命名することで、そう信じさせようとしたのだろう。

サン＝ディディエ Saint-Didier　540年、ブルゴーニュ地方のオータンで生まれ、608年、アウストラシア王妃ブリュヌオー【547頃-613。西ゴート王国の王女で、メロヴィング朝ヒルペリヒ1世の妃。四つ裂きの刑で末期を迎えた】の不品行を難じて怒りを買い、リヨン近郊で石打刑によって命を落としたヴィエンヌ司教。処刑の前、王妃は教会会議を開いてサン＝ディディエを罷免し、あ

る島に追放した。リヨン近くのバルブ島【ソーヌ川の中の島】である。パリ16区のサン=ディディエ通り（Rue Saint-Dedier）は、1868年から現在の道筋となっている。

サン=ティポリット Saint-Hippolyte　13区のサン=ティポリット通り（Rue Saint-Hippolyte）は、隣接するアラゴ大通りにあった同名の古い教会にちなんで命名されている。この教会堂は、1150年に聖イポリットに奉献された礼拝堂に代わって1520年に建立されたもので、1720年に改築され、革命期の1791年に閉鎖を余儀なくされた。教会堂の解体は1798年に始まり、1867年に完全に撤去されている【20世紀初頭にショワジー大通りに再建】

　聖ヒッポリュトス（イポリット）は170年頃にアレクサンドリア（アレクサンドリ）で生まれ、サルデーニャ島で殉教したギリシア人神学者・対立教皇【ヤコブス・デ・ウォラギネの『黄金伝説』によれば、ローマの軍人だった彼は、教会財産を没収するとのローマ総督の命に背いて、それをすべて貧民たちにあたえて投獄され、最後に火刑に処された、ローマの助祭ラウレンティウス（210頃-258）を監視する役目を担わされた。だが、この助祭の導きで回心し、256年頃、荒馬にロープで縛りつけられ、引き回されたのちに絶命したという。『全異端反駁論』などの著作を遺した彼はまた、『ダニエル書』の注釈書において、イエスの生誕日をはじめて12月25日としている】

サン=ティレネ Saint-Irénée　1971年に正式に命名された11区のサン=ティレネ小公園（Square Saint-Irénée）は、1824年に建設されている。だが、1863年以降、**サン=タンブロワズ教会堂**が建立されたのを機に開通した同名の通り（1877年にラシャリエール通りと改称）にちなんで、サン=ティレネ小路とよばれてきた【この小公園は現在も一部で小路とよばれている】

　名祖となった聖イレネウス【ギリシア語名エイレナイオス】は120年頃に小アジアのスミルナで生まれている。みずからが司教をつとめていたガリアの都ルグドゥヌム（リヨン）で、ローマ皇帝セプティミウス・セウェルス【在位193-211】の迫害を受け、204年に殉教した。

サン=テグジュペリ Saint-Exupéry　1900-44年。アントワーヌ・マリー・ジャン=バティスト・ロジェ・ド・サン=テグジュペリはリヨンで生まれ、第2次世界大戦で偵察作戦中に遭難死した作家・飛行士。ディディエ・ドーラ【1891-1969】が経営する航空郵便会社、通称「アエロポスタル」に入った彼は、メルモーズやアンリ・ギヨーメ【1902-40。飛行士で、1933年にアエロポスタル社を吸収したエール・フランスの支配人。第2次世界大戦中、イタリアの戦闘機によって地中海上で撃墜される】などと知り合う。

　だが、彼にはまた操縦士としての勇敢さや無鉄砲さと同様、作家としての才もあった。その代表作が、子供向けとみなすのはあまりにも不似合いな『ル・プティ・プランス』【1943年。邦題名『星の王子様』】である。作品としては、ほかに『南方郵便機』【1929年】や『夜間飛行』【1931年】、『人間の土地』【1939年】、『戦う操縦士』【1942年】などがある。彼は言っている。「私がまず尊敬するのは、人間以上に永続するものだ」、「愛するということは、互いに見つめあうことではなく、ともに同じ方向を向くことである」。彼に捧げられたサン=テグジュペリ河岸通り（Quai Saint-Exupéry）は、遭難後5年目の1949年から16区にある。

サン=テステフ Saint-Estèphe　12区のサン=テステフ広場（Place Saint-Estèphe）は、ボルドー・ワインの銘柄にちなんで命名されている。呼称は、2000年にみごとに整備された旧ベルシーのワイン倉庫群に集められた、こののど越しのよいワインを想い起こさせる。

サン=テスプリ Saint-Esprit　11区のサン=テスプリ小路（Cour du Saint-Esprit）は、おそらくそこにかかっていた聖霊を描いた絵看板にちなんで命名されている。それにしても、はたして聖霊をどう表現したの

だろうか。鳩か炎の舌【『マタイによる福音書』3.11】によってか。

サン゠テティエンヌ゠デュ゠モン Saint-Étienne-du-Mont　5区のサン゠テティエンヌ゠デュ゠モン教会は1222年に建てられている。呼称は、キリスト教徒最初の殉教者【聖ステファノ（エティエンヌ）】と、教会堂が**サント゠ジュヌヴィエーヴ**の丘の上にあったことにちなむ。1492年、教会堂はより広大なものに拡張されることになったが、工事が完成したのは1610【1624？】年。献堂式は【初代パリ大司教ジャン゠フフンソワ・ド・ゴンディ（在位1622-54）】によって1626年2月25日に営まれている。だが、1793年、この教会堂は革命によって閉鎖され、「孝心の神殿」に変えられたのち、1801年、【政教協約によって】カトリック教会に戻った。その正面の彫像や彫刻群は、1862年【教会堂が歴史建造物に指定された年】のものである。サン゠テティエンヌ゠デュ゠モン通り（Rue Saint-Étienne-du-Mont）の命名は1867年。近くにこの教会堂があったことによる。

サン゠テミリヨン Saint-Émilion　12区のサン゠テミリオン小路（Passage Saint-Émilion）は、じつにみごとに整備されたベルシーの旧ワイン倉庫基地に2000年に敷設されている。当然のことながら、呼称はかつてこの場所——現在はさまざまな活動に開かれている【玩具博物館やカフェ、画廊など】——が、ボルドー・ワインを代表する優れた銘柄サン゠テミリオンの集散地だったことに由来する。

サン゠テュベール Saint-Hubert　11区のサン゠テュベール通り（Rue Saint-Hubert）が聖ユベールにちなんで命名されたのは、1932年のことだった。オランダのマーストリヒトとベルギーのリエージュおよびトングルの司教だったこの聖人は、656年頃にトゥールーズで生まれ【家はフランク王国カロリング朝の始祖ピピンにつながる有力貴族】、727年にトングル地方のフーロン゠ル゠コント（フランス語名）で没している。生前、多くの人々をキリスト教に改宗さ

せたところから、「アルデンヌの使徒（宣教者）」とよばれた。狩りをことのほか好んでいた彼は、聖金曜日【復活祭主日直前の金曜日で、イエス・キリストの受難と死を記念する】ですらそれに耽っていた。しかし、伝承によれば、ある日、獲物として弓の狙いを定めた鹿の角のあいだに光輝く十字架が現れるのをまのあたりにし【→サン゠トゥスタシュ】、それきり狩りを止めたという。のちには、どのようにしてかは不明だが、天から星が彼に舞い降り、狂犬病を癒す力をえたともいう。残念なことにこの星は彼の死とともに消え失せたが、幸いにもパストゥールがそのワクチンを発見するようになる。

周知のように、聖ユベールは狩猟者の守護聖人で、祝日は11月3日である。ホルンによるソヌリには、その名を冠した曲（「おお、聖ユベール、豊猟の守護聖人…」）がある【なお、狩猟犬のセントハウンドは、ベルギー原産のサン゠テュベール（セント・ヒューバート）の子孫】

サン゠テリザベト Sainte-Élisabeth　3区のサン゠テリザベト通り（Rue Sainte-Élisabeth）および同名の小路（Passage Sainte-Élisabeth）は、近くにある同名の教会にちなんで1807年に命名されている。この教会は1628年、マリ・ド・メディシスの命で建設がはじまり、46年に献堂されている。それは1630年に創設された聖女エリザベト女子修道院の教会だった。

だが、フランス革命によって修道院の施設は閉鎖され、教会も秣倉庫に転用された。この教会が信仰の場に戻るには1802年、修復・拡張されるには29年まで待たなければならなかった。現在、同教会はタンプル通りの195番地にある。

この教会が捧げられた聖女エリザベトとは、ハンガリー王女エルジェーベトのことである。1207年にプレスブルク【現スロヴァキアの首都ブラチスラバ】で生まれ、31年にドイツのバールブルクで夭折した彼女は、テューリンゲン方伯のルートヴィヒ4世【1200-27】と4歳で婚約し、14歳で結婚

している。夫は年少の妻に節制と慈善活動を自由にさせたという。

こうしてエルジェーベトはハンセン病者を介護し、貧者を援けた。伝承によれば、ある日、彼女が前掛けのなかに隠していた施物が、夫の前でバラに変わったという。1227年、その夫と死別【十字軍に参加して戦死】した彼女は城を去り、粗末な小屋で余生を送ったとされる【1235年列聖】

サンテール Santerre 1752-1809年。アントワヌ・ジョゼフ・サンテールはパリを生没地とする革命家で、国民衛兵隊の司令官。1772年から、**フォブール・サン＝タントワヌ通り**で醸造所を経営するようになった彼は、使用人たちに対する好意と寛大さで「フォブールの父」ともよばれた。

1789年7月14日、彼は醸造所のすぐ近くにあった**バスティーユ攻撃**にくわわり、92年、パリ衛兵隊の指揮を託される。そして、国民公会（コンヴァンション）から国王一家の監視役に任命され、**タンプル塔**に連行した。彼はまたこの塔に幽閉されていたすべての囚人を監視していたが、彼らに対する態度は至極穏当なものだった。

1793年1月のルイ16世処刑後、ヴァンデ鎮圧軍を指揮したが、叛乱軍に敗れてしまう【7月】。その敗戦から王党派との疑いをかけられたサンテールは、1793年10月【もしくは1794年4月】に逮捕され、テルミドール9日のクーデタ【1794年7月27日。→コンヴァンション】で釈放された。釈放後、除隊して家業を再建しようとしたが【醸造所は破壊されていた】、それが果せぬまま、窮乏のなか、中風にかかって他界した。その名を冠したサンテール通り（Rue Santerre）は、1905年から12区にある。

サン＝テレウテール Saint-Éleuthère 聖エレウテールは初代パリ司教だった聖ドニ（**サン＝ドニ**）の同行者のひとり。彼もまたドニとともに丘の上で斬首され、やがてそこに大修道院が建てられ、サン＝ドニ村となった。彼の名がパリの通りにつけられたのは1867年。18区のサン＝テレウテール通り（Rue Saint-Éleuthère）である。

ちなみに、ギリシア神話に登場する自由の女神エレウテリア【フランス語でエレウテール】は、バハマ諸島のエルーセラ島の名祖となっており、そこには、アメリカ合衆国の独立戦争時、祖国に忠誠を誓っていたイギリス植民者たちが避難している【この島の命名は、1648年、宗教の自由を求めて上陸したイギリス人清教徒たちによる】

サン＝テレーヌ Sainte-Hélène 1925年にパリに編入されたジャンティイ村の地方道だった13区のサン＝テレーヌ通り（Rue Sainte-Hélène）は、百日天下のあと、1815年10月17日にナポレオン1世がイギリス軍に連行された大西洋上の島の名【セント＝ヘレナ（サン＝テレーヌ）】でよばれた。皇帝はこの島で1821年5月5日に生涯を終えている【18区には同名の小公園と袋小路（Square /Impasse Sainte-Hélène）がある】

＊サン＝テロワ Saint-Éloi ノワヨン司教だった聖エロワは、588年頃にリムザン地方の中心地であるリモージュ近郊のシャトラクに生まれ、660年にパリ北東のソワソンで没している。リモージュで金銀細工の技術を学んだ（このことから、のちに金銀細工師と鍛冶師の守護聖人となる）彼は、大量に供給された金をもちいて、クロタール2世【フランク国王（在位613-629）】の玉座を2基作った。その誠実な仕事ぶりを見たクロタールは、彼を造幣長官に任じた。ダゴベルト1世が父のあとを受けて国王に即位すると【在位629-639】、エロワを財務官にとりたてた。

シャンソンの歌詞を信じれば、エロワは裏返しになったものすべてを元通りにしようと腐心したという【革命期に歌われたシャンソン『善良王ダゴベルト』は、次のような歌詞から始まる。「善良王ダゴベルトは／キュロットを裏返しに履いた／そこで偉大な聖エロワは王に言った／王よ、キュロットが裏返しです／たしかに。王が答えた。ならば、しかるべく履きなおそう」】。639年、エロワはノワヨン司教に叙せられる。そして、各地に多くの施療院を建て、罪人を多数改宗させた。

9区の旧サン＝テロワ通り（Rue Saint-Éloi）は、金銀細工師のみならず、ハンマーをもちいるすべての職人や農民たちの守護聖人である、聖エロワに捧げられた教会が近くにあったことから、1877年に命名されている【この通りは1860年代、パリ警視庁の建設時に撤去された】

サン＝トゥアン Saint-Ouen 17区と18区を走るサン＝トゥアン大通り（Avenue de Saint-Ouen）は、1863年に命名されている。7世紀の道が拡幅されたこの大通りの呼称は、1884年からそれが通るようになった村の名前に由来する。17区にはまた同名の袋小路（Impasse de Saint-Ouen）もある。呼称は隣接する大通りに負っている。

　サン＝トゥアン村にはメロヴィング朝時代の別荘や中世の城、さらに建築家のポール・ルポートル【1621–79。ル・ポートルとも。マザラン枢機卿の庇護をえてサン＝クルー公園の階段状滝（1660–65）などをつくった】が1664年から69年にかけて建て、1745年にポンパドゥール夫人【1721–64。ルイ15世（国王在位1715–74）の寵姫】が買い取った城館などがあった。

　ダドンないしドドンともよばれた聖ウアン（トゥアン）は、609年に北仏ピカルディ地方のサンシーに生まれ、683年ないし686年にクリシーで没している。ルーアン司教となる前は、クロタール王2世【フランク国王（在位613–629）】の従者だった。のちに彼は、親友だとされる聖エロワ（サン＝テロワ）の進言に従って、ルベ大修道院を建立している。672年にはまた『聖エロワの生涯』を編んでもいる。彼の死後、遺骸はルーアンに移され、その墓がある大修道院は彼の名がつけられ、有名な巡礼地となっている。

サントゥイユ Santeuil 1630–97年。ジャン・ド・サントゥイユはパリで生まれ、ディジョンで没したラテン語詩人。サント＝バルブやルイ＝ル＝グラン学寮で学んだ彼は、**サン＝ヴィクトル大修道院**に入って副助祭となる【以後、上級位階への昇格はなかった】。だが、ラテン文学に熱中し、聖務日課の古い讃美歌をより新しく、より平明なものにする役目をゆだねられる。こうして彼は『新聖歌集』【発表年不詳】を編む。この書が成功したことで、自分の才を信じ、世界最高の詩人であると自賛するまでになった。そして流行していたサロンやモベール広場に出かけては、自作の詩を朗読した。

　あるかあらぬか、彼は少なからぬ友人をえたが、それ以上に敵をつくった。やがて**コンデ家**の常連客として迎えられたものの、この出世がかえって社交界の人士や貴族たちの反感をまねいた。**サン＝シモン**によれば『回想録』、ブルボン公が彼をディジョンに伴い、ワイングラスのなかに毒を入れて、彼を殺害したという【正確には悪ふざけでタバコをグラスに入れて飲ませた】。サントゥイユ通り（Rue Santeuil）は5区にある。命名は1863年。

サン＝トゥジェニー Sainte-Eugénie 15区のサン＝トゥジェニー大通り（Avenue Sainte-Eugénie）は、19世紀末に住民たちによって命名されている。名祖の聖女エウゲニア【ウジェニー。257没】は異教徒を両親としてローマに生まれ、生地で斬首刑によって殉教した【男装の修道士となった彼女は病を治した女性から強姦の疑いをかけられ、アレクサンドリア総督だった父親の前で女性であることを証明し、やがて父親もキリスト教に改宗したとされる】

サン＝トゥスタシュ Saint-Eustache 1区のサン＝トゥスタシュ袋小路（Impasse Saint-Eustache）は、通りが同名の教会堂の北面ファサードに続いていることにちなんで命名されている。このサン＝トゥスタシュ教会堂の最初の礎石は1532年8月19日、ときのパリ奉行ジャン・ド・ラ・バール【在任1523–33】によってすえられたが、竣工はそれから1世紀後の1633年、西面ファサードが完成したのは、さらに遅れて18世紀の最終四半期だった。

　この教会堂が捧げられている聖ウスタシュは、改宗前、プラキドゥスないしプラキダスという名のローマ軍将校だったが、ハドリアヌス帝時代（117–138年）に殉教し

たとされる【伝承によれば、狩りの最中、弓を向けた鹿の角のあいだに十字架が現れ、神の声を聞いた。そこで回心して名をエウスタシオス（字義は「安定した者」）とあらため、妻や息子たちもキリスト教徒にふさわしく改名させたが、偶像崇拝を強いるハドリアヌスの命を拒んで殉教したという。なお、この鹿のエピソードは聖ユベールのそれを想い起こさせる】

サン＝トーギュスタン Saint-Augustin

1633年に開通した2区のサン＝トーギュスタン通り（Rue Saint-Augustin）は、それがわきを通る跣足アウグスティヌス会の旧修道院にちなんで命名されている。聖アウグスティヌス【354-430。ヌミディア（現アルジェリア）のタガステ出身で、アルジェリア東部地中海岸のヒッポ・レギウス（現アンナバ）司教。最初マニ教を信じていたが、母モニカの慫慂でキリスト教に改宗し、キリスト教会最大の教父・教会博士となった。『告白』や『神の国』などの著作を遺している】の戒律を厳守していたこの修道士たちは、1596年からフランスで活動を始めた。跣足という呼称は、彼らが靴の代わりにサンダルを履いていたことによる。パリでは、彼らは「プティ＝ペール」【字義は「小父」】ともよばれていた。

一方、8区にはサン＝トーギュスタン広場（Place Saint-Augustin）がある。サン＝トーギュスタン教会前にあることから、それにちなんで1932年に命名されている。半イタリア、半ビザンティン様式のこの教会は、1860年から69年にかけて建築家のバルタールが建てたもので、高さ50メートルの丸天井をいただき、内部は8列に分かれた側廊のない身廊が中央を通っている。

サント＝クレール＝ドゥヴィル Sainte-Claire-Deville

1818-81年。アンリ・サント＝クレール＝ドゥヴィルはアンティル諸島のサン＝トマに生まれ、パリ西郊のブーローニュ＝シュル＝セーヌで没した化学者。1843年に医学博士号を取得したのち、化学の道に進み、自費で実験室を建てて9年間研究を続ける。彼の研究は樹脂や無水硫酸、珪素、アルミニウム、プラチナなどにかかわるが、結びついた要素、たとえば水から水素や酸素を切り離す、いわゆる解離の理論を提唱した。

1851年に高等師範学校の化学准教授、61年に科学アカデミー会員、さらに1867年にソルボンヌの科学部教授となった彼は、ブザンソン大学に科学部を組織した。その著作としては、たとえば『化学講義』【1861年】や『プラチナと随伴金属の冶金学』【1864年】などがある。彼の名を冠したサント＝クレール＝ドゥヴィル通り（Rue Sainte-Claire-Deville）は、1885年から9区にある。

サント＝クロワ Sainte-Croix

17区のヴィラ・サント＝クロワ（Villa Sainte-Croix）は、近くにある赤十字の無料診療所と病院にちなんで、1994年に命名されている。

サント＝クロワ＝ド＝ラ＝ブルトヌリ Sainte-Croix-de-la-Bretonnerie

4区にあるサント＝クロワ＝ド＝ラ＝ブルトヌリ通り（Rue Sainte-Croix-de-la-Bretonnerie）と同名の小公園（Square Sainte-Croix-de-la-Bretonnerie）は、その呼称を旧地名のシャン＝オー＝ブルトン【字義は「ブルトン人の野」】と、この公園にかつて建っていたサント＝クロワ会の修道院に負っている。

13世紀に建立された同修道院には、1211年、リエージュの聖堂参事会員だったテオドル・ド・セル【1166-1234/36】によって創設された、【サント＝クロワ（聖十字架）】修道会に属する修道士たちが住んでいた。彼らはイエス・キリストの受難と十字架を瞑想する日々を送っていた。この修道院は1790年に閉鎖され、93年に売却されたのち、最終的に解体された。サント＝クロワ＝ド＝ラ＝ブルトヌリ通りは1314年に現在の呼称となり、かつて小路だった小公園は1909年からある。

サント＝シャペル Sainte-Chapelle

1区シテ島の最高裁判所内にあるサント＝シャペル中庭（Cour de la Sainte-Chapelle）は、パリの宮殿に設けられた教会堂の中で最古のサント＝シャペルに面している。このゴ

シック様式の教会堂は聖王ルイ9世（**サン＝ルイ**）時代の1242年、真正の聖遺物である十字架と荊冠を安置するために建立がはじまり、48年に完成をみている。

これは高さの異なる2か所の礼拝堂からなり、いずれもパリ出身の建築家ピエール・ド・モンルイユ【1200頃-67。サン＝ジェルマン＝デ＝プレ大修道院の食堂などを建てている】が手がけたとされる【現在の研究ではこの説は否定されている】。彼はパリ南郊エタンプのサン＝シュルピス＝ド＝ファヴィエールにじつに壮麗な教会堂を建ててもいる【ほかにパリのノートルダム大聖堂ファサードやサン＝ジェルマン＝デプレ修道院の聖母礼拝堂の建立にもかかわった】。だが、サント＝シャペル教会堂は革命期の1791年に被害を受け、**ヴィオレ＝ル＝デュク**やデュバン、ラシュスがその修復を請け負った。

サント＝ジュヌヴィエーヴ Sainte-Geneviève

5区のサント＝ジュヌヴィエーヴ広場（Place Sainte-Geneviève）は、「カレ・サント＝ジュヌヴィエーヴ」【カレは「四角い土地ないし場所」の意】の名で、1355年から知られていた。呼称は、502年にフランク王**クロヴィス**が聖ペトロと聖パウロに捧げるために建立した、サント＝ジュヌヴィエーヴ大修道院が近くにあったことによる。この聖女の遺骸は512年にそこに安置され、パリの守護聖女となった（後述）。1754年、修道院は廃墟と化したが、ルイ15世【国王在位1715-74】はその修道士たちに、**スフロ**の設計に基づく巨大な建物を建設することを認めた。この建物がのちに**パンテオン**とよばれるようになる。

では、聖女ジュヌヴィエーヴとはいかなる女性だったのか。420年頃、パリ西郊のナンテールに耕作者を両親として生まれ、502年ないし512年にパリで没した彼女は、少女時代、両親の家畜を世話していた。430年頃、聖ジェルマン・ドーセール【380-448。ローマ支配下のガリア宣教者・オーセール司教（418年から）。→サン＝ジェルマン＝ローセロワ】がブリテン島のローマ属州

に向かう途中、通りかかったパリ近郊でたまたま彼女に出会った。そして、十字架が刻まれた銅製のメダルをその首にかけてやり、けっして他の飾り物と替えることなくつけるようにと言って、祝福したという。父親が他界すると、ジュヌヴィエーヴはパリに移り住む。口さがない者たちは彼女をあれこれ中傷したが、ジェルマンは自分が祝福した娘を公然と守った。

451年、アッティラ【453没。フン族の王（在位434-453）。ゲルマン諸族を制圧して中欧に覇を唱えたが、451年、北仏カタラウヌム平原でローマ・西ゴート連合軍に敗れる】率いるフン族がパリを攻撃しようとした際、ジュヌヴィエーヴは住民たちに何も恐れることはないと説いた。そして、侵略者たちのもとに単身乗り込んで交渉し、パリを戦禍から救った。それ以来、パリの人々は彼女を崇敬し、クロヴィス王とその妃クロティルデ（**クロティルド**）もまた、しばしば彼女の進言に頼った。こうしてパリの守護聖女となった彼女は、90歳前後という当時としては類のない高齢で他界したとされる。

サントス＝デュモン Santos-Dumont

1873-1932年。アルベルト・サントス＝デュモンはブラジルのミナスゼライス州パルミラで生まれ、サンパウロ州グァルジャーで没した飛行家。技師で、莫大な資産に恵まれていた彼は、航空学が誕生してまもないパリに渡った【裕福な農園主だった父が落馬で農園経営ができなくなったため、祖先の地に移住した】。そして、この科学に情熱を傾け、フランスにおける航空分野の先駆けのひとりとなった【ヨーロッパ初の飛行機製作者で、ヘリコプターの開発（未完）にも意を注いだ】。15区のサントス＝デュモン通り（Rue Santos-Dumont）は1933年、同名のヴィラ（Villa Santos-Dumont）は43年に命名されている。

サント＝セシル Sainte-Cécile

セシリアないしチェチリア（セシル）は、ローマ皇帝アレクサンデル・セウェルス【在位222-235。善政を敷いたが、反乱軍によって暗殺さ

れ、終身元首制（プリンキパトゥス）が終焉する】治世下の223年頃、ローマで殉教したとされる。意思に反して、ヴァレリアヌスという異教徒と結婚させられた彼女は、夫をキリスト教に改宗させ、その純潔を守ることを誓わせたという。それほど美しかったともいう。だが、改宗の結果、夫は殉教してしまう。一方、セシリアの死はきわめて酷いものだった。まず、煮えたぎった湯風呂で窒息させられそうになったが、何とか息を吹き返した。そこで、死刑執行人が斧で３度彼女を切り刻み、３日後、恐ろしい苦しみの果てに絶命したとされる。

セシリアは音楽家【と盲人】の守護聖人となっているが、それは彼女が類まれな美声の持ち主で、当時の楽器——その造形表現ではオルガン——の伴奏で、神の賛歌を歌ったという。９区のサント＝セシル通り（Rue Sainte-Cécile）は1853年に開通している。

サン＝ドニ Saint-Denis　１区と２区を結ぶサン＝ドニ（サン＝ドニ）通り（Rue Saint-Denis）は中世からある。命名は通りがサン＝ドニの大聖堂と村に続いていたことによる。この通りはまた「王の道」ともよばれていた。歴代の王たちがパリに厳かに入城する際、ここを通ったからである。村の起源となったサン＝ドニ大修道院は626年に建立され、ダゴベルト１世【メロビング朝ヌランク国王（在位629-639）。この修道院の創建者】以後、国王の墓所としての特権をえた。

一方、大聖堂はシャルルマーニュ時代の地下納骨堂を有し、内陣と後陣および身廊と扉口の下層部は1144年、上層部は1281年に完成をみている。聖王ルイ９世（サン＝ルイ）からアンリ２世【ヴァロワ朝第10代国王（在位1547-59）】までの国王はみな、内陣ないし交差廊に墓碑を設けている。遺言にもかかわらず、当初大修道院に埋葬されたダゴベルトの霊廟は12世紀に建立されている。

これらの墓碑がきわめて美しいものとなったのはルネサンス期で、とくにフィリベール・ドゥロルムやピエール・ボンタン【1507頃-68。彫刻家で、サン＝ドニではドゥロルムとともフランソワ１世の墓碑を制作した】、ジャン・グージョンらがそれを手がけた。だが、フランス革命時、フランシアドとよばれていたサン＝ドニの町はあらゆる墓所をあばき、国王たちの遺骸を廃棄処分とした。

聖ドニはパリの初代司教で、有名な伝承によれば、258年頃、キリスト教徒を迫害していたローマ皇帝ヴァレリアヌス【在位253-260】の命により、モンマルトルの丘で斬首された彼は、首をはねられてもすぐには絶命せず、自分の首を持ってパリ郊外のこの地まで歩き、そこで倒れて絶命したとされる。以後そこがサン＝ドニとよばれるようになった。聖人の遺骸は当初大修道院に安置されたが、現在は大聖堂に移されている。パリには彼にちなんだ通りがほかにもある。２区・３区・10区を結んで1876年からあるサン＝ドニ大通り（Boulevard Saint-Denis）と、77年に命名された７区のサン＝ドニ小路（Passage Saint-Denis）がそれである。

＊サントネール Centenaire　1930年に命名された通り。そこには樹齢100年のコナラの木が立っていた。ただし、この樹齢はコナラ種としてはまだ青年期である【サントネール大通り（Avenue du Centenaire）は19区にあった】

サン＝トノレ Saint-Honoré　１区と８区を走るサン＝トノレ通り（Rue Saint-Honoré）は、1865年に開通している。呼称はかつて通りの２か所にあった同名の古い市門に由来する。すなわち一方はフィリップ・オーギュストの市壁内、もう一方はルイ13世【国王在位1610-43。→ドーフィヌ】の時代に築かれ、1733年に撤去された市門である【同名の参事会教会にちなむとする説もある】

名祖の聖オノレは北仏ポンティゥー地方のポール＝ル＝グランに生まれ、30年あまりアミアンの司教をつとめたのち、600年頃に他界している。やがて彼は製パン商

や菓子商の守護聖人となったが、興味深いことに、フランスではその名を冠した味わい深いケーキが作られている。サントノレ【丸いパイ生地の上にプティシューをリング状にあしらい、中央部をクリームで埋めたケーキ】がそれである。

サン=トノレ・デロー Saint-Honoré d'Eylau
1928年に敷設された16区のサン=トノレ=デロー大通り（Avenue Saint-Honoré-d'Eylau）は、隣接する教会にちなんで命名されている。この教会は1855年に建てられたが、1871年のパリ・コミューン（コミュヌ・ド・パリ）時に荒らされたのち、1875年と84年に修復・拡張工事がおこなわれた【新しい堂宇は1896年に完成】。教会の呼称は聖オノレ（サン=トノレ）と近くを通るエロー大通りに由来する。

サント=ブーヴ Sainte-Beuve　1804-69年。
シャルル・オーギュスタン・ド・サント=ブーヴは、北仏のドーバー海峡に面したブーローニュ=シュル=メールに生まれ、パリで没した詩人・作家・文学批評家。1823年からしばらくパリ大学の医学部で学んだあと、文学に転向し、《グローブ》誌【1824年に創刊された文学・哲学専門誌】に寄稿するようになる。やがてアルフレッド・ド・ヴィニーやヴィクトル・ユゴーと親交を結ぶことになる彼は、ロマン派結社「セナクル」【→シャルル・ノディエ】にくわわり、いわゆるパリの一流文学者に仲間入りする。詩人としての彼はまた、フランスにおいて、深い道徳主義に基づく市民的で平俗な詩を模索している。批評家としては、その全作品に思想と情感を最大限繊細に盛り込もうとした。

　一方、サント=ブーヴは新しい文学作品にも共感を示したが、それは他の批評家にはみられないものだった。「批評は易し、芸は難し」という言葉があるが、こうしてサント=ブーヴは、難しい修飾辞で飾られた芸術と対比して、おそらく誤って易しいとされる批評の分野における大家のひとりとなった。彼の著作としては、小説の『肉慾』【1834年。荻原厚生訳、春陽堂】や評論

の『ポール・ロワイヤル史』【1840-59年】、『現代人の肖像』【5巻、1846・69-71】、『月曜閑談』【16巻、1851-62年。土井寛之訳、冨山房】、『新月曜』【13巻、1863-70年】などがある。

　1844年にアカデミー・フランセーズ会員になったサント=ブーヴは言っている。「目的に到達するには、それを越えなければならない」、「自分自身を知り尽くす前に、どれほど多くの人間が死んでしまうことか」。彼に捧げられたサント=ブーヴ通り（Rue Sainte-Beuve）は、1884年から6区にある。

サン=ドミニク Saint-Dominique　7区のサン=ドミニク通り（Rue Saint-Dominique）は、1643年の命名になる。呼称は、通りがそっているドミニコ会修道院に由来する。ドミニコ会の創設者である聖ドミニク【ドミニク。1234年列聖】は、スペイン・カスティーリャ地方の小村カレルエーガに生まれ、1221年、イタリアのボローニャで没した修道士。1203年、【カスティーリャ王が王子とデンマーク王女との縁組を交渉させるために派遣した使節団の一員として】南仏ラングドック地方を通ったさい、彼は異端アルビ【カタリ】派が勢力をましていることに衝撃を受ける。

　やがて彼はインノケンティウス3世【在位1198-1216。第4回十字軍とアルビジョワ十字軍の派遣を唱道した】の教皇特使団とともに、異端撲滅に向かうようになる。そして1215年、6人の仲間と修道生活に入り、翌年、教皇【ホノリウス3世（在位1216-27）】は説教を目的としてドミニコが組織した修道会を認可する。こうして同じ1216年、最初のドミニコ会修道院がトゥールーズに設けられる。ボローニャのサン=ニコロ修道院で没した彼の遺骸は、1267年、同市のサン=ドメニコ大聖堂内にある、ニコロ・ピサーノ【1225頃-78/84】とその弟子たちが手がけたみごとな墓に安置されている。

サント=フェリシテ Sainte-Félicité　フェリシテとよばれる聖女はふたりいる【一方は

203年頃に殉教したカルタヘナの聖女フェリシテ】。15区のサント＝フェリシテ通り（Rue Sainte-Félicité）は2世紀【160年代】にローマで殉教したフェリシテである。キリスト教徒だった寡婦の彼女は、息子7人ともども捉えられ、みずからが処刑される前、その眼前で息子たちがさまざまな拷問をくわえられて絶命するのをまのあたりにしたとされる。

サント＝フォワ Sainte-Foy 1644年に命名された2区のサント＝フォワ通り（Rue Sainte-Foy）は、おそらくその主要な住民のひとりが、フランス南西部オート＝ガロンヌ地方の、ミュレから21キロメートルに位置するサント＝フォワの出身であることにちなんで命名されたものだろう。だが、聖なる信仰を寓意的に描いた古い絵看板が通りにかかっていたことによる命名とする説もある。同区にはまたサント＝フォワ通廊（Galerie Sainte-Foy）もある。呼称は前記の通りが近いことに由来する。

サン＝トポルテュヌ Sainte-Opportune パリのサン＝トポルテュヌ広場（Place Sainte-Opportune）は1725年から、通り（Rue Sainte-Opportune）は1836年から1区にある。呼称は広場にある同名の教会名に由来する。この教会堂は9世紀末、聖女オポルテュヌの遺骸を安置するため、9世紀末に建てられた。そして、13世紀と14世紀に再建されたが、フランス革命期の1790年に国有財産となり、92年に売却され【採石場として】、97年に最終的に解体されている。

聖女オポルテュヌ（720頃-770）についていえば、彼女は北仏オルヌ地方のエクスムに生まれ、同地方のモントルイユ＝シュル＝カンブで没している【双生児の弟聖クロドガンは北仏西部、オルヌ河岸のセの司教だったが、765年、巡礼の途中で嫉妬深い縁者に殺害された】。終焉の地の修道院長だった彼女は、慈悲の心と苦行生活で知られている【とくにさまざまな病人を奇蹟的に癒し、「ノルマンディの奇蹟をなす者」とよばれた】

サン＝トマ＝ダカン Saint-Thomas d'Aquin

7区のサン＝トマ＝ダカン広場と通り（Place／Rue Saint-Thomas-d'Aquin）は、1802年、広場に面している教会の名にちなんで命名されている。1682年、建築家ピエール・ビュレの設計図にもとづいて建設工事が始まったが、完成は1765年まで待たなければならなかった。この教会に聖トマス・アクィナス（トマ＝ダカン）の名がつけられたのは、1791年のことだった。それまでは1790年に撤去されたドミニコ会の修練所に属していた。

「天使的博士」と称されたトマス・アクィナスは1225年、ナポリ（ナプル）近郊のロッカセッカに生まれ、1274年、生地に近いフォッサ・ノヴァで没したキリスト教最大の神学者のひとりである。5歳のときからモンテ・カッシーノ修道院でベネディクト会の修道士たちに育てられ【伯父が院長をしていた】、ナポリ大学を卒業すると、両親の意向に背いてドミニコ会に入る。

1244年頃、彼はケルン大学に学び、アルベルトゥス・マグヌス（メートル・アルベール）に師事する。そして1245年から59年にかけてパリ大学で神学を講じ、ついでイタリアに赴き、68年までローマなどで教鞭をとった【65年から68年までは、若いドミニコ会士たちの知的育成にも携わった】

1268年、パリに戻った彼は、72年までの滞在中、聖王ルイ9世（サン＝ルイ）の食卓に定期的に招かれた。しかし、申し出のあった顕職はすべて辞退した【当時、パリ大学はアリストテレス主義の普及と、托鉢修道会および修道会聖職者と在俗聖職者の対立で危機的な状況にあり、彼はその渦中に巻き込まれるのを危惧していた】。彼の著作としては、『ギリシア人の誤謬批判』【1263年】や『アリストテレス注解』【1267-73年】などがある【もっとも有名な『神学大全』は1266年に起筆され、晩年まで執筆をつづけたが、未完】

サント＝マリ Sainte-Marie ヘブライ語でマリアム『クルアーン（コーラン）』でも】。聖母や聖処女としてたたえられるマリア

（マリ）は、周知のように、大工ヨセフと結婚してまもなく、天使ガブリエルからイエスを受胎したとの告知を受ける…。カトリック教会は、マリア信仰を排除するプロテスタントと異なり、聖母を崇敬している。パリ12区のサント＝マリ大通り（Avenue Sainte-Marie）は、1930年に併合されたサン＝マンデ村の同名の大通りの一部だった。なお、20区にあるヴィラ・サント＝マリ（Villa Sainte-Marie）は20世紀初頭に命名されている。

サント＝マルト Sainte-Marthe　ラザロを弟、ベタニアのマリア【新約聖書ではイエスの足に香油を注ぎ、その足をみずからの髪で拭ったとされる】を妹とする聖女マルタ（マルト）は、イエスの磔刑後、迫害をさけるため、弟妹【やヤコブとともに】ベタニアを脱出し、南仏のサント＝マリ＝ド＝ラ＝メールに漂着する。やがて、タラスコンに定住し、そこで没するが、当時、このローヌ河岸の町で人々や船人たちを悩ませていた怪物「タラスク」を、十字を切って萎えさせたという【詳細は拙論「タラスク再考」、蔵持編『ヨーロッパの祝祭』（河出書房新社、1996年）参照】

10区には聖女マルタの名を冠した地名が3か所ある。1877年に命名されたサント＝マルト通り（Rue Sainte-Marthe）と1938年以前の命名になる袋小路（Impasse Sainte-Marthe）、1996年命名の広場（Place Sainte-Marteh）である。

サント＝モニク Sainte-Monique　聖アウグスティヌス（サン＝トーギュスタン）の母である聖女モニカ（モニク）は、332年頃にタガステ【現アルジェリアのスー・カフラ】に生まれ、387年にオスティア【ローマの外港】で没している。パトリクスという裕福な異教徒と結婚した彼女は、370年、夫をその死の前年にキリスト教に改宗させたとされる。3人の子供、すなわちアウグスティヌス【354-430】、ナヴィギウス、そして名が不明の娘をもうけた彼女は、夫と死別したのち、【マニ教を信奉し、放蕩に明け暮れていたという】アウグスティヌスを改

宗させることに腐心した。

そして、ひそかにローマに渡っていた【385年】息子を追って自分もローマに向かい、再会してわだかまりを解いたのち、ミラノ司教のアンブロジウス（サン＝タンブロワズ）の知己をえる。その導きによって、息子はマニ教を棄てて、回心する【386年】。その洗礼式に立ち会った翌年、55年の生涯を閉じたとされる。彼女の名を冠したサント＝モニク袋小路（Impasse Sainte-Monique）は、1877年から18区にある。

サントラーユ Xaintrailles　1390-1461。フランス南西部リントラーユの領主だったジャン・ポトンは、ボルドーで没した元帥。このガスコーニュの貴族はシャルル6世【在位1382-1422】の治世末期とシャルル7世【国王在位1422-61。→ジャック・クール】時代の初期、北仏のピカルディ地方やヴェルマンドワ地方でイングランド＝ブルゴーニュ連合軍と戦った。1422年、指揮官に任命された彼は、しかしつねに戦いに勝利したわけではなく、幾度となく敗れ、捕虜となった。それでもシャルル7世の信頼を失うことなく、1429年にはその主馬頭になっている。

1428年から29年にかけてのオルレアンとパテの攻囲戦では、サントラーユはジャンヌ・ダルクとともに戦った。そしてジャンヌの死後6年目の1437年、ル・イールことエティエンヌ・ド・ヴィニョル【1390-1443。傭兵出身で、のちにモンモリオンやロングヴィルの領主となるが、モントーバンの戦いで受けた傷がもとで落命した。1431年にはイングランド軍に捕らえられたジャンヌ・ダルクを救出しようとして失敗し、みずからも捕虜となるが、脱出して、一時期悪名高い盗賊団「エコルシュール」にくわわって、各地で暴虐のかぎりを尽くした経歴ももつ】とともに、無謀にもルーアンを攻撃している。

そして、1440年、サントラーユはルーアン南東方のルーヴィエを占拠し、北仏ファレーズを開城させ【1450年にこの町の総督に任命される】、ギュイエンヌ地方を制圧する。その功績に報いるため、シャルル7

世は彼をブールジュの国王代官に任じ、1451年にはフランス元帥に叙している。パリのサントラーユ通り（Rue Xaintrailles）は、1864年から13区にある。

サンドリエ Cendriers 20区のサンドリエ通り（Rue des Cendriers）は1851年に命名されているが、おそらくそれはこの通りに売灰人、すなわち洗濯用の灰を売る人物が住んでいたことに由来する。

サンドリエ Sendrié 9区のサンドリエ袋小路（Impasse Sendrié）は、1775年に開通している。呼称は当時の住人の名に由来する。

サント＝リュシ Sainte-Lucie 15区のサント＝リュシ通り（Rue Sainte-Lucie）は、殉教者の聖女ルチア（リュシ）に捧げられている。シチリア（シシル）のシラクサで283年に生まれ、304年に没したルチア【字義は「光」】は、ある伝承によれば、幼少期に両親に知らせることなくキリスト教徒となったが、寡婦だった母親の意向で、裕福な、だが異教徒の男と結婚させられたという。

しかし、ルチアは夫を拒み続け、怒った夫は彼女をシラクサ総督に告発する。この総督のもとに出頭する前、彼女は莫大な持参金を貧者たちに分けあたえてしまう。これがまた夫を失望させた…。そして、総督の前でルチアは自分がキリスト教徒であり、処女の誓いを立てたと告白し、斬首刑に処された【処刑前の拷問でルチアは両目をえぐり出されたが、それでも見ることができたとされる。この逸話によって、眼疾の治癒聖人としての信仰を集めている】。なお、母親が再婚したかどうかは不明である。

サン＝ニコラ Saint-Nicolas 12区のサン＝ニコラ通り（Rue Saint-Nicolas）は、1672年、通りにかかっていた聖ニコラウスないしニコラオス（ニコラ）【270頃-345/352】の古い絵看板にちなんで命名されている。この聖人は小アジアのローマ属州だったリュキア地方のパタラに生まれ、生地に近いミュラ（ミラ）の司教をつとめた。ロシアの守護聖人である彼はまた、今も学童や船乗りたちの守護聖人として信仰されている。

伝承が語るところによれば、ニコラウスはある精肉商によって殺され、その肉が売られそうになった3人の子供を生き返らせたという。牛肉が法外に高価だったからだった【この聖人はまた嵐で船が難破しそうになった船員たちを励まし、みずから舵をとって船を無事港まで導いたとされてもいる】。多くの国では聖人の祝日である12月6日には、子供たちに菓子があたえられている【詳細は蔵持著『シャリヴァリ-民衆文化の修辞学』（同文舘、1991年）を参照されたい】

一方、1880年に敷設された11区のサン＝ニコラ小路（Cour Saint-Nicolas）は、その最初期の住人で、サン＝ニコラ通りに店をかまえていた人物によって命名されている。

サント＝レオニ Sainte-Léonie 1858年に開通した14区のサント＝レオニ袋小路（Impasse Sainte-Léonie）は、その敷設者であるクスノン氏の夫人の名を冠したものである。聖女レオニはたしかに20世紀初頭に実在していた。だが、わかっているのは彼女が殉教したということだけである【14区には同名の、ただし全長35メートルたらず（！）の通り（Rue Sainte-Léonie）もある】

サントンジュ Saintonge サントンジュは、北はポワトゥーとオニス、西は大西洋、南はギュイエンヌ、東はアングーモワとペリゴール地方に囲まれていたフランス西部の旧地方名。この地方は高地と低地に分けられ、前者の中心地はサント、後者のそれはサン＝ジャン＝ダングレリだった。サントンジュ全体がフランス王国に併合されたのは、賢明王シャルル5世【在位1364-80】の時代。パリのサントンジュ通り（Rue Saintonge）が現在の道筋になったのは、1851年のことである。

サン＝ピエール Saint-Pierre 18区のサン＝ピエール広場（Place Saint-Pierre）および同名の通り（Rue Saint-Pierre）は、近くにあるサン＝ピエール＝ド＝モン教会にちなんで命名されている。大部分が1147年につくられたこの教会堂は、あきらかに

パリ最古のものといえる。これまで数多くの改築・改修がなされた教会堂で、1461年には鐘楼が新築され、1686年には堂宇自体が拡張されている。さらに1697年には新しい鐘楼が築かれ、1791年に最初のそれが解体されるまで、2基の鐘楼が共存していた。1850年、残った鐘楼もまた解体され、1905年、現在の鐘楼が設けられた。一方、現在のファサードはルイ14世（ルイ・ル・グラン）時代のものである。

　名祖の聖ペトロ（ペテロ）——フランス語でピエール——は12使徒の長で、ベトサイダ【ガリラヤ地方ティベリアス湖北東岸】に生まれ、67年、ローマで殉教したとされる。漁師だった彼は、結婚してガリラヤ湖北岸のカペナウムに住んでいた。シモンとよばれていた彼は、【兄弟のアンデレともども】イエスから自分に従うことを求められ、それに応じた。イエスは彼にこう言ったという。「あなたはペトロ【岩】である。私はこの岩の上に、私の教会を建てる」【『マタイによる福音書』16・18】。周知のように、イエスの受難前夜、イエスから使徒たちが自分を裏切ると告げられたペトロは、けっしてそのようなことはないと確約する。

　だが、イエスがオリーブ山で逮捕されたとき、ペトロは大祭司カヤパの前で弟子だと疑われ、3度までイエスを知らないと答える。そして、「鶏が鳴く前に、3度私を知らないと言うだろう」というイエスの言葉を思い出し、外に出て激しく泣いた。やがてイエス・キリストの復活後、ペトロはエルサレムを皮切りに、ユダヤやガリラヤ地方で伝道を始める。そして67年、ローマのマメルティーノ牢獄に幽閉され、最後にヴァティカンの丘で頭を逆さにして十字架にかけられる【ローマでの迫害から逃れようとしたペトロが、アッピア街道で顕現したイエスに、「ドミネ、クォ・ウァディス（主よ、どこへ行かれるのですか）」と尋ねると、イエスは「エオ・ロマム・イテルム・クルキフィギ（再び十字架にかかるため、ローマに行く」と答えたとされる】。当時はネロ帝【在位54-68】の時代だった。ローマのサン＝ピエト

ロ大聖堂は、こうしてペトロが殉教したとされる地にたっている。

サン＝ピエール＝アムロ Saint-Pierre-Amelot　11区のサン＝ピエール＝アムロ小路（Passage Saint-Pierre-Amelot）は、アムロ通りを起点とする。アムロ通りは1868年までサン＝ピエール通りとよばれていた。この通りが現在の呼称に変わったとき、それまでサン＝ピエールとよばれていた小路もまた、旧称に通りの新呼称をくわえたよび名になった。「初歩的なことだよ、ワトソン君」【シャーロック・ホームズの有名な台詞】

サン＝ファルジョー Saint-Fargeau　1760-93年。サン＝ファルジョー侯ルイ・ミシェル・ルペルチェは、パリを生没地とする政治家・法曹家。フランス革命時のパリ高等法院院長で、1789年の全国三部会で貴族身分代表をつとめた。1790年6月21日、憲法制定国民議会の議長となった彼は、続く国民公会（コンヴァンション）の議員となり、国王ルイ16世【在位1774-92】の処刑に賛成票を投じた。だが、そのために同王の元近衛兵【王党派のフィリップ・ド・パリス（1763-93）の凶弾にたおれた。

　一方、ミシェル・ルペルチェの弟フェルディナン・ルイ・フェリクス（1767-1837）は、革命をより強く支持した。だが、ナポレオンによって1803年から05年まで南アフリカ北東部のカイエンヌに追放された【ジャコバン派の一員だったため。帰国後、復古王政に反対した】。1815年、ナポレオンの百日天下で代議院議員となった彼は、そのため1816年から19年まで国外追放を強いられた【帰国後、共和派に身をおき、1830年の7月王政に反対した】

　サン＝ファルジョー家はメニルモンタンに城館と庭園を有していた。20区のサン＝ファルジョー通り（Rue Saint-Fargeau）および同名の広場（Place Saint-Fargeau）は、いずれも同家の近くにあることから、前者は1864年、後者は1911年に命名された。

サン＝フィアクル Saint-Fiacre　610-670年。

アイルランドからフランスに移った修道士のフィアクルは、パリ西郊モーの粗末な小屋で、長年、隠棲生活を送った。その生涯については不明な点が多いが、フランス革命前まではとくにフランスで人気があった。彼の聖遺物は各地に分散して安置され、熱烈な信仰の対象ともなった。庭師の守護聖人として、今も崇敬されている。彼の名を冠した4区のサン＝フィアクル袋小路（Impasse Saint-Fiacre）は、1412年、そこにかかっていた古い聖フィアクルの絵看板にちなんで命名されている。

2区にはまた同名の通り（Rue Saint-Fiacre）もある。呼称は、17世紀、通りが慈善団体であるサン＝フィアクル同宗団の所領を横切っていたことによる【アイルランド南東部キルケニー地方の修道院で教育を受けたフィアクルは、モーに修道院を建て、やがてそこは評判の巡礼地となった。聖フィアクルの彫像は、現在フランス国内の教会や修道院に500体以上あるという。ちなみに、フィアクルとはフランス語で「貸馬車」や「辻馬車」を意味する。1637年頃、アミアンの親方御者ニコラ・ソヴァージュがパリのサン＝マルタン通り、聖フィアクルの絵看板がかかっていた邸館の前で貸馬車事業を始め、これがタクシーの原型となったという】

サン＝フィリップ Saint-Philippe
2区のサン＝フィリップ通り（Rue Saint-Philippe）は、1718年からある。呼称は、聖フィリッポ（フィリップ）・ネリ【1515-95。フィレンツェ出身の司祭で、オラトリオ会の創設者】に聖母が出現したさまを描いた絵看板に由来する。

サン＝フィリップ＝デュ＝ルル Saint-Philippe-du-Roule
1882年に敷設された9区のサン＝フィリップ＝デュ＝ルル通り（Rue Saint-Philippe-du-Roule）は、隣接する同名の教会にちなんで命名されている。この教会堂は、ルルの村人たちにとってあまりにも狭くなった13世紀の礼拝堂に代わって建てられた。現在みられる教会堂の建設は1769年に決定され、**シャルグラン**が工事を請け負った。こうして1774年に

着工した堂宇は84年に完成した。さらに1845年、教会堂は拡張され、60年にもバルタールによって増築された。破風は彫刻家フランシスク・デュレ、内部の十字架の道行きを描いたフレスコ画は、画家テオドル・シャセリオー【1819-56。パリ高等美術学校でアングルに師事し、ギュスタヴ・モロー（→アリスティード・マイヨル）らの影響を受けた】の作である。一方、サン＝フィリップ＝デュ＝ルル小路（Passage Saint-Philippe-du-Roule）は8区にあり、1786年に敷設されている。

名祖の聖フィリポないしピリポ（フィリップ）は12使徒のひとりで、ベトサイダ【ガリラヤ地方ティベリアス湖北東岸】で生まれ、87年、ヒエラポリス【トルコ西部】で殉教したとされる。結婚してもうけた3人の娘はみな神に純潔を誓ったが、あるいはそのためか、3人ともかなり長寿だったという。彼は黒海北岸のスキティア全域や小アジア中西部のフリギア地方で宣教活動をおこなったとされる。

サン＝フェルディナン Saint-Ferdinand
17区のサン＝フェルディナン通り（Rue Saint-Ferdinand）および同名の広場（Place Saint-Ferdinand）は、それぞれ1857年と67年に命名されている。呼称は、建築家ポール＝ウジェーヌ・ルクー【1806-73。1834年のローマ大賞受賞者】の設計にもとづいて、1842年から47年にかけて建てられた旧サン＝フェルディナン教会にちなむ。1875-77年に拡張され、1937年から全体的に再建されたのち、堂内の下層階が41年から、上層階が44年から祭式にもちいられるようになったこの教会は、聖フェルディナンを庇護者に仰いでいる。

旧堂の建設が始まった年、ルイ＝フィリップの長子フェルディナン・ドルレアンが、パリ西郊のポルト・マイヨ村で、横転した馬車から投げ出されて事故死している（1842年7月13日）。当時ヌイイにいた両親を訪ねる途中のことだった【ポルト・マイヨは、イベリア半島からムスリムを追放したレコンキスタ（国土回復運動）に功績があ

サンフノワ

ったとして、1671年に列聖されたカスティーリャ王フェルナンド——フランス語名フェルディナン——3世（在位1217-20）を守護聖人としていた】

サン＝ブノワ Saint-Benoît　6区のサン＝ブノワ通り（Rue Saint-Benoît）は、ベネディクト会士たちが住んでいた旧大修道院にちなんで、1742年に命名されている。この修道院は現在の通りの15番地に1368年に建てられたものである。聖ベネディクトゥス（**サン＝ブノワ**）の戒律に従う修道士たちは、修道衣を着たまま寝ていた。神への賛歌を昼夜の別なく唱えなければならなかったからである。

西方修道会の創設者とみなされている聖ベネディクトゥスは、480年、イタリア中部スポレート近郊のヌルシアに生まれ、529年頃、モンテ＝カッシーノに最初の修道院を建て、修道戒律を定めている。その戒律のもとにある修道院内では、修道士たちは私有物を一切もたず、修道院長を父とし、若い聖職者たちは上長者をどこまでも敬わなければならない。世俗から離れた彼らベネディクト会の修道士たちは、修道院を訪れる人々をもてなす以外、外部との関係を断ち切っている。

サン＝プラシード Saint-Placide　1664年に開通した6区のサン＝プラシード通り（Rue Saint-Placide）は、プラシード・ルーセルを院長とする**サン＝ジェルマ＝デ＝プレ修道院**の所領に敷設されている。そこから通りに聖プラシードの名をつけるという考えが生まれたが、当時のパリには通りの表示板はまだなかった。

名祖となった聖プラシードはベネディクト会士で、515【518】年にローマの旧家に生まれ、541年、シチリア（シシル）のメッシーナに創設した彼の修道院に侵入した異民族によって殺害された。聖ベネディクトゥス（**サン＝ブノワ**）の弟子だった彼の遺骸は、メッシーナのサン＝ジョヴァンニ＝バッティスタ教会の修道院地下納骨所に安置されている。

サン＝フランソワ Saint-François　18区の

サン＝フランソワ袋小路（Impasse Saint-François）は、19世紀末に開通したこの小路に最初期に住んだ家主の名でよばれている。

サン＝ブリュノ Saint-Bruno　カルトゥジオ（シャルトルーズ）修道会の創設者であるブルーノ（ブリュノ）は、1030年頃、ドイツのケルンに生まれ、1101年にイタリア最南西部のカラブリア地方で没した隠修士【聖人とよばれているが、正式に列聖されることはなかった】。1084年、彼はグルノーブル近郊の山中にグランド＝シャルトルーズを建てた。だが、独自の戒律を定めなかったため、弟子たちはやむなく聖ベネディクトゥス（**サン＝ブノワ**）のそれに従った。19世紀末、彼をたたえるため、パリの通りにその名がつけられた。18区のサン＝ブリュノ通り（Rue Saint-Bruno）がそれである。

サンブル＝エ＝ムーズ Sambre-et-Meuse　10区のサンブル＝エ＝ムーズ通り（Rue de Sambre-et-Meuse）は、1793-94年にベルギーを制圧した軍隊【革命戦争におけるサンブル＝エ＝ムーズ方面軍】にちなんで、1877年に命名されている。この呼称はまた、1795年から1814年にかけて、ナミュール伯領とルクセンブルク大公国の一部からなるフランスの旧県名もさしていた。

サン＝ブレーズ Saint-Blaise　20区のサン＝ブレーズ通りと広場（Rue /Place Saint-Blaise）は1867年、近くにあるサン＝ジェルマン＝ド＝シャロンヌ教会内の聖ブレーズに捧げられた礼拝堂にちなんで命名されている。伝承によれば、この聖人はアルメニアの司教で、316年に【カッパドキア総督の命により】殉教したという。彼は梳毛工たちの守護聖人となっている。いささかおぞましい話だが、それは死刑執行人が彼の体を、梳毛工が使うような鉄櫛で切り刻んだからだという。

サン＝フロランタン Saint-Florentin　1区と8区を結ぶサン＝フロランタン通り（Rue Saint-Florentin）は、1767年、コンコルド広場の建設を手がけたガブリエルの

設計図にもとづいて、建築家のシャルグランが建てた、通称サン＝フロランタン館にちなんで、68年に命名されている。この邸館がルイ15世【在位1715-74】の下で国務卿をつとめたサン＝フロランタン伯およびラ・ヴィリリエール公ルイ・フェリポー【1705-77。海軍大臣や外務大臣などを歴任した】のために建てられたものなら、建築資金はすべてパリ市が負担したはずである。当時パリ市はこうした素晴らしい贈り物をすることを通例としていた。

　やがて邸館はタレーラン（タレラン）の所有となり、1838年、彼はここで息を引き取っている。彼の死後、ロトシルド家が邸館を買いとり、現在に至っている。

サンプロン Simplon　シンプロン（サンプロン）峠はスイス・アルプスのル・ヴァレ地方とピエモンテ地方のあいだに位置し、標高2009メートル。それぞれ長さ２キロメートル弱の単線の鉄道トンネルが２本敷設されて峠越えを容易にし、1801年から07年にかけては、ナポレオン１世のおかげで馬車道も建設された。その頂上【モン＝ジュー】には、グラン＝サン＝ベルナール修道会士たちが営む養護施設がある【この施設はモン・ブラン東麓のアオスタ司教代理だったマントンの聖ベルナール（1020頃-81頃）が1050年に建てた、旅人や巡礼者用の施療院付属無料宿泊所だった】。パリ18区のサンプロン通り（Rue de Simplon）は、1877年に命名されている。

サン＝ペテルスブール Saint-Pétersbourg　サンクト＝ペテルブルク【字義は「聖ペテロの町」】のこと。1703年にピョートル大帝（ピエール・ル・グラン）によって建設されたこの都市は、とくにアンナ・イヴァノヴナ【ロマノフ朝第４代ロシア皇帝（在位1730-40）】の時代に発展した。都市計画の見取り図は、フランス人建築家のジャン＝バティスト・ル・ブロン【1679-1719】が、ヴェルサイユをモデルに作成している【1717年】。

　1905年から17年にかけて、サンクト＝ペテルブルクはロシアの体制変革をもたらした革命の主要舞台となった。建設時から第１次世界大戦がはじまる1914年まではペテルブルク、ついで24年までペトログラード、さらに91年までレニングラードとよばれていたこの都市は、ネヴァ川河口のデルタ地帯に位置し、503万【2013年】の市域人口を擁している【サン＝ペテルスブール通り（Rue de Saint-Pétersbourg）は8区にあるが、1826年の敷設時から1914年までは現在と同じ呼称、第２次世界大戦直後の45年まではペトログラード通り、そして最初の呼称に戻される91年まではレニングラード通りとよばれていた】

サン＝ペール Saints-Pères　6区のサン＝ペール港（Port des Saints-Pères）、6区と7区の境を走る同名の通り（Rue des Saints-Pères）の呼称は、サン＝ピエール（Saint-Pierre）の変形である。命名は、1211年に最初のサン＝シュルピス教会堂が建てられるまで、サン＝ジェルマ＝デ＝プレ地区の小教区教会としてもちいられていたサン＝ペール礼拝堂に由来する。1611年、この礼拝堂は慈善院【1602年、マリ・ド・メディシスが病人介護のために創設した】の祭儀にもちいられるようになった。

　1613年と1732年に改築された礼拝堂は、フランス革命時に閉鎖され、1799年に開設した臨床医学校に転用された。そして1942年、その一部は聖ウラジミール大王記念ウクライナ・カトリック教会となった。サン＝ピエール通りは1652年にサン＝ペール通りに改称され、この通りに近いことから同じ名でよばれるようになった港は、1942年に散策用に整備されている。

サン＝ベルナール Saint-Bernard　11区のサン＝ベルナール通り（Rue Saint-Bernard）は、16世紀にはサン＝タントワヌ大修道院に通じていた。通りの呼称は、聖ベルナール【ラテン語名ベルナルドゥス。1091年にディジョン近郊で生まれ、1153年にフランス東部トロワ近郊のクレルヴォー修道院で没した修道士・教会博士】が定めた戒律を遵守していたこの修道院に由来する。ベルナールが建てたクレルヴォーの大修道院は最盛

期に700人の修道士を擁し、その周囲に160もの子院をかかえていた。

タンプル（聖堂）騎士団の創設にも大きくあずかって力があったベルナールはまたシトー会の改革者であり、間違いなく当時最大の人物だった。瞑想をつねとし、聖母の熱心な崇拝者でもあった彼は、神のもとへと向かうための3階梯を唱えた。実践的な生、瞑想的な生、そして忘我的な生である。11区にはサン＝ベルナール小路（Passage Saint-Bernard）もある。呼称は同名の通りと隣接していることによる。

一方、5区にはサン＝ベルナール河岸通り（Quai Saint-Bernard）が1650年からある。呼称は、現在のトゥルネル河岸通り1番地にあったサン＝ベルナール市門近くを走ることにちなむ。15世紀末にフィリップ＝オーギュストの市壁内に築かれたこの市門は、旧トゥルネル城の南側入口にあったが、1787年に撤去されている。5区にはまたサン＝ベルナール港（Port Saint-Bernard）もある。近接する同名の河岸通りにちなんで、1905年に命名されたものである。

サン＝ポール Saint-Paul　4区のサン＝ポール通りは、それまでの礼拝堂【632-642年建立】が手狭になったっため、1107年、その跡地に建てられたサン＝ポール＝デ＝シャン教会にちなんで命名されている。この通りの30-32番地にあった教会堂はフランス革命時に閉鎖され、1799年に解体された。ただ、サン＝ポールという名は、**サン＝タントワヌ**通りの101番地に1627年に建てられたサン＝ルイ教会の呼称にくわえられ、以後、これはサン＝ポール・サン＝ルイ教会とよばれるようになった。サン＝ポール通りは1350年から、教会に接する同名の小路（Passage Saint-Paul）は1650年から、さらに20区のサン＝ポール袋小路（Impasse Saint-Paul）は1877年からある。

「異邦人たちの使徒」聖パウロ（ポール）は、伝承によれば紀元5年にローマの属州だった小アジアのタルススに生まれ、67

年、ローマ郊外で殉教している。回心までサウロを名乗っていた彼は、13歳のとき、エルサレムを訪れたが、当初はイエスの教えに共鳴してはいなかった。それどころか、37年にはステファノ【→サン＝テティエンヌ＝デュ＝モン】の裁判官のひとりとして、死刑の判決に賛成したともされる。彼はさらに新しい宗教の信者たちを積極的に迫害し、サンヘドリン【古代ユダヤ教の最高法院】からシリア全土で彼らを追跡する任務を託されている。この使命をまっとうすべく、ダマスカス（ダマスコ）へ向かう途中、「サウロよ、なぜわたしを迫害するのか」というイエス・キリストの声を聞く。その途端、落馬した彼は目が見えなくなったが、内なる光で見えるようになった。以後この光を失うことはなかったという。

こうしてそれまでの自分と決別した彼は、同胞であるユダヤ人たちにイエスの復活を語るようになる。そしてエルサレムに戻ってペトロ（**サン＝ピエール**）と出会い、ついでアンティオキアに赴いて名をパウロとあらためる。それから数多くの人々を改宗させ、彼の声は東方世界の各地に響くまでになる。だが、エルサレムで捕縛された彼は、【ローマ市民であるゆえ、サンヘドリンが自分を裁くことはできないと主張したため】ローマに送られ、66年、ペトロともどもマメルティーノ牢獄に幽閉される。そして67年、オスティア街道で斬首されたという。

その殉教の地に、やがてサン・パオロ・フオーリ・レ・ムーラ大聖堂が建てられた【「城壁外の聖パウロ大聖堂」を字義とするこのバシリカ式大聖堂は、313年のミラノの勅令によってキリスト教を国教化した、コンスタンティヌス帝（在位306-337）の時代に建立され、教皇シルウェステル（在位314-335）時代の324年に献堂されている】。有名な『使徒言行録』の著者とされるパウロは、こう言ったという。「使徒の言葉は鋭い両刃の剣より深く心を貫く」

サン＝ボン Saint-Bon　4区のサン＝ボン通り（Rue Saint-Bon）は、13世紀には現在より長かった。呼称は現在の通りの6番地

に1125年に建立されたサン＝ボン礼拝堂にちなむ。この礼拝堂は革命期の1793年に閉鎖され、1811年に解体されている。

サン＝マテュー Saint-Mathieu　使徒で福音史家の聖マタイ（マテュー）はガリラヤに生まれ、70年頃にエチオピアで殉教したとされる【諸説ある】。収税吏だった彼は、イエスに従ってその弟子となり、師の昇天後、ユダヤ地方、ついでエチオピアで宣教活動をおこなった。彼が編者とされる『マタイによる福音書』は、おそらくユダヤ人たちにイエスが救い主であることを示すために書かれたもので、そこには3博士の礼拝やキリストの主たる奇蹟、その昇天と復活などを語る有名な「山上の垂訓」がふくまれている。パリのサン＝マテュー通り（Rue Saint-Mathieu）は18区にある。命名は1867年。

サン＝マルク Saint-Marc　1652年に開通した2区のサン＝マルク通り（Rue Saint-Marc）は、ルイ12世【国王在位1498-1515】の時代からルイ14世（**ルイ・ル・グラン**）の時代までヴィヴィアン家が領主となっていた、パリ東方ダンマルタン近くのサン＝マルク村にちなんで命名されている。ヴィヴィエンヌ通りの名祖でもあるこの一族は、サン＝マルク通りが敷設された土地を有していた。2区にはまた1834年に開通したサン＝マルク通廊（Galerie Saint-Marc）もある。呼称は通りに近いことに由来する。

サン＝マルソー Saint-Marceaux　1845-1915年。シャルル・ルネ・ド・サン＝マルソーは**ランス**で生まれ、パリで他界した彫刻家。1868年、『ダンテの青年時代』と題した処女作を発表している。やがて**エルネスト・ルナン**やメソニエらの彫像や、『アラブの踊り子』、『農村のムース』【いずれも制作年不詳】、さらにモンマルトル墓地にアレクサンドル・デュマ（子）の墓碑などをつくっている【サン＝マルソーの作品としては、万国郵便連合のため、1909年に制作した記念碑（スイス、ベルン）を忘れてはならない】。17区のサン＝マルソー通り

（Rue Saint-Marceaux）は、1932年から17区にある。

サン＝マルセル Saint-Marcel　5区と13区を結ぶサン＝マルセル大通り（Boulevard Saint-Marcel）は、現在の通りの55番地にあったサン＝マルセル教会にちなんで、1857年に命名されている。1040年に建てられたこの教会堂は、生没地であるパリの司教だった聖マルセル（436没）に捧げられている。ある伝承によれば、この聖人はパリを出てドラゴンと闘い、司教杖の柄で触れただけで、怪物を退治したという（おそらくドラゴンはかなり弱っていたのだろう）。教会堂はフランス革命期の1790年に閉鎖され、1806年に解体された。かろうじて残っていた尖塔も、1874年に姿を消している。そして1852年から56年にかけて、オピタル大通りの82番地に、それに代わって新たな、だが同名の教会堂が建立されている。

サン＝マルタン Saint-Martin　3・4・10区を走るサン＝マルタン通り（Rue Saint-Martin）は、1851年に現在の道筋になったが、より短い通りとしてはフィリップ・オーギュストの時代からあった。呼称は、それが通じていた旧サン＝マルタン＝デ＝シャン修道院に負っている。501年【文献初出は709年】に創建されたこの修道院は、12世紀に同名の教会堂となり、現在は国立工芸院【1794年創設。科学技術博物館と職業人学校からなる】に転用されている。

　サン＝マルタン＝デ＝シャン教会はもう1か所、マレ通りの36番地にあり、1855年に建立されている。小修道院の名残はほかにもある。現在、工芸院の図書館となっている旧食堂で、これは聖王ルイ（**サン＝ルイ**）の時代に、ピエール・ド・モントルイユによって建てられたものである【モントルイユ（1200頃-67）はパリ出身の建築家。1250年頃、サン＝ジェルマン＝デ＝プレ大修道院の食堂もつくっている】

　サン＝マルタン＝デ＝シャン修道院は聖マルタンに捧げられているが、それは384年、この場所で彼がひとりのハンセン病者

サンマンテ

を抱いて癒したとする伝承による。聖マルタン（316-397）はドナウ（ダニューブ）河岸のサバリア【ハンガリー】に生まれ、フランス中部トゥーレーヌ地方のコンドで没している。15歳で兵士となった彼は、やがて生涯を神の奉仕に捧げるようになった。伝承によれば、彼の慈悲は噂になるほどよく知られ、寒さに震える貧者に自分が着ていたマントを半分に切ってあたえたという逸話も残っている。トゥールの司教【371年から】だった彼の墓は、この町の外れにあり、そこは長いあいだ巡礼地となっていた。宗教戦争さなかの1562年、彼の聖遺物はユグノーたちによって焼き捨てられてしまうが、幸いその一部だけは救われた。

一方、サン＝マルタン大通り（Boulevard Saint-Martin）は3区と10区を結んでいる。1670年に敷設されたこの大通りは、隣接する同名の通りにちなんで命名されたものである。

サン＝マンデ Saint-Mandé　12区を走るサン＝マンデ大通り（Avenue Saint-Mandé）の一部は1821年からあるが、現在の道筋になったのは68年である。呼称はそれがかつてのサン＝マンデ村に続いていたことによる。この村はヴァンセンヌの森の端、パリのすぐ外に位置し、長いあいだパリっ子たちの主要な散策地のひとつだった。

管見によれば、マンデと呼ばれる聖人は存在しない。だが、宗教用語としてのマンデは、聖木曜日【復活祭主日前の木曜日】に営まれる儀礼のひとつで、そこでは人々が貧者たちの足を洗い、彼らのために献金を集めることになっていた。その際にもちいられる籠が「マンド」とよばれていた。マンデという語自体は、聖木曜日の交唱「私が汝らにあたえる新しい戒律（Mandatum novum do vobis）」に由来する。

12区にはまた19世紀末からサン＝マンデ小公園（Square Saint-Mandé）もある。呼称は同名の大通りに接していることによる。

サン＝ミシェル Saint-Michel　5区と6区を走るサン＝ミシェル大通り（Boulevard Saint-Michel）は、その起点である橋の名にちなんで、1867年に命名されている。天使ミカエル（ミシェル）の名は、ヘブライ語で「神に似たる者（はだれか）」を意味する。聖書に5回登場している【『ダニエル書』、『ユダの手紙』、『ヨハネの黙示録』】ミカエルは、イスラエルの守護者で、悪の軍隊に立ち向かう善の軍隊の指揮者とされる。たとえばラファエル（ラファエロ）の秀逸な油彩画『ミカエルと竜』【1505年、ルーヴル美術館蔵】のように、ミカエルはしばしば悪魔と戦う姿で描かれている。

伝承によれば、おそらくこの天使は2度地上に現れている。まずローマのハドリアヌス廟の上で、それ以後、そこはサン＝タンジェロ城とよばれるようになった。ついで706年頃に北仏の小島に出現し、現在そこにはモン＝サン＝ミシェル大修道院がたっている。

1区と4区、さらに5区および6区を結ぶサン＝ミシェル橋（Pont Saint-Michel）は、1378年から87年にかけて架けられ、当初はプティ＝ポン橋とよばれていた。1408年、この橋は洪水で流されるという悲運にみまわれた。そこで1416-24年に新しい橋が建設され、現在の呼称がつけられた。だが、1547年、これもまた橋桁に船が衝突してあえない最期を遂げる。それから2年後の1549年、3番目の橋が完成するが、1616年、洪水によってまたしても破壊されてしまった。同年、それにこりず、4番目の橋が架けられる。しかし、今度は石橋だった。こうして1857年、今日目にする橋が、建築技師のポール・ヴォードレ【生没年不詳。シュリー橋やアルマ橋などの架設も手がけている】らによって完成した。はたして子孫たちはさらなるサン＝ミシェル橋を見ることになるのだろうか。

一方、5区と6区の境にはサン＝ミシェル広場（Place Saint-Michel）もある。1840年に建設されたこの広場は、隣接する同名の橋にちなんで命名されている。1860年、広場にはガブリエル・ダヴィウー【1823-81。ナポレオン3世時代に流行した折衷主義

建築家の第一人者で、パリ市建築工事監察官】の設計にもとづいて、パリ市が聖ミカエルの噴水を設けた。これは重なり合った4基の噴水口からの水を受ける水盤からなっており、噴水口の上には「悪魔を退治する聖ミカエル」の青銅製の像が載っている。

5区にはまたサン＝ミシェル河岸通り（Quai Sain--Michel）が通っている。1812年から16年にかけて敷設された通りで、呼称は隣接する同名の橋に負う。

サン＝ミシェル Saint-Michel
18区にはヴィラ・サン＝ミシェル（Villa Saint-Michel）もある。呼称は、近くのサン＝ジャン通り14番地にあるサン＝ミシェル＝デ＝バティニョル教会に由来する。この教会堂の建設工事は1934年に完成したが、1925年、竣工を待たずに開堂している。これは、1857年に建立されたものの、1910年、あまりにも手狭になったとして解体された、最初の教会堂に代わって建てられたものである。

サン＝メダール Saint-Médard
1589年にヌーヴ・サン＝メダール通りと命名された5区のサン＝メダール通り（Rue Saint-Médard）は、1877年から現在の呼称となっている。聖メダールと近接する同名の教会に捧げられた通りで、ムフタール通りの勾配を下った端にあるこの教会は、15世紀から16世紀にかけて現在の外観となっている。ここで特筆しておくべきことは、サン＝メダール教会がフランス・ジャンセニスムと不可分に結びついていた事実である。

サン＝メダール教会の助祭で、高徳をもって知られたジャンセニストのフランソワ・ド・パリス（1690-1727）が他界すると、彼が埋葬された教会墓地で、不治の病を宣告されたおびただしい病者たちが、ときに身体を痙攣させたのち、快癒したという。イエズス会やパリ大司教はこうした奇蹟をジャンセニストの謀略かつ欺瞞だとして激しく非難し、治安当局もまたそれに危機感をいだいて、1732年1月、墓地は王命によって閉鎖されてしまう。

だが、それ以後もパリスのとりなしを願う人々は、パリのみならず、国内各地で痙攣をへての快癒に与ったと主張するようになる。やがて彼らの一部は救世主と自称する聖職者などを中心として、狂条的な自傷行為をおこなうセクト【痙攣派】を組織し、ジャンセニストたちからも非難されて歴史の陰に埋没していく【詳細は蔵持論文「奇蹟の歴史人類学」、嶋内博愛・蔵持監修『文化の遠近法』（言叢社、2017）参照】

教会や通りの名祖となった聖メダール（ラテン語名メダルドゥス）は、456年に北仏ピカルディ地方のサランシーに生まれ、545年に同地方のノワヨンで没している。兄の聖ジルタール（ゴタールとも）【448-514】はルーアン司教だった。530年、メダールは北仏サン＝カンタン近郊のヴェルマン司教となり、のちにノワヨン司教に転じる【532年】

彼は525年、生地サランシーで最初の「バラ冠の乙女選挙」【→ロジエール】を実施し、それを各村に広めたとされる。一方、なぜかは不明だが、彼は天候を左右する力を有しているとの評判をえていた。たとえば、わらべ歌の『ジャック兄弟』には、「サン＝メダールの祝日【6月8日】に雨が降れば、以後40日間は傘が必要」という歌詞がある【ただし、原詩は人口に膾炙していた地口】

サン＝メリ Saint-Merri
4区のサン＝メリ通り（Rue Saint-Merri）は、13世紀に開通してから1881年まで、ヌーヴ・サン＝メリ通りとよばれていた。呼称は近く、すなわち現在のサン＝マルタン通り78番地にある同名の教会に由来する。今日目にするサン＝メリ教会は1515年から52年にかけて建てられたもので、1855年に若干修復されている。聖メリ【列聖前の名はメデレク】はブルゴーニュ地方のオータン【より正確にはその近郊のモルヴァン】に生まれ、オータン司教をつとめたのち、700年頃に他界したとされる。

生前、彼はしばらくパリに滞在し、やがて樹木がパリの市壁を覆っていたある森の

中の小屋に隠棲した。おそらくそれは**ルー
ヴレ**の森だろう。彼に捧げられた教会はそ
の隠棲所の跡地に建てられている【最初は
サン＝ピエール＝デ＝ボワ礼拝所、9世紀に
パリ司教のゴズランがメデリクの遺骸をそこ
に移葬してサン＝メリ教会とよばれるように
なった】

サン＝モーリス Saint-Maurice 12区のサン
＝モーリス大通り（Avenue de Saint-
Maurice）は、それが通じている旧サン＝
モーリス村にちなんで命名されている。こ
の村は中世にはプティ＝シャラントンとよ
ばれ、**サン＝ドニ**大修道院の所領だった。
有名な**シャラントン精神病院**【マルキド・
ド・サドが収容されていた】は、画家ウジェ
ーヌ・ドラクロワの生地でもあるここにた
っている。
　聖マウリティウス（モーリス）はスイス
南部ヴァレー地方のアゴナム、現在のサン
＝モーリス──サン＝モリッツとは無関係
──で、287年頃に殉教している。彼はテー
バイで徴兵されたキリスト教徒たち【コプ
ト人主体】からなるテーベ軍団の指揮官
だった【彼はマクシミアヌス帝（在位286-
305、306-310）の命でガリアの叛徒たちを鎮
圧するためアゴナムに進軍したが、感謝祭の
生贄奉献を拒んで、兵士たちともども処刑さ
れたとされる】

サン＝モール Saint-Maur 10区と11区を結
ぶサン＝モール通り（Rue Saint-Maur）は
13世紀からあり、**サン＝ドニ**大修道院か
らサン＝マルタン＝デ＝フォス大修道院ま
で続いていた。639年に建立された後者の
修道院は、今ではあとかたもなく消失して
いるが、ノルマン人が侵入した際【9世紀
末】、修道院は劫略され、聖マウルス（モ
ール）の聖遺物もすてられた。920年に再
建されると、そこは18世紀まで多くの巡
礼者を引き寄せるようになり、修道院の周
囲には町もできた。
　聖マウルスは512頃にローマで生まれ、
584頃にアンジュー地方のグランフイユで
没している。ヌルシアの聖ベネディクトゥ
ス（**サン＝ブノワ**）から寵愛された最初期

の弟子で、師の命により、モンテ＝カッシ
ーノを去ってガリアのグランフイユに赴き、
ベネディクト会最初の修道院を建てた。そ
して、みずからその修道院長となり、まも
なく同修道院は発展するようになった。

サン＝ヤサーント Saint-Hyacinthe 1区の
サン＝ヤサーント通り（Rue Saint-
Hyacinthe）は1650年から小路とよばれて
いたが、1807年に「通り」に昇格している。
名祖である聖ヒヤキントゥス（ヤサーント）
は1183年頃シレジア地方に生まれ、1257
年にクラクフで没している。ローマで聖ド
ミニコ（**サン＝ドミニク**）本人からドミニ
コ会の修道服を着せられたという【叔父の
クラクフ司教とともにローマを訪れて聖ドミ
ニコで出会い、その教えに感銘して1218年にドミ
ニコ会に入ったとされる】。やがて彼はポー
ランド（ポローニュ）やモラヴィア、スウ
ェーデン、デンマーク、大タルタリアなど
を旅し、多くの人々を改宗させたところか
ら、「北方の使徒（宣教者）」とよばれた。

サン＝ラザール Saint-Lazare 8区と9区
を走るサン＝ラザール通り（Rue Saint-
Lazare）は、1770年に命名されている。
呼称はそれが通じていた「サン＝ラザール
の家」に負っている。これは1110年に建
てられたハンセン病患者用の施療院で、現
在のフォブール・サン＝ドニ通り107番地
にあった。
　マリニャーノ（マリニャン）の戦いがあ
った1515年、聖ヴィクトル（**サン＝ヴィ
クトル**）修道会の参事会員たちが差配して
いたこの施療院はハンセン病者たちの受け
入れをやめ、1632年、聖ヴァンサン・ド・
ポール（**サン＝ヴァンサン＝ド＝ポール**）
が、そこにラザリスト会の宣教司祭たちを
配した。そして1779年から、サン＝ラザ
ール施療院は男性用の一時的な強制収容施
設としてもちいられるようになる。
　恐怖政治のあいだ【1793年6月-94年7
月】、ここには数千を数える【反革命分子と
された】囚人が幽閉され、その大部分が外
に出られたのは、処刑台に送られるときだ
けだった。さらに1896年からは、**サン＝**

ラザールは少女用、ついで女性用の監獄となった。だが、1935年、この監獄は撤去された。

通りの名祖であるラザロは、周知のようにマルタ（**サント＝マルト**）やベタニアのマリアの兄弟で、イエスによって甦らされたとされる【『ヨハネによる福音書』】。別の伝承では、マルセイユの初代司教になったともいう。

サン＝ランベール Saint-Lambert 10区のサン＝ランベール通り（Rue Saint-Lambert）は、通りに隣接する同名の古い教会にちなんで18世紀に命名されている。旧サン＝ランベール広場、現在のアンリ＝ロレ広場にあるこの教会堂は、1341年に建てられている。1853年、これは老朽化が激しかったために解体され、代わりに同じ聖人に捧げられた、だが、場所をジェルベール通りに移して再建されている。

ちなみに、ランベールとよばれる聖人は3人知られている。ひとりはマーストリヒト司教の聖ランベルトないしランベール（636/640-705/708）【マーストリヒトに生まれ、ピピン2世の家令たちによりリエージュで暗殺】、もうひとりは、626年、北仏パ＝ド＝カレ地方のケルヌに領主の子として生まれ、688年ないし689年にリヨンで没した聖ランベールで、681年からリヨン司教をつとめた。3人目は1114年にリヨン司教となった人物で、彼はマルセイユ北東方のリエに生まれ、ニース近郊のヴァンスで他界している。

サンリス Senlis パリ北東方オワーズ県の郡庁所在地で、オーネット河岸に位置するサンリスには、素晴らしい建造物がいろいろある。12世紀から13世紀にかけて建てられたノートル＝ダム司教座聖堂や、同時期の建立になるサン＝フランブール参事会教会、11世紀前葉のサン＝テニャン教会、旧サン＝ヴァンサン修道院【1065年再建】、さらに15世紀に建設された市庁舎などである。第1次世界大戦初期、大部分がドイツ軍によって灰燼に帰したこの町に、フォシュ元帥は司令部を置いていた。パリの

17区にあるサンリス通り（Rue de Senlis）は、1932年の命名である。

サン＝リュク Saint-Luc アンティオキアで生まれ、80-90年代に活動したとされる福音史家の聖ルカ（リュク）は、医業を営んでいたが、68年頃に殉教した聖パウロ（**サン＝ポール**）と旅と行動を共にしたという。『ルカによる福音書』と『使徒言行録』を編んだとされる彼は、アドリア海沿岸のダルマティアやイタリア、マケドニアなどに福音を伝え、ギリシアのパトラで没した【享年84？】。彼が殉教したのか穏やかに死を迎えたのかは不明だが、357年、その遺骸はコンスタンティノポリス（コンスタンティノプル）の12使徒大聖堂に移葬された。伝承によれば、ルカはまた優れた画家とされ、それゆえ宗教画家たちの守護聖人となっている。1867年、彼をたたえてパリの通りにその名がつけられた。18区のサン＝リュク通り（Rue Saint-Luc）がそれである。

サン＝リュスティク Saint-Rustique 聖ドニ（**サン＝ドニ**）の同行者だった聖ルスティクス（リュスティク）は、3世紀に聖ドニともども殉教しているが、その場所は一般に考えられているモンマルトルの丘ではなく、サン＝ドニの大修道院だった。彼に捧げられたサン＝リュスティク通り（Rue Saint-Rustique）は、1867年から18区にある。

サン＝ルイ Saint Louis 4区のセーヌ川に架けられたサン＝ルイ橋（Pont Saint-Louis）は、クリストフ・マリが1627年に建設に着工し、34年に完成している。当時は木橋で、シテ島とサン＝ルイ島を結んでいた。だが、1709年、洪水によって橋の半分が砕けて流出し、1717年、再建のために残った部分も解体しなければならなかった。こうして架けられた新しい木橋もまた、フランス革命初期に洪水で流された。そこで1804年、今度は石橋が架設される。しかし、この3番目の橋もまた1939年12月22日に突如崩壊し、3人がその犠牲となった。1940年から65年にかけては、歩行者専用の狭い橋が架けられた。これが現

313

在のパリで唯一の歩道橋となっている。

サン＝ルイ＝アン＝リル Saint-Louis-en-l'Île

1614年に開通したサン＝ルイ＝アン＝リル通り（Rue Saint-Louis-en-l'Île）は、1664年に礎石が据えられ、1726年7月14日に献堂された同名の教会にちなんで命名されている。その名祖である聖王ルイ9世は、ルイ8世（在位1223-36）とブランシュ・ド・カスティーユ【1188-1252。カスティーリャ王家出身。幼王ルイ9世の摂政として政治の実権を握った】の長子で、1215年にパリ北西郊のポワシーで生まれ、70年にチュニスで客死している。

11歳で王位につき、34年にマルグリト・ド・プロヴァンス【→レーヌ・ブランシュ】と結婚した彼は、イングランド王ヘンリー3世【在位1216-72。妃はマルグリトの妹エレオノール（エリナー、1236-72）】と対立して、1242年、その軍勢をタイユブール【フランス西部シャラント＝マリティマ地方】で撃破した。やがて双方は1259年まで休戦し、この年、イングランドはノルマンディとメーヌ、ポワトゥー地方をフランスに割譲する。

この休戦期間中、ルイ9世は2度の十字軍を興す。最初は1249年の第7回十字軍を指揮した。だが、1250年、エジプト北部のマンスーラの戦いで【マムルーク軍に】敗北し、捕虜となった彼は、釈放されるために巨額の身代金を払わなければならなかった。帰国したのは母后が他界した1252年だった。彼が興した2度目の十字軍【第8回十字軍】は、1267年にフランスを出立している。弟シャルル・ダンジュー【1227-85。シチリア王（在位1266-82）、ナポリ王（1282-85）】の進言で、彼はチュニス攻略からこの十字軍を始めようとした。だが、そんな彼を不幸が襲った。目的地を前にして、ペストの犠牲となってしまったのである。

ルイ9世のイメージは、「聖王」という美称が示すように、公正さにあふれた人物とされている。ヴァンセンヌの森にある樫の木の下で、貧富を問わず、人々の訴えに辛抱強く耳を傾けながら裁判をおこなったのだろうか【フランス新古典派の画家で、ローマのフランス学院長（→レオン・ウゼ）をつとめたピエール＝ナルシス・ゲラン（1774-1883）に、この裁判を描いた想像画（1816年）がある】

それはさておき、彼は施療院をいくつか建て、そのうちのひとつキャンズ＝ヴァン盲人院【1254年】は、一説にとくにサラセン人によって目を潰された300人——15×20——の騎士を収容したという。さらに、少女や若者のための施療院も創設したともされる。彼の死後、息子フィリップ3世が玉座を継いだ【在位1270-85。のちに叔父シャルル・ダンジューの操り人形との悪評をえた】。ルイ9世の列聖は1297年になされている。

サン＝ロック Saint-Roch

1区のサン＝ロック通り【1450年敷設】と小路（Rue / Passage Saint-Roch）は、それぞれ1879年と1749年に、近くのサン＝ロック教会にちなんで命名されている。この教会堂は、手狭となった1521年からの礼拝堂に代わるものとして、1653年3月28日に建設が始まった。だが、工事は資金不足のため遅々として進まず、竣工・献堂されたのは1740年7月10日だった。現在、この教会堂に鐘楼はない。1875年、老朽化のために撤去されたからである。そこにとり付けられていた鐘は、サクレ＝クール大聖堂に供出されている。

名祖の聖ロック【1348頃-1376/79。原著にある生没年（1293-1327）は伝承による】は南仏モンペリエで生まれ、没している。若い頃南仏やイタリア各地を旅して、ペスト患者を介護したとされる【このペストは1347年から51年まで西欧世界で猖獗を極めた黒死病。聖ロックと黒死病の詳細は、蔵持著『ペストの文化誌』（朝日新聞社、1995年）を参照されたい】。生地に戻ると、理由は不明だが、密偵の廉で逮捕・投獄され、独房で死を迎えた。

だが、ロックの名声は彼が歩いた地域全体のみならず、スペインにまですでに広ま

っており、やがて彼はペスト患者の治癒聖人として崇められるようになる。その遺骸はヴェネツィアの教会に安置されている。彼の名を冠したサン・ロッコ教会にである【伝承によれば、ペストに罹った聖ロックの元に、毎日犬が食べ物を運んできたという。聖人を描いた造形に必ず登場するこの犬の名ロケ（Roquet）は、のちにチンの一種をさすようになった。さらにフランス語の表現で、離れがたいふたりを「聖ロックとその犬セ・サン＝ロック・エ・ソン・シャン」ともいう】

サン＝ロマン Saint-Romain　6区のサン＝ロマン通り（Rue Saint-Romain）は、1644年、ロマン・ロドワイエが院長だった**サン＝ジェルマ＝デ＝プレ修道院**の所領に敷設されている。呼称はこの院長名にちなんで聖ロマンをたたえるためにつけられたが、ロマンとよばれる聖人は少なくとも5人いる。そのなかでおそらくもっとも有名なのは、258年にローマで殉教したとされる次の人物だろう。

　ウァレリアヌス帝【在位253-260】の時代、軍団の兵士だったロマヌス（ロマン）は、火責めの拷問を受けていた聖ラウレンティウス（**サン＝ローラン**）の見張りだった。だが、この聖人から洗礼を受け、キリスト教徒になったことを告白する。皇帝はそれを認めず、彼を棍棒で殴らせ、最終的に斬首刑に処したという【→サン＝ティポリット】

　6区にはまたサン＝ロマン小公園（Square Saint-Romain）もある【有名な聖ロマンはもうひとりいる。6世紀のルーアン司教で、彼はルーアンの住民たちから恐れられていた竜「ガルグイユ」を十字架で退治し、これを燃やした。住民たちは残ったその頭と首を城壁に飾り、これがのちの教会建築に見られるガルグイユ（獣顔樋嘴ひはし）の原型になったという】

サン＝ローラン Saint-Laurent　10区のサン＝ローラン通り（Rue Saint-Laurent）は、隣接する地で開かれていた同名の大市にちなんで、17世紀に命名されている。12世紀までさかのぼるこの大市は、1661年【1625年に創設されたラザリスト宣教会が運営

を担った】から隆盛をみるようになった。当時、**フォブール・サン＝マルタン、フォブール・サン＝ドニ**、そして**サン＝ローラン**の各通りに囲まれた5アルパン【約95アール】の土地で催されていたそこには260もの露店が並び、1710年からはオペラ＝コミックも上演されるようになった。ファヴァールと女優の妻が大成功をおさめたのがここだった。

　だが、やがて大市の隆盛にも影が差し、ついに1762年、閉鎖を余儀なくされた【サン＝ローラン大市の詳細は、蔵持著『シャルラタン』（新評論、2003年、第3章）を参照されたい】。この大市の呼称は、**ストラスブール大通り**のサンローラン教会に由来する。560年に礼拝堂だったこれは、1280年に教会となっている。最初期の堂宇は、1280年当時の姿を残す鐘楼を除いて、15世紀に改築されている。ファサードは身廊が延長された1862年の再建である【通りの名祖である聖ラウレンティウス（210頃-258）は、ローマの助祭だったが、ローマ総督による教会財産の没収命令に背いて、これを貧民に分けあたえ、焚刑に処された。10区にはまたサン＝ローラン小公園（Square Saint-Laurent）もある】

シヴェル Sivel　1834-75年。アンリ・テオドール・シヴェルは南仏ガール県のソウヴに生まれ、事故死した海軍将校・飛行家。遠洋航海船の船長だった彼は、航空術に関心をいだくようになって船を下り、地上に近づいた飛行船の速度を落とさせ、確実かつ安全に接地させるための誘導索を考案している。この誘導索は当初は浮き索、のちに繋留索となった。

　1875年4月15日、シヴェルはジョゼフ・クロセ＝スピネリ【1845生。パリ中央工芸学校出身で、1874年3月、シヴェルとともに、飛行船「エトワール・ポレール（極星）号」で高度7300メートルまで達し、上昇記録を樹立している】と、ガストン・ティサンディエ【1843-99年。化学者で、のちに科学作家】とともに、飛行船「ゼニト（天頂）号」に乗り、高度8000メートルまでのぼ

315

シウヤル

った。だが、シヴェルとクロセ＝スピネリはそのために窒息死し、ひとりティサンディエだけが無事帰還した。14区のシヴェル通り（Rue Sivel）は、事故から20年たった1896年に命名されている。

シヴァル Civiale 1792-1867年。ジャン・シヴァルはフランス中部カンタル県のティエザクに生まれ、パリで他界した医師。「石」の病気【尿路結石・胆石】を治療して名をはせた。溶剤を捜して徒労に終わったあと、膀胱結石治療に破砕法を選び、1823年、最初の手術を行った。以後、この治療法は「シヴァル法」とよばれるようになる。彼はネッケル（ネケール）病院で「石」を患う多くの病人を診療したが、その死後、自分の跡を継いで同様の治療をおこなう外科医たちに1500フランの報酬を終身あたえるとの遺言を残している。10区のシヴァル通り（Rue Civiale）は、1882年に命名されている。

シヴリ Civry シヴリとは、1870年10月18日、敵のプロイセン軍に激しく抵抗したパリ南西部の村の名。16区のシヴリ通り（Rue de Civry）は1875年の命名である。

ジェーヴル Gesvres ジェーヴル公爵家はパリ盆地東部ブリを出自とする高等法院判事の一族で、姓はポティエ。今日、4区のジェーヴル河岸通り（Quai de Gesvres）にその名を残している人物はルネ・ポティエである。1579年に生まれ、1670年に没した彼は、ルイ13世【国王在位1610-43】から、セーヌ河岸、ノートル＝ダム橋とシャンジュ橋のあいだの土地を下賜された。条件は、この2本の橋と同じ高さに河岸通りを敷設することだった。彼はそれを実現し、その完成年、すなわち1642年に、河岸通りにジェーヴル伯爵家の名が冠せられた。

ジェオ・シャヴェ Géo Chavez 1887-1910年。飛行士のジェオ・シャヴェはアルプス越えの途中で遭難死している。20区のジェオ＝シャヴェ通り（Rue Géo-Chavez）は、その死を悼んで1915年に命名された。

ジェサン Jessaint 18区のジェサン通り（Rue Jessaint）は、パリに編入されるまで、ラ・シャペル村にあった。呼称はサン＝ドニ郡の副郡長だったジェサン男爵に由来する。

シェーズ Chaise 7区を走るシェーズ通り（Rue de la Chaise）の呼称は、交錯するグルネル通りの36番地に、「椅子屋」の看板がかかっていたことに由来する。命名は1588年である。

シェソン Cheysson 土地所有者の名前【ヴィラ・シェソン（Villa Cheysson）は16区】

ジェニ Génie 12区にあるジェニ小路（Passage du Génie）の呼称は、バスティーユ広場の円柱【革命記念柱】におかれた精【自由の女神】に負っている。

シェニエ Chénier 1762-94年。詩人のアンドレ・シェニエはコンスタンティノープル（コンスタンティノプル）に生まれ、2歳のときにパリに移った。1787年、在イギリスの大使館員となる。1790年頃に帰国した彼は、新しい思想を支持して恐怖政治体制【1793年6月-94年7月。ロベスピエールを中心とするジャコバン派（山岳派→ルドリュ＝ロラン）による政治形態】に激しく抵抗した。だが、1794年に逮捕されてサン＝ラザール監獄に幽閉され、テルミドール7日に処刑された。

詩や悲歌、賛歌などの作品によって、シェニエは最初のロマン派で最後の古典派とされている。次の一文はこうした分類の正当性をはっきりと示している。「新しい考えにもとづいて、古典的な詩をつくろう」。2区のシェニエ通り（Rue Chénier）は1864年の命名になる。

ジェーヌ Gênes ジェノヴァ（ジェーヌ）はローマの北西約400キロメートルに位置する都市。アペニン山脈の麓、ジェノヴァ湾の奥まりにあるこの町は、長いあいだ幾度となく攻囲戦や変転を味わってきた。ナポレオン軍による1800年の攻囲戦がそのひとつで、ジェノヴァの名がパリの通りに冠せられた所以となっている。そこではマセナ将軍が総勢3万もの兵力からなるイタリア方面軍を率いていたが、兵士たちは疲労困憊寸前となり、リグーリア各地に四散

していった。まさにそのとき、とつぜんメラス将軍【1729-1806】率いるオーストリア軍が侵攻し、これを迎え撃つため、マセナは部隊を再編し、ジェノヴァに篭城しなければならなくなる。

しかし、彼はそこに長くはとどまらなかった。侵攻からまもなく、ジェノヴァを脱出し、2週間後、オーストリア軍に多大の被害をあたえてから舞い戻ったのである。そして市内に新たな塹壕を築いて、敵のすべての攻撃を押し返した。こうしてマセナは敵兵3000人を戦死させる…

しかし、糧食が底をついたため、6月4日、ついに休戦を余儀なくされた。実質上の降伏ではあったが、フランス軍は名誉ある撤退を認められた。武器や荷物を持ち出し、イギリス軍の負担で帰国できたからである。このジェノヴァの町は1805年から15年までフランスに編入された。そして1877年から、その名はシテ・ド・ジェーヌ（Cité de Gênes）として、ジェーヌ袋小路（Impasse de Gênes）ともどもパリの20区に存在するようになる。

シェーヌ・ヴェール Chêne Vert　1840年、12区のシェーヌ＝ヴェール小路（Cour du Chêne-Vert）で、みごとなコナラの木が1本伐採された。この木はそれから何十年にもわたって、地元の女性用パラソルを作るための素材となった。

ジェネラル・アイズノウェール Général Eisenhower　1890-1969年。ドワイト・デーヴィッド・アイゼンハワー（アイズノウェール）はテキサス州のデニソンで生まれ、ワシントンで没している。1942年から44年まで北アフリカの連合軍司令官をつとめ、44年から45年まではヨーロッパの連合国遠征最高司令官として、44年6月6日のノルマンディ上陸作戦を指揮した。そして、1950年には北大西洋条約機構（NATO）軍の最高司令官、53年から61年まではアメリカ合衆国の第34代大統領となった。

合衆国の最高責任者として、彼はヨーロッパや極東での対外政策を強化し、内政では学校や軍隊内での民族差別と真摯に闘った。1945年、ロンドンでおこなった演説のなかでこう言っている。「謙虚さは賞賛に値する人間の自然の反応に違いない。だが、その賞賛は彼の部下たちの流した涙と友人たちの犠牲によって得られたものなのである」【ジェネラル＝アイズノウェール大通り（Avenue du Général-Eisenhower）は8区】

ジェネラル・アペール Général Appert　1817-91年。アントワヌ・アペールはマルヌ県のサン＝レミ＝シュル＝ビュシに生まれ、パリで没した将軍。1844年、イスリー【モロッコ・アルジェリア国境】の戦いでモロッコ（マロック）軍相手にめざましい軍功をあげ、クリミア（クリメ）戦争にも従軍した。1868年、マラコフ公に従って、在ロンドン大使となり、70年の普仏戦争ではパリ南東郊シャンピニーの戦いで勇猛をはせた。パリ・コミューン（コミュヌ・ド・パリ）のあと、彼はヴェルサイユの軍事法廷を指揮した。1875年には中将に任命され、1883年から86年まで在ロシア大使もつとめている。その死後2年目の1893年、16区にジェネラル＝アペール通り（Rue du Général-Appert）が誕生した。

ジェネラル・アルシナール Général Archinard　1850-1932年。ルイ・アルシナールは北仏ル・アーヴル出身の将軍で、フランスが一時期スーダン（スダン）を占領できたのは、まさに彼の活躍のおかげといえる。12区のジェネラル＝アルシナール通り（Rue du Général-Archinard）は、1946年の命名である。

ジェネラル・アンゴルド Général Ingold　1894-1980年。フランソワ・ジョゼフ・ジャン・アンゴルド将軍は第2次世界大戦に参加し、北アフリカ戦線で軍功をあげた。1958年に解放勲章局総裁となった彼の名は、19・20区のジェネラル＝アンゴルド広場（Place du Général-Ingold）に残っている。命名は1987年である。

ジェネラル・アンスラン Général Anselin　1861-1916年。エルネスト・フランソワ・アメデ・アンスラン少将は、第1次

317

世界大戦時、ヴェルダン近郊のドゥオーモン要塞を奪取した際、兵士3000人の先頭に立って戦い、戦死した。1974年に彼をたたえて命名されたジェネラル＝アンスラン通り（Rue du Général-Anselin）は、16区にある。

ジェネラル・アンベール Général Humbert
1862-1921年。ジョルジュ・アンベールは第1次世界大戦の勇士である。将軍ではなかったが、その戦歴をたたえるため、ジェネラルの肩書きをつけたまま、1928年、パリの通りに命名されている。14区のジェネラル＝アンベール通り（Rue du Général-Humbert）である。

ジェネラル・アンリ Général Henrys
1862-1943年。ポール・アンリ将軍は1917年、東部方面軍を数か月間指揮した。17区のジェネラル＝アンリ通り（Rue du Général-Henrys）は、1946年に命名されている。

ジェネラル・エティエンヌ Général Estienne
1860-1936年。ジャン＝バティスト・エティエンヌ将軍は、とくに第1次世界大戦末期の戦闘に戦車と野砲を導入したことで知られる。彼に捧げられた15区のジェネラル＝エティエンヌ通り（Rue du Général-Estienne）は、1937年からある。

ジェネラル・オーベ Général Aubé
1865-1935年。アンリ・オーベは第1次世界大戦を戦った将軍で、その名は16区のジェネラル＝オーベ通り（Rue du Général-Aubé）に残っている。命名は1937年である。

ジェネラル・カトルー Général Cartoux
1877-1969年。ジョルジュ・カトルーはリモージュ【→リムザン】出身の将軍。比類のない個性の持ち主で、1940年、インドシナ（アンドシヌ）総督に任命された彼は、早い時期からシャルル・ド・ゴール将軍と連携し、フランス解放にあずかって力があった。1944年、アルジェ委員会の重責を担い、1945年から48年まで、在ソヴィエト大使をつとめ、54年にはレジョン・ドヌール・グラン・オフィシエ（大将校）勲章を授けられた。1977年、彼にちなんで

17区にジェネラル＝カトルー広場（Place du Général-Cartoux）が誕生しているが、それはマルゼルブ広場を改称したものである。

ジェネラル・カムー Général Camou → カムー

ジェネラル・ギヨーマ Général Guillaumat
1863-1940年。フランス西部シャラント＝マリティム県のブールヌフに生まれたルイ・ギヨーマは、第1次世界大戦の1917年から18年まで東部方面軍、24年から30年まではドイツでのフランス占領部隊を指揮した。15区のジェネフル＝ルイ＝ギヨーマ通り（Rue du Général-Louis-Guillaumat）は1954年からある。

ジェネラル・ギレム Général Guilhem
1815-70年。ヴィクトル・ギレムは1870年、普仏戦争時の首都防衛で名をはせたが、パリ南郊のシュヴィイで戦死した。11区にはその名を冠したジェネラル＝ギレム通り（Rue du Général-Guilhem）がある。命名は1875年である。

ジェネラル・クーニグ Général Koenig
1898-1970年。北仏カーン出身で、パリで没したマリ・ピエール・クーニグは、第2次世界大戦初頭にいち早くシャルル・ド・ゴール将軍を支持している。リビア砂漠のビル＝アケムの戦い【1942年】で、自由フランス歩兵旅団を率いて名をはせた。この戦いで彼はイタリア軍に、ついでドイツ軍に激しい抵抗戦をくりひろげ、それによってイギリス軍がエジプトに撤退することができた。

1944年、国防軍の指揮官となった彼は、50年に政界入りし、フランス国民連合（RPF）【ド・ゴール将軍が第四共和政に反対して創設した政党】にくわわって、1951年と56年、国民議会議員に選ばれている。17区のジェネラル＝クーニグ小路（Allée du Général-Koenig）は、死後、元帥の称号を贈られた彼にちなんで、1978年に命名されたものである。

ジェネラル・クラヴリ Général Clavery
1870-1928年。アメデ・クラヴリ陸軍大佐

はアルジェリア南部の叛乱で戦死している。1934年にその名がつけられたジェネラル＝クラヴリ大通り（Avenue du Général-Clavery）は、16区にある。

ジェネラル・グーロー Général Gouraud

1867-1946年。パリ出身のアンリ・ウジェーヌ・グーロー将軍は、1898年、スーダン（スダン）で、マンディンカ帝国の皇帝サモリ・トゥーレ【1833-1900。「黒いナポレオン」と称された彼は、奴隷商人として財をなし、みずからの帝国を建設した】を捕虜にし、モロッコ（マロック）ではリヨテ総督と合流して戦った【1911年】。さらに第1次世界大戦中の1915年、グーロー将軍は東部方面軍を指揮し、ついでシャンパーニュ第4軍の司令官となった。1919年にはシリアを平定してもいる。

帰国後の1923年から37年まで、パリの軍事政権で要職にあった彼の名は、1955年に命名された7区のジェネラル＝グーロー広場（Place du Général-Gouraud）に残っている。

ジェネラル・グロセティ Général Grossetti

1861-1918年。アレクサンドル・グロセティは第1次世界大戦末期に戦死しているが、とくに大戦中にあげた数々の軍功で知られる。1930年、パリの通りにその名が冠せられている【ジェネラル＝グロセティ通り（Rue du Général-Grossetti）は16区】

ジェネラル・コシェ Général Cochet

1888-1973年。第1次世界大戦の飛行士だったガブリエル・コシェ は、第2次世界大戦の1939年から40年にかけて、フランス第5軍の空軍隊長をつとめた。最初期の対独レジスタンス活動家（その数は大戦末期に激増している）だったため、1941年、ドイツ軍は彼を逮捕する。だが、翌年、収容所を脱出した彼はロンドンに向かい、自由フランスの司令部を指揮する。さらに彼はアルジェリアに移り、諜報機関の統合と指揮をになう。そして1944年、パリ解放に積極的な役割を果たし、48年にはレジスタンス活動委員会を立ち上げ、その初代委員長となった。19区のジェネラル＝コシ

ェ広場（Place du Général-Cochet）は、1979年の命名である。

ジェネラル・ザラポフ Général Zarapoff

1956年、19区にジェネラル＝ザラポフ小公園（Square du Général-Zarapoff）がオープンしている。ジョルジュ・ザラポフ大佐【1878-1945。19世紀にパリに移住したアルメニア系の旧家出身】は、第2次世界大戦中、「リベラシオン（解放）」とよばれたレジスタンスの秘密軍を指揮した。だが、ドイツ軍に逮捕されてブーヘンヴァルト強制収容所に送られ、処刑された。

ジェネラル・サラーユ Général Sarrail

1856-1929年。フランス南西部カルカソンヌ出身のモーリス・サラーユ将軍は、1914年のマルヌの戦いで第3軍を、さらに1915年から17年までは東部方面軍を指揮した。1924年にシリアの高等弁務官に任命された彼の名は、1931年から16区のジェネラル＝サラーユ大通り（Avenue du Général-Sarrail）に残っている。

ジェネラル・サン＝マルタン Général Saint-Martin

1778-1850年。政治家のホセ・デ・サン＝マルティン（サン＝マルタン）は、アルゼンチン東部コリエンテス州のヤペユに生まれ、イギリス海峡に面した北仏ブーローニュ＝シュル＝メールで没したチリとペルーの解放者。マドリードの士官学校を出た彼は、祖国アルゼンチンの独立戦争にくわわるため、1812年3月9日に帰国する。1814年、北部軍の司令官となり、クヨ地方を治める。そして1816年、メンドーサでアンデス軍を組織し、少将としてその指揮官となる。このアンデス軍とともに、彼はチリ平原へと進軍し、チャカブコでスペイン軍を撃破してサンチャゴを奪取する。さらに彼は兵士4500人ともどもスペイン軍をペルーまで追撃し、ピスコに上陸して、ペルー人に武器をとるようよびかけた。

それからリマに進軍し、1821年、ついにペルーの独立宣言をおこなうまでになる。彼は奴隷制と労働賦役を廃止したが、翌年、内部の敵対勢力によって撤退を余儀なくさ

れる。こうしてチリに戻った彼は、さらに
イギリスへ、そしてフランスに移った。彼
に捧げられた19区のジェネラル＝サン＝
マルタン大通り（Avenue du Général-
Saint-Martin）は、1926年からある。

ジェネラル・ステファニク Général Stefanik
　1880-1919年。スロヴェニア出身でフラ
ンスに帰化したミラン・ステファニク将軍
は、飛行士で天文学者でもあった。チェコ
スロヴァキアの独立戦争における英雄のひ
とりである彼の名は、1933年、16区の広
場に冠せられている。ジェネラル＝ステ
ファニク広場（Place du Général-Stefanik）
がそれである。

ジェネラル・セレ・ド・リヴィエール
Général Séré de Rivières 1815-95年。レ
モン・セレ・ド・リヴィエールはフランス
南西部タルン県のアルビに生まれ、パリで
没した将軍。国立理工科学校（エコール・
ポリテクニーク）を卒業した彼は、1870年
の普仏戦争時に少将となり、この戦争後、
ヴェルサイユ国王軍の第2工兵隊を指揮し
た【パリ・コミューン時】。1872年5月のバ
ゼーヌ裁判【→カンロベール、ジェネラル・
トリピエ】で、審理を担当したのが彼である。
フランス東部や南東部での要塞再建事業を
指導してもいる彼はまた、『ヴェルサイユ
第2軍団によるイシーとヴァンヴの要塞攻
撃物語』【1880年】を著している。ジェネラ
ル＝セレ＝ド＝リヴィエール通り（Rue du
Général-Séré-de-Rivières）は、1933年から
14区にある。

ジェネラル・テシエ・ド・マルグリット
Général Tessier de Margueritte 1882-
1958年。軍事航空術の専門家で、第2次
世界大戦中、「リゼ大佐」の名で知られた
彼は、1944年8月25日のパリ解放へとい
たる蜂起を主導したひとりである。彼の名
を冠した20区のジェネラル＝テシエ＝ド
＝マルグリット広場（Place du Général-
Tessier-de-Margueritte）は、1987年の命
名になる。

ジェネラル・デトリ Général Détrie 1828-
99年。フランス東部オート＝ソーヌ県の

ファヴェルネに生まれた将軍アレクサンド
ル・デトリは、1862年、メキシコでの軍
事遠征時にみごとな軍功をあげたことで知
られる。7区にあるジェネラル＝デトリ大
通り（Avenue du Général-Détrie）は、
1907年に命名されている。

ジェネラル・デュバイユ Général Dubail
　1851-1934年。オーギュスタン・デュバイ
ユはフランス東部のベルフォール出身。
1914年から16年まで第1軍、ついで東部
方面軍を指揮した。1918年、レジョン・
ドヌールのグラン・シュヴァリエ（大騎
士）勲章を授けられた。1934年に彼に捧
げられたジェネラル＝デュバイユ大通り
（Avenue du Général-Dubail）は、16区に
ある。

ジェネラル・ドゥナン Général Denain
　1880-1952年。将軍ヴィクトル・ドゥナン
はフランス南西部ランド県のダクスに生ま
れ、ニースで没している。彼は空軍の軍人
だったが、政治にも関心をいだき、1934
年には空軍大臣になった。1995年以降、
15区には彼にちなんだジェネラル＝ドゥ
ナン小路（Allée du Général-Denain）があ
る。

ジェネラル・ドゥレストラン Général
Delestraint 1879-1945年。ドゥレスト
ラン将軍は北仏パ＝ド＝カレ県のブラシュ
＝サン＝ヴァースト生まれている。フラ
ンス秘密軍の指揮官だった彼は、ドイツ軍
の捕虜となってストリュトフ強制収容所
【アルザス地方にあったフランス唯一のドイツ
軍収容所】に、ついでダッハウの収容所に
送られて処刑された。16区のジェネラル
＝ドゥレストラン通り（Rue du Général-
Delestraint）は、彼の死後9年目の1954
年に命名されている。

ジェネラル・ド・カステルノー Général de
Castelnau 1851-1944年。フランス中部
アヴェロン県のサン＝アフリクに生まれた
エドワール・ド・キュリエール・ド・カス
テルノーは、1914年、ロレーヌ地方で第
2軍を指揮している【ナンシーの防衛に成功
して、「ナンシーの救い主」と称された】。

シエネラル

1915年と16年にはジョフル元帥の副官を
つとめ、17年から18年にかけては東部方
面軍を率いた。第1次世界大戦後は出身地
アヴェロン県選出の下院議員となり、全仏
カトリック連盟を創設している。彼を名祖
とするジェネラル゠ド゠カステルノー通り
（Rue du Général-de-Castelnau）は、1954
年から15区にある。

ジェネラル・ド・ゴール Général de Gaulle
→ シャルル・ド・ゴール

ジェネラル・ドッド Général Dodds 1842-
1922年。セネガル生まれの将軍アルフレッ
ド・ドッドは、ベハンジン王【在位1890-
94】を倒してダホメ王国を制圧した。その
功をたたえて、1935年、ジェネラル゠ドッ
ド大通り（Avenue du Général-Dodds）が
12区に生まれている。

ジェネラル・ド・モーデュイ Général de
Maud'huy 1857-1921年。フランス北東
部メス出身の将軍ルイ・エルネスト・ド・
モーデュイは、権威を重視することで知ら
れていた。1934年に彼の名が冠せられた
ジェネラル゠ド゠モーデュイ通り（Rue
du Général-Maud'huy）は、14区にある。

ジェネラル・ド・ラルミナ Général de
Larminat 1895-1962年。南仏アルル出
身の将軍エドガー・ド・ラルミネは自由フ
ランス協会の初代会長をつとめた。この肩
書きによって、彼の名は15区のジェネラ
ル・ド・ラルミナ通り（Rue du Général-
de-Larminat）に残っている。1971年の命
名である。

ジェネラル・ド・ラングル・ド・カリー
Général de Langle de Cary 1849-1927
年。フェルナン・ド・ラングル・ド・カリ
ーはフランス西部ブルターニュ地方の港町
ロリアンに生まれ、第1次世界大戦時の
1914-15年には第4軍、16年には中部方面
軍を指揮した。12区のジェネラル゠ド゠ラ
ングル゠ド゠カリー通り（Rue du Général-
de-Langle-de-Cary）は、1971年に命名され
ている。

ジェネラル・トリピエ Général Tripier
1804-75年。ジュール・トリピエは北仏パ

゠ド゠カレ県のエダンに生まれ、国立理工
科学校（エコール・ポリテクニーク）に学
んでいる。アルジェリア戦線で頭角を現し、
1849年に大佐に昇進した彼は、1854年、
工兵参謀長としてクリミア（クリメ）戦争
に参加する。1863年には中将となるが、
70年、普仏戦争の初期に軍歴を離れる。

だが、まもなく「現役兵」として軍務に
戻り、前進堡の構築工事を担当する。さら
にバゼーヌ元帥【→カンロベール】を裁く
戦争委員会（軍法会議）の一員となる（こ
の裁判でバゼーヌ元帥は死刑を宣せられた
が、のちに減刑されて脱獄し、マドリード
で他界した）。彼にちなむジェネラル゠ト
リピエ大通り（Avenue du Général-
Tripier）は、1910年から7区にある。

ジェネラル・ニエセル Général Niessel
1866-1955年。第1次世界大戦に参加した
アンリ・アルベール・ニエセル将軍【第9
軍指揮官としてロシアへ進軍】の名が、パリ
の通りにつけられたのは1968年のことだ
った。20区のジェネラル゠ニエセル通り
（Rue du Général-Niessel）である。

ジェネラル・ニオクス Général Niox 1840
-1919年。著作家でもあったレオン・ニオ
クス将軍は、パリ南方のプロヴァン出身。
1862年から65年までメキシコへの軍事遠
征に参加し、普仏戦争時の1870年にはフ
ランス東北部のメスで防衛戦を戦った。
1871年、国防省に入り、75年にはエコー
ル・デタ゠マジョール【1818年に創設され
た幹部将校養成学校】の教授、さらに93年
までは政治学院の講師をつとめた。

普仏戦争後、彼は全教育機関における地
理教育の普及に尽力した。この学問に情熱
を傾けていた彼は、1893年に少将、99年
に中将に任命されても、地理学の普及活動
を止めることはなかった。著書に『軍事地
理』【7巻、1876-95年】などがある。彼に
捧げられたジェネラル゠ニオクス通り
（Rue du Général-Niox）は、1931年から
16区にある。

ジェネラル・パットン Général Patton
1885-1945年。アメリカ人将軍ジョージ・

321

パットンはカリフォルニア州のサン・ガブリエルに生まれ、ドイツのハイデルベルクでの自動車事故がもとで他界している。彼は機甲部隊の優れた指揮官として、モロッコ（マロック）（1942年）やチュニジアとシチリア（シシル、43年）で戦った。さらに1944年11月、北仏アヴランスの地の利を生かすことを知っていた彼は、ドイツ軍の防衛戦を突破し、シャルトルやオルレアン、ナンシー、メスを次々と解放していった。そして1945年3月22日、ついにライン（ラン＝エ＝ダニューブ）川を渡り、100キロメートルたらずのプラハ（プラグ）まで迫った。だが、その戦場をソヴィエト軍に託すべしとの指令を受ける。パットンにとってみればそれはあまりにも消極的な策であり、とても満足できるものではなかったが、甘受せざるを得なかった。

こうした彼の戦いは映画にもなっている【邦題名『パットン大戦車軍団』、1970年】。パットン役を演じたジョージ・C・スコット【1927-99】は、しかし、その演技に対するオスカー賞の授与を拒んだ【この賞を「肉のパレード」と非難しての受賞拒否だったが、アカデミー主演男優賞は受けている】。今もなおこの「パットン街道」には、円錐形をした「自由への道」と刻まれた距離標がおかれている。パリ16区のジェネラル＝パットン広場（Place du Général-Patton）は、1980年に命名されている。

ジェネラル・バラティエ Général Baratier

1864-1917年。名誉の戦死をとげたオーギュスタン・バラティエ中将（ジェネラル・ド・ディヴィジョン）は、スーダン（スダン）からエチオピアへと横断する商団に参加し、やがて1898年、ファショダ【→コマンダン・マルシャン】を占拠し、のちに退去している。彼の名を冠した16区のジェネラル＝バラティエ通り（Rue du Général-Baratier）は、1928年からある。

ジェネラル・バルフリエ Général Balfourier

1852-1933年。モーリス・バルフリエはその決断力と指揮感覚で有名な将軍だった。1934年、彼の名がパリの通りにつけられ

ている【ジェネラル＝バルフリエ通り（Rue du Général-Balfourier）は16区】

ジェネラル・フェリエ Général Ferrié

1868-1932年。フランス東部サヴォワ県のサン＝ミシェル＝ド＝モーリェンヌに生まれたギュスタヴ・フェリエ将軍は、技師だった1899年、強力かつ完璧なラジオ放送をはじめて実現させたパイオニアである。彼の名は1932年に命名された7区のジェネラル＝フェリエ大通り（Avenue du Général-Ferrié）に残っている。

ジェネラル・フォワ Général Foy

1775-1825年。北仏ソンム県のアムに生まれ、パリで没したマクシミリアン・フォワ将軍は、筋金入りの共和主義者で、執政政府に反対し、帝政とも対立した。だが、それでも1805年にはアウステルリッツ（オステルリッツ）、翌年にはコンスタンティノープル（コンスタンテゥノプル）で戦っている。さらにスペインやポルトガル戦線では、精力的で有能な将校ぶりを発揮した。

1810年、皇帝ナポレオンは、さほど好いてはいなかった彼を中将に叙している。それから5年後の第一復古王政でナント歩兵師団の監察官に任命されたが、百日天下ではナポレオン軍にくわわるという欲求を抑えることができず、ワーテルロー（ワテルロ）の戦いで生涯15度目の傷を負う。

フォワは第二復古王政で失脚するが、1819年に下院議員となり、政敵たちを震撼させる演説を幾度となくおこなった。心臓病で他界した彼の葬儀には、激しい雨にもかかわらず、10万もの参列者がつめかけて埋葬を見守ったという。彼が眠るペール＝ラシェーズ墓地には、その遺徳を偲んで国家が記念碑を建てている。8区にあるジェネラル＝フォワ通り（Rue du Général-Foy）は、1879年の命名になる。

ジェネラル・ブリュネ Général Brunet

1803-55年。ルイ・ブリュネ少将はクリミヤ（クリメ）戦争で名誉の戦死を遂げた。彼の名を冠した19区のジェネラル＝ブリュネ通り（Rue Général-Brunet）は1877年からある。

シエネラル

ジェネラル・ブーレ Général Beuret 1803-59年。アルザス地方オー＝ラン県のラ・リヴィエールに生まれたジョルジュ・ブーレ少将は、1823年のスペインや49年のプロイセンおよびローマへの軍事遠征にくわわっている。1852年に陸軍中佐、55年に中将となった彼は、しかし1859年5月20日、イタリア遠征におけるモンテベッロ（モンテベロ）の戦いで戦死した。15区には彼に捧げられたジェネラル＝ブーレ通りおよび同名の広場（Rue/Place du Général-Beuret）がある。命名はそれぞれ1864年、1907年である。

ジェネラル・ブレーズ Général Blaise ニコラ・ジャン・アンリ・ブレーズ少将は普仏戦争末期の1870年12月22日、パリの東、ヴィル＝エヴラールの戦いで落命している。17区には、1875年に命名されたジェネラル＝ブレーズ通り（Rue Général-Blaise）がある。

ジェネラル・ブロカール Général Brocard 1885-1950年。ブロカール空軍少将は第1次世界大戦で空軍に属し、有名な「シゴーニュ（コウノトリ）」飛行小隊を指揮した。戦後に国民議会議員となった彼の名は、1958年に命名された8区のジェネラル＝ブロカール広場（Place du Général-Brocard）に残っている。

ジェネラル・ベルトラン Général Bertran → ベルトラン

ジェネラル・マルシャル・ヴァラン Général Martial Valin 1898-1980年。マルシャル・ヴァランは自由フランスの空軍を指揮し、のちに空軍の将軍・監察官をつとめた。15区には、1987年に命名されたジェネラル＝マルシャル＝ヴァラン大通り（Boulevard du Général-Martial-Valin）が走っている。

ジェネラル・マルグリット Général Mangueritte 1823-70年。ジャン＝オーギュスト・マルグリットはフランス北東部ムーズ県のマヌールに生まれ、ベルギー南部のボーラン（ビアリン）で没している。アフリカ方面軍第3猟歩兵部隊の大佐だった彼は、1860年から63年にかけてのメキシコ遠征で頭角を現した。1866年、少将に昇進し、1870年の普仏戦争時には、ナンシー北方のポン＝タ＝ムーソンに派遣され、敵のサーベルで負傷する。

この傷が癒えた同年8月30日、マルグリットは中将に叙される。だが、翌日、早くもベルギー国境に位置するアルデンヌ地方のイリ高地に派遣され、偵察作戦中、顔面に銃弾を受けて顎を砕かれてしまう。降伏後、彼はボーラン城に運ばれるが、9月6日、帰らぬ人となった。著書に『南アフリカのアラブ人にかんするノート』【刊行年不詳】がある。7区には彼をたたえて1934年に命名された、ジェネラル＝マルグリット大通り（Avenue du Général-Mangueritte）が走っている。

ジェネラル・マルテール Général Malleterre 1858-1923年。ガブリエル・マルテールは輝かしい軍功に飾られた兵士で、退役後、廃兵院（アンヴァリッド）長官となった【1919年に義父の後任として。1915年には傷病軍人協会を創設し、その初代会長にもなっている】。パリの通りに彼の名がつけられたのは、1925年のことである。ジェネラル＝マルテール通り（Rue du Général-Malleterre）は16区にある。

ジェネラル・マンジャン Général Mangin 1866-1925年。フランス北東部ロレーヌ地方のサルブールに生まれたシャルル・マンジャンは、第1次世界大戦のヴェルダンの戦い（1916年）や18年の最後の反転攻勢で決定的な役割を演じた。彼にちなんだ16区のジェネラル＝マンジャン大通り（Avenue du Général-Mangin）は、1925年に命名されている。

ジェネラル・ミシェル・ビゾ Général Michel Bizot 1795-1855年。ビゾはロレーヌ地方のビチュに生まれ、セバストポリ（セバストポル）攻囲戦中に戦死している。1821年、工兵大尉となった彼は、23年のスペイン軍事遠征に従軍し、39年には工兵隊長としてアルジェリアのオラン、49年にはやはりアルジェリアのコンスタンテ

323

シエネラル

イヌやブリダの要塞建設指揮官をつとめた。さらに1852年には少将に昇進し、国立理工科学校（エコール・ポリテクニーク）の学長となった。

やがてクリミア（クリメ）に派遣され、セバストポリで戦ったが、塹壕のなかにいたにもかかわらず、銃弾を受けて戦死する。その死後9年目の1864年、12区の大通りに彼の名がつけられる。ジェネラル＝ミシェル＝ビゾ大通り（Avenue du Général-Michel-Bizot）がそれである。

ジェネラル・メシミ Général Messimy
1869-1935年。アドルフ・メシミは将軍としてより、むしろ左派の政治活動で著名だった。彼の名がついた12区のジェネラル＝メシミ大通り（Avenue du Général-Messimy）は、1936年の命名である。

ジェネラル・メストル Général Maistre
1852-1922年。陸軍中将だったポール・メストルは、部下たちから敬愛され、その軍歴においても輝かしい軍功をあげた【第6・第10軍指揮官など】。彼をたたえる14区のジェネラル＝メストル大通り（Avenue du Général-Maistre）は、1930年に命名されている。

ジェネラル・モラン Général Morin 1795-1880年。パリ出身のアルテュール・モラン将軍は、高名な物理学者でもあり、さまざまな実験機器の重要な発展に寄与した。物体の落下法則を調べる機器も考案している。1780年に建設されたジェネラル＝モラン小公園（Square du Général-Morin）は2区にある。

ジェネラル・モンクラール Général Monclar
1892-1964年。ジェネラル・モンクラールことマグラン＝ヴェルヌレは、1914年、サン＝シル陸軍士官学校を出て第1次世界大戦に従軍し、全身7か所を負傷する。第2次世界大戦中の1940年、彼は北仏サン＝マロの港から小船でイギリスに渡り、シャルル・ド・ゴール将軍と合流してさまざまな指揮を託される。さらに戦後の1948年、外人部隊の監察官に任命され、国際連合傘下のフランス軍を指揮した。のちに朝鮮戦争にも参加した彼の名は、15区のジェネラル＝モンクラール広場（Place du Général-Monclar）に残っている。命名は1979年のことである。

ジェネラル・ラサル Général Lasalle 1775-1809年。メス出身のラサル伯アントワヌ・シャルル・ルイワグラムは、1805年に将軍に叙され、プロイセン遠征に参加している。パイプを口にくわえたまま敵を攻撃するという頼もしい兵士だった彼は、中将に叙せられた1806年からは、さらに大胆さと知略を発揮するようになった。そして、ホーエンローエ公【1765-1829。神聖ローマ帝国軍の指揮官だったが、のちにナポレオン麾下に入ってフランス元帥・貴族院議員となる】とその兵1万6000を降伏させ、ポーランド（ポローニュ）西部のシュテッティンの戦い【1806年】では、軽騎兵隊を率いてその要塞を占拠した。

1807年のハイルスベルクの戦い【ポーランド北部】では、彼はミュラともども危機を脱し、翌年にはスペイン戦線で勇猛果敢に戦う。だが、1809年、ヴァグラム（ワグラム）での攻撃中、額に銃弾を受けて戦死する。その遺骸は廃兵院（アンヴァリッド）に安置された。ジェネラル＝ラサル通り（Rue du Général-Lasalle）は1894年から19区にある。

ジェネラル・ラペリヌ Général Laperrine
1860-1920年。フランス南部オード県のカステルノダリーに生まれたフランソワ＝アンリ・ラペリヌ将軍は、シャルル・ド・フーコー神父【1858-1916。ストラスブールの貴族家に生まれ、サン＝シル陸軍士官学校を卒業後、フランス軍の将校となる。やがて探検家・地理学者・言語学者となり、隠修士としてアルジェリア領サハラに赴き、砂漠の町タマンラセットで殺害された。2005年列福】のサハラ同行者のひとりで、この神父とともにオアシス地帯を制圧し【1901年】、1902年から翌年にかけて、サハラ一帯を占拠した。12区のジェネラル＝ラペリヌ大通り（Avenue du Général-Laperrine）は1935年からある。

ジェネラル・ラルジョー Général Largeau

1867-1916年。エティエンヌ・ラルジョー将軍は1916年、ヴェルダンの激戦で戦死した【フランス・スペイン国境のイールンで生まれた彼は、チャドの植民地化とフランス編入の立役者とされる】。彼の名がついたジェネラル＝ラルジョー通り（Rue du Général-Largeau）は、1929年から16区にある。

ジェネラル・ラングロワ Général Langlois

1839-1912年。フランス中東部のブザンソンに生まれ、パリで他界したイポリット・ラングロワ将軍は、その軍隊生活を主題とした作品を数多く著し、とくに著作家として名をはせた【1911年にアカデミー・フランセーズ会員】。彼の名を冠した17区のジェネラル＝ラングロワ通り（Rue du Général-Langlois）は、1920年に命名されている。

ジェネラル・ランベール Général Lambert

1834-1901年。ブルターニュ地方フィニステール県のカレに生まれ、パリで他界したアルセーヌ・ランベールは、最初、セネガルで軍務についている。1870年の普仏戦争時、エリ・ド・ヴァソワニュ将軍【1811-91】率いる師団の司令部副官となり、アルデンヌ県のバゼイユできわだった働きをしている。ジョルジュ・オベール大尉【1838-99】や何人かの兵とともに、のちに「デルニエール・カルトゥーシュ」【字義は「最後の薬莢」。銃弾が払底するまで戦ったことから】と通称されることになる建物から、バイエルン兵たちに英雄的な抵抗をしたのである。

抗戦虚しく捕虜となった彼は、釈放後、上院議会の警備部隊長となり、1890年には少将に昇進した。さらに、陸海軍退役軍人会の会長もつとめ、1900年にはフィニステール県選出の元老院議員にも選ばれている。7区のジェネラル＝ランベール通り（Rue du Général-Lambert）は1907年からある。

ジェネラル・ランルザック Général Lanrezac

グアドループ（グワドループ）島のポント＝ア＝ピトルに生まれたシャルル・ランルザック将軍は、第1次世界大戦当初から第5軍を指揮し、1914年、北仏エーヌ県のギーズの戦いでドイツ軍に大勝利をおさめた。1927年から、パリには彼の名がついた通りがある。17区のジェネラル＝ランルザック通り（Rue du Général-Lanrezac）である。

ジェネラル・リュコット Général Lucotte

1770-1825年。1790年に軍隊に入ったエドム・エメ・リュコットは、97年、ナポレオン麾下でイタリア遠征に従軍し、第1次対仏大同盟軍に対するアンコーナ防衛戦にくわわった。1814年のフランス戦役のあと、彼は一時的——かつ強制的——にルイ18世【在位1814-15／1815-24】を支持した。そして翌年の百日天下後、軍隊からなかば「足を洗っていた」にもかかわらず、国王軍の司令部に入った。15区には、彼にちなんで1978年に命名されたジェネラル＝リュコット通り（Rue du Général-Lucotte）がある。

ジェネラル・ルクレール Général Leclerc

1902-47年。フランス元帥のフィリップ・ド・オートクロック、通称ルクレールは、北仏ソンム県のベロワ＝サン＝レオナールに生まれ、アルジェリアのコロン＝ベシャールで飛行機事故死している。シャルル・ド・ゴールの麾下に入った彼は、1940年から43年にかけて、チャドやリビア、チュニジアの戦線で頭角を現す。そして、44年にはノルマンディ上陸作戦を指揮し、有名な第2機甲師団の先頭に立って最初にパリ入城を果たした。

さらに1945年、彼はインドシナ（アンドシヌ）派遣軍を指揮し、死後の1952年、元帥位を追号された。とすれば、1948年から14区にあるジェネラル＝ルクレール大通り（Avenue du Général-Leclerc）は、マレシャル（元帥）＝ルクレール大通りと改称すべきだろう。

ジェネラル・ルノー Général Renault

1807-70年。イポリット・ルノー男爵はマルタ（マルト）島に生まれ、パリ南東郊のヴィリエ＝シュル＝マルヌで戦死している。最

シエネラル

初外人部隊の隊長として軍歴を積んだ彼は、1851年に中将に任命され、アルジェリア総督代理を数度つとめた。普仏戦争時の1870年には、第14軍団の指揮をまかされ、パリ南東郊のシャンピニーで戦った。だが、同年12月2日、ヴィリエ＝シュル＝マルヌで致命傷を負った。麾下の兵士たちは、その勇猛さをたたえて、彼を「後衛のルノー」と命名した。11区のジェネラル＝ルノー通り（Rue du Général-Renault）は、彼の死後5年目の1875年からある。

ジェネラル・ルモニエ Général Lemonnier　1893-1945年。エミール・ルモニエは1945年、トンキン攻略師団の第3旅団を指揮した。だが、同年3月10日、ランソンの戦いで弾薬が尽きて捕虜となり、2度の降伏勧告を拒んで斬首された。彼の名を冠した1区のジェネラル＝ルモニエ大通り（Avenue du Général-Lemonnier）は1957年の命名だが、その表示板には彼をたたえる文言が記されている。ただし、それは他の英雄たちと同様、彼の死後になされた賛美ではある。

ジェネラル・ロック Général Roques　1857-1920年。オーギュスト＝ロック将軍は、とくに1916年に国防大臣に就任したことで知られる。1932年に命名されたジェネラル＝ロック通り（Rue du Général-Roques）は16区にある。

ジェネール Jenner　1749-1823年。エドワード・ジェンナー（ジェネール）はイングランド南西部グロスターシャー地方のバークリーに生まれ、没したイギリス人医師。18年間の研究により、1796年、痘瘡ワクチンを発見した。1798年、彼は『牛痘の原因およびその作用にかんする研究』【梅田敏郎訳、講談社】を発表し、たちまちにして名声を博する。さらに『牛痘についてのその後の観察』【1799年。添川正夫訳、近代出版】や『種痘の起源』【1801年】も書いている。13区のジェネール通り（Rue Genner）は1867年からある。

ジェネロー・ド・トランティニャン Généraux de Trentinian　アルチュール・

ド・トランティニャン（1823-85）と息子のエドガー（1851-1942）は、ともに海兵隊の将軍で、むろん時期は異なるが、いずれもインドシナ（アンドシヌ）で軍功をあげ、名をはせている。16区のジェネロー＝ド＝トランティニャン広場（Place du Généraux-de-Trentinian）は、1994年、彼らに捧げられている。

シェフェール Scheffer　1795-1858年。アリ・シェフェールはオランダのドルトレヒトに生まれ、パリ北西郊のアルジャントゥイユで没した画家。早熟だった彼は、12歳のとき、アムステルダムで油彩画を1点発表し、ルイ・ボナパルト【ナポレオン1世の弟で、3世の父。オランダ王（在位1806-10）】に注目される。1811年に画家で彫刻家だった父親が他界したあと、母親と兄弟ふたりともどもパリに出て、ウジェーヌ・ドラクロワやジェリコーと出会う。芸術的な好奇心に溢れていたため、さまざまなジャンルに手を出したが、彼はなににもましてロマン派の栄光を背負った画家だった【ただし、彼はロマン主義に関心がなく、「冷たい古典主義」とよばれる独自の画法を確立したとされる】

　1821年から、オルレアン家の子供たちに絵を教えるようになったシェフェールの作品としては、たとえば以下がある。『カレー市民6人の愛国的献身』【1819年】、『ジェリコーの死』【1824年】、『水夫の家族』【1826年】、『慰めるキリスト』、『ミニョン』【いずれも1836年】。彼に捧げられたシェフェール通り（Rue Scheffer）は、1864年から16区にある。

シェフ・デスカドロン・ド・ギユボン Chef d'Escadron de Guillebon　1909-85年。ジャック・シェフ・デスカドロン・ド・ギユボンはフランスの将軍で、ルクレール将軍（ジェネラル・ルクレール）の参謀をつとめ、第2時世界大戦末にはパリとストラスブールの解放作戦に参加した。戦後、国立理工科学校（エコール・ポリテクニーク）や国立高等国防研究所、高等軍事教育研究所、さらに高等軍事研究センターの学

長や所長を歴任した。14区のシェフ＝デスカドロン＝ド＝ギュボン小路（Allée du Chef-d'Escadron-de-Guillebon）は1994年に命名されている。

ジェフロワ・ディドロ Geffroy Didelot　17区のジェフロワ＝ディドロ小路（Passage Geffroy-Didelot）は、土地所有者にちなんで命名されたものである。

ジェマップ Jemmapes　ジェマップはベルギー南部エノー地方の町。1792年11月6日、ここでデュムリエ【→カンブレ】率いるフランス軍がオーストリア軍を撃破している。兵力4万のフランス軍は、12時半、「ラ・マルセイエーズ」を歌いながら、町に入ったという。ジェマップ河岸通り（Quai de Jemmapes）は、この勝利を記念して1830年に命名されている。

ジェムス・ジョイス James Joyce　1882-1941年。ジェイムズ（ジェムス）・ジョイスはダブリン近郊のラスガーに生まれ、チューリヒで他界したアイルランド人作家・詩人。詩集には『室内楽』【1907年】、短編小説には、ジョン・ヒューストン監督【1906-87】によって1987年に映画化された『ダブリン市民』【1914年】などがある。だが、ジョイスの文学を語るには、以下の3作品を抜きにするわけにはいかない。『若き芸術家の肖像』【1916年】と『ユリシーズ』【1922年】、そして『フィネガンズ・ウェイク』【1939年】である。

ジョイスは書いている。「神が食べ物を作り、悪魔がそれに味つけをする」、「歓迎しよう、人生よ！　私は何千回でも経験という現実に出会い、私の魂の鍛冶場で人類のいまだ作られていない意識をきたえあげよう」。彼に捧げられた13区のジェムス＝ジョイス庭園（Jardin James-Joice）は、1995年からある。

ジェラール Gérard　ジェラール氏は1851年、13区にジェラール通り（Rue Gérard）が敷設された土地の所有者だった。一方、同じ13区にあるジェラール小路（Passage Gérard）は、ジェラール通りに近かったことから、1877年に命名されている。

ジェラール・ド・ネルヴァル Gérard de Nerval　1808-55年。ジェラール・ラブリュニ、通称ジェラール・ド・ネルヴァルは、パリで生まれ没した文学者である。18歳になった1826年、『ナポレオンもしくは戦うフランス、国民哀話』で早くも名をはせた。ロマン派の熱情的な支持者だった彼は、ゲーテ（グート）の『ファウスト』を翻訳して【1828年】、原作者を完全に満足させる。もともとは気まぐれな生活を送る本格的な詩人だったが、さまざまな雑誌に数多くの詩を上梓している。「栄光の手」【1832年】、「幻視者たち」【1852年】、「シルヴィ」【1853年】、「東方の生活情景」【1846-47年】、「キマイラ」、「火の娘」【いずれも1854年】、『オーレリア』【1855年。以上の作品は『ネルヴァル全詩集』（篠田知和基訳、思潮社）参照】などである。

さほど知られていはいないが、ネルヴァルはまたアレクサンドル・デュマ（父）と戯曲『錬金術師ピキヨ』【1837年】なども書いている。彼自身の戯曲としては、オデオン座で上演された『モリエールのタルチュフ』【発表年不詳】、『レオ・ビュルカール』【1839年】がある。シンボリズムやシュールレアリスムの先駆者でもあったネルヴァルは言っている。「私のソネットはもはやヘーゲルの形而上学ほど曖昧ではない。たとえそれは可能だったとしても、説明されるべき魅力をおそらく失っているからだ」。彼はまた、次のような言葉を記している。

　　私は陰鬱で、男やもめ、そして悲嘆に暮れる男だ。
　　すてられた塔のアキテーヌ公。
　　私のただひとつの星は死に、
　　星を散りばめた私のリュートは
　　憂鬱の黒い太陽を帯びている。

ジェラール＝ド＝ネルヴァル通り（Rue Gérard-de-Nerval）は、1956年から18区にある。

ジェラール・フィリップ Gérard Philipe　ジ

ェラール・フィリップは1922年にカンヌで生まれ、59年にパリで没したフランスの男優。1945年、**アルベール・カミュ**原作の『カリギュラ』に出演した彼は、批評家や観客の注目を惹く。さらに1951年、アヴィニョンの舞台で『オンブール公』を演じて着目を浴び、その評価を決定づけた。そして『リュイ・ブラ』【1948年】や『ロレンツァッチオ』【1958年】などで理想的な俳優とされた彼は、『輝ける騎士道』【1952年、監督クリスチャン＝ジャック（1904-94）や『夜ごとの美女』【1952年、監督ルネ・クレール（1898-1981）】、『しのび逢い』【1954年、監督ルネ・クレマン（1913-96）】、『夜の騎士道』【1955年、監督ルネ・クレール】といった映画でも評判をとる。

まさにジェラール・フィリップは情熱や青春、さらに人生そのものの化身だった。そんな彼の名を冠したジェラール＝フィリップ通り（Rue Gérard-Philipe）は16区にある。命名は1974年のことだった。

ジェランド Gérando 1772-1842年。ジョゼフ・ド・ジェランドは**リヨン**に生まれ、パリで没した政治家・哲学者。フランス革命初期、彼は生地を国民公会（**コンヴァンション**）の派遣軍から守った。その際、負傷して捕虜となり、死刑を宣告されるが、辛くも脱出してスイスに、ついでナポリ（**ナプル**）に逃げる。

総裁政府時代【1795-99年】に帰国すると、革命暦フリュクチドール月（実月）18日【1797年9月4日に総裁のバラスらが政府から王党派を追放したクーデタ】に追放される。それでも執政政府時代【→カンバセレス】に再び帰国し、帝政時代に輝かしい経歴をつみあげる。すなわち、1804年には内務省局長、08年には国務院の主任審査官、さらに12年にはカタルーニャ（**カタローニュ**）地方総督となり、男爵に叙されたのである。

1815年にナポレオンが失脚して復古王政になっても、彼の出世が妨げられることはなく、なおも国務院にとどまって、1737年には貴族院（フランス同輩衆）の一員に

くわえられている。彼はまた慈善事業も手がけ、ろうあ者の教育書を2冊刊行してもいる。9区には彼にちなんだジェランド通り（Rue Gérando）がある。1868年に命名された通りである。

ジェリコー Géricault 1791-1824年。テオドール・ジェリコーは北仏のルーアンに生まれ、パリで他界した画家。処女作の『突撃する近衛猟騎兵士官』【1812年のル・サロン展に出品して金賞受賞】は、その筆致の激しさと色遣いで話題をさらった。1816年にイタリアに赴き、19年に帰国した彼は、同年のル・サロン展に有名な『メデューズ号の筏』を出品するが、それはまさに芸術上の一大事件となった【3年前にフランス植民地のセネガルに向かっていたフリゲート艦のメデューズ号が、モロッコ沖で遭難した事故を扱ったため、事件を秘密裏に処理しようとしたときの政府の反発を買った。ルーヴルはこの作品を「没収」して公開しなかったが、翌年、ジェリコー自身がこれをとり戻してロンドンで一般公開した】

1820年から3年間滞在したロンドンで、ジュリコーは『バグパイプ奏者』や『麻痺した婦人』、さらに『エプソムの競馬』【1821年】などを描いている。帰国後もさらに作品を発表し続けるが、そのうちの2点は、彼の死後に知られるようになった。『馬小屋の馬』と『馬小屋から出る鹿毛の馬』【いずれも制作年不詳】である。運命の皮肉というべきか、馬の絵で名をはせた彼は、ほかならぬ落馬がもとで世を去っている。享年33。彼の名を冠したジェリコー通り（Rue Géricault）は16区にある。命名は1893年である。

シェール Cher シェール川はロワール川の支流で全長350キロメートル。フランス中央山地のオービュソンから23キロメートルの標高717メートルに水源を有する。シウル川の水源にも近く、おもにモンリュソン一帯を潤している。1877年に命名されたシェール通り（Rue du Cher）は20区にある。

ジェルヴェクス Gervex 1852-1929年。ア

ンリ・ジェルヴェクスはとくに歴史画で知られたパリ出身の画家。その栄光に満ちた作品の1点は、1880年から83年まで、9区の区役所に飾られていた。彼には次の3連作がある。『社会福祉事務所』【1883年】、『息子の民事婚』【1884年】、『ラ・ヴィレットの貯水池』【1884年】。ジェルヴェクスはまた以下のような作品も描いている。『ディオニュソスの巫女と遊ぶサテュロス』【1874年】、『ディアナとエンデュミオン』【1874年】、『わが友ブリスポ』【1875年】、『トリニテ教会での聖体拝領』【1876年】。この画家に捧げられたジェルヴェクス通り（Rue Gervex）は、死の翌年、つまり1930年から17区にある。

ジェルゴヴィ Gergovie ジェルゴヴィは、フランス中部クレルモン＝フェランの6キロメートル南、標高714メートルのジェルゴワ山上に建設されたガリアの町【オピドゥム（要塞集落）】。この町はガリアの若き英雄ウェルキンゲトリクス（**ヴェルサンジェトリクス**）が、ユリウス・カエサル（**ジュール・セザール**）率いるローマ軍に立ち向かった有名な古戦場である。

前52年、カエサルは6軍団をもって町を攻囲した。そこでウェルキンゲトリクスはジェルゴヴィの丘の上に高さ6メートルの防壁を築いた。これに対し、カエサルは隣接する丘を攻略し、同様にこれを要塞化した。そしてこのガリア軍の指導者が別の丘に要塞を築くため、自分の「丘」を空けた際、町を攻撃してその市門へと迫った。これを知って急いで戻ったウェルキンゲトリクスは、ローマ軍と激しく戦って彼らの露営地まで撤退させた。こうして彼は勝利し、カエサルは陣営を引き払った。だが、その勝利に酔いしれたのも束の間だった。数か月後、アレジアで…。14区には、この悲運の町にちなむジェルゴヴィ通り（Rue Gergovie）が1873年からある。

シェルシュ＝ミディ Cherche-Midi 6区と15区を結ぶシェルシュ＝ミディ通り（Rue Cherche-Midi）は、すでに1595年には存在していた。呼称については、コンパスを

もちいて日時計の角度を測定した、あるギリシアの天文学者を描いた絵看板に由来するとの説があるが、この説明は問題なしとしない。この看板がかけられたのは、通りが現在の呼称をとるようになったのちのことだからである。

より真実に近いのは以下のような説明である。すなわち、16・17世紀、「シェルシュ＝ミディ」という語は、だれかの家をあえてミディ（昼）に訪ね、ディナー——当時、昼食はディナーとよばれていた——に招いてもらおうとしていた寄食者（今もいる）を意味していた、というものである。

シェルノヴィツ Chernovitz 16区のシェルノヴィツ通り（Rue Chernovitz）は1906年に開通している。呼称はその土地を有していた地主の名にちなむ。

ジェルビエ Gerbier 1725-88年。ピエール・ジェルビエは高名な弁護士だった。興味深いことに、隠語でジェルビエとは「裁判官」や「陪審員」をさす。その名にちなむジェルビエ通り（Rue Gerbier）は、1864年から11区にある。

シェルビュリエ Cherbuliez 1829-99年。ヴィクトル・シェルビュリエはジュネーヴに生まれ、パリ東方セーヌ＝エ＝マルヌ県のコーム＝ラ＝ヴィルで他界したスイス人文学者。1880年にフランスに帰化し、翌年、アカデミー・フランセーズ会員に選ばれている。時代の多少とも国際色に富んだ風俗を描く才に秀でていたその作品としては、『コスティア伯』【1863年】や『野獣』【1881年】、『ジスラン伯の召命』【1888年】、『ジャキーヌ・ベネス』【1898年】などがある。彼を名祖とする17区のシェルビュリエ通り（Rue Cherbuliez）は、1930年に命名されている。

シェルブール Cherbourg イギリス海峡につきでたコタンタン半島北端の入江、ディヴェット河口に位置する港町。この町は、映画『シェルブールの雨傘』【1964年封切り。ジャック・ドゥミ監督（19321-90）の作品で、第17回カンヌ国際映画祭でグランプリ受賞】でフランス人に記憶されているが、すでに

百年戦争【1337-1453年】の際、イングランド軍によって火が放たれて以後幾度となく占領されている。だが、シェルブールはフランス魂を失うことはなく、ヴォーバンはここを「大胆な位置」にある町とみなした。不幸にして彼の計画は資金不足もあってすべて実現したわけではなかったが、それでも借入金によって沼沢地を乾燥させ、跡地に多くの家屋を建てることはできた。15区のシェルブール通り（Rue de Cherbourg）は1935年に命名されている。

ジェルベール Gerbert 933/940-1003年。オーリヤックのジェルベール、ラテン語名ゲルベルトゥスは、999年、第139代ローマ教皇シルウェステル2世【フランス人初の教皇】となっている。フランス中部カンタル県のオーリヤックに生まれ育った彼は、969年、バルセロナ（バルスロヌ）伯ボレルとともにスペインに行き、コルドバで数学や占星術を学ぶ。やがてイタリアに赴き、教皇ヨハネス13世【在位965-972】から、イタリア中部グッビオの大修道院長に任命された。博識をもって知られたためだが、彼に嫉妬した者たちから魔術を行ったとして告発されてしまう。やむなく彼はドイツに逃げ、ついでランスに移って、国王ユーグ・カペー【在位987-996】の息子ロベールの師傅となる。やがて996年、イタリアにまいもどる。

すでに魔術の告発は解消されており、彼の前任者となる教皇グレゴリウス5世【在位996-999】から、997年、ラヴェンナの大司教に任命される。そして999年に教皇に即位すると、東方におけるイスラーム支配の拡大に対峙するため、はじめて西欧勢力の大同団結を図った。このシルウェステル2世にちなむジェルベール通り（Rue Gerbert）は、1877年から15区にある。

ジェルマン・ピロン Germain Pilon 1535-90年。ピロンはパリを生没地とする彫刻家。同じ彫刻家を父にもつ彼は、フランス北西部ソレームの大修道院で働き、1550年にパリに戻る。やがて国王シャルル9世【在位1560-74】から造幣局の総監察官に任命され、この頃から数をましていく彼の作品は、いずれもかなり高度な様式をもつようになる。その最初の作品は、おそらくフランソワ1世とカトリーヌ・ド・メディシスの影像である。彼はまたサン＝ドニ大修道院に安置されているアンリ2世【国王在位1547-59】の墓碑や、現在ルーヴル美術館で展示されている『3体の恩寵像』もつくった。1864年に命名された15区のジェルマン＝ピロン通り（Rue Germain-Pilon）にその名を残す彼は、紛れもなくフランス・ルネサンス期を代表する彫刻家だった。

ジェルメヌ・タイユフェール Germaine Tailleferre 1892年にパリ南東方サン＝モール＝デ＝フォスで生まれ、1983年にパリで没した作曲家。1919年に結成された6人組【→ダリウス・ミヨー】のメンバーだった彼女は、1904年にパリ音楽院（コンセルヴァトワール）に入り、1917年に出会ったエリック・サティらによって、その才能が最初に見出された。

作品としては、2台のピアノのための『屋外遊戯』【1917年】やバレエ曲の『小鳥売り』【1923年】、『ナルシスのカンタータ』【1938年】、さらにオペラ＝コミック用の『それは小船だった』【1951年】などがある。彼女の名は1999年にパリの通りにつけられている。19区のジェルメヌ＝タイユフェール通り（Rue Germaine-Tailleferre）がそれである。

シェロー Chéreau 13区のシェロー通り（Rue Chéreau）は、1933年以来、この通りが敷設された土地の所有者名でよばれている。

シェロワ Chéroy シェロワはブルゴーニュ地方ヨンヌ県の郡庁所在地で、サンスから24キロメートルの距離にある。17区のシェロワ通り（Rue de Chéroy）は、旧バティニョル村をつくったひとりであるピュトーなる人物が、この町の出身だったことにちなんで命名された。

シゴー Sigaud 13区のシゴー小路（Passage Sigaud）は、1935年、その最初期の住人にちなんで命名されている。

シコモール Sycomores シカモア（シコモール）はカエデの一種で、サイカモアカエデ（偽プラタナス）ともよばれる。ヴィラ・モンモランシー内のシコモール大通り（Avenue des Sycomores）は、いうまでもなくこの街路樹にちなんで命名されたものである。

シズラン Sizerins ベニヒワ（シズラン）はムネアカヒワに近い小鳥で、北欧の森やアメリカ大陸に棲息している。呼称の由来は不明だが、ヴィラ・シズラン（Villa des Sizerins）は、1996年から19区にある。

シスレ Sisley 1839-99年。アルフレッド・シスレー（シスレ）はパリに生まれ、パリ東方、セーヌ＝エ＝マルヌ県のモレ＝シュル＝ロワンで没したイギリス人の、だがフランス画壇に属した画家。印象派の中心のひとりだった彼の風景画【約900点の油彩画の大部分を占める】は、間違いなく傑作ぞろいで、そのなかには『洪水』【1872年、日本の個人蔵】や『ルヴシエンヌの雪』【1875年】、『ロワン川の曳き船』【1883年】などがある。シスレ通り（Rue Sisley）は、1932年から17区にある。

シセ Cicé 1735-1810年。ブルターニュ地方のレンヌに生まれ、南仏のエクスに没した高位聖職者・政治家。南西部のロデズ司教をつとめたのち、1789年の全国三部会に聖職者代表として送られ、同年8月4日から1790年11月16日まで国璽尚書をつとめた。だが、聖職者民事基本法に宣誓するのを拒んだため、移住を余儀なくされる。1801年に帰国すると、翌年、エクスの大司教に任命された。本名ジェローム・マリ・シャンピオン・ド・シセ。1877年、その名の一部が6区の通りに冠せられ、シセ通り（Rue de Cicé）とよばれるようになった。

シゾー Ciseaux 12区のシゾー通り（Rue des Ciseaux）は1429年からあるが、「ハサミ」を意味する呼称は、おそらくそれを描いた絵看板がそこにかかっていたことによる。

シテ Cité 4区のシテ通り（Rue de la Cité）は、パリ揺籃の地であるシテ島を貫通する。ガリアのパリシイ族はこの島をルテティア【→リュテス】と呼んでいた。1711年の発掘で、ナウテース（船乗りたち）が異教の神に捧げるために建てた祭壇がここで見つかっている。ノートル＝ダム司教座聖堂が島に建立され、人家が密集するようになったのは、12世紀末のことである。第二帝政時代【1852-70年】には、狭く不潔な小路が次々と撤去され、聖堂や最高裁判所ないしその中のサント＝シャペル（礼拝堂）のわきを、より幅広の通りがつくられるようになった。だが、今でも島の東側を走る一部の通りは、往時の姿を忍ばせている。シャノワネス通りやユルサン通り、シャントル通りがそれである。

シディ・ブライム Sidi-Brahim シディ・ブラヒム（ブライム）はアルジェリア西北部オラン県の町。1845年9月23日から26日まで、フランス猟歩兵と軽騎兵連隊500人が、太守アブデル＝カーデル【→ラモリシエール】率いるアルジェリア部隊約1万と激戦をくりひろげた【フランス側は投降を拒んだ400人あまりの戦死者を出し、96人が捕虜となった。アルジェリア側の犠牲者は不明】。パリ12区のシディ＝ブライム通り（Rue Sidi-Brahim）は、この戦いを記憶するため、1904年に命名されている。なお、シディ＝ブラヒムは赤ワインの産地としても知られる。

シテ・ユニヴェルシテール Cité Universitaire 14を走るシテ＝ユニヴェルシテール通り（Rue de la Cité-Universitaire）は1924年の命名で、由来は近くに大学都市があることによる。この大学都市には多くの国【日本館やアメリカ館、スペイン館など】やフランスの地方【プロヴァンス館】の宿舎が入っており、パリの大学に通う学生たちが宿泊している。さらに「シテ・アンテルナショナル（国際館）」は劇場を有する建物で、現在は3ホールあり、そこでは国内外の俳優や演出家が作品を上演している【→エミール・ドイチュ・ド・ラ・ムルト】

シトー Cîteaux 12区のシトー通り（Rue

de Cîteaux）は、シトー会に属する修道女たちが住んでいた**サン＝タトワヌ大修道院**の近くだったことから、1861年に命名されている。この修道会の呼称はモレームの聖ロベール【1027-1111】にちなむ。すなわち、1098年、聖ベネディクトゥス（**サン＝ブノワ**）の厳格な戒律をとり戻そうとした彼が、**ブルゴーニュ地方ディジョン**近郊の小邑シトーに隠棲して修道院を建立したからである。

　そして、聖ベルナールないしベルナウドゥス（**サン＝ベルナール**）が院長になると、多くの信者がそこを訪れるようになったという。こうしてシトー会はすみやかに発展し、1151年には345、1300年には694の大小修道院を数えた。16世紀には1800箇所以上に修道院を擁するまでになったシトー会は、教皇エウゲニウス3世（在位1145-53）やグレゴリウス8世（同1187）、ケレスティヌス4世（同1421）、さらにアヴィニョン教皇庁の建設を始めたベネディクトゥス12世（同1334-52）を輩出する。

　やがて、組織の改革がおこなわれ、フイヤン会【1577年、ジャン・ド・ラ・バリエール（1544-1600）がトゥールーズ近郊のノートル＝ダム・ド・フイヤン大修道院で創設した修道会で、修道士たちは裸足で生活し、板の上で眠り、跪いて食事をするといった厳しい戒律を厳守しなければならなかった】や、トラピスト会【フランス北部ノルマンディ地方のトラップ修道院の厳しい規律に従う修道会。修道院の場所の名を取ってトラピスト（女子はトラピスチヌ）とよばれるようになった。わが国では函館の修道院がとくに知られている】が誕生した。シトー会士たちはブドウを栽培していたが、有名なブルゴーニュ・ワインの産地であるヴージョやロマネで、ブドウ園をつくったのが彼らである。

シドネ Sydney　7区と15区にまたがるシドネ広場（Place de Sydney）は、2000年、パリと、タスマン海に面するニューサウスウェールズ州の州都で、オーストラリア最大の都市でもあるシドニー（シドネ）とのあいだで、1998年に結ばれた友好都市協定を記念して命名された。

シニュ Cygne　13世紀にかかっていた【白鳥の】絵看板に由来する呼称【1区にあるシニュ通り（Rue du Cygne）の歴史は古く、1280年以前に敷設され、1313年にそれまでの呼称CingeがCygneに代わっている。通りが延長されて現在の道筋になったのは、1854年】

シニュ Cygnes　15区のシニュ小路（Allée des Cygnes）は、もとはセーヌ川をふたつに分ける堤ないし土手で、呼称はエッフェル塔と現在のジャン＝ニコ通りのあいだにあったシニュ（白鳥）島【字義通りには「白鳥たちのいる島」】に由来する。シニュ島は、国王ルイ14世（ルイ・ル・グラン）がこの島に、板嘴類科に属するこの蹼足類をスウェーデンから大量に招来した際に命名されている。それ以前、島はマクレル【字義は「売春斡旋女、娼館の女主人」】島とよばれていた。これはマールケレル【字義は「男の争い」】の短縮形だが、たしかに島では決闘が数多くおこなわれていた。セーヌ川の狭い分流の中洲だったシニュ島は、セーヌ分流の埋め立てが始まった1773年以降に姿を消し、グロス＝カイユ地区に組み込まれた。シニュ小路は1825年に開通している。

シニョレ＝モンタン Signoret-Montand　19区のシニョレ＝モンタン遊歩道（Promenade Signoret-Montand）は、20世紀の偉大な芸術家ふたりをたたえて1998年に命名されている。ふたりは1951年12月2日に結婚しているが、妻はドイツのヴィスバーデンで生まれ、パリ北西部ウール県のオートゥイユ＝オートゥイエで他界したシモーヌ・シニョレ、本名シモーヌ・アンリエット・カマンケル（1921-85）。第2次世界大戦初期、父親がユダヤ人だったことを隠してタイピストをしていた彼女は、収入を補うため、端役として映画に出演し、やがて女優としての仕事に関心をいだくようになった。最初の映画は1941年封切りの『魅力的な王子』【ジャン・ボワイエ監督（1901-65）】だった。

　1942年にマルセル・カルネ監督【→ジャ

ック・プレヴェール】の『悪魔が夜来る』にも出演した彼女が、はじめて大役を演じた映画は、『宝石館』【1946年、マルセル・ブリステーヌ監督（1911-91）】だった。やがて『ドゥー＝ザンジュ小路』【1948年、モーリス・トゥルヌール監督（1876-1961年）】や、『回転木馬』【1950年、イヴ・アレグレ監督（1905-87）】、『輪舞』【前同、マックス・オフュルス監督（1902-57）】など数多くの作品に出演し、1951年、もちまえの美貌と素質をあますところなく発揮した、『肉体の冠』【ジャック・ベッカー監督（1906-60）】で大評判をとった【イギリス・アカデミー主演女優賞受賞】

以後、彼女の出演する映画は、その比類のない才能のおかげでつねに成功をおさめる。たとえば、『嘆きのテレーズ』【1953年、マルセル・カルネ監督】、『悪魔のような女』【1954年、アンリ＝ジョルジュ・クルーゾ監督（1907-71）】、『年上の女』【1959年、ジャック・クレイトン監督（1921-95）。アカデミー主演女優賞・カンヌ映画祭女優賞・イギリス・アカデミー主演女優賞受賞】、『7人目に賭ける男』【1965年、コスタ＝ガヴラス監督（1933-）デビュー作品】、『告白』【1970年、コスタ＝ガヴラス監督】、『猫』【1971年、ピエール・ガルニエ＝ドフェール監督（1927-2007）】、『帰らざる夜明け』【同】、『北極星』【1982年、前同】などである。シモーヌ・シニョレはまた、1976年、ベストセラーとなった小説『ノスタルジーはもはやもとのままではない』を発表してもいる。

一方、イヴ・モンタン、本名イーヴォ・リーヴィ（1921-91）はイタリア・トスカーナ州のモンスンマーノ・アルトに生まれている。2歳のとき、家族はムッソリーニのファシズムを逃れてマルセイユに移った【父親は共産主義者】。第2次世界大戦前、彼は同市のミュージックホールの舞台に立ち【1938年】、戦後はエディット・ピアフの後押しで、「極西部の平原で」や「グラン・ブルヴァール」に出演し、人気を博す。

こうして頭角を現した彼は大規模なミュージックホールに出るようになり、それは

生涯やむことがなかった。そして同時に俳優としての経歴も積みながら、「枯葉」【主演映画『夜の門』（後出）の主題歌】や「ア・パリ」、「セ・シ・ボン」、「兵士のとき」、「ルナ＝パーク」、「自転車で」、「幸福を売る男」、「ラストチャンスの居酒屋」（最後の録音）など、シャンソン史に残る名曲を歌い続けた【1950年に「バルバラ」、52年に「ガレリアン」でディスク大賞を受賞している】。また、1944年には『光なき星』【マルセル・ブリステーヌ監督】で映画デビューをはたす。

その長くひょろりとしてしなやかな体つきや独特かつ真剣な演技によって、たちまち目立つようになった彼は、さらに以下のような作品で評判をとった。『夜の門』【1946年、マルセル・カルネ監督】や『恐怖の報酬』【1953年、アンリ＝ジョルジュ・クルーゾ監督】、『Z』【1969年、コスタ＝ガヴラス監督】、『告白』【前出】、『夕なぎ』【1972年、クロード・ソーテ監督（1924-2000）】、『友情』【1974年、前同】、『愛と宿命の泉』【1986年、クロード・ベリ監督（1934-2009）】など。そして1991年、ジャン＝ジャック・ベネクス監督【1946-】の『IP 5／愛を探す旅人たち』【1992年】の撮影が終わるのを待つようにして他界した。

シヌ Chine 18世紀のこと、ある中国好きが20区のシヌ通り（Rue de la Chine）に中国風の家を建てた。そこで19世紀初頭、この通りとそれに隣接する袋小路（Impasse de la Chine）に「シヌ（中国）」という呼称があたえられた。

ジヌー Ginoux 1796年、ジヌー氏はグルネルの売り出された農場と平原を購入する。代価は346アルパンで10万6000フラン。1824年、彼はそのうちの320アルパンを転売した（当時のパリでは、1アルパンは34.19アール、他所では42.21アールだった）。この土地が、やがて「グルネル砂漠」として区画分譲されるようになる。その旧地主の名を冠した15区のジヌー通り（Rue Ginoux）は、1864年から存在している。

ジネット・アムラン Ginette Hamelin ジネ

ット・アムランは国立高等土木学校初の女子卒業生で、第2次世界大戦ではレジスタンス活動に身を投じた。だが、ドイツ軍に逮捕されてラヴェンスブルック女子強制収容所に送られ、1944年、31歳の若さで命を落としている。2003年、パリ市は彼女を偲んで広場にその名をつけた。12区のジネット＝アムラン（Place Ginette-Hamelin）がそれである。

ジネット・ヌヴー Ginette Neveu 1919-49年。その絶頂期に、大西洋のアゾレス諸島上で飛行機事故の犠牲になったヴァイオリニスト。犠牲者のなかには、**エディット・ピアフ**の恋人だったプロボクサー、**マルセル・セルダン**もいた。1956年以来、18区には彼女にちなんだジネット＝ヌヴー通り（Rue Ginette-Neveu）がある。

シノ・デル・デュカ Cino del Duca 慈善家・編集者・スポンサーのシノ・デル・デュカ【1899-1967。フランス・イタリアの映画製作者でもあった】は、第2次世界大戦中のレジスタンス活動により、フランス解放後、39-45戦功十字賞を、のちには**レジョン・ドヌール**勲章を授けられている。戦後、数多くの週刊誌、すなわち最大発行部数230万部を誇った《テレポシュ》や《アンティミテ》、《ヌ・ドゥー》、《モード・ド・パリ》、また、現在では姿を消している日刊紙《パリ＝ジュール》などを創刊するとともに、芸術全般やとくに文学の庇護に意を尽くした。

そして、パリに出版社をつくってモーリス・ドリュオン【1918-2009。ポンピドゥー政権で文化大臣】やエドモンド・シャルル＝ルー【1920-】、ポール・ヴィアラー【1898-1996】、ジョン・スタインベック【1902-68】、ロベール・メルル【1908-2004】、ジャン・ウグロン【1923-2001】といった作家の作品を出版し、さらにみずからの名を冠した文学財団を創設し、フランス語の作家たちに資金をあたえて、彼らが経済的に困窮することなく創作活動ができるようにしてもいる。妻もまた、夫の慈善事業を受け継いだ。1976年、パリ市がそ

の通りのひとつに彼の名をつけたのも、けだし当然といえるだろう。これが17区のシノ＝デル＝デュカ通り（Rue Cino-del-Duca）である。

シピオン Scipion 5区にあるシピオン通り（Rue Scipion）の呼称は、16世紀から、通りの13番地にあった邸館にちなんで命名されている。この邸館はシピオン・サルディニ【1526生】が1565年に建て、所有していた。トスカーナ地方出身の才気煥発なシピオンは、マリ・ド・メディシスに随行してフランスに移り、無から巨万の富を蓄えるまでになった。そして、金融家として国王に60万エキュもの大金を貸し付け、貴族や高位聖職者にも融資した。1677年、彼はイザベル・ド・リミユ【1535頃-1609。リミユ男爵の元妻で、メディシスの侍女】と結婚している。

だが、貞淑さとは縁遠い移り気だった彼女は、1564年5月25日、ディジョンのソー館で開かれた厳粛な裁判中【当時、彼女は王子毒殺（未遂）の容疑をかけられていた】、コンデ公とのあいだにできた子供を出産したことで有名になった。この妻と結婚したシピオンは、**ロンサール**をはじめとする求愛者たちに嫉妬せざるをえなかった。1609年、そのシピオンが他界すると、5年後の1614年、邸館はサント＝マルト救貧院に変えられ、75年からはパリ施療院群に納入する製パン工場となった。当初の建物のうち、現在残っているのは、ファサードの一部と6本のアーチをそなえた回廊だけである。

シビュエ Sibuet 1773-1813年。1868年に12区のシビュエ通り（Rue Sibuet）の名祖となったブノワ・プロスペル・シビュエは、フランス東南部ローヌ＝アルプ地方のベレに生まれ、ポーランド（ボローニュ）で戦死した軍人。聖職者になるはずだった彼は、1791年、国民衛兵隊に入り、1813年、少将と男爵に叙せられる。だが、同年、シレジア（シュレジエン）地方のルヴォヴェック・シュロウスキ（ヤヴォル）の戦いにおいて、わずか5000の兵を率いて3万

のロシア軍を相手に12時間戦って敗北した。そして、敵に奪われないよう、ブブル川に鷲の標章【ナポレオン軍の軍標】を投棄させ、みずから馬に乗ったまま川に入り、敵の銃弾20発を浴びて溺死した。

ジファール Giffard 1825-82年。パリを生没地とする技師アンリ・ジファールは、とくに蒸気機関で駆動する飛行船に関心を抱き【1852年、パリとヴェルサイユ近郊のトラップ間27キロメートルの飛行に成功】、蒸気機関用の噴射装置【ジファール・インジェクター】を考案している。水蒸気と鉄鉱石を接触させることで水素を生み出そうとした彼は、1878年のパリ万国博時に係留気球をつくってもいる。13区のジファール通り（Rue Giffard）は1884年からある。

シフラール Chifflart 1826-1901年。ニコラ・フランソワ・シフラールは北仏のサン＝トメールに生まれ、パリで他界した画家・彫刻家。レオン・コニエの弟子である彼は、1851年にローマ大賞を受賞している。代表作としては版画の『メドゥーサの首を切るペルセウス』【1865年】や『驚き』【1865年】、さらに油彩画の『征服された街』や『ロミオとジュリエット』、『サッポー』【いずれも制作年不詳】などがある。20区のシフラール通り（Rue Chifflart）は1932年に命名されている。

シブール Sibour 1792-1857年。マリ・オーギュスト・シブールは南仏ドローム地方のサン＝ポール＝トロワ＝シャトーに生まれ、パリで殺害された高位聖職者。1838年にニームの司教総代理、39年10月にドローム地方ディーニュの司教となった彼は、1848年の2月革命時には共和主義者としてこれを支持した。これにより、同年7月、ルイ・ウジェーヌ・カヴェニャック首相・大統領【在位1848年6月-12月。国立作業場の閉鎖に反対したパリの労働者たちによる6月蜂起後に首班となったが、労働者たちを武力弾圧して人気を失い、同年12月の大統領選挙でルイ＝ナポレオン・ボナパルトに敗れた。→シャラ】からパリ大司教に任命された【1857年1月まで在任】

1851年、シブール大司教はルイ＝ナポレオン・ボナパルト（ナポレオン3世）のクーデタにくわわり、翌年1月3日、その皇帝即位を祝う「テ・デウム」の儀式を挙行する。これはヴィクトル・ユゴーからその『懲罰詩集』【1853年】で激しく非難された【シブールは1853年のナポレオン3世の結婚式を司式してもいる】

1852年、彼は元老院議員に叙され、54年にはローマに赴き、処女懐胎の教義の宣言に立ち会ってもいる。だが、1857年1月、彼は解職された元司祭——精神が錯乱していたかどうかは不明——によって、サン＝テティエンヌ＝デュ＝モン教会で刺殺されてしまう【犯人のジャン＝ルイ・ヴェルジェ（1826生）は処女懐胎の宣言に反対していた。同年1月末に絞首刑】。10区から12区にかけて走るシブール通り（Rue Sibour）は、殺害から8年後の1865年からある。

シベル Sibelle シベル大通り（Avenue de la Sibelle）は14区にある。呼称は古代世界のシビラ（sibylle）、すなわち神託を人間に伝える預言者ないし巫女に由来する。かつて通りの近くにはフォス・ド・ラ・シベルとよばれる地名があったが、このシベルは、アナトリア半島のプリュギア（フリギア）の豊饒・多産の大地母神で、秘儀伝授の儀式にかかわり、前3世紀にはギリシア＝ローマ世界でも広く信仰されていたキュベレ【フランス語表記Cybèle】と混同されていた。大通りの呼称はシビラとキュベレが混ざり合ったもので、2000年に命名されている。

シマール Simart 1806-57年。ピエール・シャルル・シマールはシャンパーニュ地方のトロワに生まれ、パリで没した彫刻家。指物師の息子として生まれた彼は、1823年にパリに出て、シャルル・デュパティ【1771-1825。パリ高等美術学校教授。代表作のひとつにヴォージュ広場の『ルイ13世騎馬像』（1823年）がある】のアトリエで働く。この師の死後、彼はコルトー、ついでプラディエのアトリエに入る。

1833年、シマールは彫刻部門のローマ

シマロサ

大賞を受賞し【作品は『老人と子供たち』】、40年にはパリ市庁舎のために浅浮彫りの寓意像である『建築』と『彫刻』を制作する。同年にはまた、ヴァンセンヌのトローヌ関税徴収所のために、巨大な２体の寓意像、『正義』と『豊饒』をつくってもいる。古典芸術を熱烈に憧憬していた彼は、1852年に学士院【美術・彫刻アカデミー】会員となった。その作品としては、ほかに『哲学』や『叙事詩』、さらに『守られた商業と産業』【いずれも制作年不詳】などがある。彼の名を冠したシマール通り（Rue Simart）は、1882年から18区にある。

シマロザ Cimarosa 1749-1801年。シマロザことドメニコ・チマローザは、ナポリ（**ナプル**）近郊のアヴェルサで生まれ、ヴェネツィアで他界したイタリア人作曲家。処女作のオペラ『伯爵の奇行』は1772年、ナポリで初演された。ほかにも『カイオ・マリオ』【1780年】や『シナの英雄』【1782年】、『からかわれた熱狂的な男』【1787年】などがある。オペラ曲だけでも60本以上創った彼は、1789年、ロシアの女帝エカチェリーナ２世【在位1762-96】から招聘される。女性を拒むすべを知らなかったチマローザのこと、まして相手が女帝であってみれば、受け入れないはずはなかった。

こうして彼はジョヴァンニ・パイジエッロ【1740-1816。イタリア出身のセミセリア様式オペラの代表的作曲家】に代わって皇帝礼拝堂楽長となる。彼はロシアに３年間滞在し、オペラ数本にくわえて、500曲以上の小品を創作している。そして、帰国の途中、神聖ローマ皇帝レオポルト２世【在位1790-92】の慫慂もだしがたく、１年間ウィーンにとどまり、『秘密の結婚』【1792年】を書き上げる。皇帝はこの作品を大いに気に入り、続けて２度上演させたという。

チマローザは1793年に帰国し、８年後にヴェネツィアで没するが、しばしば異論を招いてきたその死には奇妙な影が付きまとっていた。1799年、フランス軍がナポリ王国に侵入したのを機に蜂起した、ナポリ市民の革命を支持した。だが、王政が回復されると、王妃マリア・カロニーナ【1752-1814。レオポルト２世の妹で、フランス革命で処刑されたマリー＝アントワネットの姉】によって投獄され、獄中でのひどい扱いに心身ともに衰弱したという。巷間、彼が早晩毒死すると囁かれたともいう【実際には投獄４か月目で釈放され、国王を賛美する作品を書いて恩赦をえたが、その急死には毒殺の噂が流れた。ときのナポリ政府はこの噂を鎮静させるため、死因を胃癌と発表している】

チマローザは間違いなく18世紀のイタリアにおける最大の音楽家だった。パリ16区のシマロザ通り（Rue Cimarosa）は、そんな彼の名をとって1864年に命名されている。

シムティエール・デ・バティニョル Cimetière des Batignolles 17区のシムティエール＝デ＝バティニョル大通り（Avenue du Cimetière-des-Batignolles）は、詩人のポール・ヴェルレーヌ（1896没）やロシアの伝説的バス歌手のヒョードル・シャリアピン（1938没）などが埋葬されているバティニョル墓地へといたる【1890年にパリ市に編入】

シモーヌ・ヴェイユ Simane Weil 思想家・哲学者・作家のシモーヌ・ヴェイユは1909年にパリで生まれ、43年にイングランド南東部、ケント州のアシュフォード・サナトリウムで没している。高等師範学校に入るため、リセ・アンリ・カトルに学び【1925-28年】、生涯の師アランと出会う。1931年、上級教員資格試験に合格した彼女は、しかし、1934年から35年までルノー工場で工具として働き、1936年、共和主義者たちとともにフランコ・ファシスト政権と戦うため、外国人義勇兵として国際旅団に入る【周知のように、この義勇兵としてはアンドレ・マルローやヘミングウェイ、アンドレ・ジッド、アルベール・カミュなどがいた】

1941年、シモーヌはさらに農業作業員となり、翌年、フランスを去ってニューヨーク【ここには兄の数学者アンドレ・ヴェイ

ユ（1906-98）が1941年に亡命していた。シカゴ大学やプリンストン高等研究所の教授などを歴任した彼の数学理論は、文化人類学者レヴィ=ストロース（1908-2009）の構造主義に重要な影響をあたえた】、ついでロンドンに向かう。

ロンドンでは「自由フランス」の事務所員【文書起草委員】として活動する。だが、シャルル・ド・ゴール将軍による組織のありかたに絶望し【彼女は「前線看護婦部隊」の創設を提案して、ド・ゴールから一蹴されている】、1943年7月、その職を辞して、同年8月24日、急性肺結核【と拒食】によって息を引き取る。社会正義と個人の救いを情熱的に求めたことで知られる彼女の著作はほとんどが死後の刊行になるが、そのなかにはたとえば以下がある。『哲学講義』【1933-34年】、『重力と恩寵』【1940-42年】、『神を待ちのぞむ』【1942年】、『超自然的認識』【1942-43年】など【シモーヌ=ヴェイユ通り（Rue Simone-Weil）は1993年から13区にある】

シモネ Simonet　1931年まで小路だったシモネ通り（Rue Simonet）は、それが敷設された土地の地主にちなんで命名されている。

シモン・ドゥルール Simon Dereure　18区のモンマルトルの丘を通るシモン=ドゥルール通り（Rue Simon-Dereure）は、1870年からモンマルトル村の助役をつとめた人物の名でよばれている。命名は1915年である。

シモン・ボリヴァル Simon Bolivar　1783-1830年。シモン・ホセ・アントニオ・デ・ラ・サンティシマ・トリニダード・ボリバル（ボリヴァル）・イ・パラシオスは、ラテンアメリカの「解放者」。その名がつけられたシモン=ボリヴァル大通り（Avenue Simon-Bolivar）は、1880年から19区にある。

シモン・ル・フランス Simon Le France　4区のシモン=ル=フランス通り（Rue Simon-Le-France）は、古く1227年に命名されている。名祖はその住人で、1211年

頃に没したシモン・フランク（Symon Franque）だが、時がたつにつれて、いつしか現在の呼称に変わった。

シャイヨ Chaillot　16区のシャイヨ通り（Rue de Chaillot）は、かつてはシャイヨ村に属していた。1659年、この村はパリのフォブール（市外区）となり、ピレネー（ピレネ）条約【→ヴェラスケス】の会議を記念して、「フォブール・ド・ラ・コンフェランス」とよばれた。1786年、パリの周囲に入市税徴収のための市壁が巡らされると、シャイヨはパリの市域に組み込まれた。

こうしたシャイヨの過去をあてこすって、かつてこのような地口が巷間好んで囁かれていたという。「アユリ・ド・シャイヨ」。「シャイヨの間抜け」を字義とするこれは、「おろか者」や「世間知らず」を意味するもので、ジャン・ジロドゥの戯曲『シャイヨの狂女』【1945年、死後初演。鈴木力衛・岩瀬孝訳、自家版？】の主題とも合致する。もうひとつ、「だれかをシャイヨに送る」という表現もあった。これは「だれかを追い出す」の謂いである【シャイヨ小公園（Square de Chaillot）も16区にある】

ジャイヨ Jaillot　1710-80年。ジャン=バティスト・ミシェル・ルヌー・ド・シャヴィニェ、通称ジャイヨは、パリで生まれ、没した弁護士・国王おかかえ地理学者。パリにかんする資料や地図をまとめた『パリ市の考証的・歴史的・地誌的研究』【1772-75年】などの著作がある。5区にあるジャイヨ小路（Passage Jaillot）は、1994年に命名されている。

ジャヴェル Javel　1777年、旧ジャヴェル河岸通り、現在のアンドレ=シトロエン河岸通りに次亜塩素酸カリウムの、ついでジャヴェル水【塩化ナトリウムと次亜塩素酸ナトリウムの混合溶液】の生産工場が建てられた。だが、15区にあるジャヴェル河岸通り（Quai de Javel）は、この水にちなんでの命名ではない。むしろ話は逆で、ジャヴェル河岸通りは、セーヌ河岸に設置され、その所有者の名でよばれていた水車にちな

シヤウロ

むジャヴェル村が誕生した、15世紀から存在していたのだ。アカデミー・フランセーズは長いあいだJavelをJavelleと表記していた。

　一方、同区のジャヴェル通り（Rue Javel）は1730年から知られていたが、それが現在の道筋となったのは1868年になってからである。

ジャヴロ Javelot　15区のジャヴロ通り（Rue de Javelot）は、通称「オランピアード（オリンピック大会）」とよばれる一帯の中心部に敷設されたもので、その呼称は、オリンピック競技のひとつである投げ槍に負っている。

ジャカール Jacquard　ジョゼフ・マリ・ジャカールは1752年にリヨンに生まれ、1834年にその近郊のウランで没した技術者。父親が織物工だった彼は、1790年、のちにその名でよばれるようになる有名な紋織機（ジャカード織機）を考案する。1800年に完成したそれによって、織物技術が大きく発達し、それまでの技術では不可能だった製品がたやすく生産できるようになった。彼はまた漁網製作機も発明し、1819年、レジョン・ドヌール勲章を授与されている。

　ただ、彼のこうした発明は労働力を削減したため、当初は労働者たちの反発を招き、生地リヨンでは彼らがその機械を公開で破壊するといった運動も起きた。11区には、彼の名を冠したジャカール通り（Rue Jacquard）が1844年からある。

ジャキエ Jacquier　14区のジャキエ通り（Rue Jacquier）は1883年、ジャキエ氏が株主のひとりだった投資会社によって敷設されている。彼の持ち株はかなりのものだったはずである。おそらく…

シャ＝キ＝ペシュ Chat-qui-Pêche　5区のシャ＝キ＝ペシュ通り（Rue du Chat-qui-Pêche）は、1540年から知られているが、呼称はその家並みの1軒にかけられていた絵看板に由来する。セーヌ河岸に位置するこの通りには、おそらく酒類の小売人や「シャ＝キ＝ペシュ」【字義は「釣りをする猫」】の看板を掲げた漁具を売る商人が住んでいた【この通りは道幅が狭いところで1.8メートルしかなく、パリで最狭路のひとつである】

ジャクモン Jacquemont　1801-32年。ヴィクトル・ジャクモンはパリに生まれ、ボンベイで客死した植物学者・旅行家。すでに北米大陸を踏査していた彼は、1828年、パリの国立自然史博物館から委託されてインドに向かった。そして、チベットまで足を運び、ラホールやカシミールを訪れて、数多くの植物や情報を収集したが、ボンベイで病のために早世した。死後2年目の1834年、インドでの彼の活動ぶりを記した『書簡集』が出版されて、ジャクモンの名が一般にも知られるようになり、1840年、17区の通りにその名がつけられた。ジャクモン通り（Rue Jacquemont）がそれである。

ジャコブ Jacob　イスラエル民族の祖とされるヤコブ（ジャコブ）は、イサクとリベカの息子で、彼の息子たちはそれぞれイスラエル12支族の祖となった。ある夜、ヤコブが家族を連れてヤボクの渡しを渡ったとき、何者かと格闘した。そして、この者はヤコブに勝てないとみるや、こう言うのだった。「お前の名はもうヤコブではなく、これからはイスラエルとよばれる。お前は神と闘って勝ったからだ」

　6区のジャコブ通り（Rue Jacob）は1836年に命名されているが、それは王妃マルゴが、この通りに近接するセーヌ通りにあった邸館の庭園に、1603年、ヤコブに捧げた祭壇を設けたことに由来する【王妃マルゴことマルグリト・ド・フランス（1553-1615）は、カトリックとプロテスタントの和解を画策した母后カトリーヌ・ド・メディシスによって、ナバラ王アンリと政略結婚させられたが、1572年のその挙式の夜、サン＝バルテルミの虐殺が起きた】

ジャコブ・カプラン Jacob Kaplan　1895年にパリで生まれたカプランは、1955年から没年の94年まで、フランスのユダヤ教会議議長をつとめた。9区のジャコブ＝カ

ルラン広場（Place Jacob-Kaplan）は、2000年に彼に捧げられている。

ジャスマン Jasmin 1798-1864年。ジャック・ボエ、通称ジャスマンは、フランス南西部ガスコーニュ地方のアジャンに生まれ、没した詩人。24歳のときにガスコーニュ語による処女詩集『メ・カル・ムーリ（私は死ななければならない）』を発表した彼は、1835年、『毛巻き紙』の第1巻目を上梓している。1836年の作『カステル=キュリエの盲人』は、ラマルティーヌから「プロレタリアを解するホメーロス」とたたえられた。

ジャスマンは詩を朗じながら南仏各地の都市をめぐり、資金を集めて慈善事業に寄付した。こうして集めた資金は、150万フランにまで達したという。1842年にパリに移ると、ルイ=フィリップが彼のために夜宴を催してくれた。やがてジャスマンは残りの人生を生業としての理髪師とガスコーニュ語を普及させる旅に費やした。

だが、いささか自惚れの強かった彼は、フレデリク・ミストラルがオック（プロヴァンス）語の維持や純化、さらに普及を目的として組織した文学団体「フェリブリージュ」【→クロヴィス・ユーグ、フレデリク・ミストラル】に冷ややかな態度をとり、その代表作である長編詩『ミレイオ』【1859年。『プロヴァンスの少女：ミレイユ』、杉富士雄訳、岩波文庫】にもほとんど関心を示さなかった。16区には彼の名を冠したジャスマン通り（Rue Jasmin）、ジャスマン小公園（Square Jasmin）、ジャスマン小路（Cour Jasmin）があり、それぞれ1885年、1927年、1932年に命名されている。

シャスール Chasseur 17区のシャスール大通り（Avenue des Chasseurs）は、もとはモンソー村の所有地。とくに狩猟家たちの聖地として知られ、獲物の巣が無数にあった。

シャスルー=ローバ Chasselou-Laubat 1754-1833年。フランス西部シャラント=マリティーム県のサン=セルナンに生まれた将軍・政治家。1792年から1814年まで技術将校をつとめ、やがていち早く反ナポレオンを標榜するようになる。これに諸手を挙げて喜んだルイ18世【在位1814-15/1815-24】は、彼を貴族院議員に任じた。15区のシャスルー=ローバ通り（Rue Chasselou-Laubat）は、1896年、このフランソワ・ド・シャスルー=ローバ伯にちなんで命名されている。

シャセーニュ=ギュイヨン Chassaigne-Guyon 1856-1936年。パリ市参事会員、のちに8区選出の下院議員。8区のシャセーニュ=ギュイヨン小路（Passage Chassaigne-Guyon）は1937年に命名されている。

シャゼル Chazelles 17区のシャゼル通り（Rue de Chazelles）が敷設された土地は、当初ラヴォワジエなる人物が所有していた。ラムフォール氏と再婚した彼の妻には、シャゼルという名の魅力的な甥がいた。やがて彼がこの土地を貰い受け、その名が通りにつけられた。ちなみに、近年、この通りはあるホテルがしばしばパーティーを催し、ときに「社交界」の人士を集めてゴシップ欄を賑わせいた。ただ、それが社交界の話題となることはなかった。問題のホテルは今もある。

ジャダン Jadin 1768-1853年。ルイ・エマニュエル・ジャダンはヴェルサイユに生まれ、パリで没した作曲家。数多くの愛国的な作品を捧げたフランス革命時、彼はムッシュー座から国民軍軍楽隊に移った【クラヴサン奏者として。ムッシュー座とは、マリ=アントワネットのお抱え美容師だったレオナール=アレクシス・オーティエが、1789年、ルイ16世の許可をえてテュイルリー宮内に創設したオペラ=コミック専門劇場。呼称はムッシューとよばれた王弟、のちのルイ18世の庇護をえていたことに由来する。1794年にオペラ=ブフ座、1801年に国立オペラ=コミック座となる】。1814年、ジャダンはルイ18世【在位1814-15/1815-24】の「近習音楽隊監督」に任命されている。作品としては『ラ・ジョコンダ』【1790年】や『ティオンヴィル攻囲戦』、『炉辺』【いずれも

1793年】、『ボストンの仲買人』【1796年】などがある。

17区のジャダン通り（Rue Jadin）は1846年からあるが、この命名は同時に彼の従弟で画家のゴドフロワ・ジャダン（1805-82年）をたたえてのことである。ゴドフロワはとくに動物画を好んで描き、ナポレオン3世の狩猟部付き画家となった【ジャダンはまた1802年にパリ音楽院教授、1806年にモリエール座の楽長をつとめている。早世した弟ヤサント（1776-1800）も作曲家】

ジャック・アントワヌ Jacques Antoine

1733-1801年。ジャック・アントワヌは、パリのコンティ河岸通りにある壮麗な造幣局を建てた建築家。現在国立土木学校となっているフルリ館も手がけた彼は、スイスのベルンにも造幣局、マドリードではベルウィク館を建てている。14区のジャック＝アントワヌ小公園（Square Jacques-Antoine）は1984年の命名。

ジャック＝アンリ・ラルティグ Jacques-Henri Lartigue

1894-1986年。パリ北西郊のクルブヴォワに生まれ、ニースで没した写真家・画家・作家。10歳から写真を始め、以来、対象の背後をみる若さ特有の素直さや驚きを切り捨てることはなかった。彼はまた地誌にも大いに関心をいだきつづけた。もっともよく知られた作品としては、1974年に撮ったジスカール・デスタン大統領の写真がある。1973年に写真集『わが人生の瞬間』を出した彼の名は、1995年に命名された5区のジャック＝アンリ＝ラルティグ通り（Rue Jacques-Henri-Lartigue）に残っている。

ジャック・イベール Jacques Ibert

1890-1962年。パリを生没地とする作曲家。1919年にローマ大賞を受けたジャック・イベールは、宗教曲をのぞくすべての音楽ジャンルを手がけ、1936年から61年まで、ローマのヴィラ・メディチ（ローマ大賞を受賞したフランス人芸術家たちが3年間滞在していた邸館）の責任者だった。1956年から学士院会員となった彼の代表的な作品としては、オペラ＝コミック『イヴトの王』【1927-28年】やバレエ『ポワティエのディナナ』【1934年】、オペラ『鷲の子（ナポレオン2世）』【1937年】、オペレッタ『小さな枢機卿』【1938年】などがある。彼の名は1978年、17区の通りに冠せられている。ジャック＝イベール通り（Rue Jacques-Ibert）である。

ジャック・イレレ Jacques Hillairet

1886-1984年。文学者で、往時のパリにかんする専門家。とくに『パリ街路歴史事典』と題された2巻本で知られる【本訳書も多くを負っているこの書は、1964年にアカデミー・フランセーズ賞を受賞している】。12区のジャック＝イレレ通り（Rue Jacques-Hillairet）は1990年の命名である。

ジャック・ヴィゲス Jacques Viguès

11区のジャック＝ヴィゲス小路（Cour Jacques-Viguès）は、この通りの開通時に住んでいた地主の名にちなんで命名された。

ジャック・エ・テレーズ・トレフエル Jacques et Thérèse Tréfouel

ジャック（1897-1977）とテレーズ（1892-1978）兄妹はいずれも化学者・細菌学者で、パストゥール研究所の研究員だった。ジャックは1940年から64年までこの研究所の所長をつとめ、スルホンアミド（サルファ剤）にかんする研究を大いにおし進め、数多くの細菌を発見してもいる。15区のジャック＝エ＝テレーズ＝トレフエル広場（Place Jacques-et-Thérèse-Tréfouel）は、ふたりをたたえて1987年に命名されたものである。

ジャック・オーディベルティ Jacques Audiberti

1899-1965年。南仏アンティーブに生まれ、パリで没した劇作家・詩人・小説家のオーディベルティは、言葉の偉大な「操作者」だった。彼は多くの作品を遺しているが、小説には『ミラン親方』【1950年】や『マリ・デュボワ』【1952年】、『庭園と川』【1954年】、戯曲には『クオ＝クオ』【1946年】や『下宿屋の女主人』、『田舎の貴族夫人』【いずれも1956年】、『グラビオン効果』【1959年】、さらに詩集には『人間模様』【1937年】や『大量の種子』【1941年】、『城壁』【1953年】などがある。

オーディベルティは言っている。「宝物とは触るためにある」、「結婚、それは国家であり、妻たちの玉座だ」、「あなたを虜にする娘は計り知れない存在である。同時に、際限なく単純かつ柔軟で、実用的で便利で、そして持ち運びのできる存在でもある」。1992年、彼の名がパリの公園につけられている。17区のジャック＝オーディベルティ公園（Jardin Jacques-Audiberti）がそれである。

ジャック・オフェンバク Jacques Offenbach
1819-80年。オッフェンバック（オフェンバク）はフランスに帰化した音楽家。ケルンに生まれ、パリで没している。若くしてパリに出た【1833年】彼は、パリ音楽院（コンセルヴァトワール）を卒業したのち、ラ・フォンテーヌの寓話をもとに作曲し、1847年、コメディ・フランセーズ座の指揮者になる。やがてブフ・パリジャン座の「特権」をあたえられるが、そこではオペレッタしか上演できなかった。大衆を喜ばせる術を心えていた彼は、1855年、自分の劇場を立ち上げ、自作を上演するようになる。これらの作品でとくに成功をおさめたのが、『ふたりの盲人』や『バ＝タ＝クラン（がらくた）』【いずれも1855年】、『地獄のオルフェ』、『フォルトゥニオのシャンソン』【いずれも1861年】などである。

だが、彼が本格的に名声を博するようになったのは、この劇場を手放したあと、つまり1864年以後である。この後期の作品としては、『美しきエレーヌ』【1864年】や『パリの生活』、『青髭』【いずれも1866年】、『ジェロルスティン大公妃殿下』（1867年）、『ペリショル』（1868年）、『密猟者』（1873年）などが知られている。死後、上演された『ホフマン物語』【1888年、未完】はオペラ＝コミック座で万来の喝采を浴びたが、ここは彼が生前成功を夢見て果たせなかった劇場だった。

オッフェンバックは死を目前にしてもなお100曲あまりの作品を手がけている。とくにここでは『鼓手長の娘』【1873年】と『盗賊』【1878年】を挙げておこう。彼に捧

げられたジャック＝オフェンバク通り（Rue Jacques-Offenbach）は、1904年から6区にある。

ジャック・カブレ Jacques Kablé 1830-87年。ジャック・カブレは熱烈な愛国者のアルザス人。1888年に彼の名がつけられたジャック＝カブレ通り（Rue Jacques-Kablé）は18区にある。

ジャック・カルティエ Jacques Cartier
1491-1557年。ブルターニュ地方のサン＝マロに生まれ、没した航海者。1527年、ブラジルに渡った彼は、フランソワ1世からアジアや新大陸北部へいたる航路の開拓を命じられる。こうして彼は軍艦2隻と兵120人とともにサン＝マロを出航し、20日目にニューファンドランド地方（カナダ東部）に到達して、まずラブラドール湾岸のフランス領有を宣言し、ついでニューファンドランドの西岸を進んでセントローレンス川をさかのぼり、出航半年後にサン＝マロに戻った。

この探検行の成功に力をえたフランソワ1世は、カルティエをあらためてニューファンドランドに派遣する（1535-36年）。この2度目の旅では、カルティエはセントローレンス川を遡航して、先住民たち【イロコイ族】がカナダ（字義は「町」）と呼んでもいたスタダコナに、さらに現在モントリオールとなっているオシュラガ【字義は「ビーバーのダム」】にまで到達し、そこをフランス国王の名で領有した。

1541年、カルティエは再びカナダに向かう。フランソワ・ド・ラ・ロック・ド・ロベルヴァル【1500-60。私掠船の船長からフランソワ1世の腹心になったプロテスタントの軍人。のちのカナダ副王】もまた、この新天地を植民地化しようとしていた【1542年4月、彼は軍艦3隻と入植者100人を率いてカナダに向かった】。3度目の航海から戻って数か月後、カルティエは王命をたずさえてカナダに戻る。「カナダにてロベルヴァルと合流せよ」という王命だった。

この4度目の航海を最後に、カルティエは引退した。18区には、1875年に彼に捧

げられたジャック゠カルティエ通り（Rue Jacques-Cartier）がある。

ジャック・カロ Jacques Callot 1592-1635年。ナンシー出身の画家・版画家。12歳のとき、家でして単身イタリアをめざし、スイスのルツェルンでロム（ジプシー）たちの仲間となる。フィレンツェに着くと、カロは彼らと別れ、あるピエモンテ人の紳士と親しくなる。ローマでの働き口を探してくれるというからである。

だが、この永遠の都に赴く途中、彼は**ロレーヌ**から来た商人たちに出会ってしまう。彼らは少年がカロであることを確認し、同地方の筆頭式部官だった父親がいるナンシーへと強制的につれかえる。しかし、カロは生地につく前に逃げ出し、イタリアにまいもどる。すると、長兄が彼を捜しにやってきてつれもどすが、強情な彼はなんとか家族を説得し、1618年、ロレーヌ・バール公アンリ2世【1563-1624。1618年に始まる30年戦争では中立の立場に終始した】が教皇に送り込んだ使節団とともにローマに向かうのだった。

カロの才能は移り住んでいたフィレンツェですみやかに開花する。しかし、彼はその才能を故郷のために使うことにした。のちに彼はネーデルラントを旅し、この旅が終わる頃、ルイ13世【国王在位1610-43】からナンシー略奪【1633年】のさまを描く膨大な数の絵を注文される。彼はその注文を次のように言って断った。「（注文を受けるくらいなら）自分の指を切り落としたほうがよい」。これに対し、ルイ13世はこう答えたという。「ロレーヌ公はこうした臣下をもってじつに幸せである」

「エッチングの叙事的な近衛騎兵」とよばれた彼の代表作としては、『カプリッチオ』【1617年】や『インプルネタの大市』【1620年】、『ラ・ロシェル攻囲戦』【1629年】、『パリ情景』【1629・31年】、そして『大きな惨禍』シリーズ（1633年）などがある。ジャック゠カロ通り（Rue Jacques-Callot）は、1912年から6区にある。

ジャック・クール Jacques Coeur 1395頃-1456年。フランス中部のブールジュで生まれ、エーゲ海のキオス島で戦死した金融家・商人。ブールジュの代理裁判官の娘と結婚したジャック・クールは、貨幣鋳造の任を託され、やがてレバント地方との交易を組織化して、生来の才能を発揮する。彼は1433年にレバント諸国を訪れ、36年には王室銀食器管理官を拝命し、40年には王室会計方に任命される。

翌1441年、国王から貴族に叙せられたクールは、フランス各地でさまざまな任務をゆだねられ、巨万の富を蓄えて、国内のほとんどの主要都市に邸館をかまえるまでになる。これらの邸館にはそれぞれ「勇気があれば不可能なし」という彼の信条が刻まれていた。シャルル7世【国王在位1422-61】はそんな彼を王侯のように扱い、彼もまたそれに応えて王国の諸事に最大限尽くした。ある日、彼は国王にこう言ったという。「陛下、私のものはすべて陛下のものです」

だが、やがて彼に対するさまざまな妬みがシャルル7世の耳にも入るようになる。そして公正を欠いた裁判がなされ【1450年に急死した国王の愛妾アニェス・ソレルの毒殺犯とされた】、国王はジャック・クールの財産すべて（ベッドにいたるまで！）を没収してしまう。裁判後【1453年】、彼はポワティエのタユブール城の塔牢に幽閉されるが、脱出してなんとかローマに亡命し、教皇カリストゥス3世【在位1455-58】に迎えられる。

のちにルイ11世【国王在位1451-83】は裁判を見直し、クールから没収した財産の一部をその息子たちに返した【クールは教皇からロードス島救援のための十字軍の指揮官に任命されて遠征し、遠征途中のキオス島で戦死した】。4区には、彼の名を冠したジャック゠クール通り（Rue Jacques-Coeur）が1829年からある。

ジャック・ケルネル Jacques Kellner 1894-1942年。ケルネルは自家用車の先駆者とみなされている。だが、レジスタンス活動のため、ドイツ軍に銃殺された。17区の

ジャック＝ケルネル通り（Rue Jacques-Kellner）は、1946年の命名になる。

ジャック・コポー Jacques Copeau 1879-1949年。パリに生まれ、ブルゴーニュ地方のボーヌに没した作家・俳優・演出家のジャック・コポーは、1909年、アンドレ・ジッドやジャン・シュレンベルジェ【1877-1968。作家】とともに《新フランス評論（NRF）》を創刊している。1913年にはヴュー＝コロンビエ座を買収し、ルイ・ジュヴェ【→ジャン・ヴィラール】やヴァランティヌ・テシエ【1892-1981。女優】、シャル ル・デュランらを初期メンバーとする劇団を立ち上げる。彼は舞台から「凝り固まった伝統」をとり除こうとして、必要とあれば、押し付けがましい舞台装飾を、なんの変哲もないペンディヨン（舞台を縮めるための垂れ幕）にとり替えたりもした。

その舞台では、ロジェ・マルタン・デュ・ガール【1881-1958。『チボー家の人々』を代表作とする作家】やアンドレ・ジッド、ジュール・ロマンなどの戯曲を上演した。だが、1924年、彼はヴュー＝コロンビエ座を離れ、旅回りの劇団を率いて民衆演劇に向かった。その精神的な遺言は、おそらく遺作『民衆演劇』（1942年）に編み込まれている。彼の名は1978年、6区の広場につけられている。ジャック＝コポー広場（Place Jacques-Copeau）がそれである。

ジャック・シャバン＝デルマス Jacques Chaban-Delmas 1915-2000年。パリで生まれ、没した政治家。ド・ゴール主義者でレジスタンスの闘士（1944年少将叙任）だった彼は、1969年から72年まで首相をつとめ、さらに国民議会議長の重責も担った（1958-69年、78-81年、86-88年）。また、1947年から95年までの約半世紀（！）にわたって、ボルドー市長でもあった。彼には以下のような著書がある。『熱情』【1975年】、『シャルル・ド・ゴール』【1980年】、『解放』【1984年】、『戦友たち』【1986年】、『モンテーニュ』【1993年】、『明日への手記』【1997年】。その名を冠した7区のジャック＝シャバン＝デルマス遊歩道

（Esplanade Jacques-Chaban-Delmas）は、2004年に命名されている。

ジャック・デストレ Jacques Destrée 1905-79年。ジャック・デストレ、筆名マルセル・ルネは、パリを生没地とする医師・歴史学者。第2次世界大戦中の1942年、彼は仲間とともにレジスタンスを組織し、同名の地下新聞を創刊している。戦後は《ル・マタン（朝）》紙や《ル・マタン・ド・パリ（パリの朝）》紙を主幹し、のちには《ローロール（黎明）》紙の政治局長となる。レジョン・ドヌール騎士勲章や39-40年戦争十字賞、レジスタンス勲章、公衆衛生シュヴァリエ勲章などを授けられた彼の名は、1997年から13区のジャック＝デストレ通り（Rue Jacques-Destrée）に残っている。

ジャック・デュシェーヌ Jacques Duchesne 1897-1971年。ミシェル＝ジャック・ド・サン＝ドニ、通称ジャック・デュシェーヌは、パリ盆地北部のボーヴェに生まれ、ロンドンで他界した俳優・演出家・劇場支配人。第2次世界大戦の際、ロンドンから放送された番組、「フランス人たちがフランス人たちに語る」での「フランス人の声」を担当したひとりでもあった。死後6年目の1997年に命名されたジャック＝デュシェーヌ通り（Rue Jacques-Duchesne）は、19区にある。

ジャック・ドゥビュ＝ブリデル Jacques Debu-Bridel 1902年にパリ南西部ウール＝エ＝ロワール県のメジエール＝ザン＝ドルエに生まれ、93年にパリで没したジャーナリスト・政治家。14区には、2000年に命名されたジャック＝ドゥビュ＝ブリデル広場（Place Jacques-Debu-Bridel）がある。

ジャック・ドゥミ Jacques Demy 1931年にフランス西部ロワール＝アトランティク県のポンシャトーに生まれ、90年にパリで他界した映画監督。数多くの短編映画（『ヴァル・ド・ロワールの木靴職人』、『美しい無関心』など）を製作したのち、1967年に最初の長編映画『ローラ』を撮る。

シヤツクト

続いて『七つの大罪より、「淫乱の罪」』【1962年】や『天使の入り江』(1963年)、『シェルブールの雨傘』(1964年)、『ロシュフォールの恋人たち』(1967年)、『モデル・ショップ』(1968年)、『ロバの皮』(1970年)、『ハーメルンの笛吹き』(1971年)、『人間が月の上を歩いてからもっとも重要な出来事』(1973年)【邦題名『モン・パリ』】、『レディ・オー』【1978年。原作は池田理代子作『ベルサイユのばら』】、『都会の部屋』(1982年)、『パーキング』(1985年)、そして遺作となった『26日のための3箇所』(1988年)【邦題名『思い出のマルセイユ』】などを発表した。14区には彼の名を冠したジャック＝ドゥミ広場 (Place Jacques-Demy) がある。命名は2000年。

ジャック・トレフエル Jacques Tréfouël
1897年にパリ北東郊のル・ランシーで生まれ、1977年に没した化学者・細菌学者のトレフエルは、1940年から67年までパストゥール研究所長をつとめて、数多くの細菌を発見している。15区には彼をたたえて1987年に命名された、ジャック＝エ＝テレーズ＝トレフエル広場 (Place Jacques-et-Thérèse-Tréfouël) がある【テレーズ・トレフエル (1892-1978) はジャックの妻・協力者で化学者】

ジャック・バンヴィル Jacques Bainville
1879-1936年。バンヴィルはヴァンセンヌ生まれの歴史家。王党派で、アクション・フランセーズ【1898年に結成された王党派の反ユダヤ・反社会主義的運動で、翌年創刊された同名の機関紙を活動拠点とした】に積極的にかかわった。著書に『フランス史』【1924年】や『ナポレオン』【1931年】などがある。アカデミー・フランセーズ会員にも選ばれた【1935年】彼の名は、1961年から7区のジャック＝バンヴィル広場 (Place Jacques-Bainville) に残っている。

ジャック・ビンゲン Jacques Bingen 1908-44年。アンドレ・シトロエンの義弟にあたるこの偉大なレジスタンスの闘士は、クレルモン＝フェランでドイツ軍に殺害された。彼に捧げられたジャック＝ビンゲン通り (Rue Jacques-Bingen) は17区にある。

ジャック・プレヴェール Jacques Prévert
1900-77年。パリ西方ヌイイ＝シュル＝セーヌに生まれ、北仏マンシュ県のオモンヴィル＝ラ＝プティットに埋葬されている詩人。社会との妥協を排する一方、無政府主義的な伝統を遵守し、シュールレアリスムにも共感していたプレヴェールは、詩の分野だけでなく、みごとな台詞を手がけて、映画の世界でも重要な足跡を残している。

プレヴェールが脚本を担当した映画作品としては、たとえばいずれもマルセル・カルネ監督【1909-96。両大戦間のフランスを代表する監督で、ヴェネツィア国際映画祭栄誉金賞受賞者】による、『おかしなドラマ』【1937年】や『霧の波止場』【1938年】、『陽は昇る』【1939年】、『夜の訪問者たち』【1942年。邦題名『悪魔が夜来る』】、『天国の子供たち』【1944年。邦題名『天井桟敷の人々』】、『夜の門』【1946年】などがある。また、映画監督だった弟のピエール【1906-88】とともに2本の珠玉作品、すなわち『事業の成功は確実』【1932年】や『驚異の旅』【1946年】を製作している。

詩集としては『言葉たち』【1945年】や『物語』【1946年】、『スペクタクル』【1951年】、『雨と晴天』【1955年】、『がらくた集』【1965年】などがある。その詩の一部はジョゼフ・コスマ作曲のシャンソンの歌詞になってもいる。「バルバラ」、「枯葉」、「校門を出たら」などのようにである。彼に捧げられたジャック＝プレヴェール通り (Rue Jacques-Prévert) は、1987年から20区にある。

ジャック・フロマン Jacques Froment
1920-44年。ドイツ軍に射殺されたフランス国内兵 (FFI) の若い少尉。1946年、彼の名は18区の広場につけられている。ジャック＝フロマン広場 (Place Jacques-Froment) がそれである。

ジャック・ボードリ Jacques Baudry 1922年生まれのこのレジスタンス闘士は、43年、ドイツ軍に射殺された。15区のジャック＝ボードリ (Rue Jacques-Baudry) は、1954

年、彼を偲んで命名されている。

ジャック・ボンセルジャン Jacques Bonsergent 1912-42年。10区のジャック＝ボンセルジャン広場（Place Jacques-Bonsergent）の名祖は、近くのマジャンタ大通りに住んでいた国立工芸院の技術者だった。ドイツ軍によって最初に銃殺刑に処されたのが彼である。

ジャック・マレット Jacques Marette 1922-85年。ジャック・アンリ・マレットは閣僚経験者【1962-67年郵政大臣】で、1967年から81年までは15区選出の国民議会議員をつとめた。彼に捧げられた10区のジャック＝マレット広場（Place Jacques-Marette）は、1990年からある。

ジャック・マワ Jacques Mawas 15区のジャック＝マワ通り（Rue Jacques-Mawas）は、1927年に開通している。呼称は、ロトシルド病院の主任医師だったジャック・マワに由来する。

ジャック・リュエフ Jacques Rueff 1896-1978年。経済学者で金融家でもあったジャック・リュエフは、1923年から数多くの金融政策を担い、新自由主義者とみなされている【フランス銀行副総裁やパリ経済研究所教授をへて、1958年にド・ゴール大統領の経済顧問・経済再建専門委員長就任】。競合力をつけるための経済改革【フラン切下げ】や金本位制への復帰、国際金融の困難な問題を改善するための金の再評価などを提唱した。1964年にアカデミー・フランセーズ会員に選ばれた彼は、『恒常的失業に起因する失業保険』【1931年】や『社会秩序』【1945年】など、多くの著書をものしている。7区のジャック＝リュエフ広場（Place Jacques-Rueff）は1984年からある。

ジャック・ルーヴェル＝テシエ Jacques Louvel-Tessier 1924-44年。フランス国内兵（FFI）の中尉だったルーヴェル＝テシエは、ドイツ軍によって銃殺された。10区のジャック＝ルーヴェル＝テシエ通り（Rue Jacques-Louvel-Tessier）は、その死を悼んで1946年に命名されている。

ジャック・ルーシュ Jacques Rouche 1862

-1957年。ジャック・ルーシュ氏はパリ・オペラ座の優れた支配人だった。彼の名は1971年に9区の広場につけられている。ジャック＝ルーシュ広場（Place Jacques-Rouche）である。

シャティヨン Châtillon 14区のシャティヨン通り（Rue de Châtillon）は、シャティヨン丘陵につくられた旧シャティヨン＝シュル＝バニュー村へといたる道である。キノコ栽培小屋が立ちならぶようになるまで、そこでは野菜の集約栽培がおこなわれ、ブドウ園も見られた。

シャトー Château 14区のシャトー通り（Rue du Château）は、かつてメーヌ城館に通じていた。この城館とそれに隣接する領地は1898年に南部トラム会社に譲渡された。同社は城館と庭園を解体し、代わりに倉庫と工房を数棟建てた。

シャトーダン Châteaudun 1870年10月18日、パリ南西部ウール＝エ＝ロアール県の町シャトーダンは、プロイセン軍を相手に激しく戦った。テスタニエール【不詳】とエルネスト・リポウスキ【1843-1904。ポーランド移民出身の将軍】に率られた国民軍が、住民たちに支えられて、30門の大砲を有する敵兵1万に対して10時間も町を守ったのである。この戦いで、シャトーダンは民家225棟を失った。これに報いるため、フランス政府はシャトーダンの町がその紋章にレジョン・ドヌール勲章を描くことを認めた。9区のシャトーダン通り（Rue de Châteaudun）は、1870年に命名されている。

シャトー＝ドー Château-d'Eau 10区を走るシャトー＝ドー通り（Rue du Château-d'Eau）の呼称は、1789年までシャトー＝ドー（水城）広場とよばれていたレピュブリック広場が近くにあったことによる。命名は1851年。この広場につくられ、「シャトー＝ドー」と通称された給水・貯水塔は、フィリップ・ド・ジラールの作で、現在は12区のフェリクス＝エブエ広場におかれている。

シャトー・デ・ランティエ Château des Rentiers 13区のシャトー＝デ＝ランティ

シャトフリ

エ通り（Rue du Château-des-Rentiers）には、かつて「ランティエ城」があった。ランティエ【字義は「金利生活者」】という語は、その古義、つまり「地代を領主におさめる人」という意味で理解されなければならない。とすれば、この城はそうした地代を支えとして築かれたのだろうか。詳細は不明である。19世紀初頭、城はヴィエイヤール【字義は「老いた男」】という名の貴婦人の所有で、彼女はかなりの地代収入で生活していた。いささか興味を引く話である。この通りは1672年から存在している。

シャトーブリアン Chateaubriand 1768-1848年。ブルターニュ地方のサン＝マロに生まれ、パリで没した作家・政治家。持ち前の冒険心とジャン＝ジャック・ルソーの野生生活にかんする著作に魅せられた、シャトーブリアン子爵フランソワ＝ルネは、1791年、北米に渡る。1797年、ヨーロッパに戻った彼は、『フランス革命との関係において考察された新旧革命にかんする歴史的・政治的・道徳的小論』を刊行する。

彼はいかなる信仰ももっていなかったが、まもなく母と妹が死んだことで回心する。彼は言っている。「私は泣いた、そして信じた」。やがてキリスト教を擁護しようとして、キリスト教小説とでもいうべき『アタラ』【1801年】を著す。1802年には『キリスト教の精髄』を上梓してもいる。当時、彼はイギリスにいて、帰国したのは執政政府にかかわってからのことだった。この結びつきによって、彼は大使としてローマに赴く。だが、アンギャン公の処刑を知って、彼はその任を辞した。

1809年に『殉教』を出版し、2年後には『パリからエルサレムへの旅』を著した彼は、復古王政のあいだ【1815-30年】、大使や閣僚をつとめる一方、激文執筆者ともなって、ときに政府の、ときに反対派の味方をする…。スタール（スタル）夫人とともに、19世紀の始まりを告げる文芸復興の唱導者をもって任じた、ジロデ＝トリオゾンは、そんなシャトーブリアンのみごとな肖像画を描いている（サン＝マロ美術館

蔵）。さらに、フランシスク・デュレの作になる大理石のシャトーブリアン像は、ヴェルサイユ美術館を飾っている。なお、彼の死後、『墓の彼方の回想』【1848年。真下弘明訳、勁草出版サービスセンター】が刊行されている。8区のシャトーブリアン通り（Rue Chateaubriand）は、1852年に命名された。

シャトー＝ランドン Château-Landon ルイ14世（ルイ・ル・グラン）の時代、「シャトー＝ランドン」とはその所有者の名を冠した邸館の呼称だった。のちにラザリスト会——1625年にヴィンセンシオ・ア・パウロ（サン＝ヴァンサン＝ド＝ポール）が宣教師育成のためにパリに創設した修道会——が、ここを活動の拠点とした。

シャトー＝ルージュ Château-Rouge 「シャトー＝ルージュ（赤い城）」は1780年、パリ地方長官補佐によって築かれた。半分が石、半分が赤煉瓦——これが呼称の由来となった——でできたこの城館には、ある伝承によれば、国王アンリ4世とその愛妾ガブリエル・デストレ【1571-99】が隠れ住んだという。むろん、築造時期からすれば、これは埒もない話である。実際のところは、1845年、ボブフという領主が城館の中央部に「シャトー＝ルージュ」ないし「ヌヴォー＝ティヴォリ」とよばれた舞踏会場を設け、1848年から64年まで、そこで頻繁に舞踏会を催していた。だが、1882年に舞踏会場は閉鎖され、その跡地は分譲された。9区のシャトー＝ルージュ広場（Place de Château-Rouge）は1847年から存在している。

シャトレ Châtelet 1区と4区にまたがるシャトレ広場（Place du Châtelet）は、かつてはパリの古城で、のちに裁判所、さらに牢獄となったグラン・シャトレ（大シャトレ）が建っていた。1802年、このグラン・シャトレは解体された。一方、素朴な門の上に母屋がのっただけのプティ・シャトレ（小シャトレ）もまた、1782年に撤去されている。フランス革命まで、シャトレには王室裁判所がおかれていたが、グラ

ン・シャトレを普通法の犯罪者を収容する牢獄にしたのは、ルイ14世（**ルイ・ル・グラン**）だった【シャトレ広場の再建は1862年。17区には1959年に敷設されたシャトレ小路（Passage Châtelet）がある】

シャナレイユ Chanaleilles　1844年に開通した7区のシャナレイユ通り（Rue de Chanalelles）は、当初、メーヌ公爵家に属していた邸館の旧所有者【ソステーヌ・ド・シャナレイユ侯爵（1807-93）。ルイ18世の近習などをつとめたシャナレイユ領主】にちなんで命名されている。1770年頃、この邸館はバルバンソン侯デュ・プラの所有となり、99年、ガブリエル・ウヴラール【1770-1846。フランス革命時から第一帝政期にかけて、軍需商人として暗躍した】が、これをマダム・タリアン【1773-1835。テルミドール9日のクーデタを扇動して、ロベスピエール（→コンヴァンション）を失脚させたジャン=ランベール・タリアン（→イザベ）の妻】に捧げている。

ジャヌ・エヴラール Jane Evrard　1893年にパリ東郊のヌイイ=プレザンスに生まれ、1984年にパリで他界したヴァイオリニスト・指揮者。1912年に同じヴァイオリニストで指揮者のガストン・プーレ【1892-1974。息子ジェーラール・プーレ（1938-）もヴァイオリニスト】と結婚したのち、ディアギレフ（ディアギレヴ）のロシア・バレエ団【セルゲイ・ディアギレフが1911年に結成したバレエ・リュス】の座員となり、1913年、シャンゼリゼ劇場におけるイーゴリ・ストラヴィンスキー【1882-1971】の問題作『春の祭典』の初演に参加する【天才バレリーナのヴァーツラフ・ニジンスキー（1890-1950）が振り付けをしたこの作品は、リズムの複雑さや不協和音の多用によって賛否が分かれ、双方が劇場内で乱闘する騒ぎとなった】

1930年、彼女は25人の女性弦楽器奏者を主体とするパリ女性オーケストラを創設し、1940年代まで、みずから指揮棒をとってヨーロッパ各地で演奏活動をした。フランスの国土解放後はシャイヨ宮をはじめとして、地方やラジオでも多くのコンサートをおこなった。シャイヨ宮と同じ16区には、2002年に彼女に捧げられた広場がある。ジャヌ=エヴラール広場（Place Jane-Evrard）がそれである。

シャネ Chanez　1746-1828年。ジャン=バティスト・シャネ氏には「ムッシュー男爵」ないし「わが将軍」、あるいはそのふたつの称号を同時に授けなければならないだろう【シャネは男爵で少将（ジェネラル・ド・ブリガード）だった】。そんな彼の名が16区の通り【シャネ通り（Rue Chanez】につけられたのは、1868年のことである。

シャノワネス Chanoinesse　4区のシャノワネス【字義は「盛式修道会修道女」】通り（Rue Chanoinesse）は1874年に命名されている。本来なら定冠詞（le/la）を付してRue de la Chanoinesseとはよばれるはずである【通常、固有名詞以外の地名には定冠詞がつけられる】。なぜか。じつはこれはノートル=ダム修道院に属する司教座聖堂参事会員が多数住んでいたことによる命名であり、誓願をせずに祈りとともに修道会で暮らすシャノワネスにちなむ命名ではないのである。

シャバネ Chabanais　2区のシャバネ通り（Rue Chabanais）の呼称は、1775年まで、シャバネの町があるフランス南西部シャラント県出身のエシヴァ一族が、ここにかまえていた邸館に由来する【フランス革命時に指物師のジャック・ベロム（1737-1824）がこの邸館を手に入れ、精神科医のフィリップ・ピネル（1745-1826）に運営を託した診療所兼療養所となった。ここには革命で処刑を免れた人物たちが送り込まれたが、ベロム自身は1794年、収賄の罪で投獄されている】。このエシヴァ一族は12世紀よりシャバネの領主領を有していた。

シャバネ通りは、1947年のマルト・リシャール法【娼館廃止法】によって閉鎖を余儀なくされるまで、その12番地に、きわめて有名な娼館があったことで悪名（ないし寛容の精神によれば令名）をはせていた。以後、この種の家は一般にシャバネと

シヤヒ

いう語によってよばれるようになった。

ジャピ Japy　ジャピ氏は技術者だった。11区のジャピ通り（Rue Japy）は、開通年の1870年に命名されているが、この通りが有名なのは、1941年、そのジャピ体育館にフランス系および外国籍のユダヤ人が4000人以上集められ、やがて最終目的地であるアウシュビッツに送られたことによる。今日、ジャピ体育館は本来の役割をとり戻し、多くのスポーツ行事が催されている。

シャピュ Chapu　1833-91年。アンリ・シャピュはパリ東方セーヌ－エ－マルヌ県のメに生まれ、パリで没した彫刻家。1855年に彫刻大賞を獲得した彼の名声は、1870年に制作した『声を聴くジャンヌ・ダルク』像とともに始まる。だが、もっとも重要な作品はフェリクス・デュパンルー師【1802-75。オルレアン司教で、第二共和政時代の反動的な教育改革法「ファルー法」の提唱者のひとり】の墓碑である。1880年にフランス学士院会員となり、『青春時代』【1875年】や『思想』【1877年】、さらにオルレアン侯爵夫人の墓碑彫像も制作した。16区のシャピュ通り（Rue Chapu）は、彼の死後7年目の1897年に命名されている。

シャプ Chappe　1763-1805年。クロード・シャプはフランス北西部サルト県のブリュロンに生まれ、パリで他界した技師・物理学者。その主たる業績は腕木通信を考案したことで、1794年、北仏パ＝ド＝カレ県のコンデでフランス軍がオーストリア軍を撃退した重大事を伝えるため、はじめて北仏のリールとパリを結ぶ電信がもちいられた【これにより、撃退後1時間以内に、その知らせがパリに届いた】。この功により、国民公会（コンヴァンション）は彼に「電信技師」という称号を授けた。

　やがてシャプは新たな通信網を築く使命をあたえられたが、ブレゲとオーギュスタン・ベタンクール【1760-1826】からその発明にかんする特許権に異議申し立てを受け、精神的に疲労して憂鬱症に罹ってしま

う。そしてついに、電信機器の工房があった自宅の井戸に身を投げて自殺する。パリのサン＝ジェルマン大通りがラスパイユ大通りとバック通りと交差する場所に、彼の影像が立っている。18区のシャプ通り（Rue Chappe）は、1867年に彼に捧げられた。

シャフォー Chaffault　1708-94年。フランスの水夫だったルイ・シャフォー・ド・ベネは、1753年、アトランタ号を指揮し、マルティニク島近海で、大砲74門をそなえたイングランド戦艦ウォーリック号を拿捕した。以後、数多くの戦いや軍事遠征に参加して栄光を勝ちえた彼は、肩に受けた傷のため、1790年に引退する。だが、1793年、85歳という高齢にもかかわらず、ナントで投獄され、数か月後に処刑された【1791年、隠棲地のヴァンデ地方の革命委員会から一方的に副提督に任命された彼は、反革命派・王党派によるヴァンデの乱を支持したとして、ナントの革命員会から告発された。彼を名祖とするパリのシャフォー通り（Rue du Chaffault）は、1932年から12区にある】

シャプタル Chaptal　1756-1832年。シャントゥール伯ジャン＝アントワヌ・シャプタルはフランス中部ロゼール県に生まれ、パリで没した化学者。1781年、彼は化学工場を創設し、硫酸を販売した。だが、外国からの引き合いは、たとえ巨額な取引であっても、製法がフランス国外に出ることを断った。

　1793年にグルネルの火薬工場の責任者に任命された彼は、ブリュメール18日【ナポレオンが総裁政府を倒して執政政府を樹立した1799年霜月（ブリュメール）18日のクーデタ】後、内務相となる。そして4年間の在任中、商工会議所を立ち上げ、公営質店を再編したほか、国内の運河網を整備し、リヴォリ通りとカスティリョネ通りを敷設した。ナポレオンはそんな彼を元老院議員とフランス伯に任じ、レジョン・ドヌール勲章グラントフィシエ（大将校）章を授けている。

　復古王政期【1815-30年】、シャプタルは

貴族院議員をつとめたが、その名は、彼が砂糖をくわえてワインの味を改良するために考案した方法、すなわち「シャプタリゼーション」という用語がつくられたことで後世まで伝わっている。トルコ赤をもちいて木綿を染め上げる「媒染染め」やタイセイの栽培、さらにそれを藍の代用とする方法もまたシャプタルの考案だとされる。9区のシャプタル通り（Rue Chaptal）は1825年に命名されている【9区にはシテ・シャプタル（Cité Chaptal）もある】

シャブリ Chablis フランス中東部ヨンヌ県の小郡庁所在地。この小郡の大地でつくられる辛口の白ワインは、他の吟醸ワイン同様、人びとの悩みを忘れさせてくれる。もし読者が食通なら、シャブリ名物のエクルヴィス（西洋ザリガニ）を味見されたい。パリのシャブリ通り（Rue de Chablis）は、1879年から12区にある。

シャブロル Chabrol 1773-1843年。ジルベール・シャブロル・ド・ヴォルヴィック伯は、フランス中部ピュイ＝ド＝ドーム県のリョムで生まれている。1806年、イタリア最北部のモンテノッテ【1796年の戦いで、ナポレオンがイタリア遠征最初の勝利をおさめ、この地をフランスに併合した】の総督、次いで12年にセーヌ県知事となった彼は、復古王政【1814年】までその職にあった。パリおよびリョム選出の下院議員も歴任した。10区のシャブロル通り（Rue Chabrol）は1822年に命名されている。

シャペル Chapelle 17区のヴィラ・デ・テルヌを通るシャペル大通り（Avenue de la Chapelle）の呼称は、かつて住民たちがここにあった倉庫の下に建てた礼拝堂に由来する。一方、シャペル大通り（Boulevard de la Chapelle）は10区と18区を通っているが、呼称は1860年の勅令によってパリに併合されたラ・シャペル＝サン＝ドニ村の名に負っている。18区には同様にシャペルの名を冠したシテや広場、通りがあるが、いずれもこの旧村の名にちなむ。

シャポン Chapon カポン（capon）の変形。この語は「去勢鶏」などを意味するが、と

くに人間についていう場合は男らしさの属性を除かれた者、つまり「腰抜け」や「臆病者」をさす。端麗王フィリップ4世【在位1284-1305】の時代、「腰抜け社会」と蔑称されたユダヤ人社会に属する人物は、シャポンとよばれていた【シャポン通り（Rue Chapon）は3区】

ジャポン Japon 「日の出ずる処」とよばれた日本（ジャポン）は、6852の島からなり、総面積は37万8000平方キロメートル、人口は1億2653万である。20区のジャポン通り（Rue du Japon）は1867年からある。

シャム Siam タイの古称【1939年までシャム王国】。インドシナ（アンドシヌ）半島中央部とマレー半島北部を占めるタイ王国は面積51万4000平方キロメートルで、人口6823万【2017年推定】。公用語はタイ語で、首都はバンコク。1257年、クメール人を追放したシャム人（小タイ人）が、現在のタイの基盤となるスコータイ王国を建設した【シャム（サヤーム）とは非タイ系民族による呼称】

17世紀、シャム【アユタヤ王朝】は近隣諸国のみならず、日本やポルトガルを含む遠方の国々とも関係を結び、1684年にはルイ14世（ルイ・ル・グラン）とナーラーイ王【在位1656-88】とのあいだに、大使交換の協定が結ばれた。【ナーラーイ王はコーサーパーンことプラ・ウィスートスントーン（のちに王位簒奪を図っているとの嫌疑をかけられ、1695年に自殺した）を使節として派遣した。彼はアユタヤの軍隊をフランスで訓練させ、3年後にフランスの大使シモン・ド・ラ・ルベール（1642-1729。1700年、『シャム王国誌』を上梓している）をともなって帰国した】

以後、タイは国内および西欧列強を含む外国とのさまざまな争いを経験するが、独立は守り通した。今日、高い経済成長を遂げているこの国は、観光業や仏教文化、さらに米や半島部での天然ゴムなどにその富の一部を負っている。パリ16区のシャム通り（Rue de Siam）には、1884年、シャムの大使館が設けられ【現在はグルーズ通

りに移転】、それにちなんで通りが命名されている。

ジャモ Jamot 14区のヴィラ・ジャモ（Villa Jamot）は、その旧地主にちなんで命名されている。

シャラ Charras 1810-65年。ジャン・シャラはフランス北東部ロレーヌ地方のファルスブールに生まれ、バーゼルで他界した軍人・政治家。パリの国立理工科学校（エコール・ポリテクニーク）を出た彼は、1830年のバリケード戦い【ブルボン王政を倒した7月の市民革命】にくわわった。1833年、砲兵中尉となった彼はまもなくアルジェリアに派遣され、その勇敢さによってビュジョーやオーマル公に認められる。

1848年、陸軍中佐に昇進すると、憲法制定議会のピュイ＝ド＝ドーム選出議員となり、6日間だけの臨時陸軍大臣に任命されて、ルイ・ウジェーヌ・カヴェニャック【1802-1857。軍人・政治家。2月革命後に陸軍大臣となるが、大統領選挙でルイ＝ナポレオン・ボナパルト、のちのナポレオン3世に敗れた】を援けて6月叛乱を鎮圧する。

だが、シャラは有名な1851年12月2日の政変【ルイ＝ナポレオンによるクーデタ】によって投獄され、やがてブリュッセルに逃れるが、翌52年、軍籍を抹消されてしまう。さらにブリュッセルからスイスに逃れ、没した。彼は著書を1冊上梓し【不詳】、ナポレオンの才能が衰えた結果、フランスに信じがたいほどの災難がもたらされたとしている。9区のシャラ通り（Rue Charras）は1879年に命名されている。

シャラブル Chalabre 土地所有者の名前【シャラブル袋小路（Impasse Chalabre）は17区】

シャラント Charente フランス中南部と西部の2県、すなわちシャラントとシャラント＝マリティム県の呼称は、シャラント川に由来する。中南部オート＝ヴィエンヌ県のシェロナック村にある草地に水源を有するこの川は、おもにリュフェックやアングレーム、サント、コニャックといった町を潤し、ロシュフォール近郊のフォール＝マダムで大西洋に注いでいる。全長は335キロメートル。19区のシャラント通り（Rue de la Charente）は、1863年からある。

ジャラント Jarente 4区のジャラント通り（Rue de Jarente）はサン＝ルイ＝ラ＝クテュール修道会の修道院長フランソワ・アレクサンドル・ド・ジャラント【1746-1805。1788年からオルレアン司教】にちなんで、1784年に命名されている。

シャラントン Charenton パリ東南郊、マルヌ河岸の町。この町はつねに安全というわけではなかった。シャルル7世【国王在位1422-61】の時代はイングランド軍に町を奪われ、ルイ11世【同1461-83】時代には、カトリック同盟がここを包囲したアンリ4世軍と戦わなければならなかった。さらにフロンドの乱【→エストレ、テュレンヌ】では、激しい戦いの後、1648年にコンデ公が町を奪取し、最後に1814年、町は対仏大同盟軍と戦った。

一方、1641年にはセバスチャン・ルブラン【生没年不詳。ルイ13世（国王在位1610-43。→ドーフィヌ）の顧問官・兵員登録管理官】によって精神疾患者用の施療院が設立され、国王の指示で患者14人を受け入れている。その名残は、1785年からある12区のシャラントン通り（Rue de Charenton）に今もみられる。

この通りは1800年から15年までマランゴ通りとよばれていた。当時第一執政だったナポレオンがピエモンテ地方のマレンゴ（マランゴ）で勝利をおさめたのち、ここを通ってパリに凱旋したことによる【12区にはシャラントン広場（Place de Charenton）もある。なお、シャラントン病院は現在はエスキロル病院に改称されている】

ジャリ Jarry 1615-66年。ニコラ・ジャリはパリ生まれの書家。ルイ14世（ルイ・ル・グラン）から「王室礼拝堂楽団記譜者」の免状を授けられた彼は、『ジュリの花飾り』や『ノートル＝ダム時祷書』、『福者マリアの典礼』【いずれも発表年不詳】などを書いている。彼を『ユビュ王』【1896年】の作者アルフレッド・ジャリ（1873-1907）【作家・劇作家で、シュールレアリス

ムや不条理劇の先駆者とされる】と混同して
はならない。ジャリ通り（Rue Jarry）は
1877年から10区にある。

シャリエール Charrière 11区のシャリエ
ール通り（Rue Charrière）は1928年に命
名されているが、呼称は荷車や馬車の運搬
人をさす「シャリエ（charrier）」が変形
したものである。人口に膾炙した古い表現
の「シャリエ・ドロワ」【字義は「右の（正
しい）運搬人」】とは、「自制する、彼の言
葉や行動を監視する」を意味する【シャリ
エには「大げさに言う、過ぎた冗談を言う」
の意もある】。かつての年代記者フィリッ
プ・ド・コミヌは言っている。「ルイ11世
はシャリエ・ドロワを必要とする主人であ
る」

シャリニ Chaligny 16世紀のロレーヌ地方
で名をはせた鋳造一族の名前。一族のひと
りジャン（1529-1615）は、砲身の長さが
80センチメートル近くあるカルヴァリン
砲をつくり、ルイ14世（ルイ・ル・グラ
ン）は1670年にナンシーを奪取したのち、
彼をパリに連れていった。ふたりの息子ダ
ヴィッドとアントワヌはロレーヌ公シャル
ル3世【在位1545-1608】の騎馬像をつく
っている。この一族を名祖とする12区の
シャリニ通り（Rue Chaligny）は1856年
からある。

シャルグラン Chalgrin 1739-1811年。ジ
ャン＝フランソワ＝テレーズ・シャルグラ
ンはパリ生まれの建築家。1758年にロー
マ大賞を受賞した彼は、70年に建築アカ
デミー会員、のちに国王ルイ18世【在位
1814-1815。1815-24】となる「ムッシュー」
【王弟のこと】のお抱え建築家となり、88
年には学士院会員に選出されてリュクサン
ブール宮の造営を手がけた。また、サン＝
フィリップ＝デュ＝ルル教会やコレージ
ュ・ド・フランス、リュクサンブール宮の
じつにみごとな階段なども建設している。
　だが、エトワル広場の凱旋門建立を請け
負いながら、それがまだ4メートルほどの
高さまでしか立ちあがっていないときに他
界した。彼の死後、欠席裁判とでも言うべ

きか、このモニュメントは別の図面によっ
て建設が続けられた。彼の名を冠した16
区のシャルグラン通り（Rue Chalgrin）は、
1865年に命名されている。

シャルコー Charcot 1825-93年。ジャン・
マルタン・シャルコーはパリに生まれ、パ
リ南東方、ニエーヴル県のセットンで没し
た医師。生理学教授で、科学アカデミーの
会員だった彼は、神経システムと神経症の
治療にかんする研究で知られる。彼が医師
として勤めていたサルペトリエール施療院
での講義は世界的な名声を博し、数多くの
言語に翻訳されている。サルペトリエール
の遊歩道には、【フロイトの師としても知ら
れる】彼を記念する彫像が立っている。同
名の息子（1867-1936）は、極北の海洋に
かんする研究をおこない、調査団の団長も
つとめたが、乗船していた海洋研究船プル
クワ・パ号上で急逝した【シャルコー通り
（Rue Charcot）は1894年から13区にある】

シャルダン Chardin 1699-1779年。パリに
生まれ、没したジャン＝バティスト・シャ
ルダンは、弱冠28歳で芸術アカデミー会
員に選ばれている。それには次のような背
景があった。聖体祭の日【復活祭後第9日
曜日】、アカデミー未会員の画家たちはそ
の作品をドーフィヌ広場に陳列するのが慣
習となっていた。アカデミー会員たちはそ
こでシャルダンの作品を称賛し、ただちに
彼を自分たちの仲間にくわえたのである。
　シャルダンは素朴に観察するという才能
を駆使して、多くの心象風景や市民生活を
描いた。18世紀の富裕市民たちは彼のな
かにみずからの私生活を描く画家の姿をみ
てとった。代表作に『食前の祈り』【1740
年】がある。16区のシャルダン通り（Rue
Chardin）は1877年に命名されている。

ジャルダン Jardin 16区のギャラリー・ジ
ャルダン（Galerie Jardin）は、パレ＝ロ
ワイヤルの庭園に続く歩廊であることから、
19世紀末に命名されている。

ジャルダン・サン＝ポール Jardin Saint-Paul
　4区のジャルダン＝サン＝ポール通り
（Rue des Jardins-Saint-Paul）は、1377年か

らある。呼称はシャルル5世が1361年から65年にかけて建て、その住まいとした旧サン＝ポル（Saint-Pol）館の庭園に由来する。

シャルティエール Chartière　5区にあるシャルティエール袋小路（Impasse Chartière）の呼称は、13世紀にこの小路に複数の家を有していたエムリヌ・ド・ラ・シャルティエール（Charrtière）の省略形である。エムリヌ——魅力的な女性名だが、今ではすたれている——はそれらの家をボン＝ザンファン学寮に寄贈した。

ジャルディニエ Jardiniers　12区のジャルディニエ（庭師）通り（Rue des Jardiniers）は1876年の命名である。そこが野菜の集約栽培地だったことに由来するが、残念ながらもはやその名残はどこにもない。11区のジャルディニエ袋小路（Impasse des Jardiniers）も由来が同じである。

ジャルディネ Jardinet　6区にあるジャルディネ通り（Rue Jardinet）の呼称は、シャルル7世時代【国王在位1422-61】の1441年に閉鎖された、古い伝統を有するヴァンドーム学寮の小庭に由来する。命名はこの学寮が閉鎖された年になされている。

シャルトラン Chartran　1849-1907年。テオバルド・シャルトランはブザンソン出身の画家で、1887年、ローマ大賞を受賞し、肖像画家・歴史画家としての名声をほしいままにした。作品としては『蝋燭』【1881年】や『アッシジの聖フランチェスコの幻視』、『ヴァンサン・ド・ボーヴェの指導下で数学を学ぶロワイヨモン修道院のルイ19世』、『働きながら歌うアッシジの聖フランチェスコ』【いずれも制作年未詳】などがある。17区のシャルトラン通り（Rue Chartran）は1931年に命名されている。

シャルトル Chartres　オルレアン公、のちにシャルトル公となるフェルディナン・ルイ・シャルル・フィリップ・アンリは、1810年、ルイ＝フィリップ王の長子としてパレルモに生まれ、1842年、パリ西郊のヌイイ＝シュル＝セーヌで他界している。

パリの国立理工科学校（エコール・ポリテクニーク）を卒業した彼は、1824年、

軽騎兵連隊の指揮官となり、30年に革命が起こると、連帯に三色旗を掲げせさた。父がフランス王を宣すると（1830年）、王太子の肩書きを受けるが、1832年のコレラ猖獗時における彼の献身的な活動は、パリ市民に感動をあたえたという。1835年、ベルトラン・クローゼル将軍をともなってアルジェリアに赴き、マスカラ【アルジェリア西部オラン南東】の攻略できわだった働きをする。

それから2年後の1837年5月30日、彼はエレーヌ・ルイズ・エリザベト・ド・メクレンブール【1814-58。ドイツ北部メクレンブルク＝シュヴェーリン公女】と結婚する。そして1839年にはアルジェリアに舞い戻り、40年、メデアとムーザイアへの攻撃を指揮する。さらに1842年、のちに「オルレアンの狩人たち」と称されるようになる猟歩兵大隊を組織するが、事故死した。彼の馬車を牽いていた馬たちが、ヌイイ＝シュル＝セーヌ【パリ西郊外】のポルト・マイヨで狙撃され、馬車から飛び出す際に背骨を砕いてしまったのである。彼の名声はきわめて大きく、その死はオルレアン家にとって重大な災難となった。1区にはこのシャルトル家にちなんで命名されたシャルトル通廊と柱廊（Galerie/Péristyle de Chartres）がある。

一方、18区にはシャルトル通り（Rue de Chartres）もある。1859年にパリに編入された旧ラ・シャペル村に属していた通りで、1842年に他界した公爵【フェルディナン＝フィリップ・ドルレアン】の次男、つまりルイ＝フィリップ王の孫にあたるシャルトル公のロベール・ドルレアン（1840-1910）を名祖とする。ドイツのアイゼナハで育てられ、1858年、トリノ（テュラン）の陸軍士官学校に入った彼は、やがてアメリカ合衆国に渡って、南北戦争に連邦軍の一員として従軍する。

1870年に帰国すると、シャンジー将軍のもと、ロベール・ル・ポールの偽名で華々しく戦う。追放令が廃止されると、彼は正式にフランス軍に入り、1878年に連

隊長に昇格する。だが、1886年、新たな追放令【フランスを統治した王や皇帝の一族がフランスに住むことを禁じた法令】が公布されてその職位が抹消されてしまう。1863年、フランソワズ・マリ・アメリ・ドルレアン【1844-1925】と結婚した彼は、『旅行記』【1869年】を著している。

シャルトルー Chartreux　6区のシャルトルー通り（Rue des Chartreux）は、1790年に撤去されたカルトジオ（シャルトルー）修道院がここにあったことにちなんで、1877年に命名されている。カルトジオ修道会は1086年、聖ブルノ【1030頃-1101。ケルン出身の隠修士】がヌルシアの聖ベネディクトゥス（サン＝ブノワ）によって定められた会則に従って創設した。

　カルトジオ修道院内では、修道院長は父親の役割を担い、修道士たちは互いに敬意の絆で固く結ばれていた。彼らは一切の私有物を排し、修道院自体も世間から完全に離れていたが、もてなしの掟は厳格に守られていた。パリのカルトジオ修道院は1260年、聖王ルイ9世（サン＝ルイ）によって建立されている。この修道院のおもな財産は、ウスタシュ・ル・シュウール【1616-55】の12枚の油彩画『聖ブルノの生涯』だった。

シャルドン＝ラガシュ Chardon-Lagache　富裕な商人だったシャルドン＝ラガシュ夫妻は、慈善行為の一環として、1857年、60歳以上の高齢男女のためのホームを設立した。このホームは、16区のシャルドン＝ラガシュ通り（Rue Chardon-Lagache）1番地に今もある。当初、その収容人員は150人だったが、現在は200人程度まで収容できるようになっている。通りの命名は1894年になされている。

シャルボニエ Charbonniers　15区のシャルボニエ広場（Place des Charbonniers）の周囲には、かつて炭売りたちが数多く住んでいた。炭焼きについては、ある逸話が残っている。「炭焼き人は家では主（だれもが家では一国一城の主）」という地口のもとになった逸話である──狩りに出て迷子

になったフランソワ1世は、とある炭焼き人の小屋に足を踏み入れた。炭焼き人は国王にとどまることを許したが、もっともよい場所と椅子は自分にとっておき、こう言った。「自分の家だから勝手にやるぞ」。翌日、国王の家臣が主を見つけると、炭焼き人ははじめて自分が泊めた人物の正体がわかり、絞首刑に処されると怖れた。だが、それはまったくの杞憂だった。国王は寛大にもその歓待に報い、炭焼き人に終生狩りの権利を認めたのだった。

シャルボニエール Charbonnière　18区を走るシャルボニエール通り（Rue de la Charbonnière）は、かつてここで木炭が作られていたことに由来する呼称で、1842年からある。

シャルミル Charmilles　この15区のヴィラ・シャルミュ（Villa des Charmilles）には、数多くの小庭があり、クマシデの生垣が周りを縁取っている。クマシデは小苞、その生垣は密生した灌木を特徴とする。

シャルル・アルベール Charles Albert　18区のシャルル＝アルベール小路（Passage Charles-Albert）は、この工事が敷設された土地の旧地主名。

シャルル・ヴェス Charles Weiss　土地所有者の名前。この人物にちなんで命名されたシャルル＝ヴェス通り（Rue Charles-Weiss）は、15区にある。

シャルル・エルミート Charles Hermite　1822-1901年。フランス東部モーゼル県のディウゼに生まれ、パリで他界した数学者。母校であるパリの国立理工科学校（エコール・ポリテクニーク）で教鞭をとり、科学アカデミーの会員となった。専門とする数学の分野では、当時もっとも優れた分析家のひとりだった。彼は5次方程式の解法を発見し、楕円弧の分割を可能にした。こうした楕円関数と数の理論【ネイピア数eの超越性を証明している】は、科学の発達に大いに寄与した。18区のシャルル＝エルミート通り（Rue Charles-Hermite）は、1930年につけられている。

シャルル・エ・ロベール Charles et Robert

シヤルルカ

ジャック・シャルルとノエル・ロベールは離れがたい親友で、子孫たちもまた然りだった。シャルルは1746年、フランス中北部オルレアン地方のボージャンシーで生まれ、1823年、パリで没している。彼はアメリカ人のベンジャミン・フランクリン（バンジャマン・フランクラン）やモンゴルフィエ兄弟の発見を国内に知らしめた。フランクリンは彼を単純に称賛してはいなかったが、電気にかんするシャルルの学説や経験は評価していた。

シャルルはまた気球を膨らませるのに、空気ではなく水素をもちい、幾度となく飛行実験を成功させ、巷間異常なまでの興奮を引き起こした。国王ルイ16世【在位1774-92】はそんな彼に2000リーヴルの年金をあたえた。

ちなみに、**ラマルティーヌ**の有名な詩「エルヴィールへ」【『瞑想詩集』（1820年）所収】は、シャルルの妻に捧げられている【ラマルティーヌはシャルルより37歳若いジュリ・デ・エラット（1784-1817）を恋慕し、その死を悼んでこの詩を創ったとされる】

一方、ロベールについてはさほど分かっていないが、彼は1783年8月27日、最初の水素気球の飛行実験で、シャルルと同乗している。このふたりを名を結びつけた20区のシャルル＝エ＝ロベール通り（Rue Charles-et-Robert）は、1932年に命名された。

シャルル・カザン Charles Cazin 1841-1901年。北仏パ＝ド＝カレ県のサメに生まれ、南仏ヴァール県のラヴァンドゥに没した画家。1871年から75年にかけてイギリスやイタリア、オランダなどを旅し、蝋画技法（石灰をくわえて水に溶かした蝋を、あらかじめ用意した顔料と混ぜて塗りつける手法）の復元に努めた。この画法によって、彼は『工事現場』や『エジプトへの避難』、『トビアの旅』【1878年】などを制作した。パリ市庁舎（オテル・ド・ヴィル）の装飾画も彼の作品である。妻のマリ・ギエ【1844-1924】も画家・彫刻家として知られる。彼の名を冠したシャルル＝カザン

通り（Rue Charles-Cazin）は、1899年からある。

シャルル・ガルニエ Charles Garnier 1825-98年。パリで生まれ、没した建築家。若い頃、イタリアやギリシアなどを数多く旅した彼は、ナポリ（ナプル）やヴェネツィア、アテネ（アテヌ）に長期間滞在し、この旅のあいだ、数多くの論文をパリに送った。「トラヤヌス帝のフォールム（広場）」や「ユピテル・セラピスの神殿」、「デッサン学校のための計画」などである。帰国すると、1860年にパリ市の専属建築家に任命される。翌1861年、パリに新しいオペラ座を建設するためのコンペが実施されると、ガルニエは計画書を応募し、審査員の全員一致で採用された。

これを受けて、ガルニエはただちに工事を開始し、1867年には、人々は早くも今日のようなみごとな正面玄関をまのあたりにすることができるようになった。建物全体は1875年に完成し、除幕式が営まれた。ガルニエはそれまでの14年間を、このオペラ座に費やしたのである。1874年に学士院会員となった彼の他の作品としては、パリ南西郊ダンピエール城内のリュイヌ家用葬室や、南仏マントン近郊のきわめて独創的なヴィラ、さらにモナコの劇場設計などがある。9区のシャルル＝ガルニエ小路（Passage Charles-Garnier）は1903年からある。

シャルル・クロ Charles Cros 1842-88年。フランス南部オード県のファブルザンに生まれた詩人・学者。医学と哲学を学んだのち、人生の進路を他に向け、写真の彩色法（1867年）やエジソン（エディソン）に先駆けて録音の原理（1877年）——エジソンがそのアイデアを発表したのは1878年——を発見している。さらに彼はほかの分野にも手を広げ、1869年には衛星間の交信法にかんする冊子も編んでいる。

一方、詩人としての彼はきわめて独特なユーモアを示し、「セック（乾いた）、セック、セック…」と続く詩「燻製ニシン」【1872年。ヴェルレーヌ家にヴィリエ・ド・リ

ラダンが持ってきた燻製ニシンを見て着想したとされる】は、その代表的なものである。ほかに「白檀の櫃」【1873年】や「川」【1874年】、「けん玉」【1877年】、「憑きもの」【1879年】などの詩も書いている。さらにアカデミー・シャルル・クロを創設し【1847年】、毎年、蓄音機の作品にさまざまな賞を授与した。20区のシャル＝クロ通り（Rue Charles-Cros）は1932年に命名されている。

シャルル5世（サンク）Charles V 1337-80年。

「賢明王」とよばれるシャルル5世は、パリ東郊のヴァンセンヌ城で生まれ、パリ南東郊、現在のノジャン＝シュル＝マルヌ市にあるボーテ城で没している。善王ジャン2世【在位1350-64。ロンドンで没】とボンヌ・ド・リュクサンブール【1315-49。ボヘミア王ヨハンの娘で神聖ローマ皇帝カール4世の同母姉】の王太子として生まれた彼は、1364年から没年まで統治したが、父王がポワティエの戦いでイングランドのエドワード黒太子【1330-76】の捕虜となった1356年以来、王国を摂政として治めた。

玉座に就くと、ナバラの「邪悪王」カルロス2世【1332-87】の悪意に満ちたさまざまな画策に遭うが、1464年、コシュレルの戦いで勇将ベルトラン・デュ・ゲクランがカルロス軍を破ったのち、この政敵に和平を結ばせた。

その治世中、シャルル5世は幾度となくイングランド軍と戦火を交え、最終的に外敵を王国内からほぼ完全に駆逐する。一方、デュ・ゲクランの効果的な支援を受けて、当時王国に跋扈していた人軍団【百年戦争期の傭兵崩れの盗賊団】も一掃した。だが、ブルターニュ地方を王国に併合するという企ては失敗し、ジャンヌ・ド・パンティエーヴル【1324-84。ブルターニュ公妃】とジャンヌ・ド・フランドル【1295-74。モンフォール伯妃】が争った。この戦い【ブルターニュ継承戦争。1364年終結】を「ふたりのジャンヌの戦い」という。

1380年に他界したシャルル5世は、のち

に「狂気王」とよばれることになる王子シャルル6世【国王在位1382-1422】に繁栄と平和な王国を遺した。4区のシャルル5世通り（Rue Charles-V）は1864年からある。

シャルル・ジェラール Charles Gerhardt

1816-56年。ストラスブールで生まれ、没した化学者。とくに科学教育の平易化に才を発揮した。彼を名祖とするシャルル＝ジェラール通り（Rue Charles-Gerhardt）は、1904年から17区にある。

シャルル・ジロー Charles Girault 1851-1932年。

20世紀初頭に人気があった建築家で、当時、「ブルジョワ風」と称されたかなりの数にのぼる家に、彼の署名が刻まれている。8区のシャルル＝ジロー大通り（Avenue Charles-Girault）は、1939年に命名されている。

シャルル・ダレリ Charles Dallery 1754-1835年。

北仏アミアン出身で、パリ西方のジュイ＝エン＝ジョザで他界したオルガン製作者。オルガンの製作法を改良し、ハープやクラヴサンを完成させた。一方、彼は蒸気船にスクリューをつけることを発案してもいる。当時、周知のように、ロバート・フルトン（ヒュルトン）がセーヌ川で外輪船の実験をおこなっていた。ダレリも1803年にベルシーで同様に試験航行を実施したが、最初期の成果は芳しいものではなかった。これを受けて、政府が資金的な援助を打ち切ったため、資金に枯渇し、せっかく建造した船を解体し、特許状を引きちぎるほかなかった…

だが、その死から10年経った1845年3月17日、ダレリはようやく正当な評価を受けるまでになる。むろんそれは遅きに失したが、水中のスクリューをもちいて蒸気船に推進力をつけ、進路を方向づけるという最初のアイデアは、あきらかに彼の功績といえる。11区のシャルル＝ダレリ小路（Passage Charles-Dallery）は1877年に命名されている。

シャルル・ディヴリ Charles Divry シャ

ルル・ディヴリは1890年以前に14区の区長をつとめていた人物で、14区のシャルル

シャルルテ

=ディヴリ通り（Rue Charles-Divry）は
この年に命名されている。

シャルル・ディケンズ Charles Dickens

1812-70年。イギリスの作家チャールズ・
ディケンズのこと。ポーツマス郊外のラン
ドポートに生まれ、ケント州のギャッズ・
ヒルで没した彼は、少年時代、まともな教
育を受けることができず、のちに、夜、独
学でそれを補わなければならなかった。
1828年、代訴人となるべく勉強し、31年、
裁判所の速記者となる。

　この年にはまた、ディケンズはボズ
（Boz）の筆名で《マンスリー・マガジン》
誌に作品を載せて、作家としてのデビュー
を果たしている。そして1836年、『ピック
ウィック氏の冒険』を発表し、すみやかに
名声をえる。さらに彼は、『オリヴァー・
ツイスト』【1837-39年】や『クリスマス・
キャロル』【1843年】、『デイヴィッド・コ
パフィールド』【1849-50年】、『二都物語』
【1859年】、『大いなる遺産』【1860-61年】
などの代表作を著すが、『ニコラス・ニク
ルビー』【1838-39年】や『骨董屋』【1840-
41年】、『ハード・タイムズ』【1854年】、
『リトル・ドリット』【1855-57年】といっ
た、あまり知られていない作品のことも忘
れてはならない。

　一方、ディケンズは1846年に《デイリ
ー・ニューズ》紙を創刊してもいる。彼は
言っている。「支配する人々に対する私の
信頼は極小だが、支配される人々への信頼
は無限大である」、「人間の記憶全体は悲し
みと困惑を帯びている」、「忘れることがで
きるなら、私は忘れることだろう」。一連
の作品のなかで、ディケンズはヴィクトリ
ア女王の長きにわたる治世【1837-1901年】
を特徴づける偽善と闘った。16区のシャ
ルル＝ディケンズ通り（Rue Charles-
Dickens）は1931年、同区のシャルル＝デ
ィケンズ小公園（Square Charles-Dickens）
は36年に、彼に捧げられたものである。

シャルル・ティヨン Charles Tillon 1897

年にレンヌで生まれ、1993年にマルセイ
ユで没したシャルル・ティヨンは、1941
年にフラン＝ティルール【リヨンを拠点と
した対独レジスタンス組織】とパルチザンの
指導者となった。大戦後は空軍大臣（1944
-45年）や軍備大臣（1945-46年）、国家
再建大臣（1947年）を歴任している。19
区のシャルル＝ティヨン広場（Place
Charles-Tillon）は2003年に命名されてい
る。

シャルル・デュラン Charles Dullin 1885-

1949年。シャルル・デュランは、フラン
ス中東部サヴォワ地方のイェンヌに生まれ、
パリで没した俳優・舞台演出家・劇場支配
人。モンマルトルの有名な居酒屋「ラパ
ン・アジル」で詩を朗読したことがきっか
けとなって、1913年、ジャック・コポー
が創設したヴュー＝コロンビエ座の劇団に
入る。1921年、彼は新たな演劇学校を立
ち上げ、モンマルトルに自身の劇場「アト
リエ座」を設立する。

　この劇場は1975年以降、18区のシャル
ル＝デュラン広場（Place Charles-Dullin）
にある。彼はそこで劇場芸術に重要な足跡
を残した作品を数多く上演した。たとえば、
モリエールの『守銭奴』やアリストファネ
ス【前446頃-前385頃】の『鳥』、シェーク
スピアの『リチャード3世』、バルザック
の『ペテン師』、ベン・ジョンソン【1572-
1637。イングランド・ルネサンス期を代表する
戯曲家で、「人間喜劇」の提唱者】の『ヴォル
ポーネ』──彼自身が忘れがたい演技を見
せた映画の翻案──などである。1940年か
ら47年までの7年間は、サラ＝ベルナール
劇場（のちにパリ市立劇場）を率いた。

　さらに忘れてならないのは、1927年、
ルイ・ジュヴェ【→オペラ＝ルイ・ジュヴェ】、
ジョルユ・ピトエフ【1884-1939年。アルメ
ニア出身の俳優・舞台演出家・翻訳者で、主
にパリで活躍した】、ガストン・バティの劇
団と合同で、四座カルテルを組織したこと
である【→オデオン】。一方、卓抜した指導
者でもあった彼は、かなりの数にのぼる俳
優や演出家を育て、影響をあたえてもいる。
その弟子には、たとえばジャン・ヴィラー
ルやジャン＝ルイ・バロー【1910-94】な

どがいる。彼は演劇にかんする著作も遺しているが、ここでは『ある役者業の想い出と忘備録』【1946年】の言葉を紹介しておこう。「言葉をかみ砕く前に、私は思考をかみ砕く！」。彼をたたえて1957年に命名されたシャルル＝デュラン広場（Place Charles-Dullin）は、18区のモンマルトルにある。

シャルル・テリエ Charles Tellier　1828-1913年。北仏アミアン出身の技師。彼は冷凍技術の利用法を学び、冷凍産業に2通りの新しい化学物資を導入した。メチル・エーテル【メチルアルコールを酸性触媒で脱水してえる無色の快香性気体】とトリメチルアミン【低濃度では魚臭、高濃度ではアンモニア臭を有する有機化合物】である。冷凍船で冷凍肉をパリからブエノスアイレス（ブエノ・ゼール）に運ぶことにはじめて成功したのが彼である。まさに食材冷凍技術の考案者といってよい。彼はまた政治経済学にも関心を抱き、とくに『一般税とその結果』【1871年】を著している。16区のシャルル＝テリエ通り（Rue Charles-Tellier）は1926年からある。

シャルル・トゥルヌミール Charles Tournemire　1870-1939年。ボルドーに生まれ、その南西部のアルカションで他界したオルガン奏者・作曲家。1898年にパリのサン＝クロティルド大聖堂のオルガン奏者、1919年にはパリ音楽院（コンセルヴァトワール）のアンサンブル教授となり【弟子にオリヴィエ・メシアンなどがいる】、やがて、とくにその即興の才によって国際的に有名な演奏家としての道を歩むことになる。

彼の作品としては、歌曲の『ニットティ』【1905-07年】や『神々は死んだ』【1910-12年。初演1924年】、さらに合唱曲などがあるが、その代表作はいうまでもなくオルガンのための作品、『イテ・ミサ・エスト（行け、退出のときである）』と『音楽の小花』【1932-34年】である。彼に捧げられた17区のシャルル＝トゥルヌミール通り（Rue Charles-Tournemire）は、1987年からある。

シャルル・ド・ゴール Charles de Gaulle　1890-1970年。北仏リールに生まれ、フランス東部シャンパーニュ地方のコロンベ＝レ＝ドゥー＝ゼグリーズにあった、ラ・ボワスリの領地で他界した将軍・政治家。第2次世界大戦中、機甲師団を率いていた彼は、1940年に束の間の休戦が訪れると、ロンドンに移って、フランス・レジスタンスの指揮をとった。

1940年6月18日、彼がロンドンからフランス国民に向けたよびかけはつとに知られている【ロンドンに亡命政府「自由フランス」を組織したド・ゴールは、BBCラジオを通じてのこのよびかけで、レジスタンスの継続とヴィシー親独政権への抵抗を訴えた】。戦争末期、ド・ゴール将軍はまずアルジェで臨時政府を組織してその長となり【1944年】、のちにパリに戻って、1946年まで政権をになう。この年、首班を退いた彼は、翌47年、政党「フランス国民連合（RPF）」を立ち上げる。

1953年、ド・ゴールは政治を離れるが、1958年5月、アルジェリア独立戦争が勃発して、再び政権をになうようになる。そこで彼は、国民投票を実施して、第五共和政の誕生を告げる新たな憲法を認めさせ、1959年の直接普通選挙で選ばれて、その初代大統領となった。彼は1965年に再選されているが、上院及び地方行政制度の改革案が否決され、69年4月28日、辞任する。

こうした政治家としての資質にくわえて、ド・ゴールはとくに『戦争回顧録』【3巻、1940-46年。『ド・ゴール将軍回顧録』、6巻、村上光彦・山崎庸太郎訳、みすず書房】や『希望の回想』【2巻、1958-62年（未完）、第1部、朝日新聞外報部訳、朝日新聞社】などを著した優れた文筆家でもあった。パリ市参事会がエトワル広場にド・ゴール将軍の名を冠したのは、その没年の1970年だった。

シャルル・ド・フーコー Charles de Foucauld　1853-1916年。シャルル・ド・フーコー子爵、通称「ペール・ド・フーコー」は、ストラスブールに生まれ、サハラ砂漠で没した宣教師で探検家。5歳で孤児となった彼は、

普仏戦争時の1870年に祖父母とともに**ア
ルザス地方**を離れ、**ナンシー**に移って学業
を続ける。キリスト教的な環境で育ったが、
16歳のときに信仰を失い、やがて軍人を
目ざしてサン＝シルの、ついでソミュール
の兵学校に入り、のちのペタン元帥【1856
-1951。第1次世界大戦中、ヴェルダンを死守
して英雄視されるが、第2次世界大戦ではヴ
ィシーで対独協力政権を組織し、戦後、終身
禁固刑となった】と親しく交わる。

1881年、フーコーはアルジェリアに配
属されたが、セティフの兵舎で知り合った
女性とのあまりにもあからさまな関係を断
ち切る命令を拒んで、軍人としての経歴を
決定的に放棄する。そして、1883年から
84年にかけて、モロッコ（**マロック**）へ
向かい、代表的な地理学者たちが彼を自分
たちの一員とみなすほど、きわめて危険な
遠征を敢行した。

1888年、彼はこの遠征での体験を『モ
ロッコ再認識』と題した書に書き記すこと
になるが、パリに戻ると【1886年】、みず
からの半生を深く省察し、神を求めて各所
の教会で長い時間を過ごす。彼は書いてい
る。「神よ、もし存在しているなら、姿を
見せてほしい」。同じ1886年、司祭アン
リ・ユヴラン【1830-1910】と出会い、長
い語らいののち、ついに改宗する。「私の
願いは、神のためだけに生きることであ
る」。彼はそう記している。

こうしてフランス南東部アルデッシュ県
のノートル＝ダム＝デ＝ネージュにあるト
ラピスト会修道院に入り、さらにシリアの
同会系修道院で数か月を送る。だが、やが
てこの修道会との関係を断ち、同じシリア
で、粗末な小屋に住みながら、クララ会修
道女たちの下男として6年を過ごす。

1901年6月9日、聖職者に叙階された
シャルル・ド・フーコーは、アルジェリア
南部のベニアベスに居を定め、隠修士とし
て、その扉と心を友人と敵とを問わず、万
人に開く。と同時に、奴隷制と闘い、同地
方を治めていたラペリス将軍（ジェネラ
ル・ラペリヌ）と親交を結ぶ。1905年、

彼はさらに南部のタマンラセットまで赴き、
トゥアレグ族との親密な接触を模索しなが
ら、フランス語＝トゥアレグ語辞書を編ん
でもいる。こうして10年間、タマンラセ
ットで暮らすが、1916年、強盗団によっ
て殺害されてしまう。誰からも見放された
孤独な死だった。後継者もいなかった。12
区のシャルル＝ド＝フーコー大通り
（Avenue Charles-de-Foucauld）は、1935
年に命名されている。

**シャルル・ドレクリューズ Charles
Delescluze** 1809-71年。パリ西方のドル
ーに生まれ、パリで斃れた政治家。その生
涯は革命的・共和主義的信念ゆえに、有為
転変に富んだものだった。1830年の革命
【7月革命】に積極的にかかわったが、その
ため、36年から40年までフランスを離れ
なければならなかった。1848年、北仏ノ
ール県とパ＝ド＝カレ県の共和国委員に任
命された彼は、熱烈な反ナポレオン主義が
災いして、ロンドンに亡命を余儀なくされ
た。やがてひそかに──少なくとも自分で
はそう思っていた──パリに戻ると、逮捕
されてカイエンヌ【南米のフランス領で、流
刑地】に送られる。

1859年、恩赦によってあらためてパリ
に戻ったドレクリューズは、雑誌《ル・レ
ヴェイユ（覚醒）》を創刊するが、ただち
に発刊禁止処分を受ける。こうしてまたフ
ランスを去らなければならなくなり、ベル
ギーに移ってナポレオン3世の失脚【1870
年】までとどまる。帰国後、セーヌ県選出
の代議員となり、1871年、パリ・コミュ
ーン（コミュヌ・ド・パリ）の一員として
市街戦に向かうが、正規軍との戦いで、
1871年5月25日、バリケード上で戦死し
た。11区のシャルル＝ドレクリューズ通
り（Rue Charles-Delescluze）は1924年か
らある。

シャルル・ニコル Charles Nicolle 1866-
1936年。北仏ルーアン生まれのこの細菌
学者は、1903年から36年までチュニスの
パストゥール研究所の所長をつとめた。ま
た、コレージュ・ド・フランスの教授とな

り、発疹チフスの伝染のメカニズムも発見し（1919年）、アルタ熱【おもに地中海沿岸に分布する波状熱の一種。マルタ熱菌に感染した家畜との接触や生乳の飲用により感染する】にかんする研究もおこなった。1928年にノーベル医学賞を受賞した彼の名は、1978年、12区の通りにつけられている。シャルル＝ニコル通り（Rue Charles-Nicolle）がそれである。

シャルル・ノディエ Charles Nodier 1780-1844年。シャルル・ノディエはブザンソンで生まれ、パリで没した文学者。弁護士だった父から革命思想に基づく感性を植えつけられたが、彼が1803年に出版した多少とも放縦な作品のひとつ、『わが小説の最終章』へとその想像力を導いたのは、おそらくこの感性ではなかった。ただ、彼はまもなくジャンルを変え、反ナポレオンの風刺パンフレット「ラ・ナポレオヌ」【1802年】のために帝国警察と一悶着を起こし、亡命を余儀なくされる。帝国崩壊後、パリに戻ると、彼はなんの心配もなしに王党派的な考えを表明することができるようになった。ちなみに、彼が両親について話すのをだれも聞いていない。

やがてノディエは一連の説話集を編むようになるが、そのなかにふくまれた『ジャン・スボガル』【1818年】や『テレーズ・オベール』【1819年】、『吸血鬼』【1820年】などで大評判をえる。1823年、パリのアルスナル図書館【シャルル10世（アルトワ伯）の私設図書館】に奉職し、ロマン主義運動の中心人物となって、しばしば文学サロン【セナクル】を催した。その参加者としては、**ヴィクトル・ユゴー**や**サント＝ブーヴ、ラマルティーヌ、アルフレッド・ド・ヴィニー、アレクサンドル・デュマ**などがいる。

1833年、アカデミー・フランセーズ入りした彼は、さらに『ミエットの妖精』【1832年】、『ジロンド派の最後の晩餐』【1833年】、『ブリスケの犬の物語』【1844年】などを著している。18区のシャルル＝ノディエ通り（Rue Charles-Nodier）は1875年に命名された。

シャルル・フィリオン Charles Fillion シャルル・フィリオンは、1914-18年の戦争で犠牲になったパリ市の参事会員。17区のシャルル＝フィリオン小路（Passage Charles-Fillion）は1919年の命名。

シャルル・プティ Charles Petit 土地所有者の名前。この人物の名を冠したシャルル＝プティ袋小路（Impasse Charles-Petit）は、11区にある。

シャルル＝フランソワ・デュピュイ Charles-François Dupuis 1742年に北仏オワーズ県のトリ＝シャトーに生まれ、1809年にブルゴーニュ地方のエシュヴァンヌに没した哲学者・作家・政治家。1787年、王立コレージュの教授の、ついで国民公会（コンヴァンション）の議員となり、さらに五百人会【革命暦3年の憲法で定められた下院（1795-99年）】の一員に選ばれた彼は、中央学校【1795年に各県の県庁所在地に設置されることになったが、実現しなかった】の組織作業にくわわった。主著に『すべての信仰ないし普遍的宗教の起源』【1975年】があるが、これはとくに俗信撲滅を目指したものだった。さらに、『概要』（1822年）は聖職者への反発をより鮮明に打ち出している。彼の名を冠した3区のシャルル＝フランソワ＝デュピュイ通り（Rue Charles-François-Dupuis）は、2003年に命名されている。

シャルル・フーリエ Charles Fourier 1772-1837年。フランス東部のブザンソンに生まれ、パリで没した社会学者。父は羅紗商で、若いとき、彼は徒弟として働いた【裕福だった父が9歳のときに他界し、そのあとを継ぐため、フーリエはフランス各地で徒弟修業を余儀なくされた】。この経験から、当時の経済システムに反感をいだいたという。ただ、彼には経済の才覚がさほどあったとは思えない。1793年、母親からの資金援助でリヨンに食料品店を立ち上げたものの、まもなく倒産しているからである。

こうしてフーリエは進路を変え、1808年、みずからの宇宙論を含む『4運動の理

論』【宇宙には物質的・有機的・動物的・社会的な4通りの運動があるとした】を書き著す。フーリエ思想の根幹は、本人の言葉によれば、人類の幸福を約束する主義にあった。この期待は実現しなかったが、ある篤志家が彼を助けてくれた。

そこで彼は広大な邸宅を要するファランステール（フーリエ主義の協同居住施設）を創設し、社会的な一体性を有する1600人ものメンバーが、生活協同体「ファランジュ」を組織して住むようになる。フーリエは協同体を未来型社会と呼んだ。そこではだれもが自分の趣味や性向に見合ったかたちで働けばよい。そうすれば労働は魅力的なものとなり、より充足感をあたえるものとなるだろう。彼はそう考えた。そこではまたメンバーがそれぞれ最低限の安寧をもつ権利を有するともした。おそらく1600という数はでたらめなものではなかったはずだ。

フーリエによれば、体系的に抑圧してはならない人間の情念は12通りあり、810通りの異なる性格ないし特徴に分けられるという。この数を倍にすれば、おそらく考えられうるかぎりの性格となるだろう。周知のように、こうしたフーリエの空想的社会主義は社会主義の先駆となったが、1830年には彼のふたりの弟子によって、コンデ＝シュル＝ヴェグルにファランステールが創設されている。13区のシャルル＝フーリエ通り（Rue Charles-Fourier）は、1890年に彼に捧げられたものである。

シャルル・フリーデル Charles Friedel

1832-99年。ストラスブールに生まれ、パリで没した化学者・鉱物学者。1876年からパリ大学科学部で鉱物学を講じ、84年から有機化学の講座を担当した【乳酸やグリセリン化合物の研究でも知られる】。さらに国立鉱山学校の鉱物資料館館長となり、1878年、科学アカデミーの会員に選ばれた。彼の名を冠した20区のシャルル＝フリーデル通り（Rue Charles-Friedel）は1905年からある。

シャルル・フロケ Charles Floquet 1828-

96年。バスク地方のサン＝ジャン＝ピエ＝ド＝ポールに生まれ、パリで他界した弁護士・政治家。第二帝政【1852-70年】に反対していた彼は、《ル・タン（時間）》や《クーリエ・ド・パリ（パリ通信）》といった雑誌の寄稿者ないし主幹となる。そして、帝政が崩壊した1870年9月、パリ市の助役に任命され、翌年2月には2区選出の下院議員となる。彼はまた参事会議長をつとめ、1882年、セーヌ県知事に就任してもいる。それだけではない。1885年から88年にかけて下院議長や内相も歴任した。

こうしたフロケの輝かしい経歴は元老院議員をもって終わるが、この人物の人間性を語る逸話がある。1867年6月、ナポレオン3世の客として、最高裁判所にロシア皇帝のアレクサンドル3世【在位1855-81】を迎えたときのこと、フロケはこう叫んだという。「ポーランド、万歳！」。この言葉が歓迎気分に冷水を浴びせたことはいうまでもない。1907年の命名になるシャルル＝フロケ大通り（Avenue Charles-Floquet）は、7区にある。

シャルル・ペギー Charles Péguy 1873-

1914年。オルレアンに生まれ、パリ東方、セーヌ＝エ＝マルヌ県のヴィルロワで没した作家・詩人。かなりの神秘主義者だった彼は、当初一種の社会主義を擁護し、のちにカトリック戻って、たとえばシャルトル司教座聖堂などへ、数多くの徒歩巡礼を行った。1900年、《カイエ・ド・ラ・カンゼーヌ（半月手帖）》を創刊した彼は、確信的な「ドレフュス擁護者」【→アルフレッド・ドレフュス】だった。だが、第1次世界大戦が勃発してまもなく、ヴィルロワの前線で戦死した。作品としては『ジャンヌ・ダルクの愛の秘義』【1910年。岳野慶作訳, 中央出版社】や『第二徳の秘義の大門』【1912年。猿渡重達訳, 中央出版社】、『金』【1913年】などがある。

ペギーは言っている。「肉欲の町のために死ぬ者は幸いだ。町が神の国の体だからである」、「唯一の力、唯一の価値、そして何よりも唯一の品性、これこそが愛される

存在である」、「40歳はおそるべき歳である」（彼は41歳で他界している！）、「正義の戦いに死ぬ者は幸いだ。熟した穂、収穫された麦のために死ぬ者は幸いだ」。12区のシャルル＝ペギー小公園（Square Charles-Péguy）は、1990年に命名されている。

シャルル・ベナール Charles Bénard 1807-98年。北仏セーヌ＝マリティム県のサント＝フォワに生まれた作家。地方【フランス中東部ブザンソン】のリセやパリのリセ・ボナパルトおよびリセ・シャルルマーニュで哲学を講じた彼は、『ゲオルク・ヴィルヘルム・フリードリヒ・ヘーゲル』【1840-52年】や『古い哲学とそのシステムの全体史』【1885年】を著している。19世紀初頭の命名になるヴィラ・シャルル＝ベナール（Villa Charles-Bénard）は、12区にある。

シャルル・ベルトー Charles Bertheau 13区のシャルル＝ベルトー通りは、1877年、それが敷設された土地の所有者にちなんで命名されている。

シャルル・ベルナール Charles Bernard 18区選出の下院議員で、1927年没。18区にあるシャルル＝ベルナール広場（Place Charles-Bernard）は、1934年の命名になる。

シャルル・ボシュ Charles Bossut 1730-1814年。フランス中部ロワール県のタララに生まれた数学者・神父。早くから才能を発揮してダランベール（アランベール）の庇護を受け、『百科全書』の数学の項目執筆にかかわった。1752年、アルデンヌ地方のメジエールに創設された【1748年】王立ジェニ学校の教授となり、同年、『パラメーターの分化の用法』と題した著作を上梓して、科学アカデミーの通信会員に選ばれている。帝政期、彼は学士院会員とパリの国立理工科学校（エコール・ポリテクニーク）の試験官にもなった。12区のシャルル＝ボシュ通り（Rue Charles-Bossut）は1897年からある。

シャルル・ボードレール Charles Baudelaire 1821-67年。パリに生まれた詩人ボード

レールは、生前ただ1冊の（偉大な！）詩集しか遺していない。『悪の華』【1857年。ほかは評論や散文】がそれである。この詩集の刊行は公序良俗に対する罪としてさまざまな裁判をまねいたが【収載詩の一部が発禁となった】、それは新しい詩的感性の誕生を告げた。ボードレールはエドガー・ポーの作品に傾注した。とくに『世にも怪奇な物語』【1856年】や『新世にも怪奇な物語』【1857年】などである。

ボードレールは言っている。「自由人、汝はつねに海を溺愛する」、「私は知っている、苦痛が唯一の高貴さであることを」、「慰めてくれるのは死だ。嗚呼、生かしてくれるのも死だ」。18区のシャルル＝ボードレール通り（Rue Charles-Baudelaire）は1904年からある。

シャルルマーニュ Charlemagne 742-814年。シャルルマーニュ（カルルス・マグヌス、カール大帝）は、ネウストリアに生まれ、エクス＝ラ＝シャペルで没したフランク国王【768-814】・西ローマ皇帝【800-814】で、父は小ペピン【フランク王国国王（在位751年-768年）】、母はラオ伯の娘ベルトラド【720-783】。その統治はほとんどが戦いに費やされた。イタリアやスペインの住民、サクソン人、そしてとくにオストファリア人とウェストファリア人、バイエルン人、さらに中央アジアを出自とするアヴァール人など、敵は世界各地にいた。

その一連の戦いにおいて、シャルルマーニュはハドリアヌス1世【教皇（在位772-95）】とレオ3世【同（795-816）】を仲立ちとして、つねに教皇権を支えとすることができた。800年12月25日、ローマのサン＝ピエトロ大聖堂でシャルルマーニュに王冠を授けたのがレオ3世だった。大帝はまた「5月会議」ないし「5月の野」に王国全体の貴顕を集め、そこでとくに軍事的遠征の準備をした。だが、西ローマ皇帝とは、本義的にいえば統治者ではない。軍事的・宗教的な覇権を行使するだけで満足していたからである。

この偉大な王は5人の女性を相次いで娶

シャルルマ

り、かならずしも相次いでではないが、か
なりに数にのぼる愛妾も抱えていた。こう
した愛の結果、彼は多くの子供をもうけた。
今日分かっているだけでも20人はいる。
後継者のルートヴィヒ、仏語名ルイ【フラン
ク国王・西ローマ皇帝（在位814-840）】は、
771年に正妃に迎えたアレマニア大公家の
血を引くヒルデガルド（783年没）とのあ
いだにできた息子である。

　シャルルマーニュの治世下で芸術や文学
は栄えたが、彼はみずからの宮殿に学舎を
開いてもいる。これについて、その法令集
の一文にはこう記されている。「すべての
父親は息子を学舎に送り、息子がきちんと
教育されるまでそこにとどめおくものとす
る」。だが、シャルルマーニュが他界する
と、驚くべきことに彼の偉業はことごとく
解体される。つまり、その偉業はあくまで
も表層的なものであり、軍事的な長のたん
なる権力の発露にすぎなかったのである。
4区のシャルルマーニュ小路（Passage
Charlemagne）は1825年、同区のシャル
ルマーニュ通り（Rue Charlemegne）は
44年から存在している。

**シャルル・マリ・ウィドル Charles Marie
Widor** 1844-1937年。リヨン生まれの作
曲家。生地のサン＝フランソワ教会でオル
ガン奏者をつとめ、この楽器のために数多
くのシンフォニーを創作した。1869年、
パリのサン＝シュルピス教会のオルガン奏
者となったウィドルは、**セザール・フラン
ク**の後任として、**マドリ通り**にあったパリ
音楽院（コンセルヴァトワール）のオルガ
ン・クラスを担当した。16区のシャルル
＝マリ＝ウィドル通り（Rue Charles-
Marie-Widor）は1946年に命名されている。

シャルル・ミシェル Charles Michel 1903-
41年。シャルル・ミシェルは下院議員だ
ったが、ドイツ軍の人質となり、1941年
10月22日に銃殺された。それから3年後
の1944年、15区の広場に彼の名がつけら
れている。シャルル＝ミシェル広場（Place
Charles-Michel）である。

シャルル・ムルー Charles Moureu 1863-

1929年。化学者で、フランス学士院・医
学アカデミー会員。おもに有機化学にかん
する研究を行った。10区のシャルル＝ム
ルー通り（Rue Charles-Moureu）は、
1950年の命名である。

シャルル・モンスレ Charles Monselet
1825-88年。ナント出身の作家。弱冠19
歳で小品『破れたガラス』を発表した彼は、
パリに出て、自分の資質にとくにあってい
ると思えたジャーナリズムの道に入る。そ
して、《ラルティスト（芸術家）》や《ペ
（国）》といった雑誌に寄稿する一方、『赤
い下着』【5巻、1850-57年】や『ムッシュ
ー・ド・キュピドン』【1858年】、『女性た
ちのフリーメイソン』【4巻、1856年】など
の小説を発表する。彼はまた美食家として
も揺るがぬ名声を博し、その情熱の赴くと
ころ、『詩的な女性料理人』【共著、1859年】
や『食通百科』【6巻、1862-70年】を著す
までになる。彼の名を冠したシャルル＝モ
ンスレ通り（Rue Cahrles-Monselet）は、
1932年から19区にある。

シャルル・ラムルー Charles Lamoureux
1834-99年。ボルドーに生まれ、パリで没
した指揮者・ヴァイオリニスト。パリ音楽
院（コンセルヴァトワール）で学んだラム
ルーは、1854年、ヴァイオリン部門を首
席で卒業し、パリ管弦楽団の第1ヴァイオ
リニストとなり、やがていくつかのカルテ
ットからなる室内楽協会を立ち上げ、その
コンサートはつねに大変な評判をとった。
そして1875年にはオペラ＝コミック座の、
77年にはパリ・オペラ座の指揮者に任命
された。さらに彼は、大規模な交響楽団で
あるラムルー管弦楽団を設立し【1881年】、
フランスにおけるワーグナー【1813-83】
音楽の普及に尽力した。1905年に敷設さ
れたシャルル＝ラムルー通り（Rue
Charles-Lamoureux）は16区にある。

シャルル・リスレ Charles Risler 1848-
1923年。区長をつとめた人物が他界する
と、ときに参事会員たちが彼の名を通りに
つけることがある。だが、7区のシャルル
＝リスレ大通り（Avenue Charles-Risler）

の場合はそれに当たらない。この通りの命名は、彼の生前になされているからである。

シャルル・リュイゼ Charles Luizet　1903年11月10日にフランス南部ローヌ地方に生まれ、1947年に他界した、この第2次世界大戦末期のフランス解放勲章保持者は、大戦後にコルシカ（**コルス**）県知事、さらにパリの警視総監となった。サン＝シル陸軍士官学校の卒業で、アルジェリアのティアレやボーヌ【現アンナバ】県の副知事、旧フランス領赤道アフリカの総督もつとめている。11区のシャルル＝リィゼ通り（Rue Charles-Luizet）は、1980年に彼に捧げられている。

シャルル・ルコック Charles Lecocq　1832-1918年。ルコックはパリ出身の作曲家で、数多くのオペレッタを創作した。処女作は1855年、オッフェンバッハ（**ジャック・オフェンバク**）がブフ・パリジャン座のために催したコンクールに応募した『ミラクル博士』【初演1857年】である。続いて、アテネ座のために『茶の花』【1868年】、ヴァリエテ座【→テアトル＝フランセ】のために『100人の聖処女』【1872年】を発表している。

　だが、彼のもっとも有名な作品は、いうまでもなく『マンゴ夫人の娘』【1873年】である。かなり多作家で、しばしば年にオペレッタを数点発表したこともあった。他の作品としては、『門への接吻』【1864年】や『ムッシュー・ソ・クラックの遺言書』【1871年】、『小公爵』【1878年】、『アリババ』【1887年】、『ニネット』【1896年】などがある。15区のシャルル＝ルコック通り（Rue Charles-Lecocq）は、1928年に命名されている。

シャルル・ル・ゴフィック Charles Le Goffic　1863-1932年。ブルターニュ地方のラニョン出身の詩人・作家・批評家で、父親は印刷業を営んでいた。ジュール・テリエ【1863-89。チフスに罹って早世した作家。ジャーナクスト。作品には『聖遺物』（1890年、死後刊行）などがある】やモーリス・バレス【1862-1923。国家主義的な作風で知られた作家・批評家】とともに雑誌《ル・クロニク（年代記）》を創刊した。ポール・ブルジェはル・ゴフィックの作品には、「悲しく、苦しい恩寵の刻印」がみられるとしている。おもな作品としては、『ブルターニュの恋』【1889年】や『眠れる森』【1900年】などがあり、『ケラレスの磔刑』【1892年】はアカデミー・フランセーズ賞を受賞している。1932年の命名になる14区のシャルル＝ル＝ゴフィック通り（Rue Charles-Le-Goffic）は、彼を名祖とする。

シャルル・ルヌーヴィエ Charles Renouvier　1815-1903年。モンペリエ出身の思想家・哲学者。パリの国立理工科学校（**エコール・ポリテクニーク**）で学んだあと、数学を捨てて哲学の道に進む。1842年に『現代哲学入門』、44年に『伝統的哲学入門』を上梓した彼の哲学・思想は、科学としての形而上学を否定し、カント【1724-1804】の哲学を修正しながら発展させる一方、実証主義を感覚的に粗雑だとして批判し、「自我」に自由を認めた。1900年に学士院会員となっている。彼の死後4年目の1907年に命名されたシャルル＝ルヌーヴィエ通り（Rue Charles-Renouvier）は、20区にある。

シャルル・ルロワ Charles Leroy　1844-95年。パリに生まれ、没した広告業者で、当時、きわめて有名な人物「ラモロ大佐」の生みの親。もうひとりのシャルル・ルロワ（1780-1854）は数学者で、高等師範学校の講師をつとめた。13区のシャルル＝ルロワ通り（Rue Charles-Leroy）は1929年の命名だが、その呼称は前者にちなむ。

シャルル・ロート Charles Lauth　1836-1913年。ストラスブール出身の化学者。1879年、パリ南西郊の**セーヴル製陶工場**長となり、87年までその職位にあった彼は、陶器の新しい製造法ときわめて有益な染料を考案した。この染料がヴィオレ・ロート（ロート紫）である。これは一連の硫化染料で、チアジン染料に分類され、メチレンの青をはじめとする一部は、数多くの方面にもちいられている。彼はまたセーヴ

シヤルル口

ル工場の染色家や絵付師のための養成学校も創設している【1882年】。その名を冠したシャルル＝ロート通り（Rue Charles Lauth）は、1934年から18区にある。

シャルル・ロバン Charles Robin フランス中東部アン県のジャスロンに生まれ、没した解剖学者。1845年に医学博士号【パリ大学】を取得し、47年に上級教員資格者となった彼は、病理解剖学を講じ、比較解剖学研究所を創設している。1862年、パリ大学医学部は彼のために組織学の講座を設けた。1866年、科学アカデミーの会員となり、76年にはアン県選出の元老院議員となってもいる。10区のシャルル＝ロバン通り（Rue Charles-Robin）は1893年に命名された。

シャルル・ローラン Charles Laurent 1856-1938年。パリ出身の行政官。パリの国立理工科学校（エコール・ポリテクニーク）に学んだあと、外交畑を歩んで在外フランス大使をつとめた。やがて、会計法院名誉院長となり、レジョン・ドヌール大綬章を授かることになる彼は、国立金融機関の定款を草して、1919年11月、それを創設する。半官半民のこの機関は、戦争による被害を穴埋めするためのものだった。事実、その当初の呼称は「戦争被害回復促進銀行」で、第2次世界大戦の被害も補った。1960年以降、それは中期の融資をおこなうようになったが、対象は商人と企業家だけだった。15区のシャルル＝ローラン小公園（Square Charles-Laurent）は、1930年に開園している。

シャルロ Charlot 3区を走るシャルロ通り（Rue Charlot）の呼称は、チャーリー・チャップリン【1889—1977. シャルロを当り役としていた】をたたえるためのものではない。すでに1626年に命名されており、当時の画地分譲業者の名前だからである。ちなみに、読者は「シャルロの小間使い」という表現がだれをさすか知っているだろうか。「シャルロ」を通称とする死刑執行人の手伝いたちのことであり、この通称はダミアン【1715-57. ルイ15世（国王在位

1715-74）を襲って四つ裂きの刑に処せられた狂信家】を処刑した本名シャルロ氏を記念してのものである（それゆえ、「家事手伝い人募集」の新聞広告に、だれかがシャルロの小間使いのつもりで応募してきたら、十分気をつけたほうがよい）。

シャレ Chalet 10区のシャレ通り（Rue du Chalet）は、あらためて指摘するまでもなく、この通りに山小屋風の小さな家が建っていたことに由来する呼称である。命名は1877年。

シャレ Chalets 呼称の説明は前項と同じだが、ここでは「小さな家」の表記が複数形となっている。山小屋については、シャトーブリアンがおそらく半分だけ評価している。「山小屋をたたえよ。だが、そこには住むな」と記しているからだ。16区のシャレ大通り（Avenue des Chalets）は、1688年以前に開通している

シャロレ Charolais シャロレはフランス南東部の旧地方名で、中心都市はシャロルだった。1316年、アルマニャック家が6万エキュでこの領地をブルゴーニュ公のフィリップ2世【1363-1404】に譲った。シャルル・ル・テメレール【1433-77. 勇胆公と称された最後のブルゴーニュ公（在位1467-77）。ルイ11世（在位1545-1608）のフランス統一と王領拡大策に抵抗した】が没すると、シャロレは国王シャルル8世【在位1483-98】のものとなり、1493年、彼はそれをオーストリア＝ハプスブルク家にあたえ、同家は1684年までこれを維持した。この年、スペイン王の債権者だったグラン・コンデことルイ2世【1621-86。→ロクロワ】は、ディジョン【ないしパリ】の高等法院の裁決によって、債権のかたとしてこの地を手に入れる。シャロレ地方が最終的にフランス王室に組み込まれたのは、1771年のことだった。ちなみに、評判の高いシャロレ豚については、あらためてその肉質をたたえるまでもないだろう。12区のシャロレ小路（Passage du Charolais）は、1887年以前に敷設されている。

シャロン Chalon フランス中部ソーヌ＝エ

＝ロワール県の町で、ローマ時代はカビロヌムとよばれ、強大なアエドゥイ族の首都だったが、ユリウス・カエサル（ジュール・セザール）に奪われた。179年、聖マルセル（**サン＝マルセル**）はここで説教をおこない、殉教している。ブルゴーニュ公シャルル【前項参照】が没すると、シャロン住民はマリ・ド・ブルゴーニュ【1457-82。シャルルの公女】に味方した。しかし、とつぜんトレムイユ家がシャロンを攻撃し、数か月後にその支配者となった。シャロン（＝シュル＝セーヌ）では、幾度か司教会議が開かれている。2区のシャロン通り（Rue de Chalon）は、1850年に命名された。

シャロンヌ Charonne シャロンヌはもとはパリ郊外の村だったが、1860年に首都に合併された。17世紀に、のちにパリのペール＝ラシェーズ墓地となる、通称「モン＝ルイ囲い地」が設けられたのがここだった。18世紀には**オルレアン公爵家**がこの村に城をかまえていた。1789年から1860年にかけて、**サン＝ドニ郡**の村だった。シャロンヌ大通り（Boulevard de Charonne）は11区と20区を結ぶ。命名は1864年である。

ジャン・アルプ Jean Aarp 1887-1966年。ドイツ語名ハンス・アルプ。**ストラスブール**に生まれ【生家はストラスブール司教座聖堂に向かう通りの角に今もある】、バーゼルで没した画家・彫刻家・詩人。ダダイズム提唱者のひとり（1916年）。当初、その作品は変幻自在だったが、やがて柔らかで不規則な線ないしマッスからなる抽象的なフォルムや、メタモルフォーズ（変身）と身体の生成のシンボルである動く卵を表現するようになる。
　1921年、抽象画家で詩人でもあったスイス人のゾフィー・トイバーと結婚した彼は、彼女とともに長方形や正方形をベースにした刺繍やコラージュを制作するようになる。彼はこうした制作を「浄めの儀式」と呼んだ【ゾフィー（1889-1943）が一酸化炭素中毒で事故死すると、アルプは以後4年間、修道院に閉じこもって詩作だけをおこな

った】。詩集としては、『天使とバラ』【原文ドイツ語。仏訳1965年】や『消えゆく日々』【1966年】などがある。この後者のなかで、彼は次のように書いている。「注意せよ、詩人たち。盲人たちは見者であり、メタモルフォーズの発明家でもあるからだ」。13区のジャン＝アルプ通り（Rue Jean-Arp）は、1993年の命名。

ジャン・アントワヌ・ド・バイフ Jean Antoine de Baïf 1532-89年。ロンサールの弟子で、プレイヤッド派に属していた詩人。「韻律探求運動」と強く結びついていた彼は、1570年、詩・音楽アカデミーを創設している。愛や遊戯、マイム、教育などを主題とする作品を多く創作したが【これらは『バイフ詩集』（1572年）や『マイム、教訓及び格言』（1581年）に収載されている】、そのソネット集『気晴らし』の最後の詩は、「墓碑銘」と題されている。「哀れな肉体よ、憩め、汝の不幸な骨／神経、静脈、そして肉は、休息するに値する…」。ジャン＝アントワヌ＝ド＝バイフ通り（Rue Jean-Antoine-de-Baïf）は、1988年から13区にある。

ジャン＝アンリ・ファーブル Jean-Henri Fabre 1823-1915年。フランス中央山地南西部アヴェロン県のサン＝レオンに生まれ、南仏ヴォークリューズ県のセリニャン＝デュ＝コンタで没した昆虫学者。彼は数多くの啓蒙書を上梓しているが、とくに1920年代の『昆虫学的回想』【『ファーブル昆虫記』10巻、山田吉彦・林達夫訳、岩波文庫】は圧巻である。彼の生涯をなぞった映画『ムッシュー・ファーブル』【アンリ・ディアマン＝ベルジェ監督（1895-1972）、1951年封切】もある。18区のジャン＝アンリ＝ファーブル通り（Rue Jean-Henri-Fabre）は、1965年の命名になる。

ジャン・ヴァレンヌ Jean Varenne 1877-1927年。ジャン・ヴァレンヌ氏は18区の参事会委員だった。18区のジャン＝ヴァレンヌ通り（Rue Jean-Varenne）は、それをたたえて1928年に命名されている。

シャンヴァン Chanvin 13区のシャンヴァ

ン門（Porte Chanvin）は、土地所有者の名前にちなんで1888年に命名されている。

ジャン・ヴィラール Jean Vilar　1912-71年。南仏モンペリエ南西方のセートに生まれ、没した20世紀を代表する演劇人のひとり。1947年にアヴィニョン演劇祭を立ち上げ、1951年から63年まで国立民衆劇場の支配人もつとめた彼は、次のようにその心情を述べている。「単純化して、剥ぎ取ること」。フランス国内外の最高傑作を何作も演出し、とくにジェラール・フィリップを多くもちいた。また、役者として、たとえば映画『夜の扉』【1946年封切り。マルセル・カルネ監督（→ジャック・プレヴェール）】などに出演し、さらにアルテュール・オネゲル【1892-1955。フランスで活躍したスイス人作曲家】のオペラ『焚刑のジャンヌ』や、舞台の『ロメオとジャネット』【1746年。ジャン・アヌイ原作】やジャン＝ポール・サルトル【→ジャン＝ポール・サルトル＝シモーヌ・ド・ボーヴォワール】原作、ルイ・ジュヴェ【→オペラ＝ルイ・ジュヴェ】演出の『悪魔と神』【1951年】にも出ている。1993年、13区の小公園に彼の名がつけられている。ジャン＝ヴィラール小公園（Square Jean-Vilar）である。

ジャン・ヴェベール Jean Veber　1864-1929年。ジャン・ヴェベール（ヴェベル）はパリ生まれの画家・版画家・文学者。豪華な出で立ちの貴婦人たちと人間の卑俗さを象徴する歪んだ小人を対比させた、ユーモラスな風刺絵画を数多く描いた。作品としては『妖精物語』や『人形を持つ男』、『闘う女たち』、『家の顔』、『美しい王女』【いずれも制作年不詳】などがある。

　ヴェベールはまた《ル・リール（笑い）》【1894年から1950年まで刊行されたユーモア週刊誌】や《ラシエット・オ・ブール》【1901年から30年まで出されたユーモア・風刺週刊誌】に、挿絵を載せてもいた。作家としては、弟のピエールと共作の『愉快な喜劇』【1896年】などがある。第1次世界大戦で英雄的に戦った彼の名は、20区のジャン＝ヴェベール通り（Rue Jean-Veber）に残っている。命名は死後1年目の1930年である。

ジャン・エカール Jean Aicard　1848-1921年。ジャン・エカールは南仏のトゥーロンに生まれ、パリで没した作家で、アカデミー・フランセーズ会員。とくにその長編小説『モール山塊のモーラン』【1908年】で知られる。11区のジャン＝エカール大通り（Avenue Jean-Aicard）は、1946年からある。彼はほかに『ミエットとノレ』【1880年】や『司祭ルボナール』【1889年】、さらにアカデミー・フランセーズの詩部門大賞を受けたラマルティーヌについての作品もある。

ジャン・エストライシェ Jean Oestreicher　1913-44年。パリ破毀院の弁護士でレジスタンスの活動家。第2次世界大戦末期、パリ蜂起さなかの1944年8月22日にフランスのために斃れた。死後4年目の1948年8月13日、フランス国民の名において顕彰された。17区のジャン＝エストライシェ通り（Rue Jean-Oestreicher）は、1990年に表記が変更されている。1985年に最初に命名されたときは、Ostreicherの綴りだった。

ジャン・オベルレ Jean Oberlé　1900年にブルターニュ半島のブレストに生まれ、61年にパリで他界したジャーナリスト・挿画画家・（肖像）画家。第2次世界大戦中にレジスタンス運動家だった彼に捧げられた通り（Rue Jean-Oberlé）は、19区にある。命名は2000年。

ジャン・カリエス Jean Carriès　1856-94年。リヨンに生まれ、パリで他界した彫刻家・陶芸家。資産とは無縁だったが、カリエスは炻器や陶器にさまざまな彩色を施して、これらを装飾品にしようと研究を重ねた。こうして彼は胸像や壺、花瓶などにくわえて、全体が炻器からできたみごとな暖炉も数多くつくった。彼の名を冠したジャン＝カリエス通り（Rue Jean-Carriès）は、1907年から7区にある。

ジャン・カルヴァン Jean Calvin　1509-64年。フランス宗教改革の創唱者だったカルヴァ

ン——本名はショーヴァン（Chauvin）。ラテン語表記でカルヴィヌス（Calvinus）——は、北仏ピカルディ地方のノワイヨンに生まれ、ジュネーヴで没している。1533年、【とつぜんの回心によって】カトリックとの関わりが薄れたが、同年11月1日におこなった演説には、たんなる異端を超えるものがあった。

迫害を危惧したカルヴァンはナバラに逃れ、公妃マルグリト【1492-1549。フランス・ルネサンス期にとくに人文主義者の文学者たちを支援し、みずからも詩集『エプタメロン』（1547年）などを上梓している】の庇護を受ける。翌1534年春、彼は完全にプロテスタントとなり、秋にはストラスブール、ついでバーゼルに赴く。『キリスト教綱要』を発表して4年後の1540年にジュネーヴに招かれ、翌年には、同市をプロテスタントの牙城とすべく、「聖職者法」の制定を求めた。

こうして彼は、教義と信仰だけに基づく宗教改革を習俗にまで拡大した【これを神権政治という】。そして、自分の敵対者とおぼしき者すべてを厳しく追及する一方で、1559年6月5日、ジュネーヴ神学校【のちのジュネーヴ大学】を創設し、やがてそれはヨーロッパにおける輝かしい科学の殿堂のひとつに数えられるまでになる。さらに各地に教会を建立するための弟子団を組織してもいる。

カルヴァンは1564年5月27日に没したが、1540年にはイドレット・ド・ビュール【1505生。再洗礼派牧師の寡婦】と結婚し、9年後に死別した彼女とのあいだにもうけた息子も、幼くして世を去っていた。5区のジャン＝カルヴァン通り（Rue Jean-Calvin）は、1936年からある。

シャンガルニエ Changarnier 1793 -1877年。ニコラ・シャンガルニエはブルゴーニュ地方のオータンに生まれ、パリで没した将軍・政治家。スペインやアルジェリアへの軍事遠征にくわわり、1847年にはアルジェリア師団を指揮した。さらにアルジェリア総督にも任命されたが、1848年の憲法制定【二月革命後】にともなう選挙に出馬するため、この職を離れなければならなかった【同年6月にセーヌ県選出議員となり、12月の大統領選挙にも出馬するが、ルイ＝ナポレオン・ボナパルト（ナポレオン3世）に敗れる】。やがてパリ第一師団と国民軍の指揮官（陸相）となるが、1851年、ルイ＝ナポレオン・ボナパルトからこの地位をとり上げられ、1859年に恩赦を受けるまで国外追放処分に服することになった。

帰国後、1873年に国民議会の議員となった彼は、同年5月24日、王党派議員300人が提出した有名な公開質問状に署名して、第三共和政の初代大統領ティエールを失脚させた。1875年には終身上院議員に選ばれ、共和政体と倦むことなく闘ったが、目的を達することはできなかった。だが、共和政政府はそんな彼のために、アンヴァリッドで盛大な葬儀を営んだ。その名を冠した12区のシャンガルニエ通り（Rue Changarnier）は、1932年に開通している。

ジャン・カレ Jean Quarré 1919-42年。1978年に命名された19区のジャン＝カレ通り（Rue Jean-Quarré）は、レジスタンス組織「フラン＝ティルール」の義勇遊撃兵として活動したため、パリ西郊のヴァレリアンの丘で銃殺された、ジャン＝カレ中尉の記憶をとどめている。彼を処刑したのはドイツ軍の軍事法廷である。

ジャン・グージョン Jean Goujon 確実ではないが、おそらく1512年頃に北仏ノルマンディ地方に生まれ、67年にボローニャで急死したジャン・グージョンは、フランス・ルネサンス期を代表する建築家・彫刻家だった。彼はパリでサン＝ジェルマン＝ローセロワ教会の内陣障壁を制作しているが【1544-45年】、その最高傑作は、今日ルーヴルにある『キリスト降下』だろう。

1544年から47年まで、グージョンはパリ北郊エクアンの城で創作活動を行い、『翼を生やした勝利の女神』や『信仰』、『アブラハムの生贄』といった彫刻作品を制作している。1547年には、ジャン・マルタン【1553没。パリ出身の人文主義者】に

よるウィトルウィウス【前1世紀。古代ローマの建築家】の大著『建築書』のフランス語訳に挿画を描き、「フリーメイソン芸術」にかかわる図版を数多く盛り込んだ。さらに1550年から62年にかけては、ピエール・レスコとともに、ルーヴル宮の装飾を請負い、有名な女像柱をつくってもいる。しかし、ユグノー教徒だった彼はフランスを追われてボローニャに逃れた。8区のジャン＝グージョン通り（Rue Jean-Goujon）は、1823年からある。

ジャン＝クロード・アルヌー Jean-Claude Arnould 1792-1866年。北仏ノール県のカトー＝カンブレジに生まれたアルヌーは、1845年、広軌をもちいた連結車両システムを考案し、これによって旧ソー線の敷設が可能になった。14区には彼の名がついた通りがある。ジャン＝クロード＝アルヌー通り（Rue Jean-Claude-Arnould）がそれである。

ジャン＝クロード＝ニコラ・フォレスティエ Jean-Claude-Nicolas Forestier 1861-1930年。あるいは自分の姓に導かれたのか、彼はナンシーの農林学校（エコール・フォレスティエール）に学んでいる。卒業後、技術者・植林者としてパリの行政機関に入り、ブーローニュ（ボワ・ド・ブーローニュ）やヴァンセンヌの森、バガテル公園などの維持・管理や、シャン＝ド＝マルス公園や大学都市（シテ・ユニヴェルシテール）の建設を手がけた。さらに彼はソー公園建設のための草案も作成した。ル・ノートルの流儀を忠実に守りながらも、そこに自然を採り入れようともした。13区には、そんな彼の名を冠したジャン＝クロード＝ニコラ＝フォレスティエ小公園（Square Jean-Claude-Nicolas-Forestier）がある。1998年に命名されたものである。

ジャンコ Ginkgo ジンコ（イチョウ）は扇状の葉を有する極東原産の大木で、「エキュ（盾）の木」ともよばれる。12区のジャンコ小路（Cour du Ginkgo）は1985年に命名されているが、それはそこにこの木が1本植えられたことによる。

ジャン・コクトー Jean Cocteau 1889年に

パリ西郊メゾン＝ラフィットで生まれ、1963年にパリ南方ミリ＝ラ・フォレで没した作家・詩人・映画監督・画家・デザイナー。20世紀が生んだもっとも才能と多様性に恵まれた人物といえるジャン・コクトーの作品全体は、時代の表層的かつ深層的な意味での近代性を帯びていた。あらゆる革新的運動に関心をいだいていた彼は、未来派やキュビズム、ダダイズムの影響を受けた。

コクトーの作品の数は膨大で、小説には『山師トマ』【1923年。河盛好蔵訳、角川文庫】や『大股びらき』【1923年。澁澤龍彦訳、河出文庫】、『恐るべき子供たち』【1929年。高橋洋一訳、求龍堂ほか】、戯曲には『エッフェル塔の花嫁花婿』【1921年】、『恐るべき親たち』【1938年】、『双頭の鷲』【1946年】、映画には『永遠回帰』【1943年】、『美女と野獣』【1946年】、『オルフェ』【1950年】、そして詩集には『平調曲』【1923年】、『天使ウルトビーズ』【1926年】などがある。

コクトーはほかにも数多くの本のイラストや絵画（南仏アルプ＝マリティーム県ヴィルフランシュ＝シュル＝メールのサン＝ピエール礼拝堂壁画）、さらにバレエの舞台装飾なども手がけている。アカデミー・フランセーズ会員【1955年選出】でもあった彼は、こう言っている。「鏡は像を映し出す前に反省させる」、「詩が不可欠なものであることは知っている。だが、それがなんのためにあるかは知らない」、「ラジオやテレビ、雑誌の現代は無関心の学校である。そこでは見ずに眺めさせ、聴かせず聞かせることを教えているのだ」。彼の死後5年たった1984年、15区の広場にその名がつけられている。ジャン＝コクトー広場（Place Jean-Cocteau）である【18区にはジャン＝コクトー通り（Rue Jean-Cocteau）もある】

ジャン・コタン Jean Cottin ジャン＝コタン通り（Rue Jean-Cottin）通りは18区にあるが、ジャン・コタン氏はこの通りが敷設された土地の地主だった。

ジャン・コリ Jean Colly 1858-1929年。13

区のジャン＝コリ通り（Rue Jean-Colly）は1934年の命名になるが、コリ氏はパリ市の参事会員で、パリ選出国民議会議員もつとめた人物である。

ジャン・サブロン Jean Sablon 1906年にパリ東郊のノジャン＝シュル＝マルヌに生まれ、94年にカンヌで他界した歌手。1930年代中葉、フランスで最初にマイクをもちいて公演したサブロンは、数多くのシャンソンを歌って成功をおさめた。代表的な作品としては、「あなたが旅立つというので」（ミレイユ【→ジャン・ノアン】とのデュエット）、「私に会わずに行ったあなた」、「諦め」などがある。彼は新しいリズムや階調に惹かれて、第2次世界大戦前、ジャズ・ミュージシャンのジャンゴ・ラインハルト【1910-53。ロマ（ジプシー）音楽とスウィング・ジャズを融合させたロマ・スウィングの創始者】やステファヌ・グラッペリ【1908-97。ジャズ・ヴァイオリニストで、ジャンゴの相方】などと共演している。16区のジャン＝サブロン小路（Allée Jean-Sablon）は、2003年からある。

ジャンサン Janssen 1824-1907年。ピエール・ジュール・ジャンサンはパリ出身の天文学者・物理学者。ペルーやイタリア、アゾレス諸島、インドなどで数多くの科学的調査を行った【1867年には太陽のプロミネンスの分光学的研究中にヘリウムを発見している】。1876年には天文物理学の天文台を創設した。これは当初モンマルトルに設置され、翌年、パリ南西郊ムードンの古城址に移されている。さらに1891【1888？】年、彼は天文台の設置条件を調べるため、高齢を顧みずにモンブランに登り、その数年後に建てられた天文台の台長に任命されている。19区のジャンサン通り（Rue Janssen）は、1873年に科学アカデミー会員となった彼にちなんで1930年に命名された。

シャンジー Chanzy 1823-83年。アントワヌ・アルフレド・ウジェーヌ・シャンジーは、アルデンヌ地方のヌアールに生まれ、シャンパーニュ地方のシャロン＝シュル＝マルヌで没した将軍・元老院議員。最初、アルジェリア歩兵連隊少尉およびトレムセン【アルジェリア北西部の商業中心地でイスラーム教の聖地】のアラブ局長【1833年にアルジェリアの占領行政や治安のために創設された機関】となり、1856年、シリアへの軍事遠征やローマの占領にくわわった。やがてアフリカに戻り、1870までとどまった。

1870年の普仏戦争時、シャンジーはロワール方面軍を指揮し、最初はヴァンドームで（1870年12月15日）、ついでオルレアン南西方のモントワール（同12月27日）でプロイセン軍と交戦した。休戦後、アルデンヌ県選出の下院議員となる。1871年のパリ・コミューン（コミュヌ・ド・パリ）時に逮捕されたが、すみやかに釈放され、下院議員に返り咲いて軍隊の再編に尽力した。1879年には、右派の支持者たちは彼をマク＝マオンに替えて大統領に据えようとしたこともあった。だが、最終的に短期間ながらロシア大使をつとめ、帰国後、死の直前にフランス軍司令官となった。11区のシャンジー通り（Rue Chanzy）は1890年に命名されている。

ジャン・ジオノ Jean Giono 1895-1970年。アルプス山脈南西麓のモナスクに生まれ、没した作家。オート＝プロヴァンス地方の礼賛者だったジャン・ジオノには、以下のような作品がある。『丘』【1929年。山本省訳、岩波文庫】、『二番草』【1930年】、『世界の歌』【1934年。山本省訳、河出書房新社】、『喜びは永遠に残る』【1935年】、『気晴らしのない王様』【1947年、酒井由紀代訳、河出書房新社】など。彼の作品は多くが映画化されている。『アンジェル』【1934年】や『二番草』【1937年】、『清流』【1958年】、『屋根の上の軽騎兵』【1995年】のようにである。また、1960年にはみずからメガフォンをとった『億万長者』を発表している。

ジオノは言っている。「想像すること、それは選ぶことである」、「みずから語ったりせず、叫んだり歌ったりもしないとき、人々は目を閉じる。だが、目を閉じるのは誤りだ！」、「それゆえ平凡なことがこうして起きるという事実をつねに考えよう」。

13区のジャン＝ジオノ通り（Rue Jean-Giono）は、1993年からある。

ジャン・シカール Jean Sicard 1873-1929年。ネッケル（ネケール）病院の医師。15区のジャン＝シカール通り（Rue Jean-Sicard）の命名は1931年。

ジャン＝ジャック・ルソー Jean-Jacques Rousseau 1712-78年。ジュネーヴで生まれ、パリ北東のエルムノンヴィルで没した著述家・思想家・作曲家。プロテスタントの家を出自とするルソーは、生まれて数日後に母親を喪い、時計師だった父親から「現実ばなれで小説もどき（！）」に育てられた。やがてジュネーヴの父の元を離れた彼は、スイス国境に近いサヴォワ地方のアヌシーに向かい、若い男爵未亡人のヴァラン【1699-1762。のちにルソーの愛人・庇護者となる】と出会う。彼女はルソーをトリノ（テュラン）に送り出し、そこで公教要理を学ばせて、プロテスタントからカトリックに改宗させる【1728年】

やがてスイスやイタリアを「彷徨」したのち、ルソーはサヴォワに戻り、シャンベリー近くのシャルメットで男爵未亡人と再会する。それからの8年間は、ルソーにとって生涯もっとも幸せな日々だった。1741年、彼は新天地を切り開くべく、無一文状態でパリに出る。翌年、独創的な記譜法を考案して音楽家として注目されるが、1743年、大使の秘書としてヴェネツィアに赴く。しかし、外交官という仕事になじめず、1743年、パリにまいもどる。

そんな彼が自分の進むべき真の道を見出したのは、1750年のことだった。ディジョンのアカデミーが公募した、「学問及び芸術の進歩は道徳の純化と腐敗のいずれに貢献したか」をテーマとする懸賞論文に、文明を激しく批判した『科学・技芸論』【邦題『学問芸術論』】を応募し、入選するのである。この論文によって、彼の名は一気に知られるところとなった。ルソーはまた幕間劇『村の占い師』【1752年】を書き、人間社会の不平等にかんする論文【『人間不平等起源論』、1755年】も発表している。

やがてカルヴァン主義に戻った彼は、みずから共和派・民主派であると言明する。1756年から62年にかけては、とくに数多くの著作を上梓している。『ジュリもしくは新エロイーズ』（1761年）や『社会契約論』、『エミール』（いずれも1762年）などが有名だが、これらの著作は当時の思想を一変させるものだった。だが、『エミール』の出版がとりわけパリ大司教によって批判されたため、迫害をさけてスイスに亡命する。年齢の割に老け込み、心気症を患うようになった彼は、世間との関係を絶ち、8年ものあいだ、植物採集を唯一の楽しみとしながら各地を彷徨した。

1770年、パリに戻ったルソーを待っていたのは、プラトリエール通りにあったあばら家での悲惨な生活だった。心気症が亢進してときに発狂するまでになるが、その才能はなおも健在で、『孤独な散歩者の夢想』（1777-78年）を書き上げている。この遺作が完成した年、彼はジラルダン男爵【1735-1808】がかねてから提供してくれていた、エルムノンヴィルのささやかな自宅で息を引き取る。そして1794年、遺灰はパンテオンに移葬された。

ルソーの著作としては、さらに『見世物にかんするダランベールへの手紙』【1758年】や『山からの手紙』【1764年】、『告白』【1770年】、『ルソー、ジャン＝ジャックを裁く』【1777年】などがある。ヴォルテールが過去を向いていたのとは反対に、未来を向いて新しい社会の建設を目指したルソーは、次のように書き記している。「私は偏見をもつ人間より逆説的な人間を好む」（実際、彼はきわめて逆説的な人間だった。道徳を謳いながら、わが子を5人まで捨て子院に入れているからである）、「女性は観察し、男性は推理する」、「弱くなった身体は命令し、強くなった身体は服従する」、「自然は決してわれわれを欺かない。われわれを欺くのはつねにわれわれである」。彼の名を冠したジャン＝ジャック＝ルソー通り（Rue Jean-Jacques-Rousseau）は1区にある。命名はその死後3年目の1791

年になされている。

シャンジュ Change 1区と4区を結ぶシャンジュ橋（Pont au Change）は、1647年、それまでのポン・トー・シャンジュール（「両替商橋」）とポン=マルシャン（「商人橋」）に代わるもので、アンドルエ・デュ・セルソー【1585-1649。デュ・セルソー家は近世フランスを代表する建築家一族】の設計図にもとづいて建設された。呼称【字義は「両替」】は前者の橋にちなむ。当時、橋の上には民家が立ちならび、両替商たちが住んでいた。

ジャン・ジョレス Jean Jaurès 1589-1914年。フランス南西部タルン県のカストルに生まれ、パリで暗殺された大学教授・政治家。1885年、タルン選出国民議会議員となり、中道左派に属した。1889年、【落選のために】トゥールーズに移り、助役をつとめながら、社会主義活動を指導した。1892年、タルン県カルモーでのストライキ【社会主義者とされて解雇された鉱山労働者たちによる】を支援し、翌年、アルビ選出の国民議会に返り咲く。そして、華麗な雄弁術をもって議会の社会主義者たちを率いる【1898年の選挙で落選】。確信的なアルフレッド・ドレフュス擁護者だった彼は、1902年にフランス社会党を結成し、急進的なジュール・ゲード率いるフランス労働党と対立した。

　1904年、ジョレスは《ユマニテ（人類）》紙を創刊し、翌年には国内の社会主義者たちを網羅した社会主義労働者インターナショナル支部（SFIO）を組織する。だが、平和主義者だった彼は、第1次世界大戦開戦前夜の1914年7月14日に暗殺されてしまう【犯人のラウル・ヴィラン（1885-1936）は狂信的な国粋主義者で、犯行後バレアレス諸島に追放された】。彼は言っている。「革命は意識があるところでしか起こりえない」、「大地は長いあいだ人間以上に偉大だった。そしてこの大地は人類に分散の掟を課した」。19区にあるジャン=ジョレス大通り（Avenue Jean-Jaurès）は、彼が暗殺された1914年に命名されている。

ジャン・ジロドゥ Jean Giraudoux 1882-1944年。フランス中南部オート=ヴィエンヌ県のベラックに生まれ、ナチ占領下のパリで没した作家・外交官。ジロドゥはときにきわめて真面目な顔で冗談を言うユーモアと、完璧なまでの詩的な文章感覚に恵まれていた。その戯曲には『アンフィトリオン38』【初演1929年】や『間奏曲』【1933年】、『トロイ戦争は起こらない』【1935年】、『オンディーヌ』【1939年】、『シャイヨの狂女』【1945年】、小説には『シュザンヌと大西洋』【1921年。中村眞一郎訳、集英社】や『ジークフリートとリムーザン人』【1922年】、『ベラ』【1926年。白井浩司訳、講談社】などがある。

　ジロドゥは言っている。「偉大な者たちの特権は、地上のカタストロフィーをまのあたりにすることにある」、「運命とは単に時間を早めた形式にすぎない」。16区には彼にちなんだ通りが1946年からある。ジャン=ジロドゥ通り（Rue Jean-Giraudoux）である。

ジャン・ゼ Jean Zay 1904-44年。オルレアン生まれの政治家。1935年から39年まで文部大臣をつとめたジャン・ゼは、第2次世界大戦末期、ヴィシー政権の親独義勇軍によって暗殺された。彼の名を冠した14区のジャン=ゼ通り（Rue Jean-Zay）は、1954年からある。

ジャン=セバスチャン・バック Jean-Sébastien Bach ヨハン・ゼバスティアン・バッハのこと。彼は1685年にアイゼナハに生まれ、1750年にライプツィヒで没している。あらためて指摘するまでもなく、天才的な音楽家で、クラブサンやオルガン奏者として、さらに作曲家や音楽教師としても驚くべき才を発揮した彼は、きわめて古くかつ高名な音楽一族に属し、10歳のときに父親が他界したため、音楽の奥義を独学で習得した。1703年頃、ヴァイマールに出て宮廷楽団に入り、翌年にはアルンシュタット教会のオルガニストとなる。このころには、彼の才能をいくつもの都市が欲しがるようになるが、1708年、ザクセン=ヴァ

シャンセリ

イマル公国の宮廷オルガニストに、次いで公爵の室内楽指揮者に就任する。さらに1723年には、ライプツィヒの有名な聖トーマス教会付属音楽院の院長に任命される。

この地で過ごした27年間に、バッハは傑作のすべてを作曲した。296曲のカンタータや5ミサ曲（その代表作は「ロ短調」）、オラトリオ（『ヨハネ受難曲』【初演1724年】や『マタイ受難曲』【1727年】など）、プレリュード、フーガ、協奏曲、管弦楽曲【第3番ニ長調が『G線上のアリア』】、24曲のコラール、14曲のソナタなどである。むろんこのリストに、『平均律クラヴィーア曲集』【第1巻1722-23年、第2巻1738-42年】を付けくわえるのを忘れてはならない。

バッハは2度結婚をしている。初婚の相手マリア・バルバラ【1684-1724】は又従姉で7人、声楽家の再婚相手【アンナ・マグダレーナ（1701-60）】とは13人の子供をもうけている。こうしてえた20人の子供のうち、じつに11人（！）が音楽家になっている。この世紀の大音楽家に捧げられたジャン＝セバスチャン＝バック通り（Rue Jean-Sébastien-Bach）は、1954年から13区にある。

シャンゼリゼ Champs-Élysées　ギリシア神話の「エリュシオン」（エリゼの園）は、英雄や有徳の人間が死後に赴く冥府の一部で、彼らはそこで生前と同様の生活を送るとされる。ウェルギリウス【前70-前19。長編叙事詩『アエネイス』の作者】やプルタルコス【50頃-125頃。主著に英雄譚の『対比列伝』がある】は、この楽園を大地の中心に位置づけ、**ブラトン**はそこをアンティポデス【対蹠人（われわれの反対側に足の裏をこちら向きにして立っている人）の世界】としている。

だが、8区のシャンゼリゼ大通り（Avenue des Champs-Élysées）は、フランス革命時に命名されたもので、それより以前の1670年当時、この大通りは「グラン・クール（広小路）」とよばれていた。そして、革命から30年ほど経った1828年8月28日の法律によって、シャンゼリゼはパリ市が所有するところとなった。オスマンはここに花壇や芝生を設け、その中央部でカフェ＝コンセール（娯楽喫茶店）やサーカス小屋、レストランなどが店開きした。全長1880メートルのシャンゼリゼの中ほどには、ル・ノートルの設計になるロータリーがある。

シャンゼリゼ＝マルセル・ダ（ッ）ソー Champs-Élysées-Marcel Dassault　1892-1989年。パリに生まれ、パリ北郊のヌイイ＝シュル＝セーヌで他界したフランスの事業家で、航空機製造者。第2次世界大戦中、ブヘンヴァルト強制収容所に送られたが、帰還後、みずからの名を冠した航空機製造会社を創設し、さまざまな飛行機、とくに軍用機を考案・製造した【ダッソーは1930年、マルセル＝ブロック社を立ち上げて、第1次世界大戦中にフランス空軍で活躍したプロペラ機を製造している】。

政治にも関心をいだいていたダッソーは、アルプ＝マリティーム県選出の上院議員（1951-55年）となった。ついでオワーズ県選出の下院議員（1957-58年）となり、さらに1958年から他界時まで上院議員をつとめた。やがてその最古参議員となる彼はまた映画の製作を手がけ、週刊誌《ジュール・ド・フランス（フランスの日々）》を創刊し、その主幹もつとめた。1991年、8区のロータリー（シャンゼリゼ・ロータリー）に彼の名がくわえられて、シャンゼリゼ＝マルセル＝ダッソー・ロータリー（Rond-Point Champs-Élysées-Marcel-Dassault）とよばれるようになったが、それは彼の会社がこのロータリーに面して建っていたからである。

ジャンティ Genty　おそらく生真面目な人物だったジェンティ氏は、1807年に敷設された12区のジェンティ小路（Passage Genty）に、木造の倉庫を有していた。

シャンティイ Chantilly　北仏オワーズ県の町で、有名な城を有する。ありていにいえば、このシャンティイ城は14世紀まで領主ブティエ家のたんなる城砦にすぎなかった。やがてそれはオルジュモン家が所有す

シヤンテユ

るところとなった【パリ高等法院院長をつとめたピエール・ドルジュモン（1315-89）が、1386年、シャンティイ領を購入した】。1484年、ギョーム・ド・モンモランシーがシャンティイ領主となり、以後、シャンティイの歴史はモンモランシー家およびコンデ家と結びつくことになる。

やがて城は改築され、アンリ4世はそこに居室と庭園を設けた。モンモランシー家最後の当主アンリ2世【1595-1632】が処刑されると、ルイ13世【国王在位1610-43】がこれを「没収」する。だが、勇敢なアンヌ・ドートリシュ【→サン＝タンヌ】は、1643年、それをグラン・コンデ公の母【シャルロット・マルグリット・ドゥ・モンモランシー（1594-1650）。アンリ2世の妻】に返す。

1720年から89年にかけて、城は数度改築され、さらに1876年から82年まで、6年をかけて最終的に修復された。フランス革命時に、そのグラン・シャトーが略奪にあい、プティ・シャトーも破壊されたためで、その際、果樹園やウェヌス（ヴィーナス）の神殿、家畜小屋などが消失している。シャンティイ通り（Rue de Chantilly）は1756年以前に9区に敷設されている。

ジャンティイ Gentilly パリ南郊、ビエーヴル河岸にある町。その起源は古く、7世紀の聖人エロワ（サン＝テロワ）がすでにそこに家産を有していたとされる。さらに小ピピン【カロリング朝初代フランク王（在位751-768）。シャルルマーニュ（カール）大帝の父。イタリア・ラヴェンナ地方を教皇に寄進し（ピピンの寄進）、教皇権との関係を強めた】時代の767年、そこで公会議が開かれてもいる。一方、聖王ルイ（サン＝ルイ）はこの町に修道院を建立し、コンデ公は1652年にここに陣を張ってもいる。14区のポルト・ド・ジェンティイイ（Porte de Gentilly）は、1927年からある。

シャンティエ Chantier かつて暖炉にくべる薪が入用となったときは、この12区のシャンティエ小路（Passage du Chantier）に出向いて、その資材置き場に山積みされ

ていた薪を入手したものだった。

シャンティエ Chantiers この15区のシャンティエ通り（Rue des Chantiers）の由来は前項と同じだが、複数形となっているのは、薪の山積みがこの通りの複数個所にあったことによる。

ジャン・ティゾン Jean Tison 1区のジャン＝ティゾン通り（Rue Jean-Tison）は、1203年からある。呼称は、当時富裕をもって知られていた一族に属していたひとりの人物の名に由来する。

ジャン・テボー Jean Thébaud 1892-1932年。弁護士で、全仏戦傷者会会長。15区のジャン＝テボー小公園（Square Jean-Thébaud）は15区にある。命名は1932年。

ジャン・デュナン Jean Dunant 1877-1942年。スイス出身のジャン・デュナンは彫刻家で金銀細工師、真鍮鋳物師、そして漆の専門家でもあった。彼の名は1985年、13区の通りにつけられた。ジャン＝デュナン通り（Rue Jean-Dunant）がそれである。

ジャン・デュ・ベレ Jean du Bellay 1492-1560年。ローマで没した高位聖職者・外交官。1528年、フランス南西部の港町バイヨンヌの司教だった彼は、イングランド王ヘンリー8世【1509-47】とアラゴン王女カタリーナ【1487-1536。結婚後はキャサリン・オブ・アラゴンとよばれた】との婚姻を無効にするため、精力的に立ちまわった【カタリーナがヘンリー8世の兄であるヘンリー7世の寡婦だったため、その結婚は旧約聖書『レヴィ記』にある兄弟の妻を娶ることを禁じた掟に背くものだった。やがて後継を産めなかったカタリーナを追放して1533年に再婚したヘンリー8世は、そのためにカタリーナとの結婚を無効にしなければならなかった。こうしてヘンリー8世は教会法に反してまで彼女との結婚を認めた教皇クレメンス7世と対立し、1534年には国王至上法（首長令）を発布してみずからをイングランド国教会の長とし、その結果、同教会はローマ・カトリックから分離することになる】。その狙いは、フランソワ1世とヘンリー8世の同盟関係を強めるところにあった。

自分をパリ司教、ついで1535年に枢機

卿に任じてくれたフランソワ1世が逝去すると【1547年】、ジャン・デュ・ベレはローマに移り、教皇マルケルス2世が1555年に【即位して1か月もたたぬうちに】没した際は、彼がその後継者になるとまで注目された。デュ・ベレは1867年から4区の通り（Rue Jean-du-Bellay）にその名を残している。

　ちなみに、彼の従弟の詩人ジョアキム（1522-60）はロンサールの親友かつ協力者で、1559年、プレイヤッド派の宣言書を草している。ローマ滞在中、従兄の枢機卿を助けてその秘書をつとめた彼は、『悔悟』や『古代ローマ』【いずれも1558年】を編んでいる。

ジャンデル Jandelle　19区にあるシテ・ジャンデル（Cité Jandelle）の呼称は、このシテが敷設された土地の所有者名に由来する。

ジャン・ドーダン Jean Daudin　15区のジャン＝ドーダン通り（Rue Jean-Daudin）は1910年まではたんなる小路にすぎなかった。ジャン・ドーダンは、それが敷設された土地所有者のひとりの名前である。

ジャン・ド・ボーヴェ Jean de Beauvais　5区ジャン＝ド＝ボーヴェ通り（Rue Jean-de-Beauvais）の呼称は、14世紀初頭に近くの旧ノワイエ通りの角に店をかまえていた書籍商の名に由来する。1370年、偶然にもボーヴェ司教のジャン・ド・ドルマン【1373没。国璽尚書・大法官・司祭枢機卿】がこの通りに学寮を創設し、シャルル5世がその礼拝堂の礎を築いた。ドルマン学寮とよばれたこの施設は、ソワソン【北仏ピカルディ地方】や、とくにドルマン【シャンパーニュ＝アルデンヌ地方】出身の学生たちを優先的に受け入れた。1530年、フランシスコ・ザビエル【1506-52。日本来航は1549年】がここで哲学を教えている。この通りは前記書籍商が生きていた時代からある。

シャントメス Chantemesse　1851-1919年。アンドレ・シャントメスは、フランス中部オーヴェルニュ地方のピュイ＝アン＝ヴァレに生まれ、パリで他界した細菌学者。毒

にかんして数多くの研究を行い、1889年には、フェルナン・ウィダル【1862-1929。アルジェリア出身の医師。細菌学者】とともに、チフスに対するワクチンを開発した。16区のシャントメス大通り（Avenue Chantemesse）は1932年に命名されている。

シャン・ド・マルス Champs de Mars　ルイ15世【国王在位1715-74】の治世が終わるまで、グルネル平原では野菜が栽培されていた。だが、ここに士官学校（エコール・ミリテール）が建てられると、その士官候補生たちの訓練場にするため、栽培を見捨てることが決定された。全長1キロメートル、幅500メートルほどのここは、やがてローマの練兵場だったカンプス・マルティウス【字義は「戦神マルスの野」】に倣って、シャン・ド・マルスとよばれるようになった。

　以後、ここでは歴史的な出来事がいくつも起きることになる。まず1790年7月14日、熱狂的な興奮のなかで、バステューユ奪取の1年目を記念する連盟祭が催され、1791年7月17日には、国民軍が500人もの民衆を射殺している。おそらくマルス神もさぞ満足したことだろう【ただし、実際の死者は13-15人程度だったとする説もある。なお、このときに戒厳令を示すためにはじめて「赤旗」がもちいられた】。さらに、革命暦2年のニヴォース（霜）月10日【1794年12月30日】には、奴隷制廃止を記念する祭りも営まれ、1804年11月3日には、鷲をあしらった皇帝旗が配布されている。そして1867年、万国博覧会の会場に選ばれたこの場所の裏側に、あのエッフェル塔が建設された【シャン＝ド＝マルス公園・通り（Parc /Rue du Champ-de-Mars）は12区】

ジャン・ド・ラ・フォンテーヌ Jean de La Fontaine → ラ・フォンテーヌ

シャン・ド・ラルウェット Champ de l'Alouette　本来なら、ここではアルウェット【字義は「ヒバリ」】の表記に省略記号（'）をつけてはならない。1877年に命名されたこの13区のシャン・ド・ラルエット通り（Rue du Champ-de-l'Alouette）は、

かつてここにラルウェット氏（Lalouette）所有の畑地があったことからの命名だからである。

ジャン・ドラン Jean Dolent　1835-1909年。シャルル・アントワヌ・フルニエ、通称ジャン・ドランは、パリ出身の作家・芸術批評家。1862年、文学者たちを素描した『ツグミの飛翔』で文壇デビューし、さらに『洪水の前』【1871年】を発表するが、とくに好評をえて彼の名を高めた作品として『芸術小手引き』【1874年】がある。彼の名を冠したジャン＝ドラン通り（Rue Jean-Delent）は、1925年から14区にある。

シャントル Chantres　4区のシャントル通り（Rue des Chantres）は、ごく単純に命名されたもので、とくに16世紀中葉、ここに聖歌隊員たちが住んでいたことによる。

ジャン・ドルヒュス Jean Dollfus　アルザス地方バ＝ラン県のミュルーズに生まれた工場経営者・政治家。1843年に生地の市長となった彼は、ミュルーズ商工会を創設している。1846年、バ＝ラン県選出の国民議会議員に選ばれ、ギゾーと対立した。そしてギゾー内閣の反動政治を倒した1848年の2月革命で生まれた国民議会において、右派として憲法制定に賛成票を投じたが、立憲議会での再選はならなかった。ルイ＝ナポレオン、のちのナポレオン3世のクーデタ後、政界を離れて民間人としての生活に戻った。18区には彼の名を冠したジャン＝ドルヒュス通り（Rue Jean-Dollfus）がある。命名は1888年。

シャンドン Chandon　土地所有者の名前。この人物を名祖とするシャンドン袋小路（Impasse Chandon）は、17区にある。

ジャン・ニコ Jean Nicot　1530-1600年。南仏ニーム生まれの外交官・学者。ニコチンの名祖である彼はフランスにタバコを招来し、のちにこれは「ニコの葉」として出回るようになった。1559年、リスボン（リスボンヌ）にフランス大使として赴任していた彼は、「ペトゥン」とよばれていた植物のことを知り、殺菌効果があるとして、これを皇太后ジカトリーヌ・ド・メディシ

スのもとに送った。やがてペトゥンはタバコとしてすみやかにフランス各地に定着していく。ジャン・ニコはパリ東方ブリ＝コント＝ロベールの主任司祭在任中に没し、遺骸はパリのサン＝ポール教会墓地に埋葬された。カトリーヌ・ド・メディシスが腹痛にもちいたとされるタバコは、一時期、「王妃の葉」ないし「メディチの葉」ともよばれた。

こうしてタバコは大いに流行したが、のちにはそれに対する激しい反対運動が起こり、ルイ13世【国王在位1610-43】はついにこれを禁止する。だが、効き目はなかった。そこで1674年、コルベールは賢明にもタバコを利用して国庫の資金源にしようとし、現在まで続く専売制度を導入するようになる。ジャン＝ニコ通り（Rue Jean-Nicot）は、1864年から7区にある【ニコは最初の本格的フランス語辞典を編纂したことでも知られる】

ジャンヌ・アシェット Jeanne Hachette　1454年頃に生まれているが、没年が不明のジャンヌ・アシェット、本名ジャンヌ・レネは、1472年6月末から7月初旬にかけて、生地ボーヴェを攻撃する、ブルゴーニュ公シャルル・ル・テメレール【勇胆公・豪胆公などと称された最後のブルゴーニュ公（在位1467-77）。ルイ11世（国王在位1461-83）のフランス統一と王領拡大策に反対した】に激しく抵抗した。アシェット（手斧）の異名は、町の城壁に軍旗を立てようとしたひとりのブルゴーニュ兵を、彼女が手斧で打倒したことによる。

シャルルはこの娘と町全体の勇猛さを前にして、やむなく包囲を解いて軍を撤収するほかなかったという。ルイ11世はそうしたジャンヌの英雄的な行為に報いるため、1474年2月22日、パリ北東方のサンリスで彼女をコラン・ピロンと結婚させ、人頭税と夫の夜警・見張りの賦役を生涯免除した。彼女の名を冠したジャンヌ＝アシェット通り（Rue Jeannn-Hachette）は、1884年から15区にある。

ジャンヌ・デュガン Jeanne Dugan　1792-

1870年。このジャンヌは1839年、女子修道会「貧者たちの小さき姉妹会」を創設している。12区のジャンヌ＝デュガン通り（Rue Jeanne-Dugan）は1992年からある。

ジャンヌ・ダルク Jeanne d'Arc 1412-31年。オルレアンの少女ジャンヌはフランス北東部**ロレーヌ**地方のドンレミに生まれ、1431年5月24日に**ルーアン**で処刑されている。伝承によれば、羊飼いだった彼女はフランスをイングランド軍から解放するようにとの声を聞いたという。ジャンヌによれば、声の主は大天使ミカエル（**サン＝ミシャル**）と聖女カトリーヌ（カタリナ）、そして聖女マルグリット（マルガリータ）で、それは1424年からジャンヌに話しかけるようになったともいう。

こうして1428年、行動を開始した彼女は、ロベール・ド・ボドリクール伯【ロレーヌ地方ヴォークルールの守備隊長】を訪れ、当時宮廷の中枢がおかれていたシノンへ行くことを願い出る。ボドリクールはその願いを2度拒んだ。しかし、【オルレアン近郊でのニシンの戦いでフランス軍が敗北するという予言が的中したことを知り】、1429年、最終的に国王に謁見させることを受け入れる。やがて国王に自分の使命を説いて納得させ、少人数の部隊を託された彼女は、オルレアンを包囲していたイングランド軍を撤退させる。

1429年7月4日、ジャンヌ・ダルクはランスでシャルル7世【国王在位1422-61。→ジャック・クール】を戴冠させたが、翌年5月23日、彼女はおそらく裏切りによって**ブルゴーニュ**公国軍に捕らえられ、投獄されてしまう。何度か脱獄を試みた彼女は、最後に獄舎の窓から飛び降りたが、かなりの重傷を負って脱獄に失敗する。1430年11月21日、ブルゴーニュ公フィリップ3世はそんなジャンヌを拘束し、イングランドに売り渡す。その仲介役をつとめたのが、のちにジャンヌの異端審問を指揮することになるボーヴェ司教のピエール・コーション【1371-1442】だった。

ルーアン【イングランドの占領拠点】に連行された彼女は、そこで異端審問にかけられて焚刑の宣告を受け、イエスの名を唱えながら焼死した。19区にはジャンヌ＝ダルク通り（Rue Jeanne-d'Arc）とジャンヌ＝ダルク広場（Place Jeanne-d'Arc）がある。前者は1854年、後者は64年にそれぞれ命名されている。

ジャン・ノアン Jean Nohain 1900-81年。作詞家・劇作家で、ラジオ・テレビ放送の司会者でもあった弁護士——ただし、1935年まではアルバイト程度——のジャン・ノアン、本名ジャン・マリ＝ルグラン【名付け親は詩人のアルフレッド・ジャリ（→ジャリ）。ノアンとは、彼が幼少期を過ごしたブルゴーニュ地方の町ドンジーを流れる川の名】は、パリで生まれ、没している。詩人フランク＝ノアン【1872-1934。本名モーリス・エティエンヌ・ルグラン。弁護士・副知事・作家で、《エコー・ド・パリ》（→ジャン・ロラン）の主幹もつとめた】を父にもつ彼は、当初ジャブーヌの名で子供向けの作品を書き、やがてミレイユ【1906-96。作詞家・歌手】とともにシャンソンをつくり、1930年に発表した小手調べ的な「干し草のなかに寝て」は、熟練の曲として高い評価をえた。さらにふたりは1932年から35年にかけて、「ブランコに乗った婦人」や「子爵のとき」、『アカシア通り27番地』、「ハシバミの小道」などを発表している。

作詞の一方で、ジャン・ノアンは1932年からラジオのゲーム番組で司会をつとめた。第2次世界大戦後もラジオ番組と関わり（『ある日の王妃』）、1952年10月には、放映が始まったばかりの国営テレビで、のちのテレビ時代を予告した番組「36本のロウソク」を司会する【笑いと驚きで日々の憂さを忘れさせることを目指したこの番組は、1958年7月まで、毎回著名な芸能人やスポーツ選手などを登場させて話題をよんだ】。そこにはフェルナン・レノー【1926-73。1950-60年代に一世を風靡した喜劇俳優】も招かれている【ほかにアランドロンやアズナブール、イヴ・モンタンなど】。彼はまたオペレッタ『風に舞う羽』【1949年】や回顧

録『私50歳』【1952年】も書いている。19区には1994年に彼に捧げられた通りがある。ジャン＝ノアン通り（Rue Jean-Nohain）である。

ジャン＝バティスト・クレマン Jean-Baptiste Clément 1836-1903年。シャンソニエだった彼は、モンマルトル「自治コミューン」の代表委員となった【1871年】。だが、彼の名を不朽のものにしたのは、有名なシャンソン「さくらんぼの熟れる頃」を書いたことである。18区にあるジャン＝バティスト＝クレマン広場（Place Jean-Baptiste-Clément）は、彼の死後2年目の1905年に命名されている。

ジャン＝バティスト・スマナ Jean-Baptiste Semanaz 1930年にパリ北東のプレ＝サン＝ドニ市から切り離されて19区に編入された、ジャン＝バティスト＝スマナ通り（Rue Jean-Baptiste-Semanaz）の呼称は、そこに住んでいた旧地主の名前に由来する。

ジャン＝バティスト・セ Jean-Baptiste Say → セ

ジャン＝バティスト・デュマ Jean-Baptiste Dumas 1800-84年。南仏ガール県のアレスに生まれ、カンヌで没した化学者。アルミアルコールを研究した彼は、オキサミド（シュウ酸ジアミド）を発見した。また、塩素と水素を互いに置換させる可能性を追究して、「置換の法則」を提唱し、有機化学に新たな1頁を刻んだ。水と空気の正確な組成をあきらかにしてもいる。1829年。彼はパリ中央工芸学校を共同で創設し、1835年には国立理工科学校（エコール・ポリテクニーク）の教授になっている。それより前の1832年にはフランス科学アカデミーの終身事務局長【1843年に会長】となり、75年にアカデミー・フランセーズ会員に選ばれた。17区には、1894年に命名されたジャン＝バティスト＝デュマ通り（Rue Jean-Baptiste-Dumas）がある。

ジャン＝バティスト・デュメ Jean-Baptiste Dumay 1841-1926年。デュメ氏は20区の参事会員だった。同区には、彼の没年に命名されたジャン＝バティスト＝デュメ通り（Rue Jean-Baptiste-Dumay）がある。

ジャン＝バティスト・ピガル Jean-Baptiste Pigalle → ピガル

ジャン＝バティスト・ベルリエ Jean-Baptiste Berlier 1843-1911年。フランス中東部ロワール県のリヴ・ド＝ジェールに生まれた技術者。彼はとくに圧縮空気網を設置することで、排水システムを著しく改善した。また、1907年には地下の圧縮空気管を使って速達を送る、気送速達便のシステムを考案している【1984年廃止】。さらに鉄道の電化を計画し、最初のメトロ計画の作成者となってもいる。13区には彼の名を冠したジャン＝バティスト＝ベルリエ通り（Rue Jean-Baptiste-Berlier）がある。命名は1946年。

ジャン＝バティスト・リュケ Jean-Baptiste Luquet リュケ氏は19世紀初頭に敷設されたヴィラの旧地主。1995年、幸運にもその名がこのヴィラにつけられた。ヴィラ・ジャン＝バティスト＝リュケ（Villa Jean-Baptiste-Luquet）がそれである。

シャンパニー Champagny 1756-1834年。フルネームはカドール公ジャン＝バティスト・ノンペール・ド・シャンパニー。リヨン北西方のロアンヌで生まれ、パリで他界した彼は、全国三部会にフォレ地方の貴族代表として参加し、1791年から1800年までは、革命の嵐を慎重にさけて隠棲した。だが、ブリュメール18日【ナポレオンが総裁政府を倒して執政政府を樹立した1799年霜月（ブリュメール）18日のクーデタ】のあと、彼に光明がさす。パリに戻った彼は、コンセイユ・デタ評定官、ついでウィーン大使に任命されるのだ。

やがて、彼が敬愛してやまなかったナポレオンは、1804年、シャンパニーをよび戻し、あらためて内務大臣、さらに1807年には外務大臣の職を託した。彼はこの職に11年までとどまり、ナポレオンとマリー＝ルイズ【1791-1847。オーストリア皇帝フランツ2世の娘】との結婚をまとめている。

1814年、シャンパニーはルイ18世【在位1814-1815。1815-24】に与し、百日天下

シヤンハニ

【1815年】ではふたたびナポレオンの下に走ったものの、ナポレオン失脚後の第二復古王政では、おそらくあらゆる手を尽くして名誉を守った。こうして彼は1819年に貴族院議員となることができ、没年までその地位を守った。7区のシャンパニー通り（Rue de Champagny）は、1844年以来、そんな彼の記憶を保っている。

シャンパーニュ Champagne　5区と12区をつないで走るシャンパーニュ通り（Rue de Champagne）は、有名なフランス産品【シャンパン】をたたえるために命名された。17世紀末に、今日われわれが味わうようなシャンパンの醸造法を発見したのは、フランス北東部シャンパーニュ地方のオートヴィリエにある、ベネディクト会系大修道院の修道士ペリニョン【1639-1715。本名ピエール・ペリニョン。南仏ラングドック地方のリムーから、ムース・ワインの醸造法を導入した】だった。善良な彼はその秘密を『地味に適したブドウの木の選別法や、それを接木・剪定し、ブドウの実を摘み取って混ぜ、ワインを制御する方法にかんする論考』という、いささか題が長すぎて、一息では言えそうにない著作に明示している。彼は1638年、シャンパーニュ地方のサント＝メヌに生まれ、1715年、みずからブドウの栽培を担当していた前記大修道院で他界している。

12区のシテ・シャンパーニュ（Cité de Champagne）は土地所有者の名前ではなく、シテの平凡な借家人の名である。12区にはまたテラス・シャンパーニュ（Terrasse de Champagne）とよばれる通りがある。ベルシーの旧ワイン倉庫跡地に敷設されたもので、かつてそこでは、他のワイン以上に、シャンパーニュ・ワインが大量に取引されていたはずである。

ジャン・バール Jean Bart　1650-1702年。ジャン・バールは北仏ダンケルクで生まれ、没した私掠船の船長・フランス艦隊指揮官。父親と祖父をイギリス軍との戦争で失った彼は、12歳で船乗りとなり、数年間を少年水夫として送ったあと、オランダ海軍に入り、1666-67年、イギリス海軍と戦った。ルイ14世（ルイ・ル・グラン）がオランダに宣戦布告をすると、ジャン・バールはダンケルクに戻って私掠船の活動を開始する。そして6年ものあいだ、イギリス海峡や北海を荒らし回った。その大胆な攻撃と大量の略奪品は、やがて国王の注目するところとなり、1679年に海軍大尉、86年には海軍中佐に任命される。

ジャン・バールの絶頂期は、1688年、アウグスブルク同盟戦争【大同盟戦争】とともに始まる。1689年、イギルス・オランダ連合艦隊のあいだをぬって、弾薬や糧秣を北仏のカレーからブレストまで海上輸送することに成功したのである。同年、彼はイギリス軍の捕虜となってイングランドのプリマスに護送されるが、2週間後には、仲間4人と、粗末なギグ【無甲板ボート】を駆って脱出し、2日後には無事サン＝マロに到着している。

まもなく艦隊の指揮を託されたジャン・バールは、再び海に出て、自分を捕虜にしたことへの復讐とばかりに目覚しい働きをする。ダンケルク沖に投錨していたイギリス・オランダ艦隊の海上封鎖を打ち破り、みずから率いる艦船で数百隻の商船を焼き払った。さらにイギリス沿岸部まで遠征して200棟の家屋を破壊し、ダンケルクを敵から奪還した。こうしてさまざまな軍功【オランダに拿捕されたフランスの穀物輸送船団の奪回など】をあげ、1694年、ついに艦隊司令官に任命される。

肖像画に見られるように、背丈は並だが、肩幅が広く、がっしりとしたジャン・バールは2度の結婚によって13人の子供をもうけている。そのうち、もっとも有名なのは長男のフランソワ＝コルニル【1677-1755】で、同盟戦争の際、息子の顔が青めているのを見た父親は、彼を作戦行動が終わるまでマストに縛りつけさせたという。あるいはそれが功を奏したのか、このエピソードのあと、息子は海軍中将となって、父親に勝るとも劣らぬ勇気を示すようになった。6区のジャン＝バール通り（Rue

Jean-Bart）は1790年からある。

ジャン・ファルク Jean Falck　10区のジャン＝ファクル小公園（Square Jean-Falck）は、1931年に開設されたこの小公園の旧地主である。

ジャン・フェランディ Jean Ferrandi　1882 −1935年。陸軍中佐だったジャン・フェランディは、6区の参事会員をつとめた。1935年、5区の通りに彼の名がつけられたのは、それに由来する。これがジャン＝フェランディ通り（Rue Jean-Ferrandi）である。

ジャン・フォートリエ Jean Fautrier　1898 −1964年。パリに生まれ、パリ南郊のシャトー＝マラブリで没した画家・彫刻家。挿絵や版画も制作したフォートリエは、ロンドンで学んだが【ロイヤル・アカデミー】、1921年、パリで最初の個展を開いている。その作品は、静物にくわえて、たとえば『皮を剥がれた野禽』のように、のちの表現主義へと向かう陰鬱な具象画を主体とするものだった。第2次世界大戦初期、彼は非具象画もも手がけ、いわゆる「アンフォルメル」と「マチエリスト」絵画の先駆者のひとりとみなされるようになった。その作品のモチーフとしては人質や裸体、パルチザンなどがある。13区のジャン＝フォートリエ通り（Rue Jean-Fautrier）は、1992年に命名されている。

シャンフォール Chamfort　1740年ないし41年、フランス中部オーヴェルニュ地方のクレルモン＝フェランに生まれ、94年にパリで他界した文学者。本名はニコラ＝ロック。処女作は『インド娘』【1764年】だった。1769年には『モリエール讃歌』を著し、78年には悲劇『ムスタファとジェアンジル』が、フォンテヌブローにいた王妃マリー＝アントワネット【1755-93】の前で上演されている。やがて彼はアルトワ伯【1757-1836。のちのシャルル10世】の朗読係となり、1781年、アカデミー・フランセーズ会員に選ばれる。

当初、フランス革命を支持していたシャンフォールは、次第にジャコバン派を激しく攻撃するまでになる。だが、逮捕されることを潔しとせず、自死を選んだ。ことほどさように彼は当時もっとも精神的な人物のひとりだった。主著は『金言と思想――性格と逸話』【1795年、死後刊行】。16区のシャンフォール通り（Rue Chamfort）は、1894年からある。

ジャン・フォルミジェ Jean Formigé　1845 −1926年。建築家のジャン・カミーユ・フォルミジェは、フランス南西部ジロンド県のブスカ出身【パリ東郊のモンフェルメイユ没】。1889年にパリ万国博が開かれた際、シャン＝ド＝マルスに美術・自由芸術宮殿を建てている。南仏アヴィニョン近郊のオランジュにある、古代ローマ劇場の修復も担った。1885年、パリ市の遊歩道や植栽担当建築家に任命された彼は、バリュが手がけたパリ市庁舎（オテル・ド・ヴィル）の祝典会場の装飾を完成させてもいる。レンガと鉄骨を合体させた建築の先駆者で、芸術アカデミー会員だった彼の名は、15区のジャン＝フォルミジェ通り（Rue Jean-Formigé）に残っている。命名は1932年である。

ジャン・フーラスティエ Jean Fourastié　1907-90年。パリ南東方ニエーヴル県のサン＝ブナン＝ダジに生まれ、パリで没した経済学者・社会学者。彼は技術の発達が経済的・社会的な発展の基本要素だと考え、産業社会は第3次産業によってもたらされるであろう文明へと進化していくことを確信していた。著作としては『技術進歩と経済発展：20世紀の大希望』【1949年。酒井一夫訳、日本評論社】や『機械化と安寧』【1951年】などがある。フーラスティエは言っている。「産業革命から生まれた文明ほど工業的なものはないだろう」、「機械化はこうして人間を人類の専門家に仕立てあげる」。ジャン＝フーラスティエ通り（Rue Jean-Fourastié）は、1896年から15区にある。

ジャン＝フランソワ・レピヌ Jean-François Lépine　1811-68年。旧ラ・シャペル村の慈善家とみなされていたレピヌの名前は、

シヤンフル

1896年に命名された18区のジャン＝フランソワ＝レピヌ通り（Rue Jean-François-Lépine）に残っている。

シャンフルリー Champfleury 1821-89年。ジュール・ユソン、通称フルリーないしシャンフルリーはパリ北東のラオンで生まれ、パリで他界した作家・批評家。小説には『シャン＝カイユー』【1847年】や『シルヴィウスの告白』【1849年】、『マリエットの冒険』【1853年】、『ジョスカンの刺激』【1857年】、『ファニー・ミノレ』【1882年】などがある。シャルル・ボードレールやアンリ・ミュルジェール、テオドル・ド・バンヴィル、グスタウ・クールベ、さらにナダール【→エリゼ・ルクリュ】の親友でもあった彼は、写実主義運動の指導者だった。晩年、仲間たちとボヘミアンの生活を送るが、その一方でセーヴル美術館の館長やセーヴル陶器工場の支配人もつとめた。彼に捧げられた7区のシャンフルリー通り（Rue Champfleury）は、1907年の命名になる。

ジャン＝ピエール・タンボー Jean-Pierre Timbaud 1904-41年。11区のジャン＝ピエール＝タンボー通り（Rue Jean-Pierre-Timbaud）は、ドイツ軍に銃殺された人質の名にちなんで、1944年に命名された。

ジャン・ピエール＝ブロック Jean Pierre-Bloch 1905-99年。パリで生まれ、没した政治家・作家・レジスタンス活動家。北仏エーヌ県選出の国民議会議員で、県議会議長もつとめたピエール＝ブロックは、1968年から反人種主義・反ユダヤ主義国際連盟の会長としても活躍した。彼の名を冠したジャン＝ピエール＝ブロック通り（Rue Jean-Pierre-Bloch）は、2002年から15区にある。

シャンピオネ Championnet 1762-1800年。ジャン・エティエンヌ・シャンピオネは南仏のヴァランスに生まれ、アンティブで没した将軍。革命思想に共感し、軍人に憧れたこの官吏の息子は、ライン方面軍の少将に、さらに1798年、ブランケンゲルジュ【ベルギー。原著はドイツのヴォルムスとなっ

ているが、誤記】の戦場で、オシュ将軍から中将を拝命している。彼はケルンやデュッセルドルフを奪取し、のちにイタリア中部のカプアやナポリ（ナブル）も占拠して、「ナポリ（パルテノン）共和国」をうちたて、さまざまな権力の濫用を廃して獄舎を解放した。

総裁政府期【1795-99年】、政府委員のギヨーム＝シャルル・フェイプール【1752-1817】が個人財産の没収を図ると、シャンピネはそれに反対して逮捕されてしまう。だが、その裁判を担当したグルノーブルの法廷は彼を無罪放免し、のちにアルプス方面軍の指揮官に任じられる。しかし、兵力不足がたたってオーストリア軍に敗れ、みずから負傷したこともあってニースまで後退する。折も折り、疫病のために軍隊に多くの被害者が出て、彼自身もまたその犠牲となった。18区のシャンピオネ通り（Rue Championnet）は、1867年からそんな彼の名をたたえている。

シャンビージュ Chambiges 歴史上有名なシャンビージュは数人いる。8区のシャンビージュ通り（Rue Chambiges）にその名がつけられたのは、フランソワ1世お気に入りの建築家のひとりだったピエールである。生年は不詳だが、1544年にパリで没している。彼はフォンテヌブロー城のシュヴァル・ブラン【字義は「白馬」】中庭やミュエット、シャロー、サン＝タンジュ、サン＝ジェルマン＝アン＝レの城などを手がけた。旧パリ市庁舎も多くを彼に負っている。シャンビージュ通りの命名は1884年のことだった。

ジャン・ブトン Jean Bouton 12区にあるジャン＝ブトン通り（Rue Jean-Bouton）は、18世紀末にこの通りが敷設された土地の地主にちなんで命名されている。1929年までここは小路とよばれていた。

＊シャンプラン Champlain 1567-1635年。サミュエル・ド・シャンプランは、フランス西部サントンジュ地方のブルアジュに生まれた植民地開拓者。1603年3月に北仏のオンフルール港を出発し、2か月後、カ

ナダのセントローレンス川とサグネ川の合流地であるタドゥサックに投錨する。そこから、先住民と素晴らしい関係を築きながらセントローレンス川をさかのぼった。【同年9月に】帰国した彼は、アンリ4世にカナダに植民地を建設することを承諾させる。それから北米に戻り、3度目の航海でケベックの町を建設する。1610年には、北米から中国へと向かう航路を探したが、徒労に終わった。

1620年、カナダの地方総督補佐官の地位をえたシャンブランは、28年、ケベック州でイングランド軍に抵抗したが、翌29年、多勢に無勢で退却を余儀なくされた。1632年のサン＝ジェルマン＝デ＝プレ条約でケベックが再びフランスに返還されると、彼は地方総督としてケベックに向かい、町の発展に尽くしたあと、没する【1875年に命名されたシャンプラン通り（Rue Champlain）は20区にあった】

ジャン・プルマール Jean Poulmarch 1910-41年。ドイツ軍の人質となったジャン・プルマールは、彼らによって銃殺された。10区のジャン＝プルマール通り（Rue Jean-Poulmarch）は、その死を悼んで1946年に命名されている。

ジャン・プロントー Jean Pronteau 1919-84年。レジスタンスの活動家でレジョン・ドヌール・オフィシエ（将校）勲章佩用者のプロントーは、パリに生まれ、没している。第2次世界大戦中、「コンバ」【→アンリ・フルネ】の一員として活躍した彼は、1944年8月19日に始まるパリの蜂起に、ジェヴェンヌ大尉の偽名で参加し、カルチェ・ラタンの作戦行動を指揮する。戦後は共産党に入るが、フランソワ・ミッテランと出会ったのちの1974年、離党して社会党員となる。2004年に命名されたジャン＝プロントー広場（Place Jean-Pronteau）は、14区にある。

ジャン・ペラン Jean Perrin 1870-1942年。北仏のリールに生まれ、ニューヨークで没した物理学者・化学者。ジャン・ペランは、ブラウン運動（液体のような溶媒中に浮遊する微粒子が不規則に運動する現象）を研究し、陰極線を同定して、アヴォガドロ定数、すなわち物質1モル中にふくまれている構成要素の総数（$6.02214086 \times 10^{23}$）をあきらかにした。1926年、ノーベル物理学賞受賞。息子のフランシス・ペラン（1901-92）も物理学者で、原子力庁の高官をつとめた。8区には1970年からジャン＝ペラン小公園（Square Jean-Perrin）がある。

シャンベリ Chambéry フランス東部サヴォワ地方の町で、アルバヌ川とレイス川の合流地点に位置する。11世紀の地下礼拝所をもつ、15世紀創建のきわめて美しい司教座聖堂がある。また、サヴォワ（サヴォイア）公の居城もある。13世紀、この公爵家は町を購入して、一族の拠点にした。シャンベリは1792年からフランス領になったが、1814年、サヴォワ家に戻った。シャンベリが最終的にフランスに併合されたのは、1860年4月2日のことだった。シャンベリ通り（Rue de Chambéry）は15区にある。

シャンベルタン Chambertin ブルゴーニュ地方の有名なブドウ栽培地。シャンベルタンという呼称は、おそらくそのワインが高い評価を受けていたブドウ園主の名前に由来する。同地方では、このワインは「ベルタン畑（シャン・ド・ベルタン）」の産とよばれていた。12区を走るシャンベルタン通り（Rue de Chambertin）は、1879年に命名されている。

シャンポベール Champaubert シャンパーニュ地方マルヌ県の村。1814年2月10日、ナポレオンはここでザハル・オルスフィエブ将軍【1773-1835】率いるロシア軍を撃破した。ロシア兵909人が戦死し、2000人が捕虜となったこの戦いの結果、ロシアなどと同盟していたプロイセン軍のゲブハルト・ブリュッヘル元帥【1742-1819】は、パリから軍隊を引き揚げげなければならなかった。15区のシャンポベール大通り（Avenue de Champaubert）は、この戦勝を祝って1814年に命名された。

ジャン・ボージール Jean Beausire ボージ

ール家は16世紀の富裕市民。一族のなかでもっとも有名なジャンは、パリ市の建造物監察官をつとめ、1743年に没している。4区のジャン＝ボージール袋小路（Impasse Jean-Beausire）は、1522年からある。

ジャン・ポーラン Jean Paulhan 1884-1968年。作家・文学批評家で、アカデミー・フランセーズ会員だったジャン・ポーランは、若い頃からの活動家で、金を探しにマダガスカル（**マダガスカール**）まで行くほどだった。帰国後、パリの東洋語学校でマダガスカル語（砂金採取技術ではなく）を教えるようになる。やがて『熱心な兵士』（1917年）などの小説を発表して文学の世界に入り、1920年には月刊誌《NRF（新フランス評論）》の編集者、25年にはその主幹となる。

　第2次世界大戦中の1941年、ポーランは、レジスタンスの活動家で、のちに自分が教えていたパリのリセにその名を残すことになる、ジャック・ドゥクール【1910-42。パリ出身の小説家で、パリ西郊ヴァレリアンの丘でナチスにより銃殺刑に処された】とともに、月刊誌の《レットル・フランセーズ（フランス通信）》を、翌年には、ヴェルコール【1902-91。本名ジャン・ブリュレ。作家・版画家でレジスタンス活動家】らとともに地下出版の《深夜双書》をそれぞれ創刊している。

　さらにポーランは、マルセル・アルラン【1899-1986。作家・エッセイスト・文学批評家・シナリオライター】とともに、日刊紙の《カイエ・ド・ラ・プレイヤッド》やNRFを編集する。1969年に出たNRFの特別号によれば、彼が書いた論考は数百を数えるという。単著としては、『詩の明日』【1957年】や『奴隷制のなかの幸福』【1947年】、『サド侯爵とその共犯者もしくは良俗の復讐』【1962年】などがある。

　ポーランは言っている。「無名の詩人が光を見出そうと思うなら、闇のなかに居続けることだ」、「すべてが語られてきた。言葉が意味を変えず、意味が言葉を変えてい

なければだ」、「すべての批評は正しい。あとはそれをどう理解するかである」。7区には1987年からジャン＝ポーラン小路（Allée Jean-Paulhan）がある。

シャンポリオン Champollion 1790-1832年。フランス中央山地の南西部フィジャック出身の東洋学者。名はジャン＝フランソワ。兄の考古学者がシャンポリオン＝フィジャックとして知られていたため、「ル・ジュヌ（若者）」とよばれてもいた。ジャン＝フランソワはヘブライ語やカルデア語、シリア語、エチオピア語、アラブ語、さらにコプト語を独学で学んだ。1807年にパリに出て、19歳のとき、大学の歴史学准教授としてグルノーブルに赴く【1812-15年。1818-21年、同大学の教授として歴史学を講じた】

　今日、シャンポリオンを有名にしているのは、いうまでもなくヒエログリフ（神聖文字）の解読である。1822年、彼は碑文・文芸アカデミーで『ヒエログリフの音声にかんするダシエ氏への書簡』を発表し、最終的に解読の原則を明確にした。そのおかげで、今日エジプトの建造物に刻まれた碑文を解読することができる。1831年、彼はコレージュ・ド・フランスの考古学講座を担当するようになるが、翌年脳卒中で他界した。主著に『古代エジプト人のヒエログリフ体系詳解』【1824年】がある。彼をたたえて1867年に命名されたシャンポリオン通り（Rue Champollion）は、4区にある。

ジャン＝ポール・サルトル＝シモーヌ・ド・ボーヴォワール Jean-Paul Sartre - Simone de Beauvoir 作家であり、思想家でもあったふたりは、長年にわたって互いの日々を分け合っていた。パリに生まれ、没したサルトル（1905-80）は、実存主義の盟主で、とくに哲学・思想・評論の『想像力』【1936年】や『存在と無』【1943年】、『実存主義はヒューマニズムである』【1946年】、『シチュアシオン』【1947-65年】、『弁証法的理性批判』【1960年】、小説の『壁』【1937年】や『嘔吐』【1938年】、戯曲の

シャンマリ

『蠅』【1943年】や「地獄、それは他者である」という有名な言葉で知られる『出口なし』【1945年】、『墓場なき死者』、『恭しき娼婦』【いずれも1946年】、『悪魔と神』【1951年】、『キーン』【1953年】、『ネクラソフ』【1956年】、『アルトナの幽閉者』【1959年】、さらに作家論の『家の馬鹿息子』【1971・72年】などを書いている。

　日刊紙の《ラ・コーズ・デュ・プープル》や《リベラシオン》の主筆をつとめたサルトルは、1964年、ノーベル文学賞を辞退している。彼は言っている。「存在するのは神のみ。人間は錯視にすぎない」

　一方、シモーヌ・ド・ボーヴォワール（1908-86）もまたパリを生没地とする。実存主義に共鳴していた彼女は、マルセイユやルーアン、さらにパリで哲学を講じていたが、1943年、処女作『招かれた女』の上梓とともに教壇を離れた。著作としては、ほかに以下がある。『両義性のモラル』【1947年】、『アメリカその日』【1948年】、『第2の性』【1949年】、『レ・マンダラン』【1954年】、『長い歩み』【1957年】、『女ざかり』【1960年】、『ことのなりゆき』【1963年】、『おだやかな死』【1964年】、『決算のとき』【1972年】など。彼女はこう言っている。「不条理はそれ自体に起因する。まさにそれが今の私だ」

　6区にはこのふたりに捧げられた広場がある。ジャン＝ポール＝サルトル－シモーヌ＝ド＝ボーヴォワール広場（Place Jean-Paul-Sartre – Simone-de-Beauvoir）である【ふたりはモンパルナス墓地入口近くの墓で一緒に眠っている】

ジャン＝ポール・ローランス Jean-Paul Laurens

1838-1921年。フランス南西部オート＝ガロンヌ県のフルクヴォーに生まれた画家。きわめてアカデミックな画風を特徴とするローランスの作品は、たとえばパリのパンテオンや市庁舎（オテル・ド・ヴィル）、さらにはトゥールーズのカピトル（市庁舎）で見ることができる。1891年に美術・彫刻アカデミー会員となった彼は、以下のような作品を制作している。

『ティベリウスの死』【1864年】、『ローラゲ』【1897年】（以上、トゥールーズ）、『聖女ジュヌヴィエーヴの死』【1882年】（パンテオン）、『トゥールーズ対モンフォール』【1899年】など。彼はまたオデオン座の天井画も手がけている。16区には、1928年に彼に捧げられたジャン＝ポール＝ローランス小公園（Square Jean-Paul-Laurens）がある。

ジャン・ボローニュ Jean Bologne

1524-1608。ジャン・（ド・）ボローニュ【イタリア名ジャンボローニャ】は、北仏のドゥエに生まれ、フィレンツェで他界したフランドル人彫刻家。幼年期にローマを訪れ、ミケランジェロ（ミケ＝ラーンジュ）からさまざまな助言をえたのち、ローマに定住する。1558年、メディチ家【→メディシス】に召抱えられた彼は、以後、没するまで制作の手を休めることがなく、大きな名声を博した。代表作としては『ペリシテ人に勝利したサムソン』【1562-67】や『サビーヌ娘の掠奪』【1574-82】、『輝かしいフィレンツェ』、『ネプチューン』【いずれも制作年代不明】などがある。彼はまた「ジャン・ド・ドゥエ」の名でも知られる。その名を冠したジャン＝ボローニュ通り（Rue Jean-Bologne）は、16区にある。命名は1864年。

ジャン・マセ Jean Macé

1815-94年。パリに生まれ、北仏エーヌ県のモンティエで没した編集者・作家。1848年に《レピュブリク（共和国）》紙の主幹となるが、【ルイ＝ナポレオン3世がクーデタで大統領になった】同年12月2日のあと、彼はパリを離れて、アルザス地方南部のベブレナム（ベブレンハイム）に逃げる。やがてパリに戻ると、教育連盟を創設し、1883年には終身元老院議員となる。著作には『胃の召使いたち』【1869年】や『口からパンへの歴史』、『ポケット版哲学』【いずれも刊行年不詳】などがある。11区のジャン＝マセ通り（Rue Jean-Macé）は1896年からある。

シャン＝マリ Champ-Marie

かつてここが野原だった頃、その所有者の娘の名マリに

ちなんでつけられた一角の通称【シャン＝マリ小路（Passage du Champ-Marie）は18区】

ジャン＝マリ・ジェゴ Jean-Marie Jégo 13区のジャン＝マリ＝ジェゴ通り（Rue Jean-Marie-Jégo）は、商船艦長の名にちなんで命名されている。ジュゴ艦長は、この通りが敷設された土地所有者のひとりと親しかった。

ジャン・マリドール Jean Maridor 1929-44年。機長ジャン・マリドールは第2次世界大戦の英雄のひとり。ジャン＝マリドール通り（Rue Jean-Maridor）は、1954年から15区にある。

ジャン・ミンジョズ Jean Minjoz 弁護士で、ブザンソン市長・閣僚・国民議会議員、さらにレジスタンス活動家でもあったミンジョズは、1904年にフランス東部サヴォワ地方のモンメリアンに生まれ、1987年にブザンソンで他界している。リヴレA【利息無税の貯蓄商品】の自由な利用を定めた法の提唱者である彼の名は、14区のジャン＝ミンジョズ通り（Rue Jean-Minjoz）に残っている。命名は2001年である。

ジャン・ムラン Jean Moulin 1899-1943年。南仏モンペリエ南西方のベジエに生まれた愛国者。レジスタンス国民会議を創設し、みずからその議長となったムーラン（ムラン）は、しかし裏切りによってゲシュタポに逮捕され、拷問ののち、ドイツに移送される途中で、息を引き取った。1965年、彼の亡骸はパンテオンに移葬される。その式典の際、アンドレ・マルローはこの偉大なレジスタンス闘士に感動的な賛歌を贈っている。その前年、14区の大通りが彼に捧げられている。ジャン＝ムラン大通り（Avenue Jean-Moulin）がそれである。

ジャン・メナン Jean Ménans メナン氏は19区のジャン＝メナン通り（Rue Jean-Ménans）に名を残しているが、彼は1909年にこの通りを敷設した商社の創業者だった。

ジャン・メルモーズ Jean Mermoz 1901-36年。メルモーズは北仏エーヌ県のオーベントンに生まれ。1930年、最初のフラン

ス－南米路線を開拓した彼は、ディディエ・ドーラ【1891-1969】が経営する有名なアエロポスタル社の伝説上の飛行家だったが、南十字星号で飛行中、ダカール沖で消息を絶った【→サン＝テグジュペリ】。8区には彼の名を冠したジャン＝メルモーズ通り（Rue Jean-Mermoz）がある。命名は遭難翌年の1937年になされている。

ジャン・モネ Jean Monnet 1888-1979年。フランス西部アングレーム近郊のコニャックに生まれ、パリ西方イヴリーヌ県のバゾシュで他界した経済学者・政治家。欧州連合（EU）の偉大な推進者のひとりでもある彼は、1940年6月、英仏連合を提唱し、ウィンストン・チャーチル（ウィンストン・テュルティル）首相から戦時政府の閣僚に任命された。そして同年8月、ワシントンに赴いて共同防衛作戦の計画作りに参加し、1943年には、アルジェでフランス解放国民委員会のメンバーとなる。

1950年、モネは欧州石炭鉄鋼共同体の基礎となる5月9日の宣言【シューマン宣言→ロベール・シュマン】の原案を作成する。1952年から55年までは、同共同体最高機関【のちの欧州委員会】の委員長をつとめ、さらに55年10月には、「ヨーロッパ合衆国のための行動委員会」を立ち上げ、その委員長となった。16区のジャン＝モネ広場（Place Jean-Monnet）は、こうした彼の功績をたたえて、1988年に命名されたものである。

ジャン・モレアス Jean Moréas 1856-1910年。アイオニス・パパディアマントポロス、フランス帰化名ジャン・モレアスは、アテネ（アテヌ）に生まれ、パリで没した詩人。マルセイユで青春時代を送ったのち、ヨーロッパ各地を旅し、1881年、パリに定住した。当初「デカダン派」の詩人とみなされていた彼は、古典的な詩形や古典語に立ち返ることを目指した「ロマーヌ派」を立ち上げる【1891/92年】。作品としては『カンティレーヌ』や『グーベールの淑女たち』【いずれも1886年】、ポール・アダムとの共著になる『情熱的な巡礼』【1891年】、

シャンルノ

さらに残念ながら映画のシナリオとしてはもちいられなかった『風に吹かれて』【1893年】などがある。彼に捧げられた17区のジャン＝モレアス通り（Rue Jean-Moréas）は、死後15年目の1926年からある。

ジャン・モワノン Jean Moinon 1891-1944年。10区のジャン＝モワノン通り（Rue Jean-Moinon）は1946年からあるが、呼称は第2次世界大戦のもっとも有名なレジスタンス活動家だったが、強制収容所で没した人物にちなんで命名されている。

ジャン・ユーグ Jean Hugues 1849-1930年。ジャン＝バティスト・ユーグはマルセイユ出身の彫刻家。1875年、『若い案内役と連れたホメーロスが、ギリシアのある町で詩を歌う』でローマ大賞を受賞した。1897年にパリ高等美術学校（ボザール）の教授となった彼の作品としては、ほかに『愛児と遊ぶ女性』【1880年】や『誘惑』、『陶工』【いずれも制作年不詳】などがある。1931年に命名されたジャン＝ユーグ通り（Rue Jean-Hugues）は16区にある。

ジャン・ランティエ Jean Lantier ランティエとはロワンティエ（Lointier）の変形である。13世紀のパリの富裕者だったジャン・ランティエは、フィリップ・ロワンティエ（Philippe Lointier）という人物の祖先だった。そのため、1区のジャン＝ランティエ通り（Rue Jean-Lantier）は、13世紀から15世紀までは同音だが表記が若干異なる Jehan Lantier 通りとよばれていたが、16世紀から18世紀まではフィリップ・ロワンティエ通りとなった。その後、通りは最初の呼称となり、やがてロワンティエがランティエに改称された。

ジャン・リシュパン Jean Richepin 1849-1926年。アルジェ南西方メデア（フランス語読み）出身の詩人・作家。世間の慣習を唾棄し、革命を賛美し、フランソワ・ラブレー風の陽気で露骨な言葉遣いを評価していたジャン・リシュパンは、処女詩集『浮浪者の歌』【1876年】を出したが、「大胆すぎる」との罪で1ヶ月の投獄と500フランの罰金刑を科される。1876年のこの

不幸な筆禍事件のあと、いささか熱意が冷めた彼は船乗りや荷揚げ人足として働く。だが、それも短期間で、再びペンを手にして書き始め、すみやかに成功をおさめて才能に磨きがかかった。

リュパンの作品としては詩集の『愛撫』【1877年】や『冒涜』【1884年】、『爆撃』【1899年】、小説の『奇妙な死』【1877年】、『浮浪者たち』【1890年】、『風景と道端』【1900年】、戯曲の『とりもち』【1883年初演。原作は同題の小説（1881年）】、みずから主役男優としてサラ・ベルナール【→アンリ・バルブー】と共演した『ナナ・サヒブ』【1883年】、『詐欺師』【1888年】などがある。1908年にアカデミー・フランセーズ会員に選ばれた彼は、1950年から16区のジャン＝リシュパン通り（Rue Jean-Richepin）にその名を残している。

ジャン＝ルイ・フォラン Jean-Louis Forain 1852-1931年。ランス出身の画家・挿絵画家。パリの新聞・雑誌に数多くの挿画を提供した彼は、いわば20世紀の絵筆をもったユウェナリス【60頃-130頃。古代ローマの詩人で、当時の堕落した社会を風刺によって批判した】で、豊かな想像力やときに残酷なまでの皮肉を作品にこめた。17区には1931年の命名になるジャン＝ルイ＝フォラン通り（Rue Jean-Louis-Forain）がある。

ジャン・ルクレール Jean Leclaire 1801-72年。ジャン・ルクレールは塗装会社の持ち主だった。そのこと自体、なんの不思議もないが、じつは彼は労働者たちに利潤に対する関心を抱かせた最初の経営者なのである。1894年、17区の通りに彼の名がつけられたが、けだし当然といえるだろう【同区にはジャック＝ルクレール通り（Rue Jean-Leclaire）のほかに、同名の小公園（Square Jean-Leclaire）もある】

ジャン・ルノワール Jean Renoir 1894-1979年。パリに生まれ、カリフォルニアのビヴァリーヒルズで没した映画監督。画家オーギュスト・ルノワール【1841-1919。なぜか本書ではとり上げられていないが、14

385

区には1962年に建設されたオーギュスト＝ルンワール小公園（Square Auguste-Renoir）がある】の息子である彼は、現実性と幻想性を交錯させたフランス最高の映画監督のひとりで、その作品にはつねに真摯さが強調されている。

ルノワールの代表作には『素晴らしき放浪者』【1932年】や『ランジュ氏の犯罪』、『どん底』【以上、1936年】、『大いなる幻想』【1937年】、『獣人』【1938年】、『ゲームの規則』【1939年】、『自由への闘い』【1943年】、『浜辺の女』【1946年】、『黄金の馬車』【1953年】、『フレンチ・カンカン』【1954年】、『エレナと男たち』【邦題『恋多き女』、1956年】、『草上の昼食』【1959年】などがある。7区のジャン＝ルノワール通り（Rue Jean-Renoir）は、1990年に命名されている。

ジャン・レ Jean Rey 1861-1935年。スイスのウシーに生まれた技術者・フランス学士院会員。空港の照明設備を一変させ、効率のよい熱圧縮機を最初に考案した彼はまた、多段式タービンも発明している。15区のジャン＝レ通り（Rue Jean-Rey）は1937年からある。ちなみに、同じ名前の化学者ジャン・レ（1583-1645）は、空気に触れて錆びた金属が重くなるという現象を発見している。

ジャン・ロスタン Jean Rostand 1894-1977年。生物学者・作家・エッセイストのジャン・ロスタンは、『シラノ・ド・ベルジュラック』の著者エドモン・ロスタンの息子である。1959年からアカデミー・フランセーズ会員となった彼は、とくに両生類の単為生殖や奇形発生【さらに精子の冷凍保存】の研究で知られる。数多くの著作を遺しているが、そのなかには『生物学と人類の未来』【1950年】や『私が信じるもの』【1953年】などがある。彼は言っている。「人間は打算のない奇蹟である」、「大人になること、それはひとりになることだ」、「男性には女性性が紛れ込んでいるが、女性は純粋である」。19区のジャン＝ロスタン広場（Place Jean-Rostand）は1984年からある。

ジャン・ロベール Jean Robert 18区のジャン＝ロベール通り（Rue Jean-Robert）は、1902年に敷設されたこの通りの旧地主にちなんで命名されている。かつて**サン＝マルタン地区**には、**グラヴィリエ通り**の前身である別のジャン＝ロベール通りがあった（1850年まで）。こちらのジャン・ロベールは17世紀に活躍していた道化師だった。当時、道化師はファゴトゥー【字義は「薪束作り」】とよばれ、ワックスないし靴墨をよび売りしながら、さまざまな道化や笑劇を演じてみせた。彼の名にちなんだジャン＝ロベール通り（Rue Jean-Robert）通りは、18区にある。

ジャン・ロラン Jean Lorrain 1855-1906年。ジャン・ロランことポール・デュヴァルは作家で、イギリス海峡を望む北仏の港町フェカン出身。《クーリエ・フランセ（フランス通信）》【1884-1914年。絵入り時事・文化週刊紙】や《エコー・ド・パリ》【1884-1944年。保守的・愛国主義的傾向の日刊紙】の寄稿者だった彼は、詩的な精神をもつ批評家でもあった。著作には詩集『青い森』【1882年】や小説『ムッシュー・ブーグルロン』【1897年】、さらに年代記の『パリの埃』【1896-1902年】などがある。16区のジャン＝ロラン広場（Place Jean-Lorrain）は1930年からある。

ジュアン・ミロ Juan Miró 1893-1983年。ホアンないしジョアン（ジュアン）・ミロは、バルセロナ（バルスロヌ）に生まれ、バレアレス諸島のパルマ・デ・マヨルカで没した画家。シュールレアリストだった彼の作品全体には、自由闊達な表現やエネルギー、さらにユーモアがみてとれる。代表的な作品としては以下がある。『農場』【1921年】や『アルレッキーノのカルナヴァル』【1925年】、『想像上の肖像画』【1928-29年】、『空気』【1937年】、22枚のグアッシュからなる一連の『星座』【1942年】、『ブルーI・II・III』【1961年】、『前コロンビア期の卵』【1977年頃】など。生地バルセロナには、彼の作品を集めたホアン・ミロ美術館があり、パリにも彼に捧げられた

公園がある。1992年に命名された13区の
ジュアン＝ミロ公園（Jardin Juan-Miró）
である。

ジュイ Jouy　4区のジュイ通り（Rue Jouy）
には、セーヌ＝エ＝マルヌ県プロヴァン
【パリ南東方】近くのジュイ＝ル＝シャテル
大修道院が、1296年から所有する家が1
軒あった。通りの呼称はその当時につけら
れたものである。

ジュイエ Juillet　20区のジュイエ通り（Rue
Juillet）は、18世紀初頭からある。呼称は
そこに家を有していたジュイエ氏にちなむ。

シュイス Suisses　14区のシュイス通り（Rue
des Suisses）と旧シュイス小路（Passage
des Suisses）【私道】は、1877年まで、「サ
ンティエ・デ・シュイス（スイス人たちの
道）」の一部だった。呼称は、この道が17
世紀までスイス人護衛隊が駐屯していたバ
ニュー村に通じていたことによる。
　フランス王室に仕えていたこれらスイス
出身の護衛兵は2通りあった。一方は「国
王の常備スイス人護衛隊」【通称「サン・シ
ュイス（100人のスイス人）」】とよばれるも
ので、ルイ11世【国王在位1461-83】がシ
ャルル勇胆公【1433-77。ルイ11世の王権拡
大に抵抗した最後のブルゴーニュ公で】の死
後、傭兵として雇った6000人のスイス兵
を起源とする。やがてシャルル8世【国王
在位1560-74。結婚によってブルターニュ公領
を王国に併合した】は、スイス人の数を100
人に削減し、監視のほか、近衛兵とともに
国王の警備を担当させた。サン・シュイス
はフランス革命で廃止されたが、復古王政
で復活し、最終的に1830年に解体された。
　もう一方は、ルイ13世【国王在位1610-
43。→ドーフィヌ】が1616年に創設したス
イス人衛兵隊で、彼らは国王軍のすぐ後か
ら行進し、国王が投宿する地の通りの警備
を担当した【彼らはまた、玉璽の受託者でも
あった】

ジュイ＝ルーヴ Jouye-Rouve　20区のジュ
イ＝ルーヴ通り（Rue Jouye-Rouve）は、
この通りにジュイ＝ルーヴ氏が家をかまえ
たていたことにちなんで、1932年に正式

に命名されたものである。

シュヴァリエ Chevaliers　20区のシュヴァ
リエ袋小路（Impasse des Chevaliers）は、
「弓を手にした騎士（シュヴァリエ）」を描いた絵看板にそ
の呼称に負っている。

**シュヴァリエ・ド・サン＝ジョルジュ
Chevalier de Saint-George**　本名ジョゼ
フ・ブローニュ。1747年にグアドループ
（グワドループ）諸島のバス＝テールに生ま
れ、1799年にパリで他界した作曲家・
ヴァイオリニスト。父はメス高等法院の元
評定員で、母はグアドループ人。10歳で
パリに出てきた彼は、すみやかにフェンシ
ングの腕を上げ、その名声は終生衰えるこ
とはなかった。やがてヴァイオリンを始め、
1772年には最初のコンサートを開き、73
年にはコンセール・デ・ザマトゥール
【1769にフランソワ・ゴセック（1734-
1829）が創設した楽団で、個人の寄付や会員
制にもとづく運営をおこなったが、1781年、
資金難で解散】の指揮をとるようになる。
　この頃にはまた作曲も数多く手がけてお
り、その大部分（協奏曲、交響曲、協奏交
響曲）は1772年から79年にかけて書かれ
ている。1785年から87年まで、さらに89
年12月から数か月、ロンドンで暮らした
彼は、1791年、リールの国民軍隊長をつ
とめ、やがてドミニカ（レピュブリク・ド
ミニケス）のサント＝ドミンゴに赴いて生
活するようになる。パリに戻ったのは
1797年のことだった。1区と8区をつな
ぐシュヴァリエ＝ド＝サン＝ジョルジュ通
り（Rue du Chevelier-de-Saint-George）は、
2001年に命名されている。

**シュヴァリエ・ド・ラ・バール Chevalier de
la Barre**　1747-66年。騎士のフランソワ
＝ジャン・ルフェーヴル・ド・ラ・バール
は、フランス北部アブヴィルに生まれ、没
している。軍人の道を進んだが、いまわし
い陰謀の犠牲となった。次のような話があ
る。1765年、アブヴィルの橋に建てられ
ていた礫刑像が壊された。判事のデュヴァ
ル・ド・ソークールはラ・バールを犯人だ
とした。じつは判事は、自分の敵で、騎士

シュウアル

の叔母でもあったブルー夫人に復讐しようとしたのだ。証拠が何ひとつなかったにもかかわらず、こうしてラ・バールは逮捕され、有罪を宣せられて舌や手を切り取られ、最後に生きたまま焼殺された。

だが、見物人たちの怒りのなか、ラ・バールはまさに堂々たる態度で拷問に耐えた。のちにヴォルテールはラ・バールの名誉回復を図ったが、徒労に終わった。だが、革命暦2年ブリュメール月25日【1793年11月15日】に、国民公会（コンヴァンション）によって最終的にそれがなされた。シュヴァリエ＝ド＝ラ＝バール通り（Rue du Chevalier-de-la-Barre）は、1907年から18区にある。

シュヴァル・ブラン Cheval Blanc
白馬を描いた昔の絵看板に由来する呼称。あるいはそのモデルはアンリ4世の有名な白馬だったか。ともあれ、このシュヴァル＝ブラン小路（Passage du Cheval-Blanc）は11区にある。

シュヴァルレ Chevaleret　13区のシュヴァルレ通り（Rue du Chevaleret）は1730年からある。呼称はこの一帯の野原が、所有者シュヴァルレ氏の名でよばれていたことによる。

***ジュヴァンス Jouvence**　14区にあったジュヴァンス袋小路（Impasse de Jouvence）は、1846年に開通している。呼称はおそらく19世紀に売られていた化粧水、「オード・ジュヴァンス（若返りの水）」の製造者に由来する。

シュヴェ Chevet　11区にあるシュヴェ通り（Rue du Chevet）は、サン＝ジョゼフ教会の長い身廊の奥部に沿うように走っている。教会堂のこの部分をシュヴェ（後陣）という。通りはそれにちなんで1877年に命名されている。

シュヴェール Chevert　1695-1769年。フランソワ・ド・シュヴェールはヴェルサイユに生まれ、パリに没したフランスの将軍。ルイ15世【国王在位1715-74】の重要な軍事遠征にはすべて参加し、1741年のプラハ（プラグ）攻撃では、擲弾兵の部隊長に

任命される。その際、彼は下士官を集め、こう訓示したという。「わが友人たち、諸君はみな勇敢である。だが、私に必要なのは名うての勇者だ」。そしてさらにパスカルという名の下士官に向かって言う。「まさに君こそがその勇者である…。最初に馬に乗りたまえ、私もあとに続こう」。「了解しました、隊長」。下士官が答える。「壁に登ると、歩哨が叫んで誰何するだろう、ヴァルド（誰だ？）と。だが、それに返事してはならない」。「分かりました、隊長」。パスカルが簡潔に答える。「そして歩哨を殺せ」。「分かりました、隊長」。驚くべきことに、すべてがこの筋書き通りに運んだ。

シュヴェールはまた、1757年7月24日のハステンベックの戦い【7年戦争における戦いで、同君連合で結ばれたイギリスおよびその同盟国の連合軍とフランス軍がドイツ中部のこの地であいまみえた】で軍功をあげ、司令官ルイ・シャルル・ル・テリエ、通称デストレ元帥【1695-1771】に勝利をもたらした。この日、彼はニメリン山を奪取することで、戦いの帰趨を決定づけたのである。1769年、そんな彼をたたえた書が出ている。ヴァリエ・ド・ソーセ著の『シュヴェール氏賛歌』である。彼に捧げられたシュヴェール通り（Rue Chevert）は7区にある。

ジュヴネ Jouvenet　1644-1717年。ジャン・ジュヴネは画家を父としてルーアンに生まれ、パリで他界した画家。そのきわめてみごとな配色法は初期の作品群からすでに見られ、早くからルイ14世（ルイ＝ル＝グラン）の寵をえた。作品としては以下がある。『麻痺の男を癒すイエス』（ノートル＝ダム司教座聖堂）、『十字架降架』（ルーヴル）、『聖霊降臨』（ヴェルサイユ城礼拝堂）、『12使徒』（アンヴァリッド教会）。だが、1713年、右腕が麻痺したため、彼は左手でしか絵筆を持てなくなった。彼に捧げられたジュヴネ通り（Rue Jouvenet）は1864年から、ジュヴネ小公園（Square Jouvenet）は1881年から、いずれも16区にある。

シュサンヌ

シュヴリュ Cheverus 1768-1836年。ジャン・ルイ・マドレーヌ・ルフェーヴル・ド・シュヴリュは、フランス北西部マイエンヌ出身の枢機卿。生地の主任司祭だった彼は、1790年、聖職者民事基本法に宣誓するのを拒んでイギリスに難をさけた。1795年、アメリカ合衆国に移り、布教活動をおこなう。長きにわたってボストンに住み、1810年、その司教に任命される。やがて帰国した彼は、1823年にモントーバン、26年にはボルドーの大司教に叙された。そして貴族院議員となり、没年の1836年には枢機卿の位についた。彼を名祖とする9区のシュヴリュ通り（Rue de Cheverus）は、1864年の命名である。

シュヴルーズ Chevreuse パリ南西部、イヴェット川沿いの郡庁所在地。ローマ時代にカプロシアとよばれていたシュヴルーズの男爵領は、デタンプ公爵と公爵夫人【1508-80。フランソワ2世の寵姫】のために、フランソワ1世が公爵領として設けたものである。古城の廃墟が一帯を睥睨しているシュヴルーズの谷はみごと。シュヴルーズ通り（Rue de Chevreuse）は6区を走っている。

シュヴルール Chevreul ミシェル＝ウジェーヌ・シュヴルールは1786年にフランス西部のアンジェに生まれ、1889年（！）にパリで没した化学者。1824年にゴブラン工場の染色責任者となり、26年には科学アカデミーの会員に選ばれた。さらに1830年、ヴォークランの後任として国立自然史博物館で化学を講じる。1864年、この博物館の館長となり、79年まで職責を全うする。

　倦むことを知らない研究者だった彼は言っている。「人間は生涯を通じてみずからを学童とみなし、より可能性に恵まれた立派な者となるよう努めなければならない。それゆえ、私はつねに肩書きにこだわってきた。まさにこのことが私のさまざまな肩書きのなかでもっとも自慢できる肩書きである」。そんな彼の100歳の誕生祝いは、厳粛裡に営まれた。おもな著作には『染色

への化学の応用』や『科学的方法にかんする一般的考察』、『毛髪の親和力について』などがある。11区のシュヴェルール通り（Rue Chevreul）は、98歳になった彼をたたえて1884年に命名された。

シュエーズ Suez スエズ（シュエーズ）地峡の開削工事は1859年4月25日に始まり、1869年11月17日に厳かな竣工式が営まれた。レセップスの指揮によって完成したスエズ運河は、全長164キロメートル。これにより、ロンドンとボンベイ間の航路が40パーセント短縮できた。1967年に勃発したイスラエル・アラブ戦争【第3次中東戦争】のあと、スエズ運河は8年間閉鎖された。パリ18区のシュエーズ通り（Rue de Suez）は1884年から、20区の袋小路（Impasse de Suez）は89年からある。

シュザンヌ・ヴァラドン Suzanne Valadon 1865-1938年。マリ・クレマンティヌ、通称シュザンヌ・ヴァラドンは、フランス中南部オート＝ヴィエンヌ県のウラン産出地として知られるベッシヌ＝シュル＝ガルタンプに生まれ、パリで没した画家。力強い筆致でおもに裸体画や静物画、風景画を描いた彼女は、モーリス・ユトリロ（モーリス・ユトリヨ）の母でもある【トゥールーズ＝ロートレックや音楽家のエリック・サティを恋人とし、その死の床にはパブロ・ピカソやジョルジュ・ブラックらがかけつけた。代表作に『エリック・サティの肖像画』（1893年）などがある。1894年、全仏国立美術協会初の女性会員に選ばれている】。シュザンヌ＝ヴァラドン広場（Place Suzanne-Valadon）は18区にある。命名は1961年。

シュザンヌ・ランラン Suzanne Lenglen 1899-1938年。パリを生没地とするシュザンヌ・ランランは、フランスのテニス史上もっとも世界的な女性プレーヤーである【ニックネームは「女神」】。ウィンブルドン大会で1919年から23年まで、さらに25年と26年にも優勝した彼女は、すでに15歳のときに、全仏選手権の混合ダブルスで初優勝している【パートナーは1906年のアテネ中間オリンピックで、男子シングルス・男子

シュシエ

ダブルス・混合ダブルスのすべてで金メダル
を獲得したフランス人プレーヤーのマックス・
デギジス（1882-1978）】。

　ウィンブルドンのセンターコートは、彼
女の観戦者があまりにも多いため、1924
年につくられている。その選手生活で、シ
ュザンヌが棄権・敗北したのは１試合だけ
だった【1921年の全米選手権で、相手は全米
選手権の女子シングルスで８勝という最多記
録をつくるノルウェーのモーラ・マロリー
（1884-1959）】

　フェミニストだった彼女は、当時として
はかなり大胆なことだったが、試合中にあ
えて腕や腿を露わにしたり、裸で更衣室を
歩きまわったり、あげくには入浴中のまま
ジャーナリストと会ったりもした。こうし
た彼女のスキャンダラスな行動やふるまい
は、イギリスの新聞・雑誌に数多くの話題
を提供したが、その偉業は間違いなくのち
のフランス・テニス界における「４銃士」
【1976年に国際テニス殿堂入り】――ジャ
ン・ボロトラ【1898-1994】、ジャック・ブ
ルニョン【1895-1978】、アンリ・コシェ
【1901-87】、ルネ・ラコステ【1904-96】
――に道を開いた。

　彼ら４銃士のうち、ラコステは「クロコ
ダイル」の愛称でよばれ、それゆえ引退後
に彼が商品化したポロシャツには、すべて
クロコダイルのロゴが入るようになるが、
彼によれば、こうしてテニスへの魅力を授
けてくれたのが、ほかならぬシュザンヌだ
ったという。この偉大なテニスプレーヤー
の名を冠したシュザンヌ＝ランラン通り
（Rue Suzanne-Lenglen）は、1979年から
16区にある。

シュシエ Suchet　1770-1826年。アルブフ
ェラ公ルイ＝ガブリエル・シュシェは、リ
ヨンで生まれ、マルセイユ近郊のモントル
ドン城で没した元帥。1792年、国民衛兵
に志願した彼は、翌年、陸軍少佐となり、
1798年に少将に昇進する。その翌年、さ
らに中将に叙せられ、1800年、イタリア
方面軍の指揮官に抜擢される。そしてアウ
ステルリッツ（オステルリッツ）やイエナ

で戦い、1808年から14年まではスペイン
でも指揮をとった。1810年、カタルーニ
ャ（カタローニュ）地方のレリダ（リェイ
ダ）を奪い、翌年、ナポレオンから元帥位
とアルブフェラ公に叙される。彼は1814
年の第一復古王政でも重要な役割を演じた
が、翌年の百日天下にくわわったために失
脚し、1819年、貴族院議員として返り咲く。
その名を冠したシュシェ大通り
（Boulevard Suchet）は、1864年から16区
にある。

シュジェ Suger　1081頃-1151年。シュジ
ェ・ド・サン＝ドニは、パリ北方ヴァル＝
ドワーズ地方のシェスヴィエール＝レ＝ル
ーヴルに生まれ、サン＝ドニで他界した聖
職者・政治家。肥満王ルイ６世【在位1108
-37。都市に対する特許状授与政策によって有
力諸侯を制圧して王権を強化するとともに、
修道院改革も推進した】は、1124年【シュジ
ェがサン＝ドニ大修道院長となって２年後】、
彼を「親友にして忠実な顧問官」と呼んだ
というが、とくにこの国王の治世末期
（1130-37年）、その行動と影響力はかなり
強大化した。

　ルイ６世が他界すると、シュジェは若年
王ルイ７世【在位1137-80】の顧問団に入り、
1147年、国王が十字軍に出発すると、摂政
に任命される。そしてサン＝ドニ修道院の
宝物をもちいて、王国のみならず、十字軍
の費用まで賄った。1149年に摂政を辞した
彼を、国王は「祖国の父」とたたえた。

　一方、国王同様、聖地の解放を願ってい
たシュジェは、自前で新たな十字軍の編成
を準備した。それは死によって中断したが、
きわめて能吏だったこの聖職者は、その経
営手腕によってサン＝ドニ修道院の収入を
４倍にし、ヴォークレソン【1145年頃】な
ど、数多くの町も建設した【彼が1140年代
に改築したサン＝ドニ修道院付属教会堂――
とくに内陣――は、ゴシック建築の嚆矢とさ
れる】。彼の名がついたシュジェ通り（Rue
Suger）は、1844年から6区にある。

ジュシエンヌ Jussienne　2区のジュシエン
ヌ通り（Rue de la Jussienne）は、その呼

称が変えられた1例で、犯人は時間である。当初はサント＝マリ＝レジプシェンヌ【字義は「エジプトの聖女マリア」】通りとよばれていた。13世紀にこの聖女に捧げられた礼拝堂があったためである。やがて短縮されてエジプシェンヌ通りとなり、さらにシベシェンヌ通りと改称され、それから現在の呼称になった。礼拝堂は1792年に解体されている。

ジュシュー Jussieu　ジュシュー一族は高名な植物学者を何人も輩出している。科学アカデミー会員のアントワヌ（1868-1758）や、その弟で、ルイ14世（**ルイ・ル・グラン**）からトリアノン宮に植物園の建設を託されたベルナール（1699-1777）、さらに彼の弟で、南米を旅し、さまざまな観賞植物を持ち帰ったジョゼフ（1704-79）、その甥のローラン（1748-1836）、そしてローランの息子アドリアン（1797-1853）などである。1838年に開通した5区のジュシュー通り（Rue Jussieu）と、同じ区にあるジュシュー広場（Place Jussieu）は、彼ら一族をたたえるものである。

ジュジュ Juge　1859年からある15区のジュジュ通り（Rue Juge）は、1831年から45年までグルネルの村長をつとめていたジュジュ氏にちなんで命名されている。

ジュジュ＝コンシュル Juges-Consuls　ジュジュ＝コンシュルとは主に中世の南仏で商事裁判を扱っていた裁判官のことである。4区のジュジュ＝コンシュル通り（Rue des Juges-Consuls）は1836年に敷設されているが、16世紀のそこには、現代の商事裁判所の前身である商事裁判官たちの建物があった。

ジュスティス Justice　20区のジュスティス通り（Rue de la Justice）は1877年に命名されている。「裁判」を意味する呼称は、かつてこの通りが「シャロンヌ領主裁判所」から、そのおぞましい処刑場や呪われた絞首台にまで続いていたことを想い起こさせる。だが、恐れる必要はもはやない。ジュスティス通りのこれらの施設はすでに姿を消しているからである。

ジュスト・ド・フランス Justes de France　4区のジュスト＝ド＝フランス小路（Allée des Justes-de-France）は、2000年にグルネル＝シュル＝ロー通りにとって代わった小路である。「フランスの義者たち」を意味するこの新しい命名は、第2次世界大戦中、ユダヤ人の男女や子供たちを助け、あるいは匿って、ナチスの手からから逃れさせたフランス人をたたえるためになされた。

ジュスト・メティヴィエ Juste Métivier　1908年に敷設された18区のジュスト＝メティヴィエ通り（Rue Juste-Métivier）は、その土地を有していた地主にちなんで命名されている。

シュッツェンベルジェ Schutzenberger　1829-97年。ポール・シュッツェンベルジェはストラスブールに生まれ、パリ西方イヴリーヌ県のメジで没した化学者。ストラスブール大学医学部を出て医師となった彼は、【1865年にパリ大学科学部で博士号を取得したのち】、ソルボンヌの化学実験所副所長やコレージュ・ド・フランスの無機化学教授（1876年）、パリ市立物理・工業化学高等学校の校長（1882年）などを歴任した。そして1884年には医学アカデミー、88年には科学アカデミーの会員となる。主著には『染料論』【2巻、1967年】や『発酵』【1876年、第2版】、『化学概論』【7巻、1880-94年】などがある。彼に捧げられた15区のシュッツェンベルジェ通り（Rue Schutzenberger）は、1905年からある。

シュド Sud　18区のシュド小路（Passage du Sud）は、この小路が、ある不動産会社によって建設された住宅群の南を通るところから命名されている。

ジュ・ド・ブル Jeu de Boules　1826年からある11区のジュ＝ド＝ブル小路（Passage du Jeu-de-Boules）は、タンプル修道院付設の古い球戯場にちなんで命名されている。

ジュードリエ Joudrier　ジュードリエ袋小路（Impasse Joudrier）は11区にある。呼称は、この小路が敷設された1852年当時、

シュニユ

そこに家を構えていたジュードリエ氏に由来する。

シュニユ Chenu 1808-79年。ジャン=シャルル・シュニユはフランス北東部のメスに生まれ、パリで没した博物学者・医師。軍隊の衛生班に入り、東部戦争に従軍した彼は、のちにバンジャマン・ドレセール【1773-1847。実業家で貯蓄金庫の創設者。父はフランス最初の火災保険会社を創立したエティエンヌ（1735-1816）】が収集した貝類コレクションの管理をまかされ、自然科学に関心をいだくようになった。著作としては『博物学百科事典』【1851-60年】などがある【シャルル=シュニユ通り（Rue Charles-Chenu）はパリ市内ではなく、西郊のピュトー市にある】

ジュヌール Jeûneurs 1739年、財務総監のテュルゴーは、今日2区にあるジェヌール通り（Rue des Jeûneurs）を敷設しているが、その際、呼称をジュー・ヌフ【字義は「新しい遊戯」】とした。通りが球戯場を横切るからだった。おそらくこのジュー・ヌフが変形してジュヌール【字義は「断食者」】となったのだろう。ちなみに、幼王ルイ15世【在位1715-74】が即位したばかりの1715年、この通りには「オー・デジュヌール」【「その日の最初の食事をする者たち」の意】の絵看板を掲げた食堂があった。

ジュノ（一）Junot 1771-1813年。アブランテス公アンドシュ・ジュノはブルゴーニュ地方コート=ドール県のビュシ=ル=グランに生まれ、同地方のモンバールで没した将軍。1793年のトゥーロン攻囲戦でその補佐官をつとめたボナパルトから、「嵐の下士官」との異名をつけられた【ボナパルトの母からも「わが6番目の息子」とよばれた】彼は、のちの皇帝に従ってイタリアやエジプト遠征にも赴く。1798年、中将に昇進すると、パリの要塞を指揮した。1807年11月、ポルトガルに遠征した彼は、短期間で同国を制圧し、戦場の地名をとってアブランテス公に叙される。

だが、それからまもなく、ウェリントン公アーサー・ウェルズリー【1769-1852。元帥・政治家。1815年、ワーテルローでナポレオン軍を撃破し、1828年から30年までイギリス首相をつとめた】率いるイギリス軍の攻撃で、ジュノは占領地を明け渡さざるをえなくなった。1812年のロシア遠征でもナポレオン軍の指揮をとったが、勝利することができなかった。

こうした不首尾のため、ジュノはナポレオンによってイタリアのイリュリア州総督へと更迭される。そのことを悲しむあまり、彼は精神に変調をきたし、モンバールにある父の家に来て、窓から身を投げて自死した。しかし、パリには彼に捧げられた大通りがある。1913年に命名された18区のジュノ大通り（Avenue Junot）がそれである。

シュフラン Suffren 1729-88年。ピエール・アンドレ・ド・シュフラン・ド・サン=トロペ伯は、南仏エクス近郊のサン=カナ城に生まれ、パリで没した海軍中将・副提督。ときに「バイイ・ド・シュフラン」【バイイとはマルタ騎士修道会の大十字勲章佩用者のこと】ともよばれた彼は、14歳で海軍に入る。だが、海軍少尉となった1747年、ブルターニュ沖で【アンティル諸島へ向かう】フランス船団を護送中、エドワード・ホーク提督【1705-81】率いるイギリス海軍の捕虜となってしまう。

翌年、エクス=ラ=シャペル条約【オーストリア継承戦争を終結させたフランスとイギリスの和平条約】が結ばれて釈放されると、マルタ騎士団（ヨハネ騎士団）に入り【兄弟ふたりがすでに入団していた】、トルコ人や北アフリカのバーバリ人たちと戦うため、マルタ（マルト）島に派遣される。帰国は1751年だった。

こうして1754年まで騎士団のために戦ったシュフランは、再び国王軍に復職する。だが、1759年、ラゴス沖の海戦で再びイギリス艦隊に敗れ、数か月ではあったが、捕虜の身をかこつことになる。1767年、彼は軍艦カメレオン号の艦長となり、72年に海軍大佐に叙せられる。

そして1781年、大型艦船5隻と3本マストの軍艦2隻からなる艦隊を率いてイン

ドに向かい、カーボベルデ沖でイギリス艦隊と戦い、喜望峰のオランダ植民地で食料や弾薬を補給して、マドラス沖でエドワード・ヒューズ提督【1720頃-94。このときは海軍少将】の敵艦隊を撃破する。以後、1783年のヴェルサイユ条約【イギリスとスペイン・フランスとの間で結ばれた、アメリカ独立戦争の講和条約。この条約により、イギリスはフロリダをスペイン、セネガルをフランスに返還した】まで、彼はインド洋に君臨した。

やがて帰国した彼はさまざまな栄誉に浴するが【ナポレオンは、イギリス軍将校たちから「悪魔の提督」と恐れられた彼が、なぜ自分の時代まで生きていなかったのかと惜しんだという】、それからまもなく、決闘によって命を失う【相手がだれかは現在まで不明】。彼に捧げられた7区と15区を結ぶシュフラン大通り（Avenue de Suffren）は、その生存中の1770年から、シュフラン港（Port de Suffren）は1905年からある。

ジュフロワ Jouffroy 9区にあるジュフロワ小路（Passage Jouffroy）の呼称は、1845年、この通りを敷設した企業の代表者の名に由来する。

ジュフロワ・ダバン Jouffroy d'Abbans
1751-1832年。技術者のクロード・ジュフロワ・ダバン侯爵は、オート＝マルヌ県のロシュ＝シュル＝ロニョンに生まれ、パリで没している。1775年、彼はペリエ兄弟【16区にフレール＝ペリエ通り（Rue des Frères-Perier）がある】が考案したシャイヨ宮の火力式揚水機を見て、蒸気を海と川の船に適用できないかと考えた。そして翌1776年、ついにドゥー川に蒸気船を走らせることに成功する。それはフランス初の外輪蒸気船だった。1783年にはリヨンでも新造船を進水させた。

フランス革命で彼は一時祖国を離れざるをえなくなったが、執政時代の1795年に帰国する。そしてフルトン（フュルトン）の実験をまのあたりにして、1816年を過ぎてから、自分が蒸気船の発明者であると主張するようになる。アラゴはその権利を

認め、やがてフルトンも、合衆国の法廷でそれを認めた。17区のジュフロワ＝ダバン通り（Rue Jouffroy-d'Abbans）は1994年にジュフロワ通り（Rue Jouffroy）から改称したもので、後者は1864年からあった。

シュベール Schubert 1797-1828年。フランツ・シューベルト（シュベール）はウィーン郊外のリヒテンタールで生まれ、ウィーンで没したオーストリアの作曲家。14歳で最初期の歌曲を作曲している（16歳のときには116曲を数えた）。夭折こそしたものの、生前1200以上の楽曲をつくり、そのうちの603曲が歌曲だった【彼が「歌曲の王」とよばれるゆえんである】。こうして作品の数は膨大なものにのぼったが、そのいずれもが彼の才能を如何なく発揮している。たとえば、『野ばら』【1815年】や『魔王』【1815年頃】、『鱒』【1819年】、『美しき水車小屋の娘』【1823年】、『冬の旅』【1827年】、『白鳥の歌』【1828年】などである。

さらに彼は7交響曲、6ミサ曲、20弦楽四重奏曲、18歌劇曲などを遺している。そのもっとも有名な交響楽として、通称『未完成』【1822年創作開始】がある。パリの20区にあるシュベール通り（Rue Schubert）は、1934年に命名されている。

ジュベール Joubert 1769-99年。バルテレミ・ジュベールはフランス東南部アン県のポン＝ド＝ヴォーに生まれ、ノヴィの戦いで戦死した将軍。イタリア方面軍の中尉だった彼は、イーゾラで、ついでニース近郊のタンドで目覚しい働きをしたが【1793年】、後者の戦いで捕虜になってしまう。釈放後、イタリアでケレルマン率いる部隊と合流し、さらに1795年、ロアーノでも軍功をあげて将軍に叙せられる。1796年から97年にかけては、モンテノッテ（モントノット）やローディ【→ポン・ド・ロディ】、カスティリオーネ（カスティリョヌ）、リヴォリでも戦った。

ナポレオンはそんなジュベールに、敵のオーストリア軍から奪った旗を総裁政府に提出するという名誉の役目を託した。

1798年、イタリア方面軍の総司令官に任命された彼は、難なくピエモンテを制圧した。だが、占領地からの戦利品の利用に対する政府高官たちの介入を認めなかったため、罷免される。

それでもジュベールの激しく鼓動する軍人魂は衰えることがなく、1799年、再び指揮権を握るようになる。しかし、そのために不運にみまわれるのだった。若くして結婚した彼は、出征前、モントロン家出身の妻【セント・ヘレナ島に流されたナポレオンに従い、その遺言執行者となったシャルル・ド・モントロン将軍（1783-1853）の姉妹】にこう言いおいた。「今度再会するとき、私は死んでいるか、勝利したかのいずれかだろう」。こうしてピエモンテに着いた彼は、オーストリア＝ロシア連合軍の銃弾に心臓を打ち抜かれてしまう…。9区には彼に捧げられたジュベール通り（Rue Joubert）がある。1900年、つまり彼が戦死した翌年に命名されたものである。

シュマン＝ヴェール Chemin-Vert 11区にはシュマン＝ヴェール通り・広場（Rue/Place du Chemin-Vert）がある【呼称は「緑の道」の意】。このうち、通りは1667年から知られており、かつては呼称の由来となる野菜畑を横切っていた。一時期、そこにはアーモンドの木も茂っていた。

シュマン・ド・フェール Chemin de Fer シュマン・ド・フェール【字義は「鉄道」】とよばれる通り（Rue du Chemin de Fer）は2本ある。一方は14区にあり、1925年までマラコフ市に属し、その駅まで続いていた。もう一方は20区を走り、1930年までパンタン市【→ポルト・ド・パンタン】に属し、14区の「姉妹」と同様、鉄道にそってパンタン駅まで続いていた。

シュミネ Cheminets 19区のシュミネ通り（Rue des Cheminets）は1932年に命名されている。その呼称の由来となった「シュミネ」とは地名ではなく、洋梨の一種だが、苦いために食用には不向きで、そこからポワレ【発泡性のフルーツワイン】をつくる「シュミネル（cheminel）」が変形したもの

と思われる。

ジュラ Jura フランス北東部、アール川とライン（ラン＝エ＝ダニューブ）川の合流点からローヌ川にかけて、ソーヌ平原とスイス高地のあいだに位置する山系で、全長約230キロメートル。最高峰は海抜1718メートルのル・クレ・ド・ラ・ネージュ山【正確には1720メートルの隣接する無名峰】である。この山系に位置する町としては、シャンパニョールやロン＝ル＝ソーニエ、ドル、サン＝クロードなどがある。13区のジュラ通り（Rue du Jura）は、1877年に命名されている。

シュリー（シュルリー）Sully 1559-1641年。ロニ男爵・シュリー公爵のマキシミリアン・ド・ベテュヌは、パリ西部イヴリーヌ地方のロニ＝シュル＝セーヌに生まれ、パリ南西郊のヴィルボンで没した政治家・元帥・フランス同輩衆。シュリー橋（Pont de Sully）——2か所にある——は建築技師のポール・ヴォードレ【→サン＝ミシェル】とピエール・ギュスタヴ・ブロスラン【1832-1902】が、1874年から76年にかけて架けたもので、1875年8月25日に開通式が営まれた。呼称は完成前の1875年につけられているが、一方の橋はアンリ4世河岸通りとアンジュー河岸通り、他方はベテュヌ河岸通りとトゥルネル河岸通りを結んでいる。また、シュリー通り（Rue de Sully）は4区にあり、それが通じる橋にちなんで1807年に命名されている。

ジュリア・バルテ Julia Bartet 1854-1941年。ジュリア・バルテ、本名ジュリア・ルニョーはパリ出身の女優で、同時代のコラムニストたちから、その崇高なまでの優雅さや洗練された物腰、比類のない台詞回し、たとえようもない魅力を褒めたたえられた。1879年にコメディ＝フランセーズ座に入った彼女は、ヴィクトル・ユーゴー作『リュイ・ブラ』やラシーヌ作『イフジェニー』、アルフレッド・ド・ミュッセ（ミュゼ）作『戯れに恋はすまじ』、エルクマン＝シャトリアン作『ランツォ』、バルザック作『家庭の平和』などに出演している。この名女

優に捧げられたジュリア＝バルテ通り（Rue Julia-Bartet）は、1956年から14区にある。

ジュリアン・ラクロワ Julien Lacroix　20区のジュリアン＝ラクロワ通り（Rue Julien-Lacroix）は、1868年にこの通りが敷設された土地の所有者にちなんで命名されている。その土地は、ラクロワ氏がブルボン家の再建に熱意を注いでくれたことに感謝して、シャルル10世【国王在位1824-30】が下賜したものである。

ジュリエット・ドデュ Juliette Dodu　1850-1909年。ジュリエット・ドデュはパリ北郊のサン＝ドニに生まれ、レウニオン島で没している。オルレアン近郊ピティヴィエの電報局で受信係として働いていた彼女は、1870年、プロイセン軍が侵入した際に受信機器を隠し、それを敵軍の電信網につないだ。こうして盗聴した重要なメッセージをオーレル・ド・パラディヌ将軍【1804-77】に送った。そのおかげで、包囲されていた味方の軍団が救われた。やがてドデュは密告にあって敵軍の軍事法廷に召喚され、死刑を宣告されたが、フリードリヒ・カール公【1826-85】から恩赦をあたえられた。

　普仏戦争後、軍功賞とレジョン・ドヌール勲章、さらに保護施設の調査官（いかなる関係があるのか？）のポストもあたえられた。愛人関係にあったフェリクス・ラレ男爵【1808生。科学アカデミー会員で、ナポレオン3世の侍医・軍医総監・国民議会議員などをつとめた】が1895年に没すると、その遺産の包括受遺者に指定された。リップの筆名で『永遠の物語』も書いている彼女に捧げられた、10区のジュリエット＝ドデュ通り（Rue Juliette-Dodu）は、1910年からある。

ジュリエット・ランベール Juliette Lamber　1836-1936年。エドモン・アダム夫人、通称ジュリエット・ランベールは、北仏オワーズ県のヴェルブリに生まれ、南仏ヴァール県のカリアンで没した女流文学者。初婚相手の弁護士アレクシス・ラ・メッシヌと死別した彼女は、政治家のエドモン・アダ

ム【1816-77。第二帝政に反対し、第三共和政で警視総監や国民議会議員をつとめ、元老院終身議員となった】と再婚している。

　ジュリエット・ランベール——結婚前の名前——は1858年、『ブランシェ・ド・クーシ』を上梓して文学の道に入り、以後休むことなく作品を発表して、いずれもが評判を獲得する。ほかに『松の大木を巡る旅』【1863年】や『わが村』【1868年】、『醜女』【1878年】、そしてとりわけ『ギリシア女』【1879年】などがある。

　ジュリエットが主宰していたサロンには、当時の名だたる共和主義者たちが集まっていた。1877年に再び夫を失うと、あるいは傷心を癒すためか（？）、彼女は《ヌーヴェル・ルビュー（新雑誌）》を創刊して【1940年廃刊】、みずから対外政策の記事を編集し、フランスとロシアの同盟を強く勧めた。このジュリエットを、やはり女流作家で、そのサロンもまた人気を博していたランベール夫人（1647-1733）と混同してはならない。ジュリエット＝ランベール通り（Rue Juliette-Lambert）は、1897年から17区にある。

ジュリエンヌ Julienne　1686-1766年。ジャン・ド・ジュリエンヌはゴブラン地区にあった羅紗・深紅布の製造工場主。13区のジュリエンヌ通り（Rue de Julienne）は、1805年に命名されている。

シュリー・プリュドム Sully Prudhomme　1839-1907年。ルネ・フランソワ・アルマン・シュリ・プリュドムはパリに生まれ、パリ西郊のシャトネ＝マラブリーで没した詩人。1865年、処女作詩集『詩賦集』を出したこの高踏派【→ルコント・ド・リル】の詩人は、哲学が畢竟理性と感情との永遠の争いに帰着するとし、一種の分析的抒情主義のうちにみずからを表現するという強い感性の持ち主だった。彼はまた形そのものを越えて、問題のより深奥に向かおうとして、こう自問していた。「正義とは何か、幸福とは何か」。彼の主たる詩集には、『花の叛乱』【1872年】や『正義』【1878年】、『幸福』【1888年】などがあり、さらに『事

物の本性について』【1869年。古代ローマの詩人・哲学者ルクレティウスの書のフランス語訳】も出している。

1901年、第1回ノーベル文学賞を受賞し【1881年からアカデミー・フランセーズ会員】、優れた詩を対象とする賞を創設するために、その賞金を文学協会に寄付した。彼は言っている。「人はその本性をとり戻すことを〈忘れる〉とよぶ」、「私は新しい家を好まない。その表情が無愛想だからだ」。シュリー＝プリュドム大通り（Avenue Sully-Prudhomme）は7区にあり、1909年に開通している。

シュリー・ロンバール Sully Lombard

1866年、南仏エロー県のリュネルに生まれ、1951年にパリで没したカルヴァン派牧師のシュリー・ロンバールは、1907年、20区で低所得者用の住宅建築を可能にした協同組合「カンパーニュ・ア・パリ（パリの田舎）」を共同で創設している【1911年から28年にかけて、92棟が建設された】。その名は、2004年から20区のシュリー＝ロンバール広場（Place Sully-Lombard）に残っている。

ジュール Jour

1370年、賢明王シャルル5世は、現在の1区にあるジュール通り（Rue du Jour）——当時はジャン＝ル＝ミール（Rue Jean-le-Mire）とよばれていた——に、「セジュール・デュ・ロワ（国王の滞在）」と命名されることになる仮寓を建てた。1380年にこの賢明王が他界すると、通りはセジュール（滞在）通りと改称され、さらに短くジュール（日）通りとなった。

ジュール・ヴァレス Jules Vallès 1832-85年。

フランス中南部オート＝ロワール県のル・ピュイに生まれ、パリで没した作家。1849年、パリに出たヴァレスは、まもなく政治と文学の世界に入る。1857年、処女作『お金』【銀行・金融家の求めで創作。匿名】を発表し、やがて《フィガロ》紙に入って株式相場のコラムニストとなる。1867年、彼は《ラ・リュ（通り）》紙を創刊し、帝政が崩壊した9月4日後にはインターナショナル（国際労働者同盟）に参加して、1871年、《クリ・デュ・プープル（人民の声）》紙を立ち上げる。そして、同年にはパリ・コミューン（コミュヌ・ド・パリ）の一員となるが、コミューン瓦解後の1873年、ロンドンに亡命を余儀なくされた。

1880年に帰国したヴァレスは、83年に《クリ・デュ・プープル》紙を再刊し、きわめて激しい政治的要求の代弁者となる。彼の著作としては、『反抗者たち』【1863-64年】や『通り』【1866年】、三部作の『子供』【1871年】、『若者』【1881年】、『叛乱者』【1886年、死後出版】、さらに自叙伝的小説の『ジャック・ヴァントラ』（ヴァントラは本人）【1876-85年】などがある。

エドモン・ド・ゴンクールがアカデミーを創設した際、ヴァレスはこのアカデミーが、「カラント」【「不滅の40人（カラント）」を会員とするアカデミー・フランセーズのこと】以上に愚かしく、不公平だと悪態をついている。にもかかわらず、ゴンクールはのちに彼を10人のアカデミー委員にくわえた。ヴァレスは言っている。「家族、私はそれを憎む」、「死は謝罪ではない」。11区には1905年から彼の名を冠したジュール＝ヴァレス通り（Rue Jules-Vallès）がある。

ジュール・ヴェルヌ Jules Verne 1828-

1905年。ナントに生まれ、アミアンで没した小説家。最初は劇作家になろうとしたが【処女作『折れた麦わら』、1850年】、1863年、出版者のピエール＝ジュール・エッツェル【1814-86。ヴィクトル・ユゴーらの作品を世に送り出した】が、彼の最初の小説『気球に乗って5週間』を出版する。それは新しい小説分野、すなわち科学・地誌学的空想小説の幕開けとなった。

驚異的な想像力に恵まれていたジュール・ヴェルヌは、まさに本格的な幻視者でもあり、以下のような小説を次々と発表している。『地底旅行』【1864年】、『地球から月へ』【『月世界旅行』、1865年】、『グラント船長の子供たち』【1868年】、『海底2万マ

イル』【1870年】、『80日間世界一周』【1873年】、『神秘の島』【1875年】、『ミシェル・ストロゴフ』【1876年。邦題『皇帝の密使ミハイル・ストロゴフ』、『マティアス・サンドルフ』【同】、『アドリア海の復讐』【1885年】、『制服者ロビュール』【同】、『空飛ぶ戦艦』【1886年】。11区のジュール＝ヴェルヌ通り（Rue Jules-Verne）は、彼の死後7年目の1912年からある。

ジュール・エナフ Jules Hénaffe 1857-1921年。14区のジュール＝エナフ広場（Place Jules-Hénaffe）は、同区の参事会員をつとめたエナフ氏にちなんで1934年に命名されている。

ジュール・クザン Jules Cousin 1830-99年。パリを生地とする考古学者・作家のジュール・クザンは、パリ市の司書として【1856年からアルスナル図書館員】、1871年、普仏戦争で罹災したままになっていたパリの図書館を再建している【パリ市立歴史図書館】。その際、彼はまず自分のコレクション【書籍6000冊と版画1万点】を寄贈することから始めた。のちにパリ市歴史博物館、通称「カルナヴァレ」の館長となった彼は、『往昔パリの最後の名残』【1876年】などを著している。彼にちなんだジュール＝クザン通り（Rue Jules-Cousin）は、アルスナル図書館に近い4区に1904年からある。

シュルクフ Surcouf 1773-1827年。ロベール・シュルクフは北仏サン＝マロを生没地とする海賊・私掠船長。母方の親族にデュゲ＝トルアンがいた。13歳のとき、見習い船員としてインドに赴いた彼は、マダガスカル（マダガスカール）沖やモーリシャス島（イル＝ド＝フランス）を旅し、やがて海軍の将校となって、奴隷交易にも携わる。1795年、大型船エミール号の艦長となって、私掠船長としての一歩を刻む。そして、矢継ぎ早に偉業をなし【遠くベンガル湾からマレーシア沖まで進出した】、フランスで名をはせる。

イギリスでは、そんなシュルクフの首に懸賞金をかけたが、それで彼の熱情が冷め

るはずもなく、むしろさらに大胆さを増幅させていった。おもにインド洋を活躍の舞台とし、イギリスの商船に莫大な損害をあたえた。1800年、彼はみずからが注文して造らせた3隻目のケント号（1隻目はエミール号、2隻目はクラリス号）を駆って、水兵400人、大砲38門を擁するイギリス軍艦を奪い、これにより、その名はさらに広くイギリス中に知れ渡った。

こうして1801年、シュルクフは莫大な戦利品を携えてサン＝マロに凱旋する【一説に、シュルクフが私掠行為で得たものは、国庫を遥かに凌ぐ50億リーブルに相当したという】。さらに1807年、ルヴナン（亡霊）号を指揮して出帆し、米を満載した数隻の船を捕らえ、モーリシャス島に連行する。彼を男爵に叙する約束を反故にしたナポレオンが失脚すると、海上交易に専念し、王国内で最大の船主になった。パリ7区のシュルクフ通り（Rue Surcouf）は、1867年の命名である。

ジュール・クラルティ Jules Claretie 1840-1913年。クラルティはフランス中部のリモージュ【→リムザン】に生まれ、パリで没した小説家・劇作家。20歳でジャーナリズムの世界に入り、数多くの新聞・雑誌に、カンディドやオリヴィエないしジャラン、ペルディカンなどの筆名で原稿を書いた。1885年、コメディ＝フランセーズ座の支配人となり、88年、アカデミー・フランセーズ会員に選ばれた。その小説には『変人』【1862年】や『タバコ』【1890年】、『役者ブリシャントー』【1896年】、戯曲には『ミラボー』【1879年】や『大臣様』【1881年】などがある。

一方、クラルティは歴史書も数多く発表している。ジュール・クラルティはいかなる崇敬をもってしても及ばないほど深遠な知をもって、こう言っている。「君は本好き？それならよい人生になる」。16区には、1913年からその名を冠した通りがある。ジュール＝クラルティ通り（Rue Jules-Claretie）である。

ジュール・クロケ Jules Cloquet 1790-

1883年。パリで生まれ、没した外科医で解剖学者。クロケは、1826年、パリ大学医学部の臨床外科学教授となり、手術と教育に全力を費やすとともに、手術器具の改良にも意を注いだ。その業績が認められて、1855年に医学アカデミー、60年に科学アカデミーの会員に選ばれている。著作には『腹部ヘルニアの解剖学的研究』【1817年】や『人体解剖学』【5巻、1821-31年】などがある。18区のジュール＝クロケ通り（Rue Jules-Cloquet）は、1885年からある。

ジュール・ゲード Jules Guesde 1845-1922年。パリに生まれ、北仏セーヌ県のサン＝マンデで没した政治家ジュール・ゲードは、1878年から《レガリテ（平等）》紙の主幹をつとめた。演説に長けていた彼はまもなく頭角を現し、カール・マルクス【1818-83】やポール・ラファルグ【1842-1911。マルクスの娘婿。著作に『怠ける権利』（田淵晋也訳、1972年）などがある】とともに、大々的な階級闘争（今日ではいささか忘却されている）をうたった革命的集産主義綱領を作成し、1880年、北仏ル・アーヴルで組織したフランス労働党にそれが採用される。

ゲードはこの労働党の党首として現実主義路線のポシビリスト（可能派）と闘い、かつての社会主義の仲間たち、とくにジャン・ジョレスと袂を分かつようになる。だが、第1次世界大戦中は戦時体制に協力して、1914年から16年まで国務大臣をつとめた。14区のジュール＝ゲード通り（Rue Jules-Guesde）は1928年からある。

ジュール・サンドー Jules Sandeau 1811-83年。小説家で劇作家のジュール・サンドーは、フランス中央山地北西部のオービュソンに生まれ、パリで他界している。長期休暇を中仏ブールジュ近郊のノアン城で過ごしていた彼は、同地でデュドゥヴァン男爵夫人と知り合う。この女性こそがやがて彼から大きな影響を受けることになる作家ジョルジュ・サンドであった（サンドSandはサンドーの縮約形）。1831年、ふたりはジュール・サンドの筆名で、『バラ色

と白色』【邦題『薔薇色の雲』、杉捷夫訳、青磁社】を合作している。だが、サンドーがイタリアに旅立った1833年、ふたりの関係は終わった。

数か月後に帰国したサンドーは、数多くの小説を発表する。その主要な作品は『遺産』【1852年】や『マダム・ド・ソメルヴィル』【1862年】や『カモメ岩』【1871年】だが、最高傑作はいうまでもなく『セリエール家のマドモワゼル』【1848年】である。彼はまたエミール・オージェとともに大当たりをとった戯曲『ポワリエ氏の甥』【初演1854年】を書いてもいる。1854年にマザリヌ図書館長、58年にアカデミー・フランセーズ会員に選ばれた彼の名は、1894年から16区のジュール＝サンドー大通り（Boulevard Jules-Sandeau）に残っている。

ジュール・シェレ Jules Chéret 1836-1932年。シェレはパリで生まれ、ニースで他界した画家・挿絵画家。とくに挿絵入りポスターに才を発揮して名声を博した。そうしたポスターとして、たとえば「フラスカティ」や「モン＝ド＝マルサン祭」、「ロマ（ジプシー）」などがある。20区には、1935年からジュール＝シェレ小公園（Square Jules-Cheret）がある。

ジュール・シグフリード Jules Siegfried 1837-1912年。アルザス地方南部のミュルーズに生まれ、北仏のル・アーヴルで没した政治家。当初、ル・アーヴルやインドで卸売会社を営んでいたジュール・スナールは、10年あまりこの北仏の港町で市長をつとめた。1885年からはセーヌ＝マリティム県選出の国民議会議員として活躍し、93年には商務大臣になっている。20区には彼に捧げられた通りがある。1911年に命名されたジュール＝シグフリード通り（Rue Jules-Siegfried）である。

ジュール・シモン Jules Simon 1814-96年。ブルターニュ地方の港町ロリアンに生まれ、パリで没した哲学者・政治家。本名はジュール・シュイスで、1840年に改名している。1848年の2月革命後から憲法制定国民議

会の議員となり、ゴドフロワ・カヴェニャックの政治を支えた。1852年、ソルボンヌの教授だった彼はナポレオン3世から要求された【第二帝政への】宣誓を拒み、失職を余儀なくされた。だが、1863年にセーヌ県選出の国民議会議員になると、帝政に激しく抵抗する。

帝政崩壊後、ジューリ・シモンは国防政府の国民教育相に就任する。ティエール政府でこの大臣職をまっとうしたが、マク=マオンが大統領になると、唐突に政府から除かれた。そこで彼は元老院に移り、まもなくブーランジェ運動【→ボワ・デ・コール】に反対するようになる。優れた演説家でもあった彼はきわめてみごとな著作を上梓している。『自由』【1958年】、『労働者』【1961年】、『ティエール、ギゾー、レミュザ』【1885年】、さらに『コラ、コラス、コレット』【1891年】などである。ジュール=シモン通り（Rue Jules-Simon）は15区。1933年に命名されている。

ジュール・ジャナン Jules Janin　1804-74
年。中央産地東部のサン=テティエンヌに生まれ、パリで没したジャナンは、文学者・批評家。1825年、《フィガロ》紙に記事を書いたのを皮切りにさまざまな新聞・雑誌に寄稿し、1836年には《デバ》紙【→ウジェーヌ・シュ】の編集者となって、以後40年にわたり、この新聞の演劇欄を担当する。鋭利なエスプリに富んだ彼は、同時代人から「批評王」の異名をあたえられたが、こうした記事にくわえて、彼は野心的な連載評論【『演劇文学の歴史』、6巻、1853-58年】を上梓し、さらに『死んだロバとギロチン刑に処された女性』【1827年】なども書いている。16区には、彼に捧げられたジュール=ジャナン大通り（Avenue Jules-Janan）が1884年からある。

ジュール・シャプラン Jules Chaplain
1839-1909年。北仏ノルマンディ地方のモルターニュ=オ=ペルシュに生まれ、パリで没した彫刻家・メダル彫刻師。1863年にローマ大賞を受賞し、さらに彫刻メダルによって知られる、より正鵠を期していえ

ば、認められるようになった。彼は1867年（および1878年・1900年）のパリ万国博のためにメダルをつくり、さらにマク=マオンやガンベッタ、ヴィクトル・ユゴー、メソニエらの肖像メダルも制作している。彼こそは、一部が17世紀以来途絶えていたメダル彫刻の再興者といえる。そんな彼に捧げられた6区のジュール=シャプラン通り（Rue Jules-Chaplain）は、1913年からある。

ジュール・ジュイ Jules Jouy　1855-97年。
パリを生没地とするシャンソン作詞家・歌手ののジュール・ジュイは、当初は塗装工だった。1876年、《タンタマール（どんちゃん騒ぎ）》紙に原稿を送り、81年にはモンマルトルの居酒屋「シャ・ノワール」【→アルフォンス・アレ】で歌い始める。多い時には日に3篇つくったという、その卑語と風刺に満ちたシャンソンはたちまち評判になった。彼はまたブーランジェ運動【→ボワ・デ・コール】と激しく闘い、一時期は居酒屋「デカダン」の支配人もつとめた。

だが、それからまもなくして精神病を患い、すべての活動をやめなければならなくなった。彼の有名なシャンソンとしては、出世作となった「乗合バスの後ろで」【1883年】のほかに、「ぼくのミューズ」や「サン=ラザールで」がある。その活動の舞台だった18区には、死の翌年の1898年に命名されたジュール=ジュイ通り（Rue Jules-Jouy）がある。

ジュール・シュペルヴィエル Jules Supervielle　1884年にモンテビデオ（モンテヴィデオ）に生まれ、1960年にパリで没したフランスの詩人・小説家。生涯をフランスと南米で送ったシュペルヴィエルは、たえず「理解しがたい」詩を拒んでいた。それについて、彼はこう言っている。「私が恐れるのはただひとつ、無理解である」。それゆえ、彼はシュールレアリストたちと活動をともにしなかった。彼の文体はそうした意図を体現してつねに明晰であり、素朴な言葉のみをもちいて書かれた。

シュペルヴィエルの作品としては、詩集

の『引力』【1925年】や『無実の強制労働者』【1930年】、『日曜日と週日の青年』【1952年。嶋岡晨訳『日曜日の青年』、恩潮社】、小説の『子供の誘拐』【1926年。永田千奈訳、光文社】、『ひとさらい』【2013年】、戯曲の『シェヘラザード』【1948年】などが知られている。1区のレ・アル地区には、彼の名でよばれる小路がある。1984年に命名されたジュール＝シュペルヴィエル小路（Allée Jules-Supervielle）である。

ジュール・ジョフラン Jules Joffrin　1846-90年。1895年から18区のジュール＝ジョフラン公園（Place Jules-Joffrin）に名を残すジョフラン氏は、同区の参事会員をつとめた人物である。

ジュール・スナール Jules Senard　1800-85年。パリ弁護士会会長で政治家でもあったスナールは、とくに国王ルイ＝フィリップの検閲制度に反対し、選挙制度の制定などを求める改革宴会を組織した。この運動がやがて1848年の2月革命へとつながっていく。革命後の6月から10月まで内務相をつとめた彼の名は、1984年、19区の広場につけられている。ジュール＝スナール広場（Place Jules-Senard）がそれである。

ジュール・セザール Jules César　前100-前44年。ガイウス・ユリウス・カエサルのこと。ローマで生まれ、暗殺された彼は古代世界最大の指導者のひとりで、ウェヌス（ヴィーナス）とアンキセス【トロイアの王子で、アフロディテに愛され、アイネイアスをもうけた】の末裔を自称した。前59年に執政官となり、ガリアを制圧して（前59-前51）、栄光と忠実な軍隊を手に入れた。

　カエサルは前60年、ポンペイウス【前105-前48。20歳以上若い妻はカエサルの娘】およびグラッスス【前115-前53】と最初の三頭政治を始めるが、やがてローマ内戦で宿敵ポンペイウスを倒した。そして前44年、みずから終身独裁官として統治し、元老院や民会を弱体化させて帝政の基盤を築いた。だが、周知のように、その元老院の貴族たちが練り上げた陰謀によって、同年3月15日に暗殺されてしまう。

　彼は以下のような言葉を遺している。「ローマで2番目になるより、村で1番になる方がよい」、「我来たり、我見たり、我勝てり」、「人はみずから望むことを信じる」。最期の言葉は「息子よ、お前もか」だったという【シェークスピア作戯曲『ジュリアス・シーザー』の有名な台詞「ブルータス、お前もか」は、この言葉がもとになっている】。12区のジュール＝セザール通り（Rue Jules-César）は1869年に敷設されているが、奇しくもこの年には、ナポレオン3世によって『ユリウス・カエサルの生涯』【未完】が書かれている。まさに奇妙な符合である。

ジュルダン Jourdain　パレスチナを流れるヨルダン川のこと。全長約425キロメートルのこの川は、ガリラヤ湖から死海へとそそぐ。洗礼者ヨハネがイエスに洗礼を施したとされる川である。20区を走るジョウルダン通り（Rue du Jourdain）は、1867年からある。

ジュルダン Jourdain　1762-1833年。ジャン＝バティスト・ジュルダンはリモージュ【→リムザン】に生まれ、パリで没した伯爵・元帥。アメリカ独立戦争に1兵卒としてくわわった彼は、帰国後、生地で小間物商を営む。だが、1792年、北方方面軍を率いるデュムリエ【→カンブレ】の麾下に入る。そして、オーストリア軍を相手とするジェマップの戦いでの軍功により、翌1793年、将軍に叙せられる。小間物商と訣別したわけである。同年9月、北部方面軍の最高司令官となった彼は、10月16日、北仏のワティニでザックス＝コーブルク公フリードリヒ【1737-1815】率いるオーストリアに戦勝する。

　その後、冬の作戦行動を拒んだとして解任されるが、1794年4月にはサンブル＝エ＝ムーズ軍の指揮官となり、6月26日、フルリュスの戦いで勝利をおさめる。しかし、ドイツ中西部アルテンキルヒェンでの勝利のあと、ジュルダンは敗戦を重ねて名誉を失う。

　やがて政治の世界に転向した彼は、

シュルフル

1796年、五百人委員会【共和暦3年の憲法で元老会とともに設置された議会。総裁の推薦母体】の一員となり、ナポレオンが総裁政府を倒して執政政府を樹立した、1799年ブリュメール（霜月）18日のクーデタに反対する。だが、新執政は彼を恨むことがなく、国務評定官や元帥に任じている（1802-04年）。

　ナポレオンが皇帝の座から失脚すると、ジュルダンはブルボン家と結びつき、軍事委員会の議長に就任して、ネ裁判を手がける。1816年に伯爵、19年に貴族院議員に叙せられた彼は、1830年8月11日まで外務大臣をつとめ、続いて廃兵院（アンヴァリッド）長官に転じる。彼が息を引きとり、埋葬されているのがこの廃兵院である。1864年に命名されたジュルダン大通り（Boulevard Jourdan）は、14区の南端を走っている。

ジュール・デュプレ Jules Dupré 1811-89年。デュプレはナントに生まれ、パリ北方のリラダンで他界した風景画家。比較的裕福だった親は、彼を陶磁器の絵付け職人にしたが、息子の絵画的素質が優れていることを悟った父親の許しをえて、まもなく絵画の世界に全てを向けるようになった。彼が1833年から描いた風景画は「目利き」たちの注目を引き、以後、それがなくなることはなかった。主な作品としては『アブヴィル近郊風景』や『ランド地方の小邑入口』、『ゴルジュ・デ・オー＝ショード』【いずれも制作年不詳】などがある。彼の名を冠したジュール＝デュプレ通り（Rue Jules-Dupré）は、1899年から15区にある。

ジュール・デュミャン Jules Dumien 20区のジュール＝デュミャン通り（Rue Dumien）は、1926年にこの通りが敷設された当時の土地所有者にちなんで命名されている。

ジュール・ピシャール Jules Pichard 12区のジュール＝ピシャール通り（Rue Jules-Pichard）は、この通りの旧地主を名祖とする。

ジュール・フェリー Jules Ferry 1832-93

年。ジュール・フェリーは北東部ヴォージュ地方のサン＝ディエに生まれ、パリで没した政治家。弱冠19歳で弁護士となり、法廷でも新聞でも第二帝政【1852-70年】と闘った。1869年にパリの国民議会議員に選ばれた彼は、翌年9月4日【第二帝政崩壊日】のあと、国防政府の一員となる。さらに、教育問題にも強い関心を抱き、1879年、教育相として大学改編を手がけた。翌1880年3月29日には、政令によって無認可の宗教団体を解散させ、9月22日には首相に就任している【1881年11月10日辞任】。首相在任中、彼は植民地拡大施策を打ち上げ、チュニジア制圧がその第一歩となった。

　ジュール・フェリーはしばらく政権から離れたあと、1882年に教育相に返り咲き、無償による初等教育の義務化と世俗化【さらに女子師範学校の設置】を制度化した。1884年、再び首相になると、植民地政策をさらに推し進め、トンキンやマダガスカル（マダガスカール）へ遠征軍を送る。だが、こうした政策は国民から不評を買い、権力の座から退けられる【1885年3月20日】。それでもブーランジェ運動【→ボワ・デ・コール】と精力的に闘い、1887年には共和国大統領選挙にも立候補するが、敗れた。そして、1993年2月に元老院議長に就任してまもなく、不帰の客となった。11区のジュール＝フェリー大通り（Boulevard Jules-Ferry）は、彼をたたえて1911年に命名されている【同区にはジュール＝フェリー小公園（Square Jules-Ferry）もある】

ジュール・ブルデ Jules Bourdais ブルデはトロカデロ宮を手がけた建築家のひとり。17区のジュール＝ブルデ通り（Rue Jules-Bourdais）は1932年からある。

ジュール・ブルトン Jules Breton 1827-1906年。北仏パ・ド＝カレ県のクーリエールに生まれた風景画家で詩人。ジュール・ブルトンは、好んで田園風景を描いたが、その人物描写には何かしら気高さが漂っている。1886年、美術・彫刻アカデミー会員に選ばれた彼の作品としては、以下

401

のものがある。『落穂ひろい』【1854年】、
『月曜日』【1858年】、『裁縫をする娘』【1860
年】、『畑からの帰宅』【1871年】。詩集には
『畑と海』【1875年】や『ジャンヌ』【1880
年】など。ジュール=ブルトン通り（Rue
Jules-Breton）は、1912年から13区にある。

シュルムラン Surmelin　シュルムランはマ
ルヌ平原を蛇行して流れる小川である。北
仏シャトー＝ティエリ地方のデュイ川とと
もに、その水の一部は、シュルムラン小路
（Passage du Surmelin）と同様に1877年
に命名された、20区のシュルムラン通り
（Rue du Surmelin）51番地にあるメール
モンタン貯水池に流れこんでいる。

ジュール・ラフォルグ Jules Laforgue →
ラフォルグ

ジュール・リメ Jules Rimet　1873-1956年。
フランス東部オート＝ソーヌ県のトゥレに
生まれ、北仏セーヌ地方のシュレーヌで没
したリメは、1919年、全仏サッカー連盟
を設立して、1949年まで会長をつとめた。
さらに1920年から54年までは、国際サッ
カー連盟（FIFA）の会長の重責を担い、
ワールドカップの実現に尽力し、それをた
たえて優勝杯が長いあいだ彼の名でよばれ
ることになった。著作に『ワールドカップ
の素晴らしき歴史』【1954年】がある。16
区にあるジュール＝リメ広場（Place
Jules-Rimet）は、1998年の命名になる。

ジュール・ルナール Jules Renard　1864-
1910年。フランス北西部マイエンヌ県の
シャロンに生まれ、パリで没した作家・劇
作家。土木工事会社の経営者【役人説もあ
る】を父として生まれたルナールは、最初
倉庫会社で働いたが、やがて文学の道を志
す。多少ペシミスティックな性格の持ち主
ではあったが、細部にまでこだわり、その
現実描写には卓抜したものがあった。主要
な作品としては、『怪鳥』【1893年】や『博
物誌』【1894年】、『にんじん』【1894年】、
『日々の糧』【1898年】、『ムッシュー・ヴェ
ルネ』【1903年】などがある。
　ルナールは言っている。「大きなことを
夢見れば、少なくとも小さなことなら何で

もなしとげられる」、「幸せなときには、や
るべきことがたくさんある。他人を慰める
ということだ」。17区にはそんな彼の名を
冠したジュール＝ルナール広場（Place
Jules-Renard）がある。命名は1933年にな
されている【同区にはジュール＝ルナール通
り（Rue Jules-Renard）もある】

ジュール・ルフェーヴル Jules Lefevre
1836-1912年。ベルギー南西部のトゥール
ネで生まれ、パリで没した画家ルフェーヴ
ルは、1861年、『プリアモスの死』でロー
マ大賞を受賞している。それからの作品群
にはとくに女性の肖像画が数多くふくまれ
る。作品としては『少女』【1886年】や『エ
ヴァの娘』【1892年】、『パンセリオザ』、
『眠る少女』、『妖精狩人』【いずれも制作年
不詳】などがある。1891年に学士院会員に
選ばれた彼の名は、1914年、9区の通り
につけられている。ジュール＝フェーヴル
通り（Rue Jules-Lefevre）がそれである。

ジュール・ルメートル Jules Lemaître
1853-1914年。パリ盆地南部ロワレ地方の
ヴァンシに生まれ、同地方のタヴェールで
没した文学者。文学の教授有資格者だった
ジュール・ルメートルは、北仏ル・アーヴ
ルやアルジェのリセ、ブザンソンやグルノ
ーブルの大学で教鞭をとった。1880年と
83年に最初期の2作『メダイヨン』と『東
洋の少女たち』を発表し、高踏派的な【→
ルコント・ド・リル】才能を発揮した。だが、
《ドゥー・モンド》誌【→エドワール・パイ
ユロン】に優れた演劇評を寄稿していた彼
が最大の成功をおさめたのは、ほかならぬ
この演劇の世界だった。その代表的な戯曲
作品としては、『偽装結婚』【1891年】や
『フリポト』【1893年】、『難しい年頃』【1895
年】、『良き人エレーヌ』【1896年】などが
ある。さらに彼は小説の『国王たち』【1993
年】や『フリーメイソン』【1899年】も書
いている【ほかに7巻の作家論『同時代人』
（1888-99年）もある】
　1895年、ルメートルはアカデミー・フ
ランセーズ会員に選ばれ、98年にはフラ
ンソワ・コペとともに、愛国主義的な国民

運動を主導した。彼は言っている。「幸せな人間とは、不幸であることを受け入れながら、不幸ではない者のことである」、「神を恨めしく思うほど信じたい。単純なことである。それだけ讃えればよいのだ」。12区のジュール＝ルメートル通り（Rue Jules-Lemaître）は、1926年、繊細かつ皮肉屋の語り手で、心理学にも関心があった彼にちなんで命名されている。

ジュール・ロマン Jules Romains 1885-1972年。ジュール・ファリグルを本名とする作家ジュール・ロマンは、フランス中南部オート＝ロワール県のサン＝ジェリアン＝シャプトゥイユに生まれ、パリで没している。高等師範学校を卒業し、哲学の高等教育教授資格者となった彼は、34歳のときに教壇に立ち、のちにそれを辞して【1919年】、文学の道に進む。1908年、処女詩集『一体生活』を発表する【実際の処女詩集は『人の心』（1904年）】。やがて彼の作品は、みずからが提唱した「ユナニミスム」（大規模な人間集団の印象や感情を表現しようとする文学理論・潮派で、アメリカ人作家ドス・パソス【1896-1970】もその一員だった）の思想を標榜するようになる。

ジュール・ロマンの代表作としては、ルイ・ジュヴェ【→ジャン・ヴィラール】が戯曲化した『クノック』がある。そこには次のようなみごとな警句がある。「元気な人間は自分を知らない病人である」。ほかには人を虚仮にしたと思えるほど才気煥発な『仲間たち』（1913年）や『ル・トルデアック氏の放蕩』（1923年）などがある。だが、最高傑作は『善意の人』だろう。1932年から47年にかけて書かれた全27巻のこの作品で、彼は当時の社会を描き出しているのだ。さらに、3部作の『プシケ』【1922-29年。青柳瑞穂訳、新潮文庫】や数多くのメモ的な政治道徳論、エッセイ（1960年から）などもある。

1946年にアカデミー・フランセーズ入りした彼は、こう言っている。「同じ道を進む仲間が3人いれば、ほかには人も、自然も、神すらいらない」、「若干肥満で、肉と精神が多少たるんでいる私は、頭から尻に何が降りてきているのか知らない。高官たちの尻はどうか！」、「民主主義とはまず何であるか。それは人々が重要なこと、すべての重要なことを勇気をもって伝え合い、だれもが感情を押し殺した子供のようではなく、大人として発言できる権利を自覚する生き方にほかならない」。彼をたたえて1979年に命名されたジュール＝ロマン通り（Rue Jules-Romains）は、19区にある。

シュレーヌ Surène 8区のシュレーヌ通り（Rue Surène）は、1652年から小道として知られ、シュレーヌ（Suresnes）村へ赴く人々がここを通っていた。呼称はこのことに由来するが、綴りは多少異なっている。パリ西郊のシュレーヌは**セーヌ左岸**にあり、そこからはナチスによるレジスタンス活動家の処刑場としてもちいられていた、ヴァレリアンの丘が一望できる。ここはまた、1593年、**アンリ4世がカトリックに改宗する**ことになった、カトリックとプロテスタントのあいだの会議がもたれた地でもある。

ジョアシャン・デュ・ベレー Joachim du Bellay 1522-60年。フランス西部アンジュー地方のテュルムリエール城に生まれ、パリで没した詩人。ロンサールを中心とする「プレイヤード派」の前身「ブリガード派」に属していたジョアシャン（ジョアキム）・デュ・ベレーは、ノスタルジーとメランコリーの詩人とみなされているが、風刺詩にも才能を発揮した。作品としては『フランス語の擁護と顕揚』（1540年）【加藤美雄訳、白水社】や『田舎の遊び』（1558年）、『宮廷詩人』（1559年）などがある。

彼は書いている。「ああ、わが小村を再びまのあたりにして／煙突のことをいかに歌うか？／（…）／わたしが気に入るのは、堅固な大理石よりも繊細なスレート板、／（…）海の空気よりアンジェー地方の優しさだ」、「ひそかに燃えるような冷たさが／私の身体を燃やし、心と理性をも燃やす」。彼の名を冠したジョアシャン＝デュ＝ベレー広場（Place Joachim-du-Bellay）は、1985年から1区にある。

ジョアネス Joanès 14区のジョアネス通り（Rue Joanès）は、ここに家をかまえていた人物の名にちなんで1884年に命名されている。同じ区のジョアネス小路（Passage Joanès）は、この通りの近くに位置している。

ジョアン・ストロース Johann Strauss 1825-99年。オーストリア人作曲家ヨハン・シュトラウスのこと。ウィーンを生没地とする彼は、やはり音楽家であった同名の父をもち、みずからが完璧なものにしたウィンナー・ワルツの紛れもない王であり続けた。その作品は、ハプスブルク時代のもっとも輝かしい音楽を象徴している。女性ならだれもが、ウィーンのとある舞踏会場で、豪華なシャンデリアや室内装飾を堪能しながら、彼が作曲した『美しく青きドナウ』【1867年】や『ウィーン気質』【1973年】、『皇帝円舞曲』【1889年】を踊ってみたいと、一度ならず夢見るはずである。1979年に命名されたジョアン=ストロース広場（Place Johann-Strauss）は、3区と10区にまたがっている。

ショヴォー=ラガルド Chauveau-Lagarde 1756-1841年。シャルトルに生まれ、パリで没した弁護士・裁判官。革命法廷でフランシスコ・デ・ミランダ【1750-1816。ベネズエラ独立戦争の英雄・最高司令官、のちに独裁者。若くしてフランス革命に参加し、ジロンド派と交わったが、反革命政府の角で逮捕された】やシャルロット・コルディ【1768-93。入浴中のマラーを殺害して処刑された】、マリー=アントワネット【1755-93】を弁護したのが彼である。あらかじめ負けるとわかっている裁判も引き受けたことで評価されていた。

とくにマリー=アントワネットの裁判では、あまりにも熱情が度を越したため、同僚のトロンソン・デ・クードレともども逮捕されている。釈放された彼は、コルディを弁護して再補される。だが、テルミドール9日のクーデタ【1794年7月27日にロベスピエール派を失脚させた。→コンヴァンション】で、晴れて自由の身となり、1828年、破毀院の評定官になった。彼の名を冠した8区のショヴォー=ラガルド通り（Rue Chauveau-Lagarde）は、1824年に命名されている。

ショーヴロ Chauvelot 分画者の名前。彼はとくに「未来の村」と名づけた分譲地を売り出した。15区のショーヴロ通り（Rue Chauvelot）は1824年の命名である。

ジョクール Jaucourt 1704-80年。ルイ・ド・ジョクールはパリで生まれ、その北東方のコンピエーニュで没した作家・啓蒙思想家・医師。モンテスキューやコンディヤック（コンディヤク）の友人でもあった碩学の彼は、『百科全書』の編纂に協力し、生理学や化学、植物学、病理学、さらには政治や歴史にかんする項目を担当している【彼が執筆した1万8000項目（！）の分量は、全体の4分の1に相当するという】。もっとも有名な著作に、『ライプニッツの伝記と作品』【1734年】がある。12区のジョクール通り（Rue Jaucourt）は、1885年からある。

ショーサン Chaussin ショーサン氏は1844年に敷設された12区のショーサン小路（Passage Chaussin）の旧地主。

ショーシャ Chauchat ショーシャ通り（Rue Chauchat）が9区に敷設された1775年頃、ジャック・ショーシャ氏はかなり知られた市参事会員だった。一種の行政官だったこの職は、一時期、市町村ないし地区の治安や諸問題を管轄していた。

ジョスラン Jocelyn 11区のヴィラ・ジョスラン（Villa Jocelyn）は、ラマルティーヌ小公園の近くにある。呼称は、そのラマルティーヌが1930年に発表した有名な詩の1篇「ジョスラン」にちなむ。この作品は、妹が愛する若者と結婚できるよう、みずから神学校に入って遺産を彼女にあたえた、ある聖職者の日記と告白とからなる。おそらくこれは、天上から追放された魂がさまざまな試練を受け、いくつかの生き物をへて神のもとへ戻るまでの苦しみを語る、壮大な哲学的・象徴的な叙事詩の最終章だったはずである。

ジョセ Josset　ジョセ小路（Passage Josset）は11区にある。ジョセ氏はこの通りが敷設された1835年当時、そこに土地を有していた。こうしてごく自然のなりゆきで、彼の名が通りにつけられた。

ショセ・ダンタン Chaussée d'Antin　9区のショセ＝ダンタン通り（Rue de la Chaussée-d'Antin）は、近くにダンタン（アンタン）公【1665-1736。ルイ14世の愛姫となるモンテスパン侯爵夫人の息子】の邸館があったことから1712年に命名された。彼はルイ14世が気に入ることならなんでもいとわなかった。

ジョゼフィーヌ Joséphine　18区のジョゼフィーヌ通り（Rue Joséphine）は、美しいクレオール出身のジョゼフィヌ・ド・ボーアルネ【1763-1814。フランス領インド諸島マルティニク島に生まれ、ナポレオンの最初の皇后となった。1810年離縁】とは無縁である。1895年に開通したこの通りの呼称は、当時、ここに土地を有していた地主の娘の名に由来する。

ジョゼフィヌ・ベケール Joséphine Baker　アメリカ人歌手・ダンサーのジョゼフィン・ベーカーのこと。1906年にセントルイスに生まれ、75年にパリで没した彼女は、5歳から歌い踊って稼いでいた。1925年、パリに移ると、シャンゼリゼ劇場の「レヴュー・ネグロ（黒いレヴュー）」にくわわり、ベルトにバナナをつけただけという全裸に近い出で立ち【と得意のチャールストン】で評判をとった。

　1927年からアメリカのスタンダード・ナンバーも歌い出すが、フランス人作曲家ヴァンサン・スコット（1876-1952）がつくってくれた格好のシャンソン、すなわち「トンキン娘」と「私には恋人がふたりいる」【いずれも1930年】を歌って、一躍有名となった。

　第2次世界大戦が始まると、ジョゼフィン・ベーカーはレジスタンスに入る【さらに秘密情報部の活動に携り、飛行士の資格も取得して中尉になっている。戦後、これらの功績によりレジョン・ドヌール勲章を授与さ

れた】。戦後は、経済的な問題をかかえて——彼女を成功させたミュージック・ホールの様式が流行おくれとなったため——、フランス南西部ペリゴール地方のミランドに、彼女が養子にした肌の色が異なる多くの子供たちを一緒に住まわせるという計画が挫折する。

　だが、1970年代、彼女は再びスターの座にカムバックし、養子になった子供たちも救われる。そんな彼女の死は、モリエールと同じようだった。ある夜、数日前からパリのボビノ座での前売り券興行に出ていた彼女は、舞台でとつぜん不調を訴え、数日後に息を引き取ったのだ。このボビノ座と同じ14区には、彼女の名を冠したジョゼフィヌ＝ベケール広場（Place Joséphine-Baker）がある。命名は2000年になされている。

ジョゼフ・ウレジンスキ Joseph Wresinski　1957年、「ATDカール＝モンド（第4世界救済運動）」【世界の貧困撲滅を目的とする組織】を創設したウレジンスキーは、毎年10月17日に設けられた貧困撲滅のための国際デーの提唱者でもある。1917年に【ポーランドからの難民の子として】アンジェに生まれ、88年にフランス中北部ヴァル＝ドワーズ県のメリ＝シュル＝ロワズで没している。2000年、彼の名を冠したジョゼフ・ウレジンスキ遊歩道（Esplanade Joseph-Wresinski）が16区に誕生している。

ジョゼフ・エプスタン Joseph Epstein　1911年にポーランド（ポローニュ）のザモシチで生まれ、1944年に処刑されたレジスタンスの活動家。東欧ユダヤ系の裕福な家で育った彼は、早くから共産党に入って活動したため、亡命を余儀なくされた。そして1932年、亡命先に選んだフランスに移り住み、1936年から39年まで、国際旅団の一員としてスペインのフランコ・ファシスト軍と戦う。

　翌年、フランスに戻って、外人部隊に入るが、第2次世界大戦初頭、ドイツで捕虜となる。しかし、ライプチヒ近郊の捕虜収容所をなんとか脱出し、レジスタンス運動

にくわわる。1942年、彼は破壊抵抗グループを組織し、翌43年2月、ジル連隊長の偽名をもちいて義勇遊撃隊＝移民労働者（FTP-MOI）の指揮官となり、都市のゲリラ戦を準備する。

だが、同年11月11日、パリ近郊のエヴリ＝プティ＝ブールで、外国人レジスタンス・グループ（男22人、女1人）の創設者だった、部下のミサク・マヌーシャン【1906生。トルコ生まれのアルメニア系詩人。1925年、不法移民組織を頼ってフランス移住】とともに逮捕されてしまう。彼らのことは悪名高い「アフィシュ・ルージュ（赤いポスター）」【ヴィシー親独政権とドイツ軍がフランス国内に張り出した赤地のポスターで、死刑の対象となる義勇遊撃隊＝移民労働者23人の名前や顔写真のほか、対ドイツ軍攻撃回数などが記されていた】に犯罪者として掲示されていた。

こうして1944年4月11日、エプスタンは、パリ西郊のヴァレリアン丘でレジスタンスの仲間28人ともども銃殺される。マヌーシャンとそのグループのメンバー21人も、同年2月19日には、同じヴァレリアンの丘で銃殺刑に処されていた。彼に捧げられた20区のジョゼフ＝エプスタン広場（Place Joseph-Epstein）は、2004年からある。

ジョゼフ・エ・マリ・アカン Joseph et Marie Hackin　考古学者のジョゼフ・アカン（1886-1941）と妻のマリ（1905-41）は、乗っていた船がドイツ潜水艦による魚雷攻撃を受けて命を落とした。夫妻の名がつけられたジョゼフ＝エ＝マリ＝アカン通り（Rue Joseph-et-Marie-Ackin）は、1961年から16区にある。

ジョゼフ・グラニエ Joseph Granier　1892-1944年。グラニエ氏は全仏傷痍軍人協会長をつとめた人物。7区のジョゼフ＝グラニエ通り（Rue Joseph-Granier）は、その旧地主たちが1945年に命名している。

ジョゼフ・ケッセル Joseph Kessel　1898-1979年。アルゼンチン（アルジャンティヌ）のクララに生まれ、フランス中北部ヴァル＝ドワーズ県のアヴェルヌで没した作家・ジャーナリスト。もっとも崇高な意味での冒険心をいだいていたケッセルは、18歳のとき、パイロットとして第1次世界大戦に従軍し、たえず戦闘にくわわった。スペイン内戦でも戦った彼の全作品には、こうした体験が色濃くにじみ出ている。その小説には『エキパージュ』【1923年】や『侶りなき心』【1927年。佐藤正彰訳、実業之日本社】、『騎馬の民』【1967年】、さらに映画化された『昼顔』【1929年。カトリーヌ・ドヌーヴ主演】や『サン・スーシの女』【1936年】、『ライオン』【1958年。多田智満子訳、白水社】などがある。

アカデミー・フランセーズ会員に選ばれた【1962年】ケッセルはまた、第2次世界大戦中、モーリス・ドリュオン【1918-2009。ポンピドゥー政権で文化大臣】との共作歌詞に、アンナ・マルリ【1917-2006。ロシア出身の女性歌手・ギタリスト】が曲をつけ、みずから歌った「愛国者たちの歌」【1943年】も発表している。彼の名を冠したジョゼフ＝ケッセル通り（Rue Joseph-Kessel）は、1992年から12区にある。

ジョゼフ・コスマ Joseph Kosma　1905年にブタペスト（ビュダペスト）に生まれ、69年にフランス中北部ヴァル＝ドワーズ県のロシュ＝ギュイオンで他界した作曲家。コスマは独学でピアノを学び、12歳でオペラを創作している。生地にあるオペラ座の研修生に選ばれた彼は、やがてそこを離れてベルトルト・ブレヒト（1898-1956）【ドイツの劇作家・演出家・詩人で、代表作に1926年に初演された『夜打つ太鼓』などがある】の巡回劇団員となる。

1933年、コスマはパリに落ち着く。「過ぎ行く孵」【1933年】の初演歌手リス・ゴーティ【1900-94。「フォブールごとのパリで」（邦題「巴里祭」、1933年）でとくに知られる】も一緒だった。まもなくジャック・プレヴェールと出会い、その数多くの詩に曲をつけるようになる（こうして生まれたのが、「バルバラ」や「校門を出たら」である）。コスマはまた第2次世界大戦直前の映画

『大いなる幻想』【→ジャン・ルノワール】の音楽も手がけている。

　大戦中は南仏でプレヴェールのグループと再会し、そのメンバーたちとレジスタンスに入る。当時、彼はまたマルセル・カルネ監督【→ジャック・プレヴェール】の２大傑作、『夜の訪問者』【1942年】や『天国の子供たち』【1944年】の音楽も作曲している。だが、ドイツ軍との関係が険悪化していたため、映画の字幕に登場した作曲者の名前はコスマではなく、おそらく当時一緒に活動していたモールス・ティリエ（1906-72）だった。

　フランスの国土解放後にパリに戻ると、彼はたちまちサン＝ジェルマン＝デ＝プレの人気者となり、なおもプレヴェールやカルネと一緒に仕事を続けながら（とくに1946年の映画『夜の門』）、他の詩人たちの詩に曲を提供した。たとえばロベール・デスノスの「蟻」やレイモン・クノー（レモン・クノー）の「考えてみれば」で、歌手はいずれもジュリエット・グレコ【1927-】である。19区のジョゼフ＝コスマ通り（Rue Joseph-Kosma）は、2000年の命名になる。

ジョゼフ・サンブフ Joseph Sansboeuf 1848-1938年。1949年に命名された8区のジョゼフ＝サンブフ通り（Rue Joseph-Sansboeuf）は、助役をつとめ、経験豊かな愛国者でもあった人物の名に由来する。

ジョゼフ・シャイエ Joseph Chailley 1854-1928年。シャイエは非常に注目された経済学者・政治家。12区の植民地博物館近くにあるジョゼフ＝シャイエ通り（Rue Joseph-Chailley）は、1935年に命名されている【彼が1893年に国際植民地研究所を創設したことにちなむ】

ジョゼフ・ディジョン Joseph Dijon 18区のジョゼフ＝ディジョン通り（Rue Joseph-Dijon）は、1852年に開通して以来、その旧地主の名でよばれている。

ジョゼフ・ド・メーストル Joseph de Maistre 1753-1821年。ジョゼフ・ド・メストル伯はアルプス西麓のシャンベリーに生まれ、トリノ（テュラン）で没した政治家・作家・思想家。出自が貴族だったため、1792年にサヴォワ地方に逃れ、さらに4年間、ローザンヌで亡命生活を送った。この時期、彼はネッケル（ネケール）と、とくにその娘であるスタール夫人（スタル）と頻繁に会っていた。1802年、ヴィットリオ・エマヌエーレ1世【サルデーニャ国王（在位1802-21）。サヴォイア公国はサルデーニャ王国の前身】から、大使としてサンクト＝ペテルスブルク（サン＝ペテルスブール）に派遣された彼は、そこで14年間滞在するが、この期間が彼の作家生活にとってもっとも多産な時期となる。

　その一方で、メーストルはフランス革命に激しく反対し、王政と教皇権の回復を願った。教皇は統一ヨーロッパの長にならなければならない。彼はそう考えてもいた。この神政政治主義者のプロパガンダには、以下のような著作がある。『あるサヴァワイア人王党派の手紙』【1793年】、『至上権試論』【1794年】、『サン・ペテルスブルグの夜話』【1821年。岳野慶作訳、中央出版社】など。

　人間はその罪を贖うために苦しまなければならないとする彼は、戦争が「神聖な」ものだと主張し、次のように断言している。「苦しみのない人間ほど不幸なものはない」。そしてさらにこうも言う。「すべての国民はそれにふさわしい政府を有する」。彼の名を冠したジョゼフ＝ド＝メーストル通り（Rue Joseph-de-Maistre）は18区にある。命名は1874年。

ジョゼフ・バラ Joseph Bara 1779-93年。パリ南西部のパレゾーに生まれ、フランス西部アンジェ近郊のショレで、「国王万歳」と叫ぶよう強いられたにもかかわらず、「共和国万歳！」と叫んで王党派のヴァンデ軍【→ブルセ】に銃殺された13歳の少年。ロベスピエール【→コンヴァンション】は少年の英雄的な行為をたたえたが、さらに1907年、6区の通りにも彼の名がつけられている。ジョゼフ＝バラ通り（Rue Joseph-Bara）である。

ジョゼフ・ピトン Jiseph Python 1883-

シヨセフフ

1944年。弁護士だったピトンは、レジスタンス活動を行ったとして、ドイツ軍に銃殺されている。彼に捧げられた20区のジョゼフ＝ピトン通り（Rue Joseph-Python）は、1956年からある。

ジョゼフ・ブヴァール Joseph Bouvard
1840-1920年。ブヴァール氏は美しい肩書きをもっていた。パリ市遊歩道建造物・植栽局長という肩書きである。この肩書きゆえに、彼の名が7区のジョゼフ＝ブヴァール大通り（Avenue Joseph-Bouvard）についている。命名は1921年である。

ジョゼフ・ベディエ Joseph Bédier 1864-1938年。パリ出身の作家。優れた中世研究家でもあった彼は、『叙事伝説』【4巻、1908-21年】や、ポール・アザール【1878-1944。歴史家・エッセイスト】との共著になる『フランス文学史』【2巻、1923・24年。鈴木信太郎ほか訳、創元社】などを上梓している。アカデミー・フランセーズ会員になった【1920年】彼の名は、13区を走るジョゼフ＝ベルディエ大通り（Avenue Joseph-Bédier）に残っている。

ジョゼフ・リューヴィル Joseph Liouville
1809-82年。北仏のサン＝トメールに生まれ、パリで他界した数学者・物理学者。国立理工科学校（エコール・ポリテクニック）卒業後、土木技師となったジョゼフ・リューヴィルは、1839年にコレージュ・ド・フランスの講壇に立ち、39年には科学アカデミー会員、48年にはムルト県選出議員となる。数学の分野では、代数解析や天体の仕組みにかんするさまざまな問題を、既存のものより簡単に解決する方法を独創的に模索した。15区のジョゼフ＝リューヴィル通り（Rue Joseph-Liouville）は、1943年からそうよばれている。

ジョゼ・マリア・ド・エルディア José Maria de Heredia 1842-1905年。エレディア（エルディア）キューバ出身の詩人【父は農園主、母はフランス人】で、同名のキューバ詩人（1803-39）は実の従姉。キューバ・サンチャゴ近郊のラ・フォルトゥーナに生まれ、18歳のときフランスに移った。

ルコント・ド・リール（ル・コント・ド・リル）の愛弟子だった彼は、一連のソネット（14行詩）で強い個性を発揮するようになる。高踏派【→ルコント・ド・リル】を代表する詩人のひとりで、アカデミー・フランセーズ会員にも選ばれている【1894年】。詩集には『戦利品』【1893年】や『修道女アルフェレス』【1894年】などがある。以下は『戦利品』からの抜粋である。

　　大きくて神聖な親のベッドで
　　恐れも悔悟も抱かずに眠れる幸せ、
　　そこでは親のすべてのものが生まれ、
　　そして死んでいる。

7区のジョゼ＝マリア＝ド＝エルディア通り（Rue José-Maria-de-Heredia）は、彼の死後4年目の1909年からある。

ジョゼ・マルティ José Marti 1853-95年。ホセ（ジョゼ）・マルティはハバナ出身のキューバ人作家で愛国者・革命家【ラテン・アメリカのモデルニスモ（近代主義）作家】。1954年、ラテン・アメリカの独立運動を戦った真の英雄である彼の名が、16区の広場につけられた。ジョゼ＝マルティ広場（Place José-Marti）がそれである。

ジョゼ・リザル José Rizal 1861-96年。フィリピンの国民的英雄であるホセ・リサール（リザル）・イ・アロンソは、ルソン島のカランバに生まれ、マニラで銃殺された。スペインで学んだあと、著作や政治的行動によって、何世紀ものあいだスペインの植民地だった祖国を改革しようとした。1892年、植民地政府によって逮捕され、フィリピン南部のダピタンに流刑の身となるが、4年後の96年にマニラに戻る。しかし、同年、再び逮捕され【彼はスペイン総督の許可をえてスペイン領キューバに軍医として赴いたが、途中、祖国で秘密結社の独立運動が起こり、それを案じたスペイン官憲によって、バルセロナで拘留された】、植民地当局によって銃殺刑に処された。8区には、この英雄をたたえて1999年に命名されたジョゼ＝リザル広場（Place José-Rizal）

がある。

ジョソーム Josseaum 20区にあるジョソーム小路（Passage Josseaum）の呼称は、旧地主の名に由来する。

ショーソン Chausson 旧地主の名前を冠した、ショーソン袋小路（Impasse Chausson）は10区にある。

ショーデ Chaudey 1817-71年。アンジュ・ギュスタヴ・ショーデはフランス東部ブザンソン北東のヴズールに生まれ、パリ・コミューン（コミュヌ・ド・パリ）時に、叛徒によって銃殺された行政官・政治家。弁護士からジャーナリズムに身を転じたが、12月2日【ルイ＝ナポレオン・ボナパルト、のちのナポレオン3世が1851年に起こしたクーデタ】のあと、スイスに逃れた。1853年に帰国すると、パリの弁護士会に登録し、1870年9月4日【普仏戦争敗北後のこの日、過激派に危機感をいだいた穏健派の共和派議員たちが、議会前で「祖国は危機にあり」という有名な宣言をおこない、臨時の国防政府が設けられた】、7区の区長となる。

　そして翌1871年1月22日、ショーデは市当局を代表してパリ市庁舎（オテル・ド・ヴィル）に入り、議員たちが口々に不満を表明するためにやってきたあと、詰めかけた群衆に発砲を命じる。だが、3月18日【プロイセン軍がパリに入って17日後のこの日、ティエールはパリの治安回復を目的として叛徒側の武装解除指令を発した】のあと、ショーデは大量虐殺の首謀者として逮捕され、マザに、ついでサント＝ペラジー監獄に投獄された。そして5月23日【民衆弾圧のためにヴェルサイユ政府軍がパリを攻撃した「血の1週間」のあいだ】、コミューン代理人のラウル・リゴー【1846-71。パリ警視総監や保安委員会委員長などを歴任したが、彼をコミューン兵と誤認したヴェルサイユ兵に射殺された】はショーデの銃殺を命じた。12区のショーデ通り（Rue Chaudey）は1936年に命名されている。

ショデルロ・ド・ラクロ Choderlos de Lacros 1741-1803年。ピエール・ショデルロ（コデルロス）・ド・ラクロは北仏アミアンの出身で、イタリア南部のタラントで没した作家・砲兵士官。最初、兵士として一連の革命戦争に参加し、きわだった軍功をあげるが、兵舎生活に嫌気がさした彼は、軍務を去り――おそらく上官たちはそれを残念に思わなかった――、文学に邁進するようになる。当初は戦記物や詩集、さらに女性教育にかんする書などを編み、やがて代表作の『危険な関係』（1782年）を著す。ある意味で肉体的であり、背徳的かつ知的でもある官能性を独自の手法でたたえたこの作品は、当然のことながら物議を醸した。

　だが、ラクロの作品自体は、内容もさることながら、その構成や心理学的な分析、言葉遣いの厳格さなどによって、19・20世紀の小説に大きな影響をあたえた。彼は言っている。「女性たちが身を守るのにかなり下手なら、われわれとしては幸いだ。彼女たちに対して、われわれは小心な奴隷にすぎないからだ」、「彼女はどんな神にすがろうとするのか。その神には愛を成就させられるほど力があるのか」、「過度なまでに自分を許すのは、すぐにでも離れたいと思う人々とのあいだであるべきだ」。この作家に捧げられたショデルロ・ド・ラクロ通り（Rue Choderlos de Lacros）は、1993年から13区を走っている。

ショードロン Chaudron ジョゼフ・ショードロン氏の名を10区の通り（Rue Chaudron）に冠したのは、1718年のことだった。なぜか。それは近くに住んでいた彼がフォブール・サン＝マルタンの角に噴水をつくったきわめて寛容な精肉商だったからである。この噴水はラ＝ファイエット通りが整備された1861年に撤去された。

ジョナス Jonas ヨナ（ジョナス）は現イスラエルのガテ・ヘフェルに生まれたとされる旧約聖書の預言者。彼の名を冠した『ヨナ書』は、12小預言書の5番目で、その内容は以下のように3部構成となっている。

　1．神からニネヴェ【チグリス東岸の町】に行って人々に禁欲を説くよう神から命じられたにもかかわらず、それを拒んで（フ

ェニキアの）船に乗り込み、【嵐で荒れ狂う
海を鎮めるため】船員たちから海に投げ込
まれる。そして、鯨に飲み込まれたヨナは
3日間その腹の中で過ごしたが、【神の救
いで】陸地に吐き出される。2．改悛した
ヨナはニネヴェに向かい、その説教によっ
て、住民たちを禁欲させる。3．神はヨナ
に罪人を失うより救いたいということを告
げる。

　鯨から吐き出されるヨナというテーマは、
これまで多くの画家が描いてきたが、とく
にイポリット・フランドランやギュスタ
ヴ・ドレの作品が有名である。13区のジ
ョナス通り（Rue Jonas）は、1959年に敷
設されている。

ショパン Chopin　1810-49年。フレデリッ
ク・フランソワ・ショパンはポーランド
（ポローニュ）のジェラゾヴァ・ヴォラに
生まれ、パリで没した音楽家。フランス人
を父、ポーランド人を母として生まれ、ま
ずウィーンでその名が知られる。だが、
1830年のポーランド革命をきっかけにパ
リに移った。

　当初、ショパンはテアトル・イタリアン
（イタリア座）で演奏会を開いたりしたが、
成功をおさめるまでにはいかなかった。そ
こで彼は、近親者のためだけに演奏するこ
とにする。そんな彼のもとに、フランス各
地のポーランド人「コロニー」から多くの
子弟が集まり、ショパンをたたえるように
なる。その全作品——マズルカ、ノクター
ン（夜想曲）、ポロネーズ、コンチェルト、
バラード、前奏曲、スケルツォ（諧謔曲）、
ワルツなど——のなかで、彼は古典的な原
理原則を遠ざけた。

　ショパンのもっとも独創的な作品は、お
そらく『ポロネーズ第8番』【1827年】や
『葬送行進曲』【1829年】、『ピアノ協奏曲第
1番ホ短調』【1830年】、『ワルツ変ホ長調』
【1831－32年】、『幻想即興曲』【1834年】、
『2つの夜想曲』【1834年】、さらに一連の
前奏曲だろう。彼とジョルジュ・サンドと
の友情について語るのは、いささか微妙な
言いまわしが必要である。死の床で、ショ

パンはこう言い残したという。「今、私は
幸福の根源にいる」。16区のショパン広場
（Place Chopin）は1897年に命名されてい
る。

ジョフル Joffre　1852-1931年。ジョゼフ・
ジョフルはフランス南西部ピレネー＝オリ
アンタル県のリヴザルトに生まれ、パリで
没した元帥。彼はトンキンやスーダン（ス
ダン）、マダガスカル（マダガスカール）
での戦いで頭角を現した。とくに第1次世
界大戦当初、1914年9月のマルヌの戦い
で、当時フランス軍の総司令官だった彼は、
パリのタクシー【630台】を徴用して兵員
を輸送させるという画期的な案を積極的に
採り入れ、劣勢を挽回して、名声を博すこ
とになった。ジョフル元帥はアカデミー・
フランセーズ会員に選ばれ【1918年】、彼
が息を引き取ったパリの士官学校（エコー
ル・ミリテール）に近い7区の広場に、
1933年、その名がつけられている。ジョ
ッフル広場（Place Joffre）がそれである。

ショーフルニエ Chaufourniers　ショーフル
ニエとは石灰炉で作業する労働者、つまり
石灰製造工を意味する。19区のショーフ
ルニエ通り（Rue des Chaufourniers）の
近くにはビュット＝ショーモンの採石場が
あり、かつてそこには石灰炉が数多くあっ
た。通りの命名は1867年になされている。

**ジョフロワ＝サン＝ティレール Geoffroy-
Saint-Hilaire**　1772-1844年。エティエン
ヌ・ジョフロワ＝サン＝ティレールはパリ
南南西のエタンプに生まれ、パリで没した
博物学者。1793年、パリ自然史博物館の
動物学教授となった彼は、博物館付属の動
物園を創設し、のちに激しい論争をくりひ
ろげることになるキュヴィエを助手にまね
いた。1798年から98年にかけてはナポレ
オンの伴をしてエジプトに赴いてもいる。
1801年、学士院会員となり、さらに1808
年にはリスボン（リスボンヌ）の博物館に
派遣され、パリの博物館に展示する興味深
い生物を入手した。

　こうして使命を十全に果たして1809年
に帰国した彼は、ソルボンヌで動物学を講

じるようになる。だが、1840年、視力を失って、研究をやめざるをえなくなった。当時、彼の理論はいささか大胆なものだったが、とくにその『諸器官の均衡法則』によって生物変移論の先駆者とされている。ジョフロワ゠サン゠ティエール通り（Rue Geoffroy-Saint-Hilaire）は1848年から5区にある。

ジョフロワ゠マリ Geoffroy-Marie 1420年頃、靴職人のジョフロワとその妻マリは小さな土地を有していた。ふたりは慈善院【現在のパリ市立総合病院。シテ島のノートル゠ダム司教座聖堂前にある】にそれを寄進した。慈善院が食べ物と衣服を彼らに死ぬまで提供する。それが条件だった【一説に、彼らの寄進した土地に道路を敷設することが条件だったともいう】。取引は成立した。それから4世紀以上たった1843年、その9区の寄進地に通りが敷設される。夫婦の名前を永遠に結びつけたジョフロワ゠マリ通り（Rue Geoffroy-Marie）がそれである。

ジョフロワ゠ランジュヴァン Geoffroy-l'Angevin 4区のジョフロワ゠ランジュヴァン通り（Rue Geoffroy-l'Aangevin）は、その呼称を、アンジェ出身で、1243年にここに住んでいたジェフロワ氏（Geffroy）——のちにジョフロワ（Geoffroy）となる——に負っている。それ以来、この通りは現在の呼称で存在している。

ジョフロワ゠ラニエ Jeoffroy-l'Asnier ジョフロワ゠ラニエなる人物は存在していなかった。だが、1285年に、現在の4区にあるジョフロワ゠ラニエ通り（Rue Jeoffroy-l'Asnier）に住んでいた富裕な地主のフォルジエ・ラニエはいた。おそらく時がたつにつれてその呼称が変わり、否応なくジョフロワになったと思われる。現在の呼称は1445年から変わっていない。

ジョベ゠デュヴァル Jobbé-Duval 1821-89年。アルマン・ジョベ゠デュヴァルはブルターニュ地方のカレに生まれ、パリで没した画家。「新ギリシア派」【古代ギリシア美術を理想とし、そこに着想を求めた画家たちの総称】に属していた彼には、以下のような作品がある。『マルトの庭にいるマルグリト』、『新妻の入浴』、『若い病人』【いずれも制作年不詳】。さらにサン゠ルイ゠アン゠リル教会の装飾も手がけている。1870年、彼は15区の助役となり、82年まで参事会員もつとめた。15区のジョベ゠デュヴァル通り（Rue Jobbé-Duval）は、1920年の命名である。

ジョマール Jomard 1777-1862年。フランソワ・ジョマールはヴェルサイユに生まれ、パリで他界した技師・地理学者・考古学者。1794年、国立理工科学校（エコール・ポリテクニーク）の第一期生となり、卒業後、エジプトに赴いて【1798年】さまざまな測地学的研究をおこない、これによって同国の地図作成が可能になった。1803年に帰国した彼は、初等教育の組織づくりに尽力し、28年には王立図書館の館長を拝命する。碑文・文芸アカデミー会員だった【1818年から】彼の名は、19区のジャマール通り（Rue Jomard）に残っている。命名はその死後5年目の1867年である。

ショメル Chomel 7区にあるショメル通り（Rue Chomel）の呼称は、ふたりの医師の名に由来する。1671年に生まれ、1740年に他界したジャン゠バティスト・ショメル【ルイ14世の侍医。植物学者として、貴重な植物の収集や数多くの植物の来歴などを研究したことでも知られる】と、その子孫のひとりで、1788年から1858年まで生きたオーギュスト・ショメル【リウマチの研究で学位をとり、パリ慈善院（現市立総合病院）の正教授として臨床医学を提唱した】である。命名は1868年になされている。

ショーモン Chaumont 19区のショーモン通り（Rue Chaumont）は、1932年、近くにビュット゠ショーモンがあったことから命名された。

ジョリ Joly 11区にあるシテ・ジョリ（Cité Joly）の呼称は、ここに家を構えていた人物の名に由来する。

ジョリヴェ Jolivet ジョリヴェ通り（Rue Jolivet）は14区にある。呼称は、1844年に開通したこの通りに家を1軒有していた

ジョリヴェ氏にちなむ。

ジョルグ・フリードリシュ・エンデル Georg Friedrich Haendel　1685-1759年。ゲオルク・フリードリヒ・ヘンデルのこと。ドイツ出身の作曲家で、1726年、イギリスに帰化した彼のことを語るには、その生涯を縷々紹介するより、ふたりに天才のヘンデル評を引用するほうがよいだろう。まず、ハイドン【1732-1809】の評である。「ヘンデルはわれわれの絶対的な大マイスターである」。そしてベートーヴェン（ベトヴン）はこう言っている。「〔ヘンデルは〕これまでひとりとしていなかった偉大な作曲家である。私は彼の墓に跪きたい」

ヘンデルの作品としては、オペラ曲の『幸福なフロリダンテ』【初演1708年】や『リナルド』【1711年】、『ジュリアス・シーザー』【1724年】、『パルテーノペ』【1730年】、『オルランド』【1733年】、さらにオラトリオとしては『メサイア』【1742年】、『サムソン』【1743年】、『ユダス・マカベウス』【1747年】などがある。10区には、1987年に命名されたジョルグ＝フリードリシュ＝エンデル通り（Rue Georg-Friedrich-Haendel）がある。

ジョルジェット・アギュート Georgette Agutte　1867-1922年。ジョルジェット・アギュートは、煉獄に長いあいだいたと思えるような画家である。彼の絵からは強力な感性や完全なまでの色彩感が放たれている。その名がパリの通りに冠せられたのは、死後8年目の1930年だった。18区のジョルジェット＝アギュート通り（Rue Georgette-Agutte）がそれである。

ジョルジナ Georgina　1892年に開通した16区のヴィラ・ジョルジナ（Villa Georgina）の呼称は、その土地を所有していた地主の娘の名に由来する。

ジョルジュ・アンブロワズ・ボワスラ・エ・ブランシュ Georges Ambroise Boisselat et Blanche　ジョルジュとアンブロワズ、そしてブランシュの3人は、現在彼らの名をとってシテ・ジョルジュ＝アンブロワズ＝ボワスラ＝エ＝ブランシュ（Cité Georges-Ambroise-Boisselat-et-Blanche）とよばれる、20区の私道を有する一族に属していた（この住所をしたためる際は、かなり細いペンもしくは大きな封筒をもちいなければならない）。

ジョルジュ・イストマン George Eastman　1854-1932年。ジョージ・イーストマン（ジョルジュ・イストマン）は、ニューヨーク州ウォーターヴィル生まれの実業家・篤志家。1889年、彼はロールフィルムを発明している。映画ファンならイーストマンカラーのことは知っているだろう。1947年にその名がつけられた13区のジョルジュ＝イストマン通り（Rue George-Eastman）の11番地には、1936年、彼の篤志によって創設された歯科衛生・口腔病学研究所が建っている。

ジョルジュ・ヴィル Georges Ville　1824-99年。パリに生まれ、南仏ガール県のポン＝サン＝テスプリで没した農学者で化学者。ジョルジュ・ヴィルは、パリの自然史博物館で植物物理学を教え、豆科植物が大気中の窒素分子を吸収することに最初に気づいたひとりである。16区のジョルジュ＝ヴィル通り（Rue Georges-Ville）は、1905年に命名されている。

ジョルジュ・エ・マイ・ポリゼール Georges et Maï Politzer　ジョルジュ・ポリツェル（ポリゼール、1903-42）はハンガリー出身のユダヤ系マルクス主義哲学者・教授。【1921年にパリに移り住み】、1929年から共産主義の活動家となった。中央経済委員会の責任者をつとめていた頃、彼は経済問題や社会問題にかんする論文を数多く発表し、労働者大学で、ついで共産党中央学校で哲学を講じた【彼はアンリ・ベルグソンの哲学を弁証法的唯物論から批判している】

だが、1942年2月15日、ポリツェルは妻のマイ（結婚前の名はマリ・ラルカド【1905生。助産婦】）とともにドイツ軍に逮捕され、パリ西郊のヴァレリャンの丘で銃殺刑に処された。一方、妻のマイは1943年1月にアウシュヴィッツに強制移送され、3か月後チフスで他界した。彼らふたりに

は、「フランスのために死す」という追悼の辞と、「強制収容・移送されたレジスタンス運動家」という称号が贈られている。彼らの名を冠した12区のジョルジュ=エ=マイ=ポリゼール通り（Rue Georges-et-Maï-Politzer）は、1998年の命名である。

ジョルジュ・オーリック Georges Auric

1899-1983年。南仏エロー県のロデーヴに生まれ、パリで他界した作曲家のオーリックは、1918年に結成された「6人組」【→ダリウス・ミヨー】のひとりである。その作品の特徴は正確な構成と繊細なメロディーにある。作品としては、バレエ曲の『うるさがた』【1923年】や『アルシヌの呪文』【1928年】、合唱曲の『4フランス歌曲』【1941年】、さらに『ジェラール・ド・ネルヴァルの5つの詩』【1925年】を含むメロディーなどがある。

ホリックはまた数多くの映画音楽も手がけており、そのなかには、たとえばジョン・ヒューストン監督【1906-87】の『ムーラン・ルージュ』【1952年】がある【ほかに、とくにディアギレフのバレエ音楽『水夫たち』や、ジャン・コクトーの『詩人の血』（1930年）などの映画音楽もある】。彼に捧げられたジョルジュ=オーリック通り（Rue Georges-Auric）は、その死後7年目の1990年から19区にある。

ジョルジュ・ギヨーマン Georges Guillaumin

1868-1936年。8区の参事会員という名誉職をつとめていた彼の名は、1937年に命名された12区のジョルジュ=ギヨーマン通り（Rue Georges-Guillaumin）に残っている。

ジョルジュ・ゲルシュウィン George Gershwin

1898-1937年。ジョージ・ガーシュウィンのこと。ジャズやその原型であるラグタイムから多くの着想をえたアメリカ人作曲家。1924年、彼はピアノとオーケストラのための「ラプソディ・イン・ブルー」で一躍名をはせた。クラシックの本格的な勉強をしたわけではなかったが、彼の曲の繊細さを高く評価していたモーリス・ラベルの助言を受けた。

ガーシュウィンはまた「パリのアメリカ人」【1928年】や「ポーギーとベス」【1934-35年】を創作し、ブロードウェイの「ショー」も数多く手がけている。さらに500曲以上の歌も作曲している。映画『私の彼氏』【1924年】はそんな彼の人生を綴ったものである。12区のジョルジュ=ゲルシュウィン通り（Rue George-Gershwin）は1993年からある。

ジョルジュ・ケーン Goerges Cain

1856-1919年。有名な彫刻家オーギュスト・ケーン【1821-94。動物像で知られた】を父にもつ画家ジョルジュ・ケーンは、パリを生没地とする。彼の油彩画は大部分が歴史的な逸話を主題としている。『中央市場の柱に飾られたマラーの胸像』や『バイロン卿とグィッチョーリ伯爵夫人の出会い』、『最後の山岳派の死』【いずれも制作年不詳】などのように、である。弟アンリ【1857-1937】もまた画家だった【ジョルジュは1897年から1914年まで、カルナヴァレ博物館（パリ歴史博物館）の館長もつとめている】。3区には、1928年の命名になるジョルジュ=ケーン小公園（Square Georges-Cain）がある。

ジョルジュ・コントノ Georges Contenot

1868-1948年。コントノ氏はパリ市公共住宅局の責任者で、住宅行政を効果的に推進した【1934年から35年まで、パリ市参事会議長もつとめた】。この住宅局が1954年、彼の名をパリの小公園に冠した。12区にあるジョルジュ=コントノ小公園（Square Georges-Contenot）である。

ジョルジュ・サシェ Georges Saché

1876-1902年。航空技術者だったサシェは、飛行船パクス（平和）号で飛行中、メーヌ大通りの近くで墜落死している【→セヴェロ】。その死を悼んで1907年に命名されたジョルジュ=サシェ通り（Rue Georges-Saché）は、墜落現場の14区にある

ジョルジュ5世（サンク）George V

1865-1936年。ジョージ5世（ジョルジュ・サンク）は1910年から36年まで、グレートブリテン及びアイルランド連合王国国王と

シヨルシユ

インド皇帝の座にあった。ザクセン＝コーブルク＝ゴータ家の系譜に連なるジョージ5世は、この王朝の呼称をウィンザー朝にあらためた。その治世はとくに第1次世界大戦へのイギリスの参戦に特徴づけられる【対戦国であるドイツ皇帝ヴィルヘルム2世はジョージ5世の従兄】。それを記念して大戦直後の1918年命名されたジョルジュ5世大通り（Avenue George-V）は、8区にある。

ジョルジュ・サンド George Sand 1804-76年。デュドゥヴァン男爵夫人オロール・デュパン、筆名ジョルジュ・サンドは、パリで生まれ、フランス中部アンドル県のノハンに没している。父親は将校（貴族）で、1808年、スペインで他界している。そのため、オロールはノハンにある祖母の城館で13歳まで育てられた。1817年から20年にかけて、パリのイギリス系女子修道院をしばしば訪れ、修道女たちと起居をともにした。だが、修道院生活はさほど楽しいものではなかった。

こうして修道院に見切りをつけた彼女はノハンに戻り、ジャン＝ジャック・ルソーの著作に傾倒して、その自然への篤い想いを存分に書き綴った。1822年、祖母が他界すると、ほとんど愛情も抱かぬまま、デュドゥヴァン男爵と結婚する。この結婚でモーリス【1823-89】とソランジュ【1828-99】をもうけたが、31年、男爵と別居し、36年に離婚する。

やがて「糊口を凌ぐため」にパリに出て、《フィガロ》紙で働く。それは長続きしなかったものの、同郷人のジュール・サンドーと出会い、小説家としての天分を引き出される。1831年、ふたりは共作の『薔薇色と白』【邦題『薔薇色の雲』、杉捷夫訳、青磁社】を発表する。このときもちいた筆名が、サンドー（Sandeau）の名の前半分にあたるサンドだった。以来、彼女は比類のない才能を発揮し、フランス最高の小説家のひとりと目されるようになる。

サンドの作品としてはたとえば以下がある。『レオヌ・レオニ』【1834年】、詩人ミュッセ（ミュセ）の心を深く傷つけた、

1833・34年の冬のヴェネツィア旅行が一部語られている『内密の秘書』【1834年】、『モープラ』【1837年】、『スピリディオン』【1838年】、『ルドルフシュタット伯爵夫人』【1843年】、社会主義を信奉していた時期を特徴づける『ジャンヌ』【1844年】、『魔が沼』【1846年】、『少女ファデット』【1849年】、『ボワ＝ドレの貴顕たち』【1858年】、『ある少女の告白』【1864年】、『マドモワゼル・ド・メルクム』【1868年】、『祖母の昔話』【1873年】。ほかに、ミュッセへの手紙を含む書簡集もある。

ジョルジュ・サンドにとって、すべてが小説、それも純然たる小説だったともいえる。晩年、その城館に子供向けの人形劇場を建て、「ノアンの貴婦人」とよばれた彼女の生涯は、まさに静穏な幸福と激情とが交錯したものだった。後者の相手にはミュッセやショパン、フランツ・リストがいた。人前で葉巻をふかして顰蹙を買った彼女は、次のような言葉を残している。「苦しみは女性の心だけを美しくする」、「想い出は魂の香水である」、「私は好奇心で死にたい」。16区のジョルジュ＝サンド通り（Rue George-Sand）は1886年からある。

ジョルジュ・シテルヌ Georges Citerne 1906-44年。ジョルジュ・シテルヌは劇作家だが、その作品の大部分はおそらく時代の柵を乗り越えらことができなかった。第2次世界大戦末、彼はドイツ軍によって銃殺されている。15区にあるジョルジュ＝シテルヌ通り（Rue Georges-Citerne）は、その死後2年目の1946年に命名されていっる。

ジョルジュ・ティル Georges Thill 1897-1984年。パリで生まれ、南仏カンヌ近郊のドラギニャンで他界したテノール歌手。1924年、パリのオペラ座で『リゴレット』と『タイス』を演じて華々しいデビューを飾った。さらにティルは、ミラノのスカラ座やヴェローナ、ブエノスアイレス（ブエノ・ゼール）などでも公演した。20世紀最大のフランス人テノール歌手とみなされている彼はまた、映画にも数本出演し（ア

ベル・ガンス監督【1889-1981】作品『ルイズ』【1939年】など）、かなりの数にのぼる78回転レコードでの録音もおこなっている。だが、1953年、オペラ『大道芸人』を最後にパリに別れを告げた【1956年にはシャトレ劇場で最後のコンサートを開いている】。16区には、1998年に命名されたジョルジュ=ティル通り（Rue Georges-Thill）がある。

ジョルジュ・デスプラ Georges Desplas

1856-1922年。ジョルジュ・デスプラは5区選出の参事会員で、下院議員をつとめた。そのことにちなんで、5区には1932年に命名されたジョルジュ=デスプラ通り（Rue Georges-Desplas）がある。

ジョルジュ・デュアメル Goerges Duhamel

1884年にパリに生まれ、1966年にフランス中北部ヴァル=ドワーズ県のヴァルモンドワで他界した作家。最初は医師だったが、まもなく文学に転向し、1907年、最初の詩論集『伝説・戦い』を上梓している。そして1918年、前線での医師体験を綴った『文明』でゴンクール賞を受賞したが、それ以来、彼の作品には、『未来生活の情景』（1930年）や『ヒューマニストとロボット』（1933年）のように、近代主義や機械主義文明より先行させたい友愛やヒューマニズムへの思いが色濃く登場するようになる。

1935年、アカデミー・フランセーズ会員となったデュアメルはまた、重要な2通りの連作小説も書いている。『サラヴァンの生涯と冒険』【1920-32年】と『パスキエ家の年代記』【1933-45年】がそれである。15区のジョルジュ=デュアメル通り（Rue Goerges-Duhamel）は2002年の命名になる【同区には1998年に開園されたジョルジュ=デュアメル公園（Jardin Georges-Duhamel）もある】

ジョルジュ・デュメジル Georges Dumézil

1898-1986年。パリに生まれ、没した歴史学者で、比較神話学とインド=ヨーロッパ語系民族の社会組織の碩学。1978年にアカデミー・フランセーズ会員となった彼には、『インド=ヨーロッパ語系民族の3区分イデオロギー』【1958年。邦題『神々の構造：印欧語族三区分イデオロギー』、松村一男訳、国文社】、『神話と叙事詩』【3部作、1968・71・73年】などの著作がある【論集の邦訳としてはほかに『デュメジル・コレクション』全4巻、丸山静・前田耕作編、筑摩書房がある】。彼は言っている。「安心させてくれる神々は、不安にさせる神々ほど人間を支配しない」。彼に捧げられた15区のジョルジュ=デュメジル通り（Rue Goerges-Dumézil）は、1995年からある。

ジョルジュ・ド・ポルト=リシュ Georges de Porte-Riche

1849-1930年。ポルト=リシュはボルドー出身の劇作家で、ひたすら官能的な愛に由来する心理的な葛藤や対立を独創的に描き出した。このことは、ときに彼に好ましい結果をもたらした。たとえば、『フランソワの慵倦』【1888年】のように、である。そうした作品の内容から、彼はこう記している。「おそらく私は心の歴史に名前が残るだろう」。その作品としては、ほかに『恋人』【1891年】や『老人』【1911年】などがある。彼の名は、14区のジョルジュ=ド=ポルト=リシュ通り（Rue Georges-de-Porte-Riche）として残っている。命名はアカデミー・フランセーズ会員に選ばれた1932年である。

＊ジョルジュ・パラン Georges Pallain

1845-1923年。ジョルジュ・パランは行政官・弁護士で、1871年にパリ南郊ソーの副知事となったのち、77年に財務省の人事局長に就任する。1881年、ガンベッタ内閣の閣僚に抜擢され、85年、税関総局長、さらに97年に国立銀行総裁になった。彼はまた、タレーラン（タレラン）とのやりとりを政治的書簡集にまとめ公刊している【パランはヴィクトル・ユゴーの遺言執行人もつとめた】。彼にちなんで1931年に命名されたジョルジュ=パラン通り（Rue Georges-Pallain）は、16区にあった。

ジョルジュ・バランシヌ George Balanchine

1904-83年。ジョージ・バランシン（ジョルジュ・バランシヌ）はサンクト=ペテ

シヨルシユ

ルブ（サン＝ペテルスブール）のグルジア人家庭に生まれ、ニューヨークで没した演出家。最初ディアギレフ（ディアギレヴ）とともに活動し【そのバレエ・リュスに参加した】、やがて渡米してアメリカン・バレエ学校を立ち上げ【1935年】、『コンチェルト・バロッコ』【1941年】や『4つの気質』【1946年】、『アゴン』【1957年】などの作品で、抽象バレエの「マイスター」とみなされるようになる。だが、一方で古典的な型も重視し、『放蕩息子』【1929年】や『白鳥の湖』【1951年】といった作品の振り付けもおこなった。13区には彼の名を冠したジョルジュ＝バランシヌ通り（Rue George-Balanchine）がある。命名は1993年になされている。

ジョルジュ・ビゼ Georges Bizet 1838-75年。作曲家のレオポル・アレクサンドル、通称ジョルジュ・ビゼー（ビゼ）は、19歳で音楽部門のローマ大賞を受賞しているが、すでに18歳のとき、オペレッタ『ミラクル博士』を発表している。そして1863年には『真珠採り』、67年には『美しきパースの娘』、72年には『ジャミレー』を作曲し、さらにアルフォンス・ドーデとともに創作活動に励み、彼の芝居のため、1872年に『アルルの女』を提供している（だれもがこの有名な女性のことを語るが、だれも実際に見たことはない）。

だが、彼の最高傑作でもっとも注目に値するのは、あきらかに『カルメン』【1873-74年】である。とはいえ、ビゼーはこのオペラ曲の大成功を十分に味わうことができなかった。オペラ＝コミック座での初演の3か月後に、今日言うところの梗塞によって息を引き取っているからである。しかし、彼を名祖とするジョルジュ＝ビゼ通り（Rue Goerges-Bizet）は、1904年から16区にある。

ジョルジュ・ピタール Georges Pitard
1897-1941年。弁護士のジョルジュ・ピタールは、ドイツ軍によって最初に銃殺刑に処されたフランス人。彼の名を冠した15区のジョルジュ＝ピタール通り（Rue

Georges-Pitard）は、1946年の命名になる。

ジョルジュ・ブラック Georges Braque
1882-1963年。パリ北西部アルジャントゥーユに生まれ、パリで没した画家。1900年、ブラックはパリで野獣派（アンリ・マティス、アンドレ・ドラン、ジョルジュ・ルオーなど）と交わり、1907年にはレスタック【マルセイユ市内】で、パブロ・ピカソとともにキュビズムの詩学を立ち上げ、第1次世界大戦中の1914年まで活動する。彼のキュビズムには2通りの位相がある。分析的な位相と総括的な位相である。その最初の主題は静物だった。だが、第1次世界大戦を契機として、彼はピカソと離れる【ブラックが出征したため、ピカソとの共同作業は中絶した】。1940年からは、彼の作品は内的な主題や鳥たちの飛翔、空間内の形態が有するダイナミックな概念全体をおもな対象とするようになる。

父親が建築業を営んでいたブラックは、まず室内装飾の徒弟として働き、1902年、アカデミー・アンベール【画家フェルディナン・アンベール（1842-1934）の画塾】に入り、のちにパリ高等美術学校（ボザール）に入学した。作品としては『エスタルクの家』【1908年】や『女音楽家』【1917年】、『アトリエ』【1949年】、『鳥たち』【1952-53年】などがある。彼はまた1952年にルーヴルの天井画も描いている。彼の名を冠したジョルジュ＝ブラック通り（Rue Georges-Braque）は、1976年から14区にある。

ジョルジュ・ブラッサンス Georges Brassens
詩人・歌手・作曲家・作家のジョルジュ・ブラッサンスは、1921年、南仏エロー県のセトに生まれ、1981年19月29日、生地近くのサン＝セリ＝デュ＝フェッスクで没している。第2次世界大戦中、彼はジル・コルボー【字義は「大鳥ジル」】やジョ＝ラ＝セディユ【セディユとはフランス語アルファベットの《ç》の下のヒゲ】、ペペ＝カダブル【字義は「爺さん屍体」】といった、人をからかうような（！）筆名をもちいて、無政府主義的な文章を書いていた。しかし、1952年から歌手として成功するようになる。

そのシャンソンは当初はきわめて不当にも顰蹙を買ったが、彼が偉大な芸術家であることに疑いはなかった。彼の作品はすべてが本格的な詩だった。詩句の構成には句またぎ、つまり詩句が行末で完結せず、次行にまたがる手法を駆使し、躊躇せずに奇数の音節をもちい、一度聴いただけでは分からないような、より洗練された、そして多様な曲をつくった。

ブラッサンスはまた『奇蹟の塔』（1953年）などの小説も書き、映画にも出演している。ルネ・クレール監督【1898-1981。代表作に『巴里の屋根の下』（1930年）などがある】の『リラの門』【1957年】がそれである。彼は言っている。「唯一の革命とは自分自身（！）を向上させようとすることである」。長いあいだ、彼は15区に住んでおり、それにちなんで、1982年、同区の公園にその名がつけられている。ジョルジュ＝ブラッサンス公園（Parc Georges-Brassens）である。

ジョルジュ・ベス Georges Besse 1927-86年。ジョルジュ・ベスはフランス中央山地のクレルモン＝フェランで生まれ、パリで他界した実業家。CIT＝アルカテル社【現アルカテル＝ルーセント社。通信システム・装置メーカー】やユーロディフ【フランス・スペイン・イタリア・ベルギー4か国の共同出資によるウラン濃縮企業体】といった組織の代表取締役や総裁をつとめ、ときにはルノーをはじめとする企業の再建も手がけた。だが、1986年11月17日、エドガー＝キネ大通り16番地の前で殺害された。この大通りの12番地にあった自宅に戻る途中だった。1996年に命名されたジョルジュ＝ベス小路（Allée Georges-Besse）は、同じ14区の殺害場所近くにある。

ジョルジュ・ベリー Goerges Berry 9区のジョルジュ＝ベリー広場（Place Goerges-Berry）が命名されたのは1939年のことである。1852年に生まれ、1915年に没したベリーは9区の参事会員で、同区選出の下院議員にもなった。

ジョルジュ・ペレク Georges Perec 1936-1982年。パリを生没地とする作家。ペレクの小説のなかでもっとも知られた1965年刊行の『事物』は、消費社会を皮肉かつ辛辣に批判するため、「ヌヴォーロマン」の形式をとっている。まさに彼は「日常の社会学者」とも呼べるが、その最高傑作は1978年にメディシス賞を受賞した『人生使用法』【坂詰治男訳、水声社】である。絵画的なスーパリアリスムの技法に触発されたそこでは、書き留められた、あるいは書かれるべきすべての物語の目録をつくることが意図されていた。作品としては、ほかに詩集『終了』【1980年】や戯曲『増加』【1967年】などがある。彼に捧げられたジョルジュ＝ペレク通り（Rue Georges-Perec）は、1994年から20区にある。

ジョルジュ・ベルジェ Georges Berger 1884-1910年。鉱山技師で、17区選出の下院議員となったジョルジュ・ベルジェは、1889年の万国博で運営委員長をつとめた。彼にゆかりのある17区には、1912年に命名されたジョルジュ＝ベルジェ通り（Rue Georges-Berger）がある。

ジョルジュ・ベルナノス Georges Bernanos 1888-1948年。ベルナノスはパリ出身の作家。カトリック的な発想によって素晴らしい小説をものした彼の作品としては、『保守派たちの多いなる恐怖』【1931年】や『田舎司祭の日記』【1936年。渡辺一民訳、春秋社】、『月下の大墓地』【1938年。高坂和彦訳、白馬書房】、『カルメル会修道女たちの対話』【渡辺義愛・岩瀬孝訳、春秋社】などがある。彼は言っている。「地獄、それはもはや何も愛さないことである」、「希望とは危険を冒すことである」。彼を名祖とするジョルジュ＝ベルナノス大通り（Avenue Georges-Bernanos）は、1967年から5区を走っている。

ジョルジュ・ベルナール・ショー George Bernard Shaw 1856-1950年。ジョージ・バーナード（ジョルジュ・ベルナール）・ショーはアイルランドのダブリン（デュブラン）に生まれ、イングランドのハートフォードシャー州エイオット・セント・ロレ

シヨルシユ

ンスで没した作家。1925年にノーベル文
学賞を受賞した彼の作品——小説、評論、
戯曲——には、ほとんどつねに一種の悲観
主義や巧みに配されたブラック・ユーモア
が盛り込まれている。戯曲としては『アン
ドロクリーズとライオン』【1912年初演】
や『ピグマリオン』【1913年初演】、『聖女
ジョウン』【1923年初演】などがある。

ショーは言っている。「人を楽しませる
方法は、真実を語ることだ」、「家族の輪と
は子供がとり囲まれる場のことである」、
「この世でだれかが言うべきことがある場
合、難しいのは彼にそれを話させることで
はなく、あまり頻繁にそれを話させないこ
とだ」、「嘘つきに対する罰は、だれにも信
じさせないことである」。彼は1994年から
パリにその通りを有している。15区のジ
ョルジュ＝ベルナール＝ショー通り（Rue
Georg-Bernard-Shaw）である。

**ジョルジュ・ポンピドゥー Georges
Pompidou** 1911-74年。ジョルジュ・ポ
ンピドゥーはフランス中部カンタル県のモ
ンブディフに生まれ、パリで病没した政治
家。教師の家に生まれ、パリの高等師範学
校卒業後、みずからもまた教鞭をとった。
その教え子たちは彼が優れた教育者だった
と追想している。第2次世界大戦後、彼は
国務院調査官などをへて、ロスチャイルド
銀行に入り、やがて頭取になる【在職1954
-58年】。かねてよりシャルル・ド・ゴール
の信奉者だったが、表立った政治活動とは
無縁だった。だが、1962年、そのド・ゴー
ルから首相に任命される。それはほとん
どのフランス人を驚かす出来事だった。

ポンピドゥーはこのポストに1968年ま
でとどまり、同年5月の激動【パリ5月革
命】と向き合うことになる。そこで彼はグ
ルネル協定を推し進め、ついに合意にこぎ
つける【この協定は政府を仲介として結ばれ
た労使間の合意で、労働組合企業内支部の合
法化や最低賃金の引上げ、労働時間の短縮な
どを内容とする】。7月に首相を辞任した彼
は、1969年にド・ゴールが他界すると、
共和国大統領選挙に出馬し、第2回投票で

第19代大統領に選ばれた。

こうしてフランスの指導者となった彼は、
持ち前の温厚さによって比較的保守的な政
策を推進するが、フランス産業の近代化に
は積極的な姿勢をとった。しかし、長年闘
ってきた宿痾【白血病】により、1974年3
月、パリのベテュヌ河岸通りにあるアパル
トマンで病没する。ポンピドゥーという政
治家はまた、地方を出自とすることによっ
て、フランス人本来の特質のひとつとでも
いうべき良識を多分に有してもいた。

ポンピドゥーはまた詩にも強い関心を抱
いており、14世紀のウスタシュ・デシャ
ン【1346頃-1406頃。百年戦争時代の現実を
風刺した作品で知られる詩人】から、フラン
スのきわめて偉大な詩人たちをへて、ポー
ル・エリュアールやジュール・シュペルヴ
ィエルへといたる、硬質な『フランス詩撰
集』【1961年】を編んでいる。この書には
妻の「クロードに」という献辞がある。セ
ーヌ河岸にそって1区・4区・8区・12
区・16区を走るジョルジュ＝ポンピドゥ
ー通り（Voie Georges-Pompidou）は1976
年、4区の同名の広場（Place Georges-
Pompidou）は79年に命名されている。

ジョルジュ・マンデル Georges Mandel
1885-1944年。パリ西郊のシャトゥーに生
まれた政治家のジョルジュ・マンデルは、
クレマンソーと協力して、数度大臣をつと
めた。1940年5月には内務大臣となった
が、44年7月7日、ヴィシー政権の親独
義勇兵によって、フォンテヌブローの森で
暗殺された【極右政治家で、ヴィシー政権の
情報・宣伝担当相だったフィリップ・アンリ
オが、レジスタンス運動を展開していたコマ
ックの闘士によって殺害されたことへの報復】。
ジョルジュ＝マンデル大通り（Avenue
Georges-Mandel）は、1945年から16区に
あるが、マンデルの本名はジョルジュ・ロ
トシルドである。

ジョルジュ・ミュロ Georges Mulot 技師
のジョルジュ・ミュロは、1833年から自
噴井（掘り抜き井戸）を掘りはじめている。
そして8年かかった工事のあとの1841年

2月26日、ついに地下565メートルから汲み上げた水が噴き出すようになった。グルネルの旧畜殺場の中央部に掘られたこの井戸は、以後、パリ左岸地域の大部分に長いあいだ飲料水を供給することになる。15区のジョルジュ＝ミュロ広場（Place Georges-Mulot）が整備されたのは、1900年である。

ジョルジュ・メリエス Georges Méliés

1861-1938年。パリ出身のジョルジュ・メリエスは奇術師だったが、とくに映画製作者として知られる。本格的な演出と洗練されたシナリオをもちいての映画づくりは、メリエスを嚆矢とする。『月世界旅行』【1902年】をはじめとする最初期の作品から、彼はじつに驚くべきトリック【SFX（特殊撮影）】を駆使することに成功しており、パリ東郊のモントルイユ＝スー＝ボワに、はじめて正真正銘の映画スタジオを建ててもいる。1889年から1914年まではたえず映画を撮り続けたが、第1次世界大戦初期にその映画会社「スター＝フィルム」が倒産してしまう。

こうして破産状態に陥ったメリエスは、1932年まで、モンパルナス駅に出した露店で玩具や飴を売りながら、糊口を凌がざるをえなかった【1931年にレジョン＝ドヌール勲章を受けたが、苦しい生活はなおも続いた。翌年、オルリーの「引退映画人の家」に、そうしたメリエス一家のために居室が提供されている】。しかし今日、消失を免れた彼の作品——全作品数はおよそ450本（！）にのぼる——は、揺籃期の映画愛好者たちを喜ばせるまでになっている。12区にあるジョルジュ＝メリエス小公園（Square Georges-Méliés）は、彼にちなんで1960年に命名されている。

ジョルジュ・ラフォン Goerges Lafont

1919-44年。レジスタンス組織のフランス国内兵（FFI）に属していたジョルジュ・ラフォンは、1944年、エグゼルマンス大通りに築いたバリケードの上で殺された。1964年、パリの大通りに彼の名がつけられている。16区のジョルジュ＝ラフォン大通り（Avenue Georges-Lafont）がそれである。

ジョルジュ・ラマルク Georges Lamarque

1914-44年。このレジスタンスの英雄は、第2次世界大戦末期にドイツ軍に銃殺されている。彼の名を冠した14区のジョルジュ＝ラマルク小公園（Square Georges-Lamarque）は、死後11年目の1955年の命名になる。

ジョルジュ・ラフネストル Georges Lafenestre 1837-1919年。オルレアン出身の文学者であるラフネストルは、とくに詩人・美術評論家として知られ、1888年にはルーヴル美術館長に就いている。ルーヴル美術学校教授【やフランス学士院会員】でもあった彼は、1892年、美術・彫刻アカデミー会員に選ばれた。著書には『ティツィアーノの生涯と作品』【1886年】や『ヨーロッパ絵画』【1900年】などがある。ジョルジュ＝ラフネストル大通り（Rue Georges-Lafenestre）は、1934年から14区を走っている。

ジョルジュ・ラルデノワ Georges Lardennois

1878-1940年。このきわめて高名な外科医は、パリ大学医学部で教鞭をとっていた。19区のジョルジュ＝ラルデノワ通り（Rue Georges-Lardennois）が命名されたのは、彼の存命中の1928年だった。

ジョルジュ・リスレル Georges Risler

1853-1941年。北仏セーヌ＝エ＝マリティム県のデヴィル＝レ＝ルーアンを生没地とするジョルジュ・リスレルは、実業家・社会改革運動家。彼はフランス学士院【人文・社会科学アカデミー。1930年選出】の会員であり、それだけでもその名が既存の大通りにつけられてしかるべきだった。だが、後代の忘恩を危惧してか、彼が経営していた会社によってその名がつけられたのは、1936年に16区に開通した小道だった【ジョルジュ＝リスレル大通り（Avenue Georges-Risler）はパリでもっとも短い規格外の「大通り」で、全長14メートル（！）。しかも私道である】

ジョルジュ・ルオー Geroges Rouault 1871

－1958年。パリ生まれのジョルジュ・ルオーは、神秘的であると同時に風刺的でもある野獣派の代表的な色彩画家。主要な作品としては以下がある。『ミゼレレ』【1927年以降。版画集】、『慈悲のキリスト』【制作年不詳。ほかに『道化の顔』（1908・48年）、『聖顔』（1933年）など】。1965年に命名されたジョルジュ＝ルオー小路（Allée Georges-Rouault）は、20区にある。

ジョルジュ・ルクランシェ Georges Leclanché

1839-82年。パリを生没地とする電気技師。彼が1877年に発明した電池は、長いあいだルクランシェ電池として販売され、今もなおそうよばれている。この電池は、塩化アンモニウムを電解液、二酸化マンガンを減極剤とする。15区のジョルジュ＝ルクランシェ通り（Rue Georges-Leclanché）は、1984年の命名である。

ジェルジュ・ルサージュ Georges Lesage

12区のジョルジュ＝ルサージュ小公園（Square Georges-Lesage）は、おそらくかつて私道だったこの場所に家をかまえていた、建築家の名にちなんで命名されている。

ジョルジュ・レーグ Georges Leygues

1857-1933年。1857-1933年。ジョルジュ・レーグは、フランス南西部ロット＝エ＝ガロンヌ県のヴィルヌーヴ＝シュル＝ロ出身の政治家。弁護士だった彼は生地で《アヴニール・ド・ロット＝エ＝ガロンヌ（ロット＝エ＝ガロンヌの未来）》誌を創刊している。1885年、同県選出の下院議員となり、持ち前の卓抜した演説で頭角を現す。そして1894年に国民教育大臣、翌95年には内務大臣に抜擢される。下院副議長をつとめたのちの1898年から1902年まで、ふたたび国民教育大臣となった彼は、教育年度の最後の3年間、通学しなかった者を公職から追放する計画を提案している【教育の近代化案も提出し、議会の反対を押して成立させている。また、1920年9月から翌年1月まで、短期間ながら内閣を率いた】。ジョルジュ＝レーグ通り（Rue Goerges-Leygues）は、1956年から16区にある。

ジョルジュ・レシポン Georges Récipon

パリ出身の彫刻家・画家。シャンゼリゼ通りのグラン・パレの上に載っている2点の並列4頭立て2輪馬像は、彼の作である。4区のジョルジュ＝レシポン小路（Allée Georges-Récipon）は1970年からある。

ジョルダノ・ブリュノ Giordano Bruno

1550-1600年。ジョルダーノ・ブルーノ（ジョルダノ・ブリュノ）は、ナポリ（ナプル）王国のノーラに生まれ、ローマで処刑されたイタリアの思想家・ドミニコ会士。早くから懐疑論者となった彼は、修道院を去って放浪生活を始めるが、その大胆かつ過激な思想ゆえ、行く先々の町から追放された。1580年、彼はジュネーヴでカルヴァン（ジャン・カルヴァン）主義と出会う。

やがてパリを訪れ【1581年】、はじめて強力な庇護をえて【フランス国王アンリ3世【1574-89】から】、ソルボンヌで哲学を講じることができるようになる【1582年にはコレージュ・ド・フランス講師に任命された】。美男で優雅な物腰だったという彼は、こうしてパリでかなりの評判をとった。

彼は無限の世界、永遠の進化に解き放たれた世界を語ったが、キリスト教より、むしろ「自然」の宗教を信じ、既成の宗教全体に俗信や象徴しかみようとはしなかった。にもかかわらず、占星術や呪術は信じた…。一度、ロンドンに居を移したのち、1585年にパリに戻り、翌年まで滞在するが、それから彼はドイツに向かう。そして、各地で学生たちから賞賛を浴びる。だが、いたるところで教会や権力当局から疑いの目で見られた。

あるかあらぬか、1592年、ブルーノは帰国の途につく。それはあきらかに無謀な決断だった。帰国するやいなや、宗教裁判所によって逮捕されてしまったからである。こうして邪説を唱えたとして告発された彼は、背教者や異端、さらにみずからの修道誓願に背いた者として火刑に処される。彼には以下の著書がある。『無限、宇宙および諸世界について』【1584年。清水純一訳、岩波文庫】、『原因・原理・一者について』【1584年。加藤守通訳、東信堂】。彼の名を冠

したジョルダノ＝ブリュノ通り（Rue Giordano-Bruno）は、1885年から14区にある。

ショーレ Chauré 飛行船レピュブリック号の災難では、多くの兵士が命を落としている。1881年生まれのジャン・ショーレ中尉は、1909年【9月28日】に墜落したこの飛行船【1908年7月に完成した4気筒20馬力の飛行船で、墜落地は中部オーヴェルニュ地方のトレヴォル】に乗っていた【ショーレ小公園（Square Chauré）は20区】

ショロン Choron 1772-1834年。「プロフェッスール（教授）・ショロン」はある風刺週刊誌が創り出した人物である。むろん、1868年に命名された9区のショロン通り（Rue Choron）は、この人物名とは無縁である。だが、奇妙な一致というべきか、アレクサンドル・ショロンもまたプロフェッスールだった。音楽の、である。1771年に北仏のカーンに生まれ、1834年にパリで没した彼は、最初音楽とは別の道を選び、パリの国理工科学校（エコール・ポリテクニーク）で学んだ。やがて音楽の世界に入ると、パリ音楽院（コンセルヴァトワール）を批判して、多くの敵をつくる。

ショロンは1816年にオペラ座の支配人に任命されるが、それを1年で辞し、古典・宗教音楽院を創設する。バッハ（ジャン＝セバスチャン・バック）やヘンデル（ジョルグ・フリードリシュ・エンデル）、パレストリーナ【1525頃-94。イタリア後期ルネサンスの音楽家で、「教会音楽の父」とよばれる】の作品が、パリではじめて演奏されたのがこの学校だった。彼はまたドイツでおこなわれていたような「集団合唱」教育をフランスに導入しようともした。

しかし、1830年の7月革命【ブルボン朝の復古王政を倒した7月革命】でその仕事は中断を余儀なくされ、それを再開できぬほど悲しみに打ちひしがれた。『音楽家歴史の事典』【1810年】を編んだ彼を名祖とするショロン通り（Rue Choron）は、1968年から9区にある。

ジョワイユー Joyeux 17区のシテ・ジョワイユー（Cité Joyeux）は、その土地所有者にちなんで命名されている。

ショワジー Choisy 13区のショワジー通り【現ショワジー大通り（Avenue de Choisy）】は1672年からあり、パリ南郊のショワジー＝ル＝ロワまで続いているところから命名された。当時、ショワジー＝ル＝ロワはたんなる小邑だった。だが、17世紀にモンパンシエ公爵夫人【1627-93。フランス王族に属していたが、ルイ14世から疎んじられた。グランド・マドモワゼルとよばれた】がここに居城を築いてから、人々の口の端にのぼるようになった。彼女は城をルイ14世（ルイ・ル・グラン）の第1王子ルイ・オーギュスト【1670-1736。母はモンテスパン夫人。王位継承者としての資格があったが、政争に敗れて失脚した】に遺贈している。

この村は長いあいだショワジー＝マドモワゼルとよばれていたが、それはグランド・マドモワゼルを偲んでのことである。ルイ15世【国王在位1715-74】はこの城を王家の別荘とした。しかし、そこでしばしが狂宴がくりひろげられたため、1789年の革命の制裁対象となり、今日、城は見る影もなくなっている。むろん、狂宴もしかりである。ちなみに、「ラ・マルセイエーズ」の作者ルージェ・ド・リールの墓と1882年に建てられた記念碑はショワジー＝ル＝ロワにある【13区にはショワジー公園（Parc de Choisy）もある】

ショワズル Choiseul 1779年に敷設された20区のショワズル通り（Rue de Choiseul）に名を残すショワズルは、その働きかけでコルシカ（コルス）がフランス領となった大臣【ショワズル公エティエンヌ＝フランソワ（1719-85）。ポンパドゥール夫人の寵臣として、各国大使や主要閣僚を歴任する一方、『百科全書』の刊行を支援した】のことではない。ここでの人物は、フランス東部オート＝マルヌ県の村ショワズル＝エン＝バシニにその名を発するショワズル一族に属し、1752年にパリで生まれ、1817年に没したマリ・ガブリエル・オーギュスト・ショワズル＝グフィエ【1752-1817】のことである。

碩学で、探検家・外交官でもあったショワズルは、1783年にアカデミー・フランセーズの会員となっている。1784年から92年まで在コンスタンティノープル（コンスタンティノプル）のフランス大使をつとめ、やがてロシアに赴いて、皇帝パーヴェル１世【在位1796-1801】から図書館全体の監督を託された。1802年に帰国すると、学士院に籍をおき、復古王政期【1814-30年】には国務卿になった。

主著に『ピトレスクなギリシア旅行記』【1822年、死後刊行】がある彼と、その母ショワズル－ボープレ伯爵夫人は、1776年、所領に小路を敷設する許可を得た。1825年、この通りは、タヴェルニエなる名の建築家が銀行家マレ【アドルフ＝ジャック・マレ（1787-1868）のこと。フランスを代表する銀行家一族に属し、彼の時代には保険会社も創設された】の所有地に敷設したショワズル小路と結びついて延長された【20区にはショワズル小路（Passage Choiseul）もある】

ジョワンヴィル Joinville　1818-1900年。ジョワンヴィル公フェルディナン・フィリップ・ドルレアンは、ブーローニュの森（ボワ・ド・ブーローニュ）の北側に位置するヌイイ＝シュルセーヌで生まれ、パリで没している。1834年、海軍学校に入った彼は、フランス軍のメキシコ出兵の際、ベラクルス攻撃で発揮した勇猛果敢さによって、39年、艦長に任命される。翌1840年、フランスの残留兵を帰国させたのが彼である。

ブラジル皇女フランソワズ・ド・ブラガンス【1824-98。正式仏語名フランソワズ・カロニヌ・ジャンヌ・シャルロット・レオポルディヌ・ロメーヌ・ラファエル・ゴンサグ・ド・ブラガンス】と結婚した1843年、彼は海軍少将と貴族院議員に叙せられ、翌年にはモロッコ（マロック）のモガドール攻撃に参加する。

しかし、1848年、２月革命で玉座を追われた父王ルイ＝フィリップ（ジョワンヴィルはその３男）ともども亡命を余儀なくされる。1870年の普仏戦争時、彼は軍務に復帰するが、徒労に終わった。だが、翌

年には国民議会議員に選ばれ、海軍少将に復帰する。19区にはそんなジョワンヴィルの名を冠した地名がいくつかある。ジョワンヴィル袋小路（Impasse Joinville）は1844年、ジョワンヴィル通り（Place Joinville）は1843年、そしてジョワンヴィル広場（Rue Joinville）は1898年に命名されている。

ジョンカンド Jongkind　1819年にオランダのラートロープで生まれ、91年にグルノーブルで没したオランダ人画家のヨハン・バルトルト・ヨンキント（ジョンカンド）は、印象派の先駆者とされる。1846年にパリに出て、コローやジャン＝ジャック・ルソーと出会い、ウジェーヌ・ブダン【1824-98。印象派の先駆者とされる画家】やギュスタヴ・クールベとともにノルマンディの風景を描いた。日常生活や風景を好んで対象とした彼の代表作には、『ムーズ川の日没』【制作年不詳。ほかに『オンフルール港』（1875・76年）など」がある。15区には、1982年に命名されたジョンカンド通り（Rue Jongkind）がある。

ジョンキユ Jonquilles　ジョンキユとは春に咲くキズイセンの一種。葉がい草を思わせるところからこうよばれる。14区のジョンキユ通り（Rue des Jonquilles）は、あきらかに詩情を必要とする新しいモンパルナス地区に、1977年からある。

ジョンコワ Jonquoy　14区のジョンコワ通り（Rue Jonquoy）は、土地所有者の名をとって命名されている。

ションベール（ションベルグ）Schomberg　1540-99年。ガスパール・ド・ションベール、ドイツ語名ガスパール・フォン・シューンベルクは、ドイツ中東部ザクセン地方のオーバーシューナに生まれ、パリで没した軍人。アンジェ大学の学生だった1562年【宗教戦争初期】、プロテスタントの彼は、カトリック勢の攻撃を受けたアンジェの防衛戦に参加し、ユグノーたちの先頭に立って勇敢に戦い、コンデ軍に合流した。

しかし、やがてシャルル９世【国王在位1560-74】に賛同してカトリックに改宗し、

ユグノー勢と戦い、1975年、騎兵連隊長に任命される。アンリ3世【在位1574-89】のもとで「寵臣」のひとりとなったションベールは、アンリ4世が即位すると、財務卿に叙せられる【1594年】。一説によると、この国王をカトリックに改宗させたのが彼だという【ナントの勅令（1598年）の公布にもかかわった】。だが、それから数年後、喘息をこじらせて急死した。彼にちなんで命名されたションベール通り（Rue de Schomberg）は、1866年から4区にある。

シラノ・ド・ベルジュラク Cyrano de Bergerac 1619-55年。サヴィニャン・ド・シラノ・ド・ベルジュラック（ベルジュラク）は、パリで生まれ、没した詩人・作家【・剣豪】。軍人だった彼は1640年、北仏アラスの攻囲戦【三十年戦争】で咽喉に重傷を負い、戦士としての熱情を放棄せざるをえなかった。やがて彼は自由主義者でもあったガッサンディに師事するが、その哲学をとおして自由思想に目覚める。そして1653年、ダルパジョン公ルイ【1601-79。ルイ13世の将軍として重用され、在ポーロランドのフランス大使もつとめた】に仕え、マレー地区にあった公の邸館に寄宿した。

ところが翌年【悲劇『アグリッピーヌの死』や喜劇『担がれた衒学者』の発表年】、不幸がベルジュラックを襲う。屋根から外れた木片が頭上に落ちて重傷を負ったのである。これがもとで死んだという。しかし、それは事故の1年2か月後のことである【実際の死因は梅毒】。事故後、【公爵から見放された】彼は、ブルゴーニュとオーヴェルニュの国王代官タヌギ・レニョー・デ・ボワ＝クレールから歓迎され、その館に住んだ。ただ、彼が息を引き取ったのはそこではなかった。死の5日前、従兄のピエール邸に移されていたからである。

シラノ・ド・ベルジュラックの作品全体は、「自由思想家」グループ特有の傾向に貫かれており、世間の関心を失うことは決してなかった。とりわけその『書簡集』は顕著なものであり、そこで彼はこう書いている。「いくら話せても、結局は黙っていることと変わりがない人々は数多い」。彼はまた喜劇『担がれた衒学者』に農民芝居を導入している。代表作の『別世界』【1657年】は、月と太陽の世界『日月両世界旅行記』、赤木昭三訳、岩波書店】および鳥王国への想像の旅である。

1897年12月28日にポルト＝サン＝マルタン座で初演された、エドモン・ロスタンの戯曲『シラノ・ド・ベルジュラック』は、パリ生まれのシラノをガスコーニュ人とするなど、史実を多少逸脱しているが、「長鼻の長台詞」や「青年貴族のバラード」にみられるように、彼の偉大な資質や栄光までも取り除いてはいない。パリの通りにシラノの名がつけられたのは、まさにこの戯曲が初演された年だった。シラノ・ド・ベルジュラック通り（Rue Cyrano-de-Bergerac）は、1897年から18区にある。

ジラルドン Girardon 1628-1715年。フランス中北部オーブ県のトロワに生まれ、パリで他界した彫刻家のフランソワ・ジラルドンは、若くして宮廷お抱えの彫刻家に選ばれて1000エキュの年金を下賜され、ヴェルサイユ宮やその離宮であるトリアノンの装飾を請け負った。1657年、王立絵画・彫刻アカデミーに迎えられ、59年には教授になっている。彼の最高傑作は間違いなくソルボンヌにあるリシュリューの墓碑だろう。ルーヴルに展示されているルイ14世（ルイ・ル・グラン）の騎馬像もまた彼の作である【原文にあるヴィクトワール広場のルイ14世騎馬像はフランソワ・ジョゼフ・ボジオの作（1822年）】。さらに、『冬』【1675-79年】や『ペルセピナの誘拐』【1699年】などの作品もある。

妻のカトリーヌ・デュシュマン【1630-96】は画家で、果物や野菜の静物画を得意としていた。18区にあるジラルドン通り（Rue Girardon）は1867年、同区のジラルドン小路（Passage Girardon）は1869年からある。

シルヴェストル・ド・サシー Silvestre de Sacy 1758-1838年。アントワヌ＝イサク・シルヴェストル・ド・サシー男爵は、

シルク

パリを生没地とする東洋学者で政治家。ジャンセニストの公証人を父とする彼は、1781年、貨幣法院の評定官となり、85年には碑文・文芸アカデミーの自由会員に選ばれた。フランス革命初期、彼は賢明にも地方【北仏オワーズ県のオニュ村にあった所領】に逼塞し、国民公会（コンヴァンション）が1795年に東洋語特別学校【のちの東洋語学校】を創設したとき、パリに戻り、そこでアラブ語を教えるようになる【この時期の教え子にシャンポリオンがいる】。

1806年、コレージュ・ド・フランスのペルシア語教授となった彼は、ナポレオン失脚後、復古王政を支持して、パリ大学区長（1815年）や東洋語学校校長およびコレージュ・ド・フランス院長（1823年）に任命される【この院長時代、彼はコレージュ・ド・フランスにサンスクリット語やヒンディー語、中国語、満州語の講座を設けている】。

そして1832年、ド・サシーは貴族院議員となり、碑文・文芸アカデミーの終身書記に選ばれた。フランスにおけるアラブ研究の真の創始者である彼は、たとえば『ペルシア古代史回想』【1793年】や『アラブ語文法』【2巻、1810年】、『ドルーズ派の宗教論』【2巻、1838年】などを編んでいる。彼に捧げられたシルヴェストル＝ド＝サシー大通り（Rue Silvestre-de-Sacy）は、1907年から7区にある。

シルク Cirque 1849年に命名された8区のシルク通り（Rue du Cirque）は、1841年から常設のシルク・デ・シャンゼリゼ（シャンゼリゼ・サーカス）、と結びついていた。このサーカスは3通りの名でよばれてきた。まずシルク・ナショナル（国家サーカス）、ついでシルク・ド・ランペラトリス（皇后サーカス）、そしてシルク・デテ（夏サーカス）である。興味深いことに、エリゼ宮【大統領府】の近くにあったこのシルク・デテでは、オリオルという名の道化が長いあいだ人気を博していた【同名のオリオル（1884-1966）は社会主義者で、1947から54まで第四共和政の初代大統領をつとめた】

ラ・ベル・オテロ【1868-1965。本名アグスティナ・オテロ・イグレシアス。スペイン出身の女性歌手・ダンサー。数年間バルセロナ各所のキャバレーに出演した後、パリに出て、舞台と売春で糊口を凌ぐ。1890年、合衆国への巡業団にくわわり、その美声と美貌で評判をとった彼女は、2年後、パリに戻り、豪華な衣装をまとった美しい外国人の役柄で舞台に上がる一方、映画史上初の女優となった】や、エミリェンヌ・ダランソン【1869-1946。本名エミリィ・アンドレ。パリ出身のダンサー・高級娼婦】。ラ・ベル・オテロとともに「ベル・エポックの恩寵」と称された彼女は、1980年代からカジノ・ド・パリやフォリ＝ベルジェールなどでも活躍し、ベルギー王のレオポルト2世らの愛人ともなった】が初舞台を踏んだこのサーカス団は、1899年に解散している。今では子供たちがその跡地で遊んでいる。

ジ＝ル＝クール Gît-le-Coeur この呼称もまた、時代とともに語形が変化した格好の事例である。当初、この6区にあるジ＝ル＝クール（Gît-le-Coeur）通りはジル＝クー（Gilles-Queux）とよばれていた。14世紀にそこにジルという名の料理人が住んでいたからである。以後、時代によって表記が変わり、ギュ＝クー（Guille-Queux）、ギ＝ル＝プルー（Gui-le-Preux）【字義は武勇者ギ】、ヴィルクー（Villequeux）、ギ＝ル＝コント（Gui-le-Comte）【字義は伯爵ギ】、ジル＝ル＝クール（Gilles-le-Coeur）、そして1800年以降に現在の呼称となった。

ジルベール・ド・ガンガン Gilebert de Guingand パリの小公園に1930年に名前がつけられたジルベール・ド・ガンガンは、第1次世界大戦で戦死した飛行士である【ジルベール＝ド＝ガンガン小公園（Square Gilbert-de-Guingand）は15区】

ジルベール・プリヴァ Gilbert Privat オーギュスト・ジルベール・プリヴァは1892年にトゥールーズで生まれ、1969年にフランス中西部ジロンド県のスーラク＝シュル＝メールで没した画家・彫刻家。ジルベール＝プリヴァ広場（Place Gilbert-Privat）

は、2003年から14区にある。

ジルベール・ペロワ Gilbert Perroy 1908-84年。パリで生まれ、没したジルベール・ペロワは、1946年から77年まで14区の区長をつとめ、同区に歴史・考古学会を創設している。同区のジルベール＝ペロワ通り（Rue Gilbert-Perroy）は、1990年の命名である。

ジロデ Girodet 1767-1824年。アンヌ・ルイ・ジロデ・ド・ルーシ、通称ジロデ＝トリオゾンは、フランス中部ロワレ県のモンタルジに生まれ、パリで没した画家。1789年に『兄弟たちに売られるヨセフ』でローマ大賞を受けた彼は、さらに『エンディミオンの眠り』【1793年】や、ナポレオンから注文された『子孫たちに囲まれたフィンガル』【制作年不詳】、シャトーブリアンの小説による『アタラの埋葬』【1807年】なども発表している。だが、1810年から19年まで重篤な病に苦しみ、以後、ジャック・カトリノー【1759-93。行商人だったが、ヴァンデの王党派による反革命叛乱を指揮し、ナント攻撃時に戦死した】などの肖像画を描くようになる。ジロデ通り（Rue Girodet）は1867年から16区にある。

ジロンド Gironde ジロンド川とは、フランス南西部アンベ岬で合流するガロンヌ川の下流部をさす。全長75キロメートルの河口をなし、その最大幅は10キロメートルに達する。ジロンド河岸通り（Quai de la Gironde）は、1873年から16区にある。

ジンコ Ginkgo ジンコ（イチョウ）は扇状の葉を有する極東原産の大木で、「エキュ（盾）の木」とも呼ばれる。12区のジンコ小路（Cour du Ginkgo）は1985年に命令されているが、それはそこにこの木が1本植えられたことによる。

スアム Souham 1760-1837年。フランス中部コレーズ地方のリュベルサクに生まれ、ヴェルサイユで没したジョゼフ・スアムは軍人。1793年に将軍に叙せられた彼は、一連の革命戦争やナポレオン戦争できわだった働きをした。なかでも1794年の北仏トゥルコワンや1809-10年のスペイン戦役、

さらにドイツ戦線、とくに1813年のライプチヒで大きな軍功をあげた。彼をたたえて1978年に命名されたスアム広場（Place Souham）は13区にある。

スウェ Souhaits 20区のスウェ袋小路（Impasse des Souhaits）は、1877年から現在の呼称となっている。それ以前は「エスペランス通り」とよばれていた。一般的にいえば、まず何かを願い、それが成就することを期待するのであって、その逆ではないだろう。ところが、この小路の呼称は後者の来歴となっている。「スウェ」と命名した小路の住人たちは、それまでの曖昧で不確かなエスペランスという語の代わりに、より具体的なスウェという語に改称したかったのだろう。もしかしたら、ここは風の流れがしばしばくしゃみを誘い、その都度、「願いがかないますように」という掛詞が飛び交ったのかもしれない。

スヴェスト Seveste スヴェスト一族は第二帝政時代にさまざまな劇場の支配人を輩出している【→テアトル】。この一族のひとり【コメディ＝フランセーズ座の役者だったジュール・ディディエ・スヴェスト】は、普仏戦争時の1871年1月19日、パリ西郊のビュザンバルの戦いで戦死している【正確には、戦闘で受けた傷がもとで1月30日に死亡した】。18区のスヴェスト通り（Rue Seveste）は、それを悼んで1875年に命名されている。

スヴニール・フランセ Souvenir Français スヴニール＝フランセ遊歩道（Esplanade du Souvenir-Français）は、1987年から7区にある。呼称は、フランスのために命を落とした人々の記憶を受け継ぐため、1887年に組織された協会の名に由来する【現在、このスヴニール・フランセ協会は国内外に1700以上の委員会があり、活動家の数は20万を超えている】

スカロン Scarron 1610-60年。ポール・スカロンはパリを生没地とする作家【実家は15世紀からの名門で、父はパリ高等法院評定官】。フランス北西部ロワール地方のル・マン司教のもとに身を寄せていた1638年に半身不随【おそらく脊椎関節炎】となり

425

スカンテル

【一説に、カーニヴァルの夜、興が嵩じて全身にはちみつを塗り、鳥の羽をつけて凍った湖に飛び込んで、水鳥の真似をしたことが原因だという】

以後、スカロンは文学の道に入って、次々と傑作を発表するようになる。「ビュルレスク（滑稽）文学」に分類される彼の作品としては、たとえば以下がある。『ビュルレスク詩集』や『ジョドル、あるいは主人になった召使』【いずれも1643年】、『ティフォン、あるいは巨人と神との戦い』【1644年】、『変装したウェルギリウス』【1648-53年】、『滑稽な相続人』【1649年】、『ロマン・コミック』【1551年】など。

彼はまた文学的な才能にくわえて、アグリッパ・ドービニェの孫娘フランソワズ、のちのマントノン侯爵夫人【1635-1719】と結婚した【1652年】ことでも有名である。未亡人となった彼女は、1684年、ルイ14世（ルイ・ル・グラン）と極秘に貴賤結婚をしたが、歳が離れた生前のスカロンにさほど尽くしてはいなかったという【スカロンはこの妻の度重なる醜聞に悩まされた】。彼はおそらく生前にみずから墓碑銘を書いている。それはこのような文言から始まるものだった。

　　ここに今眠る者は
　　妬まれるよりは憐れみをかけ、
　　命を失う前に
　　幾度となく死に苦しんだ。

彼の名を冠したスカロン通り（Rue Scarron）は、1979年から11区にある。

スカンデルベグ Skanderbeg　1405-68年。ジェルジ・カストリオティを本名とするスカンデルベグ（スケンデルベッゥとも）は、いまもなお人々から尊敬を集めているアルバニア戦争の英雄【オスマン帝国の支配下にあったアルバニアでその司令官となっていた】彼は、1443年、国内のすべての君侯の先頭に立ってオスマン支配に反旗を翻した。彼の異名は、敵のトルコ人たちによってつけられたものだが、彼は以後、25年にわ

たってオスマン勢力を退けた。

だが、彼が夢見ていたアルバニア国家の建設はついに夢で終わった。その死後、祖国は再びオスマン帝国に併合されてしまったからである。ちなみに、スカンデルベグとは、トルコ名で「アレクサンドロス王」を意味するイスケンデル・ベイに由来する。パリ19区のスカンデルベグ広場（Place Skanderbeg）は、1978年にこの英雄に捧げられたものである。

スクリーブ Scribe　1791-1861年。ウジェーヌ・スクリ（ー）ブはパリを生没地とする劇作家。はじめ周囲の期待を受けて法曹家になるべく法律を学んだが、それを中途で放棄して、1810年、ヴァリエテ座【→テアトル＝フランセ】で自作の『魔がさせば悪事を働くこともある』を上演する。これは興行的に失敗作となったが、それにめげず、なおも戯曲を書き続けた。その後も失敗を繰り返した彼は、ついに1815年、『国民軍の一夜』で評判をとり、とくに1820年代から相次いで成功作を発表するようになる。『熊と太守』【1820年】や『男所帯』【1821年】などである。

スクリーブはまた以下のようなオペラやオペラ＝コミックの台本も手がけている。『フラ・ディアボロ』【1830年】、『悪魔ロベール』【1831年】、『ユダヤの女』【1835年】、『ユグノー』【1835年】などである。彼の最高傑作は『白衣の貴婦人』【1825年】だが、『愛妾』【1840年】や『預言者』【1849年】も忘れてはならない【スクリーブは1829年に創設された「劇作家・作曲家協会」の中心となり、1834年にはアカデミー・フランセーズ会員となってもいる】。彼の名を冠したスクリーブ通り（Rue Scribe）は、死後3年目の1864年から9区にある。

スクワール Square　16区のヴィラ・モンモランシーにあるスクワール大通り（Avenue du Square）は、ヴィラ内の小公園に通じている。「小公園通り」という呼称はそれに由来するが、スクワール・ド・ラ・リュ（通り小公園）という地名は存在しない。

スジー Souzy　11区のシテ・スジー（Cité

Souzy）は、最初の住民にちなんで命名されたものである。

スーシエ Souchier 1874年に敷設された20区のヴィラ・スーシエ（Villa Souchier）は、それが敷設された土地の地主を名祖とする。

スーシェ Souchet 20区のヴィラ・スーシェ（Villa Souchet）は、最初期の住人にちなんで命名されている。

スタシオン・ド・メニルモンタン Station de Ménilmontant 20区のスタシオン＝ド＝メニルモンタン通り（Rue de la Station-de-Ménilmontant）は、環状鉄道線の旧メニルモンタン駅に続いている。

スタニスラス Stanislas 6区のスタニスラス通り（Rue Stanislas）は1834年に命名されているが、1822年に創設された学院に由来する。このスタニスラス学院は、通りの命名時にノートル＝ダム＝デ＝シャン通りの54番地にあり、47年に同じ通りの22番地に移転し、現在までそこにある。
　その名祖となったスタニスワフ1世レチニスキ（1677-1766）はウクライナのリヴィウに生まれ、リュネヴィルで没している。【1709年にポーランド国王の座を追われた】彼は、1733年に復位した。だが、1735年、ポーランド（ポローニュ）継承戦争を終結させるため、オーストリアとフランスが結んだウィーン予備条約によって退位し、見返りにロレーヌ公国とバール公国があたえられた【在位1737-66。ただし、その統治は1代かぎりで、死後はフランスに返還すると定められた】。
　ナンシーの町には、彼の名を冠した壮麗な広場や彼が創設したアカデミー、さらに数多くの学校、病院、慈善施設などが残っている。ロレーヌ人たちはそんな彼を親しみをこめて「善意の公爵」と呼んでいた。

スタニスラス・ムーニエ Stanislas Meunier 1832-1925年。パリを生没地とするスタニスラス・ムーニエは地質学者・鉱物学者。さまざまな鉱物を人工的に作り出すことに成功した彼は、隕石の研究をしたのち、太陽系天体の比較地質学を提唱する。一方、『地質学における人工合成法』【1871年】や

『われらが大地』【1898年】といった著作をとおして、地質学を普及させた。1892年から【1920年まで】パリの自然史博物館教授をつとめた彼の名は、20区に残っている。1932年に命名されたスタニスラス＝ムーニエ通り（Rue Stanislas-Meunier）がそれである。

スタリングラード Stalingrad スターリングラードのことで、1925年から61年までもちいられていたロシア連邦北西部のボルゴグラードの旧称。1925年以前はツァリーツィンとよばれていた。1942年から43年にかけての冬、フリードリヒ・パウルス元帥麾下のドイツ軍がここでソ連軍に包囲され、壊滅的な敗北を喫した【パウルス元帥（1890-1957）は捕虜となった】。このドイツ軍の敗北はソ連軍の反攻のきっかけとなり、同時に第2次世界大戦の重要な転回点ともなった。パリの10区と19区にまたがるスタリングラード広場（Place de Stalingrad）は、1945年に命名されている【1993年、バタイユ＝ド＝スタリングラード（スターリングラード戦）広場（Place de la Bataille-de-Stalingradに改称】

スタル Staël 1766-1817年。スタール＝ホルシュタイン男爵夫人アンヌ・ルイーズ・ジェルメーヌ・ド・スタール、通称スタール（スタル）夫人は、パリを生没地とする文学者。ルイ16世【在位1774-92】の財務長官となるネッケル（ネケール）を父として生まれた彼女は、マルモンテルやダランベール（アランベール）、ビュフォンなど、母【シュザンヌ・キュルショ（1733-94）】が主宰するサロンに出入りしていた当代一流の知識人たちに囲まれて育った。その常連客だったベルナール・ド・サン＝ピエール【1737-1814。作家・植物学者】にいたっては、上梓したばかりの小説『ポールとヴィルジニー』【1788年】を真っ先に彼女に贈ってもいる。
　11歳のとき、『賞賛集』を編み、15歳で『法の精神』に完全な注釈をくわえるまでになったスタールは、1786年、パリ駐在のスウェーデン大使スタール＝ホルシュタ

イン男爵【1749-1802】と結婚する【1799年離婚】。それを機に、彼女は宮廷で名を知られるようになり、1788年、『ルソーの性格および著作についての手紙』を発表する。フランス革命が起きると、彼女は国王夫妻を救おうとして、「マリー＝アントワネット擁護論」や「不幸なる者への書簡」を書く。

テルミドール9日のクーデタ【1794年7月27日。→コンヴァンション】のあと、スタール夫人は政治の世界と深くかかわり、立憲・自由主義派の象徴的存在となる。そして、『平和にかんする考察』や『虚構（物語）論』【いずれも1795年】を著すが、そのため、ときの政権から疎まれ、1795年から97年までスイスのコペに逼塞する。パリに戻ると、ナポレオンの勢いが天にものぼるほど力をましていることを知り、みずから強い影響力をもつ女性となることを夢見る。

だが、ブリュメール18日【ナポレオンが総裁政府を倒して執政政府を樹立した1799年霜月（ブリュメール）18日のクーデタ】のあと、彼女とのちの皇帝のあいだには敵意が生まれるようになる。その結果、彼女は迫害を受けて亡命を余儀なくされ、ナポレオンの権力はドイツやスイス、イギリス、ロシア、ポーランド（ポローニュ）、スウェーデンなど、彼女の行く先々までまとわりついた。

そうした苦しい状況はナポレオンが失脚するまで続き、1815年の百日天下後、スタール夫人はようやく帰国することができた。当時、彼女は手に余るほどの計画をいだいていたが、いずれも実現させるまでにはいたらなかった。疲労と病がその命を奪ってしまったからである。

スタール夫人の著作としては、ほかに以下がある。『デルフィーヌ』【1802年】、『ネッケル氏の性格と私生活について』【1804年】、『コリンヌもしくはイタリア』【1805年】、『ドイツ論』【1810年】、『フランス革命の主要な出来事にかんする考察』【1818年、死後刊行】、『亡命10年』【1921年、死後

刊行】。彼女は言っている。「理解すること、それは許すことである」、「男は世論に敢然と立ち向かい、女はそれに従わなければならない」、「才能とは新しい思想に適応する良識である」。彼女の名がついたスタル通り（Rue de Staël）は、1885年から15区にある。

スダン Soudan　上ナイル地方のスーダン（スダン）共和国は面積189万平方キロメートル、人口3548万【2014年】で、首都はハルツーム、公用語はアラブ語である。1820年代にエジプト軍が侵入して支配し、99年にはイギリスとエジプトが共同統治下に置いた。1951年、エジプト最後の国王となるファルーク1世【在位1936-52】がスーダン君主を称するが、56年、共和国として独立した。

フランスは1880年からスーダンの一部を制圧しているが、そこには現在の**セネガル**高地やマリ中部もふくまれていた。フランス領スーダンとして知られていたこの地は、1959年、隣国のセナガルとともにマリ連邦を結成し、翌年、フランスから独立する。そして、同年、セネガルが独立すると、旧フランス領スーダンもマリ共和国として独立し、首都をバマコにおくようになる。パリ15区のスダン通り（Rue du Soudan）は、フランス領スーダンが存在していた1935年に命名されている。

スタンヴィル Stinville　12区のスタンヴィル小路（Passage Stinville）は、最初期の住民のひとりを名祖としている。

スタンダル Stendhal　1783-1842年。マリ＝アンリ・ベール、筆名スタンダール（スタンダル）は、グルノーブル高等法院の弁護士を父として生まれ、パリで没した作家。彼は軍人や行政官、外交官などさまざまな職業についている【1799年、国立理工科学校に入るつもりでパリに出てきたが、その目的を放棄し、親類の口利きで陸軍少尉や陸軍主計官補をへて、1810年、帝室財務監査官にまで昇進した。さらに1830年には、7月王政によって教皇領チヴィタヴェッキア駐在のフランス領事に任命された】。彼はかなりの数

にのぼる旅行をし、それをとおしてすみやかに人間と人生の何たるかを理解するようになったという。まさに彼は当時のもっともすぐれた分析家のひとりであり、偉大な心理学者でもあった。

いささか風変わりなところがあったスタンダールは、自分が宿営したことがある【1708-09年】、ドイツ中北部のシュテンダル【歴史家・考古学者ヨハン・ヴィンケルマン（1717-68）の生地】を筆名としている【ほかにルイ・アレクサンドル・ボンベなど】。彼はまた長いあいだ滞在していたイタリアを真の祖国とし、自ら将校としてイタリアやドイツ、オーストリア、さらにロシアにまで従ったナポレオンを賛美していた。その一方でロマン派と復古王政を敵視してもいた。だが、時代はそうした彼をほとんど正しく評価せず、読者も少なかった。彼が優れた作家であるとの認められるようになったのは、じつに20世紀になってからだった。

スタンダールの作品としては、たとえば以下がある。『ナポレオン伝』【1817-18年】、『恋愛論』【1822年】、『ラシーヌとシェークスピア』【1825年】、『アルマンス』【1827年】、『赤と黒』【1830年】、『リュシアン・ルーヴェン』【1835年】、『ある旅行者の手記』【1838年】、『パルムの修道院』【1839年。定訳となっている邦題の「僧院」は不適】

スタンダールは言っている。「唯一の規則、それは真実であるということだ」、「人はひとつだけの見方ですべてを言ってしまう」、「美しさは幸福の約束でしかない」、「広く好きになればなるほど、深くは好きになれなくなる」、「ほとんどの人間には、その生涯で最大のことをなしうる瞬間がある。それは自分にとってなにひとつ不可能なことはないと思える瞬間である」。彼に捧げられた20区のスタンダール通り（Rue Stendhal）は1875年から、小路（Passage Stendhal）は77年、そしてヴィラ（Villa Stendhal）は1913年からある。

スーティヌ Soutine シャイム（カイム）・スーティン（スーティヌ）は、1893年、ロシア帝国（現ベラルーシミンスク州）スミラヴィチの貧しいユダヤ人家庭に生まれ、1943年にパリで没した画家。1913年にパリに出て、当時多くの画家が住んでいたモンパルナス界隈に居を定めた。最初のうち、彼は集合アトリエの「ラ・リュシュ（蜂の巣）」【ダンツィグ小路の2番地にあったこの12角形・4階建てのアトリエは、いわゆるエコール・ド・パリの拠点のひとつで、各階に呼称の由来となった蜜蜂の巣房のような小部屋をそなえていた】で制作に励む。やがて15区のシテ＝ファルギエール【エコール・ド・パリのもうひとつの拠点で、藤田嗣治やゴーギャンなども一時期住んでいた】に移り、画家仲間、とくにアメデオ・モディリアーニ（モディリアニ）と親交を結ぶ【モディリアーニは1916年にスーティンの肖像画を描いている】

1913年、彼はパリ高等美術学校（ボザール）に入学するが、とくに多くの時間を費やしたのはルーヴル美術館だった。印象派の流れに位置づけられる、ときに荒々しく、色彩豊かな彼の作品としては、たとえば以下がある。『菓子職人』【1919年】、『セレの丘』【1921年】、『カーニュの赤い階段』【1923-24年】、『ミサ答えの少年たち』【1927-28年】、『赤い服を着た少女』【1928年】、『マリア・ラニの肖像』【1929年】、『オーセールの風日』【1939年】。彼の名を冠したヴィラ・スーティヌ（Villa Soutine）は、2003年から14区にある。

スデーヌ Sedaine 1719-97年。ミシェル＝ジャン・スデーヌはパリを生没地とする劇作家。13歳で孤児となった彼は、石工として糊口を凌ぎながら余暇を独学に費やし、文学の世界に入ってシャンソンの作詞をおこない、やがて軽喜劇の戯曲『聖アントニウスの誘惑』を書く。そんな彼の名が知られるようになったのは、1745年に詩集『わが燕尾服への書簡』を発表してからだった。

1756年、音楽を作曲家のフィリドールが担当したオペラ＝コミックの『真の悪魔』を創作した彼は、さらに作曲家モンシニとの合作で『ローズとコラ』【1764年、

オテル・ド・ブルゴーニュ座】を上演して大成功をおさめる。ついでコメディー＝フランセーズのためにも戯曲を書くようになる。『それを知らずしての哲学者』【1765年】や『予期せぬ勝利者』【1768年。1793年まで102回上演された】などである。

1786年、アカデミー・フランセーズ会員となったこの市民劇の専門家はまた、「負けるが勝ち」という諺をつくっている。彼の名は1840年に11区のステーヌ通り（Rue Sedaine）につけられている。同区のステーヌ小路（Cour Sesaine）はそれから10年後の命名である。

ステファヌ・グラペリ Stéphane Grappelli

1908-97年。ステファヌ・グラペリはパリを生没地とするジャズ・ヴァイオリニストで、父はイタリア人、母はフランス人【4歳で母を亡くし、12歳頃から、路上や建物の中庭などでヴァイオリンを弾き、日銭を稼いでいた】。14歳のとき、パリ音楽院（コンセルヴァトワール）に入って、ヴァイオリンのほかに、ピアノやサックスまで習得した。そして1923年から映画館で無声映画の伴奏をおこない、腕を磨いた。

1920年代中葉、グラペリはジャズの魅力を見出し、30年代初頭、ジャズ・ギタリストのジャンゴ・ラインハルト【1910-53。ロマ（ジプシー）音楽とスウィング・ジャズを融合させた「ジプシー・スウィング（マヌーシュ・スウィング）」の創始者】と出会い、ベースのルイ・ヴォラ【1902-90】やリズムギターのロジェ・シャピュ【1905-95】、さらにグラペリの弟ジョゼフ【1912-82】をくわえて、「フランス・ホット・クラブ弦楽五重奏団」を結成する【1934年】

第2次世界大戦でメンバーは離れ離れになるものの、終戦後、グラペリとジャンゴは新たにアンサンブルを組んで演奏を再開する。だが、ふたりはつねに一緒ではなく、それぞれが別の演奏者とともにコンサートをおこなったりもした。

グラペリの名声は1975年頃までヨーロッパに限られていたが、やがて世界中が彼を歓迎するようになる。80歳代になった彼は言っている。「私は数多くの計画をもっている。自分の中では、私はまだ20歳なのだから」。そんな彼の名を冠したステファヌ＝グラペリ通り（Rue Stéphane-Grappelli）は、死後6年目の2003年から17区にある。

ステファヌ・マラルメ Stéphane Mallarmé

1842-98年。ステファヌ・マラルメ、本名エティエンス・マラルメは、パリで生まれ、フォンテヌブロー近郊のヴァルヴァンで他界した詩人。当初、高踏派【→ルコント・ド・リル】の文学運動にくわわったが、むしろ彼はヴェルレーヌとともに、象徴主義の唱道者とするべきだろう。

1862年から92年まで、フランス各地、すなわち南東部アルデーシュ県のトゥルノンやアヴィニョン、ブザンソン、さらにパリ（1871年）などで英語を教えた。彼のおもな作品としては、『半獣神の午後』【1876年。この作品に着想をえて、ドビュッシーは『牧神の午後への前奏曲』（1894年）を作曲した】や、『詩と散文のアルバム』【1887年】などがある。

マラルメはまたエドガー・ポーの詩も翻訳している【たとえば長編詩「大鴉」（1845年）の散文訳（1875年）で、この訳書には、マラルメがロム通りで主宰していた「土曜会」のメンバーのひとりエドワール・マネが挿絵を寄せている】。彼は言っている。「詩をつくるのは思想ではなく、音によってだ」、「肉体は悲しい。ああ、私はすべての書を読んでしまった」、「骰子（さいころ）の一振りはけっして偶然を排すことはないだろう」。17区にステファヌ＝マラルメ大通り（Avenue Stéphane-Mallarmé）が敷設されたのは、1926年のことである。

ステファンソン Stephenson

1781-1848年。ジョージ・スチーブンソン（ステファンソン）はイングランド・ノーサンバーランド州のウィラムに生まれ、ダービーシャー州のチェスターフィールドに近いタプトン・ハウスで没した技師。17歳で炭鉱の機関夫となった彼は、独学用の書物を買うため、仕事の合間をみて衣服の繕いや時計の修繕などをして小銭を稼いだ。

1810年に鉱山の監視人となった彼は、排水ポンプを修理し、その功で研究が容易になり、12年、ウィリントン鉱山の技師に昇進する。そして、この鉱山で使われていた木製のレールを鉄製に替え、さらに馬で貨車を牽かせるやり方では効率が悪いことを知って、自分がつくった蒸気機関車に替えたりもした。

のちに彼はボイラー自体に蒸気管を通し、マルク・セガン【1786-1826。熱気球を発明したモンゴルフィエの甥】が考案した多管式煙管ボイラを採用することで、その蒸気機関車を完成させた。こうして生まれたのが、新しい蒸気機関車「ロケット号」である【このロケット号は1829年に開かれたリバプール・アンド・マンチェスター鉄道の競技会で優勝した】。1830年から40年にかけて、スチーブンソンはまたみずから指揮してイギリス鉄道の路線を数多く敷設してもいる。彼の名がついたステファンソン通り（Rue Stephenson）は、1867年からパリの18区にある。

ステファン・ピション Stéphen Pichon

1857-1933年。ステファン・ジャン・マリ・ピションはブルゴーニュ地方北東部のアルネ＝ル＝デュクに生まれ、スイス国境に近いヴェール＝アン＝モンタニュで没したジャーナリスト・外交官・政治家。1878年に《ラ・コミュヌ・アフランシ（解放されたコミューン）》の編集者、1880年に《ラ・ジュスティス（正義）》の共同創刊者【ジョルジュ・クレマンソーとともに】となった彼は、82年、13区の参事会員に選ばれる。さらに1889年には14区選出の下院議員となって、極左【急進社会党】の陣営をになった。

だが、1893年に議員を辞し、全権公使としてハイチのポルトープランスに派遣される【1894年】。さらに1896年にリオデジャネイロ（リオ・ド・ジャネイロ）の、97年には北京の駐在全権公使となり、1900年6月20日から8月15日まで、他の代表団ともども【義和団に】包囲される。翌年帰国した彼は、まもなくチュニジア総督に任命される【1901-06年。さらに1906年から20年にかけて、3度外務大臣をつとめた】。彼の名を冠したステファン＝ピション通り（Rue Stéphen-Pichon）は、1934年から13区にある。

ステムレ Stemler

19区のシテ・ステムレ（Cité Stemler）は、その開通当初から最初期の住民の名にちなんでよばれている。

ステュアール＝メリル Stuart-Merril

1863-1915年。スチュアート（ステュアール）・フィッツランドルフ・メリルはニューヨーク州ロング・アイランドのヘンプステッドに生まれ、ヴェルサイユで没したアメリカの象徴派詩人。パリで教育を受けたのち【1866年に父親がパリのアメリカ大使館に法律顧問として赴任したため】。彼が学んだフォンターヌ校（現在のコンドルセ校）で、教師のステファヌ・マラルメや同級生で、のちにマラルメ同様、象徴派詩人として名をはせるルネ・ジル（1862-1925）と出会っている】、1886年に一時帰国する。そして社会主義や無政府主義に触れた彼は、1889年、再びパリに移った。詩集としては『音階』【1887年】や『韻文のパステル』【1890年】、『四季』【1900年】などがある。

アナトール・フランスはメリルについてこう記している。「彼の詩の華麗さは、全身を耳にして聴き入るところにある。それはデカダン派の手法、すなわち頭韻法をもちいて展開する。ヴェルレーヌの例にならって、彼は音の反復から詩的効果を抽きだす。こうして彼はかならずしも粗野とはいえない奇妙な効果を手にするのだ」。パリのスチュアール＝メリル広場（Place Stuart-Merril）は、1927年から17区にある。

ステンケルク Steinkerque

ベルギー南部エノー州のステンケルク【オランダ語ステーンケルク、ワロン語スティンケルケ】は、セーヌ河岸に位置している。1692年8月3日、ここでフランスのリュクサンブール元帥こと、フランソワ＝アンリ・ド・モンモランシー【1628-95】が、イングランド・スコットランド（エコス）・アイルランド王のウィリアム3世【在位1689-1702】率

いる対仏大同盟軍を破っている。フランス側は7000の将兵を失い、同盟軍側は1万1000の戦死者と1300の捕虜を出した。18区のステンケルク通り（Rue de Steinkerke）は、1877年、この勝利を記念して命名されたものである。

ステンレン Steinlen 1859-1923年。テオフィル・アレクサンドル・スタンラン（ステンレン）は、スイスのローザンヌで生まれ、パリで没した画家・素描家・版画家。1881年、22歳でパリに出た彼は、【妻エミリともども】モンマルトルの丘に住みながら、工業製図で糊口を凌いだ。そして1884年から居酒屋「シャ・ノワール（黒猫）」【→アルフォンス・アレ】に足しげく通い、トゥールーズ＝ロートレックと親交を結びながら、当時の雑誌《シャ・ノワール》【居酒屋のプロモーション用に、その店主ロドルフ・サリ（1851-97）と、詩人・作家・ジャーナリストのエミール・グドー（1849-1906）が、1882年から97年まで出した週刊誌】や《ル・ミルリトン》【アリスティード・ブリュアンが1885年に創刊した月刊誌。のちに週刊誌となって、1906年廃刊】、《アシエット・オ・ブール（バター皿）》【スタンラン自身が仲間たちと1911年に創刊した。1936年廃刊】などに、数多くのデッサンを描いた。

とくに彼はクルトリーヌの『8時47分発の列車』やアリスティード・ブリュアンのシャンソン集『通りで』、ポール・デルメ【1886-1951。ベルギー出身のシュールレアリスト詩人】の『女性たちのシャンソン集』に、さまざまなイラストを提供している。さらに、今ではきわめて貴重な広告ポスターも数多く手がけた。たとえば「アブサン」や「ボー・ソワール」、「7月14日」などである。彼はまた当時の労働者の生活をみごとに描き出している。彼にちなんで1933年に命名されたステンレン通り（Rue Steinlen）は、18区にある。

ストコルム Stockholm スウェーデンの首都ストックホルム（ストコルム）はメーラレン湖岸とバルト海西岸に位置している。1260年、フォルクンガ王朝初代国王ビル

イェル・ヤール【在位1248-66】が建設したとされるこの町が、大学で有名なウプサラに代わって首都になったのは18世紀のことだった。市内の見どころとしては、壮大なスカンセン博物館【1891年に開設された世界最古の野外博物館】や王宮【1697-1760年】、市庁舎【1911-23年。ノーベル賞受賞者の記念晩餐会会場】などがある。現在の住民数は151万5000。ここでは1912年にオリンピックが開かれている。パリのストコルム通り（Rue de Stockholm）は、1831年から8区にある。

ストラスブール Strasbourg アルザス地方北部、バ＝ラン県の県都であるストラスブールは、ライン（ラン＝エ＝ダニューブ）川を挟んでドイツと接し、その支流であるイル川が市内を流れている。ローマ時代、アルゲントラトゥムとよばれていたストラスブールは、1201年、自由都市【司教座都市でありながら、教会の規制を受けず、ドイツ皇帝の直属として、諸侯と同等の地位をえて貢納や軍役などを免除されていた自治都市】となった。1681年、町はルイ14世（ルイ・ル・グラン）によってフランスに併合されたが、普仏戦争後の1870年から第1次世界大戦終結の1918年まで、さらに第2次世界大戦の1940年から44年までドイツの支配下におかれた。

現在、欧州評議会や欧州人権裁判所、欧州議会の本会議場などがあるこの町には、12世紀から14世紀かけてつくられた豪華なステンドグラスを擁する、11-16世紀建立の壮大なノートル＝ダム司教座聖堂が聳えている。また、18世紀に建てられたローアン宮殿も必見である。市域内人口は27万6000【2014年。都市圏人口は77万3000（2013年）】。パリ10区のストラスブール大通り（Boulevard de Strasbourg）は1852年、通り（Rue de Strasbourg）は54年に命名されている。

ストラスブール

前15年頃、第2代ローマ皇帝ティベリウス【在位14-37】の兄ネロ・クラウ

ディウス・ドルスス【前38-前9】が、アルゲントラトゥム（Argentoratum。ストラスブールの最古称）に軍団の駐屯地を設けた。この駐屯地はアラマン族【355年】やフン族【451年】によって破壊されるが、やがてここにストラスブールの直接の語源スタテブルグム（Stateburgum）――字義は「街道の町」――が再建される。4か所の要塞で守られたドルススの方形の駐屯地は、おそらく現在のヴィエイユ＝オピタル通りとフォセ＝デ＝タイユール通り、ルゼ＝マルネシア河岸通り、シャトー広場、マルシェ・ヌフ（新市場）、ヴォー通り、さらにルゼ＝マルネシアの彫像からタンプル＝ヌフ広場へといたる直線で囲まれていたはずだ。アルゲントラトゥムという呼称は、ケルト語（Argentorate）で「銀のように光り輝く要塞」を意味する。

美食家にとって、アルザス地方はフランスのなかでもっとも興味深く、もっとも嬉しい地方である。優れた美食家であるドッペルメイエル【不詳】はこう言っている。「アルザスはいつの時代もその周囲の地域からワイン倉や小麦庫、食料品貯蔵庫とよばれてきた。まさにここはゴート人や西ゴート人、ゲルマン人たちの庭園かつ楽園であり、エデンの園でもあったのだ」。事実、アルザスは7種の特産キノコ、33種のジャガイモ、87種の梨、36種の桃、10種のアンズ、29種のプラム、12種のサクランボを誇っている。むろん129種のワインを忘れてはならない。

一方、ストラスブールはまたフォアグラ・パテの産地でもある。それが誕生したいきさつは以下のようだった。1763年、ルイ・ジョルジュ・ド・コンタード元帥【1704-95】がアルザスに赴任した際【国王軍総司令官として】、自分の料理長クローズを同行させた。ノルマンディ出身だったクローズは主人を喜ばすため、フォアグラを薄く伸ばしたひき肉でくるみ、その上をさらに金色のパテでこしら

えた「胴鎧」で包み、そこにペリゴール特産のトリュフをくわえて味覚をそそるというアイデアを思いついた。コンタードは1788年にストラスブールを去ったが、クローズはそのまま残ってある菓子商の未亡人と結婚し、彼のパテを商品化したというのである。

ストロー Sthrau 13区のストロー通り（Rue Sthrau）は、1793年10月16日、オーストリア軍を相手にワティニで英雄的に戦い、若い命を散らした15歳の鼓手を悼んで命名された。

スピノザ Spiniza 1632-77年。バールーフ・デ・スピノザは アムステルダムの富裕なユダヤ人貿易商の家に生まれ、デン・ハーグ近郊のスヘフェニンゲンで他界した哲学者。若くしてギリシア・ラテン語やヘブライ語を習得し【ただし、オランダ語はさほど堪能ではなかったという】、宗教史や政治学、さらにユダヤ教批評に関心をいだいた。彼は旧約聖書に疑念を抱き、そのためシナゴーグに入ることが許されなかった。デカルトの哲学に圧倒された彼は、デン・ハーグに逼塞し、顕微鏡のレンズ磨きで糊口を凌ぎながら熟考を続けた。

そして1670年、スピノザは匿名で『神学・政治論』を上梓する。だが、政治的な自由主義を唱えたこの書は激しい攻撃にさらされ【74年に禁書化】、そのため、生前には他のすべての著作を刊行することができなかった【ただし、『デカルトの哲学原理』は1663年刊行】。彼が世界像の根本を開陳した『エチカ』【1677年】も、その死のあとだった。スピノザは神と森羅万象を結びつける汎神論者だったが、みずからはのちにスピノザ主義とよばれる、そしてライプニッツをして「過激なデカルト主義」とよばしめた独自の哲学体系【合理主義・汎神論・一元論哲学】を提唱した。

彼は言っている。「理解は同意のはじまりである」、「極端なまでのおごりは、極端なまでの卑下と同様、自分自身に対する極端なまでの無知の徴である」、「悲しみとは

最大の完成からより小さな完成へと向かう人間の移行である」、「あるものがわれわれの本性に適しているかぎり、それはまちがいなく善である」。彼の名が冠せられたパリのスピノザ通り（Rue Spinoza）は、1885年から11区にある。

スピール Soupirs　20区のスピール小路（Passage des Soupirs）は、1835年、その住人たちによって命名されている。彼らが「ため息」を意味するこの語をなぜ選んだかは不明だが、夜ともなれば、多くの恋人たちがこの小路でため息をついていたためだろうか。それとも死刑囚たちのため息が響き渡っていたヴェネツィアのため息橋【ドゥカーレ宮殿の尋問室と牢獄を結んで16世紀に架けられた橋。この橋をひとたび渡ると、二度と戻れることはなかったという。ただし、実際はこの牢獄は短期刑囚人用だった】と競おうとしたのだろうか。いずれにせよ、近くに墓地もないことからして、それが最期のため息を想い起こさせるものでなかったということだけはたしかである。

スファクス Sfax　スファクスはチュニジアのガベス湾北岸に位置する町。1881年、フランスは保護国からの独立を目指した叛乱を鎮圧しようとして、海軍提督アンリ・ガルノー【1820-1906】率いる艦隊が激しい爆撃をくわえたのち、町を制圧した。15区のスファクス通り（Rue de Sfax）は、この軍事行動を記念して、1886年に命名されている。

スフロ Soufflot　1709-80年。ジャック＝ジェルマン・スフロはブルゴーニュ地方のイランシに生まれ、パリで没した建築家【父親はブルゴーニュ高等法院の評定官】。はじめ法学を学んだ彼は、やがてイタリアに留学し、ローマのフランス学院【→レオン・ウゼ】の寄宿生となる【1733-38年】。その後、ギリシアや小アジアを旅してから帰国し、リヨンでさまざまな建築を手がけて名をはせるようになる。とくに彼の評判を高めたのは、オテル＝デュ（慈善院）の拡張工事【1738年】やシャルトルー修道院の丸天井の設計、さらに証券取引所の改築（1748-

50年）などだった。

1749年、パリによばれて王立建築アカデミーの会員に推された彼は、1750年、再びイタリアを訪れ【翌年、フランス王室建造物長官となるマリニ侯（1727-81）の随行者として】、51年、リヨンに戻ってグラン＝テアトルを建設し、1754年、あらためてパリに移る。

スフロの最大の仕事は、いうまでもなく1754年から80年にかけて手がけた、新しいサント＝ジュヌヴィエーヴ教会堂、のちのパンテオンの建立だろう【マリニ侯の依頼による。改称は1791年】。彼はその工事をドームの誕生まで指揮した。1776年、建造物長官に任命された彼はまた、1760年、みずからその名を冠した通りを敷設してもいる。5区のスフロ通り（Rue Soufflot）がそれである。

スポンティニ Spontini　1774-1851年。ガスパーレないしガスパレ・ルイジ・パチフィコ・スポンティーニは、イタリア中西部アンコーナ地方のマイオラーティ【現マイオラーティ・スポンティーニ】を生没地とする作曲家。ナポリ（ナプル）音楽院を中退したあと、彼は国内各地の町で10点あまりのオペラ＝ブーフを発表し【『女の意地』（1796年）、『馬鹿げたヒロイズム』（1798年）、『偽哲学者』（1799年）など】、1803年、マルセイユをへてパリに行く。

そして、おもにテアトル・フェドー【マリー＝アントワネットの専属理髪師だったレオノール＝アレクシス・オーシエ（1751頃-1820）とヴァイオリニストのジョヴァンニ・ヴィオッティ（1755-1824）が、1789年に2区に創設したオペラ＝コミック専門劇場】のため、オペラ＝コミックの『ジュリア』【1805。フランス帝国宮廷作曲家に任命された年】や『ヴェスタの巫女』【1807年】、『フェルナンド・コルテス』【1809年】などを制作する。

こうして名声をえた彼は、1809年から2年間、テアトル＝イタリアン（イタリア座）の支配人をつとめる。第一復古王政時（1814年）には、オペラ『王と平和』を書

き上げる。だが、1819年に発表した『オリンピア』が不発に終わったため、彼はベルリンに赴き【1820年】、王立劇場の音楽総監督および宮廷楽長に任命される。この地に滞在中、『ノアマル』【1822年】と『アルシンドール』【1825年】を発表している。ただ、持ち前の独特の性格と慢心が災いして失職する。それは、『ドン・ジュアン』公演中、そのオーケストラの指揮にうんざりした聴衆からタクトをとり上げられたのちのことだった。

あるいはそのためか、1842年、彼はドイツを去ってローマに移る。そして1844年、教皇からサン・アンドレア伯に叙され、1850年、生地に戻る。引退した彼は聴覚を奪われ、老化のために記憶もほとんど失ってしまう。そして1851年、財産を慈善施設に遺贈して、不帰の客となる。この作曲家に捧げられた16区のスポンティニ通り（Rue Spontini）は1865年から、同名のヴィラ（Villa Spontini）は84年からある。

＊スマラ Smala スマラとは、アルジェリアやモロッコ（マロック）において、アラブ人族長の一族郎党やテント、家具・装備、家畜、召使などの全体を意味する。一部のスマラは町で重要性を帯びており、たとえば1843年、オーマル公の騎兵部隊に奪われたアブデル＝カーデル【→ラモリシエール】のスマラがそれである。15区にあったスマラ通り（Rue de la Smala）は1877年に命名されている【1979年、コメディー＝フランセーズの正座員だった、女優・文学者（1888-1969）にちなんで、ベアトリクス＝デュサヌ通り（Rue Béatrix-Dussane）に改称】

スーラ Seurat 1859-91年。ジョルジュ・スーラはパリを生没地とする画家。絵具をパレットやカンヴァスの上で混ぜるのではなく、均一の細かい点を並置することによって、各色が融合したひとつの色に見えるように描く絵画技法、すなわち新印象派の分割主義（分割描法）ないし点描主義の提唱者・指導者。代表作に『グランド・ジャット島の日曜日の午後』【1884-86年】や『サーカス』【1890年】などがある。彼の名

を冠したヴィラ・スーラ（Villa Seurat）は、1926年から14区にある。

スリゼ Cerisaie セレスタン修道院と隣り合ったエタンプ館について、人々が話すのを耳にしたことがあるだろう。かつてこの邸館を囲む一帯には、桜の木の小道が1本通っていた【スリゼ通り（Rue de la Cerisaie）は4区】

スール・カトリーヌ＝マリ Sœur Cathrine-Marie ドミニコ会修道女のカトリーヌ＝マリ【本名ルネ・ルシャルティエ（1971没）】は、モンマルトルのサクレ＝クール小教区で、46年もの長きにわたってパリの貧しい人々のために奉仕活動をおこなっていた。13区のスール＝カトリーヌ＝マリ通り（Rue Sœur-Cathrine-Marie）は、その遺徳をたたえて、1977年に命名された。

スルス Source 16区のスルス通り（Rue de la Source）は、それが通じていた「オートゥイユ水源」の貯水池にちなんで1828年に命名されている。1628年に発見されたこの水源から3本の細流となって流れ出る水は、硫黄分と鉄分を含んでおり、現在のジャスマン通りにあった貯水池に集められていた。オートゥイユの鉱水はパシーのそれほど有名ではなかったが、貧血や肝臓疾患に効力があると考えられていた。だが、水源は19世紀後葉に干上がってしまった。

スルディ Sourdi 3区のスルディ小路（Ruelle Sourdi）【道幅3メートル、全長213メートルの私道】は、近くのシャルロ通りに1614年に建てられた邸館の所有者、すなわちスルディ侯ピエール・デスクブロー【不詳】にちなんで命名されている。1652年からこの邸館の主となった彼は、ふたりの高位聖職者を輩出した一族に属している。ひとりはスルディ枢機卿のフランソワ・デスクブロー（1575-1628）【ボルドー大司教で、アイルランド学寮の創設者（1653年）】、もうひとりは、その弟で、司教でありながら軍人でもあったアンリ・デスクブロー（1593-1645）【兄の没後、ボルドー大司教を没年までつとめた】である。

スルト Soult 1769-1851年。ダルマティア

公ニコラ・ジャン・ド・デュ・スルトは、フランス南西部タルン地方のサン＝タマン＝ラ＝バスティド【現在のサン＝タマン＝スルト】を生没地とする元帥・政治家。公証人の子として生まれ、16歳で国王軍に入った彼は、フランス革命前に歩兵隊将校となり、革命後、新兵の教練教官として、ライン方面軍に派遣された【1792年】。やがて実戦兵に志願して、ドイツ西部ラインラントのアルテンキルヒェンやフライブルクでの戦い【1796。指揮官はクレベール将軍】における、フランス軍の勝利に大きく貢献する。

1799年、スルトはドナウ（ダニューブ）方面軍に派遣されて中将に昇進する。さらにナポレオン帝政を熱烈に支持したおかげで、1804年に帝国元帥に任命された。翌年、第4軍団を指揮していた夜は、アウステルリッツ（オステルリッツ）やエイラウ（エロー）、フリートラント（フリーランド）の戦いで目覚ましい軍功をあげる【アウステルリッツの戦い後、彼はナポレオンから「ヨーロッパ随一の戦略家」と称賛されたという】

そして、プロイセン遠征から2年後の1808年、スルトはダルマティア公に叙される。スペイン戦争ではフランス軍司令官としてアンダルシア地方を制圧し、その総督になる【1810年】。1813年、皇帝の命を受けて南仏軍を再編し、この地域を防衛するため、ウェリントン公アーサー・ウェルズリー【1769-1852。元帥・政治家。1815年、ワーテルローでナポレオン軍を撃破し、1828年から30年まで首相をつとめた】麾下のイギリス軍と戦った。

第一復古王政が始まると、スルトはそれを熱烈に歓迎する。帝政のときと同様にである（どうやら「熱烈」というのは、スルトの十八番だったようだ）。ナポレオンがエルバ島を脱出した際、彼は「簒奪者」【王党派がナポレオンにつけた蔑称】として元皇帝を糾弾した。にもかかわらず、しばらくして、ナポレオンが復位すると思った彼は、百日天下を熱烈に擁護し、貴族院議員と軍の司令官に任命される。だが、みずか

らが指揮したワーテルロー（ワテルロ）の敗戦後、彼は第二復古王政で追放され【元帥籍も抹消された】、サン＝タマン＝ラ＝バスティドの所領に逼塞し、さらにラインラントのバルメン公爵領に逃れて、すでに50歳代となっていたにもかかわらず、この地で結婚する。

1819年、帰国したスルトは貴族院議員と元帥位を回復する。そして1830年、7月王政をやはり熱烈に受け入れ、同年から47年まで陸軍大臣（2度）や外務大臣、さらに首相【1832-34年、1839-40年】を歴任する。1847年、フランス史上7人目の大元帥の称号をあたえられるという、輝かしい経歴を残した彼の名は、パリの通りにも刻まれている。12区のスルト大通り（Boulevard Soult）がそれである。

スール・ロザリ Sœur Rosalie 1787-1856年。スール・ロザリこと、ジャンヌ・マリ・ランデュはフランス東南部アン県のコンフォールに生まれ、パリで没した愛徳修道女会【→サン＝ヴァンサン＝ド＝ポール】の修道女。13歳のとき、生地近くのジェクスにあるウルスラ会の修道院に入った彼女は、まもなくパリの愛徳修道女会【病人たちの介護活動を行っていた】に移る。彼女の人生は模範的なものだった。不幸な人々を援け、託児所を開設し、パスカル通りにあった家に貧しい老夫婦を住まわせたりした。この家はまた、1856年に創設されることになるサン＝ロザリ養護院の母胎ともなった。さらに、1832年にパリでコレラが猖獗を極めた際、彼女は献身的に活動して、市民たちにその名を知られてもいる。

死の数年前、レジョン・ドヌール勲章を授与された【1853年】彼女の名は、1868年、パリの大通りにつけられている。13区のスール＝ロザリ大通り（Avenue de la Sœur-Rosalie）がそれである【1807年に修道誓願をおこなったスール・ロザリは、パリのサン＝メダール小教区のムフタール通りで、50年近く貧者たちに奉仕活動をしている。彼女より1世紀以上前、この地区ではまた、ジャンセニストの助祭フランソワ・ド・パリス

（1690-1727）が、同様に貧者に献身的・苦行的な奉仕をおこなっている。人々から「聖者」として尊崇を集めていた彼の死後、サン＝メダール教会墓地のその墓で、不治の病だとして医師たちから見放された300人を超える病人が奇蹟的に快癒するが、それを神の恩寵だとして支持するジャンセニスト＝パリ高等法院と、それを偽りだとして否定するイエズス会＝国王＝治安当局のあいだで、激しい論戦と逮捕劇が展開されるようになる。詳細は蔵持著『奇蹟の共同体』（仮題、言叢社近刊）を参照されたい】

スワム Souham 1760-1837年。ジョゼフ・スワムはフランス中部コレーズ地方のリュベルサクに生まれ、**ヴェルサイユ**で他界した軍人。1793年、中将に叙せられた彼は、一連の革命戦争やナポレオン戦争でにおける歴戦の勇士である。とくに著しい軍功をあげたのは、1794年の北仏トゥルコワンの戦いや1810年のカタルーニャ（**カタローニュ**）戦争、そして1813年のライプティヒの戦いだった。彼をたたえて1978年に命名されたスワム広場（Place Souham）は、13区にある。

セ Say 1767-1832年。ジャン＝バティスト・セ（セイ）は**リヨン**に生まれ、パリで没した経済学者・実業家。19歳のとき、商売を学ぶために弟とともにイギリスに渡って店員として働く。2年後、帰国し、エティエンヌ・クラヴィエール【1735-93。ジュネーヴの銀行家で、1792年にフランス革命期のジロンド派の大蔵大臣をつとめたが、アシニャ紙幣を偽造したとして投獄され、獄中で自死する】の運営するパリの保険会社に勤める。

一方、1789年からはミラボーによって創刊されたばかりの《ル・クーリエ・ド・プロヴァンス（地方通信）》紙の編集を手伝い、1794年には、**シャンフォール**やピエール・ルイ・ジャングネ【1748-1816。作家・詩人・ジャーナリスト】の協力をえて、雑誌《デカード・フィロゾフィク・ポリティク・リテレール（哲学・政治・文学の10年）》を創刊する【1800年廃刊】。そして

1800年、彼はナポレオンから護民院【共和暦8年憲法によって国務院・立法院・護憲元老院とともに創設された4議会のうちのひとつで、1807年に廃止】の財務官に任命される。

だが、1804年、セイはその職を罷免され【前年に上梓した『政治経済論』で自由放任主義を主張し、ナポレオンの逆鱗に触れ、書き直しを命じられたが、それを拒んだため】、以後、政治の世界を離れて、まず北仏パ＝ド＝カレ県で、ついで同じ北仏のオワーズ県で綿工場を立ち上げる。やがて復古王政時にパリに戻り、国立工芸院【1819年】やコレージュ・ド・フランス【1830年】で政治経済学を教えるようになる。彼の著作には、ほかに『実践政治経済学総論』【1828-29年】などがある【その理論としては「供給が需要を生み出す」とする「セイの法則」が有名である】。9区のセ通り（Rue Say）は、1864年の命名になる。

セヴィニエ Sévigné 1626-96年。セヴィニェ侯爵夫人ことマリー・ド・ラビュタン＝シャンタルは、パリで生まれ、ローヌ＝アルプ地方のグリニャン城で他界している。7歳で孤児となったため【父親のシャンタル男爵セルス＝ベニーニュ・ド・ラビュタン（1596生）は、1627年にイングランド軍とのラ・ロシェル攻囲戦で戦死し、母親もその6年後に30歳で他界した】、彼女は母方の祖父母のもとで育てられた。1636年に祖父のフィリップ・ド・クーランジュが没すると、叔父でリヴィーの修道院外聖職者大修道院長だったクリストフ・ド・クーランジュ【1607-68】が法的後見人となった。

1644年、マリは婚資10万エキュをもって、アンリ・ド・セヴィニェ侯【1623生。十字軍にも参加したブルターニュの名門貴族出身】と結婚する。そして1男1女をもうけたが、1651年、夫が【女性をめぐっての】決闘で受けた傷がもとで他界してしまう。しかし、夫との日々は幸せとは程遠かったため、おそらく彼女はその死にさほど苦しむことはなかった。

こうして25歳で未亡人となった彼女は【以後、再婚はしなかった】、しばしば宮廷に

437

セウエンヌ

出入りするようになる。そんな彼女に**テュレンヌ**や**コンティ公**、**フーケ**【彼女はそのサロンの常連でもあった】、さらに従兄のビュシー伯ロジェ・ド・ラビュタンなどが求愛したが、彼女は彼らにほとんど関心がなかった。

1669年、長女フランソワーズ【1646-1705】が、プロヴァンス貴族のグリニャン伯フランソワ・アドエマール・ド・モンテイル【1632-1714】と結婚する【この結婚について、セヴィニェ夫人はビュシー伯にこう書き送っている。「フランスでもっとも美しい娘が、けっして最高の美男ではないが、王国でもっとも誠実な男のひとりと結婚します」。ただし、グリニャン伯は3度目の結婚だった】。夫妻は最初パリに住んだが、1671年、夫の任地プロヴァンスに移った【夫が同地方の総督補佐官となったため】。この別離は、セヴィニェ夫人にとって耐えがたいものだった。

その苦しみを癒すため、彼女は娘グリニャン夫人との往復書簡を始め、それはセヴィニエ夫人の死まで25年以上続いた。のちに『グリニャン夫人への手紙』という題名で編まれたみごとな書簡集【1734-37年614通、54年772通】は、ルイ14世（**ルイ・ル・グラン**）治世下のもっとも美しい時代を語る、一種の日記ともいえる。そこでのセヴィニエ夫人は画家であり、歴史家やモラリスト、さらに作家としての顔を見せている。だが、晩年、彼女は娘がこしらえた借財を返済するため、その財産の大部分を用立てなければならなかった。

一方、長男のセヴィニェ男爵シャルル（1648-1713）については、あまり語られることがないが、彼は1684年、**ブルターニュ**の令嬢ジャンヌ・マルグリット・ド・ブレアン＝モロンと結婚している。妻の婚資は20万リーヴルという大金だった。だが、シャルルはその結婚から没年まで、いわば隠遁者のような日々を送ったという。

1696年4月17日、セヴィニェ夫人は天然痘に侵され、娘婿のグリニャン城で息を引き取る。享年70。3区と4区を結ぶセ

ヴィニェ通り（Rue de Sévigné）は、1867年からある【この通りは彼女が1677年から住んでいたカルナヴァレ館（現パリ歴史博物館）に続いている】

セヴェンヌ Cévennes 　中央高地の東南縁に位置するフランス中部の山脈で、高地のなかでもっとも高い山稜を有する。最高峰はヴィヴァレ山地のメザンク（標高1754メートル）。この山脈を語るときは、有名なコース高原やロワール川の水源であるジェルビエ＝ド＝ジョンク山を忘れてはならない。花崗岩質の台地と、深い渓谷沿いの、「セール」【古プロヴァンス語で「細長い丘陵」の意】とよばれる頁岩質の長い山稜からなるセヴェンヌ地方は、荒々しい風景によって人びとを魅惑している【セヴェンヌ通り・小公園（Rue /Square des Cévennes）は15区】

セヴリヌ Séverine 　1855-1910年。カロリヌ・レミ、通称セヴリヌはパリに生まれ、北仏オワーズ県のピエールフォンで他界した文学者。夫は医学教授のアドリアン・グバール【1849-1926】。ジュール・ヴァレスの弟子だった彼女は、師の著作、すなわち『若者』【1881年】と『叛乱者』【1886年、死後出版】の刊行に協力した。1886年、師が創刊した《クリ・デュ・プープル（人民の声）》紙【1781年に18号で廃刊になったが、セヴリヌが夫の援助で復刊にこぎつけた】の主幹となる。

だが、2年後にそれを辞し、《レコー・ド・パリ》紙【1854年から1944年まで刊行された保守的・愛国主義的な日刊紙】など、数紙に記事を書き続ける【夫の死後、彼女はこの新聞の寄稿者だったジャーナリストのジョルジュ・ド・ラブリュイエール（1856-1920）と終生を共にする。なお、彼女はまた友人のマルグリト・デュラン（1864-1936）が創刊した、フェミニズムの日刊紙《ラ・フロンド（反抗）》（1897-1903年）に、毎日「ある反抗者のノート」を連載している】。社会的連帯をとくに求めた彼女の名は、1932年に命名された20区のセヴリヌ小公園（Square Séverine）に残っている。

セウル Séoul 　韓国の首都ソウル（セウル）

特別市は漢江河岸にある。人口990万【2015年。都市圏人口は2350万】。つまり、韓国の総人口の19パーセント以上がこの地に集住していることになる。すでに新石器時代から人々が住み着き、新羅時代には漢陽とよばれ、李氏朝鮮時代には漢城府と改称されて都がおかれた【1395年】。1910年から45年までの日本統治時代には京城とよばれていた。1950年から51年にかけての朝鮮戦争で市内は破壊されたが【4度の陥落。釜山に臨時首都がおかれた】、その後、近代的な町に再建された。パリのセウル広場（Place de Séoul）は、1985年から14区にある。

セーヴル Sèvres　15区のセーヴル通り（Rue de Sèvres）は、質素な小径だった中世以来、それが通じていた旧セーヴル村の名でよばれてきた。メロヴィング朝時代【6世紀】までさかのぼるこの村は、12世紀にパリ南郊のモンレリー城の領地となった。だが、むろんセーヴルを有名にしたのは、製陶業である。その工房は1756年に設立されているが【ポンパドゥール夫人（1721-64。ルイ15世の寵姫）がヴァンセンヌから軟磁器工房を移した年。より正確には、1750年に総徴税請負人たちがすでにここに工房を建てている】、いわゆるセーヴル焼きが有名になったのは、1766年にリモージュ【→リムザン】近郊で鉱床が発見されたカオリンをもちいることで、硬磁器用素地土による磁器の製法を獲得してからだった【硬磁器の商業化は1770年から】。現在、サン＝クルー公園内にある国立製陶工場では、きわめて希少価値のある、そして美しさに富んだ磁器をつくり続けている【→ダルセ、テオドール・デック】

セヴロ Sévero　1864-1902年。アウグスト・セヴェロ・デ・アルブケルケ＝マラニョンは、ブラジルの飛行家。彼はパリで飛行船パクス（平和）号に乗ったが、よもや永遠の平和が自分の身に訪れようとは思いもしなかった…。たしかに最初は上々の飛行で、パリの上空は快適だった。だが、とつぜん状況が悪化し、パクス号はメーヌ大通り

【とゲテ通りの角】に落下し、同乗のジョルジュ・サシェともども墜落死した。それから5年後の1907年、彼の死を悼んで、14区の通りにその名がつけられた。これがセヴロ通り（Rue Sévero）である。

セギエ Séguier　1588-1672年。ピエール・セギエはパリで生まれ、パリ西郊のサン＝ジェルマン＝アン＝レで他界した行政官。1612年にパリ高等法院の評定官、33年に国璽尚書、35年に大法官となった彼は、39年、国王政府代表として北仏ノルマンディに乗り込み、「裸足の乱」とよばれる民衆蜂起【ルイ13世が戦費調達のためにタイユ税（人頭税）や租税（塩税など）の増税や新設を定めたことに対する叛乱】を抑圧した。ルイ13世【国王在位1610-43。→ドーフィヌ】が没すると、彼はその遺言書を破棄して、アンヌ・ドートリシュ【→サン＝タンヌ】を摂政とするのに力を尽くした。この功に報いて、1650年、前王妃は彼をヴィルモール公とフランス同輩衆に叙した。

翌1651年、彼は国璽尚書の職を辞すが、56年に復職し、他界するまでその職にとどまる。この間、セギエは財務卿フーケの裁判を指揮し、厳罰を科している【1661年】。一方、セギエはリシュリュー枢機卿によるアカデミー・フランセーズの創設（1635年）にもかかわり、1643年から没年まで、その集いは彼の邸館で開かれていた。6区のセギエ通り（Rue Séguier）は1864年からある。

セキュリテ Sécurité　19世紀後葉に開通した15区のセキュリテ小路（Passage Sécurité）には、その敷設者の名がつけられているが、おそらく彼は安全という語とそれがもたらしてくれる心の静穏を生活信条としていた。

セギュール Ségur　1724-1801年。セギュール侯フィリップ・アンリはパリを生没地とする元帥。1781年から87年まで陸軍大臣をつとめた【1783年に元帥】彼の名は、とくに4代続いた貴族のみを保有官僚にするという王令【1781年に出された反動的な「セギュール令」】と結びついている。パリの7

セクステイ

区と15区を結ぶセギュール大通り（Avenue Ségur）が現在の道筋となったのは1867年だが、今より長い通りとしてはすでに第一帝政【1804-14年】の初期から存在していた。

セクスティウス・ミシェル Sextius Michel　1825-1906年。南仏ブーシュ・デュ・ローヌ県のセナで生まれ、パリで没した詩人・作家・政治家。1849年にパリに出た彼は、数年後に若者たちを集めた結社ないし私塾を主導し、71年に15区の区長に選ばれ、35年の長きにわたってそれをつとめた。一方、詩人としての彼は、詩集『コルネリの服喪』【1870年】や『ローヌ川から海まで』【1892年】を上梓している。

南仏のオック語を愛していた彼はまた、ポール・アレーヌ【1843-96。プロヴァンス語詩人。『聖アントワーヌの真の誘惑』（1890年）などの詩集がある】のあとを受けて、パリ・フェリブリージュ協会【→フレデリック・ミストラル】の会長となってもいる。彼の名を冠した15区のセクスティウス＝ミシェル通り（Rue Sextius-Michel）は、1905年からある。

セクレタン Secrétan　1880年に命名された19区のセクレタン大通り（Avenue Secrétan）は、対仏大同盟軍が同区に侵攻した際、負傷したジョゼフ・セクレタン男爵【1773-1837】を名祖とする。ナポレオン1世の失脚時、彼は親衛隊の第8選抜歩兵隊指揮官だった。

セザール・ケール César Caire　1861-1930年。弁護士で、パリ市参会議長。彼の名は1933年に8区の大通りにつけられている。セザール＝ケール大通り（Avenue César-Caire）がそれである。

セザール・フランク César Franck　1822-90年。ベルギーのリエージュに生まれ、パリで他界したフランス人作曲家・オルガン奏者。1858年、7区のサント＝クロティルド教会のオルガン奏者となり、72年、パリ音楽院（コンセルヴァトワール）のオルガン科教授についた。新しい楽派の旗手とされた彼の代表作には、『至福』【オラトリオ曲】や『エオリド』、『レベッカ』、『プシケー』【以上は交響曲】などがある。セザール＝フランク通り（Rue César-Franck）は、1900年から15区にある。

セーズ Sèze　1748-1828年。ロマン・ド・セーズはボルドーに生まれ、パリで没した弁護士・行政官。1767年から76年まで生地で弁護士として活動したのちにパリに出た彼は、その弁舌の才でまもなく知られるようになる。とりわけそれは、「王妃の首飾り事件」【→ロアン】の裁判のときで、マリー・アントワネット【1755-93】は彼を相談役に選んでいる。バスティーユ陥落の前夜、民衆に発砲を命じたとして告発されたブザンヴァル男爵ピエール・ヴィクトル【1721-94。作家・宮廷人・パリ周辺治安部隊指揮官。バスティーユ陥落後、逃亡を図って逮捕された】を、裁判で無罪にしてもいる。

この成功に着目したルイ16世【在位1774-92】は、裁判時にセーズをトロンシェやマルゼルブとともに弁護人にした。セーズはこの裁判でみごとな弁護をおこない、裁判官たちを感動させた。だが、国王の命を救うまでにはいたらなかった【彼はその弁護でこう主張したという。「諸君の審判に歴史がどのような審判を下すか、考えてみるがよい」】。だが、それが仇となって1794年1月に投獄され、最終的に自由の身となったのはテルミドール9日【1794年7月27日にロベスピエール派を失脚させたクーデタ。→コンヴァンシオン】のときだった。

やがて権力の座についたナポレオンはセーズを厚遇しようとするが、ブルボン家に忠誠を誓っていた彼はそれを固辞した。そうした姿勢に報いるため、1815年1月、復古王政は彼を破毀院院長に任じ、フランス貴族院議員に叙す。翌1816年、アカデミー・フランセーズ会員に選ばれた彼の名は、8区と9区を結ぶセーズ通り（Rue Sèze）に残っている。その命名は、彼の死後8年目の1824年になされた。

セスラン Cesselin　土地所有者の名前【セスラン袋小路（Impasse Cesselin）は11区】

セータルパン Sept-Arpents　19区のセータ

セバスチヤ

ルパン通り（Rue des Sept-Arpents）は、1930年にパリに編入された旧プレ＝サン＝ジェルヴェ村の通りである。呼称は地名に由来するが、いうまでもなくその広さは7（セット）アルパンだった。アルパンという面積の単位は地域で異なっていたが、パリの場合、1アルパンは現在の34.19アールに相当していた。

セディヨ Sédillot 1804-83年。シャルル・エマニュエル・セディヨはパリに生まれ、シャンパーニュ地方マルヌ県のサント＝ムニュで没した軍医・外科医。1836年にヴァル＝ド＝グラース病院、41年にストラスブール大学医学部教授となった彼は、さらに同市に新設された軍医学校の初代校長をつとめた【1856-69年】。1872年に科学アカデミー会員に選ばれたセディヨは数多くの著作を遺しているが、そのなかには、たとえば『手術医療論』【1839年】や『外科学試論』【1868年】などがある。パリの7区には、彼の名を冠したセディヨ通り（Rue Sédillot）が1897年から、小公園（Square Sédillot）が1935年からある。

セティエーム・アール Septième Art セティエーム・アール（第7の芸術）とは、映画のことである。19区のセティエーム＝アール小路（Cour du Septième-Art）は、1999年に開通しているが、その場所はテレビや映画の番組を制作していた国営の「フランス制作会社（SFP）」【1975年に設立され、2001年に民営化。2010年、ユーロ・メディア・フランスに吸収された】の跡地だった。とすれば、小路が「第7の芸術」とよばれるのは、けだし当然といえるだろう。

セーヌ Seine ブルゴーニュ地方ラングル高地の海抜471メートル地点を水源とし、イギリス海峡にそそぐセーヌ川は全長777キロメートル。シャティヨン＝シュル＝セーヌやトロワ、ムラン、パリ、レ・ザンデリといった町を流れ、ルーアンで海水と混ざり合う。パリ6区のセーヌ通り（Rue de Seine）は、この川まで通じていることから1489年に命名されている【その最古の部分は1259年に敷設】。19区のセーヌ河岸通

り（Quai de la Seine）は、1857年の命名である。

セネガル Sénégal セネガルは西アフリカの共和国で、首都はダカール。人口1350万【2013年】で、面積は19万7000平方キロメートル。フランス人は17世紀中葉からこの国の植民地化に着手し、1659年、のちに最初の都となるサン＝ルイに商館を設けた。一時この地を放棄したフランスは、1854年、ルイ・フェデルブをセネガル総督として派遣して植民地化事業を再開し、1865年までそれを続行した【フランスは1895年、フランス領西アフリカを確立し、ダカールをその中心地とした】

1958年、セネガルはフランス共同体内の自治国となり、翌年、フランス領スーダン（現マリ）とマリ連邦を結成したのち、60年に連邦を解散して、セネガル共和国となった【初代大統領のレオポルド・サンゴール（在位1960-80）は詩人でもあり、1983年、アフリカ人初のアカデミー・フランセーズ会員に選ばれている】。パリのセネガル通り（Rue du Sénégal）は、1877年から20区にある。

セバスチャン・ボタン Sébastien Bottin 1764-1853年。セバスチャン・ボタンはロレーヌ公国のグリモンヴィレで生まれ、パリで没した行政官・統計学者・政治家。神学校に入って聖職者となったが、還俗し、1794年、アルザス地方北部バ＝ラン県の刑事裁判所の書記長【革命暦5年】や同県中央行政部事務局長【同6年】、北仏ノール県庁事務局長【同11年】などを歴任する。

一方、ボタンは革命暦6年に『バ＝ラン県統計年鑑』を上梓するが、これは同種のものとしてフランス最初のものだった。これによって名をはせた彼は、さらに『パリ商業年鑑』を刊行する。1798年にジャン・ド・ラ・ティナ【1765-1818】が初めて編集したこの年鑑を、ボタンは1819年から没年まで出版した【ボタンの死後は出版社のディドー、のちのディドー＝ボタン社がそれを受け継いだ】。膨大なデータが収集されている通称『ル・ボタン』は、現在もなお存

セバスチヤ

在している。7区【ディドー＝ボタン社がある】のセバスチャン＝ボタン通りは、1929年に命名されている。

セバスチャン・メルシエ Sébastien Mercier
1740-1814年。ルイ＝セバスチャン・メルシエは、パリを生没地とする文学者。20歳のとき、パリで『英雄書簡詩』を上梓するが、不評だった。そこで彼はボルドーに移り、寄宿学校で修辞学を教えるようになる【1763。ボルドー高等法院の裁決によって追放されたイエズス会士の後任】。1765年にパリに戻ると、1773年、『舞台芸術論』を発表する。

古典演劇に対して容赦ない批判を展開したこの書で、彼は慣習的な主題や演出ではなく、むしろ当時の社会を純粋かつ簡潔に表現することを唱えた。こうした手法によって、メルシエはコメディ＝イタリアン座のために戯曲『酢販売人の手押し車』【1775年】や『グアドループの住民たち』【1782年】を書き上げる。そして、前者の作品によって、彼は年金とマリー＝アントワネット【1755-93】の庇護を受けるようになる。

だが、メルシエの代表作は『タブロー・ド・パリ』【原宏編訳『十八世紀パリ生活誌：タブロー・ド・パリ 上下』、岩波文庫】と、『新しいパリ』【6巻、1798／1800年】である。この2点の著作において、メルシエはパリの習俗や人々の生活を描き出した。国民公会（コンヴァンション）議員だった【1792年から】彼は、五百人会【革命暦第3年の憲法で設置された下院（1795-99年）】の委員をつとめ、さらに国立中央学校の歴史学教授【1797年】や学士院会員【1803年】になってもいる。「極端なもの同士は互いに触れ合う」という名言は、メルシエの言葉である。彼に捧げられたセバスチャン＝メルシエ通り（Rue Sébastien-Mercier）は、1907年から15区にある。

セバストポル Sébastopol セバストポリ（セバストポル）はウクライナの町で、クリミア（クリメ）半島の南西端、黒海沿岸に位置する。ここはフランスとイギリス、そしてトルコの連合軍がロシア軍に勝利した

1855年の攻囲戦で有名である。1854年6月に始まり、翌年9月9日まで続いたこの戦いは、一連のクリミア戦争の終息を意味した。さらに1942年、やはり流血の包囲戦のあと、ドイツ軍が町をロシア軍から奪取している。パリの1区から2・3区をへて4区へと続くセバストポル大通り（Boulevard de Sébastopol）は、1855年に命名されているが、むろんそれは同年の勝利を記念してのことである。

セプレ Cépré 土地所有者の名前で、1935年に命名されたセプレ通り（Rue Cépré）は15区にある。

セリゾル Cérisole イタリア最西北部ピエモンテ地方の町チェレゾーレ（セリゾル）は、1544年4月14日、アンギャン公【フランソワ・ド・ブルボン＝コンデ（1519-46）】率いる1万7000のフランス兵が、指揮官アルフォンソ・デ・アバロ侯【1502-46】麾下の神聖ローマ帝国軍2万2000を攻撃した戦場。戦いの当初は、敵軍のランスクネット【短く幅広の両刃の剣】がフランス軍を情け容赦なく悲惨な状態に追い込んだが、やがてガスコーニュ兵とスイス兵が参戦するに及んで形勢は一変し、アバロ侯は敗走した。彼の軍隊はフランスの騎兵部隊に追撃され、1万2000もの犠牲者を出したという。8区のセリゾル通り（Rue de Cérisole）は1886年に命名されている。

セリュリエ Sérurier 1742-1819年。ジャン・マテュー・フィリベール・セリュリエはパリ北東のランスで生まれ、パリで没した元帥・伯爵。1759年に軍隊に入り、みずから参加したフランス革命までにはすでに30年あまりの軍歴を有していた。1792年、中佐としてペルピニャン駐屯の第70連隊を率いていた際、フランス革命を支持する反乱兵士の鎮圧に加担して、革命派兵士たちから王党派だとの指弾を受け、逮捕される。だが、バラスによって釈放され、軍功をあげた彼は1795年に中将となり、イタリア方面軍の師団長、ついでヴェネツィア総督に任命される【1797年】。そして、誠実に任務をこなし、「イタリアの聖母」

とまでたたえられるようになる。

　帰国後、セリュリエはナポレオンとブリュメール18日【ナポレオンが総裁政府を倒して執政府を樹立した1799年のクーデタ】を支持し、1800年に元老院議員、04年には廃兵院（アンヴァリッド）長官、さらにパリ国民衛兵隊司令官に任命された。第一復古王政初期【対仏同盟軍がパリに迫っていた1814年3月】、彼は自分に託されていた軍旗や幟を廃兵院の中庭で焼却処分にし、灰をセーヌに棄てさせている。だが、【元老院でナポレオン1世の廃位に票を投じたにもかかわらず】、百日天下ではナポレオンに加担し、そのため第二復古王政では廃兵院長官の職を追われた。セリュリエ大通り（Boulevard Sérurier）は、1864年から19区にある。

セル Cels　1743-1806年。ジャック・セルはヴェルサイユ出身の植物学者で、パリ南郊のモンルージュ近くに壮大な苗床をつくり、さらに膨大な数の外国原産植物を帰化させたことで知られる。その名前は接ぎ木法に残っている【セル苗】。学士院会員となった彼は、農事法の編纂にもくわわった。14区のセル通り（Rue Cels）は1850年に命名されている【14区にはセル袋小路（Impasse Cels）もある】

セルヴ Selves　1848-1934年。ジュスタン・カジミール・ド・セルヴはトゥールーズに生まれ、パリで没した行政官・政治家。【トゥールーズ大学で法学博士号を取得した1871年に】生地北方のモントーバンで弁護士を開業し、その弁護士会長に選ばれている【在任1978-80年】。さらにタルン＝エ＝ガロンヌ県知事（1880年）を皮切りに、オワーズ県（1882年）、ムルト＝エ＝モーゼル県（1885年）、ジロンド県（1888年）の知事となり、1890年には郵便・通信長官に任命された。そして1896年から1911年まではセーヌ県知事をつとめた【以後、外務大臣（1911-12年）、内務大臣（1924年）、元老院議長（1924-27年）などを歴任】。彼に捧げられたセルヴ大通り（Avenue de Selves）は、1934年から8区にある。

セルヴァン Servan　1737-1807年。ジョゼフ・ミシェル・アントワヌ・セルヴァンは、南仏ドローム地方のロマンに生まれ、ブーシュ＝デュー＝ローヌ県のルーセで他界した法曹家。1769年にグルノーブル高等法院検事となる以前、彼は『刑事裁判の進め方』【1766年】を著し、有罪判決を受けた者や被疑者たちに対して頻繁になされた拷問を非難している。

　ヴォルテールの親友で、より公正な正義感に溢れていたセルヴァンは、1772年、この職を辞すが、犯罪者抑圧の現状を支持していた敵対勢力につけまわされる。そこで彼は一切の活動をやめ、スイスに移り住む（1792-1802年）。帰国すると、ナポレオンから立法院議員の座を提供されるが【1807年】、辞退した。11区には1864年からセルヴァン通り（Rue Servan）がある【なお、彼の弟であるジョゼフ・セルヴァン・ド・ジェルベ（1741-1808）は、1792年に陸軍大臣をつとめている】

セルヴァンテス Cervantès　1547-1616年。ミゲル・デ・セルバンテス（セルヴァンテス）・サアベドラは、スペイン中部のアルカラ・デ・エナーレスに生まれ、マドリードで他界している。極貧【？】だったにもかかわらず、両親【父は下級貴族で外科医】は息子が、1569年に最初の詩集を出したロペス・デ・オヨス【1511-83。人文主義者・作家】に師事して、しっかりした学問を積むことを許した。

　やがてセルバンテスは、ホワン・デ・アウストリア【1545/47-78。カール5世の庶子で、オランダ総督やスペイン艦隊指揮官などを歴任した】率いる艦隊に1兵卒としてくわわり、1571年10月7日のレパントの海戦でも果敢に戦った。だが、セルバンテスはこの戦闘で被弾し、その治療にあたった外科医が無能だったこともあって、左腕の自由を失った【それからさらに4年間従軍した】

　そして1571年、帰国途中に、彼が乗船していたガレー船が海賊に拿捕され、捕虜としてアルジェに連行され、きわめて劣悪

443

な扱いに打ちのめされる。1575年、三位
一体会【カトリックの慈善団体】が、600ド
ゥカートという当時としてはかなりの額に
のぼる身代金を払って彼を買い受ける。こ
うして5年間の捕虜生活【その間、セルバ
ンテスは数回脱出を試みて失敗している】か
ら解放された彼は、再び軍務につく【無敵
艦隊の食料調達係】

そんな彼が実際に文学に目覚めるのは、
市民生活に戻ってからだった。1584年、
奴隷としての過酷な滞在の想い出に『アル
ジェの生活』と『ヌマンシア攻囲戦』を書
く。そして1604年、無名のまま『ドン・
キホーテ・デ・ラ・マンチャ』の第1部を
上梓する。これは数年かけて3万部が売れ、
多くの言語に翻訳されたが、この作品が完
成するにはそれから10年後のことだった。
だが、その売れ行きは芳しくなかった。ア
ベリャンダなる詐欺師的な人物が、『ド
ン・キホーテ』の剽窃版を出した【1614年】
ためである。

セルヴァンドニ Servandoni　1695-1766年。
ジョヴァンニ・ニッコロ・セルヴァンドー
ニ（セルヴァンドニ）は、フィレンツェに
生まれ、パリで没した画家・建築家・舞台
装飾家。最初絵画を学ぶが、やがて建築に
惹かれるようになった。とりわけ彼は遠近
法の手法に長けており、これによりリスボ
ン（リスボンヌ）やパリで舞台や公的行事
の装飾家として成功する。

1728年、セルヴァンドーニはパリのオ
ペラ座からオペラ『オリオン』【作曲家ル
イ・ド・ラ・コスト（1675-1750）の5幕物
悲劇】の装飾を依頼され、これをみごとに
こなした。1729年にサン＝シュルピス教
会堂の聖母礼拝堂の再建を請け負った彼は、
1731年、絵画アカデミー会員に選ばれる。

フランス王室の建築家となった1732年
には、コンペに勝利して、前記教会堂のフ
ァサードを建ててもいる【1735年竣工】。
さらに彼はリヨンのサン＝ブリュノ・デ・
シャルトルー教会堂【1736年頃】や、サン
スのサン＝テティエンヌ司教座聖堂【1742
年】などの修復工事も手がけた。また、

1738年には、テュイルリー宮の「機械の
間」で、だまし絵と遠近法を駆使してロー
マのサン＝ピエトロ大聖堂を復元している。

1739年からセルヴァンドーニは数多く
の旅を重ね、その才能をヨーロッパ各地、
とくにイギリスとドイツで惜しげもなく発
揮した。彼に捧げられた6区のセルヴァン
ドニ通り（Rue Servandoni）は、その死
後40年目の1806年からある。

セルジャン・ボーシャ Sergent Bauchat　ガ
ストン・ボーシャは消防士。19世紀末、
ルイイ通りで起きた火災で消火活動中に殉
職した。その死を悼んで、1894年、12区
の通りに彼の名がつけられた。セルジャン
＝ボーシャ通り（Rue du Sergent-
Bauchat）がそれである。

セルジャン・ホフ Sergent Hoff　1836-1902
年。下級士官だったホフは、1870年の普
仏戦争時、パリ南東部のシャンピニーの戦
いできわだった軍功をあげた。17区のセ
ルジャン＝ホフ通り（Rue du Sergent-
Hoff）は、1910年、彼をたたえて命名され
た。

セルジャン・マジノ Sergent Maginot
1877-1932年。アンドレ・マジノはパリを
生没地とする政治家。軍隊時代、「セルジ
ャン（下級士官）」とよばれることを好ん
でいた彼は、1922年から24年、29年から
断続的に没年まで陸軍【・年金】大臣をつ
とめた【ほかにアルジェリア総督府内務局長
官や下院議員、内務大臣など歴任】

彼の名は1829年から40年にかけてフラ
ンス東部のドイツとの国境地帯に築かれた
要塞ライン、通称マジノ線に残っている
【このマジノ線は対独防衛の最前線として、第
1次世界大戦で多くの兵士が戦死して兵員不
足となったのを解決するためにつくられた】。
だが、この広域的な地下防塁網は役立たな
かった。周知のように、第2次世界大戦の
緒戦、ドイツ軍はごく簡単にこれを迂回し
てベルギーからフランスに進攻したからで
ある。

ところが、興味深いことに、ドイツ軍は
またマジノ線と対抗するため、1930年代

にジークフリート線を築いている。第2次世界大戦中、それを揶揄したシャンソンが唄われたものだった【アイルランド兵がつくった歌『ジークフリート線に俺たちの下着を干しに行くところだ』。この歌はやがて仏訳されて、フランス兵たちも好んで唄うようになった】。セルジャン＝マジノ通り（Rue du Sergent-Maginot）は、マジノ線構築中だった1933年から16区にある。

セルジュ・プロコフィエフ Serge Prokofiev

セルゲイ（セルジュ）・プロコフィエフは1891年にウクライナ（当時はロシア帝国領）のソンツォフカに生まれ、1953年にモスクワで他界したロシアの作曲家・ピアニスト・指揮者。1920年代から30年代にかけて、【1914年にロンドンで出会った】ディアギレフ（ディアギレヴ）のバレエ団のため、『道化師』【1920年】や『鋼鉄の歩み』【1925年】、『放蕩息子』【1928年】を創作している。彼の作品全体はかなり力強いリズム感にあふれているだけでなく、もっとも斬新な西欧の作品による影響ときわめて純粋なロシアの伝統とがまざりあってもいる。

プロコフィエフはまた映画音楽も手がけている。セルゲイ・エイゼンシュテイン監督【1898-1948。1925年制作の『戦艦ポチョムキン』でモンタージュ手法を確立し、世界の映画史に巨歩を印した】の『アレクサンドル・ネフスキー』【1938年】や『イワン雷帝』【1945年】などである。さらにバレエ音楽の『ロメオとジュリエット』【1936年】や『シンデレラ』【1944年】、交響的物語の『ピーターと狼』【1936年】なども創作している。彼の作品すべてが西欧世界に紹介されているわけではないが、歌劇『3つのオレンジへの愛』【1919年】はだれもが知っているはずだ。この偉大な音楽家に捧げられたパリの通りは、1988年から16区にある。セルジュ＝プロコフィエフ通り（Rue Serge-Prokofiev）がそれである。

セルパント Serpente

6区のセルパント通り（Rue Serpente）は1179年に開通している。だが、敷設の際、だれかが真っすぐな線を引けず、そのため曲がりくねってし

まった。呼称はそれに由来する。より正鵠を期していえば、この通りは蛇行していたことから、当初は「セルパン（蛇）通り」とよばれていた。現在の呼称【rue（通り）が女性名詞であるため、性数の一致によって、それを形容するserpentも女性形となっている】となったのは1295年で、全長は今より短かった。他の通りと合体して現在の道筋になったのは、1851年のことである。最初のセルパント通りはアルプ通りを起点とし、オートフイユ通りまで続いていた。

セルポレ Serpollet

1858-1907年。レオン・セルポレはフランス中東部アン県のキュロに生まれ、パリで没した技師。彼は水が沸騰するまでに時間がかかるという問題を解決したフラッシュ・ボイラーを発明し、とくに1888年、最初の蒸気3輪車を考案している【彼は蒸気自動車がガソリンエンジン車より優れていることを実証するため、各地で開催されていたレースに参加して、幾度となく勝利した】。これら「セルポレ車」は、最初期の自動車エンジン収集家たちにとって、なおも垂涎の的となっている。パリのセルポレ通り（Rue Serpollet）は、1933年から20区にある。

セルモン・ド・クフラ Serment de Koufra

1941年3月、のちのルクレール元帥（ジェネラル・ルクレール）はイタリア軍からリビアのクフラを奪取した。それは1940年の休戦以後、フランス軍最初の勝利となった。その際、彼は最終勝利まで戦いをやめないという有名な宣誓をおこなった。それにちなんで命名されたセルモン＝ド＝クフラ小公園（Square du Serment-de-Koufra）は、1981年から14区にある。

セレ Serret

1819-95年。ジョゼフ＝アルフレッド・セレはパリを生没地とする数学者・天文学者。パリの国立理工科学校（エコール・ポリテクニーク）を卒業【1840年】したのち、歩兵隊士官となるが、まもなくそれを辞して学問を続ける。そして【1847年にパリ大学科学部で博士号を取得し、翌年から母校の入学試験官をつとめ】、1861年、コレージュ・ド・フランスの天体力学教授

となり【1885年まで】、63年からは、パリ大学科学部で微積分法を教えた【前同】

1860年に科学アカデミー会員に選ばれたセレの著作としては、たとえば『高等代数学講義』【1849年】や『微積分法講義』【1868年】などがある。彼に捧げられたセレ通り（Rue Serret）は、1902年から15区にある。

セレスタン Célestins 4区のセレスタン河岸通り（Quai Célestins）は、1352年にカルメル会の修道院跡地にシャルル5世が建立した、ケレスティヌス（セレスタン）会の旧修道院を記念して、1868年に命名された。1386年にルイ・ドルレアン【1372-1407。シャルル5世の子】が建てたその礼拝堂には、ルイ12世【国王在位1498-1515】までの子孫の大部分が埋葬されていた。フランス革命後、修道院はパリ守備隊の兵舎となった。ケレスティヌス修道会は、1294年7月5日にケレスティヌス5世として教皇になり、同年12月13日に退位したピエトロ・アンゲレリ【1209-96】によって創設されている。

ソーヴァジョ Sauvageot 1781-1860年。アレクサンドル＝シャルル・ソーヴァジョはパリを生没地とするヴァイオリニスト・収集家。パリ音楽院（コンセルヴァトワール）を首席で卒業した彼は、パリ・オペラ座付属オーケストラの一員となり【1829年まで】、その後、いささか奇妙な話だが、なぜか税関吏となっている。さらに彼は骨董品、とくに中世やルネサンスのそれに強い関心を向け、興味をひかれたものすべてを収集するようになった。

そして1856年、彼はその「宝物」を国家と政府に寄贈し、これに感謝して、ルーヴルに居室があたえられた【現在は彼の名を冠した展示室となっている】。14区のソーヴァジョ通り（Rue Sauvageot）は、死後15年目の1875年に命名されている【彼の旧宅はフォブール＝ポワソニエール通りの56番地】

ソーヴァル Sauval 1623-76年。アンリ・ソーヴァルはパリを生没地とする歴史家・史料編纂官。最初弁護士業を営んでいた彼は、やがてパリの歴史研究にすべてを費やすようになる。そして、原典がしっかりした大量の古い文書や記録を収集したが、死によってその生涯を賭した研究の書をみずからの手で編むことがかなわず、のちにそれはクロード＝ベルナール・ルソー【生没年不詳。ソーヴァルの協力者】により、ソーヴァルの名で公刊された。『パリ市の古美術品の歴史と研究』【1724年】である。ソーヴァル通り（Rue Sauval）は、1865年から1区にある。

ソーシエ＝ルロワ Saussier-Leroy 17区のソーシエ＝ルロワ通り（Rue Saussier-Leroy）は1863年に敷設されている。1867年、通りは現在のように延伸され、ある住民の名がつけられた。

ソシュール Saussure 1740-99年。オラス・ベネディクト・ド・ソシュールはジュネーヴ近郊のシェーヌ＝ブジュリで生まれ、ジュネーヴで没したスイス人博物学者・物理学者。気象学や地質学、植物学にも精通していた彼は、22歳でジュネーヴ大学の哲学教授となり、とくにアルプスを旅して、地質や植物相を研究した。さらに1787年には、モンブランの最初期の登頂者のひとりとなった（その初登頂は、前年、シャモニーのガイドだったジャック・バルマ【1762-1834。シャモア・ハンターで水晶細工師でもあった】がなしとげている）。

氷河の研究にも強い関心をいだいていたソシュールはまた数多くの鉱物を発見したり、（ソシュール式）毛髪湿度計を発明したり、高度や時間、気候によって変化する空の色を測定するシアノメーターや、大気の透明度を測ることができるディアファノメーターを発明したりしてもいる。

近代気象学の先駆者でもあった彼は『アルプス紀行』【4巻、1778-96年】を著し、これによって「アルプスの画家」とよばれるようにもなった【現代言語学の祖とされるフェルディナン・ド・ソシュール（1857-1913）は彼の曾孫】。その名を冠した17区のソシュール通り（Rue de Saussure）は、

1864年に命名されている。

ソーセ Saussaies　8区にあるソーセ通り（Rue des Saussaies）および同名の広場（Place des Saussaies）は、それぞれ1837年、1902年に命名されている。当初、通りの周りには枝ぶりのよいハシバミが植えられ、パリっ子たちがその実を採りに来たものだった。だが、ポンパドゥール夫人【1721-64。ルイ15世の寵姫】の指示で柳が植えられ、やがてこれが通りの名となった。現在、この通りの9-15番地には内務省の建物がある。その建築資材には古い柳の木が使われたのだろうか。

ソナティヌ Sonatine　19区のヴィラ・ソナティヌ（Villa Sonatine）は、1997年、「パルク・デ・ミュジシャン（音楽家公園）」の区画分譲時に建設されている。呼称となったソナチネ（ソラティヌ）はソリストないしアンサンブルのための1楽章ないし数楽章の楽曲で、形式的にはソナタと同じだが、より短く、一般的にはより演奏がしやすいとされる。

ソニエ Saulnier　9区のソニエ通り（Rue Saulnier）は、それを敷設した人物にちなんで、1787年に命名されたものである。

ソーヌ Saône　ソーヌ川はフランス北東部、ロレーヌ地方エピナルの東24キロメートルにあるフォーシル山系の海抜396メートルに水源があって、グレやオーソンヌ、シャロン、マーコンといった町を潤し、リヨンでローヌ川と合流している。全長482キロメートルのこの川にちなんだソーヌ通り（Rue de la Saône）は、1934年から現在の道筋になっている。

ソフィア Sofia　ブルガリアの首都ソフィアはヴィトシャ山麓に位置する。古くはセルディカ【先住トラキア人の部族セルディに由来する呼称とされる】とよばれ、前29年、ローマの支配下に入り、ダキア属州の都がおかれた。441年、町はフン族によって劫略され【東ローマ帝国のユスティニアヌス1世（在位527-565）によって再建】、809年、ブルガール人の支配下に入り、スレデツとよばれるようになる。さらに1382年にはオスマン帝国の領土となり、1877-78年のロシア＝トルコ戦争後の79年、トルコ人の支配を離れてロシア人の勢力下に入り、呼称もソフィアと改称してブルガリア公国の首都となった。パリのソフィア通り（Rue de Sofia）は、1971年から18区にある。

ソフィ・ジェルマン Sophie Germain　1776-1831。パリを生没地とする数学者のソフィ・ジェルマンは、古代ギリシアのアルキメデス【前287-前212】の伝記を読んで、数学への抗いがたい召命感を覚えたという。おそらく当時、この伝記本は中等・高等学校に広く配布されていた【ただし、彼女はこの本を裕福な金銀細工師で、憲法制定国民会議の議員だった父の書架で見つけている】。代表的な著作としては、1816年に科学アカデミー賞を授与された『弾性刃の振動にかんする論考』がある。

　彼女の名は1881年、14区の通りにつけられている。ソフィ＝ジェルマン通り（Rue Sophie-Germain）である【「フェルマーの最終定理」の研究や「ソフィ・ジェルマン素数」の発見で知られる彼女には、男性名をもちいてのカール・フリードリヒ・ガウス（1777-1855）との往復書簡もある。なお、本人の言葉によれば、彼女は乳児期に頭蓋を人為的に変形させた、いわゆる「トゥールーズ型頭蓋」の持ち主だったという。その詳細については、蔵持論文「歪像の文法：フランスの頭蓋変形慣行にかんする歴史人類学的研究」（《人間科学研究》、第28巻第2号、2015年）を参照されたい】

ソーフロワ Sauffroy　17区のソーフロワ通り（Rue Sauffroy）は1843年の開通とともに命名されている。その呼称は、最初期の住民の名前サフロワ（Saffroy）が変形したものである。

ソメイエ Sommeiller　1815-71年。ジェルマン・ソメイエは、フランス東部オート＝サヴォワ県のサン＝ジョワール＝アン＝フォーシニを生没地とする技師。モン＝スニ・トンネル開削計画を作成・実施したのが彼である。開削工事の最初は、彼が発明した回転式削岩機をもちいてなされた。こ

ソメテサル

の削岩機の導入は正しかった。山の双方から開削を進めた2チームが、所定の地点で出会えたからだ。全長45メートルのヴィラ・ソメイエ（Villa Sommeiller）は19区にある。

ソメ・デ・ザルプ Sommet des Alpes 15区のソメ＝デ＝アルプ（アルプス山頂）通り（Rue de Sommet-des-Alpes）の名祖となったのは、モンブランではない。その呼称はじつは1859年のイタリア遠征で、ナポレオン3世麾下のフランス軍がアルプス山系を越える際に起きた軍事衝突に由来するのだ。おそらくそれはたんなる小競り合いではなかった。やがてそれがマジェンタ（マジャンタ）やソルフェリーノ（ソルフェリノ）の戦いにおける、フランス軍の重要な勝利の序曲となったからである。

ソリダリテ Solidarité 1889年に開通した19区のソリダリテ通り（Rue de la Solidarité）は、助け合いによる連帯を最大の美徳と考えていたに違いない住人たちによって命名されたものである。

ソリテール Solitaires 1730年から知られている19区のソリテール通り（Rue des Solitaires）は、当初は「ドゥー・ソリテール（ふたりの隠修士）通り」とよばれていた。おそらくこの通りにはクララ女子修道会【→コルドリエール】の跣足隠修士のメンバーだった、ふたりの修道女が住んでいたのだろう。この修道会の修道女たちは黙想と静穏な日々を送っていた。

ソール Saules 18区のソール通り（Rue des Saules）は1867年に命名されている。かつてここはソールと同義の「ソーセ（Saussaye）」通りとよばれていた。互生葉の雌雄異株である柳は、通常は温暖な地域で育つが、実際は北極圏の寒冷な地域にも見ることができる。しだれ柳は素晴らしい観賞用樹木であり、思うに花盛りの娘たちは水辺にあるその木の近くや下に行って、好んで夢をみたりするのだ。しだれ柳以外の柳は、ときに樹高が25メートルにも達する。

ソルビエ Sorbier 1762-1827年。1867年に命名された20区のソルビエ通り（Rue Sorbier）は、パリで生まれ、パリ南東方ニヴェルネ地方のサン＝シュルピスで没した、第一帝政時の軍人ジャン・バルテルモ・ド・ソルビエを名祖とする。メスの砲兵学校で学んだ彼は、フランス革命に参加し、1791年、ストラスブールで騎馬歩兵隊を編成している。1793年6月のアルロンの戦い【革命軍とオーストリア軍がベルギーのアルロン要塞で戦い、ソルビエは腕に敵弾を受けた】のあと、彼は上官たちから軍令不服従の咎で停職処分を受けたが、まもなく公安委員会によって処分を解かれる。そして1797年4月、ドイツ中西部ノイヴィートの戦場でオシュ将軍によって少将に叙せられた。1800年、中将に昇進した彼は【1808年、ナポレオン1世から伯爵位をえている】、13年に監察官に任命される。だが、1818年に引退し、1万2000フランの年金生活に入った。

ソルフェリノ Solférino 1866年に敷設されたソルフェリノ通り（Rue de Solférino）と、1905年に建設されたソルフェリノ港（Port de Solférino）は、いずれも7区にある。呼称は同名の橋に由来する。このソルフェリノ橋（Pont de Solférino）は1858年から59年にかけて、建築技師のポール＝マリ・ラガリスリ【1805-71。アルマ橋とアンヴァリッド橋（いずれも1856年）、サン＝ミシェル橋（1857年）、シャンジュ橋（1860年）なども手がけている】とジュール・サヴァラン【生没年不詳。オステルリッツ橋（1854年）、ルイ＝フィリップ橋（1860-62年）の架設工事を担当した】によって架けられている。

ソルフェリーノはイタリア北部ロンバルディア地方の村で、1859年のナポレオン3世によるイタリア戦争で、メレニャーノやマジェンタ（マジャンタ）、テュルビゴ、パレストロ、モンテベッロ（モンテベロ）とともに、フランス軍が勝利した戦場である。1859年6月24日、フランス＝ピエモンテ連合軍はこのソルフェリーノでオーストリア軍を相手に戦い、味方兵1万7000、敵兵2万2000もの戦死者を出した激戦の

のち、辛うじて勝利をおさめた。

　ジュネーヴ出身の実業家で、1901年に第1回ノーベル平和賞を受賞した**アンリ・デュナン**は、ソルフェリーノの戦いで多くの負傷兵が放置同然だったのをまのあたりにして心を痛め、赤十字を創設する思いをいだいたという【赤十字旗の図柄はスイス国旗の配色を反対にしたものである】

ソルボンヌ **Sorbonne**　ソルボンヌは1257年頃、ルイ9世【在位1226-70】の聴罪司祭だったロベール・ド・ソルボン【1201-74。神学者】が創設した学寮を原型とする【以後、14世紀初頭までに60の学寮が開設している】。当初は貧しい教師や神学生たちの機関で、やがて創設者の名で知られるようになった。はじめのうち、それは貧しい学生を無償で受入れ、のちに奨学生や自費学生も入るようになった。その創設時から、ソルボンヌはガリカニスム（フランス教会独立主義）の旗印を掲げ、教皇権の擁護者である托鉢修道会【聖職者の個人財産を認めないドミニコ会やフランシスコ会、聖アウグスチノ修道会、カルメル会など】と闘った。

　1393年、54人というかなりの数にのぼる博士たちが、当時の教会分裂に終止符を打つための方策を提言するよう命じられる。そこで彼らは、教会総会議の組織化を進言した。1431年、ソルボンヌは異端として告発されたジャンヌ・ダルクを公然と非難し、1431年にはイエズス会に反対して、カトリック同盟を支持した。さらに17世紀には、イエズス会のみならず、それと対立していたジャンセニストたちとも敵対し、**アントワヌ・アルノー**とその支持者の学者たちを追放する。18世紀になると、ソルボンヌは分裂をきわめ、フランス革命初期の学生数はわずかに180人を数えるのみとなり、1792年8月18日、ついに閉鎖を余儀なくされた。

　革命当時、最初期の建物はすでになかったが、これらの建物はソルボンヌの総会議長だったリシュリュー枢機卿【1606年から07年にかけてソルボンヌで学んだ】の支援で、全体的に再建されている【1630年代】。彫刻家ジラルドンによる彼の墓碑が安置されることになる礼拝堂も、1653年から53年にかけて建立された。

　1808年【文学部開設年】、ソルボンヌは正式にパリ大学に移管され、1821年に一般的な教育がおこなわれるようになる。さらに1885年から1900年にかけて、建物は建築家アンリ＝ポール・ネノ【1853-1934。パリ高等美術学校出身で、1877年、建築部門のローマ大賞受賞者。パリの国立海洋学研究所（1917年）などを建てている】の設計にもとづいて新築ないし再建されている。

　今日、ソルボンヌ【パリ第4大学ソルボンヌ校】は高等教育機関として、文学部や科学部【1811年開設】、人文学部、芸術学部などにくわえて、付設機関として、国立古文書学校【1821年創設。司書や古文書研究者などを養成する超難関校で、卒業生としては思想家・文学者で、『内的体験』（1943年）や『呪われた部分』（1949年）、『有罪者』（1961年）などで知られるジョルジュ・バタイユ（1897-1962）や、『チボー家の人々』の作者ロジェ・マルタン・デュ・ガール（1881-1958）、哲学者・文学者のルネ・ジラール（1923-2015）などがいる。2014年にリシュリュー通りに移転】や学部傘下の研究所を擁している【2006にはアラブ首長国連邦のアブダビに、パリ＝ソルボンヌ大学が創設されている】

　1968年5月のいわゆる5月革命で、学生たちが最初に蜂起したのがソルボンヌ周辺だった。ソルボンヌ通り（Rue de la Sorbonne）は、ロベール・ド・ソルボンによる創設当時（1257年）から、広場（Place de la Sorbonne）は1635年、小路（Passage de la Sorbonne）は1853年から5区にある。

ソーレ **Saulaie**　ヴィラ・ソーレ（Villa de la Saulaie）は20区にある。通り——この場合はヴィラだが——に名をつけるとき、そこに柳が植えられていたらどうするか。よほど心がねじまがっていないかぎり、ソーレと命名するだろう。こうして1998年、それがなされた。

ソレイエ

- **ソレイエ Soleillet** 1842-86年。ポール・ソレイエ（ないしソレイェ）は、南仏のニームに生まれ、イエメンのアデンで客死した探検家。1865年にアフリカ探検を開始し、73年から74年にかけて、アルジェリア南部のインサラ・オアシスまで入った。彼はアルジェリアと**セネガル**をアフリカ横断鉄道で結ぶという壮大な計画をいだき、やがてエチオピア帝国に属するショワを開いて、フランスと交易させようともした【没年の1886年、彼はアデンでランボーと銃の輸出を準備していた】。著作には『中央アフリカ探検』【1874年】や『エチオピアの旅』【1885年】などがある。彼に捧げられたパリ20区のソレイエ通り（Rue Soleillet）は、死後4年目の1890年に命名されている。

- **ソレイユ Soleil** 1883年に開通した20区のソレイユ通り（Rue de Soleil）は、フェイボス【「輝ける者」の意で、アポロンへの献称】に捧げようとした詩心のある住人たちによって命名されている。太陽の光をまともに受ければ目が痛み、陽光のもとでは何ひとつ完全なものなどないといわれるにもかかわらず、だれもが陽だまりを求める。「君、私から太陽をとり除いてくれたまえ」。ディオゲネス【『哲人伝』で知られる3世紀のギリシア人作家】はこう言ったというが、われわれの昔日を温めるには、多少とも陽だまりに身をおくほうがよいだろう。

- **ソレイユ・ドール Soleil d'Or** 15区にあるソレイユ＝ドール小路（Ruelle du Soleil-d'Or）の呼称は、おそらく近くを走るヴォージラール通り226番地のオーベルジュにかかっていた、「金色の太陽」の絵看板に由来する。フランス革命の1789年まで、このオーベルジュは18世紀初頭に建てられた富裕市民たちの別荘だった。そして1830年頃、オーベルジュは製陶工場へと様変わりした。

- **ソワソン Soissons** 北仏エーヌ県の郡庁所在地であるソワソンは、ガリア＝ローマ時代にはアウグスタ・スエソニウムとよばれていた。486年、フランク王**クロヴィス**がこの地でシアグリウス【430頃-486。古代ローマ最後の総督】を破り、ガリアを統一するようになる。この戦いにかんしては、有名な「ソワソンの壺」の逸話がある【トゥールのグレゴリウス（538頃-594頃）の『フランス史』第2部が出典】。

それによれば、クロヴィスは配下の兵士をひとり処刑し、兵士たちによる略奪を戒めたという。ランス司教のルミ【在任459頃-533】がクロヴィスに対し、彼の兵士たちがソワソンの教会から奪った壺の返却を丁重に依頼した。そこでガリア人のこの王は、戦利品の分配時に、自分のとり分にくわえて、兵士たちに問題の壺を差し出すよう命じた。兵士たちは全員その命令を受け入れた。だが、ひとりの兵士だけはそれを拒み、「王が受け取れるのは、運命があたえてくれるものだけだ」と抗弁し、ただちに壺を砕いてしまった。

翌年（487年）の閲兵時、クロヴィスはこの兵士の前に立ち、「お前ほど武器と着衣が悪い者はだれもいない」と言うなり、兵士の闘斧を放り投げた。そして兵士が下を向いてその破片を集めようとした際、クロヴィスは兵士の頭を打ち砕き、こう言うのだった。「お前はソワソンの壺をこうして砕いたのだ」

このような逸話を残すソワソンの町は、1814年に対独同盟軍に、70年にはプロイセン軍に蹂躙されている。だが、町は今も素晴らしい建造物を誇っている。サン＝ジャン＝デ＝ヴィーニュ大修道院【1076年建立】やサン＝レジェール大修道院【13-14世紀建立】などである。また、特産のソワソン・インゲンマメも賞味に値する。パリのソワソン通り（Rue de Soissons）は、1839年から19区にある。

- **ソンテ Sontay** ソンタイ（ソンテ）はベトナム北部、旧トンキン地方の町【旧ソンタイ省の省都で、現在はハノイが管轄する第2級行政区】。アミラル・クールベ率いるフランス遠征軍は1883年8月、古い要塞を奪取した【その結果、阮朝政府は屈服して第一フエ条約（アルマン条約・癸未条約）が成立し、ベトナムはフランスの保護国となった】。

16区のソンテ通り（Rue de Sontay）は、この勝利を記念して1886年に命名されている。

ソンム Somme　ソンムは北仏エーヌ県のフォンソンムを水源とし、イギリス海峡のソンム湾にそそぐ川の名であり、アミアンを県庁所在地とする県の呼称でもある。17区のソンム大通り（Boulevard de la Somme）は、第1次世界大戦中、正確には1916年7月から11月まで、この川を挟んで展開された有名なソンムの戦い【連合国側のイギリス・フランス両軍が、枢軸国側のドイツ軍と戦い、両軍あわせて100万人以上の死傷者を出したとされる。この戦闘では軽機関銃や戦車がはじめて導入された】を記念して、1931年に命名されている。ここではまた1940年6月にも、川を挟んで戦闘があった。

タ行

タイティ Taïti タヒチ（Tahitiとも表記する）は、南太平洋のフランス領ポリネシアに属するソシエテ諸島にある島で、タヒチ・ヌイ島とタヒチ・イティ島からなる。首都はパペーテ。周囲の長さは132キロメートル、面積1048キロメートル、人口は約18万4000【2012年】である。1606年、ペドロ・フェルナンデス・デ・キュロス【1565-1614。ポルトガル出身の航海者・探検家。のちにイスパニア王室につかえた】が、ヨーロッパ人としてはじめてこの島を発見したとされる。

ついで1767年にサミュエル・ウォリス【1728-75。イギリスの航海者で、1766年に世界周航に出立し、68年に帰国。彼が経験からえた情報が、ジェームズ・クック船長の航海に役立ったという】、68年にブーガンヴィル、さらに1769年にはジェームズ・クック【1728-79。イギリスの海洋士官・海洋探検家・海図製作者。キャプテン・クックとして知られる】が第1回航海で島に上陸している。だが、それ以後、タヒチはイギリスとフランスが長きにわたって領有を争うことになる。

そして1842年9月、フランス太平洋艦隊の司令官デュプティ＝トゥアールが、武力をもって、タヒチをフランスの保護領とする条約の締結をタヒチの女王ポマレ4世【在位1827-77】に迫り、翌年11月5日、フランスがついにタヒチの領有を宣言する。さらに1880年6月20日、タヒチ国王ポマレ5世【在位1777-80。4世の子】が退位し、同年12月30日、島はフランスの植民地になる【画家ゴーギャンは1891-93年までタヒチに滞在し、一時島を離れたあと、1901年に戻っている。臨終の地はマルキーズ諸島】

今日、タヒチはフランスの正式な海外領土となっているが、この島がふくまれるフランス領ポリネシアは、以下のような島嶼からなる。ソシエテ諸島、オーストラル諸島、トゥアモトゥ諸島、ガンビエ諸島、マルキーズ諸島。パリのタイティ通り（Rue de Taïti）は12区にある。命名は島がフランスに帰属するようになって4年目の1884年になされた。

タイユブール Taillebourg タイユブールはフランス西部旧アキテーヌ地方の村。1242年、ポワティエ近郊のここで、聖王ルイ9世（サン＝ルイ）の軍が、イングランド王ヘンリー3世とマルシュ伯の軍に圧倒的な勝利をおさめている【ヘンリー3世（在位1216-72）は、母后やその再婚相手であるラ・マルシュ伯ユーグ・ド・リュジニャン（1185-1249）たちを支えてポワティエに侵攻した。ルイ9世はこれを撃破したものの、イングランドとの抗争が長引くことを好まず、イングランド王がノルマディやアンジュー地方を正式に放棄し、アキテーヌ公としてフランス王に臣従を誓うことを条件に、同地方南部のガスコーニュの領有を認めるパリ条約を締結した】。11区のタイユブール大通り（Avenue de Taillebourg）は、この出来事を記念して1864年に命名されている。

ダヴー Davout 1770-1823年。アウエルシュタット公・エックミュール大公【呼称はいずれもナポレオン戦争の戦勝地】で、フランス元帥でもあったルイ＝ニコラ・ダヴーはブルゴーニュ地方のアヌーに生まれ、パリで没している。貴族出身【無爵位】でありながらフランス革命に参加した彼は、1792年、ヨンヌ義勇軍の部隊長となり【翌年、貴族士官追放令で罷免】、さらに1800年には師団長、1800年には元帥に任命された。

だが、ダヴーがとくに名をはせたのは、1806年のオーストリアとプロイセン遠征のときだった。第一復古王政で排除されるが、1815年の百日天下で陸軍大臣に任命された。第二復古王政では失脚を余儀なく

タウイトタ

されるが、寛大だった王政は1819年に彼の名誉を回復し、同年、貴族院議員に指名した。こうした人物であってみれば、ダヴーをナポレオンに忠実な最高の士官のひとりとよぶわけには到底いかない【人柄に何かと問題が多かったダヴーに対し、ナポレオン自身しばしば辛辣な評価を下していたという】。20区のダヴー通り（Rue Davout）は1864年から存在している。

ダヴァル Daval　1780年に開通した11区のダヴァル通り（Rue Daval）は、1777年から80年までパリ市の参事会員をつとめた人物の名を冠している。

ダヴィー Davy　1778-1829年。ハンフリー・デーヴィー（ダヴィー）卿はイングランド南西部コーンウォール州のペンザンスに生まれ、ジュネーヴで病没したイギリス人化学者。熱と光にかんするラヴォワジエの理論を非難し【塩素やヨウ素の研究によって、酸が酸素の化合物だとするラヴォワジエ説も否定した】、水生（海生）植物の呼吸にかんする研究を行った。1800年、彼は亜酸化窒素（笑気ガス）の「笑いを引き起こす」特性を発見する。

王立協会のフェローに選ばれる2年前の1801年には、彼はボルタ電池とは異なるかなり強力な電池をつくり、鉱夫用の安全なランプを考案してもいる。これが彼の名をとってデーヴィー灯とよばれるものである。さらに1827年と28年の冬には、健康上の問題を抱えながら、イタリアのヘルクラネウムでの発掘にもかかわっている。著作には『サルモニア』【1828年】や『旅の慰み』【1830年】などがある。彼を名祖とするダヴィー通り（Rue Davy）は、1864年から17区にある。

ダヴィエル Daviel　1693-1762年。パリ西方エヴルー近郊のラ・バールで生まれ、ジュネーヴで没した眼科医。1728年から眼病患者の治療にあたり、とくに白内障の手術に的確な規範を定めた。彼の栄光はおもに手術時の比類のない熟達さに負っていた。生地に近いウール県のベルネには、彼の彫像が立っている。パリでは、1894年以来、

13区のダヴィエル通り（Rue Daviel）がその業績をたたえている【13区にはヴィラ・ダヴィエル（Villa Daviel）もある】

ダヴィッド・ヴェイユ David Weill　1871-1952年。サンフランシスコ出身のユダヤ系銀行家で芸術の庇護者。フランス北東部モーゼル地方のファルスブールを出自とする一族は、1870年の普仏戦争初期にアメリカ合衆国に移住している。だが、ダヴィッド・ヴェイユは14歳のときにフランスに戻り、リセ・コンドルセで学んだ。級友のなかにマルセル・プルーストがいた。

第1次世界大戦に部隊長として従軍したヴェイユは、1931年、国立博物館委員会の委員長に選ばれ、34年、芸術アカデミーの会員に推薦される。レジョン・ドヌールのグラントフィシエ（大将校）賞を受賞した彼はまた、14区にある大学都市（シテ・ウニヴェルシテール）の創設者兼副理事長をつとめ、その建設に際しては、彼が土地を購入している。さらに有名なラザール銀行【1848年にアシュケナージ系ユダヤ人のラザール兄弟がニューオリンズで創設した投資銀行】の共同経営者でもあった彼は、数多くの芸術作品をルーヴルに寄贈してもいる。14区のダヴィッド＝ヴェイユ大通り（Avenue David-Weill）は、1960年に命名されている。

ダヴィド・ダンジェ David d'Angers　1788-1856年。フランス西部ロワール地方のアンジェで生まれ、パリで没した彫刻家。1811年、『エパミノンダスの死』でローマ大賞を受賞した彼には、ヴェルサイユ宮殿のコンデ像、ペール＝ラシェーズ墓地にあるマキシミリャン・フォワ将軍【1775-1825】の巨大な墓、南仏エクスの複数のルネ王像、北仏カンブレのフェヌロン像といった作品がある。18年間に40体の彫像、75点のレリーフ、120点の胸像、38体の小彫像、30点の巨大メダル、中程度のメダルに刻んだ500点の肖像を制作し、ヴィクトル・ユゴーやゲーテ（ゴート）、ラマルティーヌの胸像も手がけている。

彼は1848年の2月革命を機に政治の世

453

界に入り、憲法制定議会のメンバーに任命された。しかし、同年12月2日にルイ＝ナポレオン、のちの**ナポレオン3世**が権力を掌握すると【大統領選出】、亡命を余儀なくされ、ベルギーやギリシアに赴く。友人たちが当局に働きかけたおかげで帰国するが、重病のためにほどなくして病没する。19区のダヴィド＝ダンジェ通り（Rue David-d'Angers）は、1877年に命名されている。

ダヴュー Davioud 1823-81年。ガブルエル・ジャン・アントワヌ・ダヴューはパリ出身の建築家。彼の最初の作品はパリ南方ユタンプ市の劇場である。のちにブーローニュの森（ボワ・ド・ブーローニュ）で、パビリオン・デ・ガルド【入口の管理人用建物】や、園内の島に建てられたキオスク・ド・ランプルール【字義は「皇帝のキオスク」】、プレ＝カトゥラン【レストラン。現在のオーナー・シェフはオリヴィエ・プシエ（1964-）】、レストランのムーラン・ド・ロンシャン、順化園（動物園）などを手がけている。**サン＝ミシェル**広場の噴水やシャトレ劇場もまた、彼の設計・建築になる。さらに**ジュール・ブルデ**とともに、1878年のパリ万国博向けに**トロカデロ宮殿**を建ててもいる。16区のダヴュー通り（Rue Daviuod）は1896年の命名。

ダオメ Dahomey アフリカ西部、ギニア湾の北側に位置する国で、現在の国名はベナン共和国。国土面積11万2600平方キロメートルに、988万【2013年】の人口を擁する。首都はポルトノヴォだが、主要都市はボトヌーである。かつてのダホメ（ダオメ）王国は、1892年から93年にかけて、連隊長アルフレッド・ドッド【1842-1922】率いるフランス軍によって征服されている。当時のダホメ王はベハンジン【在位1890-94】だった。1960年、ダホメはフランスから独立したが、1894年、パリに通りにその国名が冠せられている。11区のダオメ通り（Rue du Dahomey）である。

タクレ Taclet 20区のタクレ通り（Rue Taclet）は、1929年に正式に命名されている。呼称はその住人のひとりにちなむ。

ダゲール Daguerre 1789-1851年。ルイ・ダゲールはパリ北西郊のコルメイユ＝ザン＝パリジに生まれ、パリ南東方ヴァル＝ド＝マルヌ地方のブリ＝シュル＝マルヌで没している。ジオラマを考案した彼は、ニセフォール・ニエプスと写真術を開発してもいる。若い頃はオペラ座の装飾担当をつとめ、「セナールの森」や「ベルヴェデーレ」、「夢」などの装飾画で注目を浴びた。

1822年7月1日にオープンしたジオラマ館でもちいた絵画を複製するため、彼は暗室を使った。まさにそこから、彼は画像を定着させようとする着想をえた。そして1826年、すでに1814年から同じ考えをいだいていたニエプスと出会う。だが、ふたりが共同で研究することに合意をしたのは、それから3年後だった。

1833年、ダゲールはついに暗室内で画像を定着する方法を発見するが、そのことをニエプスに報告するには遅すぎた。同年7月5日、ニエプスは脳充血で他界していたからである。やがて1839年7月30日、フランス政府はダゲールから彼の方式を買い取る。条件はダゲール本人とニエプスの息子それぞれに対する6000フランの終身年金だった。すでにダゲールのもとには外国から魅力的な条件が寄せられていたが、彼は自分の発見をフランスに託すことを選んだ。14区のダゲール通り（Rue Daguerre）は、1867年に命名されている。

タゴール Tagore 1861-1941年。ラビンドラナート・タゴール【ベンガル語ではロビンドロナート・タクゥル】は、インドのコルカタ（カルカッタ）を生没地とする詩人【詩聖と称される】。彼は1000篇以上の詩を創作したが、ほかに小説や戯曲、歌謡なども書いて、インドの文学に多大の影響をあたえた。その著作としては、たとえば以下がある。20歳で発表した戯曲『ヴァルミキーの才覚』【1881年】、戯曲『カチャとデーヴァヤニ』【1894年】、小説『家と世界』【1916年】、エッセイ『人間の宗教』【1931年】など。

1913年、ノーベル文学賞を受賞したタ

ゴールは、それより10年以上前の1901年、西ベンガルのシャーンティニケータン【父親が道場を開いていた】に、インド人の理想的な教養と寛容さをうながすための野外学校を設けている【1921年、ヴィシュヴァ・バーラティ大学に昇格】。彼は言っている。「外部の自由という名で、内部の自由を打ち砕くことはたやすい」、「詩は究極の真実ではない。たとえば空がわれわれに青く見えるように、それは暗黒に見える」

パリのタゴール通り（Rue Tagore）は、レモン小路に代わって、1992年から13区にある【タゴールは1902年にインドを訪れた岡倉天心と終生変わらぬ親交を結んでいる。また、1905年に彼が作詞作曲した「わが黄金のベンガルよ」は、1971年にバングラデシュの国家として正式に採用されている】

ダゴルノ Dagorno　1870年に開通した20区のダゴルノ小路（Passage Dagorno）は、そこに家をかまえていた自作農ジャン＝フランソワ・ダゴルノの名前にちなんで命名されている。一方、12区のダガルノ通り（Rue Dagorno）は1880年に開通しているが、その呼称は通りの旧地主一族の名に由来する。おそらくこのダゴルノ家は、ジャン＝フランソワ・ダゴルノの子孫だったと思われる。

タージュ Tage　タホ（タージュ）川【ポルトガル語でテージョ川】はスペインとポルトガルを流れる川。タホ川の水源はスペイン北東部アルバラシン近郊、標高1580メートルのフェンタ・デ・ガルシアにある。そしてアランフエスやトレド、タラベラといった都市をへてポルトガルに入り、アブランテスやバルキーニャなどを潤してから、河口のリスボン（**リスボンヌ**）湾で大西洋にそそぐ。全長1078キロメートル【数値はほかにもある】。13区のタージュ通り（Rue du Tage）は、1877年に命名されている。

タシュリ Tacherie　4区のタシュリ通り（Rue de la Tacherie）は、13世紀の命名になる。呼称はアタシュリ（attacherie）の変形で、中世にこの通りに数多く住んでいた留め金やホック職人をさす、アタシエ

（attachiers）に由来する。

タットグラン Tattegrain　1955年に命名された16区のタットグラン広場（Place Tattegrain）は、タットグラン兄弟、すなわちジョルジュとフランシスを名祖とする。前者（1845-1916）は彫刻家。後者（1852-1915）は画家で、とくに歴史的な出来事を扱った作品、たとえば『砂丘のルイ14世』【1889年】や『ルイ14世のパリ入城』【1892年】、『サン＝カンタン攻略戦』【1899年】で知られる。

ダニー Dany　ダニー氏は、1821年、その8区の所有地に敷設されたダニ袋小路（Impasse Dany）の名祖である。

ダニエル・カザノヴァ Danielle Casanova　1909-43年。強制収容所で死んだレジスタンスの活動家。1944年、パリの通りその名がつけられている。1区と2区を走るダニエル＝カザノヴァ通り（Rue Danielle-Casanova）がそれである。

ダニエル・ステルン Daniel Stern　1805-76年。おそらくダニエルは、19世紀の女流文学者たちが好んで筆名にもちいた名である。そのうちのひとりダニエル・ステルンはダグー伯爵夫人で、本名はマリ・ド・フラヴィニー【1805-76】。ドイツのフランクフルト・アム・マインに生まれ、パリで没した彼女は、1827年、ダグー伯爵と結婚している。並外れた知性の持ち主で、小説はもとより、芸術や政治、歴史、さらに哲学にも等しく通じていた。彼女はまた作曲家のフランツ・リストととくに親しい関係を結んでもいた。主な作品としては『共和主義者の手紙』【1848年】や『マリー・スチュアートの生涯の3日間』【1856年】、『ダンテとゲーテ』【1866年】などがある。彼女の墓はペール＝ラシェーズにあるが、墓石は彫刻家シャピュの最高傑作のひとつとされる。15区のダニエル＝ステルン通り（Rue Daniel-Sterne）は、1907年から存在している。

ダニエル・ルジュウール Daniel Lesueur　1860-1921年。ジャンヌ・ロワゾー、通称ダニエル・ルジュウールはパリ出身の女流

文学者。詩集『4月の花』と小説『ガブリエルの結婚』【いずれも1882年】でアカデミー・フランセーズ賞を得た彼女は、《フィガロ》や《ル・タン》紙にも寄稿した。1900年のパリ万国博で女性の進歩にかんする報告書の作成を請け負い、フェミニズム的原理の序章ともみなしうる「結論」を提示した。

そんな彼女の小説には『現代の愛』【1888年】や『閉じた唇』【1898年】、『ある女性の名誉』【1901年】などがある。また、戯曲も2作あり、一方はオデオン座で上演された『海外の婚約者』【1901年】、もう一方はフェミニスト劇場用の『結婚外』【詳細不詳】である。1911年に彼女に捧げられたダニエル=ルジュウール大通り（Avenue Daniel-Lesueur）は、7区を走っている。

ダニューブ Danube ドナウ（ダニューブ）川は、ドイツ南西部バーデン地方のシュヴァルツヴァルト（黒い森）に水源を有し、全長2860キロメートルの水系を辿って、黒海にそそぐ。ドイツ、オーストリア、スロヴァキア、ハンガリー、クロアチア、ユーゴスラヴィア、ルーマニア、ブルガリア、そしてウクライナを通るそれは、とりわけウィーンやベオグラード（ベオグラド）、ブダペスト（ビュダペスト）を潤している。1923年、この大河の名をとって「ヴィラ・デュ・ダニューブ」（Villa du Danube）が命名されたが、それは同じ19区の近くにダニューブ広場——現在はラン=エ=ダニューブ広場——があるからだった。

タヌリ Tanneries 13区のタヌリ通り（Rue des Tanneries）は1877年に命名されている。呼称は近くを流れるビエーヴル川の河岸に、皮なめし業者たちが工房をかまえていたことに由来する。

タピスリ Tapisseries タピスリ通り（Rue des Tapisseries）は17区にあるが、かつてこの一角にはタピスリーを扱う業者や職人たちが数多くいて、「タピスリ（タピスリー）」という地名も20世紀には生まれていた。とすれば、1898年に敷設された通りにその地名がつけられたとしても、けっして奇妙なことではないだろう。

ダミエット Damiette ナイル（ニル）川河口から約15キロメートル、東側の分流右岸に位置する町（アラブ語ではドゥーミアート）。ギリシア=ローマ時代にはタミアティスとよばれていた。十字軍時代、ダミエットは重要な港であり、エルサレムのラテン人王たちは幾度となくこれを攻撃した。聖王ルイ（サン=ルイ）は1249年にこの港を攻略したが、早くも翌年にはサラセン軍に奪い返されてしまう。彼らはここがあまりにもキリスト教徒たちから攻撃を受けやすいとして破壊するが、1251年に再建された。ダミエットは今もなお中世的なたたずまいを残している。パリの通りにこのエジプトの町の名が冠せられたのは、1800年のことである。2区のダミエット小路（Passage de Damiette）である。

ダム Dames 17区のダム通り（Rue des Dames）は、もとはモンソーから、呼称の由来となるモンマルトルのダム女子大修道院まで続いていた古い小道だった。すでに1672年に存在していたこの大修道院には、ベネディクト会系の修道女たちが住んでいた。修道院の建立時に命名されたダム小道は、やがて通りとよばれるようになるが、その道筋は同じである。第1次世界大戦では、別のダム小道が有名になった。北仏エーヌ県のエーヌ川とエレット川のあいだの山地を通るそこで、4年にわたって激戦が繰り返されたからである。

ダムレモン Damrémont 1783-1837年。シャルル・ダムレモン伯はフランス北東部ショーモン出身の将軍。みずから率いる部隊が攻撃体制を整えていたコンスタンティヌの手前で、砲弾を浴びて戦死した。18区のダムレモン通り（Rue Damrémont）は1858年以来の呼称である。

ダメム Damesme 1807-48年。エドワール=アドルフ=デオダ=マリ・ダメムは連隊長で、バリケード攻撃時に落命した【国立作業所の閉鎖に憤った民衆が、1848年6月に蜂起し、パンテオンにバリケードを築いて抵抗した。ダメムは軍隊を率いてその制圧にの

りだしたが、太股に銃弾を受け、これがもとで翌月他界している】。それから20年後の1868年、彼の名が13区の通りと袋小路（Rue /Impasse Damesme）につけられた。

ダモワイエ Damoye　ダモワイエ氏は、11区に1780年にみずから小路を敷設した人物。ダモワイエ小路（Cour Damoye）は、そのことによる命名である。

タヤド Taillade　1826-98年。フェリクス・タイヤード、通称タヤドは、パリで生まれ、ブリュッセルで没した俳優。1846年、パリ音楽院（コンセルヴァトワール）に入った彼は、翌年、テアトル＝フランセ（コメディー＝フランセーズ座）で初舞台を踏む。そして1847年にはゲテ座の舞台に上り、さらに国立サーカス団での幕間芝居でナポレオン役を演じて大評判をとった。やがてオデオン座に移り、とくにシェークスピアの『マクベス』できわめてみごとな演技をみせたという。演劇の偉大なスペシャリストだった彼の名は、20世紀初頭、20区の大通りにつけられている。タヤド大通り（Avenue Taillade）がそれである。

タヤンディエ Taillandiers　1867年に命名された11区のタヤンディエ通り（Rue des Taillandiers）は、当時かなりの数の刃物師たちが住み着いて、切断用具、とくに大工用の斧や刃、ヤスリ、鉋身、ハサミなどをつくっていた。11区にはまたタヤンディエ小路（Passage des Taillandiers）もある。呼称は同名の通りと隣接していることによる。

タラ・シェヴチェンコ Taras Chevtchenko　1814-61年。タラス（タラ）・フルィィホローヴィチ・シェフチェンコ（シェヴチェンコ）はウクライナのモールィンツィに生まれ、ロシアのサンクト＝ペテルブルク（サン＝ペテルスブール）で没した詩人・画家。ウクライナに民主主義の思想を広めた彼は、近代ウクライナ語文学の始祖とされる【ウクライナの農奴解放を唱えたが、1847年、皇帝夫妻を批判する詩を書いたとして逮捕され、サンクト＝ペテルブルクで当局の監視を受けながら生涯を終えた】。7区のタラ＝シェヴ

チェンコ小公園（Square Taras-Chevtchenko）は、1960年に彼に捧げられている。

ダリウス・ミヨー Darius Milhaud　1892-1974年。フランスの作曲家で、いわゆる「6人組」のひとりで、他のメンバーとしてはジョルジュ・オーリックやアルテュール・オネゲル【→ジャン・ヴィラール】などがいる。ミヨーは多調性【や複調性】をもちいて作曲し、古代ギリシアの合唱詩と同様、南米の民俗音楽にも影響を受けた。きわめて多産な作曲家で、400曲以上の作品を発表しているが、そのなかには、多くの交響曲やピアノ曲にくわえて、オペラ曲の『クリストフ・コロンブ』【初演1930年】や『メデイア』【1939年】、『ボリバル』【1950年】、バレー音楽の『屋根の上の牡牛』【1920年】や【世界創造】【1923年】、舞台音楽の『マリアへの受胎告知』、『プロテウス』、さらに映画音楽とし、アンドレ・マルロー原作の『希望』などがある。19区のダリウス＝ミヨー小路（Allée Darius-Milhaud）は1990年に命名されている。

ダリダ Dalida　1933-87年。本名ヨランダ・クリスティーナ・ジリョッティ。イタリア南部カラブリア地方出身の移民の子としてカイロ（ケール）に生まれ、パリで他界した女性歌手。22歳（1954年）でパリに出た彼女は、ナイトクラブの「ヴィラ・デステ」で歌手としてのデビューを果たし、翌年、爆発的にヒットしたシャンソン「バンビーノ」で一躍スターダムにのしあがる。以後も、「ゴンドリエ」【1958年】や「チャオ・チャオ・バンビーナ」【1961年】、「イツィ・ビツィ・プティ・ビキニ」【1967年】、「ディルラダダ」【1970年】など、ヒット曲が相次いだが、これらの作品では歌詞はさほど重視されなかった。

だが、時がたつにつれて、ダリダは当然のことながら次第に歌詞に注意を向けるようになる。たとえば、「ジジ・ラモローゾ」【1974年】や「18歳の彼」【1976年】、「青春時代」【1980年】のようにである。彼女はまた女優を夢見てもいた。その機会は

タリユ

1986年に訪れた。エジプト人映画監督ユーセフ・シャヒーン【1926-2008】が、『6日目』で彼女を主役に抜擢したのである。だが、1967年と77年に2度の自殺未遂をしていた彼女は、翌1987年5月、みずからを死に追いやってしまう。18区のダリダ広場（Place Dalida）は、1996年に命名されている。

タリユ Talus 1877年に命名された18区のシテ・タリユ（Cité du Talus）とタリユ袋小路（Impasse du Talus）の呼称は、環状鉄道線の敷設時にできた斜堤にちなむ。

ダリユ Daru 1767-1829年。伯爵のピエール・ブリュノ・ダリユは、南仏モンペリエで生まれ、北仏のムーランで他界した政治家・文学者。フランス革命後の恐怖政治期【1793年6月-94年7月。→シェニエ】に1年間投獄されたのち、1797年に陸軍大臣に任命され、99年、ライン方面軍の命令官となる。ブリュメール18日【→カンバセレス】のあと、彼はナポレオンに忠誠を尽くし、陸軍省の国務卿（1800年）や護民院議員（1802年）、さらにオーストリアとロシアの征服地におけるナポレオン軍の財務総監を拝命する。そして1811年、国務卿としてロシア遠征の物資補給を用意する。

だが、ナポレオンが失脚すると【1814年】、国王ルイ18世【在位1814-15／1815-24】はダリユを冷遇する。1815年、ナポレオンが復活した百日天下のあいだ、ダリユは再び彼に仕えるが、ワーテルロー（ワテルロ）敗戦後、当然のことながら、彼もまた失脚し、その状態は1819年に貴族院議員となるまで続いた。たしかにこの混乱の時代、神でもなければだれともうまくやることは難しかった。

一方、文学者としてのダリユは歴史書や詩、とくにホラティウス【前65-前8】の詩の翻訳書を刊行している。これにより、彼はアカデミー・フランセーズの会員に選ばれた【1806年】。パリ8区の通りがダリユ通り（Rue Daru）とよばれるようになったのは、1867年のことである。

タリユ・デュ・クール Talus du Cours 12

区のタリユ＝デュ＝クール通り（Rue du Talus-du-Cours）は、1696年からある。呼称は1669年に盛り土をして敷設されたヴァンセンヌ小路の斜堤に由来する。

ダルー Dalou 1838-1902年。パリで生まれ、没した彫刻家のジュール・ダルーは、1861年、処女作となる丸彫りの小像『オスレに興じるローマの貴婦人』【オスレとは羊の骨をもちいたお手玉の一種】を発表する。パリ・コミューン（コミュヌ・ド・パリ）のとき【1871年】、ルーヴルの臨時副館長に任命された彼は、バルベ・ド・ジュイとともにそのコレクションの保全につとめた。だが、政府軍がパリに入ると逃亡を余儀なくされ、ロンドンに亡命する。そこでの生活は厳しいものだったが、1873年に帰国し、持ち前の才能を発揮して創作を再開する。

ダルーの主な作品としては、『子守り女』や高浮彫りの『共和国の勝利』【1899年。ナシオン広場用群像】、ヴィクトル・ノワール像（ペール＝ラシェーズ墓地）、さらにレピュブリク広場用の浅浮彫りによる共和像などがある。彼はまた1890年にシャン＝ド＝マルスで開かれた反主流派によるル・サロン展の唱導者のひとりでもあった。15区のダルー通り（Rue Dalou）は1942年に命名されている。

ダルウィン Darwin 1809-82年。イギリスの自然科学者・生物学者であるチャールズ・ダーウィン（ダルウィン）は、医師で投資家でもあったロバート・ダーウィン【1766-1848。王立協会フェロー】を父として、イングランドのシュルーズベリに生まれている【父方の祖父で医師のエラズマス（1731-1802）は詩人・博物学者として知られていた】。

1831年、彼はロバート・フィッツロイ【1805-65。海軍軍人・気象学者で、ビーグル号艦長】の遠征に参加し、5年ものあいだ、南米や太平洋の島々を訪れる。そして1840年から43年にかけて、『ビーグル号航海の動物学』（5巻）と題した航海ノートを出版し、さらに59年には有名な『自然選択による種の起源』を発表し、新しいデ

ータにもとづいて「生物変移論」【進化論】を再評価した。

ダーウィンによれば、1世代のなかでも多様な獲得形質があり、賢明な自然がそのいずれかを選択するという。すべてはこうして生起するが、この選択から「自然選択（淘汰）」という表現が生まれた。さらにダーウィンは、この「自然選択」が進化と進化的適応の過程に変異をもたらしたともする。彼は有用な「形質」の大部分が出現するということをさほどの確信なしに認めたが、「環境」の諸条件がもたらす直接的な影響によって、個体の獲得形質が1個の種のうちに【遺伝的に】定着する可能性を拒まなかった。こうしたダーウィンの理論はつねに議論の的となっており、長いあいだ誤解されてもきた。18区にあるダルウィン通り（Rue Darwin）は1884年の命名になる。

ダルシー Darcy パトリス・ダルシーは1725に生まれ、79年に他界した物理学者。20区のダルシー通り（Rue darcy）は1868年の命名である。

ダルセ Darcet 化学者の父ジャンと息子ジャン＝ピエールの姓。父は1725年、フランス南西部ランド地方のドアズィに生まれ、1801年、パリで没している。1742年、モンテスキューの息子の家庭教師となった彼は、62年、パリ大学医学部から医学博士号を受け、【さらに化学を修得したのち】、74年にはコレージュ・ド・フランスの教授となる。彼はまたセーヴルの製陶工場も経営したが、その仕事はすべて芸術と工業生産に化学を導入することにあった。骨からゼラチンを、海塩から水酸化ナトリウムを抽出しようとすることも考えた。ラヴォワジエより早く、ダイヤモンドが可燃性であることも示している。

フランス革命が勃発すると、ダルセは熱烈にそれを支持し、やがて元老院議員となる。一方、息子のジャン＝ピエール（1777-1844）もまた優れた化学者で、銅と錫の低融点合金技術【ダルセ合金】を開発し、ヴィシー・トローチを考案し、さらに人工

的な鼈甲をつくってもいる。1823年、彼は科学アカデミーの会員に選ばれた。17区のダルセ通り（Rue Darcet）は、1873年の命名である。

ダルダネル Dardanelles ダーダネルス（ダルダネル）海峡はバルカン半島とアナトリアのあいだに位置する。1915年の3月から10月にかけて、英仏連合軍がトルコ軍に対しておこなった「ダーダネルス戦役」【ガリポリの戦い】で有名になった。最初の作戦は失敗した。続く攻撃も成果をおさめられず、英仏派遣軍は散発的だが激しい戦いに消耗した。そして1916年1月、両軍は撤退を余儀なくされた。ダルダネル通り（Rue des Dardanelles）は1929年から17区にある。

タルデュー Tardieu 18区のタルデュー通り（Rue Tardieu）は、有名な版画家一族にちなんで1868年に命名されている。この一族を代表する版画家としては、アカデミー・フランセーズ会員だったニコラ・アンリ（1674-1749）とジャック・ニコラ（1716-91）、ラ・フォンテーヌの『寓話』のイラストを手がけたピエール・フランソワ（1711-74）、地理学者・地図製作者でもあるアントワヌ・フランソワ（1757-1822）、さらに、『縦列するアウステルリッツのナポレオン軍』【1833年】の版画で知られるアンブロワズ（1788-1841）などがいる。

タルベ Tarbé 1753-1806年。ルイ・タルベはシャンパーニュ地方のサンスに生まれ、パリで他界した行政官・政治家。パリで弁護士業を営んでいた彼は、やがて財務総監だったアンリ・ルフェーヴル・ドルメソン（オルメソン）のもとで働いた。彼はその才覚によってすみやかに栄進し、1791年、ルイ16世【国王在位1774-92】から租税長官に任命され、新しい地租制度を立ち上げた。だが、翌年には解任され、以後、引退生活を送った。17区のタルベ通り（Rue Tarbé）は、1864年に命名されている。

ダルボワ Darboy 1813-71年 ジョルジュ・ダルボワもシャンパーニュ地方のフェ

ルービオに生まれ、パリで処刑されたパリ大司教。ナポレオン3世は彼を元老院議員に指名したが、教皇ピウス9世【在位1846-78。第1回ヴァチカン公会議を開催し、教皇無謬性を宣言した】は、ダルボワが自由思想の持ち主だと非難して、枢機卿に叙することを拒んだ。1870年の普仏戦争時、とくにパリ攻囲戦のあいだ、彼は負傷者の介護に全力であたった。

しかし、パリ・コミューン（コミュヌ・ド・パリ）が勃発すると【1871年】、ダルボワはコミューン兵により、人質としてマザ監獄に投獄される【大司教という地位のため。リヨン駅前にあったこの監獄は、1900年のパリ万国博のため、2年前の1898年に撤去された】。政府側に捕まっていたオーギュスト・ブランキとの交換交渉は不調に終わり、5月24日にロケット監獄に移送され、同日夜、銃殺刑に処された。コミューンの敗北後、国家の費用で盛大な葬儀が営まれ、遺骨も埋葬された。彼を名祖とするダルボワ通り（Rue Darboy）は、1875年から11区にある。

タルマ Talma 1763-1826年。フランソワ＝ジョゼフ・タルマはパリを生没地とする悲劇役者。両親は彼を歯科医にするつもりだった【13歳になった1776年、ロンドンで歯科医を営んでいた父と再会するとともに、エリザベス朝の演劇に影響を受ける。1785年、パリに戻った彼は、歯科医を開業した】。しかし、若かった彼は芝居への情熱もだしがたく、朗読法を学んで、1787年11月21日、コメディー＝フランセーズ座の『ムハンマド』【原作ヴォルテール】で初舞台を踏むようになる。

そして1789年、同座の正座員となり、同年、マリ＝ジョゼフ・シェニエ【→タレラン】の戯曲『シャルル9世』に出演する。この芝居は大成功をおさめるが、役者間での対立をまねいた【1790年、『シャルル9世』は教会から上演を禁止され、団員たちはタルマとの共演を拒む守旧派と改革派とに分裂した】。その結果、タルマはコメディー＝フランセーズ座を去り、1791年、数人の仲

間とパレ＝ロワイヤル内にテアトル＝フランセを立ち上げる。

やがてコメディー＝フランセーズ座と競合するようになったテアトル＝フランセ【1799年に合体】は、当初はおもに悲劇を上演した【たとえば、コルネイユの悲劇『キンナ』（1639年作）】。ナポレオンはタルマを高く評価して畾臣にし、庇護をあたえた。さらに彼はタルマをエアフルトに招き、「国王たちの平土間」と通称される会談【1808年、ナポレオンとロシア皇帝アレクサンドル1世の講和会議】でも芝居を演じさせている。たしかにタルマは体つきがリポレオンに多少なりとも似ていた。

この悲劇役者は、語句をはっきりと区切って自然に話すことで、それまでの滑稽なほど誇張的かつ仰々しいせりふ回しを改革した。彼が演じた作品としては、たとえば『オセロ』や『ハムレット』、『ヘンリー3世』、『メアリー・ステュアート』【フリードリヒ・フォン・シラー作】、『老人学校』【カジミール・ドラヴィーニュ作】、『シラ』【コルネイユ作】などがある。パリ16区のタルマ通り（Rue Talma）は1864年からある。

ダルメステール Darmesteter 13区のダルメステール通り（Rue Darmesteter）に名を残しているのはユダヤ系の兄弟で、兄のアルセース・ダルメステールは1846年、フランス北東部ロレーヌ地方のシャトー＝サランに生まれ、88年にパリで没している。パリ大学の中世フランス語・文学の教授だった彼は、『ヘブライ語＝フランス語注解基本語辞典』【1872年】や『フランス語の合成語形成論』【1873年】を上梓している。

弟のジャムは1849年、兄と同じシャトー＝サランに生まれ、94年、パリ北西部のメゾン＝ラフィットで他界している。この東洋学者はエルネスト・ルナンの後を継いでアジア学会の事務局長となり、コレージュ・ド・フランスで教鞭をとった。主著に『アフラ・マズダとアーリマン、その起源と歴史』【1877年】や『イラン研究』【1883年】などがある。通りの命名は1932

年になされている。

タルン Tarn 17区のタルン小公園（Square du Tarn）は、フランス南西部を流れるガロンヌ川の支流にちなんで、1932年に命名されている。セヴェンヌ山地の南斜面に水源を有するこの川は、ミヨーやアルビ、ゲヤック、**モントーバン**、モワサックなどを潤している。全長は380キロメートル。

ダレラック Dalayrac 1753-1809年。フランス南西部のミュレに生まれ、パリで他界した作曲家。地方貴族出のニコラ・ダレラックは、法曹家になるはずだった。だが、父は息子を弁護士にする夢を早々と諦め、その音楽への情熱を認めたまま、アルトワ伯麾下の近衛隊員として、彼をパリに送った。ダレラックはまずオペラ・コミック用の『ささやかな夜食』と『当世騎士気質』【いずれも1781年】を作曲し、王妃や一部の宮廷人の前で演奏する。

それ以来、ダレラックは舞台音楽にすべてを捧げ、25年後には、50点以上もの作品がコメディ＝イタリアンヌ座やオペラ・コミック座で演奏されるまでになる。彼は甘美なロマンス（声楽曲）を得意としていた。代表的な作品としては、『皆既食』【1782年】や『私掠船』、『クレキ領主ラウル』【いずれも1783年】、『ニナあるいは愛の狂女』、『アゼミア』【いずれも1786年】などがある。2区のダレラック通り（Rue Dalayrac）は1829年の命名である。

タレラン Talleyrand 1754-1838年。ベネヴェント大公シャルル＝モーリス・ド・タレーラン（タレラン）＝ペリゴールは、パリを生没地とする政治家・外交官。名門伯爵家に生まれた彼は、まずアルクール学院【のちのリセ・サン＝ルイ】で初等教育を受け【1762-69年】、ついで**サン＝シュルピス神学校とソルボンヌ**で、さらに叔父でランス司教だったアレクサンドル＝アンジェリク・タレーラン＝ペリゴール【1736-1821。のちに枢機卿・パリ大司教】のもとで神学を修めた【足に障害をもっていた彼は、連隊長だった父親の跡を継ぐことができなかった】

1775年、彼はランスのサン＝ドニ修道

院長に任命され、1780年には三部会の聖職身分総代、88年には**ブルゴーニュ地方オータン**の司教に叙せられた。1789年、全国三部会の聖職者代表となり、90年には憲法制定国民会議の議長に選ばれている。同年7月14日、パリのシャン＝ド＝マルス（練兵場）で営まれた連盟祭でミサを司式したのが彼である。その際、周囲の司祭たちに向かって、彼はこう釘を刺したという。「笑わせないでほしい」

この式典のあと、タレーランは聖職者民事基本法【1790年制定】の受入れを宣誓し、オータン司教を辞した【1791年1月。フランス教会独立主義（ガリカニスム）を支持し、司教でありながら、教会財産を国有化するという反カトリック政策を推進した彼は、一連の言動が反カトリック的だとしてローマ教皇から破門されている】

1791年9月10日、国民教育にかんする重要な演説をおこなった彼は【そのなかで、フランス学士院の創設も提唱した】、翌年、立法議会から年外交使節としてイギリスに派遣される。熾烈化している一連の革命戦争に対してイギリスに中立を求める。それが使命だった【ほかに、軍馬の購入調達やカリブ海上トバゴ島の返還交渉】。だが、交渉は不首尾に終わった。タレーランは1794年3月、帰国することなく、アメリカ合衆国に亡命した【彼はイギリスで影響力のある人物たちと親交を深めて当局から警戒され、さらに同胞の移住者たちからも疎まれて、国王ジョージ3世（在位1760-1820）から国外退去を命じられた。しかし、フランスでは自分が反対していたジャコバン派による恐怖政治が吹き荒れていたため、帰国することができなかった】

彼がハンブルクやアムステルダムでの滞在をへてフランスに戻ったのは、1796年9月のことだった【彼の帰国に尽力したひとりが、詩人・劇作家・政治家で、詩人アンドレ・シェニエの弟でもあったマリ＝ジョゼフ・シェニエ（1764-1811）である】。そして、バラス【→オシュ】のとり巻きたちと交わりながら、1797年7月、外務大臣のポス

タロ

トを手に入れる【これには、当時愛人だった
スタール夫人の働きかけがあった。彼は1799
年7月に大臣を辞任するが、ナポレオンが総
裁政府を倒して執政政府を樹立したブリュメ
ール18日（1799年11月9日）のクーデタを支
持して、同月22日に再任された】

1807年8月、タレーランはナポレオン
の拡大戦略に反対して再び大臣職を辞すが、
同月にはそのナポレオンから帝国元老院議
員選挙団副団長に、さらに翌1808年には
国務大書記長に任命される。だが、1809
年6月20日、あるスキャンダル【皇帝がス
ペインで戦死したとの噂を真に受けて、タレ
ーランとジョゼフ・フーシェが皇妃ジョゼフ
ィーヌに摂政を託して実権を握ろうとした陰
謀】によって、1804年からの侍従頭の地位
を追われる。

1814年にナポレオンが失脚すると、タレ
ーランは臨時政府の代表となり【1814年4
月3日-14日】、ブルボン家の第一復古王政
のために働く。ナポレオンの百日天下の前、
彼はルイ18世【国王在位1814-15/1815-24】
から外務大臣に任命され【1814年5月-1815
年3月】、1814年9月、ウィーン会議に派遣
される。この会議で彼は巧みな外交手腕を
発揮し、対仏大同盟諸国間の利害対立を利
用して、フランスの国益を最大限守った。
百日天下のあいだ、彼はベルギーのヘント
に逼塞し、ワーテルロー（ワテルロ）の戦
いのあと、一時首相兼外務大臣となったが、
在任期間は短かった【1815年7月9日-9月
26日。過激王党派にフランス革命期の政治活動
を非難されたため】

辞職して2日後の9月28日、タレーラ
ンは侍従頭に返り咲き、貴族院議員にも選
ばれたが、第二復古王政によって権力から
遠ざけられた。彼が政治の表舞台に再登場
したのは、1830年の7月革命でルイ・フ
ィリップが即位したときだった。同年9月、
彼はイギリス駐在大使となり【1834年11月
離任】、最初の「英仏協商」を交渉する。

悪意か正当かはさておき、「悪魔の跛者」
と非難された彼には、倫理観がまったくな
かったという。しかし、彼がフランス史上

もっとも輝かしい外交官のひとりであった
ことはまちがいない。1802年、聖職を返
上したタレーランはグラン夫人【1762-
1834。本名カトリーヌ・ノエル・ウォルレ。
グランは初婚の相手だった東インド会社の将
校の名】と結婚し、第二復古王政期に離婚
している。

彼にはなおもよく知られる名言が数多く
ある。「民衆を扇動してから、利用する。
これがよい実践原則である」、「友人はきわ
めて貴重だが、安上がりな存在だ」、「言葉
が人間に授けられたのは、その考えを隠す
ためである」、「とっさの判断が正しい判断
である」、「たとえ言わずもがなことであ
っても、それを言えばもっとよくなるだろ
う」、「ヴォルテール以上の精神の持ち主と
はだれか。それは皆である」

彼を名祖とする7区のタレラン通り
（Rue de Talleyrand）は、1908年に敷設
されている。かつてそこは、「悪魔の跛者」
の甥の孫息子にあたるサガン公ボゾン・
ド・タレラン＝ペリゴール【1832-1910。
プルーストの『失われた時を求めて』に登場
するシャルリュ男爵のモデル】が、**サン＝ド
ミニク通り**の67番地に有していたモナコ
館の庭園だった。

ダロー Dareau 14区にあるダロー通り・小
路（Rue/Passage Dareau）は、かつては
モンルージュ村に属しており、その村長の
名でよばれていた。1858年に、当時村長
をつとめていたダロー氏の名をつけたのは、
彼の仲間たちである。

ダローズ Dalloz 1795-1869年。弁護士で
政治家でもあったデジレ・アレクサンド
ル・ヴィクトル・ダローズは、フランス中
東部ジュラ県のセットモンセルに生まれ、
パリで没している。彼はラ・ロシェルの下
士官4人に対する裁判の弁護で注目された
【第45歩兵連隊の20代の下士官4人が、1821
年、王政打倒を目指したとして告発され、翌
年ギロチン刑に処された事件】。1837年、生
地に近いサン＝クロードから下院議員に選
ばれ、48年まで多数派に身を置いていた。
彼はまた弟のアルマン（1797-1867）とと

もに、『法令・法解釈・判例一覧』【1832年】を編んでもいる。その名は1832年に命名された13区のダローズ通り（Rue Dalloz）に残っている。

タン Thann　タンはアルザス地方南部、オー＝ラン県の郡庁所在地【人口7900（2014年）で、同地方を代表する宗教都市。アルザス・ワイン街道の南端】。パリ17区のタン通り（Rue de Thann）は、1879年、この町出身の人物が所有していた土地に敷設されている。有名なワイン「ランジャン」のブドウ園【と樅の森】に囲まれたタンには、13-14世紀に建立された壮麗なサン＝ティエボー教会が聳えている【タンについての詳細は、蔵持著『異貌の中世』（弘文堂、1986年、第2章）を参照されたい】

ダンヴィル Danville　1697-1782年。ジャン＝バティスト・ブルギニョン・ダンヴィルは地理学者で、生没地はパリ。22歳のとき、国王から地理学者の免状を得た彼は、碑文・文芸アカデミーの、さらに1773年には科学アカデミーの会員となる。彼は300葉以上の地図を作成し、これが地理学を発展させた。その名を冠した14区のダンヴィル通り（Rue Danville）は、1864年に命名されている。

ダンクール Dancourt　1661-1725年。アンクール領主フロラン・カルトン、通称ダンクールは、フォンテヌブロー生まれの役者・劇作家。1685年から1718年まで、じつに33年もの長きにわたって、コメディ＝フランセーズ座に籍を置いていた。喜劇役で評判を撮り、一座の口上役をつとめて、国王から寵愛された。一方、劇作家としての彼は当時の人々を欠点や奇癖などもとり混ぜながらみごとに表現した。ただ、人物描写でモリエールと張り合う気は一切なかった。

そんなダンクールの代表作としては、のちにダレラックがオペラ・コミック風に仕立て直す『当世騎士気質』【1687年】や『別荘』【1688年】、『貴族気どりの町人女』【1700年】などがある。誘拐婚した妻【ノワール・ド・ラ・ティリリエール（1663-1725）。女優】とのあいだに、彼は娘ふたりをもうけている。通称マノン（1684-1745）とミミ（1685-1779）で、いずれも女優となった。パリ18区のダンクール通り（Rue Dancourt）にこの劇作家の名がつけられたのは、1869年のことである。

一方、同じ18区のヴィラ・ダンクール（Villa Dancourt）は1933年の命名で、それまでは1852年からそこにあった入浴場にちなんで、シテ＝デ＝バンとよばれていた。

ダンケルク Dunkerque　ダンケルクは北仏ノール県の町で、北海に面している。呼称はデュヌ・ケルク（Düne Kerke）、すなわち「砂丘の教会」を原義とする。この教会は、7世紀に聖エロワ（サン＝テロワ）によって建立されたという。町はフランドル伯爵家、ブルゴーニュ公爵家さらにハプスブルク＝スペイン王家に相次いで帰属し、すみやかに要塞化された。フランス軍は1646年にここをはじめて奪取したが、53年にスペイン人に返還され、58年、デュヌの戦いでテュレンヌ元帥が勝利したおかげでとり戻した。

それからしばらくして、ダンケルクの町はイングランド軍に奪われる。1662年、ルイ14世（ルイ・ル・グラン）はこれを買い戻し、当然の流れであるが、ヴォーバンにその要塞化を命じる。こうして要塞化されたダンケルクは、1793年、イギリスの包囲軍に激しく抵抗し、撤退させた。町にはこの勝利を記念するモニュメントが立っている。ジャン・バールの生地であるダンケルクの名は、1847年にパリの通りにつけられている。10区のダンケルク通り（Rue de Dunkerque）である。

タンジェ Tanger　タンジェはジブラルタル海峡に面したモロッコ（マロック）の港町。海の神ポセイドンと大地の神ガイアの息子アンタイオスによって建設されたとされるこの町は、実際にはフェニキア人によってつくられ、前4世紀にはカルタゴ人の重要な交易拠点となった。ローマ時代には帝国の属州となってマウレタニア・ティンギタ

ナとよばれ、ヴァンダル人【4世紀】や東ローマ帝国【6世紀】の支配をへて、イスラーム教勢力によって征服された【8世紀】。1471年、ポルトガルがタンジェを奪取するが、1662年、町は【ポルトガル王女カタリーナ・デ・ブラガンサ（1638-1705）が、イングランド・スコットランド・アイルランド王チャールズ2世（在位1660-85）と結婚する際の婚資として】イングランドが領有するところとなる。その後、町はモロッコ王国に帰属するようになるが、1844年、【タンジェがアルジェリアの太守アブデル＝カーデルのフランスに対する抵抗を支援したことへの報復として】フランス海軍によって激しい砲撃を受ける。

やがてモロッコはフランスにより保護国化され、1923年、タンジェは国際管理地域となる。第2次世界大戦勃発後の1940年6月、スペイン軍はタンジェに侵攻して併合を宣言するが、大戦後の1945年8月、タンジェはスペインの支配を脱して国際管理地域に復帰し、1956年、最終的にモロッコに帰属する。1962年から自由港となったこの町の名は、1844年の砲撃を記念して1864年に命名された、パリ19区のタンジェ通り（Rue de Tanger）に残っている。

ダンジョー Dangeau 1638-1720年。ダンジョー侯フィリップ・ド・クールシションは、国王ルイ14世（ルイ・ル・グラン）に仕えた歴史家で、主人の遠征すべてに従った。彼はふたりの王妃、すなわちアンヌ・ドートリシュ【→サン＝タンヌ】とマリー＝テレーズ・ドートリシュ【1638-83。→ヴェラスケス】の言語【スペイン語】に精通していたため、その寵愛を受けることができた。くわえて彼には詩句を撫で回す特技もあった。国王がモンテスパン夫人【1640-1707】に愛情を傾けていた時期には、恋文の橋渡しも託された。ボワローの文壇デビューを擁護したダンジョーは、1668年、アカデミー・フランセーズ会員に選ばれてもいる。

ダンジョー侯の最初の妻は、シャトーヌフ領主の娘フランソワズ・モラン。この妻と死別したのちの1686年、彼はレヴェン

シュタイン伯爵夫人と再婚する。1707年、ルイ14世が「愛国的なよびかけ」を発すると、ダンジョーは後先も考えずに財産を国家に寄進した。やがて国王の死後、世事から身を引いた彼は、みごとな著作を残した。『ルイ14世の宮廷記録』とも題された『ダンジョー侯爵の回想録』【1854-60年】である。16区のダンジョー通り（Rue Dangeau）は1864年に命名された。

ダンツィグ Dantzig ダンツィヒ（ダンツィグ）は、現在グダニスクないしグダンスクとよばれるポーランド（ポローニュ）の都市で、ヴィスワ川西側分流の左岸に位置する。14世紀から18世紀まで、ダンツィヒは歴代ポーランド王のもとでほぼ完全な自治権をえていた。だが、1793年、すべてが一変する。プロイセン軍が侵入してきたからである【第2次ポーランド分割・プロイセン王国併合。このとき、グダニスクの公式名はドイツ風にダンツィヒと改称された】。1807年にはフランス軍が進出し、町は再び自治都市となる。しかし、それもプロイセン軍が再度町を支配するようになる1814年までであり、この支配は1918年まで続いた。

第1次世界大戦後、ダンツィヒは「自由都市」を標榜し、第3帝国【ナチス・ドイツ】に編入される1939年までそれを維持した。この年、ナチス・ドイツはダンツィヒに接するポーランド回廊を占拠し、これが第2次世界大戦の口火となった。1945年、ダンツィヒはポーランドに返還される。それまでダンツィヒは1734年、93年、1807年、13年と、4度にわたる大激戦の地となっていた。つまり、ロシアに占領された1734年にくわえて、これらの年は町の帰属が変わったことを意味しているのだ。ここではまた、ナポレオンがルフェーヴル元帥をダンツィヒ公爵に叙したことも想起しておこう。19区の現在のダンツィグ通り（Rue de Dantzig）は1865年、同区のダンツィグ小路（Passage de Dantzig）は1878年からある。

ダント Dante 1265-1321年。ドゥランテ・

アリギエーリ、通称ダンテ（ダント）はフィレンツェに生まれ、ラヴェンナで没した、おそらくイタリア最高の詩人である。彼は学者で政治家でもあったブルネット・ラティーニ【1220頃-94。人文主義の哲学者・思想家で、『宝典』の編者】のもとで学んだ。9歳のとき、彼はフォルコ・ポルティナーリの娘で同い年のベアトリーチェにはじめて出会ったという。それから9年後、ベアトリーチェに再会し、彼女に情熱的かつ理念的な愛を誓った。だが、1290年に彼女が夭逝すると、この愛はきわめて独特の神秘的・宗教的な敬愛へと変わり、その後のダンテの全生涯に影響をあたえ続けることになる。

やがてフィレンツェに内紛【教皇派と皇帝派による勢力争い。金融業を営んでいたダンテの父は教皇派】が起こると、ダンテは要職につき、1301年、それがもとで追放とかなりの金額にのぼる罰金刑を宣告される【内紛は教皇派の勝利に終わったが、この勢力はフィレンツェの自治を唱える富裕市民中心の白党と教皇主義の封建貴族からなる黒党に分裂した。市の実権はダンテが属していた白党が握り、彼は百人委員会のメンバーや、1300年に組織された最高行政機関プリオラートの3人の執政のひとりとなった。だが、1301年、黒党がクーデターで実権を握り、白党への弾圧がはじまった】。その結果、彼の家は略奪にあい、財産も没収された。

それからしばらくして、死刑を申し渡されたダンテは追放生活を甘受しなければならなかった。こうして彼はイタリア各地を彷徨せざるをえなくなり、ヴェローナ、パドヴァ、そして再びヴェローナに住み着く。ヴェローナでは歓待されたものの、彼はこう記するのを余儀なくされた。「汝は他人のパンがどれほど苦いか、そして他人の階段を上り下りすることがどれほど辛い道であるかを身をもって知るだろう」『神曲』

追放のもっとも苦しかった最後の数年間、つまり1316年から18年にかけて、ダンテはチロルやフリウリ、グッビオでの放浪生活を送った。そして1319年、ラヴェンナ

の領主グイド・ダ・ポレンタ【1275以前-97頃。『神曲』の登場人物】の邸館に丁重に迎えられる。彼はそこに他界するまで滞在した。ベアトリーチェへの愛を語った『新生』【1293年頃】を除いて、ダンテの全作品はこの追放時期に書かれている。『神曲』は死の少し前に脱稿した。

ちなみに面白いエピソードがある。大ダンテがイタリアで生きていた時代、もうひとりのダンテという名の詩人が名声をほしいままにしていたというのだ。真偽のほどは定かでないが、1897年、パリの通りにダンテの名が冠せられている。5区のダント通り（Rue Dante）である。

タンドゥー Tandou 19区のタンドゥー通り（Rue Tandou）は1869年からあり、最初期の住人にちなんで命名されている。

ダントン Danton 1759-94年。ジョルジュ・ジャック・ダントンはシャンパーニュ地方のアルシ＝シュル＝オーブで生まれ、パリで処刑されている。父は検事だった。1780年にパリに出た彼は、国務諮問会議付き弁護士となり、1791年までこの職をつとめる。フランス革命時の1790年、彼はコルドリエ・クラブを立ち上げるが、1791年、国王一家のヴァレンヌ「逃亡」ののち、国王の廃位を唱え、以降重要な政治的役割を演じるようになる。

国王廃位を扇動したことが裁判で訴追されたダントンは、数週間イギリスに逃げる。1791年11月に帰国すると、パリ・コミューン（コミュヌ・ド・パリ）の検事代理に任命される。その立場を利用して、1792年8月10日、民衆のテュイルリー宮襲撃を組織する。これにより、彼は司法大臣に抜擢される。そして9月2日、【ヴェルダンでフランス軍がプロイセン軍に降伏したのを受けて】彼は立法議会で有名な演説【剛胆演説】をおこなっている。「敵を制圧するため、われわれには大胆さが、さらなる大胆さが、つねに大胆さが必要なのだ。そうすれば、フランスは救われる！」。それから6日後の9月8日、彼は下院議員に選ばれる。

465

タンフエル

山岳派【→ルドリュ＝ロラン】に身を置い
たダントンは国王ルイ16世【国王在位1774
-92】の裁判と処刑を主張し、さらにヨー
ロッパ列強からフランスをいかに防衛する
かに全力を注いだ。1793年4月、彼は30
万の男子を徴用し、同年9月には革命裁判
所と専制的な公安委員会も創設する。だが、
11月、エベール派【領袖のジャック＝ルネ・
エベール（1757-94）はジャコバン派の指導
者で、ジロンド派を追放してジャコバン派の
独裁や恐怖政治（1793年6月-94年7月。→
シェニエ）を推進したが、同じジャコバン派
のロベスピエール（→コンヴァンション）に
より処刑される。罪状は「シャツの窃盗」だ
った】とロベスピエール派が手を結んで彼
と敵対し、1794年3月31日、ロベスピエ
ールの命で逮捕されてしまう。

そして、共和国に対する陰謀を図ったと
して告訴され、処刑される。ギロチンの刃
が落とされる前、彼は処刑人にこう言った
という。「私の頭を民衆に見せればいい。
それだけの値打ちはあるはずだ!」。オーギ
ュスト・パリ【1850-1915年。パリ高等美術
学校出身の彫刻家】の作であるダントンの
彫像【1891年】は、1891年、サン＝ジェ
ルマン大通りにおかれ、6区のダントン通
り（Rue Danton）はその3年前の1888年
に命名されている。

ダンフェール＝ロシュロー Denfert-
Rochereau　1823-78年。ピエール・マ
リ・フィリップ・アリスティード・ダンフ
ェール＝ロシュローは、フランス西部ラ・
ロシェル近郊のサン＝メクサンに生まれ、
ヴェルサイユで没した天才的軍人。1843
年にパリの国立理工科学校（エコール・ポ
リテクニーク）を出た彼は、49年のロー
マ攻囲戦、55年のマラコフ攻撃、さらに
60年から64年にかけてのアルジェリア戦
争で頭角を現す。普仏戦争時の1870年、
彼はベルフォール要塞の守備司令官に任命
されて、プロイセン軍相手に激しい防衛戦
を展開する。だが、翌1871年2月18日、
国防軍の厳命によってベルフォールを離れ
る。

やがて彼はアルザス地方オー＝ラン県の、
ついでフランス西部シャラント＝マリティ
ム県選出の下院議員に選ばれ、共和主義
党に身を置いた。1877年にパリ6区選出
の議員になると、今度は左翼の一員として
ガンベッタの支持者となる。そんな彼の彫
像は、生地サン＝メクサンとフランス東部
のモンベリアールに立っている。

1879年に命名された14区のダンフェー
ル＝ロシュロー大通り（Avenue Denfert-
Rochereau）は、それまではアンフェール
（地獄）通り（Rue d'Enfer）とよばれてい
た。ダンフェールとアンフェールは綴りが
若干異なるだけである。同じ区にあるダン
フェール＝ロシュロー広場（Place Denfert-
Rochereau）もまた、1879年まではアンフ
ェール広場とよばれていた。この広場は、
とくに1880年からその中央部におかれてい
る、彫刻家オーギュスト・バルトルディ作
の「ダンフェールのライオン」【ダンフェー
ル＝ロシュローの異名】像で知られる。

タンプル Temple　12世紀後葉にパリに本拠
を定めたテンプル（聖堂）騎士団は修道院
を建て【1147-48年の第2回十字軍を支援した
ことに対する報奨として、ルイ7世（国王在位
1137-80）から騎士団に土地が寄贈された】、
2本の通りがそこに通じていた。これがヴ
ィエイユ＝デュ＝タンプル通りと3・4区
を走るタンプル通り（Rue du Temple）で
ある。

14世紀初頭、端麗王フィリップ4世【在
位1285-1314】は騎士団を追放し【イング
ランドとの戦争で疲弊した国庫を立て直すた
め、当時王国を凌ぐほどの財を蓄えていたという騎
士団からの莫大な債務を帳消しにするため、騎
士団に異端の罪をかぶせて弾圧し、その財産を
没収した。そして1314年、ジャック・ド・モレ
ー【1244/49生。第23代総長】ら最高指導者
たちをシテ島の刑場で焚刑に処し、代わり
に聖ヨハネ慈善修道会【正式名称は「ロドス
およびマルタにおけるエルサレムの聖ヨハネ病
院独立騎士修道会」】を住まわせた。これに
より、その修道院は聖ヨハネ騎士団のフラ
ンス大修道院となり、それはフランス革命

まで続いた。

この建物の内部には分厚い壁に囲まれ、4隅に櫓を配した有名なテンプル塔がそびえていた。1567年、ここに大修道院長の宮殿が建てられる。やがてこの宮殿と塔の周りの広大な囲い地は、治外法権的なアジールとなり、数多くの芸術家たちが自由を求めて集まってきた。返済ができない債務者たちも住み着いた。そしてフランス革命期、タンプル塔は国王一家を幽閉する監獄となった。そこにはまたカドゥーダル【1771-1804。王党派の反乱指導者で、ナポレオン1世の殺害を図って処刑された】やピシュグリュ将軍【1761-1804。フランス革命戦争で栄進したが、のちに王党派と結んでナポレオン暗殺を謀り、捕らえられて獄死した】も投獄された。こうして多くの人物が獄舎生活を送ったこの塔は、1811年に解体されている。

大修道院はルイ18世【在位1814-15/1815-24】の時代に聖体ベネディクト会【1653年に修道女のカトリーヌ・ド・バール（1614-98）が創設した修道会】の修道院となった。ベネディクト会士たちが住んでいたこの修道院は、1854年から53年まで兵舎に転用され、国民軍の司令部がおかれ、54年に完全に解体された。1857年、その3区にある跡地につくられたのが、タンプル小公園（Square du Temple）である。

ちなみに、古着の取引で知られていたタンプルの市は1809年に始まり、第二帝政はこの市のため、パリの中央市場にみられるような店舗を数棟建てた。これら店舗の2階は「カロー・デュ・タンプル（タンプル古着店）」とよばれ、古着や安物衣料品が商われた。タンプル通りが現在の道筋になったのは1851年で、3区と11区を結ぶ同名の大通り（Boulevard du Temple）は1862年に命名されている。ただし、今より短かった前者は1242年から、より長かった後者は1705年からある。

ダンピエール Dampierre 1756-93年。ダンピエール侯オーギュスト・ピコはパリに生まれ、北仏のヴァランシエンヌで没した

将軍。革命思想への共鳴や1792年4月のキエヴランの戦い【革命フランス軍と対仏大同盟軍とが、フランス国境にあるベルギーのこの町で戦った】であげたみごとな軍功によって、彼は元帥代理官に昇進し、同年、師団を指揮してヴァルミーやジェマップで戦った。1793年、デュムリエ将軍【→カンブレ】が敵軍に寝返ったあとで、ベルギー方面軍の指揮官となったが、5月8日、ヴァランシエンヌの解放作戦中に戦死した。同じ軍人だった孫のひとりもまた、1870年10月13日にバニューで戦死している【プロイセン軍によるパリ攻囲戦】。19区のダンピエール通り（Rue Dampierre）は1868年に命名された。

チェルヌスキ Cernuschi 1821-96年。アンリ・チェルヌスキはミラノに生まれ、南仏のマントンで没した政治家。1848年、オーストリアの軛を揺さぶろうとしたロンバルディア革命【イタリア独立戦争】に参加し、49年にはローマ共和国を宣言したローマ議会の一員となる。だが、共和国が瓦解すると亡命を余儀なくされ、フランスに移って《シエクル（世紀）》誌に数多くの論文を発表する。1870年5月の憲法改正国民投票時に、彼はナポレオン3世の敵に10万フランを寄付した。これを知ったナポレオン3世は、ただちに彼を追放する。

だが、翌年、チェルヌスキはフランスに舞い戻り、帰化を申請した。経済学者としてのチェルヌスキは銀行券の役割について多くの業績を遺している。やがて臨終を迎えた彼は、ヴェラスケス大通りの邸館に私蔵していた日本や中国の美術品のコレクションをフランスに遺贈した。この邸館が、1898年10月7日、チェルヌスキ博物館となった。17区のチェルヌスキ通り（Rue Cernuschi）は1897年からある。

チャイコフスキ Tchaïkovski 1840-93年。ピョートル・イリイチ・チャイコフスキーはウラル地方のヴォトキンスクで生まれ、サンクト＝ペテルブルク（サン＝ペテルスブール）で没した作曲家。モスクワ音楽院で教鞭をとりながら、指揮や作曲活動もお

テアトル

こなっていた彼の作品には、イタリア歌劇やドイツロマン派の影響がみられる。その代表的な作品としては、幻想序曲の『ロメオとジュリエット』【1869年】やバレエ曲の『白鳥の湖』【1875-76年】、『眠れる森の美女』【1888-89年】、『くるみ割り人形』【1891-92年】、歌劇の『エフゲニー・オネーギン』【1878年】、『スペードの女王』【1890年】、交響曲 第6番ロ短調作品74『悲愴』【1893年】などがある。彼の名を冠したチャイコフスキ通り（Rue Tchaïkovski）は、1991年から18区にある。

テアトル Théâtre 1830年に敷設された15区のテアトル通り（Rue du Théâtre）は、隣接する**クロワ＝ニヴェール通り**の55番地にある**グルネル劇場**にちなんで命名されている。1828年に建てられたこの劇場は【1829年閉鎖・解体】、同時に1300人の観客を受け入れることができ、ファサードは、エウテルペ【笛を手にした音楽と抒情詩の女神】とアポロンの像で飾られていた。当初、この劇場を経営していたのは、有名な支配人一族の**スヴェスト兄弟**だった【初代は通俗劇の役者から、バティニョル、ベルヴィル、モンパルナス、モンマルトルなどの劇場支配人となったピエール＝ジャック・スヴェスト（1773-1825）。グルネル劇場をになっていたのはその息子たちで、兄エドモン（1799-1852）、弟ジュール（1803-54）はいずれも劇作家だった】。今日、劇場の跡地にはマンションが2棟建っている。

テアトル＝フランセ Théâtre-Français
1786年から90年にかけて、すでに**ボルドー**の劇場【グラン・テアトル、1733-80年】を建てていたヴィクトル・ルイ【1731-1800。パリ出身の建築家で、ローマ大賞受賞者。ボルドーのフリーメイソンで重要な役割もはたした】が、パレ＝ロワイヤル庭園のはずれに劇場を建設した【リシュリュー館】。当初、この建物は「ヴァリエテ・アミュザント座」の拠点となっていた【ヴァリエテ座はオペラ＝コミック座の役者だったが、のちにシャルラタン抜歯人となったルイ・レクリューズ（1711-92）が、1779年、サン＝ロー

ラン大市に仮設の芝居小屋を建てたのを嚆矢とする】

やがて、**タルマ**に率いられた反体制的な旧コメディー＝フランセーズ座員たち【コメディー＝フランセーズ座は、1680年、ルイ14世の命によって王立劇団のオテル・ド・ブルゴーニュ座とモリエールの盛名劇団を継承したマレ座が合体してできた王立劇団。だが、フランス革命後、革新的なタルマの勢力と墨守的な勢力とに分裂した】が、**リシュリュー館**でテアトル＝フランセ（フランス座）を立ち上げ、1799年5月30日、コルネイユ作『ル・シド』をもって旗揚げ公演をおこなう。

このリシュリュー館は1822年に改築され、1900年3月8日に火災にあうが、ただちに再建されている。さらに1935年にも修復工事がなされ、75年から76年にかけて大規模な内装改修が施された。今日、テアトル＝フランセはコメディー＝フランセーズ座と一体化して、古典劇と新作劇が交互に上演されている。1区のテアトル＝フランセ通廊（Gallerie du Théâtre-Français）は1802年、同名の広場（Place du Théâtre-Français）は1867年に命名されている【後者は1977年にアンドレ＝マルロー広場に改称】

ディアギレヴ Diaghilev 1872-1929年。セルゲイ・パヴロヴィッチ・ディアギレフ（ディアギレヴ）は、ノヴゴロド地方セリスチェフ【セリシイ。ウラル山脈西側のペルミとする説もある】の大邸宅で生まれたロシア芸術の推進者。バレエの振り付けに情熱をいだいていた彼は、いくつかのグループを指揮したのち、1911年、有名なバレエ・リュスを立ち上げる。このバレエ団を率いて、『火の鳥』【1910年、パリ・オペラ座で初演】や『ペトルーシュカ』【1911年】や『春の祭典』【1913年】などを演出した。9区のディアギレヴ広場（Place Diaghirev）は1964年からある。

ディアパソン Diapason 音楽家が楽器を調律するには、ラ音を出す音叉が不可欠である。1990年に敷設された19区のディアパ

ソン小公園（Square du Diapason）は、パリ音楽院（コンセルヴァトワール）が入っているシテ・ド・ラ・ミュジーク【字義は「音楽都市」】の近くにある。

ディアール Diard　18区のディアール通り（Rue Diard）は、かつてその持ち主の名にちなんだディアール採石場へと続いていた。この通りの呼称が公に知られるようになったのは1890年以後だが、通り自体はそれ以前から存在していた。

ディヴィジョン・ルクレール Dicision Leclerc　16区のディヴィジョン・ルクレール大通り（Anenue de la Division-Leclerc）は、1944年8月25日にはじめてパリに進軍した、**ルクレール元帥**率いる有名な第2機甲師団【→ドゥージエム・D・B】をたたえて、1946年に命名されている。

ディエツ＝モナン Dietz-Monnin　1826-96年。シャルル・ディエツ＝モナンは**アルザス地方**のバールに生まれた実業家・政治家。1871年に下院議員に選ばれた彼は**ティエール政権**を支持し、78年、パリ万国博ではフランス部門の責任者となった。また、パリ商工会議所の会頭もつとめた。彼の名を冠した16区のヴィラ・ディエツ＝モナン（Villa Dietz-Monnin）は1937年からある。

＊ディエメ Diémer　ピアニストで作曲家でもあったルイ・ディエメ（1843-1919）は、パリ音楽院（**コンセルヴァトワール**）の教授だった。彼はピアノと弦楽器2種類のための三重奏曲やピアノ小品、声楽曲などを作曲している【ルイ＝ディエメ小公園（Square Louis-Diémer）は12区にあった】

ティエリ・ド・マルテル Thierry de Martel　1876-1940年。モーゼル地方のマクセヴィルに生まれ、パリで没した外科医のティエリ・ド・マルテルは、婦人科学と神経外科の研究で知られる【愛国主義者・反ドレフュス派でもあった】。だが、1940年、彼はドイツ軍のパリ侵攻をまのあたりにするのを拒んで自死した。16区のティエリ＝ド＝マルテル大通り（Boulevard Thierry-de-Martel）は、第2次世界大戦後の1946年

に命名されている。

ティエール Thiers　1797-1877年。アドルフ・ティエールは**マルセイユ**に生まれ、パリ西郊のサン＝ジェルマン＝アン＝レで没した政治家・歴史家・ジャーナリスト。【南仏のエクス＝アン＝プロヴァンス大学法学部出身の】彼は、1819年に弁護士となり、21年にパリに移る。そして、タレラン（タレラン）やラフィットと親交を結んで反体制派に身をおき、《ル・コンスティテューショネル（立憲派）》【1815年にフーシェ（→アンギャン）が創刊した日刊紙】に寄稿するようになる。さらに1830年1月1日、反国王・親オルレアン公ルイ・フィリップの新聞《ル・ナショナル》をみずから立ち上げ、これにより、ルイ・フィリップが王位につくと、新体制でもっとも重要な人物のひとりとなった。

1832年から36年にかけて、ティエールは内務大臣【や公共事業大臣】をつとめ、この間、ベリー公爵夫人マリ・カロリーヌ・ド・ブルボン【1798-1870。両シチリア国王の王女で、フランス王位継承者であるベリー公シャルル・フェルディナン（1778-1820）の妻。フランス王位を息子に継がせようと、ルイ・フィリップの失脚を画策した】の逮捕や、1834年4月にパリとリヨンで勃発した叛乱を抑圧している。1836年2月から40年10月にかけて2度大統領となり、外務大臣も兼務した彼は、ナポレオン1世の遺骸の移葬を実現し、パリの市門に、のちにその名がつけられる要塞化された市壁を築いたりもした【ただ、首相ギゾーと対立し、これがルイ・フィリップ体制を終焉させたとされる】

1848年の2月革命でオルレアン王朝が瓦解すると、彼はルイ＝ナポレオン（ナポレオン3世）を支持したが、やがてその反対派に回り、憲法制定議会では体制派を率いて、社会主義、ついでルイ＝ナポレオンと闘った。そして後者による1848年12月2日のクーデタ後、ティエールは国外追放となる。1852年に帰国が認められると、それからの数年間、政界から身を退いたが、

テイエレ

1863年、パリ選出の国民議会議員となり、ルイ＝ナポレオンとなおも敵対し、彼の言葉を借りていえば、「しかるべき自由」の復権を唱える。1870年の普仏戦争前夜、議会の多数派にプロイセンとの戦争の危機に警戒するようよびかけた。その声にだれも耳を貸そうとしなかった。だが、不幸にしてその危惧は的中した。

こうして彼は戦争による破壊を修復できる唯一の人物とみなされるようになり、1871年8月、共和国大統領となる【それ以前、ナポレオン3世が失脚したのちに、彼は新たに成立した国防政府の代表となり、アルザス・ロレーヌの2州をドイツに割譲することでプロイセンとの和平にこぎつけている】。大統領としての彼は、いわばフランスの倫理的な独裁者となり、パリ・コミューンを徹底的に鎮圧した【アルザス・ロレーヌを割譲したことに怒ったパリの市民の叛乱。この治安行動に対し、ヴィクトル・ユゴーはこう非難している。「ティエールは火薬に火をつけた」】

このパリ・コミューン後、ティエールは国土の解放策を促進し、経済の再建を図った。普仏戦争の敗北で弱体化した軍隊の再編もおこなった。だが、議会内の保守派や王党派の反対にあい、1873年5月24日、ついに大統領の座を追われる【後任の大統領は王党派のマク＝マオン】。それは議会が彼を「祖国にとってまことにふさわしい人物である」と宣言してから、わずか2か月後のことだった。こうして一介の議員となった彼は、それから4年後に没している。

政治家としてのティエールはまた、卓抜した歴史家として重要な著作を数多くものしてもいる。たとえば、『フランス革命史』【10巻、1823-27／2巻、1841年】や『執政政府と第一帝政の歴史』【20巻、1845-62年】などである。彼は言っている。「すべてを真剣に考えなければならないが、悲劇的にとらえる必要はまったくない」、「死はもはやそれ以上はないという希望である」。1834年にアカデミー・フランセーズ会員となった彼の名は、16区のティエール小公園（Square Thiers）と通り（Rue Thiers）に残っている。前者は1909年、後者はその翌年の命名である。

ティエレ Thiéré 11区のティエレ小路（Passage Thiéré）は、1877年、その旧地主のひとりにちなんで命名されている。

ティオンヴィル Thionville モーゼル県の郡庁所在地で、**モーゼル**河岸に位置するティオンヴィルは、6世紀のフランク族長テオドンを名祖とする【707年にはディエテンホーヴェン、ピピン短躯王が町を通過した753年にはテオドニス・ヴィラと改称。以後、数度の改称がなされた】。カロリング朝の歴代王はしばしばこの町を拠点とし、**シャルルマーニュ**大帝が聖職者や民衆に対して4度の王令を布告したのがここである。その王妃ヒルデガルド【758-783】が他界し、みごとなあご髭を蓄えた大帝が、806年に「国王分割令」（ディヴィシオ・レグノールム）を定めたのもここである【ただし、嫡男のカール、次男のランゴバルド分国王ピピン、末子のアクイタニア分国王ルートヴィヒのうち、前二者が早世したため、813年、ひとり残ったルートヴィヒを共同皇帝とした】

中世、ティオンヴィルは要塞都市となるが、1558年、町はギーズ公【→アミラル・ド・コリニィ、クリヨン】によって占拠される。翌年、カトー＝カンブレジ条約【イタリア戦争で敵対したフランス・ヴァロワ朝とオーストリア＝スペインのハプスブルク家が結んだ講和条約】によって、ティオンヴィルはスペインに帰属する。しかし、1643年、大コンデがこの地を奪い返し、ルイ14世（**ルイ・ル・グラン**）が要塞を再建する。それを請け負ったのはヴォーバンだった。

1792年、このモーゼルの町はオーストリア軍に抵抗し、1814年には、**ヴィクトル・ユゴー**の父である将軍ジョゼフ・レオポール・シジスベール・ユゴー【1773-1828】が、プロイセン軍から町を守った。だが、普仏戦争の1870年、ティオンヴィルはプロイセン軍の手におちる【1918年までドイツ帝国領】

今日、鉄鋼業を基幹産業とするこの町は

人口4万1000【2014年】。パリ19区のティオンヴィル通り（Rue de Thionville）は1829年から、同名の小路（Passage de Thionville）は95年からある。

ディクスミュード Dixmude　ディクスモイデ（ディクスミュード）はベルギーの地方都市で、イーゼル河岸にある。1914年と18年にここは激戦地となった。とくに想起すべきなのは1914年の戦いで、ピエール・アレクシス・ロナルク元帥【1865-1940】率いる海軍陸戦部隊が、ドイツ軍の侵攻に勇敢に抵抗した。17区のディクスミュード大通り（Boulevard de Dixmude）は、これにちなんで命名されている。1931年のことである。

ティクトンヌ Tiquetonne　ティクトンヌとはキクトンヌ（Quiquetonne）の変形。ロジェ・ド・キクトンヌはフィリップ・ド・ヴァロワ【国王在位1328-50】の時代、ここに住んでいた裕福なパン商である。ただし、2区のティクトンヌ通り（Rue Tiquetonne）が現在の呼称となったのは、1868年のことである【ティクトンヌ通りの7番地には、ジャーナリストで政治家のアドルフ・ジョゼフ・ゴルサ（1752-1793）が住んでいた。1781年、彼は王政を揶揄するパンフレットをつくった廉で投獄の憂き目に遭っている。フランス革命初期、ジロンド派の代議員となった彼は、《ヴェルサイユ通信》紙を創刊し、そのなかでマラーやロベスピエール（→コンヴァンション）を激しく攻撃した。これに対し、彼らの支持者たちはゴルサの新聞を破り捨てた。1793年3月9日のことである。そして10月9日、ブルターニュ地方に逃げていた彼は、不用意にもパリに舞い戻り、裁判ぬきでギロチン刑に処されてしまう。19番地にはまた、聖ヴァンサン・ド・ポール（サン・ヴァンサン・ド・ポール）が住んでいた。彼はのちに愛徳修道女会を創設するが、当時はフィレンツェの有名な金融・外交一族に属する、エマヌエル・ディ・ゴンディの子供たちの家庭教師をつとめていた】

ティシアン Titien　1480頃-1576年。ティツィアーノ・ヴェチェッリオ、通称ティツィアーノ（ティシアン）は、ヴェネツィア共和国ベッルーノ近郊のピエーヴェ・ディ・カドーレに生まれ、ヴェネツィアで没した画家。若くしてジョヴァンニ・ベッリーニ【1430年頃-1516年。ヴェネツィア派の第一世代を代表する画家で、代表作に『聖なる寓意』（1500年頃）などがある】の工房に入り、兄弟弟子のジョルジオ・ダ・カステルフランコ、通称ジョルジョーネ【1477／78-1510。30代前半で他界したが、生前からヴェネツィアで名声をはせていたとされる。代表者は『眠れるヴィーナス』（1510年頃）など】と親交を結び、1507年、ともにフォンダコ・デイ・テデスキ（ドイツ商人館）のファサード外壁を飾るフレスコ画を制作している。やがてティツィアーノはヴィチェンツァとパドヴァを訪れ、後者のサン＝アントニオ学院のために、『聖アントニウスの奇蹟』【1511年】を描いている。

ヴェネツィアに戻ると、ティツィアーノには、共和国政府から統領が代替わりするたびにその肖像画を描くという条件で、終身年金があたえられる【1516年、他界した師ベリーニの後任としてヴェネツィア共和国の正式画家となり、グラン・カナル（大運河）沿いに工房をかまえる。この工房には多くの画家が訪れ、そのなかにはエル・グレコ（1541-1614）やティントレット（1518-94）もいた】。彼はまたフェラーラにも滞在し、アルフォンソ・デステ公【1476-1534】のために、神話を主題とする油彩画3点を描いている【『ヴィーナスへの奉献』（1519年）、『アンドロス島の人々』（1523-24年頃）、『バッカスとアリアドネ』（1520-23年）】

1518年以後、ティツィアーノはほとんどヴェネツィア離れることはなかった。ただ、1530年にはボローニャを訪れて、滞在していた東ローマ皇帝カール5世【在位1519-58】に謁見している【1533年、ティツィアーノはこの皇帝からパラティオ伯の称号をあたえられた】。さらに1545年には、教皇パウロ3世【在位1534-49】から招かれてローマに数か月滞在している。それ以前、**フランソワ1世**もまた彼を王国に呼ぼうと

したが、徒労に終わった。たしかにティツィアーノはこのフランス国王の肖像画を描いているが【1538年】、それはさまざまなメダルや資料にもとづいて制作したものにすぎない。

95歳になってもなお絵筆を握り、ペストの犠牲になったティツィアーノの作品には、宗教や神話的・歴史的主題を扱ったものや風景画、さらに数多くの肖像画がある。以下はその一部である。『ウルビーノのヴィーナス』【1538年頃】、『ダヴィデとゴリアテ』【1542年頃】、『教皇パウロ3世の肖像』【1543年】、『ヴィーナスとアドニス』、『ダナエ』【いずれも1545年頃】、『カール5世騎馬像』【1548年】、『ヴィーナスとオルガン奏者と子犬』【1550年頃】、『聖三位一体の礼拝』【1552-54年】、『聖ラウレンティウスの殉教』【1557-59年】、『音楽の手ほどき』【制作年不詳】。この画家に捧げられたパリの通りは13区にある。1864年に命名されたティシアン通り（Rue Titien）がそれである。

ディ＝ジュイット・ジョワン1940 Dix-Huit Juin1940　1940年6月18日（ディ＝ジュイット・ジュワン）は、シャルル・ド・ゴール将軍がロンドンからフランス国民に向けて有名なよびかけを行った日である。6・15区のディ＝ジュイット＝ジュワン＝1940広場（Place Dix-Huit-Juin-1940）は1951年からある。

ディジョン Dijon　ブルゴーニュ地方北東部コート＝ドール県の県庁所在地であるディジョンは、シュゾン川とウシュ川の合流点に位置し、ブルゴーニュ運河にそっている。町の歴史はかなり古く、6世紀のトゥール司教グレゴリウス（グレゴワール・ド・トゥール）は、ここをカストルム・ディヴィオネンセと命名している。フランク王クロヴィスが500年にグンドバード【ブルグンド王（在位480頃-516）。『ブルグンド部族法典』の編纂者】を撃破したのが、その市壁の前だった。

1015年、町は敬虔王ロベール2世【カペー朝フランス王（在位996-1031）】とブルゴーニュ公国に割譲され、以後、ディジョンの歴史は公国のそれと混ざり合うことになる。しかし、勇胆公シャルル【最後のブルゴーニュ公（在位1467-77）】の死後、町はフランス王国に編入される。そして1513年、ディジョンは3万のスイス兵を相手に英雄的な防衛戦をくりひろげる。

今日、ディジョンにはさまざまなモニュメントがみられるが、そのおもなものとしては、豪胆公フィリップ2世【ヴァロワ家の初代ブルゴーニュ公（在位1363-1404）】や息子の無怖公ジャン1世【1371-1419】、さらに後者の娘であるアンメ・ド・ブルゴーニュ【1404-32】の亡骸を安置しているサン＝ベニュ司教座聖堂や、高さ46メートルの塔を擁するブルゴーニュ公爵宮殿などがある。12区のディジョン通り（Rue de Dijon）は、19877年以来、このブルゴーニュの古都の名を冠している。

ディズ＝ヌフ・マルス1962 Dix-Neuf Mars 1962　12区のディズ＝ヌフ＝マルス＝1962広場（Place du Dix-Neuf-Mars-1962）は、2003年の命名で、呼称はアルジェリア戦争の正式な停戦日、すなわち1962年3月19日を意味する。

ティスラン Tisserand　1845-96年。フランソワ・フェリックス・ティスランは、ブルゴーニュ地方コート＝ドール県のニュイに生まれ、パリで他界した天文学者。1868年に理学博士号を取得した彼は、同年、パリ天文台（オプセルヴァトワール）に入る。1873年、トゥールーズ天文台長と同時に、同市の天文学教授に就任する。翌年、彼は金星の日面通過、すなわちトランジット【惑星通過時に生じる運勢的な影響力】を観察する調査団にくわわって日本に赴く。彼にとって、これは快適な旅だった。

1878年、彼は科学アカデミーの会員に選ばれ、経度局の一員にもなる。そして1882年、再び金星のトランジット観測のため、西インド諸島のマルティニクに向かった。1883年に、ソルボンヌ大学教授、1892年にパリ天文台長になった彼の主著としては、『天体力学論』【4巻、1889-96年】

がある。ティスラン通り（Rue Tisserand）は、1905年から15区にある。

ディドー Didot　ディドー家はパリの有名な印刷・出版業者で、その初代フランソワ・ディドー（1689-1759）は1713年に出版業者となっている。「金色の聖書」を文字通り工房の看板として、彼はアベ・プレヴォ【1697-1763。『マノン・レスコー』の作者】の書を出版した。ディドー一族にはほかにフランソワ・アンブロワズ【1730-1804。初代の息子で活字ポイント（ディドー・ポイント）の考案者】、ピエール・フランソワ【1751-72。前者の息子で宮廷お抱え出版業者】、アンリ【1765-1862。前者の息子】、さらにディドー・サン＝レジェ【1767-1829】やディドー・ジューヌ【生没年不詳】もいる。だが、一族のうちでもっとも名をはせたのはアンブロワズ・フィルマン【1790-1876】で、彼はギリシア研究家【やフランス芸術品収集家】として高い評価を受けていた。この一族の名を冠した14区のディドー通り（Rue Didot）は、1875年から存在している。

ディドロ Diderot　1713-84年。哲学者・思想家のドゥニ・ディドロは、**ブルゴーニュ**地方のラングルに生まれ、パリで病没している。刃物業を営んでいた父は、息子を聖職者にするため地元のイエズス会学寮に入れる。だが、この息子は卒業しても聖職者への道を進まず、以後10年間、耐乏生活と労働の日々を送りながら、数学と言語の習得に励んだ。やがて結婚するものの、かならずしも妻に忠実だったわけではなく、さまざまな魅力、とくにピュイジュー夫人【1720-84。作家・モラリスト】とソフィー・ヴォラン夫人【1716-84。書簡文作家】の魅力に抗することができなかった。

彼がダランベールと（アランベール）編んだ『百科全書』は、もとはイーフレイム・チェンバーズ【1680？-1740】の英語版百科事典『『サイクロペディア、または諸芸諸学の百科事典』、1728年】を彼が翻訳したものだった。だが、ディドロはみずから新しい版を出そうとした。その思いが結実

したのが『百科全書』【正式題名『技術と科学にかんする普遍的な百科全書』】である。全体で28巻になる全書の第1巻は1751年に出たが、続刊の刊行は翌52年と59年に2度中断された。この中断はダランベールの意気を挫いた。しかし、ディドロはひとりで事業を続行し、1772年、ついに最終巻を送り出す。

翌1773年、彼はロシアを訪れ、女帝エカチェリーナ【在位1762-96】に感謝の念を表した。愛娘の結婚資金を捻出しようとするディドロのため、女帝がその蔵書を購入してくれたからである。帰国すると、彼は『クラウディウスとネロの時代』【1778年】や『運命論者ジャック』【単行本初版刊行1796年。邦題名『運命論者ジャックとその主人』王寺賢太・田口卓臣訳、白水社】、『修道女』【1796】、『ラモーの甥』【1891年。本田喜代治・平岡昇訳、岩波文庫】などを書く。

一方、ディドロは1765年、66年、67年のル・サロン展の絵画作品についても言及しており、これが最初の芸術批評とされる。彼は言っている。「自然は召使いも主人もつくらなかった。私もまた掟をあたえたり受け入れたりしようとは思わない」、「善をおこなうだけで満足してはならない。それをさらによくおこなわなければならないのだ」、「私は死にたい。しばしば覚える願望だが、それは少なくとも数度、生より貴重なものがあることを立証している」。彼の名は1879年に命名された12区のディドロ大通り（Boulevard Diderot）に刻まれている。

ティトン Titon　1885年に命名された11区のティトン通り（Rue Titon）の呼称は、王立武器製造・保管長官だったマクシミリアン・ティトン【1632-1711。金融家で、パリ高等法院評定官でもあった】が、1670年、近くのモントルイユ通りの31番地に建てた遊楽用別荘「フォリ・ティトン」館に由来する。

1711年、この別荘はマクシミリアンの息子で文学者・歴史家でもあった、エヴラール・ティトン・デュ・ティエ（1677-

1762）が所有するようになる。【竜騎兵部隊の隊長となった】20歳のとき、彼は軍籍を離れ、翌年、**ブルゴーニュ公爵夫人家**【→ボシュエ】の執事職を購入する。その一方で、別荘に多くの芸術家をまねいたり、経済的に困窮していた**コルネイユ**の甥やその娘を援助したりした。彼はまた『フランスのパルナッソス描述』【1727年】を著している。だが、「フォリ・ティトン」は1805年からルルー学校となり、1880年に解体された。

ティノ・ロシ Tino Rossi 1907-83年。コルシカ（コルス）島南部アジャックシオに生まれ、パリ西郊のヌイイ＝シュル＝セーヌで没したシャンソン歌手。伝説では、6歳のとき、彼は子守歌を唄って妹たちを寝かしつけたという。1934年頃から「おおコルシカ、愛の島」や「マリネラ」、「チィッチ」、「クリスマスおじさん」などのシャンソンで有名となった。

　一方、ティノ・ロッシ（ロシ）はオペレッタ『地中海』【1955年】や映画『ナポリ、火の接吻』【1937年、アウグスト・ジェニーナ監督（1892-1957）】や『熱病』【1942年、ジェン・ドラノワ監督（1908-2008）】、『守衛』【1946年、ジャン・ド・マルグナ監督（1893-1956）】、『美しき粉ひき女』【1948年、マルセル・パニョル監督】、『運命』【1965年、フランソワ・モーリヤック原作、ピエール・カルディナル監督（1924-98年）】などにも出演している。彼の名を冠したティノ＝ロシ小公園（Square Tino-Rossi）は、1984年から5区にある。

ティフェーヌ Tiphaine ティフェーヌ氏は1823年に決定された旧グルネル村【1860年にパリに編入】の建設に重要な役割を演じ、45年から48年まで、その助役をつとめた。15区のティフェーヌ通り（Rue Thphaine）は、彼が助役となる前の1840年からある。

ティブメリ Thiboumery 15区のティブメリ通り（Rue Thiboumery）は1863年に命名されている。名祖は19世紀初頭に旧ヴォージラール村の村長だった人物である。

ティブル Tibre テベレ（テヴェレ）川のこと。エトルリア・アペニン山脈【モンテ・フマイオーロ】の海抜1167メートル付近に水源を有し、ローマを貫流して、中洲の聖なる島【紀元前291年にアスクレペイオン（医神アスクレピオスの聖域）が設けられたティベリーナ島】をとり巻いてから、ティレニア海へそそぐ。全長405キロメートル。パリ13区のティブル通り（Rue du Tibre）は、1935年に命名されている。

ティボー Thibaud 14区のティボー通り（Rue Thibaud）は、1864年以来、13世紀にサント＝ジュヌヴィユーヴ教会の司祭だったティボー【生没年不詳。1247年に聖王ルイ9世の認可をえて、バニューの農奴たちを解放した】の名でよばれている。

ティムレ Thimerais ティムレはフランス北西部の旧地方名で、現在のウール＝エ＝ロワール県にふくまれ、ドルー郡のほぼ全域に相当する。17区のティムレ小公園（Square du Thimerais）は、1932年に命名されている。

ティモニエ Thimonnier 1793-1857年。バルテルミー・ティモニエはローヌ地方のラブレルに生まれ、同地方のアンプルピュイで没したミシン考案者。1830年、彼はこの機械によって鎖編み（環縫い）を可能にし、それを販売ルートにのせようとパリに出たが、評価はさんざんなものだった。彼が1830年、45年、そして48年【新型機用】に取得した特許から利益をえるようになるには、1851年のロンドン万国博を待たなければならなかった【1840年にはフランス陸軍の軍服縫製用に80台が生産されている】。彼の名を冠したティモニエ通り（Rue Thimonnier）は、1896年から9区にある。

ティユル Thilleuls 16区のティユル大通り（Avenue des Thilleuls）は、ヴィラ・モンモランシーのなかを走っている。呼称はシナノキ（ティユル）が通りの両側に植えられていたことによる。ハート形ないし鋭尖形の互生葉をもつこの木は痩果をつけ、その葉は発汗・鎮痛・鎮痙効果のある煎じ薬となる。

ティルシット Tilsitt　ティルジットは東プロイセン地方の町【現ロシア連邦カリーニングラード州ソヴィェツク】で、ネマン（メーメル）川とティルゼ川の合流点に位置する。1807年7月8日、ナポレオンはここで第4回対仏大同盟戦争を終結させ、フランスとロシア、プロイセンの和平につながる講話条約を結んだ【これにより、プロイセンはエルベ川以西の領土とポーランドなどを失った】。パリの8区と17区を結ぶティルシット通り（Rue de Tilsitt）は、この条約締結を記念して、1854年に命名された。

ティロン Tiron　4区のティロン通り（Rue Tiron）は、今とは若干異なる道筋で1250年からあった。呼称はパリ南西方ノジャン＝ル＝ロトルーの近く、ペルシュの森に通称ティロン修道院が館を有していたことに由来する。ベネディクト会系のティロン修道会は、1109年、アブヴィルのベルナールないしベルナルドゥス【アミアン司教（1259-79）】によって創設されている。その目的は、聖ベネディクトゥス（**サン＝ベルナール**）が創設した修道会の当初の精神、とくに手仕事の義務を復活させるところにあった。だが、ティロン修道会は17世紀初頭に衰退し、1629年、**サン＝モール**修道会に吸収された。

テエラン Téhéran　イランの首都であるテヘラン（テエラン）は、アルボルズ山脈の麓に位置する。長年に及ぶ戦争で荒廃したこの町は18世紀にカリーム・ハーン【国王在位1750-79。ザンド朝の創始者で、ペルシアの再統一者】によって再建され、1795年に首都となった【ガージャール朝の初代国王アーガー・モハンマド・シャー（在位1796-97）がこの地で戴冠したとき】。以来、国王はここに住むようになった。今日、壮大な庭園やみごとなモスクを擁するテヘランは、人口885万【2015年】を抱え、きわめて活気のある町となっている。1943年、連合国の首脳たち、すなわちスターリンとローズヴェルト（フランクラン・D・ルズヴェルト）、さらにチャーチル（ウィンストン・テュルティル）が会談を開いたのがここで

ある。パリのテエラン通り（Rue de Téhéran）は8区にあり、1864年に命名されている。

デオダ・ド・セヴラク Déodat de Sévrac　1872/73-1921年。フランス南西部オート＝ガロンヌ県のサン＝フェリクス＝ド＝カラマン出身で、民俗音楽から多くの着想をえた作曲家。作品としては、オペラ曲の『風車の心』【初演1908年】などのほか、ピアノ曲も数多く創作し、そのなかには『ラングドックにて』【1904年】や『セルダーニャ』【1904-11年】がある。パリの通りに彼の名が冠せられたのは1938年。そのデオダ＝ド＝セヴラク通り（Rue Déodat-de-Sévrac）は17区にある。

テオデュル・リボ Théodule Ribot　1823-91年。テオデュル・リボはパリ北西部ウール県のサン＝ニコラ＝ダテに生まれ、パリ北西郊のコロンブで没した油彩・水彩画家。貧しくして生まれた彼は、家族を支えるためにさまざまな仕事につき、やがて本格的に絵画の勉強を始め、アメリカ合衆国向けにワトーの作品を模写するようになる【1851年、ドイツでの3年間の修業を終えてパリに戻ってから】。そして1861年、彼は最初の個展を開き、『厨房の内側』や『帳簿をつける料理人』、『夕食時間の調理人』、『陽気な料理人』という4部作を発表する。それらは空腹を抱えていた男のいわばうっぷん晴らしだった。

　幸いこの連作は大成功をおさめ、以来、人気画家となる。そんなリボの作品は、フランス・ハルス【1581/85頃-1666。オランダ絵画の黄金時代を代表する画家のひとり。ベルギーのアントウェルペン出身で、肖像画や風俗画を得意とし、オランダのハールレムで活躍した。代表作に『陽気な酒飲み』（1628-30年）などがある】や、ホセ・デ・リベーラ【1591-1652。スペインのバレンシア近郊出身。若くしてイタリアに留学し、ナポリを拠点に活躍して、ナポリ派の中心的存在となる。『聖ヒエロニムスと最後の審判を告げる天使』（1626年頃。エルミタージュ美術館蔵）など、聖人や殉教者を好んでとり上げた宗教画

を数多く創作しているが、とくに『えび脚の少年』（1642年。ルーヴル博物館蔵）で知られる】の作品と比較されている。

リボの作品としては、ほかに『朝の身だしなみ』【1863年】や『牡蠣と訴訟人たち』、『モリウー母さんの肖像』【いずれも発表年不詳】などがある。シャン＝ド＝マルスのサロン・ド・ラ・ソシエテの創始者のひとりでもあった彼の名は、1893年から17区のテオデュル＝リボ通り（Rue Théodule Ribot）に残っている【現在、ハイチ大使館など豪邸が立ちならぶこの通りは、1890年にとり壊されたバティニョル・ガス工場の跡地に敷設された】

ちなみに、もうひとりのテオデュル・リボは、1839年にブルターニュ地方のガンガンで生まれ、1916年にパリで没した哲学者で、実験心理学の分野でも優れた業績を残している【ソルボンヌで実験心理学を教えていた彼は、1888年、コレージュ・ド・フランスの実験・比較心理学教授となり、近代フランス心理学の基礎を築いたとされる。パリ・サルペトリエール病院の精神病学者で、フロイトの師としても知られるシャルコー（1825-1893）の右腕として活躍した、ピエール・ジャネ（1859-1947）は彼の弟子。師の後を継いで、1902年から34年までコレージュ・ド・フランスで教鞭をとった。おもな著作としては、『記憶の病』（1881年）や『意志の病』（1882年）などがある】

テオドール＝アモン Théodore-Hamont

12区のテオドール＝アモン通り（Rue Théodore-Hamont）は、1900年に命名されている。その名祖となったテオドール氏とアモン氏は、当時この通りに家をかまえていた。ふたりはそれをかなり誇りに思っただろう。その名前が入った道路標示版を前に写真におさまった彼らの顔が、そのことをはっきりと物語っている。

テオドール・ジュドラン Théodore Judlin

15区のテオドール＝ジュドラン小公園（Square Théodore-Judlin）は、19世紀末にこの通りを敷設した建築家にちなんで命名されている。

テオドール・デック Théodore Deck

1823-91年。テオドール・デックはアルザス地方南部オー＝ラン県のゲブヴィレールに生まれ、セーヴルで没した陶芸家・実業家。ルネサンス期のもっとも美しい陶器をみごとに再現し、中国やペルシアのファイアンスを想い起こさせる新しい作品を作り上げた。トルコ・ブルー、通称「デック・ブルー」をはじめとする数多くの色合いを見出した彼は、釉薬をいかに透明にするかという問題を解決し、とくに中国人たちが門外不出の秘法としてきた、ぼかし模様の入りの素晴らしい赤色壺を産み出している。

やがて彼は国立セーヴル製陶工場の経営委員会のメンバーとなり、さらに主著『ファイアンス』を上梓した年に、その所長となっている【1887-91年】。15区にあるテオドール＝デック通り（Rue Théodore-Deck）は1893年から、延長された同名の通り（Rue Théodore-Deck prolongée）は1900年から、そしてヴィラ・テオドール＝デック（Villa Théodore-Deck）は1894年からある。

テオドール・ド・バンヴィル Théodore de Banville

1823-91年。フランス中央部アリエ県のムーランに生まれ、パリで没した詩人。ヴィクトル・ユゴーやアルフレッド・ド・ミュッセ（ミュゼ）、テオフィル・ゴーティエを手本としていたバンヴィルは、彼らと同様、形態と色彩、そしてイメージにとくにこだわりをもっていた。彼はさまざまな分野の作品を数多く発表しているが、処女詩集は1842年に上梓した『女像柱』。1846年には第2詩集の『鍾乳石』を発表し、1850年から52年までは《ル・プーヴォワール（権力）》誌で劇評や文学時評を連載してもいる。

サント＝ブーヴはバンヴィルについてこう記している。「遅れてやってきたにもかかわらず、はじまりの熱狂をいだいていた者、形態に対するこだわりを保ってきた者、そしてそれを明確に理解するため、詩句の役割を知っているもの、そうした詩句を匠よろしく、つまりみごとに作り上げる者、

詩句を鍛えて、活性化する者、さらに（詩句を）組み立て、磨きかつ塗る術を心えている者。それが彼なのである」。バンヴィルの作品としては、たとえば詩集の『綱渡りのオード』【1857年】や『プロイセン田園詩』【1871年】、戯曲の『巻き毛のリケ』【1884年】、散文の『英雄譚』【1884年】などがある。彼の名がついたテオドール=ド=バンヴィル通り（Rue Théodore-de-Banville）は、1893から17区にある。

テオドール・リヴィエール Théodore Rivière
1857-1912年。彫刻家、より正確には肖像彫刻家であるリヴィエールの名が、16区の広場（Place Théodore-Rivière）につけられたのは、1930年のことである。ただし、【金と象牙をもちいた作品『マトスにつかえたサランボー』（1895年）で知られる】彼を、同姓の彫刻家、すなわちジョゼフ・リヴィエール（1912-61）と混同してはならない。後者は『アルザス渓谷の地雷処理班記念像』（1952年）の制作者である。

テオドール・ルソー Théodore Rousseau
1812-67年。テオドール・ルソーはパリで生まれ、その南方、フォンテヌブロー近郊のバルビゾンで没した画家。独修で絵画を学んだ彼は、やがて偉大な色彩画家となり、フォンテヌブローの森を好んで描いた。19歳のとき、『オーヴェルニュの風景』でル・サロン展に初入選し、34年には『コンピエーニュの森の開墾地』で評判をとった【この作品はオルレアン公が買い上げたが、このことで古典派の画家たちの反発を招き、以後、ル・サロン展から締め出される】。バルビゾン派の中心的存在とみなされた彼の作品としては、ほかに『栗の小径』【1837-42年】や『フォンテヌブローの森のはずれ、日没』【1848-49年】、『秋の馬場』【1849年】、『バルビゾン村』【1850年】などがある。16区のテオドール=ルソー大通り（Avenue Théodore-Rousseau）は、1928年に敷設されている。

テオフィル・ゴーティエ Théophile Gautier
1811-72年。フランス南西部オート=ピレネー県の県都タルブで生まれ、ブーローニュの森（ボワ・ド・ブーローニュ）近郊のヌイイ=シュル=セーヌで没した作家・詩人。テオフィル・ゴーティエははじめ画家を志した。それは彼の画才や審美観にみられるが、ジェラール・ド・ネルヴァル【リセの上級生】やその紹介でヴィクトル・ユゴーと知り合い、ロマン派文学に熱中する。そして、いわゆる「エルナニ合戦」【ユゴーの悲劇『エルナニ』（1830年）の上演をきっかけに、若いロマン派グループと古典劇の伝統を守ろうとする守旧派グループとが対立したが、最終的にロマン派が論争に勝利し、ロマン派文学が主導権をえることになった】にしばしば参加し、ネルヴァルとならんでこの出来事の英雄となった。

情熱と多少のわざとらしさが入り混じった生涯を送ったゴーティエはまた、一風変わった服飾センスの持ち主で、赤いチョッキに鮮やかな緑のズボン、ハシバミ色の燕尾服といったいで立ちを好んでいた。むろんそれはひと目を引かないはずがなかった。さらに彼は12匹の猫を飼っており、異国の物品で埋まった家の内部はさながら博物館のようだった。

そうしたゴーティエの作品としては、たとえば以下がある。詩集の『アルベルトゥス』【1831年】、『エスパーニャ』【1845年】、『宝螺鈿集』【1852年】、小説の『モーパン嬢』【1835年】、『キャプテン・フラカス』【1863年】、評論集『グロテスクなるもの』【1843年】、さらに《ル・モニトゥール（助言者）》誌や《ラ・プレス》誌に連載した演劇時評などである。彼はまた無用なものこそが真に美しいという、「芸術のための芸術（無償芸術）」の理論を最初に唱えている【これを積極的に擁護したのが、テオドール・ド・バンヴィルである】

高踏派【→ルコント・ド・リル】の先駆者とも目される彼について、シャルル・ボードレールはこう評している。「彼は非の打ちどころない詩人であり、フランス文学の完璧な魔術師でもある」。ゴーティエ自身はこう言ってもいる。「何も生み出さない

テイフイル

批評というのは冗長なものである。それは一般信徒の妻を口説く神父のようでもある。夫が神父に同様の仕打ちをすることができず、闘うこともできないからだ」。彼の名を冠した16区のテオフィル＝ゴーティエ大通り（Avenue Théophile-Gautier）は1892年、同名の小公園（Square Théophile-Gautier）は1912年の命名である。

テオフィル・ルーセル Théophile Roussel

1816-1903年。テオフィル・ルーセルはフランス中央部ロゼール県のサン＝シェリに生まれ、同県のアルバレ＝サント＝マリにあるオルフイエット城で没した医師・政治家。1845年に医師、49年に憲法制定議会議員となった彼は、衛生・介護法の制定に多大の尽力をした。第二帝政期は医業に専念していたが、1871年、代議員に選ばれ、1873年1月23日の対アルコール中毒法の制定に中心的な役割を担った。

彼はまた乳幼児問題にも関心を抱き、幼児保護協会の会長になった【1874年に制定された乳幼児保護法は、ルーセル法ともよばれる】。さらに1889年には、虐待ないし道徳的に遺棄された児童の保護にかんする7月24日制定の法律を作成している。医学アカデミー【1872年】や人文・社会科学アカデミー【1891年】の会員となった彼の名は、1904年から12区のテオフィル＝ルーセル通り（Rue Théophile-Roussel）に刻まれている。

テオフラスト・ルノドー Théophraste Renaudot

1586-1653年。フランス中西部ヴィエンヌ地方のルーダンに生まれ、パリで他界した医師・ジャーナリスト。【プロテスタントにも門戸を開いていたモンペリエ大学の医学部に学び】、1612年に国王の侍医となったルノドーは、1618年、リシュリュー枢機卿【より正確には、彼の「黒幕」だったカプチン会のジョゼフ神父こと、フランソワ・ルクレール・デュ・トランブレ（1577-1683）】の後押しで、貧民たちの総聴聞官の公職を得る。そして、本格的な情報センターとでもいうべき「ビューロー・ダドレス」を開設し、みずから手書きの通信を作成して、往診した病人たちに配った。やがて彼はこれを印刷するようになり、こうして有名な《ラ・ガゼット・ド・フランス》が誕生する【1631年に第1号が刊行された4ページの新聞。彼はそこで政治的なニュースやパリの出来事を報じた】。

1635年、《メルキュール・フランセーズ》【1611年創刊の情報誌】の支配人となった彼は、無料診療所を開き、さらに純粋な慈善を目的とする質屋も設けている。だが、パリ大学医学部はルノドーの無料診察のために損害を受けたとして裁判を起こし、1644年に勝訴する。これ以後、ルノドーはもっぱら《ガゼット》の編集にかかわり、極貧のうちに没する。

しかし、彼の名は10人のジャーナリストと文学批評家たちが1926年に創設した文学賞【ルノドー賞】に残っている。この賞は毎年ゴンクール賞の審査結果を待って、原則的に小説ないし短編集の著者にあたえられている【ただし、賞金はない】。彼の名はまたパリ15区の通りにも残っている。1932年に敷設されたテオフラスト＝ルノドー通り（Rue Théophraste-Renaudot）である。

デカルト Descartes

1596-1650年。哲学者・思想家のルネ・デカルトは、フランス中部アンドル＝エ＝ロワール県のラ・エ（現在はラ・エ＝デカルトと改称されている）に生まれ、ストックホルム（ストコルム）で没している。「学者たちや書物に不満をいだいていた」と公言して憚らなかった彼は、結論として「自分自身と世界の偉大な書」のなかにだけ真理をさがそうとした。そして、素朴かつ明白な考えを見出そうとして、こうも言っている。「誤解をおそれずにいえば、みずからを高めて真理を知るには2通りの方法がある。直観と演繹である」

以下は彼の主張の一部である。「いかなる疑いも差し挟めないほど明確のものしか肯定してはならない」、「自明な思考はすべて真実である」、「自明な思考は次々と生まれ、既知なものから未知なものへ、単純な

ものから複雑なものへとさかのぼることができる。それゆえ、さまざまな真理のあいだに必ずある秩序につねに着目するかぎり、あまりにも遠すぎて手が届かないような真理でもついには手に入れることができ、あまりにも深く隠れているため見つけ出せないような真理でも発見することができる」。デカルトはまた次のように言明している。「広がりと動きをくれたまえ。そうしたら世界を構築してみせる」。こうしたデカルト主義が、以下のような彼の著作の基軸となっている。『方法序説』【1637年。谷川多佳子訳、岩波文庫】、『省察』【1641年。山田弘明訳、ちくま学芸文庫】、『人間論』【1648年】、『情念論』【1649年。谷川多佳子訳、岩波文庫】。5区のデカルト通り（Rue Descartes）は1809年に命名されている。

テクセル Texel　テセル（テクセル）はオランダの北方沖合、北海にある島【ワッデン海のフリースラント諸島に属する】。1794年、この島で、ピシュグリュ将軍【→タンプル】率いる軽騎兵たちが、きわめて稀なことだが、氷結のために行く手をさえぎられたネーデルラント艦隊の大部分を奪取している。14区のテクセル通り（Rue du Texel）は、この勝利を記念して1877年に命名された。

デクレ Decrès　1762-1820年。ドニ・デクレ公はシャンパーニュ地方オート＝マルヌ県のシャトーヴィラン出身。彼はグラス伯フランソワ・ジョゼフ・ポール【1722-88。オーストリア継承戦争や7年戦争で頭角を現し、アメリカ合衆国の独立戦争では、フランス海軍総司令官として、イギリス軍の敗北と合衆国の独立に重要な役割を果たした】の命を受け、海軍将校として独立戦争に参加した。1791年に艦長となるが、貴族という身分のためにその任を解かれ、逮捕されてしまう。だが、すみやかに釈放されて復職し、1798年には海軍少将となって、アブキールの戦いに従軍する。

　1800年、彼はマルタ（マルト）島周域のイギリス軍による海上封鎖を突破しようとしたが、目的を達成できず、撤退をやむなくされる。帰国すると、その失策にもかかわらず、ナポレオンによって海軍大臣に任じられる。やがてシェルブール港の整備事業やアドリア海からバルト海にいたる掃討作戦をおこない、ドミニカ（レピュブリク・ドミニケヌ）のサント＝ドミンゴへの軍事遠征も組織している【1802年】。しかし、第二次古王政で引退し、その5年後、暗殺（？）された【死因は彼の財産を盗もうとした使用人の放火による焼死】。14区のデクレ通り（Rue Decrès）は1863年の命名になる。

デグレ Degrés　2区のデグレ通り（Rue des Degrés）はパリでもっとも短い【全長6メートル弱！】通りで、いかなる家の扉も通りに開いてはいない。これは単に階段——14段——だけの通りで、呼称はこのことに由来する。ただし、17世紀中葉からある。

デグレ Desgrais　19区のデグレ小路（Passage Desgrais）は、所有地にこの小路が敷設されたデグレ家にちなんで命名された。

デコンブ Descombes　17区のデコンブ通り（Rue Descombes）は、それが開通した1857年から、その土地を所有していた地主たちのひとりの名でよばれている。

デザルグ Desargues　1593-1662年。数学者で建築家でもあったジラールないしガスパール・デザルグは、リヨンに生まれている。最初、兵士となった彼は、ラ・ロシェル攻囲戦でデカルトと親交を結ぶ。やがて市民生活に戻ると、幾何学の研究に邁進し、のちに彼の名がつくことになる定理【デザルグの定理】を発表する。それは、同一平面上にない三角形ABCと三角形A′B′C′において、対応する頂点を結ぶ3直線が1点で交わるならば、対応する辺の交点である3点は1直線上に位置するという定理である【射影幾何学の基礎】

　多少とも用心が必要だとされるが、デザルグはまた外（転）サイクロイド（定円に外接しながら円が滑らずに回転するときに生まれる円周上の定点の軌跡）を発見し、

それを実際にもちいたともいう。真偽のほどはさておき、彼の名は1954 6年にパリの通りに冠せられている。そのデザルグ通り（Rue Desargues）は11区にある。

デシャン Deschamps 20区のデシャン小路（Passage Deschamps）は、土地所有者の名にちなんで命名されている。

デジュネット Desgenettes 1762-1837年。デジュネット男爵のニコラ・ルネ・デュフリシュは、北仏ノルマンディ地方のアランソンに生まれ、パリで他界した軍医。彼はナポレオンのエジプト遠征にくわわったが、そこではペストが猛威を振るっていた。そこで兵士たちに勇気をとり戻させるため、デジュネットはみずからわきの下と鼠径部にペスト性の膿を接種し、ペスト罹患者が飲み残した水剤を同じコップで飲んでもみせた。この水剤は彼がみずから調合し、あたえたものだった。

やがてロシア遠征時に逮捕され、捕虜となるが、ロシア皇帝は彼を釈放する。しかし、ライプツィヒで再び捕虜となり、祖国に土を踏んだのは1814年になってからだった。ワーテルロー（ワテルロ）の敗戦時【1815年】にも戦場にいた彼は、一時失脚するものの【百日天下後、ルイ18世からパリ大学医学部教授に抜擢され、1819年には王立医学アカデミーの会員となるが、1822年、学生たちのデモを受けて解任された】、1830年、廃兵院（アンヴァリッド）の首席医師に任命された。彼に捧げられた7区のデジュネット通り（Rue Desgenettes）は、1873年の命名である。

デジール Désir 1789年はフランス革命に明け暮れた年である。だが、ひそかな「愛」もまた市民権を得ていた。10区のこのデジール小路（Passage du Désir）は、1789年当時、ここに住んでいた人々自身が、小路にあった家具付きホテルにちなんで命名したものだが【呼称は「欲望」の意】、むろんホテルにはお抱えの女性たちもいた。

デジレ Désirée 20区のデジレ通り（rue Désirée）は、それが1887年に敷設された土地の地主にちなんで命名されている。同じ20区には同名のヴィラ（Villa Désirée）がある。これもまた地主の名にちなむが、通りのデジレ氏とは別人である。

デジレ・ルジェリ Désiré Ruggieri デジレ・ルジェッリ（ルジェリ）はボローニャの有名な花火師一族に属し、フランスやスペイン北東部ナバラ地方の夏の夜空をみごとな花火で彩った【彼はまたイタリア喜劇の舞台にはじめて花火を登場させてもいる】。彼の名が冠せられたデジレ＝ルジェリ通り（Rue Désiré-Ruggieri）は、1896年から18区にある。

デスコス Descos パリ12区の区役所は1874年に建てられたが、同じ年に開通した12区のデスコス通り（Rue Descos）は、1907年、おそらく当時この地区に住んでいた技師の名に由来する。

テシエ Tessier 1741-1837年。アンリ＝アレクサンドル・テシエはパリ南西部エソンヌ県のアンジェルヴィルに生まれ、パリで没した農学者。彼はパリ大学出身の医師だったが、とくに自然科学の研究に没頭した。1786年、スペイン国王がルイ16世【国王在位1774-92】に贈ってくれたメリノ羊の飼育と順化に関心をいだき、フランス各地に羊牧場を設け、フランス革命後、国民公会（コンヴァンション）から国営牧場監察官に任命された。彼はまた国内外の多様な小麦の比較栽培にも関心をもち、王立医学アカデミー【1776年】や科学アカデミー【1783年】、さらに農業学会の会員となっている。その主要な著作としては、『麦角論』【1777年】や『農業・農村経済事典』【6巻、1787-1816年】などがある。

デゼエ Deshayes 1880年に敷設されたヴィラ・デゼエ（Villa Deshayes）の呼称は、土地所有者の名に由来する。

デゾジェ Désaugiers 1772-1827年。マルク・デゾジェは南仏のフレジュスに生まれパリで没したシャンソン作曲家・歌手で、ヴォードヴィル（通俗劇）俳優でもあった【同名の父（1742-93）はオペラ・コミックの作曲家】。文学や音楽に没頭する前、彼はもう少しで修道会に入るところだった。だ

が、フランス革命時に祖国を離れ、サント＝ドミンゴ、ついでフィラデルフィアに移り住み、後者の地でクラヴサンを教えた。

1797年に帰国した彼は、やがてさまざまな当世風の芝居を「提供」するようになる。仲間だったベランジェのデビューにも尽力した。1815年にブルボン家の復古王政が始まると、ヴォードヴィル劇場の支配人に任命される。

いつも快活だったという享楽的な彼は、みずから作詞作曲もしているが、そのなかでとくに成功した作品としては、たとえば「パンパン」や「朝５時のパリ」【近年リバイバルした】がある。また、「ドニ夫妻」にはきわめて鋭い観察眼がみられる。彼に捧げられた16区のデゾジェ通り（Rue Désaugiers）は、1864年の命名になる。以下は「朝５時のパリ」の歌詞の一部である。

影が消えると
すでにして夜明け
金色の陽光が
辺りの屋根を金色に染める。
ランプは色あせ
家々は白くなり
市場は人で満ちる。
これが１日の始まりだ。

テソン Tesson 1892年に敷設された10区のテソン通り（Rue Tesson）は、その最初期の住人にちなんで命名されている。

テナール Thénard 1777-1857年。ルイ・ジャック・テナール男爵はシャンパーニュ地方オーブ県のラ・ルーピエール＝テナールに生まれ、パリで他界した化学者。当初つとめていた実験室の指導教員ヴォークランから、1798年、パリの国立理工科学校（エコール・ポリテクニーク）の研究助手に任命される。翌年、彼はのちに「テナール・ブルー」とよばれるようになる顔料「コバルト・ブルー（アルミン酸コバルト）」を発見する。そして1804年、27歳の若さでコレージュ・ド・フランスの化学教授に指名され、10年には学士院（科学アカデミー）会員に選ばれた。

1825年、国王シャルル10世【在位1824-30】から男爵に叙せられたテナールは、過酸化水素水（オキシフル）も発見し【1818年】、さらに親友のゲ＝リュサックとともに、ホウ酸からホウ素を単離し【1808年】、カリウムやナトリウムを析出する方法も発見している。彼に捧げられたテナール通り（Rue Thénard）は、他界翌年の1858年から５区にある。

テニス Tennis 18区のテニス通り（Rue des Tennis）は、沿道にあるテニスコートにちなんで、1938年に命名されている。周知のように、このスポーツはフランスの伝統的な球戯、すなわちポーム【屋外コートで４人ないし６人の２チームでおこなう球戯】から派生したものである。この球戯を考案したのは、イギリスのウォルター・クロプトン・ウィングフィールド少佐【1823-1912】。1873年のことである。当初、それは「スフェリスティキ【字義はギリシア語で「球戯術」】とよばれていた。

テーヌ Taine 1828-93年。イポリート・テーヌはアルデンヌ地方のヴージエに生まれ、パリで没した哲学者・歴史家・批評家で、実証主義を代表するひとり。パリの高等師範学校を出てから、中央部のヌヴェールやポワティエ、中東部ブザンソンなどのリセで教鞭をとる。そして1852年、職を辞してパリに戻り、1853年、博士論文『ラ・フォンテーヌの寓話にかんする試論』を提出する。1854年、『ティトゥス・リウィウス試論』でアカデミー・フランセーズ賞を受賞した彼は、イギリスやベルギー、ドイツを旅する【1855年、湯治のためにピレネーに滞在し、ここで有名な『ピレネー紀行』（杉富士夫訳、現代思潮社）を編む】

この頃にはまた、おもに《ジョルナル・デ・デバ（論争誌）》や《ドゥー・モンド》誌【→エドワール・パイユロン】に寄稿するようになる。【さらに1863年に主著『イギリス文学史』（４巻）を上梓した彼は、パリ高等美術学校から美術史教授に迎えられ】1871

年5月からオックスフォードで教壇に立つようになる。それから7年後の1878年、アカデミー・フランセーズ会員に選ばれる。

テーヌの著作は膨大で、ジャンルも小説、評論、詩、歴史と多岐にわたり、とくに人種や環境、時代の影響を重視したその歴史哲学の特徴は、**モンテスキュー**のそれ以上に決定論に立脚しているところにある。彼にはほかに以下のような著作もある。『歴史および批評論』【1857年】、『知性論』【1870年】、『普通選挙と投票法について』【1872年】、『芸術哲学』【1882年】、『現代フランスの起源』【晩年、未完】

テーヌは言っている。「人は3週間互いに観察し合い、3か月愛し合い、3年間争い、30年間我慢し合う。そして子供たちもまた同じことを繰り返す」、「すべてを味わう者はすべてにうんざりする」、「世界には4通りの人間がいる。恋人たち、野心家たち、傍観者たち、そして愚かな者たちである。そのなかでもっとも幸福なのは、愚かな者たちだ」、「退屈する方法は、どこに向かい、どこから来たかを知ることである」「『ペンは剣よりも強し』もまたテーヌの名言】。彼を名祖とする12区のテーヌ通り（Rue Taine）は、1884年に敷設され、94年に命名されている。

デヌエット Desnouettes　1773-1822年。シャルル・ルフェーヴル＝デヌエット将軍はパリの伯爵家に生まれている。1807年、ナポレオン軍の師団長に昇進し、翌年、スペインに出征して、スペイン北西部サモラ地方のベナベンテでイギリス軍の捕虜となる。だが、連行されたイギリスの収容所を脱出して【1812年】、ナポレオン軍のロシア遠征に参加する。ナポレオン失脚後、彼は復古王政に仕えるが、ナポレオンがエルバ島からゴルフ＝ジュアン【ニースとカンヌのあいだにある保養地】に上陸したことを知ると、ラ・フェール【北仏ピカルディ地方】の兵器庫を奪取しようとする。この行動を高く評価した皇帝は、彼を貴族院議員に任じた。

だが、ワーテルロー（ワテルロ）での敗戦後、第二復古王政から欠席裁判で死刑を宣告されると、アメリカ合衆国に一時亡命する【アラバマ州でブドウ・オリーヴ・コロニーの代表となる】。やがて帰国の途につくが、乗っていたアルビオン号がアイルランド沖で難破し、帰らぬ人となった（ただし、この船の名を、イギリスの代名詞である「不実なアルビオン」【イギリス嫌いなフランス人による常套句的なイギリス呼称】と多少とも関係づけることには注意しなければならない。おそらくそれはイギリスというより、むしろフランス南東部、ヴァントゥー山近郊の、今日ではミサイル基地になっているアルビオン台地の名とかかわっているからだ）。15区のデヌエット通り（Rue Desnouettes）は、1864年に命名されている。

テブー Taibout　9区のテブー通り（Rue Taibout）は1853年に現在の道筋となっている。呼称は1775年当時、パリ市庁舎（**オテル・ド・ヴィル**）の主任書記だったジュリアン・テブー【1714-77。フリーメイソンでもあった彼の著作には、『天文学・物理学概要』（1777年）がある】にちなむ。この職はテブー家が代々踏襲していた【祖父のジャン＝バティストは1693年から。後任は父親（詳細不明）だった。ただ、通りの命名が1773年になされたとする説が正しければ、ジュリアンが書記になる前であり、とすれば、命名はむしろテブー家にちなむとすべきだろう】。

ちなみに、高名な考古学者ケリュス伯クロード・ド・テュビエール（1692-1765）【ポンペイ遺跡の発掘者】は、ポンペイ近郊のヘルクラネウム遺跡をフランスに紹介しているが、この遺跡の存在を彼に一連の書簡で教えたのが、当時ナポリ（ナプル）のフランス領事だったテブーだった。

デプレ Desprez　14区のデプレ通り（Rue Desprez）は、1863年以来、当時の地主の名でよばれている。

デプレオー Despréaux　旧ボワロー村にふくまれていた16区のデプレオー大通り（Avenue Despréaux）には、偉大な詩人【ニコラ・ボワロー＝デプレオー（1636-1711）。『風刺詩集』（1666年）などで知られ

る】の本名がつけられている。この大通り
は1840年に開通している。

**デボルド゠ヴァルモール Desbordes-
Valmore** 1785/86-1859年。マルスリ
ヌ・デボルド゠ヴァルモールは北仏ドゥエ
に生まれ、パリで他界した高名な女流哀歌
詩人。フランス革命で家が破産し（父は大
紋章画家）、なにがしかの遺産をえるため
【裕福なイトコの援助を求めて、との説もある】
母ともども グアドループ（グワドループ）
に赴く。だが、帰国した彼女を待っていた
のは、出発前より貧しい生活だった。
　不幸な結末に終わった大恋愛のあと、ブ
リュッセルで役者のプロスペル・ランシャ
ンタン、通称ヴァルモールと結婚する
【1817年】。良妻かつ模範的な母親だった。
にもかかわらず、運命はそれに少しも報い
てくれず、なおも貧しさゆえの厳しさを耐
えなければならなかった。物質的な悩み、
子供たちの死【4人のうち3人を失っている】
などである。
　しかし、幸いなことにヴィクトル・ユゴ
ーやアレクサンドル・デュマ（父）、バル
ザックといった作家たちが親身になってく
れた。1896年、彼女を偲んで生地ドゥエ
に彫像が立てられている。彼女はまた、ダ
ヴィド・ダンジェの肖像画にこのような詩
句を描いている。

　　通りすぎる人々に私は何も求めない。
　　傷ついた心には僅かばかりの物音と
　　悲しみが決して消えない深いベッドがあ
　　ればいい。
　　私の最後の慰みは死の腕のなかにある。

　彼女のもっとも有名な詩は「それでどう
なったの？」だろう。この詩は以下の詩句
から始まる。

　　あなたは私の心をもっている。
　　私はあなたの心を。
　　心と心
　　幸福と幸福！
　　でも、あなたのものは返され、

　　私にはもはやほかのものはない。
　　私のものすら失われているから。

　パリの通りには1864年に彼女の名前が
つけられている。16区のデボルド゠ヴァ
ルモール通り（Rue Desbordes-Valmore）
がそれである。

デパール Départ 14区と15区にまたがるデ
パール通り（Rue du Départ）は1849年に
敷設されている。呼称は、1840年にメー
ヌ大通りの曲がり角に建てられた、**モンパ
ルナス駅**の「デパール（出発）」ホームに
そっていたことにちなむ。この駅舎は手狭
になったために増改築され【1852年】、現
在の駅舎【1960年完成】はしたがって3番
目のものということになる。

デバルカデール Débarcadère 17区のデバ
ルカデール通り（Rue du Débarcadère）は、
1863年、近くに鉄道駅があったことにち
なんで命名されている。かつてデバルカデ
ールという語は「駅」を意味していた【現
義は「桟橋、貨物用プラットフォーム」】。語
源的には「鉄道車両の荷物を積み下ろしす
るための場所」の謂である。

デパルトマン Département 18・19区のデ
パルトマン通り（Rue du Département）
は、かつてはデパルトマン・ド・ラ・セー
ヌ（セーヌ県）通りとよばれていたはずだ。
1842年にこの県をたたえるために命名さ
れたからである。

デュー Dieu 20区にあるデュー小路
（Passage Dieu）の呼称は、1901年、土地
所有者にちなんで命名されている【dieuは
フランス読で「神の意」】

デュー Dieu 10区のデュー通り（Rue
Dieu）は、1859年6月24日、オーストリ
ア帝国軍相手のソルフェリーノ（ソルフェ
リノ）の戦いで負傷し、それがもとで没し
たデュー将軍をたたえて1867年に命名さ
れている。

デュイス Dhuis デュイスないしドゥイス
（Dhouys）は、パリ盆地東部シャンパーニ
ュ地方の小川で、**マルヌ川**の支流。北仏エ
ーヌ県のパルニー近郊を水源とし、その水

483

は導水管によってメニルモンタンの貯水池に送られている。導水管の全長は131キロメートル、傾斜は20メートルある。デュイス川からの水を満々とたたえた貯水池は、20区のデュイス通り（Rue de la Dhuis）に隣接している。この通りの呼称はそれに由来し、1904年に命名された。

テュイルリー Tuileries　テュイルリー宮は王母マリ・ド・メディシスの命で造営されている。それは、夫王アンリ2世の暗殺（1559年7月15日）のあとでみずから解体させた、トゥルネルの城館に代わるものだった。工事は設計者のフィリベール・ドロルム指揮のもとで1564年に始まり、70年に彼が他界したあとは、ジャン・ビュランが工事を受け継いだ。こうして建てられた宮殿【全体的な完成は1867年】は、そこが瓦製造所の跡地だったことから、テュイルリーと命名された。

　やがてアンリ4世が、大通廊、通称「水辺の通廊」によってテュイルリーとルーヴル宮をつないだ【17世紀初頭】。オルレアン公フィリップの摂政時代【1715-23年】、オペラ座が焼失すると、テュイルリー宮の通称「機械の間」が、オペラの上演にもちいられた。フランス革命期の1972年にはルイ16世【国王在位1774-92】とその家族がここに住み、これに怒った群衆が宮殿を破壊した。1793年にはまた、国民公会（コンヴァンション）が「機械の間」で開かれてもいる。

　19世紀になると、ナポレオンの時代と同様、ルイ18世【国王在位1814-15／1815-24】やシャルル10世【在位1824-30】、さらにルイ＝フィリップ——1848年、群衆によって追い出された——の時代をとおして、テュイルリー宮は君主たちの住まいとなった。大統領ルイ＝ナポレオン、のちのナポレオン3世はここを正式な官邸としてもいる【1852年12月の皇帝即位前】。だが、1871年5月24日、テュイルリー宮はパリ・コミューン（コミュヌ・ド・パリ）の蜂起者たちによる焼き討ちにあい、これにより建物の大部分が破壊された。そして1882年、その完全な解体が決定された。1区のテュイルリー河岸通り（Quai des Tuileries）は1731年、港（Port des Tuileries）は1905年からある。

デュヴィヴィエ Duvivier　1794-1848年。フルリュ・デュヴィヴィエは北仏のルーアンに生まれ、パリで他界した将軍。1814年、パリの国立理工科学校（エコール・ポリテクニーク）の仲間たちと対仏大同盟軍からパリを守った。1825年、彼はチュニスに派遣されたが、30年からの軍歴の大部分は、アルジェリアが舞台だった。とくに顕著な軍功としては、1840年、アブデル・カーデル【1807-83。フランスによる植民地化に抵抗し、「民族運動の父」と称される】率いるアラブ軍から、英雄的にアルジェ南西部のメデアを守ったことがある【この戦いで、彼は敵兵5000に対してフランス兵900という数的劣勢を跳ね返した】

　翌年帰国したデュヴィヴィエは、1848年、憲法制定議会の議員に選ばれ、同年、中将と遊撃隊指揮官に任命される。だが、この年の6月蜂起で、労働者たちから市庁舎（オテル・ド・ヴィル）を守っていた際に命を落とした。1860年に彼の名がつけられたデュヴィヴィエ通り（Rue Duvivier）は7区にある。

デュヴェルジエ Duvergier　1792-1877年。ジャン＝バティスト・マリ・デュヴェルジエは、ボルドーで生まれ、没した法律家。1855年に国務院に入った彼は、1869年7月17日から70年1月2日まで法務大臣をつとめ、のちに元老院議員となった。19区のデュヴェルジエ通り（Rue Duvergier）は1899年に命名されている。

デュエ Duée　デュエ通りと小路（Rue／Passage de la Duée）は20区にあるが、16世紀、ここにはこんこんと水の湧き出る泉があった。当時、こうした泉は「デュエ」とよばれていた。呼称の由来はこれで分かる。

デュエム Duhesme　1766-1815年。伯爵で将軍をつとめたギヨーム・デュエムは、ブルゴーニュ地方シャロン＝シュル＝ソーヌ

近郊のブルヌフで生まれ、ベルギーのジェマップで戦死している。1793年には少将、翌94年には中将に昇進した彼は、フランス中西部のヴァンデ【→ブルセ】やライン方面軍で戦い、99年のナポリ（ナプル）、1800年のピエモンテ遠征に参加した功を認められ、1802年、リヨン都市守備司令官に任命された。

1808年、デュエムはカタルーニャ（カタローニュ）の司令官となったが、1810年、職権を濫用したとして解任され、公務を退く。1814年、ルイ18世【在位1814-15/1815-24】のもとで貴族院議員（フランス同輩衆）に指名されるが、翌年の百日天下時には、ナポレオンの新規親衛隊の指揮官としてワーテルロー（ワテルロ）で戦った。だが、その敗戦後、彼は戦場に近いジェマップでプロイセンの軽騎兵たちに殺害された。18区には、1868年に命名されたデュエム小路（Passage Duhesme）がある。

デュ・カンジュ Du Cange 1610-88年。デュ・カンジュ領主のシャルル・デュ・フレーヌは、時代の紛れもない碩学だった。北仏アミアンに生まれ、パリで他界した彼の著作は、すべてが深い蘊蓄に基づく模範的な書といえる。1356年に貴族となった大家族の出ではあったが、彼は家族からの重圧になんら気晴らしすることもせず、死の直前まで書き続けた【デュ・カンジュの尊称「フランスのヴァロ」は、前1世紀のローマの碩学で、『年代記』などを編んだマルクス・テレンティウス・ウァロにちなむ】

デュ・カンジュの主著には『新旧イリュリア語』【1746年、ラテン語】や『フランス皇帝下のコンスタンティノープル帝国史』【1657年】がある【ここではデュ・カンジュ最大の業績である『中・末期ラテン語辞典』（10巻、1678-87年）と『中・末期ギリシア語辞典』（2巻、1688年）をあげなければならない】。デュ=カンジュ通り（Rue Du-Cange）は1875年から14区にある。

デュク Duc 1802-79年。パリ出身の建築家ジョゼフ=ルイ・デュクは、19歳で高等

美術学校（ボザール）に入り、23歳でここを首席卒業している。同窓の建築家ジャン=アントワヌ・アラヴォワヌ【1778-1834。ルーアン司教座大聖堂の尖塔も手がけた】とともに、バスティーユ広場に7月革命柱を建てる工事に携わった【1833-34年】。多彩な才能の持ち主だった彼はまた、1850年、パリ最高裁判所の大時計を修復してもいる。そして1856年には、やはり同窓の建築家レオン・ヴォドワイエとともに、ノートル=ダム=ド=ラ=ガルド司教座大聖堂【この大聖堂については、蔵持・松平俊久共著論文「民衆造形文化論」（『ヨーロッパ民衆文化の想像力』所収、言叢社、2015年）を参照されたい】を修復するため、マルセイユに赴く。

パリに戻ると、12年ものあいだ、最高裁判所の改築計画にかかわる。皇帝ナポレオン3世はそんな彼のためにきわめて巧妙な方法で報いる。デュクが最初の受益者となるような10万フランの賞を新設したのである。だが、それは用途がすでに決まっていた裏賞金だった。この「賞」、すなわち高等建築研究所の賞を創設するため、デュク自身が10万フランの大部分を拠出することになったからだ。彼の名を冠した18区のデュク通り（Rue Duc）は1897年からある。

デュクエディック Ducouëdic 1740-80年。シャルル・ルイ・デュクエディック・ド・ケルグアレールは、ブルターニュ地方フィニステール県のケルゲリナンで生まれ、同地方のブレストで没した軍人。アメリカ合衆国の独立戦争時、砲門36基をそなえた軍艦シュルヴェイヤント号の指揮を託され、同じ戦力のイギリス軍艦ケベック号と相対した。激戦のあと、彼は敵艦を撃沈させたが、この戦闘でフランス水兵270人のうち、150人が戦死した。デュクエディック自身も交戦で負傷し、勝利者としてブレストに帰港して数日後に息を引き取った。14区のデュクエディック通り（Rue Ducouëdic）は、1864年に命名されている。

デュ・ゲクラン Du Guesclin 1320-80年。

百年戦争時代のフランス大元帥ベルトラン・デュ・ゲクランは、ブルターニュ地方のディナン近郊にあるブルンで生まれ、中央山地ロゼール県のシャトーヌフ＝ド＝ランドンで没している。両親は貧しく、醜く愚鈍でもあったベルトランは、邪険で粗暴な少年時代を送ったという。だが、その勇猛さはブルターニュ継承戦争【→クリソン】でたちまち注目を浴びるようになる。1350年まで、シャルル・ド・ブロワ【ブルターニュ公の継承を巡って、公女である妻ジャンヌ・ド・パンティエーヴルとともに、妻の叔父ジャン・ド・モンフォールと戦うが、1364年に戦死する】の補充兵ないし支持者たちの指揮官をつとめたからである。

やがて彼は善王ジャン2世【在位1350-64】に仕え、モンフォールに味方するランカスター公麾下のイングランド軍を相手に、レンヌの防衛戦（1356-57年）で輝かしい手柄を立てる。これにより、彼は国王からただちに騎士に叙され、さらにこの手柄に感動した気前のよい王太子【のちの賢明王シャルル5世】からは、「ポントルソンの指揮官」【彼はポントルソンの守備隊長のもとで戦った】という称号と年金200トゥール・リーヴルを授けられた。デュ・ゲクランの財はこうして築かれることになる。

シャルル5世が王位についた1364年、ノルマンディにおける国王の代理人だった彼は、ロングヴィルの伯爵領も授けられた。だが、同年のオレーの戦いで捕虜となってしまう。シャルル5世は身代金を払って彼を解放し、王国から大軍団【百年戦争期に跳梁した傭兵崩れの盗賊団】を一掃するよう命ずる。そこでデュ・ゲクランはこの大軍団をまとめ、継承戦争さなかのカスティーリャに2度軍事遠征をおこなった。しかし、1367年の最初の遠征で、彼はまたしてもイングランド軍の捕虜となり、シャルル5世はまたしてもその身代金を支払わなければならなかった。それでも2度目の遠征で勝利をおさめ、1370年、シャルル5世からフランス大元帥に任じられた。

それからというもの、イングランド軍に対する彼の軍事遠征は、まさに連戦連勝となった。だが、南仏ラングドック地方のシャトーヌフ＝ド＝ランドンを攻囲中、赤痢によって病没する。この敵将を高く評価していたイングランド軍は、彼の棺の上に市門の鍵をおきに来たという。彼の亡骸はパリ北方のサン＝ドニ大聖堂に葬られた。

デュ・ゲクランは伏兵をよくもちい、意表をつく攻撃を得意としていた。その性格は荒々しくも寛大だったが、浪費家だったため、最後は莫大な負債に苦しんだ。こうした有為転変の生涯を送った彼は、1816年から、15区のデュ＝ゲクラン通りと小路（Rue／Passage Du-Guesclin）にその名を残すことになる。

デュゲ＝トルアン Duguay-Trouin 1673-1736年。ルネ・デュゲ＝トルアンはブルターニュ半島北岸のサン＝マロに生まれ、パリで没した水兵で、父は船主で艦長もつとめたリュク・トルアン・ド・ラ・バルビネ。デュゲという名は一族の領地名に由来する【→シュルクフ】。

若い頃、デュゲ＝トルアンはかなりの放蕩息子だった。やがて兄からその所有する私掠船の1隻に送り込まれると、彼はただちに異常なまでの勇猛さを発揮する。この働きで、彼に私掠船ダニカン号が託される。この船を駆って拿捕したイギリスとオランダの商船や軍艦は数十隻にものぼった。1696年、国王はそんな彼を引見したいと思ったという。1698年、彼は国王海軍に海軍中佐の肩書きで迎えられる。

ライスワイク和約【ファルツ選帝侯領の相続をめぐって、フランスをはじめとする西欧列強が戦ったファルツ戦争終結のため、ハーグ近郊のライスワイクで1697年に結ばれた条約】のため、デュゲ＝トルアンはスペイン継承戦争が始まる翌1702年まで休息を余儀なくされた。やがてこの戦争に参加した彼は、イギリスとオランダの艦隊に新たな損失をもたらし、とくに1704年には、一度の攻撃でイギリスの軍艦5隻を含む敵船7隻を拿捕している。

こうした軍功により、彼は軍艦の艦長に

昇進する。さらに1707年から10年にかけての新たな勝利によって、彼は爵位をあたえられる、だが、その最大の功績は1711年のリオデジャネイロ（リオ・ド・ジャネロ）奪取である。この占拠のあと、彼は住民たちに町を買い戻すよう強要したという。デュゲ＝トルアンの人生最後の肩書きは、ブレストの海軍司令官を兼ねた地方総督補佐官だった。

彼にはルイ・ガスパール・デュパスキエ【1835-1905】作の彫像がある。当初これはパリのルイ16世橋（コンコルド橋）におかれるはずだった。だが、最終的にヴェルサイユ宮殿の正面広庭に据えられている。彼の名がパリの通りにつけられたのは1807年である。6区のデュゲ＝トルアン通り（Rue Duguay-Trouin）がそれである。

デュケーヌ Duquesne 1610-88年。アブラハム・デュケーヌ侯爵は北仏のイギリス海峡に面したディエップに生まれ、パリで没した海軍総司令官。その一連の偉業は、1627年のオランダ船ベルゲル号の拿捕に始まる。1635年、彼はネプチュン号を指揮して、スペインからカンヌ沖のレラン島を奪還するが、スペイン北部サントーニャの海戦【1639年】で顎を砕かれた。1647年、イタリア軍と戦った海上遠征では、トスカーナ地方のテラモーネ沖でさらなる傷を負っている。この年、彼は艦隊司令官を拝命する。そして1666年には、海軍総司令官に任命された。彼の数多い勝利のなかで、とくに輝かしかったのは、オランダ・スペイン連合軍を相手とした1676年のパレルモ海戦である。

だが、ルイ14世（ルイ・ル・グラン）は彼に元帥杖を授けなかった。彼がカルヴァン派だったからである。それでもデュケーヌは信仰を棄てなかった。結果的に彼がその勇敢さの報酬として得たのは、1681年に侯爵として拝領した、パリ南方エタンプ近くのブシェの土地だけだった。1685年にナントの勅令が廃止されると、ひとりデュケーヌだけが追放を免れ、地位と名誉を保ったままフランスにとどまることがで

きた。しかし、子供たちは同じ恩恵に与ることができず、別離の悲しみが、優しい心をもつ船乗りだった彼を死へと導いた。そんな彼の名を冠したデュケーヌ大通り（Avenue Duquesne）は、1864年から7区にある。

デュゴミエ Dugommier 1738-94年。フランソワ・デュゴミエはグアドループ（グワドループ）島のバス＝テールで生まれた将軍。13歳で軍隊に入り、フランス革命期の1790年、マルティニク島の国民軍指揮官に任命される。1792年、国民公会（コンヴァンション）の議員に選ばれたが、彼は議場より戦場の方を好み、93年、イタリア方面軍の少将に任命される。そして同年、トゥーロンをイギリス軍から奪還した。その際、彼の麾下にいた若い砲兵隊長が、ナポレオン・ボナパルトだった【奪還計画はナポレオンの案だとされる】

1794年、デュゴミエはピレネー＝オリオンタル軍の指揮官となって、スペイン軍との一連の戦いに勝利をおさめ、敵軍をカタルーニャ（カタローニュ）へ押し戻して、最終決戦を余儀なくさせる。舞台はフィゲラス【大西洋に面したサルバドル・ダリの生地】近郊のシエラ・ネグラ【字義は「黒い山」】だった。だが、2日間の戦いのあと、デュゴミエは勝利を目前としながら、敵の砲弾に頭を砕かれてしまう。戦死した彼の栄誉をたたえて、12区にデュゴミエ通り（Rue Dugommier）が誕生したのは、1867年のことである。

デュシェフドラヴィル Duchefdelaville 13区を通るデュシェフドラヴィル通り（Rue Duchefdelaville）の呼称【字義は「町の長」】は、想像の扉をいろいろと開かせてくれる。だが、実際は他愛のない話で、それは当初この通りがデュシェフドラヴィル小路とよばれていたことによる。近くには同名の小路があるが、呼称はそれがこの通りの近くにあることにに由来する。

デュスーブ Dussoubs 1818-51年。ルイ＝ナポレオン（ナポレオン3世）のクーデタ【1851年】に反対したドニ・デュスーブは、

1851年12月4日、1区のモントルグイユ通りに築かれたバリケードで命を落としている。しかし、彼の名が1881年につけられたデュスー通り（Rue Dussoubs）は、なぜか2区にある。

デュ・ソムラール Du Sommerard　1779–1842年。アレクサンドル・デュ・ソムラールはシャンパーニュ地方南部バル＝シュル＝オーブ出身の考古学者。1807年、会計検査院の検査官となった彼は、1814年、ナポレオンの失権に賛成する。一説に、百日天下の際に巷間出回ったシャンソン『ガンの父を返せ』【「父」とは百日天下でベルギーのヘント（ガン）に逃げたルイ18世のこと】は、彼の作だという。

　1831年、会計検査院の主任評定官となってから他界するまで、彼は中世やルネサンスの芸術が生み出したもっとも風変わりな作品、もっとも完全な作品をつねに集め続けた。そして1832年、クリュニー館を借りてそれらを収納した。彼が他界したのちの1843年8月、国家がこの「宝物」を購入する。そのかぎりにおいて、まさにディ・ソムラールこそはクリュニー博物館の創設者といえるだろう。彼の名を冠したデュ＝ソムラール通り（Rue Du-Sommerard）は、1867年から5区にある。

デュティ Duthy　14区のヴィラ・デュティ（Villa Duthy）は、1884年、デュティ氏所有の地所に敷設されている。

デュテュイ Dutuit　1812-1902年。慈善家で収集家でもあったオーギュスト・デュテュイは、そのアジア関連コレクションをプティ・パレに寄贈している。8区のデュテュイ大通り（Avenue Duduit）はそのことから命名されている。ただし、彼を、同じ収集家でも、1806年にマルセイユで生まれ、86年に北仏のルーアンで没した美術史家のウジェーヌ・デュテュイ【1807-86】と混同してはならない。アジアの美術工芸品に精通していた後者の主著には、『版画愛好家入門』【1866年、未完】や『レンブラント全作品集』【1877年】がある。

デュトー Dutot　15区のデュトー通り（Rue Dutot）は、1876年にそれが敷設された土地の所有者にちなんで命名されている。

デュドゥイ Dudouy　11区のデュドゥイ小路（Passage Dudouy）の呼称は、小路の敷設時にそこに住んでいた土地所有者の名に由来する。

デュードネ・コスト Dieudonné Costes　1892-1973年。フランス南西部タルン＝エ＝ガロンヌ県のセットフォンで生まれたパイロット。1912年に飛行士免許を得た彼は、第1次世界大戦に従軍したのち、定期航路のパイロットとなって長距離飛行を数多くおこない、1930年、モーリス・ベロント【1896-1983。1929年、パリ-満州間の無着陸横断飛行を成功させたパイロット】とともに、パリ-ニューヨーク間の無着陸横断飛行に成功した。さらに彼は、それ以前にも（1927年10月-28年4月）、ル・ブリ＝メスマンとともに初の世界周航を実現している【ただし、サンフランシスコ-東京間は船】。13区のデュードネ＝コスト通り（Rue Dieudonné-Costes）は、1978年に命名された。

チュニジ Tunisie　マグレブないしマグリブ地方の東に位置するチュニジア（チュニジ）は、面積16万3600平方キロメートル、人口1067万【1011年】の共和国である。首都はチュニスで、ほかの都市としてはビゼルト、ガベス、ケルアン（カイロワン）、スファクス、スース、さらにカルタゴなどがある。前164年、カルタゴとの第3次ポエニ戦争に勝利したローマ人は、ここを属州として発展させた。7世紀からはアラブ勢力の支配下におかれ、すでにローマ時代からある程度の普及をみていたキリスト教も、イスラームにとって代わられた。

　そして16世紀から19世紀にかけて、さまざまな経緯をへてトルコ人がこの国を支配し、1881年から1955年まではフランスの保護領に入った。だが、1956年、フランスはチュニジアの完全な独立を承認し、1957年7月25日、ハビーブ・ブルギバが共和国を宣言する【初代大統領となったブルギバ（在位1957-87）は、一夫多妻制の禁止

や離婚の合法化など、脱イスラーム的政策によって民主化を進めた】。パリのチュニジ大通り（Avenue de la Tunisie）から14区にある。

チュニス Tunis　チュニジア共和国の首都チュニスは、浅瀬のバヒラ潟ないしチュニス湾岸に位置している。この町の建設はカルタゴ以前になされたが【前146年の第3次ポエニ戦争で破壊され、以後ローマ帝国、東ローマ帝国、ベルベル・アラブ人の支配下におかれた】、11世紀にはその産業によって有名となり、13世紀にはイスラーム・ハフス朝【1229-1574年】の首都となった。やがて町はイスパニアやオスマン帝国に支配され、17世紀初頭には、スペインを追われたモリスコたち【キリスト教改宗ムスリム】が数多く逃げてきた。さらにこの頃には、地中海を荒らしまわっていた海賊バリバリアが、アルジェやトリポリと同様、チュニスにも拠点を置いた。

前項にあるように、やがて1881年5月12日、バルド条約によってチュニジアはフランスの保護領となり、1956年の独立まで、フランス人がチュニスを占拠した。今日、人口74万7000【2014年】を数えるこの都市の名は、パリ11区のチュニス通り（Rue de Tunis）に刻まれている。命名は1867年である。

デュヌ Dunes　19区のデュヌ通り（Rue des Dunes）は、1658年6月14日、テュレンヌ元帥がスペイン＝フランドル軍を相手に勝利したデュヌの戦いを記念して命名された。この戦いの舞台はニューポールとダンケルク（デュヌ）のあいだの砂丘だった。

テュネル Tunnel　19区のテュネル通り（Rue du Tunnel）とシテ・テュネル（Cité Tunnel）の名祖となったのは、環状鉄道線の小さな愛らしいトンネル（テュネル）である。通りは1867年、シテは77年にそれぞれ命名されている。

デュノワ Dunois　1403-68年。ジャン・デュノワ、通称「オルレアンの庶子」はデュノワおよびロングヴィル伯で、オルレアン公ルイ1世【1372-1407。シャルル5世の子。

精神に異常をきたした兄王シャルル6世（国王在位1380-1422）の摂政権を巡って争っていた無畏公ジャンの配下によって暗殺された】とマリエット・ダンジャン【1370頃-？】との庶子。パリに生まれ、パリ南東方のレ城で没する彼は、15歳で軍隊に入り、1421年、王太子、のちのシャルル7世【国王在位1422-61】に仕えた。

彼の特性のひとつは、みずからが勇気をもって補佐をしたジャンヌ・ダルクに忠誠を誓い、あくまでも献身的に従ったことにある。国王ルイ11世【在位1461-83】の治世当初こそその新国王と対立するが、すみやかに和解し、彼がシャルル7世から得ていたのと同様の信頼を勝ち取る。外交であれ、軍事であれ、さまざまな出来事につねに絡んでいた彼の名は、1864年に命名された13区のデュノワ通り（Rue Dunois）に残っている。

デュバイユ Dubail　1872年にデュバイユ小路（Passage Dubail）にその名が冠せられたデュバイユ氏は、1860年以前、この地区（現10区）の区長をつとめていた。1795年からここはパリ市の5区に再編された（パリ市の行政街区編成については、本書序文を参照されたい）。

デュバン Duban　1797-1870年。建築家でフランス学士院会員だったフェリクス・ルイ・ジャック・デュバンは、パリに生まれ、ボルドーで他界している。1834年、彼はパリ高等美術学校（ボザール）の主任建築家となる。そして1845年には、ブロワ城の修復を託され、48年には長いあいだ手つかずだったルーヴル宮の装飾工事に責任を負う専属建築家に任命された。ルーヴルのアポロン回廊を復元したのが彼である。だが、その復元の出来栄えが批判の的となり、1854年、専属建築家を解任されてしまう。にもかかわらず、翌年には、ブロワ城書斎やエトルリア風墓碑をはじめとする、彼のさまざまな設計に対して大栄誉賞が贈られた。モンパルナス墓地には彼をたたえる記念碑も建てられた。16区のデュバン通り（Rue Duban）は1879年に命名され

ている。

デュパン Dupin　1783-1865年。アンドレ・マリ・デュパン、通称デュパン兄は、パリ南東方ニエーヴル県のヴァルジに生まれ、パリで他界した政治家・司法官。彼の名声は1818年、ネ元帥の裁判で弁護をしたことに由来する。こうして彼は反体制派の弁護士となる。やがて1827年、フランス北西部サルト県のマメルスから下院議員に選ばれると、国王シャルル10世【在位1824-30】と激しく闘い、この国王を追放した1830年の革命で重要な役割を演じる。そして新たに王位を継いだルイ＝フィリップの友人かつ諮問官となり、破毀院の検事長に就任する。1832年、ニエーヴル県クラムシーの下院議員に選ばれた彼は、1839年まで下院議長をつとめた。

　さらに、**オルレアン家支持者**たちと親交を保っていたにもかかわらず、のちに共和主義を認め、憲法制定議会、ついで立法議会議員にもなる。そしてルイ＝ナポレオン派に属し、1852年のクーデタでこのナポレオン1世の甥が皇帝ナポレオン3世になったあとも、つねにその地位を保持した。生地には彼の影像が立っている。6区のデュパン通り（Rue Dupin）は1864年の命名である。

デュフォ Duphot　1770-98年。レオナール・デュフォは**リヨン**で生まれ、ローマで暗殺された将軍。フランス革命期に下士官だった彼は、1794年、ピレネー＝オリオンタル方面軍の将軍副官となる。イタリア遠征では**オジュロー**元帥の前衛部隊を指揮した。1797年、大使に任命されたジョゼフ・ボナパルト【1768-1844。ボナパルトの兄。1806年、3か月ほどナポリ王につき、続いてスペイン王になって、封建制度の廃止など、近代化を推進しようとしたが、旧体制の反発に遭い、弟とも意見の対立をみた。ボナパルト失脚後に廃位され、亡命した】に従ってローマに赴く。そして1798年12月28日、ジョゼフの傍らにいたとき、群衆への発砲を彼に押し止められた教皇派の兵士たちによる一斉射撃で射殺された。1807年に命名されたデュフォ通り（Rue Duphot）は1区にある。

デュプティ＝トゥアール Dupetit-Thouars　1760-98年。海軍中尉だったアリスティード・オベール・デュプティ＝トゥアールは、フランス西部の中世都市ソーミュール近郊のブーモワ城に生まれ、ナポレオンのエジプト遠征時の1798年8月3日、アブキールで戦死している。この日、旗艦トノン号を指揮していた彼は、イギリス軍艦のベレロフォン号（ワーテルローの敗戦後、アメリカに脱出しようとしたナポレオンを、その海上封鎖によって妨げた）のマストを砲撃し、僚艦マジェスティック号を沈めた。だが、トノン号自身もイギリス艦隊の砲撃を受けて破損し、デュプティ＝トゥアールもまた敵艦からの一斉射撃でまず右腕、ついで左腕、さらに片足を奪われた。そして絶命する前、彼は最後の力を振り絞って、船旗をマストにくくりつけるよう命じた。3区にあるデュプティ＝トゥアール通り（Rue Dupeit-Thouars）は1809年に命名されている。

デュブラン Dublin　ダブリン（デュブラン）は1922年からアイルランド共和国の首都となっており、その呼称は「黒い沼」を意味する。人口111万【2011年】を擁するこの町は、ジェームズ・ジョイス（ジェムス・ジョイス）やジョージ・バーナード・ショー【1856-1950。劇作家・評論家・教育家。ナチスの優生思想や共産主義に対する共感で批判を浴びた】、ジョナサン・スウィフト【1667-1745。『ガリバー旅行記』などで知られる作家】、ウェリントン公アーサー・ウェルズリー【1769-1852。元帥・政治家】、オスカー・ワイルド【1854-1900。詩人・作家で、ペール＝ラシェーズ墓地に眠っている】などの生地でもある。8区のデュブラン広場（Place de Dublin）は、1987年からパリの通称「ヨーロッパ地区」にある。

デュプラン Duplin　デュプラン氏とはだれか。16区のシテ・デュプラン（Cité Duplin）の地主のひとりである。彼の名は1930年に冠せられている。

デュブール Dubourg 1897年に建設されて以来、20区のシテ・デュブール（Cité Dubourg）は、その旧地主の名でよばれている。

デュブランフォー Dubrunfaut 1797-1881年。オーギュスタン＝ピエール・デュブランフォーは、北仏のリールに生まれ、パリで没した化学者・実業家。アルコールの蒸留にかんして数多くの科学的な発見をし、テンサイ液の発酵を速めるため、硫酸水をもちいる方法も開発している。著書に『蒸留法総論』【1824年】や『テンサイ糖製造法』【1825年】などがある。12区のデュブランフォー通り（Rue Dubrunfaut）は1844年に命名された。

デュプレクス Dupleix ジョゼフ・デュプレクス侯爵は北仏ノール県のランドルシーに生まれ、パリで没したインドのフランス総督。フランス東インド会社【1604年創立】長官をつとめていた父は、1720年、彼を軍事司法官および重役会のメンバーとしてインドのポンディシェリに送りこんだ。この地で、彼は頭角を現す。1730年、ベンガル地方のチャンデルナゴル商館を経営し、町を重要な拠点に発展させたのである。そのおかげで、とくに彼が1742年にフランス領インド総督に任命されて以降、フランスの交易はイギリスを尻目に拡大していった。だが、それとは反対に、イギリス人に後押しされたタンジョールやマイソールの藩王たちと競合しなければならず、これによって彼の名声は失墜を余儀なくされ、東インド会社の力ももはや衰退をおしとどめることはできなかった【1795年解散】

デュプレクスは破産同然で帰国する。国家のために提出していた巨額の資金を政府から回収することもできなかった。こうして1764年、インドがイギリス人の手に渡るさまを悔やみながら、貧困のうちに他界する。イギリス人たちは、フランス人が考えるより前に、彼のために彫像をたてた。デュプレクス通り（Rue Dupleix）は、同名の広場（Place Dupleix）同様、1815年から15区にある。

デュフレーヌ Dufresne 1815-71年。ジェルマン・ソメイエ、のちのデュフレーヌ＝ソメイエはフランス東部オート＝サヴォワ県のサン＝ジョワール＝ド＝フォシニに生まれた技師。モン＝スニの山腹に隧道を通す計画に心血を注ぎ、その甲斐あって、設計図が採用された。彼は回転式削岩機を考案し、それは隧道掘削工事の初期にもちいられた。1884年、生地に近いアヌシーに、彫刻家のジュスト・ベケ【1829-1907】の作になるその彫像が立てられている。彼の名がついたヴィラ・デュフレーヌ（Villa Dufresne）は、1885年から16区にある。

デュフレノワ Dufrénoy 1792-1857年。ピエール＝アルマン・プティ＝デュフレノワは、たしかにウルス【字義は「熊」という名ももっていた。地質学者で鉱物学者でもあった彼はパリ北東郊のセヴランに生まれ、パリで没している。フランスやイギリス、スペイン北部各地を足で巡り、かなり正確「地質地図」を作成している。その旅の退屈しのぎに、彼は同じ地質学者のエリ・ド・ボーモン【1798-1874。コレージュ・ド・フランス教授をつとめ、フランス科学アカデミー終身会員のほか、ベルリン・アカデミーやイギリス王立協会会員にも選ばれた】を伴った。

この旅は1823年から36年までじつに13年におよび、ふたりの旅行記は1841年に上梓されている、デュフレノワの母アデレイド・ビエ【1765-1825】は女流詩人・作家で、詩集『バヤール最期の時』【1814年】のほか、『若い後継』【1801年】、『若い主婦もしくは母性教育』【1816年】などの著作がある。1867年に命名されたデュフレノワ通り（Rue Dufrénoy）は16区にある。

デュピュイ Dupuis 1742-1809年。哲学者のシャルル＝フランソワ・デュピュイは北仏オワーズ県のトリ＝シャトーに生まれ、ブルゴーニュ地方コート＝ドール県のイス＝シュル＝ティル近郊で他界している。1781年、最初の書『星座の起源論』を出すが、【神々の名と星座のそれを関連づけた】この書は、その大胆さゆえに人々を驚かせ、

数多くの批判をまねいた。1787年、コレージュ・ド・フランスのラテン文学・雄弁術の教授となった彼は、1792年、パリ盆地のセーヌ=エ=オワズ県から国民公会（コンヴァンション）の議員に選ばれ、翌年、ルイ16世【国王在位1774-92】の処刑に賛成票を投ずる。

やがて五百人会【革命暦3年の憲法で定められた下院（1795-99年）】の一員になると、中央学校の整備を請け負う。デュピュイはまたブリュメール18日【ナポレオンが総裁政府を倒して執政政府を樹立した1799年霜月（ブリュメール）18日のクーデタ】から1802年まで、第一帝政下の下院（護民院）にも籍を置いた。彼の主著としては、『すべての信仰の起源もしくは普遍宗教』【1795年】のほか、フラソワ・ド・ヴォルネ【1742-1809。哲学者・歴史家で奴隷制・死刑制度廃止論者】との共著になるきわめて反教会的な『破滅』【1791年】がある。彼の名を冠したデュピュイ通り（Rue Dupuis）は、1809年から3区にある。

デュピュイ Dupuy 18区のデュピュイ袋小路（Impasse Dupuy）は、1880年にその地主だった人物を名祖とする。

デュピュイトラン Dupuytren 1777-1835年。ギヨーム・デュピュイトランは、フランス中南部オート=ヴィエンヌ県のピエール=ビュフィエールに生まれ、パリで没した外科医。1815年、彼はオテル=デュー、現在のパリ市立総合病院の筆頭外科医と臨床外科学教授になる。1823年、国王ルイ18世【在位1814-15／1815-24】は彼を侍医に選び、次王シャルル10世【在位1824-30】もまた同様にした。のちに男爵位を授けられ、医学アカデミーやフランス学士院の会員にもなった彼の栄光は、ラエネクやガスパール・ローラン・ベール【1774-1816。シャリテ病院医師】とともに病理解剖学を再評価し、みずからその外科学的研究の基礎を築いたところにある。涙嚢炎を手術し、人工肛門の成形・装着に成功したことでも名声を勝ちえている。

彼は母校のパリ大学医学部に20万フラ

ンもの大金を遺贈し、のちにパリ大学はこの浄財をもとに、彼の名を冠した医学部付設解剖学博物館を創設することになる。『絞扼性ヘルニアについて』【刊行年不詳】などを発表したデュピュイトランの通りは、1851年からある【デュピュイトラン通り（Rue Dupuytren）は6区】。

デュピュイ・ド・ローム Dupuy de Lôme 1816-85年。ローラン・デュピュイ・ド・ロームはブルターニュ地方プルムール近郊のソワに生まれ、パリで他界した海軍技術士官で、カトン号とアリエル号というフランス発の鋼鉄船2隻の建造にかかわった。1848年、彼は政府にスクリュー推進式の船舶建造計画を提出する。やがてこれが1850年に誕生するナポレオン号となる。クリミア（クリメ）戦争の際、この船は帆船よりはるかに優れた性能を発揮し、デュピュイは船舶建造長官に任命された。そこで彼はただちに3隻の装甲船をつくる。グロワール（栄光）号とアンヴァンシブル（不滅）号、そしてノルマンディ号である。

1870年の普仏戦争時、彼はパリ防衛委員会のメンバーとなり、エアロスタットの製作を担当して、パリから60個の気球を飛び立たせた。すでに1869年から地元モルビアン県選出下院議員となっていた彼は、1877年には終身元老院議員に叙せられ、それ以来、商船の建造に携わるようになった。13区のデュピュイ=ド=ローム通り（Rue Dupuy-de-Lôme）は1832年からある。

デュペレ Duperré 1775-1846年。ヴィクトル・ギ・デュペレ男爵は、フランス西部シャラント・マリティム県のラ・ロシェルに生まれ、パリで没した軍人。1795年に海軍少尉となった彼は、一連の革命戦争で1796年から80年までイギリス軍の捕虜となる。1806年9月、デュペレは軍艦シレーヌ号の艦長に任命され、以後栄光への道を辿ることになる。とくに重要な戦績としては、1808年3月22日、イギリス軍艦5隻に攻撃を受けながら、それを免れて、なおも海上封鎖されていたロリアン港に帰港したことがあげられる。この手柄で海軍中

尉に昇進し、1810年には男爵位も授けられて、アドリア海派遣艦隊の指揮をとる。

1815年の百日天下の際、軍港トゥーロンの総督だった男爵は、復古王政に仕え、1823年にはアンダルシア地方のカディスを海上封鎖するための艦隊を率いた。さらに1830年7月、副提督となってアルジェリア遠征艦隊を指揮してもいる。1834年から43年にかけては、海軍提督や貴族院議員、海軍大臣、植民地担当大臣を歴任した。生地のラ・ロシェルには彼をたたえる記念碑も立てられた。彼にちなんで1849年に命名されたパリのデュペレ通り（Rue Duperré）は、9区にある。

デュボワ Dubois 19区のデュボワ小路（Passage Dubois）は、この小路が敷設された土地の所有者にちなんで命名されている。

デュポン Dupont 11区のシテ・デュポン（Cité Dupont）と16区のヴィラ・デュポン（Villa Dupont）は、同姓だがそれぞれ異なる地主の名にちなんで命名されている。興味深いことに、きわめてありふれた名前であるにもかかわらず、パリにはデュポンという呼称をもつ通りは2本しかない。だが、以下に紹介する2本の通りは、その名前を誇っているかのようである。

デュポン・ド・ルール Dupont de l'Eure 1767-1855年。シャルル・ド・ルールは政治家で、名前からわかるように、生まれはパリ北西部ウール（Eure）県のヌブール、終焉の地もまた同県のルージュ＝ペリエである。1848年【2月革命後】の臨時政府首相が、彼の栄光に飾られたおもな肩書きだが、さらにそれ以前の1830年にも司法大臣に任命されている。首相に続いて、臨時議会の議長もつとめたが、81歳（！）という高齢だったため、さほど重要な役割を演じることはなった【翌1849年に公職引退】。しかし、彼の名にちなんだ20区のデュポン＝ド＝ルール通り（Rue Dupont-de-l'Eure）は、1893年から存在している。

デュポン・デ・ロジュ Dupont des Loges 1804-86年。マリ・デュポン・デ・ロジュはブルターニュ地方のレンヌで生まれ、ロレーヌ地方のメスで没し司教である。最初、修道院付き司祭をつとめていたが、1844年、メス司教に任命された。1870年の普仏戦争の敗戦とそれに続くアルザス・ロレーヌ地方のドイツ併合があったにもかかわらず、彼の心はなおもフランスと結びついており、1871年にティエールが彼に授けたレジョン・ドヌール勲章を公然と胸につけていた。1874年から77年までドイツ帝国議会の議員をつとめたものの、「反体制派」を指導した。パリ西方にあるモンティニーの神学校やいくつかの教会を自前で建ててもいる。1896年に命名されたデュポン＝デ＝ロジュ通り（Rue Dupont-des-Loges）は7区にある。

デュマ Dumas 11区のデュマ小路（Passage Dumas）は、1877年からそうよばれているが、その呼称は近くにアレクサンドル＝デュマ通りがあることに由来する。

デュメリル Duméril 1774-1860年。コンスタン・デュメリルは北仏のアミアンに生まれ、パリで没した医師・動物学者。パリ大学医学部の解剖学教授だった彼は、キュヴィエの協力者となり、1816年には科学アカデミー会員に選ばれ、さらにラセペードのあとを継いで、パリ自然史博物館の魚類学と爬虫類学の教授に就任した【1825年】。彼の主著には【爬虫類学総論】【10巻、1834-54年】や『分析的魚類学』【1856年】がある。13区のデュメリル通り（Rue Duméril）は、1865年に彼の名がつけられている。

デュモン・デュルヴィル Dumont d'Urville 1790-1842年。セザール・デュモン・デュルヴィルは北仏カルヴァドス県のコンデ＝シュル＝ノワローに生まれ、ジュネーヴ近郊のベルヴュで事故死した航海士。彼は黒海におけるシェヴレット号の海洋測量に2度参加し、エーゲ海のメロス島からミロのヴィーナスが発見されたことをフランス政府に最初に報告している。周知のように、このヴィーナス像はルーヴル博物館に運ばれて展示されることになる。

のちに軍艦の艦長に任命されると、彼は
ポリネシアの島々を探検し、ラ・ペルーズ
探検隊の痕跡を探索する。そして1826年、
アストロラブ号に乗ってトゥーロンを出港
し、29年、数多くの新しい科学的なデー
タと、ヴァニコロ島で収集したラ・ペルー
ズ探検隊の遺物を持ち帰る。彼はまた、
1830年の7月革命でフランスから追放さ
れたシャルル10世（国王在位1824-30）
とその家族をイギリスに送り届けてもいる。
　1836年、国王ルイ＝フィリップから南
方の土地探索の命を受けた彼は、翌37年、
やはりアストロラブ号ともう1隻のゼレ
【字義は「熱情」】号を率いて出帆し、とく
に南極大陸の半島を発見する。妻の名をと
って名づけたこの地こそ、アデリーランド
にほかならない。
　だが、こうした輝かしい経歴をもつ彼は、
1842年5月8日、パリ＝ヴェルサイユ間
【ムードン】の大規模な列車事故で命を落と
す。それは航海士にしてはいささか不似合
いな死であった。海軍少将の肩書きを有し
ていた彼は、『世界周航の旅と発見および
ラ・ペルーズ探検隊を求めて』【3巻、
1826-29年】を著している。11区にあるデ
ュモン＝デュルヴィル通り（Rue Dumont-
d'Urville）は、1864年に命名された。

デュラ Duras　1684-1770年。デュラ公ジャ
ン＝バティスト・ド・デュルフォールは、
パリで没したフランス元帥。父親のジャッ
ク・アンリ（1625-1704）も元帥だった。
ジャン＝バティストはドイツやフランドル、
さらにスペインでも戦い、1755年、フラ
ンス東部フランシュ＝コンテ地方の地方総
督に任命されている。彼にちなむ8区のデ
ュラ通り（Rue de Duras）は、1723年に
命名されているが、それは、近接するフォ
ブール＝サン＝トノレ通りにあった素晴ら
しいホテルを、彼が12万6000フランとい
う大金をはたいて購入したからである。

デュラク Dulac　15区のデュラク通り（Rue
Dulac）は、1847年にこの道を敷設した人
物にちなんで命名されているが、当時は
「小路」とよばれていた。これが「通り」

と格上げされたのは1909年のことである。

デューラフォワ Dieulafoy　1840-1911年。
ジョルジュ・デューラフォワはトゥールー
ズ出身の外科医。彼は内部が真空で中空の
針をそなえた容器からなる吸引器、通称
「デュラフォワ吸引器」を考案している。
胸膜炎の診断と胸腔穿刺術による治療もお
こなった。さらに、結核や虫垂炎の治療に
も重要な業績を残しているが、彼によれば、
とくに虫垂炎は可及的すみやかな摘出手術
が必要だという。その名を冠した13区の
デューラフォワ通り（Rue Dieulafoy）は、
1912年の命名である。

テュラン Turin　イタリア北西部の都市トリ
ノ（テュラン）は、ポー河岸に位置する。
町の歴史は前3世紀、ケルト人のタウリニ
一族が耕作地を求めて移住したことから始
まる。前218年、ローマと同盟関係にあっ
た彼らの居住地【タウラシア】は、将軍ハ
ンニバル（アンニバル）率いるカルタゴ軍
によって占拠・破壊された。だが、ローマ
の初代皇帝アウグストゥス【在位前27-後
14】によって再建され、アウグスタ・トリ
ノルムと命名される【それ以前はカストラ・
タウリノールム（タウリニー人の城砦）とよ
ばれていた。トリノの呼称はこのラテン語地
名に由来する】
　やがて770年、シャルルマーニュがここ
を制圧し、スーザ侯に下賜した。11世紀に
なると、サヴォイア家がスーザ家と姻戚と
なってトリノを支配し、トリノ大学が創設
されて15年後の1419年、前者はピエモン
テ地方全体を併合する。1536年から1562
年にかけて町はフランス軍に占領されるが、
翌年、サヴォイア公国の首都となる。スペ
イン継承戦争さなかの1706年、トリノはフ
ランスに包囲されたものの、100日以上の
攻勢に耐えて最終的にサヴォイア軍が勝利
する【トリノの戦い】
　このスペイン継承戦争を終結させた
1713年のユトレヒト条約によって、サヴ
ォイア公がシチリア国王に、さらに20年
にサルデーニャ国王になると、その首都は
トリノにおかれた。そしてナポレオン時代

の1802年から14年まで、トリノはポー県の県都に、リソルジメント（イタリア統一）後は1861年より1865年までイタリア王国の首都になった。のちに王国の首都はフィレンツェ、ついでローマに移り（1870年）、以後、トリノはより慎ましくピエモンテ州の州都にとどまっている。

町の見どころとしては、たとえばイタリア統一後にサヴォイア家が住まいとしていたマダマ宮（12-14世紀）や、かつて聖骸衣が安置されていた、サン・ジョヴァンニ・バッティスタ司教座大聖堂（16世紀）などがある【ほかに、収蔵品点数3万を数える世界有数のエジプト博物館（1824年）も忘れてならない】。市域内の人口87万【2012年】を擁するトリノはまた、重要な自動車生産（フィアット）の中心地でもある。パリ8区のテュラン通り（Rue de Turin）は1847年からある。

デュランス Durance 人が手を入れて利用するようになるまで、デュランス川はフランス最長の急流だった。全長350キロメートルのそれはジュネーヴ山に水源があって、ブリアンソン、シストロン、ディーニュ【いずれもフランス南東部の町】を潤している。さらにリュブロン山地沿いに流れ、カヴァイヨンの町をかすめ、アヴィニョンから5キロメートルほどの地でローヌ川に合流する。ジャン・ジオノはこのデュランス川についてみごとな作品を書いているが、1877年、その呼称はパリの通りにつけられている。12区のデュランス通り（Rue de la Durance）がそれである。

デュランタン Durantin 18区のデュランタン通り（Rue Durantin）は1881年に開通しており、呼称は土地所有者の名にちなむ。おそらくそれは劇作家のアルマン・デュランタン（1818-91）とは無縁だろう。この劇作家はヴィルレの筆名で作品を書き始めている。主たる戯曲に『死後の恥辱』『1842年』や『投機家たち』【1846年】、『エロイーズ・パナンケ』【1868年】などがある。

デュランティ Duranti 1534-89年。ジャ

ン・エティエンヌ・デュランティ、通称デュランティはトゥールーズで生まれ、暗殺された司法官。1563年にトゥールーズ市参事会員に選ばれた彼は、1568年頃、国王シャルル9世【在位1561-74】から法院検事に任命され、さらに1581年には、アンリ3世【在位1574-89】から、トゥールーズの高等法院長の地位を得ている。しかし、在任中に失脚させたカトリック同盟の扇動者たちから幾度となく命を狙われ、最後にその計画は実を結ぶことになる。手足を切断された彼の遺骸が、背中に国王の肖像画を付けられたまま、絞首台に吊り下げられたからである。11区のデュランティ通り（Rue Duranti）は1868年からある。

デュラントン Duranton フェルディナン・デュラントンは、1840年、セネガルのバケルで遭難死したフランスの探検家。バケルはセネガル河岸の村で、サン=ルイから約900キロメートルのところにある。1820年、フランス人たちはそこに要塞を築いたが、デュラントンは熱病に罹ってその内部で病没している。15区のデュラントン通り（Rue Duranton）は1875年からある【同区にはデュラントン小公園（Square Duranton）もある】

デュリ Duris 20区のデュリ通り（Rue Duris）はいささか変わった命名である。その由来となったデュリ氏は、1832年にこの通りが敷設された土地ではなく、近くに有していた土地の地主だったからである【同区にはデュリ小路（Passage Duris）もある】

デュリー Dury 15区のデュリー袋小路（Impasse Dury）は、土地所有者のひとりの名前をとって命名されている。

デュリー＝ヴァスロン Dury-Vasselon 1860-1924年。デュリー＝ヴァスロン夫人は画家で、1930年に建設され20区のヴィラ・ヴァスロン（Villa Duri-Vasselon）の土地は、彼女の家族が所有していた。

テュリプ Tulipes 18区のヴィラ・テュリプ（Villa Tulipes）は、1954年からユリ科の花の名でよばれている。チューリップには多様な種類があるが、オランダはその生

産国として世界的に知られている。命名者となったヴィラの詩的な住人たちは、おそらくかつてパリが今以上に花で飾られていた時代を懐かしんでいたのだろう。

テユルクティル Turquetil　11区のテユルクティル小路（Passage Turquetil）は、1902年に命名されている。呼称は当時の住人の名前にちなむ。

テユルゴー Turgot　1727-81年。オーヌ男爵アンヌ・ロベール・ジャック・テユルゴーは、パリを生没地とする重農主義経済学者・財務総監。彼はリセのルイ＝ル＝グラン校やプレシス校で学んだあと、**サン＝シュルピス神学校**に入り、さらにソルボンヌで神学を修めたのち、1749年に小修道院長の資格をえる【翌年、パリ大学内の小修道院長につく】

　だが、1751年、【父親の死をきっかけとして】聖職者の道を棄て、1753年、【パリ高等法院評定官をへて】国務院主任審理官に任命される。この年、彼は大評判となる著作『寛容にかんする書簡』を編んでいる【1755年から60年にかけては、ディドロらの『百科全書』にも寄稿している】。1761年、リモージュ地方【→リムザン】の総徴税区長官となり、1774年に離任するまでの13年間、なみはずれた能力を発揮して職務をまっとうした。

　さらにテユルゴーはその在職中の1766年、『富の形成と分配にかんする考察』を上梓している。この書によって、のちに政治経済学の創唱者とみられるようになる。1774年、パリによび戻されると、短期間だが、海軍大臣を拝命し【6月】、同年7月には財務総監に抜擢される【1776年5月まで】。その際、彼はルイ16世【国王在位1774-92】に宛てて私信をしたため、自分の基本的な計画を次のように記している。「破産なし、増税なし、債券（借入金）なし」

　こうして彼は1774年9月、穀物の流通を自由化したが、折からの凶作と相まって穀物価格が急騰し、民衆が【市場と穀物価格の自主管理を求めて】各地で蜂起し、まもなく容赦なく鎮圧された。「小麦粉戦争」

とよばれるこの蜂起によって、それまでテユルゴーが享受していた名声に傷が入った。そこで1776年1月、彼は6通りの廃止王令を公布する。1）労働賦役、2）パリにおける穀物に対する取り締まり、3）パリの河岸通りや市場、港に設けた事務所、4）宣誓職業組合と親方職、5）ポワシーの徴税所【パリへの食肉供給を確実にするため、精肉商に家畜の購入資金を貸し付けると同時に、家畜市場で成立したすべての取引に対する税を徴収する機関。14世紀に設けられ、1858年の第二帝政期に、パリの精肉商組合が解散させられたのと同時に最終的に廃止された】、6）油脂税。

　これらの王令は高等法院によって登録され、正式に発効となったが、テユルゴーはそれを実施することができなかった。貴族や聖職者の特権階級が、彼に反対して立ち上がったからである。これを受けて、当初は強く支持していた国王もまた、王妃マリー・アントワネット【1755-93】に背中を押されて、テユルゴーを見放した。むろんテユルゴーはそれに不満だったが、翌1776年、ついに辞任に追い込まれた。これを潮時として、彼は政治の世界から身を退き、同年、碑文・文芸アカデミー会員となったのち【1777年に副総裁就任】、文学や科学の研究を再開する。彼は言っている。「望む者を見下してはならない」、「この上もない几帳面さとは、愚者の崇高さである」

　いささか面妖な話だが、1833年に命名されたパリ9区のテユルゴー通り（Rue Turgot）は、じつは彼ではなく、その父ミシェル・エティエンヌ・テユルゴー（1690-1751）を名祖とする。1711年にパリ高等法院評定官、17年に同法院予審部部長となり、1729年から40年まではパリ商人頭【市長に相当】をつとめ、1743年には碑文・文芸アカデミー会員に選ばれた裕福な商人だった【1741年には、最高諸院のひとつである大評定院の院長にも選ばれている】。彼はまた、商人頭在任中、のちにその名がつけられる有名なパリの地図を作成

してもいる【作図者は建築家・地図製作者の
ルイ・ブルテ（1736没）】。したがって、父
テュルゴーは、本書の恩人ということにな
るだろう。

デュルシ・セプトンベ Dulcie September
1936-88年。南アフリカの反アパルトハイ
ト女性活動家だったダルシー・セプテンバ
ーのこと。彼女はアフリカ民族会議
（ANC）の情報局長【ANCのパリ代表部】
をつとめていたが、パリで暗殺された。そ
の10年後の1997年、【ネルソン・マンデラ
（1918-2003）がパリを訪問したのを機に】、
10区の広場に彼女の名がつけられた。デ
ュルシ＝セプトンベ広場（Place Dulcie-
September）がそれである。

デュルシュー Durouchoux 国民軍【民兵隊】
の大佐だったピエール・デュルシューは、
1871年5月、パリ・コミューン（コミュ
ヌ・ド・パリ）の蜂起時に戦死した。14
区のデュルシュー通り（Rue Durouchoux）
は、1875年、彼を悼んで命名されている。

デュルション Durchon 15区のデュルショ
ン袋小路（Impasse Durchon）は土地所有
者の名を冠している。

テュルビゴ Turbigo イタリア北部ロンバ
ルディア地方の都市トゥルビーゴ（テュル
ビゴ）は、ナヴィリオ・グランデとティティ
ィーノ河岸に位置する。1800年5月31日
と59年6月2日に、フランス軍がオース
トリア軍に勝利した地がここである。パリ
の1・2・3区を結ぶテュルビゴ通り
（Rue de Turbigo）は、マク＝マオン麾下
のフランス軍が2度目の凱歌をあげた戦い
を記念して、1864年に命名された。

デュルマル Durmar 11区のシテ・デュル
マル（Cité Durmar）は、その土地所有者
にちなんで命名されている。

テュレ Thuré 15区にあるシテ・テュレ
（Cité Thuré）の呼称は由来がわからない。
最初にそこに住んだ旧地主の名か、それと
もフランス中部、ヴィエンヌ県のシャテル
ロー【デカルトがしばしば訪れた祖父母の家
がある】近くの村の名か。

デュレ Duret 1804-65年。フランソワ＝ジ

ョゼフ、通称フランシスク＝ジョゼフ・デ
ュレは、パリに生まれ、没した彫刻家。
1823年、ローマ大賞をえた彼は、とくに
フィリップ・ド・フランスやリシュリュー
枢機卿、デュノワなどの彫像にくわえて、
マドレーヌ教会用のキリスト像、ルーヴル
宮のペディメントのための「わが子たちを
守るフランス」像などを制作している。め
ったにある話ではないが、父は彼と同名で、
しかも同じ彫刻家だった。

この父は1732年から1816年まで生存し、
『ナポレオン皇帝』や『愛に着想をえたサ
ッフォー』、『ヒポリトゥスの命をとり戻す
アイスクラピウス』などを制作している。
ただ、親子で同姓同名というのはいかにも
都合が悪い。そこで息子は名前を差異化す
るため、フランシスク・ジョゼフと名のる
ようになった。いずれにせよ、16区のデ
ュレ通り（Rue Duret）は1868年以来存在
している。命名はこの息子を偲んでのこと
だろう。

デュレル Durel 18区のシテ・デュルレル
（Cité Durel）は、1856年、そこに住んで
いた土地所有者にちなんで命名されている。

テュレンヌ Turenne 1611-75年。テュレ
ンヌ子爵アンリ・ド・ラ・トゥール・ドー
ヴェルニュは、フランス北東部、ベルギー
国境に近いスダンに生まれ、ドイツ南西端
のザスバッハで戦死した元帥。12歳で父
と死別したテュレンヌは、14歳の時にオ
ランダ総督の伯父マウリッツ・ファン・ナ
ッサウ【1567-1625。オラニエ公。軍隊教育
のマニュアル化を図り、その「軍事革命」は
ヨーロッパ各国の軍隊に多大な影響をあたえ
たとされる】の野営地で戦争術を学ぶ。
1630年、リシュリュー枢機卿によばれて
フランス軍に入り、歩兵連隊大佐に抜擢さ
れる。そして、【1636年にアルザス地方サヴ
ェルヌの戦いで片腕を失った】彼は、1637年、
フランドル遠征に参加して、スペイン＝神
聖ローマ帝国軍の防衛拠点だった北仏ラン
ドルシを奪い取った。

1640年、アルクール伯となった彼はイ
タリアのトリノ（テュラン）を占拠し、42

テュレンヌ

年には、フランス軍の副司令官として、ス
ペインに近いフランス南西部のルシヨン一
帯を制圧する。1643年にルイ13世が逝去
したのち、彼はフランス元帥に叙され、44
年、ドイツ方面軍の司令官として再び**アル
ザス**地方に派遣される。そして1646年に
は、スウェーデン軍とともにバイエルンで
戦い、翌年、バイエルン選帝侯マクシミリ
アン1世【在位1625-51】に休戦条約の締
結を余儀なくさせた【これにより、バイエル
ンは三十年戦争から離脱した】

　1648年、パリでフロンドの乱が起きる
【高等法院のフロンド】とよばれるこの乱は、
宰相マザランが三十年戦争による財政危機を
克服するため、高等法院評定官たちの俸給据
えおきを決め、これに反対した評定官たちを
逮捕したのを契機として、法服貴族と重税政
策に反発したパリ市民が蜂起したもので、
1649年、マザランは三十年戦争の英雄で、王
党派だった「大コンデ」ルイ2世（1621-86）
に命じて乱を鎮圧させた】。**マザラン**はテュ
レンヌを味方にしようと全力を尽くした。
そのため、彼はテュレンヌにアルザス総督
の地位をあたえたり、自分の姪【マリア・
アンナ・マンチーニ（1649-1714）。1662年、
テュレンヌの甥と結婚】との縁組を申し出た
りした。

　だが、テュレンヌはそうした懐柔策をま
ったく気にかけず、かねてより想いを寄せ
ていた美しいロングヴィル公爵夫人【1619
-79。コンデ公アンリ2世の娘で、「大コンデ」
の姉。ラ・ロシュフコーの愛人で、フロンド
の乱の精神的な指導者。のちにジャンセニス
トたちを支援した】になおも心を奪われて
いた。この夫人の慫慂もだしがたく、フロ
ンド派となったテュレンヌは、しかし大逆
罪の徒として訴追され、ネーデルラントへ
と逃れた。

　そして1649年、「高等法院のフロンド」
を終わらせたルイユの和議（1649年3月）
が締結されたあと、帰国したテュレンヌは、
ロレーヌ地方のストネ【コンデ家の所領】
でロングヴィル夫人と再会し、その求めに
応じて、麾下のフランス・スペイン連合軍

を率いてパリに向かう。1650年1月にマ
ザランによって逮捕され、**ヴァンセンヌ城**
に幽閉されていたコンデ公【フロンド軍を
弾圧したにもかかわらず、以後、マザランに
疎まれていた】と、その弟コンティ公アル
マン・ド・ブルボン【1629-66。フロンド軍
司令官。のちにマザランと和解し、その姪と
結婚する（1654年）】を救出するためにであ
る。

　だが、それを知ったマザランは、公爵兄
弟をいちはやく北仏のル・アーヴルに移送
した。そこでテュレンヌはエーヌ地方をへ
て、**アルデンヌ**地方のレテルに軍を進め
るが、1650年12月、オカンクール侯シャル
ル・ド・モシ【1599-1658。1651年に元帥
に叙階】率いる国王軍と交戦して敗れてし
まう。この敗戦を機に、テュレンヌは内戦
に嫌気がさし、公爵兄弟が釈放されたこと
もあって、1651年、マザランと和解し、
国王軍の司令官に任命される。

　フロンドの乱が終息したのち【釈放後、
コンデ公はスペインの助力をえて反国王の乱
を組織したが、パリの民衆や高等法院の反発
を受けて失敗して、1652年9月、亡命した。
この乱を「貴族のフロンド」とよぶ】、テュ
レンヌは「対外戦」を指揮するようになる
【1652年4月、彼はエーヌ地方のブレノーの戦い
で、コンデ公率いるフランドル・スペイン
軍を撃破している】。そして1654年、コン
デ公を北仏アルトワ地方のアラス攻囲戦か
ら撤退させ、56年にはエーヌ地方のラ・
カペルを占拠し、さらに58年、有名なデ
ューヌ（砂丘）の戦い【ダンケルク近郊で
のこの戦いが、フランス＝スペイン戦争の最
終戦となる】で、再びコンデ公軍に勝利す
る。これが契機となって、1659年、ピレ
ネー条約【→ヴェラスケス】が結ばれた。

　1660年、テュレンヌは大元帥に叙され、
68年、**ボシュエ**の仲立ちでプロテスタン
トからカトリックに改宗する。1672年、
アルザス総督に任命された彼は、75年、
国王軍を率いて**ヴォージュ**山脈を越え、
アルザス地方のテュルケムに陣を張っていた
神聖ローマ帝国軍を一蹴する。だが、その

勝利を喜ぶのもつかの間、ライン川（ラン＝エ＝ダニューブ）を渡ったザスバッハの戦場で、敵の砲座の位置を確認している最中、流れ弾が当たって命を落とした。

その死を知った敵将ライモンド・モンテクッコリ将軍【1609-80。神聖ローマ帝国軍の名将】は、こう言って嘆いたという。「彼は死んだ。まさに彼こそは人間の尊厳を高めた人物である」。その死にすべてのフランス国民が涙を流したという彼の名は、1865年に命名された、パリの３区と４区を走るテュレンヌ通り（Rue de Turenne）に残っている。

テュロー＝ダンジャン Thureau-Dangin

1837-1912年。ポール・テュロー＝ダンジャンはパリを生没地とする歴史家。国務院の傍聴官をつとめた彼は、やがて官を辞して、《ル・コレスポンダン》と《ル・フランセ》誌に、カトリック的・自由君主制主義的な政治論を寄稿するようになる。主著に『７月王政史』【７巻、1884年】がある。1893年にアカデミー・フランセーズ会員となった彼の名は、15区の通りにある。死後20年目の1932年に命名されたテュロー＝ダンジャン通り（Rue Thureau-Dangin）である。

デュロック Duroc

1772-1813年。フリウル公ミシェル・デュロックは、フランス東北部ムルト＝エ＝モーゼル地方のポンタ＝ムソンに生まれた将軍。1792年、ブリエンヌの陸軍士官学校を出たデュロックは、先輩にあたるナポレオン【1779年から84年までこの士官学校で学んでいた】とトゥーロンで親交を結び、1796年、彼の第１次イタリア遠征に従軍する。ブリュメール18日【ナポレオンが総裁政府を倒して執政政府を樹立した1799年11月９日（霜月18日）のクーデタ】のあと、少将となった彼はマレンゴ（マランゴ）へ遠征する。そしてナポレオンが皇帝に即位した1804年、デュロックは中将および宮廷大元帥に昇進する。ナポレオンは彼に多大の信頼を寄せていた。

デュロックはさらにアウステルリッツ（オステルルッツ）やエスリンク【ウィー

ン郊外の戦場。1809年５月、ナポレオン軍がオーストリア軍と戦い、敗北した】、ヴァグラム（ワグラム）でも戦った。だが、マルケルスドルフ村の入口で、皇帝の傍らにいた彼は流れ弾に当たって戦死してしまう【1813年にナポレオン軍とプロイセン＝ロシア連合軍が対峙したバウツェンの戦い】。ナポレオンはこの友のことを終生忘れず、流刑地のセント＝ヘレナ島からその遺族にかなりの遺贈をおこなっている。ルイ＝フィリップは彼の亡骸を廃兵院（アンヴァリフド）に安置したが、場所はナポレオンの柩の近くだった。デュロック通り（Rue Duroc）は1847年から７区にある。

デュロール Dulaure

1755-1835年。国民公会（コンヴァンシオン）の議員でもあった歴史家のジャック＝アントワヌ・デュロールは、中央山地のクレルモン＝フェランに生まれ、パリで没している。地元ピュイ＝ド＝ドーム県選出の国会議員となった彼は多数派のジロンド派に属した。1793年にそのジロンド派が政敵ロベスピエール【→コンヴァンシオン】たちによって追放されると、彼もまたスイスへの逃亡を余儀なくされる。

だが、革命暦３年のフリメール（霜月）18日【1794年12月８日。同年７月24日のテルミドール（熱月）９日の反動で、ロベスピエール派は失脚している】により戻され、国民教育委員会のメンバーとして、中部のコレーズ県や南西部のドルドーニュへ派遣される。やがて五百人会【革命暦３年の憲法で定められた下院（1795-99年）】の一員となった彼は、国民教育を担当するが、ブリュメール18日【ナポレオンが総裁政府を倒して執政政府を樹立した1799年霜月（ブリュメール）18日のクーデタ】ののち、政治の世界から引退した。20区のデュロール通り（Rue Dulaure）は1929年からある。

デュロン Dulong

1785-1838年。ピエール・ルイ・デュロンは北仏のルーアンに生まれ、パリで病没した物理学者・化学者。パリの理工科学校（エコール・ポリテクニーク）を卒業した彼は医学の道を志した。

499

しかし、やがて科学者の道に入り、塩化窒素を発見する。その実験中に片目と２本の指を失ってしまうが【1812年のこの事故により、三塩化窒素が自己反応熱で爆発することが分かった】、さらに次亜リン酸も発見した。1818年からはおもに固体元素の比熱研究に向かう。

この時期に彼が発表した比熱の法則【アレクシス・テレーズ・プティ（1771-1820）と共同で1819年に発見したこれは、「デュロン＝プティ法則」とよばれる】にかんする論文は、科学アカデミーから賞をあたえられている。彼はまた異なる２点の高さの差を測るカセトメーターや計量器を発明し、1832年、科学アカデミーの終身会長と母校の主任教授となる。1864年に彼の名を冠したデュロン通り（Rue Dulong）は17区にある。

テラージュ Terrage　10区のテラージュ通り（Rue du Terrage）は、1867年、土木技師だったヴィリエ・デュ・テラージュ（1780-1855）にちなんで命名されている。テラージュというフランス語はまた、領主に納めた小麦や野菜による物納地代を意味してもいる。

テラス Terrace　17区のテラス通り（Rue de la Terrace）は、1672年、「シャンティエ・ド・ラ・テラス（テラスの資材おき場）」とよばれていた土地に敷設されている。当時、この通りが属していたモンソー村には、おもに庭師や小作人たちが住んでいた。そのうちのひとりが自分の花壇を段丘状（テラス）に整え、おそらくそれが最初はそこにあった木材おき場に、ついで通りのみならず、近接する袋小路（Impasse de la Terrasse）の呼称となったのだろう。

デルカセ Delcassé　1852-1923年。政治家のテオフィリ・デルカセはフランス南西部ピレネー（ピレネ）山麓のパミエ出身。《レピュブリク・フランセーズ（フランス共和国）》紙の編集に数年間携わったあと、フォワ選出の下院議員となり、1894年、植民地担当大臣に任命される。1898年に外務大臣となった彼は、仏露同盟を結び、

1904年には英仏協商の締結にも貢献した【第１次世界大戦の対独強硬策を推進したことでも知られる】。８区のデルカセ大通り（Avenue Delcassé）は、1934年の命名になる。

テール・ゾ・キュレ Terres au Curé　18世紀末から知られている13区のテール＝ゾ＝キュレ通り（Rue des Terres-au-Curé）は、当時の小教区司祭（キュレ）が有していた地所に敷設されたものである。

デルタ Delta　1818年５月４日、「エジプト風遊歩道」が開通する。そこには多くの娯楽施設（ダンスや２輪車競走などのさまざまなアトラクション用）や庭園、とくに「エジプト風」に飾り立てられた大ホールがあった。やがて遊歩道は「ジャルダン・デュ・デルタ（デルタ庭園）」となり——むろんデルタとはナイル（ニル）川のそれを意味する——、1824年まで一般に開放されていた。この年、庭園の中程で通りの敷設工事が始まり、翌年にそれが終わると、当然のことながらデルタの呼称がつけられた。このデルタ通り（Rue du Delta）は9区にある。

テルトル Tertre　18区にあるテルトル広場（Place du Tertre）の呼称は、モンマルトルの丘の頂上、もしくは広場が14世紀後葉に建設された小丘（テルトル）の上に位置することに由来する。1502年当時、モンマルトル大修道院の財産収入役はギョーム・デュテルトルという名前だったが、おそらく彼はこの命名とは無縁だった。131年前にすでに命名がなされているからである。

周知のように、テルトル広場には、1900年頃から第１次世界大戦まで、モンマルトルを拠点とする浮浪者や画家、シャンソン歌手などが数多く集まり、現在でもそこは才能をもつ一部の画家や似顔絵描きたちにとって、本格的な金鉱になっている【→プルボ】。テルトル広場に隣接する同名の袋小路（Impasse du Tertre）は、1867年の命名になる。

テルヌ Ternes　17区の旧テルヌ村【1860年パリに編入】は、16世紀、「エクステルヌ」

ないし「エステルヌ」【字義は「外の」】とよばれていた小作地【別荘？】の近くにある小邑だった。テルヌ大通り（Avenue des Ternes）は、17世紀にパリ出身の詩人フィリップ・アベール【1605-1637。牧童たちをモデルとする文学集団「イリュストル・ベルジェ」のメンバーだった彼は、アカデミー・フランセーズ初代会員でもあり、その規約づくりにかかわった】に売却されたこの農地のわきを通っていた。彼は小作地に接していた土地に城館を築き、領主的諸権利【免税特権や裁判権など】を手に入れた。

18世紀になると、城館は王室財務官だったミレ・ド・ポンポンヌ【1701-40】、ついでガリフェ侯【生没年不詳】の手に渡った。現在一部がヴィラになっている広大な公園は、かつては城館をとり巻いており、そこにファラデやトリセリ、サン＝スノクといった通りが敷設されていた。この城館は今ではファサードを残すだけで、アーケード状のその下をバヤン通りが通っている。なお、テルヌの広場（Place des Ternes）は1893年、大通り（Boulevard des Ternes）は60年、通り（Rue desu Ternes）は89年、ヴィラ（Villa des Ternes）は22年に命名されている。

テール＝ヌーヴ Terre-Neuve　テール＝ヌーヴ（新しい大地）とはカナダの東海岸に位置するニューファンドランド島のこと。面積11万1400平方キロメートル。1000年頃にスカンディナヴィア人【ヴァイキング】が、ついで1497年にジョン・カボット【1450頃-98。ジェノヴァ出身の航海者。イタリア語名ジョヴァンニ・カボート】が息子セバスチャン【1474-1557。父の死後、ハドソン湾・海峡を南下してフロリダまで探検した】とともに発見したこの島は、以後、タラが集まるグランドバンクが周辺の大陸棚に数多くあるところから、漁師たちの格好の漁場となった。1524年、同島はフランスが領有することになったが、83年、イギリスが「マヌ・ミニタリ（武力をもって）」これを奪った。

しかし1701年、勇敢なフランス兵たちがイギリス人を追い出し、1713年、ユトレヒト条約の締結によって、再び島はイギリスに帰属する。ただ、フランスはこの条約に盛り込まれた1条によって、島での漁を独占し、魚を乾燥するため、島の北東・北西部、すなわち「フレンチ・ショア」に上陸することができた（1904年の英仏協商まで）。ニューファンドランドは1907年から大英帝国の自治領となり、27年、ラブラドール地方の北東部と結びつけたかたちで境界が確定される。

そして1949年、この地はカナダに帰属し、同国10番目のニューファンドランド＝ラブラドール州となる。パリのテール＝ヌーヴ通り（Rue de Terre-Neuve）は、1877年から20区にある。

テルノー Ternaux　1763-1833年。ギヨーム・ルイ・テルノーはフランス北東部のスダンに生まれ、パリ北郊のサン＝トゥアンで没した企業家・政治家。1792年、彼は生地を去ってドイツとイギリスを訪れ、さまざまな織物技術を学んだ。総裁政治時代【1795-99年】の1798年に帰国すると、パリに拠点をかまえ、国内はもとより、外国【ナポリ、カディス、ジェノヴァ、サンクト＝ペテルブルク、さらにオランダやインド】にまで織物工場を建てる。

ブルボン家による復古王政を支持したテルノーは、1818年にセーヌ県選出の国民議会議員となり、リベラル派に籍を置いた【1823年まで。1827年から31年まではオート＝ヴィエンヌ県選出議員】。織物生産にくわえて、彼はまたチベットの羊をフランスの風土に順応させ、「テルノー・ショール」として知られる肩掛けも生産した。11区には1844年に彼の名がつけられたテルノー通り（Rue Ternaux）がある。

デ・ルノード Des Renaudes　17区のデ＝ルノード通り（Rue Des-Renaudes）は、長いあいだデルノード（Desrenaudes）通りとよばれていた。だが、それに対して多くの抗議が寄せられていた。事実、1855年に敷設されたこの通りは、デルノード氏ではなく、ルノード氏の土地を通っていたか

テルヘ

らである。こうして1897年、改称された。だが、音声学的にいえば、なんら変わってはいない。

デルベ Delbet　14区のデルベ通り（Rue Delbet）は、1883年にこの通りが敷設された土地の管理人だった、ドクター・デルベにちなんで命名されている。

テルモピル Thermopyles　テルモピュライ（テルモピュレ）のこと。カリモドロス山とマリアコス湾に挟まれた狭隘な地で、「熱い通路・門」を意味する呼称は、2か所から熱泉が湧き出ていたことに由来するが、石灰が堆積して、徐々にこの隘路を高くしていった。テルモピュライはまたスパルタ王レオニダスとペルシア軍の戦場【前480年】としても知られている。パリのテルモピル通り（Rue des Thermopiles）は14区にある。1920年の開通当時、小路とよばれていたこの通りは、おそらくスパルタ的な美徳をそなえていた地主にちなんで命名されたものである。

テレグラフ Télégraphe　パリの東地域における「最高峰」は、1804年に20区に敷設されたテレグラフ通り（Rue du Télégraphe）にある。海抜128メートル。1792年、ついで93年、クロード・シャプはここでみずからが考案した電信による通信実験をおこなった。テレグラフ通りおよび近接する同名の小路（Passage du Télégraphe）の呼称はそれに由来する。現在、この最高地点は通りの40番地に造営されたベルヴィル墓地【面積約1.8ヘクタール】のなかにある。

テレーズ Thérèse　1区のテレーズ通り（Rue Thérèse）が現在の道筋になったのは、1880年のことである。だが、今とは異なる道筋で、より短かった通りとしては、すでに1692年からあった。命名はこの年、マリー・テレーズ・ドートリッシュ（マリア・テレサ）を追慕してなされている。

スペイン・ナポリ・シチリア王フェリペ4世【在位1621-65】とイサベル・デ・ボルボン【エリザベト・ド・フランス（1602-44）。フランス王アンリ4世の王女】の王女

だった彼女は、1638年のマドリードで生まれ、83年にヴェルサイユで他界している。1660年6月9日、前年に結ばれたピレネー条約【→ヴェラスケス】のとり決めに従って、同い年【5日違い】の従兄ルイ14世（ルイ・ル・グラン）と、フランス・バスク地方のサン＝ジャン＝ド＝リュズで結婚式を挙げた【→ピレネ】。そして同年9月、この若い王妃は荘厳理にパリに入城した。

だが、深く愛してやまなかった夫王の移り気のため、テレーズはまもなく際限のない悲しみを味わうことになる。くわえて5人の子供に先立たれた彼女は、強い信仰心に支えながらも、孤独と悲しみに打ちひしがれた日々を送らなければならなかった。

たしかに晩年になって、彼女の美徳に心を動かされた夫王が自分を振り向くという喜びに浴したものの、その幸せは長くは続かなかった。病魔に命を奪われてしまったからである。その死に際して、ルイ14世はこう嘆いたという。「これは王妃が自分にあたえたはじめての悲しみである」。死後、彼女の心臓はヴァル＝ド＝グラースに、遺骸はサン＝ドニに安置された。葬儀では35人の説教師が弔辞を唱えたという。そのなかにはボシュエもいた。

テロール Taylor　1789-1879年。イジドール・セヴラン・テロール男爵はブリュッセルに生まれ、パリで没した劇作家で慈善家。ロマン派芸術家たちの庇護者でもあった。フランスに帰化した英語教師を父にもつ彼は、パリの国立理工科学校（エコール・ポリテクニーク）に入るが、まもなく文学に身を投じ、1825年、コメディー＝フランセーズ座の国王委員、つまり実質的な支配人となる【1830年まで、および1831-38年】。その間、彼はロマン派とその芸術家たちを後押しし、1838年に芸術監督官に任命されると、芸術家たちのための慈善団体を数多く創設するようになる【1840年代には演劇芸術家（1840年）や音楽芸術家（43年）、画家・彫刻家・建築家・版画家・イラストレーター（44年）などの共済組合も組織している】

テロールはまた、現在フォブール＝サン＝ジャック通りの38番地にある文学者協会の創設者のひとりでもある。1869年に元老院議員となった彼には、以下のような著作がある。『往昔フランスのピトレスクかつロマンチックな旅』【24巻、1820-63年】、『シリア、エジプト、パレスチナ、ユダヤ』【3巻、1833-39年】。彼の名を冠したテロール通り（Rue Taylor）は、死後2年目の1881年から10区にある。

テロワール・ド・フランス Terroirs de France　1993年に敷設された12区のテロワール＝ド＝フランス大通り（Avenue des Terroirs-de-France）は、それがベルシーの旧ワイン倉庫群の跡地にあることを想い起こさせる。1970年代まで、このベルシーではフランス全土のブドウ産地から持ち込まれたワインの取引が大規模におこなわれていた。

デロン Dhéron　20区のデロン袋小路（Impasse Dhéron）は私道で、呼称はその地主のひとりの名にちなんでいる。

ドゥアニエ Douanier　1927年に14区のドゥアニエ大通り（Avenue du Douanier）が敷設されたとき、ある税関吏がその土地の一部を有していた。呼称はそれに由来する。

ドゥアニエ・ルソー Douanier Rousseau　1844-1910年。画家のアンリ・ルソー、通称ドゥアニエ・ルソー——たしかに彼は税関吏だった——は、フランス北西部マイエンヌ県の県庁所在地であるラヴァルに生まれている。素朴な様式ときわめて調和的な色づかいとが結びついた彼の油彩画は、奇妙な詩情を醸し出している。

作品のうち、もっともよく知られているもののひとつに、森のなかにいる女性をひとり描いた『森の中の散歩』【1886年】がある。ほかには『眠るロマ（ジプシー）女』【1897年】や『（田舎の）結婚式』【1905年頃】、『蛇づかいの女』【1907年】、『ジュニエ爺さんの2輪馬車』【1908年】、さらに親友のギヨーム・アポリネールとその恋人マリ・ローランサンを描いた『詩人に霊感をあたえるミューズ』【1909年】などもあ

る。1区のドゥアニエ＝ルソー通り（Rue Douanier-Rousseau）は、1949年からある。

ドゥアンヌ Douane　1884年に命名された10区のドゥアンヌ通り（Rue de la Douane）の呼称は、当時ここに税関の倉庫があったことに由来する。

ドゥヴェリア Devéria　1800-57年。アシル・ドゥヴェリア（ドヴェリア）は、パリ生まれの素描家・版画家・石版画家。彼はデカルトやセヴィニェ夫人、ラシーヌ、コルネイユらの肖像画を描いたが、ロマン主義の歴史研究にとって重要な資料である「衣装画」も数多く手がけている。また、『十字架降下』【1848年】や『アシパシア宅のペリクレス』【1850年】といったみごとな水彩画も制作した。だが、1849年に画筆を折り、国立図書館版画室の室長となる。20区のドゥヴェリア通り（Rue Devéria）は1849年に命名されている。

一方、彼の弟ウジェーヌ（1805-1865）もまた画家で、『アンリ4世の誕生』【1827年】や『ジェーン・シーモアの死』【1847年】などの作品がある。さらにルーヴル宮の改修工事では、天井の装飾画を描いている。

ドゥエ Douai　北仏ノール県の町で、リールから33キロメートル、スカルプ河岸に位置する。1889年まで、ドゥエは要塞だった。同じ年、ここには大学アカデミーが創設されたが、今はリールに移っている【スペイン国王フェリペ2世は1562年、フランドル地方における反宗教改革の牙城とするため、毛織物で栄えていたこの町に大学を創設した】

ドゥエの歴史は古く、古代ローマ人がここを占拠したことから始まる。以後の長い歴史のなかで、町はときにフランス人、ときにスペイン人に帰属した。数度にわたって攻囲戦も味わった。とくにすさまじかったのは1710年の攻囲戦で、町が陥落するまでの2か月間、激戦がくりひろげられた。1712年、町はヴィラール将軍（元帥）に制圧され、翌年のユトレヒト条約で、ドゥエは最終的にフランスに割譲された。この町に由来する9区のドゥエ通り（Rue

Douai）は、1846年に命名されている。

ドゥオモン Douaumont ドゥオモンはフランス北東部ムーズ県の村で、1916年、稀にみる激戦の場となった。1932年、ここにヴェルダンで戦死したフランス兵30万以上の遺骨をおさめた納骨所が建てられている。17区のドゥオモン大通り（Boulevard de Douaumont）が命名されたのはその前年、つまり1931年のことである。

ドガ Degas 1834-1917年。エドガー・ドガはパリ生まれの画家・版画家。印象派展【全7回のうち6回参加】に出品した劇場の内側やオペラの舞台裏、サーカスの情景、そしてとくに踊り子やバレリーナの習作などで着目を浴びた。彼はまたマネの肖像画を数点描いている。ドガ通り（Rue Degas）は1932年から16区にある。

ドゥー・ガール Deux Gares 10区のドゥー＝ガール通り（Rue des Deux-Gares）は、東駅と北駅の近くを走ることからそう命名された。1869年から存在している通りである。

ドゥカン Decamps 1803-60年。アレクサンドル＝ガブリエル・ドゥカンはパリで生まれ、フォンテヌブローで落馬死した画家。若い頃はパリの通りのピトレスクな生活風景を描く一方、ムリーリョ（ミュリョ）やレンブラント（ランブラン）、プーサン（プサン）らの作品を模写していた。外国の風俗をはじめて画家としてとりあげた彼は、そのため光や色彩に対する熱情が開花したとされる。代表作に『トルコのパトロール』【1831年】や『サギ撃ち』【1833年】、『トルコの風景』【前同】、『サムソンの物語』【1845年】などがある。彼の名を冠した16区のドゥカン通り（Rue Decamps）は1864年からある。

ドゥー・クザン Deux Cousins 17区にあるドゥー＝クザン小路（Impasse des Deux-Cousins）の呼称は、私道として敷設されたとき、それがふたりのイトコ（クザン）に属していたことに由来する。

ドゥグリー Deguerry 1797-1871年。リヨン出身の神父ガスパール・ドゥグリーは、

1871年のパリ・コミューン（コミュヌ・ド・パリ）時に、【コミューン兵によってロケット監獄で】人質として射殺されている。説教者として高い評価を受けていた彼は、サン＝トゥスタシュ教会とマドレーヌ教会の主任司祭だった。マドレーヌ教会の地下には、彫刻家アレクサンドル・オリヴァ【1823-90】作のドゥグリー像がある。11区のドゥグリー通り（Rue Deguerry）は、1875年に命名されている。

ドゥー・ザヴニュ Deux Avenues 13区を走るドゥー＝ザヴニュ大通り（Rue Deux-Avenues）の呼称は、それが2本の大通り、すなわちショワジー大通りとイタリ大通りをつないでいることに由来する。命名は1927年になされた。

＊ドゥー・ザンジュ Deux-Anges ドゥー・ザンジュ【字義は「ふたりの天使」】とは「ヤコブの梯子」の夢に登場する天使たちをさす。1839年以前、6区のドゥー＝ザンジュ袋小路（Impasse de Deux-Anges）は、サン＝ブノワ通りとジャコブ通りを結んでいた――。ヘブライの大天使ヤコブ（ジャコブ）は、夢のなかで天使（神の御使い）たちが上り降りする梯子（階段）を見た【『創世記』28】。哲学的な表現で、梯子の先端は下方の段階を乗り越えたあとで到達する理想を象徴する。かつてジャコブ通り45番地の高台には、2体の天使像が立っていた。

トゥーサン＝フェロン Toussaint-Féron 13区のトゥーサン＝フェロン通り（Rue Toussaint-Féron）の命名は1863年。呼称は当時この通りに住んでいた人物にちなむ。

ドゥジャン Dejean 18区のドゥジャン通り（Rue Dejean）は、17世紀から、1860年にパリに編入される以前のモンマルトルの村長をつとめていた、土地所有者の名でよばれている。

＊ドゥシャンブル Dechambre 15区のドゥシャンブル小路（Passage Dechambre）は、1885年に開通しているが、呼称はその土地所有者の名にちなんでつけられていた。

ドゥージエム・D・B Deuxième D. B. フ

ィリップ・マリ・ド・オートクロク、通称ルクレール将軍——死後、フランス元帥の称号を贈られた——が率いる第 2 機甲師団（division blindée）は、第 2 次世界大戦末期のノルマンディ上陸作戦に参加した、フランス唯一の大部隊である。この機甲師団は解放時に最初にパリに入り、1944 年 8 月 25 日、ルクレールはドイツ軍守備隊を捕虜にすることができた。14 区と 15 区にまたがるドゥージエム＝D＝B小路（Allée de la Deuxième-D-B）の呼称は、1877 年、この出来事にちなんで命名されている。

トゥスタン Toustain 1700-54 年。1805 年に命名された 6 区のトゥスタン通り（Rue Toustain）は、ベネディクト会士で、この通りに近いサン＝ジェルマ＝デ＝プレ大修道院の修道士だったシャルル・トゥスタンを名祖とする【ギリシア語やラテン語、ヘブライ語など、10 か国語に精通し、厳しい断食や苦行で知られる彼の神学は、のちにジャンセニストにも影響をあたえたとされる】

ドゥスー＝デ＝ベルジュ Dessous-des-Berges セーヌ川から比較的近いところを走る 13 区のドゥスー＝デ＝ベルジュ通り（Rue du Dessous-de-Berges）は、16 世紀から近くにあった場所の通称にちなんで命名されている。1897 年まで、この通りはサンティエ（小径）とよばれていた。

ドゥー・スール Deux Soeurs ドゥヴォー家のふたりの姉妹は、9 区のドゥー＝スール通り（Rue des Deux-Soeurs）が命名された 1815 年当時、それまでシャン小路とよばれていた私道（1789 年敷設）の土地を所有していた。

ドゥゼ Desaix 1768-1800 年。ルイ・シャルル・アントワヌ・ドゥゼは、中央山地オーヴェルニュ地方のリオン近郊に位置するサン＝ティレール＝ダヤ【現アヤ＝シュル＝シウル】に生まれ、イタリアのマレンゴ（マランゴ）で戦死した将軍。1792 年、王政の廃止に反対して 2 か月投獄されるが、カルノー将軍が彼を自由の身にし、ライン方面軍に送り込む。1793 年 9 月 11 日に少将、94 年に中称へと昇進した彼は、ライ

ン＝モーゼル方面軍の中核を指揮し、2 か月間、ストラスブール対岸のケールを守って、オーストリア軍を足止めさせた。やがてナポレオンから東方方面軍の前衛指揮官に任命されると、ピラミッドの戦いに参加して、ムラード・ベイ【1750-1801】率いるマムルーク軍を砂漠まで撤退させる。

ドゥゼはこうして制圧した領地をみごとに組織化したことで、「正義のスルタン」とよばれた。だが、帰国途中、船がイギリス軍に拿捕されて捕虜となる。やがて釈放された彼は、ナポレオンと合流してイタリアへと進軍する。そして、予備役の 2 個師団の先頭に立って敵の大砲に突進し、マレンゴでの勝利を確実なものとした。しかし、まさにその日（1800 年 6 月 14 日）、銃弾を心臓に受けて即死する。ナポレオンはそんな彼を最大限たたえた。15 区のドゥゼ通り（Rue Desaix）は 1802 年の命名である。

ドゥー・ゼキュ Deux Écus 1912 年に命名された 1 区のドゥー＝ゼキュ広場（Place des Deux-Écus）は、1860 年から 88 年にかけてベルジェ通りとルーヴル通りが敷設された際に撤去された、ドゥー＝ゼキュ通りの名残である。この通りの呼称【字義は「2 エキュ貨」】は、すでに 1325 年からあった絵看板に負っていた。

ドゥソー Dessault 1744-95 年。ピエール・ジョゼフ・ドゥソーはフランス東部オート＝ソーヌ地方のマニー＝ヴェルノワに生まれた外科医。パリのオテル＝デュー（慈善院。現市立総合病院）の外科医だった彼は、フランス最初の外科病院を創設している。また、骨折、とくに鎖骨骨折用の新しい包帯を考案し、痔瘻の切開術を完成させてもいる。ビシャは彼の弟子で、ルイ 17 世【1785-95】の死を早めたとしてドゥソーが告発された際、師を擁護した。13 区のドゥソー通り（Rue Dessault）は 1930 年の命名。

ドゥドーヴィル Doudeauville 18 区を通るドゥドーヴィル通り（Rue Doudeauville）の呼称は、1765 年にパリで生まれ、1841 年にフランス北西部サルト県のモンミライ

ユで没した、ドゥドーヴィル公アンブロワ
ズ・ポリカルプ・ド・ラ・ロシュフコーに
負っている。彼はヨーロッパのいくつかの
国に住んだあと、統領政府時代のフランス
に戻り【1800年】、復古王政期に貴族院議
員【1814年】、24年に宮内府長官に任命さ
れた。在任中、クリニョン農学校を創設し
ているが【1826年】、1830年の7月革命で
貴族院を追われた。1826年の命名になる
ドゥドーヴィル通り（Rue Doudeauville）
は18区にある。

トゥナイユ Tenaille おそらく腕力があった
であろうトゥナイユ【字義は「やっとこ」】
氏は、1937年に公式に小路に分類された14
区のトゥナイユ小路（Passage Tenaille）に
家を1軒かまえていた。

ドゥナン Denain ベルギー国境に近いこの
町の名は、1847年に命名されているが、そ
れは1712年7月24日、ヴィラール元帥が、
サヴォア公子のウジェーヌ【1663-1736。
プリンツ・オイゲンとも。フランス貴族の血を
引くが、オーストリア・ハプスブルク家に仕え
た】率いるオーストリア軍を撃破したこと
を記念してのことだった【スペイン継承戦
争】。ウジェーヌは兵8000と軍旗60本をヴ
ィラール軍に残して敗走した。この敗北に
より、敵勢力はフランドル地方からの撤退
を余儀なくされている。1859年に敷設され
たドゥナン大通り（Boulevard de Denain）
は10区にある。

ド（ゥ）ニ・コシャン Denys Cochin 1851
-1922年。パリ出身の弁護士で政治家・作
家でもあった彼は、右派の下院議員で、教
育の世俗化に反対した。1881年からはパ
リ市参事会員もつとめた。7区のドゥニ
＝コシャン広場（Place Denis-Cochin）は、
1930年に命名されている。

ド（ゥ）ニ・プロ Denis Poulot 1832-1905
年。ドゥニ・プロは工芸技術家協会の会長
や労働上級委員会メンバー、さらに1879
年から82年まで11区の区長もつとめた。
11区のドゥニ＝プロ小公園（Square
Denis-Poulot）は1981年からある。

ド（ゥ）ニ・ポワソン Denis Poisson 1781

-1840年。シメオン・ドゥニ・ポワソンは、
パリ盆地南部ロワレ県のピティヴィエに生
まれ、パリ南郊のソーで他界した幾何学
者・物理学者・地理学者。おもに数理物理
学と有理力学を研究した。だが、彼の名前
を永遠のものとしたのは、惑星公転軸の不
変性や毛細管現象、数学的熱理論などにか
んする研究である。これらの研究が分析法
を著しく向上させたからである。主著に
『力学論』【1811年】や『確率計算理論』【不
詳】などがある。彼の名がパリの通りにつ
けられるには、1907年まで待たなければ
ならなかった。17区のドゥニ＝ポワソン
通り（Rue Denis-Poisson）がそれである。

ドゥー・ネト Deux Néthes ネト【Nèthe】
とはベルギーの川で、プティ・ネトとグラン
ド・ネトという2本の川からなる。帝政
時代、これら両河川名はフランスに編入さ
れた県、すなわちアントワープ（アンヴェ
ール）を中心とする県の呼称となった（ド
ゥー＝ネト県）。この県は1801年からナポ
レオンが失脚する15年まで存在した。18
区のドゥー＝ネト袋小路（Impasse des
Deux-Néthes）の名はこれに由来するが、
命名は1877年である

ドゥノワイエ Denoyez 20区のベルヴィル
通りにあった居酒屋「ドゥノワイエ」は、
1830年代、娯楽の殿堂として名をはせて
いた。そこはさながら、有名な「クルティ
ーユ（ベルヴィル）下り」のようだった
【この伝統行事は、毎年カーニヴァル最終日に、
ベルヴィルの丘からセーヌ河岸のパリ市庁舎
前まで仮装者たちがパレードする出し物で、
1822年から70年頃まで続けられた。現在、そ
の面影は20区のガンベッタ区役所前から市庁
舎前広場まで賑々しく行進する、カーニヴァ
ルのマスカラド（仮装行列）にみることがで
きる】。このクルティーユ下りでは、人々
がフォブール＝デュ＝タンプル通りやベル
ヴィル通りを埋めつくした。20区のドゥ
ノワイエ通り（Rue Denotez）は1837年
からある。

ドゥパキ Depaquit ジュール・ドゥパキは
画家で、「モンマルトル自由村」の初代村

長。18区のドゥパキ小路（Passage Depaquit）は、1932年に彼に捧げられている。

ドゥー・パヴィヨン Deux Pavillons　4区にあるドゥー＝パヴィヨン小路（Passage des Deux-Pavillons）の呼称は、その入口に四角形の建物が2棟たっていたことに由来する。敷設は1819年である。

ドゥパルシュー Deparcieux　1703-68年。アントワヌ・ドゥパルシューは南仏ニーム近郊のユゼスで生まれ、パリで病没した数学者・物理学者。日時計に関心を抱いていた彼はまた、水を動力としてもちいる理論的研究をおこなって揚水機を考案する。こうした水の問題にくわえて、さらに彼は別の問題にも強い関心を示した。それは彼の以下の著書に集約的にみてとれる。『人生の寿命の確率にかんする試論』【1746年】である。同じ名をもつ人物はもうひとりいる。彼の甥（1753-99）で、やはり数学者だった。だが、14区のドゥパルシュー通り（Rue Deparcieux）は、前者を記念しての命名である。

ドゥビドゥール Debidour　1847-1917年。エリー・マルク、通称アントナン・ドゥビドゥールは、フランス南西部ドルドーニュ県のノントランに生まれた歴史家で、1890年、国民教育視学総監となった。多くの講演をこなし、広告業も営んでいた彼には、『デュ・ゲクラン史伝』【1850年】や『皇后テオドラ』【1865年】、『フランス革命や帝政および現代にかんする批判的研究』【1986年】などの著作がある。ドゥビドゥール大通り（Avenue Debidour）は、1932年から19区にある。

ドゥビュクール Debucourt　1755-1832年。フィリベール・ルイ・ドゥビュクールはパリで生まれ、旧ベルヴィル村で他界した画家・版画家。1782年【1781年？】に王立絵画彫刻アカデミーに加入し、翌年、宮廷画家となる。だが、1785年に絵筆を捨て、版画を専門に制作するようになる。おもな油彩画としては『パレ＝ロワイヤル歩廊の散歩』【187年】や『アネットとリュバン』

【1789年】、『狩りからの帰還』など、版画作品としては『新妻のメヌエット』や『村の結婚式』、『ライオンたちに怯える馬』などがある。17区のドゥビュクール通り（Rue Debucourt）は、1930年に命名されている。

ドゥビリー Debilly　この呼称は、イエナの戦いで戦死したジャン＝ルイ・ドゥビリー将軍に由来する。7区と16区にかかるドゥビリー歩道橋（Passerelle Debilly）は、1900年のパリ万国博時に建設された【かつて16区にはドゥビリー河岸通りがあった。第1次世界大戦直後の1918年、これはトキオ（東京）大通りとなり、さらに第2次世界大戦直後の45年、ニューヨルク大通りに改称された。通りの名が時代状況で変えられた1例である】

ドゥビル Debille　13区のドゥビル小路（Passage Debille）は、この通りが敷設された土地の所有者を名祖とする。

ドゥビル Debille　1855年に敷設されたドゥビル小路（Cour Debille）は11区にあり、13区の同名の小路とは無縁だが、この呼称もまた土地所有者の名に由来する。

ドゥブル Double　4区と5区を結ぶドゥブル橋（Pont au Double）は、それが建設された1634年以来こうよばれている。この橋を渡る際、地区の住民たちは橋の向こうにあるオテル＝デュー（慈善院）のため、2ドゥニエ（1ドゥブル）の通行税を払わなければならなかったからである。

ドゥー・ブル Deux Boules　1区のドゥー＝ブル通り（Rue des Deux-Boules）は、その呼称をかつてそこにかけられていた絵看板に負っている。16世紀中葉、この通りは「ギョーム・ポレ、通称ドゥー・ブル」【ドゥー・ブルの字義は「2個の球」】とよばれていた。珍しい命名だが、ポレとは13世紀にここに住んでいた人物である。現在の通りは18世紀初頭に改称されている。

ドゥブルス Debrousse　1901年に敷設された土地の所有者名【ドゥブルス通り（Rue Debrousse）は16区】

トウフレム

ドゥブレム Debelleyme 1787-1862年。ドゥブレムはシャルル10世時代【1824-30年】の警視総監で、長いあいだ3区に住んでいた。同区のドゥブレム通り（Rue Debelleyme）は、1865年に命名されている。

ドゥベルグ Debergue 12区のシテ・ドゥベルグ（Cité Debergue）には、この住宅地区がオープンした時期に住んでいた地主の名前がつけられている。

ドゥー・ポルト Deux Portes 20区のドゥー＝ポルト小路（Passage des Deux-Portes）はかつて私道であり、その両端には夜に閉じられた門があった。呼称はこの門に由来する。

ドゥー・ポン Deux Ponts 4区のドゥー＝ポン通り（Rue des Deux-Ponts）は1614年に命名されているが、呼称の由来はそれが2本の橋、マリ橋とトゥルネル橋をつないでいることによる。

ドゥマルケ Demarquay 1814-75年。北仏ソンム県のロングヴァルで生まれた外科医のジャン＝ニコラ・ドゥマルケは、熟達した手術能力を有し、とくに1870年の普仏戦争での献身的な働きによって名声を博した。彼には『眼窩の腫瘍にかんする論考』【1860年】や、それとはまったく別の分野である『子宮疾患論』【共著、1876年】などの著書がある。10区のドゥマルケ通り（Rue Demarquay）は、1882年に命名されている。

ドゥラノ Delanos 10区のドゥラノ小路（Passage Delanos）は私道で、呼称はその旧地主の名に由来する。

ドゥランブル Delambre 1749-1822年。ジャン＝バティスト・ジョゼフ・ドゥランブルは、北仏アミアンに生まれ、パリで没した天文学者。36歳になって天文学を学び始めたにもかかわらず、5年後の1790年には「ウラノス表」で科学アカデミー賞を受ける。1792年、同アカデミーから満場一致で会員に迎えられた彼は、99年、ピエール・メシャンとともに、子午線弧長【ダンケルク-バルセロナ間】を測り、メート

ル法の確立に寄与した。

キュヴィエはドゥランブルについてこう語っている。「彼（ドゥランブル）の科学的な実直さは、その慎み深さとは裏腹なものだった」。このドゥランブルの著作としては『ユピテル表とサテュルヌス表』【1789年】や『理論的・実践的天文学総論』【1814年】、『メートル法の基礎』【1806-10年】、『18世紀の天文学史』【1827年】などがある。コレージュ・ド・フランス天文学教授やパリ天文台（オブセルヴァトワール）の台長をつとめた彼の名は、1844年から14区のドゥランブル通り（Rue Delambre）に残っている。

トゥーリエ Toullier 1752-1835年。シャルル・トゥーリエはブルターニュ半島基部、イル＝エ＝ヴィレーヌ県のドル＝ド＝ブルターニュに生まれ、レンヌで他界した法曹家。1778年、法学の上級教授資格をえたのち、オックスフォードやケンブリッジ大学で研鑽を積み、革命さなかに帰国する。この革命を支持した彼は、やがてレンヌの行政官に任命されるが、業務に不熱心だとして解職されてしまう。

恐怖政治の時期【1793年6月-94年7月。→シェニエ】がすぎると、彼はイル＝エ＝ヴィレーヌ県の裁判所判事になる。そして1799年、ブリュメール18日のクーデタ【→カンバセレス】のあと、ナポレオンから移民者財産の没収にかかわる訴訟を調停する委員に任命される。

1806年、彼はレンヌ大学法学部の市民法教授に推され、11年にはその学長となる。1815年の復古王政に入ると、教授職を失うが、のちに学長に復帰する。1830年のことである。トゥーリエはフランス市民法についての最初期の著者で、1811年から31年にかけて書かれたその著は14冊を数える。その名を冠したトゥーリエ通り（Rue Toullier）は、1882年から5区にある。

ドゥリニー Deligny ドゥリニー氏は土地所有者だった。ただし、彼は、1856年から64年までオペラ座の事務局長をつとめ、『酔っ払いエルマン』【1836年】や『恐ろし

い娘』【1846年】などの戯曲を書いた、パリ出身の劇作家ウジェーヌ・ドゥリニー（1816-81）ではない。こうした業績があるにもかかわらず、この劇作家の名を冠した通りはない。間尺に合わない話ではある。ドゥリニー袋小路（Impasse Deligny）は17区にある。

トゥール Toul トゥールはフランス北東部ムルト＝エ＝モーゼル県の郡庁所在地で、**モーゼル河岸とエスト運河**【ムーズ川をモーゼル川とソーヌ川につなぐ水路】およびマルヌ＝ライン運河沿いに位置する。かつてガリア人が住んでいたこの町は、1552年にフランス王国へ併合され、1648年のヴェストファーレン条約によって最終的にこれが承認された【30年戦争の終結させたこの講和条約で、フランスはアルザス・ロレーヌ地方やメス、ヴェルダンなども獲得した】。この古い要塞都市には、15世紀の建立になるサン＝テティエンヌ司教座聖堂がある。パリのトゥール通り（Rue de Toul）は、1882年から12区にある。

トゥール Tour 16区のトゥール通り（Rue de la Tour）は、かつてこの通りの86番地にあったトゥール館に由来する。1306年当時、城館は端麗王フィリップ4世【在位1285-1314】の召使【異説あり】が有していた。のちに城館の塔は監獄に転用され、18世紀初頭には、その上に風車がとりつけられた。こうして19世紀初頭、ここはムーラン＝ド・ラ・トゥール（塔の風車）通りとよばれるようになった。そして1810年、風車がとり除かれて、呼称も現在のものとなった。

塔自体は今も残っているが【88番地】、1813年と97年、2度にわたって修復されたそれは、稚拙な修復のため、多少歪んでいる【1937年封切りのマレーネ・ディートリヒ（1901-92）の主演映画『天使』では、トゥール通りの314番地（架空の番地）がラストシーンの舞台となっている】。一方、この通りに隣接しているヴィラ・トゥール（Villa de la Tour）は、1897年からある。

ドゥルヴァン Delouvain 1790年当時、ベ

ルヴィル村の村長はドゥルヴァン氏だった。1840年、その名前が通りにつけられた。19区のドゥルヴァン通り（Rue Delouvain）がそれである。

トゥールヴィル Tourville 1642-1701年。トゥールヴィル伯アンヌ・イラリオン・ド・コンタンタンは、北仏マンシュ地方のトゥールヴィルに生まれ、パリで他界した海軍中将・元帥。1656年、マルタ（**マルト**）騎士団に入った彼は、ガレー船に乗って、地中海でオスマン海軍と戦っている。海軍大佐に叙せられて翌年の1667年には、ネーデルラント海軍とも交戦して軍功をあげた【1667-68年、フランスは南ネーデルラントの継承を主張して、イスパニアと戦った。これをネーデルラント継承戦争とよぶ】

1676年、艦隊司令官に任命されたトゥールヴィルは、1682年から**デュケーヌ**を補佐して軍事遠征にくわわり、**アルジェ**を砲撃して町を灰燼に帰し、ジェノヴァ（ジェーヌ）を占領し【1683年】、さらにトリポリに砲撃をくわえて甚大な被害をあたえた【1685年】。一方、地中海の海賊たちを一掃し、その功によって、1689年、地中海艦隊の海軍中将（副提督）となる。

そして【フランスと対仏大同盟軍によるアウグスブルク同盟戦争（1688-97年）さなかの】1690年、トゥールヴィル伯はイングランド南岸沖のワイト島近くで、イングランド＝ネーデルラント連合艦隊を撃破する。だが、1692年5月の北仏ラ・ウーグ沖の海戦で、同じ連合艦隊に敗北してしまう。敵艦隊は軍艦82隻と数多くの補助艦、これに対し、トゥールヴィルが率いていた軍艦は40隻たらずだった。

この敗戦にもかかわらず、彼は翌1693年にフランス元帥に叙され、同年にはポルトガル南部ラゴス沖の海戦で、仇敵連合艦隊に多大な損害をあたえて復讐をはたした。それから4年後、彼は引退する。この軍人をたたえて1805年に命名されたトゥールヴィル大通り（Avenue de Tourville）は、7区にある。

トゥールーズ Toulouse 古くトロザとよば

れていた**トゥールーズ**はオート＝ガロンヌ県の県都で、ガロンヌ河岸に位置している。この町の建設はローマより古い【旧石器時代までさかのぼる住居址が発見されているが、郊外のヴィルヌーヴ＝トロザヌなどで小邑が形成されたのは新石器時代】。町はローマ帝国のもとで栄え、3世紀に聖セルナン【ラテン語名サトゥルニン。初代トゥールーズ司教】によってキリスト教化された。419年、西ゴート族がトロザを奪い、その都としたが、507年、**クロヴィス**がその王アラリック2世を破り、翌年、町を制圧した。以後、町は歴代の公爵に統治され、629年、フランク王ダゴベルト1世【在位629-639】によって、フランク王国に属するアクィタニア世襲公爵領【アクィタニア王国】の都がおかれる。

のちにシャルルマーニュ大帝もまたアクィタニア王を名のるが【781年】、大帝が没する【814年】と、王国は息子の敬虔王ルイ（ルートヴィヒ）1世【フランク王および西ローマ皇帝（在位814-840）】に託される。817年、敬虔王は王国の統治を息子ピピン1世に譲り【-838】、以後その王位はピピン1世の弟である禿頭王シャルル（カール）2世【在位832-834、838-845】、ピピン1世【復位・在位834-838】、さらにその子ピピン2世【843／845-848】へと受け継がれていく…

一方、この王国の都だったトゥールーズは、721年、アラブ人に包囲されて陥落する。だが、778年にシャルルマーニュによって設けられたトゥールーズ伯領は、850年頃に始まるアクィタニア王国の衰退を尻目に南仏に勢力を拡大し、南仏の知的文化の中心地となった。1152年にはトゥールーズ市内6地区から選ばれた、12人の代議員から構成される参事会（キャピトゥラ）も創設された。

だが、異端カタリ派撲滅を名目に【実際はトゥールーズ伯の勢力と領地を削ぐために】おこされたされたアルビジョワ十字軍（1209年）によって伯領は弱体化し、1271年、勇胆公フリップ【国王在位1270-85】

がこれを継承して、ついにトゥールーズ伯領はフランス王国に併合される。そして1443年には、ときの国王シャルル7世【在位1422-61】によって、トゥールーズに高等法院が設けられるまでになる。百年戦争【1337-1453年】のあいだ、トゥールーズはフランス王室に顕著なまでの忠誠を誓った。

14世紀から15世紀にかけては大学【1122年創設】が発展を遂げ、最優秀作の詩に賞品をあたえる文学コンクール「ジュー・フロロー」も始まった【今もおこなわれてる西欧世界最古のコンクールで、第1回目は1323年】。参事会がみごとな市政を敷いていたこの町は、16世紀の宗教戦争時代、カトリック同盟者が数多く住んでおり、つねにフランス国王に忠実だった。

市内の見どころとしては、カピトル（市庁舎・市立劇場）【17世紀】やその広場【1730-1851年。1632年、リシュリューの政敵で、ラングドック地方総督・ヌーヴェル＝フランス副王だったモンモランシー公アンリ2世が、ここで斬首刑に処されている】、サン＝セルナン司教座聖堂【17世紀】、ジャコバン教会堂【13世紀。1369年、ここに聖トマス・アクィナスの遺骸が安置された】、さらの数多くのルネサンス期の邸館、旧アウグスティヌス会修道院内の美術館【1795年】などがある。パリのトゥールーズ通り（Rue de Toulouse）は、1934年から19区にある。

トゥールーズ

「ペ・ド・コカニュ」【楽園。字義は「娯楽の国」】という表現が、トゥールーズで生まれたことを知っているだろうか。16世紀から17世紀にかけて、この町はパステル（青色染料）の生産で大いに栄えていた。これはタイセイ【アブラナ科の草本】の葉をすり潰し、粘土にくっけて乾かしてつくるもので、丸く固めたパステルと粘土をコク（coque）とよび、ここからコカニュ（cocagne）という語が派生した。トゥールーズと、その壮麗な邸館が今も感嘆の対象となっているパステル商人の富は尋常なものではなく、

こうしてペ・ド・コカーニュという表現が、豊かで安楽な地を象徴するために生まれたのである。だが、インドから来た船がインディゴをもたらすようになると、トゥールーズは徐々にこの象徴とは縁遠くなっていった。

スミレのまちトゥールーズにはまた、「デモワゼル（令嬢）」とよばれる一角がある。これはいかなるデモワゼルなのか。じつはピエール＝ポール・リケ男爵【1609-80。塩税総徴税人】がミディ運河の建設を始めたとき【1667年。完成は男爵の死後1年目の1681年】、問題の一角で愛に飢えた労働者たちを待ち受けていた女性たちである。この寛大な心の持ち主である若い女性たちの記憶が、当然のことながら、後代まで地名として受け継がれているのだ。

パステル文化が華やかだった頃、トゥールーズには、その稀にみる美貌と立ち居ふるまいで、住民たちから「ラ・ベル・ポール（美女ポール）」とよばれる女性がいた。やがてこの美女は結婚するが、嫉妬深い夫は日がな一日妻を家に閉じ込めていた。そこでトゥールーズの住民たちは、市の参事会に抗議の訴えを起こし、これを受けて、参事会はラ・ベル・ポールが毎日午後5時に、1時間だけ家のバルコニーに姿を現すよう夫に命じ、違反した場合は投獄するとした。こうして歓喜の声をあげた彼女の礼賛者たちは、申し分なく着飾ったその姿を思う存分堪能することができた。むろん夫は怒りを抑えるほかなかったが、それでも日に23時間は、美しい妻に接することがきるという至福は残された。

トゥールーズ＝ロートレック Toulouse-Lautrec 1864-1901年。画家のアンリ・ド・トゥールーズ＝ロートレック、通称ロートレックはピレネー（ピレネ）地方のアルビに生まれ、フランス南西部ジロンド県サンタンドレ＝ド・ボワのマルロメ城で没している。トゥールーズの名門伯爵家の末

裔だったが、子供のころ、馬や階段から落ちて骨折したのがもとで、両足の発達が妨げられてしまった【成人時の身長は152センチメートルほどだった】

一族の少なからぬ祖先たちと同様、絵画に強い関心をいだいていた彼は、若くしてその道に進むことを決意し、パリに出る【1882年】。だが、酒に明け暮れる日々を送り、周知のように、当時はやっていた場所、とくにムーランルージュに足しげく通った。そうした生活ぶりのため、当然のことながら実家とほぼ絶縁状態になった。くわえて、その作品も美術界から当初はほとんど相手にされなかった【この時期、彼はモデルに雇ったシュザンヌ・ヴァラドン（ユトリロの母親）と親しくなり、彼からその画才を認められた彼女はやがて画家になる】

ロートレックの生地アルビで語られているところによれば、1925年頃、以前の隣人が彼の生家の納屋から油彩画を10点ほど見つけ、貧しい家族の食費を捻出するために売ったという。いずれも彼が一文のたしにもならないと思って放っておいた作品だった。この隣人の子孫たちは今もなお【ロートレックの作品を安価で売りとばした】先祖の行為を呪っている…

あきらかに不幸な生涯を送ったロートレックは、母親のもとに身を寄せることを願い、実際に母親に看取られながら息を引き取った。大部分がアルビのトゥールーズ＝ロートレック美術館【1922年開館】におさめられている彼の作品としては、たとえば以下がある。『ジャヌ・アヴリル』、『アリスティード・ブリュアン』、『ムーランルージュにて』【いずれも1892年】、『立見席』、『日本風椅子』【いずれも1892-93年】、『ある婦人の肖像』【1897年】。彼に捧げられたトゥールーズ＝ロートレック通り（Rue Toulouse-Lautrec）は、1932年から17区にある。

トゥルティユ Tourtille 20区のトゥルティユ通り（Rue de Tourtille）は、1730年、住人のひとりだったトゥルティユ＝ソーグラン氏【詳細不明】にちなんで命名されて

いる。彼は、1745年に蝋燭の代わりにオイルをもちいる反射鏡つきの街灯を考案し、共同経営者のドミニク=フランソワ・ブルジョワ【1697-1781。時計師】とともに、20年ものあいだパリの街路の照明権を独占した。

トゥール・デ・ダム Tour des Dames 9区のトゥール=デ=ダム通り（Rue de la Tour-des-Dames）は、モンマルトルの女子修道院にあった風車にちなんで、1789年に命名されている。1320年に敷設されて以来、この通りはムーラン=ド=ラ=トゥール－デーダム【字義は「修道女たちの塔の風車」】通りとして知られていた。だが、この風車は、それがとりつけられていた塔ともども1822年に解体された。当時、塔の分厚い壁の内側には、アンリ4世時代に瓶詰されたワインが備蓄されていた。ただ、ワインはすでに腐敗しており、この「宝物」の発見者たちはそれを賞味することができなかった。

トゥール・ド・ヴァンヴ Tour de Vanves 14区のトゥール=ド=ヴァンヴ小路（Passage de la Tour-de-Vanves）は、ヴァンヴの塔の古い風車にちなんで命名された。だが、その風車も塔も19世紀に撤去されている。

トゥルニュ Tournu 15区のトゥルニュ通り（Rue Tournus）は1814年にオーストリア軍に抵抗したことで、翌年、ナポレオンからレジョン・ドヌール勲章を授けられたソーヌ=エ=ロワール県の町とは無縁で、この通りの最初期の住人だったトゥルニュ氏を名祖とする。

トゥルヌー Tourneux 1885年まで小路だった12区のトゥルヌー通り（Rue Tourneux）は、最初期の住人のひとりを名祖とする。同区・同名の袋小路（Impasse Tourneux）は、隣接する通りにちなんで1900年に命名されている。

トゥルヌフォール Tournefort 1656-1708年。ジョゼフ・ピトン・ド・トゥルヌフォールは、エクスに生まれ、パリで他界した植物学者。両親は幼い息子を聖職者にしよ

うと、エクスのイエズス会神学校に入れた。だが、1677年に父親【トゥルヌフォール領主・平貴族】が没すると、彼はエクスを離れ、植物採集のために、南仏プロヴァンスやドーフィネ、サヴォワといった地方を歩き回る。やがて医学と解剖学を学ぶために南仏のモンペリエに赴き【1679年】、1683年にパリに移って王立植物園の植物学講師となり、1688年、その教授になる。だが、それは彼の研究の旅を妨げることなく、スペインやポルトガル、イングランド、ネーデルランド、はては小アジアにまで足を運んだ。

1691年に科学アカデミー会員、1706年に王立学院【コレージュ・ド・フランス】の医学教授となったトゥルヌフォールは、ルイ14世（ルイ・ル・グラン）の時代からその名でよばれる、植物分類法【植物を花と果実から分類する】を提唱するようになる【属の概念を唱えた彼の名は、植物の学名のTourn.に残っている】。パリ5区のトゥルヌフォール通り（Rue Tournefort）は、1864年からある。

トゥルネル Tournelle トゥルネル橋・港・河岸通り（Pont／Port／Quai de la Tournelle）の呼称は、現在のトゥルネル河岸通りの1番地にあった同名（ラ・トゥルネル）の城館に由来する。シャルル6世【国王在位1380-1422】の時代に造営されたこの城館は、フィリップ・オーギュストの市壁の一角をなし、セーヌ左岸の上流の端に位置していた、ネールの塔【→ネル】に似た円塔にちなんで命名されている。ただし、円塔のトゥルネル（小塔）という呼称は、ネルの塔（トゥール・ド・ネル）の駄洒落ではなく、単にそうよばれる必要があったにすぎない。

一方、城館は一度廃墟となったのち、アンリ2世【国王在位1547-59】の治世下で再建されている。1632年、聖ヴァンサン・ド・ポール（サン・ヴァンサン・ド・ポール）は、ガレー船徒刑囚たちを出発までパリ高等法院付属監獄に監禁する代わりに、トゥルネルの城館に収監して、6000リー

ヴルの年金を提供してくれた匿名の寄付者の好意で、彼らに精神的かつ物質的な援助をおこなう許可を得た（北仏ブレストや中西部ロシュフォール、**マルセイユ**、トゥーロンへの徒刑囚移送は、毎年2回、5月25日と9月10日におこなわれていた）。しかし、城館は1790年に解体され、徒刑囚たちは彼らを収監するために整備された、近くのベルナルダン修道院内で出発を待つことになった。

トゥルネル河岸通りは1550年から5区にあり、同区のトゥルネル港は1905年に命名されている。一方、4区と5区を結ぶトゥルネル橋についていえば、最初のそれは1365年に架けられ、以後、1620年、38年、54-56年と架け替えられ、1846年に拡張された。現在の橋は5代目で、架設工事は1923年に始まり、28年に完成をみている。その骨組みは鉄骨で、上を石で覆っている。

トゥルネル Tournelles　3区から4区にかけて走るトゥルネル通り（Rue des Tournelles）は、ヴォージュ広場に正門をかまえていたトゥルネル（レ・トゥルネル）の城館を名祖とする。最初の命名は1400年だが、より長い現在の道筋となったのは1839年のことである。囲壁を飾る数基の小塔を呼称の由来とするこの城館の最初の持ち主は、パリ司教で、大法官でもあったピエール・ドルジュモン【1315-89。パリ高等法院評定官出身】だった。やがてこの城館は**ベリー公**（1402年）、**オルレアン公**（1404年）の所有となり、1417年からは、シャルル7世【国王在位1422-61】やルイ11世【同1461-83】をはじめとする歴代の国王が、パリ滞在時に好んで住むようになった。

だが、この城館はアンリ2世【在位1547-59】がここで没するとすみやかに解体され、以後、跡地は長く空き地同然となった。1578年4月27日、国王アンリ3世【在位1574-89。政敵ギーズ公は暗殺を図るが、みずからも暗殺されてヴァロワ朝が断絶する】の寵臣だったケリュ、モージロン、リヴァロの3人が、ギーズ公支持派の3人、すなわ

ちダントラグ、リベラク、ガスパール・ド・ションベールの弟ジョルジュとすさまじい決闘をおこない、6人全員が死ぬか深手を負ったのがここである。

トゥルノン Tournon　1489-1562年。フランソワ・ド・トゥルノンはフランス南東部アルデーシュ地方のトゥルノンに生まれ、パリ西郊のサン＝ジェルマン＝アン＝レで没した枢機卿・政治家。彼は**フランソワ1世**のもとで重要な役割をにない、1526年、マドリードで国王の釈放交渉をおこなってもいる【1525年のパビアの戦いで、イスパニア＝神聖ローマ帝国軍と戦ったフランソワ1世は、敗れて捕虜となっていた。この年、トゥルノンはブールジュ大司教に叙任】

トゥルノンはまた1529年に結ばれたカンブレの和約【「貴婦人たちの和約」とも。フランスやイングランドなどのコニャック同盟と神聖ローマ帝国間の講和条約】にもかかわり、1530年にはフランソワ1世【1524年に王妃と死別していた】と、カール5世【東ローマ皇帝（在位1519-58）の姉エレオノール【1498-1558】との結婚を聖別してもいる【1533年に、のちのアンリ2世（国王在位1547-59）とカトリーヌ・ド・メディシスとの結婚を交渉したのもトゥルノンである】

同じ1530年、枢機卿に叙せられたトゥルノンは、36年、**アンヌ・ド・モンモランシー**のプロヴァンス防衛戦を援助した。こうして枢機卿としての政府内における彼の役割は次第に大きくなっていった。その一方で、トゥルノンは文人たちを庇護したり、王立図書館を拡張したり、さらには自分の名を冠した学寮を創設して【1536年】、その運営をイエズス会に託したりしてもいる。

彼はまたアンリ2世の国王即位時、新国王に対する教皇の信頼をとり戻すため、ローマに使節として派遣され、15576年には、教皇パウロ4世【在位1555-59】との同盟【イスパニア＝ハプスブルクに対する】を維持するため、再びローマを訪れている。次の教皇ピウス5世【在位1566-72】は、彼をオスティア司教と枢機卿会の首席に任じる。

アンリ2世の逝去後、トゥルノンは異端に対する厳格な取り締まりを唱え、死後、みずからが創設した学寮に埋葬された。彼の名を冠したトゥルノン通り（Rue de Tournon）は、その生存中の1541年から6区にある。

トゥールラク Tourlaque　1863年に命名された18区のトゥールラク小路（Passage Tourlaque）は、当時この小路に住んでいた家主のひとりを名祖とする。

ドゥレクール Delécourt　1844年に敷設された15区のドゥレクール大通り（Avenue Delécourt）は、それがドゥレクール氏の経営する寄宿学校に通じていたことにちなんで命名されている。

ドゥレスー Delesseux　19区のドゥレスー小路が通りに格上げされたのは、1942年のことだった。呼称は土地所有者の名に由来する。このドゥレスー通り（Rue Delesseux）は19区にある。

ドゥレズマン Delaizement　ブーローニュの森（ボワ・ド・ブーローニュ）の北側に位置するヌイイ＝シュル＝セーヌの初代町長は、1790年に指名されている。その人物は精肉商のニコラ・ジャン・ドゥレズマンだった。ドゥレズマン通り（Rue Delaizement）はヌイイにもあり、17区の同名の通りはその延長にすぎない。これがパリの通りとなったのは、ヌイイが首都に編入された1929年のことである。

ドゥレセール Delessert　バンジャマン・ドゥレセール（1773-1847）は、リヨンに生まれ、パリで病没した金融家。慈善家でもあった。彼はパシーに最初の綿紡績工場を創設し（1801年）、テンサイ糖の製造工場も設立している。たしかに当時はナポレオンによる大陸封鎖（1806年）が実施されていたが、ただそれだけのために、彼はナポレオンから男爵位を授かっている。貯蓄金庫という考えも唱えた【1818年にみずからこれを創設し、毎年労働者3000人に50フランを給付するため、16万フランをこの金庫に遺贈している】

　ドゥレセールはまた、植物学にも強い関心を抱き、標本として8万5000種以上の植物を収集してもいた。彼には『貯蓄金庫の諸利点』【刊行年不詳】や『幸福への手引き』【1839年】といった啓蒙的な著書もある。1876年以降、彼の名は青い道路表示板に刻まれている。このドゥレセール大通り（Boulevard Delessert）は16区にある。

ドゥレセール Delessert　10区のドゥレセール小路（Passage Delessert）は、バンジャマンとは無縁で、呼称は1891年にこの通りが敷設された土地の所有者にちなむ。

ドゥレピヌ Delépine　11区の2本のドゥレピヌ袋小路（Impasse Delépine）は、いずれもこの小路に家をかまえていたドゥレピヌ氏にちなんで命名されている。

トゥーレル Tourelles　20区のトゥーレル通り（Rue des Tourelles）は、その呼称を、メニルモンタン城館の庭園内部にある東屋（あずまや）がそなえていた、多角形の小塔（トゥーレル）に負っている。広大な所領に囲まれていたこの城館は、現在のペルポール通り130番地に正門があった。1695年から、城館はパリの商人頭【市長に相当】や財務監督官、パリ高等法院上席評定官などを輩出したル・ペルティエ家の有するところとなった。だが、城館と所領は19世紀前葉に姿を消している。通りの命名は1812年、同じ20区のトゥーレル小路（Passage des Tourelles）は80年の命名である。

ドゥロデ Deloder　1914年に設けられた13区のヴィラ・ドゥロデ（Villa Deloder）は、その旧地主にちなんで命名されている。

ドゥロネ Delaunay　11区のシテ・ドゥロネ（Cité Delaunay）もまた、この通りが敷設された土地の所有者を名祖とする。

ドゥロネ Delaunay　11区のドゥロネ小路（Impasse Delaunay）も地主の名前に由来する呼称だが、彼の正確な名前はモルダン＝デロネであり、前項のシテとは無縁である。

トゥアン Thouin　1747-1824年。パリを生没地とするアンドレ・トゥアン（トゥアン）は、植物学者・農学者【百科全書】の寄稿者でもあった彼は、1786年に会員に選ば

れた科学アカデミーなど、72（！）のアカデミーや学会の会員だった。セーヌ県議会議員（1790-92年）やパリの自然史博物館教授（1793年から）などをつとめ、1806年には農学校を創設している】。彼の名がついたトゥワン通り（Rue Thouin）は、1865年から5区にある。

トカタ Toccata　19区のヴィラ・トカタ（Villa Toccata）は、「パルク・デ・ミュジシャン（音楽家公園）」が分割・分譲された1997年に敷設されている。呼称は音楽用語のトッカータ、すなわち鍵盤楽器用の即興的かつ技巧的な曲を意味する。

トクヴィル Tocqueville　1805-59年。アレクシ＝シャルル＝アンリ・クレレル・ド・トクヴィルはパリで生まれ、カンヌで没した政治思想家・法律家・政治家【1826年、パリ大学で法学学士号を取得し、1827年、ヴェルサイユ裁判所の判事修習生となった】。修習生時代、彼はギュスターヴ・ド・ボーモン【1802-66。1838年に代議員に選ばれ、1851年には憲法制定議会副議長となった】と出会う。ふたりは刑務所制度を調査するためアメリカ合衆国に派遣される（1831-32年）。その際、トクヴィルは制度や政治習俗についても学んだ。帰国後の1833年、ボーモンとともに『合衆国における監獄制度とそのフランスへの適用について』を上梓し、アカデミー・フランセーズのモンティオン賞を受賞する。

それから2年近くたった1835年1月、弁護士だったトクヴィルは、数件の裁判で弁護を引き受けたのち、彼に名声をもたらすことになる『アメリカのデモクラシー』第1巻を出版する。そして同年10月、家族の反対を押し切ってメアリー・モトレー【平民出身のイギリス人移民】と結婚する【その後、ふたりはイギリスに渡って、トクヴィルの親友だった哲学者・経済学者のジョン・スチュアート・ミル（1806-73）に歓迎された】。やがてフランスに戻り、1838年、人文・社会科学アカデミー会員に推され、39年には北仏マンシュ県選出の代議員、さらに『アメリカのデモクラシー』の第2巻を

出して翌年の41年、アカデミー・フランセーズ会員となる。

そして1848年1月27日、トクヴィルは議会で革命が急迫しているとの警鐘を鳴らす。事実、翌2月、7月王政を打倒する革命が起こる。失脚を免れた彼は憲法制定会議、ついで立法議会の議員となる。だが、1851年12月2日、大胆さに欠けるところがなかった彼は、10区の区庁舎、クーデターで実権を握った大統領ルイ＝ナポレオン（ナポレオン3世）を告発する文書に署名する【この日、同区庁舎には大統領の罷免を求める議員200人以上が立てこもったが、警察によって全員逮捕された】。それにより、彼はヴァンセンヌ城の監獄に幽閉されてしまう。

釈放後、政治の世界から退いたトクヴィルは、イタリア、ついでドイツを訪れ、そこで『旧体制と大革命』を書き上げる【1856年出版】。やがて病を得た彼は、恢復を願ってカンヌに移るが、願いもむなしく、まもなく帰らぬ人となった。彼は言っている。「大いなる美徳が間違ってもちいられることほど悲しいものはない」、「民主主義国家は、みずからにふさわしい政府をもつ」。17区のトクヴィル通り（Rue Tocqville）は1877年、トクヴィル小公園（Square Tocquville）は1912年に命名されている。

トキョ Tokyo　東京は1369万【2017年推計】という世界最多の人口を有する都市。神奈川・埼玉両県を含む都市圏人口は3775万【2012年】で、中国珠江デルタに次いで世界第2位となっている。1923年の関東大震災と第2次世界大戦末期のアメリカ軍の爆撃によって大きな損害を受けたが、みごとに再建されて今日に至っている。パレ・デ・トキョに近い16区のトキョ広場（Place de Tokyo）は、1997年から17区にある。

ドクトゥール・アイエム Docteur Hayem　1841-1933年。ジョルジュ・アイエムはパリ生まれの医師。解剖病理学の分野で重要な業績をあげ、解剖学や血液病理学、さら

に胃の疾患治療にかんする研究もおこなった。パリ大学医学部の臨床医学と治療学の教授をつとめ、1886年に医学アカデミーの会員となった。彼の名を冠したドクトゥール＝アイエム広場（Place du Docteur-Hayem）は1935年からある。

ドクトゥール・アルノルド・ネッテル Docteur Arnold Netter 1855-1936年。パリ大学医学部教授だったネッテルは、肺炎双球菌や髄膜炎の多様な症例を深く研究した。12区のドクトゥール＝アルノルド＝ネッテル大通り（Rue du Docteur – Arnold-Netter）は、1962年に命名されている。

ドクトゥール・アルフレッド・フルニエ Docteur Alfred Fournier 1832-1914年。梅毒研究に尽力したパリ生まれの医師。オテル＝デュー（現パリ市立総合病院）やサン＝ルイ【→サン＝ルイ＝アン＝リル】病院で働いた彼は、パリ大学医学部教授と医学アカデミーの会員となった。著書に『梅毒論』【1899年】や『下疳の伝染研究』【1914年】がある。6区のドクトゥール＝アルフレッド＝フルニエ広場（Place du Docteur-Alfred-Fournier）は、1970年の命名になる。

ドクトゥール・アントワヌ・ベクレール Docteur Antoine Béclère 1856-1939年。電気放射線科医として知られるベクレールは、1970年、パリの11区と12区にまたがる、ドクトゥール＝アントワヌ＝ベクレール広場（Place du Docteur-Antoine-Béclère）にその名を残している。

ドクトゥール・イェルサン Docteur Yersin 1863-1943年。アレクサンドル・イェルサンの名は、とくにペスト菌にかんする研究で知られる【香港のペスト禍を舞台として展開されたパストゥール研究所出身の彼と、コッホ研究所出身の北里柴三郎のペスト菌単離レースについては、蔵著『ペストの民族誌』（朝日新聞社、1995年）を参照されたい。なお、ペスト菌をイェルサン菌ともよぶ】。13区のイェルサン広場（Place du Dodeur-Yersin）は1956年の命名である。

ドクトゥール・ヴィクトル・ユティネル

Docteur Victor Hutinel 1849-1933年。フランス中東部コート＝ドール県のシャティヨン＝シュル＝セーヌに生まれ、パリで他界したヴィクトル・ユティネルは、1879年に病院勤務医となり、83年には医学博士号をえている。さらに1897年、パリ大学医学部の病理学教授に就任し、99年には医学アカデミー会員に選ばれ、1907年、パリ大学医学部の小児科教授をつとめた。彼は小児科学やあらゆる小児疾患にかんする数多くの業績を残し、1936年には13区の通りにその名がつけられている。ドクトゥール＝ヴィクトル＝ユティネル通り（Rue du Docteur-Victor-Hutinel）である。

ドクトゥール・ウラン Docteur Heulin 1869-1926年。ヴァンサン・ウラン医師の名は、1927年にパリの通りにつけられている。17区のドクトゥール＝ウラン通り（Rue du Docteu-Heulin）である。

ドクトゥール・カルメット Docteur Calmette 1863 -1933年。医師で細菌学者のアルベール・カルメットはニースで生まれ、カミーユ・ゲラン【1872-1961。カルメットと同じパストゥール研究所員】とともに、抗結核ワクチン、すなわちBCGを開発した【BCGとはカルメット・ゲラン桿菌の略称】。彼の名にちなんだドクトゥール＝カルメット小公園（Square du Docteur-Calmette）は、1936年から15区にある。

ドクトゥール・グジョン Docteur Goujon 1839-1907年。医師のエティエンヌ・グジョンは、むしろ上院議員やパリ12区の区長をつとめたことで知られる。1926年には同区の通りに彼の名がつけられている。ドクトゥール＝グジョン通り（Rue du Docteur-Goujon）がそれである。

ドクトゥール・グランシェ Docteur Grancher 1843-1907年。ジャック・ジョゼフ・グランシエは幼児期特有の病気および結核の診察と治療に心血を注いでいた。医学アカデミーの会員【1892年選出】だった彼は、『抗結核ワクチン接種』【1890年】や『幼児期の疾患論』【1898年】などを著

している。20区のドクトゥール＝グラン
シェ小公園（Square du Docteur-
Grancher）は、2006年に開園している。

ドクトゥール・グレイ Docteur Gley 1857
-1930年。生理学者で哲学者でもあったエ
ミール・グレイは、フランス東北部ロレー
ヌ地方のエピナル出身。彼の主たる研究は
神経系や腺、とくに甲状腺の生理学、そし
て精液にかんするものだった。著書には
『生物学についての哲学的・歴史学的試論』
【刊行年不詳】がある。20区には1932年に
命名されたドクトゥール＝グレイ大通り
（Avenue Docteur-Gley）がある。

**ドクトゥール・ジャクメール＝クレマンソー
Docteur Jacquemaire-Clemenceau** 1894
-1931年。本名はジャクメールだが、ジャ
クメール＝クレマンソーとよばれた放射線
医。15区のドクトゥール＝ジャクメール
＝クレマンソー通り（Rue du Docteur-
Jacquemaire-Clemenceau）は、1932年の
命名である。

**ドクトゥール・ジャック・ベルティヨン
Docteur Jacques Bertillon** 1851-1922年。
軍隊の「内外科統計局」の局長だったベル
ティヨン【国際疾病分類の提唱者】は、8区
の小路に住んでいた。ドクトゥール＝ジャ
ック＝ベルティヨン袋小路（Impasse du
Docteur-Jacques-Bertillon）は、1966年
に命名されている。

**ドクトゥール・シャルル・リシェ Docteur
Charles Richet** 1850-1935年。シャル
ル・リシェはパリ出身の医師・生理学者。
1887年、パリ大学医学部の生理学教授と
なり、以下のような著書を上梓している。
『知性の毒』【1877年】、『大脳回の構造』
【1878年】、『動物熱』【1889年】。1913年、
ノーベル生理学・医学賞を受賞した彼に捧
げられたドクトゥール＝シャルル＝リシェ
通り（Rue du Docteur-Charles-Richet）
は、1936年から13区にある。

**ドクトゥール・ジェルマン・セ Docteur
Germain Sée** 1818-96年。ジェルマン・
セはアルザス地方オー＝ラン県のリボーヴ
ィレ【この町の詳細については、蔵持著『ワ

インの民族誌』（筑摩書房、1988年）を参照さ
れたい】に生まれ、パリで没した医師。生
物学を専門とし、パリ大学医学部の治療学
教授をつとめた。1868年、その学問的な
教えを告発した聖職者たちから上院に嘆願
書が提出されたが、学生たちからは熱烈な
激励を受けた。1969年に内科学教授、76
年に臨床医学教授となった彼は、『癲癇と
臭化物』【1884年】や『肺の単純疾患』【刊
行年不詳】などを著している。16区にある
ドクトゥール＝ジェルマン＝セ通り（Rue
du Docteur-Germain-Sée）の命名は、1938
年になされた。

**ドクトゥール・デジェリヌ Docteurs
Déjérine** 1849-1917年。フランス人を両
親としてジュネーヴに生まれたジュール・
デジェリヌは、医学を修得し、まもなくパ
リにあるネッケル（ネケール）病院の教授
となる。1908年、医学アカデミーの会員
に選ばれた彼は神経系にかんする数多くの
論文を発表する。それにはフランスにおけ
る最初の妻で、パリの病院研修医だったオ
ーギュスタ【1859-1927。サンフランシスコ
生まれのフランス人神経科医で、パリ病院研
修所の女性初の卒業生】の助力があった。デ
ジェリヌには脊髄にかんする著作【1906
年】などがある。青い道路表示板にこの医
師夫妻の名を複数形のDocteursと結びつ
けた、20区のドクトゥール＝デジェリヌ
通り（Rue des Docteurs-Déjérine）は、
1935年からある。

ドクトゥール・テュフィエ Docteur Tuffier
1857-1929年。北仏オルヌ県のベレーム
に生まれたテオドル・テュフィエは、実験
外科学の偉大な先駆者であり、脊髄麻酔の
推進者でもあった。パリ大学医学部の正教
授【1889年】、さらに医学アカデミーの会
員【1918年】となった彼は、肺や心臓、膀
胱の疾患治療にかんする最初の外科医のひ
とりといえる。13区のドクトゥール＝テ
ュフィエ通り（Rue du Docteur-Tuffier）
は、1931年の命名である。

ドクトゥール・ナヴァール 1853-1921年。
13区のドクトゥール＝ナヴァール広場

（Place du Docteur-Navarre）は、同区の参事会会員だった医師オーギュスト・ルイ・ナヴァールの名にちなんで、1923年に命名されている。

ドクトゥール・パクラン Docteur Paquelin

1836-1905年。アンドレ・パクランはアヴィニョン生まれの医師である。とくに焼灼器（混合気体で病組織を焼いて破壊する白金製の治療具）を考案したことで知られる。最初、彼はこの器具を焼灼のためにもちいていたが、やがてピロフォールやピログラフといった別のよび名でこれを工業に転用している。アンドレ・パクランに捧げられた20区のドクトゥール＝パクラン通り（Rue du Docteur-Paquelin）は1910年からある。

ドクトゥール・ババンスキ Docteur Babinski

医師のジョゼフ・ババンスキは、優れた神経科医として名声を博した。その名前は1965年、18区のドクトゥール＝ババンスキ通り（Rue du Docteur-Babinski）に冠せられている。

ドクトゥール・ファンレ Docteur Finlay

1833-1915年。カルロス・フィンレー（ファンレ）はキューバの医師である。黄熱（病）が蚊【ネッタイシマカなど】によって媒介されることを発見した。彼の名にちなんだ15区のドクトゥール＝ファンレ通り（Rue du Docteur-Finlay）は、1934年に命名されている。

ドクトゥール・フェリクス・ロビジョワ Docteur Felix Lobigeois

1874-1942年。フェリクス・ロビジョワは有名な放射線医だったが、放射線障害で病死している。17区のドクトゥール＝フェリクス＝ロビジョワ広場（Place du Docteur-Felix-Lobigeois）は1945年の命名になる。

ドクトゥール・ブランシュ Docteur Blanche

1820-93年。エスプリ・ブランシュはパリを生没地とする精神科医。『精神障害者の食道カテーテル法について』【1848年】という、一風変わった題名の著書がある。1894年にその名をとって命名された16区のドクトゥール＝ブランシュ通り（Rue du Docteur-Blanche）は、彼が1847年から担当していた市立診療所に隣接している。

ドクトゥール・ブルアルデル Docteur Brouardel

1837-1906年。ポール・ブルアルデルは北仏ピカルディ地方のサン＝カンタンに生まれ、パリで他界した医師。1879年、法医学の教授となった彼は、医学アカデミー会員、法医学会会長、モルグ研究所長、パリ大学医学部長などを歴任した。下水道の合流式システムに反対し、『化学マッチ製造工場で働く労働者たちの衛生』【1889年】を著している。7区のドクトゥール＝ブルアルデル大通り（Avenue du Docteur-Brouardel）は、1911年からこの名でよばれている。

ドクトゥール・ブールヌヴィル Docteur Bourneville

1840-1909年。パリ北西部ウール県のガランシエールに生まれ、パリで没したデジレ・マグロワール・ブールヌヴィルは医師で、とくに心身疾患の診療を専門としていた。パリ市参事会員（1876-83年）、ついで下院議員（1883-89年）をつとめ、病院の世俗化に多大な貢献をした。ビセートル病院の精神障害部門の責任者でもあった。著書には『脳疾患の局在性講義』【1786年】や『看護人・看護師の実践的手引き』【1878年】などがある。13区のドクトゥール＝ブールヌヴィル通り（Rue du Docteur-Bourneville）は、1936年に命名されている。

ドクトゥール・ポタン Docteur Potain

1825-1901年。パリで生まれ、没したエドワール・ポタンは、1859年に病院勤務医、76年にはパリ大学医学部の病理学教授、77年には臨床医学教授となっている。専門は心臓および肺疾患の治療で、胸膜や腹水の滲出液を除去するための吸引器を考案した。1935年に彼の名がつけられたドクトゥール・ポタン通り（Rue du Docteur-Potain）は、19区にある。

ドクトゥール・ポール・ブルース Docteur Paul Brousse

1844-1908年。ポール・ブルースは南仏モンペリエ出身で、パリ東郊のヌイイ＝シュル＝マルヌで他界している。

トクトウル

彼は医師であるとともに、12区選出のパリ市参事会議長や下院議員もつとめた【政治的にはアナキスト派から転身して、旧フランス社会党内で現実改革を目指したポシビリスト（可能派）の指導者となった】。1924年に命名された20区のドクトゥール＝ポール＝ブルース通り（Rue du Paul-Brousse）は、それまでは単に「ドクトゥール」とのみよばれていた。この呼称はブルースではなく、19世紀に界隈で評判をとっていた医師のジュール・ピゴ【不詳】を偲んでつけられたものだった。

ドクトゥール・ポール・ミショー Docteur Paul Michaux 1854-1923年。外科医のポール・ミショーはとくに全仏公認体操連盟を創設したことで知られる。彼に捧げられた16区のドクトゥール＝ポール＝ミショー広場（Place du Docteur-Paul-Michaux）は、1934年に命名されている。

ドクトゥール・マニャン Docteur Magnan 1835-1905年。医師のヴァランタン・マニャンはフランス最南西部のペリピニョン出身。サン＝タンヌ精神科病院での教育や心身障害の治療で注目を浴びた。医学アカデミー会員の彼は、1936年に命名された13区のドクトゥール＝マニャン通り（Rue du Docteur-Magnan）にその名を残している。

ドクトゥール・ラヌロング Docteur Lannelongue 1840-1911年。マルク・オディロン・ラヌロングはピレネー（ピレネ）山脈西部、ジェール県のカステラ＝ヴェルデュザに生まれ、パリで没した外科医。1876年に医学部の教授資格をえた彼は、数か所の病院に勤務した。1883年、医学アカデミー外科病理学部門の会員に選ばれ、翌84年、アンファン＝マラド病院【現在のコシャン総合病院】の病理学教授となる。一方、政治にも関心を抱き、1893年、ジェール県から下院議員に選ばれている。骨結核の分野で多くの業績をあげた彼の名は、1934年、パリの通りにつけられている。14区のドクトゥール＝ラヌロング大通り（Avenue du Docteur-Lannelongue）がそ

れである。

ドクトゥール・ラベ Docteur Labbé 1832-1916年。北仏オルヌ県のメルルローに生まれた外科医のレオン・ラベは、1876年に医学アカデミーの会員となっている。「フォーク式」とよばれる手術を編み出した【このことから「フォークの男」と称された】彼は、きわめて「規則化された」手術、つまりあらゆる外科医がさしたる困難も覚えずにもちいることができるほど完璧な手術によって、胃切除を行った。ラベはまた政治の世界にもかかわり、1892年から1900年までオルヌ県選出の上院議員もつとめた。晩年には医学アカデミーの会長にもなった。20区のドクトゥール＝ラベ通り（Rue du Docteur-Labbé）は、1926年に命名されている。

ドクトゥール・ランスロー Docteur Lancereaux 1829-1910年。エティエンヌ・ランスローはいくつかの病院に勤務した内科医で、医学アカデミーの会員でもあった。8区のドクトゥール＝ランスロー通り（Rue du Docteur-Lancereaux）は、1934年の命名になる。

ドクトゥール・ランドゥジー Docteur Landouzy 1845-1917年。ルイ・ランドゥジーはパリ北東のランスに生まれた内科医。普仏戦争のパリ攻囲戦時（1870-71年）には、ヴァル＝ド＝グラース（陸軍病院）の軍医だった。1893年、彼はパリ大学医学部の治療学教授となり、同時に医学アカデミーの会員に選ばれている。著書に『急性疾患における麻痺について』【1880年】がある。彼を名祖とするドクトゥール＝ランドゥジー通り（Rue du Docteur-Landouzy）は、1933年から13区にある。

ドクトゥール・リュカ・シャンピオニエール Docteur Lucas-Championnière 1834-1913年。ジュスト・リュカ＝シャンピオニエールは、北仏オワーズ県のサン＝レオナール出身。医学アカデミー会員となり、フランス国内における殺菌消毒法の普及に多大の尽力をした《実践内外科学ジャーナル》の共同創刊者】。彼は粉末、通称「リュ

カ=シャンピニョニエール粉」をつくりだし、これを焼痂【皮膚の壊死】の治療にもちいた。粉末の成分はヨードホルムやキナ皮、安息香、炭酸塩、マグネシウムからなっていたが、その調合は調剤師にゆだねられた。『消毒外科実践』【1909年】をものしている彼の名は、1936年、パリの通りに冠されている。13区のリュカ=シャンピォニエール通り（Rue du Docteur-Lucas-Championnière）がそれである。

ドクトゥール・ルー Docteur Roux 1853-1933年。医師のエミール・ルーはパストゥールの弟子である。生地はリモージュ【→リムザン】北西方のコンフォラン。馬の血清をもちいてジフテリアの治療法を開発したのが彼である。また、毒素に対する多くの研究もおこなった。彼の名は1934年から15区のドクトゥール=ルー通り（Rue du Docteur-Roux）に残っているが、この通りには、彼に多くを負っているパストゥール研究所がある。

ドクトゥール・ルセーヌ Docteur Lecène 1878-1929年。ポール・ルセーヌはいくつかの病院に勤務した外科医。彼の名を冠した13区のドクトゥール=ルセーヌ通り（Rue du Docteur-Lecène）は、1934年に命名されている。

ドクトゥール・ルレ Docteur Leray アドルフ・ルレは職業病の犠牲となった医師【放射線医ルレ（1865-21）は25歳でパリのサン=タントワヌ病院長となり、のちにはサルペトリエール病院付設看護学校長もつとめた。死因は治療でもちいていた放射線による障害】。彼の名は1917年以降、13区のドクトゥール=ルレ通り（Rue du Docteur-Leray）に残っている。

ドクトゥール・ローラン Docteur Laurent 1857-1929年。優れた内科医だったローランは、とくにその有名な慈善活動で高く評価されていた【彼は1952年に精神予防性無痛分娩法を開発し、57年には、彼の活動を主題とした映画『ドクター・ローランの場合』（監督ジャン=ポール・ルシャノワ、主演ジャン・ギャバン）がつくられてもいる】。パリ市が

1929年に彼に捧げたドクトゥール=ローラン通り（Rue du Docteur-Laurent）は13区にある。

ドスヌ Dosne ドスヌ家は土地所有者で、16区のドスヌ通り（Rue Dosne）は1827年、その私有地に敷設された。

ドタンクール Dautancourt 1771-1832年。ピエール・ドタンクールは北仏エーヌ地方のモンティニィ=スー=マリに生まれ、フランス中部ニヴェールで他界した将軍。1814年の対仏大同盟軍との戦いで、17区を守って名をはせた。17区のドタンクール通り（Rue Dautancourt）は、彼をたたえて1868年に命名されたものである。

ドド・ド・ラ・ブリュヌリ Dodo de la Brunerie 1775-1851年。フランス東部イゼール県のサン=ジョワールに生まれ、パリで他界した子爵のギヨーム・ドド・ド・ラ・ブリュヌリは、貴族院議員で元帥。彼を有名したのは、1813年、ポーランド（ポローニュ）南西部シレジア地方にあるグウォグフ（グローガウ）防衛戦での目覚しい働きだった【ナポレオン戦争でフランスが町を占拠していたが、第6次対仏大同盟軍に攻められた】。王座についたばかりのルイ18世【在位1814-15/1815-24】の勅令で彼がそこを撤退したのは、1814年になってからだった【この年4月にフランス軍は降伏した】

ブリュヌリは復古王政に仕え――1815年の百日天下後も――、1823年のスペイン遠征にはアングレーム公として従軍している。1840年、パリの要塞化を託された彼は、47年、元帥の杖も授けられた。16区にあるドド=ド=ラ=ブリュヌリ大通り（Avenue Dodo-de-la-Brunerie）の命名は、それから1世紀近くあとの1932年のことだった。

ドニゼッティ Donizetti 1797-1848年。ガエターノ・ドニゼッティはイタリアのベルガモで生まれ、没したイタリア人作曲家。ヴェネツィア駐屯連隊に入隊した彼は、この町で1818年には『ブルゴーニュのエンリーコ』、翌年には『ロシア大帝ピョート

ル』を初演する。こうしたデビューは大成功をおさめ、さまざまな庇護を受けて、兵役も免除された。それからの30年間、彼は60曲以上を創作する。そのおもな作品としては、『ルクレツィア・ボルジア』【1833年】や『サント＝ドミンゴ島の狂人』【1833年】、『アメルモーアのリチア』【1835年】、『連隊の娘』【1839年】、『ドン・パスクァーレ』【1842年】などがある。

ドニゼッティは飽くことを知らない仕事人だったが、快楽もまたほしいままにした。はたして仕事のせいか、快楽のせいか、あるいはその両方のためか、没年は狂人同様となっていた。16区のドニゼッティ通り（Rue Donizetti）は、1864年の命名である。

ドヌー Daunou　1761-1840年。ピエール・クロード・フランソワ・ドヌーは、北仏のドーヴァー海峡に面したブーローニュ＝シュル＝メールに生まれ、パリで他界した政治家。宗教心がないままオラトリオ修道会に入ったが、フランス革命で修道会が解散されたため、誓願から解放される。しかし、パリの司教区から用意された聖職者としてポストは受け入れた。

1792年、国民公会（コンヴァンション）の議員に選ばれると、穏健派のうちに身をおき、国王ルイ16世【国王在位1774-92】の死刑に反対する。さらにジロンド派の裁判にも反対したため、投獄の憂き目にあった。テルミドール（熱月）9日【1794年7月27日】のクーデタで釈放された彼は、国民公会に戻り、重要な役割を演じるようになる。すなわち、フランス学士院を創設し──当然のことながら、彼は1795年にその会員となる──、革命暦3年【と8年】の憲法の草案作成にも尽力するのである。

さらに、ドヌーは五百人会【革命暦3年の憲法で定められた下院（1795-99年）】に属し、護民院のメンバーにもなる。1802年、これを解任されるが、「皇帝（ナポレオン）の記録保管者」として返り咲く。1815年、一時この地位を失うものの、1830年に再度復職する。ただし、今度は「王国の記録保管者」としてだった。

一方、ドヌーは1818年から34年まで下院議員をつとめ、39年には貴族院議員になってもいる。その主著としては、『フランス文学に対するボワローの影響について』【1787年】や『国民教育試論』【1792年】がある。2区のドヌー通り（Rue Daunou）は1881年の命名になる。

ドーネ Daunay　土地所有者の名前。1900年にその土地に小路が敷設された【ドーネ小路（Passage Daunay）は18区。11区には同名の小路（Impasse Daunay）がある】

ドーバントン Daubenton　1716-99年。ルイ・ドゥバントンはブルゴーニュ地方のモンバールに生まれ、パリで他界した博物学者。貴族の家に生まれた彼は修道会に入るつもりだったが、同じ町出身のビュフォンからパリによばれ、王立植物園のデモンストラトゥール（実験指導員）に任命される【のちにビュフォン編『博物誌』の寄稿者となる】。やがて彼は農業や生物順化にかんする実践的な教育に心血を注ぎ、1778年にはコレージュ・ド・フランスの一般動物学教授、さらに93年には自然史博物館の鉱物学教授となった。

1799年、彼は元老院議員に任命されるが【12月25日】、登院は1度だけだった。新しい同僚たちとの最初の審議時に脳卒中に襲われたからである【同月31日に他界】。ドーバントンはまた馬やメリノ羊の飼育にも大いに寄与し、とくに羊飼いたちのために的確な指示を含む論考を遺している。5区のドーバントン通り（Rue Daubenton）は1864年に命名されている。

ドービニ Daubigny　1817-78年。風景画家のシャルル・ドービニー（ドービニ）は、やはり風景画家だったエドメ・ドービニー、通称ドービニー・レネ（1793-1842）を父としてパリに生まれている。当初シャルルは出版物の挿絵を描いていたが、やがて風景画やエッティングに真正面からとり組むようになった。代表作に『日没』【1849年】や『村の入口』【1855年】、『海辺の湖沼』【1855年】、『バゾ母さんの家』【1874年】などがある。17区のドービニ通り（Rue

Daubigny）は彼を名祖とする。命名は
1881年。

ドーフィヌ Dauphine　6区のドーフィヌ通
り（Rue Dauphine）は17世紀初頭に敷設
され、同名の小路（Passage Dauphine）
同様、呼称はルイ13世、つまり**アンリ4
世**とマリ・ド・メディシスの王太子に負っ
ている。ルイ13世は父王が他界した1610
年、9歳で王位についている。マリ・ド・
メディシスは夫王の遺言に背いて、幼王の
摂政となることをみずから宣言し、コンチ
ーノ・コンチーニ【→クール・ラ・レーヌ】
を重用した。

　しかし、リュイヌ公シャルル【1578-
1621。ルイ13世の寵臣で、反プロテスタント
政策を推進した】に後押しされた若いルイ
王は、政治の実権をとり戻すため、1617年、
コンチーニを暗殺させた【同時に母后をブ
ロワ城に幽閉した】。そして、まずリュイヌ
をその死まで、ついでとくにリシュリュー
を登用し、フランスをみずからの統治下に
置いた。

　やがて1642年12月にリシュリューが没
すると、ルイ王はマザランを用る。だが、
彼はそれから半年もへたぬうちに死去する。
アンヌ・ドートリシュ【→サン＝タンヌ】
と結婚したルイ13世は、ふたりの息子を
もうけている。のちにルイ14世（**ルイ・
ル・グラン**）となるルイ、通称デュードネ
【字義は「神があたえた」】と、のちのオルレ
アン公フィリップ【1674-1723】である。

ドーフィヌ Dauphine　1区のドーフィヌ広
場（Place Dauphine）は1606年に建設さ
れ、同名の通り同様、のちにルイ13世と
なる王太子にちなんで命名されている。そ
の最初の特徴は、アルレ通りが除去され、
1803年に築かれ、ドゥゼの胸像がおかれ
ていた巨大な噴水が撤去されて大きく様変
わりした。1793年にギロチン刑に処され
る前、「自由よ！お前の名のもとでいかに
多くの罪が犯されていることか」と叫んだ
として知られるマノン・ロラン夫人【1754
-93。ジロンド派の指導者のひとり。内務大臣
の夫は妻の処刑後に自殺している】は、この

広場とオルロージュ河岸通りの角の家に住
んでいた。

ドブロポル Dobropol　ドブロ（・）ポル
（ないしドブロポリェ）はバルカン半島中
部【マケドニア地方】の山岳部に位置する村。
1818年9月15日から18日にかけて、ここ
でフランス＝セルヴィア連合軍は、ブルガ
リアの第一線部隊に対して輝かしい勝利を
おさめた。この敗戦を受けて、ブルガリア
は休戦を求めた。17区のドブロポル通り
（Rue de Dobropol）は1928年からある。

ドマ Domat　1625-1696年。ジャン・ドマ
ないしドーマはフランス中部クレルモン＝
フェランに生まれ、パリで没した法律家。
ルイ13世【→ドーフィヌ】の聴罪司祭だっ
た大叔父のイエズス会士シルモンの指導を
受け【彼が学んだのは、イエズス会が経営し
ていたリセ・ルイ＝ル＝グラン】、パスカル
と親交を結んだ。死に臨んで、パスカルは
ドマにもっとも秘密にしていた文書類を託
したという。

　約30年間、ドマはクレルモンの上座裁
判所（アンリ2世【国王在位1547-59】が
1551年に設置し【全国60箇所】、1792年に
廃止された世俗法廷）の国王付き弁護士を
つとめた。年老いると、国王から高額の年
金を下賜され、パリに移り住んだ。おそら
く17世紀最大の法律家だった彼は、1689
年から94年にかけて、主著『自然的体系
にもとづく市民法』を編んでいる【『フラ
ンス民法典』に大きな影響をあたえたとされ
るこの書は86版を数えた】。5区には1864年
に命名されたドマ通り（Rue Domat）が
ある。

トマ・フランシーヌ Thomas Francine　ト
マ・フランシーヌ、本名トマソ・フランチ
ーニは1571年にフィレンツェで生まれ、
1651年にパリ西郊のサン＝ジェルマン＝
アン＝レで没した技師。**アンリ4世**、マ
リ・ド・メディシス（1573-1642）、ルイ
13世の時代、継続してパリ市およびサン
＝ジェルマン＝アン＝レ、フォンテヌブロ
ーの水利・泉水長官をつとめた【最終役職
は王室侍従長（1647年から晩年まで）】。14区

のトマ＝フランシーヌ通り（Rue Thomas-Francine）は2001年に命名されている。

トマ・マン　Thomas Mann　1875-1955年。トーマス（トマ）・マンはリューベックに生まれ、チューリッヒ近郊で他界したドイツの作家。1929年、ノーベル文学賞を受賞している。代表的な作品としては以下がある。『ブッデンブローク家の人々』【1901年】、『ヴェニスに死す』【1912年】——ルキノ・ヴィスコンティ監督【1906-76】によって映画化された【1971年】——、『魔の山』【1924年】、『ファウスト博士』【1947年】など。彼は言っている。「真実なものは人間にふさわしい」。彼の名を冠したトマ＝マン通り（Rue Thomas-Mann）は、1995年から13区にある。

ドーミエ　Daumier　1808-79年。風刺画家のオノレ・ドーミエは**マルセイユ**に生まれ、パリ北方のヴァルモンドワで没している。1832年、絵入りの風刺週刊紙《カリカチュール》【1830年創刊、35年廃刊】に、国家予算を貪る太った国王**ルイ＝フィリップ**を巨人ガルガンチュアに見立てて掲載した風刺画のため、半年間の投獄生活を余儀なくされる。それでも彼は風刺をやめず、汲々として地位にこだわる者たち、すなわち大臣や代議士などの特徴を「脂肪太り」や「娼婦部屋」といったイメージで描き続けた。彼はこれらの風刺画にロジュランという筆名をもちいた。

　こうしてドーミエは仮面をかぶり続けたが、1833年からは人物の胸像画を描くようになり、その多くは風刺紙《ル・シャリヴァリ》【→ガヴァルニ】に掲載された。やがて「上流市民」の顔なじみたちの全身像を描いた。これら手厳しく諧謔的な風刺画にくわえて、ドーミエは、たとえば『ペール＝ラシェーズへの葬列』にみられるように、優れた風景画家でもあった。だが、1875年、盲目となって創作活動をやめ、国家に年金を求めた。16区のドーミエ通り（Rue Daumier）は、1886年に命名されている。

トミ＝ティエリ　Thomy-Thierry　1823-1902年。トミ＝ティエリは収集家で、**ルーヴル美術館**にその収集品の大部分を寄贈した。それに感謝して、きわめて簡単なことではあるが、1907年、7区の通りに彼の名がつけられた。トミ＝テュエリ小路（Allée Thomy-Thierry）である。

ドミニク・パド　Dominique Pado　1922-89年。パドは有名なジャーナリスト【日刊紙《オーロール》の主幹など】で、18区、ついで15区の参事会員となり、1983年からはパリ市助役をつとめた。15区のドミニク＝パド通り（Rue Dominique-Pado）は1995年に命名されている。

トミール　Thomire　1751-1843年。ピエール・フィリップ・トミールはパリを生没地とする彫刻家・彫金家・ブロンズ像制作者。王立工場【セーヴル製陶工場】につとめ、ショーデやピガール（ピガル）の作品を複製していた。その比類のない鋳造技術で名声を博した彼は、帝政時代、テュイルリー宮の飾り皿（金銀細工ないし陶製）やローマ王【1811-32。夭折したナポレオン2世のこと】の揺りかごなどをつくった。彼の名がついたトミール通り（Rue Thomire）は、1933年から13区にある。

ドーム　Dôme　16区のドーム通り（Rue Dôme）は1825年に開通しているが、当時、廃兵院（**アンヴァリッド**）の丸天井がみごとな景観を形作っていた。やがて一帯が整備されると、その景観も多少変化するが、通りの呼称だけは変わらなかった。

ドメニル　Daumesnil　1776-1832年。ピエール・ドメニルはフランス南西部ドルドーニュ地方のペリグーに生まれ、**ヴァンセンヌ**で病没している。ヴァグラム（ワグラム）の戦い【1809年】で片足を失ったことから中将に任命され、のちには**レジョン・ドヌール**のコマンドゥール（司令官）勲章を授けられ、ヴァンセンヌの守備司令官へと昇進してもいる。

　彼が最初に名を高めたのは、1814年のヴァンセンヌの防衛戦だった。対仏大同盟軍に対し、激しい、だが論理にかなった次のような言葉を発したからである。「諸君

が私の足を返してくれるなら、ヴァンセンヌをあたえよう！」

さらに第二復古王政時にも、面目躍如のエピソードがある。ヴァンセンヌを明け渡す代わりに300万フランを提供するという、敵将ゲプハルト・ブリュッヒャー【1742-1819。プロイセン軍司令官。ワーテルローの戦いでナポレオン軍を撃破した勇将】の申し出を憤然として拒んだという。

1815年、彼は引退するが、1830年の7月革命後、全身に合計83もの傷を負っているにもかかわらず、再び守備司令官に任命される。しかし、2年後、コレラに罹って不帰の客となる。そんな彼をたたえて2体の彫像が建てられている。1体はヴァンセンヌ、もう1体は生地ペリグーにである。12区のドメニル大通り（Avenue Daumesnil）は1864年に命名されている。

トラヴェルシエール Traversière 12区のトラヴェリシエール通り（Rue Traversière）は、とくに何かを横切っているわけではない。それは1672年にこの通りが敷設された土地の地主で、造園家だったトラヴェリシエ（Traversier）の姓が変形したにすぎない。この通りが現在の道筋になったのは1806年で、それまではより短かった。

トラクティル Traktir トラクティルはクリミア（クリメ）半島のチェルノイ河岸に位置する町。クリミア戦争中の1855年8月16日、ここでフランス軍はロシア軍相手に大勝利をおさめた。パリ16区のトラクティル通り（Rue de Traktir）は、この勝利を記念して1865年に命名されたものである。

ドラゴン Dragon 6区のドラゴン通り（Rue du Dragon）とドラゴン小路（Cour du Dragon）は、その呼称を聖女マルグリトの故事【3世紀に小アジアのアンティオキアに生まれたとされる、敬虔なキリスト教徒のマルガリタ（マルガリト）は、ドラゴンに飲み込まれたが、手にしていた十字架のおかげで怪物の背中が裂け、無事外に出ることができたという。のちに斬首刑で殉教した】に

負っている。かつて小路の入口に、悪魔像よろしく、ドラゴンの彫像があったからである。この通りの命名は1808年である。

トラエジェ Traëger 18区のシテ・トラエジェ（Cité Traëger）は、19世紀後葉に開通した通りで、最初期の住人のひとりを名祖とする。

トラシー Tracy 1754-1836年。アントワヌ・ルイ・クロード・デシュト・ド・トラシー伯は、パリを生没地とするスコットランド（エコス）系の哲学者・思想家・将校・政治家。フランス革命が勃発したとき、**ブルターニュ**のパンティエーヴル連隊長だった彼は、革命の基本的な原理原則を支持し、全国三部会の貴族代表となった。1789年の憲法制定国民議会でも議員をつとめた。やがて引退してオートゥイユに住み、哲学の研究に専念するようになる。彼は恐怖政治下【1793年6月-94年7月。→シェニエ】で逮捕されたが、ロベスピエール【→コンヴァンション】が失脚して処刑を免れた。

1795年、トラシーは総裁政府から国民教育委員会のメンバーに任命され、同時に学士院【人文・社会科学アカデミー】の会員にも選ばれる。さらに1799年から始まる執政政府時代には元老院に議席を得るが、帝政期に入ると、彼をまったく評価しなかったナポレオンによって遠ざけられる。不満をいだいた彼は、1814年、意趣返しとばかりに皇帝の罷免を元老院に申し出る。この行為に報いるため、翌年、復古王政は彼を貴族院議員に任じた。2区のトラシー通り（Rue de Tracy）は1780年、つまり彼が26歳のときからある。その所有地に通りが敷設されたからである。【1808年にアカデミー・フランセーズ会員となった】トラシーの哲学は、大著『イデオロギー原論』【4巻、1803-15年】にみてとることができる。

ドラネム Dranem 1869-1935年。アルモン・メナール、通称ドラネムは、ベル・エポックにきわめて人気を博した歌手。「プティ・ポワ（えんどう豆）、プティ・ポワ、

プティ・ポワ」と、叫ぶように歌ったのが彼である。彼はさらに、パリ南郊のリ＝ゾランジスに、芸術家たちの老人ホームを建てている。彼の名を冠した11区のドラネム通り（Rue Dranem）は1961年からある。

トラン Tolain 1828-97年。アンリ・ルイ・トランはパリを生没地とする政治家・組合運動家・社会主義者。彫金細工師【ブロンズ工】だった彼は独学の人で、1851年、外国の工業製品を調査・研究するため、労働委員会の副書記長としてロンドン万国博に派遣された。1864年【立法議会選挙に出馬して落選している】、再びロンドンを訪れて国際労働者協会の基盤となる会議に出席し【この協会はのちにインターナショナルとよばれるようになる国際労働運動の最初の組織で、カール・マルクス（1818-83）がその創立宣言と規約を起草した】、パリ支部の事務局長となった。だが、同協会の集産主義的思想はこばんだ。

1870年11月、パリ11区の助役に抜擢された彼は、翌71年、セーヌ県選出の下院議員、76年に元老院議員となった【1871年のパリ・コミューンを非難した彼は、インターナショナルのパリ支部から労働者を裏切ったとして排除されている】。20区のトラン通り（Rue Tolain）は1900年の命名である。

トラン Thorins トランはブルゴーニュ地方ロマネシュ＝トラン地区の小邑で、みごとなワイン産地として知られる。トラン通り（Rue de Thorins）は1993年、ベルシーの旧ワイン倉庫群跡地に敷設された。

トランスヴァール Transvaal トランスヴァール（トランスヴァール）は南アフリカ共和国北部の地方で、面積26万2500平方キロメートル、人口1100万【1994年】。トランスヴァール共和国だったこの地域の中心都市はプレトリア【現南アフリカ共和国の首都】で、最重要都市はヨハネスブルグ。1830年代、イギリス領ケープ植民地から集団で逃れたオランダ系入植者たちによって建設された【このボーア人たちの大移動をグレート・トレックという】。1852年、サンド・リバー協定によって独立が認められ、翌年ト

ランスヴァール共和国となった。共和国は1877年、一時イギリスに併合されるが、1881年、プレトリア協定で自治権を回復した。

1884年、この地域に金鉱が発見されると、膨大な数の移民が入り込むようになる。99年からボーア人はイギリス軍に対して激しい抵抗戦争繰り返すが、1902年、最終的に敗れて、共和国はあらためてイギリスに併合される。そして1910年、トランスヴァールを含む南アフリカの4植民地が合同して、イギリス支配下の南アフリカ連邦が誕生する。パリ20区のトランスヴァール通り（Rue de Transvaal）は1900年からある。

ドリアン Dorian 1814-73年。フレデリク・ドリアンはフランス東部ヴォージュ地方のモンベリアールに生まれ、パリで他界した政治家。1863年にロワール県選出の下院議員、70年に公共事業担当大臣となる。当時の公共事業は兵器や弾薬の製造（！）を旨としていたが、彼はその職務に心血をそそいだ。1781年の普仏戦争終結時、パリ開城をビスマルク【1815-98。この戦争でプロイセン軍が勝利したのち、ヴェルサイユ宮殿で樹立が宣言されたドイツ帝国の初代首相。鉄血宰相と称された】とはじめて交渉したのがドリアンだった【講和条件を協議したのはフランス外相のジュール・ファーブル】。彼の名がパリの通りにつけられたのは1881年。12区のドリアン大通り（Avenue Dorian）がそれである。

ドリアンクール Driancourt 12区のドリアンクール小路（Passage Driancourt）は、1935年、周辺の土地を有していた人物の名にちなんで命名されている。

トリスタン・ツァラ Tristan Tzara 1896-1963年。トリスタン・ツァラ、本名サミ・ローゼンストックはルーマニア出身の詩人【改名は1925年。第2次世界大戦後にフランスに帰化】。1916年2月、チューリッヒのキャバレー「ヴォルテール」で革命的な芸術運動であるダダイスムを提唱する。彼は言っている。「ダダはすべての若者たちが共

有する反抗から生まれた」。こうしてシュールレアリスムとほぼ同時期に誕生したダダイズムは、それまでの芸術に対する嫌悪を表するため、嘲弄と挑発の技術をつちかっていった。

ツァラの作品としては、たとえば以下がある。『アンチピリン氏の最初の天界冒険』【1916年】、『7つのダダ宣言』、『雲のハンカチーフ』【いずれも1924年】、『曖昧な男』『1931年』。彼はこうも言っている。「ダダはなにも意味しない」、「自由：ダダ、ダダ、ダダ、こわばった色の遠吠え、相反するものとすべての矛盾、そして　貫性とは無縁のものの組み合わせ：生」、「おそらく死は肉体と骨格、そして骨の美しく長い旅であり、際限のない休暇でもある」。彼に捧げられたトリスタン＝ツァラ通り（Rue Tristan-Tzara）は、1987年から18区にある。

トリスタン・ベルナール Tristan Bernard

1866-1947年。本名ポール・ベルナール、筆名トリスタン・ベルナール【トリスタンは彼が競馬で勝ったときの馬の名前】は、フランス中東部のブザンソンで生まれ、パリで他界した作家・劇作家。小説や戯曲同様、機知や皮肉に富んでいたことでも知られた彼は、「何食わぬ顔で皮肉を言う」タイプの、毒を含んだユーモアの持ち主だった。その作品としては、喜劇の『噂通りのイギリス人』【1899年】やアンドレ・ゴドフェルノー【1864-1906】との最後の合作となった『トリプルパット』【1905年】、『小さなカフェ』【1911年】、小説の『謹直な青年の手記』（1899年）、『恋人と泥棒』（1905年）などがある。

トリスタンは言っている。「愛に似ているものはつねに愛の一部である」、「人間はつねに真面目である。ただ、その真面目さを変えるだけだ」、「いくら考えても足りないことは、考えない方がよい」、「彼の助けだけを当てにするのはいい。だが、多くを期待するな」、「愛はキノコのようなものだ。それがどのような種なのかは誰もわからない。いずれにせよ、その正体がわかったと

きは、すでに手遅れとなっている」

さらに、次のような逸話も紹介しておこう。第2次世界大戦中、ユダヤ人だったために投獄されていた彼は、サシャ・ギトリ【→リュシアン・エ・サシャ・ギトリ】から手紙を1通受け取った。どうすれば彼を喜ばせることができるか。それを尋ねる内容だった。トリスタンはこの『モ・ド・カンブロンヌ』【1936年】の原作者に、「だったら、襟巻を送ってください」と書き送った【モ・ド・カンブロンヌとはフランス語で「くそったれ」の意。ワーテルローの戦いで敗れたカンブロンヌ将軍が、降伏を迫るイギリス軍にこう叫んでそれを拒んだという】。パリのトリスタン＝ベルナール広場（Place Triatan-Bernard）は17区にある。命名は彼の死後6年目の1953年になされた。

トリチェリ Torricelli

1665-1746年。エヴァンゲリスタ・トリチェッリ（トリセリ）は、イタリア中北部のファエンツァで生まれ、フィレンツェで他界した理学者・幾何学者。20歳になるまで生地のイエズス会学校で学んだ彼は、1641年、ガリレオ・ガリレイ（ガリレ）に師事する【最初に師事したのは、ガリレイの弟子でベネディクト会士・数学者のベネデット・カステリ（1577-1643）。なお、当時フィレンツェ近郊に住んでいたガリレイはすでに視力を失っていた】

以後、トリチェッリはさまざまな科学的問題に関心をいだくようになり、1643年、気圧計を発明する（もし読者がこれをつくろうとするなら、まず長さ90センチメートルのガラス管を1本用意し、片方の端を塞ぐ。そして、管のなかを水銀で満たし、端を指で塞いだまま、やはり水銀を入れた皿に逆さにしておく。それから指を外すと、ガラス管の中の水銀が少し下降し、やがて平均的に高さ76センチメートルのところで止まる【この上の部分が、彼がはじめて発見した「真空」】。これが水銀柱の高さである。この高さは海面から上昇するにつれて下がる。気圧が弱くなるからである。反対に海面位に近づけば、水銀は上がる）。

1644年、トリチェッリはその研究の成

果を1冊の『幾何学書』にまとめている【原著にある『自然加速重力作用論』（1641年）はこの書に収載】。手先が器用だった彼はまたさまざまな器具を思いつき、それらを自分で作った【温度計など】。その一部は今もフィレンツェに保管されている。彼にちなんで命名された17区のトリセリ通り（Rue Torricelli）は、1867年に開通している。

トリニー Thorigny 3区のトリニー通り（Rue de Thorigny）は、**ヴィエイユ＝デュ＝タンプル通り**の78番地にあった邸館の名をいただいている。北仏マンシュ地方、トリニー＝シュル＝ヴィールの領主だったエルヴェ・ド・モーニが所有していた邸館で、1407年に建てられ、1578年に解体されている。この通りが現在の道筋になったのは1868年。同名の広場（Place de Thorigny）は1838年からある。

トリニテ Trinité 9区のトリニテ通り（Rue de la Trinité）は1864年に敷設されている。呼称は沿道にあるトリニテ（聖三位一体）教会に由来する。建築家のバリュが建てたこの教会堂は16世紀のフィレンツェ様式で、1867年に献堂式が営まれた。教会堂の上には高さ65メートルの鐘楼がのっている。

一方、2区のトリニテ小路（Passage de la Trinité）は1817年に開通しており、呼称は現在のサン＝ドニ通り142-164番地にあった旧トリニテ病院（当初は施療院）に由来する。1202年、ギョーム・エスタキュオルとジャン・パレ【いずれも詳細不明】によって創設されたこの施療院【トリニテの呼称は1207年から】は、市門の閉鎖時間が過ぎてパリに入れなかった旅人や巡礼者たちに宿泊・休憩の場を提供していた。

施療院は1545年に「アンファン・ブルー施療院」と改称するが、アンファン・ブルー【字義は「青い子供たち」】とは、青色の服を着せられた子供たちのことで、貧しい親を亡くした7歳以下の孤児たちだった【当初は男児100名、女児36名を収容した】。彼らはこの養護施設で手に職を覚えた。17世紀中葉になると、同施療院＝授産施設は

職人たちにも門戸を開き、彼らは子供たちに自分の仕事を教えるという条件付きで、その技術を磨くことができた。だが、フランス革命期に施設は閉鎖され、その建物と教会堂は1812年から18年にかけて解体された。

ドリュイノ Druinot 土地所有者の名前【ドリュイノ袋小路（Impasse Druinot）は12区】

トリュデーヌ Trudaine 1660-1721年。シャルル・トリュデーヌ・ド・モンティニは、1716年から20年までパリ商人頭【市長に相当】をつとめた。在任中、彼は他の名士たちとともに、奇妙な大火と闘った。それは次のような火災だった――。1718年4月初旬、息子が**セーヌ**川で溺れたと思いこんだある母親が、パンと火のついたロウソクを木の器に入れて、セーヌの流れに託したのである。そうすれば、死んだ息子の霊魂が救われる。彼女はそう考えた。ところが、干し草を満載したまま**トゥルネル**岸に舫ってあった船の近くを木器が通った際、ロウソクの火が干し草に移った。その火が岸近くに山積みされていた材木に燃え移るのを恐れた材木商たちは、船を岸に繋ぎとめていた舫い綱を切ってしまう。

こうして岸を離れた船は慈善院近くの2本の橋の下をくぐるはずだったが、**プティ＝シャトレ**の真向かいにあるプティ＝ポン橋にさしかかった際、そこを通りすぎることができなかった。橋弧を支えていた数多くの梁がその通過を邪魔したからだ。当時、橋の上には家屋が立ちならんでいたが、船の火はこれらの橋上家屋を襲い、さらにたちまちのうちに両岸の家屋にも燃え広がった。この火事は3日間続き、合計32棟の家屋と大量の商品を破壊した。

息子の霊魂が天国に真っすぐ入れるよう願った、哀れな母親の切ない行為が原因だったが、その結果はまさに地獄絵だった…。だが、それを除けば、「万事きわめて順調です、侯爵夫人」【2週間ぶりに帰宅した侯爵夫人が、馬番や執事たちに留守中の様子を尋ねると、馬屋が焼け、主人が自殺してロウソクを倒し、それがもとで城が崩れ落ちたが、

「それ以外は万事きわめて順調です」と答えたという、ブラックユーモアのあふれた、レー・ヴァンテュラ（1908-1979）のシャンソン（1935年）から】。9区のトリュデーヌ大通り（Avenue Trudaine）は1821年、同名の小公園（Square Trudaine）は1929年に命名されている。

トリュフォー Truffaut　1825年に開通した17区のトリュフォー通り（Rue Truffaut）は、それが敷設された土地の所有者を名祖とする。

トリュベール＝ベリエ Trubert-Bellier　13区のトリュベール＝ベリエ小路（Passage Trubert-Bellier）は、1904年の敷設以来、その最初期の住人ふたりの名を結びつけてよばれている。

トリュイヨ Truillot　11区のトリュイヨ袋小路（Impasse Truillot）は、その最初期の住人を名祖とする。

ドルー Dreux　ドルーはパリ南西部ウール＝エ＝ロワール県の町で、ガリア・ドゥロカセス族【ドゥルーの地名はこの部族名に由来する】の中心地だった。国王ルイ6世【1108-37】は、王子のロベール【1125-88】のためにここを伯爵領とした。1562年、ここでは一連の宗教戦争のなかでもっとも大規模な戦いがくりひろげられてもいる。摂政カトリーヌ・ド・メディシスのカトリック軍とコリニーらが率いるプロテスタント軍とが戦い、前者が勝利したものの、戦死者8000人を出したのである。

市内にはオルレアン公爵家の墓所として1861年に建立されたサン＝ルイ【→サン＝ルイ＝アン＝リル】礼拝堂があるが、ここには1876年から、ルイ＝フィリップや王妃マリー・アメリー【1782-1866。両シチリア国王の王女】、さらにふたりの子供や孫たちの亡骸が安置されている。オーマル公もまた1896年にここに埋葬された。ドルーの住民たちはドルエ（男性）およびドルエーズ（女性）とよばれる。17区のドルー通り（Rue de Dreux）は、このノルマンディの町にちなんで1930年に命名されている。

ドルヴェ Drevet　1664-1738年。ピエール・ドルヴェはフランス東部イゼール県のサント＝コロンブに生まれ、パリで没した版画家。彼はルイ14世（ルイ・ル・グラン）やルイ15世【国王在位1715-74】、コンティ公、メーヌ公、ヌムール公爵夫人などの肖像画を制作している。1707年に芸術アカデミー会員に選ばれた彼には息子がひとりいた。やはり版画家となったピエール・ルイ（1687-1739）で、彼が彫った肖像画は技術的な傑作である。18区には1867年に彼の名がつけられた通りがある。ドルヴェ通り（Rue Drevet）である。

ドルオ Drouot　1774-1847年。将軍でフランス同輩衆でもあったアントワヌ・ドルオ伯は、ナンシー出身。製パン商の息子だった彼は独学で学問を修め、1808年、帝国軍の砲兵隊准将となり、ヴァグラム（ワグラム）とモスクワ（モズコヴァ）川の戦い【1812年】での勝利に貢献した。1813年には帝国軍の中将およびナポレオンの副官に昇進し、ロシアからの撤退時には比類のないほど奮闘した。それは「ナポレオン軍の賢者」とよばれるのにふさわしい活躍だった。

ドルオは1814年、ナポレオンに従ってエルバ島【1812年からフランス領】へと赴き、島の総督となる。1815年にはワーテルロー（ワテルロ）でも勇敢に戦った。同年、ナポレオンが失脚して王政が戻ると、ルイ18世【国王在位1814-15／1815-24】の軍事顧問となるが、まもなく解任されて生地ナンシーに帰り、没する。町には1851年にダヴィド・ダンジェが制作した彼の彫像が立っている。1847年には、パリの通りにも彼の名がつけられている。9区のドルオ通り（Rue Drouot）がそれである。

トルシー Torcy　1665-1746年。パリを生没地とするトルシー侯ジャン＝バティスト・コルベールは、ルイ14世（ルイ・ル・グラン）下で財務総監をつとめたコルベールの甥で外交官。イングランドやデンマーク、ポルトガルの駐フランス大使をつとめた彼は、外務卿【1696年】、最高国務会議

メンバー【1700年】などを歴任した。1713年のユトレヒト条約【スペイン継承戦争と北米でのアン女王戦争を終結されたフランスとイングランドの講和条約。これにより、イングランドはスペイン王国から奴隷交易への参入権、フランス王国からは北米のニューファンドランドやハドソン湾岸地域の割譲を得た】に先立つ交渉を指揮している。

1718年、科学アカデミーの名誉会員となった彼の名は、1867年に命名された18区のトルシー通り（Rue de Torcy）に残っている【同区のトルシー広場（Place de Torcy）も同じ年の命名】

トルストイ Tolstoï 1828-1910年。レフ・ニコラエヴィチ・トルストイはロシア最西部のヤースナヤ・ポリヤーナに生まれている。2歳のときに母親と死別し、9歳で父親も亡くして孤児となる【以後、祖母に引き取られ、1838年に祖母が他界すると、ふたりの叔母が相次いでその庇護者となる】。この幼年期、彼はサン＝トマという名のフランス人家庭教師をつけられ、ロシア正教のなかで育てられた。だが、19歳で教会を離れ、決闘や遊興に明け暮れする青年時代を送った。1847年にはカザン大学を中退し、農民とともに農村生活を送ろうと決意するが、それも中途で放棄した【1847年、彼は相続した広大な農地の経営にのりだし、農民の生活改善を目さすが、農民に理解されず失敗している】

そして1851年、彼はコーカサスに向かい、その砲兵旅団に志願し、下士官となる。この頃から執筆活動を始め、1852年、L・Tの筆名で書いた『幼年時代』を、ニコライ・ネクラーソフ【1821-78。詩人・作家】に送り、彼が編集する雑誌《同時代人》に掲載される。1853年、トルストイはクリミア（クリメ）戦争に将校として従軍し、セヴァストポリ（セバストボル）の戦い軍功をあげ、師団の指揮官に任命される【3部作の『セヴァストポリ物語』（1855年）はこの戦いにおける体験をもとに書いた作品である】

1855年、トルストイは通信員としてサ

ンクト＝ペテルブルク（**サン＝ペテルスブール**）に派遣され、1858年まで滞在する【イワン・ツルゲーネフ（1818-83）は彼を歓迎し、同地の文学仲間に紹介するとともに、宿まで提供した】。やがて彼はヨーロッパ各地をしばしば旅し【ブリュッセルでプルードンと会い、トーマス・マンの『ゲーテとトルストイ』（1923年）は、トルストイがヴァイマルを訪れた際の逸話を描いている】、1859年には生地に農民の子弟教育を目的とする学校を創設する【さらに1860年から61年にかけて、教育問題を調査するため再び西欧に向かい、ヴィクトル・ユゴーを訪問している】。そして1862年、医師の娘で16歳年下のソフィア・ベルス【1844-1919】と結婚する。

それから1824年まで、トルストイは平穏な家庭生活を送った。だが、やがて生の意味を深く考えるようになり、とくに1883年、「世界の革新は個人的な手仕事によってしかなしえない」と唱えるふたりの農民宗教家、すなわちティモフェイ・ボンダレフ【1820-98。農奴出身の思想家・哲学者で、モーセの戒律に従うことを宗旨とするシュボトニキ派の一員。著作に『農民もしくは産業の勝利と寄生』（1888年）がある】とスータイエフ【不詳】に出会ってその影響を受ける。こうしてトルストイはすべての財産を投げ捨て、ひたすら自分の手で大地を耕すようになる。ただ、執筆活動だけは続けた。しかし、1901年2月24日、ロシア正教会から異端・無神論者として破門措置を受ける【『復活』【1899年】が正教会の教義を損なったとして。この措置は現在まで解かれていない】

周知のように、トルストイの著作は数多い。以下はそのごく一部である。『コサック』【1852-63年】、『ふたりの軽騎兵』【1856年】、『戦争と平和』【1864-69年】、『アンナ・カレニーナ』【1873-77年】、『教会と国家』【1882年】、『イワン・イリイチの死』【1885年】、『クロイツェル・ソナタ』【1889年】、『主人と下男』【1895年】、『文読む月日』【1903-10年】。ロシア文学におけるその位置が、イタリア文学におけるダンテ

（ダント）やドイツ文学におけるゲーテ（グート）に相当するとされるトルストイは、その作品のなかで平和主義を唱え、愛国主義を批判し続けた。

トルストイは言っている。「悪に対して悪をもって報いるのは、幸福を失うことである。悪に対して愛をもって報いるのは、幸福を得ることである」、「富は悲惨さの主因である」、「金をもつ者は、ポケットのなかにそれをもたない者を入れている」、「女性たちよ、世界の平和を手にしているのはあなたたちである」【ほかに、「逆境が人格をつくる」、「愛は惜しみなく与う」もまた彼の名言として知られる】。こうした名言を遺したトルストイの名はパリの地名にも残っている。1934年につくられた16区のトルストイ小公園（Square Tolstoï）である。

トルソー Trousseau 1801-67年。アルマン・トルソーはパリ盆地南西部、アンドル＝エ＝ロワール県の県都トゥールに生まれ、パリで他界した医師。生地近くのシャトルーのリセで教師をつとめたのち、パリ大学医学部に入り、1825年に医学博士号、27年に医学教授資格を取得する。やがて病院の勤務医になった【1830年】彼は、一方で治療学【や薬理学】の教授として後進を指導し、とくに1732年からはパリ市立病院における教育で名声をはせる。気管切開術を普及させた彼の著作としては、たとえば『治療学・薬学論』【1875-77年。死後刊行】などがある。

やがてトルソーは胃癌のために他界するが、彼はその死を、癌が発症するより半年前にきわめて正確に予見していたという。1880年、彼の名はフォブール＝サン＝タントワヌ通りの116番地にあった小児科病院に冠せられた。この病院は1902年に解体されたが、その名はなおもジェネラル＝ビゾー通りに建てられた別の病院についている【1901年に開設されたアルマン・トルソー病院】。一方、11区にはトルソー通り（Rue Trousseau）、12区にはトルソー小公園（Square Trousseau）がある。前者は1894年、後者は1905年に命名されている。

ドルドーニュ Doedogne ドルドーニュ川は中央山地のサンシー山に水源をもつ。全長471キロメートル。ボルドーから25キロメートル離れたアンベスの砂嘴でガロンヌ川と合流する。それ以前、ドルドーニュ川はイール川やリブルヌ川を丁重に受け入れつつ、モン＝ドール、ラ・ブールブル、ボール＝レ＝オルグ、アルジャンタ、ベルジュラクといった町を通る。ドルドーニュ広場（Place de la Drdogne）は17区にあり、1932年に命名されている。

トルビアック Tolbiac トルビアックはドイツのケルン近郊に位置する町チュルピヒの旧称である。496年、フランク王クロヴィスがアラマンニ人に対して決定的な勝利をおさめたのがここである。この勝利のあと、クロヴィスはキリスト教に改宗する【498年。彼は戦いで勝利することを条件として、改宗を誓っていた】。ただし、より正鵠を期していえば、その戦場はトルビアックではなく、ライン（ラン＝エ＝ダニューブ）中流域のいずれかの地であった。

一方、13区のトルビアック通り（Rue de Tolbiac）に接していることからその名がつけられた、12区と13区を結ぶトルビアック橋（Pont de Tolbiac）は、最初1879年に架けられた。だが、1890年1月の厳冬期、セーヌを下る氷塊に押し流されている。再建された現在の橋は2代目で、1895年1月13日、大統領フェリクス・フォール出席のもと、開通式が営まれた。13区にはまた1905年、近接する同名の通りにちなんで命名されたトルビアック港（Port de Tolbiac）もある。

ドレ Doré 1820年頃、パリの国立理工科学校（エコール・ポリテクニーク）の役人だったドレ氏は、業績不振に陥っていた「ブラスリ・エコセ」【スコットランド・ビール製造工場】の施設を買い取る。そして、その所有地の周囲に植栽を施した。だが、1848年の2月革命時、柵は倒され、資材置場は労働者たちの集会所に変わった。当初はこれに憤ったドレ氏だったが、やがて諦めて土地を分割し、住宅の建築用地にし

た。こうして「シテ・ドレ」【字義は「黄金の都市」】が生まれたが、当時の評判はむしろ悪かった。このシテ・ドレ（Cité Doré）は13区にある。

ドレ Dorées　狩猟用語でドレとは鹿の黄色い湯気、つまり糞を意味する。19区のドレ小径（Sente des Dorée）はこの土地の旧称で、はるか昔、おそらくは雌雄の鹿がここにしばしば姿を現していたのだろう。

トレヴィズ Trévise　9区にあるトレヴィズ通り（Rue de Trévise）の呼称は、イタリア・ヴェネト州の町トレヴィーゾに由来する。1835年、トレヴィズ公エドワール・モルティエ、通称モルティエ元帥が、1835年、国王ルイ゠フィリップを狙った爆破犯によって殺害されている。通りの命名は事件の翌年、1836年になされている。シテ・トレヴィズ（Cité Trévise）の命名は1840年である。

トレゾール Trésor　1882年に4区のトレゾール通り（Rue du Trésor）が開通したとき、善王ジャン2世【国王在位1350-64】と賢明王シャルル5世【同1364-80】時代の貨幣7800枚が発見された。まさにこれは間違いなく宝物だった。そして、通りの名前もまた発見されたわけである。

トレテーニュ Trétaigne　ミシェル・ド・トレテーニュ男爵は、旧モンマルトル村長だった【トレテーニュ男爵（1780-1865）はナポレオン軍の従軍医師をつとめたのち、1855年から59年までモンマルトル村長、さらに1860年に同村がパリに編入されると、18区の初代区長となった（1862年まで）】。18区のトレテーニュ通り（Rue de Trétaigne）は、彼の功績をたたえて1903年に命名されている。

トレトン Thoréton　15区のヴィラ・トレトン（Villa Thoréton）は1971年の命名である。1904年に敷設されてからこの年までは小路とよばれていた。名祖はそこに住んでいた旧地主である。

＊**トレネ Traînée**　1792年に敷設された18区のトレネ袋小路（Impasse Traînée）は、1868年までその名でよばれていたノルヴ

ァン通りに近いことから命名された。あえて説明をくわえるとすれば、15世紀にはここにはなおも狼が出没していた。そこで人々はこれを捕らえるため、地面に撒き餌として腐肉をおき、狼をおびき寄せた。その名残が通りの名となったのである【この小路は1967年にブルボ通りに吸収された】

トレムセン Tlemcen　アルジェリア北西オラン地方の町トレムセンは、住民数14万【2008年】の重要なイスラームの聖地で、1836年のアルジェリア制圧時、クローゼル将軍がここを占領した。だが、フランス軍が最終的にここを支配するようになるのは、アブデル゠カーデル【→ラモリシエール】軍を破った1842年のことである。パリ20区のトレムセン通り（Rue de Tlemcen）は、こうした勝利を記念して1869年に命名されている。

トレヤール Treilhard　1742-1810年。ジャン゠バティスト・トレヤールはフランス南西部コレーズ地方のブリヴに生まれ、パリで他界した政治家。1789年、パリ高等法院の弁護士となった彼は、全国三部会のパリ代表代議員となり、憲法制定国民議会の時期【1789年7月-91年9月】は、セーヌ県の民事裁判所と刑事裁判所の裁判長をつとめた。

1792年、彼は国民議会議員に選ばれ、ルイ16世【国王在位1774-92】裁判時にその議長【1792年12月-93年1月】に指名される。ただ、さまざまな革命委員会とは対立した。1793年4月7日、彼は公安委員会の一員となるが、ロベスピエール【→コンヴァンション】の処刑3日後に山岳派【→ルドリュ゠ロラン】によって退けられてしまう。

1795年からの総裁政府時代、トレヤールは五百人会【下院に相当】の一員となり、以後、ナポリ大使【1796年】、第2次ラシュタット会議【一連の革命戦争を終結されるため、1797年にドイツのラシュタットで開かれた多国間講和会議】の全権公使、総裁【1798年】、セーヌ県控訴院長【1802年】などを歴任する。さらに統領時代の1802年には、ナポレオンから国務院に招かれて立

法部門の長となり、刑法や商法、民法、訴訟法の大部分を草する。そして帝政期には、皇帝から国務大臣を託され【1809年】、伯爵位も授けられた。こうして革命期から政治の表舞台を歩んできた彼に捧げられたトレヤール通り（Rue Treilhard）は、1867年から8区にある。

トレル Thorel　1815-84年。1885年に命名された2区のトレル通り（Rue Thorel）の呼称は、同区の参事会員の名に由来する。

トロカデロ Trocadéro　16区のトロカデロ広場（Place du Trocadéro）は1869年に建設されている。当初は隣接するクレベール通りと同様、ローマ王に捧げられていた【このローマ王とは皇帝ナポレオン1世の息子シャルル・ジョゼフ・ナポレオン（1811-32）のこと。それゆえ開通時から1877年まではロワ＝ド＝ロム（ローマ王）広場とよばれていた】。1877年にトロカデロ広場と改称されたが、その呼称は、1823年、アングレーム公ルイ・ド・フランス【1775-1844】率いるフランス軍が、スペイン南部アンダルシア地方のルイス要塞とマタゴルダ要塞に守られた要塞都市のトロカデロを陥落させ、カディスを奪取したことを祝って、復古王政期の27年、パリの丘に建てられたチップボール製の巨大な構造要塞に由来する。

　1878年のパリ万国博の際、この広場の前に「トロカデロ宮」が建てられ、1937年、それは別の建物、すなわちシャイヨ宮にとって代わられた。これにより、トロカデロの広場と庭園が切り離された。一方、トロカデロ小公園（Square du Trocadéro）は、20世紀に入ってすぐに、隣接する広場にちなんで命名されている【この広場は、1978年にトロカデロ＝エ＝デュ＝11＝ノヴェンブル広場（Place du Trocadéro et du 11 Novembre）【字義は「トロカデロ＝11月11日」】に改称している】

トロゼ Tholozé　1781-1853年。アンリ＝アレクシス・トロゼは北仏ノール県のブーシャンで生まれ、パリで没した軍人。ルイ＝フィリップ時代の1830年に始まるアルジェリア遠征で、著しい軍功をあげた【1830年にアルジェ総督、31年にパリ国立理工科学校の校長となった。最終位階は中将】。18区のトロゼ通り（Rue Tholozé）は、1837年に命名されている。

トローヌ Trône　11区から12区にかけてのトローヌ（玉座）大通り（Avenue du Trône）と11区の小路（Passage du Trône）は、いずれもトローヌ広場、現在のナシオン広場の近くにあるところから、前者は1670年、後者は19世紀後葉に命名されている。

ドロミュー Dolomieu　1750-1802年。地質学者で鉱物学者でもあったデオダ・グラテ・ド・ドロミューは、フランス東部イゼール県のドロミューに生まれ、中部ソーヌ＝エ＝ロワール県のシャトーヌフで没している。生まれてすぐ、マルタ（マルト）騎士団に入ることが認められ、同騎士団のガレー船上で修練期を過ごした。18歳のとき、決闘で仲間を殺した彼は、死刑を宣告されるが、騎士団のグランド・マスターから恩赦を受けた。

　それ以来、彼は科学に没頭し、1784年には地震、89年には玄武岩や、のちに彼の名をとって「ドロマイト（苦灰石、苦灰岩）」とよばれるようになる堆積岩にかんする研究を公刊する。革命暦3年【1795年】、彼は地質学教授となり、フランス学士院入りをはたす。やがてナポレオンのエジプト遠征に参加する。詳細は不明だが、ナポレオンが戦わずしてマルタ島を手に入れることができたのは、マルタ騎士団のメンバーたちに対するドロミューの働きかけが功を奏したものと考えられる。

　エジプトで2年間過ごしたのち、ドロミューは帰国の途につく。だが、乗っていた船がタラント湾で嵐にみまわれ、捕虜としてマルタ騎士団の監視下におかれる。マルタ島の攻略に一役買ったとして、騎士団から敵視されていたからである。そしてシチリア（シシル）島のメッシーナに護送され、きわめて過酷な扱いを受けるようになる。解放されたのは1800年、マレンゴ（マランゴ）の戦いのあとだった。捕虜となって

いたあいだ、彼は『鉱物学』（1802年）を執筆していた。それからしばらくして、アルプスでの調査から戻る途中で没した。1881年に命名された5区のドロミュー通り（Rue Dolomieu）は、彼を名祖とする。

トロレ・ド・プレヴォー Trolley de Prévaux
1888-1944年。ジャック・マリ・シャル ル・トロレ・ド・プレヴォー【法服貴族の旧家出身。祖父はリール・カトリック大学創設者、父は同大学教授】は、パリで生まれた海軍少将。第2次世界大戦中、レジスタンスの活動家だった彼は、ヴォクス（声）という偽名できわだった働きをした。妻【ブランディヌ・オリヴィエ。祖父はナポレオン3世時代の首相だったエミール・オリヴィエ（1825-1913）】もまた、彼に劣らぬ勇気を発揮して夫を支えた。だが、ふたりは1944年、ゲシュタポに捕まって銃殺刑に処された。彼に捧げられた13区のトロレ＝ド＝プレヴォー通り（Rue Trolley-de-Prévaux）は、その死から半世紀たった1994年からある。

トロワイヨン Troyon 1810-65年。コンスタン・トロワイヨンは**セーヴル**に生まれ、パリで没した風景画家。若い頃からセーヴル製陶工場の装飾工房で働きだした彼は【父も同工場の装飾・金箔師だった】、やがて壺や皿の製造所で絵を描いて稼ぎながら、各地を遍歴した【職人たちがフランス各地で腕を磨き、親方になる機会を得ようとするこの遍歴を「トゥール・ド・フランス」という。現代の長距離自転車競技として知られる「トゥール（ツール）・ド・フランス」は、こうした職人たちの遍歴を原型とする】。しかし、その遍歴の過程で、彼は風景画に情熱を向けるようになる。

こうして卓抜した彩色画家となったトロワイヨンは、【バルビゾン派とも共通する】自然主義派、通称「1830年派」の巨匠と目された。1847年頃から、彼はネーデルランドの画家パウルス・ポッテル【1625-54。動物画家】の影響で、風景画に牛や羊、犬などを動物を数多く登場させ、動物画家としての才も発揮するようになる。そのお

もな作品としては、たとえば以下がある。『浅瀬を渡る畜群』【1852年】、『農場への帰還』【1859年】、『サン＝クルー城からの景観』、『水浴する女性たち』、『市場への出発』、『野原に向かう雌牛たち』【いずれも制作年不詳】。トロワイヨン通り（Rue Troyon）は1875年から17区にある。

トロワ・ヴィザージュ Trois Visages 1782年にトロワ＝ヴィザージュ通りと命名された1区のトロワ＝ヴィザージュ袋小路（Impasse des Trois-Visages）は、89年以降に現在の呼称となっている。その呼称は3つの顔が刻まれた古い絵看板に由来する【現在、この小路は柵で閉鎖されている】

トロワ・クロンヌ Trois Couronnes 11区のトロワ＝クロンヌ通り（Rue des Trois-Couronnes）は、1788年、通りにかかっていた居酒屋の古い絵看板【3つの王冠が描かれていた】にちなんで命名されている。1894年、この通りはモラン通りとベルヴィル大通りにふくまれる部分を失い、その部分は当時のアングレーム通り、現在のジャン＝ピエール＝タンボー通りに組み込まれた。1992年には、20区にヴィラ・トロワ＝クロンヌ（Villa des Trois-Couronnes）も敷設されている。これはむろん「3 Couronnes」と表記してもよかったが、アルファベット順に列挙される『パリの街路公式一覧』にくわえるため、文字での表記が選ばれた。この呼称もまた古い絵看板に由来する。

トロワ・スール Trois Sœurs 11区のトロワ＝スール小路（Impasse des Trois-Sœurs）には、18世紀には洗濯場が1か所あった。この洗濯場は3人の魅力的な女性、おそらくは3姉妹が有していた。

トロワ・フレール Trois-Frères 11区のトロワ＝フレール小路（Cour des Trois-Frères）は、1855年、ヴィゲ氏の所有地に敷設されている。彼には息子が3人いた。そこで彼はこの3人兄弟を青い道路標示版にまとめたのである。

一方、18区にも同名の通り（Rue des Trois-Frères）がある。こちらの方はデュ

トロワホル

フール一族の３人兄弟で、それぞれが1842年にこの通りが敷設された土地の地主だった。1868年、通りは48年に命名されたレオニ通り（Rue Léonie）を吸収して拡張されたが、レオニとはこの通りに住むある家主の妻の名だった。

トロワ・ポルト Trois Portes 14世紀初頭、５区のトロワ＝ポルト通り（Rue des Trois-Portes）には家が３軒しかなかった。それゆえ、家の戸数を数えていけば、３戸で終わりとなった。

トロワ・ボルヌ Trois Bornes 1695年からある11区のトロワ＝ボルヌ通り（Rue des Trois-Bornes）は、個人の所有地を区切る３基の境界石にその名を負っている。同名のシテ（Cité des Trois-Bornes）は、いうまでもなくこの通りに接していることによる命名である。

トロンシェ Tronchet 1726-1806年。フランソワ・ドニ・トロンシェはパリを生産地とするパリ高等法院評定官・弁護士。同法院の検察官を父として生まれた彼は、みごとな学業によって弁護士となり【1745年】、パリの弁護士会で頭角を現すつもりだった。だが、早晩それを諦めて、一介の顧問弁護士に甘んじなければならなかった。あまりにも声が弱弱しかったからである。それでも彼は弁護士業を続け、1789年にはついに弁護士会会長となり、全国三部会には第三身分の代表として参加して、保守・立憲派に籍を置いた。

トロンシェはまたルイ16世【国王在位1774-92】がヴァレンヌから連れ戻されると、その言明書を受け取る役目を託され、国民公会（コンヴァンション）で元国王を擁護するようになる【弁護陣にはマルゼルブもくわわった】。1793年１月、国王は処刑されたが、それは彼の弁護が不調に終わったためとまではいえないだろう。

統領政府時代【1799-1804年】、トロンシェは控訴院院長や元老会議のメンバー【1800-04年】、元老院議員【1801年】などを歴任し、1800年にはまた、ナポレオンから民法草案を作成する委員に投入され

る【1804年まで】。８区と９区を結ぶトロンシェ通り（Rue Tronchet）は、彼にちなんで1824年に命名されている。

トロンソン・デュ・クードレ Tronson du Coudray 1750-98年。８区のトロンソン＝デュ＝クードレ通り（Rue Tronson du Coudray）に、1867年からその名を残しているギヨーム・アレクサンドル・トロンソン・デュ・クードレは、ランスに生まれ、フランス南西部ギュイエンヌ地方のシナマリで没した弁護士。両親【父はランスの参事会員・卸売商】は息子を聖職者にしたかったが、彼はむしろ商人になりたかった。だが、その思いは実現せず、25歳でランス大学で法学士を得たのち、弁護士を目ざす。1778年、パリ高等法院の弁護士となった彼は、さまざまな政治訴訟でみごとに勝訴し、王妃マリー・アントワネット【1755-93】の弁護士として、1793年10月12日の裁判を闘う。だが、その直後、国民公会（コンヴァンション）の命で逮捕されてしまう。彼が卓抜した弁論術の持ち主であることは認めていたが、あまりにも親王党派だとみなしたからである。

まもなく釈放されたトロンソンは、慎重を期してパリを離れる。やがて革命暦４年第１月のヴァンデミエール27日【1795年】、彼はセーヌ＝エ＝オワーズ県選出の元老会議議員に選ばれ、総裁政府と激しく闘うようになる。それはたしかに勇気のある行動ではあったが、あまりにも危険すぎた。そのため、逮捕されてギュイエンヌ地方に追放され【総裁政府によるフリュクティドール18日の反王党派追放のクーデタ（1797年９月４日）後】、その地で他界した。彼の著作としては、『子供や同胞たちのためのトロンソン・デュ・クードレの教訓』【1798年】などがある。

ドワジー Doisy 17区のドワジー小路（Passage Doisy）はその旧地主にちなんで命名されている。

ドンバール Dombasle 1777-1843年。マテュー・ドゥ・ドンバールはナンシー生まれの農学者。科学的な農業の発展に多大な寄

トンレミ

与をした。ナポレオンによる大陸封鎖のあいだ、テンサイ糖生産工場や糖蜜製の蒸留酒工場などを立ち上げた。だが、政変によって破産を余儀なくされた彼は、絶望とは裏腹に農業へと向かった。そして1822年、生地近くのロンヴィル農業研究所所長となり、牧畜を導入して地域を活性化し、その天然の富を再建した。のちに彼の名がつけられる鋤を考案し、石灰施用（種まき前に麦粒を石灰乳に浸けて殺菌したり、石灰を撒いて土地を改良したりする作業）の重要さをあきらかにしてもいる。

　ドンバールの主著には『良き耕作者の暦』【1821年】や『ロンヴィルの農事暦』【1824-32年】がある。15区には彼の名が冠せられた通りが3本あり、ドンバール通り（Rue Dombasle）は1864年、ドンバール小路（Passage Dombasle）は73年、そして袋小路（Impasse Dombasle）は88年にそれぞれ命名されている。

トンブ＝イソワール Tombe-Issoire　14区
を走るトンブ＝イソワール通り（Rue de la Tombe-Issoire）の呼称には、興味深い伝説がある。1182年のある武勲詩が語るところによれば、身の丈4.2メートルにも達する巨人イゾレ（Ysoré）【ポルトガル・コインブラのサラセン王だとされる】が、パリに来て、モンマルトルに落ち着き、毎朝、パリっ子たちに闘いを挑んだという。この巨人を何とか打ち負かしたいと望んでいたフランス王は、南仏モンペリエ【近郊のジェロンヌ村】に住んでいたギヨーム・ドランジュ、通称「短鼻」という名の空威張りする男にそれを命じた。

　抜け目のないギヨームは自分が死んだと偽り、それを信じたパリっ子たちは大いに落胆し、反対にイゾレは喜んだ。国王が絶望に打ちひしがれているあいだ、ギヨームはパリにやってきて、イゾレが毎朝特定の場所で挑戦をよびかけているにもかかわらず、だれひとりなおもそれに応じていないことを知る。むろん、ギヨームは挑戦に応じた。闘いは熾烈を極めた。だが、ついに彼の強力な剣の一撃が巨人の首をはね、そ

の遺骸は絶命したオルレアン街道の道端に埋められた。

　1212年頃、この場所が墳丘のように盛り上がっているのを見た人々は、おそらくそこがイゾレの墓に違いないと考えた。こうしてそこは「セプルクム・イゾレティ（イゾレの墓）」とよばれるようになる。やがて呼称が変形し、イゾレティ（Isoreti）がイズレ（Isoere）、イゾール（Isore）、イゾワール（Isoire）、そしてイソワールとなったという。やがてこの最後の呼称がラトランのヨハネ騎士団の所領につけられ、「トンブ・ディゾレ（イゾレの墓）」から派生した「トンブ・イソワール（イソレの墓）」という語が生まれた。この騎士団の所領は、現在の通りの52番地にあった。所領の名が通りの呼称となったのは、15世紀のことである。

トンブクトゥ Tombouctou　マリ共和国（旧フランス領スーダン）の町であるトンブクトゥは、ニジェール川近くの重要な商業センターで、人口5万5000弱【2008年】。1828年にフランスの探検家ルネ・カイエがヨーロッパ人としてはじめて足を踏み入れたこの町は、94年にフランス軍に占領された。18区のトンブクトゥ通り（Rue de Tombouctou）は、それから16年目の1900年からある。

ドンレミ Domrémy　フランス東北部ヴォージュ地方のドンレミは、ドンレミ＝ラ＝ピュセルとよばれている。その理由は周知のとおりである【ここはジャンヌ・ダルクの生地】。森林で覆われた丘の麓に位置する村をムーズ川が横切っている。ジャンヌの父ジャック・ダルクは1410年にこの村に移り住んでいる。1818年に国家が買い上げたジャンヌ・ダルクの生家は3部屋で、1481年に門扉の上にとりつけられた3つの紋章には、次のような文言が刻まれている。「辛苦、万歳！　ルイ王万歳！」

　ルイ18世【在位1814-15／1815-24】はジャンヌの生家に隣接して女子学校を建て【1824年】、ジャンヌの彫像をのせた噴水も設けた。生家の前にはもう1体彫像が立っ

535

トンレミ

ている。彫刻家アントナン・メルシエの作
である。ドンレミから2キロメートル離れ
た場所には、1890年、大聖堂が建立され
たが、かつてそこには、ジャンヌ・ダルク
がしばしば祈りを捧げていたサント＝カト
リーヌ礼拝堂があった。13区のドンレミ
通り（Rue de Domrémy）は1867年から
ある。

ナ行

ナヴァラン Navarin ナヴァリノ（ナヴァラン）はギリシアのペロポネソス半島南西部、イオニア海に面した港町ピロスの旧称。オスマントルコとギリシアの対立時、トルコ側がフランスおよび一時的な同盟国であるイギリスとロシアからの休戦協定を無視したため、1827年10月20日、これら3国の連合艦隊がオスマントルコ・エジプト連合艦隊を徹底的に壊滅させた。ナヴァリノの海戦がこれである。9区のナヴァラン通り（Rue de Navarin）は、この戦勝を記念して1830年に命名された。

ナヴァール Navarre 5区のナヴァール通り（Rue de Navarre）は、1877年、旧ナヴァール学寮にちなんで命名されている。この学寮は、端麗王フィリップ4世【国王在位1268-1314】の王妃だったジャンヌ・ド・ナヴァール【1273-1305】が、1304年に遺言としておこなった決定によって創設されたもので、当初は貧しい子弟70人を無償で受け入れた。やがてこの数は増える。新しい奨学金が創設されたことと、学費を払う学生の入学も認めたためである。のちのアンリ3世【国王在位1574-89】やアンリ4世もここで学んだ。だが、この学寮はフランス革命後の1792年に閉鎖され、1805年、その跡地に国立理工科学校（エコール・ポリテクニーク）が建てられた。

ナヴィエ Navier 1785-1836年。ルイ・マリ・アンリ・ナヴィエはディジョンに生まれ、パリで没した技術者。国立理工科学校（エコール・ポリテクニーク）を卒業した彼は、パリ土木局の技師となる。1824年に科学アカデミー会員に選ばれ、54年にアルマ橋に取って代わられるまでセーヌに架かっていた吊り橋をつくっている（増水時に堰と化していたアルマ橋は、1975年に架け替えられた）。彼の著作としては『川舟運河論』【1816年】や『吊り橋につい

て』【1832年】などがある。17区のナヴィエ通り（Rue Navier）は、1885年に命名されている。

ナシオン Nation 11区と12区にあるナシオン（国家・国民）広場（Place de la Nation）は、かつてはトローヌ（玉座）広場とよばれていた。1660年、ルイ14世（ルイ・ル・グラン）と王妃マリー・テレーズ・ドートリシュ（マリア・テレサ）【1638-83】がランスで聖別されて戻った際、ふたりを歓迎するために玉座が設けられたことに由来する。コルベールはこの聖別を祝うため、高さと幅がそれぞれ50メートルもある凱旋門を築こうとした。だが、それはついに実現しなかった。

それから1世紀以上たった1787年、おのおのわきに高さ30メートルのドーリア式円柱をそなえた2棟のパビリオンが建てられた。さらに1845年には、これら2本の円柱の上に、エテクス作の聖王ルイ（サン＝ルイ）像と、オーギュスト＝アレクサンドル・デュモン【1801-84。作品としてはバスティーユ広場にある7月革命記念柱の上の自由の象徴像などがある】作の尊厳王フィリップ2世の彫像がのせられた【→コロンヌ・デュ・トローヌ】

現在のナシオン広場は革命1周年の1880年7月14日に命名されたが、彫刻家のダルーが群像『共和国の勝利』を制作し、99年11月にその除幕式がおこなわれた。1960年まで、このトローヌ広場は有名な「パン・デピス（蜂蜜入りの香料パン）大市」ないし「トローヌ大市」の中心だった。現在、「トローヌ大市」は毎年4月と5月にヴァンセンヌの森で開かれている。13区にはまた1863年に命名されたナシオン通り（Rue de la Nation）もあった。この通りはそれまでグラン＝リュ・ロワイヤル（王の大通り）とよばれていた。

ナシオン＝ジュニ Nations-Unies ナシオン＝ジュニとは1945年、ジュネーヴに本部がおかれていた国際連盟に代わって創設された国際連合のフランス語名である。周知のように、ニューヨークに本部を有するそれは、国際的な平和と安全の維持を目的とし、経済的・社会的・文化的な結びつきをもつ諸国のあいだで設けられた。だが、今日、その使命が完全に果たされているとはいえない。その中心的な執行機関は安全保障理事会で、常任理事国はいずれも拒否権を有するアメリカ合衆国やイギリス、ロシア、中国、フランスの5ヵ国である。1952年に命名されたナシオン＝ジュニ大通り（Avenue des Nations-Unies）は16区にある。

ナショナル National 12区と13区を結ぶナショナル橋（Pont National）はパリでもっとも長い橋で、1852年、環状鉄道線のために架設されている。【ナポレオン3世が失脚した】1870年に現在の呼称となる前は、ナポレオン橋とよばれていた。この橋に近接する13区のナショナル小路（Passage National）は、1925年に命名されている。

ナショナル Nationale 13区を走るナショナル通り（Rue Nationale）は、ナシオン（国家・国民）という考えがとくに称揚されていた1847年に命名されている。同名の広場（Place Nationale）は通りの56番地にあり、通りと同じ年に命名された。

ナプル Naples ナポリ（ナプル）はヴェスヴィオ山麓、ナポリ湾に面したイタリアの町。「ナポリを見てから死ね」とは人口に膾炙した言葉だが、この町を建設したのはギリシア人たちで、当時はパルテノペとよばれていた。やがて別のギリシア人たちが来住して、新たに植民都市を築いた。これがナポリという呼称の由来となるネアポリス【字義は「新都市」】である。

327年、ローマ人がここを奪い、344年には東ゴート族、ついでサラセン人たちがここを占拠した。このサラセン人たちが退去すると、ナポリは独立して共和国を宣言する。そして1130年、ナポリは両シチリア王国の首都となる。1799年1月23日、フランスの将軍シャンピオネがここを攻略するが、1860年9月7日、**ガリバルディ**が**ブルボン勢力**を一掃して、ナポリをイタリア王国に編入する。

市内の名所としては13世紀に建立され、15世紀と18世紀に修復されたナポリ大聖堂（サン＝ジェナーロ司教座聖堂）や、コンスタンティヌス帝によって建てられたサンタ・レスティトゥア大聖堂、さらに中世の4つの城、すなわちカステル・ヌオヴォ、カステル・デッロヴォ、カステル・カプアノ、カステル・サン・テルモなどがある。むろん壮大な国立考古学博物館も忘れてはならない。パリのナブル通り（Rue de Naples）は、1864年から8区にある。

ナティヴィテ Nativité ナティヴィテとはイエスと聖母マリア、そして洗礼者ヨハネの生誕祭を意味する。この語はまたクレシュ【クリスマスに飾られるキリスト生誕群像】のなかで、マリアとヨセフとともにいる幼子イエスを描いた生誕図もさす。ナティヴィテ通り（Rue de la Nativité）は、1992年から12区にある。

ナティエ Nattier 1685-1766年。ジャン＝マルク・ナティエは肖像画家で、父親のマルク・ナティエ（1642-1705）もまた肖像画家である。パリを生没地とするジャン＝マルクは1718年、絵画アカデミーの会員となり、ロシアのピョートル大帝（ピエール・ル・グラン）から、その滞在先であるオランダに招かれ、側近たちの肖像画を描いた。1734年、摂政フィリップ・ドルレアンの息子ジャン・フィリップ、通称シュヴァリエ・ドルレアン【1702-48。グラン・プリウール・ドルレアンとも】のお抱え画家となる。

ナティエの生涯の大半は画家としての成功に彩られたが、晩年は過水症を患い、極度の貧困のうちに他界した。作品としては寓意画の『不正を罰する正義の女神』【1737年】や肖像画の『マリ・レクチンスカ』【1748年】、『港で指揮するグラン・プリウール』【制作年不詳】などがある。18区にあるナティエ広場（Place Nattier）は、

1937年に命名されている。

ナブレ Naboulet 17区のナブレ袋小路（Impasse Naboulet）は、その旧地主にちなんで命名されている。

ナポレオン・シェクス Napoléon Chaix 15区のナポレオン＝シェクス通り（Rue Napoléon-Chaix）は1935年、この通りが敷設された土地の所有者を名祖とする。ただし、シェクス社版列車時刻表の同名の考案者とは無縁である。

ナポレオン3世（トロワ）Napoléon III シャルル・ルイ＝ナポレオン・ボナパルトは、1808年にパリで生まれ、73年にイングランド南東部のケントで没している。ルイ・ボナパルト【1783-1837。ナポレオン1世の弟で、兄から帝国顕官国民軍総司令官やホラント（オランダ）王などに任命された】とオルタンス・ド・ボーアルネ【1783-1837。ナポレオン1世の皇后ジョゼフィーヌの娘で、オランダ王ルイ＝ナポレオン・ボナパルトの妃】の3男。1852年から70年までフランス皇帝の座にあったが、みずからが皇帝となるべく、すでに1836年と40年にルイ＝フィリップ王政の打倒をはかっていた。しかし、決起に失敗して終身刑を宣告される。そして1846年、脱獄してロンドンに逃れ、48年の二月革命で帰国し、同年12月10日の選挙で第二共和政の大統領に選ばれた。

1851年12月2日、ルイ＝ナポレオンは議会を解散させ、国民投票によってこのクーデタを追認させると、翌52年1月、新憲法【伯父ナポレオンが制定した共和暦8年憲法をモデルにした憲法】を公布して、独裁的・中央集権的な政体を確立する。さらにこのクーデタのちょうど1年後、ナポレオン3世として皇帝に即位した。1853年、スペイン貴族の娘エウヘニア・デ・モンティホ（ウジェニー・ド・モンティジョ、1826-1920）と結婚する。だが、1870年9月4日、セダンの戦いでプロイセン軍に大敗して捕虜となってしまう。翌年3月、ドイツでの幽閉を解かれると、彼はイングランドに向かい、2年後に死去する。10区のナポレオン3世広場（Place Napoléon-III）は、1987

年に命名されている。

ナルヴィク Narvik ナルヴィクはノルウェー（ノルヴェージュ）の港。第2次世界大戦初頭の1940年、ここはドイツ軍と連合軍の戦いの場となった。ナルヴィク広場（Place de Narvik）は、1955年から8区にある。

ナルシス・ディアズ Narcisse Diaz 1807-76年。ナルシス・ディアズ・ド・ラ・ペーニャは、スペイン人を両親としてボルドーに生まれ、南仏のマントンで没した画家。10歳で孤児となり、それからしばらくして毒蛇にかまれたため、片足を切断しなければならなかった。やむなく彼は動かなくてもできる仕事を探し、工業製図を学ぶようになる。まさにこれが彼の才能を目覚めさせ、テオドール・ルソーやドラクロワの絵画を手本として、『カリュプソのニンフたち』をはじめとして、ウェヌス（ヴィーナス）やクピド（キューピッド）、湯浴みする女性たちを描いた一連の作品を発表する。とくに忘れてならないのは、**フォンテヌブロー**の森の風景画で、そのなかには、少年期のいまわしい体験を想い起こさせる『毒蛇のいる沼』もふくまれる。彼に捧げられたナルシス＝ディアズ通り（Rue Narcisse-Diaz）は、1894年から16区にある。

ナルボンヌ Narbonne フランス南西部オード県の町で、オード川から分かれたロビヌ運河にそっている。かつてナルボないしナルボ・マルティウスとよばれていたここは、ヴォルクス・テクトサゲス族の都で、この町の名からガリアの1地域全体をさすナルボネンシスという呼称が派生した。6世紀に町は西ゴート人の首都となり、やがて小ピピン【フランク王国国王（在位751-768）。シャルルマーニュ大帝の父】が、7年におよぶ攻囲戦のあとで支配者となる【759年】。1507年からナルボンヌはフランス王国に組み込まれる。1642年、サン＝マールが陰謀を企てたのがここだった。

ディオクレティアヌス帝の命で矢で射られ、のちに撲殺された殉教者の聖セバスチ

ナルボンヌ

ャン【284頃没】の生地とされるナルボン
ヌは、オード川の水路が変更された1320
年まで海港だった。市内には13世紀から
14世紀にかけて建立されたきわめて壮麗
なサン＝ジュスト司教座聖堂がある。また、
20世紀初頭には、郊外に海水浴場のナル
ボンヌ・プラージュもつくられている。
1963年に命名されたパリ7区のナルボン
ヌ通り（Rue de Narbonne）【全長27メート
ル！】は、1882年、ナルボンヌ館の跡地に
敷設された同名の小路を前身とする。この
邸館は、ナルボンヌ公爵夫人が1812年に
購入したことからそうよばれていた。

ナルボンヌ

　サン＝マール男爵（1620-42）の逮捕
劇などについて、ここで少し説明してお
こう。1642年春、ルイ13世【国王在位
1610-43。→ドーフィヌ】とリシュリュー
枢機卿はスペイン軍を相手にペルピニャ
ンでの攻囲戦に入る前、ナルボンヌに滞
在していた。枢機卿は国王の寵を受けて
いたサン＝マールの陰謀、すなわち男爵
が国王を裏切ってスペイン側に通じよう
としていた陰謀を知っていたが、逮捕す
るだけの証拠がなかった。そこで彼はロ
ーヌ河岸のボーケール【中世フランスの
最大規模の大市が開かれていたことで知
られる。詳細は蔵持著『シャルラタン』（前掲）
参照】に赴き、男爵の反逆を示す文書を
手に入れる。それからナルボンヌに戻り、
文書を国王に提出する。これを見て、国
王は一晩考えた末、翌朝、サン＝マール
を逮捕させた。こうして男爵はローヌ川
を遡ってリヨンまで護送され、仲間のフ
ランソワ・オーギュスト・ド・トゥー
（1607-42）ともども斬首刑に処された。
　ナルボンヌにはきわめてめずらしいロ
ーマ時代の遺構がある。ラテン語でホレ
ウムとよばれる地下倉庫である。それは
数多くの小部屋に分かれており、商人た
ちの貯蔵庫としてもちいられていた。一
方、サン＝ポール教会には底に蛙の彫刻
が施された聖水盤があり、参詣者は今も

なおそこで指先を聖水で浄めることがで
きる。この聖水盤については面白い逸話
がある。18世紀のこと、ある若い職人
が修業のためのフランス巡歴でナルボン
ヌを通り、さらに旅を続けて帰宅した。
すると、父親が彼にこう尋ねた。
　　――お前、聖水盤の中の蛙を見たか？
　　――いや、見なかったよ。息子が答え
　　　る。
　　――だったら、すぐにナルボンヌに戻
　　　って、それを見てきなさい。それ
　　　だけの価値があるから。
　あまり気が進まなかったが、職人は再
び杖を手にナルボンヌに向かった。そし
て、教会に足を踏み入れ、蛙を見た。こ
の蛙のために、わざわざ100キロメート
ルも余分に歩かなければならなかった。
怒った彼がこぶしで蛙を思い切り叩くと、
奇蹟が起きた。聖水がみるまに赤く染ま
ったのだ。若者は驚きのあまり、顔面蒼
白となった…。
　この逸話は、今もなお聖水盤の底がな
ぜ帯状に赤ないし赤褐色に見えるかを説
明するものとなっている。合理主義者た
ちは、聖水盤の水が何世紀ものあいだに
鉄分を帯びたことによる現象にすぎない
とするが、平凡すぎる説明である。
　ナルボンヌはまた、フランス国内で
「タンバラン球戯」が見られる数少ない
町である。この球戯をおこなうには、音
楽で使うタンバリンに似たものがもちい
られる。中心線で二手に分けられたコー
トのそれぞれに5人一組のチームが陣取
り、テニスボール大の赤く塗られたかな
り硬いボールを、タンバランを手にでき
るだけ長く打ち返して、勝敗を競うこと
になっている。

ナネットNanettes　ナネットとは、おそら
く根元の先が顆粒状になっている、食用キ
ノコのイグチを意味するノネット
（Nonettes）が変形したものである。11区
のナネット通り（Rue des Nanettes）は
18世紀初頭からあるが、当時、一帯の野

原にはこのキノコが群生していた。

ナンシー Nancy ムルト＝エ＝モーゼル県の県庁所在地で、モーゼル川とマルヌ・オーラン運河の河岸に位置する。旧ロレーヌ公国の都がおかれていたこの町は、1477年、勇胆公シャルル【1433生。最後のブルゴーニュ公。→コミヌ】の終焉の地となったが、ロレーヌ公シャルル3世【在位1545-1608】と、スタニスワフ1世レシチニスキ（スタニスラス）によって美化された。
　市内にはコルドリエ（フランシスコ会）教会（15世紀）やクラッフ門（14-15世紀）、公爵宮殿（16世紀）、政庁舎、さらに18世紀に整備されたスタニスラス、カリエール、アリアンスの3広場【1983年、ユネスコ世界遺産登録】など、賞賛すべき見どころが多い。とりわけスタニスラス広場は壮麗で、周囲に邸館が立ち並び、ジャン・ラムール【1698-1771。レシチニスキに仕えた錠前職人】によってつくられた鉄柵に囲まれている。ゴンクールやドンバール、アンリ・ポワンカレ、リヨテなどの生地だったこの町の名は、1930年からパリの通りにつけられている。10区のナンシー通り（Rue de Nancy）である。

ナンスティ Nansouty 1768-1815年。ナンスティ伯のエティエンヌ・マリ・アントワヌ・シャンピオンは、ボルドー出身の将軍。ナポレオンと同じブリエンヌ士官学校を出た彼は、1799年に少将、1803年に中将に昇進している。1808年、ナポレオン皇帝は彼を側近に登用し、14年には竜騎兵隊司令官、さらに親衛隊指揮官に任じている。この負託にこたえて、彼は一連のナポレオン戦争で華々しい軍功をあげたが、ナポレオンが失脚すると、ブルボン家に走った【ナンスティ通り（Rue Nansouty）は14区にある。開通は1865年】

ナント Nantes ロワール＝アトランティク県の県庁所在地であるナントは、ロワール川とエルドル川の河岸に位置する。人口約29万3000【2013年】のこの町は、歴代ブルターニュ公の宮殿（15-18世紀）や司教座聖堂（15世紀）、さらに18世紀に建てられた数多くの邸館を擁している。かつてここは西インドのアンティル諸島との交易や黒人奴隷の売買で栄えていた。
　ナントを語る際に忘れてならないのは、その名を冠した勅令（王令）のことである。周知のように、1598年4月13日、時の国王アンリ4世が公布したナントの勅令は、フランス国内におけるプロテスタント（ユグノー教徒）の存在を認めた。だが、ルイ14世（ルイ・ル・グラン）は1685年10月18日にこれを撤廃した【フォンテヌブローの勅令】。その結果、プロテスタント系の教会が大部分解体され、およそ30万人の信者たちがスイスやドイツに逃れた。19区のナント通り（Rue des Nantes）は1833年からある。

ナントゥイユ Nanteuil 1623-78年。ロベール・ナントゥイユはランスに生まれ、パリで没した版画家。1648年にパリに出てきた彼は，またたく間に名声を博し、1658年、国王専属の版画家・肖像画家としての免状を得て、年金を下賜されるようになる。当時の貴顕たちはこぞって彼の手になる肖像版画を求め、ボワローの言葉を借りれば、「ナントゥイユ作の月桂冠をかぶりたがった」という【1930年の命名になるナントゥイユ通り（Rue Nanteuil）は15区にある】

ナンフェア Nymphéas ナンフェアとは睡蓮のことで、「水の月」ともよばれる。周知のように、クロード・モネの代表作の題名ともなっている。パリ20区のヴィラ・ナンフェア（Villa Nymphéas）は、おそらく沿道に住んでいた「詩人たち」の求めによって1994年に命名されている。

ニエプス Niepce 1765-1833年。ニセフォール・ニエプス（Niépce）はシャンパーニュ地方のシャロン＝シュル＝マルヌで生まれ、没した化学者・発明家。石の代わりに錫板をもちいる石版印刷を考案した彼は、1812年頃、石版画の代わりに感光性の瀝青をもちいて一種の凹版を製作し【ヘリオグラフィー】、これが写真製版の端緒となった。やがてダゲールと協力して、暗箱に写

しとった画像を銀板のうえに固定させることができるようになる【カメラ・オブスクラ】

　こうして写真技術が生まれた。だが、その経済的な恩恵を受けたのは、ひとりダゲールだけだった。ニエプスは貧しいまま他界し、【「ダゲレオタイプ」は歴史に名を残したが】、だれも「ニエプセオタイプ」については語らなくなった。ただ、生地に近い国道6号線の傍らに、彼の記念碑が建てられた。パリの14区にも、1864年からニエプス通り（Rue Niepce）がある。

ニエル Niel　1802-69年。アドルノ・ニエルはフランス南東部、トゥールーズの南にあるミュラに生まれ、パリで没した元帥・陸軍大臣。国立理工科学校（エコール・ポリテクニーク）卒業後、工兵隊に入った彼は、1833年、アルジェリア東部のコンスタンティヌ攻囲戦で隊長として戦った。少将に昇進した1849年には、ローマの攻囲戦にくわわり、54年の英仏連合軍によるロシア遠征では、工兵隊を率いてオーランド諸島のロシア軍要塞であるボマルスンドを奪取した。

　帰国後、皇帝ナポレオン3世の副官となった彼は、1855年、クリミア（クリメ）に派遣され、戦死したミシェル・ビゾー将軍に代わって工兵隊長となり、セバストポリ（セバストポル）攻囲戦の指揮をとった。1857年、ナポレオン公【1822-91。ナポレオン3世の従弟】のため、マリーア・クロティルデ・ディ・サヴォイア【1843-1911。サルディーニャ王の娘】との縁談をとりもったのが、元老院議員だった彼である【この政略結婚によって、フランスはサルディーニャと対オーストリア軍事同盟を結び、イタリア統一戦争にかかわるようになる】

　ニエルはまたイタリア遠征にもくわわり、マジェンタ（マジャンタ）やソルフェリーノ（ソルフェリノ）での勝利に貢献している。この功績により、彼は元帥に叙せられる。1867年に陸軍大臣になると、当時有名だったシャスポ銃を導入し、遊撃隊を編成した【彼はまた予備国民軍の創設や軍制改

革もおこなった】。パリ17区のニエル大通り（Avenue Niel）は1875年から、ヴィラ・ニエル（Villa Niel）は96年からある。

ニカラグア Nicaragua　ニカラグアはコスタリカとホンデュラス、太平洋と大西洋にはさまれた共和国。首都は国名となっているニカラグア。国土の面積は約12万9000平方キロメートルで、人口は574万【2008年】。人々はスペイン語を話す。旧スペインの植民地で、1821年に独立している。17区のニカラグア広場（Place du Nicaragua）は1968年からある。

ニコラ Nicolas　1912年に敷設された20区のニコラ通り（Rue Nicolas）は、その旧地主にちなんで命名されている。

ニコラ・アペール Nicolas Appert　ニコラ・アペールは1749年にシャンパーニュ地方のシャロン＝シュル＝マルヌに生まれ、1841年にパリ南西部のマシーで没した実業家。食品を加熱処理して保存する方法を考案し、保存食品産業の父と目される【ナポレオンによる軍隊糧食保存の懸賞で当選した彼は、マシーに保存食品工場を創設した】。この方法は、1814年、「アペール法」と名づけられた。11区には彼の名を冠したニコラ＝アペール通り（Rue Nicolas-Appert）が1984年からある。

ニコライ Nicolaï　元帥のアントワヌ・クレチャン（1712-77）やアカデミー・フランセーズ会員のエマル・シャルル・マリ（1735-79）、貴族院議員のエマル・シャルル・フランソワ（1777-1839）を輩出したニコライ家は、1861年に解体されたベルシー城の最後の所有者である。一部が旧ベルシー村の道となっていた12区のニコライ通り（Rue Nicolaï）は、1865年に命名されている。

ニコラ・ウエル Nicolas Houël　1520-84年。パリ出身の調剤師。アンリ3世【在位1574-89】の庇護を受けて、薬草園と薬局、貧しい旅人用の施療院、さらに孤児院からなる慈善院を創設した。ウエルはまた調剤院も設立し、これが1800年にパリ薬学校【パリ大学薬学部の前身】となった。5区にあ

るニコラ＝ウエル通り（Rue Nicolas-Houël）は1905年に敷設されている。

ニコラ・シャルレ Nicolas Charlet 1792-1845年。パリを生没地とする画家・デザイナー。1815年、ナポレオン主義に共鳴していたために市史を解雇されたニコラ・シャルレは、グラフィック・アートの道に進むことを決断する。災い転じて福となるとはよくいったもので、みずからの信念にのっとってナポレオンの叙事詩を描いた最初期の素描画は、復古王政の敵たちから熱烈に歓迎された。彼は没年まで1500点以上の素描画と1100点の石版画を創作している。油彩画の分野ではさほど成功したとはいえないが、作品としてはたとえば『ロシアからの撤退』や『峡谷で休む負傷兵の一団』などがある。

1838年、彼は国立理工科学校（エコール・ポリテクニーク）のデッサン科教授となり、41年には『セント＝ヘレナ島回想』に載せる500葉の挿画を託された。だが、彼はその素描画が彫版によって損なわれたと悔やんでいる。15区にはその名を冠したニコラ＝シャルレ通り（Rue Nicola Charlet）がある。命名は1883年。

ニコラ・シュケ Nicolas Chuquet 1445/55-87/88年。パリで生まれ、リヨンで没した数学者。1484年に彼が編んだ『数の科学の3部分』【有理数・無理数・方程式にかんする理論書】は、フランス人による最初の代数論とされている。そこにはすでに指数の表記法や符号規則、代数的符号などがとりあげられていた。17区のニコラ＝シュケ通り（Rue Nicolas-Chuquet）は、死後4世紀をへた1884年に命名されている。

ニコラ・トーネ Nicolas Taunay 1755-1830年。ノコラ＝アントワヌ・トーネはパリに生まれ、没した画家。1816年、ジョアキム・ルブルトン【1760-1819。修辞学教授・フランス学士院会員】とオーギュスト・ド・モンティニ【1776-1850。建築家】らとともに、リオデジャネイロ（リオ・ド・ジャネロ）に赴き、芸術アカデミーを創設した。1819年に帰国すると、『イタリ

アの陸軍病院』【1797年】や『ナザレの戦い』【1799年】、『フランス軍のサン＝ベルナール山進軍』【1800年】、『聖ヨハネの説教』【1818年】などを制作した。1784年に絵画アカデミー、95年にフランス学士院会員となった彼の名は、1932年に命名された、14区のニコラ＝トーネ通り（Rue Nicolas-Taunay）に残っている。

ニコラ・ド・ブレニ Nicolas de Blégny 1652-1722年。フランス北東部オート＝マルヌ県のショーモンで生まれ、アヴィニョンで他界した内科医・外科医。数多くの医学書を著す一方、パリ11区のポパンクール地区にサント＝マルト病院を創設している【しかし、1693年に公金横領の廉で逮捕され、名誉を回復できぬまま没した】。11区には彼にちなんでヴィラ・ニコラ＝ド・ブレニ（Villa Nicolas-de-Blégny）がある。

ニコラ・フォルタン Nicolas Fortin 1750-1831年。北仏オワーズ県のムーシー＝ラ＝ヴィルに生まれた物理学者。黄経局の一員となり、その名を冠した水銀気圧計の発明で知られる。ニコラ＝フォルタン通り（Rue Nicolas-Fortin）は、1881年から13区にある。

ニコラ・フラメル Nicolas Flamel 1330頃-1418年。パリないしパリ北西郊のポントワーズに生まれ、パリで没した著作家・錬金術師。貧しかった彼は【サン＝ジャック通りの書店主・代書人だった】、1370年、幸運にも裕福な未亡人ペルネルと結婚する。そして、邸館を建て、学生たちを集めてカリグラフィーを教えた。やがて、金融や1397年に他界した妻の遺産を相続して富裕市民となった彼は、多額の施しをして、それを広く周知させ、有名人となった。そしてサン＝ジャック教会内の墓地を買いとり、そこに自分の墓石を用意した。この墓石は現在クリュニー博物館にある。

フラメルはさらに数多くの教会に祭壇や礼拝堂などを設けたが、こうした慈善行為をみずからあますところなく書き記したということも忘れてはならない。子供に恵まれなかったため、彼はその全財産をサン＝

ジャック教会に遺贈している。当時、彼については、「賢者の石」、つまり卑金属を金に変える錬金術を発見したとの噂が巷間出回っていたという。だが、ありていにいえば、フラメルの金を生み出す賢者の石は、むしろ投機あるいは金融で産み出したものだった。にもかかわらず、彼がこの世を去ったとき、手元に残ったのはわずか676リーヴル。分限者フラメルの噂は、そこで潰えた。財産をどこかに隠しているとする噂もあったが…。

いずれにせよ、パリの4区には彼に捧げた通りが1851年からある。ニコラ＝フラメル通り（Rue Nicolas-Flamel）である【3区のモンモランシー通り51番地には、フラメルが1407年に建てた家が今もある。現在オーベルジュとなっているそこに、彼は町に出てきても住む場所も食べ物もない貧しい人々、すなわち野菜栽培者や耕作人を住まわせた。その正面入り口には、ゴシック体で書かれた次のような当時の銘文（1900年修復）がある。「われわれ男たちや耕作人たちは、1407年に建てられたこの家のポーチに住む。各人は毎日1回、主の祈りとアヴェ・マリアを唱えて神に祈り、故人の罪の赦しを乞うことで、面倒をみてもらえる。アーメン」】

ニコラ・ロレ Nicolas Roret 1797-1860年。シャンパーニュ地方オーブ県のヴァンドゥーヴル＝シュル＝バルスに生まれ、パリで没した編集者。1813年、パリに出たロレはさまざまな出版社で働き、1822年、みずから出版社を立ち上げて、とくに技術にかんする民衆向けの百科事典『ロレ版マニュアル』を出版した。その名を冠したニコラ＝ロレ通り（Rue Nicolas-Roret）は、1910年から13区にある。

ニコル・シュラキ Nicole Chouraqui 1938-87年。アルジェに生まれ、パリで他界した女性経済学者・金融アナリスト。ヨーロッパ議会議員やパリ市およびイル＝ド＝フランス地方参事会員などを歴任し、さらにパリ市助役時代には、1983年に制定された宣伝広告規正法の実施を担当した。11区には、1998年にその名がつけられたニ

コル＝シュラキ通り（Rue Nicole-Chouraqui）がある。

ニコル・ド・オートクロック Nicole de Hauteclocque 1913-93年。第2次世界大戦中の数多くの地下活動で名声をはせた女性レジスタント。戦争後の42年間、ニコルはド・ゴール派のパリ市参事会員として治安・警察問題にかかわり、1972年には女性初のパリ市参事会議長となった。15区には彼女の名がついた公園が1999年からある。ニコル＝ド＝オートクロック公園（Jardin Nicole-de-Hautelocque）がそれである。

ニコレ Nicolay 17区のニコレ小公園（Square Nicolay）は、この小公園を開設し、そこに住んだニコレ伯にちなんで命名されたはずである。

ニコレ Nicolet 18区のニコレ通り（Rue Nicolet）は、この通り沿いに住んでいた旧地主を名祖とする。

ニコロ Nicolo 1775-1818年。ニコラ・イズアール、通称ニコロは、マルタ（マルト）島で生まれ、パリで没した作曲家。ナポレオンが1798年に同島を占拠した当時、彼はマルタ騎士団の教会合唱隊長だった。やがてパリに出ると、オペラ＝コミック座で作曲し、ロシアに招かれたボイエルデューの後任として、その専属作曲家となった。彼は数多くの作品を創作し、それらの大部分は大衆の評判をえた。作品としては『遠征の座興』【1797年】や『トルコの医者』【1803年】、『パッサウ攻略』【1806年】、『富くじ』【1811年】、『ジャンノとコラン』【1814年】などがある。16区にあるニコロ通り（Rue Nicolo）は、1865年に命名されている。

ニジェール Niger ニジェール川は西アフリカの大河で、フータ・ジャロン山脈【ギニア共和国】の南東、海抜860メートルのロマ山麓を水源とする。総延長約4200キロメートル。ギニア湾に注ぎ、2万5000平方キロメートルの広大なデルタをつくっている。その水源から大西洋まで航行するには、酷熱によって体力や気力を奪われるた

め、1年半かかるとされる。ニジェール通り（Rue du Niger）は、1884年から12区にある。

ニジンスキー Nijinski 1890-1950年。ヴァーツラフ・フォミッチ・ニジンスキーはポーランド人を両親とし、キエフに生まれ、ロンドンで没したロシアのバレエダンサー・振付師。1907年にサンクト＝ペテルブルク（**サン＝ペテルスブール**）で初舞台を踏み、09年から4年間、セルゲイ・ディアギレフ（**ディアギレヴ**）が結成したバレエ・リュスで活躍して、バレエの歴史に大きな足跡を残すことになる。代表的な舞台としては『シェヘラザード』【1910年】や『ペトルーシュカ』、『薔薇の精』【1911年】、『牧神の午後』【1912年】、『春の祭典』【1913年】などがある。空中で停止するとされた彼の人間離れした跳躍は観衆を感嘆させずにはおかなかった。

1913年、ニジンスキーはブエノスアイレス（**ブエノ・ゼール**）で若いハンガリー人のバレリーナだったロモラ・デ・プルスキーと結婚する。しかし、【ニジンスキーと同性愛関係にあった】ディアギレフはこの結婚に怒り、彼をバレエ団から追放してしまう。やがてふたりは和解するが【1916年】、それはあまりに遅すぎた。統合失調症を発症していたニジンスキーは、1918年、完全に精神疾患の状態となり、哀れにも精神病院を渡り歩く状態にあったからだった。そんな彼に捧げられた4区のニジンスキー小路（Allée Nijinski）は、1990年に命名されている。

ニース Nice ニースはアルプ＝マリティム県の県庁所在地で、パヨン川とヴェジュビ川の河口に位置し、アンジュ湾に面している。呼称はギリシア語のニケーから派生したニカイア（勝利）に由来するとされる。**マルセイユ**同様、フェニキア人によって建設されたこの町は、ローマ人に占領され【前154年】、重要な海軍兵器廠がおかれた。

中世に入ると、ニースはたえず争いの場となり、タンドのラスカリ家、モナコのグリマルディ家、プロヴァンス伯家、さらにサヴォイア公国の所領となった。フランス軍はここをしばしば攻撃し、1543年、フランソワ1世と「赤ひげ」ことバルバロス・ハイレッディン・パシャ【1843-1546。オスマン帝国海軍提督。フランス軍と結んでカール5世と戦った】が指揮した記念すべき攻囲戦のあと、この地を奪取した。

町はそれからも幾度か主人を代え、1707年、サヴォイア公国の領地となる。そして、1792年から1815年まで一時フランスに属し、その後、再度サヴォイアに組み込まれたのち、1860年、住民投票によって最終的にフランス領となった。

ニースはガリバルディやマセナ、カッシーニ（**カシニ**）などの生地である【出身者としては、ほかに作家のル・クレジオ（1940-）や画家のイヴ・クライン（1928-62）、女優のミレーヌ・ドモンジョ（1935-）、政治家のシモーヌ・ヴェイユ（1927-2017）などもいる】。そしてサラダの一種もここで生まれている【ニース風サラダ】。パリ11区のニース通り（Rue de Nice）は、この町がフランスに編入された1860年に開通している。

ニュートン Newton 1642-1727年。アイザック・ニュートンはイギリスの数学者で、イングランド東部リンカーンシャーのウールズソープ出身。15歳でケンブリッジのトリニティ・カレッジに入り、1669年、すでに積の微分法則と流率法の基本原理を発見していた彼は、師アイザック・バロー【1630-77。ケンブリッジ大学初代ルーカス（数学関連分野教授）】のあとを継いで教授になった。また、1671年には、反射望遠鏡のプロトタイプも発明した。

1672年、ロンドンの王立協会会員となった彼は、白色光がプリズム混合色であるとする、色とスペクトルの関係についての論文を発表している。「リンゴが木から落ちるのを見て、引力の法則を思いついた」とする逸話は、1666年頃に生まれたものだが、彼がはじめて万有引力を唱えたのは、1687年に上梓した『自然哲学の数学的諸原理』においてである。

のちにニュートンはライプニッツとは異

なる方法で微分法の基礎を発見している。彼は1699年に王立造幣局長官に任命され、1703年から王立協会の会長となった。多彩な才に恵まれていた彼はまた、数学の研究に励みながら、黙示録の解釈もおこなっていた【死後刊行された『ダニエル書と聖ヨハネの黙示録の預言についての研究』はその成果】。結石、つまりカルキュルがもとで死去した（このカルキュルは、数学者にとってはもっとも小さな計算だった）彼は、ウェストミンスターに埋葬された。パリ16区のニュートン通り（Rue Newton）は、1936年に命名されている。

ニュポール Nieuport 1875–1911年。エドワール・ニエポール、通称ニュポール（ニウポール）はアルジェリアのブリダに生まれ、**ヴェルダン**で病没した技師・飛行家。航空機製造のパイオニアで、第1次世界大戦で活躍した複葉のニウポール戦闘機をつくった。13区のヴィラ・ニュポール（Villa Nieuport）は1926年からある。

ニューヨルク New York 大西洋に面したマンハッタン島の南端、ハドソン川の河口に発展したニューヨーク（ニューヨルク）へのヨーロッパ人の本格的な移住は、オランダからの入植者たちが、1614年にマンハッタンの南端に毛皮貿易のために植民地を建設したことから始まる。この植民地はのちに「ニュー＝アムステルダム」とよばれるようになる。やがて1664年、イギリス人たちがこの地に来住して、ニューヨークに改称した。現在、ニューヨークは世界最大の金融センター（ウォール街）を擁し、その港はロッテルダムについで世界第2位の規模を誇る。

1898年、ブルックリン市やニューヨーク郡、クイーンズ郡、さらにリッチモンド郡西部が合体して、今日のニューヨーク市となった。すでに1886年には、港にフランス人たちの寄金によって、**オーギュスト・バルトルディ**が制作した「世界を照らす自由像」、通称「自由の女神像」が建てられている。また、国際連合の本部もここにある。パリ16区のニューヨルク大通り（Avenue de New-York）は、1945年の命名になる。

ニル Nil ナイル（ニル）川はアフリカ最大の河川で、長さは6650キロメートル。カゲラ川がそそぐヴィクトリア湖からでも5600キロメートルある。この大河はキオガ湖やアルバート湖をへて、スーダン（スダン）南部を進み、さらにハルツーム【青ナイルと白ナイルの合流地】を過ぎてからヌビアやエジプトを潤し、毎年の洪水で地味を肥沃にしてきた。そしてなおも北上を続けてカイロに達し、地中海に面した三角州をつくっている。1970年にはナイル下流の水量を制御するためのアスワン・ハイ・ダムが完成し、これにより上流に広大な人口湖【ナセル湖】を出現した。

旧約聖書の預言者モーセがパピルスの籠に入れられてすてられ、ユダヤ人の男児をすべて殺すよう命じていた、ファラオ・ラムセス2世【在位前1290/79–前1224/12】の王女のひとりに拾い上げられたのが、このナイル川だった。エジプトの聖なる川であるナイルは、クロコダイルの上に半身を横たえ、右手で豊穣の角を持った力強い男の姿で表されていた。また、全身を横たえながら、やはり豊穣の角を持つが、左腕をスフィンクスの上におき、有益な氾濫時にナイルが形成する16か所の湾曲部を象徴する、16人の子供たちに囲まれた男性像としても表現されていた。パリの2区にあるニル通り（Rue du Nil）は、1867年に命名されている。

ヌイイ Neuilly 16区と17区を走るヌイイ大通り（Avenue de Neuilly）の一部は、旧ヌイイ＝シュル＝セーヌ村を通っていたが（現在のシャルル＝ド＝ゴール大通り）、1929年に同村から切り離されて、パリ市に編入されている。住民たちがヌイヤンとよばれていたこの村は、当初はセーヌの反対側の浅瀬に位置していた。1224年、渡し舟ができて村と対岸をつなぎ、アンリ4世の時代には木橋が架けられた【1606年。ルイ15世時代の1772年に、全長219メートルの石橋に代えられた】

やがて村はすみやかに拡大し、隣村のヴィリエを吸収するようになる。1668年、ここにルイ＝フィリップの長男のオルレアン公が居城を築くが、そこを訪れた際、ポルト・マイヨの上から狙撃されて命を落とした【→シャルトル】。ヌイイ＝シュル＝セーヌではまた第1次世界大戦後の1919年、連合国側とブルガリアとのあいだで条約【ヌイイ条約】が結ばれている。

ヌフ（橋）Neuf（Pont-） 1区と6区を結ぶポン＝ヌフ【字義は「新しい橋」】は、1578年5月31日、ときの国王アンリ3世【在位1574-89】によって建設工事が始められ、アンリ4世時代の1607年12月に完成している。その竣工式でこの国王は意気揚々と馬で橋を渡った。ポン＝ヌフはプティ＝ポン、ノートル＝ダム、サン＝ミシェル、シャンジュについで、パリで5番目に架けられたセーヌ橋である。

ヌヴェール Nevers 6区のヌヴェール通り（Rue de Nevers）は1636年に命名されている。呼称は、ニヴェルネ公が所有するまでネール【→ネル】館とよばれていた旧ヌヴェール館に由来する。しかし、この邸館はルイ14世（ルイ・ル・グラン）の時代に、造幣局を建てるため、コンティ館ともども解体された。

　ちなみに、パリ盆地南東部ニヴェルネ地方の中心都市で、今日ニヴェール県の県庁所在地となっている同名の市は、ローマ時代、ロワール川の重要な渡河地点だった。1420年、イングランド軍に占拠された町は、百年戦争や宗教戦争の舞台となって苦しみを味わっている。1659年から、町はマザラン家の領地となり、フランスに帰属するようになったのは1789年のことである。市内にはフランス・ルネサンス様式のみごとな公爵宮殿があり、それを見ずして町を通りすぎることはできない。

ヌーヴェル＝カレドニー Nouvelle-Calédonie ニューカレドニア（ヌーヴェル＝カレドニー）は1774年に発見され、1853年からフランス領となっているメラネシアの島。首都はヌーメアで、島の人口

は27万5000【2016年】、総面積は1万9000平方キロメートルである。1898年まで、フランスはここに政治犯を追放していた。ヌーヴェル＝カレドニー通り（Rue de Nouvelle-Calédonie）は、1965年から12区にある。

ヌヴォー・コンセルヴァトワール Nouveau Conservatoire 1987年に敷設された19区のヌヴォー＝コンセルヴァトワール大通り（Avenue du Nouveau-Conservatoire）は、1990年代中葉に建設され、新国立高等音楽院（旧音楽院はマドリ通りにあった）が入っている、壮大な「シテ・ド・ラ・ミュジック（音楽都市）」の西側を通っている。

ヌヴォー＝ベルヴィル Nouveau-Belleville ベルヴィルでは多くのものが解体され、多くのものが再建されてきた。こうして「ヌヴォー・ベルヴィル（新しいベルヴィル）」が生まれた。それゆえ、1973年に建設された20区の小公園（Square du Nouveau-Belleville）にこの呼称がつけられたのは、けだし当然のことといえるだろう。

ヌーヴ・サン＝ピエール Neuve Saint-Pierre 4区を走るヌーヴ＝サン＝ピエール通り（Rue Neuve-Saint-Pierre）は、サン＝ポール墓地まで続いている。命名は1922年。

ヌーヴ・デ・ブーレ Neuve des Boulets 11区のヌーヴ＝デ＝ブーレ通り（Rue Neuve des Boulets）は、通りの命名によいアイデアが浮かばなかったため、1931年、近くをブーレ通りが走っているところから、「ヌーヴ」【neuf（新しい）の女性形。女性形の「通り」（rue）を修飾する】という形容詞をつけたにちがいない。

ヌーヴ・デュ・テアトル Neuve du Théâtre 1935年に命名された15区のヌーヴ＝デュ＝テアトル通り（Rue Neuve-du-Théâtre）は、1826年からテアトル小路とよばれてきた。呼称はクロワ＝ニヴェール通りにあったグルネル劇場に由来する。これが「ヌーヴ」とよばれたのは、1828年からテアトル通りがあったからである。

ヌウトラシ

ヌーヴ・ド・ラ・シャルドニエール Neuve-de-la-Chardonnière　18区のヌーヴ＝ド＝ラ＝シャルドニエール通り（Rue Neuve-de-la-Chardonnière）は、1931年、地名にちなんで命名されている。かつてシャルドニエールはラシャカキグサ【ナベナ属の草本】が生えている土地を意味していた。むろん、このシャルドニエールはもはや遠い記憶のなかにしかない…

　　一方、形容詞の「ヌーヴ」は、一般に古くなった、あるいは都市改造の必要性から撤去ないし改変された旧道にとって代わった――道筋ははとんど変わらないが――、一部の通りにつけられている。ときには以前に敷設され、現在まで存続している同名の通りと区別するためにつけられることもある。

ヌーヴ・トルビアック Neuve Tolbiac　トルビャック通り――一時、他の呼称でよばれていた――の一部として敷設された、13区のヌーヴ＝トルビアック通り（Rue Neuve-Tolbiac）は、**トルビアック橋**へと続いている。

ヌーヴ・ポパンクール Neuve Popincourt　11区のヌーヴ＝ポパンクール通り（Rue Neuve-Popincourt）は、1826年に開通しているが、呼称は**ポパンクール**通りに隣接していることによる。

ヌムール Nemours　ヌムール通り（Rue de Nemours）と同名の通廊（Galerie de Nemours）は、それぞれ11区と1区にあるが、いずれも呼称は**ルイ＝フィリップ**の第2子で、パリに生まれ、**ヴェルサイユ**で没したヌムール公ルイ・シャルル・フィリップ・ラファエル・ドルレアン（1814-96）に由来する。1831年、ベルギー議会は彼を国王に選んだが、これによってヨーロッパ列強の反発を買う恐れがあるとして、最終的にその即位を拒んだ。

　　1836年、ヌムール公はアルジェリアで戦い、40年に帰国して、ザクセン＝コーブルク＝ゴータ＝コアリー家の公女ヴィクトワール・アントワネット【1822-57】と結婚する。だが、この結婚にともなう50万フランスの給付は、パリ高等法院の反対で認められなかった。1842年、長兄のオルレアン公が他界したため、ルイ＝フィリップ死去の際には彼が王国の摂政となることが決定された。だが、この父王が失脚した1848年の2月革命ののち、彼はイングランドに亡命し、71年に帰国する。その名がつけられた通廊は1829年、通りは38年からある。

ヌンジェスール・エ・コリ Nungesser et Coli　1892年にパリで生まれたシャルル・ヌンジェスールと、81年に**マルセイユ**で生まれたフランソワ・コリは、いずれも第1次世界大戦中の飛行士。1927年、大西洋を横断中に遭難した【ワゾー・ブラン（白い鳥）号を駆って、パリ－ニューヨーク間の無着陸飛行を試みた】。1929年、彼らの死を悼んで16区の通りにその名がつけられている。ヌンジェスール＝エ＝コリ通り（Rue Nungesser-et-Coli）である。

ネ Ney　1769-1815年。エルヒンゲン公・モスクヴァ大公のミシェル・ネは、ドイツ中西部のザールルイで生まれ、パリで没した元帥。1788【1787？】年にメス軽騎兵連隊に入り、94年には連隊長、96年には将軍に昇進している。1802年、ナポレオンから全権公使としてベルンに派遣された彼は、翌年2月、スイス諸州と和平仲裁協定を結んだ。1804年には元帥に任命され、05年から07年にかけてのエルヒンゲンや**イエナ**、フリートラント（**フリーラン**）の戦いでは、ナポレオンをして「勇者のなかの勇者」と言わしめた。

　　こうして赫々たる道を進んだ彼は、1808年、ナポレオンからエルヒンゲン公に叙せられる。ロシア遠征では、ロシア軍を**モスクヴァ**の戦いで撃破し、モスクワ（**モスクー**）大公位に叙された。皇帝ナポレオンの失脚につながるロシア戦役でもみごとな働きをした。1814年にナポレオンが退位すると、彼はルイ18世【国王在位1814-15／1815-24】に忠誠を誓い、エルバ島を脱出した「ちび伍長」【ナポレオンのあだ名】の逮捕を命じられる。だが、その命

に背いてナポレオン軍にくわわり、その陣営で華々しく戦った。

ワーテルロー（**ワテルロ**）の戦いの2日前【1815年6月16日】、ベルギーのカトル＝ブラの戦い【アーサー・ウェリントン（1769-1852）率いるイギリス軍との戦い】では、敗北を予感した彼は戦死を覚悟してこう言ったという。「これらすべての銃弾が私の腹を射抜くように」。しかし、死は訪れなかった。ただ、それはまもなくやってくる。第二復古王政から裏切り行為を告発された彼は、中部のカンタル地方に逃げたが、逮捕されてパリに連行され、軍事法廷にかけられた。ところが、同法廷は彼の裁判を管轄外とした。そこで貴族院に召喚され、ぞんざいな審理のあと、死刑を宣せられる。

こうしてネは**オプセルヴァトワール**大通りに待機していた処刑隊の前に引き出される。その際、彼に銃口を向けていた兵士たちにこう叫んだという。「兵士諸君、これが最後の命令だ。私が号令を発したらまっすぐ心臓を狙って撃て。私はこの不当な判決に抗議する。私はフランスのために百度戦ったが、一度として祖国に逆らったためしはない」。彼の名を冠した**ネ**大通り（Boulevard Ney）は、死後半世紀たった1864年から16区にある。

ネヴァ Néva　ロシアのネヴァ川は、ラドガ湖の南西部を水源としてフィンランド（**フィンランド**）湾にそそぐ。サンクト＝ペテルブルク（**サン＝ペテルスブール**）を通るが、全長74キロメートらずの小規模な河川である。1880年に敷設されたネヴァ通り（Rue Néva）は8区にある。

ネル Nesle　6区のネル通り（Rue de Nesle）は1877年に命名されている。呼称は近くの**コンティ**河岸通りにあったネール（ネル）館に由来する。この邸館は13世紀初頭、ネル領主のジャンによって建てられたが、1232年、聖王ルイ（**サン＝ルイ**）とその母后ブランシュ・ド・カスティーユ【1188-1252。カスティーリャ王家出身。ルイ8世の王妃で、幼王ルイ9世の摂政として政

治の実権を握った】に、なかば強制的に譲渡された。

やがて邸館はベリー公やブルターニュ公フランソワ、ニヴェルネ公（**ニヴェール**館）、ゲネゴー、さらに**コンティ**家と持ち主が代わる。しかし、ルイ14世（**ルイ・ル・グラン**）は造幣局を建てるため、コンティ家が有していたこの邸館を解体してしまう。有名なネールの塔【フィリップ2世が築いた市壁の塔】は、ネール館に隣接していたことからそうよばれた。高さ25メートル。ルーヴル宮の塔と向き合っていた。歴史的に知られる醜聞事件はここで起きた――。

3人のブルゴーニュ公女、すなわちのちのルイ10世の后マルグリット（1290-1315）と、その義姉妹で、のちのフィリップ5世の后ジャンヌ（1291頃-1330）、さらにのちのシャルル4世の后ブランシュ（1296頃-1326）は、1314年、のちにイングランド王妃となる王女イザベル・ド・フランス【在位1308-27】の告発、すなわち3人が姦通したとする告発を受けた父の端麗王フィリップ4世【在位1285-1314】によって、その相手となったふたりの兄弟騎士、すなわちフィリップ（?-1314）とゴーティエ・ドーネ（?-1314）ともども逮捕される。

この兄弟はパリ北西部のポントワーズで処刑される前、拷問を受けて、彼女たちと3年間、ネールの塔で関係をもっていたことを自白した。これにより、密通を認めたマルグリットは、イングランドの獅子心王リチャード1世（在位1189-99）ゆかりのシャトー＝ゲヤール要塞に幽閉され、翌年、怪死する。ジャンヌはパリ南西のドゥルダン要塞に幽閉されたが、やがて潔白を認められて復位する。一方、姦通を認めたブランシュは、マルグリットと同じ要塞に幽閉され、夫が1322年に即位しても幽閉を解かれなかった。そして同年5月、教皇ヨハネス22世【在位1316-34】によって離婚を宣せられ、ポントアーズの修道院で最期を迎える。この一連の出来事は「ネール塔事件」とよばれるが、一部の歴史家たちはそ

れをなおも伝説とみなしている。

ネールの塔は、1663年、枢機卿マザランの意向をうけてカトル＝ナシオン学寮【→アンスティテュ】を創設するため解体された。アレクサンドル・デュマ（父）とフレデリック・ゲヤルデ【1808-82】は、これを5幕物の芝居『ネール塔』【1832年】に仕立て、ジャン・ブリダン【1292-1363。スコラ哲学者】とマルグリト・ド・ブルゴーニュの苦悩を語っている。かなり暗い物語である【ただし、ブリダンがネールの塔でマルグリトと密会していたとする話はフィクション】

ネグリエ Négrier　1788-1848年。フランソワ・メリ・カシミール・ネグリエはフランス中西部のル・マンで生まれ、パリで没した将軍。ワーテルロー（ワテルロ）の戦いで5度も負傷している。1836年に元帥代理官となった彼はアルジェリアに出征し、翌年、総督代理に任命される。そして1841年、中将に昇格し、48年には北仏ノール県選出の立法議会議員となる。だが、同年の6月革命【第二共和政が失業者に仕事をあたえるために創設した国立作業場の閉鎖に反対して、労働者たちが6月23日から25日にかけて立ち上がった一斉蜂起】の最初期、軍隊を指揮していた彼はフォブール・サン＝タントワヌの入り口で叛徒たちによって射殺された。シテ・ネグリエ（Cité Négrier）は、1864年から7区にある。

ネケール Necker　1732-1804年。ジャック・ネッケル（ネケール）はジュネーヴで生まれ、同じスイスのコッペで没した銀行家・政治家。ドイツ系プロテスタントだった彼は、スイスで銀行を創設して成功したのち、1765年にパリに移り、77年、【失脚した財務総監テュルゴーの後任として】財務長官に任命される。

危機的状況にあった国家財政を改善するため、彼はまず膨大な官職・公職を廃止することに意を注ぎ、単純明快な会計法を確立した。アメリカ独立戦争時には、【それを援助するために】5億3000万リーヴルの公債を発行し、すみやかに資金が集まった。

だが、1781年、地方議会を創設して特権階級に課税しようとして高等法院から反対され、辞職を余儀なくされた。

その後、ネッケルはパリ北郊のサン＝トゥアンに退くが、1788年、再びルイ16世【国王在位1774-92】からよび戻される。当時、国家財政は最悪の状態にあり、ネッケルをもってしてもそれを回復させることは難しかった。そこで彼は世論を武器に財政改革を行おうと、第三身分【平民階級】の代表者数を倍増させて三部会を招集しようとする。これが財務長官再就任の条件だった。

しかし、この条件は王室や保守派貴族たちに疎まれ、再び解任されてしまう【1789年7月11日】。こうして彼はブリュッセル、ついでバーゼルに向かうが、彼の解任に怒った民衆がバスティーユを襲撃して数日後、パリによび戻される。人々は彼を歓呼の声で迎え、その再登板を喜んだ。

だが、こうした民衆の支持にもかかわらず、1790年9月、国王から最終的に罷免されたネッケルは、生地のジュネーヴに逼塞し、みずからの職務を弁明する『ネッケル氏本人による行政論』【1791年】を執筆する。金融・財政家としての資質にくわえて、彼はまたスタール夫人（スタル）の父でもあり、現在も15区にあるネッケル小児病院は、1776年に彼の妻【シュザンヌ・キュルショ（1737-94）。文学者。サロン主宰者としても知られる】によって創設されている。彼の名を冠したネケール通り（Rue Necker）は、1784年から4区にある【15区には1900年に命名されたネケール小公園（Square Necker）もある】

ネゴシアン Négociants　12区にあるテラス・デ・ネゴシアン（Terrasse des Négociants）は、1993年に敷設されたテラス状の通りで、呼称はそこがベルシーの旧ワイン倉庫群の跡地だったことに由来する。いうまでもなく、かつてそこには数多くのワイン仲買人（ネゴシアン）が出入りしていた。

ネラトン Nélaton　1807-73年。5区のネラトン通り（Rue Nélaton）に名を残すオーギュスト・ネラトンは外科医で、アスプロ

ノトルタム

モンテの戦いで負傷した**ガリバルディ**を治療した。これにより一躍有名になったが、さらにその名声はナポレオン3世の宿痾ともいうべき股関節疾患を治療したことで拡大した。科学アカデミー会員【1867年】、さらに元老院議員【1868年】となった彼はまた結石治療手術の考案者でもある。その著作には『外科病理学の基礎原理』【1844年】などがある。

ノエル Noël　20世紀初頭に3区に開通したシテ・ノエル（Cité Noël）の呼称は、敷設者の名に由来する。

ノエル・バレ Noël Ballay　1848-1902年。パリ南西部ウール＝エ＝ロワール県のフォンロネ＝シュール＝ウールに生まれ、**セネガル**のサン＝ルイで没した探検家・医師。**サヴォルニャン・ド・ブラザ**の協力者だった彼は、1875年から79年にかけてコンゴのアリマ川とリコナ川の上流域を探検した。さらに1880年から84年までは同じコンゴのバテケ地方を旅している。1886年にはフランス領コンゴとベルギー領コンゴの境界を画定する委員のひとりとなった。旧ギニア総督もつとめた彼の名は、1932年から20区の通りに刻まれている。ノエル＝バレ通り（Rue Noël-Ballay）がそれである。

ノカール Nocard　1850-1903年。15区のノカール通り（Rue Nocard）は、医師で獣医・微生物学者のエティエンヌ【エドモンとも】・ノカールにちなんで、1930年に命名されている。

ノートル＝ダム Notre-Dame　4区にある現在のノートル＝ダム（聖母）橋（Pont Notre-Dame）は、1913年に架けられている。だが、最初のそれは1421年にさかのぼる。1499年、不幸にしてそれは崩れ落ち、その上にあった家屋60棟と多くの住民が犠牲となった。1512年、橋は再建され、橋上家屋も68棟建てられた。さらに1577年と1660年に修復されたが、1787年、橋上家屋はすべて撤去される。この2番目のノートル＝ダム橋は1853年までもちいられ、**セーヌ**の美しい流れに橋脚をすえた3番目の橋にとって代わられる。そしてこれ

は1913年まで使われた。したがって、現在の橋は4番目のものとなる。

ノートル＝ダム＝デ＝ヴィクトワール Notre-Dame-des-Victoires　1640年に敷設された2区のノートル＝ダム＝デ＝ヴィクトワール（勝利の聖母）通り（Rue Notre-Dame-des-Victoires）は、その名をアウグスティヌス修道会、通称プティ＝ペール【字義は「小父たち」】の修道院付設教会に負っている。この教会堂は1629年、ルイ13世【国王在位1610-43。→ドーフィヌ】によって建立されたもので、呼称はラ・ロシェルでのプロテスタントに対する勝利【1628年。ラ・ロシェルはプロテスタント（ユグノー）勢力の牙城のひとつだった】を記念して命名されている。フランス革命によって、この修道院は閉鎖され、教会も小教区教会になった。フランス革命ではいったいに教会は閉鎖ないし破壊されたが、同教会はそれを免れたことになる。いわばそれは聖母のもうひとつの勝利だった。

ノートル＝ダム＝デ＝シャン Notre-Dame-des-Champs　6区のノートル＝ダム＝デ＝シャン（野原の聖母）通り（Rue Notre-Dame-des-Champs）は、1876年に建立された同名の教会ではなく、現在のヴァル＝ド＝グラース近くに7世紀に建てられた、やはり同名の礼拝堂にちなんで、17世紀末に命名されたものである。1084年、ベネディクト会士たちがこの礼拝堂を獲得し、隣に修道院を建てたが、1603年、カルメル会に譲渡する。後者はこれを同会系の受肉修道院にした。だが、革命によって解体された。1855年、カルメル会修道院の跡地が整地され、1896年、新たに設けられた納骨堂の聖別式が厳かに営まれた。今日、はるか昔の小礼拝堂を想い起こさせるこの納骨堂は廃用になっているが、なおも保存されている。

ノートル＝ダム＝ド＝ナザレト Notre-Dame-de-Nazareth　3区のノートル＝ダム＝ド＝ナザレト（ナザレの聖母）通り（Rue Notre-Dame-de-Nazareth）は、現在の199番地、**タンプル通り**にそって立って

ノトルタム

いた旧ナザレ会修道院にちなんで、1630年に命名されている。同会の修道士たちは「聖フランチェスコ第3身分苦行者」ともよばれていた。彼らのこの修道院は1625年に建てられたが、フランス革命時に閉鎖され、1858年に解体されている。

ノートル=ダム=ド=ボン=ヌーヴェル Notre-Dame-de-Bonne-Nouvelle
2区を走るノートル=ダム=ド=ボン=ヌーヴェル（福音の聖母）通り（Rue Notre-Dame-de-Bonne-Nouvelle）は、同名の教会にちなんで命名されているが、この教会は1551年に聖王ルイ9世（サン=ルイ）と聖女バルバラ【→ボン=ヌーヴェル】に奉献された礼拝堂を起源とする。1628年に礼拝堂を改築して建てられた教会堂は、フランス革命で閉鎖され、荒廃したが、1825年から30年にかけて、建築家のエティエンヌ=イポリット・ゴッド【1781-1869。新古典派の建築家で、とくにパリ各所にある教会堂の修復を数多く手がけた】によって再建された。通りの命名は1630年である。

ノートル=ダム=ド=ラ=クロワ Notre-Dame-de-la-Croix
20区のノートル=ダム=ド=ラ=クロワ（十字架の聖母）小公園（Square Notre-Dame-de-la-Croix）は、1823年に建てられた礼拝堂が手狭になったため、1863年に建設が始まり、69年に信者たちに開放された教会【パリで3番目の規模】にちなんで命名されている。この教会堂はロマネスク様式で、鐘楼は地上78メートルの高さを誇っている。

ノートル=ダム=ド=ルクーヴランス Notre-Dame-de-Recouvrance
1628年に建立されたノートル=ダム=ド=ボン=ヌーヴェル教会は、しばらくのあいだノートル=ダム=ド=ルクーヴランス教会とよばれていた。おそらく2区のノートル=ダム=ド=ルクーヴランス通り（Rue Notre-Dame-de-Recouvrance）は、それにちなんで1630年に命名されている。

ノートル=ダム=ド=ロレット Notre-Dame-de-Lorette
1645年、ポルシュロン界隈【→フォブール・モンマルトル】の住民たちのために礼拝堂が建てられた。ノートル=ダム=ド=ロレット（ロレットの聖母）に奉献されたこの礼拝堂は、現在のラマルティーヌ通りにあった。だが、1796年、この礼拝堂は解体され、1823年から36年にかけて、建築家イポリット・ル・ブラン【1782-1867。パリ高等美術学校教授で、フランス学士院会員】の設計図にもとづいて工事がなされ、ロマネスク聖堂風の教会堂が建立された。この教会堂へと続くノートル=ダム=ド=ロレット通り（Rue Notre-Dame-de-Lorette）は、1835年から9区にある。

ノナン・ディエール Nonnains d'Hyères
4区のノナン=ディエール通り（Rue des Nonnains-d'Hyères）は、本来ならパリ南方、エソンヌ県のヴィルヌーヴ=サン=ジョルジュ近郊の町の呼称通り、ノナン・ディエール（Nonnains d'Yerres）と表記されるべきだったかもしれない。1182年、リシャール・ヴィランなる人物が、イェール（Yerres）修道院長に、現在の通りの14番地にあった通称「ピ館」を売却した。これにより、邸館はイェール修道院の分院となった。当時、この通りはノナン・ディエール（Nonnains dierre）、ついでノナンディエール（Nonandières）とよばれ、最終的に現在の呼称となっている。ちなみに、ノナンとはかつては若い修道女を意味していた。

ノベル Nobel
1833-96年。アルフレッド・ノーベル（ノベル）は、ストックホルム（ストコルム）に生まれ、フランス国境に近い地中海岸のサンレモで没したスウェーデンの化学者。ニトログリセリンを爆発剤としてもちいる方法は、彼の発明による。事実、彼は1867年、クッション用の珪藻土を混ぜることによって、それまできわめて危険かつ運搬不能だったこの物質の爆発力を弱めた。さらに無煙火薬、とくにダイナマイトも、周知のように彼の発明である。1869年、このスウェーデン人学者はパリ近郊のセヴランに実験所を建てたが、91年、これをサンレモに移している。

だが、彼の名が一般にもっともよく知られるようになったのは、こうした問題の多い発明ではなく、むしろノーベル賞を創設したことによる【第1回の授賞は1901年】。彼は遺言によって、毎年5部門の賞を設けることとし、そのために全財産の94パーセントに相当する3122万5000スウェーデン・クローナを遺贈した（現在、各部門の受賞者に約1億円と金メダルが贈られている）。物理学や化学、医学ないし生理学の分野では、国籍を問わず、重要な発見をした人物に授与されている。文学賞は、やはり国籍を問題とせず、人類の理想のためにもっともみごとな作品を著した人物、最後の平和賞【1968年創設】は人類の友愛に顕著な業績をあげた人物をそれぞれ対象者とする。平和賞はスウェーデン議会、他の4つの賞はスウェーデン・アカデミーによって受賞者が決定される。パリ18区を走るノベル通り（Rue Nobel）の命名は1912年になされた。

ノム・ド・ジェジュ Nom de Jésus 11区のノム゠ド゠ジェジュ小路（Cour du Nom-de-Jésus）の呼称は、かつてここに福音書によれば救い主で神の子、預言者たちによれば救世主であるイエス（ジェジュ）をたたえる絵看板があったことに由来する。ローマ暦749年、西暦前6年‐前4年にベツレヘムで生まれたイエスは、30歳のとき、ガリラヤやエルサレムでその教えを説き始め、物質的ではない、霊的な王国の到来を告げた。

だが、時へずしてパリサイ派（律法学者）の攻撃対象となった。そして、周知のように弟子のユダに裏切られ、磔刑に処せられる。その遺骸は清らかな女性たちによって埋葬されるが、3日後に復活し、40日後に昇天したという。ただ、イエス・キリストは新しい宗教の創始者として現れたのではなく、モーセの律法と預言者たちの説教を最大限もたらした存在なのである。

ノール Nord 19区にあるノール小路（Passage ddu Nord）は、みずから建設した住宅群の「北側」にこの小路を敷設した

不動産会社によって命名されている。ただ、それが19世紀末だったか、20世紀初頭だったかは定かでない。

ノール Nord ノール通り（Rue du Nord）は18区を走っている。命名は1903年。おそらくその呼称は、フランス北部へ向かう鉄道線路の近くを通っていることに由来する。

ノルヴァン Norvins 1769-1854年。モンブルトン・ド・ノルヴァン男爵ジャック・マルケは、パリを生没地とする歴史家。革命時【20歳】、シャトレ裁判所の評定官となったが、迫害を恐れて家族ともどもオーストリアに移り住む。しかし、帰国が早すぎため、逮捕・投獄されてしまう。ブリュメール18日【ナポレオンが総裁政府を倒して執政政府を樹立した1799年霜月（ブリュメール）18日のクーデタ】で自由の身になると、熱心なナポレオン支持者となり、【セーヌ県知事やルクレール将軍の秘書官などを歴任したのち】ウェストファリア王国の国務卿、さらに1810年から14年まではイタリア王国の警察長官をつとめた。

ワーテルロー（**ワテルロ**）の戦い後、彼はすべての政治活動を止めて、ナポレオン時代をたたえる歴史書などを編むことに専念する。こうして発表されたのが『ナポレオン史』【1827年】である。1830年、ノルヴァンはドルドーニュ県知事、ついで31年から32年まではロワール県知事となっている。彼に捧げられたノルヴァン通り（Rue Norvins）は18区にある。命名は没後14年目の1868年である。

ノルヴェージュ Norvège ノルウェーのこと。サーミ語でノルガ。首都はオスロで、総人口510万【2014年】、面積38万5000平方キロメートル。ハーラル1世【国王在位872頃-930頃】が9世紀に国土を統一し、最初のノルウェー王朝を建設したとされる。1380年、同国はデンマークと合併し【デンマーク・ノルウェー連合王国】、1397年【カルマル同盟】にはさらにスウェーデンがこれに合流して同君連合を構成する。

1523年、この同君連合は分離し、37年

にはデンマークがカトリックのノルウェーにルターの宗教を強制する。そこでノルウェーのブルジョワジーや知識人たちは、デンマークとの連合解体を叫ぶようになる。それは3世紀後の1814年に結ばれたキール条約で実現するが、この条約は【ナポレオン戦争で敗戦国となった】デンマークがノルウェーをスウェーデンに割譲するものだった。

　これに対し、ノルウェー国内ではナショナリズムが激化し、1905年、スウェーデンとのあいだに戦争の危機が高まったが、国民投票での圧倒的な賛成とそれを受けての交渉により、スウェーデンのカールスタードで条約が結ばれ、ノルウェーの独立が宣言される。そして、デンマーク王子のホーコン7世がノルウェー国王に即位した【在位1905-57】

　1933年、同国はグリーンランド【ノルウェー生まれのアイスランド・ヴァイキングだったエイリーク・ソルヴァルソン、通称「赤毛のエイリーク」が最初に入植したとされる】を無血でデンマークに割譲する。そして1940年、フランスやイギリスの（形ばかりの）干渉にもかかわらず、ドイツに占領されるが、45年、ノルウェーは主権を回復し、以後、立憲君主制国家としての道を歩むようになる。パリのノルヴェージュ交差点（Carrefour de Norvège）は、1953年から16区にある。

ノルマンディ Normandie　フランスの旧地方名で、今日のオルヌ、カルヴァドス、マンシュ、ウール、セーヌ＝エ＝マルティムの6県に相当する。この地方はバス＝ノルマンディ（ノルマンディ南部）――コタンタン、ボカージュ北部、ベサン、ペ・ドージュ、カンパーニュ・ド・カーン、つまりカルヴァドス、マンシュ、オルヌ地方――と、オート＝ノルマンディ（ノルマンディ北部）――ペ・ド・コー、ペ・ド・ブレ、ヴェクサン・ノルマン、ルーモワ、リューヴァン、ペ・ドゥーシュ、アンパーニュ・ド・ヌーブール、カンパーニュ・ド・サン＝タンドレ地方――とに分かれる。

　911年、西フランクの単純王シャルル3世【在位898-923】は、ノルマンディをロロン【930頃没。ノルマン人の大軍をもって北仏沿岸を荒らしまわった。初代ノルマンディ公】に譲り渡した。1066年から1204年まで、この地方は1204年までイングランド領となった。そして百年戦争【1337-1453年】のあいだ、イングランド軍が再び来襲し、とくに1420年頃にはこの地を支配下に置いた。だが、1450年、フランス軍が再征服をはかり、68年、最終的にフランス王国に帰属する。ノルマンディという呼称は、8世紀に西ヨーロッパの沿岸部を荒らしまわったヴァイキング、すなわち北方の民を意味するノルマン人に由来する。3区のノルマンディ通り（Rue de Normandie）は、1696年に命名されている。

ノレ Nollet　1700-70年。ジャン・アントワヌ・ノレはパリ北東、ノワヨン近郊のパンプレで生まれ、パリで没した神父・物理学者。学業を終えると、物理学の道に進み、1735年、パリ大学で講義を行って大評判をとる。やがて彼はルイ15世【国王在位1715-74】からイタリアでの科学的ミッションを託され、帰国後の1753年、ナヴァール学寮に彼のために開設された実験物理学の講座を担当する。

　1758年、科学アカデミー会員となった彼は、ラ・フェール校やメジエール校で教壇に立ち、内方浸透（細胞膜などの半透過性の膜で囲まれた高濃度の液体のほうに、低濃度の液体が移る現象）を発見する。著書としては『実験物理学教本』【1743年】や『身体電気試論』【刊行年不詳】などがある。17区には1864年から彼の名を冠したノレ通り（Rue Nollet）がある。

ノレ Nollez　17区のシテ・ノレ（Cité Nollez）は、沿道に住んでいた最初期の地主にちなんで命名されている。

ノワイエ＝デュラン Noyer-Durand　19区のノワイエ＝デュラン通り（Rue Noyer-Durand）は、1930年までそれが属していた旧ブレ＝サン＝ジェルマン村の住民ふたりの名前を結びつけて、32年に命名された。

ノワジエル Noisiel ノワジエルはパリ東方、セーヌ＝エ＝マルヌ県ブリ高地の端に位置する旧村の名。16区のノワジエル通り（Rue de Noisiel）は、そこにチョコレート工場をかまえていた——現在もある——ムニエ氏によって敷設・命名されている。その呼称が正式なものとなったのは、1913年のことである。

ノワジー＝ル＝セック Noisy-le-Sec ノワジー＝ル＝セックはウルク運河（**カナル・ド・ルルク**）沿いの町。1870年の普仏戦争で激しい爆撃にさらされた要塞がある。町の人口は4万1000【2013年】。20区のノワジー＝ル＝セック通り（Rue de Noisy-le-Sec）は、1930年にパリに編入されたこの町に属していた。

ハイイ

ハ行

バイイ Bailly 帯剣ないし法服の官職保有者【中世の国王代官職、近世ではバイイ裁判所長官の意】をさしていた語「バイイ（bailli）」に由来する。この職位の役割については、1190年、時の国王フィリップ・オーギュストがはじめて明確にしている。王権を代表し、国王ないし領主の名において裁判をおこなうという役割である【バイイ通り（Rue Bailly）は3区】

パイエ Paillet 1793-1855年。アルフォンス・パイエは北仏エーヌ県のスワソンに生まれ、パリで没した弁護士。当初、生地の、のちにパリの弁護士となった彼は、1864年、エーヌ県シャトー＝ティエリーの選出議員となる。1848年の2月革命後、再び弁護士に戻るが、1年後、憲法制定議会の議員に改めて選ばれる。1852年に第二帝政が誕生したのち、彼はオルレアン家から、同家の財産を没収した勅令と戦うことを託されてもいる。5区には、そんな彼の名がついたパイエ通り（Rue Paillet）が1877年からある。

バイエ Baillet バイエは王太子時代のシャルル5世【国王在位1364-80】の筆頭金銀調達役（会計係？）。1358年1月4日、ペラン＝マセなる両替商に殺害された【犯行場所は1区のサン＝メリ通り。犯人の両替商は、犯行後、今ではその塔だけしか残っていないサン＝ジャック・ラ・ブシュリ教会に逃げ込んだが、数日後に逮捕され、斬首刑に処された。なお、このサン＝ジャックの塔はパスカルが大気圧の実験をした場所として知られる】。1区のバイエ通り（Rue Baillet）は1360年に命名されている。

バイユ Baillou 地主の名前。おそらく彼は、診察術を復活させ、喉頭炎の特性を見定めて名声をはせた、16世紀のパリの医師【ギヨーム・ド・バイユ（1538-1616）】の末裔だろう【バイユ通り（Rue Baillou）は14区】

バイユール Bailleul 本名ロベール・バイユール。彼について分かっているのは、14ないし15世紀にパリ高等法院の部長評定官をつとめていたということ程度である。そんな彼の名が1区の通り（Rue Bailleul）に冠せられたのは1423年だった。

パヴィヨン Pavillons ヴィラ・デ・テルヌを通るパヴィコン大通り（Avenue des Pavillons）は17区にある。呼称はその沿道にパヴィヨン、すなわち別荘が立ち並んでいることに由来する。至極当然の命名である。

パヴィヨン Pavillons 18区にあるパヴィヨン袋小路（Impasse des Pavillons）とヴィラ・パヴィヨン（Villa des Pavillons）もまた、沿道に連なるパヴィヨンにちなんで、20世紀初頭に命名されている。

パヴィヨン Pavillons 20区のパヴィヨン通り（Rue des Pavillons）は、すでに1730年には知られていた。消失して久しいが、かつてそこに「ラ・パヴィヨン」とよばれる建物があったことからの命名である。

パヴェ Pavée 4区のパヴェ通り（Rue Pavée）は1450年に命名されている。呼称はここがパリで最初に舗装された道の1本だったことに由来する。舗装前のこの通りは、他の大部分の通りと同様、排水溝がおびただしい量の汚物を押し流して悪臭を放っており、およそ快適さとは縁遠いものだったはずだ。

パガニーニ Paganini 1782-1840年。ニコロ・パガニーニはジェノヴァ（ジェーヌ）で生まれ、ニースで没したイタリア人ヴァイオリニスト。9歳のとき、ジェノヴァでデビューした彼は、15歳から世界各地で演奏会を開くようになる。ただ、ヴァイオリンを独習したということのほかに、彼が青春時代の大半を賭け事と女性たちに捧げた、という事実も隠すわけにはいかないだ

556

ろう。あきらかに躁鬱症だった彼は、成功
裏に終わったコンサートのあと、数週間、
ときには数年ものあいだ、しばしば姿を隠
したりもした。

とはいえ、この天才的なヴァイオリニス
トは、その比類のないまでの才能によって、
全ヨーロッパ的な名声をほしいままにした。
ときにはたった1本の弦で、1曲すべてを
弾いたりもした【当時の人々は、彼の超人的
なまでの演奏技巧を、「悪魔に魂を売り渡した
代償として手に入れた」と噂したという】。ヴ
ィオラやギターの名手でもあった彼は、数
多くのヴァイオリン曲、とくに24の奇想
曲や6曲のヴァイオリン協奏曲を創作して
いる。彼に捧げられた20区のパガニーニ
通り（Rue Paganini）は1934年からある。

バサノ Bassano 1763-1839年。正確な名前
はバサノ公ユーグ・マレ。ディジョン出身
の政治家で、皇帝ナポレオンの百日天下
【1815年】のあいだ、外務卿と国務卿をつ
とめた。ナポレオンに深く心酔し、忠誠を
誓っていたため、ワーテルロー（ワテル
ロ）の敗戦後、フランスからの亡命を余儀
なくされた。1820年に帰国した彼は、31
年、執念深さとは無縁のルイ＝フィリップ
によって、貴族院議員（フランス同輩衆）
に叙せられた。それより前の1808年には、
アカデミー・フランセーズ会員に選ばれて
もいる。彼を名祖とするバサノ通り（Rue
de Bassano）は8区と16区を結び、1881
年に命名されている。

パシー Passy 旧パシー村は、1860年、パリ
に編入されている。一帯はその広々とした
大通りやきわめて立派な家並が漂わせる美
しさや魅力によって、今もなお人気を保っ
ている。たとえば、かつて洗練されたパリ
っ子たちが好んで散策していたトロカデロ
広場やラヌラグ広場などである。ここはま
た、女性の不妊治療に効果があるとの評判
を得ていた水源——19世紀末に枯渇——を
有する湯治場でもあった【→パルク・ド・パ
シー】。ラ・マルティーヌやヴィクトル・ユ
ゴーはこの村に住み、ブーランヴィリエは
その最後の領主だった（18世紀）。

旧村の主道だったパシー通り（Rue de
Passy）は1867年、同名の広場（Place de
Passy）とともに命名されている。パシー
港（Port de Passy）は1905年、パシーの
村にそっていたパシー河岸通り（Quai de
Passy）は、それより早い19世紀初頭の命
名である【いずれも現在は16区にある】

パシュ Pache 1740-1823年。ジャン＝ニコ
ラ・パシュはパリで生まれ、**アルデンヌ**地
方のテャン＝ル＝ムーティエで没した政治
家。カストリ元帥【1727-1801。モンペリ
エ・セート総督や国務卿などをつとめた侯爵】
の邸館管理人を父とする彼は、若くして元
帥の関心を引き、その庇護の下でしっかり
した教育を受けさせてもらう。フランス革
命前、軍隊の糧秣供給責任者、ついで王室
管理人をつとめるが、1784年、職を辞して、
一族の出身地であるスイスに赴く。

やがて、革命初期に帰国すると、陸軍省
で働き、1792年10月8日に陸軍大臣とな
る。だが、みずからが属していたジロンド
派と袂を分かち、穏健中道派の論調に惹か
れ、1793年、大臣職を更迭されるものの、
パリ市長に選ばれている。総裁政府時代
【1795-99年】、彼は『弁明的回想録』を著
し、アルデンヌ地方の所領に引退する。そ
して、ナポレオンからの再三にわたる慫慂
にもかかわらず、この地で生涯を終えた。
11区にあるパシュ通り（Rue Pache）は、
1883年に命名されている。下層階級出身
のパシュが、ここまで出世したわけである。

パジュー Pajou 1730-1809年。オーギュス
タン・パジューはパリを生没地とする彫刻
家。1748年にローマ大賞を授けられてか
ら12年間、イタリアに住み着いた。1760
年にフランスに戻ると、彫刻アカデミーに
迎えられる。フランスのすべての偉人を顕
彰する彫像を建てるというルイ16世【国王
在位1774-92】の王命は、パジューにとっ
て願ってもみない僥倖となり、**デカルト**や
テュレンヌ、**パスカル**、ボシュエ、ビュフ
ォンらの彫像を制作した。

彼の作品としてはまた、レ・アル地区に
あるイノサンの噴水用に制作し、同名の小

ハシユレ

公園で今も見ることができる『ナイアス像』【1788年】や、**ルーヴル美術館**に所蔵されている『プシュケ像』【1796年】などがある。学士院会員や王室骨董品陳列室の支配人となった彼の名は、1864年に命名された16区のパジュー通り（Rue Pajou）に残っている。ちなみに、彼の妻は、同時代の女性たちに、古代ローマの貴婦人たちに倣って、愛国心を発揮してその宝石類を国庫に供出するようよびかけている。

バシュレ Bachelet　バシュレ氏は18区の通り（Rue Bachelet）の名祖である。

バショーモン Bachaumont　1900年から2区のバショーモン通り（Rue Bachaumont）に名を残すルイ・プティ・ド・バショーモン（1690-1771）は文学者で、その作品の一部はなおも重要性を失っていない。『ルーヴル宮の完成へ向けて』【1749年】や『絵画・彫刻・建築試論』【1751年】などである。パリでもっとも有名なサロンのひとつだったドゥブレ夫人【1677-1771。総徴税請負人の娘で、夫は財務監督官。そのサロンは「情報屋の集会所」ともよばれた】のサロンに40年あまり通った彼は、そこで当時のパリで著名人とみなされていた数多くの人物と出会い、その様子を『秘密の回想録』【1783-89年。死後刊行】で語っている。この回想録には、次のような一文がある。「これを読んだ者は、数時間ではあるものの、**ヴォルテール**やルイ15世【国王在位1715-74】が身近になるような人生を送ることができるかもしれない」

パジョル Pajol　1772-1844年。クロード・ピエール・パジョル伯はフランス中東部のブザンソンに生まれ、パリで没した将軍。1794年、**クレベール**の副官となった彼は、アウステルリッツ（オステルリッツ）やイエナの戦いで、戦局を左右する重要な騎兵攻撃を幾度も敢行した。1807年、少将に任命されると、エスリンク【ウィーン郊外】やヴァグラム（ワグラム）ですさまじいばかりの勇猛さを発揮した。1812年、彼は中将に昇進するが、ロシア遠征時にかなり大きな傷を負った。だが、1813年に軍務

に復帰し、14年には、パリ南西方のモントローで、対仏大同盟軍を相手に果敢に戦い、パリを守った。この功により、ルイ18世【国王在位1814-15／1815-24】から伯爵に叙せられる。だが、百日天下ではナポレオンを支持し、1815年、ワーテルロー（ワテルロ）でも戦った。

ナポレオンが失脚して軍務を解かれると、パジョルは**ブルボン王朝**に激しく敵対し、1830年の7月革命では、叛乱軍の先頭に立って、シャルル10世【国王在位1824-30】をパリ南西方のランブイエまで追跡した。シャルル10世ののちに玉座についた**ルイ＝フィリップ**は、パジョルを貴族院議員とし、パリ守備司令官に任命した。しかし、1842年、彼は独断で引退してしまう。その名がついたパジョル通り（Rue Pajol）は、1865年から18区にある。

バス Basse　1区のバス通り（Rue Basse）とバス広場（Place Basse）は1996年に命名されたが、その場所はフォールム・デ・アル【→アル＝カン＝シェル】の地下3階に位置し、そこからバス（字義は「低い」）とよばれる。

パスカル Pascal　1623-62年。ブレーズ・パスカルはフランス中部クレルモンで生まれ、パリで他界した数学者・物理学者・思想家・作家。1639年、彼は父親が徴税官をしていた北仏**ルーアン**に移り住む。1646年、この町でヤンセニウス【1585-1638。ヤンセンとも。オランダの神学者で、主著『アウグスティヌス』（1640年、死後刊行）で神の恩寵の絶対性などを説き、教皇やイエズス会から激しい批判を浴びた。ジャンセニスムの祖】の禁欲的な教えを支持し、父親とふたりの妹を回心させた【異説あり】。一方、1646年から49年にかけて物理学に没頭し、重力にかんする興味深い実験をおこなった。

だが、1469年にパリに出たパスカルは病にかかり、医師たちから科学の研究を禁じられてしまう。その倦怠感を紛らわすため、世俗的な娯楽に耽るようになる。この頃にはまた人間の行動について書き始め、

同時に数学にも関心を抱いた（『三角形論』【1655年】）。さらに1649年から54年にかけては、手押し車と樽運搬用の2輪荷車を考案している。そして32歳になった1654年11月23日の夜、神の声を聞いて最終的にカトリックに転向し【「パスカルの回心」】、神にすべてを委ねて、【一族と深いつながりがあった】パリのポール＝ロワイヤルに逼塞する。

それから3年間、体調の不良に苦しみながらも禁欲生活を送り、その才能を如何なく発揮する著作を編む。『サシ氏との対話』【1655年】や『イエスの神秘』【1655-56年】、『マドモワゼル・ド・ロアネへの手書き』【1656年】、『プロヴァンシアル』【1656-57年】、【1656年】『パンセ』【1669年】などである。むろんパスカルの業績として、円錐曲線論や確率論、ルーレット論、「パスカルの原理」【流体静力学】、機械式計算機などの提唱・考案を忘れるわけにはいかない。

パスカルは言っている。「自我は憎むべきものである」、「この無限空間の永遠の静寂は、私を不安にさせる」、「われわれは自分を外に放り出す物事に満ちている」、「人間の不幸全体はひとつのことに由来する。それは部屋で静かに休んでいられないということである」。「心は理性をもっているが、理性は何も知らない」。5区と13区を結ぶパスカル通り（Rue Pascal）は、1827年に命名されている。

パスキエ Pasquier　1767-1862年。エティエンヌ・ドゥニ・パスキエはパリで生まれ、没した政治家で男爵、のちに公爵となった。父親エティエンヌはパリ高等法院の評定官だったが、1794年にギロチン刑に処されている。高等法院の評定官をつとめていたエティエンヌもまた、恐怖政治時代【1793年6月-94年7月。→シェニエ】に2か月間、投獄の憂き目にあっている。やがてナポレオン1世時代の1806年に国務院の主任審理官、1810年に警視総監となる。1812年、マレ将軍【1754-1812。熱烈な共和主義者で、ロシア遠征中のナポレオンが戦死したとの噂を流してパリで反乱を画策したが、露見して

銃殺刑に処された】によってラ・フォルス監獄に投獄されるが、警視総監の職位は14年まで保った。

復古王政がなった同年、パスキエはこの王政を支持して土木局長官、ついで内務省大臣に任命され、1815年7月9日から9月28日までは国璽尚書、さらに国務大臣をつとめた。1818年には再び国璽尚書に、続いて外務大臣や貴族院議員に任じられてもいる。ルイ＝フィリップから貴族院議長を託された彼は、1837年、大法官に任命され、42年にはアカデミー・フランセーズ会員に選ばれた。1844年には公爵に叙せられてもいる。こうしてこれ以上ないほどの要職を歴任した彼の名は、8区の通りに残っている。死後3年目の1865年に命名されたパスキエ通り（Rue Pasquier）がそれである。

バスティオン Bastion　命名は1877年で、呼称は近くにアドルフ・ティエールの提唱で築かれた市壁【1841-44年】の防塁があったことに由来する【シテ・デュ・バスティオン（Cité du Bastion）は17区】

バスティーユ Bastille　パリの商人頭【市長に相当】だったユーグ・オーブリオによってバスティーユ建設工事の定礎式が営まれたのは、1370年4月22日だった。もともとパリの防衛のための要塞として築かれたそれは、シャルル6世治世下【国王在位1380-1422】の1388年に牢獄に変えられた。だが、それを本格的な牢獄にしたのはリシュリューだった。

当初ここは特権階級用の牢獄で、庶民ではなく、大領主や文化人が幽閉された。収容人員は42人。彼らは別々の獄舎に住み、少なくとも現代のかなりの富裕者と同等の食事をあてがわれたが、決して十分というわけではなかった。1789年1月1日から7月14日にかけて、新たな囚人はただひとりだった。名前はレヴェイヨン。壁紙製造人で、家を荒らした人びとから逃れるため、ここにみずからの意志で入ったのである。だが、バスティーユは囚人たちの快適な日々を確保するため、政権にとっては極

559

端なまでに費用がかかった。

　フランス革命の端緒となるこの牢獄の奪取は、午後5時頃だった。叛徒たちはそこに武器庫があると信じていた。当時、幽閉されていた囚人は7人だけだった【10日前まではサド侯爵もいた】。奪取はさほどの抵抗にもあわずに成功した。一説に、攻囲軍の被害は死者98人、負傷者60人程度だったという【諸説あり】。籠城軍のうち、ひとり国王の代官デュ・ピュジェだけが助かった【司令官ド・ローネーはのちに市庁舎前のグレーヴ広場で斬首。バスティーユ通り（Rue de la Bastille）は4区、バスティーユ広場（Place de la Bastille）は11区、バスティーユ大通り（Boulevard de la Bastille）は12区にある】

バス・デ・カルム Basse des Carmes　9区のバス＝デ＝カルム通り（Rue Basse-des-Carmes）は、1818年、旧カルメル（カルム）会修道院の跡地に開通している。カルメル会は1112年、エルサレムの総主教によってカルメル山上に創設された修道会で、沈黙や手仕事、厳格な断食といったきわめて苛酷な会則で知られる。

パストゥール Pasteur　1822-95年。ルイ・パストゥールはフランス中東部ジュラ地方のドールに生まれ、パリ東方のヴィルヌーヴ＝レタンで没した生化学・生物学者。1857年、高等師範学校の理学部長兼事務局長としてパリに移った彼は、乳酸やアルコール発酵などの実験を行い、腐敗が外部から侵入した微生物の働きによって引き起こされる現象であることを立証した。そして、空中に微生物が浮遊していることを突き止め、腐敗の自然発生説を否定した。それからも彼は公募の研究を継続しておこない、彼の名を冠したパストゥリザシオン（低温殺菌法）を開発する【1862年】

　時の政府から蚕の病気を調べるよう依頼された彼はまた、それが微粒子病と軟化病の2種類あるとして、その治療法を発見して（1870年）、フランスの養蚕業を救ってもいる。さらに彼は感染症も研究し、恐ろしい獣疫、すなわち炭疽症を除去するワクチンを発見している。1885年にはマンステール【アルザス地方中部。有名なチーズの産地で、ルイ・パストゥール病院がある】の若者を被験者として、狂犬病のワクチン【ニワトリコレラワクチン】も開発した。消毒・殺菌法や無菌法の実用化もパストゥールの功績である。

　こうした功績により、この偉大な学者は科学アカデミー【1862年】や医学アカデミー【1873年】、アカデミー・フランセーズ【1882年】の会員に選ばれている。まさに彼こそは人類に大いなる恩恵をあたえた人物のひとりといえるだろう。1880年に創設されたパストゥール研究所は、彼の衣鉢を継いで、微生物学やウィルス学、免疫学、アレルギー学、生化学の分野における研究、さらに血清やワクチンの開発などをおこなっている。彼の名がついた15区のパストゥール大通り（Boulevard Pasteur）は1896年、11区の同名の通り（Rue Pasteur）は85年からある。

パストゥール・マルク・ベグネール Pasteur Marc Boegner　1881-1970年ベグネールはフランス北東部ロレーヌ地方のエピナルに生まれ、パリで他界した牧師・文学者。1948年から54年までキリスト教世界会議議長、61年からは全仏プロテスタント連盟会長をつとめ、さらに62年にはアカデミー・フランセーズ会員に選ばれている。16区のパストゥール＝マルク＝ベグネール通り（Rue du Pasteur-Marc-Boegner）は、1980年から16区にある。

パストゥール・ワグネル Pasteur Wagner　1852-1918年。牧師のシャルル・ワグネルは、1925年に彼の名がつけられることになる、11区のパストゥール＝ワグネル通り（Rue du Pasteur-Wagner）の7番地2に、「霊魂の中心教会」を創設している。自由プロテスタントのために1907年に建立されたこの教会は、現在は改革教会に併合されている。

パストゥレル Pastourelle　3区のパストゥレル通り（Rue Pastourelle）は1380年からあるが、その呼称は、パリ北郊のモンモラン

シーに近いグロスレ領主で、1378年にパリ高等法院の評定官だったジャン・パストゥレルにちなんでいる。彼はこの通りに家を有していた。後代、パストゥレル（Pastourel）の表記は女性形のPastourelleに変えられたが、それは彼の立ち居ふるまいに対する侮蔑的な当てこすりではない【通り（rue）が女性名詞であることによる変形】

バゼイユ Bazeilles バゼイユは北仏アルデンヌ地方の村で、セダンの戦いでフランス軍が全面降伏する直前の1870年8月31日から9月1日にかけて、ここでフランス、プロイセン両軍が戦った。この戦いの想い出として、1897年、5区の通り（Rue des Bazeilles）にその名がつけられた。また、テュレンヌ元帥が子供時代にバゼイユの城【テュレンヌ城。1950年に歴史的建造物指定】に住んでいたことも指摘しておこう。

バソンピエール Bassompierre 1579-1646年。ロレーヌ地方のアルエ城に生まれた元帥・外交官。バソンピエールは臆面もなく同時に何人もの女性と交際し、女性に不足することはなかったが、モンモランシー大元帥はそんな彼に娘を嫁がせた。やがて挙式という段になって、国王アンリ4世の横やりが入った。大元帥の娘を愛していた国王はバソンピエールにこの結婚の破棄を迫った。近くに代わりがいたバソンピエールは、こうして結婚を断念した。

だが、アンリ4世の暗殺後、「欺かれた者たちの日」【1630年11月10日、国王ルイ13世の寵を失っていた宰相リシュリューが、王大后マリ・ド・メディシスらの反対勢力から王の信をとり戻した日】の陰謀に連座したとして、彼はバスティーユに数年間幽閉され、釈放されてまもなく、パリ南東方のプロヴァンで没した。1844年に命名されたバソンピエール通り（Rue Bassompierre）は4区にある。

バタイユ・ド・スタラングラッド Bataille de Stalingrad 10区と19区にまたがるバタイユ＝ド＝スタラングラッド【字義は「スターリングラードの戦い」】広場は、1993年にスタラングラッド広場（Place de Stalingrad）に改称された。

バタイヨン・デュ・パシフィック Bataillon du Pacifique タヒチとニューカレドニア（ヌーヴェル・カレドニ）の義勇兵からなる大隊の呼称。彼らは第2次世界大戦中、とくに1942年5・6月のビルニアケムの戦いで勇猛さを発揮した。12区のバタイヨン＝デュ＝パシフィック広場（Place du Bataillon-du-Pacifique）は、1985年からある。

バタイヨン・フランセーズ・ド・ロニュ・アン・コレ Bataillon française de l'O.N.U. en Corée 1950年8月にフランス政府によって編成されたこの大隊【字義は「韓国における国際連合フランス大隊」】は、ほとんどが第2次世界大戦かインドシナ戦争の退役志願兵からなっていた。彼らは朝鮮戦争（1950-53年）でめざましい軍功をあげ、1984年、4区の広場（Place du Bataillon-française-de-l'ONU-en-Corée）に彼らの名が冠せられた。

バック Bac 1550年、セーヌ川にバック（平底の渡し船）が1隻そなえられた。テュイルリー宮の建設に使う石材を運搬するためにである。7区のバック通り（Rue du Bac）はそれにちなんで命名されている【この通りには聖ヴィンセンシオ・ア・パウロ（サン＝ヴァンサン＝ド＝ポール）協会や聖ルイズ・ド・マリアックによって創立された「愛徳姉妹会」の総本部で、1830年に聖母マリアが出現したとされるところから、「奇蹟のメダイユ」を信者たちに配ることで知られるノートル＝ダム＝ド＝ラ・メダイユ＝ミラキュルーズ礼拝堂（教会）、さらにパリ海外伝道協会の本部などがある。また、ここにはスタール夫人や、スペイン市民戦争に参加するまで、アンドレ・マルローも住んでいた】

パテ Patay パテはオルレアンから21キロメートルに位置するロワレ地方の町。1429年6月18日、ジャンヌ・ダルクと大元帥リシュモンが、ジョン・タルボ【1384-1453。シュルーズベリ公】率いるイングランド軍を撃破して、タルボを捕虜としている。13区のパテ通り（Rue de Patay）は、この勝利を記念して、1865年に命名され

た。さらにこの地では、普仏戦争時の1870年12月2日から4日にかけて、フランス軍がオルレアン街道を奪還するべく、プロイセン軍と戦っている。

バティスト・ルナール Baptiste Renard　1792年11月6日のジェマップの戦いで名声をはせながら、プロイセンの同盟軍であるオーストリア軍に敗北した指揮官デュムリエ将軍【1739-1823、→カンブレ】の従卒【ルナール（1764-1827）はジェマップの戦いで、オーストリア軍の攻撃によってパニック状態に陥った味方軍を落ち着かせて立て直し、敵軍を打ち破った。この功で、彼は国民公会から大尉に任命された。退役後、盗みの廉で投獄され、釈放後は理髪師などの仕事についたが、北仏のリル川で溺死した。バティスト＝ルナール通り（Rue Baptiste-Renard）は13区にある。命名は1893年】

バティニョル Batignolles　1860年にパリが併合した旧村。当初、この村はバティヨル（Batillolles）とよばれ、そこにはブドウの木が生えていた。数多くの安酒場が連なるようになった1814年頃、侵攻してきたロシア軍に対してパリ市民が立ち上がり、ラテュイユなる神父がきわだった働きをした。1864年に命名されたバティニョル大通り（Boulevard des Batignolles）は8区と17区、4年後の命名になるバティニョル通り（Rue des Batignolles）は17区を走っている。

パディラック Padirac　パディラック洞穴（鍾乳洞）はフランス中部ロート県にある。巡礼地のロカマドゥールから12キロメートルに位置するこの洞穴全体は、1889年、エドワール＝アルフレッド・マルテル【1859-1939。地図製作者でもあった彼は、フランス各地の洞穴を探検・調査して、「近代洞穴学の創始者」とよばれる】によってはじめて踏査されている。やがて、観光客のために整備されるようになった洞穴の奥行は75メートル、高さは30メートル。同名の川が地下を流れている。このパディラック川は狭い洞廊内を流れるかと思えば、地下に入り、岩の下を通ってドルドーニュ川と合流する。1932年から16区にあるパディ

ラック小公園（Square de Padirac）は、その川の名にちなんで命名されたものである。

パテュール Pâtures　16区のパテュール通り（Rue des Pâtures）は、呼称の由来となる牧草地（パテュラージュ）の中央部に1854年に敷設されている。よき時代（！）の話である。

パテュルル Paturle　1779-1858年。ジャック・パテュルルはフランス同輩衆になった実業家である。1868年に彼の名がつけられたパテュルル通り（Rue Paturle）は14区にある。

パテンヌ Patenne　1852-1914年。アドルフ・パテンヌはセーヌ県議会議長で、20区のパテンヌ小公園（Square Patenne）はそれにちなんで1934年に命名されている。

パ・ド・ラ・ミュル Pas de la Mule　かつて馬や雌ラバないしロバにより簡単に乗るためには踏台、たとえば大きな石や境界石、丸木台などがもちいられていた。3区と4区を走るパ＝ド＝ラ＝ミュル通り（Rue du Pas-de-la-Mule）の呼称は、「パ・ド・ミュル」【字義は「雌ラバの足」】とよばれていた踏台に由来する。1823年にヴォージュ通りと命名されたこの通りは、93年に現在の名称になった。

パトリアルシュ Patriarches　5区のパトリアルシュ小路と通り（Passage/Rue des Patriarches）は、同名の市場【→マルシェ＝デ＝パトリアルシュ】に近いところから、それにちなんで1844年に命名されている。

パトリス・ブーダール Patrice Boudart　16区のヴィラ・パトリス＝ブーダール（Villa Patrice-Boudart）は、このヴィラに住み、何棟もの家屋を建てた建築家の名に由来する。

パトリス・ド・ラ・トゥール・デュ・パン Patrice de la Tour du Pin　1911-75年。パリを生没地とする詩人のラ・トゥール・デュ・パンは、1931年、「9月の子供たち」と題した詩で真価を発揮し、1933【1939？】年、処女詩集『快楽の追求』を上梓している。続く詩集としては、たとえば『拘留生

活』【1938年】や『創世記』【1945年】、『ひとり遊び』【1946年】、『生のための闘い』【1870年】などがある。

以下は「9月の子供たち」からの引用である。「森は低い靄にすっぽりと包まれ／人気はなく、雨が溢れ、静かだった／すでに長いあいだ北風が吹いていたそこを／野生の子供たちが通りかかったが／彼らは夜、巨大な帆船に乗って／空高く、別の世界へと逃げて行った」。20区にはこの詩人の名を冠した通りがある。1987年に命名されたパトリス＝ド＝ラ＝トゥール＝デュ＝パン通り（Rue Patrice-de-la-Tour-du-Pin）がそれである。

パドルー Pasdeloup 1819-87年。ジュール・エティエンヌ・パドルーはパリで生まれ、フォンテヌブローで没した指揮者。パリ音楽院（コンセルヴァトワール）を卒業した彼は、1851年、「パリ音楽院若手芸術家協会」の名で交響楽団を組織し、数年間、かなり継続的にコンサートを開いた。さらに1861年、この協会を「コンセール・ポピュレール（民衆音楽）協会」に改組し、これにより、著名な作曲家のみならず、若手作曲家の作品をパリ市民たちに紹介した。コンセール・ポピュレール協会から生まれたコンセール・パドルーは現在も活動している。彼を名祖とするパドルー広場（Place Pasdeloup）は、1897年の敷設である。

パナマ Panama 18区のパナマ通り（Rue de Panama）は、パナマ運河の開削事業を記念して1884年に敷設されている。1880年、フェルディナン・ド・レセップスの主導で決定されたこの事業は、同年に着工されたが、工事は88年に中断し【現地での黄熱病の蔓延や、工事自体の技術的問題および資金不足のため】、スエズ（シュエーズ）運河会社が倒産した翌89年、開削の権利は万国両大洋間運河会社に投げ売り状態で譲渡された。しかし、1892年、この譲渡をめぐって、大規模な財政的・政治的疑獄事件【→アンリ・ロシュフォール】が起こった。

1903年、パナマが共和国として独立宣言をすると、アメリカ合衆国はパナマの領土の一部を永久に租借する権利をあたえられ、運河の開削工事を再開して、1914年に完成させる。このパナマ運河のおかげで、ニューヨークからサンフランシスコへの移動時間が60パーセントも削減できるようになった。

パナール・エ・ルヴァソール Panhard et Levassor ルネ・パナール（1841-1908）とエミール・ルヴァソール（1843-97）は、1891年、はじめてのガソリン車を共同で製作した。パリに生まれ、フランス中部の温泉療養地であるラ・ブルブールで没したパナールは、パートナーのルヴァソールが自動車レースで事故死したのち、機関銃装備装甲車両を考案している（1899年）。ふたりの名を冠したパナール＝エ＝ルヴァソール河岸通り（Quai Pahnard-et-Levassor）は、1991年から彼らがこの地区に工場をかまえていた13区にある。

パニエ・フルーリ Panier Fleuri 11区のパニエ＝フルーリ小路（Cour du Panier-Fleuri）は、メス生まれの作曲家アンブロワズ・トマが書いた、オペラ＝コミックの題名『花籠^(パニエ・フルーリ)』をとったものである。彼にはまた『ミニョン』【1866年】などの作品もある。

バニョレ Bagnolet パリ東郊の町。キノコのような巨大なコンクリート群の文化が広まる以前、ここは素晴らしい漁場だった。かつて、そして今も数か所に石膏採掘場を擁している【バニョレ通り（Rue de Bagnolet）は20区】

パノラマ Panorama 2区のパノラマ小路（Passage des Panoramas）は、1800年、そこにパノラマ館を設けた、ジェームズ・ウィリアム・サイラーというアメリカ人によって敷設されている。1792年、ロンドンのレスター小公園ではじめてパノラマを展示したのは、エジンバラ出身の画家ロバート・バーカー【1739-1806】だった。とくに風景や戦争場面を描いたこの仕掛けは、本格的なトロンプ・ルイユ（だまし絵）によって、描かれたものと現実を錯覚させることを目的とした。

こうした効果をえるため、画家はカンバス（画布）をかなり高い位置に置いて広い視界を確保し、周囲の事物すべてをカンバスに再現する。それから湾曲したカンバスをロトンダ（円形の建物）の内壁上におき、上部だけに光を当てる。暗い通廊からロトンダの中央部に入った観客たちは、パラソル状のスクリーンの下におかれた壇の上に立ち、情景を円環状の壁面に連続して描いた回転画を楽しんだ【パノラマの語源はギリシア語のpan「すべて」＋ horama「視界」】

パノワイヨー Panoyaux 論理というものが尊敬されていたなら、1812年に敷設された20区のパノワイヨー通り（Rue des Panoyaux）と袋小路（Impasse des Panoyaux）は、「パ＝ペパン」【字義は「種なし」】とよばれていたはずである。パノワイヨーとは、種なしブドウが生えていた地名に由来するpas-noyaux（果核）の短縮形にほかならないからだ。

パパン Papin 1647-1712年。ドニ・パパンはフランス中部ブロワ地方のシトゥネに生まれ、ドイツ中部ヘッセン州のカッセルで没した蒸気機関の考案者。1675年にロンドンに赴いた彼は、そこでロバート・ボイル【1627-91。アイルランド出身の化学者・物理学者。錬金術に精通し、ボイルの法則を唱えた】と親交を結ぶ。1681年、彼はのちに「パパン式圧力鍋」とよばれるようになる蒸煮がまにかんする学位論文を発表する。だが、プロテスタントだった彼は、ナントの勅令が撤廃されたため【1685年】、再びフランスを去って、イギリスに戻らなければならなかった。

1687年、彼はヘッセン州のマールブルク大学から数学の講座を提供されて移り住み、この地でガラスを鋳型に流し込むための炉や食品を保存したり、塩分を抽出するための装置、さらに蒸気で走る荷車などを製作したりした。1687年にはまた、ピストンの往復運動によって作動する機械、つまり蒸気機関の原型についても考察している。

それから2年後の1698年、パパンはつ

いに本格的な蒸気機関を完成させるが、その成果を発表したのは、1707年になってからだった。彼の蒸気機関は爆発を防ぐための安全弁をすでにそなえていた。そしてこの1707年、パパンは最初の蒸気船をつくり、ヘッセン州のフルダ川で試運転をおこなう。だが、自分たちの特権を侵されると考えた船頭たちによって、船が破壊されてしまう。その数年後、パパンは失意のうちに世を去った。パリ市はそんな彼に通りを捧げている。1864年に命名された3区のパパン通り（Rue Papin）である。

ハビーブ（アビーブ）・ブルギバ Habib Bourguiba ハビーブ・ブルギバは1903年にチュニジア北東部のモナスティルで生まれ、2000年に同地で没したチュニジアの政治家で、1957年から87年まで同国の大統領をつとめた。チュニジア人女性の解放【離婚の合法化や一夫多妻制の非合法化など】を可能にした人法典の発布は、おもに彼の功績といえる。さらに、フランコフォニー国際機関の熱心な支持者でもあった。7区のハビーブ＝ブルギバ遊歩道（Esplanade Habib-Bourguiba）は、2004年の命名になる。

パピヨン Papillon ピエール・パピヨン・ド・ラ・フェルテは、ルイ16世【国王在位1774-92】の遊興担当官だった【シャンパーニュ地方のシャーロン＝シュル＝シャンパーニュに、フェルテ領主の子として生まれたパピヨンは、同地方総徴税区の財務局長や国王代官などを歴任し、音楽アカデミーの委員もつとめた】。だが、パピヨン（蝶）という名やムニュ・プレジール（ささやかな快楽）という職位にもかかわらず、フランス革命後の1794年に斬首刑に処された。9区のパピヨン通り（Rue Papillon）は、彼の頭がまだ肩の上にあった1780年に命名されている。

バビロヌ Babylone バビロン（下エジプト、メンフィス北部の古代都市）の司教で、外国宣教会の創始者であるベルナール・ド・サント＝テレーズ【1597-1669】を偲んで、1673年、その名が7区の通りにつけられ

た。バビロヌ通り（Rue de Babylone）が
それである。ジャン・デュヴァルを本名と
するきわめて勇敢な人物だった彼は、この
通りとバック通りに神学生のための神学校
を建てることを条件として、1663年3月
16日、自分のすべての財産を寄贈した。
だが、なおも生活するために、そこから快
適な住居と3000フランの年金をとりおか
なければならなかった。

＊パプ＝カルパンティエ Pape-Carpentier
1815-78年。マリ・パプ＝カルパンティエ
はフランス北西部サルト県のラ・フレシュ
に生まれ、パリ北方のヴィリエ＝ル＝ベル
で没した教師ですぐれた教育者。パプ【字
義は「教皇」】は夫の姓。彼女は若くして子
供や少女たちの教育に携わり、1848年、
普通幼稚園を創設して園長となる【在職27
年間】。その目的は、教育をとおして子供
たちを実生活へ適応させるところにあった。
　マリはまた実物教育【身の回りのものを
もちいて、語彙や科学的知識をあたえる教育
法】をはじめて導入してもいる。著作とし
ては『実物教育の歴史』【1858年】や『視
覚教育』【1868-73年】などがある。6区の
パプ＝カルパンティエ通り（Rue Pape-
Carpentier）は1885年の命名【1994年にマ
リ＝パプ＝カルパンティエ通り（Rue Marie-
Pape-Carpentier）に改称されている】。

バフール Basfour　呼称【字義は「低い炉」】
は、かつて近くにクロワ＝ヴェルト石膏採
掘場の炉があったことにちなむ。ここで採
掘された石膏は、トリニテ施療院【12世紀
創建】の墓地をつくるのにもちいられた。
余談ではあるが、そこには近親者の死を悼
んで白衣をまとっていた、極東の文化をみ
てとることができる。14世紀以前に敷設
されたバフール小路（Passage Basfour）
は2区にある。

パブロ・カザルス Pablo Casals　1876-1973
年。パブロ【カタルーニャ語でパウ】・カザ
ルスは、カタルーニャ（カタローニュ）地
方のアル・バンドレイで生まれ、プエルト
リコのサン・フアンで他界したチェリス
ト・指揮者・作曲家。14歳のとき、バル

セロナ（バルセロヌ）で最初のコンサート
を開いている。パリに魅せられていた彼は、
1895年に移るが、フォリ＝マリニ劇場の
第2チェリストのポストしかあたえられな
かった。そこでバルセロナに戻り、弦楽四
重奏団を立ち上げる。
　1799年、再びパリに出たカザルスは、
ヴァイオリニスト・指揮者で、自分の名を
冠した管弦楽団を創設していたシャルル・
ラムルー【1834-99】から注目されて、デ
ビューを果たし、これにより国際的かつ偉
大な足跡を残していくことになる【1905年、
彼はピアニストのアルフレッド・コルトーや
ヴァイオリニストのジャック・ティボーと三
重奏団（カザルス三重奏団）を結成している】
　スペイン内戦時（1936-39年）、カザル
スはフランス南西部ピレネー地方のプラド
に避難した【訳者の知己だった歴史家のシャ
ルル＝オリヴィエ・カルボネル教授（1930-
2013）によれば、プラド時代のカザルスが幼
い自分の前でカタルーニャの民謡「鳥の歌」
を演奏してくれたという】
　1945年以後、フランコ独裁政権にたい
する西側政府の寛容さに無言の抵抗をする
ため、カザルスは一切の演奏活動を拒むよ
うになる。だが、1950年から音楽活動を
再開し【1955年、拠点を母と妻の故郷である
プエルトリコに移している】、バークレーや
シエナで講義を行い（1959-62年）、1962
年には世界各地で演奏会を開いた。その間、
毎年夏にプラドで音楽祭を催した。また、
プラド滞在中、彼は自宅で自分を訪ねてき
た世界的な音楽家たちとたえず演奏をして
もいた【1961年、カザルスは来日して、スズ
キ・メソード（才能教育）で学ぶ子供たち400
人の演奏を聴き「世界は音楽で救われるだろ
う」と称賛し、1971年10月24日（国連の日）
にはニューヨークの国連本部で演奏し、国連
平和賞が授与されている】
　パリの15区には、この偉大な音楽家に
捧げられたパブロ＝カザルス通り（Rue
Pablo-Casals）とパブロ＝カザルス小公園
（Square Pablo-Casals）がある。命名はそ
れぞれ1984年、93年になされている。

パブロ・ピカソ Pablo Picasso 　パブロ・ルイス・ピカソは1881年にスペインのマラガに生まれ、1973年に南仏プロヴァンス地方のムランで没した画家・素描家・彫刻家・陶芸家。幼い頃、その才能に驚愕した美術教師の父親からパレットと絵筆を託されたピカソは、1897年、マドリードの王立サン・フェルナンド美術・彫刻アカデミーに入学する。1900年、彼ははじめてパリの地を踏み、とくに居酒屋の情景や娼婦たちを好んで描いた。これら初期に作品としては、『ムーラン・ド・ラ・ガレット』や『犬と女性』、さらにエル・グレコ【1541-1614】に触発された象徴的な構図の『招霊』などがある。

　1901年から、いわゆる「青の時代」がはじまるが、04年、ピカソは最終的にパリに定住し、モンマルトルの安アパート「バトー＝ラヴォワール（洗濯船）」【→モディリアニ】を活動の拠点とする。そして、『アヴィニョンの娘たち』【1907年頃、未完】をもって伝統的な絵画法を棄て、写実的な人物表現を破壊する。これがキュビズムの出発点となる。「自然を円筒や球体、円錐をもちいて描くべきだ」というポール・セザンヌの言葉を受けて、ピカソは『立位の女性』（1908年）のような、幾何学的なフォルムを描くようになる。

　やがて彼は「セザンヌ的」キュビズムから「分析的」キュビズムへと移る【1902-12年。以後、その画法はコラージュ法を発明した総合的キュビズムの時代（1912-18年）、新古典主義の時代（1918-25年）、シュルレアリスムの時代（1925-36）へと目まぐるしく変容する】。いわゆる「ニグレスク」の時代の1917年には、翌年結婚することになるオルガ・コクローヴァ【1891-1955。ウクライナ出身で、セルゲイ・ディアギレフのバレエ・リュスのダンサー】をモデルとして、『長椅子に座るオルガの肖像』を描き、彫刻的な造形を実現した。

　第2次世界大戦中に大作『ゲルニカ』【1937年】を描き上げたピカソは、戦後、コート＝ダジュールに居をかまえる。そして、陶芸や石版画に情熱を傾けながら、重要な絵画作品——たとえば国際平和運動のために描いた1947年の有名な『平和の鳩』——なども発表する。

　一方、ピカソは彫刻にも手を広げ、『アブサン・グラス』【制作年不明】や『牡牛の頭部』【1942年】などの傑作を遺してもいる。こうした彼の広範な創作について、アンドレ・マルローはこう記している。「これは現代におけるフォルムの解体と創造のもっとも偉大な試みである」。パリの6区と14区にまたがるパブロ＝ピカソ広場（Place Pablo-Picasso）は、1984年に命名されている。

バフロワ Basfroi 　11区に開通したバフロワ通り（Rue Basfroi）の呼称は、近くの地名にちなむ。当初は「バ＝フェール（Bas-Fert）」とよばれていた。おそらくこれは、鍛冶師（maréchel-ferrant）の古称であるフェルティエ（ferretier, fertier）という語に由来する。

バヤン Bayen 　1725-98年。シャンパーニュ地方シャロン＝シュル＝マルヌ出身の化学者・調剤師。彼の栄光は、ラヴォアジエより前に、ドイツの化学者・内科医だったゲオルク・シュタールのフロギストン（可燃要素）説を攻撃したことによる。この説によれば、霊魂が生命原理そのものであり、快癒のためには、解剖学や生理学、化学などを学ぶ必要がないという【フロギストン説はドイツの化学者・内科医で錬金術師でもあったヨハン・ベッヒャー（1635-82）が1667年に提唱したもので、シュタール（1659-1734）によって確立された】。バヤンはまた、錫が大気中の要素を吸収して酸化すると、重さをますということを確認してもいる。彼に捧げられたバヤン通り（Rue Bayen）は、1864年から17区にある。

バヤール Bayard 　1476-1524年。バヤール領主ピエール・テライユ、通称「怖れを知らぬ完璧な騎士」。彼はグルノーブル近郊で生まれ、シャルル8世【国王在位1483-98】、ルイ12世【1498-1515】、フランソワ1世のもとで嚇々たる栄光に包まれた。と

くに1502年にカノッサの攻囲戦に参加し、翌年にはカリニャーノの橋を防衛し、さらに09年にはアニャデル、12年にはブレシア、21年にはラヴェンナと**アルデンヌ**地方のメジエールの戦場で軍功をあげた。1515年のマリニャーノ（マリニャン）の戦い後、フランソワ1世はバヤールを騎士に叙した。

メジエールの戦い後、バヤールは「フランスの救い主」とたたえられたが、ミラノ近郊のレベッコという村の近くで、セシア川を渡っている際に戦死した。待ちかまえていたスペイン兵の銃弾をわき腹に受けたためである。背骨を砕かれた彼は木の下に、顔を敵軍に向けて寝かされた。瀕死の状態ですら、敵と立ち向かおうとしたからである。絶命の直前、王と対立していたブルボン大元帥【ブルボン公シャルル3世、1490-1527】がバヤールの前を通りかかり、その運命に同情した。これに対し、バヤールはこう言ったという。「ムッシュー、私は露ほども後悔していません。有徳の士として死ぬのですから。むしろ、王や祖国、そしてみずからの誓いと戦うあなたの方が気の毒です」。この伝説的な英雄をたたえる8区のバヤール通り（Rue Bayard）は、1823年に敷設されている。

パヤンヌ Payenne　パヤンヌはシャルル6世【国王在位1380-1422】の時代、つまり14世紀末から15世紀初頭にかけてこの国王の近習をつとめていた、ジャン・パヤン（Payen）の姓が女性形に変わったものである。彼は1635年からパイエンヌ（Païenne）とよばれ、やがて現在の呼称となる3区のパヤンヌ通り（Rue Payenne）に領地を有していた。ちなみに、Payenが女性形となったのは、かつて通り【rueは女性名詞】には女性名詞だけがつけられていたことによる。パイエンヌ通りは1540年頃に敷設されている。

パラゲ Paraguay　南米のパラグアイ（パラゲ）はアスンシオンを首都とする共和国で、国土面積は約40万7000平方キロメートル。人口は673万【2016年】で公用語はスペイン語である。この国は17世紀にイエズス会士たちが入植し、1864年から70年まで、ブラジル（ブレジル）・アルゼンチン・ウルグアイを相手にした戦争【3国同盟戦争】によって、多くのパラグアイ人が犠牲となった。だが、1932年から38年の戦争【ボリビアとのチャコ戦争】では、グラン・チャコの領有権をえた。パリのパラゲ広場（Place du Paraguay）は、1962年から16区にある。

パラディ Paradis　10区のパラディ通り（Rue de Paridis）は1881年、同区のシテ・パラディ（Cité Paradis）は1893年に、地名にちなんで命名されている。それ以前、この場所は「プレ・デ・フィユ・ド・デュ」【字義は「神の娘たちの野」】とよばれていた。それゆえ、天国からはさほど遠くはなかったといえる。神学的にいえば、天国とは祝福された者たちの、したがってわれわれすべて（！）の永遠の在所を意味する。

パラティヌ Palatine　1652-1722年。シャルロット・エリザベト・ド・バヴィエール、通称プランセス・パラティヌは、ドイツのハイデルベルクで生まれ、パリ西方のサン=クルーで没している。プファルツ選帝侯カール1世ルートヴィヒと、最初の妃シャルロッテ（ヘッセン＝カッセル方伯ヴィルヘルム5世の娘）の長女だった彼女は、1671年、ルイ14世（ルイ・ル・グラン）の弟であるオルレアン公フィリップ【1674-1723】の再婚相手となる。

だが、パラティヌはいささか粗野な立ち居振舞いと女性らしさの欠如、そして美しさとは縁遠い容貌のため、宮廷ではさほど愛されなかった。ただ、彼女が遺した書簡集は、ルイ14世時代について、他に類のないほど詳細に語っている。この書簡集のなかで、マダム——宮廷内での彼女の公的な呼称——は周囲に対する反感を隠そうとしなかった。

野卑なものであれ、露骨なものであれ、言葉を正当にもちいることができたプランセス・パラティヌは、自分のまわりの「偉人」たちに綽名をつけてもいる。たとえばリシュリューを「愚か者」や「臆病者」な

いし「小さな醜男」、マントノン夫人【1635
-1719。ルイ14世の寵姫。詩人のスカロンと結
婚するが、夫の死後、ルイ14世の秘密裏に結
婚した】を「屑」、「魔女」あるいは「老女」
とよんではばからなかった。書簡集を読め
ば、少なくとも彼女が、夫王をふくむ周囲
の者たちを侮蔑していたことだけは分かる。
そんな彼女の名をつけたパラティヌ通り
（Rue Palatine）は、その存命中の1715年
から現在の6区にある。

バラール Balard　1802-76年。本名アント
ワヌ・ジェローム・バラール。南仏モンペ
リエ出身の化学者。暗赤色の液体で、塩素
同様、摂氏60度前後で沸騰し、きわめて
濃く、赤色をして致死性の蒸気を発する臭
素を発見し、さらに、海水から硫酸ナトリ
ウムを抽出する方法も見つけている【バラ
ール通り・広場（Rue/Place Balard）は15区】

バランタン Barentin　オノレ・ド・バラン
タンは、1622年から39年までシャロンヌ
町【1860年にパリに併合】の領主だった。
バランタン袋小路（Impasse Barentin）は
20区にある。

パラン・ド・ロザン Parent de Rosan
1798-1890年。学識者・慈善家で、数多く
の慈善団体を創設ないし支援した人物。
1912年、住民たちの熱心な要請に基づい
て、16区の通りに彼の名がつけられた。
パラン＝ド＝ロザン通り（Rue Parent-de-
Rosan）がそれである。

バリ Barye　1795-1875年。パリ出身の動物
彫刻家・画家。最初、金銀細工師となり、
やがて1868年、美術・彫刻アカデミー会
員となった。主な作品に『ライオンと蛇』
【1832年】、『ミノタウロスと闘うテセウス』
【1843年】、『座るライオン』【1847年】など
がある。彼の作品はルーヴル美術館の目立
つ場所におかれており、その代表作の幾つ
かを複製してひとつの作品にしたモニュメ
ントが、彼をたたえるため、ルーヴルに近
いセーヌ川の中之島ともいうべきサン＝ル
イ島（サン＝ルイ＝アン＝リル）の小公園
（Square Barye）【4区】に建てられている。
ただ、興味深いことに、バリー【ギリシア

語で「重い」の意】と称しているにもかか
わらず、なぜか象の作品はない。

バリア Barrias　1841-1905年。ルイ＝エル
ネスト・バリアはパリを生没地とする彫
刻・彫像家。1865年にローマ大賞を受賞し、
84年に美術・彫刻アカデミー会員となっ
た。代表作に『スパルタクスの誓い』【1869
年】や『フォルトゥナとアモール』【1872
年】、アベルの遺骸を運ぶアダムとエバを
描いた『最初の葬送』【1878年】、さらに
バルナール・パリシー【1510頃-89/90。田園
風陶芸とよばれた独自の技法で知られる陶芸
家】やモーツァルト（モザール）などの彫
像がある【バリア通り（Rue Barrias）は17
区】

バリエ Barrier　12区のバリエ袋小路
（Impasse Barrier）はその旧地主を名祖と
する。

バリエール・ブランシュ Barrière Blanche
2001年に命名された18区のバリエール＝
ブランシュ通り（Rue de la Barrière-
Blanche）は、バリエール・ブランシュ
（白い柵）広場と指呼の間にあったことか
ら、1864年までブランシュ広場とよばれ
ていた旧石膏採掘場に由来する。いわばこ
れはバリエール・ブランシュの復権にほか
ならない。

パリ＝カオ Pali-Kao　パリ＝カオ（八里橋）
は北京東郊にある町。英仏両軍と中国軍が
戦った阿片戦争は、1842年の南京条約で
終結するが、1860年、英仏は中国に対す
る新たな軍事行動をおこし、フランスのシ
ャルル・クザン＝モントーバン将軍（1796
-1878）を指揮官とする遠征軍を派遣した
【アロー戦争】。同将軍は八里橋を制圧し、
5万もの中国兵を敗走させた。この決定的
な勝利により、彼は北京を開城させ、兵士
たちは北京西郊にある夏の離宮頤和園を略
奪した。その功績により、彼はナポレオン
3世から八里橋伯に叙された。
　20区のパリ＝カオ通り（Rue de Pali-
Kao）は、この勝利を記念して1864年に
命名されている【1870年8月、ナポレオン
3世は普仏戦争のためクザン＝モントーバン

を本国に召還し、確信的なボナパルト主義者たちからなる組閣を求めた（この内閣はわずか３週間で解体）。だが、同年９月４日の革命（第三共和政設立）によって、クザン＝モントーバンはしばらくのあいだベルギーに亡命しなければならなかった。帰国後、政治から身を引く。ちなみに、かつてアルジェリアのモスタガネム地方（北西部海岸地域）にも、パリ＝カオなる町があった。現在はティゲンニフとよばれているが、1955年、ここから古生人類「アトラントリプス・マウリタニクス」の遺骨が出土している。ジャワ原人に近いこの古生人類は前40万年頃に生きていた】

バリュ Ballu 1817-85年。テオドール・バリュはパリ出身の建築家で、1840年にローマ大賞を受賞している。監査官（竣工後ではなく、建設中の施設に対する）として、クリスチャン・ガオ【1790-1853。フランスに帰化したドイツ建築家】を監督とするパリのサント＝クロティルド教会堂【7区】の建立【1857年献堂】にかかわり、1854年にはガオの後任となる。パリ・コミューン（コミュヌ・ド・パリ）時に炎上した市庁舎（オテル・ド・ヴィル）の再建を担当したのも彼である。9区を走るバリュ通り（Rue Ballu）は1886年、ヴィラ・バリュ（Villa Ballu）は1929年の命名になる。

バール Barres 1152年にセーヌ河岸に 柵（バリエール）が設けられてことによる命名。やがて1250年、ここにバール館が建てられた。このバールとは、柵（barrières）の短縮形である。邸館建築時に敷設されたバール通り（Rue des Barres）は4区にある。

パルヴィ・ノートル＝ダム Parvis Notre-Dame パルヴィ＝ノートル＝ダム広場（Place du Parvis-Notre-Dame）は4区にある。このノートル＝ダム司教座聖堂前の広場（パルヴィ）は、1865年、オスマンによって建設されたもので、最初のパルヴィ（語源は後期ラテン語のparadisius「楽園」）は、聖堂の建立と同時期につくられた。中世にはパリ大司教の裁判台がおかれていた【裸足で下着姿、首にロープを巻かれ、胸と背に罪状を記した板を下げた罪人が、黄色いロウソ

クを手にしてこの台の足元に跪き、公衆の面前で罪の赦しを請うた。1314年３月、テンプル騎士団最後の総長だったジャック・ド・モレは、ここで有罪の判決を受け、焚刑に処されている。現在、この跡地にはフランスの道路元標がはめ込まれている】。18世紀初頭、この裁判台は撤去され、1767年、罪人たちを拘束する首枷を据えるための３角形の晒し台が代わりにおかれた。

ノートル＝ダム司教座聖堂は１世紀のユピテル神殿跡地にたっている。4世紀、キリスト教徒たちはバジリカ式聖堂を建立し、その１世紀後にヒルデベルト【フランク王国メロヴィング朝時代の王（在位511-558）。→クロテール】がこれを再建した。現在の聖堂の礎石は、1164年、教皇アレクサンデル３世【在位1159-81】と国王ルイ７世【在位1137-80】によって据えられている。だが、聖堂の南扉が完成したのは、1257年のことだった。ファサードの全長は40メートルあり、その３か所に扉が設けられている。左側は聖母マリアの扉、中央は裁きの扉、右側は聖女アンナ【マリアの母】の扉である。これら扉の上には王と聖母の通廊がのり、さらにその上に地上高68メートルの塔楼が2基そびえる。尖塔は祭壇の上にたっており、聖堂内部は側廊と37の礼拝堂をともなう巨大な身廊からなる。祭壇は柵で仕切られ、この柵の外側はじつにみごとなレリーフで飾られている。

バルカン Balkans 「森林で覆われた山」を意味するバルカンとは、ドナウ（ダニューブ）下流域とマリツァ流域を隔てる山脈の呼称である。山脈の最高峰はボテフ峰（標高2376メートル）。20区のバルカン通り（Rue des Balkans）は1877年に命名されている。

パルク Parc 19区のテラス・ド・パルク（Terrasse de Parc）は、それがヴィレット公園（パルク）の近くを通っていることにちなんで、1990年に命名されている。

バルグ Bargue ヴォージラール地区の慈善家で、土地所有者。彼を名祖とするバルグ通り（Rue Bargue）は15区にある

パルク・デ・プランス Parc des Princes

16区のパルク＝デ＝プランス大通り（Avenue du Parc-des-Princes）は1926年からあるが、その呼称は、ブーローニュの森（ボワ・ド・ブーローニュ）に設けられた「フォン・デ・プランス」（公爵領）とよばれていた禁猟区に由来する。この禁猟区はルイ15世【国王在位1715-74】がコンティ公に譲ったものだった。ちなみに、首都パリの規模に真にふさわしい唯一のスタジアムであるパルク・デ・プランスは、1998年から、パリ郊外のサン＝ドニに建設されたスタジアム「スタド・ド・ノランス」と激しく競いあっている。

バルザックBalzac

1799-1850年。フランス中部のトゥールに生まれたバルザックは、貴族的【？】な風貌にもかかわらず、実際は庶民ないし小市民階級の出だった。30歳になるまで、彼はパリで浮沈の激しい不安定な生活を送っていた。印刷業や編集者、活字鋳造業などを営んだが、いずれも成功せず、蓄えた資金を溶かすだけに終わった。それゆえ、文学一本にかけようとしたことはもっともな選択だったといえる。この作家については多言は無用だろうが、彼は時代の習俗を描いた比類のない画家だった。女性たちから大いにたたえられた彼は、女性、とりわけ巧みにその寵をえる術を心えていた貴婦人たちにかんするすばらしい年代記者でもあった。

多作をもって知られるバルザックの代表作には、たとえば『シャベール大佐』【1832年】や『三十女』【1832年】、『ウジェニー・グランデ』、『田舎医者』【以上1833年】、『ランジェ公爵夫人』、『ゴリオ爺さん』【以上1834年】、『谷間のユリ』【1835年】、『セザール・ビロトー』【1837年】、『幻滅』【1837-43年】、『娼婦の栄光と悲惨』【1838-47年】、『姉妹ベッド』【1847年】などがある【彼の大部分の作品は総合的な題名『人間喜劇』としてよばれている】。1841年9月から47年2月にかけて、彼は16区のレヌアール通り47番地にある一軒家に住んでいた。バルザック通り（Rue Balzac）は1区にある。

命名は死の直後、すなわち1850年になされた。

バルスロヌ Barcelone

1797年にある程度の自治が認められたカタルーニャ（カタローニュ）地方の州都バルセロナ。フォカイア人【小アジア西岸のイオニア人】によって建設され【ハンニバルの父バルカ（前3世紀）によるとする伝説もある】、「ライエ（レ）」とよばれていたバルセロナは、カルタゴ人の植民地バルキノとなった。リョブレガート川の河口に位置し、激しいスペイン内戦時【1936-39年】には、共和国政府【反ファシズム】の重要な中心拠点となり、フランコ将軍【1892-1975】がここを制圧するには1939年まで待たなければならなかった。

今日、観光客たちは1882年に建設が始まったガウディ【1852-1926】のサグラダ・ファミリア（聖家族）教会やカテドラル（司教座大聖堂）、さらに14世紀の修道院、あるいは膨大なカタルーニャ芸術が展示されている国立カタルーニャ美術館を訪れたり、「ランブラス」とよばれる有名な遊歩道を散策したのち、港近くの円柱の上で疲れることなく立ち続けるコロンブス像に挨拶したりすることもできる。

バルセロナはまた不安定で騒々しく、たえずうごめく町でもある。数多くの産業（とくに繊維・自動車）を擁してもいる。パリが16区の広場（Place de Barcelone）にこのカタルーニャの町を捧げたのは、1962年のことだった。セルバンテス【1547-1616】はバルセロナを真面目にこう称している。「雰囲気といい、美しさといい、他にふたつとはない町」

バルタール Baltard

1805-74年。建築家・画家で、パリの土木事業の責任者。市庁舎（オテル・ド・ヴィル）の付属施設や中央市場、新証書院などの建設を手がけた。第二帝政の記念祝典、とくにナポレオン3世の挙式祭典も指揮した。そんな彼が偉大な建築家であったことを示す証拠は、1974年に移転のために解体された中央市場が、それから長いあいだ空家となっていたという事実である。1区のバルタール通り

（Rue Baltard）は、1985年に彼に捧げられている。

バルディネ Bardinet 土地所有者の名で、この名を冠した14区のバルディネ通り（Rue Bardinet）は1899年からある。

バルテルミー Balthélemy 「バルテルミーさん、素晴らしい土地をお持ちですね。いかがでしょう、そこに小路をつくらせていただけませんか？」。「いいでしょう」。バルテルミー氏が答えた。「ただし、私の名前を小路につけてください」。こうして誕生したバルテルミー小路（Passage Balthélemy）は10区、1817年に敷設されたバルテルミー通り（Rue Balthélemy）は5区にある。

＊バルドゥー Bardou この名前の最後に《x》をつけてBardouxと書けば、1829年に生まれ、97年に没したフランスの政治家アジェノル・バルドゥーを語ることになる。だが、《x》がない以上、おそらくこの15区のバルドゥー袋小路（Impasse Bardou）【1940年消滅】は、土地所有者の名をつけたものだろう。

パルク・ド・シャロンヌ Parc de Charonne 20区のパルク＝ド＝シャロンヌ通り（Chemin du Parc-de-Charonne）は、かつてはマロニエの街路樹が連なり、1600年に築城され、1857年に解体されたシャロンヌ城に続いていた。

パルク・ド・ショワジー Parc de Choisy 13区のパルク・ド・ショワジー小路（Allée du Parc-de-Choisy）は、袋小路になっている。命名はそれが同名の大通りと合流することから、1986年になされた。

パルク・ド・パシー Parc de Passy 16区のパルク＝ド＝パシー大通り（Avenue du Parc-de-Passy）は、1930年に命名されている。それまではパルク・デ・ゾー・ミネラル・ド・パシー【字義は「パシー鉱水公園」】通りとよばれていた。この鉱水【パシー水】は1658年に発見され、「内臓疾患に効能あり」と喧伝された。1720年にはほかの3か所にも水源が見つかっていて【レーヌアール通りとパシー河岸道路、現在のケ

ネディ河岸道路に面した私有地】、これらの鉱水は鉄分やバルサムを含み、不妊症に効果があると認められた。18世紀末、鉱水ブームは最高潮に達し、盛んに掘削がおこなわれた。だが、1868年頃を境にして産出量が少なくなり、周囲に家が建設されて完全に消滅した。

パルク・モンスーリ Parc Montsouris 16ヘクタールの面積を誇るモンスーリ公園は、ビュット＝ショーモン公園に次いで広い。砕石場跡地での建設工事は1867年に始まり、78年に完成している。ジャン＝シャルル・アルファンの作であるこの公園には、人工池【オープニングの日、建設上のミスにより、肝心の水が突然ひいて池が空になってしまった責任を感じた設計立案者は、それから数日も経たぬうちに自殺した】や、チュニス太守の夏宮であるバルド宮殿を小型化した建屋もある。1867年のパリ万博に展示された、ムーア芸術の典型ともいえるこれは、しかし71年のパリ・コミューン（コミュヌ・ド・パリ）時に被害を受けた。この建屋は翌1872年に修復されたが、公園内にあった気象台は1980年代に焼失してしまった。パルク＝モンスーリ通り（Rue du Parc-Montsouris）は15区にあり、同区のヴィラ・パルク＝モンスーリ（Villa Parc-Montsouris）同様、1895年に命名されている。

パルク・ロワイヤル Parc Royal 3区のパルク＝ロワイヤル通り（Rue du Parc-Royal）は、1603年、トゥルネル館の庭園にちなんで命名されている。おそらくこの邸館の呼称は、庭園を囲んでいたいくつもの小塔に由来すると思われる。1388年に建てられたこの邸館は、1407年無畏公ジャン1世【第2代ブルゴーニュ公（在位1404-19）】によって再建された当時、トゥルネル王館とよばれていた。以来、歴代の国王たち、すなわちシャルル6世【在位1380-1422】やシャルル7世【在位1422-61】、ルイ11世【在位1461-83】、シャルル8世【在位1483-98】はしばしばここに住み、ルイ12世【即位1498】は1515年1月1日、こ

571

ハルシヤフ

こで逝去している。

　迷信とは無縁のフランソワ1世もまた、前王が没して直後にこの王館に住んだ。そして1559年7月10日、アンリ2世【即位1547】が没したのもここである。アンリ2世の死後、王妃カトリーヌ・ド・メディシスはここからルーヴル宮に移り、1563年、王館の解体を命じてさえいる。今日、サン＝ニコラ＝デ＝シャン教会の南門に復元されたその扉のひとつを除いて、この建物の名残はない。

パルシャプ Parchappe　11区のシテ・パルシャプ（Cité Parchappe）は、沿道に住んでいた地主にちなんで命名されている。

パルシュミヌリ Parcheminerie　5区を走るパルシュミヌリ通り（Rue de la Parcheminerie）には、13世紀、数多くの代書人が店をかまえており、1275年当時、ここはエクリヴァン（代書人）通りとよばれていた。1387年に羊皮紙がこの通りで売られるようになると、パルシュマン（羊皮紙）通りと改称された。やがてそれはパルシュミニエール（羊皮紙商）通りという呼称にとって代わられた。羊皮紙は羊や山羊、子牛、馬、さらに死産子羊の皮を素材とするが、パルシュマンという呼称は、7世紀初頭に書字用皮革の最初の工房ができた、小アジアの都市ペルガモンの名に由来する。

パルタン Partants　20区のパルタン通り（Rue des Partants）は、この通りが現在の道筋になった1907年、地名にちなんで命名されている。地名の語源は定かでないが、おそらく人々がここに集まって出発したのだろう。ただ、どこに、なんのために出発したのかはわからない。あるいは死の世界にか…

バルバネーグル Barbanègre　1772-1830年。ジョゼフ・バルバネーグルはフランス南西部ピレネー＝アトランティック県のポンタックに生まれた男爵・将軍。アウステルリッツ（オステルリッツ）の戦いで陸軍大佐、ヴァグラム（ワグラム）の戦いで少将に昇進した彼の名声は、百日天下【1815年】の際、アルザス地方南部のユナングでの英雄

的な抵抗に負っている。彼は135人の駐屯兵を指揮して、3万ものオーストリア兵からこの町を守った。そして降伏を余儀なくされると、戦争での数々の名誉と共に要職から去った。彼を名祖とする19区のバルバネーグル通り（Rue Barbanègre）は、1868年に命名されている。

バルベス Barbès　1809-70年。アルマン・バルベスはグアドループ出身の政治家。1839年5月、パリで叛乱政府を樹立しようとしたが、失敗して死刑を宣せられた。だが、ヴィクトル・ユゴーの請願によって終身刑に減刑となった。1848年に釈放されたのもつかの間、翌年、再投獄されてしまう。クリミヤ（クリメ）戦争時、ブルターニュ沖合のベル＝イル島に幽閉された彼は、ある友人あてに激烈な愛国心に満ちた感動的な手紙を書いている。この友人は手紙をナポレオン3世に読ませた。ナポレオン3世はその手紙の内容に心打たれ、バルベスに恩赦をあたえたという。

　だが、恩赦はバルベスを喜ばせたりしなかった。彼は皇帝を憎み、みずからを断罪して進んでオランダに亡命するのだった。そして、1870年の普仏戦争開戦の2週間前、彼は亡命地のハーグで没する。戯言を言うことのなかったプルードン（プルドン）は、そんな彼を「民主主義のバヤール」と称している。彼をたたえて1882年にその名がつけられたバルベス大通り（Boulevard Barbès）は、18区にある。

バルベット Barbette　スパニエル種で長毛・巻き毛の雌のバーベットとは無縁である。14・15世紀に未亡人たちがもちいたハイスタンド・カラーの胸当て（バルベット）とも無縁である。戦争時に築く砲座ともまったく関係がない。3区を走るバルベット通り（Rue Barbette）の呼称は、かつてそこにバルベット・ホテルが建っていたことに由来する。

バルベ・ド・ジュイ Barbet de Jouy　1812-96年。セーヌ河口ルーアン近郊のカントゥルー出身。文学者・美術史家で、国立博物館の行政にかかわり、1880年、美術・

彫刻アカデミー会員に選ばれている。考古学者でもあった彼は、以下のような著作をものしている。『釉薬テラコッタ彫刻のデッラ・ロッビア一族』【1855年】、『ローマの大聖堂や教会にみられるキリスト教モザイク』【1857年】。7区のバルベ=ド=ジュイ通り（Rue Barbet-de-Jouy）は、1838年、彼の所有地に開通している【通りの名祖は、平織物業で財をなした同名の実業家（1787-1864）。著者の誤解か。なお、この通りで、ウィーン出身の女優ロミー・シュナイダー（1938-82）が急死している】

バルベ・ドールヴィイ Barbey d'Aurevilly
1808-89年。北仏マンシュ県サン=ソヴール=ル=ヴィコント出身の作家。その著作にはカトリシズムとダンディズム、さらに悪魔主義が奇妙に混在している（読めばわかるはずである）。そんな彼の顕著な倒錯には、子供のような天真爛漫さが垣間見える（社会こそがわれわれを誤らせるものであり、倒錯にいたってはなおのことだというジャン=ジャック・ルソーの言葉は、まさに言いえて妙である）。彼の才能にもまた荒々しさと上品さ、激しさと繊細さ、苦さとこだわりとが混在していた。そのすべてをインク壺に入れ、慎重にかき混ぜれば、以下のような作品が生まれるはずである。『悪魔のような女たち』【中条省平訳、筑摩書房】、『デ・トゥーシュの騎士』【前同】、『老女主人』【1851年】、『憑かれた女』【1852年】…。バルベ=ドールヴィイ大通り（Avenue Barbey-d'Aurevilly）は、1910年から7区にある。

パルマンティエ Parmentier　1737-1813年。アントワヌ・オーギュスト・パルマンティエは北仏ソンム県のモンディディエに生まれ、パリで没した農学者・慈善家。1769年にフランスを襲った凶作と食糧難を前にして、彼は栄養価のある新しい野菜を探し、かなり以前からドイツで食されていたジャガイモの栽培を奨励した。時の国王ルイ16世【在位1774-92】はパルマンティエが**サブロン**平野でこの野菜を栽培することを許可しただけでなく、ジャガイモの花を王衣のボタン穴に挿し込んで、その栽培を公に支援した。それ以来、人々はジャガイモが食料に適していると考えるようになった。

　薬剤師でもあったパルマンティエは、1796年、学士院会員と同時に保健行政監察官【没年まで】となり、さらにワイン・シロップの利用や製粉作業の改善なども手がけた。彼の著作としては『ジャガイモやサツマイモ、キクイモの栽培と利用法にかんする論文』【1789年】などがある。10区と11区を走るパルマンティエ大通り（Avenue Parmentier）は1818年、20区の旧袋小路だったパルマンティエ通り（Rue Parmentier）は1934年からある。

バルミ・ダヴリクール Balmy d'Avricourt
1849-73年。パリ北東ノワヨン出身の海軍士官。1873年、デュピュイ【紅河による武器輸送の独占を狙ったフランス商人】とアンナン（安南）当局とのあいだで生じた紛争を調整するため、フランシス・ガルニエ【1839-73。海軍大尉】がハノイ（トンキン）に派遣された際、砲艦エスパンゴル号の指揮官をつとめた。彼はフリーやハイズオンを占拠したが、阮朝に帰順していた黒旗軍との戦闘で、ハノイ近郊で戦死した【バルミ=ダヴリクール通り（Rue Balmy-d'Avricourt）は17区】

パルム Parme　　パルマ（パルム）はイタリア北部の都市で、パルマ公国の都がおかれていた。エトルリア人によって建設されたこの町は、のちにガリア人が住み着き、前184年にはローマ人によって奪取された。アントニウス【前83-前30。カエサルの将軍として活躍したが、オクタウィアヌス、のちのユリウス・アウグストゥスと対立して敗れ、自殺した】の支持者によって破壊された町は、アウグストゥス【ローマ帝国初代皇帝（在位前27-後14）】によってユリア・アウグスタと命名されたという（確証はない）。570年、ロンバルド（ロンゴバルド）人がこの地を占拠し、その王国の一部となった。中世に入ると、パルマは共和制を敷き、教皇領となる。

　今日、ここパルマでは12世紀に建立された司教座聖堂や、17世紀初頭に建てら

ハルム

れたファルネーズ劇場などを賛美すること
ができる。パルマはまたチーズの呼称【パル
ミジャーノ・レッジャーノ】となっており、
「イタリア・チーズの王」ともよばれるこ
のチーズにふさわしいイタリア人なら、ミ
ネストローネであれピッツァやパスタであ
れ、それを一緒に食しないわけにはいかな
い。一方、パルマ・ハム【プロシュット・
ディ・パルマ】もまたグルメたち垂涎の美
味で知られる。パリのパルム通り（Rue
de Parme）は、149年から9区にある。

＊**バルム Barreme**　1640-1703年。リヨン
生まれの自称算数家。国工の数学教師をつ
とめた【バルム小路（Passage Barreme）は
19区のジャン＝ジョレス大通りに吸収】

バルレ・ド・リクー Barrelet de Ricou　一
時期、ロイド銀行の頭取をつとめていた銀
行家。19区のバルレ＝ド＝リクー通り
（Barrelet de Ricou）は、1928年に開通し
ている。

パレ Palais　1区と4区を走るパレ大通り
（Boulevard du Palais）は、セバストポル
大通りの延長部分で、パレ・ド・ジュステ
ィス（現最高裁判所）の東側に位置するこ
とにちなんで、1864年に命名されている。
セーヌ河岸にあるこの裁判所は、古代ロー
マの建物の跡地に建てられたもので、当初
は城塞、ついで王宮としてもちいられた。
やがて敬虔王ロベール2世【在位996-
1031】が全体的に再建し、聖王ルイ（サン
＝ルイ）がこれに壮大な建物を追加した。
そのひとつが今も残っている大広間で、ヴ
ォールト天井をいただくそれは「聖ルイの
食堂」とよばれる。当時、この王宮の周り
には広い庭園が見られた。

さらに1268年に王位についた端麗王フ
ィリップ4世【1314没】は建物を拡張して、
高等法院【最高裁判所の前身】のすべての
評定官が泊まれるようにした。だが、
1618年、パレ・ド・ジュスティスは火災
によって大広間を含む建物の一部が破壊さ
れてしまう。その再建を請け負った建築家
のジャック・デブロス【正式名称はサロモ
ン・ド・ブロス（1565/71-1626。リュクサン

ブール宮の造営も手掛けた（1615-31年)）】が、
今日「サル・デ・パ・ペルデュ」【字義は
「失われた歩みのホール」】とよばれる大ホー
ルをおもに再建した。

パレ・ド・ジュスティスは1737年と76
年にも火事で被災している。そこでモロー
やデメゾン、クテュール、アントワヌとい
った建築家が再建工事に着手し、クール・
ド・メ【字義は「5月柱の中庭」】を囲む建
物を数棟建てた。それ以来、裁判所ないし
検察官の書記たちが、毎年5月1日、リボ
ンで飾った5月柱を、この中庭に植えるの
が習わしとなった。パレ・ド・ジュスティ
スではまた1835年と68年にも、時計塔お
よびドーフィネ広場に面したファサードに
隣接する一角の拡張工事がおこなわれてい
る。

しかし、1871年5月24日、コミューン
兵たちによって建物全体が焼き討ちにあう。
それから8年後の1879年にオノレ・ドー
メ【1826-1911。パリ高等美術学校に学び、
1855年に建築部門でローマ大賞受賞。モンマ
ルトルのサクレ＝クール大聖堂の建設にも携
わった】、ついで1911年から14年にかけて
はアルベール・トゥルネールが再建工事を
手がけ、クール・ド・メの左側に翼棟が建
設されたが、残念なことに、これによって
サント＝シャペル礼拝堂が隠れてしまった。

パレスチヌ Palestine　パレスティナ（パレ
スティヌ）ないしカナ（ー）ンの地には、
きわめて古い時代から12支族に分かれた
ヘブライ人が住んでいた。ローマ人は紀元
6年にこの地を帝国に併合した。1517年、
パレスティナはトルコ領となり、1833年
に一時エジプト領となるが、40年、再び
トルコの支配下に入った。1947年、イギ
リスはこの地の委任統治を断念し、1948
年、当時ユダヤ人たちが住んでいたパレス
ティナの一部が、イスラエル国家として独
立を宣言する。以来、この国家はカナンの
ほぼ全域を領土にしている。パリ19区の
パレスティヌ通り（Rue de Palestine）は
1869年からある。呼称はパレスティナを
流れるヨルダン川で洗礼を施していたとさ

れる、洗礼者ヨハネに捧げられた教会堂が
近くにあったことに由来する。

パレストロ Palestro パレストロはイタリ
ア北部の町。1859年5月31日、この町の
近郊で、フランス＝ピエモンテ連合軍が、
ベルトラン・ド・シャブロン【1806-89。の
ちに終身元老院議員】連隊長率いる第3ズ
ワーヴ連隊【1830年にアルジェリアのカビリ
ア人を中心に編制された歩兵隊】のみごとな
攻撃によって、オーストリア軍に勝利した。
この戦争中、勇猛果敢に戦ったヴィットー
リオ・エマヌエーレ2世【1828-78。サル
ディーニャ王国最後の国王で、イタリア王国
初代国王（在位1861-78）。→ガリバルディ】
は、戦争後、ズワーヴ兵たちから伍長の肩
章を授けられた。パリのパレストロ通り
（Rue de Palestro）は2区にあり、戦勝を
記念して1859年に命名されている。ちな
みに同名の町はアルジェリアにもある【カ
ビリア地方のパレストロは、アルジェリア独
立戦争さなかの1956年5月、フランス軍が現
地軍に待ち伏せされて壊滅した戦場】

バレーヌ Baleine 11区にあるバレーヌ袋小
路（Impasse de la Baleine）の呼称は、そ
の旧地主が、コルセット用のバレーヌ（鯨
鬚）をつくっていたことにちなむ。

パレ・ブルボン PalaisBourbon 7区のパレ
＝ブルボン（ブルボン宮）広場（Place du
Palais-Bourbon）は、1814年に命名されて
いる。ブルボン宮は寡婦資産を受けたブル
ボン公爵未亡人【ルイーズ・フランソワ・ド・
ブルボン（1673-1743）。ルイ14世の王女】の
依頼で建設された。設計図はイタリア人建
築家のジャルディーニ【1722没】が引き受
けたが、彼はそれを完成させる前に急逝し
てしまう。工事は通称ラシュランス【本名
ピエール・カイュトー（1655-1724）。ヴェル
サイユ宮殿の装飾などに携わった建築家】に
よって始められ、1728年、ジャック・ガ
ブリエル【1667-1742。マンサールの弟子・
親族。国王筆頭建築家で、王立建築アカデミ
ー会長】とジャン・オベール【1680-1741。
マンサールの弟子】によって完成した。
　1770年、公爵夫人の孫にあたるコンデ

公【1736-1818】は、このブルボン宮を自
分が有するラセ館とつなぎ、装飾工事をお
こなうが、時宜を逸したため、工事が終わ
ったのはフランス革命が起きた1789年だ
った。翌1790年、革命政府はこれを没収
し、「革命の家」と名づけて国有財産とす
る。
　1795年、ブルボン宮は五百人会【革命暦
3年の憲法で定められた下院（1795-99年）】
に与えられ、1804年、ナポレオン1世が建
築家のベルナール・ポワイエ【1742-1824。
サン＝サヴール教会堂やサン＝タンヌ病院、さ
らにルーヴル宮から市庁舎までの柱廊（アーケ
ード）の建築を手がけた】に命じて、コンコ
ルド橋と向き合った巨大なファサードを築
くようになる。12本の円柱を配したこのフ
ァサードの破風には、彫刻家コルトーの次
の言葉がレリーフで刻まれている。「自由
と公共秩序のあいだにあるフランス」
　復古王政期に入ると、ブルボン宮は代議
院となり、1829年にはジュール・ド・ジョ
リ【1788-1865。1860年からはブルボン宮
の「タピスリーの通廊」工事も手がけている】
によって会議場の建築工事が始められた。
さらに1848年には、憲法制定議会のため
に議場が設けられる。だが、木材とカンバ
ス布で急ごしらえされたところから「厚紙
の部屋」と呼ばれたこの議場は、1851年
に解体された。
　今日、ブルボン宮には下院議会が置かれ、
各議員は近接する箇所に執務室と秘書室を
有している。議会のレストランと一部の執
務室は、ユニヴェルシテ通りの101番地に
最近建てられた数棟の建物に入っており、
この建物は地下道でブルボン宮とつながっ
ている。

パレ＝ロワイヤル Palais-Royal 1区のパレ
＝ロワイヤル（王宮）広場（Place du
Palais-Royal）は1648年からある。宮殿自
体は1624年、その造営を望んだリシュリ
ュー枢機卿が、王室建築家のルメルシエ
【→ルーヴル】に命じて建てている。リシュ
リューはそこに自分が住むつもりだったが、
1636年、忠心からか、完成したばかりの

ハレロワイ

その「枢機卿館」を国王に献上した。こうしてアンヌ・ドートリシュ【→サン＝タンヌ】となおも幼かったルイ14世（ルイ・ル・グラン）が、ここに移り住み、枢機卿館は王宮となった。

フロンドの乱【→エストレ、テュレンヌ】のあと、ルイ14世は1649年、この王宮をアンリエット・ド・フランスにあたえ【アンリ4世と、アリ・ド・メディシスの王女アンリエット（1609-69）は、イングランド王のチャールズ1世の妃だったが、イギリス市民革命の難を避けて帰国していた】。1692年、のちの摂政オルレアン公フィリップ【1674-1723。妻はアンリエットが連れ帰った娘アンリエット・ダングルテール】がこれを譲り受け、ここで盛大な、だが、多少羽目を外した祝宴を催している。

ルイ16世【国王在位1774-92】時代の1763年と81年、パレ＝ロワイヤルは2度火災で被害をこうむる。そこでオルレアン家の平等公フィリップ【1747-93】は、その再建をピエール＝ルイ・モロー＝デプル一【1727-94。1763年に焼失したオペラ座の再建などを指揮した建築家】とコンタン・ディヴリ【1695-1777。王室御用建築家で、ヴァンドーム広場のエヴルー館やサン＝クルー城などの仕事で知られる】に託した。彼らはパレ＝ロワイヤルにさらに2棟の建物、すなわち今日のコメディー＝フランセーズ座とパレ＝ロワイヤル劇場を付設している。

一方、パレ＝ロワイヤルの庭園は一般に開放され、1789年7月12日、カミユ・デムーランがそこでバスティーユ襲撃を先取りするような臨時集会を催している【その際、デムーランは人々にこう呼びかけたという。「諸君、武器をとれ！」】。興味深いことに、この庭園には、なおもパリ子午線に沿って大砲が1門置かれている。1914年まで、この大砲は、そこに取り付けたレンズを通して太陽が火薬に火をつけ、正午きっかりに砲声を放っていた。

1791年、平等公フィリップはまた木造の通廊をいくつか建てている。その息子であるルイ＝フィリップの時代、それらはひ

とつにまとめられて、「オルレアン通廊」と呼ばれるようになり、放蕩者や娼婦たちのお気に入りの場所となった。そして1781年5月23日、コミューン兵たちはここを焼き討ちした。だが、被害はさほどではなく、改修工事のあと、1910年まで、ここに国務院や会計法院が置かれた（前者は現在も）。今日、パレ＝ロワイヤルには文化省や経済・社会委員会が入っている。

パレ＝ロワイヤル・ド・ベルヴィル Palais-Royal de Belleville 19区のシテ・パレ＝ロワイヤル＝ド＝ベルヴィル（Cité du Palais-Royal-de-Belleville）は、かつてベルヴィル通りにあり、1812年に土地の名士ペレス氏の所有になった、「メゾン・リュスティク」【字義は「田舎家」】ないし嘲笑的に「パレ＝ロワイヤル」と通称されていた建物があったことを想い起こさせる。

パロ Parrot 1829-83年。ジョゼフ＝マリ＝ジュール・パロはフランス南西部ドルドーニュ地方のエクシドゥイユに生まれ、パリで没した医師。1876年、パリ大学医学部の医学史教授となり、翌年からは養護児童院の主任医師も兼務した。そして1879年から、小児科専門医の彼は小児医療を講じ、80年、医学アカデミーの会員に選ばれている。著作には『パリの病院における人口授乳にかんする報告』【1874年】や『先天梅毒とくる病』【1886年】などがある。14区のパロ通り（Rue Parrot）は、彼の死から7年後の1900年に命名された。

バロー Barrault 旧土地所有者の名前。13区のバロー小路（Passage Barrault）は1873年、バロー通り（Rue Barrault）は1877年に命名されている。

バロワ Barrois 旧土地所有者の名前。その名がついたバロワ小路（Passage Barrois）は、1870年から3区にある。

バロン Baron 旧土地所有者で、17区の助役だった。残念なことに、パリの通りには、もうひとりのバロン、すなわちパリに生まれ没した同名の有名な俳優で劇作家でもあった、ミシェル・バロン（1653-1729）【モリエールやラシーヌの親友】の名を冠し

た通りはない。バロン通り（Rue Baron）は17区にある。

バロン・ル・ロワ Baron Le Roy 1890-1967年。ピエール・ル・ロワ・ド・ボワゾーマリエは、ワインに適用されている原産地呼称統制（AOC）【より下位のワインとしては地酒（ヴァン・デュ・ペ）、テーブルワイン（ヴァン・ド・ターブル）がある】の創始者である。パリ東部、ベルシー地区の1970年代に消滅したワイン倉庫群の跡地を通る道に、彼の名がつけられたゆえんである。この12区のバロン＝ル＝ロワ通り（Baron-Le-Roy）は、1993年に命名されている。

バンキエ Banquier 16世紀、イエズス会のパトゥイエなる銀行家がこの土地を有していたことにちなむ命名。バンキエ通り（Rue du Banquier）は13区にある。

バンク Banque 1634年に敷設されたこの通りは、1区の旧フランス国立銀行を起点とし、そこからバンク（銀行）通り（Rue de la Banque）と呼ばれるようになった。

バンジャマン・ゴダール Benjamin Godard 1849-95年。パリ生まれの作曲家で、オペラ『ジョスリヌ』【初演1888年】と『女従軍商人』【死後初演1895年】で知られる。彼の名を冠したバンジャマン＝ゴダール通り（Rue Benjamin-Godard）は、1907年年から16区にある。

バンジャマン・コンスタン Benjamin Constant 1767-1830年。作家・政治家で、フルネームはバンジャマン・コンスタン・デ・レベック。スタール（スタル）夫人の愛人だった彼は、復古王政期の自由主義者に大きな影響を及ぼした。彼のもっとも有名な心理小説『アドルフ』【大塚幸男訳、岩波書店】は、この名前をはじめて流行させることになった。当時、バンジャマン・コンスタンは雄弁家としての輝かしい才で知られていた。1819年、フランス北西部サルト県の下院議員に選ばれた彼は、しかし札付きの遊び人であり、あまりにも快楽に溺れたため、ついに健康を損ねる結果となった。それでもパリ市は彼に通りを捧げた。1875

年に敷設された、19区のバンジャマン＝コンスタン通り（Rue Benjamin-Constant）がそれである。

バンジャマン・バニョル Benjamin Bagnol 1918年、フランスのために戦死した、パリ市議会事務局特別委員の息子の名を冠したバンジャマン＝バニョル通り（Rue Benjamin-Bagnol）は、14区にある。

バンジャマン・フランクラン Benjamin Franklin 1706-90年。ベンジャミン・フランクリン（バンジャマン・フランクラン）はボストンに生まれ、フィラデルフィアで没したアメリカ合衆国の思想家・物理学者・気象学者・政治家・著作家。獣脂ロウソク製造人を父にもつ彼は、叔父【兄？】の印刷工房で働きながら、余暇を学問に費やした。成人になると、彼はきわめて活発な活動を開始し、『農民リチャードの暦』【1734】を刊行したり、クラブや印刷所、図書館、病院、保険会社を次々と立ち上げている【1751年にはフィラデルフィア・アカデミー、のちのペンシルベニア大学を創設した】。だが、こうした活動は、とくに彼の電気現象に対する研究を妨げはしなかった。そして1747年、フランクリンはついに避雷針を発明して、パリの科学アカデミーやイギリスの王立協会の会員に迎えられる。

アメリカ独立戦争の初期には、フランクリンは自分を評価してくれたはずのイギリスに抗議文書を送りつけてもいる。彼はまたジョン・アダムズ【1735-1826。第2代合衆国大統領】やトーマス・ジェファーソン【1748-1826。合衆国第3代大統領】とともに、独立宣言を起草した。そして、フランスとの提携を協議するためにパリを訪れ、1778年、友好条約を締結するようになる。彼が帰国したのは1785年だった。それから5年後の1790年、胸膜炎で他界した。その死は国葬をもって悼まれたが、フランスでも憲法制定会議が3日間の国喪を議決している。16区のバンジャマン＝フランクラン通り（Rue Benjamin-Franklin）は1788年に開通し、当初はその土地所有者の名でよばれていたが、1907年に現在名

ルンシヨナ

に改称されている。

パンショナ Pensionnat 12区のパンショナ通り（Rue du Pensionnat）は、1789年までは「シテ・デュ・トローヌ（玉座）」とよばれていた。革命政府は**トローヌ広場**および大通りと同時に、現在の呼称に変えた。近くに寄宿学校があったことからの命名だが、そこには想像力がほとんどみられない。

パンティエーヴル Penthièvre 1845-90年。パンティエーヴル公ピエール・ドルレアンは、フランソワ・ドルレアン【1810-1900】と、ペドロ1世【ブラジル初代皇帝（在位1822-31）。ポルトガル国王ペドロ4世（在位1826）】の娘フランソワズ・ド・ブラガンス【1824-98】の息子。8区のパンティエーヴル通り（Rue de Penthièvre）は1846年に命名されているが、その名祖にかんする詳細は不明である。分かっているのは、その父親がのちの国王**ルイ＝フィリップ**の3男で、1840年、ナポレオンの遺骨をフランスに持ち帰る役をになっていたということである。海軍中将だった彼はまた、1844年、モロッコ（マロック）のモガドールを砲撃し、【ルイ＝フィリップ王政が瓦解した】48年には、父とともに亡命している。やがて帰国した彼は、1871年に国民議会の議員に選ばれ、息子より10年後に没した。

パンテオン Panthéon 5区のパンテオン広場（Place du Panthéon）は1770年からある。パンテオンとは、古代ギリシア・ローマですべての神々に捧げられた神殿を意味していたが、パリのそれは全長42.2メートルの柱廊玄関、13.3メートルの奥行があって、1754年、ルイ15世【国王在位1715-74】が建立を決めたものである。その場所は、**クロヴィス**時代に建てられ、最初は使徒たち、のちに聖遺物が安置されて聖女ジュヌヴィエーヴ（**サント＝ジュヌヴィエーヴ**）に献堂された教会堂の跡地だった。建設を請け負ったのは**スフロ**だったが、彼が1780年に没すると、ロンドゥレがそのあとを継いだ。

フランス革命期、憲法制定議会はここに偉人たちの遺灰を安置することにし、こうしてミラボー（ごく短期間）やジャン＝ジャック・ルソー、ヴォルテール、ル・ペルティエ・ド・サン＝ファルゴーらの遺骸がおさめられた。続く国民公会（コンヴァンション）はミラボーの遺骸を撤去し、代わりにジャン＝ポール・マラー【1743-93。医師でフランス革命の立役者。1792年、「人民の友」紙を創刊し、山岳派（→**ルドリュ＝ロラン**）の領袖として実権をふるうが、入浴中、ジロンド派信奉者のシャルロット・コルデイ（1768-93）に殺害された】のそれをおさめた。

1806年2月20日、パンテオンは信仰の場として、サント＝ジュヌヴィエーヴ教会と改称され、ランヌやカバニス、ブーガンヴィルなど、帝政の重要人物が数多くそこに埋葬された。さらにルイ18世【国王在位1814-15/1815-24】は**グロ**に命じて、聖女ジュヌヴィエーヴの栄光を象徴するパンテオンの丸天井内壁を飾らせた。

1831年8月26日、この建物は再び偉人たちの墓地に戻され、ドームの先頂にあった十字架は、**コルトー**作の彫像『盛名』にとってかわられた。それから20年後の1851年、パンテオンは改めて聖女ジュヌヴィエーヴに捧げられた教会となった。だが、1870-71年の普仏戦争時、クリプト（内陣下の礼拝堂）は火薬おき場に変えられ、パリ・コミューン（コミュヌ・ド・パリ）政府は一時期ここに司令部を置いた。

ヴィクトル・ユゴーが他界すると、教会は再び転用され、彼の遺骸は最終的にパンテオンと改称されたここに埋葬された。その内部には多くの壁画がみられるが、もっともみごとな作品は、**ピュヴィ・ド・シャヴァンヌ**のものである。

パントル Peintres 2区にあるパントル袋小路（Impasse des Peintres）の命名には、2通りの可能性が考えられる。そのひとつは、14世紀初頭、ジルという名の画家もしくはジル・ル・パントルという人物が、当時なおもアルバレート（弩）とよばれていたこの袋小路に住んでいたとする説、もうひとつは、**フランソワ1世**の時代、ギヨ

ン゠ルドゥーという親方絵師がここに家を1軒建てたとする説である。だが、青い道路標示版に記された通りの名がPeintresと複数形になっているところからすれば、2世紀の間隔を置いて、これらふたりの人物が仲良く一体化したのだろう。

ピ Py 20区にあるピ通り（Rue de la Py）の呼称は、語源が不明な地名に由来する。おそらくそれは、カササギのように白に黒のぶちがある牛なし馬を意味するピ（pie）の古い綴りだったと思われる。

ピア Piat 20区のピア通り（Rue Piat）は19世紀後葉に敷設されている。呼称はベルヴィルの公証人だった旧地主の名に由来する。

ピヴェ Piver 1933年に公式に命名された11区のピヴェ小路（Passage Piver）と同名の袋小路（Impasse Piver）【私道】は、その最初の住民でもあった旧地主のひとりにちなんで命名されている。

ピエ Pihet 11区のピエ通り（Rue Pihet）は、この通りの旧地主を名祖とする。

ピエ゠ウィル Pillet-Will 1781-1860年。ピエ゠ウィル伯ミシェル・フレデリクは、パリ貯蓄金庫の創設者のひとり。フランスの貯蓄金庫全体は、1818年7月29日の政令で設立が認められた。ピエ゠ウィル通り（Rue Pillet-Will）は、1905年から9区にある。

ビエーヴル Bièvre 1150年頃、サン゠ヴィクトル大修道院の庭にビエーヴル川の水を引くため、運河が掘られた。この幅狭の川は全長約40キロメートルで、パリ西方のサン゠シル゠レコル近郊から地上に出て、パリの暗渠に入る。悲しい末路ではある。5区を走るヴィエーヴル通り（Rue du Bièvre）の命名は古く、1250年になされている。

ピエ（ト）・モンドリアン Piet Mondrian モンドリアンは1872年にオランダ北部のアメルスフォールトに生まれ、1944年にニューヨークで没したオランダの画家。その画風は、ヴァン・ゴッホ（**ヴァン・ゴグ**）風の具象から、キュビズムの影響下で幾何学的な抽象へと変わった。彼はそれを極端なまでに推し進め、無彩色の3色をみごとに駆使して、しばしば黒い線の枠に白と灰色をみごとに配し、さらに水平・垂直の直線と三原色からなる「コンポジション」の画風を確立して、幾何学的抽象画の主たる創始者とみなされるようになった。

モンドリアンの作品としては、一連のコンポジション絵画にくわえて、『ブロードウェイ・ブギウギ』【1942-43年】や『ヴィクトリー・ブギウギ』【1944年】などがある。1919年から38年までパリで活動した彼は、その後ニューヨークに移った。彼の名を冠した15区のピエ゠モンドリアン通り（Rue Piet-Mondrian）は、1987年から15区にある。

ピエモンテジ Piémontési 18区のピエモンテジ通り（Rue Piémontési）は、1931年までは小路にすぎなかった。呼称はこの通りに最初に住んだ旧地主の名にちなむ。

ピエール゠アドリアン・ダルペラ Pierre-Adrien Dalpayrat 1844-1910年。ダルペラはリモージュ【→リムザン】を生没地とする陶芸家で、炻器や陶器を、1902年からは磁器を制作するようになった。とくに称賛の的となっているのが、ぼかしの入った赤色と新しい形状の炻器やティーポット、さらに事務用品などである。彼はまた人間に似せた猿のような擬人像ないし動物像のレリーフのある作品も出がけている。15区には彼の名にちなんで1997年に命名された、ピエール゠アドリアン゠ダルペラ小公園（Square Pierre-Adrien-Dalpayrat）がある。

ピエール・アレ Pierre Haret 4区のピエール゠アレ通り（Rue Pierre-Haret）は1903年からある。呼称は当時この通りに住んでいた旧地主のひとりにちなむ。

ピエール・ヴィレ Pierre Villey 1880-1933年。北仏のカーンで生まれ、パリ西方のエヴルーで没したピエール・ヴィレはカーン大学の教授で、文学批評でも才能を発揮した。彼の名は、1970年に命名された7区のピエール゠ヴィレ通り（Rue

ヒエルウオ

Pierre-Villey）に残っている。

ピエール・ヴォードレ Pierre Vaudrey

1873-1951年。とくに墓石装飾で新境地を開拓した彫刻家で、全作品の8割以上をこの分野が占めている。20区のピエール＝ヴァードレ広場（Place Pierre-Vaudrey）は、1995年からある。

ピエール・エマニュエル Pierre Emmanuel

1916-84年。ピエール・エマニュエルはフランス南西部ピレネー＝アトランティック県のガンで生まれ、パリで没した詩人。本名ノエル・マテュー。その作品は、たとえば詩集『ソドム』【1944年】や『バベル』【1951年】のように、しばしば聖書にもとづく形而上学的な苦悩を表現している。一方、『怒りの日』や『防衛者たちとの戦い』【いずれも1942年】のように、第2次世界大戦のレジスタンス精神を完璧なまでに表す作品も書いている。ときに「偉大な言葉の発話者」ともよばれた彼は、こう書いている。「私は神の言葉を殺した／私は他と同じ暗殺者／だが、自分のためにだれが死ぬのか知る者はいない／私／私はそれを知っている」。彼を名祖とするピエール＝エマニュエル広場（Place Pierre-Emmanuel）は、1985年から1区にある。

ピエール・エ・マリ・キュリー Pierre et Marie Curie

5区のピエール＝エ＝マリ＝キュリー通り（Rue Pierre-et-Marie Curie）は、1967年に命名されているが、この通りはすでに1909年からピエール＝キュリー通りとよばれていた。ピエール・キュリー（1859-1934）とキュリー夫人のマリア（マリ）・スクウォドフスカ（1867-1934年）については、マリ＝キュリーを参照されたい。

ピエール・オ・ラール Pierre au Lard

ピエール＝オ＝ラール通り（Rue Pierre-au-Lard）は4区にある。13世紀にここに住んでいたパリの富裕市民ピエール・オワラール氏（Pierre Oilard）が、通りに自分の美しい名がつけられたことを知ったならどう思っただろうか。おそらく満足はしなかったはずである…。1274年当時はすべてがなおもノーマルだった。通りが彼の姓そのままにピエール＝オワラールとよばれていたからである。

だが、1450年頃、事情は一変する。オワラールがアラール（Allard）に改称されたのだ。やがて哀れなオワラール氏にとってさらに事態が悪化する。その呼称がオラール（O'Lard）と、ついでオラール（Aulard）、そして1500年頃、ついに「オ＝ラール」【字義は「脂肪がついた」】と改悪されてしまったのである。この通りの呼称は、今から500年後にはいったいどうなってしまうのだろうか。

ピエール・キヤール Pierre Quillard

1864-1912年。ピエール・キヤールはパリに生まれ、パリ西郊のヌイイ＝シュル＝セーヌで没した詩人・劇作家・ジャーナリスト。詩人としての彼は、ルコント・ド・リール（ルコント・ド・リル）に影響を受けて、処女詩集『言葉の栄光』【1890年】を発表している。一方、劇作家としては、最初の戯曲『両手を切られた乙女』【1886年】や『さまよう女』【1896年】などを世に出している。

さらにジャーナリストとしての彼は、アルメニア人の状況に多大の関心を寄せて、月2回刊行の《プロ＝アルメニア（親アルメニア）》紙を創刊・主幹し【1900年から】、イスタンブールのアルメニア系カトリック学校で教師をつとめた。そして、トルコ人たちが組織したアルメニア人奉仕団体で働いたが、1915年から16年にかけて、トルコ人たちによる大規模なアルメニア人虐殺事件が起きる前に他界している。パリの20区には、彼に捧げられたピエール＝キヤール通り（Rue Pierre-Quillard）が、没後7年目の1929年からある。

ピエール・グルドー Pierre Gourdault

1880-1915年。第1次世界大戦で名誉の戦死をとげた画家。その作品は今ではほとんど忘れられているが、彼の名を冠したピエール＝グルドー通り（Rue Pierre-Gourdault）は、1930年から13区にある。

ピエール・ゲラン Pierre Guérin

1774 -

ヒエルシヤ

1833年。ピエール＝ナルシス・ゲランはパリで生まれ、ローマで没した画家・男爵。1800年、油彩画『マルクス・セクストゥスの帰還』で本格的な名声を獲得した彼は、それに勢いをえて、さらに注目すべき作品を発表する。『エウリュディケの墓におけるオルフェウス』と『アイスクラピウスへの奉献』【いずれも1800年頃】などである。

それからイタリアに赴き、1810年に帰国して、『カイロで反逆者たちを赦すボナパルト』を制作する。この作品は芳しい評判を得られなかったが、それでもアトリエを開いて、やがてそこからウジェーヌ・ドゥラクロワやジェリコー、シェファー（シェフェール）、レオン・コニエ、ヴィクトル・オルセル【1795-1850】などが輩出するようになる。1814年、ゲランはパリ高等美術学校（ボザール）の教授に任命され、翌年にはフランス学士院会員となり、22年から28年までローマのフランス学院長【→レオン・ウゼ】もつとめた。

ちなみに、ゲランを姓とする有名な画家はほかに少なくとも３人いる。いずれもピエールとは無縁だが、この３人とはジャン＝ユルバン（1760-1836）【クレベールやナポレオン、モーツァルトなど、肖像画を数多く描いた画家として知られる】、ポーラン（1783-1855）【歴史・宗教画を得意とし、テュイルリー宮の天井画などを手がけた】、そしてガブリエル＝クリストフ（1790-1846）【芸術家一族の出身で、祖父のジャンと父のクリストフは版画家。ジャン＝ユルバンは甥】である。ピエール・ゲラン通り（Rue Pierre-Guérin）は16区にあり、1869年に命名されている。

ピエール・サラザン Pierre Sarrazin 1512年から１区を走るピエール＝サラザン通り（Rue Pierre-Sarrazin）の呼称は、13世紀中葉に生きていたパリの富裕市民の名にちなむ。

ピエール・ジニエ Pierre Ginier モンマルトルでその才能を発揮していた画家。彼がどのような人生を歩んだのか、詳細は不明だが、ピエール＝ジニエ通り（Rue

Pierre-Ginier）は1891年から、同名のヴィラ（Villa Pierre-Ginier）は1950年から18区にある。ただし、このヴィラはかつては通りの一部だった。

ピエール・シャロン Pierre Charron 1541-1603年。ピエール・シャロンは、パリで生まれ、没した作家・モラリスト。最初弁護士となったが、やがて神学を学び、説教家として名をはせるようになる。こうして名誉に包まれた彼はフランス各地（レクトゥールやコンドン、アジャン、カオール【いずれもフランス南西部の町】）に住み、ボルドーではモンテーニュと親交を結んで、そのもっとも傑出した弟子となった【モンテーニュ家の紋章継承者に選ばれてもいる】。

シャロンの著作としては、『３つの真理』【1593年】や『キリスト教徒の言葉』【1600年】、さらにモンテーニュの『エセー』を哲学的に翻案した主著『智恵論』【1601年】などがある。彼は言っている。「人間と人間のあいだには、人間と動物のあいだ以上に違いがある」。1879年に命名されたピエール＝シャロン通り（Rue Pierre-Charron）は８区にある。

ピエール・ジャン・ジューヴ Pierre Jean Jouve ピエール・シャルル・ジャン・ジューヴは1887年に北仏アルトワ地方のアラスで生まれ、1976年にパリで没した詩人・作家。その詩風は晦渋とされるが、とりわけ３つの主題と結びついている。過ちと愛と死である。当初、ユナニミスム【一体主義。個人を超えて集団の一体的精神を表現しようとした文学理論で、提唱者はジュール・ロマン】に惹かれたが、やがて精神分析に傾倒し、詩に性的なシンボリズムを導入するようになった。

ジャン・ジューヴの最大の傑作は詩集『血の汗』【1933-35年】で、ほかに『カトリーヌ・クラシャの冒険』【1928—31年】や『失楽園』【1929年】、『血まみれの物語』【1932年】、『天上の物質』【1937年】などがある。彼は言っている。「人間の快楽はその苦痛と同様に恐ろしいものだ」、「詩人は言葉の魔術師である…。この魔術師は最期

の夜に夢の代価物に錶を打ち込む」、「すべ
ての愛は快楽という名の深淵を宿してい
る」。彼の名を冠したピエール＝ジャン＝
ジューヴ通り（Rue Pierre-Jean-Jouve）は、
1987年から19区にある。

ピエール・ジョゼフ・ドゥソー Pierre
Joseph Desault　1744-95年。ドゥソーは
フランス東部オート＝ソーム県のマニー＝
ヴェルノワに生まれ、パリで他界した外科
医。パリの慈善院（オテル＝デュー）内に
国内初の外科診療所を設立し、その仕事を
とおして、外科の著しい発展に寄与した。
コルヴィザールやビシャの師でもあった彼
の著作としては、死後刊行となる『外科
術』【2巻、1798年】がある。13区にある
ピエール＝ジョゼフ＝ドゥソー通り（Rue
Pierre-Joseph-Desault）は、1995年に命名
されている。

ピエール・ショーソン Pierre Chausson　10
区のピエール＝ショーソン通り（Rue
Pierre-Chausson）は、1897年から、沿道
に住んでいた旧地主の名でよばれている。

ピエール・ジラール Pierre Girard　1765-
1836年。ピエール＝シモン・ジラールは
北仏のカーンで生まれ、パリで没した技師。
そのおもな栄光は、ウルク運河（**カナル・
ド・ルルク**）の建設を指揮したことにある
【1913年にノーベル医学賞を受賞したシャル
ル・リシェの曽祖父】。ピエール＝ジラール
通り（Rue Pierre-Girard）は、1907年か
ら19区にある。

ピエール・スリエ Pierre Soulié　1903-70
年。フランスの心臓病研究の権威だったピ
エール・スリエは、心臓病科長をしていた
ブルセ病院に、心臓血管治療具の新たな開
発を目的とする研究チームを立ち上げてい
る。その死後6年目の1978年、20区の通
りに彼の名を冠したピエール＝スリエ通り
（Rue Pierre-Soulié）ができた。

ピエール・セゲール Pierre Seghers　1906-
87年。パリに生まれ、パリ南東郊のクレ
イユで没した詩人・編集者。編集者とし
てのセゲールは、レジスタンス活動を終え
た1944年、今も名声に衰えるところがな

い『現代詩人叢書』の刊行を始める。第1
巻は『ポール・エリュアール』だった。詩
人としての彼は『現代フランス名作詩撰』
【1958年】や『フランス詩傑作集』【1961-
69年】などを編んだほか、『希望』【1939年】
や『娘』【1947年】、『根』【1958年】、『忘却
のはじまり』【1976年】などの詩集や、『平
凡人』【1944年。セゲール出版社創設年】や
『たやすいフランス』【1965年】といった散
文作品、さらにシャンソン歌詞集――とく
にレオ・フェレ【1916-93。作曲家・ピアニ
スト・詩人。「パリ・カナイユ」（1952年）や
「ミラボー橋」（1953年）などの作曲で知られ
る】が作曲したシャンソン「娘たちに雨が
降る」――を上梓している。

　以下は彼の詩集『みごとな仕事』【1943
年】の1節である。「私は大きな黒馬への
愛を歌った／改革のときは過ぎ、人は私か
らその愛を奪った／愛はあちこちに散らば
り、遠い世界にも／もはや私は愛を知らず
／何もない。おそらく降る雨の下で、愛は
寒がっている」

　20区のピエール＝セゲール小公園
（Square Pierre-Seghers）は、彼の死後10
年目の1996年からある。

ピエール・セマール Pierre Sémard　1887-
1942年。第2次世界大戦でドイツ軍に銃
殺された政治家【1924-29年までフランス共
産党書記長】。彼に捧げられた9区のピエー
ル＝セマール通り（Rue Pierre-Sémard）
は、パリ解放直後の1944年に命名されて
いる。

ピエール・ダック Pierre Dac　1895-1975
年。ピエール・ダック、本名アンドレ・イ
サクは、シャンパーニュ地方のシャロン＝
シュル＝マルヌで生まれ、パリで没したユ
ーモア作家・喜劇俳優。1922年、彼はモ
ンマルトルの居酒屋「ラ・ヴァッシュ・ア
ンラジェ（怒った牝牛）」で最初期の風刺
歌を発表し、たちまちのうちに「狂った者
たちの王」とみなされるようになる。そし
て1938年5月、週刊誌《ロス・ア・モエ
ル（髄骨）》を創刊し【1940年7月廃刊】、
そのある号で、たとえば今もなおすべての

パスタ愛好家を驚かせる、「ヌードル・ジャム」(!)のレシピーを伝授している。

第2次世界大戦中、スペインで13か月ほど投獄された彼は、釈放後にロンドンに向かい、BBCの短波放送番組「フランス人がフランス人に語りかける」の語り手のひとりとなる。そして1945年にパリに戻ると、同年10月に《オス・リーブル(自由な骨)》誌を創刊し【1947年10月廃刊】、風刺作家のフランシス・ブランシュ【1921-74。俳優・歌手としても1950-60年代に人気を集めた】と出会い、一緒に『サル・ラビンドラナト・デュヴァル』を創作する【1957年。ミュージック・ホール用に書いた対話形式の寸劇で、ダックは偽のインド人占い師、ブランシュはその助手を演じた】。ふたりはさらにラジオのシリーズ物『ひげ男たちの不運』なども制作した。

1964年、ダックは《ロス・ア・モエル》を復刊し、72年には『パンセ』を上梓する。後者のなかで、彼はこう書いている。「人生においてゼロから出発し、実生活で何も得られなかった者は、人に感謝したりしない」、「ニンジンが煮えると、インゲン豆が終わる(腹水盆に返らず)。逆もまたしかりである」、「片目が近視で、もう一方が老眼、くわえて斜視もある者は、自分の周りで起きていることに気づかなくても詫びたりしない」。18区を走るピエール=ダック通り(Rue Pierre-Dac)は、1995年からある。

ピエール・デュクス Pierre Dux 1908-90年。

ピエール・デュクス、本名アレクス・マルタンは、パリを生没地とする俳優・演出家。俳優の家に生まれた彼は、1929年、コメディー=フランセーズ座に入り、『セビリアの理髪師』でフィガロ役を演じた。1979年まで彼はこの「モリエールの家」にとどまり、そのレパートリーや現代劇の役柄をみごとに演じきった。また、1944年から45年まで、さらに70年から79年まで、同座の支配人もつとめた。

デュクスはさらに数多くの映画にも出演しているが、最初の作品は『マドモワゼ

ル・ブールマンの結婚』【1932年封切り、監督ジャン・シュー】だった。さらに『王妃の首飾り事件』【1946年、監督マルセル・レルビエ】、『ムッシュー・ヴァンサン』【1947年、監督モーリス・クロシュ】、『大演習』【1955年、監督ルネ・クレール、邦題名『夜の騎士道』】、『パリは燃えているか』【1966年、監督ルネ・クレマン】、『Z』【1666年、監督コスタ=ガヴラス】、『読書する女』【1988年、監督ミシェル・ドヴィル】などにも出演している。彼に捧げられたピエール=デュクス広場(Place Pierre-Dux)は、2000年から6区にある。

ピエール・デュポン Pierre Dupont 1821-70年。

リヨンを生没地とする詩人・作曲家・シャンソン歌手。1842年、最初期の詩「ふたりの天使」でアカデミー・フランセーズ賞を獲得したデュポンは、同アカデミーが公刊している大辞典の編纂助手となる。だが、まもなくこの職を辞し、哲学的・共和主義的・社会主義的なシャンソンによって人気を博す。そして1851年、その社会主義的な作品のため、彼はアルジェリアのランベッサにある第二帝政の矯正訓練所に、7年間強制収容の有罪判決を受ける【1849年、彼は大統領ナポレオン3世に敵対的な詩集『農民たちの歌』を発表している】。あるいは神の配剤か、幸いにも判決を聞いてまもなく、彼はパリからの脱出に成功する。

そんなデュポンの真の名声は、みずからが作曲した農民たちの歌による。彼は労働への愛をかきたて、あきらかに道学者的な影響力を有してもいた。そのシャンソンには、「牡牛」や「橇」、「パンの歌」、「農民たちのクリスマス」、さらに、ギュスタヴ・ドレが題材とした『さまよえるユダヤ人の伝説』【1856年】などがある。ピエール=デュポン通り(Rue Pierre-Dupont)は10区にある。命名は彼が他界して20年以上たった1892年になされている。

ピエール・ドゥムール Pierre Demours 1702-95年。

マルセイユに生まれ、パリで没した医師【・動物学者】のドゥムールは、とくに眼科の治療で才能を発揮した。彼は

かなりの数の著作を遺している。たとえば、「角膜の軟骨組織にかんする新考察」【《内科・外科・薬学雑誌》掲載論文、1770年】などである。ひとり息子のアントワヌ・ピエール（1762-1836）もまた眼科医で、『眼疾論』【1818年】を著し、はじめて人工瞳孔の手術をおこなっている。この14区にあった息子の所有地に、1868年、ピエール＝ドゥムール通り（Rue Pierre-Demours）が敷設された。

ピエール・ド・クーベルタン Pierre de Coubertin 1863-1937年。パリに生まれ、ジュネーヴで没したクーベルタン男爵は、最初軍人を目指したが、「銃を担ぐ肩を変え」、つまり考えを変えて、青少年たちのスポーツ振興を目指し、さまざまな雑誌に寄稿するかたわら、数多くのスポーツクラブを創設した。そして1894年、**ローザンヌ**で14カ国の代表を前に古代オリンピックの復活を提唱し、それから２年後、アテネ（**アテヌ**）で第１回近代オリンピックを開催する。その閉幕後、彼は国際オリンピック委員会を組織して、第２代会長となった【1896-1925。初代会長はギリシア人実業家のデミトリオス・ヴィケラス（1835-1908）】

クーベルタンの著作としては『スポーツの教育的役割』【1919年】があり、そこで有名な言葉を記している。「大切なのは参加することである」。彼の名を冠したピエール＝ド＝クーベルタン大通り（Avenue Pierre-de-Coubertin）は、13区と14区を結んでいる。命名は1994年である。

ピエール・ニコル Pierre Nicole 1625/28-95年。ピエール・ニコルは**シャルトル**で生まれ、パリで他界したモラリスト（道徳家）。パリのアルクール学寮【1280年にパリの教会参事会員で法学博士だったラウル・ダルクールが、北仏ノルマンディ地方の貧しい児童たちを受け入れ、教育するために創設した寄宿学校。1793年に閉鎖された。リセ・サン＝ルイの前身】で14歳からヘブライ語や哲学、神学を学び、やがて**ポール＝ロワイヤル**修道院に入り、ヴェルサイユ近郊にあったポール＝ロワイヤル・デ・シャン修道院付設の「プチット・ゼコル（小さな学校）」で教鞭をとる。その弟子のひとりに劇作家の**ラシーヌ**がいる。

検閲官であり、同修道院のソリテール（隠修士）たちの聴罪司祭でもあった彼は、1658年、ジャンセニストに対する迫害を恐れて、ドイツに移る。そして1677年、イエズス会士たちからの激しい攻撃を受け、オランダに逃げる。パリ大司教のフランソワ・アルレ【在位1671-95】のとりなしで帰国したのは、1683年のことだった。

おとなしい、むしろ内気だったともされるピエール・ニコルは、意に反して、当時の神学論争にかかわらざるをえなかった。**フェヌロン**同様、人間の救いのため、神の純粋の有効性と神との一体化、さらに外的な働きかけを拒んで魂の無為ないし受動性を説く静寂主義の信奉者だった彼の著作としては、主著『道徳論』【1671年】のほかに、**アントワヌ・アルノー**との共著『論理学、もしくは思考の技法』【1662年】や『神を畏れて』【刊行年不詳】などがある。彼は言っている。「われわれにとってどれほど不可能と思えることでも、経験がそれを悟らせないかぎり、けっして不可能ではない！」。このジャンセニストに捧げられたピエール＝ニコル通り（Rue Pierre-Nicole）は、1864年から５区にある。

ピエール・ピカール Pierre Picard 18区のピエール＝ピカール通り（Rue Pierre-Picard）は、旧地主で最初の住民のひとりにちなんで、1886年に命名されている。

ピエール・ビュダン Pierre Budin 1846-1907年。18区のピエール＝ビュダン通り（Rue Pierre-Budin）が命名されたのは、1912年のことである。名祖となったのは、当時有名だった医師である。

ピエール・ビュレ Pierre Bullet 1639-1716年。パリを生没地とする建築家のピエール・ビュレは、師の**ブロンデル**とともにサン＝ドニ門の建設を手がけ、のちにパリ市専属建築家、さらに王立建築アカデミー会員となった。その最大の業績は、**サン＝マルタンの凱旋門**である。さらに、**サン**

＝トマ＝ダカン教会も、扉口を除いて彼が建てたものである。10区のピエール＝ビュレ通り（Rue Pierre-Bullet）は1894年からある。

ピエール・フォンサン Pierre Foncin 1941－1916年。ピエール・フランソワ・シャル・フォンサンは、リモージュ【→リムザン】に生まれ、パリで没した地理学者・歴史学者。【1877年にボルドー大学地理学教授となったのを皮切りに】1879年に北仏ドゥエの大学区長、81年に公共教育省の中等教育局長、82年に中等教育視学総監を歴任した。さらに、フランス語の普及を目さして創設された語学学校「アリアンス・フランセーズ」の初代学院長をつとめ【1883－1914年】、いくつかの都市に地理学会を創設してもいる。彼はたとえば『フランスの地方』【1902年】において、すでに地理的条件に応じての地方分権化を説いている。20区には1934年からピエール＝フォンサン通り（Rue Pierre-Foncin）がある。

ピエール・ブリソン Pierre Brisson 1896－1964年。16区のピエール＝ブリソン広場（Place Pierre-Brisson）は、《ル・フィガロ》紙の主幹を長期にわたってつとめた、このジャーナリストにちなんで1971年に命名されている。

ピエール・ブルダン Pierre Bourdan 1909－48年。フランス南西部のペルピニャンに生まれ、南仏ヴァール県のカプ・ネグルで没したピエール・マヤール、通称ピエール・ブルダンはジャーナリスト・政治家【1945年から48年まで下院議員】。12区には彼の名がついたピエール＝ブルダン通り（Rue Pierre-Bourdan）が1951年からある。旧フランス・ラジオ・テレビ放送局（ORTF）【1972年に分社化】の１部局は、現在第3チャンネルと（France 3）なっているが、その前身であるフランス地方チャンネル（FR 3）は、「ピエール＝ブルダン局」とよばれていた。

第２次世界大戦のあいだ、ブルダンはロンドンからの短波放送「フランス人がフランス人に語りかける」で、マイクの前に立

った「３人の仲間」のひとりだった。他のふたりはジャック・デュシェーヌとジャン・マラン【1909-95。のちにフランス通信社（AFP）の会長】で、やがてピエール・ダックも仲間にくわわった。

ピエール・プルミエ・ド・セルビ Pierre I[er] de Serbie 1846-1921年。ペーテル・カラジョルジェヴィッチはベオグラード（ベルグラド）に生まれ、没したセルビア王。即位1903年。サン＝シル陸軍士官学校に学んだ彼は、1870—71年の普仏戦争では、フランス兵として戦った。第１次世界大戦中は、敵国に蹂躙される祖国民と英雄的に連帯した。1918年に没するまで、セルビアのみならず、クロアチアやスロヴェニアの国王も兼ねていた。1918年からあるピエール＝プルミエ＝ド＝セルビ大通り（Avenue Pierre-I[er]-de-Serbie）は、８区と16区を結んでいる。

ピエール・ブロソレット Pierre Brossolette 1903-44年。ブロソレットはパリに生まれ、自死したジャーナリスト・政治家・社会主義者で、最初期のレジスタンス活動家。ドイツ軍に逮捕され、拷問を受けた彼は、しかし自供を拒んで、独房内で自殺した。1944年末、彼の死を悼んで６区の通りにその名がつけられている。ピエール＝ブロソレット通り（Rue Pierre-Brossolette）がそれである。

ピエール・ベル Pierre Bayle 1647-1706年。ピエール・ベール（ベル）はフランス南西部アリエージュ県のカルラに生まれ、ロッテルダムで没した思想家。トゥールーズのイエズス会系寄宿学校で学び、父親からプロテスタントとして育てられてきた自分を棄て、カトリックに改宗する【1669年】。だが、家族全員をカトリックに改宗させるよう求められた彼は、ふたたびプロテスタントに戻ってしまう【1671年】。この「再改宗」のため、彼はジュネーヴに逃げなければならなかった。それからまもなくして帰国し、まずルーアンで家庭教師をし【1674年】、ついでパリでベランゲン伯につかえるようになる【1675年】

やがてフランス北東部の町セダンのプロテスタント学校で哲学を講じるようになり、5年間、教育に専念する。1681年、この学校が閉鎖されると、ベールはロッテルダムに移り、その大学で哲学と歴史の講座を担当し、有名な『1680年の彗星にかんするさまざまな考え』【1683年】を著す。この書で、彼は俗信の弊害を批判するが、敵対者たちは彼が無神論者の代弁者になりさがったと叫び、それによってこの書はフランスで禁書にされた。『マンベール神父のカルヴァン主義の歴史批判』【1683年】もまた公共の広場で焚書処分となっている。

こうしたベールの主な関心は寛容さにあり、それをすべての著作、とくに『イエス・キリストの言葉「彼らを入れよ」についての哲学的注釈』【1686年】で説いた。晩年、彼は教職を追われ、年金も止められた。それでもフランスに戻ることなく、『歴史的・批評的辞典』【3巻、1697-1702年。啓蒙思想の先駆的業績とされる】や、『ある地方人の質問に対する返答』【6巻、1704-06年】などを書いた。彼に捧げられたピエール＝ベル通り（Rue Pierre-Bayle）は、1897年から20区にある。

ピエール・ボナール Pierre Bonnard　画家のボナールは、1867年にパリ西方のフォントネ＝オー＝ローズに生まれ、1947年に南仏アルプ＝マリティーム県のカネに没している。ポン＝タヴァン派【→ゴーガン】やジャポニズム、さらにギュスタヴ・モロー【→アリスティード・マイヨル】などの影響を受けたナビ派に属し、数多くのポスターを手がけた。だが、「フランス＝シャンパーニュ」と題したポスターが成功して、1889年、絵画だけに専念することを決意する。彼はまた浮世絵に強く魅せられ、後期印象派の突出した色彩画家となる。

ボナールの作品としては、ほかに『逆光の裸婦』【1907年】や『クリシー広場』【1912年】、『暖炉の前の裸婦』【1916年】『白い室内』【1932年】、『入浴する裸婦』【1936年】などがある。彼の名を冠したピエール＝ボナール通り（Rue Pierre-Bonard）は、

1988年から20区にある。

ピエール・マク・オルラン Pierre Mac Orlan　1882-1970年。ピエール・マク・オルラン、本名ピエール・デュマルシェは、北仏ソンム県のペロンヌに生まれ、パリ東方、セーヌ＝エ＝マルヌ県のサン＝シル＝シュル＝モリンで没した作家・詩人。極貧の幼年期を送った彼は、もちまえの粘り強さと文学への熱意によって、最終的に名誉を手に入れた。彼はブレーズ・サンドラール【1887-1691。スイス出身の作家・詩人で、世界各地を放浪し、従来の伝統的な文学形式に反抗した】の輩に倣って各地を放浪し、イギリス海峡や北海の港町に滞在しながら、その体験を傑作『霧の波止場』【1927年】として発表する。この作品はマルセル・カルネ監督【→ジャック・プレヴェール】によって映画化されている。主演はジャン・ギャバン【1904-76】とミシェル・モルガン【1920-2016。戦後のフランス映画界で活躍した名女優。『田園交響楽』（1946年）で第1回カンヌ国際映画祭女優賞受賞】である。

「異様さと慣れ親しんだものが共存する幻想的な」詩人としてのオルランはまた、「ロンドン娘」をはじめとするシャンソンの歌詞を数多く書いている。そのひとつ「マルガレ（マーガレット）の歌」には、次のような歌詞がみられる。「神よ、私を楽しかった幼い頃に戻して／バッサン・デュ・ロワのサン＝フランソワ地区【北仏ルアーヴルの古い一角で、「王の船渠」とよばれる運河がある】での／神よ、私にわずかでも無垢さを戻して／そして、寒いときの岸の匂いも」

マク・オルランの作品としては、ほかに『モンマルトルのシモーヌ』【1924年】や、ジャン・デュヴィヴィエ監督【1896-1967。代表作に、ジャン・ギャバン主演の映画史上に残る名作『ペペル・モコ』（邦題『望郷』、1937年）がある】、主演ジャン・ギャバンで1939年に映画化された『外人部隊』【1931年】、『罠もしくはミス・ファニー・ヒルの冒険』【1952年】などがある。彼に捧げられたピエール＝マク＝オルラン広場

ヒエルラサ

（Place Pierre-Mac-Orlan）は、1987年から18区にある。

ピエール・マセ Pierre Massé 1879–1942年。第2次世界大戦中に強制収容所で殺害された弁護士・下院議員。『ガラテイア』【1852年】や『ジャネットの婚礼』【1853年】、『ポールとヴィルジニー』【1876年】などで知られる、作曲家のヴィクトル・マセと混同してはならない。1961年に彼の名がつけられたピエール・マセ大通り（Avenue Pierre-Massé）は14区にある。

ピエール・マンデス・フランス Pierre Mendès France 1907–82年。ピエール・マンデス・フランスはパリを生没地とする政治家・弁護士・レジスタンス活動家。1932年から急進社会党の下院議員となり、54年から55年まで首相をつとめ、インドシナ（アンドシヌ）戦争を終結させた（1954年7月のジュネーヴ協定）。また、チュニジアに内政の自治をあたえてもいる。その著『近代共和政のために』【1954–62年】で、彼はこう書いている。「民主主義とは何よりもまず精神状態の謂いである」。パリの13区には、2002年からピエール＝マンデス＝フランス大通り（Avenue Pierre-Mendès-France）がある。

ピエール・ミル Pierre Mille 1864–1941年。パリ南東方のショワジー＝ル＝ロワで生まれた小説家・ジャーナリストのピエール・ミルは、その作品において「反キップリング」的な姿勢を打ち出した【ミルより1歳下のラドヤード・キップリング（1865–1936）は、ボンベイ生まれのイギリスの小説家。「イギリス帝国主義の伝道者」（ジョージ・オーウェル）ともよばれた。繰り返し映画化された『ジャングル・ブック』（1894年）で世界的に知られ、1907年にノーベル文学賞を受賞している。ピエール・ミルは自分が「フランスのキップリング」とよばれることを嫌っていた】

ミルについては、以下のような評価がなされていた。「彼は政治家のような文学者のひとりであり、彼らについて語られることに——たとえ悪口であっても——関心を向けている」。彼の作品としては『フラン

スの文学と芸術の未来』【1920年】などがあり、優秀なルポルタージュを対象とするピエール・ミル賞も設けられている。15区のピエール＝ミル通り（Rue Pierre-Mille）は、1949年の命名である。

ピエール・ムイヤール Pierre Mouillard ルイ・ピエール＝マリ・ムイヤールは1834年にリヨンで生まれ、カイロ（ケール）で没した発明家で、航空技術の先駆者。パリの20区には、その名がつけられたピエール＝ムイヤール通り（Rue Pierre-Mouillard）が1915年からある。

ピエール・モラレ Pierre Mollaret 1898–1987年。フランス中部のオーセールに生まれ、パリで没した医師のモラレは、クロード＝ベルナール病院に蘇生法学校を創設して、内外科・治療技術の発展に寄与した。彼の名を冠したピエール＝モラレ小路（Allée Claude-Mollaret）は、1998年から19区にある。

ピエール・ラザレフ Pierre Lazareff 1907–72年。ラザレフはパリで生まれ、パリ東郊のヌイイ＝シュル＝セーヌで没したジャーナリスト。《パリ＝ソワール》紙【1923年に無政府主義者のジャーナリスト、ウジェーヌ・メルル（1884–1938）が創刊した日刊紙】の主幹となり【1931年】、さらに1944年、《フランス＝ソワール》【1941年に若いレジスタンス活動家だったロベール・サルモン（1918–2013）らが非合法で創刊した、《デファンス・ド・ラ・フランス（フランス防衛）》紙を前身とし、44年に改称された日刊紙】の主幹、のちに社主となって、同紙を国内最大の情報誌にした。

彼はまたピエール・デグロープ【1918–93。ジャーナリストで、のちにフランス・ラジオ・テレビ放送局長】やピエール・デュマイエ【1923–2011。ジャーナリスト・シナリオ作家・演出家】とともに——彼らは「3ピエール」とよばれた——、有名なテレビの情報・ルポルタージュ番組「5本の柱を1本に」を制作している。

その最初の放送は1959年1月9日で、内容はフランス・ロシュ【1921–2013。ジ

587

ャーナリスト・映画評論家・テレビ司会者】によるブリジッド・バルドー【1934-。1950-60年代のフランス映画界を代表する女優で歌手。愛称「ベベ（ＢＢ）」】とパスカル・オードレ【1935-2000。ジャン＝リュク・ゴダールやルイス・ブニュエル監督の作品にも出演した名女優。現在日本で活躍中のモデル・タレントのジュリー・ドレフュスは娘】へのインタビュー、ジャン・ヌーヴセル【1912-2003。ジャーナリストで、ヨハネ23世の伝記などの著作がある】と教皇ヨハネ23世【在位1958-63】の対談などで、教皇はそこでフランスを祝福している。

2区にはピーエル＝ラザレフ広場（Place Pierre-Lazareff）および同名の小路（Allée Pierre-Lazareff）があり、前者は1988年、後者は94年に命名されている。

ピエール・ラヒュ Pierre Lafue 1902-75

年。フランス中部ロゼール県のポン＝ド＝モンヴェールに生まれ、ランスで没した歴史家・作家・ジャーナリスト。評論や小説、戯曲にくわえて、大著『ドイツ史』【1950年】などを著している。はたしてわれわれの隣人たちが彼をたたえたかどうかは不明だが、パリの6区には彼に捧げられた広場が1981年からある。ピエール＝ラヒュ広場（Place Pierre-Lafue）である。

ピエール・ラルース Pierre Larousse 1817

-75年。ピエール・ラルースはフランス中東部のトゥシーに生まれ、パリで他界した文法家・文学者・辞書編纂者。この読書狂はとくに読書から得た知識によって奨学金を獲得し、**ヴェルサイユ**で本格的な学業を始める【1833年】。そして20歳になったばかりで、生地の高等小学校の教師となるが、しっかりした教育法や教科書がないことを知った彼は、生徒たちの関心を目覚めさせるのにふさわしい教育システムを採用して、フランス語をつねに分析させた。【パリに移って9年後の】1849年、復習教師となった彼は最初期の著作を発表する一方、生活を切り詰めながらも意欲的に自分の科学的・文学的学識を完璧なものにする努力を続けた。

そして1866年から最晩年まで、ラルースは『19世紀世界大事典』の編纂を続ける【1876年の完成版は17巻、総頁数22万7000】。だが、その作業のために疲労困憊して、ついに不帰の客となる。彼の著作としては、ほかに『文法分析論』【1850年】や『新フランス語辞典』【1856年】、『知的鍛錬』【1870-97年】などがある。ラルースは言っている。「モンテーニュが語る言葉はそのまま本になる」。1890年に命名されたピエール＝ラルース通り（Rue Pierre-Larousse）は14区にある。

ピエール・ランピュエ Pierre Lampué

1836-1924年。ランピュエはパリ市参事会員をつとめた人物。その名がついたピエール＝ランピュエ広場（Place Pierre-Lampué）は、19129年から5区にある。

ピエール・ルイ Pierre Louÿs 1870-1925

年。ピエール・フェリクス・ルイ（Louis）、通称ピエール・ルイは、ベルギーのヘントに生まれ、パリで没した詩人・小説家。異教的なギリシア文化や自由恋愛に影響を受けた彼は、当時としてはかなり大胆な描写で知られた。1891年に処女詩集『アシュタルテ』を発表した彼は、デカダン（退廃）派の一員とみなされた。

すべてが官能性を漂わせている彼の代表的な作品としては、『レダ』【1893年】やとりわけ有名な詩集『ビリティスの歌』【1894年、沓掛良彦訳、水声社】、『ナイル川の家』【いずれも1894年】、『ポーゾル王の冒険』【1901年。中村真一郎訳、東京創元社】、さらに最初はマレーネ・ディートリヒ【1901-92。ヴァイマル共和国とハリウッドで活躍した伝説的女優・歌手。1931年、アカデミー主演女優賞受賞】、ついでブリジッド・バルドー【→ピエール・ラザレフ】で映画化された『女とあやつり人形』【1910年、江口清訳、清和書房】などがある。

ピエール・ルイは官能的なるものとは無縁なところでこう語ってもいる。「上司にとって、答える前に熟考することはど危いものはない」。もうひとつ、彼の普段のスタイルがより顕著な言葉を紹介しておこ

う。「人間の愛は、神聖なふたつの機能、すなわち愛撫と接吻によってのみ、獣たちの愚かしい発情と区別される」。1932年に命名されたピエール＝ルイ通り（Rue Pierre-Louÿs）は16区にある。

ピエール・ルヴェ Pierre Levée

11区のピエール＝ルヴェ通り（Rue de la Pierre-Levée）が1782年に敷設されたとき、人々は「ピエール・ルヴェ（立石）」と命名されたメンヒル【1本石の巨石。ブルトン語で「立石」の意】がそこに建てられたのを見て驚いた。この呼称はただちに通りの名となったが、やがてメンヒルは撤去されたが、どこに移されたかは不明である。

ピエール・ルヴェルディ Pierre Reverdy

1889年に**ナルボンヌ**に生まれ、フランス北西部サルト県のソレームで没した詩人。シュールレアリストたちはその『第1宣言』（1924年）で、ピエール・ルヴェルディを「現存する最大の詩人」とたたえている。あきらかに彼は現代詩人の先駆者のひとりだった。その大部分の詩は、さまざまな物事にふりまわされている人間や、時代に蹂躙されるこれら物事のドラマを想い起こさせる。そんな彼のおもな作品としては、『楕円形の天窓』（1916年）や『風の源』（1929年）、『危険と危機』（1930年）、『賃労働者』（1949年）などがある。

ルヴェルディは言っている。「詩は自分のためだけに書く詩人や、他の人間が持ち合わせていない感覚に恵まれた一部の人間のためだけにある」、「詩人よ、もし君があると信じている種子を探すなら、それを見つける機会はほとんどないだろう。君自身が自分の種子であり、他人のそれは君のものではけっしてないのだ」。19区のピエール＝ルヴェルディ通り（Rue Pierre-Reverdy）は、その死から1世紀近くたった1984年に命名されている。

ピエール・ル・グラン Pierre Le Grand

1672-1725年。ピョートル（ピエール）1世、通称ピョートル大帝は、モスクワ（モスクー）で生まれ、サンクトペテルブルク（サン＝ペテルスブール）で没したロシア皇帝。ツァーリ・アレクセイ・ミハイロヴィチ【在位1645-76】の3男として生まれた彼は、かなり粗野で粗暴な教育を受け、兵士の荒々しい遊びに慣れ親しんでいた。この教育のあいだ、戦争のための訓練を授けられていなかったが、18世紀末にもなおみられた小型艦隊、のちに「ロシア艦隊の源流」とよばれることになる艦隊をみずから編成してもいた。

17歳のとき、ピョートルは異母姉のソフィア・アレクセーヴナ【1657-1704。幼かったピョートルの摂政として実権を握っていた】を権力から退け、1682年に共同統治者としてツァーリについていた異母兄のイヴァン5世【1666-96。ソフィアの実弟】も若くして病没した。こうしてピョートルは単独で統治を始め、やがて艦隊と強力な軍隊を組織するようになる。そして、艦隊用の港が必要となり、1696年、オスマン帝国からアゾフを奪取する。

その一方で、彼はヨーロッパの進んだ技術を学ぶためにオランダに赴き【1697年3月、みずから派遣した大使節団の一員として】、船大工としてアムステルダムにある東インド会社所有の造船所で働いた。だが、モスクワでストレリツィ（銃兵隊）の叛乱が起きたため【1698年7月】、急遽帰国して叛乱軍を容赦なく弾圧し、一説にみずから処刑人役を買って出たという。

西洋の慣習を信奉していたピョートルは、国民にそれを吹き込もうとして、女性たちを修道院的な生活から抜け出させ、若者たちには自分の好みに従って自由に結婚できるようにもした。1700年、大帝はスウェーデン【バルト帝国】に宣戦布告し【大北方戦争】、ナルヴァの戦いで敗北したものの、ネヴァ川河口に軍を進め、1903年、ここにサンクト＝ペテルブルクを建設する。1711年、アゾフはオスマン軍に奪還されるが、21年、スウェーデンとニスタット条約を結び、エストニアやリヴォニア、イングリア、さらにフィンランド（ファンランード）の一部を獲得した。彼はこれを常軌を逸した大盤振る舞いで祝い、「インペ

ラトール（凱旋将軍）」の称号を自分にあたえた。

ニスタット条約締結の前、大帝はヨーロッパに戻り、とくにフランスに滞在した。1717年のことである。彼の粗野な立ち居振る舞いは一部で顰蹙を買ったが、その博学と旺盛な行動力はなおも幼かったルイ15世【1710生】の宮廷に多大なインパクトをあたえた。この滞在中、大帝はリシリューの墓の前でこう言ったという。「偉大なる人物よ、余はわが国の半分を汝にあたえよう。汝から残りの半分を統治する術を学べるなら！」。没年、大帝はロシアに科学アカデミーや海軍アカデミー、技師団などを創設している。

ピョートルは2度結婚をしている。最初の王妃はエヴドキヤ・ロプーヒナ【1669-1731】で、王子アレクセイ・ペドロヴィッチ【1690-1718】を産んでいる【この王子は母ともども陰謀を働いた廉で帝位継承権を奪われ、獄死。王妃は地方の修道院に幽閉された】。2度目の王妃はスウェーデンの農民の娘、のちに女帝となるエカチェリーナ1世【在位1725-27。出自は召使】である。彼女は大帝とのあいだに多くの子供をもうけ、そのうちのひとりが、エリザベータ・ペトロヴナ【ロマノフ王朝第6代ロシア皇帝（在位1741-62）】である。この大帝にちなんだ通りはパリの8区にある。ピエール＝ル＝グラン通り（Rue Pierre-Le-Grand）がそれで、命名は1884年になされた。

ピエール・ルビエール Pierre Rebière　17区のピエール＝ルビエール通り（Rue Pierre-Rebière）は、最初期のレジスタンス活動家の名にちなんで、1954年に命名されている。この活動家は1942年、ドイツ軍によって銃殺された。

ピエール・ルルー Pierre Leroux　1797-1871年。旧ベルシー村で生まれ、パリ市内で没した思想家・政治家・編集者のルルーは、最初植字工【や校正係】となり、1831年、サン＝シモン主義者たち（サン・シモニャン）のグループに参加する。1838年、ジャン・レノー【1806-63。思想

家で、鉱山技師から身をおこし、国務評定官や鉱山学校教授などを歴任した】とともに『新百科事典』を創刊するが、41年、8巻目を刊行したのちに出版停止となる。おもな著作としては、ほかに『人類とその原則および未来について』【1850年】などがある。彼はこの書でサン＝シモン主義やピュタゴラス哲学、そして仏教を融合させた思想を唱えている。いわばそれは、家族と祖国を守る社会主義だった。

さらに1845年、ルルーはフランス中部クルーズ県のブサックで、平等な組合組織による印刷所を立ち上げてその経営者となり、雑誌《レクレルール（斥候兵）》と《ラ・ルヴュー・ソシアル（社会誌）》を創刊する。1848年にはセーヌ県代表の憲法制定議会議員となるが、12月2日のルイ＝ナポレオン（ナポレオン3世）によるクーデタのあと、イギリスに亡命した。

1869年、恩赦によって帰国が許された彼は、極左とよばれながらも、女性の権利を積極的に擁護し、人間の友愛という自分の夢のために闘った。そんな彼が多くの人々、とくにジョルジュ・サンドに影響をあたえたことはつとに知られている。ルルーはまた「社会主義」という言葉の生みの親でもある。彼は言っている。「生は未来への渇望である」。パリの7区には彼に捧げられた通りがある。1885年に命名されたピエール＝ルルー通り（Rue Pierre-Leroux）である。

ピエール・ル・ロワ Pierre Le Roy　1717-85年。パリで生まれ、パリ南東方のヴィトリーで没した時計技師のピエール・ル・ロワは、マリン・クロノメーターを完成させ【1767年】、ひげゼンマイの等時性を発見している【1770年】。彼の父親ジュリアン（1686-1759）もまたきわめて優秀な時計技師で、この分野における覇権をイギリスから奪い取ったとされる。1745年のフォントノワの戦いでフランス軍が勝利したあと、ヴォルテールはこう書き記している。「サクス元帥とル・ロワがイギリス軍を打ち破った」。ピエール＝ル＝ロワ通り（Rue

Pierre-Le-Roy）は、1929年から14区にある。

ピエール・レスコ Pierre Lescot 1510-78

年。パリを生没地とするフランス・ルネサンス様式の代表的な建築家。**フランソワ1世**がルーヴル宮の再建を決めた際、選ばれたのがピエール・レスコのプロジェクトだった。それを遂行するにあたって、彼はジャン・グージョンを助手とした。こうして1540年から48年にかけて、ふたりはルーヴル宮方庭の西南翼部を手がけた。だが、レスコはそのプロジェクトを完成できなかった。にもかかわらず、フランソワ1世は彼をパリの首都教会参事会員やクレルモンの修道院外聖職者大修道院長、さらに国務評定官に任じた。さらにヴェルサイユ近郊のクラニーに領地もあたえた。彼がグージョンとともに建てたものとしては、ほかに**サン＝ジェルマン＝ローセロワ教会**の内陣障壁やイノサンの泉などがある。1852年に命名されたピエール＝レスコ通り（Rue Pierre-Lescot）は、1区にある。

ピエール・レルミト Pierre l'Hermite

1050-1115年。第1回十字軍の説教師。ピエール・レルミト【字義は「穏修士ピエール」】、本名ピエール・ダシェールは、ラテン語のペトルス・アド・ククルムをフランス語におき換えただけの、「ク—ク—＝ピエートル（カッコウ＝ピエール）」という風変わりな異名の持ち主だった。伝承によれば、彼は北仏のアミアンに生まれ、ベルギーのヌフムスティエで没したという。

　レルミトについては以下のような記述がある。「短躯で痩身、褐色の顔に長く伸びた灰色の髭を蓄え、毛織の長衣と修道服をまとい、靴下も靴もはかずに裸足だった。そして、ロバに乗って移動したが、人々はその毛をむしり取って聖遺物にしようとしていた」（もし彼がロバをもちいず、歩いて移動していたなら、聖遺物の愛好家たちはいったい何をむしり取ったのか。考えれば恐ろしいことである）。彼の口を突いて出る激しい言葉は驚嘆すべきもので、後ろに何千もの十字軍兵士を従えていた。

　周知のように、第1回十字軍は1096年から99年にかけておこなわれたが、エルミトは1100年に帰国し、ベルギーのヌフムスティエに修道院を建てて、そこで生涯を終えている。彼の名がついたパリのピエール＝レルミト通り（Rue Pierre-l'Ermite）は、1874年から18区にある。

ピエール・ロティ Pierre Loti 1850-1923

年。ジュリアン・ヴィオー、通称ピエール・ロティは、フランス西部シャラント＝マリティムの県都ロシュフォールでプロテスタントの家に生まれ、バスク地方のアンダイで没した作家・海軍士官。1867年、北仏ブレストの海軍士官学校に入り、練習船ボルダ号に乗ってオセアニアや日本、**セネガル**、トンキンなど、数多くの航海に参加した。この若い海軍士官はいささか内気だったため、仲間たちから、インド原産の可愛らしい花で、スミレのように自然のなかでひっそりと咲くロティ（ミヤコグサ）とあだ名された【異説あり】

　1898年、ロティは海軍を引退して国務院のメンバーとなり、翌年、軍隊に復帰して軍艦の艦長に任命される。やがて、その任を解かれた彼は、1900年、中国での動乱を鎮圧するための極東遠征にくわわる。印象主義的作家とよばれ、あきらかにエキゾチックな風景や文化に影響を受けたロティの作品としては、『わが兄弟イヴ』【1883年】や『アイルランドの漁師』【1886年】、『お菊さん』【1887年、関根秀雄訳、河出文庫】、『秋の日本』【1889年】、『ラムンチョオ』【1897年、新庄嘉章訳、白水社】などがある。

　1891年にアカデミー・フランセーズ会員となった彼の名は、パリ7区のピエール＝ロティ大通り（Avenue Pierre-Loti）に残っている。命名は彼が他界して3年後の1926年である。

ビオ Biot 1774-1862年。ジャン＝バティスト・ビオはパリ生まれの物理・天文学者で数学者でもあり、**アラゴ**や**ゲ＝リュサック**と仕事をした。1856年にアカデミー・フランセーズ会員に選ばれた彼は、とくに

ガスの屈折力や偏光によって生み出される発色現象、層状偏光に関心をいだいた【彼はまた、ゲ゠リュサックとともに熱気球に乗って大気圧の研究をし、隕石の宇宙起源説を最終的に立証してもいる】。息子のエドワール゠コンスタン【1803-50】は有名な中国学者だった。1864年に命名されたビオ通り（Rue Biot）は17区にある。

ピガル Pigalle　1714-85年。ジャン゠バティスト・ピガルはパリを生没地とする彫刻家。王室のお抱え指物師だった父親と14歳のときに死別した彼は、彫刻の修業を始めるが、ローマ賞のコンクールに失敗する。それでも1734年、イタリアを訪れて各地を旅する。しかし、窮乏のためにあやうく命を落としそうになった。そんな彼を助けたのがクストゥーだった。以後、ふたりはつねに一緒に活動する親友となる。彼の処女作『羊骨のお手玉で遊ぶ女』を買ってくれたのは、在ローマのフランス大使だった。やがてリヨンに短期間滞在したのち、パリに戻ったピガルは、1744年、『踵に翼をつけるメルクリウス』を制作する。

そして、国王ルイ15世【在位1715-74】とポンパドゥール夫人【1721-64。ルイ15世の寵姫】から関心をもたれるようになったピガルは、以後、数多くの注文を受け、たとえばアンファン゠トルヴェ教会の扉口や廃兵院（アンヴァリッド）の聖母像、ルイ15世の歩行像、『愛と友情像』などを制作するようになる。さらにザクセン伯のモーリッツ元帥（サクス）が死去した際に依頼された、元帥記念碑の依頼も受けている。これらの作品にくわえて、彼はまた『鳥かごを持つ子供』【1750年】などのすぐれた子供像も制作している。

彼が住んでいた9区のピガル通り（Rue Pigalle）は、1803年に命名されている【1993年、ジャン゠バティスト゠ピガル通りに改称】。同区にはまた1864年からピガル広場（Place Pigalle）がある。

ピカルディ Picardie　ピカルディはアミアンを中心都市とする北仏の旧地方名で、ヴェルマンドワ、アミエノワ、ヴァロワ、サ

ンテール、ポンテュー、ブルボネ、ティエラシュといった地域を含む。1185年から91年までフィリップ・オーギュストに支配され、百年戦争時【1337-1453年】にはさまざまな征服の試みがなされたが、1842年、最終的にフランス王室に帰属した。ピカルディ通り（Rue de Picardie）は1867年から3区にある。

ビクシオ Bixio　1836-1908年。モーリス・ビクシオは情熱的な自動車愛好家で、パリ自動車会社の取締役になるほどだった。パリ市参事会員もつとめた。ビクシオ通り（Rue Bixio）は7区にある。

ピクシニ（ピッチニ）Piccini　1728-1800年。ニコロ・ピッチーニないしピッチンニ（ピクシニ）は、イタリア南部のバーリに生まれ、パシーで没した作曲家。ナポリ（ナプル）の音楽院で学んだ彼は、1755年、処女作のオペラ゠ブッファ『厄介な女たち』を発表する。そして1776年まで、イタリアでの舞台のため、60作以上のオペラを創作する。

やがてマリー・アントワネット【1755-93】からパリによばれるが【1776年】、グルック（グリュク）と激しく対立して敗れる。だが、それでもパリで作品を書き続け、1778年、『ローラン』で大成功をおさめる。さらにピッチーニはオペラ座に入ってまもないイタリア人一座の指導者となり、彼らのおかげでイタリアの傑作曲を数多くパリ市民たちに知らせることができた。

しかし、ピッチーニはフランス革命によって職を失い、ナポリに戻らざるをえなくなる【1791年には王室からの年金も停止された】。ところが、そこでも命が危険になるほどの策謀にあい、1798年、フランスにまいもどる。そして【彼を高く評価していたナポレオンから】パリ音楽院（コンセルヴァトワール）の監査役の職をあたえられるが、それから2年たたずに世を去った。彼の作品としては、ほかに『タウリスのイフィゲニア』【1781年】、『ディドー』、『偽りの領主』【以上1783年】、『リュセット』【1784年】などがある。彼の名を冠した16

区のピクシニ通り（Rue Piccini）は、1868年からある。

ピクセレクール Pixérécourt　1773-1844年。ルネ＝シャルル・ギルベール・ド・ピクセレクールは、ナンシーを生没地とする劇作家。1792年にパリに出た彼は、5年待って、処女作となる『シチリアの森』の上演にこぎつける。この作品はいわば小手調べだったはずだが、すでにして「名人技」の風格をそなえており、これにより時経ずして名声をえるようになる。

　それからの30年間、彼はおびただしい数の戯曲（111作）を発表し、「メロドラマの王」との異名をとるまでになる。その作品としては、ほかに『アペニン山脈の城』【1799年】や『謎めいた子供』【1800年】、『小邑の孤児たち』【1801年】、『追放された娘』【1819年】などがある。20区のピクセレクール通り（Rue Pixérécourt）は、隣接する同名の袋小路（Impasse Pixérécourt）同様、1875年に命名されている。

ピクピュス Picpus　16世紀中葉、奇妙な疫病が現在の12区の女性や子供たちを襲った。さながらノミ（ピュス）に刺されでもしたかのように、腕が腫れ、赤斑に覆われたのである。この病を治すため、ある修道士が芳香つきの軟膏をつくり、腫れとかゆみをとり除いた。そして、「奇蹟」の軟膏考案者は「ピク＝ピュス」（pique-pusse）の異名でよばれ、それが12区に移ったばかりの聖フランチェスコ在俗修道会の改革苦行修道院の呼称となった。

　やがてピク＝ピュスという異名はピクピュと縮められ、修道院の呼称だけでなく、地域一帯の呼称ともなった。12区のピクピュス通り（Rue de Picpus）が現在の道筋となったのは1868年で、同名の大通り（Boulevard de Picpus）は1864年から同区にある。ただ、通りが現在の道筋になったのは、16世紀末である。

ピコ Picot　16区のピコ通り（Rue Picot）は1827年に敷設されている。命名は同年、この通りに家をかまえていた人物の名に由来する。

ビゴ Bigot　この呼称は、1786年にアルザス地方のコルマールに生まれ、1820年にパリで没したビゴ夫人ことマリ・キエネ【音楽家を両親とするピアニストで、バッハの再発見者】の想い出を守るため、19区の小公園（Square de Bigot）につけられたと思われる。ハイドン【1732-1809】やベートヴェン（ベトヴン）は彼女の才能をたたえていた。

ビゴール Bigorre　ビゴールはフランス南西部ガスコーニュの1地方で、中世にはもっとも重要な封地のひとつだった。タルブを中心都市とするピレネー（ピレネ）山脈の要衝で、フォワやアルブレ家に属していたが、1589年のアンリ4世の即位によってフランス王国に併合された。ビゴール通り（Rue de Bigorre）は14区にあり、1877年に命名されている。

ピサロ Pissarro　1831-1903年。カミーユ（カミュ）・ピサロはヴァージン諸島のサン＝トマに生まれ、パリで没した画家。印象派を代表するひとり【最年長者】で、数多くの風景画や田園画を描いた【油彩画1300点以上（！）】。作品としては、『モンモランシー付近の情景』【1859年】、『夏』【1872年】、『水辺の散策』【1877年】、『ロワン運河のモレ』【1902年】などがある。17区のピサロ通り（Rue Pissarro）は、1931年に命名されている【2004年、カミュ＝ピサロ通り（Rue Camille-Pissarro）に改称】

ビシャ Bichat　1771-1802年。マリ・フランソワ・グザヴィエ・ビシャはフランス中東部ジュラ地方のトワレットに生まれた解剖学者。解剖学の真の創始者で、組織学でも大きな業績を残した。一方、生理学者としては、「生は死に抗する機能の全体である」という定式による生の特性を提唱している。これは単純明快な定理であるが、考えなければならないものを含んでいた。

　彼はまた心優しい人物で、恩師の外科医ピエール・ジョゼフ・ドゥゾー【1774-96。フランス初の外科病院をパリに開設したことで知られる】が他界したとき、その未亡人や息子たちの面倒をみた。彼を名祖とする

ビスコルネ

ビシャ通り（Rue Bichat）は10区にある。命名は1840年になされた。

ビスコルネ Biscornet 18世紀に、もし読者諸氏が鍵を失くしたなら、錠前師のビスコルネ師をよぶことができただろう。才能に溢れた彼は、近くに住んでいたため、ノートル＝ダム司教座聖堂の正面扉3枚の錠前や金具を作るよう注文を受けた。1864年、そんな彼の名が12区の通りにつけられている。ビスコルネ通り（Rue Biscornet）がそれである。

ビソン Bisson 1796-1827年。ヒポリット・ビソンはブルターニュ地方モルビアン県のゲメネに生まれた水兵。トルコ軍に対する1827年の戦争時、彼は2檣横帆船のパナヨツ号を指揮し、スタンパリア島【キクラデス諸島】の沖合で、全乗組員ともども、船を爆破させた。船が攻撃してきた海賊に奪われるのを潔しとしなかったからである。犠牲になった乗組員のことを考える時間がなかったのかどうかは不明である。20区のビソン通り（Rue Bisson）は1867年から存在している。

ビゼルト Bizerte チュニスから66キロメートル北に位置するチュニジアの海岸都市。フェニキア人によって建設された当時は、ヒッポ＝ザリトスとよばれていた。1878年、ベルリン条約でフランスがこの港の管理権を手に入れ、以後1963年まで軍港としてもちいた。1908年に命名された17区のビゼルト通り（Rue de Bizerte）の呼称は、この通りの建物を設計した建築家がビゼルト出身だったことによる。おそらくだれもがその仕事ぶりに満足していたのだろう。

ビダソア Bidassoa フランスとスペインを分ける全長12キロメートルの小川。この小川はパヴィアでの戦い【東ローマ皇帝カール5世とのイタリアでの覇権を巡る戦い】で捕虜となった国王フランソワ1世の釈放劇を目撃している。1526年3月17日、【マドリード条約によって】自由の身となったフランソワは、数週間前に見つけていた有名な言葉を唱えることができた。「余は再び

国王となる」（これは別段異常なことではないが、捕虜としての境遇はおそらく彼を疲弊させたはずだ…）。

また、ビダソア河口のフザン島では、とくにルイ14世（ルイ・ル・グラン）とスペイン王女のマリ＝テレーズ・ドートリッシュ（マリア・テレサ）の結婚【1660年】をとり決めた、ピレネー条約【→ヴェラスケス】が締結されている。1878年の命名になるビダソア通り（Rue de la Bidassoa）は20区にある。

ビチュ Bitche サールグミヌから34キロメートル離れたロレーヌ地方の町。難攻不落をもって知られた戦場で、事実、敵の度重なる攻撃に効果的に抵抗した。まず、1744年にはオーストリア軍を、1793年10月15日の夜には、勇敢な兵士ベルモンのおかげでプロイセン軍を、さらに同年11月17日には再びオーストリア軍を退けたのである。そして最後に、1870年11月、ドイツ軍に包囲された町は、71年3月11日まで持ちこたえた。

このビチュは、ミシェル・ビゾー将軍【1795年に生まれ、1855年、セバストポリ攻囲戦で戦死した】の生地である。19区のビチュ広場（Place de Bitche）は、同将軍を偲んで1881年に命名されている。

ピック・ド・バレット Pic de Barrette 1989年に敷設された15区のピック＝ド＝バレット通り（Rue du Pic-de-Barrette）は、セヴェンヌ通りの近くを走っている。呼称は山岳地帯であるセヴェンヌの最高峰にちなむ。

ビドー Bidault 土地所有者の名前。ただし、ジョルジュ・ビドー【1899-1983。レジスタンスの闘士で、戦後、首相や外相をつとめ、アルジェリア戦争ではド・ゴールの政策を激しく批判した】とは無縁である。幅3メートル強のビドー小路（Ruelle Bidault）は、12区にある。

ビニョン Bignon 1771-1841年。北仏セーヌ＝マリティム県のラ・メイユレイエに生まれた政治家・歴史家。イエナの戦い後、ルイ・ピエール・ビニョンはナポレオンか

らプロイセンの土地と財政の舵取りを託された（1806-08年）。やがてワルシャワ（ヴァルソヴィ）のフランス大使となった彼は、1815年の百日天下の際、外務卿をつとめた。1815年7月3日、パリを第7次対仏同盟軍の手にゆだねる協定に調印したのが彼である。1817年から37年まで下院議員となり、のちに貴族院でも議席を占めた。

かなり重要な書である『ナポレオン治世下のフランス史』【10巻、1829-36年：4巻、1845-50（死後刊行）】を著している彼はまた、きわめて自由な思想をもつ高名な演説家でもあった。彼を名祖とするビニョン通り（Rue Bignon）は、1867年から12区にある。

ピネル Pinel　1745-1826年。フィリップ・ピネルはフランス南西部タルン県のジャキエールに生まれ、パリで没した内科医。1773年、トゥールーズ大学で医学博士号を取得した彼は、モンペリエ大学で数年間研究を続けたのち、パリに出る【1778年】。このパリで精神病の研究に専念し、1793年、ビセートル病院の神経科主任医師に任命される。彼は精神疾患者の治療法を改革し、従来のような鎖でつないだり厳格に扱ったりする手荒なやり方ではなく、優しさと善意をもって患者に接することを提唱した。そして1795年にサルペトリエール病院の院長に就任し、1803年にフランス学士院会員に選ばれる。

ピネルの著作としては、『精神疾患ないし錯乱にかんする医学＝哲学的論文』【1801年】などがある。13区には彼に捧げられた通り（Rue Pinel）が1851年から、広場（Place Pinel）が67年からある。

ビャンエメ Bienaimé　この土地所有者一族はコンポワンという名だったが、一族を代表するひとりは、「ビャンエメ（最愛の人）」とよばれていた。シテ・ビャンエメ（Cité Bienaimé）は18区にある。

ビャンフザンス Bienfaisance　1800年頃、アルザス地方出身のある医師は、パリでその医術を発揮することにした。やがてパリ

にやってきた彼は、優しさや手際の良さ、寛大さを示し、それに感謝の念をいだいたパリジャンたちは、彼への気持として8区の通り（Rue de la Bienfaisance）にその名を冠した。ちなみに、このアルザス人医師の名はグーツ【1813没】である。

ビャンヴニュ Bienvenüe　1852-1936年。仲間内ではヒュルジャンスとよばれていたビャンヴニュ氏は、ブルターニュ地方のウゼル出身で、「地下鉄の父」である。彼がそれを考え出し、実現したからである。15区のビャンヴニュ広場（Place Bienvenüe）は、1933年に命名された。彼はまた、モンパルナスと地下鉄の駅名（モンパルナス＝ビャンヴニュ）を分け合っている【モンパルナス駅はブルターニュ方面に向かう列車の発着駅】

ピュー Pilleux　18区のシテ・ピュー（Cité Pilleux）は、その旧地主で、最初期の居住者のひとりでもあった人物にちなんで命名されている。

ビュイ Buis　かつてこの場所には、毎年、枝の主日【復活祭直前の日曜日】にツゲの枝（ビュイ）で飾られた十字架が立っていた。ビュイ通り（Rue du Buis）は15区にある。

*ピュイ Puits　19区にあったピュイ袋小路（Impasse du Puits）は、19世紀初頭に命名されていた。このピュイは「井戸」ではなく、1867年に撤去されたベルヴィルの畜殺場の汚水を溜めるピュイザールだったというが、真偽のほどは不明である。

*ピュイザール・ド・ビセートル Puisard de Bicêtre　かつて13区にあったピュイザール＝デュ＝ビセートル通り（Rue du Puisard-de-Bicêtre）は、1929年にパリに編入されるまで、ビセートル村に属していた。呼称は汚水溜りに由来する。

ピュイ・ド・レルミト Puits de l'Ermite　5区のピュイ＝ド＝レルミト通りと広場（Rue /Place du Puits-de-l'Ermite）は、その呼称を16世紀に開削された井戸に負っている。ただし、これをおこなったのは隠修士ではなく、ごく単純な話だが、この界隈に住んでいた皮なめし職人のアダム・

レルミトである。通りは1790年、広場は19世紀初頭にそれぞれ命名されている。

ビュイソン・サン゠ルイ Buisson Saint-Louis ここはかつてかなり田園風であり、呼称のビュイソン（灌木・藪）はそこに由来する。そして16世紀末、すぐ近くにサン゠ルイ施療院【→サン゠ルイ゠アン゠リル】が建てられた。まさにこれ以上単純明快な命名はない。ビュイソン゠サン゠ルイ通り・小路（Rue / Passage du Buisson-Saint-Louis）は10区にある。

ピュヴィ・ド・シャヴァンヌ Puvis de Chavannes 1824–98年。ピエール・ビュイ・ド・シャヴァンヌはリヨンに生まれ、パリで没した画家。40歳のとき、みずからのうちにふつふつと湧き上がる強い想いに抗しきれず、絵画に全身全霊を打ち込むようになる。やがて壁画や装飾画の代表的存在となり、象徴的な油彩画を数多く発表する。『休息と労働』【1963年】や『ギリシア人の植民地マルセイユ』【1869年】、『サラセン人の征服者シャルル・マルテル』【1874年】、『夢』【1883年】、『パリを目覚めさせる聖女ジュヌヴィエーヴ』【1989年】などである。

1890年、彼はメソニエと同時に全仏芸術家協会を去り、翌年、全国美術協会を立ち上げ、メソニエの没後、その会長をつとめた。彼のもっとも有名な、そしてもっとも代表的な仕事は、ソルボンヌの大階段教室を飾るフレスコ画である。ピュヴィ゠ド゠シャヴァンヌ通り（Rue Puvis-de-Chavannes）は、死の翌年、すなわち1899年から17区にある。

ビュオ Buot 土地所有者の名で、13区のその名を冠した通り（Rue Buot）は、1935年にパリの街路に組み込まれた。

ビュカレスト Bucarest ルーマニア語でブクレシュティとよばれるブカレストは、ルーマニアの首都。ドナウ（ダニューブ）川とバルカン半島からほぼ等距離にある平原の河畔に位置する。人口約200万【2011年】を擁するこの町は、夏は酷暑で、冬はかなり寒い。つまり、完全な大陸性気候のもと

にある。1947年に人民共和国となったルーマニアは、1965年に社会主義国家に変わり、1996年からチャウシスク独裁政権に反対した民主主義勢力が実権を掌握した。ビュカレスト通り（Rue de Bucarest）は8区を走っている。命名は1992年。

ビュザンヴァル Buzenval かつてパリ西郊リュエイユ゠マル・メゾンにあった小邑の名。1781年1月19日、ビュザンヴァル城周辺で、フランス軍とプロイセン軍の激戦がくりひろげられ、これがモントルトゥーの戦いの中心となった。これは、プロイセン軍がパリを囲む鉄条網と火器の防衛戦を破ろうとする最後の攻勢だった。この抵抗戦でフランス側は甚大な犠牲を払い、画家のアンリ・レニョーやコリオリス侯爵【1804生。義勇兵】、ロシュブリュヌ大佐などが戦死した。20区のビュザンヴァル通り（Rue de Buzenval）は、この戦いを追慕して1878年に誕生している。

ビュシ Buci 6区のビュシ通り（Rue de Buci）が命名されたのは、1523年のことだった。1352年当時、パリ高等法院院長だったシモン・ド・ビュシがここに住んでいたからである。

ピュジー Pusy 1868年に建設されて以来、17区のシテ・ピュジー（Cité Pusy）は、その敷設者であるピュジー公爵夫人を名祖とする。

ピュジェ Puget 1620–94年。ピエール・ピュジェはマルセイユを生没地とする画家・彫刻家・建築家。17歳でイタリアに赴き、フィレンツェとローマで絵画を学ぶ。1643年にマルセイユに戻ると、船舶彫刻家としての道に入り、その一方で、趣味として絵も描き続ける。やがてイタリアに戻った彼は、新たに情熱を傾ける対象を見出す。建築である。こうして2度目に帰郷した彼は、すぐれた建築家として頭角を現し、1656年から57年にかけて、南仏トゥーロンの市庁舎にじつにみごとな柱廊をつくる。

1659年、フーケの知己をえた彼は、彼のヴォー城のために数多くの工事を請け負い、もっとも美しい大理石を選ぶため、ト

ルカーナ地方のカッラーラ【有名な白大理石の産地】に派遣される。だが、ルイ14世（ルイ・ル・グラン）の寵臣だったフーケが失脚すると【1661年】、ピュジェの使命も空文化する。それでも彼はイタリアにとどまり、ジェノヴァ（ジェーヌ）の宮殿や教会を数多くの彫像で飾っていった。

さらに3度目のイタリア滞在中、彼は今もルーヴル美術館で見ることができる『ガリアのヘラクレス像』【1661-62年。フーケから注文された作品】をフランスに送る。やがて帰国した【1668年】彼は、コルベールからトゥーロンの船舶装飾監督官に任命される。しかし、その地位は長くは続かなかった。コルベールとの金銭問題がこじれて、罷免されてしまったからである。ところが、まさに禍福は糾える縄のごとしで、こうしてマルセイユに戻った【1680年】ピュジェは、サン＝ルイ小路の主要な家を設計したり、鮮魚市場を建築したりするようになる。フェニキア人が建設したこの町のローマ通りに、のちに彼の名がつけられる噴水泉をそなえた豪奢な家を建ててもいる。

1685年、国王からパリによび戻されたビュジェは、ヴェルサイユ宮のために装飾計画案を提出する。だが、それを拒まれた彼は帰郷し、予言的な彫刻『ミラノの疫病』を制作する【1694年。マルセイユは1720年、最後のペスト大流行で多くの犠牲者を出している。詳細は蔵持著『ペストの文化誌』（朝日選書、1995年）参照】。さらに、慈善院に隣接する教会の建立も手がけたが、その死は完成を待たなかった。彼の作品としては、ほかに『クロトナのミロ』【1682年】や『アレクサンドロス大王とディオゲネス』【1689年】などがある。彼に捧げられたピュジェ通り（Rue Puget）は、1929年から18区にある。

ビュシュリ Bûcherie ガスや重油、そして石炭が導入されるまで、寒がりのパリ市民はどのようにして暖をとっていたのか。むろん薪で、である。船で運ばれたこれらの薪は、14世紀初頭からビュシュリ通り（Rue de la Bûcherie）とよばれていた、5区のこの通りにあった「ビュシュ（薪）港」で陸揚げされていた。今では多くの学生やその仲間たちが頻繁にここに足を踏み入れているが、だれひとりとして猛勉強家はいない。

ビュジョー Bugeaud 1784-1849年。イズリ公トマ・ビュジョー・ド・ラ・ピコヌリはフランス中部のリモージュ【→リムザン】に生まれ、20歳でナポレオン親衛隊の擲弾兵となる。1806年、下士官の彼はポーランド（ポローニュ）とロシア遠征に従軍し、さらにスペインのサラゴサとパンプローナ攻囲戦でも戦った。1814年、彼はブルボン家と結びついて話題となったが、まもなく宗旨を替え、オーセールで再びナポレオンにくわわった【1815年、エルバ島を脱出したナポレオンはこの町に一時滞在した】。そして、ナポレオンからアルプス方面軍に派遣されたビュジョーは、1700の兵を率いてオーストリア軍の1師団を壊滅させた。

第二復古王政になると、当然のことながら、彼はそれと距離を保ってペリゴール地方のデュランシにある領地に引退し、「労働兵士」となった。「エンセ・エ・タラトロ（剣と鋤で）」【有時には武器をとり、平時には労働で国に奉仕すること】。それが座右の銘だった。だが、1830年、再び軍務につき、翌年、ドルドーニュ地方選出の下院議員となった彼は、政治に対する「熱情」ゆえに、ボルドー北方のブライユ要塞に幽閉されていた女囚の監視をゆだねられた。この囚人が当時妊娠していたベリー公爵夫人【マリ・カトリーヌ・ド・ブルボン。1798-1870。両シチリア王女で、パレルモ生まれ。反動的王党派だとしてボナパルト派の狂信者によって暗殺された、ダルトワ伯・ベリー公シャルル・フェルディナン（1778-1820）の妃で、不義の子を宿していた】だった。

1833年、ビュジョーは公爵夫人をパレルモに連れて行くが、それは彼女の不面目な出産を言いふらしたあとだった。翌1834年、下院議員のフランソワ＝シャルル・デュロン【1792-1834。弁護士出身】はそのことでビュジョーを非難した。そこで

彼はデュロンに決闘を挑み、殺害してしまう。しかし、彼は同年4月に勃発したパリの民衆蜂起を残虐に抑圧して評判を落とした。

1836年、アルジェリアに派遣されると、ビュジョーは西部のオラン地方全域をまさに片づけ、37年、アブ・エル＝カデル【1808-83。族長・フランスの植民地主義や占領政策に対する抵抗運動の指導者で、作家・詩人・スーフィ派思想家でもあった】とタフナ協定を結ぶ。1840年、アルジェリア総督に任命された彼は、フランスの支配地域をサハラ国境地帯にまで広げ、麾下の兵たちを労働者や入植者として送りこむ。そして、この兵たちに心を配ったことにより、「ペール・ビュジョー（ビュジョー親父）」と綽名された。1843年、彼は元帥に叙せられたが、コレラの犠牲になってパリで没した。それから15年後の1864年、その名がパリの通りにつけられた。16区のビュジョー大通り（Boulevard Bugeaud）である。

ヒュステル・ド・クーランジュ Fustel de Coulanges

1830-89年。ニュマ・ドニ・ヒュステル・ド・クーランジュはパリで生まれ、パリ南郊のマシーで他界した歴史家。【1853年に高等師範学校を卒業した】彼は、アテネ（アテヌ）のフランス学院に学び、若くしてキオス島（エーゲ海）の研究で注目を浴びる。やがてパリのリセ・サン＝ルイで教鞭をとり、評判を呼んだ『古代都市』【田辺貞之助訳、白水社】を上梓する4年前の1860年には、ストラスブール大学文学部の歴史学教授となる。

1870年の普仏戦争後、パリに戻った彼は母校の講師に就任して、1880年から83年まで講壇に立つ。83年から88年まではソルボンヌで歴史学を講じた。彼の著作としてはほかに『古代フランスのカトリック制度史』【1875年】や『歴史のいくつかの問題にかんする研究』【1885年】などがある。5区のヒュステル＝ド＝クーランジュ通り（Rue Fustel-de-Coulanges）は1907年からある。

ビュズラン Buzelin

ビュズラン氏は18区のビュズラン通り（Rue Buzelin）が敷設された土地の所有者。命名は1863年になされた。

ビュダペスト Budapest

ハンガリーの首都ブダペスト（ビュダペスト）は、ドナウ（ダニューブ）河岸、グラン隘路のとば口に位置する。当初は、高台のブダと低地のペシュト（ペスト）というふたつの町だったが、1873年に両者の呼称が合体された。ブダは1526年から1686年までオスマントルコ軍に占領されたが、ロレーヌ公シャルル5世【1643-90】がこれに終止符を打った【ブダ攻囲戦】。ブダペストにある国会議事堂はみごとな建物である。ハンガリーは1946年から共和国【現在は第三共和国】となっている。パリのビュダペスト広場（Place de Budapest）は8・9区、1910年に命名されたビュダペスト通り（Rue de Budapest）は9区にある。

ビュデ Budé

1467-1540年。ギョーム・ビュデは人文主義思想家。善行はときに酬いられるもので、あるギリシア人を自宅に受け入れた際、彼は自分のなかにホメーロスの言語に対する情熱があることに気づいた。やがて、当時最大のギリシア語研究家となり、国王秘書官や請願聴聞官、王室図書館長、パリ商人頭【市長に相当】、教皇レオ10世【在位1513-21】時代の駐バチカン大使などを歴任した。国王フランソワ1世の寵をえていた彼はまた、コレージュ・ド・フランスの創設を決心させてもいる。彼に捧げられた4区のビュデ通り（Rue Budé）は、1867年の命名である。

ビュット＝オー＝カイユ（カーユ）Butte-aux-Cailles

呼称は、かつてこの丘に数多くのウズラが生息していたことによる【1543年にピエール・カィユなる人物がここを購入したことによる命名との説もある】。同様に興味深いのは、1783年10月21日午後3時頃、【ブーローニュの森にあるラ・ムエット城の庭園を飛び立った】熱気球が、ふたりの人物を乗せて空高く舞い上がり、8、5キロメートル先のビュット＝オー＝カイユに

着陸したことである。このふたりとはダルランド侯爵【1742-1809。軍人で、熱気球の考案者モンゴルフィエは、南仏トゥーロンのイエズス会学寮時代からの親友】と化学者のピラートル・ド・ロジエ【1754-85】。18世紀から知られており、1845年に現在の呼称となったビュット＝オー＝カイユ通り（Rue de la Butte-aux-Cailles）は13区にある。

ビュット＝ショーモン Buttes-Chaumont

この地名はすでに1216年の文書に「いわゆる禿山の地（in territorio dicto Calvo monte)」という呼称で登場している。樹木が生えていなかったため、やがて禿山には風車が設けられた。ビュット＝ショーモンはセーヌ県とマルヌ県を分かつ丘陵線が突然途切れる地に位置している。1814年3月30日、一握りの兵たちが、ここで第六次対仏同盟軍を相手にまる一日抵抗戦をくりひろげた。

皇帝政府がこの「禿げた」丘を25ヘクタールもの壮大なイギリス式公園に変えたのは、1863年のことだった。だが、「シビラ【古代ギリシアの神託巫女】の神殿」へと続く、高さ67メートルの橋は、しばしば自殺者のための踏切台となった。19区のビュット＝ショーモン公園（Parc des Buttes-Chaumont）は1867年に開園している。同名のヴィラ（Villa des Buttes-Chaumont）も19区にある。

ピュトー Puteaux

17区にあるピュトー通り（Rue Puteaux）の呼称は、パリ郊外のピュトー村ではなく、19世紀前葉にバティニョル地区を分割分譲した不動産業者のひとりピュトー氏を名祖とする。彼が手がけた建築としてはアール（芸術）劇場がある。ただし、この名前がついた数年後、ここはエベルト劇場に改称されている【このアール劇場（1907-40年）は、創設当初からバティニョル劇場（1838-1907年）とよばれた。エベルト劇場（1840年-）はジャーナリスト・劇作家のジャック・エベルト（1886-1970）の名にちなむ】

＊ピュティニュー Putigneux

4区にあったピュティニュー袋小路（Impasse Putineaux）の呼称は、pute（娼婦）とteigneux（喧嘩好き）の縮約形である。これらふたつの語は、14世紀にこの場所でしばしば見られた活動をさしている【ただし、この袋小路は1991年になくなっている】

ビュフォー Buffault

ジャン＝バティスト・ビュフォーは18世紀の人で、妻は「トレ・ガラン【優雅な極細金糸】」の絵文字がある看板をかけた仕立屋を営んでいた。この店で、当時はまだジャンヌ・ベキュとよばれていたデュ・バリ伯爵夫人【→リャンクール】が、使い走りとして働いていた。ルイ15世【国王在位1715-74】の愛妾になると、ベキュ嬢はビュフォーを国立音楽院（コンセルヴァトワール）の院長にする。だが、この優しさは報われなかった。1793年、彼女が恐怖政治【1793年6月-94年7月。→シェニエ】のもとで斬首刑に処されてしまったからである。享年50だった。ビュフォー通り（Rue Buffault）は9区にある。

ビュフォン Buffon

1707-88年。ビュフォン伯ジョルジュ＝ルイ・ルクレールは、ブルゴーニュ地方モンバール出身の博物学者。彼は人間を自然の王と考えていたが、次第に博物学者より、むしろ哲学者になっていった。生前にたてられた彼の彫像には、ラテン語で「majestati naturae par ingenium」（自然の荘厳さに匹敵する天賦の才）の銘文が刻まれている。

1753年にアカデミー・フランセーズの会員となった彼は、これを次のような有名な言葉を発する好機ととらえた。「様式とは人間自身である」。著作としては、【いずれも『一般と個別の博物誌』（36巻、1749-78年）にふくまれている】『大地の理論』や『自然の諸時期』【菅谷暁訳、法政大学出版局】がある。5区のビュフォン通り（Rue de Buffon）は1790年に敷設されている。

＊ピュブラ Puebla

プエブラ（ピュブラ）・デ・サラゴサはメキシコ南部にあるプエブラ州の州都。メキシコに派遣されたフランス軍は1862年5月、この町を攻囲したが失敗し、63年3月の攻囲戦では、エリ・

ルレデリク・フォレ将軍【1812-63。のち
に元帥】率いるフランス部隊が奇襲をかけ
てメキシコ軍を破り、敵将ゴンサレス・オ
ルテガ将軍【1822-81】を捕虜にした【皇
帝ナポレオン3世がメキシコの銀を狙って、
アメリカ合衆国の南北戦争中、イギリスとス
ペインともどもに出兵して、両国軍が撤退し
たのちもとどまり、1864年にはオーストリア
皇弟のマクシミリアン大公を皇帝に据えた傀
儡帝国を成立させた。だが、1867年、この皇
帝は共和派軍に捕らえられて処刑され、遠征
失敗によってフランス国民の信を失ったナポ
レオン3世が失脚する因となった】

パリ20区のピュブラ小路（Passage de
Puebla）は19世紀末に敷設されたが、
1863年、このプエブラ奪取を記念してピ
ュブラ通りと改称された。さらに1880年、
それはシモン＝ボリヴァル大通りとなった
【一部はピレネ通りとセクレタン大通り】

ビュラン Bullant　1515-78年。ジャン・ビ
ュランはイタリアで修業した彫刻家・建築
家。彼の傑作は1540年に着工し、やがて
そこで没することになるパリ北郊のエクア
ンヴィル城である。彼はまたカトリーヌ・
ド・メディシスのためにソワソン城を建て
てもいる。ちなみに、同時代の有名なジャ
ン・ビュランはもうひとりいる。1532年
から75年にかけて北仏のアミアンで活躍
した親方石工・建築家である。このふたり
をどう区別するか。イタリアに学んだ前者
には、軽い訛りがあった…。そんな彼の名
を冠した13区の通り（Rue Bullant）は、
1875年に命名されている。

ビュルク Burq　漫画アニメのオノマトペを
思わせるビュルクは土地所有者の名前で、
彼にちなんで命名されたビュルク通り
（Rue Burq）は18区にある。

ヒュルステンベルグ Furstenberg　1629-
1704年。ギョーム・エゴン・ド・ヒュル
ステンベルグ伯は、パリで没している。ド
イツのバイエルン公爵家を出自としていた
にもかかわらず、彼はつねにフランスの利
益を守ることに忠実だった。そのため、
1674年、レオポルド1世【神聖ローマ皇帝

在位1658-1705】の命によってケルンで逮
捕されてしまう。1678年にナイメーヘン
の和約【→フランシュ＝コンテ】がなったあ
とで釈放された彼は、ルイ14世（ルイ・
ル・グラン）から重用され、ストラスブール
司教（1682年）や枢機卿（1686年）に
任命される。

さらに1688年、太陽王の働きかけでケ
ルンの協同司教に選ばれるが、やがてバイ
エルン地方のレーゲンスブック【ケプラー
終焉の地】で開かれた帝国会議は、彼を帝
国の敵だと宣言する。ヒュルステンベルグ
は失望する。この失望を埋め合わせるべく、
1697年、ルイ14世は彼をサン＝ジェルマ
ン＝デ＝プレ大修道院の院長に据え、その
7年後、彼はここで他界する。

6区のヒュルステンベルグ広場（Place
de Furstenberg）は、パリでもっとも心地
よい広場のひとつとされているが、それは
同区を走るヒュルステンベルグ通り（Rue
de Furstenberg）の一部にすぎない。画家
のウジェーヌ・ドラクロワはこの広場の6
番地にあるアパルトマンに住んでいた。通
り自体は1699年からあり、敷設者はヒュ
ルステンベルグ本人である。

ヒュルタド＝エーヌ Furtado-Heine　1821-
96年。シャルロット・ヒュルタド＝エー
ヌはパリで生まれ、パリ西方イヴリーヌ県
のロックンクールで没している。ユダヤ系
フランス人の銀行家を父にもち、ドイツ人
銀行家サロモン・ハイネの息子で、詩人ハ
インリヒ・ハイネ（アンリ・エーヌ）の従
弟にあたるカール・ハイネ【1810-65】と
結婚する。彼女は2000万フランという巨
費を投じて、パリに無料診療所や託児所、
さらに若い視覚障害者のための職業訓練学
校を建て、パストゥール研究所の創設にも
大いに尽力した。こうした功によって、
1896年にレジョン・ドヌール将校勲章を
授けられた。14区にはまた、彼女をたた
えて1897年に命名されたヒュルタド＝エ
ーヌ通り（Rue Furtado-Heine）がある。

ヒュルティエール Furetière　1619-88年。
アントワヌ・ヒュルティエールはパリを生

没地とする辞典編纂者・文学者。当初弁護士やサン゠ジェルマン゠デ゠プレ大修道院の経理担当者をつとめ、1662年以降、フランス中部のシャリヴォワ大修道院長やパリ北西部のシュイヌ小修道院長などを歴任する。ラシーヌやボワロー、モリエール、ラ・フォンテーヌを親友かつ食事仲間としていたためか、彼の小説には皮肉や諧謔的な観察がみてとれる。一方、彼は死後の1690年にロッテルダムで完成版が刊行される『普遍的辞典』の編纂に、じつに40年以上もの歳月を傾け、それがやがて命とりとなった。

にもかかわらず、ヒュルティエールがその会員だったアカデミー・フランセーズは、1684年に抜粋が出たそれを自分たちの辞典に対する背信的な競合書としてほとんど評価せず、あまつさえ、翌年には彼をアカデミーから追放してしまう。彼の辞典はきわめてよく考えられており、アカデミー・フランセーズの辞典にないような語も数多く載せられていた。ヒュルティエールはまた『メルクリウスの旅』【1653年】や、パリの多様な習俗を描いた『町人物語』【1666年】なども発表している。ヒュルティエール通り（Rue Furetière）は1934年から17区にある。

ヒュルトン Fulton 1765-1815年。ロバート・フルトン（ヒュルトン）はアメリカ合衆国北東部ペンシルベニア州のランカスターで生まれ、ニューヨークで没した技師。その最大の業績は、蒸気機関を船舶の推進に適用したことである（ただし、1783年にそれを最初に思いついたのは、フランスのジュフロワ侯爵）。1803年、フルトンは最初の蒸気船【外輪船】を開発し、試運転をフランスのロワール川【一説にセーヌ川】で行った。イギリスとフランスは、合衆国同様、この開発品の購入を拒んだ。だが、いささかなりと強情だった彼は、ついに2隻目の蒸気船クレルモン号をもって、ニューヨーク-オールバニー間の定期便に就航させる。

ことここにいたって、合衆国政府はよう

やくフルトンの発明品に関心を抱き、彼は政府から蒸気フリゲート艦の建造を託される。だが、こうした成功は妬みや中傷のみならず、偽物づくりも生み出した。数多くの訴訟・裁判に翻弄された彼は、やがて文字通り悲しみのうちに世を去るのだった。13区には彼の偉業をたたえるため、1844年に命名されたヒュルトン通り（Rue Fulton）がある。

ビュルヌフ Burnouf 1801-52年。ウジェーヌ・ビュルヌフは東洋学者。フランス語の表現「（ヨーロッパ人が北アフリカで）先住民を酷使する」（faire suer le burnouf）とは無縁である。ビュルヌフは1826年に上梓した『パーリ語試論』で学者としての歩みを始めるが、名声を得たのは、人びとに理解できなかった禅の言葉を分かりやすくしたことによる。彼はまた『インド仏教史序説』【1844年】や『法華経』【1852年】のなかで、ヨーロッパ人に仏教を説いてもいる。だが、碑文・文芸アカデミーから終身会長に指名されて間もなく他界した。19区のビュルヌフ通り（Rue Burnouf）は1884年に命名されている【なお、父ジャン゠ルイ（1775-1844）は文献学者で、タキトゥスの翻訳者】

ビュルールド Bullourde 土地所有者の名。その名を冠したビュルールド小路（Passage Bullourde）は11区にある。

ビュロー Bureau かつて11区のビュロー袋小路（Impasse de Bureau）のすぐ近くに、入市税関事務所があった。1877年の命名はそれにちなんでなされた。

ビヨン Billon ビヨンとは青銅ないし銀製の補助貨幣である。「オー・ビヨン」は古代の通貨で、銀と銅が同量ふくまれていた。シテ・ビヨン（Cité Billon）は20区にある。

ビラグ Birague 1507-83年。ルネ・ド・ビラグは枢機卿・政治家。ミラノ出身の彼は、パヴィアの戦いでフランソワ1世が敗北したのち【→ビダソア】、家族全員とこの町を去らなければならなかった。彼がフランス王室と結びついていたことが知られていたからである。こうしてフランスに亡命した

彼は、フランソワ1世の、ついでアンリ2世【国王在位1547-59】の庇護を受けることになる。やがてパリ高等法院院長や国事尚書、さらに大法官を歴任する（ミラノを去ったのはじつに的確な判断だったといえる）。

そして1578年、ビラグは枢機卿となり、79年には聖霊騎士団の管区長に任命された。ユグノー教徒たちはアンリ3世【国王在位1574-89】の国務諮問会議で重要な役をになっていた彼をなんとか除こうとしたが、徒労に終わった【彼はサン＝バルテルミーの虐殺の首謀者のひとりと目されていた】。4区のビラグ通り（Rue de Biragure）は1864年に命名されている。

ビ＝ラケム Bir-Hakeim 15区と16区にまたがるビ＝ラケム水道橋（Pont Bir-Hakeim）の呼称は、ケーニグ将軍【1898-1970】率いる自由フランス第1旅団が、ロンメル元帥【1891-1944】のドイツ軍を相手に16日間抵抗し、1942年6月、最終的にその包囲網を打ち破ったリビアの戦場にちなんで命名されている。

ピラトル・ド・ロジエ Pilâtre de Rozier 1756-85年。ジャン＝フランソワ・ピラトル・ド・ロジエはメスに生まれ、北仏のウィムルーで事故死した物理学者・気球士。モンゴルフィエ兄弟が気球を発明すると、ピラトルは空気力学の実験に精力的にとり組む。そして保留気球で幾度か上昇試験をおこない、1783年11月21日、**マルキ・ダルランド**こと、フランソワ・アルランド侯爵とともに、はじめて自由な熱気球飛行に成功する。

だが、その熱意が仇となって、1785年6月15日、ピラトルは財務総監シャル ル＝アレクサンドル・ド・カロンヌ【→モリヤン】の出資を受けた熱気球の飛行実験中、イギリス海峡に面したブーローニュ＝シュル＝メール近郊のウィムルーで墜落死する【史上初の航空事故】。これは上下2機の気球からなり、上の気球には水素、下のそれには熱で膨張させた空気を充満させていた。

この日、ピラトルは物理学者のピエール＝アンジュ・ロマン【1751生。弁護士・化学者でもあった】とともに気球に乗り込み、1500メートルほど上昇した。だが、海上を移動中、気球が突風にあおられて海岸の方に押し戻され、ブーローニュ＝シュル＝メールから5キロメートルほどのところにあるクロワの塔近くに墜落した。ピラトルと同乗者は即死だった。彼に捧げられたピラトル＝ド＝ロジエ小路（Allée Pilâtre-de-Rozier）は、1931年から16区にある。

ピラミッド Pyramides 1802年に建設された1区のピラミッド通りと広場（Rue/Place des Pyramides）は、ナポレオンのエジプトでの勝利を記念して命名されている。1798年7月21日のこの戦いは、のちの皇帝ナポレオンとマムルーク（奴隷出身の軍人）のムラード・ベイ【1750-1801】およびイブラヒム・ベイ【1735-1817】とがあいまみえたものである。戦闘はナイル（ニル）河岸でおこなわれ、エジプト軍はピラミッド群とエンバベ村のあいだに陣を張っていた。

戦いの結果、多くのエジプト兵はフランス軍の攻撃で戦死ないし負傷したが、ナイル川を泳いで逃げようとして溺死した者もいた【ナポレオンは戦いの際、「兵士諸君、4000年の歴史が見下ろしている」という言葉でフランス兵を激励したとされる】。画家のグロが描いたこのピラミッドの戦いは、彼の最高傑作のひとつで、ルーヴル美術館で見ることができる。

ピランデロ Pirandello 1867-1936年。ルイジ・ピランデルロ（ピランデロ）はシチリア（シシル）島アグリジェント郊外のカオス村に生まれ、ローマで没した劇作家・小説家。ベリズモ（真実主義）の伝統にのっとって数多くの作品を発表したが、とくに戯曲によって名声を勝ち得た。その戯曲では人間をさまざまな面から描き出しており、そこからピランデリスム（ピランデルロの世界観・演劇技法）という言葉が生まれた。1934年にノーベル文学賞を受賞した彼は、

小説『故マッティーア・パスカル』【1904年】や戯曲『御意にまかす』【1917年】、『作者を探す6人の登場人物』【1921年】、『今夜は即興劇を』【1930年】などがある。

　彼は言っている。「私が望むもの、それが私を逃亡させる」、「人それぞれに真理あり」、「夜明けは未来にため、日没は過去のため」、「思い違い！まさにそうである。思い違い（キ・プロコ）。思うに、それは人生自体がひとつしかなく、あらゆるもののなかでもっとも複雑なものだと思い込むことだ」。彼を名祖とするパリ13区のピランデルロ通り（Rue Pirandello）は1972年からある。

ピリエ Pilier　20区にあるピリエ袋小路（Impasse du Pilier）は、1998年に命名されている。呼称はそこにあった、だがさほど目立たなかった1本の柱に由来する。

ピリエ Piliers　ピリエ通り（Rue des Piliers）は、フォールム・デ・アル【→アル＝カン＝シェル】の地下3階にある通りで、命名は1996年。数多くの柱が並んでいることに由来する。

ピルウェット Pirouette　16世紀初頭、1区のピルウェット通り（Rue Pirouette）はピルウェット・ド・テルエンヌ通りとよばれていた。1179年、パリ司教代理、のちに北仏パ＝ド＝カレ地方のテルエンヌないしテルアンヌ司教【在任1212-29】となるアダムが、兄のゴーティエから、この通りにあったテルエンヌの封地を受け継ぐ。やがて彼はその一部をフィリップ・オーギュストに献上した。封地の残りは、1330年6月2日、アダムの末裔であるアダム・ド・メスメールが、ピエール・ド・エサールなる人物に売却する。

　テルエンヌという語はこうして説明できるが、では、今日通りの呼称として残っているピルウェットという語は何に由来するのだろうか。あるおぞましい説によれば、かつてレ・アルの晒し台がこの通りの近くにあり、首枷のついた輪が回転するたびに、罪人の姿が市場のどこからでも見え、それを見物していた当時のやじ馬たちが口々に「罪人は独楽（ピルウェット）をまわした」と言っていたことに由来するという。真偽のほどは定かでないが、この通りの気まぐれな呼称が、かなり昔からフランスの民俗舞踊にみられる、片足での連続回転に由来するものでないということだけは確かだろう。残念ではあるが、真実は隠せない。

ピレネ Pyrénées　ガスコーニュ湾からリオン湾にかけて連なるフランス最南西部の山脈。北面はフランス、南面はスペイン領で、最高峰は3404メートルのアネト山。フランス側ピレネー（ピレネ）は4つの地域に分けられる。比較的低くて湿度があり、通過に困難がない西部、急流が流れる高い懸崖の中央部、もっとも広く、長い平原が縦に展開しているアリエージュ側、そして深成岩や変成岩などからなる岩体の東・南部である。

　歴史とのかかわりでいえば、1659年11月7日、フランスとスペインとの敵対関係を終わらせるピレネー条約【→ヴェラスケ】が結ばれている。その際、ルイ14世（ルイ・ル・グラン）はこう言ったという。「もはやピレネーは存在しない」

　この条約はまたルイ14世とフェリペ4世【スペイン王在位1621-65】の王女マリ＝テレーズ・ドートリッシュ（マリア・テレサ）との結婚を定めている。そして、王女【とその子供たち】はスペインの王位継承権を放棄する代わりに、金貨50万エキュの婚資をえることになった。インフレだったとはいえ、これは途方もない金額だった【だが、当時のスペイン王室はこの婚資を支払うことができず、のちにこれが王位継承権を巡るネーデルラント継承戦争やスペイン継承戦争の原因のひとつとなる】。パリの20区にあるピレネ通り（Rue des Pyrénées）は1862年、同名のヴィラ（Villa des Pyrénées）は97年からある。

ピローグ・ド・ベルシー Pirogues de Bercy　ベルシー公園を整備した際、地中から新石器時代に作られた柏材の丸木舟が出土した。これは**セーヌ**川が当時すでにこの一帯を流れていたことの証拠となった。1993年か

ら12区にあるピローグ＝ド＝ベルシー通り（Rue des Pirogues-de-Bercy）は、このことにちなんで命名されている。

ビロン Biron 1843年から48年まで、モンマルトルの区長をつとめていた人物の名前。その名がついたビロン階段通り（Escalier Biron）は18区にある。

ファヴァール Favart 1710-92年。シャルル・シモン・ファヴァールはパリで生まれ、ベルヴィルで没した劇作家。半世紀のあいだ、彼は名声をほしいままにし、ヴォルテールですら彼を大いにたたえたほどだった。ミュージック・ヴォードヴィルを最高潮にまで高めた彼は、「アメリカかぶれ」と言われながらもミュージカル劇をつくりだしてもいる。父親は菓子職人で、息子もまた若いときはそうであったが、演劇の世界に入ってからは、たとえ小さな菓子でも決してつくることはなかった。

　ファヴァールはまたオペラ＝コミックの創始者ともみなされており、パリのオペラ＝コミック座はサル・ファヴァールともよばれている【詳細は蔵持著『シャルラタン』（前掲）を参照されたい】。ファヴァールの作品としては『3人のスルタン』【1761年】や『アネットとリュバン』【1762年】、『妖精ウルジェル』【1765年】などがある。

　彼の妻となった女優で歌手のマリ・デュロンスレ【1727-72】は、やがてマダム・ファヴァールとして名をはせるが、結婚以来、彼女は宮廷や巷にゴシップの種を撒き散らした。小柄で決して美人ではなかったが、愛想の良さには抜群のものがあったからだ。たとえば、ザクセン伯のモーリッツ元帥（サクス）の愛人となっている。あえて彼女を弁護すれば、おそらく彼女はそのことに良心の呵責を覚えてはいなかった。

　一方、歌手としての彼女は美声に恵まれておらず、成功をえるまでにはいかなかった。しかし、彼女は心で歌った…。そんな彼女がベルヴィルの所有地で開いたサロンには、文学者や作曲家をはじめとして、ありとあらゆる人士たちが足繁く訪れた。2区のファヴァール通り（Rue Favart）が

命名されたのは、1781年のことである。

ファヴォリット Favorites ファヴォリット（愛妾）とは、パリではじめて開業した乗合馬車に対する愛称【この乗合馬車は1662年、ブレーズ・パスカルがはじめてパリに導入した】。この馬車の一部は当初ファヴォリット小路とよばれていた15区のファヴォリット通り（Rue des Favorites）を走っていた。この通りが公式に現在の呼称となったのは、1925年のことである。

ファゴン Fagon 1638-1718年。植物学者でルイ14世（ルイ・ル・グラン）の侍医でもあったギ・クレソン・ファゴンは、パリで生まれ、没している。王立植物園の園長で科学アカデミーの名誉会員だった彼は、バレージュ【ピレネー山脈中央部の温泉地】の鉱水が皮膚病やリウマチなどに対する薬効を帯びていることを発見している。当時の常識とは反対に、血液循環説を支持してもいた。著書に『キナノキの特性論』1703年がある。13区のファゴン通り（Rue Fagon）は1867年からある。

ファニー Fanny 17区のファニー通り（Rue Fanny）はクリシー通りの一部で、1930年にパリに組み込まれている。その呼称はおそらく旧地主の娘の名と思われる。

ファブリク Fabriques 11区のファブリク（工場）小路（Cour des Fabriques）は、それが工場地域にあるところから命名されている。

ファーブル・デグランティヌ Fabre d'Églantine 1750-94年。フィリップ・ファーブル、通称ファーブル・デグランティヌは、フランス南西部の城壁都市として有名なカルカソンヌに生まれ、パリで他界した詩人・革命家。通称の由来は、彼がジュー・フロロー【字義は「花の遊戯」。トゥールーズで毎年催される文芸コンクールで、14世紀前葉に南仏吟遊詩人たちが始めたとされる】で、「金の野ばら」を受賞したことによる【実際に彼がえたのは「銀のゆり」。なお、このとき彼が応募した詩の題名は「聖母へのソネット」だった】。波乱に満ちた青年時代を送ったあと、彼は役者として各地を

回り、1787年、パリに出る。

　デグランティヌの文学活動の期間は短かったが、多産ではあった。事実、7年間に彼は17本の戯曲を創作している。そのなかでもっとも注目を浴びたのは、『モリエールのフィラントもしくは人間嫌いの続編』【1790年】である。一方、革命思想を熱烈に受け入れたデグランティヌは、ダントンやカミユ・デムーランを親友として、コルドリエ・クラブで重要な役割を担った。国民公会（コンヴァンション）の議員としては、国王の処刑に賛成票を投じてもいる。それまでのグレゴリオ暦を革命暦に代え、月・日の呼称を命名したのも彼である【1792年9月22日の秋分の日（共和政宣言日）を革命暦第1年第1日とした。この革命暦は以後約13年間、1805年12月31日にナポレオン1世によって廃止されるまでもちいられた】。

　だが、そうしたデグランティヌに対する反発はつねにあり、たとえばロベスピエール【→コンヴァンション】は彼を多少とも穏和主義者だとみていただけだが、その敵たちは彼が汚職に走ったと曲解して告発し、ダントンやデムーランと同じ日にギロチン刑に処してしまう。ちなみに、デグランティヌは軽妙なシャンソン「雨が降っているよ、羊飼い」の作詞者でもある。12区には、そんな彼にちなんで1885年に命名されたファーブル＝デグランティヌ通り（Rue Fabre-d'Églantine）がある。

ファベール Fabert　1599-1662年。17世紀のもっとも偉大な軍人のひとりであるアブラハム・ド・ファベール元帥は、メスに生まれ、フランス北東部、ベルギー国境付近のスダンで没している。エペルノン公ベルナール・ド・ラ・ヴァレット【1592-1661。アンリ4世の娘婿で、モリエールの庇護者として知られる】の後ろ盾を受けた彼は、14歳だったにもかかわらず、貴族士官としてメス国王軍の遠征にくわわる。30年戦争さなかの1634年、ティオンヴィルで捕虜となった国王ルイ13世【国王在位1610-43。→ドーフィヌ】は、ファベールに釈放のための仲介を命じている。国王にきわめて忠

実だった彼は、サン＝マール【1620-42。国王の寵をえていたが、リシュリュー枢機卿と対立した。→ソルボンヌ】が1642年に企てた陰謀にも加担しなかった。

　1650年、元帥に叙せられたファベールは、軍人としての高い資質にくわえて、長いあいだ戦禍を被っていたシャンパーニュ地方の行政にも卓抜した才能を発揮した。彼はスダンに移り住んで、それまでフランドルやネーデルラントに独占されていたブロードロス【良質の紡毛織物】の生産を組織化したのだ。また、佩綬に必要な4代ではなく、2代しか続いていなかった貴族の家柄だったため、彼はルイ14世（ルイ・ル・グラン）から下賜された聖霊騎士団大勲章を辞退し、かえってそれが彼に対する国王の評価を高めることにもなった。

　1841年、彫刻家のエテクスはメスの司教座大聖堂前広場に彼の彫像を立てているが、そこにはこの元帥のつぎのような言葉が刻まれている。「国王が私に託してくれた場所が敵の手に落ちないようにするには、その隙間に私自身や私の家族、そして私の財産を埋め込まなければならない。そうすることに、私はいっときたりと躊躇したりはしない」。この英雄の名を冠したファベール通り（Rue Fabert）は、1864年から7区にある。

ファラデ Faraday　1791-1867年。マイケル・ファラデー（ファラデ）はロンドン郊外のニューイントン＝バッツで生まれ、ロンドンで没した化学者・物理学者。炭酸をはじめとする多くの気体を液化することで、化学の発展に大きな足跡を残している【1823年には塩素の液化に成功】。だが、その名をとくに有名にしたのは、電気と磁気の研究である。1821年、彼は「電流の上に置いた磁石によって生まれる動き」に着目し、電磁気学の原理をなす、いわゆるフェラデーの法則を提唱した。1845年には、偏光に対する磁石の働きや反磁性を発見してもいる。彼の数多くの論文や講演は、『電気にかんする実験的研究』【2巻、1839-44年】にまとめられている。17区のファ

ラデ通り（Rue Faraday）は、1867年の命名である。

ファランパン Fallempin　ファランパン氏は地主で、12区のファランパン通り（Rue Fallempin）は彼の所有地に開通している。かつて同名の小路だったこの通りの命名は1896年になされた。

フアール Fouarre　古フランス語で、藁はフール（feurre）、フォエール（foerre）ないしフアールとよばれていた。5区のフアール通り（Rue Fouarre）はパリに現存する通りとしては最古のもののひとつで、1202年に開通している。そこには学校や学寮が連なり、学生たちは藁の上に座って講義を聴いていた。**ヴィクトル・ユゴー**はそれについてこう記している。「学校の藁椅子では、文字を知らないロバのようにくすぶってはならない」。勤勉であるかどうかはさておき、こうした学生たちの藁が通りの呼称になったのである。

ファルギエール Falguière　1831-1900年。トゥールーズに生まれ、パリで没した彫刻家のアレクサンドル・ファルギエールは、パリ高等美術学校（ボザール）の教授だった【彫刻家アントワヌ・ブールデルは彼の弟子】。得意としていたのは群像や著名人の彫像で、作品としては『フランス軍を迎えるスイス人』【1874年】や『共和国の凱歌』【1878年】、『聖ヴァンサン＝ド＝ポール』【1879年】、『孔雀をいだく女性』【1890年】、『踊り子』【1896年】などがある。17区にはファルギエール通り（Rue Falguière）と同名の広場（Rue Falguière）、さらに小路（Passage Falguière）がそれぞれ1900年、04年、05年からある。

ファルコネ Falconet　1716-91年。エティエンヌ・モーリス・ファルコネは、パリを生没地とする彫刻家。ロシア女帝エカチェリーナ2世【在位1762-96】からサンクト＝ペテルブルク（サン＝ペテルスブール）に招かれている【1766年。この招聘にはディドロたちの推薦があった】。険しい岩を馬で駆け上がるピョートル大帝（ピエール・ル・グラン）の騎馬像を制作するためである。彼はこの作品のために12年を費やした。帰国したファルコネは、すでに60歳を過ぎ、疲れも覚えていた。そこで彫刻を諦め、文学の道に入る。後者の分野でもっとも有名な著作は彫刻やレリーフにかんする研究である。18区のファルコネ通り（Rue Falconet）は1934年に命名されている。

ファルスブール Phalsbourg　ファルスブールはフランス東北部ロレーヌ地方の町。1570年、ファルツ伯【ゲオルグ・ヨハン1世（1543-92）】領地だったプティット＝ピエール伯領近くにこの町をつくり、新たに移ってきた住民たちに免税特権をあたえた。なお、ファルスブールとは「ファルツ家の町」の意】によって建設されたここで、1870年の普仏戦争時、司令官のピエール・タヤン【1816-83】率いるフランス軍は、プロイセン軍相手に4か月間、悲劇的な抵抗を続けた。

　これを記念して、パリの17区にはこの町に捧げた通りとシテがある。1879年に命名されたファルスブール通り（Rue de Phalsbourg）と、1938に命名されたシテ・ファルスブール（Cité de Phalsbourg）である。ファルスブールはまた**ギュスタヴ・ドレ**や**ロボー元帥、シャラ大佐**、小説家**エルクマン**【→エルクマン＝シャトリアン】の生地でもある。ただし、シャトリアンはここではない。

ファレーズ Falaise　ファレーズとは有名なブドウ園経営者だったコンポワン家の一員のファーストネームである。同家は、19世紀に建設された18区のシテ・ファレーズ（Cité Falaise）の旧地主だった。

ファレーズ Falaises　20区にあるヴィラ・ファレーズ（Villa des Falaises）の呼称【字義は「懸崖のヴィラ」】は、近隣のビュット＝ショーモン【字義は「ショーモン丘」】の通称と符合している。このヴィラが命名されたのは1897年のことである。

ファンタン＝ラトゥール Fantin-Latour　1836-1904年。テオドル・ファンタン＝ラトゥールはフランス東部グルノーブル出身の画家で、父親もまた画家だった。きわめて繊細な色彩を駆使したファンタン＝ラト

ゥールの作品は、**シャルダンやウジェー
ヌ・ドラクロワ**、あるいはオランダ・ハー
グ派やロマン主義絵画に顕著にみられる様
式を帯びている。

肖像画や静物画、心象風景などで知られ
る彼の作品としては以下がある。『バティ
ニョルのアトリエ』【1870年】、『ベイルー
トの想い出』、『誕生日』【以上は1876年。後
者はベルリオーズの誕生祝い】、『読書』【1877
年】。彼はまたワグナー【1813-83】やシュ
ーマン【1810-56】、そして**ベルリオーズ**へ
の畏敬を作品で表した。16区のファンタ
ン＝ラトゥール通り（Rue Fantin-Latour）
は1929年からある。

ファンランド Finlande　フィンランド語
でスオミと通称されるフィンランド（ファ
ンランド）は、33万8000平方キロメー
トルの国土に550万人【2017年推定】が住
んでいる。8世紀にサーミ人が最初の住民
となったが、やがてフィン人が彼ら先住民
を北部へと追いやった。12世紀には、ス
ウェーデン人がこの地を占拠して国全体を
キリスト教化した。18世紀、フィンラン
ドの地はとくにスウェーデン軍とロシア軍
の戦場となり、1809年にロシアに帰属する。

1917年【ロシア革命の年】、フィンランド
は独立を宣言し、共産主義者の革命運動を
抑圧する。だが、1940年3月、領土の一
部をソヴィエトに割譲し、第2次世界大戦
後のパリ条約でも、ペッツァモなどの領土
をロシア人に割譲せざるをえなかった【フ
ィンランドは敗戦国として扱われた】。1948
年、フィンランドはソヴィエトと友好条約
を締結するが、そこでも現状を変えること
ができなかった。そして1995年、フィン
ランドはEU（欧州連合）に加盟する。7
区のファンランド広場（Place de
Finlande）は1962年に完成している。

プイ Pouy　プイはリヨン南東方、イゼール
県の村名。13区のプイ通り（Rue de Pouy）
は、1863年に正式に命名されている。呼称
は、この通りに住んでいた最初期の家主で、
プイ村出身の女性の名に由来する。

フィエット Fillettes　18区のフィエット通
り（Rue Fillettes）は、その土地の通称に
ちなんで命名されている。この通称は、愛
らしい少女たちがそこにやってきて跳ね回
っていたからか、それともルイ11世時代
【国王在位1461-83】、重い鎖の足枷をつけ
られた「フィエット」とよばれる囚人たち
がここに集められたことに由来するのだろ
うか。詩人なら、おそらく前者の説をとる
だろう。いずれにせよ、通り自体は1704
年からある。

フィギエ Figuier　4区のフィギエ通り
（Rue du Figuier）周辺には、1605年まで
みごとないちじくの木が1本立っていた。
だが、この年、マルグリット・ド・ヴァロ
ワ、通称王妃マルゴ【→ジャコブ】は自分
の馬車が通るのに邪魔だとして、これを切
り倒させた。通り自体は13世紀からある
が、この木の愛好家に伝えておこう。パリ
にはなおもいちじくの木が数本あり、その
なかでもっとも立派なのは、リヨン駅の到
着ロビーの前にある、ということを。ただ
し、それは大きな実をつけるが、めったに
熟することはない。

フィゾー Fizeau　1819-96年。イポリット・
ルイ・フィゾーはパリに生まれ、パリ東方
セーヌ＝エ＝マルヌ県のナントゥイユで他
界した物理学者。光速度を見定めるという
問題を解決し（彼の計測では秒速30万
3000キロメートル【3.15×105キロメートル
とする説もある】）、さらにこの光速度にド
ップラー効果が作用するということも確認
した。この業績により、彼は1856年、1
万フランの報奨金を授けられ、63年には
科学アカデミー会員に選ばれている。彼に
ちなんで1900年に命名されたフィゾー通
り（Rue Fizeau）は、15区にある。

フィデリテ Fidélité　フランス革命時、現在
の10区にあったサン＝ローラン教会は
「結合と忠誠」の教会と改称された。同区
のフィデリテ通り（Rue de la Fidélité）は
この教会名の一部をとって、1799年に命
名されている。

フィネ Finet　20区の私道であるフィネ袋小
路（Impasse Finet）は、1875年、その旧

地主にちなんで命名されている。

フイヤンティーヌ Feuillantines 5区のフイヤンティーヌ通り（Rue des Feuillantines）は、有名なゴブラン工場にその名が冠せられた一族出身のアンヌ・ゴブランの求めで、1622年、アンヌ・ドートリシュ【→サン＝タンヌ】がパリに招聘したフイヤンティーヌ修道院にちなんで命名されている。フイヤンティーヌとよばれた修道女たちは、フイヤン会【1577年に正式に創設されたシトー派の改革修道会】の修道士同様、ジャン・ド・ラ・バリエール【1544-1600。トゥールーズ近郊のフイヤン修道院外聖職者大修道院長】が定めた会則に厳格に従い、毛織物の白衣と黒いヴェールをまとっていた。フイヤンティーヌ通りは1850年からあるが、それ以前は修道院の廃墟に通じる袋小路でしかなかった。

フィユ・サン＝トマ Filles Saint-Thomas 2区のフィユ＝サン＝トマ通り（Rue Filles-Saint-Thomas）は、1640年3月7日、つまり聖トマ【12使徒のひとりで、復活したキリストの体に触れて信仰に入ったとされる】の祝日に礎石がおかれた、フィユ・サン＝トマ女子修道院にその呼称を負っている。それ以前、同名の女子修道院は2箇所に建てられていたが、この2区の修道院がそれらを吸収した。サン＝ポル伯爵夫人でフロンサク公爵夫人でもあったアンヌ・ド・コーモン【1574-1642】が、教皇特使から、これらドミニコ会の修道女たちをトゥールーズから招き寄せる許可を得たのは、1626年11月27日のことだった。だが、革命によって、修道女27人を擁していたこの修道院は閉鎖を余儀なくされている。この通りが命名されたのは、それより1世紀以上前の1660年である。

フィユ・デュ・カルヴェール Filles du Calvaire 1698年に開通した3区のフィユ＝デュ＝カルヴェール通り（Rue des Filles-du-Calvaire）は、かつてテュレンヌ通りにあった同名の女子修道院にその呼称を負っている。この女子修道院は、十字架上の瀕死のわが子イエスを嘆く聖母マリアを讃えるため、1617年に創設されたもので【カルヴェールとは磔刑像の意味】、創設者はリシュリューの「陰の宰相」こと、フランソワ＝ジョゼフ・ルクレルク・デュ・トランブレ、通称ル・ペール・ジョゼフ【1577-1638】だった。

同修道院は最初ポワティエに、ついでアンジェに建立されている。その次がパリで、1622年、リュクサンブール宮の敷地内に建てられた。この通りとかかわるのは、1635年に新設された第4番目の建物である。だが、フランス革命時にその礼拝堂は閉鎖され、ブドワール・デ・ミューズ【字義は「ムーサの居室」】劇場に変えられた（1807年解体）。なお、3区と11区を走る同名のフィユ＝デュ＝カルヴェール大通り（Boulevard des Filles-des-Calvaire）は1712年からある。

ブイユー＝ラフォン Bouillou-Lafont 15区のブイユー＝ラフォン通り（Rue Bouillou-Lafont）は、それを敷設した人物の名を冠している。

フィリップ・エシュ Philippe Hecht 19区のフィリップ＝エシュ通り（Rue Philippe-Hecht）は、ここに住んでいた旧地主にちなんで命名されている。

フィリップ・オーギュスト Philippe Auguste 1165-1223年。フィリップ2世、通称フィリップ・オーギュスト（尊厳王フィリップ）は、パリ北方のゴネスに生まれ、パリ北西部のマントで没したフランス国王。父王ルイ7世が1180年に他界すると、そのあとを継いで即位するが、フランドル伯フィリップ・ダルザス【1143-91。フィリップの義父】が摂政となった。だが、まもなくフランドル伯と対立して親政を始め、1186年、伯爵に北仏ヴェルマンドワ地方の自分への譲渡を余儀なくさせる。

一方、この若い王は、民衆がさまざまな災いの主犯だと告発していたユダヤ人たちを激しく迫害してもいる。1187年にはイングランドのヘンリー2世【在位1154-89】と戦端を開き、89年、フランス中部アンドル地方のアゼで勝利して、同地方のグラ

フイリヘル

セとイスーダンを領地として獲得する。

ヘンリー2世が没すると、イングランドで新たに即位した獅子心王リチャード1世【在位1189-99】とともに、1190年、第3回十字軍にくわわる。だが、この同盟にはフランス王の策略が隠されていた。強大な隣国の王よりも先に帰国し、その不在の隙を突こうとする策略である。事実、彼はイスラエル北部のアッコン攻略後に早々と帰国し【1191年】、聖地から帰国の途についたリチャードが、ともに十字軍に参加しながら反目していたオーストリア王レオポルト5世によって逮捕されるという事件【1192年】にも、無縁ではなかった【1193年、リチャード王の身柄は、やはり十字軍に参加してイングランド王と対立していた神聖ローマ帝国のハインリヒ6世に引き渡され、イングランドが多額の身代金を払うことで解放された。なお、レオポルト王はリチャードの逮捕を教皇からとがめられて、破門処分にあっている】

リチャードが不在のあいだ、フィリップはイングランド王弟のジョン【欠地王。のちにイングランド王(在位1199-1216)】と手を結び、ノルマンディに侵略する。1194年に解放されたイングランド王は、フランス王に対して仮借のない戦いを仕掛ける。この戦いはリチャード王が1199年にフランス中南部のシャリュ城で落命するまで続いた。

1204年、フィリップは第4回十字軍への参加をこばみ、13年からはかつて手を結んだ欠地王や、フランドル伯のフェルナンド・デ・ポルトガル【在位1212-33】、さらにジョンの甥である東ローマ皇帝オットー4世【在位1209-15】の連合軍と戦う。そして1214年、北仏リール近郊のブヴィーヌで連合軍を撃破する。こうしてフィリップは王権をきわめて強固なものとし、大部分の領主の力を殺すことに成功する。

一方、フィリップ・オーギュストはパリを市壁【序文参照】で囲み、最初のルーヴル宮を造営し、ノートル=ダム司教座聖堂の建立工事をうながした。パリ大学が創立

されたのも、彼の治世下だった(1208年)。1209年から14年にかけてのアルビジョワ十字軍【フランス南西部で盛んだった異端カタリ派を撲滅するため、教皇インノケンティウス3世(在位1198-1216)のよびかけに応じた諸侯による軍事遠征】もまた、フィリップ王の時代に起きているが、彼自身はこの十字軍とはほとんど無縁だった。

尊厳王フィリップは3度結婚している。最初の王妃はエノー伯ボードアン5世の長女イザベル【1170-90】、次はデンマーク王ヴァルデマール1世の王女イングボルグ【1175-1230】、そして3人目はメラーノ公ベルトルト4世の公女アニェス【1180頃-1201】である【ただし、イングボルグが離婚に応じず、教皇に訴えたため、アニェスとの結婚は無効とされた】。なお、後継者となるルイ8世【国王在位1223-26】を産んだのは、死別したイザベルである。フィリップ=オーギュスト大通り(Avenue Philippe-Auguste)は、1864年から11区にある。

フィリベール・ドゥロルム Philibert Delorme

1515-70年。フィリベール・ドゥロルムないしド・ロルムは、リヨンで生まれ、パリで没した建築家。青年期、ローマで古代の記念建造物を研究した【1533-36年】。彼は、やがてパリに出て国王の専属建築家となり、国王施設の監査官も拝命する。アンリ2世【在位1547-59】とディアヌ・ド・ポワティエ【1499-1566。アンリ2世の寵姫で、芸術の庇護者としても知られる】から高い評価を得て、ふたりのために重要な仕事を手がけたが、残念ながら、今日その痕跡は残っていない。1559年、彼はアンリ2世の逝去後に一時失脚するが、64年に現役に復帰する。そして、カトリーヌ・ド・メディシスのためにテュイルリー宮の造営を開始する。

だが、フィリベールのもっとも注目すべき仕事はアネット城【アンリ2世がディアヌのために彼につくらせたパリ南西部の城】だろう。彼はまた、穹窿と屋根組を軽くするため、パネル工法を考案してもいる。著作には『建築法を向上させ、費用を抑えるた

めの新しい発明』【1561年】と『フィリベール・ドゥロルムの建築 第1巻』【1567年】（他の巻を編む前に他界している）がある。この2書は以後100年以上も建築術の最上の論考とされていた。フィリベール＝ドゥロルム通り（Rue Philibert-Delorme）は、1875年から17区にある。

フィリップ・ド・シャンパーニュ Philippe de Champagne 1602-76年。フィリップ・ド・シャンペーニュとも。ブリュッセルで生まれ、パリで没したフランドル派を代表する画家。北仏ランスを出自とする一族に生まれた彼は20代でパリに出て、ブーサン（プサン）と親交を結ぶ。1628年、マリ・ド・メディシスは彼にリュクサンブール宮の造営工事を指揮させ、この宮殿の一角に住まわせて、年金1200リーヴルを下賜した。

　1648年、王立絵画・彫刻アカデミーの創設メンバーともなった彼は、妻や数人の子供たちを相次いで失った悲しみから、やがて宗教へ、とくにジャンセニスムへと深くかかわるようになる。そして末娘が修道誓願した「ポール＝ロワイヤル（修道院）の画家」とよばれるようになる【娘のカトリーヌ・ド・サント＝シュザンヌ（1636-86）は、1662年、修道院長のメール・アニエスの祈りが通じて宿痾のリウマチが奇蹟的に快癒したという。そのことに感謝して、シャンパーニュは奉納画（1662年、ルーヴル美術館蔵）を描いている】

　フィリップ・ド・シャンパーニュはきわめて多作な画家で、代表作としては、『ルイ13世の誓約』【1638年】や『救い主の足元にひれ伏すマグダラのマリア』【1643年】、『サマリア人の女』【1648年】、さらにフォブール・サン＝ジャック通りにある、カルメル会修道院のために描いた大作『イエスの神殿参詣』や『イエスの生誕』、『割礼』、『3博士の礼賛』、『ラザロの復活』、『聖母の被昇天』【いずれも制作年不詳】などがある。

　一方、彼はソルボンヌ礼拝堂のドーム【やルーヴル宮に近いサン＝ジェルマン＝ローセロワ教会など】、また、庇護者でもあった

リシュリュー枢機卿の依頼で、枢機卿宮殿、のちの王宮（パレ＝ロワアイヤル）の装飾も手がけた。彼の名がついたフィリップ＝ド＝シャンパーニュ通り（Rue Philippe-de-Champagne）は、1867年から13区にある。

フィリップ・ド・ジラール Philippe de Girard 1775-1845年。南仏プロヴァンス地方のルールマランに生まれ、パリで没した技師。フランス革命時に亡命し、1795年に帰国したフィリップ・ド・ジラールは、パリに定住して物理学や応用力学を学ぶ。1805年、静水にはランプを考案し、とくに1810年には、100万フランの賞金を報酬として授けるという皇帝ナポレオンの政令に応えるべく、亜麻用織機を発明した。残念ながら賞金は手にできなかったが、1813年にはこれに改良をくわえてもいる。

　ナポレオンが失脚すると、ジラールはルイ18世【国王在位1814-15/1815-24】から見放され、亡命を余儀なくされた。そしてウィーン近郊で、つぎにワルシャワ（ヴァルソヴィ）で紡績工場を設立する。この工場は時経ずして繁盛するが、望郷の想いもだしがたく、1844年、帰国する。しかし、1810年の発明品製作で負っていた多額の借金のため、貧しい晩年を迎えなければならなかった。1853年、遺族は1万2000フランの年金を下賜されたが、それは遅すぎる報酬だった。彼の名を冠したフィリップ＝ド＝ジラール通り（Rue Philippe-de-Girard）は、1865年から18区にある。

フィリドール Philidor 1726-95年。フランソワ・アンドレ・ダニカン、通称フィリドールはパリ西方のドルーに生まれ、ロンドンで没した作曲家で、当代最高のチェス・プレーヤー。彼は22歳のとき、『チェスの分析』を著し、それは今もチェス指南書として参照されている。

　こうして彼はまずチェス・プレーヤーとして名をあげたが、1759年、オペラ処女作『靴職人ブレーズ』で、音楽分野でも栄光をかちえる。他のオペラ曲としては、『庭師と主人』【1761年】、『島のサンチョ・

パンサ』【1762年】、『ノルウェー王女エルネリンデ』【1676年】、『美しい女奴隷』【1788年】、さらにラモーの葬儀で演奏された『テ・デウム』【1764年】などがある。彼に捧げられた20区のフィリドール通り（Rue Philidor）は、1875年に命名されている。

フィリベール・リュコ Philibert Lucot
1901年に敷設されて以来、13区のフィリベール＝リュコ通り（Rue Philibert-Lucot）は、その最初の住民で旧地主だった人物の名でよばれている。

フィルマン・ジェミエ Firmin Gémier
1869-1933年。パリ北郊オーヴェルヴィリエ出身の俳優。1922年から30年までオデオン座を率いるかたわら、20年から33年まで国立民衆劇場の初代支配人をつとめたことで知られる。シャイヨ宮内の小劇場ホールは、今も彼の名でよばれている。彼に捧げられた15区のフィルマン＝ジェミエ通り（Rue Firmin-Gémier）は、その死の翌年、すなわち1934年に命名されている。

フィルマン・ジロ Firmin Gillot　パリ南西、シャルトル近郊のブルーに生まれた石版画家・印刷業者。亜鉛板をもちいた石版画を活版用の凸版に変える技術を開発している。この技術は当初は彼にちなんで「ジロタージュ」（亜鉛版写真製版腐食凸版法）と名付けられ、さらにジンコグラフィー（亜鉛版凸版印刷法ないしリトグラフ法）とよばれるようになっている。15区のフィルマン＝ジロ通り（Rue Firmin-Gillot）は1950年からある。

フィロゾフ Philosophe　11区のフィロゾフ小路（Allée du Philosophe）は、2001年に命名されている。【「哲学者」を意味する】呼称は、この通りがヴォルテール大通りと交差することによる。

ブヴァール Bouvart　5区のブヴァール袋小路（Impasse Bouvart）は、この通りに住んでいた土地所有者のひとりにちなんで、1880年に命名された。

ブヴィエ Bouvier　土地所有者の名。アリストテレス・ソクラテス・オナシス【1906-

75. ギリシアの海運王。遺骸を冷凍保存しているとされる】の妻となった、ケネディ大統領の未亡人【ジャクリーン・ブーヴィエ・ケネディ（1929-94）】の一族とは無縁である。1994年に命名されたブヴィエ通り（Rue Bouvier）は、11区にある。

ブヴィーヌ Bouvines　1214年7月27日、フィリップ・オーギュストが神聖ローマ帝国・イングランド・フランドル同盟軍を破った古戦場。神聖ローマ帝国軍はオットー4世【皇帝在位1198-1215】、イングランド・フランドル軍は、ソールズベリー伯ウィリアム【1176頃-1226】とブーローニュ伯ルノー【1165頃-1227】が率いていた。これに対し、フランス軍はフィリップ＝オーギュストが直接指揮した。フランス軍の勝因の大半は、この命令系統の一体性のおかげだったといえる。

　あるドイツの歴史家は、ブヴィーヌの戦いにおけるフランス軍の勝利から最上の教訓を引き出して、こう書いている。「ブヴィーヌでの勝利はフランス人の愛国心を目覚めさせ、連帯意識を強化した。近代フランスはこの会戦から生まれたのである」（この歴史家とはG・ケーラーである）。

　ブヴィーヌの村は、北仏の最大都市リールの10キロメートル北に位置する。村内にはこの勝利を記念する高さ6メートルのオベリスク建てられている。パリ11区の大通りと通りに同村の名が冠せられたのは、1864年と1876年のことだった。前者はブヴィーヌ大通り（Avenue de Bouvines）、後者はブヴィーヌ通り（Rue de Bouvines）である。

フェカン Fécamp　12区のフェカン通り（Rue de Fécamp）は、北仏セーヌ＝マリティム県の同名の港町にちなんだ呼称ではない。それなら話は簡単なのだろうが…。じつはそれは、1500年頃、2本の小川、すなわちモンルイユ川とシャラントン通りを流れるオルグイユー川の合流点に位置していた小邑、通称ヴァレ・ド・フェカンの名に由来するのだ。この小邑はおそらくパリのオートフイユ通りに住み、当世風に

「カンパーニュ」【字義は「田舎の別荘」】とよぶ家を1軒かまえていた、フェカン村出身の神父たちにその名を負っているいる。いささかこみいった話だが、命名は1869年である。

フェサール Fessart フェサールとは異名ではない【フェスは「臀部」の意】。この人物は、1800年を少し過ぎた頃に現在の19区に敷設された通り、すなわちのちにその名がつけられるフェサール通り（Rue Fessart）の近くに不動産を所有していた。語尾に《t》がついたこのフェサール氏が、語尾に《d》がくるエティエンヌ・フェサール（Fessard）と関係があったかどうかは不明である。後者は1714年から77年まで生きた、かなり名の知れた版画家だった。綴りの違いはたしかに両者が無縁であったことを示しているだろう。国有名刺であってみれば、綴りが重要視されないとは決して言えないからである。

フェザンドリ Faisanderie 16区のフェザンドリ通り（Rue de la Faisanderie）は1840年に命名されているが、呼称は旧ミュエット城のキジ飼育場に由来する。かつて、ときには今もなお、ある程度の規模の所有者専用狩猟地には、この飼育場が設けられている。以前は、その設置場所として鬱蒼とした叢林や草の密生地が選ばれていた。

フェデラシオン Fédération 1790年7月14日、連盟祭を祝うべく、シャン＝ド＝マルス（練兵場）の原に祭典会場がつくられた。この日を選んだのは憲法制定議会だった。多くのパリ市民が連盟祭の実現に参加し、強い連帯意識が生まれた。不幸なことに、パリは大雨にたたられていたが、朝7時にバスティーユを出発した連盟兵たちは、三色旗で飾られた通りを経てシャン＝ド＝マルスに向かった。彼らはその祭典会場に入り、踊りながら国王や議員たちの到着を待った。会場の中央部には「祖国の祭壇」が設けられた。国王や議会のための壇は、国立理工科学校（エコール・ポリテクニーク）の壇の前に据えられた。

　ブルゴーニュ地方オータンの司教だったタレーラン（タレラン）がそこでミサをあげたが、それに先だって、彼は聴衆たちにこう求めた。「どうか私を笑わせないではしい」。続いてラ・ファイエットが登壇し、憲法に忠誠を誓うとの演説をした。国王も壇上から同様の宣誓をおこなった。さらに王妃もまた、王子を抱いてて高々と掲げた。それはなかなかの見物だった。会場は歓喜に包まれた…。この連盟祭は当時フランスで生まれつつあった連帯意識を象徴するものだった。15区のフェデラシオン通り（Rue de la Fédération）が命名されたのは、それから1世紀後の1879年である。

フェデリコ・ガルシア・ロルカ Federico Garcia Lorca 1899-1936年。スペイン内戦時にフランコ派の兵たちに銃殺された詩人・劇作家。ロルカにとって。欲望がすべての芸術の根源であり、理性は叙情的表現への渇望源だった。1935年、劇団「バラカ」【字義は「バラック小屋」】を立ち上げた彼は、以下のような戯曲を書いている。『血の婚礼』【初演1933年。山田肇・天野二郎訳、未来社】、『その庭でのドン・ペリンプリンとベリサの恋愛』【1933年】、『ベルナルダの家』【1945年。山田肇訳、未来社】。一方、詩集としては『歌』【1922年】や『ロマのロマンセーロ』【1926年】などがある。フェデリコ＝ガルシア＝ロルカ小路（Allée Federico-Garcia-Lorca）は1985年に命名されたもので、1区にある。

フェデルブ Faidherbes 1818-89年。北仏のリールに生まれ、パリで他界した将軍ルイ・フェデルブは、アルジェリア西部のオラン地方、ついでグアドループ（グワドループ）、さらに再度アルジェリアで活躍した。1854年、セネガル総督に任命され、1861年にアルジェリアのシディ・ベル・アベスやボーヌ【現アンナバ】にまいもどるまで、その発展に力を注いだ。

　1780年の普仏戦争におけるスダンでの敗戦後、彼はガンベッタに仕え、北方方面軍を指揮する中将に任命される。普仏戦争でフランス側が勝利した戦いは2度、すなわちポン＝ノワイエルの戦いとバポームの

戦いだけだったが、それをもたらしたのは
ほかならぬフェデルブだった。

1871年2月、下院議員となったフェデル
ブは軍務のために辞任し、7月に再選さ
れる。だが、2度目の議員在職も短期間だ
った。議会が国民から託された権限を逸脱
している。それが辞任の弁だった。やがて
彼はエジプトに派遣され、1879年に帰国
したのち、元老院の議員に選ばれる。しか
し、中風のため、議場に姿を見せることは
ほとんどなかった。彼の葬儀は国葬をもっ
て営まれ、リールや**サン=カンタン**、北仏
のバポーム、サン=ルイ=デュ=セネガル
【セネガル川河口の港町で、世界遺産に登録さ
れている。フェデルブはダカール港の建設を
指揮していた】などには、彼の彫像が立て
られている。1899年、彼を讃えて命名さ
れたフェデルブ通り（Rue Faidherbes）
は11区にある。

フェット Fêtes　19区のフェット広場（Place
des Fêtes）は、**ベルヴィル**の祭りのため
に1836年に敷設されている。それまでの
会場はサン=ジャン=バティスト教会の前
にあったが、あまりにも手狭になっていた
からである。一方、同区のフェット通り
（Rue des Fêtes）は、1867年にボーヌ通
りを改称したもので、命名は近くに同名の
広場があったことにちなむ。

フェドー Feydeau　20区にあるフェドー通
り（Rue Feydeau）にその名をあたえたの
は、『狩り好きのムッシュー』【初演1892年】
や『手足まとい』【1894年】などの戯曲で
知られる、有名な劇作家のジョルジュ・フ
ェドー【1862-1921】ではない。それはこ
の通りが1680年、すなわち劇作家が生ま
れる前から存在していることから明らかで
ある。

通りの呼称は、1740年から47年までパ
リの警視総監をつとめた、クロード・アン
リ・フェドー・ド・マルヴィル【1705-87。
国務院諮問官や財務総監なども歴任した】を
はじめ、多くの高官を輩出した高名な一族
に由来する。この一族が、フェドー通りが
敷設された土地を有していたからである。

同区にはまたフェドー通廊（Galerie
Feydeau）もあるが、その呼称は同名の通
りと近いことによる。

フェヌロン Fénelon　1651-1715年。フラン
ス南西部ペリゴール地方のフェヌロン城に
生まれ、北仏のカンブレで没したフランソ
ワ・ド・サリニャク・ド・ラ・モト＝フェ
ヌロンは、軍人や外交官を輩出した名家出
身の大司教。若い頃、スルタンの臣下たち
にキリスト教を教え、彼自身の言葉を借り
れば、「使徒が足跡を残した大地に口づけ
する」ため、ギリシアに行くことを願って
いた。1687年、彼はきわめて模範的な参
考書となる魅力的な著書『婦女子の教育に
ついて』【『女子教育論』、辻幸三郎訳、学術出
版社】を著す。

それから2年後の1689年、若いブルゴ
ーニュ公【1682—1712。ルイ14世の孫のル
イ・ド・フランス】の師傅になると、もち
まえの忍耐力と如才なさで、この教え子の
粗暴な性格を従順なものに変えた。そして、
ブルゴーニュ公のために数冊の書を編むが、
そのなかには『テレマックの冒険』【1699
年。朝倉剛訳、現代思潮社】や『寓話もしく
は教訓的小文』【1718年、死後刊行】があっ
た。1693年頃、フェヌロンの栄光はおそ
らく絶頂期を迎え、教育者としての名声だ
けでなく、説教者（公現節での説教）とし
てのそれも享受していた。

ボシュエの親友であり、マントノン夫人
【1635-1719。ルイ14世の愛妾】の庇護を受
けたフェヌロンは、アカデミー・フランセ
ーズ会員となり、カンブレ大司教に叙され
る。だが、まさに好事魔多しとでもいうべ
きか、ある出来事によって彼の人生は一転
する。常軌を逸した感性の持ち主で、熱心
な神秘主義者だったギュイヨン夫人【1648
-1717】によって、「完全な祈り」を「純愛」
へと変えてしまったのである。

これにより、フェヌロンはボシュエやマ
ントノン夫人との関係が絶たれ、小さな教
区に押し込まれてしまう。やがてエーグ
ル・ド・モー【ボシュエのこと】とのあい
だで公然たる論争が始まるようになる。こ

フエノセル

の論争はルイ14世（ルイ・ル・グラン）の要請を受けた教皇のとりなしで収まるが、これに従ったフェヌロンは手ひどい傷を負った。不正や中傷、迫害などによって、である。

1711年に王太子が早世すると、フェヌロンは一時期自分の教え子であるブルゴーニュ公が即位するものと考えた。そして、政府の閣僚リストまで作成した。だが、この公爵もまた他界し、フェヌロンの最後の政治的希望も費えた。サン＝シモンはそんなフェヌロンについてこう記している。「この偉人は、痩せてはいるが、男前で鼻が大きく、火と精神が奔流となって飛び出してくる目をもっている」。一方、フェヌロン自身は次のように書いている。「悪に打ち克つには、それから逃れる以外にない」、「自分しか愛せない者は人間ではない」、「人間は動き回り、神が彼を導く」。10区のフェヌロン通り（Rue Fenelon）は1844年の命名である。

ブエノ・ゼール Buenos Aires　ブエノ・ゼールとは、アルゼンチン共和国の首都ブエノスアイレスのこと。1535年、ペドロ・デ・メンドーサ【1487-1537。バスクの貴族・コンキスタドール】がラ・プラタ川の右岸にこの町を建設し、ヌエストラ・セニョーラ・サンタ＝マリア・デル・ブエン・アイレス【字義は「空気の良いわれらの聖母マリア」】と命名した。ブエノ＝ゼール通り（Rue de Buenos-Aires）は1890年に命名されている。

フェ＝ラ＝ムラン Fer-à-Moulin　18世紀、ペルムラン（Permoulin）という人物が、現在の5区にあるフェ＝ラ＝ムラン通り（Rue du Fer-à-Moulin）に家を1軒有していた。おそらくその名前が変形して、通りの呼称になったはずである。命名は1806年。

フェランバック Férembach　旧地主の名前。17区のシテ・フェランバック（Cité Férembach）の建設当時、彼はその住人だった。

フェリクス・ヴォワザン Félix Voisin　1794

-1872年。フェリクス・ヴォワザンはマン島に生まれ、パリで他界した医師で、とくに精神疾患を専門としていた。サルペトリエール病院でエスキロルの助手をつとめていた彼は、1821年、ヴァンヴに精神疾患者のための施設を建て、のちにビセートル病院の精神科医師となる。彼の名を冠した11区のフェリクス＝ヴォワザン通り（Rue Félix-Voisin）は1931年に命名されている。

フェリクス・エブエ Félix Éboué　1884-1944年。フェリクス・エブエはフランス領ギアナのカイエンヌに生まれた行政官で、はじめての植民地黒人総督。1938年にチャド総督となり、1940年、チャドと自由フランスの結びつきを実現させるとともに、フランス領赤道アフリカ総督にも任命された。12区のフェリクス＝エブエ広場（Place Félix-Éboué）は、彼の没後2年目の1946年に命名されている。

フェリクス・ジエム Félix Ziem　1821-1911年。フェリクス・ジエムはフランス中東部コート＝ドール県のボーヌに生まれた画家【アルメニア系ポーランド人の父親は、ナポレオン戦争で捕虜となってパリに連行されたプロイセン兵】。とくにヴェネツィアの風景を好み、その市内各所や絵画的な建築物を荘厳に描くすべを心得ていた。作品としては『ヴェネツィアのグラン・カナル（大運河）から見た風景』や『フランス式庭園から見たヴェネツィアの風景』、『高潮時のサン＝マルコ広場』【いずれも制作年不詳】などがある。彼に捧げられたフェリクス＝ジエム通り（Rue Félix-Ziem）は1906年の命名。

フェリクス・テリエ Félix Terrier　1837-1908年。パリ大学医学部教授の外科医。その名を冠した20区のフェリクス＝テリエ通り（Rue Félix-Terrier）は、1929年の命名である。

フェリクス・デレル Félix d'Hérelle　1873-1949年。モントリオールに生まれ、パリで没したカナダ人（ケベコワ）細菌学者。赤痢菌を研究したフェリクス・デレルは、バクテリオファージュ【細菌に寄生するウ

ィルスの総称】の現象を発見している（1918年）。この「デレル現象」はいかなるものか。それはバクテリオファージュ成分を含む溶液をくわえると、ヴィールスが一部のバクテリアを活発に破壊して、培養菌の完全溶解が起こる現象である。フェリクス＝デレル大通り（Avenue-Félix-d'Hérelle）は16区にあり、1976年に命名されている。

フェリクス・フォール Félix Faure　1841-99年。フェリクス・フォールはパリを生没地とするフランス第三共和政大統領。父親は家具製造人だったが、彼はなめし革職人となり、北仏のル・アーヴルで皮革商を営んだ。1881年、この町選出の穏健共和派議員として国民会議入りし、ジュール・フェリー内閣では海外植民地担当副大臣（1882-85年）や下院副議長（1893年）、シャルル・デュピュイ【1851-1929】の第2次内閣では海軍大臣（1894年）をつとめた。

そして、1895年のヴェルサイユ会議で、辞任したカジミール・ペリエの後継として大統領に選ばれる。その大統領在任期間に、彼は5人の首相を任命している。1895年のアレクサンドル・リボとレオン・ブルジョワ、96年のジュール・メリヌ【1838-1925】、そして98年のアンリ・ブリソンとシャルル・デュピュイ（再任）である。さらにフォールはロシア皇帝ニコライ2世【在位1894-1917】を招き、みずからも1897年8月にロシアを訪問して、フランス・ロシア間の同盟を強化するのにつとめた。

1899年2月、彼はエリゼ宮で脳卒中に襲われて急死するが、この死をまねいた状況はやがて明らかとなる。たまたまエリゼ宮を訪れた人物から、「大統領はまだ意識があるのか」と訊かれた側近が、おおよそこう答えたからである。「いや、彼女はたった今、秘密の階段から出て行きました」【このフォールの愛人マルグリト・スタンネル（1869-1954）は芸術アカデミー会員の画家アドルフ・スタンネルの妻。フォールの死後、アリスティード・ブリアンやカンボジア王の

愛人となるが、1908年、夫と義母が殺害され、自分も猿轡をつけられてベットに縛りつけられるという災難に遭う。複数の犯人はドレフュス事件にかかわるフォールの秘密文書を捜していたとされるが、彼女はその犯行に加担したとして裁判にかけられる。やがて無罪放免となった彼女はロンドンに住み、『回想録』（1912-17年）を書く】

今日、15区にはフェリクス＝フォール大通り（Avenue Félix-Faure）、同名の広場（Place Félix-Faure）と通り（Rue Félix-Faure）があり、それぞれ1900年、07年、12年に命名されている。

フェリクス・ペコー Félix Pécaut　1828-98年。フェリクス・ペコーはフランス南西部ピレネー＝アトランティク県のサル＝ル＝ベアルンに生まれ、同県のオルテスで没した神学者・作家・教育者。1873年、ジュール・フェリーからパリ南西方のフォントネ＝オー＝ローズに女性教師養成用の師範学校創設を託された彼は、創設後、1895年までその校長職をつとめる。著作に『初等学校用道徳読本』や『衛生講義』【いずれも刊行年不詳】などがある。1905年に命名されたフェリクス＝ペコー通り（Rue Félix-Pécaut）は17区にある。

フェリクス・ユグネ Félix Huguenet　1858-1926年。リヨン出身の俳優。今ではこのフェリクス・ユグネのことはかなり忘れさられているが、かつては非常に有名だった。帽子製造人の息子として生まれた彼は、旅回りの役者から身をおこし、はじめパリのムニュ＝プレジール座で、さらにブフ＝パリジャン座やルネサンス座、パレ＝ロワイヤル座の舞台に上がるようになる。彼に輝かしい成功をもたらしたのは、『石切場』【初演1894年。原作者アベル・エルマン（1862-1950）】での大公役だった。

1898年、ユグネはジュリエット・シモン＝ジラール夫人【1859-1954。ソプラノ歌手で、父親はコメディー＝フランセーズの俳優】と結婚し、ロシア巡業をおこなう。彼はまた『マダム・サン＝ジェヌ』【1893年。原作者ヴィクトリアン・サルドゥ（1831-

フエリシテ

1908)】や、『赤いローブ』【1900年。原作者ウジェーヌ・ブリゥー（1858-1932）】などにも出演している。20区のフェリクス＝ユグネ通り（Rue Félix-Huguenet）は1934年からある。

フェリシテ Félicité　17区のフェリシテ通り（Rue de la Félicité）は、通称「フェリシテ（至福・浄福）」会にちなんで命名されている。メンバー全員が有名な道楽者からなるこの結社は、おそらく1743年に組織されている。メンバーは航海用語から借りた言葉で話し、神秘的なイニシエーションを経なければならなかった。だが、この結社が実際に存在していたかどうかは、かならずしも定かではなく、その「規約」も冗談半分のものだったと思われる。

　埒もない話はさておき、ここでは聖アウグスティヌス【354-430。ヌミディア（現アルジェリア）出身の司教で、キリスト教最大の教父。『告白』や『神の国』の著作がある】の次の言葉を紹介しておこう。「至福が絶頂に達すると、望めば何事もかない、なすべき何事も思いのままとなる」

フェリシャン・ダヴィッド Félicien David　1810-76年。フェリシャン・ダヴィッドは南仏ヴォークリューズ県のカドゥネに生まれ、パリ西郊のサン＝ジェルマン＝アン＝レで他界した作曲家。姉に育てられた彼は、8歳のとき、**エクス**にあるサン＝サヴール教会の聖歌隊員養成所に入る【14歳まで】。一時期パリ音楽院（**コンセルヴァトワール**）に籍を置いたのちの1832年、彼はコンスタンティノープル（**コンスタンティノプル**）やエジプトに赴き、土地の伝統歌謡を集める。

　1835年に帰国すると、ダヴィッドは交響曲2曲と弦楽五重奏曲24曲、さらに『エジプト女』や『ベドウィン人』、『夢想』、『ツバメ』といったきわめて美しいメロディー曲を創作する。1844年、東洋に魅せられていた彼は『砂漠』と題したオード交響曲を初演し、のちには『モーセとシナイ』【1846年】や『クリストファー・コロンブス』【1847年】、『ララ＝ルーク』【1867

年】なども発表している。そして1869年、彼は他界したベルリオーズの後任として芸術アカデミー会員に選ばれた。16区のフェリシャン＝ダヴィッド通り（Rue Félicien-David）が命名されたのは1881年である。

フェリシャン・ロプス Félicien Rops　1833-98年。ベルギー中南部のナミュールに生まれ、パリ南東のエソンヌ【現在のコルベイユ＝エソンヌ】で没した画家・版画家・石版画家のフェリシャン・ロプスは、とくに水彩画で知られている。そこに彼は幻想的でこの上もなく表現豊かな想像力を盛り込んでいる。代表作に『種をまくサタン』【1872年頃】がある。1934年に命名されたフェリシャン＝ロプス大通り（Avenue Félicien –Rops）は13区にある。

フェリビャン Félibien　1666-1719年。ドン・ミシェル・フェリビャンはパリ南西部のシャルトルで生まれた歴史家。パリ商人頭【市長に担当】だったジェローム・ビニョン【在任1708-16】の求めで『パリ市史』を編んでいる。この大著は1710年から書き始められたが、彼の死で未完に終わった。だが、その遺志を継いだギ・アレクシス・ロビノー【1667-1725。ベネディクト会士の歴史家で、『ブルターニュ史』（1707年）の編者】の手で、1725年に5巻本として完成している。『サン＝ドニ国王修道院史』も編んでいるフェリビャンは、ロビノー同様、サン＝モール修道会に属するベネディクト会士だった。6区にあるフェリビャン通り（Rue Félibien）は1817年の命名になる。

フェリュス Ferrus　1784-1861年。フランス南東部、オート＝ザルプ県ブリアンソン近郊のシャトー＝ケラースで生まれ、パリで没した医師ギョーム・アンドレ・フェリュは、最初はナポレオン親衛隊付き外科医となった。やがて精神病を専門とし、1818年、**サルペトリエール**病院でピネルの助手をつとめる。そして1826年にはビセートル病院の医師長、35年には精神疾患者施設の監察官となった。彼の名がついた14区のフェリュ通り（Rue Ferrus）は1864年からある。

フェルー Férou 1515年に開通している5区のフェルー通り（Rue Férou）は、当時の高等法院検察官エティエンヌ・フェルーの地所に敷設されたものである。

フェルディナン・ガンボン Ferdinand Gambon 1820-87年。本名はルイ＝フェルディナン・ガンボン。弁護士・政治家。第二帝政期【1852-70年】、ある言葉が流行した。「ヴァシュ・ア・ガンボン」【字義は「ガンボンの雌牛」】。なぜか。1848年のこと、山岳派【→ルドリュ＝ロラン】の下院議員だった彼は、大統領ルイ＝ナポレオン・ボナパルト（ナポレオン3世）と敵対し、そのためコルシカ（コルス）島のコルテに強制的に追放された。彼はこの島で税金の支払いを拒もうと唱えながらも、自分の雌牛1頭を税金代わりに差し出した。案の定、その買手は見つからなかったが、反体制派はこの手法を速やかに真似し、以後1年近くものあいだ、「ヴァシュ・ア・ガンボン」が話題になった【シャンソンや戯画に好んでとりあげられた】。20区には彼にちなんだフェルディナン＝ガンボン通り（Rue Ferdinand-Gambon）がある。命名は1905年である。

フェルディナン・デュヴァル Ferdinand Duval 1829-96年。パリ出身の行政官・弁護士。デュヴァルは親しかったティエールからジロンド県知事に任命されるが、1873年にティエール政権が瓦解すると、セーヌ県知事に転進した。4区のフェルディナン＝デュヴァル通り（Rue Ferdinand-Duval）は、彼の死後4年目の1900年に命名されている。

フェルディナン・ド・ベアジ Ferdinand de Béhagie 1857-99年。ベアジは探検者として名声をはせたが、その名声は彼の死とともに消えていった【中央アジアを探検した彼は、チャドのスルタン・ラバニを味方につけてイギリス勢力を駆逐しようとしたが、意見の対立によってスルタンに捕らえられ、絞首刑に処された】。だが、彼の名前は12区のフェルディナン＝ド＝ベアジ通り（Rue Ferdinand-de-Béhagie）に残っている。

命名は1932年である。

フェルディナン・ビュイソン Ferdinand Buisson 1841-1932年。フェルディナン・ビュイソンはパリ出身の行政官・広告業者。彼はまたすぐれた教育者で、1866年から70年までヌーシャテル大学の教授をつとめた【自由プロテスタントだった彼は、第二帝政を拒んでスイスに移っていた】。第二帝政崩壊後の1870年9月2日に帰国すると、ジュール・シモンからパリの初等教育視学官に任命される。

オルレアン司教のフェリクス・デュパンルー【→シャピュ】は、ビュイソンが教育の世俗化・脱宗教化に賛成しているとして、この人事に強く反対する。だが、その反対は効を奏さず、1878年、ジュール・フェリーは彼を国民教育省の初等教育長に任命した。こうしてビュイソンは1896年にソルボンヌの教育学教授になるまで、この職務を全うすることになる。16区には1932年に命名されたフェルディナン＝ビュイソン大通り（Avenue Ferdinand-Buisson）がある。

フェルディナン・ファーブル Ferdinand Fabre 1827-1898年。南仏エロー県のベダリウーに生まれ、パリで没した小説家。最初、モンペリエの神学校に入ったフェルディナン・ファーブルだったが、多少とも聖職者としての適性が欠けていた。やがて彼はパリに移り、1853年、詩集『キヅタの葉』を発表する。そして1862年に上梓した最初の小説『クールバゾン』でアカデミー・フランセーズ賞を得る。かなり個性的な文体を駆使するファーブルの作品には、『ジュリアン・サヴィニャック』【1863年。『美しき夕暮』、山内義雄訳、新樹社】や『ヤギ飼い』【1867年】、『わが友ガファロ』【1895年】などがある。

ジュール・ルメートルはファーブルについてこう記している。「彼は聖職者や農民を書かせたら他のだれも追随できないほどの作家である。私は力強いが純真で、すこし厳しい彼の作品が現代小説の独創的な記念碑のひとつとなっても、決して驚いたり

はしないだろう」。この予言は、まもなく現実のものとなった。フェルディナン＝ファーブル通り（Rue Ferdinand-Fabre）は15区にあり、命名は1899年になされている。

フェルディナン・ブリュノ Ferdinand Brunot 1860-1938年。フランス学士院会員だった作家のフェルディナン・ブリュノは、1910年から19年まで14区の区長をつとめていた。それにちなんで命名された同区のフェルディナン＝ブリュノ広場・小公園（Place /Square Ferdinand-Brunot）は、1949年からある。

フェルディナン・フロコン Ferdinand Flocon 1800-66年。フェルディナン・フロコンはパリに生まれ、スイスのローザンヌで他界した広告業者・政治家。共和派のすべての闘いにくわわり、さまざまな新聞・雑誌で健筆をふるった彼は、1848年、臨時政府の一員に任命される。やがて憲法制定議会のセーヌ県選出議員になると、商業・農業担当大臣を託される。山岳派【→ルドリュ＝ロラン】に属していた彼は、1848年6月の革命時【→アフル】に戒厳令の施行に賛同するが、まもなく逮捕された民衆への恩赦を強く訴え、ルイ＝ナポレオン・ボナパルト、のちのナポレオン3世と激しく敵対する。

やがてフロコンはアルザス地方のコルマールに赴き、民主主義的な新聞【《デモクラット・デュ・ラン（ラインの民主主義者）》】の主幹となる。それは将来のナポレオン3世にとってはあまりにも我慢がならないもので、1851年12月にみずからおこしたクーデタの後、フロコンの追放を決める。そこでフロコンはローザンヌに亡命し、貧困のうちに没する。彼の名がパリの通りに冠せられたのは1885年【1905年？】。そのフェルディナン＝フロコン通り（Rue Ferdinand-Flocon）は18区にある。

フェルディナン・ベルトゥー Ferdinand Berthoud 1727-1807年。スイス西部ヌーシャテル地方のプランで生まれた時計製造人のフェルディナン・ベルトゥーは、

1768年、海軍大尉のシャルル・ド・フリゥー【1738-1810。ルイ16世下で海軍大臣をつとめた。フランス学士院会員】とともに、きわめて正確な海洋時計を開発し、さらに経線儀も考案している。1745年にフランスに招来されたこれらの発明品によって、彼は海軍機械時計師という身分と、学士院会員という称号をあたえられた。3区のフェルディナン＝ベルトゥー通り（Rue Ferdinand-Berthoud）は、1949年の命名である。

フェルドゥジ Ferdousi 933-1021/25年。マンスールないしハサン・フェルドゥシー（フェルドゥジ）は、古代ペルシアのトゥース近郊【現在のイラン北東部】に位置するシャダブに生まれ、没した詩人。若くしてアラブ語とペルシアの伝承を学んだ彼は、当時スルタンのマフムード【ガズナ朝君主在位997-1030】が支配していたガズナ【現在のアフガニスタン東部。ガズニーとも。ガズナ朝の首都】で、歴史書の編纂を請け負った。1行につき金貨1枚。それが約束だった。

だが、6万対句もの叙事詩が完成すると【1010年】、スルタンは1行につき銀貨1枚しか払おうとしなかった。怒ったフェルドゥシーは、マフムードに対する激烈な風刺詩を書いた。後悔の念にかられてか、あるいはこの風刺詩の影響を恐れてか、スルタンはフェルドゥジに約束した金貨6万枚をあたえたという。

フェルドゥジが編んだこのペルシアの歴史詩こそが、有名な『シャー・ナーメ（王の書）』である。おそらくこれは、当時のペルシア文学でもっとも重要なもののひとつといえる。1935年、パリ市は彼に通りを捧げている。8区のフェルドゥジ大通り（Avenue Ferdousi）である。

フェルナン・ヴィダル Fernand Widal 1862-1929年。アルジェリア東北部、地中海岸のデリスに生まれた医師のフェルナン・ヴィダルは、医学の新しい方向づけに大きな影響を及ぼした【細菌学者でもあった彼は、腸チフスやパラチフスの血清診断法

である「ヴィダル反応」を考案している】。パリのフォブール・サン＝ドニには、彼の名を冠した病院がある。13区のフェルナン＝ヴィダル通り（Rue Fernand-Widal）がそれで、命名は1931年である。

フェルナン・オルヴェック Fernand Holweck　1890-1941年。パリを生没地とする物理学者のフェルナン・オルヴェックは、X線にかんする数多くの著作を発表し、1920年、X線と紫外線の連続性を立証している。さらに彼は真空の分子ポンプを考案し、1930年には、ピエール・ルジェ【1898-1958。物理学者・イエズス会士で、極北地帯の科学調査に従事し、最晩年には黄経局長となった】とともに、補間型重力計を実用化してもいる。だが、第2次世界大戦でドイツ軍に捕まり、処刑された。1984年に命名されたフェルナン＝オルヴェック通り（Rue Fernand-Holweck）は14区にある。

フェルナン・コルモン Fernand Cormon　1845-1924年。フェルナン・コルモン、通称コルモンはパリ出身の画家である。色彩画家として名声をはせた彼は、パリ高等美術学校（ボザール）の教授をつとめ、フランス学士院の会員にも選ばれている。代表的な作品としては『ラヴァナの死』【1875年】や『石器時代の熊狩りからの帰還』【1884年】、『サラミス海戦の勝利者たち』【1887年】などがある。17区のフェルナン＝コルモン通り（Rue Fernand-Cormon）は1932年の命名になる。

フェルナン・ド・ラ・トンベル Fernand de La Tombelle　1854-1928年。ラ・トンベルはパリに生まれ、ドルドーニュ地方のフェラックで他界した作曲家。非常に美しい曲をつくったことで知られる【作品としてはオペレッタ『青い国の夢』（1892年）や『3台のチェロのための組曲』（1921年）などがある】。17区には、1936年に命名されたフェルナン＝ド＝ラ＝トンベル小公園（Square Fernand-de-la-Tombelle）がある。

フェルナン・フォレ Fernand Forest　1851-1914年。火花点火機関の作動に数多くの改良をくわえた技師。15区のフェルナン＝フォレ広場（Place Fernand-Forest）は1934年に命名されている。

フェルナン・フロー Fernand Foureau　1850-1914年。フランス中南部オート＝ヴィエンヌ県のサン＝バルバンに生まれた探検家。1878年からサハラ砂漠での科学的調査にかかわった。1898年から1900年まではアルジェリア東部のウアルグラからチャド湖まで、サハラとスーダンを横断した。彼は旅行記を何冊か編んでいるが、そのなかには『大エルグで』【1896年】や『サハラ砂漠とナジェール・トゥアレグ人における私のミッションの報告』【1905年】などがある。1931年に命名されたフェルナン＝フロー通り（Rue Fernand-Foureau）は12区にある。

フェルナン・ブルノン Fernand Bournon　1857-1909年。この歴史家はとくにパリの歴史を専門としていた。パリ東郊のモントルイユ＝スー＝ボワに属していた20区のフェルナン＝ブルノン通り（Rue Fernand-Bournon）が、首都に編入されたのは1930年のことである。

フェルナン・ブローデル Fernand Braudel　1902-85年。フランス北東部ムーズ県のリュメヴィルに生まれ、東部オート＝サヴォワ県のクリューズで没した歴史家のフェルナン・ブローデルは、広大な地域を対象とし、長期的な視座にもとづく歴史学を確立した【新しい歴史学、通称「アナル派」の第2世代を主導した】。とくに彼は前工業化時代におけるヨーロッパを扱い、晩年にはフランスをより明確にその歴史学の中心に据えた。著書には以下がある。『フェリペ2世時代における地中海と地中海世界』【1966年。『地中海』、浜名優美訳、藤原書店）、『15-18世紀の物質文明と経済、そして資本主義』【1979年。『日常性の構造-物質文明・経済・資本主義』、村上光彦訳、みすず書房】、『フランスのアイデンティティ』【1986年】

　ブローデルは言っている。「われわれ歴史家にとって、おそらく【歴史の】構造は組み立てられた集積、ないし構築物であり、

さらにいえば、時間が使いつぶしたまま長いあいだ乗っている現実でもある」。この歴史学の泰斗に捧げられた13区のフェルナン=ブローデル通り（Rue Fernand-Braudel）は、1994年からある。

フェルナン・ペルティエ Fernand Pelloutier 1867-1901年。パリ出身のペルティエは広告業者であると同時に、とくに労働運動家として知られる。1895年、彼は全国労働取引所連盟の書記をつとめ、フランスにおけるサンディカリズムの発展に貢献した。17区のフェルナン=ペルティエ通り（Rue Fernand-Pelloutier）は、1932年に命名されている。

フェルナン・ムルロ Fernand Mourlot 1895-1988年。石版画家のフェルナン・ムルロは、現代作品に伝統的な手法を採り入れることで、石版画に往時の栄光をとり戻した。また、多くの芸術家、とくにパブロ・ピカソの作品を石版画化する技法の発展にも寄与している。彼の名を冠した14区のフェルナン=ムルロ広場（Place Fernand-Mourlot）は14区にある。

フェルナン・ラボリ Fernand Labori 1860-1917年。パリ北東、シャンパーニュ地方のランスに生まれた弁護士フェルナン・ラボリは、1898年にはエミール・ゾラ裁判【《オーロール》紙でのアルフレッド・ドレフュス擁護と大統領フェリクス・フォールおよび軍部批判に対する名誉毀損裁判】と、ドレフュス夫人がエステルアジを訴えた訴訟の弁護を行った【対独通牒者として証拠もないまま断罪されたドレフュス大尉の夫人リュシーは、1896年、情報部長に着任したピカール中佐（1847-1923）の調査で、真犯人がフェルディナン・ヴァルザン・エステルアジ少佐であることを知り、これを告発したが、軍部は権威の失墜を恐れて形式的な裁判で少佐を無罪とした】。そして1899年のレンヌでの再審では、ドレフュス側の主たる弁護人のひとりとなった。

ラボリはまた1897年に《ルビュ・デュ・パレ》を創刊し、その主幹をつとめてもいる。彼に捧げられた18区のフェルナン=ラボリ通り（Rue Fernand-Labori）は1933年からある。

フェルナン・レジェ Fernand Léger 1881-1955年。北仏オルヌ県のアルジャンタンに生まれ、パリで他界した画家。若い頃、同じ北仏のカーンで、さらに1900年からはパリで建築を学んだ。それから数年後、レジェは絵画に向かい、独立会系のサロン展に出品するようになる。1910年頃にはキュビズムの運動にくわわり、24年にはアメデ・オザンファン【1886-1966。画家・芸術理論家で、1920年、ル・コルビュジエとともに《エスプリ・ヌヴォー（新精神）》誌を創刊している】とともに自由派を立ち上げる【この年、レジェは実験的な映画『バレエ・メカニック』を製作した】。やがてこの結社は、あらゆる芸術分野が協同したもっとも積極的な例のひとつとなる。

1925年から30年の期間は、レジェの作品がモニュメンタルなものだったところから、「建築学的時代」とよばれる。それに続く「ダイナミックな時代」では、彼はキュビズムの主題を具体化しようとした。そうした彼の活動領域は、壁画や舞台装飾、タピスリー、モザイク、陶器、映画など多岐にわたる。さらにアメリカ合衆国にわたった1940年から帰国する45年までは、イェール大学やオークランドのミルズ・カレッジで教鞭を取った。著書としては『機械の美学』（1923年）や『建築の色』（1946年）などがある。20区にあるフェルナン=レジェ通り（Rue Fernand-Léger）は、1981年に命名されている。

フェルナン・レノー Fernand Raynaud 1926-73年。フランス中部ピュイ＝ドゥ＝ドーム県のクレルモン＝フェラン近郊にあるロラドゥーに生まれ、同県のシェクス＝シュル＝モルジュで乗っていた車が墓地の壁に激突して事故死した漫画家。1943年、彼はチャンスを得ようとはじめてパリに出るが、不調に終わった。やむなく郷里の中央山地に戻り、1947年、再びパリを目指し、ようやく活路を開くことができた。

だが、真のチャンスはジャック・カネテ

ィ【→エディット・ピアフ】との出会いによって生まれた。カネティが「トロワ・ボーデ」【字義は「3頭のロバ」。カネティが1940年代末にクリシー大通りにつくった劇場兼バー＝レストラン】に彼を受け入れてくれたからである。さらに1952年には、ジャン・ノアンから、彼のテレビ番組「36シャンデル」【字義は「36本のロウソク」】で、毎週スケッチを描くよう依頼された。フェルナン・レノーにとって、それはまさに爆ぜるような僥倖であり、以後、彼の名声はその死まで色褪せることがなかった。

こうしたレノーのスケッチは、大部分が彼自身や周囲の人々の人生や生活から着想を得たものだった。とりわけ彼は「ヨーヨー」をしばしば画面に登場させているが、それは彼の13歳年上の姉がモデルだった。興味深いことに、彼がもちいた表現の一部は現代語のなかに組み込まれている。「幼児虐待者」【字義は「子供死刑人」】や「まるで動かない」【「ちょっと欠陥があるようだ」】などである。彼は映画も手がけているが、たとえば『カウボーイ・フェルナン』【1957年】などはかならずしも成功したとはいえない。20区には、1994年に彼にちなんで命名されたフェルナン＝レノー通り（Rue Fernand-Raynaud）がある。

フェルマ Fermat 1601-65年。ピエール・ド・フェルマー（フェルマ）はフランス南西部モントーバン近郊のボーモン＝ド＝ロマーニュに生まれ、同じ南西部のカストルで没した数学者。1631年にトゥールーズ高等法院評定官となり、まさにそこから必死に数学を学び始める。パスカルは彼を「社交界の第一人者」と呼んだが、「こと数学の研究にかんしては、かならずしも彼には従わない」と告白してもいる。

残念なことに、フェルマーはその発見をめったに発表したりはせず、研究の大部分が散逸している。ダランベール（アランベール）はフェルマーについてこう記している。「（放物線の）接線を求めるために微分計算をはじめて応用したのはフェルマーである」

フェルマーの息子クレマン＝サミュエル【法曹家】はこうした父親の研究成果を最大限集め、それらを『さまざまな数学論』という題で上梓している【刊行年不詳】。14区のフェルマ通り（Rue Fermat）とフェルマ小路（Passage Fermat）は、それぞれ1764年と69年に命名になる。

フェルミエ Fermiers 1800頃、バティニョルはほとんど土地の分割がなされておらず、孤立した農場が何か所かあるだけだった。17区にあるフェルミエ通り（Rue des Fermiers）の呼称は、これらの農場に由来する。命名は19世紀、より正鵠を期していえば1840年のことである。

フェルム Fermes 1区のフェルム小路（Cour des Fermes）はかつてフェルム館があった場所を通っている。1690年までダム（貴婦人）館とよばれていたこの小路は、マレルブの庇護者で、彼を同館に住まわせていたベルガルド公の、ついでセギエ、のちに徴税総請負人たちのものとなった。1690年に命名されたフェルム館の呼称は彼らに由来する。そしてフランス革命後、通称フェルム小路が同館の敷地に敷設されたが、その公式な命名は1891年である。

フェルム・サン＝ラザール Ferme Saint-Lazare 10区のフェルム＝サン＝ラザール小路（Cour de la Ferme-Saint-Lazare）は、旧サン＝ラザール館の跡地に敷設されている。この邸館は中世にはハンセン病者療養所としてもちいられていた。1632年、サン＝ヴァンサン＝ド＝ポールが宣教会【サン＝ヴァンサン＝ド＝ポールが1625年にパリに創設した修道組織で、修道士たちはラザリストとよばれた】の聖職者たちをそこに住まわせ、1779年、邸館は男子用の矯正・拘置施設となった。

フランス革命時の1789年、ここを管理していたラザリストたちが追放されて、施設は国有監獄に、さらにのちには女子用監獄に転用されるようになる。アリスティード・ブリュアンはこの監獄を歌った有名なシャンソン「サン＝ラザールで」【1887年】を書いている。この監獄は今はない【10区

フエルムト

にはまたフェルム＝サン＝ラザール小路（Passage de la Ferme-Saint-Lazare）もある】

フェルム・ド・サヴィ Ferme de Savy フェルム・ド・サヴィ（Saviesとも）は、かつてサン＝マルタン＝デ＝シャン修道院【→サン＝マルタン】傘下の小修道院をさしていた。その土地は、紀元1000年以前に国王ユーグ・カペー【在位987-996。教会を抱き込んでカペー王朝を確固たるものにした】が、寛大にもサン＝マグロワール大修道院に下賜したものである。20区にあるフェルム＝ド＝サヴィ通り（Rue de la Ferme-de-Savy）は1996年の命名である。

フェルム・ド・ラ・フザンドリ Ferme de la Faisanderie 12区のヴァンセンヌの森にあるフェルム＝ド＝ラ＝フザンドリ交差点（Carrefour de la Ferme-de-la-Faisanderie）は、1994年に命名されているが、その呼称の由来についてはさまざまな説明が可能である。ただし、現在、この通りの近くには農場もキジ飼育場もない。

フェロヌリ Ferronnerie 1229年、聖王ルイ（サン＝ルイ）は金物商たちが当時シャロン通りとよばれていた、現在の1区にあるフェロヌリ（鉄細工）通り（Rue de la Ferronnerie）に移り住むことを許した。現称はこのことに由来する【1610年にアンリ4世が殺害されたのがこの通りである】

フォーヴェ Fauvet 18区のフォーヴェ通り（Rue Fauvet）は1863年、近隣土地の所有者にちなんで命名されている。

フォ（ー）コニエ Fauconnier 4区のフォコニエ通り（Rue du Fauconnier）近くには、かつてその呼称の由来となる国王のフォコヌリ館があった。フランスの鷹狩りはルイ13世【国王在位1610-43。→ドーフィヌ】とルイ14世（ルイ・ル・グラン）の時代が最盛期で、王立の鷹飼育場は王家の重要な施設だった。そこには鷹番頭のほかに、鷹狩りのために雇われた多くの従者や馬がいた。実際の鷹狩りでは、鷹だけでなく、シロハヤブサやラナーハヤブサ、コチョウゲンボウなどももちいられた。鷹匠たちは国王の行列や入城では重要な存在だった。

フォコニエ通りは1868年から現在の長さとなっているが、通り自体はすでに1200年頃からあり、当時は今より長かった。なお、太陽王の登場とともにもっとも流行した鷹狩りも、すでに5世紀のメロヴィング朝からおこなわれていた。

フォシュ Foch 1851-1929年。フランス元帥だったフェルディナン・フォシュは、フランス南西部、ピレネー（ピレネ）山脈北麓のタルブに生まれている。ポーランド（ポローニュ）やイギリスの元帥でもあった。1907年、パリの士官学校（エコール・ミリテール）の校長となった彼は、1914年、マルヌの戦いで輝かしい軍功をあげ、1916年のソンムの戦いを指揮している。そして1918年、総司令官として連合軍を勝利に導き、ヴェルサイユ条約締結後にアカデミー・フランセーズ会員に選ばれた。

11区のフォシュ大通り（Avenue Foche）は、1854年にオスマンによって現在の道幅で敷設された当初、アンペラトリス（皇妃）大通りとよばれていた。やがて1870年から75年まではウルリック大通り、1929年まではボワ＝ド＝ブーローニュ大通り、それから現在の呼称となっている。

フォシュール Faucheur 1900年、20区にヴィラ・フォシュール（Villa Faucheur）が建設されたとき、フォシュール氏はその土地所有者だった。

フォシュール Faucheurs フォシュール小路（Allée des Faucheurs）は19区にある。だが、その呼称とは裏腹に、かつて草刈り人たちが干し草の束を背負ってここを通ることはできなかった。道幅が65センチメートルしかないからである。それゆえ、長柄の鎌を携えた彼ら純朴な労働者たちが、畑地や野原に行く際、この小路を使うわけにはいかなかった。

フォスタン・エリ Faustin Hélie 1799-1884年。フランス西部のナントに生まれ、パリで没した法曹家のフォスタン・エリは、1829年、アドルフ・ショヴォー【1802-68。ポワティエやパリの裁判所や国務院・破毀院の弁護士、トゥールーズ大学法学教授などを

つとめた】とともに、《刑法ジャーナル》を創刊している。彼の刑法理論は長きにわたって権威を保っていた。1849年には破毀院の評定官、55年には人文・社会科学アカデミー会員となり、79年には国務院副院長に選ばれている。彼の名を冠した16区のフォスタン＝エリ通り（Rue Faustin-Hélie）は、没後1年目の1885年からある。

フォセ・サン＝ジャック Fossés Saint-Jacques サン＝ベルナール門をサン＝ジャック門と入れ替えれば、次項と同じ説明になる。14世紀、5区のフォセ＝サン＝ジャック通り（Rue des Fossés-Saint-Jacques）とフォセ＝サン＝ベルナール通りは、フィリップ・オーギュストの市壁にそって掘られていたからである。

フォセ・サン＝ベルナール Fossés Saint-Bernard 5区のフォセ＝サン＝ベルナール通り（Rue des Fossés-Saint-Bernard）は、その呼称を、パリを守るためにフィリップ・オーギュスト時代に築かれた市壁にそって、より正鵠を期していえば、通りに近接するサン＝ベルナール門付近に設けられた堀に負っている。これらの堀は1360年に掘られ、1660年に埋められた。この通りはそれから10年後の1670年に命名されている。

フォセ・サン＝マルセル Fossés Saint-Marcel 8世紀、現在5区の一部となっているサン＝マルセル村は、下に深い堀（フォセ）を巡らした市壁に囲まれていた。5区のフォセ＝サン＝マルセル通り（Rue des Fossés-Saint-Marcel）は、1867年、この市壁の四隅の一角に敷設されたものである。

フォブール・サン＝ジャック Faubourg Saint-Jacques 14区のフォブール＝サン＝ジャック通り（Rue du Faubourg-Saint-Jacques）は、かつてはサン＝ジャック市外区（フォブール）の主道であり、サン＝ジャック門の南を走っていた。呼称はこのことに由来するが、通り自体はパリからオルレアンへと向かうローマ時代の街道の一部で、フランス革命期にはオプセルヴァトワール通りとよばれていた。

フォブール・サン＝タントワヌ Faubourg Saint-Antoine 11区と12区を走るフォブール＝サン＝タントワヌ通り（Rue du Faubourg-Saint-Antoine）は、旧サン＝タントワヌ門を始点として、サン＝タントワヌ大修道院【現在のサン＝タントワヌ病院】へといたるところから、こう命名された。この大修道院は、1198年、第4回十字軍の説教師だった司祭フルク・ド・ヌイイ【1201没】が建てた不道徳な女性たちの収容施設を前身とし、1204年、大修道院となってシトー会に編入されている。1239年、聖王ルイ（サン＝ルイ）はここでイエスの荊冠を開陳したという。通りが現在の呼称となったのは1632年のことである。

フォブール・サン＝ドニ Faubourg Saint-Denis 10区のフォブール＝サン＝ドニ通り（Rue du Faubourg-Saint-Denis）は、サン＝ドニ門の外側を走る主要道である。この通りは、パリとサン＝ドニ大修道院を最短かつ直接に結んでいたため、1000年頃からきわめて頻繁にもちいられるようになった。ただ、通りの起源はより古く、メロヴィング朝時代の750年頃までさかのぼる。

フォブール・サン＝トノレ Faubourg Saint-Honoré 8区のフォブール＝サン＝トノレ通り（Rue du Faubourg-Saint-Honoré）は、かつてはルル市外区を走っており、それゆえフォブール＝デュ＝ルル通りとよばれていた。現在の呼称はこの通りが1725年に建てられたサン＝トノレ門を始点としていたことにちなむ。当時は入市税関、通称フォース・ポルト＝サン＝トノレ【字義は「サン＝トノレの偽門」】へと続いていた。現在の通りとなったのは1847年のことである。

フォブール・デュ・タンプル Faubourg du Temple 9区のフォブール＝デュ＝タンプル通り（Rue Faubourg-du-Temple）は、アンリ4世の時代に敷設されたかなり古い道で、その呼称はタンプル門の向こうに位置する市外区の内側に開通したことに由来

フオフルホ

する。

フォブール・ポワソニエール Faubourg Poissonière　9区と10区にまたがるフォブール＝ポワソニエール通り（Rue du Faubourg-Poissonière）は、かつて北海産の魚類をパリの中央市場（アル）まで運んだ運送業者たちがもちいた道である。この通りはまたマレ（海産物）通りともよばれていた。現在の呼称は1753年からである。

フォブール・サン＝マルタン Faubourg Saint-Martin　10区のフォブール＝サン＝マルタン通り（Rue du Faubourg-Saint-Martin）は、かつてはその呼称を借りたサン＝マルタン市外区の主道で、パリから北仏へと向かっていたローマ時代の街道の一部である。フランス革命期にはフォブール＝デュ＝ノールとよばれていた。

フォブール・モンマルトル Faubourg Montmartre　今から数世紀前、ルテティア（リュテス）からモンマルトルの丘に行くには、モンマルトル市外区の中央部を通るこの道を使った。フランス革命期、これはフォブール＝ド＝モンマラーとよばれていた。おそらくそれはシャルロット・コルディには不愉快な呼称だった【コルネイユの子孫とされるシャルロット（1768-93）はジャコバン派を嫌悪し、その指導者のひとりであるマラーを入浴中に殺害して処刑されている。モンマラーの字義は「私のマラー」】

　モンマルトルは遥か昔を想い起させる。おそらくモンマルトルの丘の上には一時期メルクリウスの神殿があり、そこでは聖ドニ（サン＝ドニ）の殉教劇が上演されていた。モンマルトルの語源はマルス神の山ないしメルクリウスの山、あるいはマルティール（殉教）の山からきたものと思われる。フォブール＝デュ＝モンマルトル通り（Rue Faubourg-du-Montmartre）は9区にある。

フォリ・メルクール Folie Méricourt　人はときに固有名詞への尊敬を忘れる…。たとえば、調剤組合の親方マルコー氏の場合がそうである。17世紀初頭、彼は現在11区にあるフォリ＝メルクール通り（Rue de la Folie-Méricourt）に小さな、だが感じのよい別荘をもっていた。しかし、通りの呼称はこのマルコーからやがてモーリコー、そして最後にメルクールとなった。改称はおそらくここで終わるはずだ。一方、フォリーとはかつては別荘の謂だった。ここでとり上げた通りは1652年に命名されているが、道筋が現在の姿となったのは、それから2世紀以上たった1868年のことにすぎない。

フォリ・ルニョー Folie Regnault　香料商のルニョー・ド・ワンドンヌ氏は、1372年当時、現在の11区のフォリ＝ルニューヌ通り（Rue de la Folie-Regnault）近くに別荘をかまえていた。そして1400年以降、この別荘と通りを囲んでいたその敷地はフォリ＝ルリョーと通称されるようになった。通りの命名は1835年のことである。

フォルジュ Forges　17区のフォルジュ通り（Rue des Forges）には、それが開通した1808年当時、鍛冶場が数多くあり、通りの呼称はそれにちなむ。

フォルジュ＝ロワイヤル Forge-Royale　1370年、時の国王シャルル5世は、トゥルネルとよばれることになる城館を建て、1565年に解体されるまで、ここが居城となった。この城館の近くには、1770年に開通した11区のフォルジュ＝ロワイヤル通り（Rue de la Forge-Royale）にその名を残す王立鍛冶場があった。ただ、それより2世紀前から、この鍛冶場は「王立」ではなくなっていた。

フォルスヴァル Forceval　フォルスヴァル一族はフランス革命までパリ北東郊のパンタンを治めていた。彼らの名をとって1932年に命名されたフォルスヴァル通り（Rue Forceval）は、19区にある。

フォルタン Fortin　フォルタンは地主の名前で、1929年、その8区の土地にフォルタン袋小路（Impasse Fortin）が敷設されている。

フォール・ド・ヴォー Fort de Vaux　フランス北東部ムーズ県のヴェルダン近郊に位置するヴォー＝デヴァン＝ダムルー村のヴ

ォー要塞は、1916年のドイツ軍攻撃に対して英雄的な抵抗劇を演じた。今でもこの要塞を訪れることができる。17区のフォール=ド=ヴォー大通り（Boulevard du Fort-de-Vaux）は1931年からある。。

フォルテュニ Fortuny 1838-74年。マリアノ・フォルトゥニ（フォルテュニ）はカタルーニャ（カタローニュ）地方のレウスに生まれ、ローマで没したスペイン人画家。1856年にローマ大賞を受賞した彼は、59年、モロッコ（マロック）に向かう【スペインとモロッコのいわゆるアフリカ戦争の模様を描くよう、ときのスペイン政府から命じられたため】。その才能全体が完全に開花したのは、この派遣のあいだだった。彼の代表作としてはまちがいなく『結婚の署名室』【1870年】が挙げられる。アンリ・レニョーはフォルトゥニを高く評価しているが、作品としてはほかに『イロンデル・カフェ』【1868年】や『モロッコの絨毯商』【制作年不詳】などがある。17区のフォルテュニ通り（Rue Fortuny）は1877年の命名である。

フォレ Forest 写真家のフォレ、通称「ペール・フォレ」は一風変わった人物で、19世紀末には18区の参事会員もつとめていた。彼はのちにその名が冠せられることになる18区のフォレ通り（Rue Forest）に土地と多少柱が傾いた古家をもっており、前者では弓射大会を催し、後者はトゥールーズ=ロートレックが借り受け、そこでシュザンヌ・ヴァラドンなどの肖像画を描いていた。フォレ通り（Rue Forest）は1870年からある。

フォレ Forez サン=テティエンヌの北に広がる中央山地帯で、その最高峰は標高1640メートルのピエール=シュル=オート山である。この地方を流れるロワール川はモンブリゾンやフール、セギュジアーヴといった町を潤している。ローマ軍による征服以前、ケルタエ系のセグシアウィ族が住んでいた。中世にはブルゴーニュ公国に属する伯爵領となり、さらにブルボン家の、そして最終的にフランス王室の領地と

なった。今日、フォレ地方はロワール県に組み込まれている。3区のフォレ通り（Rue Forez）は1626年の命名になる。

フォワイヤティエ Foyatier 1793-1863年。ドニ・フォワイアティエは、中央山地北東部、ロワール県のビュシエールに生まれ、パリで没した彫刻家。代表作にはローマで制作された『ローマ人につけられた鎖を砕き、復讐の計画を練るスパルタクス』【1830年】がある。この史実に基づく作品はテュイルリー公園で見られる【1977年にルーヴル美術館に移転】。1855年5月8日にオルレアンで除幕式がおこなわれたジャンヌ・ダルクの騎馬像も、彼の作である。18区のフォワイヤティエ通り（Rue Foyatier）は1875年からある。

フォワン Foin 3区のフォワン通り（Rue du Foin）は1595年に開通している。当時、この通りは農民たちが秣を刈るため定期的にやってきた草地に面していた。これが呼称の由来である。

フォン・ヴェール Fonds Verts フェカン通りの項でとり上げた小邑のヴァレ・ド・フェカンは、一部が沼地であった。だが、その沼の水は澱み、水底が緑色に見えた。かつてこの12区の沼地には小道が通っていたが、1845年、そこに新たにフォン=ヴェール通り（Rue des Fonds-Verts）が敷設された。

フォンタラビ Fontarabie フエンテラビア（フォンタラビ）は、スペイン北東部のバスク地方、フランスとの国境となっているビダソア川に沿った町である。1559年にフランス・スペイン戦争を終結させるために条約【ピレネー条約。→ヴェラスケス】がフエンテラビア近郊で結ばれたあと、シャロンヌの小邑にその地名がつけられた。フエンテラビア自体は以後、フランソワ1世や大コンデ、ベルヴィィック公ジェームズ・ステュワート・フィッツジェームズ【1670-1734。イギリス国王ジェームズ2世の庶子。ルイ14世のもとで、スペイン継承戦争に元帥として参加した】らの攻囲戦で被害を受け、1794年には、モンセがここでスペ

イン軍を撃破している。20区のフォンタ
ラビ通り（Rue de Fontarabie）は1844年
からある。

フォンダリー Fondary　フォンダリー氏は
1823年、それまで一種の荒野状態にあり、
軍事訓練のためだけに利用されていた旧グ
ルネル村の土地を分割・分譲した事業家の
ひとりだった。彼は裕福なワイン仲買人で、
グルネルの最初期の村長でもあった。彼の
名を冠した15区のフォンダリー通り（Rue
Fondary）は、1894年に命名されている。

フォンテーヌ Fontaine　1762-1853年。レ
オナール・フォンテーヌはパリ北西郊のポ
ントワーズに生まれ、パリで没した建築家。
1789年、彼はペルシエの助手としてオペ
ラ座の装飾を手がけた。ふたりはまた当時
はやっていたバレエの舞台装飾を担い、ナ
ポレオンの命でマルメゾンやサン＝クルー、
フォンテヌブロー、テュイルリー宮などで
修復作業にあたった。リヴォリ通りとその
アーケードは彼の仕事である。彼はまたナ
ポレオン軍をたたえるため、カルーゼルの
凱旋門を建ててもいる。

　こうして1813年、フォンテーヌは皇帝
専属の筆頭建築家に任命された。やがてナ
ポレオンは失脚するが、ルイ18世【国王在
位1814-15／1815-24】やルイ＝フィリップ
もまた彼を登用し、王宮（パレ＝ロワイヤ
ル）のオルレアン通廊の建築を託した。9
区のフォンテーヌ通り（Rue Fontaine）は
1926年、つまり本人が存命中からある。

**フォンテーヌ・ア・ミュラール Fontaine à
Mulard**　ミュラールは小川で、いまでは
なくなってしまっているが、かつてはビエ
ーヴル川に注ぎこみ、噴水を介して、13
区のフォンテーヌ＝ア＝ミュラール通り
（Rue de la Fontaine-à-Mulard）一帯の住
民に水を供給していた。当初、小道にすぎ
なかったこの通りは1710年からあり、同
名の噴水へと続いている。

**フォンテーヌ・オー・リオン Fontaine aux
Lions**　1987年に命名された19区のフォン
テーヌ＝オー＝リオン広場（Place de la
Fontaine-aux-Lions）の呼称は、その中央

部に獅子像がある噴水に由来する。

フォンテーヌ・オ・ロワ Fontaine au Roi
1750年から知られている11区のフォンテ
ーヌ＝オ＝ロワ通り（Rue de la Fontaine-
au-Roi）は、ベルヴィルの高台から何本も
並行して下り、フィリップ＝オーギュスト
によって1本に整備された川にその呼称を
負っている。

**フォンテーヌ・デュ・タンプル Fontaines
du Temple**　1939年に現称となった3区
のフォンテーヌ＝デュ＝タンプル通り
（Rue des Fontaines-du-Temple）は、ベル
ヴィルの送水路を通って、用水がサン＝マ
ルタン＝デ＝シャン修道院【→サン＝マル
タン】とタンプル小修道院に同時に送られ
ていたことを想い起こさせる。

**フォンテーヌ・デュ・ビュ（ト）Fontaine
du But**　18区のフォンテーヌ＝デュ＝ビ
ュ通り（Rue de la Fontaine-du-But）は、
1855年までコンスタンタン＝ペクール広
場にあった噴水の呼称を冠している。ビュ
ク（Buc）噴水がそれで、のちにそれはビ
ュ噴水と改称された。ビュクという語はベ
ッカ（口）に由来する。この噴水は奇跡の
力を帯びているとみなされていた。通り自
体は1620年から存在している。

**フォンテーヌ・ドープル Fontaine
d'Hautpoul**　1890年以来、19区のフォン
テーヌ＝ドープル袋小路（Impasse de la
Fontaine-d'Hautpoul）は、その入り口にあ
る噴水の名（オープル）でよばれている。

フォンテヌブロー Fontainebleau　パリ南東
部セーヌ＝エ＝マルヌ県の郡庁所在地であ
るフォンテ（一）ヌブロー市は、住民数1
万4700【2011年】。彼らはビリフォンタン
とよばれる。この町はとくに、フランソワ
1世のために、ジル・ル・ブルトン【1553
没】やセバスチャーノ・セルリオ【1475-
1554／55。フランソワ1世から招かれたイタリ
ア人建築家】、フィリベール・ドゥロルムら
が築き、ロッソ・フィオレンティーノ
【1494-1540。フィレンツェ出身の画家】やプ
リマティスが装飾を担当した城郭で知られ
ている（フォンテヌブロー派という呼称は、

フランソワ1世がイタリアからまねいた芸術家たちによって活性化された、芸術上の流派につけられたものである）。ナポレオン1世が1814年4月6日に退位の署名をし、その軍隊との感動的な別れを告げたのが、ここである。

19区のフォンテヌブロー小路（Allée de Fontainebleau）は1977年に命名されているが、この町自体は1万7000ヘクタールもある森に接しており、森にはコナラやブナ、松柏類が生えている。

フォンドゥリ Fonderie 11区にあるフォンドゥリ小路（Passage de la Fonderie）の呼称は、この小路が、19世紀に鋳物工場が立ち並んでいた、かなり工業的な一角を通っていたことに由来する。命名は1860年である。

フォントネ Fontenay フォントネとは兄弟の姓で、兄のシャルルは詩人、弟のエティエンヌは画家だった。ふたりとも第1次世界大戦で名誉の戦死を遂げた。それを偲んで、1926年、ふたりの姓がパリのヴィラにつけられている。19区のヴィラ・フォントネ（Villa Fontenay）がそれである。

フォントノワ Fontenoy フォントノワはフランス国境付近のベルギーの町。1745年5月11日、ここでサクス元帥【1696-1750】率いるフランス軍が、イギリス・オーストリア・ネーデルラント（オランダ）連合軍を撃破している。ルイ15世【国王在位1715-74】と王太子も、フランス兵4万5000を投入したこの戦い【オーストリア継承戦争】にくわわった。次の有名な掛け合いがあったのがここである。イギリス近衛兵大尉チャールズ・ヘイが叫ぶ。「フランスの近衛兵諸君、先に撃ちたまえ！」。これに対し、フランス側のジョゼフ・ダントロシュ伯（1710-84）がこう応じる。「いや、われわれは決して先に撃たない！諸君が先に撃ちたまえ！」

戦況は当初連合軍が優勢だったが、やがてサクス将軍が大砲による攻撃で勝利し、ベルギー西部を一挙に占拠した。画家のヴェルネはこの『フォントノワの戦い』（ヴ

ェルサイユ美術館蔵）を描いている。7区のフォントノワ広場（Place de Fontenoy）は1770年からある。

フォン・ド・ルーヴレ Fond de Rouvray 19区のデュ＝フォン＝ド＝ルヴレー運河（Darse du Fond-de-Rouvray）は、その呼称をかつての通称に由来する。ダルスとはおもに地中海沿岸の係船ドックを意味し、ルーヴレは古フランス語で欧州ナラの木が植えている場所をさしていた。この運河が命名されたのは1997年である。

ブーガンヴィル Bougainville 1729-1811年。ルイ＝アントワヌ・ド・ブーガンヴィルはパリ出身の航海者。1754年、25歳で早くも『積分法論』を著し、やがて軍務について、シュヴェールの副官やロンドン駐在大使秘書をつとめ、このロンドンで王立協会【1660年創立の現存する世界最古の科学系学会で、フランス学士院に相当する。アイザック・ニュートンが会長をつとめたことでも知られる】の一員として迎えられる。1756年、彼はルイ＝ジョゼフ・ド・モンカルムに従ってカナダに転戦し、63年には船長としてマルウィヌ島（イギリス人にとってのフォークランド島）に植民地を建設している。

翌1764年、ブーガンヴィルは世界周航の科学調査を実現して名をはせ、タヒチ島やキクラデス諸島、コメルソン諸島などを探検した。1779年には艦隊司令官としてアメリカ合衆国の独立戦争にも参加した。だが、1790年、ブレストの海軍司令官に任命されたにもかかわらず、さまざまなトラブルを鎮静できなかったため、解任を余儀なくされた【1792年。海軍内の秩序回復に失敗したことが原因】。彼はのちに学士院と黄経局のメンバーとなり【1796年】、さらにナポレオン1世から元老院議員に選ばれ【1799年】、伯爵にも叙せられた【1808年】。7区のブーガンヴィル通り（Rue Bougainville）は1864年から存在している。

ブークリ Boucry 土地所有者。18区のブークリ通り（Rue Boucry）は、1877年、その土地に敷設されている。

フーケ Fouquet 1615-80年。パリで生まれ、

イタリア北部ピエモンテ地方のピネローロの城で没したムランおよびヴォー子爵のニコラ・フーケは、ルイ14世（**ルイ・ル・グラン**）下での財務（大蔵）卿。1648年、**マザラン**の知己をえた彼は、フロンドの乱【→エストレ、テュレンヌ】のあいだ、マザランに忠誠を誓ってその信を勝ち取る。それから2年後の1650年、パリ高等法院の検事総長に任命され、53年には財務卿となる。財政にかんしていえば、彼は蓄財に腐心して巨万の富を手にしている。そして、それをもちいてヴォーに壮大な城【ヴォー＝ル＝ヴィコント城】を築いた。造園家の**ル・ノートル**が手がけたのはこの城では、画家のピュジェやプーサン（**プサン**）、**ル・ブラン**などが制作に励んだ。彼がラ・**フォンテーヌ**やモリエールなどをまねいたのもここである。

1659年にフランス＝スペイン戦争を集結させたピレネー条約【→ヴェラスケス】のあと、マザランと決別したフーケは党派を立ち上げようとし、さらに**ブルターニュ**地方のベル＝イル島を購入してこれを要塞化した。だが、後任の財務卿コルベールはこれに疑念を抱き、フーケが財務卿時代に不正蓄財に走ったことを国王に告発する。それを知って憤ったルイ14世の怒りを鎮めるため、1661年【マザラン没年】、彼はルイ王をヴォー城に招き、祝宴を催すというしたたかな考えをいだいた。だが、その祝宴の華やかさがかえって国王の誇りを傷つける結果をまねいた。

悪いことは続くもので、フーケはまたラ・ヴァリエール夫人【1644-1710。ルイ14世の愛妾。のちにカルメル会の修道女となる】に目をつけたとして告発される。そして同年、彼はナントで逮捕され【捕縛者はマスケット銃士隊長のアルタニャン（ダルタニャン）】、3年に及ぶ裁判のあと、追放刑を宣せられる。国王はこの判決を寛大すぎるとして、終身刑に変更する。ラ・フォンテーヌやセヴィニエ夫人、さらにジョルジュ・ド・スキュデリ【1601-67。劇作家で、いわゆる「ル・シッド」論争でコルネイユを

批判した】らがこれに異議を申し立てたが徒労に終わった。こうしてフーケは1665年にピネローロに護送され、その城に死ぬまで幽閉されることになる。彼の名を冠した17区のフーケ通り（Rue Fouquet）は、1930年の命名である。

ブケ・ド・ロンシャン Bouquet de Longchamp　ブケ＝ド＝ロンシャン通り（Rue Bouquet-de-Longchamp）は、当初は小路だった。1808年に通りに格上げされ、ロンシャン大修道院の敷地に生えていた巨木の茂みにちなんで今日の呼称がつけられた。

フーコー Foucault　1819-68年。レオン・フーコーはパリ出身の物理学者。ダゲレオ（**ダゲール**）の写真技術（ダゲレオタイプ）を完成させて太陽表面の写真撮影にはじめて成功し【1845年】、医学用顕微鏡による鏡検法を精緻化した。フィゾーとともに物理学や光学の研究を行った彼は、1865年、パリの科学アカデミー会員に選ばれ、のちにはドイツ科学アカデミーやイギリス王立協会の会員にもなっている。

彼はまた、回転ミラーをもちいて真空・大気・水の中を進む光線の速さを比較し、実験的に光速度を測定してもいる【彼の偉大な業績としては、ほかに地球の自転を証明するためにもちいた「フーコーの振り子」（ジャイロスコープ）の発明（1851年）や、電磁誘導効果によって金属内に発生する渦状の誘導電流、すなわちフーコー電流の発見（1855年）などがある】。だが、1867年、重要な天文学の研究を準備しているとき、多発性硬化症に襲われ、翌年2月、死去した。16区には彼に捧げられたフーコー通り（Rue Foucault）が1877年からある。

プサン Poussin　1594-1665年。ニコラ・プーサンないしプッサン（プサン）は北仏ノルマンディ地方のレ＝ザンドリに生まれ、ローマで没した画家。1624年、ローマを訪れた彼は、過労のため、重篤な病に陥る。だが、フランス人の菓子職人ジャック・デュゲの家族に介護されて快癒する。これに感謝したプサンは1630年、デュゲの娘アンヌ＝マリと結婚する。当時、彼はのちに

ルーヴル宮におさめられる『サビニの女たちの略奪』【1633-34年】をはじめとして、数多くの作品を描いて評判をとっていた。こうした彼の名声はフランスにも届き、1637年、国王は彼に作品を注文する。これが今日ルーヴル美術館で見ることができる『マナの収集』【1637-39年】である。

やがて枢機卿リシュリューはプーサンに帰国するよう求める。イタリアでの生活に満足していた彼はそれに応じなかったが、枢機卿の特使として送られたポール・ド・シャントルー【1609-94。技術将校・美術品収集家】の慫慂もだしがたく、ついに帰国の途につく【1640年】。彼はルーヴル宮に住いを提供され、きわめて篤い待遇を受けた。ここでもプーサンは多作ぶりを発揮し、それらの作品によって古典派絵画の紛れもない第一人者となった。

作品としてはほかに『バッコス祭』【1635年頃】や『アルカディアの羊飼いたち』【1640年頃】、『オルフェウスとエウリュディケのいる風景』【1650年】、そして遺作となる『洪水』【1660-64年。リシュリューのために描いた油彩画】などがある。晩年、プーサンはローマに戻った。彼の名を冠したパリのプサン通り（Rue Poussin）は、1864年から16区にある。

ブサンゴー Boussangault 1802-87年。ジャン＝バティスト・デュードネ・ブサンゴーは、パリで生まれ、没した化学者・農学者。サン＝テティエンヌ鉱員学校【現サン＝テティエンヌ国立高等鉱山学校】卒業後、ヌエバ・グラナダ【→コロンビ】に渡って鉱山開発の指揮をする。やがてシモン・ボリヴァルの司令部に入って、スペイン軍と戦う。その際、彼は自分の興味を引いた地質学的・気象学的観察もおこなった。やがて帰国した彼は、1839年に科学アカデミー会員に選ばれ、41年には国立工芸院の農村経済（ないし農学）の教授となる。そして1854年、国立農業研究所を創設する。

「農学の父」と称されたブサンゴーは、肥料の組成や飼料の栄養価の分野で大きな業績を遺した。その『回想録』【5巻、1892-1903年】には、彼のさまざまな発見が開陳されているが、農村経済にかんするすぐれた著作もものしている【『農村経済とその科学・物理学・気象学との関係』2巻、1843-44年】。13区のブサンゴー通り（Rue Boussangault）は1865年からある。

プーシェ Pouchet 1748-1809年。ルイ・エゼキエル・プーシェはルーアン出身の有名な工場主。きわめて創意工夫に富んだ綿紡績機を発明した彼の名は、17区に残っている。1834年に命名されたプーシェ通り（Rue Pouchet）と、94年の命名になるプーシェ小路（Passage Pouchet）である。息子のフェリクス・アルシメード・プーシェ（1800-72）も科学アカデミー会員に選ばれた有名な生物学者で、『ヘテロゲネシス（自然発生論）』【1859年】などを著している。その息子ジョルジュ（1833-94）は医師・解剖学者で、パリの自然史博物館で比較解剖学の教授をつとめた。

フジェール Fougères 環境と生活の質が何らの防衛も必要視されていなかった時代、20区のフジェール通り（Rue des Fougères）のすぐ近くにはブリュイエール公園があった。フジェール（シダ植物）はしばしばブリュイエール（エリカ）と共存していたのだ。まるで愛し合っているかのように、である。このフジェール通りは1936年からある。

ブシコー Boucicaut 当初はごく小さな店だったが、やがてパリ最初のデパートとなる「オ・ボン・マルシェ」を創業した、アリスティード・ブシコーの未亡人マルグリトの遺産で、1897年に15区に建てられた病院の名前【アリスティード（1810-77）とマルグリット（1816-87）は蓄財した資金でさまざまな慈善活動をおこなった。この病院もその活動の一環である】。同区にはブシコー通り（Rue Boucicaut）【2005年にマルグリト＝ブシコー通り（Rue Margurite-Boucicaut）に改称】が、7区には【オ・ボン・マルシェの建物に接して】1870年につくられた、ブシコー小公園（Square Boucicaut）がある。

ブーシャルドン Bouchardon 1698—1762

年。エドメ・ブーシャルドンはフランス北東部ショーモン出身の彫刻家【新古典主義の旗手としてロココ様式派と対立した】。ローマにかなり長いあいだ（10年間）住み、さまざまな作品を創作したが、とくに教皇クレメンス12世【在位1730-40】の胸像【1731年】が有名である。だが、フランス国王からよびもどされて、**ヴェルサイユ宮**で、さらに他の宮殿でも働くようになった。主な作品に『聖シャルル・ボロメ』【1746年】や『ルイ15世』【1758年】などがある。ブーシャルドン通り（Rue Bouchardon）は10区を走っている。

ブシュ Bouchut　1818-91年。ウジェーヌ・ブシュはアンファン＝マラド病院【1801年開院の小児科病院】の医師だった。15区のブシュ通り（Rue Bouchut）は1900年の命名である。

ブシェ Boucher　この呼称【字義は「精肉商」】は画家のフランソワ・ブシェ（1703-70）や1850年生まれの彫刻家アルフレッド・ブシェとは関係なく、いわんや司祭のジャン・ブシェ（1548-1641）ともまったく無縁である。さらに女流飛行家のエレーヌ・ブシェ（1908-34）のことでもない。では、このブシェとはいったいだれか。じつは平貴族で、1773年から78年までパリの参事会員をつとめたピエール・ブシェのことである。1区のブシェ通り（Rue Boucher）は1776年に命名されている。

ブシェ Bouchet　土地所有者の名。19区のブシェ袋小路（Impasse Bouchet）は、彼の土地に敷設された。

ブズー Bezout　1730-83年。エティエンヌ・ブズー【ベズー（Bézout）と表記されることもある】は、パリ南東方ヌムール出身の数学者。1758年に科学アカデミー会員に選ばれ、海軍士官候補生の、さらに砲兵の試験官となった。『代数方程式理論』【1779年】において曲線の交点にかんする定理【ベズーの定理】を提唱し、その名前を不朽のものとした。彼の名を冠したブズー通り（Rue Bezout）は1867年から14区にある。

ブタレル Boutarel　1846年に4区のブタレ

ル通り（Rue Boutarel）が敷設された土地の所有者名。ブタレル氏は4区の国民軍隊長で、染色職人だった。

ブタン Boutin　木材おき場の所有者の名。ブタン通り（Rue Boutin）は13区にある。

ブダン Boudant　1787-1850年。シュルピス・ブダンは鉱物学者・物理学者。一部の鉱物成分が互いに結びついて結晶化する原理を提唱した。1824年から科学アカデミーの会員となり、晩年は大学教育視学総監をつとめた【ブダン通り（Rue Beudant）は17区】

ブダン Boudin　土地所有者の名前。北仏オンフルール出身の出身で、印象派の先駆者とされる画家ウジェーヌ・ブダン（1824-98）とは無縁である。この画家ブダンは海洋画や風景画を好んで描いた。もっとも有名な作品に『トゥルヴィルの浜辺』【1864年】がある。地主の名がついたブダン小路（Passage Boudin）は20区にある【命名年は不明だが、通り自体の敷設は1840年】

プティ Petit　1772-1856年。ジャン・マルタン・プティはパリを生没地とする男爵・将軍。1814年4月20日、**フォンテヌブロー城**の中庭シュヴァル＝ブランで、ナポレオンは長年自分を守ってくれたプティ将軍を抱いて、別れの挨拶をしたという。その翌年、将軍はワーテルロー（**ワテルロ**）の戦いで、皇帝のために戦っている。1825年、彼は引退したが、30年7月に軍務に復帰し、翌31年、中将に任命される。そして1840年、廃兵院（**アンヴァリド**）の長官となり、52年、**ナポレオン3世**から元老院議員に任命された。彼の名を冠したプティ通り（Rue Petit）は、1865年から19区にある。

プティエ Petiet　1813-71年。ジュール・アレクサンドル・プティエはパリを生没地とする技師。1842年、**ヴェルサイユ鉄道会社**に雇われた彼は、45年、**ノール鉄道会社**の開発を指揮し、48年、後者の資材部門長となる。1867年、パリ中央工芸学校長に任命された彼の名は、1905年から17区のプティエ通り（Rue Petiet）に残って

いる。

プティ＝カロー Petits-Carreaux　中世の通りにもちいられた舗装はしばしばカローとよばれていた。2区のプティ＝カロー通り（Rue des Petits-Carreaux）はこのことに由来する呼称だが、公的な命名自体は1640年になされている。

プティ＝シャン Petits-Champs　1634年に開通した2区のボートリュ通りは、40年、ヌーヴ＝デ＝プティ＝シャン【字義は「新小さな野原」】通りと改称された。1881年から**クロワ＝デ＝プティ＝シャン**通りとよばれるようになる旧プティ＝シャン通りを延長したものだからである。そしてこの年、ヌーヴ＝デ＝プティ＝シャンの「ヌーヴ（Neuve）」がとれて、現在のプティ＝シャン通り（Rue des Petits-Champs）となった。

プティ＝セール Petit-Cerf　17区のプティ＝セール（小鹿）小路（Passage Petit-Cerf）は、いったい誰が名祖となったのか。この小路の旧地主だったプティ＝セール氏である。

プティ＝ゾテル Petits-Hôtels　1827年に開通した10区のプティ＝ゾテル通り（Rue des Petits-Hôtels）は、当時そこにあったいくつかの小さな個人邸館にちなんで命名されたものである。

プティ＝タルシュ Petite-Arche　16区のプティ＝タルシュ通り（Rue de la Petite-Arche）は、1925年にパリに編入されている。呼称は地名に由来するが、この地名はかつてそこにあった橋を支えていたアーチ（アルシュ）にちなんでいた。

プティット＝ゼキュリ Petites-Écuries　10区にはプティット＝ゼキュリと命名された通りや小路（Cour／Rue des Petites-Écuries）があるが、これらは1752年からあった王室小厩舎の跡地に敷設されている。国王の愛馬や馬車は**フォブール＝サン＝ドニ**通りの正門から出入りしていたが、もうひとつの出入り口は現在のプティット＝ゼキュリ通り15番地にあった。伝承によれば、厩舎ができる前、ニノン・ド・ランクロ【1616-1706。女流作家で、サロンを

主宰し、ラ・ロシュフコーらとも親交があった】が、ここで有名なサロン「クール・ガラント」【字義は「典雅な庭」】を催していた。このクール・ガラントからクール・デ・プティット＝ゼキュリへの転位。じつに興味深い決断だとはいえる。

プティット＝トリュアンドリ Petite-Truanderie　1区にあるプティット＝トリュアンドリ通り（Rue de la Petite-Truanderie）の呼称【字義は「小さな物乞い」】は、それが通じる**グランド＝トリュアンドリ**通りのそれと由来を同じくする。この2本の通りが交差する場所には小さな広場があり、その中央には井戸があった。フィリップ・オーギュストの宮廷に仕えていた有力者を父にもつアニェス・エルビックという名の娘が、恋人に裏切られたのを悲しんで身を投げた井戸だという…。そこからこの井戸には「愛の井戸」とよばれるようになり、しばらくのあいだ、この通りもまたそうよばれていた。

プティット＝ピエール Petite-Pierre　プティット＝ピエールは1870年、より正確には8月9日に、激しいかつ勇敢な抵抗ののち、ドイツ軍に占拠された**アルザス**の村。11区のプティット＝ピエール通り（Rue de la Petite-Pierre）は、この村をたたえて1873年に命名された。

プティット＝ブシュリ Petite-Boucherie　6区のプティット＝ブシュリ【字義は「小さな精肉店」】小路（Passage Petite-Boucherie）は、そこに店をかまえていた精肉店にちなんで命名されている。

プティトー Petitot　1607-91年。ジャン・プティトーはジュネーヴに生まれ、スイス最西部のヴェヴェで没したエナメル画家。子供のとき、当時評判だった宝石商【エナメル画家でもあった】ピエール・ボルディエの工房に入れられ、師とともにエナメルの肖像画を描くようになる。さらに、この師に連れられてフランスやイタリアを旅し、イギリスでチャールズ1世【国王在位1625-49】に召し抱えられた。

　国王が他界すると、プティトーはフラン

スに戻り、ルイ14世（ルイ・ル・グラン）から年金とルーヴル宮内に居室をあたえられた。ここで彼はアンヌ・ドートリッシュ【→サン＝タンヌ】らのエナメル肖像画を制作することになる。また、ル・ブランやミニャール、さらにフィリップ・ド・シャンパーニュなどの作品を模写・複製してもいる。

　プロテスタントだったプティトーは、ナントの勅令が廃止されたため【1685年】、スイスに戻るのを許されず、パリのフォール＝レヴェック監獄に幽閉された。ボシュエは自分に課された使命を全うしようと、なんとか彼をカトリックに改宗させようとしたが、徒労に終わった。老いて病をえたプティトーだったが、やがて回復して釈放され、最終的に帰国することができた。19区にあるプティトー通り（Rue Petitot）は1875年に命名されている。

プティ＝ペール Petits-Pères　2区のプティ＝ペール通り（Rue des Petits-Pères）は、同区の小路（Passage des Petits-Pères）と同様、現在同名の広場（Place des Petits-Pères）となっている場所にあった、プティ＝ペール修道院にちなんで命名されている。プティ＝ペールとはアウグスティヌス派の修道士たちをさすが、彼らは王妃マルゴ【→フィギエ】がヤコブをたたえるために創った曲を間違って歌ったため、王妃の逆鱗に触れて1612年からいたアヴィニョンを追われ、28年からこの修道院に移り住んだという。

　だが、フランス革命によって修道院は閉鎖され、その跡地には3区の区役所が建てられた。そして、1849年にはそこにバンク通りが敷設され、60年には同区が2区に改組された。区役所に一部が接していた旧修道院は、第一帝政期【1804-14年】に消防署となり、やがて完全に「火の男たち」に帰属し、19世紀末までに完全に解体された。

プティ＝ポン Petit-Pont　セーヌ川をまたいで4区と5区をつなぐプティ＝ポン【字義は「小橋」】は、20世紀も前から同じ場所にあり、同じ名でよばれてきた。むろん、

幾度となく改修工事はなされているが、ローマ人によって架けられた当初は狭い木橋にすぎなかった。1186年、サン＝ミシェル河岸とシテ島のマルシェ＝ヌフを結ぶプティ＝ポンははじめて石の橋となったが、以後、幾度となく自然ないし人為的な破壊【洪水や戦争による】をこうむり、その都度再建された。事実、1768年まで、それはほぼ50年ごとに再建されなければならなかった。1718年まで、橋の両側には、伝統的に家屋が並んでいた。

　現在のプティ＝ポンは1853年に完成している。パリでもっとも短い橋である【全長32メートル】。5区のプティ＝ポン広場（Place du Petit-Pont）は1782年にできている。同じ区のプティ＝ポン通り（Rue du Petit-Pont）はパリ最古の通りのひとつで、ルテティア（リュテース）からオルレアンへと向かうローマ時代の街道だった。

プティ＝ミュスク Petit-Musc　香水の製造時に、香りを放つ要素を固定するためにもちいられるミュスク（麝香）は、4区のプティ＝ミュスク通り（Rue du Petit-Musc）とは無縁であり、通りの呼称は語のたんなる変形にすぎない。じつは14世紀、この通りは「ピュト＝イ＝ミューズ」【字義は「娼婦とサロンの女主人ないし詩人たちに霊感をあたえる女性」】という、なんの説明も必要としない、だがきわめて魅惑的な名でよばれていた。だが、時代をへると、こうした呼称が不安になり、やがて現在の呼称へと変わったのである。

プティ＝モデル Petit-Modèle　当初シテ・プティ＝モデルとよばれていた13区の袋小路（Impasse du Petit-Modèle）は、その呼称の由来について2説がある。狭い通りだからとする説と、この小路の敷設と同時期に左右に何軒かの家を建てたプティ氏にちなむとする説である。おそらくより正確なのは前者の説だろう。

プティ＝モワヌ Petit-Moine　5区のプティ＝モワヌ【字義は「小さな修道士」】は14世紀に敷設されている。呼称はおそらく当時そこにかかっていた古い絵看板に由来する。

ブテブリ Boutebri 13世紀、5区を走るブテブリ通り（Rue Boutebri）は、ある住民の名をとって、エランブール・ガン・ブリ（Erembourg en Brie）とよばれていた。だが、まさに呼称は時代とともに変化するもので、やがてこれはブー・ド・ブリ（Bout de Brie）と改称され、最終的に現在の形となった。

フートリエ Feutrier 18区のフートリエ通り（Rue Feutrier）は1835年からある。呼称は土地所有者の名に由来する。

ブトルー Boutroux 1845-1921年。エミール・ブトルーはパリ南郊モンルージュ出身の哲学者。彼の哲学は論理的必然性と偶然的必然性の、さらに質的見解と量的見解の区別にかんする深遠な分析に基づいている。アカデミー・フランセーズ会員【1812年選出】。主著に『自然の法則の偶然性について』【1874年。学位論文】や『自然と精神』【1925年】などがある。1930年に敷設された13区のブトルー大通り（Avenue Boutroux）、2年後の32年に命名されている。

ブドロー Boudreau もし読者諸賢が1780年に生きていたなら、パリ市の書記官をしていたブドロー氏に出会ったことだろう。彼を名祖とするブドロー通り（Rue Boudreau）は、1779年から9区にある。

ブトロン Boutron ブトロン氏は土地所有者。1752年に敷設された10区のブトロン袋小路（Impasse Boutron）は、地主だった彼にちなんで命名されている。

ブドン Boudon かつて道路がきわめて少なかった頃、だれかれなくこう言っていた。「道をつくってくれたら、あなたの名前をつけてあげます」。そこでブドン氏はつぶやいた。「よし、それなら大通りをつくってしまおう…。アヴニュ・ブドン。この呼称は道路表示板に映えるはずだ」。ブドン大通り（Avenue Boudon）は16区にある。

フヌー Fenoux 1851年に開通した15区のフヌー通り（Rue Fenoux）は、旧地主にちなんで命名されている。

プネル Penel 18区にあるプネル小路（Passage Penel）の呼称は、この通りが敷設された土地の所有者の名に由来する。

ブノワ・フラション Benoît Frachon 1893年、フランス北東部ロワール県のシャンボン＝フジュロルに生まれ、1979年、同県のボルドで没した組合主義者。1936年から39年まで、ついで44年から67年まで労働総同盟（CGT）の書記長をつとめた。その後も、没年まで総同盟を率いた。2004年、20区の新しい大通りにその名が冠せられている。ブノワ＝フラション大通り（Avenue Benoît-Frachon）がそれである。

＊ブノワ・マロン Benoît Malon 1841-93年。社会主義の先駆者とみなされているマロンは、染色工だったが、政治の色を変えることは決してなかった。独学したのち、第1インターナショナルに参加し、ジュネーヴ（1866年）やバーゼル（68年）の大会に派遣された。1871年、パリ・コミューン（コミュヌ・ド・パリ）の指導者のひとりとなったため、「血の1週間」（1871年5月22日-28日）のあと、スイスに逃れた。1880年に恩赦となった彼は、フランスに戻って社会主義誌を創刊した【1885年】。ヒューマニズム的社会主義の信奉者として、彼はおそらくジャン・ジョレスに影響をあたえている。1930年に命名されたブノワ＝マロン通り（Rue Benoît-Malon）は、14区にあった。

ブフ Boeuf 4区のブフ袋小路（Impasse du Boeuf）は1722年から存在している。それ以前はブヴタン通りとよばれていた。

ブフ Boeufs 中世、精肉商たちは現在の5区のブフ袋小路（Impasse des Boeufs）の場所に牛小屋をかまえていた。ブフとは、去勢によって性格を穏やかにさせられ、一生のうちの重要な愉悦を奪われた雄牛のことである。

プープリエ Peupliers 18世紀初頭、プープリエ道は白ポプラやイタリア・ポプラなど、フランスに数多くみられる20種以上のポプラ（プープリエ）の街路樹で飾られていた。13区のこの道は1877年にプープリエ通り（Rue des Peupliers）となった。同じ区には同名の広場と小公園（Place /

Square des Peupliers）もある。前者は1910年、後者は26年の命名になる。

プープリエ Peupliers　16区のヴィラ・モンモランシー内を通るプープリエ大通り（Avenue des Peupliers）は、道の両側にポプラの街路樹があるところからこうよばれている。前項同様、至極単純な命名である。

ブフレール Boufflers　16区のブフレール大通り（Avenue de Boufflers）は、オートゥイユに土地をもっていたブフレール夫人たちとかかわる。今日まで記憶されているこの夫人たちは、以下の通りである。まず、ヴォルテールの友人でもあったマリ＝フランソワズ・ド・ボーヴォー＝クラオン（1711-87）は、その奔放な立ち居振る舞いゆえに「逸楽夫人」とあだ名された。さらに、マリ＝シャルロット・ブフレール＝ルヴレル（1725-1800）は「賢いミネルヴァ」とよばれ、オルレアン公爵夫人付きの女官であると同時に、この公爵夫人の兄であるコンティ公【1717-76。ルイ14世の孫で15世の従兄弟。スペイン継承戦争などで軍功をあげた。ヨハネ騎士団副総裁】の愛妾でもあった。

　コンティ公が他界すると、彼女は義理の娘アメリ・ド・ブフレール【1746/51-94。地方総督や数度にわたる革命戦争の司令官などを歴任したロザン公の夫人となったが、93年にギロチン刑で命を奪われた夫のあとを追うように、翌年、パリの革命広場（現コンコルド広場）でギロチン刑に処された】ともども自分の城に戻った。やがてタンプル通りでサロンを催し、そこには詩人や金融資本家、哲学者などが常連として出入りしていた。週に3回開かれたこのサロンで、彼女は10数人に夜食をふるまったが、招待客の一部は、食事よりむしろ義理の娘が目当てだった。こうした過去をもつブフレール大通り（Avenue de Boufflers）は、16区にある。

フベール Foubert　13区のフベール小路（Passage Foubert）は、1935年からその旧地主の名でよばれている。

ブライユ Blaye　ブライユはボルドー北方、ジロンド川右岸の郡庁所在地。ヴォーバンが築いた要塞を擁し、素晴らしいブドウ畑の中心に位置する。12区のブライユ通り（Rue de Blaye）は、開通と同時に1878年に命名されている。

ブラウン＝セカール Brown-Séquard　1817-94年。シャルル・＝エドゥワール・ブラウン＝セカールは、モーリシャス（イル・ド・フランス）島に生まれ、パリ南郊のソーで没した医師・生理学者。アメリカ人の父とフランス人の母をもつ彼は、数多くの神経疾患を扱った。パリで医師の学位を取得したのち、しばらくのあいだ北米とロンドンに滞在し、麻痺患者を診察した。

　やがてパリ大学医学部の教授【1869年】や、クロード・ベルナールの後任としてコレージュ・ド・フランスの教授【1878年。経験医学講座】となった彼は、1886年、科学アカデミーの会員に選ばれ、全仏生物学学会の会長もつとめた。その関心はとくに血液の組成や脊髄疾患、動物熱、リンパ節などに向けられた。彼を名祖とする15区のブラウン＝セカール通り（Rue Brown-Séquard）は、1899年の命名である。

プラグ Prague　チェコ共和国の首都プラハ（プラグ）は、ヴルタヴァ河畔に位置し、人口約127万【2015年】。973年に司教座がおかれ、1061年から歴代のボヘミア公がこの町に住んだ。プラハが本格的に有名となるのは、カール4世【神聖ローマ皇帝（在位1355-78）。ボヘミア王としてはカレル1世（在位1346-78）】の時代だった。1648年、カトリックの最後の牙城だったプラハはスウェーデン軍に包囲され【三十年戦争】、1748年にはフランス軍に侵攻される。シュヴェール連隊長率いるフランス軍はプラハを占拠するが、その期間は1年足らずだった。

　プラハの観光名所としてはプラハ城【870年完成】や司教座聖堂【10世紀】、カレル橋【1402年完成】などがあり、国立近代美術館【ヴェレトルジュニー宮殿】も一見の価値がある。パリのプラグ通り（Rue de Prague）は1904年から12区にある。

フラゴナール Fragonard　1732-1806年。ロ

ココ様式を代表する画家で版画家のジャン＝オノレ・フラゴナールは、南仏コート・ダジュールのグラースに生まれ、パリで没している。芸術アカデミーに入るために制作した最初期の作品『コレススとカリロエ』【1765年】は、ディドロから賞賛を浴びた【のちにディドロはロココ絵画の批判者となる】

だが、まもなくフラゴナールは作風を変え、愛や肉欲の場面を表すエロティックな主題を好んで描くようになる。これにより、彼は流行画家となった。作品としてはほかに『ブランコ』【1767年頃】や『脱衣』【1770年】、『かんぬき』【1780年】などがある。

フラゴナールはまた室内装飾にも非凡な才能を発揮し、かなり親しい関係にあったギマール夫人【1743-1816。踊り手・女優】や、ヴェルサイユ近郊のルヴシエンヌにあった、デュ・バリ夫人【1743-93。ルイ15世の最後の愛妾で、ギロチン刑に処された】などのアパルトマン装飾を手がけている。

だが、フランス革命によって上流の顧客たちを失い、やむなく生地グラースに逼塞する。1800年、無一文状態でパリに戻るものの、生活は困窮を極め、やがて脳卒中で世を去る。ちなみに、読者はフランス銀行の本店に彼の作品『サン＝クルー祭』【1775-80年】が飾られていることをご存知だろうか。この画家の名を冠したフラゴナール通り（Rue Fragonard）は、1875年から17区にある。

ブラザヴィル Brazzaville コンゴ共和国（1960年完全独立）の首都で、同名の川にそっている。町は1880年、イタリア出身のフランス人探検家の**サヴォルニャン・ド・ブラザ**によって建設された。1910年からブラザヴィルはフランス領赤道アフリカの首都となった。

1944年1月30日、シャルル・ド・ゴール将軍の主導で会議が開かれ、「フランス帝国」【アフリカのフランス植民地】からすべての代表がここに集まった【ブラザヴィル会議】。この会議では、植民地とフランス本国の段階的な統合がうたわれたが、独立

（最終的に獲得）を目的とはしないフランス連合の基盤がブラザヴィルにおかれた。15区のブラザヴィル広場（Place de Brazzaville）は1980年からある。

プラタヌ Platanes 18区のヴィラ・プラタヌ（Villa Platanes）は、あらためて指摘するまでもなく、小アジア原産で、紀元1世紀にガリアの地に招来されたプラタナス（プラタヌ）の木が、ヴィラの建設時にそこに植えられていたことにちなんで命名されている。

ブラック Braque この呼称は現代画家のジョルジュ・ブラックとはまるで無縁である。3区のブラック通り（Rue de Braque）にその名をあたえた一族のひとり【アルヌール・ド・ブラック】はブラック病院を創設し【1348年】、もうひとりのニコラ・ブラック2世【1360-1408】はシャルル5世と6世【国王在位1380-1422】の諮問官、さらに3人目のジェルマンは、シャルル7世【在位1422-61】の時代にパリ市参事会員をつとめている。

ブラディ Brady 1828年4月に10区のこのブラディ小路（Passage Brady）を敷設したのは、ブラディ氏自身である。政治的な働きかけによって、彼の名が小路につけられた。イヴ・モンタン（シニョレ＝モンタン）の最初期のシャンソンのひとつ「グラン・ブルヴァール（大通り）」は、一時期、こう歌っていた【現在伝わっている歌詞にこの一節はない】。「ぼくがキスできるくらいの年になったら、ブラディ小路はとても便利だ。冬暖かく、夏涼しい。おまけに静かで落ち着いてもいるからだ」

ブラディエ Pradier 19区のプラディエ通り（Rue de Pradier）は、1848年に開通している。呼称は、沿道に最初に住んでいた旧地主の名に由来する。

プラ・デタン Plat d'Étain 1区を走るプラ＝デタン通り（Rue du Plat-d'Étain）は、1489年の命名になる。呼称は、個人の家に錫の看板がかかっていたことによる。

フラテルス Flatters 1832-88年。ポール・グザヴィエ・フラテルスはモロッコ（マロ

ック）のラバト【もしくはパリ】に生まれ、サハラのビル・エル＝ガラマでトゥアレグ人に殺害された陸軍大佐。1879年、彼はスーダンへといたるサハラ横断鉄道の経路を調査する遠征隊を率いた。1回目の遠征はメンクーグ湖で終わり、トゥアレグ人たちからメンバーが殺される前に引き返した。1880年末に出発した2回目の遠征は、翌年2月16日、ビル・エル＝ガラマの井戸までで終わった。だが、遠征隊はトゥアレグ人の攻撃を受け、生きのびた者は数人だけだった。5区のフラテルス通り（Rue Flatters）が命名されたのは、それから3年たった1884年のことである。

フラテルニテ Fraternité　6区のフラテルニテ（友愛）通り（Rue Fraternité）は1889年、隣接するリベルテ（自由）通りやエガリテ（平等）通りと同時期に開通している。むろん、呼称はフランス革命の標語を表す。

プラトー Plateau　1884年に命名された19区のプラトー通り（Rue du Plateau）とプラトー小路（Passage du Plateau）は、かつてそこが近接するビュット＝ショーモンの頂上をなしていた小さな台地だったことを想い起こさせる。

プラド Prado　プラドはマドリードにある有名な国立美術館。カルロス3世【ボルボン（ブルボン）朝スペイン王（在位1759-88）。啓蒙的君主としても知られる】時代の1760年代、フアン・デ・ヴィリャヌエバ【1739-1811。スペイン古典主義の代表的建築家】の監督下で工事が始まり、フェルナンド7世【在位1808・1813-33】時代の1814年頃に完成をみた。

絵画部門はとくにスペイン国王、すなわちカール5世【神聖ローマ皇帝（在位1519-56）。スペイン王としてはカルロス1世（在位1516-56）】やフェリペ2世【スペイン（カスティーリャ・アラゴン・レオン）国王（在位1556-98）】、フェリペ4世【スペイン、ナポリ・シチリア国王（在位1621-65）】、フェリペ5世【ボルボン朝国王（在位1702-46）】の膨大なコレクションを有している。

ここではまたヒエロニムス・ボス【1450頃-1516】やラファエロ（ラファエル）、ピーテル・ブリューゲル【1525頃-69】、エル・グレコ【1541-1614】、バルトロメ・ムリーリョ【1617-82】、ディエゴ・ベラスケス（ヴェラスケス）、フランシスコ・デ・ゴヤ【1746-1828】などの名作を堪能することができる。パリのプラド小路（Passage Prado）は、1930年から10区にある。

プラトリエール Plâtrières　20区のプラトリエール通り（Rue des Plâtrières）は、1877年に命名されている。呼称は、近くに石膏採掘場があったことによる。

プラートル Plâtre　13世紀に石膏石製の共同パン焼きかまどが設けられた4区のプラートル通り（Rue du Plâtre）は、すでに1280年から現在の呼称となっていた。石膏石は硫酸カルシウムを主成分とし、焙焼によって水分を除き、粉末状にした鉱物である。

プラトン Platon　前429-前347/348年。アテナイ（アテヌ）で生まれ、没した哲学者。本名はアリストクレースで、プラトンとは「（肩幅が）広い」を意味する異名である。きわめて若い時期に当時のあらゆる学問を学んだ彼はまた、スポーツも実践し、オリンピア祭やイストミア祭で優勝するほどだったという。音楽や数学にも精通し、分析法の考案者ともされる。

ソクラテス【前470生】の弟子かつ友人だったプラトンは、ソクラテスが毒杯をあおいで刑死したとき【前399年】、アテナイにとどまることにたえきれず、近郊のメガラに住んでいたエウクレイデス【前450頃—前380頃。ユークリッド。ソクラテスの門人で、著書『原論』や幾何学で知られる。メガラ学派の創始者】のもとで数か月間過ごし、そののち10年あまり諸国を遍歴する。こうして彼はエジプトや南イタリアを訪れ、前389年、アテナイに戻る。そして、アテナイ北西郊アカデメイアに学園を創設し、みずからの哲学を惜しみなく教授するようになる。

プラトンは理想的な哲人政治の実現を夢見て、前367年から3度シチリア（シシル）島のシラクサ（シュラクサイ）を訪れているが、政争によってその夢はついえた。男が全体の半分であり、残りの半分をたえず求めるという理論【人間球体説】の発案者でもあるプラトンの著作は、その大半が基本的にソクラテスをおもな相手とする対話形式をとっている。彼の著作としては、30-40代に書いた『ソクラテスの弁明』や『クリトン』、『饗宴』、50-60代の『国家』、『ソピステス』、『テアイテトス』、70代の『法律』などがある。

プラトンは言っている。「自分に打ち勝つことは、もっとも偉大な勝利である」、「才能の本質、それは智恵である」、「探せよ、そうすれば見つけられるだろう」、「恋は盲目である」、「哲学者が王となり、王が哲学者となる国家は幸いである」。この古代ギリシアの偉大な哲学者に捧げられたプラトン通り（Rue Platon）は、1909年から15区にある。

フラマン Flamands　シテ・デ・フラマン（Cité des Flamands）はフランドル大通りの近くに位置しているところから、1895年に命名されている【フラマンはフランス語で「フランドル人」の意】

ブラムス Brahms　1833-97年。ヨハネス・ブラームス（ブラムス）はハンブルクに生まれ、ウィーンで没したドイツの作曲家。数多くの歌曲をつくって名声をはせた。さらに室内楽やピアノ曲、4つの交響曲、序曲、協奏曲、そして傑作『ドイツ・レクイエム』【初演1869年】でも評判をとった。12区には、そんな彼の名を冠したブラムス通り（Rue Brahms）が1991年からある。

ブラール Boulard　ミシェル・ブラールは篤志家として知られる室内装飾業者だった。マリー＝アントワネット【1755-93】の御用商人だった彼は、帝政時代に宮廷お抱えとなる。この地位のおかげでかなりの蓄財をし、その大部分を慈善事業に費やした。たとえば、貧しい老人12人のための養護施設をサン＝マンデ大通りに建てる資金と

して、100万フランを遺贈している。14区のブラール通り（Rue Boulard）は1838年からある。

ブーランヴィリエ Boulainvilliers　16区を走るブーランヴィリエ通り（Rue du Boulainvilliers）は、かつてはオートゥイユとパシー村に属していたが、1859年に両村がパリに編入されたことによって、パリの通りとなった。呼称は現在のこの通りとパシー通りが交差する高台に1381年からあった城館に由来する。パシー城ともよばれたこの城館が何らかの重要性を帯びるようになったのは、パシー領主のクロード・シャユ【1670没】が1658年にこれを購入し、60年から68年にかけて改築したときだった【1745年からはブーランヴィリエ城とよばれるようになる】。当初、城郭と領地は8ヘクタールの広さをもち、ル・ノートル設計の庭園も有していた。

ブランヴィル Blainville　1777-1850年。デュクラテ・ド・ブランヴィルは北仏のアルクに生まれた博物学者。キュヴィエの弟子となったが、のちに師の説と対立する。彼の仕事は比較解剖学や一般生理学、古生物学など多岐にわたったが、一部の生物種が消滅するのは自然的な要因によるものであり、天変地異によるとする解釈を退けた。主著に『軟体動物学と貝類学入門』【1825年】などがある。ブランヴィル通り（Rue Blainville）は5区にあり、1865年に命名されている。

フランクヴィル Franqueville　1809-78年。アルフレッド・フランケ・ド・フランケヴィルは、北仏マンシュ県のシェルブールに生まれた技師。1829年に国立理工科学校（エコール・ポリテクニーク）を卒業すると、やがてフランス国内の鉄道網の発展に尽力する。さらに彼は1830年から78年にかけて実施された港湾や運河、鉄道、道路の建設工事の大部分を手がけてもいる。16区のフランクヴィル通り（Rue Franqueville）は、1904年の命名である。

フランクラン Franklin　→　バンジャマン＝フランクラン

フランクラン・D・ルズヴェルト（ロスヴェルト、ロズヴェルト）Franklin D. Roosevelt　1882-1945年。フランクリン（フランクラン）・デラノ・ローズヴェルトないしルーズヴェルト（ルズヴェルト）は、ニューヨーク州ハイドパークで生まれ、ジョージア州のウォームスプリングスで没した政治家。共和党の従兄セオドア・ローズヴェルト【1858-1919】は、1901年から1904まで、第20代大統領をつとめ、彼自身は民主党に属して、1933年から45年まで第32代大統領【4期】の座にあった。彼は1929年の経済恐慌後の合衆国経済を回復させ、1941年には第2次世界大戦への参戦を断行した。

　だが、ローズヴェルトは大統領4期目のはじめから体調が思わしくなく【1921年に発症したポリオないしギラン・バレー症候群のために下半身が麻痺し、車椅子の生活を余儀なくされていた】、1945年2月の有名なヤルタ会談に出席した頃には、その体はかなり衰弱していた【この会談の2か月後、肖像画の制作途中に脳卒中で急死】。彼の名を冠した8区のフランクラン＝D＝ルズヴェルト大通り（Avenue Franklin-D-Roosevelt）は、1945年からある。

フランクール Francoeur　1773-1849年。ルイ＝バンジャマン・フランクールはパリ出身の数学者。国立理工科学校（エコール・ポリテクニーク）を出た彼は、1809年、パリ大学の高等代数学教授となり、42年にフランス学士院会員に選ばれた。彼には以下の著作がある。『統計諸要素』【1810年】、『実践天文学』【1830年】、『液体比重測定法』【1842年】。18区のフランクール通り（Rue Francoeur）は1875年からある。

フランケ Franquet　15区のフランケ通り（Rue Franquet）は、1883年、旧地主にちなんで命名されている。

フランコ＝リュス Franco-Russe　面妖なことに、7区にフランコ＝リュス大通り（Avenue Franco-Russe）が登場する以前、「フランコ＝リュス（フランス＝ロシア）大通り会社」が設立されている。まさにそれは本末転倒とでもいえるもので、1911年に大通りを敷設し、みずからの呼称をそれにつけたのが、ほかならぬこの会社だった。こうして帳尻があうことになるが、おかしなことには違いない。

ブーランジェ Boulangers　5区のブーランジェ通り（Rue des Boulangers）は、1844年からそうよばれるようになった。命名は、この通りに多くの精肉店があったことに由来する。

プランシェット Planchette　3区のプランシェット袋小路（Impasse de la Planchette）は16世紀からある。その呼称は、ここにあった下水渠の上に渡された小さな橋、つまり板橋に由来する。

ブランシオン Brancion　アドルフ・ド・ブランシオンは1803年に北仏ノール県のコンデ＝シュル＝エスコーに生まれた連隊長で、クリミア（クリメ）戦争中の1855年7月5日、「マムロン・ヴェール」【字義は「緑の乳頭」。ロシア軍が戦場に築いた無数の円丘状のトーチカのこと】を攻撃している際、マラコフで戦死した。それ以前、彼は1844-46年のアフリカ戦線で輝かしい戦績をあげている。15区には1864年に命名されたブランシオン通り（Rue Brancion）、そして同名の小公園（Square Brancion）がある。

フランシス・カルコ Francis Carco　1886-1958年。フランシス・カルコ、本名フランソワ・カルコピーノ＝テュゾリは、ニューカレドニア（ヌーヴェル＝カレドニ）のヌーメアに生まれたフランス人作家。アカデミー・ゴンクール【ゴンクール賞選考委員会】のメンバーで、数多くの詩や回想録、小説をものしているが、もっとも有名なのは『ジェジュ・ラ・カイユ』【1914年】だろう。彼はまた以下のようなシャンソンを作詞してもいる。

　　　木々の枝に隠れるような
　　　心休まる小さなカフェー、
　　　日曜日ともなれば
　　　常連客で一杯になる。

18区のフランシス=カルコ通り（Rue Francis-Carco）は1971年からある。

フランシス・ガルニエ Francis Garnier

1839-73年。フランス中央山地東部のサン＝テティエンヌに生まれ、ハノイで没した開拓者。1860年、中国やコーチシナに向けて出発し、63年、先住民問題監察官に任命される。彼はメコン川をカンボジア（カンボジュ）から雲南にまで遡り、さらに揚子江を上海まで下っている。1870年の普仏戦争時は、パリで第8防衛担当区域を指揮し、パリ開城に激しく抵抗した。翌1871年、再びコーチシナへ、さらにトンキンへ赴いた彼は、1873年11月21日、120人の兵とともにハノイを奪取するが、まもなくトンキンの海賊たちの攻撃を撃退する戦いのさなかに戦死する。それから1世紀後の1932年、17区に彼の名を冠したフランシス=ガルニエ通り（Rue Francis-Garnier）が誕生している。

フランシスク・サルセ Francisque Sarsey

1827-99年。フランシスク・サルセはパリ南西方のドゥルダンに生まれ、パリ市内で没した作家・批評家。1848年、テーヌやエドモン・アブーらとともに高等師範学校に入学した彼は、卒業後、フランス北東部のショーモンや南西部のロデス、さらにグルノーブルで教壇に立つ。だが、1858年にこれを辞してパリに移り、サタネ・ビネやS・ド・シュティエール、スガラレルといった筆名で《ル・フィガロ》や《ル・ゴーロワ》、《ル・タン》【→フランシス・ド・プレサンセ】などの新聞に記事を寄稿する。1867年からは、《ル・タン》紙で毎週月曜日に演劇時評を30年間書き続けた。

サルセは次のような2つの金言を遺している。「演劇には特殊な規則がある」と「演劇は基本的に民衆のものである」。「おじさん」という綽名がつけられた彼は、4分の1世紀以上ものあいだ、厳格な批評に徹し、その浩瀚な知識や公平さ、不偏性によって大きな権威を勝ちえた。平均的な民衆ないし良き大衆、あるいは彼の言葉に倣っていえば「金を払う大衆」の代表でもあった彼の主な評論としては、『演劇40年』【1901-02年】がある。孫娘であるマルティヌ・サルセ【1928-2010】もまたきわめて高い評価を受けていた女優で、俳優兼演出家のミシェル・ド・レ【1925-79】と結婚している。フランシスク=サルセ通り（Rue Francisque-Sarcey）は16区。命名は1904年である。

フランシス・ジャム Francis Jammes

1868-1938年。フランス南西部オート=ピレネー県のトゥルネに生まれ、バスク地方のアスパランで没した詩人。ピレネー（ピレネ）山脈北麓のオルテスで数年間公証人事務所につとめたのち、本格的に詩作活動に入る。そのデビューはアンドレ・ジッドやステファヌ・マラルメから祝福された。ジャムの作品は郷里ベアルン地方やバスク地方と分かちがたく結びついている。

1898年、有名な処女詩集『明けの鐘から夕べの鐘まで』【手塚伸一訳、青土社】を出した彼は、さらに『クララ・デレブーズもしくはある老女の物語』【1899年。邦題名『クララ・デルブウズ』、市原豊太訳、鎌倉文庫】や『桜草の喪』【1901。手塚伸一訳、青土社】、『空の晴れ間』【1906年。田辺保訳、前同】などを発表する。ジョルジュ・ブラッサンスはジャムの詩「アヴェマリア」に曲をつけて、この詩人の存在を一般に広く知らしめた。

ジャムは言っている。「なによりの慰めは、古い急流の岸辺で若い実をつけた苺のように魅力的な愛だ」、「みずからを礎にしたのに、ときにその釘がじつは背後のだれかを傷つけたりすることがある」。さらに『クララ・デレブーズ』のなかでは、こうも書いている。「昔、私は寄宿学校の女生徒だったクララ・デレブーズが好きだった。暑い夜、彼女は外出してシナノキの下で古い雑誌を読んでいた」。フランシス=ジャム通り（Rue Francis-Jammes）は、1987年から10区にある。

フランシス・ド・クロワセ Francis de Croisset

1877-1937年。フランツ・ヴィーナー、通称フランシス・ド・クロワセはブリュッセ

フランシス

ル生まれのユダヤ系ベルギー人で、フランスに帰化した作家・劇作家。彼は『シュリュバン』【1901年】や『孔雀』【1904年】、さらに有名な台詞、「ユペール！私を好きだと言って…」を含む『領主のブドウ園』【1923年】などの戯曲を書いている。18区のフランシス＝ド＝クロワセ通り（Rue Francis-de-Croisset）は1964年に命名されているが、彼は今際のきわにこう嘆息したという。「もういい加減うんざりだ」

フランシス・ド・プレサンセ Francis de Pressensé 1853-1914年。パリ出身の政治家フランシス・ドゥオー・ド・プレサンセは、1880年、大使館の秘書となるが、やがて外交の場を離れて、《ル・タン》紙【第三共和政下の1861年に、コルマール出身のジャーナリストだったオーギュスト・ネフィツェ（1820-76）が、パリで創刊した夕刊紙。1942年廃刊】の外交関連記事を編集するようになる。1898年、確固たる信念をもってアルフレッド・ドレフュスを擁護するが、そのため《ル・タン》紙を去って急進的な《オーロール》紙【→アルチュール・ランク】に移った。それはまたレジョン・ドヌール騎士勲章を諦めることを意味した。1902年、リヨン選出の国民議会議員となった彼は、『ドレフュス事件』【1898年】や『1893-94年の極悪法』【1899年】などの著書を遺している。14区には、1928年に命名されたフランシス＝ド＝プレサンセ通り（Rue Francis-de-Pressenssé）がある。

フランシス・ド・ミオマンドル Francis de Miomandre 1880-1959年。ミオマンドルは作家・エッセイスト。他の何にもまして、スペイン文学は彼に多大の恩恵を負っている。彼がその翻訳書を数多く上梓し、フランスにおけるスペイン文学の普及に貢献しているからだ。13区のフランシス＝ド＝ミオマンドル通り（Rue Francis-de-Miomandre）は1978年の命名である。

フランシス・ピカビア Francis Picabia 1879-1953年。パリを生没地とする画家・作家。当初シスレー（シスレ）の影響を受けたこのギョーム・アポリネールの親友は、1907年頃まで印象派風の絵を描いていた。だが、やがてキュビズムに洗礼され、さらにトリスタン・ツァラのダダ運動にくわわる。1945年からは最終的に非具象の作品を発表するようになる。

ピカビアの油彩画としては以下がある。『苦痛の絶頂』【1915年】、『センチメートル』【1924-25年】。彼はまたルネ・シャール【1907-88。シュールレアリスムの代表的な詩人のひとり】の映画『アント・ラクト』【1924。作曲はエリク・サティ】のシナリオも書いている。著書としては『ユニーク・ウニュク』【1920年。ツァラの序文】や、まさに自由な文体で書き上げた『山師イエス・キリスト』【1926年】などがある。パリの20区には、1987年に彼にちなんで命名されたフランシス＝ピカビア通り（Rue Francis-Picabia）がある。

フランシス・プーランク Francis Poulenc 1899-1963年。パリを生没地とする作曲家。独学で作曲法を習得したプーランクは、ジョルジュ・オーリックと知り合い、やがてそれが有名な「6人組」を立ち上げるきっかけとなる。このグループにはほかに以下のメンバーがいた。ジェルメヌ・タイユフェールやルイ・デュレ【1888-1979。パリ生まれの作曲家。プーランク同様、正規の音楽教育とはほとんど無縁に育ち、名門の高等商学院を卒業したのち、クロード・ドビュッシーの音楽に触れてビジネスの世界から音楽に身を投じた】、ダリウス・ミヨー、アルテュール・オネゲル【1892-1995。フランス北ル・アーヴル出身のスイス人作曲家。1911年、ヴァイオリンを学ぶためにパリ音楽院に入り、ミヨーらと知り合う。ストラヴィンスキー（1882-1971）にとくに影響を受けた彼は、ミヨーと同様、バレエやシャンソン、コンチェルト、室内楽、映画音楽、オペラ、オラトリオ、交響曲など多岐にわたる分野で作曲活動を行った】

プーランクの初期の作品としては新古典主義的なピアノ曲『3つの無窮動』（1918/19年）や、ギョーム・アポリネールの詩に基づく歌曲集『動物詩集』がある。

1936年からは、おそらくラシュスらの影響で、その作品はより高揚したインスピレーションを帯びるようになり、宗教的な情動が姿を現すようになる。教会音楽の『ロカマドゥールの黒い聖母像へのリタニー』（1836年）や『ミサ曲ト長調』（1937年）、オペラ曲の『カルメル会修道女の対話』【1953-56年】、『人間の声』（1958年）【コクトー台本】などである。むろんオペラ曲『ティレジアスの乳房』（1944年）【アポリネール台本】を忘れてはならない。彼はこの作品についてこう語っている。「アポリネールの台本をラテン語に訳せば、人はそれを宗教音楽だと思うだろう」。19区のフランシス＝プーランク広場（Place Francis-Poulenc）は1978年に命名されている。

フランシス・ポンジュ Francis Ponge
1899-1988年。モンペリエに生まれ、南仏アルプ＝マリティム県のバル＝シュル＝ルーで没した詩人。彼は驚くべき手法、つまり比類のない言葉を駆使して、オブジェや果物といったモノをその散文詩で表現した。ジャン＝ポール・サルトル（→ジャン＝ポール・サルトル＝シモヌ・ド・ボーヴォワール）は彼を実存主義の詩人とみなしていたが、言葉が帯びている真に唯物論的な哲学を発展させた詩人だったともいえる。作品としては『モノの先入観』【1942年。阿部弘一訳、思潮社】や『さまざまなエビ』【1948-51年】、『表現への情熱』【1952年。『表現の炎』、阿部弘一訳、思潮社】、『書くという実践と永遠の未完成』【1954年】、『石鹸』【1967年】などがある。

ポンジュは言っている。「言葉が拒むのはただひとつだけ、すなわち物音をほとんどたてず、沈黙するということである」、「1本の木が樹木の本性を表そうとするのをいかにすれば理解できるのか？　たしかにそれは葉をつけるが、それだけでは多くを教えてはくれない！」、「人間は未来形である。人間は人間の未来である」、「世界全体は言葉の多様な倍音が調和したものにほかならない。それは〈ウィ〉の調音なの

だ」。彼に捧げられた19区のフランシス＝ポンジュ通り（Rue Francis-Ponge）は、その死から6年たった1994年からある。

プランシャ Planchat
1875年に命名された20区のプランシャ通り（Rue Planchat）は、労働者結社の司祭だったが、1871年のパリ・コミューン（コミュヌ・ド・パリ）時に銃殺された人物を名祖とする。

ブランシャール Blanchard
1753-1809年。ジャン＝ピエール・ブランシャールは北仏のレ・ザンドリに生まれた気球乗り。気球飛行中に脳卒に襲われ、ル・アーヴル近くに落下した事故の1年後、パリで没した。それ以前、彼はドーバー海峡を横断し、パラシュートも考案している。妻のマリ・アルマンも気球乗りだったが、1819年7月6日、67回目の見世物飛行の際、パリのティヴォリ公園【現在は撤去】上空で気球が火を吹き、墜落した。彼女はただちにプロヴァンス通りの自宅に運ばれ、息を引き取った。20区のブランシャール通り（Rue Blanchard）は、1933年に命名されている。

プランシャール Planchard
20区のプランシャール小路（Passage Planchard）は、この通りが敷設された土地の旧地主にちなんで命名されている。

ブランシュ Blanche
14区にあるシテ・ブランシュ（Cité Blanche）の呼称は、土地所有者の娘の名にちなんで、1856年に命名されている。

ブランシュ Blanche
9区のブランシュ広場（Place Blanche）の呼称は、近くにフェルミエ・ジェネロー（総徴税請負人）市壁の「バリエール・ブランシュ（白い関税徴収所）」があったことによる【フェルミエ・ジェネロー市壁は1784-90年にパリの市域の外周27キロメートルにわたって築かれたもので、その市門に設けられたバリエールでは、首都に入る物品に対する入市税が徴収された。1860年に撤去され、跡地には大通りが建設された。→序文】。この広場は1864年までバリエール＝ブランシュ広場とよばれていた。

ブランシュ Blanche
広場と同じ9区を走るブランシュ通り（Rue Blanche）の呼称は、

単にそれがブランシュ広場に接しているというだけでなく、おそらく17世紀にモンマルトルの採石場から白い石灰を運ぶ放下車が頻繁にここを通ったことによる。

ブランシュ＝アントワネット Blanche-Antoinette　ブランシュ＝アントワネット——まちがいなくムッシューである——は、独力でこの19区の通り（Rue Blanche-Antoinette）を建設した人物である。

フランシュ＝コンテ Franche-Comté　北はアルザスとロレーヌ、南はブレスとミュジェ、西はシャンパーニュとブルゴーニュの各地方、そして東はスイスに囲まれた旧地方名。当初、この地方はセクアニ人、ついでブルグント人、さらにカロリング朝時代【751-987】にアルル王国【933-1032年】に属した。1155年、神聖ローマ皇帝フリードリヒ1世【在位1152-90。赤髭王】に帰属し、のちにはシャルル・ル・テメレール【最後のブルゴーニュ公（在位1467-77）】、そして皇帝カール5世【在位1519-56。スペイン国王カルロス1世（在位1516-56）の支配下に入り、後者はこれをスペインに併合した。

　1669年、ルイ14世（ルイ・ル・グラン）の時代にオランダのナイメーヘンで結ばれた和約【フランス・イングランド・スウェーデン連合軍と、ネーデルラント・神聖ローマ帝国・スペイン・ハプスブルク連合軍によるオランダ侵略戦争を終結させた条約】によって、フランシュ＝コンテは最終的にフランス王国に帰属することになる。この地方の主要都市はドールとブザンソン。アン川とドゥー川が貫流する同地方の呼称が、パリの3区フランシュ＝コンテ通り（Rue de Franche-Comté）につけられたのは、1884年のことである。

フランシュモン Franchemont　11区にあるフランシュモン袋小路（Impasse Franchemont）は1885年に開通している。呼称はその土地所有者の名に由来する。

フランス France　パリにはフランスをたたえる通りがなかった。この信じがたい欠落は、1993年、13区に新たにフランス大通り（Avenue de France）ができて解消す

ることになった。

プランス Princes　2区にあるプランス小路（Passage des Princes）の呼称は、1860年にこの通りが敷設されたのが、プランス館の跡地だったことに由来する。これは1663年に建てられた40もの部屋を有する壮大な邸館で、1797年に修復されていた。ジャコモ・マイアベーア【1791-1864。ベルリンに生まれ、パリで没したユダヤ系ドイツ人作曲家。1824年にパリで発表した『エジプトの十字軍』で名声を博し、パリに定住する】も一時期住んでいたこの邸館は、また、「ヨーロッパ・ホテル」、「ヨーロッパおよび諸侯家具付きホテル」ともよばれていたが、小路の敷設時に解体された。

プランセス Princesse　6区のプランセス通り（Rue Princesse）に名を残すプランセス（プリンセス）とは、ブロワで暗殺されたギーズ公【→アミラル・ド・コリィニ、クリヨン】の妹カトリーヌ・マリ・ド・ロレーヌ（1552-96）のことである。彼女は1570年にモンパンシエ公ルイ・ド・ブルボン3世【1513-82。国王軍の指導者で、プロテスタント（ユグノー教徒）を大量虐殺した1572年のサン＝バルテルミーの虐殺にくわわった】と結婚し、モンパンシエ公爵夫人となった。そして、カトリック同盟で重要な役割を担い、つねに彼女の軽い跛行を嘲弄していただけでなく、兄のギーズ公と弟のギーズ枢機卿【1555-88。ランス大司教】までも殺害した、国王アンリ3世【在位1524-89。カトリック同盟の盟主だったが、この暗殺はカトリック同盟者たちの怒りを買い、ローマ教皇もアンリを破門にした。そして同盟の活動家だったドミニコ会士の凶刃を浴び、翌日他界した】をひどく憎んでいた。

　プランセス通りは1630年、カトリーヌの旧所有地に敷設されているが、彼女はかつてそこにあったルション館に、しばしばカトリック同盟のメンバーを集めていた。しかし、アンリ3世の殺害後、彼女はそれに関与したとして告発される。おそらくそれはかならずしも冤罪ではなかった。国王試逆者のドミニコ会士ジャック・クレマン

【1567-89】に、国王暗殺の許可をあたえて
いたからである。その際、彼女はこう言っ
たという。「ふしだらな修道士を篭絡する
ほど簡単なことはない」

　だが、哀れな修道士はモンパンシエ公爵
夫人の約束を味わう機会がなかった。犯罪
後、ただちに護衛兵たちによって殺され、
死体をバラバラにされてしまったからであ
る。彼女がプランセスの称号をえたのは、
ブルゴーニュのローヌ川とソーヌ川に挟ま
れた小さなドンブ公国の公爵でもあった、
夫公モンパンシエのおかげである。

フランセーズ Française　1区のフランセー
ズ通り（Rue Française）は当初はサン＝
フランソワ通り、ついでフランソワズ通り、
さらに改称されて現在の呼称となった。た
しかにかつてフランス人（Français）はフ
ランソワ（François）とよばれていた【フ
ランセーズは女性名詞のrue（通り）を修飾す
るためFrançaisの女性形となっている】。現在
のフランセーズ通りは1881年からある。

フランソワ・ヴィヨン François Villon
1431-1463年以降。フランソワ・ヴィヨン
の姓はデ・ロジュないしモンコルビエだっ
た【両親とは幼少時に死別ないし生別】。ヴィ
ヨンという姓は、収容された彼に教育を授
けた孤児院付き司祭【彼の縁者だったギヨー
ム・ド・ヴィヨン】のものである。パリに
生まれた彼は絞首刑にならなければ奇蹟と
でもいうべき、極端なまでに野放図な日々
を送った。街道を荒らしまわっていた盗賊
団「マランドラン」と交わり、1455年に
は喧嘩である聖職者を殺害し、のちにはナ
ヴァール学寮で押し込み強盗も働いている
からだ。やがてパリから追放され、地方、
とくにブロワなどを放浪したが、彼はみご
とな詩人であり、1462年頃に書かれた『大
遺言詩』【佐藤輝夫訳、弘文堂書房】は賞讃
すべきものである。そのなかにはだれもが
知っている詩「昔日の貴婦人たちのバラー
ド」（邦題「こぞの雪、今いずこ」）が入っ
ている。以下は、『大遺言書』の一部であ
る。

　歌の選者よ、巴里の貴婦人の方々に、
　雄辯賞を　授興して下さい。
　假令　話題にイタリアの女が出ても、
　巴里女のおしゃべりには　歯が立たない。
　　　　（『ヴィヨン全詩集』、鈴木信太郎訳、岩
　　　　波文庫）

　15区には1865年からフランソワ＝ヴィ
ヨン通り（Rue François-Villon）がある。

**フランソワ・オーギュスト・マリエット・パ
シャ François Auguste Mariette Pacha**
1821-81年。イギリス海峡に面したブーロ
ーニュ＝シュル＝メールに生まれ、カイロ
（ケール）で没したエジプト学者。生地の
リセで当時惹かれていたエジプト学を教え
ていた彼は、1849年、ルーヴル美術館の
古代エジプト部門に就職する。そして翌年、
コプト語文献を購入するためにエジプトに
赴く。彼はこの使命を全うできなかったが、
サッカラ遺跡で発掘を始め、セラペウム
【プトレマイオス朝の国家神セラピスを祀った
神殿で、その地下墓地には聖牛アピスが埋葬
されていた】を発見した。彼はまた、1858
年、エジプト副王のサイード・パシャ
【1822-63。恩師レセップスの進言でスエズ運
河開発事業に着手したが、そのために国家財
政を破綻させた】から、エジプト考古局の
局長に任命されている【パシャ（高官）と
いう称号は、副王イスマーイール・パシャ（在
位1867-79）から授けられたもの】

　マリエットはまたタニスやギゼー、テー
ベなどで数多くの遺跡を発掘し、エドフや
デンデラの神殿を掘り当て、さらに古代エ
ジプトの芸術品、たとえばシェイク・エル
＝ベレド【エジプトやシリアの地方行政官】
の木彫やしゃがみこんだ書記像をはじめと
する遺物を大量に発見してもいる。彼に捧
げられた5区のフランソワ＝オーギュスト
＝マリエット＝パシャ小公園（Square
François-Auguste–Mariette-Pacha）は
1983年に命名されている【コレージュ・
ド・フランスの前にあるこの広場の西側は、
2005年からミシェル＝フーコー小公園
（Square Michel-Foucault）となっている】

フランソワ

フランソワ・コペ François Coppée 1842-
1908年。パリ出身の詩人・小説家・劇作家。
1866年に処女詩集『聖遺物箱』を出したが、
コペを有名にしたのは1869年の戯曲『通
行人』である。作品としては戯曲の『クレ
モナの弦楽器商』【1876年】や『ジャコバ
イト』【1885年】、詩集の『内奥』【1867年】
や『庶民』【1872年】、小説の『楽しい苦
痛』【1898年】などがある。1884年のアカ
デミー・フランセーズ会員になったコペに
は、次のような洒落た言葉をのこしている。
「ああ、スミレの花越しに交わした最初の
接吻」。さらにより有名な言葉としては以
下がある、「サラダを作るには4人は必要
だ。ひとりはサラダオイルの浪費家、ひと
りは酢の客嗇家、ひとりは塩にうるさい賢
者、そしてもうひとりは胡椒狂いである」。
15区のフランソワ＝コペ通り（Rue
Françoise-Coppée）は、1911年からある。

フランソワ・ジェラール Françoise Gérard
1770-1837年。フランソワ・ジェラール
男爵はローマで生まれ、パリで他界した歴
史画家。父ジャン・シモン・ジェラールは
ヴェネツィアなどの大使や国務卿、教皇庁
担当外務卿を歴任したベルニ枢機卿に仕え、
母クレラ・マッテイはイタリア人。12歳
のとき、家族とともにイタリアから帰国し、
1810年、『アウステルリッツの戦い』を描
いて、一躍世に知られるようになる。彼は
またタレーラン（タレラン）やレカミエ夫
人、さらに皇帝ナポレオン一家のほとんど
の人物を肖像画にしている。

帝政崩壊後も、彼は平然としてシャルル
10世【在位1824-30】やルイ＝フィリップ、
ルイ18世【在位1814-15/1815-24】の肖像
画を描き続け、ウェリントン公【1769-
1852。1815年のワーテルローの戦いでナポレ
オン軍を撃破した】の肖像画も手がけた。
皇帝ナポレオンが失脚した1815年、彼は
ルイ18世の求めで『アンリ4世のパリ入
城』を制作している。フランソワ＝ジェラ
ール通り（Rue Françoise-Gérard）は、
1853年から16区にある。

フランソワズ・ドルト Françoise Dolto
1908-88年。パリを生没地とする精神分析
学者・精神科医のドルトは、ジャック・ラ
カン【1901-81。精神分析学者でフランス構
造主義の中心のひとり】とともに、パリ・フ
ロイト派を立ち上げる【1964年】。とくに
幼児や青少年に関心をいだいていた彼女は、
以下の書をものしている。『精神分析と小
児科学』【1971年】、『子供たちの理由』
【1985年】、『青少年たちの理由』【1988年】、
『子供が登場するとき』【1990年。村上光彦
訳、みすず書房】。13区のフランソワズ＝ド
ルト通り（Rue Françoise-Dolto）は、
2003年の命名である。

**フランソワ・ド・ヌーシャトー François de
Neufchâteau** 1750-1828年。ニコラ・フ
ランソワ、通称ヌーシャトーは、フランス
北東部ムルト＝エ＝モーゼル県のサフェに
生まれ、パリで没した作家・政治家。ヌー
シャトーで学業を修めたのち、この地名を
自分の名にくわえる。きわめて早熟だった
彼は、すでに13歳（！）でディジョンや
ナンシー、リヨン、マルセイユのアカデミ
ー会員となり、16歳で『ピエス・ヒュジ
ティヴ』を発表している。そして20歳に
なった1770年、ヴォルテールに後押しさ
れて、生地に近いトゥールで修辞学を講じ、
83年にはフランス領サント＝ドミンゴ【ド
ミニカ】にあるカップの上級法院検事長に
登用される。だが、その帰国時、載ってい
た船が難破して10年間の仕事の果実、す
なわち『怒れるロラン』【中世の武勲詩】の
翻訳原稿を失った【出発時にも、交通事故や
キノコの食あたり、急病などの災難に遭って
いる】

フランス革命時の1789年、ヌーシャト
ーは立法議会議員となり、司法大臣に指名
されるが、辞退する【のちに同議会議長】。
1793年、その戯曲『パメラ』が公安委員
会で問題視され、テルミドール9日【1794
年7月27日にロベスピエール派を失脚させた
クーデタ】まで投獄される。1797年、フラ
ンス学士院会員となった彼は、総裁政府の
内務大臣のポストを受け入れる。さらにブ
リュメール18日【ナポレオンが総裁政府を

倒して執政政府を樹立した1799年霜月（ブリュメール）18日のクーデタ】のあと、元老院議員となり、帝国伯爵に叙される。だが、復古王政とは距離を置いたため、貴族院議員になることは拒まれた。11区には彼にちなんで1870年に命名された、フランソワ＝ド＝ヌーシャトー通り（Rue François-de-Neufchâteau）がある。

フランソワ・トリュフォー François Truffaut
1932–84年。パリで生まれ、パリ西郊のヌイイ＝シュル＝セーヌで没した映画監督。最初は映画雑誌の《カイエ・デュ・シネマ》に辛辣な映画批評を書いていたが、やがてみずから映画を製作するようになり、「ヌーヴェル・ヴァーグ」を代表する映画監督のひとりとなる。しばしば個人的な体験、とくに幼年・青年時代の体験に裏打ちされたその作品は、彼が若い頃に現実逃避した時代の「憂鬱さ」を表現している。

トリュフォーの代表作としては、たとえば以下がある。『400回の攻撃』【1959年。邦題名『大人は判ってくれない』】や『ピアニストを撃て』【1960年】、『ジュールとジム』【1961年。『とつぜん炎のごとく』】、『盗まれた接吻』【1968年。『夜霧の恋人たち』】、『野生の少年』、『家庭』【いずれも1970年】、『男たちは女性を愛していた』【1977年。『恋愛日記』】、『最後のメトロ』【1980年。『終電車』】、『日曜日が待ち遠しい』【1983年】。12区のフランソワ＝トリュフォー通り（Rue François-Truffaut）は1993年からある。

フランソワ・パントン François Pinton 19区のフランソワ＝パントン通り（Rue François-Pinton）は、1908年からその旧地主のひとりの名でよばれている。

フランソワ1世（プルミエ）François Ier
1494–1547年。フランス国王フランソワ1世（在位1515–47）は、フランス西部アングレーム地方のコニャックで生まれ、パリ南西方のランブイエで没している。アングレーム伯シャルル・ド・ヴァロワを父に、ルイズ・ド・サヴォワを母とする彼は、従兄にあたるルイ12世【国王在位1498–1515】

の王座を受け継ぎ、その娘クロード・ド・フランス【1499–1524】と結婚する。1525年のパヴィアの戦い【ハプスブルク＝スペイン・神聖ローマ帝国連合軍とフランス王国軍の戦い】に敗れた夜、彼は母にこう書き送っている。「母上、私は全てを失いました。信義だけを除いて」

この戦いで捕虜になった彼は捕虜としてマドリードに連行される。翌1526年、カール5世【神聖ローマ皇帝在位1519–56】は有利な条約【マドリード条約】を結んで、フランソワ1世から中東部のブルゴーニュやシャロレー地方にくわえて、シャトー＝シノンやオソンなどの町を割譲させた。やがて帰国したフランソワ1世は、条約の署名が無理強いされたものだと主張して、戦争が再開する。彼はすでに1520年の北仏カン・デュ・ドラ・ドールの会談で提携の説得を試みていた、イングランド王のヘンリー8世【在位1509–47】や、ドイツのプロテスタント諸侯、さらにオスマン帝国皇帝のスレイマン2世【在位1520–66】などと同盟を結ぶ【第1次ウィーン包囲】

ところが、ヘンリー8世はそれに背いてカール5世と手を結んだ。フランスにとって事態は不利に動いたが、幸いなことにこのふたりの敵は仲違いをしてしまう。そして1544年、フランソワ1世は1544年にカール5世とクレスピー和約、46年にはヘンリー8世とアルドルの和約を結ぶ。ルイ12世は死の直前、フランソワ1世についてこう語ったという。「このとんでもない若者はすべてを台無しにしてしまうだろう」。だが、ルイ12世は完全に見込み違いをしていた。

奔放ではあったが、おそらくベル・フェロニエール【フランソワ1世の最後の愛妾で、呼称はレオナルド・ダ・ヴィンチの貴婦人肖像画（1495–97年）の題名から】に死ぬほど尽くしたフランソワ1世は、フランスのためにも数多くの善行をなしている。とくにそれは芸術の分野にみられたが、そのため民衆からかなりの人気を博していた。彼はコレージュ・ド・フランスを創設し、印刷

業を発展させ、フランスの芸術家たちを庇
護し、イタリア・ルネサンスの代表する芸
術家たちと親交を保った。ダ・ビンチ（レ
オナール・ド・ヴァンシ）やベンヴェヌー
ト・チェッリーニ【1500-71。画家・彫刻
家・金銀細工師・音楽家】などである。

　フランソワ1世の30年間の治世は、フ
ランスの政治的・経済的・倫理的・芸術的
な風景を一変させた。彼とクロード・ド・
フランスの墓石は、サン＝ドニ大聖堂にあ
る。これはフィリベール・ドゥロルムの作
で、制作年は1552年。そこにはジェルマ
ン・ピロンやピエール・ボンタン【1507-
68】、アンブロワズ・ペレ、ジャック・シ
ャントレル、ジャン・ド・ブルジュ、バス
チャン・ガル【以上、生没年不詳】らによ
る彫刻がおさめられている。フランソワ1
世通り（Rue François-Ier）は1957年から
8区にある。

　8区にはまたフランソワ1世広場
（Place François-Ier）もある。1823年の命
名だが、この年、パリ南東方セーヌ＝エ＝
マルヌ県のモレ＝シュル＝ロワンから、こ
の国王の居館が移転されている。これはい
ささか放浪癖のある館で、1955年には再
びモレに移された。

フランソワ・ボンヴァン François Bonvin

1817-87年。パリのヴォージラール地区に
生まれ、西郊のサン＝ジェルマン＝アン＝
レで他界した画家・版画家。【静物や】貧
しい庶民の内面を描くことに長けていた彼
は、1881年に失明してしまう。だが、仲
間たちが回顧展を開いて作品を売ってくれ
たおかげで、なんとか貧しさを免れること
ができた。作品としては『孤児たちの学
校』や『編み物をする女性』、『幼年学級』、
『修繕する女性』、さらにリュクサンブール
美術館所蔵の『食堂』や『噴水』【いずれ
も制作年不詳】などがある。彼の名を冠し
たフランソワ＝ボンヴァン通り（Rue
François-Bonvin）は、1891年から15区に
ある。

フランソワ・ミレ（ミエ）François Millet

1815-75年。ジャン＝フランソワ・ミレー

（ミレ）は北仏マンシュ県の小村グリュシ
ーで生まれ、パリ近郊のバルビゾンで没し
た画家。農民の子として生まれ、子供の頃
は羊飼いの手伝い、のちに耕作人となった
彼は、デッサンに非凡な才を見せた。19
歳のとき、生地近くのシェルブールで絵画
の修業をし、さらに1828年、パリに出る。
当初、その生活は悲惨なもので、縁日の小
屋に大きなフレスコ画『イスリの戦いでの
ビュジョー元帥』を描いたりして糊口を凌
いだ。1842年には無一文同然で、ル・ア
ーヴルの町を放浪してもいた。それでも彼
はパリにまいもどる。

　1844年【3年前に結婚したポーリーヌ＝ヴ
ィルジニー・オノと死別した年】、ミレーは
ようやく注目されるようになり、生活も多
少楽になった。1848年の2月革命後、彼
はバルビゾンに移り、見事な農民画家・風
景画家となる。代表作には『乗馬のレッス
ン』【1847年】や『種まく人』、『座る農婦』
【いずれも1850年】、『落穂拾い』【1857年】、
そしてとくに、あまりにも有名すぎるため、
彼の他のすべての作品を多少とも色あせた
ものにしてしまいかねない『晩鐘』【1859
年】などがある。16区のフランソワ＝ミレ
通り（Rue François-Millet）は1886年の
命名である。

フランソワ・ミッテラン François Mitterrand

1981年から95年までフランス共和国大統
領をつとめたミッテランは、1916年にフ
ランス南西部ボルドー北方のジャルナック
に生まれ、1996年、パリで病没している。
第2次世界大戦で捕虜となったが、収容所
を脱出してレジスタンスに入った彼は、戦
後、1946年から58年までパリ南東方ニエ
ーヴル県選出の国民議会議員となり、59
年から62年まで上院議員をつとめたのち、
ふたたび国民議会に戻った。その間、退役
軍人担当大臣や海外植民地大臣などを歴任
したが、1953年、より自由な政策を唱え
て国の植民地政策に反対したため、国務大
臣の職を解かれる。

　だが、翌1954年から55年まで、ピエー
ル・マンデス・フランスの内閣で内務大臣、

ギ・モレ【1905-75。社会党書記長などを経て1956年に首相となったが、スエズ問題で失脚した】の内閣で法務大臣をつとめた。1965年、はじめて大統領選挙に左派統一候補として名乗りをあげたが、決選投票でシャルル・ド・ゴールに敗れる。やがて民主・社会主義左派連合の創設に尽力し、1974年、再度大統領選挙に挑戦する。相手はヴァレリー・ジスカール・デスタン【1926-】だった。このときも決戦投票まで持ちこみながら敗れた。彼の得票総数は49.30パーセント、相手は50.70パーセントという僅差だった。

そして3度目の挑戦となった1981年の大統領選挙で、ミッテランはついに大統領の座を射止め、7年の任期を2期つとめた。彼はまたすぐれた著作家でもあり、『絶えざるクーデタ』【1964年】や『藁と穀物』【1975年】などを書いている。彼に捧げられた1区のフランソワ＝ミッテラン河岸通り（Quai François-Mitterrand）は2003年に命名されている。

フランソワ・ミロン François Miron 1560-1609年。生前「民衆の父」と讃えられたフランソワ・ミロンは、パリで生まれ、没している。1585年にパリ高等法院の評定官になり、1604年から1606年までパリ商人頭【市長に相当】をつとめた。4区のフランソワ＝ミロン通りが現在の道筋になったのは1865年である【少年モーツァルトはパリ滞在中、この通りに住んでいた】

フランソワ・ムトン François Mouthon 19世紀末から20世紀初頭にかけて、《ル・ジュルナル》という大新聞があり、フランソワ・ムトン【生没年不詳。カトリックで、反ユダヤ主義ジャーナリスト】はその主幹をつとめていた。彼にちなんだフランソワ＝ムトン通り（Rue François-Mouthon）は1927年に命名されている。

フランソワ・モーリヤック François Mauriac 1885-1970年。ボルドーで生まれ、パリで没した作家・ジャーナリスト。モーリヤックの小説は地方の生活を好んで描き、たとえば『ジェニトリクス』【1923年】や『テ

レーズ・デスケルー』【1927年。前田総助訳、青山社】、『蝮のからみあい』【1932年。中島公子訳、主婦の友社】などにみられるように、信仰と官能を対峙させてもいる。

彼は『アスモデ』【1938年。二宮孝顕訳、新潮社】や『愛されぬ人々』【1945年】といった戯曲も書き、週刊誌、とくに《レクスプレス》誌に政治的ないし社会的な記事を厳しい筆致で寄稿してもいた。これらの記事は死後『ブロック＝ノート』【1993年、5巻】にまとめられている。13区のフランソワ＝モーリヤック河岸通り（Quai François-Mauriac）は、1933年からアカデミー会員をつとめ、52年にはノーベル文学賞を受賞した彼をたたえて、1994年に命名されたものである。

フランソワ・ポンサール François Ponsard 1814-67年。アスプス山脈中のイゼール県ヴィエンヌで生まれ、パリで他界した詩人・劇作家。ロマン主義に惹かれていたにもかかわらず、ポンサールは、ヴィクトル・ユゴーから「不条理なものないしわざとらしさに陥っている」と酷評されている。彼は「出来事が本当らしく、感情が崇高で、性格や熱情が真理とともに展開する」演劇を夢見ていた。

こうした観点から、ポンサールは詩劇『リュクレース』を書いている。1843年4月22日に初演されたこれは大成功を収めたが、ヴィクトル・ユゴーやアレクサンドル・デュマ（父）、さらにサント＝ブーヴらはただちにこの新人に批判を浴びせ、彼を「良識派の長」とよび、笑いものに仕立てて「抹殺」しようとした。彼らの意図は半分しか成功しなかったが、失敗ではなかった【ただし、彼は1855年にアカデミー・フランセーズ会員となっている】。こうして物議を醸したポンサールの戯曲としては、ほかに『シャルロット・コルディ』【1850年】や『ユリシーズ』【1852年】、『名誉と金』【1853年】、『恋するライオン』【1866年】などがある。フランソワ＝ポンサール通り（Rue François-Ponsard）は、1904年から16区にある。

プランタン Plantin　20区のプランタン小路（Passage Plantin）は、ここに家を有していた人物の名にちなんで命名されている。ただし、このプランタン氏は活字に名を残す印刷業者【フランドルの印刷・出版業者クリストフ・プランタン（1520-89）】とは無縁である。

プランタン Printemps　いささか無償の宣伝となるが、17区のプランタン通り（Rue du Printemps）は、その呼称をプランタン・デパートに負っている。この通りは、1886年、同デパートの所有企業が敷設したものである。

フランツ・リスト Franz Liszt　1811-86年。ハンガリー王国のライディングに生まれ、ドイツのバイロイトで没したハンガリー人作曲家。14歳ですでに歌劇『ドン・サンシュないし愛の館』を作曲した彼は、ヨーロッパ各地を旅して、そのピアニストとしての才能を発揮して賞賛を受け、やがてパリに落ち着く【1827-34年】。その生活は多分に波乱ぶくみのものだったが【教え子だったサン・クリク伯の娘カロリヌ（1810-72）との身分違いの恋愛と破局のいたみ】、このパリで、彼はパガニーニやバルザック、ショパンなどと知り合い、とくにウジェーヌ・ドラクロワと親交を結んだ。1840年にはのちに愛娘コジマ【1837-1930】と結婚する、貧しい若手作曲家ワーグナー【1813-83】と出会い、金銭的な支援を与えてもいる。

　1848年、ヴァイマルから宮廷楽長として迎えられたリストは、突然ローマを訪れ、教皇に剃髪を願い出る。そこから「リスト神父」というあだ名が生まれるが、剃髪しただけで、神父になったわけではない。それから数年間ヴァチカンに滞在したあと、再びヨーロッパ各地を旅する。彼は夥しい数の作品を発表しているが、代表作としては以下がある。歌曲の『火刑台上のジャンヌ・ダルク』【1845年】、交響詩『マゼッパ』【1851年】や『オルフェウス』【1853-54年】、協奏曲の『ハンガリー幻想曲』【1854年】、宗教合唱曲の『レクイエム』【1867-68年】、『聖クリストフ』【1870年】、

管弦楽曲の『メフィスト・ワルツ』【1856～85年】。10区のフランツ＝リスト広場（Place Franz-Liszt）は、彼にちなんで1962年に命名されている。

プラント Plantes　1867年に開通した14区のプラント（草）通り（Rue des Plantes）は、もとは1730年からあった同名の街道の一部である。命名はごく単純で、周囲が田園風だったことに由来する。

ブランドー Brindeau　別段驚くことではないが、かつてブランドーという語はちょろちょろ流れる水、つまり一種の小川を意味していた。昔、この一帯を1本のブァンドーが湾曲しながら流れていた。1997年、19区の小路（Allée des Brindeau）にブランドーの名がつけられたのは、そうした過去を忘れないためである。

ブラントーム Brantôme　1540-1614年。フランス中南部ペリゴール地方の町ブラントームの領主だったピエール・ド・ブルデイユは、どの修道会にも属さない在俗司祭で、年代記者でもあった。彼はイタリアやスコットランド（エコス）、イングランド、アフリカ沿岸部、スペイン、ポルトガルなど、多くの地を旅した。やがて宗教戦争に加わり、宮廷人となったが、失脚して、領地へ帰る。悪いことは重なるもので、ある日、落馬して蟄棲を余儀なくされ、以後、残りの人生を、自らがかかわったさまざまな出来事を語るために送るようになる。

　しかし、おそらくピエール・ド・ブルデイユは自分の著作に絶対的な信頼を勝ち取るのに失敗した。重要な歴史的出来事をまるで埒もない逸話として説明しようとしたからだ。ありていにいえば、彼にとって唯一関心があったのは、善と悪のあいだを行きかう人生だけだった。ただ、まさにこうした寛容さゆえに、彼は注目すべき人物であり、あれこれ瑕疵こそあるものの、その著作は全体として当時をきわめて的確に描写しているといえる。そんな彼の主著としては『偉人と外国の偉大な長たちの生涯』【8巻、1665-66（死後刊行）】や『好色女傑伝』【2巻、鈴木豊訳、講談社】などがある。

3区にあるブラントーム通り（Rue Brantôme）とブラントーム小路（Passage Brantôme）は、いずれも1977年に命名されている。

フランドラン Flandrin 1809-64年。リヨンに生まれ、ローマで没した画家のイポリット・フランドランは、23歳のとき、『祝宴で父から認められたテセウス』でローマ大賞を受賞している。以来、宗教画家としての天職に速やかに磨きがかかる。とくにそれを強く印象づけたのは『イエスと子供たち』【1839年】である【ただし、彼の最高傑作とされるのは、ローマ留学中の1836年に制作した『海辺に座る裸体の青年』】。フランスに帰国すると、パリ市は彼に**サン＝セヴラン**教会にある**サン＝ジャン**礼拝堂の壁画を依頼する。1848年には南仏ニームのサン＝ポール教会の装飾を手がけ、さらにリヨンのエネ教会にある3か所の後陣装飾は、じつに10年の歳月をかけて取り組んだ。

やがてパリに戻ったフランドランは、**サン＝ジェルマン＝デ＝プレ**教会や**サン＝ヴァンサン＝ド＝ポール**教会の吹き抜けの装飾を託され、当時の人々が、アテネ（**アテヌ**）のパルテノン神殿の外壁を飾るパンアテナイ祭の蛇腹画になぞらえて、「キリスト教のパンアテナイ祭」と呼ぶようになる壁画を制作する。だが、不幸なことにフランドランの体は弱く、教会堂の凍りついたような穹窿での長時間の作業に耐えることができなかった。こうして彼はまさにその才能の全開時に世を去るのだった。そうした彼の才能に捧げられた16区のフランドラン大通り（Boulevard Flandrin）は、死の翌年、すなわち1865年に命名されている。

フランドル Flandre 19区のフランドル大通り（Avenue de Flandre）はかつてラ・ヴィレット村の主道であり、フランドル地方へと向かう街道の起点だった。それにちなんで、19世紀初頭にこのように命名されている。フラマン語でフランドゥルンと呼ばれるフランドルは、エスコー低地や北海沿岸部、アルトワ地方、エノー地方、そしてブラバント地方を含む。今日、フランド

ルの一部はフランスに属してノール（北）県となり、他の一部はベルギーに属し、西フランドル（中心都市はブルッヘ）と東フランドル（中心都市はヘント）に分かれている。

フラン＝ノアン Franc-Nohain 1873-1934年。本名はエティエンヌ・ルグラン。きわめて高い評価を受け、ベル・エッポック期に人気を博した詩人・寓話作家。ジャン・ノアン【1900-81。作詞家・司会者】と俳優クロード・ドーファン【1903-78】の父である——ドーファンはノアンの妻【マリ＝マドレーヌ・ドーファン（1879-1942。詩人・音楽家レオポル・ドーファンの娘）】の結婚前の姓——。フラン＝ノアンの作詞には、とくにレナルド・アーン【1875-1947。ベネズエラ出身の音楽家】によって曲がつけられている。13区のフラン＝ノアン通り（Rue Franc-Nohain）は1956年の命名である。

フラン＝ブルジョワ Francs-Bourgeois 中世のフラン＝ブルジョワとは【君主や貴族と主従関係を結んで】課税を免れていた者を指す【近代では免税のために貧しさを装う偽貧民の謂い】。1350年にマレ地区に建てられた家は、パリのフラン＝ブルジョワたち48人を住まわせていた。3区と4区を結ぶフラン＝ブルジョワ通り（Rue Francs-Bourgeois）は、この建物にちなんで1500年に命名されている。フランス革命期にフラン＝シトワイヤン通りと改称されたそれが、現在の道筋になったのは1868年のことである。問題の建物は今もこの通りの36・36番地にある。

ブラン＝マントー Blancs-Manteaux 4区のブラン＝マントー通り（Rue Blancs-Manteaux）は、古く1289年に命名されているが、その呼称は、「ブラン＝マントー（白マント）」と呼ばれた修道士たちの修道院が近くにあったことによる。彼らは1252年にマルセイユで創設された「聖母マリアの下僕会」に属していた。これはいわゆる托鉢修道会で、1258年にパリに進出している。だが、1274年、ほとんどの托鉢修道会は姿を消し、前記修道院には、

黒いマントをまとっていたが、ブランという呼称だけは保ち続けたモンルージュ【パリ南郊】のギュミット会士たちが住むようになった。

ブランリ Branly 1844-1940年。エドワール・ブランリは北仏アミアン出身。無線電信が実用化したのは、明らかに彼の考案になる「コヒーラ」【受信用検波器】のおかげである。物理学者で化学者でもあった彼の名は、1941年に河岸通りに冠せられた。15区のブランリ河岸通り（Quai Branly）である【現在、この河岸通りには日本文化会館（開館1997年）やパリの人類博物館およびアフリカ・オセアニア芸術博物館のコレクションなどを移管した、ケ・ブランリ博物館（2006年開館）がある】

ブリ Brie パリ盆地の地域。小麦栽培や牧畜、バター、チーズで有名な豊かな高地で、ノジャン＝シュル＝セーヌからエペルネにかけて円弧状に広がっている。19区のブリ小路（Passage de la Brie）は1875年の命名。

ブリアール Briare ブリアール氏は実業家で、この小路が命名された1805年当時、ここに家を1軒かまえていた。ブリアール袋小路（Impasse Briare）は9区にある。

フリアン Friant 1758-1829年。ルイ・フリアン伯は北仏ソンム県のモルランクールに生まれ、パリ北方のスランクールで他界した将軍。1794年に少将となった彼は、ドイツやイタリアで戦い、エジプトでは中将に昇進して、上エジプト方面軍の指揮官となっている。アウステルリッツ（オステルリッツ）やイエナ、エックミュール【1809年】の戦いでその勇猛さをいかんなく発揮し、ヴァグラム（ワグラム）の戦いでも有名な「角塔」を奪取した。彼は1812年のモスコヴァの戦いで負傷するが、翌年のドレスデンの戦いに従軍している。こうした功績で、ナポレオンの百日天下時に貴族院議員に叙せられる。だが、第二復古王政で引退を余儀なくされた。14区のフリアン通り（Rue Friant）は1864年に命名されている。

ブリケ Briquet 土地所有者の名。彼の名を冠したブリケ通り（Rue Briquet）は18区にある。

ブリケトゥリ Briqueterie ごく単純にいえば、呼称は、19世紀にこの通りにレンガ工場があったことによる。ブリケトゥリ通り（Rue de la Briqueterie）は14区にある。

フリゴ Frigos 13区のフリゴ通り（Rue des Frigos）は、1921年から71年まで、ここにパリの冷蔵・冷凍倉庫、通称「フリゴ」があったことにちなんで命名されている。

ブリサック Brissac 1550-1621年。ブリサック公シャルル・コセは名門貴族の出身で、幾度となく逡巡と心変わりを繰り返したのちの1594年3月22日、ついにアンリ4世にパリの市門を開いたのが彼である【ギーズ公亡きあと、カトリック同盟の指導者のひとりだったブリサック公が、前年にプロテスタントからカトリックに改宗した宿敵アンリ4世の軍門に下ったことを指す】。ついでにいえば、これによって彼はフランス元帥の地位を得ている。やがて彼とその子孫たちは歴代のフランス国王に忠誠を尽くすが、孫息子のルイ・エルキュル【1734生。パリ要塞司令官】は、1792年、ルイ16世【国王在位1774-92】に近かったために暗殺されている。おそらくこの国王に多くを求めたわけではなかったにもかかわらず、である。ブリサック通り（Rue de Brissac）は4区にあり、1844年に命名されている。

プリション Plichon 1914年に「通り」（Rue Plichon）になったシテ・プリション（Cité Plichon）は、その旧地主で住民だった人物のひとりにちなんで命名されている。

ブリズー Brizeux 1806-58年。オーギュスト・ブリズーはブルターニュ地方のロリアンないしスカエルに生まれ、南仏モンペリエで没したロマン派詩人。彼はひたすら生まれ故郷の「柏の木で覆われた花崗岩の大地」を謳った。小説や詩集として『マリア』【1832年】や『3要素』【1841年】、『黄金の花』【全集収載、1884年】などがある。1935年に命名されたブリズー小公園

（Square Brizeux）は20区にある。

プリス・ダヴェンヌ Prisse d'Avennes
1807-79年。プリス・ダヴェンヌは北仏ノール県のアヴェーヌ（Avesnes）に生まれ、パリで没した旅行家・エジプト学者【本名アシル・エミール・プリス。ダヴェンヌは生地の名をとった筆名】。1826年、ギリシアの独立戦争に参加した彼は、さらにパレスティナやインド、エジプトを訪れる。このファラオの国で、副王の専属技師となり（彼はシャロン＝シュル＝マルヌの工芸学校出身だった）、その子供たちの家庭教師もつとめた。

　エジプト滞在中、ダヴェンヌは重要な発掘を幾度かおこなっているが、とくにルクソールのカルナック神殿で、トトメス3世【ファラオ在位前1479-前1425頃】の祝祭殿に関心を抱いた。そして、その石のいくつかをフランスに持ち帰り、王立図書館に寄贈した。彼はまた、第4王朝の処世術や第5王朝の道徳論を含むパピルスを発見し、のちにそれは「プリス・パピルス」と呼ばれるようになる。彼の名を冠したプリス＝ダヴェンヌ通り（Rue Prisse-d'Avennes）は、1897年から14区にある。

ブリーズ＝ミシュ Brise-Miche　ブリーズ＝ミシュというこの呼称に卑猥さはまったくない【micheは複数形で「尻、乳房」の意】。それどころか、中世には、この4区の通りでは【サン＝メリ大修道院の】参事会員たちがミシュ（大型の田舎風パン）を焼き、貧しい人々に配っていた。にもかかわらず、男たちは最終的にここに卑猥さを求めに行くようになった…。現在の呼称となる前、バーユオエ袋小路と呼ばれていたここには、娼婦たちが頻繁に姿を見せていたからだ。このブリーズ＝ミシュ通り（Rue Brise-Miche）は、1517年の命名になる。

ブリデーヌ Bridaine　1701-67年。南仏ガール県のシュ（ス）クランに生まれ、アヴィニョン近郊のロクモールで没したジャック・ブリデーヌ司祭は、高名な説教家だった。彼は256回説教をおこない、ときに陳腐な話もしたが、それが説教の魅力を減ず

ることはなかった。王室はそんな彼の話に耳を傾けていた。ルイ15世【国王在位1715-74】はある説教のあと、彼にこう話しかけたという。「説教を聴くのは大好きだが、人がそれを朕にするのは好まない」。彼を名祖とする7区のブリデーヌ通り（Rue Bridaine）は、1864年に命名されている。

ブリット Boulitte　1894年に敷設された14区のブリット通り（Rue Boulitte）は、当初から土地所有者の名で呼ばれている。

プリマティス Primatice　1504-70年。フランチェスコ・プリマティチョ、通称ル・プリマティスはボローニャに生まれ、パリで他界したイタリア人の画家・建築家。イタリア北部のマントバ城修復工事を皮切りに建築の道に入った彼は、1531年、フランソワ1世からフランスに招かれ、フォンテヌブロー城の装飾を請け負う。彼はこの城のアンリ2世回廊に神話を題材とするフレスコ画を描いた。これらのフレスコ画はルイ・フィリップの時代に修復されたが、現在はほとんど消滅している。

　やがてシャルル9世【国王在位1560-74】時代に入った1560年当時、彼は独特の存在感を保って、いわば芸術的な独裁者となっていた。だが、その彼がオルレアン近郊にあるシャンボール城の設計図を描いたとするのは誤りである。それはジャック・スルドー【1530-？】とピエール・トランコー【生没年不明。スルドーとともにブロワ城の建設などを手がけた】という、きわめてフランス的な建築家たちの作品だからである。

　一方、画家プリマティスの有名な作品としては、ルーヴル美術館蔵の『スキピオの節欲』【1555年？】などがある【彼は1559年に王室監督官となり、晩年をアンリ2世（国王在位1547-59）の霊廟建設に費やした】。彼の名を冠したプリマティス通り（Rue Primatice）は、1900年から13区にある。

プリムヴェール Primevères　11区にあるプリムヴェール袋小路（Impasse des Primevères）は、1873年に命名された当時、道の両側に、春ともなれば美しいプリムヴェール（サクラソウ）が咲き誇る庭園

があった。この花はきわめて種類が多く、野生でもあったところから、人々は好んで「カッコウ」と呼んでいた。

プリモ・レヴィ Primo Lévi 1919-87年。イタリアの作家・化学博士で、レジスタンス活動家もあったプリモ・レーヴィ（レヴィ）は、トリノ（テュラン）で生まれ、没している。彼はとくに自叙伝を数多く著し、そのなかで第2次世界大戦中に強制収容されたアウシュヴィッツでの体験を証言している。『これが人間か』【1947・58年。『アウシュヴィッツは終わらない』、竹山博英訳、朝日選書】や『休戦』【1963年。竹山訳、岩波文庫】などで、である。彼はまた詩集『博物誌』【1966年】や逸話的な小説『自在スパナ』【1978年】なども書いている。その名を冠したプリモ＝レヴィ通り（Rue Primo-Lévi）は、2003年から13区にある。

フリードランド Friedland フリートラント（フリードランド）は旧プロイセン東部の町【現ロシア連邦カリーニングラード州プラヴディンスク】で、1807年6月14日、ナポレオン軍がここでロシア軍相手に大勝利をあげている。フランス軍の戦死者数8000に対し、ロシア軍は2万で、そこには将軍も25人含まれていた。ロシア軍を率いていたのはベニグセン将軍【1745-1826。プロイセン出身の伯爵】。対するフランス軍は、ナポレオン自身に加えて、**ランヌ**やネ、**ラ・トゥール・モブール**、モルティエ、アレクサンドル＝アントワヌ・ド・セナルモン【1769-1810。カディスの攻囲戦で戦死】、エマニュエル・グルシー【1766-1847】といった元帥や将軍が指揮をとった。この戦いに勝利したことにより、プロイセン最後の要塞ケーニヒスベルクが陥落した。この勝利を記念して1854年に命名されたフリードランド大通り（Avenue Friedland）は、8区にある。

ブリニョル Brignole 1812-88年。マダム・ブリニョル＝サルはイタリア人金融家ガリエラ【公爵？】の夫人だった。ジェノヴァ（ジェーヌ）で生まれ、パリで没した彼女は、際立って慈悲深かった。パリ南西郊の

ムードンに、サン＝フィリップ孤児院とキリスト教学校修士会用の養老院を創設・維持するため、じつに2400万フランもの浄財を投じている。さらに、クラマール病院の創設に1100万フラン、労働者用住宅の建設に200万フランを寄付してもいる。

こうして彼女はその莫大な資産をすべて使い切った。息子が母親の遺産を1銭たりを相続しないと決めたからである。若者にしてはまことに殊勝な心がけである。パレ・ガリエラ【現パリ市立モード服飾博物館】は、夫人がパリ市に寄贈したものである。そんな彼女はきわめて慎み深く、「ブリニョル」という語が、プロヴァンス地方のブリニョル一帯の特産である干しスモモを意味すると教えられた際、その不躾さに思わず恥じ入るほどだったという。1879年に敷設されたブリニョル通り（Rue Brignole）は、19区にある。

ブリヤ＝サヴァラン Brillat-Savarin 1755-1826年。ジャン・アンテルム・ブリヤ＝サヴァランはリヨン東方のベレーに生まれた司法官・文筆家で、とくに食通・料理研究家として知られる。弁護士から憲法制定議会の議員となったが、恐怖政治時代【1793年6月-94年7月。→シェニエ】にスイス【1793年】やアメリカ合衆国【1794年】に逃れ、帰国したのは1796年だった。最後は破毀院の評定官だった。

さまざまな政治改革は彼の消化の妨げとならず、むしろ好んでそれを話題にした。何よりも彼は美食家であった。1825年、彼は匿名で『味覚の生理学』【『美味礼賛』、関根秀雄訳、岩波文庫】を著し、その銘句にこう書いている。「何を食べたか言ってくれれば、あなたがいかなる人物か言い当てましょう」。1730年に敷設された13区の通りに、彼の名がつけられたのは1894年だった。ブリヤ＝サヴァラン通り（Rue Brillar-Savarin）がそれである。

ブリュアン Bruant 1637-97年。名はリベラル【字義は「自由な」】。仲間たちと王立建築アカデミーを創設した【1671年】建築家である。廃兵院（アンヴァリッド）の建

設を手がけた彼はまた、ニコラ・ド・レスピヌ【生没年不詳。現在のパリ南方にあるシャマランド城は彼が手がけた】に協力して、シャトレの拡張工事にも携わった。13・14区のブリュアン通り（Rue Bruant）は1819年に命名されている【→サルペトリエール】

ブリュイエール Bruyères　呼称はケルト語の「灌木、藪」（brug）から。また、「かすかな音を建てたてる」（bruire）に由来しているとする説もある。風に吹かれてブリュイエール（エリカ）の花々がかすかな音をたてるのを聞いたことがあるだろうか。20区にあるヴィラ・ブリュイエール（Villa des Bruyères）の住民たちは、耳をよくそばだてなければならない。この音を聞くためには鋭い聴覚が必要だからだ。このヴィラは1932年に命名されている。

ブリュッセル Bruxelles　ベルギーの首都ブリュッセルの名が知られるようになったのは、7世紀からである。14世紀には、ブリュッセルはブラバント公国最大の都市となっていたが、ルーヴァンがなおも公国の首都だった。この都市が実質的な首都になったのは、1430年、ブラバントがブルゴーニュ公フィリップ・ル・ボン【1396-1467】の領地に組み込まれてからのことである。

ルイ14世（ルイ・ル・グラン）による一連の戦争のあいだ、町は将軍ヴィルロワ公【1644-1730】率いるフランス国王軍によって爆撃され、1400もの家屋や建造物が破壊された。だが、有名なグラン＝プラス（大広場）はその廃墟からより美しく蘇った。18世紀になると、マリア＝テレジア【オーストリア女帝（在位1740-80）で、マリー＝アントワネットの母】の統治下で壮大な王宮広場がつくられた。

1794年から1815年までフランス領となったブリュッセルは、1815年から30年までネーデルラント連合王国の王宮が置かれ、ベルギー王国の首都になったのは1830年のことだった。今日、ブリュッセルはいくつかのヨーロッパ関連機関の本拠となっている。

ここはまた画家のベルナール・ヴァン・オルレー【1488-1541】やヴァン・デル・ムーラン【1632-90】らの生地でもある【ほかに画家ルネ・マグリット（1898-1967）、詩人メーテルリンク（1862-1949）、歌手のジャック・ブレル（1929-78）、さらにあのオードリ・ヘプバーン（1929-93）など】。町の歴史的建造物のうち、特筆に値するものとして、たとえば15世紀前葉に建てられた市庁舎や王宮、さらにグラン＝プラスを囲む各種ギルドの集会場などがある。パリのブリュッセル通り（Rue de Bruxelles）【エミール・ゾラ終焉の地】は6区にある。

ブリュニエ Pruniers　20区のプリュニエ通り（Rue des Pruniers）は1887年に公的に命名されている。この通りの両側を彩る並木の種類はいかなるものだったか。おそらくそれは遠い昔にダムソンプラムから分化したバラ科のプラムの木（プリュニエ）だったろう。

ブリュヌ Brune　1763-1815年。ギヨーム・ブリュヌはフランス南西部リムザン地方のブリヴ＝ラ＝ガイヤルドに生まれ、アヴィニョンで没している。植字工から文筆家となった彼は、ダントンと親交を結んで、1792年、革命軍のための馬匹と車両の調達を任される。

やがてイタリア遠征軍の将軍となった彼は、さらにオランダに遠征して、1799年、ベルゲンの戦いで勝利をおさめる。1801年にはフランス西部ヴァンデ地方も鎮圧し、1804年、元帥に叙せられる。1807年にはポメラニアのシュトラールズントを奪取するが、公金横領の廉で告発され──おそらく冤罪──、失脚する。だが、百日天下の際【1815年】、ヴァール駐屯軍の指揮を託される。

ナポレオンの失脚後、ブリュヌは新国王ルイ18世【在位1814-15／1815-24】の命を受けてパリに向かう途中、白色テロが横行していたアヴィニョンでカービン銃で狙撃されて落命する。王党派の犯人たちは、ブリュヌがランバル公妃の頭を杭の先につけ

て持ち歩いたとして非難していた【民衆の誤解である】。しかし、彼の死後、犯人たちの捜索はおこなわれなかった。14区のブリュヌ大通り（Boulevard Brune）は、名祖の死後半世紀たった1864年に命名されている。

ブリュヌティエール Brunetière 1849-1906年。フェルディナン・ブリュヌティエーレは南仏トゥーロン生まれの批評家・文学史教授。最初、《ブルー（青）》誌【1863年創刊の政治・文学雑誌】で批評を担当し、1875年、《ドゥー・モンド》誌【→エドワール・パイユロン】に移った。彼は何よりも規律を求める権威者で、テーヌ派に対し、文学批評と歴史を区別して立ち向かった。1893年にアカデミー・フランセーズ会員に選ばれ、数々の名誉に恵まれて、教皇レオ13世【在位1878-1903】にも２度謁見している。主著に『自然主義小説』【1883年。ゾラ文学批評】や『19世紀フランスにおける詩の進化』【２巻、1892-94年】がある。17区のブリュヌティエール大通り（Avenue Brunetière）は、敷設されて２年後の1932年に命名されている。

ブリュネソー Brunesseau 1751-1819年。ネズミたちはエマニュエル・ブリュネソーに多くを負っている。パリの下水局を創設したのが彼だからだ。1946年、13区のブリュネソー通り（Rue Brunesseau）にはそんな彼の名がつけられている。

ブリュネル Brunel 1769-1849年。マルク・イザンベール・ブリュネルはパリ北西部ウール県アクヴィルに生まれ、ロンドンで没した技師。1793年にアメリカ合衆国に移住して技師となり、ニューヨークの劇場やオールバニー【ニューヨーク州東部】の運河などを建設した。やがて【借財のために投獄されたのち】ロンドンに移り、1824年から42年まで、テームズ川の下を通る有名なトンネルの開削工事にかかわる。1841年に男爵位を授けられた。息子【アイサンバード・キングダム（1806-59）はグレート・ウェスターン鉄道の敷設で知られる】もまた技師で、父同様、イギリス国籍を取得して

いる。彼を名祖とするブリュネル通り（Rue Brunel）は、1868年から17区にある。

ブリュノワ Brunoy 土地所有者の名前。それゆえ、ワーテルロー（ワテルロ）の戦い【1815年】のあと、アーサー・ウェリントン【1769-1852】が、フランス国王ルイ18世【在位1814-1815。1815-24】から【ナポレオン皇帝を失脚させたことに対する】感謝のしるしとして男爵に叙せられた、パリ南郊の町とは何の関係もない。ブリュノワ小路（Passage Brunoy）は12区にある。

ブリュメ Plumet 15区のブリュメ通り（Rue Plumet）が、そこに家をかまえていたブリュメ氏の名で呼ばれるようになったのは、1878年のことである

ブリュレ Bruller 土地所有者の名前。14区のブリュレ通り（Rue Bruller）は1931年に命名されている。

ブリュロン Brulon 土地所有者の名前。ブリュロン広場（Place Brulon）は12区にある。

ブル Boulle 1642-1732年。シャルル・ブルはパリに生まれ、没した家具職人。高級家具職人の地位を確立し、青銅やモザイク、金、銅、鼈甲、象牙などを散りばめた家具で名声を馳せた彼は、あらゆる種類の動植物や果実を模倣し、それを家具の上で表現した。ルイ14世（ルイ・ル・グラン）はそんな彼をルーヴル宮に住まわせ、1672年、国王印璽の専属彫刻家に任じた。ブルはまたしばしばインドやブラジル（ブレジル）産の木材を用いた。今日、彼の紋章が刻まれた家具は法外なまでの価値を有しており、もし読者諸賢がそれをひとつでも持っているなら、決して失くしてはならない。11区のブル通り（Rue Boulle）は1868年から存在している。

プル Poule 20区にあるプル袋小路（Impasse Poule）の名祖となったプル氏は、19世紀末にこの小路が敷設された当時、ここに家をかまえていた人物である。

ブルー Bleue フランス革命が起きた1789年、9区のブルー通り（Rue Bleue）をこう呼ぼう求めたのは、この通りの住民た

フルウエル

ちだった。当時、彼らは自分たちの通りの呼称がすんなりと決まるものと考えていた。近くにはすでにヴェルト（緑）通りがあったからである。やがて、彼らの考えは現実のものとなった。長いあいだ、一部のパリ史研究家は通りの名のブルー（青）が藍の生産工場があったためと考えていた。だが、彼らは間違っていた。この工場ができたのは帝政時代に入ってからだからである。

ブルー Proues 1区のブルー通廊（Galerie Proues）は私道だが、そこにはかつてパレ＝カルディナル（枢機卿宮）を飾っていた船の舳先が数体置かれている。この宮殿は1624年に枢機卿リシリューによって建てられたもので、それを飾っていた舳先は、航海と交易に対する枢機卿の管轄権を象徴している。1642年に枢機卿が急逝したのち、ルイ13世【国王在位1610-43。→ドーフィヌ】に遺贈された宮殿は、1636年にパレ＝ロワイヤルと改称されている。

ブール Boers/Boërs ボエールとも読めるが、むろん正しくはブールで、トランスヴァール（トランスヴァル）共和国とオレンジ自由国に住んでいた、アフリカ南部の入植者たち【ボーア人のこと。アフリカーナとも】を指す。1902年、2年半にわたる粘り強い抵抗のあと、イギリス軍に制圧された彼らの名を冠したヴィラ・ブール（Villa des Boers）は、19区にある。

フール Four 中世において、人々は好きな場所で勝手にパンを焼くことができなかった。たとえば、サン＝ジェルマン＝デ＝プレ大修道院周囲の住人たちは、同修道院の共同パン焼き窯に行かなければならなかった。他所でパンを焼いた者は財産が没収された。パン粉は数日前に届けておかなければならず、焼き窯の使用料も徴収された。ただ、貴族や一部の聖職者たちにはこうした義務はなかった。当然のことながら、この使用料は民衆の反発を買い、1222年、フィリップ・オーギュストは建前としてこれを廃止した。だが、実際にそれが完全に廃止されるには、フランス革命後の1793年まで待たなければならなかった。6区の

フール通り（Rue du Four）にあった共同パン焼き窯は1470年に撤去されている。通りの呼称自体はかなり以前からあったが、それが現在の道筋となったのは1913年のことである。

フール・ア・ショー Fours à Chaux 19世紀、いや、すでにそれ以前から、ショーモンの丘麓には石灰窯が数基設置されていた。19区のフール＝ア＝ショー小路（Passage des Fours-à-Chaux）は1877年に命名されているが、呼称の由来は、この通りがそこに通じていたことによる。

ブルイヤール Brouillards 18区にあるブルイヤール小路（Allée des Brouillards）の呼称は、ヴァン（ワイン）ないし霧（ブルイヤール）と呼ばれていた古い風車小屋にちなんでいる。かつて一時期、そこにはかなりお粗末なワインをつくる男が住んでいた。ブルイヤール城館の呼称もまた、この風車小屋に由来する。これは1772年、ルフラン・ド・ポンピニャン男爵【1709-84。詩人・作家で、1759年、アカデミー・フランセーズ会員となるが、その作品はヴォルテールらに酷評された】によって建てられた城館である。

プルヴェール Prouvaires かつてフランスでは、聖職者たちはプロヴェール（Provaires）とよばれていた。この語が少し変形したのがプルヴェールである。1区にあるプルヴェール通り（Rue des Prouvaires）は、13世紀からそこに住んでいたサン＝トゥスタシュ教会の聖職者たちにちなんで命名されている。ルイ11世【在位1461-83】の時代、これはパリでもっとも美しい通りのひとつだった。

伝承によれば、ポルトガル王アフォンソ5世【在位1438-81】が、カスティーリャを手中におさめたばかりのアラゴン王太子に対する支援を求めにパリを訪れた際、フランス王の依頼で宿を提供したのが、この通りに住んでいた裕福な食料品商のローラン・エルブロだったという。

さらに1832年、ブルボン王家の支持者たちが図った陰謀は、「プルヴェール通り

の陰謀」と呼ばれた。その拠点がこの通りのレストランに置かれていたからだ。結局は無残な結末に終わったが、これは同年2月1日から2日にかけての夜、舞踏会が開かれていたテュイルリー宮に押し入り、**ルイ・フィリップ**を長とする王族を誘拐しようとした陰謀だった。

ブルエ Bleuets 11区のブルエ通り（Rue des Bleuets）は1906年に命名されたが、その由来はかつてここにシテ・ブルエがあったことによる。フランス語でブルエ（bleuet）ないしブリュエ（bluet）と表記されるヤグルマギクは、青い花を咲かせる。だが、この花は、それが美しく彩っていた麦畑から次第に姿を消していった。

ブルエ・ド・フランス Bleuet de France 第1次世界大戦末期、ふたりの娘、すなわち看護師のシュザンヌ・ルナールと廃兵院（アンヴァリッド）長官の娘シャルロット・マルテールは、戦傷者たちの苦しみに心を動かされ、彼らを援助することにした。そこでふたりは、廃兵院に収容されている戦傷者たちに布製の花を作らせ、資金を集めるため、最初はそれを「無認可で」売りさばいた。その際、彼女たちは、軍服が青みがかった色をしているところから「ブルエ」と呼ばれていた20歳以下の若い兵士たちを記念して、ヤグルマギク（ブルエ）を花のデザインに選んだ。

今日、「全仏ブルエ慈善団体」の使命は、連帯と希望の象徴であるヤグルマギクをエンブレムとする活動を継続するとともに、若い世代に対する公民意識と歴史認識を確実に根付かせ、困窮している退役軍人や戦争被害者を援助し、さらに毎年5月8日と11月11日に全国的な規模での募金を集め、その浄財を「退役軍人・戦争被害者局」による社会活動に提供するところにある。7区のブルエ＝ド＝フランス・ロータリー（Rond-Point du Bleuet-de-France）は、1998年からある。

フルカード Fourcade 1811-90年。アルフォンス・フルカードは実業家で、周囲からは慈善家と呼ばれていた。15区のフルカ

ード通り（Rue Fourcade）は1905年に開通しているが、フルカード氏はその地主でもあった。

フルクロワ Fourcroy 1755-1809年。フランソワ・ド・フルクロワ伯はパリを生没地とする化学者・政治家。1784年に王室植物園の化学教授に任じられ、翌85年に科学アカデミー会員に選ばれた彼は、雄弁をもって速やかに知られるところとなる。そして、革命期にさまざまな委員会にくわわり、【殺害されたマラーに代わって】国民公会（コンヴァンション）の議員に指名されると、自らの影響力をとくにシャプタルを支援するために用いた。

さらに彼はリセやコレージュを再編し、1795年には、師範学校や公共（土木）事業中央学校——翌年、国立理工科学校（エコール・ポリテクニーク）と改称——の創設メンバーに名を連ねる【『体系的百科全書』、通称『パンクーク版百科全書』（1782-1832年）の編纂に協力してもいる】。1809年に心臓病で世を去った彼の名を冠したフルクロワ通り（Rue Fourcroy）は、1867年から17区にある。

ブルゴーニュ Bourgogne 1682-1712年。ルイ14世（ルイ・ル・グラン）の孫であるブルゴーニュ公ルイは、ルイ15世【国王在位1715-74】の父である。若い頃は荒々しい性格でかなり尊大でもあった彼は、フェヌロンとボーヴィリエ公【1648-1714。ルイ14世の財務諮問会議議長をつとめた。妻のアンリエット＝ルイズはコルベールの娘】に師事させられた。その薫陶よろしきを得て、忍耐強く、徳性さや優しさ、温厚さ、さらに敬虔さの見本のようになり、1697年、サルディーニャ王女のマリ・アデレイド・ド・サヴォイア【1685-1712】と結婚する。1702年、ルイ14世はこの孫にフランドル遠征軍の指揮権を託し、翌年、ドイツ遠征軍の最高司令官に任じた。

1711年に父の「グラン・ドーファン」ことルイ・ド・フランスが他界すると、ルイは王太子となり、太陽王の国務諮問会議の一員となる。この祖父は、ある日、マリ

ル＝ル＝ロワ【パリ西郊】でこう訓示したという。「王は臣下のためにつくられるが、臣下は王のためにつくられたりしない」。しかし、この素晴らしい言葉を聞いたのち、彼は疫病に罹り、父の死の数か月後に没した。妻もまた、麻疹によって夫より6日早く世を去っている。7区のブルゴーニュ通り（Rue de Bourgogne）は、1707年に敷設されたものである。

ブルゴワン Bourgoin　13区のブルゴワン袋小路（Impasse Bourgoin）は、それが敷設された土地の所有者にちなんで命名されている。同じ13区にあるブルゴワン小路（Passage Bourgoin）の呼称もまた、この土地所有者の名に由来する。

フルシ Fourcy　1684年から93年までパリの商人頭【市長に相当】をつとめたアンリ・ド・フルシは、ジュイ通りに住んでいた。彼はこの通りの道筋を変えて新たに1本通りを敷設し、商人頭となった1684年、これに自分の名をつけた。このフルシ通り（Rue Fourcy）は4区にある。

ブルジョワ Bourgeois　14区のブルジョワ通り（Rue Bourgeois）は1885年からある。1937年までオ・ボン・マルシェの経営者、つまり**ブシコー**に名前がつけられていたが、それ以後は1851年生まれの政治家で、1895年11月に首相となったレオン・ブルジョワ【1825没】の名に変わった。彼の内閣は翌年4月に解散したが、のちに国民教育担当大臣となり、成人向けの講義や講演も数多くこなした。1920年にノーベル平和賞を受賞し、25年に没した彼は、国際連盟の主唱者のひとりでもあった【国際連盟の終身代表】

ブルス Bourse　パリ証券取引所（ブルス・ド・パリ）は、アレクサンドル＝テオドル・ブロニャール【1739-1813。パリ出身の建築家。ペール＝ラシェーズ墓地の設計者としても知られる】の設計と監督下で建てられ、彼の死後はエロワ・ラバール【1764-1833】がそのあとを継いだ。工事は1808年に始まり、27年に竣工した。

1790年までサン＝トマ女子修道院の所領だった土地の一部に建てられたこの証券取引所は、異教の神殿をモデルとしている。その四隅には荘厳な寓意像、すなわちコルトー作の「正義」、ジャン＝ジャック・プラディエ【1792-1852】作の「運命」、ルイ・プティトー【1794-1862。1814年の彫刻部門のローマ大賞受賞者。作品としてはカルーゼル橋の4体——産業、豊饒、パリ市、セーヌ川——の寓意群像（1846年）などがある】作の「豊かさ」、ジャン＝バティスト・ロマン【1792-1835。歴史や神話上の人物彫像で知られる。1831年、フランス学士院会員】作の「慎重さ」が立っている。

2区のブルス広場（Place de la Bourse）【この広場にも4体の寓意像、すなわちプラディエ作『産業』、ベルナール・スール（1795-1867）作『農業』、オーギュスタン・デュモン（1804-81）作『商業』、フランシスク＝ジョゼフ・デュレ（1804-65）作『公正』が1851年から据えられている】は1809年に建設され、同区のブルス通り（Rue de la Bourse）は1833年の命名になる。

プルーズ Pelouze　1807-67年。テオフィル＝ジュール・プルーズは北仏マンシュ県のヴァロニュに生まれ、パリで没した化学者。薬学を学んだ彼は、**ゲ＝リュサック**が所長だったウィルソン試験所に、ついで**サルペトリエール**につとめ、1830年にはリール大学化学講師、31年にパリの国立理工科学校（エコール・ポリテクニーク）の助教となる。1836年、彼はドイツで、今日香料にその名を残す化学者ユストゥス・フォン・リービッヒ【1803-73】とともに研究するようになる。そして早くも翌1837年に科学アカデミー会員、さらにコレージュ・ド・フランス教授に選ばれる。ニトロ硫化物やシアン化鉄の発見は彼による。

プルーズはまた硫酸ナトリウムを用いることでガラス製造法を改良することにも貢献したほか、タンニンの生産法も発見している。彼のこれら数多くの研究は、まもなくテンサイ糖の生産へとつながった【1803年からの大陸封鎖で砂糖の輸入を止められたフランスは、独力でその代替物を自給する必

要に迫られていた】。こうしてフランスの化学産業に大きく寄与した彼を名祖とするプルーズ通り（Rue Pelouze）は、1875年から8区にある。

ブルス・ド・コメルス Bourse de Commerce
パリのブルス・ド・コメルス（商品取引所）は1304年から存在しているが、それが公に語られるようになったのは1724年のことである。フランス革命後の1793年に一時閉鎖されたものの、まもなく再開し、第一共和政【1792-1804年】の10年目と11年目に、その機能が規約化された。公式に認められているフランス最初の商品取引所はリヨンのそれで（1548年開設）、翌年にはトゥールーズにも設けられた。

ブルスル Bourseul 1829-1912年。シャルル・ブルスルは**ブリュッセル**生まれのフランス人学者。フランス電信局に入った彼は、はじめて電話の交信試験を実現した。PTT（郵便・電信・電話局＝郵政省）についていえば、1877年、まず郵便局と電報局が合体し、89年に電話局がこれに加わった。15区の**ブルスル通り**（Rue Bourseul）は1935年にPTTによって敷設され、以来、現在の呼称となっている。

ブルセ Broussais 1772-1838年。フランソワ・ブルセは**ブルターニュ半島のサン＝マロ**出身の医師。志願兵として共和国軍に入り、ヴァンデの叛乱【1793-96年。国王処刑や増税、徴兵令などに対するカトリック王党派と農民たちの叛乱】で軍功をあげた。病気になって復員した際、彼は医学を学ぼうと決心する。そして31歳で医師となり、大西洋方面軍の軍医に任じられる。とくに肺結核症を研究して、肺に結核菌が侵入することを発見したが、その病因については誤解した。

　やがてスペイン軍の首席軍医となった彼は、ブルセ・システムとして知られる考えを広めた。病因が組織の過敏性、すなわち極度の刺激や炎症によるとする考えである。彼は生体の構成物質にただひとつの特性しか認めなかった。組織の収縮性である。

　一方、伝統的な施術である刺胳の信奉者

だったブルセは、あやうくその犠牲になりそうになってもいる（それで命を落としたなら、まさに彼は、ウジェーヌ・イヨネスコ【1909-94。ルーマニアに生まれ、パリで活躍した劇作家・小説家】が『禿頭の女歌手』【1950年】のなかで提言した、医師は患者とともに死ぬという主張の先駆けとなっただろう）。そんなブルスにとって不幸だったのは、その生理学的医学が1832年に猖獗をきわめたコレラに対抗できなかった、とうことである。彼の遺灰と彫像は、パリのヴァル＝ド＝グラースに安置されている。ブルセ通り（Rue Broussais）は186年から14区にある。

ブルソー Boursault 1752-1842年。ジャン＝フランソワ・ブルソー、通称ブルソー＝マレルブは、パリ生まれの俳優・劇場支配人・劇作家。フランス革命初期に、**カンカンポワ通り**近くにモリエール劇場を建てた。国民公会（コンヴァンション）の補欠議員に選ばれた彼は、さまざまな政治的任務をこなし、やがて「国内外演芸劇場」となっていた自分の劇場の支配人に戻る。そこではローペ・デ・ベガ【1562-1635。ベガ・カルピオとも。スペインの劇作家・詩人で国民演劇の創始者】やカルデロン・デ・ラ・バルカ【1600-81。スペインの劇作家・詩人】、フリードリヒ・フォン・シラーなどの翻案物を上演した。彼の代表的な戯曲としては『妻たちの学校』や『善きトゥーレーヌ人』などがある。**ブルソー通り**（Rue Boursault）と**ブルソー袋小路**（Impasse Boursault）は、いずれも17区にある。

ブルダルー Bourdaloue 1632-1704年。ルイ・ブルダルーはフランス中部の古都ブールジュに生まれ、パリで没した説教家。イエズス会で育ち、修練期を終えてから、地方で20年近く教師をつとめ、1666年に説教師の道に入る。その説教は、彼が疑わしさを隠しているとみなした教義より、とくに倫理を強調した。それはまた基本的に心に訴えかけ、「感傷的な」策略抜きで教え論すことだけを目的とした。やがて彼はルイ14世（ルイ・ル・グラン）のお抱え説

教師となった。

　ブルダルーについてはこのような小話が残っている。その説教があまりにも長かったため、それを聴いている貴婦人たちはしばしば尿意を抑えることができなかった。そこで、ペチコートの下に隠して用が足せる陶製の容器【尿瓶】を考案したというのである。この容器が「ブルダルー」と呼ばれるものである。骨董商のなかにはこれをなおも持っている者がいる。9区のブルダルー通り（Rue Bourdalou）は1824年に命名された【帽子の下部に巻いた絹製リボンもまたブルダルーと呼ばれるが、この呼称は彼がリボン飾りのある帽子をかぶって説教したことに由来する】

ブルダン Bourdin　ブルダン氏は土地所有者。8区のブルダン袋小路（Impasse Bourdin）は氏の所有地に1805年に敷設されている。呼称はそれに由来する。

ブルターニュ Bretagne　ブルターニュ公国がフランスに併合されたのは、最後の公女アンヌ・ド・ブルターニュ【1477-1514】が、1491年にフランス国王シャルル8世【在位1483-98】と不承不承結婚してしばらく経った1532年のことだった。ミモザやツバキが咲き乱れる海洋性気候のこの地は、北部のアレ、ムネ山系と南部のノワール山およびランヴォー・ランド（荒れ地）という2本の高い稜線に囲まれている。生業は漁業が中心だが、長いあいだ農業だけだった内陸部は、おもに若者たちのブルターニュ人としての帰属意識と、この地方を「搾取」してきたパリへの移住に対する彼らの拒絶によって、ようやく産業が発達するようになっている。

　たしかに一時期、パリにはブルターニュ人を嘲笑する風があったが（ベカシヌ【漫画に登場するブルターニュ出身のお人好しで間の抜けた女召使の名】は彼らのイメージを改善するのに役立たなかった）、今ではそれも昔話で、ブルターニュ人といえば、活動的で近代的かつ創造的な人びととの評判をとるまでになっている。

　パリの通りにフランスの地方名をつけな

ければならないと決断した際、国王アンリ4世はブルターニュという名を通りに冠しようとした。パリの通りが「フランス広場」から放射状に広がる。それが理にかなっていると考えたのである。この計画は実を結ばなかったが、1851年、アンリ4世の考えを一部採り入れるかたちで、首都の通りにブルターニュの名がつけられた。こうして3区にブルターニュ通り（Rue de Bretagne）が誕生した。

プルティエ Poulletier　スイス人護衛隊【→シュイス】の会計係だったル・プルティエは、1614年、クリストフ・マリ【生没年不詳】とル・レグラティエとともに、ノートル＝ダム島とヴァシュ（牡牛）島とを結びつけ、これがサン＝ルイ島（サン＝ルイ＝アン＝リル）となった【この島は1725年までノートル＝ダム島、革命期にはフラテルニテ（博愛）島と呼ばれた。これがサン＝ルイと改称されたのは、かつて聖王ルイ9世が安らぎを求めて、ここを好んで訪れたという故事による】。プルティエとふたりの仲間は島をさまざまな建物で覆い、パリでもっとも快適な場所にした。このプルティエ通り（Rue Poulletier）は4区にある。命名は1614年になされている。

ブール＝ティブール Bourg-Tibourg　4区のブール＝ティブール通り（Rue du Bourg-Tibourg）は13世紀の小邑の古い主道で、現在はヴェルリ通りとサント＝クロワ＝ド＝ラ＝ブルトヌリ通りのあいだに位置する。かつてはブール＝ティブール（Bourg-Tibourd）と表記されていた。この通りは1868年に開通している【4区には同名の広場（Place Bourg-Tibourg）もある】

ブルトゥイユ Breteuil　1730-1807年。ルイ・ル・トヌリエ・ド・ブルトゥイユ男爵は、フランス中部アンドル県のアゼ＝ル＝フェロンに生まれ、外交官としてコペンハーゲン（コペナグ）やストックホルム（ストコルム）、ウィーン、ナポリ（ナブル）などに派遣された。1783年、国王ルイ16世【在位1774-92】から封印状【高等法院の登録によって効力を発揮する公開状】を担

当する国務卿に任じられたが、この地位はどちらかといえば自由なものだった。しかし、彼は1785年の回状によって実質的に封印状システムを終わらせた。それは自らの職を賭した無私の激情に突き動かされた行動だった。

ブルトゥイユはまた、もっとも苛酷な監獄との悪評をとっていたカーンの塔獄を廃止し、さらにバスティーユ監獄の支所に相当するヴァンセンヌ城の主塔も閉鎖させただけでなく、バスティーユ自体の撤去も検討した。1788年、彼は一度職を離れたが、1789年7月12日に再任された。これはこの有名な監獄の奪取へとつながる民衆蜂起の先触れとなった。恐怖政治の時期【1793年6月-94年7月。→シェニエ】、彼は賢明にもフランスを脱出し、1802年に帰国した。1680年に敷設され、19世紀に命名されたブルトゥイユ大通り（Avenue de Breteuil）と、1782年に原型ができたブルトゥイユ広場（Place de Breteuil）は、7区と15区を結ぶ。

ブルトノー Bretonneau　1778-1862年。ピエール・ブルトノーは、パリ盆地南部ロワール＝エ＝シェール県のサン＝ジョルジュ＝シュル＝シェール生まれの医師。腸チフスの研究をして天然痘と比較し、より症状の重いジフテリア性の偽膜アンギナについても追究した。治療の分野では、特定の投薬理論を打ち立てた。彼の名は1875年、20区の通り（Rue Bretonneau）につけられている。

ブルドネ Bourdonnais　今は昔──13世紀──、3人の兄弟がいた。アダム・ブルボンとギヨーム・ブルドン、そしてシル＝ギヨーム・ブルドンである。当時、この3人の氏名がまとめて1区の通りにつけられた。だが、オスマンがこの通りを別の3本の通りと合体させた1852年、有名な富裕市民だった彼らを追慕するため、新たにできた通りはブルドネ通り（Rue Bourdonnais）と命名された。

ブルトン Bretons　10区のブルトン（ブルターニュ人）小路（Cour des Bretons）は、最初ブルターニュ小路（Cour de Bretagne）、ついでブルトン小路、さらにブルターニュ小路、そしてブルトン小路とめまぐるしく改称されている。今のところは、現称だが…

ブルドン Bourdon　ブルドンはアウステルリッツ（オステルリッツ）の戦いで戦死した竜騎兵連隊の指揮官。1806年【戦死の翌年】、彼の名は4区のブルドン大通り（Boulevard Bourdon）に冠せられた。

ブルドン Proudhon　1809-65年。ピエール・ジョゼフ・プルードン（プルドン）は、フランス中東部のブザンソンで生まれ、パリで没した経済学者・思想家・無政府主義者。19歳のとき、植字工の職人としてフランス各地を巡歴し【これをトゥールという。トゥール・ド・フランスはこの職人巡歴を原型とする】、腕を磨いた。30歳間近かの1838年、彼はバカロレアの試験に合格し、ブザンソンのアカデミーから奨学金を与えられる【一説に、1837年に最初の著作『一般文法論』を自費出版し、これによりシュアール年金という奨学金を得たという】

1840年、『財産とは何か』を上梓したプルードンは、42年、『有産者への警告』を著すが、危険思想だとして生地ブザンソンの裁判所に告訴される。裁判で無罪となり、48年には国民議会議員に選ばれるものの、翌1849年3月、新聞法違反の廉で投獄されてしまう。だが、それでもかなり激烈な言葉を書き続けた【彼は自ら発刊した《ル・ルプレザンタン・デュ・プープル（人民の代表）》などの新聞で、大統領ルイ＝ナポレオン・ボナパルト（ナポレオン3世）を反動の権化として攻撃したため、3年の禁固刑と1万フランの罰金刑を宣告されている】。

「赤旗を人類の連帯の象徴と唱える経済的・社会的革命」を目指したプルードンは、しかし「ブルジョワジーとプロレタリアート、資本家と労働者」の和解を望んでいた。こうした志向ゆえにカール・マルクス【1818-83】から「プチブルジョワ的」と非難された彼には、以下のような著作がある。『経済的矛盾のシステムもしくは貧困の哲

学』【1948年。斎藤悦則訳『貧困の哲学』、平凡社】、『一革命家の告白』【1850年】、『革命の正義と教会の正義』【1858年】、さらにサン＝シモンをして、プルードンの最高傑作とよばしめた『往復書簡』【14巻、1874-75。死後刊行】

プルードンは言っている。「所有（私有財産）とは窃盗である」、「人が自分の思考の輪を広げようとしても、所詮は無駄骨に終わる。その光はそれをつつみこむ広大無辺な闇をさまよう火花にすぎないからだ」。万人のための平等と各人のための自由を願ったこの思想家は、12区のプルドン通り（Rue Proudhon）に名を残している。命名は1885年である。

ブルトンヴィリエ Bretonvilliers　1642年に4区に開通したブルトンヴィリエ通り（Rue de Bretonvilliers）を通れば、1640年にジャン・デュ・セルソー【1585-1649】が建てた壮麗なクロード・ル・ラゴワ・ド・ブルトンヴィリエ館に行ける。デュ・セルソーは有名な建築家一族の出で、本名はアンドレである。

ブルニジャン Bournisien　14区のブルニジャン小路（Passage Bournisien）は、旧地主のひとりにちなんで命名されている。

フルネロン Fourneyron　1802-68年。ブノワ・フルネロンは中央山地東部のサン＝ティエンヌに生まれ、パリで他界した技師。弱冠17歳で、生地にある鉱山学校の数学代用教員となった彼は、1819年、ブルゴーニュ地方ル・クルーゾでの鉱山開発に参加し、やがて数多くの発明でその名を知られることになる。その発明品には、たとえば彼の名がつけられた水力タービンがある。17区のフルネロン通り（Rue Fourneyron）は1868年からある。

ブルノワ Boulnois　1773-1833年。地方総督補佐官で男爵だったシャルル・ブルノワは、1828年、17区の所有地に自ら広場を建設した。今日、この広場の中央には巨木が立っている。ブルノワ広場（Place Boulnois）は1848年に生みの親の名を冠された。

ブル・ブランシュ Boule Blanche　12区のブル＝ブランシュ小路（Passage Boule-Blanche）は、白球の看板がかかっていた古い民家の跡地に、1700年に敷設された。通りの呼称はこの白球にちなむ。

プルボ Poulbot　1879-1946年。フランシスク・プルボはパリ北東、セーヌ＝サン＝ドニ県のサン＝ドニで生まれ、パリで没した漫画家・イラストレーター。モンマルトルの特徴的な主だった彼は、そのデッサンによって、ひろくプルボと呼ばれるようになるきわめて特徴的な子供たちを創作した。庇付きの大きな帽子をかぶり、1本のサスペンダーでズボンを支えたこの子供たちの姿は世界的に知られている。今もなお彼のこうしたデッサンはとくに小さな絵として大量に複製・販売され、フランス人のアパルトマンの壁を飾っている。18区のプルボ通り（Rue Poulbot）【1967年命名】は、彼が足しげく通っていたモンマルトルの一角にある。

ブルボン Bourbon　ブルボン【字義はケルト語で「泥」】家はフランス中部のブルボン＝ラルシャンボーを出自とする。同家は13世紀、聖王ルイ9世（サン＝ルイ）の第6子ロベール・ド・ブルボン【1256頃-1317】と、アニェス・ド・ブルボンおよびジャン・ド・ブルゴーニュの娘ベトリス【1257-1310】の結婚によって名声を馳せるようになる。この時期以来、ブルボン家はさまざまな分野で主導的な役割を果たす人物を600人以上輩出することになる。カペー朝ヴァロワ家にとって代わってフランス王家となった同家からは、アンリ4世を嚆矢として、ルイ13世【国王在位1610-43】、ルイ14世（ルイ・ル・グラン）、ルイ15世【国王在位1715-74】、ルイ16世【在位1774-92年】、ルイ18世【在位1814-15/1815-24】、さらにシャルル10世【在位1824-30】などが出ている。

4区のブルボン河岸通り（Quai de Bourbon）は1614年に建設され、1792年から1814年までは順に「レピュブリック」、「アランソン」と呼ばれ、やがて今日の呼

称となった。

ブルボン＝ル＝シャトー Bourbon-le-Château　6区のブルボン＝ル＝シャトー通り（Bourbon-le-Château）は、1610年、コンティ公でサン＝ジェルマン＝デ＝プレ大修道院長でもあった、フランソワ・ド・ブルボン【1558-1614】の所有地に敷設されている。当初この通りは、「ブルボン＝ギーズ」と呼ばれていた。聖職者であったにもかかわらず、コンティ公がルイズ＝マルグリット・ド・ギーズ【1588-1631。1576年にカトリック同盟を結成したが、マリ・ド・メディシスと反目し、その息子であるアンリ3世の命で暗殺されたギーズ公アンリの公女】と結婚したからである。現在の呼称は1748年からである。

ブール＝ラベ Bourg-l'Abbé　3区のブール＝ラベ通り（Rue du Bourg-l'Abbé）の呼称【字義は「司祭村」】は、11世紀にサン＝マグロワール大修道院を地主とする小邑があったことに由来する。この通りは1881年から存在している。

フルーランス Flourens　1794-1867年。ピエール・フルーランスはフランス南西部エロー県のモーレイヤンで生まれ、パリ南東郊のモンジュロンで他界した生理学者。19歳でモンペリエ大学から医学博士号を授けられた彼はパリに出て、のちに後見人となるキュヴィエの知己をえる。そして1828年、科学アカデミーに入り、33年、前年に物故したキュヴィエの後任として、その終身書記となる。さらに1840年、ヴィクトル・ユゴーと競合するが、最終的にアカデミー・フランセーズ会員に選ばれた。

　彼の医学的な業績は重要で、たとえば小脳が体の動きや静止を司る器官であることを示している【延髄が呼吸中枢であることも発見】。さらに、外科の麻酔としてクロロフォルムを用いることにも力を尽くした。17区にあるフルーランス小路（Passage Flourens）は、1936年に命名されている。

フルリ Fleuri　19区のヴィラ・フルリ（Villa Fleuri）はフランス制作会社【国営のテレビ番組制作担当企業】のスタジオがあった場所に建設されている。「花で飾られた」を意味するその呼称は、当然ながらヴィラが望む姿を示したはずだ。

フルリー Fleury　18区のフルリー通り（Rue Fleury）は1842年に開通している。呼称はその旧地主の名にちなむ。

フルリュス Fleurus　ベルギー・ワロン地方の町フルリュスは、1690年と1794年の激戦地として知られる。ベルギーの町としては、パリの通りに呼称がつけられた2番目となる。1794年のフルリュスの戦いでは、サンブル＝エ＝ムーズ軍を率いたジュルダン元帥が、歴戦の名将フリードリヒ・コブルク公【1737-1815】麾下のオーストリア＝ネーデルランド連合軍を撃破した【1690年の戦いは、ルイ14世の拡大政策に反対する西欧列強が連合して戦った大同盟戦争】。6月26日のこの戦いには、クレベールやシャンピオネなども参加している。6区のフルリュス通り（Rue de Fleurus）は1798年の命名になる。

フルール Fleurs　17区のシテ・フルール（Cité Fleurs）【字義は「花の町」】は、集合住宅地ではなく、1924年にフルールと命名された私道に連なる家並の前の公園である。かつてそこはヴィラ・デ・フルールと呼ばれていた。

フルール Fleurs　同名のシテと同じ17区にあるフルール袋小路（Impasse des Fleurs）には、今もなお数多くの庭がある。まさにここは花ざかりの庭園といえる。

フルール Fleurs　4区にはフルール河岸通り（Quai des Fleurs）がある。呼称はこの通りに沿っている花市場に由来するが、ここはまた散策にうってつけの場所でもある。命名は1879年である。

ブル・ルージュ Boule Rouge　17世紀に小路と呼ばれていた9区のブル＝ルージュ通り（Rue de la Boule-Rouge）は、居酒屋の入り口におそらく赤球を描いた古い絵看板がかかっていたことが呼称の由来となっている。この小路が通りになったのは、1816年のことである。

ブレ Boulay　ブレはこの17区の通り

（Rue Bulay）が敷設された土地所有者の名である。

ブレ Boulets　1545年の内乱時──16世紀には別の内乱もあった【1572年のサン＝バルテルミーの虐殺】──、無数の砲弾がこの場所を襲い、やがてここは「ブレの地」と呼ばれるようになった。1868年、この通称が11区の通り【ブレ通り（Rue des Boulets）】に冠せられた。

ブレ Bouret　1884年に開通したブレ通り（Rue Bouret）は、その旧地主にちなんで命名されている。

ブレ Brey　1795-1875年。ブレ氏はパリ東郊ヌイイの助役でもあった建築家。その名を冠したブレ通り（Rue Brey）は17区にある。

ブレ Pelée　11区のブレ通り（Rue Pelée）は、1750年からある。呼称は、当時袋小路でしかなかったここに住んでいたブレ氏にちなむ。

ブレ Poulet　1844年に開通した18区のブレ通り（Rue Poulet）は、その最初の住人のひとりにちなんで命名されている。

ブレ Pré　18区のブレ通り（Rue du Pré）が現在の呼称となったのは、1920年初頭である。それまではプレ・モーディ（呪われた野原）道と呼ばれていた。かつて牛たちが謎の、だが致死的な畜疫にかかった野原に通じていたからである。

ブレア Bréa　1790-1848年。ジャン＝バティスト・ブレアは【国立作業所の閉鎖に反対して労働者たちが立ちあがった】1848年6月25日、交渉のためにやってきた**フォンテヌブロー**の叛徒たちに、司令部のアルマン・ド・マンジャン大尉ともども殺害された将軍。**モンパルナス**界隈にある6区のブレア通り（Rue Bréa）は、この出来事の2年後、すなわち1850年に命名されている。

プレイエル Pleyel　1788-1855年。カミーユ・プレイエルは**ストラスブール**に生まれ、パリで没したオーストリア人の作曲家・ピアノ製造者。父イニャス（1757-1831）のもとで音楽を学んだ彼は、29曲の交響曲を創作している。だが、名演奏家として、のちに作曲家として注目を浴びたにもかかわらず、彼は父が創設したピアノ製造工場の経営に専念する。やがてプレイエル社製のピアノは世界中で名声を博すようになる。プレイエルの名を冠した有名なコンサート会場【サル・プレイエル】は、1927年から**フォブール・サン＝トノレ**通りの252番地にある。プレイエル通り（Rue Pleyel）は12区にあり、1890年に命名されている。

ブレーヴ Brève　1区のブレーヴ通り（Rue de Brève）は1996年に命名されたが、「束の間」を意味する呼称はまさに言い得て妙である。全長わずか25メートルにすぎないからだ。この通りは、フォーロム・デ・アル【→アル＝カン＝シェル】の地下3階にある。

プレヴォ Prévôt　4区のプレヴォ通り（Rue Prévôt）のプレヴォ（奉行）とは、ユーグ・オーブリオのことである。彼が14世紀、この通りに外壁を怪人像で飾った「マルムゼ館」を建てているからである。通り自体は1877年に命名されている。

プレヴォ＝パラドル Prévost-Paradol　1829-70年。リュシアン・アナトル・プレヴォ＝パラドルはパリに生まれ、ワシントンで没した文学者・ジャーナリスト。パリ高等師範学校を卒業と同時に教授となり、1850年、アカデミー・フランセーズ賞のコンクールに『ベルナルダン・ド・サン＝ピエール礼賛』【ベルナルダン（1737-1814）はロマン主義の先駆的な作家で博物学者】を応募し、受賞する。そして、数か月の休暇をとって、文筆で生計を立てることを試みる。おそらく彼はそれを可能にした。この成功にもかかわらず、1855年、彼は文学博士号の試験を受けて見事に合格し、南仏**エクス＝アン＝プロヴァンス**大学のフランス文学教授に任じられる【ただし、1年の年期付き】

翌1856年、プレヴォ＝パラドルは《デバ（論争）》紙【→ウジェーヌ・シュ】の編集者となって政治的経歴を開始し、第二帝政に敵対的な論争家としての才能を存分に

発揮する。「ときに炎のように軽やかで熱烈な、ときに鋼のように冷たく鋭い言葉によって、彼は敵を侮辱することなく傷つける手段をわきまえていた」。こう評されたプレヴォ＝パラドルは、1860年、《クーリエ・デュ・ディマンシュ（日曜通信）》を創刊する。これは6年後に発禁処分となるが、1865年にはアカデミー・フランセーズ会員に選ばれている。

やがて帝政が自由主義的なものとなると、彼はその陣営に加わり、ワシントン駐在大使の任を引き受ける。アメリカ合衆国大統領にヨーロッパの平和維持を約束させる。それが彼に託された特命だった。1870年のことである。ところが、皮肉にも彼が信用状を渡したその日、普仏戦争が勃発した…。面目を失った、というより、自分が道化役を演じたことを恥じた彼は、そこで自らの命を絶った。

1928年から14区のプレヴォ＝パラドル通り（Rue Prévost-Paradol）に名を残すことになる彼には、以下の著作がある。『ジョナサン・スウィフト、その生涯と作品』【1856年】、『フランスにおける信仰の自由』【1857年】、『教育における家族の役割』【1858年】

プレヴォワイヤン Prévoyants　20区のプレヴォワイヤン通り（Rue des Prévoyants）は、1930年までリラ村の一部だった。その呼称は先見の明ある人々、すなわち「未来を予見しようとしていた」かつての住人たちに負っている。

プレヴォワイヤンス Prévoyance　1889年に敷設された19区のプレヴォワイヤンス通り（Rue de la Prévoyance）は、最初の住人たちがおそらく「賢者は予見によって悪を避ける」という諺にもとづいて命名している。

フレエル Fréhel　1891-1951年。パリを生没地とするミュージック＝ホールの歌手で、本名はマルグリト・ブルック。最初はペルヴァンシュの芸名で舞台に上がり、とくに「リヴィエラ海岸で」を歌った。モーリス・シュヴァリエ【のちに彼女と近い関係に

なる】は当時の彼女をこう評している。「ただ美しくスマートなだけではなく、ごく自然な優雅さを備えていて、どことなくイギリス的な若い美を漂わせている」

やがて1912年頃、深い失望に打ちのめされて【シュヴァリエとの愛の破局で自殺を図った】、彼女はフランスを離れ、11年ものあいだ、国外に身を置く。その間、ロシアのアナスタシア皇女【1901-18。ロシア革命で銃殺された。父は最後の皇帝ニコライ2世】のもとに一時期滞在し、のちにコンスタンティノープル（コンスタンティノプル）で5年間過ごした。

フレエルは1923年に帰国するが、すでに彼女は忘れられた存在だった。【アルコール中毒と薬物依存によって】すっかり姿かたちが変わっており、年齢も容姿も全く別人になっていたからだ。だが、その歌手としての才能はなおも健在で、芸名を両親の故郷ブルターニュの地名からとったフレエルと改め、次々とヒット曲を歌った。「私の恋人たちは皆どこに？」【1936年】、「あるがままに」【1936年】、「ペペル・モコ」【1936年。ジュリアン・デュヴィヴィエ監督（1896-1967）、名優ジャン・ギャバン（1904-76）主演の映画『望郷』の主題歌】、「あの人たちはどこ？」【1936年】、「ブルー・ジャヴァ」【1939年】などである。こうして彼女はその名声を回復した【ただし、アルコール依存性から脱却はできなかった】。19区と20区にまたがるフレエル広場（Place Fréhel）は、1998年からある。

プレオー Préault　1809-79年。アントワヌ＝オーギュスタン・プレオーはパリを生没地とする彫刻家。ダヴィド・ダンジェの弟子だった彼は劇的なまでに感動を与える突出した表現力で頭角を現した。その作品としては以下がある。『貧しいふたりの女』【1830年】、『物乞い』【1839年】、『マルソー将軍記念碑』【1851年】、『ジャック・クール像』【1875年】、『3博士の礼拝』、『レペ司祭墓碑』【いずれも制作年不詳】など。彼を記念するプレオー通り（Rue Préault）は、1884年から19区にある。

プレ=オー=クレール Pré-aux-Clercs　中世において、この呼称【字義は「神学生たちの草原」】はサン=ジェルマン=デ=プレ修道院の西・北側にあった小規模な草原を意味していた。今日、サン=ブノワ通りとなっている運河が、かつては草原を大小に分けており、小プレ=オー=クレールはセーヌ川とボナパルト通り、さらにジャコブ通りとセーヌ通りに囲まれた四角形をなしていた。一方、大プレ=オー=クレールはこの運河からボナパルト通りまで広がっていた。これはパリ大学の所領だったが、神学生たちはむしろ小プレ=オー=クレールでじゃれまわることを好んだ。そのため、地権者であるサン=ジェルマン=デ=プレ修道院の聖職者たちとの訴訟が際限なく繰り返された。

　16世紀になると、この小草原はユグノー教徒たちによる数多くの決闘の舞台となった。アンリ4世の時代、そこは区画分譲されたが、大草原の方はルイ14世（ルイ・ル・グラン）治世下の中頃まで、本来の姿を保っていた。1844年に敷設されたプレ=オー=クレール通り（Rue du Pré-aux-Clercs）は、7区にある。

プレ・オー・シュヴォー Pré aux Chevaux　16区のプレ=オー=シュヴォー小公園（Square du Pré-aux-Chevaux）【字義は「馬の牧草地」】と、それに隣接する同名の通り（Rue du Pré-aux-Chevaux）は、それぞれ1989年と94年に命名されている。呼称はこの地域の旧地名に由来する【前者は1993年にアンリ=コレ小公園（Square Henri-Collet）に改称されている。アンリ・コレ（1885-1951）は作曲家】

ブレゲ Breguet　1747-1823年。アブラハム=ルイ・ブレゲ【ブルゲとも】は有名な時計製造人で、家族【プロテスタント=ユグノー教徒】がナントの勅令廃止【1695年】によって亡命した、スイスのヌーシャテルで生まれている。15歳でヴェルサイユの時計製造人のもとに弟子入りした彼は、たちまちのうちに周りを驚かせるほどの才能を発揮する。そして1780年には、完璧な永遠時計を製作して、フランス最高の時計師との評判をとった。

　彼の仕事はまた航海や天文学、物理学にも応用される時間の計測術をも発展させた。そんな彼の衣鉢を受け継いで、さらにふたりの物理学者が名声を馳せている。孫のルイ（1803-83）とひ孫のアントワヌ（1851-82）である。ブレゲはもうひとりいる。名前はルイ・ブレゲ（1880-1955）。航空技術の先駆者である。ブレゲ通り（Rue Breguet）は11区にある。

フレケル Fréquel　20区のフレケル小路（Passage Fréquel）は、その土地を有していた地主にちなんで、1933年に命名されたものであった。

ブレザン Brézin　1758-1828年。実業家で真の慈善家。革命期に青銅製大砲の供給を請け負い、やがてノルマンディの製鉄工場主となった彼は、資産を投じて、パリ西郊のガルシュに貧民収容施設「オスピス・ド・ルコネサンス」を創設した。そこには機械工や金具製造工、さらに鍛冶工、精錬工といった専門職の高齢者も受け入れられた。彼の名を冠したブレザン通り（Rue Brézin）は14区にある。

プレ=サン=ジェルヴェ Pré-Saint-Gervais　プレ=サン=ジェルヴェ地区はパリ郊外、ウルク運河（カナル・ド・ルルク）の河岸に位置する。16世紀、ガブリエル・デストレ【→ベテュヌ】がここに家を1軒かまえていた。今日、美しい彼女がここに足を踏み入れたなら、おそらく道に迷うだろう。必ずしもすべてが壮麗というわけではないが、現代的な建物が郊外の特徴的な風景をつくっているからである。かつてガブリエルがこの地に来る際に通ったであろう道、すなわち19区のプレ=サン=ジェルヴェ通り（Rue du Pré-Saint-Gervais）は、1730年に命名されている。

プレザンス Plaisance　1857年、現在のシャトー通り142番地にあったメーヌ城は、ショーヴロなる人物によって分譲された。この分譲地は1860年、「プレザンス（快適）」地区と命名された。むろん、顧客たちの関

心をひくためにである。そのプレザンス通り（Rue de Plaisance）の命名は1888年。通りは14区にある。

プレザンタシオン Présentation　1877年に命名された11区のプレザンタシオン通り（Rue de la Présentation）は、聖母マリアの奉献（プレザンタシオン）を想い起こさせる。毎年11月21日、教会はマリアが幼かったにもかかわらず、みずから神に供物を捧げ、神殿に住む乙女たちとともに、そこで生涯を送る決意をしたことを祝っている。

フレシエ Fléchier　1632-1710年。ヴァランタン・エスプリ・フレシエは、アヴィニョン近郊のペルヌで生まれ、南仏モンペリエで没した著作家・説教者である。16歳で南仏タラスコンのキリスト教教義普及修道会に入った彼は、1658年にこの修道会を離れ、2年後にパリに移る。そして、当時はやっていたさまざまなサロンで頭角を現し、のちに国務諮問会議の一員となるルフェーブル・コーマルタン【1653-1720。ルイ14世下でパリ高等法院評定官や財務監督官なども歴任】の家庭教師、さらに王太子の朗読係となる。この頃から彼は説教を始め、以後20年間、説教者としての名声をほしいままにする。

　フレシエはしばしばボシュエやブルダルーといった名説教者と較べられたが、それは誤りで、両者よりは劣っていた。だが、彼がすぐれた追悼の辞を読んだことは確かであり、とくにマリア＝テレジア【オーストリア女帝（在位1740-80）で、マリー＝アントワネットの母】やミシェル・ル・テリエ【1641-91。ルイ14世下の軍務卿】の葬儀時がそうだった。

　一方、著作家としてのフレシエは、1673年にアカデミー・フランセーズ会員となっており、『ニーム司教フレシエ氏のさまざまな主題にかんする抜粋書簡集』【1711。死後刊行】や、『クレルモン＝フェランの重要な日々回想録、1665-1666年』【1844年。死後刊行】を遺している。1687年にニーム司教となった彼は、在職中に逝去した。9区のフレシエ通り（Rue

Fléchier）は1824年の命名である。

プレジダン・エドワール・エリオ President Édouard Herriot　1872-1957年。エドワール・エリオはトロワで生まれ、リヨンで没した作家・政治家。急進社会党の指導者のひとりで、首相【1924-25年、26・32年】や下院議長【1936-40年】、国民議会議長【下院が改組された1947年から54年まで】などを歴任した。恐ろしいまでに舌鋒鋭い彼の演説は、その政敵たちを震え上がらせたという。また、要請されて、1905年から35年もの長きにわたってリヨン市長もつとめた。

　こうした政治的才能にくわえて、エリオには作家や批評家としての才能もあった。それにより、1946年にはアカデミー・フランセーズ会員に選ばれてもいる。彼の次のような考えは、パスカルを彷彿させる。「教養とは、すべてを忘れ去ったあとに残るものである」。また、毒舌家としても知られ、「私は愛することを愛します」と語りかけたコレットに対し、エリオはこう返答したという。「自分は愛されることを愛します」。彼に捧げられたプレジダン＝エドワール＝エリオ広場（Place du President-Édouard-Herriot）は、1965年から7区にある。

プレジダン・ウィルソン Président Wilson　1856-1924年。トーマス・ウッドロウ・ウィルソンは、ヴァージニア州のスタントンに生まれ、ワシントンD. C.で没したアメリカ合衆国第28代大統領（プレジダン）。1912年に共和党から立候補して大統領となり、16年に再選されている。第1次世界大戦では当初中立を保っていたが、1917年、参戦を決定した【その決定的な動機となったのは、合衆国が参戦した場合は、ドイツがメキシコを支援し、米墨戦争（1846-48年）によって合衆国に奪われたヴァージニア州などをメキシコに返還させることなどを約束したドイツ帝国外相アルトゥール・ツィンメルマン（1884-1940）の秘密電報、通称「ツィンメルマン電報」だった】

　ヴェルサイユ条約の作成時、ウィルソン

はかねてより主張していた14カ条の「平和原則」【秘密外交の禁止や軍備縮小、国際平和機構の創設など】をそこに盛り込もうとした。歴史にかんする著作もものしている【『アメリカ人民の歴史』（1902年）など。全米歴史協会会長もつとめた】ウィルソンは言っている。「権利は平和より貴重である」。パリ8区にはその名を冠した大通りがある。1918年に命名されたプレジダン＝ウィルソン大通り（Avenue du Président-Wilson）がそれである。

プレジダン・ケネディ Président Kennedy
1917-63年。ジョン・フィッツジェラルド・ケネディはマサチューセッツ州のブルックラインで生まれ、テキサス州のダラスで暗殺されたアメリカ合衆国第35代大統領。彼はケネディ家の長男として生まれ、莫大な資産を有する父親から将来大統領になるための帝王学を授けられた。その目的は1960年に達成された。大統領となったジョン・F・ケネディは突出した行動力を発揮し、その若さにふさわしい斬新な考えで政治をおこなった。そして、深刻な問題に対する姿勢と、ソ連およびキューバと向き合った際の対応によって、世界的に名をはせた。

　だが、周知のように、熱狂的な群衆がつめかけたダラスの通りを、オープンカーの後部座席に、妻のジャクリーン【1929-94。1968年、ギリシアの海運王アリストテレス・オナシスと再婚】とともに乗って進んでいたとき、銃弾が彼の頭部を貫いた。真犯人はついに分からずじまいだった。彼の遺骸はアーリントン国立墓地に埋葬された。ニューヨークの国際空港やフロリダのミサイル基地などに彼の名がつけられたが、1964年にその名はパリの大通りの呼称ともなっている。16区のプレジダン＝ケネディ大通り（Avenue du Président-Kennedy）がそれである。彼には次のような忘れてはならない言葉がある。「国があなたのためになにをしてくれるかを問うのではなく、あなたが国のためになにができるのかを問うてほしい」

プレジダン・ミトワール Président Mithouard
1854-1919年。7区のプレジダン＝ミトワール広場（Place du Président-Mitouard）の名祖であるアドリアン・ミトワールは、パリ市議会議長をつとめた。精力的な人物だった彼はこの広場の10番地に住んでいた。命名はその没年になされている。

フレシネ Freycinet　1779-1842年。ルイ・クロード・ド・ソールス・ド・フレシネは、フランス南東部ドローム県のモンテリマールに生まれ、同県のロリオルで没した探検家・提督。1794年に海軍に入った彼は、1817年から20年にかけて、ウラニ【天文の女神ウラニアから】とコキユ（貝殻）という2隻の船で世界周航の大航海を敢行し、科学にとって重要な成果をもたらした。ウラニ号は1820年にフォークランド諸島沖で難破したが、フレシネは3年間に集めた資料や数多くの哺乳動物、鳥類、昆虫類、魚類、植物を救い出すことができた。これらの大部分は、それまでフランスで知られていなかったものだった。

　1824年から晩年まで、彼は旅行譚の編纂にすべてを費やしたが、早すぎた死のため、不幸にしてそれは完成するまでには至らなかった。刊行の暁には、その書は『国王の命によってなされた世界周航記』となるはずだった。その死から22年後の1964年、パリの通りに彼の名がつけられた。16区のフレシネ通り（Rue Freycinet）がそれである。

ブレシュ＝オー＝ルー Breche-aux-Loups
12区のブレシュ＝オー＝ルー通り（Rue de la Breche-aux-Loups）は古く13世紀からあり、呼称はこの地の通称に由来する。13世紀初頭、一帯はシテ島【→リュテース】の住民たちから僻遠の危険な田舎とみなされていた。ここにはいくつもの農地がつくられ、そのひとつの小作人は羊を飼っていた。しかし、当時、辺りには狼が数多く出没していたため、その犠牲とならないよう、小作人は羊群を野原の一か所に集め、本物の城砦状にした。この野原はかなり安全に思えたので、他の農民たちは夏の夜、自分

フレシュル

たちの羊もそこに囲い入れてくれるよう求めたものだった。こうして数十頭の羊がそこに集められたが、狼の一群は「城砦」の一か所を攻撃し、ついに哀れな鳴き声をあげる羊たちを貪ったという。ブレシュ＝オー＝ルーの地名はこうして生まれた。

プレシュール Prêcheurs　1184年、当時パリ司教だったモーリス・ド・シュリー【在位1160-96。1163年、ノートル＝ダム司教座聖堂の建立を発願した】は、ジャン・ド・モステロロ【詳細不明】が、「ロベール・ル・プレシュール」【字義は「説教者ロベール」】なる人物の住んでいる邸館の権利を、サン＝マグロワール神学校【パリ・ジャンセニスムの教育的拠点】に譲渡したことを認める証書を作成している。はたしてロベールが何者かは不明だが、1区のプレシュール通り（Rue des Prêcheurs）は、一般的にこの証書が作成された時期からあるという。

ブレジル Brésil　ブラジル（ブレジル）は26の州と5つの地域、さらに1つの連邦直轄地【首都ブラジリア】からなり、総面積約851万2000平方キロメートル、総人口約1億9840万【2012年】の大国である。1500年、ヨーロッパ人としてはじめてブラジルの土を踏んだのは、ポルトガル人のペードロ・アルヴァレス・カブラル【1467/68-1520】とされる。1808年から20年まで、【フランスのポルトガル侵攻で】国を追われたポルトガルの摂政【のちのジョアン6世（国王在位1816-26）】が宮廷を移し、移り住んだ。

　1815年、王国【ポルトガル・ブラジル連合王国】となったブラジルは、22年、ペドロ1世を初代皇帝（立憲君主）として独立する。そして1889年、クーデタによって共和国を宣言した。膨大な資源に恵まれていたこの新しい国は、世界史に重要な役割を演じるまでになる。だが、ブラジルは、南部の豊かな州と北部および北東部のなおも発展途上にある州とのあいだの不平等を、何にもまして解消しなければならない。パリのブレジル広場（Place du Brésil）は、1928年から17区にある。

ブレス Bresse　フランス中東部、ソーヌ川の左岸に位置し、牧畜や養鶏が盛んな地方。1604年、国王アンリ4世によってフランス王室の支配下におかれた。ある逸話によれば、当時、ソーヌ川の船頭たちは曳索で船を左岸に、つまりブレス側に寄せるときは「帝国に！」、反対に右岸へ寄せるときは「王国へ！」と叫んだものだった。これは左岸がなおも神聖ローマ帝国領、右岸がフランス王国だった時代への追憶だった。だが、アンリ4世はブレス地方をイタリア北西部のサルッツォ侯国と交換することで、この慣行に終止符を打った。パリのブレス小公園（Square de la Bresse）は16区にあり、1932年に命名されている。

ブレーズ・サンドラール Blaise Cendrars　フレデリク・ソーゼ、通称ブレーズ・サンドラールはスイス人の作家で、1887年、ラ・ショー＝ド＝フォン【スイス西部ヌーシャテル近郊】で生まれ、1961年、パリで没している。若いとき（17歳）から数多くの長期旅行を重ねてさまざまな仕事を経験し、無数の人々と出会った。そのすべてが、彼の創造的で主題に直接切り込んでいくような文体による作品の肥やしとなったに違いない。第1次世界大戦に外人部隊の一兵卒として従軍し【1915年】、右腕を失ったこともあってか、その小説はしばしば「極限的」なまでに危うい生を賛美している。

　そんなサンドラールの代表的な小説としては、『ニューヨークの復活祭』【1919年】や『打ちのめされた男』【1945年】、『ダン・ヤック』【1946年】、『放浪記』【1948年】、さらに『世界の果てまで連れてって』【生田耕作訳、白水社】や『モラヴァジーヌの冒険』【伊藤守男訳、河出書房新社】などがある。彼は言っている。「書くこと。それは生きることではなく、おそらく生き延びることである」、「存在する。それだけが真の幸福といえる」、「絶望するには、生きてなお世界を愛さなければならない」。1区のレ・アル地区を走るブレーズ・サンドラール小路（Allée Blaise-Cendrars）は、

1984年から存在している。

ブレーズ・デゴフ Blaise Desgoffe 1830-1901年。画家で、イポリット・フランドランの弟子。とくにルネサンス期の宝石や杯、武具、装飾小箱などに関心をいだいていた。作品には『東洋産瑪瑙のふたつの杯』【1957年】や『16世紀のアメジスト製壺』【1859年】などがある。彼の画材となった宝石類はほとんどがフランスの国宝に指定されている。6区のブレーズ＝デゴフ通り（Rue Blaise-Desgoffe）は、死後7年目の1908年に命名されている。

プレスブール Presbourg プレスブルク（プレスブール）はスロヴァキアの首都で、ドナウ（ダニューブ）河畔に位置するブラティスラヴァの旧称。人口約42万【2013年】。1805年、ナポレオンはここでアウステルリッツ（オステルリッツ）以来、もっとも栄光に彩られた和約を結んでいる。このプレスブルクの和約によって、【フランスに4000万フランの賠償金を支払うことになった】オーストリアは、イタリア王国を承認し、同国にヴェネツィアを割譲した。また、翌年にはフランスと同盟関係にあったバイエルンとヴュルテンブルクが選帝侯国から王国に昇格し、スイスとバタヴィア共和国【フランス革命軍がオランダに樹立した国（1795-1806年）】が独立を宣言した。

パリの8区と16区を結ぶプレスブール通り（Rue de Presbourg）は、この和約を記念して1854年に命名されている【なお、ブラティスラヴァは1809年に侵攻してきたフランス軍に占領され、11年にはブラチスラヴァ城も駐屯フランス軍の失火で荒廃した】

プレスワール Pressoir ベルヴィルでは長いあいだブドウが栽培されていた。このブドウを圧搾してワインをつくるため、20区の通りにブドウ圧搾機が1台設置された。プレスワール通り（Rue du Pressoir）はそれにちなんで、1837年に命名された。同区にはまた1877年に命名されたプレスワール袋小路（Impasse du Pressoir）もある。

フレデリック・ヴァロワ Frédéric Vallois

15区のフレデリック＝ヴァロワ小公園（Square Frédéric-Vallois）は1910年につくられているが、それ以来、この小公園——実際は私有の袋小路——はその旧地主の名でよばれている。

フレデリック・シュネデール Frédéric Schneider 1864-1921年。フレデリック・シュネデールは数多くの社会事業に参加し、おもに18区に「善意の人」の記憶を遺している。1926年に命名された同区のフレデリック＝シュネデール通り（Rue Frédéric-Schneider）は、そのことを今に伝えるものである。

フレデリック・ソートン Frédéric Sauton 1844-1910年。この建築家は5区の参事会員をつとめていた。5区のフレデリック＝ソートン通り（Rue Frédéric-Sauton）は、1912年の命名である。

フレデリック・バジユ Frédéric Bazille 1841-70年。フレデリック・ジャン・バジユは南仏モンペリエに生まれ、オルレアン北東のボーヌ＝ラ＝ロランドで戦死した画家。ルノアール【1841-1919】やシスレー（シスレ）、クロード・モネらと親交を結び、彼らとともにフォンテヌブローで制作に励み、印象主義の誕生にもかかわった。肖像画や家族画・室内画を好んで描いた彼は、明色や明確な輪郭、さらに完全なボリューム感にこだわった。そのもっともよく知られている作品としては『家族の集い』【1867年】がある。16区のフレデリック＝バジユ小公園（Square Frédéric-Bazille）は、1998年に命名されている。

フレデリック・バスティア Frédéric Bastiat 1801-50年。フランス南西部ランド県のミュグロンに生まれ、ローマで没した経済学者・自由貿易論者。1830年の革命後、治安判事となった彼は、1841年、『国税とブドウにかんする試論』を発表する。1844年には「変革の自由」協会を組織して、フランクリン（フランクラン）の知恵やヴォルテールの精神が同時に盛り込まれた、《経済的誤謬》という題名のパンフレットを刊行する。1848年の2月革命時には、

彼が打倒した保護主義と同様、社会主義も激しく攻撃した。やがて憲法制定議会や立法議会の議員に選ばれるが、多くを傾けて書いた『経済的調和』の完成を見る前に死去した。彼が出したパンフレットのなかには、次のようなユーモア溢れる題名をつけたものがある。《自分たちの商売を損なう太陽に反対する、ロウソク製造業者の嘆願》。8区のフレデリック＝バスティア通り（Rue Frédéric-Bastiat）は1884年からある。

フレデリック・ブリュネ Frédéric Brunet

優秀さをもってうたわれた17区参事会員のブリュネは、1868年から1932年まで生きていた。同区のフレデリック＝ブリュネ通り（Rue Frédéric-Brunet）は、彼の没年に命名されている。

フレデリック・マジソン Frédéric Magisson

1893年の開通以来、15区のフレデリック＝マジソン通り（Rue Frédéric-Magisson）は、旧地主の名でよばれている。

フレデリック・ミストラル Frédéric Mistral

1830-1914年。南仏ブーシュ＝デュ＝ローヌ県のマイヤーヌに生まれたプロヴァンスの詩人。アルル（1852年）やエクス（1853年）での会議で、彼はプロヴァンス復興運動の組織者のひとりとなる。そして1854年、他の詩人たちとともに、フォンセギュニュ城での有名な集会に参加し、その席上、フランス語【オイル語】を基盤とするアカデミー・フランセーズの向こうを張って、オック語（プロヴァンス語）による文学結社「フェリブリージュ」の創設を提唱する。そしてギ・ド・ムンの筆名で、フェリブリージュ運動の修史官役をつとめた。

1859年に上梓したミストラルの代表作『ミレイユ』【『プロヴァンスの少女ミレイユ』、杉富士雄訳、岩波文庫】は、ラマルティーヌから絶賛されている。他の作品としては『黄金の島』【1875年】や『ネルト』【1884年】、『王妃ジャンヌ』【1890年】などがある。彼はまた、みずからが編んだ『フェリブリージュ宝典』【1879年。オック・プロヴァンス＝フランス語辞典】によって、フランス

学士院から1万フランの賞金を授けられ、これを資金としてプロヴァンス語の雑誌《アイオリ》を刊行している（1890-1900年）。1904年には、ノーベル文学賞を受賞した【この賞金でアルルにアルラタン博物館を創設した】

今もなおマジョラルとよばれる50人のフェリブリージュ会員が、ミストラルが初代をつとめた会長の下に定期的に集まっている。このプロヴァンス詩人の目的は、地方分権化とオック語地方【ラングドックという地名は「オック語」の意】の芸術的独自性の維持することにあった。彼に捧げられたパリのフレデリック＝ミストラル通り（Rue Frédéric-Mistralは、1931年から15区にある。

フレデリック・ムルロン Frédéric Mourlon

1811-66年。フランス中部クルーズ県のシャンボンに生まれたの法曹家ムルロンは、パリ控訴院の弁護士となり、1856年、法曹誌《ルヴュ・プラティク・ド・ジュリスプリュダーンス（実践法学誌）》を共同で創刊している。19区のフレデリック＝ムルロン通り（Rue Frédéric-Mourlon）は、1932年に命名されている。

フレデリック・ルメートル Frédéric Lemaître

1800-76年。北仏のル・アーヴルで生まれ、パリで他界した俳優。本名はプロスペル・ルメートル。建築家の子として生まれた彼は、早くから演劇を志し、1823年、『オーベルジュ・アドレ』【原作者バンジャマン・アンティエ（1787-1870）】の盗賊ロベール・マケール役で知られるようになる。1864年まで、彼の名声は衰えることがなく、コメディー＝フランセーズを除いて、内外の多くの大劇場で演じ続けた。大柄で強靭な体をもち、エレガントだが締りがなく、皮肉屋で奇をてらう人柄ゆえ、「大通りのタルマ」とよばれた【「大通り」という形容辞は、タルマがおもに演劇の殿堂であるコメディ＝フランセーズで活躍したのと対照的に、ルメートルがブルヴァール（通俗）劇のスターだったことによる】

ルメートルの主な出演作品としては以下

がある。『ある遊び人の30年もしくは生涯』【1827年。ヴィクトル・デュカンジュ（1783-1833）作】、『キーン』【1836年。アレクサンドル・デュマ作】、『リュイ・ブラ』【1938年。ヴィクトル・ユゴー作】、『ドン・セザール・ド・バザン』【1844年。アドルフ・デペルネリ（1811-99年）作】。彼はまた回想録も書いている。1899年、パリに彼を記念してモニュメントが建てられているが、20区のフレデリック＝ルメートル通り（Rue Frédéric-Lemaître）は、1892年の命名である。

フレデリック・ル・プレ Frédéric Le Play
1806-82年。ル・プレは北仏のセーヌ河口に位置するオンフルールに生まれ、パリで没した技師・経済学者・社会学者。人間の幸福を富ではなく、その社会的・倫理的発展のうちに求めようとする社会経済学の創唱者である。彼によれば、家族や宗教、財産、「パトロナージュ（庇護・義務）」は望ましい社会体制にとって基本的に不可欠なものだという。1867年、元老院議員となった彼には、その原則を含むみごとな書『ヨーロッパの労働者たち』【1877年】がある。7区のフレデリック＝ル＝プレ大通り（Avenue Frédéric-Le-Play）は、1927年に命名されている。

フレデリック・ロシフ Frédéric Rossif
1922-90年。モンテネグロのツェティニェに生まれ、パリで他界したフランス人映画監督・テレビ番組制作者。1945年からパリに住み、最初シネマテークで働いたあと、1952年にフランス国営放送局（ORTF）に入り、『動物たちの生態』や『われらが友の獣たち』、『サンク・コロンヌ・ア・ラ・ユヌ』など、数多くの番組を制作・放送している。1961年にははじめての長編ドキュメント『ゲットーの時代』を、さらに63年には、スペイン内戦を扱ったすぐれたドキュメント『マドリードに死す』を制作して、モンタージュのスペシャリストとしての地位を確立している。
　ロシフはまた『10月革命』【1967年】や『エルサレムの壁』【1968年】、『野生の祝

祭』【1976年】、『美しき野生』【1984年】などのドキュメンタリーのほかに、数は少ないが、『かくも遠い愛』【1971年】といったフィクション映画もつくっている。「映像の詩人」と称されたが、かなり強い訛りを直そうとは決して思わなかった。彼に捧げられたフレデリック＝ロシフ小公園（Square Frédéric-Rossif）は、1998年から12区にある。

フレデリック・ロリエ Frédéric Lolliée
1856-1915年。フレデリック・ロリエは歴史家。ジャーナリストしても活躍し、彼が書いた記事はきわめて高い評価を受けた。1934年に命名されたフレデリック＝ロリエ通り（Rue Frédéric-Lolliée）は20区にある。

プレートル Prêtres　16区のプレートル袋小路（Impasse des Prêtres）は、聖職者たちがそこにすんでいたことにちなんで、1845年に命名されている。

プレートル・サン＝セヴラン Prêtres Saint-Sévrin　5区のプレートル＝サン＝セヴラン通り（Rue des Prêtres-Saint-Sévrin）が命名されたのは、17世紀である。呼称は、この通りにサン＝セヴラン教会の聖職者たちが住んでいたことによる。

プレートル・サン＝ジェルマン＝ローセロワ Prêtres Saint-Germain-l'Auxrrois　4区のプレートル＝サン＝ジェルマン＝ローセロワ通り（Rue des Prêtres-Saint-Germain-l'Auxrrois）は、かなり長い呼称である。だが、その由来は短い説明ですむ。すなわち、13世紀末から19世紀末まで、この通りには司祭館が建っており、そこにはサン＝ジェルマン＝ローセロワ教会で聖務をになう聖職者たちが住んでいたことによる。

プレーヌ Plaine　20区のプレーヌ通り（Rue de la Plaine）は1812年からあるが、もとは旧シャロンヌ村の小径だった。その呼称は、同村の丘の麓にあった小さいが心地よい平原に由来する。

フレネル Fresnel　1788-1827年。オーギュスタン・フレネルはパリ北西ウール県のブログリに生まれ、パリ南西部のヴィル＝ダ

ヴレで没した物理学者。パリの国立理工科学校（エコール・ポリテクニーク）を卒業した彼は、1814年まで地方の技師として働いた。復古王政に共鳴していたため、1815年の百日天下時には、反ナポレオン軍にくわわってもいる。この時期のあと、彼はパリで光学の波動研究を始めるが、その対象は光の複屈折、さらに偏光現象だった（アラゴとの共同研究）。1823年、科学アカデミー入りした彼の最後の発明は、灯台用のレンズ【フレネル・レンズ】。16区には1877年に命名されたフレネル通り（Rue Fresnel）がある。

プレフェ・クロード・エリニャク Préfet Claude Érignac　1937年、フランス中部ロゼール県のマンドに生まれたコルシカ（コルス）県知事クロード・エリニャクは、98年、コルシカ島南部、ナポレオン・ボナパルトの生地アジャクシオで暗殺された【犯人グループは同島の独立主義者たち】。彼の死を悼んで、2004年、16区の通りにその名がつけられた。プレフェ＝クロード＝エリニャク広場（Place du Préfet-Claude-Érignac）がそれである。

フレミエ Frémiet　1824-1910年。エマニュエル・フレミエはパリ出身の彫刻家で、リュードの弟子・従兄弟。若い頃、パリ植物園の「動物学的・神話学的研究部門」で働いていた彼は、19世紀後葉におけるフランス彫刻の指導者のひとりとなる。とりわけその解剖学的に厳密な彫像は注目に値する。代表作にはピラミッド広場の『ジャンヌ・ダルクの騎馬像』【1874年】や『女性を扱うゴリラ』【1887年】、『モンフォーコンの馬』、『ガリア人の指導者』、『モトウミウマとイルカ』、『石器時代人』【いずれも制作年不詳】、さらに作風が他と異なるが、1899年にスエズ（シュエーズ）運河で除幕式を行った巨大な『フェルディナン・レセップス像』などがある。1892年に美術・彫刻アカデミーの会員となった彼の名は、1913年、16区のフレミエ大通り（Avenue Frémiet）に残っている。

フレミクール Frémicourt　涙をほろりと流すのもいいだろう——。フレミクールとは、1823年に開発会社がグルネル村の土地を分譲するまで、そこで農業を営んでいた最後の農民だからだ。そのフレミクール通り（Rue Frémicourt）は15区にある。

ブレモンティエ Brémontier　1738-1809年。パリ土木局の監察官だったニコラ・ブレモンティエは、北仏のルーアン近郊に位置するクヴィリに生まれている。カイガンショウ【フランスや地中海地方の海岸砂丘に生える松】を主体とする植林によって、フランス南西部ガスコーニュ湾岸の、ときに80メートルにも達する砂丘を「固定」させるのに成功したのが彼である。

この考えを思いついたきっかけは、現地で古代の森の痕跡を見つけたことだった。自分の最初の計画を発展させるため、彼は地中深くに固定鉤を打ちこみ、あるいは格子状に編み垣を配した。ブレモンティエが他界したとき、砂丘にはすでに3700ヘクタールにわたって植林がなされていた。彼はまた松を増殖させてもいる。その業績をたたえて1864年に命名されたブレモンティエ通り（Rue Brémontier）は、パリの17区にある。

プレリ Prairies　20区のプレリ通り（Rue des Prairies）は1873年に命名されているが、草原を意味するこの呼称は、かつてそこが田園の風景だったことに由来する。1959年、ジャン・ギャバン【1904-76】主演の映画『プレリ通り』【監督ドゥニ・ド・ラ・パトリエール（1921-2013）。邦題『子供たち』】は、その題名通り、ここを舞台としている。

プレル Presles　1270-1330年。ラウル・ド・プレル、通称プレイエールは法学者。パリ北東のラオンで弁護士をしていた彼は、パリに移って、1310年、端麗王フィリップ4世【在位1268-1314。王国基本法の整備や三部会の組織など、統一国家としてのフランスの確立につとめた】の秘書官兼諮問官となり、聖堂騎士団【→タンプル】の裁判に証人として関与し、その断罪に決定的な役割を担った。この功により、エーヌ地方の

リジーに所領を授かったが、端麗王が没して強情王ルイ10世【在位1314-16。封建領主の反発で、王権の弱体化をまねいた】が即位すると、すべての特権が奪われ、【端麗王を】毒殺したとして投獄されてしまう。そして幾度となく拷問にかけられ、財産も没収された。

　しかし、1315年、嫌疑がはれて無罪放免され、財産も戻された彼は、2年後に貴族に叙せられる。**サン＝ティレール通り**には、彼の名を冠した中学校も創設された。15区のプレル袋小路（Impasse Presles）は1875年から、同名の通り（Rue Presles）は79年からある。

フレール・ダスティエ・ド・ラ・ヴィジュリ Frères d'Astier de la Vigerie　13区のフレール＝ダスティエ＝ド＝ラ＝ヴィジュリ通り（Rue de Frères-d'Astier-de-la-Vigerie）は、1983年に命名されている。このフレール（兄弟）とは、フランソワ（1886-1956）、アンリ（1897-1952）、エマニュエル（1900-69）の3人で、第2次世界大戦中、彼らはフランスの防衛と解放のため、勇敢に戦ったことで知られる。フランソワは**シャルル・ド・ゴール**将軍のもとで、自由フランス空軍の監察官をつとめた。アンリは1940年にレジスタンスに入り、アルジェリアに赴いて、**アルジェ**での軍事クーデタにくわわった。

　一方、作家で政治家でもあったエマニュエルは、海軍将校をへてジャーナリストになり、南部戦線で重要なレジスタンス組織を結成し、地下出版の《リベラシオン（解放）》紙を刊行している。そして1942年、ロンドンのド・ゴール将軍を訪れ、フランス国民解放委員会の委員となり、戦後は1945年から58年まで内務大臣や国民議会議員、さらに国際平和委員会の会長などを歴任した。

フレール・ペリエ Frères Périer　ペリエ兄弟、すなわちジャック・コンスタンタン（1742-1818）とオーギュスト・シャルル（生没年不詳）は、のちに彼らの名が冠せられることになる通りに、火力式ポンプ2

台を設置した【1781年。兄弟は1778年にパリ水道会社を設立している】。このポンプは水を圧搾・吸収する2基の蒸気機関からなる最初期のもので、それぞれのポンプには彼らの名にちなんで——ただし、女性形で——「コンスタンティヌ」と「オーギュスティヌ」【フランス語でポンプが女性形であるところから】と命名された。

　これらの装置は36メートルの高さから圧縮された水4500リットルを汲み上げ、それをまず4基の水槽に貯めたのち、直径35センチメートルの導管をもちいてフォブール・サン＝タントワヌ地区へ流し、その一帯に水を供給した。フレール＝ペリエ通り（Rue de Frères-Périer）は1904年から16区にあるが、ポンプ自体はその2年前、1902年に撤去されている。

フレール・モラーヌ Frères Morane　レオン（1885-1918）とロベール（1886-1968）のフレール兄弟は、パリ出身の実業家であると同時に、とくにフランスの飛行機史を代表する飛行家でもあった。1910年、兄弟はレ（イ）モン・ソーニエ【1881-1964。航空技師で、1909年のブレリオ機のイギリス海峡横断飛行にかかわってもいる】とともに、フランス初の航空機製造会社を創設している。彼らにちなんで1971年に命名されたフレール＝モラーヌ通り（Rue de Frères-Morane）は16区にある。

プレロ Plélo　1699-1734年。プレロ伯イポリット・ド・ブレハンは**レンヌ**に生まれ、ダンツィヒ（**ダンティグ**）近郊で他界した外交官。**ブルターニュ**地方の旧家に生まれた彼は、最初軍人を目指し、竜騎兵隊の連隊長となった。やがて軍務を去り、1729年、デンマーク駐在のフランス大使となる。だが、ポーランド（**ポローニュ**）継承戦争でスタニスワフ（**スタニスラス**）・レシチニスキへのフランスの支援が少ないことに憤慨し【ロシアがダンツィヒに3万人の軍隊を派遣したのに対し、フランスが送り込んだ軍隊は2000人たらずだった】、いささか常軌を逸した行動に出る。みずからこの小部隊の先頭に立ち、ダンツィヒに向かったのであ

フロ

る。この無謀な行動のため、彼は最悪の事態を招くことになる。【ダンツィヒ市壁の塹壕戦で敵の銃弾を受けて】戦死したのである。15区には、1931年から彼の名を冠したプレロ通り（Rue de Plélo）がある。

ブロー Bouleaux 19区のブロー大通り（Avenue des Bouleaux）は1932年に開通している。今ではすっかり姿を消してしまっているが、当時、そこはカバノキ（ブロー）が鬱蒼と生えていた、いかにも田舎風の場所だった。カバノキはブナ目に属し、フランスにもみられるオウシュウシラカンバと、南米に自生するベトゥラ・ニグラ（フロリダカンバ）とに大別される。ヨーロッパダケカンバは綿毛に包まれた芽生えを有している。興味深いことに、19世紀のフィンランド（ファンラーンド）人はこのカバノキの葉を茶代わりにもちいていた【19区にはブロー小公園（Square des Bouleaux）もある】

ブロカ Broca 1824-80年。ピエール・ポール・ブロカはフランス南西部ジロンド県のサント＝フォワ＝ラ＝グランドに生まれ、パリで没した外科医。彼が好んだテーマ——とくに晩年——は脳だった。この脳にかんする著書を執筆中に急逝した彼は、生前から近代形質人類学の父とみなされていた【1848年、ダーウィンの自然淘汰説を支持する自由思想家協会を立ち上げたため、当局から唯物論者で若者たちを堕落させるとして糾弾された彼はまた、現在も活動中のパリ人類学会を1859年に創設している】

そんなブロカの著作のなかには、次のような興味深い題名の書がある。『腹部ヘルニアにおける絞扼について』【1853年】や『腫瘍論』【1866-69年】などだが、『動脈瘤とその治療について』【1856年】を著した彼の死因は、皮肉にも動脈瘤の破裂だった。今日、パリ大学医学部の近くにブロカの彫像が立っているが、制作者はろうあ者で、本人に似ていないとの糾弾があったものの、この制作者には聞えなかった【その脳が今もパリ自然史博物館の人類学実験室に保存されている】彼の名は、死後10年目の1890

年に命名された、5区・13区のブロカ通り（Rue Broca）に残っている。

プログレ Progrès 1889年に開通した19区のヴィラ・プログレ（Villa Progrès）は、おそらく将来における進歩を確信していた、最初期の住民たちによって命名されている。

ブロシャン Brochant 1773-1840年。地質学者・鉱物学者のブロシャン・ド・ヴィリエは、パリに生まれ、没している。北仏ランス近郊のサン＝ゴバンでガラス工場の支配人をつとめ、科学アカデミーの会員にもなった【1816年】。主著に『フランス地質地図』【1870年】がある。彼を名祖とするブロシャン通り（Rue Brochant）は17区にあり、1864年に命名されている。

フロショ Frochot 1761-1828年。ブルゴーニュ地方の中心都市であるディジョンに生まれ、フランス東部のオート＝マルヌ県のエテュフに没した政治家。親友のミラボーから遺言執行人のひとりに指名されている。1794年、彼は生地で革命の反動分子として投獄されるが、ロベスピエール【1758-94。→コンヴァンション】の死によって釈放された。1800年、彼はナポレオンからセーヌ県知事に任命される。だが、1812年、この職を辞さなければならなかった。皇帝ナポレオンが死んだとの誤報を信じ、クロード・フランソワ・ド・マレ【1754-1812。軍人で熱烈な共和主義者だった彼は、ロシア遠征中のナポレオンが死んだとの虚報を流し、パリで反乱を企てた廉で銃殺刑に処された】の陰謀を防ぐために何も手立てを考えなかったとして、更迭されたのである。

それ以前、ナポレオンは彼を伯爵および帝国騎士にとり立てていた。やがて復古王政で王位に就いたルイ18世【在位1814-15/1815-24】は、フロショに寛大さを示して年金1万5000リーヴルを下賜する。しかし、百日天下でナポレオンから示されたブーシュ＝デュ＝ローヌ県知事の職を受け入れたため、第二復古王政で失脚を余儀なくされた。彼の名を冠した9区のフロショ大通り（Avenue Frochot）は、1831年に命名されている。

ブロス Brosse ジャック・ド・ブロス、本名サロモン・ド・ブロス【1565/71-1626】は北仏オワーズ地方のヴェルムイユ＝アン＝アレットに生まれ、パリで没した建築家。彼は**サン＝ジェルヴェ教会**の正面ポルタイユ（扉口）をつくったとされる。だが、教会の正面入り口を建てたのはじつは彼ではなく【ブロスはプロテスタントだった】、1556年【ないし37年】にパリ西方のドルーで没したクレモン・メトゾー【親方石工。代々建築家を輩出したメトゾー一族の祖】である。このメトゾーは**フィリベール・ドゥロルム**【息子ジャン（1600没）の師】を助けて**テュイルリー宮**を建て、ギョーム・マルシャンやジャン・プティとともに**ポン＝ヌフ橋**を架けている【1607年竣工。この架設工事にはアンリ3世のお抱え建築家だったクレモンの次男ティボー（1533-96）も、1578年から没年まで携わっている】

ド・ブロスのことに戻れば、一語でドブロス（Debrosse）と書かれることもある彼は、ジャック・アンドルエ・デュ・セルソー【2世、1550-1614。ポン＝ヌフ橋の架設工事を最初に手掛け、ドゥロルムらとともにテュイルリー宮の建設にも携わった】の甥で、マリ・ド・メディシスのために**リュクサンブール宮**を建てている【1631年完成】。一方、サン＝ジェルヴェ教会であるが、ブロスはその正面ポルタイユ全体にはかかわっていないまでも、以後2世紀にわたって「手本」となるこのポルタイユ建築に彼がまったく無縁だったとするわけにはいかない。ともあれ、ブロス通り（Rue de Brosse）は4区にある。命名は1881年のことだった。

プロスト Prost 11区のシテ・プロスト（Cité Prost）は、19世紀末にここを建設した人物にちなんで命名されている。

プロスペル・グボー Prosper Goubaux 1795-1859年。プロスペル＝パルフェ・グボーはパリを生没地とする劇作家。ヴィクトル・デュカンジュ【1783-1833。小説家・劇作家】と共作の『ある山師の30年ないし生涯』【1827年】や、**アレクサンドル・デ**ュマ（父）と共作の『リチャード・ダーリントン』【1831年】、『リニュロルのルイズ』【1838年】、『さまよえるユダヤ人』【発表年不詳】などの作品を、ディノーやピエール・オーブリー、オートフイユ、ドリヴォといった筆名で書いている。

サント＝バルブ学寮【4区のヴァレット通りにある、1460年に創設された現存するパリ最古の中等教育機関】の復習教師でもあった彼はまた、1820年、**セーヌ**左岸に私塾を立ち上げ、30年、それを右岸に移転している。そして1846年、これをパリ市に売却した。この私塾は当初**フランソワ1世**学院とよばれ、のちにシャプタル学院と改称された。彼にちなんで1905年に命名された**プロスペル＝グボー広場**（Place Prosper-Goubaux）は、8区と17区の境にある。

プロセション Procession 15区のプロセション通り（Rue de la Procession）は旧**ヴォージラール**村の小教区の宗教行列、通称「大行列」が通るコースだった。命名は、村がパリに編入されて3年後、つまり1863年になされている。

ブロティエール Blottière 14区のブロティエール通り（Rue Blottière）は、隣接する同名の小路と同様、最初期にここに住んでいた家主にちなんで命名されている。

プロニー Prony 1755-1839年。プロニー男爵ガスパール・リシュは、**リヨン**近郊のシャムレに生まれ、パリで没した技師・数学者・物理学者。王立土木学校に入学した【1776年】彼は、卒業後、**コンコルド橋**架設の工事計画案公募に応募するが、不首尾に終わった。だが、1791年に主任技師となり、99年、母校の校長に就任する。

プロニーはさらに1805年から12年までさまざまな工事を手がけた。イタリア北部を流れるポー川の水路調整や中部のアンコナやジェノヴァ（ジェーヌ）、ヴェネツィアの港湾改修、中部ポンティーノ湿地帯【古くからしばしばマラリアが発生していた】の浚渫工事などである。復古王政期の1816年には、パリの国立理工科学校（エ

コール・ポリテクニーク）に学ぶ学生たちの終身試験官に任命され、27年にはローヌ川の洪水対策を命じられる。発電ブレーキ（プロニー・ブレーキ）などの考案者としても知られるプロニーの名は、1864年に命名された17区のプロニー通り（Rue Prony）に残っている。

プロフェスール・アンドレ・ルミエール Professeur André Lemière 1875-1956年。パリ病院群の有名な医師だったアンドレ・ルミエール教授はまた、科学アカデミーの会員でもあった。1965年、その名前がパリの通りにつけられている。20区のプロフェスール＝アンドレ＝ルミエール大通り（Avenue du Professeur-André-Lemière）がそれである。

プロフェスール・ゴセ Professeur Gosset 1872-1944年。アントワヌ・ゴセは北仏ノルマンディ地方のフェカンに生まれ、パリで没した外科医で、胃切開術の開発者。彼の名を冠したプロフェスール＝ゴセ通り（Rue du Professeur-Gosset）は、1966年から18区にある。

プロフェスール・ヤサーント・ヴァンサン Professeur Hyacinthe Vincent 1862-1950年。ヤサーント・ヴァンサンはボルドーで生まれ、パリで他界した軍医。紡錘状桿菌と口内スピロヘータの重複感染によっておこる偽膜性口峡炎、より一般的には「ワンサン（ヴァンサン）・アンギーナ」を同定した。彼はまたチフスやガス壊疽、大腸菌に対するワクチンや血清を発見してもいる。科学アカデミー会員【1922年選出】だった彼の名は、1954年に命名された14区のプロフェスール＝ヤサーント＝ヴァンサン通り（Rue du Professeur-Hyancinthe-Vincent）に残っている。

プロフェスール・フロリアン・デルバール Professeur Florian Delbarre 1918-81年。パリを生没地とする医学博士で、パリ大学のコシャン医学部長【1969-76】やパリ第5大学ルネ＝デカルト校学長【1976-81】を歴任した。さらに、1977年から81年までパリ参事会員もつとめた。15区の

プロフェスール＝フロリアン＝デルバール通り（Rue du Professeur-Florian-Delbarre）は、1994年に命名されている。

プロフェスール・ルイ・ルノー Professeur Louis Renault 1843-1918年。ブルゴーニュ地方のオータンに生まれ、フォンテヌブロー近郊のバルビゾンで没した法律家【1907年にノーベル平和賞受賞】。1868年に法律学の教授資格をえたルイ・ルノーはディジョンで教壇に立ち（1868-73年）、さらにパリ政治学院の法学部でも教鞭をとった【1873-晩年】。

1901年、人文・社会科学アカデミーの会員となった彼は、ハーグの常設仲裁裁判所【1899年の第1回ハーグ平和会議で設立】の委員、翌年にはドイツ、イギリス、フランスによってその裁判官に任命される。そして、これら3か国と日本のあいだに存在する意見の対立、すなわち日本から譲渡された土地と建物に対する課税問題にかかわる対立を仲裁した。おそらくこれはかなり困難な作業だっただろう。彼の著作としては『商法論』【9巻、1889-99年】などがある。ちなみに、彼は自動車の先駆者であるルイ・ルノー（1877-1944）とは無縁である。彼に捧げられたプロフェスール＝ルイ＝ルノー通り（Rue du Professeur-Louis-Renault）は、1935年から13区にある。

フロマン Froment 1815-65年。ポール・ギュスタヴ・フロマンはパリ出身の機械工。信号・キーボード式電信機や印刷機、パンテレグラフ【ファクシミリの原型】、電気時計用機械装置などを考案ないし改良している。11区のフロマン通り（Rue Froment）は1905年からある。

フロマンタン Fromentin 1820-76年。ウジェーヌ・フロマンタンはフランス南西部シャラント＝マリティム県のラ・ロシェルに生まれ、没した画家・作家。22歳のときにアルジェリアを旅し、そこでの体験がのちのちまで彼の画風に影響をあたえた。画家としての本格的なデビューは、1847年のル・サロン展だった。その作品には、『シファ峡谷』【1847年】や『ガゼル狩り』

【1856年】、『アラブの隊商』【1857年】、『カリフ宅の聴衆』【1859年】、『アラブの鷹匠』【1863年】などがある。作家としては『サハラ砂漠のある夏』【1857年】のほか、とくに小品ではあるが、微細な心理描写を駆使した傑作『ドミニク』【1863年】を発表している。9区のフロマンタン通り（Rue Fromentin）は、彼の死後3年目の1879年に命名されている。

ブロメ Blomet 15区のブロメ通り（Rue Blomet）は、最終的に1863年に命名されている。以前は古い順からブロメ（BlaumetおよびBlomay）、さらにプロメ（Plomet）、プリュメ（Plumet）とよばれていた。だが、18世紀にブロメ（Blaumet）氏がこの通りに家をかまえるようになり、現在の呼称となった。今日、自分の名前に対して敬意が払われていないとしても【表記が異なる】、発音が同じである以上、ブロメ氏も満足してくれるはずである。

フロラ・トリスタン Flora Tristan 1803年にパリで生まれ、44年にボルドーで没した女性作家・フェミニスト・社会主義者。本名はフロール・セレスティヌ・トリスタン＝モスコゾ。スペイン系貴族のペルー人を父に、フランス人を母に私生児として生まれた彼女は、若くして版画家のアンドレ・シャザル【1796-1860。1837年、娘との近親相姦で告発され、翌年には妻への殺人未遂で投獄および強制労働20年の刑を受ける】と結婚するが、1825年、子供ふたりを連れて別れる。その娘アリヌ【1825-67】がのちにゴーギャン（ゴーガン）の母となる。

1834【33】年、フロラは貴婦人のつきそい役として父祖の地ペルーを訪れ、35年、執筆活動を始める。そして1839年には、恋愛と離婚の自由を説いた書『ある被差別者の奔走』【邦題名『ある女パリアの遍歴』、小杉隆芳訳、法政大学出版局】で、フェミニズム運動の代弁者となる。同時に、彼女は黒人奴隷制の廃止も訴えてもいる。そして1842年、『労働者同盟』を著して、国内的には職業の別なく、国際的には国の別なく、労働者たちが団結するよう働きかけ

た。彼女に捧げられた14区のフロラ＝トリスタン広場（Place Flora-Tristan）は、2003年に命名されている。

フロラーンス Florence フィレンツェのこと。この町は6世紀にわたってイタリアの政治と芸術の中心だった。フィレンツェが果たした知的な役割の大きさを知るには、そこで生まれあるいは活躍した偉人たちの名前を少し列挙するだけでよいだろう。ダンテ（**ダント**）、ボッカチオ【1313-75】、サヴォナローナ【1542-98】、ガリレイ（**ガリレ**）、ミケランジェロ（**ミケラーンジュ**）、ベンヴェヌート・チェッリーニ【1500-71。画家・彫刻家・金銀細工師・音楽家】、レオナルド・ダビンチ（**レオナール・ド・ヴァンシ**）、バルバラ・ストロッツィ【1619-77。初期バロック音楽の作曲家・声楽家・高利貸し（！）】などである。

改めて指摘するまでもなく、フィレンツェはまたみごとなモニュメントで飾られてもいる。たとえば、ヴェッキオ宮・橋やメディチ宮、ピッティ宮、ストレッツィ宮、ポデスタ宮、さらにダンテ像を含む無数の影像、歴史的な家屋などである【ほかに忘れてならないのは、ウフィツィ美術館やサンタ＝マリア＝デル＝フィオーレ司教座大聖堂など】。1860年から70年まで、この町はイタリア王国の首都でもあった。パリ8区の通りにその名が冠せられたのは1864年。フロラーンス通り（Rue de Florence）がそれである。

フロラーンス・ブリュモンタル Florence Blumental 1873-1930年。アメリカ人のフローレンス・ブリュメンタール（フローランス・ブリュモンタル）夫人は、篤志家として知られる。1932年、つまりその死後2年目、彼女に感謝して、16区のフローランス＝ブリュモンタル通り（Rue Florence-Blumenthal）が命名されている。彼女は多くの若い芸術家を支援し、1919年には彼らのために「フランス思想・芸術のためのアメリカ財団」を創設している。

フロランティーヌ Florentine フロランティーヌは男性で、19区のシテ・フロラン

ティーヌ（Cité Florentine）の旧地主である。

フロランティーヌ・エストラド Florentine Estrade　16区のシテ・フロランティーヌ＝エストラド（Cité Florentine-Estrade）は、1892年に建設されたこのシテの旧地主にちなんで命名されている。

フロリアン Florian　1755-94年。ジャン＝ピエール・クラリス・ド・フロリアンは、南仏ガール県のフロリアン城に生まれ、パリ南郊のソーで没した作家・詩人。**ヴォルテール**の姪の息子である彼は、**パンティエーヴル公ルイ＝ジャン＝マリ・ド・ブルボン**の近習をつとめたあと、北仏パ＝ド＝カレ地方のバポーム王立砲兵学校に入り、卒業後は竜騎兵の将校となった。それから、庇護者であるパンティエーヴル公のアネ城に数年滞在し、創作を始める。寓話作家で作詞家、さらに劇作家でもあった彼は、1788年、アカデミー・フランセーズの会員に推されている。

　パンティエーヴル公が没すると、彼はパリに移って革命運動に身を投じるが、テルミドール9日のクーデタ【1794年7月27日にロベスピエール派を失脚させた山岳派（→ルドリュ＝ロラン）のクーデタ】で逮捕されてしまう。やがて釈放されたものの、それからまもなく、ソーの小さな私邸で他界する。享年39だった【数年前から患っていた結核が、入獄で悪化したためとされる】。

　劇作家としての彼は、しばしば作品にイタリア喜劇のアルレッキーノ（アルルカン）的人物を登場させているが、その役どころはトリックスターではなく、模範的な家政の切り回し役だった。たとえば、『よき家政』【1782年】や『善良な父』【1788年】などである。一方、その寓話はラ・フォンテーヌのそれと較べられて多少とも不利な評価をえているが、実際は決して見おとりするものではない。彼はまた『ガラテア』【1783年】や『エステルとネモラン』【1788年】といった小説も書いている。20区のフロリアン通り（Rue Florian）は1867年からある。

フロリモン Florimont　14区のフロリモン袋小路（Impasse Florimont）は、その最初の住人となった旧地主の名を冠したものである。

フロール Flore　16区のヴィラ・フロール（Villa Flore）は、この土地を所有していた女性の美しいファーストネーム【ローマ神話の花と豊穣と春の女神フローラから】を呼称としている。

フロレアル Floréal　フロレアル（花月）とは、**ファーブル・デグランティヌ**が考案した革命暦で第8月、春の第2月にあたる。グレゴリオ暦でいえば、フロレアル月は4月20日から5月20日となる。17区のフロレアル通り（Rue Floréal）は1932年からある。

ブロワ Bouloi　16世紀の記録によれば、今日17区のブロワ通り（Rue du Bouloi）がある場所には球戯場が建っていたという。通りの命名は17世紀中葉だが、呼称はこの球戯場に由来する。

フロワサール Froissart　1338-1404年。年代記者で詩人ノジャン・フロワサールは、北仏のヴァランシエンヌ出身。23歳のとき、イングランドに渡って、王妃フィリーパ・オブ・エノー【1314頃-69。エドワード3世の妃】に当時のさまざまな出来事を記した書を献上した。王妃は彼を秘書にし、さらに諸事を調べるよう、イタリアやスコットランド（エコス）、フランスなどに派遣している。いわば彼はリポーターの先がけだった。王妃が逝去したのちも、彼は庇護者にことかかなかった。そのなかには、たとえばルクセンブルク公のヴェンセラス1世【1337-83】やブロワ伯のギ2世【1397没】がいる。

　1388年、フロワサールはフランス南西部ベアルン地方を長期にわたって旅し、ガストン・フェビュ（ス）【1331-91。ベアルン子爵で、ガスコーニュ・ラングドック地方の封建領主。彩飾写本『狩りの書』を編んだことで知られる】を訪ねてもいる。1395年、イングランドに戻るが、そこにはすでに彼がたたえてやまなかった美しい騎士道の姿

はなかったという。

　フロワサールの『年代記』は中世史にかんする偉大な成果のひとつといえる。その彼をたたえて1864年に命名されたフロワサール通り（Rue Froissart）は、パリの3区にある。

フロワドゥヴォー Froidevaux　1827-82年。ウジェーヌ・フロワドゥヴォーは殉職したパリ消防隊の中佐【パリ消防隊、正式名「パリ消防旅団」は陸軍に所属する消防工兵部隊で、有事の際は内務省と警視総監の指揮下に入る】。1896年に命名されたフロワドゥヴォー通り（Rue Froidevaux）は14区にある。

ブロンデル Blondel　1617/18-86年。フランソワ・ブロンデルは北仏エーヌ県のリブモンに生まれた建築家で、クロワゼットとガラルドンの領主。1671年、王立建築アカデミーの院長および教授に任命された彼は、ポルト・サン＝ドニの凱旋門を建てた【1672年】。主著に『広場を要塞化する新手法』【1688年】がある。1864年、2区から3区にかけての通り（Rue Blondel）に彼の名が冠せられた。

ブロンニャール Brongniart　1739-1813年。アレクサンドル・テオドール・ブロンニャールはパリで生まれ、没した建築家。はじめは医者を目指した。1773年頃、彼はオルレアン公の小パレスやモナコ公妃の邸館を建設している。ペール＝ラシェーズ墓地のほか、アンヴァリッドや10年間その専属建築家だった陸軍士官学校（エコール・ミリテール）を囲む大通りを設計したのも彼である。だが、彼が手がけた主たる建築は、みずから1808年に定礎をおこなったパリ証券取引所（ブルス）である。彼はそれが完成する前に他界しているが、1844年、2区のブロンニャール通り（Rue Brongniart）の名祖になっている。

ペ Paix　2区のペ通り（Rue de la Paix）は、1806年に敷設された当時、ナポレオン通りとよばれていた。だが、ナポレオンが失脚した1814年、密かにその呼称が廃され、同年に締結された和平条約【フランスと第6次対仏大同盟諸国との間で締結された条約】を記念して、現在の呼称【字義は「平和」】となった。国王ルイ18世【在位1814-15/1815-24】とパリを占拠していた同盟諸国との間で結ばれたこの条約によって、フランスの領土は1792年当時の国境まで削減された。

　1815年には、もうひとつの条約【ワーテルローの戦いのあと、ナポレオン戦争を終結させた条約。第二次パリ条約とも】も締結されたが、これはフランスにとって屈辱的なものだった。国土が1790年当時の領土へとさらに縮小されただけでなく、7億フランもの賠償金を同盟諸国に支払うことを課せられ、最長5年間、同盟軍のフランス北西部各地の要塞駐留と駐留経費の負担も認めさせられたからである。

ベアトリクス・デュサヌ Beatrix Dussane　1888-1969年。パリを生没地とするベアトリクス・デュサヌは女優で知識人。1903年、パリの国立高等演劇学校で最優秀演技賞を受賞し、コメディ＝フランセーズ座に入る。当初は古典劇の小間使い役などを演じていたが、やがて近代劇でいくつもの役柄をみごとにこなすようになる。とくに注目に値するのは、ヴィクトリアン・サルドゥー【1831-1908】の有名な喜劇『マダム・サン＝ジェヌ』【1893年】での演技である。1920年代に舞台からほぼ完全に引退すると、彼女はすぐれた講演者となり、芸術教育にもその才を発揮した。1979年、15区の通り（Rue Beatrix-Dussane）にその名が冠せられている。

ベアルン Béarn　3区のベアルン通り（Rue de Béarn）は、ベアルン地方で生まれたアンリ4世をたたえて1867年に命名されている。ベアルンはポーを中心都市とするフランス南西部の地方で、1620年、時の国王ルイ13世【国王在位1610-43。→ドーフィヌ】がフランスに併合した。その際、国王はバス＝ナヴァール地方を管轄する高等法院をポーに設置している。この法院は1791年まであった。

ペアン Péan　1830-98年。ジュール＝エミ

ール・ペアンはシャトーダン近郊のマルブ
エに生まれ、パリで他界した外科医。ネラ
トンの弟子だった彼は、1855年から、パ
リのサン＝ルイ病院【→サン＝ルイ＝アン＝
リル】やサン＝タントワヌ病院に勤務し、
88年、市内各病院の外科分野できわめて
敏腕の医師として評判をとる。そして卵巣
切除術【や開腹術】を普及させ、新しい治
療器具【有名なペアン鉗子】も開発した。
著作としては、『子宮切開術』【共著、1873
年】や『鉗子止血法について』【1875年】
などがある。13区には彼の名がついたペア
ン通り（Rue Péan）が1930年からある。

ベヴェ Bayvet　土地所有者の名。11区にあ
るシテ・ベヴェ（Cité Bayvet）は1891年
の命名。

ベカリア Beccaria　1738-94年。チェザー
レ・ベッカリアはイタリア人の経済学者・
思想家・作家・法律家。「新しい思想」を
イタリアに普及させようとして、《ル・カ
フェ》誌【1764-66年】の編集にくわわっ
た（今では、いかなる新思想も時代の好み
でつくられた古い思想にすぎないというこ
とを、だれもが知っている）。刑事裁判の
不公平さに強い関心をいだいていたベッカ
リアは、それにかんする『犯罪と刑罰』を
上梓した【1764年、刊行地リヴォルノ】。刑
法を修正させて大成功をおさめたこの書の
フランス語版には、ディドロの注とヴォル
テールの解説が付されていた。ベッカリア
侯チェザーレ・ボネサナを本名とする彼は、
1766年にパリに移り、歓呼の声に迎えら
れた。やがて生地のミラノに戻り、没する。
1777年に敷設された8区の通りがベカリ
ア通り（Rue Beccaria）に改称されたのは、
1864年のことである。

ペカン Pékin　ペカンとは北京（ベイジン）
のフランス語読みで、「北の都」を意味す
る。この町は前12世紀に燕の都だった薊
の跡地に建設されている。やがて秦朝では
北平、遼朝では南京、金朝では中都、元朝
では大都、さらに明朝では北平から北京へ
と、王朝が変わるごとに改称された。
1860年、英仏連合軍は北京を奪取した【ア

ロー戦争】。だが、1900年6月10日、義和
団と清朝正規軍が北京を占拠して、欧米列
強の公使館を包囲すると、それを解放する
ため、列強と日本の同盟国は軍を送り、8
月14日、ついに北京を陥落させる。この
戦いで双方に多くの犠牲者が出た。1949
年1月、人民解放軍は北平（北京）に入城
し、やがて「偉大な指導者」毛沢東のもと
で、共産党が中国全土を掌握する【1949年
10月1日中華人民共和国建国】

北京は旧城部と新城部からなり、前者に
はかつて皇帝の宮殿だった紫禁城がある。
パリ20区のペカン小路（Passage de
Pékin）は1877年からあり、前述した1860
年のフランス軍の出兵を記念して命名され
ている。

ペギ Péguy　1873-1914年。シャルル・ペ
ギー（ペギ）はオルレアンに生まれ、パリ
東方セーヌ＝エ＝マルヌ県のヴィルロワで
病没した作家。カトリックだったが、社会
主義者にもなろうとした。だが、それはジ
ャン・ジョレスのとは異なる社会主義だっ
た。愛国心を賛美していたからである。彼
は言っている。「正義の戦いで命を落とし
た人々は幸せである」。正真正銘のドレフ
ュス派【→アルフレッド・ドレフュス】だっ
た彼は、1900年、雑誌《カイエ・ド・ラ・
カンゼーヌ（半月手帖）》【同年1月4日の
第1号は1300部を発行し、廃刊までの14年間
に229号を出した。この雑誌にはさまざまな情
報にくわえ、ペギー自身や他の作家たちの作
品を掲載し、ロマン・ロランやアナトール・
フランスなどが寄稿した】を創刊している。

一方、神秘主義に深く傾倒していたペギ
ーは、1912年から14年にかけてパリから
シャルトルまで幾度となく巡礼をおこない、
しかもその旅程の大部分をみずからの足で
歩いた。その作品はフランス的な精神主義
の再生を特徴とする。詩人であり、論争
家・評論家でもあった彼の代表作には、
『ジャンヌ・ダルクの愛の秘義』【1910年、
岳野慶作訳，中央出版社】がある。「教養を
高める。それはあるがままの姿になること
だ」、「革命とはおそらく道徳的なものかそ

うでないかのいずれかである」、「ホメロスは今朝でも新しい。だが、今日の新聞ほど古いものは他にありえない」。このような言葉を遺したペギーは第1次世界大戦初頭、マルヌの戦いで戦死した。その12年後の1926年、彼の名がパリの通りにつけられる。6区のペギ通り（Rue Péguy）がそれである。

ペグー Pégoud 1889-1915年。アドルフ・ペグーはリヨン南東方のモンフェラに生まれた飛行家。彼ははじめてふたつの離れ技を成功させている。機体の宙返りと飛行中にパラシュートで飛行機から落下する技（1913年）である。ただし、後者の偉業は、むろん状況のしからしむるところのもので、彼は地面に激突する直前まで機体のなかにいた。空中戦で命を落とした彼の名は、1926年に命名された15区のペグー通り（Rue Pégoud）に残っている。

ペクエ Pacquay 4区にあるペクエ通り（Rue Pecquay）の呼称は、ピケ（Picquet）が変形したものである。ジャン・ド・ラ・エ、通称ピケ【1420頃没。シャルル6世の評定官・国庫財務官】は、長いあいだ袋小路だったこの通りに邸館を有していた。やがて袋小路は「小路」へと昇格し、1954年に「通り」とよばれるようになった。

ペクレ Péclet 1793-1857年。ジャン・ペクレはフランス中東部のブザンソンに生まれ、パリで没した物理学者。パリの高等師範学校で学び、卒業後の1816年、**マルセイユ**にある王立中学校【現リセ・ティエール】で物理学の教員となる。1828年、パリに戻ると、母校の講師となり、ついでパリ中央工芸学校の物理学教授、38年には視学官に任命される。だが、ルイ＝ナポレオン・ボナパルト（**ナポレオン3世**）のクーデタ（1851年12月2日）ののち、すべての職を辞す。その著書には『科学講義』や『物理学講義』【いずれも刊行年不詳】、『物理学基本論』【1828年】などがある。1864年に命名されたペクレ通り（Rue Péclet）は15区にある。

ベクレル Becquerel 1788-1878年。アント

ワヌ・ベクレルは物理学者で、電池（定電流電池）や電気化学の研究者。圧電現象を研究して、アルミニウムやケイ素、グルシニウム、グルシウム、硫黄、硫化物、リン酸塩などを精製した。電信技術の発展にも大いに寄与した彼は、1829年、科学アカデミーに迎えられている。彼を名祖とするベクレル通り（Rue Becquerel）は、1875年から18区にある。

ベシエール Bessières 1768-1813年。ジャン＝バティスト・ベシエールはイストリア公・フランス元帥で、ナポレオンの最高の「将校」のひとり。1813年5月1日、リュッツェン【ライプツィヒ南西】の戦い前夜、敵の陣営を偵察に向かった際、リパッヒ村の隘路で砲弾を受けて戦死した。それから半世紀たった1864年、17区の通りに彼の名をつけられた。ベシエール大通り（Boulevard Bessières）である。

ペシオン Pétion 1756-94年。ジェローム・ペシオン・ド・ヴィルヌーヴはシャルトルで生まれ、フランス南西部ジロンド地方のサン＝テミリオンで自死した政治家。弁護士だった彼は1789年の全国三部会の第3身分代表に選ばれている。革命派の雄弁家として評判をとり、憲法制定会議の議長となった。1791年11月、パリ市長に任命されるが、92年6月20日に起きた民衆のテュイルリー宮侵入を防げなかったため【彼は叛徒に好意的な態度をとった】、宮廷から職務を解かれた。だが、宮廷はパリ市民の圧力によって彼を復職させる【1792年7月】。そして1792年8月3日、市民たちは国王の退位を求め、8月10日、ルイ16世はついに退位を宣言する【ただし、ペシオンはこの日、民衆のテュイルリー宮攻撃にはくわわらなかった】

やがてペシオンは国民公会（コンヴァンション）の議員に選ばれ、新しい議会の最初の会期で議長をつとめる【1792年9月】。彼はこの時期まで民衆の人気を博していたが、ロベスピエール【→コンヴァンション】との不和によって、その「ブランド・イメージ」に傷がつき、国を裏切ったデュムリ

エ【→カンブレ】と共謀したとして告発される。そこでパリを脱出し、**ノルマンディ**で本格的に国民公会に対する叛乱を起こそうとする【だが、1793年7月のブレクールの戦いで敗れる】。その後、最終的にサン＝テミリオンに逃れる。そして、隠れ家が発見される直前、フランソワ・ビュゾー【1760-94。元憲法制定会議議員】らとともに隣接する森に逃げ込むが、そこでビュゾーともども自殺する。発見されたふたりの遺体は、狼によって半分貪られていたという。パリ11区のペシオン通り（Rue Pétion）が命名されたのは、それから1世紀近くたった1885年のことである

ベスレ Beslay 1907年に11区に設けられた市門（Porte Beslay）で、呼称は土地所有者の名に由来する。

ペスタロッジ Pestalozzi 1746-1827年。ヨハン・ハインリヒ・ペスタロッチ（ペスタロッジ）はチューリヒに生まれ、スイス北部アールガウ州のブルックで没したスイス人教育者。ジャン＝ジャック・ルソーの『エミール』【1762年】を読んで教育に目覚めた彼は、スイス中西部のノイホフに農場を購入し、貧しい子供たち100人以上を受け入れて教育を施す。この学校はやがて国内のシュタンツやブルクドルフ、さらにイフェルドンにも進出した。ただ、物理的な困窮を抱えた彼は、農業教育や職業教育も始めた。イフェルドン【1805年から25年まで彼の学校があった】には、彼がふたりの子供に話しかけている影像が立っている。ペスタロッチの著作としては、『隠者の夕暮れ』【1780年、長田新訳、岩波書店】や『人類の発展の歩みについての私の探究』【1797年】、『ゲルトルートはいかにその子らを教えるか』【1801年】などがある。その死から60年以上たった1890年、彼の名がパリの通りにつけられた。5区のペスタロッジ通り（Rue Pestalozzi）である。

ペタン Pétin 19区のペタン袋小路（Impasse Pétin）は、その最初の住民のひとりにちなんで命名されている。

ベッサン Bessin 北仏ノルマンディ地方の旧地域名。中心はバイユー。現在はカルヴァドス県とマンシュ県に分かれている【ベッサン通り（Rue du Bessin）は15区】

ベテュヌ Béthune この呼称は、北仏の町ベテュヌを記念して4区の河岸通り（Quai de Béthune）につけられたわけではない。1560年に生まれ、1641年に没したシュリー公マキシミリアン・ド・ベテュヌをたたえるための命名である。プロテスタントであったベテュヌはアンリ4世の陣営で戦ったあと、その国務評定官や国務卿をつとめた。さらに財政卿【1598年-1611年】として財政の健全化をはかり、農業を庇護し、道路や運河を整備して、砲兵隊の総指揮官にもなった【1634年に元帥叙任】

一方、アンリ4世がガブリエル・デストレ【1573-99。アンリ4世の寵姫で、3人の子供をもうけた。カトリックだった彼女は、宗教対立を解決する策として、プロテスタントだった王にカトリックへの改宗を勧めた】と結婚するのを思いとどまらせ、マリ・ド・メディシスと結婚するよう仕向けた【のちにメディシスと不和になり、失脚する】。今日、ベテュヌ公は、むしろ彼が晩年を自分の城で優雅に過ごした町であるシュリーの名でよく知られている。彼はこう言っている。「耕作と牧畜。まさにこれはフランスの両乳房である。真の鉱山でもある」

ペテル Pétel 15区のペテル通り（Rue Pétel）は、1857年の開通時から、この通りが敷設された土地の旧地主の名でよばれている。

ペテルホフ Peterhof ペテルホフはクロンシュタット湾に面し、今日ペトロドヴォレツとよばれるロシアの都市。1711年、ピョートル大帝（ピエール・ル・グラン）によって建設されたこの町には数多くの城や庭園があり、長いあいだ皇帝一族が好んだ邸館があった。パリのペテルホフ大通り（Avenue Peterhof）は1898年から17区にある。

ベトヴン Beethoven 1770-1827年。ベートーヴェン（ベトヴン）のことについては、以下のことを伝えるだけでよしとしよう。

このドイツ人作曲家はピアノ・ソナタ32曲、カルテット17曲、交響曲9曲、ピアノ協奏曲5曲、ヴァイオリン・コンチェルト1曲などを創作したほか、オペラ『フィデリオ』【第3稿1814年】、『ミサ・ソレムニス』【1822年】などの作品もある。また、交響曲の『英雄』【1805年】や『田園』【1808年】なども作曲している。天才という言葉はまさに彼にこそふさわしい。きわめて多産な彼は、少なくとも300曲以上の作品をのこしている。若くして聴覚を失ったが、それでも彼は創作を続け、過水症で他界した。パリのベトヴン通り（Rue Beethoven）は16区にある。命名は1864年である。

ペトラルク Pétrarque　1304-74年。フランチェスコ・ペトラルカ（ペトラルク）は、イタリア中部のアレッツォに生まれ、北部のアルクァで没した詩人。幼少期に父に連れられてアヴィニョン北東のカルパントラに移り、教育を受けた。1319年から22年までは南仏モンペリエで、続いて25年までボローニャ大学で神学を学んだ彼は、1325年に父親が他界すると、遺産を遺言執行人たちによって詐取されてしまう。

　そこで聖職者になろうとして教皇庁のあるアヴィニョンに赴き、1327年、教皇ヨハネス22世【在位1313-34】の周囲からその詩才が注目されるようになる。そして3年間アヴィニョンに住んだあと、ヨーロッパ遍歴の旅に出る。1337年にアヴィニョンに戻ると、ソルグ河岸に領地をえる。それから3年間、そこに閉じこもって執筆に励んだ。イタリア語を定着させたとされる彼のソネット（14行詩）や「カンツォーニ（歌）」は、大部分がこの時期につくられている。

　1341年、ペトラルカはローマによばれ、元老院議員に任命される。ヨーロッパの全諸侯は、これ以後彼を高く評価するようになったという【同年、彼はローマ元老院から桂冠詩人の称号をえている】。外交使節としての任務を帯びていた彼は、ローマを教皇庁の権威下に戻そうと努力している。

1354年には、ジェノヴァ（ジェーヌ）とヴェネツィア間の和平交渉にもかかわった。そして1370年、彼はヴェネツィアに蔵書を寄贈し、これが有名なサン＝マルコ図書館の出発点となる。終焉の地はイタリア北部のパドヴァ近郊にあるアルクァのエウガニアの丘だった。

　ペトラルカの著作としては、『凱旋』【1352年】や『ラウラ嬢の生と死の詩』【1368年頃】のほかに、数多くの書簡や田園詩（教皇庁の習俗風刺詩）などがある。彼は言っている。「理性が話すと、感情が黙する」、「泣くことは想像以上に心地よい」、「燃え上っていると言えたとしても、所詮それは小さな火にすぎない」。パリの16区には彼の名がついたペトラルク通り（Rue Pétrarque）と小公園（Square Pétrarque）が、それぞれ1864年と1927年からある。

ペトレル Pétrelle　1780年に命名された9区のペトレル通り（Rue Pétrelle）は、18世紀末にこの通りに何棟かの家を建てた建築家の名にちなむ。同じ区にある同名の小公園（Square Pétrelle）は1902年からある。

ベナール Bénard　土地所有者の名。その名にちなんで命名されたベナール通り（Rue Bénard）は14区にある。

ベニュール Baigneur　1853年、現在の18区のベニュール通り（Rue du Baigneur）に浴場が設けられた。浴場自体は1960年に解体されたが、通りの命名は1930年になされている【呼称は「入浴者」の意】。

ベヌヴィル Bénouville　1821-59年。パリで生まれ、没した画家フランソワ＝レオン・ベヌーヴィルは、『メルクリウスとアルギュス』と題された油彩画で1838年のル・サロン展でデビューしている。彼のもっとも有名な作品としては、ルーヴル所蔵になる『アッシジの町を祝福するサンタ＝マリア＝デッリ＝アンジェリ教会へと運ばれる、瀕死のアッシジの聖フランチェスコ』【1853年】がある（素晴らしい作品であるが、題名だけでルーヴルを訪れるのは感心しない）。16区の通り（Rue

へヒニエル

Bénouville）にフランソワ＝レオン・ベヌヴィルの名が冠せられたのは、1875年のことである。

ちなみに、彼にはジャン＝アシル（1815-92）というやはり画家の兄がいた。この兄は長くローマに住み、イタリア各地の様子を定期的に送ってきた。いうまでもなく、彼は風景画家だった。

ペピニエール Pépinière　1782年に建設された8区のペピニエール通り（Rue de la Pépinière）は、ルイ16世【国王在位1774-92】の指示よってできたばかりの苗園の南側にそっていた。この苗園は広さが18アルパン【1アルパンは19アール】あり、そこには一部がテュイルリー公園に移植されたエキゾチックな草木が植えられていた。

ベラ・バルトク Béla Bartok　1881-1945年。本名バルトーク・ベーラ・ヴィクトル・ヤーノシュは、ハンガリー領トランスシルヴァニアのナジセントミクローシュに生まれ、ニューヨークで没した作曲家。スロヴァキアのブラティスラヴァ（プレスブール）やブタペスト（ビュタペスト）で音楽を学び、後者の音楽院で1935年までピアノ科教師となる。

ドビュッシー（クロード・ドビュッシー）の信奉者だった彼は、中欧やアフリカを数多く旅して学び、無数の民謡を収集した。同時に、ピアニストとしての演奏旅行もおこなった。しかし、反ナチストだったため、祖国がヒトラーと和平協定を結ぶと、1940年、最終的にアメリカ合衆国に亡命する。

知的でありながら民衆的でもあったバルトークの音楽は、リリシズムやしばしば複雑な多調性を特徴とする対位法からなっている。彼は数多くの声楽曲（『4つの古いハンガリー民謡』1911年、『中国の不思議な役人』1919年）や、ピアノ組曲（『アレグロ・バルバロ』1911年、『ソナチネ』1915年）、さらにソナタや協奏曲などを発表している。もっとも有名な作品は『管弦楽のための協奏曲』（1943年）である。15区のベラ＝バルトク小公園（Square Béla-Bartok）は、1891年に命名されている。

ベラール Bellart　1761-1826年。ニコラ・フランソワ・ベラールは第二復古王政後に検事長に任命され、他界するまでこの職をまっとうした。彼が示した厳しさはしばしば行き過ぎとされたが、とくにネ元帥の裁判がそうだった。ただ、その厳しさがより弱いものだったなら、おそらく検事長としての地位に終生とどまることはできなかっただろう。彼はまたセーヌ県議会議長もつとめた。1819年に敷設されたベラール通り（Rue Bellart）は15区にある。

ベラール Bérard　ベラール氏は、4区にあるベラール小路（Cour Bérard）の建設者だった。

ベランジェ Béranger　1780-1857年。ジェン・ド・ベランジェは、パリ出身のシャンソン作家・歌手。彼は学校以外の場で多くを学んだ。すなわち、13歳ですでに植字工となり、次に銀行勤めの父親と不幸な事業に手を出したりもした。18歳のとき、のちに彼が歌うようになる粗末な「屋根裏部屋」で日々を送り、やがてシャンソンを書き始めてたちまち世間の注目を浴びるようになった。1815年、対仏大同盟軍の進攻が彼の愛国心を奮い立たせたが、ブルボン朝の復古王政によってその自由思想が妨げられる。そして1821年、最初の選集が筆禍となって3カ月間投獄されてしまう。1828年には、さらに別の著作によって9カ月の幽閉を余儀なくされた。

1830年にシャルル10世が退位すると、ベランジェのシャンソンも退位する。この王も嘲笑の的となったからだ。そんな彼が最後につくったシャンソンは、没後の1857年になって日の目をみている。それ以前、彼は1848年に下院議員に選ばれているが、第二帝政【1852-70年】になると、議員を罷免され、引退した。彼は言っている。「民衆はわたしのミューズ（詩的霊感）だ」、「年齢は私のミューズを徐々に衰えさせる。時代の精神もまたしかりである」。3区のベランジェ通り（Rue Béranger）は1864年から存在している。

ベリ Berri Berryとも綴られる8区のベリ通り（Rue de Berri）は、アルトワ伯の次男シャルル・フェルディナンを追憶して命名された【父はのちのフランス王シャルル10世（在位1824-30）、長男は1830年8月に20分だけ非公式にフランス王になった、ルイ19世のルイ＝アントワヌ（1775-1844）】。1778年にヴェルサイユに生まれた彼は、1820年2月13日、オペラ観劇のために外出した際、ル（一）ヴェルなる男に暗殺された【1783年生まれのルーヴェルは、ブルボン王家の絶滅をはかったナポレオン主義の労働者で、オペラ座近くのリシュリュー通りでの犯行後、ただちに逮捕されてパリ市庁舎前のグレーヴ広場でギロチン刑に処された】。音楽は心をやわらげるものだが、残念なことに一種の狂信家だったルーヴェル自身は、このオペラを観ていなかった。

ベリアール Belliard 1769-1838年。フランス西部フォントネ＝ル＝コントに生まれ、ブリュッセルで没した将軍。ベルギー南西部ジェマップの戦い【1792年】で、デュムリエ将軍【→カンブレ】の参謀長をつとめた。将軍がオーストリア軍に寝返って罷免されると、彼もまた罷免された。そこで義勇軍として再び参戦し、名誉を挽回した。
　1796年、ヴェローナ近郊のアルコレの戦いで少将となった彼は、帝国のすべての軍事遠征にくわわり、1814年、ルイ18世【在位1814-15/1815-24】を支持し、フランス同輩衆と参謀総長に任命された。だが、百日天下【1815年】でナポレオンに従ったため、第二復古王政で逮捕・解任された。1819年、赦免されて貴族院議員となり、さらに在ブリュッセルのフランス大使に任命され、そこで生涯を全うした。18区のベリアール通り（Rue Belliard）は1838年から、同じ区のヴィラ・ベリアール（Villa Belliard）は1907年からある。

ベリエ Berryer 1790-1868年。ピエール＝アントワヌ・ベリエはシャンパーニュ地方サント＝ムニュ出身の弁護士・政治家。正統王朝を支持する雄弁家で、第二帝政に激しく反対した。1830年、ピュイ県選出の下院議員となったが、最後はマルセイユの選出議員をつとめた。この町には彼の影像が立っている。パリ8区のベリエ通り（Rue Berryer）は1842年に敷設され、77年に彼の名がつけられている。

ベリエーヴル Bellièvre 1529-1607年。グリニョン領主ポンポンヌ・ド・ベリエーヴルは、リヨンで生まれ、パリに没している。1564年4月、フランス国王シャルル9世【在位1561-74】の大使としてスイス南東部グラウビュンデン共和国に赴き、同国とフランスとの同盟関係を維持するのに成功した。
　アンジュー公【1555-84】と親しかった彼は、1573年、公がポーランド（ポローニュ）王になると、これに従った。やがてフランスに戻り、1576年、パリ高等法院の院長に任命され、1599年、アンリ4世のもとで大法官の地位を得るまでになる。没年までは国王の枢密院長もつとめた。13区のベリエーヴル通り（Rue Bellièvre）は1819年に命名されている。

ベリエ＝ドゥクーヴル Bellier-Decouvre 1927年に13区に開通して以来、ベリエ＝ドゥクーヴル通り（Rue Bellier-Decouvre）はそれが敷設された土地の所有者名でよばれている。

ペリカン Pélican そのくちばしで1区のペリカン通り（Rue du Pélican）をさししめしたりする、蹼足鳥のペリカンがいたわけではけっしてない。いささか尾籠な話だが、じつは14世紀、この通りは「ポワル・オ・コン」【字義は「女性性器の毛」】とよばれていた。当時、「罪の店」が数多く通りにならんでいたことによる、いわば詩的な呼称だった。のちに耳がそれを恥じ、言葉が禁欲的になると、「ポワル・オ・コン」は「ペリカン」へと変わった。だが、それによって道徳が救われたかどうかは不明である。

ペリグー Périgueux ドルドーニュ県の県庁所在地で、イール河岸に位置するペリグーの歴史は古く、前1世紀のガリア人部族、ペトロコリイ族の都ウェスンナを起源とする。中世のペリグーは司教勢力と伯爵勢力

との対立の場となったが、1204年、最終的にフィリップ・オーギュストにみずからを差し出して忠誠を誓い、以後、フランス王室の庇護を受けるようになった。そして百年戦争時の1356年、町はイングランド軍に抵抗し、17世紀中葉のフロンドの乱【→エストレ、テュレンヌ】では重大な危機に瀕した【1651年にコンデ公のフロンド軍を迎えいれて国王に歯向かった。その状態は、53年に住民たちがフロンド兵たちを追放するまで続いた】

今日、ペリグーの見どころとしては、ガリア＝ローマ時代の神殿跡であるヴェゾヌの塔、ギリシア十字の設計図に基づいて1200年に建立された聖フロン（地元出身の聖人）の司教座聖堂などがある【ほかにローマ時代の城壁や円形劇場など】。パリのペリグー通り（Rue de Périgueux）は、1934年から19区にある。

ペリゴール Périgord ペリゴールはフランス南西部の旧地方名で、現在のドルドーニュ県にふくまれる。オー＝ペリゴール地域はペリグー、バ・ペリゴールはサルラを中心都市とする。ベルジュラック公爵家の所領だったこのペリゴールは、先史時代の遺跡が数多くあり、レ＝ゼジ周辺の洞窟【「先史時代のメッカ」とよばれるレ＝ゼジはクロマニヨン人の遺骨発見地で、フォン＝ド＝ゴームやレ・コンバレルなどの後期旧石器時代の壁画洞窟が近くにある】は、先史人たちが遺した痕跡に関心がある人々にとって、まさに宝の山といえる。

今日、ペリゴール地方は、大量に植えられている柏の木の下で採集されたトリュフの色によって、ペリゴール・ブラン（白いペリゴール）とペリゴール・ノワール（黒いペリゴール）に分けられている。同地方はまた、フォワグラやガチョウのコンフィ【脂肪漬け】が好きな人々の聖地でもある。その名がついたペリゴール小公園（Square du Périgord）は、1932年から20区にある。

ペリショー Périchaux 15区のペリショー通り（Rue des Périchaux）は、1730年当時は粗末な小径で、所有者の名から「ペリ

ショ園」とよばれるブドウ園を横切っていた。この小径はペリショという語が変形してペリショー道となり、1931年から現在の呼称となった【15区にはペリショー小公園（Square des Périchaux）もある】

ペリション Perrichont Perrichontのtがなければ、4幕物の喜劇『ペリション氏の旅』【劇作家でアカデミー・フランセーズ会員のウジェーヌ・ラビシュ（1815-88）と、エドワール・マルタン（1825-66）の合作戯曲。1860年、パリのジムナズ座で初演】の主人公となる。1882年に開通した16区の短いペリション大通り（Avenue Perrichont）の名祖となったペリション氏は、ここに土地を有していた旧地主である。

ベリト Bérite フェニキア人が栄光をほしいままにしていたとき、ベイルートはベロート【ベリトはフランス語訳。字義は「泉の町」】とよばれていた。ベロートからベイルートへの改称は抵抗なくおこなわれた。ベイルートは小さな半島に築かれ、レバノンの首都となっている。1110年、町はボードワン・ド・ブーローニュ【1065-1118。エルサレム王国初代国王（在位1110-18）】とその十字軍兵士たちに奪われてのち、87年、サラディン【1138-93。アイユーブ朝創始者】に奪回され、やがてイスラーム・ドルーズ派の太守に支配された。

1831年、イブラヒム・パシャ【1789-1848】がベイルートを制圧するが、1920年、レバノンがフランスの委任統治下で現在の国境をもつ国家となると、その首都となる。レバノンが実質的に独立するのは、1926年からのフランスの委任統治が外れた1944年1月1日のことである。しかし、ベイルートは1975年から90年代初頭まで内戦によって市街区の大部分を破壊され、なおも再建が進行中である。パリのベリト通り（Rue de Bérite）は6区にあり、1867年に命名されている。

ベリドール Belidor 1697-1761年。本名はベルナール・フォレ・ド・ベリドール（Bélidor）。水路測量技師で、パリ北側の三角鎖の延長に尽力した。彼はまた、当時

一般的だった考えと反対に、砲弾の飛距離が充填用の火薬の量とは何ら比例するものではないこともあきらかにしている。著書も数冊あるが、そのうちの1冊に、1735年に公刊した『要塞化論』がある。1877年の命名になるベリドール通り（Rue Belidor）は17区にある。

ベリーニ Bellini　1802-35年。ヴィンチェンツォ・ベリーニはシチリア（シシル）島のカターニアに生まれ、パリ西部のピュトーで没したイタリアの作曲家。1827年、ミラノ・スカラ座でのオペラ『海賊』ではじめて大成功をおさめた。1829年の『ザイーラ』や翌30年の『カプレーティとモンテッキ』、さらにその代表作となる『夢遊病の女』でも評判をとった。1833年、ロッシーニ（ロシニ）の援助をえて、パリのイタリア座からオペラの創作を依頼される。そしてパリ郊外のピュトーに移り住み、『清教徒』【1835年初演】を創作した。これは爆発的な評判を博したが、数日後、不帰の客となった。16区のベリーニ通り（Rue Bellini）は1864年からある。

ペリニョン Pérignon　シャンパンの愛飲家は、7区と15区を結ぶペリニョン通り（Rue Pérignon）の呼称が、発泡性ワインの考案者であるベネディクト会士のペリニョン（1638-1715）と無縁であることにがっかりするかもしれない（ただし、彼の名はシャンパーニュ通りとかかわっている）。実際の名祖となったペリニョン氏は、この通りが敷設された1820年当時、セーヌ県議会の一員だった。

ペリフェリク Périphérique　パリをとり巻く環状道路。全長35キロメートルあまりのこの大通りは、1960年から74年にかけて建設された。パリのすべての市門を結び、平日の朝と夕方、ドライバーたちは歩行者と同じゆっくりした速度で、自分の車の状態を確認することができる【渋滞のため】。車道は反対方向へ向かう一方通行となっており、それぞれが4車線となっている（ポルト・ディタリーポルト・ド・セーヴル間は3車線）。

ペール Pers　18区のペール袋小路（Impasse Pers）は、この小路の旧地主だった人物にちなんで命名されている。あるいは彼は青みがかった目をしていたのだろうか。

ペルー Pérou　南米のペルー共和国は面積128万5000平方キロメートル、人口3180万【2017年推定】、首都はリマである。11世紀からインカ人が広大な帝国を建設したが、1533年、フランシスコ・ピサロ【1470-1541。コンキスタドール（征服者）。仲たがいしたコンキスタドールの遺児により、リマで暗殺された】率いるスペイン軍によってインカ皇帝が処刑されて滅んだ。ペルーは1824年、実質的な独立をはたすが、1879年から83年にかけてチリと戦ったいわゆる「太平洋戦争」で多くの犠牲者を出し、南部沿岸地帯の一部を失う。先住民は今も国の東部に住んでおり、アンデス山系が峡谷をつくる中央部は、国の心臓部となっている。パリ8区のペルー広場（Place Pérou）は、1958年の命名である。

ベルヴィル Belleville　ベルヴィル（「美しい街」）とは最終的にパリに併合された村の名で、古くはポルトロンヴィルとよばれていた。この村は高台の上に位置しており、住民は農民や庭師、ブドウ栽培者たちだった。ここはまた田園風の緑に惹かれたパリジャンたちの避暑地や別荘地でもあった。しかし、今日、もし読者がベルヴィルに緑地を見たとすれば、それは幻である。1864年に命名されたベルヴィル大通り（Boulevard de Belleville）は11区と20区、68年の命名になるベルヴィル通り（Rue de Belleville）は19区と20区を結んでいる。

ベルヴィク Bervic　1756-1822年。銅版画家のクレマン・バルヴェ、通称ベルヴィクは、ルイ16世【国王在位1774-92】の肖像画【1790年】で名声を博したが、そのもっとも重要な作品は『ラオコーン』【1809年頃】である。1803年に学士院会員となった。18区のベルヴィク通り（Rue Bervic）は1868年に命名されている。

ベルヴェデール Belvédère　パリのもっとも高い場所を走る通りのひとつで、これが呼

称【字義は「眺めのよい展望台・高台」】の由来となっている。1934年に命名されたこのベルヴェデール大通り（Avenue de Belvédère）は19区にある。

ベルヴュ Bellevue 19区のベルヴュ（「美しい眺め」）通り（Rue de Bellevue）の呼称は、その場所が同じ意味のボールガールの高台にあることに由来する。1805年の命名当時、そこからの眺めはかなり美しいものだった。

ベルガム Bergame イタリア北部のアルプス山麓に位置し、一帯の中心地となっているベルガモのこと。この町は下町と山の手に分かれている。1877年の命名になるベルガム袋小路（Impasse de Bergame）は20区にある。

ベルグラード Belgrade ベルグラード（ベオグラード）はセルビア共和国の首都で、ドナウ（ダニューブ）川とサヴァ川の合流点に位置する。オスマン帝国皇帝スレイマン1世【在位1526-66】の治世下、オスマン軍がこの町を占拠したが（1521年）、オーストリア・ハプスブルク家の反発を受けて、占拠は長続きしなかった。1717年には、プリンツ・オイゲン【1663-36。サヴォイア家の血を引くフランス貴族だが、オーストリア王家に仕えた】がここを奪取した【1739年まで。なお、オーストリア君主国によるベオグラード占拠は、さらに2度（1688-90年、1789-91年）おこなわれた】。だが、1812年から再びオスマン帝国領となり、ベルリン会議でセルビア公国が独立し、その首都となる78年まで帝国の支配下におかれた。7区のベルグラード通り（Rue de Belgrade）は、1907年に命名されている。

ベオグラード

旧ユーゴスラビアの首都を守っていたカレメグダン城砦に隣接した土地の一角に、巨大な裸の男の影像が立っている。この影像はドナウ川と向き合い、それゆえ後ろ側は近くから見えるが、前の方はかなり離れた場所からでなければ見えない。これには理由がある。当初、彫像は性器を露出したまま町の中心におかれることになったため、女性たちが憤慨し、それゆえ貞潔な視線から攻撃的な属性が隠れるよう、現在の場所に移さなければならなかったのである。にもかかわらず、ドナウ川の両岸から望遠鏡――双眼鏡ではない――で見れば、20世紀初頭に女性たちにショックをあたえたものの素晴らしさをたたえるようになるだろう。

興味深いことに、在ベオグラードのフランス大使館は、純然たるムーア様式で建てられている。いささか驚きだが、以下はその説明である――。この大使館はテュニスのそれと同時期に建設が決まった。あきらかに異なった設計図が作成されたが、行く先をとり違え、テュニス用が誤ってベオグラードに送られてしまったのだ。こうした混同に気づいた時には、すでにふたつの大使館は完成していた…

ベルグラン Belgrand 1810-78年。土木局監査官。パリはその運河と巨大なモンスーリの貯水池【および下水道】を、ウジェーヌ・ベルグランに負っている。彼の名を冠した20区の通り（Rue Belgrand）は、1879年に命名されている。

ペール・ゲラン Père Guérin ナンシー近郊のエクルーヴに生まれた聖職者。彼の名を冠した13区のペール＝ゲラン通り（Rue du Père-Guérin）は1978年に命名されている。彼は1924年に司祭ガルデイン【1882-1967。のちに枢機卿】がベルギーで創設したキリスト教青年労働者連盟（JOC）を、フランス、とくにパリ一帯で発展させた。

ペール・コランタン Père Corentin 1894-1944年。ブルターニュ地方のサン＝ソヴールに生まれたフランシスコ会士でレジスタンスの闘士だったペール・コランタンは、第2次世界大戦が終わる直前、逃亡先のパリの修道院がドイツ軍に銃撃され、そこで受けた傷がもとで落命した。14区には彼の犠牲を悼んだ通りがある。1945年に命名されたペール＝コランタン通り（Rue du Père-Corentin）である。

ペルゴレーズ Pergolèse 1710-36年。ジョヴァンニ・バッティスタ・ペルゴレージ、フランス語名ジェン＝バティスト・ペルゴレーズは、イタリア中部アンコーナ県のイエージに生まれ、ナポリ（**ナブル**）近郊のポッツォーリで早世したイタリア人作曲家。ナポリ音楽院で学んだ彼は、10代で作曲をはじめ、12あまりのオペラ曲を発表している。『奥様女中』【1733年、間奏曲】、『シリアのハドリアヌス』【1734年】、『オリンピアーデ』【1735年】、さらに死後の初演になる『音楽教師』【1752年】や『リヴィエッタとトラコッロ』【1753年】などである。彼はまた宗教曲にも関心を抱き、遺作となった『スタバト・マーテル（悲しみの聖母）』【1936年】は、彼の傑作のひとつである。1865年に命名されたペルゴレーズ通り（Rue Pergolèse）は16区にある。

ベルザンス Belzunce 1671-1755年。マルセイユ司教。1720年から21年にかけてこの町を襲った大ペスト禍に対する、慈悲と勇気に満ちた行動によって知られる。19区のベルザンス通り（Rue de Belzunce）は、彼をたたえて1844年に命名されている。

ベルシー Bercy 1859年にパリに併合されたセーヌ県の旧村。1861年まで、ベルシーには、パリ高等法院長だったル・マロン【1643-1706】のために、フランソワ・**マンサール**の設計に基づいてル・ヴォーが築いた、じつに壮麗な城があった。だが、1861年に城は壊され、**ヴァンセンヌ**大市の会場になった。

12区のベルシー大通り（Bourlevard Bercy）は1864年から存在している。また、現在、同区にあるベルシー橋（Pont Bercy）は1863年から64年にかけて架けられ、ベルシー河岸通り（Quia Bercy）とベルシー通り（Rue Bercy）は1800年以前よりあった。1819年から80年代初頭まで、ベルシーの倉庫群はヨーロッパ最大のワイン市場となっていた。

今日、この場所は整備され、なおもいくつか倉庫は見られるものの、商店が数多く連なるようになっている。ベルシーはまたかなりの数の芸術的活動（縁日芸博物館など）を受け入れ、緑地も整備されている。

ペール・シャイエ Père Chaillet 1900-72年。スイス国境に接するフランシュ＝コンテ地方のセ＝メジエールに生まれ、**リヨン**で他界したイエズス会士。最初、同地方のドールで、ついで**アルジェ**で修辞学を教える（1929-30年）。1939年、『苦しむオーストリア』を著し、ナチズムへの警戒をよびかけた。そのドイツ軍がフランスに侵攻したことを知ったのは、ブダペスト（**ビュダペスト**）にいるときだった。そこで彼はただちに抵抗運動に入る決心をし、トルコやシリアを経て、1941年1月、帰国する。そして偽名（プロスペル・シャルリエ）をもちいて、抑圧されたユダヤ人たちの支援活動に参加する。

1941年11月、シャイエはさらに手記集『キリスト教徒の証言』——のちに彼の組織の呼称となる——の第1巻【以後1944年まで15巻が出された】を地下出版する。『フランスよ、汝の魂を失うことなかれ』と題したこの第1巻は、精神的な価値の重要さを証明しようとするものだった。だが、1942年11月から、彼は逃亡生活を余儀なくされる。そして1943年9月、アルジェ総督府はさまざまなレジスタンス組織の支援活動に対する調停役をペール・シャイエに託す。戦後、彼はグルノーブルの「イエズス会士館」の館長をつとめた。パリの11区には、1980年に命名されたペール＝シャイエ広場（Place du Père-Chaillet）がある。

ペルシエ Percier 1764-1838年。シャルル・ペルシエはパリを生没地とする建築家。1786年、ローマ賞をとりそこねた彼は、同業の**フォンテーヌ**と親交を結び、これを助手として一緒に活動した。第一執政のナポレオンがマルメゾンに住むことを決めた際、ふたりはその修復を手がけた。さらに**カルーゼル**の凱旋門や**テュイルリー**宮の北翼棟を建て、**ルーヴル**宮でも数多くの仕事をこなしている。

1811年、芸術アカデミー会員に選ばれたペルシエはデッサンの分野でも才を発揮し、ディドー版の『ホラティウス』や『ラ・フォンテーヌ』を魅力的なクロッキーで飾っている。ペルシエ大通り（Avenue Percier）は8区を通っている。命名は1844年になされた。

ベルジェ Berger　1791-1859年。ジャン＝ジャック・ベルジェはフランス中央部ピュイ＝ド＝ドーム県のティエールに生まれ、パリで他界した行政官。オスマンの後任としてのセーヌ県知事【1848-53】や上院議員【1853-５９】などを歴任した。彼を名祖とするベルジェ通り（Rue Berger）は、1864年から1区にある。

ベルジェ Bergers　注意。もしあなたが女王なら、ここを散歩してもよい。この呼称は、かつて羊飼いたちが仕事に精を出していた場所の通称に由来しているからである。もしその羊飼いだと称する人物とすれ違ったなら、親愛なる女王よ、おそらく彼はきわめて、きわめて、きわめて高齢か…・嘘つきだろう。羊飼いたちの時代ははるか昔だからである。このベルジェ通り（Rue des Bergers）は15区にある。

ベルジェール Bergère　注意。もしあなたが王なら、美しい女羊飼いに会おうとして、ここにいそいそと出かけたりしてはならない。9区にあるこのベルジェール通り（Rue Bergère）の呼称は、近くに住んでいた勇敢な染色職人の名前ベルジエ（Bergier）の変形だからである【Rueが女性名詞であるため、それを修飾するBergerも女性形のBergèreとなった】

ベルジェール・ディヴリ Bergère d'Ivry
13区のベルジェール＝ディヴリ広場（Place de la Bergère-d'Ivry）は、2002年に命名されたが、これは1827年5月25日、その求愛を拒んだため、オノレ・ユルバックの情欲的な犯罪の犠牲になった19歳のエメ・ミヨ、通称「ベルジェール・ディヴリ」【1808生。孤児・女羊飼い】のことを想い起こさせる【殺害者のユルバックは、同年9月にギロチン刑となった。この事件はヴィ

クトル・ユゴーの死刑反対の書『死刑囚最後の日』（1829年。豊島与志雄訳、岩波文庫）や、モーリス・トゥルヌール監督（1876-1961）の映画『ベルジェール＝ディヴリ』（1913年）などでとり上げられている】

ベルシャス Bellechasse　この7区の通り（Rue de Bellechasse）は1085年、「ダム・ド・ベルシャス」の女子修道院があった土地に敷設された（ベルシャスはその囲い地の呼称）。修道院には、11世紀末にパレスティナで創設されたアウグスティヌス会系聖墓修道会の盛式誓願修道女たちが住んでいた。

ペルシャン Perchamps　ペルシャンはラテン語で「平等の野」を意味するパレス・カンピ（pares campi）に由来する。ただし、ここでいう平等とは各人の最後の宿命、すなわち死のことである。事実、14世紀からある16区のペルシャン通り（Rue des Perchamps）は、かつては墓地にまで続いていた。

ペルシュ Perche　フランスの旧地方であるペルシュは北仏ノルマンディとその南部メーヌ地方のあいだ、より正鵠を期していえば、オルヌ県東部とウール＝エ＝ロワール県西部に位置する。この地域はオート・ペルシュ、グラン・ペルシュ、テール・フランセーズ、ペルシュ・グエ、そしてバ・ペルシュに分かれていた。パリの3区にあるペルシュ通り（Rue du Perche）は1626年からあるが、敷設された当時、そこには家屋が14棟、角灯が2基あったとの記録が残されている。

ベルジュ・エンヌキヌ Berges Hennequines
2001年に命名されたこの14区の通り（Rue des Hennequines）は、往時の通称「ベルジュ・エンヌキヌ」を想起させる。エンヌキヌないしエンヌカン（Hennequin）はビエーヴル河岸に出没し、自分が永遠に休息できるよう、生者たちに祈りを哀願した死霊を意味する【エンヌキヌ／エンヌカンは北欧・ゲルマン神話に登場する死者たちの一団で、「シャス・ソヴァージュ（野猟）」、すなわち夜空を疾駆して生者た

ちの魂をさらうとされていた。イタリア喜劇のアルレッキーノやハーレクインの語源。詳細は蔵持著『シャリヴァリ』（前掲）参照】

ペール・ジュリアン・デュイ Père Julien Dhuit 1872-1948年。ペール・デュイはシャルトルで生まれ、没した聖職者。1897年に司祭に叙された彼は、メニルモンタンのサン＝ピエール救護院で45年間奉仕活動をおこない、その間、各地に休暇村を建て、専門学校の創設にもくわわった。彼が長きにわたって働いていた20区の通りと小路に、その名が冠せられたのは、至極当然といえるだろう。ペール＝ジュリアン＝デュイ通り（Rue du Père-Julien-Dhuit）は1988年、同名の小路（Allée du Père-Julien-Dhuit）は翌89年の命名である。

ペルシング Pershing 1860-1948年。ジョン・ジョゼフ・パーシング（ペルシング）はアメリカ合衆国のミズーリ州ラクレードに生まれ、ワシントンD. C.で没した軍人【合衆国総軍元帥】。第1次世界大戦中の1918年、彼はフランスの前線で戦うために派遣されたアメリカ軍の総司令官をつとめた。17区のペルシング大通り（Boulevard Pershing）は、1931年から17区にある。

ペルスヴァル Perceval 1759-1835年。コーサン・ド・ペルスヴァルは北仏モンディディエで生まれ、パリで他界した東洋学者。1783年からコレージュ・ド・フランスでアラブ語を教え、87年、王立図書館の東洋関連写本の管理者に任命された。1809年、フランス学士院の会員となった彼は、ロードスのアポロニーオス【前3世紀の詩人で、アレクサンドリア図書館第2代館長】の叙事詩『アルゴナウティカ』【金羊毛を求める英雄イアソンとその仲間たち（アルゴナウタイ）の冒険譚】を翻訳している。彼の名を冠した14区のペルスヴァル通り（Rue de Perceval）——彼の所有地の一部に敷設された——は1844年から、同名の小路（Passage de Perceval）は71年からある。

アーサー王と「円卓の騎士」、さらに聖杯伝承のファンなら、この通りの名祖が、騎乗槍試合で落命した騎士の息子パーシヴァル（ペルスヴァル）でないことに、おそらく落胆することだろう。彼は母親によって森の奥で育てられ、15歳のとき、アーサー王の3人の騎士と出会う。そして、彼らに従ってアーサー王の宮殿に行き、そこで赤い騎士、すなわち父の仇と巡り合う。それからさまざまな波乱を味わったのち、パーシヴァルは父の仇を討ち、魅力的な王女と結婚して、おそらく幸せな日々を送ることになる【諸伝あり】

ベルゼリウス Berzélius 1779-1848年。イェンス・ヤーコブ・ベルセリウス（ベルゼリウス）は、スウェーデンのエステルイェートランド地方リンシェーピングに生まれ、ストックホルム（ストコルム）で没した医師・化学者。近代科学の生みの親とされる彼は、アルファベットをもちいた元素記号の表記法を考案し、膨大な数の化合物の原子・分子量を正確に定め、さらにカルシウムやバリウム、ストロンチウムなどを分離し、電気分解も研究した。

彼はフランスの学者たちと交流するため1819年に渡仏し、数年後に帰国すると、国王から貴族の称号を授かり、選挙で国会議員に選ばれた。パリ17区のベルゼリウス通り（Rue Berzélius）は、1864年に彼に捧げられている。この通りに接して、ベルゼリウス小路（Passage Berzélius）もある。

ベルタン＝ポワレ Bertin-Poirée 1727-80年。1区のベルタン＝ポワレ通り（Rue Bertin-Poirée）は1240年からある。ベルタン＝ポワレとはおそらくこの通りの住民だが、いかなる栄光の持ち主だったかは不明である。

ベルティ・アルブレシュ Bertie Albrecht 1893-1953年。8区のベルティ・アルブレシュ大通り（Avenue Bertie-Albrecht）は、レジスタンスの活動家だとしてドイツ軍に捕えられ、パリ南郊フレーヌ【強制収容所にもちいられた監獄があった】で獄死した女性を追慕するため、1944年、その名前がつけられた。

**ペール・テ（イ）ヤール・ド・シャルダン
Père Theilhard de Chardin** ピエール・テイヤール・ド・シャルダンは、フランス中部オーヴェルニュ地方のオルシヌに生まれ、ニューヨークで没した神学者・思想家・古生物学者・地質学者でイエズス会士。科学とカトリック信仰を両立させることに奮闘し、物理的・生物学的現象を綜合して、宇宙の進化が最終的に神との一体化および融合【オメガ点】へといたると結論づけた。科学の分野では、周口店で見つかった原初的な猿とヒトの特徴をそなえた化石から、北京原人を同定している【1929年】

　シャルダンはまた数多くの学術調査や、さほど学術とは関係なさそうな調査にも参加した。たとえば1931年、アンドレ・シトロエンが組織した車による有名なアジア横断旅行にくわわり、ともにゴビ砂漠を横断している。その遠征隊を監視していた中国兵たちから、彼が分析用に集めた石器をすべて没収されてしまう。しかし、「没収者たち」は石器群の重さに辟易してそれをすべて放棄する。それを見て、彼は再び石器をかき集めたという。

　この旅行のあいだ、シャルダンは旗竿のなかに隠しておいたアンテナでラジオ放送をおこなうための話題、「フランス第三共和政の100年」を考えついたが、遠征隊自体は贈り物を乗せたトラックの遅れに憤った主席【金樹仁（1879-1941）】の悪意のため、新疆にとどめおかれていた…

　シャルダンは言っている。「過ぎたものは死であり、もはや私の関心をひかない」（古生物学者としての研究を深化させようとする人物のことばとしては、これは一見矛盾するように思える発言である）。彼はさらにこうも書いている。「思想の出現が大地の表面を新たにした」。抒情的であり、キリスト教的進化論者でもあった彼の世界観は、その著作『現象としての人間』【1955年、美田稔訳、みすず書房】にあますところなく描かれている。彼の名を冠したペール＝テイヤール＝ド＝シャルダン通り（Rue du Père-Theilhard-de-Chardin）は、1978年から5区にある。

ベルティエ Berthier　1753-1815年。ルイ＝アレクサンドル・ベルティエはフランス元帥・ヌーシャテルおよびヴァグラム大公で、ナポレオン軍の参謀総長もつとめた。これらの肩書はすべて彼が寵臣のひとりとしてつかえたナポレオンの恩恵によるものだった。だが、それは、彼が1814年にナポレオンの皇帝退位証書に署名することを何ら妨げるものではなかった。翌年の百日天下時、ベルティエはバイエルンのバンベルクに亡命し、1815年6月1日、彼はこの地で窓から飛び降り自殺する。

　当時言われていたように、熱病に罹っていたためか、数年前まで彼が一部の秘密結社を弾圧していたことに復讐しようとした、仮面をかぶった6人の男による犯行か。謎はまだ解明されていない。だが、すでに事件の目撃証人はおらず、調査は不可能となっている。ベルティエ大通り（Boulevard Berthier）は17区にある。命名は事件から半世紀たった1864年になされた。

ベルート Beyrouth　ベイルート（ベルート）は1941年に独立宣言がなされた、地中海東岸に位置するレバノン共和国の首都。国民はおもにキリスト教徒とイスラーム教徒からなり、市域人口約210万【2013年】。1975年から度重なる戦争で被害を受け、99年に一時平和を回復して国土再建へと向かったが、今もなお国内にイスラーム主義を奉じる政治・武装組織「ヒズボラ」を抱えて、治安は安定していない。地名はすでに前2千年紀にベリテないしベリテス、あるいはベロート【字義は「泉の町」】として登場している。8区と16区にまたがるベルート広場（Place de Beyrouth）は、1998年から存在している。

ベルト Berthe　土地所有者の娘の詩的な名前【シャルルマーニュ大帝の母の名で、字義はゲルマン語で「光輝く」】に由来する。このベルト通り（Rue Berthe）は18区にある。

ベルトー Berthaud　この呼称は魅力的な若者の名に由来する。娯楽文化の信奉者だっ

た彼は、1577年、現在3区にあるベルトー袋小路（Impasse Berthaud）のすぐ近くに球戯場を建てている。

ペルドネ Perdonnet 1801-67年。アルベール・オーギュスト・ペルドネはパリで生まれ、南仏カンヌで没した技師。パリの国立理工科学校（エコール・ポリテクニーク）を卒業してから、パリ中央工芸学校で教鞭をとり、1862年、その校長になった。著作に『鉄道論』【1860年】などがある。彼に捧げられたペルドネ通り（Rue Perdonnet）は、1868年から10区にある。

ベルトラン Bertrand 11区のシテ・ベルトラン（Cité Bertrand）は1920年に敷設されたが、呼称は当時その土地を所有していたギョーム・ベルトランにちなむ。

*ベルトラン Bertrand 1773-1844年。ベルトラン伯アンリ・ガティアンはフランス中部アンドル地方のシャトールーを生没地とする将軍。自分を高くかってくれた皇帝ナポレオンに誰よりも強い忠誠を誓ったことで知られ、その流刑地のエルバ島、さらにセント＝ヘレナ島にまで従い、1821年に皇帝が没するまで身近にいた。

1830年、彼は国立理工科学校（エコール・ポリテクニーク）の学長となり、31年にはアンドル県の下院議員に選ばれたが、34年、選挙に落選して政界を引退した。7区のベルトラン通り（Rue Bertrand）は1847年からあるが、1963年にジェネラル＝ベルトラン通り（Rue du Général-Bertrand）に改称されている。

ベルトレ Berthollet 1748-1822年。ヘクロード・ルイ・ベルトレは塩素の漂白特性とそれをもちいての布地の漂白法を発見したフランスの化学者。この発見を記念して、1864年、5区の通り（Rue Berthollet）に彼の名が冠せられた。ベルトレはまた炭が水を浄化することを突き止め、塩の二重の分解にかんする法則も発表している。一時期、ラヴォアジエをこばんでいたが、1785年、共同作業をおこなうようになった。モンペリエ選出の元老院議員もつとめた彼は、しかし無一文でこの世を去った。

ベルトロット Bertelotte この呼称は2004年に15区の小路（Allée de Bertelotte）につけられたもので、かつてここが15区の耕作地の一部、通称「ベルトレット農地」とよばれていたことによる。

ベルトン Berton 1727-80年。フランスの音楽家ピエール・モンタン＝ベルトンは、はじめ歌手として音楽界に入り、1755年、オペラ座の指揮者、さらに支配人となった。息子のアンリ（1767-1844）もまた音楽家だった。今ではかなり忘れ去られてしまっているが、この親子は数多くの作品を手がけ、時代を代表する存在だった。父親の作品としては『シルヴィ』【1749年】や『エロジーヌ』【1765年】、息子には『モンタノとステファニー』【1799年】や『2人の近衛騎兵』【1824年】がある。16区のベルトン通り（Rue Berton）は、1865年にこの親子に捧げられた。

ベルナール・アルペルン Bernard Halpern アルペルンは1904年にスロヴァキアのタルノフに生まれ、78年にパリで没したフランス人医師。病態生理学（生理機能を妨げ、病理的な徴候を引き起こす機能不全にかんする研究）の権威とされた。彼はまたアレルギーや細網内皮系（異物捕食細胞の体内分布）にかんする研究もおこない、1964年、科学アカデミー会員に選ばれている。5区のベルナール＝アルペルン広場（Place Bernard-Halpern）は、1984年に命名されている。

ベルナルダン Bernardins ベルナルダン学寮は、5区を走るこの通り（Rue des Bernardins）近くにあった。これは1244年、シトー会系の修道士で、クレルヴォー大修道院長でもあったエティエンヌ・ド・レクサントン【1134-94】によって創設された学寮で、目的は、彼の修道院の修道士を教育するところにあり、以後1世紀にわたって活動した。

ベルナール・ド・クレルヴォー Bernard de Clairvaux 3区にあるベルナール＝ド＝クレルヴォー通り（Rue Bernard-de-Clairvaux）は、1977年に命名されている。

ヘルナルテ

彼の著作などについては**サン＝ベルナール**の項を参照されたい。

ベルナール・ディメ Bernard Dimey　1931-81年。フランス東部シャンパーニュ地方のノジャン＝タン＝バシニに生まれ、パリで没した詩人・作詞家。教師になろうと学び、実際にその職をえたが、仕事は半日だけで、あとは詩やシャンソンの作詞に打ち込んだ。そんな彼の作になるシャンソンの歌手として、たとえばマルセル・ムールジ【1922-94】やジュリエット・グレコ【1927-】、イヴ・モンタン（シニョレ＝モンタン）、アンリ・サルヴァドル【1917-2008】などがいる。

ディメはまた、みずから舞台に上がって大衆的で卓抜した詩を披露してもいる。そのシャンソンには、「シラクザ」や「わがペンの仕掛け」、「メメール」などがある。18区のベルナール＝ディメ通り（Rue Bernard-Dimey）は、1992年に命名された。

ベルナール・ド・ヴァンタドゥール Bernard de Ventadour　1150？-1200年。ベルナール・ド・ヴァンタドゥールはフランス中部**リムーザン**地方のヴァンタドゥールに生まれ、ドルドーニュ地方のダロン大修道院で生涯を終えた有名な南仏吟遊詩人。パン職人の息子だった彼は、その名を出身地ではなく、庇護者である子爵エブレ・ド・ヴァンタドゥール３世【1170没】から借りている【小辞のド（de）は貴族身分を示す】

ヴァンタドゥールが紡ぎ出す唄と詩は、アリエノール・ダキテーヌ【1122-1204。アキテーヌ公爵の相続人で、文芸庇護者として知られるが、フランス王ルイ７世（在位1137-80）とイングランド王ヘンリー２世（在位1145-89）との２度の結婚が、百年戦争の遠因になったとされる。イングランド王リチャード１世（獅子心王、在位1189-99）などの母】とトゥールーズ伯レーモン５世【1134-94。国王ルイ６世の娘婿】などの関心を引いた。彼の歌が宮廷人の色恋沙汰を扱っていたからである。たとえば彼はこう歌っている。「嗚呼、神よ、あの方が私を激しく愛してくれますように／あの方から嫌われたり、愛を忘れ

たりすれば／ひと月も、一日も生きられないほどに」。14区のベルナール＝ド＝ヴァンタドゥウール通り（Rue Bernard -de-Vantadour）は1986年からある。

ベルナール・パリシー Bernard Palissy　1510頃-89/90年。フランス南西部アキテーヌ地方のサン＝タヴィに生まれ、パリで他界したベルナール・パリシーは画家・ガラス職人・作家・学者。農家出身の彼は若い頃、測量技師として働きながら、フランス各地を回った。やがて王妃カトリーヌ・ド・メディシス【1519-89。夫王の死後、摂政となって、ユグノー＝プロテスタントを弾圧するための、1572年、サン＝バルテルミーの虐殺を仕掛けた】の庇護を受け、フランス西部のサントで、彼曰く「口やかましい」女性と結婚する。ある日、彼は日ごろの鬱憤を晴らすべく、家具を燃やしてしまう。だが、それは妻の性格を変えるまでにはいたらなかった…。プロテスタントだったパリシーは、そのことに悩み、サン＝バルテルミーの虐殺時、北部国境近くのセダンに逃げた【1572年】

だが、1574年にパリに戻ったパリシーは、やがて信仰をすてるのを拒んだため、王妃の庇護にもかかわらず、バスティーユ送りとなった【1586年】。釈放後、1588年には再びバスティーユに投獄され、翌年ないし翌々年、獄死する。彼は『水と泉にかんする称賛すべき論考』【1580年】を著しているが、その作品である「田舎風陶器」リュスティク・フィギュリヌには植物や果物、小動物で飾られたものと、小像やレリーフ、アラベスク文様、さらにさまざまな装飾を帯びたものがある。

一方、科学者としての彼は、前記の書にくわえて、『すべてのフランス人がその財産を増やすために学ぶべき処方』【1555年。邦題『陶工パリシーのルネサンス博物問答』、佐藤和生訳、晶文社】と題した書も上梓している。6区のベルナール＝パリシー通り（Rue Bernard-Palissy）は、1864年に命名されている。

ベルナール・ラフェ Bernard Lafay　1903-77年。パリ北方のマラコフに生まれ、パ

リで没した内科医で医師アカデミー会員だったラフェは、17区の参事会員や下院・上院議員にくわえて、パリ市議会議長も3期つとめた。彼はまた人間的尺度による都市改造を熱心に唱え、それは彼の名を冠した法律として具体化している。17区のベルナール＝ラフェ遊歩道（Promenade Bernard-Lafay）は、1991年の命名になる。

ベルナール・ルカシュ Bernard Lecache
1895-1968年。ベルナール・ルカシュはパリで生まれ、南仏のカンヌで没したジャーナリスト・作家・レジスタンス勲章受章者。彼の仕事はおもに反人種差別運動とかかわっており、国際人種・ユダヤ人差別反対同盟（LICRA）を創設し【1927年】、その会長もつとめた。1978年、12区の通り（Rue Bernard-Lecache）に彼の名が冠せられている。

ベルヌ Berne アール（アーレ）川の流れを見下ろす高台に位置する、スイス連邦の首都ベルンのこと。この町では、1421年に工事が始まり、高さ100メートルの塔を付けくわえてようやく1894年に完成したベルン司教座聖堂を訪れないわけにはいかない。また、15世紀に建てられた市庁舎もある。8区のベルン通り（Rue de Berne）は1884年から存在している。

＊ベルヌーイ Bernouilli 1667-1748年。ジャン（ヨハン）・ベルヌーイはスイスのバーゼルを生没地とするスイス人数学者で、兄のジャックも数学者だった【ジャック（1654-1705）はバーゼル大学教授で、ライプニッツの微積分理論を発展させ、はじめて確率論を体系化した】。彼はおもに指数関数の微積分法で重要な業績をあげたが、さらにいわゆる「最速降下線」の問題（自由な降下ではないため、パラシューティストにはあてはまらない）の解明にも成果を挙げた【ジャンの息子ダニエル（1700-82）はバーゼル大学教授で、気体運動論における先駆的業績で知られる。同名の孫（1744-1807）は数学者・物理学者】。8区のベルヌーイ通り（Rue Bernouilli）は1873年に命名されていた。

ベルヌーリ Bernoulli 1994年に命名された8区のベルヌーリ通り（Rue Bernoulli）は、ベルヌーイ通り（前項）の新たな呼称。ただし、表記はいずれも受け入れられている。

ペルネット・デュ・ギエ Pernette du Guillet 1520-45年。リヨンで生まれ、夭折した碩学の女性詩人。ペリヌ（Perrine）やペロネル（Perronnelle）といった筆名でも知られる。詩集に『ペルネット・デュ・ギエ夫人の優美にして高徳な詩』【1545年、死後刊行】がある。なお、rがひとつだけのpéronnelleは、話好きでいささか能天気な娘を意味する。むろんそれは、1974年に命名された19区のペルネット＝デュ＝ギエ小路（Allée Pernette-du-Guillet）とは無縁である。

ペルネティ Pernety 1766-1856年。ジゼフ・ド・ペルネティはリヨンに生まれ、パリで没した将軍。総裁政府や第一帝政期に活躍した彼は、1868年に敷設されたペルネティ通り（Rue Pernety）の旧地主だった。

フランス史で有名なペルネティはもうひとりいる。1763年にフォークランド諸島に派遣された、ブーガンヴィル遠征隊の従軍司祭をつとめたアントワヌ＝ジョゼフ・ペルネティ【ベネディクト会士・錬金術師】である。1716年にリヨン北西方のロアンヌで生まれ、1801年にアヴィニョンで没した彼は、その長い生涯を賢者の石と霊薬の探求に費やした。だが、あきらかに彼はそのいずれも見出すことができなかった。標準的な年齢をはるかに超えて生きた彼は、貧しさのうちに末期を迎えたからである。

ペルネル Pernelle ペルネル夫人はニコラ・フラメルの妻である。1397年に他界した彼女は夫に莫大な遺産を残したが、このことはフラメルが賢者の石を発見し、るつぼの中で金を作っていたとする当時の人々の噂を裏づけるものとなった。4区のペルネル通り（Rue Pernelle）は1851年からある。ちなみに、ペルネル夫人はモリエール作『タルテュフ』【1664年】の登場人物名ともなっている。その役どころは、

【偽善者タルテュフを信じ崇める】おぞましい母親であり、家庭の平和を脅かす敵でもある。

ベルビエ・デュ・メ Berbier du Mets　1626-1709年。ジェデオン・ベルビエ・デュ・メはシャンパーニュ地方のロズネに生まれ、パリで他界した行政官。王室備品総監察官だったベルビエは、フランス王室に属するさまざまな土地や住居にある家具の調査や割り当てを担当した。13区のベルビエ＝デュ・メ通り（Rue Berbier-du-Mets）は、1935年に命名されている。

ベル＝フイユ Belles-Feuilles　16区のベル＝フイユ通り（Rue des Belles-Feuilles）は、1825年から存在しており、呼称【字義は「美しい葉」】は一帯の通称にちなんで命名されている。たしかに、この通りが敷設された場所には、かつて大きくて立派な葉をもつノウゼンカズラの大木群が繁茂していた【16区にはベル＝フイユ袋小路（Impasse des Belles-Feuilles）もある】

ベルフォール Belfort　ベルフォールはサヴルーズ河岸の町である。呼称はつきでた岩の上に12世紀に築かれた城砦の名に由来する。14世紀、町はオーストリア【神聖ローマ帝国】に併合されたが、三十年戦争【1618-48年】のあいだ、フランスに戻った。そして、1648年のウェストフェリア条約によって、最終的にフランスに帰属した。セバスチャン・ヴォーバンはそこに第一級の要塞を築いた。

　11区にあるベルフォール通り（Rue de Belfort）は1872年に命名されているが、それは1870-71年の3度にわたる攻囲戦と、ベルフォールのフランス帰属を決定づけた、**ダンフェール＝ロシュロー**による壮烈な防衛戦を記念してのことである。当時、敵軍はこの町を「トートテン＝ブリク」、つまり「死者の工場」と呼んでいた。

ベルフォン Bellefond　1658-1717年。マリ・ジゴー・ド・ベルフォンは1700年から没年まで**モンマルトル女子修道院**の院長だった。彼女はフランス元帥だったジゴー・ド・ベルフォン侯爵（もとはBellefondsと〈s〉がついていたが、時の流れはつねに何かを失わせる）の娘である。9区のベルフォン通り（Rue de Bellefond）は1721年に命名されている。

ペール・プリュミエ Père Plumier　1649-1706年。マルセイユで生まれ、スペイン南西部のエル・プエルト・デ・サンタ・マリアで没した植物学者。国王に仕え、西インド諸島のアンティル諸島や南米を探検し、これらの地の植物相にかんする著作を遺した。彼は、サント＝ドミンゴのフランス提督ミシェル・ベゴン【1638-1710】にちなんで、みずから命名したベゴニアを1682年から84年にかけてフランスに招来してもいる。パリ14区のペール＝プリュミエ小公園（Square du Père-Plumier）は、1997年からある。

ペール・プロスペル＝アンファンタン Père Prosper-Enfantin　1796-1864年。プロスペル・バルテレミー、通称ペール・アンファンタンは、パリを生没地とする技師。産業化と進歩主義を特徴とし、本格的な宗教へと転位していったサン＝シモン主義【→サン＝シモニアン】の主たる普及者のひとり。彼は《ル・プロデュクトゥール（生産者）》と《グローブ（地球）》の2誌を創刊する一方、メニルモンタンに数多くのメンバーを集めた模範的な共同体を設立している。さらに鉄道会社、すなわち「リヨン駅会社」【パリとリヨンおよびマルセイユを結ぶ鉄道会社で、1857年から1938年まで営業していた】の創設にもかかわった。著作としては、『哲学・宗教往復書簡集』【1843-45年】や『永遠の生』【1907年】などがある。

　ペール・アンファンタンは言っている。「感動させるだけで愛さない者は冷血漢である」、「宗教も民衆も不在なら、あるのはただ高等法院だけだ」、「秩序と自由の闘いのために社会を組織する。それは過去を復元することである。これらふたつの原理原則を結びつける（ただし、単純に両者を和解させるということを言っているわけではない）。それは未来を築くことである」。彼の名を冠したペール＝プロスペル＝アンフ

ァンタン通り（Rue du Père-Prosper-Enfantin）は、1994年から20区にある。

ペール・ブロティエ Père Brottier 1876–1934年。本名ダニエル・ブロティエ。パリ盆地南部のフェルテ＝サン＝シルに生まれ、パリで没した聖霊布教会修道士。フランス退役兵連合の創設者で、それをたたえて、1973年、6区にペール＝ブロティエ通り（Rue du Père-Brottier）が誕生している。

ペルポール Pelleport 1773–1855年。ピエール・ド・ペルポールはフランス南西部オート＝ガロンヌ地方のモントレジョーに生まれ、ボルドーで没した子爵・軍人。執政政府時代の1793年に軍隊に入り、とくに復古王政期、プロイセン東部のアイラウの戦い【1807年】で剣で3か所、銃剣で5か所の傷を受けたにもかかわらず活躍した。1841年に貴族院議員となった彼の名前は、1868年に20区の通り、1909年に同区のヴィラにつけられている。ペルポール通り（Rue Pelleport）とヴィラ・ペルポール（Villa Pelleport）がそれである。

ペール・マルスラン・シャンパニャ Père Marcelin Champagnat 1879–1840年。フランス中南部ロワール県のマルトに生まれ、同県のサン＝シャモンで没したマリスト会修道士【マリスト会、別名マリア会は、聖職者のジャン＝クロード＝マリ・コラン（1790–1875）が1822年にリヨンで立ち上げた、聖母マリアに献身する修道会】。彼は学校マリスト会【地方での初等教育の普及を目的とした組織】のリセ・サン＝ジョゼフを創設している。16区のペール＝マルスラン＝シャンパニャ広場（Place du Père-Marcelin-Champagnat）は、1981年、アルス司祭【1786–1859。本名ジャン＝マリ・ヴィアネ。1925年に列聖。シャンパニャが列聖された1929年、教皇ピウス11世から全司祭の守護聖人に指名された】の弟子だった彼に捧げられたものである。

ベルリオーズ Berlioz 1803–69年。エクトル・ベルリオーズはフランス・アルプス地方イゼール県のラ・コート＝サン＝タンド

レで生まれ、パリで没した作曲家。医師だった父は息子エクトルが後を継ぐことを願い、音楽家となるための息子のあらゆる努力を邪魔した。こうして医聖ヒポクラテスの将来の弟子たちとともに医学を学びにパリに来た彼は、しかしただちにパリ音楽院（コンセルヴァトワール）の門戸を叩いた。音楽の勉強を続けるため、みずから糊口を凌がなければならなかった彼は、レッスンで生活費を稼ぎ、ヌヴォテ座【1827年、2区のラ・ブルス広場に設けられた劇場で、通俗劇やオペラ・コミックなどが上演された】の合唱隊員になった。

そして1830年、前3作が相次いで失敗に終わったあと、ベルリオーズはカンタータ『サルダナパールの死』で音楽部門のローマ大賞を受賞する。それから2年後、彼は若いイギリス人女優のハリエット・スミスソン【1800–54】と出会い、両家の反対にもかかわらず結婚する。ただ、時代の音楽と対立していたため、作曲での収入はほとんどなかった。そこで彼は生活のためにジャーナリズムに携わり、この仕事が自分の考えを広めるのに役立つことができると気づく。だが、喧嘩早い性格と他人の意見に対する侮蔑。これが彼の経歴を誤らせた。

そんなベルリオーズの作品としては、『リア王』【1831年】や『ベンヴェヌート・チェッリーニ』【1834–38年】、『ローマの謝肉祭』【1843年】、『ファウストの劫罰』【1845–46年】、『テ・デウム』【1848–49年】、『トロイアの人びと』【1856–58年】などがある。9区のヴァンティミル小公園には、彫刻家アルフレッド＝シャルル・ルノワール【1850–1920】作になる彼の彫像が立っている。ベルリオーズ小公園（Square Berlioz）は9区、私道のベルリオーズ通り（Rue Berlioz）は16区にある。

ペール・ラシェーズ Père Lachaise フランソワ・デクス・ド・ラ・シェーズはフランス中央山地フォレ地方のエクス城に生まれ、パリで没したイエズス会司祭。リヨンのイエズス会系寄宿学校で科学と哲学を教えたのち、1674年から、パリでルイ14世（ル

イ・ル・グラン）の聴罪司祭をつとめる。巧言令色とは縁遠いとされたサン＝シモンをして、「正しく実直で良識があり、温厚で節度をわきまえた人物」と言わしめたラ・シェーズは、教皇インノケンティウス11世【在位1676-89。ルイ14世と国王特権をめぐって対立した】および12世【在位1691-1700。国王特権闘争を終息させた】と国王との仲介役を担った。

一方、ラ・シェーズはモンテスパン夫人の影響力と周到に闘い、1686年、当初国王とマントノン夫人の結婚に反対したが、最終的にこの結婚が秘密裏になされるとの約束を国王から引き出して、最終的に認めることにした。古銭学にきわめて精通してもいたラ・シェーズはまた、1701年に碑文・文芸アカデミー会員となっている。そんな彼が好んでいた瞑想の場所のひとつは、当時イエズス会が所有していたモン＝ルイ通りの家だった。彼は国王の援助によってこの地を整備し、死後、その名がつけられた。ペール＝ラシェーズ墓地が1806年に開設したのがここだった。1899年に命名された20区のペール＝ラシェーズ大通り（Avenue du Père-Lachaise）は、この墓地に通じている。

ペルラン Pèlerin 17区のペルラン袋小路（Impasse de Pèlerin）は、かつて**サン＝ジャック**通りとよばれていた。1877年に現在の呼称となったが、それは聖ヤコブ（**サン＝ジャック**）の加護を求める巡礼者たちが、ここを通って、とくにイベリア半島最西北端の聖地サン＝チャゴ・デ・コンポステーラ【サン＝チャゴとは聖ヤコブのスペイン語表記】へ向かっていったからである。

ペルル Perle 3区のペルル通り（Rue de la Perle）は1575年に敷設されているが、呼称は、現在の8番地にあった有名なペルル球場戯場の入り口を示す看板に由来する。

ペルール Perreur 20区のペルール小路とヴィラ（Passage /Villa Perreur）は、その建設直後から、小路に家をかまえていた住民の名にちなんで命名されている。

ペレ Perrée 1761-1800年。エマヌエル・ペレは北仏ソンム県のサン＝ヴァレリー＝シュル＝ソンムで生まれ、マルタ（**マルト**）島沖で戦死した海軍少将。ナポレオンの命により、1809年、彼の名が3区の通りにつけられた。ペレ通り（Rue Perrée）がそれである。

ペレル Perrel 14区のペレル通り（Rue Perrel）は、最初の沿道住民にちなんで1931年に命名されている【画家のアンリ・ルソー（ドゥアニエ・ルソー）はこの通りの2番地2号に住んでいた】

ベレール Bel-Air 通称に由来する呼称。ただ、なぜこの呼称が保たれているかについては、1870年12月17日、フランス中部のヴァンドームとル・マンのあいだで、いわゆる「ベレールの戦い」があったということだけを指摘しておこう。退役していたアルフレッド・シャンジ将軍【1823-83】率いる部隊が、そこでプロイセン軍と戦った。彼の部隊は窮地に陥った砲兵中隊を救出しようとしたが、彼らの勇気にもかかわらず、作戦は成功しなかった。敵軍の数があまりにも多かったためである。12区のベレール大通り（Avenue de Bel-Air）は1844年に命名されている。

ペレール Pereire ジャコブ・エミール・ペレールはボルドーで生まれ、パリで没した銀行家・実業家。1822年にパリに移った彼は、35年、サン＝ジェルマン鉄道、ついでノールおよびミディ鉄道会社を創設している。さらに1852年には、動産銀行の「ル・クレディ・モビリエ」や太平洋横断会社を立ち上げ、第二帝政下の経済発展に貢献した。1853年に敷設された17区のペレール大通り（Boulevard Pereire）は、彼が施業権者だったオートゥイユ鉄道の軌道にそって走っている。

ペロー Perrault 1613-88年。クロード・ペローはパリを生没地とする医師・建築家。医師としての彼は動物の解剖を数多くおこない、『動物たちの生体』【刊行年不詳】を著している。建築家としての仕事には、1666年から70年にかけて手がけたルーヴル宮の列柱廊やパリ天文台（オプセルヴァ

トワール）などがある。１区のペロー通り
（Rue Perault）は、彼が科学アカデミー会
員となった翌年の1867年に命名されてい
る。有名な童話作家のシャルル・ペロー
（1628-1703）は弟である。

ベロ Bellot 1826-53年。パリに生まれ、か
なり悲劇的な条件下で北極海に没したフラ
ンスの船員。1851年５月、彼は北極海で
遭難したジョン・フランクリン【1786-
1847。イギリスの海軍将校で、北西航路を発
見するために赴いたカナダ北極圏で消息を絶
った】を捜索するために編成された、ウィ
リアム・ケネディ船長【1814-90】を指揮
官とするイギリス隊にくわわった。この最
初の遠征は1852年10月、さしたる成果を
あげられぬまま終わったが、ケネディはベ
ロのことをたたえてやむことがなかった。
　翌年、第２回遠征が決定すると、遠征隊
長のエドワード・イングルフィールド船長
【1820-94】は、ルネ・ベロをもろ手を挙げ
て受け入れた。だが、悲劇はこの航海中に
起きた。ベロは強風にあおられて、流氷に
乗り上げた船から落ち、溺れ死んでしまっ
たのである。彼の家族の出身地であるロシ
ュフォールには、その影像が建てられた。
ベロがフェニクス号に乗って船出したイン
グランドの港町グリニッジと同様に、であ
る。19区のベロ通り（Rue Bellot）は1864
年から存在している。

ペロネ Perronet 1708-94年。ジャン・ロ
ドルフ・ペロネは、パリを生没地とする土
木局技師。1747年から、創立間もないパ
リ土木学校の校長をつとめた。1757年か
ら86年までは塩田監察官の任にもあった。
さらに彼は数多くの橋の建設にもかかわり、
たとえばパリの**コンコルド**橋や**ヌイイ**橋や
ヌムール橋、ポン＝サント＝マクサーンス
橋などの設計は、彼の手になる。**ブルゴー
ニュ**運河やパリの大下水渠の建設も請け負
っている。1865年に彼の名がつけられた
ペロネ通り（Rue Perronet）は７区にある。

ペロン Perron 1784年に敷設された１区の
ペロン小路（Passage du Perron）は、
1809年から27年まで、小口の相場を張る

「ブルシコトゥール」が頻繁に出入りして
いた。1809年から18年にかけて、証券取
引所がパレ＝ロワイヤルに設けられていた
からである（この小路はそこに通じてい
た）。だが、1818年から27年にかけて、取
引所はすぐ近くのフェドー通りに移転した。

ベロム Belhomme ベロム氏はモンマルト
ルの区長で、18区のベロム通り（Rue
Belhomme）は、彼の所有地に敷設された。
なお、彼の妻もベロム【字義は「いい男」】
とよばれ、散々冷やかされたものだった。

ベロワ Belloy 1709-1808年。ジャン＝バ
ティスト・ド・ベロワはフランス中北部ボ
ーモン＝シュル＝ドワズ出身の高位聖職者
で、1802年にパリ大司教、翌年に枢機卿
になった。彼を名祖とするベロワ通り
（Rue de Belloy）は、1868年から16区に
ある。

ベン＝アイド Ben-Aïad 土地所有者の名
【ベン＝アイド小路（Passage Ben-Aïad）は２
区にある。この通りは1763年に敷設され、
1853年、チュニジアの富裕な政治家・軍人で、
前年、故国を離れてパリに移り、市民権を獲
得したマフムド・ベン＝アイド（1805—80）
が、回廊状のこの小路を購入した】

ボーアルネ Beauharnais この３区・４区・
11区を走るボーアルネ大通り（Boulevard
Beauharnais）は、アイヒシュタット公で
イタリアの副王でもあったウジェーヌ・
ド・ボーアルネ公（1781-1824）を想い起
こさせる。一族がさまざまな不運にみまわ
れたあと、彼の運命は一気に様変わりする。
母ジェゼフィヌ【1763-1814】がナポレオ
ンと知り合う機会に恵まれたからである。
義父であるナポレオンが失脚すると、彼は
もうひとりの義父──その娘を妻に迎えて
いた──であるバイエルン王のマキシミリ
アン１世【1756-1825】と亡命する。ナポ
レオンのもとできわめて勇敢な軍人だった
彼は【1812年、８万の兵を率いてモスクワ戦
役に参加している】、子供たちの教育に専心
していたミュンヘンで、静かに息を引き取
った。

ボイエルデュー Boieldieu 1775-1832年。

フランソワ=アドリアン・ボイエルデュー
は北仏のルーアンで生まれ、パリ南東郊の
ジャルシで没した作曲家。主な作品に『バ
クダッドの太守』【1800年】や『パリのジ
ャン』【1812年】、『白衣の貴婦人』【1825年】
などがある。1803年から11年までの8年
間は、サンクト=ペテルスブルク（サン=
ペテルスブール）で皇帝の礼拝堂楽長をつ
とめた。1818年、芸術アカデミー会員に
選ばれた彼は、オペラ=コミックのならぶ
者のない大家だった。2区のボイエルデュ
ー広場（Place Boieldieu）は、1780年に建
設されている【アレクサンドル・デュマ（子）
はこの広場に面した家で生まれている】

ボイ・ゼランスキー Boy Zelensky 1874年
にワルシャワ（ヴァルソヴィ）で生まれ、
1941年にリヴォフで没したポーランド（ポ
ローニュ）の作家。本名はタデウシュ・ジ
ェレンスキーだが、とくにボイをつけた筆
名で知られる。クラクフ、ついでパリで医
学を学んだが、時経ずして文学に向かい、
バルザックの『結婚の生理学』【安士正夫訳、
三笠書房】などをポーランド語に訳し、み
ずからも評論書を著した。主著に『フラン
ス文学の研究と大要』や『モリエール』な
どがある。10区のボイ=ゼランスキー通
り（Rue Boy-Zelensky）は1982年に命名
されている。

ボーヴォー Beauvau フランス西部アンジ
ューを出自とする旧家の名。そのとくに有
名な人物はフランス元帥だったシャルル
【1720-93】である。彼については次のよう
な逸話が残されている。
　　1763年、南仏ラングドックの地方総督
に任命された彼は、コンスタンスの塔【聖
王ルイ9世が1242年にエーグ=モルトに建て
た守備隊用の要塞】に、プロテスタントで
あることをやめようとしない14人の女性
が幽閉されていることを知った。ボーヴォ
ー公はただちに彼女たちを釈放し、生計を
保証した。やがて国王は、彼にそのうちの
10人を再び入牢させることを命じ、命令
に背けば、罰として指揮権を没収するとも
言ってきた。これに対し、彼はこう答えた

ものだった。「国王陛下は小職に託された
統治権を自由に奪うことができます。しか
し、私がみずからの信仰と名誉にしたがっ
て義務を遂行するのを妨げることはできま
せん」。このみごとな抵抗を前にして、国
王はそれ以上言い張るのをやめたという。
1770年に建設されたボーヴォー広場
（Place Beauvau）は8区にある。

ボーエル Bauer 土地所有者の名。ボーエ
ル氏は4区のシテ（Cité Bauer）の名にそ
の姓がつけられることを望んだ、勇敢なフ
ランスの家長でもあった。

ボカージュ Bocage 呼称は北仏ノルマンデ
ィのボカージュ地方に由来する。ボカージ
ュとは「小さな森」ないし心地よい「木
陰」を意味する【生垣や林で区切った「囲い
地」もさす】。このボカージュ地帯の中心都
市はヴィールである。また、フランス西部
ヴァンデ地方のボカージュもある。パリの
ボカージュ通り（Rue du Bocage）は8区
にある。命名は1935年になされた。

ボカドール Boccador 8区のボカドール通
り（Rue du Boccador）は1883年に命名さ
れている。呼称の由来となったドメニコ・
ディ・コルトーネ、通称ボカドールは、
1470年頃にイタリア中部トスカーナ地方
のコルトーナに生まれ、1549年にパリで
没した建築家。シャンボール館やパリ市庁
舎（オテル・ド・ヴィル）の最初期の設計
を手がけた。彼はまたパリの要塞化にも尽
くした。

ポクラン Poquelin ポクランとはモリエー
ルの姓である。その名を冠したポクラン通
り（Rue Poquelin）は、1996年から1区
にある【フォーロム・デ・アール（→アル=
カン=シェル）の地下階】

ボークール Beaucour ボークール大通り
（Avenue Beaucour）は20区にある。名祖
のボークール氏は素晴らしい土地の持ち主
だった。

ボーグルネル Beaugrenelle グルネル平原
の旧分譲区画の呼称。ボーグルネル通り
（Rue Beaugrenelle）は15区にある。

ボケ Bocquet ボケ氏は土地所有者の名前。

彼の所有地に敷設されたヴィラ・ボケ（Villa Bocquet）は19区にある。

ボザール Beaux-Arts　エコール・デ・ボザール・ド・パリ【パリ美術学校。現パリ国立高等美術学校】は1648年に創設されている。当時はエコール・アカデミックとよばれ、1793年にエコール・デ・ボザールに改称した。当時は絵画・銅版画、彫刻・リトグラフ、そして建築の3学科から構成されていた。才能に恵まれたその学生たちは、多くがやがてローマ大賞を受賞するようになった。この名門美術学校の名を冠したボザール通り（Rue des Beaux-Arts）は、1825年から6区にある。

ボジオ Bosio　1768-1815年。フランソワ・ジョゼフ・ボジオはモナコに生まれ、パリで没した彫刻家。ナポレオンや国王シャルル10世【在位1824-30】、ルイ＝フィリップからとくに寵愛された。シャルル10世は学士院会員や国王専属彫刻家に選ばれた彼を男爵に叙してもいる。作品としては『無垢を誘惑する愛の妖精』や『ローマ王』、『ルイ16世の死』【いずれも制作年不詳】、さらに『サルマキスのニンフ』【1826年】などがある。16区のボジオ通り（Rue Bosio）は、1886年に彼に捧げられている。

ボシャール・ド・サロン Bochard de Saron　1730-94年。ジャン・バティスト・ボシャール・ド・サロンはパリ出身の数学者・天文学者・司法官。彼は科学アカデミー会員だったが、革命政府による高等法院の廃止に反対したため、1794年、パリでギロチン刑に処された。ボシャール＝ド＝サロン通り（Rue Bochard-de-Saron）は9区にある。

ボシュエ Bossuet　1627-1704年。ジャック・ベニーニュ・ボシュエはディジョンに生まれ、パリで没した高位聖職者・説教家。イエズス会の神学校で学んだのち、1652年に司祭に叙された。メスの司教代理に任ぜられると【1654年】、その雄弁家としての才が一気に輝きをみせるようになる。やがてパリに戻った彼は、1659年から69年にかけて説教に献身する。1669年、ピレ

ネー（ピレネ）地方コンドンの司教となり、翌年には王太子の師傅に任ぜられる。この訓育が終わると、1682年から、パリ東郊モーの司教をつとめるようになる。

若くして司祭になった彼は「モーの鷲」とよばれた。ある逸話が残っている。15歳になったばかりの彼は、夜11時、パリ南西方のランブイエ館で最初の説教を即席で行った。これを聞いて、ヴァンサン・ヴォワチュール【1597-1648。詩人・書簡作家で、ランブイエ館のサロン常連】はこう言ったという。「これほど早くなく、これほど遅くもない時間に説教を聞いたのははじめてだ」。ボシュエのもっとも有名な説教は、おそらく1682年の教会の一体化を説いたものだろう。

ブルゴーニュ公爵夫人【1685-1712。本名マリ＝アデライド・サヴォワ。シチリア王（在位1713-20）およびサルデーニャ王（在位1720-30）だったヴィクトル＝アメデオ公の娘で、ルイ15世（在位1715-74）の母】の筆頭司祭もつとめた彼は、何よりもカトリックの正統性の厳格な守り手だった。パリ10区のボシュエ通り（Rue Bossuet）は、1844年にこの稀代の説教家に捧げられている。

ボージョレ Beaujolais　1区にあるボージョレ通り（Rue de Beaujolais）の呼称は、有名なワイン産地とは無関係である。こちらのボージョレは、平等王ルイ・フィリップの末子ボージョレ伯ルイ・シャルル・ドルレアンのことである。1779年に生まれた彼は、フランス革命時の93年に逮捕され、96年までマルセイユのサン＝ジャン要塞に幽閉されていた。翌年、アメリカに出発することを許され、イギリスにも滞在するが、1808年、マルタ（マルト）島で結核によって没した【1区にはボージョレ小路（Passage de Beaujolais）もある】

ボージョン Beaujon　1708-86年。ボルドーを生没地とするニコラ・ボージョンは金融家で、宮廷付き銀行家やルーアン総徴税区の総徴税官、サン＝ルイ【→サン＝ルイ＝アン＝リル】騎士団の宝物（財務）管理者

ホシユ

などを歴任した。子供に恵まれなかった彼は、その財産をもちいて、フォブール・デュ・ルール地区【現在の8区】に貧しい孤児24人を収容できる養護施設を建てた【1784年】。さらに彼は、さまざまな慈善施設に300万リーヴル（当時としては途方もない大金だった）を遺贈した。そんな彼の名を冠した8区のボージョン通り（Rue Beaujon）は、その所有地に敷設されている。

ボーシュ Bauches 場所の通称。ボーシュは建築資材としてもちいられる一種のモルタルをさすが、地名がこのボーシュと関係しているのかどうかは不明である。ボーシュ通り（Rue des Bauches）は1913年から16区にある。

ボース Beauce ボース——陰鬱な平原である——には、シャルトルやデュノワ、ヴァンドーム、マント、ユルポワ地方がふくまれる。穀物栽培がきわめて盛んな地だが、最大の宝はいうまでもなくシャルトル司教座聖堂である。この聖堂の塔は、どこまでも平坦な同地方であってみれば、近眼でもないかぎり、数十キロメートル離れたところからでも見えたはずだ。1620年代に敷設されたボース通り（Rue de Beauce）は3区にある。

ボスケ Bosquet 1810-61年。ピエール・ジョゼフ・フランソワ・ボスケはフランス南西部のモン＝ド＝マルサンで生まれ、没したフランスの元帥。とくに1843年のアルジェリア出征で軍功をあげた。1848年、少将に任命されて、ムスタガナム【アルジェリア北西部】遠征軍の指揮をとった。1853年に帰国し、翌年、クリミヤ（クリメ）遠征軍の司令官をつとめ、アルマの戦いで勝利し、インケルマンではロシア軍の攻勢で甚大な損害をこうむっていた同盟軍のイギリス部隊を救いだしている。そして1856年、元帥と同時に元老院議員をも拝命した。これは幸運がけっして一度だけ起こるわけではないことを証明するものである。1864に命名されたボスケ大通り（Avenue Bosquet）は7区にある【同区にはボスケ通り（Rue Bosquet）やヴィラ・ボス

ケ（Villa Bosquet）もある】

ポスト Postes 5区のポスト小路（Passage des Postes）は、それがつきあたる旧ポスト通り（現在のロモン通り）にちなんで命名されている。呼称は「ポトリ（poterie）」【陶器】、ついで「ポ」【壺】が変形したもので、もともとはサント＝ジュヌヴィエーヴの丘にあったブドウ園ないし囲い地をさしていた。ここからガリア＝ローマ時代の陶器が出土していたからである。

ボーセ Bausset 1748-1824年。ルイ＝フランソワ・ド・ボーセは司教で作家。フランス革命が勃発したときは、南仏ラングドック地方アレスの大司教だった。インドのポンディシェリに生まれ、パリで没した彼は、1815年、貴族院議員に任命された。翌年、アカデミー・フランセーズ会員に選ばれ、1817年に枢機卿に叙せられてもいる。主著に『フェヌロン伝』【1809年、3巻】や『ボシュエ伝』【1814年、4巻】がある。15区のボーセ通り（Rue Bausset）は1864年に命名されている。

ボーセジュール Beauséjour 16区のボーセジュール【字義は「楽しい滞在」】大通り（Boulevard de Beauséjour）は1853年に開通している。この大通りに接して、かつてボーセジュール公園があった。幸福なひとときを演出する瀟洒な小邸がいくつも建っていたその公園のことを、なおも覚えている人はいるだろうか。これらの小邸は王室の旧い厩舎にとって代わったものだった。

ポソ Possoz ルイ＝フィリップ時代と第二帝政時代、ポソ氏はパシーの村長をつとめていた。その名が冠せられたポソ広場（Place Possoz）は、1854年から16区にある。

ボタ Botha 1862-1912年。アフリカ南部ナタル地方のグレイタウンに生まれた将軍・政治家ルイ・ボタは、ボーア人【→ブール】の軍隊を再編し、イギリス軍と戦った。1902年、蜂起は失敗に終わったが、やがて1907年に彼はトランスヴァール（トランスヴァル）共和国の、1910年には南アフリカ連邦の首相となった。全長53メー

ホトフエル

トルたらずのボタ通り（Rue Botha）は20区にあり、1932年に命名されている。

＊ポタン Potain　1825-1901年。ピエール・カルル・エドワール・ポタンはパリを生没地とする内科医。心臓や肺の疾患を専門としていた彼は、パリ大学医学部の教授をつとめ、1876年には病理学、77年には臨床医学を教えた。彼にちなむ7区のポタン小公園（Square Potain）は、1925年に命名された【現在はブシコー小公園に改称】

ボツァリ Botzaris　1788-1823年。マルク・ボツァリ【ギリシア語名マルコス・ムボツァレース】はギリシア人パイロットで、独立運動の英雄。ギリシア中西部イピロス地方のスーリ出身。父親をオスマン帝国のヨアニア地方総督アリの命で殺害された彼は、当然のことながらこれに恨みをいだいていた…。最初アルバニア軍に入隊し、1820年、イピロスに上陸して、ゲリラ部隊の長となった。オスマン軍はそんな彼を怖れるようになり、その首に懸賞金をかけた。これにより、彼はかえって有名になり、ついにはフランスにまで名声が轟き、**ヴィクトル・ユゴー**が詩集『オリエンタル』【1829年】で彼のことをたたえるまでになる。

　1821年春、ボツァリは一連の独立戦争に勝利するが、やがて不運に襲われる。カルペニシのトルコ軍陣営に侵入し、300人たらずの兵で文字通り殺戮を行った際、額に銃弾を受けて絶命したのである。地方総督のテントを目指しているところだった。「セレイドの鷲」とよばれた彼の名はパリの通りにも残っている。1880年に命名された19区のボツァリ通り（Rue Botzaris）がそれである。

ポティエ Potier　1区のポティエ小路（Passage Potier）は、この小路とリシュリュー通りが交差する角の家に住んでいた、ある役者にちなんで命名されている。19世紀初頭に活躍した彼は、1820年から25年までここに住んでいた【おそらくこの役者とは、パリを生没地とし、1809年からヴァリエテ座主（→テアトル=フランセ）となったシャルル=ガブリエル・ポティエ（1774-1838）である】

ポティエ Pottier　19区にあるシテ・ポティエ（Cité Pottier）の呼称は、その旧地主で、ここに最初に住みついた人物のひとりに由来する。

ポテルヌ・デ・プープリエ Poterne des Peupliers　1844年にティエールの指示で築かれた市壁には、市門のほかに、抜け道の出入り口が12か所あった。13区のポテルヌ=デ=プープリエ通り（Rue de la Poterne-des-Peupliers）は、そのひとつであるプープリエに通じていたことから命名されている。通り自体は1925年にパリに編入されたが、それまではジャンティイ村に属していた。

ボード Baudot　1845-1903年。エミール・ボードは、フランス東部オート=マルヌ県のマニューに生まれた電気技師。正鵠を期していえば、家の玄関扉を叩く電報配達人としてのテレグラフィストではなく、電信技手ないし無線士としてのテレグラフィストだった。彼は通信システムを生みだし、新しい電信機を考案して、1877年に採用されている。時計のメカニズムからヒントをえたこの装置は、コードの両端に生じた運動の等周期性にもとづき、印刷電信符号によって電報文を送るものだった。以後、電信技術の進歩はとどまることなく発展していくことになる。彼を名祖とする17区のボード通り（Rue Baudot）は1931年からある。

ポトー Poteau　ポトー通り（Rue du Poteau）とそれに隣接する同名の小路（Passage du Poteau）は18区にある。呼称は、中世、旧サン=トゥアン村に続く近くの街道に設けられた絞首台（ポテー・ド・ジュスティス）に由来する。通りは1868年、小路は73年に正式に命名されている。

ボードゥリク Baudelique　土地所有者の名。18区のボードゥリク通り（Rue Baudelique）の命名は1872年になされた。

ポ・ド・フェール Pot de Fer　5区のポ=ド=フェール通り（Rue de Pot-du-Fer）は1625年からある。呼称は当時、そこにかかっていた鉄の壺（ポ・ド・フェール）の看板に由来する。

ボードラン Baudran 土地所有者の名。その所有地に敷設された13区のボードラン袋小路（Impasse Baudran）は、1959年に敷設された私道である。

ボードリ Baudry 歴史や文学はボードリという名で満ちている。かつて15区を走っていた通り（Rue Baudry）にその名が冠せられていたボードリは、フランス西部のラ・ロシュ＝シュル＝ヨンに1828年に生まれ、86年に没した画家のポール・ジャック・エメ・ボードリである。生地には彼の彫像が立っている。代表作に1850年にローマ大賞を受賞した『アフクスの岸辺で見つけられたゼノビア』（行方不明になっているのを知っているだろうか）や『真実』【1860年】、『波と真珠』【1862年】がある。

ポトリ Poterie 1区のポトリ（製陶）通り（Rue de la Poterie）は17世紀、ここで多くの陶工たちが工房を営んでいたことから命名されている。

ボードリクール Baudricourt フランス北東部のショーモン代官で、ヴォークールールの守備隊長でもあったロベール・ド・ボードリクール【1454没】は、シャルル7世【国王在位1422-61】にジャンヌ・ダルクを送り込んだ人物として知られる。その息子ジャン【1435-99】は1486年、フランス元帥になった。パリの通りにその名がつけられたのは1929年。13区のボードリクール袋小路（Impasse Baudricourt）がそれである。

ボートレイ Beautreillis 字義は「美しいトレイ」。兵士の戦闘服とは無縁である。呼称は、4区のこの通り（Rue Beautreillis）の近くにあったサン＝ポル館【14世紀にシャルル5世が居宅用に建てた邸館】の壁に巡らされた、きわめて美しい格子に由来する。

ボードワイエ Baudoyer 11世紀にあった初期の市壁の市門名。13世紀以来さまざまな名でよばれてきたボードワイエ広場（Place Baudoyer）は4区にある【この広場には16世紀まで処刑場を兼ねた墓地があり、1535年にはジャン・カルヴァンの仲間で富裕なプロテスタント商人のエティエンヌ・ド・ラ・フォルジュが、34年の檄文事件（宗教改革派がフランソワ1世の居室の扉にカトリックを誹謗する檄文を貼った事件）に連座したとして、焚刑に処されている】

ボードワン Baudoin 土地所有者の名。13区のボードワン通り（Rue Boudoin）は、ボードワン氏の所有地に敷設されている。1883年の命名はそれにちなむ。

ポナン Ponant かなり昔、ポナンという語はごく単純に大西洋をさしていた。現在、それは日没すなわち西を意味する【日の出は地中海を指していた】。南仏では西風の謂いとなってもいる。6区のポナン小路（Cour du Ponant）は1993年から12区にある。

ボナパルト Bonaparte 1769-1821年。ナポレオン・ボナパルトはコルシカ（コルス）島のアジャクシオに、13人の子宝に恵まれた父シャルル・ボナパルト【1746-85。1729年から64年までのコルシカ独立戦争では、指導者パスカル・パオリ（→コルス）の副官をつとめたが、敗戦後はフランスから島に送り込まれた初代総督ルイ・ド・マルブフに協力して、判事となった】と母マリア・レティツィア・ラモリーノ【1750-1836】の次男として生まれた。一族の出自はトスカーナ地方で、16世紀にコルシカに移っている。

ボナパルトはシャンパーニュ地方ブリエンヌの兵学校で学んだのち、1793年にはトゥーロンで砲兵隊長として、翌1794年にはイタリア遠征軍の少将として頭角を現す。革命暦第11月のテルミドール反動【革命政府内でロベスピエール（→コンヴァンション）が逮捕・処刑されたクーデタ。ナポレオンはロベスピエールの弟オーギュスタン（1763-94。ギロチン刑死）と親交があった】で失脚するが、ヴァンデミエールの反乱【1795年にパリで起った王党派の蜂起】を鎮圧し、翌年、ポール・バラスの援助でイタリア方面軍の司令官に抜擢される。そして、アルコラやリヴォリ、ロディ、モンドヴィなどでの戦いに勝利した彼は、ラシュタット会議【ドイツ南西部のラシュタットで開か

れた、神聖ローマ帝国および帝国領邦とフランス革命政府との全面的な戦争終結を目指した多国間会議】にフランス代表の一員として参加した。1798-99のエジプト遠征では、イギリス軍を撃破したが、彼の艦隊はアブキールで一敗地にまみれた。

帰国したナポレオンは、革命暦8年の有名なブリュメール月18日（1799年11月9日）のクーデタで実権を掌握して第一執政に、1802年には終身執政となった。さらにコンコルダ（政教条約）【1801年】によって教会を国家に併合し、フランス民法典【ナポレオン法典とも。1804年】も公布した。彼は一度たりと敵前逃亡をしなかった。ただ、愛を前にしてはそのかぎりではなかった。巷間言われているように、この方面での唯一の勝利は、数多くの女性遍歴のほかに、完全な女性をえることができたところにある。

そんなナポレオンのすべての栄光についてはだれもが知っている。それゆえここでは彼の最後だけを簡単にみておこう。ワーテルロー（ワテルロ）での敗戦（1815年6月18日）のあと、パリに戻った彼は、軍隊を再編することができなかった。そこでロシュフォールに赴き、イギリスの軍艦ベレロフォン号の指揮官に投降する。14年間におよぶ一連のナポレオン戦争によって、彼は200万もの死者を出したとされる。そして1821年5月5日、宿痾とでもいうべき胃痛のあとで息を引き取る【死因については、胃癌や毒殺など諸説ある】。6区のボナパルト通り（Rue Bonaparte）は、かつてはプティ＝オーギュスタン通りとよばれていた。

ボナール Bonnard 土地所有者の名前。シテ・ボナール（Cité Bonnard）は19区にある。

ボーニエ Beaunier 第一帝政下で経理部武官をつとめた人物。彼を名祖とするボーニエ通り（Rue Beaunier）は14区にある【レーニン（1870-1924）はパリ滞在中、この通りに住んでいた】

ポニャトフスキ（ポニャトヴスキ）

Poniatowski 1763-1813年。ユゼフ・アントニ・ポニャトフスキはワルシャワ（ヴァルソヴィ）に生まれ、ライプツィヒで戦死したポーランド（ポローニュ）の将軍でフランスの元帥。1778年、オーストリア軍の将校だった彼は、1788年、ヨーゼフ2世【神聖ローマ皇帝（在位1765-90）】の副官に抜擢される。

翌1789年、ポーランドに戻って軍隊を再編し、この軍隊をもって、1792年、ジレンツェやドゥビエンカでロシア軍と戦い、94年、最終的に敗北する【ポーランド・ロシア戦争】。彼を評価したエカチェリーナ2世【ロシア女帝（在位1762-96）】は、ポニャトフスキに将軍の位階を授けようとしたが、彼はこれをこばんだ。

1807年、ポーランドの一部が主権を回復すると、ナポレオンはポニャトフスキを陸軍中将に叙し、新国家の閣僚に据えた。そこで彼はポーランドのすべての力を国の発展に振り向けた。

ナポレオンによるロシア遠征初期の1812年、ポニャトフスキは10万の軍隊をもってフランス軍を支援したが、フランス軍の退却時、敵の銃弾で負傷する。それでも彼は1813年10月16日、ライプツィヒを目前とした戦いでめざましい働きをし、元帥に叙せられる。だが、不幸にもその栄光は長続きしなかった。元帥となって3日後、エルスター河岸で攻撃を受け、あやうく敵軍に捕まりそうになった彼は、愛馬を駆って川を渡ろうとし、溺死したのである。

彼がツォスノフカ公爵夫人ポトツカとのあいだにもうけた私生児のユゼフは、フランスに帰化して、モレ遠征【1828-33年にオスマン帝国からの独立を目指したギリシアを支援するためのフランス軍の出兵】やアルジェリア遠征にくわわり、1855年に没している。内務大臣などを歴任したミシェル・ポニャトフスキ【1922-2002】は、第一帝政でフランスのために働いた前記ポニャトフスキ大公の子孫である。この大公に捧げられたポニャトフスキ大通り（Boulevard Poniatowski）は、1864年に命

ホヌ

名されている。

ボーヌ Beaune 1601-52年。フロリモン・ド・ボーヌはロワール川中流のブロワに生まれた数学者で、曲線（正葉線）問題にも名を残すデカルトの『幾何学』の注解者。さまざまな天文学関連装置も考案している。1640年に敷設されたボーヌ通り（Rue de Beaune）は7区にある。

ボヌール Bonhoure 土地所有者の名前。ボヌール氏の所有地に敷設された、シテ・ボヌール（Cité Bonhoure）は10区にある。

ボネ Bonnet 1720-93年。シャルル・ボネはジュネーヴ出身の博物学者・プロテスタント思想家。若くして最初の著作『昆虫学』を上梓し（1745年）、さらに1754年には植物学の書『葉の利用にかんする論考』も出している。だが、顕微鏡をもちいての作業に疲労困憊してこの分野での研究を断念せざるをえなくなり、思索の道に入る。こうして1862年には『有機体についての考察』、64年には『自然にかんする瞑想』を発表するようになる。1875年にこの博物学者に捧げられたボネ通り（Rue Bonnet）は18区にある。

ポパンクール Popincourt ポパンクールはかつての小邑名で、この村は11区に編入されたフォリ＝メリクール地区の一部となった。名祖は1414年に没したパリ高等法院の初代院長ジャン・ド・ポパンクール【在任1400-03】で、彼は1390年代、ここに別荘を建て、やがて周囲に同様の別荘が建てられるようになった。こうして生まれたのが小邑である。現在のサン＝タンブロワズ教会は、このジャンの別荘跡地に建立されている。ポパンクール通り（Rue Popincourt）は、1660年から11区にある。

ボビヨ Bobillot 1860-85年。作家で、本名のジュール・ボビヨより、セルジャン・ボビヨの名で知られる。清仏戦争のトゥエン・クアン防衛戦で負傷し、ハノイで没した。彼は『この貴婦人たちのひとり』【1885年、死後刊行】や『ジャック・フェヤン』【1889年、死後刊行】など、小説と戯曲を数点遺している。ボビヨ通り（Rue Bobillot）は13区にあり、1888年に命名されている。

ボーフィス Beaufils 20区の小路（Passage Beaufils）に名を残すボーフィス氏は、この小路が敷設されることになる土地の一角を購入するために、せっせと節約に励んだという。

ボーブール Beaubourg かつてこの場所には、「ボー・ブール（美しい村）」とよばれた小邑があった。だが、フランス人が世界でもっとも精神的な民族であるという証拠なのか、この「美しい村」はまったくもって呪わしく、怪しげな者たちが頻繁に足を踏み入れる場所となった。ちなみに、同じ場所の高台には、国立ジョルジュ＝ポンピドゥー芸術・文化センター【1977年完成】が建っている。一部の批判精神の持ち主たちは、高台が押しつぶされたと言っているが…。3区と4区を結ぶボーブール通り（Rue Beaubourg）は、1851年、4本の通りを合体させて敷設された。3・4区。3区にはまた1867年に命名されたボーブール袋小路（Impasse Beaubourg）がある。

ボーマルシェ Beaumarchais 1732-99年。ピエール・オーギュスタン・カロン・ド・ボーマルシェは劇作家・策士、そして自由思想家。多少とも向う見ずな考えと数多くの裁判沙汰で知られた彼は、1774年、アメリカ人に武器を供給するための会社を立ち上げている。もっとも有名な作品である『セビリアの理髪師』【1775年】や『フィガロの結婚』【1784年】は、彼が生きていた時代のフランス社会を果敢かつ精神的に批判したものである。

彼はまたフランス革命の計画にも寄与したが、彼が書いた『覚書』【1773年】の素材の大半を提供してくれた、パリ高等法院の高名な評定官ルイ＝ヴァランタン・ゴズマン【1729-94】と裁判沙汰を引きおこしている【援助者だった金融資本家のジョゼフ・パリス・デュヴェルネが1770年に没した際、ボーマルシェは債権の返済を求めて遺産相続人から訴えられ、評定官ゴズマンの審理報告書によって敗訴する。だが、ゴズマンの隠し子問題を暴露して評定官を免職させ、最

終的にエクス・アン=プロヴァンスの高等法院で勝訴を勝ち取った事件】。脳卒中で没する以前、彼はフランス政府のためにオランダで銃を購入したときの黒い噂によって、**ポール=ロワイヤル大修道院**の監獄に幽閉されたのち、イングランドやハンブルクに逃れている。3・4・11区を結ぶボーマルシェ大通り（Boulevard Beaumarchais）は1676年からある【命名年不詳】

ボムルー Pomereu　18区のポムルー通り（Rue Pomereu）は1889年に開通している。呼称はこの通りが敷設された土地の地主の名にちなむ。

ボーラン Baulant　1895に12区のボーラン通り（Rue Baulant）につけられた地主の名。

ボーラン・アンフェール Paulin Enfert
1853-1922年。アレクシス・ポーラン・アンフェールは慈善家。だが、彼のアンフェール【原義は「地獄」】には善意が敷きつめられていた。ポーラーン=アンフェール通り（Rue Paulin-Enfert）は、1931年から13区にある。

ポリー Pauly　1883年に敷設された14区のポリー通り（Rue Pauly）は、通りの旧地主でもあった住民ヴィエイヤール氏の夫人ポーリーの名にちなんで命名されている。

ボリヴァル Bolivar　1783-1830年。シモン・ボリバル（ボリヴァル）はベネズエラ（**ヴェネジュエラ**）のカラカスに生まれ、当初は「スペイン領アメリカのワシントン」と綽名された。スペインで学んだあと、ドイツやイギリス、フランスを旅し、パリの国立理工科学校（**エコール・ポリテクニーク**）でも講義を受けた。

彼は1807年に帰国し、【1811年のベネズエラ独立宣言後の】12年、国軍の総司令官として、3か月間に15回の戦闘を指揮し、スペイン軍を粉砕して祖国を解放した。翌1813年、ボリバルは12人の少女が牽く戦車に乗ってカラカスに入る（むろん、女性解放運動がまだ存在していなかった時代であってみれば、だれもそれに異議を申し立てる者はいなかった）。こうして彼は「エ

ル・リベルタドール（解放者）」とよばれるようになる。

だが、スペイン軍の大部隊が反攻してきたため、1815年、ボリバルはジャマイカへの亡命を余儀なくされ、さらにハイチに渡る。それから数か月後、彼は独立のための戦いを再開し、これによりベネズエラの解放のみならず、**ペルー**や**ヌエバ・グラナダ**の解放も勝ちとり、エクアドルをふくめた大コロンビア（コロンビア共和国）を樹立する【→コロンビ】

しかし、1830年、彼は帝国を構想したとして告発されて失脚する。そして9カ月後の同年12月、完全な無政府主義状態になった祖国を思いやりながら、絶望のうちに没するのだった。彼の名が冠せられたボリヴァル小公園（Square Bolivar）は、1902年から19区にある。

ポリヴォー Poliveau　5区にあるポリヴォー通り（Rue Poliveau）の呼称は、17世紀に**ビエーヴル**川の上にかけられた、アーチがひとつだけの小橋「ポン・リヴォー（Pont Liveau）」が変形したものである。リヴォーとはあきらかにこの小橋を架けた建築家の名前だろう。

ボリス・ヴィアン Boris Vian　1920-59年。感嘆すべき万能家だったボリス・ヴィアンは、パリ中央工芸学校出身の技師でトランペット奏者・小説家・詩人・作詞家・ユーモリスト、さらに今日いうところのアートディレクターでもあった。「超形而上学派」だった彼は以下のような作品を創っている。シャンソン歌詞の「脱走兵」や「歯医者のブルース」、小説では筆名ヴェルロン・シュリヴァンでの『日々の泡』【曽根元吉訳、新潮社。別の題名に『うたかたの日々』、野崎歓訳、光文社】や『墓に唾をかけろ』、本名での『赤い草』【以上、伊東守男訳、早川書房】、『心臓抜き』【滝田文彦訳、早川書房】、さらに戯曲の『帝国の建設者もしくはシュミュルツ家』【1959年】や『将軍たちを食え』【1962年】などである。

ヴィアンは言っている。「色でも香でもなく、音楽でもないものはすべて取るに足

らない」、「私はこう自問している。自分が言葉遊びをしているのではないかと。言葉がそのためにつくられているのではないかとも」。18区のボリス＝ヴィアン通り（Rue Boris-Vian）は1992年に命名されている。

ボリビ Bolibie ボリビ、すなわち南米のボリビア多民族国は、国名を「解放者」のシモン・ボリバル（ボリヴァル）に負っている。面積約110万平方キロメートル、人口1141万あまり（2015年推定）のこの国の東側は、アマゾンの熱帯雨林地帯に属し、西側は高地となっている。首都はラパス、公用語はスペイン語、通貨はボリビアーノである。パリ16区のボリビ広場（Place de Bolibie）は、同国大使館の近くにある【プレジダン＝ケネディ大通り12番地】

ボーリュー Beaulieu 土地所有者の名。ボーリュー小路（Passage Beaulieu）は12区にある。

ポール・アダム Paul Adam 1862-1920年。パリを生没地とする作家・美術批評家。1885年に自然主義的な処女作『柔らかな肉』を上梓し、以後、神秘主義と社会主義が入り混じった作品を書いた。『自我』【1886年】、『太陽の本質』【1890年】、『愛の飾り』【1894年】、『力』【1899年】などである。ポール＝アダム大通り（Avenue Paul-Adam）は、1932年から17区にある。

ポール・アバディ Paul Abadie ポール・アバディは1812年にパリで生まれ、84年にパリ西郊のチャトゥーで没した建築家で、レジョン・ドヌール勲章佩用者。モンマルトルのサクレ＝クール大聖堂の設計者でもあった彼はまた、パリのノートル＝ダム司教座聖堂やアングレームのサン＝ピエール教会堂、ペリグーのサン＝フロン教会堂などの修復も手掛けている。2001年、パリ市はその名を18区の通りにつけている。ポール＝アバディ通り（Rue Paul-Abadie）である。

ポール・アペル Paul Appell 1855-1930年。ストラスブール出身の数学者。1885年、パリ大学科学部の流体力学教授となった彼は、スウェーデン国王オスカル2世【在位

1872-1907。ノーベル賞はこの国王時代に創設されている（1901年）】主催の、数学者国際公開コンクールで銀賞を得ている。これにより、レジョン・ドヌール騎士勲章が授けられた。1892年には科学アカデミー会員に選ばれ、さらにパリ大学区長となっている。その著作には、『流体力学講座』（彼のもっとも有益な著書）や『流体力学論』【1901年】などがある。16区を走るポール＝アペル大通り（Avenue Paul-Appelle）は、1921年に命名されている。

ポール・アルベール Paul Albert 1827-80年。フランス北東部ロレーヌ地方のティオンヴィルに生まれ、パリで没した文学者。1866年、ソルボンヌにおける女子教育の創設に重要な役割を演じ、1873年には文学の自由聴講講座を開いた。78年、コレージュ・ド・フランスの近代フランス文学・言語の教授となった彼は、『倫理・文学論叢』【1879年】や『詩人と詩』【1881年】などを著している。18区には1907年からポール＝アルベール通り（Rue Paul-Albert）がある。

ポール＝アンリ・グローウィン Paul-Henri Grauwin 1914-90年。パリで生まれ、没した医師。インドシナ（アンドシヌ）戦争中の1954年、ベトナム北部、ディエン・ビエン・フーのフランス軍防御陣地で従軍外科医として働いた。その功績により、1995年、12区の通りに彼の名が冠せられた。ポール＝アンリ＝グローウィン通り（Rue Paul-Henri-Grauwin）である。

ポール・ヴァイヤン＝クテュリエ Paul Vaillant-Couturier 1892-1937年。パリを生没地とするジャーナリスト・政治家。フランス共産党の幹部で、1928年から没年まで、党の機関紙《ユマニテ》を主幹した。彼の名を冠した14区のポール＝ヴァイヤン＝クテュリエ大通り（Avenue Paul-Vaillant-Couturier）は、一部が1941年にパリ市に編入された旧ジャンティイ村に属している。

ポール・ヴァレリー Paul Valéry 1871-1945年。南仏のセートで生まれ、パリで

没した作家・詩人のポール・ヴァレリーは、**ステファヌ・マラルメ**を師と仰いでいた。一時期、彼は執筆活動を止めたことがある。文学のなかに危険な偶像崇拝をみてとったからである。そして、数学の道に入ったが、やがて文学に戻って『テスト氏』【1896年】を発表する。『レオナルド・ダ・ヴィンチの方法序説』【1895年】を書いた評論家でもあった彼はまた、絵画や音楽、科学、さらにソクラテス的対話──『魂と舞踊』【1923年】──にかんする著作も編んでいる。

だが、彼の名を高めたのは、これらすべての著作より、むしろ1篇の詩「海辺の墓地」【1922年】と、予兆的な言挙げをした有名な一文、「我々文明なるものは、今や、すべて滅びる運命にあることを知っている」【『精神の危機』第1の手紙冒頭、1919年、恒川邦夫訳、岩波文庫】によるところが大きい。

ヴァレリーの著作としては、ほかに『若きパルク』【1917年】や『呪文』【1922年】、『ヴァリエテ』【5巻、1924-44年】、『あるがまま』【1941/43年】、さらに死後刊行になる『わがファウスト』【1946年】、『カイエ』【初版ファクシミリ、1957-61年】などがある。彼は言っている。「私が見るものは私を見えなくさせ、私が聞くものは私を聞こえなくする」、「私は考える。それが私を思考的にする」、「世辞よりも不実なものはない」、「人は皆だれもが書けるようなものしか読もうとしない」。

バレリーは国葬されてしかるべき人物だったが、それを嫌った彼の名は、1946年、16区の通りにつけられている。ポール=ヴァレリー通り（Rue Paul-Valéry）がそれである。

ポール・ヴェルレーヌ Paul Verlaine 1844-96年。ヴェルレーヌはメスに生まれ、パリで他界した詩人。1851年、パリのリセ・ボナパルト【1804年にリセ・ショセ・ダンタンとして創立された学校。1883年にリセ・コンドルセに改称】に入学した彼は、1864年、保険会社、数か月後には市庁の事務員とな

る。一方、高踏派【→ルコント・ド・リル】の詩人たちのもとを頻繁に訪れ、1866年、『サテュルニアン詩集』を処女出版する。さらに1869年に『雅なる宴』、70年には『優しき歌』を発表するが【この年8月、マティルド・モーテと結婚し、翌年10月に息子をもうけている】、パリ・コミューン（コミュヌ・ド・パリ）後の1871年にイギリスに赴き、ベルギーにもしばらく滞在してから帰国する。

1872年、今度は**ランボー**をともなってイギリスに戻り、さらにブリュッセル滞在中、口論の末、ランボーに向けて拳銃を2発撃ち、傷つけてしまう【1873年7月。なお、この拳銃は2016年にクリスティーズでオークションにかけられ、43万4500ユーロの高値で落札されたという】。そのためブリュッセルで2年間投獄され、ついでベルギー南西部のモンスに移送された【1873年】。そしてここで詩集『言葉のないロマンス（恋愛詩）』【1874年】を編み、監獄付き司祭の導きでカトリックに帰依し、1875年、帰国が許される。だが、**アルデンヌ**地方に少し滞在したのち、再びロンドンに渡り、代用教員としてギリシア・ラテン語やフランス語、デッサンを教えた。

1877年、ベルギー国境に近いレテルのイエズス会系中学校で数か月教師をし【この時期、ヴェルレーヌはその近くにあるクロミエ出身の教え子で、農民の息子だった美少年リュシアン・レティノワ（1860-83）と同性愛関係となる】、さらにクロミエで、面妖なことに農業に手を出す【母親の出資で農場を購入し、離婚調停中の妻に奪われないよう、リュシアンの父親の名で登記している】。だが、それに完全に失敗して破産同然となってしまう。

1882年、ようやくパリに戻ったヴェルレーヌは、すでに書き上げていた傑作詩集『叡智』を上梓する。これにより名声を勝ちえて、ブーローニュ=シュル=セーヌとヌイで教師となる。この時期に発表した詩集が『呪われた詩人たち』と『昔と近頃』【いずれも1884年】である。だが、彼は

ホルエシヤ

その職を棄てて放浪生活に入り、病と惨めな日々を送るようになる。そんな窮状をみかねた周囲が、ヴェルレーヌに地方や外国での講演をするよう計画してくれたが、彼はブルセ病院【パリ14区にある救貧施設で、ヴェルレーヌはすでにアルコール依存症で1883年に入院したことがある。なお、経済的に援助してくれていた母親は1886年に没している】に収容を余儀なくされた。

1896年、ようやく退院した彼は「詩人たちの王」に選ばれるという栄誉に浴し、最後の詩「死」を書き上げるが、それが絶筆となった【糖尿病や胃潰瘍、梅毒で苦しんでいた彼の死因は肺うっ血】

ヴェルレーヌは結婚していたが、その結びつきは破局的なものだった。所説はあるが、彼はまた周囲のだれとも、おそらくランボーとですら、そうした関係にあった。彼は言っている。「雄弁は自分の首を絞める」、「何よりもまず音楽である…。残りはすべて文学だ」。さらに、彼のあまりにも有名な詩句を紹介しておこう。

　　秋風の
　　ヴァイオリンの長いすすり泣き
　　単調なもの悲しさで
　　わたしの心を傷つける

パリの13区には、彼に捧げられたポール＝ヴェルレーヌ広場（Place Paul-Verlaine）とヴィラ・ポール＝ヴェルレーヌ（Villa Paul-Verlaine）がある。前者の命名は1905年、後者は1926年になされている。

ポール・エ・ジャン・ルロル Paul et Jean Lerolle　ポール・ルロル（1846-1912）は1884年から98年までパリ市参事会員、98年から没年まで7区選出の代議員をつとめた。その息子ジャン・ルロル（1873-1962）は弁護士で、父親の後を継いで1919年まで同区の代議員、さらに28年から36年まで、再度代議員に選ばれている。この親子はともにさまざまな慈善活動をおこなった。7区のポール＝エ＝ジャン＝ル

ロル通り（Rue Paul-et-Jean-Lerolle）は、それをたたえて、1990年に命名されている。

ポール・エスキュディエ Paul Escudier　1858-1931年。鋭い舌鋒をもって知られた代議員。死後2年目の1933年、彼の名が9区の通りにつけられた。ポール＝エスキュディエ通り（Rue Paul-Escudier）がそれである。

ポール・エリュアール Paul Éluard　1895年にサン＝ドニで生まれ、1952年にフランス南西部ドルドーニュ地方のベニャクで没した詩人。本名ウジェーヌ・グランデル。シュールレアリスム創始者4人のひとり。一生をとおして人間と自由の熱烈な擁護者だった彼の処女詩集は、1917年に発表された『義務と不安』【1916年にはじめてポール・エリュアールの筆名をもちいた小詩集『義務』を出している】。1924年、『死なないために死ぬ』【アンドレ・ブルトンに献呈】を上梓し、26年にはまちがいなく彼の最高傑作となる『苦悩の首都』を著している。

第2次世界大戦後の1947年、ブランの偽名でエロチックな詩集『記憶すべき肉体』を出したエリュアールは、1952年に没する直前、感動的な恋愛詩集『不死鳥』を刊行した。18区のポール＝エリュアール広場（Place Paul-Éluard）は、1982年につくられている。

ポール・エルヴュー Paul Hervieu　1857-1915年。パリ西郊のヌイイ＝シュル＝セーヌに生まれ、パリで没した小説家。弁護士から外交官となり、1881年、メキシコにフランス代表団の事務官として赴く。だが、1883年、職を辞して文学の道に入る。そして、エリアサンの筆名で年代記や中・短編小説を書き始める。彼の作品は表現こそかなり粗雑だったが、そこにはつねにユーモアが透けて見えた。おもな小説としては、『犬のディオゲネス』【1882年】や『恋のまねごと』【1890年】、『アルマテュール』【1895年】、戯曲に『やっとこ』【1895年】、『人間の掟』【1897年】などがある。1900年にアカデミー・フランセーズ入りした彼の名は、1924年に命名されたポール・エ

ルヴュー通り（Rue Paul-Herview）に残っている。

ボールガール Beauregard　18世紀に命名された2区のボールガール通り（Rue Beauregard）は、かつてのシュペルビュ山ないしオルグイユー山の山頂を走っている。「みごとな視線」を意味する呼称が物語るように、この場所からは周囲の素晴らしい風景が堪能できた。しかし今日、立ちならぶ建物が遠くまでの眺望を妨げている。

ポール・クランペル Paul Crampel　1864-91年。ナンシー生まれのクランペルは、コンゴでのミッション中に殺害された探検家。その名が冠せられたポール＝クランペル通り（Rue Paul-Crampel）は、1902年から12区にある。

ポール・クレ Paul Klee　パウル・クレー（ポール・クレ）は、スイスの首都ベルン（ベルヌ）近郊のミュンヘンブーフゼーに生まれ、同じスイスのムラルト＝リカルノで没した画家・美術評論家。1912年、彼は「青騎士」のメンバーたちとグループ展を開き、21年から30年までバウハウス（1919年にドイツ・ヴァイマルで創設された建築・工芸学校）で教鞭をとった。抽象画にも近かった彼は、自然のうちに尽きることのない着想の源を見出した。代表的な作品としては、1939年に発表した『満月』などがある。彼はまた1917年までの生涯を記した『日記』や数多くの理論書も書いている。彼に捧げられたポール＝クレ通り（Rue Paul-Klee）は、2003年から13区にある。

ポール・クローデル Paul Claudel　外交官で作家でもあったポール・クローデルは、1868年に北仏エーヌ県のヴィルヌーヴ＝シュル＝フェールに生まれ、1955年、「不滅」とたたえられながら、パリで没している。彼の全作品には深遠な神秘主義が刻まれている。神の存在をさほど信じていなかった彼は、人生の半ばで突然神の啓示を受け、以後きわめて敬虔な信仰をすてることなく、カトリシズムに強く帰依した。彼の主たる詩集としては『五つの大讃歌』【1910

年、長谷川義雄訳、立命館出版部】、戯曲には『人質』【1911年】や『マリアへのお告げ』【1912年、木村太郎訳、甲鳥書林】、『繻子の靴』【1925年、渡辺守章訳、岩波書店】などがある。さらに、『アンドレ・ジッドとの往復書簡集』【1949年】もある。

クローデルは言っている。「兵士には慎重さが重要だが、詩人にとって知性はもはや本源的な美徳ではない」、「われわれの再生は全体が未来にあるのではない。それはわれわれのうちにおいて始まり、すでに始まっているのだ」。ポール＝クローデル広場（Place Paul-Claudel）は、死後10年目の1965年から6区にある【クローデルは1921年から27年まで駐日フランス大使をつとめている】

ポール・ジェルヴェ Paul Gervais　1816-79年。パリを生没地とする博物学者のポール・ジェルヴェは、1868年から79年まで自然史博物館の比較解剖学教授をつとめた。1874年に科学アカデミー会員に選ばれた彼には、『動物学と古生物学』【1848-52年】や『哺乳類の歴史』【1854-55年】などの著作がある。1893年、彼は13区のポール＝ジェルヴェ通り（Rue Paul-Gervais）の名祖となった。

ポール・シニャク Paul Signac　1863-1935年。パリで生まれ、没した新印象派の画家。パレットの上での混色をさけ、純色の小点を画面に配して視覚的に色彩を混同させる、いわゆる分割描法ないし分割主義とよばれる画法を考案した【→スーラ】。この手法による作品として、たとえば『ポン＝デ＝ザール橋』【1925年】がある。20区のポール＝シニャク広場（Place Paul-Signec）は、1954年に命名されている。

ポール＝ジャン・トゥーレ Paul-Jean Toulet　1867-1920年。フランス南西部ピレネー（ピレネ）地方のポーで生まれ、同地方のゲタリーで没した作家・詩人。その小説としては、『公人ル・ポール氏』【1898年】や『優しい家族』【1904年】、『わが友ナヌ』【1905年】、『みずみずしい少女』【1920年】などがあるが、これらの作品は

彼の名を詩集『反詩』ほど高めてはいない。死後に刊行された【1921年】、この詩集には、彼をして幻想派の指導者にした柔らかな皮肉やみごとな技法がみてとれる。以下はその第55節からの引用である。「ロンドンで私はベラと出会った／身近にいた女王／夫は船長で／そこにはいなかった」。ポール＝ジャン＝トゥーレ通り（Rue Paul-Jean-Toulet）は20区にある。1987年に命名された通りである。

ポール・ショータール Paul Chautard
1862-1933年。15区の参事会員。同区のポール＝ショータール通り（Rue Paul-Chautard）は1932年に命名されているが、それは彼のこの肩書による。

ポール・ストロース Paul Strauss 1852-1942年。フランス東部オート＝ソーヌ県のロンシャンに生まれ、バスク地方のアンダイで没したジャーナリスト・政治家。1870年の普仏戦争時に軍隊に入り、戦後、パリでいくつかの急進派の雑誌に寄稿するようになる。だが、筆禍によって、1871年、ベルギーに脱出し、帰国は10年後の1881年だった。やがて共和党に入って熱烈な「ガンベッタ主義者」となる。

さらに、共和派ジャーナリスト連盟会長に選ばれた彼は、1883年から97年までパリ市参事会員をつとめ、その間、不幸な子供たちのため、先頭に立って数多くの施策を実施した。元老院議員に選ばれた1897年には、《レヴュー・フィラントロピク（博愛誌）》を創刊し、その主幹として健筆をふるった【1934年まで】。彼の著作には、『知られざるパリ』【1892年】や『衛生十字軍』【1902年】などがある。その名を冠したポール＝ストロース通り（Rue Paul-Strauss）は、1911年から20区にある。

ポール・セザンヌ Paul Cézanne 1839-1906年。南仏のエクス＝アン＝プロヴァンスに生まれた画家で、言うまでもなく印象派の巨匠のひとり。大部分の印象派画家と同様、彼もまた戸外を好んで、室内で制作することはほとんどなかった。彼の作風を知るには、彼自身の言葉を2言引用すれ

ばよいだろう。「自然に即してプーサン（プサン）をやり直す」、「考察で見方は変わる」。この現代芸術の先駆者は数多くの作品を遺している。たとえば『医師ガシェの家』【1872年】、『エスタック山地』【1878年頃】、『サント＝ヴィクトワール山』【1904年】などである。彼はエクス＝アン＝プロヴァンス近郊のサント＝ヴィクトワール山とサント＝ボーム山の名を、その作品によって不朽のものにしてもいる。パリ8区のポール＝セザンヌ通り（Rue Paul-Cézanne）は、1930年からある。

ポール・セジュルネ Paul Séjourné 1851-1939年。オルレアンに生まれ、パリで没した技師。セジュルネのおもな栄光は、石組みの橋脚建設を推奨した「流派」の指導者だったところにある。科学アカデミー会員に選ばれた【1924年】彼の名は、6区のポール＝セジョルネ通り（Rue Paul-Séjourné）に残っている。命名は1953年である。

ポール・ソニエール Paul Saunière 1827-94年。パリを生没地とする作家。法律を学んだのち、ジャーナリズムの世界に入り、やがてみごとな想像力に満ちた作品を数多く著した。『惨めな王』【1868年】、『美しいアルジャンティエール』および『フランベルジュ』【いずれも1880年】、『嵐の騎士』【1887年】、『ファラオの娘』【1889年】などである。ポール＝ソニエール通り（Rue Paul-Saunière）は、1903年から16区にある。

ボルダ Borda 1733-99年。ジャン＝シャルル・ド・ボルダはフランス南西部ダクス出身の数学者・物理学者・政治学者。ラ・フレシュ【北部サルト県】の学寮で学んだあと、工兵隊に、さらに近衛軽騎兵隊に入り、1756年、『弾道にかんする覚書』を著し、これが高く評価されて科学アカデミーの準会員となる。1767年、海軍に配属され、任務の一環として、経線孤の長さを調べるという任務をあたえられた。3区のボルダ通り（Rue Borda）は、敷設4年後の1817年に命名されている。

ポルタリス Portalis 1746-1807年。ジャ

ン・エティエンヌ・ポルタリスは南仏ヴァール県のボーセに生まれ、パリで他界した法律家・政治家。当初、エクスで弁護士をしていたが、やがてショワズルからプロテスタントたちの法的立場の調査を命じられ、彼らの結婚の有効性を支持する【ヴォルテールはこうした勇断をたたえている】。この有効性は、ルイ15世【国王在位1715-74】の時代には万人に認められていたわけではなかった。幸い彼は恐怖政府の苛酷な裁判を免れ、元老院議員となる【1795年】。だが、彼の穏健さは1797年のクーデタ、すなわちフリュクティドール18日【→ジェランド】の主謀者たちに受け入れられず、追放の身となった。

それから3年後の1800年に帰国すると、ポルタリス市民法【ナポレオン法典】の起草作業にくわわる。彼はローマ法の法体系に好意的であり、そうした自分の考えを広めようと模索した【ポルタリスのもうひとつの功績としては、1801年のナポレオンによるコンコルダート（政教和約）の締結がある】。1803年にアカデミー・フランセーズ会員に選ばれ、翌年には宗務大臣に任命された。だが、その栄光の地位に長くとどまることできなかった。彼の名は1867年に命名された、8区のポルタリス通り（Rue Portalis）に残っている。

ポール・デシャネル Paul Deschanel 1855-1922年。ブリュッセル出身の広告業者：政治家。1877年、副知事として行政の世界に入ったポール・デシャネルは、85年、ウール＝エ＝ロワール県選出の代議員となる。そして、しっかりした学識に基づく雄弁をもって速やかに政界で頭角を現し、1898年、国民議会議長に選ばれる。こうした政治家として経歴にくわえて、父エミール・デシャネル【1819-1904。作家・政治家。『カトリシズムと社会主義』（1850年）がナポレオン3世の逆鱗に触れ、翌年から1856年まで国外追放となった】がとくに光り輝いていた文学の世界にも入った。その著作としては、『フランスのオセアニア政策』【1884年】や『女性像』【1889年】、『新しい共和政』【1898年】などがあり、これらすべての著作が彼にアカデミー・フランセーズへの扉を開いた。

デシャネルの政治的な絶頂期は、当然のことながら1920年に大統領に選ばれたときだった【在任期間は1720年2月-9月】。だが、この過剰なまでの栄光が、あるいは彼の心的能力の正しい働きに影響をあたえたのだろうか。詳細は不明とするほかないが、いずれにせよ、彼にはふたつの逸話が残っている。ひとつは、夜行列車の室内ドアをまちがえて、シャツの裾を出したまま、線路のバラストの上に放心したように立っていたという逸話である。それを見て驚いた踏切り番の話からすれば、夜になったので、着衣を脱いだのかもしれない。もうひとつは、フランス最高位の代表とされる人物としては、ほとんどありえないような話だが、彼にはエリゼ宮（大統領府）の庭園にある木に登るという奇癖があったという。

1920年9月22日、つまり大統領選挙の7か月後、彼は休息するため職務を去るよう進言された。それはたとえば次のような場面があったからだ。あるアフリカの大使が彼をエリゼ宮に訪問したときのことである。「大統領が私を待っています」。招待客が言うと、儀典局長はこう答えたという。「おっしゃる通りです。左手にありますあの大きなブナの木の4番目の枝。そこで待っておられます」。この大統領の名がついたポール＝デシャネル小路（Allée Paul-Deschanel）は、1926年から7区にある。

ポール・デュカ（ス）Paul Dukas 1865-1935年。パリを生没地とするポール・デュカスは、管弦楽法の巨匠とされる作曲家。もっとも有名な作品は交響的スケルツォの『魔術師の弟子』【1897年】だが、ほかにもオペラ『アリアーヌと青ひげ』【1907年】や最後の傑作『ラ・ペリ』【1912年】などがある。この『ラ・ペリ』はディアギレフ（ディアギレヴ）が創作したバレエのための曲で、バレエ自体は1912年4月、最終的にナターリア・トゥルハノヴァ【1885-1956。ウクライナ出身のダンサー。デュカス

ホルテユケ

の愛人だったとされる】がシャトレ劇場で演
じた。そこではまず管弦楽のファンファー
レが前奏をつとめたが、上演については
「傑作以前の傑作」という批評が寄せられ
ている。

　デュカスはまた音楽批評もおこない、晩
年までそれを発表していた。ただ、作曲の
方は、他界するかなり前から筆を置いてい
た。12区のポール＝デュカス通り（Rue
Paul-Dukas）は、1991年に命名されている。

ポルテュゲ Portugais　16区のポルテュゲ大
通り（Avenue des Portugais）は、1918
年に命名されている。第1次世界大戦でポ
ルトガル人（ポルテュゲ）が連合国側にく
わわったことを祝してのことである。

ポール・デュピュイ Paul Dupuy　1919年か
ら27年に病没するまで日刊紙《ル・プテ
ィ・パリジャン》を主幹したジャーナリス
ト【この新聞は1876年、急進派代議員だった
ルイ・アンドリュー（1840-1931）が創刊し、
54年からデュピュイ家が社主となっていた。
廃刊は1944年】。ポール＝デュピュイ通り
（Rue Paul-Dupuy）は、1934年から16区
にある。

ポール・デュボワ Paul Dubois　1829-1905
年。パリ南西方のノジャン＝シュル＝セー
ヌに生まれ、パリで没した彫刻家。かねて
より嘱望されていた弁護士になったが、や
がて芸術への想いもだしがたくなり、
1858年、ローマに出て彫刻を学ぶ。1863
年に帰国すると、処女作『幼子聖ヨハネ』
を発表する。以後、幸運を引き寄せながら
みごとな彫像を制作し続ける。『入浴する
ナルシス』【1863年】や『フィレンツェの
歌い手』【1865年】、『勇士像』【1876年】な
どである。また、1896年にランスで除幕
されたジャンヌ・ダルクの騎馬像も忘れて
はならない。一方、デュボワはリュクサン
ブール美術館の館長【就任1873年】やパリ
高等美術学校（ボザール）の学長【同78年】
などを歴任している。3区のポール＝デュ
ボワ通り（Rue Paul-Dubois）は、【カミー
ユ・クローデルの師でもあった】彼の死後2
年目の1907年に命名されている。

ポール・デルメ Paul Delmet　1862-1904年。
ポール・デルメはパリで生まれ、没した作
曲家で、「マルゴを泣かせる」【「人々を感動
させる」の意】術を心えていた歌手。彼の
シャンソンのいくつかは今もなお歌い継が
れている。「小さな舗道」【1891年】や「小
さな教会」【1902年】などである。彼はあ
きらかに卓抜した旋律感の持ち主であり、
ときに多少甘ったるいが、通常はその旋律
を如実な詩情が刻み込まれた歌詞に調和さ
せていた。しかし、その死はいささか風変
わりなものだった。愛娘の初聖体拝領式の
日、リンゴのかけらを咽喉に詰まらせて窒
息死したのである【一説に、愛飲していたア
ブサンの過飲酒】。15区にはそんな彼に捧げ
られた通りがある。1907年に命名された
ポール＝デルメ通り（Rue Paul-Delmet）
である。

ポール・デルレード Paul Déroulède　1864
-1914年。ポール・デルレードはパリで生
まれた政治家・劇作家・作家。1869年、
最初期の作品のひとつである1幕物『ジャ
ン・ストレネル』が、コメディー＝フラン
セーズ座で上演されている。だが、翌
1870年、その上演プログラムは一変する。
普仏戦争勃発と同時に猟歩兵となった彼は、
勇敢に戦って勲章を授かり、中尉に任命さ
れたのである。戦争末期、銃の代わりに再
びペンを握り、『兵士の歌』（1872年）や
戯曲『レトマン』【1877年】、『モアブジン』
【1881年】を発表する。一方、1882年には
「愛国者同盟」を結成し、87年にはブーラ
ンジェ将軍【→ボワ・デ・コール】の支持者
となる。

　それから2年後の1889年、アングレー
ム選出の代議員となったデルレードは、99
年春【フェリクス・フォールの葬儀時】、議
会政治を打倒すべく、ロジェ将軍をエリゼ
宮に入れようとした。クーデタは失敗し、
その主犯として逮捕されたが、6月には無
罪放免される。ところが8月、今度は国家
転覆を狙った廉で逮捕され、高等法院によ
って10年間の国外追放処分となる【実際に
は1900年から94年まで】。彼の作品として

は、前述したもののほかに、『愛国歌集』【1883年】や戯曲の『ゲクラン殿』【1895年】および『オーヴェルニュの塔』【1896年】、『世界一の美女』【1897年】などがある。15区のポール＝デルレード大通り（Avenue Paul-Déroulède）は、1935年の命名である。

＊**ボルドー Bordeaux**　フランス南西部ジロンド県の県庁所在地。古代ではビトゥリゲス族の中心地だった。中世にシャルル7世【国王在位1422-61】がボルドーを治めるようになると【1451年】、それまで町が享受していた自由が奪われてしまうが、ルイ11世【在位1461-83】によって再び自由が戻る【1462年】。そして1548年、あまりにも重い塩税に喘いでいたボルドー住民は蜂起する【この叛乱はアンリ2世の命を受けた大元帥アンヌ・ド・モンモランシーによって鎮圧され、首謀者を含む140人が死刑に処され、周辺地域の子供を含む住民も多数処刑された。翌年、国王は町に大赦をあたえた】。さらにボルドーは、国民公会（コンヴァンション）のジロンド派を支持したが、これは当然のことといえる【商工業ブルジョワジーを代表する政治グループで、呼称から分かるように、ジロンド地方出身者が多かった】

帝政時代、ボルドーはあいつぐナポレオン戦争によって荒廃し、港も封鎖されてしまう。だが、1814年3月12日、アングレーム公【1775-1844。のちのルイ19世】が町に凱旋する。普仏戦争敗戦間近の1870年12月9日には、臨時政府が町におかれた。そして1872年2月12日、ここで下院が開かれ、5日後にアドルフ・ティエールが共和国大統領に選ばれた。

この町の出身者としては、ローマ時代の詩人アウソニウス【309/310-394/395。異説あり】や聖パウリヌス【353頃-431】、画家ローザ・ボヌール【1822-99】、さらに歌手のピエール・ジャン・ガラ【1762-1823】などがいる【より有名な出身者として、哲学者モンテーニュ、劇作家ジャン・アヌイ、作家モーリヤック、映画監督ルネ・クレマンもいる。ボルドー通り（Rue de Bordeaux）は1993年頃まで12区にあった】

ボルドー

第2次世界大戦中、ドイツ軍はこの町に250隻あまりの潜水艦が停泊できる大規模な基地をつくった。イギリス軍はこれを破壊しようとして爆撃をくわえたが、爆弾はもっとも威力があったものでも、厚さ数メートルのコンクリート壁を辛うじて傷つけただけだった。そこで爆破専門のコマンド兵6人が3艘のカヌーに分乗し、ボルドーの港と基地に地雷を仕掛けることに成功する。これにより、港は爆破され、停泊中の敵艦も大破して沈没した。基地はほとんど無傷だったが、港は塞がれ、潜水艦は出航できなくなった。今日、基地は商品倉庫とドックに変わっている。ただ、イギリス軍コマンドによって沈没させられた200隻もの戦艦は引き上げられておらず、その残骸がボルドー港の出入りになお障害となっている。

市内を走るのコース＝ルージュ通り【字義は「赤いカルスト台地」】は、1572年8月23日の夜に起きた、いわゆるサン＝バルテルミーの虐殺以来こうよばれている。プロテスタントたちの血が20センチメートルもの層をなして流れ、歩道を赤く染めたからである。市内の見どころは数多くあるが、壮大なカンコンス広場はル・ノートルの設計になる。ボルドーにはまた、継続して築かれた要塞8か所の遺構もみられる。

ポルト・シャンペレ Porte Champerret　17区のポルト＝シャンペレ広場（Place de la Porte-Champerret）は1926年、同名の大通り（Avenue de la Porte-Champerret）は31年に命名されている。呼称はかつてティエールの市壁に設けられていたシャンペレ門に由来する。シャン＝ペレ【字義は「ペレ野原」】とは地名であり、その地主にちなんで名づけられていた。

ポルト・ショーモン Porte Chaumont　ポルト＝ショーモン大通り（Avenue de la Porte-Chaumont）は、1931年から19区にある。この大通りもまた一部が旧ショーモ

ホルトタス

ン門の跡地に敷設されている。

ポルト・ダスニエール Porte d'Asnières
1841年、ティエールはパリを囲む要塞市壁を築くという計画を採用し、ドド・ド・ラ・ブリュヌリ将軍が指揮した工事は1844年に完成した。こうしてパリは厚さ15メートルの堀で守られた全長39キロメートルもの市壁を有するようになった。市門は全体で52か所に設けられ、それぞれに「ポルト（門）」という呼称がつけられた。そしてその一部の呼称が、のちに市門の跡地に敷設されることになる大通り（Avenue）や広場につけられた。

だが、この計画に反対票を投じたラマルティヌが予想したように、市壁はほとんど役に立たず、1919年4月19日の法令によって、翌年から29年にかけて撤去された。17区にあるポルト＝ダスニエール大通り（Avenue de la Porte-d'Asnières）もまた、1931年、かつての市門名でよばれている。

ポルト・ディシー Porte d'Issy 15区のポルト＝ディシー通り（Rue de la Porte-d'Issy）は1926年に命名されている。呼称は、旧ティエールの市壁に設けられたイシー門の跡地に敷設されている【→イシー＝レ＝ムリノー。旧市門の跡地に敷設された通りはほとんどが「大通り（Avenue）」とよばれている。この通りは例外的】

ポルト・デ・テルヌ Porte des Ternes
1930年に命名された10区のポルト＝デ＝テルヌ大通り（Avenue de la Porte-de-Ternes）も、同名の旧市門があったことを今に伝えている。

ポルト・デ・ポワソニエ 1931年に命名された18区のポルト＝デ＝ポワソニエ大通り（Avenue de la Porte-des-Poissonniers）の呼称もまた、一部が旧ティエールの市壁に設けられたポワソニエ門の跡地に敷設されたことによる。

ポルト・デ・リラ Porte des Lilas 19区と20区を結ぶポルト＝デ＝リラ大通り（Avenue de la Porte-des-Lilas）は、1930年の命名。前項同様、一部がリラ門の跡地にある。

ポール・ドゥメール Paul Doumer 1857-1932年。フランス中部カンタル県のオーリヤックで生まれた政治家・行政官。法学修士号を取得したのち、《ラ・トリビューン・ド・レーヌ》を創刊し、その主幹をつとめる。1888年、エーヌ県選出の急進派下院議員となった彼は、89年、下院議長の官房長に任命される。そして1891年、オーセール県から下院議員に選ばれると、もちまえの弁舌でたちまち急進派の指導者となり、1895年11月1日、はじめて大臣職につく。財務大臣である。

在任中【1896年4月29日まで】、彼は所得税の徴収という考えを積極的に支持し、大きな政治問題をまねいた。1896年に大臣職を解かれ、翌97年、今度はインドシナ（アンドシヌ）総督に任命される。1902年に帰国すると、再びエーヌ県から議会入りし、27年に上院議長、31年に大統領となる。だが、不幸にしてその地位は長くなかった。1932年、パリの市中で暗殺されてしまったからである。彼に捧げられたポール＝ドゥメール大通り（Avenue Paul-Doumer）は、この年に命名されている。

ポルト・デュ・プレ＝サン＝ジェルヴェ Porte du Pré-Saint-Gervais 1931年に命名された19区のポルト＝デュ＝プレ＝サン＝ジェルヴェ大通り（Avenue de la Porte-du-Pré-Saint-Gervais）は、ティエールの市壁に設けられていた市門の名に由来する。

***ポルト・デュ・ポワン＝デュ＝ジュール Porte du Point-du-Jour** 旧ポルト＝デュ＝ポワン＝デュ＝ジュール大通り（Avenue de la Porte-du-Point-du-Jour）は、1930年から16区にあった。この呼称もまた旧ティエールの市壁に設けられていた市門の名に由来する【1962年、マルセル＝ドレ（1896-1955。飛行家）大通りと改称】

ポルト・ド・ヴァンヴ Porte de Vanves 14区のポルト＝ド＝ヴァンヴ大通り（Avenue de la Porte-de-Vanves）は1926年、同名の広場（Place de la Porte-de-Vanves）は29年の命名になる。呼称は旧

ホルトトシ

市門に由来する。

ポルト・ド・ヴァンセンヌ Porte de Vincennes ポルト＝ド＝ヴァンセンヌ大通り（Avenue de la Porte-de-Vincennes）は12区と20区を結んでいる。命名は1932年。呼称はやはり旧市門に由来する。

ポルト・ド・ヴィトリ Porte de Vitry 13区を走るポルト＝ド＝ヴィトリ大通り（Avenue de la Porte-de-Vitry）もまた、旧市門にちなんで1930年に命名されている。ヴィトリ＝シュル＝セーヌ市はパリ南郊に位置し、住民はヴィトリオとよばれる。この町には、13世紀から14世紀にかけて建てられたじつにみごとな教会がある。

ポルト・ド・ヴィリエ Porte de Villiers ポルト＝ド＝ヴィリエ大通り（Avenue de la Porte-de-Villiers）は17区にある。命名は旧市門の呼称にちなむ。

ポルト・ド・ヴェルサイユ Porte de Versailles 1932年に命名されたポルト＝ド＝ヴェルサイユ大通り（Avenue de la Porte-de-Versailles）は15区にある。これもまた旧市門の名にちなんでの命名である。

ポルト・ド・クリシー Porte de Clichy ポルト＝ド＝クリシー大通り（Avenue de la Porte-de-Clichy）は、1932年から11区にある。その一部が旧ティエールの市壁のクリシー門の跡地に建設されたことから命名されている。

ポルト・ド・クリニャンクール Porte de Clignancourt 18区のポルト＝ド＝クリニャンクール大通り（Avenue de la Porte-de-Clignancourt）は1931年からある。呼称は旧ティエールの市壁にあったクリニャンクール門に由来する。

ポルト・ド・サン＝クルー Porte de Saint-Cloud 16区には、1928年に命名された、ポルト＝ド＝サン＝クルー大通り（Avenue de la Porte-de-Saint-Cloud）がある。この大通りの呼称もまた、前記市壁のサン＝クルー門に由来する。パリ西郊のサン＝クルー市は、832年にこの地に修道院を建立したクロデマール【495-524。クロヴィスの息子でオルレアン分国王。ブルグン

ト族との戦いで戦死した】の息子クロドアルド【522頃-560頃】。メロヴィング朝の王子だったが、叔父のクロタールから逃れ、父が建てた修道院に隠棲した】を名祖とする。1589年、アンリ3世【国王在位1574-89】が暗殺され、1804年5月18日にナポレオンが皇帝を宣言したのがここである。国王ルイ13世【国王在位1610-43。→ドーフィヌ】やシャルル10世【在位1824-30】、さらにルイ＝フィリップが一時住み、ナポレオン3世がプロイセンへの宣戦布告文書に署名したのもここだった。

ポルト・ド・サン＝トゥアン Porte de Saint-Ouen 18区のポルト＝ド＝サン＝トゥアン大通り（Avenue de la Porte-de-Saint-Ouen）は、1929年、ティエールの市壁にあったサン＝トゥアン門にちなんで命名されている。

ポルト・ド・シャティヨン Porte de Chatillon 14区にあるポルト＝ド＝シャティヨン大通り（Avenue de la Porte-de-Chatillon）は1929年、同名の広場（Place de la Porte-de-Chatillon）は34年に命名されている。いずれもその一部が旧ティエールの市壁のシャティヨン門の跡地に建設されているからである。

ポルト・ド・シャラントン Porte de Charenton 12区のポルト・ド・シャラントン大通り（Avenue de Charenton）は、1930年、旧市壁のシャラントン門を記念して命名されている。

* **ポルト・ド・ジャンティイ Porte de Gentilly** 13区と14区を結んでいたポルト＝ド＝ジャンティイ大通り（Avenue de la Porte-de-Gentilly）は1926年の命名になるが、この大通りもまた、その一部が旧ティエールの市壁のジャンティイ門の跡地に建設されている【1994年にピエール＝ド＝クーベルタン大通り（Avenue Pierre-de-Coubertin）に改称】

ポルト・ド・ショワジー Porte de Choisy 13区のポルト＝ド＝ショワジー大通り（Avenue de la Porte-de-Choisy）は、1931年からある。この大通りもまた、一部が旧

717

ホルトトセ

市壁のショワジー門跡地に敷設されている。

ポルト・ド・セーヴル Porte de Sèvres 15区のポルト＝ド＝セーヴル大通り（Avenue de la Porte-de-Sèvres）も、前項同様、市門の呼称にちなんで1929年に命名されている。

ポルト・ドートゥイユ Porte d'Auteuil ポルト＝ドートゥイユ広場（Place de la Porte-d'Auteuil）は、1928年から16区にある。この呼称もまた、旧ティエールの市壁に設けられていた市門に由来する。同区を走るポルト＝ドートゥイユ大通り（Avenue de la Porte-d'Auteuil）は1931年の命名だが、その呼称もまたオートゥイユ門にちなむ。

ポルト・ド・パシー Porte de Passy 16区のポルト＝ド＝パシー広場（Place de la Porte-de-Passy）は、1930年に命名され、その一部は前記市壁に設けられていたパシー門の跡地を含んでいる。

ポルト・ド・バニョレ Porte de Bagnolet ポルト＝ド＝バニョレ広場（Place de la Porte-de-Bagnolet）は、1931年から20区にある。呼称はバニョレ門に由来する。

ポルト・ド・パンタン Porte de Pantin ポルト＝ド＝パンタン大通り（Avenue de la Porte-de-Pantin）および同名の広場（Place de la Porte-de-Pantin）は、1930年から19区にある。この呼称もまた、1841年にティエールが発意し、44年に建設された市壁のパンタン門に由来する。なお、パリ北東郊のパンタン市は11世紀にはパンティヌムとよばれ、サン＝マルタン＝デ＝シャン修道院【→サン＝マルタン】の所領の一部だった。1814年、この地はナポレオン軍と対仏大同盟軍の激戦地となった。

ポルト・ド・ブランシオン Porte de Brancion 15区のポルト＝ド＝ブランシオン大通り（Avenue de la Porte-de-Brancion）は、1927年の命名である。通りの一部は、かつてティエールの市門があった跡地である。

ポルト・ド・プレザンス Porte de Plaisance ポルト＝ド＝プレザンス大通り（Avenue de la Porte-de-Plaisance）は

1926年から15区にある。これもまた市壁のプレザンス門にちなんでの命名である。

ポルト・ドーベルヴィリエ Porte d'Aubervilliers 1931年に命名されたポルト・ドーベルヴィリエ大通り（Avenue de la Porte-d'Aubervilliers）は、18区と19区を結んでいる。この通りの一部も、かつてティエールの市門があった跡地である。

ポルト・ド・メニルモンタン Porte de Ménilmontant ポルト・ド・メニルモンタン大通り（Avenue de la Porte-de-Ménilmontant）は、1926年から20区にある。これもまたメニルモンタン門にちなんで命名されている。

ポルト・ド・モンマルトル Porte de Montmartre ポルト＝ド＝モンマルトルの名を冠した大通り（Avenue de la Porte-de-Montmartre）と広場（Place de la Porte-de-Montmartre）は、いずれも18区にあり、前者は1931年、後者は39年に命名されている。呼称は、旧市壁のモンマルトル門に由来する。

ポルト・ド・モントルイユ Porte de Montreuil 20区にあるポルト＝ド＝モントルイユ大通り（Avenue de la Porte-de-Montreuil）は1931年、同名の広場（Place de la Porte-de-Montreuil）は32年に命名されている。これもまた前記市壁のモントルイユ門を今に伝える。

ポルト・ド・モンルージュ Porte de Montrouge 1925年に命名された14区のポルト＝ド＝モンルージュ大通り（Avenue de la Porte-de-Montrouge）もまた、市門の呼称に由来する。パリ南郊のモンルージュ市は、12世紀にギョーム派ベネディクトクト会【1157年に没した瞑想隠修士の聖ギョーム・ド・マラヴァルが創設した修道会】の修道士たちが住んでいた荘園を起源とする。この町はグラン＝モンルージュ（大モンルージュ）とプティ＝モンルージュ（小モンルージュ）の2区域からなり、後者はパリ14区の一部となっている。

ポルト・ド・ラ・ヴィレット Porte de la Villette 1931年に命名されたポルト＝ド

718

= ラ = ヴィレット大通り（Avenue de la Porte-de-la-Villette）の呼称も、市壁のポルト・ド・ラ・ヴィレット門に由来する。

ポルト・ド・ラ・シャペル Porte de la Chapelle 18区のポルト = ド = ラ = シャペル大通り（Avenue de la Porte-de-la-Chapelle）は1931年に命名されている。この大通りもまた、一部が旧ティエールの市壁に設けられていたラ・シャペル = サン = ドニ門の跡地に敷設されている。

ポルト・ド・ラ・プレーヌ Porte de la Plaine ポルト = ド = ラ = プレーヌ大通り（Avenue de la Porte-de-la-Plaine）は、1930年から15区にある。呼称は市壁のプレーヌ門に由来する。プレーヌはグルネル平原をさす。

ポルト・ドルレアン Porte d'Orléans 14区にあるポルト = ドルレアン大通り（Avenue de la Porte-d'Orléans）もまた、市門の名をとって1930年に命名されている。

ポルトフォワン Portefoin 3区を走るポルトフォワン通り（Rue Portefoin）の呼称はポルトファン（Portefin）の変形で、14世紀初頭にこの通りに住んでいたジェン・ポルトファン氏の名に由来する。

ポルト・プーシェ Porte Pouchet ポルト = プーシェ大通り（Avenue de la Porte-Pouche）は18区にあり、1928年に命名されている。呼称はやはり旧ティエールの市壁に設けられていた市門の名に由来する。

ポルト・ブランシュ Portes Blanches 18区のポルト = ブランシュ通り（Rue des Portes-Blanches）は、同名の旧道より長かった。呼称は地名に由来するが、これはかつて旧道にあった一部の家が、それぞれ白い門をそなえていたことにちなんでの命名である。

ポルトー = プランス Port-au-Prince ポルトー = プランスはハイチ共和国の首都で、字義は「山がちの国」。ハイチ島は1492年、西欧人としてはコロンブス（コロンブ）が最初に発見したとされている。彼はここをイスパニョーラ島と命名した。やがてこの

島が2分割されて、今日のハイチとドミニカ共和国（ドミニク・レピュブリケヌ）となっている。【ライスワイク条約が結ばれた】1697年から島の西側3分の1はフランス領となったが、1804年、ハイチは独立を宣言する【ハイチ革命】。そして1844年、ハイチは再び分裂し、以後も長く混乱が続くことになる。現在、ハイチはコーヒーやバナナ、木綿、砂糖、ボーキサイトなどを産している。ポルトー = プランス広場（Place de Port-au-Prince）は、1961年から13区にある。

ポルト・ブリュネ Porte Brunet 19区のポルト = ブリュネ大通り（Avenue de la Porte-Brunet）は1931年に命名されている。呼称は、かつてその一部がティエールの市壁に設けられたブリュネ門の跡地だったことによる。ブリュネとは19世紀の人物で、一方は陸軍大佐、もう一方は書誌学者（1780-1867）である。ただ、そのいずれが名祖となったのかは不明である。

ポルト・モリトール Porte Molitor 16区にあるポルト・モリトール広場（Place de la Porte-Molitor）は、1930年、旧市壁のモリトール門に近接していることにちなんで命名されている。

ポール・トルトゥリエ Paul Tortelier ポール・トルトゥリエは1914年にパリで生まれ、90年に北仏ヴァル = ドワーズ県のヴィラルソーで没したチェリスト・作曲家・指揮者。6歳からチェロを弾き始め、パリ音楽院（コンセルヴァトワール）に入って、1930年、チェロ科を首席で卒業する。1946年からはソリストとして本格的に活動を開始し、同年、同じチェリストのモー・マルタンと結婚する（翌年生まれた息子ヤン = パスカルはヴァイオリニスト、指揮者となった）。

トルトゥリエはまた、ピアニストのアルトゥール・ルビンシュタイン（1887-1982）やヴァイオリニストのアイザック・スターン（1920—2001）と有名なトリオを組んでもいる。1980年頃からは各地のオーケストラを指揮する一方、交響楽やメ

ロディー、さらにピアノやヴァイオリンのための協奏曲を作曲した。その著作『私の演奏法、教授法』【1973年】は、チェロ演奏法の規範となっている。彼はまたチェロのために、楽器を通常より傾けて支えることができる角をもつ特殊なピックを考案している。2003年、彼の名はパリの広場につけられている。17区のポール＝トルトゥリエ広場（Place Paul-Tortelier）がそれである。

ポール・ノール Pôle Nord　ポール＝ノール通り（Rue du Pôle-Nord）は18区にある。北極を意味するこの呼称は1884年につけられたが、それはギュスタヴ・ランベール【1824生。海洋（水路）測量技師。1865年、北極征服のためベーリング海峡までたどり着いたが、行く手を氷原に阻まれた。1871年の普仏戦争時、パリ西郊ビュザンバルの激戦でうけた負傷がもとで落命した】が1868年に計画した北極圏探検を記念してのことである。この探検が実現していたなら、ポール・ノールという呼称は通りではなく、大通りにつけられたはずである。

ポール・バリュエル Paul Barruel　1841-1931年。15区のポール＝バリュエル通り（Rue Paul-Barruel）は、1932年、同区の区長にちなんで命名されている。

ポール・パレ Paul Paray　1886年に北仏セーヌ＝マリティム県のトレポールで生まれ、1979年にモンテカルロで没した指揮者・作曲家のポール・パレは、わずか5歳にして、パリ盆地北部のボーヴェで開かれた打楽器コンクールで優勝している。やがてルーアンで音楽を学び、1911年、ローマ大賞を受賞するが、生活のため、夜はナイトクラブで演奏しなければならなかった。だが、まもなくこの仕事をやめ、1923年から28年までラムルー管弦楽団【→シャルル・ラムルー】の指揮者をつとめる。さらに1932年まで、モンテカルロ・フィルハーモニー管弦楽団でタクトを振り、その後パリに戻って、コロンヌ管弦楽団【→エドワール・コロンヌ】の支配人・指揮者およびオペラ座の指揮者となる。

第2次世界大戦中、パレはモンテカルロに逼塞し、フランスの国土解放後から1956年まで、再びコロンヌ管弦楽団で指揮をとった。一方、1951年から63年まで、デトロイト交響楽団の音楽監督もつとめた。まさに彼はフランス音楽を世界に普及させた偉大な音楽家といえる。その名は、1984年に命名された17区のポール＝パレ小公園（Square Paul-Paray）に残っている。

ポール・パンルヴェ Paul Painlevé　1863-1933年。ポール・パンルヴェはパリで生まれ、没した数学者・政治家。関数や古典力学、飛行理論などの研究で知られる彼はまた、政治家として共和派社会党に属し、下院議長のほか、1917年と21年の2度にわたって首相をつとめた。1934年、すなわち死の翌年にその名がつけられたポール＝パンルヴェ広場（Place Paul-Painlevé）は、5区にある。

ポール・ブランシェ Paul Blanchet　1870-1900年。ポール・ブランシェはパリで生まれ、セネガルのダカールで没した考古学者・探検家。上エジプトの発掘で知られる彼の名を冠したポール＝ブランシェ通り（Rue Paul-Blanchet）は、1935年から12区にある。

ポール・ブルジェ Paul Bourget　1852-1935年。北仏アミアン出身の作家・詩人。かなり若い頃からさまざまな雑誌や新聞に寄稿していた彼の最初の詩集は、1874年に出た『不安な生』である。だが、ポール・ブルジェが多くの読者を得るようになったのは、1883年【現代心理学試論】からである。彼はその小説のなかで科学的な決定論を情熱や感情の分析に適用した。その作品としては、『弟子』【1889年。山内義雄訳、新潮社】や『アンドレ・コルネリス』【1926年。前同】、『女心』【1890年】、『悲劇の田園恋愛詩』【1896年】などがある。

1894年にアカデミー・フランセーズ入りした彼は、こう言っている。「自我は対立しながら存在する」、「考えたまま生きなければならない。さもないと、最後は生きてきたまま考えることになるだろう」、「自

分の行為が自分の後を追う」。13区には1956年に命名されたポール＝ブルジェ通り（Rue Paul-Bourget）がある。

ポール・フェヴァル Paul Féval 1817-87年。パール・フェヴァルはレンヌに生まれ、パリで没した小説家。当初、銀行の事務員やポスター会社の検査員、短編作家の校正係などを転々とし、やがて執筆活動を始める。処女作は《ラ・ルヴュ・ド・パリ》【1829年にルイ＝デジレ・ヴェロンが創刊した文学誌。1970年まで刊行された】に掲載された『アザラシたちのクラブ』【1841年】である。1843年には、同じ雑誌に『白狼』を発表している。以後、『ロンドンの謎』【1843年】、『スコットランドの清教徒たち』【1849年】、『砂洲の妖精』【1850年】、『沈黙の仲間たち』【1857年】、さらに不朽の名作『傀儡』【1862年】などを相次いで発表する。

　年齢を重ねるにつれて熱心なカトリックとなっていったフェヴァルは、晩年、その作品から初期の考えをすべて消し去る。そして、半身麻痺に襲われた彼は、文学者協会が入れてくれたパリのサン＝ジャン＝ド＝デュ会【1537年にスペインのグラナダで組織された貧者・病人援助修道会】の施療院で他界する。18区のポール＝フェヴァル通り（Rue Paul-Feval）は、彼の死後3年目の1891年からある。

ポール・フォール Paul Fort 1872-1960年。ランスに生まれ、パリ南郊のモンレリーで没した詩人・劇作家のポール・フォールは、つねに帽子をかぶり、首にウールのスカーフを巻いていた。代表作は『フランスのバラード』【40巻、1896-1958年】。だが、彼を有名にしたのは、世界中で知られ、クリスチャン＝ジャック【1904-1994】の映画にも着想をあたえた詩の1篇「世界を囲む輪舞」（1913年）】である。そこにはこう謳われている。「世界中のだれもが互いに手を差しのべるなら、彼らは輪舞を踊ることができるだろう。世界を囲む輪舞を…」。14区には1970年に彼に捧げられたポール＝フォール通り（Rue Paul-Fort）がある。

ボールペール Beaurepaire 1740-92年。ニコラ＝ジョゼフ・ボールペールは陸軍中佐。彼はプロイセン軍を相手としたヴェルダンの防衛戦で輝かしい戦績をあげたが、早朝3時に銃声が聞こえた銃弾で頭を砕かれて斃れた。遺骸の傍らには小銃が2丁あった。そこから彼の死について2通りの説が考えられるようになった。ひとつは、ヴェルダンを解放しようとする自分たちの計画にボールペールが反対し、それに慣った王党派たちが彼を暗殺したとする説、もうひとつは、捕虜となる恥辱をさけるために自死したとする説である。2区のボールペール通り（Rue Beaurepaire）は1879年から存在している。

ポール・ベール Paul Bert 1823-86年。ポール・ベールはオーセールで生まれ、ハノイで没した医師・生理学者・政治家。医学博士と理学博士だった彼は、パリ大学科学部とパリ高等研究所で教壇に立った。1871年のパリ・コミューン（コミュヌ・ド・パリ）後、北仏ノール県知事、さらに1872年にヨンヌ県選出の代議員となり、急進的共和派に属した。1881年11月から82年1月まで多忙な国民教育相をつとめ、86年、安南とトンキンの総督に任命される。だが、現地に赴任して10か月後の同年11月11日、赤痢の犠牲になってしまう。

　まことに不運としか言えないが、学者としてのベールはより僥倖に恵まれていた。1885年に科学アカデミー会員となり、生命現象への気圧の影響にかんする研究を遺している。血液ガスの分析もおこなった。その著作としては、『動物の内臓移植について』【1863年】や『動物学講座』【1881年】などがある。さらに、雑誌《レピュビリク・フランセーズ》にも数多くの科学論文を寄稿している。彼に捧げられた11区のポール＝ベール通り（Rue Paul-Bert）は、1890年に命名されている。

ポール・ベルモンド Paul Belmondo 1896-1982年。アルジェに生まれ、パリで他界した古典的伝統の彫刻家。1960年にフランス学士院会員となった。彼の息子のジャン＝ポール・ベルモンド（1930生）は、

ホルホタン

俳優。ポール＝ベルモンド通り（Rue Paul-Belmondo）は、1992年から12区にある。

ポール・ボダン Paul Bodin 1847-1926年。1932年からある17区のポール＝ボダン通り（Rue Paul-Bodin）は、そこに住んでいた技師にちなんで命名されている。

ポール・ボードリー Paul Boudry 1828-86年。フランス西部ヴァンデ県の県都ラ・ロシュ＝シュル＝イオンに生まれ、パリで没した画家。1850年、『アラクス河岸で発見されたゼノビウス王』でローマ大賞を得た彼は、速やかに名声も獲得する。その作品には多少ともイタリアでの記憶がみられるものの、とくにフランス様式の画家として頭角を現す。そして、芸術アカデミー会員に選ばれ【1870年】、郷里にその彫像が建てられるまでになる。

彼はオペラ座や破毀院、シャンティイ城などで数多くの内壁装飾を手がけているが、油彩画としては『レダ』【制作年不詳】や『マラー暗殺直後のシャルロット・コルディ』【1860年】などがあり、さらにシャルル・ガルニエやギゾー、エドモン・アブーらの肖像画も描いている。ペール＝ラシェーズ墓地にある彼の墓碑はみごとなもので、一見の価値がある。8区のポール＝ボードリー通り（Rue Paul-Baudry）は、1888年に命名されている。

ポール・ボールガール Paul Beauregard 1853-1919年。ポール＝ボールガール広場（Place Paul-Beauregard）は16区にある。フランス学士院会員だったこの傑出した経済学者の名が、この広場につけられたのは1930年のことだった。

ポール・ボレル Paul Borel 17区のポール＝ボレル通り（Rue Paul-Borel）は、19世紀末からある。呼称は住民の地主にちなむ。ただ、ジャック・ブレル【1927-。1968年にフランス初のレスロルート（ドライブイン）を始めて成功している】とは無縁である。働きすぎの人類に食料をもたらすこの実業家も、いずれその名を冠した通りをえるだろう。

ポール＝マオン Port-Mahon マオー＝マオン（ポール＝マオン）はバレアレス諸島に属するメノルカ島の中心都市。1535年、有名なバルロス・ハイレディン【1475/83頃-1546。通称「赤ひげ」。私掠船で地中海を荒らしまわり、のちにオスマン帝国海軍提督。1543年、フランスに味方してカール5世軍と戦った】に劫略され、1713年から82年まではイングランドに支配された。1756年、リシュリュー公【1696-1788。内廷侍従長や陸軍元帥、ラングドック総督などを歴任した。リシュリュー枢機卿の大甥の子】が町の城砦を攻撃して奪取した。2区のポール＝マオン通り（Rue de Port-Mahon）は、この勝利を記念して1785年に命名されている。

ポール・ムーリス Paul Meurice 1820-1905年。パリを生没地とするポール・ムーリスは、金銀細工師の息子で、文学を志す前は法律を学んでいた―彼を同名の俳優【1912-79】（ただし、表記はMeurisse）と混同してはならない―。ヴィクトル・ユゴーの賛美者で、やがてそのもっとも近い友人のひとりとなる。恋愛小説家で、劇作家でもあった彼は、1848年、《エヴェヌモン（出来事）》誌の主幹となる。この雑誌の創刊者だったユゴーが1885年に他界すると、その遺言執行人のひとりとなり、彼の未刊作品を出版した。ムーリス自身のおもな作品としては、戯曲の『貧者たちの弁護士』【1856年】や『アンファン・ラ・チーリップ』【1858年】、『学校教師』【1859年】、『ブラジルの女』【1878年】、小説に『オーブリー族』【3巻、1854年】、『村の暴君』【1854年】、『セザーラ』【1869年】などがある。ポール＝ムーリス通り（Rue Paul-Meurice）は、1932年から20区にある。

ポール・ランジュヴァン Paul Langevin 1872-1946年。パリに生まれ、没した物理学者のポール・ランジュヴァンは、イオンや常磁性、超音波の相関性などにかんして顕著な研究をおこなった。科学アカデミー会員【1907年】だった彼の名は、1972年に命名された、5区のポール＝ランジュヴァン小公園（Square Paul-Langevin）に残

っている。

ポール＝ルイ・クーリエ Paul-Louis Courier

ポール＝ルイ・クーリエ・ド・メールはパリに生まれ、パリ盆地南西部のヴェレで殺害されたギリシア学者・攻撃文書作者。1791年に軍隊入りした彼は、98年、砲撃隊長としてローマに派遣される【この年、ローマ市民は教皇国家の権力崩壊とローマ共和国の成立を宣言し、フランスから承認された】。翌年、住民たちの本格的なリンチを辛うじて免れ、悲惨な状態でパリに戻る。

1809年、上官である将軍を手紙のなかで卑怯者よばわりしたのち、半年遅れでヴェローナの所属部隊に復帰すると、除隊を申し出る。それからまもなくして軍隊に戻り、ドナウ（ダニューブ）川のロバウ島に砲兵隊長として送られる。任務は渡河作戦を遂行するためだった【ヴァグラムの戦い。彼はあまりにも急いだため、馬を買うのを忘れて戦場まで歩いて行ったという】

だが、作戦行動に疲労困憊した彼は病にかかり、ウィーンに移される。病が癒えると、密かに軍隊を抜け出してストラスブールやロカルノ、ミラノを訪れ、さらにフィレンツェの図書館で、それまで知られていなかったロンゴス【2ないし3世紀のギリシアの作家】の小説『ダフニスとクロエ』の手稿10葉を発見する。ところが、これを書き写している際、誤って原文の20語をインクで汚して逮捕されてしまう。

1811年、クーリエはさらにナポリ（ナブル）とローマ南東のフラスカティを訪れ、翌年、パリに戻る。1813年、モンモランシー近郊のサン＝プリに居を定め、『ダフニスとクロエ』の編纂にたずさわり、ギリシア学者の娘エティエンヌ・クラヴィエと結婚する【挙式はパリ7区の区役所でおこなわれた】

復古王政に反対していた彼は、1816年、「両院への嘆願書」を書いて物議をかもす【スタンダールをして「フランス最高の知性」と言わしめたクーリエは、1819年、碑文・文芸アカデミー会員への立候補を拒んでいる】。

さらに1821年、フランス中部のシャンボールをボルドー公にあたえるという計画を批判するパンフレット（攻撃文書）「たんなる空言」を書く。これが筆禍となって、2か月の投獄と200フランの罰金が科された。しかし、それと引き換えに、彼の名前は一気に知られるようになった。もう1点のパンフレット「ダンスを禁じられた村人たちのための嘆願書」もまた、裁判沙汰をまねいた。クーリエの最後の文書は、彼の最高傑作となる「パンフレットのなかのパンフレット」【1824年】である。

それからしばらくたった1825年4月10日日曜日の夕刻、ヴェレにある所有地近くの森で、クーリエは銃弾を受けて他界する。犯人は猟場の番人として雇っていたルイ・フロモンと分かった【フロモンは同年9月の裁判で無罪放免。その犯行動機は今も不明】。クーリエはある裁判でこう陳述している。「貴族たちにとってはその場かぎりの手段でしかないが、何もしたくないすべての者にとっても同様の手段、それが売春である。だが、王党派はこれを優雅なこととよぶ」。7区には1879年から彼に捧げられた通りがある。ポール＝ルイ・クーリエ通り（Rue Paul-Louis-Courier）である。

ポール・ルロン Paul Lelong

1799-1846年。パリに生まれ、マルヌ県のサン＝マルタン・ダブロワで没した建築家。切手館やバンク通りにある2区庁舎などを建てた。ポール＝ルロン通り（Rue Paul-Lelong）は2区にある。命名は1844年。

ポール・レオトー Paul Léautaud

1872-1956年。パリに生まれ、パリ西方のシャトー＝マラブリーで没した批評家。母親に見捨てられたり、彼自身原住民と呼んでいた父親らしき人物の奇妙な服を着せられたりするという、苛酷な幼年期を送ったポール・レオトーは、16歳からさまざまな仕事をしなければならかった。1895年、彼はメルキュール・ド・フランス社で働き始め、1908年から41年まで雑誌《メルキュール・ド・フランス》【→ヴィクトル・コンシデラン】の編集を担当した。そして、

ホルレノ

1921年まで演劇評を書き、さらに《ヌーヴェル・ルヴュー・フランセーズ（NRF）》や《ヌーヴェル・リテレール》でも、【モーリス・ボワサールの筆名で】その仕事を続けた。

1900年、彼は『現代詩人名作集』を上梓して注目を集める。さらに1902年、自伝的な中編小説『親友』を著す。だが、彼の名声はこれら2作品というよりは、むしろ『文学日記』【19巻、1954-66年。1893年から晩年までの記録】に多くを負っている。この大著の全文は死後に知られるようになったが、そこには自由闊達で辛辣な、ときに敵意むき出しの批評や、作者および作品に対する審判が顕著にみられる。

かなりの人間嫌いで、パリ南郊のフォントネ＝オー＝ローズにある自宅で数多くの犬や猫を飼うだけだった。そのレオトーは、しかしロベール・マレ【1915-2002。作家・詩人・劇作家・放送人で、パリ第7大学創設者のひとり】とともに「対談」シリーズを企画し、みずからの人物像を明確にしている。

レオトーは言っている。「何も称賛しないということは、ひとつの力である」、「私は権威のあるものすべてを罵倒したくなる」、「ある日、人が私に訊ねた。何をしているのかと。私は答えた。老いるのを楽しんでいる。まさにこれこそがつねに想っていることなのだ」。そんな彼に捧げられた17区のポール＝レオトー広場（Place Paul-Léautaud）は、死後21年目の1987年からある。

ポール・レノー Paul Reynaud 1878-1966年。ポール・レノー（レイノー）はアルプス山脈南部のバルスロネットに生まれ、パリで没した政治家。1919年に下院議員となり、1930年から32年にかけて財務大臣、海外植民地大臣、法務大臣を歴任した。1935年には、シャルル・ド・ゴール大佐の機甲師団創設案を支援してもいる。共和党右派に身を置いていた彼は、1938年、エドワール・ダラディエ【1884-1970。急進社会党党首で、首相を3度つとめた】の内閣で法務大臣、さらに財務大臣にも再任された。

1940年3月、辞任したダラディエの後を襲って首相となった彼は、ウィンストン・チャーチル（ウィンストン・テュルティル）の同意をえて、ドイツ軍が鉄鉱山を手にするのをくいとめるため、ノルウェー（ノルヴェージュ）に軍隊を派遣した（楽天家の彼は当時議会でこう宣言している。「鉄鉱山への道はこれで断たれる！」）。

だが、同年6月15日、【対独徹底抗戦派の】レノーは職を解かれてフランス中部のリヨンに投獄され、1942年にベルリン近郊のザクセンハウゼン強制収容所に、翌年にはティロル地方のイッター城に移送される。そして1945年5月、連合軍によって解放された彼は、1946年から下院議員に再選され、欧州委員会の経済問題コミッション委員長をつとめ、ついで制憲諮問会議の委員となった。著作としては、『フランスの軍備問題』【1945年】や『フランスがヨーロッパを救った』【1947年】、『混沌の中心で』【1964年】がある。16区のポール＝レノー広場（Place Paul-Raynaud）は、1981年に彼に捧げられている。

ポール・ローラン Paul Laurent 1925-1990年。フランス中部ソーヌ＝エ＝ロワール県のジェヌラールに生まれ、パリ西郊のサン＝クルーで没した政治家。仕上げ工の息子として生まれた彼は、20歳でフランス共産党に入り、同党の「静かなる男」とみなされた。だが、思想的には確固たる信念をもっており、それをさまざまな局面で立証して、刷新者かつプラグマティストとの評判をかちえた。彼の名がついたポール＝ローラン通り（Rue Paul-Laurent）は、1997年から19区にある。

ポール＝ロワイヤル Port-Royal 1204年、マティルド・ド・ガルランドがパリ南西方、シェヴルーズの谷に建てたポール＝ロワイヤル・デ・シャン女子修道院を母体とする修道院【マティルド（1224没）は、十字軍に参加した夫マテュー・ド・モンモランシー（1204年にコンスタンティノポリスで没）が出

ホルロワイ

発前にのこした財産でこの修道院を建立した】。それから長いときが経った1608年から、弛緩した修道院内の引き締めをおこなうべく、10歳に満たずに修道院長となったアンジェリク・アルノー【1591-1661。宗教名メール・アンジェリク。同修道院の財政的支援者で、ジャンセニストを輩出したアルノー家の次女。2代目修道院長のメール・アニエス（1593-1671）や、ソルボンヌを追われた神学者で、『ポール＝ロワイヤル論理学』の共著者アントワヌ・アルノー、通称「大アルノー」の姉】が、厳格な改革をおこなう。それはポール＝ロワイヤル修道院が名声をえる画期となった。

メール・アンジェリクは修道女たちに清貧を説いて誓わせた。1626年、【湿地帯にあるデ・シャン修道院が手狭になったため】彼女はパリに新たな修道院を建てる【以後、デ・シャン修道院は「田舎のポール＝ロワイヤル」、パリのそれは「パリのポール＝ロワイヤル」とよばれるようになる】。生前、フランソワ・ド・サル【1567-1622。カトリック神秘家・ジュネーヴ司教。1610年、フランス東部ノアヌシーに聖母訪問会（女子サレジオ会）を創設した。1665年列聖】はメール・アンジェリクやその修道女たちを頻繁に訪れている。

1635年、サン＝シラン修道院長のデュベルジエ・ド・オーランヌ【1581-1643。通称サン＝シラン。ジャンセニスムの名祖となるオランダの神学者ヤンセニウス（ヤンセンとも。1585-1638。その著『アウグスティヌス』で神の恩寵の絶対性を説いた）の盟友で、ジャンセニスムのフランスへの紹介者】がポール＝ロワイヤルの精神的指導者となり、この修道院をジャンセニスムの拠点とする。だが、ときの権力者リシュリュー枢機卿は、ジャンセニストたち【このジャンセニスト（Janseniste）という語は、1641年に初出しているが、ジャンセニスムと同様、反ジャンセニスム側（とくにイエズス会）が作り出した蔑称だった】の勢力拡大を危惧し、1639年、旧友だったサン＝シランを逮捕・投獄してしまう。サン＝シランは1643年に釈放さ

れるが、長年の獄舎生活で衰弱していた彼は、それからまもなく他界する。

しかし、ポール＝ロワイヤルはイエズス会と激しい神学論争をくりひろげながら、以後も発展を続ける。パスカル【妹のジャクリーヌ（1625-61）や、不治の眼疾が奇蹟的に快癒したことで知られる姪のマルグリト・ペリエ（1646-1733）がこの修道院に入っていた】は、アントワヌ・ル・メートル【1608-58。ジャンセニストの弁護士で、パリのポール＝ロワイヤルでサン＝シランの指導を受けていた】や、ルイ＝イサク・ル・メートル・ド・サシ【1613-84。ル・メートルの弟で神学者。1649年にデ・シャン修道院の司祭となった】、さらにアントワヌ・アルノー、通称グラン・アルノーに次いで、デ・シャン修道院の「小さな学校」【ラシーヌもここで数年間学んでいる】で教鞭をとり、ジャンセニストたちに肩入れした。

だが、こうしたパスカルの介在や、とくに彼が『プロヴァンシアル』【1656-57年】で展開したジャンセニスト擁護をもってしても、ローマ教皇が『アウグスティヌス』におけるヤンセニウスの教えに従うことを禁じた命令に抵抗していた、ポール＝ロワイヤルの修道女たちに対する迫害をさけることができなかった【1653年、ときの教皇インノケンティウス10世（在位1644-55）は、『アウグスティヌス』を異端として断罪する教勅『クム・オカジオーネ』を発布し、カトリックのすべての聖職者にそれを受け入れることを示す信仰宣誓書への署名を迫ったが、ジャンセニストたちはそれをこばみ、迫害が本格化した】

そして1665年、パリのポール＝ロワイヤルとデ・シャンのポール＝ロワイヤルは分断され、パリには教皇の意向に従う修道女だけが残され、反対する修道女たちはデ・シャン修道院に移された。1666年には、修道院の指導的立場にあったド・サシもバスティーユに投獄された。やがて教皇庁とジャンセニストのあいだで和解に向けた難しい交渉が始まり、1668年、「教会の平和」【ときの教皇クレメンス9世（在位1667-69）

725

の名をとって、「クレメンスの和解」ともよばれる】が結ばれる。

だが、それはたんなる休戦でしかなかった。事実、教皇側に立った国王ルイ14世（ルイ・ル・グラン）は、1707年、デ・シャン修道院の収入をすべてパリのポール＝ロワイヤルに移す命を下し、ジャンセニストに好意的とされていたパリ大司教のルイ＝アントワヌ・ド・ノアイユ【在位1695-1729】も、デ・シャン修道院での聖体拝受を禁じた。翌1708年、国王はデ・シャン修道院の閉鎖を命じ、パリ大司教もそれに同意する。これにより修道女やソリァールたち【→ピエール・ニコル】は修道院を去り、グラン・アルノーもまたオランダに亡命した。こうして1710年、デ・シャン修道院はついに解体を余儀なくされる。残ったパリのポール＝ロワイヤル修道院は訪問修道会に託された。

1789年のフランス革命で、この修道院も最終的に閉鎖される。だが、ポール＝ロワイヤルの運動は、人間解放の理論を前にして転落と贖罪という教義を再建し、と同時に、厳格な刻苦の掟をイエズス会の平明な倫理と対峙させようとした大いなる試みでもあった【ポール＝ロワイヤルの歴史的・宗教的・社会的意義については、飯塚勝久の名著『フランス・ジャンセニスムの精神史的研究』（未来社、1984年）がある。また、蔵持論文「奇蹟の文法―ポール＝ロワイヤル修道院とジャンセニスム」（《人間科学研究》、第29巻、第2号、2016年）も参照されたい】

この修道院について、エルネスト・ルナンはのちにこう書いている。「ポール＝ロワイヤルは17世紀において、普遍的な権力の魅惑を前にしてけっして屈することがなかった稀有の特性を示した」。この修道院の名を冠したポール＝ロワイヤル大通り（Boulevard de Port-Royal）は5・10・11区を結び、1873年に命名されている。同名の小公園（Square de Port-Royal）は13区に1913年からある。

ボレゴ Borégo　20区のボレゴ通り（Rue du Borégo）は、1864年、マクシミリアン【1832-67。オーストリア皇帝フランツ・ヨーゼフ1世の弟】を皇帝に据えたナポレオン3世のメキシコ出兵後に命名されている。ボレゴとはその戦場となったメキシコの都市名。

ボレロ Boléro　19区のヴィラ・ボレロ（Villa Boléro）は、1997年、「音楽家公園」の分割地につくられた。周知のように、ボレロは4分の3拍子とゆっくりとしたテンポを特徴とするスペイン舞踊である。ボレロはまたウェストより短いボタンなしの上着を意味するが、このヴィラの呼称とは無縁である。

ポローニュ Pologne　バルト海に面したポーランド（ポローニュ）共和国は人口約3850万【2014年】、面積31万3000キロメートルで、首都はワルシャワ（ヴァルソヴィ）。ポーランド人の祖となるスラヴ人が、西はオドラ（オーデル）川、東はヴィスク川の平原に定着したのは、5世紀から6世紀にかけてだった。

11-12世紀には有名なドイツ騎士団の侵攻によって王国【1025年に教皇ユハネス19世によって王国認知】は弱体化して分裂し【1241年にはモンゴル軍の侵攻もあった】、真の統一化がなされるには、1320年にウワディスワク1世【1333没】が即位するまで待たなければならなかった。1569年、シグムント2世アウグスト【在位1548-72】はポーランドとリトアニアを合体させ【同君連合によるポーランド＝リトアニア王国成立】、1667年、ロシア軍とスウェーデン軍との長い戦いのあと、ポーランドはかなり疲弊した。

やがて1673年から96年まで国王となったヤン3世ソビエスキは【1683年の第2次ウィーン包囲戦でオスマン帝国軍に勝利して】国家を再建したが、彼が没すると、国情は悪化の一途をたどった。その状態は1763年にロシアが実効支配するまで続いた。そして1772年、ポーランドはロシア帝国とプロイセン王国、さらにオーストリアによって分割統治されてしまう。これに対し、数多くのポーランド愛国者が独立を目指し

て立ち上がったが、国の一部が独立をみた
のは、1870年、ナポレオンの後押しによ
ってだった【このワルシャワ公国は貴族階級
からは支持されたが、実態はフランスの属国
にすぎなかった】

しかし、1813年【ナポレオンがロシア遠
征に失敗した翌年】、不幸なことにポーラン
ド国家は再び解体されてしまう。ロシア皇
帝が多少の自治を認めたものの、実質的に
ポーランドのほぼ全域を支配下に置いたの
である。1830年【1月蜂起】と63年【11月
蜂起】には叛乱が起きたが、いずれもロシ
ア軍によってすみやかに鎮圧された【これ
らの蜂起はロシア帝国からの独立と旧ポーラ
ンド＝リトアニア共和国の復活を目指した】

1919年、ヴェルサイユ条約でポーランド
は復活し、21年に共和国家を樹立する。だ
が、さまざまな問題が新たに起こり、1926
年から35年まで独裁制が敷かれる【クーデ
タによって実権を掌握して開発独裁をおこな
ったのは、元国家元首（在任1918-22）のユゼ
フ・ピウスツキ将軍】。そして1939年、第3
帝国のドイツ軍がポーランドに侵攻し、国
民はワルシャワが解放される1945年1月
17日まで、その苛酷な支配下におかれた。

第2次世界大戦後の1947年には統一労
働者党が実権を握って、翌年からソ連寄り
の政策を実施するようになる。さらに
1956年からは、深刻な国内問題が生じた
結果、ポーランド政府はソ連と新しい、だ
が、あきらかにより緩い関係を保つように
なる。

やがて1970年、物価の高騰を機に全国
各地の都市で連続ストが張られる。グダニ
スク（ダンツィグ）では、1980年、造船
所労働者のストがレフ・ヴァウェンサ（ワ
レサ）【1943生】を指導者として起き、独
立自主管理組合「ソリダノスチ（連帯）」
が組織され、速やかに勢力を拡大していっ
た。こうして1898年からポーランドは（人
民）共和国となり、軍人出身のヴァイチェ
フ・ヤルゼルスキが初代大統領に選ばれた。
1990年にはヴァウェンサが第2代大統領
となる【1995年まで】（現在、彼は政界を

引退している）。パリ16区のボローニュ大
通り（Avenue de Pologne）は、1930年に
敷設されている。

ボロメ Borromée 1538-84年。サン・シャ
ルル・ボロメはキリスト教的隣人愛を発揮
した英雄のひとりである。イタリア北部ロ
ンバルディア地方の貴族家に生まれた彼は、
マッジョーレ湖岸のアローナ城に生まれて
いる。彼がミラノ司教になれたのは、教皇
ピウス4世【在位1559-65】の甥だったか
らである【メディチ家出身の母親がピウスの
妹だった】。さらに枢機卿にもなったが、
やがて教会の雑事のほとんどを放棄してし
まう。当時、彼は22歳になったばかりだ
った。それから2年後の1562年にはじめ
て司祭に叙された彼は、教会の刷新に倦む
ことなく邁進する。

そしてペストがミラノを襲った1576年、
ボロメは隣人愛と英雄的な行動によって名
声をはせる。だが、膨大な仕事量と過度な
までの自己規制のため疲労困憊し、46歳
で他界した。仕事がより少なく、自己規制
の厳しさを和らげていたなら、その隣人愛
をもっと長く発揮できたはずである。
1610年、時の教皇5世【在位1605-21】は、
そんな彼を列聖化し、1697年には、高さ
22メートルもある彼の彫像が、マッジョ
ーレ湖を見下ろす地に建てられた。パリに
もまた彼をたたえた通りがある。1867年
に命名された15区のボロメ通り（Rue
Borromée）である。

ポロンソー Polonceau 1778-1847年。アン
トワヌ・レミー・ポロンソーはパリに生ま
れ、フランス東部ドゥー県のロシュで没し
た技師。1797年、土木工事技師の資格を
えてパリの国立理工科学校（エコール・ポ
リテクニーク）を卒業した彼は、アルプス
のモン＝スニ街道の完成工事を命じられた
【シンプロン街道やロータレ街道の建設も手掛
けた（1808-12年）】。復古王政期の1830年に
は、セーヌ＝エ＝オワズ県の土木管理局長
や審議会のメンバーとなった。著作として
は、『マック＝アダムの街道および砕石道
の改良にかんする論考』【発表年不詳】など

ホワ

がある。

　息子のカミーユ（1813-59）もまた技師である。アルプス地方のシャンベリーで生まれ、パリ南郊のヴィリー＝シャティヨンで他界した彼は、中央学校を卒業してから、**セーヌ左岸を走るパリ－ヴェルサイユ間の鉄道建設にくわわり【1842年から47年まで、ストラスブールとバーゼルを結ぶ鉄道会社の支配人もつとめた】、**病没する前には機関車の性能改良にとり組み、矩形のトレイン・シェド【鉄道駅のプラットホームと線路を同時に覆う大きな屋根】用に、木ないし鉄製の合掌屋根と鉄製のつなぎ小梁をもちいるシステム【ポロンソー・トラス】を考案してもいる【1837年】。パリ18区のポロンソー通り（Rue Polonceau）は、この親子をたたえて、1842年に命名されたものである。

ボワ Bois　19区のボワ（森・林）通り（Rue des Bois）は、14世紀にここにあったリゴヌの森を追慕して、1837年に命名された。

ボワイエ Boyer　1802-58年。フィリップ・ボワイエは生前に名声をはせた医師で、1876年、その名前が10区の通り（Rue Boyer）に冠せられた【彼の父アレクシス（1757-1833）も外科医で、熱烈な愛国者だった彼はパリ医学校の教え子たちの先頭に立ってバスティーユ攻撃に参加している】

ボワイエ＝バレ Boyer-Barret　土地所有者の名前。14区のボワイエ＝バレ通り（Rue Boyer-Barret）は1876年に命名されている。

ポワシー Poissy　1772年から1865年まで、5区のポワシー通り（Rue de Poissy）に近いコシャン通りには、特別に建てられたホールのなかに子牛市場が設けられていた。同時期にはまた、ポワシーの町にも家畜市場があり、この市場の子牛がコシャン通りのホールに送り込まれていた。

　これがポワシー通りの呼称の由来となったが、パリ北西郊の町自体はすでに禿頭王シャルル2世【在位843-877。のちにカール2世として西ローマ皇帝（在位875-877）】の時代から存在しており、国王はここで会議を開いている。1215年に聖王ルイ（サン＝ルイ）が洗礼を受けたのも、ポワシーに今もある教会だった【ポワシーは聖王とフィリップ3世（在位1270-85）の生地】。ポワシーの家畜市場は1866年までパリに肉を供給していた。

ボワシエール Boissière　1868年の命名。ボワシエールとは十字架を指すが、かつて、枝の主日【復活祭直前の日曜日。イエスがナツメヤシの枝を手にした人々に迎えられてエルサレムに入城したことを記念する日】には、ツゲの枝をそこに吊るすという慣行があった。それゆえ、1868年に命名された16区のボワシエール通り（Rue Boissière）は、文法家・辞書編纂家のジャン・ボワシエール（1806-85）をたたえるためのものではない。

ボワシ・ダングラ Boissy d'Anglas　1756-1826年。アノネ近郊のサン＝ジャン＝ド＝ラ＝シャンブル（フランス南東部アルデーシュ県）に生まれ、パリで没した政治家。フランス革命前、パリ高等法院の弁護士だったダングラは、やがて全国三部会で穏健派の立憲党代表となり、さらに国民公会（コンヴァンション）ではアルデーシュ選出議員として、国王の処刑に賛成票を投じた。

　彼はまた、1794年12月5日に公安委員会のメンバーとなり、1795年5月20日に民衆が国民公会になだれ込んできた際は、その議長をしていた。そして、革命暦第12月のフリュクティドール（実月）18日【1797年9月4日に総裁のバラスらが政府から王党派を追放したクーデタ】で追放されるが、第2月のブリュメール（霜月）18日にまいもどった（噂では、彼は風見鶏のような人物だったという）。

　1815年の百日天下の際、ダングラはナポレオンからある使命を託されながら、ワーテルロー（ワテルロ）での敗戦後、皇帝に公然と背いた。もはや皇帝を怖れることがなくなったからである。そして、第二復古王政期には貴族院議員となり、自由主義派の論客として注目を浴びた。まさにみごとな経歴（！）ではある。1865年、パリ市はそんな彼にも通りをあたえている。8

区のボワシ＝ダングラ通り（Rue Boissy-d'Anglas）がそれである。

ボワシュー Boissieu 1736-1810年。ジャン＝ジャック・ド・ボワジューはリヨンで生まれ、没した画家・版画家。イタリアの遺跡や記念建造物を対象とするみごとなエッチングを遺している。ルーヴルには彼の作品が1点だけある。18区を走るボワシュー通り（Rue Boissieu）は1867年に命名されている。

ボワソナド Boissonade 1774-1857年。ギリシア学者で、一族の出自であるフランス南西部ガスコーニュ地方での本名はボワソナード・ド・フォンタラビ。パリを生没地とする彼は最初、行政の仕事にかかわったが、まもなくそれを辞して文学に専念する。やがてパリ大学文学部の教授となった彼は、ギリシア研究の再興に大いに尽力した。おもな著書に『フィロストラトスのエロイカ』【1806年】や『オウィディウスの転身物語』【1822年】、『プラトンのゴルギアス』【1834年】、さらに『犬儒学派ディオゲネス書簡集』、『犬儒学派クラテース書簡集』、『バブリウスの寓話』【1844年】、『パルニ作品集』【いずれも刊行年不詳】などがある。1875年の命名になるボワソナド通り（Rue Boissonade）は14区にある【お雇い外国人として日本の法整備に貢献したギュスタヴ・エミール・ボワソナード（1825-1910）は、彼の息子】

ポワソニエ Poissonniers 18区のポワソニエ（鮮魚商）通り（Rue des Poissonniers）は1307年に敷設されているが、当時はたんなる小径にすぎず、北海でとれた魚をパリに運ぶ商人たちの通り道となっていた。1850年に鉄道が開通すると、ここは通り道としての役割からしりぞいたが、鮮魚商という呼称だけは残った。

ポワソニエール Poissonnière 4区のポワソニエール通り（Rue de la Poissonnière）は、17世紀初頭に開通している。当初、これはポワソニエ（鮮魚商）通りとよばれていた。開通してまもなく、通りは家屋44棟と街灯10基を数えるまでになった。

鮮魚商たちは北仏パ＝ド＝カレ地方の港から、ここを通ってパリに魚を運んだ。この通りが現在の呼称となったのは、1635年である。一方、2区と9区を結ぶ同名の大通り（Boulevard de la Poissonnière）は、1685年に敷設されている。呼称は、それがポワソニエール通りを起点とすることによる。さらに、18区には同名のヴィラ（Villa Poissonnière）もある。1840年に建設されたヴィラで、呼称はポワソニエール通りに隣接していることによる。

ポワソヌリ Poissonnerie 4区のポワソヌリ袋小路（Impasse de la Poissonnerie）は、サント＝カトリーヌ市場が開設された1783年に敷設されている。ここにはこの市場の鮮魚商たちが住みつき、それが呼称の由来となった。

ポワティエ Poitiers 7区を走るポワティエ通り（Rue de Poitiers）の呼称は、本来ポワトゥー地方の中心都市であるポワティエとは無縁だった。現在の呼称は変形の結果によるものだからである。この通りは1680年に敷設されているが、そこはもともとジャン・ポティエ（Jean Potier）なる人物の土地だった。このポティエが変化して、ポワティエとなったのである。理由は神のみぞ知る、である。

いずれにせよ、ガリアに住んでいたピキトネス族の都だったみごとな古代都市ポワティエは、2世紀から中世まできわめて重要な知的センターだった。470年から507年にかけて西ゴート族の居住地となったポワティエは、カロリング朝時代にはアキテーヌ王国に属した。そして1356年、イングランド軍に占拠されるが、72年、デュ・ゲクランの働きで、フランスがこれをとり戻した。

ポワティエはまたその歴史においてふたつの重要な戦い【ポワティエの戦い】の舞台となっている。まず732年には、シャルル・マルテル【686-741。フランク王国の宮宰】がここでイスラーム軍と戦い、勝利している。もうひとつは1356年の戦いで、善良王ジャン2世【在位1650-64】が派遣

した国王軍と、ウェールズ公エドワーズ黒太子【1330-76】率いるイングランド軍があいまみえている。

ポワティエ

1753年7月23日、ロバの蹄鉄がポワティエのある家の壁にはさまってしまった。ハエに苛立ったロバが後ろ足で激しく蹴ったため、蹄鉄が外れて、ふたつの石のあいだに入り込んだのである。

19世紀中葉まで、ポワティエには「悪臭を放つ石」なるものがあった。ディアブル（悪魔）通りにおかれていたこの窪んだ石は、その名の通りきわめて不快な臭いを発散していたが、これは悪魔の放屁によるとされていた。だが、虫歯に悩む住民たちがこの石に頭を入れれば、痛みは消えたという。1855年頃まで、歯痛を抱えた人々は、歯医者よりこの石にすがったともいう。

第2次世界大戦中、慈善院で働く聖職者たちは、ある日、病院長とドイツ兵たちが入ってきた霊柩車にうやうやしく挨拶するのを見てほくそ笑んだ。霊柩車のなかに入っていたが豚だったからである。聖職者たちは田舎で密かに屠られた家畜を、こうして慈善院内に送り込んでいたのだ。

ポワトゥー Poitou フランス西部の地方で、ガリア人ピクトネス族の国。彼らはユリウス・カエサル（ジュール・セザール）率いるローマ軍にいっさい抵抗しなかった。とくに16世紀に繁栄したポワトゥー地方は、一連の宗教戦争で壊滅的な被害をこうむった。1685年にナントの勅令が廃止されると、そのふたつのプロテスタントの町ニオールとサン＝メクサンは致命的な攻撃を受けた。やがてフランス革命期の1790年、この地方には3つの県がおかれた。ヴィエンヌ、ドゥー＝セーヴル、ヴァンデである。3区のポワトゥー通り（Rue de Poitou）が命名されたのは、1626年のことである。

ボワ・デ・コール Bois des Caures ボワ・デ・コール通り（Rue des Bois-des-Caures）は、1916-17年のヴェルダンの戦いで激戦の舞台となった戦場の名を記念して、1932年に命名された17区の通り。この戦いでは、ブーランジェ将軍【1837-91。将軍から陸軍大臣となり、軍制改革や対独強硬策で民衆から人気を集め、第三共和政では反対勢力の中心となった】の婿で、北仏ヌーシャテル＝シュル＝エーヌ出身の下士官ドリアン（1855-1916）が、華々しい軍功をあげて戦死している。

ポワトヴァン Poitevins 6区のポワトヴァン通り（Rue des Poitevins）はかなり古くからあり、14世紀にはギャール・オー・ポワトヴァン通り、のちにジナール通り、さらにジェラール・オー・ポワトヴァン通りとよばれ、現在の呼称になったのは1448年のことだった。呼称の由来は、そこにポワティエないしポワトゥー地方出身者たち（ポワトヴァン）が住んでいたことによる。

ボワ・ドルム Bois d'Orme この19区のヴィラ・デュ＝ボワ＝デュ＝ドルム（Villa du Bois-d'Orme）は、2000年、土地の古称にちなんで命名されている。オルムとは高さが20-30メートルにも達し、葉が鋸歯状で、幹が硬く重い楡の木である。フランス語の表現にある「楡の木の下で私を待って」とは、「私を待っても無駄なこと」の謂い。

ボワ・ド・ブーローニュ Bois de Boulogne ブーローニュの森は植生の大部分がオウシュウカナラ（ルーヴル）だったことから、長いあいだルーヴレの森とよばれており、現在の呼称となったのは14世紀に入ってからである。ナポレオンはここをパリ周辺でもっとも快適な散策の場としていた。だが、1815年、この森は外国【対仏大同盟諸国】の軍隊によって蹂躙され、1852年にようやくパリ市の管理するところとなった。

かつて森にはフランソワ1世が築いたマドリード城【1526年造営着工。完成はアンリ2世治下の1552年】や、シャルル9世【在位1561-74】をはじめとする歴代の国王が

狩猟の集合地としてもちいていたミュエット城があった。後者はやがてルイ13世【1606年。当時は王太子】やベリー公爵夫人【1717年、父である摂政フィリップ・ドルレアンが、この愛娘のためにマドリード城と交換に購入した】、ついでマリー＝アントワネット【1764年】の所有となった。

ブーローニュの森にはまた、アルトワ伯【ルイ16世の王子で、マリー＝アントワネットの義兄弟。のちのシャルル10世】の命でわずか64日間で築かれ、「フォリー・ダルトワ」【アルトワ伯の遊楽用別荘】とよばれたバガテル館がある。さらに、田園の舞踏会場となったラヌラグ館や、ここで殺害された吟遊詩人【アルノー・カトラン。生没年不詳】の名にちなんで命名されたプレ＝カトラン庭園のことも忘れてはならない。そして今日、ブーローニュの森の主たる魅力は、きわめて多様な動物たちにある。1888年に敷設されたボワ＝ド＝ブーローニュ通り（Rue du Bois-de-Boulogne）は16区にある。

ボワトン Boiton 土地所有者の名前。その名を冠したボワトン小路（Passage Boiton）は13区にある。

ボワノ Boinod 1756-1842年。経理部武官の名。18世紀のボワノ通り（Rue Boinod）は1867年に命名されている。

ポワリエ Poirier ポワリエ氏は1892年に命名された15区のヴィラ・ポワリエ（Villa Poirier）に、家を1軒有していた。

ポワリエ・ド・ナルセ Poirier de Narçay 1859-1918年。ナルセ氏はセーヌ県議会の議長をつとめた医師。14区のポワリエ＝ド＝ナルセ通り（Rue Poirier-de-Narçay）は、それをたたえて1933年に命名されている。

ボワ・ル・ヴァン Bois le Vent 悪戯好きな風は、この16区のボワ＝ル＝ヴァン通り（Rue Bois-le-Vent）【字義は「風の森」】の舗石を愛撫しにくる前に、ブーローニュの森（ボワ・ド・ブーローニュ）の上を吹き抜ける。呼称はそれに由来するが、正鵠を期すなら、むしろ「ボワ・ス・ル・ヴァン（風の下の森）」とすべきだろう。

ボワ・ル・プレートル Bois le Prêtre 17区のボワ＝ル＝プレートル大通り（Bolevard du Bois-le-Prêtre）は、フランス東部ムルト＝エ＝モーゼル県にある。14-18戦争（第1次世界大戦）のあいだ、ここで激戦がくりひろげられた。呼称【字義は「司祭の森」】のは1932年からある。

ボワロー Boileau 1636-1711年。16区のボワロー通り（Rue Boileau）は、1792年に命名されている。ニコラ・ボワロー＝デプレオーは、パリに生まれ、没した詩人・作家。デプレオー（Despréaux）の名は、父親【パリ高等法院書記】がパリ南方エソンヌ地方のクローヌに有していた遊牧地（pré）に由来する。彼は生涯の一部をルイ14世（ルイ・ル・グラン）が提供してくれたオートゥイユの邸館で送ったが、そこで当時の有名人たち、たとえばしばしば攻撃的な文章を書いたが、善意の持ち主でもあったコルネイユやモリエール、ラシーヌ、ラ・フォンテーヌなどと交流した。

セヴィニェ夫人はそんなボワローをこう評している。「彼は詩のなかでのみ残酷となる」。だが、ボワローの末期は惨めなものだった。友人たち、とくにラシーヌを失い、体もこわして、ノートル＝ダム修道院の自分の聴罪司祭の家に引きこもり、そこで没した。そんな彼の作品としては、『詩法』【守屋駿二訳、人文書院】や『聖歌隊席』【1872-83年】、さらに数多くの風刺詩や書簡がある。

ポワンソ Poinsot 1777-1859年。ルイ・ポワンソはパリを生没地とする数学者。1794年、パリの国立理工科学校（エコール・ポリテクニーク）の第1期生募集に合格して入学するが、2年後に中退して、パリ土木局の技師となる。【母校の解析学教授を1809年から11年までつとめた】彼は、1813年に科学アカデミー会員となる【同年に没した数学者・天文学者のジョゼフ・タグランジュの後任】。さらに国民教育担当の国務評定官に選ばれ【1939年】、1846年には貴族院議員、52年には元老院議員に叙せられた。幾何力学の創唱者のひとりと目さ

れる彼には、『回転体の新理論』【1834年】などの著作がある。14区のポワンソ通り（Rue Poinsot）は1864年からある。

ポワン＝デュ＝ジュール Point-du-Jour　16区のポワン＝デュ＝ジュール（夜明け）河岸通り（Quai du Point-du-Jour）は、1730年からあった旧地名にちなんで命名されている。当時、そこにはオートゥイユ村の主たる集落があり、ポワン＝デュ＝ジュールという地名は、そこで開業していたオーベルジュの屋号に由来する。この河岸の港は長いあいだバトー＝ムーシュ【セーヌ川の遊覧船】の終点および艇庫となっており、ガンゲット（酒場）や賭博場、回転木馬が立ちならぶ岸辺は、きわめて奔放な陽気さを醸し出していた。だが、パリ・コミューン（コミュヌ・ド・パリ）時、ポワン＝デュ＝ジュールはかなりの悲哀を味わうことになった。1871年5月28日、ヴェルサイユの国王軍がここを通ってパリに進軍したからである。

ポワント Pointe　このポワント【字義は「先端」】はバニョレ通りとフォンタラビ通りの角を意味する。20区のポワント小路（Sentier de la Pointe）は、1938年、正式に命名されている。1830年からそれまで、これは旧シャロンヌ村の田舎道にすぎなかった。

ポワント・ディヴリー Pointe d'Ivry　13区を走るポワント＝ディヴリー通り（Rue de la Pointe-d'Ivry）の呼称は、ここがショワジ―大通りとイヴェリー大通りが交差する地点にあることに由来する。

ボン＝ヴィヴァン Bon-Vivants　1区のボン＝ヴィヴァン【字義は「楽天家」】通り（Rue des Bon-Vivants）は、1996年に命名されたもので、レ・アルのフォーロム中央セクターの地下3階に位置している。この命名は、ヴィクトル・バルタールの時代、ここで大宴会がしばしば開かれていたことを想い起こさせる。むろん、楽しくないことより楽しいことを思い出す方がはるかによい。

ボン＝ザンファン Bons-Enfants　4区のボン＝ザンファン通り（Rue des Bons-Enfants）の呼称【字義は「良い子」】は、14世紀からある。近くに同名の学寮があったためで、この学寮は1208年、13人の貧しい学童のために、レノル・ケレンとエティエンヌ・ブロがパリ市内での募金活動を認められて創設したものである【通説では、創設者はブロとその妻アダとされている】。その見返りとして、これら純朴な子供たちはルーヴル宮礼拝堂の少年聖歌隊に入れられた。

ポンスカルム Ponscarme　1827-1903年。フランソワ・ポンスカルムはフランス東北部、ヴォージュ県のベルモンに生まれ、パリ南郊のマラコフで没した彫刻家・版画家。メダル類の彫金で比類のない才を発揮した彼は、サジ・カルノーやレッセプス、ジュール・フェリー、エドガー・キネ、モナコ大公、さらに「熟練工たち」などの肖像メダルを遺している。1871年にパリ高等美術学校（ボザール）の教授となった彼の名は、1934年から13区のポンスカルム通り（Rue Ponscarme）にみられる。

ボン＝スクール Bon-Secours　11区のボン＝スクール袋小路（Impasse Bon-Secours）は、1648年9月に財務суか官ヴィギエの未亡人クロード・ド・ブシャヴァヌによって建立された、ボン＝スクール【字義は「よい救い」】修道院を記念して命名されている。ただし、夫の遺産は僅かだった。これはベネディクト会系の女子修道院で、修道女たちは夫の要請によって妻たちを受け入れていた。

ポンスレ Poncelet　1788-1867年。ジャン・ヴィクトル・ポンスレは射影幾何学の復活に貢献した数学者・工学技師・軍人。メス生まれの彼は、パリの国立理工科学校（エコール・ポリテクニク）卒業後、工兵将校としてナポレオン軍のロシア遠征にくわわった【1812年】。だが、クラスノイで戦死したと思われて放置され、ロシア軍に捕虜としてサラトフ収容所に収監された。1814年に帰国すると、現役兵として軍隊に復帰し、ワーテルロー（ワテルロ）の戦い後、メス防衛線に参加する。

ただ、兵士としての素質より、技師としての素質に恵まれていた彼は、とくに『導管排気の動きにかんする論考』【発表年不詳】や『疲労の射影特性理論』【1822年】によって知られるようになる【彼の重要な著作としては、ほかに射影幾何学研究の成果を示した『解析学と幾何学の応用』（2巻、1862・64年）がある】。ポンスレはまた異なるおもしをとりつけた跳ね橋やまがった水受け板をつけた水車の利用を提唱してもいる。

1834年、科学アカデミー会員に選ばれた彼は、1838年、パリ大学に科学部を創設し、48年から50年まで、母校理工科学校の校長をつとめた。17区にあるポンスレ通り（Rue Poncelet）は、彼の死後1年目の1868年に命名されている。

ポンソー Ponceau 2区のポンソー通り（Rue du Ponceau）は1605年に開通している。呼称はその端に、ノートル＝ダム＝ド＝ナザレ通りからプロヴァンス通りへと向かい、そこで「大下水渠」に注ぎこむ下水渠をまたぐアーチ状の小橋、すなわちポンソーがあることに由来する。ポンソー小路（Passage du Ponceau）はこの通りに近いことから、1826年に同じ名がつけられた。

ポンタ＝ムソン Pont-à-Mousson ナンシーから東に25キロメートル、モーゼル河岸に位置するムルト＝エ＝モーゼル県の町。マルグリト・ダンジュー【1429-82。ロレーヌ・バール公女で、イングランド王ヘンリー6世の妃。精神的に虚弱な夫王に代わって政治を動かしたが、のちに失脚。1448年にケンブリッジのクイーン・カレッジを創設している】の生地でもあるこの町は、1914年、ドイツ軍を迎え撃って勝利した。17区のポンタ＝ムソン通り（Rue de Pont-à-Mousson）は、それを記念して1933年に命名されている。今日、この町は大規模な鉄鋼業や金属パイプの生産で栄えている。

ポンディシェリ Pondichéry インド南東部の町ポンディシェリはフランスの拠点だった【現在も極東学院研究センターをはじめと

するフランスの研究機関がおかれている】。ベンガル湾のコロマンデル海岸に位置するこの町は、1673年にフランス東インド会社に割譲されたが、1793年、対仏大同盟戦争でオランダ東インド会社に奪われ、97年【大同盟戦争を終結させたレイスワイク条約締結】にフランスに返還される。1761年には、ラリ＝トレンダルの激しい抵抗にもかかわらず、イギリスに帰属するようになった。しかし、それが終わりではなかった。1763年のパリ条約【ヨーロッパの七年戦争や北アメリカ大陸のフレンチ・インディアン戦争、インドのカーナティック戦争などの講和条約】で、再びフランス海外領土となるが、執拗なイギリスは1778年にポンディシェリをフランスから奪いとり、それから5年後のヴェルサイユ条約【フランス・スペインとイギリスが調印したアメリカ独立戦争の講和条約】で、フランスはその領有権をイギリスから返還させる。

だが、歴史はそれでも終わらなかった。フランス革命時の1793年、イギリス軍がこの地を占拠し、フランスがこれをとり戻したのは、1816年のことだった。以後、1954年までポンディシェリはフランス領となった。15区のポンディシェリ通り（Rue de Pondichéry）は1892年からあるが、この町は、やはりフランスのインド統治拠点だったカリカル【インド南東岸の町】やマエ【南西岸の町】と分かちがたく結びつけられて、何世代もの学童たちの記憶に刻みつけられた。

ポンテュー Ponthieu ポンテューは北仏ピカルディ地方の一部をなしていた旧地域名。この地は1619年からシャルル9世【国王在位1561-74】の庶子シャルル・ド・ヴァロワ【1573-1650。アングレーム公。アンリ4世転覆の陰謀を企てたとして斬首刑を宣せられ、1604年にバスティーユに投獄・幽閉される。だが、王妃マリ・ド・メディシスの働きかけで1616年に釈放され、以後軍人として勇名をはせた】の領地となった。1690年、彼の孫娘はこの領地をフランス王室に譲った。ポンテュー通り（Rue Ponthieu）は、

ホントクル

1798年から8区にある。

*ポン・ド・グルネル Pont de Grenelle　16区のポン=ド=グルネル道（Chaussée du Pont-de-Grenelle）は1825年に開通した【1972年にモーリス=ブルデル通りに改称。モーリス・ブルデル（1902-44）はジャーナリストでレジスタンスの活動家だったが、強制収容所で没している】

ポン=トー=シュー Pont-aux-Choux　3区のポン=トー=シュー通り（Rue du Pont-aux-Choux）は1610年に命名されている。その呼称は、テュレンヌ通りが敷設されて暗渠化した下水渠にかかっていた橋と、この一帯にあった野菜畑で栽培されていたキャベツ（シュー）に由来する。

ポン=トー=ビシュ Pont aux Biches　3区にあるポン=トー=ビシュ通り（Rue du Pont-aux-Biches）の呼称【字義は「雄シカ橋」】は、近くのノートル=ダム=ド=ナザレ通りに沿う下水渠をまたぐ橋、より正鵠を期していえば歩道橋と、通りに追い詰められた雌シカを描いた古い絵看板がかかっていたことに由来する。この小路は1730年からある。

ポン・ド・ロディ Pont de Lodi　ローディ（ロディ）はミラノ地方にあるアッダ川左岸の町。1796年5月9日から10日にかけて、ナポレオンがここでオーストリア軍相手に輝かしい勝利をおさめている。9日、彼はここを奪取し、翌10日には右岸も支配下に置いた。ロディ橋はオーストリア軍が2万の兵を失った激戦の舞台だった。6区のポン=ド=ロディ通り（Rue du Pont-de-Lodi）は、この勝利を記念して1802年に命名されている。

ポントワーズ Pontoise　5区のポントワーズ通り（Rue de Pontoise）に近いコシャン通りには、かつて子牛市場が設けられていた。ポワシーは大部分の牛をここに送り、売りさばいていた。だが、ポントワーズ通りが命名された1806年、パリ北西郊のポントワーズもまた同様にかなりの数の子牛を同じ市場に送るようになった。ヴァル=ドワーズ県の県庁所在地で、オワーズ河岸

にあるこの町の名は、ケルト時代に橋がかかっていたことに由来する。

　ルイ14世（ルイ・ル・グラン）とルイ15世【国王在位1715-74】時代、パリの高等法院はここに3度移されている。1652年、1720年および53年である。そこからある言いまわしが生まれ、長いあいだもちいられた。「驚いた、呆然とした」を意味する「ポントワーズに戻る」という表現である。この町はフィリップ勇胆公【1342-1404。フランス国王ジャン2世の子で、百年戦争中のポワティエの戦いで勇猛をはせた】やニコワ・フラメル、建築家ルメルシエ【→ルーヴル】の生地でもある。

ボンヌ Bonne　まだ読者諸賢が生まれていなかった頃、ここには「ラ・ボンヌ・オー（よい水）」、ついで「ボンヌ・フェ（よい妖精）」、さらに「ボンヌ・フォンテーヌ（よい泉）」とよばれた泉があった。呼称はこれらの形容辞を採用しただけのことである。ボンヌ通り（Rue de la Bonne）は18区。1863年に敷設されている。

ボンヌ・グレヌ Bonne Graine　呼称の由来は単純で、1778年まで、この小路（Passage de la Bonne-Graine）に種子を扱う商店があったことによる。

ボンヌ=ヌーヴェル Bonne-Nouvelle　2区と10区を結ぶボンヌ=ヌーヴェル大通り（Boulevard de Bonne-Nouvelle）は1676年に敷設され、10区のボンヌ=ヌーヴェル袋小路（Impasse de Bonne-Nouvelle）は1867年からある【呼称は「良き知らせ」の意】。ノートル=ダム・ド・ボンヌ=ヌーヴェル教会の近くにあることから命名されている。この教会は、聖王ルイ9世（サン=ルイ）と聖女バルバラ【238頃-306頃。異教徒の父親ディオスコロスによって斬首されたとされる殉教者】に捧げるため、1551年に建立された古い礼拝堂を起源とし、1628年、教会堂が建立されて今日の呼称となった。やがて教会堂はフランス革命によって破壊されるが、1825年から30年にかけて、建築家のエティエンヌ=イポリット・ゴッド【1781-1869。ペール=ラシェー

ズの礼拝堂なども手がけた】によって再建されている。

ポン＝ヌフ Pont-Neuf　１区のポン＝ヌフ【字義は「新しい橋」】橋（Pont du Pont-Neuf）はシテ島の西端でセーヌ川の２本の支流をまたいでいる。架設工事は1578年に着工され、完成したのは1607年だった。橋の中ほどに騎馬像が据えられているアンリ４世が、その竣工式をおこなった。かつてこの橋には、唄を歌って糊口をしのぐマルシャン・ド・シャンソン【字義は「歌の商人」】たちが数多くいた。そこから「ポン＝ヌフ」という表現が、市中に出回るはやり歌を意味するようになった。この語はまたせっせとここやってきては、はやり歌を歌う以外の商いをする、「春をひさぐ」女性たちをも意味した。

　　橋と同時期にできた１区のポン＝ヌフ広場（Place du Pont-Neuf）は、革命の1789年までアンリ４世広場とよばれていた。一方、同じ区にある同名の通り（Rue du Pont-Neuf）は、それが橋に通じていることにちなんで1867年に命名されている。ただし、通り自体が敷設されたのは1854年である。

ポンプ Pompe　16区を走るポンプ通り（Rue de la Pompe）の呼称は、1785年からミュエット城【→ボワ・ド・ブーローニュ】に水を供給するポンプが近くにあったことにちなむ。このポンプは、1770年から86年にかけて、しばしば城に滞在した王妃マリー＝アントワネット【1755-93】が快適な日々を送るためにつくられた。

ポン・ミラボー Pont Mirabeau　15区のポン＝ミラボー・ロータリー（Rond-Point du Pont-Mirabeau）は、それが1894年から87年にかけて建設され、「ミラボー橋の下、セーヌは流れ」【ギヨーム・アポリネール作「ミラボー橋」】と謳われた橋の近くにあることから命名されている。

ポン・ルイ＝フィリップ Pont Louis-Philippe　４区のポン＝ルイ＝フィリップ通り（Rue du Pont-Louis-Philippe）は1833年に開通して以来、それが通じる橋の名がつけられている。ルイ＝フィリップ橋もまた1833年に建設された。1842年から52年まで、この橋は、通りと同様、ポン・ド・ラ・レフォルム（改革橋）とよばれていた。

マ行

マアトマ・ガンディー Mahatma Gandhi
1869-1948年。マハトマ（マアトマ）・ガンディー【マハートマ（偉大なる魂）の尊称は、インドの詩聖タゴールから贈られたとされる】は、インド北西部グジャラート州のポールバンダルに生まれ、ニューデリーで暗殺された愛国者・弁護士・政治指導者・思想家。インドを独立に導いた運動の「原動力」で、彼のすべての行動は非暴力を基盤としていた。16区のマアトマ＝ガンディー大通り（Avenue du Mahatma-Gandhi）は、1971年に命名されている。

マイエ Mayet 6区のマイエ通り（Rue Mayet）は1840年の開通当初からこの名でよばれている。呼称はそれが敷設された土地の所有者に由来する。

マイエンヌ Mayenne フランス北西部を流れる川。全長202キロメートルで、プレ＝エン＝パイユ（水源近くの町）やマイエンヌ、ラヴァル、シャトー＝ゴンティエ、モンルイユ＝ベルフロワを潤してからサルト川に合流し、メーヌ川となる。その名を冠したマイエンヌ小公園（Square de la Mayenne）は、1932年から17区にある。

マイヤール Maillard 1814-83年。ジャン・アントワヌ・マイヤール・ド・ラ・グールヌリは、パリ北西方イヴリーヌ県のマントに生まれ、パリで没した技師。国立理工科学校（エコール・ポリテクニーク）卒業後、パリ土木局の監察官となり、国立工芸院で画法幾何学を教えた。フランス学士院会員だった彼の名は、11区の通りにつけられている。マイヤール通り（Rue Maillard）である。

マイユ Mail 2区のマイユ通り（Rue du Mail）は1634年、ペルメル遊戯場の跡地に敷設されている。通りの建設当時、パリ市民のあいだではすでにさほど人気がなくなっていたが、ペルメルとはクロッケーの前身で、各遊戯者が両端に円形の鉄を張り付けたスティック状の木槌でボールを叩き、地面におかれた標的にあてるまでの打数を競う遊戯だった。かつては多くの町にこの遊戯場があった。

マイヨ Maillot 1826-88年。テオドール・ピエール・ニコラ・マイヨはパリを生没地とする画家。1864年にローマ大賞を得た彼は、『聖トマの不信』や『マルプラケの戦いにおけるフェルロン』、『聖マルセルの神格化と遺骸の移送』（ノートル＝ダム司教座聖堂）、『3つの対神徳』（サン＝ジャック＝デュ＝オー＝パ教会）などを描いている。さらに、パンテオンを飾るために、蠟画『聖女ジュヌヴィエーヴの行進』も手がけた。

もうひとりのマイヨ、すなわちフランソワ・クレマン・マイヨ（1804-94）は軍医である。同姓の画家とは無縁だが、彼はアフリカに派遣された兵たちのためにはじめて硫酸キニーネをもちいている【彼は1832年から25年にかけてアルジェリア北東部のボーヌ、現アンナバの陸軍病院で医師として働き、その間、マラリヤに罹った兵士たちをこの特効薬で治療している】。彼の名はアルジェリアの村名として残っている。

16区のマイヨ大通り（Boulevard Maillot）は1920年の命名だが、通り自体はヌイイ＝シュール＝セーヌ市まで伸びている【ただし、この大通りの命名が何に由来するかは不明。テルヌとクリシー地区の住民たちが、1382年に重税に反対して槌を手に立ち上がったマイユタンの乱に由来するという説がある】

***マガザン＝ア＝フラージュ Magasins-à-Fourrage** かつて15区にあったマガザン＝ア＝フラージュ巡回路（Chemin de ronde des Magasins-à-Fourrage）の呼称は、ここに軍馬用の馬糧店がならんでいた

ことに由来する。敷設は1840年である。

マガザン・ド・ロペラ=コミック Magasins de l'Opéra-Comique　17区にあるマガザン=ド=ロペラ=コミック広場（Place des Magasins-de-l'Opéra-Comique）は、2003年、通りのすぐ近くにオペラ=コミック劇場の舞台装飾を扱う店があることから命名されている。2000年に入って「アトリエ・ベルティエ」と改称したこの店には、**オデオン**座が全館修復工事のあいだ、その舞台装置が保管されていた。

マキ・デュ・ヴェルコール Maquis du Vercors　19区と20区のあいだに位置するマキ=デュ=ヴェルコール広場（Place Maquis-du-Vercors）は、第2次世界大戦時、マキ、すなわちレジスタンス運動の拠点だった、フランス南東部のヴェルコール地方（プレアルプス山脈北方）での戦いを記念して、1979年に命名されている。1944年の6月と7月、3500人のレジスタンス活動家は、ドイツ軍2師団が**ノルマンディ**の前線に向かうのを阻止するべく、ここで戦った。だが、7月末、彼らは敵軍に一掃ないし虐殺された（犠牲者750人）。それを追悼するため、ヴァシュー=アン=ヴェルクールに記念碑が建てられている。ローヌ=アルプ地方のロマン=シュル=イゼールには、このレジスタンス博物館がある。

マクドナルド Macdonald　1765-1840年。タラント公アレクサンドル・マクドナルドは、フランス北東部のスダンでアイルランド移民の子として生まれ、パリ近郊のクルセルで没した元帥・貴族院議員。フランス革命後、北部方面軍に入り、1795年に少将、98年に中将となる。1796年にローマ総督となった彼は、翌年、フランス軍によるナポリ（**ナプル**）進攻を指揮する。1804年には、反ボナパルトの王党軍と交渉にあたっていたジャン・ヴィクトル・モローワ将軍【1763-1813。ライン=モーゼル軍を指揮して軍功をあげるが、ナポレオンと対立してアメリカ合衆国に亡命し、のちにロシアで活躍する】にあえて好意的な証言をおこなう。

そのため、皇帝は彼を数年間遠ざけた。

だが、1809年、マクドナルドはよび戻されてイタリア方面軍に派遣される。そして7月、ウィーン近郊におけるヴァグラム（**ワグラム**）の戦いで大武勲をあげ、元帥と公爵に叙される。ナポレオンが失脚すると、マクドナルドは対仏大同盟軍と皇帝の退位を交渉する。ルイ18世【在位1814-15/1815-24】はそんな彼を貴族院議員に任じた。1815年の百日天下では、マクドナルドは**リヨン**の王党軍を指揮する。だが、エルバ島を脱出したナポレオンの到着を歓喜の声で迎えた兵士たちを目の当たりにして、彼はパリに戻り、ワーテルロー（**ワテルロ**）の戦いまで逼塞を続けた。この対応に報いて、第二復古王政は彼に大元帥位を授けている。19区のマクドナルド大通り（Boulevard Macdonald）は1864年からある。

マグドブール Magdebourg　ドイツ中北部、エルベ川沿いのマグデブルク（マグドブール）は、人口23万1000【2013年】の都市である。もともとザクセン人の要塞だったこの町は、初代神聖ローマ皇帝のオットー1世【962-973。オットー大帝】によって再建され、968年、ここに司教座がおかれてから繁栄する。オットー・フォン・ゲーリケ【1602-86。真空の研究で知られる発明家・政治家】の生地で、**カルノー**終焉の地でもあるマグデブルクの名は、フランス軍が1806年にここを奪取したことを記念して、パリの通りにつけられている。16区のマグドブール通り（Rue de Magdebourg）がそれである。

マク=マオン Mac-Mahon　1808-93年。マジェンタ公パトリス・マク=マオンは、ブルゴーニュ地方ソーヌ=エ=ロワール県のシュリーに生まれ、パリ盆地南部ロワレ県のラ・フォレ城で没した元帥で、第三共和政大統領。アイルランド系旧家の出である彼は、サン=シル士官学校卒業後、1830年にアルジェリアへの軍事遠征に従事し、軍功をあげて大佐（1845年）、少将（48年）、中将（52年）と着実に昇進を重ねた。

マコネ

1855年にクリミア（**クリメ**）半島に派遣されると、9月8日、**マラコフ要塞**を攻撃した。兵力を欠いて、敵の攻勢にさらされるという報告を受けたにもかかわらず、「私はここにいる、ここに残る」と叫んだのが、この戦場だった。

1856年、元老院議員に選ばれたマク＝マオンは、1864年から70年までアルジェリアを治めたが、**カルディナル・ラヴィジュリ**とはことあるごとに衝突した。1870年に普仏戦争が勃発すると、彼は第1軍団を率いて戦うが、てひどい敗北を喫し、負傷してプロイセン軍の捕虜となる。帰国は和平協定が結ばれたあとだった。

1871年にはヴェルサイユの国王軍を指揮し、パリをコミューン兵からとり戻してもいる。そして1873年5月24日にティエールが大統領を退くと、その後任として共和国臨時政府の大統領につく。共和政と王政のいずれを政体に選ぶかで議会が紛糾していたその在任期、ボルドー公アンリ・ダルトワ【1820-83。フランス・ブルボン家最後の王位継承者だったが、ルイ・フィリップの策謀によってその座を奪われた】から、白旗【王政の象徴】を復権すべきとの要求が出されたが、王政主義者だったはずの彼は、こう言って拒んだとされる。「シャスポ銃はたった1発でも相手を倒します！」【シャスポ銃は武器製造者のアントワヌ・シャスポ（1833-1905）が考案し、1866年から74年にかけてもちいられたた口径11ミリの制式銃で、ヴェルサイユ軍がこれを装備してコミューン兵たちを撃退している】

1873年11月19日、マク＝マオンは正式に任期7年の共和国大統領となるが、79年1月30日に解任されてしまう。選ばれたばかりの上院議員の過半数が彼の個人的な政策に合意しなかったからである。彼の名を冠した17区のマク＝マオン大通り（Boulevard Mac-Mahon）は、1875年に命名されている。

マコネ Mâconnais 呼称が示すように、マコネはワインの取引で栄えているマコン市の住民とその一帯を意味する。12区のマコネ通り（Rue des Mâconnais）は1993年に開通しているが、かつてそこにはベルシーのワイン倉庫が連なり、今はワインと食料品の国際的な取引センターとなっている。

マザ Mazas 1765-1805年。ジャック・フランソワ・マルク・マザ、愛称「ル・ブラーヴ（勇者）」は、**マルセイユ**出身の連隊長。アメリカの独立戦争に従事したあと、帰国してジロンド軍に入る。やがてイタリア遠征で指揮官となった彼は、1805年、連隊長に任命されるが、同年12月2日、アウステルリッツ（オステルリッツ）で戦死した。12区のマザ広場（Place mazas）はその翌年に命名されたが、興味深いことに、1814年から79年まで現在のディドゥロ大通りも同じ名でよばれていた【大通りがマザ広場に通じていたため】。1845年に設けられマザ監獄の呼称は、それがこの大通りにあったことに由来する。

マザグラン Mazagran 1840年、ルリエーヴル将軍【1800-51】が攻死守したアルジェリア西北部の有名な町。そこでは123人のフランス兵がカスバのなかに立てこもり、アブデル・カーデル【1808-83。「アルジェリア民族運動の父」と称された太守】の将ムスタファ・ベン＝タミ率いる1万2000のアルジェリア軍の数度にわたる攻撃に抵抗した。そして、フランス兵たちは敵軍を押し返し、モスタガネムから援軍が到着すると、敵軍は600人の戦死者をおき去りにして退却した。フランス兵の戦死者は3人だけだった。10区にあるマザグラン通り（Rue de Mazagran）は、この戦勝を記念して1840年に命名されている。同名の通りは14区にもあるが、かつてそこは1941年にパリ市に編入されたジェンティイ村だった。

マザリヌ Mazarine 1661年に他界したマザラン枢機卿【1602-61】は、ネール塔【→ネル】の跡地に学寮を建てるため、総額200万リーヴルを遺贈した。彼が望んだのは、教皇領やアルザス、フランドル、ルシヨン、つまりカトル・ナシオン【字義は「4ヵ国」】の貴族ないし富裕市民の子弟60

人に、そこでより高度な教育を受けさせることだった。こうして1662年に建設されたこの学寮は、88年、パリ大学によって公式に開校され、コレージュ・デ・カトル＝ナシオンとよばれるようになる。ただ、受け入れ学生数は30人だけだった。

さらにマザランは、寮生たちの奨学金用に4万5000リーヴルの年金を遺してもいる。やがて革命期に、同学寮にはセーヌ公安委員会の本拠がおかれ、現在は偉大な学者たち、とくにアカデミー・フランセーズ会員たちが集まるフランス学士院となっている。6区のマザリヌ通り（Rue Mazarine）は、かつてはマザリニ通り（Rue Mazarini）とよばれていた。だが、マザランが望んだ学寮が近かったことから、開校前年の1687年に改名されている【MazarineはMazarinの女性形。Rueが女性名詞であるための性の一致】

マジェラン Magellan 1470-1521年。フェルディナンド・マゼラン（マジェラン）、本名フェルナン・デ・マガリャンイスは、ポルトに生まれ、フィリピンのマクタン島で戦死したポルトガルの航海者。20歳のときにインドに向かい、1511年から12年にかけてマラッカ地域に滞在した。1518年、彼はスペイン国王カルロス1世【在位1516-56。1519年から皇帝カール5世】に、アメリカ大陸南端を通ってアジアやモルッカ諸島へ向かう航路を探す計画を説き、1519年、5隻の艦船を託されて出発する。そして、南米大陸にそって航行したのち、乗組員の反乱を鎮圧して、1521年、ついにフィリピンに到達する。

このフィリピンで、マゼランはセブ島の王とその家臣たちをキリスト教に改宗させ、スペイン王の臣下となることを認めさせる。だが、反対派【マクタン島のイスラーム王ラプ＝ラプ（1491-1542）】との戦いに介入して、命を落とした。この航海者の名をとったマジェラン通り（Rue Magellan）は、1867年から8区にある。

マジャンタ Magenta マジェンタ（マジャンタ）は、イタリア北西部ロンバルディア地方の町で、ナヴィリオ・グランデ運河にそっている。その地名は1859年、パリ10区のマジャンタ大通り（Boulevard de Magenta）につけられているが、それは1859年6月4日、**マク＝マオン**将軍率いるフランス・ピエモンテ連合軍が、オーストリア＝ハンガリー軍を撃破したことを記念してのことである。だが、戦闘ではフランスの将軍ふたりが命を落としている。**クレール**将軍とエスプリ・シャルル・マリ・エスピナス将軍【1815生。1858年、ナポレオン3世から内務大臣を拝命していた】である。この勝利により、マク＝マオンは元帥に昇進し、マジェンタ公に叙せられている。戦死者は連合国側が約4500人、オーストリア側が1万人だった。

マジャンディ Magendie 1783-1855年。フランソワ・マジャンディはボルドーに生まれ、パリで他界した生理学者。ストリキニーネやモルヒネ、ヨウ素、青酸（シアン化水素酸）の作用をあきらかにし、はじめて感覚神経と運動神経を区別している。面妖なことに、彼は医学の力をさほど信じず、患者を治療するときは「自然の働き」を妨げないようにした。1819年、創設と同時に医学アカデミーの会員となり、2年後には科学アカデミーの会員にも選ばれているマジャンディは、パリの慈善院【現パリ市立総合病院】の内科医をつとめ、コレージュ・ド・フランス教授にもなっている（1831年）。近代の実験生理学の祖とされる彼に捧げられたマジェンディ通り（Rue Magendie）は、1867年から13区にある。

マシヨン Massillon 1663-1742年。ジャン＝バティスト・マシヨンは、地中海に面した南仏イエーレに生まれ、中央山地のクレルモン＝フェランで没した司教・説教者。18歳でオラトリオ修道会に入り、数年後、リヨン南西方のモンブリゾンや地中海岸のペズナスで教壇に立つ。艶福家だったため、女性のためにあやうく教会を去りかけたが、再び聖職の道に戻った。1692年に司祭に叙された彼は、当初中央山地オーヴェルニュ地方のセット＝フォン大修道院で隠棲生

活を送り、のちにパリに移る。とくに1699年から始めた講話と説教が評判をとり、翌1700年、国王から待降節の説教を懇請される。

おりしもルイ・ブルダルー【1632-1704。イエズス会士。目を閉じたままおこなう芝居がかった説教で名をはせ、「説教者たちの王、王たちの説教者」とよばれた】が晩年を迎えていたため、マシヨンがその後任に任命された。サント＝ブーヴはそんな彼についてこう記している。「マシヨンの革新性は講話のなかに悲壮感と熱情を採りいれ、神聖な言葉で共感を誘い、いささかもそれを弛緩させなかったところにある」

マシヨンはまたルイ14世（ルイ・ル・グラン）の葬儀で追悼の辞を述べているが、それは次の言葉から始まっていた。「兄弟たちよ、偉大なのは神おひとりである！」。そうした彼の説教としてもっとも知られているのは、「死」と「臨終の不改悛」、「罪人の死」にかんするものである。とりわけ傑作とされるには、「小斎」の題目で編まれた10の説教である。これは1718年、当時8歳だったルイ15世【国王在位1715-74】の前でなされたものである。1717年にクレルモン司教、19年にアカデミー・フランセーズ会員となった彼は、ヴォルテールに大きな影響をあたえ、1721年にその司教区にしりぞいた。4区のマシヨン通り（Rue Massillon）は1801年からある。

マスペロ Maspéro 1846-1916年。ガストン・マスペロはパリ生まれのエジプト学者。1873年からコレージュ・ド・フランスでエジプト考古学を講じていた彼は、80年にエジプトに派遣され、翌81年からブラーク博物館【エジプト博物館の前身。1830年開館】の館長となり、同国のあらゆる考古学的発掘を指揮した。そして1884年、彼はデル・エル＝バハリでエジプト第17王朝のファラオと妃の石棺36体を発見している。さらに1884年から86年にかけてはルクソール神殿とスフィンクスの発掘をおこなった。

1883年に碑文・文芸アカデミーの会員に選ばれた彼はまた、カルナックの全体的な発掘とメンフィスのピラミッド群の合理的な探査も実施している【マスペロはまたエジプト考古学長の最高責任者とつとめ、カイロ考古学研究所を創設している。息子のアンリ・マスペロ（1883-1945）は有名な東洋学者】。彼に捧げられたマスペロ通り（Rue Maspéro）は16区にある。命名は1929年。

マスラン Masseran 呼称は、1805年に駐仏大使となり、ジョゼフ・ボナパルト【ナポレオンの兄で、ナポリ王（在位1806-08）、スペイン王（在位1808-13）の式典長だったイタリア出身のマッセラーノ（Masserano）公の短縮形。この名はイタリア北西部ピエモンテ地方の旧公国名でもある。彼は1790年から7区にあるマスラン通り（Rue Masseran）の7番地に、1878年にアレクサンドル・テオドール・ブロンニャールが建てた邸館を有していた。この邸館はアンヴァリッド大通りにも面していた。

*__マスリエ Maslier__ かつて19区には、地主の名がついたマスリエ小路（Passage Maslier）があった。

マゼ Mazet 1793-1821年。アンドレ・マゼは医師で、みずから研究していた黄熱病に罹ってバルセロナ（バルスロヌ）で他界している。6区のマゼ通り（Rue Mazet）は1864年に命名された【1994年にアンドレ＝マゼ通り（Rue André-Mazet）に改称】

マセナ Masséna 1758-1817年。リヴォリ公でエスリンク大侯爵、そしてフランス元帥のアンドレ・マセナは、裕福な商人の息子としてニースに生まれ、パリで没している。幼くして孤児となった彼は1775年に軍隊に入り、92年に大佐に昇進して、オーストリア＝サルデーニャ軍をニース伯爵領から駆逐した際に軍功をあげる。そして1796年、ナポレオンのイタリア遠征軍の前衛部隊長となり、「勝利の女神の愛し子」との異名をとる。

1798年2月、彼はローマ共和国総督に任命され、99年にはスイス軍を指揮して、オーストリア軍をスイス南東部のグラウビュンデン地方から一掃する。翌年2月、ナ

ポレオンからイタリアにより戻された彼は、ジェノヴァ（ジェーヌ）でオーストリア軍に行く手を阻まれるが、その果敢な抵抗戦がマレンゴ（マランゴ）の戦いを勝利に導くことになった。1804年、元帥に昇進すると、ナポリ（ナプル）王国を攻略してジョゼフ・ナポレオン【1768-1844。ボナパルトの兄】の王位を確かなものとし、07年にはフランス軍の右翼を指揮してポーランド（ボローニュ）で戦い、その功でリヴォリ公に叙せられる。

こうして着実に昇進を重ねていったマセナの絶頂期は、1809年のエスリンク【ウィーン郊外】やヴァグラム（ワグラム）などでの戦いで、その勝利により、ナポレオンは彼をエスリンク公に任じた。だが、1811年、ポルトガル戦線に派遣された彼は幸運から見放される。敵将のウェリントン公【1769-1852】率いるイギリス軍に敗れ、一切の指揮権を剥奪されてしまったからである。それを契機として、マセナは第一復古王政に加担し、ナポレオンの百日天下では、彼を支持しつつも特段の行動はせず【過激王党派への忠誠は拒んだ】、1815年、ワーテルロー（ワテルロ）の敗戦後にパリ司令官に転身する。

だが、すでにマセナは結核を患っており、その2年後に波乱に満ちた生涯を終える。彼の軍人としての資質については多くのことが語られているが、欠点をふたつ挙げざるをえないだろう。吝嗇と強欲である【ナポレオンの帝政期にマセナは莫大な蓄財をしていた】。その名を冠したマセナ大通り（Boulevard Masséna）は1864年から、同名の小公園（Square Masséna）は1944年から13区にある。

マスネ Massenet　1842-1912年。ジュール・エミール・フレデリック・マスネはロワール県サン＝テティエンヌ近郊のモントーに生まれ、パリで没した作曲家。1863年、音楽部門のローマ大賞を受賞している【対象作品はカンタータ『ダヴィッド・リッツィオ』】。音楽のあらゆる分野で成功した彼の作品としては、オペラやオペラ＝コミック

の『マノン』（1884年）や『ウェルテル』（1892年）、『マノンの肖像』（1894年）、『サフォー』（1897年）、『クリセリディス』（1901年）、『タイス』【1894年】などがある。

また、『平和と自由』【1867年】や『ナルシス』【1877年】といったオラトリオやカンタータ、さらに交響曲の『舞踏会の風景』【1869-70年】や『ハンガリーの情景』【1871年】、ビゼー（ジョルジュ・ビゼ）に捧げられた『ラメント（哀悼曲）』【1875年】なども発表している【とくに1910年にモンテカルロで初演された『ドン・キショット（ドン・キホーテ）』は、ロシアの伝説的バス歌手フョードル・シャリアピン（1873-1938）が主役をつとめたことで話題を集めた】。1878年にパリ音楽院（コンセルヴァトワール）の作曲科教授となり、同年には芸術アカデミー会員に選ばれてもいる彼を名祖とするマスネ通り（Rue Massenet）は、1924年から16区にある。

マソネ Massonet　18区のマソネ袋小路（Impasse Massonet）は、そこに家をかまえていた人物の名にちなんで命名されている。

マダガスカール Madagascar　マダガスカル（マダガスカール）はモザンビーク海峡によってアフリカ大陸とへだてられている島。共和国で人口は2190万【2012年】、面積は58万7000平方キロメートルである。フランス語でマラガシュとよばれるマダガスカル人の祖先は、インドネシアやアフリカからの移住者で、ヨーロッパ人がこの島を発見したのは15世紀のことだった【1500年にポルトガル人航海者のディエゴ・ディアスがヨーロッパア人最初の「発見者」とされる】

1540年頃、同島には中央高原を基盤とするメリナ人の王国が生まれ、1643年から74年にかけて、最初期のフランス人がフォール＝ドーファン（要塞）に住み着く。19世紀初頭、イギリスはナポレオン戦争にそなえてこの島を占領しようとしたが、1830年、女王ラナヴァロナ（ラナヴァルナ）【在位1828-61。同島の近代化を推進した大王ラダマ1世（在位1810-28）の妃）は、す

741

マタム

べてのヨーロッパ人を追放する。

だが、1895年、ジャック・デュシェーヌ将軍が王妃ラナヴァロナ3世【在位1883-97】にフランスの保護領となるのを強制的に受け入れさせる。翌1896年、メリナ族の激しい叛乱が起きたが、フランスはこの島を完全に併合し、ジョゼフ・ガリエニ将軍（マレシャル・ガリエニ）に統治させる。マダガスカルが完全な独立をとり戻すには、1960年まで待たなければならなかった。この島の名を冠した12区のマダガスカール通り（Rue de Madagascar）は、1884年から12区にある。

マダム Madame マダムとはムッシューの妻をさす…。6区のマダム通り（Rue Madame）が敷設されたのは、ルイ16世【国王在位1774-92】の長兄ルイ・ジョゼフ・グザヴィエ【1751-61。ブルゴーニュ公】の所有地だった。ただしここでのマダムとは、サルデーニャ王女のマリ・ジョゼフィヌ・ルイズ・ド・サヴォワ【1753-1810。ルイ18世の妃】を指す。

マチュー Mathieu 15区のマチュー袋小路（Impasse Mathieu）は、その土地を所有していた人物にちなんで命名されている。

マックス・イマン Max Hymans 1900-61年。マックス・イマンはパリで生まれ、パリ西郊のサン・クルーで他界した政治家だが、それよりはむしろ国営航空会社エール・フランスの取締役会会長兼社長【在職1848-61】として知られた。彼の名は1965年から、15区のマックス＝イマン小公園（Square Max-Hymans）に残っている。

マックス・エルンスト Max Ernst 1891-1976年。マックス・エルンストはドイツ系フランス人の画家・彫刻家・版画家・作家。当初ダダイズム運動にくわわり、コラージュ作品によって頭角を現す。これらの作品はシュールレアリストたちの関心をひき、1921年、彼自身その一員となった。一説に、彼はシュールレアリズムに欠けていた造形的な詩情を持ち込んだという。そして、創作に際しては、「フロッタージュ」や「グラッタージュ」、さらに「デカルコ

マニー」などの手法をみごとに駆使した。さらに『百頭女』【1929年】のような小説コラージュといった試みもおこなった。彼の名がついたマックス＝エルンスト通り（Rue Max-Ernst）は、1990年から20区を走っている。

マックス・ゲージュ Max Guedj 1913年にチュニジアのスースで生まれ、45年にノルウェー（ノルヴェージュ）で撃墜死した自由フランス航空隊のリーダー。1944年12月、彼はイギリス空軍の中佐に任命されていた。15区のマックス＝ゲージュ遊歩道（Esplanade Max-Guedj）は、2000年に彼に捧げられている。

マックス・ジャコブ Max Jacob 1876-1944年。マックス・ジャコブはブルターニュ地方のカンペールに生まれ、パリ北東郊のドランシーで没した作家・画家・評論家。画家としても卓抜した才を発揮した彼は、予言者的詩人ともみなされている。その文章には隠れた不安やユーモア、そして深い神秘主義が同時にみてとれる。一方、画家としての彼はパブロ・ピカソやモディリアニなどを友人とし、パリの通りや芝居の情景などを好んで描いた。「サン＝ブノワ＝シュル＝ロワールの隠修士」という異称は、ユダヤ人家庭に生まれた彼が改宗後にこの村に隠棲したことによる。

だが、不幸なことにジャコブが生涯を終えたのはそこではなく、第2次大戦時、ドイツ軍によって投獄されたドランシーの強制収容所だった。そのもっとも有名な作品は『骰子筒』【1917年。北川冬彦訳、ゆまに書房】である。彼は言っている。「若者たちはすべてを真面目に受け取る。そうすることができないものに対しても、である」。また、『ある若い詩人への進言』【1945年】のなかではこうも記している。「知識は悪とはほど遠いものである。それは経験野を拡大し、人間や物事の経験は才能の基盤となる」。マックス＝ジャコブ通り（Rue Max-Jacob）は13区にある。命名は1956年になされた。

*マティアス・デュヴァル Mathias Duval

1844-1907年。マティアス＝マリ・デュヴァルは南仏プロヴァンス地方のグラースに生まれ、没した医師・解剖学者。1885年にパリ大学医学部教授となった彼のおもな関心は、解剖学と発生学の研究にあった。著作としては『網膜の構造と用途について』【1873年】や『鳥卵における胚盤葉の形成について』【1884年】、『ダーウィニズム』【1886年】などがある。かつて13区には彼に捧げられたマティアス＝デュヴァル通り（Rue Mathias-Duval）があった。

マティス Mathis 19区のマティス通り（Rue Mathis）は、1865年から、当時一帯で有名だった地主の名でよばれている。

マティニョン Matignon 1647-1739年。グラセ伯、のちにマティニョン伯となったシャルル＝オーギュスト・ド・ゴワイヨンは、パリで没した元帥。当初は「トリニの騎士」として知られていた。オランダ（1668年）やクレタ島のカンディア（1669年）、ライン地方（1672-75年）、さらにフランドル（1676-84年）と転戦した。その功を多として1708年に元帥に叙せられ、スコットランド（エコス）遠征をおこなうが、失敗する。そして翌年、戦いの場を離れた。パリの8区には、彼を偲んで1787年に命名されたマティニョン大通り（Avenue Matignon）がある。

マテュラン Mathurins 8区と9区を結ぶマテュラン通り（Rue des Mathurins）は、すでに1652年は存在していた。当時はまだ小道だったが、呼称はそれが1245年から聖三位一体修道会【本部はパリのサン＝マテュラン教会】が有する農地まで続いていたことによる。この修道会は蛮族の国々に捕らえられているキリスト教徒たちをとり戻すことに専念していた。一方、聖マテュラン【3世紀末の司祭。ローマで迫害されていたキリスト教徒を援助し、没したが、翌夜、蘇ってパリ近郊の生地ラルシャンにまいもどり、その地に埋葬されたという】は、狂者たちを治すとされていた。小道から通りに昇格したのは、1778年のことである。

マテュラン・モロー Mathurin Moreau

1822-1912年。ディジョン出身の彫刻家。作品としては『エレジー』や『花の妖精』【1852年】、『糸紡ぐ女』（おそらく傑作）、『プリマヴェーラ』などがあり、『ジョワノー記念碑』は1897年のル・サロン展で名誉賞をえている。さらに彼は19区の区長をつとめ、そのゆえ同区にはその名を冠したマテュラン＝モロー通り（Rue Mathurin-Moreau）がある。命名は1912年。

マテュラン・レニエ Mathurin Régnier 1573-1613年。シャルトルに生まれ、ルーアンで没した詩人のレニエは、両親の意向で聖職者になることになっていた。宮廷詩人としても富を築いていた、叔父フィリップ・デポルト【1546-1606】の大修道院を受け継ぐ立場にあったからだ。やがて1587年から1603年にかけて、彼はジョワユーズ枢機卿【1562-1615】の伴をして数度ローマを訪れる。叔父が他界すると、レニエは2000リーヴルの年金とシャルトルでの聖職禄を手にする。そして1595年から詩作を始め、急逝するまで宮廷詩人をつとめた。

その作品をとおしてレニエが狙ったのは、古代の風刺精神の復権だった。こうして生まれたのが、16篇の風刺詩と5篇の哀歌である。マレルブと敵対していたレニエはこう言っている。「だれもが自分の幸運をつくる職人である」、「どう考えても、私は新しいものから逃げている」、「あえてことをなす者は、滅多に不運に遭ったりはしない」、「申し分のない裁判官などというのは、後世のつくり話である」。こうした激烈な言葉を吐いた詩人の名は、1894年に15区の通りにつけられている。マテュラン＝レニエ通り（Rue Mathurin-Régnier）がそれである。

マドヌ Madone 18区のマドヌ通り（Rue de la Madone）はノートル＝ダム小路やヴィエルジュ（処女）通りともよばれていたが、現在の呼称はこの通りとローズ通りの角に、石製の聖母像がおかれていたことに由来する【同区にはマドヌ小公園（Square de la Madone）もある】

マトモワセ

マドモワゼル Mademoiselle　15区のマドモ
ワゼル通り（Rue Mademoiselle）の名祖
になるという栄誉に欲したのは、ベリー公
の公女マドモワゼル【ルイズ・ダルトワ
（1819-64）。シャルル10世（国王在位1824-
30）の孫としてエリゼ宮で生まれ、1854年に
暗殺されたシャルル3世のあと、パルマ＝ピ
アツェンツァ公国を摂政として治めた】。この
通りは1790年に建設されたが、現在の呼
称となったのは1828年である。

　命名は、前年の9月2日、幼かったマド
モワゼルが、ナポレオンをして「ブルボン
家唯一の男」と言わしめたアングレーム公
爵夫人マリ＝テレーズ・ド・フランス
【1778-1851。ルイ16世とマリー・アントワ
ネットの長女で、シャルル10世の妃。革命と第
一帝政時代を生きのび、ウイーン郊外で没し
た】とともに、この通りに近いグルネルの
サン＝ジャン＝バティスト教会の定礎式に
出席したことによる。ただ、一帯の区画分
譲はすでに始まっていた。

マドリ Madrid　マドリードは、フェリペ2
世【国王在位1556-98。神聖ローマ皇帝カー
ル5世（在位1519-55）の子。植民地政策な
どでスペイン王政の絶頂期を現出した】時代
の1560年からのスペインの首都。アラブ
人はここをマジェリト（水源）と呼んでい
たが、939年、ラミロ2世【レオン国王在位
931-951】は彼らからマドリードを奪い取
っている【シマンカスの戦い。一連のレコン
キスタ戦争のひとつで、レオン・ナバーラ・
カスティーリャ連合軍が、コルドバ・カリフ
のアブド・アッラフマーン3世（カリフ在位
929年-961年）のムスリム軍を撃破した】

　フェリペ2世の前には、カール5世がこ
こに住んでいた。パヴィアの戦い【1525年】
でカール5世【神聖ローマ皇帝在位1519-56、
スペイン国王在位1516-56】に敗れたフラン
ソワ1世が、捕虜として幽閉されたのもこ
こである【第6次イタリア戦争。1526年のマ
ドリード条約で帰国】

　マンサナーレス川沿いのマドリードは、
1580年頃からスペイン全土の知的中心と
なり、セルバンテスやローペ・デ・ベーガ

【1562-1635。ベガ・カルピオとも。スペイン
の劇作家・詩人で国民演劇の創始者】、カルデ
ロン・デ・ラ・バルカ【1600-81。スペイン
の劇作家・詩人】、ベラスケス（ヴェラスケ
ス）などがこの地で傑作を生み出すように
なる。この町では、はかりしれぬほどみご
とな芸術作品を擁するプラド美術館を、是
非とも訪れたい。1828年に命名されたパ
リのマドリ通り（Rue de Madrid）は、8
区にある。

マドレーヌ Madeleine　小邑ヴィル＝エヴ
ェック【字義は「司教都市」】には、1238年
にマグダラのマリア（マリ＝マドレーヌ）
【イエスの受難に立ち会い、復活するイエスに
会ったとされる新約聖書の女性】に捧げられ
た教会があった。だが、1757年と63年の
国王の公開状によって、新しい教会堂の建
立が命じられた。そこでオルレアン公のお
抱え建築家ピエール・コンタン＝ディヴリ
【1698-1777。パリの王宮の巨大階段（1765年）
なども手がけている】がその建築を請け負
い、1764年、ルイ15世【在位1715-74】が
定礎をおこなった。

　コンタン＝ディヴリが他界すると、ギョ
ーム＝マルタン・クテュール【1732-99】
がその後を継ぐ。彼は師である前任者の仕
事を一部とりこわし、柱廊玄関を破風をの
せた壮大な列柱に替えた。この工事はフラ
ンス革命で一時中断するが、1806年、ナ
ポレオンはマドレーヌを栄光の神殿にする
ことにした。その計画を引き受けた建築家
のピエール・ヴィニョンは、1807年5月
30日に工事を開始し、1842年5月4日に
献堂式が営まれた。外見は古代の神殿を思
わせ、南仏ニームのメゾン・カレにも似て
いるマドレーヌ教会【通称「マドレーヌ寺
院」。ただし仏教寺ではないので、寺院という
通称は不適】の正門は青銅製で、アンリ・
ド・トリケティ【1823-74】による彫金細
工が施されている。内部では列柱が穹窿を
支えている。

　8区にあるこの教会堂【2017年12月6日
に没したフランスの国民的歌手のジョニー・
アリデー（1943生）の葬儀はここで営まれた】

は全長108メートル、幅43メートル。教会堂前のマドレーヌ広場（Place de la Madeleine）は1824年に命名されている。一方、1・8・9区を結ぶマドレーヌ大通り（Boulevard de la Madeleine）は、1676年の敷設になる【命名時期は不詳】

マナン Manin 1810-57年。ダニエル・マニン（マナン）はヴェネツィアに生まれ、パリで没したイタリア人愛国者・政治家。1848年から49年まで、みずからが組織したヴェネツィア独立共和国の臨時大統領をつとめた。1831年、彼はヴェネツィアをオーストリアの圧力から解放することを願い、蜂起の前、正当な手段で目的を成就しようとしたが、その計画は失敗に終わった。そして1848年、ヴェネツィア住民たちの苦しみをしたためた嘆願書を支配者に送るために投獄されてしまう。

これを契機としてウィーンで反乱が勃発し、ヴェネツィアでも民衆が蜂起して彼を出獄させる。そこでマニンは国民軍を編成して、オーストリア軍がヴェネツィアから撤退せざるをえなくさせ、共和政府を樹立する。しかし、オーストリア当局はそれを認めず、1年半ものあいだ町を封鎖する。そのため、町は食べるものにも事欠くようになり、降伏を余儀なくされた【1849年】。マニンはフランスの船でヴェネツィアを離れ、マルセイユを経由して終焉の地となるパリに赴く。晩年は貧しく病がちだったが、愛国者としての大きな名声に包まれていた。彼をたたえる19区のヴィラ・マナン（Villa Manin）は、1880年から存在している。

マニュエル Manuel 1775-1827年。ジャック＝アントワヌ・マニュエルはフランス最南東部アルプス＝ド＝オート＝プロヴァンス県バルセロネット近郊のコンシェットに生まれ、パリ北西部メゾン＝ラフィットで没した演説家・政治家。1792年に軍隊に入るが、幾度となく戦傷を追って軍服を脱がざるをえなくなる。やがて法学を学んで弁護士となり、帝政後の1818年、西部ヴァンデ県から上院議員に選出され、左派陣営に身をおく最初の演説家として名声を博

せる。

1823年、マニュエルはシャトーブリアンが提出したスペインへの軍事遠征予算を否決するよう議会に働きかけ、そのため右派の怒りを買い、翌年3月2日、辞職の議決を招いてしまう。だが、翌日、彼は議会に姿を現し、辞職を拒む。国民軍は彼の強制退去を望まなかったため、憲兵たちがそれをおこなった。そして、彼と同時に左派の議員62人も退出し、彼らは残りの会期をボイコットした。やがてマニュエルは友人である銀行家のラフィットが有するメゾン城（メゾン＝ラフィットの地名はここに由来する）に逼塞し、晩年を送った。パリのマニュエル通り（Rue Manuel）は、1887年から9区にある。

マニュタンシオン Manutention 1866年に開通した16区のマニュタンシオン通り（Rue de la Manutention）は、兵士4万人の食料を3か月分蓄えていた糧食庫と隣接していたことにちなんで命名されている。この糧食庫は1836年からあったが、1937年、現代美術館となっている。

マビヨン Mabillon 1632-1797年。ジャン・マビヨンはアルデンヌ地方のサン＝ピエールモンに生まれ、パリで没したベネディクト会士の碩学で古文書学者。1664年、彼は『ベネディクト修道会聖人伝』【全9巻】の編纂に協力するため、サン＝ジェルマン＝デ＝プレ大修道院に招かれる。そして1667年に『聖ベルナルドゥスの偉業』を刊行し、続いて68年には『聖人伝』の第1巻を出す。やがて国王に紹介され、コルベールから2000リーヴルの年金下賜を提案されるが、固辞した。

ヨーロッパ各地からさまざまな諮問を受けていたマビヨンは、まもなく旅に出て、『ドイツ旅行』や『イタリア旅行』を著す【1680年には、イエズス会から信憑性を疑われていたベネディクト修道会の文書の正統性を立証するため、翌年、4年間の作業の成果である『古文書学』も上梓している】。こうした業績をたたえて、ルイ14世（ルイ・ル・グラン）は、1701年、彼を王立碑文アカ

デミーの会員に推戴した。その名を冠した
マビヨン通り（Rue Mabillon）は、1817
年から6区のサン＝ジェルマン＝デ＝プレ
大修道院近くにある。

マラケ Malaquai　マラケという呼称は「マ
＝ラケ（Mal-Acquest）」ないし「マ＝ラキ
（Mal-Acquis）」の変形である。6区のマラ
ケ河岸通り（Quai Malaquais）は1556年に
敷設されている。その近くのマ＝ラケ港
（Port de Mal-Acquest）は16世紀初頭から
あるものの、呼称の由来は謎である。

マラコフ Malakoff　1855年9月8日、クリ
ミア（クリメ）半島のセバストポリ（セバ
ストポル）を守っていたマラコフ要塞は、
マク＝マオンによって陥落した。戦いは杖
や鶴橋、ナイフまでも武器として攻撃する、
まさに文字通りの白兵戦だった【この戦い
にはトルストイもロシア兵としてくわわって
いた】。ロシア軍の予備兵が投入され、味
方の稜堡が落ちたとの報告があったにもか
かわらず、マク＝マオンは一歩もしりぞか
ず、こう叫んだという。「私はここにいる、
ここに残る」。そして午後4時、マラコフ
は陥落し、翌日、ロシア軍は退却を余儀な
くされた。パリの16区を走るマラコフ大
通り（Avenue de Malakoff）は、1864年に
命名されている【同区にはマラコフ袋小路
（Impasse de Malakoff）もある】

マラシ Malassis　18世紀末から19世紀初頭
まで、15区のマラシ通り（Rue Malassis）
ではロバや馬の剪毛がおこなわれていた。
そこで少し休もうとするのは、なかなか難
しいことだった。家畜で溢れかえっていた
だけでなく、しばらくいたりすれば、家畜
たちの毛がさながらの野ばらの実のむく毛
【いたずらでベッドに入れておく】となって、
体を痒くさせるからだった。さらに、通り
の地面は凹凸が激しく、糞もいたるところ
にあった。「座り心地が悪い」とはまさに
言いえて妙である。通りの命名は1850年
になされている。

マラール Malar　1816年に開通している7
区のマラール通り（Rue Malar）は、その
土地所有者だったマラール（Malard）氏

を名祖とするが、時代に流れのなかで〈d〉
が落ちている。

マランゴ Marengo　マレンゴ（マランゴ）
はイタリア北部ピエモンテ州の町。1800
年6月14日、ナポレオンの軍はここでオ
ーストリア軍相手に赫々たる勝利をおさめ
ている。この町はふたつの理由からフラン
ス人の心の琴線に触れる町でもある。ひと
つは前記の勝利、もうひとつは「仔牛の
マレンゴ風煮込み」によって、である。ただ、
正鵠を期して言えば、当初の素材は仔牛で
はなく鶏だった。

　この「鶏のマレンゴ風煮込み」はマレン
ゴの戦いの日、ナポレオンの料理人がバタ
ーがなかったため、オリーブ油を代用して
考案した料理である。それは当時まったく
知られていなかった料理だったが、のちの
皇帝はこの代用品ともいうべき料理に驚き
魅せられた。やがて鶏のほかに仔牛が素材
としてもちいられるようになり、さらに兎
や鴨も「マレンゴ風煮込み」の素材となる。

　一方、マレンゴでの勝利は、リュネヴィ
ル講和条約によって、フランスにイタリア
北部をもたらしたが、それはフランス兵
6000人の命と引換だった。マランゴ通り
（Rue Marengo）は、1854年から1区にある。

マラン・ラ・メレ Marin La Meslée　1912–
45年。北仏のヴァランシエンヌに生まれ
たエドモン・マラン・ラ・メレは、**アルザ
ス地方のデセネムで撃墜死した飛行士**。
1932年に**ストラスブール**第2戦闘機連隊
に配属された彼は、37年に**ランス**に転属
される。そして、第2次世界大戦初頭の
1939年、「フランス遠征作戦」で敵機を幾
度も撃墜する。1940年、麾下の飛行部隊
とともに北アフリカに移って、地中海を航
行する輸送船団の護衛作戦にくわわった。
終戦間近の1944年に帰国するが、117回目
の出撃時、アルザス上空で敵の対空砲火に
よって撃墜された。15区には、彼の名を
冠したマラン＝ラ＝メレ小公園（Square
Marin-La-Meslée）が1997年からある。

マリ Marie　17区のシテ・マリ（Cité
Marie）は、それが敷設された地主の妻の

優しい名前に由来する。おそらくその夫は妻にこう言ったはずである。「マリよ、君が自分の名前（の通り）を曲ろうとすれば、そこに愛を見つけるだろう。だからマリよ、私を愛してくれ！」

マリ Marie ４区のマリ橋（Pont Marie）は、1614年10月、ルイ13世【国王在位1610-43。→ドーフィヌ】の命によって建設工事が始まった。建築家はクリストフ・マリ【生没年不詳】。1630年に竣工した橋に彼の名前がつけられたが、開通は1635年である。1741年まで橋の上には家が連なっていた。やがてこれらの家屋は、パリの他の橋上家屋ともども、条例によって徐々に姿を消していった。

マリア・カラス Maria Callas 1923-77年。ニューヨークに生まれ、パリで没したギリシア人ソプラノ歌手で、本名はマリア・カロゲロプロス。その芸術的なまでの声と存在感あふれる演劇的な表現力によって一世を風靡した。イタリア・オペラの比類のないスターとして活躍した彼女は、世界各地の舞台を席巻している。16区のマリア＝カラス広場（Place Maria-Callas）は、1997年、この不世出の歌手に捧げられている。

マリア・ドレスム Maria Deraismes 1828-94年。パリを生没地とする作家マリア・ドレスムは、短い戯曲から創作活動に入り、やがてさまざまな紙誌に寄稿しながら、とくに女性解放を訴える講演を行った。1870年からはフェミニズムに敵対的なバルベ・ドールヴィイやアレクサンドル・デュマ（子）【1824-95】、さらにヴィクトリアン・サルドゥー【1831-1908。風俗・歴史劇を得意とした劇作家】たちと激しく闘った。
1881年から85年にかけて、ドレスムは雑誌《セーヌ＝エ＝オワーズ共和主義者》を主幹し、82年には女性のためのフリーメイソン・ロッジを立ち上げ、女性の地位工場と権利獲得を求める協会を組織してもいる。著作には『自然主義的疫病』【1888年】や『人類のなかのイヴ』【1896年】、『われわれの原理原則と慣行』【1897年】など

がある。マリア＝ドレスム通り（Rue Maria-Deresmes）は、1894年から17区にある。

マリ＝アンドレ・ラグルア・ヴェイユ＝アレ Marie-Andrée Lagroua Weill-Hallé 1916年にブカレストで生まれ、94年にパリで没した女性医師。フランス家族計画運動や出産問題研究のための協会を立ち上げている。13区には、死後９年目に命名されたマリ＝アンドレ＝ラグルア＝ヴェイユ＝アレ通り（Rue Marie-Andrée-Lagroua-Weill-Hallé）がある。

マリ＝アンヌ・コロンビエ Marie-Anne Colombier 20区のマリ＝アンヌ＝コロンビエ通り（Rue Marie-Anne-Colombier）は、1930年にパリに編入されたバニョレ村の古い通りで、呼称はそこに家をかまえていたコロンビエ夫人にちなむ。

マリヴォー Marivaux 1688-1763年。ピエール・カルレ・ド・シャンブラン・ド・マリヴォーは、パリに生まれ、没した劇作家・作家。若くしてベルナール・フォントネル【1657-1757（！）。コルネイユの甥で、作家・思想家。『寓話の起源』（1684年）や『神託の歴史』（1687年）、『世界の複数形にかんする会話』（1688年）などの著作がある】や、アントワヌ・ド・ラ・モット【1672-1731。作家・劇作家・詩人。作品に詩集『フランスの服喪』（1688年）や戯曲『プロメテウス』（1753年初演）】などと親交を結び、流行していたさまざまなサロンに出入りしてもいた。そして、《ヌヴォー・メルキュール》誌に社会風刺的な文章を寄稿する一方で、『ファルサモン、もしくはロマネスクな狂気』【1713年】や『汚泥にはまりこんだ車』【1914年】といった小説を発表している。
最初の戯曲『愛と真実』を書いたのは、マリヴォー32歳のときだった。だが、これは失敗作とみなされている。彼が成功をおさめるには、『恋に磨かれたアルルカン』【1720年】まで待たなければならなかった。それから1743年まで、彼はテアトル＝イタリアンとテアトル＝フランセのためだけに戯曲を書いた。この時期の作品としては

『二重の移り気』【1723年】や『変装の王子』【1724年】、『愛と偶然の戯れ』【1730年】、『無分別な誓い』【1732年】、『うまくいった策略』【1737年】、『偽りの告白』【1937年】、『敗れた偏見』【1746年】などがある。

だが、ジョン・ロー【→エダンブール】によるバブル経済が破綻した結果、マリヴォーもまた破産を余儀なくされ【ローが立ち上げたミシシッピ会社の株に妻の財産まで投資したため】、糊口を凌ぐ術として単独で《ル・スペクタトゥール・フランセ》紙を編集するようになる。

マリヴォーのすべての戯曲では、男はきわめて激しい感性の持ち主として扱われ、女性は通常主役を演じて、セリフはみごとなまでに美しい。作家としての彼は、『マリアンヌの生涯』【1731年】や『成り上がりの農民』【1735-36年】——いずれも未完——などの小説がある。1742年にアカデミー・フランセーズ会員となった彼は、ヴォルテールの考えに反対して、こう書いている。「この世では、これで十分と言えるほど親切であるためには、親切すぎる態度をとらなければならない」、「人はその心の主ではない」、「一部の人々にとって、新しい服は美しい顔と同等である」。マリヴォー通り（Rue de Marivaux）は1784年から2区にある。

マリウス・バルー Marius Barroux 1862-1939年。パリを生没地とするマリウス・バルーは文書館員で、それまでほぼ行政関係書だけだったセーヌ県立古文書館を、歴史研究の中核図書館に変えている。彼にはきわめて重要な著作がある。『セーヌ県およびパリ市。歴史研究用総論的・書誌的概念』【1910年】である。彼の名前がついたマリウス＝バルー小路（Allée Marius-Barroux）は、1997年から19区にある。

マリエ＝ダヴィ Marié-Davy 1820-93年。イポリット・マリエ＝ダヴィはパリ南東方ニエーヴル県のクラムシーで生まれ、同県のドルネシーで没した物理学者。1862年、彼はパリ天文台（オプセルヴァトワール）の主任天文学者に任命され、1863年にはフランス全体を網羅する天気予報サービスを組織化している。1873年から87年にかけてはモンスーリ気象台長をつとめた。地磁気の研究と農業への気象学の応用は、彼に多くを負っている。パリ天文台に近い14区のマリエ＝ダヴィ通り（Rue Marié-Davy）は、1894年に敷設されたものである。

マリエッタ・マルタン Marietta Martin 1902-44年。偉大な才能の女流詩人で、研ぎ澄まされた感性に満ちた詩風で知られていたが、第2次世界大戦中、強制移送時に没した。1952年、その才能を悼んで16区の通りに彼女の名がつけられている。マリエッタ＝マルタン通り（Rue Marietta-Martin）がそれである。

マリ・エ・ルイズ Marie et Louise マリとルイズは、10区の通りに連なる家屋の大部分を所有していた人物の愛らしい（おそらく）娘たちである。このマリ＝エ＝ルイズ通り（Rue Marie-et-Louise）は、1870年頃に敷設された当初はマリ＝ルイズ通りとよばれていた。現在の呼称になったのは1879年である。

マリオット Mariotte 1620-84年。エドム・マリオットは物理学者で、ディジョンで生まれ、パリで没している。生地のサン＝マルタン＝スー＝ボーヌ修道院長でもあった彼は、フランスの実験物理学の創始者で、潜水夫たちならだれでも知っているマリオットの法則を唱えた。これは一定量の気体の体積（V）は圧力（P）に反比例し，絶対温度（T）に比例するという法則である。彼はまた流体静力学や流体力学にも関心をいだいていた。

マリオットの著作には、『物理学試論』【4巻、1679-81年】や『水および他の流体の動きにかんする論考』【1686年、死後刊行】などがある。彼の実験の成果としては、ほかにマリオット瓶【有限容量のタンクに溜めた液体を、水位が低下してもたえず一定の流量で流出させる瓶】が知られている。【視覚における盲点の発見者でもある】彼の名は、1864年にパリの通りにつけられている。17区のマリオット通り（Rue Mariotte）

である。

マリオ・ニキ（ス）Mario Nikis 1908-44年。
15区のマリオ＝ニキ通り（Rue Mario-Nikis）には、かつてグルーセル通りとよばれていたその6番地に電波工学研究所があり、マリオ・ニキはそこで所長をつとめていた。だが、ドイツ軍によって強制移送され、強制収容所で亡くなった。15区のマリオ＝ニキ通り（Rue Mario-Nikis）は、彼の死後4年目の1948年に命名されている。

マリ・キュリー Marie Curie 1867-1934年。
ポーランド（ポローニュ）のワルシャワ（ヴァルソヴィ）に生まれたマリア・スクウォドフスカは、1891年にパリに移り住み、ピエゾ電気（圧電気）を発見し、物理的な対称性や物質の磁性を研究していたピエール・キュリー【1859-1906】と結婚する【1895年】。そして、この夫とともにパロニウムとラジウムの発見という偉業をなしとげる。だが、彼ら研究者夫妻の名を世界的に高めたのは1903年（物理学賞）と11年（化学賞）【マリのみ。娘のイレーヌ夫妻も1935年に化学賞受賞】に、2度までもノーベル賞を受賞したことである。彼女をたたえて1970年に命名された、マリ＝キュリー小公園（Square Marie-Curie）は13区にある。

マリ・ステュアール Marie Stuart 1542-87年。メアリー・ステュアートのこと。スコットランド（エコス）王ジェームズ5世と、再婚相手のフランス貴族ギーズ公家出身の王妃メアリー・オブ・ギーズ（マリ・ド・ロレーヌ）の長女として、エジンバラ西方のリンリスゴー城で生まれ、フォザリンゲイ城で処刑されたスコットランド女王【在位1542-67】。生まれて6日目（！）で女王になった彼女は、6歳でフランス王太子のフランソワと婚約させられ、15歳のときに宮廷に登場する。恵まれた美貌の持ち主だったというマリーは、1558年、婚約者の王太子と結婚する。この夫は、翌年父王アンリ2世が死去したために国王フランソワ2世となるが、その在位は短かっ

た。1560年に16歳で病没したからである。

しかし、それはフランスにとって不幸なことではなかった。国王がほとんどすべての実権を王妃の外戚であるギーズ公とロレーヌ枢機卿シャルル・ド・ロレーヌ【1524-74】に譲り渡してしまい、彼らが専制的な権力を行使していたからである。むろん、メアリーは王妃のままであったが、夫王の死後、彼女はスコットランドの臣下たちとともに帰国する。ただ、プロテスタントが圧倒的だった民衆は、カトリックだった彼女を女王にすることに抵抗した。

1565年、メアリーはステュアート家傍系の従弟ダーンリー卿ヘンリー【1545-67】と再婚する【この再婚にはイングランドの王位継承権を放棄しない彼女に対する警戒から、女王エリザベス1世の激しい反対があった】。だが、夫王は時局を処理する能力にかけており、折からの反乱も彼女自身が鎮圧するほかなかった【1565年、メアリーが重用していた異母兄のジェームス・ステュアート（1531-70）がおこした反乱。彼はメアリーの再婚によって権力が失われることを恐れて、エリザベス1世にそれを反対するよう求めてもいた。反乱失敗後、彼はイングランドに逃れた】

こうしてメアリーはヘンリーに愛想をつかすようになるが、1566年、夫王とのあいだに息子ジェームズをもうける【一説に、ジェームズはメアリーが寵愛していたピエモンテ出身の音楽家で秘書のダヴィッド・リッチオ（1566年刺殺）の息子だったともいう。夫王は息子の認知を長いあいだ拒んでいた】。この王子がのちにスコットランド王【ジェームズ6世、在位1567-1625】とイングランド王【ジェームズ1世、在位1603-25】となる。

王子誕生の翌年2月、夫王が女王の「熱狂的愛好者」であるボスウェル伯ジェームズ・ヘップバーン【1535-78】によって暗殺される。おそらくメアリーもこの暗殺に多少ともかかわっていたはずだが、同年5月、ふたりは結婚する【ボスウェル伯は前月に無罪判決。のちに獄死】。これに憤ったスコットランドの貴族たちが立ち上がる。

そこで彼女はすべてを捨ててイングランドに逃れる。エリザベスが自分をかくまってくれる。そう考えたからである。だが、それはまちがいだった。1568年、イングランドに着いた彼女は軟禁状態におかれた。そして1586年、有罪・死刑の判決を受け【彼女がイングランドの王位継承権を主張しただけでなく、エリザベスの暗殺計画にも加担したとして】、21歳になっていたスコットランド王の息子の助命嘆願にもかかわらず、翌年、処刑された。

パリのマリ＝ステュアール通り（Rue Marie-Stuart）は1809年から20区にある。かつてのスコットランド王妃の名を、通りにつけることを決めたのは、当時警察長官の地位にあったジョゼフ・フーシェ【1759-1820。フランス史上まれに見る策謀家として知られ、秘密警察を組織して政権中枢に身を置いた】である。それまで、この通りはティール＝ブダン（字義は「腸詰引き」）通り、さらにそれ以前は、街娼【原義は「逍遥学派の哲学者」】たちが頻繁に姿を現していたところから、ティール＝ヴィ（「男性性器引き」）通りとよばれていた。とすれば、現在の呼称はそれよりはるかに上品なものといえるだろう。

マリーズ・イルス Maryse Hilsz 1903-46年。パリ北西のルヴァロワ＝ペレに生まれた女性飛行士。幾度となく長距離飛行を敢行し、長いあいだ女性の高度世界記録を保持していた。20区には、彼女の名を冠したマリーズ＝イルス通り（Rue Maryse-Hilsz）が1957年からある。

マリーズ・バスティエ Maryse Bastié 1898-1952年。リモージュ【→リムザン】出身の飛行士で、生涯に飛行距離と飛行時間で10度の世界記録を樹立している。13区には、その偉業を記念して1956年に命名されたマリーズ＝バスティエ通り（Rue Maryse-Bastié）がある。

マリ・ド・ミリベル Marie de Miribel 1872-1959年。看護師だったマリ・ド・ミリベルは、クロワ＝サン＝シモン【医療・介護の慈善団体。1912年創設】を立ち上げ、

すべてをその運営に捧げた。彼女の名を冠したマリ＝ド＝ミリベル広場（Place Marie-de-Miribel）は、1982年から20区にある【ミリベルは第2次世界大戦中、レジスタンスの活動家でもあった】

マリニ Marigny 1727-81年。パリで生まれ、没したマリニ侯フランソワ・ポワソンは、ポンパドゥール侯爵夫人【1721-64。ルイ15世の寵姫】の弟。この姉は弟をヴァンディエール侯爵として宮廷に紹介したが、当時の口さがない人々は、彼を「一昨日の侯爵」と揶揄したものだった。弟思いの彼女はさらに王立造営物総監のポストにもつけた。先入観なしにいえば、たしかに彼はこうした後押しに応える才を発揮し、だれもが彼に満足すべきではあった。

マリニ侯はヴァン・ローやピガル、ジェゼフ・ヴェルネといった芸術家たちを庇護し、ルーヴル宮の修復工事を再開し、さらにゴブラン工場を発展させてもいる。1773年、彼は職を辞し、ブロワから15キロメートルに位置し、姉が晩年に壮麗な城を築造したメナールに移り、メナール侯爵と称するようになる。8区のマリニ大通り（Avenue du Marigny）は生前の1767年からある。ちなみに、フランソワ・ポワソンのためにマリニの地を侯爵領にしたのは、ルイ15世【国王在位1715-74】だった。

マリニエ Mariniers かつて14区のマリニエ通り（Rue des Mariniers）にはある建物があり、18世紀から19世紀にかけて、多くの船頭たちがそこに出入りしていた。それゆえ、1937年まで、この通りはマリニエ小路とよばれていた。

マリニャン Marignan マリニャーノ（マリニャン）はイタリア北部ロンバルディアの町。1515年9月13・14日、フランソワ1世がここでスイス軍（当時はまだ中立国ではなかった）を相手に勝利をおさめている。この戦争【ミラノの領有をめぐって起きた】は「巨人たちの戦い」とよばれるもので、2日間──ただし、月が隠れる夜は停戦──、両陣営は激しく交戦した。勝敗の行方はなかなか定まらなかったが、フランス

軍についたヴェネツィア軍がスイス軍の背後に到着すると、さしものスイス軍も後退を余儀なくされた。勇猛さを発揮して勝利したフランソワ1世を守ったのが、勇士バヤールである。

だが、フランス兵2万人が命を落としたこの戦いで、フランスはミラノを領有し、スイスとの永続的な和平を保証した。8区のマリニャン通り（Rue de Marignan）は、1858年に敷設されている【同区にはマリニャン小路（Passage de Marignan）もある】

マリノニ Marinoni 1823-1904年。イポリット・オーギュスト・マリノニ【パリの国家憲兵隊の兵舎で生まれた】は、1867年、紙型鉛版方式の輪転機、通称「マリノニ型輪転機」を発明し、これにより毎時2万部の新聞を印刷することが可能になった。彼がこの機械を考案したのは、日刊紙《ル・プティ・ジュルナル（小新聞）》を印刷するためだった。彼はまた銀行券（紙幣）の枚数判読機を発明しているが、輪転機の考案によって、1882年、《ル・プティ・ジュルナル》の社主となる。近代新聞の基礎を築いた人物のひとりとされる彼の名前は、7区のマリノニ通り（Rue Marinoni）に残っている。命名は1907年である。

マリ・パプ＝カルパンティエ Marie Pape-Carpentier → パプ＝カルパンティエ

マリ・ブノワ Marie Benoist 1905年に敷設された12区のマリ・ブノワ通り（Rue Marie-Benoist）は、そこに家を有していた婦人の名でよばれている。

マリ＝ブランシュ Marie-Blanche 1870年以前、18区のマリ＝ブランシュ袋小路（Impasse Marie-Blanche）は、サント・マリ＝ブランシュ通りとよばれていた。なぜサント（聖女）の呼称が除かれたかは、神のみぞ知るところだが、ともあれマリ＝ブランシュだけが残っている。おそらくは当初、通りにあった家の外壁の壁龕に聖女マリアの白い小像が安置されていたのだろう。17世紀、この通りはサント＝マリとよばれ、やがてサント＝マリ・ラ・ブランシュと改称されている。

マリ＝マドレーヌ・フルカード Marie-Madeleine Fourcade 1909-89年。第2次世界大戦では、想像以上の女性たちがレジスタンス活動に参加していた。フルカードもそのひとりで、とりわけ彼女は連絡網を指揮した唯一の女性だった。1995年に命名されたマリ＝マドレーヌ＝フルカード広場（Placee Marie-Madeleine-Fourcade）は、15区にある。

マリュス Malus 1775-1812年。エティエンヌ・ルイ・マリュスはパリを生没地とする物理学者。最初軍隊に入り、やがてその知識を深めるために国立理工科学校（エコール・ポリテクニーク）に派遣された彼は、1798年、エジプト遠征に参加する。そして1807には『解析光学論』を発表し、とくに08年には光の偏光現象を発見している。彼はまた、反射光の偏光はつねに部分的だけであり、その全体的な偏光はパラレルな面を越えて幾度か屈折したのちにはじめて得られることを証明した【直交面をもつ光線束が、等方性媒質中で反射、屈折をくりかえした後もつねに直交面をもつというマリュスの定理も提唱している】。1810年に科学アカデミー会員となった彼の名は、1881年から5区のマリュス通り（Rue Malus）に残っている。

マリ＝ローズ Marie-Rose 14区のマリ＝ローズ通り（Rue Marie-Rose）は、1906年、それが敷設された土地の所有者にちなんで命名されている。ただ、その呼称が地主の姓なのか、妻ないし娘の名なのかは不明である。あるいはこれは有名な殺虫剤の考案者で、その製品の宣伝のために命名されたとも考えられなくもないが、おそらくこの説明は間違っているだろう。

マリ・ローラン Marie Laurent 1826-1904年。マリ・アリウズ＝リュゲ、通称マリ・ローランは、フランス中部コレーズ県のテュルに生まれ、パリ北部のヴィリエ＝ル＝ベルで没した舞台女優。役者一家に生まれた彼女は、幼い頃から地方の舞台に上がり、20歳のとき、ブリュッセルに出て、バリトン歌手のピエール＝マリ・ローラン

【1852没】と結婚する。そして、夫ととも
にマルセイユやパリに巡業し、1848年、
パリのオデオン座で『孤児フランソワ』
【ジョルジュ・サンド原作、1848年】を演じる。
以後、彼女はパリの主な舞台すべてを席巻
して大成功をおさめる。

　民衆劇では勇敢な母親役をみごとに演じ
た彼女の代表作としては、『93』【ヴィクト
ル・ユゴー遺作、1793年】や『ミシェル・
ストロゴフ』【ジュール・ヴェルヌ原作、
1876年】、『アイスランドの漁師』【ピエー
ル・ロティ原作、1886年】などがある。彼
女を名祖とする20区のマリ＝ローラン小
路（Allée Marie-Laurent）は、1935年に
命名されている【マリ・ローランは1870-71
年のパリ・コミューン時に首都の防衛戦に参
加し、88年には孤児院を創設してもいる。名
女優ジャンヌ・マリ・ローラン（1877-1964）
は彼女の孫娘】

マリ・ローランサン Marie Laurencin
1885-1956年。マリ（一）・ローランサン
はパリで生まれ、没した画家・版画家・デ
ザイナー・詩人。当初ルイ・ラランヌとい
う男名で詩集を発表していた彼女は、ギヨ
ーム・アポリネールと出会う【ふたりをモ
ンマルトルの居酒屋「バトー・ラヴォワール
（洗濯船）」で紹介したのは、画家のジョルジ
ュ・ブラックである】。ローランサンから何
点かの作品に影響を受けたアポリネールは、
彼女がキュビスムの画家だと考えたが、最
終的にはむしろ素朴派とみなすべきだった。
軽快で柔らかな色をもちいて、ローランサ
ンは長身で優美かつしなやかな女性像をみ
ごとなまでに描き出した。

　きわめて美しい水彩画の画家でもあった
ローランサンはまた、フランシス・プーラ
ンクの『牝鹿』【1924年初演】など、バレエ
の衣装や装置も手がけ、さらにアンドレ・
ジッドやルイス・キャロル【1832-98。イギ
リスの作家・詩人・数学者・写真家で、代表作
に『不思議の国のアリス』（1865年）がある】
などの小説に、数多くの挿画を描いてもい
る。彼女の名前は、1987年、12区の通りに
つけられている。マリ＝ローランサン通り

（Rue Marie-Laurencin）がそれである。

マール Mare
20区のマール通り（Rue de
la Mare）は、「カモ池」よりははるかに大
きな沼にちなんで1825年に命名されてい
る。この沼はベルヴィルの丘から流れ込ん
だ水でできていた。同区にはまた1877年
に命名されたマール袋小路（Impasse de
la Mare）もある。

マルキ・ダルランド Marquis d'Arlandes
1742-1809年。フランス南東部ドローム県
のアネロンで生まれ、没したアルランド
侯爵は、1783年11月21日、ピラートル・
ド・ロジエとともに、パリのミュエット城
とビュット＝オー＝カイユのあいだで、は
じめて本格的な気球飛行をおこなっている。
彼の名を冠したマルキ＝ダルランド通り
（Rue du Marquis-d'Arlandes）は、2000年
から17区にある。

マルゼルブ Malesherbes
1721-94年。ギヨ
ーム・ド・ラモワニョン・ド・マルゼルブ
は、パリを生没地とする開明的な政治家・
法曹家。パリ高等法院評定官【1744年】、
租税院長と同時に出版監督長官【1750年】
となった彼は、『百科全書』の編纂を支援
している。新税の施行についてはあえて国
王に苦言を呈し、不調に終わったものの、
封印状システムの廃止を画策したりもした。
だが、こうした行動が宮廷の反発を買い、
解任されてしまう。やがてギヨームの偽名
でヨーロッパ各地を旅し、1787年に国務
卿となって政治の世界に復帰する。翌
1788年、再び策謀によってその地位を追
われたのち、全国三部会に召集される。し
かし、彼にとって三部会は正しい判断力を
そなえたものとは思えなかった。

　1782年、国王が自分を必要としている
ことを知ったマルゼルブは、改めて政務に
復帰し、国民公会（コンヴァンション）に
対してルイ16世【国王在位1774-92】を擁
護する。そして1793年、反革命分子として
逮捕され、革命裁判所で死刑を宣せられ、
無実を弁明することなく処刑される。マル
ゼルブの著作としては、『ルイ16世のため
の回想録』【1792年】などがある。8区と

17区を結ぶマルゼルブ大通り（Boulevard Malesherbes）は、1824年に命名されている。

マルヴィル Maleville 1741-1824年。法曹家で政治家でもあったジャック・ド・マルヴィル侯は、フランス南西部ペリゴール地方のドンムで生まれ、没している。弁護士だった彼はパリに出て、執政政府のもとで、ローマ法の考え方に立脚しつつ、**ポルタリス**と協調し、**トロンシェ**と対立しながらフランス民法典、通称ナポレオン法典を起草する【1804年成立。当時、マルヴィルは破毀院判事だった】。1806年に元老院議員、08年に伯爵に叙せられたマルヴィルは、ナポレオンの廃位に賛成票を投じ、このことにより、ルイ18世【在位1814-15／1815-24】から貴族院議員に任命された。マルヴィル通り（Rue Maleville）は、1864年から8区にある。

マルカデ Marcadet 18区にある1866年に命名されたマルカデ通り（Rue Marcadet）の呼称は、地名のメルカド（Mercade）に由来するが、これは「市場」を意味するラテン語のマルカドゥス（marcadus）が変形した語である。おそらくこの市場は、12世紀以降、毎年6月の第2土曜日から2週間、パリ北郊の**サン＝ドニ**平原で開かれていた「ランディの大市」【羊皮紙の大量取引で知られ、パリ大学の学長以下、教授・学生たちが大挙して賑々しい行列仕立てで赴いた】に合わせて営まれていた。

マルク＝アントワヌ・シャルパンティエ Marc-Antoine Charpentier 1635-1704年。パリを生没地とする作曲家のシャルパンティエは、一時期モリエールと活動を共にし、『病は気から』【初演1673年】などの作曲を行っている。だが、彼が名声を博したのは、こうした世俗曲ではなく、むしろ宗教曲によってである。サン＝ルイ【→サン＝ルイ＝アン＝リル】教会の、ついで**サント＝シャペル**の合唱隊長をつとめた彼は、数多くのミサ曲やモテット、詩篇曲、さらに賛美歌を創作している。『テネブレ読誦曲』や壮大な『テ・デウム』などで、後者

は「ユーロヴィジョン」番組の導入曲として、長いあいだテレビから聞こえてきた。彼に捧げられたマルク＝アントワヌ＝シャルパンティエ通り（Rue Marc-Antoine-Charpentier）は、1987年から13区にある。

マルク・サンニエ Marc Sangnier 1873-1950年。パリを生没地とするジャーナリストで政治家でもあったマルク・サンニエは、1894年、《ル・シヨン（畝）》誌を創刊している。この雑誌で、彼は民主主義的・社会主義的キリスト教を普及させようとした【だが、1910年に教皇ピウス10世から刊行を禁じられた】。ある意味で、彼は「キリスト教民主主義」の創設者だった。彼の死後6年目の1956年に命名されたマルク＝サンニエ大通り（Avenue Marc-Sangnier）は、14区にある。

マルク・シャガール Marc Chagall 1887-1985年。マルク・シャガール（シャガール）は、帝政ロシア領ヴィテブスク【現ベラルーシのヴィツェプスク】に生まれ、ニース近郊のサン＝ポール＝ド＝ヴァンスで没した画家・版画家・装飾家。1910年から14年までの最初のフランス滞在のあと、23年から最終的にフランスに定住する。アンドレ・ブルトンからシュールレアリスムの先駆者とみなされた創意と想像力に富んだ彼は、パリや南仏、民俗文化、ユダヤ人といったさまざまな源泉から着想を汲み出していた。

こうして生まれた作品としては、たとえば『私と村』【1911年】や『窓から見たパリ』【1913年】、『ヴァイオリニスト』【1914年】、『夏の夜』【1939年】、『堕天使』【1940年】などの油彩画がある。彼はまた『死せる魂』【1925-31年。原作者はウクライナ出身の作家・劇作家ニコライ・コゴル（1809-52）】や聖書をはじめとする、数多くの著作の挿画を手がけてもいる。

シャガールはまた、メスの司教座聖堂やエルサレム医療センターのシナゴーグなどのステンドグラス、さらにパリのオペラ・ガルニエ座の天井画（1964年）も描いている。ニースの国立美術館はマルク・シャガール美術館ともよばれる。彼の名を冠し

たマルク＝シャガール小路（Allée Marc-Chagall）は、死後7年目の1992年に命名されている。

マルク・セガン Marc Séguin 1786-1875年。南仏アルデーシュ県のアノネで生まれ、没した技術者のセガンは**モンゴルフィエ**の甥。「鉄線」による吊り橋を考案しているが【国内に186箇所】、彼の最大の発明はあきらかに水管式蒸気機関である。1827年に実用化されたこの蒸気機関は、ジョージ・スティーブンソン【1781-1848。イングランド出身の技術者で、「イギリス鉄道の父」と称される。鉄道の世界標準軌の1.435メートルは彼の提唱による】の最初の蒸気機関車ロケット号に装備された。

さらにセガンは、ピストンが運動するたびに失われる熱を蒸気にとり戻させるという特性をもつ、煙管ボイラを生み出してもいる。彼には『鉄道の影響とその敷設工事について』【1887年】などの著作もある。18区には、本人生前の1868年にすでに命名されているマルク＝セガン通り（Rue Marc-Séguin）がある【彼の名前はエッフェル塔に71人の学者のそれとともに刻まれている。ただし、その本名と通りの呼称の綴りは異なる】

マルクス・ドルモワ Marx Dormoy 1888-1941年。マルクス・ドルモワはフランス中部アリエ県のモンリュソンに生まれ、南東部ドローム県のモンテリマールで没した政治家。10代に青年社会主義運動に参加し、のちにアリエ県社会主義同盟のメンバーとなる。1931年、彼は同県の県会議長に選ばれ、1934年の総選挙後、人民戦線に入る。その後、**レオン・ブルム**によってパリによばれ、1936年6月4日、ブルム内閣の政務次官となり、さらに同年末から38年まで内務大臣をつとめた。

1939年、新体制に対する批判とレン・ブルムへの忠誠心のため、さまざまな政治的な締めつけにあい、1940年9月26日、ドルモワは中部アンドル県のペルヴォワザンの獄舎につながれてしまう。そして同年12月31日、南西部アルデーシュ県のヴァ

ル＝レ＝バンに移送される。この町で数か月を送ったのち、モンテリマールで在宅監視処分となるが、1941年7月26日、ベッドの下におかれた時限爆弾が就寝中に爆発して殺害される。その遺体は生地モンリュソンに安置されている。

アリエ県選出の社会主義下院議員や上院議員を歴任した彼の名は、18区のマルクス＝ドルモワ通り（Rue Marx-Dormoy）に残っている。命名は第2次世界大戦終結後の1945年である。

マルク・ブロック Marc Bloch 1886-1944年。マルク・ブロックは**リヨン**で生まれ、ローヌ＝アルプ地方アン県のサン＝ディディエ＝ド＝フォルマンで銃殺されたユダヤ系フランス人の歴史家。1929年、リュシアン・フェーヴル【1878-1956。パリの高等師範学校で歴史学の博士号をとり、第1次世界大戦後の1919年、ブロック同様、ストラスブール大学教授となって新しい歴史学を追究し、コレージュ・ド・フランス教授をつとめた。邦訳書に『フランス・ルネサンスの文明』（二宮敬訳、筑摩書房）や『ラブレーの宗教』（高橋薫訳、法政大学出版局）などがある】とともに、《経済・社会史年報》を創刊し、36年、ソルボンヌの経済史教授となる。

やがて、第2次世界大戦時に反ユダヤ主義のために教壇を追われ、地下に潜って、1943年、レジスタンス組織「フラン＝ティルール」【→**アンリ・ノゲール**】に参加する。だが、リヨン近郊でゲシュタポに捕まり、モンリュクの監獄で拷問を受けたのち、1944年6月に銃殺刑に処される。彼の著作としては『奇蹟をなす王』【1924年。井上泰男・渡邊昌美訳『王の奇跡、刀水書房』】や『封建社会』【2巻、1939-40年。石川武ほか訳、みすず書房】、『歴史のための弁明』【1949年、死後刊行。松村剛訳、岩波書店】、『奇妙な敗北』【1940年。平野千果子訳、岩波書店】などがある。彼は言っている。「歴史家は自由人ではない。彼は過去が自分に託そうとするものだけを知るにすぎないのだ」。この「アナル派」の開祖に捧げられたマルク＝ブロック広場（Place Marc-

Bloch）は、1997年から20区にある。

マルグラン Marguerin 1820-84年。エミール・マルグランはパリを生没地とする歴史学と文学の教授。14区のマルグラン通り（Rue Marguerin）は、彼が同区に住んでいたことにちなんで、1899年に命名されている。

マルグリット Margueritte 17区のマルグリット通り（Rue Margueritte）は1894年、マルグリット父子をたたえて命名されている。父親（1798-1857）はパリのガス会社を設立し、息子（1822-91）はその経営者である。つまり、「王朝名」を呼称にしたのである。

マルグリット・デュラス Marguerite Duras マルグリット・デュラス、本名マルグリト・ドナデューは、仏領インドシナ（アンドシヌ）のサイゴン（現ホーチミン）近郊で1914年に生まれ、96年、パリで没した作家・劇作家・映画監督・演出家。青春時代を生地で過ごし、やがてカルカッタ、そしてボンベイに移る。1950年に発表された『太平洋の防波堤』は、その幼年時代を語ったものである。

他の小説としては『静かな生活』【1944年】や『ジブラルタルの水夫』【1952年】、アラン・レネ監督【1922-2014】によって映画化された『ヒロシマ、わが恋人』【1960年。邦題『24時間の情事』】、『カルカッタ砂漠における彼女のヴェネツィア名』【1976年】、『陰画の手』【1979年】、そして1984年にゴンクール賞を受賞した『愛人』など、監督作品としてはポール・スバン【1929-】と共作の『ラ・ムジカ』【1967年】、のちに舞台化される『破壊しに、と彼女は言う』【1969年】、『インディア・ソング』【1975年】、『木立のなかの日々』【1976年】、『トラック』【1977年】、『アガタ』【1981年】などがある。さらに『セーヌ＝エ＝オワズの送水路』【1959年】や『潮と森』【1965年】、『イエス、おそらく』【1968年】、『シャガ』【同】、『イギリス人の愛人』【同】、『エデン・シネマ』【1977年】、『サヴァンナ・ベイ』【1983年】などの戯曲もある。

デュラスは言っている。「私はだれであれ、この叫びを聴いてくれる人を愛すだろう」。彼女に捧げられた13区のマルグリット＝デュラス通り（Rue Marguerite-Duras）は、2003年に命名されている。

マルグリット・ド・ナヴァール Marguerite de Navarre 1492-1549年。フランス中西部のアングレームに生まれ、南西部ビゴール地方のオドで没した彼女は、マルグリット・ド・ヴァロワともマルググリト・ダングレームともよばれる。フランソワ1世の姉でもあったマルグリトは、1509年にアランソン公と結婚するが、25年に死別した。その2年後、ナバラ（ナヴァール）王アンリ・ダルブレ【エンリケ2世。名目王在位1517-55】と再婚し、のちのアンリ4世の母ジャンヌ・ダルブレ【1528-72】をもうける。

マルグリトはナバラの宮廷を人文主義の地とし、そこでは詩が彼女同様、女王となった。敬虔なキリスト教徒だったマルグリトはまたカルヴァンの宗教改革にも関心を示し、プロテスタントのためにしばしばその政治力を発揮してもいる。ギリシア語やヘブライ語など7カ国語に精通していたという彼女の著作には、70篇の短編を集めた『エプタメロン（7日物語）』【1559年】などがある。彼女は書いている。「スキャンダルはしばしば罪よりも危険である」、「欲しいものは禁じられれば禁じられるほど欲しくなる」。マルグリット＝ド＝ナヴァール広場（Place Margurite-de-Navarre）は、1985年から1区にある。

マルグリット・ユルスナール Marguerite Yourcenar 1903-87年。本名マルグリト・ド・クレヤンクール（Crayencour）。ユルスナールは本名のアルファベットを入れ替えたアナグラム。ブリュッセル生まれで、フランスとアメリカ合衆国の二重国籍をもっていた女流作家。1980年、女性としてはじめてアカデミー・フランセーズ会員となった彼女は、古代の神話を現代のさまざまな問題とまぜわわせることを好んでいた。その作品は詩や評論、戯曲、歴史小

説、自叙伝など多岐にわたる。主な著作としては『ピンダロス』【1931年】や『繋がれた死』【1934年】、『ハドリアヌス帝の回想』【1951年】、『敬虔な追憶』【1974年】、『開いた目』【1980年、対談集】、『三島あるいは空虚なヴィジョン』【同】などがある。

ユルスナールは言っている。「享楽的な哲学、それは狭いが清潔なベッドである」、「読んだり考えたり、あるいは計算したりする人物は、性別ではなく種に属している。その最高の瞬間には、この人物は人間の枠さえ離れる」。15区のマルグリト＝ユルスナール小路（Allée Marguerite-Yourcenar）は、1996年からある。

マルグリト・ロン Marguerite Long 1874-1966年。南仏のニームで生まれ、パリで没した女流ピアニストのマルグリト・ロンは、とくにモーリス・ラベルやガブリエル・フォーレ、クロード・ドビュシーの偉大な解釈者だった。彼女は音楽学校を創設しているが【1920年】、それはまたたくまに評判をとるようになる。さらにヴァイオリニストのジャック・ティボー【1880-1953】とともに、権威のあるロン＝ティボー国際コンクールを創設してもいる【1946年】。17区には彼女をたたえて1992年に命名されたマルグリト＝ロン小公園（Square Marguerite-Long）がある【同区にはマルグリト＝ロン通り（Rue Marguerite-Long）もある】

マルゲット Marguettes マルグリト（marguerite）とは愛らしい野の花マーガレットの謂である。それがなぜmarguetteに変形したのか。じつは後者は前者の派生語なのである。12区のマルゲット通り（Rue des Marguettes）はかつては野道であり、現在よりかなり長いものだった。この通りは1813年からあったが、1902年、05年、そして30年に3度分断されて短くなっている。

マルコ・ポロ Marco Polo 旅行家のマルコ・ポーロ（ポロ）は、1254年にヴェネツィアに生まれ、1324年に生地で没している。父親と叔父とともに大都（ペカン）を訪れ【1266年】、以後17年間、クビライ【モンゴル皇帝在位1260-94】の宮廷に滞在した。やがてクビライから重要な任務をあたえられた彼は、トンキンやインド、ペルシアに赴いた。そして1295年、スマトラやセイロン島などを経由し、莫大な財宝を携えてヴェネツィアに戻る。

口述筆記によるその著『世界の驚異の書』、通称『東方見聞録』（1298年）は、東洋にかんする最初の、そして地理学的・民族誌学的にある程度正確な情報を人々に提供した。パリには彼の名を冠した公園が1984年からある。6区のマルコ＝ポーロ公園（Jardin Marco-Polo）がそれである。

マルシェ Marchais マルシェという語はかなり古く、プレ＝サン＝ジェルヴェ送水路に設けられたマンホールの謂である。フィリップ・オーギュスト時代につくられたこの地下の送水路は、プレ＝サン＝ジェルヴェの高台からサン＝ラザールのハンセン病療養所まで水を送っていた。19区のマルシェ通り（Rue des Marchais）は、1930年にプレ＝サン＝ジェルヴェから切り離されて、パリ市に組み込まれた。

マルシェ Marché 10区のマルシェ小路（Passage du Marché）は、それが近接するブーシャルドン通りの入口で営まれていた、シャトー・ドーないしポルト＝サン＝マルタン市の定期市へと通じていたことにちなんで命名されている。通り自体は1854年の開通である。

マルシェ・オー・シュヴォー Marché aux Chevaux 「馬市」を意味するこの定期市は、1687年からデュメリル通りの高台で開かれている。かつては毎週水曜日と土曜日は馬とロバとラバ、日曜日には馬車と犬までもが売られていた。馬市と同じ日の朝には、豚市も営まれていた。1857年、マルシェ・オー・シュヴォー市はサン＝マルセル大通りを敷設するため、少し南に移された。ちなみに、建築家のミシェル・ヴィレド【1598-1667。石工出身で王室建造物・土木工事総監督】がフォブール・サン＝ヴィクトールのこの定期市を図面を描いたの

は、1641年4月のことだった。マルシェ＝オー＝シュヴォー袋小路（Impasse du Marché-aux-Chevaux）は、1734年から5区にある。

マルシェ・オルドネ Marché Ordener
1891年に敷設された19区のマルシェ＝オルドネ通り（Rue du Marché-Ordener）は、同時期に、近くのオルドネ通りの歩道で毎週2日ないし3日開かれていた市の呼称にちなんで命名されている。

マルシェ・サン＝タントワヌ Marché Saint-Antoine　12区にあるマルシェ＝サン＝タントワヌ小路（Cour du Marché-Saint-Antoine）は2001年の命名だが、その呼称はかつてアリグル広場にあったサン＝タントワヌ市場を想い起こさせる。

マルシェ・サント＝カトリーヌ Marché Sainte-Catherine　1783年、パリでは新たに数本の通りが敷設され、4区にあるマルシェ＝サント＝カトリーヌ広場（Place du Marché-Sainte-Catherine）も、同じ時期につくられている。これは5年後の1788年から建設工事が始まったサント＝カトリーヌ市場へのアクセスとして設けられた広場で、その一部には、かつて聖王ルイ（サン＝ルイ）の時代に建てられ、1774年から77年に解体されたサント＝カトリーヌ＝デュ＝ヴァル＝デ＝ゼコリエール修道院があった。

マルシェ・サン＝トノレ Marché Saint-Honoré　1区にあったサン＝トノレ市場は1810年11月に開設され、1959年、警察署と消防署の倉庫をつくるスペースを確保するためとり壊されている。この市場自体はマリ・ド・メディシス時代の1613年に建てられたドミニコ会修道院の跡地に設けられていた。フランス革命期、修道院は閉鎖され、「憲法の仲間たち」がここに集まって、ジャコバン派が生まれた。彼らはその中心人物だったロベスピエール【→コンヴァンシオン】が処刑される1794年まで絶大な権力を誇った。

　当初、サン＝トノレ市場はジャコバン市場ともよばれていた。現在の呼称となった

のは1826年で、マルシェ・サン＝トノレ広場（Place du Marché-Saint-Honoré）とマルシェ・サン＝トノレ通り（Rue du Marché-Saint-Honoré）もその際に命名されている。

マルシェ・デ・パトリアルシュ Marché des Patriarches　5区のマルシェ・デ・パトリアルシュ通り（Rue du Marché-des-Patriarches）は、1831年6月1日にそれが旧総大司教館の跡地に敷設されるのと同時に開設された市場の呼称でよばれている。この邸館は1399年にパトリアルシュ館と命名されたが、それは当時、ランス大司教で、アレクサンドリア（アレクサンドリ）の総大司教でもあったシモン・ド・クラモー【生没年不詳】が、ここに住んでいたからである。ただ、当初その邸館の呼称はMaison du Partiarcheと単数だったが、のちにMaison des Patriarchesと複数形に変わっている。

マルシェ・デ・ブラン＝マントー Marché des Blanc-Manteaux　ブラン＝マントー市場は1813年にパリ市が建設を始め、1819年8月24日に開業している。市場自体は1913年に廃止されたが、市場周辺を走る4区のマルシェ＝デ＝ブラン＝マントー通り（Rue du Marché-des-Blanc-Manteaux）は、1813年の敷設である。

マルシェ＝ヌフ Marché-Neuf　1568年、プティ＝シャトレで鮮魚や柑橘類を商う商人たちに対し、現在の4区にあるマルシェ＝ヌフ河岸通り（Quai du Marché-Neuf）の一部に転居するようにとの命令が出された。この場所がまもなくマルシェ＝ヌフ通りとよばれるようになる。だが、市場は1856年に姿を消し、通りは1860年、最終的に河岸通りとなった。

マルシェ・ポパンクール Marché Popincourt　11区のマルシェ＝ポパンクール通り（Rue du Marché-Popincourt）は、ジャカール通りやテルノー通りと同様、ポパンクール市場に向かうアクセスとして使われていた。市場の開設は1831年。通りの正式な命名は1844年だが、敷設はすでに29年になさ

マルスラン

マルスラン Marsoulan 1839-1909年。アンリ・マルスラン氏は12区の参事会員だった。同区のマルスラン通り（Rue Marsoulan）は、それにちなんで1912年に命名されている。

マルスラン・ベルトロ Marcelin Berthelot 1827-1907年。パリに生まれ、没した化学者マルスラン・ベルトロは、1851年に理学博士号を取得し、59年に高等薬学校、65年にコレージュ・ド・フランスの教授となる。彼は有機合成によって、生物内に存在するいくつかの化学種を人工的に再生産することに成功しているが、とりわけ顕著な業績は本格的な化学力学というべき熱化学で、これによってすべてに化学種をつくりだした。

1881年、元老院議員になったベルトロは、86年に国民教育・芸術担当大臣、95年に外務大臣に任命されている。『熱化学に基づく化学力学』【2巻、1879年】や『錬金術の起源』【1885年。田中豊助・牧野文子訳、内田老鶴圃】、『科学と哲学』【1886年】などの著作をものした彼の名前は、1907年に命名された5区のマルスラン＝ベルトロ広場（Place Marcelin-Berthelot）に残っている。

マルセ Marcès 11区のヴィラ・マルセ（Villa Marcès）は、旧地主の名前をとって命名されている。

マルセイエーズ Marseillaise 19区のマルセイエーズ通りは、1792年に**ルージェ・ド・リール**がストラスブールで作詞作曲した国歌にちなんで、1932年に命名されている。この作曲家は当時ライン方面軍の工兵大尉だった。「ラ・マルセイエーズ」の作詞者がだれかについては諸説あるが、のちに追加された「ぼくらはみずから進み行く」からはじまる詩句【第7番、子供の詩】を除いて、まちがいなくリールの作である。この国歌の題名は当初は「ライン方面軍のための軍歌」だった。

マルセイユ Marseille かつてギリシャ語でマッサリア、ラテン語でマッシリア【字義は一説に「大量の塩（田）」】とよばれていたマルセイユは、4か所の丘の上に建設されており、アクルとカルムの丘上に立つ旧市街と、ヴュー＝ポール（旧港）周囲の新市街に分けられる。ポカイア人によってつくられたこの町は、前49年、カエサル（ジュール・セザール）に占拠され、自治都市としての権限を制約されるなどの苦難を味わった。マルセイユがローマ内戦【前49-前45年。カエサルが政敵ポンペイウス（前106-前48）や元老院派を一掃した戦い】でポンペイウスを支持したからである。

280年にキリスト教化された【異説あり】マルセイユは、やがて殉教者を生むまでになる。その最初が聖ヴィクトル【303／304年。ローマの軍人だったが、マルセイユで皇帝マクシミアヌス（在位286-311）が異教の神々に犠牲を捧げよとの命令を拒んだ】である。539年、このポカイア人の首都はフランク人の支配下に入り、735年にはサラセン人に荒らされるが、シャルル（カール）・マルテル【686-741。732年にポワティエでアラブ（ウマイヤ朝）軍を撃破した宮宰】が来て彼らを駆逐した【さらに830年にもサラセン人、848年にはギリシアの海賊たちの襲撃を受けてもいる】

879年には、アルル王ボゾン【888没。プロヴァンス公】が町を支配し、1252年にはアンジュー伯シャルル1世【1226／27-85。ルイ9世の弟で、ナポリ王・シチリア王。第7次十字軍で聖王ルイ9世に従ったが、圧政により、「シチリアの晩祷」を起こす】に占領され、1481年には、アンジュー公のルネ1世【1409-80。ナポリ王・エルサレム王・アラゴン王】が、プロヴァンス地方全域とともに、マルセイユをフランス王ルイ11世【→コミヌ】に贈った。16世紀には神聖ローマ帝国皇帝カール5世【在位1519-55】がこの町を2度占拠し、1580年にはペストによって大きな被害を出し、1720年にもまた、ペスト禍によって、住民9万人のうち4万人もがその犠牲となったとされる。

そしてフランス革命。ブーシュ＝デュ＝ローヌの県都マルセイユはこの革命を歓迎

した。しかし、一連のナポレオン戦争や大陸封鎖によって町は破綻し、くわえて、復古王政期には残酷なまでの白色テロル【ウルトラ王政派による共和派やボナパルト派に対するテロル】を味わった。今日、マルセイユは著しい経済発展を遂げ、その港はフランスの重要な貿易拠点となっている。

この町の見どころとしては、たとえばノートル=ダム=デュ=モン=カルメル司教座聖堂（17世紀）やサント=マリ=マジュール教会（19世紀）、ノートル=ダム=ド=ラ=ガルド大聖堂【1864年】などがあるが、マルセイユでもっともみごとな建物は、1869年に造営されたロンシャン宮だろう。ほかにはヴュー=ポールやジョリエット地区、さらに沖合数百メートルに浮かぶポメーグ、ラトノー、イフの3島もある。アレクサンドル・デュマ（父）が『モンテ・クリスト伯』【1845-46年】のなかで、ファリア神父とエドモン・ダンテスの出会いを思い描いたのが、このイフ島の監獄だった。10区のマルセイユ通り（Rue de Marseille）は、1844年に命名されている。

マルセイユ

この町のタラスク通りとサント=マルト通りが隣り合っているのは、決して偶然ではない。民間伝承が語るところによれば、**ローヌ川**の岸にいた怪獣タラスクは、しばしばこの川の航行を妨げ、船を転覆させては楽しんでいたという。辺りを徘徊して、住民たちを貪ってもいた。だが、のちに怪物タラスクが出没するタラスコンの守護聖女となるマルタ（**サント=マルト**）がやってきて、怪物をてなづけ、一帯をその恐怖から解放したともいう【タラスコンのタラスク祭にかんする詳細は、蔵持論文「タラスク考」（蔵持編著『ヨーロッパの祝祭』、河出書房新社、1996年所収）を参照されたい】

ちなみに、**ルージェ・ド・リール**が作詞作曲した「ライン方面軍のための軍歌」の題名が、国歌「ラ・マルセイエーズ」とよばれるようになったのは、いさ

さか間尺に合わない話である。しかし、その経緯の説明は簡単にできる。1792年【テュイルリー宮襲撃事件の約2週間前】、最初にパリに入城したマルセイユ連盟兵が口ずみ、それがパリ市民たちにも歌われるようになったからである【国歌としての採用は、1795年7月14日の国民公会の議決による】

マルセル・アシャール Marcel Achard マルセル・アシャールは1899年にフランス中東部ローヌ県のサント=フォワ=レ=リヨンに生まれ、1974年にパリで他界した劇作家・映画監督・脚本家。その作品の大部分には、ばかばかしさと紙一重の笑いと花のように優しい言葉が入り混じっている。つねにかなり大きな丸眼鏡をかけていた彼は、もちまえの才能と多産さのおかげで、「パリの名士リスト」に不可欠な人物となった。主な作品としては、たとえば『私と一緒に遊ばない？』【初演1923年】や『月光のジャン』【1929年】、『サツマイモ』【1957年】などがある。

1959年にアカデミー・フランセーズ会員となったアシャールは言っている。「私は耳よりも心に語りかける。これが私の成功因である。だれもが心を持っているが、だれもが耳を持ってるわけではないからだ！」、「男は幸せにしてくれる女性しか愛さない」。彼の名を冠したマルセル=アシャール広場（Place Marcel-Ashard）は、1984年から19区にある。

マルセル・エメ Marcel Aymé ブルゴーニュ地方ヨンヌ県のジョワニに生まれ、パリで没した作家のマルセル=エーメ（エメ）は、1925年にパリに出て、ジャーナリストとなる。1933年に発表した『緑の牝馬』【葉田達治訳、東京創元社】——1959年にクロード・オータン=ララ監督【1901-2000】、ブルヴィル【1917-70】主演で映画化されている——で名声を博したのを機に【すでに『餓えた人々の食事』（1929年）でルノドー賞を受賞していた】、本格的に文学への道を進む。

マルセルク

しばしば諧謔的で、人間への冷め切った見方を示すエーメの作品としては、ほかに『第二の顔』【1941年、生田耕作訳、東京創元社】や、1951年にジャン・ボワイエ監督【1901-65】、ブルヴィル主演で映画化された『壁抜け男』【1943。長島良三訳、角川文庫】、1959年にミシェル・ジャック・ボワロン監督【1921-2002】、アラン・ドロン主演【1935-】で映画化された『学生たちの道』【1946年】、『パリのワイン』【1947年】、1938年の初版に50年と58年に増補された童話集の『鬼ごっこ物語』【鈴木力衛訳、岩波少年文庫】などがある。また、戯曲として『リュシエンヌと精肉商』【1947年】や『クレランバール』【1950。原千代海訳、白水社】、『他人の首』【1952年】なども書いている。

エーメは言っている。「お金は何も覚えていないが、できるなら、それを掴んで窓から放り投げる。汚らわしいのは、それを自分のポケットに入れておくことだ。最後はいつも嫌な感じになる」、「われわれの善行はときに罪よりも厄介になる」。18区のマルセル＝エメ広場（Place Marcel-Aymé）は1986年からある【この広場には、マルセル・エーメの顔をした男が右手を上げて石壁から半身出ている（壁抜け）彫刻がある。このブロンズ製彫像は、名優ジャン・マレ【1913-98】が75歳になった1988年に制作したものである】

マルセル・グロメール Marcel Gromaire

1892-1971年。マルセル・グロメールは北仏ノール県のノワイエル＝シュル＝サンブルに生まれ、パリで他界した画家・デザイナー・版画家。アンリ・マティスやフェルナン・レジェの賛美者だった彼は、モンパルナスで絵画を学んでいる。キュービズムの影響を受けたその様式は、しかし独特なもので、暗い色を好んでもちいた。そして、民衆的な主題に着想をえて『大市の宝くじ』（1923年）や1925年『戦争』（1925年）などを発表する一方、数多くの裸体画や都市の風景、装飾的作品も手がけている。さらに、ジャン・リュルサ【1892-1966】

とともに、タピスリーの革新にも寄与した。11区には彼に捧げた通りが1980年からある。マルセル＝グロメール通り（Rue Marcel-Gromaire）である。

マルセル・サンバ Marcel Sembat

1862-1922年。パリで生まれ、シャモニーで没した弁護士・政治家のマルセル・サンバは、スタニスラス学院卒業後、パリ大学の法学部で学んで弁護士となった。1893年、18区から国民議会議員に選ばれ、社会党員としてジャン・ジョレスを熱烈に支えた。第1次世界大戦が始まると、社会党はレモン・ポワンカレの緊急の要請を受けて、戦時政府にふたりの党員を送り込んだ。ジュール・グード【1845-1922。フランスにマルクス主義を導入し、1880年にはフランス労働党を共同結成した】とマルセル・サンバで、前者は国務大臣、後者は公共事業大臣（1914-16年）となった。その間、後者の首席補佐官をつとめたのが、のちに首相となるレオン・ブルムである。

戦争前、サンバはさまざまな雑誌に記事を書いていた。《ラ・ランテルヌ》や《ル・プティ・ソワール》、さらに《初等教育》誌などである。そして1914年、彼は『王を立てよ、さもなければ平和を』を上梓してもいる。フリーメイソン・フランス大東社の中心人物のひとりだった彼は、社会主義的な考えを決して捨てることがなかった。18区には彼を名祖とする通りがある。死後5年目の1927年に命名されたマルセル＝サンバ通り（Rue Marcel-Sembat）である【マルセル・サンバの妻で画家のジョルゲット・アギュト（1867-1922）は、夫の死の衝撃で脳出血を発症し、手元にあった切符に次の言葉を書き残して自殺した。「彼（サンバ）は12時間前に旅立ちました。私はそれに遅れた」。なお、ジョルゲットの甥で、訳者の師でもある民俗学者アンドレ・ヴァラニャック（1894-1983）の話では、その自殺直前に、ジョルゲットから自死するとの電話がかかってきたという】

マルセル・ジャンブノワール Marcel Jambenoire

1905-69年。パリの国立理

工科学校（エコール・ポリテクニーク）出身者であるジャンブノワールは、レジョン・ドヌール・コマンドゥール賞とレジスタンス志願従軍十字賞の佩者。1953年から没年までパリ通信局長もつとめた。マルセル＝ジャンブノワール小路（Passage Marcel-Jambenoire）は、1986年から19区にある。

マルセル・セルダン Marcel Cerdan 1916–49年。アルジェリア北西部シディ＝ベル＝アベスに生まれたボクサーのマルセル・セルダンは、1938年、フランス・ウェルター級チャンピオンとなり、48年にはトニー・ゼールを倒して世界ミドル級チャンピオンとなる。【「KO王」とよばれたアメリカ人ボクサーのゼール（1913-77）は、この敗北後に引退した】

だが、1949年、ジェーク・ラ・モッタ【1921–。「ブロンクスの牡牛」や「猛牛」の異名を取ったファイターで、1980年、デ・ニーロが彼を演じた映画が評判を呼んだ】にベルトを奪われる。同年10月28日、再戦のためにニューヨークに向かうが、搭乗機が北大西洋のアゾレス諸島上空で爆発し、乗客・乗員全員が犠牲者となった。この犠牲者のなかに、ヴァイオリニストのジネット・ヌヴーがいた。

当時、セルダンの恋人だったシャンソン歌手のエディット・ピアフは、その死に深く悲しんだ。彼女の代表作『愛の賛歌』は、おそらくセルダンに捧げられたものだろう。15区のマルセル＝セルダン広場（Place Marcel-Cerdan）は、その事故死から半世紀たった1998年に命名されている。

マルセル・デュシャン Marcel Duchamp 1887-1968年。マルセル・デュシャンは北仏セーヌ＝マリティム県のブランヴィルに生まれ、ヌイイ＝シュル＝セーヌで没した画家。1912年、未来派の影響を受けた『階段を下りる裸体No.2』を発表し、1941年頃には「レディ・メイド（既製品）」、つまり完全な日用品でありながら、冗談めかして「オブジェ・ダール」とよばれる物（瓶敷き、自転車のタイヤ、噴水と名付けられ

た便器など）を制作するようになる。この頃にはまた、口ひげと顎ひげを蓄えたモナリザ像のパロディ【『L.H.O.O.Q』（「彼女は性的に興奮している」の意）。1919年作】も描いている。

だが、繰り返しをさけるため、デュシャンは1923年に絵画を離れ、「ロト・レリーフ」をもちいた実験映画にもとり組んだ【回転する円盤を画面に登場させた『アネミック・シネマ』（1926年）。このタイトルにあるAnémicとは、cinéma「映画」のアナグラム】。だが、彼がとくに入れ込んだのはチェスである。こうしたデュシャンの過激な活動は彼に大きな威信をあたえ、その新趣向の多くはポップアートや新リアリズムの信奉者たちから頻繁に利用されてきた——略奪されたわけではない——。彼の名を冠したマルセル＝デュシャン通り（Rue Marcel-Duchamp）は、1994年から13区にある。

マルセル・デュボワ Marcel Dubois 1856-1916年。パリ生まれの地理学者で、かなり稀な植民地地理学教授。著作としては、前63年頃に生まれ、後23年に没したギリシアの地理学者・歴史家のストラボンのことを扱い、碑文・文芸アカデミー賞を得た『ストラボンの地誌にかんする評論』【1891年】や、『植民地システムや植民者』【1895年】などがある。彼の名は12区の通りに残っている。マルセル＝デュボワ通り（Rue Marcel-Dubois）である。

マルセル・トゥーサン Marcel Toussaint トゥーサンは現代作家で、15区のマルセル＝トゥーサン小公園（Square Marcewl-Toussaint）は、1935年に命名されている。もうひとりのトゥーサンもまた作家だが、名はフランソワ・ヴァンサン（1715-72）。『騎士シュループの冒険』【1751年】の著者である彼は、そのなかでプロイセン王フィリードリヒ2世【在位1740-86】を「北の盗賊」と記している。

マルセル・ドレ Marcel Doret 1896-1955年。パリに生まれ、ピレネー（ピレネ）地方オート＝ガロンヌ県のヴェルネで病没したマルセル・ドレは有名な飛行士で、ジャ

ン・メルモーズやアンリ・ギョーヌ【1902
-40年。航空郵便の先駆者だったが、イギリス
軍機とまちがえたイタリア軍の戦闘機によっ
て、地中海で撃墜された】の仲間。16区に
は1966年にその名がつけられたマルセル
＝ドレ大通り（Avenue Marcel-Doret）が
ある。

マルセル・パニョル Marcel Pagnol 1895-
1974年。マルセル・パニョルは南仏ブー
シュ＝デュ＝ローニュ県のオーベルニュに
生まれ、パリで没した作家・劇作家・映画
監督。2度の大戦間における**マルセイユ**を、
彼ほど熱くかつ正確に表現できた人物はい
ない。その3部作、『マリウス』【1929年】、
『ファニー』【1932年】、『セザール』【1936
年】は、それをもっともよく描き出してい
る。一方、映像表現にも関心があった彼は、
ジャン・ジオノの作品を翻案したみごとな
映画も制作している。『二番芽』【1937年】
や、とくにジュール・レミュ【1883-1946】
が最高の演技を見せた『パン商の妻』【1938
年】などである。さらに『少年期の想い出』
には、『父の大手柄』、『母の邸館』【いずれ
も1957年】や『秘め事の季節』【1959年】
がおさめられている。

1946年にアカデミー・フランセーズ入
りした彼は、この大きな名誉について、こ
う言っている。「名誉。それはマッチのよ
うに、1度きりしか役に立たない」。8区
のマルセル＝パニョル小公園（Square
Marcel-Pagnol）は、死後5年目の1979年
からある。

マルセル・プルースト Marcel Proust
1871-1922年。パリを生没地とする作家。
体が弱かった【10歳のときに喘息発症】マ
ルセル・プルーストは、少年時代からの不
運と病を「悪魔祓い」しようとしていた。
代表作の『失われた時を求めて』は彼が出
入りしていた上流社会のありようをみごと
に描き出しているが、それは何よりも個人
的な記憶と感情を積み重ねた作品といえる。
1913年から死後の27年にかけて上梓され
たこの小説には、『スワン家のほうへ』や
『花咲く乙女たちのかげに』、『ゲルマント

の方』などがふくまれている。そのなかに
登場するコンブレは、実際にはパリ南西部
ウール＝エ＝ロワール県のイリエール村の
ことである。

プルーストは言っている。「今日のパラ
ドックスは明日を予見する」、「だれもがあ
きらかに孤独である…」、「欲望はすべてを
開花させ、所有はすべてを枯れさせる」、
「時計にとって一日一日はおそらく同じだ
が、人間にとっては違う」。作品としては
ほかに『ジャン・サントゥイユ』【1895-99
年】や『楽しみと日々』【1896年】、『模作
と雑録』【1919年】などがある。彼の名を
冠したマルセル＝プルースト大通り
（Avenue Marcel-Proust）は、1930年から
16区にある。8区のマルセル＝プルース
ト小路（Allée Marcel-Proust）は1969年
の命名。

マルセル・ラジマン Marcel Rajman 1923
-44年。第2次世界大戦中、ナチス占領軍
に対する青年ユダヤ人の抵抗の象徴とされ
る闘士。ドイツの全権大使ユリウス・リッ
ター【1893-1943。ヴィシー政府による対独
協力強制労働の監督官として、数万のフラン
ス人を労働力としてドイツに移送した】の暗
殺にくわわったが【16区のペチラルク通り】、
1944年2月21日、パリ西郊のヴァレリア
ンの丘で銃殺刑に処された。マルセル・ラ
ジマン小公園（Square Marcel-Rajman）は、
1994年から11区にある。

マルセル・ルノー Marcel Renault 1882-
1903年。マルセル・ルノーはパリに生まれ、
フランス中西部ヴィエンヌ県のブール＝ド
＝ヴェで事故死した自動車のパイオニア。
長兄のルイ（1788-1944）とともに、ビヤ
ンクールにあった両親の別荘を改装した仮
の工房で、1898年、最初の車を製造して
いる。この車にはチューブ状の車体や3段
の直結変速機、ディファレンシャル・ギヤ
をそなえていた。ただし、エンジンだけは
兄弟がつくったものではなく、ド・ディオ
ン＝ブートン製の4分の3馬力・2ストロ
ーク機関エンジンを改造して3輪につけた。
このプロトタイプから出立して、兄弟は数

マルタンナ

こそ少ないものの、自分たちのオリジナル車をつくるようになる。

そして1899年、ついにダイレクト・ドライブとかみあいクラッチ式の変速機をそなえた、彼ら独自の車【これを「ヴォワテュレット（可愛い車）」と名付けた】の特許を得るようになる。この車の販売を促進するため、ふたりは当時おこなわれていたあらゆる耐久レースに参加する。だが、パリ－マドリード間のレース途中、マルセルは事故死してしまう。残った兄はただちにレースを止めたが、車の生産を止めたりはしなかった。当然のことながら、こうして彼は車づくりに生涯をかけ、ルノー車は世界的な名声を博すまでになる。マルセル＝ルノー通り（Rue Marcel-Renault）は、彼の死後2年目の1905年から17区にある。

マルソー Marceau 1769-96年。フランソワ・セヴラン・マルソー＝デグラヴィエはシャルトルに生まれ、ドイツ西部ラインラント地方のアルテンキルヒェンで没した将軍。16歳で軍隊に入った彼は、1789年にはパリにいて、バスティーユ攻撃に参加し、国民軍の指揮官のひとりとしてシャルトルに戻る。1793年、フランス西部のヴァンデ地方に派遣されると、シャントネやリュソンで王党軍相手にめざましい働きをし、少将、ついで中将に叙せられた。同年、西部方面軍の司令官になると、マルソーはフランス中西部ル・マンで若いラ・ロシュジャクレン伯【1772-94】率いる王党軍を粉砕し、その敗軍に対する人道的な扱い（反革命王党派との戦いではめったにないことだった）で名声を得る。

マルソーが軍人としての資質をいかんなく発揮できたのは、**サンブル＝エ＝ムーズ軍**を指揮していたときだった。この師団を率いて、1796年、コブレンツやヴュルツブルク、リンブルクをあいついで奪取したのである。だが、同年9月19日、不運なことに、アルテンキルヒェン近くを偵察中、待ち伏せしていた敵兵の銃弾を右のわき腹に受けてしまう。ただちに同市の守備隊長のもとに運ばれたが、2日後に息を引き取

った。彼をたたえて1879年に命名されたマルソー大通り（Avenue Marceau）は、8区にある。

マルソリエ Marsollier 1750-1817年。ブノワ＝ジョゼフ・マルソリエはヴェルサイユで生まれ、パリで他界した台本作者。フランス革命以前、彼はパリ市の年金出納係だった。だが、革命後に失職し、無一文の生活を送った。そこで文筆で生きようとし、みごとにそれを実現する。十分なだけの金銭を稼いで、ついには年金を受け取る側になったのだ。かつての年金出納係とは事情が一変したのである。

彼はおもにダレラックやメユルの音楽に合わせて、フェドー座やサル・ファヴァールで上演される数多くのオペラ＝コミック用台本を書いている。その作品には、たとえば『貧しい女』【1796年】や『ニナ、あるいは愛狂い』【1799年】、『カティナのマチネ』【1801年】、『中断したコンサート』【1802年】などがある。2区にあるマルソリエ通り（Rue Marsollier）は、1829年に命名されている。

マルタン・ガラ Martin Garat 1748-1830年。マルタン・ガラはバスク地方のバイヨンヌに生まれ、パリ南方のリスで没した行政官。彼の没年である1830年から20区にあるマルタン＝ガラ通り（Rue Martin-Garat）の呼称は、このフランス国立銀行初代頭取の名にちなむ。

マルタン・ナドー Martin Nadaud 1815-98年。フランス中部クルーズ県のラ・マルティネーシュに生まれた政治家。パリの石工だった彼は、1849年、クルーズ選出の立法議会議員となるが、翌年、追放されて【ナポレオン3世の政策に反対したため】、イギリスに逃れ、1870年まで滞在する。ナポレオン3世が失脚したこの年、彼はクルーズ県から代議院議員に選ばれ、パリ市の参事会では極左に身を置いく。そして1882年、議会の管理担当理事となった彼は、労働問題を数多く手がけた。

20区には1899年に彼の名がつけられたマルタン＝ナドー広場（Place Martin-

Nadau）がある【ナドーの著作としては、『元石エレオナールの回想録』、1895年（邦訳『ある出稼石工の回想』、喜安朗訳、岩波書店）などがある】

マルタン・ベルナール Martin Bernard　1803-83年。アリスティード・マルタン、通称マルタン・ベルナールは、リヨン南西方のモンブリソンに生まれ、パリで没した政治家。最初は植字工だったが、1830年以後、政治的な闘争に身を投じる。そして1839年、彼はブランキやバルベスらとともに叛乱にくわわるが失敗し、はじめは北仏のモン・サン＝ミシェルに、ついで同じ北仏ソンム県のドゥランに移送・投獄されてしまう。

　1848年に釈放されると、ベルナールは民衆の代表として憲法制定議会と立法議会に座を占める。ただ、ふつふつした熱情はなおも健在で、1849年6月13日、新たな蜂起に参加する。この蜂起も失敗したが、辛うじて投獄をさけ、ベルギーに、さらにイングランドに亡命する。1859年、恩赦によって帰国した彼は、1871年、国民議会議員となるが、熱血漢のこの社会主義者はまもなく政治の舞台から退く。著作には『モン・サン＝ミシェルとドゥランでの入牢10年』【1861年】がある。1883年に命名されたマルタン＝ベルナール通り（Rue Martin-Bernard）は13区にある。

マルティ Marty　17区のマルティ袋小路（Impasse Marty）は、その開通時から、当時そこに住んでいた地主の名でよばれている。

マルティニ Martini　1741-1816年。ヨハン・シュヴァルツェンドルフ、通称マルティニは、ドイツ・バイエルン地方のフライシュタットに生まれ、パリで他界した作曲家。早熟だった彼はわずか10歳で北仏ヌブールの教会オルガン奏者となり、のちにナンシーに出て、スタニスラス1世の庇護を受けた。この地で改名した彼は、庇護者が他界したのち、パリに移り、創作を開始する。『15歳の恋人』【1771年】、『領主権』【1783年】、『アネットとリュバン』

【1785年】などである。

　これらの作品はまもなく忘れ去られるようになるが、彼の名前は銘酒のおかげではなく、『愛の快楽』【1784年】のおかげで上流社会でもてはやされた。こうしてこの作曲家はコンデ公、ついでアルトワ公の音楽隊指揮者、さらに国王付き音楽部監督やフェドー劇場の音楽総監督を歴任することになる。10区には彼の名を冠したマルティニ袋小路（Impasse Martini）がある。命名は1900年になされている。

マルティニク Martinique　大西洋上の島で、コロンブス（クリストフ・コロン）によって発見され、1625年にフランスの植民地となった。1762年、94年、1809年と、島は3度イギリス軍に占拠された。島名はカリブ語で「花の島」を意味する「マディニナ」（madinina）に由来する。火山性の山が多く、とくにプレ山（1350メートル）は1902年に爆発して、サン＝ピエールの市街を破壊し、島全体を荒廃させている。

　小アンティル諸島に位置するこの島【面積1128平方キロメートル、人口38万6000（2013年）】は、1946年にフランスの海外領土県となった。中心都市はフォール＝ド＝フランス。島内ではサトウキビが栽培され、これを原料として現地で美酒の評判をとるラム酒が生産されている。18区のマルティニク通り（Rue de la Martinique）は1877年からある。

マルティニャク Martignac　1778-1832年。マルティニャク伯シルヴェール・ゲは、ボルドーに生まれ、パリで没した政治家。1798年、エマニュエル・シエイエス【1748-1836。フランス革命に理論的な指針をあたえ、革命後の政界に重きをなした。また、ナポレオンとともにブリュメール18日のクーデタを敢行してもいる】の秘書となった彼は、熱心な王党主義者をもって自認していた。百日天下の際、ボルドーにやって来たアングレーム公に忠誠心を示したことで、1815年、生地の高等法院検事のポストを得た。

　1821年、マルティニャクはマルマンド【ボルドー南東方】から国民議会議員に選出

され、名演説家としての名声をほしいまま
にした。復古王政下の1825年に子爵に叙
され、穏健王党派となって、内務大臣【実
質上の首相。1829年まで】に任命された。
在任中、彼は報道の自由を復活し、行政官
僚を一新した。だが、こうした手法は時の
国王シャルル10世【在位1824-30】の不興
を買い、1829年に更迭される。そんな彼
の名を冠した7区のマルティニャク通り
(Rue de Martignac)は、1828年からある。

マルティール Martyrs　マルティール通り
(Rue des Martyrs)は、9区と18区を結
んでいる。9世紀、近くを走る現アントワ
ネット通りの9番地に礼拝堂が建立された。
サンクトゥム・マルティリウム(聖なる殉
教)とよばれたこの礼拝堂は、聖ドニ(サ
ン=ドニ)をふくむ初期のキリスト教徒た
ちが、殉教後に埋葬された場所に建てら
れていた。1534年、イグナチオ(イグナ
ティウス)・デ・ロヨラ【1491-155】の後
押しで、イエズス会が創立されたのがここ
である(ローマ教皇パウルス3世【在位
1534-49。ヘンリー3世を破門したり、ミケラ
ンジェロを庇護したりしたことでも知られる】
による認可は1540年)。
　1789年のフランス革命で破壊された礼
拝堂は、1871年、マドレーヌの主任司祭
によって再建された。1880年から現在ま
で、同礼拝堂と修道院は、イエズス会の会
則に従う煉獄援助女子修道会が有するとこ
ろとなっている。一方、マルティール通り
は1750年に敷設されており、呼称はこの
礼拝堂に由来する。

**マルティール・ジュイフ・デュ・ヴェロドロ
ーム・ディヴェール Martyrs Juifs du
Vélodrome d'Hiver**　15区にあるマルテ
ィール=ジュイフ=デュ=ヴェロドローム
=ディヴェール広場(Place des Martyrs-
Juifs-du-Vélodrome-d'Hiver)は、1942年
7月16・17日、ナチと親独協力者たちに
よる一斉手入れで逮捕され、パリの
冬期競輪場に幽閉された数多くの
ユダヤ人に、1896年に捧げられたもので
ある。

**マルティール・ド・ラ・レジスタンス・ド・
ラ・ポルト・ド・セーヴレ Martyrs de la
Résistance de la Porte de Sèvres**　15区
のこの広場(Place des Martyrs-de-la-
Résistance-de-la-Porte-de-Sèvres)は、イ
シ=レ=ムリノー演習場の射撃場で、ナチ
によって拷問され、殺害されたレジスタン
スの活動家や愛国者たちをたたえて、
2000年に命名されている【呼称は「ポル
ト・ド・セーヴルのレジスタンス殉教者たち」
の意味】

マルテル Martel　ミシェル・マルテルは
1764年から86年までパリ市の参事会員を
つとめていた。10区のマルテル通り(Rue
Martel)は1777年に敷設されているが、
それを認可したのが彼であり、まもなくそ
の名前が通りにつけられた。

マルト Malte　マルタはシチリア(シシル)
島とアフリカ大陸のあいだに位置する共和
国で、イギリス連邦とEUの一員である。
11区のマルト通り(Rue de Malte)は
1783年に開通しているが、その呼称は敷
設者であるエルサレム聖ヨハネ騎士修道会、
のちのマルタ騎士団に由来する。この騎士
修道会は11世紀に創設されたもので、
1048年、ナポリ(ナプル)とアマルフィ
の商人たちが、エルサレムの洗礼者ヨハネ
に捧げられた施療院のわきに修道院を建て
たことからはじまる。
　やがてゴドフロワ・ド・ブイヨン【1060
頃-1100。バス=ロレーヌ公の彼は第1回十字
軍の指導者のひとりで、1099年にエルサレム
王となり、「聖墓の守護者」を称した】がこの
施療院に巨額の寄付をし、院長のピエール
=ジェラール・ド・マルティグ【1040-
1120。アマルフィ地方出身のベネディクト会
士】が、隣接する修道院のベネディクト会
士たちから施療院を独立させた。そして、
彼は新しい修道会を立ち上げる。これがエ
ルサレム聖ヨハネ騎士修道会である。マル
タ騎士団は再編されて1961年まで存続し
た。

マルト=ブラン Malte-Brun　1775-1826年。
コンラード・マルト=ブランはデンマーク

マルヌ

で生まれ、パリで没した地理学者。本名はマルト・コンラート・ブルン。彼は母国にいたときからフランス革命の思想を強く支持していた。そのため周囲から嫌われ、1792年にはスウェーデンへの亡命を余儀なくされた。1800年には永久追放を宣告されたが、それより少し前から彼はすでにフランスにいて、日刊紙の《デパ（論争）》【→ウジェーヌ・シュ】に寄稿していた。だが、あまりにも自由に書いたため、あやうく解雇されるほどだった。

そこでマルト＝ブランはより慎重になり、以後は他界するまで次々と変わる体制を支持するようになる。そうした彼を追憶するよすがとなるのは、『数理・自然・政治地理』【1803-07年】や『世界地理精義』【7巻、1820-27年】などの著作や、彼自身が1807年に創刊した《旅行年報》である。やがてデンマーク王はマルト＝ブランに対する追放令を撤回するが、この地理学者はそれを無視してフランスに居続け、撤回から数ヵ月後に他界する。彼に捧げたマルト＝ブラン通り（Rue Malte-Brun）は、1812年から20区にある。

マルヌ Marne　ブルゴーニュ地方とシャンパーニュ＝アルデンヌ地方のラングル高地に発する（標高423メートル）、全長514キロメートルの川。シャラントンでセーヌ川にそそぐ。かつてこの川はサン＝ディジエやシャロン、エペルネ、シャトー＝ティエリ、モーなどを潤している。さらに右岸のノジャン＝シュール＝マルヌでは、長いあいだ何軒もの安酒場やダンスホールが立ち並び【最盛期は1900年頃】、今はまたそれが復活する傾向にある。19区のマルヌ河岸通り（Quai de la Marne）はウルク運河（カナル・ド・ルルク）にそって1802年からあり、それに隣接して走る同区のラ・マルヌ通り（Rue de la Marne）は、1848年に命名されている。

マルブフ Marbeuf　1777年、マルブフ侯爵夫人はシャンゼリゼ大通りの37番地から79番地にかけて地所を購入している。やがてこの地所は壮大な観賞用庭園をそなえ、「フォリ・マルブフ」【フォリとは娯楽用別邸のこと】とよばれるようになる。それは当時の物見高いパリっ子たちの好奇心を掻き立てたきわめて大規模なフォリで、彼らはみなこの施設を見て感嘆することしきりだった。だが、フランス革命時、侯爵夫人は麦ではなく、ウマゴヤシの種を蒔いたとして断罪され、「フォリ・マルブフ」もまた解体の憂き目にあうのだった…。1829年に命名された8区のマルブフ通り（Rue Marbeuf）は、このフォリにその名を負っている。

ちなみに、マルブフ侯爵夫人はルイ・ド・マルブフ伯【1712-86】の従兄弟の妻で、ルイは1768年にフランスが手に入れたコルシカ（コルス）島の初代総督。ボナパルト家ときわめて親しく、同島出身の若いナポレオンがブリエンヌの士官学校に入る際、奨学金を獲得するのに便宜をはかっている。

マルブランシュ Malebrabche　1638-1715年。ニコラ・ド・マルブランシュはパリを生没地とする哲学者でオラトリオ会士。デカルトの遺作『人間論』【1648年】を読んで哲学の道に進んだ彼は、1674年、最初期の著作『真理の探究』を上梓する【1674年に第1分冊（第1巻-第3巻）、1675年に第2分冊（第4巻-第6巻）】。マルブランシュの目的のひとつはデカルト哲学と宗教を調和させるところにあった【「すべての事物を神において見る」という言葉が残っている】

そのすべての著作をとおしてデカルトの思想を発展させ、スピノザの思想ときわめて直截的に対比させてもいるマルブランシュによれば、思考がプラトン哲学的な意味においてあらゆるもののうちにイデアを把握し、イデアが神のうちにあれば、その思考は神のうちに万物をみることになるという【機会原因論】。マルブランシュの著作としては、前記のほかに『道徳論』【1684年】や『形而上学と宗教についての対話』【1688年。井上龍介訳、晃洋書房】、『運動伝達の法則』【1692年】、『神の愛にかんする論考』【1697年】などがある。

マルベ Mallebay 14区のヴィラ・マルベ（Villa Mallebay）は旧地主の名でよばれている。ただ、この人物が地主となったのは、おそらくヴィラが建設されてかなりたったあとのことである。

マルボー Marbeau 1900年に開通した11区のマルボー大通り（Boulevard Marbeau）は、フランス中部リムザン地方のブリヴに生まれ、パリ西郊のサン＝クルーで没した、慈善家ジャン＝バティスト・マルボー（1798-1875）の息子ないし甥だった地主の名前を呼称とする。保護施設の調査をおこなったこの慈善家は、母親が日中働いている2歳以下の貧しい幼児に関心を向けてこなかった自分を恥じて、1844年、シャトレに最初の託児所を建てている。さらに残りの人生をフランスおよびヨーロッパ各地に託児所を設けることに捧げた。この大通りの近くを走るマルボー通り（Rue Marbeau）の呼称もまた、大通りと同じ地主にちなんで命名されている。

マルムゼ Marmousets マルムゼとはグロテスクな顔をし、多少とも滑稽で短躯な怪人の謂である。1338年、**ブルゴーニュ公**や**ベリー公**がシャルル5世【在位1364-80】の諮問官で、シャルル6世【在位1382-1422】の寵臣でもあった者たち、すなわちオリヴィエ・ド・**クリソン**やル・ベーグ・ド・ヴィレーヌ【1410頃没。シャルル6世の主馬頭】、ビュロー・ド・ラ・リヴィエール【1402没。侍従】、ル・メルシエ【1397没。フランス大侍従】などを呼んだ蔑称。むろん、こうした名だたる公爵たちによる蔑称は、彼らがその地位を望んでいた諮問官たちに対する悔しさや嫉妬を物語るものだった。これらの「マルムゼたち」はみごとな諮問官ぶりを発揮したが、それもシャルル6世が発狂してふたりの公爵が権力を掌握するまでだった。その結果、クリソンは逃亡し、他の同輩たちも**バスティーユ**送りになった。

18世紀になると、何人かの若い貴族たちがマルムゼとよばれるようになる。たとえば、権力を奪うため、フルリー枢機卿【1653-1743。宰相】に対するルイ15世【国王在位1715-74】の信頼を失墜させようとした、エペルノン公などである。だが、この枢機卿は血を流すことなく、彼らをその領地から追放することでよしとした。マルムゼ通り（Rue des Marmousets）は、1540年から13区にある。

マルメゾン Malmaisons マルメゾンとはマメ科ゲンゲ属のレンゲソウの俗称である。かつてはパリ周辺にもっとも繁茂しており、疝痛や尿閉に薬効があるとされていた。13区のマルメゾン通り（Rue des Malmaisons）は、この草が大量に生えていたはずの場所の名をとって、1934年に正式に命名されている。

マルモンテル Marmontel 1723-99年。ジャン＝フランソワ・マルモンテルはリムザン地方のボールに生まれ、北仏ノルマンディ地方のゲヨン近郊で没した作家・劇作家・批評家・歴史家。聖職者の服をまとっていた彼は、フランス中部カンタル県のモーリアックにあるイエズス会の修道院に入ろうとしていた1743年、トゥールーズの文学コンクールに頌歌を応募した。残念ながらこの作品は受賞しなかったものの【翌年、『牧歌』で最優秀賞受賞】、これを機に**ヴォルテール**と交流し、パリに出て面会することができた。

やがてイエズス会を忘れたマルモンテルはひたむきに創作を始め、とくに悲劇『アリストメーヌ』【1749年】で成功をおさめる。これにより、彼はマドモワゼル・ド・ナヴァールの「友情」を勝ちえ、その結果、彼女は**サクス元帥**との関係を断ち切るまでになる。それからもマルモンテルはなおも戯曲を書き続けるが、大衆の関心はまもなく彼から離れてしまう。

ヴォルテールは彼を悲劇の天才をみなしていたものの、どうやらその目は曇っていたようだ。今日、マルモンテルの戯曲は、かなり退屈に思えるからだ。とはいえ、その『フランス詩学』【1763年】はなおも輝きを失っておらず、**グレトリ**が音楽を手がけたオペラ・コミックの『ディドン』【1783

年】もまたしかりである。1763年、マルモ
ンテルはアカデミー・フランセーズ会員に
選ばれ、83年にはその終身事務局長とな
っている。彼に捧げられたマルモンテル通
り（Rue Marmontel）は、1864年から15
区にある。

**マルレーヌ・ディトリシュ Marlène
Dietrich** マレーネ・ディートリッヒのこ
と。本名マリア・マグダレーナ・ディート
リッヒは1901年にベルリンで生まれ、92
年にパリで没したドイツ出身のアメリカ人
女優【1939年アメリカ国籍取得】。幼少期の
詳細は不明だが、幼くして父と死別し、継
父も第1次世界大戦で戦死した。彼女は女
優になる前、素晴らしいヴァイオリニスト
となることを期待されていたが、手首を痛
めてその道を断念したという。

　しかし、ユダヤ系オーストリア人の演出
家マックス・ラインハルト【1873-1943年。
ベルリンを拠点として活動し、演劇界の「皇
帝」と称された】の薫陶よろしきをえて、
ディートリッヒは伝説的な女優グレタ・ガ
ルボ（1905-90）が主演した『喜びなき
街』【1925年】に、端役として出演したよ
うである。確実なのは、『ナポレオンの弟』
【1922年】で本格的に映画デビューしたこ
とで、以後10本近くの映画に出演する。

　やがてドイツ系アメリカ人の映画監督ジ
ョゼフ・フォン・スタンバーグ【1894-
1969】に認められ、1930年に封切りされ
た『嘆きの天使』【1930年。ドイツ最初期の
トーキー映画。監督はスタンバーグ】に起用
される。この映画で彼女はキャバレーの踊
り子ローラを演じ、たちまちのうちに評判
となる。これが彼女の国際的な女優として
活躍するきっかけとなった。

　ディートリッヒはそれからも数本、スタ
ンバーグ監督のしばしば常軌を逸した映画
に出演するが、ふたりの関係は1935年封
切りの『女と人形』【邦題名『西班牙狂想曲』】
を最後に終わる。以後の出演作品としては、
以下がある。『女か天使か』【1939年】、『マ
ルタン・ルマニャック』【1946年。邦題名
『狂恋』】、『ベルリン・スキャンダル』【1948

年】、『憎しみの天使』【1949年】、『約束の
証人』【1957年】、『黒い罠』【1958年】、『ニ
ュルンベルク裁判』【1961年】、『ジャス
ト・ア・ジゴロ』【1979年】

　ディートリッヒはつねにナチズムに抵抗
していた。そんな彼女について、ジャン・
コクトーはこう言っている。「彼女の名前
は愛撫のように始まり、鞭打ちのように終
わる」。2002年に彼女に捧げられたマルレ
ーヌ＝ディトリヒ広場（Place Marlène-
Dietrich）は、16区にある【有名な逸話が
ある。引退から時期がたってもファンレター
が絶えず、住所がわからなくても「パリ市。
マレーネ・ディートリヒ様」と書くだけで手
紙が届いたという】

マレ Marais 1865年に命名された10区のマ
レ小路（Passage des Marais）は、1650
年からあったマレ＝サン＝マルタン通りの
名残である。呼称は周辺に数多く見られた
沼沢に由来する。

マレシェ Maraîchers 20区のマレシェ通り
（Rue des Maraîchers）は、1869年に正式
に命名されているが、その呼称は18世紀
に通りにそってみられた集約栽培の菜園に
負っている。

マレシャル・アリスプ Maréchal Harispe
1768-1855年。ジャン・イジドル・アリス
プ伯は、フランス南西部ピレネー＝アト
ランティク県のサン＝テティエンヌ＝ド＝バ
イゴリに生まれ、同県のリュカールで他界
している。1792年に入隊した彼は、イエ
ナの戦いで負傷したが、1807年に少将に
任命され、スペインのサラゴサやイエクラ
で勇猛をはせた。バスク地方のサン＝ジャ
ン＝ピエ＝ド＝ポールでは、イギリス＝ポ
ルトガル連合軍を撃破した。だが、再び負
傷し、捕虜としてトゥールーズに送られる
【敵将ウェリントンはこの名将を丁重に迎えた
という】

　やがて釈放されたアリスプは、1815年、
エルバ島から帰還した皇帝ボナパルトに仕
える。第二次復古王政はそんな彼を遠ざけた
が、1830年に復帰し、35年に貴族院議員、
51年に元帥に叙せられた。彼を名祖とす

マレシャル

るマレシャル＝アリスプ通り（Rue du Maréchal-Harispe）は、1907年から7区にある。

マレシャル・ガリエニ Maréchal Gallieni

1849-1916年。フランス南西部オート＝ガロンヌ県のサン＝ベアに生まれ、ヴェルサイユで没したジョゼフ・ガリエニは、スーダン（スダン）やトンキンで戦い、さらに1896年から1905年にかけてはマダガスカル（マダガスカール）の平定作戦にくわわっている。1914年、首都防衛軍司令官となった彼は、マルヌの会戦の勝利に大いに貢献した【彼はパリのタクシーを駆って前線に兵士を運び、ドイツ軍の右翼を攻撃した。これにより、フランス軍は1914年9月6日から13日にかけてのマルヌ会戦で決定的な勝利をおさめ、敵軍の快進撃をくいとめることができた】。だが、陸軍大臣となって1年後に病没している。マレシャル＝ガリエニ大通り（Avenue du Maréchal-Gallieni）は、彼の死後2年目の1918年から7区にある。

マレシャル・ジュワン Maréchal Juin

1888-1967年。アルジェリア最東北部、地中海に面したボーヌ（現アンナバ）に生まれ、パリで没したアルフォンス・ジュワンは、第2次世界大戦末期（1943-44年）にイタリアで自由フランス軍を指揮した。1947年から51年までモロッコ（マロック）総督、53年から56年までは北大西洋条約機構軍中欧方面軍司令官をつとめた。強い個性と信念の持ち主だった【そのため、シャルル・ド・ゴールの民族自立政策に反対して退役処分になっている】。17区のマレシャル＝ジュアン広場（Place du Maréchal-Juin）——旧ペレール広場——は、1952年にアカデミー・フランセーズ会員となった彼にちなんで1973年に命名されている。

マレシャル・ド・ラトル・ド・タシニ Maréchal de Lattre de Tassigny

1889-1952年。ジャン・ド・ラトル・ド・タシニはフランス西部ヴァンデ県のムイユロン＝エン＝パレに生まれ、パリ西郊のヌイイ＝シュル＝セーヌで没している。ジョルジュ・クレマンソーと同郷の彼は、第2次世界大戦中、フランス第1軍を指揮し、1944年から45年にかけて、南仏プロヴァンスからライン（ラン＝エ＝ダニューブ）およびドナウ（ダニューブ）地方に転戦している。戦後はその戦線で息子が戦死しているインドシナ（アンドシヌ）の高等弁務官や総司令官に任命され、死後、元帥位を追号された。16区のマレシャル＝ド＝ラトル＝ド＝タシニ広場（Place du Maréchal-de-Lattre-de-Tassigny）は、1961年に彼に捧げられたものである。

マレシャル・ファヨル Maréchal Fayolle

1852-1928年。フランス中南部オート＝ロワール県のピュ＝アン＝ヴレに生まれ、パリで没したエミール・ファヨルは、第1次世界大戦のもっとも勇敢な指揮官のひとりである。1916年から17年まで彼はソンムで、ついでイタリア各地で戦い、さらに1918年には一軍を率いて第2次マルヌの会戦を最終的に制し、マインツとライン（ラン＝エ＝ダニューブ）左岸を攻略した。その功をたたえて、死の翌年、彼の名が18区の大通りにつけられている。マレシャル＝ファヨル大通り（Avenue du Maréchal-Fayolle）である。

マレシャル・フランシェ・デスペレ Maréchal Franchet d'Esperey

1856-1942年。ルイ・フェリクス・マリ・フランソワ・フランシェ・デスペレは、アルジェリア西部のモスタガネムに生まれ、フランス南西部タルン県のサン＝タマンセで没した元帥。1914年、マルヌの会戦で勇名をはせ、18年にはマケドニアでドイツ＝ブルガリア連合軍を降伏させている。1934年にアカデミー・フランセーズ会員となった彼の名は、16区の大通りに残っている。マレシャル＝フランシェ＝デペレ大通り（Avenue du Maréchal-Franchet-d'Esperey）で、命名は生前の1930年になされた。

マレシャル・モーヌリ Maréchal Maunoury

1847-1923年。ジョゼフ・モーヌリ元帥はパリ南西部ウール＝エ＝ロワール県のマントノンに生まれ、パリ盆地南部ロワール＝

769

エ゠シェール県のメールで他界している。1914年9月、彼が第6師団を指揮してウルクの戦いで勝利し、これがマルヌの会戦での勝利をよび込んだということはのちのちまでの語り草となっている。1914年といえば、67歳。これもまた特筆に値する。ただし、元帥に叙されたのは死後である。彼の名を冠したマレシャル゠モーヌリ大通り（Avenue du Maréchal-Maunoury）は、1929年から16区にある。

マレシャル・リヨテ Maréchal Lyautey
1854-1934年。1929年に敷設されたマレシャル゠リヨテ大通り（Avenue du Maréchal-Lyautey）は16区にある。

マレ゠ステヴァンス Mallet-Stevens
1888-1945年。ロバール・アンドレ、通称マレ゠ステヴァンスは、パリを生没地とする建築家で、16区の私道マレ゠ステヴァンス通り（Rue Mallet-Stevens）は、キュービックとよびうる彼独特の様式【国際様式】で建てられた家なみにそって、彼自身が敷設たものである。この建築家は1927年に開通したマレ゠ステヴァンス通り12番地の家で没している。

マレール Malher
1848年6月24日【共和政治の保守反動化に対するパリの労働者による蜂起】にバリケードの下で殺害された陸軍少尉。彼を悼んで1849年に命名されたマレール通り（Rue Malher）は、4区にある。

マレルブ Malherbe
1555-1628年。フランソワ・ド・マレルブは、北仏ノルマンディ地方のカーン生まれ、パリで他界した詩人。父親との意見の対立から、南仏のエクス゠アン゠プロヴァンスに移り、1581年、マデレーヌ・ド・コリオリス【エクス高等法院院長の娘】と結婚する。宗教戦争のあいだはプロヴァンスとノルマンディを往還し、詩作に励んだが、さほど成功しなかった。だが、枢機卿ジャック・デュ・ペロン【1556-1618。マレルブと同郷で、アンリ4世と親密な詩人でもあった】がマレルブに関心をもち、1605年、アンリ4世に推薦する。こうして宮廷に出入りするようになった

マレルブは、すみやかに国王の近習かつ宮廷詩人となり、数多くのオード（頌歌）やソネット、恋愛詩を創作する。ルイ13世【国王在位1610-43。→ドーフィヌ】の時代になっても、母后マリ・ド・メディシスに気に入られたため、宮廷内での地位と権威は依然として磐石なものだった。そして、詩をとおしてプレイヤッド派【→ロンサール】を立ち直れないほど激しく攻撃した。

そんな彼の美しい詩句のひとつに、「そして一輪のバラ（ローズ）は息絶えたが、多くのバラは生きている」がある。もとの詩句は「そしてロゼッタは息絶えたが、バラたちは生きている」。このロゼッタとはデュ・ペリエ氏【不詳】の早世した娘の名で、マレルブは彼に『令嬢の死をいたんでデュ・ペリエ氏を慰める詩』【1607年】を捧げている。印刷業者が過ちを犯したのである。だが、マレルブはこの誤植をあえて訂正しようとはしなかった。それが彼の感性だった。

17世紀の読者たちと同様、マレルブを賛美してやまなかったボワローは、こう書いている。「ついにマレルブ来たり！」。自己嫌悪とは無縁だったマレルブは言っている。「マレルブが書いたものは永遠に残る」、「果実は花の約束を伝えるだろう」。16区には彼に捧げたマレルブ小公園（Square Malherbe）が、1932年からある。

マロック Maroc
モロッコ（マロック）はアフリカ最西北部の王国で、大西洋と地中海に面している。ベルベル人を先住民とし、前2世紀にはマウレタニア王国にふくまれていた。44年にはローマの属州として、マウレタニア・ティンギタナとよばれるようになった。429年にはヴァンダル人がローマ人を駆逐してその支配を終わらせた。8世紀にアラブ人【ウマイヤ朝】に制圧されたモロッコは、イスラーム化して、以後さまざまな王朝が支配するようになる。イドリース朝、ファーティマ朝、後ウマイヤ朝、ムラービト朝、マリーン朝、ワッタース朝、サアド朝などで、さらに1660年からはアラウィー朝が成立して現在まで統治

している。

18世紀末にはヨーロッパ列強がモロッコに強い関心をいだくようになる。フランスがイギリスとドイツとの長期にわたる利権獲得競争を制して、この国を保護領としたのは、1912年【フェス条約】のことだった。1621年から26年までは、有名なアブド・エル・クリムが、フランス領モロッコの初代総督リヨテに対して抵抗運動を展開した【クリム（1880頃-1965）は1921年、スペイン領モロッコからリーフ共和国を独立させ、その初代大統領となったが、26年、フランス・スペイン連合軍によって同王国は瓦解した】。

第2次世界大戦後、モロッコ人たち、とくにイスティクラル【1944年に組織されたモロッコ民族主義政党】が独立を求めて戦い、1956年、ついに目的を達成した。こうして1957年、モロッコは王国となり【初代国王ムハンマド5世（在位1957-61）】、そして1999年にハサン2世【ムハンマド5世の息子で後継者】が死去すると、その王子サイディ・ムハンマド6世【1963生】が後を継いで現在に至っている。

モロッコの主な都市としては、首都ラバトのほかに、カサブランカやフェス、マラケシュ、タンジェー、メクネス、アガディールなどがある。19区のマロック通り（Rue de Maroc）とマロック広場（Place de Maroc）は、1864年の命名である。

マロニエ Marronniers 16区のマロニエ通り（Rue des Marronniers）は、もとは素晴らしいマロニエの並木道で、パシー城の庭園の一部をなしていた。この小道は1842年に袋小路とよばれ、7年後の49年に「通り」に昇格している。

マロニット Maronites マロン派の意。シリア風典礼を守りつつ、ローマ・カトリックに帰一する東方教会教徒の宗派で、4世紀中葉のシリアに生まれ、宣教活動や癒し、奇蹟などで知られた隠修士聖マロンないしマルーンを創唱者とする【1180年のラテラノ公会議でローマ＝カトリックに帰属するようになったマロン派の信仰圏は、現在レバノ

ンを中心とする。総人口の3割以上が信者とされ、大統領もこの宗派から選ばれる。フランス・カトリックとも伝統的に深い関係を保ってきたが、典礼自体はなおもシリア語やアラブ語でおこなわれている】。マロン派の聖職者たちは、叙階の前なら妻帯できる。同宗派の長はアンティオキア総司教とよばれ、カノビン修道院【レバノン北部】に住んでいる。1867年に命名されたマロニット通り（Rue des Maronites）は20区にある。

マンサール Mansart 9区のマンサール通り（Rue Mansart）は、ふたりの建築家フランソワ・マンサールとジュール・アルドゥアン＝マンサールをたたえて、1864年に命名されている。パリを生没地とするフランソワ（1598-1666）は、サント＝マリ・ド・シャイヨ教会やミニム教会、ヴィジタシオン・ド・ラ・サント＝マリ教会、さらにラ・ヴィリリエール館（1635年）——現在はフランス国立銀行——、メゾン＝ラフィット城、ブロワ城西翼などを建てている。今もなおマンサルド様式とよばれる建築様式を考案したのが彼である。

一方、フランソワの甥の息子であるジュール・アルドゥアン（1646-1708）は、パリに生まれ、パリ西方イヴリーヌ県のマルリ＝ル＝ロワで没している。1674年、ルイ14世（ルイ・ル・グラン）のお抱え建築家となった彼は、クラニ城を皮切りに、アルル市庁舎やダンピエール城、ヴェルサイユのラ・カンティニ館、パリのコンティ館などを手がけた。さらに、ル・ヴォーが始めたヴェルサイユ宮の造営を完成させ（庭園に面した正面棟）、王室の建築物監督官になっている。また、大トリアノンや廃兵院（アンヴァリッド）のドーム、ヴァンドーム広場、ヴィクトワール広場などもてがけた。1675年に王立建築アカデミーの会員に選ばれた彼は、同アカデミーの「庇護者」になってもいる。

マンダル Mandar 1757-1845年。フランソワ・マンダルはパリ盆地に属する旧セーヌ＝エ＝オワーズ県のマリーヌに生まれ、パリで没した建築家。国立土木学校で要塞造

マントノン

営術や建築学の教授をつとめた。2区のマンダル通り（Rue Mandar）、旧マンダル小路（Cour Mandar）は、1790年の開通時に、この建築家がここに何棟かの家を建てたことで、彼の名がつけられている。マンダール自身の家は、この通りの9番地にあった。

マントノン Maintenon　6区のマントノン小路（Allée Maintenont）は、パリ南西部の町マントノンに由来するもので、1684年12月にルイ14世（**ルイ・ル・グラン**）と極秘に貴賤結婚をした、マントノン侯爵夫人（1635-1719）とは無縁である。ウール＝エ＝ロワール県のマントノン市には、ふたりの国王ルイ12世【国王在位1498-1515】と**フランソワ1世**の治世下に、ジャン・コットロー【生没年不詳。ルイ12世の財務官】によって築城された美麗な城がある。ルイ14世はまだフランソワズ・ドーヴィニェとよばれていたマントノン夫人のためにこれを購入し、左右に翼棟を増設する一方、彼女のために伯爵領を設けている。

マン＝ドール Main-d'Or　11区のマン＝ドール通り（Rue de la Main-d'Or）と、そのわきを走るマン＝ドール小路（Passage de la Main-d'Or）は、1890年頃、そこで「黄金の手」をあしらった看板を掲げて商っていたオーベルジュにちなんで命名されている。

ミオリス Miollis　1759-1828年。セクスティウス・アレクサンドル・フランソワ・ミオリスは、南仏のエクスに生まれ、没した伯爵・将軍。13歳で軍隊に入り、アメリカの独立戦争で戦った。堅固な共和主義者だった彼は1794年に中将となり、マントヴァの戦いできわだった軍功をあげ、97年、同市の総督に任命される。やがて1802年、ナポレオンの終身執政を拒んでその信を失い、以後3年間、逼塞を余儀なくされた。

しかし、1805年にマントヴァ総督に返り咲き、市内にいくつものアカデミーを立ちあげ、ウェルギリウス【前70-前19。古代ローマの詩人で、『アエネイス』などの著作

で知られる】をたたえるオベリスクも建てた。さらに1808年、ローマの占領を命じられた彼は、みごとにその任務を果たし、帝政末【1814年】までこの永遠の都の総督をつとめた。1815年の百日天下の際は、メスの総督に任命された。だが、それにより第二復古王政時に引退させられる。15区には1864年からミオリス通り（Rue Miollis）がある。

ミケラーンジュ（ミケ＝ラーンジュ）Michel-Ange　1475-1564年。ミケランジェロ・ブオナローティ、通称ミケランジェロは、いうまでもなくイタリアの彫刻家・画家・建築家・詩人。フィレンツェ共和国のカプレーゼに生まれ、ローマで没している。15歳のとき、風刺的な仮面を作り、ロレンツォ・デ・メディチ【1449-92。フィレンツェで最高の権勢を誇っていたメディチ家の当主。→メディシス】から注目された。この最初期の作品としては、レリーフの『階段の聖母』【1490-92年】や『ケンタウロスの戦い』【1491-92年】がある。1496年、ミケランジェロはローマに移って数年間過ごし、その間『酔ったバッカス』や『膝まづくキューピッド』などを制作している。

1499年頃にフィレンツェに戻った彼は、『ピサの戦い』を制作する。そして1505年【『ダヴィデ像』の完成翌年】、彼は新教皇ユリウス2世【在位1503-15】にローマによび戻される。教皇が多大な経済的援助を申し出たのである。それと引換えに教皇の霊廟建立を求められた。当初の計画では、そこには影像30体が納められることになっていた。こうして彼はその仕事のために40年を費やしたが、完成したのは『モーセ像』と『奴隷像』2体【いずれも1513-15年】、さらに『勝利の精』【1532-34年】を含む6体だけだった。多少とも人間嫌いだった彼は、ユリウス2世とも短期間不和となったが、それでも1512年まで、数多くの作品を制作した。その代表作が、1508年から12年まで没頭したシスティーナ礼拝堂天井の、『創世記』のもっともドラマティックな情景を描いたフレスコ画で

ある。

ユリウス2世の跡を継いだレオ10世【在位1513-21。この教皇のもとでローマのルネサンスは最盛期を迎えた】の時代、ミケランジェロは宗教的な瞑想のために一種の隠棲生活を送る。しかし、1519年から34年にかけて、彼はさらに大きな仕事に邁進する。フィレンツェのサン＝ロレンツォ大聖堂のため、メディチ家の墓碑を制作することだった【彼はこの大聖堂のファサードの再建を請け負ったが、中途で作業を放棄した】。

1534年、ミケランジェロは彫刻から絵画に転じる。当時、より正確にいえば1534年から41年にかけて、『最後の審判』をシスティーナ礼拝堂の祭壇壁面に描いている。50歳の頃には、彫刻と絵画にくわえて、建築にも関心をいだくようになった。こうして彼はメディチ家の霊廟を建て、ローマではカピトリウム広場を修復した。サン＝ピエトロ大聖堂の改築とドームの設計も託された。彼はこのドームの完成を見ることなく世を去ったが、これは建築史に残る一大傑作とみなされてよい。

一方、ミケランジェロは詩の分野でも、彫刻や絵画、建築と同様の才を発揮している。とりわけ女流詩人ヴィットリア・コロンナ【1492-1547。貴族の未亡人。ミケランジェロが描いた彼女の肖像画が大英博物館にある】との出会いとプラトニック・ラブ。これは彼に数多くの詩を書かせる契機となった。たとえば1541年に編んだ『韻律』は、イタリア文学のなかでももっともみごとな文学的内容とされている。そして1564年、ミケランジェロは人々から称賛と愛を向けられ、さらに幸運に恵まれたまま、生涯を終える。

今日、彼の遺体はフィレンツェのサンタ・クローチェ教会に安置されている。彼に捧げられたパリの通りは1864年から16区にある。ミケラーンジュ通り（Rue Michel-Ange）がそれで、同区にはヴィラ・ミケラーンジュ（Villa Michel-Ange）も1883年からある。また、15区にも同名の通りがあったが、これは1925年までヴ

ァンヴ村に属していた。

ミゲル・イダルゴ Miguel Hidalgo 1753-1811年。ミゲル・イダルゴ・イ・コスティージャは聖職者で、第1次メキシコ独立運動の指導者。メキシコ中部グアナファアト州にあるペンハモ近くの農場で生まれ、メキシコ北部のチワワで銃殺刑に処されている。同州のドローレス村【現ドローレス＝イダルゴ市】で司祭をつとめていた彼は、【村の窮状を救うためにおこなっていた】ワイン造りが政府の命で禁じられ、これがきっかけとなって、1810年、蜂起する。先住民のインディオやメスティーソたちが彼に従った。そこで彼はメキシコの独立を宣言し、激戦のあとに奪取したグアナファアトに首都を置いた。

さらにイダルゴは5万の兵士たちとともにメキシコシティを目さすが、カジェージャ将軍【1753-1828。ヌエバ・エスパーニャ副王】の手引きでスペイン軍がイダルゴ軍を打ち破り、彼を捕らえて処刑してしまう。こうしてメキシコの秩序が回復する。だが、それは長くは続かなかった…。「このメキシコ独立の父」に捧げられたパリのミゲル＝イダルゴ通り（Rue Miguel-Hidalgo）は、1899年から19区にある

ミシェル・オディアール Michel Audiard 1920-85年。パリに生まれ、パリ南西方のドゥルダンで没した映画監督・脚本家・演出家。1950年から、とくに独創性や民衆的な視点の正確さ、鋭いユーモア、セリフの斬新さなどで、フランス映画界に多大の貢献をした。

オディアールは150本以上の脚本を手がけ、そのなかには『大家族』【封切1958年、ラ・パトリエール監督（1921-2013）】や『タブルクのためのタクシー』【1960年、前同。邦題『地獄の決死隊』】、『冬の猿』【1962年、アンリ・ヴェルヌイユ監督（1920-2002）】、『地下鉄のメロディー』【1963年、前同】、『死の遠乗り』【1963年、クロード・ミレ監督（1942-2012）。邦題『死への逃避行』】、『髭女たち』【1964年、ジョルジュ・ロートレル監督（1926-2013）】などがある。

オディアールはみずからも9本の映画を撮っている。『人を愚か者扱いにすることなかれ』【1968年】、『彼女は飲まず、喫わず、麻薬もやらないが、問題を起こす』【1970年】、『どうしようもない人生でいかに成功するか』【1974年】などである。ミシェル＝オディアール広場（Place Michel-Audiard）は14区にある。命名は1994年。

ミシェル・ブレアル Michel Bréal 1832-1915年。ドイツ・バイエルン地方のランダウに生まれ、パリで没した哲学者・言語学者・比較神話学者で、意味論のフランス紹介者。碑文・文芸アカデミー会員【1875年から】だった彼は、高等教育総監察官に任命されている【1879】。著作には『オイディプス神話』【1864年】や『神話学・言語学論集』【1877年】、『意味論試論』【1897年】などがある。ミシェル＝ブレアル通り（Rue Michel-Bréal）は、1932年から13区にある。

ミシェル・シャール Michel Chasles 1793-1880年。パリ南西方のエペルノンで生まれ、パリで他界した幾何学者。計算に頼らず、古典期の幾何学者たちの手法をもちいて幾何学を扱おうとした。1851年に科学アカデミーに入った彼は、『円錐曲線論』【1865年】などを著している。彼についてはどうしても想起せざるをえないほど興味深いことがある。それは、純真な彼が20万フランを詐取されたということである。豪華だが、実際は偽の肉筆文書や写本を売りつけられたのだ。

この詐欺師的な売り手はドゥニ・ヴラン＝リュカス【1816-81。モリエールやラシーヌといった文学者から、ガリアの悲劇的な英雄ウェルキンゲトリクスの手紙までを偽造して売りつけた有名な偽作者。シャールが彼から購入した偽文書は「シャール・コレクション」とよばれる】。だが、いくらお人好しのシャールでも、さすがにイエス・キリスト（！）の自筆文書を買ったあと、これに疑いをいだくようになった。気づくにはいささか遅すぎたが。そんな彼の名がついたミシェル＝シャール通り（Rue Michel-

Chasles）は、1900年から12区にある。

ミシェル・タグリヌ Michel Tagrine 1922-44年。タグリヌは第2次大戦末期に19区、とくにフランドル橋とビュット＝ショーモン地区で幾度となく戦闘にくわわったレジスタンス活動家。1996年に命名されたミシェル＝タグリヌ通り（Rue Michel-Tagrine）は、彼が戦死した19区にある。

ミシェル・ド・ブルジュ Michel de Bourges 1797-1853年。ルイ・クリゾストム・ミシェル、通称ミシェル・ド・ブルジュは南仏ヴァール県のプリエールに生まれ、モンペリエで他界した弁護士・政治家。エクスの学寮でティエールと机を並べていた彼は、白色テロル【ウルトラ王党派による共和派やボナパルト派に対するテロル】に反対し、その報復をさけるため、軍隊に入る。やがて市民生活に戻ると、パリに移り、生地ブルジュで営んでいた【1826年から】弁護士業を再開する。それからまもなくしてパリにおける共和派の指導者となり、さらに1837年に代議士に選ばれた彼は、49年、山岳派【→ルドリュ＝ロラン】の擁護者のひとりとなる。

ミシェル・ペテ Michel Peter 1825-93年。13区のミシェル＝ペテ通り（Rue Michel-Peter）は、かつて同区で医業を営んでいた医師の名に由来する。命名は1899年になされている。

ミシェル・ペトルチアーニ Michel Petrucciani ミシェル・ペトルチアーニは1962年に南仏ヴォークリューズ県のオランジュに生まれ、99年にニューヨークで没した作曲家・ジャズピアニスト。遺伝的な重度の身体疾患にもかかわらず、現代最高のジャズマンのひとりだった。18区のミシェル＝ペトルチアーニ広場（Place Michel-Petrucciani）は、彼を偲んで2002年に命名された。

ミシェル・ル・コント Michel le Comte 3区のミシェル＝ル＝コント通り（Rue Michel-le-Comte）は、コンヴァンショネル・ミシェル・ル・プルティエ・ド・サン＝ファルゴー通りとよばれていた、1793

ミシヨンマ

年から1806年までの短い期間を除いて、1265年から現在の呼称で知られている。通常の命名ならこの通りはコント＝ミシェル（ミシェル伯）通りとよばれるべきだった。にもかかわらず、なぜ当初からこうした呼称になったのか。真相は不明である。ただ、冗談好きなパリジャンたちは、「サ・フェ・ル・コント（勘定が合っている）」と言う代わりに、「サ・フェ・ラ・リュ・ミシェル（これでミシェル通りだ）」という言い回しを生み出した【通説では、御者がこの通りで客を降ろして正しい運賃を受け取った際に、この言葉を発したという】。ことほどさように言葉遊びは古くからある…

ミシャル Michal 1801-75年。アレクシス・ミシャルは土木総監で、パリ市の公共事業局長もつとめた。彼の名を冠したミシャル通り（Rue Michal）は、1881年から13区にある。

ミシュレ Michelet 1798-1874年。ジュール・ミシュレはパリに生まれ、南仏ヴァール県のイェールで没した歴史家・作家。貧しい家に生まれたが、パリのリセ・シャルルマーニュで学んだ。だが、困窮のため、より豊かな仲間たちに気後れするようになり、内気で孤独な日々を送った。青年期に入ると、そうした性格は変わり、学業が著しく進捗する。そして1823年にコレージュ教授となった彼は、すぐれた歴史書を編みはじめる。こうして彼は、エコール・プレパラトワール【パリ高等師範学校の前身】の講師に招かれる。

王政を倒した1830年の7月革命は彼の渇望を具現化したもので、これにより、親友のギゾーが権力をにぎり、1831年には、ミシュレ自身も古文書館の歴史部門長に任命される。のちにはコレージュ・ド・フランスの倫理・歴史学教授となるが【1838年】、そこでの講義は大部分が教会や政治権力に対する挑発的なものだった。

歴史が語るところによれば、ミシュレは社会階層、とくに民衆をはじめて考察の対象としたという。1852年まで、政治にかかわり、自由思想を擁護するため、多少と

も執筆を犠牲にしていた。だが、新しい権力によってその役職をすべて奪われると【この年皇帝となったナポレオン3世への宣誓をこばみ、コレージュ・ド・フランスを追放された】、収入の道を閉ざされる。こうして彼は果敢に執筆活動を再開し、文筆で生活するようになる。

ミシュレ【民衆史・社会史の先駆者とよばれる】には数多くの著作があるが、いうまでもなく代表作は『フランス史』【全6巻、1833-44年】である。ほかには『世界史入門』【1831年】、『フランス法の起源』【1837年】、『イエズス会について』【1843年】、『民衆』【1846年】などがあるが、さらに以下のようなきわめて素晴らしい研究の成果も忘れてはならない。『鳥』【1856年】、『愛』【1858年】、『女性』【1859年】。彼は言っている。「自由、それは人間である」、「自分らしくあるためには、自由でなければならない」、「フランスは一個の人格である」。この歴史家に捧げられたジュール＝ミシュレ通り（Rue Jules-Michelet）は、1877年から6区にある。

ミション・マルシャン Mission Marchand
リーダー【ジャン＝バティスト・マルシャン将軍（1863-1934）】の名前でよばれるマルシャン探検隊は、1896年、フランスを出発している。その目的はナイル（ニル）の湿地帯を越えて、ウバンギ川源流地帯に赴き、イギリス軍と「問題」をおこしていたリオタール探検隊にてこ入れすることだった。マルシャン探検隊は大きな困難に耐えたあと、青ナイル川の合流点に達し、ファショダの町の要塞に入る。

1898年7月10日、ダルヴィーシュ派【イスラーム神秘主義のスーフィー教団】の戦士たちはその要塞を攻撃するが、探検隊一行をそこから退去させられなかった。そればかりか、マルシャンはイギリス軍の指揮官ホレイショ・キッチナー【1850-1916。駐エジプト軍司令官で、のちの元帥・陸軍大臣】が、ファショダの町に野営キャンプを張ったあと、要塞の司令官にもなっている。やがてマルシャン探検隊はエチオピアを経て

ミソン

帰国の途につき、パリに着くと、市民たちから熱狂的に迎えられた。16区のミション＝マルシャン通り（Rue de la Mission-Marchand）は、この偉業を記念して、1901年に命名されている。

ミゾン Mizon 1853-99年。アントワヌ・ミゾンはパリに生まれ、インド洋で謎の死を遂げた探検家。1880年から82年にかけて、彼はコンゴでサヴォルニャン・ド・ブラザの協力者となる。1883年から90年にかけて軍務につくが、熱帯の森からの誘いもだしがたく、意を決して中央アフリカを探検する。さらに彼は植民地行政にかかわってマダガスカル（マダガスカール）に移り住み、マイヨット島【マダガスカル西北の島】の行政官となる。そしてジブチの総督に任命されて4日後、インド洋上にいた彼はみずから銃で頭を打って自殺する【動機不明】。15区のミゾン通り（Rue Mizon）は、彼が自死してまもなくの1899年に命名されている。

ミディ Midi 18区のシテ・ミディ（Cité du Midi）は、1929年にヌイイ＝シュル＝セーヌ村からパリに編入されている。いうまでもなく、呼称は通常「ミディ」とよばれるフランスの南東部と南西部をさす。命名は19世紀で、このシテの住人たちがミディ出身だったことによる。12区にはまた1993年からミディ小路（Cour du Midi）がある。

ミニェ Mignet 1796-1884年。フランソワ・ミニェは南仏エクス＝アン＝プロヴァンスに生まれ、パリで没した歴史家。1821年にパリに移った彼は、まもなく『シャルル7世礼賛』と『聖王ルイ9世政体論』で頭角を現す。やがて日刊紙《ル・ナショナル》をティエールらと共同で立ち上げ、みずから主幹となって書簡形式の記事を書き、ブルボン王朝と闘った。1830年、その王朝が革命で瓦解すると、ミニェは外務省の文書館長に任命される。さらに1832年には人文・社会科学アカデミー会員、37年にはアカデミー・フランセーズ会員となる。

1838年以降、歴史家ミニエの著作の大部分は、終身会長だった人文・社会科学アカデミーの同僚たちをたたえる作品解題に向けられた。そうした彼の著作としては、『作品解題と肖像』【1852年】のほかに、『メアリー・スチュアートの生涯』【1851年】や『シャルル5世』【1862年】、『フランソワ1世とシャルル5世の対立』【1875年】などがある。16区には、彼の没後12年目に命名されたミニェ通り（Rue Mignet）がある。

ミニム Minimes 3区を走るミニム通り（Rue des Minimes）の呼称は、現在の10番地に1611年に建てられ、1790年の革命時に閉鎖されたミニム修道院に由来する。ミニム修道会は1435年、のちに列聖されるフランソワ・ド・ポール【1416-1507。イタリア語名パオラのフランシスコ。カラブリア地方出身の隠修士。列聖は1519年】によって創設されたもので、フランス最初の修道院はプレシ＝レ＝トゥール【中部アンドル＝エ＝ロワール県。ルイ11世終焉の地】に設けられた。

同会の修道士たちがパリに来たとき、パリジャンたちは彼らを「カラブリアの紳士たち」と呼んだ。その創始者が「カラブリアの紳士」とよばれていたからである。修道会の呼称はフランソワ・ド・ポールの命名だが、「ミニム」【字義は「些細さ、最小限」】とは、その修道士たちに卑下ないし謙虚さを旨とすることを想い起こさせるためである。通りの命名は1611年。

ミニャール Mignard 1610-95年。ピエール・ミニャールはトロワに生まれ、パリで没した画家。25歳のとき、画業を磨くためにローマに向かい、1653年まで滞在して結婚する【このローマで画家ニコラ・プーサンと出会っている。なお、結婚は1660年】。やがてヴェネツィアを訪れ、1658年、国王の求めでパリに移る。ヴェネツィアからパリに向かう途中、彼はアヴィニョンに立ち寄り、やはり画家の兄ニコラ【1606-68。「ミニャール・ダヴィニョン（アヴィニョンのミニャール）」とよばれた】と再会している

【彼はまたアヴィニョンに一座を率いて来ていたモリエールにも出会い、その肖像画を描いている】

　パリに着くと、ミニャールは宮廷でルイ14世（**ルイ・ル・グラン**）の肖像画を描く。この肖像画は国王の婚約者マリー＝テレーズ・ドートリシュ【1638-83。→ベラスケス】に捧げられた。この作品を気に入った王大后アンヌ・ドートリシュ【→サン＝タンヌ】は、彼をおかかえ画家として、**ヴァル＝ド＝グラース**のドーム装飾を命じる【1663年】

　この頃には、ミニャールはかなり評判の画家となっており、マントノン夫人【→スカロン】やモンテスパン夫人、ラ・ヴァリエール夫人【→フーケ】、ラ・ファイエット夫人【1615頃-65。アンヌ・ドートリシュの侍女】、さらにセヴィニエ夫人やボシュエ、**テュレンヌ**、コルベールらの肖像画を描かなければならないほどだった。やがて彼は**ヴェルサイユ城**の部屋装飾を手がけ、前任のル・ブランが他界すると、まず国王筆頭画家、ついで**ゴブラン工場**支配人となり、さらに記録的なことだが、24時間のうちに王立絵画・彫刻アカデミーの会員、事務局長、そして会長に選ばれた（1690年）。

　ルーヴル美術館では彼の作品、たとえば『ゴルゴダの丘に向かうイエス』【1864年】や『ブドウの房を持つ聖母』、『涙を流す聖母』、『聖女セシル』、『フランスにその富を授けるネプトゥヌス』【いずれも制作年不詳】などを見ることができる。こうした彼の一連の作品から、フランス語の単語が生まれている。ミニャルディーズ（mignardise）【字義は「可憐さ」】がそれである。彼はまた1881年からパリの通りにその名を残している。16区のミニャール通り（Rue Mignard）である。

ミニョ Mignot　16区にあるミニョ小公園（Square Mignot）の呼称は、1931年にこの小公園が建設された当時、土地を所有していた一族の名に由来する。

ミニョット Mignottes　19区のミニョット通り（Rue de Mignottes）は、18世紀からあった地名にちなんで命名されている。

ミニョットとはミニョンヌ（mignonnes）【字義は「可愛い娘たち」】を多少変形した語である。おそらくこの一帯にはかつてミニョンヌが住んでいたのだろう。

ミニョン Mignon　6区のミニョン通り（Rue Mignon）は、現在の通りの2番地にブロワないしシャルトルの建築家だったジャン・ミニョンが、一族の子弟12人を教育するために建てた学寮の名を冠している。この学寮は1343年に閉鎖されたが、1584年4月24日、アンリ3世【在位1574-89】がこれをグラモン修道会【1976年にオーヴェルニュ地方出身の隠修士エティエンヌ・ド・ミュレ（1046-1124）が、フランス中部のリモージュ近郊に創設した修道会】の修道女たちに提供する。

　だが、ルイ15世【国王在位1715-74】はこの修道女たちを追放し、1763年、建物をルイ・ル・グラン学寮にあたえた。1824年に解体されたミニョン学寮の跡地は、現在は学術団体の施設となっている。ミニョン通りはこの学寮の創設時より知られている。

ミネルヴォワ Minervois　12区にあるミネルヴォワ小路（Cour du Minervois）の呼称は、南仏ラングドック地方、モンターニュ・ノワールとオルブ渓谷のあいだに位置するブドウ栽培地帯の名に由来する。この小路はベルシーの旧ワイン倉庫の跡地に敷設されたものである。

ミモザ Mimosas　1928年に開通した13区のミモザ小公園（Square de Mimosas）は、さまざまな花の名前をつけた地名群のひとつである。ミモザはまたミムーズ（mimeuse）ともよばれるが、音の響きはミモザほど美しくはない。この花は300種ほどあり、とくに高温地域で生育する。フランスの場合はコート＝ダジュールや南西部、**ブルターニュ地方**などで、これらの地域では毎年2月からじつに心地よい香りを放っている。

ミュエット Muette　16区のミュエット通り（Chaussée de la Muette）は、1865年に現在の道になったが、その呼称は1920年に

解体されたミュエット城に由来する（今日、城の跡地にはOECDの建物がある）。ミュエット城は16世紀に築城されたもので、ベリー公爵夫人が住んでいた【ミュエット城で没したこの公爵夫人マリ・ルイズ・ドルレアン（1695-1719）は、ルイ15世（在位1715-74）の摂政だったオルレアン公フィリップの娘で、「マドモワゼル」と通称された】。

のちにルイ15世【国王在位1715-74】はこの城をことのほか好んで、飾りたてた。1783年、城の庭園はピラートル・ド・ロジエの気球飛行の実験場となった。1790年7月14日、シャン＝ド＝マルスで開かれた連盟祭【→フェデラシオン】では、その芝生の上で祝宴が開かれている。

ミュセ Musset 1810-57年。詩人のアルフレッド・ド・ミュッセ（ミュセ）は、パリに生まれ、没している。若い頃、法律や医学、絵画、音楽の道に入るのをためらい、最終的に文学を志す。すでに18歳にしてロマン派の結社セナクル【→シャルル・ノディエ】に属し、「ロマン主義的大店の寵児」となる（のちにこの大店と袂を分かつ）。やがて彼は数多くの詩を創作し、とくに《ルヴュー・ド・パリ》に寄稿するようになる。この時期、傑作喜劇『娘たちは何を夢見るか』（1832年）を発表したが、翌33年、詩人の人生にとって重大な出来事が起きる。同年冬、ジョルジュ・サンドとイタリアへ旅立つのである。

しかし、ジェノヴァ（ジェーヌ）やフィレンツェ、ボローニャを訪れたあと、ヴェネツィアに着いたふたりの関係は、残酷なまでの破滅を迎える。この別離がミュッセを変え、より偉大な詩人に仕立て上げたにちがいない。そこから生まれたのが次の詩句である。「人は徒弟であり、苦しみはその親方である。苦しみを味わわないかぎり、だれも自分が何たるかがわからない」

1834から38年にかけて、ミュッセは『5月の夜』や『12月の夜』、哀悼叙事詩『マリブランに捧ぐ』【マリア・マリブラン（1808-36）は落馬事故死がもとで夭折したスペインの天才的女性オペラ歌手】を発表し、さらに

戯曲の『ロレンサッチョ』（初演は1896年）や『ファンタジオ』、『マリアンヌの気紛れ』、『戯れに恋はすまじ』、『気まぐれ』などを創作している。さらに1837年、《ルヴュー・デ・ドゥー＝モンド（両世界誌）》に『デュピュイとコトネの書簡集』を寄稿して、ロマン主義と決別した。だが、詩人は不節制ゆえの病で次第に体が衰弱し、アカデミー・フランセーズ会員に選ばれた1852年には、すでにひとりでは生きられない状態になっていた。それでも彼は愛を語る詩人として残りの日々を送った。

この『世紀児の告白』【1838年】の作者は言っている。「私はあまりにも老いた世紀に、あまりにも遅く来すぎた」、「帰還はアデュー【別れの言葉】を愛させる」、「もっとも絶望的なのは、もっとも美しい歌である」、「なによりも真のまなざし、それは欲望である」、「われわれにうちのだれか、われわれのうちのだれかがやがて神になるのだろうか」。彼の名を冠したミュセ通り（Rue Musset）は、1864年から16区にある。

ミュテュアリテ Mutualité 5区にあるミュテュアリテ小公園（Square de la Mutualité）の呼称は、1931年に建てられた同名の公共施設に由来する。この施設にはおもに2通りの目的があった。共済連合介護センターがおかれていたことと、舞踏会や演劇、政治集会、祝宴などの会場だったことである。これらの催し物には、共済組合員たちが管理するふたつの大ホールがもちいられていた。そこはまたフランス国内やナバラの多くの共済組合を傘下におさめるセンターでもあった。

ミュラ Murat 1767-1815年。ジョアシャン・ミュラはフランス中部ロット県のラ・バスティド＝フォルテュニエールに生まれ、イタリアのピッツォで没した元帥・ナポリ（ナプル）王【在位1808-14】。聖職者になるはずだったが、軍人を志し、1796年、ナポレオンの副官に任命される。ほどなくして少将に叙せられた彼は、もちまえの熱情と大胆さで恐るべき騎兵となり、アレクサンドリア（アレクサンドリ）やピラミッ

ミュリヨ

ド、**アブキール**、さらにイスラエルのアッカの戦いできわだった軍功をあげる。

1799年、帰国したミュラは中将に昇進し、ブリュメール18日【ナポレオンが総裁政府を倒して執政政府を樹立したクーデタ】では、ナポレオンの片腕として活躍する。そして、執政護衛隊指揮官となって、1800年、ナポレオンの妹カトリーヌ【1782-1839】と結婚する。同年、マレンゴ（マランゴ）の戦いに参加し、チサルピナ共和国【ナポレオンが北イタリアにつくった共和国（1797-1802年）】の大統領となり、さらにパリ総督や帝国元帥、ベルク大公爵、クレーフェ公国君主【在位1806-08年】、地方大総督などを拝命する。ひとりの人物がこれほど多くの称号を得たのは、じつに例外的なことだった。

1804年、ナポレオン軍騎兵隊指揮官となった彼は、**イエナ**や**エロー**、**フリートラント（フリーランド）**でめざましい活躍をし、1808年、皇帝からナポリ王に任命される【前任のナポレオンの兄ジョゼフがスペイン王になったことによる。1814年まで在位】。そしてジョアシャン・ナポレオンと改名して巧みな治世をおこなったが、やがて妻からナポレオンの後見から脱するよう唆される。その結果、当然ふたりの義兄弟間に大きな溝が生まれた。だが、ミュラはまもなく分別をとり戻し、**モスコヴァ**の戦いに勝利して皇帝の信頼を回復する。

とはいえ、ミュラの野心はナポリ王で満足しなかった。1814年、彼は【1812年のロシア遠征で大敗を喫した】ナポレオンを見捨て、敵国のオーストリアとイギリス相手に密約を結んでしまう。この離反により、彼はナポリ王位をフェルディナンド4世【旧ナポリ王。のちの両シチリア王フェルディナンド1世（在位1815-25）】に譲らざるをえなくなった。さらに新しい支持者たちからも見放されたが、それでも彼はナポリ王国の再征服をはかって、1815年10月6日にピッツォに上陸する。しかし、ただちに逮捕され、同月13日に銃殺刑に処された。

彼にはささやかエピソードがある。すべ

ての戦いに先立って、彼は一番立派な制服を身に着け、その羽飾りにダイヤモンドの冠毛を挿したという。そんな彼の名を冠したミュラ大通り（Boulevard Murat）は1864年から、ヴィラ・ミュラ（Villa Murat）は81年からそれぞれ16区にある。

ミュリエ Mûriers 20区にあるミュリエ通り（Rue Mûriers）の呼称は、昔そこが原野だったことを想い起こさせる。「昔」といっても100年以上さかのぼることはないが、当時はそこにミュリエ（桑）の木が密生していた。今ではただミュール（壁）が連なっているだけである。この通りが命名されたのは1877年のことである。

ミュリヨ Murillo 1618-82年。バルトロメ・エステバン、通称ムリーリョ（ミュリヨ）は、セビーリャに生まれ、没したスペイン人画家。ムリーリョは母方の祖父の名に由来する。当初、フランドル派の画風を学ぼうとして旅立ったが、マドリードでベラスケス（**ヴェラスケス**）のもとに寄宿する。1645年、帰郷した彼は、フランチェスコ会からその修道院に飾る作品の制作を依頼される。その際、彼が描いたのが、いずれも**ルーヴル美術館**に所蔵されている『フニベロ神父と司祭』と『天使たちの料理』【1646年】、そして『聖女クララの死』である。こうしたムリーリョ作品の特徴は、大部分が日常生活と超現実的な要素からなるところにある。

1680年、ムリーリョはセヴビーリャ南方の港町カディスのカプチン会修道院で、『シエナの聖女カテリーナの神秘的な結婚』を制作中、誤って足場から転落してしまう。それから他界するまでの2年間、セヴビーリャで辛うじて生をつなぐだけの日々を送らざるをえなかった。彼の作品としてはほかに『蚤をとる少年』【1645-50年】や『無原罪の御宿り』【1650-55年】、『聖母子』【1650-60年】、『羊飼いたちの礼拝』【1668年頃】、『岩を砕くモーセ』、『聖フランチェスコの恍惚』、『数珠を手にした聖母』【いずれも制作年不詳】などがある。8区のミュリヨ通り（Rue Murillo）は、1868年に

779

命名されている。

ミュルーズ Mulhouse アルザス地方南部オー＝ラン県のミュルーズ市は、イル川【ライン川の支流】の河岸に発展した町である。8世紀から知られ、12世紀末には帝国都市となった。1526年、スイス連邦に併合されたが、1798年、自発的にフランスに帰属し、当時誕生した紡績業で栄えた。16世紀に建てられた市庁舎を擁する同市の人口は11万2000【2013年】。パリの12区には、1843年からミュルーズ通り（Rue de Mulhouse）がある。

ミュレ Muller 18区のミュレ通り（Rue Muller）は、1825年から沿道に住む最初期の地主の名でよばれている。

ミラ Myrha 18区にあるミラ通り（Rue Myrha）は、かつて同区の区長をつとめていたビロン氏の娘にちなんで命名されている。ちなみに、ミラ・ビロンという名を次第に早めて幾度か発音すれば、発声法のすぐれた練習となる。

ミラボー Mirabeau 1749-91年。ミラボー伯ガブリエル・ド・リケティはパリ東方セーヌ＝エ＝マルヌ県のビニョンに生まれ、パリで没した政治家で、フランス革命最大の雄弁家。若い頃は自堕落かつ放蕩三昧で多額の借財をつくったため、父親【ミラボー侯】から一時期レ島【フランス中西部ラ・ロシェルの沖合】の監獄に幽閉された。1772年、彼はマリニャヌ侯の娘と結婚する。だが、それは幸福とは縁遠いものだった。

莫大な借金を背負ったミラボーは、再び父親の要求で南仏プロヴァンス地方のモナスク城、ついでマルセイユ沖のイフ島城牢、さらに東部フランシュ＝コンテ地方のポンタルリエ近郊にあるジュー城砦に幽閉される。だが、ポンタルリエの牢獄はさほど監視が厳しくなかった。この町で彼は老いた侯爵の妻だった20歳のソフィーと出会い、ふたりでアムステルダムに蓄電できたからである【1776年】。だが、その逃避行は1年たらずで終止符を打った。警吏に見つかったふたりはパリに引き戻され、ミラボー

はそれからの3年間をヴァンセンヌの城牢でおくることになる【当時、妊娠していたソフィーは精神病院に、のちに修道院に入れられた】

1780年にそこを出たミラボーは一族全体と不和になり、急場しのぎの借金生活を余儀なくされる。そして、秘密裏にプロイセンに赴き、ペリゴールの司祭、すなわちのちのタレーラン（タレラン）と暗号による手紙をやりとりするようになる。帰国すると、彼は革命運動に没頭し、エクス選出の代議員となって、《全国三部会誌》を創刊する。

そして1789年6月23日、彼は三部会の解体を担ったドルー＝ブレゼ【1762-1829。ルイ16世の王室儀典長。フランス革命前夜、三部会で第3身分代議員の退出を主張した】に向けて、次のような有名な演説をしている。「国王に伝えたまえ。われわれ（代議員）は人民の意志によってここにいるのであり、銃剣によって強制されないかぎり、ここから立ち去ったりはしないということを」。こうしてミラボーの影響力は拡大した。しかし、彼は立憲君主制の支持者であり、大半の革命家たちの意向とは合致しなかった。

一方、つねに金銭を強く望んでいたミラボーは、1790年12月3日、マリー＝アントワネット【1755-93】と秘密に面会したのち、ルイ16世【国王在位1774-92】からの援助金を受け入れるようになる。にもかかわらず、議会はなおも彼を革命の柱とみており、民衆は彼をたたえてやまなかった。だが、彼はさほど長生きできなかった。彼が導入したギロチン刑に処せられたわけではない。憔悴するまで放蕩に明け暮れた結果、1791年3月27日に病床につき、4月2日に息を引きとったのである。

その死は大きな反響をよび、遺骸はパンテオンに葬られたが、国民公会（コンヴァンション）は彼とルイ16世との関係を知ると、遺骸をそこから撤去した。こうしてミラボーの名声は地に落ちたが、彼の名を冠した16区のミラボー通り（Rue

Mirabeau）は1867年に命名された。シャンソンに「ミラボー橋の下をセーヌが流れる」と歌われる、15区と16区を結ぶミラボー橋（ポン・ミラボー）は、1894年から97年にかけてつくられている。

ミラン Milan　ミラノ（ミラン）はロンバルディア地方の中心都市で、オロナ河岸に位置している。伝承によれば、この町はガリア人の長ベッロヴェソス【前6世紀に部族を率いて北イタリアに定住したとされる】によって建設されたという。前222年、ローマ人がここを奪い、4世紀にはミラノはイタリア北部の中心となった。1162年、神聖ローマ皇帝フリードリヒ1世【在位1152 -90。赤髭王】は町を完全に破壊する。だが、やがて再建されたミラノは絹織物の産業を興し、新たな繁栄を享受するまでになる。ミラノ公国が樹立されたのが、この頃である【1395年】

　1796年、ナポレオンはこのロンバルディアの都を攻略し、翌年にはチサルピーナ共和国【-1802年】の、さらに1805年にはその後継であるイタリア王国の首都とした。1814年、今度はオーストリア軍がここを占拠し、1859年まで駐屯した。

　ミラノはまた法学者ベッカリアと教皇パウルス4世【在位1555-59。激しい反ユダヤ主義者で、ハプスブルク家とも対立する一方、異端審問所（宗教裁判所）の厳格化などで知られる】の生地である。市内には壮麗な司教座聖堂（ドゥオーモ）や、レオナルド・ダ・ビンチ（レオナール・ド・ヴァンシ）のフレスコ壁画『最後の晩餐』が見られる、サンタ・マリア・デッレ・グラツィエ教会などがある。今日、ミラノはイタリアを代表する産業都市となっているが、313年、ローマ皇帝のコンスタンティヌス【在位303-337】が、この地で信教の自由とキリスト教を公認したこと【ミラノ勅令】を忘れてはならない。むろん、「歌劇の殿堂」とよばれるスカラ座もここにある。パリのミラン通り（Rue de Milan）は、1836年から9区にある。

ミール Mire　18区のミール通り（Rue de la Mire）は、1675年にパリ子午線の長さを正確に測るために設けられた「ノール測標」にちなんで命名されている。当初、それはたんなる杭で「子午線杭」とよばれていたが、1736年に高さ3メートルの三角錐状の塔に作り替えられた。これは今もムーラン・ド・ラ・ガレット近くの庭園にある。この測標塔近くを走るミール通りは1877年に命名されている。

ミルトン Milton　1608-74年。イギリスの詩人ジョン・ミルトンはロンドン出身。公証人だった父は彼をケンブリッジに入れている。父は息子が修道会に入ることを望んだが、息子はそれを拒んだ。やがて幼い頃からすでに数多くの詩をつくっていたミルトンは、イギリス史上最高と謳われる詩人となる。

　峻厳さと熱情を同時にかねそなえていた論理家の彼は、1644年に結婚するが、共同生活はひと月たらずで破綻した。新妻【メアリー・パウエル（1625-52）が夫の熱狂的で直情的な性向に耐え切れなくなって去ったからである。だが、彼女は最終的にミルトンが善人であることを悟って復縁し、彼とのあいだに4人の子供をもうけている【メアリーと死別したのち、ミルトンはさらに2度結婚している】

　オリヴァー・クロムウェル【1599-1658。イングランド共和国の初代護国卿】が実権を掌握すると、ミルトンはそのラテン語力を買われて外国語秘書官に登用される【1649年】。だが、この頃から彼は視力を失い、以後、口述筆記による作品を著すようになる。そのもっともみごとな作品が、聖書に想をえた『失楽園』【1667年】である。彼の作品としてはほかに仮面劇の戯曲『コムス』【1634年】や評論の『イングランド再編について』【1641年】、『離婚の教理と規律』【1643年】、『ジョン・ミルトン氏のラテン・英語詩集』【1645年】などがある。

　1656年、ミルトンは再婚する。しかし、2度目の妻は2年後に他界してしまう。それから6年後の1663年、3度目の結婚をし、この結婚は彼が他界するまで10年続

いた。

彼は言っている。「平和には勝利がある」、「朝がその日を予示するように、少年時代もまたその人間の将来を予示する」。9区には、この詩人の名を冠したミルトン通り（Rue Milton）が1868年からある。

ミルヌ＝エドワール Milne-Edwards 1800-85年。アンリ・ミルヌ＝エドワールはブルージュに生まれ、パリで没した博物学者。フランス生理学の創始者のひとりで、軟体動物や甲殻類の解剖学的研究は完璧なまでに明晰なものだった。動物学にとくに情熱を傾け、博物学教授となった彼は、ソルボンヌや自然史博物館で教鞭をとり、1838年には科学アカデミー会員に推挙され、73年にはパリ大学科学部長となった。彼の名を冠したミルヌ＝エドワール通り（Rue Milne-Edwards）は、1894年から17区にある。息子のアルフォンス（1835-1900）もまた動物学者として名をはせている【とくに地中海や東大西洋の深海動物研究で大きな足跡を残した】。

ミルベル Mirbel 1776-1854年。シャルル・フランソワ・ブリソー・ド・ミルベルは、パリで生まれ、パリ北西方のシャンペレで没した植物学者。とくに細胞と発生学の研究で知られ、学士院会員となった彼は、帝政期にパリ自然史博物館の庭園と温室の管理者をつとめていた。著作には『植物の生理学的要素について』【1815年】などがある。ミルベル通り（Rue Mirbel）は1877年から5区を走っている。

ミルレ・ド・ブルー Milleret de Brou 1846年、アンヌ＝ウジェニー・ミルレ・ド・ブルーは聖母被昇天女子使徒修道会を創設し、55年、その修道女たちを16区のアソンプション通りにあった旧テュイルリー城に住まわせた。彼女たちはそこに聖母被昇天女子修道院と寄宿学校を建て、上流階層の少女たちを受け入れて教育した。その少女たちのなかには、のちのスペイン王アルフォンソ12世（在位1874-85）の王妃となる少女もいた。モンパンシエ公の三女マリア・デ・ラス・メルセデス【1860-

78】である。だが、彼女は結婚した年に早世した。16区のミルレ＝ド＝ブルー大通り（Avenue Milleret-de-Brou）は1928年からあり、そこからアソンプション通りが生まれている。

ミロメニル Miromesnil 1723-96年。トマ・イ・ド・ミロメニルはオルレアン近くに生まれ、北仏のミロメニルで没した政治家。1757年、ルーアン高等法院の院長となった彼は、大法官のルネ・ド・モーペウ【1714-92】によって追放されるが、74年に失地回復して国璽尚書となる。そして、テュルゴーやネッケル（ネケール）による政治と闘い、1787年までその地位に留まる。やがて政治の舞台から去り、ノルマンディの所領に隠棲する。

審理に先立って囚人たちに自白をさせるための恥ずべき「予備的拷問」を廃止したのが、彼である。この廃止は1780年8月24日に決定された。だが、判決後、囚人に共犯者たちの名前を供述させるための「最終的拷問」が廃止されるには、1789年10月9日まで待たなければならなかった【こうした拷問の実態については、蔵持著『英雄の表徴』前掲を参照されたい】。8区のミロメニル通り（Rue de Miromesnil）は1776年からある。

ミロール Milord 1885に開通した16区のミロール袋小路（Impasse Milord）は、当時そこに住んでいた古物商や廃品回収業者たちによって命名されている。ミロール【字義は「富豪」】とは彼らのひとりの名前であって、おそらくは彼らの仕事に対する嘲笑ゆえの命名ではなかったはずだ。

ミロン・T・エリク Myron T. Herrick 1859-1929年。8区を走るミロン＝T＝エリク（Avenue Myron-T.-Herrick）の呼称は、在仏アメリカ大使で、パリ市の名誉市民となったマイロン・T・ヘリック【1854-1929。大使在任は1912-14年と1921-29年。共和党員で、オハイオ州知事（1904-06年）もつとめた】に由来する。1938年に大通りの美しい青い表示板に彼の名が記されたのは、まさにその肩書による。だが、皮肉な

ことに、彼にとってそれはさほどの意味を
もたなかった。それから9年後に他界して
しまったからである【1992年、この大通り
はミロン＝エリク大通り（Avenue Myron-
Herrick）に改称】

ムーザイア Mouzaïa　アルジェリア西北部
シファ峡谷にあるムーザイア峠は、1833
年、フランス軍とアルジェリア軍があいま
みえた戦場として知られる。ムーザイアは
またベルベル人の1部族名でもある。その
名を冠したムーザイア通り（Rue de
Mouzaïa）は、1879年から19区にある。

ムシ（ー）Moussy　4区のムシ通り（Rue
de Moussy）は1644年に命名されている。
その呼称はマリ・ド・ムシ（Moucy）に
由来するが、彼女は現在の通りの7番地に
邸館をかまえていた。この邸館は1895年
にとり壊され、学校となった。ちなみに、
16世紀初頭にはパリの参事会員だったジャ
ン・ド・ムシがいたが、おそらく通りの
呼称とは無縁である。

ムシュー Monsieur　7区のムシュー通り
（Rue Monsieur）は、1779年にこの通りを
敷設したプロヴァンス伯、すなわちルイ
16世の王弟であるのちのルイ18世【国王
在位1814-15/1815-24】にちなんで命名さ
れている。なお、ムシュー（ムッシュー）
とは、16世紀からフランス王弟を意味す
る称号。

ムシュー・ル・プランス Monsieur le Prince
このプランス（公爵）はコンデ公をさすが、
大コンデ（1621-86）ではなく、その父、
つまりアンギャン公のアンリ・ド・ブルボ
ン2世（1588-1646）のことである。命名
の由来は、彼が1612年、隣接するのちの
コンデ通りに邸館を購入したことによる。
1609年、このコンデ公はモンモランシー
家のシャルロット・マルグリト【1594-
1650。王妃マリ・ド・メディシスに侍女とし
て仕えたが、その夫王の愛妾となった】と結
婚するが、国王アンリ4世の傍若無人なつ
きまといから彼女を守るため、新婚生活も
そこそこにパリを離れなければならなかっ
た。

やがてヴェール・ガラン【字義は「緑の
女たらし」。転じて「よい年をした色事師」。
アンリ4世のあだ名】が殺害されると、コ
ンデ公夫妻はパリに戻り、幼王ルイ13世
【国王在位1610-43。→ドーフィヌ】の好意に
よって前記の邸館を譲り受ける。それは、
コンデ公が逃亡によって大元帥の地位を失
ったことに対する償いだった。6区のムシ
ュー＝ル＝プランス通り（Rue Monsieur-
le-Prince）は、彼が邸館の所有者となった
1612年からある。

＊**ムスクテール Mousquetaires**　ムスクテー
ルという語は、マスケット銃が登場した
1525年からあり、この銃で武装した兵士
がムスクテールとよばれた【アレクサンド
ル・デュマ（父）の小説に登場する「三銃士」
は、このムスクテールの訳語。→ダルタニャ
ン】。それから1世紀後の1622年、ルイ13
世【国王在位1610-43】は前王アンリ4世
が近衛兵として編成した軽騎兵隊にこの呼
称を冠し、はじめて本格的なムスクテール
部隊に再編した。

1646年に一時解散した部隊は、1657年、
ルイ14世（ルイ・ル・グラン）によって
復活したが、そこには貴族階級しか入れな
かった。1664年には、マザランが国王に
自分のムスクテール護衛兵たちを贈り、以
来、馬の掛け布が異なる2通りのムスクテ
ール部隊が存在するようになる。白色ない
し灰色の部隊と黒色の部隊である。双方の
部隊は250人編成だった。

1775年、国王ルイ16世【在位1774-91】
は、サン＝ジェルマン伯クロード＝ルイ＝
ロベール【1707-78。陸軍卿】の経費削減策
を受け入れて、ムスクテール部隊を解散さ
せるが、89年に再編され、92年にふたた
び解体される。そして1814年に復活し、
翌年、最終的に廃止された。12区にあっ
たムスクテール小路（Passage des
Mousquetaires）は、その呼称を黒ムスク
テール部隊の兵舎——現在はキャーンズ＝
ヴァン病院——に負っていた。

ムセ Mousset　12区のムセ袋小路（Impasse
Mousset）は、その旧地主を名祖とする。

ムセ＝ロベール Mousset-Robert 12区にあるムセ＝ロベール通り（Rue Mousset-Robert）は、1896年に敷設されている。呼称は沿道に住んでいた地主ふたり、ムセ氏とマドモゼル・ロベールの名に由来する。

ムソルグスキ Moussorgsky 1839-81年。モデスト・ペトロヴィッチ・ムソルグスキー（ムソルグスキ）は、ロシア最西端プスコフ地方のカレヴォに生まれ、サンクト＝ペテルブルク（サン＝ペテルスブール）で没した作曲家。とくに歌劇『ボリス・ゴドノフ』【1868-69】やピアノ曲の傑作組曲『展覧会の絵』【1874年】の原作者として知られる。彼に捧げられたムソルグスキ通り（Rue Moussorgsky）は、1991年から18区にある。

ムトン＝デュヴェルネ Mouton-Duvernet 1769-1816年。バルテレミ・レジス・ムトン＝デュヴェルネ男爵は、フランス中南部オート＝ロワール県のピュイ＝アン＝ヴレに生まれ、リヨンで他界した将軍・政治家。1785年に軍隊に入り、一連の革命戦争やナポレオン戦争に従軍した。1811年に少将、13年に中将となった彼は、第一復古王政時に南東部のヴァランス総督に任命された。だが、1815年にナポレオンがエルバ島から戻ると、ムトン＝デュヴェルネはただちに彼の前に伺候し、100日天下のあいだ、リヨン総督をつとめた。

ワーテルロー（ワテルロ）の敗戦後、彼はナポレオン2世【1811-32。父ナポレオンの退位後、母の母国オーストリアに亡命し、短い生涯をウィーンの宮廷で送った。通称「鷲の子」】の継承権を支持し、そのため、追われる身となって、1年間モーに隠れる。しかし、逮捕されてリヨンの軍事法廷で死刑を宣告され、銃殺刑に処された。ムトン＝デュヴェルネ通り（Rue Mouton-Duvernet）は、彼の処刑30年後の1846年から14区にある。

ムニエ Meuniers 12区のムニエ通り（Rue des Meuniers）の端には、18世紀に小麦をせっせと粉に挽く風車があった。だが、今日、それを探しても無駄である。跡形もなくなくなっているからである。この通りは最初は小径だったが、1880年に通りに昇格している。

ムネ＝シュリー Mounet-Sully 1841-1916年。ジャン・シュリー、通称ムネ＝シュリーは、ボルドー東方のベルジュラックに生まれ、パリで没した悲劇作者。1868年にパリ音楽院（コンセルヴァトワール）を悲劇部門の次点1位、喜劇部門次席で卒業した彼は、翌年、オデオン座の公演『リア王』で初舞台を踏む。1872年、コメディ＝フランセーズに入り、『アンドロマケ』のオレステス役や『エル・シド』の主役ロドリゴ役を演じる。そして1874年、この「モリエールの家」の正座員になり、以後、古典劇の主役級を演じ続ける。弟のオウール・ムネ（1847-1922）もまた1889年にコメディー＝フランセーズ入りした名優だった。20区にあるムネ＝シュリー通り（Rue Mounet-Sully）は、1934年に命名されている。

ムフタール Mouffetard 5区を南北に走るムフタール通り（Rue Mouffetard）の呼称は、モフェット（moffettes）ないしムフェット（mouffettes）【現義は「スカンク」】に由来するが、これらの語は中世ではきわめて不快な悪臭を意味していた。事実、イタリアへ向かうこの旧ローマ街道の一角は、沿道に皮なめしや皮はぎ業者が立ち並び、彼らが扱う素材が我慢できないほどの悪臭を放っていた。さらに、その近くには、ありとあらゆる種類の塵芥が無造作に積み上げられていた。かつてそこを通るパリ市民たちは、こう言ったものだった。「ひどいモフェットだ！」。このモフェットがムフタールになるまで、さほど時間はかからなかった。通りの開通が1254年だったからである。

ムフル Moufle 11区のムフル通り（Rue Moufle）は、1930年からこうよばれている。その呼称は、旧地主で、まだ8区だったころ、すなわち1860年以前の区長だった人物の名に由来する。

ムラン Melun ムランはパリ東方、セーヌ＝エ＝マルヌ県の県庁所在地で、セーヌ河

岸に位置する。ガリア時代はメロドゥヌム
とよばれていた丘上の要塞集落だったが、
前45年にカエサル軍に占拠された。中世
に入って、町はノルマン人【ヴァイキング】
によって荒らされるが、初期のカペー朝が
ここに王宮を設けて繁栄し、ロベール2世
【国王在位996-1031】とフィリップ1世【同
1060-1108】はこの地で没している。1430
年、ムランはイングランド軍に奪われるが、
その占拠期間は10年たらずだった。1590
年には、**アンリ4世**が旧教同盟から町を奪
還した。

　市内で見るべきものとしては、ノートル
＝ダム司教座聖堂（12世紀）やサン＝ア
スペ教会（15世紀）、さらにルネサンス様
式の市庁舎などがある。19区のムラン小
路（Passage de Melun）は、1877年の命
名になる。

ムーラン Moulins　ムーラン通り（Rue des
Moulins）は1区にある。1624年に開通し
た通りで、呼称は、**フランソワ1世**の意向
で市壁が築かれた際、掘った溝の残骸を集
めて1536年にできた「ムーラン（風車）
の丘」に由来する。その頂上には何基もの
風車が気まぐれな風にも軽やかに翼を回転
させていた。「ムーランの丘」は1689年ご
ろ、隣接地区の地面を高くする工事によっ
て姿を消した。かつての風車たちはどこに
行ったのか。

ムーラン・ヴェール Moulin Vert　かつて
14区にあったムーラン・ヴェール【字義は
「緑の風車小屋」】は、いうまでもなく外壁
が緑色に塗られていたが、1863年にガン
ゲット（安酒場・食堂）に変わった。ムー
ラン＝ヴェール通り（Rue du Moulin-
Vert）は、このガンゲットができた年に
命名されている。14区にはまた、1877年
に命名された同名の袋小路（Impasse du
Moulin-Vert）もある。

ムーラン・ジョリ Moulin Joly　ムーラン＝
ジョリ通り（Rue du Moulin-Joly）は11区
にある。当初、この通りは袋小路で、ジョ
リなる人物が19世紀に開いた安食堂のわ
きにあった、愛らしい小型の風車に通じて

いたことから、まだ通りに昇格していなか
った1875年に命名されている。

ムーラン・ダゴベール Moulin Dagobert
11区のヴィラ・ムーラン＝ダゴベール
（Villa du Moulin-Dagobert）は2000年に
命名されたもので、呼称はナポレオン土地
台帳に記載された地名に由来する。

ムーラン・デ・プレ Moulin des Prés　13区
のムーラン＝デ＝プレ小路（Passage du
Moulin-des-Prés）は、現在の65番地、つ
まりビエーヴル河岸に広がっていた野原の
中央部に、18世紀の風車があったことに
ちなんで、1845年に命名されている。

ムーラン・デ・ラパン Moulin des Lapins
14区のムーラン＝デ＝ラパン通り（Rue
du Moulin-des-Lapins）の近くには、かつ
てラパン（ウサギ）を飼っている地主の小
型風車があった。一帯には風車が数多くみ
られたため、それぞれに名前をつけなけれ
ばならなかった。1996年にこの通りに名
前をつける際、きわめて幸運なことに、ウ
サギたちが中で飛び跳ねていた風車小屋を
想い出したのだろう。

ムーラン・ド・ジャヴェル Moulin de Javel
15区のムーラン＝ド＝ジャヴェル広場
（Place du Moulin-de-Javel）は、2003年に
命名されている。この呼称は、近くに
1629年からのジャヴェル風車と、1777年
からのジャヴェル水工場があったことを想
い起こさせる。

***ムーラン・ド・ブール Moulin de Beurre**
1730年から14区にあったムーラン＝ド＝
ブール通り（Rue du Moulin-de-Beurre）は、
17世紀末から18世紀初頭にかけて、現在
のヴェルサンジェトリクス通りの近くに設
置されていたブール風車に続く古い道だっ
た。この風車がなぜ「ブール（バター）」
とよばれていたかは不明だが、おそらくは
その外観の色に由来していたのだろう。そ
こでは乳脂が攪拌されていたのではなく、
小麦が挽かれていたからだ。

**ムーラン・ド・ラ・ヴィエルジュ Moulin de
la Vierge**　14区のムーラン＝ド＝ラ＝ヴ
ィエルジュ通り（Rue du Moulin-de-la-

Vierge）とヴェルサンジェトリクス通りには、ヴィエルジュ風車があった。通りの呼称は、この風車小屋の門の上に設けられた壁龕に、ヴィエルジュ（聖母マリア）の影像が安置されていたことによる。

ムーラン・ド・ラ・ポワント Moulin de la Pointe　1730年当時、現在の13区を走るムーラン＝ド＝ラ＝ポワント通り（Rue du Moulin-de-la-Pointe）は、フォンテヌブロー街道、のちのイタリ大通りと鋭角に交差する幅広の道だった。この交差場所に風車が設けられ、それが呼称のもととなった。

ムリジエ Merisiers　12区を走るムリジエ小路（Sentier de Merisiers）の呼称は、野原と黒い実をつけるセイヨウミザクラ（ムリジエ）の林の中央部にあることに由来する。今では地元の市場で見る機会はほとんどなくなったが、ムリジエの大木は家具職人から珍重されている。

ムリネ Moulinet　13区のムリネ通り（Rue du Moulinet）は1857年に通りとなったが、その前身であるムリネ小道と現在のイタリ大通りの角に、小型の風車、つまりムリネがあった。そこに通じる道がムリネと命名されたゆえんである。同区のムリネ小路（Passage du Moulinet）は、1875年からあるが、呼称はそれがこの通りに近いことによる。

ムルト Meurthe　フランス東部を流れる川。全長161キロメートル。ヴォージュ山地のシュルクト峠に近い西側斜面を水源とし、サン＝ディエやバカラ、リュネヴィル、そしてナンシーを潤して緩やかにモーゼル川にそそぐ。20区のムルト通り（Rue de la Meurthe）は1881年からある。

ムロー Mouraud　20区のムロー通り（Rue Mouraud）には、1877年、当時沿道に住んでいた地主のひとりの名がつけられている。

メイエルベール Meyerbeer　1791-1864年。ヤーコブ・リープマン・ベーア、通称ジャコモ・マイアベーア（メイエルベール）はベルリンに生まれ、パリで没したユダヤ系作曲家。母方の祖父の莫大な遺産を受け継ぐ条件として改名した彼は、1813年、ミュンヘンで処女作となる歌劇『エフタの娘』を初演する。やがてウィーンに移るが、イタリア歌劇が流行していた同地では、彼の作品はほとんど無視された。そこで彼はイタリアに赴き、この流行の秘密を探ろうとした【1815年】

　彼はヴェネツィアでロッシーニ（ロシニ）の『タンクレーディ』に強い影響を受け、それまでのあまりにもいかめしい曲風を多少とも変えるようになる。その結果生まれたのが、1818年にパドヴァで初演された彼の最初のイタリア歌劇『ロミルダとコンスタンツァ』である。だが、マイアベーアのイタリアにおける最大の成功作品は、1824年にヴェネツィアで上演された『エジプトの十字軍』だった。

　1826年からパリに移り住むようになった彼は、1831年、スクリーブの台本をもとに歌劇『悪魔のロベール』をオペラ座で上演する。さらに1836年、その最高傑作とされる『ユグノー教徒』を発表する。それから彼は帰国し、ベルリン宮廷歌劇場の音楽監督をつとめる【1842年から】。やがてパリに戻り、1849年、『予言者』を初演する。しかし、遺作となった『アフリカの女』【1865年】の大成功を見ることなく、他界してしまう。

　たしかにマイアベールはイタリアの偉大な作曲家たちほど技巧的ではなかったが、ドラマの構成や感動を誘う表現という点においては、明らかに彼らを凌いでいた。その名を冠したメイエルベール通り（Rue Meyerbeer）は、没後3年目の1867年から9区にある。

メイヤック Meilhac　1831-97年。アンリ・メイヤック（メヤックとも）はパリで生まれ、没した劇作家。当初は書店の売り子をしていたが、1852年からすでに《ジュルナル・プール・リール》【字義は「笑いのための雑誌」。図案家・石版画家のシャルル・フィリポン（1800-62）が1848年に創刊した雑誌で、最終号は55年。フィリポンはまた有名な風刺新聞《シャリヴァリ》（1832-37年）を

創刊・主幹している（→ガヴァルニ）】に、ユーモアに満ちた作品を送っていた。

メイヤックは数多くの戯曲を単独で創作しているが、それにもかかわらず、彼の名は作曲家のアレヴィと結びつけて語られるようになった。そのアレヴィやオペレッタ作曲家のオッフェンバック（オフェンバック）らの音楽を用いて、彼は次のような戯曲を書いている。『麗しのエレーヌ』（1864年）や『青ひげ』【1866年】、『ジェロルスタンの大公夫人』（1867年）、『パリの生活』（同）、『ペリショル』（1868年）、『盗賊たち』（1869年）、『小公子』（1878年）。これらはすべてオペラ＝ブフの作品であり、大きな成功をおさめた。1888年にアカデミー・フランセーズ会員に選ばれた彼の名が、15区の通りにつけられたのは1932年のことだった。メイヤック通り（Rue Meilhac）がそれである。

メキシコ Mexico　メキシコ・シティーはメキシコ合衆国の首都で、アナワク高原の中心部にあり、標高2240メートル。スペイン人のエルナン・コルテス【1485-1547。コンキスタドール】が来た1519年当時、テスココ湖を干拓して建設された町はテノチティトランと呼ばれ、アステカ王国の首都が置かれていた。

だが、それから3世紀以上経った1847年、アメリカ軍によって占拠され【米墨戦争】、1864年から66年にかけては、皇帝マクシミリアンの帝国と同様、つかの間の首都となった【マクシミリアン（1832-67）はオーストリア皇帝フランツ・ヨゼフ1世の弟で、ナポレオン3世の支援を受けてメキシコ皇帝になったが、その帝国はアメリカ合衆国などの反対に遭い、最終的に先住民出身で、のちに同国の大統領となるベニート・フアレス（1896-72）の共和軍によって捕虜となり、処刑された。この失態によって、ナポレオン3世も失脚することになる】

今日、メキシコ・シティーは人口887万【2010年】を数え、住民たちは1968年にオリンピックを開催したことを誇りにしている。パリのメキシコ広場（Place de Mexico）は16区にある。命名は1957年である。

メグロ＝ドゥロネ Maigrot-Delaunay　20区のメグロ＝ドゥロネ通り（Passage Maigrot-Delaunay）は、1907年に開通したこの小路りにそれぞれ家をかまえていたところから、ふたりの名前がつけられたものと思われる。

メサジュリ Messageries　10区のメサジュリ通り（Rue Messageries）は、1775年からメサジュリ小路として知られていた。呼称はこの通りが、リシュリュー枢機卿によって整備された王立逓送取り扱い所の厩舎と修理工場に続いていたことによる。こうした輸送・運送会社を完全に支配したのはテュルゴー（テュルゴ）で、彼は最初のメサジュリ会社を創設してもいる。さらに、帝政時代には「帝国」メサジュリ会社がつくられ、やがてそれは「王立」、ついで「国立」となった。この会社は他の同業者が営業を認められるようになる1826年まで、旅客や貨物の輸送を独占していた。むろんこうした会社は、鉄道の開通とともにほとんど姿を消した。

メシエ Messier　1730-1817年。シャルル・メシエはフランス北東部ロレーヌ地方のバドンヴィレに生まれ、パリで没した天文学者。12人兄弟の10番目だった彼は、11歳で孤児となる。パリに出た彼は、偶然にも天文学者のジョゼフ・ニコラ・ドリル【1688-1768。水銀温度計の考案者】の知己を得る。そして1721年にロシアのピョートル大帝（ピエール・ル・グラン）に招かれ、天文学者養成学校を創設していたドリルは、若いメシエを助手として、彗星を研究するよう命じた。その際、自分の発見を他人に明かさないよう厳命した。しかし、それは無駄骨に終わった。有名なハレー彗星を最初に発見したと誇ることができたのは、ドリルでもメシエでもなかったからだ【ハレー彗星は、ドイツの農夫で天文学愛好家のユハン・ゲオルク・パルッチュ（1723-88）が、メシエよりひと月早い1758年12月にはじめて発見した】

ドリルの没後、メシエはなおも彗星の発見につとめるが、厳命はもはや守らなかった…。そんなメシエに、ルイ15世【在位1715-74】は愛らしい渾名をつけた。「彗星のフェレット」である。やがてメシエは科学アカデミーに入り、翌年、創設されたばかりの学士院会員となる。彼の名を冠したメシエ通り（Rue Messier）は、1867年から14区にある。

メジエール Mézières　6区を走るメジエール通り（Rue de Mézières）の呼称は、正門が現在のボナパルト通り80番地にあったメジエ館に由来する。1580年にモンパンシエ公【フランソワ・ド・ブルボン。1542-92】によって建てられたこの邸館は、82年、息子のメジエール公の所有となった。1610年、イエズス会はそこに修練所を設け、教会も建立した。

　1763年、イエズス会がフランス王国から追放されると、1793年まで、フランス大東社【フリーメイソンのフランス本部】が、他のフリーメイソン・ロッジ、たとえばヴォルテールも1778年に会員となったヌフ＝スール【1776年に天文学者のラランドが創設したフリーメイソン。アメリカの独立戦争に対するフランスの支援を組織したことでも知られる】のロッジとともにそこにはいった。だが、邸館は1806年に解体され、24年には完全に姿を消した。メジエール通り（Rue de Mézières）は、1596年から6区にある。

メジスリ Mégisserie　1区のメジスリ河岸通り（Quai de la Mégisserie）は、1370年に命名されている。呼称の由来は13世紀からビエーヴル河岸に移転する1673までまで、ここで皮なめし業者たちが商売を営んでいたことによる。彼らの同業組合は聖王ルイ（サン＝ルイ）の時代からあり、手袋用の白皮（牛、羊、ヤギなどの皮革）をなめしていた。

メシドール Messidor　メシドール【収穫月】とは、ファーブル・デグランティヌが考案した革命暦の第10月をさし、6月19ないし20日に始まり、7月19ないし20日に終わる。一方、芸術の分野には、メシドール様式があった。第一共和政の末期、すなわち1800年から04年にかけてデッサンに採り入れられた古代様式を模倣したものである。1857年に命名されたメシドール通り（Rue Messidor）は、12区にある。

メシヌ Messine　メッシーナ（メシヌ）は、ティレニア海とイオニア海を結ぶメッシーナ海峡に面したシチリア（シシル）の町。人口24万【2012年】のこの町は、前8世紀にギリシアの植民者たちによって建設され、ザンクレ【港の地形が大鎌（ギリシア語でザンクレ）に似ていたところから】とよばれた。やがて住民たちが呼称をメッサナに改め、これがのちにメッシーナとなった【諸説あり】。だが、町は幾度も地震に遭い、とくに1783年と1908年の地震では壊滅的な被害を受けた。メシヌ大通り（Avenue de Messine）とメシヌ通り（Rue de Messine）はいずれも8区にあり、前者は1826年、後者は1905年に敷設されている。

メシャン Méchain　1744-1804年。ピエール・メシャンは北仏ラオネ地方のラオンに生まれ、スペインのカステヨン・デ・ラ・プラナで没した天文学者。エルシェルが発見した天王星の中に小惑星を見つけた彼は、1782年に科学アカデミー会員となり、84（88？）年、『天体暦』の刊行を託されている。また、1787年には、カッシーニ（カシニ）やルジャンドルとともに、パリ＝グリニッジ間の経緯度差を測定してもいる。

　1791年、立法議会は、メートル原基を決めるため、メシャンにダンケルクとバルセロナ（バルスロナ）のあいだの子午線弧長測量を命じる。だが、バルセロナの経度計算が3秒【1秒は3600分の1度】間違っていたため、彼は調査結果の公表を拒んだ。その誤りに我慢がならなかった彼は、それを訂正するためにバルセロナにまいもどるが、黄熱病に罹って落命する。この誤りは彼の死後に明らかとなった。メシャン通り（Rue Méchain）は1806年から14区にある。

メス Metz　メッツとも。フランス北東部ロレーヌ地方の都市で、モーゼル県の県庁所

在地。ガリア時代、ここはディヴィドゥルム・メディオマトリケス【字義は「メディオマトリケス族の神の市場・丘」】と呼ばれていた。だが、その呼称は長くは続かず、405年にはメッティスと改称され、そこから現在の呼称が派生した。511年、アウストラシア【フランク王国の東部分国】となり、それから1000年以上経った1552年、フランス王国軍がここを占拠し、カール5世【神聖ローマ皇帝在位1519-56】の数度にわたる攻撃を退けた。幸いなことに、同年、フランスは難攻不落であるところから「乙女メス」と異名をとっていたメスを併合できた。

だが、1870年の普仏戦争時、不幸にしてこの難攻不落という名声は、バゼーヌ元帥【→カンロベール、ジェネラル・トリピエ】が籠城をきめこもうというよこしまな考えを抱き、ついに悲劇的な降伏をするに及んで打ち砕かれた。こうしてメスは1918年までドイツ領となる。

市内の見所としては、13-14世紀のポルト・デ・ザルマン（「ドイツ人の門」）や司教座聖堂、18世紀のアルム広場などがある。この町はまた、ピラートル・ド・ロジエとヴェルレーヌの生地でもあることを忘れてはならない。19区にあるメス河岸通り（Quai de Metz）は1904年、メス通り（Rue de Metz）は20年の命名になる。

メスレ Meslay 1656-1715年。メスレ伯ジャン＝バティスト・ルイエはパリで生まれ、パリ南西部ウール＝エ＝ロアール県のメスレ＝ル＝ヴィダムで没した裁判官。父は国務評定官で、彼自身も1679年、パリ高等法院の評定官となった。だが、彼はとくに科学の研究に打ち込み、遺言によって、科学アカデミーに12万5000リーヴルを遺贈した。数学の分野で重要な発見を行った者に対する報奨制度を設立させるためである。メスレと父が有していた邸館は、1860年にレピュビリク広場が建設された際に取り壊されたが、それより以前の1723年、その邸館の名前が3区の通りにつけられている。メスレ通り（Rue Meslay）がそれ

である。同区にはまた、1890年からメスレ小路（Passage Meslay）もある。

メソニエ Meissonier 1815-91年。エルンスト・メソニエはリヨンで生まれ、パリで他界した画家。その作品の見事さは、デッサンの正確さや調和的な構成、さらに配色の霊妙な魅力にある。彼は自分が求めた最高の出来栄えでないかぎり、作品に決して署名をすることはなかった。

その代表的な作品としては『コントラバスを奏でる男』や『ディドロ宅での読書』【制作年不明】、『賭け勝負』【1872年】のほかに、1859年のナポレオン3世によるイタリア遠征に司令部付き画家として参加し、その経験から着想を得て描いた作品5点、すなわち『エアフルト』、『フランスの遠征』、『フリーラン』、『カスティリオーネ』、『ベレロフォン』などがある。さらに1870年の普仏戦争によって愛国心を揺すぶられたメソニエは、『パリ攻囲戦』【1870年】や『テュイルリー宮の廃墟』【1871年】を制作した。その名がついたメソニエ通り（Rue Meissonier）は、1894年から17区にある。

メゾン＝デュー Maison-Dieu 1863年に命名された14区のメゾン＝デュー通り（Rue Maison-Dieu）は、パリ最古の病院であるオテル＝デュー【慈善院。現市立総合病院】を名祖とする。

メゾン＝ブランシュ Maison-Blanche 13区のメゾン＝ブランシュ通り（Rue de la Maison-Blanche）は、1876年当時、そこにあった古い小邑の名にちなんで命名されている。メゾン＝ブランシュ（「白い家」）と呼ばれていたこの小邑の中央には、今はサン＝タンヌ教会が建っている。

メゾン＝ブリュレ Maison-Brûlée 11区のメゾン＝ブリュレ小路（Cour de la Maison-Brûlée）は、19世紀初頭、そこに建っていた家が焼失したのち、その跡地に敷設されている。命名【呼称は「燃えた家」の意】は当然といえるだろう。この家が火事に遭わなかったなら、小路もまた存在しなかったからである。

*メデア Médéah Médéaともつづる。1840

789

年にフランス軍が占拠したアルジェリアの町。アルジェ南西方、ダクラ山麓に位置するそこには、ローマ時代の遺跡が残っている。現在の市街は【アルジェ同様】、10世紀にズィール朝の君主ボロギン【在位974-984】によって建設された。1840年に命名されたメデア通り（Rue de Médéah）は、かつて14区にあった。

メディシス Médicis　6区のメディシス通り（Rue de Médicis）は、マリ・ド・メディシス（1573-1642）の命で1612年に建てられた、リュクサンブール宮【現在は元老院と美術館】の傍らを通るところから、1860年に命名されている。マリ・ド・メディシスはフィレンツェのメディチ（メディシス）家に生まれ、ケルンで没している。

1600年12月6日、彼女はアンリ4世と結婚するが、そのひと月後、国王は結婚前から関係をもっていたアンリエット・ダントラグ【1579-1633。→ヴェルヌイユ】と復縁する。むろん王妃はそれを不快に覚え、夫王の生涯最後の9年間は「耐え難い」ものとなった。アンリ4世が暗殺されると【1610年】、彼女は夫王とは真反対の政治を行い、リシュリューを排して、コンチーニ【→クール・ラ・レーヌ】を起用する。だが、コンチーニは貴族たちに悪評を買い、それをなだめるため、王妃は巨額の資金を注ぎ込んだという。

1610年、息子のルイ13世が即位する。彼はコンチーニを追放し、母妃をブロワ城に幽閉してしまう【1617年】。2年後の1619年、彼女はそこを脱出し、国王排撃の挙に出る。だが、反乱軍はポン=ド=セの戦いで敗れ、彼女は降伏を余儀なくされた。1620年に王宮にまいもどると、ルイ13世からその宮廷司祭だったリシュリューを、自分の司祭とすることを認めてもらう。1624年のことである。

やがて【宰相となった】リシュリューが自分の意向に従わなくなったため、その更迭に腐心するが、陰謀は失敗した。敗因は1630年11月10日の「欺かれた者たちの日」【マリー・ド・メディシスを中心とする反対勢力から国王の寵を失ったと思われていた宰相リシュリューが、国王の信頼を回復した日】にあった。そこで彼女はケルンに逃れ、亡命生活のうちに波乱に富んだ生涯に幕を閉じることになる。

メデリク Médéric　1902-44年。ジルベール・ヴェディ、通称メデリクはドイツ兵の手を逃れるため、服毒自殺をした愛国者。17区にあるメデリク通り（Rue Médéric）は、彼が命を絶った1944年に命名されている。

メートル=アルベール Maître-Albert　1193-1280年。アルベール・ル・グランおよびアルベルトゥス・マグヌス（大アルベール）、通称メートル=アルベール【本名アルブレヒト・フォン・ボルシュタット】は、バイエルン地方のラウインゲンに生まれ、ケルンで没した中世最大の碩学【神学者・哲学者・博物学者】。1222年、ドミニコ会士となった彼は、45年から48年までソルボンヌで哲学を講じた。ただ、最大限の学生に聴かせるため、彼はその高名な講義を現在のモベール広場でおこなった。

1254年以前、メートル=アルベールはケルンでドミニコ会の管区長となる【1248年にはドミニコ会士のために、このケルンで上級神学校を創設している】。非凡な人物だった彼は、のちの聖トマス・アクィナス（サン=トマ=ダカン）を弟子とし、「物質」や「形状」、「本質」、「存在」にかんする理論を生み出した。一方、話したり歩いたりする自動人形を作り、卑金属の金や銀への変成を信じていもいた【1250年頃には錬金術にかんする小冊子を書いている】。代表的な著作には『グラン=アルベールの感嘆すべき秘密』【ラテン語初版1580年頃。天体の影響や動植物・鉱物などの特性を含む博書】がある。彼に捧げられた5区のグラン=アルベール通り（Rue Grand-Albert）は、1844年の命名になる。

メナディエ Meynadier　1778-1847年。パリの防衛を担っていた中将のルネ・メイナディエは、ナポレオンが退位する前の1814年、対仏大同盟軍がパリに進攻した

とき、19区で激しく抗戦し、重傷を負った。1868年、そんな彼の愛国心を称えて、19区の通りにその名がつけられている。メナディエ通り（Rue Meynadier）である。

メナール Ménars 2区のメナール通り（Rue Ménars）は、1634年に建てられた邸館にちなんで命名されている。この通りはリシュリュー通りと交差し、邸館の玄関はそのリシュリュー通りの現在の77・79番地にあった。1685年、邸館はメナール侯ジャン＝ジャック・シャロンに売却された。メナールはフランス中部ロアール＝エ＝シュール県のブロワ近郊の町で、ポンパドゥール侯爵夫人【1721-64。ルイ15世の寵姫】は、1764年、弟のマリニ公のため、ここに今も残る壮麗な城を築いている。

一方、メナール侯は王妃家の監督官【1672年】、91年にはパリ高等法院上席評定官となっている。財力に恵まれていた彼は、この評定官職を35万リーヴルもの大金を積んで手に入れたという。そして1718年、彼は領地で没する。1733年、メナール館はふたつに分けられて別々の邸館となるが、1869年にいずれも解体された。当初袋小路だったメナール通りは、1687年に命名されている。

メニル Mesnil 1834年に敷設された16区のメニル通り（Rue Mesnil）は、この土地に住んでいた地主たちのひとりにちなんでの命名である。

メニルモンタン Ménilmontant メニルモンタンは1860年にパリ市に編入されたベルヴィル地区の小邑だった。この小邑はすでに13世紀からあり、この場所に最初につくられた小規模な農地の名をとって、メニル＝モー＝タン、すなわち「天気が悪いメニル」と呼ばれていた。ある語源説によれば、その地形が険しかったため、「メニル＝モンタン」【字義は「上り勾配のメニル」】と呼ばれたとする。だが、この説にさほど説得力はない。そうした自然条件ではメニルが「小規模農地」だったことが説明できないからである。分かっているのは、17世紀にル・ペルティエ・ド・サン＝ファル

ジョー家がここに広大な領地を有していたが、フランス革命直前にメニルモンタンがベルヴィルに組み込まれたということである。

1800年から50年にかけて、この地はマロニエの下で商いをしていたガンゲット（安食堂・酒場）で有名だった。そんなメニルモンタンに人々が多く住み着くようになったのは、第二帝政期【1852-70年】になってからである。11区と20区を結ぶメニルモンタン大通り（Boulevard de Ménilmontant）は1864年に敷設され、20区にある同名の広場（Place de Ménilmontant）は59年につくられている。

一方、旧村に通じていた同じ20区のメニルモンタン通り（Rue de Ménilmontant）は、1672年から土手道として知られていた【ほかに20区にはメニルモンタン小公園（Square de Ménilmontant）、11区にはメニルモンタン小路（Passage de Ménilmontant）がある】

メーヌ Maine 1670-1736年。メーヌ公ルイ・オーギュスト・ド・ブルボンは、ルイ14世（ルイ・ル・グラン）とモンテスパン侯爵夫人の第2庶子。パリ西郊のサン＝ジェルマン＝アン＝レ城【ルイ14世の生誕城。現国立先史考古博物館】で生まれ、パリ南郊のソーで没している。生まれつき湾足だった彼は、ローザン公【1633-1723。ルイ14世の親衛隊長。モンパンシエ公爵夫人との秘密結婚を疑われ、投獄されたが、スペインとの講和交渉やイタリア戦争などで手柄をたてた】に教育された【養育者はのちにルイ14世と貴賎結婚をするマントノン侯爵夫人】

1673年、父王から正嫡とされたメーヌ公は、82年、弱冠12歳で南仏ラングドック地方総督に任じられ、88年にはガレー船総督、94年には砲兵隊司令官となった。1678年には、彼にかんする書『7歳の著者のさまざまな業績』【マントノン夫人著】が刊行されている。

かなり勇敢だった彼は、フルリュスやステンケルクの戦い、さらに1702年のフランドル遠征にも加わっている。父の太陽王はそんな彼を正嫡として育てたが、父王の

メネトリエ

死後、メーヌ公は【私生児だとして】すべての肩書きを剥奪される。そして1719年、陰謀を企てた【摂政政治の権利をスペイン王フェリペ5世の近習たちに与えようとした】として告発され、アミアン北方のドゥラン城に幽閉される。翌年、幽閉が解かれて釈放されるが、陰謀をそそのかしたとした妻【ディジョンに幽閉】と切り離され、ソーに逼塞して、余生を信仰と著作に捧げることになる。

14区と15区を結ぶメーヌ大通り（Avenue du Maine）は、彼の生前に敷設されているが、正式な命名は1821年である。近くを走る14区のメーヌ通り（Rue du Maine）は1863年からある。

メネトリエ Ménétriers　メネトリエとはかつて楽器と歌をたずさえて、とくに地方を渡り歩いた遍歴楽師たちのことである【詳細は蔵持著『異貌の中世』（弘文堂、1986年、第2章）を参照されたい】。「小路をメネトリエたちが【楽器を奏でながら】通る」という一節から始まる古い歌がある。1979年に彼らに捧げられた3区のメネトリエ小路（Passage des Ménétriers）に行けば、その演奏を聴くことができるだろうか。

メユル Méhul　1763-1817年。エティエンヌ・メユルはフランス最東北部、ベルギー国境に近い**アルデンヌ地方**のジヴェに生まれ、パリで没した作曲家。すでに生前から名声を馳せていた彼は、パリ音楽院（**コンセルヴァトワール**）が創設されると、その作曲科の初代教授となった【1795年】。同年にはまた音楽家としてはじめてフランス学士院会員にも選ばれている。彼の代表作である「出陣の歌」【1794年】は、革命期に好んで歌われ、ヴァレリー・ジスカール・デスタン元大統領【1926-】の愛唱歌でもあるという。

メユルの作品としてはほかに「若いアンリ」【1791年】や「アドリアン」【1792年】、「ドリア」、「洞窟」【以上1795年】、「アリオダン」【1799年】、「ジョゼフ」【1807年】などがある。彼はまたバレエ曲や歌曲、愛国歌、ロマンスなどを数多く発表した。2区

には、彼にちなんで1829年に命名されたメユル通り（Rue Méhul）がある。

メラン Mayran　1802-55年。ニコラ・メランはシャルル10世【在位1824-30】とルイ＝フィリップ時代の将軍。9区のメラン通り（Rue Mayran）は1964年からある。

メラング Mélingue　1807-75年。エティエンヌ・マラン、通称メラングは、北仏カーンに生まれ、パリで没した俳優・彫刻家。生地で指物師の徒弟をしていた彼は、**マドレーヌ教会**の装飾工としてパリに出る。やがて芝居の誘惑に惹かれて旅まわりの一座に入り、パリのポルト＝サン＝マルタン劇場で、『ネールの塔』【ルイ10世の王妃マルグリトを巡るスキャンダルを描いた1832年作のアレクサンドル・デュマ（父）翻案戯曲】のビュリダン役を演じて成功する。彼はまた任侠的な騎士役にもすぐれ、**アレクサンドル・デュマ**の『**三銃士**』や『**王妃マルゴ**』、『**モンテ＝クリスト伯**』、『**モンソロー夫人**』、さらに**ベルリオーズ**の『**ベンヴェヌート・チェッリーニ**』などでの名演で輝かしい栄誉を手にした。

一方、彫刻家としてのメラングは、『道化役者』や『アエネイス』などの作品で、さまざまなサロン展で賞をえている。妻もテオドリヌの芸名でテアトル＝フランセ（コメディ＝フランセーズ座）の舞台に立っていた。次男のリュシアン【1841-89】は画家としての才能にすぐれ、『ヴールの想い出』【1861年】や『ノルマンディの庭』【1863年】などで知られた。1899年に命名されたメラング通り（Rue Mélingue）は、19区を走っている。

メリ Mairie　18区のシテ・メリ（Cité Mairie）は、そこに18区の区役所があることから、19世紀初頭に命名されている。

メリディエンヌ Méridienne　14区の袋小路状となっているヴィラ・メリディエンヌ（Villa Méridienne）は、2002年に命名されているが、呼称の由来は通りの端をパリ子午線（メリディエンヌ）が通っていることによる。その地面には南北を示す2枚の青銅製メダイヨンがはめこまれている。これらのメダイヨンは

792

オランダの芸術家ヤン・ディベッツ【1941
-】が、子午線を具体的に示すために1990
年代につくったものである。

メリメ Mérimée　1803-70年。プロスペル・
メリメはパリに生まれ、カンヌで没した作
家。彼はその経歴をふたつの詐欺から始め
た。1825年、『クララ・ガズル戯曲集』を
発表し、ガズルがスペインの俳優だとして
いるが、実際はそのような人物はいなかっ
た。ギュスタヴ・フロベールがマダム・ボ
ヴァリーについて告白したように、メリメ
もまた数年後に「クララ・ガズルは自分だ
った」と打ち明けている（しかし、彼の私
生活を知っている者にとって、それは決し
て意外なことではなかった）。さらに1827
年、彼は『ラ・グスラ』を上梓している。
イリリア地方のバラードとの触れ込みだっ
たが、これもまた偽りだった。

　より真面目な作品としては『タマンゴ』
や『マテオ・ファルコーネ』【いずれも
1829年】、『バックギャモンの勝負』【1830
年】、『二重の誤蔑』【1833年】、『コロンバ』
【1940年】、『偽ドミトリウス』【1852年】、
『見知らぬ女性への書簡集』【1873年】、『も
うひとりの見知らぬ女性への書簡集』
【1875年】などがある。むろん、ビゼー（ジ
ョルジュ・ビゼ）がオペラ化した代表作
『カルメン』【1847年】も忘れてはならない。

　1841年、メリメは歴史建造物総監督官
に任じられ、以後、古い建造物の維持に全
力を傾けるようになる。彼はまたすぐれた
歴史物である『シャルル9世治世年代記』
【1829年】も著している。これはロマン主
義時代にあって、まごうかたなき古典だっ
た。彼は言っている。「私が好きな歴史は
逸話だけである」。16区には、彼の死から
24年経った1894年に命名されたメリメ通
り（Rue Mérimée）がある。

メリヨン Méryon　1821-68年。シャルル・
メリヨンはパリに生まれ、パリ東南郊のシ
ャラントンで没した版画家。海に強く惹か
れていた彼は、当然のように船乗りになり、
1845年、ニューカレドニア（ヌーヴェル
＝カレドニ）に赴いた。そして、その地で

きわめてピトレスクなクロッキーを数多く
制作して帰国する。やがて船乗りを辞めた
彼は、エッティング画家として速やかに名
を馳せる。だが、その才能は彼の経済状態
を改善することはなく、悲惨な日々を送る
うちに、ついに精神に変調をきたすように
なる。

　こうして彼はシャラントンの精神病院に
入院させられ、そこで他界する。おもな作
品としては、『プティ＝ポン橋』【1850年】
や『ポン＝ヌフ橋』【1853年】、『ノートル
＝ダム司教座聖堂の後陣』【1854年】、『ピ
ルエット通り』【1859年】などがある。16
区を走るメリヨン通り（Rue Méryon）は
1890年からある。

メール Maire　1275年から知られている3
区のメール通り（Rue au Maire）は、旧
サン＝マルタン＝デ＝シャン村の中心部を
走っていた。呼称は地方代官で、もともと
ここに住んでいた村長に由来する。当時こ
の通りには41軒の家があり、村長はその
うちの1軒で支持者たちに接見していた。

メルクール Mercoeur　11区のメルクール通
り（Rue Mercoeur）は、姉のルイズ・
ド・ロレーヌ【1553-1601】が1575年にア
ンリ3世【国王在位1574-89】と結婚した、
メルクール公爵夫人にちなんで命名されて
いる。通りの命名は1865年である。

メルラン Merlin　1754-1838年。アントワ
ヌ・メルラン伯、通称メルラン・ド・ドゥ
エは、北仏ノール県のアルルーに生まれ、
パリで没した法曹家・政治家。1775年に
フランドル地方で弁護士となり、1789年、
全国三部会に第三身分代表として送られる。
1794年、国民公会（コンヴァンション）
で数日間議長をつとめた彼は、ロベスピエ
ール【→コンヴァンション】の失脚に与って
力があった。ロベスピエールがその一員と
して絶大な力を誇っていた、ジャコバン・
クラブを解体に追い込んだのも彼である。

　1796年、メルランは警察大臣となり、
第一帝政期【1804-14】には、ナポレオン
から終身コンセイユ・デタ評定官に任じら
れ、さらに伯爵位やレジョン・ドヌール大

将校勲章を与えられた。第一復古王政で失脚するが、1815年の百日天下で復権する。だが、第二復古王政で再び追放され、1830年【7月革命時】までオランダでの亡命生活を余儀なくされる。帰国すると、人文・社会科学アカデミーの会員に選ばれ、法学にかんする数多くの著作を編むようになる。11区のメルラン通り（Rue Merlin）は1864年からある。

メンデルソン Mendelssohn 1809-47年。フェリックス・メンデルスゾーン（メンデルソン）・バルトルディは、ハンブルクで生まれ、ライプツィヒで没したドイツの作曲家。銀行家を父に、有名な哲学者のモーゼス・メンデルスゾーン【1729-86】を祖父とするフェリックスは、わずか16歳で最初のオペラ曲『カマチョの結婚』を創作している。20歳のとき、イギリスやフランス、イタリアを旅し、帰国後、1835年にライプツィヒ・ゲヴァントハウス管弦楽団の指揮者となる。

1843年にライプツィヒ音楽院を創設した彼の作品としては、たとえば『夏の夜の夢』【1826年】や『異国からの帰郷』【1829年】、オペラ序曲の『ヘブリディーズ諸島』【1830年。邦題『フィンガルの洞窟』】、『無言歌集』【1832 - 68年。死後発表作含む】、オラトリオの『パウルス』【1834 - 26年】や遺作となる『エリアス』【1845 - 47】、『ヴァイオリン協奏曲』【1844年】、さらにピアノとオーケストラのための協奏曲、四重奏曲、ソナタ、『交響楽第4番』、通称『イタリア交響楽』【1831 - 33年】を含む交響楽曲などがある。彼はまたバッハ（ジャン＝セバスチャン・バック）の再評価にも力を尽くした。20区には彼の名を冠した通りが1932年からある。メンデルソン通り（Rue Mendelssohn）である。

モー Meaux パリ東郊セーヌ＝エ＝マルヌ県の町で、マルヌ川とウルク運河（カナル・ド・ルルク）沿いに位置する。住民たちはメルジャンないしメルドワとよばれる。ローマ時代、モーはメルディ族の都であり、4世紀には司教座がおかれた。ここでは幾度も教会会議が開かれ、とくに845年のそれは聖職者たちが武器を持つことを禁じている。10世紀以降、モー伯爵領はシャンパーニュ伯、ついでヴェルマンドワ家（913-1019年）、さらにブロワ家に属し、1284年にフランス王国に併合された。

忘れてならないのは、そのサン＝テティエンヌ司教座聖堂には、「モーの鷲」との異名をとったボシュエの墓碑がある、ということである。この町まで続く旧道の一部を含むモー通り（Rue des Meaux）は、1851年から19区にある。

モーヴ Moves モーヴとはピンクないし薄紫色の花を咲かせるゼニアオイのこと。モーヴ・ブランシュはタチアオイ、潅木状のモーヴはアルテアである。2区にはその名をとったモーヴ小路（Allée des Mauves）が1984年からある。

モーヴェ・ギャルソン Mauvais Garçons 4区にあるモーヴェ＝ギャルソン通り（Rue des Mauvais-Garçons）は、1450年に命名されている。当時、モーヴェ・ギャルソン（ならず者）といえばフランス人や外国人の志願兵ないし傭兵たちで、彼らはパリ市中に出没して、通りに不安をばらまいていた。この通りの「ならず者」はとくに精肉店の徒弟たちで、馬鹿騒ぎが好きな彼らはあらゆる種類の混乱を引きおこしていた。

モガドール Mogador モロッコ（マロック）の大西洋を望む都市で、現在の呼称はエサウイラ。17世紀末に、フランスの建築家テオドール・コルニュ【生没年不詳】が計画し、スルタンのモハメド・ベン・アブダッレー【在位1757-90】によって建設された。1844年、フランス艦隊がこの町を砲撃し、奪取した。9区のモガドール通り（Rue Mogador）は、この戦勝を記念して、翌1845年に命名されている。

モークサン Mauxins 19区のモークサン小路（Passage des Mauxins）は、通称地名を呼称としているが、その正確な語源をみつけることは難しい。もっともそれらしいのは、地主一族の姓であるモサン

（Mossins）に由来するという説である。それゆえ、たとえば「デュラン農場」というように、「モークサン所有地」というよび方が常態化したのだろう。

モーコンセイユ Mauconseil　1区のモーコンセイユ通り（Rue Mauconseil）通りは、1250年からこの呼称【字義は「悪い助言」】で知られている。命名の経緯は不明だが、そこに同名の領主が住んでいたからだとする説がある。ただし、さほどあてになる説ではない。確かなのは、1792年から1806年まで、それはボン＝コンセイユ【字義は「よい助言」】とよばれていたということである。革命家たちは通りに貴族の名がついていることを嫌ったため、革命時に領主の名とは対照的な呼称に代えたのである。

モザール Mozart　1756-91年。作曲家のヴォルフガング・アマデウス・モーツァルト（モザール）はオーストリアのザルツブルクに生まれ、ウィーンで早世している。6歳にして、すでにみごとなクラヴサン奏者だった。そこで父親はモーツァルトと、やはりクラヴィーアの演奏に秀でていた姉マリーア・アンナ【1751-1829】をともなって、ミュンヘンやウィーンに演奏旅行をおこない、大成功をおさめた。

翌1763年、この成功に気をよくした父親は、子供たちをパリにつれていく。姉弟は王宮でも大評判を博し、ヴォルフガングははじめて作曲をする。クラヴサンを演奏する前、幼い彼はこうたずねたという。「まず、ぼくを好きだと言ってください！」

フランスを離れた親子はさらに旅をつづけ、イギリスやオランダ、スイスを訪れ、どこでも熱狂的に迎えられた。1769年、モーツァルトはイタリアに行き、ザルツブルクに戻ると、大司教からコンサート・マスターに任命される。だが、1771年にこの大司教が没すると、新任の大司教と意見が合わず【この大司教は前任者と異なって、モーツァルトの演奏旅行に不寛容だった】、モーツァルトの職を解く。

これを機に、彼は再び旅に出る。今度は母親が同行した。こうして1778年にパリに

赴き【同年7月、母親病没】、翌年まで滞在する。1779年、ザルツブルクにまいもどった彼は、82年、コンスタンツェ・ヴェーバーと結婚する【コンスタンツェ（1762-1842）はソプラノ歌手。モーツァルトと死別後、デンマークの外交官で、モーツァルトの最初の評伝を書いた伝記作家と再婚している】

1787年、モーツァルトは再び旅に出て、ベルリンやドレスデン、ライプツィヒ、ポツダムなどを訪れる。そして、プロイセン国王のフリードリヒ・ヴィルヘルム2世【在位1788-97】から教会合唱隊長のポストを提供されるが、オーストリアに愛着があった彼はそれを固辞し、ウィーンに帰る。それからまもなく、肺結核で死去する【彼が生前に得た称号としては、神聖ローマ帝国皇室宮廷作曲家、神聖ローマ帝国皇室クラヴィーア教師、ヴェローナのアカデミア・フィラルモニカ名誉楽長などがある】。

モーツァルトの作品としては、以下が知られている。『後宮からの誘拐』（18782年）、『フィガロの結婚』（1785年）、『ドン・ジュアン』（1787年）、『コジ・ファン・トゥッテ』（1790年）、『魔笛』（1791年）など。さらに『レクイエム』（1791年）や『ユピテル』【1788年】をはじめとする交響楽や協奏曲、五重奏曲、四重奏曲、15のミサ曲、『テ・デウム』、ピアノやヴァイオリンのための小品なども忘れてはならない。

この天賦の才に恵まれた芸術家は音楽の世界に巨歩を印したが、悲惨な日々の果てに命を落とし、共同墓穴に葬られた。だが、のちの時代はモーツァルトの栄光を世界的なものにしたことによって、彼に対する忘恩的なふるまいを償った（ただし、遺骨がどこにあるかはなおも不明）。16区には1867年からモザール大通り（Avenue Mozart）、69年からモザール小公園（Square Mozart）、さらに95年からヴィラ・モザール（Villa Mozart）がある。

モスクー Moscou　モスコヴァ河岸に位置するロシアの首都モスクワ（モスクー）は、人口1211万【2014年】。1326年、ロシア正教会の総主教座がおかれたこの町は、コン

モスコウア

スタンティノポリス（コンスタンティノプル）陥落後、「第3のローマ」の役を演じようとした。1703年、サンクト＝ペテルブルク（サン＝ペテルスブール）がモスクワに代わって政治の中心地となったが、1917年、ソヴィエトがそのすべての特権を回復した。

モスクワ市内見どころとしては行政の中枢である歴史的なクレムリン【12世紀の城塞。1366年に第4代モスクワ大公ドンスコイにより再建】や聖ワシリイ大聖堂【1551-60年にイワン雷帝により建立】、ウスペンスキー大聖堂などがある。この重要な河川港は、1812年、ナポレオンが侵攻した際、ロシア人の手で燃やされた。パリの8区には1876年からモスクー通り（Rue de Moscou）がある。

モスコヴァ Moskowa モスクワ（モスクー）を流れるモスコヴァ川は、総延長502キロメートル。1812年9月7日、いわゆるモスコヴァ川の戦いがあったのは、この川とカルーガ川の合流地点（ボロジノ）だった。戦いはすさまじく、フランス軍はロシア軍に辛うじて勝利したが、フランス兵3万が戦死し、**モンブラン将軍やオーギュスト・コーランクール将軍**を含む将軍43人も命を落とした。ミハイル・クトゥーゾフ将軍率いるロシア軍もまた6万の将兵を失った。しかし、ネ元帥はこの戦いで軍功をあげ、モスクワ公に叙せられた。モスコヴァ通り（Rue de la Moscowa）は、1877年から18区にある。

モーゼル Moselle フランス東部を流れるモーゼル川は、ドイツ西部とルクセンブルクとの自然国境となっている。ヴォージュ山脈のドリュモン山麓に水源をもつこの川は、ルミルモンタンやエピナル、フルアール、ポン＝タ＝ムソン、メス、ティオンヴィルといった町を潤し、コブレンツでライン（ラン＝エ＝ダニューブ）川に注いでいる。総延長550キロメートル。19区のモーゼル通り（Rue de la Moselle）は1868年から、同名の小路（Passage de la Moselle）は1877年からある。

モディリアニ Modigliani 1884-1920年。アメデオ・モディリアーニ（モディリアニ）はイタリア・トスカーナ地方のリヴォルノで生まれ、パリで早世した画家・彫刻家。生地でグリエルモ・ミケーリ【1886-1926。リヴォルノ出身の風景画家】に師事したが、健康上の問題（結核）を抱えてカプリ島で転地療養するようになる。1902年、彼はフィレンツェの美術学校に入学し、やがてヴェネツィアの美術学校に移る。

だが、ヨーロッパの芸術の中心地パリに魅惑されていたモディリアーニは、1906年にパリに出て、**クーランクール通り**のアトリエで絵を描きだす。そこはパブロ・ピカソやヴァン・ドンゲン【1877-1968。オランダ出身のフォービズム画家】などが住む「バトー・ラヴォワール（洗濯船）」【モンマルトルの安アパートで、その建物の形状からマックス・ジャコブが命名した。ピカソがここに住んでいたのは1904-09年】の近くだった。1909年、彼は篤志家で医師のポール・アレクサンドルから**デルタ通り**のより広いアトリエを提供され、彫刻の創作に励むようになる。

1917年から、モディリアーニは当時19歳だったフランス人の女性ジャンヌ・エビュテルヌ【1898-1920。のちに画家】と生活を共にする（彼はジャンヌの肖像画を数多く描いている）。1918年、なおも健康状態が思わしくなかった彼は、転地療養のためにニースに赴き、その滞在期間中、ふたりの愛の結晶として長女が生まれた【この長女ジョヴァンナ・モディリアーニ（1984没）がのちに父親の自伝（1956年）を書いている】。1919年、一家はパリに戻る。そんな彼らにもうひとつの喜びが訪れる。第2子が生まれたのである。こうしてすべてが順調に推移した。

だが、モディリアーニは腎炎にかかり、結核も再発した。これにより体調は一気に悪化し、1920年1月24日、シャリテ病院で息を引き取る。遺体はペール＝ラシェーズ墓地に埋葬された。数年後、その墓には、夫の死の翌々日、身重でありながら窓から

投身自殺したジャンヌの遺体も葬られる。

　モディリアーニの絵画は、周知のように単純化された線的なフォルムを濃密かつ鮮やかな配色で裏打ちするところに特徴があった。作品としては、『ロロット』【1916年】や『安楽椅子の上の裸婦』【1917年】をはじめとする裸婦像、さらにマックス・ジャコブやジャック・リプシッツ【1891-1973。ポーランド出身のキュビズム彫刻家】、スーティン（スーティヌ）などの友人たちを描いた一連の肖像画がある。この芸術家の生涯を描いた映画としては、ジェーラール・フィリップが主役を演じた『モンパルナス19』がある【邦題名『モンパルナスの灯』、監督ジャック・ベッケル（1906-60）、1958年封切り】。彼に捧げられたモディリアニ通り（Rue Modigliani）は1981年から15区にある【14区にはモディリアニ袋小路（Impasse Modigliani）もある】

モデルヌ Moderne　19区のモデルヌ大通り（Avenue Moderne）は1903年に開通している。当時、この通りは将来に目を向けた知識人たちが住む瀟洒な家が立ちならぶ美しい通りだった。「モデルヌ（近代の）」とよばれたゆえんである。はたして今はどうだろう。

モニ Mony　14区のモニ通り（Rue Mony）は、1905年に敷設されている。呼称はその最初の在住地主の名にちなむ。

モネ Monnaie　14世紀初頭、現在の１区にあるモネ通り（Rue de la Monnaie）に、貨幣の鋳造所が建てられた。1774年、この建物はセーヌの対岸、コンティ通りに新たに造幣局ができて廃墟となった。しかし、1387年に命名されたモネ通りは今も健在である。

モハメド５世（サンク）Mohammed V　1909年にモロッコ（マロック）のフェスで生まれ、ラバトで没したモハメド５世イブン・ユーセフは、1957年から61年に他界するまで国王の座にあった。1927年に父王が没すると、兄がふたりいるにもかかわらず、フランス当局からスルタンに選ばれた。第２次大戦中、ヴィシー親独政権か

ら求められた反ユダヤ的措置の実施を拒んだ彼は、1944年、独立論に好意的な姿勢を示す。フランス政府はそうした姿勢を変えさせようと、彼をコルシカ（コルス）に、ついでマダガスカル（マダガスカール）に強制移送した。それに対し、モロッコでは武装蜂起がとくにリフで起こった。

　こうして1955年、彼は祖国により戻され、民衆の熱狂的な歓迎を受ける。そして翌1956年、ついにモロッコは独立を勝ち取る。モハメド５世が他界すると、息子のハサン（1929-99）がハサン２世として即位した。５区にはモハメド５世広場（Place Mohammed-V）がある。2002年に命名された広場である。

モブージュ Maubeuge　ラテン語で「マルドニウム」とよばれていた北仏ノール県のこの町は、7世紀に聖女アルドゴンド【630頃-84】が建立したモブージュ修道院に起源をもつ。1478年、町はルイ11世【在位1461-83】によって焼き打ちされ、さらにアンリ２世【在位1547-59】も1553年に同様の蛮行をおこなった。むろん、当時モブージュが寒さに苦しんでいたわけではない。

　やがてルイ14世（ルイ・ル・グラン）は、この北仏の町をヴォーバンによって要塞化する。それ以前、町はルイ13世【国王在位1610-43。→ドーフィヌ】の時代より武器製造の工房を擁し、1835年にそれらが閉鎖されるまで栄えた。9区と10区を結ぶモブージュ通り（Rue de Maubeuge）は1855年から、9区の同名の小公園（Square de Maubeuge）は92年からある。

モーブラン Maublanc　1843年に敷設された15区のモーブラン通り（Rue Maublanc）は、当時旧ヴォージラール村——1860年にパリ市に編入——の村長をつとめていた、弁護士のモーブラン氏ちなんで命名されている。

モベール Maubert　5区にあるモベール広場（Place Maubert）の呼称については、2通の由来譚がある。より一般的なのは、この広場で1245年から48年まで講義をおこなっていた高名なグラン・アルベール、

つまり「メートル＝アルベール（アルベール師）」の短縮形だとするものである。

　だが、もう一方の説も捨てがたいもので、それによれば、広場はすでに1225年からこの名でよばれており、それはサント＝ジュヌヴィエーヴ大修道院が広場に土地を有していた1160年当時、同修道院の院長だった「ジャン・アルベール」が変形したものだという。はたして真実は如何。おそらくいずれの由来譚も多少なりと真実だろう。

　ともあれ中世のモベール広場は学校教育の中心地であり、やがて処刑場となって、処刑台や焚刑用の火塚、極刑用の車輪が交互に設けられるようになった。たとえば1546年、エティエンヌ・ドレが焚刑に処されたが、この広場である。

モラン Molin　18区のモラン袋小路（Impasse Molin）は、1933年からその旧地主の名でよばれている。

モラン Morand　1771-1835年。ルイ・モラン伯はフランス中東部フランシュ＝コンテ地方のポンタルリエで生まれ、パリで没した将軍。1806年10月14日、彼はプロイセンのアウエルシュテット村の戦いで軍功をあげている。この日、フランス軍を率いる**ダヴー元帥**は、敵の砲弾が頭部をかすめ、髭をひきちぎられ、軍帽も飛ばされたが、みごとな射手たちを擁するオーストリア軍を撃退し、敵将ブラウンシュヴァイク＝ヴォルフェンビュッテル公【1735生】は戦死した。のちにナポレオンはモランをアウエルシュテット公に叙した。モラン通り（Rue Morand）は1864年から11区にある。

モリエール Molière　1622-73年。ジャン＝バティスト・ポクラン、通称モリエールは、パリを生没地とする劇作家・役者。室内装飾業・絨毯商の10人の子供の長男として生まれた彼は、22歳のときにモリエールと称するようになる。彼の芝居好きはおそらく幼少期に培われていた。祖父がブルボン館に彼をしばしば連れて行ったからである。そこでは**コルネイユ**が演劇を一新する作品を上演しはじめていた。

　1646年、モリエールは旅回りの一座【彼

は1643年に盛名座を結成していた】の座長となってパリを離れる。この一座のため、彼は「笑劇」とよぶべき戯曲を何点も創作する。『粗忽者あるいはへまのし続け』（1643年）などである。

　1653年、モリエールは南仏ラングドック地方のペズナスに巡業する。この地で、フロンドの乱【→エストレ、テュレンヌ】の挫折後に同地方に逼塞していた**コンティ公**【パリのクレモン学寮の後輩で、モリエールを尊敬していたとされる】に招かれて公演し、その庇護を受けるようになる。だが、それは長く続かなかった。1656年、コンティが激しい信仰心につき動かされて、芝居を敵視するようになったからである。

　1658年10月24日、モリエールはパリではじめて公演する。演物は自作の戯曲だった。そして王弟殿下専属一座の座長となり、ルイ14世（**ルイ・ル・グラン**）のプティ＝ブルボン館【ルーブル宮の真向かいにあった当時最大規模の娯楽場で、劇場はその中心施設】で、『才女気とり』（1659年）や『スガナレルあるいは疑い深い亭主』（1660年）を相次いで上演する。やがて拠点をパレ＝ロワイヤルに移し、『亭主学校』【1661年】や『女房学校』【1662年】、『ヴェルサイユ即興劇』【1663年】などを矢継ぎ早に発表し、国王の前でも『タルチュフあるいはペテン師』【1664年】や『ドン・ジュアンあるいは石像の宴』【1665年】を上演した。

　1665年、一座は国王専属劇団となり、モリエールは役者・座長・劇作家として宮廷の余興を担当し、以下の作品を創作する。『人間嫌いあるいは怒りっぽい恋人』【1666年】、『いやいやながら医者にされ』【前同】、『守銭奴』【1668年】、『アンフィトリオン』【前同】、『ジョルジ・ダンダンあるいはやり込められた夫』【前同】、『プルソニャック氏』【1669年】、『町人貴族』【1670年】、『スカパンの悪だくみ』【1671年】、『女学者』【1672年】などである。

　1662年、40歳になったモリエールは20歳年下のアルマンド・ベジャールと結婚している。彼女の母親【諸説ある】マドレー

ヌがモリエールのかつての恋人だったため、当然のことながら、彼の結婚は周囲から顰蹙を買った。だが、ルイ14世はこうした陰口を等閑視し、1664年、モリエールの長男の名付け親になっている【この長男ルイは生後10か月で他界】

そして『病は気から』の4度目の公演を終えたあとの1673年2月17日金曜日、8年来の病に悩まされていたモリエールは息を引き取る。サン=トゥスタシュ教会の主任司祭とパリ大司教のアルレー・ド・シャンヴァロン【1625-95。ナントの勅令破棄者として知られる】は、彼をキリスト教徒の墓地に埋葬することをこばんだ。そのため、彼の遺骸は21日の夜。モンマルトルのサン=ジョゼフ墓地にひそかに葬られた。のちにペール=ラシェーズに彼の墓標が立てられるが、それはごく粗末なものだった。だが、遺骨がどこにあるのかは分からない。

一方、未亡人となったベジャールは、一座の役者と再婚する【1677年。この再婚相手であるゲラン・デストリシェ（1636-1728）とともに、1680年、彼女はコメディー=フランセーズの正座員となった】。モリエールとベジャールのあいだには、前述した長男のほかに次男と長女がいたが、生き残ったのは長女マドレーヌ=エスプリ【1665-1723】だけだった。

モリエールは数多くの名言を残しているが、以下はその一部である。「誰かにに聞かせようとすれば、かならずうまく話せる」、「だれかをみならおうとするなら、そのよい面だけを真似しなければならない」、「彼は神と話をつけている」、「知恵がつきすぎると、人は非難されやすくなる」、「生きるために食べるのであって、食べるために生きてはならない」。16区にはモリエール大通り（Avenue Molière）、1区にはモリエール通り（Rue Molière）、そして3区にはモリエール小路（Passage Molière）がある。命名はそれぞれ1840年、67年、1791年になされている。

モーリス・エ・ルイ・ド・ブロイ Maurice et Louis de Broglie モーリス（1875-1960）は物理学者で、X線の研究で多大の功績を挙げている。弟のルイ（1892-1987）も物理学者で、粒子が波動性を示すという仮説、通称ド・ブロイ波（物質波）を博士論文で提唱し、その仮説はやがて量子力学の基礎となった。この兄弟はいずれも公爵で、そろってアカデミー・フランセーズに選ばれている【兄は1934年、弟は1944年】。さらにルイは1929年にノーベル物理学賞を受賞している。ふたりの名を冠したモーリス・エ・ルイ・ド・ブロイ通り（Rue Maurice-et-Louis-de-Broglie）は、1988年から13区にある。

モーリス・オーダン Maurice Audin オーダンは1932年にチュニジアに生まれ、1957年のアルジェリア独立戦争時にアルジェリアで消息不明になった数学者・共産党活動家。5区のモーリス=オーダン広場（Place Maurice-Audin）は、2003年に彼にちなんで命名されている。

モーリス・カレーム Maurice Carême 1899年にベルギーのワーヴルに生まれ、1978年にブリュッセル近郊のアンデルレヒトで没した詩人・小説家。フランス語で創作したカレームの作品は多くが子供向けであり、それゆえ誤って「無垢の詩人」とよばれた。だが、その新鮮さや民衆的な霊感によって、彼は「なんの肩書きも無用の」詩人そのものであった。彼は数多くの小詩集を上梓しており、そのなかには次のようなものがある。『魔法のランプ』【1947年】、『白い家』【1949年】、『恵みの時』【1957年】、『恋人』【1965年】

「死」と題した詩には以下のような一節がある。「彼は死の足音を聞いた／この扉の向こうに。／彼は死が話しているのを聞いた／死んだ女性と。／彼は知っていた／扉がよく閉まっておらず／死だけがその鍵を持っていることを」。このモーリスを同姓の有名な料理人でパティシエでもあった、**アントワヌ・カレーム**と混同してはならない。4区のモーリス=カレーム遊歩道（Promenade Maurice-Carême）は、2000年からある。

モリスカン

モーリス・カンタン Maurice Quentin

1870-1955年。1区のモーリス＝カンタン広場（Place Maurice-Quentin）は、1900年から40年まで1区の参事会員をつとめていた人物にちなんで、1963年に命名されたものである。

モーリス・シュヴァリエ Maurice Chevalier

1888-1972年。第三者の客観的な目からしても、かなり長いあいだパリとフランスの象徴だった歌手。1888年9月12日にメニルモンタンの一角、正確にはルトレ通り29番地で生まれた彼は、すでに99年には道化の出で立ちでカフェのトロワ・リオンで歌っていた。その2年後、エリゼ＝メニルモンタンの舞踏会場ではじめて週13フランの出演料を手にする。

だが、その晩年まで衰えることがなかった栄光の時期が始まるのは、1908年にミスタンゲット【1875-1956。両大戦間にミュージック・ホールの名花として名をはせた女性シャンソン歌手】と出会い、フォリ＝ベルジェールでともに『びっくり仰天のワルツ』を踊ってからだった。1914年、ドイツ軍の捕虜となった彼は、ミスタンゲットのとりなしで16年に解放され、彼女とともにカジノ・ド・パリの舞台に立つ。

しかし、それからまもなくしてふたりは別れる。歌手としての仕事が、ふたりを密かに結びつけていた愛と両立できなかったからである（ミスタンゲットは他界する少し前、シュヴァリエが生涯をとおして真に愛した唯一の男性だったと述懐している）。このカジノ・ド・パリに出演していた時期、シュヴァリエははじめてカノティエ【彼の代名詞となった平らな一種のカンカン帽】をもちい、それを終生手放すことがなかった。1921年、彼はブフ＝パリジャン劇場で『デデ』を演じ、その踊り子だったイヴォンヌ・ヴァレと結婚する【「私に言ってよ、シュヴァリエさん」をともに歌ったイヴォンヌ（1899-1996）との結婚は1924年。1933年に離婚】。

以後、シュヴァリエの前途はつねに成功の二文字で飾られるようになる。「ヴァランティヌ」や「ぼくに言ってよ、ママ」などのシャンソンによって、である。さらに彼はハリウッドにも招かれ、映画の世界でも成功をおさめる。その出演作としては、たとえば『愛のパレード』【1929年】や『パリのフォリ＝ベルジェール』【1935年】などがある。

こうしてシュヴァリエはミュージック・ホールやオペレッタ、映画の世界で光を放った。そして1960年代初頭、シャンゼリゼ劇場で生涯を締めくくるコンサートをおこなう（最後のコンサートは1968年）。ピアノの伴奏だけを頼りに、彼をたたえるために詰めかけた聴衆全員に、プロ意識の究極のパフォーマンスを示したのである。そんな彼のシャンソンとしては、ほかに「プロスペル」や「ミミ」、「私のりんご」、「カノティエ・ツウィスト」などがある。

1921年、彼は母親のために、南仏のカンヌ＝ラ＝ボッカに農家と土地を購入し、のちにそこにハリウッド風の豪華な別荘を建てている。だが、第2次大戦後、彼はそれをSACEM（作詞家・作曲家楽譜出版者協会）に遺贈した。回顧録の『わが道、わがシャンソン』【10巻、1946-69年。2003年に第11巻が死後刊行されている】のなかで、シュヴァリエは多少とも哲学的な、だがやはり健全かつ楽観主義的な生涯を語っている。

仲間から「モモ」とよばれていたシュヴァリエは、いたるところにはかりしれない楽しさをもたらした真の芸術家だった。そんな彼の名を冠したモーリス＝シュヴァリエ広場（Place Maurice-Chevalier）は20区にある。命名は死後6年経った1978年になされている。

モーリス・ジュヌヴォワ Maurice Genevoix

1890-1980年。フランス中東部ブルゴーニュ地方のドゥシヴに生まれ、スペインの南東部アリカンテ地方のハビアで没した作家。とくに自然を描いた数多くの小説で知られ、もっとも有名な『アナウサギ』は、パリ盆地南部ソローニュ地方に生息する小動物を主題とするもので、1925年にゴンクール

賞をえている。彼は第２次大戦前に**カナダ**に移り、『ラフランボワズとベル・ユムール』【1942年】や『エヴァ・シャルルボワ』【1944年】を書いて帰国する。

そして1946年、アカデミー・フランセーズ会員となり、58年から73年までその書記をつとめた。作品としては、ほかに5巻の『14の人々』【1949年】、『内なる冒険』【1952年】、『ロワール川』【1962年】、『アニエスと子供たち』【1969年】、『やさしい動物たち』【1969年】、『ある１日』【1976年】などがある。彼に捧げられた18区のモーリス＝ジュヌヴォワ通り（Rue Maurice-Genevoix）は、1988年に命名されている。

モーリス・ドニ Maurice Denis 画家で作家のモーリス・ドニは1870年に北仏マンシュ県のグランヴィルに生まれ、1943年、パリ西郊のサン＝ジェルマン＝アン＝レで没している。彼はポン＝タヴァン派やジャポニズム、さらにギュスタヴ・モロー【→アリスティード・マイヨル】の影響を受けて1888年に始まった、ナビ派の運動に参加する。そして1919年、宗教芸術の「アトリエ派」を結成する。その代表的な作品としては、シャンゼリゼ劇場の天井を飾る大フレスコ壁画など、著作としては『現代芸術と宗教芸術にかんする新理論』【1914-21年】がある。12区には、彼の名を冠したモーリス＝ドニ通り（Rue Maurice-Denis）が1987年からある。

モーリス・ドカニュ Maurice d'Ocagne 1862-1938年。パリに生まれ、北仏のル・アーヴルで没した数学者。国立理工科学校（エコール・ポリテクニーク）に学んで技師となり、1893年に母校の教授となる。彼はそれまで図表を読み取っておこなってきた方程式の数値計算にとって代わる、計算図表（ノモグラフ）の考案者として知られる。14区には、『計算図表論』【1908年】などの著者である彼に捧げられた大通りがある。1956年に命名されたモーリス＝ドカニュ大通り（Avenue Maurice-d'Ocagne）である。

モーリス・ド・フォントネ Maurice de Fontenay 1871-1957年。フォントネはパリ市参事会長で、その功をたたえて、1972年に12区の広場に彼の名がつけられた。モーリス＝ド＝フォントネ広場（Place Maurice-de-Fontenay）である。

モーリス・ド・ラ・シズランヌ Maurice de La Sizeranne 1857-1924年。ドローム県の小村タルン＝レルミタージュに生まれ、9歳で失明したラ・シズランヌは、1889年、盲人たちのためにヴァランタン＝アユイ協会を創設している。それより前の1883年には、雑誌《ヴァランタン＝アユイ》と《ルイ・ブライユ》を創刊しており、後者は紙面が点字だった。若い盲人たちにかんする教育問題をたえず検討し、彼らの知的向上に寄与した彼は、こうして略字法を生み出した。7区を走るモーリス＝ド＝ラ＝シズランヌ通り（Rue Maurice-de-La-Sizeranne）は、1936年に命名されたものである。

モーリス・ノゲス Maurice Noguès 1889-1934年。レンヌ出身の飛行士。1922年にパリ－アンカラ、31年にはパリ－サイゴン間の定期航空郵便路を開いた。その偉業を記念して、1954年、14区にモーリス＝ノゲス通り（Rue Maurice-Noguès）が設けられた。

モーリス・バレス Maurice Barrès 1862-1923年。フランス北東部ヴォージュ県のシャルムに生まれ、パリ西郊のヌイイ＝シュル＝セーヌで没した作家。1888年に処女作『蛮族の目の前で』を発表した彼は、ブーランジェ将軍【→ボワ・デ・コール】の支持者だった。1889年、ナンシー選出の代議士となり、93年までつとめて、みずから「フランスの分断」と名づけたものに反対した。

「自我礼拝」を身をもって実践したバレスは、徐々にナショナリズム的な性向を強めていった。だが、その小説では言葉をみごとに操っている。作品としてはほかに『自我礼拝３部作』【1888-91年。伊吹武彦、中公文庫】や、『根こそぎにされた人々』【1897年、吉江喬松訳、新潮文庫】、『精霊の

息吹く丘』【1913年。篠沢秀夫訳、中央公論社】、政治評論『フランスの魂と戦争』【11巻、1915-20年】、戯曲『議会の1日』【1894年】などがある。

バレスは言っている。「精神が息をする場所はいくつもある」、「各人には社会に有益な、そして幸福を見つけることもできるであろう活動がある」。アカデミー・フランセーズ会員【1906年選出】だった彼は、1924年から1区の広場にその名を残している。モーリス＝バレス広場（Place Maurice-Barrès）である。

モーリス・ブショール Maurice Bouchor
1855-1929年。パリで生まれ、没した詩人で劇作家のブショールは、1880年まで愛や快楽を歌う詩を書いていた。『楽しいシャンソン』【1874年】や『愛と海の詩』【1875年】、『パリ物語』【1880年】などである。やがて作風は一変して、神秘主義や宗教思想を帯びた詩を書くようになる。たとえば『神の心』【1888年】、『トビア』【1889年】、『聖アンドレに捧ぐ』【1892年】、『聖女セシル伝説』【1892年】のようにである。14区のモーリス＝ブショール通り（Rue Maurice-Bouchor）は、没年の1929年からある。

モーリス・ブルデ Maurice Bourdet 1902-44年。レジスタンスの活動家だったが、強制収容所で没したジャーナリスト。このブルデを、風俗劇の作家で、『囚人たち』【1926年】や『脆弱な性』【1929年】などの作品があるエドワール・ブルデ（1887-1945）と混同してはならない。16区にあるモーリス＝ブルデ通り（Rue Maurice-Bourdet）は、1972年に命名されている。

モーリス・ベルトー Maurice Berteaux
1852-1911年。モーリス・ベルトーはパリ南東方のセーヌ＝モール＝デ＝フォセに生まれ、パリ南西郊のイシ＝レ＝ムリノーで没した政治家。1891年、パリ西郊のシャトー市長になった彼は、93年から没年の1911年まで下院議員をつとめ、その間、3期にわたって軍事大臣となった。1929年に命名された20区のモーリス＝ベルト

ー通り（Rue Maurice-Barteaux）は、彼を名祖とする。

モーリス・ボーモン Mauric Baumont
1892-1981年。リュネヴィルを生没地とするボーモンは、歴史学と地理学を専門とする大学人で、フランス学士院および人文・社会科学アカデミー会員。1991年に彼の名がつけられたモーリス＝ボーモン小路（Allée Maurice-Baumont）は7区にある。

モーリス・メニャン Maurice Maignen
1822-90年。モーリス・メニャンは1855年にモンパルナスのカトリック労働者サークル、71年にはさらに労働博物館をそれぞれ創設している。15区には、1985年に命名されたモーリス＝メニャン通り（Rue Maurice-Maignen）がある。

モーリス・ユトリヨ Maurice Utrillo 1883-1955年。パリ生まれの画家ユトリロ（ユトリヨ）は、とくにモンマルトルを描いた一連のみごとな作品で知られる。彼の画風は、デッサンや着想こそプリミティヴな面を示しているものの、色彩はきわめて洗練されていた。もっとも有名な作品は「コタンの袋小路」【1911年】である。周知のように、母親はやはりパリの通りに名を残すシュザンヌ・ヴァラドン。14区のモーリス＝ユトリヨ通り（Rue Maurice-Utrillo）は、死後8年目の1963年に命名されている。

モーリス・ラヴェル Maurice Ravel 1875-1937年。ジョゼフ＝モーリス・ラヴェルはバスク地方のシブールで生まれた作曲家【パリ音楽院出身】。その作品は今日でもなお前衛的とみなされている。事実、彼は作品のなかに数多くの斬新さをとりいれた。ただ、生前はかならずしもそれが完全に認められていたわけではなかった。

そんな彼の作品としてはピアノ曲の『亡き王女のためのパヴァーヌ』【1899年】や『水の戯れ』【1901年】、『ソナチネ』【1903-05年】、『夜のガスパール』【1905年】、『マ・メール・ル・ロワ』【1908-10年】、管弦楽曲の『スペイン狂詩曲』【1907年】や『ダフニスとクロエ』【1909-12年】、オペラ曲

の『スペイン時計』【1907-11年】、『子供と魔法』【1919-21年】などがある。むろん、有名なバレエ曲『ボレロ』も忘れてはならない。12区を走るモーリス＝ラヴェル大通り（Avenue Maurice-Ravel）は、1938年に命名されている。

モーリス・リポシュ Maurice Ripoche

1895-1944年。リポシュは航空機の技師・製作者。飛行士として第2次大戦に参加したが、ドイツ軍によってケルンで逮捕・銃殺された。彼の名を冠したモーリス＝リポシュ通り（Rue Maurice-Ripoche）は、終戦後の1946年から14区にある。

モーリス・ルヴィエ Maurice Rouvier

1842-1911年。南仏のエクスで生まれた政治家のモーリス・ルヴィエは、1871年に代議士となり、76年に下院議長に選ばれた。共和党に属して、1881年から82年まで貿易・植民地大臣をつとめてもいる。国家間の自由貿易を支持していた彼は、大臣職を辞したのち、鉄道会社との協定調査者や貿易大臣（再任、1884-85年）、さらに1887年5月30日からは首相や財務大臣を歴任した。彼はその内閣からブーランジェ将軍【→ボワ・デ・コール】を追い出そうとしたが、民衆の反発を受けた。そのため、ルヴィエ自身が首相を辞す羽目となった。ただ、1892年12月12日まで財務大臣は続けた。

やがてパナマ事件【→レセップス】との連座を追求されながら、免訴を勝ちえたルヴィエは、1902年、復活してコンブ内閣で財務大臣となる。しかし、不幸なことに、彼は国庫の増収をはかるため、徴税計画を準備することになる。これは、フランス人が「それ」というだけでなにをさすかを理解するようになるきっかけとなった。14区のモーリス＝ルヴィエ通り（Rue Maurice-Rouvier）は、1928年に命名されている。

モーリス・ローイ Maurice Loewy

1833-1907年。オーストリア帝国のマリーエンバート【現チェコ】に生まれたフランス人天文学者。生地で学業を修めたあと、1864年にパリに移り、同年、帰化する。1873年、科学アカデミー会員に選ばれ、96年、パリ天文台（オプセルヴァトワール）の所長となる。彼は太陽の光球に対する惑星の影響を研究し、流星にも多大の関心をいだいた。

さらに天文学研究にかんする航海用暦を作成し、1882年、ホーン岬に派遣された際にこれをもちいた。一方、経度委員会のメンバー【1872年から】だった彼は、その年報の質的向上につとめ、そこで彗星の歴史にかんする論考を発表している【1910年には月面の写真1万枚からなる『月面図』を上梓してもいる】。14区のモーリス＝ローイ通り（Rue Maurice-Loewy）は1953年からある。

モーリス・ロリナ Maurice Rollinat

1846-1903年。フランス中部アンドル県のシャトールーに生まれた詩人のモーリス・ロリナは、とくに初期の作品で名付け親であるジョルジュ・サンドの影響を受けた。のちにはボードレールとエドガー・ポーを文学上の師と仰ぐようになる。その一連の作品は、ギ・ド・モーパッサン（ギ・ド・モーパサン）やポール・ブルジェ、サラ・ベルナール【→アンリ・バルブー】などを朗読会の聴衆としていた、いわゆるイドロパト派【→アルフォンス・アレ】と結びついていた。

この文学サークルはやがて「イルシュト（毛むくじゃら）」、「デカダン」、「シャ・ノワール（黒猫）」【→アルフォンス・アレ】の3派に分裂するが、ロリナは「闇」をはじめとする陰鬱な詩を数多く発表するようになる。詩集としては『神経症』【1883年】、『深淵』【1886年】、『亡霊』【1996年】などがある。ときに彼はその詩に曲をつけ、かなり奇矯だが、興味深い調子で歌ったりもした。そんな詩人の名を冠したヴィラ・モーリス＝ロリナ（Villa Maurice-Rollinat）は、19区にある。命名は1933年。

モリトール Molitor

1770-1849年。元帥で同輩衆でもあったジョゼフ・モリトール伯は、フランス東北部モーゼル地方のアヤンジュで生まれ、パリで没している。1799年、少将だった彼はマセナの麾下でスイスで戦い、ジャン・ヴィクトル・モロ

一【1763-1813】率いるライン方面軍にも加わった。1803年、中将に昇進したモリトールは、アドリア海沿岸のダルマティアを、ついでバルト海沿岸のポモジュ地方の総督（1807年）となり、1809年にはエスリング【ウィーン郊外の戦場。ナポレオン軍がオーストリア軍と戦い、敗北した】、翌年にはヴァグラム（ワグラム）で勇敢に戦って、ハンザ同盟都市の指揮官に任じられた。

さらに1811年、モリトールはオランダ総督に叙せられ、14年にはルイ18世【在位1814-15／1815-24】の支持者となる。だが、百日天下ではナポレオンの指揮官をつとめた。第二復古王政で失脚したものの、1818年には復帰し、23年、スペイン遠征に派遣され、帰国後、元帥と同輩衆に任じられる。そして1847年には、ルイ＝フィリップから廃兵院（アンヴァリッド）長官を拝命した。彼に捧げられたモリトール通り（Rue Molitor）は、1867年から16区にある。

モリヤン Mollien 1758-1850年。フランソワ・モリヤンはルーアンに生まれ、パリで他界した伯爵・政治家。当初、財務総監【シャルル＝アレクサンドル・ド・カロンヌ。1878年、国庫の増収を図るため、貴族階級の免税特権を廃止しようとして反発に遭い、失脚した】のもとで働き、ついで国務卿の主席秘書官となった彼は、パリの各地に新たな関税徴収所を設けた。フランス革命期にはパリ北西部ウール県の官職についたが、恐怖政治時【1793年6月-94年7月。→シェニエ】にイングランドに逃れ、5年間滞在してその財政システムなどを学んだ。

ブリュメール18日のクーデタ【ナポレオンが総裁政府を倒して執政府を樹立した1799年霜月（ブリュメール）18日のクーデタ】ののちに帰国したモリヤンは、執政府のもとで創設されてまもない減債保証局長に任じられる。さらに1804年、コンセイユ・デタ（国務院）評定官となり、06年に大蔵大臣に就任する。やがて帝国伯爵に叙せられ【1808年】、そのためルイ18世【在位1814-15／1815-24】によって排除されるが、

百日天下時に復職する。第二復古王政は彼の失職を画策せず、1819年、貴族院議員となった。8区にあるモリヤン通り（Rue Mollien）は、1867年に命名されている。

モリヨン Morillons パリとその周域にブドウ園が広がっていた頃、モリヨンは、パリの気候にかなり適していたピノ種の苗木を意味していた。15区にあるモリヨン通り（Rue des Morillons）の呼称は、当時そこにこの苗木が密生していたことに由来する。今日、ここには遺失物取扱所が置かれている。1730年から通りは「シュマン（道）」と呼ばれていたが、1906年に「リュ（通り）」に昇格した。

モール Maure 3区のモール小路（Passage du Maure）は1606年からある。呼称の由来は、当時、こめかみの上に銀メッキした鉢巻状の紐を巻きつけたムーア人（モール）の横顔を描いた絵看板がそこにあったことによる【この「ムーア人の顔」の造形は、コルシカ島などのローカル・アイデンティティとなっている。詳細は拙論「表象論I」（蔵持・永澤峻・松枝到編『神話・象徴・イメージ』、原書房、2003年所収）を参照されたい】

モルヴァン Morvan モルヴァン山塊は中央山地を北に延びている。ヨンヌ、ニエーヴル、ソーヌ＝エ＝ロワール、そしてコート＝ドール各県の一部にまたがり、全長82キロメートル、最大幅は50キロメートル。最高峰は標高902メートルのボワ＝デュ＝ロワだが、もっとも有名な頂は、ガリアの丘上都市で、「ビーバーの町」【ケルト語】を意味するビブラクト【前1世紀に建設されたアエドゥイ族の首都】があったブーヴレ山である。パリの11区を走るモルヴァン通り（Rue du Morvan）は、1930年に命名されている。

モルティエ Morthier 1768-1835年。トレヴィーゾ公ジョゼフ・モルティエは、北仏ノール県のカトー＝カンブレジに生まれ、パリで爆死した元帥。若くして軍隊に入り、ジェマップで戦い、フルリュスで負傷した彼は、1795年に小隊長となった。そして翌年、**サンブル＝エ＝ムーズ軍**の前哨部隊

の指揮をとり、ドイツ中西部のアルテンキルヒェンでの勝利に貢献したのみならず、ゲムンデンを奪い、ヴァルテンスレーベン将軍【1734-98。同年10月のエメンディンゲンの戦いで腕を負傷し、それが悪化して、2年後にウィーンで没した】率いるオーストリア軍をヴュルツベルクから駆逐してもいる。

1799年、少将、ついで中将に昇進したモルティエは、1803年にハノーファーを制圧し、その功で、翌年に元帥を拝命する。さらに1806年には、カッセルとハンブルクを奪取する。翌1807年、ティルジットの和約が成立すると、トレヴィゾ公に叙せられる。1812年、ナポレオンからクレムリンの奪取を命じられた彼はまた、1814年、サン＝ドニ平原で対仏大同盟軍と勇敢に戦った。

だが、モルティエは復古王政時にはネ元帥を裁く軍事法廷にくわわることをこばみ、そのためルイ18世【国王在位1814-15／1815-24】から授けられたフランス同輩衆の肩書を廃された。1816年にはノール県選出の代議員として復権し、34年11月から35年3月にかけて、陸軍大臣と閣僚評議会議長【首相に相当】をつとめた。そして1835年7月、パリのタンプル大通りを国王ルイ＝フィリップと歩いていたとき、ジョゼッペ（ジョゼフ）・フィエスキの「地獄の機械」によって殺害される【フィエスキ（1790生）はコルシカ出身の無政府主義者。時限爆弾でルイ＝フィリップを暗殺しようとしたが果たせなかった】。犯人は翌年に処刑された。その不運から30年後の1864年に命名されたモルティエ大通り（Boulevard Morthier）は、今も20区を走っている。

モルネ Mornay 1549-1623年。プレシ＝マルリ領主のフィリップ・ド・モルネ、通称デュプレシ＝モルネは、パリ北西部ウール県のビュイに生まれ、中西部のドゥー＝セーヴル県のラ・フォレ＝シュル＝セーヴルで没したプロテスタント指導者。幼くしてカルヴァン派（ユグノー教徒）となった彼は、スイス、ドイツ、イタリア、オランダを旅し、1572年当時、パリにいたが、サン＝バルテルミーの虐殺【→アミラル・ド・コリニィ】のプロテスタント＝ユグノー大虐殺を免れた。そしてイングランドに亡命するが、ユグノー教徒の指導者だったナヴァール王、のちの国王**アンリ4世**に呼び返され、その側近となる。

モルネはアンリ4世のカトリック改宗に反対しながら袂を分かつことはしなかったが、そのプロテスタントとしての熱情によって、もうひとりの側近だったデュ・ペロン枢機卿【1556-1618。外交官でバロック派詩人でもあった彼は、アンリ4世没後の1614年、全国三部会の開催に主導的な役割を担い、教皇至上主義を唱えた。→マレルブ】と激しい論争を展開した。やがてルイ13世【在位1610-43。→ドーフィヌ】が王位につくと、モルネは中西部のソーミュルに隠棲した【彼は1589年から1621年までこの地の地方総督をつとめた】。同時代の人々はそんな彼を「ユグノー教徒の教皇」と呼んでいたという。4区のモルネ通り（Rue Mornay）は、1844年に命名されている。

モルラン Morland 1771-1805年。フランソワ・ルイ・モルランはフランス東北部ムーズ県のスイイに生まれた大佐。1791年に入隊した彼は、1805年12月2日、アウステルリッツ（オステルリッツ）の戦いで戦死した。激戦のあとだった。彼の遺体は1814年、パリの医学校に寄贈され、18年までミイラとして安置されていた。4区のモルラン大通り（Boulevard Morland）は戦死翌年の1806年に命名されている。4区と12区をつなぐモルラン橋（Pont Morland）は、1879年に架けられたが、呼称はこの大通りに近いことによる。

モルレ Morlet 11区のモルレ袋小路（Impasse Morlet）は、そこに最初期に住んだ地主の名にちなんで命名されている。

モルロ Morlot 1795-1852年。フランソワ・モルロはディジョン北東のラングルに生まれ、パリで他界した高位聖職者。ディジョンの神学校で学び、1830年に司教総代理、33年には同市の参事会員となった。1839年からオルレアン司教、42年からトゥー

モレ

ル大司教をつとめた彼は、53年に枢機卿に叙せられている。そして1857年、不承不承ながらパリに移り、第二帝政の宮廷司祭となる【同年、前任者が暗殺されたため、パリ大司教となった】。『教書集』を編んだ彼の名は、1860年から9区のモルロ通り（Rue Morlot）に残っている。

モレ Moret　11区のモレ通り（Rue Moret）は、1853年に開通している。呼称は、当時ここにすんでいた地主のひとりの名にちなむ。

モレール Morère　1855年に敷設された14区のモレール通り（Rue Morère）は、開通以来、旧地主の名でよばれている。

モレル Maurel　5区にあるモレル小路（Passage Maurel）の呼称は、この小路が敷設された土地の所有者の名に由来する。

モロー Moreau　14区のモロー通り（Rue Moreau）は、1672年に沿道に住んでいた地主の名前がつけられている。

モロ＝ジャフェリ Moro-Giafféri　グザヴィエ・エティエンヌ、通称ヴァンセン・ド・モロ＝ジャフェリは、パリで生まれ、フランス西部ペー・ド・ラ・ロワール地方のル・マンで没した政治家で、突出した弁護士。とりわけその弁護の声は、今も最高裁判所のドームの下に響いている【同裁判所の壁には彼の顕彰板がはめ込まれている】。1871年、その名が14区の広場につけられた。モロ＝ジャフェリ広場（Place de Moro-Giafféri）がそれである。

モワヌ Moines　17区のモワヌ通り（Rue des Moines）は、サン＝ドニ大修道院の修道士たち（モワヌ）にちなむが、その命名の根拠は至極単純で、モンマルトル女子大修道院の修道女たち（ダム）に由来するダム通りがすぐ近くを走っていることによる。モワヌ通りは1700年頃に彼ら修道士たちをたたえて命名されている。それはたしかだとしても、何よりも彼らの修道院がきわめて有名だったことを忘れてはならない。

モワネ Moynet　12区にあるシテ・モワネ（Cité Moynet）は、それが敷設された土地の所有者名（モン＝テグアル）でよばれている。

モン＝エグアル Mont-Aigoual　1898年に開通した15区のモン＝エグアル通り（Rue du Mont-Aigoual）は、セヴェンヌ通りの近くに位置するところから、セヴェンヌ山地をなす山塊の名でよばれている。

モンカルム Montcalm　1712-59年。ルイ・ジョゼフ・モンカルム・ド・サン＝ヴェラン侯爵は、南仏ニーム近郊のカンディヤック城に生まれ、ケベックで戦死している。1756年、イギリスからカナダを守るため、彼は兵員配備・野営担当将官として派遣された。わずかな兵員と国王のささやかな支援しか受けられなかったが、1858年、カリヨン要塞で一時イギリス軍の進攻をくいとめた。これにより、最終的に敵軍はなおもフランス植民地であったこの地から退却せざるをえなくなった。

翌年、ケベックに陣どっていたモンカルムは、敵将ジェームズ・ウォルフ将軍【1727-59。一連のオーストリア継承戦争で勇名をはせる一方、「ケベックの英雄」、「カナダの征服者」ともよばれた】率いる3万の敵兵による猛攻を受けた。彼はそれに3か月耐えたが、ケベックの街を見下ろすアブラハムの丘で傷を負い、それから4日後の1759年9月13日、ウォルフ将軍同様、落命した。

1827年、このふたりの勇将をたたえて、ケベックに記念碑が建てられている。一方、パリのモンカルム通り（Rue Montcalm）は1867年、ヴィラ・モンカルム（Villa Montcalm）は1926年に命名されている。いずれも18区にある。

モンガレ Montgallet　12区のモンガレ通り（Rue Montgallet）は1709年の命名だが、呼称は地名のモンガレ（Montgallée）が変形したものである。おそらく後者は当該地を所有していた人物の姓だったと思われる。近くには1934年に命名された同名の小路（Passage Montgallet）がある。

モンゴルフィエ Montgolfier　3区を走るモンゴルフィエ通り（Rue Montgolfier）は、その呼称を熱気球（モンゴルフィエール）

の考案者であるモンゴルフィエ兄弟の名に負っている。フランス南東部アルデーシュ県のヴィダロン＝レ＝アノネに生まれ、南仏エロー県のバラリュクで没した兄のジョゼフ（1740-1810）は、最初、父の経営する製紙工場で働き、やがて弟のエティエンヌとともに、アノネでかなり大きな気球で飛び立つことに成功する。

　それを知ったフランス科学アカデミーは兄弟をパリによび、その話を聞いたあとの1783年8月20日、ふたりを通信会員に任じて、600リーヴルの報酬を提供する。そして同時期、ルイ16世【在位1774-92】は聖ミシェル勲章を授け、その父親を貴族に叙した。ジョゼフは年金4万リーヴルを受け取る権利をえた。

　1784年、ジョゼフはリヨンで高さ約17メートル、幅約3メートルの無係留気球をつくり、ピラートル・ド・ロジエとともに冒険的な飛行をおこなった。彼はまた、革命期、追放者たちを革命裁判所の厳しい追っ手からかくまって命を救い、むしろ積極的に破産の道を進んだ。しかし、パリに出た彼は、国立工芸院の院長に任命され、1807年には学士院会員にも選ばれた。彼の著作としては、『気球論』や『空中旅行者』【いずれも刊行年不詳】などがある。

　一方、弟のエティエンヌ（1755-99）は、兄と同じヴィダロン＝レ＝アノネに生まれ、アルデーシュ県のセリエールで他界している。兄ともども気球を考案したほか、スフロと一緒に建築を学び、父親の製紙工場を経営するようになるまで、しばらくのあいだ建築の世界で働いた。そして、製紙法を改良して、高級紙やベラム紙を作り出した。

　最後に、熱気球についても一言しておこう。これは気密性の高い袋体の内側に下方から熱した空気を送りこみ、その浮力で浮揚して飛行する気球である。

モンゴルフィエール Montgolfière　1783年10月21日、ピラートル・ド・ロジエとアルランド侯【1742-1809】は、布と紙を貼りあわせてつくった熱気球に乗って、ミュエットを飛び立ち、ビュット＝オー＝カイ

ユに着陸した。その近くに位置する13区のモンゴルフィーエール庭園（Jardin de la Mongolfière）は、このことを記念して1998年に命名されている。

モンシニ Monsigny　1729-1817年。ピエール＝アレクサンドル・モンシニは北仏パ＝ド＝カレ地方のフォーカンベルグに生まれ、パリで没した作曲家。1749年にパリに出た彼は、当初会計係として生計を立て、ついでオルレアン公爵家の執事となった。すぐれたヴァイオリニストでもあった彼は、やがてオペラ＝コミックを書きはじめる。初期の作品は成功とはほど遠かったが、それでも意気を阻喪せず、ついに1769年、傑作『脱走兵』で大成功をおさめる。ほかに『万全を期したつもりでも、手落ちはあるもの』【1761年】や『ローズとコーラ』【1764年】などの作品もある。

　だが、1777年に発表した『フェリクスもしくは捨て子』【1777年】を最後に、以後40年ものあいだ1曲も創作することがなかった。そして、音楽とはほとんど無縁の運河総監督となるが、フランス革命によってその職を失う。そんな彼に、オペラ＝コミック座の団員たちは、2400リーヴルの年金を提供した。1813年、基本的な音楽知識に欠けてはいたが、創造的な霊感を多少ともそなえていた彼は芸術アカデミーの会員に選ばれた。その名がついたモンシニ通り（Rue Monsigny）は、1829年から2区にある。

モンジュ Monge　1746-1818年。ペルーズ伯のガスパール・モンジュは、ブルゴーニュ地方のボーヌに生まれ、パリで没した幾何学者・科学者・工学者。露天商の息子として生まれた彼は、1770【71？】年から母校のメジエール工学校で数学と物理学を講じる。1780年、ソルボンヌの水理学教授となり、フランス革命が起こると、これに参加して、1793年4月まで海軍大臣をつとめる。さらに、みずからがその創設にかかわった高等師範学校が開校されると【1795年】、そこで画法幾何学を教えた。

　1798年、ローマに旅した彼はボナパル

モンシユノ

トの知己をえて、そのエジプト遠征にくわわり、科学者魂を発揮して研究をおこなう。そして、エジプト低地ペルシウム遺跡全体を発掘・調査し、カイロ（ケール）学士院の院長となる。帰国すると、国立理工科学校（エコール・ポリテクニーク）で講壇に立った。

モンジュの主たる業績としては画法幾何学や曲面曲率線、微分幾何学、輸送最適論などの発見ないし確立がある【フランスの度量衡を最初に定めてもいる】。帝国はこうした彼をたたえ、その業績に報いた。だが、復古王政は彼を完全に遠ざけ、これが彼の死を早めたとされる。モンジュの著作には『画法幾何学』【1799年】や『解析学の幾何学への応用』【1804年】などがある。彼に捧げられたモンジュ通り（Rue Monge）は1864年から、モンジュ広場（Place Monge）は67年から5区にある。

モンジュノ Mongenot　1929年まで、12区のモンジュノ通り（Rue Mongenot）はサン＝マンデ村に属していた。その呼称はこの村の旧住民に負っている。

モンジョル Monjol　19区のモンジョル通り（Rue Monjol）は、当初は建設業者兼解体業者、つまり建てて壊す（！）人物の名がついた袋小路だった。この袋小路は1856年に敷設されている。

モン＝スニ Mont-Cenis　モン＝スニはアルプスの山塊で、標高3320メートル。同名の峠（2083メートル）を見下ろす。リヨン‐トリノ（テュラン）街道は、この峠を越える。鉄道もまた、通称「モン＝スニ・トンネル」【フレジュス・トンネルとも】を通っている。このトンネルは全長1万3668メートルあり、フランス側のモダヌとイタリア側のバルドネッキアを結んでいる【→ソメイエ】。パリの18区にあるモン＝スニ通り（Rue du Mont-Cenis）は1868年、同区のモン＝スニ小路（Passage du Mont-Cenis）は1877年に命名されている。

モンスーリ Montsouris　モンスーリはパリ郊外の旧村だったが、やがて村全体が公園【→パルク・モンスーリ】に変えられ、その

なかに1868年、地理と海洋部門を含む気象台が設けられた。モンスーリの語源は不明だが、モンスーリ公園通り（Rue du Parc-de-Montsouris）は1890年、モンスーリ小公園（Square de Montsouris）は開園翌年の1922年に命名されている。

モンセ Moncey　1754-1842年。コネリアーノ公ことボン＝アドリヤン・ジャノー・ド・モンセは、スイス国境に接するドゥー県のモンセに生まれ、パリで没した帝国元帥。弁護士の息子だった彼は、若くしてシャンパーニュ連隊に入った。やがて将軍となった彼は、1800年にマレンゴ（マランゴ）で戦い、さらに翌年にかけては、マクドナルド率いる部隊とともに、グリソン【グラウビュンデン（スイス南東部）】遠征をおこなってもいる。そして1801年に憲兵隊監察官、04年に元帥、08年に公爵に叙せられ、1809年にはフランドル方面軍の指揮官に任命される。さらに1814年、パリ国民軍首席参謀となって、クリシーの市門（柵）での激戦で名をはせた。

ルイ18世【在位1814-15／1815-24】から貴族院議員に列せられた【1814年】モンセは、しかし1815年8月、ネ元帥を裁く軍事法廷の裁判長となるのをこばんだ。そのため、職を解かれて北仏のハム城牢に幽閉されてしまう。1816年、国王の恩赦によって釈放され、軍事遠征に駆り出された多くの「恩赦組」の例にならって、1823年、彼もまたスペイン遠征に従軍させられる。1833年、ルイ＝フィリップから廃兵院（アンヴァリッド）長官に任命された彼の名は、9区のモンセ通り（Rue Moncey）とモンセ小公園（Square Moncey）に残っている。命名はそれぞれ1844年、1903年である。

モンセニュール・マイエ Monseigneur Maillet　1896-1963年。マイエは有名な「木の十字架少年合唱隊」を創設し【1924年】、没年まで指揮した。この合唱団の世界的な評判は今も健在である。彼の名にモンセニュール（猊下）を冠して命名されたモンセニュール＝マイエ小公園（Square Monseigneur-Maillet）は1971年から19区

にある。

モンセニュール・ルティル Monseigneur Loutil エドモン・ルティル、通称ピエール・レルミット（隠者ピエール）【1863-1959。パリ司教座聖堂名誉参事会員・ローマ教皇庁使徒座書記官】は、**アルデンヌ**地方に生まれた聖職者・ジャーナリスト・作家。1888年に聖職に入り、**クリシー**の、ついで**サン=ロック**、サン=ピエール=ド=シャイヨ教会の助任司祭、さらにサン=ジャン=ド=モンマルトルとサン=フランソワ=ド=サル教会の主任司祭に叙された。

1890年、ルティルは《ラ・クロワ（十字）》【聖母被昇天修道会によって1880年に月刊誌として創刊され、83年から日刊紙となった。2014年現在での発行部数は約10万】の編集主幹となり、以後生涯をとおして記事や小説に健筆をふるい、それは伝統的なカトリックの最上の武器となった。小説としてはアカデミー・フランセーズ賞を受賞した『ラ・グランド・アミ』【1899年】や『支配力』【1908年】、『老女』【1921年】などがある。モンセニュール=ルティル広場（Place Monseigneur-Loutil）は、彼の死後6年目の1965年から17区にある。

モンセニュール・ロダン Monseigneur Rodhain 1900-77年。フランス東部ヴォージュ地方のルミルモンに生まれ、ルルドで没したジャン・ロダンは、1935年、パリでキリスト教青年労働者連盟（JOC）の総司祭となり、ついでフランス軍の従軍司祭をつとめた。第2次大戦が終わると、強制収容者たちの本国帰還組織を立ち上げ、さらにカトリック援助会を創設して、その初代会長となった。1984年に命名されたモンセニュール=ロダン通り（Rue Monseigneur-Rodhain）は10区にある。

モンソー Monceau モンソー村は14世紀からあった。当時はかなり小規模な集落だったが、パリジャンたちが徐々にそこを足繁く訪れるようになり、1778年、シャルトル公、のちの平等公フィリップ【1747-93。ルイ=フィリップの父】はそこに別荘「フォリー・ド・シャルトル」を建て、壮麗なマ

ルモンテル庭園を付設した。この庭園が、今日のモンソー公園となった。公園と同じ8区を走るモンソー通り（Rue de Monceau）は1868年からある。

ちなみに、17世紀には、モンソー村とルール村は野道でつながっていた。1830年まで、前者はクリシーの一部だったが、この年以降、単独の村となってバティニョル=モンソーとよばれ、1860年にパリ市に編入された。17区には1889年からモンソー小公園（Square de Monceau）がある。

モンソロー Monsoreau 1971年に開園した20区のモンソロー小公園（Square de Monsoreau）は、**アレクサンドル・デュマ（父）**の有名な小説『モンソローの奥方』【1846年】のヒロインの名にちなんで命名されている。テレビ化されてもいるこの作品は、モンソロー伯と意にそわない結婚をした【借財のため】ディアヌ・ド・メリドールと、さっそうとしたビュシー・ダンボワズに対する彼女の愛を描いている。ふたりの関係に嫉妬したアンジュー公は、ビュシーを殺害し、美しいモンソロー夫人を途方に暮れさせる…。1860年、デュマは**マ**ケの協力をえて、この作品を5幕物の芝居に仕立て、大成功をおさめている。

モンターニュ・サント=ジュヌヴィエーヴ Montagne Sainte-Geneviève 5区のモンターニュ=サン=ジュヌヴィエーヴ通り（Rue de la Montagne-Sainte-Geneviève）は、13世紀以降、サント=ジュヌヴィエーヴ（聖女ジュヌヴィエーヴ）、サント=ジュヌヴィエーヴ=ラ=グランド（大聖女ジュヌヴィエーヴ）、サント=ジュヌヴィエーヴ=デュ=モン（山の聖女ジュヌヴィエーヴ）、そしてモンターニュ（山）=サント=ジュヌヴィエーヴ通りと目まぐるしく呼称が変わった。

現在の呼称となったのは1805年のことで、それにはふたつ理由がある。まず、この通りがパリでもっとも高い場所に位置していることで、それゆえきわめて直截的に「モンターニュ」と命名された。もうひとつの理由は、それがかつてサント=ジュヌヴィ

エーヴ大修道院に続いていたことによる。508年にクロヴィス王よって建立された同修道院は、やがて1802年、リセ・アンリ4世に変えられている。一方、その教会はスフロによって再建され、現在はパンテオンを飾る有名な人々たちの墓所となっている。

モンターニュ・デュ・グーレ Montagne du Goulet モンターニュ＝デュ＝グーレ広場（Place de la Montagne-du-Goulet）もまた15区にあり、1988年につくられている。命名の由来は前項と同じである。

モンターニュ・ドーラ Montagne d'Aulas 前項と同じ1989年に開通し、同じ15区に位置するモンターニュ＝ドーラ通り（Rue de la Montagne-d'Aulas）もまた、セヴェンヌ山地の山頂名のひとつでよばれている。

モンターニュ・ド・ラ・ファージュ Montagne de la Fage 15区のモンターニュ＝ド＝ラ＝ファージュ通り（Rue de la Montagne-de-la-Fage）もまた、1989年に敷設され、セヴェンヌ山地の山頂名のひとつを呼称としている。

モンターニュ・ド・レスペルー Montagne de l'Espérou 1989年に開通した15区のモンターニュ＝ド＝レスペルー通り（Rue de la Montagne-de-l'Espérou）は、セヴェンヌ通りの近くにある。呼称はその周囲を走る数本の通りと同様、セヴェンヌ山地の山頂のひとつに由来する。

モン＝タボール Mont-Thabor タボール山はイスラエルの小さな山で、イエスが使徒たちに3度姿を現したとされる【そこから変貌山とよばれる】。そこではまた1799年4月17日、ナポレオンのフランス軍がシャザール・パシャ【1720頃-1804. エジプトに奴隷として売られた彼は、やがて頭角を現して、カイロやベイルートの総督になった】が率いるオスマン帝国・アラブ連合軍を打倒している。1区のモン＝タボール通り（Rue du Mont-Thabor）は、この勝利を記念して1802年に命名されている。

モンタランベール Montalembert 1810-70年。モンタランベール伯のシャルル・フォルブ・ド・トリヨンは、ロンドンで生まれ、パリで没した政治家・作家。1830年、彼はラムネーとともに自由主義カトリシズムを擁護するため、雑誌《アヴニール（未来）》を創刊して、政治の世界に入る。1831年、時のルイ＝フィリップ政府は「無認可学校開設」の廉で彼の訴追をはじめ、翌32年、教皇になったばかりのグレゴリウス16世【在位1831-46】は、モンタランベールの過激な自由思想を弾劾する。こうして彼は教皇に屈して貴族院議員となるが、1848年まで、教育の自由と非カトリックの治政者たちによって抑圧された国民の解放を謳う、山岳（モンターニュ）派の主張を実現するための闘いをやめなかった。

【ルイ＝フィリップを追放した】1848年の2月革命後、代議員となったモンタランベールは、フランスのイタリア進攻に賛成票を投じ、51年12月2日のルイ＝ナポレオン・ボナパルト（ナポレオン3世）によるクーデタ後、新しい政権と激しく闘う。そのため、代議員の席を失うが、それでも闘いをやめず、ナポレオン3世に抗する著作を矢継ぎ早に発表するのだった。一方、1870年にヴァチカン公会議が開かれると、彼は教皇不謬説の反対派に与した。

1852年、アカデミー・フランセーズ会員となった彼の著作としては、『聖女エリザベト』【1936年】、『19世紀におけるカトリックの利害』【1852年】、『聖ベルナルドゥスから聖ベルナールまでの西欧の修道士たち』【7巻、1860-77年】などがある。彼は言っている。「諸君は政治にかかわらなくてもよい。政治が諸君にかかわるからだ」。この言葉をどう受け取ったのか、1924年、彼の子孫たちはパリの通りにその名をつけるよう働きかけた。それが7区を走るモンタランベール通り（Rue Montalembert）である。

モンタリヴェ Montalivet 1766-1823年。モンタリヴェ伯ジャン＝ピエール・バシャソンは、フランス北東部モーゼル地方のサールグミヌ近くに近いヌンキルシュに生まれ、パリ南東方ニヴェルネ地方のラグランジュ城で他界した政治家。16歳で竜騎兵部隊

の中尉となった彼は、1784年に軍籍を離れ、南東部のヴァランスで弁護士となる。彼はそこでボナパルトと出会っている。そして、フランス革命時にパリに出てそれに参加し、革命後、第1次イタリア遠征に従軍したのち、ヴァランスに戻る。

やがてボナパルトが実権を掌握すると、当時ドローム県知事だったモンタリヴェは、マンシュ県知事（1801年）、ついでセーヌ＝エ＝オワズ県知事（04年）に任命され、さらに国務院評定官（05年）、土木局長（06年）、そして内務大臣（09年）を相次いで拝命する。1815年の百日天下時には、帝室長官となり、1819年には貴族院議員に選ばれてもいる。彼の名を冠したモンタリヴェ通り（Rue Montalivet）は、1876年から8区にある。

モンタンポワヴル Montempoivre 12区にあるモンタンポワヴル小路（Sentier de Montempoivre）の呼称は、地名に由来する。かつてそこは「ポワヴル・ソヴァージュ」〔字義は「野生の胡椒」〕ないし「プティ・ポワヴル」とよばれていた。これはとくに熱帯地方を好むが、ときにはパリのような温暖な気候下でも生える野生植物のハマゴウの実である。その実は昔、情欲を鎮めるためにもちいられていた。効果のほどはさだかでないが、この場所にはハマゴウが生い茂り、「ポワヴルの小山」をなしていた。これが地名のもととなった。

モンティエ Monthiers 1865年に建設された9区のシテ・モンティエ（Cité Monthiers）は、その旧地主の名でよばれている。

モンティセリ Monticelli 1824-86年。アドルフ・ジョゼフ・トマ・モンティセリはマルセイユで生まれ、没した画家。みごとな色彩画家で、キャンバスにくわえて、さまざまなオブジェに数多くの作品を描いた。代表作に『サン＝クルー公園』や『コローとモデルたち』〔いずれも制作年不詳〕などがある。14区には1929年に命名されたモンティセリ通り（Rue Monticelli）がある。

モンティヨン Montyon 1733-1820年。モンティヨン男爵ジャン・バティスト・アン

トワヌ・オーゲは、パリを生没地とする法律家・慈善家・経済学者。1775年、国務院評定官、80年には大法官に任命された。莫大な資産の持ち主だった彼は、1780年から87年にかけて数多くの賞を創設し、さまざまな学会にその授与を託した。革命期には賢明にも外国に移住し、1814年まで帰国しなかった。

モンティヨンはまたフランス学士院に巨額の資金を遺贈し、アカデミー・フランセーズはそれを原資として、一部は良俗の維持に有用な著作に、一部は有徳な行動をしたフランスの貧民に年金を授けた（後者は操行章とよばれる）。彼をたたえて1843年に命名されたモンティヨン通り（Rue de Montyon）は、9区にある。

モンテヴィデオ Montevideo モンテビデオ（モンテヴィデオ）はウルグアイの首都。ラ・プラタ河岸に位置し、大西洋を望むモンテビデオ湾が前景にひろがる。住民数132万【2011年】。パリのモンテヴィデオ通り（Rue de Montevideo）は、1868年から16区にある。

モンテシュイ Monttessuy 1809-81年。ロドルフ・オーギュスト・ギュスタヴ・モンテシュイ、通称モンテシュイ伯は、フランスの外交官。1840年に没した父オーギュスト・ニコラ・ザカリは、廃兵院（アンヴァリッド）の総糧秣供給人で、パリ南方ジュヴィジの城主でもあった【1823年から35年までジヴィジ村長】。母はロドルフィヌ・エリザベツ・ルイズ・フィルバク。

定番の賛辞だが、「輝かしい学業」を修めたあと、ロドルフは【トリノやサンクト＝ペテルブルクの】大使館員、ついで1841年に大使書記官となる。それからハノーファー【1849年】やフィレンツェ【1850年】、フランクフルト【1855年】、さらにブリュッセル（1858年）【1861年、ナポレオン3世のイタリア政策に反対して免職】の大使をつとめ、1860年、レジョン・ドヌールのグラント・オフィシエ（大将校）勲章を授けられる。

それ以前、モンテシュイはヘルフェンシ

ュタイン公爵夫人のポーリヌ・マドレーヌ・クシムヌ【1825-1905】と結婚し、ひとり息子のポール・フレデリク（1844-97）をもうけるが、この息子は未婚のまま病没してしまう。

モンテシュイ家は代々リヨンの絹織物業者で、1782年、インド会社の行政官だったドニ・モンテシュイ（1739-89）が新貴族に叙せられている。彼は一族の宗家に属しており、ロドルフの父は分家の出である。一族の有名な（！）末裔としては、高級娼婦のリアヌ・ド・プジ【1869-1950。本名アンヌ＝マリ・シャセーニュ。ベル・エポック期の踊り子で、ルーマニア出身のギカ公と結婚したが、離婚後、在俗修道女となる】がいる。ロドルフは1857年、パリの7区に土地を手に入れ、1866年、そこに通りが敷設される。1873年に彼の名がつけられたモンテシュイ通り（Rue de Monttessuy）である。それまでこの通りは、ボナパルト時代にイタリア・エジプト遠征軍の筆頭軍医の名にちなんで、デジュネット通りとよばれていた。

モンテスキュー Montesquieu 1689-1755年。ラ・ブレード男爵でモンテスキュー男爵でもあったシャルル・ド・スゴンダは、ボルドー近郊のラ・ブレードで生まれ、パリで没した作家・思想家。1711年、彼はボルドー高等法院の評定官となり、16年、同法院の上席評定官に昇進する。そして1721年、匿名ながら『ペルシア人の手紙』を上梓して評判をとる。1727年、アカデミー・フランセーズ会員に迎えられた彼は、「人々や制度についてよく知るため」、夢見ていた旅に出立する。そしてウィーンやイタリ、チロル、ライン河岸、オランダを訪れ、最終目的地のロンドンに2年間滞在する。

1731年に帰国すると、モンテスキューは郷里のラ・ブレード城に閉じこもり、執筆活動にいそしむ。こうして書き上げたのが『ローマ人盛衰原因論』（1734年）と主著『法の精神』（1748年）である。やがてラ・ブレードとパリで生活をするようになるモンテスキューは、こう記している。

「慣習でおこなうことができるものを法でおこなってはならない」、「私は農民たちを愛している。彼らは誤った推論を弄するほど賢くないからだ」、「愚か者はまじめさを盾にする」。自由な精神を標榜し、18世紀後葉の大きな思想運動に巨歩を刻んだ彼の名は、1区のモンテスキュー通り（Rue Montesquieu）に残っている。命名は1796年である。

モンテスパン Montespan 1641-1707年。モンテスパン侯爵夫人のフランソワズ・アテナイス・ド・ロシュシュアールは、フランス中西部ヴィエンヌ地方のリュサック＝レ＝シャトーに生まれ、中部リエ地方のブルボン＝ラルシャンボーで没している。彼女はルイ14世（ルイ・ル・グラン）の愛妾のひとりだったが、けっして最後尾ではなかった…

中西部のシャラント＝マリティム地方のサントで育った彼女は、1660年に宮廷に入り、ルイズ・ラ・ヴァリエール夫人【1644-1710。ルイ14世の愛妾で、のちにカルメル会の修道女】と同時期に王妃の侍女となった。1663年、モンテスパン侯爵ルイ・ド・パルダヤン・ド・ゴンドラン【1640-91】と結婚している。ブロンドの髪と魅惑的な瞳をもち、知的で才気に溢れていた美しい彼女は、王妃とラ・ヴァリエール夫人の寵をえることができたが【異論あり】、破廉恥にも国王のベッドに入り込んだ（心の中までではないとしても）。妻と太陽王との関係を知ったモンテスパン侯爵は、自分の名誉が失われたことを悲しんで、喪服を着て宮廷に伺候したという。

モンテスパン夫人に対する国王の愛は8年続き、その間に子供を8人もうけた。ルイ14世はこの子供たちをすべて認知した。だが、1677年から、夫人の栄光は翳りをみせるようになる。そのきっかけとなったのが、毒薬事件の発覚だった。彼女はその端役にすぎなかったが、ルイ14世の治世初期は数多くの毒殺事件が起きており、国王は1679年年、高等法院にこの種の犯罪を裁くため、シャンブル・アルデント【字

義は「燃える部屋」とよばれる特別法廷を設けた【モンテスパン夫人が連座した事件は、女占い師で魔術師との評判をとっていた、モンヴォワザンの寡婦カトリーヌ・デシャイエ、通称ラ・ヴォワザン（1640-80）が、夫の愛情をとり戻そうとしたり、その遺産を狙ったりする貴婦人たちのために、黒ミサをおこない、あるいは媚薬や毒薬を渡したとされるもの。特別法廷で200回以上開かれた審問でラ・ヴォワザンを含む36人が極刑を宣告され、1680年、グレーヴ広場、現在のパリ市庁舎前広場で焚刑に処された。この事件を「プードル・ド・スクセシオン」（遺産相続の粉）とよぶ。当時、ノートル＝ダム司教座聖堂の聴罪司祭たちは、これについてこう証言している。「自分たちに告解をする者の多くは、だれかを毒殺した（！）として自分を責めていた」

特別法廷（1682年閉鎖）は、女占い師や錬金術師、助産師、呪術師たちが、数多くの富裕市民や高位貴族を顧客としていたことを暴露した。これにより、ゴブラン工場創設者の血筋を引くブランヴィリエ侯爵の夫人マリ＝マドレーヌ（1630-76）も斬首刑に処された【彼女は1672年、財産を独り占めしようと、兄弟姉妹のみならず、父親まで毒殺したとの告発を受けた。1676年に拷問にかけられても罪を認めなかったが、やがて紙入れの中から動かぬ証拠が見つかるに及んで、最終的に斬首刑に処されている。なお、この一連の事件については、セヴィニェ夫人の書簡集やアレクサンドル・デュマ（父）の『有名犯罪集』（1839-41年）を参照されたい】

そして王妃が他界した1684年、宮廷に登場したマントノン夫人【→スカロン】によって、ルイ14世の寵愛を完全に失ったモンテスパン夫人は、91年にヴェルサイユを去り、1700年、社交界から身をひく。その後、フランス中部オーヴェルニュ地方のブルボン＝ラルシャンボーに隠棲し、そこで生涯を終える。パリの16区には、そんな彼女に捧げられたモンテスパン大通り（Avenue Montespan）が1864年からある。

モンテーニュ Montaigne 1533-92年。ミシ

ェル・エケム・ド・モンテーニュはフランス南西部ボルドー地方のモンテーニュ城で生まれた、没した作家・モラリスト。彼は6歳まで家庭教師をあてがわれ、ラテン語だけをもちいていた。やがてボルドーのギュイエンヌ学寮やトゥールーズ大学（法学など）で学び、**ペリグー租税法院【1554年】**、ついで1556年にボルドー高等法院の評定官となる。**ラ・ボエシ**と出会い、彼を「選ばれた友」と呼んで友情を誓ったのがこの時期である。1559年にラ・ボエシが他界したとき、モンテーニュはこう嘆いたという。「私たちは互いに愛し合っていた。それが彼であり、それが私だったからである」

1568年、のちに『エセイ』【1580年】を著すことになるモンテーニュはパリに移り、フランソワ2世【国王在位1559-60】に従ってロレーヌ地方のバール＝ル＝デュクに赴く。パリに戻ると、宮廷に足しげく伺候し、1562年、パリ高等法院の評定官たちと自発的にカトリックの教義に対する宣誓をおこなう。そして1565年、高等法院評定官の娘フランソワーズ・ド・ラ・シャセーニュ【1545頃-1602。父親のジョゼフは1569年からボルドー高等法院長】と結婚する。

1571年、ラ・ボエシの著作の刊行に奔走した彼は、1580年までモンテーニュ城に引きこもり、『エセイ』の執筆に明け暮れた。1580年から81年にかけて長期の旅に出て、スイスやドイツ、イタリアを訪れ、帰京後、ボルドー市長をつとめる（1581-85年）。1588年、【『エセイ』出版のために】再びパリに出た彼は、マリ・ド・グルネ【1565-1645。彼の愛読者で、以後その著作の刊行に尽力する】と出会い、これを「養女」とする。だが、これを問題視したカトリック同盟者たちによって一晩バスティーユに閉じ込められた彼は、郷里の城に帰ることを選ぶ。

1589年、モンテーニュはアンリ4世の国王即位を知って喜ぶが、以後、パリに戻ることはなく、後半生を著作の修正に費やす。その著作のなかで、彼は人間の理性が啓示の助力なしには形而上学的な真理に到達す

ることができないと力説した。一方、倫理的には享楽的であると自認していたが、同時に禁欲的な願望をいだいているとも述べている。彼はこう言っている。「人はみなあらゆる形の人間的な条件をもっている」、「私は自分に反対するものに向かって進む」、「世界でどれほど高い王座でも、所詮われわれは自分の尻の上に座っているにすぎない」、「沈黙の侮蔑ほど手厳しい返答はない」。モンテーニュ大通り（Avenue Montaigne）は1850年から8区にある。

モンテネグロ Monténegro　モンテネグロは1878年のベルリン条約でオスマン帝国から独立したバルカン半島の旧公国。1910年に王国となってニコラ1世を王にいただき【在位1910-18】、1818年にセルビア王国、クロアチア、スロヴェニア、マケドニアとともにユーゴスラヴィア王国を形成した。そして1992年、セルビアと合併して、新たにユーゴスラビア連邦共和国を建国した。面積1万4000平方メートル。フランス語で住民たちはモンテネグランとよばれる。首都はポドゴリツァ。モンテネグロ小路（Passage du Monténegro）は、1880年から19区にある。

モンテベロ Montebello　モンテベッロ（モンテベロ）はイタリア北部ロンバルディア地方の町。フランス軍はこの町の戦いで2度までも輝かしい勝利をおさめている。最初は1800年6月12日で、その勝利は、のちにモンテベロ公に叙せられるランヌ元帥による。2度目の勝利は1859年5月20日。おそらく町の住民たちはあらかた姿を消していたが、ここではフォレ将軍【1804-72。1863年に元帥】麾下のイタリア方面軍が、フランツ・スタディオン将軍【1806-53】率いる3万5000のオーストリア軍を撃破した。15区のモンテベロ通り（Rue de Montebello）が1862年に命名されたのは、この2度目の勝利を記念してである。

　一方、5区のモンテベロ河岸通り（Quai du Montebello）と同名の港（Port du Montebello）は、モンテベロ公のランヌ元帥にちなんで、それぞれ1840年、1905年

に命名されている。

モンテラ Montéra　12区のモンテラ通り（Rue Montéra）は、旧地主の名にちなんで1867年に命名されている。

モンドヴィ Mondovi　モンドヴィはイタリア北部ピエモンテ地方の町で、物理学者ジョヴァンニ・ベッカリーア【1716-81】の生地。1区のモンドヴィ通り（Rue de Mondovi）は1796年に敷設されているが、それは同年4月22日、ナポレオンがミケランジェロ・コッリ将軍【1738-1806。神聖ローマ帝国軍の将軍で、ピエモンテ＝サルデーニャ軍の指揮官】麾下のピエモンテ軍に勝利した戦いを想い起こさせる。

モント＝クリスト Monte-Christo　『モンテ（モント）＝クリスト伯』は、アレクサンドル・デュマ（父）が1841年から45年にかけて書いた小説である。その粗筋は以下のとおりである——。

　マルセイユの若い一等航海士エドモン・ダンテスは、美しい婚約者メルセデスとの婚約披露の宴で逮捕され、マルセイユ沖に浮かぶシャトー・ディフ【イフ島の牢獄】に投獄されてしまう。男たちの姦計の犠牲になったのである。彼の出世に嫉妬し、帳簿の不正を知られていたモレル商会の会計士のダングラール、メルセデスに横恋慕をしていた漁師のフェルナン・モンデゴ（のちのモルセール伯）、そして出世の芽を摘まれることを危惧したマルセイユの検事代理のヴィルフォール【ダンテスがエルバ島のナポレオンの側近から託された自分の父親宛ての手紙によって、復古王政期にナポレオンとの関係が露見することを恐れた】の3人である。

　シャトー・ディフでダンテスは老神父のファリアと出会い、彼が他界する前、モンテクリスト島に財宝があることを知らされる。やがて脱獄に成功し、財宝を手にしたダンテスは、モンテ＝クリスト伯を名乗って復讐をはじめる。むろん、計画は成就する。メルセデスと結婚した元漁師は自殺し、ダングラールは破産、ヴィルフォールは失脚して狂人となった。

他のいかなる小説も及ばないみごとな想像力を展開したこの作品は、出版時から大成功をおさめ、芝居や数多くの映画にもなった。その題名がつけられたモント＝クリスト通り（Rue Monte-Christo）は20区にある。命名は原作者の死から19年目の1889年になされている。

モンドトゥール Mondetour　1区のモンドトゥール通り（Rue Mondetour）には、長躯王フィリップ5世【在位1316-22】時代の1320年頃、ジェラール・ド・モーデストゥール（Maudestour）なる人物が住んでおり、通りには彼の名が冠せられていた。やがてモーデストゥールはモンデトゥール（Mondétour）と改称されたが、その理由としては2通りの説がある。一方はたんなる変形によるとする説、もう一方は、フランソワ1世の時代にモンデトゥール領主のクロード・フーコーが、パリの参事会会員になったのを記念して命名されたとする説である。だが、18世紀まで、この通りがモーデストゥールとよばれていたことは証明されている。それゆえ、モンデトゥール領主は、おそらく1820年に現在の呼称となったこの通りの命名には無関係だったと思われる。

モン＝トネール Mont-Tonnerre　ドイツ語でドナースベルク【字義は「雷の山」】。バイエルン地方の山で、標高687メートル。第一帝政期にその呼称がフランスの県名となり、マインツに県庁がおかれた。パリの15区にあるモン＝トネール袋小路（Impasse du Mont-Tonnerre）は、1877年に命名されている。

モントノット Montenotte　モンテノッテ（モントノット）はイタリアのジェノヴァ（ジェーヌ）近郊にある村。1796年4月14日、ナポレオン軍がそこで、ジャン＝ピエール・ボーリュー将軍【1725-1819。ベルギー南部ワロン地方出身】率いるオーストリア軍に大勝した。第一帝政期【1804-14年】、モントノットはフランスの県名となり、サヴォーナに県都がおかれた。17区のモントノット通り（Rue de Montenotte）は、

ナポレオンのこの勝利を記念して、1869年に命名されている。

モントーバン Montauban　モントーバンはフランス南西部タルン＝エ＝ガロンヌ県の県府所在地。12世紀にトゥールーズ伯のアルフォンス・ジュルダン【1103-48】によって築かれた要塞から発展した町は、以後、幾度となく攻囲戦の舞台となった。とりわけ有名なのはルイ13世【国王在位1610-43】による1621年のそれで、大元帥リュイヌがそこで戦死している。タルン川が流れ、17世紀から18世紀にかけて建立されたじつにみごとな司教座聖堂を誇るこの町は、彫刻家ブールデルや画家アングルの生地でもある。15区にあるモントーバン通り（Rue de Montauban）は、1903年に命名されている。

モン＝ドール Mont-Dore　モン＝ドール【字義は「金山」】はフランス中央部ピュイ＝ド＝ドームの町で、その温泉はアレルギーや呼吸器疾患に効き目があるとされる。また、中央山地最高峰のモン＝ドール山塊は、そのスロープがウィンター・スポーツのメッカとなっている。17区を走るモン＝ドール通り（Rue du Mont-Dore）は、1877年の命名である。

モントルイユ Montreuil　11区にあるモントルイユ通り（Rue de Montreuil）の呼称は、この道が、かつてみごとな桃を生産していたパリ郊外の村モントルイユ＝スー＝ボワに続いていたことに由来する。当初は土手道だったが、1748年に通りに昇格している。

モントルグイユ Montorgueil　1区を走るモントルグイユ通り（Rue Montorgueil）の呼称は、現在ボールガール通りがその頂き――あえていえば――を通っている、「モン・シュペルビュ」ないし「モン・トルグイユー」【字義は「高慢な山」】に由来する。この通りが今の道筋となったのは、1792年である。

モントロン Montholon　9区を走るモントロン通り（Rue de Montholon）の呼称は、裁判官一族の出であるニコラ・ド・モント

ロンの名にちなむ。1761年に破毀院の1日審理部の評定官、65年にはメス高等法院の、77年にはノルマンディ高等法院のそれぞれ院長になった彼は、近くのポワソニエール大通りに邸館を有していた。1780年にこの通りが敷設された際、ただちに彼の名がつけられたゆえんである。

モンドンヴィル Mondonville　1711-72年。ジャン・ジョゼフ・カサネア・ド・モンドンヴィルは、フランス南西部のナルボンヌに生まれ、パリ市に編入される前のベルヴィル村で没したヴァイオリニスト・作曲家。彼が頭角を現したのは、1734年に、「コンセール・スピリテュエル」【作曲家でオーボエ奏者でもあったアンヌ・ダニカン・フィリドール（1681-1728）が、1725年に創設した一連の公開コンサートで、91年まで続いた】に参加してからである。そこでの彼の役割は徐々に重要さをましていき、楽器演奏家および作曲家としてだけでなく、1755年から62年まで、コンサート全体を指揮するまでになった。

　モンドンヴィルの作品としては『神の歓喜』【1734年】や『エルサレム讃歌』【発表年不詳】などがある。さらにバレエ曲の『パルナッソスのカーニヴァル』【1749年】、オペラの『ティトンとオーロール』【1753年】、『テセウス』【1765年】なども創作している。彼の名にちなんだモンドンヴィル通り（Rue Mondonville）は、1994年から20区にある。

モンパルナス Montparnasse　16世紀のモンパルナス界隈には、あきらかに人工的な、もともとは建物の残骸でできた小丘があった。この小丘は、ルイ14世（**ルイ・ル・グラン**）の時代、学生たちがそこに出かけてはしゃいでいたという単純な理由から、大げさに「パルナッソス山」とよばれるようになった。あるいはこれらの若者たちを詩人と見立てたのかもしれない。ギリシア神話に登場するアテネ（アテヌ）近郊のパルナッソス山は、象徴的に詩人たちの滞在地だったからだ…

　パリの6区と14区および15区を貫くモンパルナス大通り（Boulevard du Montparnasse）は1761年に敷設工事が始まり、19世紀初頭に命名されている。一方、同名の通り（Rue du Montparnasse）はそれより早く、1773年の命名になる。これに対し、パリを代表するモンパルナス墓地（Cimetière Montparnasse）は1824年に開設されているが、そこには以下のような人々が眠っている。アンリ・マルタン、ピエール・ラルース、デュモン・デュルヴィル、エジェジップ・モロー、サント＝ブーヴ、ギ・ド・モーパッサン、モンタランベール、アガル【さらに同じ墓で想うジャン＝ポール・サルトルとシモーヌ・ド・ボーヴァワール、エミール・デュルケーム】などである。パリの大動脈の旧地主たちもまた、大部分がここに埋葬されている。

モンパンシエ Monpensier　1775-1807年。国王ルイ＝フィリップの弟だったモンパンシエ公アントワヌ・フィリップ・ドルレアンは、パリの王宮で生まれ、イギリスのソルトヒルで没している。フランス革命の、少なくともその原理原則の支持者だった彼は、第14竜騎兵部隊に下士官として入った。シャルトル公だった兄ルイ＝フィリップの副官として、ヴァルミーやジェマップの戦いでめざましい功績をあげ、ついでイタリア方面軍でも戦った。

　1793年、モンパンシエはマルセイユの戦いで捕虜となり、43か月間獄舎につながれていたが、釈放後の1796年、アメリカ合衆国に渡って、1800年までとどまり、それからイギリスに定住する。1区のモンパンシエ通り（Rue de Montpensier）は、父親のオルレアン公ルイ・フィリップ、通称平等公フィリップ【1747-93】が有していた旧王宮庭園にそって、1784年に敷設されている。

モンフォーコン Montfaucon　1655-1741年。ベルナール・ド・モンフォーコンは南仏ラングドック地方のスーラジュに生まれ、パリのサン＝ジェルマン＝デ＝プレ大修道院で没したベネディクト会士。最初、軍隊に入ったが、温和な性格だった彼はその生活

になじめず、1676年、**サン＝モール**のベネディクト修道会に入る。そして1698年までカルデア語やヘブライ語、コプト語、さらに初級だったがアラビア語も学んだ。1698年、その学識を完璧なものにするため、イタリア各地の図書館に派遣される。

彼がサン＝モール修道会の総代理に任命されたのは、このイタリア滞在中だった。だが、まもなくその職を解かれ、サン＝ジェルマン＝デ＝プレ大修道院に逼塞する。そして、ここで1719年の上梓になる『解き明かされた古代』を著し、これによって碑文・文芸アカデミーへの門戸が開かれる。1817年に命名されたモンフォーコン通り（Rue de Montfaucon）は6区にある。

モンブフ Montboeufs 20区のモンブフ通り（Rue des Montboeufs）は、かつて地名にちなんで「モンティル・デ・ブフ（Montil-des boeufs）」とよばれていた。1350年から知られていたこの旧称は、この場所がわずかに傾斜し、しばしば牛を囲い入れていたことを意味する。通りが現在の道筋になったのは1915年からである。

モン＝ブラン Mont-Blanc モン＝ブランはヨーロッパ・アルプスの最高峰で、標高4810メートル。1786年、ジャック・バルマ【1825-1905。山岳ガイド・シャモア猟師・水晶細工師。同行者は地元シャモニーの医師ミシェル・ガブリエル・パカール（1757-1827）】が北壁からはじめて登頂に成功している。モン＝ブラン小公園（Square du Mont-Blanc）は16区にあり、1932年に命名されている。

モンブラン Montbrun 1770-1812年。ピエール・ド・モンブラン伯は南仏エロー県のフロランサックに生まれ、モスクワ（モスクヴァ）の戦いで戦死した将軍。アウステルリッツ（オステルリッツ）で少将に任命され、1806年のシレジア遠征でめざましい働きをする。1809年、中将に昇進した彼は、エックミュールでのナポレオン軍の勝利に貢献した【1809年】。1810年にはポルトガルでマセナ軍の騎兵隊を率い、12年のロシア遠征では、ナポレオンから第2

騎兵隊の指揮を託された。14区には彼に捧げられたモンブラン通り（Rue Montbrun）とモンブラン小路（Passage Montbrun）がある。命名はそれぞれ1868年、77年になされている。

モンプレジール Monplaisir 20区のモンプレジール小路（Passage Monplaisir）は、地主がそこに建てた別荘「モン・プレジール」【字義は「私の愉楽」】にちなんで命名されている。

モンベル Monbel 1903年に敷設された17区のモンベル通り（Rue de Monbel）は、もともとそこに住んでいた地主を名祖とする。

モンマルトル Montmartre 2区と9区の境界を走るモンマルトル大通り（Boulevard Montmartre）の呼称は、1380年に築かれ、1634年にルイ13世【国王在位1610-43。→ドーフィヌ】の意向で解体されたのち、より北側に再建された市壁の一部であるモンマルトルの市門に由来する。その開通予定は1676年だったが、最終的に全体が完成したのは1763年以降だった。

一方、1区と2区にまたがるモンマルトル通り（Rue Montmartre）──命名は1200年──と、2区の同名のシテ（Cité Montmartre）および通廊（Galerie Montmartre）の呼称は、「モンマルトルの婦人たち」【→ダム】のために1133年に建立された、モンマルトル女子大修道院に由来する。一説に、**アンリ4世**は1590年のパリ攻囲戦時、この修道院で楽しい時を過ごしていたという。モンマルトルの語源は、「軍神マルス（Mars）の山」ないし「商業神メルクリウス（Mercure）の山」、あるいは「殉教者たち（Martyrs）の山」にあるとされる【→フォブール・モンマルトル】

モンモランシー Montmorency モンモランシー家の歴史はフランス王ユーグ・カペー【在位987-996。教会をだきこんでカペー王朝を確固たるものにした】と同時代人のブシャール1世【940-987】にまでさかのぼる。著名人を数多く輩出した名家で、たとえばそのひとりに、1493年にパリ北方のシャ

ンティイで生まれ、1567年にパリで没したカペー朝のアンヌ・ド・モンモランシー公がいる。彼はイタリアのラヴェンナやマリニャンで戦い、1521年のメジエールの戦いでは勇士バヤールを補佐した。1525年、パヴィアで捕虜となったが、身代金と引き換えに釈放された彼は、36年、神聖ローマ皇帝カール5世【在位1519-55】の軍からプロヴァンスを守り、その功により、大元帥に任命された。さらに、アンリ2世【国王在位1547-59】の時代に公爵とフランス同輩衆に叙せられてもいる。やがてシャルル9世【国王在位1561-74】からギーズ家と戦うよう命じられたが、敵方に寝返り、サン＝ドニで致命傷をこうむる。まさに当然の報いというべきか。

もうひとりのフランソワ・ド・モンモランシー公（1530-79）は、1557年、既婚者だったディアヌ・ド・フランス【1538-1619。アンリ2世と愛妾の娘で、10歳のときに父王から認知された。カトリック同盟の蜂起時には王室を支えるために重要な役割を担った。アレクサンドル・デュマ（父）の『ふたりのディアヌ』（1846年）にも登場する】と結婚した彼は、シャルル9世の晩年となる1574年、政権転覆を図った廉でバスティーユ監獄に幽閉され、1年間の入牢生活を送った【1575年、無実が証明されて釈放】。

さらに、アンリ・ド・モンモランシー2世（1595-1632）は、1612年に海軍提督、翌年にラングドック地方総督、30年にフランス元帥となった。だが、オルレアン公ガストン【1608-60。アンリ4世とマリ・ド・メディシスの第3子】とともにリシュリューに立ち向かい、敗れて死刑に処された。

最後に、マテュー・フェリシテ・ド・モンモランシー＝ラヴァル（1766/67-1820）は、1792年、北方方面軍を指揮していたリュクネル元帥【1722-94。反逆罪で死刑】の副官をつとめたのち、スイスに移ってスタール（スタル）夫人の身近で隠棲生活を送り、1795年まで帰国することはなかった。1815年からの第二復古王政のもとで、兵員配備・野営担当将官と貴族院

議員に叙せられ、21年から22年まで外務大臣と首相をつとめた。そして1825年にアカデミー・フランセーズ会員に選ばれ、翌年、ボルドー地方総督の任についてまもなく没した。

16区のモンモランシー大通り（Boulevard Montmorency）は、同区のヴィラ（Villa Montmorency）と、このヴィラ内を走るモンモランシー大通り（Avenue Montmorency）と同じ1856年に開通している。一方、3区のモンモランシー通り（Rue Montmorencu）は1768年の開通である。

モン＝ルイ　Mont-Louis　15世紀、裕福な香辛料商人のルニョー氏が、現在のメニルモンタン大通りに「フォリ・ルニョー」とよばれる遊楽用の別荘を建てた。1626年8月11日、イエズス会が真摯な考えでこの別荘を買い受け、周辺の土地もあわせて購入した。こうして新たに獲得された所領は、修道会によりふさわしく「モン・サン＝ルイ」【字義は「聖王ルイ山」】と名づけられ、さらに短縮されて「モン＝ルイ」となった。

1652年7月2日、当時14歳だったルイ14世（ルイ・ル・グラン）は、枢機卿マザラン【1602-61】をともなって、このイエズス会の所領近くにあったシャロンヌ領主の館にやってきた。そのテラスから、サン＝タントワヌ村でくりひろげられていたフロンドの戦い【→エストレ、テュレンヌ】を見守るためである。

イエズス会の所領がモン＝ルイとよばれるようになったのは、この出来事のあとだったとする説もあるが、前述したことからすれば、確かな説ではない。いずれにせよ、11区のモン＝ルイ袋小路（Impasse de Mont-Louis）が命名されたのは、1860年のことだった。

ヤ行

ヤン・ドールニク Jan Doornick 1905-41
年。パリ生まれのオランダ人レジスタンス
活動家。第2次世界大戦中、フランス自由
軍（FFL）に参加して戦ったが、ヴァレリ
ヤン山【パリ西郊、ブーローニュの森にある
丘陵】で、ドイツ軍により銃殺された。彼
の名を冠したヤン＝ドールニク庭園
（Jardin Jan-Doornick）は16区にある。

ユイゲンス Huyghens 1629-95年。クリス
ティアーン・ホイヘンス（ユイゲンス）は、
ハーグ生まれのオランダ人物理学者・数学
者・天文学者。1655年、彼は自作の望遠
鏡で土星の衛星【タイタン】を発見し、同
じ頃には振り子を超速機として時計に適用
するという力学研究もおこなっている。
1660年には、フランスとイギリスに旅し
て、弾性の法則を発見し、1665年【1666
年？】、コルベールからフランスに招かれ
て、科学アカデミーの会員に推挙された。
　さらに1673年【1775年？】、なおもフラ
ンスにとどまっていたホイヘンスは、振り
子に代わるヒゲゼンマイのついたテンプ時
計【世界初の実用的な機械式時計】を製作す
る。1681年、フランスを去って帰国し、
研究を続けて、ガリレイ（ガリレ）が考え、
ライプニッツが提唱した懸垂（曲）線の問
題を解決する。彼の名が14区の通りに冠
せられたのは、1884年のことだった。ユ
イゲンス通り（Rue Huyghens）がそれで
ある。

ユイスマンス Huysmans 1848-1907年。ジ
ョリス＝カルル・ユイスマンスはパリ出身
のフランス人作家。いうまでもなく、この
ファーストネームは彼なりの洒落である
【通称のシャルル・ジョルジュ（Charles
Georges）は本名をもじったもの】。最初期の
作品である『薬味箱』【1874年】や『ヴァ
タール姉妹』【1879年】、『家庭』【1881年】、
『流れのままに』【1882。以上は田辺貞之

助訳『幻想礼賛譜』所収、桃源社】は、観察
と表現の不可思議な緻密さを特徴としてい
る。『さかしま』【澁澤龍彦訳、河出文庫】を
上梓した1884年から、彼は理想主義が枯
渇した当時の社会を分析するという新機軸
を打ちだす。もうひとつの作品『彼方へ』
【1891。田辺訳、創元推理文庫】もまた、
同様の分析に意を注いだ。
　そして1892年、彼は官吏を引退してカ
トリックに改宗し、シャンパーニュ地方マ
ルヌ県のノートル＝ダム・ディニィにある
修道院に逼塞して、キリスト教的神秘主義
を壮大に展開した『出発』【1895年。田辺訳、
光風社】や『大伽藍』【1898年。出口裕弘訳、
光風社】などを発表する。この時期、彼は
書いている。「真の修道士にはひとつの祖
国しかない。修道院がそれである」。彼の
名を冠したユイスマンス通り（Rue
Huysmans）は、1912年から6区にある。

**ユイ・ノヴァンブル・1942（ミルヌフカラ
ントドゥー）Huit Novembre 1942** 9区
と10区にまたがるユイ＝ノヴァンブル＝
1942広場（Place du Huit-Novembre-1942）、
すなわち1942年11月8日広場は、アイゼ
ンハワー将軍（ジェネラル・アイズノウェ
ール）率いる英米連合国軍が、北アフリカ
（カサブランカ、オラン、アルジェ）に上
陸した日【トーチ作戦】を記念するため、
1988年に命名されている。

**ユイ・メ・1945（ユイ・メ・ミルヌフカラ
ントサンク）Huit Mai 1945** 1945年5月
8日を意味するユイ＝メ＝1945通り（Rue
du Huit-Mai-1945）は、ヒトラーの自殺後
5日目になされた降伏文書の締結日を記念
して、1966年に命名された。

ユシェット Huchette 5区にあるユシェッ
ト通り（Rue de la Huchette）は1284年の
命名で、その呼称は、かつてここに金箔の
箱を描いた「金色のユシェット」の絵看板

がかかっていたことに由来する。それは、1179年頃、金庫や長持ちからロウソク入れまで、ありとあらゆる種類の箱を作っていた職人の店があったことを示している。

だが、この呼称はパン生地をこねるユシュ（箱）と混同され、ユシュはさらに転義で商人の販台を意味するようになる。これらの販台には税金がかけられた。当時の収税吏たちはこの販台税を、今日のスリゼットではなく、ユシェットとよび、やがてそれが一般化していった。こうした変遷を経て、この看板はルイ15世【在位1715-74】の時代に姿を消し、「王冠をかぶった3人の乳飲み子」を表す別の看板にとって代わられた。

ユゼス Uzès 2区のユゼス通り（Rue de l'Uzès）は、1870年、旧ユゼス館の跡地に敷設されている。現在のモンマルトル通り172番地にあったこの邸館は、建築家クロード＝ニコラ・ルドゥーの設計にもとづいて、1767年に建てられていた。フランス革命後の1795年、それは国有財産に組み込まれ、ついで税関事務所となり、さらにドレセール銀行【金融業者のエティエンヌ・ドレセール（1735-1816）が創設した銀行。彼はまたフランス最初の火災保険会社を立ち上げてもいる。息子のひとりガブリエル（1786-1858）はパリ警視総監】の支店に転用された。

そして1870年、邸館は、周囲の土地が投資の目的で分割・分譲され、最終的にユゼス通りの敷設にともなって姿を消した。邸館の呼称はフランス南東部アルデーシュ地方を出自とする高名なユゼス子爵家の名に由来する。1486年、同家の一人娘だったシモーヌは、フランス中部のヴィヴァレ地方を出自とするクリュソル家に生まれ、国王の射手隊長で、のちにドーフィネ地方総督となるジャック【1460頃-1525】と結婚する【シモーヌは夫がユゼス家の名前と紋章をもちいることを条件に、子爵領を婚資とした】。この結婚によって、ユゼス子爵領は公爵領に格上げされた【フランス最古の公爵領】

一方、南仏ニーム北方の町ユゼスは、ガール県の郡庁所在地で、アルゾン河岸に位置する。16世紀の宗教戦争時に大きな被害を出したこの町の観光スポットとしては、たとえば壮大な公爵館や司教館【現在は美術館】などがある。

ユセン・プルミエ・ド・ジョルダニ Hussein 1er de Jordanie 1952年から没年までヨルダン国王だったフセイン（ユセン）1世ビン・タラール（1935-99）は、近東の平和に尽力したひとりだが、その内政と外交政策（パレスチナ難民問題や1970年9月に内戦状態を引きおこしたパレスチナ・ゲリラの活動など）は、ほとんどのアラブ諸国指導者によって批判された。

彼はイギリスの後押しでハーシム家による君主国を創設した、アブドゥッラー1世【初代ヨルダン国王。在位1921-51】の孫で、父親は1952年8月に議会によって退位させられた【精神疾患のため】タラール1世である。5区のユセン＝プルミエ＝ド＝ジョルダニ通り（Avenue Hussein-1er-de-Jordanie）は、1999年からある。

ユッ＝トー＝ガルド Hutte au Garde 17区のユッ＝トー＝ガルド小路（Passage de la Hutte-au-Garde）は2003年に命名されている。呼称【字義は「見張り小屋」】は、17世紀、ここに設けられていた小屋を、国王禁猟区の猟場番人が使っていたことに由来する。

ユニオン Union 7区のユニオン小路（Passage de l'Union）は1935年、16区の同名の小公園（Square de l'Union）は37年に、住民たちによって「ユニオン（結合ないし融合）」という名がつけられている。かつてデカルトはこう言っていた。「ふたつの物事の結合ないし融合を考える。それは両者を一体のものとして考えることである」

ユニヴェルシテ Université（ユニヴェルシテ） パリ大学は1180年に創設されている。1100年創設のイタリアのボローニャ大学についで世界で2番目に古いこの大学は、1200年、フィリップ＝オーギュストから聖職者組合とし

ての特権をえた。これにより、バシュリエ【3年間の教会法課程や6年間の医学課程修了者など】、学士、博士の資格ないし学位を独占的にあたえることができるようになった。当時、パリ大学には自由7科、教会法、医学、神学の学部があった。同大学は13世紀から15世紀にかけて隆盛し、とりわけ神学部、つまり**ソルボンヌ**は18世紀まで強い影響力を有していた。中世には、**セーヌ左岸**の**トゥルネ通り**から**ネル通り**にかけての一帯が、ユニヴェルシテとよばれていた。

このパリ大学はフランス革命期の1790年に閉鎖されるが、1808年、ナポレオンによって再開される。ただし、それは国家の直接的な監視のもとでだった。「革命」という言葉がなおも有効だった1968年の「5月革命」以後、フランス各地の大学は運営・教育・財政面でかなりの自治権をあたえられている。現在、フランス全土の大学は83校【国立】を数える。

7区を東西に走るユニヴェルシテ通り（Rue de l'Université）は、1640年、大学の所有地に敷設されている。呼称はその当初からのもので、1880年までは西端が**ラ・ブルドネ通り**で終わっていたが、この年、さらに30メートルほど延長され、現在は袋小路状になって、**シャン＝ド＝マルス**に通じる**ボール＝デシャネル通り**に突きあたっている【この通りの41番地にはアルフォンス・ドーデ（1897年）、83番地にはテュルゴー（1781年）がそれぞれ最期のときを迎えた家がある】

ユベール・モンマルシュ Hubert Monmarche　1913-75年。1946年から没年まで15区の区長をつとめたユベール・モンマルシュは、就学児童の問題や高齢者の生活にとくに関心をいだいていた。15区のユベール＝モンマルシュ広場（Place Hubert-Monmarche）は、1982年に彼に捧げられたものである。

ユルサン Ursins　14世紀末、現在4区を走る**ユルサン通り**（Rue des Ursins）にある邸館が建てられた。この邸館は、イタリア

の名門一族オルシーニ家【ラテン語名ウルシニス（Ursinis）。教皇ケレスティヌス3世（在位1191-98）やニコラウス3世（1277-80）、ベネディクトゥス13世（1724-30）をはじめ、多くの高位聖職者や軍人、政治家を輩出している】をたたえてユルサン館と命名された。1400年、邸館はジャン・ジュヴネル【1360-1431。トロワ出身の弁護士】が所有するところになる。その際、彼はさりげなくジュヴネル・デ・ジュルサンと名を改め、イタリアの名家とはまったく無縁だったにもかかわらず、子孫たちにいかにも縁があると思いこませようとした。

こうしてジャン・ジュヴネル・デ・ジュルサンは、パリのシャトレ裁判所評定官（1381年）や高等法院弁護士（1384年）、パリ商人頭【市長に相当】（1388年）、会計法院院長（1417年）、**トゥールーズ**のラングドック高等法院長（1420年）などを歴任していった。邸館は16世紀初頭に一部修復されたのち、1637年に姿を消した。ユルサン通りは長いあいだオー（高）＝デ＝ジュルサン通りとミリュー（中間）＝デ＝ジュルサン通り、さらにバス（低）＝デ＝ジュルサン通りに分割されていたが、1881年、それらが一体化して現在の呼称となった。

ユルシュリヌ Ursulines　5区の**ユルシュリヌ通り**（Rue des Ursulines）は、1798年、旧ウルスラ女子修道会の修道院跡地に敷設されている。呼称はそれに由来するが、近接する**サン＝ジャック通り**の213番地に正門入口があったこの修道院は、1627年3月14日に開設されている。礎石は1620年にアンヌ・ドートリシュ【→サン＝タンヌ】が据えた。だが、革命期に閉鎖され、ユルシュリヌ通りと**ユルム通り**、さらに**ゲ＝リュサック通り**の敷設時に、完全に解体された。ウルスラ女子修道会の修道女たち（ユルシュリヌ）は病人の介護や子女たちの教育を活動目的としている。

1535年、北イタリアのブレシアで聖女アンジェラ・メリチ【1474-1540。1804年列聖】によって創設されたこの修道会は、

速やかにイタリア各地に広まり、さらに南仏にまで進出した。ルイ13世【国王在位1610-43。→ドーフィヌ】が幼王だった1612年に、マリ・ド・メディシスの賛同をえてそれをパリに招来したのは、サント＝ブーヴ伯爵夫人のマドレーヌ・リュイリエ【生没年不詳】で、バルブ・アカリ夫人【1566-1606。夫と死別後に跣足カルメル会に入り、フランスに同修道会を招来してもいる。公式に認められているフランス最初の聖痕者】がそれに協力した。ふたりはファヴィエ＝ベダンという名の金融家が有していたヴィラを購入し、そこに修道院を建てたのである。

*ユリス・トレラ Ulysse Trélat　1894年から13区にあったユリス＝トレラ通り（Rue Ulysse-Trélat）は、同名の父と息子を名祖とする【1990年代にこの通りが撤去され、代わりに同名の小公園（Square Ulysse-Trélat）がつくられた】。1795年にパリ盆地南部のモンタルジで生まれ、1879年に南仏アルプ＝マリティーム県のマントンで没した父の方は、1879年に従軍外科医となり、復古王政時に自由主義運動にかかわった。だが、1830年からのルイ＝フィリップ王政によって断罪され、34年から3年間の投獄生活を余儀なくされた。釈放後、彼はしばらく政治活動を再開して、とくに《ル・ナショナル》紙【→ティエール】に寄稿する。1840年からは、医師としてサルペトリエール病院に勤めた。

ルイ＝フィリップを失脚させた1848年の2月革命後、この父は12区の区長に選ばれ、これを機に、政治の世界にあらためて関心を抱くようになる。そして同年4月、憲法制定議会の議員となり、5月12日から6月18日まで公共事業大臣の重責をになう。ただ、わずかひと月あまりの在任であれば、彼に新たな仕事を立ち上げる時間はなかっただろう。その後、議員に再任されることがなかった彼は、サルペトリエール病院にまいもどる。そしてパリコミューン（コミュヌ・ド・パリ）のあとの1871年7月、パンテオン地区選出のパリ市参事会員となった【1874年まで】

一方、パリを生没地とする息子（1828-90）は、父同様に外科医となった。1872年からパリ大学医学部で外科病理学を講じた彼は、74年に医学アカデミー会員に選ばれ、1890年、医学部の臨床外科学教授に就任したが、それは死の数か月前だった。

ユリュグウェ Uruguay　南米のウルグアイ（ユリュグウェ）東方共和国は面積17万6000平方キロメートル、人口336万【2008年】を擁し、首都はモンテビデオ（モンテヴィデオ）、公用語はスペイン語である。ブラジルと大西洋、そしてアルゼンチンに囲まれたウルグアイは、1516年、スペイン人のフアン・ディアス・デ・ソリス【1470-1516。探検家・コンキスタドール。食人慣行をもつ先住民との戦いで戦死した】によって発見されている。やがてスペイン人に支配されるようになったウルグアイ【バンダ・オリエンタル（ウルグアイ川東岸地帯）】は、1776年、最初はリマの、ついでブエノスアイレス（ブエノ・ゼール）の副王領【リオ・デ・ラ・プラタ副王領。初代副王はペドロ・デ・セバリョス（1715-78）】に属した。

1810年、独立の機運が高まるが【民衆がブエノスアイレスでの5月革命によって副王を追放し、フンタ（自治政府）を組織した】、21年、ブラジルに併合される。だが、1825年から27年にかけて、バンダ・オリエンタルは武力による独立戦争を展開し、1828年、ついに「ウルグアイ東方共和国」として独立をはたした。パリ16区のユリュグエ広場（Place de l'Urguay）は、1965年に命名されている。

ユルフェ Urfé　1567-1625年。オノレ・デュルフェはマルセイユで生まれ、ニース近郊のヴィルフランシュ＝シュル＝メールで没した小説家。サヴォイア家に通じる貴族の子として生まれた彼は、フランス南東部アルデーシュ地方のトゥルノンにあるイエズス会系学院で学んだあと、カトリック同盟に入る。そのため、1593年に中東部ロワール地方のフール監獄に投獄され、入牢生活中に『道徳書簡集』を書く【刊行は1603年】。1594年に釈放されると、彼は同

地方フォレの総督補佐官に任命され、1600年、兄のアンヌ・デュルフェ【1555-1621。フォレ代官で、オノレとは絶縁状態にあった】が離縁した元義姉のデアヌ・ド・シャトーモラン【1558-1626】と結婚する。彼女は家庭的な性格の持ち主だったという。

だが、なおもカトリック同盟に身を置いていた彼は、サヴォイア公国で生きざるをえず、その時間の大部分を——打算で結婚した妻には向けず——、長編小説『アストレ』の執筆に費やした。彼は1610年から19年にかけてこの小説【全5巻の3巻までを上梓したのち他界し、4巻と5巻は彼の秘書だったバルタザル・バロ【1596-1650。詩人・作家・劇作家で、1636年にアカデミー・フランセーズ会員】が書き上げて、28年に刊行している。その正式なタイトルは——一気に読み上げるには、深呼吸をする必要があるが——以下である。『誠実な友情にかかわるさまざまな出来事が、いくつもの物語や何人かの羊飼いたちによって詳述された、ヴェロメ侯爵、シャトー＝ヌフ伯爵、シャトー＝モラン男爵、サヴォイア騎士団騎士のオノレ・デュルフェ氏のアストレ』全体で5000頁を越える（！）この小説【牧童セラドンと羊飼い娘アストレとのプラトニックな恋を扱っている】は、短い韻文をさしはさんだ散文で書かれた半牧歌的、半騎士道的ないわゆる「洗練」文学で、17世紀の社会や文学に影響をあたえ、それゆえフランス文学史にきわめて重要な位置を占めるようになった。一部の人々は、その倫理観や社会的反響ゆえに、これを150年ほどのちに書かれたジャン＝ジャック・ルソーの『新エロイーズ』【1761年】になぞえてもいる。彼の名を冠したユルフェ（デュルフェ）小公園（Square d'Urfé）は、1932年から16区にある。

ユルム Ulm　ウルム（ユルム）はドイツ南部バーデン＝ヴュルテンベルク州、ドナウ（ダニューブ）河岸に位置する都市で、人口12万3000【2015年】。1805年10月20日、カール・マック将軍率いるオーストリア軍がナポレオン軍に降伏したのがここである

【マック将軍（1752-1828）は、軍法会議でこの敗戦の責任を問われ、2年間の投獄生活を送ることになる】。勝利のあと、ネ元帥はウルムに進入し、ナポレオン軍はウィーンに向けて進軍した。5区のユルム通り（Rue d'Ulm）は、この勝利を記念して1807年に命名されている。

ユロ Hulot　1区のユロ小路（Passage Hulot）は、この小路の旧地主にちなんで、1787年に命名されたものである。

ヨルクトウン Yorktown　ヨークタウン（ヨルクトウン）はアメリカ合衆国ヴァージニア（ヴィルジニー）州の町。1781年10月19日、ワシントン将軍が、ここでフランス軍を率いたジャン＝バティスト・ド・ロシャンボー将軍とともに、イギリス軍のチャールズ・コーンウォリス将軍【1738-1805】を降伏させている【その結果、アメリカ独立戦争は事実上終結することになる】。パリ16区のヨルクトウン小公園（Square de Yorktown）は、このアメリカ史上きわめて重要な戦勝を記念して、20世紀初頭に命名された。

ヨンヌ Yonne　ヨンヌはブルゴーニュ地方東部のモルヴァン山地に水源をもつ全長292キロメートルの川で、オーセールやサンスといった町を流れ、モントロー【1419年に無畏公ジャンが暗殺された地】でセーヌ川と合流する。パリ7区のヨンヌ小路（Passage de l'Yonne）は、2000年の命名になる。

ラ行

ライブニッツ（レプニッツ）Leibniz ゴットフリート・ヴィルヘルム・ライプニッツは、ライプツィヒで生まれ、ハノーファーで没したドイツの哲学者・数学者・外交官。15歳にしてすでに古典語の素養を身につけ、ギリシア＝ローマの著作を読破していた彼は、近代の著作家たち、すなわちケプラー（ケプレール）やガリレイ（ガリレ）、デカルトらにも関心をいだいていた。

1663年、ライプツィヒ大学に提出した『個体化の原理』にかんする論文で博士学位号を取得した彼は、やがてイエナ大学に移って数学を学ぶ。そして、まもなく微積分の原理を予見するまでになる。1672年、彼はパリを訪れて、ルイ14世（ルイ・ル・グラン）にエジプト征服を強く勧める。その一方で、当時の偉大な知性と交流し、4年間の滞在を終える頃には、最終的に微分法を確立していた。

だが、ライプニッツはとくに卓抜した哲学者でもあった。1884年、『認識と真理と思考にかんする熟想』を著してデカルトとの関係を断ち切った彼は、論理的な可能性と存在の可能性とを峻別する。そして、デカルト哲学に抗して、身体の本質はその大きさではなく、力のうちにこそにあるとする。『人間知性新論』【1703年。米山優訳、みすず書房】や『弁神論』【1710年】、『モナドロジー』【1714年。飯塚勝久ほか訳、中央公論新社】を3大著作とするライプニッツは、こう言っている。「教育者は世界の顔を変えることができる」、「人間は最大限行動しなければならない。最大限存在しなければならない。存在とは基本的に行動だからである」

そしてもうひとつ、ライプニッツの哲学全体を集約した言葉として、次の有名な格言がある。「一切はさまざまな世界の最高のもののなかにあるよいもののために存在する」。ベルリン科学アカデミーの創設者のひとりで、その初代会長をつとめた彼の名は、パリ18区のライプニッツ通り（Rue Leibniz）とライプニッツ小公園（Square Leibniz）に残っている。命名はそれぞれ1885年、1904年である。

ライール Lahire 1390-1443年。エティエンヌ・ド・ヴィニョル、通称ラ・イールは、フランス南西部のガスコーニュ地方に生まれ、同地方のモントーバンで没した武人貴族。ジャンヌ・ダルクがもっとも信頼した仲間で、戦いにおけるその非情さから、「ラ・イール（憤怒）」の異名をとったとされる。百年戦争中、シャトー＝ガイやルーヴィエ、モンタルジなどで戦いに勝利したあとの1433年、彼は北部セース地方の指揮官と国王代理官となった。そして1435年、北仏のセーヌ河口地域をシャルル7世【国王在位1422-61】の支配下におく上で大きな貢献をした。

ライールはこの国王の供をしてギュイエンヌに赴いた際、モントーバンの戦いで受けた戦傷がもとで落命した。落命の前、国王は彼にモンモリヨンとカステレの領地をあたえている。トランプ・カードのハートのジャックは、歴史上有名な人物である彼をモデルにしているという。その死後4世紀以上たった1864年、パリ13区の通りに彼の名が冠せられている。ライール通り（Rue Lahire）である。

ラ・ヴァクリ La Vacquerie 1413-97年。ジャン・ド・ラ・ヴァクリは、北仏アルトワ地方のアラスに生まれた法曹家。彼は、当時マルグリト・ド・ブルボン【1438-83。ブルボン公シャルル1世の公女】の領地だったアラスを併合しようとしていた、ルイ11世【国王在位1451-83】に激しく抵抗した。1481年、この国王からパリ高等法院の院長に任命されたが、それにもかかわらず、

国王とアンヌ・ド・ボージューの財政策を容赦なく批判している。11区のラ＝ヴァクリ通り（Rue de La-Vacquerie）は1864年からある。

ラヴァンディエール・サン＝トポルテュヌ Lavandières Saint-Opportune　1244年当時、1区のラヴァンディエール＝サン＝トポルテュヌ通り（Rue des Lavandières-Saint-Opportune）はラヴァンディエール（選択女）通りとよばれていた。通りの一角に、近くのセーヌ川で下着類を洗う女性たちが住み着いていたからである。のちにこの呼称に、近くにある修道院の名であるサン＝トポルテュヌがくわえられた。

ラヴィニャン Ravignan　1795-1858年。グザヴィエ・ドゥラクロワ・ド・ラヴィニャンは、バスク地方のバイヨンヌで生まれ、パリで他界したイエズス会の説教者。最初行政官となったが、1822年、パリのサン＝シュルピス神学校に入り、同年、モンルージュ【→ポルト・ド・モンルージュ】のイエズス会修練士となる。そして1828年、フランス中東部ブザンソン近郊のドールで聖職者に叙された彼は、アミアン近郊のサン＝タシュルで、そして1830年の革命後にはスイスのブリグで若いイエズス会士たちに神学を教えた。1835年、アミアンの司教座聖堂で説教を始め、翌年、その才能を評価されてパリに招かれる。

1837年、彼はラコルデールの後任として、ノートル＝ダム司教座聖堂の説教壇に立ち、以後10年間、理路整然とした論法が多くの信者を引きつけることになる。その説教にくわえて、彼には『イエズス会の存在と研究機関について』【1844年】や『霊的対話』【1862年】などの著作がある。18区のラヴィニャン通り（Rue Ravignan）はモンマルトル地区最古の公道だが、呼称は時代によって変わり、現在のそれは1867年につけられている。

ラヴォアジエ Lavoisier　1743-94年。アントワヌ・ローラン・ド・ラヴォアジエ（ラヴォワジエ）はパリに生まれ、没した化学者。23歳のとき、フランス科学アカデミーが公募した「都市の街路に最良な夜間照明法」の懸賞論文に、『パリの最良照明システム論』で1席を獲得した彼は、25歳でこのアカデミーに迎えられる。化学の分野での彼の重要な業績は、丸12日間空気中で水銀を強熱し、その酸化水銀の表面にできた赤熱膜を分析するという有名な実験によって酸素を発見したことである。これにより、彼は空気が2通りの気体、すなわち窒素と酸素からできていると示すことができた。著作には『化学命名法』【1774年、共著。内田豊助ほか訳、内田老鶴圃】や『錫の煆焼について』【1777年】、『ダイヤモンドに対するさまざまな実験』【1783年頃】、『動物の呼吸にかんする論考』【1790年】などがある。ラヴォアジエ通り（Rue Lavoisier）は、1840年から8区にある。

ラヴォワール Lavoir　10区のヴィラ・ラヴォワール（Villa du Lavoir）は私道だが、呼称は、いうまでもなくかつてそこに共同洗濯場があったことに由来する。

ラ・ヴューヴィル La Vieuville　1755-1829年。1623年から24年まで財務総監をつとめたシャルル・ド・ラ・ヴューヴィル1世【1583-1653。リシュリュー枢機卿によって背任罪で投獄された】の子孫である彼は、陸軍中佐だったが、1804年、9区のマルティール通りにプロヴィダンス（神の摂理）養老院を建てたことで知られる。この施設には70歳までの貧しい高齢者が収容された。1867年に彼の名をとって命名されたラ＝ヴューヴィル通り（Rue La-Vieuville）は、18区にある。

ラ・ヴリエール La Vrillière　1区のラ＝ヴリエール通り（Rue La-Vrillière）は、同名の邸館に呼称を負っている。かつてこの邸館は通りの1-3番地にあった。1640年にラ・ヴリエール侯ルイ・フェリポー【1599-1681。ルイ13世の諮問官や国務卿などをつとめた】が建てた邸館で、設計者はマンサールだった。ここにはフェリポーの息子や孫が住んだが、孫の代で売却された。孫の名は祖父と同じルイ・フェリポー（1672-1725）。サン＝フロランタン伯で

ラウル

ラ・ヴリエール侯だった彼は、王室家政官や国務卿などを歴任し、その妻は、1724年、若いルイ15世【在位1715-74】に性の手ほどきをするという名誉に与ったという。1811年、フランス国立銀行がこの邸館を買いとり、ほぼ全面的に改築した。往時の面影を残す唯一の箇所は「黄金の回廊」だけだったが、ここもまた1868年から75年にかけて改修されている。

ラウル Raoul 1839年に敷設されて以来、12区のラウル通り（Rue Raoul）はその最初期の住民の名でよばれている。

ラウル・デュフィー Raoul Dufy 1877-1953年。北仏のル・アーヴルに生まれ、アルプス地方のアルプ゠ド゠オート゠プロヴァンス県のフォルカルキエで没した画家・素描家・版画家。当初アンリ・マティスの影響を受けたデュフィーは、やがてフォーヴィズムから離れ、南仏やイタリア、モロッコ（マロック）などに滞在し、多様かつ伝統的な造形要素と調和させた独自の画風を洗練させていった。その作品としては『7月14日』や『サーカス情景』、『社交界の娯楽』【いずれも発表年未詳】、さらに1937年に開かれた万国博覧会の電気館のため、連作版画『電気の妖精』【1953年】も制作している。彼はまた、服飾デザイナーのポール・ポワレ【1879-1944】用に織物の図柄も考案した。ラウル゠デュフィー通り（Rue Raoul-Dufy）は、1987年から20区にある。

ラウル・ドートリー Raoul Dautry 1880-1951年。ラウル・ドートリーはフランス中部アリエ県のモンリュソンに生まれ、南仏ヴォークリューズ県のルールマランで没した行政官・技師。1946年、原子力庁長官に指名された彼は、それ以前、1939年から40年まで軍需大臣、44年から45年までは国家再建・都市計画大臣をつとめていた。彼の名を冠したラウル゠ドートリー広場（Place Raoul-Dautry）は、1967年から15区にある。

ラウル・フォルロー Raoul Follereau 1903-77年。「慈悲の放浪者」や「ハンセン病患者の使徒」とよばれたラウル・フォルローは、ハンセン病患者の支援に力を尽くした。彼はまた、ラウル゠フォルロー財団を創設してもいる【1868年。1950年に始まった世界ハンセン病デーは彼の提唱による】。その死後7年目の1984年、パリの広場に彼の名がつけられている。10区のラウル゠フォルロー広場（Place Raoul-Follereau）である。

ラオス Laos インドシナ（アンドシヌ）半島のラオスは、14世紀以降、独立王朝によって統治された。17世紀にはヨーロッパ人がこの地にはじめて進出し、1893年にフランスの支配下におかれた【仏領インドシナ連邦】。やがて第2次世界大戦後の1949年、ラオス王国として自治権を獲得し、53年に完全独立をはたした。ラオス通り（Rue du Laos）は1900年から15区にある。

ラオネ Laonnais ラオネはフランスの旧地方名で、現在は北仏のエーヌ県にふくまれる。中心都市のラオンのほかに、クーシやプレモントレ、アニジなどを擁する。19区のラオネ小公園（Square du Laonnais）は、1932年に開園している。

ラカーズ Lacaze 1799-1869年。美術収集家で慈善家のルイ・ラ・カーズ【通り名と表記が異なる】は、パリで医業を営む傍ら、資産の大部分を絵画【とくにロココ様式】の収集にもちいて、のちにそれらをルーヴルに遺贈している【ヴァトーの『ピエロ』（1717年頃）など】。生涯独身だった彼はまた科学アカデミーやパリ大学医学部にも、肺結核やチフスに対する治療法の発見を期待して、莫大な遺贈をおこなってもいる。14区のラカーズ通り（Rue Lacaze）は、1875年からある。

ラカナル Lakanal 1762-1845年。ジョゼフ・ラカナルはフランス南西部アリエージュ県のセールに生まれ、パリで没した政治家。本名はLacanalだったが、王党派の兄弟たちと区別するため、改名している。アリエージュの宣誓司教【1790年の聖職者民事基本法を支持した】だった彼は、1792年、

国民公会（コンヴァンション）の議員となり、ルイ16世【国王在位1774-92】の死刑に賛成票を投じた。彼はとくに教育問題に関心を抱き、1794年から95年にかけて、国民教育制度の組織化に尽力している。1795年に五百人会の一員となり、帝政下ではパリのエコール・サントラル【現リセ・シャルルマーニュ】、さらにリセ・ボナパルトで教鞭をとり、1809年には度量衡監察官になった。

だが、1816年の「弑逆者法」によって国外追放となり、アメリカ合衆国に渡って、ニューオリンズ大学の学長をつとめた。1833年に帰国して、人文・社会科学アカデミー会員となるが、若い妻と子供を残して貧困のまま他界した。15区には、彼に捧げられたラカナル通り（Rue Lakanal）が1879年からある。

ラカーユ Lacaille 1713-62年。ルイ・ド・ラカーユはアルデンヌ地方のリュミニに生まれ、パリで没した天文学者。孤児だった彼はブルボン公の庇護を受けた。1739年、子午線の検討委員会の一員となり、同年、マザラン学寮の数学教授に任命される【1741年、科学アカデミー会員選出】。そして1750年、喜望峰へと向かい【経線弧計測のため】、以後4年間に1万もの恒星を観察して、10【14？】の新たな星座を設定する。さらにイル・ド・フランス（モーリシャス島）とブルボン島（レウニオン島）で、磁針の伏角と偏角を調べた。1754年に帰国するが、8年後に他界した。天体座標系の動きをはじめて発見してもいるラカーユの著作には、『基本天文学』【1757年】などがある。彼にちなんで1881年に命名されたラカイユ通り（Rue Lacaille）は、17区を走っている。

ラガルド Lagarde 5区のラガルド通り（Rue Lagarde）は、1903年に開通している。呼称は、ラガルド小公園（Square Lagarde）と同様、この通りに家をかまえていた地主の名に由来する。

ラカン Racan 1589-1670年。ラカン侯オノラ・ド・ビュエイユは、フランス北西部

サルト地方のオービニェに生まれ、パリで他界した詩人。1603年、国王の近習となった彼は、05年、マレルブの知己をえて、詩作を始める。1619年まで宮廷に住んだが、この年、カトリーヌ・ド・テルム【生没年不詳】のために、イタリア詩の影響を受けた哀歌『アルテニスもしくは田園詩』【アルテニスとはカトリーヌの愛称】を書いている。1621年から22年にかけて、彼はプロテスタントたちと闘い、美しいカトリーヌを手に入れようとしたがかなわず、おそらくその悲しみを慰めるため、マドレーヌ・デュ・ボワと結婚する【1628年。マドレーヌは当時24歳年下の15歳！】

1635年、ラカン侯はアカデミー・フランセーズの会員に選ばれる。入会の演説は「科学に反して」だった。彼の作品の一部には、すでにしてラマルティヌ風の特徴がみられる。そのおもな詩集としては、『マレルブ回想録』【1631年】や『聖なる頌歌』【1651年】、『109詩篇』【1656年】がある。ラカンは言っている。「敗者の救いは、もはやそれを期待しないことにある」、「富の善ははかなく、その上に何かを建てようとしても、しょせんは砂上の楼閣にすぎない」。この侯爵に捧げられたラカン小公園（Square Racan）は、1932年から16区にある。

ラ・カンティニ La Quintinie 1626-88年。ジャン＝バティスト・ド・ラ・カンティニは、フランス中西部シャラント県のシャバネに生まれ、ヴェルサイユで没した農学者・造園家。最初ポワティエ【パリの高等法院？】で弁護士となったが、やがてその職を辞して果樹の栽培を研究するようになる。移植した果樹が成長した根ではなく、移植後に生えた若い根によって生育することや、あまりにも元気な枝ではさほど実がならないことなどに気づいた彼は、樹墻【垣根仕立て】栽培でも名をはせた。ヴェルサイユやシャンティイなどの有名な菜園は、彼が手がけたものである【300種もの梨を食べ比べ、ヴェルサイユ菜園ではそのうちの70種類のみを栽培し、その最高傑作である梨（ボ

ラキノ

ン・クレティアン）は、ルイ14世の大好物だった】。著作には『果樹園および菜園のための手ほどき』【1690年死後刊行】がある。15区のラ＝カンティヌ通り（Rue La-Quintine）は、1864年に命名されている。

ラギノ Raguinot 1862年に敷設された12区のラギノ小路（Passage Raguinot）は、その最初期の住人のひとりにちなんで命名されている。

ラキュエ Lacuée 1752-1841年。セサック伯のジャン＝ジラール・ラキュエは、フランス南西部ロット＝エ＝ガロンヌ県のラ・マサに生まれ、パリで没している。軍隊内にはびこっているさまざまな不正を告発する文書を発表したことで、1789年、憲法制定議会によって軍隊再編委員会の委員に指名される。臨時軍事大臣に任じられた彼は、1792年のヴァルミーの戦いを勝利に導いた。そして、ナポレオンから中将と陸軍省局長に任命され、皇帝の失脚後はブルボン家に近づいたが、退けられた。それでも1831年、貴族院議員に選ばれた。彼の名は、1858年に命名された12区のラキュエ通り（Rue Lacuée）に残っている。

ラグランジュ Lagrange 1736-1813年。ジョゼフ＝ルイ・ラグランジュはトリノ（テュラン）で生まれ、パリで没した数学（幾何学）者・天文学者。デカルト家と親戚のトゥーランジェル家を出自とする彼は、19歳でトリノの砲兵学校教授に任命され、1759年には、等周問題【長さが同じ紐で囲める最大の面積とその形を求める問題】に対する新たな解法を含む論考を発表している。そして4次方程式の解法を完璧に発見し、天体軌道の規模と位置に作用する連続的な変化を計算した【ほかに四平方定理（1770年）なども提唱】そして1766年には、ベルリン・アカデミーの数学部門長【オイラーの後任】となっている。

　ラグランジュのおもな著作としては『解析力学』【1880年】や『分析関数論』【1797年】、『関数解析法』【1800年】などがある。1788年にパリの科学アカデミー会員に選ばれた彼の名は、1890年、5区の通りに

つけられている。ラグランジュ通り（Rue Lagrange）がそれである。

ラクルテル Lacretelle 1766-1855年。ジャン＝シャルル＝ドミニク・ド・ラクルテル、通称ラクルテル弟――弁護士・政治家の兄ピエール・ルイ【1751-1824。国民公会議員で、立憲王制を唱えたフイヤン派の中心人物。アカデミー・フランセーズ会員】がいたことから――は歴史家・著作家で、メスに生まれ、リヨン北方のマコンで没している。最初ナンシーで弁護士をしていた彼は、1787年、パリで兄と合流し、日刊紙《デバ（論争）》【→ウジェーヌ・シュ】を編集する。当時、「ジュネス・ドレ（黄金の青春）」とよばれていた何不自由のない青春期を謳歌していたが、1797年のクーデタ、すなわちフリュクティドール18日【→ジェランド】のあと、王党派だったとして22か月のあいだ投獄される。

　1799年のブリュメール18日【→クレテ】のあとは文筆活動に専念し、1811年、兄より7年遅れてアカデミー・フランセーズ会員に選ばれる。王権賛美者だった彼は復古王政にも受け入れられ、1822年には貴族に叙せられた。その代表的な著作としては『フランス革命史』【8巻、1824-26年】がある。ラクルテル通り（Rue Lacretelle）は、1864年から15区にある。

ラグアット Laghouat ラグアットはアルジェリア中北部、広大なオアシスの中央部にある町と県の呼称。ムジ川の恩恵で肥沃だったこの町は、おそらくローマ時代から知られていた。標高730メートルにあるため、オアシスを睥睨しているかのようでもある。当初、町の建物は土と粘土でつくられていた。18区のラグアット通り（Rue de Laghouat）は、1864年に命名されている。

ラクマニノヴ Rachmaninov 1873-1943年。セルゲイ・ヴァシリエヴィチ・ラフマニノフ（ラクマニノヴ）は、ロシア最北西ノヴゴロド州 のセミョノヴォに生まれ、ロサンゼルス郡のビヴァリーヒルズで没したピアニスト・作曲家。作品としては管弦楽の幻想曲『岩』【1893年】や交響詩『死の島』

【1909年】、ピアノ・ヴァイオリン・チェロのための室内楽『悲しみの三重奏曲』【1893年】、合唱交響曲『鐘』【1913年】、そして彼の音楽的な遺言とされる『交響的舞曲』【1940年】などがある。パリの18区には、彼の名を冠したラクマニノヴ庭園（Jardin Rachmaninov）が1991年からある。

ラクロワ Lacroix 17区のラクロワ通り（Rue Lacroix）は1846年に開通している。呼称はこの通りが敷設された土地の所有者にちなむ。

ラコルデール Lacordaire 1802-61年。ドミニコ会修道士で説教師だったアンリ・ラコルデールは、ブルゴーニュ地方のルセ＝シュル＝ウルスに生まれ、南西部タルン地方のソレーズで没している。彼は父同様、弁護士になるべくパリで学んでいたが、将来を嘱望されていたその道を棄て、1827年に聖職者に叙される。そしてパリのリセ・アンリ＝カトル付き司祭となり、リベラルな神父ラムネの影響を受けた。1831年、ラムネはラコルデールをローマに連れて行く。若いモンタランベールも一緒だった【ラムネはこの旅を「自由の巡礼」と呼んだ】

1835年から36年にかけて、ラコルデールはパリのノートル＝ダム司教座聖堂で説教師をつとめたのち、神学的な弱さを克服するため、5年間の修行をみずからに課し、ローマを再訪する。そしてミネルヴァ修道院でドミニコ会士の衣をまとい、名もドミニクと改めた。1841年にパリに戻ると、再びノートル＝ダムの説教師となり、48年には南仏ブーシュ＝デュ＝ローヌ県から国民議会議員に選出される。だが、まもなくこれを解任されたため、1851年からドミニコ会の運営に尽力し、54年からはソレーズの学寮長をつとめた。

こうしたラコルデールのおもな著作としては、『パリのノートル＝ダム司教座聖堂講話』【6巻、1835-51年】や『聖ドミニコの生涯』【1835年】などがある。彼は言っている。「幸福は人間の使命である」、「魂はそれ自体が偉大な民である」、「不正は不

正をよび、暴力は暴力を生む」。彼に捧げられた15区のラコルデール通り（Rue Lacordaire）は、1878年の命名になる。

ラ・コンダミヌ La Condamine 1701-74年。博物学者で探検家でもあったシャルル・ド・ラ・コンダミ（ー）ヌは、パリを生没地とする。激動の青春時代を送った彼は、最初軍隊に入るが、1719年、軍服を脱いで科学の道に移る。そして1731年から北アフリカや近東沿岸部を旅し、36年、赤道地域【アマゾン】で地球の「形状」を調べる遠征隊に参加する。その調査から帰国すると、彼は長さの単位を赤道での子午線弧の長さから算定することを提案する【これがのちにメートル法の制定につながる。彼はまたアマゾンでパラゴムノキの樹皮の特性を知り、これをもちかえって、フランスでのゴム産業を発展させたという】

やがてラ・コンダミスは病で耳が聞こえなくなるが、それを自作のシャンソンで揶揄してもいる。そうした強さを秘めていた彼には、『キトーのピラミッド群』【1751年】やおそらく個人的な体験に基づく『種痘の歴史』【1773年】など、数多くの著作がある。1760年にアカデミー・フランセーズ会員となったその名は、1868年に命名された17区のラ＝コンダミヌ通り（Rue La-Condamine）に残っている。

ラジウィル Radziwill 1734-90年。シャルル・ラジウィルはリトアニアを出自とするポーランド（ポローニュ）の名門一族に生まれ、500万リーヴルもの財産と彼のために働く農奴60万人【？】を相続した。ユーモアの持ち主として評判をとったが、粗野で、酒とあらゆる放縦を好んでもいた。1区のラジウィル通り（Rue Radziwill）は、その彼が1782年に敷設したものである。だが、フランス革命から逃れてポーランドにまいもどり、祖国で没した。

ラシェル Rachel 1820-58年。エリザ・フェリクス、通称マドモワゼル・ラシェルは、スイスのラインフェルデンムンプに生まれ、南仏のル・カネで没した悲劇女優。10歳のとき、リヨンの路上で軽い小曲を歌って

いた彼女は、その歌声が注目されてパリの宗教音楽学校に入学が認められた。

だが、不幸なことに、とりわけ歌手にとっては何よりも大切な美声を失ってしまう。やがて彼女は、役者としては問題外だが、教師としてはすぐれたサン＝トレール【不詳】と出会い、ともにサン＝マルタン通りにあったモリエール館の舞台に上がるようになる。そんな彼女に着目したテアトル＝フランセのヴダルという経理係が、パリ音楽院（コンセルヴァトワール）に入るよう進言する。

こうして正規の音楽教育を受けた彼女は、テアトル＝フランセの支配人となったヴダルの後押しで、同劇場と契約を結ぶことになる。この通称モリエール館での彼女のデビューは1838年６月12日、『ホラティウス』【コルネイユ作（1640年）の悲劇】のカミーユ役だった。それ以来、彼女の芝居はすべてが大当たりとなった。奥行のある声、所作の調和、皮肉や怒り、憎しみ、嫉妬を演じ分ける才能。それらはつねに素晴らしいものだった。1855年、彼女は新世界に旅立ち、56年にはエジプトも訪れている。そして、最後にプロヴァンスに移り住み、そこで生涯を終えた。

マドモワゼル・ラシェルが出演した芝居としては、ラシーヌの『ファイドラ』や『ベレニス』、『キンナ』、フランソワ・ポンサールの『ルクレティア』、スクリーブとルグーヴェの『アドリアヌス・ルクーヴルール』などがある。18区には彼女に捧げられた大通りが走っている。1899年に命名されたラシェル大通り（Avenue Rachel）である。

ラシーヌ Racine 1639-99年。ジャン・ラシーヌは北仏ピカルディ地方のラ・フェルテ＝ミロンに生まれ、パリで他界した劇作家。４歳で孤児となり、父方の祖父母に育てられた。1649年に祖父が没すると、彼は富裕な母方の祖父に引き取られ、一時期ジャンセニスムの牙城だったポール＝ロワイヤル修道院に預けられる【ジャンセニストだった若い叔母が、この修道院に修道立願

者としていたため】。それから1655年までパリ盆地北部にあるボーヴェーの寄宿学校に入れられ、さらにポール＝ロワイヤル・デ・シャンの「小さな学校」で学ぶようになる。彼が詩──当然のことながら、宗教的な──を書きだしたのは、この時期である。

やがてラシーヌはアルクール寄宿学校【1280年にパリのアルプ通りに創設された中等学校。現在のリセ・サン＝ルイ】で哲学を修める。その一方で、なおも雑文を書き、新たに友人となったラ・フォンテーヌやル・ヴァスール【詩作の仲間】らとの埒もない語らいで時を過ごした。こうした甥の振舞いを案じた叔母は、南仏ニームの近郊にあるユゼスの教会参事会員だった叔父のスコナンのもとに送る。だが、この地でも、ラシーヌは夢見たり、詩を書いたり、あるいは貴婦人たちと楽しく遊んだりして１年間を過ごす。

1663年にパリに戻ると、ラシーヌは「国王の恢復をたたえる頌歌」を書き、宮廷に招かれる【600リーヴルの報奨金をあたえられた】。そこには旧友ラ・フォンテーヌの姿もあった。そこではまた、ボワローやモリエールとも出会った。1664年、モリエール一座がラシーヌの最初の悲劇『ラ・テバイッド（テバイ物語）』を上演する。そして1667年、ラシーヌは『アンドロマケ』で大成功をおさめる。それからの10年間、彼は以下のような戯曲をやつぎばやに発表する。喜劇『訴訟狂』（1668年）、『ブリタニキュス』（1669年）、『ベレニス』（1670年）、『バジャゼ』（1672年）、『ミトリダート』（1673年）、『イフィジェニー』（1674年）、『フェードル』（1677年）といった悲劇である。

すでに1672年、33歳にしてアカデミー・フランセーズ会員に選ばれていた彼は、しかし『フェードル』を最後として、舞台から手を引く。数多くの策謀の犠牲になったため、さらに青年時代の信仰【ジャンセニスム】に戻ったためである。こうして彼は、宮廷での彼の行動を認めなかったポー

ル＝ロワイヤルの修道士たちから迎えられ【ジャンセニストたちは演劇を否定していた】、劇作家としての道を棄てて、好意的な人々ですら「敬虔だが偏狭」と呼んでいた若いカトリーヌ・ド・ロマネ【1652-1732】と結婚する。評判はさておき、ラシーヌにとって申し分のないカトリーヌは5人の娘と、2人の息子を産んでいる。

1689年、ラシーヌはマントノン夫人【→スカロン】の慫慂もだしがたく、再び筆をとって、サン＝シル修道院の修道女たちのために聖歌をともなう3幕物の宗教的詩劇『エステル』を書く。そして、舞台から撤退するという決意に背いて、『アタリ』も発表する【1691年】。ラシーヌは言っている。「彼女は迷いためらう。つまり、一言でいえば女なのだ！」、「遠くまで旅をしようとする者は、その馬を大切に扱う」、「もっとも人口稠密な都市で、ひとはもっとも大きな孤独を見出す」。パリの16区にはラシーヌ通り（Rue Racine）とラシーヌ袋小路（Impasse Racine）がある。前者は1779年、後者は1838年の命名である。

ラシャリエール Lacharrière　1806-70年。ラドロワ・ド・ラ・シャリエール将軍は、普仏戦争の際、パリ南東部のシャンピニーで戦死している。それを悼んで、1870年、彼の名がパリの通りに冠せられている。11区のラシャリエール通り（Rue Lacharrière）である【→サン＝ティレネ】

ラシャンボーディ Lachambeaudie　1807-72年。寓話作家でシャンソン作詞家でもあったピエール・ラシャンボーディは、フランス南西部ドルドーニュ地方のモンティニャックに生まれ、パリ南方エソンヌ県のブリュノワで没している。サン＝シモンの空想的社会主義【→サン＝シモニアン】に共鳴していた彼は、1827年頃にパリに移り、自作の寓話をクラブやコンサートで朗読していた。ブランキと交わっていたため、1848年6月の革命後【→アフル】に逮捕されるが、ベランジェの後押しで釈放される。

だが、同年12月2日のルイ＝ナポレオン・ボナパルト（ナポレオン3世）による

クーデタ後、ラシャンボーディは再び逮捕されて国外追放となり、ブリュッセルに住み着く。帰国は1859年だった。民主主義的思想を打ち出した彼の作品としては、たとえば『民衆寓話』【1839年】や詩集『ヴィルモンブルの花』【1861年】などがある。ほかに極端なまでにスカトロジックな『オードーブル』【1852-70年】も知られている。ラシャンボーディ広場（Place Lachambeaucie）は1905年から12区にある。

ラ・シャンメレ La Champmeslé　1642-98年。ルーアンに生まれ、オートゥイユで他界した悲劇女優。本名はマリ・デマール。シャンメレ【1642-1701。本名シャルル・シュヴィエ。コメディ＝フランセーズの最初期の座員】と結婚した彼女は、その声の魅力でラシーヌを虜にし、愛人となる。この愛人の作品、たとえば『ベレニス』や『イフジェニー』、『フェードル』などに出演した彼女の名は、19区のラ＝シャンメレ小公園（Square La-Champmeslé）に残っている。命名は1993年である。

ラシュス Lassus　1807-57年。アントワヌ・ラシュスはパリで生まれ、ヴィシーで没した建築家・考古学者。ヴィオレ＝ル＝デュクの後任として北仏の旧セーヌ県で宗教建造物の監督官をつとめた。シャルトル司教座聖堂——とくに鐘楼——やフランス中部ブルボネ地方のムーラン司教座聖堂、さらにパリのサン＝ジェルマン＝ローセロワ教会やサント＝シャペル礼拝堂、ノートル＝ダム司教座聖堂などの修復を手がけた。著作には『シャルトル司教座聖堂にかんする調査報告』【1867年】がある。19区のラシュス通り（Rue Lassus）は1864年に命名されている。ちなみに、同名のロラン・ド・ラシュス（1520-94）はベルギー人作曲家で、数多くのミサ曲やモテット、詩篇曲を作曲している。

ラシュリエ Lachelier　1832-1918年。ジュール・ラシュリエはフォンテヌブロー出身の哲学者。1864年から75年まで、国立高等師範学校の講師として哲学や哲学史を教

えた。1896年、道徳政治科学アカデミー会員に選ばれた彼は、当時のフランスでは哲学研究の発展にかなり強い影響力を発揮していた。著作には『帰納法の基礎』や『三段論法の性質』【いずれも1871年】がある。彼は言っている。「世界はみずからは考えず、みずから考える思考にぶらさがった思考にほかならない」。彼の名を冠した13区のラシュリエ通り（Rue Lachelier）は、1932年からある。

ラ・ジョンキエール La Jonquière 1685-1752年。ラ・ジョンキエール侯のジャック＝ピエール・ド・タファネルは、フランス中央山塊南西麓のラスグレス城【アルビ近郊】で生まれ、ケベックで没した海軍提督。1711年、リオデジャネイロ（リオ・ド・ジャネロ）の攻囲戦で、デュゲ＝トルアンとともにめざましい戦いをした。1747年、スペイン北西部ビスケー湾のオルテガ岬海戦で、6隻の戦艦を駆使して3倍の戦艦を擁するイギリス艦隊を破った。この海戦で負傷した彼は、1749年、カナダ（ニューフランス）の総督在任中に他界している。17区のラ＝ジョンキエール通り（Rue La-Jonquière）は、1890年からある。

ラジル Lagille 18区のラジル通り（Rue Lagille）は、1931年に正式に命名されている。呼称はこの通りに家を有していたラジル氏に由来する。

ラス・カーズ Las Cases 1766-1842年。エマニュエル・ラス・カーズ伯はフランス南西部タルン県のブラン近郊に生まれ、パリ東方のパシー＝シュル＝セーヌで没した歴史家。スペインを出自とする小貴族家に生まれ、最初海軍に入ったが、フランス革命で国外移住を余儀なくされ、ドイツやイギリスで数年を送る。やがて執政政府時代に帰国した彼は、1809年、フリシンゲン【オランダ】の戦いでの勇猛な働きぶりがナポレオンの目を引き、国務院の請願委員に抜擢される。だが、第一復古王政でイギリスに逃れ、1815年の百日天下時に帰国する。ワーテルロー（ワテルロ）の戦い後、ラス・カーズは息子ともども皇帝ナポレオンに従ってセント＝ヘレナ島に赴くが、翌年11月、セント・ヘレナ総督のハドソン・ロー【1769-1844】に陰謀の疑いをかけられて息子とともに逮捕・追放されてしまう。こうしてラス・カーズはケープタウンに、ついでフランクフルトに幽閉され、彼が再び祖国の土を踏んだのは、1821年にナポレオンが他界したあとだった。『セント＝ヘレナの回想』【1823年。ナポレオンの語りを口述筆記した記録。小宮正弘編訳『セント＝ヘレナ覚書』、潮出版社】を上梓した彼の名は、7区の通りに残っている。ラス＝カーズ通り（Rue Las-Cases）がそれで、命名は1830年である。

ラステリ Lasteyrie 1877-1936年。16区のラステリ通り（Rue de Lasteyrie）は、政治家を数多く輩出した名門一族出の国民議会議員シャルル・ド・ラステリにちなんで、1938年に命名されている。

ラスパイユ Raspail 1794-1878年。フランソワ＝ヴァンサン・ラスパイユはアヴィニョン近郊のカルパントラに生まれ、フランス中北部ヴァル＝ド＝マルヌ地方のアルクイユで没した政治家・化学者。アヴィニョンの神学校に入った彼は、1816年、パリに出て法学を学び、のちにサント＝バルブ学寮などで哲学や神学を講じるようになる。1830年の7月革命【シャルル10世に対する民衆蜂起】では重要な役割を担い、そのため逮捕・投獄されるが、短期間で釈放される。やがてジャーナリズムに身を投じ、自然科学を学んで、『植物生理学の新体系』【1937年】などを上梓する。

　1843年頃、ラスパイユは医学にも関心を抱き、疾病を引き起こす内部および外部の寄生虫を研究して、カンフルの使用を説く。だが、1848年には政治の世界に完全に身を投じ、騒動に加担した廉で、翌年、再び投獄されてしまう【1848年の2月革命後、《人民の友》紙を創刊した彼は、大統領選挙に社会主義者として立候補し、ルイ＝ナポレオン・ボナパルトに大差で敗北する。さらに1849年、ポーランド支援のための暴力的な

運動を組織したとして、5年間の獄舎生活を余儀なくされた】。1853年、釈放された彼は、しかし国外追放処分となり、1859年までベルギーに住む。

やがて恩赦によって帰国し【1863年】、1869年、ローヌ県の国民議会議員に選ばれる。翌1870年に議会を去って私人としての日々を送り、74年、『1874年の万用暦と気象暦』を著すが、今度は「犯罪的な出来事を弁明した」として、再び1年間投獄される【息子のグザヴィエ（1840-1926）も、この書を編集した廉でセーヌ県破毀院から半年の投獄処分を受けている】。こうして多難な生涯を歩んだ彼の名は、パリの左岸、6区・7区・14区を南北に走るラスパイユ大通り（Boulevard Raspail）に刻まれている。命名は1887年である。

ラスラン Rasselins　20区のラスラン通り（Rue des Rasselins）は、もとは旧シャロンヌ村に属する道で、1812年からサントル・デ・ラスラン小径として知られていた。現在の呼称となったのは、1863年のことである。この呼称の来歴をみつけるのはむずかしいが、おそらく旧地名に由来するのだろう。ラスランとは、石炭を量るための籠をもちいて、この燃料を売り歩いていた者たちをさす。とすれば、ラスランという地名は、彼らがそこに集まっていたことからの命名と思われる

ラ・スルディエール La Sourdière　1区のラ＝スルディエール通り（Rue de La-Sourdière）は、ラ・スルディエール氏が設けた馬術訓練場の跡地に敷設されている。この通りに彼の名がつけられたのは、1663年頃に開通して数年後のことである。

ラセペード Lacépède　1756-1825年。ラセペード伯ベルナール・ジェルマン・エティエンヌ・ド・ラ・ヴィルは、フランス南西部ロット＝エ＝ガロンヌ県のアジャンに生まれ、北仏セーヌ地方のエピネ＝シュル＝セーヌで没した博物学者・作家。若い頃は音楽に魅せられて何曲か作曲もしたが、発表されることはなかった。しかし、フェヌロンの『テレマックの冒険』に曲をつけて

もいる彼は、1781年から85年にかけて『音楽の詩学』を上梓して称賛を得た。親友のビュフォン【ラセペードに博物学の研究を勧めた】は彼に王立陳列館の副館長というポストを用意してくれた。ラセペードはこの職をつとめながら、『卵性四足動物と蛇類の一般的・特殊的歴史』【1788-89年】を書いている。

みずから参加したフランス革命時、彼は立法議会議員となるが、恐怖政治【1793年6月-94年7月。→シェニエ】に怯えて、地方に逼塞する。テルミドール9日【1794年7月27日→コンヴァンション】のあとでパリに戻った彼は、自然史博物館【ビュフォンが責任者だったパリ植物園内に付設】で爬虫類・魚類の講座を受け持つようになる。

1799年、ラセペードは元老院議員になり、1815年の百日天下の際、ナポレオンから伯爵とパリ大学長に叙せられる。そのため、彼は復古王政で多少疎んじられた。しかし1819年、最終的にすべての権利をとり戻すことができ、残りの人生を『ヨーロッパ史』の編纂に費やした。パリ植物園と自然史博物館がある5区には、1853年から彼に捧げられたラセペード通り（Rue Lacépède）がある。

ラソン Lasson　1897年に敷設された12区のラソン通り（Rue Lasson）は、開通以来、その住民のひとりの名でよばれている。

ラップ Rapp　1773-1821年。ジャン・ラップはコルマールに生まれ、ドイツ・バーデン地方のラインスヴァイラーで没した将軍・伯爵。1788年にライン・モーゼル方面軍に入り、まもなくしてナポレオンの副官となる。1804年、少将に任命された彼は、翌年、アウステルリッツ（オステルリッツ）での戦いぶりを評価され、中将に昇進する。さらに1809年には帝国伯爵に叙せられるが、ナポレオンの離婚に反対してパリから遠ざけられ、ダンツィヒ（ダンティグ）提督に左遷されてしまう。だが、1812年、皇帝のロシア遠征にくわわって、モスコヴァの戦いで格段の働きをしたのち、ダンティグを拠点として、1年ものあいだ

ラテユイル

ロシア軍に抵抗する。1813年11月、孤軍奮闘もむなしく、ついに敵軍の捕虜となった彼は、翌年、パリに戻る。

1815年の百日天下時、彼はルイ18世【在位1814-15／1815-24】から「ちび伍長」【ナポレオンの異名】を逮捕する部隊の指揮官に指名されるが、ナポレオンの側について、ライン方面軍の司令官および貴族院議員に任命される。そのため、ワーテルロー（ワテルロ）の戦い後、ラップはブルボン王家に対しての加辱刑を科される。しかし、賢明にもそれを逃れて、一時期、スイス北部アールガウ地方のウィルデンシュタインに隠棲する【1816年】。1817年に帰国すると、彼はルイ18世から侍従頭に任命される。パリの7区には、1864年からラップ大通り（Avenue Rapp）がある。

ラテュイル Lathuile 1765年、クリシー大通りの7番地にレストラン「カバレ・シュ・ペール・ラテュイル」が開業し、フランス革命前までかなり繁盛していた。だが、この店が本格的に名をはせるようになったのは、1814年3月30日のことだった。モンセ将軍がオーストリア軍に対してクリシー障壁で英雄的な防衛戦いをくりひろげた際、ここに司令部がおかれていたからである。レストランの持ち主はその際、兵士たちにこう言ったという。「食べて、飲んで、敵に何ひとつ残さないように」。18区にあるラテュイル小路（Passage Lathuile）の呼称は、1906年まで残っていたこのレストランにちなんで命名されている。

ラトー Rataud 5区のラトー通り（Rue Rataud）は、1877年の命名になる。名祖は同区の区長だったラトー氏である。

ラ・トゥール・ドーヴェルニュ La Tour d'Auvergne 1667-1737年。1760年、9区のラ＝トゥール＝ドーヴェルニュ袋小路（Impasse de La-Tour-d'Auvergne）にその名がつけられたのは、フランス中央部ピュイ＝ド＝ドーム県のラ・トゥール村を出自とする有名な一族の出で、1727年から35年までモンマルトル女子大修道院長をつとめていたルイズ・ド・ラ・トゥール・

ドーヴェルニュである。

だが、一族でもっとも知られているのは、バイエルン地方のオーバーハウゼン高地で、敵の槍を心臓に受けて戦死した将校のテオフィル＝マロ・コレ・ド・ラ・トゥール・ドーベルニュ【1743-1800。フランス軍最初の「擲弾兵」とされるが、ケルト文化研究者でもあった】だろう。ナポレオンはそんな彼の名を兵員名簿から抹消せず、点呼の際にはその名を読み上げることにした。そして、仲間の兵士は、ラ・トゥール・ドーベルニュに代わってこう返答したものだった。「名誉の戦死」。こうした点呼は実際に1814年までおこなわれていた。

ラ・トゥール・モブール La Tour Maubourg 1768-1850年。ラ・トゥール・モブール伯のヴィクトル・ド・フェは、フランス中部ヴィヴァレ地方のフェを出自とし、同地方のヴレ一帯に位置するラトゥールとモブールを家名にした有名な一族の出である。グルノーブル近郊のラモット・ガロールに生まれ、パリ東方、セーヌ＝エ＝マルヌ県のリス城で没したヴィクトルは、ラ・ファイエット麾下の騎兵連隊司令官となるが、1797年、ともにオーストリア軍に捕らえられてしまう。やがて釈放された彼はほとんどのナポレオン戦争に従軍し、ライプツィヒの戦い【1813年】で片足を失った。

ナポレオン失脚後には復古王政に仕え、1819年から21年まで陸軍大臣をつとめる。さらに1822年から30年までは廃兵院（アンヴァリッド）長官、1835年からはボルドー公【アンリ・ダルトワ（1820-83）】の養育係りとなる。彼の生前の1827年に彼の名がつけられた7区のラ＝トゥール＝モブール大通り（Boulevard de La-Tour-Maubourg）は、アンヴァリッドの近くを走っている。同区にまた1897年に命名されたラ＝トゥール＝モブール小公園（Square de La-Tour-Maubourg）もある。

ラトラン Latran 5区のラトラン通り（Rue de Latran）は、1158年、サン＝ジャン＝ド＝ジェルサレム（エルサレム聖ヨハネ）騎士団のものとして設けられた、サン＝ジ

ャン=ド=ラトラン（ラテラノ聖ヨハネ）騎士団の館の跡地を通っている。改称は1530年だが、この館はいくつかの建物ともども、フランス革命時に解体されている。通りの命名は1867年。

ラ・トレムイユ La Trémoille　1460-1525年。ルイ・ド・ラ・トレムイユ2世は、フランス西部ポワトゥー地方のモンモリヨン近郊に所領を有していた名門貴族の出身。トゥアール子爵でタルモン公でもあった彼は、「非の打ち所なき騎士」との異名をとっていた（ただし、この異名は彼が恐れ知らずだったことを意味するものではない）。1488年、アンヌ・ド・ボージューが「狂った戦争」【フランス王権に反対したブルターニュ貴族たちの叛乱】を鎮圧するために登用したのが、このはなばなしい軍人だった。

　ラ・トレムイユはその任務をみごとに遂行し、オルレアン公を幽閉して、戦勝の祝宴では最後に他の捕虜たちを虐殺している。さらに1500年、彼はミラノ軍を一蹴し、マリリャーノ（ミラノ南東部）でも戦ったが、息子を戦死させた。彼自身は、イタリア北部パヴィアの戦いで命を落としている。8区のラ=トレムイユ通り（Rue de La-Trémoille）は、1883年の命名である。

ラニ Lagny　ラニはセーヌ=エ=マルヌ県の町で、パリ東方、**マルヌ**川の左岸に位置する。町の起源は、仏語名聖フュルジ・ド・ペロンヌ【567頃-648。アイルランドに生まれ、北仏ピカルディ地方のメゾロルで他界した修道士】が、ベネディクト会の大修道院を建立した7世紀までさかのぼる。1358年、町はイングランド兵に劫掠されている。16世紀、住民は修道士たちと共同戦線をはって、町の伯爵でもあった大修道院長に反旗を翻したが、包囲されて大量虐殺にあい、家も略奪された。

　今日、町はきわめて静かで、とくにマルヌ川に棲息するタイリクスナモグリを相手にたのしむ釣り人には、まさに格好の釣り場となっている。20区のラニ通り（Rue Lagny）は1877年の命名になるが、呼称はこの通りがラニに通じていることによる

【同区にはラニ小路（Passage Lagny）もある】

ラヌラグ Ranelagh　ラヌラグは1774年、モリザン氏【ブーローニュの森の管理人】が、ロンドン近郊のチェルシー・ガーデンに田園風の舞踏会場【上流社会の社交場（1742-1804年）として知られた】を建てた、イギリス人のラネラ（Ranelagh）子爵【1641-1712】にならって敷設した散歩道。

　この散歩道のなかに設けられたモリザンの舞踏会場「ラヌラグ館」もまた、フランス革命まで大変な盛況ぶりだった。施設は革命後に一時衰退したが、第一帝政期に再び活気をとりもどし、ルイ=フィリップ時代を過ぎて1854年に解体されるまで、盛況を保ち続けた【1814年、この建物は不愉快な出来事にみまわれている。ブーローニュの森に進駐したコサック兵たちが、その床板を外して燃料にしたのである。当時、ラヌラグ館の持ち主だったモリザンの甥アンリは、これに激しく抗議した。「なんということか。すぐ近くに自由になる本当の森があるにもかかわらず、諸君は私のものを奪うというのか？」。コサック兵たちはなおも彼のラヌラグ館を略奪し続け、これを厩舎と病院に変えてしまう。だが、彼の申し立てに正当性を認めて、その言葉通り、ブーローニュの森を荒らしはじめたという】

　パリ市はこのモリザンの散歩道を整備して、より快適な公共の遊歩道に作り替えた。やがて鉄道が敷かれると、ラヌラグ地区は環状線と旧ミュエット城、さらにブーローニュの森（ボワ・ド・ブーローニュ）を切り分ける防塁大通りに囲まれるようになる。16区にあるラヌラグ通り（Rue du Ranelagh）は、小公園（Square du Ranelagh）ともども1824年に建設され、同区のラヌラグ大通り（Avenue du Ranelagh）は、旧散歩道を拡幅したものである。

ラノー Lanneau　1758-1830年。ヴィクトル・ド・ラノーは、ブルゴーニュ地方コート=ドール県のバールに生まれ、パリで没している。サント=バルブ学院【1460年創立のフランス最古の歴史を有するコレージュ。

ラハ

1999年廃校。テアティノ会出身で、1795年、フリーメイソンのフランス大東社を再編したラノーは、1798年、この学院の敷地を購入している】の改革者で聖職者でもあった彼は、復古王政時代、革命政府による1790年の聖職者民事基本法を受け入れて宣誓をしたばかりか、妻帯までしているとして非難された。当時、聖職者にとって、そうしたことは言語道断の所業だった。彼の息子レギュルス゠アドルフ（1796-1881）は、父親が改革した学院の校長をつとめている。5区のラノー通り（Rue de Lanneau）は1880年からある。

ラバ　Labat　1843年に開通した18区のラバ通り（Rue Labat）は、1862年当時、同区の区長だったラバ氏の所有地に敷設されている。命名は1868年になされた。

ラビ　Labie　17区のラビ通り（Rue Labie）は1854年に敷設されている。この土地は1833年から42年までヌイイの村長をつとめた公証人ジャン・ラビ氏の所有地だった。当初、ラビ通りはヌイイに属していた。ちなみに、一時期ジャン・ラビは国王ルイ゠フィリップのおかかえ実業家でもあった。

ラビラント　Labyrinthe　20区の私道であるシテ・ラビラント（Cité du Labyrinthe）は、さながらラビリンス（ラビラント）のようにくねくねして多くの曲がり角があるところから、1877年、その特徴にちなんで命名されている。

ラプ（ラップ）　Lappe　1630年、ギラール・ド・ラプ氏は、1650年に開通した11区のラプ通り（Rue de Lappe）の旧地主で、命名は慣例にしたがってなされている。ベル・エポック期から第１次世界大戦まで、この通りは、カスタネットを手にした巻き毛のジャヴァ【3拍子の大衆的なダンス】の愛好者たちが、心ゆくまで踊りあかすことで有名だった。

ラ・ファイエット　La Fayette　1757-1834年。ラ・ファイエット侯ジルベール・デュ・モティエは、フランス中南部オート゠ロワール県のサン゠ロック゠ド゠シャヴァニアクに生まれ、パリで没した将軍・政治

家。**オーヴェルニュ地方の貴族家を出自と**する彼は、13歳のとき、母親が他界【父親は２歳のときに戦死】したため、莫大な遺産を相続する。17歳になった1774年、アヤン公の次女【マリ・フランソワズ・ド・ノアイユ（1759-1807）】と結婚し、76年、一族の反対を押し切ってアメリカ合衆国の独立戦争に参加し、**ワシントンの司令部に入**って頭角を現す【友人となったベンジャミン・フランクリンとワシントン将軍は、彼と同じフリーメイソン。なお、ラ・ファイエットの息子ジョルジュ・ワシントン（1779-1849）は、憲法制定議会副議長で、1834年、奴隷制度廃止協会の創設にかかわっている】。ラ・ファイエットは独立戦争に対するフランスの支援をとりつけるため、一時帰国したのち、再びアメリカに渡って、**ロシャンボー**率いるフランス軍が援軍として来ることを告げる。

1781年、イギリス軍のチャールズ・コーンウォリス将軍【1738-1805。インド総督中に病没し、ガンジス河岸に埋葬された】が**ヨークタウン（ヨルクトウン）**の戦いで捕虜となったのち、帰国する。1789年、フランス中部リオムから全国三部会に貴族【第２身分】代表として送られたラ・ファイエットは、人権宣言の起草に主導的な役割を果たす【同年８月の憲法制定国民議会で採択】。それより前の７月15日、つまり**バスティーユ襲撃**の翌日に国民衛兵を組織し、みずからその総司令官となって、三色旗を採用した。また、革命１週年を祝って1790年７月14日にシャン・ド・マルスで開かれた全国連盟祭では、会場中央部に設けられた祖国の祭壇で、宣誓をおこなっている。

だが、国王の廃位が宣言された際、ラ・ファイエットはいっときその部隊を国王のためにもちいようと考えた。これによって人望を失い、希望を叶えることができなかった【彼は1790年に国王逃亡に手を貸したとして指弾され、また、1791年７月には、「シャン・ド・マルスの虐殺」を指揮して共和派から激しい非難を浴び、国民衛兵司令官の職を

解かれている】

1792年、オーストリアとの革命戦争で捕虜となった【王党派として逮捕されるのを恐れて敵国に亡命したとも】ラ・ファイエットは、97年の**カンポ=フォルミオ条約**で釈放される。帰国後は、ナポレオンが失脚する1815年まで引退同然の日々を送った。ワーテルロー（ワテルロ）の敗戦後、彼は再び政治の表舞台に立つ。その復帰劇は、1824年にアメリカへの凱旋旅行までは多少とも成功したといえる。

帰国後の1829年、オーヴェルニュやドーフィネ地方を政治的意図をもって訪れ、人々から歓呼の声で迎えられもした。1830年の7月革命時には、国民衛兵の指揮官として、ルイ=フィリップの国王即位にも貢献した。だが、それからまもなく、彼はこの国王が期待したほど自由主義者ではないとして、王政と対立するようになる。9区から10区に通じるラ=ファイエット通り（Rue La-Fayette）は、1830年からある。

ラファエリ Raffaëlli 1850-1924年。ジャン=フランソワ・ラファエリはパリで生まれたイタリア系フランス人画家。1870年に画家として出立し【この年、風景画がル・サロン展に入選している】、79年からは、持てる才能をパリ郊外の風景や当時の重要人物の肖像を描くことに費やすようになる。さらに1895年からは、小市民の風俗画に専念した【これらの作品はユイスマンスやドガから高い評価を受けた】。作品としては、一連の風景画のほかに、**クレマンソー**やエドモン・ゴンクールの肖像画、『カフェのボヘミアン』【1886年】、『トゥールネ河岸から見たノートル=ダム』【1897-1902年】、『結婚ミサの寄付金徴収人』、『老ギャルソン』【いずれも制作年不詳】などがある。ラファエリ通り（Rue Raffaëlli）は1930年から16区にある。

ラファエル Raphaël 1483-1520年。ラファエロ（ラファエル）・サンティは、イタリア中部ウルビーノに生まれ、ローマで没した画家・建築家。さほど才能に恵まれなか

った画家を父【ジョヴァンニ・サンティ（1435頃—94）。ウルビーノ公の宮廷画家】とする彼は、幼少期から絵筆をとったが、最初の本格的な作品『バロンチの祭壇画』は、ペルージャにいた1501年に描いたものである【同年、彼は徒弟期間を終えてマイスターになっている】。この町で、彼は『ソリーの聖母』や『本を手にした聖母子』【1500-04年】を制作している。

1504年、ラファエロはシエナやウルビーノに滞在し、さらにフィレンツェに移って、『アンジェロ・ドニの肖像』と『マッダレーナ・ドニの肖像』【いずれも1506年頃】などを描いた。1508年、ドナト・ブラマンテ【1444頃—1514。古典様式の画家】によばれてローマに赴き、ヴァチカン宮殿の室内装飾を手がける【フレスコ画による「ラファエロの間」】。ラファエロにとって、おそらくそれはもっとも幸運な時期だった。

1515年から19年にかけて、彼は聖書の物語を主題とする作品を制作し、『使徒言行録』のタピスリーのために下絵10点を描いてもいる。ふたりの教皇、すなわちユリウス2世【在位1503-13】とレオ10世【同1513-21】は、そんな彼を高く評価し、庇護した。ローマでのラファエロは、サン=ピエトロ大聖堂の主任建築家【没後、ミケランジェロが後任】や建造物監督官、さらに王室の部屋付き侍従となる。

一方、私生活の面では、ラファエロは美しいマルガリータ・ルティを愛人としていた。その作品にも「フォルナリーナ」【字義は「パン職人の娘」。父親がパン職人だった】としてしばしば登場する女性である。彼はおそらく37歳の誕生日に生涯を終えたが、それは一部の口さがない者たちが言うような、快楽の度が過ぎたためではなく【たとえば、マルガリータ・ルティとの過度な情事が原因とする説など】、永遠の都の廃墟を訪れた際に罹った熱病のためだった。

ラファエロの代表的な作品としては、ほかに『聖母子と幼い洗礼者ヨハネ』【1505-08年】や『アテナイの学堂』【1509-10年】、『ボルゴの火災』【1514-17年】、『シチリア

ラフイツト

の苦悶』【1517年】などがある。パリの16区には彼に捧げられた大通りが1864年からある。ラファエル大通り（Avenue Raphaël）がそれである。

ラフィット Laffitte 1767-1844年。金融家で政治家のジャック・ラフィットは、バスク地方のバイヨンヌで生まれ、パリで没している。船大工の息子だった彼は、1788年、一旗揚げるべくパリに出て、銀行家ジャン＝フレデリク・ペレゴー【1744-1804】の帳簿係として雇われる。1800年、ペレゴーはラフィットを共同経営者に取立て、その後継者にした。1814年から19年まで、ラフィットはフランス銀行の頭取をつとめ、戦時には国に大金を貸し付けている。1816年からは貴族院議員となり、1830年、7月革命に身を投じ、9区のラフィット通り（Rue Laffitte）に今もあるその家は、革命軍の司令部となった。

革命後には、自分たちが擁立したルイ＝フィリップの王政下で無任所大臣に選ばれたが、翌1831年に解任される。こうして絶頂期が去ったとき、彼は財産の多くを失っていた【彼の銀行が巨額の資金を貸し付けていた企業が相次いで倒産し、妻が手持ちの宝石を売却しなければならないほどだった。パリ北西郊（メゾン＝ラフィット）にある所有地も分割を余儀なくされた。政敵たちはそんな彼を「ジャック・ラ・ファイット（破産ジャック）」と揶揄した】。辛うじて残ったパリの邸館も国有財産として維持しなければならなかった…。大臣解任後、貴族院議員に再任されて反対制派に身を置いた彼は、激烈な政府攻撃の演説後に急死した。9区にあるラフィット通り（Rue Laffitte）は、彼の絶頂期だった1830年に命名されている。

ラ・フイヤード La Feuillade 1625-91年。ラ・フイヤード公のフランソワ・ドービュソンは、1675年にフランス元帥、78年にシチリア（シシル）副王、81年にドーフィネ地方総督に任命されている。1664年、パルマで同道していた騎士のスルディスとともに、あやうく暗殺されかかったことが

ある。パリのセンヌテール館を購入した彼は、これを解体してヴィクトワール広場を建設し、1686年、そこに自費でルイ14世（ルイ・ル・グラン）の彫像を建てている。

ラ・フイヤード公はシャルロット・グーフィエと結婚しているが【1667年】、彼女はパスカルに尊敬の念を抱かせた女性だったという【シャルロットの兄ロアネ公アルテュス・グフィエ（1617-96）はパスカルの庇護者。パスカルの影響によってジャンセニストになった】。ヴィクトワール広場と同じ2区には、1886年に彼に捧げられたラ＝フイヤード通り（Rue La-Feuillade）がある。

ラフェ Raffet 1804-60年。ドニ・オーギュスト・マリ・ラフェはパリに生まれ、ジェノヴァ（ジェーヌ）で他界した素描家・石版画家。彼の最初期の石版画はその愛国主義と力強さによって見る者の心を打った。彼はまたベランジェのほとんどのシャンソンやノルヴァンの『ナポレオン史』、ティエールの『フランス革命史』などの挿画を手がけている。さらに『ワーテルローの聖戦』【1835年】や『ナポレオンの近衛兵たち』【1836年】、『1848年2月のパリの民衆』【制作年不詳】といった作品もある。1859年、彼はイタリア遠征に参加したが、帰国することなく肺炎で没した。16区には彼の名を冠したラフェ袋小路（Impasse Raffet）がある。命名は1864年。

ラフェリエール Laferrière 9区のラフェリエール通り（Rue Laferrière）は、1832年、小路として敷設されている。その当初から、当時国民衛兵の騎馬隊を指揮していた、ルイ・ド・ラフェリエール＝レヴェック伯【1776-1834】の名でよばれている。

ラフォルグ Laforgue 1860-87年。ジュール・ラフォルグはウルグアイ（ユリュグウェ）のモンテビデオ（モンテヴィデオ）で生まれ、パリで早世した詩人。彼がベルリンで皇妃アウグスタ【1811-90。ヴィルヘルム1世の妃で、ドイツ皇帝フリードリヒの母】のフランス語朗読係【1881-86年】をしていたことを知っているだろうか。生前彼は2冊の詩集『嘆き節』【1885年。橋口

修郎訳、審美社】と『ノートル＝ダム＝ド
＝ラ・リュヌのまねび』【1886年】を発表
している。最高傑作とされる『善意の花』
は死後3年目の1890年に刊行された。「あ
あ、人生はなんと単調なのか！」と嘆いた
彼の名は、19区のヴィラ・ジュール＝ラ
フォルグ（Villa Jules-Laforgue）に残って
いる。命名は1926年である。

ラ・フォンテーヌ La Fontaine 1621-95年。
ジャン・ド・ラ・フォンテーヌは北仏エー
ヌ県のシャトー＝ティエリに生まれ、パリ
で没した詩人。1841年にランスのオラト
リオ会に入ったが、早くも翌年、あきらか
に宗教的な使命感に欠けているとしてそこ
を去り、以後、一生続く安逸な生活を送る
ことになる。河川・森林監督官だった父親
は、1647年、息子にその職を継がせ、マ
リ・エリカール【地方裁判所代行官の娘で、
14歳（！）】と結婚させる。しかし、この
エピキュリアン（快楽主義者）は父親から
譲られた職を売却し、妻のことも顧みなか
った。ある逸話によれば、彼は自分が結婚
したことさえ完全に忘れていたという。

　やがてランスを後にしてパリに出たラ・
フォンテーヌは、執筆活動に入る。当時、
彼が憧れていたのはヴァンサン・ヴォワチ
ュール【1595-1648。詩人・書簡作家】やラ
ブレー、ボッカチオ【1313-75。『デカメロ
ン』の著者】、クレマン・マロなどだった。
1658年から財務卿フーケの庇護を受ける
ようになると【「詩人年金」をあたえられた】、
この寓話作家はボワローやラシーヌ、モリ
エールといった仲間たちとともに、ヴュー
＝コロンビエ通りの宿や数か所の居酒屋で、
有名な集まりを開くようになる。そんな、
彼が真剣に詩作に励むようになったのは、
43歳になってからである。それまでは「無
為に」時を過ごすと自分に言い聞かせてい
たという。

　ラ・フォンテーヌは6冊の『寓話』を編
んでいるが【1668・78・93年。邦題『ラ・フ
ォンテーヌ寓話』、窪田般彌訳、社会思想社】、
すべてが子供向けというわけではなかった。
ほかに韻文による『童話』【1665・66・71・

74年】や短編小説も書いている。また、さ
ほど知られていないが、歌劇の『ガラテイ
ア』【1682年】や『アストレ』【1691年】、
喜劇の『魔法の杯』【1671年】や『君の不
意を打つ』【1685年】といった作品もある。
彼は言っている。「愛せよ、愛せよ、残り
はすべて無に等しい」、「老いは過酷なもの
である」、「虚飾の道は栄光には繋がらな
い」。彼の名を冠したラ＝フォンテーヌ通
り（Rue La-Fontaine）は1865年から、同
区のラ＝フォンテーヌ小公園（Square
La-Fontaine）は1926年からある。

ラプラス Laplace 1749-1827年。ピエール
シモン・ド・ラプラスは、北仏カルヴァド
ス地方のボーモン＝アン＝オージュに生ま
れ、パリで没した天文学者・数学者・物理
学者・政治家。彼の名を冠した5区のラプ
ラス通り（Rue Laplace）に近接する国立
理工科学校（エコール・ポリテクニーク）
と、高等師範学校の創設にかかわった彼は、
ブリュメール18日【ナポレオンが総裁政府
を倒して執政政府を樹立した1799年霜月（ブ
リュメール）18日のクーデタ】のあと、ナポ
レオンから短期間ながら内務大臣に任命さ
れている。1799年に元老院議員になり、
1803年からはその議長をつとめた。復古
王政に入ると、貴族院議員と侯爵に叙せら
れている。さらに1827年、その会員だっ
た【1816年から】アカデミー・フランセー
ズの院長をつとめるが、いきなりそれを辞
してしまう。他の会員たちが国王に「新聞
報道の犯罪を抑圧する」法律を公布するよ
う要請したからである。

　一方、数学者としてのラプラスは、微分
方程式の解法や確率論を完成させている。
著作には『世界システムにかんする論述』
【1796年】や『天文力学概論』【1799-1805年、
4巻。『ラプラスの天体力学論』、竹下貞雄訳、
5巻、大学教育出版】、『確率の哲学的試論』
【1814年、井村惣七訳、岩波書店】などがあ
る。彼に捧げられた5区のラプラス通り
（Rue Laplace）は、1864年の命名になるが、
それまではアマンディエ＝サント＝ジュヌ
ヴィエーヴ（聖女ジュヌヴィエーヴのアー

モンド）というしゃれた名でよばれていた。

ラブラドル Labrador ラブラドール（ラブラドル）は大西洋とハドソン湾、さらにセントローレンス川に囲まれた**カナダ**の半島で、面積は約140万平方メートル。北部にはツンドラ、南部には森林地帯が広がり、きわめて大規模な鉄鉱床を有している。パリには15区にラブラドル袋小路（Impasse du Labrador）がある。1850年にその住民たちが命名したものである。

ラ・プランシュ La Planche ラファエル・ド・ラ・プランシュは1628年に**ヴァレンヌ**通りと**グルネル**通りの角にみずから立ち上げた絨毯工場の総支配人をつとめていた。【その工場跡地を通る】7区のラ＝プランシュ通り（Rue de La-Planche）は、1882年に命名されているが、ラ・プランシュはもうひとりいる。作家のルイ・レニエ・ド・ラ・プランシュ（1530頃〜80頃）で、大元帥モンモランシーの補佐役であった彼には、フランス史にかんする著作【『フランス国家の歴史』（2巻、1836年）など】がある。

ラ・ブリュイエール La Bruyère 1645-96年。ジャン・ド・ラ・ブリュイエールはパリで生まれ、**ヴェルサイユ**で没したモラリスト。フランス中西部の古都ポワティエで学んだあと、1665年にパリに戻って弁護士となるが、訴訟を嫌ってほとんど仕事をしなかった。1673年、ついに弁護士を廃業した彼は、84年、**コンデ公**の孫息子ルイ・ド・ブルボン【1668-1710】の師傅となる。

1868年に大コンデが他界すると、ルイへの教育も終わるが、この若い公爵は彼を新たに客分として迎え入れた。しかし、ラ・ブリュイエールは粗暴で特異な貴族たちを嫌って、ほとんど彼らと交わらなかった。そして、遅々とした歩みではあるが、代表作『人さまざま』【『カラクテール：当世風俗誌』、関根秀雄訳、岩波書店】を執筆する。1688年に初版が出たこの書は、96年に9版（最終版）を数えた。

1693年、ラ・ブリュイエールはアカデミー・フランセーズ会員となるが、その入会演説は物議を醸した。恒例に反して会員数人の業績しか称賛しなかったからである。当時の思想を体現するモラリストだったラ・ブリュイエールは、18世紀のそれを先どりするかのような辛辣な文章で特徴づけられる。とくに彼はこう書いている。「この世では貴族になるほど辛い仕事はない」、「われわれの悪のすべては、ひとりになれないということに由来する」、「あざけりはすべての悪口のなかでもっとも許されないものである」、「信心家とは、無神論者の王のもとで無神論者になろうとする者のことである」

この人間相手の昆虫学者は、1824年、パリの通りにその名を提供している。9区のラ＝ブリュイエール通り（Rue La-Bruyère）がそれである。同区にはまた、1894年からラ＝ブリュイエール小公園（Square La-Bruyère）もある。

ラ・フリリエール La Frillière 16区のラ・フリリエール大通り（Avenue de La-Frillière）は、パリ盆地南西部アンドル＝エ＝ロワール県のロシュ近郊の村ジェニエに住んでいた、旧地主の名にちなんで命名されている。

ラブルスト Labrouste 1801-75年。アンリ・ラブルストはパリで生まれ、**フォンテヌブロー**で没した建築家。1824年、ローマ大賞を受賞した彼は、1834年に**ローザンヌ**の養護院、43年にはパリの**サント＝ジュヌヴィエーヴ図書館**を建てている。その際、彼は建物の骨組みに当時としては新機軸の鉄骨を用いた。さらに1855年、**ヴィスコンティ**の後任として、フランス国立図書館の修復工事を指揮し、67年、美術・彫刻アカデミーの会員に選ばれている。15区には、彼に捧げられたラブルスト通り（Rue Labrouste）が1880年からある。

ラ・ブルドネ La Bourdonnais 1699-1753年。ベルトラン・フランソワ・マエ・ド・ラ・ブルドネは、**ブルターニュ半島**北岸のサン＝マロに生まれ、パリで他界した船乗り・行政官・提督。19歳のとき、航海士としてフランス・インド会社に入った彼は、

ラフレ

1723年、艦長としてマエ【セーシェル共和国のマヘ島】の奪取に力をつくした。彼の名前にマエがくわえられたゆえんである。そして1733年、**イル・ド・フランス**（モーリシャス島）とブルボン島（レュニオン島）の提督に任命され、40年にはインド東部のポンディシェリで包囲された総督デュプレクスの救出を託されている。

ラ・ブルドネはこの町の解放には成功したが、950万フランと引き換えに町をイギリス軍に引き渡すという邪な考えをいだいた。デュプレクスはこの裏切りを非難して町を焼き払い、ラ・ブルドネに自分の艦隊を率いて、**マルティニク島**まで戻すよう命じた。しかし、ことはそれで終わらなかった。1748年に帰国したラ・ブルドネは、裏切り行為のために3年半ものあいだ**バスティーユ**に投獄された。釈放後、彼は無罪を認められ、肩書きも戻された。財産も保ったままだった。それから3年後、ラ・ブルドネは極貧のうちに息を引き取る。そんな彼の名は、1770年から7区のラ＝ブルドネ大通り（Avenue de La-Bourdonnais）に残っている。

ラブレー Rabelais 1494頃-1553年。フランソワ・ラブレーはフランス中部シノン近郊のスイイに生まれ、パリで没した作家・医師・聖職者・人文主義者。生地のベネディクト会修道院で初等教育を受けたのち、アンジェ近くにあるボーメットのフランシスコ修道会、さらにフランス西部フォントネー＝ル＝コントの同会系修道院に入る。1511年、聖職者に叙階されるが、修道会とは異なる考えをいだき、自然科学や古代言語【聖書を自由に解釈する手段だとして、ソルボンヌから危険視されていた】を学ぶ。この不服従のため、彼は修道院から逃げなければならなかった。

やがてマイユゼ司教【ジョフロワ・デスティサック（1542没）】の庇護を受けて赦されるが、フランシスコ修道会には戻らず、子供時代を過ごしたベネディクト会に入る。それから彼は旅に出て、1530年、13世紀に創設された南仏モンペリエ大学の医学部で学ぶ【前年にはノストラダムスが入学している】。1532年、**リヨンのポン＝デュ＝ローヌ**施療院の主任内科医に任命される。この時期、彼は医学書を数冊著し、子供をひとりもうけているが、2歳たらずで死別した。1533年から35年にかけて、司教ジャン・デュ・ベレの侍医として2度ローマに赴く。

1537年、パリ南東部サン＝モール＝デ＝フォッセの参事会員に選ばれたラブレー【翌年、モンペリエ大学で医学博士号取得】は、39年、トリノ（テュラン）総督ギョーム・デュ・ベレ【1491-1543。ジャン・デュ・ベレの兄】の侍医となる。それ以前、彼は『パンタグリュエル』【初版1532年】と『ガルガンチュア』【同1534年】を出しており、パリ大学神学部から要注意人物とされていたが、ベレ兄弟の庇護もあって、ラブレーに不安はなかった。

しかし、総督の死後2年目の1545年、用心した彼はメスに居を移し、翌年、『第3の書』を上梓する。そして1547年、枢機卿ジャン・ド・ベレとともに再びローマに赴き、48年、『第4の書』を出す。1550年に帰国すると【この年、国王から内容を変更せずとの条件付きで、全著作の出版允許をえている】、彼はパリ南西郊のムードン、ついでフランス北西部サルト地方のサン＝クリストフ＝デュ＝ジャンベにある、サン＝マルタン教会の主任司祭に叙せられる。だが、穏やかな晩年を送るため、1552年にはその職を辞している。

ラブレーはあらゆる面で革命的だった。彼は「善良かつ崇高な精神を堕落させる」スコラ哲学と敵対し、宗教的な面においても、一部のカトリックとプロテスタントの実践を、「人間性を体系的にそこなう」と断じてはばからなかった。くわえて、そのすべての諧謔と批判を、滑稽さと猥褻さの奔流に溶け込ませた。エラスムス（エラスム）の弟子だが、**モンテーニュ**の師ともいうべきラブレーは、こうしてフランス・ルネサンスの衝撃的な思想を、まさに類のない手法でわれわれに伝えたのである。

841

知の飽食家だった彼は次のような名言を遺している。「笑いは人間固有のものである」、「無知はあらゆる悪の母である」、「汝が欲することをなせ」、「鉄は熱いうちに打て」、「不幸はそれだけではけっして来ない」、「待てば海路の日和あり」。彼の最期の言葉は、「これで終わりだ、一巻の終わりだ」【ローマ皇帝アウグストゥスの臨終の言葉とされる】。8区には彼に捧げられた通りがある。1850年に命名されたラブレー通り（Rue Rabelais）である。

ラ・フレネ La Fresnay　15区のヴィラ・ラ＝フレネ（Villa La-Fresnay）は、1934年の開通当時、そこに住んでいた地主にちなんで命名されている。

ラペ Rapée　16世紀初頭、現在のベルシー河岸通りの入り口には数多くの別荘が立ち並んでいた。そのなかにひときわ立派な邸館があった。ある靴製造人が一部を有していたこの邸館は、荒目やすりを描いた看板がかかっていたことから、「ラペ館」とよばれていた。1763年、これが12区の河岸通り（Rue de la Rapée）と港（Port de la Rapée）の呼称となった。

ラ・ペルーズ La Pérouse　1741-88年。ラ・ペルーズ伯ジャン・フランソワ・ド・ガローは、フランス南西部タルン県のアルビに生まれ、ソロモン諸島のヴァニコル島で遭難した航海者。15歳で海軍に入った彼は、ルイ16世【国王在位1774-92】の命で、かつてジェームズ・クック【1728-79】が報告した海路をアメリカ大陸の北西方で探し、日本やソロモン諸島の状況を調べるという任務につくことになった。

こうして1785年8月1日、2隻のフリゲート艦がブレストから出航する。1隻はラングル子爵ポール・フルーリオ【1744-87】率いるアストロラベ号、もう1隻はラ・ペルーズ率いるブーソル号である【当時16歳のナポレオン・ボナパルトはこの探検隊に参加を希望したが、認められなかった】。だが、1787年9月、ラングルはサモア諸島のマオウナで先住民に殺害される。ラ・ペルーズもまた、1788年1月13日にボタ

ニー湾に姿を現したのを最後に消息が消えた。**デュモン・デュルヴィ**がヴァニコロからラ・ペルーズの遺品をもちかえったのは、1826年のことだった。

アルビのリセに通っていた頃、ラ・ペルーズはきわめて強い、そしてときにいささか難解な性格の持ち主として注目されていた。ある日、守衛が任務の一環としてこの若い生徒に体罰をくわえることになった。彼はズボンを下ろし、守衛はその尻を鞭打った。体罰が終わると、のちの航海士は不平ひとつももらさずに、こう言ったという。「ぼくの手は鉄、尻は青銅だ」。そんな彼の名を冠したラ＝ペルーズ通り（Rue La-Pérouse）は、1864年から16区にある。

ラペレール Lapeyrère　18区にあるラペレール通り（Rue Lapeyrère）の呼称は、1903年にこの通りを敷設したラペレール氏にちなんでいる。そのこと自体、至極当然の命名といえるだろう。

ラ・ボエシ La Boétie　1530-63年。エティエンヌ・ド・ラ・ボエシはフランス南西部のサルラに生まれ、ボルドー近郊のジェルミニャンで早世した作家。1557年、ボルドーで**モンテーニュ**【のちにボルドー市長】と出会い、親友になっている。この哲学者はラ・ボエシのうちに、「完璧なまでに美しい性格を示す魂」をみていた。ふたりは互いに兄弟とよび合っていた。ラ・ボエシは言っている。「友情とは神聖な言葉であり、健全なものでもある」。これにモンテーニュはこう応じたという。「われわれは互いに愛し合っている。彼が私で、私が彼だからだ」

ラ・ボエシは18歳（！）で有名な『自発的隷従論』【1549年。山上浩嗣訳、筑摩書房】を書いている。この書は1548年にギュイエンヌで叛乱【フランソワ1世が塩税を課したことに対する民衆蜂起】が起きた際、モンモランシー公【1493-1567。フランソワ1世の寵臣。大元帥で、ギュイエンヌの叛乱を情け容赦なく鎮圧した】によって手厳しく非難されている。にもかかわらず、ラ・ボエシの名は友情と自由という語と密接に結

びつけられている。彼は書いている。「か
つては万人にあらゆる恩寵があたえられて
いたわけではなかった」。ラ＝ボエシ通り
（Rue La-Boétie）は8区にある。命名は
1879年である。

ラ・ボーム La Baume　1858年に開通した
8区のラ＝ボーム通り（Rue de La-
Baume）は、ラ・ボーム＝プリュヴィネ
ル侯爵の所有地に敷設されている。この通
りに彼の名がつけられたのは、それゆえ当
然のことといえる。

ラボルド Laborde　1774-1842年。考古学
者で政治家でもあったジャン＝ジョゼフ・
ド・ラボルド伯は、パリで生まれ、没して
いる。1797年までオーストリア軍にいた
彼は、「気晴らしのために」ヨーロッパ各
地を旅し、1800年、大使リュシアン・ボ
ナパルト【1775-1840。ナポレオン・ボナ
パルトの末弟】の随行員としてスペインに赴
く。帰国後、セーヌ県の土木局長となるが、
1814年の第一復古王政時は、難をさけて
イギリスに滞在した。1822年、国民議会
議員に選出されて自由思想を支持し、
1830年の7月革命後、セーヌ県知事に、
ついで国王ルイ＝フィリップの副官となる。
著作に『スペイン紀行』【5巻、1808年】や
『オーストリア画趣旅行』【3巻、1809年】
などがある。8区のラボルド通り（Rue
Laborde）は1837年からある。

ラボワ＝ブイヨン Labois-Bouillon　19区の
ラボワ＝ブイヨン通り（Rue Labois-
Bouillon）は、この通りに家を有していた
人物ふたりに名を結びつけて——ささやか
な節約をしたわけではない——、1877年
に命名されている。

ラマルク Lamarck　1744-1829年。ジャン
＝バティスト・ド・モネ、シュヴァリエ・
ド・ラマルクは、北仏ソンム県のバザンタ
ンに生まれ、パリで没した博物学者。聖職
者になることを運命づけられていたが、軍
人の道に進むことを選んだ。しかし、事故
によって軍隊を離れ、自然史（博物学）の
世界に身を投じた。1778年に上梓した処
女作『フランスの植物相』によって、科学

アカデミー会員となった彼は、1783年か
ら1817年にかけて『植物百科事典』と『種
の図解』を出版し、名声を博した。
　だが、ラマルクのもっとも有名な書は、
間違いなく生物変移論の基礎を提唱した
『無脊椎動物の歴史』【1815-22年】だろう
【1802年に「生物学」という用語を作り、脊椎
動物と無脊椎動物をはじめて区別した。その
進化論は用不用説とよばれる】。イネ科や藻
類につけられている彼の名は、パリ18区
の通りと小公園にも冠せられている。
1875年に命名されたラマルク通り（Rue
Lamarck）とラマルク小公園（Square
Lamarck）である。

ラマルティーヌ Lamartine　1790-1869年。
アルフォンス・デオ・パール・ド・ラマル
ティーヌは、リヨン北方のマコンで生まれ、
パリで他界した詩人。母親はこの息子を育
てる際、「善良で思いやりがある人になる
ように」ということだけを心がけていたと
いう。イエズス会の学寮で学んだあと、ラ
マルティーヌは第一帝政崩壊までイタリア
各地を旅し、1814年の復古王政で国王親
衛隊に入る。だが、翌年の第二復古王政を
機に軍務を辞し、不安と混乱の日々を送り
ながらも、1820年、処女詩集『詩的瞑想』
を発表し、たちまち偉大な詩人として知ら
れるようになる。
　1830年にアカデミー・フランセーズ会
員となった彼は、東洋への贅沢な旅に向か
う。1833年、国民議会議員に選ばれると、
1848年2月の共和政樹立へとつながる革
命運動の指導者となり、臨時政府の外務大
臣をつとめた。だが、同年12月の大統領
選挙でルイ＝ナポレオン（ナポレオン3世）
に敗れ、1851年12月のクーデタで政界か
ら離れる。晩年は不遇で、大きな借財を抱
えて作品を書き続けなければならなかった。
1867年に第二帝政から不承不承50万フラ
ンの下賜金を受け取ることになったのは、
おそらくそうした苦境のせいだろう。彼は
パシーの山小屋風別荘で息を引き取ったが、
これはパリ市から提供された別荘だった。
　人生が詩そのものと称されたラマルティ

ラマンテ

ーヌは、『ジョスラン』【1836年】や『天使の堕落』【1838年】、『詩的黙想』【1839年】、『グラジエラ』、『秘密話』【いずれも1849年】、『サン＝ポワンの石工』【1851年】などを上梓している。友愛を信じていたこの詩人は言っている。「たまさかひとりがいないと、世界中の人間がいないように思える」、「神とは世界を説明するために夢見られた言葉にすぎない」【ラマルティーヌの名言としては、ほかに「友愛は祖国をもたない」などがある】。9区には彼の名が冠せられた通りと小公園がある。ラマルティーヌ通り（Rue Lamartine）は1848年、ラマルティーヌ小公園（Square Lamartine）は1881年にそれぞれ命名されている。

ラマンデ Lamandé 1735-1819年。建築技師のフランソワ・ローラン・ラマンデは、フランス北西部コート＝ダルモール県のディナンに生まれ、同じ北西部サルト県のラ・フレシュで没した建築技師。モントーバンやルーアンなどで土木工事を指揮し、1779年からはパリ市土木局の主任技師をつとめた。17区のラマンデ通り（Rue Lamandé）は1864年からある。息子のコルネイユ（1776-1837）もまた建築技師で、旧オステルリッツ橋やイエナ橋の建設を手がけた。のちにサルト県選出の国民議会議員もつとめた。

ラミエ Lamier 1887年に敷設されて以来、11区のラミエ袋小路（Impasse Lamier）はそこに家をかまえていた人物の名でよばれている。

ラ・ミショディエール La Michodière 2区のラ＝ミショディエール通り（Rue de La-Michodière）は、この通りが開通した1778年当時、パリの商人頭【市長に相当】をつとめていた、ジャン＝バティスト・ド・ラ・ミショディエール氏にちなんで命名されている【→エシキエ】

ラミュス Ramus 1515-72年。ピエール・ラ・ラメ、通称ラミュス【ラテン語名ペトルス・ラムス】は、北仏ヴェルマンドワ地方のキュルトに生まれ、パリで殺害された哲学者・人文主義者。破産貴族の家に生ま

れたラミュスは、昼間はナヴァール寄宿学校の召使として働き、夜、勉学に励んで、ついに同校の芸術教師となる。その博士論文で、彼はアリストテレスの著作が「誤りと欺瞞以外のなにものでもない」と弾じている。当時としては、これはきわめて独特な発想だった。ソルボンヌはこうした考えを不快に思い、国王を動かしてラミュスを断罪させる。だが、このことはプレル学寮の原則を妨げることができず、1545年、同学寮は彼を校長として受け入れる。

1547年、アンリ2世【国王在位1547-59】は彼に対する決定をとり消し、51年、ラミュスは王立学院（現在のコレージュ・ド・フランス）で哲学と雄弁術を教えるようになる。しかし、カルヴァン派だった彼は、やがて辞職を余儀なくされる。1563年に復職が認められたが、67年、最終的に教壇を去ることになる。翌1568年、彼はドイツに赴き、70年に帰国すると、プレル学寮の校長に戻る。だが、1572年、サン＝バルテルミーの虐殺【→アミラル・ド・コリニィ】の3日目、論敵によって学寮内で殺害された。

真理の探究において理性が権威を凌ぐとたえず主張していたことから、おそらくラミュスはデカルトの先駆者とみなしてよいだろう。主著には『弁証法的分割』【1550年】などがある。彼の名を冠したラミュス通り（Rue Ramus）は、1875年から20区にある。

ラムネ Lamennais 1782-1854年。フェリシテ・ロベール・ド・ラムネは、ブルターニュ地方のサン＝マロに生まれ、パリで没した司祭・作家。聖職者の叙階は遅く、34歳のときだった。ジャン＝ジャック・ルソーの思想に影響された彼は、自分の信念を貫こうとして、22歳になるまで初聖体拝受を受けなかった。1817年、『宗教無関心論』第1巻を著し、教会をあらゆる真理の霊安室として描いている。他の著作、たとえば『大革命の進歩および教会に対する闘争』【1828年】によって、著作家としての名声を勝ちえてもいる。そんなラムネの周

りには、ラコルデールやモンタランベールをはじめとする若いカトリックたちが集まった。教皇レオ12世【在位1823-29】も彼に共感をいだいていた。

1830年頃、ラムネは「宗教的自由擁護のための全国委員会」を立ち上げ、さらに《アヴニール（未来）》紙のなかで、教会と自由思想との結びつきを奨励している【そのほか、教育と出版の自由や政教分離、国庫による聖職禄の廃止なども唱えた】。だが、新教皇グレゴリウス16世【在位1831-46】はこれに不快を覚え、多少とも間接的ながら、彼を非難するのだった。その結果、彼は次第にカトリックの信仰から離れていく。

そして1840年、ラムネは社会主義的な主張のため、1年間の投獄生活を余儀なくされる。それから8年後、憲法制定議会の議員となって極左の陣営に身を置いたが、晩年は貧困に打ちのめされた。貧者たちとともに埋葬してほしい。それが彼の遺言だった。『ある信者の言葉』【1834年】や『人民の書』【1837年】などの著作もある彼は言っている。「人間が人間を裁く。そう考えるだけで悪寒が走る」、「人間のなかで真実への愛以上に稀なものはない」。彼を名祖とする8区のラムネ通り（Rue Lamennais）は1881年からある。

ラメ Ramey 1754-1838年。ディジョンに生まれ、パリで没した彫刻家のクロード・ラメは、1782年にローマ大賞を受賞し、16年に学士院会員となっている。そのおもな作品としては『ウジェーヌ・ド・ボーアルネ』【1810年】や『正装したナポレオン1世』【1813年】、『リシュリュー枢機卿』【1828年】などがある。18区には1865年に命名されたラメ通り（Rue Ramey）と、77年の命名になるラメ小路（Passage Ramey）がある。息子のエティエンヌ・ジュール（1796-1852）もまた彫刻家で、1815年、父と同様にローマ大賞を獲得し、28年に学士院会員に選ばれている。代表作に『ミノタウロスと戦うテセウス』【1826年。テュイルリー公園内】などがある。

ラモー Rameau 1683-1764年。ジャン＝フィリップ・ラモーはディジョンに生まれ、パリで没した作曲家。父親が【ディジョン司教座大聖堂の】オルガニストだったこともあって、幼少時からオルガンを習い、18歳のとき、ミラノに出る。だが、滞在を数か月で切り上げ、指揮者として南仏各地をまわる。1706年、ラモーはパリに移って【1702年、彼はクレルモン＝フェラン司教座聖堂のオルガニストとして6年間の契約を結んでいた】、サン＝ジャック通りのイエズス会やペール・ド・ラ・メルシ会の修道院でオルガニストをつとめる。そして1709年から15年にかけて、ディジョンやリヨン、さらにクレルモン＝フェランの聖堂でオルガンを奏する。1722年、彼が『自然の原理に還元されるハーモニー論』【和声論】を書いたのが、クレルモン＝フェランだった。

この年もしくは翌年にパリに戻った彼は、ヴォルテール【当初、ヴォルテールはラモーに批判的だったが、のちにその音楽に感銘して、彼に「エウクレイデス（ユークリッド）＝オルフェウス」という尊称（！）をつけたという】の支援を受けながら、みずからオペラへの扉を開き、1633年、処女作『イポリットとアリシー』を発表する。

以後、彼は数多くの作品を創作するが、そのなかでもっとも有名なのは、1735年に上演されたオペラ＝バレエ曲の『優雅なインド諸国』だろう。主要な作品としては、ほかに『カストールとポリュクス』【1737年】や『栄光の神殿』【1745年】、『シュバックスの人々』【1753年】、『アナクレオン』【1754年】などがある。彼の名を冠したラモー通り（Rue Rameau）は、1806年から2区にある。

ラ・モット＝ピケ La Motte-Picquet 1720-91。ギヨーム・ド・ラ・モット＝ピケ伯は、レンヌに生まれ、ブルターニュ半島先端の港町ブレストで没した軍人。17歳で海軍に入り、1777年に海軍大佐、翌年には艦隊司令官になる。1779年、戦艦アニバル（ハンニバル）号を駆って、西インド諸島のグレナダ攻略を強力に後押しした

が【アメリカ独立戦争でのイギリス軍との戦い】、彼の最大の偉業はマルティニク海戦【1779年12月】でのものである。すなわち、フランスの輸送船団が、ハイド・パーカー提督【1714-82/83】率いる強力な16隻のイギリス艦隊に追跡されているのを知ってその救助に向かい、6時間の戦闘のあと、船団の大部分をマルティニクのフォール＝ロワイヤル港に導いたのだ。

　1781年、海軍総司令官に昇進したラ・モット＝ピケは、この出世を、イギリス海軍提督ジョージ・ロドニー【1718-92】麾下の艦隊から戦艦26隻を奪って祝った。彼に捧げられた7区から15区にかけてのラ＝モット＝ピケ大通り（Avenue La-Motte-Picquet）は1791年、15区のラ＝モット＝ピケ小公園（Square La-Motte-Picquet）は1899年にそれぞれ命名されている。

ラモリシエール Lamoricière　1806-65年。レオン・ジュショー・ド・ラモリシエールは、ナントに生まれ、アミアンで没した将軍・政治家。1830年のアルジェリア遠征で、はじめてズワーヴ大隊【アルジェリアのカビリア人を中心とする歩兵部隊】を編成して指揮官となり、33年には最初のアラブ局【占領地アルジェリアにおけるフランスの治安・行政機関】を組織したのが彼である。1837年、アルジェリア東部コンスタンティヌの攻囲戦で負傷したが、幸運にも成功したその大胆な急襲によって、みずからが率いるズワーヴ部隊を有名にした。

　34歳で将軍となった彼は、1744年、イスリ【アルジェリア・モロッコ国境】の攻略に貢献し、47年には、アブデル＝カデル【1808-83。アルジェリア軍指揮官で、詩人・作家・神学者・哲学者。植民地主義、とくにフランス支配に対する抵抗の象徴とみなされていた】を捕虜にする際も重要な役割を演じた。

　1848年、ラモリシエールは陸軍大臣に任命されるが、まもなくその職を辞している。翌年、臨時大使としてロシアに派遣されたあと、ルイ＝ナポレオン・ボナパルト（ナポレオン3世）の大統領府を公に批判するようになる。そのため、1851年12月2日のナポレオン3世によるクーデタで逮捕され、国外追放となってブリュッセルに住む。やがて1857年に帰国し、60年にイタリア革命で危機的状況にあった教皇に仕えるようになる。だが、このイタリア「遠征」はさほどの幸運をもたらさず、失意のうちに帰国した彼は、痛風が悪化して世を去るのだった。彼の名を冠した12区のラモリシエール大通り（Avenue Lamoricière）は、1932年から存在している。

ラランド Lalande　1732-1807年。ジェローム・ルフランソワ・ド・ラランドはフランス中東部アン県のブール＝カン＝ブレスに生まれ、パリで没した天文学者。20歳になる前に（！）、ベルリン・アカデミーの会員に選ばれた彼は、1753年から惑星の研究を始め、1759年にエドモンド・ハレー【1656-1742。イギリスの天文学者・数学者で、ハレー彗星の軌道をはじめて算出した】の星座の改訂版を発表している。1760年から、年報《コネサンス・デ・タン（時間の知識）》【1678年に創刊された最古の天文学誌】の編集者をつとめ、62年にはコレージュ・ド・フランスの天文学教授となった。著作には『天文学』【2巻、1764年】や『天文学文献目録』【1803年】などがある【無神論者でフランス・フリーメイソンの主要人物だった彼は、1795年にパリ天文台長になっている】。14区のラランド通り（Rue Lalande）は1864年からある。

ラリエ Lallier　1436年、ミシェル・ライエ（Lailler）──のちにラリエに改名──は、パリの商人頭【市長に相当】となった。その数ヶ月前、彼はパリを占領していたイングランド軍を撃退するうえで、重要な役割をはたした。このことを記念するため、1864年に彼の名が9区の通りに冠せられた。ラリエ通り（Rue Lallier）がそれである。

ラリ＝トレンダル Lally-Tollendal　1702-66年。ラリ伯アルテュール・ド・トレン

ダルは南仏ドローム県のロマンに生まれ、パリで処刑されたアイルランド系の将軍・行政官。ヨーロッパ各地を転戦し、とくに1748年のオランダ南部マーストリヒトの戦い【オーストリア継承戦争】では、**サクス大元帥**のもとで軍功をあげた。1757年、フランス領インドの総督に任命された彼は、現地に赴任して38日目に、ほとんどのイギリス軍をインドから駆逐する。だが、不幸なことに、さまざまな失態と悪評判によって協力者たちから阻害され、とくに彼らの援助が必要となったときでさえ、そっぽを向かれる始末だった。

　こうして孤軍奮闘となったトレンダルは、1761年、**ポンディシェリ**がイギリス軍に包囲された際、なんとか1年間は抵抗したものの、捕虜となり、病身にもかかわらず、ロンドンに護送される。帰国後、自分の正当性を訴えたが、**バスティーユ**に投獄の身となる。長く、そして波乱含みの裁判のあと、彼は「国王の利益を裏切った」廉で死刑を宣告された。その際、彼はこういったという。「これが55年仕えたことへの報酬なのか」。だが、この裁判を不正だと考えた**ヴォルテール**は、1773年、判決に対して立ち上がり、斬首されたトレンダルの名誉を回復した。19区のラリ=トレンダル通り（Rue Lally-Trollendal）が命名されたのは、それから約1世紀後の1875年のことだった。

ラリブ Larribe　8区のラリブ通り（Rue Larribe）は、1867年以降、旧地主の名でよばれている。

ラルジリエール Largillière　1656-1746年。ニコラ・ド・ラルジリエールはパリを生没地とする画家。まだ若かったにもかかわらず【22歳】、チャールズ2世【イングランド国王在位1660-85】の依頼で、ロンドンのウィンザー宮にある大家たちの絵を修復した彼は、1675年に帰国すると、貴族や資産家たちの肖像画を数多く手がけるようになる。

　1686年に絵画アカデミーの会員となったラルジリエールの作品は、とくに高度な色彩性と軽やかな筆致で評判をよんだ。作品としてはイングランド国王のジェームズ2世【在位1685-88】やルイ14世（ルイ・ル・グラン）、コルベール、ブルダルーなどの肖像画のほかに、『パリ市がルイ14世に供した1687年の食事』や『1697年のブルゴーニュ公の結婚』などがある。ただし、この2点の歴史画はフランス革命時に破壊されてしまった。ラルジリエール通り（Rue Largillière）は、1867年から16区にある。

ラレ Larrey　1766-1842年。ドミニク・ジャン・ラレはフランス南西部オート=ピレネー県のバニェール=ド=ビゴールに生まれ、**リヨン**で没した外科医。ナポレオン軍の筆頭外科医で、「兵士の神」ともよばれた彼はまた、フランス学士院や医学アカデミーの会員となり、**ヴァル=ド=グラース**教授、さらにグロ=カイユー病院や廃兵院（アンヴァリッド）の筆頭外科医をつとめた。『軍属外科医の回想録』【4巻、1812-17年】など、数多くの著作を遺した彼の名は、1881年にパリの通りに冠せられている。5区のラレ通り（Rue Larrey）がそれである。

ラ・レニ La Reynie　1625-1709年。リモージュ【→リムザン】出身のガブリエル・ニコラ・ド・ラ・レニは、とくに初代のパリ警察総代行官【警視総監に相当】だったことで知られる。彼はこの職位をルイ14世（ルイ・ル・グラン）が創設したとき【1667年】から1697年までつとめた。任命に際して、国王はラ・レニに3つのことを求めた。パリ市内の清潔さと明るさ、そして治安の維持である。その結果、パリの不潔さはかなり改善された。街灯も各所に配され、治安維持の警吏（夜警）たちが徒歩や馬で夜の市内を巡回するようになった。1685年のナントの勅令廃止後、彼は国王の命令をパリで厳しく遂行した。道路の塵芥だけでなく、プロテスタントも排除したのだ。そんな彼の名を冠したラ=レニ通り（Rue La-Reynie）は、1区から4区にかけて走っている。命名は1823年である。

ラロ Lalo　1823-92年。エドワール・ラロ

は北仏のリールに生まれ、パリで没した作曲家。初期の作品はパリではほとんど無視されたが、ドイツでは歓迎された。彼がフランスで成功するようになるには、オペラ＝コミック座で歌劇『イスの王』が上演された1888年まで待たなければならなかった。ただ、寡作な音楽家で、さほど多くの作品を遺していないが、『スペイン交響曲』【1874年】や管弦楽曲『ノルウェー狂詩曲』、『ヴァイオリンとオーケストラのためのロマンス＝セレナーデ』【いずれも1879年】、さらにバレエ曲の『ナムーナ』【1882年】と『ネロ』【1891年】などは、いずれも傑作といえる。16区のラロ通り（Rue Lalo）は、1896年からある。

ラロシェル Larochelle 1827-84年。ジュリアン・ブーランジェ、通称ラロシェルは、パリで生まれ、パリ南西郊のムードンで他界した俳優で、喜劇役者のバルテルミ・ラロシェル（1748-1807）の孫息子。オデオン座で初舞台を踏み、やがてポルト＝サン＝マルタン劇場で演じるようになる。1855年にはモンパルナス劇場の支配人となり、さらにサン＝マルセル劇場と郊外のいくつかの劇場を同時に主宰するようになる。一方、アンビグ座やポルト＝サン＝マルセル劇場の支配人もつとめた。彼の名を冠したラロシェル通り（Rue Larochelle）は、1888年から14区にある。

ラ・ロシュフコー La Rochefoucauld 9区のラ＝ロシュフコー通り（Rue de La-Rochefoucauld）に名を残しているのは、1613年に生まれ、80年に没したモラリストのフランソワ・ド・ラ・ロシュフコー・リャンクールではなく、1737年から60年までモンマルトル女子大修道院長だったカトリーヌ・ド・ラ・ロシュフコーである。通りの命名は、彼女の死後30年目の1790年になされている。

ラロミギエール Laromiguière 1756-1837年。ピエール・ラロミギエールはフランス中部アヴェロン地方のリヴィナック＝ル＝オーに生まれ、パリで没した哲学者。キリスト教教義普及修道会【地方の人々にカテキス

ムを教えるため、1572年にカトリック教会福者のセザール・ド・ビュス（1544-1607）が立ち上げた結社で、1597年に教皇から承認された】の一員だったが、1790年に国民公会（コンヴァンション）が宗教結社の解体を決めた際、修道誓願から解放された。

ラロミギエールはやがてパリに移り、1795年、創設されたばかりの高等師範学校で講壇に立つ。1811年にはパリ大学文学部教授、33年には人文・社会科学アカデミー会員となる。師コンディヤック（コンディヤク）の礼賛者だった彼は、たとえば『コンディヤックの逆説』【1805年】で、師の思想を広めようとした。5区のラロミギエール通り（Rue Laromiguière）は、1867年に命名されている。

ラン・エ・ダニューブ Rhin et Danube 第2次世界大戦中、フランス第1軍団、通称「ライン（ラン）・エ・ドナウ（ダニューブ）」方面軍は、まずイタリアとプロヴァンスで、ついで1943年から45年にかけてライン・ドナウ両河岸での戦いで軍名をあげた。19区のラン＝エ＝ダニューブ広場（Place Rhin-et-Danube）は、それをたたえて1951年に命名されたものである。

ランクリ Lancry 貴族のランクリ氏とロロ氏は、1776年11月22日付の公開状【高等法院の登録を必要とする王令】によって、通りを敷設する認可をえた。これが10区のランクリ通り（Rue de Lancry）である。1777年、ランクリ氏の邸館がここに建てられ、それ以来、通りは彼の名でよばれるようになった。だが、開通当初、この通りに住む者はほとんどいなかった。フランス革命時の1789年になっても、そこには家が4軒しかなく、前記の邸館も1860年ないし61年に姿を消している。

ランクレ Lancret 1690-1743年。ニコラ・ランクレはパリを生没地とする画家。ワトーの同門だった彼の処女作『雅宴』【制作年不詳】は、発表後ただちに大評判をとった。1719年に「雅宴画家」として絵画アカデミー会員に選ばれた彼は、もうひとりの雅宴画家であるワトーがそうであったよ

うに、国王のお抱え画家となる。たえず名声をほしいままにしたその作品は微笑ましく、心地よいものであるが、ワトーの作品にみられるような感性豊かな詩情には欠けている。しかし、『時祷書』や『生きたマーモット』、『目隠し遊び』【いずれも制作年不詳】などを描いた彼の名は、1864年に命名された16区のランクレ通り（Rue Lancret）に残っている。

ランジェール Lingères　1985年に命名された1区のランジェール小路（Passage des Lingères）は、下着売りの女性たちが商いの前後に集まっていた近くのランジェール門を想い起こさせる。

ランジス Rungis　13区にあるランジス広場（Place du Rungis）とランジス通り（Rue du Rungis）の呼称は、両者がランジスで集めた水をパリに供給する**アルクイユ水道橋**の近くに位置することに由来する。ちなみに、1969年、パリのレ・アル（中央市場）は駅市場としてパリ南東方ヴァル＝ド＝マルヌ県のランジス市に移転している。

ランジャック Langeac　フランス中南部オート＝ロワール県のランジャックは、ブリウドから29キロメートルにあり、ヴレ山塊の麓、アリエ川の左岸に位置している。15区のランジャック通り（Rue de Langeac）が命名されたのは1906年。通りの旧地主が、この町の出身者だったからである。

ランジュリ Lingerie　1区にあるランジュリ通り（Rue de la Lingerie）の呼称は、かつて聖王ルイ（サン＝ルイ）から許可をえてやってきた下着売りの女性たちが、旧イノサン墓地の壁沿いの歩道で商品を広げ売りしていたことに由来する。1780年12月1日に墓地が閉鎖されると、彼女たちもまた姿を消した。この通りの命名は古く、13世紀になされている。

ランス Reims　パリ北東、マルヌ県の郡庁所在地であるランスは、ローマ軍によるガリア制圧時、ドゥロコルトルムとよばれていた。ガリアの地がカエサル（ジュール・セザール）の支配下に入ると、ランスはレ

ミ（Remi）族【複数形Remis】の都となった。聖レミ【437頃—533】の司教在任中、クロヴィス1世【496年頃、兵士3000人とともに聖レミから洗礼を受けた】はランス伯管轄区を定め、大部分の歴代国王はクロヴィスに倣ってランスのノートル＝ダム司教座聖堂で戴冠式をあげた。この地ではまた数多くの教会会議が開かれている【625年から1584年まで18回】

こうしたランスの見どころとしては、13世紀に工事が始まり、1432年に竣工した壮麗な前記司教座聖堂がある。1481年、火事のために屋根が破壊され、計画されていた尖塔を設けることができなかった。にもかかわらず、同聖堂はゴシック様式のもっともみごとな教会建築とされている。さらに、サン＝レミ教会堂にはこの聖人の墓がある。パリの17区を走るランス大通り（Boulevard de Reims）は、第1次世界大戦中、このシャンパーニュ地方の町を戦場とした幾度もの戦いを想い起こすため、1931年に命名されている。

ランセット Lancette　12区のランセット通り（Rue de la Lancette）は、18世紀初頭に命名されている。呼称はかつてカトリックとプロテスタントたちが、精肉商たちが牛を畜殺するのに用いていたナイフを武器に、きわめて血なまぐさい乱闘騒ぎを繰り返していたことに由来する。このナイフがランセットとよばれていた。今日では、この語はほとんど外科医だけが使うようになっている。

ランソン Rançon　20区のランソン袋小路（Impasse Rançon）は、その最初期の住人のひとりにちなんで命名されている。

ランティエ Lantiez　1883年に開通した17区のランティエ通り（Rue Lantiez）は、旧地主の名にちなんで命名されている。1913年につくられた同区のヴィラ・ランティエ（Villa Lantiez）もまた、同じ地主の名にちなむ。

ランデ＝ヴ Rendez-Vous　1672年から知られている12区のランデ＝ヴ通り（Rue du Rendez-Vous）の呼称は、それが狩人たち

ラントネ

の集合場と接していたことによる。

ラントネ Lentonnet 1840–95年。9区のラントネ通り（Rue Lentonnet）に名を残す陸軍中佐のジャン・ラントネは、マダガスカル（マダガスカール）で没している。1895年、ジャック・デュシェーヌ将軍【1837-1908】がマダガスカル王妃ラナヴァロナ3世【在位1883-97】に、フランスの保護領となるのを強制的に受け入れさせている。通りの命名はその2年後の1897年である。

ランドリュー Landrieu 7区のランドリュー小路（Passage Landrieu）は、1935年、その旧地主にちなんで命名されている。

ランヌ Lannes 1769–1809年。シエヴェール公でモンテベッロ（モンテベロ）公に叙せられたジャン・ランヌは、ピレネー（ピレネ）地方ジェール県のレクトゥールに生まれ、ウィーンで没した元帥。染色の徒弟だった彼は、1792年に軍隊に入り、96年、北イタリアのアルコレ（アルコル）の戦いで3度までも負傷しながら戦った勇気によって注目を浴びた。1798年、ナポレオンはそんなランヌをエジプト遠征に同行したが、イスラエルのアッコ（アクル）の聖ヨハネ騎士団城攻囲戦でまたしても深手を負ってしまう。その傷が癒えて帰国した彼は中将に昇格し、ブリュメール18日【ナポレオンが総裁政府を倒して執政政府を樹立した1799年霜月（ブリュメール）18日のクーデタ】ではナポレオンを支えた。

第2次イタリア遠征の1800年、彼はロンバルディア地方のモンテベッロでオーストリア軍に大勝利をおさめる【モンテベッロ公爵位は、この戦勝を記念してナポレオンが1808年にもうけた爵位】。そして1804年に元帥となると、アウステルリッツ（オステルリッツ）やイエナ、フリートラント（フリードランド）などで連戦連勝し、その褒美として、モンテベッロ公とシュヴィエシュ公（ポーランド）に叙せられた。

彼は、1809年、スペイン遠征のサラゴサ攻囲戦でもはなばなしく戦った。さらに同年、ドナウ（ダニューブ）河畔のアスペ

ルン・エスリンクに転戦するが、オーストリア軍の砲弾を受けて両足を砕かれ、その両足を切断して数日後に命を落とした。彼の妻はマリー＝ルイズ【1791-1847。ナポレオンの第2皇后で、オーストリア皇帝フランツ2世の娘】の侍女だった。ランヌ大通り（Boulevard Lannes）は16区にあり、命名は1864年になされている。

ランバル Lamballe 1749–92年。ランバル公妃マリー・テレーズ・ルイーズ・ド・サヴォワ＝カリニョンは、トリノ（テュラン）に生まれ、パリで処刑されている。17歳でルイ14世（ルイ・ル・グラン）の庶子を祖父とするランバル公ルイ・アレクサンドル【1747-68】と結婚したが、夫は有名な放蕩家で、2年もへたずに性病で世を去っている。夫の死後、マリー＝アントワネット【1755-1793】の女官長となるが、革命によって、1792年、ラ・フォルス監獄【→ロワ・ド・シシル】に幽閉されてしまう【彼女は1791年に国王ルイ16世一家への援助を求めるためにイギリスへと渡り、帰国後は王党派と国王一家の連絡役をつとめていた】

そして、1792年9月の大虐殺時に暴徒化した民衆によって斬首される。その遺骸は無残にも切り刻まれ、伝承によれば、えぐり出された心臓は殺害者たちに貪られたという。一方、首はマリー＝アントワネットが投獄されていたタンプル塔の窓にかかげられた。王妃のために命を落とした彼女の名は、11区のランバル大通り（Avenue de Lamballe）に残っている。命名は1925年である。

ランパル Rampal 1812–79年。ランパル氏は労働者の協同組合に融資するため、莫大な財産をパリ市に遺贈した慈善家。彼に捧げられたランパル通り（Rue Rampal）は、1894年から19区にある。

ランビュトー Rambuteau 1781–1869年。ランビュトー伯クロード・バルトロは、リヨン北方のマコンに生まれ、フランス中部ソーヌ＝エ＝ロワール県のシャルネで他界した行政官・政治家。1809年、同県はウィーン条約を結んだナポレオンを祝福する

ため、ランビュトーをパリに派遣した。すると、皇帝ナポレオンはとうとつに彼を侍従に任じて、ウェストファリアに使者として送り込んだ。1814年に帰国すると、ランビュトーはロワール県知事に任命され、1815年の百日天下時には代議院議員をつとめたが、復古王政で罷免される。

1830年、ランビュトーは王政に加担してセーヌ県知事に指名される。さらに1835年にはフランス同輩衆（貴族院議員）に叙され、44年にはレジオン・ドヌール大将校賞を授かる。このセーヌ県知事時代、彼はパリの1区・3区・4区を結ぶ広い通りを敷設する。これが1838年に命名されたランビュトー通り（Rue Rambuteau）である。

一方、ランビュトーは排水渠を再建し、通りのオイル灯をガス灯に代えてもいる。また、男性用公衆トイレを市内各所に設け、それにより、このトイレは「ウェスパジェンヌ」【ウェスパシアヌス（ローマ皇帝在位69-79）がローマに公衆トイレを設置し、利用者に税を課したことから】から「ランビュトー」と改称された。なお、パリのセーヌ河岸を彩る古い樹木は、大部分がランビュトーの意向によって植えられたものである。

ランブイエ Rambouillet 12区のランブイエ通り（Rue de Rambouillet）は、1635年に金融家のニコラ・ド・ランブイエ【生没年不詳】が建てた別荘「フォリ・ランブイエ」にちなんで命名されている。別荘はシャラントン通りからセーヌ川までの土地を有しており、優雅な人士たちがそぞろ歩きを愉しむ広大な庭園や小径をそなえていた。だが、土地は1710年に分割されている。

このフォリ・ランブイエをランブイエ館と混同してはならない。後者はランブイエ侯爵夫人のカトリーヌ・ド・ヴィヴォンヌ【1588-1666】が同時期に建て、当時の貴顕たちが好んで集まる場所となっていた【侯爵夫人はこのランブイエ館で有名なサロンを開き、コルネイユやセヴィニェ夫人など、当時の文人・知識人を招いていた】。旧サン＝トマ＝デュ＝ルーヴル通りにあったランブ

イエ館は第二帝政の初期に解体されたが、旧フォリ・ランブイエの西側にそって走る通り自体は1672年からある。

ランブラルディ Lamblardie 1747-97年。ジャック＝エリ・ランブラルディはフランス中部アンドル＝エ＝ロワール県のロシュに生まれ、パリで没した技術者・水路測量技師。彼は北仏ノルマンディ地方の一部港湾の入口に砂利などが堆積するのを防ぐため、閘門を設置して、高潮時にこれらの障碍物を排除するシステムを提案している。1793年、国立土木学校の校長となった彼はまた、モンジュに公共事業中央学校——1795年に国立理工科学校（エコール・ポリテクニーク）と改称——の創設を勧めてもいる。ランブラルディ通り（Rue Lamblardie）は、1868年から12区にある。

ランブラン Rembrandt 1606-69年。レンブラント（ランブラン）・ハルメンスゾーン・ファン・レインは、ライデンに生まれ、アムステルダムで没したオランダの画家。ごく幼い頃から絵画に情熱をいだいていた彼は、1624年、アムステルダムに出てピーテル・ラストマン【1583-1633。当時オランダでもっとも著名な画家のひとりで、宗教画や歴史画を得意とした】に師事する。やがて生地に帰り、数多くの弟子をかかえるようになる。彼の最初期の油彩画は1628年に制作されている『アトリエ風景』。ただし、処女作は1625年制作の『聖ステバノの殉教（聖ステバノの石打）』】

1630年、彼はアムステルダムに戻り、居を定める。そして1634年【『テュルプ博士の解剖学講義』で画家としての名声をかちえた2年後】、裕福な一族の出であるサスキア・ファン・オイレンブルフ【1612-42。レンブラントの血縁。父親はフラネケル大学の創設者のひとりで、フリースラント地方のレーワルデン市長】と結婚する。レンブラントはこの妻をモデルとして数多くの油彩画を描くが、彼女は29歳で早世してしまう。残された4人の子供のうち、3人は生後間もなく亡くなり、妻が没する1年前に授かった息子とも、レンブラントが他界す

る１年前に死別している。

　妻の死を機に、やがてレンブラントはアムステルダムを離れ、エルスブルクに移る。この時期、彼は最初期の風景画を制作している。『３軒の農家』【1650年】や『オムヴァル』【1654年】などである。1656年、長いあいだ同棲していた元家政婦のヘンドリッキエ・ストッフェルホテル・ヤーヘルと再婚する【そのため、レンブラントはそれ以前から愛人関係にあった農家の未亡人から婚約不履行で訴えられている】。だが、この頃から経済的に困窮するようになり、カタリーナ・フォン・ワイクと３度目の結婚後、周知のように貧困のうちに生涯を終える。

　レンブラントは聖書の物語を主題とするものから風景画、さらに肖像画や風俗画まで、じつに350点以上の作品を遺している。表現性に富んだキアロスクーロ【明暗技法】の文字通りの巨匠である彼のおもな作品としては、ほかに以下がある。『神殿奉献』【1630年】、『トゥルプ博士の解剖学講義風景』【1632年】、『バニング・コーク隊長とウィレム・ファン・ラウテンブルク副隊長の市民隊』、通称『夜警』【1642年】、『バテシバ』【1654年。バテシバはシテ人の妻だったが、入浴姿をダビデ王に見そめられ、その妻となってソロモンを産んだ】、『ユダヤ人の花嫁』【1664年】などである。パリのランブラン通り（Rue Rembrandt）は、1868年から８区にある。

ランベール Lambert　18区のランベール通り（Rue Lambert）は、1848年に敷設されたこの通りの旧地主にちなんで命名されている。

ランベルヴィリエ Rambervilliers　ランベルヴィリエはヴォージュ地方の郡庁所在地で、エピナルから28キロメートル北東にある。1870年の普仏戦争時、この町はプロイセン軍に対して激しく抵抗した。その英雄的な抵抗を記念して、町に記念碑が建てられ、1948年にはパリの通りにもその名がつけられた。12区のランベルヴィリエ通り（Rue de Rambervilliers）がそれである。

ランボー Rimbaud　1854-91年。アルチュール・ランボーはアルデンヌ地方のシャルルヴィル【現シャルルヴィル＝メジエール】に生まれ、マルセイユで病没した詩人。16歳でパリに出た彼は、まもなくしてヴェルレーヌに出会い【1871年】、ロジェ・ペレフィットが「特別な」と名づけた友情を結んだ【作家ペレフィット（1907-2000）は、処女作『特別な友情』（1943年）で一躍話題をさらった】。だが、ふたりの友情は1873年、ヴェルレーヌがランボーに向けて銃を撃ったことで壊れた【ブリュッセルで別れ話のもつれから酔ったヴェルレーヌが発砲し、１発がランボーの左手首に当り、ヴェルレーヌは逮捕されて、モンスの監獄に投獄された】

　別離のあと、ランボーはヨーロッパ各地やインドネシアのヌサ・テンガラ諸島、エジプト（1880年）、さらにエチオピアのハラールなどを旅する。そして、このハラールで彼は象牙の密売をおこない、1889年にエチオピア皇帝となるメネリク２世【1913没】のため、銃弾や薬筒を製造してかなりの荒稼ぎをする。だが、1891年、骨肉腫の悪化によりに帰国した彼は、左足を切断しなければならなくなり、最終的に全身に転移していた癌のため、同年、マルセイユの病院で他界した【臨終は妹のイザベルが看取った】。詩作を20歳までに終え、すべて否定し、一種の絶対的なものに従ったとも思えるランボーは、その詩の象徴性をとおして、現実的なもの、真正なものに近づこうとした。

　詩集『酔いどれ船』【1871年】や『母音のソネット』【1871/72年】、『地獄の季節』【1873年】、『イリュミナシオン』【1874年】などを発表した彼は、こう言っている。「愛は再創造すべきものである」、「そして私は、口唇に触れる接吻を感じる」。19区には1926年にこの詩人に捧げられたヴィラ・ランボー（Villa Rimbaud）がある。また、13区には1993年に敷設されたアルチュール＝ランボー小路（Allée Arthur-Rimbaud）もある。

ランボー Rimbaut　14区のランボー小路

（Passage Rimbaut）は、それが敷設された土地の旧地主であるランボー氏を名祖とする。

ランポノー Ramponeau 18世紀初頭に生まれ、1765年に没したジャン・ランポノーは、現在の**オリヨン**通り1・3・5番地に、自分の名を冠した居酒屋ないしキャバレーを開いている。有名な「クルティーユ下り」【→ドゥノワイエ】のコースに位置していたこの居酒屋は、かなりの評判をほしいいままにし、当時、ランポノーをもじって動詞ランポネ（ramponner）がつくられたほどだった。その意味は「過度に酒を飲む」。ランポノー通り（Rue Ramponeau）は20区にある。命名は1867年。

ランポン Rampon 1759-1842年。アントワヌ・ギヨーム・ランポンはフランス南東部アルデーシュ県のサン＝フォルテュナに生まれ、パリで没した将軍。1796年、イタリア遠征軍にくわわり、モンテノッテ（モントノット）での勝利に貢献した。その武勇はまた同じイタリアのロディ【1796年】やアルコレ（アルコル）の戦いでもいかんなく発揮された。1798年、彼はエジプト遠征にも従軍し、1801年、帰国する。1799年のブリュメール18日【ナポレオンが総裁政府を倒して執政政府を樹立したクーデタ】を支持していた彼は、1802年に元老院議員となり、05年にはフランス北部方面国民軍の司令官に任命される。

　しかし、第一復古王政ではこれを支持し、貴族院議員に選ばれたが、他の多くの者たち同様、百日天下時にはナポレオンのもとにはせ参じた。それゆえ第二復古王政になると、しばらくのあいだ不興をかこった。それでも1819年、排除されていた貴族院議員に返り咲く。そして1830年、今度はルイ＝フィリップに忠誠を誓うようになる。そんな彼の名は、1864年に命名された11区のランポン通り（Rue Rampon）に残っている。

リヴィングストン Livingstone 1813-73年。デーヴィッド・リヴィングストンはスコットランド（エコス）のブランタイアに生ま

れ、タンガニーカ湖畔のイララで落命した探検家。1838年、ロンドンの宣教師協会に入った彼は、40年、南アフリカに出発する。そしてマボツァ、ついでコロベンで9年間生活し、1849年、いよいよ本格的な大旅行を開始し、ザンベジ川やケープタウン、サン＝パウロ＝デ＝ロアンダ【現ルアンダ】へと向かう。さらに南アフリカを西から東に横断してもいる。1865年からはナイル（ニル）川の源流を探る旅に出る。

　1866年から71年にかけて、彼が死んだとの噂が幾度となく広まったが、1871年11月、スタンリーによって彼がタンガニーカ湖畔で生きていることが分かる【ジャーナリストのヘンリー・モートン・スタンリー（1841-1904）はニューヨーク・ヘラルド社の依頼で、遭難説が出ていたリヴィングストンを捜索し、見つけた。その際、彼が言った「リヴィングストン博士ですか？」という言葉が、イギリスで奇遇者に対する挨拶語として流行した】

　それから2年後、リヴィングストンは不衛生なチャンベゼやバングウェル湖一帯を調査したのち、マラリアのために他界する。彼の亡骸はイギリスに運ばれ、ウェストミンスター大聖堂に埋葬された。彼の名がパリの通りにつけられたのは、その死から4年後の1877年である。18区のリヴィングストン通り（Rue Livingstone）がそれである。

リヴォリ Rivoli リーヴォリ（リヴォリ）はイタリア最北西部、フランスと国境を接するピエモンテ地方の町で（同地方には別のリーヴォリがある）、アディジェ河岸に位置する。1797年1月4日、ナポレオンがここでヨーゼフ・アルヴィンツィ将軍【1735-1810。のちに元帥】率いるオーストリア軍相手に大勝利をおさめている。オーストリア軍【2万8000】はフランス軍【2万3000】より兵士の数が多かったが、ナポレオンはジュベールやマセナ、ベルティエ、ラサル、ルブランといった勇将を従えて攻撃し、敵軍を圧倒した。この勝利により、マントヴァを敵軍から奪還した【→ミオリ

ス】。パリの1区と4区を結ぶリヴォリ通り（Rue de Rivoli）は、開通後4年目の1804年、この勝利を記念して命名されている。

リヴラン Riverin 10区のシテ・リヴラン（Cité Riverin）は、1829年にこれを建設した人物の名で呼ばれている。

リエージュ Liège ベルギー・ワロン地方のリエージュ——フラマン語でライク（Luik）——は、ムーズ川とウルト川の合流点に位置する。この町には、聖パウロ教会（9-13世紀）や聖ヤコブ教会（11-15世紀）、裁判所などがあり、さらに市庁舎前には、4頭のライオン像を配した円柱状のペロンの噴水塔が立っている。これはリエージュ独立の象徴である【この噴水塔は1478年、リエージュがブルゴーニュ公国の支配から独立したことを記念してつくられた】
　リージュはすでにローマ時代からあったが、町としての発展は、レジア川沿いの小邑に聖モニュルフないしムヌー【6世紀のブルターニュ地方カンペール司教。アイルランド国王（ないしスコットランド）の息子で、ブルゴーニュ地方のサン=ムヌーで没したとされる】によって建立された礼拝堂に始まる。1795年、リエージュとその一帯はフランスに併合され、リエージュはウルト県の県庁所在地となる。さらに1815年、同地方はオランダに編入され、1830年にベルギーに戻った。パリのリエージュ通り（Rue de Liège）は8区と9区をつないでいる。命名は1914年である。

リオン Lions 11区の私道であるリオン小路（Cour des Lions）の呼称は、その端を2頭のライオン(リオン)像が飾っていることに由来する。

リオン・サン=ポール Lions Saints-Paul 1544年に解体される前、サン=ポル館には国王シャルル5世【在位1364-80】と6世【在位1382-1422】の時代に有名だった、見世物用の動物小屋があった。その後、この小屋は1492年頃にトゥルネル館に移されていた。4区のリオン=サン=ポール通り（Rue des Lions-Saint-Paul）は、かつて

リオン通りと呼ばれていたが、サン=ポル館の跡地に敷設されたこの通りの呼称は、動物小屋に由来する。

リオ・ド・ジャネロ Rio de Janeiro リオデジャネイロのこと。ブラジルの旧首都（現在はブラジリア）で、新グアナバラ州の州都。市域の人口632万【2011年】のこの大都会は、同国の主要な港湾都市であり、町を囲む急峻な尖峰のひとつの上には、有名なキリスト像が立っている。とくに世界中のだれもが知っているのは、市内各地域からすべての「エスコラ・ディ・サンバ（サンバ学校）」が参加する、大規模なカーニヴァルとその熱狂である。リオ=ド=ジャネイロ広場（Place de Rio-de-Janeiro）は、1949年から8区にある。

リケ Riquet 1604-80年。ピエール=ポール・ド・リケは南仏モンペリエ南西方のベジエに生まれ、トゥールーズで没した技術者。トゥールーズを起点とし、アグドを経て、地中海沿岸のトー塩湖へといたる全長241キロメートルのラングドック運河、のちにミディ運河と呼ばれることになる大運河は、彼の指揮下で建設されている。リケがこの運河計画をコルベールに提出したのは1662年、工事が始まったのは4年後の66年だった。建設資金がなかったためである。そのため、彼は全財産をこの事業のために提供したが、完成をみることはできなかった。開通式の半年前に他界してしまったからである。パリの18区と19区を結ぶリケ通り（Rue Riquet）は1865年からある。彼の生地にもポール=リケ小路があり、その美しさで知られている。

リコー Ricaut 13区のリコー通り（Rue Ricaut）は、開通当初からそこに住んでいた家主のひとりにちなんで命名されている。

リゴーヌ Rigaunes 1区と9区のあいだに位置するリゴーヌ袋小路（Impasse des Rigaunes）の呼称は、旧地名のリゴーヌないしリゴヌ（Rigones）に由来する。この地名自体は、かつてサン=マルタン=デ=シャン修道院【→サン=マルタン】に通じるベルヴィル水道橋に水を送っていた、

小給水溝を意味する。

リゴル Rigoles　20区のリゴル通り（Rue des Rigoles）は、1730年以来、小路として知られてきた。「水路・溝」を意味するその呼称は、かつてベルヴィルとプレ＝サン＝ジェルヴェの送水路へと水を導くため、通りの中央部と両側に掘られていた数多くの小運河に由来する。

リザ Lisa　11区のリザ小路（Passage Lisa）は、その旧地主の娘にちなんだ呼称である。レオナルド・ダ・ヴィンチ（レオナール・ド・ヴァンシ）から借りてきた名前では決してない…

リシェ Richer　9区のリシェ通り（Rue Richer）は1782年の命名になる。名祖は、平貴族でサン＝ミシェル騎士修道会【1469年にルイ11世がアンボワーズに創設した修道会】の一員としてパリ市の街区長、さらに1780年にその参事会員となったジャン＝シャルル・リシェである。

リシャール Richard　15区のリシャール袋小路（Impasse Richard）は、それが敷設された土地の所有者の名でよばれている。

リシャール・ド・クーデノヴ＝カレルジ Richard de Coudenhove-Kalergi　1894-1972年。リヒャルト・ニコラウス・栄次郎・クーデンホーフ＝カレルギーのこと。東京生まれのこのオーストリア人外交官【ヒトラーとナチスに反対して迫害された彼の父は、オーストリア＝ハンガリー二重帝国特命全権駐日大使のハインリヒ・クーデンホーフ＝カレルギー、母はその大使公邸で働いていた青山みつ（のちに夫姓を名乗り、名も光子に。オーストリアに帰化し、カトリックに改宗した）】は、ウィーン大学に学んで哲学の博士号を得ている。

彼は汎ヨーロッパ運動の創始者で、1926年からヨーロッパ24か国の代表が参加した汎ヨーロッパ会議を主宰した。こうした彼の主導的な活動によって、1949年、欧州評議会が誕生した。彼の名を冠したリシャール＝ド＝クーデノヴ＝カレルジ広場（Place Richard-de-Coudenhove-Kalergi）は、1982年から16区にある。

リシャール・バレ Richard Baret　1946年4月から69年10月9日に急逝するまで17区の区長をつとめていたバレ氏は、適応不良児や高齢者たちの数多くの問題にとり組んだ。人間のあらゆる苦境や困難に注意を払っていた彼の名は、1976年に命名された17区のリシャール＝バレ広場（Place Richard-Baret）に残っている。

リシャール＝ルノワール Richard-Lenoir　1765-1839年。フランソワ・リシャールは北仏カルヴァドス県のエピネ＝シュル＝オドンに生まれ、パリで没した実業家。共同事業者のルノワール＝レフレーヌ【1768-1806】の名をつけて、リシャール＝ルノワールと通称される彼は、まずルーアンの店員、ついでパリのカフェで給仕となった。1786年のことである。そして数年後、幸運にもイギリス産バザン（亜麻布と綿糸の綾織物）への投資で財を築いた彼は、パリ南東方のヌムールに土地を買い、恐怖政治【1793年6月-94年7月。→シェニエ】の後の1797年、ルノワール＝レフレーヌとともに、それまでイギリスから輸入するだけだったバザンの製造を始める。その最初の販売店は、ベルフォン通りの旧ガンゲット【安酒場・食堂】内にかまえた。

やがて彼はマレ地区のトリニ館、さらにシャロンヌ通りの旧ボン＝スクール修道院に拠点を移す。そして1806年、ルノワール＝レフレーヌが他界すると、リシャール＝ルノワールはひとりでバザンの製造と取引を続ける。1814年に密接な関係にあった皇帝ナポレオンが退位すると、国外追放の処分が下されたが、顧客だったロシア皇帝のおかげで、その処分を免れることができた。だが、復古王政によって、【年金と引き換えに】全財産を売却せざるをえなくなった。こうして彼は困窮のうちに生涯を終え、年金は甥に遺贈した。11区には彼の名を冠したリシャール＝ルノワール大通り（Boulevard Richard-Lenoir）が1859年から、同名の通り（Rue Richard-Lenoir）が50年からある。

＊リシュパンス Richepanse　1770-1802年。

リシュモン

アントワヌ・リシュパンスはメスに生まれ、グアドループ（グワドループ）のバス＝テールで没した軍人。フランス革命勃発時、伍長だった彼は革命の原理原則を熱狂的に受け入れた。1796年、アルテンキルヒェン【ドイツ西部ラインラント地方】の戦いで軍功をあげ、少将に昇進する。さらにノーヴィの戦い【イタリア西北部】にくわわったのちの1799年、中将に叙せられる。1802年、グアドループでの叛乱鎮圧のために派遣され、まずポワンタ＝ピートル、ついでバス＝テールを奪還する。だが、それからまもなくして、黄熱病に罹って病没した。ナポレオンは彼の働きに感謝して、その未亡人に伯爵夫人の称号をあたえた。1区と8区を結ぶリシュパンス通り（Rue Richepanse）は1807年に命名されている【1998年、シュヴァリエ＝ド＝サン＝ジョルジュ通りに改称】

リシュモン Richemont 1393-1458年。ブルターニュおよびトゥーレーヌ公で、エタンプ、ドゥルー、モンフォール、リシュモン伯でもあったアルテュール2世は、1424年、フランス大元帥に叙されている。彼は当時おこなわれたほとんどの戦争で戦った。北仏アラス近郊でのアザンクールの戦い【百年戦争下の1415年、フランス軍がヘンリー5世（イングランド王在位1413-22）率いるイングランド軍に大敗した】のあと、彼は全身に傷を受け、瀕死の状態で捕虜となった【ヘンリー5世死去後の1422年釈放】。さらにシャルル7世【国王在位1422-61】のもとで、イングランド軍のみならず、国王の寵臣たちとも戦った。

1457年、リシュモンはブルターニュ公に叙せられ、翌年没するまでこの地を統治したが、大元帥の肩書は維持したままだった。それについて、彼はこう言っている。「わが人生に名誉をあたえてきた任務を、老いても誇りとしたい」。リシュモン通り（Rue de Richemont）は、1877年から13区にある。

リシュラン Richerand 1779-1840年。アンセルム・リシュランは19世紀前葉に名声をはせた外科医。その名がついた10区のリシュラン大通り（Avenue Richerand）は、パリの孤児院が有する土地に開通している。命名は1851年である。

リシュリュー Richelieu 1585-1642年。アルマン・ジャン・デュ・プレシー・ド・リシュリューは、パリを生没地とする枢機卿・政治家。1594年、ナヴァール学寮に入った彼は、やがて神学の素養を深め、1606年、フランス西部ヴァンデ地方のリュソン司教に叙せられる。そして1614年の三部会で聖職者代表となり、王太后マリ・ド・メディシスの寵を受け、ルイ13世【国王在位1610-43。→ドーフィヌ】の妃アンヌ・ドートリシュ【→サン＝タンヌ】の聴罪司祭や国務評定官、さらに1616年からは王太后の尚書局長をつとめる。だが、王太后の寵臣・宰相だったコンチーニ【→クール・ラ・レーヌ、メディシス】が失脚すると、リシュリューもまた更迭されてしまう。こうしてアヴィニョンに逼塞していたが、ルイ13世と王太后の仲介役として政治の表舞台への復帰する準備は怠らなかった。

1622年、両者は和解し、リシュリューはその功を認められて枢機卿に叙され、2年後には最高国務会議議長【事実上の宰相】となる。この叙任に際して、彼は国王にこう言ったという。「陛下、私はすべての才覚と自分にあたえられた権威を駆使してユグノー（プロテスタント）勢力を弱体化させ、有力者たちの思い上がりをくじき、さらにあらゆる臣下をその本分に戻らせ、外国において陛下の御名をしかるべき高さまで引き上げることを誓います」。まことに立派な誓約ではある…

当時、プロテスタントたちは実質的な国家内国家をつくっていた。そこでリシュリューは、1626年、彼らをレ島【フランス中西部ラ・ロシェルの沖合】とオレロン島【フランス南西部ジロンド河口沖合】に拘束する。翌年、イングランド軍がユグノーたちを支援すると、その拠点であるラ・ロシェルを攻略することを決意する。攻囲戦は14か

月に及んだが、この戦いを制した彼は、1629年、南仏ラングドック地方のアレスで和平協定を結び、政治勢力としてのプロテスタントの存在に終止符を打つ。さらに、当時20年間で4000人あまりの貴族が命を落としたとされる決闘慣行を終わらせることにも力をそそいだ【彼は1619年に兄弟を決闘で失っている】

だが、いうまでもなくこの枢機卿に対する陰謀は数多かった。たとえば1630年11月10日の「欺かれた者たちの日」【→メディシス】では、政治的にあやうく失脚しかかったところを国王の機転で救われている。母太后を中心とするこの陰謀の結末は、反対勢力だったシャルル・ド・マリヤック【1563-1632。国璽尚書】の追放とフランソワ・ド・バソンピエールのバスティーユ投獄、母太后のコンピエーニュ城幽閉および国王の王妃に対する気持ちの離反だった。陰謀が成功すれば、リシュリューの栄光が崩れ落ちるはずだった。

こうした枢機卿の失脚を狙う陰謀はしばしば繰り返された。しかし、モンモランシー公やシャレ伯【1599-1626】やソワソン伯【1604-41】、サン゠マール【1620-42】といった陰謀の首謀者たちは、いずれも失敗して処刑されている。

一方、政治家としてのリシュリューは王国のために積極的に動いた。たとえば、ペール・ジョゼフ【1577-1638。カプチン会修道士。リシュリューの「影の参謀」とよばれた】の援助でハプスブルク家との争いを有利に導き、三十年戦争【1618-48年】ではアルザス、北仏のアルトワ、南仏のルシヨンといった地方を獲得している。さらに1632年には、イングランドからカナダを割譲させ、マルティニクやグアドループ【グワドループ】、グレナダなどの西インド諸島をフランス領にしてもいる。

リシュリューはまた宰相在任中、文学や芸術を大いに庇護し、1635年にはアカデミー・フランセーズを創設してもいる。彼は臨終に際してこう述べたという。「私が敵としたのは国家の敵だけである」。だが、

それ以前、彼はこうも言っている。「みずからの考えや感情を偽ることは、王として知るべき術である」、「ある人物にかんする文章が2行あれば、私はどれほど無実な者であれ、告訴することができる」。彼の名を冠した1区・2区のリシュリュー通り（Rue de Richelieu）は生前中の1634年、1区のリシュリュー小路（Passage de Richelieu）は没後35年目の77年からある。

リショム Richomme　1785-1849年。ジョゼフ・テオドール・リショムはパリを生没地とする版画家。1806年にローマ大賞を受賞した彼は、帰国後、速やかに知られるようになり、1826年には学士院会員となった。おもな作品としては以下がある。『ヴァスコ・ダ・ガマに王冠を授け、その発見を激励するテテュス』や『ネプチューンとアンフィトリテ』、さらにラファエロ（ラファエル）原画の『聖家族』【いずれも発表年不詳】など。彼の名を冠したリショム通り（Rue Richomme）は、1864年から18区にある。

＊リス Lys　かつて20区にあったヴィラ・リス（Villa des Lys）の所有者たちは、1922年、このヴィラに百合を意味するリスという名をつけることにした。おそらくそれは彼らの庭に百合が咲いており、皆がそれをこよなく愛でていたためだろう。

リズネ Riesener　1734-1806年。ジャン゠アンリ・リズネは、ドイツのグラートベックに生まれ、パリで没した家具職人。1774年から84年にかけて、王室から数多くの注文を受けて、家具調度品を作っている。たとえば彼は師のジャン゠フランソワ・エベン【1721-63】が手がけた有名なルイ15世【国王在位1715-74】の机を完成させ、ルイ16世様式のもっとも多作かつ革新的な製作者のひとりとなった。リズネ通り（Rue Riesener）は1990年から12区にある。

リスフラン Lisfranc　1790-1847年。ジャック・リスフラン・ド・サン゠マルタンは、フランス中東部ロワール県のサン゠ポール゠エン゠ジャレに生まれ、パリで他界した

リスホンヌ

外科医。1812年、ザクセン遠征に軍医としてくわわり、帰国後、メスの病院の筆頭医師に任命される。在職中、チフスに罹ってあやうく命を落としかけたが、復古王政後の1824年から、パリのピティエ病院で主任外科医をつとめるようになる。師であり、友人でもあったデュピュイトランと激しく対立した彼は、こと手術の巧さにかけてはひけをとらなかった。中足足根間関節離断、通称「リスフラン関節捻挫（靭帯損傷）」の治療法をフランスに導入、完成させたのが彼である。『ピティエの外科治療論』【3巻、1842年】を著している彼の名は、1875年から20区のリスフラン通り（Rue Lisfranc）に残っている。

リスボンヌ Lisbonne　ポルトガルの首都リスボン（リスボンヌ。ポルトガル語でリジュボワ）は、エストラマドゥール地方にあり、テージョ川の河口に位置している。フェニキア人が建設した都市で、伝説によれば建設者はオデュッセウス（ユリシーズ）だという。その最初の地名がウリシッポないしオリシポナだったからである。8世紀にムーア人に占拠されたリスボンが、最終的にポルトガル人のもとに戻ったのは1147年。アフォンソ・エンリケス【初代ポルトガル王在位1139-85。レコンキスタ（国土回復運動）を旗印に、第2回十字軍の一部と連合してムーア人勢力を駆逐した】による。1260年から、歴代のポルトガル王はこの町に居を定め、大航海時代の15世紀には海外領土があいついで建設されて、リスボンはヨーロッパでもっとも豊かな町となった。その富は1531年の大地震でもゆらぐことがなかった。

　ヨーロッパの地図におけるリスボンの凋落は、イスパニア人の支配下に入った1619年に始まる。1755年には2度目の大地震に襲われて町の半分が破壊され、ポンバル侯爵セバスチャン・デ・カルヴァーリョ【1699-1782。宰相としてポルトガルの財政改革や工業化、さらに海外植民地の経営にも辣腕を発揮した】によって再建されている。1807年にはナポレオン軍に占領され

てもいるこの町の出身者としては、たとえばルイス・デ・カモンイス（カモエンス）や、ジェロニモ・ロボ【1593-1678。エチオピアで宣教活動をおこなったイエズス会士】などがいる。リスボンヌ通り（Rue de Lisbonne）は、1826年から8区にある。

リズロン Liserons　1828年に開通した13区のリズロン通り（Rue des Liserons）は、植物の名を冠した道路群の1本である。ただ、リズロン（ヒルガオ）は庭園師たちにとっては「苦労の種」といえる。地中深く根を張るそれは、他の植物に絡みつくため、扱いが難しいからだ。このヒルガオを除去したいなら、ウマゴヤシの種を蒔けばいいだろう。

リップマン Lippmann　1845-1921年。ガブリエル・リップマンはルクセンブルクのホレリヒで生まれ、大西洋の客船で急死した物理学者。毛細管電位計（リップマン電位計）や毛細管電気モーターなどを考案し、さらに乾電池や電解質の分極化、ガラスの電気膨張、オームの確定にも関心をいだいた。電気の保存原理も提唱したが、とりわけ大きな功績は、カラー写真の考案である。1886年から科学アカデミーの会員となった彼は、1908年にノーベル物理学賞を受賞している。彼は1932年に20区の通りにその名前をあたえている。リップマン通り（Rue Lippmann）がそれである。

リデ Ridder　リデー（ル）氏は、1909年に敷設された14区のリデ通り（Rue Ridder）に、最初から住んでいた家主のひとり。ちなみに、この通りとは無縁だが、リデとは、フランソワ1世下で鋳造された金貨の謂いでもある。

リトレ Littré　1801-81年。エミール・リトレはパリを生没地とする哲学者・辞書編纂者・医師・政治家。病院の研修医をつとめたのち、すべてを『ヒポクラテス著作集』（1839-61年）の編纂・翻訳に注ぎ込んだ。1838年、その会員に選ばれた碑文・文芸アカデミーから、『フランス文学史』の編纂事業を託された彼は、1867年、実証哲学の雑誌を創刊している【リトレは実証主

義の祖であるオーギュスト・コントを敬愛し、その死後は実証主義の中心人物と目された】

しかし、彼が名声を博したのは、世界的に有名な『フランス語辞典』（1863-72年）を世に送り出したことによる。1875年、リトレは終身元老院議員となるが、人類にかんするあらゆる分野に、彼ほど目を向けた者はほとんどいないだろう。リトレ通り（Rue Littré）は、1882年から6区にある。

リニー Rigny 1782-1835年。リニー伯アンリ・ダニエル・ゴーティエは**ロレーヌ**地方のトゥールに生まれ、パリで他界した海軍将校・政治家。若くして海軍に入った彼は、1806年から07年にかけて国民海兵隊とともにプロイセンやポーランド（**ポローニュ**）で戦った。スペイン戦役でベシエールの副官をつとめたのち、1816年、艦長に任命される。さらに1622年、叔父のルイ男爵こと、ジョゼフ＝ドミニク・ルイ【1755-1837。2度の復古王政期と7月王政時に財務大臣を数度つとめた】の後押しで、レヴァント艦隊の指揮官となる。

そして、みずからフランス艦隊を率いて戦ったナヴァリノの海戦【ギリシアの独立戦争中の1827年、ペロポネソス半島西側のこの湾で英・仏・露軍がオスマン帝国艦隊と戦い、勝利した】のあと、副提督に叙せられる。1831年から34年にかけて海軍・植民地大臣、34年から35年まで外務大臣、35年3月からは首相をつとめた。8区のリニー通り（Rue de Rigny）は、彼が没して30年後の1864年に命名されている。

リニエ Ligner 20区のリニェ通り（Rue Ligner）は、かつては小路とよばれていた。呼称はこの通りに住んでいた旧地主の名に由来する。

リネ（リンネ）Linné 1707-78年。カール・フォン・リンネは、スウェーデン南部のステンブルーフルトに生まれ、ウプサラで没した医師・博物学者・生物学者。24歳の時、雄しべと雌しべによる植物の分類を思いつく。1732年、彼は極北のラップランドとコーカサスに派遣されたが、調査にあまりにも長い時間を費やしたため、周囲の嫉妬

を買った。そのため、帰国すると、ただちにオランダへ、さらにイギリスやフランスへ居を移さざるをえなかった。

パリでジュシューと親交を結んだリンネは、帰国すると、国王から侍医と専属の植物学者に任命される。やがて王立ストックフォルム（**ストコルム**）科学アカデミーの会長やウプサラ大学の植物学教授をつとめることになる。彼の分類法、通称「リンネ分類法」は、見分けるのが容易な雌雄蕊をその基盤としたことで成功したといえる。『自然の体系』（1735年）や『植物の種』（1753年）などを著した彼をたたえて、1865年に命名されたリンネ通り（Rue Linné）は15区ある。

リノワ Linois 1761-1848年。リノワ伯レオン・デュランは、**ブルターニュ**半島先端のブレストで生まれ、**ヴェルサイユ**で他界した海軍中将。1794年、彼は**ヴィラレ・ド・ジョワイユーズ**の指揮下でイギリス軍と戦い、捕虜となる。だが、まもなく釈放され、1799年、インドに向かう。その最大の戦績は、インドから戻った1801年、スペイン最南部アルヘシラスの戦いで、提督トマス・コクラン卿【1775-1860】が率いるイギリス海軍を破ったことである。翌1802年、再びインドに遠征した彼は各地で戦う。しかし、再びイギリス軍の捕虜となり、1806年、イギリス本国に移送される。

1814年に釈放された彼は、国王ルイ18世【在位1814-15／1815-24】からグアドループ（**グワドループ**）総督に任命される。だが、リノワにはあきらかに運がなかった。イギリス軍に島を包囲され、やむなくこれを放棄しなければならなかったからである。帰国した彼は軍事法廷に召喚される。判決は無罪だったが、1816年、引退を余儀なくされた。15区のリノワ通り（Rue Linois）は1864年からある。

リノ・ヴァンチュラ Lino Ventura レスラーから俳優に転じたリノ・ヴァンチュラ、本名アンジェロ・ボリーニは、1919年にイタリアのパルマで生まれ、1987年にパリ西郊のサン＝クルーで没している。8歳

リハン

のとき、家族とともにパリに移住し、若いときからさまざまな仕事につき、とくにレスリングの世界ではなばなしい活躍をする。だが、試合中の事故でリングを諦めざるをえなくなる。やがて、彼のがっしりした体格が何人かの映画監督の関心を引き、ジャック・ベッケル（1906-60）によって俳優の道に入る。初出演は1954年封切りの『現金に手を出すな』だった。

　以来、ヴァンチュラは最晩年まで数多くの印象深い映画に出演するようになる。『筋金（やき）を入れろ』【1955年】、『赤い灯をつけるな』【1957年】、『死刑台のエレベーター』、『モンパルナスの灯』、『情報（ネタ）は俺が買った』、『ボディガードに救われる』【以上、1958年】、『地獄の決死隊』、『墓場なき野郎ども』【以上、1960年】、『飾り窓の女』【1961年】、『港町』【1962年】、『男たちの掟』【1966年】、『冒険者たち』【1967年】、『影の軍隊』、『シシリアン』【以上、1969年】、『ラムの大通り』【1971年】、『死にゆく者への調べ』【1972年】、『男と女の詩』、『殺し屋とセールスマン』【以上、1973年】、『屈辱』【1974年】、『検察官』【1981年】、『レ・ミゼラブル』【1982年】、『第7の標的』【1984年】、そして遺作となった『ルンバ』【1987年】などである。

　人生最後の数年間、彼は障害をもつ子供たちのために、財団を創設してもいる。そんな彼をたたえて1999年に命名されたリノ＝ヴァンチュラ広場（Place Lino-Ventura）は、9区にある。

リバン Liban　20区のリバン通り（Rue du Liban）の名祖はレバノン（リバン）共和国ではなく、同国の山脈である。全長約160キロメートルのレバノン山脈は、山肌が白い石灰岩で覆われているところから、アラブ語でジェベル・エル・リブナン（「白い山並み」）とよばれる。最高峰はクルナ・アッサウダー山（標高3088メートル）。このレバノン山脈は、山腹の巨大なレバノン杉で知られていたが、今ではそれもごくわずかとなっている。

リブテ Riboutté　9区のリブテ通り（Rue

Riboutté）は1781年、リブテ氏の旧所有地に開通している。おそらく彼は劇作家フランソワ・ルイ・リブテ【1770-1834】の父親だろう。1808年に発表した喜劇『家族会議』で成功した——ただし、相対的に——この劇作家は、物質的な確かさを得るため、公認仲買人の資格を購入している。

リブレット Riblette　旧シャロンヌ村で最古の通りだった20区のリブレット通り（Rue Riblette）は、16世紀初頭から知られている。おそらくその呼称は、当時、肉を薄切りにして焼いていたある商人に由来すると思われる。こうして調理された肉がリブレットとよばれていたからである。

リベ Ribet　15区にあるリベ小路（Passage Ribet）の呼称は、この小路が敷設された土地の所有者にちなむ。

リベラ Ribera　1588-1658年。ホセ・デ・リベ（一）ラ、通称「エスパニョレ」は、スペインのバレンシア近郊にあるハティバに生まれ、ナポリ（ナブル）で没したバロック期の画家。1606年、イタリアに移ってミケランジェロ（ミケラーンジュ）に師事した彼は、1616年、ナポリに移り住んで、画商【画家？】の娘と結婚する。この結婚はよい選択だった。まもなく義父だけでなく、スペイン副王からも寵愛された画家となったからである。

　一説に、彼はかなり嫉妬深く、その対象は妻のみならず、他の画家たちにも向けられていたという。そして、愛娘がオーストリアのドン・ファンによって誘惑されたことを知った彼は、悲しみのうちに息を引き取ったともいう。だが、こうした説をそのまま受け入れてはならないだろう。

　テネリスモ（明暗の対比を強調した画面構成）を得意としたリベラの作品としては、『聖アンドレの殉教』【1628年】や『マグダラのマリアの変容』【1636年】、『聖アヌアリウスの奇蹟』【1646年】、『羊飼いたちの礼拝』【1650年】などがある。16区にあるリベラ通り（Rue Ribera）は、1869年に命名されている。

リベルテ Liberté　19区のリベルテ（自由）

通り（Rue de la Liberté）は、**エガリテ**（平等）通りと**フラテルニテ**（博愛）通りとともに、フランス革命後10年目の1889年に開通している。いうまでもなくこれは共和国の標語である【もとはフリーメイソンの標語】

リベロル Ribérolle　1903年に建設された20区のヴィラ・リベロル（Villa Ribérolle）は、最初からそこに住んでいた家主のひとりにちなんで命名されている。

リボ Ribot　11区にあるシテ・リボ（Cité Ribot）もまた、最初からそこに住んでいた家主のひとりを名祖とする。

リマーニュ Limagne　リマーニュはフランス中部オーヴェルニュ地方、とくにピュイ＝ド＝ゴーム県とアリエ県にまたがる平原。全長約65キロメートル、幅20-35キロメートルで、第3紀の古い湖が、アリエ川によってきわめて肥沃な土をもたらしている。13区のリマーニュ小公園（Square de la Lomagne）は1932年からある。

リムスキー＝コルサコフ Rimsky-Korsakov　1844-1908年。リコライ・リムスキー＝コルサコフは、ロシア・レニングラード州のティフヴィンに生まれ、同州のリューベンスクで没した作曲家。パリは1889年の万国博のとき、ロシア楽派の作曲家全体と同時に、彼を見出した。その作品としては、『5月の夜』【1878-79年】や『シェヘラザート』、『ロシアの復活祭』【いずれも1888年】、『クリスマス・イヴ』【1894-95年】、『皇帝の花嫁』、『モーツァルトとサリエリ』【いずれも1898年】、『サルタン皇帝の物語』【1899-1900年】、『金鶏』【1906-07年】などがある。この作曲家をたたえて1991年に命名されたリムスキー＝コルサコフ小路（Allée Rimsky-Korsakov）は、18区にある。

リムザン Limousin　フランス中西部、マルシュ、アングーモワ、ペリゴール、ケルシー地方のあいだに位置する旧地方で、古代ガリアのレモウィケス族の支配地に相当する。ローマ人に征服されたが、6世紀から10世紀にかけては、ラ・ドラやサン＝レオナール、サン・マルシャル・ド・リモー

ジュといった、きわめて重要な修道院文化が花開いた。9世紀にノルマン人によって荒らされたこの地は、やがてエレオノール・ダキテーヌ【1122-2104。アキテーヌ公領相続人】の領地となり、1152年、彼女は婚資としてこれを夫のヘンリー2世【イングランド王在位1154-89。プランタジネット朝初代】に提供した。

だが、15世紀にはアルブレ家【アンリ4世の母ジャンヌからの名門貴族。16世紀にはナヴァール王国をふくむフランス南西部全域を支配下に置いた】に帰属し、**アンリ4世**の戴冠時にフランス王室の所領となる【1607年】。高地リムーザン地方の主要都市としては、中心のリモージュやサン＝ティリエ＝ラ・ペルシュ、サン＝ジュニャン、エムーティエ、低地リムーザン地方にはテュル、ブリーヴ、ユゼルシュなどがある。13区には1932年からリムザン小公園（Square du Limousin）がある。

リヤヌ Lyanes　20区のリアヌ通り（Rue des Lyanes）は、かつてはリアンヌ（Lyannes）通り、それ以前はチューリップの一種を意味するリヤント（Lyantes）通りとよばれていた。この通りは1849年に敷設されている。

リヤール Liard　1846-1917年。ルイ・リヤールは北仏カルヴァドス県のプレーズに生まれ、パリで没した哲学者・行政官。1874年から80年まで**ボルドー大学**の文学部教授だった彼は、同市の参事会員や助役もつとめた。1880年には北仏カーンの大学区長、ついで公民教育省の高等教育局長となる。さらに1902年にはパリ大学総長、その数年後には大学区長に任命されている。彼はまた**ピエール・ラルース**とともに『大百科事典』の編纂に携わり、『現代イギリスの論理学者たち』【1878年】や『道徳と市民教育』【1883年】などを著してもいる。彼の名を冠した14区のリヤール通り（Rue Liard）は1926年からある。

リャンクール Liancourt　1747-1827年。フランソワ・ド・ラ・ロシュフコー＝リャンクールは、フランス中北部ヴァル＝ドワー

リュイリエ

ズ県のロシュ＝ギュイオンに生まれ、パリで没した慈善家。1768年、デュ・バリ夫人【1743-93。ルイ15世の愛妾。策謀を駆使して政治を動かしたが、フランス革命時に処刑された】の奸計によって失脚したこの公爵は、イギリスを旅し、帰国後、北仏オワーズ県のリャンクールの所領に落ち着く。そして、そこに模範的な農場と、貧しい兵士たちの子弟を受け入れる工芸学校を設ける【1780年】。ルイ16世【国王在位1791-92】は、この学校を庇護下におき、やがてシャロンの工芸学校へと発展するこれに愛国子弟学校の名をあたえた。

バスティーユ陥落4日後の1798年7月18日、ロシュフコー＝リャンクールは王政主義者だったにもかかわらず、国民議会議長となり、革命思想と君主制の共存を図り、穏健な立憲王政を唱えたフイヤン派の一員として活動する。そして、1790年にはリャンクールに機械織り機による綿紡績工場を建て、ルイ16世のために15万リーヴルもの大金を拠出する。だが、そのために革命政府の怒りをかい、亡命を余儀なくされ、イギリス、ついでアメリカ合衆国へと赴く。執政府が始まる1799年に帰国した彼は、国内でのワクチン普及に尽力する。

彼は帝政期にリャンクールに戻り、復古王政で貴族院議員となる【1814年】。さらに、施療院委員会や農業委員会、監獄理事会などの委員を無償でつとめるが、1823年、貴族院であまりにも身勝手な行動をとったとして、これらすべての名誉職から外されてしまう。それでも科学アカデミーの会員に選ばれると、彼は再度リャンクールに戻り、そこにフランス最初の貯蓄金庫を設立するのだった。彼を名祖とするリャンクール通り（Rue Liancourt）は、1865年から14区にある。

リュイリエ Lhuillier 15区のリュイエ通り（Rue Lhuillier）は、その呼称をおそらくマリ・リュイエ【1597-1650】に負っている【ただし、リュイエの表記はLuillier】。彼女は1630年、子女教育もおこなった聖十字架女子修道会を創設している。この修道会は1641年から43年まで、現在のリュイエ通りと近接しているヴォージラール通り350番地に修道院をかまえていた。なお、1504年から94年まで、リュイエ一族のウスタシュ【1504-05】、ジャン【1530-31】、ニコラ【1576-78】、さらにもうひとりのジャン【1592-94】がパリの商人頭【市長に相当】をつとめている。先端が袋小路となっている15区のリュイリエ通り（Rue Lhuillier）は、1875年の命名である。

リュイスダル Ruysdael 1628頃-82年。ヤーコプ・ファン・ロイスダール（リュイスダル）はオランダ北部のハールレムを生没地とするオランダ人風景画家。その生涯の詳細は不明だが、1659年にアムステルダムに移り、この地でかなり貧しい生活を送った。1681年、生地に戻った彼は、救貧院の在院者となる。そんな彼の才能が認められ、「オランダの偉大な風景画家」との賛辞が寄せられるようになるのは、19世紀に入ってからだった。素朴で静謐なその絵画は、穏やかで善良な田園生活を映し出している。

ただ、人の表情を描くのはかならずしも得手ではなかったため、友人の画家ふたり、すなわちフィリップス・ワウウェルマン【1619-68】ないしヴァン・デ・ヴェルデ【1636-72】に代筆してもらったという。ロイスダールの作品としては、『森』、『茂み』、『陽光』、『突風』【いずれも制作年不詳。代表作としては『ハールレムの眺望』（1670年頃）など】がある。彼の名がついたリュイスダル大通り（Avenue Ruysdael）は、1869年から8区にある。

リュイソー Ruisseau リュイソー通り（Rue du Ruisseau）は1730年から18区にある。呼称のリュイソーとは「小川」を意味するが、1852年まで、コンスタンタン＝ペクール広場には泉があり、その水が通りを小川のように流れていた。bouc（雄山羊）から派生したビュク（Buc）の名でよばれていたこの泉は、ガリア時代、一種の聖所として敬われていた。水の精がそこに隠れ

ていると考えられていたからである。フランス革命後も、泉には豊かな水量があって、その水は奇蹟的なものとみなされていた。それにもかかわらず、いや、それゆえに泉は共同洗濯場としてもちいられた。そこで洗った下着は幸運をもたらしてくれる。そう信じられていたからだ。

リュイソー・ド・メニルモンタン Ruisseau de Ménilmontant かつてセーヌ川の分流を見下ろすように、小川が周辺一帯を軽やかに流れていた。その水はベルヴィル通りやプレ＝サン＝ジェルヴェ通り、さらにモンマルトル通りの高台から流れ込んでいた。20区のリュイソー＝ド＝メニルモンタン小路（Passage du Ruisseau-de＝Ménilmontant）は、その想い出として1998年に命名されたものである。

リュイヌ Luynes 7区のリュイヌ通り（Rue de Luynes）は、1650年に建てられ、1900年にとり壊されたリュイヌ館の跡地に翌年敷設されている。リュイヌ公爵家はプロヴァンス地方を出自とし【同家の前身であるアルベルチ家はフィレンツェ出身。シャルル7世時代にフランスに移った】、初代のトマ・ダルベール（アルベルチ）は1415年から、ポン＝サン＝テスプリ【南仏ガール県】の国王役人をつとめた。やがて同家からはルイ13世【国王在位1610-43。→ドーフィヌ】の寵臣で、反プロテスタント政策を主導したシャルル（1578-1621）や、官職保有者のオノレ・シャルル（1685-1750）、シャルル・フィリップ（1695-1758）、さらに高位聖職者のオノレ・テオドル・ポール（1703-88）、考古学者のオノレ・ジョゼフ（1802-67）などが出ている。

リューヴァン Lieuvin リューヴァンは北仏ノルマンディの旧地方名。セーヌ川とリュ、トゥク川に囲まれた地域で、現在のカルヴァドス県とウール県に相当する。中心都市はリジュー。リューヴァン通り（Rue du Lieuvin）は、1935年から15区にある。

リュエル Ruelle 18区のリュエル小路（Passage Ruelle）は、最初期に沿道に住んでいた人物にちなんで命名されている。ただ、全長わずか30メートルたらずであるため、リュエル（路地）とよばれてもよかったはずだが、通りの名が「リュエル・リュエル」では、いささか奇矯なものとなるだろう。

リュシアン・エ・サシャ・ギトリ Lucien et Sacha Guitry リュシアンとサシャは父と息子。リュシアン・ギトリ（1860-1925）は、当時としてはめずらしい地味で写実的な芝居できわだった演技をする俳優だった。きわめて激しい性格の持ち主で、実際に彼が言ったかどうかは定かではないが、有名な言葉をいくつも遺している。「恋愛と芝居は支離滅裂にしか語れない」、「エゴイストとは他のエゴイストの幸せを約束するのに1秒たりとも時間を使わない者のことである」、「愚か者たちがオム・デスプリ（才気煥発な人間）をどうしようもないほどイディオ（愚か）だと叫ぶ。それを耳にすることはけっしてめずらしくない。それもそのはず！イディオとは彼ら愚か者たちが考えるオム・デスプリだからだ」

一方、息子のサシャ・ギトリ（1855-1957）は【父親の公演先だった】サンクト＝ペテルブルク（サン＝ペテルスブール）で生まれている。役者としての資質はさておき、彼はみごとな戯曲家だった。その作品としては、『奇術師』【1917年】や『イカサマ師の話』【1936年】、『シャンゼリゼを上ろう』【1938年】、『聞かないで、マダムたち』【1942年】、『もしもヴェルサイユについて語るなら』【1953年】などがある。

機知に富み、かなりの辛辣家でもあった彼は、次のように言っている。「私が知っているわずかばかりのこと、それは私が無知だということだ」、「ひとたび話をしだしたら、言うべき何かを見つけるまで話を続ける者がいる」、「不可解で凝りすぎた文章に目眩を覚えるときは、思い出してほしい、その目眩を引き起こすものの正体がじつは空虚であるということを」、「真面目な女性たちは自分が犯してもいない過ちに思い悩む」、「男にとっての成功とは、妻が浪費す

リュシアン

る以上の金を稼げるようになる、ということである」。彼ら親子の名を冠したリュシアン＝エ＝サシャ＝ギトリ通り（Rue Lucien-et-Sacha-Guitry）は、1969年からある。それまで（1934年以降）、この通りはリュシアン＝ギトリ通りとよばれていた。

リュシアン・エール Lucien Herr 1864-1926年。5区のリュシアン＝エール広場（Place Lucien-Herr）は、国立高等師範学校の図書館長だったエール氏にちなんで、1927年に命名されている。

リュシアン・ゴーラール Lucien Gaulard 1850-88年。18区のリュシアン＝ゴーラール通り（Rue Lucien-Gaulard）は、1907年、同区に住んでいた技師に名にちなんで命名されている【電気技師のゴーラールは、1882年に変圧器を共同開発している】

リュシアン・サンペ Lucien Sampaix 1899-1941年。リュシアン・サンペはドイツ軍に銃殺されたジャーナリスト。10区には1946年にその名を冠したリュシアン＝サンペ通り（Rue Lucien-Sampaix）がある。

リュシアン・デカーヴ Lucien Descave 1861-1949年。パリを生没地とするリュシアン・デカーヴは、自然主義作家でジャーナリスト。ときに多少とも辛辣ないし悲壮な文体を駆使していた彼は、《フィガロ》紙をはじめとする多くの新聞に寄稿した。主な作品としては『古ネズミ』【1883年】、軍隊中傷と良俗侮蔑の嫌疑で重罪院に訴追されたが、裁判で無罪となった『下士官』【1889年】、さらに『幽閉者たち』【1894年】、『去勢鶏』【1980年、共著】、『檻』【1898年】などがある。1887年には『大地』を発表したエミール・ゾラに反対する運動にくわわってもいる【この作品の大胆な性描写は当時各方面から指弾された】。ゴンクール委員会のメンバーでもあった彼の名は、1954年、14区の大通りにつけられている。リュシアン＝デカーヴ大通り（Avenue Lucien-Descave）がそれである。

リュシアン・ファンタナロザ Lucien Fantanarosa 1912-75年。パリで生まれ、没した画家のリュシアン・ファンタナロザは、みごとなまでの色使いで知られた。17区には1992年からリュシアン＝ファンタナロザ公園（Jardin Lucien-Fantanarosa）がある。

リュシアン・ボストーロ Lucien Bossoutrot 1890-1958年。民間航空の草分け的な飛行士だったリュシアン・ボストーロは、第1次世界大戦での空中戦で目覚しい軍功をあげた。大戦後の1919年、彼はロンドンとパリを結ぶ定期的な商業便とパリ-カサブランカの直行便を開拓している。第2次世界大戦ではドイツ軍に逮捕されたが、何とか脱出に成功し、ロート県のレジスタンス活動を支援するため、武装パラシュート部隊を編成した。15区のリュシアン＝ボストーロ通り（Rue Lucien-Bossoutrot）は、1981年に彼に捧げられている。

リュシアン・ランボー Lucien Lambeau 1854-1927年。生涯をパリの歴史研究に捧げたリュシアン・ランボーは、この分野できわめて重要かつ興味深い仕事を遺した【著作にはパリに編入された村落史の『ヴォージラール』【1812年】や『グルネル』（1814年）などがある】。彼の名を冠したリュシアン＝ランボー通り（Rue Lucien-Lambeau）は、1932年から18区にある。

リュシアン・ルーヴェン Lucien Leuwen 20区の私道であるリュシアン＝ルーヴェン通り（Rue Lucien-Leuwen）は、1977年に命名されている。スタンダール通りと交錯しているところからすれば、通りの呼称が、『赤と黒』の作家の有名な小説『リュシアン・ルーヴェン』の題名に負っているとしても不思議ではないだろう。この未完の作品は1834年から35年に書かれたもので、最初の題名は『緑の猟人』だった。主人公の「なにほどか繊細さを帯びていた若者」は、共和主義的な思想の持ち主だったために国立理工科学校（エコール・ポリテクニーク）を追われる。だが、やがて重要なポスト【陸軍少尉】をえて、ルイ＝フィリップ時代の政治的な策略や選挙の駆け引きの証人となる。

　スタンダールは彼の嗜好や考えの化身で

あるリュシアン・ルーヴェンをとおして、独力でも成功できるということを証明しようとした。彼はこの作品でこう書いている。「人間の魂はさながら悪臭を放つ沼のようだ。そこを早く通りすぎなければ、沈んでしまう！」、「老いとは狂気が奪われ、幻想と情熱が欠如すること以外の何ものでもない」

リュテ（ー）ス Lutèce リュテスとはケルト語で「沼沢地」を意味するlouk-teihに由来する。パリ揺籃の地であるリュテス（ルテチア）は、ゴール人の時代、現在のシテ島にあった。ケルト人のパリシ族によって建設されたこの地域は、451年聖女ジュヌヴィエーヴ（**サント＝ジュヌヴィエーヴ**）によってフン（アッティラ）族の侵攻をくいとめた歴史を有する。パリという呼称はこの頃から用いられている。4区のリュテス通り（Rue de Lutèce）は、1787年の開通である。

リュード Rude 1784-1855年。フランソワ・リュードはディジョンに生まれ、パリで没した彫刻家。ふつうの錠前【鍛治？】師の息子として生まれた彼は、14歳になってから生地の無料デッサン学校で絵画を学び、いささかなりと冒険だったが、1807年にパリに出て、ゴールという名の彫刻家のもとで働く【1809年、パリ高等美術学校に入学し、ピエール・カルトリエ（1757-1831）に師事してもいる】。そして1812年、『ミツバチたちを失って泣く羊飼いのアリステ』――43年、彼はみずからの手でこの作品を解体している――でローマ大賞を受賞する。

だが、ボナパルト主義者だったため、1815年の百日天下の崩壊後にブリュッセルに逃れ、そこで彫刻学校を創設する。1827ないし28年、彼はパリにまいもどり、晩年まで暮らした。作品としては以下がある。『踵に小翼をつけたメルクリウス』【1834年】、凱旋門を飾る高浮彫りの『エジプト遠征軍の帰還』と、その一部で、『ラ・マルセイユーズ』と通称される『1792年の義勇兵の出発』【1836年】、『ナポレオン

の目覚め』【1841年】、『幼児ルイ13世』【1843年】。彼の名を冠したリュード通り（Rue Rude）は1876年から16区にある。

リュートナン・アンリ・カルシェ Lieutenant Henri Karcher アンリ・カルシェは、1908年にフランス北東部ヴォージュ地方のサン＝ディエで生まれ、83年にロレーヌ地方のサルブールで没した外科医・政治家。レジスタンスの活動家でもあった彼は、フランス解放勲章を受章している。その名を冠した1区のリュートナン＝アンリ＝カルシェ広場（Place du Lieutenant-Henri-Karcher）は、2000年に命名されている。

リュートナン＝コロネル・ダクス Lieutenant-Colonel Dax 1912-44年。マルセル・パンボー、通称リュートナン＝コロネル・ダクスは、レジスタンス活動さなかの1944年、アルザス地方の前線で戦死した。18区には、彼をたたえて1956年に命名されたリュートナン＝コロネル＝ダクス通り（Rue du Lieutenant-Colonel-Dax）がある。

リュートナン＝コロネル・ドゥポール Lieutenant-Colonel Deport 1846-1926年。アルベール・ドゥポールはフランス中南部オート＝ヴィエンヌ県のサン＝ルーに生まれ、北仏カルヴァドス県のウルガートで没した将校・技師。1892年に有名な75mm砲を考案したのは、彼の功績である。16区を走るリュートナン＝コロネル＝ドゥポール通り（Rue du Lieutenant-Colonel-Deport）は、1932年に命名されている。

リュートナン・ショーレ Lieutenant Chauré 1881-1909年。ジャン・ショーレ中尉は、飛行船レピュビリク（共和国）号が墜落して【フランス中央部アリエ県のトレヴォル近郊】事故死した軍人のひとりである。この事故から4年目の1913年、20区の通りに彼の名がつけられている。リュートナン＝ショーレ通り（Rue du Lieutenant-Chauré）である。

リュートナンス Lieutenance 12区のリュ

ートナンス小路（Sentier de la Lieutenance）の呼称は、その地名に由来する。18世紀のそこには国王代理の任務をあたえられた者たちの建物あった。

リュートナン・ステファヌ・ピオベッタ Lieutenant Stéphane Piobetta 1913-44年。「思想家・兵士」。これはピオベッタが自分が編集した《ジュルナル・ド・ジュワン40（40年6月誌）》で記した肩書きである。実際、彼は哲学者であると同時にレジスタンスの活動家でもあった。フランス軍がドイツ軍に蹂躙された「40年6月の壊走」のあと、【1938年に哲学の大学教授資格試験に合格し、40年8月からリセ・ヴォルテールで教職に就いていた】彼は、レジスタンスに身を投じ、北アフリカに渡って、戦闘部隊に入る。

だが、1944年5月14日、イタリア中部ガリリャーノ河岸に築かれたドイツ軍のグスタフ要塞陣地を攻撃した際、戦死した。その遺骸は、レジスタンスで命をおとした英雄的な大学人のために設けられたソルボンヌの地下埋葬所に安置されている。ある匿名の年代記者から「勇者のなかの勇者」とたたえた彼の名は、14区のリュートナン＝ステファヌ＝ピオベッタ広場（Place du Lieutenant-Stéphane-Piobetta）に残っている。命名は1979年である。

リュートナン・ラペール Lieutenant Lapeyre 1903-25年。14区のリュートナン＝ラペール通り（Rue du Lieutenant-Lapeyre）は、1933年に命名されている。ラペールはモロッコを平定――公的には――するための軍事遠征で、英雄的な死を遂げた。

リュトブフ Rutebeuf 1230年頃―85年頃。リュトブフ【字義は「元気のある牡牛」】はパリの吟遊詩人【およびジョングルール（職業的吟遊楽師）】。他の同業者とは反対に、宮廷愛をたたえるより、むしろ貴族や聖職者に対する風刺をよくした。彼はまた自分の悲惨さや日々の冒険、不運などを語った、いわゆる「個性的な」詩人の嚆矢であり、最高の詩人のひとりでもあった。さらに、

詩【現在残っている詩は55編1万4000行】のほかに、抒情詩やファブリオー（韻文の笑話）、聖人伝、『テオフィルの奇蹟』などの戯曲もものしている。

これらの作品のうちでもっとも有名で、時代を超えて伝わっているのは、『リュトブフの愁訴』【発表年不詳】である。このテクストは1960年代にレオ・フェレ【1916-93。モナコ出身の作曲家・ピアニスト・演出家】によって作曲されている。リュトブフ広場（Place Rutebeuf）は、1988年から12区にある。

リュナン Lunain リュナンはブルゴーニュ地方ヨンヌ県のクルトワンから4キロメートルにある湖沼を源とする川。ロワン川の支流で、全長53キロメートル。この川の名を冠した14区のリュナン通り（Rue du Lunain）は1894年からある。

リュヌ Lune 2区にあるリュヌ通り（Rue de la Lune）の呼称は、かつてそこにかかっていた絵看板に由来する。この通りには娼館が2軒建っていただけだが、その一方は19世紀にはすでに1世紀以上の歴史があった。ただし、【月（リュヌ）をあしらった】看板自体は、娼館の入口を示すものではなく、通りもそれよりはるか昔の1632年に敷設されている。

リュネヴィル Lunéville リュネヴィルはフランス東北部ムルト＝エ＝モーゼル県の都市で、ムルト河岸にある。15世紀にシャルル勇胆公【1433-77。フランス国王の王領拡大に抵抗した最後のブルゴーニュ公】によって要塞化され、今もなおスタニスワフ（スタニスラス）・レシチニスキ時代の18世紀に再建されたリュネヴィル城を擁する。1801年にフランスとオーストリアのあいだで、第2次対仏大同盟戦争を終結させた講和条約が結ばれたのがここである。ボナパルトの兄ジョゼフ・ボナパルト【→デュフォ】が交渉役となったこの条約によって、フランスはベルギーとライン左岸地域を獲得している。これを記念して命名されたリュネヴィル通り（Rue de Lunéville）は、1863年から19区にある。

リュベンス Rubens 1577-1640年。ピーテル・パウル・ルーベンス（リュベンス）はドイツ中西部、ヴェストファーレン地方のジーゲンに生まれ、アントウェルペン（アンヴェール）で没した画家・外交官。1598年、修業を終えて、聖ルカ芸術家ギルドの会員となった。1600年、彼はヴェネツィアに赴き、さらにマントヴァに移って、マントヴァ公の宮廷にあたたかく迎えられた。1603年、マントヴァ公ヴィンチェンツォ1世ゴンザーガ【1562-1612】は、彼を外交使節としてスペイン王のもとに送っている【当時のスペイン王はフェリペ3世（在位1598-1621）。大部分が農民だった国内のモリスコ（キリスト教に改宗させられたムスリム）を大量に追放して深刻な食糧不足をまねき、帝国の瓦解を早めた。1615年に遣欧使節団の支倉常長が面会したのがこの王である】

　このマドリード滞在中、ルーベンスは宗教画や肖像画を描いている。やがてイタリアに戻った【1604年】彼は、1608年、母の葬儀に出るため、アントウェルペンに向かう。翌1609年、スペイン領ネーデルラント君主のオーストリア大公アルブレヒト7世【在位1598-1621。妃でスペイン王女のイサベルと共同統治をした】の宮廷画家に迎えられた彼は、同年、美貌をもってしられていたイザベラ・ブラント【1591-1626】と結婚し、贅をきわめた生活を送るが、この結婚は大作の制作をいささかも妨げはしなかった。

　1621年、ルーベンスはフランス王太后マリー・ド・メディシスからパリに招かれる。リュクサンブール宮殿の大広間を装飾するためである。その依頼を受けて、彼は王大后の生涯を寓意的に表現する24点の連作油彩画を描いた【現在ルーヴル美術館所蔵になる『マリー・ド・メディシスの生涯』。1組目の連作が完成したのは1625年】。1626年、妻を失ったルーベンスは寂しさを紛らわすかのようにネーデルラント各地を旅し、28年、フェリペ4世【1621-65。フェリペ3世の子】のおかかえ画家となる。そして、この国王から大使としてロンドンに派遣される。彼が16歳のエレーヌ・フールマン【1614-73。アントウェルペンのタピスリー仲買人の娘】と再婚したのがこのロンドンだった。1632年、彼はハーグを訪れ、36年にロンドンに戻ったあと、アントウェルペンに移り、心不全のために死去する。

　ルーベンスはまさに不世出の色彩画家であり、その画風の特徴は優れた写実性にある。彼の生涯は4期に分けられる。第1期はイタリア滞在前の青年時代で、『ピエタ』や『永遠の父なる神の膝の上にいる死せるキリスト』【いずれも制作年不詳】などを描いている。イタリア時代の第2期には、とくに『キリストの変容』【1605年】や『キリスト昇架』【1610年頃】、『イエスと使徒たちの生涯』【制作年不詳】などがある。第3期は1608年からイギリスで再婚するまでのアントウェルペン時代で、彼の絶頂期といえる。この時期の代表的な作品としては『レイキッポスの娘たちの略奪』【1617年】や『三博士の礼拝』【1617年頃】、『アマゾネスたちの戦い』【1617/18年】、『聖母のエリザベツ訪問』【制作年不詳】、『ケルメス祭（フランドルの祝祭）』【1630年】がある。最後となる第4期は再婚から死までの期間で、この時期、彼は『聖イルデフォンソ』【1631年頃】や『ヴィーナスの饗宴』【1635年】、『戦争の恐怖』【1637年】、さらに2度目の妻エレーヌの肖像画【毛皮をまとったエレーヌ・フールマン』（1683年）など】を描いている。この偉大な画家に捧げられたパリのリュベンス通り（Rue Rubens）は、1864年から13区にある。

リュムコルフ Ruhmkorff 1803-77年。ハインリヒ・ダニエル・ルームコルフ（リュムコルフ）はドイツのハノーファーに生まれ、パリで他界した物理学者。幼少期にパリに移り住んだ彼は、測定機器の製造工場を創設し【1839年】、成功する。さらに電磁器や検流計を発明し、1851年には、X線の発生や無線通信に用いられ、のちにルームコルフ・コイルとよばれるようになる感応（誘導）コイルも考案している。このコイルによって、1858年、彼はもっとも

リユリ

有用な電気装置の考案者に送られる賞金5万フランを獲得した。彼の名を冠した17区のリュムコルフ通り（Rue Ruhmkorff）は、1885年からある。

リュリ Lulli 1633-87年。ジャン＝バティスト・リュリはフィレンツェに生まれ、パリで没した作曲家【フランス古典歌劇の祖とされる】。12歳のとき、ギーズ公の公子ロジェにつれられてフランスに移り、モンパンシエ公爵夫人【1627-93. ロジェの異父姉の娘アンヌ・マリ・ルイーズ・ドルレアン、通称「グランド・マドモワゼル」】のもとで、最初は給仕係として、のちに夫人の支援で正式な音楽教育を受け、楽団の一員として働く。だが、公爵夫人を揶揄するシャンソンを書いたため、解雇されてしまう。そこで彼はヴァイオリンやギターを独習し、やがて宮廷専属の弦楽合奏団「フランス国王の24のヴァイオリン」の一員となる。さらにクラヴサンや作曲を学び、国王ルイ14世（**ルイ・ル・グラン**）の認可をえて、「プティ・ヴィオロン（小さなヴァイオリン）」を編成する。

　目先がきいて自分に自信があり、国王の恩寵にあずける術をこころえてもいたリュリは、やがて「小品」やバレエ曲を書きはじめる。『ムッシュー・プルソニャック』【1669年】や『町人貴族』【1670年】などである。1672年、オペラ座（王立音楽アカデミー）の上演権を買い取ってその支配人になると、『女学者』の作者と仲たがいする。この作者モリエールがパレ・ロワイヤル劇場【コメディー＝フランセーズ座】における音楽の重要性を認めず、双方がそれをめぐって妥協しなかったからである。その一方で、リュリは音楽、歌、ダンス、演出など、オペラ座のすべてをとりしきった。それゆえ、彼の生存中はいかなる音楽家もオペラ座に介在することができなかった。

　リュリの作品としてはほかに『アムールとバッカスの祭典』【1672年】や『プロセルピーヌ』【1680年】、『平和の殿堂』【1685年】、『アシスとガラテア』【1686年】などがある。モーツァルト（**モザール**）の才能

を妬んだとされるが、リュリがまぎれもなく偉大な音楽家であることは疑いなく、彼の音楽はフランスの国民歌ともいうべき『月光を浴びて』同様、なおも心地よく耳に響く。この音楽家に捧げられたリュリ通り（Rue Lulli）は、1800年から2区にある。

リヨテ Lyautey 1854-1934年。ルイ・ユベール・リヨテはナンシー出身の元帥。トンキンやマダガスカル（**マダガスカール**）、さらにアルジェリアのオラン南部の戦線で頭角を現し、1912年から25年まで、モロッコ（**マロック**）のフランス総督をつとめた。軍事大臣だった（1916-17）第1次世界大戦のさなかでも、彼はドイツ軍の攻勢にもかかわらず、モロッコをフランス支配下に置いた。アカデミー・フランセーズ会員【1912年から】の彼をたたえるリヨテ通り（Rue Lyautey）は、1938年から16区にある。

リヨネ Lyonnais 5区のリヨネ通り（Rue des Lyonnais）は、1550年、リヨネ（Lyonnet）氏の地所に敷設されている。だが、時が経つと、綴りが変わって、現在の表記【字義は「リヨン地方（の）、リヨン人（の）」など】となった。ただし、このリヨネは**リヨン**とは無縁である。

リヨン Lyon ローヌ県の県庁所在地で、ローヌ川とソーヌ川の合流地点に位置するリヨンは、当初ラテン語で「カラスの丘」の意味するルグドゥヌムとよばれていた。ローマ軍がガリアに侵攻した当時は、セグシアウィ族の都がおかれていた。43年、前執政官のルキウス・ムナティウス・プランクス【前87-後15】がガリアを支配すると、リヨンはその行政・政治の中心地となる。ここからはローマ皇帝クラウディウス1世【在位41-54】が出ており、カラカラ【在位211-217】などの皇帝もこの町に長逗留している。

　59年、町は大火にみまわれて破壊されるが、ネロ帝【在位54-68】によって再建された。そして177年、聖ポタン【85頃生。ラテン語名ポティウス。リヨンおよびガリア初代司教】がこのリヨンにキリスト教を伝

えた。だが、この年、彼はマルクス=アウレリウス帝【在位161-180】によって殉教を余儀なくされた。

中世に入ると、リヨンはブルグント族やシャルルマーニュ、ロタール朝、さらに1275年にその権力をフランス王室と分けあった地元の司教たちによって支配される。1789年のフランス革命では、王党派がこの町で2万人の民兵隊を編成した。そこで国民公会（コンヴァンション）はケルマンを派遣して、1793年8月に町を包囲させ、10月9日、共和国軍がついに市内に進入する【リヨン大虐殺】。1831年と71年にも叛乱が起き、いずれも仮借ないまでに鎮圧された。

現在、リヨンではサン=ジャン司教座聖堂（1170-1480年）やサン=ニジエ教会、**オーギュスト・バルトルディ作**の巨像をいただく噴水があるテロー広場、さらに市庁舎や証券取引所などを見ることができる。12区のリヨン通り（Rue de Lyon）は、リヨン駅につながっているところから命名されたもので、開通は同駅が建設された年と同じ1847年である。

リヨン

読者におかれては、**フランソワ1世**がリヨンをその王国の首都にしようと真剣に考えていたことを知っているだろうか。だが、長子のフランソワ・ド・フランス【1518-36。ブルターニュ公フランソワ3世】がリヨンとヴァランスのあいだで【リヨンでの球戯後に飲んだ水にあたり、トゥルノン城で】病死したため、その考えを放棄した。ただ、リヨンが準備していた城の設計図はガダニュ通りのヴュー・リヨン博物館で見ることができる。

ローヌ地方のこの町は、長いあいだ神秘主義と隠秘主義に結びつけられてきた。たしかにリヨンはいささか風変わりな人物たちを育て、秘密結社も数多くあった。たとえば、オテル=デュー（慈善院）で内科医を勤めていた【1532年から】**フランソワ・ラブレー**である。

人文主義の作家で修道士でもあった彼は、神秘学に精通し、薔薇十字の大ロッジ長だった。ノストラダムス【1503-66】もまたモンペリエ大学医学部時代からの顔見知りだったラブレーと同時期にリヨンにいて、旧交を温めてた【ノストラダムスは1529年（のち、退学処分）、ラブレーは30年にこの医学部に入学している。詳細は蔵持著『シャルラタン』（前掲）を参照されたい。なお、リヨン市立図書館にはふたりの往復書簡が所蔵されているというが、訳者は未見である】

18世紀には、フリーメイソンがリヨンで活発に活動する。それはリヨンの小間物商だったジャン=バティスト・ヴィレルモ【1730-1824】によって再編されたもので、彼はマルティニスム【降霊術による人間や自然の再生・復活を求めた説】を唱え、教団「エリュ=コーエン」を創設していた治療師のマルティネス・ド・パスカリ【1715頃-79】から、ボルドーで秘技を伝授されている。

1750年には稀代の冒険家カザノヴァ【1725-98】が、リヨンでフリーメイソンの秘儀伝授にあずかっている。1784年には、カザノヴァとならぶ冒険家のカリオストロ【1743-95】が、フェニクス伯の偽名でリオンを訪れ、ヴィレルモと会う。さらに19世紀。リヨンには、当時流行していた心霊術の創始者である、高名なアラン・カルデック【1804-69】が滞在してもいる（数度の交霊会には、ナポレオン3世の妃ウジェニー【1826-1920】も参加した）。最後に、リヨンでは今もなお怪しげな一角で黒魔術がおこなわれていることも指摘しておこう。

リヨンには「テット・ドール（黄金の頭）」とよばれる公園【1857年に開園したフランス最大の都市公園。面積117ヘクタール】がある。呼称の由来をご存知だろうか。ある伝説によれば、キリストの黄金製の頭部が、この公園の中ほどから見つかったからだという。ただし、今からスコップやつるはしを用意してもむだであ

リラ

る。そこでの発掘はむろん禁じられているからである。

リラ Lilas 1867年にパリに編入された旧村。呼称は村の公園に無数のリラが生えていたことに由来する。一方、リラの木は、コンスタンチノープル（コンスタンティノプル）からオーストリアを経て、1597年にフランスに招来されている。ギリシア神話によれば、パン神が有名な笛を作る際に素材としたのが、リラの木だったという。1868年に命名されたリラ通り（Rue des Lilas）は19区にある。

リリ・ブーランジェ Lili Boulanger 1893-1918年。その才能を完全に開花させる前に夭折したこの女性作曲家については、今日再評価の機運が高まっているようである【教育者・ピアニスト・オルガニストとして知られるナディア・ブーランジェ（1887-1979）の妹だった彼女は、30曲あまりの歌曲のほかに、ピアノ曲や室内楽曲などを遺している】。彼女に捧げられた9区のリリ＝ブーランジェ広場（Place Lili-Boulanger）は、1970年の命名である。

リリー・ラスキヌ Lily Laskine 1893-1988年。リリー・ラスキヌはパリで生まれ、没したハープ奏者。12歳ではじめてのコンサートを開き、13歳でパリ音楽院（コンセルヴァトワール）を首席卒業した彼女は、1909年にパリ・オペラ座のハープ演奏者、のちにはラムルー管弦楽団【→シャルル・ラムルー】や国立管弦楽団、パリ管弦楽団のソリストとなっている。彼女はまたフランス音楽、たとえばラヴェルやドビュッシー（クロード・ドビュシー）、ジャック・イベール【1890-1962。パリ・オペラ＝コミック座の音楽監督などをつとめた。代表作に『祝典序曲』（1940年）がある】などの音楽の偉大な擁護者でもあり、アルベール・ルーセルやジェルメヌ・タイユフェール、フローラン・シュミット【1870-1958。1900年にカンタータ『セミラミス』でローマ大賞獲得した作曲家で、リヨン音楽院院長もつとめたが、戦後、対独協力者として指弾を受けて

いる】などの存在を世に知らせた。

1948年から58年まで、ラスキヌは母校のパリ音楽院で教えたが、退職後も後輩のハープ奏者たちに助言をおしまなかった。小柄ではあったものの、豊かな才能のもちぬしで、人と親しく交わることに喜びをいだいていた彼女は、その楽器をとおして神々のメッセージを伝えつづけた。17区にはその名前を冠した公園がある。1998年に命名されたリリー＝ラスキヌ公園（Jardin Lily-Laskine）がそれである。

リール Lille 北仏ノール県の県庁所在地で、ドゥール川が市内を流れるリール市は、人口約23万。呼称はリール川に囲まれていたローマ時代の村の名に由来する。当初、この村はフランドル公爵家に属していたが、1574年にアンリ3世【国王在位1574-89】の所領となった。さらに、一時期フランドル人の手に戻ったあと、ルイ14世（ルイ・ル・グラン）時代の1667年、フランスに編入され、ヴォーバンによって要塞化された。だが、1708年、スペイン継承戦争でイングランド領となり、1713年、ユトレヒト条約で最終的にフランスに帰属するようになる。そしてパリの通り【7区のリール通り（Rue de Lille）】にその名がつけられた1792年、リールはオーストリア軍に激しく抵抗したが、そのため、きわめて苛酷な包囲戦を戦わなければならなかった。ちなみに、このリールには17世紀までさかのぼる証券取引所がある。

リール

フランドル地方のこの町では、復活祭から8月末まで、地区ごとに守護聖人祭がなおも盛んに営まれている。メリーゴーランドや縁日の出し物、露天商などが登場するその情景は、しばしばフランドル派の巨匠たちによって描かれてきた。もっとも大規模な聖人祭には、バンシュ（ベルギー）の「ジル」【カルナヴァルの仮装集団。詳細は蔵持著『祝祭の構図』（ありな書房、1984年）参照】も伝統的に参加し、道化の衣装をまとって通りを行列

している。

リールにはまた名物の菓子類もかなりある。粗糖をまぶしたゴーフル（ワッフル）やラングドシャ【楕円形の薄型クッキー。字義は「猫の舌」】、リール風マルゴタン【枝束状のチョコレート菓子】、プティ・カンカン【フルーツ飴】、リール風ソティーズ【砂糖菓子】などである。これらの菓子類を食する前には、次のような料理を賞味したい。カレ・ド・リール（リブステーキ）やリール風赤キャベツである。後者の素材は大きな赤キャベツ1個、大粒玉ねぎ1個、バター1匙、月桂樹の葉1枚、（上質の）赤ワイン1カップ、ワイン酢1匙、ブラウン粗糖少量。これらの素材をすべて混ぜ合わせ、3時間ほどとろ火でゆっくり煮る。それからスフレ型に入れ、オーブンで5分ほど焼けばできあがりである。

リンコルン Lincoln 1809-65年。アメリカ合衆国大統領だったエイブラハム・リンカーン（リンコルン）は、ケンタッキー州で生まれ、ワシントンで凶弾に倒れている。クウェーカー教徒の農夫を父にもつ彼は、1833年、ニューセイラムでの郵便局長をつとめあげ、翌年、イリノイ州議会議員に、さらに1846年に下院議員になる。1849年、リンカーンは奴隷制の廃止を求め、【民主党候補として上院議会選挙に出馬して敗れた】58年まで、反奴隷制の激しいキャンペーン活動を展開した。1861年、合衆国大統領に選ばれると、5週間後には南北戦争【1861年4月12日-65年4月9日】が勃発する。この戦争のあいだ、彼は不屈の精神を発揮し、64年、大統領に再選される【1862年、彼は第1次の奴隷解放宣言をおこなっている】

だが、1865年4月14日、リンカーンは観劇中にジョン・ウィルクス・ブース【1838-65。南部連合の支持者で、シェークスピア劇俳優。犯行10日後に騎兵隊との銃撃で射殺】に銃撃され、翌日、落命した。ブースは発砲する際、こう叫んだという。「こ

れで南部の復讐ができた」。リンカーンの亡骸は、最終的にスプリングフィールドに葬られた。暗殺から3年後の1868年、彼の巨大な彫像がワシントンDCの市役所前に建立された。リンカーンは言っている。「諸君はしばらくのあいだならだれでも欺くことができる。一部の人ならつねに欺ける。しかし、すべての人をつねに欺くことはできない」。彼をたたえて1879年に命名されたパリのリンコルン通り（Rue Lincoln）は、8区にある。

ルー Roux 17区のルー小路（Passage Roux）は最初期の住人のひとりを名祖とする。現在の道筋となったのは、1932年のことである。

ルーアン Rouen 北仏セーヌ＝マルティム県の県庁所在地であるルーアンは、ロベク川と合流する**セーヌ**川の右岸に位置する。町の歴史はケルト時代にまでさかのぼり、当時、ルーアンはヴェリオカセス族の都だった。フランク王国の時代になると、ノルマン人たちの再三の侵攻に苦しんだ。そして911年には、単純王シャルル3世【フランク王在位893-922】とロロ【846頃—933。ノルマン人指導者。シャルル3世の庶出王女と結婚して、初代ノルマンディ公に叙される】の交渉によって築かれた、ノルマンディ公国の都となる。

1066年【ノルマンディ公だった征服王ウィリアム1世がイングランド王になった年】から1204年【町が尊厳王フィリップ2世の支配下に入った年】にかけて、ルーアンには歴代イングランド王の居城がおかれた。1431年にはジャンヌ・ダルクの裁判と火刑がおこなわれてもいる。さらに1562年には宗教戦争で被害をこうむり【カルヴァン派の拠点のひとつだった】、1639年にはリシュリュー政権による過度な徴税に対する「貧民たち」の叛乱も起きている。ルーアンの不幸はそれにとどまらず、1815年と70-71年にはプロイセン軍に占拠されてもいる。

このルーアン出身者としては、ピエール・**コルネイユ**とトマ・コルネイユ【1625

-1709。劇詩人】兄弟、カヴァリエ・ド・ラ・サル【→ルイジアヌ】、フォントネル【→マリヴォー】、アルマン・カレル、ギュスタヴ・フロベールなどがいる。中世から16世紀にかけて羅紗製造で栄え、今日11万【2014年】の住民を擁するこの町の観光スポットとしては、12-13世紀に建立されたノートル＝ダム司教座聖堂やサン＝トゥアンとサン＝マクルー両教会、裁判所【旧高等法院】の大時計【1389年完成】、再建された古い家並に囲まれた市場広場などがある。パリのルーアン通り（Rue de Rouen）は、1876年から19区にある。

ルイ・アラゴン Louis Aragon 1897-1982年。1919年にダダ運動に参加したパリ出身の詩人。1920年、処女詩集『快楽狂い』を発表した彼は、ダダが分裂したあと、アンドレ・ブルトンやポール・エリュアール、フィリップ・スーポー【1897-1990。詩人・小説家・ジャーナリスト。ブルトンとシュールレアリスム最初の実験的作品『磁場』を上梓している】らと、想像力をすべての「王妃」とするシュールレアリスム運動を立ち上げる。彼の主要な作品としては、『パリの農夫』【1926年】や『ウラー、ウラル』【1934年】、『エルザの瞳』（妻エルザ・トリオレに捧げた詩集）【1942年】、『オーレリアン』【1944年】、『目と記憶』【1954年】などがある。また、小説としては『聖週間』【1958年】や『ブランシュもしくは忘却』【1967年。邦題『ブランシュとは誰か』】がある。

　第2次世界大戦が終わると、アラゴンは《レットル・フランセーズ（フランス書簡集）》【ジャン・ポーランと、ナチス・ドイツ軍に銃殺された作家でレジスタンスの活動家ジャック・ドゥクール（1910-42）が1941年に創刊した月刊誌】を主幹した【1953年から72年まで】。彼は「スキャンダルのためのスキャンダル」を標榜した、倦むことを知らぬ多産な創作者だった。歌手で作曲家のジャン・フェラ【1930-2010】は、幸運にもアラゴンのかなりの数にのぼる詩でシャンソンをつくっている。「エルザの瞳」や

「俺たちは一緒に寝た」、「君なしで何ができるのか？」などである。ジョルジュ・ブラサンスの「幸せな愛などない」や、レオ・フェレ【→リュトブフ】の「アフィッシュ・ルージュ」【→ジョゼフ・エプスタン】、「人はこうして生きていくのか？」といったシャンソンも、アラゴンの原詩による。

　アラゴンは言っている。「無限の帽子をかぶって、私は際限なく逃げつづける」、「言葉は人間にあたえられたわけではない。人間がそれをつかみとるのだ」、「光は女性から出る。昼夜を問わず、すべてが女性を中心に組み立てられる」。パリ1区のルイ＝アラゴン小路（Allée Louis-Aragon）は、1985年にこの詩人に捧げられたものである【4区にはルイ＝アラゴン広場（Place Louis-Aragon）もある】。

ルイ・アルマン Louis Armand 1905-71年。ルイ・アルマンはフランス東部オート＝サヴォワ県のクリュゼイユで生まれ、北仏カルヴァドス県のヴィレール＝シュール＝メールで没した技師・行政官。1955年から59年までフランス国鉄、58年から59年まではユーラトム（ヨーロッパ原子力共同体）の総裁をつとめた。長期経済見通しの専門家でもあった彼は、『未来の擁護』【1961年、共著】を上梓し、1963年、アカデミー・フランセーズの会員となっている。

　アルマンは言っている。「生活のレベルがあがると、〈男の条件＝女の条件〉比率は1へと向かう」、「民主主義は上質の情報をより多く受け入れれば入れるほど堅固なものとなる」。15区のルイ＝アルマン通り（Rue Louis-Armand）は、1984年に命名されている【4区と15区のあいだには、ルイ＝アルマン広場（Place Louis-Armand）もある】。

ルイ・アルムストロング Louis Armstrong 1901-71年。トランペット奏者で指揮者、コルネット奏者、歌手、クラッシク・ジャズの指導者、そして「キング・オブ・ジャズ」のアームストロング（アルムストロング）は、ニューオリンズで生まれ、ニューヨークで他界している。1920年代に名を

はせたサッチモ（アームストロングの愛称）は、自分のバンド「オール・スターズ」を率いてたえず世界各地をツアーした。彼が録音した有名な曲目としては、『ワイルドマン・ブルース』【1927年】や『ウェスト・エンド・ブルース』、『ウェザー・バード』【いずれも1928年】、『セントルイス・ブルース』【1929年】などがあり、さらに映画『グッドバイ、ベトナム』【1987年】の牽引役をつとめた主題歌、『この素晴らしき世界』【1968年】などがある。13区のルイ＝アルムストロング広場（Place Louis-Armstrong）は、彼をたたえて1992年に命名された。

ルイイ Reuilly　ルイイは現在12区となっている旧村の呼称。メロヴィング朝の歴代王たちは、この村に有していた別荘をしばしば訪れ、滞在した。17世紀、ここにはコルベールの支援をえたガラス工場があった。だが、18世紀末、村はフォブール・サン＝タントワヌの拡張にともなって姿を消した。12区のルイイ通り（Rue de Reuilly）は、1847年に敷設されている。

ルイ・ヴィエルヌ Louis Vierne　1870-1937年。ルイ・ヴィエルヌはポワティエで生まれ、パリで没した作曲家・オルガン奏者。ほぼ全盲状態で生まれた彼は、パリの盲学校【→ルイ・ブライユ】に寄宿生として入り、音楽、とくにピアノやオルガン、聖歌を学んだ。教師はセザール・フランクだった。1894年、パリ音楽院（コンセルヴァトワール）のオルガン科を首席で卒業すると、パリのノートル＝ダム司教座聖堂の正オルガン奏者に指名される。

　1920年から30年にかけて、彼は世界中でコンサートを開くが、67歳になった1937年、ノートル＝ダムで1750回目【！】のコンサートを始めようとした際、鍵盤の前で倒れ、息を引き取った。彼の作品としては、『オルガン交響曲第3番 嬰ヘ短調作品28』【1911年】や『24の幻想的小品集』【1926-27年】、『ナポレオン死後1世紀のための凱旋行進曲』【1921年】などがある。17区にはその死後50年目に命名されたル

イ＝ヴィエルヌ通り（Rue Louis-Vierne）がある。

ルイ・ヴィカ Louis Vicat　1786-1861年。フランス中部のヌヴェールで生まれ、没した技師のルイ・ヴィカはパリの国立理工科学校（エコール・ポリテクニーク）を卒業後、ペリグー土木局の技師となる。1811年、ドルドーニュ川にかけるスイヤック橋の建設を託された彼は、橋の建設に有効な水硬性石灰やセメントにかんする研究を推進している。それはきわめて実りの多い研究だった。2世紀経っても、橋がなおも原形をとどめているからである。15区のルイ＝ヴィカ通り（Rue Louis-Vicat）は1965年からある。

ルイ・ガンヌ Louis Ganne　1862-1923年。ルイ・ガンヌはフランス中部アリエ県のブリュクシエール＝レ＝ミーヌに生まれ、パリで没した作曲家。指揮者としても知られていた彼は、「勝利の父」【1888年】や「ローレーヌ式行進」【1892年】などのシャンソンや、フォリ＝ベルジェールやカジノ・ド・パリ向けのバレエ曲『ヴォラピュク語』、『素晴らしき売春婦』、パントマイム曲の『あるパリジャンヌの目覚め』【1894年】、さらに『女性の靴下』【1893年】や『軽業師たち』【1899年】に代表されるオペラ＝コミック曲などを作曲している。20区のルイ＝ガンヌ通り（Rue Louis-Ganne）は1930年からある。

ルイ・コデ Louis Codet　1876-1914年。ルイ・コデはフランス南西部のペルピニャンで生まれた作家。第1次世界大戦が始まってすぐ、彼はベルギーのステーンストラータの戦場で致命傷を負い、やがてル・アーヴルで没した。作品の数は少ないが【『セザール・カペラン』（1918年）など】、1934年に命名されたルイ＝コデ通り（Rue Louis-Codet）は、彼に捧げられたものである。

ルイジアヌ Louisiane　アメリカ合衆国のルイジアナ州は、ロベール＝カヴェリエ・ド・ラ・サルがミシシッピ流域でおこなった調査のあと、最初期のフランス人入植者

たちが、ルイ14世（**ルイ・ル・グラン**）をたたえるため、その名をとって命名したとされる【一説にラ・サルが命名したとも】。メキシコ湾の北岸に位置するこの地域は、現在のアーカンソー、シシッピ、テキサスの3州に囲まれている。

1803年、ナポレオンは5000万フランという大金でこの地を合衆国に売却したが、ルイジアナには初期フランス人入植者たちの子孫であるフランス語話者が今もかなりいる。彼らは「アカディア人」【アカディアはカナダ南東部の旧フランス植民地】とよばれ、彼らが使う古いフランス語は「ケイジャン」とよばれている。18区のルイジアヌ通り（Rue de la Louisiane）は1877年からある。

ルイ・ジャンティ Louis Gentil 1868-1925年。アルジェに生まれた地質学者・地理学者・鉱物学者のルイ・ジェンティは、ソルボンヌで博士号を取得して、母校の教壇に立ったのち、得意のアラブ語を駆使して、1896年から1901年までアルジェリア西部のオラン地方を調査している。さらに1906年からは調査対象地域をモロッコ（**マロック**）に向け、マカドールからマラケシュまでの地域の学術調査をおこない、大量の岩石や化石や土壌を収集し、1912年にはモロッコの地質地図を作成した。翌1913年、モロッコ王立科学研究所を創設して所長をつとめ、1923年、フランス科学アカデミー会員となっている。

晩年まで、アトラス山脈の地質地図作成にすべてを捧げたジャンティの名は、パリの植民地博物館近くにある12区のルイ＝ジェンティ小公園（Square Louis-Gentil）に残っている。命名は彼の死から10年後の1935年である。

ルイズ・ヴェス Louise Weiss 1898-1983年。ルイズ・ヴェスは北仏のアラスに生まれ、パリ西方イヴリーヌ県のマニー＝レ＝ザモーで他界した作家・ジャーナリスト・女性政治家で、『マルセイエーズ』【2巻、1945-47年】や『サビーヌ・ルグラン』【1951年】、『あるヨーロッパ人女性の回想』

【6巻、1968-76年】などの著作がある。彼女の死後、国立図書館への遺贈によって、1986年から10年間、製本技術や図書館の発展に寄与した人物に対する「ルイズ・ヴェス＝フランス国立図書館賞」が設けられた。ベルナール・ピヴォはテレビの書評番組に功績があったとして、1988年、この賞を受賞している【ピヴォ（1935-）はリヨン出身のジャーナリスト・テレビ文化番組司会者で、2014年からゴンクール賞審査委員長】。13区のルイズ＝ヴェス通り（Rue Louise-Weiss）は、彼女をたたえて1988年に命名されている。

ルイズ・ド・マリヤック Louise de Marillac 1591-1660年。シモーヌ・ルイズ・ド・マリヤックはパリを生没地とする修道女で聖女【1934年列聖】。パリ高等法院の評定官を父とする彼女は、聖ヴァンサン・ド・ポール（**サン＝ヴァンサン＝ド＝ポール**）にもっとも近い協力者で、彼とともに愛徳姉妹会を創設し、指導した。その遺徳を偲んで1986年に命名されたルイズ＝ド＝マリヤック小公園（Square Louise-de-Marillac）は、18区にある。

ルイズ・ラベ Louise Labé 1526-66年。「ラ・ベル・コルディエール」【字義は「美しい女縄綱商】ことルイズ・ラベは、リヨンで生まれ、アルプス北部アン県のパルシューで没した女流詩人。そのみごとなまでの美しさにくわえて、乗馬やフェンシングにも才を発揮した彼女はまた冒険家でもあり、16歳のとき、フランス南西部ルシヨン地方への国王派遣軍にくわわり、兵士たちから「ルイズ隊長」とよばれた。リヨンに戻ると、裕福な縄綱商のアヌモン・ペランと結婚する。そして、その邸館の豪壮な庭園にリヨンの上品と思える紳士淑女や作家たちを集めた。

こうして彼女は熱心な友人たちからは「貞淑な女性」、恐ろしい敵たちからは「気まぐれ女」とよばれた。いずれが真実か。にわかに判断はできないが、いずれにせよ、彼女はフランス語でかぎりなく自由な恋愛詩を書いた。彼女がその庭園ないしサロン

で発表した作品は、1824年になってはじめて上梓されている。それらのうちでとくに有名なのは「狂気と愛の論争」である。ペトラルカ（ペトラルク）の影響を強く受けた彼女は、この4行詩で情熱的な愛を歌っている。

私は生き、そして死ぬ。私は身を焦がし、そして溺れる。
私は寒さをこらえつつ、果てしなく燃えている。
人生は私にとってあまりにも優しすぎ、あまりにも辛い。
私の大きな不安は喜びと混ざり合っている【「ソネット」第8巻】

パリ19区のルイズ＝ラベ小路（Allée Louise-Labé）は、1794年に彼女に捧げられたものである。

ルイ・ダヴィッド Louis David 1748-1825年。通常姓だけでよばれる画家のジャック＝ルイ・ダヴィッドは、パリで生まれ、ブリュッセルで没している。1775年にローマ大賞を受賞した彼は、5年間ローマに滞在し、1780年にパリに戻る。そして数多くの作品を発表し、まもなく名声を博すようになる。一方、国民公会（コンヴァンション）の一員となった【1792年】ダヴィッドは、熱烈な共和主義者として活動し、フランス・ローマ学院【1660年にコルベールによって創設された、フランス人留学生用の研究所】を、旧体制の象徴として閉鎖させている。また、ルイ16世【在位1774-92】の死刑にも賛成票を投じた。ジャン＝ポール・マラー【→パンテオン】を賛美していた彼は、マラーの死に触発されて傑作を描く。これが『浴室で殺害されたマラー』【1793年】である。
ダヴィッドは一時期国民公会の議長をつとめ、ロベスピエール【→コンヴァンション】に忠誠を誓ってもいた。そのため、ロベスピエールを失脚させたテルミドール9日のクーデタ【1794年7月27日】で逮捕される。だが、まもなく釈放されて国民公会

に復帰する。その画家としての才を高く買っていたナポレオンは、ダヴィッドと親交を結び、皇帝になると、彼を「帝国筆頭画家」に叙した【ルーヴル美術館にある有名な大作『ナポレオン一世の戴冠式と皇妃ジョゼフィーヌの戴冠』は、1807年完成】
第一復古王政時、沈黙を守っていたダヴィッドは、1815年の百日天下の際、ナポレオンが起草した自由帝政のための帝国憲法追加法に進んで署名している。そのため【さらにルイ16世の処刑に賛成したことから】、第二復古王政では亡命を余儀なくされ、ブリュッセルに逃れる。だが、フランスの画家全体に彼ほど大きな影響をあたえた画家はおらず、その画業は18世紀の絵画にきわめて重要な貢献をしている。彼の作品としては、ほかに『球戯場の誓い』【1791年】や『サビニの女たち』【1799年】、『サン＝ゴダール峠を越えるボナパルト』【1801年】などがある。彼の名を冠したルイ＝ダヴィッド通り（Rue Louis-David）は、1863年から16区にある。

ルイ・テュイリエ Louis Thuillier 1856-83年。ルイ・テュイリエは北仏のアミアンに生まれ、アレクサンドリア（アレクサンドリ）で病没した物理・生物学者。1877年にパリの高等師範学校に入った彼は、80年に物理学の大学教授資格を得てパストゥール研究所の一員となり、豚の丹毒に接種が有効であることを発見する。1883年、パストゥールは彼をエジプトに派遣して、汚染が公表されたばかりのコレラの調査に当たらせた。だが、不幸なことに、エジプトに到着してまもなく、コレラに感染して命を落とす。享年27。5区には夭折した才能を悼んでルイ＝テュイリエ通り（Rue Louis-Thuillier）がある。命名は彼が他界した1883年になされた。

ルイ・デルグレ（ス）Louis Delgrès 1766-1802年。ルイ・デルグレはマルティニク島のサン＝ピエールで生まれ、グアドループ（グワドループ）島で没した将校。早くからフランス革命に参加し、革命戦争で発揮したその勇猛さから、「自由の騎士」

とよばれた。ルイ＝デルグレ通り（Rue Louis-Delgrès）は、1996年から20区にある。

ルイ・ドゥラポルト Louis Delaporte 1842-1925年。フランス中部アンドル＝エ＝ロワール県のロルシュに生まれ、パリで没した探検家・航海士のドゥラポルトは、1866年から68年までメコン流域遠征にくわわっている。その際、彼にとくに託された使命は、カンボジア（カンボジュ）を訪れ、遺跡群を調査することだった。やがて彼が持ち帰ったさまざまな遺物はコンピエーニュ城におかれ、クメール博物館のコレクションとなる【1882年にトロカデロの人類博物館に移転】。ドゥラポルトはそれからも数度カンボジアを訪れ、その研究を補完している。20区のルイ＝ドゥラポルト通り（Rue Louis-Delaporte）は、彼をたたえて1932年に命名された。

ルイ＝ニコラ・クレランボー Louis-Nicolas Clérambault 1676-1749年。パリで生まれ、没したクレランボーはオルガン奏者・作曲家。『クラヴサンのための舞曲集』【1704年】や『真面目な酒宴歌』、5巻からなる『カンタータ集』【1710-26年】、さらに歌劇曲などによって、当時としてはかなりの成功をおさめた。これらの通俗作品にくわえて、その宗教曲もまた評判をとった。『霊的・道徳的歌曲』や6巻の『モテット』、『テ・デウム』などである。フランス初のソナタとカンタータのマイスターだった彼の名は、1987年に命名された、20区のルイ＝ニコラ＝クレランボー通り（Rue Louis-Nicolas-Clérambault）に残っている。

ルイ・パストゥール＝ヴァレリ＝ラド Louis Pasteur-Vallery-Radot 1886-1970年。パリを生没地とする医師・作家。ルイ・パストゥールの孫息子だったヴァレリ＝ラドは、医者として人間性に富んだ医学を守ることにつねに意を尽くしていた。アナフラクシー（生体に異種タンパクを注入し、一定期間後、同一物質を再注入した際に起きる反応過敏症）を研究した医学的な研究活動にくわえて、自由フランスを最初に支持

したひとりでもあった。さらに彼は1954年、祖父にかんする興味深い書も上梓している。『パストゥール、この知られざる人』である。1936年に医学アカデミー、44年にアカデミー・フランセーズ会員となった彼の名は、1978年に18区の通りにつけられている。ルイ＝パストゥール＝ヴァレリ＝ラド通り（Rue Louis-Pasteur-Vallery-Radot）である。

ルイ・バルトゥー Louis Barthou 1862-1934年。フランス南西部ピレネー＝アトランティク県のオロロン＝サント＝マリに生まれ、マルセイユで没した政治家【1913年と17年に首相と閣僚を短期間つとめている】。優れた演説家で、才能の豊かな作家でもあった彼の人生は、しかし劇的な最後で終わった。ユーゴスラヴィア国王アレクサンドル1世【即位1929】がマルセイユで暗殺された際に、彼もまた命を落としているからである【国王の暗殺者は、クロアチアの分離独立を唱えていたテロリスト・ファシスト組織「ウスタシャ」の一員。ただし、バルトゥーが受けた致命的な銃弾は、警護のフランス人警官の流れ弾】。

アカデミー・フランセーズの会員だったバルトゥーは言っている。「書物に対する共通の好みは、きわめて密接な連帯感を生み出す。秩序、方法、明晰さ、労働、学習といった面においてである。これ以上に崇高な趣味はほかにない」。16区のルイ＝バルトゥー大通り（Avenue Louis-Barthou）は、その不運な死から2年後の1936年に命名されている。

ルイ＝フィリップ Louis-Philippe 1773-1850年。ルイ＝フィリップはパリで生まれ、イギリスのクレアモントで他界したフランス王。フィリップ・エガリテ（平等公）として知られるオルレアン公ルイ＝フィリップ2世【1747-92。貴族ながら自由主義を唱え、マリー・アントワネット（1755-93）を批判し、バスティーユ攻撃を誘って、革命を支持したが、のちに共和国転覆を図ったとして、財産を没収されたのち処刑】と、ルイーズ・マリ・ド・ブルボン【1753-

1821】の長子として生まれ、ヴァロワ公、ついでシャルトル公となった。一連の革命戦争で、彼は北部方面軍に入り、父親の革命政策に従って、ヴァルミーやジェマップ、ネーデルラントのネールウィンデン【1793年】などで戦った。

1795年から1800年まで、ルイ=フィリップはヨーロッパやアメリカ各地を旅し、さらにイングランドに赴いて、不首尾には終わったが、ルイ18世【在位1814-15/1815-24】との和解を図っている。対ナポレオンの同盟軍内で働きかけていた指揮官のポストも得られなかった。1809年、のちに両シチリア国王【在位1815-25】となるシチリア（シシル）・ナポリ（ナブル）王のフェルディナンド1世と、マリア・カロリーナ【1752-1814。神聖ローマ皇帝フランツ1世（在位1745-65）と皇后マリア・テレジアの娘】の王女マリア=アメリア【1782-1866】とパレルモで結婚し、1814年、フランスに戻る。ルイ18世は彼に父親の没収財産を返した。

しかし、1815年の百日天下のあいだイングランドに逃れていたことで、ルイ=フィリップは改めてルイ18世の不信を買い、1817年までイギリスにとどまることを余儀なくされる。この年、帰国した彼は政治的な野心をまったく見せなかった。シャルル10世【在位1824-30】が国王になると、亡命補償金として、総額1700万フランを受け取る。そして1830年、彼はティエールの後押しを受けて、フランス王国総司令官に任命され、同年8月9日、フランス国王となる。彼は自分の財産が国家に編入されるのを防ぐため、子供たちにそれを分けあたえるという知恵をもっていた…。

だが、在任中は度重なる内紛と戦わなければならなかった。1835年7月28日には、ジョゼッペ・フィエスキ【1790-1836。コルシカ出身の無政府主義者】とその「地獄の機械」【24挺の銃を同時に作動させる装置】による攻撃で、あやうく命を落としかけた。さらに、さまざまなクーデタ計画、とくに1839年のバルベスとオーギュスト・ブラ

ンキのそれを抑圧してもいる。ただ、フランスにとって何より不快だったのは、彼の外交政策だった。ベルギーとフランスの合併をさけ、シャルル10世時代から始められていたアルジェリア征服にブレーキをかける【1834年フランスに併合】…といった政策である。

やがて、普通選挙法の要求拒否やイギリスから受けた屈辱【1840年のロンドン条約で、地中海支配計画がイギリスをはじめとする列強によって阻止されたこと】などが、1848年の反乱劇を招くことになる【この年の2月に開催が予定されていた改革宴会が政府から開催禁止処分を受け、これに反発した民衆が蜂起して2月革命に発展した】。こうして彼は退位してイングランドに亡命し、【ヴィクトリア女王からあてがわれた】クレアモントの居館で2年後に没する。この国王の名を冠した11区のルイ=フィリップ小路（Passage Louis-Philippe）は1850年、4区のルイ=フィリップ橋（Pont Louis-Philippe）は、彼が礎を築いた1833年からある。なお、同橋の開通式は翌1734年1月26日におこなわれている。

ルイ・ブライユ Louis Braille 1809-52年。ルイ・ブライユはパリ東方セーヌ=エ=マルヌ県のクーヴレに生まれ、パリで他界した王立青少年盲学校【→ヴァランタン・アユイ】の教官。3歳のとき、父親の工房で遊んでいた際、誤って錐で目を突いたのがもとで全盲となった彼は、1819年、盲学校に入学し、音楽を学んで、パリ各所の小教区教会でオルガン奏者をつとめる。やがて新しい点字式表記法を考案し、それを母校の盲学校の生徒たちに教えて、彼の授業に支障なくついていけるようにした。この点字器をもちいたブライユ方式は、【タイプライターが普及するまで】世界各地でもちいられるようになる。12区のルイ=ブライユ通り（Rue Louis-Braille）は、彼の業績をたたえて、1886年に命名されている。

ルイ・ブラン Louis Blanc 1812-82年。ルイ・ブランはマドリードに生まれ、カンヌで没した社会主義者・歴史家・政治家・ジ

ャーナリスト。トゥールーズ近郊にあるロデスの学校でみごとな成績をあげていたが、両親の不幸により、19歳で家長となって学業を諦め、パリに出る。1830年の7月革命後、しばらくのあいだ代訴士の書記として働き、1832年から34年まで、北仏アラスの工場主の子弟の家庭教師をつとめた。やがてパリに戻った彼はジャーナリストとなり、ルイ＝フィリップの王政に反対する日刊紙《ル・ボン・サンス（良識）》を編集して、またたくまに民主主義的ジャーナリズムの指導者のひとりとなる。

そして1839年、ルイ・ブランは《ルヴュ・デュ・プログレ（進歩誌）》を創刊し、同年、『労働組織論』を発表する。この書は小冊子ではあったものの、大きな反響を呼んだ。さらに1841年には『10年史』を出版して、ルイ＝フィリップ政権の崩壊を狙った。1848年の2月革命後、彼は臨時政府に入閣し、「進歩省」の創設を求める【失業者救済のため、国立作業場を各地に設けてもいる】。だが、同年6月、敵対勢力のためにロンドンへの亡命を余儀なくされ、この地で結婚して1870年までとどまる。

帰国したルイ・ブランは国民議会議員に選ばれ、極左の指導者となる。フリーメイソンでもあった彼がカンヌで他界すると、時の政府はパリで盛大な葬儀を営んだ。「各人がみずからの才能に応じて生産し、みずからの必要に応じて消費する」という有名な言葉は、彼がしばしば口にした決まり文句である。著作としては、ほかに12巻からなる『革命史』【1847-62】がある。彼の名を冠した10区のルイ＝ブラン通り（Rue Louis-Blanc）は、死後3年目の1885年からある。

＊ルイ・フランセ Louis Français 1814-97年。フランス東部ヴォージュ県のプロンビエール＝レ＝バンに生まれ、パリで没した画家・彫刻家。このフランソワ＝ルイ・フランセのことを、なおも知っているフランス人はどれほどいるだろうか。彼は処女作の風景画『柳の木の下でのシャンソン』【1837年】で批評家たちから好評を博し、

以来、風景画にくわえて、宗教画や肖像画を描いた。「頑健で精気に富み、同時に繊細さも併せもつ画家」と称されたその作品には、ほかに『イタリアの日没』や『晩冬』【いずれも1853年】、最高傑作の『聖樹』【1864年】、『蘇り』【1866年】、『アダムとエヴァの楽園追放』【1878年】、『木陰で』【1885年】などがある。13区にあったルイ＝フランセ通り（Rue Louis-Français）は、1905年に命名されている。

ルイ・ブレリオ Louis Blériot 1872-1936年。ルイ・ブレリオは北仏のカンブレに生まれ、パリで没した飛行士で、航空機の設計・製造者。1909年7月25日、みずからつくった単葉機ではじめてイギリス海峡を横断した。その偉業を記念して、1937年、彼の名が16区の通りにつけられた。ルイ＝ブレリオ河岸通り（Quai Louis-Blériot）がそれである。

ルイ・ペルゴー Louis Pergaud 1882-1915年。ルイ・ベルゴーはフランス中東部ドゥー県のベルモンに生まれた作家・教師。『狐からカササギへ』【1909年。翌年ゴンクール賞受賞】などの新しい動物本を数多く著し、さらに農民の生活を描いた地域小説や、有名な『ボタン戦争』をはじめとする子供向けの物語も書いている。だが、第1次世界大戦で戦死した【ムーズ県のフレーヌ＝ザン＝ウォエヴル】。彼に捧げられた13区のルイ＝ペルゴー通り（Rue Louis-Pergaud）は、1929年からある。

ルイ・ベルニエ Louis Bernier 1845年に北仏のヴァランシエンヌに生まれ、パリで没したルイ・ベルニエは、建築家で美術・彫刻アカデミーの会員。1893年から98年にかけて、オペラ＝コミック座の修復を手がけている。彼にちなんで2003年に命名されたルイ＝ベルニエ広場（Place Louis-Bernier）は、17区にある。

ルイ・ボネ Louis Bonnet 1856-1913年。フランス中部カンタル県のアランシュに生まれ、パリ西郊のヌイで没したルイ・ボネは、19世紀に高い評価をえたジャーナリスト【1914年から25年までセーヌ県選出の

下院議員もつとめた】。彼の名は1927年に命名された11区のルイ＝ボネ通り（Rue Louis-Bonnet）に残っている。もうひとりのルイ・ボネ（1760-1839）はパリを生没地とする弁護士・破毀院評定官で、『演説・弁護・回想』【1922年】などを著している。

ルイ・ボワイ Louis Boilly 1761-1845年。北仏ノール県のバセに生まれ、パリで他界した画家のルイ・レオポルド・ボワイは、独習した絵画をたえず糧にして生涯を送った。1779年にパリに出て、1800年までもっぱら家族の情景を描いた風俗画を制作した。だが、恐怖政治【1793年6月-94年7月。→シェニエ】の際、友人から「風俗紊乱者」として告発され彼は、ギロチン台送りをさけるため、『革命法廷で無罪を勝ち取ったあとのマラーの勝利』と題した迎合的な作品を制作する。1800年から20年にかけて、ルイ・ボワイはとくに民衆祭やカフェ、見世物小屋の入口の風景などを描いた。さらに60歳頃からは石版画を手がけ（『喫煙家たち』や『愛飲家たち』など）、確固たる名声を獲得した。ルーヴルには彼のもっとも完成度の高い作品『乗合馬車のパリ到着』【1803年】が所蔵されている。16区のルイ＝ボワイ通り（Rue Louis-Boilly）は1913年からある。

ルイ・マラン Louis Marin 1871-1960年。ルイ・マランはフランス中東部ムルト＝エ＝モーゼル県のフォーで生まれ、パリで没した政治家。法学を学んで弁護士になったが、1905年、同県選出の下院議員となる【1940年まで】。やがて同院の副議長に任命され、行政改革委員会の作業を指揮する。1924年、「解放地域」【アルザス＝ロレーヌ地方】担当大臣に指名された彼は、さらに26年から28年まで年金担当大臣もつとめた。1944年に人文・社会科学アカデミーの会員となった彼の名は、67年、5区の広場に冠せられている。ルイ＝マラン広場（Place Louis-Marin）がそれである。

ルイ・ミュラ Louis Murat ナポリ（ナプル）王で、ナポレオンの義兄弟だったミュ

ラ元帥の子孫であるルイ・ミュラ公は、1896年、パリ西方イヴリーヌ県のロクンクールに生まれ、1916年、北仏ソンム県のリオンで名誉の戦死を遂げた。8区のルイ＝ミュラ通り（Rue Louis-Murat）は、彼を偲んで1925年に命名されている。

ルイ・モラール Louis Morard 14区のルイ＝モラール通り（Rue Louis-Morard）は、それが敷設された土地の所有者にちなんで1897年に命名されている。

ルイ・リュミエール Louis Lumière 通常はリュミエール兄弟とよばれるが、1956年に命名された20区のルイ＝リュミエール通り（Rue Louis-Lumière）では、なぜか弟のルイ（1864-1948）の名だけで、兄オーギュスト（1862-1954）の名ははずされている。フランス中東部のブザンソンに生まれた兄弟は、1895年、シネマトグラフ（映画撮影機・映写機）を考案した。それゆえ、視聴覚文化は兄弟に多くを負っていると言える。彼らはまた写真、とくにカラー写真の発展にも数多くの貢献をしている。

ルイ・ル・グラン Louis le Grand ルイ・ル・グラン（ルイ大王）とはルイ14世の別称である。現在の2区に彼が建設したヴァンドーム広場は、当初ルイ＝ル＝グラン広場とよばれていた。1703年、広場と同時に敷設された通りがルイ＝ル＝グラン通り（Rue Louis-le-Grand）と命名されたゆえんであり、この呼称は今もなお維持されている。

ルイ・ルシュール Louis Loucheur 1872-1931年。パリを生没地とする政治家で、低所得のフランス人が金銭的な援助を得て、ささやかな住宅を建設できるようにする「ルシュール法」にその名を残している。今日でもなお、第2次世界大戦前におもに大都市周辺に建てられた「パヴィヨン・ルシュール」を数多く見ることができる。彼の死の翌年、17区にルイ＝ルシェール通り（Rue Louis-Loucheur）が生まれている。

ルイ・レピヌ Louis Lépine 1846-1933年。リヨン出身の弁護士だったルイ・レピヌは、

行政の世界に入り、1877年にアンドル県の副知事、85年に知事となる。以後、いくつかの県で行政をにない、1893年、パリの警視総監に任命される。そして、当時断絶していたパリ市の参事会（市議会）と警視庁の関係を修復した彼は、1897年にアルジェリアに総督として派遣される。だが、その施策があまりにも性急すぎるとして、まもなく解任されてしまう。

　こうして彼はパリに戻るが、1899年6月23日に警視総監職に復帰し、1912年までの在職期間中、パリにかかわるすべての交通・航行規則を改編した。さらに1901年には、多くが小規模の製造者や、とくに「システムD」【みずからの創意工夫でものごとを解決する仕組み】の有能なフランス人すべての発明品を展示・審査する、年に1度のコンクールを創設している。4区のルイ＝レピヌ広場（Place Louis-Lépine）は、彼の死後1年目に命名されている。

ルイ・ロベール Louis Robert　20区のルイ＝ロベール袋小路（Impasse Louis-Robert）は、それが開通した1874年当初からそこに小さな家を有していた人物にちなんで命名されている。

ルーヴァ Louvat　1897年に敷設された14区のルーヴァ袋小路（Impasse Louvat）は、その呼称を旧地主の名前に負っている。

ルヴァン Levant　ルヴァン（レヴァント）とはオリエントないし東の方向を意味する語である。それはまた日の出の方向をさす。12区のルヴァン小路（Cour du Levant）は1993年から存在している。

ルーヴェ Louvet　14区のヴィラ・ルーヴェ（Villa Louvet）は、この場所に持家があった人物にちなんで、1880年に命名されている。

ルーヴェ Rouvet　15世紀の人ジャン・ルーヴェは河川での筏流しを体系化した。その名を冠したルーヴェ通り（Rue Rouvet）は1864年から19区にある。

ル・ヴェリエ Le Verrier　1811-77年。ユルバン・ル・ヴェリエは北仏マンシュ県のサン＝ローに生まれ、パリで他界した天文学者。1831年に国立理工科学校（エコール・ポリテクニーク）に入り、「タバコ技師」として卒業している。1846年に学士院会員に選ばれた彼は、それからすこし後、海王星を発見した【正確には、彼が天王星の軌道の乱れを研究して海王星の存在を予測し、それを受けてドイツの天文学者ヨハン・ゴットフリート・ガレ（1812-1910）が見つけた。ただし、発見者はル・ヴェリエとガレのふたりとなっている】。この功により、1846年には彼のためにパリ大学に天文学講座が設けられた。同年、ル・ヴェリエはまた黄経局の天文学助手に任命されてもいる。

　1849年、彼はマンシュ県選出の憲法制定議会議員となり、ルイ＝ナポレオン・ボナパルト（ナポレオン3世）のクーデタ後の1852年、元老院議員に選ばれている。そして1854年、パリ天文台（オプセルヴァトワール）の台長に就任する。しかし、その運営に対して大きな反発を招き、1870年に更迭されてしまう。それでも1873年には復職し、他界するまでその職にあった。1889年にはそんなル・ヴェリエの彫像が、同天文台の中庭にたてられている。彼の著作には、たとえば『天体の長年不等の特定にかんする論考』【1841年】や『水星運動理論』【1845年】、『ハーシェル惑星（天王星）の運動研究』【1846年】などがある。6区の天文台近くには、彼にちなんで1888年に命名されたル＝ヴェリエ通り（Rue Le-Verrier）がある。

ルウェル Rouelle　1703-70年。ギヨーム・フランソワ・ルウェルは北仏カルヴァドス県のマテューに生まれ、パリで没した化学者。1742年に王立植物園の化学教授、44年に科学アカデミーの会員となった彼は、海水塩の結晶化や硝酸によるテレベン油の燃焼、さらにファラオたちの防腐保存にかんする研究をおこなった。ルウェル通り（Rue Rouelle）は1864年から15区にある。

ルヴェール Levert　1769-1831年。ルベール氏は公証人という名誉のある職業を営み、旧ベルヴィルの村長をつとめていた。その名誉をたたえて、1837年、20区にルヴェ

ール通り（Rue Levert）が誕生した。

ル・ヴォー Le Vau 1612-70年。ルイ・ル・ヴォーはパリを生没地とする建築家。マンサールやル・ノートルの設計図にもとづいて、フーケのためのヴォー城を築いた。1653年に王室建築物監督官となった彼は、ヴァンセンヌ城に兵舎用の翼棟を建て、1660年にはルーヴル宮内部玄関の工事を手がけている。フロール館やマルサン館のもまたル・ヴォーの仕事である。甥のフランソワ・ドルベ２世【1634-97。ルイ14世のお抱え建築家】がコンティ河岸通りに建てたカトル＝ナシオン学寮【→アンスティテュ】、現在の学士院の建物は、彼の設計図に拠っている。20区のル＝ヴォー通り（Rue Le-Vaux）は1957年からある。

ルーヴォワ Louvois 1641-91年。シャヴィル領主でルーヴォワ侯のフランソワ・ミシェル・ル・テリエは、パリに生まれ、ヴェルサイユで没している。1662年、国務卿になったのを皮切りに、王国伝馬・宿駅総監督官、最高国務会議員、国王印璽官、王室建造物・工芸・工場監督官、大法官などを歴任したが、ときにはこれらの職務を兼務したこともあった。とりわけ彼の活躍が目立ったのは陸軍大臣在任中で、徴兵制の改善や軍服の導入、軍隊行進の普及、兵器の整備、歩兵の銃剣装備などをおこなった。さらに、兵学校や貴族士官学校での将校育成制度を立ち上げてもいる。軍人俸給の支払いを規則化し、数多くの陸軍病院や兵舎を建設したのも彼である。1674年に古参兵たちのために建てられた廃兵院（アンヴァリッド）も、彼の働きかけによる。

だが、みずからを必要不可欠な存在とするため、ルーヴォワはルイ14世（ルイ・ル・グラン）にたえず戦争を進言し、1672年のネーデルラントとの休戦協定調印すら妨げた。さらに、彼はファルツ選帝侯領の焼き討ちを命じ、プロテスタントを迫害するために竜騎兵を組織してもいる。ただ、その厳格な性格ゆえに宮廷内に敵を多くつくった。彼に結婚を邪魔されたマントノン侯爵夫人【→スカロン】も強大な敵

となった。そして1691年、ルイ14世とのきわめて冷え冷えとした会談のあと、卒中のために他界した。

1662年にアンヌ・ド・スーヴレ【1646-1715。宗教戦争で活躍したクルタンヴォー元帥（1540頃-1626）の曾孫】と結婚した彼は、男子４人、女子２人の子供をもうけている。２区のルーヴォワ通り（Rue Louvois）は、1656年に建てられた旧ルーヴォワ館の跡地に1784年に敷設されている【同区にはルーヴォワ小公園（Square Louvois）もある】

ルーヴル Louvre 13世紀初頭、フィリップ・オーギュストこと、尊厳王フィリップ２世は城砦を築いた。ルーヴルという語はサクソン語で「城砦」を意味するlowerを語源とする【ほかにラテン語のlupus「狼」を語源とする説など諸説ある】。築城から１世紀半後、シャルル５世はここを拡張して居城とした。

だが、フランソワ１世はこれを解体し、そのあとにピエール・レスコとジャン・グージョンに設計させた宮殿を建てるが、この工事はじつに100年以上かかった。さらにフィリベール・ドゥロルムがカトリーヌ・ド・メディシスのためにテュイルリー宮を建てると、このふたつの建物をセーヌ川と並行する通廊で結びつけるという考えが生まれる。1643年に玉座についたルイ14世（ルイ・ル・グラン）は、しかしなおも多くの仕事をルーヴル宮でこなし、工事の指揮はペローやジャック・ルメルシエ【1585-1654。ソルボンヌ礼拝堂（1626年）や王宮（1629年）などの建築も手がけた】、ル・ヴォーなどの建築家が周りにいたコルベールに託した。

革命後、国民公会（コンヴァンション）はルーヴル宮を博物館に変えることを決め、その拡張を計画する。だが、実際に工事が始まるのは、ナポレオン１世時代に建築家のペルシエとフォンテーヌが指揮を取ってからだった。工事の完成は第二帝政期【1852-70年】。それを担当した建築家はヴィスコンティとエクトル＝マルタン・ルフュエル【1810-80。→ヴィスコンティ】であ

ルウレ

る。1871年5月24日、ルーヴル宮はパリ・コミューン（コミュヌ・ド・パリ）の参加者たちの焼き討ちにあい、辛うじて右翼だけが火災を免れた。

この建物は1793年7月27日の条例を受けて、共和国美術館の名称で開館し、芸術作品の中心的な美術館となる。そして、同年11月3日に一般公開が始まった。いずれも1区にあるルーヴル広場（Place du Louvre）は1854年、ルーヴル港（Port du Louvre）は1905年、ルーヴル河岸通り（Quai du Louvre）は1868年に命名されている。一方、同じ1区のルーヴル通り（Rue du Louvre）は、1854年に敷設されている。

ルーヴレ Rouvray　ルーヴレとはかつて広大さを誇っていた森の呼称で、ブーローニュの森（ボワ・ド・ブーローニュ）はじつはルーヴレの森の名残にすぎない。シャヴィル、ムードン、サン＝ジェルマン＝アン＝レ、さらにモンモランシーの各森もまた、ルーヴレの森の名残だった。ガリア時代、この森の端は現在のフォブール・サン＝トノレ地区まで達しており、そこでは熊や鹿、狼などの狩りがおこなわれていた。カシの一種である「ルーヴル」（オウシュウナラ）を語源とするルーヴレという語が、かつての森を偲んで16区の大通り（Boulevard de Rouvray）につけられたのは、1927年のことである。

ルエ Rouet　14区のルエ袋小路（Impasse du Rouet）は、1877年に現在の呼称になるまで、コルドゥリ袋小路とよばれていた。ここに縄製造工場があったからである。縄を編む際には紡ぎ車が使われており、これが呼称となった。この紡ぎ車は小さな車輪とペダルがついた装置で、亜麻や麻（ロープ用）、羊毛などを紡いだ。羊毛用の紡ぎ車は今も手工業的にしばしば用いられており、プロバンス地方のとくに南西部の一部の市場などでは、若い女性がこれで羊毛を紡ぎ、客に直売しているさまを見ることができる。

ルガール Regard　7区のルガール通り

（Rue du Regard）は1667年に命名されている。呼称は、かつてヴォジラール通りとノートル＝ダム＝デ＝シャン通りの交差点にあった、通称「ルガール」【ないしレダ】給水所に由来する。当時、ヴォジラール通りには跣足カルメル会の修道士たちが住んでおり、彼らはこの水を汲んで、これに香料やメリッサ水をくわえていた。1810年、この給水所はルガール通りの端、現在のヴォジラール通り88番地に新たに設けられた給水所にとって代わられた。

ルカン Lekain　1728-78年。ルイ・カン、芸名ルカンは、パリを生没地とする悲劇俳優。とくに1750年に演じた『邪な金持ち』で名をあげた。ヴォルテールは「危険に満ちた」役者の世界から転向させようとしたが、最終的には助言役とスポンサー役を引き受け、コメディ＝フランセーズの舞台にのせた自作の戯曲『ブルータス』【初演1730年】に、彼を起用させるまでになる。ルカンの顔は美男とはとても言えなかったが、それでも目だけは素晴らしかったという。

1752年、彼は正式にモリエールの家（コメディ＝フランセーズ座）の座員となり、その役者生活をとおして、ひたすらヴォルテールの作品だけを演じた。1759年、一座に6万リーブルの助成金が下賜されたのを機に、彼はそれまで邪魔物だった貴族席を舞台から撤去させた。いわば「ハプニング（不測の事態）」を排除したのである。彼の名を冠した16区のルカン通り（Rue Lekain）は、1864年からある。

ちなみに、20世紀前葉にはもうひとりのルカンが活躍していた。歌手のエステール・ルカン【1879-1960。16歳にナンシーのカジノで初舞台を踏み、カジノ・ド・パリなどで80歳を超えても歌いつづけた】で、その歌はことごとく大評判をとった。

ルキュイロ Lecuirot　14区のルキュイロ通り（Rue Lecuirot）は1890年に敷設されている。呼称はその地の旧地主にちなむ。

ルキュレット Reculettes　1926年に命名された12区のルキュレット通り（Rue des

Reculettes）の呼称は、15世紀にサン＝マルタン＝デ＝シャン修道院【→サン＝マルタン】の修道士たちが有していたキュレット領にちなむ。1926年までこの通りはかなり狭い小路にすぎなかった。ルキュレットという語は、おそらくフランス北東部のジュラ山脈に属するルキュレ山に由来する。通り名のもとになった所領には小さな丘があり、風車さえそなえていた。当時のある楽天家から小山とみなされていたこの丘は、男性形のルキュレを女性形にし、さらにこれに指小辞をつけてよばれていた。

ルグーヴェ Legouvé 1807-1903年。エルネスト・ルグーヴェはパリで生まれ、没した詩人・小説家・劇作家。1829年、彼は「印刷術の発見」でアカデミー・フランセーズの詩大賞を獲得し、56年にはその会員に選ばれている。著作に詩集の『女性たちの勲章』【1830年】や『奇妙な死』【1832年】、小説の『マックス』【1833年】や『老人たち』【1834年】、『エディット・ド・ファルサン』【1840年】、さらに戯曲の『リニュロルのルイズ』【1838年】や『アドリアン・ルクーヴルール』【1849年】、『貴婦人たちの戦い』【1851年】などがある。彼の息子ガブリエル・ルグーヴェ（1764-1812）もまたみごとな韻文を駆使した詩人である。以下は『女性たちの勲章』の結びの一節である。

　汝が母に負う
　この性の足元に身を投げ出すのだ。

　レグーヴェ通り（Rue Legouvé）は1896年から10区にある。

ルク＝マテュー Leuck-Mathieu 20区のルク＝マテュー通り（Rue Leuck-Mathieu）は、1935年から、それぞれこの通りに家を有していたルク氏とマテュー氏の名で公式によばれている。

ル・グラマ Le Gramat 中央山地西南麓のロット県にあるル＝グラマは、グラマ高原の郡庁所在地である。15区のセヴェンヌ地区にふくまれるル・グラマ小路（Allée

Le-Gramat）は、1994年から存在している。

ルグラヴラン Legraverend 1776-1827年。エマニュエル・ルグラヴランはレンヌに生まれ、パリで没した法律家。長年司法省につとめたあと、1819年に国務院主任審理官となった。著作には『フランスにおける刑法論』【5巻、1816-1833年】がある。彼に捧げられたルグラヴラン通り（Rue Legraverend）は、1844年から存在している。

ルクラン Legrand 1881年に現在の道筋となった19区のルグラン通り（Rue Legrand）は、当時その沿道に家をかまえていたルグラン氏にちなんで命名されている。

ルクルブ Lecourbe 1759-1815年。クロード・ジャック・ルクルブはフランス中東部ジュラ県のブザンソンに生まれた将軍。1794年、マインツの戦いでの軍功で将軍に叙せられた彼は、1798年、ドナウ（ダニューブ）方面軍の右翼部隊指揮官となる。だが、彼の栄光は1799年にスイスのサン＝ゴタール峡谷で、アレクサンドル・スヴォーロフ将軍【1729-1800。ロシア帝国最後の大元帥。「不敗の指揮官」とよばれた】率いるロシア軍に壊滅的な損失をあたえ、チューリヒでのマセナ将軍の勝利を導いたことにある。だが、百日天下【1815年3月20日－6月22日】の際、ナポレオンから防衛を託されたベルフォールで病没する。15区には彼の名を冠したルクルブ通り（Rue Lecourbe）が1865年から、ヴィラ・ルクルブ（Villa Lecourbe）が1905年からある。

ルクレール Leclaire 1885年に建設された20区のシテ・ルクレール（Cité Leclaire）は、その旧地主にちなんで命名されている。

ルクレール Leclerc 14区のルクレール通り（Rue Leclerc）は1780年に開通している。その呼称はそこに邸館をかまえていたルクレール氏に由来する。

ル・ゴフ Le Goff 5区のル＝ゴフ通り（Rue Le-Goff）は、1880年、瀕死の状態にあった人を助けようとして死んだ、**ヴァル＝ド＝グラース病院**の若い研修医ロマン・ル・

ゴフを偲んで命名されている。その献身的な行為がいつなされたか、正確なことは不明だが、おそらくは1870年から71年にかけて、つまり普仏戦争かパリ・コミューン（コミュヌ・ド・パリ）のときだっただろう。

ル・コルビュジエ Le Corbusier 1887-1965
年。シャルル・エドワール・ジャンヌレ＝グリを本名とするル・コルビュジエは、スイスのラ・ショ＝ド＝フォンに生まれ、ニース近郊のロクブリュヌ＝カップ＝マルタンで事故死したフランスの建築家・都市計画家・画家。建築資材の規格化とプレハブ工法の推進者だった彼は、1925年頃、インターナショナル・システムを考案したひとりで、厳密なまでに機能的な設計原理をとりいれ、飾りを一切排した簡素な幾何学的フォルムを提唱した。個人の住宅を「住むための機械」にしようとしていた彼は、その考えにもとづいて、パリ西郊のガルシュに「スタイン邸」【1927年】、パシーに「サヴォワ邸」【1931年】を建てている。

ル・コルビュジエはまた都市計画と集合住宅にも情熱を注ぎ、「住民300万の現代都市計画」を発表するとともに、ボルドー＝ペサックに「庭園都市」を完成させた【1926年】。さらに、マルセイユには「輝く都市」（マルセイユ住民たちはこれを「ファダ（奇人変人）の家」と命名した）【1946-52年】や、パリのシュヴァルレ通りに救世軍の難民収容所【1929年】、モスクワ（モスクー）に農業共同体中央局【1930年】、インド北部パンジャーブ地方のチャンディーガルに最高裁判所【1956年】を建てている。

彼はまたリヨン北西のノートル＝ダム＝ド＝トゥーレット修道院【1950年代】も手がけているが、これは細部に分節や段差ないし窪みを多用した建築として知られる【2016年に世界文化遺産に登録された、上野の国立西洋美術館もル・コルビュジエの設計になる（1959年）】。近代建築の紛れもない大家のひとりである彼の名は、1988年から、6区のル＝コルビュジエ広場（Place Le-

Corbusier）に残っている。

ルコント Lecomte パリ各所の遊技場の支配人だったルコント氏は、1837年に敷設された17区のルコント通り（Rue Lecomte）に、家を数軒有していた。通りの命名は1789年である。

ルコント・デュ・ヌイ Lecomte du Nouÿ
1842-1923年。ジュール・ルコント・デュ・ヌイはパリ出身の画家。歴史・宗教画や古代の情景復元画などで知られる。作品としては『立ち去る愛と残る愛』【1860年】や『悪い知らせの配達人』【1871年】、『祖国のための死』【1892年】などがある。彼に捧げられたルコント＝デュ＝ヌイ通り（Rue Lecomte-du-Nouÿ）は、1932年から16区にある。

ルコント・ド・リル Leconte de Lisle 1818
-94年。シャルル・マリ・ルコント、通称ルコント・ド・リール（リル）——おそらくイル＝ド＝フランスで生まれていることから——は、パリ西方イヴリーヌ県のヴォワザンで没した詩人。若いながら商いの道に入ろうとしてインドを訪れ、1846年からフランスに定住する【シャルル・フーリエの空想的社会主義に共鳴したためとされる】。1852年に処女詩集『古代詩集』を発表した彼の作品は、ロマンティシズムと一線を画して、「自分」を前面に押し出すことがなかった。帝政末期、彼には年金が下賜されたが、それは共和政時代になっても継続された。

彼の作品としてはほかに『夷狄詩集』【1862年】や『悲劇詩集』【1884年】などがあり、戯曲も1作ある。1872年1月にオデオン座で初演された『エリニュエス』である。「芸術のための芸術」を標榜した文学集団「高踏派（パルナシアン）」を立ち上げたのが彼である。ルコント・ド・リールは言っている。「人間、それは神の殺戮者である」。そのもっとも有名な詩の1篇【『古代詩集』所収】は、以下の詩句から始まる。

ミディ、夏の王は平野の上に広がり、

青空の高みから銀色の層となって落ちてくる。

すべてが押し黙る。空気は炎を上げて燃え、

大地は火のローブをまとってまどろむ。

ルコント＝ド＝リル通り（Rue Leconte-de-Lisle）は、1895年から16区にある。

ルサージュ Lesage 1668-177年。アラン＝ルネ・ルサージュは**ブルターニュ地方モル**ビアン県のサルゾーに生まれ、北仏のイギリス海峡に面した**ブーローニュ＝シュール＝メール**で没した小説家・劇作家。母親を早くに喪い、14歳のとき、公証人だった父親とも死別して天涯孤独となった彼は、**ヴァンヌのイエズス会学寮**に入れられたが、後見人たちが彼の財産を文字通り食いつぶした。

やがてパリ大学で哲学と法律を学び、1692年、弁護士となる。ただ、文学に専念するためさほど弁護の仕事をせず、かなり貧しい生活を余儀なくされた。1695年、そうした日々が一変する。リヨンヌ神父【不詳】から600リーヴルの年金を提供されて、物質的な心配がなくなったのである【ルサージュはこの神父からスペイン文学への手ほどきを受けている】

ルサージュはスペイン人作家、とくにローペ・デ・ベガ【1562-1635。ベガ・カルピオとも。スペインの劇作家・詩人で、国民演劇の創始者。生涯2000本以上（！）の戯曲を書いたとされるが、現存するのは425本】やペドロ・カルデロン・デ・ラ・バルカ【1600-81。ベガとともにスペイン・バロック演劇を代表する劇作家】から影響を受けている。その代表的な作品としては、有名な『サンティリャナのジル・ブラ物語』【1715-35。邦題『ジル・ブラース物語』、杉捷夫ほか訳、河出書房】のほかに、『跛者の悪魔』（この表現はやがてタレーランの愛称となるが、当時彼はまだ生まれていなかった）や『主人の恋敵クリスパン』【いずれも1707年】などがある。ルサージュ通り（Rue Lesage）は1864年から20区を走っ

ている。

***ルーサン Roussin** かつて15区には、アミラル＝ルーサン通りに隣接していたことから、ルーサン袋小路（Impasse du Roussin）と呼ばれた通りがあった。名祖はデュジョンに生まれ、パリで没したこの海軍提督アルバン・ルーサン（1781-1854）。彼は1807年に海軍大尉となったが、翌年、イギリス艦隊と戦って捕虜となる。やがて釈放され、1810年に軍艦の艦長、14年には艦隊の指揮官に任じられる。そして1816年から20年まで、アフリカやブラジル沿岸の水路調査をおこなう。1832年に貴族院議員に叙せられたのち、1834年までコンスタンティノープル（**コンスタンティノプル**）駐在大使をつとめ、40年に海軍提督に昇進する。同年、彼は海軍大臣に指名され、健康問題で辞任する43年までこの職位をまっとうした。

ルージェ・ド・リル Rouget de Lisle 1760-1836年。クロード・ジョゼフ・ルージェ、通称ルージェ・ド・リール（リル）は、フランス中東部ジュラ県のロンス＝ル＝ソーニュに生まれ、パリ南東方ヴァル＝ド＝マルヌ県のショワジ＝ル＝ロワで他界した将校。詩と音楽の才に恵まれていたにもかかわらず、工兵学校に入り、1784年、卒業と同時に中尉となる。

フランスがオーストリア大公国に宣戦布告した1792年、当時**ストラスブール**のライン方面軍大尉だった彼は、『ライン軍のための軍歌』を作詞作曲している（ただし、7番の1節「われらは自ら進み行く」は後代の歌詞）。同年8月、**テュイルリー宮襲**撃事件の約2週間前、**マルセイユ連盟兵**たちがパリ入城したときに口ずさんでいたことをきっかけとしてパリ市民の間で流行し、のちに『ラ・マルセイエーズ』と呼ばれるようになったのが、この曲である。

しかし、皮肉なことにルージェ・ド・リールは確信的な王党派であり、共和国の栄光を称える賛歌をつくるつもりはなかった。事実、彼は8月10日事件【テュイルリー宮襲撃】を記念する式典に参加を拒んだとし

ルシヤトリ

て逮捕され、パリ西郊のサン゠ジェルマン゠アン゠レ城（ルイ14世の生誕城で、現在は国立先史考古学博物館）の監獄に投獄されてしまう。だが、ロベスピエール【→コンヴァンション】——その名はパリの地名から省かれている——を失脚させた1794年のテルミドールのクーデタ後、解放されて軍務に復帰し、「清廉の人」【ロベスピエールの異名】が没すると、『テルミドール9日の歌』を作曲している。1796年、ド・リールは軍を追放されて郷里に戻り、かなり貧しい日々を余儀なくされる。それを救ったのがルイ・フィリップだった。この国王から、1830年、レジョン・ドヌール騎士賞を授けられ、まずまずの年金を下賜されたのである。

1836年、ルージェ・ド・リールは他界し、遺骸はショワジ゠ル゠ロワから廃兵院（アンヴァリッド）に移される【1915年】。当時、彼の遺骸がどこに安置されているかをめぐって、さまざまな憶測が飛び交っていた。見つかったとされたのが、若い女性のものだったからだ。おそらくこうした憶測は根拠のないものだった。移送の前夜、ショワジの墓地から取り出された遺骸は、うやうやしく封印された石棺の中にあったからである。疑念をすべて払拭するには、棺を開けなければならないだろうが、むろんそれはできない相談であり、旧廃兵院はこのような話を「らちもない」として受けつけない。こうして死後もなお人々の耳目を集めた彼の名は、1879年にパリの通りにつけられている。1区のルージェ゠ド゠リル（Rue Rouget-de-Lisle）がそれである。

ル・シャトリエ Le Chatelier 1815-73年。パリで生まれ、没したルイ・ル・シャトリエは、西部鉄道会社のために働いたパリ土木局の技師である。鉄道建設にかかわる以前、彼は消毒後の排水をどう利用するかを調査・研究していた。その著作には『ドイツの鉄道』【1845年】や『運転中の機関車の安定性にかんする研究』【1849年】などがある。彼の名を冠した17区のル゠シャトリエ通り（Rue Le-Chatelier）は、1881

年に命名されている。

ルシャプレ Lechapelais 1841年に敷設された17区のルシャプレ通り（Rue Lechapelais）は、当初から、そこに家をかまえていたルシャプレ氏の名で呼ばれている。

ルジャンドル Legendre 1752-1834年。アドリアン・マリ・ルジャンドルは、パリで生まれ、オートゥイユで没した数学者で科学アカデミー会員。著作には『整数論』【1798年。高瀬正仁訳『数の理論』、2007年】や『積分法実践』【3巻、1811-17年】、『楕円関数論』【1825-30年頃】などがある。彼の名がつけられた定理はいろいろあるが【ルジャンドル定数、ルジャンドル多項式、ルジャンドル関数ほか】、さらに彼は変分法における最大値・最小値の算出法を提唱し、楕円曲線の積分にかんする論文も2本書いている。ルジャンドル通り（Rue Legendre）とルジャンドル小路（Passage Legendre）はいずれも15区にあり、前者は1865年、後者は77年に命名されている。

ル・シュウール Le Sueur 1616-55年。ウスタシュ・ル・シュウールはパリを生没地とする古典主義画家【「フランスのラファエロ」と称された】。ヴィクトル・クザンは彼についてこう書いている。「彼の作品では、すべてが思考となり、情念となっている。何ものも求めず、いかなる手法もない。彼が好んだ主題は、鮮やかな色遣いさえ必要としない」。彼の最初の傑作は1642年に制作されている。ヴェネツィア生まれのドミニコ会士フランチェスコ・コロンナ【1433-1527】の作とされる、『ヒュプネロトマキア・ポリフィリ（ポリフィルス狂恋夢）』【1467年】に想を得た8枚の作品である。続けて彼は『荊冠のキリスト』や『画家たちの集会』【いずれも制作年不詳】などを描いている。1645年頃には、サン゠ルイ゠アン゠リル通りに今もある旧会計法院長ランベール・ド・トリニの邸館装飾を手がけた。

ある伝承によれば、ル・シュウールはリュクサンブールのシャルトルー（カルトゥ

ジオ）修道院の壁の下で、【妻に言い寄った】貴族と決闘して殺し、同時に妻も亡くした。後悔の念にかられた彼は、そこで聖ブルノ【ケルンのブルーノとも。1030頃-1101。カルトジオ修道会の創設者。→シャルトルー】の生涯を描き始めたという。だが、実際はそうではない。決闘はしておらず、妻も彼より14年長生きしている。聖ブルノの生涯を描いた作品も、じつはアンフェール大通り、現在のダンフェール＝ロシュロー通りにあったカルトゥジオ修道院からの注文だった【1645年】。この『聖ブルノの生涯』は22枚の連作で、ルーヴル美術館にある。

ちなみに、絵画アカデミーは1648年に設立され、ル・シュウールはその最初期の会員になっている。彼の作品としてはほかに『聖ラウレンティウスの殉教』【1650年】や『十字架を運ぶイエス』【1651年頃】、『天使祝詞』【1655年】などがある。彼に捧げられたル＝シュウール通り（Rue Le-Sueur）は、1864年から16区にある。

ルージュモン Rougement　1884年に開通した9区のルージュモン通り（Rue Rougemont）は、その一部が通りとなった土地の地主で銀行家のルージュモン・ド・ローウェンベルクの名がつけられている。同区のシテ・ルージュモン（Cité Rougemont）は、この通りに隣接していることからの命名である。

ルースレ Rousselet　7区のルースレ通り（Rue Rousselet）は1721年からある。呼称は、当時ここに住んでいた破毀院1日審理部の検事長だったアンブロワズ・ルースレ【1582-1659】にちなむ。

ル・タス Le Tasse　1544-95年。トルクワート・タッソ、通称ル・タッソ（ル・タス）は、ソレントに生まれ、ローマで没したイタリアの詩人。17歳で騎士道詩『リナルド』を発表し、イタリア全土から熱狂的なまでの評判を博した。1565年、彼はフェラーラ公アルフォンス2世【1533-87。最初の妻ルクレツィア・デ・メディチ（1545-62）を毒殺したとされる】から宮殿に招かれて、仕えるようになるが、1571年、フ

ェラーラの枢機卿ルイージ・デステ【1538-86。アルフォンス2世の弟】の供でフランスに赴き、シャルル9世【国王在位1560-74】からあたたかく迎えられた。

翌年、アルフォンスのもとに戻るが、それからさまざまな不運にみまわれることになる。伝承によれば、フェラーラ公の妹オノーラを愛したため、ル・タッソはいろいろ悶着をおこしたという。たしかに詩人の気苦労はむしろ身分違いの彼女しか愛さなかったということに起因しており、その過度な自尊心によって、アルフォンスの友情を失ってしまう。やがて心の病にかかり、大きな祝宴の場から彼の姿が見えなくなる。庇護者である自分を公に罵る詩人を、アルフォンスが精神疾患患者用の施療院に収容させてしまったからである。ル・タッソがそこから出るのは、7年後の1586年のことだった。

しかし、彼に残された人生は、悲惨さと重いメランコリーを道連れとする放浪だけだった。ル・タッソが寂しく息を引き取ったのは、ローマの聖オノフリオ修道院。それは、教皇クレメンス8世【在位1592-1605】がル・タッソをたたえる祝宴を催して、改めて人生の興趣をあたえようと彼を探しているときだった。ゲーテ（グート）は1790年、そんなル・タッソの生涯におけるさまざまなエピソードを生々しく描いた、5幕物の心理劇【『トルクワート・ル・タッソー』】を書いている。

ル・タッソのおもな作品としては、内容が異端だとして宗教裁判にかかるのを避けるため、自作とは認めなかった詩人に無断で出版された『解放されたエルサレム』【1575年。邦題『エルサレム解放』、鷲平京子訳、岩波書店】や、その差替え版ともいうべき『征服されたエルサレム』【1593年】、戯曲『トリスモンド』【1588年】、『対話集』【1578-94年】、『哲学的言述』【刊行年不詳】などがある。彼に捧げられた16区のル＝タス通り（Rue Le-Tasse）は、1904年の命名になる。

ル・ダンテック Le Dantec　1869-1917年。

887

ルテイオン

フェリクス・ル・ダンテックはブルターニュ地方のプルガステル=ダウラに生まれ、パリで没した生理学者。1888年にパストゥール研究所に入り、ミッション・パヴィ【外交官・探検家のオーギュスト・パヴィ（1847-1925）によるインドシナ半島調査ミッション。パヴィはラオスの初代領事代理をつとめ、詳細なインドシナの地図を作成している】の一員としてラオスに赴いた時期を除いて、92年まで研究員をつとめた。

1892年、パストゥールからサンパウロに派遣されたル・ダンテックは、サントス地方の黄熱病の研究所を創設する。1899年からはソルボンヌで一般発生学の講義を担当するようになった。著作には『性』【1899年】や『生命体における統一性』【1902年】などがある。ル=ダンテック通り（Rue Le-Dantec）は、1934年から13区にある。

ルディオン Ledion 14区のルディオン通り（Rue Ledion）は、この通りの旧地主の名を冠したものである。

ルティロ Retiro ルティロとは奥まった場所を意味する古語である。8区のシテ・ルティロ（Cité Retiro）は、1817年当時、住人はたったひとりだった。まさに彼は「ブエン・レティロ」【字義はスペイン語で「よい隠れ家」】に住み、シテをそう名付けたのである。

ルトリエ Letellier アルフォンス・ルトリエは1826年からグルネル地区の土地を分譲した事業家のひとり。彼の名を冠した15区のルトリエ通り（Rue Letellier）は1830年からある。

ルドリュ=ロラン Ledru-Rollin 1807-74年。オーギュスト・ルドリュ=ロランはパリに生まれ、パリ西部のフォントネ=オー=ローズで没した政治家。元の名はルドリュだけだったが、彼同様に弁護士だった別のルドリュ氏と区別するため、母方の祖母の姓をくわえた。1841年に国民議会議員に選ばれた彼は、1848年2月24日【二月革命】、オルレアン公爵夫人の摂政に反対して、臨時政府の組閣を求め、みずからその内務大臣についた。

やがて社会主義に接近し、1849年6月13日、山岳派【モンターニュ派とも。憲法制定議会と立法議会の最左翼=急進共和派勢力で、1849年の立法議会には124人の議員を送り込んでいた】の一部と第二共和政に対する反政府暴動を起こそうとする。だが、それは失敗に終わり、何人かの山岳派メンバーが逮捕され、ルドリュ=ロランも亡命した。彼は欠席裁判によって流刑を宣せられた。1857年にも、**ナポレオン3世**に対する陰謀に加担したとして、再び欠席裁判で流刑となる。彼がジュゼッペ・マッツィーニ【1804-72。イタリア統一に中心的な役割を担った革命家で、ガリバルディやエマヌエーレ2世、カヴールとともに「祖国の父」と称された】とともに、「世界共和主義」のための委員会を立ち上げたのが、この流刑中だった。

1870年【71年?】、恩赦によってようやく帰国した彼は、74年、国民議会議員となって極左陣営に身をおく。パリのヴォルテール広場には、その影像が立っていた。11区と12区を結ぶルドリュ=ロラン大通り（Avenue Ledru-Rollin）は、彼の没後5年目の1879年に命名されている。

ルトール Letort ルイ・ルトール将軍は、1815年のジイの戦い（ベルギー中南部シャルルロワ近郊）で戦死している。彼を名祖とするルトール通り（Rue Letort）は、死後半世紀経った1868年に命名されている。

ルドルフ・ヌレエフ Rudolf Noureev ルドルフ・ヌレエフは1938年にロシアのラズドルナイア近郊【列車内】で生まれ、93年にパリで他界したロシア人ダンサー・演出家。1982年にオーストリアに帰化した彼は、その完璧な技によって、20世紀末の最高のクラシックバレエ・ダンサーとされている。彼がみごとなバレエを演じた作品としては、『ジゼル』や『白鳥の湖』、『トリスタン』などがある。彼はまたモダン・ダンスの世界でも比類のない技術を見せた。一方、その演出も多くのバレエ愛好家を魅惑し、1883年から89年まで、パリ・オペ

ラ座の芸術監督もつとめた。17区には、この不世出のダンサーに捧げられた通りが2003年からある。ルドルフ=ヌレエフ通り（Rue Rudolf-Noureev）である。

ルトレ Retrait ルトレとはフランス語で「引退・放棄」などを意味するが、20区のルトレ通り（Rue du Retrait）の呼称は、じつはラトレ（Rattait）の変形である。1523年、当時そこにあった広大なブドウ園にこの語がつけられた。おそらくラトレとはその所有者の姓だったと思われる。現在のルトレ通りは、同名の小路（Passage du Retrait）と同様、1877年に命名されている。

ルドン Redon 1840-1916年。オディロン・ルドンはボルドーに生まれ、パリで没した画家・石版画家。一種の幻視的な芸術として知られる彼の作品は、あきらかにやがて登場するシュールレアリスムの序曲だった。だが、当時、その作品はほとんど、あるいはまったく理解されず、それが評価され、彼の名前が人々の口端にのぼるようになったのは、1924年にアンドレ・ブルトンが最初のシュールレアリスム宣言を上梓してからだった。そして、ヒエロニムス・ボス【1450頃—1516。ネーデルランド・ルネサンス期を代表する幻想画家】やウィリアム・ブレイク【1757-1827。イギリスの詩人・画家】と同様、審美的ないし道徳的な規制を受けることなく、ひたすら内的な生の衝動にすべてをゆだねる芸術的形態の先駆者として認められるようになる【その作品としては、『眼=気球』（1878年）や『自画像』（1880年）などがある】。彼の名が冠せられたルドン通り（Rue Redon）は、1932年から17区にある。

＊ル・ナン・ド・ティユモン Le Nain de Tillemont 1637-98年。セバスチャン・ル・ナン・ド・ティユモンは、パリで生まれ、没した歴史家【1674年司祭叙階】。ポール=ロワイヤル=デ=シャン修道院付設の「小さな学校」で、ソリテールたち【字義は「独修士」。ジャンセニストの知識人たちで、1637から60年まで、清貧生活を送りながら子弟の教育にあたった。その子弟のひとりに『ポール=ロワイヤル略史』（1674年、死後刊行）を書いた劇作家のラシーヌがいる】に学んだ。主著に『6世紀までの教会史に資するための論集』【16巻、1693-1713年】がある。20区にあったル=ナン=ド=ティユモン通り（Rue Le-Nain-de-Tillemont）は、1930年に命名されている【現在、同名の通りは、ティユモン一族の城があったパリ東郊のモントルイユにある】

ルニャール Regnard 1655-1709年。ジャン=フランソワ・ルニャールはパリで生まれ、パリ南西方のドゥルダン近郊で没した劇作家。裕福な家に生まれた彼は、若い日々を悪場所通いと賭けごとに費やした。だが、そんな自堕落な生活を送った彼には、途方もない話がある。1678年、【愛する女性とその夫とともども、ローマ近郊のティヴィタヴェッキアから乗り込んだイングランドの軍艦が】バーバリ人の海賊船に拿捕され、捕虜としてアルジェに連行され、アフメト=テレムという人物に奴隷として売られてしまったのである。この人物はルニャールを料理人として働かせ、コンスタンティノポリス（コンスタンティノプル）につれていった【主人からその妻のひとりとの関係を疑われ、裁判にかけられて、焚刑かイスラームへの改宗を迫られた】

幸い、家族が保釈金を払って釈放され、1681年、帰国することができた。そして、ルニャールはかつての愛人と再会し、やがてその夫が他界したとの噂を信じて、彼女と結婚しようとする【噂は誤りだった！】。こうして結婚が破談となった彼は、再び彷徨を始め、コルブロンとフェルクールという仲間と一緒にラップランドまで旅する。そして、メタヴァラ山に登った3人は、岩にラテン語でこう刻んだ。「われらここに立ち止まる。世俗をすてる唯一の場なり」

ルニャールはさらに数度の旅をしたのち、最終的にパリに落ち着き、財務官職を購入（！）した。それから彼はとくにテアトル=イタリアン（イタリア座）のために数多くの戯曲を書き始める。笑いを追求したそ

ルニョ

の作品のなかには、たとえば『サン゠ジェルマン太市』【1695年】や『迂闊な男』【1699年】、『不意の帰還』【1700年】、『包括受遺者』【1708年】などがある。彼はまた旅行譚も上梓しており、前述の奴隷体験談は『プロヴァンスの女』【1823年】に描かれている。ルニャール通り（Rue Regnard）は彼の死後70年目の1779年から6区にある。

ルニョー Regnault　1754-1829年。ルニョー男爵ジャン゠バティスト・アレクサンドルは、パリを生没地とする新古典派画家。少年時代、商船の見習い水夫だった彼は、やがて船を降り、絵画を学ぶべくローマに向かう。そして20歳のとき、『ディオゲネスを訪ねるアレクサンドロス大王』でローマ大賞を受賞する。1782年、彼は絵画アカデミー会員に迎えられ、75年、パリの高等美術学校（**ボザール**）の教授になる。さらに1806年にフランス学士院が創設されると、ただちにその会員に選ばれてもいる。おもな油彩画としては、『イエス・キリストの洗礼』【1779年】や『十字架降下』【1789年】、『大洪水』【1789/91年】などがある。13区には彼の名を冠したルニョー通り（Rue Regnault）が、1868年からある。

ルナール Renard　中世のフランスでは、そこから池や貯水槽ないし暗渠の水が消失する穴や裂け目のことをルナール（漏水孔）と呼んでいた。4区のルナール通り（Rue du Renard）にはかつて暗渠のルナールがあり、そのことから、11世紀にはルナール・サン゠メリ道とよばれた。現在の呼称は1868年からだが、当時の道筋は現在とは多少異なっていた。

ルヌヴー Leneveux　14区のルヌヴー通り（Rue Leneveux）は、1891年に敷設された当初、同区の区長をしていたシャルル・ルヌヴー氏を名祖とする。

ルネ・カサン René Cassin　1887-1976年。ルネ・カサンはフランス南西部バスク地方のバイヨンヌに生まれ、パリで没した法学者・外交官・政治家。リール大学やソルボンヌの法学教授をつとめた彼は、第2次世

界大戦中、ロンドンのシャルル・ド・ゴール臨時政府に参加し、大戦後の1948年、みずから起草した「世界人権宣言」が国連総会で採択される。彼はまた、UNESCOの創設にも重要な役割をにない、58年は第五共和国の憲法院判事となり、1965年からはヨーロッパ人権裁判所長をつとめた【1968年まで】。1968年にはノーベル平和賞を受賞してもいる【1987年、パンテオンに合祀された】。1区には1984年に命名されたルネ゠カサン広場（Place René-Cassin）がある。

ルネ・カピタン René Capitant　ルネ・カピタンは1901年に**リヨン**南東方、イゼール県のトロンシュに生まれ、70年にパリ西郊のスレーヌで他界した政治家・法律家。1945年に**アルザス**地方バ゠ラン県、46年から51年にかけてセーヌ県選出の国民議会議員となった彼は、1946年にド・ゴール主義連合を結成し、68年には法務大臣となった【1957年から60年まで、東京の日仏会館館長をつとめてもいる】。彼の名を冠したルネ゠カピタン遊歩道（Promenade René-Capitant）は、2000年に命名されている。

ルネ・ゴシニー René Goscinny　1926-78年。ルネ・ゴシニーはパリに生まれ、没した漫画原作者。1954年から「ラッキー・リューク」の冒険シリーズを発表し【1955-77年。全38巻】、作画担当のアルベール・ユデルゾ【1927生】とともに、「アステリクス」【1959-77年。全24巻】の生みの親となった。さらにジャン・タバリ【1930-2011】作画の「イズノグー」【1962-77年。全14巻】も忘れてはならない。彼はまた1959年から72年まで、漫画週刊誌《ピロート（パイロット）》の主幹をつとめた。だが、医師のチェックを受けながらおこなっていた心電図測定中に落命している。ルネ゠ゴシニ通り（Rue René-Goscinny）は、2001年から13区にある。

ルネ・コティ René Coty　1882-1962年。北仏ル・アーヴルを生没地とする政治家のルネ・コティは、1954年、第四共和政大統

領に選ばれている。この選挙結果には本人もふくめてだれもが驚かされたが、彼は国家の指導者として優れた手腕を発揮した。しかし、1954年からのアルジェリア独立戦争中の1958年、さまざまな問題【フランス国内が独立支持派と反対派に分裂したことなど】に対処できず、シャルル・ド・ゴール将軍に事態の収拾を求めた。それは宰相としての品格を保った模範的な身の処し方だった。こうして彼は1959年1月8日、あとをド・ゴールに託してエリゼ宮を去り、愛してやまない生地ル・アーヴルに引退する。第四共和政最後の大統領となったコティの名は、没後2年目の1964年に命名された、14区のルネ＝コティ大通り（Avenue René-Coty）に刻まれている。

ルネサンス Renaissance　8区のルネサンス通り（Rue de la Renaissance）は、周知のように、フランスの芸術的再生を強力に推し進めた国王の名を冠した、フランソワ1世通りに隣接していることから命名された。イタリアを発祥の地とするルネサンスは、すでにシャルル8世【在位1483-98】の時代からフランスに広まっており、フランス中西部ロワール地方の名城群やルーアンのサン＝マクルー司教座聖堂、トロワのノートル＝ダム＝デ＝トレヴォワ教会堂など、数多くのみごとな建造物がフランス・ルネサンス期に生まれている。1855年、歴史家のミシュレはルネサンスについてこう記している。「そのおかげで、人類は正義と理性のうちに座ることができるようなった」。ルネサンス通り（Rue de la Renaissance）は1884年から、ヴィラ・ルネサンス（Villa de la Renaissance）は89年から8区にある。

ルネ・バザン René Bazin　1833-1932年。アンジェに生まれ、パリで没した文学者・弁護士のルネ・バザンは、生地の大学で法学部教授をつとめた【1903年にアカデミー・フランセーズ会員】。彼は数多くの著作をものしているが、それらは先祖たちの慣行と見捨てられた伝統を復活させることを狙いとしていた。その名を冠したルネ＝バザン通り（Rue René-Bazin）は、1937年から16区にある。なお、彼を甥の息子であるエルヴェ・バザン【1911-96。詩人・作家】と混同してはならない。後者はやはりアンジェで生まれ、とくにブルジョワジーを風刺した作品、たとえば『こぶしを持つクサリヘビ』【1948年】、『仔馬の死』【1950年】、『私があえて愛するのはだれか』【1966年。二宮敬・山本顕一訳『愛せないのに』、白水社】を書いている。

ルネ・パンアール René Panhard　1871-1950年。パリで生まれ、ピュイ＝ド＝ドーム県のラ・ブールブールで他界したルネ・パンアールは、技術者・実業家で、自動車の推進者【1886年に技術者のエミール・ルヴァソール（1843-97）とともに立ち上げた、パンアール・ルヴァソール社製のガソリン・エンジン車は、長きにわたってフランス国内を走り回った。だが、同社は1965年にシトロエン社に吸収された】。彼の名を冠したルネ＝パンアール通り（Rue René-Panhard）は、1921年から13区にある。

ルネ・ビネ René Binet　1866-1911年。ジョゼフ・ルネ・ビネはブルゴーニュ地方のショーモンに生まれ、スイスのウシー（ローザンヌ近郊）で没した建築家・装飾家・芸術理論家【1900年のパリ万国博で、巨大な正門は彼の設計図をもとにしている】。1956年に命名された18区のルネ＝ビネ通り（Rue René-Binet）は、彼を名祖とする。

ルネ・フォンク René Fonck　1894-1953年。ヴォージュ県のソールシ＝シュル＝ムルトに生まれ、パリで没した飛行士のルネ・フォンクは、第1次世界大戦で敵機75機を撃墜した。この撃墜王の名は、1956年に命名された19区のルネ＝フォンク大通り（Rue René-Fonck）に残っている。

ルネ・ブーランジェ René Boulanger　1901-44年。ナントでドイツ軍に捕まり、銃殺されたレジスタンス活動家。パリ解放直後に、彼を偲んでその名が通りにつけられている。10区のルネ＝ブーランジェ通り（Rue René-Boulanger）である。

ルネ・ボワレーヴ René Boylesve　1867-

1926年。ルネ・タルデュー、筆名ボワレーヴは、パリ盆地南西部のアンドル＝エ＝ロワールのデカルトに生まれ、パリで他界した作家。その作品は大部分がフランス各地の習俗を描いている【作品としては『5スーの幸福』（1917年）や『破壊された庭園の追憶』（1924年）などがある】。1918年にアカデミー・フランセーズ会員となった彼の名は、1930年から16区を走るルネ＝ボワレーヴ大通り（Avenue René-Boylesve）に刻まれている。

ルネ・ラヴォー René Ravaud 1920-86年。ルネ・ラヴォーはパリを生没地とするとする技術者。フランス国立航空機エンジン開発製造公社（SNACMA）総裁だった彼の名は、2000年、15区の通りにつけられている。ルネ＝ラヴォー通り（Rue René-Ravaud）がそれである。

ルノー Renault → ジェネラル・ルノー

ル・ノートル Le Nôtre 1613-1700年。アンドレ・ル・ノートルはパリを生没地とする建築家・造園家。父親は画家の道に進ませようとしたが、ル・ノートルは庭園の装飾芸術に強く心を動かされた。テュイルリー宮の監督官だった父親の跡を継ぐと、彼は広い遊歩道を敷設し、のちにこれがテュイルリー大通りとなる。1656年、フーケからヴォー＝ル＝ヴィコント城の庭園設計者に選ばれた彼は、そこに壮麗な庭園をつくった【この城があまりにも立派すぎたため、フーケはルイ14世の不興を買って失脚したとされる】

やがてルイ14世（ルイ・ル・グラン）から王立庭園監督官に任命されたル・ノートルが思う存分の実力を発揮したのが、まさにヴェルサイユ宮の庭園だった。泥は多いが、水が渇れることのない沼地の水を集めて運河に流し、その先に美しい庭園をつくったのである。彼はまたトリアノンやシャンティイ、サン＝クルー、ムードン、ソーなど、パリ周辺の庭園の設計も手がけている。パリ西郊サン＝ジェルマン＝アン＝レ城【→ルージェ・ド・リル】のテラスやフォンテヌブローの庭園運河も彼の仕事である。

ある日、教皇インノケンティウス11世【在位1676-89。国王特権をめぐってルイ14世と激しく対立した】に謁見したル・ノートルは、教皇を夢中で抱きしめたが、それは彼がルイ14世にしばしばしていることだった。80歳になると、彼は引退を申し出る。その際、国王は彼に大紋章をあたえようとした。それに対し、彼はこう答えたという。「紋章ですか？私はすでにもっていますが…。キャベツの葉の王冠をかぶった3匹のカタツムリのです！」。16区には彼に捧げた通りがある。1877年に命名されたル＝ノートル通り（Rue Le-Nôtre）である。

ルパージュ Lepage 19区にあるシテ・ルパージュ（Cité Lepage）は、このシテができた当時、そこに家をかまえていた人物の名でよばれている。

ルピック Lepic 1765-1828年。アンドレジ伯ルイ・ルピックは南仏モンペリエに生まれ、パリ盆地のアンドレジで没した将軍。さほど有名ではないが、一連の革命戦争とナポレオン戦争におけるもっとも輝かしい将校のひとりだった。とりわけ目覚しい働きをしたのが、アウステルリッツ（オステルリッツ）とエイラウ（エロー）の戦いだった。そして、1807年2月7日から8日にかけてのエイウラの戦い後、彼は少将に昇進する。

この戦いを追憶して、アンドレジは自分の城に4本の木と2本の木をそれぞれ並べて植えている。最初の4本はダヴー、オジュロー、スルト、ナポレオン、そして後者の2本はミュラと自分自身を表すものだった。これら5人は、皇帝ナポレオンとともに戦って、ロシア軍相手にエイラウで輝かしい勝利をおさめた将軍たちである。やがて国王ルイ18世【在位1814-15／1815-24】から男爵に叙せられ、さらにこれに伯爵位がくわえられた。彼の名を冠したルピック通り（Rue Lepic）は、1864年から18区を走っている。

ル・ビュア Le Bua 20区を走るル＝ビュア通り（Rue Le-Bua）の呼称は、それが敷設された地名に由来する。もともとこの場

所はラ・ビュエ（La Buée）とよばれていた。古フランス語では、「ビュエをする」は「洗濯する」を意味していた。そこからは洗濯場（buanderie）の語源が読み取れる。いずれにせよ、かつてそこで女性たちが洗濯物を洗ったり、干したりしていたことは間違いない。通りの命名は1860年までさかのぼる。

＊ルプー Lepeu　12区にあったル・プー通り（Rue Lepeu）は1856年【1935年？】に敷設されている。呼称はその旧地主の名前に由来する。

ルブイ Lebouis　14区のルブイ通り（Rue Lebouis）は、1889年、ここに家を有していたルブイ氏にちなんで正式に命名されている。この通りの近くには、呼称の由来を同じくするルブイ袋小路（Impasse Lebouis）もある。

ルフェーヴル Lefebvre　1755-1820年。ダンツィヒ（ダンティグ）公のフランソワ・ジョゼフ・ルフェーヴルは**アルザス地方**南部オー＝ラン県のルーファックに生まれ、パリで没した元帥。指物師の息子だった彼は、18歳で軍隊に入り、1793年の1年だけで陸軍大佐、参謀副官、少将へ、さらに翌年には中将へと昇進する。そしてブリュメール18日【ナポレオンが総裁政府を倒して執政府を樹立した1799年霜月（ブリュメール）18日のクーデタ】、精鋭兵25人を従えて五百人会【革命暦3年の憲法で定められた下院（1795-99年）】に押し入り、ナポレオンのクーデタを成功させている。

その功で帝政の元帥となったルフェーヴルは、1806年、**イエナ**の戦いで歩兵隊を指揮し、翌年にはダンツィヒを包囲して陥落させて、ダンツィヒ公に叙せられている。彼は1812年から14年まで帝国軍を率い、ナポレオンの失脚後はルイ18世【国王在位1814-15／1815-24】を支持して貴族院議員に列せられる。だが、百日天下のあいだは皇帝のもとに戻り、大貴族の身分をえる。この称号は第二復古王政で一時没収されるが、1819年に返還された。ナポレオンの輝かしい腹心のなかで、ルフェーヴルはそ

の粗雑さで目立っていたが、2通りの資質だけは認めないわけにいかない。無私無欲と人間性である。

まだ下士官だった頃、彼は部隊の洗濯女だったカトリーヌと結婚している。ヴィクトリアン・サルドゥー【1831-1908。風俗・歴史劇を得意とした劇作家】が『マダム・サン＝ジェーヌ』【1893年初演。邦題『侠婦ガザリン』、森鷗峰訳、正文館書店】の名で有名にしたのが、ほかならぬ彼女である【サン＝ジェーヌとは「無作法な」の意。この歴史劇にはルフェーヴル役も準主役で登場している】。夫同様、名士にしては、カトリーヌは立ち居ふるまいが粗雑で、言葉づかいもみがかれたものとはとてもいえなかったという。ルフェーヴル夫妻は子供を12人もうけたが、全員が短命だった。15区にはルフェーヴル大通り（Boulevard Lefebvre）とルフェーヴル通り（Rue Lefebvre）があり、前者は1864年、後者は1907年にそれぞれ命名されている。

ルブトゥー Lebouteux　17区のルブトゥー通り（Rue Lebouteux）が命名されたのは1884年。名祖は、この通りに家があり、旧バティニョル村の助役をつとめていたルブトゥー氏である。

ルブラン Leblanc　1742-1806年。ニコラ・ルブランはフランス中央部シェール県のサン＝ティボワ＝ル＝プレに生まれ、**サン＝ドニ**で没した化学者。1780年に**オルレアン公爵家**のおかかえ外科医となった彼は、1786年、パリで中性塩の結晶にかんする論文を発表し、その名が知られるようになる。1790年頃、オルレアン公はルブランのため、サン＝ドニ近郊に炭酸ナトリウム製造工場を建設した【ルブランは塩化ナトリウムから炭酸ナトリウムを合成する方法（ルブラン法）を発見している】。だが、フランス革命政府によってこの工場は没収されてしまう。のちに彼はセーヌ県の行政官となり、火薬と硝石の管理人をつとめた【1802年、彼の工場はナポレオンによって返還されたが、工場再開の資金はなく、うつ病に苦しんだ末、ピストル自殺をした】。15区のルブ

ラン通り（Rue Lebranc）は1855年から
ある。

ル・ブラン Le Brun 1619-90年。シャル
ル・ル・ブランはパリを生没地とする画家。
1642年から46年までイタリアに滞在して
からパリに戻り、1647年、ノートル＝ダ
ム司教座聖堂に飾られることになる『聖ア
ンドレの殉教』を制作する。翌年、彼は
「画家たちを同業組合の規制から守るため」、
王立画家・彫刻家アカデミーを創設する。
1650年には、財務総監フーケのヴォー城
のために2点の天井画を含むみごとな油彩
画を数点描きあげた。1662年から80年に
かけて、コルベールはル・ブランに王室の
絵画すべての制作を託し、王立ゴブラン工
場の支配人にも任じる。さらに1662年、
ルイ14世（ルイ・ル・グラン）は彼を新
貴族に叙し、ルーヴル宮の小広間の装飾と
修復をも依頼する。

ル・ブランはまた1661年から18年を費
やしてヴェルサイユ城の装飾をおこなった。
だが、1663年にコルベールが他界すると、
その政敵ルーヴォワ侯フランソワ・ル・テ
リエは、ル・ブランよりミニャールを選ん
だ。失意のル・ブランはやがて一種の憂鬱
症に罹り、瀕死の状態で自分が所有するゴ
ブラン地区のモンモランシー館に移され、
息を引き取るのだった。寓意を重視し、ル
イ14世様式の創始者でもあった彼の作品
としては、『アレクサンドロスの足元にひ
れ伏すダリウス一族』【1660年】や『アレ
クサンドロスとポロス』、『グラニコス渡
河』、『アレクサンドロスのエルサレム入
城』【いずれも1673年のル・サロン展出品】
などがある。13区のル＝ブラン通り（Rue
Le-Brun）は1867年に命名されている。

ル・ブリ＝メスマン Le Brix-Mesmin ジョ
ゼフ・ル・ブリ（1899-1931）とアンド
レ・メスマン（1897-1931）の飛行士ふた
りは、1931年7月、パリ-東京間の長距離
飛行に挑戦したが、ウラル山中で墜落死し
ている。この致命的な事故に先立つ1927
年、ブルターニュ地方モルビアン県のバダ
ンに生まれたル・ブリは、ジュドネ・コス

ト【1892-1973】とともに、リオデジャネ
イロ（リオ・ド・ジャネロ）−サンフラン
シスコ−東京間の無着陸飛行に成功してい
た。ル・ブリはまた、事故死するまで、長
距離飛行の世界記録を8度塗り変えている。
ふたりの飛行士に捧げられたル・ブリ＝メ
スマン通り（Rue Le-Brix-Mesmin）は、
1932年から14区にある。

ルベ Roubaix ルベーは同名の運河沿いに
位置する北仏の小郡庁所在地。ルベジャン
とよばれる住民の数は9万6000【2014年】。
トゥルコワンとともに、中世から毛織物業
の中心地となっている。パリのルベ広場
（Place de Roubaix）は、1987年に命名さ
れている。

ルベック Lübeck リューベック（ルベック）
はバルト海に面したドイツの都市で、トラ
ヴェ川沿いにある。1226年から37年まで
自由都市として栄え、1230年から35年ま
ではハンザ同盟の盟主的な存在だった。
1807年に開通した16区のルベック通り
（Rue Lübeck）は、前年、この町の近郊で、
フランス軍がプロイセン軍を撃破したこと
を記念して命名されたものである。

ル・ペルティエ Le Peletier 1786年に9区
のル＝ペルティエ通り（Rue Le-Peletier）
にその名がつけられたル・ペルティエ・
ド・モルフォンテーヌ氏は、1784年から
89年までパリの商人頭【市長に相当】をつ
とめていた【→トゥーレル】

ルポ Repos 20区のルポ（休息）通り（Rue
du Repos）は、永遠の眠りの場であるペー
ル＝ラシェーズ墓地のわきを通っている
ことにちなんで、1873年に命名されている。

ルボ Roubo 1740-91年。11区のルボ通り
（Rue Roubo）に名を残すジャック・ルボ
は、ルイ16世時代【国王在位1774-92】に
宮廷御用達となった、有名な親方指物師で
ある。

ルボン Lebon 1769-1804年。フィリップ・
ルボンはフランス東部オート＝マルヌ県の
ブラシェに生まれ、パリで他界した技師・
化学者。1797年、ガスの実用化、とくに
公共照明への利用を研究した。やがてその

成果は実を結び、1799年9月21日、「テルモランプ」と命名した器具に対する特許を獲得する。姿を消してからさほど時が経っていないガス照明は、それゆえルボンの発明といえる。しかし、1804年、当時住んでいた北仏のル・アーヴルから、ナポレオンの戴冠式の準備に参加するためパリに出てきた日、何者かに殺害された。彼をたたえて1867年に命名されたルボン通り（Rue Lebon）は、17区にある。

ルメニャン Lemaignan　14区のルメニャン通り（Rue Lemaignan）は1880年に正式に命名されている。呼称は当時ここに家を有していた人物の名にちなむ。

ル・マロワ Le Marois　1776-1836年。ジャン・ルノワール・フランソワ・ル・マロワ伯は、北仏マンシュ県のブリックベクに生まれ、パリで没した将軍。ナポレオンの副官だった彼は、アルコ（**アルコル**）や、アウステルリッツ（**オステルリッツ**）、イエナなどの戦いで注目され、1806年、中将に昇進する。1813年、ナポレオン軍のドイツ遠征に参加して、マグデブルクの要塞を1814年5月25日まで死守した。翌年の百日天下で貴族院議員に任じられたが、復古王政はその肩書をとり上げ、強制的に彼を引退させた。16区のル＝マロワ通り（Rue Le-Marois）は1864年からある。

ルメルシエ Lemercier　17区のルメルシエ通り（Rue Lemercier）は1854年からある。呼称は旧バティニョル村の助役で、この通りに住んでいたルメルシエ博士に由来する。1877年にはシテ・ルメルシエ（Cité Lemercier）も敷設されている。この呼称はルメルシエ通りに近いことによる。

ルモワヌ Lemoine　1809年、2区の小路に、そこに瀟洒な家をかまえていたルモワヌ氏の名前がつけられた。ルモワヌ小路（Passage Lemoine）がそれである。

ルリシュ Leriche　15区のルリシュ通り（Rue Leriche）は、この通りが開通した1883年にそこに家を有していた人物を名祖とする。

ルルー Leroux　16区のルルー通り（Rue Leroux）は1848年に開通している。1863年につけられた呼称は、この通りの旧地主で住民でもあったルルー氏に由来する。

ルルー Lheureux　1827-98年。ルイ・エルネスト・ルルーは建築家で、ベルシーでの倉庫建設工事の施工者だった。その倉庫は今も何棟か残っているが、12区のルルー通り（Rue Lheureux）はこの場所に1994年に敷設されている。

ルール Roule　ルールはパリの旧市外区で、現在は8区の一部となっている。呼称の由来は不明だが、この市外区ないし小邑は13世紀からあり、14世紀には聖ヤコブ（**サン＝ジャック**）と聖ピリポ【→**サン＝フィリップ＝デュ＝ルル**】に捧げられた礼拝堂が建立されている（後者は現在ある教会の守護聖人）。フォブール＝サン＝トノレ通りは1847年までフォブール＝デュ＝ルール通りとよばれていた。1区のルール通り（Rue du Roule）は1690年に敷設され、かつてはルール村の主道だった。一方、8区のルール小公園（Square du Roule）は、旧フォブール＝デュ＝ルール通りと交わっていたことによる命名である。

ルルメル Lourmel　1811-54年。フレデリク・アンリ・ル・ノルマン・ド・ルルメルはブルターニュ地方のポンティヴィに生まれ、クリミア（**クリメ**）半島で落命した将軍。サン＝シル陸軍士官学校卒業後、1841年にアルジェリアに出征し、49年に陸軍大佐となって、アルジェリア北東部のザアチャの攻囲戦で軍功をあげる。1852年、ルイ＝ナポレオン・ボナパルト（**ナポレオン3世**）の副官だった彼は、中将に叙せられる。だが、英仏連合軍によるインケルマンの戦い【クリミヤ半島南西部】で、ロシア軍の銃弾が胸を貫通して戦死した。ルルメルはまた多少なりとも学者だった。『開拓と植林によるランドとブルターニュ両地方の開発』を書いているからである。15区には彼の名を冠したツツメル通り（Rue Lourmel）と袋小路（Impasse Lourmel）があり、前者は1865年、後者は77年に命名されている。

ル・レグラティエ Le Regrattier　ル・レグ
ラティエ氏はおおよそ1570年から1640年
頃まで生きた実業家で、1481年にルイ11
世【国王在位1461-83】によって創設され、
1792年までフランス国王の警護にあたっ
ていた、スイス人親衛隊の経理を担当して
いた。彼は1614年、クリストフ・マリ【生
没年不詳】とブルティエの協力をえてノー
トル＝ダム島とヴァシュ（牡牛）島とを結
び、これがサン＝ルイ島（サン＝ルイ＝ア
ン＝リル）となった【サン＝ルイ島は1725
年までノートル＝ダム島、革命期にはフラ
テルニテ（博愛）島とよばれた。この島がサン
＝ルイと改称されたのは、聖王ルイ（サン＝
ルイ）が安らぎを求めて、ここを好んで訪れ
たことによる。やがてサン＝ルイ島は家々
で覆われるようになるが、かつての2島は
無人だった。1868年に命名されたル＝レ
グラティエ通り（Rue Le-Regrattier）は、
サン＝ルイ島と同じ4区にある。

ルレド Leredde　13区のルレド通り（Rue
Leredde）は、その開通当時からそこに家
をかまえていたルレド氏の名でよばれてい
る。

ルロワ Leroy　20区のシテ・ルロワ（Cité
Leroy）は1902年に敷設されている。呼称
は最初期からそこに住んでいた旧地主の名
前に由来する。

ルロワ＝グーラン Leroi-Gourhan　1911-86
年。アンドレ・ルロワ＝グーランはパリを
生没地とする先史学者・民族学者・古生物
学者。先史時代から現代まで、技術の進歩
によってもたらされたさまざまな問題に強
い関心を示し、『トナカイの文明』【1936
年】や『人間と物質』【1943年】、『身ぶり
と言葉』【2巻。1964・65年。荒木亨訳、新
潮社】、『先史時代の宗教』【1964年。蔵持訳
『先史時代の宗教と芸術』、言叢社】、『世界の
根源』【1982年。蔵持訳、言叢社】などがあ
る【第2次世界大戦前に日本に留学し、貴重
なアイヌ研究を行ったルロワ＝グーランの最
大の学問的業績としては、数多くの著作にく
わえて、パンスヴァン遺跡の革新的な発掘法
と後期旧石器時代の洞窟壁画の構造的な分析、

さらに先住民族の造形表現にかんする民族学
的研究などがある】。彼に捧げられたルロワ
＝グーラン通り（Rue Leroi-Gourhan）は、
1995年から15区にある。

ルロワ＝デュプレ Leroy-Dupré　1900年に
敷設された12区のルロワ＝デュプレ通り
（Rue Leroy-Dupré）は、旧地主にちなん
で命名されている。

ルロワ＝ボーリュー Leroy-Beaulieu　1843-
1906年。ポール・ルロワ＝ボーリューは
フランス西部メーヌ＝エ＝ロワール県のソー
ミュールに生まれ、パリで没した経済学
者。《ル・タン》紙や《ルヴュー・ナショ
ナル》などに寄稿したのち、《ドゥー・モン
ド》誌【→エドワール・パイユロン】の共
同主幹となる。1871年からは、《デバ（論
争）》紙【→ウジェーヌ・シュ】の編集者も
つとめた。そして1878年に人文・社会科
学アカデミーの会員に選ばれた彼は、コレ
ージュ・ド・フランスの講壇に立ち、互い
にほとんど無縁な題名といえる『女性労
働』【1873年】や『近代人のなかの植民地
化』【1874年】なども著している。

　1歳違いの兄ピエール【1842-1912。歴
史家・政治評論家】は、『皇帝、国王、教皇、
復古王政』【1879年】や『ツァーリ時代の
ロシア帝国とロシア人』【1881-89年】など
を書いている。ただ、16区のルロワ＝ボ
ーリュー小公園（Square Leroy-Beaulieu）
は、ポールをたたえて1922年に命名され
たものである。

*****レアル Réale**　古フランス語の形容詞で、
「国王の」の同義語。1区にあったレアル
通り（Rue de la Réale）は1683年に命名
されたが、その呼称は、指揮官の乗るガレ
ー船、通称ラ・レアル号を描いた絵看板が
かかっていたことに由来する。国王が乗っ
たこの御座船は、かつて「ラ・レアル・
ド・フランス」とよばれていた。

レアンドル Léandre　1862-1935年。シャ
ルル・レアンドルは北仏オルヌ県のシャン
セクレに生まれ、パリで没した画家・漫画
家。《フィガロ》紙や《ル・リール（笑い）》
【1894年から1950年まで刊行されたユーモア

週刊誌】に発表したその風刺漫画は、残酷とまではいえないまでも、かなり激しいブラック・ユーモアや、とり上げた人物の完璧なまでに的をえた観察でひときわ異彩を放っていた。とりわけ《ル・リール》に連載した『至高の名士たち』は大評判をとった。彼に捧げられた18区のヴィラ・レアンドル（Villa Léandre）は、1936年からある。

レイユ Reille 1775-1860年。オノレ・シャルル・レイユはコート・ダジュールのアンティーブに生まれ、パリで他界した元帥。1792年、マセナ元帥の副官となった彼は、モンテノッテ（モントノット）やロディ【1796年】、アルコレ（アルコル）の戦いで目覚ましい働きをした。そして、ブリュメール18日【1799年にナポレオンが総裁政府を倒して執政政府を樹立したクーデタ】を支持し、ナポレオンからジェノヴァ（ジェーヌ）に陣をしいていたマセナに彼の命令を伝える役を託される。1803年、レイユはナポレオンから少将に任命され、イギリス上陸作戦を敢行せよとの命を受ける。だが、それは計画だけに終わった。

　1807年にナポレオンの副官、翌年に伯爵に叙せられた彼は、さまざまな任務を全うし、エスリンク【ウィーン郊外の戦場。1809年5月、ナポレオン軍がオーストリア軍と戦い、敗北した】やヴァグラム（ワグラム）で華々しい軍功をあげている。

　第一復古王政に従ったレイユは、ワーテルロー（ワテルロ）で勇敢に戦った。だが、第二復古王政ではナポレオンを支持していたため予備兵に回された。それでもやがて順風が吹き、1819年に貴族院議員、47年には元帥、さらに52年には元老院議員となった。14区にはそんな彼の名がついた通りがある。1867年に命名されたレイユ大通り（Avenue Reille）と、翌年の命名になるレイユ袋小路（Impasse Reille）である。

レイラック Reilhac 10区のレイラック小路（Passage Reilhac）は、その開通当初から沿道に住む家主の名でよばれている。レイ

ラック家はフランス中部リムザン地方を出自とし、有名な人物を輩出している。シャルル5世【国王在位1364-80】の寵臣やシャルル7世【同1422-61】、ルイ11世【同1461-83】およびシャルル8世【在位1483-98】時代の王室臨時収入取締役、マルグリト・ド・ヴァロワ（マルグリト・ド・ナヴァール）のおかかえ司祭、さらにフォントノワの戦い【1745年】に12歳で従軍し、1789年の全国三部会の代表となった人物などである。

レヴィ Lévis 1815年頃、ジョゼフ・ギ・ド・レヴィ侯爵は、ルジャンドル通り22番地にあったが、第二帝政時代【1852-70年】に解体された中世からのモンソー城を買い受けた。彼はシュヴルーズ近郊のレヴィ＝サン＝ノムを出自とする一族に生まれているが、この一族でもっとも有名な人物としては、主君のシモン・ド・モンフォール【1164/75-1218。トゥールーズ伯】とともに、異端アルビ（カタリ）派を制圧して、ミルポワ領主となったギ・ド・レヴィ1世【1180-1233】と、フランス元帥で、駐ロンドン大使をつとめ、1751年にミルポワ公となったフランソワ・ガストン・ド・レヴィ【1719-87】がいる。17区のレヴィ通り（Rue de Lévis）は1840年、モンソー城の入口があったレヴィ広場（Place de Lévis）は翌41年、そしてレヴィ袋小路（Impasse de Lévis）は77年にそれぞれ命名されている。

レヴェラン・ペール・ミシェル・リケ Révérend Père Michel Riquet ミシェル・リケは1898年にパリで生まれ、1993年に没した聖職者（レヴェラン／ペール）・人道主義者。彼は両大戦時に、ユダヤ人とキリスト教徒、ムスリム、さらにフリーメイソンの和解を強く唱え、そのための活動に身を投じた。彼に捧げられた6区のレヴェラン＝ペール＝ミシェル＝リケ小路（Allée du Révérend-Père-Michel-Riquet）は、2000年に命名されている。

レウニオン（レユニオン）Réunion 20区のレウニオン通り（Rue de la Réunion）お

よび同名の広場（Place de la Réunion）は、19世紀初頭、この通りがシャロンヌ村のふたつの地域、すなわちグラン・シャロンヌとプティ・シャロンの住民たちの合併地点であったことから、1849年に命名されている。

レオ・アモン Léo Hamon レジスタンス活動家で公法教授、さらに政治家でもあったレオ・アモン、本名レウ・ゴルデンベール（1908-93）は、パリで生まれ、没している。13区のレオ＝アモン遊歩道（Esplanade Léo-Hamon）は、2000年の命名になる。

レオ・ドゥリーブ Léo Delibes 1836-91年。レオ・ドゥリーブは、フランス北西部サルト県のサン＝ジェルマン＝デュ＝ヴァルに生まれ、パリで没した作曲家。処女作は1855年に発表したオペレッタ『2スーの石炭』。豊かな想像力に恵まれていた彼は、音楽の偉大な伝統を遵守して、やがて次々と作品を生み出していく。オペレッタの『結婚相手の6人の淑女』【1856年】や『有翼の蛇』【1864年】、『マルブールの出征』【1867年】、『ペトー王の宮廷』【1868年】、『グリファール親方』【1869年】、歌曲の『アルジェ』【1865年】、『4月』、『ランスクネ』【以上、1866年】、さらにバレエ音楽の有名な『コッペリア』（別題『エマイユの目をした娘』）【1876年】などである。むろん歌劇『ラクメ』【1883年】を忘れてならない。1884年から美術・彫刻アカデミーの会員となった彼は、1891年、16区の通りにその名をあたえている。レオ＝ドゥリーブ通り（Rue Léo-Delibes）がそれである。

レオナール・ド・ヴァンシ Léonard de Vinci 1452-1519年。画家・彫刻家・建築家・科学者・技術者であり、森羅万象に通じていた「万能人」レオナルド・ダ・ヴィンチのこと。彼はトスカーナ地方のヴィンチ村に生まれ、フランス中部アンボワーズ近郊のクルー館で没している。フィレンツェ共和国の公証人と農夫の娘の非嫡出子として生まれた彼は、一説にきわめて立派な体つきをしており、若い頃からあらゆる運動をこなし、しばしばリラを弾きながら自作の曲を歌っていたともいう。1482年まではフィレンツェに住んで、絵を描いたり、デッサンをしたり、さらには彫刻もしていた（ただし、ダ・ヴィンチの彫刻作品は残っていない）。

やがてパビアで天文学を学び、銀製のリラ【当時フィレンツェを支配していたメディチ家の当主ロレンツォ・デ・メディチの命で制作した】を持って、ミラノの支配者ルドヴィーコ・イル・モーロ【1452-1508。スフォルツァ家当主】のもとに赴く。ダ・ヴィンチが有名な『最後の晩餐』（1495年-1498年）の壁画を描いたのが、このミラノにあるサンタ・マリア・デッレ・グラツィエ修道院の共同食堂である。

1500年、彼はミラノを去り、マントヴァやヴェネツィアを訪ねたあと、1501年にフィレンツェに戻る。そして、チェーザレ・ボルジア【1475-1507。教皇アルクサンデル6世の息子。策謀家として知られる】から、軍事技術者に登用される。ダ・ヴィンチはその後も国内各地を旅し、1515年、ボローニャでフランソワ1世【ミラノ公国を支配下に置いたこのフランス国王は、教皇レオ10世との和平協議でボローニャに滞在していた】と出会い、翌年、その招きでフランスに向かう。落ち着いた先は、フランソワ1世の居城があるアンボワーズ近郊のクルー館だった。右手が麻痺していたものの、彼はこのソローニュ地方に運河を掘り、アンブロワーズに宮殿を建てることを夢見た。だが、とつぜんの死によってそれはついに叶わぬ夢となった。

ダ・ヴィンチの絵画、たとえば『受胎告知』【1475-85年】や『岩窟の聖母』【1483-85年】、『ルクレツィアの肖像』【1490-96年】、『洗礼者ヨハネ』【1513-16年】、『ジョコンダ（モナリザ）』【1513-19年頃】などはいずれも有名だが、学者としての天分豊かな仕事も数多く遺している。そうした天分の秘密は、一連の『手稿』にとくに克明にみてとれる。パリ16区のレオナール＝ド＝ヴァンシ通り（Rue Léonard-de-

Vinci）は、1868年の命名である。ダ・ヴィンチは言っている。「理解すればするほど愛するようになる」、「死ぬべきものの美は過ぎ去るが、芸術の美は永遠である」、「情けない弟子は師を超えない」

レオナール・ベルンスタン Léonard Bernstein 1918-90年。レナード・バーンスタイン（レオナール・ベルンスタン）は、マサチューセッツ州のローレンスで生まれ、ニューヨークで没したアメリカ人作曲家・ピアニスト・指揮者。1943年、【ブルーノ・ワルター（1876-1962）の代役として】ニューヨーク・フィルハーモー交響楽団で指揮者としてデビューし、10年後には、ミラノのスカラ座でアメリカ人としてはじめてタクトを振る。曲目はマリア・カラスを起用した『メデイア（メディア）』だった【彼女はパゾリーニ監督の『王女メディア』（1969年）にも主役として出演している】

　1957年、バーンスタインは有名な映画『ウェストサイド物語』の音楽を担当して、世界的な反響を呼んだ。他の作品としては、『エレミア』【1942年】など３曲の交響曲や、バレエ曲『ファンシー・フリー』【1844年】、さらに『波止場』【1954年】などの映画音楽もある。また、歌劇『タヒチ島の騒動』【1952年】にくわえて、ピアノ曲や合唱曲なども創作している。彼に捧げられたレオナール＝ベルンスタン広場（Place Léonard-Bernstein）は、1995年から12区にある。

レオニダース Léonidas アギス朝のスパルタ王レオニダス１世【即位前489】は、前480年、テルモピュライの戦いで戦死している。ペルシア王のクセルクセス１世【在位前485-前465】がギリシアを侵略した際、アッティカ・ボイオティアとテッサリアを結ぶ隘路、つまりテルモピュライを、総勢わずか300の兵【ペルシア軍は10万とも20万ともされる兵力】で死守する軍務を担った。死をも恐れなかったスパルタ兵たちは、自分のため、出征前に親族すべてが出席しての葬儀を営んでいた。戦いの場で、クセルクセスはレオニダスにこう書き送った。

「降伏せよ」。これに対し、レオニダスはスパルタ調の強い口調で答えたという。「モーロン・ラベ（来たりて奪え）」

　スパルタ軍はペルシア軍の攻勢を幾度か追い返した。だが、ある羊飼いがクセルクセスに、そこを通ればギリシア軍を打ち破ることができる小道があることを教えた。レオニダスは迂闊にもこの小道の監視を怠っていた。その致命的な過ちを犯した以上、もはや生き延びることはできない相談だとして、彼は残ったスパルタ兵たちにささやかな食事をとらせ、こう言うのだった。「今夜、われわれはプルトン【冥界の神】のもとで夕食をしよう」

　やがて兵たちは隘路を出て、深夜、クセルクセスの幕舎を襲う。すんでのところで危機を脱したクセルクセスは、翌朝、スパルタ兵が少数であることを知って彼らを包囲した。その結果、レオニダスをはじめとして、すべてのスパルタ兵は虐殺されてしまう。14区には1935年に命名されたレオニダース通り（Rue Léonidas）がある。近くにはテルモピュライの地名をつけたテルモピル通り（Rue des Thermopyles）も通っている。

レオヌ Léone 14区のヴィラ・レオヌ（Villa Léone）は、このヴィラの旧地主だった人物の妻の美しい名にちなんで命名されている。

レオポルド２世 Léopold II （ベルギー国王）レオポルド２世は、1865年に即位している【退位1909】。ブリュッセルに生まれた優れた立憲君主で、1870年の普仏戦争時は、国の中立を維持した。治世中の1885年、「コンゴ自由国」を樹立てる【ただし、植民地支配に関心がなかったベルギー議会からの同意を得られなかったため、国王の私領扱いとして】。1853年、彼はオーストリア大公の公女マリ＝アンリエット【1836-1902】と結婚し、王子１人と王女３人をもうけるが、王子は10歳になる前に早世した【これによりベルギー王室は直系男子の王位継承者を失う】。コンゴについていえば、当初は国王がみずから統治していたが、

899

レオホルト

1908年、彼はこれをベルギー国家に譲渡した。これがベルギー領コンゴとなる。パリ16区のレオポルド2世大通り（Avenue Léopold-II）は、1928年に敷設されている。

レオポルド・ベラン Léopold Bellan 1858–1935年。2区のレオポルド＝ベラン通り（Rue Léopold-Bellan）は、同区の参事会員だった人物にちなんで、1937年に命名されたものである。

レオポルド・ロベール Léopold Robert 1794-1835年。ルイ・レオポルド・ロベールはスイスのラ・ショー＝ド＝フォンに生まれ、ヴェネツィアで没したフランス人画家・版画家。時計商を父とする彼は1810年にパリに出て、12年からダヴィッドのアトリエで学ぶ。1814年、版画部門でローマ大賞の2席を受賞してイタリアに留学し、19年には、ローマ総督から、集団強盗を働いたとして農民たちが幽閉されていた獄舎内での制作を許される。1927年、彼は農民画『アグロ・ポンティーノへの刈とり人たちの到着』をル・サロン展に出品し、評判を博す。これに気をよくした彼は、以後は人物画と風俗画以外は描かないと心に決める。

1831年にパリを旅したのち、ロベールはフィレンツェを訪れ、かねてより心を寄せてきたシャルロット・ボナパルト【1802-39】——皇帝ナポレオン1世の兄ジョゼフの娘で、従弟であるホラント王ナポレオン・ルイ・ボナパルト【1804-31】の王妃——への想いを強くする。だが、その想いは通じることなく、失意のあまり理性を失ってしまう。やがてヴェネツィアでひとり暮らしをはじめ、1835年、みずから死を選んだ。彼の作品としては、ほかに『ナポリの即興詩人』【1824年】や『アドリア海の漁師たちの出港』【制作年不詳】などがある。彼に捧げられたパリのレオポルド＝ロベール通り（Rue Léopold-Robert）は、1897年から14区を走っている。

レオミュール Réaumur 1683-1757年。ルネ＝アントワヌ・フェルショー・ド・レオミュールはフランス南西部、ビスケー湾を望むラ・ロシェルに生まれ、北西部マイエンヌ地方の小村サン＝ジュリアン＝デュ＝テルーで没した物理学者・博物学者。その名前は「列氏温度（レオミュール度）」、すなわち氷点から沸点までを80度に分けた列氏温度計の発明【1731年】で知られる。

弱冠25歳でアカデミー・フランセーズ会員になった彼はまた、幾何学の論文を書き、さらに「レオミュール・ガラス」とよばれる結晶化ガラスも発明している【1729年】。だが、彼のもっとも興味深い業績は、「18世紀のプウリニウス」【大プリニウス（23-79）は古代ローマの政治家・博物学者で、全37巻の『博物誌』を編んだ】の異名にふさわしく、無脊椎動物や昆虫類の生態研究にある。彼の名は1851年に命名された、パリの2区と3区を結ぶレオミュール通り（Rue Réaumur）に残っている。

レオン Léon 18区のレオン通り（Rue Léon）は、1841年の開通当初からそこに家を有していたレオン氏の名でよばれている。近くには1877年に命名されたレオン小路（Passage Léon）もある。

レオン・ヴォドワイエ Léon Vaudoyer 1803-72年。パリを生没地とする建築家のレオン・ヴォドワイエは、1829年、建築部門のローマ大賞を受賞している。1832年から45年にかけては、とくに墓地のモニュメントを専門的に手がけた。また、建築家を養成するためのアトリエを立ち上げ、ダヴーやアンリ＝ジャック・エスペランデュー【1829-74。南仏ニーム出身】などを輩出している。

1845年、彼は旧サン＝マルタン＝デ＝シャン修道院【→サン＝マルタン】を国立工芸院に改装し、1853年にはマルセイユのサント＝マリ＝マジュール司教座聖堂に礼拝堂を建てる仕事も請け負った。だが、工事は彼の死によって中断し、弟子のエスペランデューとアンリ・レヴォワル【1822-1900。南仏エクス＝アン＝プロヴァンス出身の建築家。父親は画家のピエール・アンリ・レヴォワル（1776-1842）】に引き継がれた。1868年に美術・彫刻アカデミー会員とな

った彼は、1909年に命名された7区のレオン=ヴォドワイエ通り（Rue Léon-Vaudoyer）の名祖となっている。

レオン・ウゼ Léon Heuzey 1831-1922年。ルーアン出身の考古学者であるレオン・ウゼは、ルーヴル美術館の古代部門の学芸員で、美術・彫刻アカデミーと碑文・文芸アカデミーの会員でもあった。1854年からアテネ・フランス学院【1846年に創設された教育・研究機関。デロス島やデルポイ遺跡などの大規模発掘の拠点にもなった。ウゼの1年前には『古代都市』の著者フュステル・ド・クーランジュもその研究生となっている】に学んだ彼の著作には、たとえば『ユリウス・カエサルの軍事作戦』【1886年】や『カルデア都市』【1888年】、『芸術のオリエント起源』【1891-1915年】などがある。16区にある袋小路状のレオン=ウゼ大通り（Avenue Léon-Heuzey）は、存命中の1912年に命名されている【この大通りが敷設された土地は、彼の所有地だった】

レオン・ギヨ Léon Guillot 1863-1913年。ギヨ氏は慈善家だった。さながら慈善を職業（！）としていたかのようで、他人の資金でおこなうのではなく、自分の莫大な財産をさまざまな慈善活動に費やしていた。15区には、彼をたたえて1934年に名づけられたレオン=ギヨ小公園（Square Léon-Guillot）がある。

レオン・クラデル Léon Cladel 1834-92年。レオン・クラデルはフランス南西部タルン=エ=ガロンヌ県のラフランセーズに生まれ、パリ南西郊のセーヴルで他界した小説家。パリで公証人補として働いていた彼は、南西部のケリシー地方を旅する。それは彼の天命を決定づける旅となった。やがてこの地方に住む人々の習俗を、とくに貧者や浮浪者たちのありように着目しつつ描き出すようになったからである。おもな作品としては『滑稽な殉教』【1862年】や『浮浪者たち』【1873年】などがある。2区のレオン=クラデル通り（Rue Léon-Cladel）は、1897年に命名されている。

レオン・コスナール Léon Cosnard 1825-91年。レオン・コスナールは17区の区長をつとめていた。同区のレオン=コスナール通り（Rue Léon-Cosnard）は、彼の死後2年目の1893年に命名されている。

レオン・コニエ Léon Cogniet 1794-1880年。パリを生没地とする画家レオン・コニエは、1817年にローマ大賞を受賞している。彼の最高傑作は1845年作の『死んだ愛娘を描くティントレット』である。ほかには『貧しい家族を救けるステファヌス』（サン=ニコラ=デ=シャン教会）【1827年】や『1792年に戦場に向かう国民軍』（ヴェルサイユ美術館）【1834年頃】、『若いルイ=フィリップ』【詳細不明】などがある。1849年にフランス学士院会員に選ばれた彼はまた、国立理工科学校（エコール・ポリテクニーク）やリセ・ルイ・ル・グランでデッサンを教えてもいた。その名を冠したレオン=コニエ通りは、1884年から17区にある。

レオン・ゴーモン Léon Gaumont 1863-1946年。パリに生まれ、南仏ヴァール県のサント=マクシムで没した技師のレオン・ゴーモンは、映画産業の推進者のひとり。トーキー映画（1902年）とカラー映画（1912年）の最初期の営業化は彼が始めた【1911年、彼は3400人収容の世界最大の映画館ゴーモン・パラス をパリに設立しする一方、アントウェルペンで開催された第7回世界エスペラント大会で、みずからが制作したエスペラント語の短編映画を上映している】。彼の名を冠したレオン=ゴーモン大通り（Avenue Léon-Gaumont）は、1965年から20区にある。

レオン・ジェローム Léon Gérôme フランス東部オート=ソーヌ県のヴズールに生まれ、パリで他界した画家・彫刻家のジャン=レオン・ジェロームは、1847年に発表した油彩画『闘鶏』で一躍名をはせた。彼はエジプトやドナウ（ダニューブ）河岸、トルコなど、じつに数多くの旅を重ね、それが作品に影響をあたえている。代表作としては、ほかに『牧童』や『ロシア式コンサート』【いずれも1855年】、『エジプトの

秣切り』【1861年】、『奴隷市場』【1866年】などがある。ジェロームにはまた『アナクレオン、バッコス、アムール』【1881年】などのみごとな彫刻がある。1864年にパリ高等美術学校（ボザール）の絵画教授となった彼の名は、20区のレオン＝ジェローム通り（Rue Léon-Gérôme）に1932年から残っている。

レオン・ジュオー Léon Jouhaux 1879-1954年。パリ出身のレオン・ジュオーは、1909年から40年まで労働総同盟の事務局長をつとめ、1951年、ノーベル平和賞を受賞している。彼にちなんだレオン＝ジュオー通り（Rue Léon-Jouhaux）は10区にある。命名は1970年。

レオン・ジョスト Léon Jost 1884-1941年。レオン・ジョストは実業家だったが、人質としてドイツ軍に銃殺された。1944年に命名された17区のレオン＝ジョスト通り（Rue Léon-Jost）は、彼の名に負っている。

レオン・ジロー Léon Giraud 19区のレオン＝ジロー通り（Rue Léon-Giraud）は1885年の命名だが、それはジロー氏がこの通りに家を持っていたことによる。

レオンス・レノー Léonce Reynaud 1803-80年。リヨンに生まれ、パリで没した技師のレオンス・レノーは、国立理工科学校（エコール・ポリテクニーク）に学ぶ。だが、「反体制的」な政治観のために退学処分を受け、1830年、建築学を修めるために国立土木学校に入る。1835年、ここを卒業した彼は、運命への復讐か、理工科学校で建築学の教鞭をとるようになる【1837年】。彼は長年、各地の灯台建設の監督官をつとめ、1847年、母校である土木学校の正教授となる。『建築論』【1850年】などの著作がある彼の名は、1885年に命名された16区のレオンス＝レノー通り（Rue Léonce-Reynaud）に残っている。

レオン・セシェ Léon Séché 1848-1914年。レオン・セシェは一時期高踏派〔→ルコント・ド・リル〕の文学運動に参加していた詩人。彼の名は1954年、15区の通りにつけられている。レオン＝セシェ通り（Rue Léon-Séché）がそれである。

レオン・ディエルクス Léon Dierx 1838-1912年。レオン・ディエルクスは高踏派の詩人で、同じレウニオン島出身のルコント・ド・リルの愛弟子。ステファヌ・マラルメが1898年に没したあと、彼は「詩人たちの王」としてたたえられた。作品としては『閉ざされた唇』【1867年】や『恋人たち』【1879年】、『敗者の言葉』【1871年】などがある。彼をたたえて1929年に命名されたレオン＝ディエルクス通り（Rue Léon-Dierx）は、15区にある。

レオンティヌ Léontine 15区のレオンティヌ通り（Rue Léontine）は1790年頃に敷設された私道。開通以来、旧地主の娘の名でよばれている。

レオン・ドゥベル Léon Deubel 1879-1913年。レオン・ドゥベルはベルフォールで生まれ、パリ南東方のメゾン＝アルフォールで没した詩人。的確な言葉づかいや衝撃的な詩句を駆使したことで知られる。その詩才をもってしても、死後大部分の芸術家たちを待ち受ける忘却という煉獄から抜け出るのを免れえなかったが、パリには彼の名を冠した広場が残っている。1930年に命名された16区のレオン＝ドゥベル広場（Place Léon-Deubel）がそれである。

レオン・ドゥラグランジュ Léon Delagrange 1873-1910年。オルレアンに生まれ、フランス南西部ジロンド県のクロワ・ダンで事故死した飛士で、航空技術のパイオニア【無着陸長距離飛行記録を幾度もぬりかえた】。15区には、彼を記念して1912年に命名されたレオン＝ドゥラグランジュ通り（Rue Léon-Delagrange）がある。

レオン・ドゥロム Léon Delhomme 1841-95年。レオン＝アレクサンドル・ドゥロムは中央山地南東部アルデーシュ県のトゥルノンに生まれ、パリで没した彫刻家。作品としては『魂の座を熟考する民主主義』【1868年】や『武器を準備する若いガリア人』【制作年不詳】、さらにモンジュ広場に据えられたルイ・ブラン像【1939-45年】などがある。1884年から、彼はパリ市の

参事会員をつとめてもいる。1912年に命名されたレオン・ドゥロム通り（Rue Léon-Delhomme）は、15区にある。

レオン・ドルー Léon Droux 17区のレオン・ドルー通り（Rue Léon-Droux）は、旧バティニョル村の村長だったドルー氏にちなんで、1850年に命名されている。

レオン・フラピエ Léon Frapié 1863-1949年。レオン・フラピエは第2次世界大戦までかなり人気のあった作家。彼の名を冠したレオン＝フラピエ通り（Rue Léon-Frapié）は、1949年から20区にある。

レオン・ブルジョワ Léon Bourgeois 1851-1925年。パリに生まれ、シャンパーニュ地方マルヌ県のオジェで没した政治家・行政官のレオン・ブルジョワは、1887年から警視総監、90年から国民教育長官、93年から司法大臣を歴任している。1895年11月2日に首相となるが、その内閣は翌年4月に解散を余儀なくされた。彼を名祖とする7区のレオン＝ブルジョワ小路（Allée Léon-Bourgeois）は、1926年【ノーベル平和賞受賞後5年目】からある。

レオン・ブルム Léon Blum 1872-1950年。レオン・ブルムはパリで生まれ、パリ西方イヴリーヌ県のジュイ＝エン＝ジョザで没した政治家・作家。フランス社会党党首だった彼は、1936年、人民戦線内閣を組閣してその首相をつとめる【1939年まで】。だが、1942年、親独のヴィシー政府によって裁判にかけられ、リオン【フランス中部クレルモン＝フェラン近郊の郡庁所在地で、親独政権による第三共和政の政治家に対する裁判がおこなわれた】で監視下におかれ、43年にはドイツの強制収容所に護送される。第2次世界大戦が終わって翌1946年、彼は第四共和政における暫定内閣の首相をつとめた【1946-47年】

ジャン・ジョレスを師と仰いでいた彼は、政治家にくわえて、才能豊かなエッセイストであり、批評家でもあった。著作には『結婚について』【1907年】や『スタンダールとベーリスム』【1930年】などがある。11区のレオン＝ブル広場）（Place Lléon--

Blum）は、1957年に命名されている。

レオン・フロ Léon Frot 1900-42年。パリ市の参事会員だったレオン・フロは、ドイツ軍の人質となって銃殺されている。彼を悼んで命名されたレオン＝フロ通り（Rue Léon-Frot）は、死後2年目の1944年からある。

レオン・ボナ Léon Bonnat 1833-1922年。レオン・ボナはフランス南西部バスク地方の中心都市であるバイヨンヌで生まれた画家。イタリアや東洋を旅した彼の作品は、「イタリア」の時代と「東洋」時代をすぎると、対象を肖像画に軸を移して冴えをみせるようになる。そして1881年、美術・彫刻アカデミーの会員に選ばれる。彼は『死したアベルを見つけるアダムとエヴァ』【1860年】や『マリウシア』【1861年】、『ガレー船徒刑囚の身代わりとなる聖ヴァンサン・ド・ポール』【1866年】などの油彩画のほかに、ヴィクトル・ユゴーやピュヴィ・ド・シャヴァンヌ、パストゥール、アレクサンドル・デュマ（子）【1824-95。作家・劇作家で、『椿姫』の原作者】、ジュール・グレヴィ【1807-91。第三共和政の第3代大統領（1879-87）】などの肖像画も手がけている。彼の名を冠したレオン＝ボレ通り（Rue Léon-Bonnat）は、1929年から16区にある。

レオン＝ポール・ファルグ Léon-Paul Fargue 1876-1947年。パリを生没地とする詩人レオン＝ポール・ファルグは、パリのリセ・ジャンソン＝ド＝サイイで学び、ステファヌ・マラルメやエミール・ファゲに師事する。20歳の頃、当時の作家たち、とくにポール・クローデルやポール・ヴァレリーと交流を重ねた。彼はまたアルフレッド・ジャリ【1873-1907。作家・劇作家で、シュールレアリスムや不条理劇の先駆者とされる】の親友かつ同級生（リセ・アンリⅣ時代）で、クロード・ドビュッシー（クロード・ドビュッシー）とは「音楽談義」に明け暮れたりしてもいた。真面目な幻想詩人と評されていた彼には、詩集『ランプの下で』【1929年】やエッセイ集の『パリの石

畳』【1939年】、『魔法のランプ』【1944年】といった作品がある。

1937年、ファルダは創設されたばかりのアカデミー・マラルメ【創設会員としてポール・ヴァレリーもいた】の会員に選ばれたが、1943年、半身麻痺に襲われた。彼は言っている。「ランプという言葉は詩人や灯火係りにとってはなんの変哲もない常套語である。だが、読者たちは言葉がつねになんらかの意味をおびていると信じて疑わない」、「何かを考える。それは沈黙するための絶好の機会である」。レオン＝ポール＝ファルグ広場（Place Léon-Paul-Fargue）は6・7区と15区にまたがって、1957年から15区にある。

レオン・ボレ Léon Bollée 1870-1913年。レオン・ボレは弟のアメデとともに自動車を完成させ、その最初期の製造者のひとりとなった。こうして生産されたレオン・ボレ号は、以後長く名声を保つことになる。中央山地北東部のル・マンに生まれたボレ兄弟は、まさに親譲りの素質をもっていた。弟がその名をもらった父親（1844-1917）が、1873年に蒸気自動車のプロトタイプを発明していたからである。レオン＝ボレ大通り（Avenue Léon-Bollée）は、1932年から存在している。

レオン・モラーヌ Léon Morane 1855-1918年。飛行士で航空機の製造も手がけたレオン・モラーヌは、弟のロベール（1886-1968）やレモン・ソーニエ【1881-1964】とともに、1911年、最初期の航空機製造会社【モラヌ＝ソーニエ社】を創設している。レオン＝モラヌ通り（Rue Léon-Morane）は1935年からある。

レオン＝モーリス・ノールマン Léon-Maurice Nordmann 1908-42年。弁護士でレジスタンスの活動家でもあったノールマンは、ドイツ軍に銃殺されている。13区のレオン＝モーリス＝ノールマン通り（Rue Léon-Maurice-Nordmann）は、彼を悼んで死後2年目の1944年に命名された。

レオン・レルミット Léon Lhermitte 1844-1925年。レオン・レルミットは北仏エーヌ県のモン＝サン＝ペールに生まれ、パリで没した画家。当初は木炭画を描いていたが、やがて油彩画や版画に移った。作品としては、たとえば『刈りとり人たちの給料日』（リュクサンブール美術館）【1882年】や『シュメルラン河岸』、『ジャガイモの収穫』【いずれも制作年不詳】などがある。田園風景をおもに描いた彼の名は、1932年に命名された、15区のレオン＝レルミット通り（Rue Léon-Lhermitte）に残っている。

レカミエ Récamier 1777-1849年。ジャンヌ・フランソワズ・ジュリ（ジュリエット）・アデレード・レカミエ、旧姓ベルナールはリヨンに生まれ、パリで没したサロン主宰者。銀行家【国王公証人】だった父親の意向で、リヨンのデゼルト修道院で初等教育を受けたが、1786年に修道院を去り、前年にパリに転居してサン＝ペール通りの邸館に住んでいた一家に合流する。

16歳になった1793年、彼女は20歳近く年上の銀行家【ジャック＝ローズ・レカミエ（1756-1830）】と結婚する。夫は彼女を妻というよりむしろ娘としてみていたという。夫がネッケル（ネケール）館を手に入れた1798年から、彼女はそのサロンに自分の賛美者たちを集めるようになる。そのなかにはリュシアン・ボナパルト【→ラボルド】やジャン＝バティスト・ベルナドット【1763-1841。のちのスウェーデン・ノルウェー国王カール14世ヨハン】、ジャン・ヴィクトル・マリ・モロー【1763-1813。革命戦争・ナポレオン戦争時の将軍】などがいた。

秘密警察長官だったジョゼフ・フーシェ【→マリ・ステュアール】は、そんな彼女を帝室の侍女にしようとしたが、拒まれたため、以後、徐々に敵対的な態度をとるようになった。そのため、夫の銀行は破綻し、レカミエ夫人も親友のスタール夫人（スタール）を頼って、ジュネーヴ近郊のコペ城に逃げなければならなかった。この地で彼女は、プロイセン大王フリードリヒ2世【在位1740-86】の甥である、アウグスト・フォン・プロイセン【1779-1843】の心を魅

了している。

　嫌悪していたナポレオン【その愛人になるよう強要されていた】の命でパリから40里以上離れた地に住まざるをえなくなった彼女は、生地のリヨンで家族とともに生活するようになり、このローヌ地方の都で、ジャン＝ジャック・アンペール【1800-64。中世史家・作家・旅行家。コレージュ・ド・フランス教授やパリのマザリヌ図書館長などを歴任した。1848年からアカデミー・フランセーズ会員】との愛を育もうともした。

　ナポレオンが失脚した1814年、パリに戻ったレカミエ夫人は、バンジャマン・コンスタンと「親交」を結ぶ。復古王政初期、夫が新たに倒産に追い込まれたため、1819年、セーヴル通りのアベイ＝オー＝ボワ【1792年に閉鎖され、国有化された旧修道院で、上流階級人たち向けの住居となっていた】に逼塞して、かぎられた者たちだけと交流する。

　そのサロンで重要な位置を占めていたのがシャトーブリアンだった。レカミエ夫人の心を虜にした彼は、しかしかなり横暴で、美しい夫人を苦しめるようになり、それから逃れるようにして、1823年、彼女はローマに旅立つ【姪やアンペールを同行してのローマ滞在中、彼女は同地の芸術家や文学者たちを集めたサロンを主宰している】。だが、シャトーブリアンへの愛はかえって強くなり、1825年頃、パリに戻る。以後、ふたりは数多くの友人たちに囲まれながら、改悛の老後を送るようになる。

　1830年、レカミエ夫人は銀行家の夫と死別するが、それでも『墓の彼方の回想』の著者との結婚は拒んだ。やがて盲目となった彼女は、1848年にシャトーブリアンが没した翌年、コレラに罹って病没する。そんな彼女の姿は、ジャック＝ルイ・ダヴィッドによって不朽のものとなっており【『レカミエ夫人の肖像画』、1800年作】、さらにアントニオ・カノヴァもまた彼女をモデルとする作品を制作している【『ベアトリチェのジュリエット・レカミエ』、1813年。カノヴァ（1757-1822）はイタリア新古典派の彫刻家。ナポレオンをモデルとしたマルス像などでも知られる】。7区のレカミエ通り（Rue Récamier）は、彼女が住んでいたアベイ＝オー＝ボワの跡地に敷設されている。命名は1907年である。

レキュイエ Lécuyer　1846年に敷設された18区のレキュイエ通り（Rue Lécuyer）は、レキュイエ家の名を冠している。同家はこのあたりで農作物をつくり——当時はなおもそれが可能だった——、旧モンマルトル村の助役をふたり出している。ただし、この村は1871年のモンマルトル自由コミューンとは無縁である。

レクトゥール・ポワンカレ Recteur Poincaré　1862-1920年。副パリ大学区長だったリュシアン・ポワンカレは、16区のレクトゥール＝ポワンカレ大通り（Avenue Recteur-Poincaré）に名を残している。この通りは旧アソンプション（聖母被昇天）修道院の一部跡地に敷設されたものである。

レグリス Réglisses　20区のレグリス通り（Rue des Réglisses）は、呼称を旧地名のレグリス（カンゾウ）囲い地に負っている。この囲い地には、その根が去痰・消炎剤の原料となる低木が生えていたはずである。一般的にいって、レグリスはとくに南欧に数多くみられる。通りの命名は1863年。

レクリューズ Lécluse　アレクサンドル・レクリューズ氏は旧バティニョル村の参事会員で実業家。17区のレクリューズ通り（Rue Lécluse）は、彼にちなんで命名されている。1838年に敷設されたこの通りの旧地主だったからである。

レコレ Récollets　18世紀から10区にあるレコレ通り（Rue des Récollets）は、その呼称を、フォブール・サン＝マルタン通りの150番地にあったヴィルマン陸軍病院【現パリ市不動産公団】の前身である、旧修道院の名に負っている。1604年の建立になるこのレコレ修道院は、フランス革命期に養護施設に変えられ、1860年に陸軍病院となった。

　レコレとは聖フランシスコ会原始会則派

の修道士たちをさす。同会派は、1480年、ホワン・デ・ラ・プエブロ【1453-95。スペイン中西部のアルコセル・デ・プエブラ出身の修道士で、カスティーリャ王家の血を引く】が、フランシスコ修道会内に立ち上げたもので、この改革派に入った修道士たちは、イタリアでオブセルヴァンティス派、スペインでアルカンタラン派を結成する。レコレ派は1592年、最初はフランス中部コレーズ地方のテュルとミュラ、1603年にはパリに進出した。その修道士たちはサンダルを履き、四角い頭巾をかぶっていた。そして教皇レオ13世【在位1878-1903】時代の1897年、レコレ派は「跣足の小さき兄弟たち（跣足フランシスコ会）」とよばれるようになった【10区には同名の小公園と小路（Square /Passage des Récollets）もある】

レザル Résal　1854—1919年。ジャン・ルイ・レザルはフランス東部のブザンソンに生まれ、パリで他界した土木局の技術者。パリの国立理工科学校（エコール・ポリテクニーク）と国立土木学校で学んだ彼は、1893年に後者の教授、1896年にはセーヌ航行局長となる。ミラボー橋やアレクサンドル3世橋などを架けたのが彼である。その名を冠した13区のレザル通り（Rue Résal）は、1934年からある。

レジ Régis　1597-1640年。ジャン＝フランソワ・レジはフランス南部オード地方のフォンクーヴェルトに生まれ、南東部アルデーシュ地方のラ・ルーヴェスクで没したイエズス会士。異名は「ヴィヴァレの使徒」。1616年にイエズス会に入り【聖職叙階は1630年】、ガスコーニュ地方のオーシュや中央山地東部のル・ピュイの神学校で古典学を教えた。彼はカナダへでの宣教を願っていたが、イエズス会の上長者たちはそれを認めず、国内での宣教活動に従事させた。昼間に説教、夜には祈りを捧げながら、レジは南仏の低地ラングドックやと中央山地のヴレおよびヴィヴァレ地方を歩き回った【そこから、「神の歩き手」ともよばれた】。こうして数多くのプロテスタントをカトリッ

クに改宗させた。1716年に福者、37年に列聖された彼の名は、1867年に命名された6区のレジ通り（Rue Régis）に刻まれている。

レジェ Léger　レジェ氏は17区のレジェ袋小路（Impasse Léger）が敷設された土地の所有者である。

レジスタンス Résistance　7区にあるレジスタンス広場（Place de la Résistance）は、第2次世界大戦時のフランス自由軍【1940年6月の休戦後、連合軍について戦いを続けた部隊】とフランス国内兵【ドイツ占領下におけるレジスタンス活動家たち】に捧げられている。すべてのレジスタンスは、1943年、全国抵抗評議会によって一本化され、ジャン・ムーラン（ジャン・ムラン）がその指導者となった。この運動は連合国にさまざまな情報を伝え、サボタージュを実施し、各地に抵抗組織をつくった。それは多くの犠牲者を出したが、フランスの解放におおいに寄与した。

レジャヌ Réjane　1856-1920。ガブリエル・レジュ、通称レジャヌはパリを生没地とする女優。1875年にヴォードヴィル劇場で初舞台を踏み、93年、その支配人と結婚した。以来、パリの主要な劇場すべてに出演し、国内外で多くの巡演もおこなった。彼女はきわめて多様な役柄を演じた【1906年には9区のブランシュ通りに自分の劇場を立ち上げている。この劇場は1918年に閉館となり、現在はテアトル・ド・パリに代わっている】。彼女が出演した作品としては、『リュシストラテ』【アリストファネス作、前411年】や『マダム・サン＝ジェヌ』【ヴィクトリアン・サルドゥー作、1893年】、『ザザ』【ピエール・ベルトラン＆シャルル・シモン作、1898年】、『赤い百合』【アナトール・フランス作、1899年】、『赤い服』【ウジェーヌ・ブリュー作、1902年】、『松明競走』【ポール・エルヴュー作、1909年】などがある。彼女に捧げられたレジャヌ小公園（Square Réjane）は、1935年から20区にある。

レシュヴァン Léchevin　11区のレシュヴァン通り（Rue Léchevin）は、ここに家を

有していたレシュヴァン氏を名祖とする。1876年に敷設された当初は「小路」だったが、1942年に正式に「通り」に格上げされた。

レジョン・エトランジェール Légion Étrangère　レジョン・エトランジェール（外人部隊）はアルジェリア征服時の1831年、フランスに尽くす熱意をもった外国人の兵士を用いるために創設された。14区のレジョン＝エトランジェール通り（Rue de la Légion-Étrangère）は、その有名なヒロイズムをたたえるため、1926年に命名されている。

レジョン・ドヌール Légion d'Honneur　レジョン・ドヌール（名誉軍団）勲章は、フランスに対して卓抜した功績をあげた軍人や市民をたたえるため、1802年5月19日にナポレオンが制定したものである。その2年後には5段階の勲章が定められている。シュヴァリエ（騎士）、オフィシエ（将校）、コマンドゥール（司令官）、グラン・トフィシエ（大将校）、グラン・クロワ（大十字）がそれである。現在、この「名誉軍団」の総長は共和国大統領となっている。パリのレジョン＝ドヌール通り（Rue de la Légion-d'Honneur）は、1997年から7区にある。

レスパニョル Lespagnol　1889年に開通した20区のレスパニョル通り（Rue Lespagnol）は、この通りの旧地主を名祖とする。

レセップス Lesseps　1805-94年。子爵で外交官だったフェルディナン・ド・レッセプスは、ヴェルサイユで生まれ、フランス中央山地北西のアンドル県ギイで没している。ロッテルダムやマドリードといった各国の首都やそれに準ずる都市で領事や大使をつとめたあと、職を辞す。そして1854年、彼はエジプトに赴き、その家庭教師をつとめたエジプト総督のムハンマド・サイード・パシャ【1822-63。1854年、ロシア軍と戦った彼は、55年にスーダンに遠征軍を送り込み、56年には奴隷制を廃して教育制度を発展させ、商業と農業を保護した】とともに、

スエズ（シュエーズ）地峡の開削計画を練り上げる。こうして1855年に始まった工事は69年11月17日に終わり、盛大な開通式が営まれた。この功により、ロンドンのシティはレセップスに「市民権」を授け、フランスの科学アカデミーは彼を会員に選んだ。

1879年、彼は次にパナマ運河の開削に向けての運動に着手し、2年後の81年から工事が始まった。だが、重大な財政問題——これが1892年のパナマ疑獄事件の発端となる——のため、工事は中止のやむなきにいたる【レセップスは1881年にパナマ運河会社を設立してその代表となったが、資金繰りに困って債権を発行した。だが、会社は1889年に倒産し、債権発行にからむ背任・詐欺の疑いで告訴されて有罪となり（93年無罪判決）、ジョルジュ・クレマンソーらの大臣・政治家たちも収賄で告発された】

レセップスはこのスキャンダルにかなり悩み、とくにパナマ運河会社の経営陣に入っていた息子シャルル・エメ（1849生）のショックは大きかった（パナマ運河工事は1904年に【アメリカ合衆国によって】再開され、14年に竣工）【→レピュブリク・ド・パナマ】。こうして彼は名声と信頼を失ったが、それより前の1884年、アカデミー・フランセーズ会員となっている。その5年後の1889年、20区の通りに彼の名が冠せられた。レセップス通り（Rue de Lesseps）がそれである。

＊レゼルヴォワール Réservoirs　16区にあったレゼルヴォワール通り（Rue des Réservoirs）【1964年にコマンダン＝シュルジング通り（Rue du Commandant-Schlæsing）に改称】は19世紀末に命名されている。呼称は近くに1828年につくられたパシーの「小貯水池」が数か所あったことに由来する。これらの貯水池はセーヌの水面より48メートルの高さに設けられ、その水を貯えていた。「小貯水池」とよばれていたのは、コペルニク通りとローリストン通りの近くに大規模な貯水池が数か所あったことによる。この小貯水池はかつてのパシー

村とオートゥイユ村に水を供給していた。

レディギエール Lesdiguières 1543-1626
年。レディギエール公フランソワ・ド・ボ
ンヌは、フランス南東部オート＝ザルプ県
のサン＝ボネ＝タン＝シャンソールに生ま
れ、南仏のヴァランスで没した元帥・大元
帥。ドーフィネ地方のプロテスタント指導
者で、アンリ・ド・ナバール、のちの**アン
リ4世**の腹心だった彼は、この若い王子と
マルグリト・ド・ヴァロワ【1553-1615。
アンリ2世とカトリーヌ・ド・メディシスの
娘】の結婚式に出席するため、パリに出て、
すんでのところでサン＝バルテルミーの虐
殺（1572年）を免れる。

1589年に国王に即位したアンリ4世は、
レディギエールをドーフィネの、ついでプ
ロヴァンスの地方総督に任じ、1608年に
は元帥に昇格させた。さらに1611年、マ
リ・ド・メディシスから公爵とフランス同
輩衆に叙せられたレディギエールは、
1622年にプロテスタントからカトリック
に改宗し、大元帥となる。ドーフィネ地方
のヴィジュにきわめて美しい城館を築いた
のが彼である。4区のレディギエール通り
（Rue Lesdiguières）は1595年から袋小路
として知られていたが、1765年に今日の
ような通りとなった。

レナルド・アーン Reynaldo Hahn 1874-
1947年。レイナルド（レナルド）・アーン
はベネズエラ（**ヴェネジュエラ**）のカラカ
スで生まれ、パリで他界した作曲家。あら
ゆる音楽愛好者を喜ばせた数多くの歌曲
【125曲！】を作曲した彼は、とくにオペレ
ッタ『シブレット』【1923年】で名声を勝
ちえた【10歳でパリ音楽院に入学してマスネ
やサン＝サーンスに師事し、12歳で『私の詩
に翼があったなら』を作曲している】。パリ市
が彼の名を20区の通りにつけたのは1956
年。20区のレナルド＝アーン通り（Rue
Reynaldo-Hahn）がそれである。

レーヌ Reine 8区のレーヌ遊歩道（Cours
de la Reine）は、王妃マリ・ド・メディシ
スにちなんで命名された通りである。
1616年、彼女は大木が両側に立ちならぶ

全長1500メートルの美しい遊歩道を整備
している。この遊歩道は現在の呼称となっ
て以来、1世紀半のあいだ、パリの名士た
ちが好んで散策する場となった。

レーヌ・アストリド Reine Astrid 1905-
35年。スウェーデン王女としてストック
ホルム（**ストコルム**）に生まれたアストリ
（ッ）ドは、1926年、のちのベルギー国王
レオポルド3世【在位1934-51】と結婚す
る。だが、スイスで数日間のヴァカンスを
愉しんだあと、中部のキュスナハト近郊で
事故死した。夫が運転する車が渓谷に落ち、
その衝撃で車外に投げ出されてしまったの
である。夫は無傷だった。事故死の翌年、
このきわめて美しい王妃の名が、パリの広
場につけられている。8区のレーヌ＝アス
トリド広場（Place de la Reine-Astrid）で
ある。

レヌカン Rennequin 1645-1708年。本名
ルネ・シュアレム、通称レスカンは、リエ
ージュ地方のジュメップ＝シュル＝ムーズ
に生まれ、パリ西方のマルリ＝ル＝ロワで
没した親方大工・技術者。アルノルド・
ド・ヴィル【1653-1722。リエージュの実業
家】の設計図にもとづいて、パリ西方ブジ
ヴァル近郊に位置し、のちにマルリ＝ラ＝
マシヌとよばれるようになる小村で、「マ
ルリ機械」を考案している【プロトタイプ
は1668年】。ヴェルサイユ宮殿の池に水を
送るこの水力機械は、**セーヌ**の水を動力と
する14本の車輪が、丘の中腹からルーヴ
シェンヌの水道橋まで段状に設置された
221基のポンプを作動させるものだった。
これは1682年から133年間用いられた
【1817年解体】。

そして1859年、同じ場所に技師のデュ
フライエ【不詳】の考案になる新たな水力
機械が設けられ、地下水をくみ上げて、ヴ
ェルサイユやその周辺に飲料水を供給する
ようになった。レスカンを名祖とする通り
（Rue Rennequin）は、1864年から17区に
ある。

レーヌ・ド・オングリ Reine de Hongrie
フランス革命の直前、1区のレーヌ＝ド＝

オングリ小路（Passage de la Reine-de-Hongrie）に住んでいたある娘が、王妃マリー＝アントワネット【1755-93】に嘆願書をもっていった。ジュリ・ベシュールという名の娘を見た王妃は、ハンガリー（オングリ）の王妃でもあったマリア＝テレジア【1717-80。神聖ローマ皇帝カール6世の長女で、マリー＝アントワネットの母】と瓜二つだと思い、そのことを娘に教えた。娘はそれに喜び、王妃の言葉を聞きたいという者たちに話した。こうして彼女はからかい半分に「ハンガリー女王」とよばれ、それが娘の住む小路の呼称となった。だが、みずからをマリア＝テレジアと思い込むようになった勇敢なベシュール嬢は、フランス革命時、王族としての信念を声高に叫んだ。当時、それは軽率な行為だった。そのため、斬首されてしまったからである。哀れな話である。

レーヌ・ブランシュ Reine Blanche 13区を走るレーヌ＝ブランシュ通り（Rue de la Reine-Blanche）の呼称は、現在のゴブラン大通り1番地にあった旧レーヌ・ブランシュ館に由来する。この邸館は聖王ルイ（サン＝ルイ）の未亡人マルグリト・ド・プロヴァンス【1221-95】が建て、娘のブランシュ・ド・フランス【1253頃—1320頃。第7回十字軍のあいだ、イスラエルのヤッファで出生。カスティーリャ王家の嫡子フェルディナン・デ・ラ・セルダ（1255-75）と結婚するが、夫が戦死したのち、王家の継承をめぐって、フランスとカスティーリャ両王国の関係が悪化して戦争状態となった】が住んでいた。邸館の呼称は彼女の名にちなむ。

だが、国王シャルル6世【在位1382-1422】がこの邸館であやうく焼死しかかった「燃える人の舞踏会」【1393年1月28日に、王妃イザボー・ド・バヴィエールが侍女の婚礼を祝うため開いた大規模な仮装舞踏会で、シャルル6世と5人の貴族は亜麻と松脂でワイルドマン（野人）に扮して踊った際、照明用の松明に触れて衣裳が燃え上がり、国王はあやうく難を免れた。やがてシャルル6世は精神に異常をきたすようになった】のあ

と、邸館は解体され、16世紀初頭に再建された。その痕跡は今も残っている。

レヌワール（レヌアール）Raynouard 1761-1836年。フランソワ・ジュスト・レヌワールは、プロヴァンスのブリニョルに生まれ、パシーで他界した歴史家・劇作家・文献学者。当初、生地近郊のドラギニャンで弁護士を開業するが、1791年、ジロンド県選出の立法議会議員となる。だが、恐怖政治時代【1793年6月-94年7月。→シェニエ】、ジロンド派に共鳴していたためパリのアベイ監獄に投獄され、テルミドール9日【1794年7月27日→コンヴァンション】のクーデタで解放される。

やがて彼は当時のさまざまな出来事を暗示的に散りばめた、悲劇『小カトー』【1794年。小カトー（前95-前45）は高潔をもって知られたローマの政治家で、カエサルに敗れて自殺した】を発表する。その後、故郷に帰り、再び弁護士となって成功をおさめ、かねてよりの夢を実現するだけの富を蓄える。パリで文学趣味に耽りながら生活するという夢である。

1805年【学士院文学賞を受賞して2年後】、レヌワールは悲劇『テンプル（聖堂）騎士団』を発表して大好評を博す。その2年後の1807年、アカデミー・フランセーズ会員に選ばれた彼は、特別法廷に属して、1813年12月、ナポレオンにはじめて「民衆の不平と自由の言葉」に耳を傾けさせた。帝政末期には文献学に専念し、『フランスの市町村法史』【1829年】を上梓する。これはローマのさまざまな政体がフランスの封建的諸権利に残した痕跡を再発見することを研究した書である【レヌワールの重要な業績としては、ほかに『トルバドゥール詩選』（6巻、1816-21年）などがある】。パリの8区にあるレヌワール通り（Rue Raunouard）は1867年から、16区のレヌワール小公園（Square Raynouard）は1912年からある。

レブヴァル Rébeval 1768-1822年。ジョゼフ・ボワイエ・ド・レブヴァルはロレーヌ地方西部の小村ヴォークルール【ジャン

ヌ・ダルクゆかりの地】に生まれ、パリで他
界した復古王政期の軍隊司令官。この位階
は革命後の1793年に廃止され、中将のそれ
に代わったが、復古王政期に復活し、
1848年まで存続した。19区のレブヴァル
通り（Rue Rébeval）は1864年からある。

レヒュズニク Refuzniks　レヒュ（ー）ズニ
クは旧ソ連当局が他国への移住を禁じたロ
シア系ユダヤ人のこと。彼らに捧げられた
レヒュズニク小路（Allée des Refuzniks）
は、1986年から7区にある。

レピュブリク République　11区のレピュブ
リク大通り（Avenue de la République）は、
1848年2月24日から、第二帝政が敷かれ
た1852年11月7日まで続いた第二共和政
にちなんで、1857年に命名されている。
一方、3区・10区・11区を結ぶ同名の広
場（Place de la République）は、1870年
9月4日に第三共和政が発足して9年目の
命名になる。この広場には1884年7月14
日に除幕された共和国像が立っている。

**レピュブリク・ド・パナマ République de
Panama**　15区のレピュブリク＝ド＝パナ
マ広場（Place de la République-de-
Panama）は、1999年に命名されている。
パナマ市を首都とする中米のパナマ共和国
はスペイン語を公用語とし、通貨はバルボ
ア。国土の総面積は7万5400平方キロメ
ートルで、人口は366万【2015年】である。
この国は1508年からスペインの植民地と
なったが、1903年、コロンビア（コロン
ビ）からの独立と共和国を宣言した。だが、
レセップスが指揮していたパナマ運河の工
事は資金不足で1888年から中断していた
【レセップスは1888年に宝くじ付き債券を発行
したが、1889年、彼のスエズ運河会社は倒産
に追い込まれた】。それに代わって登場した
のがアメリカ合衆国である。
　1903年、パナマ共和国の誕生に好意的
だった合衆国は、同年11月にパナマ運河
条約を結び、運河沿いの幅10マイルの土
地を永久租借するとの条件で工事を再開し
た。こうして1914年、パナマ運河は完成
する。この帯状の土地がパナマに返還され

たのは、民族主義的な傾向を強めたパナマ
人たちがアメリカ人の統治に我慢できず、
さまざまな反米叛乱が続いたあとの1999
年のことだった。太平洋とカリブ海をつな
ぐパナマ運河一帯は、国土の多くが山がち
で森林に覆われ、人口も少ない同国の、い
わば生命線といえる。

**レピュブリク・ドミニケヌ République
Dominicaine**　南米のドミニカはイスパニ
ョーラ島の東部を占める共和国で、総面積
4万8700平方キロメートル、人口1073万
【2017年推計】。公用語はスペイン語で、首
都はサント＝ドミンゴ。8区のレピュブリ
ク＝ドミニケヌ広場（Place de la
République-Dominicaine）は、1957年から
8区にある。

**レピュブリク・ド・レクアトゥール
République de l'Equateur**　南米の太平洋
に面したエクアドル（エクアトゥール）共
和国は、総面積28万3600平方キロメート
ル、人口1622万【2015年推計】で、首都は
キトー、公用語はスペイン語である。
1450年頃、ペルーからインカ人が襲来し
てこの地を支配し、1532年、フランシス
コ・ピサロ【→ペルー】がこれを植民地化
した。そして1717年、エクアドルはヌエ
バ・グラナダ副王領に併合されるが、
1820年、主要都市のグアヤキルで起きた
叛乱を皮切りに独立運動が展開し、ついに
国土が解放されて、グラン・コロンビア
【→コロンビ】の一翼をになうようになる。
だが、1830年、エクアドルはこの連合体
を離脱して共和国の独立宣言をおこなう。
　大半の人口が農村部に住む同国のおもな
農産物としては、バナナやコーヒー、カカ
オ、サトウキビなどである。パリの8区と
17区にまたがるレピュブリク＝ド＝レクア
トゥール広場（Place de la République-de-
l'Equateur）は、1971年に建設されている。

レマン Léman　サヴォワ・アルプスの北麓
に位置するレマン湖は、ローヌ川の上流に
あり、面積約520キロ平方メートル、全長
72キロメートル、水面標高372メートル。
南岸はフランス、北岸はスイスに属してい

る。この湖の名をいただくレマン通り（Rue du Léman）は、1877年の命名になる。

レミ・デュモンセル Rémy Dumoncel 1888-1945年。タランディエ出版社の経営者で、パリ東方、セーヌ＝エ＝マルヌ県のアヴォン村長でもあったデュモンセルは、ドイツ北部、ハンブルク近郊のノイエンガンメ強制収容所で没している。1946年に命名された14区のレミ＝デュモンセル通り（Rue Rémy-Dumoncel）17番地には、彼が経営していた出版社がある。

レミ・ド・グルモン Rémy de Gourmont 1858-1915年。レミ・ド・グルモンはノルマンディ地方のバジシュ＝オー＝ウルムに生まれ、パリで没した作家・ジャーナリスト。1883年、彼はパリに出て、国立図書館の司書となるが、91年、風刺的な題名の論文「おもちゃ箱の愛国心」【フランスとドイツの文化的・芸術的な類似を唱えたため、愛国者たちからの反発を買った】が筆禍となって、免職された。1894年10月、みずから雑誌《リマジエ》を創刊する【1896年12月休刊】。高い学識の持ち主だった彼は、すでに1889年に装いを新にしていた《メルキュール・ド・フランス》【1672年から1965年まで刊行されたフランス最古の月刊誌のひとつ】の共同編集者もつとめた。

グルモンの著作としては、小説『メルレット』【1886年】や戯曲『老いた王』【1897年】、エッセイ『フランス語の美学』【1899年】、『思想の文化』【1900年】などがある。彼はまた象徴主義派の文学・芸術批評家でもあった。19区のレミ＝ド＝グルモン通り（Rue Rémy-de-Gourmont）は、1930年の命名になる。

レミ・ベロー Rémi Belleau 1528-77年。レミ・ベローはパリ南西部ウール＝エ＝ロワール地方のノジェン＝ル＝ロトルーに生まれ、パリで没した詩人。詩語の範を古典やイタリア文学に求め、フランス語を向上させようとした詩人集団プレイヤッド（プレイヤード）派のもっとも突出したメンバーのひとりで、そのメンバーには、ロンサールのほかに以下がいた。ジョアシャン・デュ・ベレやポンテュス・ド・ティヤール【1521-1603/05。詩人・シャロン＝シュル＝ソーヌ司教。詩集『恋愛のあやまち』（1549年）などがある】、ジャン・アントワヌ・ド・バイフ、エティエンヌ・ジョデル、その後任のギヨーム・デ・ゾーテル【1529-81。詩集『大仕事の休息』（1550年）にくわえて、フランソワ・ラブレー作『ガルガンチュワとパンタグリュエル』の模倣風刺詩『ファンフルリュシュとゴーディショ』（1559年）などがある】、ジャン・バスティエ・ド・ラ・ペリューズ【1529-54。ペストによって夭折。代表作は『メデイア』（1555年、死後刊行）】、ジャック・プルティエ・デュ・マン【1517-82。数学者でもあり、ホラティウス『詩法』の最初の仏訳者。晩年に『頌歌集』（1581年）を発表している】、その後任のジャン・ドラ【1508-88。人文主義者でコレージュ・ド・フランスのギリシア語教授。ロンサールやバイフの師】

ベローの詩にはときに軽妙な抒情性（ピエール・セゲールによる指摘）がみられるが、友人のロンサールは彼を「自然の画家」と評している。作品としては、『小さな作り事』【1556年】や『田園詩』【1565年】、『愛と新たな宝石交換』【1576年】などがある。以下は、彼の詩「欲望」の一説である。「欲するものしかもたない者は幸せではない。／なにももたないことを望む者は幸せである。／一方は満足のために優雅な魅惑に仕え、他方は殉教者となる」。彼の名がついたヴィラ・レミ＝ベロー（Villa Rémi-Belleau）は、1984年から19区にある。

レミュザ Rémusat 1797-1875年。シャルル・ド・レミュザ伯は作家・小説家で、母は『女性教育論試論』【1824年】を著した文学者のエリザベト・ド・ヴェルジャンヌ【1870-1821】。のちに『権力の性質試論』【1825年頃】や『哲学試論』【1842年】、『アベラール』【1845年】などを著すことになる彼は、若い頃からギゾーの知己をえていた。1830年、フランス南西部オート＝ガロンヌ県のミュレから選出されて【自由派

レモン

の】代議士となった彼は、以後、はなやかな政治生活を送り、1840年にはティエール政権下で内務大臣、71年から73年までは外務大臣をつとめた。

人文・社会科学アカデミー会員【1842年】だった彼はまた、1846年にアカデミー・フランセーズ会員にも選ばれている。彼が生まれ、そして没したパリの16区には、その名を冠したレミュザ通り（Rue de Rémusat）が没後2年目の1877年からある。

レモン Lémon 20区のレモン通り（Rue Lémon）には、1847年の命名時にこの通りに住んでいたレモン氏の名がつけられている。

レモン Raymond 13区のレモン小路（Passage Raymond）は、1845年にこの小路を敷設したレモ（Raymot）氏の名を少し変形して命名されている。

レモン・アロン Raymond Aron 1905-83年。レイモン（レモン）・アロンはパリを生没地とする社会学者・哲学者・ジャーナリスト。第2次世界大戦中、彼はロンドンで《ラ・フランス・リーブル（自由フランス）》誌の主幹をつとめ、サルトル（ジャン＝ポール・サルトル＝シモヌ・ド・ボーヴォワール）と《ル・タン・モデルヌ（近代）》を創刊している【1945年】。《フィガロ》紙の論説委員でもあった彼は、テクノクラシー的思想の理論家のひとりで、その経済的・社会的・政治的分析をとおしてマルクス主義を批判した、もっとも先鋭な思想家のひとりとみなされている。彼の著作としては、たとえば以下がある。『現代ドイツ社会学』（1935年）、『大分裂』（1948年）、『知識人の麻薬』（1955年）など。

アロンは言っている。「人間が真にある過去を有することができるのは、それを意識している場合だけである。この意識だけが対話と選択の可能性をもたらしてくれるからだ」、「哲学者たちの自負、すなわち自分たちが絶対的な真理ともども、体制の最高の秘密と、〈知識人たち〉に無条件の権威が委ねられるという夢を占有するのだという自負。まさにそれこそが全体主義的な

圧政の根源にほかならない」。彼の名は1993年から13区のレモン＝アロン通り（Rue Raymond-Aron）に残っている。

レモン・クノー Raymond Queneau 1903-76年。レーモン（レモン）・クノーは北仏ル・アーヴルに生まれ、パリで没した作家・詩人・劇作家。若くしてシュールレアリストのグループに入った彼は、1929年【1930年？】にその指導者であるアンドレ・ブルトンと袂を分かつ。だが、以後もシュールレアリスムを奉じて、言語遊戯への志向を保った。1936年、ガリマール出版社に入り、56年からは「プレイヤード叢書」の編集主幹をつとめた彼はまた、「サヴァンテュリエ」【字義は「知的冒険者」】というクラブを創設し、1950年には「パタフィジック（超形而上学）学院」【「知的かつ無用な研究」（！）をうたった結社で、呼称はアルフレッド・ジャリの作品『フォーストロ博士言行録』（1899年）に初出する】に参加している。

さらにクノーはユーモアと文学的実験へのこだわりから、「ウリポー」を共同で立ち上げてもいる【Oulipoとは「ポテンシャル文学工房（Ouvroir littérature potentielle）」の略。イタリアの作家イタロ・カルヴィーノ（1923-85）らとともに、さまざまな形式的制約をみずからに課すことによって作品創出の可能性を探求しようとした運動】。クノーの作品としては、『わが友ピエロ』【1942年。菅野昭正訳、新潮社】や『地下鉄のザジ』【1959年。生田耕作訳、中央公論社】、『ルイユから遠くはなれて』【1964年。三ツ堀広一郎訳、水声社】、『マンドリンをかかえた犬』【1965年】などがある。

彼は言っている。「わたしは地上の幸せをけっして知ることはないだろう。あまりにも愚かだからだ」、「夜警が言う。──ムッシューは夢想家のようだ。──そんなことはない。ピエロが答える。だが、しばしば何も考えたりしないことはある。夜警が言う。──何も考えない。それはいいことだ」。彼の名を冠したレモン＝クノー通り（Rue Raymond-Queneau）は、1987年か

ら18区にある。

レモン・スプレクス Raymond Souplex
1901-72年。パリを生没地とする漫談家・コメディアンのレモン・スプレクスは、ジェンヌ・スルザ【1902-69。女優・司会者】と奇妙奇天烈な、だが好感度抜群のコンビを組んだ、有名なラジオ番組「ベンチの上で」で評判をとった。また、フランスの典型的なミステリー・ドラマである連続テレビ番組【『最後の5分間』、1958-64年放送】の警視ブーレ役でも名をはせた。このドラマでは、ブーレが必ず決め台詞を吐いていた。「だが…、それは確かだ！」。レモン＝スプレクス小公園（Square Raymond-Souplex）は、18区に1981年からある。

レモン・ピテ Raymond Pitet
1872-1959年。おそらく知っている人はほとんどいないだろうが、ピテ氏は国際海難救助連盟の創設者である【1899年】。このことにより、1937年、彼の名がパリの通りにつけられている。17区のレモン＝ピテ通り（Rue Raymond-Pitet）がそれである。

レモン・ポアンカレ Raymond Poincaré
1860-1934年。レイモン（レモン）・ポワンカレはロレーヌ地方のバール＝ル＝デュックに生まれ、パリの16区で没した政治家。土木局監察官を父とする彼は法律を学んで法学博士となり、弁護士を開業するが、1887年、生地ムーズ県から共和派の国民議会議員に選ばれ、持ち前の的確な表現力と巧みな弁舌によって頭角を現す。1893年に国民教育大臣、94年から95年まで大蔵大臣、さらに2度目の国民教育大臣を歴任した彼は、1912年に首相となり、翌年、ついに共和国大統領の座を射止める【1920年まで】。だが、当時、フランスは悲劇的な状況のうちにあった。

第1次世界大戦後の1922年から24年、そして26年から29年まで、ポワンカレは再度首相の重責をになう。1923年、ヴェルサイユ条約で結んだ条項をドイツに履行させるため、ルール地方の占領を決めたのが彼である。数学者アンリ・ポアンカレの従弟だった彼は、この従兄同様、アカデミー・フランセーズ会員となっている【1909年から】。彼はこう言っている。「平和とは継続する創造である」。彼に捧げられたレモン＝ポアンカレ大通り（Boulevard Raymond-Poincaré）は、1936年から16区にある。

レモン・ラディゲ Raymond Radiguet
1903-23年。レイモン（レモン）・ラディゲはパリ南東方のサン＝モール＝デ＝フォセに生まれ、チフスのためにパリで夭折した作家・詩人。その短い人生は素晴らしい作品で彩られている。『燃える頬』【1920年、詩集】、『肉体の悪魔』【1923年】、さらに死後刊行になる『ドルジュ伯の舞踏会』【1924年】、『ゲームの規則』【1957年】などによって、である。こうした彼の作品全体は、今もなお文学の刮目すべき傑作としての光輝を放っている。あるいは死を予感していたのか、息を引き取る数か月前、彼はこう書いている。「夭折する宿命にあり、それゆえ急いで仕事をする人々のように、私は燃えながら先を急いできた」。この早世の作家の名は、1988年から19区のレモン＝ラディゲ通り（Rue Raymond-Radiguet）に刻まれている。

レモン・ロスラン Raymond Losserand
1903-42年。14区のレモン＝ロスラン通り（Rue Raymond-Losserand）は、レジスタンス活動のため、1942年にドイツ軍に銃殺された、14区の参事会員を名祖とする。命名は1945年になされている【→ヴァンヴ】

レンヌ Rennes
6区のレンヌ通り（Rue de Rennes）は、パリとブルターニュ地方の中心都市レンヌを結ぶ鉄道が発着するモンパルナス駅【開業1840年】に通じており、それにちなんで1853年に命名されている。イル＝エ＝ヴィレーヌ県庁所在地で、イル川とヴィレーヌ川の合流点に位置するこの町は、シャンソンでこう唄われている。「レンヌの橋の下、レ・ヴィレーヌ、ラ・ヴィレーヌ（女囚）は獄舎の中」【レンヌには1863年から76年まで女子刑務所があった】。ガリア人の時代、レンヌはアルモリカ【ブルターニュ地方の旧称】の主要都市の

ロアン

ひとつで、レドネス族の都だった。1553年、アンリ2世【国王在位1547-59】がここに高等法院と造幣局を設けている。

だが、カトリック同盟の時代、メルクール公フィリップ＝エマニュエル・ド・ロレーヌ【1558-1602。アンリ3世の義弟。1588年に暗殺されたギーズ公のあとを継いで、カトリック同盟の指導者となった】が町を奪い、混乱にみまわれた。それは1598年にアンリ4世がナントの勅令を発布するまで続いた。さらに1675年、ブルターニュで叛乱【印紙税一揆】が起き、さまざまな混乱が生じたが、それはきわめて残酷な形で弾圧された。セヴィニェ夫人はこの弾圧について書いている【「レンヌに駐屯するフランス兵が、焼き串に刺したブルトン人の幼児を焼き…、街は破壊されて、住民たちは住む場所を失いました」（1675年11月24日の娘グリニャン夫人宛て手紙）】

レンヌの出身者としては、**ラ・モット＝ピケやポール・フェヴァル**、さらに「勇猛な」ブーランジェ将軍【→ポール・デルレード、ボワ・デ・コール】などがいる。市内で一見に値するものとしては、とくにサン＝ピエール司教座大聖堂と裁判所がある。

□**アン Rohan**　6区にあるロアン小路（Cour de Rohan）の呼称は、**ルーアン（Rouen）**の縮約形。14世紀末から1584年まで、歴代のルーアン大司教がこの小路にあった邸館に住んでいたことに由来する。邸館は1584年にとりこわされ、跡地にルネサンス様式の壮大な邸館が建てられたが、一部がなおも残っているその壁には、ルーアン大司教の紋章が記念として刻まれていた【画家バルテュス（1908-2001）は1936年からこの小路にアトリエをかまえていた】

□**アン Rohan**　1区には1781年に開通したロアン通り（Rue de Rohan）がある。呼称はキャンズ＝ヴァン盲人院【→サン＝ルイ＝アン＝リル】の院長だったロアン枢機卿【ストラスブール司教】に由来する。この通りは、1780年にシャラントン通り28番地に移築された盲人院の跡地につくられている。パリに生まれ、ドイツのエッテンハ

イムで没したロアン枢機卿ことルイ・ルネ・エドワール（1734-1803）は、1784年から86年にかけての有名な「王妃の首飾り事件」に連座して失脚している。以下はその事件のあらましである。

1761年、わずか27歳でアカデミー・フランセーズ会員に選ばれた彼は、1772年、外交大使ないし使節としてウィーンに赴くが、その豪奢な生活ぶりと軽率さで、王妃マリア＝テレジア【1717-1780】の反発を買っていた。帰国後の1777年、彼はマリア＝テレジアの娘である王妃マリー＝アントワネット【1755-1793】の寵を得ようとして、それにつけこんだラ・モット伯爵夫人【1756-1791】の詐術にやすやすとかかってしまった。王妃が大小540個ものダイヤを散りばめた160万フランもする首飾りをほしがっている。このラ・モットの言葉を信じてしまったのである。

そこで彼は王室出入りの宝石商シャルル・ベーメルとポール・バサンジュから首飾り【ルイ15世の愛妾デュ・バリ伯爵夫人（1743-1793）の依頼でつくったが、国庫の逼迫を理由に、国王から購入を断られ、行き場を失っていた】を受け取って署名し、王妃から遣わされたと自称するラ・モットに託した。だが、首飾りはそれきり姿を消してしまう。むろんそれが美しい伯爵夫人とその夫の手にあったことは疑いえない。宝石商たちはいつまで待っても約束の支払いがないことを案じ、王妃にそれを訴えて事件が発覚する──。

こうしてルイ16世【在位1774-92】から召喚された枢機卿は自分が騙されたことを認め、逮捕される。しかし、時の高等法院は彼を無罪としながら、【宮廷司祭の地位を奪って】追放処分を下した。ラ・モット夫人はむち打ち刑ののち、焼きごてで肩にV字【罪人の印】の烙印を押され、**サルペトリエール監獄**に終身禁固囚として投獄された。だが、まもなくそこを脱獄してイギリスに逃げ、1791年8月23日、ロンドンで壊疽に罹って病没する【一説に、アパートから転落死したともいう】。王妃マリー＝ア

914

ントワネットはまったく無関係だったにもかかわらず、このスキャンダラスな首飾り事件の巻き添えを食っている【事件の背景には、枢機卿を旗頭とする旧勢力や王妃派の追い落としを狙う新体制派の暗躍があったともされる】

話をロアン枢機卿に戻していえば、彼はまずフランス中南部、オート＝ロワーズ地方のラ・シェーズ＝デュ大修道院、ついで中部のトゥーレーヌ地方【トゥールの大修道院】で追放生活を送り、フランス革命前夜の1788年に**アルザス**に戻った。翌1789年には全国三部会への聖職者代表となり、憲法制定議会に議席をもつようになるが、反革命分子だとして告発され【1790年の聖職者基本民事法に反対したため】、革命裁判所からの出頭命令を受ける。しかし、彼はこれをこばみ、革命を逃れる亡命貴族たちとともに、ドイツ南西部バーデン地方のエッテンハイムに移り住み、そこで生涯を終えた。

□**ヴェンダル Lowendale** 1700-55年。フランス元帥だったロヴェンダル伯ヴォルデマールは、ハンブルクに生まれ、パリ【リュクサンブール宮】で没している。デンマークの将軍を父とし、デンマーク王フレデリヒ3世【在位1648-70】の非嫡出子を祖父とする彼は、13歳で軍隊に入り、ザクセン軍やオーストリア軍、さらにデンマーク軍で軍務につく。1736年にはロシアに招かれ、司令官としてトルコ軍と戦った。

オーストリア継承戦争中の1744年、ザクセン軍元帥からフランス軍に譲られた彼は、1745年、オーストリア領のフォントノワできわだった働きをし、オランダ南部のベルゲン・オプ・ゾームを奪取する。この功により、1747年にフランス元帥に叙せられ、翌年にはマーストリヒトも陥落させている。ロヴェンダルはまた碩学でもあり、フランス科学アカデミーの会員ともなっている。7区と15区をつなぐロヴェンダル大通り（Avenue Lowendale）は、彼をたたえて1830年に命名された。

□**ロカマドゥール Rocamadour** フランス中央部ロット県のロカマドゥールはグラマ石灰岩台地中腹の段丘に建設された村で、12世紀から14世紀にかけて建てられた城【19世紀に再建】がそびえている。この村はとくに黒いマリア像を有するノートル＝ダム礼拝堂と、名祖である聖アマドゥール【12世紀の隠修士。伝承ではイエスによって改宗したユダヤの徴税人頭ザアカイとされる】の聖遺物を納めたサン＝アマドゥール教会によって、昔から巡礼地として知られてきた【2016年8月、ロカマドゥールではこの聖人の遺骸（？）がもとのまま見つかったことを記念する850年祭が営まれている】。また、自然が築いた地形にも目を見張るものがある。パリの16区には、1932年の命名になるロカマドゥール小公園（Square de Rocamadour）がある。

□**クロワ Rocroy** アルデンヌ県のロクロワは、旧県庁所在地のメジエールの北西28キロメートルに位置する。ルイ13世【即位1610】が逝去して5日後の1643年5月19日、アンギャン公、すなわち大コンデ【→シャロレ】は、ここでスペイン軍に勝利している。それは過去1世紀以来、フランスが得た最大の勝利だった。10区のロクロワ通り（Rue de Rocroy）この勝利を記念して、1847年に命名されている。

□**ロケット Roquette** 11区のロケット通り（Rue de la Roquette）は1672年から知られている【地図学者アルベール・ジュヴァン・ド・ロシュフォール（1640頃-1710頃）がこの年に製作したパリ地図に記載がある】。その呼称は、直截的には1545年に空き地となった場所に1636年に建てられた、援助女子修道会のロケット修道院に由来する。

だが、ロケットという語は、じつは荒れ果てた土地に黄色い花を咲かせるキバナクレソンを意味する。つまり、この修道院が建てられる前、ここには小さな黄色い花が咲き乱れており、それが地名となっていたのだ。それゆえ、年代順でいえば、まずロケット（キバナクレソン）という地名が修道院の名となり、やがてこの修道院名が通りの名になったわけである。

□ロケピヌ Roquépine　1774年に開通した8区のロケピヌ通り（Rue Roquépine）は、それが敷設された地所の所有者だった、ロケピヌ侯ルイ・ダストール・ドーバレードの名でよばれている。

□ロゲルバック Logelbach　ロゲルバックはアルザス地方のコルマール近郊にある村。その名を冠した17区のロゲルバック通り（Rue Logerlbach）は、この通りが敷設された土地の所有者の要求によって、1880年に命名されている。彼はアルザス人で、とくに出身の村を愛していた。

□ロザ・ボヌール Rosa Bonheur　1822-99年。ロザ・ボヌール、本名マリー・ロザリー・ボヌールはボルドーに生まれ、パリ東方、セーヌ＝エ＝マルヌ地方のトメリで没した写実主義画家・彫刻家。とくに動物や田園風景を描いた絵画で知られる彼女は、やはり画家であった父レモン・ボヌール【1796-1849】のもとで絵画を学んだ。1840年頃からこの若い女流画家は才能を発揮し、以後、その成功に陰りがさすことはなかった【1865年には、女性芸術家としてはじめてレジォン・ドヌール騎士勲章を授けられている】

　彼女の油彩画としては、たとえば『ニヴェルネ地方の耕作』【1849年】や『馬市』【1853年】、『オーヴェルニュ地方の干し草刈り』【1855年】などがある。ただ、彼女の作品はイギリスに数多くある。母国フランスより、イギリスの方が彼女の作品に強い関心をいだいていたからである。ロザ・ボヌールはまた若い女性のため、無料のデッサン学校を長いあいだ経営していた。彼女の名がついたロザ＝ボヌール通り（Rue Rosa-Bonheur）は、その死の翌年、つまり1900年から15区にある。

□ローザン Lauzin　19区のローザン通り（Rue Lauzin）は、1860年にそれが敷設された当時の地主にちなんで命名されている。近くにはローザン小路（Passage Lauzin）もある。

□ロジェ Roger　14区のロジェ通り（Rue Roger）は、1860年までパリ南郊のモンルージュ村に属していた。呼称はこの通りに最初に住んでいた家主のひとりにちなむ。

□ロジエ Rosiers　1225年から知られていた4区のロジエ通り（Rue des Rosiers）は、フィリップ・オーギュストの市壁の旧巡回路だった。呼称は、そのまわりにロジエ【バラ科の総称】が咲いていた庭園が何か所もあったことによる【マレ地区にあるこの通りはユダヤ人街として独特の雰囲気を醸し出している】

□ロージエ Laugier　1770-1832年。アンドレ・ロージエは北仏カルヴァドス県のリジュー【『幼きイエス（小さき花）の聖女テレジア（1873-97）の生地】に生まれ、パリで没した化学者。フランス革命後の公安委員会で火薬・硝石局長をつとめた彼は、やがて南仏トゥーロンで軍事教育を指導する。1803年からはのちに校長となるパリ薬学校で教鞭をとった。1820年、科学アカデミー会員となる彼は、コバルトとニッケル、鉄をチタンと分離させ、ゴムの樹液をミルク状に変え、さらに粗白金の加工中にオスミウムを抽出するための方法を考案している。17区にあるロージエ通り（Rue Laugier）は1864年、ヴィラ・ロージエ（Villa Laugier）は1887年にそれぞれ命名されている。

□ロジェ・ヴェルロム Roger Verlomme　1890-1950年。セーヌ県知事だった彼は、3区のロジェ＝ヴェルロム通り（Rue Roger-Verlomme）の名祖となっている。命名は1955年。

□ロジェ・バーコン Roger Bacon　1220頃-92年頃。イングランド南西部サマセット州のイルチェスターに生まれ、オックスフォードで他界したロジャー・ベーコン（ロジェ・バーコン）は、「驚嘆的博士」とよばれた修道士。オックスフォードで学んで教授資格者となった彼は、母校でアリストテレスを講じた。やがてパリ大学から招聘され、ラテン語文法やアリストテレス論理学、幾何学などを教え、1240年、イングランドに戻る。1256年ないし57年にフランシスコ会の修道士に叙され、その『大著作』【1267年頃】において、ユリウス暦の

改革を唱えた。

　一方、光学の分野では、彼はガリレイ（ガリレ）やニュートンの先駆者で【水の入ったグラスをおいて光のスペクトルを観測している】、目のメカニズムを正確に描写した。さらに化学の方面では、大砲の火薬を考案しているが、おそらくその組成はアラブ人から学んだものだろう。彼は断言している。「知識は力なり」、「経験科学は上位にある科学の手から真実を受け取ったりはしない。まさにこれこそが女主人であり、他の科学はその召使にすぎない」

　こうしてみずからの科学的経験を一部公表した彼は、しかし魔術を弄し、悪魔と関係しているとして告発されてしまう。そこで彼はこれらの告発を少なくとも放棄してもらうよう、教皇クレメンス4世【在位1265-68。ベーコンは『大著作』を送っている】のとりなしを求める。だが、教皇が1268年に死去し、その庇護を失ったベーコンは1277年、みずからが属していたフランシスコ会の内部で断罪され、終身刑を言い渡されて、イタリア中部アンコーナの牢獄に幽閉される【アラブ思想を広めた疑い】。釈放は10年以上たった1292年【異説あり】だった。

　ベーコンの著作としては、ほかに『錬金術の鏡』や『加齢の障害を遅らせ、感覚を維持するための方法』【いずれも初版刊行年不詳】などがある。彼はさらにこうも言っている。「学ぶ者は信じなければならず、知る者は吟味しなければならない」。パリのロジェ＝バーコン通り（Rue Roger-Bacon）は、彼の死後600年近くのちの1872年から17区にある。

ロジェ・ビシエール Roger Bissière 1888-1964年。ロジェ・ビシエールはフランス南西部ロット＝エ＝ガロンヌ県のヴィルレアルに生まれ、中南部ロット県のマルミニャクで没した画家・版画家・デザイン家。1910年、パリに出てジョルジュ・ブラックと知り合い、ル・コルビュジエの雑誌《エスプリ・ヌヴォー（新しい精神）》【1920年にキュビズムから出発し、造形表現を一種

の言語とみなして表現の純粋性を求めたピュリズムを唱えた】に寄稿する。1925年から38年まで、アカデミー・ランソン【画家ポール・エリ・ランソン（1864-1909）が1908年にパリに開いた画塾】で油彩画やクロッキーを教えた彼は、39年、パリの家を売って、ロット県ボワシエレットの母から相続した旧司祭館に移る。

　やがて、ビシエールは眼疾のために絵を諦めなければならなくなるが、ボロ布を縫い合わせた壁掛けを制作することはできた。眼疾が治った1945年から、彼は抽象的な作品を描く一方、それまでかかわっていたキュビズムを放棄し、しばしば微妙な色合いを駆使した筆致による油彩画を制作した。彼の作品としてはおそらくもっとも有名な『今夜の庭』【1946年】があるが、メス司教座大聖堂のステンドグラスも手がけている。その名を冠した20区のロジェ＝ビシエール通り（Rue Roger-Bissière）は、1988年に命名されている。

ロジェ・プリウー＝ヴァルジャン Roger Priou-Valjean 1912-99年。パリ出身のプリウー＝ヴァルジャンは、レジスタンス4等勲章の佩用者で、偉大なレジスタンス活動家。4区の区長（フランス解放時から1959年まで）やセーヌ県議会議員をつとめた。彼はまたレジョン・ドヌール将校勲章と戦功十字章の佩用者でもあった。ロジェ＝プリウー＝ヴァルジャン広場（Place Roger-Priou-Valjean）は、2003年から4区にある。

ロジエール Rosière ロジエールとはかつて村祭りなどで、その品行方正ぶりに褒美としてバラの冠と金銭が厳かに授けられた少女を意味する。この民俗慣行は5世紀のノワヨン司教だった聖メダール（サン＝メダール）が始めたとされる。彼は毎年、もっとも美徳をそなえているとの評判をとった教区の少女に、25リーヴルとバラで飾った帽子、つまりバラ冠をあたえることにした。最初のロジエールは525年に誕生している。それは地域全体から推された聖メダール自身の妹だった。だが、今日、こうし

917

□シヤンホ

てロジエールを選ぶという慣行は廃れてしまった。それに見合う候補者がいなくなった（！）からである。15区のロジエール通り（Rue de la Rosière）は、1826年6月27日、グルネル村の開村式で少女がはじめてロジエールに選ばれたことを記念して命名されている。

□シャンボー Rochambeau　1725-1807年。ロシャンボー伯ジャン＝バティスト・ドナティアン・ド・ヴィムールは、パリ盆地南部ロワール＝エ＝シェール地方のヴァンドームに生まれ、同地方のトレ＝ラ＝ロシェットで没した元帥。1742年に軍隊に入り、オルレアン公ルイ＝フィリップ【1747-93】の副官となった彼は、1761年、兵員配備・野営担当将官に任命される。1780年、アメリカの独立戦争に積極的にくわわり、ワシントンを援けて、ヨークタウンの戦いでイギリス軍を敗北させ、将軍チャールズ・コーンウォリス【1738-1805。除隊後、インドおよびアイルランドの総督をつとめた】を捕虜とした。

帰国後、ロシャンボーはフランス革命を支持し、北部方面軍の指揮官および元帥に叙せられる。だが、デュムリエ将軍【→カンブレ】と対立し、元帥となった翌年の1792年、指揮官を解任される。さらに、恐怖政府によって投獄の憂き目をみたが、テルミドール9日のクーデタ【1794年7月27日→コンヴァンシオン】によって釈放される。1803年から、ナポレオンはそんな彼に元帥年金を下賜した。パリには彼に捧げられた広場と通りがある。1934年に命名された16区のロシャンボー広場（Place Rochambeau）と、1867年の命名になる9区のロシャンボー通り（Rue Rochambeau）である。

□シェ Rocher　8区のロシェ通り（Rue du Rocher）は、1750年に現在の呼称になっているが、その由来はおそらく通りのある住人が、家の入口にいくつもの岩を描いた絵看板をかけていたことによる。

□シニ Rossini　1792-1868年。ジョアキーノ・アントニオ・ロッシーニ（ロシニ）は、

イタリア中東部、アドリア海に面したペーザロに生まれ、パリで没したイタリア人作曲家。18歳のとき、ヴェネツィアで最初のオペレッタ『結婚手形』を初演し、オペラ作曲家としてデビューする。だが、最初の出世作は、1812年にミラノのスカラ座で上演されたオペラ・ブッファ『試金石』だった。

こうしてイタリア全土に名をとどろかせた彼は、1823年【イタリアでの最後のオペラ『セミラーミデ』初演したのち】、ロンドンに赴く。そして5か月間の滞在中、コンサートを数度開いてからパリに移る。このパリでは、国王シャルル10世【在位1824-30】の戴冠式のためのカンタータ、『ランスへの旅、または黄金の百合咲く宿』を書いている。フランスには1833年まで滞在するが、まさに名声が絶頂期にあった29年、彼はとつぜん作曲を止めてしまう。1833年、ロッシーニは帰国し、無為のまま、南国的な生活を送る。だが、1853年、彼はパリにまいもどり、この地で生涯を終えた。

彼の作品としてはほかに『オテロ』【1804年】や『セビリアの理髪師』【1816年】、『チェネレントラまたは善意の勝利』、『アルミーダ』【以上1817年】、『ビアンカとファッリエーロ』【1819年】、『ゼルミーラ』【1822年】、『モーセとファラオ』【1924年】、さらに『ギヨーム・テル（ウィリアム・テル）』【1829年。最後のオペラ】などがある【スタンダールはロッシーニが31歳（！）のとき、早くも『ロッシーニの生涯』（1823年）を書いている】。死にのぞんで、彼は財産の大半をパリ市に遺贈した。老いた音楽家たちのための老人ホームを創設するためである。9区のロシニ通り（Rue Rossini）は、ロッシーニが生存中の1850年に命名されている。

□ーシュ Rauch　11区のローシュ小路（Passage Rauch）は、その開通当初から、沿道に住む旧地主のひとりの名でよばれている。

□シュシュアール Rochechouart　1665-

ロタン

1727年。パリを生没地とするマルグリト・ド・ロシュシュアール・ド・モンピポーは、1717年から死去するまでモンマルトル女子大修道院の院長をつとめた。1864年に命名された9区と18区を結ぶロシュシュアール大通り（Boulevard de Rochechouart）は、彼女を名祖とする。彼女はモンテスパン侯爵夫人の妹でフォントヴロー女子大修道院長だった、より高名なマリ＝マドレーヌ・ド・ロシュシュアール・ド・モルトマール【1645-1704。学識豊かで「女子修道院長たちの女王」とよばれた】の遠縁でもある。

このフォントヴロー女子大修道院長は、ホメロスの『イリアス』を翻訳し【ほかに、ラシーヌとともにプラトンの『饗宴』も】、美しい詩を何篇も書いているが、謙虚だった彼女はできあがったそれを1度読んだだけで廃棄してしまったという。9区にはまた1740年の命名になるロシュシュアール通り（Rue de Rochechouart）もある。

◻︎シュブリュヌ Rochebrune ロシュブリュヌは1871年1月19日、モントルトゥーの戦いで戦死した大佐。パリ西部サン＝クルー地区にあるモントルトゥー村は、この日、ノエル・ラウー中将【1810-71】率いるテルヌ義勇兵と、アンリ・ド・ラランティ男爵【1824-1900。のちに国民議会および元老院議員】を指揮官とするロワール＝アンフェリリュールの第2大隊が、村の高台にある方形堡を奪回するため、プロイセン軍に一連の攻撃をしかけた。

ビュザンヴァルの決戦として語られるこの戦いには、アドリアン・ベルマール【1824-1904。中将。のちに第29歩兵師団指揮官】やジョゼフ・ヴィノワ【1800-80。のちに第二帝政期の元老院議員】、オーギュスト＝アレクサンドル・デュクロ【1817-82。国民議会議員に選ばれた将軍。1871年のパリ・コミューンで王党軍を指揮し、捕虜となったコミューン兵の銃殺を命じた】などの将官もくわわった。1875年、ロシュブリュヌは11区にある通り（Rue Rochebrune）と小路（Passage Rochebrune）の名祖となっている。

◻︎ローズ Roses 18区のローズ通り（Rue des Roses）はかつておびただしいバラ（ローズ）が咲き乱れていたことから、「ローズ」とよばれていた場所に通じていた。この通りはまた、1708年から現在の呼称に変わる1867年まで「ロジエ」【バラ科の総称】とよばれていた。同じ18区にあるヴィラ・ローズ（Villa des Roses）は1935年に命名されている。呼称は同名の通りに隣接していることによる。

◻︎ローゼンヴァルド Rosenwald 15区のローゼンヴァルド通り（Rue Rosenwald）は、1883年に開通している。呼称はその住人の名に由来する。

◻︎ロタ Lota ロタはチリのコンセプシオン地方にある、石炭で有名な港湾都市。1894年、この鉱山所有者の息子がパリに移住し、通りを敷設して、家を数軒建てた。16区のロタ通り（Rue de Lota）は、彼が生まれた町をたたえて命名されている。

◻︎ロダン Rodin 1840-1917年。彫刻家のオーギュスト・ロダンはパリで生まれ、パリ南西郊のムードンで没している。彼のすべての作品はモデルに対する厳格な研究を示しており、その最初の興味深い作品は、1862年に制作した『鼻の欠けた男』である【この作品は1865年のル・サロン展で落選している】。だが、最初の傑作とよべるのは1875年に発表した『青銅時代』だろう。現実主義的で力強い作品を産み出したロダンは、しばしばミケランジェロ（ミケラーンジュ）と比較されてきたが、たしかに彼は全時代を通じて彫刻の大家のひとりといってよい。

作品としては、ほかに誰もが知っている『考える人』【1882年】や『接吻』【1889年。パリ万国博展示用】、『カレーの市民』【1895年】、さらに未完の『地獄の門』などがある【彼はまた6区のラスパイユ大通りにあるバルザック像（1891-97年）を制作しているが、文豪があろうことか寝間着姿だということで、当時かなりの顰蹙を買った】。パリには彼の名を冠した地名が16区に2か所ある。1929年に命名されたロダン広場（Place

□ロタンフル

Rodin）と、翌年の命名になるロダン通り（Rue Rodin）である。

□**タンブール Rottembourg** 1769-1857年。アンリ・ド・ロタンブールはナポレオンに従ったあと、復古王政下でも軍務についた中将。12区には1869年の命名になるロタンブール通り（Rue Rottembourg）がある。

□**ックフェレ Rockeffeller** 1839-1937年。ジョン・デイヴィソン・ロックフェラー（ロックフェレ）・シニアは、ニューヨーク市のリッチフォードに生まれ、ニューヨーク州のハリソンで没した実業家・慈善家。億万長者の代名詞となった彼は、石油の重要性を理解した最初の人物のひとりで、やがてアメリカ合衆国の石油市場を独占するようになる、スタンダード・オイルを創業している【1870年】

　一方、彼はその富の一部をさまざまな機関や運動に提供し【1913年にロックフェラー財団創設】、子孫には必要分しか遺さなかった。孫のひとりであるネルソン・ロックフェラー【1908-79年】はニューヨーク州知事をつとめ【1959-73年】、副大統領にもなった【1974-77年】。今もなお巨大な富を誇るロックフェラー「王朝」は健在である。パリのロックフェレ大通り（Avenue Rockeffeller）は、この王朝創始者が死去した1937年から14区にある。

□**ット Lot** ロット川はガロンヌ川の支流で、その源は中央山地の南側、ロゼール高地のグーレ山（標高1497メートル）にある。総延長485キロメートルのこの川は、マンドやアントレグ、カブドゥナック、**カオール**、フメル、ヴィルヌーヴなどの町を潤している。その名を冠したロット河岸通り（Quai du Lot）は、1936年から19区にある。

□**ディエ Rodier** 9区のロディエ通り（Rue Rodier）は、1833年の開通当時は「シテ」とよばれ、その道筋は今とは異なっていた。呼称は当時フランス銀行の頭取だったロディエ氏に由来する。この通りが現在の道筋となったのは1877年のことである。

□**デンバック Rodenbach** 1855-98年。ジョルジュ・ロデンバックはベルギーのトゥルネに生まれ、パリで没したベルギーの象徴派詩人・作家。穏やかな文体で、古びたもの、つまり消え去ったものを描いたその著作としては、処女詩集の『家と田園』【1877年】や詩集『沈黙の治世』【1891年】、小説『死都ブリュージュ』【1892年。窪田般彌訳、岩波書店】などがある。パリの通りにはなおも彼の名が残っている。1932年に命名された14区のロデンバック小路（Allée Rodenbach）がそれである。

□**トシルド Rothschild** 18区にあるロトシルド袋小路（Impasse Rothschild）の名祖は、19世紀初頭から知られている有名な財閥・金融資本家のロスチャイルド（ロトシルド）一族とは無縁である。この袋小路に名を残すロトシルドは、19世紀後葉に貸馬車業を営んでいた。

□**トルー Rotrou** 1609-50年。ジャン・ド・ロトルーはパリ西方、サントル地方のドルーを生没地とする劇作家・詩人。同地方でもっとも古い名門家出身の彼は、バイイ（国王代官）裁判所の代理官や刑訴の参審員、伯爵領の受任査察官などをつとめた。一方、作家としての彼は、リシュリューが立ち上げた「旅団」の一員だった【1635年にリシュリューが自分のアイデアを戯曲化するため設けた「5人の詩人の会」のこと。当初はコルネイユも入っていたが、のちに枢機卿と対立して離反した】

　コルネイユはロトルーの作品を高く評価して、彼をつねに「わが父」と呼んでいた。ロトルーはその作品で家族内の駆け引きや抜け目のない人物たちを好んで描いたが、そこには奥深い真理が隠されていた。おそらく彼は、当時シェークスピアを彷彿とさせる唯一の戯曲家だった。

　彼の戯曲としては、たとえば『ふたりのゾジー』【1636年】や『アンティゴーヌ』【1637年】、『イフィジェニ』【1640年】、『真説聖ジュネ』【1646頃】、『ヴェンセスラス』【1647年】などがある。彼は言っている。「人は過去のことから未来を見ることができる」。最期はペストないしコレラの犠牲となったが、当時彼は病人たちの介護に専

心していた。その名は1867年から6区の
ロトルー通り（Rue Rotrou）に刻まれて
いる。

□**ロートレアモン Lautréamont** 1846-70年。
イジドール・リュシアン・デュカス、通称
ロートレアモン伯は、ウルグアイ（ユルグ
ウェ）のモンテビデオ（モンテヴィデオ）
で生まれたフランスの詩人。作品としては
1869・74年に刊行された6章（6歌）
からなる『マルドロールの歌』【藤井寛訳、
福武文庫】と、70年の『詩集I・II』だけが
知られている。後者の詩集を上梓してまも
なく、一人暮らしをしていた**モンマルトル**
の1室で寂しく息を引き取った。死因は、
なおもよくわかっていない【近年の研究で
は肺結核の悪化】

　彼の名が知られるようになったのは
1910年以降で、その作品を「非理性的な
るものの復讐、不条理な力の強調、灼熱の
地下のマグマの爆発」とみなしたシュール
レアリストたちのおかげだった【ただし、
シュールレアリスムのひとつの原点とされる、
『マルドロールの歌』の有名な一文「解剖台の
上でのミシンと雨傘との偶発的な出会い」は、
当時モンテビデオの企業・個人名鑑の広告欄
に載っていたものの組み合わせだったという】。
ロートレアモンは言っている。「君が眠る
ところへ向かう道を進め」、「マルドロール
よ、結局君は勝利者だった！結局君は希望
を打ち砕いたのだ」。この夭折の詩人に捧
げられた**テラス・ロートレアモン**
（Terrasse Lautréamont）は、1985年から
1区にある。

□**ロニー・エネ Rosny Aîné** 1856-1940年。
本名ジョゼフ・アンリ・オノレ・ボエクス、
通称ロニー・エネ【字義は「長男ロニー」】
はブリュッセル生まれの作家。弟のセラフ
ィン＝ジュスタン・ボエクス、ロニー・ジ
ュヌ（1859-1948）とともに、ふたりの名
を結びつけたJ・H・ロニーの筆名で数多
くの小説を発表している。文壇デビュー作
となった『救世軍ノネル・ホーン』【1886
年】や『背徳』【1887年】、『失われた魂』
【1899年】、『相続』【1902年】などであるが、

さらに『5人宣言』【1887年。エミール・ゾ
ラ批判の共著】にもくわわっている。兄弟
はともにアカデミー・ゴンクールのメンバ
ーとなり、兄オノレはその委員長もつとめ
た【1926-40年】。13区のロニー＝エネ小公
園（Square Rosny-Aîné）は、兄弟の兄を
たたえて1956年に命名されている。

□**ローヌ Rhône** スイスのフルカ峠【海抜2436
メートル】の麓（海抜1753メートル）を水
源とするローヌ川は全長812キロメートル
で、そのうち520キロメートルがフランス
国内を流れる。貯水池の機能を果たしてい
る**レマン湖**を経て、ジュラ山系南部からフ
ランスに入るこの大河は、**リヨン**で**ソーヌ**
川と合流し、やがてヴィエンヌやアヴィニ
ョン、アルルといった町を潤したあと、広
大なデルタ地帯から地中海に流れ込む。半
世紀近く前から、流域には**ドンゼール＝モ
ンドラゴン**【アヴィニョン北方】をはじめ
とする水力発電所【や原子力発電所】が数
多く建設されている。**ローヌ小公園**
（Square du Rhône）は、1932年から17区
にある。

□**ロビアック Robiac** 1923年から7区にある
ロビアック小公園（Square de Robiac）の
呼称は、これを建設した人物の出身地に由
来する。南仏ガール県のこの村は、セーズ
河岸にあり、長いあいだ石炭の採掘がおこ
なわれていた。そこにはまた古い修道院の
名残がみられる。

□**ロビケ Robiquet** 1780-1840年。ピエール・
ジャン・ロビケは**レンヌ**で生まれ、パリで
他界した化学者・薬学者。従軍薬剤師とな
った彼は、やがて有名な**ヴォークラン研究
所**に入り、さらに化学製品を製造する自分
の工房を創設する。一方、1811年から国
立薬学校【および国立理工科学校】で化学を
講じ、33年には同校の校長および科学ア
カデミーの会員となった。

　ロビケが発見した化学薬品は数多いが、
たとえばヴォークランとともにアスパラガ
スの汁から**アスパラギン**を単離している
【1806年】。単独では地衣類に**ヴァリオラリ
ン**や**オルシン**、葉を滋養とする昆虫に**尿酸**、

またカブトムシの体液【カンタリジン】に皮膚の水疱を誘発する成分、アヘンにナルコチンやコデインなどのアルカロイドがふくまれていることを発見している【カフェイン発見者のひとりでもある】。著作としては、たとえば『からし菜の種にかんする新たな実験』【1831年】や『アンドレ・ロージエ解題』【1832年。ロージエ（1770-1832）はフランスの化学者・鉱物学者】などがある。ロビケ袋小路（Impasse Robiquet）は、1875年から6区にある。

ロビノー **Robineau** 20区のロビノー通り（Rue Robineau）は、1887年から旧地主の名でよばれている。

ロベール **Robert** 18区のロベール袋小路（Impasse Robert）は、通りの最初期の家主にちなんで命名されたものである。

ロベルヴァル **Roberval** 1602-75年。ジル・ペルソンヌ（ないしペルソニエ）・ド・ロベルヴァルは、北仏ピカルディ地方のノエル＝サン＝マルタンに生まれ、パリで他界した数学者・物理学者。1631年、パリのジェルヴェ学寮【1370年に教皇から認可された。パリ大学の前身のひとつ】で哲学を講じ、翌年からは王立学院【コレージュ・ド・フランスの前身】で数学の講座を担当するようになる。一説にきわめて執念深い人物で、あらゆる論争を買って出た彼は、たとえ正当な理由があったとしても、話を誇張して、相手に責任を押しつけたという。

だが、その一方で、ロベルヴァルは豊かな学識をそなえてもいた。1665年、創設されたばかりの科学アカデミーの会員となり、サイクロイドや回転体の求積問題を解決し、曲線の接線を求める独創的な解法を見出している。さらに、だれもが知っている秤の機構を考案し【2本の天秤竿がついた秤】、みずからこれを「ロベルヴァルの秤」と命名している。フランスやスペイン北東部ナバラ地方の食料品店や香辛料商は、ごく最近までこの秤をもちいていた。彼の名を冠したロベルヴァル通り（Rue Roberval）は、1939年から17区にある。

ロベール＝ウダン **Robert-Houdin** 1805-71年。ジャン＝ウジェーヌ・ロベール＝ウダンはフランス中部ロワール地方のブロワに生まれ、生地に近いサン＝ジェルヴェで没したマジシャン。【父のあとを継いで時計職人となった】彼は、1845年、パリに出て、パレ＝ロワイヤルに「幻想的夜会」のための劇場を立ち上げる。彼は滑稽ないし醜悪な衣装を脱ぎ捨て、黒い燕尾服（夜会服）とシルクハットをまとった最初のマジシャンだった。さらに、はじめてマジックに電気による照明を導入し、それまでの黒魔術的なマジック・イメージを一掃してもいる。彼はまたみごとな自動人形をつくり、独創性にあふれた仕掛けを考案して、世界的な名声を勝ちえた。

そんなロベール＝ウダンを見込んで、フランス政府は彼をアルジェリアに派遣している。アラブ人魔術師たちの影響力と戦わせるためである。1852年、彼はパレ＝ロワイヤルの劇場をイタリアン大通りに移し、まもなくブロワに引退する。現在この生地にはロバール＝ウダン博物館がある。そして1938年、その名前がパリの通りにつけられた。11区のロベール＝ウダン通り（Rue Robert-Houdin）がそれである。

ロベール・エ・ソニャ・ドロネ **Robert et Sonia Delaunay** ロベール（1885-1941）とソニア（ソニャ、1885-1979）は画家同士の夫妻。パリに生まれ、南仏のモンペリエで他界したロベールは、キュビズムにオルフィスムを導入した。ギヨーム・アポリネールの造語であるこのオルフィスム【1913年に行った講演の中で、アポリネールはドロネーに代表される絵画様式を、ギリシア神話の音楽神オルフェウスにちなんでこう名付けた】とは、さまざまなフォルムを一度解体し、それから再構築する対照的な色彩と光の働きを意味する【未来派の発想】。こうした手法は『エッフェル塔』【1911年】や連作『窓』【1912年】に顕著にみられる。だが、やがてその画風は、たとえば連作『リズム』【1933-34年】に代表されるような抽象画へと向かっていった。

一方、妻のソニアはウクライナのグラデ

ィズィク出身で、パリで没している。夫と芸術的な想いを共有し、有名な連作『プリズム』【1914年】などを遺している。彼女はまたグラフィック・アートや装飾、モードの分野でも活躍した。ふたりの名を冠したロベール＝エ＝ソニャ＝ドロネー（Rue Robert-et-Sonia-Delaunay）は、1991年から11区にある。

□ベール・エティエンヌ Robert Estienne
1503-59年。パリで生まれ、ジュネーヴで没したロベール・エティエンヌは、出版業を営む名門一族出身で、豊かな学識を有する突出した印刷業者だった。1526年、彼はパリの**サン＝ジャン＝ド＝ボーヴェ**通り、法律学校の真向かいに印刷工房を立ち上げ、ヘブライ語やギリシア・ラテン語の聖書を数多くつくった。この工房には知識人が集まり、**フランソワ1世**もまた姉の**マルグリト・ド・ナヴァール**とともに、ここを足しげく訪れた。1539年、エティエンヌは王室印刷業者に指定され、ヘブライ語とラテン語、翌年にはギリシア語の辞書を出す。だが、**ソルボンヌ**はそんな彼に敵愾心を抱き、国王の庇護があったにもかかわらず、ジュネーヴへと追い返してしまう。

エティエンヌはこのジュネーヴで印刷業を再開し、パンフレット形式の冊子を刊行する。題名は『ロベール・エティエンヌによって印刷された一連の聖書を、誤って断罪したパリの神学者たちの検閲』。さらに同じジュネーヴでフランス語＝ラテン語辞書を数巻出版してもいる。この一族の名はグラフィック・アートや印刷の技術を教える、有名なエティエンヌ学校【言語学者・人類学者のアベル・オブラック（1843-96）が1889年にパリの13区に創設した学校。当初は市立エティエンヌ書物学校と称していた】に刻まれている。ロベール＝エティエンヌ通り（Rue Rober-Estienne）は、この学校が創設される5年前の1884年から8区にある。

□ベール・エトラン Robert Etlin　1920-45年。第2次世界大戦中、作戦任務の際に遭難した自由フランス空軍中尉。彼に捧げられた12区のロベール＝エトラン通り（Rue Robert-Etlin）は、1962年からある。

□ベール・エノー＝ペルトリ Robert Esnault-Pelterie　1881-1957年。パリで生まれ、ニースで没したエノー＝ペルトリは航空技師。俗語で「箒の柄」とよばれた操縦桿を発明し、奇数のシリンダーをそなえた星形エンジンを最初に考案してもいる。宇宙航空学や次元解析【物理量間の関数関係を探る方法】も研究した彼の名は、1965年、7区の通りにつけられた。ロベール＝エノー＝ペルトリ通り（Rue Robert-Esnault-Pelterie）である。

□ベール・ギュマール Robert Guillemard
1919-44年。ロバール・ギュマールはパリに生まれ、アヴィニョン北方のドンゼールで戦死した下士官で、戦闘機のパイロット。1938年に空軍に入った彼は、第2次世界大戦初頭に北アフリカに派遣され、ラ・ファイエット飛行部隊に編入された。コルシカ（コルス）島のフォレリでは、地上作戦にくわわってもいる。こうして彼は計72の戦闘任務をまっとうしたが、終戦間近の最後の空中戦で撃墜された。空軍栄誉賞を得ていた彼には、死後、**レジョン・ドヌール騎士賞**もあたえられている。1998年、彼にパリの広場が捧げられた。15区のロバール＝ギュマール広場（Place Robert-Guillemard）である。

□ベール・シュマン Robert Schuman
1886-1963年。ルクセンブルクに生まれ、モーゼル県のシー＝シャゼルで没した政治家。ロベール・シューマン（シュマン）は、1919年から40年まで、人民民主主義派の国民議会議員をつとめた。第2次世界大戦後の1945年、再び国民議会の一員となり、62年までフランス人民共和派【シューマンもそのメンバーだったレジスタンス活動家たちが中心となって組織したキリスト教的民主主義政党。1967年解散】に属した。

外相や首相（閣僚評議会議長）を数度歴任した彼は、ヨーロッパの理想を復活させるために精力的に活動し、1952年には欧州石炭・鉄鋼共同体を創設した。1958年

□ヘルテス

から60年まではストラスブールの欧州議会で議長の任も担った。彼の名を冠した7区のロベール＝シュマン大通り（Avenue Robert-Schuman）は1970年からある。なお、彼を名前の綴りが同じロベルト・シューマン（1810-56）と混同してはならない。このシューマンは『謝肉祭』【1835年】や『子供の情景』【1838年】、そして素晴らしい『ピアノ協奏曲』【1845年】の作曲家である。

ロベール・デスノス Robert Desnos　1900年にパリで生まれ、45年、チフスのためチェコのテレジン強制収容所で没した詩人・作家【妻は藤田嗣治の元妻ユキことリュシー・バドゥー（1903-64頃）】。シュールレアリスムの運動に参加したが、1930年からそれと距離をおくようになった【1929年にアンドレ・ブルトンと訣別】。彼は夢＝無意識に自由に詩を書かせる、いわゆる自動記述（【フロイト流精神分析学の影響を受けた創作法】の中心的な詩人のひとりであり、映画やラジオにも関心をいだいて、夢と現実世界の協和を模索してもいた。

　レジスタンスの活動家だった彼はまた、強制収容所にいるあいだ、希望と生への愛を謳ったみごとな詩を書いている。代表作としては、『自由か愛か』【1927年。窪田般彌訳、白水社】や『肉体と幸福』（1930年）、『財産』（1942年）、『詩撰集』（1945年）などがある。彼の名は10区のロベール＝デスノス広場（Place Robert-Desnos）に残っている。命名は1982年である。

ロベール・テュルカン Robert Turquan　16区のロベール＝テュルカン通り（Rue Robert-Turquan）は1913年の命名だが、名祖となった人物は1510年から12年までパリの商人頭【市長に相当】をつとめていた。死後400年もたってその名をパリの通りにつけるほど、彼のことが記憶に残っている。驚くべきことである。これは決して絶望するなという教訓ともいえよう。まさに「待てば海路の日和あり」である。

ロベール・ド・フレール Robert de Flers　1872-1927年。フレール侯ロベール・ペル

ヴェ・ド・ラ・モッ＝タンゴは、北仏カルヴァドス県のポン＝レヴェックに生まれ、パリで没した劇作家。軽演劇を得意とするその戯曲としては、『ユベール、私を好きだと言って！』【発表年不詳】や、ガストン・アルマン・ド・カイヤヴェ【1869-1915。マルセル・プルーストがカイヤヴェの婚約者ジャンヌ・プーケに横恋慕した話は有名。フレールとともに、ドレフュスを擁護する活動もした。ちなみに出版社ガリマールの創業者ガストン・ガリマール（1881-1975）は20歳代に彼の秘書をしていた】との共作『緑の服』【1913年】、フランシス・ド・クロワセ【1877-1937。ガストンの死後、フレールの協力者となった劇作家。プルーストに影響をあたえたとされる】との共作『領主のブドウ園』【1923年】などがある。

　1920年にアカデミー・フランセーズ会員となった彼の名は、1973年から15区のロベール＝ド＝フレール通り（Rue Robert-de-Flers）に残っている。

ロベール・ドワノー Robert Doisneau　ロベール・ドワノー（ドアノー）は1912年にパリ南郊のジャンティイに生まれ、94年に同じ南部のモンルージュで没した版画家・写真家。モノクロが大半を占めるその写真は、パリとその郊外の情景をみごとに写しとり、日々の何気ない営みを意外な瞬間として表現した。不審そうな眼差しや無頓着な子供、愛し合う若者、深刻ないししあざけるような顔の大人たちなどである。彼はまた、ルノー車の写真も数多く撮っている。かつてこの企業で働いていたからである【1934年から39年まで記録写真係として】。彼の名がついたヴィラ・ロベール＝ドワノー（Villa Robert-Doisneau）は、2003年から13区にある。

ロベール・ブラシュ Robert Blache　1898-1944年。レジスタンス活動のため、ドイツ軍によって銃殺されたジャーナリスト。その名は1956年に10区の通りにつけられている。ロベール＝ブラシュ通り（Rue Robert-Blache）がそれである。

ロベール・プランケット Robert Planquette

1848-1903年。パリを生没地とする作曲家ロベール・プランケットは、1872年、カフェ・コンセールのエルドラドで処女作のオペレッタ『ファラオに気をつけろ』を上演して、好評を博した。これに力を得た彼は、以後、次々と作品を発表する。『穀類の殻』【1874年】、『コルヌヴィルの鐘』【1877年】、『移動酒保の女主人』【1880年】、『パニュルジュ』【1895年】などである。18区を走るロベール＝プランケット通り（Rue Robert-Planquette）は、彼の没後23年目の1926年からある。

□ベール＝フルリー Robert-Fleury　1797—1890年。ジョゼフ＝ニコラ・ロベール＝フルリー、通称ロベール＝フルリーは、ドイツのケルンに生まれ、パリで他界したフランスの画家。イタリアで絵画を学んだのちの1827年、彼は油彩画『サン＝オニュフル修道院の杯』で大成功をおさめる。ものごとの悲劇的な側面を描いたこの画家は、1850年、絵画アカデミー会員となり、63年にパリ高等美術学校（ボザール）の校長、さらに64年から86年にかけてローマのフランス学院院長【→レオン・ウゼ】をつとめた。

作品としては、『カトリック同盟の宗教行列』【1833年】や『タンプル塔に幽閉されたルイ16世の子供たち』【1837年】、『クロヴィス王のトゥール凱旋』【1838年】などがある。1894年に命名されたロベール＝フルリー通り（Rue Robert-Fleury）は、15区にある。

□ベール・ランデ Robert Lindet　1746-1825年。ジャン＝バティスト・ロベール・ランデは、パリ北西部ウール県のベルネに生まれ、パリで他界した政治家。1789年、生地で弁護士を開業した彼【1790年にベルネ市長】は、91年にウール県選出立法議会議員、ついで立法議会議員となった。ルイ16世【国王在位1791-92】に対する起訴状のもとになったのが、彼が草した「ルイ・カペーに帰される諸犯罪にかんする報告書」【1792年12月。ルイ・カペーとは幽閉後のルイ16世につけられたよび名】である。

ブリュメール18日【ナポレオンが総裁政府を倒して執政政府を樹立した】のクーデタ時、彼は財務大臣だったが、罷免されてしまう。以後、ナポレオンのもとでは一切の公務から離れ、弁護士に戻った。復古王政期の1816年には、【ルイ16世弾劾の前歴をとがめられて】国外追放の刑を受ける。だが、それは長くは続かず、晩年をパリで送った。その名を冠したロベール＝ランデ通り（Rue Robert-Lindet）は、1906年から15区にある。

□ベール・ル・コワン Robert Le Coin
1900年に敷設された16区のロベール＝ル＝コワン通り（Rue Robert-Le-Coin）は、敷設者の息子にちなんで命名されている。

□ビノー Lobineau　1666-1727年。ギ・アレクシス・ロビノーはレンヌに生まれ、ブルターニュ半島北岸のサン＝マロ近郊にあるサン＝ジャキュ大修道院で没したベネディクト会士の歴史家。彼が属していたサン＝モール修道会は、フランス史を地域ごとに編纂することにし、ブルターニュ史をそれをロビノーに託した。

こうして作業を開始したが、それは歴史家でもあった司祭ヴェルト【1655-1735。『ブルターニュ封土史』（1710年）などの著作がある】から批判された。ブルターニュ地方が最初から独立していたと書いたからである。それを真実だと言うのは「国家に対する犯罪」だとして、ロビノーを告発さえした。この告発後、ロビノーは体調を崩していった。ブルターニュにかんする著作【『ブルターニュ史』（1707年）など】のほかに、彼はギリシア古典の翻訳も数多く手がけている。6区には1817年に開通したロビノー通り（Rue Lobineau）がある。

□ボー Lobau　1770-1838年。ロボー伯のジョルジュ・ムトンは、ロレーヌ地方のファルスブールで生まれ、パリで没した元帥。1799年、マセナ将軍率いるイタリア方面軍の兵として、ジェノバ（ジェーヌ）防衛戦にくわわり、重傷を負う。1805年、少将に昇進した彼は、ボナパルトの副官としてアウステルリッツ（オステルリッツ）や

925

イエナ、ポーランド（ポローニュ）各地で戦い、07年、中将となる。ナポレオンは彼についてこう言ったという。「ロボーは羊の皮をまとったライオンだ」

1808年、エスリンク【ウィーン郊外の戦場。1809年5月、ナポレオン軍がオーストリア軍と戦い、敗北した】やロバウ（ロボー）島――ウィーンから12キロメートルに位置するドナウ（ダニューブ）川中の島――での勇敢な戦いぶりにより、皇帝ナポレオンは彼にロボー伯の爵位をさずける。やがてライプツィヒの戦い【1813年】で捕虜となった彼は、ワーテルロー（ワテルロ）でも果敢に戦うが、再び捕虜となってイギリスに移送された。

王政復古後、ロボーはブルボン家によって亡命を余儀なくされる【1815年】。しかし、1818年に帰国して、1830年、ルイ＝フィリップからパリの国民軍司令官に任じられる。そして翌31年、彼は国民軍に命じて、ヴァンドーム広場に集まったボナパルト主義者たちのデモ隊を、消防ポンプの一斉放水で退散させている。今日のデモ対策の先駆ともいうべきこのポンプ利用は、新聞の格好の揶揄対象となった。1831年に元帥、33年に貴族院議員に叙せられた彼の名は、没年の1838年、通りの呼称となっている。4区のロボー通り（Rue Lobau）がそれである。

□ マンヴィル Romainville　ロマンヴィルはパリ北東、セーヌ＝サン＝ドニ県の村で、長きにわたって石膏を産していた。1814年、この村の高台で、オーギュスト・ド・マルモン将軍【1774-1852。ナポレオンの幕僚で、7月革命ではブルボン家と結んで、パリ駐屯部隊を指揮した。最終位階は元帥】が、パリを目指す対仏大同盟軍を相手に激しい抵抗戦をくりひろげた。19区のロマンヴィル通り（Rue de Romainville）は1730年からある。呼称は、この通りがロマンヴィル村に通じていたことによる。

□ マン・ロラン Romain Rolland　1866-1944年。　ロマン・ロランはパリ南東方ニエーヴル県のクラムシーに生まれ、フラン

ス中部ヨンヌ県のヴェズレーで没した作家・戯曲家。1886年、20歳でパリの高等師範学校に入り【ポール・クローデルと同級。1889年に歴史学の上級教授資格者となる】、のちにローマのフランス学院【→レオン・ウゼ】に移る【1889-91年】。帰国後、文学博士号を取得した彼は、やがて母校の師範学校で美術史を講じるようになる。非暴力の理想を強く唱えた彼は、最高傑作のひとつ『戦いを超えて』を上梓した1915年、ノーベル文学賞を受賞している。作品としてはほかに『ベートヴェンの生涯』【1903年】や『ミケランジェロの生涯』【1906年】、心地よい知的な教訓書『ジャン＝クリストフ』【1904-12年】、『コラ・ブルニョン』【1915年】、『戦時の日記』【1914-19年】などがある。

ロマン・ロランは言っている。「英雄とは自分ができることをおこなった者である」、「重要なのは偉大になることであり、そう見せかけることではない」、「人は人間となるために生きるのではない。苦しみ、そして死ぬ。だが、こうしてあるべきものとなれ。人間にだ」。ロマン＝ロラン大通り（Boulevard Romain-Rolland）は、彼の生存中の1926年から14区にある。

□ ーミエール Laumière　1812-63年。ヴェルネ・ローミエール将軍は、ナポレオン3世のメキシコ出兵に参加したが、戦傷がもとでメキシコで落命している。死後4年目の1877年、19区の大通りに彼の名がつけられている。ローミエール大通り（Avenue de Laumière）がそれである。

□ ム Lhomme　ロム氏は地主で、11区のロム小路（Passage Lhomme）はその土地に敷設されている。

□ ム Rome　ローマ（ロム）はティレニア海にそそぐテヴェレ川の河口から25キロメートルほどに位置している。起源伝承によれば、トロイアの英雄アイネイアスの子孫である、双子の兄弟ロムルスとレムスによって建設されたという。生まれてすぐ揺りかごに入ったままテヴェレ川に棄てられた兄弟はパラティヌス近くに漂着した。それ

を見つけた雌オオカミがふたりに乳をあたえ、やがて羊飼いのファウストゥルスとその妻アッカ・ラーレンティアがこれを引き取った。こうして成人した兄弟は、しかし町をどこに築くかで争い、ロムルスはレムスを殺してしまう。

その後、ロムルスは町に自分の名をつけ、住民を得るため、よそ者たちのための避難所を開いた。そして、彼らの王となり、その男たちと結婚させるため、一計を案じる。ネプトゥーヌス祭を催して、他のラテン人にくわえて、サビニ人の妻や娘を夫や父親ともども招待し、ローマへの移住を勧めた。だが、申し出を断られたロムルスは、サビニ人の女性たちを略奪してしまう。その結果、敵対的なラテン人とサビニ人たちを相手とする戦いが起き、これに勝利したロムルスはついに自分を指導者として認めさせるまでになる。しかし、彼は奇妙な死を迎える。ある日、閲兵中の彼は豪雨のなかでとつぜん姿を消したという…

ローマの建国は紀元前736年とされるが、前7世紀から前6世紀にかけて、エトルリア人がその技術的な援助によってローマの発展に寄与したとされる。やがてローマは大帝国の首都となり、人口100万を超えるまでになる。だが、395年、ローマ帝国は東西に分かれ、コンスタンティノポリス（**コンスタンティノプル**）に東ローマ帝国の首都がおかれる。西ローマ帝国の首都もラヴェンナに移った。そして5世紀には、異民族【西ゴート人やヴァンダル人】の数度にわたる劫略を許し、476年には西ローマ帝国が崩壊する【以後、オドアケル、ついで東ゴート王国の支配下に入り、東ゴートが東ローマ帝国に滅ぼされると、同帝国の総督府となったラヴェンナの影響下に入る】

こうしてローマは、たんなる宗教都市となり、人口も著しく減少した【751年、ラヴェンナを陥落させたロンゴバルト人の脅威に対し、ローマ教皇ステファヌス3世（在位752-757）は、フランク王ピピン3世（在位751-768。カロリング朝の開祖）に救援を求め、最終的に東ローマ帝国から独立を果たす】。ル

ネサンス期に入ると、歴代の教皇がローマにかつての威容をとり戻す。だが、この永遠の都が完全にそれを回復するのは、ローマが統一イタリアの首都となる1871年以降のことだった。

7つの丘【パラティーノ、アヴェンティーノ、カピトリーノ、クイリナーレ、ヴィミナーレ、エスクイリーノ、チェリオ】に囲まれたローマの記念建造物としては、パンテオンやコロッセオ、マルスの神殿、フォロ・ロマーノ、コンスタンティヌス大聖堂、カラカラ大浴場、さらにカトリックの総本山サン＝ピエトロやサン＝ジョヴァンニ・イン・ラテラノ、サンタ＝マリア・マッジョーレをはじめとする大聖堂や教会、トレヴィの泉に代表される40あまりの立派な泉などがある。

パリにはロム小路（Cour de Rome）が3区と8区にある。前者の呼称はそこにかかっていた「ローマの井戸」を描いた絵看板にちなんで1805年に命名されている。一方、後者の小路と同区のロム通り（Rue de Rome）は、永遠の都をたたえて、それぞれ1885年と59年に命名された【ロム通りは17区にもある】

ロモン Lhomond 1727-94年。シャルル・ロモンは北仏ソンム県のショーヌに生まれ、パリで没した聖職者でユマニスト・文法学者。彼は母校であるパリのアンヴィル学寮の校長をつとめ、この学寮が閉校になると、**カルディナル＝ルモワヌ学寮**の教授となる。そして、生涯を基本的な文法書の編纂に費やしたが、これらの文法書は明晰さと平易さで高い評価を受けた。1792年、聖職者民事基本法への誓約を拒んだため投獄されるが、翌年、教え子だったジャン＝ランベール・タリアン【→イザベ】の働きで釈放される。だが、その翌年、貧しさのうちに世を去る。著作としては、『ラテン語文法の基礎』【1879年】や『教会略史』【1787年】などがある。彼を名祖とするロモン通り（Rue Lhomond）は5区にある。命名は1867年になされた。

ロラン Rollin 1661-1741年。シャルル・ロ

ランはパリを生没地とする歴史家・教育者・ジャンセニスト。父親の刃物業を継ぐことになっていたが、**ブラン=マントー**のある修道士に見出されて、少年聖歌隊員に抜擢される。少年の豊かな知性に感動したこの修道士は、ロランをプレシ学寮【パリ大学の前身のひとつ】、ついで**ソルボンヌ**に進ませる。こうして神学部で学ぶことになった彼はきわだった才を発揮し、「神童」とまでよばれるまでになる。1687年、26歳のロランは母校プレシ学寮の修辞学、翌年には王立学院【コレージュ・ド・フランスの前身】の雄弁術教授となる。さらに1691年【1694年？】、彼はパリ大学区長に選ばれ、99年【96年？】にはボーヴェ学院【パリ大学の前身のひとつ】の学院長も併任する。

1701年、ロランは碑文・文芸アカデミー会員に選ばれるが、20年、大学区長の任を解かれる。ジャンセニスム【→ポール=ロワイヤル】に共鳴していたからである【ローマ教皇クレメンス11世が1717年に出した、ジャンセニスム弾劾の教勅「ウニゲニトゥス（神のひとり児）」に、パリ大学が反発するよう働きかけたとして】。ただ、みごとな教育を展開していたボーヴェ学院長の職にはとどまった。彼の著作としては、教育法の古典となっている『精神と心に対する文芸の教授・研究法について』【通称『研究論』4巻、1726-28年】などがある。彼は言っている。「栄光は通常それをさける者についてくる」、「万人に善をなすことはできないが、万人に善意を示すことはできる」。1867年に命名されたロラン通り（Rue Rollin）は、5区にある。

ロラン・ガロース Roland Garros 1888-1918年。レユニオン島サン=ドニ出身の飛行家ロラン・ガロースは、はじめて地中海を飛行機で横断した。だが、第1次世界大戦末期、北仏**アルデンヌ**県のヴージエ上空で敵機に撃墜された。遺骸はこの町に安置されている。ロラン=ガロース小公園（Square Roland-Garros）は、1928年から20区にある。

ローランス・サヴァール Laurence Savart
20区にあるローランス=サヴァール通り（Rue Laurence-Savart）は、1932年に正式に私道から公道になったが、その呼称はこの通りが敷設された土地を有していた娘の名にちなんでいる。

ロラン・ドルジュレス Roland Dorgelès 本名ロラン・レカヴレはアミアンで生まれ、パリで他界した作家。パリの高等美術学校（**ボザール**）で学んだのち、**モンマルトル**でボヘミアン的な生活を送り、その日々をのちに『ラパン・アジルの夜』（1920年）や『自由万歳』（1937年）に描いた。第1次世界大戦に従軍した彼は、そこでの体験をもとに、独特のリアリズムと感性に満ちた『木の十字架』（1919年）【山内義雄訳、三笠書房】を書く。他の作品としては、『出立』【1926年】や『ラクダのいない隊商』【1928年】、『金を捨てろ』【1965年】などがある。

1929年、彼はアカデミー・ゴンクール会員となり、55年からその委員長をつとめた。ドルジュレスは言っている。「世界を変えるには、資本を抹殺するだけでは十分でない。愛を抹殺することが不可欠なのだ」、「結婚はだいなしにしなければならない。強姦こそが愛を救うのだ」。18区には1978年に命名されたロラン=ドルジュレス小公園（Square Roland-Dorgelès）がある。

ロラン・バルト Roland Barthes 1915-80年。ロラン・バルトは北仏マンシュ県のシェルブールに生まれ、パリで没した哲学者・批評家・記号学者。彼の名は言語学や精神分析・文化人類学に基づく作品批評で知られる。1962年からパリ高等学術院教授、77年からコレージュ・ド・フランス教授となった彼の著作としては、『エクリチュールの零度』【1953年。『零度のエクリチュール』、石川美子訳、みすず書房】や『神話作用』【1957年。篠沢秀夫訳、現代思潮社】、『表徴の帝国』【1970年。宗左近訳、新潮社】、『モードの体系』【1973年。佐藤信夫訳、みすず書房】、『恋愛のディスクール』【1977年。三好郁朗訳、みすず書房】、『明るい部屋』

【1980年、花輪光訳、みすず書房】などがある。彼は言っている。「言語をすべて拒めば、死があるだけだ」、「文学は歩くことを許さないが、呼吸することは認める」。彼の名を冠したロラン＝バルト通り（Rue Roland-Barthes）は、1997年から12区にある。

ローラン＝ピシャ Laurent Pichat 1823-86年。レオン・ローラン＝ピシャは政治家であり、作家でもあったが、おそらくその作品は多くが忘れ去られている【彼はのちに裁判沙汰になる、フロベールの『マダム・ボヴァリー』初版（1857年）の刊行に尽力したことで知られる】。ただ、1888年以降、パリはその名を道路表示版に記している。16区のローラン＝ピシャ通り（Rue Laurent-Pichat）がそれである。ちなみに同じ姓をもつミシェル（1790-1828）は劇作家で、『アリ＝パシャ』【1822年】や『テュルニュス』、『レオニダス』【いずれも1825年】などを書いている。

ロリ Roli 14区のロリ通り（Rue Roli）が現在の道筋になったのは、1857年のことである。呼称は当時この通りに住んでいた家主の名に由来する。

ロリーヴ L'Olive ロリーヴ氏は1635年頃、グアドループ（グワドループ）の植民地建設者のひとりとして知られる。彼を名祖とするロリーヴ通り（Rue de L'Olive）は、1875年に命名されている。ちなみに、ジョアシャン・デュ・ベレは『ロリーヴ』【1549-1550年】と題した詩集を上梓している。

ローリストン Lauriston 1768-1828年。ローリストン侯のベルナール・ローは、インドのポンディシェリで生まれ、パリで没した元帥・外交官・大臣。ジョン・ロー【→エダンブール】の甥の息子だった彼は、1805年に陸軍中将、07年にヴェネツィア総督となった。1808年にはスペイン、翌年にはハンガリーに転戦して、ラーブを攻略している。同年、ウィーン近郊のヴァグラム（ワグラム）の戦いでは砲兵隊の指揮をとったが、1813年のライプツィヒの戦いで捕虜となる。復古王政ではブルボン家

を支持し、1815年に貴族院議員、17年には侯爵に叙され、さらに21年から24年までは王室家政官をつとめた。1823年に元帥に任命された彼の名は、16区のローリストン通り（Rue Lauriston）に残っている。命名は1864年である。

ロルボワズ Rolleboise ロルボワズはパリ盆地の旧セーヌ＝エ＝オワズ県にあった村。パリのロルボワズ袋小路（Impasse Rolleboise）は20区にある。当初ここに住んでいた旧地主のひとりが、この袋小路に自分の出身地名をつけたとされる。

ロレーヌ Lorraine ロレーヌ地方はフランス東部、ヴォージュ山脈の西面からパリ盆地最東部にかけて広がっている。カロリング朝【751-987】揺籃の地であるロレーヌは、843年に西ローマ皇帝ロタール1世【在位840-855】の支配下に入り、880年、ロレーヌ全体は西フランク王ルートヴィヒ3世【在位876-882】の有するところとなる。ロレーヌ公国は895年に設けられ、南（高地）と北（低地）に分割される。1532年、神聖ローマ帝国皇帝カール5世【在位1519-55】はこの公国を「自由にして編入されざる国」として認めた。

16世紀から17世紀にかけて、ロレーヌ公国の一部はフランスに帰属し、1697年、対仏大同盟戦争を終結させたレイスウェイク条約によって、公国全体は神聖ローマ帝国の封土として、ロレーヌ公レオポルト【在位1690-1729】に返還されるが、ポーランド（ポローニュ）継承戦争後の1737年には、ポーランド国王の座を追われたスタニスワフ1世（スタニスラス）・レシチニスキの領地となる。そして、レシチニスキが没した1766年、フランスはロレーヌを併合する。

フランス革命前まで、この地はナンシーを首都とする独自の政府をもっていた。普仏戦争後の1871年、ロレーヌ地方のムルトとモーゼル県の一部はドイツ領となるが、第1次世界大戦後の1919年、ヴェルサイユ条約によって全ロレーヌがフランスに戻った。19区にはロレーヌ通り（Rue

Lorraine）とヴィラ・ロレーヌ（Villa de Lorraine）がある。前者は1868年、後者は1926年に命名されている。

ロール・シュルヴィル Laure Surville

1809-71年。娘時代はロール・ド・バルザックと称していたロール・シュルヴィルは、高名な作家の妹である。彼女もまた文学を好み、『バルザック、書簡によるその障害と作品群』【1858年】を編んでいる。夫がパリ土木局の主任技師だった彼女はまた、さまざまな筆名を用いて、『炉辺の友』や『雲の妖精』【いずれも1854年】といった子供向けの童話を書いている。15区のロール＝シュルヴィル通り（Rue Laure-Surville）は、1912年の命名になる。

ロール・バイロン Lord Byron　1788-1824

年。バイロン男爵ジョージ・ゴードンは、ロンドンで生まれ、ギリシア西部のメソロンギで没したイギリスの詩人。ケンブリッジで学んだ彼は、1807年、処女詩集『懶惰の日々』を発表する。だが、その2年後、【《エディンバラ・レヴュー》誌の】批判に応えるため、『イングランドの吟唱詩人とスコットランドの批評家たち』を著す。それから彼は東洋へと旅立ち、帰国後の1815年、准男爵ミルバンクの娘アンヌ・イザベラ、通称アナベラ【1792-1860】と結婚する。だが、早くも翌年には別居し、【自分の放縦ぶりを断罪する】イギリスが疎ましくなり、国を棄てて、以後一度も帰国することはなかった。こうして彼はブリュッセルへ、さらにスイスに向かう。

そして1819年、バイロンは若いグッチョーリ伯爵夫人のテレサと親しくなり、ふたりでラヴェンナへと移る。バイロンはほかにもさまざまな女性と関係をもち、まさに過度なまでに自由奔放な人生を送ったが、やがてトルコに対するギリシアの独立運動を助けるため、力をつくそうとする。そして、イオニア海に面するメソロンギに派遣されるが、1824年4月9日、熱病にかかって落命する。そのまま自由奔放な日々を送っていたなら、おそらくより長生きできただろう…

まちがいなく19世紀最大の詩人のひとりであるバイロン卿は、以下のような作品を遺している。詩集の『チャイルド・ハロルドの巡礼』【1812-18年。土井晩翠訳、1924年】、『ララ』【1814年】、『コリント攻囲戦』【1816年】、『シヨンの囚人』【1816年。幡谷正雄訳、健文社】、『ドン・ジュアン』【1819-23年。小川和久訳、研究社】、戯曲の『マンフレッド』【1917年】、『マリノ・フェリエロ』【1820年】、『カイン』【1921年。島田謹二訳、岩波文庫】、『ウェルナー』【1823年】などである。

バイロンは言っている。「友情とは翼のない愛だ」、「男の恋愛は人生の一部にすぎないが、女性のそれは人生全体である」、「あらゆるものには音楽がある」。彼に捧げられたロール＝バイロン通り（Rue Lord-Byron）は、その早すぎる死から半世紀経った1875年から、8区にある。

ロワ Loi　20区のロワ袋小路（Impasse de la Loi）は、1877年の命名になる。袋小路には何かしら法の網をかいくぐるものがある。たとえばブリュッセルでは、少なくとも袋小路を「通り」と名付けてきた。「法」についていえば、たとえばアントワヌ・リヴァロル【1753-1801。作家・詩人・ジャーナリストで、「明晰ならざるものフランス語にあらず」の名言で知られる】はこう言っている。「法は情熱の邪魔をする」。バルザックも言っている。「法は蜘蛛の巣のようなものであり、大きなハエはそこを通り抜け、小さなハエだけが捕まる」

ロワイエ＝コラール Royer-Collard　1763-

1845年。ピエール・ポール・ロワイエ＝コラールは、シャンパーニュ地方のソンピュイに生まれ、パリ盆地南部、ロワール＝エ＝シェール地方のシャトーヴューで他界した哲学者・政治家。ジャンセニスト【→ポール＝ロワイヤル】に近いプロテスタントの家に生まれた彼は、パリ高等法院の弁護士となる【1787年】。1789年の革命に強く共鳴したが、恐怖政治【1793年6月-94年7月。→シェニエ】のもとで絞首刑を免れるため、生地に逼塞する。総裁政府が五

百人会【革命暦３年の憲法で定められた下院（1795-99年）】の多数を占める王党派から権力の奪取を図った、1798年のフリュクティドール18日のクーデタ【→ジェランド】のあと、共和政が本来的な意味から逸脱したと考えたロワイエ＝コラールは、立憲君主制を断固支持するようになる。

それゆえナポレオン帝政期には発言を控えていたが、1815年に復古王政がなると、彼は【国民教育委員会委員長として】数多くの演説をおこなった。しかし、それらはかならずしも国王をたたえるものではなく、王党派を離れて自由主義派に鞍替えしてもいる。そして1827年にはアカデミー・フランセーズ会員となり【1835年版の同アカデミー辞典の編纂に尽力した】、翌年には代議院議長に選ばれもした。

1830年の７月王政でルイ＝フィリップに従った彼は、民主主義の進歩につとめたが、この王のもとでは進歩があまりにも早すぎるとみてとった。一方、哲学者としてのロワイエ＝コラールは、コンディヤックが唱えた感覚論に反対し、唯心論を選んで、フランスにおけるその覚醒に大いに寄与した。そうした彼の考えは、パリ大学文学部でおこなった講義の抜粋集に集約されている。彼は言っている。「あまりにも長すぎる話をする演説者は、毎分鳴る大時計に似ている」。パリの５区には彼の名を冠した地名が２か所ある。1846年に命名されたロワイエ＝コラール通り（Rue Royer-Collard）と、67年の命名になるロワイエ＝コラール袋小路（Impasse Royer-Collard）である。

□ロワイヤル Royal　１区と７区を結ぶロワイヤル橋（Pont Royal）は、その建設を決めて工事費を負担した国王ルイ14世（ルイ・ル・グラン）にちなんで命名されている。架橋工事はアルドゥアン＝マンサールの設計図にもとづいて1685年10月に着工し、89年６月13日に竣工した。これにより1632年に架けられた木橋は使われなくなったが、この木橋は1550年から用いられていた渡し船にとって代わっていた。ロワイ

ヤル橋は1839年から44年にかけて修復されている。

□ロワイヤル Royale　８区のロワイヤル通り（Rue Royale）は、1757年に開通している。命名は、ルイ15世広場（現在のコンコルド広場）に通じていたことによる。1792年、この通りは当然のことながらレヴォリュシオン（革命）通りと改称され、95年にコンコルド通りとなった。そして1814年、最初の呼称に戻った。

□ロワ・ダルジェ Roi d'Alger　18区のロワ＝ダルジェ小路（Passage du Roi-d'Alger）は、1856年、当時その地主のひとりだった人物が、ナポレオン３世の皇太子で、1856年に生まれたときからアルジェ王だった、ウジェーヌ・ルイ・ジャン・ジョゼフをたたえて命名したものである。1873年１月９日に父が他界したのち、ボナパルト派の指導者となった。だが、1879年、南アフリカのズールー王国へのイギリス派遣軍の司令部で作戦計画を練っていた彼は、ズールー兵たちに襲われ、王国のウクウェクウェで戦死した。

□ロワ・ド・シシル Roi de Sicile　４区を走るロワ＝ド＝シシル通り（Rue du Roi-de-Sicile）は、聖王ルイ９世（サン＝ルイ）の６番目の弟で、シチリア（シシル）・ナポリ（ナブル）王だったシャルル・ダンジュー【在位1266-85】が建てた邸館があった。この通りは彼にちなんで1868年に命名されている。「ロワ・ド・シシル（シチリア王）」とよばれていた邸館自体は1542年に解体され、1601年に再建された。1698年、それはラ・フォルス公爵家の所有となり、新たな所有者の名がつけられた。だが、1780年、ラ・フォルス館は獄舎に変えられ、女囚用の「プティット＝フォルス監獄」とよばれるようになる。その名残は今もパヴェ通りに見ることができる。

□ロワ・ドレ Roi Doré　３区のロワ＝ドレ通り（Rue Roi-Doré）は、この通りに国王ルイ13世の【在位1610-43】上半身を描いた金色の絵看板がかかっていたことにちなんで、1825年に命名されている。

ロワ・フランソワ Roi François 2区のロワ＝フランソワ小路（Cour du Roi-François）は、中世からすでにこうよばれていた。ここはまさに正真正銘の奇蹟小路で、呼称となっているロワ・フランソワは、間違いなくそこに頻繁に出入りしていた物乞いたちの王のひとりだった。当時、ロワ（王）というよび名はあざけりと不敬の意味をおびており、地区の物乞いたちの指導者をさしていた【奇蹟小路とは、物乞いや無宿人、盗賊たちが集まっていたアジール的な一角で、奇跡の由来は、物乞いたちが朝、杖をついて商いに出かけ、夕方には杖も突かずに戻ってきたところから。17世紀のパリには、「奇蹟」という呼称を冠せられた広場なり小路なりが、少なくとも12箇所あったという。詳細は蔵持著『シャルラタン』（前掲、第3章）を参照されたい】

ロワール（ロアール）Loire ロワール川は火山性のヴィヴァレ山地西面にそびえるジェルビエ＝ド＝ジョン【標高1754メートル】を源とする。ル・ピュイやヌヴェール、オルレアン、ブロワ、アンボワズ、トゥール、ナントといった町を潤して、パンブフとサン＝ナゼールのあいだで大西洋にそそぐ。フランス最長（1012キロメートル）のこの川の名を冠した、19区のロワール河岸通り（Quai de la Loire）は、1857年からある。

ロワレ Loiret 13区のロワレ通り（Rue du Loiret）に名前を提供したのは、ロワレ川、すなわちオルレアンのわきを流れる、延長たかだか12キロメートルの、しかし魅力的なロワール川の支流ではなく、ロワレ県である。オルレアンを県庁所在地とするこの県は、ジアンやモンタルジ、ピティヴィエといった町を擁し、ボースやピュイゼ、ガティネ、ソローニュ、さらにヴァル＝ド＝ロワール地方（一部）を含む。13区にあるロワレ通り（Rue du Loiret）は、1869年に命名されている。

ロワン Loing フランス中東部のピュイゼ丘陵に発する川で、ブリアール運河に水を供給し、モンタルジやモレ＝シュル＝ロワンといった町を潤す。延長166キロメートル。この川はパリ南郊のフォンテヌブローに近いサン＝マメスでセーヌ川と合流している。14区のロワン通り（Rue du Loing）は、1894年から存在している。

ロング＝レ Longues-Raies 13区のロング＝レ通り（Rue des Longues-Raies）は地名に由来する呼称だが、おそらくそれは「ロン＝ライユ（long-rail）」【字義は「長い線路」】が変形したものだろう。事実、1864年に開通しているこの通りは、環状鉄道線にそって敷設されている。ただ、通りの道筋は現在とは異なっていた。開通の数年後、鉄道が拡幅されて、それまでの通りの大部分を吸収してしまったからである。現在の通りは1877年からある。

ロンサール Ronsard 1524-85年。ピエール・ド・ロンサールはパリ盆地南部ヴァンドーム近郊のポソニエール城に生まれ、フランス中部の古都トゥールで没した詩人。貴族の家に生まれ、10歳で王太子フランソワ【1815-36】の、ついでフランソワ1世の三男であるシャルル・ダングレーム【1522-45】の小姓となる。彼はヨーロッパ各地を旅し、19歳のときに帰国するが、聴覚障害に襲われる。そこで詩作を始める。

ロンサールの詩人としての経歴は3期に分けられる。第1期は1550-60年で、抒情詩をおもに書いた。『カサンドルの恋愛』【1552年】や『メランジュ』【1555年】、『田園詩』【発表年不詳】などである。第2期の1560-74年は、彼を寵愛したシャルル9世【国王在位1561-74】の宮廷詩人だった時期で、作品としては『哀歌、仮面舞踏会、牧歌』【1565年】がある。そして1574年から晩年までの第3期は、老いて気力の失せたロンサールは、自作の全集を編纂する作業で満足していた。彼がもっとも輝いていたのは、あきらかに第1期だった。

アンリ2世【国王在位1547-59】の時代、彼は友人たち【→レミ・ベロー】とともに詩人集団「プレイヤッド」を組織し、その指導者となっている。ロンサールは言っている。「己を知る者だけが己の主人となる」、

「時は過ぎ去る、時は過ぎ去るのです、マダム…」。さらに彼は以下のような人口に膾炙した名言も遺している。「明日のことは考えず、今日のためにバラを集めよう」。パリの18区には、1875年に命名されたロンサール通り（Rue Ronsard）がある。

□ンサン Ronsin 15区のロンサン袋小路（Impasse Ronsin）は1877年に命名されている。呼称はそこに家をかまえていた人物の名に由来する。

□ンシャン Longchamp 16区のロンシャン通り（Rue de Longchamp）は、同名の女子大修道院にちなんで1873年に命名されている。同修道院は1260【1259？】年、聖王ルイ9世（**サン＝ルイ**）の妹であるイザベル・ド・フランス【1225-70】によって建立され、クララ修道会【→コルドゥリエール】の戒律が導入された。だが、その戒律の厳格さも16世紀にはゆるんだようだ。**アンリ4世**がその修道女だったカトリーヌ・ド・ヴェルダンを愛妾として、彼女にサン＝ルイ・ド・ヴェルダンの小修道院をあたえているからである。それからしばらくして、大修道院に厳格さが多少戻る。そしてフランス革命直前まで、パリ市民たちは聖週間【復活祭前の1週間】にミサに出席するため、そこを訪れるのを習慣にしていたという。しかし1790年、修道院は閉鎖され、現在、その広大な敷地跡はロンシャン競馬場になっている。

□ンドー Rondeaux 1877年に命名されたロンドー通り（Rue des Rondeaux）とロンドー小路（Passage des Rondeaux）は、いずれも20区にある。農業の分野におけるロンドーという語は、播種のあとに地面をならす木製のローラーを意味していた。とくにこれはフランス西部で使われていた呼称である。おそらく18世紀、**ブルターニュ地方**からやってきた農民たちがこの場所を開墾し、こうしてできた彼らの畑地がロンドーとよばれるようになったのだろう。そして、この地名がやがて現在の20区にある通りと小路につけられた。

ちなみに、文学の世界【とくに17世紀】では、ロンドーは定型詩の謂いで、13行2詩節からなる一重のロンドーと、20行5詩節からなる二重ロンドーとがあり、最初の詩節の詩句が別の詩節の最後の詩句へと循環的につながっていくものだった。

□ンドノー Rondonneaux 1880年に敷設された20区のロンドノー通り（Rue de Rondonneaux）は、その旧地主の姓がつけられていた地名を呼称とする。

□ンドル Londres ブルトン語でそれぞれ「湖沼」と「丘」を意味するllynとdunを語源とする【諸説ある】イギリスの首都ロンドン（ロンドル）は、テームズ河岸に位置し、ローマ人がブリタニア（字義は「ブルターニュの島」）を征服する前から存在していた。タキトゥスは98年にロンドンについて触れ、これをアウグスタと呼んでいる『アグリコラ』。ローマ人が立ち去ると、ロンドンはアングロ・サクソン人の都となり【6世紀】、やがてデーン人たち【ヴァイキング】がここを占拠する【9世紀】。だが、アングロ・サクソン人はロンドンを奪い返し、1066年、**ノルマンディ公ギヨーム2世**（征服王）が、ウェストミンスター大聖堂でイングランド王ウィリアム1世として即位した。それ以来、中世を通じて、ロンドンは、ヨーロッパの大部分の都市を打ちのめした、ペストや飢饉といった災厄に幾度もみまわれながらも繁栄を続けた。

この大都市にはウェストミンスターのほかに、国会議事堂やバッキンガム宮殿（1825年に建てられた王宮）、ロンドン塔（市内でもっとも古く、もっとも有名な建造物）、セント＝ジェームズ公園、ケンシントン宮殿、ホワイトホール宮殿などを擁している。むろん、ロンドンを訪れたなら、ほかに大英博物館やナショナル・ギャラリーを見学し、ハイド・パークやリージェンツ・パークを散策したい。パリのロンドル通り（Rue de Londres）は、1826年から8区と9区を結んでいる。

□ンドレ Rondelet 1743-1829年。ジャン＝バティスト・ロンドレは**リヨン**で生まれ、パリで没した建築家。師の**スフロ**とともに、

パリのサント゠ジュヌヴィエーヴ教会堂の建立工事に携わった彼は、1781年、師の死去によって、記念建造物監察官となる。1783年から85年までイタリアに滞在し、帰国後、サント゠ジュヌヴィエーヴ教会堂の丸屋根と三重の丸天井をつくった。この教会はフランス革命によってパンテオンに変えられたが、ロンドレはそのために必要な改修工事も手がけた。さらに、学士院会員となった彼は、パリの国立理工科学校（エコール・ポリテクニク）で土木工事を講じてもいる。彼の名を冠した12区のロンドレ通り（Rue Rondelet）は、1868年からある。

ロンバール Lombards　1区と4区を走るロンバール通り（Rue des Lombards）には、フィイップ・オーギュストの時代から、イタリア北部のロンバルディア地方を出自とする金貸したちが移り住むようになった。彼らは当時ロンバールないしミラン（ロンバルディアの中心都市ミラノ出身者だったことから）とよばれていた。これら個人商人たちは、ルイ16世【在位1774-92】が1777年にパリに公営質屋を設けるまで、通りに店をかまえて信用を得ていた。だが、この年を境に、姿を消すか、非合法の商いに走った。ロンバール通りは1652年の命名だが、当時の道筋は現在とは異なっていた。現在の道筋でそうよばれるなったのは、1877年のことである。

ワ行

ワグラム Wagram ヴァグラム（ワグラム）
は1809年、ナポレオン軍がカール・フォ
ン・エスターライヒ、通称カール大公
【1771-1847。神聖ローマ皇帝レオポルト2世
の第3子】率いるオーストリア軍を撃破し
た地。だが、この戦いでフランス兵2万、
オーストリア兵2万2000が戦死した。ヴ
ァグラムはウィーン北東15キロメートル
に位置しており、オーストリア＝神聖ロー
マ皇帝とウィーンの住民たちは、その高台
から自分たちの軍が負けるさまを見ていた
という。彼らは入場料こそ払いはしなかっ
たが、ナポレオン軍の勝利は彼らにとって
かなり高額なものとなった【同年10月14日
に結ばれたシェーンブルンの和約により、オ
ーストリアは神聖ローマ帝国の広大な領土を
フランスに割譲させられたうえ、巨額の賠償
金も課せられた】。パリのワグラム大通り
（Avenue de Wagram）は1864年、同名の
広場（Place de Wagram）は68年から8
区にある。

**ワグラム＝サン＝トノレ Wagram-Saint-
Honoré** 8区のヴィラ・ワグラム＝サン
＝トノレ（Villa Wagram-Saint-Honoré）は、
隣接するワグラム大通りと**フォブール＝サ
ン＝トノレ**通りにちなんで、1927年に命
名されている。

ワシリ・カンディンスキ Wassili Kandinsky
1866-1944年。ワシリー・カンディンスキ
ーはモスクワ（**モスクー**）で生まれ、パリ
北西郊のヌイイ＝シュル＝セーヌで没した
ロシア人画家（1928年にドイツ国籍、39
年にフランス国籍を取得している）。モス
クワ大学で法律と政治・経済学を修め
【1886-92年】、その後、ミュンヘンに移っ
て絵画を学ぶ。1902年、彼は芸術家集団
「ファランクス（方陣）」を、09年には新
ミュンヘン美術家協会を立ち上げる。そし
て1911年には、フランツ・マルク（1880

-1916）とともに、ドイツ表現主義の「青
騎士」を結成してもいる。

1919年、カンディンスキーはモスクワ
に戻り、政治委員としてロシアの文化政策
を指導した【芸術教育・美術館改革・芸術文
化研究所創設など】。そして2年後の1921
年、モスクワを去って再びドイツに戻る
【1922年から32年までバウハウスで教鞭をと
った】。だが、1933年にナチスから「退廃
的芸術家」の烙印を押されて追放され、フ
ランスに移住する。

彼の作品にはいくつかの変遷がみられる。
自然主義的な印象派から出立して1910年
に抽象芸術へと向かうが、さらに後者は
「演劇の時代」（1910-14年）、「コンポジシ
ョンの時代」（1920-24年）、「円の時代」
（1926-28年）、「具象ないし夢想の時代」
（1928-35年）、そして「集大成の時代」
（最後の時期）に分かれる。

芸術表現のもつ精神的・抒情的特性にも
とづいた抽象的表現主義の父とされる彼の
作品としては、たとえば『青騎士』【1903
年】や『黒い円のなかに』【1923年】、『角
張った線』【1930年】、連作の『即興』およ
び『印象』などがある。また、彼は以下の
ような理論書も著している。『芸術におけ
る精神について』（1910年）、『面のうえの
点と線』（1926年）。パリ15区のワシリ＝
カンディンスキ広場（Place Wassili-
Kandinsky）は、1967年に命名されている。

ワシントン Washington 1732-1799年。ア
メリカ合衆国の創設者のひとりで、初代大
統領だったジョージ・ワシントンは、ヴァ
ージニア（**ヴィルジニー**）植民地ウェスト
モアランド郡のポープズ・クリーク・プラ
ンテーションに生まれ、ヴァージニア州の
マウント・バーノンで没している。父親
【オーガスティン・ワシントン（1694-1743）】
は裕福なプランテーション経営者で、その

ワソ

息子もまた1748年に農園主となった。

1751年、ワシントンは生地の民兵隊長となり、1753年、オハイオに進出していたフランス軍に対し、開発をやめて撤退するようにとの【ヴァージニア副総督からの】命令を伝える。だが、この命令は完全に無視される。翌1754年、【ヴァージニア市民軍の大佐に任命された】ワシントンはオハイオ渓谷からフランス軍を排除するために派遣され、ジュモンヴィルことジョゼフ・クーロン・ド・ヴィリエ【1718生。カナダ出身のフランス軍人】が指揮するフランス軍を壊滅させる【イギリス軍と先住民のイロコイ族がワシントン軍にくわわったこの戦いで、ジュモンヴィルは他の兵士ともども戦死した。なお、これが7年戦争（1754-63年）の端緒になった】

以後、フランス軍に幾度か勝利したワシントンは、1758年に軍務を離れ、翌年、裕福な未亡人【マーサ・ダンドリッジ・カスティス（1731-1802）】と結婚する。1758年にはヴァージニア植民地議会の議員にも選ばれた。やがて宗主国とのあいだに大きな不和が生じるようになると、ワシントンはそのさまざまな要求に対する抵抗を公然と主張し、植民軍の司令官に選ばれる。そして1776年3月、イギリス軍をボストンから撤退させる。この軍事的成功により、1776年7月4日、有名なフィラデルフィアの大陸会議において独立宣言が唱えられた。

ワシントンの戦いはそれ以後も続き、トレントンやプリンストンの戦いでは勝利するが、ニューヨークとフィラデルフィアでは敗北する。だが、幸いなことにフランスからの援軍のおかげもあって、1777年、彼はウィリアム・ハウ将軍【1729-1814。イギリス軍総司令官】からフィラデルフィアを奪還し、1781年にはヨークタウン（ヨルクトウン）の戦いでも勝利して、敵将チャールズ・コーンウォリス将軍【1738-1805】を捕虜にする。こうして1783年、イギリスはついにヴェルサイユ条約を結んでアメリカ合衆国の独立を認めるようにな

る。

その後、ワシントンは農園経営に専念するため、マウント・バーノンに戻る。しかし、1787年夏、彼はフィラデルフィアで開催された憲法制定議会により出され、満場一致で議長に選出される。その際、王冠を差し出されたが、彼はそれを受け取らず、今日に続く合衆国憲法を制定させた。

そして1789年4月、ワシントンは合衆国初代大統領に選ばれる。1793年、大統領に再選された彼は、97年の3度目の再任を固辞し、マウント・バーノンで余生を送るようになる。1798年、フランスとの戦争の暗雲が立ち込めると、ワシントンはアメリカ陸軍の最高司令官に再び任命され、防衛軍を組織する。この暗雲はやがて消え去るが、それからまもなく、彼は他界した。葬儀はひっそり営まれたが、人々は1か月間喪に服し、合衆国の首都に彼の名がつけられた。この首都ワシントンは、すでに1791年に建設が始められ、1800年から連邦議会がおかれている。パリのワシントン通り（Rue Washington）は8区にある。命名は1879年になされた。

ワゾー Oiseau 1740年に命名された3区のワゾー通り（Rue des Oiseaux）は、愛情たっぷりに互いにつつきあう2羽の鳥を描いた、古い絵看板がかかっていたことにちなんで命名されている。

ワット Watt 1736-1819年。ジェームズ・ワットはスコットランド（エコス）のグリーノックに生まれ、イングランドのハンズワースで没したスコットランド人技師。1755年、計測機器の製造技術を学ぶためロンドンに行き、翌年、この技術を完全に習得する。やがて彼はみずから機器製造の工房を立ち上げるため、グラスゴーに戻る。その計画は実現しなかったが【同市のハンマー職人組合は、彼が所定の7年間の徒弟修業を経ていないとして、開業許可を出さなかった】、彼はグラスゴー大学の技師に採用され【1757年】、蒸気機関の完成を目指すようになる。そして1767年、さまざまな改良をくわえたのち、彼の最初の蒸気機関

を作動させた。それから10年後の1776年、ついにピストンの往復運動を回転運動に変換する動力機関を考案する。

このすぐれた技術者はまた複写機や蒸気式暖房装置、ボール調速機なども発明している。なお、電力の単位にワットという呼称を採用することは、1882年、ロンドンでヴェルナー・フォン・ジーメンス【1816-92。ドイツの電気工学者・発明家・実業家で、世界的な電気・通信会社シーメンスの創業者】によって提唱され、1889年の英国学術協会第2回総会で採用されている。パリの13区にあるワット通り（Rue Watt）は、1867年の命名である。

ワティオー Wattiaux 19区のワティオー小路（Passage Wattiaux）は、この小路が敷設された土地の地主を名祖とする。

ワティニ Wattignies 北仏のワティニ村は、ワティニ＝ラ＝ヴィクトワールともよばれる。1793年10月16日、**カルノーとジュルダン**率いるフランス軍が、ここでコーブルク大公麾下のオーストリア軍に勝利している。この勝利は、それまで苦杯をなめ続けていた共和国軍の苦難の終焉を意味するものとなった。パリ12区のワティニ通り（Rue de Wattignies）は、その勝利を記念して1875年に命名されている。

＊ワテルロ Waterloo ワーテルロー（ワテルロ）はベルギー北部ブラバント地方の町。1815年6月18日、その近くでイギリス・プロイセン連合軍がナポレオン軍を破り、フランス帝国に最終的な終焉をもたらした【ワーテルローは戦場ではなく、イギリス軍司令部の所在地】。この戦いでは、フランス兵7万2000が敵兵15万6000とあいまみえた。フランス軍の敗因はしばらくのあいだ明らかとならなかったが、のちにナポレオンはそれを指揮官だったエマニュエル・ド・グルシー元帥【1766-1847】の優柔不断に帰している。

パリの15区にあったワテルロ小路（Passage de Waterloo）は、ナポレオン親衛隊のみごとな防御戦を偲んで命名されている。他のフランス部隊が戦場から逃げ出

したのに対し、この親衛隊は皇帝ナポレオンやネおよび**カンブロンヌ**両将軍のまわりに方陣を敷き、最後の一兵が戦死するまで戦ったからである。**ヴィクトル・ユゴー**の『懲罰詩集』【1853年】には、次のような一節がある。

ワーテルロー！ ワーテルロー！ ワーテルロー！
　陰鬱な平原！
　あふれかえった壺のなかで沸き立つ波のように、
　　林と丘と谷の曲馬場のなかで、
　　青ざめた死が
　　暗い部隊と混ざり合っている。

この『レ・ミゼラブル』【1862年】の作者はまた、『薄明の歌』【1835年】のなかでこう書いている。

明日、それはワーテルロー！ 明日、
　それはセント＝ヘレナ島！
　明日、それは墓！

パリはワーテルローに1本の小路しかあたえていなかった。では、ロンドンにフランス軍が勝利したアウステルリッツ通りを探しに行こうか【むろん、この通りは存在しない】

ワロン Wallons ベルギー南部および南東部に住むワロン人たちは、ガリア人とゴール人の末裔とされている。フランスと境界を接するこの地方の主要都市はモンス、リエージュ、ナミュールである。3区のワロン通り（Rue des Wallons）は、【フランス語話者の多い】彼らに対する友情の証として、1912年に命名されている。

仏日項目対照一覧

＊は地名の旧称

〈A〉

Abbaye　アベイ
Abbé Basset　アベ・バセ
Abbé Carton　アベ・カルトン
Abbé de l'Épée　アベ・ド・レペ
Abbé Esquerré　アベ・エスクレ
Abbé Franz-Stock　アベ・フランツ＝ストック
Abbé Georges Hénocque　アベ・ジョルジュ・エノク
Abbé Gillet　アベ・ジレ
Abbé Grégoire　アベ・グレゴワール
Abbé Groult　アベ・グルル
Abbé Jean Lebeuf　アベ・ジャン・ルブフ
Abbé Migne　アベ・ミニュ
Abbé Patureau　アベ・パテュロー
Abbé Roger Derry　アベ・ロジェ・デリ
Abbé Roussel　アベ・ルーセル
Abbé Rousselot　アベ・ルースロ
Abbeville　アブヴィル
Abbé Soulange-Bodin　アベ・スーランジュ＝ボダン
Abbesses　アベス
Abel　アベル
Abel Ferry　アベル・フェリー
Abel Gance　アベル・ガンス
Abel Hovelacque　アベル・オヴラック
Abel Leblanc　アベル・ルブラン
Abel Rabaud　アベル・ラボー
Abel Truchet　アベル・トリュシェ
Aboukir　アブキール
Abreuvoir　アブルヴォワール
Acacias　アカシア
Acadie　アカディ
Achille　アシル
Achille Luchaire　アシル・リュシェール
Achille Martinet　アシル・マルティネ
Adanson　アダンソン
Adjudant Réau　アジュダン・レオー
Adjudant Vincenot　アジュダン・ヴァンスノ
Adolphe Adam　アドルフ・アダム

Adolphe Chériou　アドルフ・シェリウー
Adolphe Focillon　アドルフ・フォシヨン
Adolphe Julien　アドルフ・ジュリアン
Adolphe Max　アドルフ・マックス
Adolphe Mille　アドルフ・ミル
Adolphe Pinard　アドルフ・ピナール
Adolphe Yvon　アドルフ・イヴォン
Adour　アドゥール
Adrien Hébrard　アドリアン・エブラール
Adrienne　アドリヤンヌ
Adrienne Lecouvreur　アドリヤンヌ・ルクヴルール
Adrienne Simon　アドリヤンヌ・シモン
Adrien Oudin　アドリヤン・ウダン
Affre　アフル
Agar　アガル
Agent Bailly　アジャン・バイイ
Agrippa d'Aubigné　アグリッパ・ドービニェ
Aguesseau (d')　アグソー（ダグソー）
Aigrettes　エグレット
Aimé Lavy　エメ・ラヴィ
Aimé Maillard　エメ・メヤール
Aimé Morot　エメ・モロ
Aisne　エーヌ
Aix（Aix-en-Provence）　エクス（エク＝サン＝プロヴァンス）
Alain　アラン
Alain Chartier　アラン・シャルティエ
Alain-Fournier　アラン＝フルニエ
Alasseur　アラスール
Alban Satragne　アルバン・サトラミュ
Albéric Magnard　アルベリック・マニャール
Albert　アルベール
Albert Iᵉʳ　アルベール1世
Albert Iᵉʳ（de Monaco）　アルベール1世【モナコ大公】
Albert Bartholomé　アルベール・バルトロメ
Albert Bayet　アルベール・バイエ
Albert Camus　アルベール・カニュ
Albert Cohen　アルベール・コーエン
Albert de Lapparent　アルベール・ド・ラパラン
Albert de Mun　アルベール・ド・マン
Albert Khan　アルベール・カーン

パリ地名大事典

Albert Londres　アルベール・ロンドル
Albert Malet　アルベール・マレ
Albert Marquet　アルベール・マルケ
Albert Robida　アルベール・ロビダ
Albert Roussel　アルベール・ルーセル
Albert Samain　アルベール・サマン
Albert Schweitzer　アルベール・シュヴェツ
　　ェール【アルベルト・シュヴァイツァー】
Albert Sorel　アルベール・ソレル
Albert Thomas　アルベール・トマ
Albert Tournaire　アルベール・トゥルネール
Albert Willemetz　アルベール・ウィルメッツ
Albin Cachot　アルバン・カショ
Albin Haller　アルバン・アレ
Albinoni　アルビノーニ
Alboni　アルボニ
Alembert（d'）　アランベール（ダランベール）
Alençon　アランソン
Alésia　アレジア
Alexandre　アレクサンドル
Alexandre III　アレクサンドル3世
Alexandre Cabanel　アレクサンドル・カバネ
　　ル
Alexandre de Humbolt　アレクサンドル・ド・
　　ウンボルト【アレクサンダー・フォン・フン
　　ボルト】
Alexandre Dumas（Père）　アレクサンドル・
　　デュマ（父）
Alexandre et René Parodi　アレクサンドル・
　　エ・ルネ・パロディ
Alexandre Ribot　アレクサンドル・リボ
Alexandre Tansman　アレクサンドル・タン
　　スマン
Alexandre Vialatte　アレクサンドル・ヴィア
　　ラット
Alexandrie　アレクサンドリ【アレクサンドリ
　　ア】
Alexandrine　アレクサンドリヌ
Alex Biscarre　アレクス・ビスカール
Alfred Bruneau　アルフレッド・ブリュノー
Alfred Capus　アルフレッド・カピュ
Alfred Cornu　アルフレッド・コルニュ
Alfred Dehodencq　アルフレッド・デオデン
　　ク
Alfred de Vigny　アルフレッド・ド・ヴィニ
　　ー
Alfred Dreyfus　アルフレッド・ドレフュス
Alfred Durand-Claye　アルフレッド・デュラ
　　ン＝クレイ
Alfred Fouillée　アルフレッド・フイエ

Alfred Kastler　アルフレッド・カストレル
Alfred Roll　アルフレッド・ロル
Alfred Sauvy　アルフレッド・ソーヴィ
Alfred Stevens　アルフレッド・ステヴァンス
Alger　アルジェ
Algérie　アルジェリ【アルジェリア】
Alibert　アリベール
Alice　アリス
Aligre　アリグル
Aliscamps　アリスカン
Allard　アラール
Allent　アラン
Alleray　アルレ
Allier　アリエ
Alma　アルマ
Alombert　アロンベール
Alpes　アルプ【アルプス】
Alphand　アルファン
Alphonse Allais　アルフォンス・アレ
Alphonse Aulard　アルフォンス・オラール
Alphonse Baudin　アルフォンス・ボーダン
Alphonse Bertillon　アルフォンス・ベルティ
　　ヨン
Alphonse Daudet　アルフォンス・ドーデ
Alphonse de Neuville　アルフォンス・ド・ヌ
　　ヴィル
Alphonse Deville　アルフォンス・ド（ゥ）ヴ
　　ィル
Alphonse Humbert　アルフォンス・アンベー
　　ル
Alphonse Karr　アルフォンス・カール
Alphonse Laveran　アルフォンス・ラヴラン
Alphonse Pénaud　アルフォンス・ペノー
Alquettes　アルケット
Alquier-Debrousse　アルキエ＝デブルス
Alsace　アルザス
Alsace-Lorraine　アルザス＝ロレーヌ
Amadou Hampâté Bâ　アマドゥー・アンパー
　　テ・バー
Amalia　アマリア
Amandiers　アマンディエ
Amboise　アンボワズ
Ambroise Paré　アンブロワズ・パレ
Ambroise Rendu　アンブワズ・ランデュ
Ambroise Thomas　アンブロワズ・トマ
Ambroisie　アンブロワジー
Amédée Gordini　アメデ・ゴルディーニ
Amélie　アメリ
Amelot　アムロ
Amérique Latine　アメリク・ラティヌ【ラテ

仏日項目対照一覧

ンアメリカ】

Ameublement　アムーブルモン

Amicie Lebaudy　アミシ・ルボディ

Amiens　アミアン

Amiral Bruix　アミラル・ブリュイクス

Amiral Cloué　アミラル・クルエ

Amiral Courbet　アミラル・クールベ

Amiral de Coligny　アミラル・ド・コリニ

Amiral de Grasse　アミラル・ド・グラス

Amiral d'Estaing　アミラル・デスタン

Amiral La Roncière Le Noury　アミラル・
ラ・ロンシエール・ル・ヌリ

Amiral Mouchez　アミラル・ムシェ

Amiral Roussin　アミラル・ルーサン

Amiraux　アミロー

Amodion　アモディオン

Ampère　アンペール

Amphithéâtre　アンフィテアートル

Amsterdam　アムステルダム

Amyot　アミヨ

Anatole de la Forge　アナトル・ド・ラ・フ
ォルジュ

Anatole France　アナトル・フランス

Ancienne-Comédie　アンシャンヌ＝コメディ

Ancre　アンクル

Andigné　アンディニェ

André Antoine　アンドレ・アントワヌ

André Barsacq　アンドレ・バルサク

André Breton　アンドレ・ブルトン

André Chamson　アンドレ・シャンソン

André Citroën　アンドレ・シトロエン

André Colledeboeuf　アンドレ・コルドゥブフ

André Del Sarte　アンドレ・デル・サルト

André Derain　アンドレ・ドラン

André Dubois　アンドレ・デュボワ

André Gide　アンドレ・ジッド

André Gill　アンドレ・ジル

André Lefebvre　アンドレ・ルフェーヴル

André Lefèvre　アンドレ・ルフェーヴル

André Malraux　アンドレ・マルロー

André Masson　アンドレ・マソン

André Maurois　アンドレ・モーロワ

André Messager　アンドレ・メサジェ

André Pascal　アンドレ・パスカル

André Pieyre de Mandiargues　アンドレ・ピ
エール・ド・マンディアルグ

André Rivoire　アンドレ・リヴォワール

André Suarès　アンドレ・シュアレス

André Tardieu　アンドレ・タルデュー

André Theuriet　アンドレ・テウリエ

André Tollet　アンドレ・トレ

André Trannoy　アンドレ・トランノワ

André Voguet　アンドレ・ヴォゲ

Andrieux　アンドリュー

Androuet　アンドルエ

Angélique Compoint　アンジェリク・コンポ
ワン

Angers　アンジェ

Anglais　アングレ

Angoulême　アングレーム

Anjou（Quai）　アンジュー（河岸通り）

Anjou（Rue）　アンジュー（通り）

Anna de Noailles　アンナ・ド・ノアイユ

Annam　アンナン【安南】

Anne de Beaujeu　アンヌ・ド・ボージュー

Annelets　アンヌレ

Annibal　ア（ン）ニバル【ハンニバル】

Annonciation　アノンシアシオン

Anselme Payen　アンセルム・パヤン

Antilles　アンティル

Antin　アンタン

Antoine Arnault　アントワヌ・アルノー

Antoine Blondin　アントワヌ・ブロンダン

Antoine Bourdelle　アントワヌ・ブールデル

Antoine Carême　アントワヌ・カレーム

Antoine Chantin　アントワヌ・シャンタン

Antoine Dubois　アントワヌ・デュボワ

Antoine Roucher　アントワヌ・ルーシェ

＊Antoinette　アントワネット

Antoine Vollon　アントワヌ・ヴォロン

Antonin Mercié　アントナン・メルシエ

Anvers　アンヴェール（アントワープ）

Apennins　アペナン【アペニン山脈】

Aqueduc　アクデュク

Arago　アラゴ

Arbalète　アルバレート

Arbre Sec　アルブル・セック

Arbustes　アルビュスト

Arcade　アルカド

Arc de Triomphe　アルク・ド・トリヨーンフ

Arc-en-Ciel　アル＝カン＝シエル

Archereau　アルシュロー

Archevêché　アルシュヴェシェ

Archives　アルシーヴ

Arcole　アルコル

Arcueil　アルクイユ

Ardennes　アルデンヌ

Arènes　アレーヌ

Argenson（d'）　アルジャンソン（ダルジャン
ソン）

941

パリ地名大事典

Argenteuil　アルジャントゥーユ
Argentine　アルジャンティヌ【アルゼンチン】
Argonne　アルゴンヌ
Argout（d'）　アルグー（ダルグー）
Arioste（l'）　アリオスト（ラリオスト）
Aristide Briand　アリスティード・ブリアン
Aristide Bruand　アリスティード・ブリュアン
Armaillé（d'）　アルマイェ（ダルマイェ）
Armand Carrel　アルマン・カレル
Armand Gauthier　アルマン・ゴーティエ
Armand Moisant　アルマン・モワザン
Armand Rousseau　アルマン・ルソー
Armée d'Orient　アルメ・ドリオン
Armorique　アルモリク
Arquebusiers　アルクビュジエール
Arras　アラス
Arrivée　アリヴェ
Arsenal　アルスナル
Arsène Houssaye　アルセーヌ・ウーセ
Arsitide Maillol　アリスティード・マイヨル
【マイヨール】
Arsonval（d'）　アルソンヴァル（ダルソンヴァル）
Artagnan（d'）　アルタニャン（ダルタニャン）
Arthur Brière　アルチュール・ブリエール
Arthur Ranc　アルチュール・ランク
Arthur Rozier　アルチュール・ロジエ
Artistes　アルティスト
Artois　アルトワ
Arts　アール
Asile　アジル
Asile Popincourt　アジル・ポパンクール
Assas（d'）　アサス（ダサス）
Asseline　アスリヌ
Assomoir　アソモワール
Assomption　アソンプション
Astorg　アストール
Astrolabe　アストロラブ
Athènes　アテヌ【アテネ】
Atlantique　アトランティク
Atlas　アトラス
Auber　オーベール
Aubervilliers　オーベルヴィリエ
Aublet　オーブレ
Aubrac　オブラック
Aubriot　オーブリオ
Aubry　オーブリ
Aubry le Boucher　オーブリ・ル・ブシェ
Aude　オード

Audran　オードラン
Audubon　オーデュボン
Auger　オージェ
Augereau　オジュロー
Auguste Barbier　オーギュスト・バルビエ
Auguste Baron　オーギュスト・バロン
Auguste Bartholdi　オーギュスト・バルトルディ
Auguste Blanqui　オーギュスト・ブランキ
Auguste Cain　オーギュスト・ケーン
Auguste Chabrières　オーギュスト・シャブリエール
Auguste Chapuis　オーギュスト・シャピュイ
Auguste Comte　オーギュスト・コント
Auguste Dorchain　オーギュスト・ドルシャン
Auguste Lançon　オーギュスト・ランソン
Auguste Laurent　オーギュスト・ローラン
Auguste Maquet　オーギュスト・マケ
Auguste Métivier　オーギュスト・メティヴィエ
Auguste Mie　オーギュスト・ミ
Auguste Vacquerie　オーギュスト・ヴァックリ
Auguste Vitu　オーギュスト・ヴィテュ
Augustin Thierry　オーギュスタン・ティエリ
Aumale　オーマル
Aumont　オーモン
Aumont-Thiéville　オーモン＝ティエヴィル
Aurelle de Paladines　オーレル・ド・パラディヌ
Austerlitz　オステルリッツ【アウステルリッツ】
Australie　オーストラリ【オーストラリア】
Auteuil　オートゥイユ
Ave Maria　アヴ・マリア
Avenir　アヴニール
Avenue du Bois　アヴニュ・デュ・ボワ
Aveyron　アヴェロン
Avre　アヴル
Avron　アヴロン
Azaïs　アザイス

〈B〉

Babylone　バビロヌ
Bac　バック
Bachaumont　バショーモン
Bachelet　バシュレ

942

仏日項目対照一覧

Bagnolet　バニョレ
Baigneur　ベニュール
Baillet　バイエ
Bailleul　バイユール
Baillou　バイユ
Bailly　バイイ
Balard　バラール
Baleine　バレーヌ
Balkans　バルカン
Ballu　バリュ
Balmy d'Avricourt　バルミ・ダヴリクール
Baltard　バルタール
Balthélemy　バルテレミー
Balzac　バルザック
Banque　バンク
Banquier　バンキエ
Baptiste Renard　バティスト・ルナール
Barbanègre　バルバネーグル
Barbès　バルベス
Barbet de Jouy　バルベ・ド・ジュイ
Barbette　バルベット
Barbey d'Aurevilly　バルベ・ドールヴィイ
Barcelone　バルスロヌ【バルセロナ】
Bardinet　バルディネ
Bardou　バルドゥー
Barentin　バランタン
Bargue　バルグ
Baron　バロン
Baron Le Roy　バロン・ル・ロワ
Barrault　バロー
Barrelet de Ricou　バルレ・ド・リクー
＊Barreme　バルム
Barres　バール
Barrias　バリア
Barrier　バリエ
Barrière Blanche　バリエール・ブランシュ
Barrois　バロワ
Barye　バリ
Basfour　バフール
Basfroi　バフロワ
Bassano　バサノ
Basse　バス
Basse des Carmes　バス・デ・カルム
Bassompierre　バソンピエール
Bastille　バスティーユ
Bastion　バスティオン
Bataille de Stalingrad　バタイユ・ド・スタラングラッド
Bataillon du Pacifique　バタイヨン・デュ・パシフィック

Bataillon française de l'O.N.U. en Corée　バタイヨン・フランセーズ・ド・ロニュ・アン・コレ
Batignolles　バティニョル
Bauches　ボーシュ
Baudoin　ボードワン
Baudot　ボード
Baudoyer　ボードワイエ
Baudran　ボードラン
Baudricourt　ボードリクール
Baudry　ボードリ
Bauer　ボーエル
Baulant　ボーラン
Bausset　ボーセ
Bayard　バヤール
Bayen　バヤン
Bayvet　ベヴェ
Bazeilles　バゼイユ
Béarn　ベアルン
Beatrix Dussane　ベアトリクス・デュサヌ
Beaubourg　ボーブール
Beauce　ボース
Beaucour　ボークール
Beaufils　ボーフィス
Beaugrenelle　ボーグルネル
Beauharnais　ボーアルネ
Beaujolais　ボージョレ
Beaujon　ボージョン
Beaulieu　ボーリュー
Beaumarchais　ボーマルシェ
Beaune　ボーヌ
Beaunier　ボーニエ
Beauregard　ボールガール
Beaurepaire　ボールペール
Beauséjour　ボーセジュール
Beautreillis　ボートレイ
Beauvau　ボーヴォー
Beaux-Arts　ボザール
Beccaria　ベカリア
Becquerel　ベクレル
Beethoven　ベトヴン【ベートーヴェン】
Béla Bartok　ベラ・バルトク【バルトーク・ベーラ】
Bel-Air　ベル＝エール
Belfort　ベルフォール
Belgrade　ベルグラド【ベオグラード】
Belgrand　ベルグラン
Belhomme　ベロム
Belidor　ベリドール
Bellart　ベラール

943

パリ地名大事典

Bellechasse　ベルシャス
Bellefond　ベルフォン
Belles-Feuilles　ベル=フイユ
Belleville　ベルヴィル
Bellevue　ベルヴュ
Belliard　ベリアール
Bellier-Decouvre　ベリエ=ドゥクーヴル
Bellièvre　ベリエーヴル
Bellini　ベリーニ
Bellot　ベロ
Belloy　ベロワ
Belvédère　ベルヴェデール
Belzunce　ベルザンス
Ben-Aïad　ベン・アイド
Bénard　ベナール
Benjamin Bagnol　バンジャマン・バニョル
Benjamin Constant　バンジャマン・コンスタン
Benjamin Franklin　バンジャマン・フランクラン【ベンジャミン・フランクリン】
Benjamin Godard　バンジャマン・ゴダール
Benoît Frachon　ブノワ・フラション
＊Benoît Malon　ブノワ・マロン
Bénouville　ベヌヴィル
Béranger　ベランジェ
Bérard　ベラール
Berbier du Mets　ベルビエ・デュ・メ
Bercy　ベルシー
Bergame　ベルガム
Berger　ベルジェ
Bergère　ベルジェール
Bergère d'Ivry　ベルジェール・ディヴリ
Bergers　ベルジェ
Berges Hennequines　ベルジュ・エンヌキヌ
Bérite　ベリト
Berlioz　ベルリオーズ
Bernard de Clairvaux　ベルナール・ド・クレルヴォー
Bernard de Ventadour　ベルナール・ド・ヴァンタドゥール
Bernard Dimey　ベルナール・ディメ
Bernard Halpern　ベルナール・アルペルン
Bernardins　ベルナルダン
Bernard Lafay　ベルナール・ラフェ
Bernard Lecache　ベルナール・ルカシュ
Bernard Palissy　ベルナール・パリシー
Berne　ベルヌ【ベルン】
Bernouilli　ベルヌーイ
Bernoulli　ベルヌーリ
Berri　ベリ

Berryer　ベリエ
Bertelotte　ベルトロット
Berthaud　ベルトー
Berthe　ベルト
Berthier　ベルティエ
Berthollet　ベルトレ
Bertie Albrecht　ベルティ・アルブレシュ
Bertin-Poirée　ベルタン=ポワレ
Berton　ベルトン
Bertrand　ベルトラン
Bervic　ベルヴィク
Berzélius　ベルゼリウス【ベルセリウス】
Beslay　ベスレ
Bessières　ベシエール
Bessin　ベッサン
Béthune　ベテュヌ
Beudant　ブダン
Beyrouth　ベルート【ベイルート】
Bezout　ブズー
Bichat　ビシャ
Bidassoa　ビダソア
Bidault　ビドー
Bienaimé　ビャンエメ
Bienfaisance　ビャンフザンス
Bienvenüe　ビャンヴニュ
Bièvre　ビエーヴル
Bignon　ビニョン
Bigorre　ビゴール
Bigot　ビゴ
Billon　ビヨン
Biot　ビオ
Birague　ビラグ
Bir-Hakeim　ビ=ラケム
Biron　ビロン
Biscornet　ビスコルネ
Bisson　ビソン
Bitche　ビチュ
Bixio　ビクシオ
Bizerte　ビゼルト
Blainville　ブランヴィル
Blaise Cendrars　ブレーズ・サンドラール
Blaise Desgoffe　ブレーズ・デゴフ
Blanchard　ブランシャール
Blanche　ブランシュ
Blanche-Antoinette　ブランシュ=アントワネット
Blancs-Manteaux　ブラン=マントー
Blaye　ブライユ
Bleue　ブルー
Bleuet de France　ブルエ・ド・フランス

仏日項目対照一覧

Bleuets　ブルエ
Blomet　ブロメ
Blondel　ブロンデル
Blottière　ブロティエール
Bobillot　ボビヨ
Bocage　ボカージュ
Boccador　ボカドール
Bochard de Saron　ボシャール・ド・サロン
Bocquet　ボケ
Boers ／ Boërs　ブール
Boeuf　ブフ
Boeufs　ブフ
Boieldieu　ボイエルデュー
Boileau　ボワロー
Boinod　ボワノ
Bois　ボワ
Bois de Boulogne　ボワ・ド・ブーローニュ
Bois des Caures　ボワ・デ・コール
Bois d'Orme　ボワ・ドルム
Boissieu　ボワシュー
Bois le Prêtre　ボワ・ル・プレートル
Bois le Vent　ボワ・ル・ヴァン
Boissière　ボワシエール
Boissonade　ボワソナド
Boissy d'Anglas　ボワシ・ダングラ
Boiton　ボワトン
Boléro　ボレロ
Bolivar　ボリヴァル【シモン・ボリバル】
Bolivie　ボリビ【ボリビア】
Bonaparte　ボナパルト
Bonhoure　ボヌール
Bonnard　ボナール
Bonne　ボンヌ
Bonne Graine　ボンヌ・グレヌ
Bonne-Nouvelle　ボンヌ＝ヌーヴェル
Bonnet　ボネ
Bon-Secours　ボン＝スクール
Bons-Enfants　ボン＝ザンファン
Bon-Vivants　ボン＝ヴィヴァン
Borda　ボルダ
Bordeaux　ボルドー
Borégo　ボレゴ
Boris Vian　ボリス・ヴィヤン
Borromée　ボロメ
Bosio　ボジオ
Bosquet　ボスケ
Bossuet　ボシュエ
Botha　ボタ
Botzaris　ボツァリ
Bouchardon　ブーシャルドン

Boucher　ブシェ
Bouchet　ブシェ
Bouchut　ブシュ
Boucicaut　ブシコー
Boucry　ブークリ
Boudin　ブダン
Boudon　ブドン
Boudreau　ブドロー
Boufflers　ブフレール
Bougainville　ブーガンヴィル
Bouillou-Lafont　ブイユー＝ラフォン
Boulainvilliers　ブーランヴィリエ
Boulangers　ブーランジェ
Boulard　ブラール
Boulay　ブレ
Bouleaux　ブロー
Boule Blanche　ブル・ブランシュ
Boule Rouge　ブル・ルージュ
Boulets　ブレ
Boulitte　ブリット
Boulle　ブル
Boulnois　ブルノワ
Bouloi　ブロワ
Bouquet de Longchamp　ブケ・ド・ロンシャン
Bourbon　ブルボン
Bourbon-le-Château　ブルボン＝ル＝シャトー
Bourdaloue　ブルダルー
Bourdin　ブルダン
Bourdon　ブルドン
Bourdonnais　ブルドネ
Bouret　ブレ
Bourgeois　ブルジョワ
Bourg-l'Abbé　ブール＝ラベ
Bourgogne　ブルゴーニュ
Bourgoin　ブルゴワン
Bourg-Tibourg　ブール＝ティブール
Bournisien　ブルニシャン
Boursault　ブルソー
Bourse　ブルス
Bourse de Commerce　ブルス・ド・コメルス
Bourseul　ブルスル
Boussangault　ブサンゴー
Boutarel　ブタレル
Boutebri　ブテブリ
Boutin　ブタン
Boutron　ブトロン
Boutroux　ブトルー
Bouvart　ブヴァール
Bouvier　ブヴィエ

945

パリ地名大事典

Bouvines　ブヴィーヌ
Boyer　ボワイエ
Boyer-Barret　ボワイエ＝バレ
Boy Zelensky　ボイ・ゼランスキー
Brady　ブラディ
Brahms　ブラムス【ブラームス】
Brancion　ブランシオン
Branly　ブランリ
Brantôme　ブラントーム
Braque　ブラック
Brazzaville　ブラザヴィル
Bréa　ブレア
Breche-aux-Loups　ブレシュ＝オー＝ルー
Breguet　ブレゲ
Brémontier　ブレモンティエ
Brésil　ブレジル【ブラジル】
Bresse　ブレス
Bretagne　ブルターニュ
Breteuil　ブルトゥイユ
Bretonneau　ブルトノー
Bretons　ブルトン
Bretonvilliers　ブルトンヴィリエ
Brève　ブレーヴ
Brey　ブレ
Brézin　ブレザン
Briare　ブリアール
Bridaine　ブリデーヌ
Brie　ブリ
Brignole　ブリニョル
Brillat-Savarin　ブリヤ＝サヴァラン
Brindeau　ブランドー
Briquet　ブリケ
Briqueterie　ブリケトゥリ
Brise-Miche　ブリーズ＝ミシュ
Brissac　ブリサック
Brizeux　ブリズー
Broca　ブロカ
Brochant　ブロシャン
Brongniart　ブロンニャール
Brosse　ブロス
Brouillards　ブルイヤール
Broussais　ブルセ
Brown-Séquard　ブラウン＝セカール
Bruant　ブリュアン
Bruller　ブリュレ
Brulon　ブリュロン
Brune　ブリュヌ
Brunel　ブリュネル
Brunesseau　ブリュネソー
Brunetière　ブリュヌティエール

Brunoy　ブリュノワ
Bruxelles　ブリュッセル
Bruyères　ブリュイエール
Bucarest　ビュカレスト【ブカレスト】
Bûcherie　ビュシュリ
Buci　ビュシ
Budapest　ビュダペスト【ブダペスト】
Budé　ビュデ
Buenos Aires　ブエノ・ゼール【ブエノスアイレス】
Buffault　ビュフォー
Buffon　ビュフォン
Bugeaud　ビュジョー
Buis　ビュイ
Buisson Saint-Louis　ビュイソン・サン＝ルイ
Bullant　ビュラン
Bullourde　ビュルールド
Buot　ビュオ
Bureau　ビュロー
Burnouf　ビュルヌフ
Burq　ビュルク
Butte-aux-Cailles　ビュット＝オー＝カイユ（カーユ）
Buttes-Chaumont　ビュット＝ショーモン
Buzelin　ビュズラン
Buzenval　ビュザンヴァル

〈C〉

Cabanis　カバニス
Cacheux　カシュー
Cadets de la France Libre　カデ・ド・ラ・フランス・リーブル
Cadix　カディス
Cadran　カドラン
Caffarelli　カファレリ
Caffieri　カフィエリ
Cahors　カオール
Cail　カイユ（カーユ）
Caillaux　カイヨー
Cailletet　カイユテ
Caillié　カイエ
Caire　ケール【カイロ】
Calais　カレー
Calmels　カルメル
Calvaire　カルヴェール
Cambacérès　カンバセレス
Cambo　カンボ
Cambodge　カンボジュ【カンボジア】
Cambon　カンボン

仏日項目対照一覧

Cambrai　カンブレ
Cambronne　カンブロンヌ
Camélias　カメリア
Camille Blaisot　カミユ・ブレゾ
Camille Claudel　カミユ・クローデル
Camille Desmoulins　カミユ・デムーラン
Camille Flammarion　カミユ・フラマリオン
Camille Jullian　カミユ・ジュリアン
Camille Rombois　カミユ・ロンボワ
Camille Tahan　カミユ・タアン
Camoëns　カモエンス
Camou　カムー
Campagne-Première　カンパーニュ＝プルミ
　エール
Campo-Formio　カンポ＝フォルミオ
Camulogène　カミュロジェヌ
Canada　カナダ
Canal　カナル
Canal de l'Ourcq　カナル・ド・ルルク
Canal de Saint-Denis　カナル・ド・サン＝ド
　ニ
Canart　カナール
Candie　カンディ
Candolle　カンドル
Canettes　カネット
Canivet　カニヴェ
Cannebière　カンヌビエール
Canrobert　カンロベール
Cantagrel　カンタグレル
Cantal　カンタル
Cantate　カンタト【カンタータ】
Capitaine Dronne　カピテヌ・ドロンヌ
Capitaine Ferber　カピテヌ・フェルベ
Capitaine Lagache　カピテヌ・ラガシュ
Capitaine Madon　カピテヌ・マドン
Capitaine Marchal　カピテヌ・マルシャル
Capitaine Ménard　カピテヌ・メナール
Capitaine Olchanski　カピテヌ・オルシャンス
　キ
Capitaine Scott　カピテヌ・スコット
Capitaine Tarron　カピテヌ・タロン
Capitan　カピタン
Caplat　カプラ
Caporal Peugeot　カポラル・プジョー
Capri　カプリ
Capron　カプロン
Capucines　カピュシヌ
Caran-d'Arche　カラン＝ダルシュ
Carcel　カルセル
Cardan　カルダン

Cardeurs　カルドゥール
Cardinal Amette　カルディナル・アメット
Cardinal Dubois　カルディナル・デュボワ
Cardinale　カルディナル
Cardinal Guibert　カルディナル・ギベール
Cardinal Lavigerie　カルディナル・ラヴィジ
　ュリ
Cardinal Lemoine　カルディナル・ルモワヌ
Cardinal Mercier　カルディナル・メルシエ
Cardinet　カルディネ
Cardinoux　カルディヌー
Carducci　カルドゥッチ
Carlo Sarrabezolles　カルロ・サラベゾル
Carmes　カルム
Carnot　カルノー
Caroline　カロリヌ
Carolus-Durand　カロリュス＝デュラン
Caron　カロン
Carpeaux　カルポー
Carrier-Belleuse　カリエ＝ベルーズ
Carrières　カリエール
Carrières d'Amérique　カリエール・ダメリク
Carrières Mainguet　カリエール・マンゲ
Carrousel　カルーゼル
Cartellier　カルテリエ
Casablanca　カザブランカ
Casadesus　カザドシュ
Cascade　カスカド
Casimir Delavigne　カジミール・ドゥラヴィ
　ニュ
Casimir Périer　カジミール・ペリエ
Caspienne　カスピエンヌ
Cassette　カセット
Cassini　カシニ
Castagnary　カスタニャリ
Casteggio　カステジオ
Castellane　カステラヌ
Castex　カステクス
Castiglione　カスティリョヌ
Catalogne　カタローニュ【カタルーニャ】
Catinat　カティナ
Catulle Mendès　カテュル・マンデス
Cauchois　コショワ
Cauchy　コーシー
Caulaincourt　コーランクール
Caumartin　コーマルタン
Cavalerie　カヴァルリ
Cavalier de la Salle　カヴァリエ・ド・ラ・サ
　ル
Cavalotti　カヴァロッティ

947

パリ地名大事典

Cavé　カヴェ
Cavendish　カヴァンディシュ
Cazotte　カゾット
Cecamps　ドゥカン
Célestins　セレスタン
Cels　セル
Cendriers　サンドリエ
Censier　サンシエ
＊Centenaire　サントネール
Cépré　セプレ
Cerisaie　スリゼ
Cérisole　セリゾル
Cernuschi　チェルヌスキ
Cervantès　セルヴァンテス【セルバンテス】
César Caire　セザール・ケール
César Franck　セザール・フランク
Cesselin　セスラン
Cévennes　セヴェンヌ
Chabanais　シャバネ
Chablis　シャブリ
Chabrol　シャブロル
Chaffault　シャフォー
Chaillot　シャイヨ
Chaise　シェーズ
Chalabre　シャラブル
Chalet　シャレ
Chalets　シャレ
Chalgrin　シャルグラン
Chaligny　シャリニ
Chalon　シャロン
Chambertin　シャンベルタン
Chambéry　シャンベリ
Chambiges　シャンビージュ
Chamfort　シャンフォール
Champagne　シャンパーニュ
Champagny　シャンパニー
Champaubert　シャンポベール
Champ de l'Alouette　シャン・ド・ラルウェ
　ット
Champfleury　シャンフルリー
Championnet　シャンピオネ
＊Champlain　シャンプラン
Champ-Marie　シャン＝マリ
Champollion　シャンポリオン
Champs de Mars　シャン・ド・マルス
Champs-Élysées　シャンゼリゼ
Champs-Élysées-Marcel Dassault　シャンゼリ
　ゼ＝マルセル・ダ（ッ）ソー
Chanaleilles　シャナレイユ
Chandon　シャンドン

Chanez　シャネ
Changarnier　シャンガルニエ
Change　シャンジュ
Chanoinesse　シャノワネス
Chanpionnet　シャンピオネ
Chantemesse　シャントメス
Chantier　シャンティエ
Chantiers　シャンティエ
Chantilly　シャンティイ
Chantres　シャントル
Chanvin　シャンヴァン
Chanzy　シャンジー
Chapelle　シャペル
Chapon　シャポン
Chappe　シャプ
Chaptal　シャプタル
Chapu　シャピュ
Charbonnière　シャルボニエール
Charbonniers　シャルボニエ
Charcot　シャルコー
Chardin　シャルダン
Chardon-Lagache　シャルドン＝ラガシュ
Charente　シャラント
Charenton　シャラントン
Charlemagne　シャルルマーニュ
Charles V　シャルル5世
Charles Albert　シャルル・アルベール
Charles Baudelaire　シャルル・ボードレール
Charles Bénard　シャルル・ベナール
Charles Bernard　シャルル・ベルナール
Charles Bertheau　シャルル・ベルトー
Charles Bossut　シャルル・ボシュ
Charles Cazin　シャルル・カザン
Charles Cros　シャルル・クロ
Charles Dallery　シャルル・ダレリ
Charles de Foucauld　シャルル・ド・フーコ
　ー
Charles de Gaulle　シャルル・ド・ゴール
Charles Delescluze　シャルル・ドレクリュー
　ズ
Charles Dickens　シャルル・ディケンス【チ
　ャールズ・ディケンズ】
Charles Divry　シャルル・ディヴリ
Charles Dullin　シャルル・デュラン
Charles et Robert　シャルル・エ・ロベール
Charles Fillion　シャルル・フィリオン
Charles Floquet　シャルル・フロケ
Charles Fourier　シャルル・フーリエ
Charles-François Dupuis　シャルル＝フラン
　ソワ・デュピュイ

Charles Friedel　シャルル・フリーデル
Charles Garnier　シャルル・ガルニエ
Charles Gerhardt　シャルル・ジェラール
Charles Girault　シャルル・ジロー
Charles Hermite　シャルル・エルミート
Charles Lamoureux　シャルル・ラムルー
Charles Laurent　シャルル・ローラン
Charles Lauth　シャルル・ロート
Charles Lecocq　シャルル・ルコック
Charles Le Goffic　シャルル・ル・ゴフィック
Charles Leroy　シャルル・ルロワ
Charles Luizet　シャルル・リュイゼ
Charles Marie Widor　シャルル・マリ・ウィ
　ドル
Charles Michel　シャルル・ミシェル
Charles Monselet　シャルル・モンスレ
Charles Moureu　シャルル・ムルー
Charles Nicolle　シャルル・ニコル
Charles Nodier　シャルル・ノディエ
Charles Péguy　シャルル・ペギー
Charles Petit　シャルル・プティ
Charles Renouvier　シャルル・ルヌーヴィエ
Charles Risler　シャルル・リ（ス）レ
Charles Robin　シャルル・ロバン
Charles Tellier　シャルル・テリエ
Charles Tillon　シャルル・ティロン
Charles Tournemire　シャルル・トゥルヌミ
　ール
Charles Weiss　シャルル・ヴェス
Charlot　シャルロ
Charmilles　シャルミル
Charolais　シャロレ
Charonne　シャロンヌ
Charras　シャラ
Charrière　シャリエール
Chartière　シャルティエール
Chartran　シャルトラン
Chartres　シャルトル
Chartreux　シャルトルー
Chassaigne-Guyon　シャセーニュ＝ギュイヨ
Chasselou-Laubat　シャスルー＝ローバ
Chasseur　シャスール
Château　シャトー
Chateaubriand　シャトーブリアン
Château-d'Eau　シャトー＝ドー
Château des Rentiers　シャトー・デ・ランティ
　エ
Châteaudun　シャトーダン
Château-Landon　シャトー＝ランドン
Château-Rouge　シャトー＝ルージュ

Châtelet　シャトレ
Châtillon　シャティヨン
Chat-qui-Pêche　シャ＝キ＝ペシュ
Chauchat　ショーシャ
Chaudey　ショーデ
Chaudron　ショードロン
Chaufourniers　ショーフルニエ
Chaumont　ショーモン
Chauré　ショーレ
Chaussée d'Antin　ショセ・ダンタン
Chaussin　ショーサン
Chausson　ショーソン
Chauveau-Lagarde　ショヴォー＝ラガルド
Chauvelot　ショーヴロ
Chazelles　シャゼル
Chef d'Escadron de Guillebon　シェフ・デス
　カドロン・ド・ギユボン
Chemin de Fer　シュマン・ド・フェール
Cheminets　シュミネ
Chemin-Vert　シュマン＝ヴェール
Chêne Vert　シェーヌ・ヴェール
Chénier　シェニエ
Chenu　シュニュ
Cher　シェール
Cherbourg　シェルブール
Cherbuliez　シェルビュリエ
Cherche-Midi　シェルシュ＝ミディ
Chéreau　シェロー
Chernovitz　シェルノヴィッツ
Chéroy　シェロワ
Cherubini　ケルビニ（シェリュビニ）
Cheval Blanc　シュヴァル・ブラン
Chevaleret　シュヴァルレ
Chevalier de la Barre　シュヴァリエ・ド・
　ラ・バール
Chevalier de Saint-George　シュヴァリエ・
　ド・サン＝ジョルジュ
Chevert　シュヴェール
Cheverus　シュヴリュ
Chevet　シュヴェ
Chevreul　シュヴルール
Chevreuse　シュヴルーズ
Cheysson　シェソン
Chifflart　シフラール
Chine　シヌ【中国】
Choderlos de Lacros　ショデルロ・ド・ラク
　ロ
Choiseul　ショワズル
Choisy　ショワジー
Chomel　ショメル

パリ地名大事典

Chopin　ショパン
Choron　ショロン
Chrétien de Troyes　クレティアン・ド・トロワ
Christian Dewet　クリスチャン・ドゥエ
Christiani　クリスチャニ
Christian Pineau　クリスチャン・ピノー
Christine　クリスティヌ
Christine de Pisan　クリスティヌ・ド・ピザン
Christophe Colomb　クリストフ・コロン【クリストファー・コロンブス】
Cicé　シセ
Cimarosa　シマロザ
Cimetière des Batignolles　シムティエール・デ・バティニョル
Cine Del Duca　シヌ・デル・デュカ
Cinq-Diamants　サンク＝ディアモン
Cinq Martyrs du Lycée Buffon　サンク・マルティール・デュ・リセ・ビュフォン
Cirque　シルク
Ciseaux　シゾー
Cité　シテ
Cîteaux　シトー
Cité Universitaire　シテ・ユニヴェルシテール
Civiale　シヴァル
Civry　シヴリ
Clairaut　クレロー
Clairvaux　クレルヴォー
Clapeyron　クラペロン
Claude Bernard　クロード・ベルナール
Claude Bourdet　クロード・ブルデ
Claude Chahut　クロード・シャユ
Claude Debussy　クロード・ドビュシー【ドビュッシー】
Claude Decaen　クロード・ドゥカーン
Claude François　クロード・フランソワ
Claude Garamond　クロード・ガラモン
Claude Lorrain　クロード・ロラン
Claude Monet　クロード・モネ
Claude-Nicolas Ledoux　クロード＝ニコラ・ルドゥー
Claude Pouillet　クロード・プイエ
Claude Terrasse　クロード・テラス
Claude Tillier　クロード・ティリエ
Claude Vellefaux　クロード・ヴェルフォー
Clauzel（Clausel）　クローゼル
Clavel　クラヴェル
Clef　クレ

Clemenceau　クレマンソー
Clémence Royer　クレマンス・ロワイエ
Clément　クレマン
Clément Ader　クレマン・アデール
Clément Marot　クレマン・マロ
Clément Myionnet　クレモン・ミョネ
Cler　クレール
Cléry　クレリ
Clichy　クリシー
Clignancourt　クリニャンクール
Clisson　クリソン
Cloche　クロシュ
Cloche-Perce　クロシュ＝ペルス
Clodion　クロディオン
Cloître Notre-Dame　クロワトル・ノートル＝ダム
Cloître Saint-Merri　クロワトル・サン＝メリ
Clos　クロ
Clos Bruneau　クロ・ブリュノー
Clos de Malevart　クロ・ドゥ・マルヴァール
Clos Feuquières　クロ・フキエール
Clos Lamothe　クロ・ラモット
Clotaire　クロテール【クロタール】
Clothilde　クロティルド
Clotilde de Vaux　クロティルド・ド・ヴォー
Clôture　クロテュール
Clouet　クルエ
Clovis　クロヴィス
Clovis Hugues　クロヴィス・ユーグ
Cloÿs　クロイ
Cluny　クリュニー
Cochin　コシャン
Coëtlogon　コエトロゴン
Coeur de Vey　クール・ド・ヴェ
Cognacq-Jay　コニャック＝ジェイ
Colas　コラ
Colbert　コルベール
Colette　コレット
Colisée　コリゼ
Collégiale　コレジャル
Collette　コレット
Collin　コラン
Colmar　コルマール
Colombe　コロンブ
Colombie　コロンビ【コロンビア】
Colonel Bonnet　コロネル・ボネ
Colonel Bourgoin　コロネル・ブルゴワン
Colonel Colonna-d'Ornano　コロネル・コロンナ＝ドルナノ
Colonel Combes　コロネル・コンブ

仏日項目対照一覧

Colonel Dominé　コロネル・ドミネ
Colonel Driant　コロネル・ドリアン
Colonel Fabien　コロネル・ファビアン
Colonel Henri Rol-Tanguy　コロネル・アン
　リ・ロル゠タンギー
Colonel Manhès　コロネル・マネース
Colonel Moll　コロネル・モル
Colonel Monteil　コロネル・モンテイユ
Colonel Oudot　コロネル・ウド
Colonel Renards　コロネル・ルナール
Colonel Rozanoff　コロネル・ロザノフ
Colonie　コロニー
Colonnes　コロンヌ
Colonnes du Trône　コロンヌ・デュ・トロー
　ヌ
Coluche　コリューシュ
Combattant en Afrique du Nord　コンバタン・
　アン・アフリク・デュ・ノール
Combattant d'Indochine　コンバタン・ダンド
　シヌ
Comète　コメット
Commaille　コマイユ
Commandant Charles Martel　コマンダン・
　シャルル・マルテル
Commandant Guilbaud　コマンダン・ギルボ
　ー
Commandant Lamy　コマンダン・ラミ
Commandant Léandri　コマンダン・レアンド
　リ
Commandant L'Herminier　コマンダン・レル
　ミニエ
Commandant Marchand　コマンダン・マルシ
　ャン
Commandant Mortenol　マンダン・モルトゥ
　ノル
Commandant Raynal　コマンダン・レナル
Commandant René Mouchotte　コマンダン・
　ルネ・ムショット
Commandant Rivière　コマンダン・リヴィエ
　ール
Commandant Schloesing　コマンダン・シュ
　レジング
Commanderie　コマンドゥリ
Commandeur　コマンドゥール
Commerce　コメルス
Commerce Saint-André　コメルス・サン゠タ
　ンドレ
Commines　コミヌ
Commune de Paris　コミュヌ・ド・パリ
Compans　コンパン

Compiègne　コンピエーニュ
Compoint　コンポワン
Comtat Venaissin　コンタ・ヴネサン
Comtesse de Ségur　コンテス・ド・セギュー
　ル
＊Conard　コナール
Concorde　コンコルド
Condé　コンデ
Condillac　コンディヤク【コンディヤック】
Condorcet　コンドルセ
Conférence　コンフェランス
Confiance　コンフィアンス
Congo　コンゴ
Conseiller Collignon　コンセイエ・コリニョン
Conservatoire　コンセルヴァットワール
Constance　コンスタンス
Constant Berthault　コンスタン・ベルトー
Constant Coquelin　コンスタン・コクラン
Constantin Brancusi　コンスタンタン・ブラ
　ンクシ
Constantine　コンスタンティヌ
Constantinople　コンスタンティノプル【コン
　スタンティノープル】
Constantin Pecqueur　コンスタンタン・ペク
　ール
Conté　コンテ
Conti　コンティ
Contrescarpe　コントルスカルプ
Convention　コンヴァンション
Conventionnel Chiappe　コンヴァンショネ
　ル・シャップ
Copenhague　コペナグ【コペンハーグ】
Copernic　コペルニク【コペルニクス】
Copreaux　コプロー
Coq　コック
Coq-Héron　コック゠エロン
Coquillière　コキリエール
Corbera　コルブラ
Corbineau　コルビノー
Corbon　コルボン
Cordelières　コルドゥリエール
Corderie　コルドゥリ
Cordon-Boussart　コルドン゠ブサール
Corentin-Cariou　コランタン゠カリウ
Coriolis　コリョリス
Cornaille　コルネイユ
Corot　コロー
Corrèze　コレーズ
Corse　コルス【コルシカ】
Cortambert　コルタンベール

951

Cortot　コルトー
Corvetto　コルヴェット
Corvisart　コルヴィザール
Cossonnerie　コソヌリ
Cotentin　コタンタン
Cottages　コタジュ
Cotte　コット
Cottin　コタン
Coudreau　クードロー
Coulmiers　クルミエ
Coulon　クーロン
Courat　クーラ
Courbaton　クールバトン
Courbet　クールベ
Courcelles　クルセル
Cour des Fontaines　クール・デ・フォンテーヌ
Cour des Noues　クール・デ・ヌ
Cour d'Honneur　クール・ドヌール
Cournot　クルノ
Couronnes　クロンヌ
Cours la Reine　クール・ラ・レーヌ
Courtalon　クールタロン
Courteline　クルトリーヌ
Courtois　クルトワ
Courtry　クルトリ
Coustou　クストゥー
Coutellerie　クテルリ
Couture Saint-Gervais　クチュール・サン＝ジェルヴェ
Couvent　クヴァン
Coypel　コワペル
Coysevox　コワズヴォクス
Crayons　クレヨン
Crébillon　クレビヨン
Crèche　クレシュ
Crédit Lyonnais　クレディ・リヨネ
Crémieux　クレミュー
Crespin du Gast　クレスパン・デュ・ガス
Crétet　クレテ
Crevaux　クルヴォー
Crillon　クリヨン
Crimée　クリメ【クリミヤ】
Crins　クラン
Crocé-Spinelli　クロセ＝スピネリ
Croisic　クロワジク
Croissant　クロワサン
Croix des Petits-Champs　クロワ・デ・プティ＝シャン
Croix Faubin　クロワ・フォーバン

Croix Jarry　クロワ・ジャリー
Croix Moreau　クロワ・モロー
Croix Nivert　クロワ・ニヴェール
Croix Rouge　クロワ・ルージュ
Croix Saint-Simon　クロワ・サン＝シモン
Cronstadt　クロンスタット【クロンシュタット】
Croulebarbe　クルルバルブ
Crozatier　クロザティエ
Crussol　クリュソル
Cugnot　キュニョ
Cujas　キュジャース
Cunin-Gridaine　キュナン＝グリデーヌ
Cure　キュール
Curé　キュレ
Curial　キュリャル
Curnonsky　キュルノンスキー
Custine　キュスティヌ
Cuvier　キュヴィエ
Cygne　シニュ
Cygnes　シニュ
Cyrano de Bergerac　シラノ・ド・ベルジュラク

〈D〉

Dagorno　ダゴルノ
Daguerre　ダゲール
Dahomey　ダオメ【ダホメ】
Dalayrac　ダレラック
Dalida　ダリダ
Dalloz　ダローズ
Dalou　ダルー
Dames　ダム
Damesme　ダメム
Damiette　ダミェット
Damoye　ダモワイエ
Dampierre　ダンピエール
Damrémont　ダムレモン
Dancourt　ダンクール
Dangeau　ダンジョー
Danielle Casanova　ダニエル・カザノヴァ
Daniel Lesueur　ダニエル・ルシュウール
Daniel Stern　ダニエル・ステルン
Dante　ダント【ダンテ】
Danton　ダントン
Dantzig　ダンツィグ【ダンツィヒ】
Danube　ダニューブ【ドナウ】
Danville　ダンヴィル
Dany　ダニー

仏日項目対照一覧

Darboy　ダルボワ
Darcet　ダルセ
Darcy　ダルシー
Dardanelles　ダルダネル【ダーダネルス】
Dareau　ダロー
Darius Milhaud　ダリウス・ミヨー
Darmesteter　ダルメステール
Daru　ダリュ
Darwin　ダルウィン【ダーウィン】
Daubenton　ドーバントン
Daubigny　ドービニ
Daumesnil　ドメニル
Daumier　ドーミエ
Daunay　ドーネ
Daunou　ドヌー
Dauphine　ドーフィヌ
Dautancourt　ドタンクール
Daval　ダヴァル
David d'Angers　ダヴィド・ダンジェ
David Weill　ダヴィッド・ヴェイユ
Daviel　ダヴィエル
Davioud　ダヴュー
Davout　ダヴー
Davy　ダヴィー
Débarcadère　デバルカデール
Debelleyme　ドゥベレム
Debergue　ドゥベルグ
Debidour　ドゥビドゥール
Debille　ドゥビル
Debilly　ドゥビリー
Debrousse　ドゥブルス
Debucourt　ドゥビュクール
Deamps　ドゥカン
＊Dechambre　ドゥシャンブル
Decrès　デクレ
Degas　ドガ
Degrés　デグレ
Deguerry　ドゥグリー
Deguingand　ドゥガンガン
Dejean　ドゥジャン
Delaizement　ドゥレズマン
Delambre　ドゥランブル
Delanos　ドゥラノ
Delaunay　ドゥロネ
Delbet　デルベ
Delcassé　デルカセ
Delécourt　ドゥレクール
Delépine　ドゥレピヌ
Delessert　ドゥレセール
Delesseux　ドゥレスー

Deligny　ドゥリニー
Deloder　ドゥロデ
Delouvain　ドゥルヴァン
Delta　デルタ
Demarquay　ドゥマルケ
Denain　ドゥナン
Denfert-Rochereau　ダンフェール＝ロシュロ
　ー
Denis Poisson　ド（ゥ）ニ・ポワソン
Denis Poulot　ド（ゥ）ニ・プロ
Denoyez　ドゥノワイエ
Denys Cochin　ド（ゥ）ニ・コシャン
Déodat de Sévrac　デオダ・ド・セヴラク
Depaquit　ドゥパキ
Deparcieux　ドゥパルシュー
Départ　デパール
Département　デパルトマン
Desaix　ドゥゼ
Desargues　デザルグ
Désaugiers　デゾジェ
Desbordes-Valmore　デボルド＝ヴァルモール
Descartes　デカルト
Deschamps　デシャン
Descombes　デコンブ
Descos　デスコス
Desgenettes　デジュネット
Desgrais　デグレ
Deshayes　デゼエ
Désir　デジール
Désirée　デジレ
Désiré Ruggieri　デジレ・ルジェリ
Desnouettes　デヌエット
Despréaux　デプレオー
Desprez　デプレ
Des Renaudes　デ・ルノード
Dessault　ドゥソー
Dessous-des-Berges　ドゥスー＝デ＝ベルジュ
＊Deux-Anges　ドゥー・ザンジュ
Deux Avenues　ドゥー・ザヴニュ
Deux Boules　ドゥー・ブル
Deux Cousins　ドゥー・クザン
Deux Écus　ドゥー・ゼキュ
Deux Gares　ドゥー・ガール
Deuxième D. B.　ドゥージエム・D・B
Deux Néthes　ドゥー・ネト
Deux Pavillons　ドゥー・パヴィヨン
Deux Ponts　ドゥー・ポン
Deux Portes　ドゥー・ポルト
Deux Soeurs　ドゥー・スール
Devéria　ドゥヴェリア

953

パリ地名大事典

Dhéron　デロン
Dhuis　デュイス
Diaghilev　ディアギレヴ（ディアギレフ）
Diapasn　ディアパソン
Diard　ディアール
Diderot　ディドロ
Didot　ディドー
＊Diémer　ディエメ
Dietz-Monnin　ディエ（ツ）＝モナン
Dieu　デュー
Dieudonné Costes　デュードネ・コスト
Dieulafoy　デュラフォワ
Dijon　ディジョン
Division Leclerc　ディヴィジョン・ルクレール
Dix-Huit Juin1940　ディ＝ジュイット・ジュワン1940
Dixmude　ディクスミュード
Dix-Neuf Mars 1962　ディズ＝ヌフ・マルス1962
Dobropol　ドブロポル
Docteur Alfred Fournier　ドクトゥール・アルフレッド・フルニエ
Docteur Antoine Béclère　ドクトゥール・アントワヌ・ベクレール
Docteur Arnold Netter　ドクトゥール・アルノルド・ネッテ
Docteur Babinski　ドクトゥール・ババンスキ
Docteur Blanche　ドクトゥール・ブランシュ
Docteur Bourneville　ドクトゥール・ブルヌヴィル
Docteur Brouardel　ドクトゥール・ブルアルデル
Docteur Calmette　ドクトゥール・カルメット
Docteur Charles Richet　ドクトゥール・シャルル・リシェ
Docteur Felix Lobigeois　ドクトゥール・フェリクス・ロビジョワ
Docteur Finlay　ドクトゥール・ファンレ
Docteur Germain Sée　ドクトゥール・ジェルマン・セ
Docteur Gley　ドクトゥール・グレイ
Docteur Goujon　ドクトゥール・グジョン
Docteur Grancher　ドクトゥール・グランシェ
Docteur Hayem　ドクトゥール・アイエム
Docteur Heulin　ドクトゥール・ウラン
Docteur Jacquemaire-Clemenceau　ドクトゥール・ジャクメール＝クレマンソー
Docteur Jacques Bertillon　ドクトゥール・ジャック・ベルティヨン
Docteur Labbé　ドクトゥール・ラベ
Docteur Lancereaux　ドクトゥール・ランスロー
Docteur Landouzy　ドクトゥール・ランドゥジー
Docteur Lannelongue　ドクトゥール・ラヌロング
Docteur Laurent　ドクトゥール・ローラン
Docteur Lecène　ドクトゥール・ルセーヌ
Docteur Leray　ドクトゥール・ルレ
Docteur Lucas-Championnière　ドクトゥール・リュカ＝シャンピオニエール
Docteur Magnan　ドクトゥール・マニャン
Docteur Navarre　ドクトゥール・ナヴァール
Docteur Paquelin　ドクトゥール・パクラン
Docteur Paul Brousse　ドクトゥール・ポール・ブルス
Docteur Paul Michaux　ドクトゥール・ポール・ミショー
Docteur Potain　ドクトゥール・ポタン
Docteur Roux　ドクトゥール・ルー
Docteurs Déjérine　ドクトゥール・デジェリヌ
Docteur Tuffier　ドクトゥール・テュフィエ
Docteur Victor Hutinel　ドクトゥール・ヴィクトル・ユティネル
Docteur Yersin　ドクトゥール・イェルサン
Dodo de la Brunerie　ドド・ド・ラ・ブリュヌリ
Doisy　ドワジー
Dolomieu　ドロミュー
Domat　ドマ
Dombasle　ドンバル
Dôme　ドーム
Dominique Pado　ドミニク・パド
Domrémy　ドンレミ
Donizetti　ドニゼッティ
Dordogne　ドルドーニュ
Doré　ドレ
Dorées　ドレ
Dorian　ドリオン
Dosne　ドスヌ
Douai　ドゥエ
Douane　ドゥアンヌ
Douanier　ドゥアニエ
Douanier Rousseau　ドゥアニエ・ルソー
Douaumont　ドゥオモン
Double　ドゥブル
Doudeauville　ドゥドーヴィル

仏日項目対照一覧

Dragon　ドラゴン
Dranem　ドラネム
Dreux　ドルー
Drevet　ドルヴェ
Driancourt　ドリオンクール
Drouot　ドルオ
Druinot　ドリュイノ
Dubail　デュバイユ
Duban　デュバン
Dublin　デュブラン（ダブリン）
Dubois　デュボワ
Dubourg　デュブール
Dubrunfaut　デュブルンフォー
Duc　デュク
Du Cange　デュ・カンジュ
Duchefdelaville　デュシェフドラヴィル
Ducouëdic　デュクエディック
Dudouy　デュドゥイ
Duée　デュエ
Dufrénoy　デュフレノワ
Dufresne　デュフレーヌ
Dugommier　デュゴミエ
Duguay-Trouin　デュゲ＝トルアン
Du Guesclin　デュ・ゲクラン
Duhesme　デュエム
Dulac　デュラク
Dulaure　デュロール
Dulcie September　デュルシ・セプトンベ
Dulong　デュロン
Dumas　デュマ
Duméril　デュメリル
Dumont d'Urville　デュモン・デュルヴィル
Dunes　デュヌ
Dunkerque　ダンケルク
Dunois　デュノワ
Duperré　デュペレ
Dupetit-Thouars　デュプティ＝トゥアール
Duphot　デュフォ
Dupin　デュパン
Dupleix　デュプレクス
Duplin　デュプラン
Dupont　デュポン
Dupont de l'Eure　デュポン・ド・ルール
Dupont des Loges　デュポン・デ・ロジュ
Dupuis　デュピュイ
Dupuy de Lôme　デュピュイ・ド・ローム
Dupuytren　デュピュイトラン
Duquesne　デュケーヌ
Durance　デュランス
Duranti　デュランティ

Durantin　デュランタン
Duranton　デュラントン
Duras　デュラ
Durchon　デュルション
Durel　デュレル
Duret　デュレ
Duris　デュリ
Durmar　デュルマル
Duroc　デュロック
Durouchoux　デュルシュー
Dury　デュリー
Dury-Vasselon　デュリー＝ヴァスロン
Du Sommerard　デュ・ソムラール
Dussoubs　デュスーブ
Duthy　デュティ
Dutot　デュトー
Dutuit　デュテュイ
Duvergier　デュヴェルジエ
Duvivier　デュヴィヴィエ

〈E〉

Eaux　オー
Eaux-de-Vie　オー＝ド＝ヴィ
Ebelmen　エベルメン
Éblé　エブレ
Èbre　エブル【エブロ川】
Échaudé　エショデ
Échelle　エシェル
Échiquier　エシキエ
Écluses Saint-Martin　エクリューズ・サン＝
　マルタン
École　エコール
École de Joinville　エコール・ド・ジョワンヴ
　ィル
École de Médecine　エコール・ド・メドシヌ
École Militaire　エコール・ミリテール
École Polytechnique　エコール・ポリテクニ
　ーク
Écoles　エコール
Écoliers　エコリエ
Économe　エコノム
Écosse　エコス【スコットランド】
Écouffes　エクーフ
Écrivains Combattants Morts pour la France
　エクリヴァン・コンバタン・モール・プー
　ル・ラ・フランス
Écuyers　エキュイエ
Edgar Faure　エドガー・フォール
Edgar Poe　エドガー・ポー【エドガー・アラ

955

ン・ポー】
Edgar Quinet　エドガー・キネ
Edgar Varèse　エドガー・ヴァレーズ
Édimbourg　エダンブール【エディンバラ】
Edison　エディソン
Édit de Nantes　エディ・ド・ナント
Édith Piaf　エディット・ピアフ
Edmond About　エドモン・アブー
Edmond Flamant　エドモン・フラモン
Edmond Frémy　エドモン・フレミー
Edmond Gondinet　エドモン・ゴンディネ
Edmond Guillout　エドモン・ギュ
Edmond Michelet　エドモン・ミシュレ
Edmond Roger　エドモン・ロジェ
Edmond Rostand　エドモン・ロスタン
Edmond Rousse　エドモン・ルス
Edmond Valentin　エドモン・ヴァランタン
Édouard VII　エドワール7世
Édouard Colonne　エドワール・コロンヌ
Édouard Detaille　エドワール・ドゥタイユ
Édouard Fournier　エドワール・フルニエ
Édouard Jacques　エドワール・ジャック
Édouard Lockloy　エドワール・ロクロワ
Édouard Manet　エドワール・マネ
Édouard Pailleron　エドワール・パイユロン
Édouard Quenu　エドワール・クニュ
Édouard Renard　エドワール・ルナール
Édouard Robert　エドワール・ロベール
Édouard Vaillant　エドワール・ヴァイヤン
Edward Tuck　エドワール・テュク
Edwige Feuillère　エドウィジュ・フイエール
Égalité　エガリテ
Eginhard　エジナール
Églantiers　エグランティエ
Église　エグリーズ
Église d'Auteuil　エグリーズ・ドートゥイユ
Église de l'Assomption　エグリーズ・ド・ラ
　ソンプシオン
Eiders　エデール
Élie de Beaumont　エリ・ド・ボーモン
Élie Faure　エリ・フォール
Élisa Borey　エリザ・ボレ
Élisa Lemonnier　エリザ・ルモニエ
Élisée Reclus　エリゼ・ルクリュ
El Salvador　エル・サルヴァドール【エル・
　サルバドル】
Elsa Morante　エルザ・モラント
Élysée　エリゼ
Élysée-Ménilmontant　エリゼ＝メニルモンタ
　ン

Elzévir　エルゼヴィール
Émélie　エメリ
Émeriau　エムリオー
Émile Acollas　エミール・アコラ
Émile Aliez　エミール・アリエ
Émile Augier　エミール・オージェ
Émile Bergerat　エミール・ベルジュラ
Émile Bertin　エミール・ベルタン
Émile Blémont　エミール・ブレモン
Émile Borel　エミール・ボレル
Émile Cohl　エミール・コル
Émile Deschanel　エミール・デシャネル
Émile Deslandres　エミール・デランドル
Émile Desvaux　エミール・デヴォー
Émile Deutsch de la Meurthe　エミール・ド
　イチュ・ド・ラ・ムルト
Émile Dubois　エミール・デュボワ
Émile Duclaux　エミール・デュクロー
Émile Duployé　エミール・デュプロワイエ
Émile Durkheim　エミール・デュルケム【エ
　ミール・デュルケーム】
Émile et Armand Massard　エミール・エ・
　アルマン・マサール
Émile Faguet　エミール・ファゲ
Émile Gilbert　エミール・ジルベール
Émile Goudeau　エミール・グドー
Émile Landrin　エミール・ランドラン
Émile Laurent　エミール・ローラン
Émile Lepeu　エミール・ルプー
Émile Level　エミール・ルヴェル
Émile Loubet　エミール・ルーベ
Émile Mâle　エミール・マール
Émile Menier　エミール・ムニエ
Émile Meyer　エミール・メイエ
Émile-Pierre Casel　エミール＝ピエール・カ
　ゼル
Émile Pouvillon　エミール・プヴィヨン
Émile Revassor　エミール・ルヴァソール
Émile Reynaud　エミール・レノー
Émile Richard　エミール・リシャール
Émile Rostan　エミール・ロスタン
Émile Zola　エミール・ゾラ
Emilio Castelar　エミリオ・カストラル【エミ
　リオ・カステラール】
Emmanuel Chabrier　エマニュエル・シャブ
　リエ
Emmanuel Chauvière　エマニュエル・ショヴ
　ィエール
Emmery　オメリー（エメリー）
Empereur Julien　アンプルール・ジュリヤン

【皇帝ユリアヌス】

Empereur Valentinien　アンプルール・ヴァランティニヤン【皇帝ウァレンティニアヌス】

Encheval　アンシュヴァル

Enfant-Jésus　アンファン＝ジェジュ

Enfer　アンフェール

Enghien　アンギャン

Entrepots　アントルポ

Entrepreneurs　アントルプルヌール

Envierges　アンヴィエルジュ

Épargne　エパルニュ

Épée de Bois　エペ・ド・ボワ

Éperon　エプロン

Épinettes　エピネット

Équerre　エケール

Équerre d'Argent　エケール・ダルジャン

Érard　エラール

Érasme　エラスム【エラスムス】

Erckmann-Chatrian　エルクマン＝シャトリアン

Erik Satie　エリク・サティ

Erlanger　エルランジェ

Ermitage　エルミタージュ

Ernest Chausson　エルネスト・ショーソン

Ernest Cresson　エルネスト・クレソン

Ernest Denis　エルネスト・ドニ

Ernest et Henri Rousselle　エルネスト・エ・アンリ・ルーセル

Ernest Gouin　エルネスト・グワン

Ernest Hébert　エルネスト・エベール

Ernest Hemingway　エルネスト・エミングウェ（アーネスト・ヘミングウェイ）

Ernestine　エルネスティヌ

Ernest Lacoste　エルネスト・ラコスト

Ernest Lavisse　エルネスト・ラヴィス

Ernest Lefébure　エルネスト・ルフェビュール

Ernest Lefèvre　エルネスト・ルフェーヴル

Ernest Psichari　エルネスト・プシカリ

Ernest Renan　エルネスト・ルナン

Ernest Reyer　エルネスト・レイエ

Ernest Roche　エルネスト・ロシュ

Escadrille Normandie-Niémen　エスカドリユ・ノルマンディ＝ニエメン

Escaut　エスコー

Esclangon　エスクランゴン

Escoffier　エスコフィエ

Espérance　エスペランス

Esquirol　エスキロル

Essai　エセ

Est　エスト

Este　エスト

Esterel　エストレル

Estienne d'Orves　エスティエンヌ・ドルヴ

Estrapade　エストラパド

Estrées　エストレ

États-Unis　エタ＝ジュニ【アメリカ合衆国】

Étex　エテクス

Étienne Delaunay　エティエンヌ・ドゥローネ

Étienne Dolet　エティエンヌ・ドレ

Étienne Jodelle　エティエンヌ・ジョデル

Étienne Marcel　エティエンヌ・マルセル

Étienne Marey　エティエンヌ・マレ

Étienne Pernet　エティエンヌ・ペルネ

Étoile　エトワル

Étoile-Charle de Gaulle　エトワル＝シャルル・ド・ゴール

Étoile d'Or　エトワル・ドール

Étuves Saint-Martin　エテューヴ・サン＝マルタン

Eugène Atget　ウジェーヌ・アジェ

Eugène Beaudoin　ウジェーヌ・ボードワン

Eugène Brieux　ウジェーヌ・ブリウー

Eugène Carrière　ウジェーヌ・カリエール

Eugène Claudius-Petit　ウジェーヌ・クロディウス＝プティ

Eugène Delacroix　ウジェーヌ・ドゥラクロワ【ドラクロワ】

Eugène Flachat　ウジェーヌ・フラシャ

Eugène Fournière　ウジェーヌ・フルニエール

Eugène Gibez　ウジェーヌ・ジベ

Eugène Hatton　ウジェーヌ・アトン

Eugène Jumin　ウジェーヌ・ジュマン

Eugène Labiche　ウジェーヌ・ラビシュ

Eugène Léautey　ウジェーヌ・レオテ

Eugène Leblanc　ウジェーヌ・ルブラン

Eugène Manuel　ウジェーヌ・マニュエル

Eugène Millon　ウジェーヌ・ミヨン

Eugène Oudiné　ウジェーヌ・ウディネ

Eugène Pelletan　ウジェーヌ・ペルタン

Eugène Poubelle　ウジェーヌ・プベル

Eugène Reisz　ウジェーヌ・レイシュ

Eugène Spuller　ウジェーヌ・スピュレール

Eugène Sue　ウジェーヌ・シュ

Eugène Varlin　ウジェーヌ・ヴァルラン

Eugénie Cotton　ウジェニー・コットン

Eugénie Éboué　ウジェニー・エブエ

957

パリ地名大事典

Eugénie Legrand　ウジェニー・ルグラン
Euler　ウレール【オイラー】
Eupatoria　ウパトリア
Eure　ウール
Europe　ウロープ【ヨーロッパ】
Euryale-Dehaynin　ウールヤル＝ドゥエナン
Évangile　エヴァンジル
Évariste Galois　エヴァリスト・ガロワ（ガロ
　ア）
Éveillard　エヴェイヤール
Évette　エヴェット
Exelmans　エグゼルマンス
Expert　エクスペール
Exposition　エクスポジシオン
Eylau　エロー

〈F〉

Fabert　ファベール
Fabre d'Églantine　ファーブル・デグランテ
　ィヌ
Fabriques　ファブリク
Fagon　ファゴン
Faidherbes　フェデルブ
Faisanderie　フェザンドリ
Falaise　ファレーズ
Falaises　ファレーズ
Falconet　ファルコネ
Falguière　ファルギエール
Fallempin　ファランパン
Fanny　ファニー
Fantin-Latour　ファンタン＝ラトゥール
Faraday　ファラデー
Faubourg du Temple　フォブール・デュ・タ
　ンプル
Faubourg Montmartre　フォブール・モンマ
　ルトル
Faubourg Poissonière　フォブール・ポワソニ
　エール
Faubourg Saint-Antoine　フォブール・サン＝
　タントワヌ
Faubourg Saint-Denis　フォブール・サン＝ド
　ニ
Faubourg Saint-Honoré　フォブール・サン＝
　トノレ
Faubourg Saint-Jacques　フォブール・サン＝
　ジャック
Faubourg Saint-Martin　フォブール・サン＝
　マルタン
Faucheur　フォシュール

Faucheurs　フォシュール
Fauconnier　フォコニエ
Faustin Hélie　フォスタン・エリ
Fauvet　フォーヴェ
Favart　ファヴァール
Favorites　ファヴォリット
Fécamp　フェカン
Fédération　フェデラシオン
Federico Garcia Lorca　フェデリコ・ガルシ
　ア・ロルカ
Félibien　フェリビヤン
Félicien David　フェリシヤン・ダヴィッド
Félicien Rops　フェリシヤン・ロプス
Félicité　フェリシテ
Félix d'Hérelle　フェリクス・デレル
Félix Éboué　フェリクス・エブエ
Félix Faure　フェリクス・フォール
Félix Huguenet　フェリクス・ユグネ
Félix Pécaut　フェリクス・ペコー
Félix Terrier　フェリクス・テリエ
Félix Voisin　フェリクス・ヴォワザン
Félix Ziem　フェリクス・ジエム
Fénelon　フェヌロン
Fenoux　フヌー
Fer-à-Moulin　フェ＝ラ＝ムラン
Ferdinand Berthoud　フェルディナン・ベル
　トゥー
Ferdinand Brunot　フェルディナン・ブリュ
　ノ
Ferdinand Buisson　フェルディナン・ビュイ
　ソン
Ferdinand de Béhagie　フェルディナン・ド・
　ベアジ
Ferdinand Duval　フェルディナン・デュヴァ
　ル
Ferdinand Fabre　フェルディナン・ファーブ
　ル
Ferdinand Flocon　フェルディナン・フロコン
Ferdinand Gambon　フェルディナン・ガンボ
　ン
Ferdousi　フェルドゥジ【フェルドゥシー】
Férembach　フェランバック
Fermat　フェルマ【フェルマー】
Ferme de la Faisanderie　フェルム・ド・ラ・
　フザンドリ
Ferme de Savy　フェルム・ド・サヴィ
Fermes　フェルム
Ferme Saint-Lazare　フェルム・サン＝ラザー
　ル
Fermiers　フェルミエ

仏日項目対照一覧

Fernand Bournon　フェルナン・ブルノン
Fernand Braudel　フェルナン・ブローデル
Fernand Cormon　フェルナン・コルモン
Fernand de La Tombelle　フェルナン・ド・ラ・トンベル
Fernand Forest　フェルナン・フォレ
Fernand Foureau　フェルナン・フロー
Fernand Holweck　フェルナン・オルヴェック
Fernand Labori　フェルナン・ラボリ
Fernand Léger　フェルナン・レジェ
Fernand Mourlot　フェルナン・ムルロ
Fernand Pelloutier　フェルナン・ペルーティエ
Fernand Raynaud　フェルナン・レノー
Fernand Widal　フェルナン・ヴィダル
Férou　フェルー
Ferronnerie　フェロヌリ
Ferrus　フェリュ（ス）
Fessart　フェサール
Fêtes　フェット
Feuillantines　フイヤンティーヌ
Feutrier　フートリエ
Feydeau　フェドー
Fidélité　フィデリテ
Figuier　フィギエ
Filles du Calvaire　フィユ・デュ・カルヴェール
Filles Saint-Thomas　フィユ・サン＝トマ
Fillettes　フィエット
Finet　フィネ
Finlande　ファンラーンド【フィンランド】
Firmin Gémier　フィルマン・ジェミエ
Firmin Gillot　フィルマン・ジロ
Fizeau　フィゾー
Flamands　フラマン
Flandre　フランドル
Flandrin　フランドラン
Flatters　フラテルス
Fléchier　フレシエ
Fleuri　フルリ
Fleurs　フルール
Fleurus　フルリュス
Fleury　フルリー
Flora Tristan　フロラ・トリスタン
Flore　フロール
Floréal　フロレアル
Florence　フロラーンス【フィレンツェ】
Florence Blumental　フロラーンス・ブリュモンタル

Florentine　フロランティーヌ
Florentine Estrade　フロランティーヌ・エストラド
Florian　フロリアン
Florimont　フロリモン
Flourens　フルラーンス
Foch　フォシュ
Foin　フォワン
Folie Méricourt　フォリ・メルクール
Folie Regnault　フォリ・ルニョー
Fondary　フォンダリ
Fond de Rouvray　フォン・ド・ルーヴレ
Fonderie　フォンドゥリ
Fonds Verts　フォン・ヴェール
Fontaine　フォンテーヌ
Fontaine à Mulard　フォンテーヌ・ア・ミュラール
Fontaine au Roi　フォンテーヌ・オ・ロワ
Fontaine aux Lions　フォンテーヌ・オー・リオン
Fontainebleau　フォンテヌブロー
Fontaine d'Hautpoul　フォンテーヌ・ドープル
Fontaine du But　フォンテーヌ・デュ・ビュ（ト）
Fontaines du Temple　フォンテーヌ・デュ・タンプル
Fontarabie　フォンタラビ
Fontenay　フォントネ
Fontenoy　フォントノワ
Forceval　フォルスヴァル
Forest　フォレ
Forez　フォレ
Forge-Royale　フォルジュ＝ロワイヤル
Forges　フォルジュ
Fort de Vaux　フォール・ド・ヴォー
Fortin　フォルタン
Fortuny　フォルテュニ
Fossés Saint-Bernard　フォセ・サン＝ベルナール
Fossés Saint-Jacques　フォセ・サン＝ジャック
Fossés Saint-Marcel　フォセ・サン＝マルセル
Fouarre　フアール
Foubert　フベール
Foucault　フーコー
Fougères　フジェール
Fouquet　フーケ
Four　フール
Fourcade　フルカード

959

パリ地名大事典

Fourcroy　フルクロワ
Fourcy　フルシ
Fourneyron　フルネロン
Fours à Chaux　フール・ア・ショー
Foyatier　フォワイヤティエ
Fragonard　フラゴナール
Française　フランセーズ
France　フランス
Franche-Comté　フランシュ＝コンテ
Franchemont　フランシュモン
Francis Carco　フランシス・カルコ
Francis de Croisset　フランシス・ド・クロワ
　　セ
Francis de Miomandre　フランシス・ド・ミ
　　オマンドル
Francis de Pressensé　フランシス・ド・プ
　　レサンセ
Francis Garnier　フランシス・ガルニエ
Francis Jammes　フランシス・ジャム
Francis Picabia　フランシス・ピカビア
Francis Ponge　フランシス・ポンジュ
Francis Poulenc　フランシス・プーランク
Francisque Sarsey　フランシスク・サルセ
Franc-Nohain　フラン＝ノアン
Francoeur　フランクール
François Auguste Mariette Pacha　フランソ
　　ワ・オーギュスト・マリエット・パシャ
François Bonvin　フランソワ・ボンヴァン
François Coppée　フランソワ・コペ
François de Neufchâteau　フランソワ・ド・
　　ヌーシャトー
Françoise Dolto　フランソワズ・ドルト
Françoise Gérard　フランソワ・ジェラール
François Iᵉʳ　フランソワ１世
François Mauriac　フランソワ・モーリヤック
François Millet　フランソワ・ミレ（ミエ）
　　【画家ミレー】
François Miron　フランソワ・ミロン
François Mitterrand　フランソワ・ミッテラ
　　ン
François Mouthon　フランソワ・ムトン
François Pinton　フランソワ・パントン
François Ponsard　フランソワ・ポンサール
François Truffaut　フランソワ・トリュフォー
François Villon　フランソワ・ヴィヨン
Franco-Russe　フランコ＝リュス
Francs-Bourgeois　フラン＝ブルジョワ
Franklin D. Roosevelt　フランクラン・D・ル
　　ズヴェルト（ロスヴェルト、ロズヴェルト）
Franquet　フランケ

Franqueville　フランクヴィル
Franz Liszt　フランツ・リスト
Fraternité　フラテルニテ
Frédéric Bastiat　フレデリック・バスティア
Frédéric Bazille　フレデリック・バジユ
Frédéric Brunet　フレデリック・ブリュネ
Frédéric Lemaître　フレデリック・ルメート
　　ル
Frédéric Le Play　フレデリック・ル・プレ
Frédéric Lolliée　フレデリック・ロリエ
Frédéric Magisson　フレデリック・マジソン
Frédéric Mistral　フレデリック・ミストラル
Frédéric Mourlon　フレデリック・ムルロン
Frédéric Rossif　フレデリック・ロシフ
Frédéric Sauton　フレデリック・ソートン
Frédéric Schneider　フレデリック・シュネデ
　　ール
Frédéric Vallois　フレデリック・ヴァロワ
Fréhel　フレエル
Frémicourt　フレミクール
Frémiet　フレミエ
Fréquel　フレケル
Frères d'Astier de la Vigerie　フレール・ダ
　　スティエ・ド・ラ・ヴィジュリ
Frères Morane　フレール・モラーヌ
Frères Périer　フレール・ペリエ
Fresnel　フレネ
Freycinet　フレシネ
Friant　フリアン
Friedland　フリードランド【フリートラント】
Frigos　フリゴ
Frochot　フロショ
Froidevaux　フロワドゥヴォー
Froissart　フロワサール
Froment　フロマン
Fromentin　フロマンタン
Fulton　ヒュルトン
Furetière　ヒュルティエール
Furstenberg　ヒュルステンベルグ
Furtado-Heine　ヒュルタド＝エーヌ
Fustel de Coulanges　ヒュステル・ド・クー
　　ランジュ

〈G〉

Gabon　ガボン
Gabriel　ガブリエル
Gabriel Fauré　ガブリエル・フォーレ
Gabriel Lamé　ガブリエル・ラメ
Gabriel Laumain　ガブリエル・ローマン

仏日項目対照一覧

Gabrielle　ガブリエル
Gabriel Péri　ガブリエル・ペリ
Gabriel Pierné　ガブリエル・ピエルネ
Gabriel Vicaire　ガブリエル・ヴィケール
Gaby Sylvia　ガビ・シルヴィア
Gager-Gabillot　ガジェ＝ガビヨ
Gagliardi　ガリアルディ
Gaillon　ガイヨン
Gaîté　ゲテ
Galande　ガランド
Galilée　ガリレ
Galleron　ガルロン
Galliera　ガリエラ
Gallois　ガロワ
Galvani　ガルヴァニ
Gambetta　ガンベッタ
Ganbey　ガンベ
Gandon　ガンドン
Ganneron　ガヌロン
Garance　ガランス
Garancière　ガランシエール
Gardes　ガルド
Gare　ガール
Gare de Charonne　ガール・ド・シャロンヌ
Gare de Reuilly　ガール・ド・ルイイ
Garenne　ガレンヌ
Garibaldi　ガリバルディ
Garigliano　ガリリャーノ
Garnier　ガルニエ
Garonne　ガロンヌ
Garreau　ガロー
Gascogne　ガスコーニュ
Gasnier-Guy　ガスニエ＝ギ
Gassendi　ガサンディ
Gaston Bachelard　ガストン・バシュラール
Gaston Baty　ガストン・バティ
Gaston Bertandeau　ガストン・ベルタンドー
Gaston Boissier　ガストン・ボワシエ
Gaston Couté　ガストン・クテ
Gaston Darboux　ガストン・ダルブー
Gaston de Caillavet　ガストン・ド・カイヤヴェ
Gaston de Saint-Paul　ガストン・ド・サン＝ポール
Gaston Pinot　ガストン・ピノ
Gaston Rébuffat　ガストン・レビュファ
Gaston Tessier　ガストン・テシエ
Gaston Tissandier　ガストン・ティサンディエ
Gâtbois　ガトボワ

Gâtines　ガティヌ
Gaudelet　ゴードゥレ
Gauguet　ゴーゲ
Gauguin　ゴーガン【ゴーギャン】
Gauthey　ゴーテ
Gauthier　ゴーティエ
Gavarni　ガヴァルニ
Gay-Lussac　ゲ＝リュサック
Gazan　ガザン
Geffroy Didelot　ジェフロワ・ディドロ
Général Anselin　ジェネラル・アンスラン
Général Appert　ジェネラル・アペール
Général Archinard　ジェネラル・アルシナール
Général Aubé　ジェネラル・オーベ
Général Balfourier　ジェネラル・バルフリエ
Général Baratier　ジェネラル・バラティエ
Général Beuret　ジェネラル・ブーレ
Général Blaise　ジェネラル・ブレーズ
Général Brocard　ジェネラル・ブロカール
Général Brunet　ジェネラル・ブリュネ
Général Cartoux　ジェネラル・カトルー
Général Clavery　ジェネラル・クラヴリ
Général Cochet　ジェネラル・コシェ
Général de Castelnau　ジェネラル・ド・カステルノー
Général de Langle de Cary　ジェネラル・ド・ラングル・ド・カリー
Général de Larminat　ジェネラル・ド・ラルミナ
Général Delestraint　ジェネラル・ドゥレストラン
Général de Maud'huy　ジェネラル・ド・モーデュイ
Général Denain　ジェネラル・ドゥナン
Général Détrie　ジェネラル・デトリ
Général Dodds　ジェネラル・ドッド
Général Dubail　ジェネラル・デュバイユ
Général Eisenhower　ジェネラル・アイズノウェール【アイゼンハワー】
Général Estienne　ジェネラル・エティエンヌ
Général Ferrié　ジェネラル・フェリエ
Général Foy　ジェネラル・フォワ
Général Gouraud　ジェネラル・グーロー
Général Grossetti　ジェネラル・グロセティ
Général Guilhem　ジェネラル・ギレム
Général Guillaumat　ジェネラル・ギヨーマ
Général Henrys　ジェネラル・アンリ
Général Humbert　ジェネラル・アンベール
Général Ingold　ジェネラル・アンゴルド

961

Général Koenig　ジェネラル・クーニグ
Général Lambert　ジェネラル・ランベール
Général Langlois　ジェネラル・ラングロワ
Général Lanrezac　ジェネラル・ランルザック
Général Laperrine　ジェネラル・ラペリヌ
Général Largeau　ジェネラル・ラルジョー
Général Lasalle　ジェネラル・ラサル
Général Leclerc　ジェネラル・ルクレール
Général Lemonnier　ジェネラル・ルモニエ
Général Lucotte　ジェネラル・リュコット
Général Maistre　ジェネラル・メストル
Général Malleterre　ジェネラル・マルテール
Général Mangin　ジェネラル・マンジャン
Général Mangueritte　ジェネラル・マルグリ
　ット
Général Martial Valin　ジェネラル・マルシャ
　ル・ヴァラン
Général Messimy　ジェネラル・メシミ
Général Michel Bizot　ジェネラル・ミシェ
　ル・ビゾ
Général Monclar　ジェネラル・モンクラール
Général Morin　ジェネラル・モラン
Général Niessel　ジェネラル・ニエセル
Général Niox　ジェネラル・ニオクス
Général Patton　ジェネラル・パットン
Général Renault　ジェネラル・ルノー
Général Roques　ジェネラル・ロック
Général Saint-Martin　ジェネラル・サン＝マ
　ルタン
Général Sarrail　ジェネラル・サラーユ
Général Séré de Rivières　ジェネラル・セレ・
　ド・リヴィエール
Général Stefanik　ジェネラル・ステファニク
Général Tessier de Marguerite　ジェネラ
　ル・テシエ・ド・マルグリット
Général Tripier　ジェネラル・トリピエ
Général Zarapoff　ジェネラル・ザラポフ
Généraux de Trentinian　ジェネロー・ド・ト
　ランティニャン
Gênes　ジェーヌ【ジェノヴァ】
Gentilly　ジャンティイ
Genty　ジャンティ
Géo Chavez　ジェオ・シャヴェ
Geoffroy-l'Angevin　ジョフロワ＝ランジュヴ
　ァン
Geoffroy-l'Asnier　ジョフロワ＝ラニエ
Geoffroy-Marie　ジョフロワ＝マリ
Geoffroy-Saint-Hilaire　ジョフロワ＝サン＝テ
　ィレール
George Balanchine　ジョルジュ・バランシヌ

George Bernard Shaw　ジョルジュ・ベルナ
　ール・ショー【バーナード・ショー】
George Eastman　ジョルジュ・イストマン
　【ジョージ・イーストマン】
George Gershwin　ジョルジュ・ゲルシュウィ
　ン【ガーシュウィン】
Georges Ambroise Boisselat et Blanche　ジョ
　ルジュ・アンブロワズ・ボワスラ・エ・ブラ
　ンシュ
George Sand　ジョルジュ・サンド
Georges Auric　ジョルジュ・オーリック
Georges Berger　ジョルジュ・ベルジェ
Georges Bernanos　ジョルジュ・ベルナノス
Georges Berry　ジョルジュ・ベリー
Georges Besse　ジョルジュ・ベス
Georges Bizet　ジョルジュ・ビゼ【ビゼー】
Georges Braque　ジョルジュ・ブラック
Georges Brassens　ジョルジュ・ブラッサンス
Georges Cain　ジョルジュ・ケーン
Georges Citerne　ジョルジュ・シテルヌ
Georges Contenot　ジョルジュ・コントゥノ
Georges de Porte-Riche　ジョルジュ・ド・ポ
　ルト＝リシュ
Georges Desplas　ジョルジュ・デスプラ
Georges Duhamel　ジョルジュ・デュアメル
Georges Dumézil　ジョルジュ・デュメジル
Georges et Maï Politzer　ジョルジュ・エ・マ
　イ・ポリゼール
Georges Guillaumin　ジョルジュ・ギヨーマン
Georges Lafenestre　ジョルジュ・ラフネスト
　ル
Georges Lafont　ジョルジュ・ラフォン
Georges Lamarque　ジョルジュ・ラマルク
Georges Lardennois　ジョルジュ・ラルデノワ
Georges Leclanché　ジョルジュ・ルクランシ
　ェ
Georges Lesage　ジェルジュ・ルサージュ
Georges Leygues　ジョルジュ・レーグ
Georges Mandel　ジョルジュ・マンデル
Georges Méliés　ジョルジュ・メリエス
Georges Mulot　ジョルジュ・ミュロ
Georges Pallain　ジョルジュ・パラン
Georges Perec　ジョルジュ・ペレク
Georges Pitard　ジョルジュ・ピタール
Georges Pompidou　ジョルジュ・ポンピドゥ
　ー
Georges Récipon　ジョルジュ・レシポン
Georges Risler　ジョルジュ・リスレル
Georges Rouault　ジョルジュ・ルオー
Georges Saché　ジョルジュ・サシェ

仏日項目対照一覧

Georges Thill　ジョルジュ・ティル
Georges Ville　ジョルジュ・ヴィル
Georgette Agutte　ジョルジェット・アギュート
George V　ジョルジュ5世
Georg Friedrich Haendel　ジョルグ・フリードリシュ・エンデル【ヘンデル】
Georgina　ジョルジナ
Gérando　ジェランド
Gérard　ジェラール
Gérard de Nerval　ジェラール・ド・ネルヴァル
Gérard Philipe　ジェラール・フィリップ
Gerbert　ジェルベール
Gerbier　ジェルビエ
Gergovie　ジェルゴヴィ
Géricault　ジェリコー
Germaine Tailleferre　ジェルメヌ・タイユフェール
Germain Pilon　ジェルマン・ピロン
Gervex　ジェルヴェクス
Gesvres　ジェーヴル
Giffard　ジファール
Gilebert de Guingand　ジルベール・ド・ガンガン
Gilbert Perroy　ジルベール・ペロワ
Gilbert Privat　ジルベール・プリヴァ
Ginette Hamelin　ジネット・アムラン
Ginette Neveu　ジネット・ヌヴー
Ginoux　ジヌー
Ginkgo　ジンコ
Giordano Bruno　ジョルダノ・ブリュノ【ジョルダーノ・ブルーノ】
Girardon　ジラルドン
Girodet　ジロデ
Gironde　ジロンド
Gît-le-Coeur　ジ=ル=クール
Glacière　グラシエール
Glaïeuls　グライユル
Glizières　グリジエール
Gluck　グリュク【グルック】
Glysines　グリシヌ
Gobelins　ゴブラン
Gobert　ゴベール
Godefroy　ゴドフロワ
Godefroy Cavaignac　ゴドフロワ・カヴェニャック
Godin　ゴダン
Godot de Mauroy　ゴド・ド・モーロワ
Goethe　グート【ゲーテ】

Goix　ゴワ
Goldoni　ゴルドニ【ゴルドーニ】
Gomboust　ゴンブースト
Goncourt　ゴンクール
Gonnet　ゴネ
Gossec　ゴセック
Got　ゴ
Goubet　グベ
Gounod　グノー
Gourgaud　グルゴー
Gouthière　グティエール
Goutte-d'Or　グト=ドール
Gouvion-Saint-Cyr　グヴィオン=サン=シル
Gozlin　ゴズラン
Grâce de Dieu　グラース・ド・デュー
Gracieuse　グラシューズ
Graisivaudan　グレジヴォーダン
Gramme　グラム
Gramont　グラモン
Grancey　グランセ
Grand Balcon　グラン・バルコン
Grand Cerf　グラン・セール
Grande Armée　グラン・ダルメ
Grande Chaumière　グランド・ショーミエール
Grande Pinte　グランド・パント
Grande Truanderie　グランド・トリュアンドゥリ
Grandes Rigoles　グランド・リゴル
Grand Prieuré　グラン・プリウレ
Grands-Augustins　グラン=ゾーギュスタン
Grands Champs　グラン・シャン
Grands Degrés　グラン・デグレ
Grands Moulins　グラン・ムーラン
Grand Veneur　グラン・ヴヌール
Grangé　グランジェ
Grange aux Belles　グランジュ・オー・ベル
Grange-Batelière　グランジュ=バトリエール
Gravelle　グラヴェル
Gravilliers　グラヴィリエ
Greffulhe　グレヒュル
Grégoire de Tours　グレゴワール・ド・トゥール
Grenade　グルナド
Grenelle　グルネル
Greneta　グルヌタ
Grenier-Saint-Lazare　グルニエ=サン=ラザール
Grenier sur l'Eau　グルニエ・シュル・ロー
Grès　グレ

963

パリ地名大事典

Gresset　グレセ
Grétry　グレトリ
Greuze　グルーズ
Gribeauval　グリボーヴァル
Gril　グリル
Grimaud　グリモー
Grisel　グリゼル
Griset　グリゼ
Gros　グロ
Gros-Caillou　グロ゠カイユー
Grosse-Bouteille　グロス゠ブティユ
Groupe-Manouchian　グループ゠マヌシアン
Guadeloupe　グワドループ【グアドループ】
Guatemala　グワテマラ
Gudin　ギュダン
Guébriant　ゲブリアン
Guelma　ゲルマ
Guêmênée　ゲメネ
Guénégaud　ゲネゴー
Guénot　ゲノ
＊Guépine　ゲピヌ
Guérin-Boisseau　ゲラン゠ボワソー
Guersant　ゲルサン
Guibert　ギベール
Guichard　ギシャール
Guignier　ギニエ
Guignières　ギニエール
Guilhem　ギレム
Guillaume Apolinaire　ギヨーム・アポリネール
Guillaume Bertrand　ギヨーム・ベルトラン
Guillaume Tell　ギヨーム・テル【ウィリアム・テル】
Guillaumot　ギヨーモ
Guilleminot　ギュミノ
Guillemites　ギュミット
Guisarde　ギザルド
Guizot　ギゾー
Gustave V de Suède　ギュスタヴ・サンク・ド・シュエード
Gustave Charpentier　ギュスタヴ・シャルパンティエ
Gustave Courbet　ギュスタヴ・クールベ
Gustave Doré　ギュスタヴ・ドレ
Gustave Eiffel　ギュスタヴ・エフェル（エッフェル）
Gustave Flaubert　ギュスタヴ・フロベール
Gustave Geffroy　ギュスタヴ・ジェフロワ
Gustave Goublier　ギュスタヴ・グブリエ
Gustave Larroume　ギュスタヴ・ラルメ

Gustave Le Bon　ギュスタヴ・ル・ボン
Gustave Lepeu　ギュスタヴ・ルプー
Gustave Mesureur　ギュスタヴ・ムジュルール
Gustave Nadaud　ギュスタヴ・ナドー
Gustave Rouanet　ギュスタヴ・ルアネ
Gustave Toudouze　ギュスタヴ・トゥドゥーズ
Gustave Zédé　ギュスタヴ・ゼデ
Gutenberg　ギュタンベルグ【グーテンベルク】
Guttin　ギュタン
Guyane　ギュイヤヌ【ギャナ】
Guy de La Brosse　ギ・ド・ラ・ブロス
Guy de Maupassant　ギ・ド・モーパサン【モーパッサン】
Guyenne　ギュイエンヌ
Guy Môquet　ギ・モケ
Guynemer　ギヌメール
Guy Patin　ギ・パタン
Guyton de Morveau　ギトン・ド・モルヴォ

〈H〉

Habib Bourguiba　ハビーブ（アビーブ）・ブルギバ
Haie-Coq　エ゠コック
Haies　エ
Hainaut　エノー
Halévy　アレヴィ
Hallé　アレ
Halles　アル（レ・アル）
Hameau　アモー
Hamelin　アムラン
Hannah Arendt　アナ・アラント【ハンナ・アーレント】
Hanovre　アノーヴル
Hardy　アルディ
Harlay　アルレー
Harmonie　アルモニー
Harpe　アルプ
Harpignies　アルピニー
＊Harvey　アルヴェ【ウィリアム・ハーヴェー】
Hassar　アサール
Haudriettes　オードリエット
Haussmann　オスマン
Hautefeuille　オートフイユ
Hauterive　オートリヴ
Hautes-Formes　オート゠フォルム

仏日項目対照一覧

Hautes Traverses　オート・トラヴェルス
Hauteville　オートヴィル
Haut-Pavé　オー＝パヴェ
Hautpoul　オープール
Hauts de Belleville　オー・ド・ベルヴィル
Havre　アーヴル【ル・アーヴル】
Haxo　アクソ
Hébert　エベール
Hébrard　エブラール
Hector Guimard　エクトル・ギマール
Hector Malot　エクトル・マロ
Hégésippe Moreau　エジェジップ・モロー
Helder　エルデル
Hélène　エレーヌ
Hélène Boucher　エレーヌ・ブシェ
Hélène Jakubowicz　エレーヌ・ジャキュボヴィッチ
Héliopolis　エリオポリス【ヘリオポリス】
Héloïse et Abélard　エロイーズ・エ・アベラール
Hénard　エナール
Hennel　エネル
Henner　エネール
Henri IV　アンリ４世
Henri Barboux　アンリ・バルブー
Henri Barbusse　アンリ・バルビュス
Henri Becque　アンリ・ベック
Henri Bergson　アンリ・ベルグソン
Henri Bocquillon　アンリ・ボキヨン
Henri Brisson　アンリ・ブリソン
Henri Cadiou　アンリ・カディウ
Henri Chevreau　アンリ・シェヴロー
Henri Christiné　アンリ・クリスティネ
Henri de Bornier　アンリ・ド・ボルニエ
Henri de France　アンリ・ド・フランス
Henri de La Vaulx　アンリ・ド・ラ・ヴォー
Henri Delorme　アンリ・ドゥロルム
Henri Desgrange　アンリ・デグランジュ
Henri Dubouillon　アンリ・デュブイヨン
Henri Duchêne　アンリ・デュシェーヌ
Henri Duparc　アンリ・デュパルク
Henri Duvernois　アンリ・デュヴェルノワ
Henri et Achille Duchêne　アンリ・エ・アシル・デュシェーヌ
Henri Feulard　アンリ・フラール
Henri Fiszbin　アンリ・フィシュバン
Henri Frenay　アンリ・フルネ
Henri Gaillard　アンリ・ガヤール
Henri Heine　アンリ・エヌ【ハインリヒ・ハイネ】

Henri Huchard　アンリ・ユシャール
Henri Krasucki　アンリ・クラズキ
Henri Langlois　アンリ・ラングロワ
Henri Martin　アンリ・マルタン
Henri Matisse　アンリ・マティス
Henri Michaux　アンリ・ミショー
Henri Moissan　アンリ・モワサン
Henri Mondor　アンリ・モンドール
Henri Murger　アンリ・ミュルジェ
Henri Noguères　アンリ・ノゲール
＊Henrion de Pansey　アンリオン・ド・パンセ
Henri Pape　アンリ・パプ
Henri Poincaré　アンリ・ポアンカレ
Henri Queuille　アンリ・クイユ
Henri Ranvier　アンリ・ランヴィエ
Henri Regnault　アンリ・レニョー
Henri Robert　アンリ・ロベール
Henri Rochefort　アンリ・ロシュフォール
Henri Rollet　アンリ・ロレ
Henri Tomasi　アンリ・トマジ
Henri Turot　アンリ・テュロ
Henry Bataille　アンリ・バタイユ
Henry de Bournazel　アンリ・ド・ブルナゼル
Henry de Jouvevel　アンリ・ド・ジュウネル
Henry de Jouvevel　アンリ・ド・ジュウネル
Henry Montherlant　アンリ・ド・モンテルラン
Henry Farman　アンリ・ファルマン
Henry Monnier　アンリ・モニエ
Henry Paté　アンリ・パテ
Hérault de Séchelles　エロー・ド・セシェル
Héricart　エリカール
Hermann-Lachapelle　エルマン＝ラシャペル
Hérold　エロルド
Héron　エロン
Herran　エラン
Herschel　エルシェル
Hersent　エルサン
Hesse　エス【ヘッセン】
Hippolyte Lebas　イポリット・ルバ
Hippolyte Mandron　イポリット・マンドロン
＊Hippolyte Prévost　イポリット・プレヴォ
Hirondelle　イロンデル
Hittorf　イトルフ
Hiver　イヴェール
Hoche　オシュ
Honoré Chevalier　オノレ・シュヴァリエ
Hôpital　オピタル

965

Hôpital Saint-Antoine　オピタル・サン=タントワヌ
Hôpital Saint-Louis　オピタル・サン=ルイ
Horloge　オルロージュ
Hortensias　オルタンシャ
＊Hospices　オスピス
Hospitalières Saint-Gervais　オスピタリエール・サン=ジェルヴェ
Hôtel Colbert　オテル・コルベール
Hôtel d'Argenson　オテル・ダルジャンソン
Hôtel de Ville　オテル・ド・ヴィル
Hôtel Saint-Paul　オテル・サン=ポール
Houdard　ウダール
Houdart de Lamotte　ウダール・ド・ラモット
Houdon　ウドン
Houseaux　ウゾー
Hubert Monmarche　ユベール・モンマルシュ
Huchette　ユシェット
Huit Mai 1945　ユイ・メ・1945
Huit Novembre 1942　ユイ・ノヴァンブル・1942
Hulot　ユロ
Humblot　アンブロ
Hussein 1er de Jordanie　ユセン・プルミエ・ド・ジョルダニ
Hutte au Garde　ユット―・ガルド
Huyghens　ユイゲンス【ホイヘンス】
Huysmans　ユイスマンス

〈I〉

Ibsen　イプセン
Iéna　イエナ
Île-de-France　イル=ド=フランス
Immeuble Industriels　イムーブル・アンデュストリエル
Indechine　アンドシヌ【インドシナ】
Indre　アンドル
Industrie　アンデュストリ
Industrielle　アンデュストリエル
Ingénieur Robert Keller　アンジェニウール・ロベール・ケレ
Ingres　アングル
Innocents　イノサン
Inspecteur Allès　アンスペクトゥール・アレス
Institut　アンスティテュ
Interne Loëb　アンテルヌ・ロエブ
Invalides　アンヴァリッド

Irénée Blanc　イレネ・ブラン
Iris　イリス
Irlandais　イルランデ
Isabey　イザベ
Islettes　イスレット
Isly　イスリ
Issy-les-Moulineaux　イシー=レ=ムリノー
Italie　イタリ【イタリア】
Italiens　イタリヤン
Ivry　イヴリー

〈J〉

Jacob　ジャコブ
Jacob Kaplan　ジャコブ・カルラン
Jacquard　ジャカール
Jacquemont　ジャクモン
Jacques Antoine　ジャック・アントワヌ
Jacques Audiberti　ジャック・オーディベルティ
Jacques Bainville　ジャック・バンヴィル
Jacques Baudry　ジャック・ボードリ
Jacques Bingen　ジャック・バンジャン
Jacques Bonsergent　ジャック・ボンセルジャン
Jacques Callot　ジャック・カロ
Jacques Cartier　ジャック・カルティエ
Jacques Chaban-Delmas　ジャック・シャバン=デルマス
Jacques Coeur　ジャック・クール
Jacques Copeau　ジャック・コポー
Jacques Debu-Bridel　ガック・ドゥビュ=ブルデル
Jacques Demy　ジャック・ドゥミ
Jacques Destrée　ジャック・デストレ
Jacques Duchesne　ジャック・デュシェーヌ
Jacques et Thérèse Tréfouel　ジャック・エ・テレーズ・トレフエル
Jacques Froment　ジャック・フロマン
Jacques-Henri Lartigue　ジャック=アンリ・ラルティグ
Jacques Hillairet　ジャック・イレレ
Jacques Ibert　ジャック・イベール
Jacques Kablé　ジャック・カブレ
Jacques Kellner　ジャック・ケルネル
Jacques Louvel-Tessier　ジャック・ルーヴェル=テシエ
Jacques Marette　ジャック・マレット
Jacques Mawas　ジャック・マワ
Jacques Offenbach　ジャック・オフェンバク

【オッフェンバック】
Jacques Prévert　ジャック・プレヴェール
Jacques Rouche　ジャック・ルーシュ
Jacques Rueff　ジャック・リュエフ
Jacques Tréfouël　ジャック・トレフエル
Jacques Viguès　ジャック・ヴィゲス
Jacquier　ジャキエ
Jadin　ジャダン
Jaillot　ジャイヨ
James Joyce　ジャムス・ジョイス
Jamot　ジャモ
Jandelle　ジャンデル
Jan Doornick　ヤン・ドールニク
Jane Evrard　ジャヌ・エヴラール
Janssen　ジャンサン
Japon　ジャポン【日本】
Japy　ジャピ
Jardin　ジャルダン
Jardinet　ジャルディネ
Jardiniers　ジャルディニエ
Jardin Saint-Paul　ジャルダン・サン＝ポール
Jarente　ジャラント
Jarry　ジャリ
Jasmin　ジャスマン
Jaucourt　ジョクール
Javel　ジャヴェル
Javelot　ジャヴロ
Jean Ménans　ジャン・メナン
Jean Aicard　ジャン・エカール
Jean Antoine de Baïf　ジャン・アントワヌ・ド・バイフ
Jean Arp　ジャン・アルプ
Jean-Baptiste Berlier　ジャン＝バティスト・ベルリエ
Jean-Baptiste Clément　ジャン＝バティスト・クレマン
Jean-Baptiste Dumas　ジャン＝バティスト・デュマ
Jean-Baptiste Dumay　ジャン＝バティスト・デュメ
Jean-Baptiste Luquet　ジャン＝バティスト・リュケ
Jean-Baptiste Semanaz　ジャン＝バティスト・スマナ（ズ）
Jean Bart　ジャン・バール
Jean Beausire　ジャン・ボージール
Jean Bologne　ジャン・ボローニュ
Jean Bouton　ジャン・ブトン
Jean Calvin　ジャン・カルヴァン
Jean Carriès　ジャン・カリエス

Jean-Claude Arnould　ジャン＝クロード・アルヌー
Jean-Claude-Nicolas Forestier　ジャン＝クロード＝ニコラ・フォレスティエ
Jean Cocteau　ジャン・コクトー
Jean Colly　ジャン・コリ
Jean Cottin　ジャン・コタン
Jean Daudin　ジャン・ドーダン
Jean de Beauvais　ジャン・ド・ボーヴェ
Jean Dolent　ジャン・ドラン
Jean Dollfus　ジャン・ドルヒュス
Jean du Bellay　ジャン・デュ・ベレ
Jean Dunant　ジャン・デュナン
Jean Falck　ジャン・ファルク
Jean Fautrier　ジャン・フォートリエ
Jean Ferrandi　ジャン・フェランディ
Jean Formigé　ジャン・フォルミジェ
Jean Fourastié　ジャン・フーラスティエ
Jean-François Lépine　ジャン＝フランソワ・レピヌ
Jean Giono　ジャン・ジオノ
Jean Giraudoux　ジャン・ジロドゥ
Jean Goujon　ジャン・グージョン
Jean-Henri Fabre　ジャン＝アンリ・ファーブル
Jean-Henry Dunant　ジャン＝アンリ・デュナン
Jean Hugues　ジャン・ユーグ
Jean-Jacques Rousseau　ジャン＝ジャック・ルソー
Jean Jaurès　ジャン・ジョレス
Jean Lantier　ジャン・ランティエ
Jean Leclaire　ジャン・ルクレール
Jean Lorrain　ジャン・ロラン
Jean-Louis Forain　ジャン＝ルイ・フォラン
Jean Macé　ジャン・マセ
Jean Maridor　ジャン・マリドール
Jean-Marie Jégo　ジャン＝マリ・ジェゴ
Jean Mermoz　ジャン・メルモーズ
Jean Minjoz　ジャン・ミンジョズ
Jean Moinon　ジャン・モワノン
Jean Monnet　ジャン・モネ
Jean Moréas　ジャン・モレアス
Jean Moulin　ジャン・ムラン
Jeanne d'Arc　ジャンヌ・ダルク
Jeanne Dugan　ジャンヌ・デュガン
Jeanne Hachette　ジャンヌ・アシェット
Jean Nicot　ジャン・ニコ
Jean Nohain　ジャン・ノアン
Jean Oberlé　ジャン・オベルレ

パリ地名大事典

Jean Oestreicher　ジャン・エストライシェ
Jean Paulhan　ジャン・ポーラン
Jean-Paul Laurens　ジャン=ポール・ロラン
ス
Jean-Paul Sartre – Simone de Beauvoir　ジャン=ポール・サルトル=シモヌ・ド・ボーヴォワール
Jean Perrin　ジャン・ペラン
Jean Pierre-Bloch　ジャン・ピエール=ブロック
Jean-Pierre Timbaud　ジャン=ピエール・タンボー
Jean Poulmarch　ジャン・プルマール
Jean Pronteau　ジャン・プロントー
Jean Quarré　ジャン・カレ
Jean Renoir　ジャン・ルノワール
Jean Rey　ジャン・レ
Jean Richepin　ジャン・リシュパン
Jean Robert　ジャン・ロベール
Jean Rostand　ジャン・ロスタン
Jean Sablon　ジャン・サブロン
Jean-Sébastien Bach　ジャン=セバスチャン・バック【ヨハン・ゼバスティアン・バッハ】
Jean Sicard　ジャン・シカール
Jean Thébaud　ジャン・テボー
Jean Tison　ジャン・ティゾン
Jean Varenne　ジャン・ヴァレンヌ
Jean Veber　ジャン・ヴェベール
Jean Vilar　ジャン・ヴィラール
Jean Zay　ジャン・ゼ
Jemmapes　ジェマップ
Jenner　ジェネール【ジェンナー】
Jeoffroy-l'Asnier　ジョフロワ=ラニエ
Jessaint　ジェサン
Jeu de Boules　ジュ・ド・ブル
Jeûneurs　ジュヌール
Joachim du Bellay　ジョアシャン・デュ・ベレー
Joanès　ジョアネス
Jobbé-Duval　ジョベ=デュヴァル
Jocelyn　ジョスラン
Joffre　ジョフル
Johann Strauss　ジョアン・ストロース【ヨハン・シュトラウス】
Joinville　ジョワンヴィル
Jolivet　ジョリヴェ
Joly　ジョリ
Jomard　ジョマール
Jonas　ジョナス
Jongkind　ジョンカンド

Jonquilles　ジョンキユ
Jonquoy　ジョンコワ
José Maria de Heredia　ジョゼ・マリア・ド・エレディア
José Marti　ジョゼ・マルティ
Joseph Bara　ジョゼフ・バラ
Joseph Bédier　ジョゼフ・ベディエ
Joseph Bouvard　ジョゼフ・ブヴァール
Joseph Chailley　ジョゼフ・シャイエ
Joseph de Maistre　ジョゼフ・ド・メストル
Joseph Dijon　ジョゼフ・ディジョン
Joseph Epstein　ジョゼフ・エプスタン
Joseph et Marie Hackin　ジョゼフ・エ・マリ・アカン
Joseph Granier　ジョゼフ・グラニエ
Joséphine　ジョゼフィヌ
Joséphine Baker　ジョゼフィヌ・ベケール【ジョセフィン・ベーカー】
Joseph Kessel　ジョゼフ・ケッセル
Joseph Kosma　ジョゼフ・コスマ
Joseph Liouville　ジョゼフ・リューヴィル
Joseph Python　ジョゼフ・ピトン
Joseph Sansboeuf　ジョゼフ・サンブフ
Joseph Wresinski　ジョゼフ・ウレジンスキ
José Rizal　ルジョゼ・リザル
Josseaum　ジョソーム
Josset　ジョセ
Joubert　ジュベール
Joudrier　ジュードリエ
Jouffroy　ジュフロワ
Jouffroy d'Abbans　ジュフロワ・ダバン
Jour　ジュール
Jourdain　ジュルダン【ヨルダン】
Jourdan　ジュルダン
＊Jouvence　ジュヴァンス
Jouvenet　ジュヴネ
Jouy　ジュイ
Jouye-Rouve　ジュイ=ルーヴ
Joyeux　ジョワイユー
Juan Miró　ジュアン・ミロ【ホアン／ジョアン・ミロ】
Juge　ジュジュ
Juges-Consuls　ジュジュ=コンシュル
Juillet　ジュイエ
Jules Bourdais　ジュール・ブルデ
Jules Breton　ジュール・ブルトン
Jules César　ジュール・セザール【ユリウス・カエサル】
Jules Chaplain　ジュール・シャプラン
Jules Chéret　ジュール・シェレ

仏日項目対照一覧

Jules Claretie　ジュール・クラルティ
Jules Cloquet　ジュール・クロケ
Jules Cousin　ジュール・クザン
Jules Dumien　ジュール・デュミャン
Jules Dupré　ジュール・デュプレ
Jules Ferry　ジュール・フェリー
Jules Guesde　ジュール・ゲード
Jules Hénaffe　ジュール・エナフ
Jules Janin　ジュール・ジャナン
Jules Joffrin　ジュール・ジョフラン
Jules Jouy　ジュール・ジュイ
Jules Lefevre　ジュール・ルフェーヴル
Jules Lemaître　ジュール・ルメートル
Jules Pichard　ジュール・ピシャール
Jules Renard　ジュール・ルナール
Jules Rimet　ジュール・リメ
Jules Romains　ジュール・ロマン
Jules Sandeau　ジュール・サンドー
Jules Senard　ジュール・スナール
Jules Siegfried　ジュール・シグフリード
Jules Simon　ジュール・シモン
Jules Supervielle　ジュール・シュペルヴィエ
　ル
Jules Vallès　ジュール・ヴァレス
Jules Verne　ジュール・ヴェルヌ
Julia Bartet　ジュリア・バルテ
Julien Lacroix　ジュリアン・ラクロワ
Julienne　ジュリエンヌ
Juliette Dodu　ジュリエット・ドデュ
Juliette Lamber　ジュリエット・ランベール
Junot　ジュノ（一）
Jura　ジュラ
Jussienne　ジュシェンヌ
Jussieu　ジュシュー
Juste Métivier　ジュスト・メティヴィエ
Justes de France　ジュスト・ド・フランス
Justice　ジュスティス

〈K〉

Kabylie　カビリ【カビリア】
Keller　ケレー
Kellermann　ケレルマン
Kepler　ケプレール【ケプラー】
Keufer　クフェール
Kléber　クレベール
Kossuth　コシュート
Kracher　クラシェ
Kuss　キュス
Kyoto　キョト【京都】

〈L〉

Labat　ラバ
Labrador　ラブラドル
La Baume　ラ・ボーム
Labie　ラビ
La Boétie　ラ・ボエシ
Labois-Bouillon　ラボワ＝ブイヨン
Laborde　ラボルド
La Bourdonnais　ラ・ブルドネ
Labrouste　ラブルスト
La Bruyère　ラ・ブリュイエール
Labyrinthe　ラビラント
Lacaille　ラカーユ
Lacaze　ラカーズ
Lacépède　ラセペード
Lachambeaudie　ラシャンボーディ
La Champmeslé　ラ・シャンメレ
Lacharrière　ラシャリエール
Lachelier　ラシュリエ
La Condamine　ラ・コンダミヌ
Lacordaire　ラコルデール
Lacretelle　ラクルテル
Lacroix　ラクロワ
Lacuée　ラキュエ
La Fayette　ラ・ファイエット
Laferrière　ラフェリエール
La Feuillade　ラ・フイヤード
Laffitte　ラフィット
La Fontaine　ラ・フォンテーヌ
Laforgue　ラフォルグ
La Fresnay　ラ・フレネ
La Frillière　ラ・フリリエール
Lagarde　ラガルド
Laghouat　ラグアット
Lagille　ラジル
Lagny　ラニ
Lagrange　ラグランジュ
Lahire　ライール
La Jonquière　ラ・ジョンキエール
Lakanal　ラカナル
Lalande　ラランド
Lallier　ラリエ
Lally-Tollendal　ラリ＝トレンダル
Lalo　ラロ
Lamandé　ラマンデ
Lamarck　ラマルク
Lamartine　ラマルティヌ
Lamballe　ランバル

パリ地名大事典

Lambert　ランベール
Lamblardie　ランブラルディ
Lamennais　ラムネ
La Michodière　ラ・ミショディエール
Lamier　ラミエ
Lamoricière　ラモリシエール
La Motte-Picquet　ラ・モット＝ピケ
Lancette　ランセット
Lancret　ランクレ
Lancry　ランクリ
Landrieu　ランドリュー
Langeac　ランジャック
Lanneau　ラノー
Lannes　ランヌ
Lantiez　ランティエ
Laonnais　ラオネ
Laos　ラオス
La Pérouse　ラ・ペルーズ
Lapeyrère　ラペレール
Laplace　ラプラス
La Planche　ラ・プランシュ
Lappe　ラプ（ラップ）
La Quintinie　ラ・カンティニ
La Reynie　ラ・レニ
Largillière　ラルジリエール
La Rochefoucauld　ラ・ロシュフコー
Larochelle　ラロシェル
Laromiguière　ラロミギエール
Larrey　ラレ
Larribe　ラリブ
Las Cases　ラス・カーズ
La Sourdière　ラ・スルディエール
Lasson　ラソン
Lassus　ラシュス
Lasteyrie　ラステリ
Lathuile　ラテュイル
La Tour d'Auvergne　ラ・トゥール・ドーヴェルニュ
La Tour Maubourg　ラ・トゥール・モブール
Latran　ラトラン
La Trémoille　ラ・トレムイユ
Laugier　ロージエ
Laumière　ローミエール
Laurence Savart　ローランス・サヴァール
Laurent-Pichat　ローラン＝ピシャ
Láure Surville　ロール・シュルヴィル
Lauriston　ローリストン
Lautréamont　ロートレアモン
Lauzin　ローザン
La Vacquerie　ラ・ヴァクリ

Lavandières Saint-Opportune　ラヴァンディエール・サン＝トポルテュヌ
La Vieuville　ラ・ヴューヴィル
Lavoir　ラヴォワール
Lavoisier　ラヴォアジエ
La Vrillière　ラ・ヴリエール
Léandre　レアンドル
Leblanc　ルブラン
Lebon　ルボン
Lebouis　ルブイ
Lebouteux　ルブトゥー
Le Brix-Mesmin　ル・ブリ＝メスマン
Le Brun　ル・ブラン
Le Bua　ル・ビュア
Lechapelais　ルシャプレ
Le Chatelier　ル・シャトリエ
Léchevin　レシュヴァン
Leclaire　ルクレール
Leclerc　ルクレール
Lécluse　レクリューズ
Lecomte　ルコント
Lecomte du Nouÿ　ルコント・デュ・ヌイ
Leconte de Lisle　ルコント・ド・リル
Le Corbusier　ル・コルビュジエ
Lecourbe　ルクルブ
Lecuirot　ルキュイロ
Lécuyer　レキュイエ
Le Dantec　ル・ダンテック
Ledion　ルディオン
Ledru-Rollin　ルドリュ＝ロラン
Lefebvre　ルフェーヴル
Legendre　ルジャンドル
Léger　レジェ
Légion d'Honneur　レジョン・ドヌール
Légion Étrangère　レジョン・エトランジェール
Le Goff　ル・ゴフ
Legouvé　ルグーヴェ
Le Gramat　ル・グラマ
Legrand　ルグラン
Legraverend　ルグラヴラン
Leibniz　ライプニッツ（レブニッツ）
Lekain　ルカン
Lemaignan　ルメニャン
Léman　レマン
Le Marois　ル・マロワ
Lemercier　ルメルシエ
Lemoine　ルモワヌ
Lémon　レモン
Le Nain de Tillemont　ル・ナン・ド・ティユ

モン

Leneveux　ルヌヴー
Le Nôtre　ル・ノートル
Lentonnet　ラントネ
Léo Delibes　レオ・ドゥリーブ
Léo Hamon　レオ・アモン
Léon　レオン
Léonard Bernstein　レオナール・ベルンスタ
　ン【レナード・バーンスタイン】
Léonard de Vinci　レオナール・ド・ヴァンシ
　【レオナルド・ダ・ヴィンチ】
Léon Blum　レオン・ブルム
Léon Bollée　レオン・ボレ
Léon Bonnat　レオン・ボナ
Léon Bourgeois　レオン・ブルジョワ
Léonce Reynaud　レオンス・レノー
Léon Cladel　レオン・クラデル
Léon Cogniet　レオン・コニエ
Léon Cosnard　レオン・コスナール
Léon Delagrange　レオン・ドゥラグランジュ
Léon Delhomme　レオン・ドゥロム
Léon Deubel　レオン・ドゥベル
Léon Dierx　レオン・ディエルクス
Léon Droux　レオン・ドルー
Léone　レオヌ
Léon Frapié　レオン・フラピエ
Léon Frot　レオン・フロ
Léon Gaumont　レオン・ゴーモン
Léon Gérôme　レオン・ジェローム
Léon Giraud　レオン・ジロー
Léon Guillot　レオン・ギヨ
Léon Heuzey　レオン・ウゼ
Léonidas　レオニダス
Léon Jost　レオン・ジョスト
Léon Jouhaux　レオン・ジュオー
Léon Lhermitte　レオン・レルミット
Léon-Maurice Nordmann　レオン＝モーリ
　ス・ノールマン
Léon Morane　レオン・モラーヌ
Léon-Paul Fargue　レオン＝ポール・ファル
　グ
Léon Séché　レオン・セシェ
Léontine　レオンティヌ
Léon Vaudoyer　レオン・ヴォドワイエ
Léopold Bellan　レオポルド・ベラ
Léopold II　レオポルド2世
Léopold Robert　レオポルド・ロベール
Lepage　ルパージュ
Le Peletier　ル・ペルティエ
＊Lepeu　ルプー

Lepic　ルピック
Leredde　ルレド
Le Regrattier　ル・ルグラティエ
Leriche　ルリシュ
Leroi-Gourhan　ルロワ＝グーラン
Leroux　ルルー
Leroy　ルロワ
Leroy-Beaulieu　ルロワ＝ボーリュー
Leroy-Dupré　ルロワ＝デュプレ
Lesage　ルサージュ
Lesdiguières　レディギエール
Lespagnol　レスパニョル
Lesseps　レセップス
Le Sueur　ル・シュウール
Le Tasse　ル・タス
Letellier　ルトリエ
Letort　ルトール
Leuck-Mathieu　ルク＝マテュー
Levant　ルヴァン
Le Vau　ル・ヴォー
Le Verrier　ル・ヴェリエ
Levert　ルヴェール
Lévis　レヴィ
Lheureux　ルルー
Lhomme　ロム
Lhomond　ロモン
Lhuillier　リュイリエ
Liancourt　リャンクール
Liard　リヤール
Liban　リバン【レバノン】
Liberté　リベルテ
Liège　リエージュ
Lieutenance　リュートナンス
Lieutenant Chauré　リュートナン・ショーレ
Lieutenant-Colonel Dax　リュートナン＝コロ
　ネル・ダクス
Lieutenant-Colonel Deport　リュートナン＝コ
　ロネル・ドゥポール
Lieutenant Henri Karcher　リュートナン・ア
　ンリ・カルシェ
Lieutenant Lapeyre　リュートナン・ラペール
Lieutenant Stéphane Piobetta　リュートナ
　ン・ステファヌ・ピオベッタ
Lieuvin　リューヴァン
Ligner　リニェ
Lilas　リラ
Lili Boulanger　リリ・ブーランジェ
Lille　リール
Lily Laskine　リリー・ラスキヌ
Limagne　リマーニュ

971

Limousin　リムザン
Lincoln　リンコルン【リンカーン】
Lingères　ランジェール
Lingerie　ランジュリ
Linné　リネ【リンネ】
Linois　リノワ
Lino Ventura　リノ・ヴァンチュラ
Lions　リオン
Lions Saints-Paul　リオン・サン＝ポール
Lisa　リザ
Lisbonne　リスボンヌ【リスボン】
Lisfranc　リスフラン
Littré　リトレ
Livingstone　リヴィングストン
Lobau　ロボー
Lobineau　ロビノー
Logelbach　ロゲルバック
Loi　ロワ
Loing　ロワン
Loire　ロワール
Loiret　ロワレ
L'Olive　ロリーヴ
Lombards　ロンバール
Londres　ロンドル【ロンドン】
Longchamp　ロンシャン
Longues-Raies　ロング＝レ
Lord Byron　ロール・バイロン【ロード・バイロン】
Lorraine　ロレーヌ
Lot　ロット
Lota　ロタ
Louis Aragon　ルイ・アラゴン
Louis Armand　ルイ・アルマン
Louis Armstrong　ルイ・アルムストロング【ルイ・アームストロング】
Louis Barthou　ルイ・バルトゥー
Louis Bernier　ルイ・ベルニエ
Louis Blanc　ルイ・ブラン
Louis Blériot　ルイ・ブレリオ
Louis Boilly　ルイ・ボワイ
Louis Bonnet　ルイ・ボネ
Louis Braille　ルイ・ブライユ
Louis Codet　ルイ・コデ
Louis David　ルイ・ダヴィッド
Louis Delapoete　ルイ・ドゥラポルト
Louis Delgrès　ルイ・デルグレ（ス）
Louise de Marillac　ルイズ・ド・マリヤック
Louise Labé　ルイズ・ラベ
Louise Weiss　ルイズ・ヴェス【ルイズ・ヴァイス】

＊Louis Français　ルイ・フランセ
Louis Ganne　ルイ・ガンヌ
Louis Gentil　ルイ・ジャンティ
Louisiane　ルイジアヌ【ルイジアナ】
　Louisinane
Louis le Grand　ルイ・ル・グラン【ルイ大王＝ルイ14世】
Louis Lépine　ルイ・レピヌ
Louis Loucheur　ルイ・ルシュール
Louis Lumière　ルイ・リュミエール
Louis Marin　ルイ・マラン
Louis Morard　ルイ・モラール
Louis Murat　ルイ・ミュラ
Louis-Nicola Clérambault　ルイ＝ニコラ・クレランボー
Louis Pasteur-Vallery-Radot　ルイ・パストゥール＝ヴァレリ＝ラド
Louis Pergaud　ルイ・ペルゴー
Louis-Philippe　ルイ＝フィリップ
Louis Robert　ルイ・ロベール
Louis Thuillier　ルイ・テュイリエ
Louis Vicat　ルイ・ヴィカ
Louis Vierne　ルイ・ヴィエルヌ
Lourmel　ルルメル
Louvat　ルヴァ
Louvet　ルヴェ
Louvois　ルーヴォワ
Louvre　ルーヴル
Lowendale　ロヴェンダル
Lübeck　ルベック
Lucien Bossoutrot　リュシアン・ボストロ
Lucien Descave　リュシアン・デカーヴ
Lucien et Sacha Guitry　リュシアン・エ・サシャ・ギトリ
Lucien Fantanarosa　リュシアン・ファンタナロザ
Lucien Gaulard　リュシアン・ゴーラール
Lucien Herr　リュシアン・エール
Lucien Lambeau　リュシアン・ランボー
Lucien Leuwen　リュシアン・ルーヴェン
Lucien Sampaix　リュシアン・サンペ
Lulli　リュリ
Lunain　リュナン
Lune　リュヌ
Lunéville　リュネヴィル
Lutèce　リュテス
Luynes　リュイヌ
Lyanes　リヤヌ
Lyautey　リヨテ
Lyon　リヨン

Lyonnais　リヨネ
＊Lys　リス

〈M〉

Mabillon　マビヨン
Macdonald　マクドナルド
Mac-Mahon　マク＝マオン
Mâconnais　マコネ
Madagascar　マダガスカール【マダガスカル】
Madame　マダム
Madeleine　マドレーヌ
Mademoiselle　マドモワゼル
Madone　マドヌ
Madrid　マドリ【マドリード】
＊Magasins-à-Fourrage　マガザン＝ア＝フラージュ
Magasins de l'Opéra-Comique　マガザン・ド・ロペラ＝コミック
Magdebourg　マグドブール【マグデブルク】
Magellan　マジェラン【マゼラン】
Magendie　マジャンディ
Magenta　マジャンタ
Mahatma Gandhi　マアトマ・ガンディー
Maigrot-Delaunay　メグロ＝ドゥロネ
Mail　マイユ
Maillard　マイヤール
Maillot　マイヨ
Main-d'Or　マン＝ドール
Maine　メーヌ
Maintenon　マントノン
Maire　メール
Mairie　メリ
Maison-Blanche　メゾン＝ブランシュ
Maison-Brûlée　メゾン＝ブリュレ
Maison-Dieu　メゾン＝デュー
Maître-Albert　メートル＝アルベール
Malakoff　マラコフ
Malaquai　マラケ
Malar　マラール
Malassis　マラシ
Malebrabche　マルブランシュ
Malesherbes　マルゼルブ
Maleville　マルヴィル
Malher　マレール
Malherbe　マレルブ
Mallebay　マルベ
Mallet-Sevens　マレ＝ステヴァンス
Malmaisons　マルメゾン
Malte　マルト

Malte-Brun　マルト＝ブラン
Malus　マリュス
Mandar　マンダール
Manin　マナン
Mansart　マンサール
Manuel　マニュエル
Manutention　マニュタンシオン
Maquis du Vercors　マキ・デュ・ヴェルコール
Maraîchers　マレシェ
Marais　マレ
Marbeau　マルボー
Marbeuf　マルブフ
Marcadet　マルカデ
Marc-Antoine Charpentier　マルク＝アントワヌ・シャルパンティエ
Marc Bloch　マルク・ブロック
Marc Chagall　マルク・シャガル【シャガール】
Marceau　マルソー
Marcel Achard　マルセル・アシャール
Marcel Aymé　マルセル・エメ（エーメ）
Marcel Cerdan　マルセル・セルダン
Marcel Doret　マルセル・ドレ
Marcel Dubois　マルセル・デュボワ
Marcel Duchamp　マルセル・デュシャン
Marcel Gromaire　マルセル・グロメール
Marcelin Berthelot　マルスラン・ベルトロ
Marcel Jambenoire　マルセル・ジャンブノワール
Marcel Pagnol　マルセル・パニョル
Marcel Proust　マルセル・プルースト
Marcel Rajman　マルセル・ラジマン
Marcel Renault　マルセル・ルノー
Marcel Sembat　マルセル・サンバ
Marcel Toussaint　マルセル・トゥーサン
Marcès　マルセ
Marchais　マルシェ
Marché　マルシェ
Marché aux Chevaux　マルシェ・オー・シュヴォー
Marché des Blanc-Manteaux　マルシェ・デ・ブラン＝マントー
Marché des Patriarches　マルシェ・デ・パアトリアルシュ
Marché-Neuf　マルシェ＝ヌフ
Marché Ordener　マルシェ・オルドネ
Marché Popincourt　マルシェ・ポパンクール
Marché Saint-Antoine　マルシェ・サン＝タントワヌ

Marché Sainte-Catherine　マルシェ・サント＝カトリーヌ

Marché Saint-Honoré　マルシェ・サン＝トノレ

Marco Polo　マルコ・ポロ（ポーロ）

Marc Sangnier　マルク・サンニエ

Marc Séguin　マルク・セガン

Mare　マール

Maréchal de Lattre de Tassigny　マレシャル・ド・ラトル・ド・タシニ

Maréchal Fayolle　マレシャル・ファヨル

Maréchal Franchet d'Esperey　マレシャル・フランシェ・デペレ

Maréchal Gallieni　マレシャル・ガリエニ

Maréchal Harispe　マレシャル・アリスプ

Maréchal Juin　マレシャル・ジュワン

Maréchal Lyautey　マレシャル・リヨテ

Maréchal Maunoury　マレシャル・モーヌリ

Marengo　マランゴ【マレンゴ】

Marguerin　マルグラン

Marguerite de Navarre　マルグリト・ド・ナヴァール

Marguerite Duras　マルグリト・デュラス

Marguerite Long　マルグリト・ロン

Marguerite Yourcenar　マルグリト・ユルスナール

Margueritte　マルグリット

Marguettes　マルゲット

Maria Callas　マリア・カラス

Maria Deraismes　マリア・ドレ（ス）ム

Marie　マリ

Marie-Andrée Lagroua Weill-Hallé　マリ＝アンドレ・ラグルア・ヴェイユ＝アレ

Marie-Anne Colombier　マリ＝アンヌ・コロンビエ

Marie Benoist　マリ・ブノワ

Marie-Blanche　マリ＝ブランシュ

Marie Curie　マリ・キュリー

Marié-Davy　マリエ＝ダヴィ

Marie de Miribel　マリ・ド・ミリベル

Marie et Louise　マリ・エ・ルイズ

Marie Laurencin　マリ・ローランサン

Marie Laurent　マリ・ローラン

Marie-Madeleine Fourcade　マリ＝マドレーヌ・フルカード

Marie-Rose　マリ＝ローズ

Marie Stuart　マリ・ステュアール【メアリー・ステュアート】

Marietta Martin　マリエッタ・マルタン

Marignan　マリニャン【マリニャーノ】

Marigny　マリニ（ー）

Mariniers　マリニエ

Marin La Meslée　マラン・ラ・メレ

Marinoni　マリノニ

Mario Nikis　マリオ・ニキ（ス）

Mariotte　マリオット

Marius Barroux　マリウス・バルー

Marivaux　マリヴォー

Marlène Dietrich　マルレーヌ・ディトリシュ【マレーネ・ディートリッヒ】

Marmontel　マルモンテル

Marmousets　マルムゼ

Marne　マルヌ

Maroc　マロック【モロッコ】

Maronites　マロニット

Marquis d'Arlandes　マルキ・ダルランド

Marronniers　マロニエ

Marseillaise　マルセイエーズ

Marseille　マルセイユ

Marsollier　マルソリエ

Marsoulan　マルスラン

Martel　マルテル

Martignac　マルティニャク

Martin Bernard　マルタン・ベルナール

Martin Garat　マルタン・ガラ

Martini　マルティニ

Martinique　マルティニク

Martin Nadaud　マルタン・ナドー

Marty　マルティ

Martyrs　マルティール

Martyrs de la Resistance de la Porte de Sèvres　マルティール・ド・ラ・レジスタンス・ド・ラ・ポルト・ド・セーヴル

Martyrs Juifs du Vélodrome d'Hiver　マルティール・ジュイフ・デュ・ヴェロドローム・ディヴェール

Marx Dormoy　マルクス・ドルモワ

Maryse Bastié　マリーズ・バスティエ

Maryse Hilsz　マリーズ・イルス

＊Maslier　マスリエ

Maspéro　マスペロ

Masséna　マセナ

Massenet　マスネ

Masseran　マスラン

Massillon　マシヨン

Massonet　マソネ

＊Mathias Duval　マティアス・デュヴァル

Mathieu　マチュー

Mathis　マティス

Mathurin Moreau　マテュラン・モロー

Mathurin Régnier　マテュラン・レニエ
Mathurins　マテュラン
Matignon　マティニョン
Maubert　モベール
Maubeuge　モブージュ
Maublanc　モーブラン
Mauconseil　モーコンセイユ
Maure　モール
Maurel　モーレル
Mauric Baumont　モーリス・ボーモン
Maurice Audin　モーリス・オーダン
Maurice Barrès　モーリス・バレス
Maurice Berteaux　モーリス・ベルトー
Maurice Bouchor　モーリス・ブショール
Maurice Bourdet　モーリス・ブルデ
Maurice Carême　モーリス・カレーム
Maurice Chevalier　モーリス・シュヴァリエ
Maurice de Fontenay　モーリス・ド・フォン
　トネ
Maurice de La Sizeranne　モーリス・ド・ラ・
　シズランヌ
Maurice Denis　モーリス・ドニ
Maurice d'Ocagne　モーリス・ドカニュ
Maurice et Louis de Broglie　モーリス・エ・
　ルイ・ド・ブロイ
Maurice Genevoix　モーリス・ジュヌヴォワ
Maurice Loewy　モーリス・ローイ
Maurice Maignen　モーリス・メニャン
Maurice Noguès　モーリス・ノゲス
Maurice Quentin　モーリス・コンタン
Maurice Ravel　モーリス・ラヴェル
Maurice Ripoche　モーリス・リポシュ
Maurice Rollinat　モーリス・ロリナ
Maurice Rouvier　モーリス・ルヴィエ
Maurice Utrillo　モーリス・ユトリヨ【ユトリ
　ロ】
Mauvais Garçons　モーヴェ・ギャルソン
Mauxins　モークサン
Max Ernst　マックス・エルンスト
Max Guedj　マックス・ゲージュ
Max Hymans　マックス・イマン
Max Jacob　マックス・ジャコブ
Mayenne　マイエンヌ
Mayet　マイエ
Mayran　メラン
Mazagran　マザグラン
Mazarine　マザリヌ
Mazas　マザ
＊Mazet　マゼ
Meaux　モー

Méchain　メシャン
＊Médéah　メデア
Médéric　メデリク
Médicis　メディシス
Mégisserie　メジスリ
Méhul　メュル
Meilhac　メイヤック
Meissonier　メソニエ
Mélingue　メラング
Melun　ムラン
Ménars　メナール
Mendelssohn　メンデルソン【メンデルスゾー
　ン】
Ménétriers　メネトリエ
Ménilmontant　メニルモンタン
Mercoeur　メルクール
Méridienne　メリディエンヌ
Mérimée　メリメ
Merisiers　ムリジエ
Merlin　メルラン
Méryon　メリヨン
Meslay　メスレ
Mesnil　メニル
Messageries　メサジュリ
Messidor　メシドール
Messier　メシエ
Messine　メシヌ【メッシーナ】
Metz　メス
Meuniers　ムニエ
Meurthe　ムルトフ
Mexico　メキシコ
Meyerbeer　メイエルベール
Meynadier　メナディエ
Mézières　メジエール
Michal　ミシャル
Michel-Ange　ミケラーンジュ【ミケランジェ
　ロ】
Michel Audiard　ミシェル・オディアール
Michel Bréal　ミシェル・ブレアル
Michel Chasles　ミシェル・シャル
Michel de Bourges　ミシェル・ド・ブルジュ
Michelet　ミシュレ
Michel le Comte　ミシェル・ル・コント
Michel Peter　ミシェル・ペテ
Michel Petrucciani　ミシェル・ペトルチアニ
Michel Tagrine　ミシェル・タグリヌ
Midi　ミディ
Mignard　ミニャール
Mignet　ミニェ
Mignon　ミニョン

パリ地名大事典

Mignot　ミニョ
Mignottes　ミニョット
Miguel Hidalgo　ミゲル・イダルゴ
Milan　ミラン【ミラノ】
Milleret de Brou　ミルレ・ド・ブルー
Milne-Edwards　ミルヌ＝エドワルス
Milord　ミロール
Milton　ミルトン
Mimosas　ミモザ
Minervois　ミネルヴォワ
Minimes　ミニム
Miollis　ミオリス
Mirabeau　ミラボー
Mirbel　ミルベル
Mire　ミール
Miromesnil　ミロメニル
Mission Marchand　ミション・マルシャン
Mizon　ミゾン
Moderne　モデルヌ
Modigliani　モディリアニ
Mogador　モガドール
Mohammed V　モハメド5世
Moines　モワヌ
Molière　モリエール
Molin　モラン
Molitor　モリトール
Mollien　モリヤン
Monbel　モンベル
Monceau　モンソー
Moncey　モンセ
Mondetour　モンドトゥール
Mondonville　モンドンヴィル
Mondovi　モンドヴィ
Monge　モンジュ
Mongenot　モンジュノ
Mongolfière　モンゴルフィエール
Monjol　モンジョル
Monnaie　モネ
Monpensier　モンパンシエ
Monplaisir　モンプレジール
Monseigneur Loutil　モンセニュール・ルティ
　ル
Monseigneur Rodhain　モンセニュール・ロダ
　ン
Monseihneur Maillet　モンセニュール・マイ
　エ
Monsieur　ムシュー
Monsieur le Prince　ムシュー・ル・プランス
Monsigny　モンシニ
Monsoreau　モンソロー

Montagne d'Aulas　モンターニュ・ドーラ
Montagne de la Fage　モンターニュ・ド・
　ラ・ファージュ
Montagne de l'Espérou　モンターニュ・ド・
　レスペルー
Montagne du Goulet　モンターニュ・デュ・
　グーレ
Montagne Sainte-Geneviève　モンターニュ・
　サント＝ジュヌヴィエーヴ
Montaigne　モンテーニュ
Mont-Aigoual　モン＝エグアル（モン＝テグ
　アル）
Montalembert　モンタランベール
Montalivet　モンタリヴェ
Montauban　モントーバン
Mont-Blanc　モン＝ブラン
Montboeufs　モンブフ
Montbrun　モンブラン
Montcalm　モンカルム
Mont-Cenis　モン＝スニ
Mont-Dore　モン＝ドール
Montebello　モンテベロ【モンテベッロ】
Monte-Christo　モント＝クリスト【モンテ＝
　クリスト伯】
Montempoivre　モンタンポワヴル
Monténegro　モンテネグロ
Montenotte　モントノット【モンテノッテ】
Montéra　モンテラ
Montespan　モンテスパン
Montesquieu　モンテスキュー
Montevideo　モンテヴィデオ【モンテビデオ】
Montfaucon　モンフォーコン
Montgallet　モンガレ
Montgolfier　モンゴルフィエ
Monthiers　モンティエ
Montholon　モントロン
Monticelli　モンティセリ
Mont-Louis　モン＝ルイ
Montmartre　モンマルトル
Montmorency　モンモランシー
Montorgueil　モントルグイユ
Montparnasse　モンパルナス
Montreuil　モントルイユ
Montsouris　モンスーリ
Monttessuy　モンテシュイ
Mont-Thabor　モン＝タボール
Mont-Tonnerre　モン＝トネール
Montyon　モンティヨン
Mony　モニ
Morand　モラン

仏日項目対照一覧

Moreau　モロー
Morère　モレール
Moret　モレ
Morillons　モリヨン
Morland　モルラン
Morlet　モルレ
Morlot　モルロ
Mornay　モルネ
Moro-Giafféri　モロ＝ジャフェリ
Morthier　モルティエ
Morvan　モルヴァン
Moscou　モスクー
Moselle　モーゼル
Moskowa　モスコヴァ
Mouffetard　ムフタール
Moufle　ムフル
Moulin Dagobert　ムーラン・ダゴベール
＊Moulin de Beurre　ムーラン・ド・ブール
Moulin de Javel　ムーラン・ド・ジャヴェル
Moulin de la Pointe　ムーラン・ド・ラ・ポワント
Moulin de la Vierge　ムーラン・ド・ラ・ヴィエルジュ
Moulin des Lapins　ムーラン・デ・ラパン
Moulin des Prés　ムーラン・デ・プレ
Moulinet　ムリネ
Moulin Joly　ムーラン・ジョリ
Moulins　ムーラン
Moulin Vert　ムーラン・ヴェール
Mounet-Sully　ムネ＝シュムネ＝シュリー
Mouraud　ムロー
＊Mousquetaires　ムスクテール
Mousset　ムセ
Mousset-Robert　ムセ＝ロベール
Moussorgsky　ムソルグスキ
Moussy　ムシ（一）
Mouton-Duvernet　ムトン＝デュヴェルネ
Mouzaïa　ムザイア
Moves　モーヴ
Moynet　モワネ
Mozart　モザール【モーツァルト】
Muette　ミュエット
Mulhouse　ミュルーズ
Muller　ミュレ
Murat　ミュラ
Mûriers　ミューリエ
Murillo　ミュリヨ【ムリーリョ】
Musset　ミュセ
Mutualité　ミュテュアリテ
Myrha　ミラ

Myron T. Herrick　ミロン・T・エリク【マイロン・T・ヘリック】

〈N〉

Naboulet　ナブレ
Nancy　ナンシー
Nanettes　ナネット
Nansouty　ナンスティ
Nantes　ナント
Nanteuil　ナントゥイユ
Naples　ナプル【ナポリ】
Napoléon III　ナポレオン３世
Napoléon Chaix　ナポレオン・シェクス
Narbonne　ナルボンヌ
Narcisse Diaz　ナルシス・ディアズ
Narvik　ナルヴィク
Nation　ナシオン
National　ナショナル
Nationale　ナショナル
Nations-Unies　ナシオン＝ジュニ
Nativité　ナティヴィテ
Nattier　ナティエ
Navarin　ナヴァラン【ナヴァリノ】
Navarre　ナヴァール
Navier　ナヴィエ
Necker　ネケール【ネッケル】
Négociants　ネゴシアン
Négrier　ネグリエ
Nélaton　ネラトン
Nemours　ヌムール
Nesle　ネル
Neuf（Pont-)　ヌフ（橋）
Neuilly　ヌイイ
Neuve de la Chardonnière　ヌーヴ・ド・ラ・シャルドニエール
Neuve des Boulets　ヌーヴ・デ・ブーレ
Neuve du Théâtre　ヌーヴ・デュ・テアトル
Neuve Popincourt　ヌーヴ・ポパンクール
Neuve Saint-Pierre　ヌーヴ・サン＝ピエール
Neuve Tolbiac　ヌーヴ・トルビアック
Néva　ネヴァ
Nevers　ヌヴェール
Newton　ニュートン
New York　ニューヨルク【ニューヨーク】
Ney　ネ
Nicaragua　ニカラグア
Nice　ニース
Nicolaï　ニコライ
Nicolas　ニコラ

977

Nicolas Appert　ニコラ・アペール
Nicolas Charlet　ニコラ・シャルレ
Nicolas Chuquet　ニコラ・シュケ
Nicolas de Blégny　ニコラ・ド・ブレニ
Nicolas Flamel　ニコラ・フラメル
Nicolas Fortin　ニコラ・フォルタン
Nicolas Houël　ニコラ・ウエル
Nicolas Roret　ニコラ・ロレ
Nicolas Taunay　ニコラ・トーネ
Nicolay　ニコレ
Nicole Chouraqui　ニコル・シュラキ
Nicole de Hauteclocque　ニコル・ド・オート
　クロック
Nicolet　ニコレ
Nicolo　ニコロ
Niel　ニエル
Niepce　ニエプス
Nieuport　ニュポール【ニエポール】
Niger　ニジェール
Nijinski　ニジンスキー
Nil　ニル【ナイル】
Nobel　ノベル【ノーベル】
Nocard　ノカール
Noël　ノエル
Noël Ballay　ノエル・バレ
Noisiel　ノワジエル
Nollet　ノレ
Nollez　ノレ
Nom de Jésus　ノム・ド・ジェジュ
Nonnains d'Hyères　ノナン・ディエール
Nord　ノール
Normandie　ノルマンディ
Norvège　ノルヴェージュ【ノルウェー】
Norvins　ノルヴァン
Notre-Dame　ノートル=ダム
Notre-Dame-de-Bonne-Nouvelle　ノートル=
　ダム=ド=ボン=ヌーヴェル
Notre-Dame-de-la-Croix　ノートル=ダム=ド
　=ラ=クロワ
Notre-Dame-de-Lorette　ノートル=ダム=ド
　=ロレット
Notre-Dame-de-Nazareth　ノートル=ダム=
　ド=ナザレト
Notre-Dame-de-Recouvrance　ノートル=ダム
　=ド=ルクーヴランス
Notre-Dame-des-Champs　ノートル=ダム=
　デ=シャン
Notre-Dame-des-Victoires　ノートル=ダム=
　デ=ヴィクトワール
Nouveau-Belleville　ヌヴォー=ベルヴィル

Nouveau Conservatoire　ヌヴォー・コンセル
　ヴァトワール
Nouvelle-Calédonie　ヌーヴェル=カレドニー
　【ニューカレドニア】
Noyer-Durand　ノワイエ=デュラン
Nungesseur et Coli　ヌンジェスール・エ・コ
　リ
Nymphéas　ナンフェア

〈O〉

Obélisque　オベリスク
Oberkampf　オベルカンプ
Observatoire　オプセルヴァトワール
Octave Chanute　オクターヴ・シャニュート
Octave Feuillet　オクターヴ・フイエ
Octave Gréard　オクターヴ・グレアール
Octave Mirbeau　オクターヴ・ミルボー
Oculus　オキュリュス
Odadour-sur-Glane　オラドゥール=シュル=
　グラヌ
Odéon　オデオン
Odessa　オデッサ
Odiot　オディオ
Oise　オワーズ
Oiseau　ワゾー
Olier　オリエ
Olivet　オリヴェ
Olivier de Serres　オリヴィエ・ド・セール
Olivier Messiaen　オリヴィエ・メシアン
Olivier Métra　オリヴィエ・メトラ
Olivier Noyer　オリヴィエ・ノワイエ
Olympe de Gouges　オランプ・ド・グージュ
Omer Talon　オメール・タロン
Onfroy　オンフロワ
Onze Novembre 1918　オーンズ・ノヴァンブ
　ル1918
Opéra　オペラ
Opéra-Louis Jouvet　オペラ=ルイ・ジュヴェ
Oran　オラン
Oratoire　オラトワール
Orchampt　オルシャン
Orchidées　オルシデ
Ordener　オルドネ
Orfèvres　オルフェーヴル
Orfila　オルフィラ
Orgues　オルグ
Orient-Express　オリオン=テクスプレス
Orillon　オリヨン
Orléans　オルレアン

仏日項目対照一覧

Orme　オルム
Ormeaux　オルモー
Ormeaux-Grands-Champs　オルモー＝グラン
　　＝シャン
Ormesson　オルメソン
Ornano　オルナノ
Orsay　オルセ【オルセー】
Orsel　オルセル
Orteaux　オルトー
Ortolan　オルトラン
Oscar Roty　オスカル・ロティ
Oslo　オスロ
Oswaldo Cruz　オスワルド・クリュズ【オズ
　　ワルド・クルス】
Otages　オタージュ
Oudinot　ウディノ
Oudry　ウドリー
Ouessant　ウェサン
Ouest　ウェスト
Ourcq　ウルク
Ours　ウルス
Ozanam　オザナム

〈P〉

Pablo Casals　パブロ・カザルス
Pablo Picasso　パブロ・ピカソ
Pache　パシュ
Pacquay　ペクエ
Padirac　パディラック
Paganini　パガニーニ
Paillet　パイエ
Paix　ペ
Pajol　パジョル
Pajou　パジュー
Palais　パレ
Palais Bourbon　パレ・ブルボン
Palais-Royal　パレ＝ロワイヤル
Palais-Royal de Belleville　パレ＝ロワイヤル・
　　ド・ベルヴィル
Palatine　パラティヌ
Palestine　パレスチヌ（パレスティナ）
Palestro　パレストロ
Pali-Kao　パリ＝カオ【八里橋】
Panama　パナマ
Panhard et Levassor　パナール・エ・ルヴァ
　　ソール
Panier Fleuri　パニエ・フルーリ
Panorama　パノラマ
Panoyaux　パノワイヨー

Panthéon　パンテオン
＊Pape-Carpentier　パプ＝カルパンティエ
Papillon　パピヨン
Papin　パパン
Paradis　パラディ
Paraguay　パラゲ【パラグアイ】
Parc　パルク
Parc de Charonne　パルク・ド・シャロンヌ
Parc de Choisy　パルク・ド・ショワジー
Parc de Passy　パルク・ド・パシー
Parc des Princes　パルク・デ・プランス
Parchappe　パルシャプ
Parcheminerie　パルシュミヌリ
Parc Montsouris　パルク・モンスーリ
Parc Royal　パルク・ロワイヤル
Parent de Rosan　パラン・ド・ロザン
Parme　パルム【パルマ】
Parmentier　パルマンティエ
Parrot　パロ
Partants　パルタン
Parvis Notre-Dame　パルヴィ・ノートル＝ダ
　　ム
Pascal　パスカル
Pas de la Mule　パ・ド・ラ・ミュル
Pasdeloup　パドルー
Pasquier　パ（ス）キエ
Passy　パシー
Pasteur　パストゥール
Pasteur Marc Boegner　パストゥール・マル
　　ク・ベグネール
Pasteur Wagner　パストゥール・ワグネル
Pastourelle　パストゥレル
Patay　パテ
Patenne　パテンヌ
Patriarches　パトリアルシュ
Patrice Boudart　パトリス・ブダール
Patrice de la Tour du Pin　パトリス・ド・
　　ラ・トゥール・デュ・パン
Pâtures　パテュール
Paturle　パテュルル
Paul Abadie　ポール・アバディ
Paul Adam　ポール・アダム
Paul Albert　ポール・アルベール
Paul Appell　ポール・アペル
Paul Barruel　ポール・バリュエル
Paul Beauregard　ポール・ボールガール
Paul Belmondo　ポール・ベルモンド
Paul Bert　ポール・ベール
Paul Blanchet　ポール・ブランシェ
Paul Bodin　ポール・ボダン

979

Paul Borel　ポール・ボレル
Paul Boudry　ポール・ボードリー
Paul Bourget　ポール・ブルジェ
Paul Cézanne　ポール・セザンヌ
Paul Chautard　ポール・ショータール
Paul Claudel　ポール・クローデル
Paul Crampel　ポール・クランペル
Paul Delmet　ポール・デルメ
Paul Déroulède　ポール・デルレード
Paul Deschanel　ポール・デシャネル
Paul Doumer　ポール・ドゥメール
Paul Dubois　ポール・デュボワ
Paul Dukas　ポール・デュカ（ス）
Paul Dupuy　ポール・デュピュイ
Paul Éluard　ポール・エリュアール
Paul Escudier　ポール・エスキュディエ
Paul et Jean Lerolle　ポール・エ・ジャン・ル
　ロル
Paul Féval　ポール・フェヴァル
Paul Fort　ポール・フォール
Paul Gervais　ポール・ジェルヴェ
Paul-Henri Grauwin　ポール＝アンリ・グロー
　ウィン
Paul Hervieu　ポール・エルヴュー
Paulin Enfert　ポーラン・アンフェール
Paul-Jean Toulet　ポール＝ジャン・トゥーレ
Paul Klee　ポール・クレ【パウル・クレー】
Paul Langevin　ポール・ランジュヴァン
Paul Laurent　ポール・ローラン
Paul Léautaud　ポール・レオトー
Paul Lelong　ポール・ルロン
Paul-Louis Courier　ポール＝ルイ・クーリエ
Paul Meurice　ポール・ムーリス
Paul Painlevé　ポール・パンルヴェ
Paul Paray　ポール・パレ
Paul Reynaud　ポール・レノー
Paul Sauniére　ポール・ソーニエール
Paul Séjourné　ポール・セジュルネ
Paul Signac　ポール・シニャク
Paul Strauss　ポール・ストロース
Paul Tortelier　ポール・トルトゥリエ
Paul Vaillant-Couturier　ポール・ヴァイヤン
　＝クテュリエ
Paul Valéry　ポール・ヴァレリー
Paul Verlaine　ポール・ヴェルレーヌ
Pauly　ポリー
Pavée　パヴェ
Pavillons　パヴィヨン
Payenne　ペイエンヌ
Péan　ペアン

Péclet　ペクレ
Pégoud　ペグー
Péguy　【シャルル・ペギー】
Peintres　パントル
Pékin　ペカン【北京】
Pelée　プレ
Pèlerin　ペルラン
Pélican　ペリカン
Pelleport　ペルポール
Pelouze　プルーズ
Penel　プネル
Pensionnat　パンショナ
Penthièvre　パンティエーヴル
Pépinière　ペピニエール
Perceval　ペルスヴァル
Perchamps　ペルシャン
Perche　ペルシュ
Percier　ペルシエ
Perdonnet　ペルドネ
Père Brottier　ペール・ブロティエ
Père Chaillet　ペール・シャイエ
Père Corentin　ペール・コランタン
Père Guérin　ペール・ゲラン
Pereire　ペレール
Père Julien Dhuit　ペール・ジュリアン・デュ
　イ
Père Lachaise　ペール・ラシェーズ
Père Marcelin Champagnat　ペール・マルス
　ラン・シャンパニャ
Père Plumier　ペール・プリュミエ
Père Prosper-Enfantin　ペール・プロスペル
　＝アンファンタン
Père Theilhard de Chardin　ペール・テイヤ
　ール・ド・シャルダン
Pergolèse　ペルゴレーズ
Périchaux　ペリショー
Pérignon　ペリニョン
Périgord　ペリゴール
Périgueux　ペリグー
Périphérique　ペリフェリク
Perle　ペルル
Pernelle　ペルネル
Pernette du Guillet　ペルネット・デュ・ギエ
Pernety　ペルネティ
Pérou　ペルー
Perrault　ペロー
Perrel　ペレル
Perreur　ペルール
Perrichont　ペリション
Perron　ペロン

Perronet　ペロネ
Pers　ペール
Pershing　ペルシング
Pestalozzi　ペスタロッジ【ペスタロッチ】
Pétel　ペテル
Peterhof　ペテルホフ
Petiet　プティエ
Pétin　ペタン
Pétion　ペシオン
Petit　プティ
Petit-Cerf　プティ＝セール
Petite-Arche　プティ＝タルシュ
Petite-Boucherie　プティット＝ブシュリ
Petite-Pierre　プティット＝ピエール
Petites-Écuries　プティット＝ゼキュリ
Petite-Truanderie　プティット＝トリュアン
　ドリ
Petit-Modèle　プティ＝モデル
Petit-Moine　プティ＝モワヌ
Petit-Musc　プティ＝ミュスク
Petitot　プティトー
Petit-Pont　プティ＝ポン
Petits-Carreaux　プティ＝カロー
Petits-Champs　プティ＝シャン
Petits-Hôtels　プティ＝ゾテル
Petits-Pères　プティ＝ペール
Pétrarque　ペトラルク【ペトラルカ】
Pétrelle　ペトレル
Peupliers　プープリエ
Phalsbourg　ファルスブール
Philibert Delorme　フィリベール・ドゥロル
　ム
Philibert Lucot　フィリベール・リュコ
Philidor　フィリドール
Philippe Auguste　フィリップ・オーギュスト
Philippe de Champagne　フィリップ・ド・シ
　ャンパーニュ
Philippe de Girard　フィリップ・ド・ジラー
　ル
Philippe Hecht　フィリップ・エシュ
Philosophe　フィロゾフ
Piat　ピア
Picardie　ピカルディ
Piccini　ピクシニ【ピッチーニ、ピッチンニ】
Pic de Barrette　ピック・ド・バレット
Picot　ピコ
Picpus　ピクピュス
Piémontési　ピエモンテジ
Pierre-Adrien Dalpayrat　ピエール＝アドリア
　ン・ダルペラ

Pierre au Lard　ピエール・オ・ラール
Pierre Bayle　ピエール・ベル
Pierre Bonnard　ピエール・ボナール
Pierre Bourdan　ピエール・ブルダン
Pierre Brisson　ピエール・ブリソン
Pierre Brossolette　ピエール・ブロソレット
Pierre Budin　ピエール・ビュダン
Pierre Bullet　ピエール・ビュレ
Pierre Charron　ピエール・シャロン
Pierre Dac　ピエール・ダック
Pierre de Coubertin　ピエール・ド・クベルタ
　ン
Pierre Demours　ピエール・ドゥムール
Pierre Dupont　ピエール・デュポン
Pierre Dux　ピエール・デュクス
Pierre Emmanuel　ピエール・エマニュエル
Pierre et Marie Curie　ピエール・エ・マリ・
　キュリー
Pierre Foncin　ピエール・フォンサン
Pierre Ginier　ピエール・ジニエ
Pierre Girard　ピエール・ジラール
Pierre Gourdault　ピエール・グルドー
Pierre Guérin　ピエール・ゲラン
Pierre Haret　ピエール・アレ
Pierre Ier de Serbie　ピエール・プルミエ・
　ド・セルビ
Pierre Jean Jouve　ピエール・ジャン・ジュ
　ーヴ
Pierre Joseph Desault　ピエール・ジョゼフ・
　ドゥソー
Pierre Lafue　ピエール・ラヒュ
Pierre Lampué　ピエール・ランピュエ
Pierre Larousse　ピエール・ラルース
Pierre Lazareff　ピエール・ラザレフ
Pierre Le Grand　ピュートル・ル・グラン【ピ
　ョートル大帝】
Pierre Leroux　ピエール・ルルー
Pierre Le Roy　ピエール・ル・ロワ
Pierre Lescot　ピエール・レスコ
Pierre Levée　ピエール・ルヴェ
Pierre L'Hermite　ピエール・レルミト
Pierre Loti　ピエール・ロティ
Pierre Louÿs　ピエール・ルイ
Pierre Mac Orlan　ピエール・マク・オルラン
Pierre Massé　ピエール・マセ
Pierre Mendès France　ピエール・マンデス・
　フランス
Pierre Mille　ピエール・ミル
Pierre Mollaret　ピエール・モラレ
Pierre Mouillard　ピエール・ムイヤール

パリ地名大事典

Pierre Nicole　ピエール・ニコル
Pierre Picard　ピエール・ピカール
Pierre Quillard　ピエール・キヤール
Pierre Rebière　ピエール・ルビエール
Pierre Reverdy　ピエール・ルヴェルディ
Pierre Sarrazin　ピエール・サラザン
Pierre Seghers　ピエール・セゲール
Pierre Sémard　ピエール・セマール
Pierre Soulié　ピエール・スリエ
Pierre Vaudrey　ピエール・ヴォードレ
Pierre Villey　ピエール・ヴィレ
Piet Mondrian　ピエ（ト）・モンドリアン
Pigalle　ピガル
Pihet　ピエ
Pilâtre de Rozier　ピラートル・ド・ロジエ
Pilier　ピリエ
Piliers　ピリエ
Pillet-Will　ピエ＝ウィル
Pinel　ピネル
Pirandello　ピランデロ【ピランデルロ】
Pirogues de Bercy　ピローグ・ド・ベルシー
Pirouette　ピルウェット
Pissarro　ピサロ
Piver　ピヴェ
Pixérécourt　ピクセレクール
Plaine　プレーヌ
Plaisance　プレザンス
Planchard　プランシャール
Planchat　プランシャ
Planchette　プランシェット
Plantes　プラント
Plantin　プランタン
Platanes　プラタヌ
Plat d'Étain　プラ・デタン
Plateau　プラトー
Platon　プラトン
Plâtre　プラートル
Plâtrières　プラトリエール
Plélo　プレロ
Pleyel　プレイエル
Plichon　プリション
Plumet　プリュメ
Poinsot　ポワンソ
Point-du-Jour　ポワン＝デュ＝ジュール
Pointe　ポワント
Poirier　ポワリエ
Poirier de Narçay　ポワリエ・ド・ナルセ
Poissonnerie　ポワソヌリ
Poissonnière　ポワソニエール
Poissonniers　ポワソニエ

Poissy　ポワシー
Poitevins　ポワトヴァン
Poitiers　ポワティエ
Poitou　ポワトゥー
Pôle Nord　ポール・ノール
Poliveau　ポリヴォー
Pologne　ポローニュ【ポーランド】
Polonceau　ポロンソー
Pomereu　ポムルー
Pompe　ポンプ
Ponant　ポナン
Ponceau　ポンソー
Poncelet　ポンスレ
Pondichéry　ポンディシェリ
Poniatowski　ポニャトフスキ
Ponscarme　ポンスカルム
Pont-à-Mousson　ポンタ＝ムソン
Pont aux Biches　ポン＝トー＝ビシュ
Pont-aux-Choux　ポン＝トー＝シュー
＊Pont de Grenelle　ポン・ド・グルネル
Pont de Lodi　ポン・ド・ロディ
Ponthieu　ポンテュー
Pont Louis-Philippe　ポン・ルイ＝フィリップ
Pont Mirabeau　ポン・ミラボー
Pont-Neuf　ポン＝ヌフ
Pontoise　ポントワーズ
Popincourt　ポパンクール
Poquelin　ポクラン
Portalis　ポルタリス
Port-au-Prince　ポルトー＝プランス
Porte Brunet　ポルト・ブリュネ
Porte Champerret　ポルト・シャンペレ
Porte Chaumont　ポルト・ショーモン
Porte d'Asnières　ポルト・ダスニエール
Porte d'Aubervilliers　ポルト・ドーベルヴィ
　リエ
Porte de Bagnolet　ポルト・ド・バニョレ
Porte de Brancion　ポルト・ド・ブランシオ
　ン
Porte de Charenton　ポルト・ド・シャラント
　ン
Porte de Chatillon　ポルト・ド・シャティヨ
　ン
Porte de Choisy　ポルト・ド・ショワジー
Porte de Clichy　ポルト・ド・クリシー
Porte de Clignancourt　ポルト・ド・クリニャ
　ンクール
＊Porte de Gentilly　ポルト・ド・ジャンティ
　イ
Porte de la Chapelle　ポルト・ド・ラ・シャ

982

ベル

Porte de la Plaine　ポルト・ド・ラ・プレーヌ

Porte de la Villette　ポルト・ド・ラ・ヴィレット

Porte de Ménilmontant　ポルト・ド・メニルモンタン

Porte de Montmartre　ポルト・ド・モンマルトル

Porte de Montreuil　ポルト・ド・モントルイユ

Porte de Montrouge　ポルト・ド・モンルージュ

Porte de Pantin　ポルト・ド・パンタン

Porte de Passy　ポルト・ド・パシー

Porte de Plaisance　ポルト・ド・プレザンス

Porte de Saint-Cloud　ポルト・ド・サン=クルー

Porte de Sèvres　ポルト・ド・セーヴル

Porte des Lilas　ポルト・デ・リラ

Porte des Poisonniers　ポルト・デ・ポワソニエ

Porte des Ternes　ポルト・デ・テルヌ

Porte de Vanves　ポルト・ド・ヴァンヴ

Porte de Versailles　ポルト・ド・ヴェルサイユ

Porte de Villiers　ポルト・ド・ヴィリエ

Porte de Vincennes　ポルト・ド・ヴァンセンヌ

Porte de Vitry　ポルト・ド・ヴィトリ

Porte d'Issy　ポルト・ディシー

Porte d'Orléans　ポルト・ドルレアン

＊Porte du Point-du-Jour　ポルト・デュ・ポワン=デュ=ジュール

Porte du Pré-Saint-Gervais　ポルト・デュ・プレ=サン=ジェルヴェ

Portefoin　ポルトフォワン

Porte Molitor　ポルト・モリトール

Porte Pouchet　ポルト・プーシェ

Portes Blanches　ポルト・ブランシュ

Port-Mahon　ポール=マオン

Port-Royal　ポール=ロワイヤル

Portugais　ポルテュゲ【ポルトガル人】

Possoz　ポソ

Postes　ポスト

＊Potain　ボタン

Pot de Fer　ポ・ド・フェール

Poteau　ポトー

Poterie　ポトリ

Poterne des Peupliers　ポテルヌ・デ・プープリエ

Potier　ポティエ

Pottier　ポティエ

Pouchet　プーシェ

Poulbot　プルボ

Poule　プル

Poulet　プレ

Poulletier　プルティエ

Poussin　プサン

Pouy　プイ

Pradier　プラディエ

Prado　プラド

Prague　プラグ【プラハ】

Prairies　プレリ

Pré　プレ

Préault　プレオー

＊Pré aux Chevaux　プレ・オー・シュヴォー

Pré-aux-Clercs　プレ=オー=クレール

Prêcheurs　プレシュール

Préfet Claude Érignac　プレフェ・クロード・エリニャク

Pré-Saint-Gervais　プレ=サン=ジェルヴェ

Presbourg　プレスブール【プレスブルク】

Présentation　プレザンタシオン

President Édouard Herriot　プレジダン・エドワール・エルリオ

Président Kennedy　プレジダン・ケネディ

Président Mithouard　プレジダン・ミトワール

Président Wilson　プレジダン・ウィルソン

Presles　プレル

Pressoir　プレスワール

Prêtres　プレートル

Prêtres Saint-Germain-l'Auxrrois　プレートル・サン=ジェルマン=ローセロワ

Prêtres Saint-Sévrin　プレートル・サン=セヴラン

Prévost-Paradol　プレヴォ=パラドル

Prévôt　プレヴォ

Prévoyance　プレヴォワイヤンス

Prévoyants　プレヴォワイヤン

Primatice　プリマティス【プリマティチョ】

Primevères　プリムヴェール

Primo Lévi　プリモ・レヴィ

Princes　プランス

Princesse　プランセス

Printemps　プランタン

Prisse d'Avennes　プリス・ダヴェンヌ

Procession　プロセション

Professeur André Lemière　プロフェスール・アンドレ・ルミエール

983

パリ地名大事典

Professeur Florian Delbarre　プロフェスー
　ル・フロリアン・デルバール
Professeur Gosset　プロフェスール・ゴセ
Professeur Hyacinthe Vincent　プロフェスー
　ル・ヤサーント・ヴァンサン
Professeur Louis Renault　プロフェスール・
　ルイ・ルノー
Progrès　プログレ
Prony　プロニー
Prosper Goubaux　プロスペル・グボー
Prost　プロスト
Proudhon　プルドン【プルードン】
Proues　プルー
Prouvaires　プルヴェール
Pruniers　プリュニエ
＊Puebla　ピュブラ
Puget　ピュジェ
＊Puisard de Bicêtre　ピュイザール・ド・ビ
　セートル
＊Puits　ピュイ
Puits de l'Ermite　ピュイ・ド・レルミト
Pusy　ピュジー
Puteaux　ピュトー
＊Putigneux　ピュティニュー
Puvis de Chavannes　ピュヴィ・ド・シャヴ
　ァンヌ
Py　ピ
Pyramides　ピラミッド
Pyrénées　ピレネ

〈Q〉

Quarante-Neuf Faubourg Saint-Martin　カラ
　ント＝ヌフ・フォブール・サン＝マルタン
Quatrefages　カトルファージュ
Quatre-Fils　カトル＝フィス
Quatre Frères Peignot　カトル・フレール・
　ペニョ
Quatre Septembre　カトル・セプタンブル
Quatre Vents　カトル・ヴァン
Québec　ケベック
Quellard　ケラール
Quentin-Bauchard　カンタン＝ボシャール
Quercy　ケルシー
Questre　ケストル
Quinault　キノー
Quinquinpoix　カンカンポワ
＊Quinze-Vingts　キャンズ＝ヴァン

〈R〉

Rabelais　ラブレー
Racan　ラカン
Rachel　ラシェル
Rachmaninov　ラクマニノヴ【ラフマニノフ】
Racine　ラシーヌ
Radziwill　ラジウィル
Raffaëlli　ラファエリ
Raffet　ラフェ
Raguinot　ラギノ
Rambervilliers　ランベルヴィリエ
Rambouillet　ランブイエ
Rambuteau　ランビュトー
Rameau　ラモー
Ramey　ラメ
Rampal　ランパル
Rampon　ランポン
Ramponeau　ランポノー
Ramus　ラミュス
Rançon　ランソン
Ranelagh　ラヌラグ
Raoul　ラウル
Raoul Dautry　ラウル・ドートリー
Raoul Dufy　ラウル・デュフィー
Raoul Follereau　ラウル・フォルロー
Rapée　ラペ
Raphaël　ラファエル【ラファエロ】
Rapp　ラップ
Raspail　ラスパイユ
Rasselins　ラスラン
Rataud　ラトー
Rauch　ローシュ
Ravignan　ラヴィニャン
Raymond　レモン（レイモン）
Raymond Aron　レモン・アロン
Raymond Losserand　レモン・ロスラ
Raymond Pitet　レモン・ピテ
Raymond Poincaré　レモン・ポワンカレ
Raymond Queneau　レモン・クノー
Raymond Radiguet　レモン・ラディゲ
Raymond Souplex　レモン・スプレクス
Raynouard　レヌワール（レヌアール）
＊Réale　レアル
Réaumur　レオミュール
Rébeval　レブヴァル
Récamier　レカミエ
Récollets　レコレ
Recteur Poincaré　レクトゥール・ポワンカレ

仏日項目対照一覧

Reculettes　ルキュレット
Redon　ルドン
Refuzniks　レヒュズニク
Regard　ルガール
Régis　レジ
Réglisses　レグリス
Regnard　ルニャール
Regnault　ルニョー
Reilhac　レイラック（レヤック）
Reille　レイユ
Reims　ランス
Reine　レヌ
Reine Astrid　レヌ・アストリド
Reine Blanche　レヌ・ブランシュ
Reine de Hongrie　レヌ・ド・オングリ
Réjane　レジャヌ
Rembrandt　ランブラン【レンブラント】
Rémi Belleau　レミ・ベロー
Rémusat　レミュザ
Rémy de Gourmont　レミ・ド・グルモン
Rémy Dumoncel　レミ・デュモンセル
Renaissance　ルネサンス
Renard　ルナール
Rendez-Vous　ランデ＝ヴ
René Bazin　ルネ・バザン
René Binet　ルネ・ビネ
René Boulanger　ルネ・ブーランジェ
René Boylesve　ルネ・ホワレーヴ
René Capitant　ルネ・カピタン
René Cassin　ルネ・カサン
René Coty　ルネ・コティ
René Fonck　ルネ・フォンク
René Goscinny　ルネ・ゴシニ
René Panhard　ルネ・パンアール
René Ravaud　ルネ・ラヴォー
Rennequin　ルヌカン
Rennes　レンヌ
Repos　ルポ
République　レピュブリク
République de l'Equateur　レピュブリク・ド・レクアトゥール【エクアドル共和国】
République de Panama　レピュブリク・ド・パナマ【パナマ共和国】
République Dominicaine　レピュブリク・ドミニケヌ【ドミニカ共和国】
Résal　レザル
＊Réservoirs　レゼルヴォワール
Résistance　レジスタンス
Retiro　ルティロ
Retrait　ルトレ

Reuilly　ルイイ
Réunion　レユニオン
Révérend Père Michel Riquet　レヴェラン・ペール・ミシェル・リケ
Reynaldo Hann　レ（イ）ナルド・アーン
Rhin et Danube　ラン・エ・ダニューブ
Rhône　ローヌ
Ribera　リベラ
Ribérolle　リベロル
Ribet　リベ
Riblette　リブレット
Ribot　リボ
Riboutté　リブテ
Ricaut　リコー
Richard　リシャール
Richard Baret　リシャール・バレ
Richard de Coudenhove-Kalergi　リシャール・ド・クーデノヴ＝カレルジ【リヒャルト・栄次郎・クーデンホーフ＝カレルギー】
Richard-Lenoir　リシャール＝ルノワール
Richelieu　リシュリュー
Richemont　リシュモン
＊Richepanse　リシュパンス
Richer　リシェ
Richerand　リシュラン
Richomme　リショム
Ridder　リデール
Riesener　リズネール
Rigaunes　リゴーヌ
Rigny　リニー
Rigoles　リゴル
Rimbaud　ランボー
Rimbaut　ランボー
Rimsky-Korsakov　リムスキー＝コルサコフ
Rio de Janeiro　リオ・ド・ジャネロ【リオデジャネイロ】
Riquet　リケ
Riverin　リヴラン
Rivoli　リヴォリ
Robert　ロベール
Robert Blache　ロベール・ブラシュ
Robert de Flers　ロベール・ド・フレール
Robert Desnos　ロベール・デスノス
Robert Doisneau　ロベール・ドワノー
Robert Esnault-Pelterie　ロベール・エノー＝ペルトリ
Robert Estienne　ロベール・エティエンヌ
Robert Etlin　ロベール・エトラン
Robert et Sonia Delaunay　ロベール・エ・ソニャ・ドゥロネー

985

Robert-Fleury　ロベール＝フルリー
Robert Guillemard　ロベール・ギュマール
Robert-Houdin　ロベール＝ウダン
Robert Le Coin　ロベール・ル・コワン
Robert Lindet　ロベール・ランデ
Robert Planquette　ロベール・プランケット
Robert Schuman　ロベール・シュマン
Robert Turquan　ロベール・テュルカン
Roberval　ロベルヴァル
Robineau　ロビノー
Robiac　ロビアック
Robiquet　ロビケ
Rocamadour　ロカマドゥール
Rochambeau　ロシャンボー
Rochebrune　ロシュブリュヌ
Rochechouart　ロシュシュアール
Rocher　ロシェ
Rockeffeller　ロックフェレ【ロックフェラー】
Rocroy　ロクロワ
Rodenbach　ロデンバック
Rodier　ロディエ
Rodin　ロダン
Roger　ロジェ
Roger Bacon　ロジェ・バーコン【ロジャー・ベーコン】
Roger Bissière　ロジェ・ビシエール
Roger Priou-Valjean　ロジェ・プリウー＝ヴァルジャン
Roger Verlomme　ロジェ・ヴェルロム
Rohan　ロアン
Roi d'Alger　ロワ・ダルジェ
Roi de Sicile　ロワ・ド・シシル
Roi Doré　ロワ・ドレ
Roi François　ロワ・フランソワ
Roland Barthes　ロラン・バルト
Roland Dorgelès　ロラン・ドルジュレス
Roland Garros　ロラン・ガロース
Roli　ロリ
Rolleboise　ロルボワズ
Rollin　ロラン
Romain Rolland　ロマン・ロラン
Romainville　ロマンヴィル
Rome　ロム【ローマ】
Rondeaux　ロンドー
Rondelet　ロンドレ
Rondonneaux　ロンドノー
Ronsard　ロンサール
Ronsin　ロンサン
Roquépine　ロケピヌ
Roquette　ロケット

Rosa Bonheur　ロザ・ボヌール
Rosenwald　ローゼンヴァルド
Roses　ローズ
Rosière　ロジエール
Rosiers　ロジエ
Rosny Aîné　ロニー・エネ
Rossini　ロシニ【ロッシーニ】
Rothschild　ロトシルド
Rotrou　ロトルー
Rottembourg　ロタンブール
Roubaix　ルベ
Roubo　ルボ
Rouelle　ルウェル
Rouen　ルーアン
Rouet　ルエ
Rougement　ルージュモン
Rouget de Lisle　ルージェ・ド・リール
Roule　ルール
Rousselet　ルースレ
＊Roussin　ルーサン
Rouvet　ルーヴェ
Rouvray　ルーヴレ
Roux　ルー
Royal　ロワイヤル
Royale　ロワイヤル
Royer-Collard　ロワイエ＝コラール
Rubens　リュベンス【ルーベンス】
Rude　リュード
Rudolf Noureev　ルドルフ・ヌレエフ
Ruelle　リュエル
Ruhmkorff　リュムコルフ
Ruisseau　リュイソー
Ruisseau de Ménilmontant　リュイソー・ド・メニルモンタン
Rungis　ランジス
Rutebeuf　リュトブフ
Ruysdael　リュイダル

〈S〉

Sablière　サブリエール
Sablons　サブロン
Sablonville　サブロンヴィル
Sabot　サボ
Sacré-Coeur　サクレ＝クール
Sadi Carnot　サディ・カルノー
Sadi Lecointe　サディ・ルコワント
Sahel　サエル
Saïd　サイード
Saïda　サイーダ

仏日項目対照一覧

Saigon　サイゴン
Saillard　サヤール
Sainr-Germain-l'Auxerrois　サン=ジェルマン
　=ローセロワ
Saint-Alphonse　サン=タルフォンス
Saint-Amand　サン=タマン
Saint-Ambroise　サン=タンブロワズ
Saint-André-des-Arts　サン=タンドレ=デ=
　ザール
Saint-Ange　サン=タンジュ
Saint-Antoine　サン=タントワヌ
Saint-Augustin　サン=トーギュスタン
Saint-Benoît　サン=ブノワ
Saint-Bernard　サン=ベルナール
Saint-Blaise　サン=ブレーズ
Saint-Bon　サン=ボン
Saint-Bruno　サン=ブリュノ
Saint-Charles　サン=シャルル
Saint-Chaumont　サン=ショーモン
Saint-Christophe　サン=クリストフ
Saint-Claude　サン=クロード
Saint-Denis　サン=ドニ
Saint-Didier　サン=ディディエ
Saint-Dominique　サン=ドミニク
Sainte-Anastase　サン=タナスターズ
Sainte-Anne　サン=タンヌ
Sainte-Anne-Popincourt　サン=タンヌ=ポパ
　ンクール
Sainte-Apolline　サン=タポリーヌ
Sainte-Avoie　サン=タヴォワ
Sainte-Beuve　サント=ブーヴ
Sainte-Cécile　サント=セシル
Sainte-Chapelle　サント=シャペル
Sainte-Claire-Deville　サント=クレール=ド
　ゥヴィル
Sainte-Croix　サント=クロワ
Sainte-Croix-de-la-Bretonnerie　サント=クロ
　ワ=ド=ラ=ブルトヌリ
Sainte-Élisabeth　サン=テリザベト
Sainte-Eugénie　サン=トゥジェニー
Sainte-Félicité　サント=フェリシテ
Sainte-Foy　サント=フォワ
Sainte-Geneviève　サント=ジュヌヴィエーヴ
Sainte-Hélène　サント=テレーヌ
Sainte-Henriette　サント=アンリエット
Sainte-Isaure　サン=ティゾール
Sainte-Léonie　サント=レオニ
Saint-Éleuthère　サン=テレウテール
＊Saint-Éloi　サン=テロワ
Sainte-Lucie　サント=リュシ

Sainte-Marie　サント=マリ
Sainte-Marthe　サント=マルト
Saint-Émilion　サン=テミリヨン
Sainte-Monique　サント=モニク
Sainte-Opportune　サン=トポルテュヌ
Saint-Esprit　サン=テスプリ
Saint-Estèphe　サン=テステフ
Saint-Étienne-du-Mont　サン=テティエンヌ
　=デュ=モン
Saint-Eustache　サン=トゥスタシュ
Saint-Exupéry　サン=テグジュペリ
Saint-Fargeau　サン=ファルジョー
Saint-Ferdinand　サン=フェルディナン
Saint-Fiacre　サン=フィアクル
Saint-Florentin　サン=フロランタン
Saint-Georges　サン=ジョルジュ
Saint-Germain　サン=ジェルマン
Saint-Germain-des-Prés　サン=ジェルマン=
　デ=プレ
Saint-Gervais　サン=ジェルヴェ
Saint-Gilles　サン=ジル
Saint-Gothard　サン=ゴタール
Saint-Guillaume　サン=ギヨーム
Saint-Hippolyte　サン=ティポリット
Saint-Honoré　サン=トノレ
Saint-Honoré d'Eylau　サン=トノレ=デロー
Saint-Hubert　サン=テュベール
Saint-Hyacinthe　サン=ヤサーント
Saint-Irénée　サン=ティレネ
Saint-Jacques　サン=ジャック
Saint-Jean　サン=ジャン
Saint-Jean-Baptiste-de-la-Salle　サン=ジャン
　=バティスト=ド=ラ=サル
Saint-Jérôme　サン=ジェローム【聖ヒエロニ
　ムス】
Saint-John Perse　サン=ジョン・ペルス
Saint-Joseph　サン=ジョゼフ
Saint-Josse　サン=ジョス
Saint-Jules　サン=ジュール
Saint-Julien-le-Pauvres　サン=ジュリアン=
　ル=ポーヴル
Saint-Just　サン=ジュスト
Saint-Lambert　サン=ランベール
Saint-Laurent　サン=ローラン
Saint-Lazare　サン=ラザール
Saint-Louis　サン=ルイ
Saint-Louis-en-l'Île　サン=ルイ=アン=リル
Saint-Luc　サン=リュク
Saint-Mandé　サン=マンデ
Saint-Marc　サン=マルク

987

パリ地名大事典

Saint-Marceaux　サン＝マルソー
Saint-Marcel　サン＝マルセル
Saint-Martin　サン＝マルタン
Saint-Mathieu　サン＝マテュー
Saint-Maur　サン＝モール
Saint-Maurice　サン＝モーリス
Saint-Médard　サン＝メダール
Saint-Merri　サン＝メリ
Saint-Michel　サン＝ミシェル
Saint-Nicolas　サン＝ニコラ
Saintonge　サントンジュ
Saint-Ouen　サン＝トゥアン
Saint-Paul　サン＝ポール
Saint-Pétersbourg　サン＝ペテルスブール（サンクト＝ペテルブルク）
Saint-Philippe　サン＝フィリップ
Saint-Philippe-du-Roule　サン＝フィリップ＝デュ＝ルル
Saint-Pierre　サン＝ピエール
Saint-Pierre-Amelot　サン＝ピエール＝アムロ
Saint-Placide　サン＝プラシード
Saint-Quentin　サン＝カンタン
Saint-Roch　サン＝ロック
Saint-Romain　サン＝ロマン
Saint-Rustique　サン＝リュスティク
Saint-Sabin　サン＝サバン
Saint-Saëns　サン＝サーンス
Saint-Sauveur　サン＝ソヴール
Saint-Sébastien　サン＝セバスチャン
Saint-Senoch　サン＝スノク
Saint-Séverin　サン＝セヴラン
Saint-Simon　サン＝シモン
Saint-Simoniens　サン＝シモニャン
Saints-Pères　サン＝ペール
Saint-Spire　サン＝スピール
Saint-Sulpice　サン＝シュルピス
Saint-Thomas d'Aquin　サン＝トマ＝ダカン【聖トマス・アクィナス】
Saint-Victor　サン＝ヴィクトル
Saint-Vincent　サン＝ヴァンサン
Saint-Vincent-de-Paul　サン＝ヴァンサン＝ド＝ポール
Saint-Vivant　サン＝ヴィヴァン
Saint-Yves　サン＝ティーヴ
Salarnier　サラルニエ
Salembrière　サランブリエール
Salneuve　サルヌーヴ
Salomon de Caus　サロモン・ド・コー
Salonique　サロニク
＊Salpêtrière　サルペトリエール

Salvador Allende　サルヴァドル・アランド
Sambre-et-Meuse　サンブル＝エ＝ムーズ
Samson　サムソン
Samuel Beckett　サミュエル・ベケット
Samuel de Champlain　サミュエル・ド・シャンプラン
Santé　サンテ
Santerre　サンテール
Santeuil　サントゥイユ
Santiago du Chili　サンティアゴ・デュ・シリ【サンチャゴ】
Santos-Dumont　サントス＝デュモン
Saône　ソーヌ
Sarasate　サラザート【サラサーテ】
Sarette　サレット
Satan　サタン
Sauffroy　ソーフロワ
Saulaie　ソーレ
Saules　ソール
Saulnier　ソニエ
Saussaies　ソーセ
Saussier-Leroy　ソーシエ＝ルロワ
Saussure　ソシュール
Sauvageot　ソーヴァジョ
Sauval　ソーヴァル
Savart　サヴァール
Savies　サヴィ
Savoie　サヴォワ
Savorgnan de Brazza　サヴォルニャン・ド・ブラザ
Saxe　サクス
Say　セ
Scarron　スカロン
Scheffer　シェフェール
Schomberg　ションベール【ションベルグ】
Schubert　シュベール【シューベルト】
Schutzenberger　シュッツェンベルジェ
Scipion　シピオン
Scribe　スクリーブ
Sébastien Bottin　セバスチャン・ボタン
Sébastien Mercier　セバスチャン・メルシエ
Sébastopol　セバストポル【セバストポリ】
Secrétan　セクレタン
Sécurité　セキュリテ
Sedaine　ステーヌ
Sédillot　セディヨ
Séguier　セギエ
Ségur　セギュール
Seine　セーヌ
Selves　セルヴ

仏日項目対照一覧

Sendrié　サンドリエ
Sénégal　セネガル
Senlis　サンリス
Sentier　サンティエ
Séoul　セウル【ソウル】
Sept-Arpents　セ=タルパン
Septième Art　セティエーム・アール
Sergent Bauchat　セルジャン・ボーシャ
Sergent Hoff　セルジャン・ホフ
Sergent Maginot　セルジャン・マジノ
Serge Prokofiev　セルジュ・プロコフィエフ
Serment de Koufra　セルモン・ド・クフラ
Serpente　セルパント
Serpollet　セルポレ
Serret　セレ
Sérurier　セリュリエ
Servan　セルヴァン
Servandoni　セルヴァンドニ
Seurat　スーラ
Séverine　セヴリヌ
Sévero　セヴロ
Seveste　スヴェスト
Sévigné　セヴィニェ
Sèvres　セーヴル
Sextius Michel　セクスティウス・ミシェル
Sèze　セーズ
Sfax　スファクス
Siam　シャム
Sibelle　シベル
Sibour　シブール
Sibuet　シビュエ
Sidi-Brahim　シディ・ブライム
Sigaud　シゴー
Signoret-Montand　シニョレ=モンタン
Silvestre de Sacy　シルヴェストル・ド・サシー
Simart　シマール
Simon Bolivar　シモン・ボリヴァル【シモン・ボリバル】
Simon Dereure　シモン・ドゥルール
Simonet　シモネ
Simone Weil　シモーヌ・ヴェイユ
Simon Le France　シモン・ル・フランス
Simplon　サンプロン【シンプロン】
Singer　サンジェ
Singes　サンジュ
Sisley　シスレ【シスレー】
Sivel　シヴェル
Sizerins　シズラン
Skanderbeg　スカンデルベグ

＊Smala　スマラ
Sœur Cathrine-Marie　スール・カトリーヌ=マリ
Sœur Rosalie　スール・ロザリ
Sofia　ソフィア
Soissons　ソワソン
Soleil　ソレイユ
Soleil d'Or　ソレイユ・ドール
Soleillet　ソレイエ
Solférino　ソルフェリノ【ソルフェリーノ】
Solidarité　ソリダリテ
Solitaires　ソリテール
Somme　ソンム
Sommeiller　ソメイエ
Sommet des Alpes　ソメ・デ・ザルプ
Sonatine　ソナティヌ
Sontay　ソンテ【ソンタイ】
Sophie Germain　ソフィ・ジェルマン
Sorbier　ソルビエ
Sorbonne　ソルボンヌ
Souchet　スーシェ
Souchier　スーシエ
Soudan　スダン【スーダン】
Soufflot　スフロ
Souhaits　スウェ
Souham　スアム
Soult　スルト
Soupirs　スピール
Source　スルス
Sourdi　スルディ
Soutine　スーティヌ【画家スーティン】
Souvenir Français　スヴニール・フランセ
Souzy　スジー
Spiniza　スピノザ
Spontini　スポンティニ
Square　スクワール
Staël　スタル
Stalingrad　スタリングラード【スターリングラード】
Stanislas　スタニスラス
Stanislas Meunier　スタニスラス・ムーニエ
Station de Ménilmontant　スタシオン・ド・メニルモンタン
Steinkerque　ステンケルク
Steinlen　ステンレン
Stemler　ステムレ
Stendhal　スタンダル【スタンダール】
Stéphane Grappelli　ステファヌ・グラペリ
Stéphane Mallarmé　ステファヌ・マラルメ
Stéphen Pichon　ステファン・ピション

989

Stephenson　ステファンソン【スチーブンソン】

Sthrau　ストロー

Stinville　スタンヴィル

Stockholm　ストコルム【ストックホルム】

Strasbourg　ストラスブール

Stuart Merril　ステュアール・メリル

Suchet　シュシェ

Sud　シュド

Suez　シュエズ（スエズ）

Suffren　シュフラン

Suger　シュジェ

Suisse　シュイス（スイス）

Sully　シュリー（シュルリー）

Sully Lombard　シュリー・ロンバール

Sully Prudhomme　シュリー・プリュドム

Surcouf　シュルクフ

Surène　シュレーヌ

Surmelin　シュルムラン

Suzanne Lenglen　シュザンヌ・ラングレン

Suzanne Valadon　シュザンヌ・ヴァラドン

Sycomores　シコモール

Sydney　シドネ【シドニー】

〈T〉

Tacherie　タシュリ

Taclet　タクレ

Tage　タージュ【タホ川】

Tagore　タゴール

Taibout　テブー

Taillade　タヤド

Taillandiers　タヤンディエ

Taillebourg　タイユブール

Taine　テーヌ

Taïti　タイティ【タヒチ】

Talleyrand　タレラン【タレーラン】

Talma　タルマ

Talus　タリュ

Talus du Cours　タリュ・デュ・クール

Tandou　タンドゥー

Tanger　タンジェ

Tanneries　タヌリ

Tapisseries　タピスリ

Taras Chevtchenko　タラ・シェヴチェンコ

Tarbé　タルベ

Tardieu　タルデュー

Tarn　タルン

Tattegrain　タットグラン

Taylor　テロール

Tchaïkovski　チャイコフスキ

Téhéran　テエラン【テヘラン】

Télégraphe　テレグラフ

Temple　タンプル

Tenaille　トゥナイユ

Tennis　テニス

Ternaux　テルノー

Ternes　テルヌ

Terrace　テラス

Terrage　テラージュ

Terre-Neuve　テール＝ヌーヴ

Terres au Curé　テール・オ・キュレ

Terroirs de France　テロワール・ド・フランス

Tertre　テルトル

Tessier　テシエ

Tesson　テソン

Texel　テクセル

Thann　タン

Théâtre　テアトル

Théâtre-Français　テアトル＝フランセ

Thénard　テナール

Théodore de Banville　テオドール・ド・バンヴィル

Théodore Deck　テオドール・デック

Théodore-Hamont　テオドール＝アモン

Théodore Judlin　テオドール・ジュドラン

Théodore Rivière　テオドール・リヴィエール

Théodore Rousseau　テオドール・ルソー

Théodule Ribot　テオデュル・リボ

Théophile Gautier　テオフィル・ゴーティエ

Théophile Roussel　テオフィル・ルーセル

Théophraste Renaudot　テオフラスト・ルノドー

Thérèse　テレーズ

Thermopyles　テルモピル【テルモピュライ】

Thibaud　ティボー

Thiboumery　ティブメリ

Thiéré　ティエレ

Thierry de Martel　ティエリ・ド・マルテル

Thiers　ティエール

Thilleuls　ティユル

Thimerais　ティムレ

Thimonnier　ティモニエ

Thionville　ティオンヴィル

Tholozé　トロゼ

Thomas Francine　トマ・フランシーヌ

Thomas Mann　トマ・マン【トーマス・マン】

Thomire　トミール

Thomy-Thierry　トミ＝ティエリ

仏日項目対照一覧

Thorel　トレル
Thoréton　トレトン
Thorigny　トリニー
Thorins　トラン
Thouin　トゥワン
Thuré　テュレ
Thureau-Dangin　テュロー＝ダンジャン
Tibre　ティブル【テベレ川】
Tilsitt　ティルシット
Tino Rossi　ティノ・ロシ
Tiphaine　ティフェーヌ
Tiquetonne　ティクトンヌ
Tiron　ティロン
Tisserand　ティスラン
Titien　ティシアン【ティツィアーノ】
Titon　ティトン
Tlemcen　トレムセン
Toccata　トカタ
Tocqueville　トクヴィル
Tokyo　トキョ【東京】
Tolain　トラン
Tolbiac　トルビアック
Tolstoï　トルストイ
Tombe-Issoire　トンブ＝イソワール
Tombouctou　トンブクトゥ
Torcy　トルシー
Torricelli　トリセリ【トリチェッリ】
Toul　トゥール
Toullier　トゥーリエ
Toulouse　トゥールーズ
Toulouse-Lautrec　トゥールーズ＝ロートレック
Tour　トゥール
Tour des Dames　トゥール・デ・ダム
Tour de Vanves　トゥール・ド・ヴァンヴ
Tourelles　トゥーレル
Tourlaque　トゥールラク
Tournefort　トゥルヌフォール
Tournelle　トゥルネル
Tournelles　トゥルネル
Tourneux　トゥルヌー
Tournon　トゥルノン
Tournu　トゥルニ
Tourtille　トゥルティユ
Tourville　トゥルヴィル
Toussaint-Féron　トゥーサン＝フェロン
Toustain　トゥスタン
Tracy　トラシー
Traëger　トラエジェ
Traktir　トラクティル

＊Traînée　トレネ
Transvaal　トランスヴァル【トランスヴァール】
Traversière　トラヴェルシエール
Treilhard　トレヤール
Trésor　トレゾール
Trétaigne　トレテーニュ
Trévise　トレヴィズ【トレヴィゾ】
Trinité　トリニテ
Tristan Bernard　トリスタン・ベルナール
Tristan Tzara　トリスタン・ツァラ
Trocadéro　トロカデロ
Trois Bornes　トロワ・ボルヌ
Trois Couronnes　トロワ・クロンヌ
Trois-Frères　トロワ・フレール
Trois Portes　トロワ・ポルト
Trois Sœurs　トロワ・スール
Trois Visages　トロワ・ヴィザージュ
Trolley de Prévaux　トロレ・ド・プレヴォー
Tronchet　トロンシェ
Trône　トローヌ
Tronson de Coudray　トロンソン・デュ・クードレ
Trousseau　トルソー
Troyon　トロワイヨン
Trubert-Bellier　トリュベール＝ベリエ
Trudaine　トリュデーヌ
Truffaut　トリュフォー
Truillot　トリュヨ
Tuileries　テュイルリー
Tulipes　テュリプ
Tunis　チュニス
Tunisie　チュニジ【チュニジア】
Tunnel　テュネル
Turbigo　テュルビゴ
Turenne　テュレンヌ
Turgot　テュルゴ【テュルゴー】
Turin　テュラン【トリノ】
Turquetil　テュルクティル

〈U〉

Ulm　ユルム
＊Ulysse Trélat　ユリス・トレラ
Union　ユニオン
Université　ユニヴェルシテ
Urfé　ユルフェ
Ursins　ユルサン
Ursulines　ユルシュリヌ
Uruguay　ユリュグウェ【ウルグアイ】

パリ地名大事典

Uzès　ユゼス

〈V〉

Val-de-Grâce　ヴァル＝ド＝グラース
Valence　ヴァランス
Valenciennes　ヴァランシエンヌ
Valentin Abbeille　ヴァランタン・アベイユ
Valentin Haüy　ヴァランタン・アユイ
Valéry Larbaud　ヴァレリー・ラルボー
Valette　ヴァレット
Valhubert　ヴァリュベール
Vallée-de-Fécamp　ヴァレ＝ド＝フェカン
Vallées　ヴァレ
Vallet　ヴァレ
Valmy　ヴァルミー
Valois　ヴァロワ
Vandal　ヴァンダル
Vandamme　ヴァンダム
Vandrezanne　ヴァンドルザンヌ
Van-Dyck　ヴァン・ディク（ヴァン・ダイク）
Vaneau　ヴァノー
Van Gogh　ヴァン・ゴグ【ゴッホ】
Van Loo　ヴァン・ロー
＊Vanves　ヴァンヴ
Var　ヴァール
Varenne　ヴァレンヌ
Varet　ヴァレ
Variétés　ヴァリエテ
Varize　ヴァリーズ
Varsovie　ヴァルソヴィ【ワルシャワ】
Vasco de Gama　ヴァスコ・ド・ガマ【ヴァス
　コ・ダ・ガマ】
Vassou　ヴァスー
Vauban　ヴォーバン
Vaucanson　ヴォーカンソン
Vaucluse　ヴォークリューズ
Vaucouleurs　ヴォークルール
Vaudremer　ヴォードルメール
Vaugelas　ヴォージュラ
Vaugirard　ヴォージラール
Vauquelin　ヴォークラン
Vauvenargues　ヴォーヴナルグ
Vauvilliers　ヴォーヴィリエ
Vavin　ヴァヴァン
Véga　ヴェガ
Vélasquez　ヴェラスケス【ベラスケス】
Velay　ヴレ
Velpeau　ヴェルポー
Vendôme　ヴァンドーム

Venezuela　ヴェネジュエラ【ベネズエラ】
Venise　ヴニーズ【ヴェネツィア】
Ventadour　ヴァンタドゥール
Vercingétrix　ヴェルサンジェトリクス
Verdeau　ヴェルドー
Verderet　ヴェルドレ
Verdi　ヴェルディ
Verdun　ヴェルダン
Vergennes　ヴェルジェンヌ
Vergers　ヴェルジェ
Vergniaud　ヴェルニョー
Verhaeren　ヴェラーレン【ヴェルハーレン】
Vérité　ヴェリテ
Vermandois　ヴェルマンドワ
Vermenouze　ヴェルムヌーズ
Vernet　ヴェルネ
Verneuil　ヴェルヌイユ
Vernier　ヴェルニエ
Verniquet　ヴェルニケ
Véro-Dodat　ヴェロ＝ドダ
Véron　ヴェロン
Véronèse　ヴェロネーズ【ヴェロネーゼ】
Verrerie　ヴェルリ
Verrières　ヴェリエール
Versailles　ヴェルサイユ
Versigny　ヴェルシニー
Vertbois　ヴェールボワ
Verte　ヴェルト
Vertus　ヴェルテュ
Verzy　ヴェルジー
Vesale　ヴェザル
Vexin　ヴェクサン
Vézelay　ヴェズレ
Viala　ヴィアラ
Vialet　ヴィアレ
Viarmes　ヴィアルム
Vichy　ヴィシー
Vicq d'Azir　ヴィック・ダジール
Victoire　ヴィクトワール
Victoires　ヴィクトワール
Victor　ヴィクトル
Victor Basch　ヴィクトル・バッシュ
Victor Chevreuil　ヴィクトル・シュヴルイユ
Victor Considérant　ヴィクトル・コンシデラ
　ン
Victor Cousin　ヴィクトル・クザン
Victor Dejeante　ヴィクトル・ドゥジャント
Victor Duruy　ヴィクトル・デュリュイ
Victor Galland　ヴィクトル・ガラン
Victor Gelez　ヴィクトル・ジュレ

仏日項目対照一覧

Victor Hugo　ヴィクトル・ユゴー
Victoria　ヴィクトリア
Victorien Sardou　ヴィクトリアン・サルドゥ
Victor Letalle　ヴィクトル・ルタル
Victor Marchand　ヴィクトル・マルシャン
Victor Massé　ヴィクトル・マセ
Victor Schœlcher　ヴィクトル・シェルシェール
Victor Ségalen　ヴィクトル・セガラン
Vidal de La Blache　ヴィダル・ド・ラ・ブラシュ
Vide-Gousset　ヴィド＝グセ
Vieille-du-Temple　ヴィエイユ＝デュ＝タンプル
Vienne　ヴィエンヌ【ウィーン】
Vierge　ヴィエルジュ
Viète　ヴィエト
Vieux-Colombier　ヴュー＝コロンビエ
Vigée-Lebrun　ヴィジェ＝ルブラン
Vignes　ヴィーニュ
Vignoles　ヴィニョル
Vignon　ヴィニョン
Vilin　ヴィラン
Villa de la Réunion　ヴィラ・ド・ラ・レウニオン
Villa de Lourcine　ヴィラ・ド・ルルシヌ
Villafranca　ヴィラフランカ
Village Suisse　ヴィラージュ・シュイス
Villaret de Joyeuse　ヴィラレ・ド・ジョワイユーズ
Villars　ヴィラール
Villebois-Mareuil　ヴィルボワ＝マルイユ
Villedo　ヴィルド
Villegranges　ヴィルグランジュ
Villehardouin　ヴィルアルドゥアン
Ville-l'Évêque　ヴィル＝レヴェック
Villemain　ヴィルマン
Ville-Neuve　ヴィル＝ヌーヴ
Villersexel　ヴィルレセクセル
Villette　ヴィレット（ラ・ヴィレット）
Villiers　ヴィリエ
Villiers de l'Isle-Adam　ヴィリエ・ド・リラダン
Villiot　ヴィリオ
Vimoutiers　ヴィムーティエ
Vinaigriers　ヴィネグリエ
Vincennes　ヴァンセンヌ
Vincent Auriol　ヴァンサン・オリオル
Vincent Compoint　ヴァンサン・コンポワン
Vincent d'Indy　ヴァンサン・ダンディ

Vincent Scotto　ヴァンサン・スコット
Vindé　ヴァンデ
Vineuse　ヴィヌーズ
Vingt-Cinq-Août 1944　ヴァン＝サンク＝ウー
　1944
Vingt-Neuf Juillet　ヴァン＝ヌフ・ジュイエ
Vins de France　ヴァン・ド・フランス
Vintimille　ヴァンティミル
Violet　ヴィオレ
Violet-le-Duc　ヴィオレ＝ル＝デュク
Vion-Whitcomb　ヴィオン＝ウィトコム
Virginie　ヴィルジニー
Viroflay　ヴィロフレ
Virtuve　ヴィトリューヴ【ウィトルウィウス】
Visconti　ヴィスコンティ
Visitation　ヴィジタシオン
Vistule　ヴィステュル【ヴィスワ】
Vital　ヴィタル
Vivaldi　ヴィヴァルディ
Vivarais　ヴィヴァレ
Vivienne　ヴィヴィエンヌ
Volga　ヴォルガ
Volney　ヴォルネ
Volontaires　ヴォロンテール
Volta　ヴォルタ
Voltaire　ヴォルテール
Volubilis　ヴォリュビリス
Vosges　ヴォージュ
Vouillé　ヴイエ
Voûte　ヴート
Vulpian　ヴュルピアン

〈W〉

Wagram　ワグラム【ヴァグラム】
Wagram-Saint-Honoré　ワグラム＝サン＝トノレ
Waldeck-Rousseau　ヴァルデク＝ルソー
Wallons　ワロン
Washington　ワシントン
Wassili Kandinsky　ワシリ・カンディンスキ
＊Waterloo　ワテルロ【ワーテルロー】
Watt　ワット
Watteau　ヴァトー【ワトー】
Wattiaux　ワティオ
Wattignies　ワティニ
Wauxhall　ヴォクザル
Weber　ヴェベール【マックス・ウェーバー】
Westermann　ウェステルマン
Wilfrid Laurier　ウィルフリッド・ローリエ

993

パリ地名大事典

Wilhem　ウィラム
Willette　ウィレット
Winston Churchill　ウィンストン・テュルティル【ウィンストン・チャーチル】
Wurtz　ヴュルツ

〈X〉

Xaintrailles　サントラーユ
Xavier Privas　グザヴィエ・プリヴァ

〈Y〉

Yonne　ヨンヌ
Yorktown　ヨルクトウン【ヨークタウン】
Yser　イゼール
Yvart　イヴァール
Yves du Manoir　イヴ・デュ・マノワール
Yves Toudic　イヴ・トゥディク
Yvette　イヴェット
Yvon et Claire Morandat　イヴォン・エ・クレール・モランダ
Yvonne Le Tac　イヴォンヌ・ル・タック
Yvon Villarceau　イヴォン・ヴィラルソー

〈Z〉

Zadkine　ザドキヌ【ザッキン】

編訳者あとがき

「パリを呼吸する。それは魂を保つことだ」
（ヴィクトル・ユゴー『レ・ミゼラブル』）

　2012年現在、パリには広大な森であるブーローニュやヴァンセンヌのなかを走る大小の通り、さらに市域を囲む環状通りをのぞけば、公道（5064本）と私道（1055本）をあわせて6119本の通りがある。総延長約1700キロメートル。総面積は26.5平方キロメートルで、パリ市域全体の4分の1に相当するという。これに479か所の広場（2008年）や70か所の市門、27か所の港などをふくめれば、パリ市内にはゆうに7000か所以上の地名があることになる。

　その大部分に歴史上の人物や出来事（戦争・事件）、制度・機関（教会・修道院・学校など）に由来する呼称がついている。たしかに地理（国名・都市名・地方名）や自然ないし抽象観念、そして通りの旧地主の名に基づく地名も少なからずあるが、本書は、これらの地名のうち、およそ5000例をとりあげている。こうした地名（と地番）が、いつ、どのようにしてつけられたかは、序文や本文に縷々説明されているとおりだが、時代性を色濃く反映させながら、そして世界的な人物や出来事を市域内に貪欲にとりこみながら、長い時間をかけて命名されてきたじつに多様なパリの地名をたぐりよせれば、フランス1国のみならず、あやまたず世界の歴史がみえてくる。

　もとより地名である以上、それぞれになにほどかの物語（histoires）を宿してはいるはずだが、きわめて興味深いことに、そこにはたんなる行政的な、つまり物語性を排した無味乾燥な「符号」としての地名はほとんどない。「世界都市」パリの面目は、市内だけで28か所もの世界遺産を擁し、数々の芸術・文化運動や世界外交の舞台となったということだけでなく、まさにこうした地名がかもしだすピトレスクな歴史にあるといえるだろう。いわばそれこそがパリという街の矜持であり、自己表現にほかならないのだ。

　たしかにフランスが外国人観光客の数でなおも世界最多（2016年8300万）を誇りながら、パリのその数が香港やバンコック、さらにロンドンの後塵を拝すようになってすでにひさしい（2016年は1043万。2013年は3230万）。しかし、パリの町を散策し、その瀟洒な通りや広場のたたずまいを愛でながら、地名表示板の青地に白抜きで記された呼称に想いをはせる。それは歴史と向きあうささやかな、しかしまことに贅沢な知識の営みともいえるだろう。パリでは歴史が風景にとけこんでいる。そうした地名をいわばインデックスとして、自分もまたその風景のなかに入っていく。ここにはパリ散策の醍醐味がある。

＊　　　　＊　　　　＊

　本書の底本は、ベルナール・ステファヌ著『通りの呼称事典』（Bernard Stéphane：

パリ地名大事典

Dictionnaire des noms de rues, Mengès, Paris, 1977）の増補改訂版（2013年）である。原著は初版以後、幾度となく改訂版が出ている。つまり、著者は初版刊行以来、じつに28年（！）もの歳月をかけて、本書を練り上げてきたことになる。本書が大部となったゆえんだが、それにしても、こうした著者のパリへのこだわりには尋常ならざるものがある。くわえて著者には1998年の初版刊行後4版を数えている、本書の姉妹版でもいうべき『パリの通りの大小の歴史』（2巻、拙訳『図説パリの街路歴史物語』、原書房、2010年）もある。もちまえの博識ぶりを遺憾なく発揮して、パリの通りにまつわるさまざまなエピソードを紹介した書で、編訳者による図版も多数載せてある。本書とともに併読していただければ、パリのさらに奥深くに入りこむことができるだろう。

　著者ベルナール・ステファヌ氏は、歌手・舞台俳優・劇作家・演出家・作家・料理評論家・ジャーナリスト、そしてラジオ（フランス・アンフォ局）の番組制作者として、文字通り八面六臂の活躍をしていたが、おしくも2015年に鬼籍に入られている。あるいはそれが信念ないし主義だったのだろうか、氏は出生地や生年、学歴などをふくむ経歴を公にしていない。ただ、パリにとってのみならず、パリを愛する人々にとっても、そのかっこうの案内人である氏を喪ったことはかえすがえす残念というほかない。むろんその想いは編訳者もまた等しく共有するものである。

　しかし、ステファヌ氏の関心はパリにのみ向けられているわけではない。そのことは、以下の多岐にわたる著作からもうかがい知ることができるだろう（本書および芝居の台本や児童書を除く）。

　　『ボードレールから現代までの散文詩』（Le poème en prose de Beaudelaire jusqu'à
　　　nos jours, Nizet, Paris, 1990）
　　『郷土料理の今昔』（Recettes du terroir d'hier et d'aujourd'hui, avec Joël
　　　Robuchon, J.-Cl. Lattès, Paris, 1994）
　　『大いなる彷徨』（La grande errance, Stock, Paris, 1994）
　　『美食学』（Gastronomie, Art International Publishers, Bordeaux, 1996）
　　『万人に認められた偉大なシェフたち』（Le contourables des grands chefs, ibid.）
　　『マドモワゼル・シュ』（Mademoiselle Su, Bartillat, Paris, 1998）
　　『パリの通りの大小の歴史』（Petit et grande histoire des rues de Paris, 2 tomes,
　　　Albin Michel, Paris, 1998. 『図説パリの街路歴史物語』、前掲）
　　『批評—芸術の批判的検討』（La crituque, examen crituque des arts, Économica,
　　　Brest, 1999）
　　『レユニオン島の風景の本質』（L'essentiel du paysage réunionnais, avec Roland
　　　Bernard, Orphie, Saint-Denis, Réunion, 2012）

　パリへのなみなみならぬ愛着にくわえて、こうした著者の浩瀚な知を背景として編まれた地名事典であってみれば、本書が、半世紀ほど前に上梓された歴史学者ジャック・イレールの大著『パリの通りの歴史事典』（2巻、1964年）の衣鉢を受け継いだ、本格的な「パリ本」であると断言してもよいだろう。はたしてステファヌ氏が、1990年に12区の通りにその名が命名されたイレール同様の名誉に浴することができるかどうかは不明だが、現在、パリ市の地名検討委員会は、毎年数百の候補を吟味し、人名につい

編訳者あとがき

ては死後10年以上たった人物を対象にしている。はたして著者の場合はどうなるか。結果を見守りたいものである。

＊　　　＊　　　＊

　17区の通りにその名を残す名作『にんじん』に作家ジュール・ルナールは、「Parisに2文字をくわえれば天国（paradis）になる」といい、19区を走る通りの名祖となった作曲家のエリック・サティは、「パリの空気は劣悪ゆえ、つねにそれを煮沸消毒してから息をする」と書いている。なるほどパリの空気は清浄とはいいがたい。にもかかわらず、たとえば街角のカフェで通行人たちを眺めながらすする1杯のコーヒーには、奇妙にも天国の香りがしないでもない。その「至福」のときを、本書とともにすごしてもらえれば、天国の著者もさぞ喜んでくれるだろう。

　編訳者にとって、本書は6点目の「パリ本」となる。今回もまた原書房第1編集部長の寿田英洋氏と編集部の廣井洋子氏のお手をわずらわせた。その長年のご厚意に対し、あらためて満腔の謝意を表さなければならない。また、都立多摩総合医療センター総合内科部長の西田賢司先生と消化器内科の吉岡篤史先生にも、心からの感謝を捧げたい。こうして仕事ができるのは、ひとえにこれら諸先生方のおかげだからである。

　2018年早春

編訳者識

◆著者略歴

ベルナール・ステファヌ（Bernard Stéphane）

2015年没。歌手・俳優・演出家・作家・ジャーナリスト・ラジオ番組制作者。

著書：『ボードレールから現代までの散文詩』（1990年）、『郷土料理の今昔』（1994年）、『大いなる彷徨』（同）、『美食学』（1996年）、『万人に認められた偉大なシェフたち』（同）、『マドモワゼル・シュ』（1998年）、『パリの通りの大小の歴史』（2巻、同、蔵持訳『図説パリの街路歴史物語 上下』原書房、2010年）、『批評──芸術の批判的検討』（1999年）、『レウニオン島の風景の本質』（2012年）ほか

◆編訳者略歴

蔵持不三也（Fumiya Kuramochi）

1946年栃木県今市市（現日光市）生。早稲田大学第1文学部仏文専攻卒業、パリ第4大学（ソルボンヌ校）修士課程修了（比較文化専攻）、社会科学高等研究院博士課程修了（民族学専攻）。モンペリエ大学客員教授、早稲田大学人間科学学術院教授をへて、現在早稲田大学名誉教授。

著書：『シャリヴァリ──民衆文化の修辞学』（同文館）、『ペストの文化誌──ヨーロッパの民衆文化と疫病』（朝日新聞社）、『シャルラタン──歴史と諧謔の仕掛人たち』（新評論）、『英雄の表徴』（以上、新評論）ほか

共編著・監修：『ヨーロッパの祝祭』（河出書房新社）、『神話・象徴・イメージ』（原書房）、『エコ・イマジネール──文化の生態系と人類学的眺望』、『医食の文化学』、『ヨーロッパ民衆文化の想像力』（以上言叢社）ほか

翻訳・編訳・共訳：ミシェル・ダンセル『図説パリ歴史物語＋パリ歴史小事典』（2巻）、ベルナール・ステファヌ『図説パリの街路歴史物語』（2巻）、ロジェ・ミケル『パリのメトロ歴史物語』、フィリップ・カヴァリエ『図説パリ魔界伝説』、ドミニク・レズロ『街角の遺物・遺構から見たパリ歴史図鑑』、ニコル・ルメートルほか『図説キリスト教文化事典』、フランソワ・イシェ『絵解き中世のヨーロッパ』、アンリ・タンクほか『ラルース版世界宗教大図鑑』、キャロル・ヒレンブランド『図説イスラーム百科』（以上、原書房）、マーティン・ライアンズ『本の歴史文化図鑑』、ダイアナ・ニューオールほか『世界の文様歴史文化図鑑』、フィリップ.パーカー『世界の交易ルート大図鑑』（以上柊風舎）ほか

DICTIONNAIRE DES NOMS DE RUES:
Origine et signification du nom de votre rue
et de plus de 5000 autres
by Bernard Stéphane
© 2013, Editions Menges
This book is published in Japan by arrangement with Édition Memgés, Paris
through Tuttle-Mori Agency Inc., Tokyo

パリ地名大事典

●

2018 年 5 月 5 日　第 1 刷

著者⋯⋯⋯ベルナール・ステファヌ

編訳者⋯⋯⋯蔵持不三也

装幀⋯⋯⋯川島進デザイン室

本文組版・印刷⋯⋯⋯株式会社ディグ

カバー印刷⋯⋯⋯株式会社明光社

製本⋯⋯⋯小高製本工業株式会社

発行者⋯⋯⋯成瀬雅人

発行所⋯⋯⋯株式会社原書房

〒160-0022　東京都新宿区新宿 1-25-13

電話・代表 03（3354）0685

http://www.harashobo.co.jp

振替・00150-6-151594

ISBN978-4-562-05442-8

©Harashobo 2018, Printed in Japan